W0057756

Mexiko

Flug: Oaxaca — Cancún

Baja California
S. 763

Barranca del Cobre & Nördliches Mexiko
S. 811

Nördliches Zentral-hochland
S. 694

Zentrale Pazifik-küste
S. 534

Westliches Zentral-hochland
S. 627

Rund um Mexico City S. 151

Mexico City S. 62

Veracruz
S. 222

Oaxaca
S. 457

Halbinsel Yucatán
S. 277

Chiapas & Tabasco
S. 381

Brendan Sainsbury, Kate Armstrong, Ray Bartlett,
Celeste Brash, Stuart Butler, Steve Fallon, John Hecht,
Anna Kaminski, Tom Masters, Liza Prado, Phillip Tang

REISEPLANUNG

REISEZIELE IN MEXIKO

Willkommen in Mexiko . . .6
Karte. 8
Mexikos Top 24 10
Gut zu wissen 20
Mexiko für
Einsteiger. 22
Was gibt's Neues? 24
Wie wär's mit 25
Monat für Monat 30
Reiserouten 34
Essen & trinken wie
die Mexikaner 42
Mexikos alte Ruinen
erkunden 48
Mit Kindern reisen 54
Mexiko im Überblick 57

MEXICO CITY 62

RUND UM
MEXICO CITY 151
Nördlich von
Mexico City 154
Tepotzotlán 154
Tula 156
Teotihuacán. 158
Mineral del Chico 162
Östlich von
Mexico City 163
Puebla 164
Cholula. 173
Cacaxtla &
Xochitécatl 178

Popocatépetl &
Iztaccíhuatl 180
Tlaxcala 181
Huamantla. 186
Cuetzalan. 187
Südlich von
Mexico City 190
Tepoztlán 190
Cuautla. 195
Cuernavaca 196
Taxco 206
Westlich von
Mexico City 213
Toluca. 213
Nevado de
Toluca. 217

Inhalt

Valle de Bravo 217
Malinalco 219

VERACRUZ 222
Veracruz (Stadt) 224
Zentrales Veracruz 235
La Antigua 235
Villa Rica 235
Xalapa 237
Coatepec 245
Xico 247
Jalcomulco 249
Tlapacoyan 250
Córdoba 251
Orizaba 254

Pico de Orizaba 258
**Nördliches
Veracruz 258**
Tuxpan 259
Papantla 260
El Tajín 263
Tecolutla 265
**Südliches
Veracruz 266**
Tlacotalpan 266
Santiago Tuxtla 268
San Andrés Tuxtla 270
Catemaco 271
Reserva de la Biosfera
Los Tuxtlas 273
Costa de Oro 275

HALBINSEL
YUCATÁN 277
Quintana Roo 280
Cancún 280
Isla Mujeres 291
Isla Holbox 296
Puerto Morelos 298
Playa del Carmen 301
Isla Cozumel 305
Tulum 311
Cobà 317
Punta Allen 319
Mahahual 320
Xcalak 322
Laguna Bacalar 323
Chetumal 325
**Yucatán (Bundesstaat)
& das Kernland
der Maya 328**
Mérida 329
Uxmal 340
Santa Elena 343
Kabah 344
Ruta Puuc 345

Ruinas de Mayapán 346
Celestún 346
Progreso 349
Izamal 350
Chichén Itzá 352
Valladolid 359
Ek' Balam 363
Río Lagartos 364
**Campeche
(Bundesstaat) 365**
Campeche (Stadt) 365
Nördliches
Campeche 372
Südöstliches
Campeche 377

CHIAPAS &
TABASCO 381
Chiapas 384
Region Tuxtla
Gutiérrez 384
Region San
Cristóbal 393
Ocosingo &
Toniná 412
Palenque 414
Agua Azul &
Misol-Ha 425
Bonampak, Yaxchilán &
Carretera
Fronteriza 426
Region Comitán 435
El Soconusco &
Strände 440
Region Tapachula 445
Tabasco 451
Villahermosa 451
Comalcalco 455

OAXACA 457
Oaxaca de Juárez 460
Valles Centrales 483

PARROQUIA DE SAN MIGUEL
ARCÁNGEL S. 722

Monte Albán 483
Valle de Tlacolula 485
Valle de Zimatlán 490
Valle de Etla 493
San José del Pacífico 494
Sierra Norte **494**
Pueblos
Mancomunados 495
Westliches Oaxaca **496**
Santiago Apoala 496
Oaxacas Küste **497**
Puerto Escondido 497
Parque Nacional
Lagunas de
Chacahua 509
Pochutla 510
Puerto Ángel 511
Zipolite 512
San Agustinillo 516
Mazunte 518
La Ventanilla 521
Bahías de
Huatulco 521
**Isthmus von
Tehuantepec** **531**
Tehuantepec 532
Juchitán 533

ZENTRALE
PAZIFIKKÜSTE 534
Mazatlán 536
Mexcaltitán 550
San Blas 551
San Blas 551
Tepic 556
Chacala 557
San Francisco 559
Sayulita 560
Punta de Mita
& Riviera Nayarit 564
Puerto Vallarta 564

Strände an der
Costalegre 582
Bahía de Navidad 583
Manzanillo 588
Michoacáns Küste 592
Lázaro Cárdenas 594
Troncones 595
Ixtapa 597
Zihuatanejo 599
Barra de Potosí 609
Soledad de Maciel 610
Pie de la Cuesta 611
Acapulco 612
Costa Chica 625

WESTLICHES ZENTRAL-
HOCHLAND 627
**Großraum
Guadalajara** **630**
Guadalajara 630
Tequila 655
Lago de Chapala 656
Zona de Montaña 658
Colimas Binnenland . . . **660**
Colima 660
Parque Nacional Volcán
Nevado de Colima 664

Comala 665
**Michoacáns
Binnenland** **666**
Morelia 667
Reserva Mariposa
Monarca 677
Angangueo 678
Zitácuaro 679
Rund um Pátzcuaro 680
Uruapan 689
Angahuan 692

NÖRDLICHES ZENTRAL-
HOCHLAND 694
**Querétaro
(Bundesstaat)** **696**
Querétaro 696
Tequisquiapan 703
Jalpan 704
Bernal 704
**Guanajuato
(Bundesstaat)** **705**
Guanajuato 705
León 717
Dolores Hidalgo 718
San Miguel de Allende . . . 720
Mineral de Pozos 732

JOHN & LISA MERRILL / GETTY IMAGES ©

TRADITIONELLE GEWEBTE
SOMBREROS

Inhalt

Aguascalientes (Bundesstaat) **734**
Aguascalientes 734
San Luis Potosí (Bundesstaat) **738**
San Luis Potosí 739
Real de Catorce 745
La Huasteca Potosina ... 749
Zacatecas (Bundesstaat) **753**
Zacatecas 754
Jerez 762

BAJA CALIFORNIA . 763
Nördliches Baja **765**
Tijuana 765
Playas de Rosarito 773
Ruta del Vino & Valle de Guadalupe 774
Ensenada 776
Mexicali 781
Südliches Baja **782**
Guerrero Negro 782
San Ignacio 784
Sierra de San Francisco . 785
Santa Rosalía 786
Mulegé 787
Loreto 789
Puerto San Carlos 792
La Paz 792
La Ventana 798
Los Barriles 799
Cabo Pulmo 799
San José del Cabo 800

Cabo San Lucas 803
Todos Santos 807

BARRANCA DEL COBRE & NÖRDLICHES MEXIKO 811
Barranca del Cobre & Ferrocarril Chihuahua Pacífico **815**
El Fuerte 817
Cerocahui 819
Urique 821
Areponápuchi 824
Divisadero 825
Creel 826
Batopilas 830
Cusárare 832
San Ignacio de Arareko 834
Nordwestliches Mexiko **834**
Sonora 835
Los Mochis 845
Chihuahua & Zentrales Nordmexiko **848**
Chihuahua 848
Nuevo Casas Grandes & Casas Grandes 854
Durango 855
Nordöstliches Mexiko . **861**
Saltillo 861
Parras 864
Cuatrociénegas de Carranza 865
Monterrey 867

MEXIKO VERSTEHEN

Mexiko aktuell **876**
Geschichte **879**
Die mexikanische Lebensart **893**
Kunst **898**
Die mexikanische Küche **909**
Natur & Umwelt **916**

PRAKTISCHE INFORMATIONEN

Allgemeine Informationen **926**
Verkehrsmittel & -wege **939**
Sprache **947**
Register **959**
Kartenlegende **973**

SONDER-SEITEN

Abseits der üblichen Pfade **40**
Essen & trinken wie die Mexikaner **42**
Mexikos alte Ruinen erkunden **48**
Chichén Itzá in 3D **354**

Willkommen in Mexiko

Palmengesäumte Strände, feuriges Essen, dampfender Urwald, pulsierende Städte, Fiesta-Feuerwerk und Frida Kahlos Schaffenskraft: Mexiko beschwört viele Bilder herauf – und die Realität enttäuscht kein bisschen.

Outdoor-Leben

Von Tropenwäldern und schneebedeckten Vulkanen über Wüsten mit Kakteen bis hin zur 10 000 km langen Küste mit Sandstränden und Lagunen voller Leben: Mexiko ist ein Rausch für die Sinne. Das Leben findet weitgehend draußen statt. Auf dem Surfbrett geht's über die Wellen des Pazifiks, mit Schnorchel und Maske ins Karibische Meer, und Mexikos wilde Flüsse sind perfekt für Rafting-Abenteuer. Man kann auch auf dem Trockenen bleiben und durch Oaxacas Bergnebelwälder wandern, die Gipfel schlafender Vulkane erklimmen oder Millionen Monarch-Schmetterlinge bestaunen.

Mit Leib und Seele

Mexiko steckt voller Kultur und Geschichte. Alte Zivilisationen errichteten hier einige der größten archäologischen Monumente der Welt, etwa die Pyramiden von Teotihuacán und die Maya-Tempel in Palenque. Die Spanier hinterließen wunderschöne Städte mit kunstvollen Kirchen und Herrenhäusern. Das moderne Mexiko hat Künstler wie Diego Rivera und Frida Kahlo hervorgebracht. Top-Museen und -Galerien dokumentieren Historie und Kreativität des Landes. Die Kultur lebt in den Underground-Clubs und der Street-Art von Mexico City ebenso wie im Kunsthandwerk der indigenen Bevölkerung.

Allerlei Gaumenfreuden

Mexikos gastronomisches Repertoire ist so vielfältig wie seine Menschen und die Topografie des Landes. Essen zu gehen ist ein Vergnügen, egal ob man regionale Gerichte probiert, etwa Yucatáns *cochinita pibil* oder Oaxacas und Pueblas riesige Auswahl an *moles*. Und dann ist da auch noch die unendliche Vielfalt, die Weltklasse-Köche in Mexico City auftischen. Einige der besten Gerichte Mexikos gibt's in den einfachen Restaurants mit *palapa* (Dächer aus Palmstroh) am Meer, die frische Meeresfrüchte servieren, und in den kleinen *taquerías*, die überall in Mexiko zu finden sind. Tortillas gibt's mit den verschiedensten Füllungen und hausgemachter Salsa.

Los Mexicanos

Das Spannendste an einem Mexikobesuch sind die Menschen. Ob Großstadt-Hipster oder Dörfler – Mexikaner sind bekannt für ihre Liebe zu Farben und Festen und dafür, ein philosophisch veranlagtes Völkchen zu sein, dem *simpatía* (Empathie) wichtiger ist als feste Pläne. Die Menschen sprühen nur so vor Charme und Gastfreundlichkeit. Auch wenn sie gelegentlich an ihrer Regierung (ver)zweifeln... Mexikaner sind stolz auf ihre Heimat, die Familienbande, die Städte, die Traditionen und die Agavenspirituosen.

Warum ich Mexiko liebe

Von Anna Kaminski, Autorin

Als Teenager besuchte ich Mexiko zum ersten Mal. Während meiner Unizeit faszinierten mich die alten Zivilisationen des Landes. Inzwischen habe ich die Hälfte meines Lebens mit Reisen durch Mexiko verbracht, seine Städte, Küsten, Ruinen und Berge erkundet, auf den Sofas verschiedenster Menschen geschlafen – bei einem Gangster in Tijuana genauso wie bei einem Vietnam-Veteranen und Maler in San Miguel de Allende. Ich habe mich durch die Landesküche gefuttert, von *mondongo* (Kutteln) bis zu Menüs von Michelin-Köchen. Meine Liebe zu Mexikos Vielfalt und seinen Menschen ist und bleibt unerschütterlich.

Mehr über unsere Autoren steht auf S. 974.

Oben: Cenote X'Kekén y Samulá (S. 360)

Mexiko

San Diego
Tijuana
Ensenada
Mexicali
Phoenix
Tucson
Nogales
Nogales
Parque Nacional
Constitución
de 1857
Puerto
Peñasco
Douglas
Agua
Prieta
El Paso
USA
Ciudad
Juárez
Nuevo
Casas
Grandes
Páquimé
Rio Bravo del Norte
Rio Grande
Isla Ángel
de la
Guarda
Isla Cedros
Isla del
Tiburón
Bahía de
Kino
Hermosillo
Presidio
Ojinaga
Chihuahua
Del Rio
Ciudad
Acuña
Guerrero Negro
Desierto de
Vizcaíno
San Ignacio
Santa
Rosalía
Mulegé
Guaymas
Ciudad
Obregón
Navojoa
Cuauhtémoc
Creel
Divisadero
Jiménez
Cuatro
Ciénegas
Monclov
Álamos
El Fuerte
Hidalgo
del Parral

Ferrocarril Chihuahua Pacífico
Mexikos spektakuläre, letzte
große Eisenbahnstrecke (S. 815)

Loreto
Los Mochis
Topolobampo
Gómez
Palacio
Torreón
Parras
Saltillo
Culiacán
Isla Espíritu
Santo
Nördlicher Wendekreis
La Paz
Durango
Real de
Catorce

Espíritu Santo
Super Schnorchel-, Kajak- und
Campingoptionen (S. 792)

Todos
Santos
Los Barriles
Cabo Pulmo
Cabo San Lucas
San José
del Cabo
Mazatlán
Fresnillo
Zacatecas
La Quemada
San Luis
Potosí
20°N
Mexcaltitán
San Blas
Islas
Marías
Tepic
Aguascalientes
Sayulita
Chacala
Puerto
Vallarta
San Miguel de
Allende
León
Guanajuato
Irapuato
Guadalajara
Celaya

Guadalajara
Mexikos pulsierende zweitgrößte Stadt (S. 630)

Volcán Nevado
de Colima
Colima
Morelia
Pátzcuaro
Uruapan
Volcán
Paricutín
Reserva
Mariposa
Monarca
Barra de Navidad
Manzanillo
Cuyutlán

Guanajuato
Lebendige, pittoreske alte
Universitätsstadt (S. 705)

Lázaro Cárdenas
Troncones
Ixtapa
Zihuatanejo

15°N

HÖHENSTUFEN

3000 m
2000 m
1500 m
1000 m
400 m
200 m
0

Volcán Paricutín
Baby-Vulkan mit Kletter-
möglichkeiten (S. 692)

PAZIFIK

San Miguel de Allende
Kopfsteinpflaster und glorreiche Anwesen (S. 720)

10°N
115°W
110°W
105°W

Teotihuacán
Atemberaubend: die Sonnen-
und die Mondpyramide (S. 158)

Chichén Itzá
Absolut spektakuläre alte
Maya-Ruinen (S. 352)

Golf von Mexiko

Mexico City
Riesenhafte, faszinierende
Kultur-Metropole (S. 62)

Nördlicher Wendekreis

Mérida
Wunderschöne, kultivierte
Kolonialstadt (S. 329)

San Cristóbal de las Casas
Kolonialer Charme und
Maya-Kultur (S. 393)

Palenqu
Überragende Maya-Architektur
mit Urwaldkulisse (S. 414)

Reserva Mariposa Monarca
Millionen von Monarchfaltern
flattern hier umher (S. 677)

Oaxaca de Juárez
Wundervolles Kunsthandwerk,
überaus pikante Küche (S. 460)

Oaxacas Küste
Glückseliges Nirwana für
Strandfans (S. 497)

0   300 km

Fort Worth
Dallas
Jackson
Montgomery
Baton Rouge
Tallahassee
Austin
Houston
San Antonio
Eagle Pass
Piedras Negras
Nuevo Laredo
Laredo
McAllen
Padre Island
Brownsville
Monterrey
Reynosa
Matamoros
Sierra Madre
Matehuala
Ciudad Victoria
Reserva de la Biosfera El Cielo
Reserva de la Biosfera Sierra Gorda
Tampico
Querétaro
Pachuca
Tuxpan
Poza Rica
Papantla
El Tajín
MEXICO CITY
Teotihuacán
Pico de Orizaba
Xalapa
Cardel
Veracruz
Toluca
Tlaxcala
Cuernavaca
Puebla
Córdoba
Orizaba
Tlacotalpan
Santiago Tuxtla
Taxco
Cuautla
Tehuacán
Catemaco
Coatzacoalcos
Popocatépetl
Acayucan
Chilpancingo
Oaxaca
Monte Albán
Istmo de Tehuantepec
Tuxtla Gutiérrez
Villahermosa
Palenque
Ocosingo
Yaxchilán
Acapulco
Sierra Madre del Sur
Juchitán
Tonalá
San Cristóbal de las Casas
Comitán
Pie de la Cuesta
Pochutla
Tehuantepec
Bahías de Huatulco
Volcán Tacaná (4110 m)
Puerto Escondido
Puerto Ángel
Reserva de la Biosfera La Encrucijada
Tapachula

Progreso
Izamal
Ek'Balam
Río Lagartos
Parque Nacional Isla Contoy
Isla Mujeres
Cancún
Tizimín
Puerto Morelos
Playa del Carmen
Mérida
Valladolid
Isla Cozumel
Chichén Itzá
Tulum
Uxmal
Campeche
Felipe Carrillo Puerto
Reserva de la Biosfera Calakmul
Reserva de la Biosfera Sian Ka'an
Ciudad del Carmen
Escárcega
Xpujil
Chetumal
Río Usumacinta
Calakmul
Belize City
BELIZE

GUATEMALA
GUATEMALA CITY
HONDURAS
TEGUCIGALPA
SAN SALVADOR
EL SALVADOR
NICARAGUA

25°N
20°N
100°W
95°W
90°W

Mexikos
Top 24

1

Unvergleichliches Palenque

1 Im wunderbaren Palenque (S. 414) taucht man mit allen Sinnen kopfüber in die alte Maya-Welt ein. Pyramiden erheben sich über die Baumkronen des Urwalds, in dem Affen kreischen und sich durch das dichte Blätterdach hangeln. Es lohnt sich, viel Zeit mitzubringen, um die Reliefs bewundern zu können, bevor man das Grabmal der mysteriösen Roten Königin und ihren Sarkophag ausfindig macht, durch den irrgartenartigen Palast schlendert und dessen berühmten Turm bestaunt. Anschließend sollte man dem prächtigen Mausoleum für Pakal (den bedeutendsten Herrscher der Stadt) im Tempel der Inschriften Respekt zollen, dem berühmtesten Grabmal des Kontinents.

Cabo Pulmo

2 An der größtenteils unbebauten Ostküste lässt sich der Zauber des alten Baja wiederentdecken. Erstklassige Tauchspots findet man vor Cabo Pulmo (S. 799), dem einzigen Korallenriff an der Westküste Nordamerikas und mit 71 km² einem der größten und erfolgreichsten Meeresschutzgebiete der Welt. Hier bekommt man Schwarze Korallenbüsche, Schwärme von Drückerfischen, Gelbflossenthunfischen und Schnappern zu Gesicht. Je nach Jahreszeit und Strömungsverhältnissen sieht man vielleicht sogar Hammerhaie, riesige Mantarochen oder Walhaie.

GERT OLSSON / SHUTTERSTOCK ©

LEONARDO GONZALEZ / SHUTTERSTOCK ©

ABERUGO / GETTYIMAGES ©

Mexico City, Kulturhauptstadt

3 Die langjährige politische Haupstadt des Landes (S. 62) steht eindeutig auch in Sachen mexikanischer Kultur an der Spitze. Man muss bedenken, dass hier die wichtigsten Werke der berühmtesten Maler zu sehen sind, z. B. die filmartigen Malereien von Diego Rivera im Palacio Nacional (Foto; S. 72) und der Sozialrealismus des José Clemente Orozco im Palacio de Bellas Artes. Musik, Kunst und Theater sind allgegenwärtig in Mexico City – selbst eine Gondelfahrt durch die alten Kanäle in Xochimilco wäre ohne leidenschaftliche Mariachi-Ballade irgendwie unvollständig.

Mexikos letztes Eisenbahnabenteuer

4 Die Strecke der Ferrocarril Chihuahua Pacífico (Kupferschluchtbahn; S. 815) gilt als eine der schönsten Bahnstrecken Lateinamerikas. Von Meereshöhe in Los Mochis geht es hinauf zu den Hochebenen von Chihuahua, vorbei an alpinen Wäldern, subtropischen Tälern, Dörfern der Tarahumara und einigen der tiefsten Schluchten der Welt. Der Rand des Canyons ist perfekt für einen Fotostopp – oder um einige Tage lang zu Fuß, mit dem Rad oder via Seilrutsche eine der faszinierendsten Gegenden Mexikos zu erkunden.

Pyramiden von Teotihuacán

5 Das nur eine Stunde außerhalb von Mexico City gelegene Teotihuacán (S. 158) zählte einst zu den bedeutendsten Städten Mesoamerikas. Die riesige Pirámide del Sol und die Pirámide de la Luna (Pyramide des Mondes; Foto) dominieren die Ruinen der einstigen Metropole, die Jahrhunderte nach ihrem Niedergang im 8. Jh. ein Wallfahrtsort für den aztekischen Hochadel blieb. Auch heute noch zieht die Stadt, in der angeblich mystische Energien aufeinandertreffen, viele Fans an.

Oaxaca de Juárez

6 Die einzigartige Stadt (S. 460) sonnt sich im Hochlandlicht und fesselt Besucher mit kreativer Küche, fantastischem Kunsthandwerk, bunten Fiestas, kolonialzeitlicher Architektur, einer boomenden Kunstszene und tollem Mescal aus den umgebenden Dörfern. Nicht weit entfernt liegen Monte Albán, die alte Hauptstadt der Zapoteken, Dutzende indigener Dörfer mit Kunsthandwerksmärkten und die kühlen, bewaldeten Hügel der Sierra Norte, die ideal für Wanderer, Mountainbiker und Reiter sind. Día de Nuestra Señora de Guadalupe (S. 912)

Wunderbares Mérida

7 Die kulturelle Hauptstadt (S. 329) Yucatáns ist groß, aber noch überschaubar. Sie hat ein gepflegtes kolonialzeitliches Zentrum, schmale Kopfsteinpflastergassen, sonnige Plätze, Museen, Galerien und einige der besten Restaurants in der Region. Vor der Stadt warten Naturschutzgebiete, reizende Haziendas und von Urwald umgebene Cenoten (Dolinen), in denen es sich herrlich baden lässt. Etwas weiter entfernt liegen die weniger besuchten Maya-Stätten entlang der Ruta Puuc, wo man ungestört von Reisegruppen in die Vergangenheit eintauchen kann.

6

7

JESS KRAFT / SHUTTERSTOCK ©

Kunsthandwerk

8 Mexikos unglaublich vielfältige *artesanías* (Kunsthandwerk; S. 906) sind die modernen Nachfolger der herrlichen Kostüme und Keramiken des präkolumbischen Adels und der handgefertigten Kleider, Korb- und Tonwaren ihrer Untertanen. Ob in den Läden in der Stadt, auf Märkten auf dem Land oder in den Ateliers der Kunsthandwerker, die Kunstfertigkeit, Kreativität und das Farbgefühl der Töpfer, Weber, Schmiede, Schnitzer und Gerber betören die Sinne und verführen zum Geldausgeben für Textilien, Silber- und Türkisschmuck, Eisenholz-Schnitzereien, perlenbesetzte Masken und mehr.

Zauberhaftes San Cristóbal de las Casa

9 Die Kopfsteinpflasterstraßen des von Hügeln umgebenen San Cristóbal de las Casas (S. 393), einer im Hochland gelegenen kolonialzeitlichen Stadt im indigenen Chiapas, laden zum Bummeln ein. Die vom Mix aus Moderne und Maya, kosmopolitischen Cafés und traditioneller Kultur geprägte Stadt ist ein Startpunkt für die Erkundung von Chiapas' Natur und der Dörfer der Tzotzil und Tzeltal. Man entdeckt Kirchen und Märkte oder reitet durch duftenden Wald, abends wärmt man sich am Feuer in einer Kneipe.

Chichén Itzá

10 Es gibt einen Grund, warum diese Maya-Stätte (S. 352) *die* Sehenswürdigkeit Mexikos ist: Sie ist spektakulär. Von der imposanten Pyramide El Castillo (wo während der Tag- und Nachtgleichen im Frühjahr und im Herbst der Schatten des gefiederten Schlangengotts Kukulcán die Treppe hinunterzugleiten scheint) bis hin zum Cenote Sagrado (heiligen Cenote) und dem schneckenförmigen El Caracol ist das Erbe der Maya-Astronomen faszinierend. Die Schädel-Plattform und die Steinmetzarbeiten im Tempel der Krieger stehen dem in nichts nach. Abends gibt's hier eine Sound-&-Light-Show.

Oaxacas Strände

11 Nach ein paar Tagen an den 550 km feinsandigen Pazifikstrands (S. 497) ist man so entspannt, dass man gar nicht mehr weg möchte. Puerto Escondido ist ein Surf-Mekka mit Fischerhafen, die Bahías de Huatulco bieten günstige Resorts, und Zipolite, San Agustinillo oder Mazunte sind Treffpunkte für alle, die es locker lieben. Man genießt die Sonne, gutes Essen und lässige Strandbars. Man geht baden, greift sich Schnorchel oder Surfbrett oder macht sich auf, um Schildkröten, Delfine, Wale, Krokodile oder die Vogelwelt zu bewundern.
Playa Carrizalillo (S. 498), Puerto Escondido

Mexiko schmecken

12 Die mexikanische Küche ist unvergleichlich; jeder Landesteil hat eigene Spezialitäten – je nach lokalem saisonalem und Marktangebot. Am besten ist es, wenn man in den Restaurants, auf den Märkten und an Ständen die örtlichen Spezialitäten probiert – auch wenn man irgendwann den Überblick über die kulinarischen Genüsse (S. 909) verliert. Wer abends schick ausgehen möchte, sollte einen der zahllosen kreativen Köche aufsuchen, die aus traditionellen und innovativen Zutaten erstaunliche Geschmackskompositionen kreieren.
Quesadillas

La Huasteca Potosina, San Luis Potosí

13 Das traumhaft grüne Huasteca Potosina (S. 749) ist eine Region in San Luis Potosí. Hier kann man Ruinen und Höhlen erkunden und Abenteuer erleben. Wasserfälle und Flüsse laden zum Baden, Bootfahren und Staunen ein. In dieser Gegend ist die Kultur der Huaxteken allgegenwärtig: Probieren sollte man das hiesige *zacahuil*, eine sättigende Tamale. In der Region liegt auch Las Pozas, ein surrealistischer Garten mit fantastischen Bauten und dalíesken Skulpturen.
Cascada de Tamul (S. 751)

Volcán Paricutín

14 Für einen Vulkan ist der Paricutín (S. 692) noch jung. Er erhob sich 1943 aus einem Maisfeld in Michoacán und ist einer der jüngsten Vulkane der Erde und der einzige, der von Anfang an wissenschaftlich untersucht wurde. Der 410 m hohe Kegel ist auch relativ leicht zu erklimmen. Manche Leute springen von Felsen zu Felsen über die Lavafelder zum Gipfel, andere reiten durch den schwarzen Sand und steigen erst zum Gipfelanstieg vom Pferd. Das Ziel ist dasselbe: auf einem echten geologischen Wunder zu stehen.

Pico de Orizaba

15 Der 5611 m hohe Pico de Orizaba (S. 258) ist der höchste Berg im Land. Beim zermürbenden Aufstieg auf den schneebedeckten Gipfel hat man den Eindruck, man könne den Himmel berühren. Der Aufstieg ist kein Spaziergang; man braucht die Hilfe eines erfahrenen Wanderführers aus der Region, angemessene Kleidung für extreme Kälte und einen Sinn für Abenteuer, der mindestens so groß ist wie der Berg. Zu extrem? Dann bleibt man besser auf den weniger anspruchsvollen Wegen an den unteren Berghängen.

NORADOA / SHUTTERSTOCK ©

UROSR / GETTY IMAGES ©

San Miguel de Allende

16 Diese koloniale Schönheit hat einfach alles: frühlingshaftes Klima, herrliches Licht, Architektur, Kunsthandwerk und einige der besten Leckereien des Landes. Da man hier oft Anlass zum Feiern findet, herrscht zudem kein Mangel an Musik, Paraden und Feuerwerk. Die nahen Thermalquellen sind perfekt, um zu relaxen. San Miguel (S. 720), beliebt bei pensionierten Gringos, die hier den Winter verbringen, hat so viel zu bieten – für viele ein Highlight ihres Mexiko-Aufenthalts. Tänzer beim Guanajuato International Film Festival (S. 726)

Millionen Monarche

17 Schwärme von Monarchfaltern bedecken während ihrer Wanderung die Wälder und Hügel der Reserva Mariposa Monarca (S. 677) – eines der erstaunlichsten Naturphänomene auf diesem Planeten und ein unvergessliches Erlebnis. Es ist ein Höhepunkt des Jahres; wer kann, sollte den Reiseplan danach ausrichten. Zwischen Ende Oktober und März besetzen die Falter auf ihrer Flugroute jede Fläche und jeden Ast und lassen die Landschaft schimmern. Die Schmetterlinge wandern, um dem eisigen Winter im Norden zu entgehen.

Costa Maya

18 Am besten besucht man die Region, solange noch alles ruhig ist. Denn anders als im zugebauten Cancún oder an der Riviera Maya findet man an der Costa Maya, wo auf nachhaltige Erschließung Wert gelegt wird, noch friedliche Fischerdörfer wie Mahahual (S. 320) und Xcalak mit einigen der besten Tauchstellen der Karibikküste. Landeinwärts liegt die Laguna Bacalar, ein 90 m tiefer See, entstanden aus sieben Cenoten, an dessen Ufer eine Kleinstadt mit einer spanischen Festung liegt. Laguna Bacalar (S. 323)

Pazifikküste

19 Mexikos Pazifik-küste (S. 534) ist atemberaubend schön – von den Wüsteninseln der Baja California bis hin zu den grünen, von tropischen Bergen gesäumten Buchten, den unberührten Sandstränden und den Lagunen voller Vögel. Diese urtümliche Pracht wird durchbrochen von einer Reihe beliebter Badeorte wie Mazatlán, Puerto Vallarta, Manzanillo, Ixtapa, Zihuatanejo, Acapulco und erstklassigen Surfspots wie Barra de Nexpa, Boca de Pascuales, Troncones und Puerto Escondido, wo sich glasklare Wellen am Strand brechen.

Geselliges Guadalajara

20 Mexikos zweit-größte Stadt (S. 630) fasziniert auf eigene Art, obwohl sie eher eine Ansammlung von Pueblos als eine typische Großstadt ist. Mit Kolonialgebäuden, Kirchen, labyrinthischen Märkten, Plätzen und Kunsthandwerksläden in Tlaquepaque und Tonalá geht einem die Stadt unter die Haut. Jugend und Mittelschicht feiern in schicken Bars und Clubs, und es gibt keinen besseren Ort im Westen, um essen zu gehen – ob Ziegen-Schmortopf oder mexikanisch-französische Fusion-Küche. Catedral de Guadalajara (S. 631)

Espíritu Santo

21 Teil eines UNESCO-Biosphärenreservats. Die Insel Espíritu Santo (S. 792) ist in jeder Hinsicht spektakulär. Wind und Wellen haben den rosafarbenen Sandstein ausgespült und fingerförmige Landzungen mit wunderschönen Buchten geformt. Und wenn das an landschaftlicher Schönheit noch nicht reicht, kann man sich in die Tiefe des endlosen Blau zu den Walhaien begeben, zu den vielen bunten Riffen tauchen, unter dem überwältigenden Sternenhimmel zelten, die Seelöwenkolonie auf der Insel beobachten oder mit dem Kajak durch unzählige azurblaue Buchten fahren. Kalifornischer Seelöwe

JAVIER GARCIA / SHUTTERSTOCK ©

Tulum

22 Eine weltberühmte Maya-Ruine, fast schon schmerzhaft schöner weißer Sand und das türkisblaue Wasser der Karibik bilden den grandiosen Rahmen für das zu Recht beliebte Tulum (S. 311). Hier gibt's Unterkünfte für jeden Geldbeutel, von Strandhütten bis zu erstklassigen Resorts, einigen fantastischen Restaurants und Bars, zahlreichen Attraktionen in der Umgebung wie Cenoten (Kalkstein-Dolinen) und weitere Maya-Ruinen. Es ist wirklich kein Wunder, dass viele Leute, die eigentlich nur ein paar Tage bleiben wollten, am Ende kaum mehr weg wollen.

Puerto Vallarta

23 Dank seinem Charme, den schönen Stränden, dem großstädtischen Nachtleben und dem eher kleinstädtischen, freundlichen Miteinander ist Vallarta zweifellos authentischer und lebendiger als die meisten großen Badeorte Mexikos. Die Umgebung lädt zu Ausflügen abseits ausgetretener Pfade ein und die LGBT-Szene ist legendär. Eine der wahren Freuden von Puerto Vallarta (S. 564) sind neben der schönen Strandpromenade das große Angebot an exzellentem Street-Food und die wirklich erstklassigen Fusion-Restaurants.

Traditionelle mexikanische Architektur, Puerto Vallarta

Guanajuato

24 Das herrliche, zum Welterbe zählende Guanajuato (S. 705) hat in sein schmales Tal eine Menge hineingepackt: Die ehemalige Bergbausiedlung hat sich zu einer bunten Universitätsstadt voller Plätze, Museen, Kolonialvillen und pastellfarbener Häuser gemausert. Man schlendert durch die Fußgängerzone, beobachtet das Treiben auf den Plätzen, mischt sich unter die Mariachis (Foto) oder feiert bei den *estudiantinas* (Straßenfeste) und in den vielen Studentenkneipen mit. Die Tunnel – die wichtigsten Transportrouten der Stadt – sind eine besonders coole Option, die Gegend zu erkunden.

Gut zu wissen

Weitere Infos gibt's im Abschnitt „Praktische Informationen" (S. 925)

Währung
Peso (Mex$)

Sprache
Spanisch; 68 Sprachen der Ureinwohner

Visa
Traveller erhalten bei der Ankunft eine Touristen-karte. Deutsche, Öster-reicher und Schweizer brauchen kein Visum.

Geld
In Mexiko bezahlt man meist mit Bargeld. Geld-automaten und Wechsel-stuben gibt's überall. In Mittel- und Spitzenklas-sehotels, Restaurants und Geschäften werden Kreditkarten akzeptiert.

Handys
Am besten fragt man den eigenen Anbieter. Hiesige SIM-Karten funktionieren in SIM-Lock-freien Geräten.

Zeit
Im Großteil Mexikos rich-tet man sich nach der Hora del Centro (MEZ −7 Std.). Sechs Bundes-staaten im Norden und Westen leben nach MEZ −8 oder −9 Std., und in einem östlichen Bundes-staat gilt MEZ −6 Std.

Reisezeit

Cabo San Lucas
Jan.–Dez.

Cancún
Nov.–Aug.

Puerto Vallarta
Nov.–Mai

Mexico City
März–Okt.

Oaxaca
Feb.–Nov.

Wüste oder Halbwüste, trockenes Klima
Warme bis heiße Sommer, milde Winter
Tropisches Klima, Regen- & Trockenzeiten
Tropisches Klima, ganzjährig Regen

Hauptsaison
(Dez.–April)

➡ In dieser Zeit, der trockensten im größten Teil Mexikos, kommen viele Men-schen aus kühleren Gefilden.

➡ An Weihnachten und Ostern haben die Mexikaner Feri-en, dann wird es in Verkehrsmitteln und Hotels an der Küste richtig voll.

Zwischen-saison
(Juli & Aug.)

➡ Ferienzeit für viele Mexikaner und Ausländer. Heiß ist es fast überall, und an der Pazifikküste wird's auch sehr nass. In einigen beliebten Regionen schnellen die Preise nach oben.

Nebensaison
(Mai & Juni, Sept.–Nov.)

➡ Im Mai und Juni sind die Temperatu-ren in vielen Gebieten am höchsten.

➡ Der September ist die Wirbelsturmsai-son schlechthin – nicht immer gibt es auch Hurrikane, aber es regnet sehr viel an der Golf- und der Pazifikküste.

Infos im Internet

Lonely Planet (www.lonely
planet.de) Infos, Forum und
mehr.

Mexico Cooks! (www.mexico
cooks.typepad.com) Toller Blog
über das Leben in Mexiko.

México (www.visitmexico.com)
Offizielle Tourismus-Website mit
vielen nützlichen Tipps.

Planeta.com (www.planeta.
com) Interessante Artikel,
Listen, Links, Fotos und mehr.

Geo-Mexico (www.geo-mexico.
com) Informative und überraschende Fakten aller Art über
Mexiko.

Mexico Travel (www.tripsavvy.
com) Reise-News und Infos zu
Mexiko.

Wichtige Telefon-nummern

Landes-vorwahl	☏52
Notruf	☏911
Vorwahl für internationale Gespräche	☏00
Nationale Hotline für Traveller (auch bei Notfällen)	☏088

Wechselkurse

Euro-zone	1 €	22,21 Mex$
	10 Mex$	0,45 €
Schweiz	1 SFr	19,69 Mex$
	10 Mex$	0,51 SFr

Aktuelle Wechselkurse sind
unter www.xe.com abrufbar.

Tagesbudget

Günstig – weniger als 800 Mex$

➡ B im Hostel: 200 Mex$;
DZ im Budgethotel: 370–
620 Mex$

➡ *Comida corrida* (Mittagessen
zum Festpreis) in einem günstigen Restaurant: 60–90 Mex$

➡ Busfahrt 250 km: 230 Mex$

Mittelteuer – 800–2300 Mex$

➡ DZ in einem Mittelklassehotel: 630–1500 Mex$

➡ Gutes Abendessen inkl.
Getränken: 250–350 Mex$

➡ Museumseintritt: 10–
70 Mex$

➡ Taxifahrt in der Stadt:
35–65 Mex$

➡ Tagesausflug wandern/
Rafting/mountainbiken 900–
2000 Mex$

Teuer – mehr als 2300 Mex$

➡ DZ im Spitzenklassehotel:
1600–5000 Mex$

➡ Edles Abendessen inkl.
Getränken: 360–500 Mex$

➡ Individuelle Tagestour:
1500–2000 Mex$

➡ 2-stündiger Ausritt:
1000 Mex$

Öffnungszeiten

Wo sich die Öffnungszeiten
saisonal ändern, haben wir die
Hauptsaisonzeiten angegeben.
Sonst kann kürzer geöffnet sein.
Öffnungszeiten variieren sehr
stark; hier ein paar Richtwerte.

Banken Mo–Fr 9–16, Sa 9–13 Uhr

Restaurants 9–23 Uhr

Cafés 8–22 Uhr

Bars und Clubs 13–0 Uhr

Läden Mo–Sa 9–20 Uhr
(Supermärkte & Kaufhäuser tgl.
9–22 Uhr)

Ankunft am ...

Flughafen Mexico City
Lizenztaxis ins Zentrum
kosten 250 Mex$ (Tickets
gibt's im Flughafengebäude).
Metrobús-Busse (30 Mex$ zzgl.
10 Mex$ für eine Smart-Card
am Automaten im Gebäude)
bedient einige Gegenden im
Zentrum. Die Metro (5 Mex$)
fährt von 5 Uhr (Sa 6, So 7 Uhr)
bis Mitternacht; die Haltestelle
Terminal Aérea ist 200 m vom
Terminal 1 entfernt.

Flughafen Cancún Flughafen-
Shuttles zur Innenstadt oder zur
Hotelzone kosten ca. 160 Mex$
pro Nase, Taxifahrten bis
500 Mex$. ADO-Busse fahren ins
Zentrum (72 Mex$; häufig), nach
Playa del Carmen (178 Mex$;
1¼ Std.; häufig) und Mérida
(368 Mex$; 4 Std.; 4-mal tgl.).

Unterwegs vor Ort

Bus Mexikos effizientes, kom-
fortables und recht günstiges
Busnetz ist im Allgemeinen
die beste Möglichkeit, im Land
herumzukommen. Auf den
Hauptrouten gibt es regelmäßige Verbindungen.

Flugzeug Zu mehr als 60
Städten gibt es Inlandsflüge, die
anstelle von Fernbustrips eine
Überlegung wert sind. Die Preise
sind unterschiedlich und hängen
von der Fluglinie und davon ab,
wie lange im Voraus man zahlt.

Auto Mit dieser bequemen
Option ist man maximal
unabhängig. Die Straßen
sind in Ordnung, auch wenn
man nicht ganz so schnell
vorankommt wie in Europa. Die
Mietwagenpreise beginnen bei
ca. 650 Mex$ pro Tag inklusive
einfacher Versicherung.

Zug Es gibt nur eine spektakuläre, malerische Zugstrecke im
nördlichen Mexiko.

Mehr zu **Verkehrs-
mitteln & -wegen**
s. S. 939

Mexiko für Einsteiger

Weitere Infos gibt's im Kapitel „Allgemeine Informationen" (S. 926)

Checkliste

➡ Gültigkeit des Reisepasses prüfen (mind. bis sechs Monate nach Ende des Aufenthaltes!)

➡ Rechtzeitig die notwendigen Impfungen vornehmen

➡ Reiseinformationen der Regierung zu Mexiko lesen

➡ Bei Flugreisen den Rückflug sicherstellen

➡ Reiseversicherung organisieren

➡ Alle Buchungen vornehmen (Unterkunft, Restaurants etc.)

➡ Seine Kreditkartengesellschaft/Bank informieren

➡ Herausfinden, ob man sein Handy nutzen kann

Mitnehmen

➡ Stromadapter

➡ Schwimmausrüstung

➡ Taschenlampe

➡ Führerschein

➡ Sonnenhut/Sonnenbrille

➡ Sonnencreme

➡ Regenfeste Kleidung

➡ Feste Schuhe

➡ Warme Kleidung

➡ Kohletabletten

➡ Sprachführer

Top-Tipps für die Reise

➡ In den Medien ist oft von Übergriffen durch Drogengangs die Rede. Die meisten Angriffe ereignen sich an einigen wenigen Orten, vor allem in Nordmexiko. Touristen sind davon nur selten betroffen, die Touristengegenden bleiben meist unberührt.

➡ Am besten rechnet man mit dem Unerwarteten. Wem das Fremde dann doch irgendwann zu viel wird, bleibt am besten da, wo er sich wohl fühlt. Internationale Küche ist in so gut wie jeder Stadt zu finden.

➡ Sehr zu empfehlen sind Ausflüge vor die Tore der Städte und weg von den Resorts entlang der Küste. Dann lernt man eine Seite Mexikos kennen, die viele Touristen nie zu sehen bekommen.

➡ Nicht zu viel vornehmen, sich eher auf den Teil Mexikos konzentrieren, den man ausführlicher erkunden will.

Dresscode

In den Badeorten trägt man Shorts oder Röcke; ärmellose Tops sind kein Problem. Um sich vor Sonne und Mücken zu schützen, packt man am besten langärmlige Shirts und lange Hosen ein – das gilt auch für die Abende oder die Städte fernab der Strände. In Kirchen konservativ kleiden. Für das kühlere Landesinnere und klimatisierte Busse oder Flugzeuge empfehlen sich Pullover oder leichte Jacken. Als Sonnenschutz braucht man auch einen Hut; in Mexiko werden gute und günstige verkauft.

Schlafen

In Mexiko gibt es eine große Auswahl an Unterkünften. Zu Hauptreisezeiten wie Weihnachten, Ostern und Juli/August sollte man bei beliebten Zielen einige Zeit im Voraus buchen.

Hostels Gibt's vorwiegend dort, wo Low-Budget-Reisende unterwegs sind. Hostels sind günstig und werden oft von cleveren Travellern geführt.

Hotels Hier gibt's alles, von unscheinbaren Kettenhotels bis zu renovierten historischen Villen.

Pensionen Wer sich für diese üblicherweise preiswerte und familiengeführte Unterkunftsvariante entscheidet, erhält oft einen tollen Einblick in den Alltag der Menschen hier.

Cabañas Vor allem an den Stränden gibt's oft Hütten, die schlicht oder auch absolut luxuriös ausgestattet sein können.

Zelten & Hängematte An den Stränden abseits der Luxus-Resorts kann man oft für wenig Geld sein Zelt aufschlagen oder in einer Hängematte übernachten.

Geld

Bareinkäufe sollte man mit Pesos zahlen; nur wenige Geschäfte nehmen US-Dollar an. Pesos erhält man mit international bekannten Kredit- und Debitkarten an Geldautomaten. Diese Karten werden auch von vielen Mittelklasse- und Luxusrestaurants, Geschäfte und Hotels akzeptiert.

Weitere Informationen gibt's auf S. 930.

Feilschen

Oft lohnt es sich, bei den Unterkünften nach einem Rabatt zu fragen, besonders in der Nebensaison oder wenn man länger als zwei Nächte bleibt. Auf den Märkten wird erwartet, dass man feilscht. Auch in Taxis ohne Taxameter kann man oft ein paar Pesos sparen.

Trinkgeld

Einige Angestellte sind auf das Trinkgeld angewiesen.

➜ **Restaurants** 10 % bis 15 %, wenn die Servicegebühr nicht inklusive ist (s. Bon).

➜ **Hotels** Das Reinigungspersonal freut sich über 5 % bis 10 % des Zimmerpreises.

➜ **Taxis** Die Fahrer erwarten nur bei ExtraService Trinkgeld.

➜ **Portiers** Flughafen- und Hotelportiers bekommen ca. 50 bis 100 Mex$.

➜ **Wärter** Parkplatz- und Tankwarte erwarten 5 oder 10 Mex$.

Sprache

Hauptsprache in Mexiko ist Spanisch. Viele Mexikaner, die in der Tourismusbranche arbeiten, sprechen aber auch fließend Englisch, so z. B. in internationalen Unterkünften. Dennoch ist es hilfreich und höflich, wenigstens ein paar spanische Wörter zu kennen. Die Mexikaner mögen es, mit *Buenos días* begrüßt zu werden, auch wenn sie danach ins Englische wechseln.

 Wo kann ich Kunsthandwerk kaufen?
¿Dónde se puede comprar artesanías?
don·de se pue·de kom·prar ar·te·sa·ni·as

Überall in Mexiko gibt es hochwertiges Kunsthandwerk zu kaufen, besonders schön sind die Arbeiten der *indígenas*.

2 **Welche *antojitos* haben Sie?**
¿Qué antojitos tiene? *ke an·to·chi·tos tie·ne*

Die kleinen Leckereien sind sehr vielseitig – man kann eine komplette Mahlzeit daraus machen, ein paar davon als Vorspeise nehmen oder einzeln auf der Straße als Snack genießen.

3 **Bitte nicht zu scharf.**
No muy picoso, por favor. *no mui pi·ko·so por fa·vor*

Nicht jedes Essen in Mexiko ist scharf, trotzdem sollte man auf Nummer sicher gehen, um eine „Feuerprobe" vermeiden.

4 **Wo gibt es eine *cantina* in der Nähe?**
¿Dónde hay una cantina cerca de aquí?
don·de ai u·na kan·ti·na ser·ka de a·ki

Am besten fragt man die Einheimischen nach dem nächstgelegenen typisch mexikanischen Lokal mit guten Snacks.

5 **Wie sagt man ... in Ihrer Sprache?**
¿Cómo se dice ... en su lengua?
ko·mo se di·se ... en su len·gua

In Mexiko werden viele indigene Sprachen gesprochen, vor allem Maya-Sprachen und Náhuatl. Die Einheimischen freuen sich, wenn man versucht, ihre Sprache zu lernen.

Etikette

Die Mexikaner achten nicht allzu sehr auf Etikette – ihre natürliche Warmherzigkeit löst jedes Problem.

➜ **Grußformeln** *Mucho gusto* (etwa „Ein großes Vergnügen") ist eine höfliche Begrüßung, wenn man vorgestellt wird, begleitet von einem Handschlag. Wenn man eine Frau und einen Mann trifft, hält die Frau einem die Hand zuerst hin. Männliche Freunde grüßen sich oft mit einem *abrazo* (Umarmung mit Schulterklopfen).

➜ **Die Menschen erfreuen** Die Mexikaner hören gern, dass man ihr Land liebt. Man sollte nicht offen kritisieren, sondern Unverständnis eher nuanciert als durch Widerspruch ausdrücken.

➜ **Besuche bei Einheimischen** Die Einladung in ein Haus ist für Außenstehende eine Ehre. Wer kann, bringt ein kleines Geschenk mit, z. B. Blumen oder eine Kleinigkeit für die Kinder. Man sollte sich um mindestens 30 Minuten verspäten; Pünktlichkeit gilt als unhöflich.

Was gibt's Neues?

Templo Mayor

In einer neuen Eingangshalle dieses Tempels in Mexiko-Stadt sind Artefakte zu bestaunen, die über einen Zeitraum von vier Jahren ausgegraben wurden – ein versteinerter Baum, Grabbeigaben und andere prähispanische Gegenstände. Es ist geplant, auch einen Turm aus mehr als 650 menschlichen Schädeln der Öffentlichkeit zugänglich zu machen. (S. 71)

Veganes Essen

Fleischfreie, vegetarische und vor allem vegane Gerichte werden in Mexiko-Stadt immer beliebter. *Comida vegana* gilt inzwischen auf jedem modernen *bazar* (Markt), in jedem Lebensmittelgeschäft, Restaurant (und sogar in Bars) als der angesagteste Trend.

Baja Craft-Bier

Die Craft-Bier-Szene im nördlichen Baja wächst und gedeiht ständig. In Ensenada, Mexicali und Tijuana, dem Zentrum diesbezüglicher Schaffenskraft, gibt's entsprechend reichlich zu verkosten.

Mazatláns Altstadt

Nach ehrgeizigen Verschönerungsmaßnahmen sehen die Straßen und öffentlichen Plätze in Mazatláns historischem Zentrum großartiger aus denn je. (S. 536)

Cenoten

X-Batún und Dzonbakal, zwei neu entdeckte Cenoten (Dolinen), sind ab sofort für Schwimmer und Taucher zugänglich. (S. 347)

Highspeed Insel Hopping

Im Lago de Pátzcuaro verbindet jetzt eine 1200 m lange Seilrutsche die kleine Isla Ja-nitzio mit der noch kleineren Isla Tecuéna (einfach: 250 Mex$/Pers.). Zurück nach Janitzio geht's dann per Boot. (S. 686)

Museo Francisco Villa

Durangos neues und gut durchdachte Museum befindet sich in einem kolonialen Herrenhaus mit atemberaubenden Wandgemälden und ist eine Hommage an den mexikanischen Revolutionshelden – und Sohn der Stadt – Pancho Villa. (S. 856)

Hotel Casa La Ola

Mit der Eröffnung dieses eleganten Boutiquehotels auf einer Anhöhe über dem Strand mit angeschlossenem Restaurant hat sich das kleine, ruhige San Agustinillo noch ein Stückchen feiner gemacht. (S. 517)

Parque Nacional Revillagigedo

Im Jahr 2017 schuf Mexiko dieses riesige neue Meeresschutzgebiet rund um den Revillagigedo-Archipel. Es ist als „Galápagos Nordamerikas" bekannt und Heimat von Hunderten von Meerestierarten. (S. 920)

Tren Turístico Puebla-Cholula

Pyramide und Zona Arqueológica von Cholula liegen nun nur noch eine angenehme 40-minütige Straßenbahnfahrt vom Zentrum von Puebla entfernt. (S. 173)

Weitere Tipps und Kritiken finden sich unter lonelyplanet.com/Mexico

Wie wär's mit…

Badeorte

Puerto Vallarta Badeort am Pazifik und Hochburg der LGBT-Szene mit Traumstränden, eleganten Restaurants und tollem Nachtleben. (S. 564)

Playa del Carmen Schickster Ferienort an der Karibikküste. (S. 301)

Zihuatanejo Lebhaftes Flair, ein stimmungsvolles Zentrum, hübsche Strände und eine herrliche Küste in der Nähe. (S. 599)

Cancún Nördlich der Megaresorts wartet eine Überraschung: die Isla Blanca, die ruhige Ecke Cancúns. (S. 280)

Cabo San Lucas Drei große, familienfreundliche Strände, top touristische Infrastruktur, viele Bars und Restaurants sowie Wassersport. (S. 803)

Mazatlán Malerisches koloniales Zentrum mit nostalgischer Promenade aus den 1950er-Jahren und Badespaß an der Strandmeile. (S. 536)

San Carlos Die besten Sandstrände im Norden mit Blick auf die Berge. (S. 839)

Strandidylle

Playa Zicatela Dieser 3 km lange Streifen aus goldenem Sand und tosenden Wellen in Puerto Escodido ist für Surfer der Himmel auf der Erden. (S. 497)

Xcalak Zeitlos schöne Karibikküste mit Barriereriff. (S. 322)

Playa Maruata Das ruhige Fischerdorf in Michoacán zieht Strandfans und Meeresschildkröten gleichermaßen an. (S. 593)

Barra de Potosí Von Palmen gesäumte weiße Strände, ruhiges Meer und eine Lagune voller Vögel und Krokodile. (S. 609)

Isla Holbox Auf den Sandstraßen der Palmeninsel an der Golfküste vergisst man den Trubel der Riviera Maya. (S. 296)

Espíritu Santo Flaches Wasser, unberührter Sandstrand und Bootstouren. (S. 792)

Reserva de la Biosfera Los Tuxtlas Die von Bergen umgebenen Strände des Naturschutzgebiets sind der beste Erholungsort im Golf von Mexiko. (S. 273)

Playa Escondida Am Ende einer holperigen Staubpiste im Süden von Veracruz wartet dieser Traumstrand. (S. 275)

Luxuriöse Spas & Hotels

Casa Oaxaca Boutiquehotel in Oaxaca, das sich der Kunst verschrieben hat, mit großartigen modernen Zimmern und einem Patio im Kolonialstil. (S. 474)

Banyan Tree Cabo Marqués Asiatisch inspiriertes, exklusives Küstenrefugium in der Nähe Acapulcos. (S. 619)

Posada La Poza Refugium am Pazifik in Todos Santos mit Gärten, Meerwasser- und Whirlpool und tollem Restaurant. (S. 808)

Rosewood San Miguel de Allende Gut betuchte Wochenendausflügler entspannen am fabelhaften Pool dieses historischen Palasthotels. (S. 727)

Pueblo Lindo Vom Pool auf dem Dach blickt man auf die weißen Häuser, die die Hügel von Taxco sprenkeln. (S. 211)

Siete Lunas Ein Urwaldspaziergang führt vom eleganten Sayulita zu diesem ruhigen Hotel auf den Klippen. (S. 562)

Hotel Museo Palacio de San Agustín Dieses einzigartige, aufwendig dekorierte Hotel ist zugleich ein Museum mit Antiquitätensammlung. (S. 743)

Hacienda de los Santos Die 300 Jahre alte Hacienda in Álamos wurde in ein grandioses Boutique-Hotel verwandelt. (S. 843)

Amuleto Hoch über Zihuatanejo bietet dieses Boutique-Refugium um Entspannung. (S. 605)

Le Blanc Das ultraschicke Spa nur für Erwachsene liegt unmittelbar am Meer. (S. 285)

Pyramiden & Tempel

Palenque Großartige Maya-Tempel vor urwaldbewachsenen Hügeln. (S. 414)

Chichén Itzá Großer Tempelkomplex der Maya mit einer Pyramide, die die herausragenden astronomischen Fähigkeiten der Maya beweist. (S. 352)

Uxmal In dieser weitläufigen Maya-Stätte im hügeligen Puuc wimmelt es nur so von faszinierenden steinernen Ornamenten. (S. 340)

Yaxchilán Eindrucksvolle Tempel im Regenwald von Chiapas, die nur per Boot erreichbar sind. (S. 431)

Monte Albán Die alte Hauptstadt der Zapoteken bei Oaxaca de Juárez thront einzigartig auf einer Bergkuppe. (S. 483)

Tulum Die Tempel und Pyramiden aus der späten Maya-Zeit liegen an einem zerklüfteten Teil der Karibikküste. (S. 311)

Calakmul Hohe Pyramiden in einer riesigen, abgelegenen Maya-Stadt, die großteils noch immer in geschütztem Regenwald versteckt liegt. (S. 377)

Teotihuacán Mexikos größte antike Stadt mit den riesigen Sonnen- und Mondpyramiden und von Wandgemälden bedeckten Palästen. (S. 158)

Tzintzuntzan Stimmungsvolle Ruinen der Tarasken mit fantastischem Blick auf den Pátzcuaro-See, wenigen Besuchern und ungewöhnlichen halbkreisförmigen Tempelelementen. (S. 688)

Edzná Besonders beeindruckend sind die kunstvollen Steinmetzarbeiten am Templo de Mascarones (Tempel der Masken). (S. 373)

Historische Kolonialstädte

Guanajuato Die prächtigen Villen und kurvenreichen Straßen dieser Universitätsstadt führen in ein malerisches Tal. (S. 705)

San Miguel de Allende Künstlerstadt mit Kopfsteinpflaster-

Oben: Entspannung in einem tropischen Resort im LGBT-freundlichem Puerto Vallarta (S. 564)
Unten: El Castillo (auch bekannt als Pyramide des Kukulcán; S. 356), Chichén Itzá

straßen und Steinarchitektur, in der viele Ausländer (vor allem Amerikaner) leben. (S. 720)

Oaxaca Herrliche Stadt im Süden mit indigenen Einflüssen und eindrucksvoller Kunst und Kunsthandwerk. (S. 460)

Zacatecas Die Kathedrale der einstigen Silberbergbaustadt ist vollendeter Ausdruck des kolonialen Barock. (S. 754)

Mérida Die stattlichen Villen der Stadt beeindrucken selbst Architekturmuffel. (S. 329)

Álamos Die Kopfsteinpflasterstraßen der kolonialen Perle Nordmexikos in den Ausläufern der Sierra Madre laden zu Spaziergängen ein. (S. 841)

Todos Santos Stattliche Ziegel und Lehmziegel-Haziendas aus dem 19. Jh. säumen die Straßen der früheren Zuckermühlenstadt. (S. 807)

Puebla Viele restaurierte Kirchen und Villen, die mit glänzenden azulejos (bemalte Fliesen) verziert sind. (S. 164)

Morelia Im Zentrum Morelias, das seit 1991 UNESCO-Welterbestätte ist, steht eine der wohl spektakulärsten Kathedralen Mexikos. (S. 667)

San Cristóbal de las Casas Eine stark indigen geprägte Hochlandstadt mit kurvigen Kopfsteinpflasterstraßen und zahlreichen Kirchen. (S. 393)

Shoppen

Mexico City Hier gibt's alles: von Handwerksläden über Boutiquen bis zu Mode-, Floh- und Lebensmittelmärkten. (S. 137)

San Miguel de Allende Eine überwältigende Fülle von Volkskunst aus ganz Mexiko. (S. 731)

Guadalajara In den Kunsthandwerksvororten Tlaquepaque und Tonalá findet sich eine große

Auswahl erstklassiger Keramik, Möbel und Glaswaren. (S. 650)

Tepotzotlán Bunte perlenbesetzte Jaguarköpfe und Figuren, die von den einheimischen Huichol hergestellt werden. (S. 154)

Taxco Einer der besten Orte Mexikos, um Silber zu kaufen, besonders Schmuck. (S. 206)

Oaxaca ist zu Recht stolz auf seine schwarzen Töpferwaren. (S. 480)

Puebla ist für seine farbenfrohe Talavera-Keramik berühmt. (S. 172)

San Cristóbal de las Casas ist die beste Adresse für Wollartikel und bunte Textilien. (S. 407)

León Schuhe, Gürtel und Taschen kauft man am besten in der Lederhauptstadt. (S. 717)

Mérida Hier bekommt man alles an einem Ort: guayaberas (Männerhemden), huipiles (lange, ärmellose Tuniken) und Kunsthandwerk. (S. 329)

Mexikanische Küche

Mexico City Konkurrenzlos gute Auswahl von Gerichten aus dem ganzen Land, von Fusion-Restaurants, die nueva cocina mexicana servieren, bis zu den besten Tacos der Welt. (S. 117)

Seafood Fischtacos in Baja California, huachinango a la veracruzana (Schnapper in Tomatensauce) in Veracruz und Ceviche in Barra de Navidad. (S. 586)

Oaxaca Berühmt für sieben Varianten der mole (Chilisauce) und einige der besten modernen Lokale des Landes. (S. 475)

Puebla Heimat der mole poblano, chiles en nogada, tacos al pastor, escamoles (Ameisenlarven) – mitsamt entsprechender Feste. (S. 164)

Antojitos Zu den allgegenwärtigen „Kleinigkeiten" aus masa (Maisteig) zählen Tacos, Quesadillas, Enchiladas und Tamales. (S. 909)

Guadalajara In Mexikos zweitgrößter Stadt gibt's fortschrittliche Fusion-Gerichte, aber auch traditionelle Klassiker wie birria (scharfer Ziegen- oder Lammeintopf). (S. 643)

Baja Med Die mexikanisch-mediterrane Fusion-Küche kann man sich in Tijuana (S. 765) und andernorts in Baja California (S. 763) schmecken lassen.

San Miguel de Allende Dank der Verbindung von hochwertiger mexikanischer Küche mit Weltklasse-Fusion eines der Top-Feinschmeckerparadiese Mexikos. (S. 720)

Halbinsel Yucatán Aromatische Gerichte, die während der Zeit der Maya entstanden sind, wie cochinita pibil (langsam gegartes Schweinefleisch). (S. 277)

Coatepec Köstlicher Duft erfüllt die mexikanische Kaffeehauptstadt im Hochland. (S. 245)

Museen & Galerien

Museo Nacional de Antropología Das Museum in Mexico City ist bis zum Rand mit großartigen Relikten aus dem vorkolonialen Mexiko gefüllt. (S. 87)

Museo Frida Kahlo Das faszinierende Wohnhaus der vom Pech verfolgten Künstlerin in Mexico City. (S. 100)

Museo Nacional de la Muerte Dieses Museum in Aguascalientes widmet sich allem, was mit dem Tod zu tun hat, ist aber alles andere als makaber. (S. 734)

Museo de Antropología Das architektonisch großartige Museum in Xalapa zeigt Mexikos zweitbeste archäologische Sammlung nach Mexico City. (S. 238)

Erkundung des Cenote Azul (S. 323), Laguna Bacalar

Museo de las Culturas de Oaxaca Das großartige Museum in Oaxaca in einem schönen ehemaligen Kloster illustriert Ähnlichkeiten vorkolonialer und moderner Kultur. (S. 461)

Museo Jumex Eine der besten lateinamerikanischen Sammlungen zeitgenössischer Kunst befindet sich in diesem Museum in Mexico City. (S. 95)

Horno3 Das Stahlmuseum in der Hülle eines ehemaligen Hochofens liegt in Monterreys neuestem Stadtpark. (S. 869)

Gran Museo del Mundo Maya Dieses Museum von Weltrang in Mérida zeigt über 1100 gut erhaltene Maya-Artefakte. (S. 329)

Museo de la Ballena In diesem ausgezeichneten Museum in La Paz ist der kalifonische Grauwal zu sehen, und es informiert über Tierschutzaktivitäten. (S. 793)

Palacio de Gobierno Tolles Multimedia-Museum zur Geschichte von Jalisco und Guadalajara mit zwei beeindruckenden Orozco-Wandgemälden. (S. 631)

Tauchen & Schnorcheln

Halbinsel Yucatán Das zweitgrößte Barriereriff der Erde ist berühmt für seine vielen Korallen und tropischen Fische. (S. 277)

Banco Chinchorro Korallenatoll mit vielen Wracks am südlichen Ende der Karibikküste. (S. 321)

Isla Cozumel Die 65 Riffe der Insel bieten Tauch- und Schnorchel-Spots für Anfänger und Fortgeschrittene. (S. 306)

Bahías de Huatulco Traumstrände mit Plattenkorallen und über 100 Tauchspots. (S. 521)

Xel-Há In diesem Ökopark an der Riviera Maya kann man in einem natürlichen Aquarium schnorcheln. (S. 300)

Laguna de la Media Luna Mit Unterwasserhöhle, ideal für fortgeschrittene Taucher. (S. 750)

Cabo Pulmo Prächtiges Korallenriff und tolle Tauch- und Schnorchelerlebnisse. (S. 800)

Espíritu Santo Schwimmen mit Walhaien. (S. 792)

Veracruz Toller Spot für Wracktaucher. Die Isla de Sacrificios ist von Schilf umgeben. (S. 224)

Surfen

Puerto Escondido Der Beach-Break der Mexican Pipeline ist weltberühmt, es gibt aber auch Wellen für Anfänger. (S. 500)

Troncones Langer, starker Weltklasse-Left-Point-Break und tolle Beach-Breaks. (S. 595)

Sayulita Zuverlässige, mittelhohe Wellen und ein relaxtes Party-Flair. (S. 561)

Ensenada Bei San Miguel gibt's einen perfekten Point-Break. (S. 777)

Barra de Nexpa Einer von mehreren Surfspots mit guten Wellen an der fast unberührten Küste von Michoacán. (S. 594)

San Blas Die vielen Beach- und Point-Breaks eignen sich für Könner und Anfänger, zudem gibt's hier eine der längsten Wellen der Welt. (S. 552)

Todos Santos Die Strände rund um diese Stadt bieten einige der besten Wellen in Baja. (S. 808)

Zipolite Strand an Oaxacas unberührter Küste mit FKK-Bereichen und bekannt für seine großen Wellen. (S. 512)

Wandern, Mountainbiken & Reiten

Barranca del Cobre Atemberaubende Mountainbike-Trails und grandiose Landschaften, die man auch per Pferd erkunden kann. (S. 815)

Pueblos Mancomunados Ein landschaftlich reizvolles Wegenetz verbindet die Bergdörfer in Oaxaca miteinander. (S. 495)

Rancho El Charro Bietet Reitausflüge in den Urwald hinter Puerto Vallarta an. (S. 567)

Bici-Burro Tolle Mountainbike-Touren aus San Miguel de Allende. (S. 725)

Real de Catorce Die Hügel in der Wüste kann man von dieser magischen alten Silberstadt zu Fuß, per Rad oder auf dem Pferderücken erkunden. (S. 745)

Parque Marino Nacional Bahía de Loreto Dieser Nationalpark ist ein Reiseziel von Weltrang und bietet viele Aktivitäten. (S. 789)

Pico de Orizaba Keine Wanderung in Mexiko ist atemberaubender und schwieriger als die Ersteigung des höchsten Berges des Landes. (S. 258)

Cañón del Sumidero Die 86 km von San Cristóbal bis zum Canyon in Chiapas kann man per Bus oder Rad zurücklegen. (S. 390)

Wildtiere

Wale Wale kann man in den Lagunen von Baja California, in Mazatlán, Puerto Vallarta oder Puerto Escondido beobachten (Dez.–März). (S. 30)

Meeresschildkröten Brutgebiete für Meeresschildkröten sind die Strände Cuyutlán, Playa Colola, Playa Escobilla, Tecolutla und Xcacel-Xcacelito. (S. 918)

Vögel Mexikos Wälder und Küstenlagunen werden Vogelfans begeistern. Flamingos sieht man in Río Lagartos (S. 364) oder Celestún (S. 346).

Walhaie In der Nähe von La Paz (Baja California) oder Isla Contoy (Quintana Roo) kann man neben den sanften Riesen schnorcheln. (S. 32)

Parque Nacional Sierra San Pedro Mártir Am Himmel kreisen Kalifornische Kondore, am Boden sollte man nach Rotluchsen, Rotwild und Dickhornschafen Ausschau halten. (S. 774)

Reserva de la Biosfera Los Tuxtlas In dem Schutzgebiet kann man den nördlichsten tropischen Regenwald Amerikas erkunden. (S. 273)

Reserva de la Biosfera Santuario Mariposa Monarca Millionen Monarchfalter lassen die Bäume dieses Naturschutzgebietes jeden Winter orange leuchten. (S. 677)

Reserva de la Biosfera El Pinacate y Gran Desierto de Altar Imitten erstarrter Lavaströme und Sanddünen lassen sich Pumas und Gabelböcke beobachten. (S. 837)

Kajakfahren & Rafting

Baja California Von den bezaubernden Inseln und verzweigten Meeresarmen vor der Ostküste träumt jeder Kajakfahrer. (S. 763)

Puerto Vallarta Auf den Lagunen und rund um die Inseln vor der Pazifikküste kann man gut Kajak fahren. (S. 566)

Veracruz Die Wildwasser-Stromschnellen, die bei Jalcomulco oder Tlapacoyan von der Sierra Madre Oriental hinabstürzen, laden zu Raftingtouren ein. (S. 222)

Oaxaca Die Flüsse der Bahías de Huatulco bieten Anfängern und Fortgeschrittenen jede Menge Spaß. (S. 457)

Mulegé Der von Mangroven und Palmen gesäumte Río Mulegé lässt sich per Kajak oder Rafting-Boot erkunden. (S. 788)

Lagos de Montebello Auf den blauen Lagunen von Chiapas kann man in einem Holz-*cayuco* (Kanu) paddeln. (S. 439)

Tequila & Mezcal

Oaxaca Die Welthauptstadt des Mezcal hat jede Menge Mezcal-Bars, von hippen Kneipen bis zu Cantinas für Kenner. (S. 477)

Bósforo Hier gibt's die besten Mezcals Mexico Citys. (S. 130)

Tequila In Jalisco, der Stadt, die dem Getränk seinen Namen gab, kann man die Destillerien besuchen. (S. 655)

Expo Tequila Ein erstklassiger Ort in Tijuana, um Tequila aus ganz Mexiko zu probieren und zu bewerten. (S. 766)

La Fundación Mezcalería Die Bar in Mérida schenkt zu Livemusik verschiedene Bio-Mezcals aus. (S. 337)

Monat für Monat

TOP-EVENTS

Día de Muertos, November

Carnaval, Februar

Día de la Independencia, September

Flug der Monarch-Schmetterlinge, Ende Oktober bis März

Guelaguetza, Juli

Januar

In den Küstengebieten und im Tiefland ist es warm, im Hochland kühl und überall trocken, was Scharen ausländischer Touristen anzieht. In der ersten Woche sind auch in Mexiko Ferien, das heißt: Verkehrsmittel und Küstenorte sind so gut wie ausgebucht.

Día de los Santos Reyes

Mexikanische Kinder werden traditionell nicht an Weihnachten, sondern am 6. Januar (Heilige drei Könige/Epiphanias) beschenkt. Der Brauch erinnert an die Gaben der Heiligen Drei Könige für das Jesuskind. Mexikaner essen an diesem Tag *rosca de reyes,* einen ovalen Hefekranz, der mit kandierten Früchten verziert ist.

Mérida Fest

Zwischen dem 5. und 28. Januar feiert Mérida täglich seine kulturelle Vielfalt mit Tanz, Musik, Theater, Kunst, akrobatischen Shows und anderen Kulturveranstaltungen. (S. 334)

Festival Alfonso Ortíz Tirado

Ende Januar in Álamos stattfindendes, mehrtägiges Festival mit erstklassiger klassischer und Kammermusik sowie Blues, Bossa Nova und *trova* (Troubadour-Musik), an dem Künstler aus der ganzen Welt mitwirken. (S. 843)

Saison der Zugvögel

Der Januar ist der Höhepunkt des Vogelzugs an der Pazifkküste Mexikos. Die Lagunen und Flüsse wie die Laguna Manialtepec oder die Lagunas de Chacahua sind voller Vögel. San Blas feiert sogar ein großes Internationales Zugvogel-Festival. (S. 553)

Februar

Die Temperaturen sind milder als im Januar, aber es bleibt trocken, was den Februar zu einem idealen Reisemonat für den Großteil Mexikos macht. Nur im Norden und in Höhenlagen kann es noch kalt sein.

Día de la Candelaría

Mariä Lichtmess (2. Feb.) wird fast überall gefeiert. In Tlacotalpan werden während der Festtage Stiere durch die Straßen getrieben, und eine Flottille aus Booten folgt dem Bildnis der Jungfrau den Río Papaloapan hinunter. (S. 267)

Carnaval

Als große Feier, die der 47-tägigen Buße der Fastenzeit vorausgeht, findet der Carnaval in den Tagen vor dem Aschermittwoch statt (2019 am 6. März, 2020 am 26. Feb.). Am wildesten wird in Veracruz, La Paz und Mazatlán gefeiert, mit Paraden und viel Musik, Trinken, Tanzen, Feuerwerk und Spaß.

Wale beobachten

Von Mitte Dezember bis Mitte April bringen Grauwale in den Buchten und Lagunen rund um die Baja California ihre Kälber zur Welt. Entlang der gesamten Pazifikküste können in dieser Zeit Wale gesichtet werden. Die besten Monate für die Walbeobachtung in der Baja sind Februar und März.

März

Es wird wärmer, aber es ist immer noch trocken und für ausländische Touristen weiterhin Wintersaison.

✹ Chacala Music & Arts Festival

Das kleine Fischerdorf Chacala veranstaltet in seiner hübschen Bucht an der Pazifikküste alle möglichen Feste – mit Musik und Tanz mit köstlicher regionaler Küche und traditioneller regionaler Kunst. (S. 557)

✹ Festival Internacional del Cine

Mexikos größtes Filmfestival zieht im März für eine Woche internationale Topschauspieler und -regisseure nach Guadalajara. Über 100 000 Besucher können dort dann mehr als 250 Filme sehen. (S. 640)

✹ Festival de México

Im historischen Zentrum von Mexico City gibt's Musik-, Theater-, Tanz- und Literaturveranstaltungen, auf denen Künstler aus ganz Mexiko und aus dem Ausland auftreten. (S. 109)

☆ Spring Break

Eine Woche Semesterferien im Februar/März nutzen viele US-Studenten für einen Kurztrip in bekannte Urlaubsorte wie Cancún, Puerto Vallarta, Cabo San oder Lucas, um Party zu machen.

✹ Tagundnachtgleiche im Frühjahr

Besucher belagern Chichén Itzá zur Tag-und-Nachtgleiche im Frühjahr (20.–21. März) und Herbst (21.–22. September), wenn die Schatten an eine Schlange erinnern, die sich an der Pyramide des Kukulcán entlangwindet. (S. 356)

🏃 Ultra Caballo Blanco

Der 82 km lange Ultramarathon in der Nähe von Urique wurde von dem amerikanischen Läufer Micah True ins Leben gerufen. Das Rennen würdigt das Volk der Tarahumara, deren Name wegen ihre jahrhundertealten Tradition des Langstreckenlaufs 'Laufendes Volk' bedeutet. (S. 821)

April

Die Temperaturen steigen weiter, aber es bleibt trocken. Die Semana Santa (Osterwoche) im März/April ist in Mexiko die wichtigste Urlaubswoche im Jahr. Die Unterkünfte und Straßen sind voll.

✹ Semana Santa

Die Semana Santa ist die Woche zwischen Palmsonntag und Ostersonntag (2019: 21. April; 2020: 12. April) Am Karfreitag gibt es in vielen Orten Prozessionen, und die Nachstellung der Kreuzigung in Iztapalapa, Mexico City, zieht Menschenmassen an. (S. 109)

🔒 Tianguis Artesanal de Uruapan

Die Semana Santa beginnt mit einem großen Handwerkswettbewerb. Anschließend finden zwei Wochen lang auf dem Hauptplatz von Uruapan Ausstellugen statt. Zudem wird Kunsthandwerk aus Michoacán zum Kauf angeboten. (S. 690)

Mai

Die Temperaturen erreichen in Städten wie Mérida (max. 35 °C), Guadalajara (31 °C), Oaxaca (30 °C) und Mexico City (26 °C) ihr Jahreshoch. Für den Tourismus herrscht günstige Nebensaison.

✹ Cinco de Mayo

Am Tag der Schlacht von Puebla vom 5. Mai 1862 wird der Sieg der mexikanischen Armee über die Franzosen gefeiert. Auf den für den Verkehr gesperrten Straßen von Puebla gibt es dann einen großen Umzug mit Militärparade, Künstlern und Tänzern, die mehr als 20 000 Zuschauer unterhalten. In den darauffolgenden zwei Wochen gibt's noch viele weitere Veranstaltungen. (S. 167)

✹ Expo Artesanal

Bei dem hervorragenden Kunst- und Kunsthandwerksfest (20.–24. Mai) im Centro Cultural Tijuana steht Kunsthandwerk aus ganz Mexiko zum Verkauf. (S. 766)

✹ Feria de Corpus Christi

Papantlas große Feier bietet spektakuläre *voladores* (Flugvorführungen, bei denen, an den Füßen aufgehängte Männer kopfüber um eine hohe Stange wirbeln) und Tänze der Urbevölkerung, zudem *charreadas* (mexikanische Rodeos) und Paraden. (S. 261)

✹ Feria de Morelia

Der dreiwöchige Jahrmarkt bietet Tanzaufführungen, Stierkämpfe sowie landwirtschaftliche und kunsthandwerkliche Ausstellungen, viele Partys und am Ende ein Feuerwerk in der Hauptstadt von Michoacán. (S. 672)

Juni

Mit Beginn der Regenzeit kommt es im Südosten, in einigen Regionen an der Pazifikküste und im zentralen Hochland zu heftigen Regenfällen. Dementsprechend niedrig halten sich die Zahl der Touristen und die Hotelpreise.

Festival del Mole Poblano

Puebla feiert Anfang Juni seinen berühmtesten Beitrag zur mexikanischen Küche, die schokoladenhaltige Sauce *mole poblano*. (S. 32)

Könige der Wellen

An vielen Spots an der Pazifikküste, z.B. in Puerto Escondido mit seiner berühmten Mexican Pipeline, kann man von April/Mai bis Oktober/November großartige Wellen genießen. Die größten treten in den Monaten Juni bis August auf. Anfänger können hier fast das ganze Jahr über surfen lernen.

Juli

Im Südosten, im zentralen Hochland und an der Pazifikküste ist es zwar regnerisch, aber für viele Besucher aus dem Ausland sowie für Einheimische ist der Juli ein Sommerferienmonat. Viele Ziele sind deshalb gut besucht, was einige Anbieter zu höheren Preisen animiert.

Guelaguetza

In Oaxaca herrscht an den ersten beiden Montagen nach dem 16. Juli wegen dieses farbenfrohen Festes des Folkloretanzes dichtes Gedränge. Um den Zeitraum des Festivals herum finden noch viele weitere Events statt. (S. 469)

La Feria de las Flores

Einwöchige und bedeutsame Blumenshow in Mexico City mit einer Präsentation von unzähligen Pflanzenarten, botanikbezogenen Gemälden und Skulpturen sowie Darbietungen aller Art und vielen Angeboten für Familien. Das Festival hat seinen prähispanischen Ursprung in den Blumengaben, die die Anhänger von Xiuhtecuhtli – dem Herrn der Blumen – eben diesem in der Hoffnung auf üppige Ernten machten. (S. 109)

Schwimmen mit Walhaien

Die Walhaie versammeln sich zwischen Mitte Mai und Mitte September vor der Isla Contoy nördlich von Cancún, um Plankton zu fressen. Die beste Zeit, um mit diesen sanften Riesen zu schwimmen, ist von Mitte Juni bis Juli.

Fiesta de Santa Magdalena

Zur Feier des Schutzpatrons der Stadt veranstaltet das Städtchen Xico im Bundesstaat Veracruz im Juli prächtige Prozessionen mit Musik und Tanz. Am 22. Juli, sowie bei den wichtigsten Prozessionen zwischen dem 19. und 25. Juli, findet in den Straßen der Stadt zudem ein Stierrennen statt. (S. 248)

August

Es sind immer noch Sommerferien, und es regnet weiterhin, wenn auch meist weniger heftig. Im Norden ist es von Juni bis August extrem heiß.

Feria de Huamantla

Huamantla, östlich von Mexico City, legt während des Jahrmarkts Mitte August für ein paar Tage und Nächte richtig los. Am 14. August sind die Straßen mit Blumen und gefärbten Sägespänen bedeckt. Ein paar Tage später findet ein Stierrennen statt, das an Pamplona erinnert. (S. 186)

La Morisma

Zacatecas trägt meist am letzten Wochenende im August einen Schaukampf mit 10 000 Teilnehmern aus und erinnert damit an den Sieg der Christen über die Mauren in Spanien. (S. 758)

Feria de la Uva

In Parras im Bundsstaat Coahuila feiert man jeden August ein Weinfest mit Paraden, Live-Musik, Sportveranstaltungen, religiösen Zeremonien – und Tausenden und Abertausenden Gläsern Wein. Der Höhepunkt? Eine Tanzveranstaltung in der Casa Madero, dem ältesten Weingut des Doppelkontinents. (S. 864)

September

Die Hurrikan-Saison erreicht auf der Halbinsel Yucatán und an den Küsten Mexikos ihren Höhepunkt.

Fast überall ist es regnerisch; in der Karibik ist die Sicht für Taucher schlecht.

✦✦ Día de la Independencia

Am Unabhängigkeitstag (16. Sept.) wird des Tages gedacht, an dem Miguel Hidalgo 1810 zur Rebellion gegen Spanien aufrief, dem *Grito de Dolores*. Am 15. September wird der *Grito* (Schrei) von jedem Rathaus wiederholt, und mit einem prächtigen Feuerwerk gefeiert. Die größten Feiern finden in Mexico City statt. (S. 109)

Oktober

Nebensaison im Tourismus. Hurrikane sind zwar vereinzelt möglich, doch die Regenfälle lassen überall im Land – abgesehen von der Halbinsel Yucatán – nach.

✦ Barranca-del-Cobre-Saison

Der Oktober ist neben November und März der beste Monat, um die Canyons im Nordwesten zu besuchen, denn die Temperaturen sind am Grund der Canyons nicht zu heiß und an der Oberfläche nicht zu kalt.

✦✦ Festival Internacional Cervantino

Guanajuatos zwei- bis dreiwöchiges Kunstfestival widmet sich dem spanischen Dichter Miguel de Cervantes und ist eines der größten Kulturereignisse in Lateinamerika. Aus der ganzen Welt kommen Gruppen für Musik-, Tanz- und Theateraufführungen hierher. (S. 711)

November

Das Wetter ist meist trocken und die hohen Temperaturen gehen zurück. Die höchsten Gipfel des zentralen Vulkangürtels sind schneebedeckt.

✦✦ Día de Muertos

Am Día de Muertos (2. Nov.) erwachen die Friedhöfe zum Leben, wenn die Familien die Gräber ihrer Ahnen schmücken und mit ihren verstorbenen Verwandten Zwiesprache halten. In den Häusern und in öffentlichen Gebäuden werden besondere Altäre aufgestellt. Diverse Veranstaltungen beginnen auch schon einige Tage vorher, etwa in den Regionen um Pátzcuaro, Uruapan, Mexico City und Oaxaca.

✦✦ Festival Internacional de Música

Morelia – die Stadt mit dem ältesten Musikkonservatorium auf dem amerikanischen Doppelkontinent – ist Gastgeber dieses großen Festivals der klassischen Musik. Die Konzerte finden auf Plätzen, in Kirchen und Theaterhäusern statt. (S. 672)

✦✦ Festival de las Animas

Das recht junge, sieben Tage dauernde Festival in Mérida findet vor dem Día de Muertos statt und gipfelt im *Paseo de Animas* (Marsch der Seelen) – einer feierlichen Prozession vom Friedhof bis zum Parque San Juan –, bei der die Gesichter der in traditionelle Yucatanische Gewänder gekleideten Teilnehmer mit Totenschädeln bemalt sind. (S. 334)

✦✦ Festival Gourmet International

Gastköche aus aller Welt treffen sich für dieses 10-tägige Fest der kulinarischen Künste in Puerto Vallarta an der Pazifikküste. (S. 568)

Dezember

Fast überall trocken – kälter als jetzt wird's nicht. Der Wintertourismus läuft an, die Zeit um Weihnachten und Neujahr ist Ferienzeit in Mexiko. Unterkünfte sind rar und teuer.

✦✦ Weihnachten

Weihnachten wird mit einem Festmahl in den ersten Stunden des 25. Dezembers nach der Mitternachtsmesse gefeiert. In einigen Städten gibt es *pastorelas* (Krippenspiele), z. B. in Tepotzotlán und Pátzcuaro oder *posadas* (Prozessionen bei Kerzenlicht) z. B. in Taxco.

✦✦ Día de Nuestra Señora de Guadalupe

Mehrtägige Feiern in ganz Mexiko gipfeln am Tag der Schutzheiligen des Landes: der Tag Unserer Lieben Frau von Guadalupe (12. Dez.). Millionen kommen dann zur Basílica de Guadalupe in Mexico City. (S. 110)

✦ Flug der Monarchfalter

Von Ende Oktober bis März leuchten die Wälder des Reserva Mariposa Monarca (Biosphärenreservat für Monarchfalter) in Orange, wenn Millionen Schmetterlinge hier überwintern. Die beste Zeit zur Beobachtung ist ein sonniger Nachmittag im Februar. (S. 677)

Reiseplanung
Reiserouten

1 MONAT
Strände, Städte und Tempel in Mexikos Süden

Diese klassische Reiseroute führt nach Süden – vom Landesinneren zu den Traumstränden der Karibik – zu den Ruinen, Dschungeln, Städten und Stränden, die das Land so faszinierend machen.

Los geht's in der Metropole **Mexico City**, die der Schlüssel zum Verständnis des Landes ist. Es folgt ein Abstecher zu den Pyramiden bei **Teotihuacán**, der Hauptstadt des größten Reichs des alten Mexiko. Dann geht's in die lebendige Hafenstadt **Veracruz** im Osten und anschließend über die Berge in Richtung Süden nach **Oaxaca**.

Die Kolonialstadt mit dem feinsten Kunsthandwerk Mexikos fern und einer großen indigenen Population liegt im Herzen einer einzigartigen Region. Einen Tag sollte man für den Besuch der alten Hauptstadt der Zapoteken, **Monte Albán**, einplanen.

Weiter geht's an die entspannten Strände an Oaxacas Küste, etwa **Puerto Escondido**, **Mazunte** oder **Zipolite**. Nach ein paar Tagen Sonne, Sand und Surfen wartet östlich davon **San Cristóbal de las Casas**, ein hübsches Bergstädtchen umgeben von malerischen Dörfern. Danach geht es nach **Palenque**, der wohl schönsten Maya-Stadt

Pirámide del Sol (Sonnenpyramide: S. 158). Teotihuacán

mitten im Dschungel, sowie nach **Yaxchi-lán**, einer weiteren Maya-Stadt, die nur über einen Fluss erreichbar ist.

Weiter geht's Richtung Nordosten nach **Campeche**, das einen Mix aus Kolonialstadt und Moderne zeigt. Unterwegs bietet sich ein Abstecher zur alten Maya-Stadt **Calakmul** an, auch wenn man für diesen drei Tage einplanen sollte – es lohnt sich wirklich! Danach steht **Mérida** auf dem Programm, das kulturelle Zentrum der Halbinsel Yucatán und Ausgangspunkt für Touren zu den Ruinen von **Uxmal** und **Ruta Puuc**. Nächster Halt ist **Chichén Itzá**, die berühmteste Maya-Stätte von Yucatán. Von

hier aus fährt man nach **Tulum** an der Karibikküste, das mit einer großartigen Maya-Stätte und dem Strand in der Nähe beeindruckt. Wem dort zu viel los ist, kann zur ruhigen, entspannten **Laguna Bacalar** ausweichen. Zum Tauchen fährt man an die Küste, entweder nach **Mahahual** oder ins abgelegene **Xcalak**. Auf dem Weg in den Norden geht es die Riviera Maya entlang, bis in die angesagte Küstenstadt **Playa del Carmen** und dann für einen Abstecher auf die **Isla Cozumel** – ein Schnorchel- und Tauchrevier von Weltklasse! Letzte Station ist schließlich **Cancún**, der beliebteste und lebendigste Küstenort Mexikos.

GOLF VON
MEXIKO

Isla Contoy

Cancún · Isla Mujeres

Selvática/
Crococun

Playa del
Carmen

Isla Cozumel

YUCATÁN

Cobá

Tulum

Reserva de la
Biosfera Sian Ka'an

QUINTANA
ROO

KARIBISCHES
MEER

CAMPECHE

Laguna
Bacalar

Dzibanché · Mahahual · Banco
Chinchorro

Kohunlich · Chetumal

Xcalak

BELIZE

12 TAGE Riviera Maya & Costa Maya

Das Beste der mexikanischen Karibikküste in einer Reise: Vom quirligen Nachtleben und den bunten Stränden der Riviera Maya bis zu den charmanten Küstendörfern entlang der Costa Maya – obendrein gibt's einige landschaftlich herrlich gelegene Maya-Ruinen sowie großartige Tauch- und Schnorchelspots, um den Strandurlaub mit etwas Action zu garnieren.

Mit dem Flugzeug geht's nach Cancún – und dann direkt zur **Isla Mujeres** mit ihren schönen Stränden und tollen Schnorchelmöglichkeiten. Es lohnt ein Ausflug zur **Isla Contoy**, deren Nationalpark sich gut zur Vogelbeobachtung eignet. Von Juni bis September kann man dort mit Walhaien schwimmen, die sich in der Nähe sammeln.

Eine gute Alternative ist der Besuch der **Playa del Carmen**. Hier gibt's tolle Strände mit Tauch- und Schnorcheloptionen (samt Ausflügen zu den Tauchgründen der **Isla Cozumel**) sowie ein quirliges Nachtleben. Mit Kindern bietet sich ein Tagestrip zur Schildkrötenfarm auf der Isla Mujeres oder der Besuch eines der Öko-Parks an, etwa des **Selvática** mit seinen zwölf Zip-Lines, oder des **Crococun** in Puerto Morelos, ein Erlebnispark mit Krokodilen und Affen. Nächster Halt ist **Tulum** mit einem der schönsten Strände Mexikos und eindrucksvollen Maya-Stätten. In der Nähe befinden sich die Pyramiden von **Cobá** sowie das artenreiche Reserva de la Biosfera Sian Ka'an. Südlich von Tulum präsentiert sich die Costa Maya weniger touristisch als die Riviera Maya im Norden. Weitere Ziele sind **Mahahual**, ein entspanntes Dorf mit Schnorchel- und Tauchspots am Korallen-Atoll **Banco Chinchorro**, oder das schöne Fischerdorf **Xcalak**.

Nach drei geruhsamen Tagen in diesen Städten geht's zurück zum nördlichen Ende der Chetumal Bay, bevor die Reise in den Süden führt, in die entspannte **Laguna Bacalar**. Hier kann man das wunderbar klare Wasser genießen, das in den unwirklichsten Farbtönen schimmert. Für Abwechslung sorgt ein Ausflug in den Dschungel, um die Ruinen von **Kohunlich** und **Dzibanché** zu erkunden.

Am Ende der Tour wartet das ruhige **Chetumal**. Von hier aus kann man entweder nach Belize weiterfahren oder – falls man doch noch **Cancúns** Nachtleben erleben will – umdrehen, um dort die letzte Nacht zum Tag zu machen.

Oben: Taucher vor Isla Cozumel (S. 305)
Unten: Meeresschildkröte

Baja Total

18 TAGE

Mit 1200 km Straßen, die sich durch malerische Dörfer und an dramatischen Küsten und Schluchten entlang schlängeln, ist die zweitlängste Halbinsel der Welt wie gemacht für Erkundungen per Auto. Zudem punktet Baja mit Kolonialstädten, Tauchspots und Fisch-Tacos.

Der erste Tag gehört dem bunten Treiben auf den Straßen **Tijuanas**. Dann geht es es gen Süden durch das Weingebiet **Valle de Guadalupe**, wo man einen oder zwei Tage lang verweilen und die guten Tropfen verkosten kann. Ein Stopp lohnt auch in **Ensenada** – es warten tolle Fisch-Tacos und Shoppingoptionen. Anschließend folgt man der Carretera Transpeninsular mit spektakulären Wüstenlandschaften. Ist man zwischen Dezember und April dort, sollte man in **Guerrero Negro** für eine Walbeobachtungstour halten (rechtzeitig buchen!). Und bei einem Abstecher in die **Sierra de San Francisco** kann man in den Höhlen Petroglyphen bestaunen.

Weiter südlich wird San Ignacio passiert, wo sich ein Besuch der schönsten kolonialen Kirche der Baja (s. Bild) und in **Mulegé** ein Stopp für eine Paddeltour auf dem **Golf von Kalifornien** lohnen. An der Küste geht's weiter in das Hafenstädtchen **Loreto**, wo ein, zwei Tage mit der historischen Architektur (u.a. der Mission aus dem 17. Jh.) und dem Bummel durch Kunsthandwerksgeschäfte vergehen. Weiter in den Süden führt die Straße an atemberaubenden Stränden vorbei, bevor landeinwärts der Charme von **La Paz** lockt. Während der Walbeobachtungssaison lohnt sich ein Abstecher nach **Puerto San Carlos**. Ein Tag sollte für einen Kajakausflug und Schnorcheln vor der Insel **Espíritu Santo** eingeplant werden. Zwischen Oktober und März kann man sogar mit Walhaien schwimmen.

Nächster Halt ist **Todos Santos**, eine hübsche Stadt mit Galerien, historischen Gebäuden und Nistplätzen von Meeresschildkröten. Das wilde **Cabo San Lucas** bietet ein Kontrastprogramm mit Bananenbootfahren, Gleitschirmfliegen und allerlei Action, bevor man in den Bars den Tag beendet (unbedingt einen Ausflug zum **Land's End** und El Arco einplanen!). Wer eine Pause braucht, für den empfiehlt sich **San José del Cabo**, Cabos zahmer Zwilling, mit einer reizvollen Kolonialkirche, Galerien und guten Restaurants. Oder man erkundet in **Cabo Pulmo** das einzige Korallenriff im Golf von Kalifornien.

Oben: El Arco bei Land's End (S. 804)
Unten: Misión San Ignacio de Kadakaamán (S. 784), San Ignacio

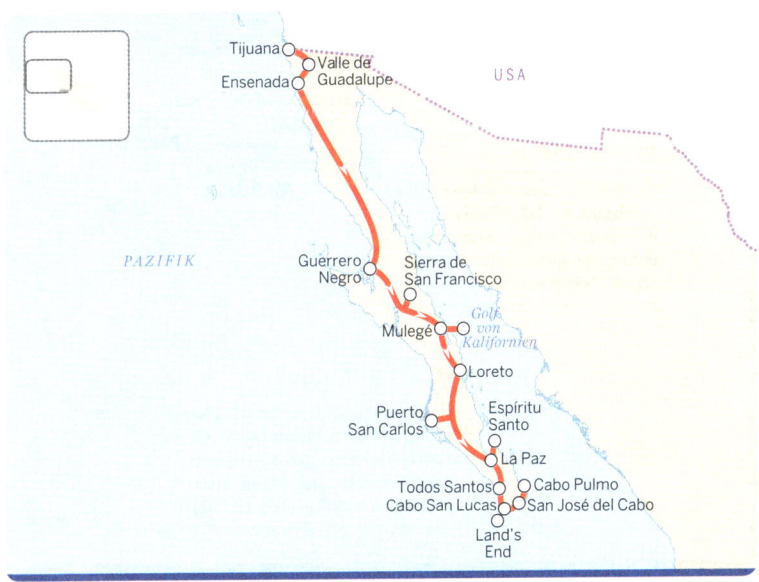

Abseits der üblichen Pfade

URIQUE

Der Trip in dieses idyllische Örtchen am Fluss, tief in der Kupferschlucht gelegen, ist einer der spektakulärsten Mexikos. Schier endlose Serpentinen führen in das Tal hinunter. (S. 821)

PLAYA MARUATA

Hier heißt es in einer rustikalen Cabaña abschalten, ein Zelt aufbauen oder gemeinsam mit anderen Faulenzern und Hippies am schönsten Küstenabschnitt Michoacáns relaxen. (S. 593)

VOLCÁN PARICUTÍN

Eine Klettertour führt auf diesen Vulkan bei Uruapan, der bei seinem Ausbruch in den 1940er-Jahren ganze Dörfer unter Tonnen von Vulkanstein begrub – nur einen Kirchturm ließ er übrig. (S. 692)

0 ▬▬▬▬▬ 500 km

SIERRA GORDA

Das entlegene Biosphärenreservat Querétaro umfasst Nebelwälder, Halbwüsten, tropische Wälder, bedeutsame alte Jesuiten-Missionen, abgeschiedene Dörfer, Wasserfälle, Höhlen und eine exotische Tierwelt. Das alles entdeckt man am besten mit einem Guide der gemeindeeigenen Öko-Lodges. (S. 706)

MINERAL DEL CHICO

Manche Kurve auf der Fahrt hinauf wird einem den Atem verschlagen, aber das stimmungsvolle alte Minenarbeiterdorf mit seinem diesigen, nebelverhangenen Bergpanorama und tollen Wanderoptionen ist die Reise wert. (S. 162)

RUTA PUUC

Während die Massen weiter nördlich eine Maya-Stätte nach der anderen abklappern, sollte man diese faszinierenden Maya-Ruinen südlich von Mérida erkunden: Es gibt Chancen, sie ganz für sich allein zu haben. (S. 345)

Montgomery

Tallahassee

Nuevo Laredo

Reynosa Matamoros

Golf von Mexiko

Ciudad Victoria

Madre Oriental

Tampico

SIERRA GORDA

Tuxpan

MINERAL DEL CHICO

MEXICO CITY Xalapa

Puebla Córdoba Veracruz

Santiago Tuxtla

Chilpancingo

LACHATAO

Oaxaca

Madre del Sur

Tehuantepec Juchitán

Cocoleoco Surf Camp

Puerto Escondido

Puerto Ángel

Río Lagartos Isla Mujeres

Progreso Tizimín Cancún

Mérida

Isla Cozumel

Campeche RUTA PUUC Felipe Carrillo Puerto

Ciudad del Carmen Escárcega Chetumal

Villahermosa

Belize City

Tuxtla Gutiérrez LAGUNA MIRAMAR

BELIZE

Tapachula

GUATEMALA HONDURAS

LACHATAO

Das winzige, irgendwie entrückte Bergdorf strahlt eine unbegreifliche Magie aus: Vielleicht, weil die Zapoteken hier einst eine Zeremonienstätte errichteten. Heute lockt ein tolles Öko-Tourismus-Programm mit guten Cabañas und Speisen. (S. 495)

LAGUNA MIRAMAR

Ob auf holprigen Straßen oder per Boot – ein Tagestrip durch den Urwald der Selva Lacandona führt zu diesem strahlend blauen See und den Petroglyphen. Im Hintergrund ertönt das Geschrei von Brüllaffen. (S. 433)

Chiles en nogada

Essen & trinken wie die Mexikaner

Die mexikanische Küche ist viel schmackhafter, frischer und vielseitiger als man vermuten mag. Wer sich an die exotischen Aromen heranwagt, sei es an Taco-Verkaufsständen oder in Fusion-Restaurants, wird das Essen als ein Highlight der Reise erleben.

Unbedingt probieren

Traditionelle, typisch mexikanische Gerichte:

Chiles en nogada

Das in den grün-rot-weißen Farben der mexikanischen Flagge gestaltete Gericht *chiles en nogada* („Paprika in Nusssauce") besteht aus Poblano-Paprikaschoten, die mit einer Hackfleisch-Gewürz-Mischung gefüllt und mit einer Sahnesauce und Granatapfelkernen garniert sind.

Tacos al pastor

Eines der beliebtesten Gerichte in Mexiko ist *tacos al pastor* („Taco nach Schäferart"), eine Mais-Tortilla – gefüllt mit dünn geschnittenen Scheiben Schweinefleisch vom Spieß –, die mit Zwiebeln und Koriander serviert wird.

Mole negro

Die dunkle, pikant-rauchige Sauce ist eine Spezialität Oaxacas, und ihr Rezept ein streng gehütetes Geheimnis. Die Zubereitung ist zeitaufwendig und schwierig. Das Ergebnis? Schmeckt nach Schokolade. Nach Gewürzen. Nach … Überraschung!

Kulinarische Erlebnisse

Einmalig lecker

Quintonil, Mexico City (S. 125) Das moderne Juwel fährt köstliche mexikanische Spezialitäten in vielen Gängen auf.

Pujol, Mexico City (S. 125) Das mehrgängige Menü spiegelt die Extravaganzen der modernen mexikanischen Küche wider. Am besten Wochen im Voraus reservieren.

Alcalde, **Guadalajara** (S. 645) Das jüngste Projekt des gefeierten Küchenchefs Francisco Ruano ist ein unwiderstehlicher Beitrag zur wachsenden Gourmetszene Guadalajaras.

Taco Fish La Paz, **La Paz** (S. 776) Günstig, einfach, keine Aussicht … aber zweifelsohne die besten Fisch-Tacos der Baja.

Nohoch Kay, Mahahual (S. 321) Einmalig schöne Lage am Strand und köstliche Meeresfrüchteküche.

Casa Oaxaca, Oaxaca (S. 474) Verbindet Aromen aus Oaxaca und anderen Regionen auf zauberhaft originelle Weise.

Áperi, San Miguel de Allende (S. 730) Topaktuelles kulinarisches Erlebnis am Küchentisch, bei dem alles möglich ist.

El Presidio, **Mazatlan** (S. 545) In einem wunderschön restaurierten Innenhof aus dem 19. Jh. werden hervorragende Fleisch- und andere Gerichte serviert.

Ku'uk, Mérida (S. 336) Moderne Interpretation der Küche Yucatáns, wunderschön angerichtet auf Schiefer, Blättern und Muscheln.

Preiswerte Köstlichkeiten

Mexikanisches Streetfood gehöret zu den besten der Welt. Im ganzen Land bieten Straßenstände, Märkte und kleine Lokale eine breite Palette an leckeren Snacks und Mahlzeiten – zu jeder Tageszeit. Die besten Angebote gibt es meist an den Ständen mit den längsten Schlangen.

Tonangebend sind die vielen Formen von *antojito* („kleine Launen") – das sind leichte Gerichte aus *masa* (Maisteig). Der wichtigste *antojito* ist der Taco – Fleisch, Fisch oder Gemüse in einer Tortilla (Mexikos allgegenwärtiger Mais- oder Weizenfladen). Köstlich sind auch die Varianten *tacos al pastor* (mit geröstetem Schweinefleisch), *tacos de carne asada* (mit gegrilltem Rindfleisch) und *tacos de pescado* (Fischtacos, beliebt an der Pazifikküste). Es gibt aber noch viel mehr Arten und eine unendliche Vielfalt an Zutaten. Zu den beliebtesten Varianten gehören:

Quesadillas Eine geklappte Tortilla, gefüllt mit Käse und/oder anderen Zutaten

Enchiladas Leicht angebratene Tortillas mit Füllung und Chilisauce

Tamales *Masa* (Maisteig) mit Speck vermischt, in der Mitte geschmortes Fleisch, Fisch oder Gemüse, in Mais- oder Bananenblättern gedämpft.

Andere beliebte Straßensnacks:

Tortas Sandwiches (heiß oder kalt) mit Weißbrot zubereitet.

Elotes Frisch gedämpfte oder gebratene Maiskolben, in der Regel mit Mayonnaise bestrichen und häufig mit Chilipulver bestreut.

Zum Ausprobieren

Heuschrecken *(chapulines)* Mit Chilipulver und Knoblauch geröstet sind sie ein überraschend leckerer Snack, vor allem in Verbindung mit einem Glas Mezcal. Sehr beliebt in Oaxaca.

Maispilz *(huitlacoche)* Der schwarze Schimmel, der auf manchen Maiskolben wächst, hat eine trüffelähnliche Konsistenz und gilt als Delikatesse. Man bekommt ihn während der Regenzeit auf dem Mercado San Juan in Mexico City (S. 138) und als Sauce oder Füllung im **Axitla** (Karte S. 191; ☎739-395-05-19; Av Tepozteco; Frühstück 65–110 Mex$, Hauptgerichte 85–195 Mex$; ⊙Mi– So 10–19 Uhr; ☝) in Tepoztlán.

Kuhaugen-Tacos *(tacos de ojos)* Kuhaugen werden zerkleinert, gedämpft und in Tacos gefüllt. Zart, aber wenig Aroma – kann etwas glibberig sein. Gibt's an Taco-Ständen im ganzen Land und im Restaurant Los Cocuyos (S. 118) in Mexico City.

Raupen und Würmer Ameisenlarven *(escamoles)* und Schmetterlingsraupen *(gusanos de maguey)* gibt's zwischen März und Juni in dem Gebiet Puebla-Tlaxcala. Ansonsten kann man in Onix (S. 674) in Morelia an Skorpionen knabbern.

Chilischoten auf einem *mercado* (Markt)

Regionale Spezialitäten

Zentralmexiko

Guadalajara ist berühmt für *birria* (mit Chili gewürzter Ziegen- oder Lammeintopf, der mit eingelegten Zwiebeln, Koriander und Salsa serviert wird) und *tortas* *ahogadas* („ertränkte" *tortas*) – Sandwiches mit *carnitas* (geschmortes Schweinefleisch), getränkt in würziger Sauce. In Tequila, der Mutterstadt des berühmten Getränks, kann man Destillerien besuchen oder gleich den Tequila-Express-Ausflugszug von Guadalajara aus nehmen. Die Stadt Puebla hat eine unverwechselbare Küche vorzuweisen, zu der auch Mexikos berühmtestes Gericht gehört – *mole poblano*, eine sämige Sauce aus Chilis, Früchten,

---

KOCHKURSE

Estela Silva's Mexican Home Cooking School (S. 184) Die etablierte Schule in der Nähe von Tlaxcala konzentriert sich auf regionale Küche.

La Casa de los Sabores (S. 468) Kurse für Oaxaca-Küche und andere mexikanische Gerichte in einer der besten Schulen Oaxacas.

La Villa Bonita (S. 192) Mehrtägige Kurse inklusive Übernachtung, geleitet von der gefeierten Spitzenköchin Ana García.

Little Mexican Cooking School (S. 299) Kurse an der Riviera Maya, bei denen man Menüs aus sieben verschiedenen Regionen Mexikos zubereitet.

Patio Mexica Cooking School (S. 601) Sehr empfehlenswerte Kurse zu regionalen und nationalen Lieblingsgerichten.

Los Dos (S. 333) Renommierte Kochschule in Mérida, spezialisiert auf Yucatánküche.

Garküchenverkäufer

Nüssen, Gewürzen und Schokolade, die üblicherweise zu Hähnchen gereicht wird.

Mexico City

Die Hauptstadt ist der Schmelztiegel für mexikanische Küche und eine boomende Snack-Kultur. *Antojitos* gibt es überall – an Straßenständen, auf Märkten und an Taco-Ständen. Am anderen Ende der kulinarischen Skala kreieren Spitzenköche fantastische Fusion-Gerichte in modernen Restaurants, wo sich Techniken der Haute Cuisine mit traditionell mexikanischen Zutaten vermischen. Diese Restaurants finden sich vor allem in den Stadtvierteln Condesa, Roma und Polanco.

Oaxaca

Der südliche Bundesstaat ist berühmt für seine einzigartigen Gerichte. Die größte Ehre gebührt den mannigfaltigen *moles* – reichhaltigen, sämigen Saucen mit Chilis, Gewürzen, Nüssen und oft Tomaten, die zu Fleisch gereicht werden. Oaxaca ist auch die Welthauptstadt des Mezcal, eines starken Schnapses aus dem Fruchtfleisch von Agaven, der sich wachsender Beliebtheit erfreut.

Tlayudas (knusprig gegrillte Tortillas mit Käse, Salat und gebackenen Bohnen) sind auch als „mexikanische Pizzas" bekannt. Zu den eher unkonventionellen regionalen Spezialitäten gehören die *chapulines* (Heuschrecken), die viel leckerer schmecken, als man meinen möchte. Nur Mut!

Die Halbinsel Yucatán

Karibische Aromen und traditionelle Rezepte der Maya beeinflussen die Küche in Mexikos Südosten. Das berühmteste Gericht ist *cochinita pibil* – ein mit niedriger Temperatur zubereitetes Schwein in Zitrussaft und mit *achiote* (ein Gewürz vom Annattostrauch) mariniert, das traditionell in einer Erdgrube gegart wird. Ein Grundnahrungsmittel ist das feurig-scharfe *chile habanero* – Habanero-Sauce passt gut zu *papadzules* (Tacos mit Eiern und Kürbiskernsauce). Nicht verpassen sollte man außerdem die *sopa de lima*, eine Suppe mit Truthahn, Limetten und Tortillastückchen.

Veracruz

Zwei Faktoren beeinflussen die Küche von Veracruz besonders: seine Lage am Meer

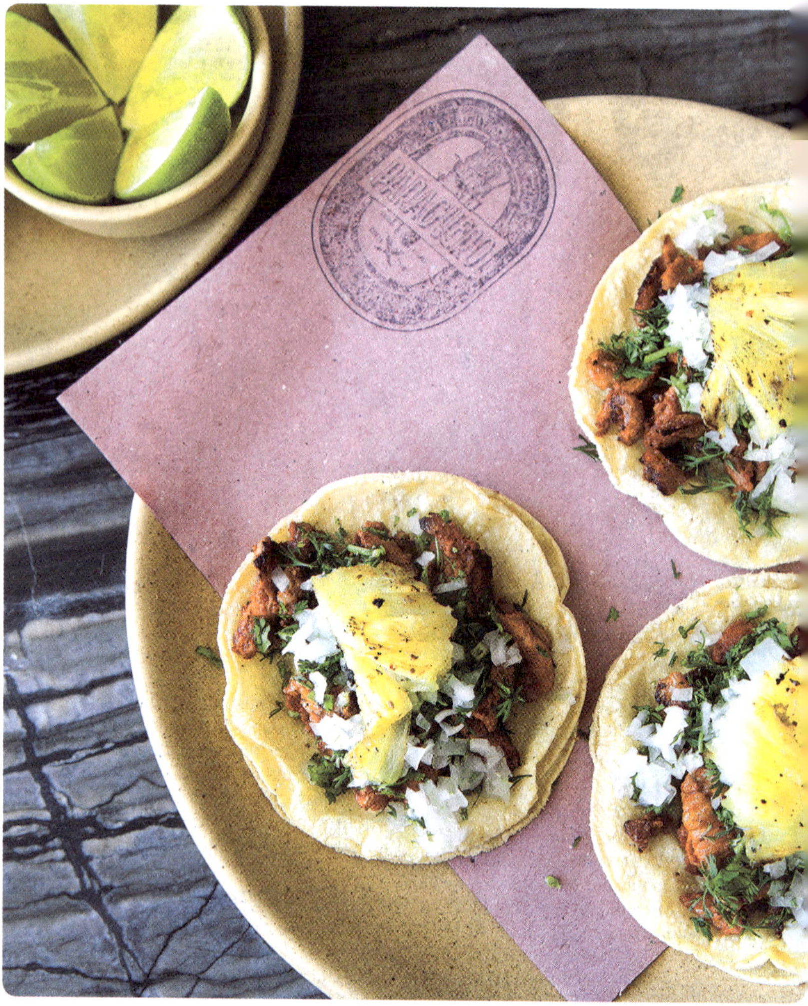

MARK READ/LONELY PLANET ©

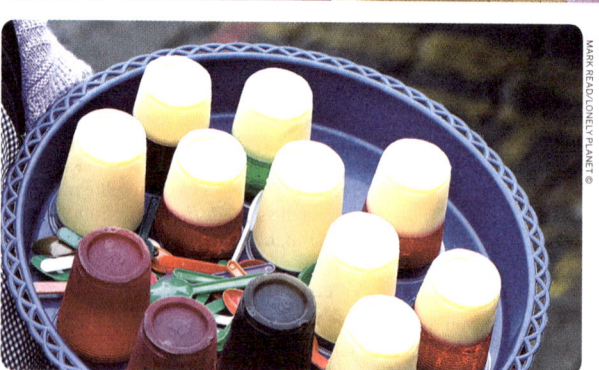

Oben: Tacos al pastor (mit am Spieß gegartem Schweinefleisch)
Unten: Oaxaca-Nachspeisen

(und somit jede Menge Meeresfrüchte) und Jahrhunderte spanischer und afro-karibischer Einflüsse. Zu den herausragenden Gerichten gehören *huachinango a la veracruzana* (Roter Schnapper in scharfer Tomatensauce), *arroz a la tumbada* (eine Art Paellasuppe), *camarones enchipotlados* (Garnelen in einer Chipotle-Sauce) und *pollo encacahuatado* (Hühnchen in Erdnusssauce).

LINDSAY LAUCKNER GUNDLOCK / LONELY PLANET ©

Essen & Trinken

Essenszeiten

Desayuno (Frühstück) Gibt's meist zwischen 8.30 und 11 Uhr. Eiergerichte sind beliebt und manche Mexikaner verdrücken ganze Teller voll Fleisch.

Comida (Mittagessen) Die Hauptmahlzeit des Tages wird zwischen 14 und 16.30 Uhr serviert und besteht aus Suppe oder Vorspeise, Hauptgericht und Nachtisch. *Comida corrida,* auch bekannt als *menú del día,* ist ein günstiges Mittagsmenü.

Cena (Abendessen) Mexikaner essen am Abend eher leicht und oft nicht vor 21 Uhr. Allerdings haben nahezu alle Restaurants, in denen es Abendessen gibt, schon ab 19 Uhr geöffnet.

Snacks Zu fast jeder Tageszeit bekommt man in Cafés und an Straßenständen *antojito* oder *torta*. In manchen Cafés gibt es auch Sandwiches.

Typisch mexikanischer *mercado* (Markt)

Wohin zum Essen?

In der Regel bieten *restaurantes* (Restaurants) große Menüs und eine Getränkeauswahl an, während *cafés* und *cafeterías* sich vor allem auf Kaffee, Tee und alkoholfreie Getränke konzentrieren und meist kleinere Menüs mit leichten Gerichten servieren. Weitere Arten von Lokalen:

comedor – „Speiseraum"; gewöhnlich günstige Restaurants mit einfachen Gerichten.

fonda – kleines, oftmals familiengeführtes Lokal, in dem häufig comida corrida serviert wird.

mercado (Markt) – viele mexikanische Märkte haben comedor-Bereiche, wo Gäste auf Bänken sitzen und günstige Gerichte nach Hausfrauenart an Ort und Stelle zubereitet werden.

taquería – Taco-Stände oder -Lokale.

Sprachführer Essen

In unserem Glossar Essen werden Gerichte auf mexikanischen Speisekarten und die Namen der Grundnahrungsmittel erklärt.

a la parrilla – vom Grill

a la plancha – gegrillt

al carbón – über Holzkohle gegart

aves – Geflügel

bebidas – Getränke

carnes – Fleisch

empanizado – paniert

ensalada – Salat

entradas – Vorspeisen

filete – Filet

frito – gebraten

huevos – Eier

jugo – Saft

legumbres – Hülsenfrüchte

mariscos – Meeresfrüchte (kein Fisch)

menú de degustación – Probiermenü

mole – Sauce aus Chilis, Gewürzen, Nüssen

pescado – Fisch

plato fuerte – Hauptgericht

postre – Dessert

salsa – Sauce

sopa – Suppe

verduras – Gemüse.

El Castillo (auch als Pyramide von Kukulcán bekannt; S. 354), Chichén Itzá

Mexikos alte Ruinen erkunden

Die alten Kulturen Mexikos waren die am höchsten entwickelten in Nord- und Mittelamerika. Diese oft sehr komplexen Gesellschaften errichteten gewaltige Pyramiden und zauberhafte Tempel, sie beherrschten astronomische Grundlagen, beschäftigten sich mit Mathematik und erfanden Schriftsysteme. Ihre Relikte zu erkunden ist ein unverzichtbares Mexiko-Reiseerlebnis.

Top 10 Stätten & beste Reisezeit

Die meisten der bedeutendsten prähispanischen Stätten Mexikos liegen im Zentrum, im Süden und Südosten des Landes. Nachfolgend eine Übersicht der zehn wichtigsten Stätten inklusive Hinweis, zu welcher Jahreszeit sich deren Besuch besonders empfiehlt. Die meisten Stätten sind zwischen 9 und 17 Uhr zugänglich (manche sind montags geschl.). Wer seinen Besuch auf den frühen Vormittag legt, kann mit weniger Touristen und erträglicheren Temperaturen rechnen.

Teotihuacán, Zentralmexico ganzjährig

Chichén Itzá, Halbinsel Yucatán
September bis November

Uxmal, Halbinsel Yucatán
September bis November

Palenque, Chiapas Oktober bis Mai

Monte Albán, Oaxaca Oktober bis Mai

Yaxchilán, Chiapas Oktober bis Mai

Calakmul, Halbinsel Yucatán
November bis Mai

Tulum, Halbinsel Yucatán
November bis Juni

El Tajín, Veracruz Oktober bis Mai

Templo Mayor, Mexico City ganzjährig

Mexikos alte Kulturen

Seit dem 19. Jh. legen Archäologen die alten Stätten im ganzen Land frei. Viele imposante Anlagen wurden inzwischen restauriert und für Besucher zugänglich gemacht. Andere wurden nur teilweise freigelegt oder ruhen noch immer unangetastet unter der Erde oder in dichten Wäldern. Die wichtigsten Kulturen waren:

Olmeken Mexikos „Mutterkultur" konzentrierte sich 1200–400 v. Chr. an der Golfküste. Berühmt sind die gigantischen Olmeken-Köpfe aus Stein.

Teotihuacán Diese Zivilisation trägt den Namen der Stadt, die nur 50 km von Mexico City entfernt liegt. Hier gibt es riesige Pyramiden. Die Stadt florierte in den ersten sieben Jahrhunderten unserer Zeitrechnung und herrschte über das größte Imperium in ganz Mexiko.

Maya Die Maya im Südosten Mexikos, in Guatemala und Belize hatten ihre Blütezeit zwischen 250 und 900 n. Chr. in Stadtstaaten. Berühmt sind ihre wunderschönen Tempel und Steinskulpturen. Die Kultur der Maya hat unter den indigenen Bevölkerungen in diesen Regionen bis heute überlebt.

Tolteken Die Kultur steht für mehrere Stadtstaaten in Zentralmexiko (750–1150 n. Chr.). Deren berühmtesten Hinterlassenschaften sind die Kriegerskulpturen von Tula.

Azteken Von ihrer Hauptstadt Tenochtitlán (heute Mexico City) aus herrschten die Azteken von 1325 bis 1521 vom Golf bis zum Pazifik über den Großteil Zentralmexikos. Die berühmteste Azteken-Stätte ist der Templo Mayor in Mexico City.

Praktisch & Konkret

➡ Die berühmtesten Stätten sind oft rappelvoll (früh aufstehen lohnt sich!). Auf entfernten Hügeln oder in dichtem Urwald versteckt gelegene Anlagen sind für Abenteurer mehr als lohnend.

➡ Der Eintritt zu den archäologischen Stätten beträgt zwischen 0 und etwa 250 Mex$ (nur ganz wenige Stätten, alle in Yucatán gelegen, kosten mehr als 90 Mex$).

➡ Sonnenschutzmittel und im Urwald Insektenspray nicht vergessen!

➡ An beliebten Stätten gibt's Restaurants, Cafés, Buchläden, Souvenirshops, Audioguides in mehreren Sprachen und lizenzierte Führer (Preise sind Verhandlungssache).

➡ An wenig besuchten Stätten gibt es weder Essen noch Wasser, sie könnten auch schlechte Straßenzugänge haben.

➡ Viele Stätten kann man im Rahmen von geführten Touren besuchen; öffentliche Transportmittel sind meist ebenfalls vorhanden.

➡ Die Hauptattraktionen sind barrierefrei.

➡ Beschriftungen gibt es oft nur auf Spanisch, mitunter auf Englisch oder in indigener Sprache.

Informationsquellen

Colecciones Especiales Street View (www.inah.gob.mx/es/inah/322-colecciones-especiales

ANTON_IVANOV / SHUTTERSTOCK ©

Museo Nacional de Antropología (S. 87)

An Archaeological Guide to Central and Southern Mexico Das 2001 erschienene Buch von Joyce Kelly ist immer noch das beste seiner Art. Es behandelt 70 Stätten.

Top-Museen

Zu einigen Ausgrabungsstätten gehören Museen, es gibt aber auch ausgezeichnete städtische und regionale Museen, in denen man äußerst wertvolle prähispanische Artefakte bewundern kann und einen faszinierenden Einblick ins alte Mexiko erhält.

Museo Nacional de Antropología, Mexico City (S. 87) Das Anthropologische Nationalmuseum in Mexico City unterhält Abteilungen zu allen wichtigen alten Kulturen, die einst in Mexiko existierten. Es zeigt den berühmten Sonnenstein der Azteken sowie eine Kopie des Königsgrabs von Palenque, das voller Schätze war.

Museo de Antropología, Xalapa (S. 214) Das ausgezeichnete Museum in Xalapa widmet sich ganz besonders den Kulturen an der Golfküste. Die Sammlung umfasst 25 000 Exponate, darunter sieben Olmeken-Köpfe und andere Skulpturen.

-street-view) Virtuelle Touren für 27 Stätten in Google Street View.

Instituto Nacional de Antropología e Historia (INAH; www.inah.gob.mx) Das Mexikanische Nationalinstitut für Anthropologie und Geschichte verwaltet 187 Stätten und 120 Museen.

Mesoweb (www.mesoweb.com) Eine großartige, ergiebige Informationsquelle über das antike Mexiko, insbesondere über die Maya.

Parque-Museo La Venta, Villahermosa (S. 451) In dem Freilichtmuseum mit Zoo in Villahermosa kann man Olmeken-Köpfe und weitere Skulpturen bewundern; sie kamen in den 1950er-Jahren hierher, als La Venta durch Ölfelderkundungen bedroht war.

Museo Maya de Cancún (S. 280) Eine von Mexikos bedeutendsten Sammlungen von Maya-Artefakten, die alle von Stätten auf der Halbinsel Yucatán stammen.

DIE PRÄHISPANISCHE ZEIT IN ZAHLEN

Mexikaner lieben seit jeher Zahlen. Hier einige Fakten:

8 km Tunnel haben Forscher unter der Tepanapa-Pyramide (Cholula) gegraben.

70 m ragt die Sonnenpyramide in Teotihuacán in die Höhe.

100 km lang ist die *sacbé* (gepflasterte Allee) von Cobá nach Yaxuna.

120 Wände mit Gemälden befinden sich im Tetitla-Palast in Teotihuacán.

300 Masken von Chaac, dem Regengott, gibt es im Palast der Masken in Kabah.

15 000 rituelle Ballspielplätze wurden (bis jetzt) in Mexiko entdeckt.

20 000 Menschenherzen wurden 1487 für die Einweihung des Templo Mayor geopfert.

25 Mio. Menschen umfasste Schätzungen zufolge die Bevölkerung Mexikos zur Zeit der Spanischen Eroberung.

51

Mexikos Ruinen

0 ▬▬ 200 km

REISEPLANUNG MEXIKOS ALTE RUINEN ERKUNDEN

GOLF VON MEXIKO

KARIBISCHES MEER

PAZIFIK

SAN LUIS POTOSÍ
Ciudad Valles
Paquimé (1500 km)
GUANAJUATO
Celaya
MORELIA
Tampico
Tuxpan
Poza Rica
Tula
PACHUCA
Teotihuacán
MEXICO CITY
Templo Mayor & Tlatelolco
Cholula
CUERNAVACA
Xochicalco
El Tajín
El Cuajilote & Vega de la Peña
Quiahuiztlán
XALPA
Cantona
Zempoala
PUEBLA
Veracruz
Córdoba
Orizaba
Tehuacán
CHILPANCINGO
Acapulco
Río Balsas
Sierra Madre del Sur
Puerto Escondido
Puerto Ángel
Bahías de Huatulco
OAXACA
Monte Albán
Yagul
Mitla
Tehuantepec
Juchitán
Istmo de Tehuantepec
Presa Miguel Alemán
San Andrés Tuxtla
Coatzacoalcos
Minatitlán
Ciudad del Carmen
VILLAHERMOSA
Palenque
TUXTLA GUTIÉRREZ
San Cristóbal de las Casas
Presa La Angostura
Tapachula
Toniná
Yaxchilán
Bonampak
Río Usumacinta
Progreso
MÉRIDA
Uxmal
Kabah
Ruta Puuc
Edzná
CAMPECHE
Becán
Xpuhil
Calakmul
Tizimín
Valladolid
Chichén Itzá
Cobá
Ek' Balam
Tulum
Cancún
Playa del Carmen
Dzibanché
Kohunlich
CHETUMAL
BELMOPAN
Belize City
BELIZE
GUATEMALA
GUATEMALA CITY
HONDURAS
TEGUCIGALPA

DIE WICHTIGSTEN PRÄHISPANISCHEN STÄTTEN

	STÄTTE	ZEIT	BESCHREIBUNG
ZENTRAL-MEXIKO	Teotihuacán (S. 158)	0–700	Mexikos größte altertümliche Stadt, Hauptstadt des Teotihuacán-Imperiums
	Templo Mayor (S. 71)	1375–1521	Zentrum der aztek. Hauptstadt Tenochtitlán
	Cholula (S. 173)	0–1521	Stadtzentrum & religiöses Zentrum
	Tula (S. 156)	900–1150	Bedeutendste Stadt der Tolteken
	Cantona (S. 187)	600–1000	Riesige, gut erhaltene Stadt
	Tlatelolco (S. 104)	12. Jh.– 1521	Stätte des Hauptmarkts der Azteken
	Xochicalco (S. 203)	600–1200	Großes Religions- & Handelszentrum
CHIAPAS	Palenque (S. 414)	100 v. Chr.–740	Wichtigste und wunderschöne Maya-Stadt
	Yaxchilán (S. 426)	7.–9. Jh.	Maya-Stadt
	Toniná (S. 412)	Ca. 600–900	Tempelkomplex der Maya
	Bonampak (S. 426)	8. Jh.	Maya-Stätte
NORD-MEXIKO	Paquimé (S. 855)	900–1340	Handelszentrum & Verbindungsglied zwischen Zentralmexiko und Wüstenkulturen im Norden
OAXACA	Monte Albán (S. 483)	500 v. Chr.–900	Zentrum der Zapoteken
	Mitla (S. 487)	Ca. 1300–1520	Religiöses Zentrum der Zapoteken
	Yagul (S. 487)	900–1400	Zeremonienzentrum der Zapoteken & Mixteken
VERACRUZ	El Tajín (S. 263)	600–1200	Stadt & Zentrum der klass. Veracruz-Kultur
	Quiahuiztlán (S. 235)	600–1300	Stadt der Totonaken & Nekropole
	El Cuajilote (S. 250) & Vega de la Peña (S. 251)	600–1400	Städte von unbekannten Zivilisationen
HALBINSEL YUCATÁN	Chichén Itzá (S. 352)	2.–14 Jh.	Große, gut restaurierte Maya-/Tolteken-Stadt
	Uxmal (S. 340)	600–900	Maya-Stadt
	Tulum (S. 311)	Ca. 1200–1600	Späte Maya-Stätte & Zeremonienzentrum
	Calakmul (S. 377)	Ca. 1–9. Jh.	Riesige, einst mächtige Maya-Stadt, kaum restauriert
	Cobá (S. 318)	600–1100	Maya-Stadt
	Kabah (S. 344)	750–950	Maya-Stadt
	Ruta Puuc (S. 345)	750–950	Drei Stätten der Puuc-Maya (Sayil, Xlapak, Labná)
	Edzná (S. 373)	600 v.Chr.–1500	Maya-Stadt
	Becán (S. 378)	550 v.Chr.–1000	Große Maya-Stätte
	Xpuhil (S. 380)	Blütezeit im 8. Jh.	Maya-Siedlung
	Ek' Balam (S. 363)	Ca. 600–800	Maya-Stadt
	Dzibanché (S. 324)	Ca. 200 v. Chr.–1200	Maya-Stadt
	Kohunlich (S. 324)	100–600	Maya-Stadt

HIGHLIGHTS	LAGE/VERKEHRSMITTEL
Sonnen- und Mondpyramide, Calzada de los Muertos, Palast-Wandgemälde	50 km nordöstlich von Mexico City; zahlreiche Busse
Zeremonienpyramide	Zentrum von Mexico City
Voluminöseste Pyramide der Welt	8 km westlich von Puebla; zahlreiche Busse
Steinsäulen in Form von Kriegern	80 km nördlich von Mexico City; von der Haltestelle in Tula 1 km zu Fuß oder mit dem Taxi
24 Ballspielplätze, einzigartiges Straßensystem	90 km nordöstlich von Puebla; Taxi oder *colectivo* ab Oriental
Tempelpyramide der Azteken	Nördliches Mexico City; Trolleybus oder Metro
Pyramide von Quetzalcóatl	35 km südwestlich von Cuernavaca; Bus
Fantastische Tempel mit Urwaldkulisse	7 km westlich der Stadt Palenque; zahlreiche *combis*
Tempel & andere Gebäude mitten im Urwald in der Nähe von Flüssen	Am Río Usumacinta, 15 km von Frontera Corozal mit dem Boot
Tempel & Pyramiden in Hanglage	14 km östlich von Ocosingo; *combis* ab Ocosingo
Wunderschöne, wenn auch verwitterte Fresken	150 km südöstlich von Palenque; Lkw oder Bus nach San Javier (140 km), von dort Taxi oder Kleintransporter
Lehmziegelbauten, Papageienkäfige aus Lehm, Tonwaren mit Geometriemustern	Casas Grandes; Busse oder Taxis von Nuevo Casas Grandes, 7 km Richtung Norden
Pyramiden, Observatorium, Aussicht	6 km westlich von Oaxaca; Bus
Einzigartige Steinmosaiken	46 km südöstlich von Oaxaca; Bus oder *colectivo*
Großer Ballspielplatz, Fels-„Festung"	35 km südöstlich von Oaxaca; Bus/*colectivo* und 1,5 km zu Fuß
Nischenpyramiden, 17 Ballspielplätze	6 km westlich von Papantla; Bus oder Taxi
Tempelartige Grabstätten, Aussichtspunkt	3 km langer Fußweg vom Hwy 180
Abgelegener Ort im Dschungel	17 km südlich von Tlapacoyan; mit *colectivo* oder Taxi fahren und anschließend laufen
Tempel El Castillo, größter Ballspielplatz, Sternwarte El Caracol, Schädel-Plattform	117 km östlich von Mérida, 2 km östlich vom Dorf Pisté; Busse ab Mérida, Pisté & Valladolid
Pyramiden, Paläste, Maskenskulpturen des Regengottes Chaac	80 km südlich von Mérida; Busse ab Mérida
Tempel & Türme in Traumlage	130 km von Cancún; von Tulum im Taxi, zu Fuß, per Fahrrad
Hohe Pyramiden mit Blick über den Regenwald	60 km südlich der Straße Escárcega-Chetumal; Auto, geführte Tour z. B. ab Chicanná oder Campeche, Taxi z. B. ab Xpujil
Große Pyramiden im Urwald	50 km von Tulum; Busse/*colectivo* ab Tulum oder Busse ab Valladolid
Palast der Masken mit 300 Chaac-Masken	104 km südlich von Mérida; Auto oder Bustour ab Mérida
Paläste mit kunstvollen Säulen & Skulpturen, unter anderem Chaac-Masken	Ca. 120 km südlich von Mérida; Auto oder Bustour von Mérida
Pyramidenpalast mit fünf Stockwerken, Tempel der Masken	53 km südöstlich von Campeche; Minibusse & Shuttlebusse ab Campeche
Tempel mit Türmen	8 km westlich von Xpujil; Taxi, Tour oder Auto
„Wolkenkratzer" mit drei Türmen	Dorf Xpujil, 123 km westlich von Chetumal; Busse ab Campeche und Escárcega, Busse & *colectivos* ab Chetumal
Acrópolis & hohe Pyramide mit imposanten Schnitzereien	23 km nördlich von Valladolid; Taxi oder *colectivo*
Paläste & Pyramiden in halbwilder Natur	68 km westlich von Chetumal; Auto, Taxi oder geführte Tour ab Xpujil
Tempel der Masken	56 km westlich von Chetumal; Auto, Taxis oder Busse & 9 km zu Fuß

Reiseplanung
Mit Kindern reisen

Die Sehenswürdigkeiten, Geräusche und Farben Mexikos wirken magisch auf Kinder. Der Nachwuchs ist bei Mexikanern bei fast allem mit dabei. Viele Aktivitäten und Attraktionen richten sich an Kinder jeden Alters. Und mit wenigen Ausnahmen sind die kleinen Gäste in fast allen Unterkünften, Cafés und Restaurants willkommen.

Die besten Regionen für Kinder

Halbinsel Yucatán

Cancún, die Riviera Maya und die nahen Inseln sind für Familienurlaubsfreuden wie geschaffen. In der Gegend gibt's jede Menge tolle Strände mit allen nur denkbaren Aktivitäten rund ums Wasser sowie komfortable Hotels und Attraktionen – von Zip-Lines (Seilrutschen) im Dschungel bis hin zum Schwimmen in Cenoten (Erdlöcher). Andere Teile der Halbinsel eignen sich hervorragend, wenn die Kinder Lust haben, Maya-Ruinen zu erforschen.

Zentrale Pazifikküste

An der Pazifikküste kann man auf alle erdenklichen Arten im Meer und in den Lagunen Spaß haben. Als Ausgangspunkt jeglicher Aktivitäten bieten sich viele Orte an – etwa das anspruchsvolle Puerto Vallarta, das entspannte Zihuatanejo oder zahllose kleinere Orte.

Mexiko-Stadt

Die Hauptstadt hält Kinder mit einem fantastischen Aquarium bei Laune, mit einem interaktiven Kindermuseum und einem tollen Zoo, mit vielen kindgerechten Aktivitäten und Unterhaltungsangeboten sowie Parks und Plazas mit jeder Menge Platz für Spiel und Spaß.

Mexiko für Kinder

Essen

Kinder sind vielleicht nicht so sehr darauf erpicht, exotische mexikanische Aromen kennenzulernen, doch gibt es viele Restaurants, die vertraute internationale Gerichte auftischen. Gut vertreten sind italienische Lokale. Speisen wie Eier, Steaks, Brot, Reis, Käse und dazu noch jede Menge frisches Obst gibt's ohnehin überall. Einfache mexikanische Snacks wie Quesadillas, Burritos und Tacos oder warme Maiskolben direkt von einem Straßenstand sind eine gute Möglichkeit, Kinder in die einheimische Küche einzuführen. Das Personal in den Restaurants ist auf Kinder eingestellt. In der Regel gibt es auch Hochstühle und Extra-Teller, wenn man sich ein Gericht teilen will. Auf Nachfrage wird oft auch etwas zubereitet, was nicht auf der Karte steht.

Unterkunft

Mexiko hat interessante kinderfreundliche Unterkünfte zu bieten – alles in Strandnähe ist ein guter Anfang; rustikale *cabañas* (Hütten) vermitteln einen Hauch von Abenteuer (auf gute Moskitonetze achten!). Viele Hotels haben weitläufige Außenanlagen wie Höfe, toll gestaltete Pools und Gärten. Die meisten Strandhotels im ganzen Land sind auf Familien ausgerichtet.

Familienzimmer und Unterkünfte mit Küchen sind problemlos zu finden. Die meisten Hotels stellen gegen einen kleinen Preisaufschlag auch ein oder zwei Extrabetten ins Zimmer; Gitterbetten sind jedoch in Budgetunterkünften nicht immer vorhanden. Die meisten Unterkünfte haben WLAN; in denen der mittleren und oberen Preiskategorie können zudem oft auch Kindersender im TV empfangen werden.

Unterwegs vor Ort

Reisen im Land sollte man auf kleine Abschnitte von max. ein paar Stunden beschränken. Die meisten mexikanischen Busse zeigen nonstop Filme (auf Spanisch), die meist familienfreundlich sind und Kids bei Laune halten. Wer mit Baby oder Kleinkind unterwegs ist, sollte erwägen, sich Tickets für einen Luxusbus zu leisten.

Alternativen zum Bus sind Leihwagen und – auf einigen Routen – Flüge. Wer ein Auto mit Kindersitz braucht, ist bei den großen internationalen Anbietern am besten aufgehoben. Im nördlichen Mexiko ist eine Fahrt mit der „Chepe"-Bahn (Ferrocarril Chihuahua Pacífico oder Copper Canyon Railway) ein echtes Highlight.

Highlights für Kinder

Auf & im Wasser

Surfen lernen Bereits Fünfjährige können vielerorts am Pazifik an sanfter Brandung Surfen lernen, z. B. in Mazatlán, Sayulita, Ixtapa, Puerto Escondido und San Agustinillo.

Schildkröten, Delfine und Wale beobachten Entsprechende Bootstouren werden an der Pazifikküste und in Baja angeboten.

Schnorcheln in tropischen Gewässern Viele Strände an den Küsten und Inseln der Karibik und einige am Pazifik sind mit ruhiger See und bunter Unterwasserwelt auch für Anfänger geeignet.

Gondelfahren In Xochimilco, Mexiko-Stadt (S. 95), die Kanäle der Azteken per Gondel erkunden.

Uyo Ochel Maya (S. 313) Sich auf jahrhundertealten, von Mayas erbauten Kanälen durch die Mangrovensümpfe treiben lassen.

Abenteuer

Parque de Aventura Barrancas del Cobre (S. 825) Im Abenteuerpark im Kupfercanyon führen sieben aufregende Seilrutschen vom Canyonrand in 2400 m Höhe rasant in die Tiefe. Zudem gibt's eine Seilbahn, und man kann sich abseilen und klettern.

Selvática (S. 300) Zum preisgekrönten Seilrutschen-Parcours im Dschungel nahe Puerto Morelos gehört auch ein Cenote, in dem man baden kann.

Boca del Puma (☏998-577-42-83; www.bocadelpuma.com; Ruta de los Cenotes km 16; Erw./Kind 5–14 Jh. 12/7 US$; ◷9–17 Uhr;⋒) Der Park nahe Puerto Morelos bietet Seilrutschen, Ausritte und einen Cenote zum Baden.

Cobá (S. 318) In der vom Dschungel umgebenen antiken Maya-Stätte in der Nähe von Tulum gibt's Pyramiden und eine Seilrutsche sowie Leihfahrräder und Radwege.

Cuajimoloyas (S. 495) Reiten, Mountainbiken, Wandern und eine spektakuläre, 1 km lange Seilrutsche in den Bergen nahe bei Oaxaca.

Huana Coa Canopy (Karte S. 538; ☏669-990-11-00; www.facebook.com/huanacoacanopy; Av del Mar 111; 75 US$/Pers.; ◷Mo–Fr 9–13 & 15.30–18, Sa 9–13 Uhr; ▣Sábalo-Centro) Eine beliebte Serie von Seilrutschen in den bewaldeten Hügeln nahe Mazatlán.

Teleférico de Orizaba (S. 254) Mit Mexikos spektakulärer zweithöchster Seilbahn kann man hier bequem zur Spielwiese dem Berggipfel hinauf fahren.

Tiere

Acuario Inbursa (S. 95) Das Mega-Aquarium in Mexico City lässt mit Mantarochen, Piranhas und Krokodilen Kinderherzen höher schlagen, während die Eltern in den Museen Soumaya und Jumex gleich gegenüber auf ihre Kosten kommen.

Walbeobachtung in Baja California (S. 784) Die Bootstouren, bei denen die riesigen Grauwale mit ihren Kälbern vor der niederkalifornischen Küste beobachtet werden können, dauern meistens mehrere Stunden. Sie sind daher besser für ältere Kinder geeignet.

Zoomat (S. 385) Im Zoo von Tuxtla Gutiérrez leben 180 Tierarten, die alle in Chiapas heimisch sind, darunter mehrere große Katzenarten.

Playa Escobilla (S. 505) Tausende von Meeresschildkröten kriechen in einer einzigen Nacht an Land, um ihre Eier an diesem Strand in Oaxaca abzulegen.

Crococun (S. 299) Im interaktiven Zoo von Puerto Morelos gibt's u. a. Krokodile und wilde Affen.

GESUNDHEIT & SICHERHEIT

Kinder werden häufiger als Erwachsene von Hitze, unregelmäßigen Schlafrhythmen, Höhenunterschieden und fremdem Essen beeinträchtigt. Sie sollten kein Leitungswasser trinken. Außerdem ist es wichtig, Sonnenbrand zu vermeiden, Insektenschutz aufzutragen und auf ausreichend Flüssigkeitszufuhr zu achten (dies ganz besonders, wenn das Kind an Durchfall leidet).

Eltern sollten nicht zögern, einen Arzt aufzusuchen, wenn sie es für notwendig erachten. Meistens verfügen private Krankenhäuser und Kliniken über die bessere Einrichtung und die bessere Pflege als die staatlichen. Die Auslandskrankenversicherung sollte deshalb die Kosten einer privaten medizinischen Versorgung abdecken.

Museen

Museo Nacional de Antropología (S. 87) Die Schnitzereien, Statuen und Totenköpfe im besten Museum Mexikos sind sehr beliebt bei Kindern.

Papalote Museo del Niño Es gibt zwei dieser unterhaltsamen, interaktiven Kindermuseen – eines in Mexico City (S. 91), das andere in Cuernavaca (S. 200). Gut geeignet für Kinder bis ca. 11 Jahre.

Museo Interactivo de Xalapa (S. 240) Ausstellungen zu Natur, Ökologie und Kunst plus IMAX-Kino.

La Esquina: Museo del Juguete Popular Mexicano (S. 721) In dem eindrucksvollen Museum in San Miguel de Allende sehen Kinder, was für Spielzeug es vor der digitalen Revolution gab.

Museo de Historia Natural (Karte S. 452; ☑443-312-00-44; Ventura Puente 23; ⊙Mo–Fr 9–16, Sa & So 11–18 Uhr) GRATIS Das kleine auf Kinder ausgerichtete Museum in Morelia hat von Fossilien (inkl. Mammutstoßzahn) und ausgestopften Tieren bis zu einem Kaktusgarten einfach alles.

Spektakel

Voladores Bei dem Ritual der indigenen Totonaken erklettern Männer (Fliegende Tänzer) einen 30 m hohen Pfahl und stürzen sich dann, nur von Seilen gehalten, rücklings in die Tiefe. Vorführungen gibt's in El Tajín (S. 263) und im Museo Nacional de Antropología (S. 87) in Mexico City.

Piratenshow (S. 369) Campeche lässt seine Piratenvergangenheit in einem alten Stadttor mit einer Show à la Disney wieder aufleben.

Volkstanz Äußerst farbenfrohe, unterhaltsame Vorstellungen werden regelmäßig vom Ballet Folklórico de México (S. 133) in Mexico City, von Guelaguetza-Gruppen in Oaxaca und auf der Plaza Grande in Mérida (S. 332) aufgeführt.

Planung

➡ Nur wenige Kinder mögen es, die ganze Zeit auf Achse zu sein; normalerweise sind sie glücklicher, wenn sie eine Weile am selben Ort bleiben, Freunde finden und mit diesen spielen können.

➡ Mindestens einen Monat vor Reisebeginn – besser zwei – sollte man zum Arzt gehen, um den Impfpass kontrollieren zu lassen.

➡ Es ist eine gute Idee, zumindest für die ersten paar Nächte eine Unterkunft vorab zu buchen.

➡ Windeln und Sonnenschutz sind fast überall erhältlich, außerhalb der größeren Städte und Touristenorte kann es jedoch schwierig werden, Feuchttücher, andere Cremes, Babynahrung oder die gewohnten Arzneien zu finden.

➡ Für vielseitige Informationen und Empfehlungen siehe den englischsprachigen Lonely Planet Band *Travel with Children*.

Dokumente für Minderjährige

Das mexikanische Gesetz verlangt eine notariell beglaubigte Genehmigung eines Elternteils oder Vormunds, die mexikanische Minderjährige (unter 18 Jahren, einschließlich Personen mit doppelter Staatsangehörigkeit) sowie ausländische, in Mexiko ansässige Minderjährige bei der Ausreise ohne einen Elternteil oder einen gesetzlichen Vormund vorlegen müssen. Es ist schon vorgekommen, dass andere Minderjährige, bei denen das Gesetz das nicht vorschreibt, aufgefordert wurden, ein solches Dokument vorzulegen, insbesondere bei der Ausreise über eine Landgrenze. Die US-amerikanische Botschaft in Mexiko rät daher allen Minderjährigen, die ohne beide Eltern ins Land reisen, eine solche notariell beglaubigte Zustimmung mit sich zu führen. Man sollte sich rechtzeitig vor Reiseantritt an eine diplomatische Vertretung Mexikos wenden, um zu erfahren, was aktuell verlangt wird.

Mexiko im Überblick

Rund um Mexico City

Archäologische Stätten
Kleine Ortschaften
Essen

Alte Architektur

Einige von Mexikos bedeutendsten Ruinen liegen nur wenige Stunden Fahrt von der Hauptstadt entfernt; Teotihuacán ist mit Sonnen- und Mondpyramide die bekannteste. Weitere Stätten wie Cacaxtla, Xochitécatl, Xochicalco und Cantona können nahezu ungestört entdeckt werden.

Pueblos Mágicos

Mit schattigen Plazas, traditionellem Kunsthandwerk und schönen Kolonialbauten bieten die „magischen Städte", z. B. Cuetzalan, Real del Monte, Malinalco und Valle de Bravo, perfekte Erholung vom Smog und Lärm der Hauptstadt.

Regionale Spezialitäten

Heimische Zutaten und importierte Einflüsse formen vielseitige regionale Gerichte. Viele Städte haben ihre eigenen Spezialitäten: die Minendörfer über Pachuca ihre Pasteten und Puebla die berühmte *mole poblano*.

Mexico City

Museen
Fiestas
Essen

Museen massenweise

Avantgardistische Kunst, präkolumbische Artefakte oder altes Spielzeug – in Mexico City gibt's fast zu jedem Thema ein Museum. Nicht verpassen sollte man das Museo Nacional de Antropología und Frida Kahlos blaues Haus.

Auf in die Nacht

Mexico City ist die Party-Hauptstadt des Landes. Tagsüber kann man auf der Plaza Salsa lernen und bei Sonnenuntergang in einer Bar über den Dächern der Stadt köstlichen Mezcal schlürfen, bevor man sich auf der Tanzfläche eines Clubs bis in die frühen Morgen austobt.

Kulinarischer Schmelztiegel

In der Hauptstadt gibt's fabelhafte Restaurants, die nicht nur regionale Spitzenküche servieren. Wo es die beste *pozole* nach Guerrero-Art (herzhafte Suppe aus Maismehl, Fleisch und Gemüse) oder das leckerste *cochinita pibil* (langsam gegartes, mariniertes Schweinefleisch) gibt, wird unter den Einheimischen intensiv diskutiert.

S. 62

S. 151

Veracruz

**Archäologische Stätten
Essen
Outdoor-Abenteuer**

Alte Kulturen

Mehrere präkolumbische Kulturen hinterließen an Mexikos Golfküste ein reiches Erbe. Bemerkenswert sind die Veracruz-Ruinen von El Tajín mit der kuriosen „Nischen"-Pyramide, das eindrucksvolle Totonac Zempoala und Xalapas Museo de Antropología mit den Meisterwerken alter Bildhauer der Region.

Grandioser Fisch

Dank der 690 km langen Küste des Bundesstaats dominiert Fisch die Speisekarten, vor allem die Kreation *huachinango a la veracruzana* (Schnapperfisch à la veracruz). Zudem stehen die einmaligen *moles* von Xico und der Gourmetkaffee von Coatepec zur Wahl.

Wildes Nass & Höchster Gipfel

Mexikos höchster Berg, Volcán Orizaba, überragt das Zentrum von Veracruz und ist die schwierigste Trekking-Herausforderung des Landes. In den Tälern locken Río Antigua und Río Filobobos Wildwasser-Draufgänger an.

S. 222

Halbinsel Yucatán

**Strände
Tauchen & Schnorcheln
Maya-Ruinen**

Ein Tag am Strand

Der persönliche Traumstrand liegt oft nur eine Bus- oder Bootsfahrt entfernt. Vom hedonistischen Cancún bis zu den einsamen Stränden der Costa Maya (z. B. Xcalak) lockt die Region mit strahlend weißem Sand und wunderbar warmem Wasser.

Unterwasserwelten

Mit Hunderten von Kilometern karibischer Küste und dem zweitgrößten Barriereriff der Welt ist die Region ein Paradies für Taucher und Schnorchler. Die Hauptattraktionen sind Banco Chinchorro und die Isla Cozumel; einmalige Eindrücke verspricht der Unterwasser-Skulpturenpark vor Cancún.

Antike Schätze

Vom weltberühmten Chichén Itzá bis hin zu fast unbekannten Stätten wie Ek' Balam ist die Halbinsel Yucatán mit spektakulären Pyramiden und Tempeln übersät. Viele verströmen eine so magische Atmosphäre, dass selbst laute Reisegruppen sie nicht zu zerstören vermögen.

S. 277

Chiapas & Tabasco

**Natur
Outdoor-Aktivitäten
Indigene Kultur**

Tierwelt

Schildkröten, Brüllaffen und zahlreiche Vögel, deren Federkleider in allen Regenbogenfarben schillern, gehören zu den festen Bewohnern der Regenwälder, der nebelverhangenen Berge und der Sandstrände dieser artenreichen Region, die vielen seltenen und bedrohten Tierarten eine Heimat bietet.

Immer in Bewegung

Ob man sich in eine Doline im Urwald abseilt, im Schlauchboot über Flüsse raftet oder einen 4000 m hohen Vulkan besteigt – Chiapas bietet jede Menge adrenalingeladene Aktivitäten.

Tempel & Traditionen

Die Geschichte der Maya zeigt sich hier überall – sei es in den gut erhaltenen Steintempeln der klassischen Maya-Kultur, in den präkolumbischen religiösen Ritualen, die bis heute praktiziert werden, oder beim Anblick der kunstvollen handgewebten Textilien, die viele Einheimische noch immer tragen.

S. 381

Oaxaca

Strände
Outdoor-Aktivitäten
Kultur

Strandleben

An Stränden und Lagunen hat Oaxacas Küste jede Menge zu bieten. Da wären z. B. die quirlige Surferstadt Puerto Escondido, die relaxten Orte Zipolite und Mazunte oder auch die Resort-Attraktionen der ursprünglichen Bahías de Huatulco.

Herrliche Natur

Hier warten Wanderungen durch die Bergwälder der Sierra Norte, die Surfwellen des Pazifik, ewig lange Raftingtouren auf, Schnorchel- oder Tauchausflüge zu den wunderschönen Buchten von Huatulco und Bootstouren zu Walen, Delfinen und Schildkröten vor der pazifischen Küste.

Tradition & Avantgarde

Der Bundesstaat Oaxaca ist ein buntes kulturelles Zentrum – von der munteren Kunstszene in Oaxaca de Juárez über die einmalige Küche bis hin zu dem unglaublich kreativen Kunsthandwerk der indigenen Bevölkerung. Das alles gibt Oaxaca eine einmalige, stolze regionale Identität.

S. 457

Zentrale Pazifikküste

Outdoor-Aktivitäten
Essen
Strände

Wunder der Natur

Es locken Kajakfahrten bei Sonnenaufgang, Ausritte in die Sierra Madre, ein Bad inmitten umherflatternder Schmetterlinge in einem von Felsen umgebenen Fluss, Pelikane, Wale und Eier ablegende Schildkröten bei Nacht.

Leckereien aus dem Meer

Bei Sonnenuntergang schnappt man sich am besten einen Tisch am Strand und genießt bei einem kalten Bier einen pescado zarandeado (gegrillter Fisch), tiritas (rohe, in Limettensaft und Chili marinierte Fischstückchen) oder diverse Varianten von Garnelen und Schnapper.

Surfen & Strandvergnügen

Hier findet jeder seinen Traumstrand, egal, ob man sich mit einer Margarita in der Hand gemütlich im Sand räkeln oder vor einem endlosen Horizont die perfekte Wellen reiten will.

S. 534

Westliches Zentralhochland

Kultur
Essen
Landschaft

Kultur & Kunst

Das westliche Zentralhochland ist stark von indigener Kultur geprägt, vor allem von den aufstrebenden Purépecha, deren Kunsthandwerk rund um Pátzcuaro und Uruapan verkauft wird. Tolle Kunstgalerien und Shoppinggelegenheiten gibt's in Guadalajara und in den Vororten Tlaquepaque und Tonalá.

Kulinarische Genüsse

Als die UNESCO die mexikanische Küche 2010 zum Immateriellen Kulturerbe erklärte, erwähnte sie explizit die aus Michoacá stammenden Gerichte, Mexikos „Soul Food". Ebenso lecker ist das *birria* aus Jalisco (ein Schmorgericht aus Ziegen- oder Lammfleisch), zu dem Tequila mundet.

Dramatische Landschaft

Mit seinem spektakulären Zwillingsvulkan bietet der winzige Bundesstaat Colima eine malerische Kulisse. Nicht auslassen sollte man das Naturwunder des jungen Volcán Paricutín.

S. 627

Nördliches Zentralhochland

Museen
Outdoor-Aktivitäten
Kolonialstädte

Geschichte & Gegenwart

Die Region ist die Heimat faszinierender indigener Kulturen. Das meiste Silber, das den kolonialzeitlichen Prunk ermöglichte, stammte von hier. Und hier schlug auch die Geburtsstunde der mexikanischen Unabhängigkeit. Ausgezeichnete Museen widmen sich dieser vielfältigen Geschichte.

Naturspielplatz

Sich in Dolinen abseilen, in Binnenseen der Huasteca Potosina schnorcheln, in den Wüsten rund um Real de Catorce wandern und in den Höhlen der Sierra Gorda Papageien aufspüren – all das bietet dieser aufstrebende Abenteuerspielplatz.

Fußgänger-Paradies

Von prächtigen kolonialzeitlichen Gebäuden gesäumte Straßen versprechen eine faszinierende Erkundung zu Fuß. In den engen, steilen *callejones* (Gassen) der hiesigen Städtchen kann man sich leicht verlaufen, findet sich dann aber oft auf einer hübschen Plaza wieder.

S. 694

Baja California

Landschaft
Wein
Wassersport

Majestätische Berge & Tropenparadies

Wo sonst auf der Welt findet man Wüsten, die nur ein paar Schritte von türkisblauen Lagunen und ein paar Autostunden von hohen, mit Kiefern bedeckten Wäldern im Binnenland entfernt sind? An jeder Ecke bietet sich ein Ausblick wie aus dem Reiseprospekt.

Ruta del Vino

Aus dem Valle de Guadalupe stammen die besten Weine Mexikos – das Anbaugebiet ist auch international bekannt. Die Weinroute lädt zu einem genussvollen ein- oder zweitägigen Ausflug ein.

Surfen & Tauchen

Baja California ist ein Paradies für Surfer aller Leistungsniveaus und bietet Beach, Point und Reef Breaks entlang der Pazifikküste. Nach einem Tauchausflug in den Pazifik schafft man mit genügend Luft auch noch einen abendlichen Tauchgang im Golf von Kalifornien, einer Art natürlichem Aquarium.

S. 763

Barranca del Cobre & Nördliches Mexiko

Kolonialstädte
Museen
Outdoor-Abenteuer

Lebendige Vergangenheit

Álamos mit seinen guten Hotels und Restaurants, Durango mit seinen weiten Plazas und tollen Museen, oder Parras mit seiner langen Weinbautradition – die prächtigen Altstädte verzaubern mit dem Reiz vergangener Jahrhunderte.

Museumsvielfalt

Monterreys spektakulärer Parque Fundidora ist von großem kulturellem Interesse, vor allem das Horno3 Museum über die Stahlherstellung. In Saltillo widmen sich Museen der Wüstenlandschaft, *sarape*-Textilien und Vögeln, während Durango und Chihuahua u.a. mit Museen aufwarten, die Pancho Villa gewidmet sind.

Viel Spaß im Freien

Der Norden wartet mit wunderbaren Landschaften auf: Idyllische Küste, weite Wüsten, Schluchten und Klimazonen von alpin bis subtropisch sorgen für eine vielfältige Fauna und tolle Wander- und Radwege.

S. 811

Reiseziele in Mexiko

Baja
California
S. 763

Barranca del Cobre &
Nördliches Mexiko
S. 811

Nördliches
Zentral-
hochland
S. 694

Zentrale
Pazifik-
küste
S. 534

Westliches
Zentral-
hochland
S. 627

Rund um Mexico
City S. 151

Halbinsel
Yucatán
S. 277

Mexico
City S. 62

Veracruz
S. 222

Oaxaca
S. 457

Chiapas &
Tabasco
S. 381

Mexico City

📔 55 / 8,85 MIO. EW. / HÖHE 2240 M

Inhalt ➡

Sehenswertes 67
Schlafen 110
Essen........................... 117
Ausgehen & Nachtleben 127
Unterhaltung 132
Shoppen.....................137
An- & Weiterreise........143
Unterwegs vor Ort 147

Gut essen

➡ Pujol (S. 125)

➡ Contramar (S. 124)

➡ El Hidalguense (S. 123)

➡ Quintonil (S. 125)

➡ El Lugar Sin Nombre (S. 120)

➡ Hostería de Santo Domingo (S. 118)

Schön übernachten

➡ Red Tree House (S. 115)

➡ Casa San Ildefonso (S. 110)

➡ Villa Condesa (S. 115)

➡ Casa Comtesse (S. 115)

➡ Gran Hotel Ciudad de México (S. 111)

➡ Chalet del Carmen (S. 117)

Auf nach Mexico City!

Mexico City ist wie eh und je die Sonne im mexikanischen Sonnensystem. Die in der Vergangenheit vielgescholtene Hauptstadt wird aufgebessert. Neugestaltete öffentliche Plätze erwachen zu neuem Leben, die Gastronomie boomt und eine kulturelle Renaissance ist in vollem Gang. Da es der Stadt gelungen ist, sich weitgehend aus dem Drogenkrieg herauszuhalten, ist sie außerdem vergleichsweise sicher. Die Erdbeben von 2017 verschreckten die Besucher nicht, stattdessen zeigte sich eine junge Gesellschaft, die sich durch ihr solidarisches Verhalten Bewunderung errang.

Bei einem Bummel durch ihr Zentrum erkennt man die bewegte Geschichte der Hauptstadt, von ihren präkolumbischen Ursprüngen über die Pracht der Kolonialzeit bis hin zur Gegenwart. Die dynamische Metropole bietet mit altmodischen Cantinas, faszinierenden Museen, inspirierter Gastronomie und Bootsausflügen auf alten Kanälen auch Entspannungsmöglichkeiten. Angesichts so vieler Attraktionen sollte man vielleicht seine Strandpläne noch einmal überdenken…

Reisezeit

Mexico City

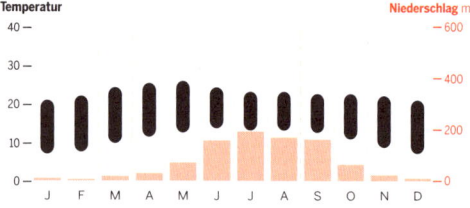

März & April An Ostern fahren die Einheimischen in den Urlaub; die Stadt ist bemerkenswert ruhig.

Mai Es sind die letzten warmen, trockenen Tage vor dem Beginn der Regenzeit.

Nov. Die Regenzeit endet, und der Monat beginnt mit den bunten Feierlichkeiten zum Día de Muertos.

Highlights

1 **Palacio Nacional**
(S. 72) Diego Riveras Fresko zur mexikanischen Geschichte studieren

2 **Templo Mayor**
(S. 71) Mitten im Stadtzentrum die aztekischen Ruinen bestaunen

3 **Arena México**
(S. 137) Beim *lucha libre* (mexikanisches Wrestling) die maskierten Helden anfeuern

4 **Museo Nacional de Antropología**
(S. 87) Den aztekischen Sonnenstein und andere fantastische Artefakte aus vorspanischer Zeit bewundern

5 **Museo Frida Kahlo** (S. 100) In Fridas Geburtshaus, der Casa Azul in Coyoacán, das heute ein Museum ist, das Leid der Künstlerin nachempfinden

6 **Plaza Garibaldi**
(S. 75) Auf der stimmungsvollen Plaza in Mariachi-Balladen einstimmen

7 **Palacio de Bellas Artes** (S. 77) Sich an den farbenfrohen Wandmalereien und folkloristischen Tanzvorstellungen in diesem Art-déco-Theater erfreuen

8 **Día de Muertos**
(S. 109) Während riesige Skelette zum *zócalo* tanzen, der Toten gedenken

Geschichte

Wer über das Asphaltmeer fährt, das heute diese Hochlandsenke einnimmt, kann sich nur schwer vorstellen, dass sich hier vor gerade einmal 500 Jahren mehrere Seen erstreckten. Dass die heutige Innenstadt einmal auf einer von Kanälen durchzogenen Insel gelegen haben soll, erscheint fast unmöglich, ebenso wie die Vorstellung, dass die Gemeinschaften, die auf dieser Insel und am Ufer des Lago de Texcoco lebten, einen Mix aus Sprachen gesprochen haben, die mit Spanisch so wenig zu tun hatten wie mit Malaiisch oder Urdu. Auch die Spanier, die im frühen 16. Jh. an den Ufern dieses Sees ankamen, waren von dem Bild, das sich ihnen bot, überwältigt.

Um 200 v.Chr. hatte sich rund um den Lago de Texcoco eine lose Gemeinschaft von Bauerndörfern entwickelt. Das größte von ihnen, Cuicuilco, wurde 300 Jahre später bei einem Vulkanausbruch zerstört.

Fortschritte in der Bewässerungstechnik und die Entwicklung einer auf Mais basierenden Wirtschaft förderten die Entstehung einer Zivilisation in Teotihuacán, 40 km nordöstlich des Sees. Jahrhundertelang war Teotihuacán die Hauptstadt eines Reiches, dessen Einfluss bis nach Guatemala reichte. Da es jedoch nicht in der Lage war, seine wachsende Bevölkerung zu ernähren, zerfiel es im 8. Jh. in verschiedene Teile und wurde dann sich selbst überlassen, was seinen Untergang besiegelte. Genaue Informationen gibt es kaum, da keinerlei schriftliche Zeugnisse vorliegen. In den kommenden Jahrhunderten verteilte sich die Macht in Zentralmexiko auf verschiedene lokal bedeutende Städte, darunter Xochicalco im Süden und Tula im Norden. Deren Kultur ist bekannt als die der Tolteken (Handwerker). Der Name wurde von den späteren Azteken geprägt, die ehrfürchtig auf die Toltekenherrscher zurückblickten.

Das aztekische Mexico City

Die Azteken oder Mexica (Me-*schie*-ka) kamen vermutlich im 13. Jh. ins Valle de México. Der Nomadenstamm soll aus Aztlán stammen, einer mythischen Region im Nordwesten Mexikos. Seine Mitglieder kämpften als Söldner für die Tepaneca, die am Südufer des Sees siedelten. Man erlaubte ihnen, sich im ungastlichen Gebiet des Hügels Chapultepec niederzulassen.

Der Stamm zog durch die Sümpfe, die den See umgaben. Um 1325 gelangten sie schließlich auf eine Insel am Westufer, wo sie der Legende zufolge einen Adler sahen, der auf einem Kaktus sitzend eine Schlange fraß (dieser ziert heute die mexikanische Flagge). Dies deuteten sie als Zeichen, sich hier niederzulassen und eine neue Stadt zu errichten: Tenochtitlán.

Tenochtitlán wuchs schnell zu einem ausgeklügelten Stadtstaat, dessen Reich zu Beginn des 16. Jhs. den größten Teil des heutigen Zentralmexikos vom Pazifik zum Golf bis in den äußersten Süden umfasste. Die Azteken erbauten ihre von Dämmen geschützte Stadt nach einem Schachbrettmuster, wobei Kanäle als Hauptstraßen dienten. In den sumpfigeren Gebieten legten die Azteken Gärten an, indem sie Schlamm und Pflanzen aufschichteten und Weiden anpflanzten. Diese sogenannten *chinampas* – von ihnen gibt es im südmexikanischen Xochimilco bis heute noch einige – warfen jährlich drei bis vier Ernten ab.

Nach Ankunft der Spanier 1519 dauerte es nur zwei Jahre, bis diese die mexikanische Zivilisation in die Knie gezwungen und die Einheimischen zu Bürgern zweiter Klasse degradiert hatten. Als die Konquistadoren nach Tenochtitlán gelangten, lebten Schätzungen zufolge zwischen 200 000 und 300 000 Menschen in der Stadt. Das gesamte Valle de México war Heimat von rund 1,5 Mio. Menschen und somit einer der am dichtesten besiedelten Ballungsräume der ganzen Welt.

Hauptstadt von Nueva España

Die Spanier radierten Tenochtitlán so gründlich aus, dass heute nur noch eine Handvoll Gebäudereste aus der aztekischen Epoche erhalten ist. Nachdem sie die Aztekenhauptstadt zerstört hatten, bauten sie sie als ihre eigene wieder auf. Der Konquistador Hernán Cortés hoffte, weiterhin davon profitieren zu können, dass Tenochtitlán von den Vasallenstaaten die Mittel zur Sicherung seiner Existenz abziehen konnte.

Von Krankheiten gebeutelt, schrumpfte die Bevölkerung im Valle de México innerhalb eines Jahrhunderts nach der Eroberung dramatisch – von 1,5 Mio. auf unter 100 000. Die Stadt selbst aber entwickelte sich zur blühenden, eleganten Hauptstadt von Nueva España (Vizekönigreich Neuspanien). Über die aztekischen Dämme und Kanäle wurden breite Straßen gelegt.

Der Bau-Boom dauerte bis zum Ende des 17. Jhs. an, wurde dann aber von Problemen nachhaltig ausgebremst: Die wuchtigen Gebäude der Kolonialzeit sanken langsam in das matschige Seebett ein. Außerdem hatte die Zerstörung von Teilen aztekischer Kanäle in den 1520er-Jahren die natürliche Entwässerung unterbunden, sodass die Stadt von Hochwasser heimgesucht wurde. Nach einem sintflutartigen Regen im Jahr 1629 war die Stadt fünf Jahre lang überschwemmt!

Die Verhältnisse in der Stadt verbesserten sich Anfang des 18. Jhs., als neue Plazas und Avenidas angelegt und ein Abwasser- und Abfallentsorgungssystem eingerichtet wurden – Mexico Citys goldenes Zeitalter war angebrochen.

Unabhängigkeit

Am 30. Oktober 1810 überwältigten etwa 80 000 Unabhängigkeitskämpfer, gestärkt durch den Sieg bei Guanajuato, die spanientreuen Streitkräfte westlich der Hauptstadt. Sie waren aber leider zu schlecht ausgerüstet, um daraus vorerst Kapital zu schlagen. Ihr Anführer Miguel Hidalgo entschied sich daher, nicht weiter Richtung Stadt vorzurücken – vielleicht ein Entschluss, der Mexiko elf weitere Jahre Krieg bescherte, bevor die Unabhängigkeit endlich erreicht war.

Entsprechend der Reformgesetze, die Präsident Benito Juárez verabschiedete, nahm die Regierung 1859 die Klöster und Kirchen in Besitz, verkaufte sie oder teilte sie auf und gab ihnen andere Funktionen. Während seiner kurzen Herrschaft (1864–1867) legte Kaiser Maximilian die Calzada del Emperador (heute Paseo de la Reforma) an, um den Bosque de Chapultepec mit dem Zentrum zu verbinden.

Unter dem diktatorisch regierenden Porfirio Díaz trat Mexico City ins moderne Zeitalter ein. Díaz herrschte zwischen 1876 und 1911 fast ununterbrochen über Mexiko. Er trat einen Bau-Boom los und ließ Villen und Theater im Pariser Stil erbauen, während die wohlhabenderen Bewohner in die neuen Stadtviertel im Westen zogen. Elektrische Straßenbahnen verbanden auf insgesamt etwa 150 km Schienen die Straßen und Viertel miteinander, die Industrie wuchs unbeirrt, ebenso wie die Bevölkerung, die um 1910 die Marke von 500 000 Einwohnern erreicht hatte. Mithilfe eines Entwässerungskanals und -tunnels konnte schließlich ein großer Teil des Lago de Texcoco trockengelegt und so eine weitere Ausdehnung der Stadt ermöglicht werden.

Moderne Megalopolis

Nachdem Díaz 1911 entmachtet worden war, brachte die Mexikanische Revolution Krieg,

---

MEXICO CITY IN …

… zwei Tagen

Der erste Tag beginnt auf dem **Zócalo** (S. 71), dem einstigen Zentrum der aztekischen Welt. Nach der Erkundung der präkolumbischen Ruinen des **Templo Mayor** (S. 71) stehen Diego Riveras lebensecht wirkende Wandmalereien im **Palacio Nacional** (S. 72) auf dem Programm. Der zweite Tag führt mit einem Besuch des **Museo Nacional de Antropología** (S. 87) und des **Castillo de Chapultepec** (S. 90) tief in die mexikanische Vergangenheit. Abends genießt man dann Tequilas und Mariachi-Musik auf der **Plaza Garibaldi** (S. 75).

… vier Tagen

Der neue Tag fängt mit einem Spaziergang zwischen den Springbrunnen und grünen Wegen der **Alameda Central** (S. 78) an, bei dem man auch die Art-déco-Pracht des **Palacio de Bellas Artes** (S. 77) und das dortige Wandgemälde von Diego Rivera bewundern sollte. Anschließend stöbert man in **La Ciudadela** (S. 138) nach *artesanías* (Kunsthandwerk). Samstags kann man in der angrenzenden **Plaza de Danzón** (S. 108) den Rest des Nachmittags mit einer Tanzstunde verbringen.

… einer Woche

Jetzt geht's in die südlichen Stadtteile: Man besucht das **Museo Frida Kahlo** (S. 100) in Coyoacán und speist im netten **Jardín Centenario** (S. 101), begleitet von einer Mezcal-Verkostung. Alternativ stöbert man auf dem **Bazar Sábado** (S. 140) in San Ángel nach hochwertigem Kunsthandwerk. Einen Tag sollte man weiter südlich in Xochimilco zubringen und nachmittags mit einer *trajinera* (Gondel) auf den antiken **Kanälen** (S. 96) fahren. Den Mittwoch- oder Sonntagabend reserviert man für eine Vorstellung des **Ballet Folklórico de México** (S. 133).

Hunger und Krankheit in die Straßen von Mexico City. Nach der Weltwirtschaftskrise folgte die Industrialisierung, die neben Geld auch viele Menschen in die Stadt zog.

Mexico City breitete sich in den 1970er-Jahren weiter aus. Die verarmte Landbevölkerung strömte auf der Suche nach Arbeit in die florierende Hauptstadt, und die Einwohnerzahl der gesamten Metropolregion war bald von 8,7 auf 14,5 Mio. gestiegen. Mexico City war nicht in der Lage, diese Massen von Neuankömmlingen aufzunehmen und dehnte sich über die Grenzen des Distrito Federal (DF) hinaus bis in den Nachbarstaat México aus. Chaotische Verkehrsverhältnisse und eine extreme Umweltverschmutzung waren die Folgen dieses ungebremsten Wachstums. Zuletzt lag die Einwohnerzahl im Großraum Mexico City bei über 22 Mio.

Der DF stand 70 Jahre lang unter der direkten Verwaltung der mexikanischen Regierung: Die Staatspräsidenten setzten „Räte" ein, die an der Spitze einer für ihre Korruptheit berüchtigten Administration standen. Erst 1997 bekam der DF endlich politische Autonomie. 2000 wurde Andrés

MEXICO CITY MIT KINDERN

Wie überall in Mexiko stehen Kinder auch in der Hauptstadt stets im Mittelpunkt. Museen bieten häufig Mitmachaktivitäten für Kinder. Im **Museo de la Secretaría de Hacienda y Crédito Público** (S. 74) gibt's sonntags oft Puppentheater. Das farbenfrohe Museo de Arte Popular (S. 79) ist für Erwachsene genauso interessant wie für die meisten Kinder. Eine weitere prima Adresse ist das Museo del Juguete Antiguo México (S. 83), ein faszinierendes Spielzeugmuseum mit über 60 000 ausgestellten Sammlerstücken.

Aus den zahlreichen Parks und von den vielen Plazas in Mexico City sind Kinder nicht wegzudenken. Die beste Anlaufstelle ist der Bosque de Chapultepec (S. 86), wo sich das Papalote Museo del Niño (S. 91), La Feria (S. 94) und mehrere Seen befinden. Zu den dortigen Seen gehört auch der große Lago de Chapultepec, an dessen Ufer man Ruderboote mieten kann. Im benachbarten Polanco lockt das Acuario Inbursa (S. 95), ein Aquarium von Weltklasse. Einen Besuch lohnt ebenfalls der Parque México in Condesa, wo man Fahrräder für Kinder ausleihen kann und sonntags Familienaktivitäten stattfinden. Die Plaza Hidalgo (S. 101) in Coyoacán ist mit Ballons, Straßenpantomimen und Zuckerwatte genauso vergnüglich.

Viele Theater, z. B. das **Centro Cultural del Bosque** (Karte S. 92; ☏ 55-5283-4600, Anschluss 4408; www.ccb.bellasartes.gob.mx; Campo Marte, Ecke Paseo de la Reforma; ⊙ Theaterkasse Mo–Fr 12–15 & 17–19 Uhr & vor Veranstaltungsbeginn; ♿; Ⓜ Auditorio), das **Centro Cultural Helénico** (Karte S. 98; ☏ 55-4155-0919; www.helenico.gob.mx; Av Revolución 1500, Colonia Guadalupe Inn; ⊙ Theaterkasse 10–20.30 Uhr; ♿; ☒ Altavista) und das Foro Shakespeare (S. 134), bieten an den Wochenenden und während der Schulferien Kinder- und Puppentheater. Zeichentrickfilme stehen in den Kinos überall in der Stadt auf dem Programm, allerdings sind Filme für Kinder in der Regel spanisch synchronisiert.

Die Fahrten in den Gondeln auf den Kanälen von Xochimilco (S. 96) sind für Kinder so faszinierend wie ein Themenpark. In diesem Stadtteil liegt auch das Museo Dolores Olmedo (S. 96), in dessen Gartenanlagen Pfauen und Hunde präkolumbischer Rassen herumstreifen. Samstags und sonntags gibt's um 13 Uhr Kindervorstellungen auf dem Patio, und das Museum veranstaltet auch Workshops für die Kleinen.

Ende Oktober kann man an der Reforma den Umzug und die Ausstellung der riesigen *alebrijes* (bemalte Holzfiguren) sowie den Umzug am Día de Muertos (S. 109) bewundern.

Weitere Aktivitäten für Kinder findet man unter „Infantiles" auf der Website des Conaculta (www.mexicoescultura.com) oder unter „Family" auf der englischsprachigen Website von CDMX Travel (www.cdmxtravel.com).

Die meisten Metrostationen und Züge sind stickig und zu voll für Kinderwagen; Aufzüge gibt es nicht. Wickelräume sind üblicherweise in den Museen vorhanden, aber sonst nur in größeren Restaurants zu finden. Selbst ohne Kinder im Schlepptau kann ein Marsch durch die Massen im Centro Histórico strapaziös sein; die grünen, kompakten Zentren in den Vierteln Roma, Condesa und Coyoacán bieten etwas mehr Bewegungsfreiheit, und man muss die Kleinen nicht ständig an die Hand nehmen.

Manuel López Obrador von der links gerichteten PRD (Partei der Demokratischen Revolution) zum Bürgermeister ernannt. Die *capitalinos* (die Hauptstadtbewohner) begrüßten „AMLOs" Wahl, der auch gleich das ambitionierte Projekt in Angriff nahm, das Centro Histórico zu sanieren, und eine Überführung für die städtische Ringstraße bauen ließ.

Während López Obrador bei der Präsidentschaftswahl von 2006 knapp geschlagen wurde – er focht das Ergebnis mit Betrugsvorwürfen an –, errang sein früherer Polizeichef Marcelo Ebrard in Mexico City einen überzeugenden Sieg und sicherte die Macht der PRD in der Stadtregierung. Die PRD verabschiedete eine Reihe progressiver Initiativen, darunter zur gleichgeschlechtlichen Ehe sowie zur Legalisierung der Abtreibung und der Sterbehilfe. 2012 übergab Ebrard das Amt an seinen früheren Generalstaatsanwalt Miguel Ángel Mancera, der die Bürgermeisterwahl in Mexico City mit mehr als 60 % der Stimmen gewann. Im Jahr 2015 kündigte Manceras Regierung eine umfassende Umgestaltung der Avenida Chapultepec an, bei der neue Fußgängerbereiche und – umstrittenerweise – Gewerbeflächen vorgesehen waren. Die Umgestaltung ist ein Zeichen für die stetige Erneuerung in Ciudad de México (seit 2016 der offizielle Name der Stadt – der Zusatz DF für Distrito Federal ist entfallen). Ende 2017 kündigte Mancera an, dass Millionen Pesos für den Wiederaufbau der Stadtgebiete, die bei dem Erdbeben am 19. September 2017 Schäden erlitten hatten, bereitgestellt würden. Vielen erschien die Ankündigung als eine unzureichende, zu späte Maßnahme – die wirkliche Veränderung in der Riesenstadt kam von den Menschen, den Vierteln und einem neuen Gemeinschaftsgefühl.

☉ Sehenswertes

Man könnte Monate damit zubringen, all die Museen, Denkmäler, Plazas, kolonialzeitlichen Bauten, Klöster, Wandmalereien, Galerien, archäologischen Funde, Schreine und religiösen Zeugnisse zu erkunden, die diese facettenreiche Stadt zu bieten hat. Zusammen mit London ist Mexico City die Stadt mit den meisten Museen weltweit.

Seine Museumsbesuche sollte man vorab planen: Viele Museen sind montags geschlossen, und bei den meisten haben die Einheimischen sonntags freien Eintritt, weshalb die Museen dann überlaufen sein können.

Die Ciudad de México besteht aus 16 *delegaciones* (Stadtbezirken), die wiederum in rund 1800 *colonias* (Viertel) untergliedert sind. Der Großstadtdschungel wirkt zwar zunächst überwältigend, aber die für Besucher interessanten Gebiete sind gut abgegrenzt und leicht zu erkunden; sie konzentrieren sich in den *colonias* La Roma, La Condesa, Polanco, El Centro, Coyoacán und San Ángel.

Einige Hauptverkehrsadern wie die Avenida Insurgentes haben über viele Kilometer denselben Namen, bei Nebenstraßen hingegen können die Namen (und die Nummerierung) alle zehn Häuserblocks wechseln.

Oft lässt sich eine Adresse am leichtesten finden, wenn man nach der nächstgelegenen Metro-Station fragt.

Viele Hauptstraßen werden neben ihrem regulären Namen auch mit dem Begriff *eje* (Achse) bezeichnet. Die *ejes* bilden ein Hauptstraßennetz, das sich über die gesamte Stadt erstreckt.

☉ Centro Histórico

Im 668 Häuserblöcke zählenden Centro Histórico stößt man auf prächtige Gebäude und interessante Museen. Hier sollte man seine Erkundungstour starten. Über 1500 der hier stehenden Gebäude sind auf der UNESCO-Liste der Welterbestätten als historische oder künstlerisch wertvolle Bauwerke aufgeführt. Das Viertel besitzt ein reges Straßen- sowie Nachtleben und eignet sich hervorragend, um hier ein Quartier zu beziehen.

Seit 2000 wurde viel Geld in die Verschönerung des Stadtbilds und die Verbesserung der Infrastruktur des Centro investiert. Straßen wurden neu gepflastert, Gebäude renoviert, Beleuchtung, Verkehrsfluss und Sicherheit verbessert. Neue Museen, Restaurants und Clubs sind in die renovierten Gebäude gezogen, und Festivals und Kulturveranstaltungen auf den Plazas beleben die Innenstadt kontinuierlich.

Mitten im Geschehen liegt der riesige Zócalo, die Hauptplaza des Zentrums, wo sich prähispanische Ruinen, beeindruckende Gebäude aus der Kolonialzeit sowie große Wandmalereien finden, die von der geschichtsträchtigen Vergangenheit der Stadt erzählen.

Wie es zu den fortschrittlichen *chilangos* (Bewohner von Mexico City) passt, präsentierten sich der Zócalo, die Plaza Tolsá und das Gran Hotel bei ihrem eindrucksvollen Auftritt im James-Bond-Film *Spectre* einem internationalen Publikum.

Centro Histórico

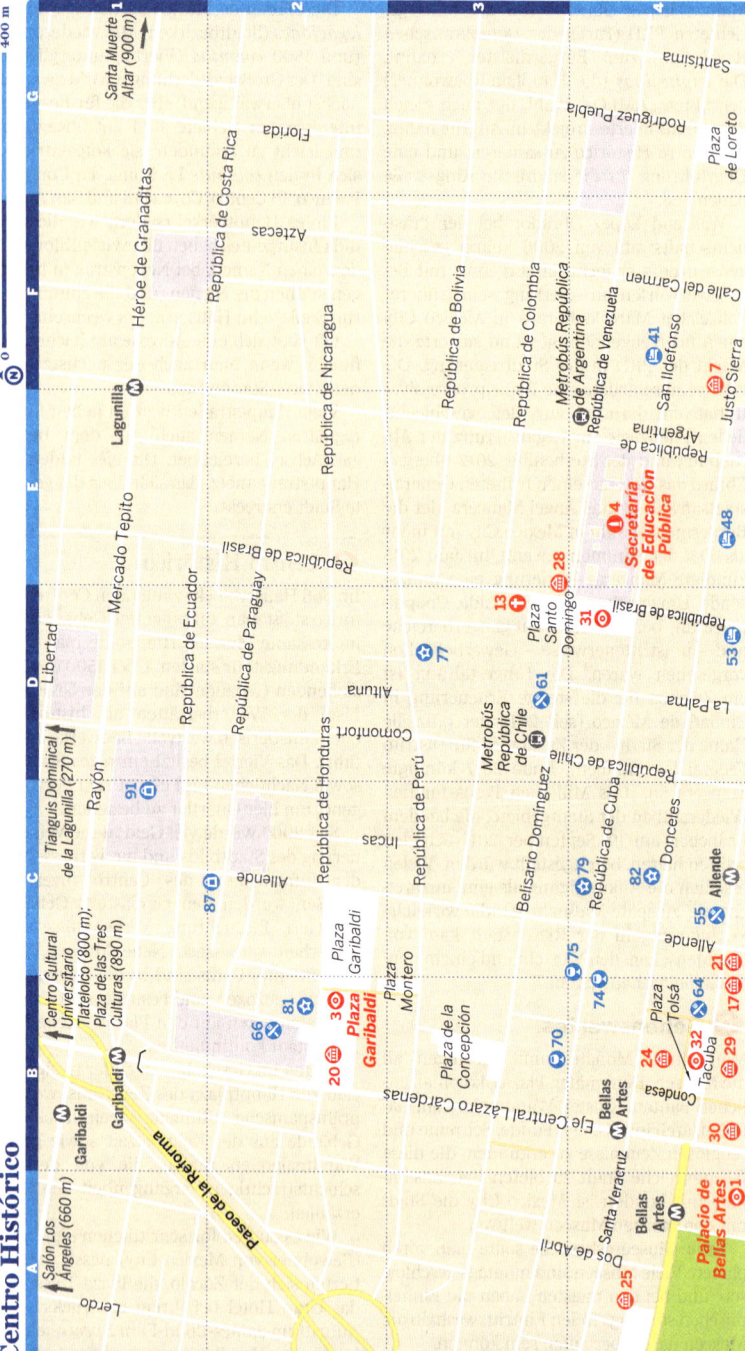

400 m

0

Santa Muerte Altar (900 m)

Santísima

Florida

Plaza de Loreto

Rodríguez Puebla

Héroe de Granaditas

República de Costa Rica

Aztecas

Calle del Carmen

República de Bolivia

República de Colombia

República de Nicaragua

Metrobús República de Argentina

San Ildefonso

República de Venezuela

41

7

Lagunilla

República de Argentina

Justo Sierra

Mercado Tepito

República de Brasil

República de Ecuador

4
Secretaría de Educación Pública

48

República de Paraguay

Libertad

Rayón

28

13
Plaza Santo Domingo

31

República de Brasil

53

Tianguis Dominical de la Lagunilla (270 m)

República de Honduras

Altuna

77

Comonfort

61

Metrobús República de Chile

La Palma

República de Perú

91

Allende

87

Incas

Belisario Domínguez

República de Chile

República de Cuba

Donceles

79

82

Centro Cultural Universitario Tlatelolco (800 m); Plaza de las Tres Culturas (890 m)

Plaza Garibaldi

Plaza Montero

Allende

55

Allende

75

74

21

17

Plaza de la Concepción

70

Plaza Tolsá

64

Garibaldi

66

81

3
Plaza Garibaldi

20

Eje Central Lázaro Cárdenas

24

32
Tacuba

29

Bellas Artes

Condesa

Salón Los Ángeles (660 m)

Garibaldi

30

Santa Veracruz

Dos de Abril

Paseo de la Reforma

Bellas Artes

1
Palacio de Bellas Artes

Lerdo

25

G

F

E

D

C

B

A

1

2

3

4

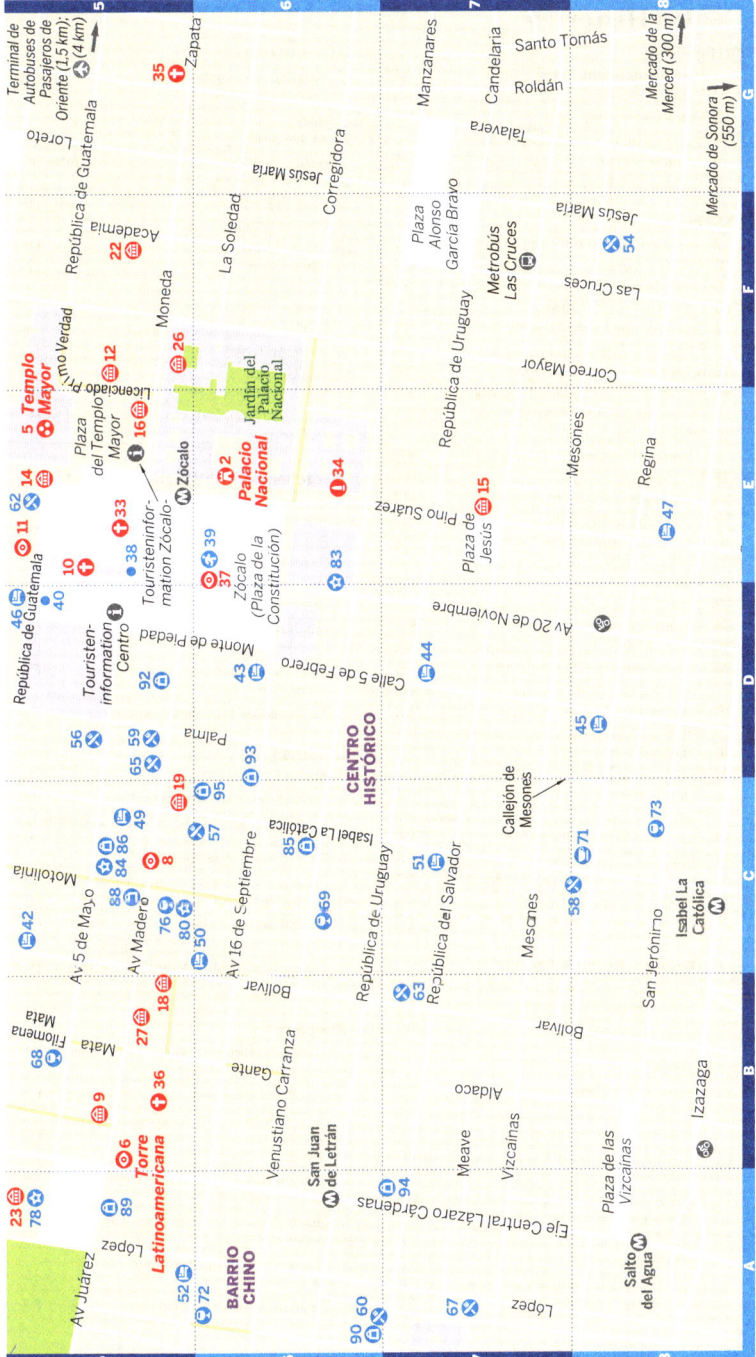

Centro Histórico

◉ **Highlights**
1 Palacio de Bellas Artes A4
2 Palacio Nacional E6
3 Plaza Garibaldi B2
4 Secretaría de Educación Pública E4
5 Templo Mayor E5
6 Torre Latinoamericana B5

◎ **Sehenswertes**
7 Antiguo Colegio de San Ildefonso F4
8 Avenida Madero C5
9 Casa de los Azulejos B5
10 Catedral Metropolitana E5
11 Centro Cultural de España E5
12 Ex Teresa Arte Actual F5
13 Iglesia de Santo Domingo D3
14 Museo Archivo de la Fotografía E5
15 Museo de la Ciudad de México E7
16 Museo de la Secretaría de
       Hacienda y Crédito Público E5
17 Museo de la Tortura B4
18 Museo del Calzado El Borceguí B5
19 Museo del Estanquillo C5
20 Museo del Tequila y el Mezcal B2
21 Museo Interactivo de Economía C4
22 Museo José Luis Cuevas F5
23 Museo Nacional de Arquitectura A5
24 Museo Nacional de Arte B4
25 Museo Nacional de la Estampa A4
26 Museo Nacional de las Culturas F5
27 Palacio de Iturbide B5
28 Palacio de la Inquisición E3
29 Palacio de Minería B4
30 Palacio Postal B4
31 Plaza Santo Domingo D4
32 Plaza Tolsá B4
     Postmuseum .... (siehe 30)
33 Sagrario Metropolitano E5
34 Suprema Corte de Justicia E6
35 Templo de la Santísima Trinidad G5
36 Templo de San Francisco B5
37 Zócalo E6

➕ **Aktivitäten, Kurse & Touren**
38 Journeys Beyond the Surface E5
39 Pista de Hielo CDMX E6
40 Turibús Circuito Turístico D5

🛏 **Schlafen**
41 Casa San Ildefonso F4
42 Chillout Flat C5
43 Gran Hotel Ciudad de México D6
44 Hampton Inn & Suites D7
45 Hostal Regina D8
46 Hostel Mundo Joven Catedral D5
47 Hotel Castropol E8
48 Hotel Catedral E4
49 Hotel Gillow C5
50 Hotel Historico Central C6
51 Hotel Isabel C7

52 Hotel Marlowe A5
53 Mexico City Hostel D4

🍽 **Essen**
54 Al Andalus F8
     Azul Histórico .... (siehe 95)
55 Café de Tacuba C4
56 Café El Popular D5
57 Casino Español C6
58 Coox Hanal C8
59 El Cardenal D5
60 El Huequito A6
61 Hostería de Santo Domingo D3
62 La Casa de las Sirenas E5
63 Los Cocuyos B7
64 Los Girasoles B4
65 Los Vegetarianos D5
66 Mercado San Camilito B2
67 Mi Fonda A7

🍸 **Ausgehen & Nachtleben**
68 Bar La Ópera B5
69 Bar Mancera C6
70 Bar Oasis B3
71 Café Jekemir C8
72 Cantina Tío Pepe A6
     Downtown Mexico .... (siehe 95)
73 Hostería La Bota C8
74 La Purísima B4
75 Marrakech Salón C4
     Salón Corona .... (siehe 50)
76 Talismán de Motolinía C5

🎭 **Unterhaltung**
77 Arena Coliseo D3
78 Ballet Folklórico de México A5
     Centro Cultural de España .... (siehe 11)
79 La Perla C4
     Palacio de Bellas Artes .... (siehe 1)
80 Pasagüero + La Bipo C5
81 Salón Tenampa B2
82 Teatro de la Ciudad C4
83 Ticketmaster Liverpool Centro E6
     Ticketmaster Mixup Centro .... (siehe 19)
84 Zinco Jazz Club C5

🛍 **Shoppen**
     American Bookstore .... (siehe 18)
85 Casasola Fotografía C6
86 Dulcería de Celaya C5
87 Galería Eugenio C2
88 Gandhi C5
89 Gandhi A5
90 La Europea A6
91 La Lagunilla C1
92 Mumedi D5
93 Never Die Gang D6
94 Plaza de la Computación y
       Electrónica A7
95 Plaza Downtown Mexico C6

Die Metrostation Zócalo liegt bequem in der Mitte des Centro, man gelangt aber auch aus Westen von der Metrostation Allende oder – wenn man die Massen auf der Calle Madero erleben will – auch von der Metrostation Bellas Artes dorthin. Die ganz im Süden des Zentrums gelegene Metrostation Isabel La Católica ist praktisch, wenn man die hippen Bars an und rund um die Calle Regina erkunden will.

Zócalo PLATZ

(Karte S. 68; Plaza de la Constitución, Colonia Centro; Ⓜ Zócalo) Die Plaza de la Constitución ist das pulsierende Herz Mexico Citys. Seit dem 19. Jh. wird sie von den Einwohnern der Stadt kurz nur Zócalo – „Sockel“ oder „Fundament“ – genannt. Der Hintergrund dafür sind die damaligen Pläne zum Bau eines großen Unabhängigkeitsdenkmals, die jedoch nie realisiert wurden – einzig der Sockel wurde aufgestellt. Die Plaza misst 220 auf 240 m und ist damit einer der größten städtischen Plätze der Welt.

Teocalli, das zeremonielle Zentrum des aztekischen Tenochtitlán, befand sich direkt nordöstlich des Zócalo. In den 1520er-Jahren ließ Cortés den Platz mit Steinen aus dem Ruinenkomplex pflastern. Im 18. Jh. befand sich hier ein Labyrinth aus Marktständen, bis General Antonio López de Santa Anna diese entfernen ließ, um stattdessen das unfertige Denkmal im Zentrum der Plaza zu postieren.

Heute säumen repräsentative Bauten den Zócalo, die von Macht und Reichtum zeugen: An der Ostseite steht der Palacio Nacional (Präsidentenpalast), im Norden ragt die Catedral Metropolitana auf, und im Süden findet man die Büros der Stadtregierung. Die als Portal de Mercaderes bekannte Arkade an der Westseite des Platzes beherbergt Schmuckläden und extravagante Hotels.

Wenn man die Metrohaltestelle Zócalo verlässt und auf die riesige Plaza hinaustritt, wird man unweigerlich Trommelklänge hören, die von der Kathedrale herübertönen: Vor deren prächtiger Fassade führen aztekische Tänzer traditionelle Tänze auf. Sie tragen Lendenschurze aus Schlangenhaut, aufwendig gearbeiteten Federkopfschmuck und Muschelketten an den Fußgelenken, stellen sich im Kreis auf und singen auf Náhuatl. In der Mitte spielen Trommler die congaähnliche *huehuetl* (indigene Trommel) und die wie ein Fass geformte und mit Schlitzen versehene *teponaztli*. Dabei sind die Gruppen in eine duftende Kopalwolke gehüllt.

Die Tänzer bzw. ihr Tanz sind als Danzantes Aztecas, Danza Chichimeca oder Concheros bekannt. Dem Ritual kann man täglich unweit der Plaza beiwohnen. Es symbolisiert die aztekische *mitote*, eine ekstatische Zeremonie, die in präkolumbischer Zeit während der Ernteperiode gefeiert wurde. Es gibt aber kaum Belege dafür, dass die Bewegungen der heutigen Tänzer in irgendeiner Form mit denen ihrer Ahnen übereinstimmen.t

Auf dem Zócalo haben bereits Massendemonstrationen und kostenlose Konzerte stattgefunden, wurden Altäre zum Día de Muertos (Tag der Toten) oder ein „menschliches Schachbrett“ aufgebaut und eine Eislaufbahn angelegt. Darüber hinaus hat er dem Fotografen Spencer Tunick als „Leinwand“ gedient: Im Mai 2007 versammelte er hier 18 000 nackte Mexikaner.

Zudem ist der Zócalo Schauplatz eines täglich wiederkehrenden Rituals: Um 8 Uhr wird die riesige mexikanische Flagge in der Mitte des Platzes von Armeesoldaten gehisst und um 18 Uhr wieder eingeholt.

⭐ Templo Mayor ARCHÄOLOGISCHE STÄTTE

(Karte S. 68; ☑ 55-4040-5600; www.templomayor. inah.gob.mx; Seminario 8; 70 Mex$; ⊙ Di–So 9–17 Uhr; Ⓜ Zócalo) Auf dem Gelände der heutigen Kathedrale sowie der im Norden und Osten angrenzenden Häuserblocks erstreckte sich einst der Teocalli von Tenochtitlán, der von den Spaniern zerstört wurde. Erst 1978, nachdem bei Arbeiten an Elektroleitungen zufällig eine 8 t schwere Steinscheibe mit einem Relief der Aztekengöttin Coyolxauhqui entdeckt worden war, fiel die Entscheidung, Kolonialbauten abzureißen, um den Templo Mayor freizulegen.

Er soll sich genau an der Stelle befinden, an der die Azteken ihren symbolischen Adler mit einer Schlange im Schnabel auf einem Kaktus sitzen sahen – heute bildet das Motiv das Wappen von Mexiko. Im Glauben der Azteken war dieser Ort das Zentrum des Universums.

Ähnlich wie andere heilige Stätten Tenochtitláns wurde auch dieser Tempel mehrfach vergrößert, wobei jeder Bauabschnitt von der Opferung gefangener Krieger begleitet wurde. Heute sieht man Teile des Tempels aus sieben verschiedenen Phasen. Im Zentrum liegt eine Plattform von ca. 1400. An der südlichen Hälfte ist ein Opferstein vor einem Schrein zu sehen, der dem aztekischen Kriegsgott Huizilopochtli geweiht ist. Auf der nördlichen Hälfte findet man eine *chac-mool* (eine liegende Maya-Figur), dahinter einen Schrein für den Wassergott Tláloc. Zur Zeit der Ankunft der Spanier erhob sich hier eine 40 m hohe Pyramide mit einer steilen Doppeltreppe, die zu den Schreinen der zwei Gottheiten hinaufführte.

Der Eingang zur Tempelstätte und zum Museum liegt östlich der Kathedrale auf der anderen Seite der hektischen **Plaza del Templo Mayor**. Autorisierte Führer (mit Sectur-Ausweis) bieten am Eingang ihre Dienste an.

Im **Museo del Templo Mayor** (im Eintrittspreis zur Stätte inbegriffen), das sich vor Ort befindet, sind ein Modell von Tenochtitlán und Ausgrabungsfunde ausgestellt, die einen guten Überblick über die Zivilisation der Azteken, auch bekannt als Mexica, bieten. Das Schmuckstück der Ausstellung ist der große, radähnliche Stein von Coyolxauhqui („mit den Glocken auf der Wange"), den man sich am besten vom obersten Stockwerk aus ansieht. Die Göttin ist enthauptet dargestellt – sie wurde von ihrem Bruder Huizilopochtli ermordet, der, um der höchste aller Götter zu werden, auch seine 400 Brüder umbrachte.

Bei den Ausgrabungen kommen immer wieder spektakuläre Funde zu Tage. So wurde im Oktober 2006 westlich des Tempels ein Monolith mit dem in Stein gehauenen Relief von Tlaltecuhtli, der Göttin des Erdreichs, freigelegt, der nun im 1. Stock des Museums einen prominenten Platz einnimmt.

Ein weiterer bedeutender Fund wurde 2011 freigelegt: eine Zeremonialplattform aus dem Jahr 1469. Archäologen glauben, gestützt auf historische Dokumente, dass die 15 m große Konstruktion für die Einäscherung aztekischer Herrscher verwendet wurde. Bei einer kürzlichen Ausgrabung deckten die Archäologen in einer neu entdeckten Begräbnisstätte am Fuß des Tempels auch einen Baumstumpf auf, der wohl zu einem heiligen Baum gehörte. Und 2017 wurde schließlich in der Nähe ein Turm aus mehr als 650 menschlichen Schädeln mit einem Durchmesser von 6 m gefunden. Bei diesem könnte es sich um den von spanischen Konquistadoren erwähnten, bislang aber unentdeckten Huey Tzompantli („Großes Schädelgerüst") handeln. Zu den Geopferten gehörten überraschenderweise auch Frauen und Kinder.

In einer neuen, für das Publikum geöffneten Eingangshalle sind Objekte ausgestellt, die in den vier Jahren der Ausgrabung der Halle gefunden wurden: Grabbeigaben, Knochen, Porzellan aus der Kolonialzeit und die präkolumbischen Konstruktionen des Cuauhxicalco („Ort des Adlergefäßes"). Der Templo Mayor hat daher auch für Besucher, die ihn früher schon gesehen haben, immer wieder etwas Faszinierendes zu bieten.

★**Palacio Nacional** PALAST
(Nationalpalast; Karte S. 68; ☑ 55-3688-1255; www.historia.palacionacional.info; Plaza de la Constitución; ⊙ Di–So 9–15 Uhr; Ⓜ Zócalo) GRATIS Im Innern dieses grandiosen Palastes aus der Kolonialzeit sind fantastische Wandgemälde von Diego Rivera zu bestaunen (zwischen 1929 und 1951 gemalt), die die mexikanische Bevölkerung von der Ankunft Quetzalcóatls (des aztekischen gefiederten Schlangengotts) bis in die postrevolutionäre Zeit hinein abbilden. Die neun Wandmalereien, die die nördlichen und östlichen Wände im 1. Stock oberhalb des Innenhofs bedecken, zeigen das Leben der indigenen Bevölkerung vor der Eroberung durch die Spanier.

Im Palacio Nacional sind auch die Büroräume des mexikanischen Präsidenten sowie das Finanzministerium untergebracht.

Der erste Palast an dieser Stelle wurde unter dem Aztekenherrscher Moctezuma II. im frühen 16. Jh. errichtet und 1521 von Cortés zerstört, der ihn als Festung mit drei Innenhöfen wieder aufbaute. Das Bauwerk wurde 1562 durch die spanische Krone von Cortés Familie erworben und diente fortan bis zur mexikanischen Unabhängigkeit als Residenz der Vizekönige von Nueva España.

Steht man vor dem Palast, kann man hoch oben über dem mittleren Portal die **Campana de Dolores** erspähen, jene Glocke, mit der Padre Miguel Hidalgo im Jahre 1810 in der Stadt Dolores Hidalgo den Unabhängigkeitskrieg einläutete. Vom darunterliegenden Balkon ertönt am Abend des 16. September im Gedenken an die Unabhängigkeit der *grito* (Schrei) des amtierenden Staatspräsidenten: ¡Viva México!

Catedral Metropolitana KATHEDRALE
(Karte S. 68; ☑ 55-5510-0440; http://catedralmetropolitanacdmx.org; Plaza de la Constitución; Glockenturm 20 Mex$; ⊙ Kathedrale 8–20 Uhr, Glockenturm 10.40–18 Uhr; Ⓜ Zócalo) Mit einer Länge von 109 m, einer Breite von 59 m und einer Höhe von 65 m gilt diese monumentale Kathedrale zu den größten Wahrzeichen der mexikanischen Hauptstadt. Der Bau der Kirche begann im Jahr 1573, zog sich aber über die gesamte Kolonialzeit hin, sodass sie sich heute als ein Katalog verschiedener Architektur-

stile präsentiert, weil jede neue Generation die jeweils aktuellen Neuerungen einbrachte. Die Konquistadoren befahlen, die Kathedrale auf dem Gelände des Templo Mayor zu errichten. Als Zeichen der neuen Herrschaft wurden für den Bau hauptsächlich Steine aus dem Aztekentempel verwendet.

Den Anfang machte der Architekt Claudio Arciniega. Er hatte das Gebäude nach dem Vorbild der siebenschiffigen Kathedrale von Sevilla entworfen. Nachdem aber der schwammige Untergrund Probleme bereitete, verkleinerte er seinen Entwurf auf einen fünfschiffigen Grundriss, über dem mächtige Bogen Gewölbedecken tragen. Die barocken Portale, durch die die Gläubigen vom Zócalo aus das Gotteshaus betreten, wurden im 17. Jh. erbaut. Sie sind mit zwei übereinander liegenden Säulenreihen und Flachreliefs aus Marmor verziert. Das Relief über dem Hauptportal zeigt die Himmelfahrt der Jungfrau Maria, der die Kathedrale geweiht ist. Die oberen Stockwerke der Türme mit ihren Hauben in Glockenform wurden Ende des 18. Jhs. hinzugefügt. Die Arbeiten an der Fassade waren 1813 beendet; zuletzt ließ der Architekt Manuel Tolsá den zentralen Uhrenturm, den Statuen der Tugenden Glaube, Hoffnung und Nächstenliebe krönen, und eine große zentrale Kuppel errichten.

Wenn man die Kathedrale betritt, fällt zuerst der kunstvoll geschnitzte und vergoldete **Altar de Perdón** (Altar der Vergebung) auf. Rechts, am Fuß der düsteren Christusfigur **Señor del Veneno** (Herr des Gifts), steht immer eine Warteschlange von Gläubigen. Die Legende besagt, die Figur habe ihre Farbe erhalten, als sie auf wundersame Weise über die Füße eine Dosis Gift aufgesaugt habe, die sich auf den Lippen eines Priesters befunden hätte. Die tödliche Substanz sei dem Geistlichen zuvor von einem Feind verabreicht worden.

Der größte Kunstschatz der Kathedrale ist der aus dem 18. Jh. stammende, vergoldete **Altar de los Reyes** (Altar der Könige) hinter dem Hauptaltar. 14 reich geschmückte Kapellen säumen die beiden Seitenschiffe des Gebäudes, das Mittelschiff nimmt ein aufwendig verziertes hölzernes Chorgestühl ein, das im späten 17. Jh. von Juan de Rojas geschaffen wurde. Riesige kolonialzeitliche Gemälde, die von den Meistern Juan Correa und Cristóbal de Villalpando stammen, bedecken die Wände der Sakristei. Diese gehört zu dem Teil der Kathedrale, der zuerst errichtet wurde.

Besucher dürfen sich frei im Inneren der Kirche bewegen, werden aber angehalten, dies nicht während der Messe zu tun. Wer die Sakristei oder den Chor sehen möchte, wird um eine Spende gebeten; Führer stellen hier ihre Dienste zur Verfügung. Außerdem kann man den **Glockenturm** besteigen. An Sonntagen feiert der Erzbischof von Mexiko die heilige Messe.

Sagrario Metropolitano KIRCHE

(Karte S. 68; Plaza de la Constitución s/n; ⏱8–18.30 Uhr; Ⓜ Zócalo) An der Ostseite der Catedral Metropolitana schließt sich die im 18. Jh. errichtete Sagrario Metropolitano an. Ursprünglich diente das Gebäude als Lager für die Archive und die Gewänder des Erzbistums, heute ist es die Hauptpfarrkirche der Stadt. Die Hauptfassade und das Ostportal sind mit ihrer überschwänglichen Dekoration hervorragende Beispiele des churrigueresken Stils.

Centro Cultural de España KULTURZENTRUM

(Spanisches Kulturzentrum; Karte S. 68; www.ccemx.org; República de Guatemala 18; ⏱Di–Fr 11–21, Sa 10–18, So 10–16 Uhr; Ⓜ Zócalo) GRATIS Im Centro Cultural de España gibt's immer eine große Vielfalt von innovativen Ausstellungen. Im Erdgeschoss ist das **Museo de Sitio** untergebracht, ein interessantes Museum mit den Überresten von „El Calmécac", einer Schule, in der die Kinder des aztekischen Adels zu Zeiten der Kaiser Ahuízotl und Moctezuma II. eine religiöse und militärische Ausbildung genossen. Sie wurde zwischen 1486 und 1502 erbaut.

Außerdem sind in dem Museum verschiedene Artefakte ausgestellt, die im Zuge der Erweiterung des Kulturzentrums zwischen 2006 und 2008 entdeckt wurden, darunter mehrere 2,4 m große prähispanische *almenas* (spiralförmige Dekoelemente), Keramik aus der Kolonialzeit sowie eine schon stark mitgenommene Handfeuerwaffe aus dem 20. Jh.

Der wunderschön restaurierte Kolonialbau, in dem das Kulturzentrum untergebracht ist, war einst ein Geschenk des Eroberers Hernán Cortés an seinen Butler. Es gibt eine kühle Terrassenbar (S. 134) , in der Livemusik gespielt wird und DJs auflegen.

Museo Archivo de la Fotografía MUSEUM

(Fotoarchiv-Museum; Karte S. 68; ☑55-2616-7057; www.cultura.cdmx.gob.mx/recintos/maf; República de Guatemala 34; ⏱Di–So 10–18 Uhr; Ⓜ Zócalo) GRATIS In einem Kolonialbau aus dem 16. Jh. ist das Fotomuseum der Stadt untergebracht. Hier werden Ausstellungen gezeigt, die alle irgendwas mit der Hauptstadt zu tun haben. Außerdem gibt's ein riesiges Archiv mit bis zu 100 Jahre alten Bildern vom urbanen Leben.

Plaza Tolsá
PLAZA

(Karte S. 68; M Bellas Artes) Dieser hübsche Platz liegt ein paar Häuserblocks westlich des Zócalo. Er ist nach dem illustren Bildhauer und Architekten des 18. Jhs. Manuel Tolsá benannt, der die Catedral Metropolitana fertigstellte. Er schuf auch das bronzene Reiterstandbild des spanischen Königs Karl IV. (reg. 1788–1808) im Zentrum der Plaza vor dem Museo Nacional de Arte; es schmückte früher den Zócalo.

Museo Nacional de Arte
MUSEUM

(Nationales Kunstmuseum; Karte S. 68; ✆ 55-5130-3400; www.munal.gob.mx; Tacuba 8; 60 Mex$; So frei, Fotos 5Mex$; ⊙ Di–So 10–17.30 Uhr; M Bellas Artes). Das Gebäude wurde um 1900 im Stil eines italienischen Renaissancepalasts erbaut und beherbergt Werke aller mexikanischen Kunstströmungen bis ins frühe 20. Jh. Ein Highlight ist José María Velascos Darstellung des Valle de México im späten 19. Jh.

Antiguo Colegio de San Ildefonso
MUSEUM

(Karte S. 68; ✆ 55-5702-2834; www.sanildefonso.org.mx; Justo Sierra 16; Erw./Kind unter 12 Jahren 50 Mex$/frei, Di Eintritt frei; ⊙ Di 10–20, Mi–So bis 18 Uhr; M Zócalo) Das ehemalige Jesuitenkolleg aus dem 16. Jh. wurde in den 1920er Jahren von Diego Rivera, José Clemente Orozco und David Siqueiros mit Wandbildern verschönert. Die meisten Werke im Haupthof stammen von Orozco; sehenswert ist das Porträt von Hernán Cortés und seiner Geliebten La Malinche unterhalb der Treppe. Im Amphitheater hinter dem Foyer findet sich Riveras erstes Wandgemälde, *La Creación* (die Schöpfung), das er nach seiner Rückkehr aus Europa im Jahr 1923 schuf. Heute finden in dem Gebäude bedeutende wechselnde Kunstausstellungen statt.

Palacio de Minería
HISTORISCHES GEBÄUDE

(Karte S. 68; ✆ 55-5623-2982; www.palaciomineria.unam.mx; Tacuba 5; Führung 30 Mex$; ⊙ Führungen Sa & So 11 & 13 Uhr; M Bellas Artes) Der Palacio de Minería war im 19. Jh. der Sitz der staatlichen Bergbauschule. Das klassizistische Meisterwerk wurde von Manuel Tolsá entworfen und zwischen 1797 und 1813 errichtet. Heute ist hier eine Zweigstelle der Ingenieurfakultät der nationalen Universi-

tät untergebracht. Besuche sind nur im Rahmen einer Führung möglich.

Seit 1893 sind in dem Palast vier Meteoriten ausgestellt, die vor 50 000 Jahren im nördlichen Mexiko einschlugen. Einer von ihnen wiegt sogar mehr als 14 Tonnen. Vor Ort gibt es außerdem ein kleines Museum zu Tolsás Leben und Werk.

Palacio Postal
HISTORISCHES GEBÄUDE

(Correo Mayor; Karte S. 68; ✆ 55-5510-2999; www.palaciopostal.gob.mx; Tacuba 1; ⊙ Mo–Fr 9–18, Sa & So bis 15.30 Uhr; ♿; M Bellas Artes) GRATIS Die Hauptpost von Mexico City hier mehr als nur ein einfaches Postamt: Der im frühen 20. Jh. erbaute Palast ist ein italienisch beeinflusster Entwurf von Adamo Boari, dem Architekten des Palacio de Bellas Artes. Die beigefarbene Steinfassade hat barocke Säulen, die Fenster sind rundum mit filigranen Verzierungen geschmückt, und die Bronzegeländer der gewaltigen Treppe im Innern wurden in Florenz gegossen.

Im kleinen **Postmuseum** (Karte S. 68; ⊙ Di–Fr 9–18, Sa & So bis 15 Uhr) GRATIS im 1. Stock können Philatelisten die erste in Mexiko herausgegebene Briefmarke bestaunen.

Museo Interactivo de Economía
MUSEUM

(MIDE; Interaktives Wirtschaftsmuseum; Karte S. 68; ✆ 55-5130-4600; www.mide.org.mx; Tacuba 17; Erw./Student 95/75 Mex$; ⊙ Di–So 9–18 Uhr; M Allende) Seit 2006 ist in einem ehemaligen Krankenhaus des Bethlehemiter-Ordens dieses Museum untergebracht. Anhand einer Reihe interaktiver Ausstellungen sollen wirtschaftliche Konzepte leichter verständlich gemacht werden. Wer Münzen interessant findet, wird die Sammlung der Banco de México lieben.

Museo de la Secretaría de Hacienda y Crédito Público
MUSEUM

(Museum des Finanzsekretariats; Karte S. 68; ✆ 55-3668-1657; Moneda 4; ⊙ Di–So 10–17 Uhr; M Zócalo) GRATIS Der Name klingt vielleicht nicht gerade aufregend (yeah, auf geht's ins Finanzsekretariatsmuseum!), tatsächlich handelt es sich aber um eine sehr spannende Kunstgalerie mit einer Sammlung von über 30 000 Werken mexikanischer Kunst. Viele der Arbeiten wurden von Malern und Bildhauern gespendet, um keine Steuern bezahlen zu müssen. Im ehemaligen kolonialen Palast des Erzbischofs aus dem 16. Jh. finden außerdem zahlreiche kulturelle Veranstaltungen statt (viele davon kostenlos), von Puppentheatern bis zu Kammermusikaufführungen.

Das Gebäude steht auf den Grundmauern des Templo de Tezcatlipoca, der dem aztekischen Gott geweiht war, der für Tod und Wandel durch Konflikte stand. Gleich beim renovierten Hauptinnenhof sind noch die Stufen des Tempels zu sehen.

⭐**Plaza Garibaldi** PLAZA

(Karte S. 68; Eje Central Lázaro Cárdenas, Ecke República de Honduras; Mariachi-Lied 130–150 Mex$; P; M Garibaldi) Jeden Abend versammeln sich die Mariachi-Bands der Stadt auf diesem Platz, um herzzerreißende Balladen zu schmettern. Gekleidet in silbern bestickte Anzüge wärmen sie lautstark ihre Trompeten und Gitarren auf, bis sie jemand anspricht, der bereit ist, für ein Lied zu bezahlen. Auch weiß gekleidete *son jarocho*-Gruppen aus Veracruz und *norteño*-Combos, die Volksmusik aus dem Norden des Landes zum Besten geben, streifen auf dem Platz umher. Die Sanierungen der für ihre Zwielichtigkeit berüchtigte Plaza Garibaldi dauern noch an. Im Zuge dessen wurde auch der Sicherheitsstandard erhöht, doch ein etwas raueres Pflaster ist sie immer noch.

Im neuen **Museo del Tequila y el Mezcal** (Karte S. 68; www.mutemgaribaldi.mx; 70 Mex$; So–Mi 13–23, Do–Sa bis 24 Uhr) bringen die Ausstellungsstücke dem Besucher die Ursprünge und den Herstellungsprozess der beiden beliebtesten Agavendestillate näher.

Avenida Madero STRASSE

(Karte S. 68) Auf dieser stattlichen Avenida westlich des Zócalo sind zahlreiche Architekturstile vertreten. An den Wochenenden flanieren hier Familien, Jugendliche und Traveller; Straßenverkäufer gehen ihren Geschäften nach, und auch der eine oder andere Taschendieb macht die Straße unsicher.

In einem traumhaften neoklassizistischen Gebäude zwei Blocks von der Plaza entfernt ist das **Museo del Estanquillo** (Karte S. 68; 55-5521-3052; www.museodelestanquillo.com; Isabel La Católica 26; Mi–Mo 10–18 Uhr; M Allende) GRATIS untergebracht. Es nennt eine riesige Sammlung zur Popkultur sein Eigen, die der sammelwütige Essayist des DF, Carlos Monsivais, über Jahrzehnte zusammengetragen hat. Das Museum veranschaulicht mithilfe zahlreicher Fotos, Gemälde und Filmplakate die verschiedenen Entwicklungsphasen der Hauptstadt.

Einige Häuserblocks im Westen erhebt sich der **Palacio de Iturbide** (Palacio de Cultura Banamex; Karte S. 68; 55-1226-0091; www.fomentoculturalbanamex.org; Av Madero 17; 10–19 Uhr; M Allende) GRATIS mit seiner barocken Fassade aus dem späten 18. Jh. Er wurde 1821 für den Adel der Kolonialzeit gebaut und diente später General Agustín Iturbide als Residenz. Dieser war ein Held des mexikanischen Unabhängigkeitskriegs und wurde 1822 zum Kaiser – er dankte nicht ganz ein Jahr später ab, nachdem General Santa Anna die Geburt der Republik verkündet hatte. Der Palacio beherbergt Ausstellungen aus der riesigen Sammlung mexikanischer Kunst der gleichnamigen Bank.

Einen halben Block hinter der Fußgängerzone Gante steht die beeindruckende **Casa de los Azulejos** (Haus der Fliesen; Karte S. 68; 55-5512-1331; Av Madero 4; 7–13 Uhr; M Allende). Sie stammt aus dem Jahr 1596 und ist für die Condes (Grafen) del Valle de Orizaba erbaut worden. Die meisten Fliesen an den Außenwänden wurden in China hergestellt und auf sogenannten Manila-*naos* (spanischen Galeonen, die bis zum Anfang des 19. Jhs. eingesetzt wurden) nach Mexiko gebracht. In dem Gebäude befindet sich heute ein Sanborns-Restaurant in einem überdachten Innenhof rund um einen maurischen Brunnen. An der Treppe ist ein Wandgemälde von Orozco aus dem Jahr 1925 zu sehen.

Auf der anderen Straßenseite steht der **Templo de San Francisco** (Karte S. 68; Av Madero 7; 8–20 Uhr; M Allende), das letzte Überbleibsel eines riesigen Franziskanerklosters, das im frühen 16. Jh. auf dem Gelände von Moctezumas Privatzoo errichtet wurde. Zu seiner Blütezeit erstreckte es sich zwei Blocks Richtung Süden und Osten, bis der Komplex aufgrund der Reformgesetze der jungen Republik aufgeteilt wurde. 1949 wurde das Kloster an die Franziskaner zurückgegeben. Es befand sich damals in einem desolaten Zustand und wurde daraufhin restauriert. Der kunstvoll gearbeitete Eingang ist ein glänzendes Beispiel für den Barockstil des 18. Jhs. Im angrenzenden Atrium sind oft Kunstausstellungen unter freiem Himmel zu sehen.

Neben dem Kloster erhebt sich der **Torre Latinoamericana** (lateinamerikanischer Turm; Karte S. 68; 55-5518-7423; www.miradoriatini.com; Eje Central Lázaro Cárdenas 2; Erw./Kind 100/70 Mex$; 9–22 Uhr; M Bellas Artes). Bei seiner Fertigstellung 1956 war er das höchste Gebäude Lateinamerikas. Dank der tief versenkten Pylonen, die das Gebäude verankern, hat er zahlreiche heftige Erdbeben überstanden. Wer mehr über die Konstruktion des Turms und die mehrere Jahrhunderte andauernde Entwicklungsgeschichte der Altstadt erfahren möchte, kann sich darüber im Museum im 38. Stock informieren, das eine Dauerausstellung mit Fotografien zeigt. Wenn es der Smog gerade zulässt, hat man von der Lounge-Bar im 41. Stock sowie von der Aussichtsplattform im 44. Stock einen traumhaften Ausblick. Wer nur in der Bar etwas trinken möchte, bezahlt keinen Eintritt.

Ex Teresa Arte Actual MUSEUM
(Karte S. 68; ☑ 55-222-721; www.exteresa.bellasar tes.gob.mx; Licenciado Primo Verdad 8, Colonia Centro; ⏱ 10–18 Uhr; Ⓜ Zócalo; GRATIS) Mexico City wurde auf dem Grund eines schlammigen Sees erbaut und versinkt schnell im Morast, wie die schiefen Mauern dieses ehemaligen Konvents beweisen. Das Gebäude aus dem 17. Jh. dient heute als Museum für Performance-Kunst und als Stätte für Ausstellungen zeitgenössischer Kunst, für Konzerte und für gelegentliche Filmvorführungen. Sehenswert ist die Kuppel der früheren Kapelle.

Museo Nacional de las Culturas MUSEUM
(Nationalmuseum der Kulturen; Karte S. 68; ☑ 55-5512-7452; www.museodelasculturas.mx; Moneda 13; ⏱ Di–So 10–17 Uhr; Ⓜ Zócalo; GRATIS) Die 1567 erbaute koloniale Münzanstalt beherbergt ein renoviertes Museum, das Kunst, Kunsthandwerk und Kostüme der Kulturen der Welt zeigt. Die Ausstellung ist nur auf Spanisch erläutert.

Templo de la Santísima Trinidad KIRCHE
(Karte S. 68; Ecke Santísima & Zapata; Ⓜ Zócalo) Der Hauptgrund, warum man dieser Kirche des Heiligen Sakraments, fünf Blocks östlich des Zócalo auf der Calle Moneda, einen Besuch abstatten sollte, ist die Fülle an dekorativen Skulpturen, die die Fassade des Gebäudes schmücken. Darunter sieht man gespenstische Büsten der zwölf Apostel und eine Darstellung von Christus, wie er seinen Kopf in Gottes Schoß legt. Die meisten Reliefs wurden zwischen 1755 und 1783 von Lorenzo Rodríguez geschaffen.

Suprema Corte de Justicia ÖFFENTLICHE KUNST
(Oberster Gerichtshof; Karte S. 68; ☑ 55-4113-1000; Pino Suárez 2; ⏱ Mo–Fr 9–17 Uhr; Ⓜ Zócalo) GRATIS Der Wandmaler José Clemente Orozco schuf 1940 im 1. Stock des Obersten Gerichtshofs rund um die Haupttreppe vier Bilder, von denen zwei das Thema Gerechtigkeit bzw. Justiz behandeln. *La historia de la justicia en México* (die Geschichte der Justiz in Mexiko) von Rafael Cauduro, eine etwas modernere Interpretation desselben Themas, erstreckt sich über die Etagen der Südwesttreppe des Gebäudes.

Cauduros Bilder (*Die sieben schändlichsten Verbrechen*), die in seinem typischen hyperrealistischen Stil gemalt sind, dokumentieren das Grauen der von staatlicher Seite begangenen Verbrechen gegen die Bevölkerung, darunter das oft behandelte Thema des Geständnisses unter Folter. Im südöstlichen Teil des Gebäudes widmet sich Ismael Ramos Huitróns Gemälde *La busqueda de la justicia* (Die Suche nach Gerechtigkeit) dem niemals endenden Kampf der Mexikaner für Gerechtigkeit. Dasselbe Motiv greift auch das sozialrealistische Werk *La justicia* (Gerechtigkeit) des japanisch-mexikanischen Künstlers Luis Nishizawa im nordwestlichen Treppenhaus auf. Auf der ersten Ebene der Haupttreppe hat der amerikanische Künstler George Biddle kurz nach Ende des Zweiten Weltkriegs das Gemälde *La guerra y la paz* (Krieg und Frieden) gemalt. Zutritt nur mit Lichtbildausweis.

Museo de la Ciudad de México MUSEUM
(Museum von Mexico City; Karte S. 68; ☑ 55-5522-9936; www.cultura.cdmx.gob.mx/recintos/maf; Pino Suárez 30; Erw./Student 29/15 Mex$, So frei; ⏱ Di–So 10–18 Uhr; Ⓜ Pino Suárez) GRATIS Früher lebten die Grafen von Santiago de Calimaya in diesem Palast aus dem 18. Jh. Mittlerweile beherbergt das Barockgebäude ein Museum mit Ausstellungen zur städtischen Geschichte und Kultur. Oben kann das ehemalige Atelier von Joaquín Clausell besichtigt werden, der als Mexikos führender Impressionist gilt. Der Künstler nutzte die Wände während der drei Jahrzehnte, die er hier bis zu seinem Tod im Jahr 1935 arbeitete, als Skizzenbuch.

Plaza Santo Domingo PLAZA
(Karte S. 68; Ecke República de Venezuela & República de Brasil; 🚇 República de Argentina) Kleiner und weniger hektisch als der nahegelegene Zócalo, diente diese Plaza lange Schreibern und Druckern als Anlaufstelle. Einst erledigten die Schreiber Arbeiten für die Kaufleute, die schräg gegenüber im Zollgebäude (dem heutigen Bildungsministerium) zu tun hatten. Nach heute haben die Schreiber wie schon im 18. Jh. ihren Sitz an der Westseite der Plaza unter den **Portales de Santo Domingo**, die auch als Portales de Evangelistas bekannt sind.

Heute ist die Plaza Santo Domingo auch als Tummelplatz moderner „Drucker" bekannt, die hier gefälschte Ausweise verhökern und dabei ihre Kunden, die falsche Papiere haben wollen, oft gehörig übers Ohr hauen. Seit 2016 findet auf der Plaza am Tag der Toten auch die riesige *ofrenda* der UNAM statt.

An der Nordseite der Plaza erhebt sich die aus kastanienbraunem Stein errichtete **Iglesia de Santo Domingo** (Karte S. 68; Belizario Dominguez; Ⓜ Allende), eine schöne, 1736 erbaute Barockkirche. Östlich der Kirche steht der aus dem 18. Jh. stammende **Palacio de la Inquisición** (Karte S. 68), der der Hauptsitz der Inquisition in Mexiko war, bis Spanien 1812 seine Schließung verfügte.

★ Secretaría de Educación Pública ÖFFENTLICHE KUNST

(Bildungssekretariat; Karte S. 68; ☎ 55-3601-1000; República de Brasil 31; ⏲ Mo–Fr 9-15 Uhr; Ⓜ República de Argentina) **GRATIS** Die beiden vorderen Höfe säumen 120 Fresken von Diego Rivera aus den 1920er-Jahren. Gemeinsam ergeben sie ein Bild vom „wirklichen Alltag der Menschen", wie der Künstler selbst es formulierte.

Die beiden Höfe widmen sich unterschiedlichen Themen: Der an der Ostseite steht im Zeichen von Arbeit, Industrie und Landwirtschaft. In dem inneren Hof sind Traditionen und Festivals dargestellt; u. a. kann man oben – unter einem roten Banner, auf dem ein mexikanisches *corrido* (Volkslied) abgedruckt ist – einige Gemälde zur Proletarier- und Agrarrevolution sehen. Die erste Tafel ziert ein Bildnis von Frida Kahlo, die als Arbeiterin in einem Waffenlager gezeigt wird. Zutritt nur mit Lichtbildausweis.

Museo José Luis Cuevas MUSEUM

(Karte S. 68; ☎ 55-5522-0156; www.museojoseluiscuevas.com.mx; Academia 13; 20 Mex$; So frei; ⏲ Di–So 10–18 Uhr; Ⓜ Zócalo) Dieses Museum beherbergt Arbeiten des Künstlers Cuevas. Er war in den 1950er-Jahren einer der Anführer der Ruptura-Bewegung, die sich von der politisch motivierten Kunst des postrevolutionären Regimes lossagte. Seine *La Giganta*, eine 8 m hohe, weibliche Bronzefigur mit einigen männlichen Zügen, dominiert den zentralen Innenhof.

☉ Alameda Central & Umgebung

Ein Sinnbild für die Wiederbelebung der Innenstadt ist der rechteckige Park gleich nordwestlich des *Centro Histórico*. Es nimmt im kulturellen Leben von Mexico City einen wichtigen Platz ein. Im letzten Jahrzehnt

stand die von bedeutenden historischen Gebäuden umgebene Alameda Central im Fokus ambitionierter Renovierungsarbeiten. Vor allem die Türme der Hochhäuser an der Plaza Juárez und die angrenzenden neuen Restaurants haben die Zone südlich des Parks verwandelt. Bei dem Erdbeben von 1985 war hier vieles zerstört worden. Die Metrostationen Bellas Artes und Hidalgo befinden sich auf der Ost- bzw. Westseite der Alameda. Die Nord-Süd-Achse Central Lázaro Cárdenas verläuft östlich des Parks.

★ Palacio de Bellas Artes KUNSTZENTRUM

(Palast der schönen Künste; Karte S. 68; ☎ 55-4040-5300; www.palacio.bellasartes.gob.mx; Av Juárez & Eje Central Lázaro Cárdenas; Museum 60 Mex$; So frei; ⏲ Di–So 10–18 Uhr; Ⓟ; Ⓜ Bellas Artes) Riesige Wandgemälde von weltbekannten Künstlern aus Mexiko dominieren die oberen Stockwerke des aus weißem Marmor errichteten Palastes, der von Präsident Porfirio Díaz in Auftrag gegeben wurde und als Konzert- und Kunsthaus dient. Der Bau wurde 1905 unter dem italienischen Architekten Adamo Boari begonnen, einem Vertreter des Neoklassizismus und Jugendstils.

Die ersten Probleme gab es, als der schwere Marmor im schwammigen Boden versank – und schließlich funkte auch noch die Revolution dazwischen. Und so stellte erst der Architekt Federico Mariscal in den 1930er-Jahren die Innenräume im moderneren Art-déco-Stil fertig.

Im 2. Stock sind zwei Arbeiten von Rufino Tamayo aus den frühen 1950er-Jahren zu sehen: *México de Hoy* (Mexiko heute) und *Nacimiento de la Nacionalidad* (Geburt der Nationalität), eine symbolische Darstellung der Schaffung einer *mestizo* Identität (gemischte Abstammung; zum Teil indigenen, zum Teil europäischen Ursprungs).

Am westlichen Ende des 3. Stocks befindet sich Diego Riveras berühmtes Werk *El Hombre En El Cruce de Caminos* (Mann an der Kreuzung), das ursprünglich vom New Yorker Rockefeller Center in Auftrag gegeben wurde. Die Rockefellers ließen das Original dann aber wegen seiner antikapitalistischen Thematik zerstören, weshalb Rivera es 1934 ein zweites Mal schuf.

Auf der Nordseite befinden sich die dreiteilige *La Nueva Democracía* (Die neue Demokratie) von David Alfaro Siqueiros und der vierteilige *Carnaval de la Vida Mexicana* (Karneval des mexikanischen Lebens) von Rivera. Östlich ist die auffällige *La Katharsis* von José Clemente Orozco zu sehen,

Alameda Central, Plaza de la República & Umgebung

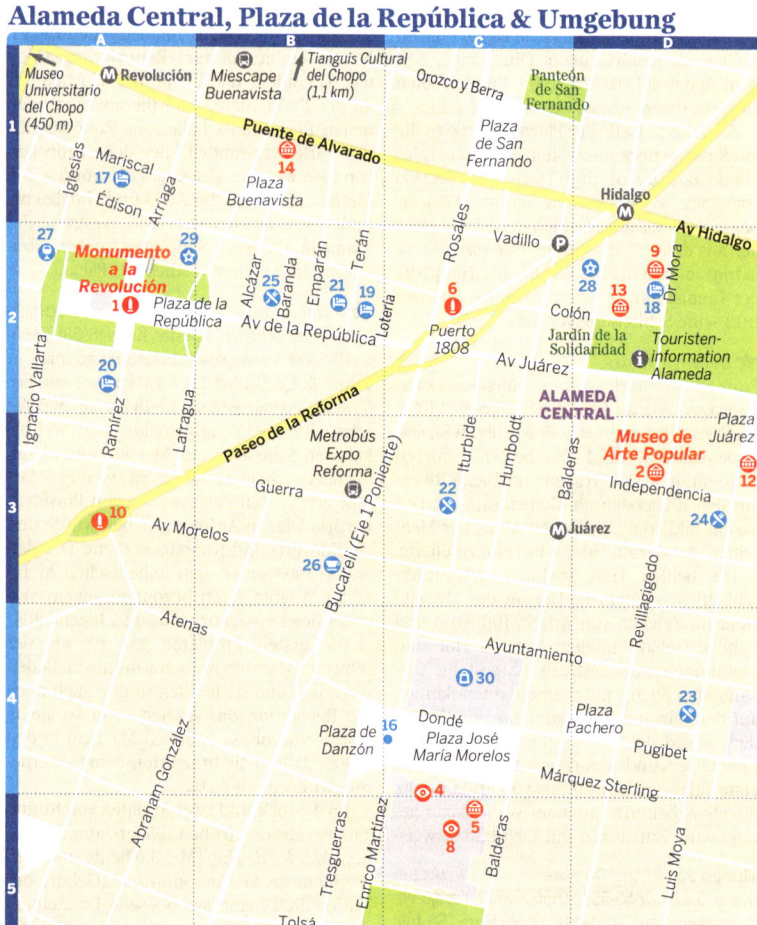

die den Konflikt zwischen „gesellschaftlichen" und „natürlichen" Aspekten des Menschen zum Thema hat.

Im 4. Stock zeigt das **Museo Nacional de Arquitectura** (MUNARQ; Karte S. 68; ☑55-8647-5360; www.museonacionaldearquitectura.be llasartes.gob.mx; Av Juárez s/n; 45 Mex\$, So frei; ⊙Di–So 10–18 Uhr; Ⓜ Bellas Artes) Wechselausstellungen zu zeitgenössischer Architektur. Außerdem finden im Palast auch hervorragende wechselnde Kunstausstellungen statt.

Das renovierte Theater im Palacio de Bellas Artes (S. 133), welches nur bei Veranstaltungen besichtigt werden kann, ist ein echtes Schmuckstück mit einem Glasmosaik-

vorhang, der das Valle de México darstellt. Der Vorhang nach einem Entwurf des mexikanischen Malers Gerardo Murillo (alias Dr. Atl) wurde bei Tiffany & Co in New York aus fast einer Million bunter Glasstückchen zusammengesetzt. Im Theater gibt es saisonal Opernaufführungen, Sinfoniekonzerte und Auftritte des Ballet Folklórico de México (S. 133). Eine gute Sicht auf den Palast hinunter hat man von der Café-Terrasse im Sears-Gebäude auf der anderen Straßenseite.

Alameda Central   PARK

(Karte S. 78; Av Juárez; 🛉; Ⓜ Bellas Artes) Die im späten 16. Jh. auf Geheiß des damaligen Vi-

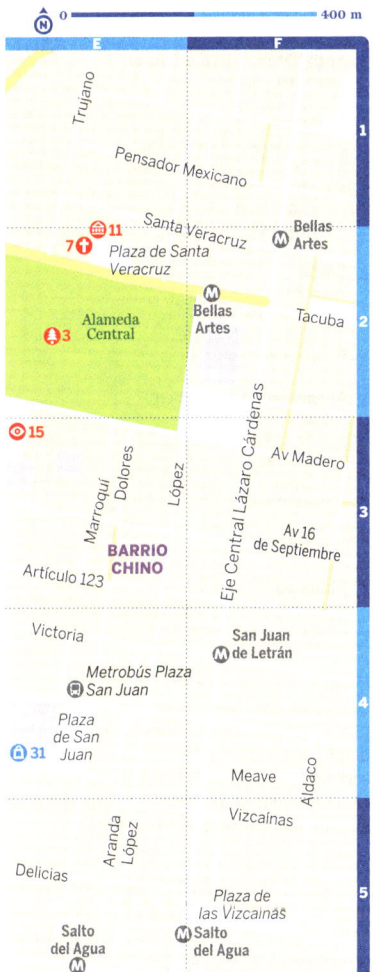

findet man hier keine – sie sind aus dem Park verbannt.

Museo Mural Diego Rivera MUSEUM

(Wandbild-Museum Diego Rivera; Karte S. 78; ☑ 55-5512-0754; www.museomuraldiegorivera.bellasartes.gob.mx; Ecke Balderas & Colón; Erw./Student 30/15 Mex$, Fotos 5 Mex$, So frei; ⊙ Di–So 10–18 Uhr; M Hidalgo) In diesem Museum gibt es eines der bekanntesten Bilder von Diego Rivera zu bestaunen: *Sueño de una tarde dominical en la Alameda Central* (Traum von einem Sonntagnachmittag im Alameda-Park). Auf dem 15 m langen Wandgemälde von 1947 sind verschiedene Persönlichkeiten zu sehen, die Mexico City seit der Kolonialzeit und danach prägten, darunter Hernán Cortés, Benito Juárez, Porfirio Díaz und Francisco Madero.

Sie alle sind um *Catrina*, ein Skelett in vorrevolutionärer Frauentracht, versammelt. Rivera selbst, dargestellt als mopsgesichtiges Kind, und Frida Kahlo stehen neben dem Skelett. Schautafeln erläutern die verschiedenen Figuren. Das Museum wurde 1986 eigens für dieses Wandgemälde gebaut, nachdem der ursprüngliche Ort, das Hotel del Prado, beim Erdbeben 1985 zerstört worden war.

Laboratorio de Arte Alameda MUSEUM

(Kunstlabor Alameda; Karte S. 78; ☑ 55-5510-2793; www.artealameda.bellasartes.gob.mx; Dr Mora 7; 30 Mex$, So frei; ⊙ Di–So 9–17 Uhr; M Hidalgo) Wie so oft im Centro Histórico gilt auch hier, dass das Gebäude, das das Laboratorio de Arte Alameda beherbergt – ein ehemaliger Konvent aus dem 17. Jh. –, mindestens genauso interessant ist wie sein Inhalt. Gezeigt werden Installationen führender experimenteller Künstler aus Mexico und aus dem Ausland. Schwerpunkt der Werke sind elektronische und interaktive Medien.

★ Museo de Arte Popular MUSEUM

(Museum der Volkskunst; Karte S. 78; ☑ 55-5510-2201; www.map.df.gob.mx; Revillagigedo 11, Ecke Independencia; Erw./Kind & Student 60 Mex$/frei, So frei; ⊙ Di & Do–So 10–18, Mi bis 21 Uhr; ♠; M Juárez) Das farbenfrohe Museum, das sogar Kinder lieben, ist ein einziges Schaufenster der Volkskunst. Thematisch sortiert findet sich hier zeitgenössisches Kunsthandwerk aus allen mexikanischen Bundesstaaten, darunter Karnevalsmasken aus Chiapas, *alebrijes* (fantastische Tierfiguren) aus Oaxaca und Lebensbäume aus Puebla. Das Museum residiert in der ehemaligen Feuerwehrzentrale; das vom Architekten Vicente Mendiola

zekönigs Luis de Velasco angelegte Alameda verdankt ihren Namen den *álamos* (Pappeln), mit denen der rechteckige Park bepflanzt wurde. Im späten 19. Jh. erhielt der Park Gaslaternen und Statuen nach europäischem Vorbild und wurde zu dem Ort, an dem sich die Elite der Stadt zeigte. Heute ist die Alameda ein beliebter Erholungsort, vor allem sonntags, wenn Familien hier herumspazieren und Paare die Bänke bevölkern.

Der Park bietet Springbrunnen, kostenloses WLAN und gepflegte Gartenanlagen voller duftender Lavendelbüsche; er ist vergleichsweise sicher und selbst abends an den Wochenenden angenehm. Imbisse

Alameda Central, Plaza de la República & Umgebung

◎ Highlights
1 Monumento a la Revolución A2
2 Museo de Arte Popular D3

◎ Sehenswertes
3 Alameda Central E2
4 Biblioteca de México C4
5 Centro de la Imagen C5
6 El Caballito C2
7 Iglesia de la Santa Veracruz E2
8 La Ciudadela C5
9 Laboratorio de Arte Alameda D2
10 Monumento a Cristóbal Colón A3
   Monumento a la Revolución
   360-Grad-Aussichtsplattform...(siehe 1)
   Monumento a la Revolución
   Paseo Cimentación ....(siehe 1)
   Monumento a la Revolución
   Paseo Linternilla ....(siehe 1)
11 Museo Franz Mayer E2
12 Museo Memoria y Tolerancia D3
13 Museo Mural Diego Rivera D2
   Museo Nacional de la
   Revolución...............................(siehe 1)
14 Museo Nacional de San Carlos B1
15 Plaza Juárez E3

◎ Aktivitäten, Kurse & Touren
16 Plaza de Danzón C4

◎ Schlafen
17 Casa de los Amigos A1
18 Chaya D2
19 Hostel Suites DF B2
20 Palace Hotel A2
21 Plaza Revolución Hotel B2

◎ Essen
22 El 123 .... C3
23 El Cuadrilátero D4
24 El Lugar Sin Nombre D3
25 Gotan Restaurante B2

◎ Ausgehen & Nachtleben
   Bósforo.. (siehe 24)
26 Café La Habana B3
27 Crisanta.. A2

◎ Unterhaltung
28 Cinemex Real D2
29 Frontón México A2

◎ Shoppen
30 Centro de Artesanías La Ciudadela...... C4
31 Mercado San Juan E4

entworfene Gebäude ist ein herausragendes Beispiel des Art-déco-Stils der 1920er-Jahre. Der Shop im Erdgeschoss verkauft hochwertiges Kunsthandwerk.

Plaza Juárez PLAZA

(Karte S. 78; Ⓜ Bellas Artes) Mit einer Reihe aus Kettenrestaurants, Bars, Läden und einem Luxushotel am Park verkörpert diese an einen Platz in einer Shoppingmall erinnernde Plaza das neue Gesicht des Viertels um die Alameda. Einen Kontrapunkt setzt das **Museo Memoria y Tolerancia** (Museum der Erinnerung & Toleranz; Karte S. 78; ☎ 55-5130-5555; www.myt.org.mx; Plaza Juárez 12; Eintritt 75 Mex$, Wechselausstellungen 30 Mex$; ⊙ Di–Fr 9–18, Sa & So 10–19 Uhr); das labyrinthische Museum widmet sich der Aufgabe, die Erinnerung an die Opfer von Völkermorden wach zu halten. In den Nächten am Wochenende ist es auf der Plaza wegen der auf Studenten ausgerichteten Bars und Clubs sehr laut, an anderen Abenden hingegen manchmal ziemlich einsam und unangenehm.

Hinter dem komplett restaurierten **Templo de Corpus Christi**, in dem heute die Archive des DF untergebracht sind, bilden die beiden tetrisähnlichen Türme des führenden mexikanischen Architekten Ricardo Legorreta – das 24-stöckige **Secretaría de Relaciones Exteriores (Außenministerium)** und das 23-stöckige Gerichtsgebäude **(Tribunales)** – das Kernstück der Plaza. Vor den Gebäuden befindet sich ein großes Wasserbecken mit 1034 rötlichen Pyramiden, ein Gemeinschaftswerk von Legorreta und dem spanischen Künstler Vicente Rojo.

Museo Franz Mayer MUSEUM

(Karte S. 78; ☎ 55-5518-2266; www.franzmayer.org. mx; Av Hidalgo 45; 50 Mex$, Di frei; ⊙ Di–Fr 10–17, Sa & So bis 19 Uhr; Ⓜ Bellas Artes) Dieses Museum ist das Resultat der Sammelaktivität des deutschstämmigen Finanziers Franz Mayer, der in seiner neuen Heimat Mexiko ein Vermögen erwarb und die hier ausgestellte Sammlung mexikanischer Silberwaren, Keramiken, Textilien und Möbel zusammentrug. Die Ausstellungssäle öffnen sich zu einem prächtigen, kolonialzeitlichen Patio, auf dem man im ausgezeichneten Cloister Café auch einen Happen essen kann.

Zwischen Ende Juli und Ende September findet hier jährlich auch die Ausstellung von World Press Photo (www.worldpressphoto. org) statt; der Termin steht auf der Website.

Iglesia de la Santa Veracruz KIRCHE

(Karte S. 78; Plaza de Santa Veracruz, Av Hidalgo; Ⓜ Bellas Artes) Die ursprünglich 1586 errichtete Kirche wurde im 18. Jh. umgebaut und beherbergt heute das Museo Franz Mayer. Sehenswert sind zwei Portale im Stil des mexikanischen Barock.

Museo Nacional de la Estampa   MUSEUM
(MUNAE; Karte S. 68; ☎ 55-5521-2244; www.museonacionaldelaestampa.bellasartes.gob.mx; Av Hidalgo 39; 45 Mex$; ⊙ Di–So 10–18 Uhr; Ⓜ Bellas Artes) Das der bildenden Kunst gewidmete Museum hat eine Sammlung aus über 12 000 Drucken, die in verschiedenen thematischen Ausstellungen gezeigt werden. Es gibt auch interessante Wechselausstellungen, in denen Werke aus Mexiko und aus dem Ausland zu sehen sind.

La Ciudadela   KULTURZENTRUM
(Karte S. 78; Balderas, Colonia Centro; Ⓜ Balderas) Die prächtige Anlage, die heute als „Zitadelle" bekannt ist, diente im späten 18. Jh. als Tabakfabrik. Sie ist aber am bekanntesten als Schauplatz der Decena Trágica (zehn tragische Tage), jenes Staatsstreichs, der 1913 zum Sturz des Präsidenten Madero führte. Heute residiert hier die **Biblioteca de México** (Nationalbibliothek; Karte S. 78; ☎ 55-4155-0836; www.bibliotecademexico.gob.mx; Plaza de la Ciudadela 4; ⊙ 8.30–19.30 Uhr) GRATIS.

Das **Centro de la Imagen** (Karte S. 78; ☎ 55-4155-0850; http://centrodelaimagen.cultura.gob.mx; Plaza de la Ciudadela 2, Colonia Centro; ⊙ Mi–So 10–19 Uhr) GRATIS, das städtische Fotografiemuseum, ist über die Calle Balderas zu erreichen. Gegenüber auf der anderen Seite der Plaza bieten Händler im Centro de Artesanías La Ciudadela (S. 138) ein großes Sortiment von Kunsthandwerk aus ganz Mexiko an.

☺ Plaza de la República & Umgebung

★ Monumento a la Revolución   DENKMAL
(Karte S. 78; www.mrm.mx; Plaza de la República; Alle Bereiche Erw./Kind 80/60 Mex$, Nur die 360-Grad-Aussichtsplattform 50 Mex$; ⊙ Mo–Do 12–20, Fr & Sa 12–22, So 10–20 Uhr; ⓥ; 🚇 Plaza de la República) Ursprünglich sollte das Monumento a la Revolución als Versammlungsstätte des Parlaments dienen. Mit Beginn der Revolution wurden die Arbeiten jedoch eingestellt, und es gab sogar Pläne, das Bauwerk zu zerstören. Stattdessen wurde es umgebaut und fortan für andere Zwecke genutzt. Seit seiner Einweihung 1938 beherbergt das Denkmal die Gräber von Pancho Villa, Francisco Madero, Venustiano Carran-

za, Plutarco Elías Calles sowie Lázaro Cárdenas – allesamt Helden der Revolution und der folgenden Ära.

Sowohl das Monumento als auch die Plaza de la República, auf der das Denkmal steht, wurden 2010 anlässlich des 100. Jahrestags der Mexikanischen Revolution umfassend renoviert. Die geysirartigen Springbrunnen der Plaza bereiten den Kleinen jede Menge Spaß, abends erstrahlen die restaurierten Elemente des Denkmals in buntem Licht.

Die Hauptattraktion dieses Bauwerks ist der durch einen verglasten Aufzug erreichbare **Paseo Linternilla** (Rundgang in der „Laterne"; Karte S. 78; Zugang zu allen Attraktionen Erw./Kind 80/60 Mex$) in 65 m Höhe. Ein schwindelerregende Aufzug führt hinauf zu einer Wendeltreppe, über die man auf den Rundgang gelangt, von dem aus sich ein Panoramablick auf die Stadt bietet. Gleich darunter befindet sich die ebenfalls eindrucksvolle, wenn auch nicht ganz so hohe **360-Grad-Aussichtsplattform** (Karte S. 78; ☎ 55-5592-2038; www.mrm.mx; Erw./Kind 50 Mex$; ⊙ Mo–Do 12–20, Fr & Sa bis 22, So 10–20 Uhr); dies ist der höchste Punkt, den man mit der normalen Eintrittskarte erreicht.

In den **Konstruktions-Galerien von 1910** gewinnt man einen Einblick in die Bauweise des ursprünglich geplanten Gebäudes, und im Untergeschoss zeigt die Kunstgalerie **Paseo Cimentación** (Karte S. 78; ☎ 55-5592-2038; Zugang zu allen Attraktionen Erw./Kind 80/60 Mex$; ⊙ Mo–Do 12–20, Fr & Sa bis 22, So 10–20 Uhr) in dem Labyrinth aus Stahlträgern, die das Fundament der Konstruktion bilden, interessante Wechselausstellungen.

Das unter der Plaza und dem Monument gelegene **Museo Nacional de la Revolución** (Karte S. 78; ☎ 55-5546-2115; www.cultura.cdmx.gob.mx/recintos/mnr; 30 Mex$, So frei; ⊙ Di–Fr 9–17, Sa & So bis 18.30 Uhr) widmet sich den 63 Jahren in der Geschichte Mexikos, die von der Verkündung der Verfassung, die die Menschenrechte garantierte (1857), bis zum Amtsantritt der ersten postrevolutionären Regierung (1920) reichen. Die Ausstellung ist nur auf Spanisch erläutert.

Museo Universitario del Chopo   MUSEUM
(☎ 55-5546-5484; www.chopo.unam.mx; Enrique González Martínez 10; 30 Mex$, Mi Eintritt frei; ⊙ Di–So 11–19 Uhr; Ⓜ San Cosme) Die auffälligen Türme dieses von der Universität geleiteten Museums sind nicht zu übersehen. Teile des alten Gebäudes, aus Eisen aus Düsseldorf gefertigt, wurden um die Wende zum 20. Jh. nach Mexico City gebracht und

dort zusammengesetzt. Das Chopo hat weite, offene Räume: Rampen werden als Ausstellungsflächen genutzt und dank hoher Decken können überlebensgroße Ausstellungsstücke zeitgenössischer Kunst gezeigt werden. Im Museum finden außerdem moderne Tanzaufführungen und Vorführungen internationaler und mexikanischer Filme des Indie-Genres statt.

Museo Nacional de San Carlos MUSEUM (Karte S. 78; ☏ 55-5566-8342; www.mnsancarlos. com; Puente de Alvarado 50; Erw./Kind unter 3 Jahren 45 Mex$/frei, So Eintritt frei; ⊙ Di–So 10–18 Uhr; Ⓜ Revolución) Das Museo Nacional de San Carlos wartet mit einer hervorragenden Sammlung europäischer Kunstwerke vom 14. bis zum frühen 20. Jh. auf. Zu den vertretenen Künstlern gehören u. a. Rubens und Goya. Die ungewöhnliche Rotunde wurde im späten 18. Jh. von Manuel Tolsá entworfen.

◉ Paseo de la Reforma

Mexico Citys größte Durchgangsstraße, meist nur „Reforma" genannt, zieht sich als breite Schneise Richtung Südwesten. Sie verläuft von Tlatelolco bis zum Bosque de Chapultepec und umgeht die Alameda Central und die Zona Rosa. Kaiser Maximilian ließ diesen Boulevard anlegen, um sein Schloss auf dem Chapultepec mit dem alten Zentrum zu verbinden. Nach seiner Hinrichtung erhielt die Straße ihren heutigen Namen, um an die Reformgesetze zu erinnern, die Präsident Benito Juárez verabschiedet hatte. Unter der Regierung von López Obrador wurde sie neu hergerichtet. Der breite, mit Statuen versehene Mittelstreifen dient als Standort für Bücherstände und Kunstausstellungen. Momentan sind Bauprojekte im Gang, so schießen auf der gesamten Länge Bürotürme und neue Hotels aus dem Boden.

Der Paseo de la Reforma verbindet eine Reihe von riesigen *glorietas* (Kreisverkehren). Ein paar Blocks westlich der Alameda Central steht **El Caballito** (Karte S. 78; Ⓜ Hidalgo), eine Darstellung eines Pferdekopfs von dem Bildhauer Sebastián. Sie erinnert an eine Reiterstatue (S. 74), die hier 127 Jahre lang stand und sich heute vor dem Museo Nacional de Arte befindet. Einige Blocks weiter südwestlich erhebt sich das **Monumento a Cristóbal Colón** (Karte S. 78) von 1877. Die Hand von Kolumbus weist zum Horizont.

Die Kreuzung der Reforma und der Avenida Insurgentes wird durch das **Monumento**

a Cuauhtémoc (Karte S. 84; 🚇 Reforma) markiert, das an den letzten aztekischen Herrscher erinnert. Zwei Blocks Richtung Nordwesten liegt der **Jardín del Arte** (S. 140), der sonntags Schauplatz eines Kunstmarkts ist.

Das **Centro Bursátil** (Karte S. 84; Ⓜ Insurgentes) ist ein eckiger Turm mit einer Diskokugel, der die mexikanische *bolsa* (Börse) beherbergt und die südliche Grenze der Colonia Cuauhtémoc markiert. Weiter westlich, hinter der US-amerikanischen Botschaft, befindet sich das Wahrzeichen Mexico Citys, das **Monumento a la Independencia** (El Ángel; Karte S. 84; Ⓜ Insurgentes) GRATIS. Die vergoldete, geflügelte Siegesgöttin ist auch als „El Ángel" bekannt und steht auf einer 45 m hohen Säule. Sie wurde 1910 zur Hundertjahrfeier der Unabhängigkeit geschaffen. Im Innern des Monuments befinden sich die sterblichen Überreste von Miguel Hidalgo, José María Morelos, Ignacio Allende sowie nun weiteren Berühmtheiten. Ab und zu finden hier kostenlose Konzerte und, nach wichtigen Siegen der mexikanischen Fußballnationalmannschaft, Siegesfeiern statt, die jeweils von Tausenden Menschen besucht werden.

An der Kreuzung von Reforma und Sevilla steht ein Denkmal, das als **La Diana Cazadora** (Diana, die Jägerin; Karte S. 84; Ecke Paseo de la Reforma & Sevilla) bekannt ist. Die 1942 geschaffene Bronzeskulptur sollte ursprünglich den Schützen des Nordsterns darstellen. Die Anstandswauwaus der Regierung von Ávila Camacho sorgten dafür, dass der Bildhauer dem vollbusigen Geschöpf einen Lendenschurz verpasste, der erst 1966 entfernt wurde.

2003 wurde die Skyline von Mexico City um den **Torre Mayor** (Karte S. 84; ☏ 55-5283-8000; www.torremayor.com.mx; Paseo de la Reforma 505; Ⓜ Chapultepec) erweitert. Er steht wie ein Wachposten am Eingang zum Bosque de Chapultepec. Das erdbebensichere Gebäude thront 225 m über der Hauptstadt und ist mit 98 seismischen Stoßdämpfern verankert. Leider ist die Aussichtsplattform dauerhaft geschlossen.

Gegenüber dem Torre Mayor erhebt sich der **Torre BBVA Bancomer** (Bancomer-Turm; Karte S. 84; Paseo de la Reforma s/n; Ⓜ Chapultepec); der 50-geschossige Büroturm einer Bank war bei seiner Fertigstellung im Jahr 2015 das höchste Gebäude Mexikos. Jedes neunte Geschoss ziert ein Panoramagarten. 2016 lief der gegenüber stehende, keilförmige **Torre Reforma** (Karte S. 84; Reforma 483;

SKURRILE SEHENSWÜRDIGKEITEN IN MEXICO CITY

Mucho Mundo Chocolate Museum (Karte S. 84; www.mucho.org.mx; Milán 45, Colonia Juárez; Erw./Kind 70/45 Mex$; ⊙11–17 Uhr; 🚇 Reforma) In einem schön restaurierten Gebäude von 1909 residiert das Mucho Mundo, ein Museum mit Laden, in dem sich alles um Schokolade dreht. Zur Dauerausstellung gehört ein Raum mit 2981 Schokoladentafeln an den Wänden, und es gibt auch viele Skulpturen aus Schokolade. „Xico", die von einem örtlichen Künstler geschaffene Figur eines Xoloitzcuintle (Mexikanischer Nackthund), bewacht den Hof des Museums.

Museo del Calzado El Borceguí (Schuhmuseum El Borceguí; Karte S. 68; ☎ 55-5510-0627; www.elborcegui.com.mx/museo.htm; Bolívar 27; ⊙ 10–14 & 15–18 Uhr; Ⓜ Zócalo) Das Schuhmuseum von Mexikos ältester Schuhfabrik (seit 1865) zeigt mehr als 2000 Schuhpaare, darunter von so berühmten Trägern wie den mexikanischen Schriftstellern Carlos Fuentes und Elena Poniatowska, dem Sonnenkönig Ludwig XIV. von Frankreich und Queen Elizabeth II. Darüber hinaus sind die Basketballschuhe von Magic Johnson (Größe 60) und die Mondstiefel von Neil Armstrong zu sehen. Modeinteressierte und Fetischisten werden die nach Jahrzehnten sortierten Exponate begeistern. Und wer wollte nicht schon mal japanische Sandalen aus Reisstroh sehen?

Museo del Juguete Antiguo México (Spielzeugmuseum; ☎ 55-5588-2100; www.museodeljuguete.mx; Dr. Olvera 15, Ecke Eje Central Lázaro Cárdenas; 75 Mex$; ⊙ Mo–Fr 9–18, Sa bis 16, So 10–16 Uhr; Ⓟ 🚲; Ⓜ Obrera) Der in Mexiko geborene japanische Sammler Roberto Shimizu hat in seinem Leben mehr als 1 Mio. Spielsachen zusammengetragen; dieses Museum präsentiert rund 60 000 davon, von lebensgroßen Robotern bis hin zu winzigen Actionfiguren. Viele der originellen Schaukästen aus recycelten Objekten hat Shimizu selber entworfen.

Santa-Muerte-Altar (Alfarería, nördlich von Mineros; ⊙ Rosenkranzgebet 17 Uhr, 1. Tag im Monat; Ⓜ Tepito) Die Figur von Santa Muerte wird oft mit einem paillettenbesetzten weißen Gewand, dunkler Perücke und einer Sense in der knochigen Hand dargestellt und erinnert gruselig an Mrs. Bates aus dem Film *Psycho*. Der „Heilige Tod" ist Gegenstand eines schnell wachsenden Kultes in Mexiko, besonders in Tepito, wo viele ehemalige Katholiken sich dem Kult zugewandt haben. Man betritt das berüchtigte, unsichere Viertel Tepito auf eigene Gefahr; das einst sichere Rosenkranzgebet wird seit einer Schießerei im Jahr 2016 nicht mehr abgehalten. Der Altar befindet sich drei Blocks nördlich der Metrostation Tepito.

Museo de la Tortura (Museum der Folter; Karte S. 68; ☎ 55-5521-4651; Tacuba 15; Erw./Student 60/45 Mex$; ⊙ Mo Fr 10–18, Sa & So bis 19 Uhr; Ⓜ Allende) Die europäischen Folterinstrumente aus der Zeit zwischen dem 14. und 19. Jh., darunter ein mit Metallspitzen gespickter Folterstuhl und ein Schädelspalter, haben großen Reiz für Freunde des Morbiden und Makabren.

Ⓜ Chapultepec) dem Bürogebäude seinen Rang als höchstes Gebäude ab. Der 104 m hohe, mit Quarztafeln verkleidete helle Turm **Estela de Luz** (Lichtstele; Karte S. 84; Paseo de la Reforma s/n; Ⓜ Chapultepec) ganz in der Nähe entstand 2010 anlässlich der Zweihundertjahrfeier Mexikos, wurde aber wegen Bauverzögerungen und immenser Mehrkosten erst 2012 eingeweiht. Nachdem 2013 acht ehemalige Verwaltungsbeamte aufgrund der Veruntreuung öffentlicher Gelder verhaftet worden waren, wurde das Gebäude als „Turm der Korruption" bekannt. Im Untergeschoss zeigt das **Centro de Cultura Digital** (Karte S. 84; ☎ 55-1000-2637;

www.centroculturadigital.mx; Estela de Luz, Paseo de Reforma s/n; ⊙ Di–So 11–19 Uhr; Ⓜ Chapultepec) GRATIS Ausstellungen mit dem Schwerpunkt auf digitaler Technologie, die mal mehr, mal weniger interessant sind.

Über die Metrostation Hidalgo gelangt man zum Ende des Paseo de la Reforma an der Alameda, während die Metrostationen Insurgentes und Sevilla die besten Zugänge von der Zona Rosa aus sind. Auf der Insurgentes-Metrobus-Route liegen die Haltestellen „Reforma" und „Hamburgo" gleich nördlich bzw. südlich des Paseo. Auf dem Paseo de la Reforma fahren alle Busse Richtung Westen mit der Zielangabe „Auditorio"

Zona Rosa

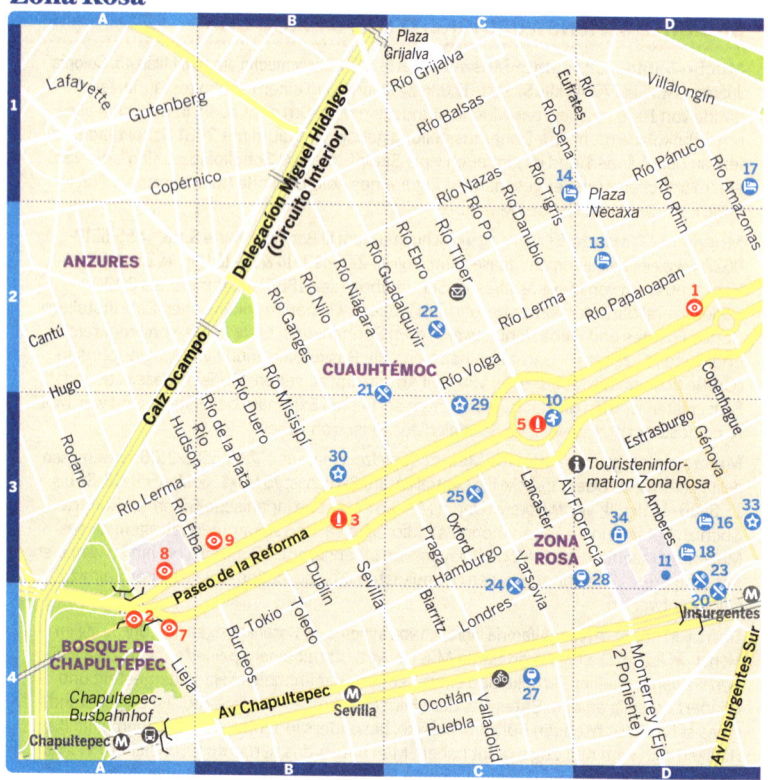

durch den Bosque de Chapultepec, während jene mit der Zielangabe „Chapultepec" am östlichen Ende des Parks am **Chapultepec-Busbahnhof** (Karte S. 84) enden. In der entgegengesetzten Richtung fahren die Busse mit den Zielangaben „I Verdes" und „La Villa" auf dem Paseo de la Reforma bis zur Alameda Central und weiter.

⊙ Zona Rosa

Das „rosa Viertel" liegt eingekeilt zwischen dem Paseo de la Reforma und der Avenida Chapultepec. Es wurde in den 1950er-Jahren als internationale Spielwiese und Einkaufsviertel erschlossen und versprühte damals kosmopolitischen Charme. Seither ging es mit der Zona Rosa aber stetig bergab und angesagtere Viertel wie Condesa oder Roma liefen ihr den Rang ab. Heute finden sich hier auf Traveller ausgerichtete Läden, Luxushotels, Clubs und Fastfoodketten. Größere Sanierungsmaßnahmen haben für breite-

re, sauberere und fußgängerfreundlichere Straßen gesorgt; im geschäftigen *glorieta*-Viertel um die Metro- und Metrobússtation Insurgentes sorgen beleuchtete Fontänen und große CDMX-Schilder für Fotomotive und städtisches Flair.

Von den Straßencafés aus kann man das Treiben beobachten. Dieser Stadtteil ist vielfältiger als die meisten anderen: Die Zona Rosa ist eines der wichtigsten Schwulen- und Lesbenviertel in der Stadt und ein Magnet für ortsansässige Ausländer. Es hat einen hohen koreanischen Bevölkerungsanteil (und deshalb mehr koreanische, japanische und chinesische Restaurants als Chinatown). Das Ende der verkehrsberuhigten Schneise der Calle Génova, das in Richtung Paseo de la Reforma liegt, wurde durch das Erdbeben beschädigt; das umliegende Gebiet bleibt bis zum geplanten Abriss eines Gebäudes, der im Verlauf des Jahres 2018 erfolgen sollte, gesperrt. Das südliche Ende wird mit neuen Bowl-Food-Treffs und Kosmetik- und Trend-

⊙ Mo–Sa 10–19, So bis 17 Uhr; 🚇 Álvaro Obregón) **GRATIS** Dieser Kulturkomplex umfasst eine Galerie für zeitgenössische mexikanische Malerei und Fotografie sowie eine ausgezeichnete Kunstbibliothek.

MUCA Roma   MUSEUM

(Karte S. 88; ☎ 55-5511-0925; www.mucaroma. unam.mx; Tonalá 51; ⊙ Di–So 10–19 Uhr; 🚇 Durango) **GRATIS** Das von der Universidad Nacional Autónoma de México (UNAM) finanzierte kleine Universitätsmuseum zeigt mexikanische und internationale zeitgenössische Kunst mit einem Bezug zu den Naturwissenschaften oder zu neuen Technologien.

⊙ Condesa

Die beeindruckende Architektur, die von Palmen gesäumten Esplanaden und die freundlichen Parks deuten darauf hin, dass die Colonia Condesa im frühen 20. Jh. ein Zufluchtsort für die aufstrebende mexikanische Elite war. Heute denkt man beim Namen „La Condesa" an ein angesagtes Stadtviertel mit lässigen Restaurants, trendigen Boutiquen und einem pulsierenden Nachtleben. Glücklicherweise hat sich Condesa den Großteil des alten nachbarschaftlichen Flairs bewahren können, das sich Besuchern am besten bei einem Spaziergang abseits des ganzen Trubels offenbart. Auf den Fußgängerwegen entlang der Ámsterdam, der Avenida Tamaulipas und der Avenida Mazatlán kann man Gebäude im Art-déco- und im kalifornischen Kolonialstil bewundern. Ein echter Hingucker ist der friedliche **Parque México**, dessen ovale Form daran erinnert, dass hier früher Pferderennen abgehalten wurden. Zwei Häuserblocks weiter nordwestlich erstreckt sich der **Parque España** mit seinem großen Kinderspielplatz.

⊙ Roma

Die Boheme-Enklave Roma nordöstlich von Condesa unterliegt einer rapiden Gentrifizierung. Einst wohnten hier Künstler und Schriftsteller – darunter in den 1950er-Jahren während ihres Aufenthalts in Mexico City auch die Beat-Autoren William S. Burroughs und Jack Kerouac –, aber inzwischen sind Designer-Labels und internationale Restaurants hinzugekommen. Die Nebenstraßen haben sich noch ihre Geruhsamkeit bewahrt. Erschlossen wurde das Viertel an der Wende zum vorigen Jahr-

artikel-Läden immer schicker und trägt dazu bei, dass das Viertel seinen Ruf behält.

Museo del Objeto del Objeto   MUSEUM

(Museum of Objects; Karte S. 88; www.elmodo. mx; Colima 145; Erw./Student/Kind unter 12 Jahre 50/25 Mex$/frei; ⊙ Di–So 10–18 Uhr; 🚇 Durango) Mit einer Sammlung von annähernd 100 000 Werken – einige stammen noch aus der Zeit des Mexikanischen Unabhängigkeitskrieges (1810) – gibt das zweigeschossige Design-Museum mit thematischen Ausstellungen, z. B. zum *fútbol,* eine einmalige Sicht auf die mexikanische Geschichte. In der Dauersammlung sind Dinge wie Streichholzschachteln, Stempel und viele Dosen – u. a. für Tabak, Schuhpolitur und Grammofonnadeln – gruppiert. Viele Objekte kann man sich auch auf der Website anschauen.

Centro de Cultura
Casa Lamm   KUNSTZENTRUM

(Karte S. 88; ☎ 55-5525-1332; www.galeriacasa lamm.com.mx; Álvaro Obregón 99, Colonia Roma;

Zona Rosa

◎ Sehenswertes
1 Centro Bursátil D2
2 Centro de Cultura Digital A4
  Estela de Luz ....(siehe 2)
3 La Diana Cazadora B3
4 Monumento a Cuauhtémoc F1
5 Monumento a la Independencia C3
6 Mucho Mundo Chocolate
  Museum F2
7 Torre BBVA Bancomer A4
8 Torre Mayor A3
9 Torre Reforma B3

◎ Aktivitäten, Kurse & Touren
10 Bicitekas C3
11 Capital Bus D3

◉ Schlafen
12 Capsule Hostel E2
13 Casa González D2
14 Hotel Bristol C1
15 Hotel Cityexpress EBC
   Reforma E2
16 Hotel Geneve D3
17 Hotel María Cristina D1
18 Hotel Suites Amberes D3

◉ Essen
19 Café NiN E3
20 Carnitas El Azul D4
21 Don Asado B2
22 Rokai C2
23 Tezka D3
24 WanWan Sakaba C3
25 Yug Vegetariano C3

◎ Ausgehen & Nachtleben
26 Cantina Covadonga E4
27 Jardín Chapultepec C4
28 Nicho Bears & Bar D3

◎ Unterhaltung
29 Cinemex Casa de Arte C3
30 Cinépolis Diana B3
31 Parker & Lenox F2
32 Patrick Miller F3
33 Ticketmaster Mixup Zona Rosa D3

◎ Shoppen
34 Antigüedades Plaza del Ángel D3
35 Fonart F1
36 Fusión E2
37 Jardín del Arte San Rafael E1

hundert, weshalb es von einer pariserisch beeinflussten Architektur geprägt ist, wie sie unter dem Regime von Porfirio Díaz bevorzugt wurde. Besonders schöne Beispiele finden sich an der Colima und der Tabasco. Bei einem Besuch in Roma kann man in den Cafés verweilen und sich die Kunstgalerien und Fachgeschäfte an der Colima anschauen. Beim Bummel auf der Orizaba kommt man an zwei schönen Plätzen vorbei: der Plaza Río de Janeiro mit einer Replik von Michelangelos *David* und der Plaza Luis Cabrera mit schönen Springbrunnen (vor denen einst die Beat-Autoren für ein Foto posierten). An den Wochenenden lohnt sich ein Bummel über den **Bazar de Cuauhtémoc** (Tianguis de Antigüedades; Karte S. 88; Jardín Dr. Chávez, Colonia Doctores; ☺Sa & So 10–17 Uhr; 🚇Jardín Pushkin). Um zu diesem Antiquitätenmarkt in einem kleinen Park zu gelangen, läuft man bis zum östlichen Ende der Álvaro Obregón, der Hauptdurchfahrtsstraße des Viertels, und dann auf der Avenida Cuauhtémoc einen Block nach Norden.

Kleine, eigenständige Kunstgalerien und Museen verteilen sich über ganz Roma. Eine Auflistung der hiesigen Galerien findet man unter dem Link „Roma" auf der Website von CDMX Travel (http://cdmxtravel.com).

◉ Bosque de Chapultepec

Der Chapultepec – das Náhuatl-Wort bedeutet „Heuschreckenhügel" – diente den umherstreifenden Azteken als Zufluchtsort, bevor es sich zum Sommersitz ihrer Adelsschicht mauserte. Er war zudem das Tenochtitlán am nächsten gelegene Süßwasserreservoir. Im 15. Jh. überwachte Nezahualcóyotl, der Herrscher des nahe gelegenen Texcoco, den Bau eines Aquädukts, mithilfe dessen das Wasser über den Lago de Texcoco in die präkolumbische Hauptstadt geleitet werden sollte.

Heute ist der Bosque de Chapultepec mit einer Fläche von über 4 km² der größte Park Mexico Citys. Er umfasst Seen sowie mehrere hervorragende Museen und dient noch heute als Wohnstätte der Mächtigen: Hier stehen die Präsidentenresidenz **Los Pinos** (Karte S. 92; ☎55-5093-53-00; Parque Lira s/n; ☺Mo–Fr 8–22 Uhr; 🚇Constituyentes) und der ehemalige Kaiserpalast, das Castillo de Chapultepec.

Sonntags ist im Park die Hölle los: Verkäufer stehen an den Hauptwegen Spalier und nehmen die herbeiströmenden Familien in Empfang, die picknicken, in Ruderbooten auf dem See umherpaddeln und die Museen besuchen. Der Großteil der Hauptattraktionen befindet sich in oder nahe der östlichen

1a Sección (erste Sektion; Karte S. 92; www.chapultepec.org.mx; Bosque de Chapultepec; ☺ Di–So 5–18 Uhr; Ⓜ Chapultepec). Die 2da Sección wird von einem großen Vergnügungspark und einem Kindermuseum dominiert.

Zwei Bronzelöwen bewachen das Haupttor an der Ecke Paseo de la Reforma und Lieja. Weitere Eingänge befinden sich gegenüber vom Museo Tamayo, Museo Nacional de Antropología und bei der Metrostation Chapultepec. Der Zaun am Paseo de la Reforma dient als **Galería Abierta de las Rejas de Chapultepec** (Karte S. 92; Paseo de la Reforma; ☺ 24 Std.) GRATIS, einer Fotogalerie unter freiem Himmel.

Die Metrostation Chapultepec befindet sich am östlichen Ende des Bosque de Chapultepec, in der Nähe des Monumento a los Niños Héroes und des Castillo de Chapultepec, die Metrostation Auditorio an der Nordseite des Parks, 500 m westlich des Museo Nacional de Antropología. Entlang des Paseo de la Reforma verkehren Auditorio-Busse.

Der zweite Abschnitt (2da Sección) des Bosque de Chapultepec erstreckt sich westlich des Periférico. Um von der Metrostation Chapultepec zur 2da Sección und zum Vergnügungspark La Feria zu gelangen, den Ausgang „Paradero" nehmen und oben in einen Bus mit der Zielangabe „Feria" steigen! Diese Busse fahren sehr oft und bringen Passagiere ohne Zwischenstopp zur 2da Sección; dort angekommen, kann man am Papalote Museo del Niño, Museo Tecnológico und La Feria aussteigen. Neben den diversen Attraktionen für Familien gibt's noch ein paar elegante Restaurants mit Seeblick am Lago Mayor und am Lago Menor.

★ **Museo Nacional de Antropología**   MUSEUM
(Anthropologisches Nationalmuseum; Karte S. 92; ☎ 55-4040-5300; www.mna.inah.gob.mx; Ecke Paseo de la Reforma & Calz Gandhi; Erw./Kind unter 13 Jahren 70 Mex$/frei; ☺ Di–So 9–19 Uhr; Ⓟ; Ⓜ Auditorio) Das Museum von Weltrang befindet sich in einem Ausläufer des Bosque de Chapultepec. Sein langer, rechteckiger Hof ist an drei Seiten von zweistöckigen Ausstellungsgebäuden eingefasst. Die 12 salas (Säle) im Erdgeschoss sind dem präkolumbischen Mexiko gewidmet, die Säle direkt darüber den Kulturen der heute lebenden indigenen Nachfahren der antiken Zivilisationen. Das große Museum hat mehr zu bieten, als die meisten Besucher bei einem einzigen Besuch erfassen können.

Alle Exponate sind ausgezeichnet präsentiert, und die meisten Erläuterungstexte sind auch in englischer Übersetzung vorhanden. Am Eingang starten kostenlose Führungen in englischer Sprache (4-mal tgl. außer So; zwischen 10.30 und 17 Uhr), die sich lohnen, wenn man die komplexe Geschichte Mexikos besser verstehen will.

Am besten beginnt man den Rundgang mit der Introducción a la Antropología und arbeitet sich von dort aus gegen den Uhrzeigersinn weiter. Die ersten Säle bieten eine allgemeine Einführung in die Anthropologie und zeigen, wie die ersten Menschen nach Amerika kamen und im zentralen mexikanischen Hochland von der nomadischen Lebensweise als Jäger und Sammler zu einer Existenz als Ackerbauern übergingen.

Viele Besucher mit knapp bemessener Zeit marschieren schnurstracks in den Teotihuacán-Saal, in dem Modelle und Objekte des ersten großen und mächtigen mesoamerikanischen Reichs ausgestellt sind. Von dort geht es weiter in den Saal der Tolteken, in dem vier aus Basalt gehauene Kriegersäulen aus dem Tempel des Tlahuizcalpantecuhtli in Tula zu bewundern sind.

Der anschließende Saal ist den Mexica, besser bekannt als Azteken, gewidmet. Hier finden sich der berühmte Sonnenstein, der 1790 unter dem Zócalo entdeckt wurde, und weitere prächtige Skulpturen aus dem Pantheon der aztekischen Gottheiten.

Die folgenden Hallen sind dem kulturellen Erbe aus Oaxaca und vom Golf von Mexiko gewidmet, zu dem auch zwei aus Stein gemeißelte Köpfe der Olmeken mit einem Gewicht von fast 20 t gehören.

Auch wer schnell durch die Säle mit Maya-Zeugnissen aus Mexiko, Guatemala, Belize und Honduras läuft, sollte sich die atemberaubende maßstabsgetreue Replik der Grabkammer von König Pakal nicht entgehen lassen, die im Inneren des Templo de las Inscripciones in Palenque entdeckt wurde.

Der riesige Säulenbrunnen im Hof ist als *el paraguas* (der Regenschirm) bekannt und erinnert an die Verbindung zur Natur. Jede Seite zeigt skulpturalen Schmuck zu einem anderen Thema: An der Ostseite ist die Einigung Mexikos dargestellt, an der Westseite das auf die Zukunft ausgerichtete Mexiko und an der Nord- und der Südseite der Kampf für die Freiheit in den mexikanischen Dörfern.

In einer Lichtung rund 100 m vor dem Museumseingang vollziehen indigene To-

Roma & Condesa

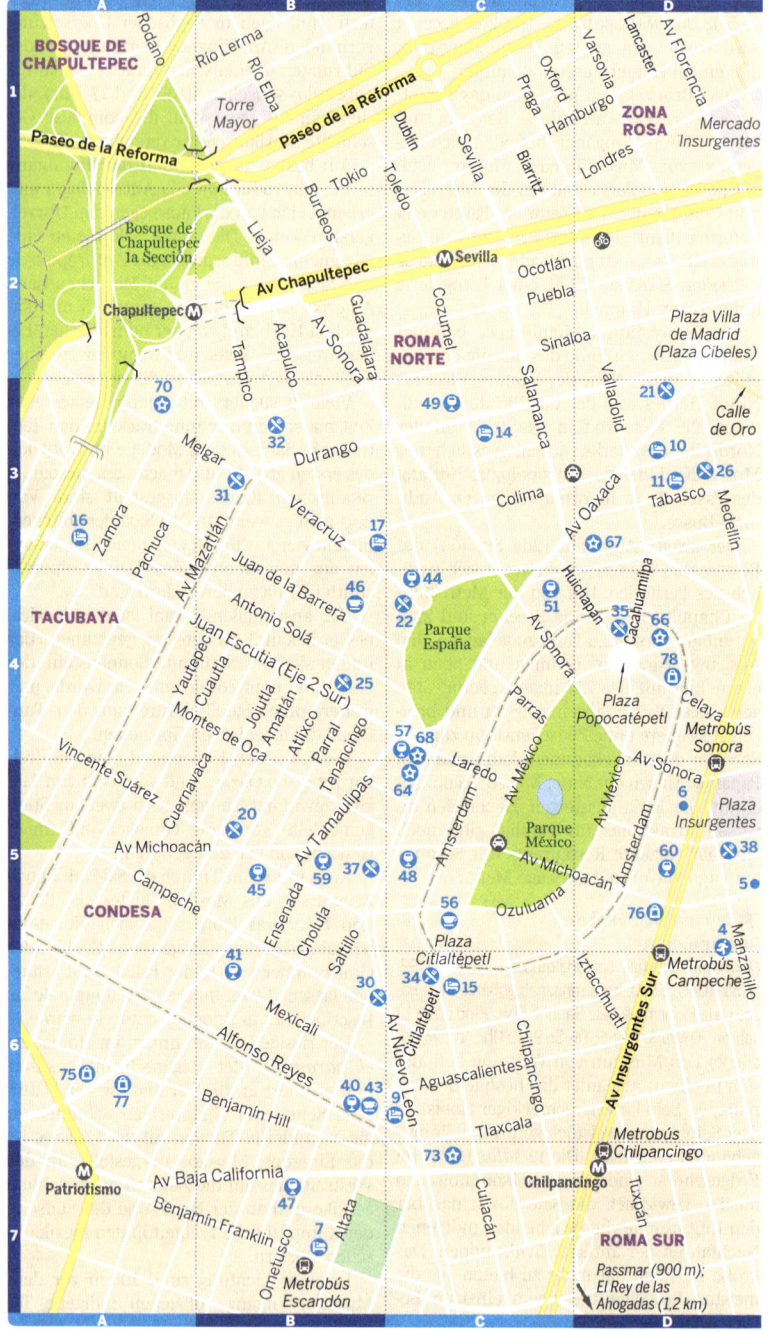

BOSQUE DE
CHAPULTEPEC

Rodano

Río Lerma

Río Elba

Torre
Mayor

Paseo de la Reforma

Paseo de la Reforma

Dublín

Tokio

Toledo

Burdeos

Sevilla

Biarritz

Oxford

Praga

Hamburgo

Londres

Varsovia

Lancaster

Av Florencia

ZONA
ROSA

Mercado
Insurgentes

Paseo de la Reforma

Bosque de
Chapultepec
1a Sección

Av Chapultepec

Chapultepec Ⓜ

Sevilla Ⓜ

Ocotlán

Puebla

Guadalajara

Av Sonora

Acapulco

Tampico

ROMA
NORTE

Cozumel

Sinaloa

Salamanca

Valladolid

Plaza Villa
de Madrid
(Plaza Cibeles)

70

32

Melgar

Durango

31

Veracruz

17

Colima

Av Oaxaca

67

Oaxaca

Tabasco

Medellín

11 **26**

10

21

Calle
de Oro

16

Zamora

Pachuca

Av Mazatlán

Juan de la Barrera

Antonio Solá

Juan Escutia (Eje 2 Sur)

Yautepec

Cuautla

Montes de Oca

Jojutla

Amatlán

Atlixco

Parral

Tenancingo

TACUBAYA

46

22

Parque
España

44

Huichapan

Av Sonora

Parras

51

35 **66**

78

Celaya

Plaza
Popocatépetl

Cacahuamilpa

25

Vincente Suárez

Cuernavaca

20

Av Michoacán

45

Campeche

CONDESA

41

Ensenada

Cholula

Saltillo

Av Tamaulipas

59 **37** **48**

57 **68**

64

Laredo

Amsterdam

Av México

Parque
México

Av Michoacán

Av México

Amsterdam

Metrobús
Sonora

6

Plaza
Insurgentes

60

38

5

56

Ozuluama

76

4

Manzanillo

Metrobús
Campeche

30 **34** **15**

Plaza
Citlaltépetl

Mexicali

Av Nuevo León

Citlaltépetl

Chilpancingo

Iztaccíhuatl

Av Insurgentes Sur

75 **77**

Alfonso Reyes

Benjamín Hill

40 **43**

9

Aguascalientes

Tlaxcala

Metrobús
Chilpancingo

73

Patriotismo Ⓜ

Av Baja California

Benjamín Franklin

47

7

Atlata

Ometusco

Culiacán

Chilpancingo

Tuxpán

ROMA SUR

Passmar (900 m);
El Rey de las
Ahogadas (1,2 km)

Metrobús
Escandón Ⓜ

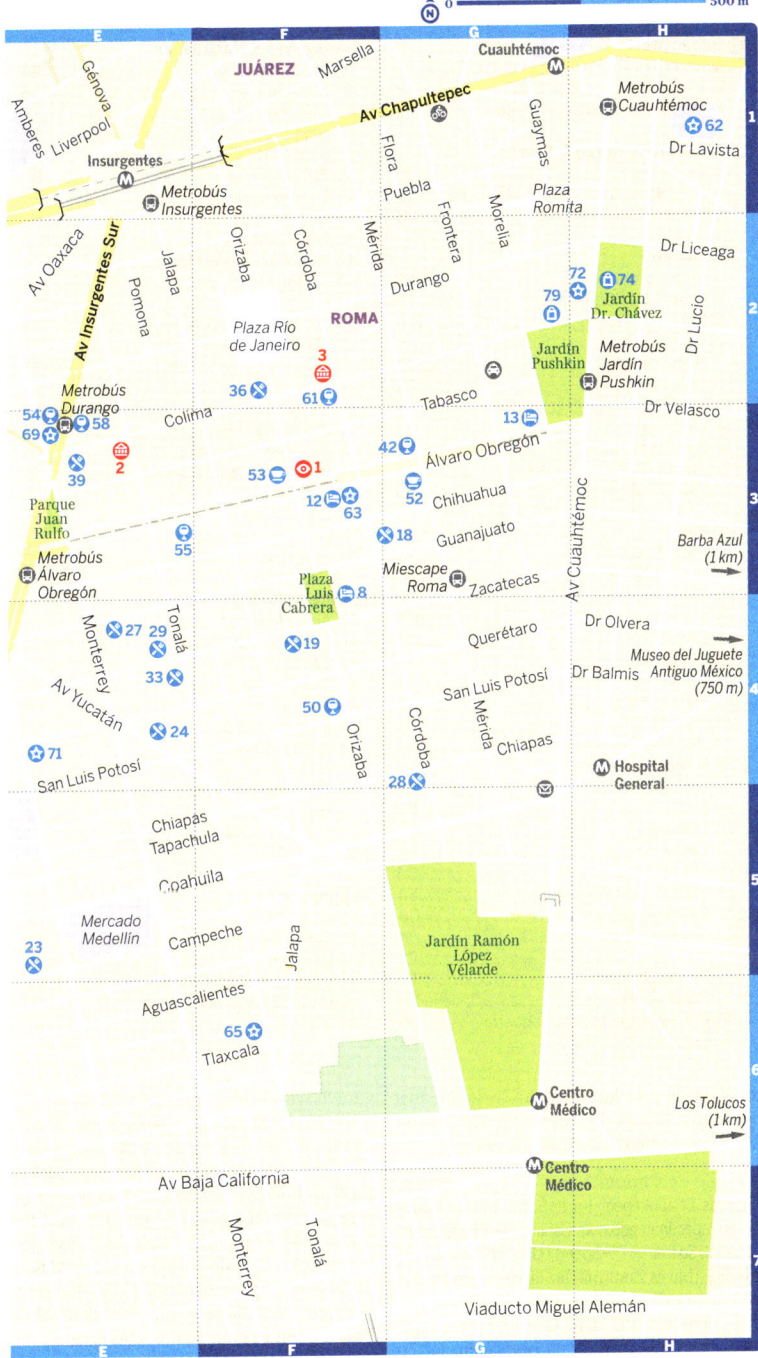

0 — 500 m

JUÁREZ · Marsella · Cuauhtémoc · Av Chapultepec

Génova · Amberes · Liverpool · Insurgentes

Metrobús Cuauhtémoc
62 · Dr Lavista

Metrobús Insurgentes

Av Oaxaca · Av Insurgentes Sur · Jalapa · Pomona · Orizaba · Córdoba · Mérida · Frontera · Morelia · Puebla · Durango · Flora · Guaymas · Plaza Romita

ROMA

Plaza Río de Janeiro

Dr Liceaga

72 · 79 · 74 · Jardín Dr. Chávez · Dr Lucio

Jardín Pushkin · Metrobús Jardín Pushkin · Dr Velasco

3 · 36 · 61 · Colima · Tabasco · 13

Metrobús Durango
54 · 69 · 58 · 42 · Álvaro Obregón

39 · 2 · 53 · 1 · 12 · 63 · 52 · Chihuahua

Parque Juan Rulfo · 55 · 18 · Guanajuato

Metrobús Álvaro Obregón · Barba Azul (1 km)

Miescape Roma · Zacatecas

Plaza Luis Cabrera · 8 · Querétaro

27 · 29 · 33 · 19 · San Luis Potosí · Dr Olvera

Monterrey · Av Yucatán · Tonalá · 50 · Mérida · Chiapas · Dr Balmis · Museo del Juguete Antiguo México (750 m)

24 · Orizaba · Córdoba

71 · San Luis Potosí · 28 · Hospital General

Chiapas · Tapachula · Coahuila

Mercado Medellín · Campeche · Jalapa · Jardín Ramón López Vélarde

23 · Aguascalientes

65 · Tlaxcala

Centro Médico · Los Tolucos (1 km)

Centro Médico

Av Baja California · Monterrey · Tonalá

Viaducto Miguel Alemán

Roma & Condesa

◉ **Sehenswertes**
1 Centro de Cultura Casa Lamm.............. F3
2 MUCA Roma E3
3 Museo del Objeto del Objeto F2

🏃 **Aktivitäten, Kurse & Touren**
4 Ecobici D5
5 Escuela de Gastronomía Mexicana D5
6 Mexico Soul & Essence D5

🛏 **Schlafen**
7 Casa Comtesse B7
8 Casa de la Condesa F3
9 Gael C6
10 Hostel 333..D3
11 Hostel Home D3
12 Hotel Milán F3
13 Hotel Stanza...G3
14 La Casona...C3
15 Red Tree House.....................................C6
16 Stayinn Barefoot Hostel A3
17 Villa Condesa B3

🍴 **Essen**
18 Bawa Bawa..G3
19 Broka Bistrot... F4
20 Café La Gloria B5
21 Contramar...D3
22 Doña Blanca..C4
23 El Hidalguense E5
24 El Parnita E4
25 El Pescadito B4
26 Fonda Fina...D3
27 Galanga Thai Kitchen............................ E4
28 Helado Obscuro.....................................G4
   La Capital ....(siehe 30)
29 Lalo! E4
30 Lampuga B6
31 Lardo B3
32 Los Loosers..B3
33 Maximo Bistrot Local............................. E4
34 Ojo de Agua...C6
35 Orígenes Orgánicos D4
36 Panadería Rosetta F2
37 Parián Condesa B5
   Pasillo de Humo...........................(siehe 37)
38 Por Siempre Vegana Taquería D5
39 Yuban.. E3

🍸 **Ausgehen & Nachtleben**
40 Alipús Condesa B6
41 Black Horse B6
42 Casa Franca...G3
43 Chiquitito B6
44 Condesa df C4
45 El Centenario.. B5
46 Enhorabuena Café B4
47 Felina...B7
48 Flora Lounge C5
49 La Bodeguita del Medio C3
50 La Chicha F4
51 La Clandestina C4
52 Los Bisquets Obregón...........................G3
53 Maison Francaise de Thé
   Caravanserai F3
54 Mano Santa Mezcal E3
55 Pan y Circo.. E3
56 Pastelería Maque C5
57 PataNegra Condesa C4
58 Pulquería Los Insurgentes....................E3
   Quentin Café.............................(siehe 52)
59 Salón Malafama B5
60 Tom's Leather Bar D5
61 Traspatio... F2

🎭 **Unterhaltung**
62 Arena México..H1
63 Cafebrería El Péndulo F3
64 Caradura C5
65 Cine Tonalá F6
66 El Bataclán D4
67 El Imperial Club D3
68 El Plaza Condesa C4
69 El Under..E3
70 Foro Shakespeare A3
71 Mama Rumba..E4
72 Multiforo Alicia H2
73 Ruta 61 ....C7

🛍 **Shoppen**
74 Bazar de Cuauhtémoc H2
75 El Hijo del Santo A6
76 La Naval D5
77 Libreria Rosario Castellanos A6
78 Under the Volcano Books.....................D4
79 Vértigo...G2

tonaken alle 30 Minuten ihr spektakuläres *voladores*-Ritual, bei dem sie von einem 20 m hohen Pfahl „herunterfliegen".

Castillo de Chapultepec   SCHLOSS
(Schloss Chapultepec; Karte S. 92; www.castillode chapultepec.inah.gob.mx; Bosque de Chapultepec; 51 Mex$, So frei; ⊙Di–So 9–17 Uhr; MChapultepec) Als sichtbares Zeugnis der längst verschwundenen mexikanischen Aristokratie thront das „Schloss" auf dem Chapultepec-Hügel. Mit dem Bau wurde 1785 begonnen, fertig-

gestellt wurde er aber erst, nachdem Mexiko seine Unabhängigkeit erlangt hatte. Fortan diente es als nationale Militärakademie. Als Kaiser Maximilian und Kaiserin Carlota 1864 nach Mexiko kamen, gestalteten sie die Anlage zu ihrem Wohnsitz um. Im östlichen Teil des Schlosses findet sich ihr Palast, dessen prunkvolle Salons sich zu einer Außenterrasse mit weiter Sicht auf die Stadt öffnen.

Später residierten die mexikanischen Präsidenten in dem Schloss, bis es 1939 von

Präsident Lázaro Cárdenas in das **Museo Nacional de Historia** (Nationales Geschichtsmuseum; Karte S. 92; ☑ 55-4040-5215; www.mnh. inah.gob.mx; Parque de Chapultepec; Erw./Kind unter 13 Jahren 70 Mex$/frei; ☺ Di–So 9–17 Uhr) umgewandelt wurde.

Im Obergeschoss liegen die opulenten Gemächer von Porfirio Díaz, der im späten 19. Jh. als erster Präsident das Schloss zu seiner Residenz erkor. In der Mitte befindet sich ein Hof mit einem Turm, der den höchsten Punkt des Chapultepec-Hügels (45 m über Straßenniveau) markiert.

Um zum Schloss zu gelangen, folgt man der Straße, die sich hinter dem Monumento a los Niños Héroes den Hügel hinauf schlängelt. Alternativ kann man das zugängliche Gefährt nehmen (hin & zurück 15 Mex$), das im 15-Minuten-Takt fährt, wenn das Schloss geöffnet ist. Audioguides in englischer Sprache kosten 65 Mex$.

Galerie Kurimanzutto GALERIE

(Karte S. 92; www.kurimanzutto.com; Gobernador Rafael Rebollar 94, Colonia San Miguel Chapultepec; ☺ Di–Do 11–18, Fr & Sa bis 16 Uhr; Ⓜ Constituyentes) GRATIS Die Galerie, die zu den avantdistischsten der Stadt im Bereich zeitgenössischer Kunst zählt, präsentiert in Wechselausstellungen Werke aufstrebender Talente aus Mexiko und dem Ausland. Der berühmte mexikanische Künstler Gabriel Orozco, der zu den mehr als 30 Künstlern gehört, die von der Galerie vertreten werden, entwickelte ihr Konzept gemeinsam mit den Mitgründern Jose Kuri und Monica Manzutto. Das schöne Gebäude von 1949, in der zuvor eine Fabrik für Backwaren untergebracht war, wurde umgebaut. Die natürlich belichteten Sälen zeigen freiliegende Holzträger.

Museo de Arte Moderno MUSEUM

(Museum der modernen Kunst; Karte S. 92; ☑ 55-5211-8331; www.museoartemoderno.com; Ecke Paseo de la Reforma & Calz Gandhi; Erw./Student 60 Mex$/frei, So frei; ☺ Di–So 10.15–17.30 Uhr; Ⓟ; Ⓜ Chapultepec) Die kleine Sammlung umfasst Werke bedeutender mexikanischer Künstler des 20. und 21. Jhs., darunter Gemälde von Dr. Atl, Rivera, Siqueiros, Orozco, Tamayo und O'Gorman. Ein besonderes Highlight ist Frida Kahlos *Las dos Fridas,* das wohl bekannteste Gemälde der Künstlerin. Sonderausstellungen ergänzen die Sammlung.

⭐ Museo Tamayo MUSEUM

(Karte S. 92; www.museotamayo.org; Paseo de la Reforma 51; 60 Mex$, So frei; ☺ Di–So 10–18 Uhr; Ⓟ; Ⓜ Auditorio) Der mehrstöckige Komplex wurde erbaut, um die Werke internationaler moderner Kunst zu beherbergen, die der in Oaxaca geborene Maler Rufino Tamayo dem mexikanischen Volk stiftete. Zu sehen sind innovative Stücke aus aller Welt, die gemeinsam mit thematisch ausgewählten Werken aus der Tamayo-Sammlung präsentiert werden. Das renovierte Tamayo beherbergt außerdem ein neues Restaurant im rustikalen Schick mit Blick über den Park, das sich vor der Erkundung von Chapultepecs Sehenswürdigkeiten perfekt für eine Frühstückspause eignet.

Jardín Botánico GARTEN

(Botanischer Garten; Karte S. 92; ☑ 55-5553-8114; Paseo de la Reforma; ☺ Mo–Fr 10–17.30, Sa & So bis 16 Uhr; Ⓜ Chapultepec) GRATIS Auf dem 4 ha großen Gelände in Chapultepec ist die botanische Vielfalt Mexikos in den verschiedenen Sektionen zu bewundern, die den unterschiedlichen Klimazonen des Landes gewidmet sind. Es gibt hier viele Kakteen und Agaven, und Kinder haben ihren Spaß an den Strohfiguren. Im Park gibt es auch ein Gewächshaus voller seltener Orchideen.

Monumento a Los Niños Héroes DENKMAL

(Karte S. 92; Bosque de Chapultepec; ☺ Di–So; Ⓜ Chapultepec) Die sechs Marmorsäulen am Osteingang des Chapultepec Parks wurden im Gedenken an sechs jugendliche Helden aufgestellt, die als Kadetten in der Schlacht fielen. Am 13. September 1847 stürmten 8000 amerikanische Soldaten das Castillo de Chapultepec, in dem damals die Militärakademie untergebracht war. Der mexikanische General Santa Anna zog sich vor dem Angriff zurück und erlaubte den Kadetten, es ihm gleichzutun. Die jungen Männer im Alter von 13 bis 20 Jahren blieben jedoch zurück, um das Schloss zu verteidigen. Der Legende zufolge hüllte sich einer von ihnen, Juan Escutia, in eine mexikanische Flagge und sprang in den Tod, statt sich zu ergeben.

Papalote Museo del Niño MUSEUM

(Karte S. 92; ☑ 55-5237-1773; www.papalote.org. mx; Bosque de Chapultepec; Museum/Planetarium 199/99 Mex$, Paket für 4-köpfige Familie 849 Mex$; ☺ Mo– Mi & Fr 9–18, Do bis 23, Sa & So 10–19 Uhr; Ⓟ ♿; Ⓜ Constituyentes) Kinder lieben dieses innovative, interaktive Museum. Sie können hier ein Radioprogramm zusammenstellen, den verrückten Wissenschaftler in sich entdecken, an einer archäologischen Ausgrabung teilnehmen und alle möglichen technologischen Geräte und Spiele auspro-

Bosque de Chapultepec & Polanco

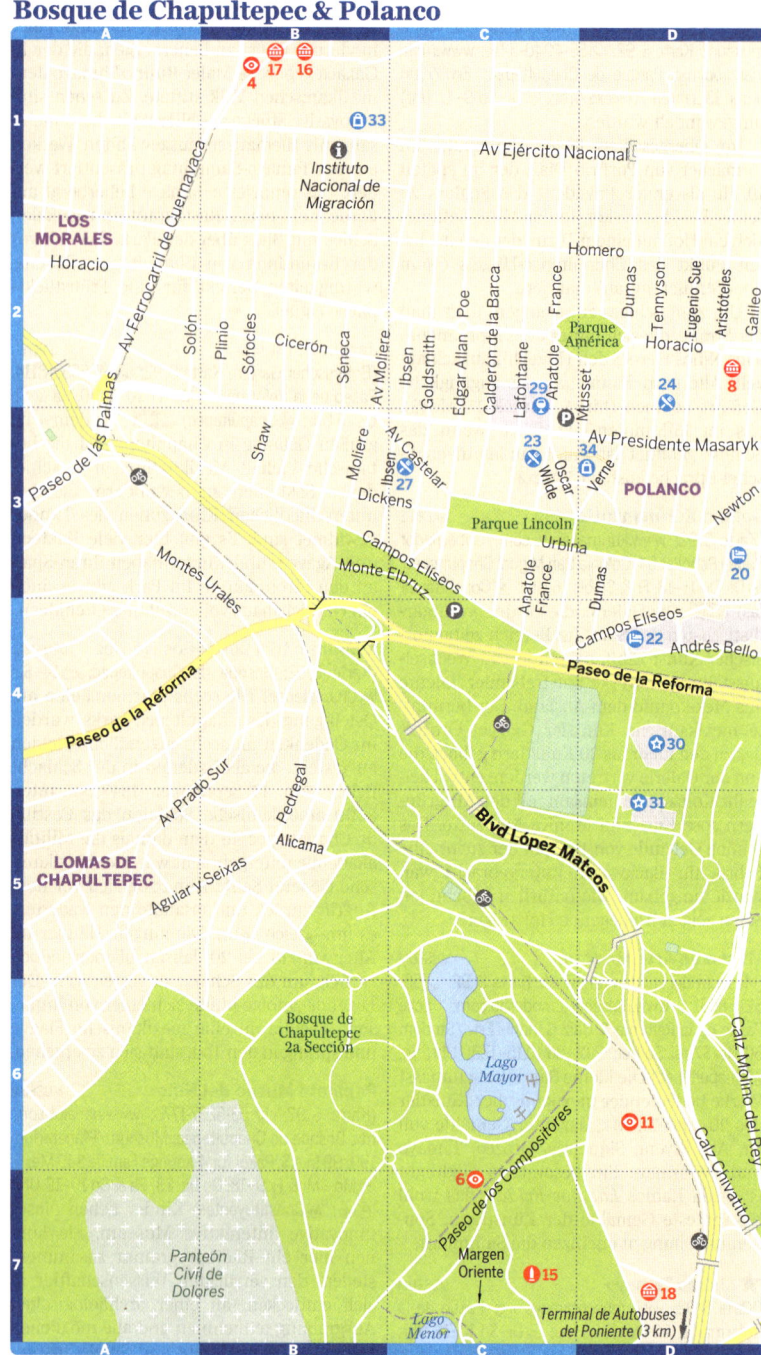

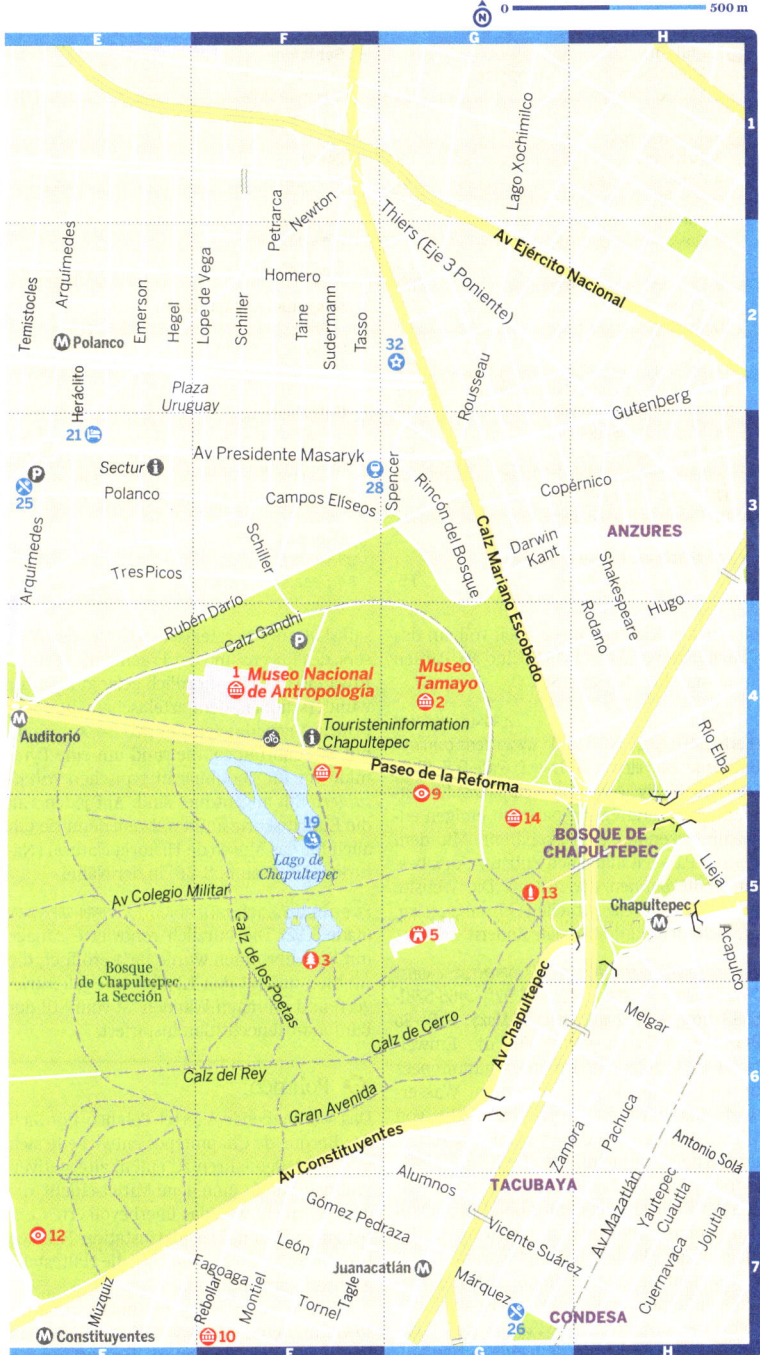

0 — 500 m

E F G H

Lago Xochimilco

Av Ejército Nacional

Thiers (Eje 3 Poniente)

Petrarca
Newton

Temístocles
Arquímedes
Emerson
Hegel
Lope de Vega
Schiller
Homero
Taine
Sudermann
Tasso

Ⓜ **Polanco**

32 ✪

Rousseau

Heráclito

Plaza Uruguay

Gutenberg

21 🏨

Av Presidente Masaryk

Sectur ❶

25 Ⓟ✕

Polanco

Campos Elíseos

Spencer

Rincón del Bosque

Copérnico

28

ANZURES

Schiller

Tres Picos

Darwin
Kant

Shakespeare
Rodano
Hugo

Arquímedes

Rubén Darío

Calz Gandhi

Ⓟ

1 Museo Nacional
🏛 **de Antropología**

Museo
Tamayo
🏛 **2**

Calz Mariano Escobedo

Ⓜ **Auditorio**

🚲 ❶ Touristeninformation
Chapultepec

🏛 **7**

Paseo de la Reforma

◎ **9**

🏛 **14**

BOSQUE DE
CHAPULTEPEC

19 🚣

Lago de
Chapultepec

13 ❶

Chapultepec Ⓜ

Río Elba

Lieja

Acapulco

Av Colegio Militar

Calz de los Poetas

🍴 **5**

❶ **3**

Bosque
de Chapultepec
1a Sección

Calz de Cerro

Av Chapultepec

Melgar

Calz del Rey

Gran Avenida

Av Constituyentes

Alumnos

Zamora
Pachuca
Antonio Solá

TACUBAYA

◎ **12**

Gómez Pedraza

León

Vicente Suárez

Av Mazatlán
Yautepec
Cuautla
Jojutla

Cuernavaca

Fagoaga
Rebollar
Montiel
Tornel
Tagle

Juanacatlán Ⓜ

Márquez

Ⓜ **Constituyentes**

🏛 **10**

26 ✕

CONDESA

Bosque de Chapultepec & Polanco

⊙ Highlights

1 Museo Nacional de Antropología F4
2 Museo Tamayo G4

⊙ Sehenswertes

3 1a Sección F5
4 Acuario Inbursa B1
5 Castillo de Chapultepec G5
6 Fuente de Xochipilli C7
7 Galería Abierta de las Rejas de
    Chapultepec F4
8 Galeria López Quiroga D2
9 Jardín Botánico G5
10 Galerie Kurimanzutto F7
11 La Feria D6
12 Präsidentenresidenz Los Pinos E7
13 Monumento a Los Niños Héroes G5
14 Museo de Arte Moderno G5
15 Museo Jardín del Agua C7
16 Museo Jumex B1
    Museo Nacional de Historia .... (siehe 5)
17 Museo Soumaya Plaza Carso B1
18 Papalote Museo del Niño D7

⊙ Aktivitäten, Kurse & Touren

19 Lago de Chapultepec F5

⊜ Schlafen

20 Casa Castelar D3
21 Hábita Hotel E3
22 W Mexico City D4

⊗ Essen

23 Dulce Patria C3
24 Pujol D2
25 Quintonil E3
26 Taj Mahal G7
27 Taquería El Turix C3

⊙ Ausgehen & Nachtleben

Área .... (siehe 21)
28 Fiebre de Malta F3
29 Guilt C2

⊙ Unterhaltung

30 Auditorio Nacional D4
31 Centro Cultural del Bosque D5
    Lunario del Auditorio .... (siehe 30)
32 Ticketmaster Liverpool Polanco G2

⊙ Shoppen

33 Antara B1
34 Pasaje Polanco D3

bieren. Die Kleinen fahren auch voll auf das Planetarium und das IMAX-Kino ab. Parken kann man für 20 Mex$/Std.

La Feria   VERGNÜGUNGSPARK
(Karte S. 92; ☎55-5230-2121; www.laferia.com.mx; Bosque de Chapultepec; 200 Mex$; ☺Di–Fr 8–18, Sa & So 9.30–20 Uhr; P✚; M Constituyentes) Ein altmodischer Vergnügungspark mit einigen adrenalinlockenden Fahrgeschäften. Mit dem Platino-Pass hat man auch Zutritt zu den besten Achterbahnen der Anlage. Die Website informiert über die aktuellen Öffnungszeiten, die sich im Lauf des Monats ändern.

Museo Jardín del Agua   ÖFFENTLICHE KUNST
(Wassergarten-Museum; Karte S. 92; ☎55-5281-5382; Bosque de Chapultepec; 24 Mex$; ☺Di–So 9–18 Uhr; M Constituyentes) Für die Einweihung des Cárcamo de Dolores, Chapultepecs in den 1940er-Jahren gebautem Wasserwerk, malte Diego Rivera eine Reihe von Wandgemälden, bei denen er mit wasserfester Farbe experimentierte. Er bemalte den Sammeltank, die Schleusentore sowie einen Teil der Rohrleitungen mit Abbildungen von Amphibien – und von den Arbeitern, die damals an dem Projekt beteiligt waren.

Vor dem Gebäude befindet sich ein weiteres außergewöhnliches Werk Riveras, das sofort ins Auge sticht. Die **Fuente de Tláloc** ist ein ovales Becken, in dem eine riesige Mo-saikskulptur des aztekischen Gottes des Wassers, des Regens und der Fruchtbarkeit steht. Etwa 150 m weiter nördlich gelangt man zur wunderschönen, dem aztekischen „Blumenprinzen" gewidmeten **Fuente de Xochipilli** mit Stufenbrunnen, die rund um eine Pyramide im für Teotihuacán typischen *talud-tablero*-Stil angeordnet sind. Auf jeden Fall die Eintrittskarte aufbewahren, denn sie gilt auch für das Museo de Historia Natural (Naturkundemuseum; S. 56) in der Nähe!

Fuente de Xochipilli   SPRINGBRUNNEN
(Karte S. 92) Die kürzlich renovierte Anlage mit Stufenbrunnen wurde 1964 eröffnet; die Architektur mit den Köpfen von Adlerkriegern und schrägen Wänden ist vom Stil der Bauten in Tenochtitlan inspiriert.

⊙ Polanco

Das wohlhabende Viertel Polanco nördlich des Bosque de Chapultepec entwickelte sich in den 1940er-Jahren zu einem alternativen Wohnviertel für eine neue Mittelschicht, die darauf erpicht war, das überbevölkerte *Centro* zu verlassen. Die Metrostation Polanco liegt im Zentrum des Viertels, die Haltestelle Auditorio am Südrand.

Polanco ist als jüdische Enklave bekannt sowie für seine exklusiven Hotels, schicken Restaurants und Designerläden entlang der

Avenida Presidente Masaryk. Einige der angesehensten Museen und Kunstgalerien liegen in diesem Viertel oder im nahe gelegenen Bosque de Chapultepec (S. 86).

Museo Jumex — MUSEUM

(Karte S. 92; www.fundacionjumex.org; Blvd Miguel de Cervantes Saavedra 303, Colonia Ampliación Granada; Erw./Student & Kind 50 Mex$/frei, So frei; Di–So 11–20 Uhr; P) Das Museo Jumex wurde als Domizil für eine der führenden Sammlungen zeitgenössischer Kunst in Lateinamerika errichtet. In Wechselausstellungen werden Exponate aus der rund 2600 Werke umfassenden Sammlung gezeigt, in der renommierte mexikanische und internationale Künstler wie Gabriel Orozco, Francis Alÿs oder Andy Warhol vertreten sind. Die Busse mit der Zielangabe „Ejército Defensa", die von der Metrostation Chapultepec fahren, halten einen Block südlich des Museums an der Kreuzung der Avenida Ejército Nacional mit der Avenida Ferrocarril de Cuernavaca.

Die Zweigstelle des Museums an seinem ursprünglichen Standort in Ecatepec nördlich von Mexico City konzentriert sich auf experimentellere Kunst. Es ist zwar ein weiter Weg vom Stadtzentrum, doch viele Kunstliebhaber lassen sich davon nicht abschrecken. Eine Wegbeschreibung findet man auf der Website.

Museo Soumaya Plaza Carso — MUSEUM

(Karte S. 92; www.museosoumaya.org; Blvd Miguel de Cervantes Saavedra 303, Colonia Ampliación Granada; 10.30–18.30 Uhr) GRATIS Vielleicht sollte jemand dem mexikanischen Milliardär Carlos Slim mal sagen, dass größer nicht immer besser ist?! Der sechsstöckige Koloss (mit 16 000 Sechsecken aus Aluminium versehen) ist nach seiner verstorbenen Frau benannt und beherbergt eine große Skulpturensammlung mit Werken des Franzosen Auguste Rodin und des katalanischen Surrealisten Salvador Dalí. Außerdem sind schöne Wandgemälde von Rivera und Siqueiros sowie Bilder französischer Impressionisten ausgestellt, es gibt aber auch sehr viel zweitklassige Kunst.

Um hinzukommen nimmt man den „Ejército Defensa"-Bus von der Metrostation Chapultepec bis zur Ecke Avenida Ejército Nacional und Avenida Ferrocarril de Cuernavaca. Von dort ist es zu Fuß noch einen Block nach Norden.

Acuario Inbursa — AQUARIUM

(Karte S. 92; 55-5395-4586; www.acuarioinbursa.com.mx; Av Miguel de Cervantes Saavedra 386, Colonia Polanco; 195 Mex$; 10–18 Uhr; M Polanco) Mexikos größtes Aquarium beherbergt in seinen insgesamt 1,6 Mio. l fassenden Becken 280 verschiedene Spezies von Meeresbewohnern, darunter Barrakudas, Mantarochen und fünf Hai-Arten. Vier der fünf Geschosse sind unterirdisch, aber im Erdgeschoss findet sich die Hauptattraktion: eine Kolonie von Esels- und Zügelpinguinen. Die Becken wurden so angelegt, dass sie im von Erdbeben geplagten Mexico City auch größeren Erdstößen standhalten. Von der Metrostation Polanco läuft man rund 2 km bis zum Aquarium; alternativ nimmt man ein Taxi.

Galería López Quiroga — GALERIE

(Karte S. 92; www.lopezquiroga.com; Aristóteles 169, Colonia Polanco; Mo–Fr 10–19, Sa bis 14 Uhr; M Polanco) GRATIS Diese Galerie hat sich auf Skulpturen, Bilder und Fotografien zeitgenössischer lateinamerikanischer und mexikanischer Künstler wie Francisco Toledo, Rufino Tamayo und José Luis Cuevas spezialisiert.

⊙ Xochimilco & Umgebung

Ganz im Süden, fast an der Grenze des Distrito Federal, erinnert ein Netz aus Kanälen, die von Gartenanlagen gesäumt werden, an das präkolumbische Erbe der Stadt. Die nach wie vor genutzten „schwimmenden Gärten" sind Überbleibsel der *chinampas*, des fruchtbaren Landes, auf dem die indigene Bevölkerung ihre Nahrungsmittel anpflanzte. Eine Fahrt auf den Kanälen in einer der hübsch geschmückten *trajineras* (Gondeln) ist ein gleichermaßen entspannendes wie festliches Erlebnis. An den Wochenenden herrscht in der Gegend Partystimmung, wenn sich die Wasserwege mit Booten füllen, die mit Familien und Freundesgruppen beladen sind. Dann treiben sich Straßenverkäufer und Musiker aus der Gegend zwischen den Feierwütigen herum und versorgen sie mit Essen und Getränken. An Werktagen ist die Stimmung um einiges entspannter.

Xochimilco – Náhuatl für „der Platz, an dem Blumen wachsen" – war schon früh ein Ziel für die aztekische Dominanz, wahrscheinlich wegen des glücklichen Händchens der Bewohner für Landwirtschaft. Die Xochimilcas häuften in den seichten Gewässern des Xochimilco-Sees, einem südlichen Arm des Lago de Texcoco, Pflanzen und Schlamm an und erschufen so fruchtbare Gärten. Diese *chinampas* sollten sich später zur wirtschaftlichen Grundlage des Azteken-reichs entwickeln. Die Ausdehnung der *chinampas* formte große Teile des Sees zu einem Netz aus Kanälen um. Etwa 180 km dieser Wasserwege sind heute noch vorhanden. Die *chinampas* werden immer noch kultiviert, meist mit Gartenpflanzen und Blumen, z. B. Weihnachtssterne und Ringelblumen. Die UNESCO würdigte die kulturelle und historische Bedeutung Xochimilcos, indem sie das Gebiet 1987 zum Weltkulturerbe ernannte.

Die Kanäle sind zweifellos die Hauptattraktion Xochimilcos, doch auch das Viertel selbst ist sehenswert. Östlich des **Jardín Juárez** (Hauptplaza im Zentrum von Xochimilco) steht die aus dem 16. Jh. stammende **Parroquia de San Bernardino de Siena** mit ihren fein gearbeiteten und vergoldeten *retablos* (Altarbilder) und dem von Bäumen gesäumten Atrium. Südlich der Plaza nimmt der belebte **Mercado de Xochimilco** zwei weitläufige Gebäude ein. In dem Gebäude, das näher beim Jardín Juárez liegt, gibt's frische Lebensmittel und einen „Anbau", in dem man z. B. *tamales* (Snack aus Mais mit verschiedenen Füllungen) oder anderes vor Ort erstandenes Essen verzehren kann. Im anderen Gebäude werden Blumen, *chapulines* (Grashüpfer), Süßigkeiten und hervorragendes *barbacoa* (pikantes Hammelfleisch vom Grill) verkauft.

Xochimilco hat auch mehrere *pulquerías* (*pulque*-Bars), in denen ebenfalls Besucher willkommen sind. Außerdem gibt's etwa 3 km westlich vom Jardín Juárez im **Museo Dolores Olmedo** (☏ 55-5555-1221; www.museodoloresolmedo.org.mx; Av México 5843; 100 Mex$; Di frei; ⊙ Di–So 10–18 Uhr; ♿; ⊠ La Noria) eine der besten Kunstsammlungen der Stadt mit Arbeiten von Diego Rivera und Malereien von Frida Kahlo.

Xochimilco kann am besten mit der Metrolinie 2 erreicht werden. In Tasqueña folgt man noch innerhalb der Metrostation den Transferschildern zum *tren ligero,* einer Stadtbahn, die die Vororte bedient, die nicht an die Metro angeschlossen sind. Xochimilco ist die Endhaltestelle. Beim Verlassen des Bahnhofs führt die Avenida Morelos nach Norden (nach links) zum Markt, zum Jardín Juárez und zur Kirche. Wer keine Lust hat, zu Fuß zu gehen, kann sich für 30 Mex$ von einem Fahrradtaxi zu den *embarcaderos* (Bootsanleger) kutschieren lassen.

Kanäle von Xochimilco   HISTORISCHE STÄTTE (Xochimilco; Boot 500 Mex$/Std., Bootstaxi einfache Strecke 30 Mex$/Pers.; ▣♿; ⊠ Xochimilco) Hunderte farbenfroher *trajineras*

(Gondeln) warten an den 10 *embarcaderos* (Anlegestellen) des Dorfs auf Passagiere, die auf den von Baumgruppen voller Vögel eingefassten Kanälen fahren wollen. Die Idylle wird nur von dem einen oder anderen Partyboot oder heranrudernden Verkäufern von Speisen und Getränken unterbrochen, die zu dem Erlebnis mit dazugehören. Dem Stadtzentrum am nächsten liegen die Anlegestellen Belem, Salitre und San Cristóbal (rund 400 m östlich der Plaza) und Fernando Celada (400 m westlich der Plaza an der Avenida Guadalupe Ramírez).

Samstags und sonntags verkehren *lanchas colectivas* (Bootstaxis) für 60 Passagiere zwischen den Anlegestellen Salitre und Nativitas (1,4 km südöstlich nahe der Kreuzung der Av Hermenegildo Galeana mit der Calle del Mercado).

In den Booten finden 1 bis 20 Personen Platz, sodass Ausflüge in größeren Gruppen vergleichsweise billig sind. Wer an Bord picknicken möchte, kauft sich, bevor er oder sie an Bord der *trajinera* geht, einfach Bier, Limonade und Speisen bei den Verkäufern am *embarcadero*.

Der offizielle Preis pro Stunde ist festgelegt und gilt pro Boot, nicht pro Person – auf ungerechtfertigte Preisaufschläge achten!

◉ San Ángel

San Ángel liegt 12 km südwestlich des Zentrums und wurde recht bald nach der Ankunft der Spanier von Dominikanerorden gegründet. Wenngleich sich ringsum die Metropole erstreckt, hat sich dieses Viertel seinen kolonialen Charme bewahren können. Bekannt ist es vor allem wegen des großen samstäglichen Handwerkermarkts (S. 140) neben der Plaza San Jacinto. Auf der Hauptzufahrtsstraße, der Avenida Insurgentes, geht es normalerweise ziemlich chaotisch zu. Wer aber Richtung Westen läuft, wird das kopfsteingepflasterte historische Zentrum des alten Ortes entdecken: ein ruhiges Fleckchen Erde, gespickt mit Kolonialvillen mit wuchtigen Holztoren, Geranien hinter Fenstergittern und Bougainvilleen, die über Steinmauern wuchern.

Die Haltestelle La Bombilla der Metrobús-Linie 1 an der Avenida Insurgentes liegt etwa 500 m östlich der Plaza San Jacinto. Alternativ steigt man an der Metrostation Miguel Ángel de Quevedo (1 km östl.) oder an der Haltestelle Barranca del Muerto (1,5 km nördl.) in einen Bus, der auf der Avenida Revolución Richtung Norden fährt.

Plaza San Jacinto PLATZ

(Karte S. 100; San Ángel Centro; La Bombil-la) Samstags, wenn hier der Bazar Sábado (S. 140) stattfindet, wimmelt es auf diesem Platz 500 m westlich der Avenida Insurgen-tes nur so von Menschen. Das **Museo Casa del Risco** (Karte S. 98; 55-5550-9286; www. museocasadelrisco.org.mx; Plaza San Jacinto 15; Di–So 10–17 Uhr) GRATIS befindet in etwa auf halber Höhe an der Nordseite der Plaza. Der aufwendig gestaltete Springbrunnen im Innenhof besteht aus einem schrägen Mosaik aus Talavera-Kacheln und chinesischem Por-zellan. Das obere Stockwerk des Museums ist eine Schatzkammer voller mexikanischem Barock und mittelalterlicher Gemälde. Etwa 50 m westlich der Plaza steht die **Parroquia de San Jacinto** (Karte S. 98; 55-5616-2059; Plaza San Jacinto 18-Bis, Colonia San Angel; 8–20 Uhr) mit ihrem friedlichen Garten.

⭐ **Museo Casa Estudio Diego Rivera y Frida Kahlo** MUSEUM

(Ateliermuseum Diego Rivera & Frida Kahlo; Karte S. 98; 55-5550-1518; www.estudiodiegorivera. bellasartes.gob.mx; Ecke Av Altavista & Diego Rive-ra; Erw./Student 30 Mex$/frei, So Eintritt frei, Fotos 30 Mex$; Di–So 10–17.30 Uhr; La Bombilla) Wer den Film *Frida* gesehen hat, dem wird dieses Museum bekannt vorkommen. Es wurde vom Freund Frida Kahlos und Diego Riveras, dem Architekten und Maler Juan O'Gorman, entworfen. Hier lebte das Künst-lerpaar von 1934 bis 1940, wobei alle drei, auch O'Gorman, ihr eigenes Haus hatten. In Riveras Domizil kann das Atelier oben be-sichtigt werden, in Fridas Blauem Haus und in O'Gormans Haus finden Wechselausstel-lungen mit Exponaten aus dem Archiv statt.

Auf der anderen Straßenseite befindet sich das San Ángel Inn (S. 125). Die ehemali-ge *pulque*-Hacienda, heute ein edles Restau-rant, ist ein Ort von historischer Bedeutung. Hier einigten sich Pancho Villa und Emiliano Zapata 1914 darauf, die Kontrolle über das Land unter sich aufzuteilen. Von der Met-robús-Haltestelle La Bombilla sind es 2 km (zu Fuß oder mit dem Taxi) bis zum Museum.

Museo de El Carmen MUSEUM

(Karte S. 98; 55-5550-4896; http://elcarmen.inah. gob.mx; Av Revolución 4; Erw./Kind unter 13 Jahren 55 Mex$/frei, So Eintritt frei; Di–So 10–17 Uhr; La Bombilla) Eine Fundgrube für religiöse Kunst in einer früheren Schule des Karmeli-terordens. Die Sammlung umfasst Ölgemäl-de des Mexikaners Cristóbal Villalpando. Das Highlight sind allerdings die Mumien in der Krypta. Sie wurden während der Revolu-tion von Zapatisten freigelegt, die eigentlich auf der Suche nach vergrabenen Wertgegen-ständen waren. Man geht davon aus, dass es sich um die sterblichen Überreste von Gön-nern des Ordens aus dem 17. Jh. handelt.

Museo de Arte Carrillo Gil MUSEUM

(Karte S. 100; 55-5550-6289 www.museodearte carrillogil.com; Av Revolución 1608, Ecke Parbellón Altavista; 45 Mex$, So Eintritt frei; Di–So 10–18 Uhr; P ; Altavista) Der Geschäftsmann Ál-varo Carrillo Gil aus Yucatán gründete das San Ángel Museum, das eines der ersten in Mexiko City für zeitgenössische Kunst war. Die große Sammlung an Exponaten hat er über viele Jahre hinweg selbst zusammenge-tragen. Lange Rampen im Gebäude führen zu den brandaktuellen Wechselausstellun-gen und ein paar weniger bekannten Wer-ken von Diego Rivera, José Clemente Orozco und David Alfaro Siqueiros.

Jardín de la Bombilla PARK

(Karte S. 98; zwischen Av de la Paz & Josefina Prior, Colonia San Ángel; La Bombilla) In dem tro-pisch üppigen, zurechtgestutzten Garten östlich der Avenida Insurgentes führen Wege rund um das **Monumento a Álvaro Obregón**, einen riesigen Schrein zu Eh-ren des postrevolutionären mexikanischen Präsidenten. Hier sollte ein Arm des Gene-rals begraben werden, den er 1915 in der Schlacht von Celaya verloren hatte, doch wurde dieser dann 1989 doch eingeäschert.

„La Bombilla" war der Name des Res-taurants, in dem Obregón im Jahr 1928 er-mordet wurde. Der Attentäter, José de León Toral, war Anhänger der Cristero-Rebellion gegen die kirchenfeindliche Politik der Re-gierung. Jedes Jahr im Juli wird der Park zum wichtigsten Schauplatz für La Feria de las Flores (S. 109), einer gigantischen Blu-menshow. Dann verwandelt er sich in ein herrliches Farbenmeer.

◉ Ciudad Universitaria

2 km südlich von San Ángel liegt die **Ciudad Universitaria** (Universitätsstadt; www.unam.mx; Centro Cultural Universitario), der Hauptcam-pus der Universidad Nacional Autónoma de México (UNAM). Mit 330 000 Studenten und 38 000 Lehrkräften ist sie die größte Universität Lateinamerikas. Zu den Alumni gehören fünf Ex-Präsidenten und auch Car-los Slim Helú, den das Forbes Magazine im Jahr 2015 als zweitreichsten Mann der Welt

San Ángel

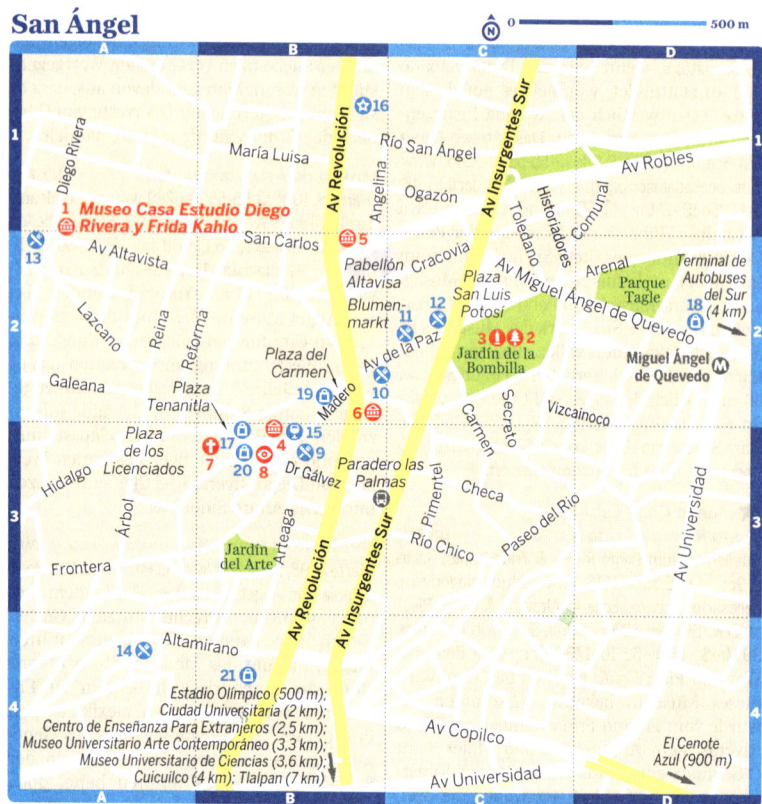

nannte, sowie Alfonso Cuarón, der erste Lateinamerikaner, der einen Oscar als bester Regisseur (für *Gravity*) gewann.

Die UNAM, 1551 als Königliche und Päpstliche Universität Mexikos gegründet, ist die zweitälteste Universität auf amerikanischem Boden. Sie hat ihren Standort einige Male gewechselt, bis der Campus in den 1950er-Jahren an den heutigen Ort verlegt wurde. Zwar handelt es sich um eine öffentliche Universität, doch sie ist „autonom" – die Regierung darf sich folglich nicht in die Universitätspolitik einmischen. Die UNAM ist das führende Forschungsinstitut des Landes und seit jeher ein Zentrum politischen Dissens.

Der Gebäudekomplex ist ein architektonisches Meisterwerk, das die UNESCO deshalb 2007 zum Weltkulturerbe erklärt hat. Der Großteil der Fakultäten befindet sich im nördlichen Teil. Schon vom Eingang an der Avenida Insurgentes aus erkennt man die **Biblioteca Central** (Zentralbibliothek). Das zehnstöckige Bauwerk zieren Mosaiken von Juan O'Gorman. Auf der Südwand sind zwei auffällige Zodiak-Kreise und Darstellungen zu sehen, die von der Zeit der Kolonialherrschaft handeln, die Nordwand ist hingegen der Kultur der Azteken gewidmet. **La Rectoría**, das Verwaltungsgebäude am westlichen Ende der ausgedehnten zentralen Rasenfläche, wartet an der Südwand mit einem lebendig wirkenden dreidimensionalen Siqueiros-Mosaik auf. Das Motiv sind Studenten, die vom Volk angespornt werden.

Auf der anderen Seite der Avenida Insurgentes erhebt sich das **Estadio Olímpico** (☏ 55-5325-9000; Av Insurgentes Sur 3000, Ciudad Universitaria; 🚇CU), das 1968 anlässlich der Olympischen Spiele aus Vulkangestein erbaut wurde. Es bietet über 72000 Zuschauern Platz und ist die Heimstätte der Pumas, des *fútbol*-Clubs (Fußballclub) der UNAM, der in der ersten Liga (Primera División) auf die Jagd nach Toren geht. Über

San Ángel

⊙ **Highlights**
1 Museo Casa Estudio Diego Rivera y
 Frida Kahlo A1

⊙ **Sehenswertes**
2 Jardín de la Bombilla C2
3 Monumento a Álvaro Obregón C2
4 Museo Casa del Risco B3
5 Museo de Arte Carrillo Gil B2
6 Museo de El Carmen B2
7 Parroquia de San Jacinto B3
8 Plaza San Jacinto B3

⊗ **Essen**
9 Barbacoa de Santiago B3
10 Cluny B2
11 El Cardenal San Ángel C2

12 Montejo Sureste C2
13 San Ángel Inn A2
14 Taberna del León A4

⊙ **Ausgehen & Nachtleben**
15 La Camelia B3

⊙ **Unterhaltung**
16 Centro Cultural Helénico B1

⊙ **Shoppen**
17 Bazar Sábado B3
18 Gandhi D2
19 Jardín del Arte El Carmen B2
20 Jardín del Arte San Ángel B3
21 Plaza Loreto B4

dem Haupteingang ist ein Wandgemälde von Diego Rivera zu sehen – Thema: der Sport in der mexikanischen Geschichte.

Östlich der Hauptesplanade der Universität steht die **Facultad de Medicina** (medizinische Fakultät) mit einem interessanten Mosaikwandbild von Francisco Eppens. Es behandelt das Thema der *mestizaje* in Mexiko (die Vermischung der indigenen und europäischen Bevölkerung).

Ca. 2 km weiter südlich befindet sich in einem anderen Bereich des Campus das **Centro Cultural Universitario** (☑ 55-5622-7003; www.cultura.unam;mx; Av Insurgentes Sur 3000; ▣ Centro Cultural Universitario), ein Kulturzentrum, das mit fünf Theatern, zwei Kinos, dem netten Restaurant Azul y Oro und zwei großartigen Museen aufwarten kann.

Um zur Ciudad Universitaria zu gelangen, nimmt man am besten den Metrobús (Línea 1) bis zur Haltestelle Centro Cultural Universitario (CCU). Alternativ fahren Traveller mit der Metro bis zur Haltestelle Universidad und steigen dann in den „Pumabús", einen kostenlosen Shuttle-Bus auf dem Campus. An den Wochenenden und an Feiertagen fährt der Pumabús allerdings nur eingeschränkt.

Museo Universitario Arte Contemporáneo   MUSEUM
(MUAC; ☑ 55-5622-6972; www.muac.unam.mx; Av Insurgentes Sur 3000, Centro Cultural Universitario; Erw./Kind 40/20 Mex$; ⊙ Mi, Fr & So 10–18, Do & Sa bis 20 Uhr; Ⓟ; ▣ Centro Cultural Universitario) Die schräge Glasfassade im minimalistischen Design dieses Museums für zeitgenössische Kunst, gestaltet vom Architekten Teodoro González de León, steht in starkem Kontrast zu den umliegenden Gebäuden aus den 1970er-Jahren. Im Innern finden in neun weitläufigen Hallen mit beeindruckenden Lichtelementen und hohen Decken innovative zeitgenössische Wechselausstellungen statt. Unter den modernen Werken sind Bilder, Audio-Installationen, Skulpturen sowie Multimediakunst aus Mexiko und dem Ausland.

Museo Universitario de Ciencias   MUSEUM
(Universum; ☑ 55-5424-0694; www.universum.unam.mx; Circuito Cultural de Ciudad Universitaria s/n; Erw./Kind 70/60 Mex$; ⊙ Mo–Fr 9–18, Sa & So ab 10 Uhr; ▣ Centro Cultural Universitario) Dies ist ein riesiges Wissenschaftsmuseum mit tollen Aktivitäten für Kinder, etwa einem Planetarium und einer Dauerausstellung zur Biodiversität, zum menschlichen Gehirn und noch vielem mehr. Ganz in der Nähe befindet sich der Skulpturengarten der Universität mit einem kleinen Weg, der durch Vulkanfelder an etwa einem Dutzend innovativen Kunstwerken vorbeiführt. Besonders beeindruckend ist der riesige Kreis aus Betonblöcken des Bildhauers Mathias Goeritz.

⊙ **Coyoacán**

Coyoacán (Náhuatl für „Platz der Kojoten"), 10 km südlich des Zentrums, diente Hernán Cortés nach dem Untergang von Tenochtitlán als Basis. Das Dorf wurde erst in den vergangenen Jahrzehnten langsam von der sich immer weiter ausdehnenden Großstadt „geschluckt". Dennoch ist Coyoacán ein unverändert friedliches Fleckchen Erde mit schmalen Straßen aus der Kolonialzeit, Cafés und einer lebendigen Atmosphäre. Früher lebten hier Leo Trotzki und Frida

Coyoacán

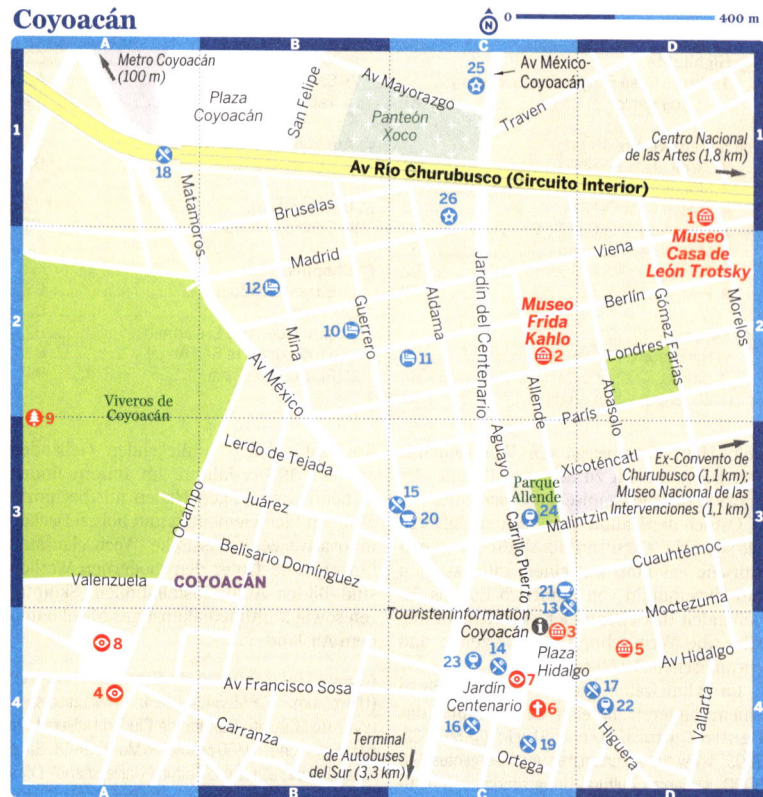

Kahlo (ihre Wohnhäuser wurden zu faszinierenden Museen umfunktioniert). Da erscheint es nur zu passend, dass die Atmosphäre auch heute noch im Zeichen der Gegenkultur steht – ein Umstand, der sich vor allem an den Wochenenden bemerkbar macht. Dann versammeln sich Musiker und Kleinkünstler auf den Plätzen im Zentrum, und große, aber relaxte Menschenmassen besuchen die dortigen Handwerkermärkte.

Die nächstgelegenen Metrostationen – sie sind jeweils 1,5 bis 2 km von Coyoacán entfernt – sind Viveros, Coyoacán und General Anaya. Wer sich den Fußmarsch ersparen möchte, steigt an der Haltestelle Viveros aus, geht nach Süden zur Avenida Progreso und nimmt dort ein „Metro Gral Anaya"-*pesero* Richtung Osten bis zum Markt (*peseros* sind die *colectivos* Mexico Citys). Vom Markt kommend, muss man auf der Malintzin nach einem *pesero* Richtung „Metro Viveros" Ausschau halten, das gen Westen fährt. *Peseros* mit der Zielangabe „Metro Coyoacán" und „Metro Gral Anaya" findet man auf der Westseite der Plaza Hidalgo.

Wer auf dem Weg nach San Ángel ist, kann eines der *peseros* oder den der Busse nehmen, die auf der Avenida Miguel Ángel de Quevedo, fünf Blocks südlich der Plaza Hidalgo, Richtung Westen fahren.

★ **Museo Frida Kahlo** MUSEUM
(Karte S. 100; ☎ 55-5554-5999; www.museofrida kahlo.org.mx; Londres 247; Erw. Mo–Fr 200 Mex$, Sa & So 220 Mex$, Student 40 Mex$, Videoguide 80 Mex$, Fotos 30 Mex$; ⊙ Di & Do–So 10–17.45 Uhr, Mi ab 11 Uhr; Ⓜ Coyoacán) Die berühmte mexikanische Künstlerin Frida Kahlo wurde in der Casa Azul (Blaues Haus) geboren, in der sie auch lebte und starb. Heute ist das Haus ein Museum. Beinahe jeder Besucher Mexico Citys pilgert hierher, um die Malerin besser verstehen zu lernen (und vielleicht eine Frida-Handtasche zu ergattern). Um den Menschenmengen zu entgehen, sollte

Coyoacán

◎ Highlights
1 Museo Casa de León Trotsky D1
2 Museo Frida Kahlo C2

◎ Sehenswertes
3 Casa de Cortés C4
4 Centro Cultural Jesús Reyes
   Heroles A4
5 Museo Nacional de Culturas
   Populares D4
6 Parroquia de San Juan Bautista C4
7 Plaza Hidalgo & Jardín Centenario C4
8 Plaza Santa Catarina A4
9 Viveros de Coyoacán A3

◉ Schlafen
10 Chalet del Carmen B2
11 Hostal Cuija Coyoacán C2
12 Hostal Frida.. B2

◎ Essen
13 Churrería de Coyoacán.......................... C3
   Corazón de Maguey ....(siehe 23)
14 El Kiosko de Coyoacán.......................... C4
15 La Casa del Pan Papalotl C3
16 Los Danzantes....................................... C4
17 Mercado de Antojitos D4
18 Super Tacos Chupacabras A1
19 Tamales Chiapanecos María
   Geraldine.. C4

◎ Ausgehen & Nachtleben
21 Café El Jarocho C3
20 Café El Jarocho C3
22 Cantina La Coyoacana D4
23 El Hijo del Cuervo................................... C4
24 La Bipo C3

◎ Unterhaltung
25 Cineteca Nacional.................................. C1
26 Teatro Bar El Vicio C1

man frühmorgens kommen, vor allem am Wochenende.

Fridas Vater Guillermo erbaute das Haus drei Jahre vor ihrer Geburt. Es ist vollgestopft mit Erinnerungsstücken und persönlichen Gegenständen, die lebendig ihre lange und oft stürmische Beziehung zu ihrem Ehemann Diego Rivera und der linksgerichteten, intellektuellen Gesellschaft illustrieren, die hier oft zu Gast war. Küchengeräte, Schmuck, Kleider, Fotos und andere Dinge aus dem Alltag der Künstlerin finden sich hier neben Kunst, etlichen präkolumbischen Exponaten und mexikanischem Kunsthandwerk. Nachdem man 2007 in einer Dachkammer ein Versteck mit bis dato unentdeckten Dingen gefunden hatte, konnte die Sammlung erheblich erweitert werden.

Kahlos Kunst stellt neben ihren Existenzängsten auch ihre Flirts mit sozialistischen Ikonen in den Mittelpunkt: Porträts von Lenin und Mao hängen rund um ihr Bett. Das *Retrato de la Familia* (Familienporträt) thematisiert die ungarisch-oaxacanischen Wurzeln Kahlos.

Plaza Hidalgo & Jardín Centenario
PLAZA

(Karte S. 100) Das Zentrum des Lebens in Coyoacán bildet die zentrale Plaza. Diese besteht eigentlich aus zwei aneinandergrenzenden Plätzen, dem **Jardín Centenario** – im Springbrunnen in der Mitte tummeln sich die Kojoten, das Wahrzeichen des Bezirks – und der größeren, kopfsteingepflasterten **Plaza Hidalgo** mit der Statue des gleichna-

migen Unabhängigkeitshelden. Am Wochenende, wenn die Menschen auf den Bänken und in den umliegenden Bars und Restaurants sitzen, ist hier besonders viel los.

In der **Casa de Cortés** (Antiguo Palacio del Ayuntamiento de Coyoacán; Karte S. 100; ☏ 55-5484-4500; Jardín Hidalgo 1, Colonia Coyoacán; ◷ 8–21 Uhr; Ⓜ Coyoacán) an der Nordseite der Plaza Hidalgo richtete der Konquistador Hernan Cortés während der Belagerung von Tenochtitlán den ersten Stadtrat Neuspaniens ein. Das dominierende Gebäude an der Südseite der Plaza ist die **Parroquia de San Juan Bautista** (Karte S. 100; Plaza Hidalgo; ◷ 8–19 Uhr; Ⓜ Coyoacán) mit seinem angrenzenden ehemaligen Kloster.

Museo Nacional de Culturas Populares
MUSEUM

(Karte S. 100; ☏ 55-4155-0920; http://museocultu raspopulares.gob.mx; Av Hidalgo 289; 13 Mex$, So frei; ◷ Di–Do 10–18, Fr–So bis 20 Uhr; Ⓜ Coyoacán) Das Museo Nacional de Culturas Populares zeigt in seinen diversen Höfen und Galerien innovative Ausstellungen zu volkstümlichen Bräuchen, indigenem Kunsthandwerk und traditionellen Festen.

★ Museo Casa de León Trotsky
MUSEUM

(Karte S. 100; ☏ 55-5658-8732; www.museocas adeleontrotsky.blogspot.mx; Av Río Churubusco 410; Erw./Student 40/20 Mex$; ◷ Di–So 10–17 Uhr; Ⓜ Coyoacán) Trotzkis Wohnhaus, heute ein Museum, hat sich seit jenem Tag, an dem ein Agent Stalins (der Katalane Ramón Mercader) den Revolutionär angriff

FRIDA & DIEGO

Ein Jahrhundert nach der Geburt von Frida Kahlo und über 50 Jahre nach dem Tod Diego Riveras sind der Ruhm und die Anerkennung für dieses Paar größer denn je. Im Jahr 2007 zog eine Retrospektive mit den Werken Kahlos im Palacio de Bellas Artes mehr als 440 000 Besucher an. Wenngleich die Aufmerksamkeit bei der darauffolgenden Rivera-Ausstellung ein wenig abebbte, erinnerte diese Veranstaltung die Besucher daran, dass der erfolgreiche Wandmaler zu seinen Lebzeiten ein internationaler Star war. Die beiden Künstler sind in den Köpfen der Menschen untrennbar miteinander verbunden, nicht zuletzt, da jeder von ihnen häufig ein Motiv für die Arbeiten des anderen war.

Diego Rivera begegnete der 21 Jahre jüngeren Frida Kahlo erstmals, als er an der Escuela Nacional Preparatoria malte, wo Frida Anfang der 1920er-Jahre studierte. Rivera stand damals schon in der vordersten Reihe der mexikanischen Künstler. Sein Auftrag an der Schule war das erste der vielen halbpropagandistischen Wandgemälde in öffentlichen Gebäuden, die er im Lauf von mehr als drei Jahrzehnten anfertigte. Er hatte bereits mit zwei russischen Frauen in Europa Kinder. 1922 heiratete er „Lupe" Marín in Mexiko, von der er zwei weitere Kinder bekam, bevor die Ehe 1928 zerbrach.

Frida Kahlo wurde 1907 in Coyoacán als Tochter eines ungarisch-jüdischen Vaters und einer Mutter aus Oaxaca geboren. Im Alter von sechs Jahren erkrankte sie an Polio, weshalb ihr rechtes Bein ihr Leben lang dünner blieb als das linke. 1925 wurde sie bei einem Busunfall schwer verletzt: Sie brach sich das rechte Bein, das Schlüsselbein, das Becken und mehrere Rippen. Wundersamerweise erholte sie sich wieder, wurde aber später noch oft von Schmerzen geplagt. Während ihrer Rekonvaleszenz begann sie zu malen. Der Schmerz – sowohl der physische als auch der emotionale – sollte das dominierende Thema ihrer Kunst werden.

Kahlo und Rivera verkehrten beide in linksgerichteten Künstlerkreisen. 1928 trafen sie sich wieder und heirateten im folgenden Jahr. Fridas Mutter hielt Diego für zu alt, zu fett, zu kommunistisch und zu atheistisch für ihre Tochter. Sie bezeichnete die Liaison als eine „Beziehung zwischen Elefant und Taube". Definitiv war sie eine leidenschaftliche Hassliebe, so schrieb Rivera: „Wann immer ich eine Frau liebte, wollte ich sie mehr verletzen, je mehr ich sie liebte. Frida war nur das offensichtliche Opfer dieses scheußlichen Charakterzugs."

Nach einem kurzen Aufenthalt in den USA zog das Paar 1934 in sein neues Domizil in San Ángel, das heutige Museo Casa Estudio Diego Rivera y Frida Kahlo (S. 97). Ihre beiden getrennten Häuser waren durch eine Fußgängerbrücke miteinander verbunden. Nachdem Kahlo entdeckt hatte, dass Rivera eine Affäre mit ihrer Schwester Cristina hatte, ließ sie sich 1939 von ihm scheiden – nur um ihn im folgenden Jahr erneut zu heiraten. Sie zog zurück in ihr Elternhaus, die Casa Azul (Blaues Haus) in Coyoacán, er blieb in San Ángel – und diesen Status behielten sie für den Rest ihres Lebens bei. Ihre Beziehung hatte fortan Bestand.

Auch wenn die erfolgreiche Filmbiografie *Frida* von 2002 eine weltweite „Fridamanie" auslöste, wurde Kahlo zu ihren Lebzeiten in Mexiko nur eine einzige Ausstellung gewidmet, und zwar 1953. Auf einer Krankenliege wurde sie zur Eröffnung getragen. Rivera sagte über die Ausstellung: „Jeder, der sie gesehen hat, muss ihr großes Talent bewundern". Kahlo starb im folgenden Jahr in der Casa Azul. Kahlos Todestag war für Rivera „der schrecklichste Tag meines Lebens … Zu spät habe ich erkannt, dass das Schönste in meinem Leben die Liebe zu Frida gewesen ist."

und ihm einen Eispickel in den Schädel rammte, kaum verändert. In den Gebäuden rund um den Innenhof sind Erinnerungsstücke und biografische Notizen zu sehen; das Grab mit Hammer und Sichel enthält Trotzkis Asche.

Nachdem Trotzki beim Machtkampf um die Sowjetunion Stalin gegenüber den Kürzeren gezogen hatte, wurde er 1929 verbannt und in Abwesenheit zum Tode verurteilt. Im Jahr 1937 fand er Zuflucht in Mexiko. Zunächst wohnten Trotzki und seine Frau Natalia in Frida Kahlos Blauem Haus, nach einem Streit mit Kahlo und Rivera zogen sie aber ein paar Straßen weiter nach Nordosten.

Im Schlafzimmer sind immer noch Einschusslöcher zu sehen, die von einem gescheiterten Mordversuch zeugen.

Der Eingang liegt an der Av Río Churubusco an der hinteren Seite der früheren Residenz. Am Eingang nach gratis Führungen auf Englisch fragen!

Anahuacalli
MUSEUM

(Diego Rivera Anahuacalli Museum; ☑ 55-5617-4310; www.museoanahuacalli.org.mx; Calle Museo 150, Colonia Coyoacán; Erw./Kind unter 16 Jahren 90/15 Mex$; ☉ Mi–So 11–17.30 Uhr; Ⓟ; ⓡ Xotepingo) Das Museum, eine tempelartige Konstruktion aus vulkanischem Gestein, wurde von Diego Rivera zur Unterbringung seiner Sammlung präkolumbischer Kunst entworfen. Das „Haus von Anáhuac" (der aztekische Name für das Valle de México) enthält auch eines seiner Ateliers und einige seiner eigenen Arbeiten, darunter eine Studie für *Der Mensch am Scheideweg*, jenem Wandbild, dessen ursprüngliche Version vom Rockefeller Center in Auftrag gegeben und anschließend 1934 zerstört wurde.

Im November wird am Tag der Toten des Malers mit großen Feiern gedacht, und von April bis Anfang Dezember gibt's im Museum sonntags um 13 Uhr kostenlose Konzerte, teils mit klassischer, teils mit regionaler Volksmusik.

Das Anahuacalli befindet sich 3,5 km südlich von Coyoacán. Die Eintrittskarte gilt auch für das Museo Frida Kahlo (S. 100). Am Wochenende gibt's für 130 Mex$ neben dem Museumseintritt auch einen Hin- und Rücktransport von/zur Casa Azul.

Alternativ nimmt man von der Metrostation Tasqueña den *tren ligero* bis zur Station Xotepingo. Dort verlässt man den Bahnhof über den westlichen Ausgang und läuft 200 m bis zur División del Norte, überquert diese und folgt der Calle Museo weitere 600 m.

Ex-Convento de Churubusco
HISTORISCHES GEBÄUDE

(☑ 55-5604-0699; 20 de Agosto s/n, Colonia San Diego Churubusco; ☉ Messe Mo–Fr 7.30, So 8.30–19 Uhr; Ⓜ General Anaya) Am 20. August 1847 war dieses ehemalige Kloster Schauplatz einer historischen militärischen Niederlage: Hier versuchte die mexikanische Armee im Mexikanisch-Amerikanischen Krieg, der wegen der US-amerikanischen Annektierung von Texas ausgebrochen war, hartnäckig, aber letztlich erfolglos die Stellung gegen die US-Truppen, die aus Veracruz vorrückten, zu halten. Diese US-amerikanische Invasion ist nur ein Fall in einer langen Kette ausländischer Interventionen in Mexiko, wie das **Museo Nacional de las Intervenciones** (52 Mex$, So frei; ☉ Di–So 9–18 Uhr; Ⓜ General Anaya) in Churubusco nachdrücklich veranschaulicht. Die Kirche ist nur während der Messe zugänglich. Von der Metrostation General Anaya läuft man 500 m Richtung Westen.

Plaza Santa Catarina
PLAZA

(Karte S. 100; Ⓜ Viveros) Rund einen Block südlich der Baumschule von Coyoacán liegt die Plaza Santa Catarina mit der gelben, senffarbenen Kirche, die dem Platz seinen Namen gab. Auf der anderen Straßenseite befindet sich das **Centro Cultural Jesús Reyes Heroles** (Karte S. 100; ☑ 55-5554-5324; Av Francisco Sosa 202, Colonia Coyoacán; ☉ 8–20 Uhr; Ⓜ Viveros), ein kolonialzeitliches Anwesen mit einem Café und gepflegten, schönen Anlagen, in denen Yuccapalmen und Jacaranda-Bäume stehen.

Viveros de Coyoacán
PARK

(Karte S. 100; ☑ 55-5484-3524; www.viveroscoyoacan.gob.mx; Av Progreso 1; ☉ 6–18 Uhr; Ⓜ Viveros) **GRATIS** Eine nette Einstimmung auf die zentralen Plazas von Coyoacán bieten die Viveros de Coyoacán. Hier werden die meisten Pflanzen für die Parks und Gärten Mexico Citys gezogen. Das 38,9 ha große Areal liegt 1 km westlich vom Zentrum Coyoacáns und ist beliebt bei Joggern und Spaziergängern. Man muss sich allerdings auf angriffslustige Eichhörnchen gefasst machen!

Von der Metrostation Viveros geht's Richtung Süden (nach rechts, wenn man vor dem Zaun steht). Man folgt der Avenida Universidad und biegt bei der nächsten Gelegenheit nach links in die Avenida Progreso ein.

◉ Cuicuilco

Zu den ältesten nennenswerten Überresten einer präkolumbischen Siedlung innerhalb der Grenzen von Mexico City gehört Cuicuilco. Der „Ort des Singens und Tanzens" ist Zeugnis einer Zivilisation, die bereits um 800 v.Chr. am Ufer des Lago de Xochimilco siedelte. In ihrer Blütezeit im 2. Jh. v.Chr. – damals begann gerade erst der Aufstieg der Teotihuacán-Zivilisation – zählte sie um die 40000 Angehörige. Die Stätte wurde ein paar Jahrhunderte später allerdings aufgeben, nachdem bei einem Ausbruch des nahe gelegenen Vulkans Xitle der Großteil der Gemeinschaft in den Lavamassen umgekommen war.

Bei aktuellen archäologischen Arbeiten werden weitere Abschnitte freigelegt. Das Gelände ist in weiten Bereichen von Gras überwuchert, sodass man sich hier wie ein echter Entdecker fühlt. Das Highlight ist die 23 m hohe Rundpyramide.

Zona Arqueológica
Cuicuilco ARCHÄOLOGISCHE STÄTTE
(www.inah.gob.mx; Av Insurgentes Sur s/n; ☉ 9–17 Uhr; Ⓟ; 🚇 Villa Olímpica) GRATIS Das wichtigste Bauwerk der Stätte diente vermutlich als zeremonielles Zentrum. Es handelt sich hier um eine riesige runde Plattform mit vier Ebenen aus Vulkangesteinsblöcken. Sie befindet sich in einem Park mit Kakteen, Schatten spendenden Bäumen und einem tollen Ausblick über die Gegend und ist somit ein hübscher Ort für ein Picknick. Außerdem gibt's ein kleines Museum, das Schädel und Artefakte ausstellt, die während der Ausgrabungsarbeiten zum Vorschein kamen.

⊙ Tlalpan

Tlalpan ist heute das, was Coyoacán früher mal war. Das fern vom Zentrum gelegene Dorf hat ein unkonventionelles Flair und besticht durch tolle Kolonialarchitektur. Es ist zudem Sitz der größten *delegación* Mexico Citys. Tlalpan liegt am Fuß des südlichen Ajusco-Höhenzugs. Das Klima ist entsprechend kühler und feuchter als im übrigen Stadtgebiet. In den Arkaden an der charismatischen Plaza gibt's ein paar schöne Restaurants. Nach Tlalpan gelangt man mit dem Metrobús der Línea 1. Von der Haltestelle Fuentes Brotantes geht's zu Fuß vier Häuserblöcke nach Osten in Richtung der Hauptplaza.

Museo de Historia de Tlalpán MUSEUM
(☎ 55-5485-9048; Plaza de la Constitución 10; ☉ Mo–Fr 14–20, Sa ab 12 Uhr; 🚇 Fuentes Brotantes) GRATIS Hier werden in von Sonnenlicht durchfluteten Galerien rund um einen Hof beeindruckende Werke zeitgenössischer Kunst sowie historische Ausstellungsstücke gezeigt.

Casa Frisaac KULTURZENTRUM
(☎ 55-5485-3266; Plaza de la Constitución 1; ☉ 8–20 Uhr; 🚇 Fuentes Brotantes) GRATIS Dieses Anwesen aus dem 19. Jh. befand sich einst im Besitz des Präsidenten Adolfo López Mateos. Heute beherbergt es eine Kunst-

galerie mit Wechselausstellungen und ein kleines Auditorium für Konzerte und Tanzaufführungen.

Capilla de las Capuchinas
Sacramentarias KAPELLE
(☎ 55-5573-2395; Av Hidalgo 43, Colonia Tlaplan; 200 Mex$; ☉ Besuchszeiten Mo–Do 10–12 & 16–18 Uhr; 🚇 Fuentes Brotantes) Von der Kapelle, die sich in einem Kapuzinerinnenkloster befindet, geht eine bezaubernde Schlichtheit aus. Sie wurde 1952 vom modernistischen Architekten Luis Barragán gestaltet. Der nüchterne Altar ist frei vom üblichen Bildschmuck und besteht nur aus drei Goldtafeln. Morgens setzt das einfallende Licht das Buntglasfenster des deutsch-mexikanischen Künstlers Mathias Goeritz besonders schön in Szene. Besuch nur nach Anmeldung.

⊙ Tlatelolco & Guadalupe

Plaza de las
Tres Culturas HISTORISCHE STÄTTE
(Platz der drei Kulturen; ☎ 55-5583-0295; www. tlatelolco.inah.gob.mx; Eje Central Lázaro Cárdenas, Ecke Flores Magón; ☉ 8–18 Uhr; Ⓟ; Ⓜ Tlatelolco) Die Plaza symbolisiert die Verschmelzung prähispanischer und spanischer Wurzeln zu einer mexikanischen *mestizo*-Identität – daher der Name. Zu sehen sind architektonische Beispiele für die drei kulturelle Facetten: die Azteken-Pyramiden von Tlatelolco, der spanische Templo de Santiago aus dem 17. Jh. und der moderne Gebäudeturm, in dem das Centro Cultural Universitario untergebracht ist.

Unlängst haben archäologische Funde seit Langem bestehende Theorien zur Geschichte Tlatelolcos auf den Kopf gestellt. Der alten Sichtweise zufolge wurde Tlatelolco von einer Gruppe Azteken im 14. Jh. auf einer separaten Insel im Lago de Texcoco gegründet und später von den Azteken aus Tenochtitlán erobert. Ende 2007 wurde jedoch eine Pyramide freigelegt, die 200 Jahre vor der Gründung Tenochtitláns entstand. Einigkeit herrscht darüber, dass Tlatelolco Schauplatz des größten öffentlichen Markts im Valle de México war und dass ein Damm von dort zum zeremoniellen Zentrum Tenochtitláns führte.

Während der Belagerung der aztekischen Hauptstadt schlug Cortés die Verteidiger Tlatelolcos, deren Anführer Cuauhtémoc war. Auf der Plaza ist eine Inschrift über die Schlacht angebracht, die in etwa Folgendes besagt: „Es war weder Triumph noch Niederlage. Es war die schmerzhafte Geburt des heutigen Mexiko, eines Volkes von Mestizen."

Ein Fußweg führt rund um den wichtigsten Pyramidentempel von Tlatelolco und andere Bauwerke der Azteken. Der Haupttempel von Tlatelolco wurde in mehreren Etappen errichtet. Die Tempel (insgesamt sieben) wurden jeweils auf die älteren Strukturen aufgesetzt. Die Doppeltreppen der Pyramide, eines der ältesten Bauwerke, sollen angeblich zu Schreinen hinaufgeführt haben, die Tláloc und Huitzilopochtli geweiht waren. Die Außenwände zieren zahlreiche Kalenderglyphen.

Die Spanier erkannten die kultische Bedeutung dieser Stätte und errichteten daher 1609 ihren **Templo de Santiago**. Als Material dienten Steine aus aztekischen Bauwerken. Am Haupteingang der Kirche steht das **Taufbecken von Juan Diego**.

Tlatelolco ist übrigens auch ein Symbol für Konflikte in modernen Zeiten: Am 2. Oktober 1968 wurden mehrere Hundert demonstrierende Studenten kurz vor der Eröffnung der Olympischen Spiele von Regierungstruppen ermordet. In den Wochen zuvor war es verstärkt zu Protesten gegen politische Korruption und die autoritäre Regierung gekommen. Präsident Gustavo Díaz Ordaz, der der Weltöffentlichkeit das Bild eines politisch stabilen Landes präsentieren wollte, stoppte die Unruhen daher mit brutalsten Mitteln.

An besagtem Tag im Oktober flogen Hubschrauber über der Plaza de las Tres Culturas, während ein riesiges Polizeiaufgebot den Platz abriegelte, als plötzlich Schüsse fielen – vermutlich auf dem Balkon, auf dem die Redner standen. Daraufhin eröffnete die Polizei das Feuer auf die Demonstranten, Chaos brach aus. Einem von der Regierung autorisierten Bericht zufolge starben 20 Menschen, tatsächlich belief sich die Zahl der Opfer laut Forschern und Medienberichten jedoch auf schätzungsweise 300 Tote!

Heute geht man davon aus, dass Spezialkräfte der Präsidentengarde den Auslöser des Massakers inszeniert haben. Bis heute findet zum Gedenken an das tragische Ereignis an dessen Jahrestag ein Protestmarsch von Tlatelolco zum Zócalo statt.

Entlang der Eje Central Lázaro Cárdenas sind Trolleybusse in nördlicher Richtung unterwegs, die direkt an der Plaza de las Tres Culturas vorbeifahren.

Centro Cultural Universitario Tlatelolco MUSEUM
(☑ Anschluss 49646, 55-5517-2818; www.tlatelolco. unam.mx; Flores Magón 1; Erw./Student 30/15 Mex$, So Eintritt frei; ⊙ Di–So 10–18 Uhr; Ⓜ Tlatelolco)
Die Geschehnisse, die sich vor, während und nach dem Massaker von 1968 auf der Plaza de las Tres Culturas abspielten, sind im *Memorial del 68* dokumentiert, einer bewegenden Multimedia-Ausstellung im Centro Cultural Universitario Tlatelolco. Das Kulturzentrum hat zwei weitere herausragende Dauerausstellungen im Museo de Sitio.

Das glänzende **Museo de Sitio** beherbergt über 400 Objekte, die hier bei archäologischen Ausgrabungen gefunden wurden, darunter prähispanische Opfergaben und Keramiken. Das interaktive Museum erstreckt sich auch auf den 2. Stock des turmartigen Gebäudes gegenüber. Dort erfährt man mehr über das Tlatelolco der Kolonialzeit sowie über die Flora und Fauna der Gegend. Im 3. Stock des Turms ist die Colección Stavenhagen untergebracht, eine außergewöhnliche Sammlung von über 500 prähispanischen Skulpturen aus Lehm und Stein, darunter auch witzige Tierfiguren und Phallussymbole.

Basílica de Guadalupe SCHREIN
(www.virgendeguadalupe.org.mx; Plaza de las Américas 1, Colonia Villa de Guadalupe; ⊙ 6–21 Uhr; Ⓜ La Villa-Basílica) GRATIS An dieser Stätte entwickelte sich ein Kult, nachdem im Dezember 1531 ein christlicher Konvertit namens Juan Diego behauptet hatte, ihm sei auf dem Cerro del Tepeyac (Hügel von Tepeyac) die Jungfrau Maria erschienen. Nach zahlreichen weiteren Erscheinungen sei, so wird erzählt, ein Abbild der Madonna schließlich wundersamerweise auf Diegos Umhang zu sehen gewesen, was einen Bischof von der Wahrheit der Geschichte überzeugte. Dieser errichtete dann an der Stätte einen Schrein. Auch heute noch ist die Basilika eine Andachts- und Pilgerstätte.

Im Lauf der Jahrhunderte wurden der Nuestra Señora de Guadalupe alle möglichen Wunder zugesprochen – ein Umstand, der erheblich zur Verbreitung des katholischen Glaubens in Mexiko beitrug. Einige Kirchenmänner empörten sich jedoch. Sie meinten, einen Fall von Götzenverehrung zu erkennen (da es sich bei der Jungfrau um eine christliche Version der Aztekengöttin Tonantzin handele). Nichtsdestotrotz wurde die Jungfrau von Guadalupe 1737 zur offiziellen Patronin Mexikos erklärt, 200

Stadtspaziergang
Im Zentrum unterwegs

START EX TERESA ARTE ACTUAL
ZIEL REGINA CORRIDOR
LÄNGE/DAUER 5 KM; 3 STD.

Auf einem Stadtspaziergang lernt man das geschichtsträchtige *centro* am besten kennen.

Startpunkt ist am ❶ **Ex Teresa Arte Actual** (S. 76). Kein anderer Ort vermittelt so einen guten Eindruck von der „versinkenden Stadt" wie dieses Gebäude aus dem 17. Jh.

Auf dem Weg über den ❷ **Zócalo** (S. 71), einen der größten Plätze weltweit, lohnt es sich, die umliegenden Gebäude anzusehen: Sie stehen auf den Grundmauern aztekischer Tempel. Einige Kolonialbauten wurden aus Steinen prähispanischer Ruinen errichtet.

Auf der pulsierenden Avenida Madero geht's weiter nach Westen, bis der ❸ **Torre Latinoamericana** (S. 75) erreicht ist. Von der Aussichtsplattform des Wolkenkratzers bekommt man einen Eindruck davon, wie weit sich das Tal Mexico Citys erstreckt.

Nun steht ein Spaziergang in der ❹ **Alameda Central** (S. 78) an, dem kürzlich modernisierten Park mit tollen Springbrunnen und einem berühmten Wandgemälde von Diego Rivera am westlichen Ende.

Von der Avenida Juárez geht's zur Calle Dolores und auf einen Drink zum ❺ **El Tío Pepe** (S. 127), einer der ältesten *cantinas* hier.

Die Calle Dolores führt weiter nach Süden zum ❻ **Mercado San Juan** (S. 138), einem 60 Jahre alten Markt, der Köche und Feinschmecker anzieht. Bei Gastrónomico San Juan gibt's Gourmethäppchen und Gratiswein.

Vom Markt tritt man hinaus auf die Pugibet und geht nach Westen zur Balderas, wo sich das ❼ **Centro de Artesanías la Ciudadela** (S. 138) befindet. Hier gibt es Kunsthandwerk zu erschwinglichen Preisen.

Zurück ins Herz der Innenstadt gelangt man, indem man nach Osten bis zur belebten Fußgängerzone ❽ **Regina Corridor** läuft. *Mezcalerías* am Straßenrand laden zu einer Pause ein. Wer *pulque* mag, geht zur Ecke Mesones und Callejón de Mesones. Der Laden schenkt das dickflüssige Getränk schon seit über 100 Jahren aus. *¡Salud!*

Jahre später gar zur Schutzheiligen Lateinamerikas und „Kaiserin des amerikanischen Kontinents". 2002 sprach Papst Johannes Paul II. Juan Diego heilig.

Heute gehören die religiösen Stätten rund um den Cerro del Tepeyac (früher eine heilige Stätte der Azteken) zu den wichtigsten in Mexiko. Jeden Tag strömen Tausende Pilger herbei, vor und an dem Jahrestag ihrer zweiten Erscheinung, dem 12. Dezember, werden gar Hunderttausende Besucher registriert. Manche Pilger legen die letzten Meter zum Schrein auf den Knien rutschend zurück.

Um 1700 wurde am Standort eines älteren Schreins die viertürmige Basílica de Guadalupe für die Gemeinde der Gläubigen errichtet. In den 1970er-Jahren platzte das Bauwerk mit der gelben Kuppel (sie wird heutzutage Antigua Basílica genannt) allerdings regelmäßig aus allen Nähten. Deshalb wurde die neue Basílica de Nuestra Señora de Guadalupe nebenan erbaut. Der Architekt Pedro Ramírez Vázquez schuf ein weitläufiges, rundes Gebäude, in dem mehr als 40 000 Personen Platz finden. Über und hinter dem Hauptaltar der Basílica hängt ein Bildnis der hl. Jungfrau – gehüllt in einen grünen Mantel, der mit Gold abgesetzt ist –, an das die Besucher dicht herantreten können. Die Messe wird hier stündlich abgehalten.

Im hinteren Teil der Antigua Basílica befindet sich mittlerweile das **Museo de la Basílica de Guadalupe** (✆ 55-5577-6022; Plaza Hidalgo, Colonia Villa de Guadalupe; Erw./Kind bis 12 Jahre 5 Mex$/frei; ◷ Di–So 10–17.30 Uhr; Ⓜ La Villa-Basílica), das eine tolle Sammlung kolonialzeitlicher Kunstwerke beherbergt, die die wunderbare Erscheinung der Jungfrau zum Gegenstand haben.

Hinter der Antigua Basílica führt eine Treppe zur **Capilla del Cerrito** (Hügelkapelle) hinauf – hier hatte Juan Diego seine Vision – und dann an der Ostseite des Hügels hinab zum Parque de la Ofrenda mit seinen Gärten und Wasserfällen. Im Zentrum ist eine Skulptur zu sehen, die die Vision darstellt. Weiter bergab steht der barocke **Templo del Pocito**, ein rundes Gebäude mit drei gekachelten Kuppeln. Er wurde 1787 gebaut, um an die wundersame Erscheinung einer Quelle zu erinnern, die sich da auftat, wo die Jungfrau gestanden hatte. Von dort führt der Weg vorbei an der **Antigua Parroquia de Indios** (indianische Kirchengemeinde) aus dem 17. Jh. zurück zur Hauptplaza.

Besonders leicht zu erreichen ist die Basílica de Guadalupe über der Metro. Man fährt bis La Villa-Basílica und geht dann entlang der Calzada de Guadalupe zwei Blocks Richtung Norden. Wer mag, kann auch einen der Busse mit der Angabe „Metro Hidalgo–La Villa" nehmen, die auf dem Paseo de la Reforma Richtung Nordosten fahren. Um ins Zentrum zurück zu gelangen, spaziert man zur Calzada de los Misterios, einen Block westlich der Calzada de Guadalupe, und steigt dort in einen „Auditorio"- oder „Zócalo"-Bus Richtung Süden.

 **Aktivitäten**

Bootfahren

Isla de las Muñecas   BOOTSFAHRT
(Insel der Puppen; Embarcadero Cuemanco, Xochimilco; Boot 500 Mex$/Std.) Ein echt surreales Erlebnis ist die Fahrt mit einer Gondel von Xochimilco hinüber zur Insel der Puppen. Dort hängen Hunderte gruseliger, halb zersetzter Puppen in den Bäumen. Ein Einwohner der Insel hat sie die Spielsachen aus den Kanälen gefischt, um damit den Geist eines Mädchens zu besänftigen, das in der Nähe ertrunken ist.

Der beste Ausgangspunkt für die vierstündige Rundfahrt ist die *embarcadero* (Anlegestelle) Cuemanco. Man fährt mit der Metro bis zur Station General Anaya, verlässt den Bahnhof auf der Ostseite der Calzada de Tlalpan und läuft von dort 50 m in Richtung Norden. Hier steigt man anschließend in ein *pesero* (Sammeltaxi) mit der Zielangabe „Tláhuac Paradero", mit dem man bis zum Eingang des Embarcadero Cuemanco gelangt.

Radfahren

Sonntagmorgens ist der Paseo de la Reforma vom Bosque de Chapultepec bis zur Alameda Central für den normalen Verkehr gesperrt. Dann kann man sich den *chilangos*-Horden anschließen, die fröhlich auf der Avenida skaten oder radeln.

Bicitekas   RADFAHREN
(Karte S. 84; http://bicitekas.org; Monumento a la Independencia; ◷ Mi 21.30 Uhr) GRATIS Die städtische Radlergruppe organisiert anspruchsvolle nächtliche Radtouren, die mittwochs am Monumento a la Independencia starten. Gruppen von bis zu 200 Radfahrern steuern dann Ziele wie Coyoacán oder die nordwestliche Vorstadt Ciudad Satélite an. Interessenten müssen fit genug sein, um eine Strecke von bis zu 40 km zu bewältigen. Helme,

RADWEGE

Die *ciclovía* ist ein ausgedehnter Radweg. Der Trail folgt der alten Trasse der Cuernavaca-Eisenbahn bis zur Grenze von Morelos. Er erstreckt sich von der Avenida Ejército Nacional in Polanco durch den Bosque de Chapultepec und führt an der Periférico-Autobahn entlang von La Feria bis zur Avenida San Antonio. Unterwegs überquert man die Freeways auf mehreren steilen Brücken.

Ein weiterer Radweg folgt der Avenida Chapultepec auf einem geschützten Mittelstreifen vom Bosque de Chapultepec bis ins *centro histórico*, wobei der Abstecher durch die Straßen von Roma von den Autofahrern nicht zur Kenntnis genommen wird. Eine dritte Strecke führt auf dem Paseo de la Reforma vom Auditorio Nacional in die Innenstadt.

App und Website des städtischen Fahrrad-Sharingdienstes **Ecobici** (Karte S. 88; ☑ 55-5005-2424; www.ecobici.cdmx.gob.mx; Campeche 175; Fahrradvermietung 1/3/7 Tage 94/188/312 Mex$; ☉ Mo–Fr 9–18, Sa 10–14 Uhr; Ⓜ Campeche) sind für die Streckenplanung auf den *ciclovías* nützlich, auch wenn man kein Ecobici-Nutzer ist.

An jedem Sonntag sind der Paseo de la Reforma und mehrere Hauptstraßen im Stadtzentrum von 8 bis 14 Uhr für den Autoverkehr gesperrt, und Radfahrer können sich dann an den 26 km langen *ciclotón* vom Auditorio Nacional zur Basílica de Guadalupe wagen.

reflektierende Westen und Rücklichter sind empfehlenswert.

Kajakfahren

Michmani KAJAKFAHREN
(☑ 55-5676-6971; Embarcadero Cuemanco, Xochimilco, abseits der Anillo Periférico Sur; 50 Mex$/Std.) Hier kann mit dem Kajak einige ruhigere Abschnitte der Kanäle von Xochimilco erkunden und dabei in diesem Ökotourismus-Park auch noch Vögel beobachten. Man erblickt Enten und Reiher sowie viele andere Zugvögel und einheimische Vogelarten. Man kann sich auch die zahlreichen Aufzuchtstationen an den Ufern anschauen.

Um hinzukommen, fährt man mit der Metro bis zur Station General Anaya, verlässt den Bahnhof auf der Ostseite der Calzada de Tlalpan und geht von dort 50 m nach Norden. Hier steigt man in ein *pesero* (Sammeltaxi) mit der Zielangabe „Tláhuac Paradero", das einen bis zum Eingang des Embarcadero bringt. Von dort läuft man 1 km bis zu seinem Ziel, das sich gleich hinter dem *embarcadero* befindet.

Lago de Chapultepec KAJAKFAHREN
(Chapultepec-See; Karte S. 92; www.chapultepec.com.mx; 2-Personen-Kajak/Paddelboot/Ruderboot pro Std. 60/50/60 Mex$; ☉ Di–So 9–16.30 Uhr; Ⓜ Auditorio) Hier kann man mit dem Kajak, einem Paddel- oder Ruderboot eine Runde mit den Enten auf dem Chapultepec-See drehen.

Schlittschuhlaufen

Pista de Hielo CDMX SCHLITTSCHUHLAUFEN
(Karte S. 68; www.cdmx.gob.mx/vive-cdmx/post/pista-de-hielo-cdmx) Als Teil eines Regierungsprogramms, nach dem auch der armen

Stadtbevölkerung der Zugang zu Freizeitunternehmungen ermöglicht werden soll, wird jedes Jahr zur Weihnachtszeit auf dem Zócalo eine riesige Eislaufbahn eingerichtet. Schlittschuhe kann man gegen eine Kaution kostenlos leihen, die Wartezeit kann aber teilweise bis zu einer Stunde betragen.

 ## Kurse

Plaza de Danzón TANZEN
(Karte S. 78; Unterricht 20–50 Mex$; ☉ Sa 10–14.30 & 16.30–18 Uhr; Ⓜ Balderas) Wer gern tanzt, der kann auf der Plaza de Danzón, nordwestlich von La Ciudadela und in der Nähe der Metrostation Balderas, ein paar tolle Schritte lernen. Jeden Samstagnachmittag wimmelt es auf der Plaza von Pärchen, die den *danzón* lernen möchten, einen eleganten und komplizierten kubanischen Tanz, der im 19. Jh. nach Mexiko gelangte. Es wird Tanzunterricht für den *danzón* und andere Tänze angeboten.

Escuela de Gastronomía Mexicana KOCHKURS
(Karte S. 88; ☑ 55-5264-2484; www.esgamex.com; Coahuila 207; 3-stündiger Kurs inkl. Zutaten 950–1500 Mex$; Ⓜ Campeche) Zweisprachige Köche bringen den Teilnehmern bei, wie man mexikanische Gerichte zaubert. Zu den beliebtesten Kursen gehören die zu *pozole* (Maismehlsuppe), *mole poblano* (Hühnchen in Chili-Schokoladen-Sauce) und *tamales*.

Centro de Enseñanza Para Extranjeros SPRACHE
(Lehrzentrum für Ausländer; ☑ 55-5622-2470; www.cepe.unam.mx; Av Universidad 3002, Ciudad

Universitaria; 6-wöchiger Kurs 12 000 Mex$; 🖳 Ciudad Universitaria) An der nationalen Universität finden sechswöchige Intensiv-Sprachkurse statt (Mo–Fr tgl. 3 Std.). Wer bereits Spanisch spricht, kann Seminare zur mexikanischen Kunst und Kultur belegen.

👉 Geführte Touren

Capital Bus TOUREN
(www.capitalbus.mx; Liverpool 155, Zona Rosa; Tageskarte 160–180 Mex$, Tagestour 650 Mex$; ☻ Ticketbüro 8.30–18.30 Uhr; Ⓜ Insurgentes) Hier kann man eine Tagestour zu den Pyramiden von Teotihuacán und der Basílica de Guadalupe unternehmen oder mit einer Tageskarte, mit der man beliebig aus- und wieder zusteigen kann, Mexico City erkunden. Die Standorte der Ticketschalter stehen auf der Website. Capital Bus veranstaltet auch Ausflüge zu nahegelegenen kolonialzeitlichen Städten wie dem Silberzentrum Taxco und dem kulinarischen Zentrum Puebla.

Turibús Circuito Turístico BUS
(Karte S. 68; ☎ 55-5141-1360; www.turibus.com.mx; Erw./Kind 4–12 Jahre 140/70 Mex$, thematische Touren 100–900 Mex$; ☻ 9–21 Uhr; 🚐) Rote Doppeldeckerbusse fahren auf folgenden vier *circuitos* (Routen) durch die Stadt, für die alle das gleiche Ticket gilt: Centro (Stadtzentrum), Sur (Süden, inkl. dem Frida-Kahlo-Museum), Hipodromo (Polanco und Chapultepec) sowie Basílica (Norden). Die verschiedenen Routen treffen an der Westseite der Kathedrale aufeinander. Die Busse fahren alle 15 bis 60 Minuten; Fahrgäste können an jeder ausgewiesenen Haltestelle aus- oder wieder zusteigen.

Die Ticket-Armbänder kauft man im Bus oder an größeren Haltestellen. Samstags und sonntags gelten etwas höhere Fahrpreise.

Turibús veranstaltet auch Touren zu verschiedenen Themen wie Cantinas, *lucha libre*, Paläste, Museen oder Kulinarisches. Die Termine finden sich auf der Website.

Journeys Beyond
the Surface GEFÜHRTE TOUREN
(Karte S. 68; ☎ Handy 55-1745 2380; www.travelmexicocity.com.mx; geführte Gruppentour 180–270 US$/Pers.) Die achtstündigen Spaziergänge tauchen abseits der üblichen Touristenpfade in verschiedene Aspekte des Lebens in der Ciudad de México ein. Auf dem Programm stehen z. B. Wandmalereien, Graffiti und Straßenkunst. Wer Stätten der präkolumbischen und kolonialzeitlichen Ära besuchen will, findet hier Guides, die

sich gut in Geschichte und Anthropologie auskennen.

Mexico Soul & Essence ESSEN & TRINKEN
(Karte S. 88; ☎ Handy 55-29175408; www.ruthincondechi.com; geführte Touren 100–175 US$, Kochkurse 300 US$) Ruth Alegría, eine der führenden Gastroexpertinnen der Stadt, veranstaltet maßgeschneiderte kulinarische und kulturelle Exkursionen. Sie organisiert Ausflüge zum Abendessen, Marktbesuche und spezialisierte Touren. Ein unterhaltsamer mexikanischer Kochkurs gehört auch zu ihren Angeboten.

Feste & Events

★ Día de Muertos KULTUR
(Tag der Toten; ☻ Nov.) An den Tagen vor dem Día de Muertos (1. & 2. November) werden überall kunstvolle *ofrendas* (Altäre) aufgebaut. Seit 2016 gibt es (in Reaktion auf die Parade im James-Bond-Film *Spectre*) alljährlich einen großen Umzug, den Desfile de Día de Muertos, bei dem mehr als 1000 kostümierte Tänzer und Darsteller mit riesigen *calavera-* (Skelett-) Puppen über die Reforma bis zum Zócalo ziehen.

Einige der prächtigsten *ofrendas* sind im Anahuacalli (S. 103), im Museo Dolores Olmedo (S. 96), auf dem Zócalo (S. 71), auf der Plaza Santo Domingo in El Centro (seit 2016 als Ersatz für die Ciudad Universitaria) sowie in der Gemeinde San Andrés Mixquic im äußersten Südosten des Hauptstadtdistrikts zu sehen.

La Feria de las Flores FERIA
(Jardín de la Bombilla; ☻ Juli; 🚐) GRATIS Im Juli explodiert der Jardín de la Bombilla bei diesem Blumenfest geradezu in Farben. Bei dem eine Woche dauernden Kulturfest werden Pflanzen aller Art gezeigt und verkauft; es gibt Aktivitäten für Familien, Vorführungen sowie Malereien und Skulpturen mit botanischem Bezug. Das Fest hat präkolumbische Wurzeln: Einst wurden Xiuhtecuhtli (dem Herrn der Blumen) Blumen als Opfergaben dargebracht, um eine reiche Ernte zu erhalten.

Grito de la Independencia FEUERWERK
(Palacio Nacional; ☻ 15. Sept.; Ⓜ Zócalo) Am 15. September, dem Vorabend des Unabhängigkeitstages, versammeln sich Tausende Menschen auf dem Zócalo, um ihrem Präsidenten bei der Nachahmung des Grito de Dolores (Schrei von Dolores) um 23 Uhr auf dem mittleren Balkon des Palacio Nacional

zu lauschen, Hidalgos berühmtem Aufruf zur Rebellion gegen die Spanier im Jahre 1810. Anschließend wird ein Feuerwerk gezündet.

Festival del Centro
Histórico de CDMX KULTUR
(www.festival.org.mx; ☺März/April) Beim größten Kulturfest des Jahres stehen im *centro histórico* zwei Wochen lang Musik, Theater, Tanz und kulinarische Veranstaltungen mit Talenten aus Mexiko und dem Ausland auf dem Programm.

Día de Nuestra
Señora de Guadalupe RELIGION
(Tag Unserer Lieben Frau von Guadalupe; Basílica de Guadalupe; ☺Dez.; Ⓜ La Villa-Basílica) In der Basílica de Guadalupe ist der Tag Unserer Lieben Frau von Guadalupe, der Schutzpatronin Mexikos, Anlass für zehntägige Feierlichkeiten. Bis zum 12. Dezember steigt die Zahl der Besucher in die Millionenhöhe; dann treten nonstop indigene Tänzer auf der breiten Plaza der Basilika auf.

Gründung von Tenochtitlán TANZ
(☺13 Aug.; Ⓜ Tlatelolco) Der 13. August ist ein wichtiges Datum für *concheros* (aztekische Tänzer): Auf der Plaza de las Tres Culturas in Tlatelolco feiern sie die Gründung der mexikanischen Hauptstadt.

Semana Santa RELIGION
(☺März/April) Die eindrucksvollsten Veranstaltungen in der Karwoche finden im Bezirk Iztapalapa, 9 km südöstlich vom Zócalo, statt. Zu ihnen gehört ein grausig realistisches Passionsspiel am Karfreitag.

🛏 Schlafen

Mexico City bietet Unterkunftsoptionen in Hülle und Fülle. Die günstigsten liegen im *centro histórico*; in den Gebieten um die Alameda und die Plaza de la República sind reichlich Mittelklasseunterkünfte vorhanden, die aber oft nur neutralen modernen Komfort, aber wenig Charakter haben. In den trendigen Vierteln Roma und Condesa gibt's hauptsächlich schicke Boutiquehotels und außerdem ein paar günstige Hostels. Das kultivierte Coyoacán ist ein Hafen der Ruhe. Die Luxusunterkünfte, darunter Hotels internationaler Ketten, konzentrieren sich in Polanco, der Zona Rosa und an der Reforma.

🛏 Centro Histórico

Als beliebtes Ziel mexikanischer und ausländischer Besucher bietet Mexico City alles von schlichten Pensionen bis zu Hotels der Spitzenklasse. Manche der günstigsten Unterkünfte liegen im *centro histórico*. Durch die fortschreitende Sanierung der Infrastruktur und die zahlreichen restaurierten historischen Gebäude hat das Viertel deutlich an Reiz gewonnen und ist dabei immer noch vergleichsweise preiswert.

Luxuriöse Unterkünfte, darunter Ableger einiger großer internationaler Ketten, sind hauptsächlich in Polanco und in der Zona Rosa. In den angesagten Vierteln Roma und Condesa finden sich vor allem noble Boutiquehotels; darüber hinaus gibt es mehrere günstige Hostels.

Wer sich für eine Mittelklasseunterkunft enntscheidet, geht am besten in die Gebiete um die Alameda und die Plaza de la República. Hier finden sich viele Quatiere, allerdings sind diese nicht sonderlich individuell und bieten nur neutralen modernen Komfort. (Achtung: Etablissement mit dem Wort „Garage" auf dem Schild oder solche, die Preise pro Stunde angeben, vermieten Zimmer für Kurzzeitgäste.)

★ Casa San Ildefonso HOSTEL $
(Karte S. 68; ☎55-5789-1999; www.casasanildefonso.com; San Ildefonso 38; B/DZ 300/800 Mex$, EZ/2BZ ohne Bad 520/690 Mex$, jeweils mit Frühstück; ☺@☎; Ⓜ Zócalo) Das Gebäude aus dem 19. Jh., das noch bis vor Kurzem von Straßenverkäufern als Lager genutzt wurde, liegt abseits einer Fußgängerzone und ist zu einem freundlichen Hostel umgebaut worden. Anders als in den meisten Hostels im Stadtzentrum sind die mit hohen Decken ausgestatteten Schlafsäle, privaten Zimmer und Gemeinschaftsbereiche schön sonnig. Das Frühstück wird in einem ruhigen Hof mit einem Springbrunnen, singenden Kanarienvögeln und dem Gremlinähnlichen Maskottchen Delfina serviert. Es gibt auch ein winziges Einzelzimmer für 330 Mex$.

Hostal Regina HOSTEL $
(Karte S. 68; ☎55-5434-5817; www.hostalcentrohistoricoregina.com; Calle 5 de Febrero 53; DZ/4BZ ohne Bad 450/1050 Mex$, Suite 1300 Mex$, jeweils mit Frühstück; ☺@☎; Ⓜ Isabel La Católica) Das historische Gebäude abseits des belebten Regina-Korridors ist ein prima Ausgangspunkt zur Erkundung des Stadtzentrums. Im Angebot sind private Zimmer mit Holzböden, hohen Decken und Gemeinschaftsbädern sowie eine zweistöckige „Suite", in der vier Personen bequem übernachten kön-

nen. In der Bar auf dem Dach kann man mit anderen Gästen Kontakte knüpfen.

Mexico City Hostel
HOSTEL $

(Karte S. 68; 55-5512-3666; www.mexicocityho stel.com; República de Brasil 8; B/2BZ inkl. Frühstück 190/600 Mex$, 2BZ ohne Bad 480 Mex$; @ ; Zócalo) Das Hostel ist nur wenige Schritte vom Zócalo entfernt. Das Kolonialgebäude wurde kunstvoll restauriert: Die ursprünglichen Holzbalken und Steinmauern blieben erhalten und bilden den Hintergrund für moderne, energiesparende Ergänzungen. In den geräumigen Mehrbettzimmern stehen vier oder sechs robuste Stockbetten auf Terrakottaböden. Die makellos sauberen Bäder mit *azulejo*-Dekor (bemalte Keramikkacheln) werden von rund 100 Gästen genutzt.

Hotel Castropol
BUSINESSHOTEL $

(Karte S. 68; 55-5522-1920; http://hotelcastro pol.com; Av Pino Suárez 58; EZ/2BZ/3BZ 500/ 550/600 Mex$; ; Pino Suárez) Minimalistische geräumige Zimmer zum kleinen Preis sind in Sichtweite zum Zócalo Mangelware. Hier genießen Gäste nicht nur hohe Hygienestandards, Marmor und Flachbildfernseher, sondern auch die Vorteile eines praktischen Budgetrestaurants. Zudem liegt die Regina-Meile voller Bars ganz in der Nähe.

Hotel Isabel
HOTEL $

(Karte S. 68; 55-5518-1213; www.hotel-isabel. com.mx; Isabel La Católica 63; EZ/DZ/3BZ 420/570/800 Mex$, Zi. ohne Bad 280–400 Mex$; @ ; República del Salvador) Das seit Langem bei Budget-Travellern beliebte Isabel hat große, saubere Zimmer mit alten, aber soliden Möbeln, hohen Decken und großen (wenn auch lauten) Balkonen sowie eine gesellige Hostel-Atmosphäre. Die renovierten Zimmer sind ein bisschen teurer. Die Einzelzimmer mit Gemeinschaftsbad haben ein gutes Preis-Leistungs-Verhältnis für diese Gegend.

Hostel Mundo Joven Catedral
HOSTEL $

(Karte S. 68; 55-5518-1726; http://mundojo venhostels.com; República de Guatemala 4; B 230 Mex$, DZ mit/ohne Bad 640/550 Mex$, inkl. Frühstück; @ ; Zócalo) Die Backpackerunterkunft ist dem HI angeschlossen und zieht eine bunt gemischte junge Klientel aus der ganzen Welt an. Die Schlafsäle sind sauber, und die Dachterrassenbar erfreut sich bei Gästen großer Beliebtheit, lärmempfindlich sollte man allerdings nicht sein. Zu den

originellen Extras zählt eine zehnminütige Gratismassage.

Chillout Flat
B&B $$

(Karte S. 68; 55-5510-2665; www.chilloutflat. com.mx; Bolívar 8, Apt. 102; EZ/DZ inkl. Frühstück ab 950/1000 Mex$; @ ; Allende) Hier kann man sich mitten in der Innenstadt mit anderen Reisenden in einem der beiden Apartments entspannen, die in eine farbenfrohe Pension mit Holzfußböden umgewandelt wurden. Die Zimmer auf der Straßenseite in dem charmanten Gebäude aus den 1940er-Jahren wurden kürzlich zur Lärmverminderung mit Doppelglasfenstern ausgestattet. Reservierung erforderlich.

Hotel Catedral
BUSINESSHOTEL $$

(Karte S. 68; 55-5518-5232; www.hotelcatedr al.com; Donceles 95; Zi. inkl. Frühstück 1140–2000 Mex$; @ ; Zócalo) Die komfortable Unterkunft profitiert stark von ihrer erstklassigen Lage im Herzen des *centro histórico*. Die gepflegten Zimmer verfügen über Flachbildfernseher, Tische, Möbel aus dunklem Holz und rückenfreundliche Matratzen. Bei einem Drink auf der Dachterrasse bieten sich Blicke über die Stadt.

Hotel Gillow
HOTEL $$

(Karte S. 68; 55-5518-1440; www.hotelgillow. com; Isabel La Católica 17; EZ/DZ/2BZ/Suite 840/ 900/1080/1140 Mex$; @ ; Allende) In einem historischen Gebäude bietet das Hotel Gillow freundlichen Service alter Schule und renovierte Zimmer mit Laminatböden und Flachbild-TVs. Am besten nimmt man ein Doppelzimmer mit eigener Terrasse.

Gran Hotel Ciudad de México
HOTEL $$$

(Karte S. 68; 55-1083-7700; www.granhotelde laciudaddemexico.com.mx; Av 16 de Septiembre 82; Zi./Suite mit Frühstück ab 2275/3420 Mex$; @ ; Zócalo) Das Gran Hotel ist vom französischen Jugendstil der vorrevolutionären Ära geprägt. Das Atrium ist von einem Buntglasdach der Firma Tiffany aus dem Jahr 1908 bekrönt und präsentiert sich als ein Fin-de-Siècle-Traum mit geschwungenen Balkonen, schmiedeeisernen Aufzügen und zwitschernden Vögeln in großen Käfigen. Die Zimmer können gut mit den geweckten Erwartungen mithalten. Auf einer Terrasse mit Blick auf den Zócalo wird am Wochenende ein Brunch (250 Mex$) serviert.

Auf der Webseite gibt's Pauschalangebote inklusive Frühstück und Touren. Das Hotel war übrigens ein Schauplatz im James-Bond-Streifen *Spectre*.

PARQUE NACIONAL DESIERTO DE LOS LEONES

Der 20 km² große **Nationalpark** (☑55-5814-1171; http://desiertodelosleones.mx; 10,50 Mex$; ⊙Di–So 9–17 Uhr) mit duftenden Kiefern- und Eichenwäldern erstreckt sich in den Hügeln rund um das Valle de México. Er liegt rund 23 km südwestlich von und 800 m höher als Mexico City und eignet sich hervorragend, um dem von Abgasen verpesteten Betondschungel zu entfliehen.

Der Name leitet sich vom ehemaligen Karmeliterkloster **Ex-Convento Santo Desierto del Carmen** (Ex-Convento del Desierto de los Leones; ☑55-5814-1172; Camino al Desierto de los Leones; 13 Mex$; ⊙Di–So 10–17 Uhr) aus dem 17. Jh. ab, das auf dem Parkgelände liegt. Die Karmeliter nannten ihre entlegenen Klöster „Wüsten", um Elias zu gedenken, der als Einsiedler in der Wüste nahe dem Berg Karmel lebte. Der Begriff *leones* (Löwen) verweist eventuell auf einen Wildkatzenbestand in der Umgebung, wahrscheinlicher ist jedoch, dass damit auf José und Manuel de León Bezug genommen wird, die früher die Finanzen des Klosters verwalteten.

In dem restaurierten Kloster sind Ausstellungshallen und ein Restaurant untergebracht. Spanischsprachige Guides in Soutanen und Sandalen führen Besucher durch die weitläufigen Gärten rund um die Gebäude, über die Innenhöfe und durch ein paar unterirdische Gänge.

Im restlichen Park gibt es jede Menge Wanderwege (es wurde von Diebstählen berichtet – man sollte also auf den Hauptwegen bleiben). In der Nähe des Restaurants El Leon Dorado führen Treppen hinunter zu einem wunderschönen Picknickplatz mit einigen kleinen Wasserfällen und einem Ententeich.

Die meisten Besucher kommen mit dem Auto, samstags und sonntags fahren aber zwischen 8 und 15.30 Uhr stündlich grüne *camiones* von der Metrostation Viveros (Abfahrt vor dem 7-Eleven) oder vom **Paradero las Palmas** (Karte S. 98) in San Ángel zu dem ehemaligen Kloster. Montags bis freitags verkehren nur wenige *camiones* (7.30 Uhr ab Viveros; 7.30, 12 & 15.30 Uhr ab Paradero las Palmas), und diese beenden ihre Fahrt zudem in dem Bergdorf Santa Rosa, von wo aus man ein Taxi nehmen muss.

Hampton Inn & Suites · HOTEL $$$

(Karte S. 68; ☑55-8000-5000; www.hampton mexicocity.com; Calle 5 de Febrero 24; Zi./Suite inkl. Frühstück ab 120/140 US$; ⊜✲@🛜; ⎕Isabel La Católica) Dieses gut erhaltene historische Juwel wurde aufwendig renoviert, um die Fassade und die mit Talavera-Fliesen bedeckten Wände zu erhalten. Die gut ausgestatteten Zimmer mit moderner Einrichtung verteilen sich rund um ein sechsstöckiges Atrium mit Buntglasdecke. Auf dem Gelände befindet sich ein gutes Fischrestaurant.

Hotel Historico Central · HOTEL $$$

(Karte S. 68; ☑55-5130-5138; www.centralhote les.com; Bolívar 28; DZ mit Frühstück 2916 Mex$; P⊜✲🛜; MAllende) Das Hotel im kolonialen Stil residiert in einem restaurierten Gebäude des 18. Jhs. im historischen Zentrum und bietet viel fürs Geld. Bei den schön eingerichteten Zimmern sind das Frühstück, Kaffee und Sandwiches in dem rund um die Uhr geöffneten Café vor Ort im Preis mit enthalten. Im zugehörigen Zocalo Central in der Nähe gibt's günstigere Zimmer, allerdings keine kostenlose Verpflegung.

🛏 Alameda Central & Umgebung

Immer neue Boutiqueunterkünfte entstehen in Gehweite zum Park und zum Palacio de Bellas Artes, die den wenigen internationalen Kettenhotels an den sanierten Einkaufsstraßen Konkurrenz machen. Tagsüber drängen sich die Kauflustigen in dem Viertel, aber nach Einbruch der Dunkelheit ist es werktags in den Nebenstraßen eher zu ruhig.

Hotel Marlowe · HOTEL $$

(Karte S. 68; ☑55-5521-9540; www.hotelmarlo we.com.mx; Independencia 17; EZ/DZ/2BZ/Suite 900/1050/1130/1400 Mex$; P⊜@🛜; MSan Juan de Letrán) Das Marlowe steht schräg gegenüber vom Pagodentor in Chinatown. Das Foyer wirkt modern, die kleinen Zimmer mit niedrigen Decken, braunen Teppichen und Marmorbädern haben hingegen Retro-Charme. Wer ein größeres, helleres Zimmer mit einem kleinen Balkon haben möchte, nimmt eine Suite. Fitness-Fans schätzen die Sporthalle mit Aussicht.

Chaya
BOUTIQUEHOTEL **$$$**

(Karte S. 78; ☎ 55-5512-9074; www.chayabnb.
com; Dr. Mora 9, 3. Stock; DZ/2BZ/Suite 130/
155/225 US$; ☻ ☎; Ⓜ Hidalgo) Das winzige
Chaya versteckt sich am Rand von Alameda
Central im Obergeschoss eines edlen Art-
déco-Gebäudes. Die Zimmer in hübscher
Optik in Grau und Beige mit Holz verbinden
Zweckmäßigkeit mit Eleganz. Vornehme
Betten und großartiges mexikanisches Früh-
stück machen den Eindruck einer Ruheoase
in der Stadt perfekt. An den Wochenenden
dringt gelegentlich der Lärm aus dem Park
und der Bar im Stockwerk darunter bis in
dieses zentral gelegene Hotel.

⌇ Plaza de la República & Umgebung

Das Gebiet um die Plaza de la República mit
ihrem Monumento a la Revolución ist voller
Hotels. Zwischen den Businesshotels findet
man einige Billigunterkünfte. Es handelt
sich fast schon um ein Wohngebiet, in dem
man Einblicke in den Alltag im Viertel ge-
winnen kann.

Hostel Suites DF
HOSTEL **$**

(Karte S. 78; ☎ 55-5535-8117; www.facebook.com/
hostelsuitesdf; Terán 38; B 240 Mex$; DZ
620–720 Mex$, jeweils mit Frühstück; ☻ @ ☎;
⌇ Plaza de la República) Nahe dem Monumen-
to a la Revolución punktet das kleine HI-
Hostel mit netten Gemeinschaftsbereichen
und toller zentraler Lage in Gehweite zum
Stadtzentrum. Die Schlafsäle lassen Trenn-
vorhänge vermissen, aber an den Betten
gibt's jeweils Steckdosen, und die Bäder sind
geräumig und sauber.

Casa de los Amigos
PENSION **$**

(Karte S. 78; ☎ 55-7095-7413; www.casadelos
amigos.org; Mariscal 132; B/EZ/DZ ohne Bad
150/300/400 Mex$; ☻ @ ☎; Ⓜ Revolución) ✐
Die von Quäkern geführte Pension ist bei
Mitarbeitern von NGOs, Aktivisten und Wis-
senschaftlern beliebt, nimmt aber auch Tra-
veller ohne Voranmeldung auf. Es gibt Früh-
stück (35 Mex$), und dienstags und don-
nerstags können die Gäste an kostenlosem
Yoga- und Spanisch-Unterricht teilnehmen.
Im Haus sind Alkohol und Nikotin verboten.

Plaza Revolución Hotel
HOTEL **$$**

(Karte S. 78; ☎ 55-5234-1910; www.hotelplazare
volucion.com; Terán 35; DZ/Suite 920/1100 Mex$;
Ⓟ ☻ @ ☎; ⌇ Plaza de la República) In einer ruhigen Straße, vier Häuserblocks östlich von
der Plaza de la República und dem Monu-

menta a la Revolución, steht dieses schicke
Hotel, das eine stilvolle Bleibe in einem
Gebiet bietet, das von Budgetunterkünften
dominiert wird. Die modernen Zimmer mit
Holzböden in neutralen Farben erfüllen
höchste Hygienestandards.

Palace Hotel
HOTEL **$$**

(Karte S. 78; ☎ 55-5566-2400; www.palace-hotel.
com.mx; Ramírez 7; EZ/DZ/2BZ 600/670/730 Mex$;
Ⓟ ☻ @ ☎; ⌇ Plaza de la República) Das von ge-
selligen Asturiern geleitete Palace hat große,
ordentliche Zimmer, von denen manche über
breite Balkone mit toller Aussicht über die
palmengesäumte Ramírez bis zur Kuppel des
Monumento a la Revolución verfügen. Am
besten nimmt man ein Zimmer zur Straße,
denn diese sind heller.

El Patio 77
B&B **$$$**

(☎ 55-5592-8452; www.elpatio77.com; Garcia
Icazbalceta 77, Colonia San Rafael; Suite mit Frühstück ab 140 US$; ☻ @ ☎; Ⓜ San Cosme) ✐
In der Villa aus dem 19. Jh. gibt's acht geschmackvoll gestaltete Zimmer, die jeweils
mit Kunsthandwerk aus einem anderen mexikanischen Bundesstaat (z. B. mit perlenbesetzten Werken der Huicholen oder mit
schwarzer Keramik aus Oaxaca) geschmückt
sind. Wer Freude an den Sachen gefunden
hat, kann sie mitnehmen – in diesem Haus
ist praktisch alles, was nicht gerade festge-
schraubt ist, verkäuflich. Das täglich wechselnde Frühstück wird auf dem hübschen
Patio des umweltbewussten B&Bs serviert.

⌇ Zona Rosa & Umgebung

Internationale Geschäftsleute und Traveller
nutzen die exklusiven Hotels in diesem internationalen Geschäfts- und Ausgehviertel
als Basis. Günstigere Quartiere findet man
in den ruhigen Straßen der Colonia Cuauhtémoc, nördlich der Reforma, und in Juárez,
östlich des Insurgentes.

★ Capsule Hostel
HOSTEL **$**

(Karte S. 84; ☎ 55-5207-7903; www.capsule
hostel.com.mx; Hamburgo 41; B/DZ ohne Bad
225/545 Mex$; ☻ ❄ ☎; ⌇ Hamburgo) Das
schicke Hostel erinnert nicht an ein japa-
nisches Kapselhotel, sondern vielmehr an
den kleinen Krankensaal eines Hospitals
(auch in Sachen Sauberkeit). Die großen
Schlafsaalbetten sind rundum von Vorhängen umgeben und gewähren Privatsphäre.
Mit moderner Möblierung und überraschend ruhigen Zimmern (eines nehmen,
das nicht zur Straße geht!) ist dies (endlich)

eine ausgezeichnete Budgetoption in der Nähe der Botschaften und der Action in der Zona Rosa.

★ Casa González
PENSION $$

(Karte S.84; ☑55-5514-3302; https://hotelcasa gonzalez.com; Río Sena 69; DZ/2BZ/Suite 1095/ 1695/1395 Mex$; P❄✳@☎; ☐Reforma) Seit fast einem Jahrhundert in Familienbesitz und unverändert beliebt bei Reisenden auf der Suche nach einer friedlichen Unterkunft. Die Casa hat mehrere mit Blumen überladene Innenhöfe und halbprivate Terrassen und ist *ausgesprochen* ruhig. Einige Zimmer werden von Porträts und Landschaftsmalereien (alles Originale) geziert – offenbar beglich ein insolventer Gast damit seine Schulden.

Hotel María Cristina
HOTEL $$

(Karte S.84; ☑55-5703-1212; www.hotelmaria cristina.com.mx; Río Lerma 31; DZ/Suite ab 995/1375 Mex$; P❄✳@☎; ☐Reforma) Das an ein andalusisches Landhaus erinnernde Gebäude aus den 1930er-Jahren ist ein ansprechendes Refugium, besonders auch wegen der angrenzenden Bar mit Sitzgelegenheiten auf dem Patio. Die Zimmer können zwar nicht mit der Pracht des kolonialzeitlich wirkenden Foyers mithalten, aber sie sind hell und komfortabel. Das Hotel liegt in einer ruhigen Gegend nahe der Einkaufsplaza Reforma 222.

Hotel Bristol
BUSINESSHOTEL $$

(Karte S.84; ☑55-5533-6060; www.hotelbris tol.com.mx; Plaza Necaxa 17; DZ/Suite 1260/ 1670 Mex$; P❄✳@☎; ☐Reforma) Diese Unterkunft mit gutem Preis-Leistungs-Verhältnis im angenehmen und zentral gelegenen Viertel Cuauhtémoc ist vornehmlich auf Geschäftsreisende ausgerichtet. Die Zimmer sind mit Teppichen ausgelegt und in gedämpften Farben gehalten; das Restaurant ist überdurchschnittlich.

Hotel Geneve
HOTEL $$$

(Karte S.84; ☑55-5080-0800; www.hotelgene ve.com.mx; Londres 130; DZ/Suite inkl. Frühstück ab 3600/3980 Mex$; P❄✳@☎; Ⓜ Insurgentes) Diese Institution in der Zona Rosa legt Wert darauf, sein Belle-Epoque-Flair trotz des modernen Chaos der globalisierten Welt ringsum zu bewahren. In der stilvollen Lobby herrschen dunkle Holzvertäfelungen, Ölgemälde und hohe Bücherregale vor. Die Zimmer im hinteren, älteren Teil des Hotels, besonders die „Vintage Suites", versprühen ein noch kolonialeres Flair.

Hotel Cityexpress EBC Reforma
BUSINESSHOTEL $$$

(Karte S.84; ☑55-1102-0280; www.cityexpress. com.mx; Havre 21; DZ/2BZ mit Frühstück 1800/1925 Mex$; P❄✳@☎; ☐Hamburgo) Das Cityexpress legt bei seinen Zimmern, die mit einem komfortablen Bett, einem Schreibtisch, einem Safe und Verdunkelungsvorhängen ausgestattet sind, Wert auf Funktionalität. Zugleich setzt es sich aber auch mit seinem Dekor und der warmen Beleuchtung von dem neutral-modernen Look ab, den die meisten Hotels in dieser Preiskategorie bevorzugen. Vor Ort gibt's auch einen Fitnessraum. Das Hotel hat eine praktische Lage neben einem Einkaufszentrum und nahe den Bars in der Zona Rosa und den Botschaften an der Reforma.

Hotel Suites Amberes
APARTMENT $$$

(Karte S.84; ☑55-5533-1306; www.suitesam beres.com; Amberes 64; DZ/3BZ/4BZ 1800/ 2250/2610 Mex$; P❄☎; Ⓜ Insurgentes) Die Suiten sind bei Familien und Kleingruppen beliebt. Im Prinzip handelt es sich dabei um große Apartments mit ein oder zwei Schlafzimmern mit komplett ausgestatteter Küche, Esszimmer sowie Schlafsofa. Die Zimmer auf der Straßenseite haben als kleines Extra einen Balkon. Im oberen Stockwerk gibt es eine Sonnenterrasse, einen Fitnessbereich und eine Sauna.

🛏 Condesa

Dank einiger ansprechender Unterkünfte, die sich unlängst hier angesiedelt haben, eignet sich auch dieses Viertel südlich des Bosque de Chapultepec als gute, begrünte Basis mit einer tollen Auswahl an AfterHour-Restaurants, Bars und Cafés.

★ Gael
HOSTEL $

(Karte S.88; ☑55-5919-1437; www.gaelcondesa. com; Nuevo León 179, Colonia Condesa; B mit Frühstück 270–290 Mex$; Ⓜ Chilpancingo) Im schicken Condesa sind Budgetunterkünfte dieser Qualität schwer zu finden. Das hilfsbereite, Englisch sprechende Personal zeigt einem die Dachterrasse und den Arbeitsbereich für digitale Nomaden. Die kleinen, ordentlichen Schlafsäle haben Trennvorhänge für die Privatsphäre und versprechen einen ruhigen Schlaf. Das Hostel liegt in einer sicheren Gegend nahe der Metro und vielen Restaurants.

Stayinn Barefoot Hostel
HOSTEL $

(Karte S.88; ☑55-6286-3000; www.facebook. com/stayinnbarefoot; Juan Escutia 125; B/DZ inkl.

Frühstück ab 340/990 Mex$; 🚋🛜; Ⓜ Chapultepec) Am Rand von Condesa befindet sich dieses kunstvoll gestaltete Hostel, das frischen Wind in ein Viertel bringt, welches sonst nur sehr wenige Mittelklasseoptionen bietet. Die einladende Lobby ist mit ihrem farbenfrohen Fliesenboden und den alten Möbeln ein sympathisches Durcheinander. Auf dem Dach gibt's eine Terrasse, die auch von den Gästen genutzt werden kann. Die freundliche Mezcal-Bar des Barefoot rundet das Ganze schließlich ab.

⭐ **Red Tree House**　　　　B&B $$$
(Karte S. 88; ☎ 55-5584-3829; www.theredtree house.com; Culiacán 6; EZ/DZ/Suite inkl. Frühstück ab 115/150/175 US$; 🚋🛜; 🚇 Campeche) Das älteste B&B in Condesa bietet einen Komfort, wie man ihn von zu Hause gewohnt ist, sofern man sein Zuhause überhaupt so exquisit eingerichtet hat. Die 17 Zimmer und Suiten sind individuell gestaltet, und das geräumige Penthouse wartet sogar mit einem eigenen Innenhof auf. Unten können die Gäste das gemütliche Wohnzimmer sowie den wunderschönen Garten hinterm Haus nutzen – das Revier des gutmütigen Hündchens Abril.

Das Red Tree hat auch fünf neue, herrliche Zimmer in einem Haus einen halben Block entfernt auf der Citlaltépetl.

⭐ **Villa Condesa**　　　BOUTIQUEHOTEL $$$
(Karte S. 88; ☎ 55-5211-4892; www.villacondesa. com.mx; Colima 428; Zi. inkl. Frühstück ab 208 US$; 🚋🛜; Ⓜ Chapultepec) Sobald man einen Fuß in die grüne Lobby des Villa Condesa gesetzt hat, kann man zum hektischen Mexico City *adiós* sagen. Die 14 Zimmer des auffälligen historischen Gebäudes verbinden klassische Elemente (in jedem steht ein altes Möbelstück) mit den modernen Annehmlichkeiten eines Spitzenklassehotels. Eine Reservierung ist erforderlich; Kinder unter zwölf Jahren sind hier nicht erwünscht. Gäste können die Fahrräder kostenlos nutzen.

⭐ **Casa Comtesse**　　　　B&B $$$
(Karte S. 88; ☎ 55-5277-5418; www.casacomtesse. com; Benjamin Franklin 197; Zi. mit Frühstück ab 1245 Mex$; 🅿🚋@🛜; 🚇 Escandón) Das von einem freundlichen Franzosen geführte B&B in einem historischen Gebäude aus den 1940er-Jahren umfasst acht Zimmer mit geschmackvoller Kunst und Möblierung sowie einen Speisebereich mit Parkettboden, in dem sich die Gäste beim außergewöhnlich

guten Frühstück mit feinem Gebäck und Obst miteinander austauschen können. Das Personal kümmert sich sehr um die Gäste, hilft bei der Aufstellung eines Reiseplans oder der Planung von günstigen Touren zu den Ruinen von Teotihuacán und organisiert auch Mezcal-Verkostungen in der kleinen Bar.

Zur Casa gehört auch eine Galerie grafischer Kunst, in der interessante Werke mexikanischer Künstler zu sehen sind.

🛏 Roma

Die meisten Unterkünfte in Roma liegen mitten im Getümmel. Dank einer ganzen Menge Galerien, Straßencafés und Bars in Gehweite und dank der praktischen Nähe zum eleganteren Condesa gibt's abends keinen Mangel an Unterhaltung.

⭐ **Hostel Home**　　　　HOSTEL $
(Karte S. 88; ☎ 55-5511-1683; www.hostelhome. com.mx; Tabasco 303; B inkl. Frühstück 250 Mex$; Zi. ohne Bad 600 Mex$; 🚋@🛜; 🚇 Durango) Das Hostel hat 20 Betten und ist in einem hübschen Gebäude aus der Porfirio-Zeit an der schmalen, von Bäumen gesäumten Calle Tabasco untergebracht. Das lockere Personal spricht Englisch; das Viertel Roma liegt direkt vor der Tür.

Hostel 333　　　　　HOSTEL $
(Karte S. 88; ☎ 55-6840-6483; www.hostel333. com; Colima 333; B mit Frühstück 220–250 Mex$; @🛜; 🚇 Durango) Die Gäste können sich auf Fiestas, Barbecues und gelegentliche Konzerte auf der hübschen, von Topfpflanzen gesäumten Terrasse freuen. Das renovierte Hostel bietet ordentliche Schlafsäle und Privatzimmer mit Gemeinschaftsbädern sowie eine saubere Küche, die von allen genutzt werden kann. Das aufgeschlossene Personal nennt einem die besten Taco-Buden und Bars und schließt sich beim Ausgehen auch schon einmal mit an.

Hotel Milán　　　　　HOTEL $$
(Karte S. 88; ☎ 55-5584-0222; www.hotelmilan. com.mx; Álvaro Obregón 94; EZ/DZ 685/715 Mex$; 🅿🚋❄@🛜; 🚇 Álvaro Obregón) Das Hotel liegt an der Hauptverkehrsader des unkonventionellen Roma und präsentiert sich in einem Foyer mit minimalistischem Dekor und zeitgenössischer Kunst. Die gepflegten kleinen Zimmer bieten gute Betten und helle Bäder. Unter den modernen Optionen in der Gegend hat das Hotel mit das beste Preis-Leistungs-Verhältnis.

Hotel Stanza
BUSINESSHOTEL **$$$**

(Karte S. 88; ☑ 55-5208-0052; www.stanzaho tel.com; Álvaro Obregón 13; Zi./Suite ab 1690/ 2140 Mex$; P ⊖ ❄ @ ☎; ▣ Jardín Pushkin) Das Hotel am östlichen Ende der Álvaro Obregón verfügt über ein eigenes Restaurant und einen Fitnessbereich. Es ist eine komfortable Unterkunft am Rand der hippen Restaurant- und Barszene von Roma.

Casa de la Condesa
APARTMENTS **$$$**

(Karte S. 88; ☑ 55-5584-3089; www.casadel acondesa.net; Plaza Luis Cabrera 16; Suite mit Frühstück ab 1400 Mex$; ⊖ ❄ ☎; ▣ Álvaro Obregón) Die Anlage direkt an der schönen Plaza Luis Cabrera ist eine ruhige Bleibe für Langzeitgäste. Die „Suiten" wirken eher wie Einraumwohnungen mit Küchen. Wem die bunten Möbel und die der Familie gehörenden Gemälde zu altmodisch sind, der nimmt das schicke minimalistische Penthouse. Nach Preisen pro Woche fragen!

La Casona
BOUTIQUEHOTEL **$$$**

(Karte S. 88; ☑ 55-5286-3001; www.hotellacaso na.com.mx; Durango 280; Zi. mit Frühstück 150 US$; ⊖ ❄ ☎; ▣ Sevilla) Seit der Renovierung erstrahlt die herrschaftliche Villa aus dem frühen 20. Jh. wieder in altem Glanz und sie hat sich zu einem der schönsten Boutiquehotels der Hauptstadt gemausert. Die 29 Zimmer sind individuell mit stilvollen Tapeten, schmucken Möbeln und dekorativen Musikinstrumenten und Kunstwerken ausstaffiert, die europäischen Charme verströmen.

🛏 Polanco

In Polanco, nördlich des Bosque de Chapultepec, gibt's hervorragende Business- und Boutiquehotels. Budgetoptionen sucht man hier allerdings vergebens.

Casa Castelar
APARTMENTS **$$$**

(Karte S. 92; ☑ 55-5281-4990; www.casacastelar. com; Av Castelar 34; Suite mit Frühstück ab 184 US$; ⊖ @ ☎; ▣ Auditorio) Die für Polanco-Verhältnisse recht günstigen, großen und komfortablen Suiten bieten mit minimalistischen Designer-Möbeln und hochwertiger Luxusbettwäsche viel fürs Geld. In der gepflegten Anlage gibt es keine Gemeinschaftsbereiche; das Frühstück wird vor die Tür gebracht. Die Hauptattraktionen des Bosque de Chapultepec befinden sich in Gehweite.

Hábita Hotel
BOUTIQUEHOTEL **$$$**

(Karte S. 92; ☑ 55-5282-3100; www.hotelhabita. com; Av Presidente Masaryk 201; DZ inkl. Frühstück ab 280 US$; P ⊖ ❄ ☎ ✦; ▣ Polanco) Der Architekt Enrique Norten hat hier ein zweckmäßiges Apartmentgebäude in ein schickes Boutiquehotel verwandelt. Das Dekor der 36 Zimmer ist unverhohlen minimalistisch, und die günstigste Option ist gerade einmal 20 m² groß (ob das nun gemütlich oder einfach nur winzig ist, liegt im Auge des Betrachters). Die Bar auf dem Dach, das Área (S. 131), ist ein angesagtes Nachtlokal.

W Mexico City
DESIGNHOTEL **$$$**

(Karte S. 92; ☑ 55-9138-1800; www.wmexicoci ty.com; Campos Elíseos 252; Zi. 230–570 US$; P ⊖ ❄ @ ☎; ▣ Auditorio) Eines der vier großen Gebäude gegenüber dem Auditorio Nacional ist dieses 25-stöckige Design-Businesshotel, das sich von der Plumpheit seiner Nachbarn abheben will. In den in den Farben Kirsch und Ebenholz gehaltenen Zimmern hängen seidene Vorhänge im Duschbereich. Am Freitag und Samstag sinken die Preise beträchtlich.

🛏 Xochimilco

Michmani
CAMPING **$**

(☑ 55-5489-7773, Mobil 55-5591 4775; www. facebook.com/parqueecoturisticomichmani; Embarcadero Cuemanco, abseits der Anillo Periférico Sur; Stellplatz pro Pers. inkl. Zelt 150 Mex$, Hütte 650 Mex$; P) ✦ Das Ökotourismuszentrum Michmani in Xochimilco organisiert Übernachtungen auf dem Campingplatz **La Llorona Cihuacoatl**, der sich auf einer friedlichen *chinampa* erstreckt. Im Zentrum können Zelte ausgeliehen werden, Schlafsäcke muss allerdings jeder selbst mitbringen. Alternativ kann man in einer winzigen rustikalen Hütte mit zwei Betten übernachten. Man kann auch die Grillstellen und die Temascals (Dampfbäder 250 Mex$) benutzen.

Um hierher zu kommen, fährt man bis zur Metrostation General Anaya und nimmt dort den Ausgang an der Ostseite der Calzada de Tlalpan. 50 m weiter nördlich steigt man in ein *pesero* Richtung „Tláhuac Paradero". Aussteigen muss man am Eingang zum Embarcadero Cuemanco. Von dort ist es noch 1 km bis Michmani (liegt gleich hinter dem *embarcadero*). Mit einem Boot setzt man schließlich nach La Llorona über.

🛏 Coyoacán & Ciudad Universitaria

In dieser südlichen Gemeinde gibt's nur wenige Budgetoptionen und eine Handvoll ansprechender Pensionen. Beim Tourismus-büro (S. 143) von Coyoacán kann man sich über Übernachtungsmöglichkeiten bei Einheimischen erkundigen.

Hostal Cuija Coyoacán HOSTEL $
(Karte S. 100; 55-5659-9310; www.hostalcuija coyoacan.com; Berlin 268; B/DZ inkl. Frühstück 260/900 Mex$; @Coyoacán) Das HI Hostel mit Eidechsen-Dekor (die possierlichen Tierchen fühlen sich im Garten wohl) ist eine saubere und erschwingliche Bleibe, die sich gut zum Erkunden der nahe gelegenen Sehenswürdigkeiten von Coyoacán eignet. Zwar hat es schöne Gemeinschaftsbereiche, die kleinen Schlafsäle und Privatzimmer werden Traveller aber vom Hocker reißen.

El Cenote Azul HOSTEL $
(55-5554-8730; Alfonso Pruneda 24, Colonia Copilco el Alto; B 250 Mex$; Copilco) Das entspannte Hostel unweit des UNAM-Campus, abseits der Privada Ezequiel Ordoñes, verfügt über sechs gepflegte Vier- bzw. Zweibettzimmer. Die drei Gemeinschaftsbäder sind mit Talavera-Kacheln ausgekleidet. Die gleichnamige Bar unten ist ein beliebter Studententreffpunkt. Es gibt spezielle Monatstarife.

★Chalet del Carmen PENSION $$
(Karte S. 100; 55-5554-9572; www.chaletdel carmen.com; Guerrero 94; EZ/DZ/Suite ab 875/1175/1475 Mex$; Coyoacán) Ein freundlicher Einheimischer aus Coyoacán und seine Schweizer Frau betreiben diese umweltfreundliche Pension, die mit einer gemütlichen Kombination aus mexikanischer und europäischer Ästhetik überzeugt. Die fünf Zimmer und zwei Suiten sind mit alten Möbeln ausgestattet und wunderbar hell. Die Nutzung von Küche und Fahrrädern ist für Gäste kostenlos. Wer hier unterkommen will, muss unbedingt reservieren!

Hostal Frida PENSION $$
(Karte S. 100; 55-5659-7005; www.hostalfrida byb.com; Mina 54; DZ/3BZ 650/870 Mex$; Coyoacán) Die Bezeichnung „Hostal" sollte einen nicht in die Irre führen: Der Familienbetrieb bietet gut ausgestattete Zimmer, die eher einer Pension entsprechen. Alle sechs Doppelzimmer des Hostal Frida belegen ihre eigene Etage in aneinandergrenzenden Gebäuden, und drei von ihnen verfügen über Küchen. Es gibt schnelles WLAN, und man kann außerdem die Zimmer pro Monat mieten.

🛏 Flughafen

Hotel Aeropuerto HOTEL $$
(55-5785-5318; www.hotelaeropuerto.com.mx; Blvd Puerto Aéreo 388; DZ/2BZ 1000/1200 Mex$; P❄✿; Terminal Aérea) Zwar gibt es direkt bei den Terminals einige gehobene Hotels, doch das preiswerte Hotel Aeropuerto auf der anderen Straßenseite ist für erschöpfte Reisende völlig ausreichend. Es ist das einzige Hotel in der Gegend, das nicht zu einer Kette gehört. Das Personal an der Rezeption ist hilfsbereit. Einige der neutral-modernen Zimmer bieten einen Blick auf die Landebahn des Flughafens (die Fenster sind schalldicht).

Vor dem Inlandsterminal geht man nach links und noch über die Metro hinaus. Dann biegt man erneut links auf den Blvd Puerto Aéreo ein und passiert die Fußgängerbrücke.

Essen

Die Hauptstadt bietet Gastronomie für jeden Geldbeutel und jeden Geschmack – von stimmungsvollen Taco-Buden bis hin zu Gourmetrestaurants. Die angesagtesten Adressen für zeitgemäße Küche finden sich überwiegend in Roma, Condesa und Polanco.

Die Restaurants im Umkreis der Alameda sind zwar auf Traveller ausgerichtet, aber an der Luis Moya hinunter oder an der Ayuntamiento südlich der Alameda lebt das rustikale Erbe des Viertels in Form von *torta-* (Sandwich-) Ständen und Läden für Hühnersuppe weiter. Das bescheidene Barrio Chino (chinesisches Viertel) von Mexico City umfasst einen einzigen, mit Papierlaternen dekorierten Block der Calle Dolores, einen Block südlich des Parks, aber die dortigen mittelmäßigen Restaurants sind nicht zu empfehlen.

In der Zona Rosa gibt's zwar viele Restaurants und Bars, aber mit wenigen Ausnahmen dominieren in diesem Gebiet langweilige „internationale" Kost und Fastfoodketten. Allerdings siedeln sich hier auch immer mehr ausgezeichnete koreanische und japanische Restaurants an. Nördlich des Paseo de la Reforma entstehen in der Colonia Cuauhtémoc viele neue Restaurants und gute Cafés und Bars.

La Condesa besitzt Dutzende zwangloser Bistros und Cafés – viele mit Tischen auf dem Bürgersteig –, die sich in mehreren Straßen Konkurrenz machen. Die Restaurants im Viertel ballen sich rund um die Schnittpunkte der Michoacán, der Vicente

Suárez und der Tamaulipas; zahlreiche gute Lokale liegen rund um den Parque México.

 Centro Histórico

⭐ Los Cocuyos   TACOS $

(Karte S. 68; Bolívar 54; Tacos 12–18 Mex$; ⊙10–6 Uhr; Ⓜ San Juan de Letrán) Tacos mit *suadero* (Rindfleisch) gibt's überall in der Hauptstadt, hier sind sie allerdings besonders gut. Der Nase nach geht's zu den blubbernden Fleischkesseln. Zu empfehlen ist der arterienverstopfende *campechano* (Taco mit Rindfleisch und Würstchen). Abenteuerlustige probieren die Tacos mit *ojo* (Auge) oder *lengua* (Zunge); Vegetarier entscheiden sich für die Tacos mit *nopales*.

Café El Popular   CAFÉ $

(Karte S. 68; ☎55-5518-6081; Av 5 de Mayo 52; Frühstück 43–68 Mex$; ⊙24 Std.; 🖋; Ⓜ Allende) Dieses winzige, rund um die Uhr geöffnete Café war derart beliebt, dass nebenan eine größere Niederlassung eröffnet werden musste. Frisches Gebäck, *café con leche* (Milchkaffee) und tolle Frühstückskombinationen sind die Highlights hier.

Los Vegetarianos   VEGETARISCH $

(Karte S. 68; ☎55-5521-6880; www.facebook.com/losvegetarianosdemadero; Av Madero 56; Menü 75–95 Mex$; ⊙8–20 Uhr; 🖋; Ⓜ Zócalo) Hinter dem nüchternen Eingang verbirgt sich ein geschäftiges Restaurant im Obergeschoss des Gebäudes. Zum Essen klimpert ein Pianist den Gästen hier alte Klassiker vor. Zur vegetarischen Speiseauswahl gehören Varianten mexikanischer Standardgerichte wie *chile en nogada* (gefüllte grüne Paprika) mit Sojafleischfüllung, zudem gibt es diverse vegane Optionen.

Mercado San Camilito   MARKT $

(Karte S. 68; Plaza Garibaldi; Pozoles 65–80 Mex$; ⊙24 Std.; Ⓟ; Ⓜ Garibaldi) In dem Gebäude, das sich über einen ganzen Häuserblock erstreckt, sind über 70 Küchen untergebracht. Serviert wird u. a. *pozole* nach Jalisco-Art, eine Brühe mit Maiskörnern und Schweinefleisch, zu der Beilagen wie Radieschen und Oregano gehören. Wenn man nicht gerade auf Schweinenasen und -ohren steht, sollte man bei der Bestellung unbedingt hinzufügen, dass man *maciza* (Fleisch) wünscht.

⭐ Hostería de
Santo Domingo   MEXIKANISCH $$

(Karte S. 68; ☎55-5526-5276; http://hosteriasantodomingo.mx; Belisario Domínguez 72; Chile en

nogada 220 Mex$, Hauptgerichte 90–230 Mex$; ⊙Mo–Sa 9–22.30, So bis 21 Uhr; 🕾; 🖵 República de Chile) Seit 1860 werden hier, im ältesten Restaurant der Stadt, klassische mexikanische Gerichte zubereitet. Klaviermusik (live) trägt zur geselligen Atmosphäre bei. Auf der Speisekarte finden sich jede Menge Gerichte, berühmt ist die *hostería* jedoch vor allem für seine *chile en nogada* (eine riesige Paprikaschote gefüllt mit Hackfleisch und Trockenfrüchten, übergossen mit einer Sahne-Walnuss-Sauce). Achtung: Es heißt, im Gebäude spuke es!

Al Andalus   NAHÖSTLICH $$

(Karte S. 68; ☎55-5522-2528; m_andalus171@yahoo.com.mx; Mesones 171; Hauptgerichte 80–220 Mex$; ⊙9–18 Uhr; Ⓜ Pino Suárez) In einer wunderschönen kolonialzeitlichen Villa im Textilviertel Merced versorgt das Al Andalus die große libanesische Gemeinde der Hauptstadt mit Klassikern wie Schawarma, Falafel, Baba Ghanoush, gefüllten Weinblättern, Baklava und arabischem Kaffee.

Café de Tacuba   MEXIKANISCH $$

(Karte S. 68; ☎55-5521-2048; www.cafedetacuba.com.mx; Tacuba 28; Hauptgerichte 100–280 Mex$, 4-Gänge-Mittagsmenü 250 Mex$; ⊙8–23.30 Uhr; 🕾; Ⓜ Allende) Das Lokal gab's schon lange, bevor die Band gegründet wurde. Es ist ein Traum aus bunten Kacheln, Bronzelampen und Ölgemälden, in dem seit 1912 *antojitos* (Snacks wie Tacos und *sopes* – Maistortillas mit Bohnen, Käse und weiteren Zutaten) zubereitet werden. Energiegeladene *estudiantinas* (studentische Musikgruppen) sorgen von Mittwoch bis Sonntag während des Abendessens für Stimmung.

Casino Español   SPANISCH $$

(Karte S. 68; ☎55-5521-8894; www.cassatt.mx; Isabel La Católica 29; 4-Gänge-Mittagsmenü 165 Mex$, Hauptgerichte 134–295 Mex$; ⊙Mo–Fr 13–18 Uhr, Restaurant außerdem tgl. 8–12 Uhr; 🕾; Ⓜ Zócalo) Das alte spanische Gemeinschaftszentrum in einem großartigen Gebäude aus der Porfirio-Zeit beherbergt ein beliebtes *mesón* (cantinaähnliches Lokal) mit Mehrgängemenüs im unteren Stock und ein elegantes Restaurant oben, das klassische spanische Küche wie *paella valenciana* (Paella nach valencianischer Art) serviert.

⭐ El Cardenal   MEXIKANISCH $$$

(Karte S. 68; ☎55-5521-8815; www.restauranteelcardenal.com; Palma 23; Frühstück 75–95 Mex$, Mittag- & Abendessen 130–250 Mex$; ⊙Mo–Sa 8–18.30 Uhr, So ab 8.30 Uhr; Ⓟ🕾; Ⓜ Zócalo)

KULINARISCHE RUNDREISE DURCH MEXIKO

Pasillo de Humo (Karte S. 88; www.facebook.com/pasillodehumo; Av Nuevo León 107, Colonia Condesa; Vorspeisen 76–128 Mex$, Hauptgerichte 102–258 Mex$; ⊙9–19 Uhr; ✐; ☐Campeche) Wer es nicht schafft, die kulinarische Hauptstadt Oaxaca zu besuchen, kann hier authentische traditionelle Gerichte aus der Region probieren, z. B. *sopa oaxaqueña* (eine leckere Bohnensuppe), *molotes istemeños* (Kochbananenbällchen in einer *mole*-Sauce) oder *tlayudas* (große, mit Käse, Bohnen und aromatischen Kräutern gefüllte Tortillas). Der hübsche Speisebereich ist schön hell. Das Restaurant befindet sich im 2. Stock des gehobenen Lebensmittelmarkts Parián Condesa (S. 122).

Coox Hanal (Karte S. 68; ✐55-5709-3613; Isabel La Católica 83, 2. OG; Hauptgerichte 65–135 Mex$; ⊙10.30–18.30 Uhr; P🛈; ☐Isabel La Católica) In dem 1953 von dem Boxer Raúl Salazar aus Mérida gegründeten Restaurant werden Gerichte aus Yucatán zubereitet. Die *sopa de lima* (Limettensuppe mit Hühnchen), *papadzules* (mit hartgekochten Eiern gefüllte Tacos in einer Sauce aus Kürbissamen) und *cochinita pibil* (in der Grube gegartes Schweinefleisch) sind erstklassig. Auf den Tischen steht die obligatorische, höllisch scharfe *habanero*-Salsa.

Los Tolucos (✐55-5440-3318; Hernández y Dávalos 40, Ecke Bolívar, Colonia Algarín; Pozoles 65–80 Mex$; ⊙10–21 Uhr; P; ☐Lázaro Cárdenas) In dem bei den Einheimischen beliebten Lokal gibt's mit das beste *pozole* (Eintopf aus Maismehl und Schweinefleisch) der mexikanischen Hauptstadt. Schon seit mehr als vierzig Jahren kommen Leute von nah und fern, um das grüne *pozole* nach Guerrero-Art zu genießen. Das Restaurant befindet sich drei Blocks östlich der Metrostation Lázaro Cárdenas.

Yuban (Karte S. 88; www.yuban.mx; Colima 268; Vorspeisen 80–120 Mex$, Hauptgerichte 180–270 Mex$; ⊙Mo–Do 13.30–23, Fr & Sa bis 24, So bis 18 Uhr; 🛈; ☐Durango) Das Restaurant verwöhnt mit feinen, von der Küche Oaxacas inspirierten Aromen. Hier gibt's hervorragende *moles* und *tlayudas* (große, zusammengelegte Tortillas mit Chorizo und Käse), *chapulin*-Tacos und richtig guten Mezcal. Im angrenzenden Saal werden Theaterstücke und mexikanische Independent-Filme gezeigt.

La Polar (✐55-5546-5066; www.lapolar.mx; Guillermo Prieto 129, Colonia San Rafael; Birria 130 Mex$; ⊙7–2 Uhr; P; ☐Normal) Die gesellige Bierhalle, die von einer Familie aus Ocotlán in Jalisco geführt wird, hat im Wesentlichen nur ein Gericht auf der Speisekarte: *birria* (würziger Ziegeneintopf). Die hiesige Version dieses Gerichts aus Guadalajara gilt als die beste in der ganzen Stadt. In den sechs Sälen sorgen laute Mariachi-Bands und *norteña*-Combos für Stimmung.

Tamales Chiapanecos María Geraldine (Karte S. 100; ✐55-5608-8993; Plaza Hidalgo, Coyoacán; Tamales 35 Mex$, ⊙Sa & So 10–22 Uhr; ☐Coyoacán) Am Durchgang neben den Gewölben der Kirche San Juan Bautista bereitet die aus Chiapas stammende Doña María Geraldine fantastische *tamales* zu, die, in Bananenblätter gewickelt und mit Zutaten wie Oliven, Pflaumen und Mandeln gefüllt, eine richtige Mahlzeit darstellen. Als Beilage gibt's hervorragende Salsas.

Die wahrscheinlich beste Adresse für eine traditionelle Mahlzeit erstreckt sich über drei Stockwerke in einer Villa im Pariser Stil. Gespeist wird zu sanfter, live gespielter Klaviermusik. Das Frühstück darf man sich nicht entgehen lassen – es umfasst eine Portion frisch gebackenen, süßen Gebäcks und einen Krug heißer Zartbitterschokolade mit Schaumkrone. Die Mittagsspezialität des Hauses ist *pecho de ternera* (im Ofen gebackene Kalbsbrust).

Die neueste Filiale, **El Cardenal San Ángel** (Karte S. 98; ✐55-5550-0293; Av de la Paz 32; Frühstück 75–95 Mex$, Mittag- & Abendessen 130–250 Mex$; ⊙Mo–Sa 8–20, So 8.30–18.30 Uhr; P🛈; ☐La Bombilla), liegt im Süden der Stadt.

Azul Histórico MEXIKANISCH $$$ (Karte S. 68; ✐55-5510-1316; Isabel La Católica 30; Hauptgerichte 160–330 Mex$; ⊙9–23.30 Uhr; P🛈; ☐Zócalo) Chefkoch Ricardo Muñoz bringt traditionelle mexikanische Gerichte wie *pescado tikin xic* (Zackenbarsch mit Kochbanane und Tortillas – ein Gericht aus Yucatán) auf den Tisch. Diese Filiale befindet sich in einem schönen, umgebauten Gebäudekomplex. Man isst, umgeben von Steinbögen, in einem Innenhof mit Bäumen und romantischer Beleuchtung.

Los Girasoles
MEXIKANISCH $$$
(Karte S. 68; ✆55-5510-0630; www.restauran telosgirasoles.com.mx; Tacuba 7, Plaza Tolsá; Hauptgerichte 175–239 Mex$; ⏰So & Mo 8.30–21, Di–Sa bis 22.30 Uhr; Ⓟ☏; Ⓜ Allende) In diesem guten Restaurant mit Blick auf die prächtige Plaza Tolsá ist die Auswahl mexikanischer Gerichte nahezu unerschöpflich und reicht von prähispanischen Spezialitäten wie Ameisenlarven und Grashüpfern bis hin zu modernen Gerichten wie Red Snapper mit einer Kruste aus *huanzontle*-Blüten.

La Casa de las Sirenas
MEXIKANISCH $$$
(Karte S. 68; ✆55-5704-3345; www.lacasade lassirenas.com.mx; República de Guatemala 32; Hauptgerichte 240–310 Mex$; ⏰Mo–Sa 11–23, So bis 19 Uhr; ☏; Ⓜ Zócalo) Das in einem Relikt aus dem 17. Jh. untergebrachte Sirenas bietet eine Terrasse im Obergeschoss mit Blick zum Zólaco über die Plaza del Templo Mayor. Hier kann man toll modern zubereitete regionale Gerichte mit Pfiff probieren, so z. B. Hähnchen in Kürbiskern-*mole*.

✖ Alameda Central & Umgebung

El Huequito
TACOS $
(Karte S. 68; www.elhuequito.com.mx; Ayuntamiento 21; Tacos al pastor 17 Mex$; ⏰8–22 Uhr; Ⓜ Plaza San Juan) Das Lokal gehört zu den alten Hasen im Geschäft und serviert seit 1959 köstliche *tacos al pastor* (mit mariniertem Schweinefleisch vom Grillspieß), weshalb hier der Preis etwas höher ist als im Durchschnitt. In der Innenstadt gibt's mehrere Huequito-Filialen, in denen man sich hinsetzen kann, aber aus irgendeinem Grund sind die Tacos hier in dem ursprünglichen Laden besser.

El Cuadrilátero
SANDWICHES $
(Karte S. 78; ✆55-5510-2856; Luis Moya 73; Tortas 72–95 Mex$; ⏰Mo–Sa 7–20 Uhr; Ⓜ Plaza San Juan) Der *torta*-Laden des Wrestlers Super Astro ist ein Schrein für Masken des *lucha libre* (mexikanisches Wrestling). Wer es schafft, die 1,3 kg schwere Torta Gladiador (255 Mex$; eine Cholesterinbombe aus Eiern, Würstchen, Schinken, Rindfleisch, Hühnchen und Hotdog) in 15 Minuten zu verdrücken, braucht für die „Mutter aller Tortas" nicht zu bezahlen – das haben aber

in mehr als zwanzig Jahren gerade einmal 99 Gäste geschafft.

Mi Fonda
SPANISCH $
(Karte S. 68; ✆55-5521-0002; López 101; Paella 75 Mex$; ⏰Di–So 11–17 Uhr; Ⓜ Plaza San Juan) *Chilangos* der Arbeiterklasse stehen Schlange für die *paella valenciana*, die täglich frisch zubereitet und von Damen mit weißen Hauben geduldig serviert wird. Jesús aus Kantabrien wacht über das Ganze.

★ El 123
ASIATISCH $$
(Karte S. 78; ✆55-5512-1772; www.123comidatien da.com; Artículo 123; Hauptgerichte 110–220 Mex$; ⏰Mo–Sa 9–23, So bis 21 Uhr; ☏✐; Ⓜ Juárez) Japanische, thailändische und vietnamesische Küche dieser Qualität ist im Zentrum selten. Das Gleiche gilt für den coolen Antiquitätenladenstil dieser Mischung aus Café, Restaurant und Geschenkeladen, der die Verbindung zu dem zugehörigen Bistrorestaurant in Roma offenbart. Auch hier erwartet Gäste eine tolle Auswahl aus solide gutem Sushi, grünem Curry und Eis mit Grüntee-*mochi* (klebrigem Reiskuchen). Nur Bargeldzahlung.

★ El Lugar Sin Nombre
MEXIKANISCH $$$
(Karte S. 78; Luis Moya 31; Hauptgerichte 175–200 Mex$; ⏰Di–Sa 19–24 Uhr) Das „Restaurant ohne Namen" ist zu gut, um versteckt zu bleiben. Es befindet sich neben der *mezcalaría* Bósfaro und serviert langsam im irdenen Kochgeschirr zubereitete mexikanische Gerichte wie *conejo encaca-huatado* (Bio-Kaninchen in Erdnuss-Salsa mit Süßkartoffeln) oder *pulpo en morita* (gegrillter Tintenfisch mit fruchtigen geräucherten Chilis). Die ausgewählten Zutaten kommen aus ganz Mexiko, und das schick-industrielle Ambiente ist bezaubernd. Das Lokal lebt von Mundpropaganda; es gibt weder Telefonnummer, noch eine Website oder Reservierungsmöglichkeiten.

✖ Plaza de la República & Umgebung

Gotan Restaurante
ARGENTINISCH $$
(Karte S. 78; ✆55-5535-2136; Baranda 17, Colonia Tabacalera; Hauptgerichte 70–220 Mex$; ⏰Mo–Fr 10–20.30 Uhr; ☏; Ⓜ Plaza de la República) Das Gotan ist eines der besten und authentischsten argentinischen Restaurants der Stadt. Die nette Besitzerin (in Buenos Aires geboren) und ihr mexikanischer Mann legen hier sehr viel Wert aufs Detail: Jeden

Tag gibt's frisch gebackenes Brot, und das Fleisch sowie sonstige Lebensmittel werden aus Argentinien importiert. Unbedingt die köstliche Karamellcreme *postre de la nonna* probieren!

✕ Zona Rosa & Umgebung

★ Café NiN FRANZÖSISCH $

(Karte S.84; ☑55-5207-7605; www.rosetta.com.mx; Havre 73, Colonia Zona Rosa; Snacks/Hauptgerichte ab 10/130 Mex$; ◷Mo–Sa 7–23, So 7.30–17 Uhr; 🛜🍴; Ⓜ Insurgentes) Das goldene Café-Restaurant scheint tagsüber als Teil des Rosetta-Panadería-Imperiums mit seinen herrlichen Patisserie-Leckereien und Backwaren direkt aus dem Paris der Belle Époque zu stammen. Die Bar ist prima für Kaffee, Sandwiches oder einen Eier-Brunch. Auf der modernen Speisekarte stehen europäische Fusiongerichte wie Schweinebauch mit Kochbananen und Koriander oder Zackenbarsch mit grünem Curry. Unbedingt Platz für die Grapefruit-Pannacotta zum Nachtisch lassen!

Yug Vegetariano VEGETARISCH $

(Karte S.84; ☑55-5333-3296; www.lovegetariano.com; Varsovia 3; Mittagsbüfett 105–120 Mex$, Hauptgerichte 67–80 Mex$; ◷Mo–Fr 7.30–21, Sa & So 8.30–20 Uhr; 🛜🍴; Ⓜ Sevilla) Die hauptsächlich mexikanischen Gerichte sind ein Geschmacksparadies für Vegetarier, und das Angebot ist so vielfältig, dass auch die meisten Fleischesser etwas finden, was ihnen schmeckt. Man hat die Wahl zwischen Spezialitäten wie Crêpes mit Kürbisblüten oder hält sich an das All-You-Can-Eat-Mittagsbüfett (13–17 Uhr) im Obergeschoss, bei dem es einfache Hauptgerichte, Salate, Suppe und zuckerfreie Getränke gibt. Das altmodischelegante Dekor lockt ein unprätentiöses örtliches Publikum an.

Carnitas El Azul MEXIKANISCH $

(El Capote; Karte S.82; www.facebook.com/tacoselazul; Av Chapultepec 317, zw. Genova & Amberes, Colonia Juárez; Tacos 7–12 Mex$, Tortas 18 Mex$; ◷Mo–Sa 9–17, So bis 16 Uhr; Ⓜ Insurgentes) Wer nicht hinguckt, hat diesen schlichten *carnitas*-Laden schon übersehen. El Azul (Rubén im realen Leben) bereitet schon seit mehr als 35 Jahren *tacos de carnitas* (in Schmalz geschmortes Schweinefleisch) zu und wird von Chefköchen der mexikanischen Hauptstadt gerühmt. Zu empfehlen sind auch die *costilla*-Tacos (Tacos mit Rippchen).

WanWan Sakaba JAPANISCH $$

(Karte S.84; ☑55-5514-4324; www.facebook.com/wanwansakaba; Londres 209; Mittagsmenü 130–190 Mex$, Hauptgerichte 95–290 Mex$; ◷Mo–Sa 13–23 Uhr; ✳🍴; Ⓜ Insurgentes) Das authentischste japanische *izakaya* (Kneipenlokal) von Mexico City ist ganz zwanglos - man mischt sich einfach unter die überwiegend japanischen Gäste an der Bar (Tische gibt es nicht) und schlürft Ramen. Zum Mittagsmenü gehört perfekt gegrillter schlichter Lachs, und die *gyoza* (Schweinefleisch-Klößchen) und der Sake könnten sich problemlos in Tokio behaupten.

Rokai JAPANISCH $$$

(Karte S.84; ☑55-5207-7543; www.edokobayashi.com; Río Ebro 87, Colonia Cuauhtémoc; Verkostungsmenü 1200–1800 Mex$; ◷Mo–Sa 13–16.30 & 19–22.30, So 13–17.30 Uhr; 🛜; Ⓜ Insurgentes) Mit dem Rokai bekommt japanisches Essen in Mexico City eine ganz neue Dimension. Zu empfehlen ist „Omakase", ein Verkostungsmenü mit wechselnden, sorgfältig zubereiteten Gerichten, darunter frisches Sushi und Sashimi. Jeder der bis zu neun Gänge macht Lust auf mehr. Die gleichen Inhaber betreiben direkt nebenan auch das günstigere Ramen-Restaurant Rokai Ramen-Ya (Ramen 185 Mex$). Man sollte vorab reservieren.

Tezka INTERNATIONAL $$$

(Karte S.84; ☑55-9149-3000; www.tezka.com.mx; Amberes 78; Hauptgerichte 155–420 Mex$, Verkostungsmenü 560 Mex$; ◷Mo–Fr 13–17 & 20–23, Sa & So 13–18 Uhr; 🅿🛜; Ⓜ Insurgentes) Das elegante, aber wie ein Bistro entspannte Tezka ist auf moderne baskische Küche spezialisiert und gehört zu den besten Restaurants der Stadt. Auf der regelmäßig wechselnden Karte stehen aufwendige Gerichte wie Lamm mit Kaffee-Glasur und Kartoffeln in Vanillesauce oder Ente mit Himbeeren in Blätterteig. Zu empfehlen ist das Vier-Gänge-Verkostungsmenü (zwei Vorspeisen, Hauptgericht und Dessert).

Don Asado STEAKS $$$

(Karte S.84; www.donasado.com.mx; Río Lerma 210; Hauptgerichte 160–280 Mex$; ◷Di–Sa 13–23, So bis 19.30 Uhr; 🛜; Ⓜ Sevilla) Das Restaurant gehört zu den besten und dabei preisgünstigsten Steakhäusern der Stadt. Der uruguayische Inhaber Don Asado brät auf dem großen, mit Holz befeuerten Grill saftiges Fleisch, z.B. das beliebte *vacio con piel* (zartes Flankensteak mit knusprigem Fettrand) oder *bife de chorizo* (Rumpsteak).

Für Vegetarier gibt's hausgemachte Pasta und *empanadas.*

✖ Condesa

El Pescadito
SEAFOOD $

(Karte S. 88; www.facebook.com/elpescaditocon desadf; Atlixco 38, Colonia Condesa; Tacos 35 Mex$; ⊙ Mo–Fr 11–18, Sa & So ab 10 Uhr; ⊠ Campeche) Das hellgelbe Taco-Lokal ist an den vielen Gästen zu erkennen, die draußen auf einen der Klappsitze warten. Fast alle neun Fisch-/Garnelenfüllungen sind nach Sonora-Art in Teig ausgebacken und dementsprechend knusprig und saftig. Die Spezialität des Hauses, *quesotote* (Paprika mit Garnelen-Käse-Füllung), lohnt die Wartezeit zweifellos.

Doña Blanca
MEXIKANISCH $

(Karte S. 88; ☎ 55-5553-2076; www.fonda donablanca.com; Av Veracruz 107; Frühstück 55–65 Mex$; ⊙ Mo–Fr 8–17, Sa bis 16, So bis 14 Uhr; ⊠ Chapultepec) Das Blanca ist das angesagte Frühstückslokal in Condesa, in dem sich die Einheimischen nach dem Frühsport treffen. Auf der umfangreichen Karte stehen Eiweiß-Omelettes mit Spinat für Figurbewusste, *huevos yucatán,* Spiegeleier auf Tostadas und dicke *pico de gallo*-Salsa. Die Frühstücksmenüs sind etwas feiner, haben aber ein hervorragendes Preis-Leistungs-Verhältnis.

Parián Condesa
INTERNATIONAL $

(Karte S. 88; www.facebook.com/pariancondesa; Av Nuevo León 107, Colonia Condesa; Hauptgerichte 95–220 Mex$; ⊙ Mo–Sa 9–23, So bis 19 Uhr; ✐; ⊠ Campeche) Wer etwas Besonderes sucht, aber nicht weiß was, ist an den Ständen in diesem schicken Gourmet-Markt genau richtig. Es gibt hier trendige vegane Gerichte, japanisches Bowl-Food, klassische mexikanische Kost, Currys, Pizza, Fleisch und Meeresfrüchte vom Grill, Käse, Eiscreme und Drinks. An den Tischen in dem kleinen Hof kann man sich auch bedienen lassen.

★ Lardo
FUSION $$

(Karte S. 88; www.lardo.mx; Agustín Melgar 6, Ecke Mazatlán; 115–345 Mex$; ⊙ Mo–Sa 7–22.45, So 8–17 Uhr; ✐) In dem geselligen Bistro, das mexikanische Aromen mit europäischer Frische kombiniert, geht's immer sonnig zu. Das Lardo gehört zum Imperium der Patisserie Rosetta und serviert kundig gebackene, feine Mini-Pizzas mit Zucchini und Minze sowie hervorragend ausbalancierte Gerichte wie roter Schnapper mit Pepita-Sauce.

Ojo de Agua
GESUNDE KOST $$

(Karte S. 88; ☎ 55-6395-8000; http://grupoo jodeagua.com.mx; Calle Citlaltépetl 23; Salate & Sandwiches 95–155 Mex$; ⊙ Mo–Do 8–22, Fr–So bis 21 Uhr; ☎ ✐; ⊠ Chilpancingo) ✐ Wer in Mexico City gesunde Kost sucht, findet in diesem Bio-Laden mit Café, der eine beliebte Anlaufstelle für Gesundheitsbewusste ist, ausgezeichnete Salate mit Lachssteak oder Bratapfel und Truthahn. Verlockend sind die interessanten Säfte und die Lage des Lokals an einer Plaza mit einem Springbrunnen.

Orígenes Orgánicos
CAFÉ $$

(Karte S. 88; ☎ 55-5208-6678; www.origenesorga nicos.com; Plaza Popocatépetl 41A; Hauptgerichte 115–180 Mex$; ⊙ Mo–Fr 8.30–21.30, Sa & So 9–18.30 Uhr; ☎ ✐; ⊠ Sonora) Das Orígenes Orgánicos ist mehr als nur ein Laden, in dem man Sojamilch und Produkte mit Biosiegel kaufen kann: Das Café legt bei seinen Sandwiches, Burgern, Crêpes, Salaten und schmackhaften Gerichten wie Lachs in cremiger Walnuss- und Cranberry-Sauce mit braunem Reis den Schwerpunkt auf saisonale Bio-Zutaten. Vegetarier und Veganer finden eine Fülle von Angeboten. Das Lokal liegt an einer der schönsten Plazas von ganz Condesa.

Taj Mahal
INDISCH $$

(Karte S. 92; www.tajmahaldf.com; Francisco Márquez 134, Colonia Condesa; Hauptgerichte 120–190 Mex$; ⊙ So–Mi 13–22, Do–Sa bis 23 Uhr; ☎ ✐; ⊠ Juancatlán) Ein hart arbeitender Mann aus Bangladesch, der einst durch Condesa streifte und Kleidung aus einem Koffer verkaufte, betreibt heute sein eigenes Restaurant mit indischer Küche. Vegetariern bietet sich eine große Auswahl, darunter Knoblauch-Naan, Gemüse-Biryani und Joghurtgetränke in verschiedenen Geschmacksrichtungen.

Café La Gloria
FRANZÖSISCH $$

(Karte S. 88; ☎ 55-5211-4185; Vicente Suárez 41, Colonia Condesa; Hauptgerichte 95–190 Mex$; ⊙ Mo–Do 12–24, Fr–So bis 1 Uhr; Ⓟ ☎ ✐; ⊠ Campeche) Das hippe Bistro im Zentrum von Condesa ist dank verlässlich guter Salate, pikanter Pasta und skurriler ausgestellter Kunst nach wie vor ein beliebter Treff.

Lampuga
MEERESFRÜCHTE $$$

(Karte S. 86; ☎ 55-5286-1525; www.lampuga.com. mx; Ometusco 1, Ecke Av Nuevo León; Hauptgerichte 162–297 Mex$; ⊙ Mo–Mi 13.30–23, Do–Sa bis 23.30, So bis 18 Uhr; ☎ ✐; ⊠ Chilpancingo) Das ansprechende Bistro ist auf frische

Meeresfrüchte spezialisiert. Als Vorspeise sind Thunfisch-*tostadas* oder Carpaccio von geräuchertem Marlin zu empfehlen, als Hauptgericht der frische Fisch des Tages vom Holzkohlegrill.

La Capital
MEXIKANISCH **$$$**

(Karte S. 88; ☏ 55-5256-5159; http://lacapitalrestaurante.com; Av Nuevo León 137; Hauptgerichte 115–195 Mex$; ⏲ Mo–Mi 13.30–24, Do–Sa bis 1, So bis 18 Uhr; 🅿 🛜 👶; Ⓜ Chilpancingo) Die smarten Uniformen und das Sportfernsehen sind die einzigen Spuren einer „Cantina" in diesem großen Bistro. Das Capital hat ein zwangloses, aber schickes Ambiente und serviert schmackhafte traditionelle mexikanische Gerichte mit Gourmet-Note. Zu empfehlen sind die unglaublich guten *atún-fresca*-Tostadas oder die Enten-Enchiladas; dazu trinkt man am besten den gut ausbalancierten Margarita „Capital".

✖ Roma

El Parnita
MEXIKANISCH **$**

(Karte S. 88; ☏ 55-5264-7551; www.elparnita.com; Av Yucatán 84; Tacos 25–38 Mex$, Tortas 44–62 Mex$; ⏲ Di–Do & So 13.30–18, Fr & Sa bis 19 Uhr; 🛜; 🚇 Sonora) Was als kleiner Straßenstand begonnen hat, ist mittlerweile ein Restaurant in Roma, wo es darum geht, zu sehen und gesehen zu werden. Es ist nur zum Mittagessen geöffnet und bleibt seinen einfachen Anfängen noch immer treu: Die Speisekarte ist kurz, beinhaltet aber auf Herz und Nieren geprüfte Familienrezepte wie etwa *carmelita* (Garnelen-Tacos mit hausgemachten Tortillas) oder den Taco *viajero* (langsam gegartes Schweinefleisch). Samstags und sonntags muss vorab reserviert werden.

Panadería Rosetta
BÄCKEREI **$**

(Karte S. 88; ☏ 55-5207-29/6; www.rosetta.com.mx/panaderia; Colima 179; Brot 20–50 Mex$, Baguettes 52–115 Mex$; ⏲ Mo–Sa 7–20, So bis 18 Uhr; 🛜; 🚇 Durango) Traumhaftes süßes Gebäck, echte Croissants und Baguettes kommen in dieser winzigen Bäckerei frisch aus dem Ofen. Auf einer Bank können sich die Gäste Kaffee und Sandwiches schmecken lassen. Besitzerin ist die Köchin Elena Reygadas, eine Schwester des preisgekrönten mexikanischen Filmemachers Carlos Reygadas. Der Laden ist wirklich winzig; wenn sich eine Schlange bildet, kann man sein Glück auch im hübschen Café NiN (S. 121), der Filiale in der Zona Rosa, versuchen.

Por Siempre Vegana Taquería
VEGAN **$**

(Karte S. 88; ☏ 55-3923-7976; www.facebook.com/porsiempreveganataqueria; Ecke Manzanillo & Chiapas; Tacos 15 Mex$; ⏲ Mo–Sa 13–24 Uhr; 🌿; 🚇 Sonora) Hier kommen Veganer in den Genuss von Straßenessen in Form von soja- oder glutenhaltigen Variationen von Tacos *al pastor*, *loganiza* und Chorizo. Das nächtliche kulinarische Erlebnis wird durch Beilagen – Kartoffeln, *nopales* (Kaktusblätter), Bohnen und Saucen –, an denen sich Gäste selbst bedienen können, noch authentischer. Daneben gibt es milchfreien Kuchen und Eis nach Oaxaca-Art.

Helado Obscuro
EIS **$**

(Karte S. 88; ☏ 55-5564-8945; www.heladoobscuro.com; Córdoba 203; Eis 20–30 Mex$; ⏲ Mo & Di 11–21, Mi–Sa bis 22, So bis 19 Uhr; 🚶 🌿; 🚇 Dr Márquez) Lust auf ein sommerlich-„dunkles" Eiserlebnis? Hier gibt's alkoholhaltige Sorten mit einfallsreichen Name wie Mariachi en Bikini (mit Kokosmilch, Stachelannone und Mezcal). Zu den innovativen Geschmacksrichtungen gehören Tequila, Wein, Sake und Whiskeylikör. Daneben gibt's auch kindertaugliche Sorten ohne Alkohol sowie milchfreies Eis. Eine weitere Filiale findet man im Mercado Roma.

★ El Hidalguense
MEXIKANISCH **$$**

(Karte S. 88; ☏ 55-5564-0538; Campeche 155; Hauptgerichte 90–240 Mex$; ⏲ Fr–So 7–18 Uhr; 🛜 🚻; 🚇 Campeche) In dem familienbetriebenen Laden gibt's *barbacoa* (Grillfleisch) nach Hidalgo-Art. Es wird schonend über altem Eichenholz in einer Grube gegart und ist unverschämt lecker! Am besten genießt man vorweg eine köstliche Consommé oder *queso asado* (Grillkäse mit Kräutern), dann geht's weiter mit Tacos. Dazu passen bestens die aromatisierten *pulques*. Nur Bargeldzahlung.

★ Broka Bistrot
FUSION **$$**

(Karte S. 88; www.brokabistrot.com; Zacatecas 126; Mittagsmenü 165 Mex$, Hauptgerichte 155–255 Mex$; ⏲ Mo–Sa 14–24, So 13.30–18 Uhr; 🛜; 🚇 Álvaro Obregón) Auf einem stilvollen versteckten Patio serviert das Broka europäisch-mexikanische Fusionsgerichte, z. B. Fisch mit *nopal* (Feigenkaktus) und Blaumais-Tortillas. Das Mittagsmenü (werktags) ist so hipp und ansehnlich, dass darüber täglich getwittert wird – auf der Website ansehen!

Bawa Bawa
BARBECUE **$$**

(Karte S. 88; www.facebook.com/bawabawabbq; Córdoba 128; Hauptgerichte 150–190 Mex$; ⏲ Mo–

Mi 12–22, Do–Sa bis 23, So 10–19 Uhr; ☎; 🖳Álvaro Obregón) Mexico City liebt Barbecues, und das hiesige nach texanischer Art gehört zu den besten in der Stadt. Schweinebauch und Querrippe stehen im Mittelpunkt und lassen sich in Kombination mit Rinderbrust, Schweinerippchen und Hühnchen sowie Beilagen bestellen. Das mexikanische Flaschenbier passt gut zu dem rauchigen Fleisch.

Lalo! FRÜHSTÜCK $$

(Karte S. 88; www.eat-lalo.com; Zacatecas 173, Colonia Roma; Frühstück 100–210 Mex$, Hauptgerichte mittags & abends 170–250 Mex$; ☺Di–So 8–18 Uhr; ☎🖉; 🖳Álvaro Obregón) Das beliebte Frühstückslokal im trendigen Viertel Roma ist nach dem Spitznamen seines Eigentümers, des gefeierten Chefkochs Eduardo Garcia vom Maximo Bistrot Local (S. 124), benannt. Besonders beliebte Gerichte sind hier u. a. *huevos con chorizo* (Eier mit hausgemachten mexikanischen Würstchen) und Eggs Benedict. Die bunten, launigen Zeichnungen an der Wand sind Werke des belgischen Graffitikünstlers Bue the Warrior.

★ Maximo Bistrot Local EUROPÄISCH $$$

(Karte S. 88; ☑55-5264-4291; www.maximobistrot.com.mx; Tonalá 133; Hauptgerichte 350–900 Mex$; ☺Di–Sa 13–17 & 19–23, So 13.30–16 Uhr; 🖳Álvaro Obregón) Wenn es einen Ort gibt, der die anregende neue Gastronomie Mexico Citys am besten repräsentiert, dann ist dies das Maximo Bistrot. Zu den ständig wechselnden Gerichte, die auf europäischen und ein paar mexikanischen Rezepten beruhen und mit frischen saisonalen Zutaten zubereitet werden, zählen beispielsweise mit Krabben gefüllte Zucchini-Blüten, aber auch schlichte Dinge wie weiße Stangenbohnen mit Parmesan erlangen hier neue Aufmerksamkeit. Reservieren ist unbedingt erforderlich.

Der Inhaber und Chefkoch Eduardo García erlernte seine Kunst im Pujol (S. 125) bei dem berühmten Chefkoch Enrique Olvera.

★ Galanga Thai Kitchen THAILÄNDISCH $$$

(Karte S. 88; ☑55-6550-4492; www.galangathaikitchen.com; Guanajuato 202, Colonia Roma; Vorspeisen 80–164 Mex$, Hauptgerichte 170–250 Mex$; ☺Di–Sa 13–22.30, So bis 18 Uhr; 🖳🖉; 🖳Álvaro Obregón) Das Galanga bietet die authentischsten thailändischen Gerichte in Mexico City, z. B. Tom Yam (scharfe, saure Suppe), Gai Satay (Hähnchenspieße mit Erdnusssauce) und Phat Thai (Nudeln in Tamarindensauce). Man sollte vorab reservieren, denn die Tische in dem kleinen Restaurant

sind schnell besetzt. Alle Gerichte werden von den Inhabern, einem thailändisch-mexikanischen Paar, nach Gästewunsch zubereitet.

★ Contramar MEERESFRÜCHTE $$$

(Karte S. 88; ☑55-5514-9217; www.contramar.com.mx; Durango 200; Vorspeisen 85–229 Mex$, Hauptgerichte 179–327 Mex$; ☺So–Do 12.30–18.30, Fr & Sa bis 20 Uhr; P🖉☎; 🖳Durango) In diesem stilvollen Restaurant mit Strandatmosphäre dreht sich alles um Meeresfrüchte. Die Spezialität des Hauses ist Thunfischfilet. Der Fisch wird geteilt, mit einer Sauce aus rotem Chili und Petersilie eingerieben und perfekt gegrillt. Ebenso hervorragend ist die sahnige Thunfisch-*tostada* mit Avocado-Scheiben. Reservierung empfohlen.

★ Los Loosers VEGAN $$$

(Karte S. 88; http://losloosers.com; Sinaloa 236, Colonia Roma; Hauptgerichte 140–200 Mex$; ☺Di–Fr 13–21, Sa 12–21, So 12–18 Uhr; ☎🖉; Ⓜ Chapultepec) Richtig gut zubereitetes veganes Essen ist in der mexikanischen Hauptstadt schwer zu finden. Die Chefköchin Mariana Blanco, die früher Journalistin war, bietet auf ihrer täglich wechselnden, mexikanisch und asiatisch inspirierten Karte immer etwas anderes, z. B. Ramen *chilaquiles* (Ramen-Nudeln in würziger Chili-Sauce). Über die Facebook-Seite kann man sich die Gerichte kostenlos in sein Hotelzimmer liefern lassen. Nur Barzahlung.

Fonda Fina MEXIKANISCH $$$

(Karte S. 88; ☑55-5208-3925; www.fondafina.com.mx; Medellín 79, Colonia Roma; Vorspeisen 75–120 Mex$, Hauptgerichte 130–260 Mex$; ☺Mo–Mi 13–23, Do–Sa bis 24, So bis 19 Uhr; ☎🖉; 🖳Álvaro Obregón) Das „Fonda"-Prinzip, bei dem man drei Gänge aus einem Menü wählt, gilt hier nicht, stattdessen sucht man sich eine Vorspeise, eine Sauce und eine Beilage aus. Zu den besonders beliebten Vorspeisen und Hauptgerichten gehören *peneques rellenos de queso* (mit Ricotta gefüllte Tortillas in einer *mole* aus Kürbiskernen) und *fideo seco con chilaquiles* (würzige Tortilla-Ecken auf Pasta).

✖ Bosque de Chapultepec & Polanco

Taquería El Turix YUCATEKISCH $

(Karte S. 92; Av Castelar 212; Tacos 15 Mex$, Tortas & Panuchos 26 Mex$; ☺11–22 Uhr; Ⓜ Polanco) Diese *taquería* alter Schule ist in einem

Viertel, das für seine teuren Restaurants bekannt ist, eine willkommene Ergänzung. Das Turix liefert nur ein Gericht und das ist gut: *cochinita pibil* (mariniertes Schweinefleisch), zubereitet nach einem Rezept, das seit 45 Jahren im Besitz der Familie ist. Man belegt seinen Taco oder seine *torta* (Sandwich) mit eingelegten Zwiebeln und einer Habanero-Salsa genauso wie in Yucatán. Das Lokal befindet sich 1,5 km südwestlich der Metrostation Polanco.

★ Pujol   MEXIKANISCH $$$

(Karte S. 92; ✆ 55-5545-4111; www.pujol.com.mx; Tennyson 133; Verkostungsmenü 1840 Mex$; ⏲ Mo–Do 13.30–22.30, Fr & Sa bis 23 Uhr; 🅿; Ⓜ Polanco) Das wohl beste Gourmet-Restaurant Mexikos serviert in einem stilvollen und modernen, von Mexikanern gestalteten Ambiente typisch mexikanische Gerichte in zeitgemäßer Abwandlung. Der berühmte Chefkoch Enrique Olvera erfindet seine Speisekarte regelmäßig neu; sie umfasst ein *menú degustación,* ein mehrere Gänge umfassendes Geschmackserlebnis. Zu den schmackhaften Bissen zählen z. B. ein leckeres, schwarz gegartes Auberginen-Tamale, *infladita langosta* (Hummer im Maisteig) und mit braunem Zucker und Koriander gebratene Ananas.

Unbedingt weit im Voraus reservieren; es kann mehrere Wochen dauern, bis man einen Tisch bekommt!

★ Quintonil   MEXIKANISCH $$$

(Karte S. 92; ✆ 55-5280-1660; www.quintonil. com; Newton 55; Hauptgerichte 390–650 Mex$; Verkostungsmenü 1950 Mex$; ⏲ Mo–Sa 13–16.30 & 18.30–22 Uhr; ☎; Ⓜ Polanco) Dieser Pionier zeitgemäßer Küche schaffte es mit seinen kreativ in Szene gesetzten traditionellen mexikanischen Gerichten 2015, 2016 und 2017 unter die Top-50 der besten Restaurants der Welt. Chefkoch Jorge Vallejo zaubert ausgezeichnete Gerichte mit lokalen Bio-Zutaten, z. B. Wagyu-Rind mit einer herrlichen Sauce aus *pulque* und *chile seco* oder Krabben-*tostadas* mit wunderbar rauchigem Aroma. Ein Besuch lohnt sich, denn man gewinnt einen Einblick in die kulinarischen Fortschritte des Landes. Man sollte auf jeden Fall Wochen im Voraus reservieren!

Dulce Patria   MEXIKANISCH $$$

(Karte S. 92; ✆ 55-3300-3999; www.dulcepat riamexico.com; Anatole France 100, Colonia Polanco; Hauptgerichte 300–450 Mex$; ⏲ Mo–Sa 13.30–23.30, So bis 17.30 Uhr; 🅿 ☎; Ⓜ Polanco)

Die Kochbuchautorin Martha Ortiz eröffnete dieses Restaurant vor mehreren Jahren, und es wird ihren hohen Ansprüchen gerecht, wenn man einmal von Deko-Sünden wie der gebauschten Tischwäsche und den Kopfstützen aus rotem Samt absieht. In ihrer Küche werden leckere traditionelle mexikanische Gerichte, darunter mit Kochbananen gefüllte *mole*-Enchiladas, eindrucksvoll angerichtet und aufgetragen.

✘ San Ángel

Barbacoa de Santiago   MEXIKANISCH $

(Karte S. 98; ✆ 55-5616-5983; Plaza San Jacinto 23, Colonia San Angel; Tacos & Flautas 30 Mex$; ⏲ Mo–Fr 9–18, Sa & So bis 19 Uhr; 🚉 La Bombilla) Die schnelle und günstige *taquería* abseits der Plaza ist für ihr *barbacoa* und ihre *flautas ahogadas* (eingerollte, frittierte Tacos, die in *chile pasilla* und *pulque*-Sauce getunkt werden) bekannt. Eine Mini-Filiale befindet sich im Mercado Roma.

Cluny   FRANZÖSISCH $$

(Karte S. 98; ✆ 55-5550-7350; www.cluny.com. mx; Av de la Paz 57; Hauptgerichte 143–297 Mex$, Menü 270 Mex$; ⏲ Mo–Sa 12.30–24, So bis 23 Uhr; 🅿 ☎; 🚉 La Bombilla) Wer auf der Suche nach schlichter französischer Küche ist, wird in diesem Bistro fündig. Es befindet sich in einer Einkaufsarkade und bietet u. a. Quiches, Salate, Crêpes und dekadent köstliche Desserts an. Die Portionen sind allesamt sehr großzügig.

Taberna del León   MEXIKANISCH $$$

(Karte S. 98; ✆ 55-5616-2110; www.tabernadele on.rest; Altamirano 46, Colonia San Ángel; Gerichte 240–495 Mex$; ⏲ Mo–Mi 13.30–23.30, Do–Sa bis 24 So bis 18 Uhr; 🅿 ☎; 🚉 Dr Gálvez) Küchenchefin Monica Patiño gehört zu der neuen Generation von Starköchinnen, die mit ihren Innovationen frischen Wind in die traditionelle Küche bringen. Meeresfrüchte wie *robalo a los tres chiles* (Seebarsch in feuriger Drei-Pfeffer-Sauce) und Maisblini mit norwegischem Lachs sind die Spezialität des Hauses.

San Ángel Inn   MEXIKANISCH $$$

(Karte S. 98; ✆ 55-5616-1402; www.sanangelinn. com; Diego Rivera 50; Frühstück 90–160 Mex$, Mittag- & Abendessen 205–395 Mex$; ⏲ Mo–Fr 7–1, Sa 8–1, So 8–22 Uhr; 🅿 ☎ 🍴; 🚉 Altavista) Im Garten und in verschiedenen eleganten Speisesälen werden in diesem historischen Anwesen neben dem Museo Casa Estudio Diego Rivera y Frida Kahlo klassische mexikanische Speisen serviert. Samstag- und sonntagmorgens werden im Garten hinter dem Haus Aktivitäten für Kinder angeboten. Da können sich die Eltern auch mal eine Margarita gönnen.

Montejo Sureste
YUCATÁN $$$

(Karte S. 98; ☑ 55-5550-1366; Av de la Paz 16, Colonia San Angel; Hauptgerichte 155–275 Mex$; ☺ Mo–Sa 13–24, So bis 19 Uhr; ℗ ☏; ▣ La Bombilla) An einer von Restaurants gesäumten Kopfsteinpflasterstraße tischt das unscheinbare Lokal Klassiker aus Yucatán auf, darunter Leckereien wie *sopa de lima* (Limettensuppe), *cochinita pibil* (mariniertes Schweinefleisch) und *papadzules* (Tortillas mit gewürfelten hartgekochten Eiern in Kürbiskernsauce).

✖ Ciudad Universitaria

Azul y Oro
MEXIKANISCH $$$

(☑ 55-5622-7135; www.azul.rest; Centro Cultural Universitario; Hauptgerichte 160–330 Mex$; ☺ Mo & Di 10–18, Mi–Sa bis 20, So 9–19 Uhr; ℗ ☏; ▣ Centro Cultural Universitario) Chefkoch Ricardo Muñoz durchforstet ganz Mexiko nach traditionellen Gerichten, die er anschließend perfektioniert. Früchte seiner Arbeit sind z. B. *buñuelos rellenos de pato* (mit Ente gefüllte frittierte Teigtaschen mit einem Klecks *mole negro*) und *pescado tikin xic* (ein aufwendiges Zackenbarsch-Gericht mit Kochbanane und Tortillastreifen). Eine weitere Filiale befindet sich im Stadtzentrum (S. 119).

✖ Coyoacán

Super Tacos Chupacabras
TACOS $

(Karte S. 100; Ecke Av Río Churubusco & Av México; Tacos 12 Mex$; ☺ 24 Std.; ▣ Coyoacán) Benannt ist die berühmte *taquería* unter einer Autobahnüberführung nach der mythischen, vampirähnlichen Kreatur des „Ziegensaugers“. Auf der Speisekarte stehen traumhafte Rindfleisch- und Würstchen-Tacos. Spezialität des Hauses ist die Chupa, ein Taco mit verschiedenen Fleischsorten und einer geheimen Mischung aus angeblich 127 Gewürzen. An den gegrillten Zwiebeln, *nopales*, ganzen Bohnen und anderen leckeren Beilagen kann man sich nach Herzenslust bedienen.

Churrería de Coyoacán
DESSERTS $

(Karte S. 100; Allende 38; 4 Churros ab 10 Mex$; ☺ Mo–Sa 9–23 Uhr; ▣ Coyoacán) Hier gibt's die besten frittierten Leckerbissen (mit oder ohne Schokoladenfüllung) in Coyoacán. Man stellt sich an, holt sich eine Tüte voll und schlendert dann auf einen Kaffee ins Café (S. 132) nebenan. Um die Kalorien wieder abzutrainieren, sind wohl um die drei Stunden im Fitnessstudio nötig.

La Casa del Pan Papalotl
VEGETARISCH $

(Karte S. 100; ☑ 55-3095-1767; www.casadelpan. com; Av México 25; Frühstück 95 Mex$, Mittag- & Abendessen 60–95 Mex$; ☺ 8–22 Uhr; ✐; ▣ Coyoacán) Sehr beliebtes vegetarisches Restaurant, das sich vor allem durch sein Frühstücksangebot eine Fangemeinde geschaffen hat. Dann werden Gerichte mit Bio-Eiern, *chilaquiles* (mit Salsa vollgesogene Tortillastreifen) und frisches *pan* (Brot) aufgetischt. Mittags ist die Lasagne mit Kürbisblüten, Pilzen und *poblano*-Paprika ein Riesenhit.

Mercado de Antojitos
MARKT $

(Karte S. 100; Higuera 6; Pozoles 70 Mex$; ☺ 10–23 Uhr; ▣ Coyoacán) Unweit der Hauptplaza von Coyoacán werden auf diesem geschäftigen Markt alle möglichen Snacks verkauft, darunter frittierte Quesadillas, *pozoles* und *esquites* (gekochte Maiskörner, die mit einem Klecks Mayo gereicht werden). Unbedingt nach dem „Pozole Estilo Michoacán“-Stand suchen!

El Kiosko de Coyoacán
EISCREME $

(Karte S. 100; Plaza Hidalgo 6; Kugel 25 Mex$; ☺ 9–24 Uhr; ▣ Coyoacán) Ein absolutes Muss am Wochenende. Hier gibt's hausgemachte Eiscreme und Eis am Stiel in Geschmacksrichtungen von Mango mit Chili bis Maracuja.

Corazón de Maguey
MEXIKANISCH $$$

(Karte S. 100; ☑ 55-5659-3165; www.corazonde maguey.com; Jardín Centenario 9A; Hauptgerichte 175–330 Mex$; ☺ Mo–Do 12.30–1, Fr 12.30–2, Sa 9–2, So 9–24 Uhr; ☏; ▣ Coyoacán) Das hübsche Restaurant ist mit alten Glasbehältern dekoriert, die früher zum Transport alkoholischer Getränke dienten. Zu essen gibt's traditionelle mexikanische Gerichte aus den Mezcal-Regionen, wie etwa gefüllte *chile anchos* (Paprika) aus Queretaro, Oaxacan-*tlayudas* (riesige gerollte Tortillas) oder Rinderzunge in roter *mole* aus Puebla. Dies ist auch eine der besten Adressen für eine Degustation der edelsten Mezcals des Landes.

Los Danzantes
MEXIKANISCH $$$

(Karte S. 100; ☑ 55-5554-1213; www.losdanzan tes.com; Jardín Centenario 12; Hauptgerichte 195–370 Mex$; ☺ Mo–Do 12.30–23, Fr & Sa 9–1, So 9–23 Uhr; ☏✐; ▣ Coyoacán) Traditionelle mexikanische Gerichte, darunter Ravioli mit *huitlacoche* (Maisbeulenbrand, auch als „mexikanischer Trüffel" bekannter Pilz) in *poblana*- Sauce, Bio-Hähnchen mit schwarzer *mole* sowie mit Käse und *chipotle*-Chilis gefüllte *hoja santa* (mexikanischer Blattpfeffer), erhalten in diesem Restaurant eine zeitgemäße Abwandlung. In dem Lokal gibt's auch Mezcal aus der eigenen, berühmten Destillerie. Jeden Montag kommt ein anderes vegetarisches Gericht auf die Karte.

✖ Tlalpan

La Voragine ITALIENISCH **$$**
(☑55-2976-0313; Madero 107, Colonia Tlalpan; Hauptgerichte 80–120 Mex$, Pizza 135–245 Mex$; ◷Di–Sa 13–2, So bis 24 Uhr; ☎🅿; 🚌Fuentes Brotantes) Ein fröhliches Pärchen aus New York und dem DF betreibt diese mit zahlreichen Wandgemälden verschönerte Pizzeria mit Bar. Auf der Karte stehen herzhafte Pizzas, exquisite Manicotti und *fungi trifolati* (flambierte Pilze in Weißweinsauce). Der sonnige Innenhof im Obergeschoss lädt zu einem Bier aus einer mexikanischen Kleinbrauerei ein. Das La Voragine liegt einen halben Block nördlich der Hauptplaza von Tlalpan.

✖ Colonia del Valle & Umgebung

El Rey de las Ahogadas MEXIKANISCH **$**
(www.elreydelasahogadas.com; Av Coyoacán 360, Colonia del Valle; Flautas 17–19 Mex$; ◷Mo–Do 11–24, Fr & Sa bis 1, So bis 23 Uhr; 🅼Poliforum) Die frittierten Taco-Rollen (*flautas*) werden nach Wunsch mit aufgewärmten Bohnen, Käse, Rinderhack, Hähnchen, Kartoffeln oder mariniertem Schweinefleisch gefüllt. Oben drauf kommen geriebener Käse und gewürfelte Zwiebeln, und serviert werden die Rollen in einer Schale pikanter *salsa verde*. *Flautas* sind überall in der Stadt ein beliebter Fastfood-Snack, aber so knusprig und lecker wie hier sind sie kaum irgendwo sonst.

Fonda Margarita MEXIKANISCH **$**
(☑55-5559-6358; www.fondamargarita.com; Adolfo Prieto 1354, Colonia Tlacoquemécatl del Valle; Hauptgerichte 43–61 Mex$; ◷Di–So 5.30–12 Uhr; ☎; 🚌Parque Hundido) Der wahrscheinlich beliebteste Ort in der Hauptstadt, um seinen Kater auszukurieren. In dem schlichten Restaurant werden unter einem Blechdach Leckereien wie *longaniza en salsa verde* (Würstchen in grüner Salsa) und *frijoles con huevo* (Bohnen mit Ei) serviert. Die *fonda*

liegt neben der Plaza Tlacoquemécatl, sechs Häuserblöcke östlich der Avenida Insurgentes. Nicht selten bildet sich am Eingang eine Schlange; es geht aber schnell voran.

Ausgehen & Nachtleben

Die Cafés, Bars und *cantinas* sind wichtige Treffpunkte in der Hauptstadt. Die traditionellen Kneipen sind natürlich die *cantinas*, schnörkellose Läden mit einfachen Tischen, langen, polierten Tresen und Kellnern der alten Schule.

Centro Histórico

★ **Hostería La Bota** BAR
(Karte S. 68; ☑55-5709-9016; www.facebook.com/labotacultubar; San Jerónimo 40; ◷So–Di 13.30–24, Mi & Do bis 2, Fr & Sa 12–3 Uhr; ☎; 🅼Isabel La Católica) 🎨 Inmitten einer Unmenge von schrägem Schnickschnack zum Thema Stierkampf und recycelten Objekten werden hier *cerveza*, Mezcal-Cocktails, Tapas und leckere, gehaltvolle Pizzas serviert. Ein Teil der Einnahmen geht an lokale Kunstprojekte.

Cantina Tío Pepe BAR
(Karte S. 68; Independencia 26; ◷Mo–Sa 12–23 Uhr; 🅼San Juan de Letrán) Bei einem Kneipenbummel durch die Innenstadt gehört diese Bar, eine der ältesten und traditionsreichsten vor Ort, einfach mit dazu. In ihrer fast 140 Jahre umfassenden Geschichte wurden hier *cerveza* und Tequila an viele einflussreiche mexikanische Politiker und berühmte Künstler ausgeschenkt. William S. Burroughs verewigte die „billige Cantina" in seinem Buch *Junkie*.

Talismán de Motolinía BAR
(Karte S. 68; www.facebook.com/talismandemotolinia; Motolinía 31, Colonia Centro; ◷So–Mi 13–24, Do–Sa bis 2 Uhr; ☎; 🅼Allende) An der schönen geschmückten Theke dieser *mezcalería* im Zentrum wird hochprozentiger Mezcal ausgeschenkt. Abends erwartet die Gäste Livemusik (Livebands, Open Mikes oder DJs). Mittwochs finden um 20 Uhr in der Regel Mezcal-Verkostungen mit einem lokalen Kenner statt. Gegen den kleinen Hunger gibt es hier stets günstige Snacks aus Oaxaca.

Salón Corona BIERHALLE
(Karte S. 68; ☑55-5512-5725; www.saloncorona.com.mx; Bolívar 24; ◷10.30–2 Uhr; 🅼Allende) In dieser lauten Bierhalle serviert freund-

liches Personal *tarros* (Krüge) mit hellem oder dunklen *cerveza de barril* (Fassbier). Dies ist ein tolles Plätzchen, um einen Einblick ins fußballverrückte Mexiko zu erhaschen, denn auf den Bildschirmen hier wird fast permanent irgendein Fußballspiel übertragen.

Bar La Ópera
BAR
(Karte S. 68; ☑ 55-5512-8959; www.barlaopera. com; Av 5 de Mayo 10; ⊗ Mo–Sa 13–24, So bis 18 Uhr; Ⓜ Allende) Mit Nischen aus dunklem Walnussholz und einer kupferfarbenen, verzierten Decke (Pancho Villa soll sie mit Schüssen durchlöchert haben) bleibt diese Bar aus dem späten 19. Jh. eine Bastion der Tradition. Das Essen ist ein wenig überteuert.

Bar Mancera
BAR
(Karte S. 68; ☑ 55-5521-9755; Venustiano Carranza 49; ⊗ Mo–Do 14–23, Fr–So bis 2.30 Uhr; Ⓜ República del Salvador) Der mehr als 100 Jahre alte, stimmungsvolle Herrensalon steht inzwischen allen offen, ist aber mit seiner verzierten Wandtäfelung und den abgewetzten Dominotischen ganz der Tradition verpflichtet. Die Stammgäste trinken hier Mezcal, Tequila, Gin Tonic oder Campari-Orange.

Downtown Mexico
BAR
(Karte S. 68; ☑ 55-5282-2199; www.downtownme xico.com; Isabel La Católica 30; ⊗ So–Do 10–23, Fr & Sa bis 2 Uhr; 🛜; Ⓜ Zócalo) Die Loungebar auf der Dachterrasse des Boutiquehotels Downtown Mexico hat sich zu einem beliebten Treffpunkt für einen gemütlichen Drink entwickelt. Es ist für seine sporadisch stattfindenden Poolpartys mit Freigetränken und DJs bekannt.

Café Jekemir
CAFÉ
(Karte S. 68; ☑ 55-5709-7086; www.cafejekemir. com; Isabel La Católica 88; ⊗ Mo–Sa 8–21 Uhr; 🛜; Ⓜ Isabel La Católica) Wird von einer Familie von Kaffeehändlern aus Orizaba betrieben. Das ehemalige Vertriebslager ist heute ein beliebtes Café, das guten Kaffee aus Veracruz und libanesische Snacks anbietet.

🍷 Zona Rosa

Jardín Chapultepec
BIERGARTEN
(Karte S. 84; www.facebook.com/jardinchapultepe cmx; Av Chapultepec 398, Colonia Roma; ⊗ Di–Do 13–22, Fr 13–23, Sa 11–23, So 11–22 Uhr; 🛜🍴; Ⓜ Insurgentes) Der geschäftigste Biergarten der Stadt serviert mexikanisches Craft-Bier und grillt hervorragende Burger. In dem immer vollen Garten teilt man sich wahrscheinlich eine Picknickbank mit anderen Gästen, sodass beim Trinken für Geselligkeit gesorgt ist. Das Lokal gehört zu den heutzutage ganz wenigen, in denen das Rauchen erlaubt ist.

Crisanta
BAR
(Karte S. 78; ☑ 55-5535-6372; www.crisantamx. com; Av Plaza de la República 51; ⊗ Mo–Mi 13–22, Do & Fr 13–2, Sa 10–2, So 11–19 Uhr; 🛜; Ⓜ Plaza de la República) Eine willkommene Abwechslung in einem Land, in dem 98 % des Marktes von zwei Brauereien kontrolliert werden: Das Crisanta braut sein eigenes Porter-Bier und schenkt mexikanisches und ausländisches Bier von Mikrobrauereien aus. Zweimal im Monat treten freitags und samstags Jazzbands auf, und im Hinterzimmer gibt's eine kleine Kunstausstellung. Die alten Möbel und langen Holztische verleihen der Bierhallen-Atmosphäre einen besonderen Charakter.

Café La Habana
CAFÉ
(Karte S. 78; ☑ 55-5535-2620; Av Morelos 62; ⊗ So–Do 7–23, Fr & Sa bis 1 Uhr; 🛜; Ⓜ Expo Reforma) Das Kaffeehaus ist ein traditioneller Treff von Schriftstellern und Journalisten, die hier stundenlang bei einem *café americano* verweilen. Angeblich sollen in diesem Café Fidel Castro und Che Guevara vor der kubanischen Revolution Strategien besprochen und Gabriel García Márquez soll an *Hundert Jahre Einsamkeit* geschrieben haben.

🍷 Condesa

Chiquitito
CAFÉ
(Karte S. 88; ☑ 55-5211-6123; www.chiquititocafe. com; Alfonso Reyes 232; ⊗ Mo–Sa 7.30–19.30, So 9–17 Uhr; 🛜; Ⓜ Chilpancingo) 🍴 Das winzige Café ist in Sachen Veracruz-Aroma ganz groß. Kaffeehäuser sind in Condesa überall zu finden, aber wenige verstehen es, das Beste aus den Bohnen herauszuholen. Die Baristas in diesem Laden verstehen ihr Geschäft jedoch hervorragend.

Felina
COCKTAILBAR
(Karte S. 88; ☑ 55-5277-1917; Ometusco 87; ⊗ Di–Sa 18–2 Uhr; 🛜; Ⓜ Chilpancingo) Das alteingesessene Felina ist erwachsen geworden. Von reifem Selbstvertrauen spricht die ruhige Musik, und die Cocktails verdecken mögliche Mängel nicht durch Süße, sondern vertrauen auf natürliche Zutaten wie frische Wacholderbeeren im Gin. Die psychedelische Tapete und die Vintage-Stühle

erinnern an die ausgeflippte Vergangenheit, doch die Zeiten haben sich geändert, was sich u. a. in der schick-legeren Klientel widerspiegelt.

Pastelería Maque
CAFÉ

(Karte S. 88; ☎ 55-2454-4662; Av Ozuluama 4; ⏱ Mo–Sa 8–22, So bis 21 Uhr; ☒ Campeche) Die Kenner von Condesa versammeln sich morgens zum Kaffee und abends zum Irish Coffee in diesem pariserisch aufgemachten Café mit Bäckerei nahe dem Parque México. Kellner versorgen sie mit frisch gebackenen Croissants und *conchas* (runden, mit Zucker bestreuten Gebäckstücken).

Condesa df
BAR

(Karte S. 88; ☎ 55-5241-2600; www.condesadf. com; Veracruz 102; ⏱ So–Mi 14–23, Do–Sa bis 1 Uhr; ☎; Ⓜ Chapultepec) Um die Bar des schicken Hotels Condesa df kommt man auf einer Tour durch das Nachtleben des Viertels nicht herum. Auf dem Dach machen es sich die Gäste in riesigen Korbsofas bequem und genießen den Blick auf den Parque España gleich gegenüber.

Enhorabuena Café
CAFÉ

(Karte S. 88; www.enhorabuenacafe.com; Atlixco 13; Kaffee 30–58 Mex$; ⏱ Mo–Sa 8–20 Uhr; ☎; ☒ Sonora) Mexiko ist zwar ein wichtiger Produzent von Kaffee, aber nur wenige Baristas verstehen sich auf die Kunst, einen richtigen *café* zuzubereiten, so gut wie jene im Enhorabuena. Der Cappuccino kostet hier zwar etwas mehr, dafür erhält man aber hochwertigen Kaffee aus dem Hochland von Veracruz. Die Kuchen und Sandwiches sind ebenfalls ausgezeichnet.

Flora Lounge
BAR

(Karte S. 88; Michoacán 54, Ecke Av Nuevo León; ⏱ Mo–Mi 9–24, Do & Sa bis 1, Fr bis 2 Uhr; ☒ Campeche) In Condesa gibt's jede Menge Bars, die Flora Lounge trifft aber genau die richtige Mischung aus guten Cocktails und Drinks zu fairen Preisen und einem geselligen Bistro mit ausgezeichneten mexikanischen und internationalen Gerichten.

Salón Malafama
BAR

(Karte S. 88; www.salonmalafama.com.mx; Michoacán 78; Billardtisch 100 Mex$/Std.; ⏱ So & Mo 13–24, Di & Mi bis 1, Do–Sa bis 2 Uhr; ☎; ☒ Campeche) Die elegante Billardhalle ist gleichzeitig auch Bar und Fotogalerie. Freunde treffen sich hier gern zu Brettspielen, amerikanischer Diner-Kost, Happy-Hour-Sonderangeboten bei Drinks und

natürlich zum Billardspielen. An den gut gewarteten Pooltischen tummeln sich sowohl gewiefte Spieler als auch Amateure. Nur Barzahlung.

El Centenario
CANTINA

(Karte S. 88; ☎ 55-5553-5451; Vicente Suárez 42; ⏱ Mo–Mi 12–1, Do–Sa bis 2 Uhr; ☎; ☒ Campeche) Die mit Stierkampf-Andenken ausstaffierte dunkle Cantina ist mit ihren alten Fliesen und Backsteinbögen eine Enklave der Tradition inmitten des modischen Restaurant- und Barviertels. Hier braucht man sich nicht fein zu machen, aber angesichts der günstigen Preise für Bier, Mezcal, Tequila und Rum kann man gut in den Abend starten.

Black Horse
PUB

(Karte S. 88; ☎ 55-5211-8740; www.caballonegro. com; Mexicali 85; ⏱ Di–Sa 18–2.30 Uhr; ☎; Ⓜ Patriotismo) Dieser britische Pub ist nicht nur wegen der Fußballübertragungen beliebt, sondern lockt auch ein internationales Publikum an. Im hinteren Raum spielen ausgezeichnete Bands Funk, Jazz und Indie-Rock. Infos zu den Events stehen auf der Website.

PataNegra Condesa
BAR

(Karte S. 88; ☎ 55-5211-5563; www.patanegra. com.mx; Av Tamaulipas 30; ⏱ 13.30–2 Uhr; ☎; ☒ Campeche) Die langgezogene Kneipe, die offiziell eine Tapasbar ist, wird von einer freundlichen Mischung aus Anfang Zwanzigjährigen besucht, die sich aus *chilangos* und Expats zusammensetzt. Samstags spielen Livebands *son jarocho* aus Veracruz, unter der Woche gibt's hauptsächlich Jazz, Salsa oder Funk.

☕ Roma

★ Casa Franca
COCKTAILBAR

(Karte S. 88; ☎ 55-5533-8754; www.facebook. com/lacasamerida109; Mérida 109; ⏱ Di & Mi 17–1, Do–Sa bis 2 Uhr; ☎; ☒ Jardín Pushkin) In der verwinkelten, stimmungsvollen Bar im Obergeschoss fühlt man sich fast wie auf einer Party von Freunden. In einer Art traulichem Wohnzimmer wird Livejazz gespielt, auf dem Eckbalkon mit Blick auf die Álvaro Obregón herrscht dagegen Partystimmung. Die anderen (sehr dunklen) Ecken laden zu entspannten Gesprächen, leckeren Cocktails und romantischen Stunden ein.

★ Traspatio
BIERGARTEN

(Karte S. 88; www.facebook.com/traspatiomx; Ecke Córdoba & Colima; ⏱ Di & Mi 13.30–24, Do–Sa bis 2, So bis 22 Uhr; ☎; ☒ Durango) Ein Biergarten

DIE RENAISSANCE VON MEZCAL & PULQUE

In den letzten Jahren hat sich der mexikanische Agavenschnaps Mezcal, der lange nur als armer ländlicher Verwandter des Tequilas galt, den ihm gebührenden Respekt verschafft. Viele Bars in Mexico City schenken ihn nun an eine neue Generation anspruchsvoller Fans aus.

Eine bescheidenere, auf alter mexikanischer Tradition beruhende Form von Schänke ist die *pulquería,* die *pulque* serviert, ein präkolumbisches, alkoholisches Getränk aus vergorenem Agavensaft. Auch diese Kneipen erleben eine Renaissance, seit junge *chilangos* das milchige Gebräu für sich entdecken.

Mezcalerías

Mano Santa Mezcal (Karte S. 88; ☑ 55-6585-4354; Av Insurgentes Sur 219; ☉ Di & Mi 18–2, Do–Sa ab 16, So 18–24 Uhr; ⛇ Durango) Wegen des günstigen, guten Mezcals (oder wegen der Lage im Labor einer Designerschule) zieht die kleine Bar, in der man sich fast wie zu Hause fühlt, an den Wochenenden scharenweise junge Hipster an.

Alipús (www.alipus.com; Guadalupe Victoria 15, Colonia Tlalpan; ☉ Mo & Di 12.30–23, Mi bis 24, Do bis 1, Fr & Sa 9–1, So 9–23 Uhr; ⛇ Fuentes Brotantes) Die urige Bar in Tlalpan gehört den Produzenten der beliebten, aus Oaxaca stammenden Mezcal-Marken Alipús und Los Danzantes und hat mit dem Danzantes Pechuga Roja den vielleicht besten Mezcal Mexikos auf Lager. Auch die regionalen *antojitos* (Snacks) sind hervorragend. Es gibt außerdem noch die schicke, zweite Filiale **Condesa** (Karte S. 88; ☑ 55-5211-6845; www.alipus.com/alipuscondesa; Aguascalientes 232; ☉ Mo–Do 13–23.30, Fr & Sa bis 1, So 14–20 Uhr; Ⓜ Chilpancingo).

La Clandestina (Karte S. 88; Álvaro Obregón 298, Colonia Roma; ☉ Mo–Sa 18–24 Uhr; ⛇ Álvaro Obregón) Die ausführliche Karte des im Stil eines ländlichen Krämerladens aufgemachten Clandestina beschreibt den aufwendigen Herstellungsprozess der Spirituose, die hier in Krügen auf hohen Regalen steht. Wie bei einer Flüsterkneipe ist das Schild draußen winzig und nur für Eingeweihte.

Bósforo (Karte S. 78; Luis Moya 31, Ecke Independencia; ☉ Di–Sa 18–24 Uhr; Ⓜ Juárez) Wer nicht aufpasst, läuft einfach an einer der freundlichsten Nachbarschafts-*mezcalerías* der Stadt vorbei. Hinter dem unscheinbaren Vorhang gibt's in einem dunklen, gemütlichen Ambiente hochwertigen Mezcal, überraschend gutes Kneipenessen und eine bunte Musikmischung.

Pulquerías

Pulquería Los Insurgentes (Karte S. 88; www.facebook.com/pulqueriainsurgentes; Av Insurgentes Sur 226; ☉ Mo–Mi 14–1, Do–Sa 13–3 Uhr; ⛇ Durango) Das Lokal in einem dreistöckigen Gebäude aus der Zeit von Porfirio Díaz ist ein Beleg für die *pulque*-Renaissance in der Stadt, auch wenn Puristen vielleicht weniger erfreut sind. Anders als in einer traditionellen *pulquería* gibt's hier Livemusik, DJs und auch andere alkoholische Getränke als *pulque*.

Pulquería La Botijona (Av Morelos 109; ☉ 10–22 Uhr; ⛇ Xochimilco) Die vielleicht sauberste *pulquería* der Stadt residiert in einem schlichten grünen Saal nahe dem Bahnhof Xochimilco und ist ein freundlicher Familienbetrieb. Das traditionelle Gebräu steht in großen Plastikeimern auf den Regalen.

Pulquería El Templo de Diana (☑ 55-5653-4657; Madero 17, Ecke Calle 5 de Mayo; ☉ 10–21 Uhr; ⛇ Xochimilco) Die klassische *pulquería* einen Block östlich vom Hauptmarkt des Viertels, dem Mercado de Xochimilco, hat die freundliche Atmosphäre eines mit Sägemehl bestreuten Saloons. Leute verschiedenen Alters sprechen hier dem in riesigen Krügen ausgeschenkten Agavengebräu zu; auch ein paar Frauen schauen herein. Der täglich aus dem Bundesstaat Hidalgo angelieferte *pulque* wird kundig mit Aromen versetzt, z. B. in den Geschmacksrichtungen Nescafé, *pistache* (Pistazie) und *piñon* (Pinienkern).

mit urbaner Hinterhofatmosphäre und Barbecue: Hier kann sich bei *cerveza,* Mezcal, *choripán* (Grillwürstchen im Brötchen), Thunfischsteaks oder Burgern mit Champignons gut auf ein Schwätzchen treffen.

Quentin Café · CAFÉ

(Karte S. 88; 55-7096-9968; www.facebook.com/quentincafemx; Álvaro Obregón 64; So–Mi 8–22, Do–Sa bis 23 Uhr; ; Jardín Pushkin) Die ruhigen, coolen Baristas verstehen sich auf das Geschäft, den Kaffee auf jede Art zu brauen. Die Bohnen stammen aus Mexiko und der ganzen Welt. Das Café ist ein ernsthafter Konkurrent, wenn es um den besten Kaffee in Mexico City geht. Der Laden ist klein, aber doch so groß, dass man seinen Laptop auspacken kann.

Pan y Circo · BAR

(Karte S. 88; 55-6086-4291; www.facebook.com/panycircomxdf; Álavaro Obregón 160, Colonia Roma; Mo–Sa 13–2, So bis 24 Uhr; ; Álavaro Obregón) Die dreistöckige Bar, ein munteres Nachtlokal im trendigen Roma, ist vor allem werktags, wenn der Andrang nicht so groß ist, ein netter Ort, um sich bei Mezcal oder Cocktails zu entspannen. Im 2. Stock gibt es auf dem Innenhof am Donnerstagabend Livemusik; ganz oben wartet eine *terraza*-Bar, wo geraucht werden darf. Die Events der Woche werden auf ihrer Facebook-Seite angekündigt.

La Chicha · BAR

(Karte S. 88; 55-5574-6625; Orizaba 171; Mo–Mi 11–24, Do–Sa bis 2 Uhr; ; Hospital General) Man nehme mexikanische Vintage-Deko, mische sie mit einer Prise Rock-Atmosphäre und gebe noch Mezcal, Bier und Snacks (einschließlich vegetarischer Optionen) hinzu und schon hat man diese gedämpft beleuchtete Bar, die entspannt genug ist, dass man sich auch unterhalten kann. Das La Chicha gehört zu der wachsenden Zahl cooler Bars, die sich von der Hochnäsigkeit an der Álvaro Obregón abgrenzen – leider ist das Personal mehr damit beschäftigt zu posieren als zu arbeiten.

Cantina Covadonga · BAR

(Karte S. 84; www.banquetescovadonga.com.mx; Puebla 121; Mo–Mi 13–2, Do & Fr bis 3 Uhr; Insurgentes) Der Klang klackernder Dominosteine erfüllt die alte asturische *cantina,* die traditionell ein Treffpunkt nur für Männer war. Mittlerweile trauen sich aber zunehmend Hipster beider Geschlechter in die heiligen Hallen.

La Bodeguita del Medio · BAR

(Karte S. 88; 55-5553-0246; www.labodeguitadelmedio.com.mx; Cozumel 37; Mo–Sa 13.30–2, So bis 0.30 Uhr; Sevilla) Die Wände der belebten Filiale des berühmten Havana-Lokals sind mit Sprüchen und Nachrichten übersät. Bei einem Mojito (ein kubanisches Getränk aus Rum, Limettensaft und Minzblättern) kann man den hervorragenden *son cubano*-Combos lauschen, die hier regelmäßig auftreten.

Maison Francaise de Thé Caravanserai · TEEHAUS

(Karte S. 88; 55-2803-1170; www.caravanserai.com.mx; Orizaba 101; 11–21 Uhr; ; Álvaro Obregón) In dieser Teestube im französisch-orientalischen Stil kann man aus über 170 Sorten wählen, die nach ihrem jeweiligen Anwendungsbereich oder ihrer Wirkung kategorisiert sind. Die Gäste entspannen auf gemütlichen Sofas und lassen sich ihren Tee schmecken, der feierlich auf Silbertabletts serviert wird.

Los Bisquets Obregón · CAFÉ

(Karte S. 88; 55-5584-2802; https://bisquetsobregon.com; Álvaro Obregón 60; So–Do 7–22.30, Fr & Sa bis 23 Uhr; ; Álvaro Obregón) Einheimische Familien lieben dieses schlichte Café wegen des *pan dulce* (süßes Brot) und des *café con leche,* der hier wie in Veracruz aus zwei Kannen eingeschenkt wirkt.

🍷 Polanco

Fiebre de Malta · BIERHALLE

(Karte S. 92; 55-5531-6826; www.fiebredemalta.com; Av Presidente Masaryk 48, Colonia Polanco; So–Di & Do 10–1, Mi, Fr & Sa bis 2 Uhr; ; Polanco) Das Fiebre de Malta ist ein Pionier der hiesigen Kleinbrauerei-Begeisterung und bietet mehr als 30 Biere vom Fass an; die Palette reicht dabei von hopfigen IPAs bis hin zu Hefeweizen deutscher Art. Auf der Karte sind alle Biere ausführlich nach Herkunft und Geschmackseigenart beschrieben. In der großen Bierhalle wird auch Kneipenkost serviert.

Área · COCKTAILBAR

(Karte S. 92; 55-5282-3100; www.hotelhabita.com; Av Presidente Masaryk 201; 19–2 Uhr; ; Polanco) Die Open-Air-Bar auf dem Dach des Designhotels Hábita trumpft mit exotischen Martinis und einer fantastischen Aussicht auf die Stadt auf. Außerdem werden Videos auf die Wand eines nahe gelegenen Gebäudes projiziert.

San Ángel

La Camelia BAR
(Karte S. 100; ☑55-5615-5643; www.facebook.com/lacamelia.cantabar; Madero 3; ☺So–Do 12–20, Fr & Sa bis 2 Uhr; 🚇La Bombilla) Die Restaurant-*cantina* wird schon seit 1931 von mexikanischen Berühmtheiten frequentiert, wie die Fotos an den Wänden belegen. An den Karaoke-Abenden am Freitag und Samstag zeigen die Gäste, wie viel Michael Jackson oder Madonna in ihnen steckt. Mut antrinken kann man sich mit Tequila oder *cerveza mexicana*.

Coyoacán

⭐ La Bipo BAR
(Karte S. 100; ☑55-5484-8230; Malintzin 155; ☺So–Di 12–24, Mi–Sa bis 2 Uhr; 🛈; Ⓜ Coyoacán) Diese beliebte *cantina* repräsentiert die kitschigere Seite der mexikanischen Popkultur mit Wandplatten aus Plastikkisten und aufgeschnittenen Blecheimern als Lampenschirmen. Bei den mexikanischen Snacks kann man Glück und Pech haben. Mittwochs bis samstags legen DJs verschiedene Beats auf.

Cantina La Coyoacana BAR
(Karte S. 100; http://lacoyoacana.com; Higuera 14; ☺So–Mi 13–24, Do–Sa bis 1.45 Uhr; 🛈; Ⓜ Coyoacán) Diese traditionelle Kneipe mit Saloon-Türen hat eine hübsche offene Veranda, wo wehklagende Mariachis ihre Lieder zum Besten geben.

El Hijo del Cuervo BAR
(Karte S. 100; ☑55-5658-7824; www.elhijodelcuervo.com.mx; Jardín Centenario 17; ☺Mo 15–24, Di–Sa 13–0.30, So 12–24 Uhr; Ⓜ Coyoacán) Die Bar mit ihren Steinwänden ist eine feste Institution in Coyoacán und liegt am Jardín Centenario. Sie ist seit Langem eine beliebte Anlaufstelle der hiesigen Kulturszene. Dienstag bis Donnerstag treten abends Jazz- und Rockbands auf.

Café El Jarocho CAFÉ
(Karte S. 100; ☑55-5658-5029; www.cafeeljarocho.com.mx; Cuauhtémoc 134; ☺So–Do 6.30–1, Fr & Sa bis 2 Uhr; Ⓜ Coyoacán) Kaffeeliebhaber stehen in diesem unglaublich beliebten Café für Kaffee aus Veracruz gern länger in der Schlange. Da es drinnen keine Sitzplätze gibt, genießen die Leute ihren Kaffee draußen auf der Straße oder nehmen auf den Bänken am Straßenrand Platz. Eine **Filiale** (Karte S. 100; Av México 25C; ☺6–23 Uhr; Ⓜ Coy-

oacán) mit Sitzplätzen befindet sich mehrere Blocks nordwestlich des Jardín Centenario.

Tlalpan

La Jalisciense BAR
(☑55-5573-5586; Plaza de la Constitución 7; ☺Mo–Sa 12–23.30 Uhr; 🚇Fuentes Brotantes) Das Gebäude öffnete 1870 seine Pforten, womit das La Jalisciense die älteste *cantina* der mexikanischen Hauptstadt ist – ein guter Grund, mal hineinzuschauen und sich die Kehle mit einem der vielen Tequilas anzufeuchten. Die kleinen *tortas* sind auch richtig gut.

Colonia del Valle

Passmar CAFÉ
(☑55-5669-1994; http://cafepassmar.com; Adolfo Prieto s/n, local 237, Ecke Av Coyoacán; ☺7–19.30 Uhr; 🛈; 🚇Amores) Es gibt wohl kaum einen Ort, an dem Kaffee ein so hoher Stellenwert eingeräumt wird wie im Passmar. Der Beweis dafür ist die kunstvolle Darreichung des Cappuccinos. Der preisgekrönte Kaffee wird im Mercado Lázaro Cárdenas serviert, anderthalb Blocks südwestlich der Metrobús-Haltestelle Amores.

☆ Unterhaltung

In Mexico City ist jeden Abend so viel los, dass man leicht den Überblick verliert.

Kino

Mexico City ist ein Fest für Kinogänger. In der Stadt wird alles geboten: Freiluftkino, Filmfestivals, anspruchsvolles Kino und Blockbuster, die oft der starken mexikanischen Filmproduktion entstammen. In kommerziellen Kinos kostet der Eintritt rund 60 Mex$; mittwochs ist er in vielen Kinos günstiger. Die meisten Filme werden in Originalsprache mit spanischen Untertiteln gezeigt, Kinderfilme sind spanisch synchronisiert. Das tagesaktuelle Kinoprogramm findet man in *El Universal* und *La Jornada*.

Cineteca Nacional KINO
(Karte S. 100; ☑55-4155-1200; www.cinetecanacional.net; Av México-Coyoacán 389, Colonia Xoco; 🛈; Ⓜ Coyoacán) Auf zehn Leinwänden werden in der auch architektonisch interessanten Cineteca mexikanische und ausländische Independent-Filme gezeigt. Im November findet hier das internationale Filmfestival Muestra Internacional de Cine statt. Zwischen Oktober und März gibt's in der Abenddäm-

merung kostenloses Open-Air-Kino auf der Grasfläche hinter dem Haus.

Auf dem Gelände befindet sich auch die Galería de la Cineteca Nacional, die sich dem mexikanischen Film widmet, aber auch Ausstellungen zum internationalen Film präsentiert.

Cine Tonalá
KINO
(Karte S. 88; www.cinetonala.com; Tonalá 261; ☎; ▣ Campeche) Eine kleine, hippe Mehrzweckbühne für anspruchsvolles Kino, Schauspiel, Comedy und Konzerte.

Cinemex Casa de Arte
KINO
(Cinemex Reforma; Karte S. 84; ☑ 55-5257-6969; www.cinemex.com; Río Guadalquivir 104; Ⓜ Insurgentes) Das Kino zeigt hauptsächlich anspruchsvolle Filme.

Cinemex Real
KINO
(Karte S. 78; ☑ 55-5257-6969; www.cinemex.com; Colón 17; Ⓜ Hidalgo) In dieser Cinemex-Filiale stehen überwiegend Hollywood-Streifen und gelegentlich mexikanische Blockbuster auf dem Programm.

Cinépolis Diana
KINO
(Karte S. 84; ☑ 55-5511-3236; www.cinepolis.com; Paseo de la Reforma 423; Ⓜ Sevilla) Das Kino zeigt kommerziell erfolgreiche Filme und Beiträge von internationalen Filmfestivals (meist in Originalsprache mit spanischen Untertiteln).

Filmoteca de la UNAM
KINO
(☑ 55-5704-6338; www.filmoteca.unam.mx; Av Insurgentes Sur 3000; ▣ Centro Cultural Universitario) In zwei Kinos werden im Centro Cultural Universitario Filme aus einer Sammlung mit mehr als 13 000 Titeln gezeigt.

Tanz, klassische Musik & Theater

In den zahlreichen Theatern der Stadt werden Orchestermusik, Opern, Ballett, moderner Tanz und Theaterstücke en masse geboten. Auch in Museen finden Veranstaltungen (oft kostenlos) statt, u. a. im Museo de la Secretaría de Hacienda y Crédito Público (S. 74) und im Museo de la Ciudad de México (S. 76). Der nationale Kunstrat (www.mexicoescultura.com) veröffentlicht auf seiner Website und in der Freitagsausgabe von La Jornada eine Übersicht aktueller Veranstaltungen.

Wer ausreichend Spanisch versteht, kann sich an Mexico Citys rege Theaterszene heranwagen. Auf MejorTeatro (www. mejorteatro.com) sind alle großen Theater aufgeführt.

TICKETS

Ticketmaster verkauft online Eintrittskarten für alle größeren Veranstaltungen, aber es gibt auch Filialen:

Liverpool Centro
(Karte S. 68; Venustiano Carranza 92; ⊙ 11–19 Uhr; Ⓜ Zócalo)

Liverpool Polanco
(Karte S. 92; Mariano Escobedo 425; ⊙ 11–20 Uhr; Ⓜ Polanco)

Mixup Centro
(Karte S. 68; Av Madero 51; ⊙ Mo–Sa 10–21, So 11–20 Uhr; Ⓜ Zócalo)

Mixup Zona Rosa
(Karte S. 84; Génova 76; ⊙ 11–20 Uhr; Ⓜ Insurgentes)

★ Patrick Miller
TANZ
(Karte S. 84; ☑ 55-5511-5406; www.facebook.com/PatrickMillerMX; Mérida 17; Eintritt 30 Mex$; ⊙ 22–3 Uhr; Ⓜ Insurgentes) In dieser wummernden Disco, die vom heimischen DJ Patrick Miller gegründet wurde, kann man bestens die Leute beobachten. Das Klientel reicht von schwarz gekleideten Leuten im Stil der 1980er-Jahre bis zu Transvestiten. Auf die Schritte, die gezeigt werden, könnte John Travolta stolz sein.

Salón Los Ángeles
TANZEN
(☑ 55-5597-5181; www.salonlosangeles.mx; Lerdo 206, Colonia Guerrero; ⊙ Di 18–23 & So 17–23 Uhr; Ⓜ Tlatelolco) Fans von Tanzsaalmusik sollten sich die hervorragenden Orchester und anmutigen Tänzer auf der großen Tanzfläche dieses stimmungsvollen Ballsaals nicht entgehen lassen. Die Livemusik – Salsa und *cumbia* (kolumbianische Tanzmusik) am Sonntag sowie Swing und *danzón* am Dienstag – lockt hauptsächlich ein älteres Publikum an. Der Saal liegt in dem rauen Viertel Colonia Guerrero, man nimmt also besser ein richtiges Taxi.

Montags um 18 und dienstags um 16 Uhr gibt's zweistündige Tanzkurse.

Palacio de Bellas Artes
DARSTELLENDE KÜNSTE
(Karte S. 68; www.inba.gob.mx; Av Hidalgo 1; ⊙ Ticketschalter 11–19 Uhr; Ⓜ Bellas Artes) Das Orquesta Sinfónica Nacional und renommierte Opernensembles treten im prächtigen Palacio de Bellas Artes auf, Kammermusiker nutzen die Vortragshallen. Am bekanntesten ist allerdings das Ballet Folklórico de México (Karte S. 68; www.balletfolkloricodemexico.com.mx; Tickets ab 365 Mex$; ⊙ Aufführungen Mi 20.30, So 9.30 & 20.30 Uhr). Es bietet ein zweistündiges festliches Spektakel mit Kostümen, Musik und Tänzen aus ganz Mexiko.

Tickets bekommt man in der Regel am Tag der Aufführung oder über Ticketmaster.

Foro Shakespeare THEATER
(Karte S. 88; ☑ 55-5553-4642; www.foroshake speare.com; Zamora 7; ♿; Ⓜ Chapultepec) Auf dem bunt gemischten Programm des kleinen unabhängigen Theaters in La Condesa stehen u. a. Live-Flamenco, Stand-up-Comedy und Events für Kinder. In der Restaurant-Bar des Theaters spielen Jazz-Ensembles.

Mama Rumba SALSA
(Karte S. 88; ☑ 55-5564-6920; www.mamarumba. com.mx; Querétaro 230; Eintritt 110 Mex$; ☺ Mi–Sa 21–3 Uhr; 🚇 Sonora) Das von einem Kubaner aus Havanna geleitete Mama Rumba bietet zeitgenössische Salsa mit Musik von der Bigband des Hauses. Wer tanzen lernen will (kostenlos, wenn man Eintritt bezahlt hat), für den stehen mittwochs und donnerstags um 21 Uhr Tanzlehrer bereit. Eine größere Filiale befindet sich in San Ángel an der Plaza Loreto.

Centro Nacional de las Artes DARSTELLENDE KÜNSTE
(CNA; ☑ 55-4155-0000; www.cenart.gob.mx; Av Río Churubusco 79, Colonia Country Club; 🕿; Ⓜ General Anaya) Weitläufiges Kulturinstitut in der Nähe von Coyoacán. Hier finden viele kostenlose Veranstaltungen unterschiedlichster Art statt, darunter moderner Tanz, Theater, Kunstshows und klassische Konzerte. Um zum CNA zu kommen, verlässt man die Metrohaltestelle General Anaya (Línea 2) an der Ostseite der Calzada de Tlalpan, geht dann Richtung Norden bis zur Ecke und biegt dort rechts ab.

Teatro de la Ciudad KONZERTSTÄTTE
(Karte S. 68; ☑ 55-5130-5740, Anschluss 2006; http://teatros.cultura.df.gob.mx; Donceles 36; ☺ Theaterkasse 10–15 & 16–19 Uhr; Ⓜ Allende) In dem 1918 nach dem Vorbild der Mailänder Scala erbauten restaurierten Haus mit 1300 Plätzen finden recht interessante Gastspiele aus den Bereichen Musik, Tanz und Theater statt.

Livemusik
Die Vielfalt des musikalischen Angebots der Hauptstadt ist schier unglaublich. Wirklich jeden Abend werden in Konzertsälen, Bars, Museen, ja sogar in öffentlichen Verkehrsmitteln traditionelle mexikanische und kubanische Musik, Jazz, Electronica, Garagenpunk usw. zum Besten gegeben. Auf dem Zócalo und am Monumento a la Revolución finden oft kostenlose Konzerte statt, während die florierende Mariachi-Musikszene an der Plaza Garibaldi gegen 20 Uhr so richtig in Fahrt kommt und sich erst wieder gegen 3 Uhr morgens beruhigt. Auf Tiempo Libre (www.tiempolibre.com.mx) und Ticketmaster (www.ticketmaster.com.mx) sind Konzerttipps aufgelistet. Der Straßenmarkt Tianguis Cultural del Chopo (S. 140) hat an seinem nördlichen Ende eine Bühne, auf der jeden Samstagnachmittag junge, hungrige Metal- und Punkbands auftreten.

★ Salón Tenampa MARIACHI
(Karte S. 68; ☑ 55-5526-6176; Plaza Garibaldi 12; ☺ So–Do 13–1, Fr & Sa bis 2 Uhr; 🕿; Ⓜ Garibaldi) Die stimmungsvolle *cantina* an der Nordseite der Plaza Garibaldi ist mit Wandmalereien geschmückt, die Stars der mexikanischen Musikszene darstellen, und hat ihre eigenen Sänger (und eine umfangreiche Tequila- und Mezcal-Karte). Wer nicht nur dem Gesang an anderen Tischen lauschen will, bestellt bei den Mariachis, die durchs ganze Land reisen, einfach seinen gewünschten Song (50–100 Mex$). Ein Besuch in diesem Lokal gehört zum Pflichtprogramm.

★ Centro Cultural de España LIVEMUSIK
(Karte S. 68; ☑ 55-5521-1925; www.ccemx.org; República de Guatemala 18; ☺ Mi–Sa 22–2 Uhr; Ⓜ Zócalo) Coole junge Leute tummeln sich am Wochenende auf der Dachterrasse des Kulturzentrums, wenn Livemusik gespielt wird und ausgezeichnete DJs auflegen. Das umgebaute Gebäude aus der Kolonialzeit liegt gleich hinter der Kathedrale und platzt um Mitternacht meist aus allen Nähten.

Parker & Lenox LIVEMUSIK
(Karte S. 84; ☑ 55-5546-6979; www.facebook.com/ parkerandlenox; Milán 14; ☺ Di 13–1, Mi–Sa bis 2 Uhr; 🕿; 🚇 Reforma) Das nach dem legendären Saxophonisten Charlie Parker und dem berühmten Jazzclub Lenox Lounge aus Harlem benannte Parker & Lenox ist ein Diner amerikanischer Art (spezialisiert auf Hamburger, 140–180 Mex$) mit einem Konzertraum hinten, in dem live Jazz, Blues, Funk und Swing-Bands zu hören sind.

Pasagüero + La Bipo VERANSTALTUNGSORT
(Karte S. 68; ☑ 55-5512-6624; www.facebook.com/ pasaguero; Motolinía 33; ☺ Do–Sa 22–3.30 Uhr; 🕿; Ⓜ Allende) Ein paar weitsichtige Bauherren nahmen sich des historischen Gebäudes an und verwandelten das von einer Steinmauer umgebene Gelände in ein Restaurant mit Bar, das als Veranstaltungsort für

verschiedene kulturelle Events, vor allem für Rock- und Electronica-Konzerte, dient.

Cafebrería El Péndulo
LIVEMUSIK

(Karte S. 88; www.forodeltejedor.com; Álvaro Obregón 86; ☎; 🚇 Álvaro Obregón) Auf der Dachterrasse dieses Café-Buchladens kann man mexikanische Künstler unterschiedlicher Musikgenres live erleben. In der zugehörigen Freiluftbar lässt es sich nach der Show in entspannter Atmosphäre relaxen.

El Under
LIVEMUSIK

(Karte S. 88; ☑55-5511-5475; www.theunder. org; Monterrey 80; Eintritt ab 50 Mex$; ⊗Fr & Sa 21–5 Uhr; 🚇 Durango) Ein Liebling der Underground-Szene. Im Untergeschoss des alten Hauses tanzen schwarz gekleidete Jugendliche zu Morrissey und Bauhaus, während oben lokale Bands alles Mögliche von Garage-Punk und Rockabilly bis zu Death Metal spielen.

Auditorio Nacional
VERANSTALTUNGSORT

(Karte S. 92; ☑55-9138-1350; www.auditorio.com. mx; Paseo de la Reforma 50; ⊗Kasse Mo–Sa 10–19, So 11–18 Uhr; 🚇 Auditorio) Konzerte großer mexikanischer und internationaler Rock- und Popmusiker werden im Auditorio Nacional mit seinen 10 000 Sitzplätzen ausgerichtet. Das angrenzende **Lunario del Auditorio** (Karte S. 92; www.lunario.com.mx) ist ein riesiger Club, in dem vor allem Jazz- und Folklorekünstler auftreten.

Barba Azul
LIVEMUSIK

(www.facebook.com/barba.azul.cabaret; Gutiérrez Nájera 231, Colonia Obrera; ⊗Di–Sa 20–3 Uhr; 🚇 Obrera) Ein Abend in der Unterwelt: Rote Beleuchtung und Kunst, die in Flammen eingehüllte Tänzer zeigt, bilden die Kulisse in diesem Cabaret-artigen Nachtclub, wo immer noch einige *ficheras* (Frauen, die professionell mit Männern tanzen) ihrer Arbeit nachgehen (20 Mex$). Seit den 1950er-Jahren gibt's im Barba Azul mit die besten Salsa-, Merengue- und *son*- (Folk-) Programme. Für den Heimweg ein reguläres Taxi bestellen!

Multiforo Alicia
VERANSTALTUNGSORT

(Karte S. 88; ☑55-5511-2100; Av Cuauhtémoc 91A; 🚇 Jardín Pushkin) Hinter der mit Graffiti verzierten Fassade verbirgt sich der beste Indie-Rockschuppen Mexico Citys. Das Alicia ist dunkel, hat keine Sitzplätze und dient aufstrebenden Punk-, Surf- und Skabands als Plattform. Ihre Platten kann man im Laden unten erstehen. Konzerttermine findet man auf der Facebook-Seite.

Zinco Jazz Club
JAZZ

(Karte S. 68; ☑55-5512-3369; www.zincojazz. com; Motolinía 20; ⊗Mi–Sa 21–2 Uhr; ☎; 🚇 Allende) Das Zinco ist ein bedeutender Bestandteil der Renaissance des *centro* und dient lokalen Jazz- und Funk-Musikern sowie tourenden Künstlern als Bühne. Der heimelige Saalkeller füllt sich schnell, wenn Künstler mit großem Namen auf dem Programm stehen.

El Bataclán
CABARET

(Karte S. 88; ☑55-5511-7390; www.labodega. mx; Popocatépetl 25; ⊗Di & Mi 21–24, Do–Sa bis 2 Uhr; 🚇 Álvaro Obregón) Auf der klassischen Cabaret-Bühne im Club La Bodega sind recht unkonventionelle mexikanische Performer zu sehen. Anschließend kann man bei einem Mojito mit Rum hervorragenden kubanischen *son*-Combos lauschen.

Caradura
KONZERTSTÄTTE

(Karte S. 88; ☑55-5211-8035; www.caradura. mx; Av Nuevo León 73, 2. OG; ⊗Di–Sa 21–2.30 Uhr; 🚇 Campeche) Eine der besten Adressen der Stadt, um beim Abtanzen zu Garage, Rockabilly und Postpunk seine Dämonen auszutreiben.

El Imperial Club
KONZERTSTÄTTE

(Karte S. 88; ☑55-5525-1115; www.elimperial.tv; Álvaro Obregón 293; ⊗Di & Mi 22–2.30, Do–Sa bis 4 Uhr; 🚇 Sevilla) In dem prunkvollen zweistöckigen Haus in La Roma, das mit antiken Möbeln und altmodischen Details ausstaffiert ist, spielen mexikanische Alternative-Rock-Bands und gelegentlich auch ausländische Bands.

Ruta 61
BLUES

(Karte S. 88; ☑55-5211-7602; www.facebook.com/ El61BluesClub; Av Baja California 281; ⊗Do–Sa 7–1 Uhr; 🚇 Chilpancingo) Im zweistöckigen Ruta 61 treten Künstler des Electric Blues wie Buddy Guy oder Howlin' Wolf auf. Etwa einmal im Monat steht ein Act direkt aus Chicago auf der Bühne, meistens sieht man jedoch eher eine lokale Coverband.

El Plaza Condesa
KONZERTSTÄTTE

(Karte S. 88; ☑55-5256-5381; www.elplaza.mx; Juan Escutia 4; 🚇 Campeche) In dem ehemaligen Filmtheater mitten im Barviertel von Condesa hebt sich der Vorhang heute für Auftritte von Pop- und Rockbands aus Mexiko und dem Ausland.

El Breve Espacio Mezcalería
LIVEMUSIK

(☑55-5781-9356; www.elbreveespacio.mx; Arequipa 734, Ecke Montevideo; Eintritt 100–150 Mex$;

Mi 19–24, Do–Sa bis 2 Uhr; ☎; Ⓜ Deportivo 18 de Marzo) Folksänger wie Silvio Rodríguez stehen in dieser Hochburg des *trova* (troubadourähnliche Volksmusik) auf der Bühne. Das El Breve Espacio Mezcaleria befindet sich in Lindavista.

Kabarett

La Perla   CABARET

(Karte S. 68; ✉ 55-3916-2699; www.facebook.com/cabaret.laperla; República de Cuba 44; Shows Fr & Sa 23 & 1 Uhr; ☐ República de Chile) Diese ehemalige Rotlichtlokalität ist im Zeitalter der

SCHWULEN- & LESBENSZENE IN MEXICO CITY

Seit Mexico City die gleichgeschlechtliche Ehe gesetzlich erlaubte (dem Beispiel folgte dann das gesamte Land), gilt die mexikanische Hauptstadt als eine Hochburg der Toleranz in dem ansonsten konservativen Land. Bürgermeister Miguel Ángel Mancera erklärte sogar öffentlich Mexico City zu einer LGBTTTI-freundlichen Stadt.

Seit eh und je ist die Zona Rosa – insbesondere die Calle Amberes – das Zentrum der Schwulen- und Lesbenszene, auch wenn viele Nachteulen inzwischen die „alternative" Szene im Stadtzentrum an der República de Cuba bevorzugen. Nützliche Infos über schwulen- und lesbenfreundliche Hotels, Bars und Clubs findet man unter GayCities (http://mexicocity.gaycities.com). Die Marcha del Orgullo Gay (Gay-Pride-Parade) findet alljährlich im Juni an einem Samstag statt und zieht über die Reforma von der Ángel bis zum Zócalo.

Die **Clínica Condesa** (✉ 55-5515-8311; www.condesadf.mx; Gral Benjamín Hill 24; Mo–Fr 7–19 Uhr; ☐ De La Salle) ist ein Gesundheitszentrum, das sich auf die Gesundheitsvorsorge im Sexualbereich spezialisiert hat und sich besonders (aber nicht nur) an Homosexuelle richtet. Schnelle Tests auf HIV und Geschlechtskrankheiten, Behandlungen und Präventionen wie Postexpositionsprophylaxe gibt's hier kostenlos, auch für Ausländer.

La Purísima (Karte S. 68; República de Cuba 17, Colonia Centro; Do–Sa 19–2.30 Uhr; Ⓜ Bellas Artes) La Purísima besteht aus zwei Bars in einer: Unten tanzt man zu Hits, während es im Obergeschoss Mezcal, *pulque* und Trash-Musik für die Hipster gibt. Die Drinks sind billig, und der Laden ist immer voll.

Nicho Bears & Bar (Karte S. 84; www.bearmex.com; Londres 182; Do–Sa 20–2.30 Uhr; Ⓜ Insurgentes) In der Schwulenbar in der Zona Rosa tummeln sich vor allem Mittdreißiger. Die Atmosphäre ist etwas gesetzter als in vielen Bars der rauen Schwulen- und Lesbenmeile an der nahegelegenen Amberes.

Marrakech Salón (Karte S. 68; República de Cuba 18; Grundpreis 50 Mex$; Do–Sa 18–2.30 Uhr; Ⓜ Allende) In dieser Bar servieren Barkeeper mit nacktem Oberkörper billige Drinks, es gibt Drag-Shows auf dem Tresen und Partymusik von 1980er-Jahre-Pop über rhythmusbetonte *cumbias* (Tanzmusik aus Kolumbien) bis zu aktuellen englischsprachigen Diva-Hits. Die Bar ist überfüllt und stickig, aber niemanden stört das.

Tom's Leather Bar (Karte S. 88; ✉ 55-5564-0728; www.toms-mexico.com; Av Insurgentes Sur 357; Di–So 21–3 Uhr; ☎; ☐ Campeche) Für alle, die es mittelalterlich mögen, kommt hier das passende Dekor in Form von Wappenschilden und Kandelabern, die die dekadente Einrichtung in Szene setzen. Um zu den Toiletten zu gelangen, muss man einen berühmt-berüchtigten Darkroom passieren. Die Bar wird hauptsächlich von schwulen Männern frequentiert, am beliebten Dienstag ist das Publikum gemischter.

Guilt (Karte S. 92; ✉ 55-3500-5634; www.facebook.com/guiltpolanco; Anatole France 120, Colonia Polanco; Grundpreis 300 Mex$; Sa 22.30–4.30 Uhr; Ⓜ Polanco) Schicke Leute (und solche, die es sein möchten) bevölkern passend zur Lage im eleganten Polanco diesen Schwulen- und Lesbenclub, in dem man zu Pop und Electro tanzt und teure Drinks schlürft. T-Shirt und Blazer sind angesagt, mit Shorts, ärmellosem Hemd oder Baseball-Kappe kommt man nicht rein.

Bar Oasis (Karte S. 68; ✉ 55-5521-9740; República de Cuba 2G, Colonia Centro; 17–1 Uhr; Ⓜ Bellas Artes) In der gut besuchten Disco tanzt ein älteres Publikum aus unterschiedlichen Schichten, von Cowboys bis zu Geschäftsleuten, vor einer fluoreszierenden Stadtkulisse. Freitags und samstags treten nach Mitternacht Drag-Queens in Playback-Shows auf.

Ironie als ein echter Kitschtempel neu auferstanden. Die Drag-Shows mit traditionellen mexikanischen Sängerinnen sind urkomisch. Die Karten sind schnell ausverkauft; Reservierungen sind online als Direktbestellung möglich.

Teatro Bar El Vicio
KABARETT
(Karte S. 100; ☎ 55-5659-1139; www.elvicio.com.mx; Madrid 13, Colonia del Carmen; ☺ Do–So 21.30–2 Uhr; Ⓜ Coyoacán) Das alternative Kabarettheater liegt passenderweise in dem Viertel, in dem Frida Kahlo früher gelebt hat. Es bietet ein liberales, politisch und sexuell nicht ganz korrektes Comedy-Programm sowie ein genreübergreifendes Musikrepertoire.

Sport
Nahezu jedes Wochenende finden in der Hauptstadt *fútbol*-Spiele (Fußball) der Primera División statt. In Mexico City selbst gibt es drei Mannschaften: América, genannt Las Águilas (die Adler), Las Pumas von der UNAM und Cruz Azul. Anders als in Europa werden jährlich zwei Meisterschaften durchgeführt: Eine Saison dauert von Januar bis Juni, die zweite von Juli bis Dezember. Beide Meisterschaften werden in Play-offs der acht besten Teams in einer K. o.-Runde mit Hin- und Rückspiel entschieden. Das wichtigste Spiel von allen ist „El Clásico" (der Klassiker) zwischen América und Guadalajara; bei diesen Begegnungen füllt sich das **Estadio Azteca** (☎ 55-5487-3309; www.estadioazteca.com.mx; Calz de Tlapan 3665; Ⓜ Estadio Azteca) mit 100000 Flaggen schwenkenden Fans (Tickets im Vorverkauf besorgen!).

Karten für *fútbol*-Spiele (reguläre Meisterschaftsspiele 90–650 Mex$) sind in der Regel an der Stadionkasse oder über Ticketmaster erhältlich. Es gibt mehrere Stadien, in denen Spiele stattfinden: Cruz Azul spielt z. B. im **Estadio Azul** (☎ 55-5563-9040; http://cruzazulfc.com.mx; Indiana 255, Colonia Nápoles; Ⓜ Ciudad de los Deportes), die Pumas der UNAM sieht man im Estadio Olímpico (S. 98).

Mexico City besitzt ein *béisbol*- (Baseball-) Team, die Diablos Rojos, in der Liga Mexicana de Béisbol. Während der Meisterschaftssaison (April–Juli) läuft die Mannschaft jedes zweite Wochenende im **Foro Sol** (http://diablos.com.mx; Ecke Avs Río Churubusco & Viaducto Río de la Piedad, Colonia Granjas México; Ⓜ Ciudad Deportiva) auf. Von der Metrostation läuft man fünf Minuten bis zum Stadion. Die an-

stehenden Spiele stehen auf der Website der Diablos (www.diablos.com.mx).

Die meisten Tageszeitungen haben einen Sportteil, dem man entnehmen kann, welches Match in welcher Ballsportart wo ansteht. Echte Fans schauen in die La Afición (www.laaficion.com), eine täglich erscheinende Sportzeitung.

Frontón México
SPORT
(Jai Alai; Karte S. 78; www.frontonmexico.com.mx; De la República 17, Colonia Tabacalera; Tickets 160–270 Mex$; ☺ Ticketbüro Mo–Mi 10–18, Do–So 10–21 Uhr; Ⓜ Revolución) Nachdem es zwei Jahrzehnte lang geschlossen war, hat das hübsche Art-déco-Gebäude seine Pforten wieder für Profi-Jai-Alai-Matches geöffnet. Jai Alai gehört zu den schnellsten Ballsportarten der Welt; wer das nie live gesehen hat, darf sich auf eine echte Überraschung freuen. Die Saison dauert normalerweise von März bis Ende Juni, man sollte aber auf den Spielplan gucken. Das Frontón México dient darüber hinaus auch als Kasino.

Arena México
MEXIKANISCHES WRESTLING
(Karte S. 88; ☎ 55-5588-0266; Dr. Lavista 197, Colonia Doctores; Tickets 40–210 Mex$; ☺ Di 19.30, Fr 20.30, So 17 Uhr; Ⓜ Cuauhtémoc) In der 17000 Plätze fassenden Arena México, einer der beiden Wrestling-Arenen in Mexico City, herrscht jede Woche Zirkusatmosphäre, wenn extravagante *luchadores* (Wrestler) wie Místico oder Sam Adonis in Teams oder solo gegeneinander antreten. Es gibt drei oder vier Vorkämpfe und einen Hauptkampf. Auch die Kämpfe in der kleineren **Arena Coliseo** (Karte S. 68; ☎ 55-5526-1687; República de Perú 77; Tickets 40–210 Mex$; ☺ Sa 19.30 Uhr; Ⓜ República de Chile) sind lohnend.

Tickets sind fast immer an der Stadionkasse zu bekommen. Die teureren Tickets für Plätze am Freitag sollte man allerdings vorab buchen.

🔒 Shoppen

Shoppen kann in Mexico City so richtig viel Spaß machen. Bei *artesanías*-(Kunsthandwerks-)Händlern, in schrägen Läden und auf Straßenmärkten bieten sich mehr als genug gute Gelegenheiten, sein ganzes Geld loszuwerden.

🔒 Centro Histórico & Umgebung

⭐ Mercado de la Merced
MARKT
(Ecke Anillo de Circunvalación & General Anaya; ☺ Mo–Sa 5–19, So 6–17 Uhr; Ⓜ Merced) Der rie-

sige Markt ist der größte der Stadt und umfasst vier ganze Blocks, die dem Kaufen und Verkaufen von Alltagsbedarf gewidmet sind. Man findet malerische Auslagen von Gewürzen, Chilis und frischen mexikanischen Lebensmitteln aller Art, von Ameisenlarven bis zu kandierten Früchten. Es gibt auch einen stimmungsvollen Imbissbereich mit verschiedenen frischen Tacos, Moles und *tlacoyos*.

★ Centro de Artesanías
La Ciudadela   KUNSTHANDWERK
(Karte S. 78; ☑ 55-5510-1828; http://laciudadela.com.mx; Ecke Balderas & Dondé; ☺ Mo–Sa 10–19, So bis 18 Uhr; Ⓜ Balderas) Das Centro de Artesanías ist eine beliebte Anlaufstelle für gutes Kunsthandwerk, aber auch für Massenware, aus ganz Mexiko. Einen Blick lohnen die *alebrijes* (lustig bemalte Tierfiguren) aus Oaxaca, die Gitarren aus Paracho und die perlenbesetzten Arbeiten der Huicholen. Die Preise sind generell fair, auch schon bevor man zu feilschen beginnt.

Mumedi   GESCHENKE & SOUVENIRS
(Museum für mexikanisches Design; Karte S. 68; ☑ 55-5510-8609; www.mumedi.org; Av Madero 74; ☺ Geschenkeladen Mo 11.30–21, Di–So 8–21 Uhr; ☎; Ⓜ Zócalo) Der Geschenkeladen des Designmuseums verkauft interessanten Popkultur-Schnickschnack, Handtaschen und Schmuck von überwiegend lokalen Kunsthandwerkern. In dem netten Café kann man eine Pause vom Einkaufen einlegen.

Galería Eugenio   KUNSTHANDWERK
(Karte S. 68; ☑ 55-5529-2849; Allende 84; ☺ Mo–Sa 11–17.30 Uhr; Ⓜ Garibaldi) In der Galería Eugenio werden mehr als 4000 traditionelle Masken, hauptsächlich aus Holz oder Ton, zum Kauf angeboten, die von Kunsthandwerkern aus allen Regionen des Landes stammen. Die Galerie liegt in der Gegend des Lagunilla-Markts.

La Europea   GETRÄNKE
(Karte S. 68; ☑ 55-5512-6005; www.laeuropea.com.mx; Ayuntamiento 21; ☺ Mo–Sa 9–20 Uhr; ☐ Plaza San Juan) Der gut bestückte Spirituosenladen hat eine bessere Auswahl als die meisten anderen und verkauft Tequila, Mezcal und Wein zu vernünftigen Preisen. Es gibt Filialen im gesamten Stadtgebiet.

Dulcería de Celaya   ESSEN
(Karte S. 68; ☑ 55-5521-1787; www.dulceriadecelaya.com; Av 5 de Mayo 39; ☺ 10.30–19.30 Uhr; Ⓜ Allende) Dieses Süßwarengeschäft, in dem man

u. a. kandierte Früchte und Zitronen mit Kokosfüllung kaufen kann, existiert bereits seit 1874 und lohnt allein schon wegen des prunkvollen Gebäude einen Blick.

Plaza Downtown Mexico   MALL
(Karte S. 68; www.facebook.com/TheShopsDT; Isabel La Católica 30; ☺ Mo–Sa 11–20, So bis 18 Uhr; Ⓜ Zócalo) Die Läden rund um den zentralen Hof dieses schön restaurierten kolonialzeitlichen Gebäudes aus dem 18. Jh. verkaufen gehobenes Kunsthandwerk, Keramik, Schokolade und Kleidung.

Mercado de Sonora   MARKT
(http://mercadosonora.com.mx; Ecke Fray Servando & Rosales, Colonia Merced Balbuena; ☺ Mo–Sa 9–19, So bis 17 Uhr; Ⓜ Merced) Hier findet man alles, was man für mexikanische Hexerei so braucht. An den Ständen erhält man Tränke, Amulette, Voodoo-Puppen usw. Der Markt ist auch die richtige Adresse, wenn es Zeit für eine *limpia* (spirituelle Reinigung) ist. Bei dem Ritual kommen Weihrauch und Kräuterpackungen zum Einsatz. Leider handeln einige Verkäufer illegal mit bedrohten Tieren. Der Markt liegt zwei Blocks südlich der Metrostation Merced.

Gandhi   BÜCHER
(Karte S. 68; ☑ 55-2625-0606; www.gandhi.com.mx; Av Madero 32; ☺ Mo–Sa 10–21, So 11–20 Uhr; Ⓜ Zócalo) Die stadtweit vertretene Kette führt ein umfangreiches Sortiment von Büchern zu Mexiko und Mexiko City. Weitere Filialen findet man im **Bellas Artes** (Karte S. 68; ☑ 55-2625-0606; www.gandhi.com.mx; Av Juárez 4; ☺ Mo–Sa 10–21, So 11–21 Uhr; Ⓜ Bellas Artes) und in **San Ángel** (Karte S. 98; ☑ 55-2625-0606; www.gandhi.com.mx; Av Miguel Ángel de Quevedo 121; ☺ Mo–Fr 9–22, Sa & So ab 10 Uhr; Ⓜ Miguel Ángel de Quevedo). In einem Häuserblock in San Ángel gibt's gleich zwei Filialen.

Mercado San Juan   MARKT
(Karte S. 78; www.mercadosanjuan.galeon.com; Pugibet 21; ☺ Mo–Sa 8–17, So bis 16 Uhr; ☐ Plaza San Juan) Dieser Markt ist auf hochpreisige Lebensmittel wie *huitlacoche* (Maisbeulenbrand; ein Pilz), Insekten, Krokodil, Strauß oder Reh sowie auf seltene Früchte spezialisiert. Lokale Chefköche und Gourmets holen sich hier Zutaten, die anderswo in der Stadt nicht zu finden sind.

Plaza de la Computación
y Electrónica   ELEKTRONIK
(Karte S. 68; www.plazadelatecnologia.com/mexico; Eje Central Lázaro Cárdenas 38; ☺ 10–20

Uhr; Ⓜ San Juan de Letrán) Hunderte Elektronikstände drängen sich auf der Plaza de la Computación y Electrónica südlich der Uruguay. Hier gibt's die besten Preise der ganzen Stadt für Ladegeräte, Hüllen und Reparaturen von Laptops, Handys und Zubehör.

Tianguis Dominical
de la Lagunilla MARKT
(Ecke González Bocanegra & Paseo de la Reforma; ☺ So 10–18 Uhr; Ⓜ Garibaldi) In diesem Paradies für Sammler findet man Antiquitäten, alte Souvenirs und Krimskrams. Bücher und Zeitschriften gibt's am Gebäude La Lagunilla.

Never Die Gang MODE & ACCESSOIRES
(Karte S. 68; ☑ 55-5512-2183; www.neverdie.mx; Av 16 de Sepiembre 70, 2. OG; ☺ 12–20 Uhr; Ⓜ Zócalo) Wer in die Rap- und Hip-Hop-Kultur von Mexico City eintauchen will, findet bei der „Gang" deren eigenes Streetwear-, Accessoire- und Musik-Label. Der Laden, der von einer Gruppe lokaler Musiker geführt wird, ist auch eine Ticketverkaufsstelle für Rap-Liveevents.

American Bookstore BÜCHER
(Karte S. 68; ☑ 55-5512-0306; Bolívar 23; ☺ Mo–Fr 10–19, Sa bis 18 Uhr; Ⓜ Allende) Englischsprachige Romane und Bücher über Mexiko sowie Lonely Planet Reiseführer.

La Lagunilla MARKT
(Karte S. 68; Ecke Rayón & Allende; ☺ 10–18.30 Uhr; Ⓜ Garibaldi) Der riesige Einkaufskomplex umfasst drei Gebäude: In Gebäude 1 erhält man Kleidung und Stoffe, in Gebäude 2 Lebensmittel und in Gebäude 3 Möbel. Vorsicht ist vor Taschendieben geboten; man sollte auch das notorisch unsichere Viertel Tepito im Nordosten meiden.

Casasola Fotografía GESCHENKE & SOUVENIRS
(Karte S. 68; www.casasolafoto.com; Isabel La Católica 45, Office 201, 2. OG; ☺ Mo–Fr 10.30–19, Sa bis 15 Uhr; Ᏸ República del Salvador) Wahrscheinlich hat man die weltberühmten Sepiafotos aus der Revolutionszeit schon irgendwo gesehen. Zum Verkauf stehen hier u. a. eingerahmte Bilder, Kalender, T-Shirts und Postkarten. Beim Betreten des Gebäudes muss man seinen Ausweis oder Pass vorzeigen.

Zona Rosa & Umgebung

★ Fonart KUNSTHANDWERK
(Karte S. 84; ☑ 55-5546-7163; https://fonart.gob. mx; Paseo de la Reforma 116; ☺ Mo–Fr 10–19, Sa &

So bis 16 Uhr; Ᏸ Reforma) Der staatliche Laden verkauft hochwertige Ware aus ganz Mexiko zu Festpreisen, z. B. lackierte Schachteln aus Olinalá und schwarze Keramik aus Oaxaca. Eine weitere Filiale liegt in **Mixcoac** (Patriotismo 691; ☺ Mo–Fr 10–18, Sa bis 19 Uhr; Ⓜ Mixcoac).

Fusión DESIGN
(Karte S. 84; http://casafusion.com.mx; Londres 37; ☺ Di–Sa 12–20, So 11–19 Uhr; Ᏸ Hamburgo) In dem umgebauten Haus bieten ein Dutzend Boutiquen Geschenkartikel, Kleidung und Möbel (die meisten mit einem Bezug zu Mexiko). Von Freitag bis Sonntag gibt's im Hof einen Markt, auf dem im Wechsel Produkte und Lebensmittel aus einer bestimmten Region, z. B. aus Michoacán, im Mittelpunkt stehen. Ein Café serviert Gourmet-Snacks, darunter Pizzas mit Heuschrecken (oder auch einfach nur mit Aubergine).

Antigüedades
Plaza del Ángel ANTIQUITÄTEN
(Karte S. 84; www.antiguedadesplazadelangel.mx; Londres 161, zw. Amberes & Av Florencia; ☺ Markt Sa & So 9–16 Uhr, Läden tgl. 10.30–19 Uhr; Ⓜ Insurgentes) Der Flohmarkt in einem Einkaufszentrum mit teuren Antiquitätengeschäften bietet Silberschmuck, Gemälde, Deko-Artikel und Möbel.

🔒 Condesa & Roma

Vértigo KUNSTHANDWERK
(Karte S. 88; ☑ 55-5207-3590; www.vertigogaleria. com; Colima 23; ☺ Mo & Di 10–18, Mi–Fr 12–20, Sa 10–17 Uhr; Ᏸ Jardín Pushkin) Im Laden dieser verspielt-hippen Kunstgalerie bekommt man Siebdrucke, T-Shirts mit Grafiken und Radierungen des beliebten argentinischen Illustrators Jorge Alderete. Neben leicht zugänglichen Kunstausstellungen finden im Vértigo gelegentlich auch Konzerte statt.

Libreria Rosario Castellanos BÜCHER
(Karte S. 88; ☑ 55-5276-7110; www.fondodecultu raeconomica.com; Av Tamaulipas 202, Ecke Benjamín Hill; ☺ 9–23 Uhr; ☎; Ⓜ Patriotismo) Im eindrucksvollen Art-déco-Gebäude des Centro Cultural Bella Época befindet sich einer der größten Buchläden Lateinamerikas. Hier kann man leicht stundenlang in den Büchern stöbern (und das sogar erlaubt). Neben Büchern gibt's hier auch CDs und DVDs.

La Naval GETRÄNKE
(Karte S. 88; ☑ 55-5584-3500; www.lanaval.com. mx; Av Insurgentes Sur 373; ☺ Mo–Sa 9–21, So

MEXICO CITY SHOPPEN

11–19 Uhr; Campeche) Ganz egal, ob Mezcal, Tequila, kubanische Zigarren oder schwer aufzutreibende, importierte Lebensmittel – in diesem Gourmet-Paradies ist alles in reichlicher Auswahl vorrätig.

Under the Volcano Books   BÜCHER
(Karte S. 88; www.underthevolcanobooks.com; Celaya 25; ⊙Mo–Sa 11–18 Uhr; Sonora) Der Laden kauft und verkauft gebrauchte englischsprachige Bücher. Die Auswahl ist groß, und die Preise sind sehr günstig.

El Hijo del Santo   GESCHENKE & SOUVENIRS
(Karte S. 88; ☑55-5512-2186; www.elhijodelsanto.com.mx; Av Tamaulipas 219; ⊙Mo–Sa 10–21 Uhr; Ⓜ Patriotismo) Das kleine Fachgeschäft gehört dem Wrestler El Hijo del Santo, dem wohl berühmtesten *lucha-libre*-Star von ganz Mexiko, der in den 1980er-Jahren bekannt wurde. In dem Laden werden Fanartikel rund um (welch eine Überraschung!) Santo verkauft, darunter finden sich auch kitschige Portraits, abgefahrene Handtaschen und die stets beliebten silbernen Santo-Masken.

Polanco

Antara   EINKAUFSZENTRUM
(Karte S. 92; www.antara.com.mx; Av Ejército Nacional 843B; ⊙11–23 Uhr; Ⓜ Polanco) Der Komplex aus gehobenen Läden und Filialen bekannter Ketten befindet sich teilweise unter freiem Himmel und ist schon für sich allein ein Ziel im modischen Viertel Polanco.

Pasaje Polanco   EINKAUFSZENTRUM
(Karte S. 92; ☑55-5280-7976; Av Presidente Masaryk 360, Ecke Oscar Wilde, Colonia Polanco; ⊙9–22 Uhr; Ⓜ Polanco) Eleganter Komplex mit gehobenen Boutiquen, Fachgeschäften und einem großen Kunsthandwerksladen, in dem Handtaschen, Wrestling-Masken und Volkskunst zum Tag der Toten verkauft werden.

San Ángel

Bazar Sábado   KUNST & KUNSTHANDWERK
(Karte S. 98; ☑55-5616-0082; Plaza San Jacinto 11; ⊙Sa 10–19 Uhr; 🚊La Bombilla) Auf dem Samstagsbazar werden handgefertigter Schmuck, Holzarbeiten, Keramiken und Textilien verkauft. Kaum irgendwo in Mexiko findet man solch hochwertige Waren. Künstler und Kunsthandwerker zeigen ihre Arbeiten darüber hinaus auf der Plaza San Jacinto sowie auf der angrenzenden Plaza Tenanitla.

Jardín del Arte San Ángel   KUNST
(Karte S. 98; www.jardindelarte.mx; Plaza San Jacinto; ⊙So 10–16 Uhr; 🚊La Bombilla) Sonntags bauen lokale Künstler an der Westseite der Plaza San Jacinto in San Ángel Stände auf, um ihre Gemälde zu verkaufen, und Straßenhändler bieten Künstlerbedarf an. Ein weiterer Markt dieser Art befindet sich nordöstlich von hier in **El Carmen** (Karte S. 98; www.jardindelarte.mx; ⊙Sa 10–16 Uhr; 🚊La Bombilla) und noch ein anderer in der **Colonia San Rafael** (Karte S. 84; zw. Sullivan & Villalongín, Colonia San Rafael; ⊙So 10–18 Uhr; 🚊Reforma).

Plaza Loreto   EINKAUFSZENTRUM
(Karte S. 98; www.centrocomercialloreto.com.mx; Altamirano 46, Ecke Av Revolución; ⊙11–20 Uhr; 🚌; 🚊Dr. Gálvez) Die alte Papierfabrik wurde zu einem attraktiven Einkaufszentrum umgewandelt. Zwischen den Backsteingebäuden liegen mehrere Patios und Höfe. Hier gibt's mehr als nur Shoppinggelegenheiten: Man findet auch ein kleines Amphitheater mit kostenlosen Konzerten und Puppentheater, ein Kino mit anspruchsvollem Programm, ein Kunstmuseum sowie eines der besten Restaurants der Stadt, die Taberna del León (S. 125).

Weitere Viertel

★Tianguis Cultural del Chopo   MUSIK
(Calle Aldama s/n; ⊙Sa 11–16 Uhr; Ⓜ Buenavista) Ein Tummelplatz für die diversen Subkulturen der Jugend der Stadt, insbesondere für Goth, Metal und Punk: An den meisten Marktständen werden Klamotten oder DVDs angeboten, darüber hinaus kann man sich Tattoos stechen, Body-Piercings verpassen oder die Haare färben lassen. Am nördlichen Ende des Markts befindet sich eine Konzertbühne für junge, aufstrebende Bands. Der Haupteingang ist einen Block östlich der Metrostation Buenavista.

Mercado de Jamaica   MARKT
(http://mercadodejamaica.com; Ecke Guillermo Prieto & Congreso de la Unión, Colonia Jamaica; ⊙24 Std.; Ⓜ Jamaica) Riesiger, farbenfroher Blumenmarkt mit üppig barocken Blumengestecken und exotischen Pflanzen. Einen Block südlich der Metrostation Jamaica.

❶ Praktische Informationen

EINREISEBEHÖRDE

Instituto Nacional de Migración (Nationales Institut für Einwanderungsfragen; Karte S. 92; ☑55-2581-0100; www.inm.gob.mx; Av Ejército

Nacional 862; ⊙ Mo–Fr 9–13 Uhr) Die richtige Adresse, wenn man sein Touristenvisum verlängern bzw. ein verlorenes ersetzen möchte oder andere untypische Visafragen zu klären hat. An der Metrostation Sevilla in den „Ejercito"-Bus einsteigen! Die Bushaltestelle liegt zwei Häuserblocks östlich der Behörde.

GEFAHREN & ÄRGERNISSE

Die Kriminalitätsrate in der Hauptstadt ist ziemlich hoch; wer jedoch ein paar Vorsichtsmaßnahmen berücksichtigt, der kann das Risiko, zum Opfer zu werden, erheblich minimieren. Und wer die Stadt das erste Mal besucht, ist oft überrascht, wie sicher man sich hier fühlt. Die Gewalt im Drogenmilieu, die weltweit Schlagzeilen macht, konzentriert sich auf die nördlichen und pazifischen Bundesstaaten, die weit von Mexico City entfernt liegen.

Diebstahl

Diebe treiben vor allem in Gebieten ihr Unwesen, die von Ausländern frequentiert werden. Vorsicht ist abends an den Wochenenden z. B. auf der Plaza Garibaldi, in der Zona Rosa und in La Condesa geboten. Auch am Flughafen und in den Busbahnhöfen sollte man auf der Hut sein. Überfüllte U-Bahn-Waggons und Busse sind die bevorzugten Tummelplätze von Taschendieben; man sollte dort seine Brieftasche immer im Blick haben und möglichst Bankkarten oder größere Bargeldbeträge nicht mit sich herumtragen. Bei Raubüberfällen sollte man keinen Widerstand leisten und seine Wertsachen aushändigen, um nicht verletzt oder ermordet zu werden.

Erdbeben

Erdbeben sind ein geringes, aber nicht zu vernachlässigendes Risiko. Am 19. September 2017 erschütterte ein stärkeres Erdbeben die mexikanische Hauptstadt, bei dem Gebäude zerstört oder beschädigt und Hunderte Menschen obdachlos wurden. Es gab Hunderte von Toten, aber die Auswirkungen waren weit weniger verheerend als bei dem Erdbeben von 1985. Das lag zum Teil auch an den starken Verbesserungen hinsichtlich der Bausubstanz der Gebäude, die seismischen Aktivitäten besser widerstehen können.

Die *alerta sísmica* (öffentliche Erdbeben-Sirene) warnt Sekunden vor einem Beben, die Gebäude zu verlassen, und ist inzwischen auch mit der offiziellen amtlichen App 911 CDMX verbunden.

Erdbebenvoraussagen sind nach wie vor unmöglich. Aktuelle Warnhinweise findet man auf Websites wie Smart Traveller (www.smartraveller.gov.au) oder der Website des US-amerikanischen Außenministeriums (http://travel.state.gov).

Überfälle

Taxi-Überfälle sind zwar nicht mehr so häufig wie in den 1990er-Jahren, aber sie kommen immer noch vor. Viele Opfer haben ein Taxi auf der Straße herangewunken und wurden dann von Komplizen des Fahrers überfallen. Man sollte nicht in Taxis steigen, die vor Nachtclubs oder Restaurants parken, außer wenn diese das im Auftrag dieses Etablissements tun. Taxis nicht heranwinken, sondern zu einem *sitio* (Taxistand) gehen oder ein Funk- oder Uber-Taxi bestellen!

GELD

Die meisten Banken und *casas de cambio* (Wechselstuben) tauschen Bargeld und lösen Reiseschecks ein, einige allerdings nur Euro und US-amerikanische sowie kanadische Dollars. Die Kurse variieren, man sollte also bei einigen Stellen schauen. Mexico City ist eine der wenigen Städte weltweit, in der die Wechselstuben am Flughafen konkurrenzfähige Kurse anbieten. Zu den Wechselstuben in der Stadt gehören **CCSole** (www.ccsole.com.mx; Niza 11, Zona Rosa; ⊙ Mo–Fr 9–18 Uhr; 🚇 Hamburgo) und **Centro de Cambios y Divisas** (✆ 55-5705-5656; www.ccd.com.mx; Paseo de la Reforma 87F; ⊙ Mo–Fr 8–21, Sa bis 18, So 10–17 Uhr; 🚇 Reforma).

Die meisten Geldautomaten, Banken und *casas de cambio* findet sich am Paseo de la Reforma zwischen dem Monumento a Cristóbal Colón und dem Monumento a la Independencia.

INFOS IM INTERNET

CDMX Travel (www.cdmxtravel.com/en) Die offizielle Fremdenverkehrsseite der Stadt bietet in englischer Sprache eine Übersicht über die Viertel, Erlebnisse, Touren und Events.

Lonely Planet (www.lonelyplanet.com/mexico-city) Infos zum Reiseziel, Hotelbuchungen, Traveller-Forum und mehr.

Mexico es Cultura (www.mexicoescultura.com) Staatlich geförderte Promotion-Seite zu kulturellen Veranstaltungen in der Stadt (und im ganzen Land).

Secretaría de Cultura del Distrito Federal (www.cartelera.cdmx.gob.mx) Hat eine Liste der Festivals, Museen und Kulturveranstaltungen.

Sistema de Información Cultural (sic.gob.mx) Bietet eine adressbuchartige Auflistung von Festivals, Museen und Kulturevents in Mexico City.

INTERNETZUGANG

Kostenloses WLAN gibt's in nahezu allen Unterkünften und Cafés sowie in vielen öffentlichen Parks und auf diversen Plätzen. Internetdienste werden so gut wie überall angeboten; die Preise liegen zwischen 10 und 30 Mex$ pro Stunde.

MEDIZINISCHE VERSORGUNG

Auf der Suche nach einem empfehlenswerten Arzt, Zahnarzt oder Krankenhaus kann man sich an die eigene Botschaft oder an **Sectur**, das Ministerium für Tourismus, wenden. Auf der

Website der US-Botschaft (S. 927) findet man eine Liste von Krankenhäusern und Englisch sprechenden Ärzten (mit Referenzen) in der Region. Eine Sprechstunde in einer Arztpraxis kostet generell zwischen 500 und 1200 Mex$. Bei medizinischen Notfällen ruft man das Cruz Roja (Rotes Kreuz) unter 911.

Die Apotheken in den Sanborns-Filialen gehören zu den verlässlichsten.

Farmacia París (☏ 55-5709-5000; www.farmaciaparis.com; República del Salvador 97, Colonia Centro; ⊙ Mo–Sa 8–23, So 9–21 Uhr; Ⓜ Isabel La Católica)

Farmacia San Pablo (☏ 55-5354-9000; www.farmaciasanpablo.com.mx; Ecke Av Insurgentes Sur & Chihuahua, Colonia Roma; ⊙ 24 Std.; Ⓜ Álvaro Obregón) Lieferdienst rund um die Uhr.

Hospital Ángeles Clínica Londres (☏ 55-5229-8400, Notfall 55-5229-8445; https://hospitalesangeles.com/clinicalondres; Durango 50, Colonia Roma; Ⓜ Cuauhtémoc) Krankenhaus mit Ambulanz.

Hospital Centro Médico ABC (American British Cowdray Hospital; ☏ 55-5230-8000, Notfall 55-5230-8161; www.abchospital.com; Sur 136 No 116, Colonia Las Américas; Ⓜ Observatorio) Englisch sprechendes Personal und sehr gute Versorgung.

Médicor (☏ 55-5512-0431; www.medicor.com.mx; Independencia 66, Colonia Centro; ⊙ Mo–Sa 9–21, So bis 19 Uhr; Ⓜ Juárez) Homöopathische Mittel.

NOTFALL

Feuerwehr (☏ 911)
Polizei (☏ 911)

POST

Auf der Website der mexikanischen Post (www.correosdemexico.com.mx) sind alle Filialen im Stadtgebiet aufgelistet. Wichtige Sendungen vertraut man besser verlässlicheren, privaten Kurierdiensten an.

Palacio Postal (S. 74) Die mit „*estampillas*" beschrifteten Briefmarkenschalter in der Hauptpost haben verlängerte Öffnungszeiten. Auch wenn man keine Briefmarken benötigt, sollte man einen Blick in das prächtige Innere des Gebäudes werfen.

Postfiliale Cuauhtémoc (Karte S. 84; ☏ 55-5207-7666; Río Tiber 87; ⊙ Mo–Fr 8–19, Sa & So bis 15 Uhr; Ⓜ Insurgentes)

Postfiliale Roma Norte (Karte S. 88; Coahuila 5; ⊙ Mo–Fr 8–18.30, Sa 9–14.30 Uhr; Ⓜ Hospital General)

REISEBÜROS

Eine Reihe von Hostels und Hotels haben eine *agencia de viajes* im Haus oder können eine in der Nähe empfehlen.

Mundo Joven Airport (☏ 55-2599-0155; www.mundojoven.com; Sala E1, Internationale Ankunft, Terminal 1; ⊙ Mo–Fr 9–20, Sa 10–17, So bis 14 Uhr; Ⓜ Terminal Aérea) Ist spezialisiert auf Schülergruppen und Studienreisen. Es bietet Flüge zu vernünftigen Preisen ab Mexico City an und stellt ISIC-, ITIC-, IYTC- und HI-Ausweise aus. Weitere Filialen gibt's in **Polanco** (☏ 55-5250-7191; www.mundojoven.com; Eugenio Sue 342, Ecke Homero; ⊙ Mo–Fr 10–19, Sa bis 14 Uhr; Ⓜ Polanco) und am **Zócalo** (☏ 55-5518-1755; www.mundojoven.com; República de Guatemala 4, Zócalo; ⊙ Mo–Fr 9, Sa bis 14 Uhr; Ⓜ Zócalo).

Turismo Zócalo (☏ 55-8596-9649; www.turismozocalo.com; Palma 34, 2. OG, Colonia Centro; ⊙ Mo–Fr 10–19, Sa bis 13 Uhr; Ⓜ Zócalo) Das Büro im Einkaufszentrum Gran Plaza Ciudad de México dient zugleich als Miescape-Verkaufsstelle für Bustickets.

TOILETTEN

In einigen Sanborns-Läden darf die Toilette umsonst benutzt werden, in anderen kostet das 5 Mex$. In den meisten Marktgebäuden und in Läden nahe den Metrostationen gibt's öffentliche Toiletten, die am „WC"-Schild zu erkennen sind. Der Hygienestandard ist dabei unterschiedlich. Toilettenpapier erhält man auf Nachfrage.

TOURISTENINFORMATION

Sectur (Karte S. 92; ☏ 55-5250-0151, US 800-482-9832; www.gob.mx/sectur; Av Presidente Masaryk 172, Bosques de Chapultepec; ⊙ Mo–Fr 9–17 Uhr; Ⓜ Polanco) ist das mexikanische Tourismusministerium und händigt Travellern Broschüren zum ganzen Land aus. Aktuellere Infos zur Hauptstadt erhält man allerdings eher an den Touristeninformationsständen.

Die Touristeninformationen der **Tourismusbehörde von Mexico City** (☏ 800-008-90-90; www.mexicocity.gob.mx) sind an den wichtigsten Orten vertreten, so etwa am Flughafen und an den Busbahnhöfen. Die Angestellten – viele von ihnen sprechen Englisch – beantworten gern Fragen und geben Stadtpläne und praktisches Infomaterial aus. Die meisten Büros haben täglich von 9 bis 18 Uhr geöffnet.

Alameda (Karte S. 78; Ecke Av Juárez & Dr. Mora, Colonia Centro; ⊙ 9–18 Uhr; Ⓜ Hidalgo)

Basílica (☏ 55-5748-2085; Plaza de las Américas 1, Basílica de Guadalupe; ⊙ Mo & Di 9–15, Mi–So bis 18 Uhr; Ⓜ La Villa-Basílica) An der südlichen Seite der Plaza.

Centro (Karte S. 68; ☏ 55-5518-1003; Monte de Piedad; ⊙ 9–18 Uhr; Ⓜ Zócalo) Außerhalb der Catedral Metropolitana.

Chapultepec (Karte S. 92; Paseo de la Reforma; ⊙ Mi–So 9–18 Uhr; Ⓜ Auditorio) In der Nähe des Museo Nacional de Antropología.

Coyoacán (Karte S. 100; ☑ 55-5658-0221; Jardín Hidalgo 1, Coyoacán; ◷ 10–20 Uhr; Ⓜ Coyoacán) In der Casa de Cortés.

Nativitas (☑ 55-5653-5209; Xochimilco; ◷ Mo–Fr 9–16, Sa & So bis 17 Uhr; Ⓡ Xochimilco) Am Nativitas-Bootsanleger.

Xochimilco (☑ 55-5676-0810; www.xochi milco.df.gob.mx/turismo; Pino 36; ◷ Mo–Fr 8–19, Sa & So 9–18 Uhr; Ⓜ Xochimilco) Am Jardín Juárez.

Zócalo (Karte S. 68; Templo Mayor; ◷ 9–18 Uhr; Ⓜ Zócalo) Östlich der Catedral Metropolitana.

Zona Rosa (Karte S. 84; ☑ 55-5208-1030; Ecke Paseo de la Reforma & Av Florencia; ◷ Mi–So 9–18 Uhr; Ⓜ Insurgentes) Am Monumento a la Independencia in der Zona Rosa.

ⓘ An- & Weiterreise

AUTO & MOTORRAD

Mietwagen

Autovermietungen haben Büros am Flughafen, an den Busbahnhöfen und in der Zona Rosa. Ein Mietwagen kostet am Tag normalerweise rund 600 Mex$, wer online bucht, bekommt aber oft bessere Konditionen. Eine Übersicht der Autovermietungen bietet die Website der Tourismusbehörde des CDMX (www.mexicoci ty.gob.mx).

Pannenhilfe

Wer die Stadt verlässt, bekommt als Traveller im Falle einer Panne rund um die Uhr Hilfe von den **Ángeles Verdes** (Grüne Engel; ☑ 078; http:// av.sectur.gob.mx). Einfach 078 wählen und den eigenen Standort durchgeben!

Strecken in die & aus der Stadt

Egal, aus welcher Richtung man in die Stadt kommt, nach der letzten *caseta* (Mautstelle) kommt man in ein Niemandsland mit dürftiger Straßenmarkierung und chaotischem Verkehr. Hinter den *casetas* treten auch die *Hoy No Circula* (S. 147) Regeln in Kraft.

→ **Nach Puebla** (östlich des CDMX) Man fährt auf dem Viaducto Alemán (Río de la Piedad) in Richtung Osten. Von Roma und der Zona Rosa aus erreicht man ihn am besten über die Avenida Cuauhtémoc (Eje 1 Poniente). Unmittelbar nachdem man den Viaducto – vor dem Kaufhaus Liverpool – überquert hat, links in die Auffahrt einbiegen! Vom Zócalo fährt man auf dem Viaducto Tlalpan zum Viaducto Alemán und folgt den Schildern zur Calzada Zaragoza. So gelangt man zur Schnellstraße nach Puebla. Den Flughafen von Puebla erreicht man, indem man in Richtung Norden den Blvd Puerto Aéreo entlang fährt.

→ **Nach Oaxaca oder Veracruz** Man folgt ebenso dem Viaducto Alemán bis zur Calzada

Zaragoza und folgt dann den Schildern nach Oaxaca, bis man auf die Autobahn nach Puebla trifft.

→ **Nach Querétaro** (nördlich des CDMX) Man biegt am Diana-Kreisverkehr in die Reforma, fährt dann bis zur Estela de Luz und biegt rechts auf die Calz Gral Mariano Escobedo ab. Nun hält man sich rechts und hält nach der Ausfahrt nach Querétaro Ausschau. Nachdem man die Mautstelle von Tepotzotlán passiert hat, folgt man der Straße 200 km. Auf der Carretera México-Querétaro nimmt man schließlich die Ausfahrt zum Centro.

→ **Nach Pachuca, Hidalgo und in den Norden von Veracruz** (nördlich des CDMX) Man nimmt die Avenida Insurgentes Richtung Norden (die außerdem nach Teotihuacán führt), die in die Schnellstraße übergeht.

→ **Nach Cuernavaca** (südlich des CDMX) Man biegt vom Zócalo nach rechts (Richtung Süden) auf die Pino Suárez ab, die zur Calzada Tlalpan wird. Rund 20 km weiter südlich weisen Schilder den Weg zu einer Ausfahrt linker Hand zur *cuota* (mautpflichtigen Autobahn) nach Cuernavaca.

→ **Nach Toluca** (westlich des CMX) Aus der Stadt heraus führt der Paseo de la Reforma, der in die *cuota* übergeht. Auf dem Weg nach Toluca passiert man die Hochhäuser von Santa Fe.

BUS

Mexico City hat vier Busbahnhöfe für Überlandbusse, von denen Busse in alle vier Himmelsrichtungen fahren: Terminal Norte (nach Norden), Terminal Oriente (genannt TAPO, nach Osten), Terminal Poniente (Observatorio, nach Westen) und Terminal Sur (nach Süden). In allen Terminals gibt's eine Gepäckaufbewahrung oder Schließfächer, Touristeninformationsschalter, Zeitungsstände, Kartentelefone, Internet, Geldautomaten und Snackbars. Auch vom Flughafen aus fahren Busse in die nahe gelegenen Städte. Für Fälle, in denen die Zeit bis zu fünf Stunden reicht, ist es meist, die Karte direkt vor der Abfahrt am Busbahnhof zu kaufen. Zu längeren Fahrten brechen viele Busse am Abend auf, die Tickets sind schnell ausgebucht – besser im Voraus kaufen!

Prepaid-Tickets gibt's in den Oxxo-Märkten überall in der Stadt sowie bei **Miescape** (☑ 55-5784-4652; www.miescape.mx), einer Buchungsagentur für über ein Dutzend Buslinien ab allen vier Busbahnhöfen. (Zum Ticketpreis kommt eine Gebühr von 10 %, maximal jedoch ein Betrag von 50 Mex$ hinzu.) Miescape nimmt Buchungen auch telefonisch entgegen; bezahlt wird dann mit Visa oder MasterCard. Miescape-Filialen sind am **Buenavista** (Ticketbus; Karte S. 78; ☑ 55-5566-1573; www.miescape.mx; Buenavista 9, Ecke Orozco & Berra; ◷ Mo–Fr 9–14.30 & 15.30–19, Sa bis 15 Uhr; Ⓜ Revolu-

BUSSE AB MEXICO CITY

ZIEL	TERMINAL IN MEXICO CITY	BUSUNTERNEHMEN	PREIS (MEX$)	DAUER (STD.)	HÄUFIGKEIT (TGL.)
Acapulco	Sur	Costa Line, Estrella de Oro	535–705	5	16-mal
	Norte	Futura, Costa Line	535	5½–6	9-mal
Bahías de Huatulco	Sur	OCC, Turistar, AltaMar	800–1100	15–15½	3-mal
	Norte	AltaMar	1100	16	16.45 Uhr
Campeche	Oriente (TAPO)	ADO, ADO GL	905–1742	16–18	6-mal
	Norte	ADO	905	17–18	2-mal
Cancún	Oriente (TAPO)	ADO, ADO GL	1120–2160	24–27	5-mal
Chetumal	Oriente (TAPO)	ADO	1093–1556	19½–20	2-mal
Chihuahua	Norte	Estrella Blanca, Ómnibus de México	1560–1640	18–19	7-mal
Cuernavaca	Sur	Estrella Blanca, Estrella de Oro, ETN, Pullman de Morelos	111–140	1¼	häufig
Guadalajara	Norte	Estrella Blanca, ETN, Ómnibus de México, Primera Plus	657–850	6–7	häufig
	Poniente	ETN	806	6¼–7¾	4-mal
Guanajuato	Norte	ETN, Primera Plus	513–680	5–5½	14-mal
Matamoros	Norte	ETN, Futura	1203–1350	12½–13½	3-mal
Mazatlán	Norte	Elite, ETN, Pacífico	1055–1420	13–16	13-mal
Mérida	Oriente (TAPO)	ADO, ADO GL	898–1882	19–20½	5-mal
Monterrey	Norte	ETN, Ómnibus de México	1130–1205	11–13	18-mal
Morelia	Poniente	Autovías, ETN, Pegasso	327–486	4–4¼	häufig
Nuevo Laredo	Norte	ETN, Futura, Turistar	1335–1510	15–15½	8-mal
Oaxaca	Oriente (TAPO)	ADO, ADO GL, ADO Platino	470–945	6–6½	häufig
	Sur	ADO GL, OCC	650–700	6½	5-mal
Palenque	Oriente (TAPO)	ADO	1096	12¾	18.10 Uhr
Papantla	Norte	ADO	382	5–6	7-mal
Pátzcuaro	Norte	Primera Plus	482	5	7-mal
	Poniente	Autovías	480	5	11-mal
Puebla	Airport	Estrella Roja	290	2	alle 40 Min.
	Oriente (TAPO)	ADO, ADO GL, AU, Pullman de Morelos	141–200	2–2¼	häufig
Puerto Escondido	Sur	ETN, OCC, Turistar	1082–1180	12–17½	2-mal

ción) und **Roma Norte** (Ticketbus; Karte S. 88; ☏ 55-5564-6783; www.miescape.mx; Mérida 156, Ecke Zacatecas; ☺ Mo–Fr 9–14.30 & 15.30–18.45, Sa bis 14.45 Uhr; Ⓜ Hospital General) zu finden.

Busbahnhöfe

Terminal de Autobuses del Norte (☏ 55-5587-1552; www.centraldelnorte.com.mx; Eje Central Lázaro Cárdenas 4907, Colonia Mag-

ZIEL	TERMINAL IN MEXICO CITY	BUSUNTERNEHMEN	PREIS (MEX$)	DAUER (STD.)	HÄUFIGKEIT (TGL.)
Puerto Vallarta	Norte	ETN, Futura Primera Plus	984–1365	12–13½	5-mal
Querétaro	Norte	Estrella Blanca, ETN, Primera Plus	265–345	2¾–3	häufig
	Airport	Primera Plus	385	3	häufig
	Poniente	Primera Plus	311	3½–4	17-mal
San Cristóbal de las Casas	Oriente (TAPO)	ADO GL, OCC	801–1522	13–14	7-mal
	Norte	OCC	1256	14–14½	4-mal
San Luis Potosí	Norte	ETN, Primera Plus, Turistar	491–655	4½–5½	häufig
San Miguel de Allende	Norte	ETN, Primera Plus	388–510	3¼–4	7-mal
Tapachula	Oriente (TAPO)	ADO GL, ADO Platino, OCC	830–1834	16½–19½	11-mal
Taxco	Sur	ADO, Costaline, Estrella de Oro, Pullman de Morelos	209–275	2½	4-mal
Teotihuacán	Norte	Autobuses Teotihuacán	50	1	6–19 Uhr stündl.
Tepoztlán	Sur	OCC	126	1	häufig
Tijuana	Norte	Elite	1998	4	12-mal
Toluca	Airport	TMT Caminante	190	1¾	stündl.
	Poniente	ETN, Flecha Roja	65–90	1	häufig
Tuxtla Gutiérrez	Oriente (TAPO)	ADO, ADO GL, ADO Platino, OCC	893–1670	11¾–12½	14-mal
Uruapan	Poniente	Autovías, ETN	562–670	5¼–6	17-mal
Veracruz	Oriente (TAPO)	ADO, ADO GL, ADO Platino, AU	580–720	5½–7¼	häufig
	Sur	ADO, ADO GL	664–748	5½–6¼	6-mal
Villahermosa	Oriente (TAPO)	ADO, ADO GL, ADO Platino, AU	1022–1272	10–12¼	24-mal
Xalapa	Oriente (TAPO)	ADO, ADO GL, ADO Platino, AU	184–682	4½–5	häufig
Zacatecas	Norte	ETN, Ómnibus de México	865–1120	8–9	14-mal
Zihuatanejo	Sur	ADO, Costa Line, Estrella de Oro, Futura	723-900	9	4-mal
	Poniente	Autovías	650	9	3-mal

dalena de las Salinas; Ⓜ Autobuses del Norte) Der größte der vier Busbahnhöfe bedient Ziele im Norden, darunter die Städte an der US-amerikanischen Grenze, sowie einige Orte im Westen (Guadalajara, Puerto Vallarta), im Os-ten (Puebla) und im Süden (Acapulco, Oaxaca). Die Schalter für Deluxe- und 1.-Klasse-Busse befinden sich hauptsächlich im südlichen Abschnitt des Busbahnhofs. Gepäckaufbe-wahrungen sind am südlichen Ende sowie im zentralen Durchgangsbereich untergebracht. Auch die Busse nach Teotihuacán fahren von hier. Am Busbahnhof hat man Anschluss an die Línea 5 (gelb) der Metro (Station Autobuses del Norte).

Terminal de Autobuses de Pasajeros de Oriente (TAPO; ☑ 55-5522-9381; Calz Zaragoza 200, Colonia Diez de Mayo; Ⓜ San Lázaro) Der allgemein als TAPO bekannte Busbahnhof bedient Ziele im Osten und Südosten, darunter Puebla, Veracruz, Yucatán, Oaxaca und Chiapas. Die Schalter der Busunternehmen verteilen sich um eine Rotunde mit Foodcourt, Internetterminals und Geldautomaten. Die Gepäckaufbewahrung befindet sich im Túnel 1. Am Busbahnhof hat man Anschluss an die Línea 1 (rosa) und Línea B (dunkelgrün) der Metro (Station San Lázaro).

Terminal de Autobuses del Poniente (Observatorio; ☑ 55-5271-0149; Av Sur 122, Colonia Real del Monte; Ⓜ Observatorio) Von diesem Busbahnhof, der meist nach der Metrostation als Observatorio bezeichnet wird, starten Busse nach Michoacán, Valle de Bravo und Toluca. Von hier fahren darüber hinaus auch Shuttlebusse zum nahegelegenen Toluca. ETN bietet außerdem Verbindungen nach Guadalajara an. Die Metrostation Observatorio ist der westliche Endpunkt der Línea 1 (rosa).

Terminal de Autobuses del Sur (Tasqueña; ☑ 55-5689-9745; Av Tasqueña 1320, Colonia Campestre Churubusco; Ⓜ Tasqueña) Dieser Busbahnhof bedient Tepoztlán, Cuernavaca, Taxco, Acapulco und weitere Ziele im Süden, außerdem Oaxaca, Huatulco und Ixtapa-Zihuatanejo. Die Schalter von Estrella de Oro (Busse nach Acapulco & Taxco) und Pullman de Morelos (Busse nach Cuernavaca) befinden sich an der rechten Seite des Busbahnhofs, die Schalter von OCC, Estrella Roja (Busse nach Tepoztlán), ETN und Futura an der linken. In *sala* 3 sind die Gepäckaufbewahrung und Geldautomaten untergebracht. In der Nähe liegt die Metrostation Tasqueña, der südliche Endpunkt der Línea 2 (blau).

Aeropuerto Internacional Benito Juárez (S. 146) Vom Flughafen der Stadt fahren Busse u. a. nach Cuernavaca, Pachuca, Puebla, Querétaro, Toluca, Córdoba, San Juan del Rio, Orizaba und Celaya. Die Busse starten von Plattformen nahe der *sala* E in Terminal 1 und von der *sala* D in Terminal 2. Die Ticketschalter in Terminal 1 finden sich auf der oberen Ebene abseits des Foodcourts. Eine Fußgängerbrücke führt von *sala* B zu einem ADO-Busbahnhof mit Bussen nach Acapulco und Veracruz. Die aktuellen Ziele, Preise und Abfahrtzeiten der Busse stehen auf der Website des Flughafens.

Buslinien

Die Fahrpläne stehen auf den Websites der einzelnen Busunternehmen.

ADO Group (☑ 55-5784-4652; www.ado.com.mx) Eines der größten und verlässlichsten Unternehmen mit Buslinien im gesamten Land. Es umfasst ADO Platino (Deluxe-Klasse), ADO GL (Business-Klasse), OCC (1. Klasse), ADO (1. Klasse) und AU (2. Klasse).

Autobuses Teotihuacán (☑ 55-5587-0501; www.autobusesteotihuacan.com.mx) Die Busse zu den Ruinen von Teotihuacán fahren alle 30 Minuten. Man sollte genau schauen, ob bei der Zielangabe *ruinas* steht – nicht den Bus zur nahegelegenen Ortschaft San Juan Teotihuacán nehmen!

Autovías (☑ 800-622-22-22; www.autovias.com.mx) Bietet 1.-Klasse-Busse in die Bundesstaaten Mexiko (Estado de México) und Michoacán.

Estrella Blanca Group (☑ 800-507-55-00, 55-5729-0807; www.estrellablanca.com.mx) Einer der größten und verlässlichsten Busunternehmensverbände mit Buslinien im ganzen Land. Er besteht aus Futura, Costa Line und Elite (1. Klasse).

Estrella de Oro (☑ 55-5549-8520, 800-900-01-05; www.estrelladeoro.com.mx) Bietet Busverbindungen (Business & 1. Klasse) nach Cuernavaca und zu Städten im Bundesstaat Guerrero, darunter Taxco und Acapulco.

Estrella Roja (☑ 800-712-22-84, 55-5130-1800; www.estrellaroja.com.mx) Hat 1.-Klasse-Direktverbindungen zwischen Puebla und dem Flughafen von Mexico City.

ETN (☑ 800-800-03-86, 55-5089-9200; www.etn.com.mx) Das Unternehmen mit den wohl luxuriösesten Bussen betreibt Verbindungen durchs gesamte Land. Zu ihm gehören ETN (Deluxe-Klasse) und Turistar (Business- & Deluxe-Klasse).

Ómnibus de México (☑ 800-765-66-36, 55-5141-4300; www.odm.com.mx) Zu den beliebtesten Zielen dieses Unternehmens mit 1.-Klasse-Bussen ab Mexico City gehören Monterrey und San Luis Potosí, aber es fahren auch Busse in die USA (Houston und Dallas).

Primera Plus (☑ 800-375-75-87; www.primeraplus.com.mx) Das Unternehmen hat ein umfangreiches Netz und fährt mit Deluxe- und 1.-Klasse-Bussen insbesondere nach Jalisco, Michoacán, Guanajuato und Querétaro.

Pullman de Morelos (☑ 55-5445-0100, 800-022-80-00; www.pullman.mx) Bedient Cuernavaca mit Bussen der Business-, Deluxe- und 1. Klasse.

FLUGZEUG

Der **Aeropuerto Internacional Benito Juárez** (☑ 55-2482-2424; www.aicm.com.mx; Capitán Carlos León s/n, Colonia Peñón de los Baños; ☎; Ⓜ Terminal Aérea) ist Mexico Citys einziger Passagierflughafen und mit einer jährlichen Kapazität von 32 Mio. Fluggästen gleichzeitig der größte Lateinamerikas. Es gibt zwei Terminals:

Terminal 1 ist das Hauptterminal, Terminal 2 liegt 3 km vom Hauptterminal entfernt. Vom Terminal 2 aus fliegen u. a. Aeromar, Aeroméxico, Copa Airlines, Delta und Lan. Alle anderen Fluglinien starten vom Terminal 1.

Zwischen den beiden Terminals verkehren rote Busse (12,50 Mex$; im Bus bezahlbar), die am Terminal 1 an *puerta* (Gate) 7 und am Terminal 2 an *puerta* 3 halten. Auch der *aerotrén*, ein Monorail-Service zwischen *puerta* 6 am Terminal 1 und *puerta* 4 am Terminal 2, der nur von Passagieren mit Flugticket genutzt werden kann, verbindet die beiden Terminals miteinander.

In beiden Terminals gibt es *casas de cambio* und Geldautomaten. Autovermietungen und Gepäckaufbewahrungen findet man in *sala* (Halle) A und *sala* E2 des Terminal 1.

Über 20 internationale Fluglinien fliegen Mexico City an. Es gibt u. a. Direktverbindungen aus über 30 Städten der USA und aus Kanada und jeweils ein halbes Dutzend aus Europa, Süd- und Mittelamerika, der Karibik sowie aus Tokio. Sieben Fluglinien verkehren zwischen der Hauptstadt und rund 50 Städten in ganz Mexiko.

ℹ Unterwegs vor Ort

AUTO & MOTORRAD

Es ist keine gute Idee, sich in Mexico City mit dem Auto fortzubewegen – es sei denn, man hat gute Nerven und jede Menge Geduld. Mehr als in anderen Teilen des Landes werden Verkehrsregeln in der Hauptstadt eher als Empfehlungen verstanden. Da werden nach Belieben rote Ampeln überquert, und auch wo es laut Schild nicht erlaubt ist, wird fröhlich abgebogen. Geblinkt wird sowieso nur sporadisch. Hin und wieder muss man auch noch ein dubioses Bußgeld entrichten.

„Heute nicht fahren"-Programm

Im Kampf gegen die Umweltverschmutzung hat sich die Stadtverwaltung von Mexico City das Programm *Hoy No Circula* (Heute nicht fahren) ausgedacht. Es sieht vor, dass an jeweils einem Tag pro Woche zwischen 5 und 22 Uhr bestimmte Fahrzeuge nicht bewegt werden dürfen. Autos, die neun Jahre oder älter sind, müssen zudem an einem Samstag im Monat stehen gelassen werden. Ausgenommen von dieser Regelung sind Mietwagen und Fahrzeuge mit einer *calcomanía de verificación* (Abgasprüfplakette), die nach dem städtischen Abgasbewertungssystem ausgegeben wird.

Bei Autos ohne diesen Aufkleber (auch für solche mit ausländischem Kennzeichen) bestimmt die letzte Ziffer auf dem Nummernschild den Tag, an dem nicht gefahren werden darf. Weitere Infos zu diesem Thema finden sich auf der offiziellen Website.

TAG	FAHRVERBOT BEI LETZTER ZIFFER
Montag	5, 6
Dienstag	7, 8
Mittwoch	3, 4
Donnerstag	1, 2
Freitag	9, 0

Parken

Man sollte darauf achten, möglichst nie an der Straße zu parken. Die meisten Mittel- und Spitzenklassehotels haben eine eigene Garage für Gäste. Parkt man dennoch auf der Straße, muss man wissen, dass einige Viertel wie Cuauhtémoc, Roma und Polanco *parquímetros* (grüne Parkuhren, die in der Mitte eines Häuserblocks stehen) haben. Wer diese ignoriert, wird abgeschleppt.

VON DEN/ZU DEN BUSBAHNHÖFEN

Mit der Metro kommt man am schnellsten und günstigsten von und zu den Busterminals, doch es kann ziemlich nervenaufreibend sein, sich durch die Menschenmengen an den Bahnhöfen und durch die Autoschlangen zu manövrieren. Mit dem Taxi hat man es leichter: In allen Terminals gibt es Ticketschalter für die sicheren *taxis autorizados*, deren Fahrpreis pro Zone berechnet wird. Von 21 bis 6 Uhr bezahlt man einen Aufpreis von 20 Mex$. Ein Angestellter weist einem am Ausgang ein Taxi zu.

Terminal Norte Die Metro Línea 5 (gelb) hält direkt vor dem Terminal des Busbahnhofs Autobuses del Norte. Zum Stadtzentrum folgt man den Schildern „Dirección Pantitlán" und steigt an der Station La Raza in Línea 3 (grün) mit der Aufschrift „Dirección Universidad" um. Beim Umsteigen läuft man sechs Minuten lang durch den „Tunnel der Wissenschaft". Der Taxischalter befindet sich im Mittelgang; ein Taxi für bis zu vier Personen zum Zócalo, zur Roma oder Condesa kostet ca. 135 Mex$.

Terminal Oriente (TAPO) Der Busbahnhof liegt neben der Metrostation San Lázaro. Zum Zentrum oder zur Zona Rosa die Línea 1 (rosa) Richtung „Observatorio" nehmen! Der Schalter für autorisierte Taxis befindet sich am oberen Ende (zur Metro) des Hauptgangs vor der Rotunde. Zum Zócalo zahlt man 85 Mex$, zur Zona Rosa, Roma oder Condesa ca. 110 Mex$.

Terminal Poniente Die Metrostation Observatorio, die östliche Endhaltestelle der Línea 1 (rosa), erreicht man in ein paar Minuten zu Fuß, wobei eine stark befahrene Straße zu überqueren ist. Ein Taxiticket zur Colonia Roma kostet 110 Mex$, zur Condesa 85 Mex$ und zum Zócalo 135 Mex$.

Terminal Sur Dieser Busbahnhof ist zwei Gehminuten von der Metrostation Tasqueña entfernt, der südlichen Endstation der Línea 2, die auch am Zócalo hält. In Richtung Zona Rosa muss man an der Station Pino Suárez in die Línea 1 (Dirección Observatorio) umsteigen und bis zur Insurgentes fahren. Zum Busbahnhof nimmt man den Ausgang „Autobuses del Sur", der auf eine Fußgängerbrücke hinaufführt. Die letzte Treppe auf der linken Seite hinunter und über einen Straßenmarkt gehen, dann ist man am Busbahnhof! Autorisierte Taxis vom Terminal Sur aus kosten 150 Mex$ zum Centro Histórico und 165 Mex$ zur Condesa und Roma. Ticketschalter befinden sich in *sala* 3.

FAHRRAD

Mit Fahrrädern kann man die Stadt recht gut erkunden. Sie sind oft ein angenehmeres Fortbewegungsmittel als die überfüllten Busse, die von ruppigen Fahrern gesteuert werden. Zwar können rücksichtslose Autofahrer und Schlaglöcher das Radeln in Mexico City zu einem Extremsport machen, doch wer die Augen offen hält und die Hauptverkehrsstraßen meidet, sollte keine Probleme haben. Die Stadtregierung fördert u. a. mit neuen Radwegen die Nutzung des Fahrrads, und es zeigen sich bereits erste Erfolge.

Fahrräder können an einer Fahrradstation an der Westseite der Catedral Metropolitana kostenlos gemietet werden. Weitere Stationen finden sich an der Plaza Villa de Madrid in Roma, an der Kreuzung von Mazatlán und Michoacán in Condesa sowie an mehreren Stellen entlang des Paseo de la Reforma nahe des Monumento a la Independencia und des Auditorio Nacional. Für eine Fahrt von drei Stunden muss ein Pfand in Form eines Reisepasses oder eines Führerscheins hinterlassen werden. Die Stationen sind Montag bis Samstag von 10.30 bis 18 Uhr und sonntags von 9.30 bis 16.30 Uhr in Betrieb.

VOM/ZUM FLUGHAFEN

Mit der Metro zum Flughafen zu kommen, ist zwar eine günstige Möglichkeit, doch kann es ziemlich nervenaufreibend sein, das Gepäck während der Rush Hour durch die Menschenmassen zu manövrieren. Offizielle Taxis stellen eine relativ preiswerte Alternative dar, ebenso der Metrobús, falls es nach El Centro geht.

Metro

Die Metrostation Terminal Aérea liegt an der gelben Línea 5. Sie ist 200 m vom Flughafenterminal 1 entfernt – den Ausgang am Ende der *sala* A (Ankunftshalle Inlandsflüge) nehmen und am Taxistand vorbeigehen!

Will man ins Zentrum, muss man den Schildern mit der Aufschrift „Dirección Politécnico" folgen; an der Haltestelle La Raza (7 Stationen) muss man in die grüne Línea 3 umsteigen („Dirección Universidad"). Die Station Hidalgo an der Westseite der Alameda Central liegt drei Haltestellen weiter südlich; dort kann man in die blaue Línea 2 zum Zócalo wechseln.

Um vom Flughafen zur Zona Rosa zu gelangen, nimmt man die Línea 5 nach „Pantitlán" (Endstation). Von dort geht's mit der (rosafarbenen) Línea 1 bis Insurgentes.

Terminal 2 ist nicht direkt an das Metronetz angebunden, aber es gibt den Métrobus Línea 4, der Anschluss an den TAPO Busbahnhof nahe der Metro San Lázaro bietet. Die roten Busse, die gleich am Eingang zum Terminal abfahren, bringen Traveller für 5 Mex$ auch zur Metrostation Hangares (Línea 5).

Metrobús

Metrobús Línea 4 hat Gepäckablagen und Überwachungskameras, was die Fahrt komfortabler macht als eine Fahrt mit der Metro.

Die Haltestellen befinden sich an *puerta* 7 des Terminal 1 und an *puerta* 3 des Terminal 2. Eine Fahrt kostet 30 Mex$, es muss aber zusätzlich eine Chipkarte innerhalb der Terminals zum Preis von 10 Mex$ gekauft werden; diese ist für alle Metrobús-Strecken gültig. Die Fahrt vom Terminal 1 bis zum Zócalo dauert etwa 45 Minuten.

Die Route verläuft fünf Häuserblocks nördlich des Zócalo entlang der República de Venezuela und der Belisario Domínguez, dann biegt der Bus nach Westen ab und passiert auf der Avenida Hidalgo die Metrostation Hidalgo. Busse zum Flughafen nimmt man am besten auf der Ayuntamiento oder República del Salvador. Weitere Infos gibt's unter www.metrobus. cdmx.gob.mx.

Taxi

Für die sicheren und verlässlichen *taxis autorizados* (Taxis mit Lizenz) gilt ein Festpreis-Ticketsystem. Taxitickets erhält man an den Schaltern in *sala* E1 (Internationale Ankunft) hinter der Zollkontrolle sowie am Ausgang von *sala* A (Ankunft Inlandsflüge).

Die Fahrpreise sind nach Zonen festgelegt. Eine Fahrt zum Zócalo, nach Roma, nach Condesa oder in die Zona Rosa kostet 235 Mex$. Ein Ticket gilt für bis zu vier Passagiere. Die besten Taxis hat Sitio 300. Wenn man ein Handy mit Internetzugang hat, kann man auch Uber-Taxis bestellen. Die Fahrt zu den gleichen Zielen kostet damit rund 170 Mex$ und man kann auswählen, an welcher *puerta* (Ausgang) man abgeholt werden will.

Es ist möglich, dass Träger anbieten, das Gepäck samt dem Ticket die wenigen Schritte bis zum Taxi zu tragen – man sollte aber sein Ticket nicht aus der Hand geben und nur dem Fahrer direkt aushändigen. Die Taxifahrer erwarten zwar kein Trinkgeld, aber sie freuen sich trotzdem, wenn sie welches bekommen.

METRO

Die Metro (www.metro.cdmx.gob.mx) ist das schnellste Verkehrsmittel in Mexico City. An einem durchschnittlichen Wochentag wird sie von etwa 4,4 Mio. Menschen genutzt. Sie hat 195 Stationen und ein Streckennetz von über 226 km, aufgeteilt auf zwölf Linien. Im Berufsverkehr fährt alle zwei bis drei Minuten ein Zug. Mit 5 Mex$ pro Fahrt ist sie eine der weltweit günstigsten Metros.

Alle Linien verkehren an Wochentagen von 5 bis 24 Uhr, samstags von 6 bis 24 und sonntags und an Feiertagen von 7 bis 24 Uhr. Zur Hauptverkehrszeit (etwa 7.30–10 & 15–20 Uhr) werden die Bahnsteige und Züge bedenklich voll. Zu diesen Zeiten sind die vorderen Wagen Frauen und Kindern vorbehalten; Männer dürfen die Einsteigestelle mit der Aufschrift „Sólo Mujeres y Niños" nicht benutzen. Bei starkem Regen wird es ebenfalls chaotisch in der Metro. Es verwundert nicht, dass dieses Gedränge Taschendiebe anzieht. Deshalb sollte man auf seine Wertsachen achten.

Die Benutzung der Metro ist kinderleicht. Jede Linie hat eine spezielle Farbe, jede Station ihr eigenes Symbol. Schilder mit der Aufschrift „Dirección Pantitlán", „Dirección Universidad" usw. geben die Endstation der Linie an. Einem Stadtplan kann man entnehmen, in welche Richtung man fahren muss. Für 10 Mex$ können an jeder Station wieder aufladbare Chipkarten gekauft werden, die dann mit Guthaben aufgeladen werden müssen (die Karte gilt auch für Fahrten mit dem Metrobús). Zudem werden an *taquillas* (Fahrkartenschalter) *boletos* (Fahrkarten) verkauft. Die Karte wird am Drehkreuz einfach in den Schlitz gesteckt. Beim Umsteigen dem Schild „Correspondencia" (Anschluss) folgen.

PESERO, METROBÚS & TROLEBÚS

Jeden Tag sind in Mexico City Busse und *peseros* von etwa 5 bis 22 Uhr (je nach Route) im Einsatz. Nur wenige Linien fahren die ganze Nacht durch – dazu gehören vor allem jene entlang des Paseo de la Reforma. Dies bedeutet, dass man tagsüber mit Bus und/oder Metro überall hinkommt, man spätabends und nachts aber sehr wahrscheinlich auf Taxis zurückgreifen muss.

Pesero

Peseros (auch *microbúses* oder *combis* genannt) sind graugrüne Minibusse, die von privaten Unternehmen betrieben werden. Sie fahren auf festen Routen, die oft an Metrostationen starten oder enden, und halten praktisch an jeder Straßenecke. Die Routen sind auf den Schildern angegeben, die an der Windschutzscheibe kleben. Der Fahrpreis beträgt 5 Mex$ für Strecken bis zu 5 km und 5,50 Mex$ für Strecken zwischen 5 und 12 km. Zwischen 23 und 6 Uhr gilt überall ein Preiszuschlag von 20 %. Private grün-gelbe Busse verlangen für dieselben Stre

cken 6 bzw. 7 Mex$. Nützlich, um sich bei der Reiseplanung mit der verwirrenden Vielfalt der *peseros* zurechtzufinden, ist die Website ViaDF (www.viadf.mx).

Einige für Traveller nützliche Routen:

Metro Sevilla–Presidente Masaryk Verkehrt zwischen Colonia Roma und Polanco auf der Álvaro Obregón und der Avenida Presidente Masaryk (Haltestellen an der Metrostation Niños Héroes, an der Avenida Insurgentes, an der Metrostation Sevilla und an der Leibnitz).

Metro Tacubaya–Balderas–Escandón Verkehrt zwischen dem *centro histórico* und Condesa in westlicher Richtung auf der Puebla, in östlicher auf der a Durango (Haltestellen an der Plaza San Juan, an den Metrostationen Balderas und Insurgentes, am Parque España und an der Avenida Michoacán).

Metrobús

Der Metrobús ist ein rollstuhlgerechter Volvo-Bus, der alle drei bis vier Blocks an Haltestellen (ähnlich denen einer Metro) in der Straßenmitte hält. Zugang erhält man mit einer Prepaid-Chipkarte, die man am Eingang zu den Plattformen für 10 Mex$ aus Automaten erhält; die Fahrten kosten 6 Mex$. Die aufladbaren Karten, die auch für die Metro gelten, werden an der Sperre an ein Lesegerät gehalten. Bei überfüllten Fahrzeugen zu Spitzenzeiten ist der Metrobús ein bevorzugter Tummelplatz von Straßendieben. Die vorderen (rosa markierten) Sitze sind Frauen und Kindern vorbehalten (außer wenn der Bus weitgehend leer ist). Die meisten Metrobús-Linien verkehren zwischen 5 und 24 Uhr.

Línea 1 Verkehrt auf einer eigenen Fahrbahn auf der Avenida Insurgentes zwischen der Metrostation Indios Verdes im Norden von Mexico City und Tlalpan im Süden.

Línea 2 Fährt von West nach Ost auf der Eje 4 Sur von der Metrostation Tacubaya zur Metrostation Tepalcates. An der Haltestelle Nuevo León besteht Anschluss zur Línea 1.

Línea 3 Fährt auf einer Nord-Süd-Route von der Haltestelle Tenayuca bis Ethiopia, wo man in die Línea 2 umsteigen kann

Línea 4 Startet von der Metrostation Buenavista und fährt mitten durchs *centro histórico* zur Metrostation San Lázaro. Zu dieser Linie gehört auch ein *„aeropuerto"-B*us vom und zum Flughafen (30 Mex$).

Trolebús

Die städtischen *trolebuses* (Trolleybusse) und die mit RTP bezeichneten Busse in creme und orange halten nur an Bushaltestellen. Der Fahrpreis beträgt einheitlich 2 Mex$ (bei Expressbussen 4 Mex$), gleichgültig, welche Strecke zurückgelegt wird. Die Trolleybusse fahren auf ausgewählten *ejes* (Vorfahrtsstraßen) durch das gesamte übrige Stadtgebiet. Betriebsschluss ist generell um 23.30 Uhr. Streckenpläne finden sich auf der Trolleybus-Website (http://Suite.cdmx.gob.mx). Eine ausgewählte nützliche Route ist folgende:

Autobuses del Sur & Autobuses del Norte
Verkehrt auf der Eje Central Lázaro Cárdenas zwischen dem nördlichen und dem südlichen Busbahnhof (Haltestellen: Plaza de las Tres Culturas, Plaza Garibaldi, Bellas Artes/Alameda sowie Metrostation Hidalgo).

TAXI

Mexico City hat mehrere Klassen von Taxis. Am billigsten sind die rosa-weißen (bzw. noch ein paar vereinzelte rot-goldenen) Taxis, von deren Nutzung wegen des Risikos, vom Fahrer und seinen Komplizen überfallen zu werden, jedoch abzuraten ist. Wer ein solches Taxis an der Straße heranwinken muss, sollte darauf achten, dass es ein echtes Taxilizenz-Schild hat – vor der Lizenznummer stehen die Buchstaben A oder B. Man sollte außerdem darauf achten, dass die Nummer mit der Nummer auf der Karosserie übereinstimmt. Man sollte auch einen Blick auf die *carta de identificación* (das *tarjetón*) werfen. Dieser Ausweis in Postkartengröße sollte sichtbar im Taxi aufgehängt sein, um sicherzustellen, dass das Foto wirklich den Fahrer zeigt. Wenn einer dieser Punkte bei dem herangewunkenen Taxi nicht stimmt, sollte man ein anderes nehmen.

In *libre*-Taxis wird der Fahrpreis (bei einem Grundpreis von rund 9 Mex$) mit *taxímetro* berechnet. Bei moderater Verkehrslage sollte eine 3 km lange Fahrt – z. B. vom Zócalo in die Zona Rosa – zwischen 30 und 40 Mex$ kosten. Zwischen 23 und 6 Uhr gilt ein Aufschlag von 20 %.

Funktaxis (in vielen verschiedenen Farben) kosten das Doppelte oder Dreifache, sind dafür aber auch sehr viel sicherer. Wenn man die Zentrale anruft, werden einem Taxinummer und Fahrzeugtyp genannt. Mit Smartphone oder Tablet kann man auch die Apps der Fahrdienste Easy Taxi oder Uber in Anspruch nehmen.

Zu den verlässlichen, rund um die Uhr arbeitenden Funktaxiunternehmen gehören:

Sitio de Taxis Parque México (Karte S. 88; ☎55-5286-7164, 55-5286-7129; Michoacán s/n)

Taximex (Karte S. 88; ☎55-9171-8888; www.taximex.com.mx)

Taxis Radio Unión (Karte S. 88; ☎55-5514-8074, 55-5514-7861; www.taxisradiounion.com.mx; Frontera 100)

Rund um Mexico City

Inhalt ➡
Tepotzotlán 154
Teotihuacán 158
Puebla 164
Cholula 173
Tlaxcala 181
Cuetzalan 187
Tepoztlán....................190
Cuautla.......................195
Cuernavaca...............196
Taxco 206
Toluca 213

Gut essen

➡ Las Ranas (S. 170)

➡ La Sibarita (S. 194)

➡ El Mural de los Poblanos (S. 170)

➡ La Hostería del Convento de Tepotzotlán (S. 155)

➡ El Ciruelo (S. 194)

Schön übernachten

➡ Hotel Los Arcos (S. 210)

➡ Hotel San Sebastian (S. 218)

➡ Hotel Hacienda de Cortés (S. 202)

➡ Posada del Tepozteco (S. 193)

Auf in die Umgebung von Mexico City!

Es scheint vielleicht fast unmöglich, der ausufernden Megastadt Mexico City zu entfliehen, doch selbst wer nur eine einzige Woche Zeit für die Hauptstadt hat, sollte sich die alten Ruinen, die *pueblos mágicos* (magische Dörfer) und die atemberaubenden Berglandschaften der Umgebung nicht entgehen lassen. Wie viele andere Hauptstädte auch hat Mexico City selbst mit seinen nächsten Nachbarn wenig gemein.

Viele Besucher beschränken sich auf eine Tagestour zum ehrfurchterregenden Teotihuacán, doch die Gegend hat viel mehr zu bieten – von den faszinierenden Kolonialstädten Taxco, Puebla und Cuernavaca bis hin zu den exzentrischen Kleinstädten Valle de Bravo und Tepoztlán. Wer frische Bergluft atmen möchte, auf den warten *pueblitos* (kleine Städte) wie Cuetzalan und Real del Monte, die Vulkangiganten Popocatépetl und Iztaccíhuatl sowie die weniger bekannten Ruinen von Xochicalco und Cantona.

Reisezeit
Puebla City

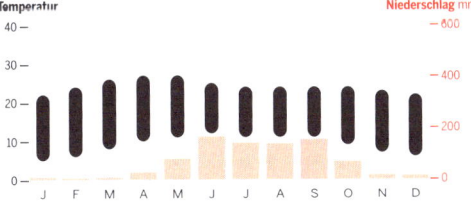

Mai–Okt. Regenzeit; Regen am Nachmittag sorgt für klare Luft und lässt Pilze in den Wäldern sprießen.

Sept. Die Wochen vor dem Unabhängigkeitstag eignen sich prima dafür, *chiles en nogada* zu probieren.

Nov.–April Die trockeneren und kühleren Monate laden zu Stadttouren und Kurzwanderungen ein.

Highlights

❶ Cuetzalan
(S. 187) Inmitten der dramatischen Landschaft der Sierra Madre Oriental einen Sundowner auf dem winzigen *zócalo* genießen

❷ Teotihuacán
(S. 158) Sich von den spektakulären Pyramiden überwältigen lassen

❸ Taxco (S. 206) Durch die kopfstein-gepflasterten Straßen schlendern und die berühmten Silberlä-den durchstöbern

❹ Tepotzotlán
(S. 154) Beim Anblick der Pyramide, die dem Aztekengott des *pulque* gewidmet ist, auf der Bergspitze eine spirituelle Erfah-rung machen

❺ Mineral del Chico (S. 162) Sich vom Gebirgsnebel einhüllen lassen

❻ Puebla (S. 164) Die eindrucksvollen historischen Kirchen mit Talavera-Fliesen bewundern

❼ La Malinche
(S. 176) Den schlafen-den Vulkan besteigen und dabei den herrli-chen Panoramablick genießen

❽ Cuernavaca
(S. 196) Wie die Künstler und die High Society von Mexico City in den ewigen Frühling flüchten

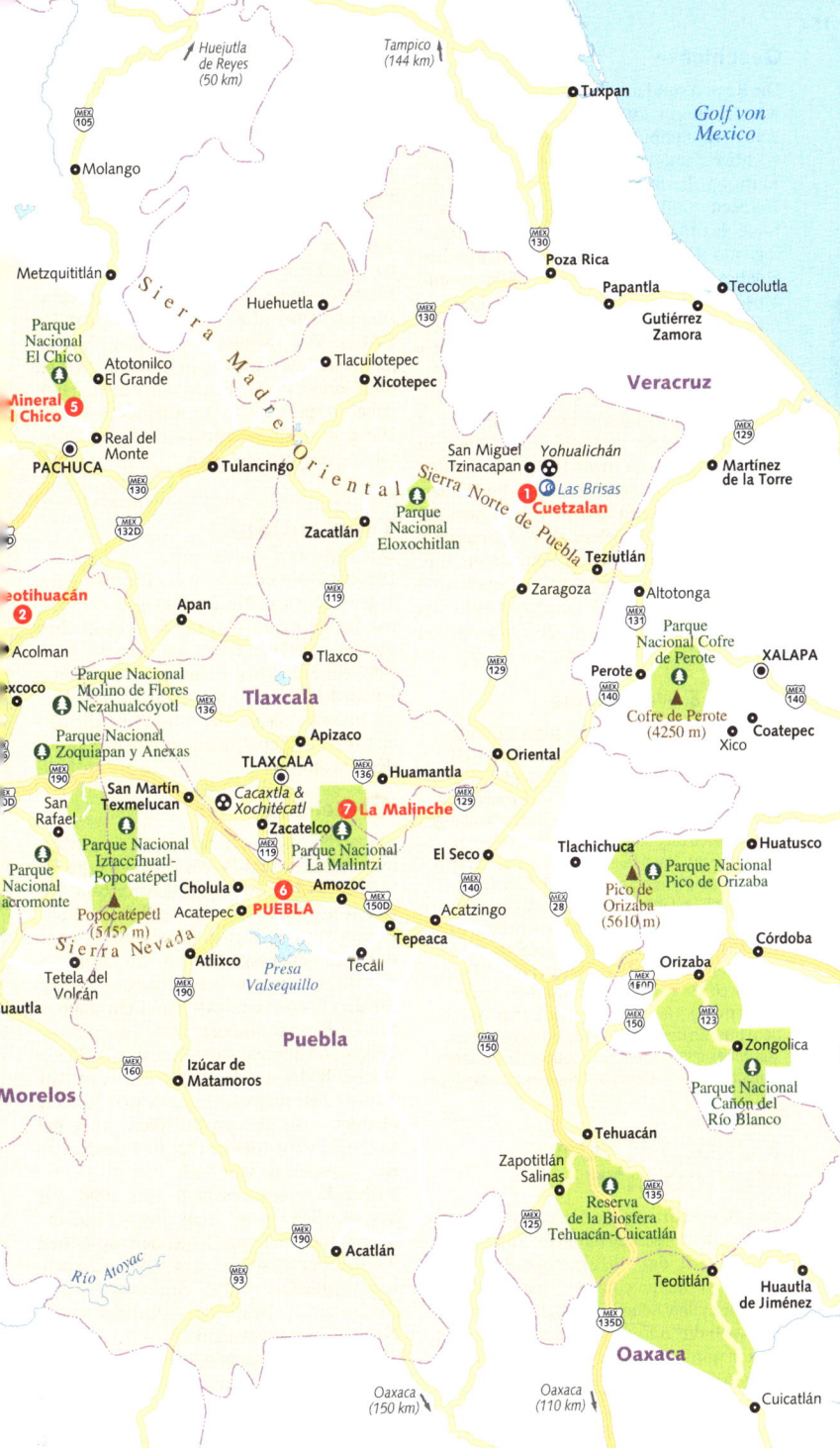

Geschichte

Die Region rund um das heutige Mexico City war lange ein kultureller und wirtschaftlicher Knotenpunkt und Heimat einiger wichtiger aufeinanderfolgender indigener Kulturen (besonders der Teotihuacán-, der Tolteken- und der Aztekenkultur). Gegen Ende des 15. Jhs. beherrschten die Azteken (bis auf einen) alle zentralmexikanischen Staaten. Viele archäologischen Stätten und Museen bewahren das Erbe dieser präkolonialen Geschichte; einen sehr guten Überblick über die Geschichte und Kulturen der Region bietet das Museo Amparo in Puebla.

Nach der Eroberung gestalteten die Spanier Zentralmexiko um und gründeten die Keramikindustrie in Puebla, die Minen in Taxco und Pachuca sowie Haziendas für den Weizen- und Zuckeranbau und die Rinderzucht in der ganzen Region. Die katholische Kirche nutzte das Gebiet als Ausgangsbasis für ihre missionarischen Aktivitäten und hinterließ einige imposante Kirchen und befestigte Klöster. Noch heute gibt es in den meisten Städten eine zentrale Plaza, die von Kolonialgebäuden gesäumt ist.

ℹ️ An- & Weiterreise

Die Städte, Orte und teilweise sogar die Dörfer rund um Mexico City sind durch Buslinien (oft 1. Klasse) hervorragend mit der Hauptstadt und miteinander verbunden. Selbst in den kleinsten Nestern gibt's täglich bequeme Busverbindungen nach Mexico City und zum nächsten Verkehrsknotenpunkt. Nach Puebla, Toluca, Cuernavaca und Pachuca kommt man auch mit dem Flugzeug, doch fast immer ist es preiswerter und einfacher, zuerst nach Mexico City zu fliegen und von dort aus weiterzureisen – zumal gleich vom Flughafen Direktbusse zu diesen Zielen fahren. Praktisch alle großen Sehenswürdigkeiten erreicht man am leichtesten und günstigsten mit dem Bus. An den Highways zu größeren Zielen kommt es eher selten zu Raubüberfällen, aber zu kleineren Ortschaften fährt man besser tagsüber.

NÖRDLICH VON MEXICO CITY

Die Hauptattraktion nördlich von Mexiko City ist der außergewöhnliche Komplex von Teotihuacán, der einst größten Stadt Amerikas, der heute eine der spektakulärsten vorkolonialen Sehenswürdigkeiten Mexikos ist. Auch die gut erhaltenen Steinstatuen im weiter nördlich gelegenen Tula ziehen Besucher magnetisch an.

Genauso beeindruckend, wenn auch viel seltener besucht, sind der Parque Nacional El Chico und das Bergarbeiterdorf Mineral del Chico – die großartigen Aussichten, die weite, offene Landschaft und die freundlichen Einwohner sorgen für eine herrliche Erholung vom Großstadttrubel.

Pachuca, die schnell wachsende Hauptstadt des dynamischen Bundesstaats Hidalgo, glänzt mit leuchtend bunt gestrichenen Häusern, einem hübschen kolonialen Zentrum und einer großen Auswahl an Cornish Pasties. Von Pachuca aus schlängeln sich gut befestigte Straßen in Richtung Osten und Norden zur Golfküste und durchqueren dabei so spektakuläre Landschaften wie die Hänge der Gebirgskette Sierra Madre Oriental und die Küstenebenen.

Tepotzotlán

🚌 55 / 38120 EW. / HÖHE 2300 M

Dieses *pueblo mágico* ist im Rahmen eines Tagesausflugs ab Mexico City leicht erreichbar, hat aber gar nichts mit den chaotischen Straßen der Hauptstadt gemein, die jedes Jahr ein Stückchen näher an Tepotzotláns koloniales Zentrum heranwächst. Der kleine, hübsche *zócalo,* der Markt und die Kirche machen Tepotzotlán zu einem lohnenden Ausflugsziel.

🔴 Sehenswertes

Museo Nacional del Virreinato MUSEUM
(Nationalmuseum der Periode des Vizekönigreichs; 📞 55-5876-0245; www.virreinato.inah.gob.mx; Plaza Virreinal; 49 Mex$, So frei; 🕐 Di–So 9–18 Uhr) Es gibt einen einfachen Grund, dieses wunderbare, weitläufige Museum zu besuchen, das die restaurierte Jesuitenkirche **Iglesia de San Francisco Javier** und ein angrenzendes **Kloster** umfasst: Viele Exponate der Volks- und der bildenden Kunst, z. B. Silberkelche, Bilder aus Holzintarsien, Porzellan, Möbel sowie religiöse Gemälde und Statuen, stammen aus der großen Sammlung der Kathedrale von Mexico City, und das Niveau des Museums ist sehr hoch.

Der Komplex aus dem Jahr 1606 war ursprünglich ein Jesuitenkolleg für indianische Sprachen. In den folgenden 150 Jahren wurden immer wieder verschiedene Anbauten hinzugefügt, sodass ein Musterbeispiel für die sich entwickelnden Architekturstile Nueva Españas entstand.

Unbedingt besuchen sollte man die **Capilla Doméstica** mit einem Hauptaltar im Stil des Churriguerismus, der mit mehr Spiegeln geschmückt ist als ein Spiegelkabinett auf dem Jahrmarkt. Die Fassade ist mit einer fantastischen Sammlung geschnitzter Heiliger, Engel, Pflanzen und Figuren dekoriert und die Wände im Inneren sowie das Camarín del Virgen, das an den Altar grenzt, sind mit vergoldeten Ornamenten bedeckt.

 Feste & Events

Pastorelas
RELIGION

(Krippenspiele) Tepotzotláns hoch angesehene *pastorelas* werden in der Woche vor Weihnachten im früheren Kloster aufgeführt. Die Eintrittskarten beinhalten ein Weihnachtsessen und eine umwerfende Piñata und werden ab dem 1. November in der La Hostería del Convento de Tepotzotlán oder über Ticketmaster verkauft.

Schlafen

Hotel Posada San José
HOTEL $

(☎55-5876-0835; Plaza Virreinal 13; Zi. ab 450 Mex$; ✿) Dieses zentral gelegene Budgethotel befindet sich in einem schmucken kolonialzeitlichen Bau am Südrand des *zócalo*. Die zwölf kleinen Zimmer bieten Plazablick. Nahe der hauseigenen Wasserpumpe ist es lauter, dafür aber auch günstiger.

Hotel Posada del Virrey
HOTEL $

(☎55-5876-1864; Av Insurgentes 13; Zi. mit/ohne Whirlpool 600/400 Mex$; P✿) Die moderne *posada* (Gasthaus) im Motelstil, die ein kurzes Stück vom *zócalo* entfernt liegt, ist bei Wochenendausflüglern beliebt. Manche Zimmer sind etwas dunkel, doch sie sind sauber, ruhig und haben TVs.

Essen & Ausgehen

Um die vielen fast identischen Touristenrestaurants auf dem *zócalo* macht man am besten einen Bogen. Hier ist das Essen eher mittelmäßig und die Preise sind hoch. Eine bessere Alternative ist es, ebenso wie die Einheimischen den Markt hinter dem Palacio Municipal aufzusuchen, wo Essensstände den ganzen Tag über reichhaltige *pozole* (dünner Eintopf aus Maismehl, Schwein oder Huhn), *gorditas* (runde Maisteigkuchen) und frisch gepresste Säfte anbieten.

Mesón Vegetariano Atzin
VEGETARISCH $

(☎55-5876-232; Plaza Tepotzotlán, Local A; *comida corrida* 60 Mex$; ⊙12–18 Uhr; ✐) Ganz in Weiß sorgt die Inhaberin und Küchenchefin (nebenbei auch noch Yogalehrerin) souverän für die ruhige Atmosphäre ihres vegetarischen Restaurants. In einem Innenhof serviert sie Festpreismenüs (z. B. einfacher Salat, Maismehlsuppe, zuckerfreier Guavensaft und Naturjoghurt mit Sonnenblumenkernen) sowie leckere Hauptgerichte. Zu letzteren gehören z. B. beliebte Fleischimitate wie „Pilzfisch" à la Veracruz oder *milanesa* (mexikanisches Schnitzel) aus Getreideprotein.

★ La Hostería del Convento de Tepotzotlán
MEXIKANISCH $$

(☎55-5876-0243; www.hosteriadelconvento.mx; Plaza Virreinal 1; Hauptgerichte 125–180 Mex$; ⊙10–17 Uhr) Das Restaurant auf dem von Bougainvilleen umrankten Gelände des eindrucksvollen Klosters serviert seinen gut gekleideten Gästen traditionelle Brunch- und Mittagsgerichte, darunter *chiles tolucos* (die mit Chorizo und Käse gefüllten Chilischoten sind eine Spezialität aus Tepotzotlán) und *cecina adobada* (in Chili mariniertes Schweinefleisch nach Oaxaca-Art).

Los Molcajetes
KNEIPE

(Los Molca; Pensador Mexicano s/n; ⊙Di–So 18 Uhr–open end) Das gemütliche Los Molca (wie die Einheimischen es nennen) hat gelbe, mit diversen Bildern bestückte Wände. Am Wochenende tummeln sich hier jede Menge Studenten und ältere Pärchen, die zu den Hits der Popmusik und zu mexikanischen Klassikern mit den Köpfen wippen (oder manchmal auch spontan das Tanzbein schwingen). Der Abend beginnt mit einem „cucaracha" (Kakerlake), einem starken Drink aus Tequila und Kahlúa. Es gibt auch herzhaftes mexikanisches Essen.

ℹ An- & Weiterreise

Tepotzotlán (nicht mit dem südlich von Mexico City gelegenen Tepoztlán verwechseln) liegt am Highway Mexico City–Querétaro, rund 40 km von Mexico City entfernt.

Von Mexico Citys Terminal Poniente (Observatorio) fahren Busse von Primera Plus (98 Mex$, 1½ Std., stündl.) ganz bequem bis ins Zentrum von Tepotzotlán. Von dort starten auch die Busse zurück nach Mexico City.

Autotransportes Valle del Mezquital (AVM) hat alle 20 Minuten 2.-Klasse-Busse (41 Mex$, 40 Min.) von Mexico Citys Terminal Norte nach Tula mit Halt am Busbahnhof von Tepotzotlán. 1.-Klasse-Busse (*directo*) halten hier alle 40 Minuten. Die Busse von Pegasso (www.pegasso.mx, 40 Min., stündl.) fahren eine ähnliche Strecke. Vom Busbahnhof geht's mit einem Combi (7,50 Mex$) oder einem sicheren Taxi (35 Mex$) zum *zócalo* (Plaza Virreinal).

Tula

☑ 773 / 29 560 EW. / HÖHE 2060 M

Tula, eine bedeutende Stadt der alten zentralmexikanischen Kultur, die weithin auch Toltec genannt wird, ist vor allem für ihre furchteinflößenden steinernen Krieger bekannt, die 4,5 m in die Höhe ragen. Die Stadt ist zwar weniger spektakulär und viel kleiner als Teotihuacán, trotzdem ist Tula faszinierend. Für Reisende, die sich für die Geschichte des alten Mexiko interessieren, lohnen sich der Tagesausflug oder eine Übernachtung unbedingt.

Zu den schönsten Ecken zählen der *zócalo* und die Calle Quetzalcóatl, die Fußgängerzone, die vom *zócalo* nach Norden zu einer Fußgängerbrücke über den Tula führt.

⊙ Sehenswertes

★ **Zona Arqueológica** ARCHÄOLOGISCHE STÄTTE (☑ 773-100-36-54; www.centrohidalgo.inah.gob. mx; Carretera Tula–Iturbe Km 2; Eintritt 65 Mex$, Video 65 Mex$; ⊙ 9–17 Uhr) Die Ruinen der alten zeremoniellen Hauptstätte von Tula liegen 2 km nördlich des Zentrums auf einem Hügel. Das Highlight eines Besuchs hier ist das Erklimmen der Pyramide, auf der man toltekischen Kriegerstatuen quasi von Angesicht zu Angesicht gegenübersteht und vo wo man einen weiten Blick auf die hügelige Umgebung (und die Industrieanlagen in der Nähe) hat. Überall auf dem Gelände sind Infotafeln auf Englisch, Spanisch und Náhuatl zu finden, Schatten sucht man jedoch größtenteils vergebens. In der Nähe des Hauptmuseums und des Eingangs zur Stätte werden am Wochenende Souvenirmärkte aufgebaut. Im Eintrittspreis sind beide Museen der Anlage enthalten.

Das größte **Museum** der Stätte zeigt Keramik, Metallarbeiten, Schmuck und große Skulpturen. Es liegt in der Nähe des Haupteingangs, an der Nordseite der *zona arqueológica* bei der Calle Tollan. Vor dem Museum liegt ein kleiner Kakteengarten, der gut (auf Spanisch) beschildert ist.

Vom Museum kommend ist das erste große Bauwerk der **Juego de Pelota No 1** (Ballspielplatz Nr. 1). Archäologen glauben, dass seine Wände mit Reliefs geschmückt waren, die unter der Herrschaft der Azteken entfernt wurden.

Die **Pirámide B**, die auch als Tempel des Quetzalcóatl oder Tlahuizcalpantecuhtli (Morgenstern) bekannt ist, kann bestiegen werden. Oben stehen die beeindruckenden

Reste dreier säulenförmiger Dachstützen. Einst stellten sie gefiederte Schlangen mit dem Kopf auf dem Boden und dem Schwanz in der Luft dar. Die vier Krieger-Atlanten aus Basalt (Atlanten sind männliche Figuren, die als Stützpfeiler verwendet wurden) und die vier Säulen dahinter hielten das Dach des Tempels. Die Krieger tragen Kopfschmuck, Brustpanzer in der Form von Schmetterlingen sowie kurze Röcke, die von Sonnenscheiben zusammengehalten werden. In der rechten Hand halten sie Speerschleudern und Messer und Weihrauchbeutel in der linken. Der Atlant links ist eine Kopie des Originals, das sich heute im Museo Nacional de Antropología befindet. Die Säulen hinter den Atlanten sind mit Krokodilköpfen (die die Erde symbolisieren), Symbolen von Kriegerorden, Waffen und dem Kopf von Quetzalcóatl versehen.

Auf der Nordwand der Pyramide sind noch einige der Reliefs zu sehen, die früher das ganze Bauwerk umgaben. Sie zeigen die Symbole der Kriegerorden: Jaguare, Kojoten, Adler, die Herzen essen, und Quetzalcóatl, der etwas im Mund hat, das ein Menschenkopf sein könnte.

Das heute dachlose **Gran Vestíbulo** (Großes Vestibül) erstreckt sich vor der Vorderseite der Pyramide gegenüber der Plaza. Die Steinbänke mit Kriegerreliefs waren ursprünglich so lang wie die Halle und dienten wahrscheinlich bei Zeremonien in der Plaza als Zuschauerplätze für Priester und Adlige.

In der Nähe der Nordseite der Pirámide B steht die 40 m lange und 2,25 m hohe **Coatepantli** (Schlangenwand), die mit Reliefs mit geometrischen Mustern und einer Reihe von Schlangen, die menschliche Skelette verschlingen, geschmückt ist.

Gleich westlich der Pirámide B liegt der **Palacio Quemado** (Verbrannter Palast). Er besteht aus einer Reihe von Hallen und Höfen mit niedrigen Bänken sowie Reliefs, von denen eines eine Prozession von Adligen zeigt. Er wurde wahrscheinlich für Zeremonien oder Wiedersehenstreffen genutzt.

Auf der gegenüberliegenden Seite der Plaza führt ein Weg zur **Sala de Orientación Guadalupe Mastache**, einem kleinen Museum. Es wurde nach einer Archäologin benannt, die hier mit ihren Kollegen die ersten Ausgrabungen durchführte. Im Museum befinden sich große Objekte, die aus der Stätte stammen, darunter einige riesige Füße von Karyatiden (Frauenfiguren, die als stützende Säulen dienen) und eine visuelle Präsentation, die zeigt, wie die Stätte zu ihrer Blütezeit wahrscheinlich ausgesehen hat.

Catedral de San José   KATHEDRALE
(☎ 773-732-00-33; Ecke Zaragoza & Calle 5 de Mayo) Tulas an eine Festung erinnernde Kathedrale liegt hinter dem *zócalo* und war Teil des im 16. Jh. gebauten Klosters von San José. Die Gewölbe innen sind mit Gold verziert.

🛏 Schlafen & Essen

Hotel Real Catedral   HOTEL $
(☎ 773-732-08-13; www.realhoteles.com/real_cate dral; Av Zaragoza 106; DZ 700 Mex$, mit Frühstück 800 Mex$; P❄🛜) Eine Straße hinter der Plaza bietet das Real Catedral ein paar luxuriöse Extras (einen kleinen Fitnessraum sowie Kaffeemaschinen, Föne und Safes im Zimmer) fürs Geld. Vielen der nach innen gehenden Zimmer fehlt es an Sonnenlicht, aber die Suiten punkten mit Balkonen und Blicken auf die Straße. Tolle Schwarz-Weiß-Fotos von Tula zieren das Foyer.

Hotel Casablanca   BUSINESSHOTEL $
(☎ 773-732-11-86; www.casablancatula.com; Pasaje Hidalgo 11; DZ/3BZ 450/550 Mex$; P🛜) Das komfortable, zweckmäßige Businesshotel im Herzen Tulas liegt am Ende einer schmalen Fußgängerzone (auf das „Milano"-Schild achten). Alle 36 Zimmer haben Kabel-TV, eigene Bäder und gute WLAN-Verbindung. Zu den Parkplätzen hinter dem Haus geht's über die Av Zaragoza.

Hotel Cuellar   BUSINESSHOTEL $$
(☎ 773-732-29-20; www.hotelcuellar.com; Calle 5 de Mayo 23; EZ/DZ/3BZ mit Frühstück 715/1005/1300 Mex$; P🛜❄) Auch wenn man vorrangig wegen der Pyramiden in Tula ist, kann es nicht schaden, bei seiner Auszeit von Mexico City auch mal in den Pool zu springen. Die niedrigen Decken, die mit Rüschen besetzten Bettdecken, das sich beißende pastellfarbene Dekor, die Palmen und der große Parkplatz lassen einen fast glauben, man sei in einem Motel in L.A. und nicht unweit des *zócalo* einer mexikanischen Kleinstadt. Die bequemen, sauberen Betten sind verführerisch.

Best Western Tula   BUSINESSHOTEL $$
(☎ 773-732-45-75; www.bestwesterntula.com; Av Zaragoza s/n; Zi. ab 970 Mex$; P❄🛜) Das Best Western ist mit seinen 18 gemütlichen Zimmern klein und freundlich genug, um nicht wie ein anonymes Kettenhotel zu wirken. Und dadurch macht es den anderen Mittelklassehotels in Tula ordentlich Konkurrenz.

Cocina Económica
Las Cazuelas   MEXIKANISCH $
(☎ 773-732-28-59; Pasaje Hidalgo 129; *menú del día* 50 Mex$; ⏲ 8–18 Uhr 📞) Das hervorragende *menú del día* umfasst eine Suppe eigener Wahl, *agua* (Wasser mit Frischobstzusatz) und ein Hauptgericht wie *chiles rellenos* (Chilis mit Käsefüllung) oder *milanesa*. Der Abstand zur Küche macht den Balkon im Obergeschoss kühler als den dampfigen Hauptspeiseraum.

Restaurant Casablanca   MEXIKANISCH $
(☎ 773-732-22-74; www.casablancatula.com; Hidalgo 114; Hauptgerichte 50–130 Mex$; ⏲ 7–21 Uhr) Das Casablanca wirkt zwar ziemlich steril, bietet aber eine ordentliche Speisekarte mit mexikanischen Klassikern, ein gutes Büfett (13–18 Uhr) und WLAN. Es befindet sich gleich abseits vom *zócalo* und ist eines der wenigen Lokale mit Tischservice im Stadtzentrum, weshalb es bei Geschäftsleuten und Travellern gleichermaßen beliebt ist.

Mana   VEGETARISCH $
(☎ 773-100-31-33; Pasaje Hidalgo 13; *menú del día/* Büfett 50/70 Mex$; ⏲ So–Fr 8–17 Uhr; 📞) Das schlichte vegetarische Restaurant serviert ein großzügiges *menu del día* inklusive Vollkornbrot, Gemüsesuppe und einem Krug Hafermilch. Außerdem sind verschiedene Gemüseburger, Taquitos, Quesadillas, Suppen und Salate im Angebot. Alles ist frisch, herzhaft und hausgemacht.

ℹ An- & Weiterreise

Tulas **Busbahnhof** (Central De Autobuses Tula; Xicoténcatl 14) befindet sich drei Häuserblocks hügelabwärts von der Kathedrale. **Ovnibus** (☎ 800-839-21-30; http://ovnibus.com.mx) betreibt 1.-Klasse-Busse vom/zum Terminal Norte in Mexico City (135 Mex$, 1¾ Std., alle 40 Min.) und Direktbusse von/nach Pachuca (126 Mex$, 1¼ Std., alle 40 Min.). Primera Plus hat Busse nach Querétaro (234 Mex$, 2¼ Std., 8-mal tgl.).

ℹ Unterwegs vor Ort

Nach der Ankunft mit dem Bus lässt sich Tula am einfachsten zu Fuß bewältigen. Um vom Busbahnhof zum *zócalo* („El Jardín" genannt) zu gelangen, biegt man rechts in die Xicoténcatl, dann sofort wieder links in die Rojo del Río, läuft zwei Blocks und biegt dann rechts in die Hidalgo. Diese Sackgasse endet direkt an der Plaza de la Constitución und dem Jardín de Tula, dem Hauptplatz der Stadt.

Um zur Zona Arqueológica zu gelangen, folgt man rechts der Calle Zaragoza für 200 m bis die Brücke über den Fluss erreicht ist. Dort nimmt man ein *taxi colectivo* (8,50 Mex$, 10 Min.) zum Oxxo-Laden direkt am Eingang der *zona*. Taxis für den Rückweg fahren ebenfalls hier ab. Der zweite Eingang im Süden ist verschlossen und nicht mehr in Benutzung.

Leider gibt es am Busbahnhof kein *empaque* (Gepäckaufbewahrung), was für Tagesbesucher mit Gepäck ein Problem darstellt.

Teotihuacán

594 / HÖHE 2300 M

Dieses Ensemble aus Ehrfurcht einflößenden Pyramiden, das mitten in der einst größten Stadt Mesoamerikas liegt, gehört zu den meistbesuchten Sehenswürdigkeiten der Region. Die Bedeutung dieser riesigen Anlage ist mit der der Ruinen von Yucatán und Chiapas vergleichbar. Wer das Glück hat, sie zu besuchen, wird von den verblüffenden technologischen Errungenschaften der Kultur von Teotihuacán (sprich: teh-oh-ti-wah-*kahn*) fasziniert sein.

Teotihuacán (594-956-02-76; www.teotihuacan.inah.gob.mx; Eintritt/Parken 70/45 Mex$; 9–17 Uhr; P; unterwegs nach Los Pirámides von Mexico City's Terminal Norte) liegt 50 km nordöstlich von Mexico City in einem von Bergen eingerahmten Nebental des Valle de México. Der Komplex ist für seine zwei riesigen Bauwerke bekannt, die Pirámide del Sol (Sonnenpyramide) und die Pirámide de la Luna (Mondpyramide), die aus den Ruinen der ehemaligen Metropole herausragen.

Obwohl das alte Teotihuacán mehr als 20 km² groß war, liegen die meisten Sehenswürdigkeiten an der knapp 2 km langen Calzada de los Muertos.

Geschichte

Teotihuacán ist Mexikos größte altertümliche Stadt. Es war die Hauptstadt des wahrscheinlich größten präkolumbischen Imperiums im Land und wichtige Migrationsdrehscheibe für Menschen aus dem Süden. Hier wurden die verschiedenen ethnischen Gruppen in Vierteln voneinander getrennt untergebracht. DNA-Analysen aus dem Jahr 2015 legen die Vermutung nahe, dass der Fall Teotihuacáns auf Spannungen zwischen den unterschiedlichen Kulturen und Klassen zurückzuführen ist.

Das Schachbrettmuster der Stadt hat man im 1. Jh. n.Chr. angelegt, die Pirámide del Sol wurde (über einem früheren Heiligtum) 150 n.Chr. fertiggestellt. Die restliche Stadt entstand zwischen 250 und 600 n.Chr. Soziale, ökonomische und ökologische Faktoren beschleunigten den Niedergang und den letztendlichen Zusammenbruch im 8. Jh. n.Chr.

Zwei große Alleen unterteilten die Stadt in vier Viertel, die in der Nähe von La Ciudadela (Zitadelle) zusammentrafen. Eine der Alleen, die grob von Norden nach Süden verläuft, ist die berühmte Calzada de los Muertos (Straße der Toten) – so benannt, weil die späteren Azteken glaubten, dass es sich bei den großen Bauten am Rand der Straße um Gräber handelte, die von Riesen für Teotihuacáns ersten Herrscher gebaut wurden. Die Hauptbauten sind typisch für den *talud-tablero*-Stil: Die ansteigenden Elemente der stufigen, pyramidenartigen Gebäude bestehen aus schrägen (*talud*) und senkrechten (*tablero*) Abschnitten. Sie wurden oftmals mit Kalk verputzt und bunt angestrichen. Der Großteil der Stadt bestand aus Wohnsiedlungen, manche von ihnen waren mit eleganten Fresken verziert.

Noch Jahrhunderte nach dem Niedergang blieb Teotihuacán ein spiritueller Ort für das aztekische Königtum. Die Azteken glaubten nämlich, dass sich hier alle Götter geopfert hätten, um zu Beginn der „fünften Welt" – des Zeitalters der Azteken – die Sonne in Bewegung zu setzen. Und die Stätte ist noch immer ein bedeutender Pilgerort: Tausende von New-Age-Anhängern versammeln sich hier jedes Jahr zwischen dem 19. und dem 21. März, um das Frühlingsäquinoktium zu feiern und die mystische Energie aufzusaugen, die dann angeblich hier zusammenfließt.

Sehenswertes

Pirámide del Sol   ARCHÄOLOGISCHE STÄTTE

(Sonnenpyramide) Die drittgrößte Pyramide der Welt, die sich nur der ägyptischen Cheops-Pyramide (die, anders als die hiesigen Tempel, auch ein Grabmal ist) und der Pyramide von Cholula geschlagen geben muss, ragt an der Ostseite der Calzada de los Muertos empor. Zur Blütezeit von Teotihuacán war der Putz der Pyramide leuchtend rot bemalt und muss bei Sonnenuntergang geradezu geglüht haben. Wer die 248 Stufen der Pyramide (vorsichtig!) erklimmt, wird mit einem inspirierenden Rundumblick auf die Ruinenstadt belohnt.

Die Azteken glaubten, dass das Bauwerk dem Sonnengott gewidmet war, was 1971 auch bestätigt wurde: Archäologen entdeckten damals einen 100 m langen Tunnel, der von der Westseite der Pyramide zu einer

Teotihuacán

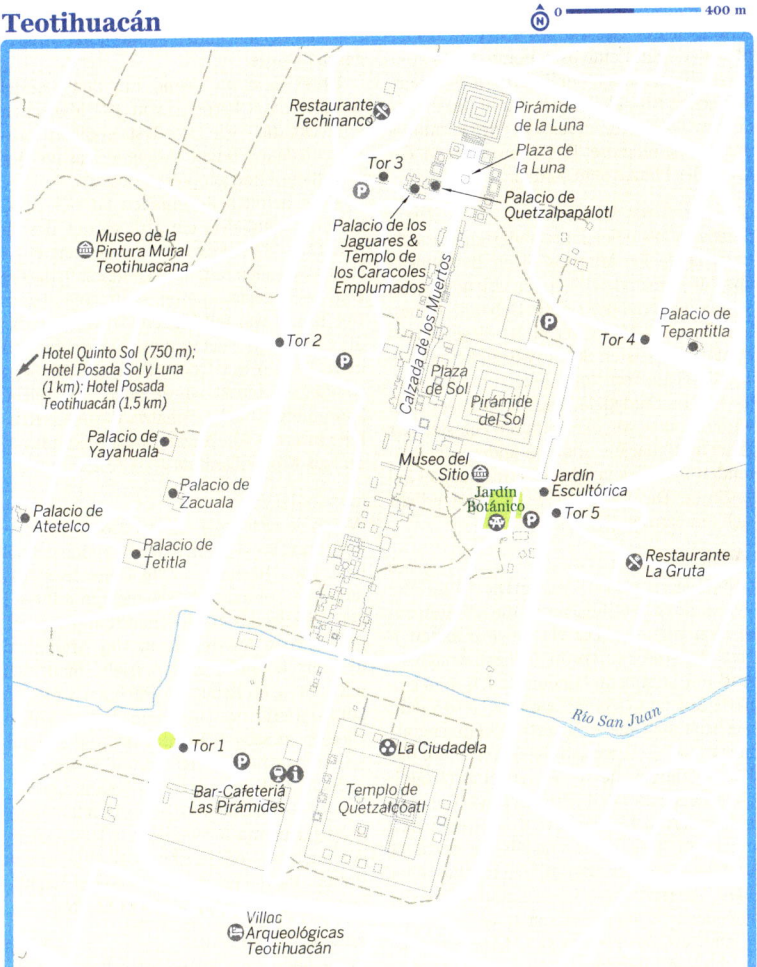

Höhle direkt unterhalb ihrer Mitte führte, wo sie religiöse Gegenstände fanden. Man vermutet, dass hier bereits vor dem Bau der Pyramide die Sonne angebetet wurde und dass die früheren Bewohner der Stadt in dieser Höhle den Ursprung des Lebens sahen.

Die Grundflächen der Pyramide haben eine Seitenlänge von jeweils 222 m Länge; ihre Höhe beträgt heute gut 70 m. Sie wurde um 100 n.Chr. aus 3 Mio. t Steinen zusammengesetzt – und zwar ohne Hilfe von Metallwerkzeugen, Lasttieren oder Rädern!

Große Rucksäcke sind auf der Pirámide del Sol nicht erlaubt und Kinder müssen in Begleitung von Erwachsenen sein.

★ Pirámide de la Luna
ARCHÄOLOGISCHE STÄTTE

(Mondpyramide) Die um 300 n.Chr. fertiggestellte Mondpyramide am Nordende der Calzada de los Muertos wirkt kleiner, aber eleganter als die Pirámide del Sol. Die Spitzen der beiden Bauten liegen fast auf gleicher Höhe – aber nur, weil die Mondpyramide auf höherem Terrain steht. Ein Aufstieg lohnt sich auch, um die Dominanz der größeren Pyramide voll zu erfassen. Darüber hinaus lassen sich von hier aus die besten Fotos vom gesamten Teotihuacán-Komplex schießen.

Die schmucke **Plaza de la Luna** direkt vor der Pyramide besteht aus insgesamt zwölf Tempelplattformen. Manche Experten schreiben der Gesamtzahl 13 (Plattformen plus Pyramide) eine astronomische Symbolik zu: Beim Zählen der Tage im mesoamerikanischen Ritualkalender nimmt die 13 eine Schlüsselrolle ein. Außerdem wird vermutet, dass einst religiöse Tänze am Altar in der Mitte des Platzes stattfanden.

Calzada de los Muertos
RUINEN

(Straße der Toten) Vor Jahrhunderten muss die Calzada de los Muertos ihren Bewohnern absolut unvergleichlich erschienen sein, schließlich erlebten sie die Gebäude in bestem Zustand. Heute verbindet diese Hauptstraße die meisten Sehenswürdigkeiten von Teotihuacán. Vom Tor 1 gelangt man zur Allee vor La Ciudadela; 2 km weiter nördlich wird die Allee von den früheren Palästen der Elite Teotihuacáns und von anderen bedeutenden Bauwerken wie der Pirámide del Sol gesäumt. Die Pirámide de la Luna erhebt sich am Nordende.

⭐ Templo de Quetzalcóatl
RUINEN

(Tempel der gefiederten Schlange) Die drittgrößte Pyramide in Teotihuacán ist die am aufwendigsten verzierte. Die vier noch erhaltenen Fassadenstufen (ursprünglich gab es sieben) sind mit atemberaubenden Reliefs verschönert. Auf den (rechteckigen) *tablero*-Tafeln wechselt sich die gefiederte Schlangengottheit mit einem zweiachsigen Wesen ab: der Feuerschlange, die die Sonne bei ihrer täglichen Reise über den Himmel trägt. Die heute leeren Augenhöhlen der Kreaturen waren einst mit funkelnden Obsidianen bestückt und die Pyramide erstrahlte in leuchtendem Blau. Die (schrägen) *talud*-Tafeln zeigen die gefiederte Schlange von der Seite.

Die furchterregende gefiederte Schlange ist ein Vorläufer des späteren Aztekengottes Quetzalcóatl. Manche Fachleute halten die Tempelreliefs für Kriegsdarstellungen, während andere sie als Veranschaulichung der Erschaffung der Zeit interpretieren.

La Ciudadela
RUINEN

(Zitadelle) Der weitläufige, quadratische Komplex war vermutlich die Residenz des obersten Stadtherrschers und in den hiesigen Räumen befand sich wohl das Verwaltungszentrum der Stadt. Die vier breiten Mauern werden von 15 Pyramiden gekrönt und umschließen einen großen offenen Platz. Die mächtige Pyramide auf dessen Ostseite ist der um 250 n. Chr. erbaute Templo de Quetzalcóatl. Die Pyramiden stellten die Berge in Ritualen dar, bei denen die Plaza, die für die Welt der Lebenden stand, unter Wasser gesetzt wurde.

Unter dem und rund um den Tempel wurden die Überreste von 137 Menschen entdeckt, die – wie DNS-Tests ergaben – aus verschiedenen Teilen Mesoamerikas hierher verschleppt und geopfert wurden.

Nach heftigen Regenfällen tat sich 2003 unter La Ciudadela ein Erdloch auf, das einen 17 m tief gelegenen Tunnel samt einer eindrucksvollen Miniatur-Landschaft, die die Unterwelt repäsentieren sollte, offenbarte. Der Tunnel war mit Katzengold verziert, das die Sterne am Nachthimmel darstellte, und hatte Becken mit Quecksilber, die für Seen standen. Entdeckt wurde auch eine reiche Sammlung ritueller Schätze, darunter Kristalle in Form von Augen, Jaguar-Skulpturen und als Krokodilszähne gestaltete Diorite.

Museo del Sitio
MUSEUM

(Museo de Teotihuacán; ☎594-958-20-81; ◷9– 16.30 Uhr) Direkt südlich der Pirámide del Sol liegt das Museum der Teotihuacán-Stätte, das ein erholsamer Zwischenstopp während des Besuchs des historischen Komplexes ist. Es hat tolle Ausstellungen von Artefakten und Freskotafeln. Zudem sieht man sich mit echten, im Boden vergrabenen Skeletten konfrontiert, die von einem uralten Lokalglauben in Sachen Tod und Jenseits zeugen. Alle Infos gibt's in Englisch und Spanisch.

Nicht weit entfernt ist der botanische Garten **Jardín Escultórica**, ein reizender Skulpturengarten mit Artefakten aus Teotihuacán, der auch mit öffentlichen Toiletten, einem Imbiss, Picknicktischen und einem Buchladen mit Designer-Souvenirs aufwartet.

Palacio de Tepantitla
PALAST

Rund 500 m nordöstlich der Pirámide del Sol beherbergt diese frühere Priesterresidenz das berühmteste Fresko Teotihuacáns: Das verwitterte **Paradies von Tláloc** zeigt den Regengott umgeben von Priestern, anderen Menschen, Tieren und Fischen. Darüber befindet sich das finstere Portrait der **Großen Göttin von Teotihuacán**. Diese gilt als Göttin des Krieges und der Finsternis, da sie oft zusammen mit Unterwelttieren (Jaguaren, Eulen, Spinnen) abgebildet ist. Besonders beachtenswert sind ihre bezahnte Mundpartie und ihre Schutzschilde voller Spinnweben.

Museo de la Pintura Mural Teotihuacana
MUSEUM

(☎594-958-20-81; Eintritt ist im Ticket für die Teotihuacán-Ruinen enthalten; ◷9–16.30 Uhr)

Dieses eindrucksvolle Museum zeigt Wandbilder aus Teotihuacán sowie Rekonstuktionen von Wandbildern, die in den Ruinen zu sehen sind.

Palacio de Quetzalpapálotl PALAST

Der Palast des Quetzal-Schmetterlings hinter der Südwestecke der Plaza de la Luna gilt als Wohnsitz eines Hohepriesters. Darin wurden die Überreste von Bären, Gürteltieren und anderen Exoten gefunden. Dies zeigt, dass die gesellschaftliche Oberschicht hier kochte und Rituale abhielt – denn das normale Volk hätte solche Tiere wohl kaum gegessen.

Hinter dem Palacio de Quetzalpapálotl liegen der **Palacio de los Jaguares** (Jaguarpalast) und der **Templo de los Caracoles Emplumados** (Tempel der gefiederten Muschelhörner). Der Innenhof des Jaguarpalasts grenzt an mehrere Kammern, deren untere Wände von teilweise erhaltenen Wandbildern geziert werden. Darauf bläst der Jaguargott in Muschelhörner und betet zum Regengott Tláloc. Vollständigere Wandbilder gibt's im Museo del Sitio zu sehen.

Vom Innenhof des Palacio de los Jaguares geht's zudem in den heute unterirdischen Templo de los Caracoles Emplumados, der aus dem 2. oder 3. Jh. stammt. Die Reliefs an dessen früherer Fassade zeigen große Muschelschalen, die eventuell als Musikinstrumente dienten.

Palacio de Tetitla & Palacio de Atetelco PALAST

Eine Gruppe von Palästen liegt westlich von Teotihuacáns Hauptbereich und einige Hundert Meter westlich von Tor 1. Viele der in den 1940er-Jahren entdeckten Wandbilder sind gut erhalten oder restauriert und daher leicht verständlich. Im Inneren des weitläufigen **Palacio de Tetitla** sind 120 Wände mit Wandbildern (Tláloc, Jaguare, Schlangen und Adler) verziert. 400 m weiter westlich liegt der **Palacio de Atetelco**, in dessen Patio Blanco (weißem Innenhof) in der nordwestlichen Ecke Wandmalereien mit Jaguaren oder Kojoten – eine Mischung aus originalen und restaurierten Bildern – zu sehen sind.

Etwa 100 m weiter nordöstlich liegen **Zacuala** und **Yayahuala**, zwei riesige, von Mauern umgebene Anlagen, die wahrscheinlich als gemeinschaftliche Wohnstätten dienten. Die beiden durch die ursprünglichen Gassen getrennten Komplexe bestehen aus zahlreichen Räumen und Innenhöfen, haben aber nur wenige Eingänge.

✸✸ Feste & Events

★ Experiencia Nocturna LIGHTSHOW

(www.ticketmaster.com.mx; Ruinen von Teotihuacán; 390 Mex$; ☉ Jan.–Juni, Nov. & Dez. Mo, Fr & Sa 18.30 Uhr) Bei dem spektakulären Abendevent werden bunte Lichter und Bilder mit musikalischer Untermalung auf die Pyramiden der Sonne und des Mondes in Teotihuacán projiziert. Die 45-minütige Show ist zwar etwas kitschig, vermittelt aber einen Eindruck von den Pyramiden in ihrer ursprünglichen rot leuchtenden Pracht. Das Event findet unregelmäßig statt – schon Monate vorher sollte man immer mal wieder auf die Website schauen, da die Tickets schnell ausverkauft sind.

🛏 Schlafen & Essen

In der 2 km von der archäologischen Zone entfernten Ortschaft San Juan Teotihuacán gibt's ein paar gute Übernachtungsmöglichkeiten, die sich vor allem dann anbieten, wenn man am Morgen noch vor den Menschenmassen an der Stätte sein möchte.

In der Nähe der Ruinen ist das Essen meist teuer und enttäuschend. Am besten bringt man sich ein Picknick mit. Vor Ort gibt's aber auch einige anständige Restaurants.

Hotel Posada Sol y Luna HOTEL $

(☑ 594-956-23-71, 594-956-23-68; www.posadasoly luna.com; Cantú 13, San Juan Teotihuacán; DZ/2BZ/ Suite 540/680/820 Mex$; P 🤛) Dieses gut geführte Hotel mit 16 ordentlichen, aber nicht sehr aufregenden, mit Teppichboden ausgelegten Zimmern liegt am Ostende der Stadt auf dem Weg zu den Pyramiden. Alle sind mit TVs und Bädern ausgestattet. In den Juniorsuiten befinden sich ziemlich alte Whirlpools, die die Extraausgabe nicht lohnen.

Hotel Quinto Sol HOTEL $$

(☑ 594-956 18-81; www.facebook.com/hotelquin tosolteotihuacan; Av Hidalgo 26, San Juan Teotihuacán; EZ/DZ/3BZ 955/1390/1570 Mex$; P @ 🤛 🏊) Es hat seine Gründe, warum die meisten Touristengruppen, die die Ruinen von Teotihuacán besuchen, im Quinto Sol nächtigen: Mit seinem anständig großen Pool, einem guten Restaurant und den gut eingerichteten Zimmern inklusive Safes und Zimmerservice ist es eines der am besten ausgestatteten Hotels der Stadt.

Villas Arqueológicas Teotihuacán HOTEL $$

(☑ 55-5836-9020; www.villasarqueologicas.com. mx; Periférico Sur s/n, Zona Arqueológica; DZ/Suite

So–Do 845/1461 Mex$, Fr & Sa 1095/1711 Mex$; (P✱@🛜🛏) Dieses elegante Hotel, das gleich südlich der Zona Arqueológica liegt, hat ein kleines Fitnessstudio, einen beheizten Pool im Freien, einen Tennisplatz und ein Spa mit *temascal* (traditionelles, mexikanisches Dampfbad). Zum Hotel gehört ein gehobenes mexikanisches Restaurant. WLAN-Empfang gibt's nur in der Lobby.

⭐**Restaurante Techinanco** MEXIKANISCH **$$** (☎594-958-23-06; Zona Arqueológica, Ringstraße; Hauptgerichte 100–140 Mex$; ⊘11–17 Uhr) Einen kurzen Fußmarsch von Tor 3 entfernt liegt dieses gemütliche Lokal hinter der Mondpyramide. Seine hervorragende Hausmannskost ist vergleichsweise günstig. Die heimischen Klassiker auf der kleinen Karte reichen von Enchiladas bis zu authentischen, selbstgemachten *moles* (Gerichte mit Chili-Sauce).

Im Angebot sind auch Heilmassagen und Relaxen im Temascal (nach telefonischer Reservierung).

❶ Praktische Informationen

Informationshäuschen (☎594-956-02-76, Reservierungen 594-958-20-81; www.teotihuacan.inah.gob.mx; ⊘7–18 Uhr) Befindet sich nahe des Südwesteingangs (Tor 1) von Teotihuacán.

❶ An- & Weiterreise

Tagsüber betreibt Autobuses México–San Juan Teotihuacán stündlich von 7 bis 18 Uhr Busse vom Terminal Norte in Mexico City zu den Ruinen (50 Mex$, 1 Std.). Nach Betreten des Terminal Norte wendet man sich nach links und geht zum Fahrkartenschalter am Tor 8. Unbedingt nachfragen, von welchem Tor der Bus abfährt, und aufpassen, dass man einen Bus mit dem Ziel „Los Pirámides" nimmt und nicht zur nahe gelegenen Ortschaft San Juan Teotihuacán (es sei denn, man will in San Juan übernachten). Hin und wieder kommt es zu bewaffneten Überfällen auf diese Busse – aktuelle Warnhinweise gibt's auf der Website des US State Department (www.travel.state.gov) unter „Teotihuacán".

Bei den Ruinen halten und starten die Busse in der Nähe von Tor 1, außerdem stoppen sie auch am Tor 2 und 3 auf der anderen Seite der Ringstraße um die Stätte. Mit der Eintrittskarte kann man die Stätte am selben Tag mehrmals durch einen der fünf Eingänge betreten. Das Museum befindet sich gleich hinter dem Haupteingang im Osten (Tor 5).

Die Busse fahren nach 13 Uhr häufiger zurück. Der letzte Bus nach Mexico City startet um 18 Uhr. Einige fahren nur bis zur Metrostation Indios Verdes, aber die meisten bis zum Terminal Norte.

Alternativ kann man an einer der zahlreichen Touren zu den Ruinen teilnehmen. Für Alleinreisende ist das billiger als sich einen eigenen Führer zu nehmen. Außerdem beginnen die Ausflüge bequem an Mexico Citys Metrostation Zócalo oder direkt an der eigenen Unterkunft. **Capital Bus** (Karte S. 84; https://capitalbus.mx; Liverpool 155, Zona Rosa; Tagesausflug inkl. Eintritt 650 Mex$; ⊘Abfahrt Zona Rosa 8.30 Uhr, Zócalo 9 Uhr) veranstaltet täglich Kleinbustouren mit zweisprachigem Führer, die u. a. zur Basílica de Guadalupe führen.

❶ Unterwegs vor Ort

Von San Juan Teotihuacán aus erreicht man die Pyramiden mit dem Taxi (60 Mex$) oder mit jedem Combi (14 Mex$) mit der Zielangabe „San Martín". Die Combis fahren von der Avenida Hidalgo neben der zentralen Plaza ab und halten auf der Rückfahrt an der Hauptstraße abseits der Tore 1, 2 und 3.

Mineral del Chico

☎771 / 481 EW.

Das charmante alte Bergmannsdorf Mineral del Chico gehört zu den neuesten *pueblos mágicos* und sticht das viel größere Pachuca locker aus. Von Pachuca aus kann man leicht einen sehr netten Tages- oder Wochenendtrip zu diesem „Kleinstädtchen" oder zum nahe gelegenen 3000 ha großen **Parque Nacional El Chico** (www.parqueelchico.gob.mx) machen, der 1898 zum Naturschutzgebiet erklärt wurde.

Die Aussicht ist wundervoll, die Luft ist frisch und in den Bergen kann man – umgeben von spektakulären Felsformationen und schönen Wasserfällen – hervorragend wandern. Die meisten mexikanischen Wochenendausflügler verlassen El Chicos reizende Hauptstraße (praktisch der ganze Ort) kaum. Kein Wunder bei so freundlichen Einheimischen, die ihrem Motto *„pueblo chico, gente grande"* (kleiner Ort, großartige Leute) voll gerecht werden.

◎ Sehenswertes

Peña del Cuervo Mirador AUSSICHTSPUNKT
GRATIS Von diesem Aussichtspunkt auf einem Gipfel in 2770 m Höhe bietet sich ein hübscher Rundumblick auf die grünen Berge im Nationalpark El Chico, der schon seit den 1920er-Jahren die Leute anlockt. Die großen Felsen in der Ferne werden wegen ihrer Form *Las Monjas* (die Mönche) genannt. Noch ein Stück weiter stehen andere steinerne Kuttenträger, die *Los Frailes* (die Bettelmönche).

REAL DEL MONTE

Diese tolle Bergstadt ist ein Gewirr aus Häusern, Restaurants und Pastetenläden auf einem von Fichtenwald bedeckten Hügel. Die Luft ist hier so dünn, dass es sogar zu leichten Symptomen der Höhenkrankheit kommen kann, sie ist aber sauber und klar und es kann schnell kalt und windig werden – besser also einen Pullover oder eine Jacke mitbringen.

In Real del Monte (offiziell: Mineral del Monte), das 2 km hinter der Abzweigung des Hwy 105 zum Parque Nacional El Chico liegt, fand 1776 ein Bergarbeiterstreik statt, der als der erste Streik in Nord- und Südamerika gilt. Der größte Teil der Stadt wurde im 19. Jh. erbaut, nachdem eine britische Gesellschaft die Minen übernommen hatte. Viele der steilen Kopfsteinpflasterstraßen sind von Hütten im Stil Cornwalls gesäumt.

Von Mineral del Chico fahren *colectivos* mit der Kennzeichnung „Carboneras" (10 Mex$), die Passagiere am Anfang des Weges zum *mirador* (Aussichtspunkt) absetzen. Von dort aus sind es noch etwa 25 Minuten zu Fuß über einen kopfsteingepflasterten Treppenaufgang mit Geländer, der in schlechtem Zustand ist. Beim Aufstieg nach Regenfällen sollte man auf jeden Fall vorsichtig sein, da viele der Steine locker sind.

🛏 Schlafen & Essen

Hotel El Paraíso   LODGE $$

(☎771-715-56-54; www.hotelesecoturisticos.com.mx; Carretera Pachuca s/n; Zi. 1100–1250 Mex$; P🛜) Buchstäblich paradiesisch: In der Nähe eines munteren Bachs liegt diese Lodge auf einem weitläufigen, gepflegten Gelände am Fuß des Bergs. Die großen, modernen Zimmer sind nicht sonderlich individuell oder charmant, aber komfortabel. Vollpension wird auch angeboten.

⭐Restaurante y Cabañas San Diego   MEERESFRÜCHTE $$

(☎771-209-33-63; Carretera Pachuca s/n; Hauptgerichte 100–120 Mex$; ⊙11–16 Uhr; P) Auf dem Weg in den Ort (nach der Ausschilderung an der Ausfahrt nach El Paraíso Ausschau halten) liegt abseits des Highways an einem rauschenden Bach das San Diego, ein echtes Gebirgsrefugium. Die Mutter des Inhabers bereitet hervorragende Forellengerichte zu. Exzellent ist der Fisch *a la mexicana*, der mit Oaxaca-Käse, Tomaten, Chili und dicken Knoblauchzehen gefüllt serviert wird. Bei Vorabreservierung werden auch Frühstück- und Abendessen arrangiert.

Es stehen hier auch zwei komfortable, aber rustikale Hütten zur Vermietung; die eine ist kleiner (mit Doppelbett, 650–750 Mex$) als die andere (für bis zu 10 Pers., 200 Mex$/Pers.).

ℹ An- & Weiterreise

Vor der Iglesia de la Asunción, der rosafarbenen Kirche an der Plaza de la Constitución in Zentrum von Pachuca, fahren blau-weiße *colectivos* von 8 bis 18 Uhr alle 20 Minuten die gewundenen Straßen hinauf zur Mineral del Chico (15 Mex$, 40 Min.). Der letzte Bus zurück nach Pachuca fährt um 19 Uhr.

Ab Real del Monte gibt es keine Direktverbindung, aber wer nicht extra zum *colectivo*-Wechsel wieder zurück nach Pachuca fahren will, kann sich ein Taxi für etwa 150 Mex$ nehmen.

ÖSTLICH VON MEXICO CITY

Fährt man von der Hauptstadt Richtung Osten, wird die Aussicht richtig spektakulär: Die Landschaft ist von den schneebedeckten Vulkangipfeln des Popocatépetl, Iztaccíhuatl, La Malinche und Pico Orizaba – des höchsten Gipfels im Land – beherrscht. Die schroffe Cordillera Neovolcánica bietet für jeden etwas, von erfrischenden Hochgebirgsspaziergängen bis zu anspruchsvollen Bergbesteigungen. Der unvorhersehbare Popocatépetl ist aber wegen vulkanischer Aktivität gesperrt.

Die hinreißende Kolonialstadt Puebla, die fünftgrößte Stadt Mexikos, ist das dominierende Zentrum der Region, ein regionaler Verkehrsknotenpunkt und ein großer Magnet für Traveller, die von den fliesengeschmückten Kirchen, den kulinarischen Traditionen, der faszinierenden Geschichte und den hervorragenden Museen angezogen werden. Der umliegende Bundesstaat Puebla ist überwiegend ländlich geprägt und die Heimat von etwa 500 000 indigenen Menschen mit einem reichen kunsthandwerklichen Erbe, das sich u.a. in Töpferwaren, Onyx-Schnitzereien und bestickten Textilien zeigt.

RUND UM MEXICO CITY

Inzwischen fährt vom anziehenden Cholula eine bequeme Touristenbahn nach Puebla, wodurch man viel einfacher zu den jugendlichen Bars und schicken Restaurants kommt.

Puebla

🎵 222 / 1.5 MIO. / HÖHE 2160 M

Puebla war einst eine Bastion des Konservatismus, Katholizismus und der Tradition, ist jetzt aber aus dem Schneckenhaus der Kolonialzeit herausgekommen. Geblieben sind das wunderbar erhaltene Zentrum, eine beeindruckende Kathedrale und zahlreiche Kirchen. Zugleich stürzen sich die jüngeren *poblanas* (Bewohner von Puebla) in die aufblühende Kunstszene und ins Nachtleben.

Die Stadt ist auf jeden Fall einen Besuch wert: Allein in der historischen Innenstadt gibt es 70 Kirchen, hinzu kommen mehr als 1000 Kolonialgebäude, die mit den Talavera (bemalten Keramikkacheln), für die Puebla berühmt ist, verziert sind, und eine lange kulinarische Tradition, die man in jedem Restaurant oder Straßenstand entdecken kann. Für eine Stadt dieser Größe ist Puebla viel entspannter und weniger festgefahren, als man vielleicht denken würde.

Geschichte

Die Stadt wurde 1531 von spanischen Siedlern als Ciudad de los Ángeles gegründet, die das nahe vorkoloniale religiöse Zentrum Cholula übertrumpfen wollten. Acht Jahre später wurde sie unter dem Namen Puebla de los Ángeles („La Angelópolis") bekannt und wuchs schnell zu einem wichtigen katholischen Zentrum heran. Schon lange waren aus dem hier vorhandenen Lehm gute Töpferwaren hergestellt worden, und nachdem die Kolonisten neue Materialien und Techniken einführten, entwickelte sich die Keramik in Puebla sowohl als Kunst als auch als Industriezweig. Gegen Ende des 18. Jhs. war die Stadt ein bedeutender Produzent von Glas und Textilien geworden. 1811 war Puebla mit 50000 Einwohnern die zweitgrößte Stadt Mexikos, bis sie im späten 19. Jh. von Guadalajara überholt wurde.

1862 verschanzte sich General Ignacio de Zaragoza im Kampf gegen die französischen Angreifer am Cerro de Guadalupe, und am 5. Mai 1862 wehrte er mit seinen 2000 Männern einen Frontalangriff von 6000 Franzosen ab, von denen viele von Durchfallerkrankungen geschwächt waren. Dieser seltene militärische Erfolg der

Mexikaner ist der Anlass für die jährlichen (zunehmend von Firmen gesponserten und feucht-fröhlichen) Feierlichkeiten in den USA, wo der Feiertag viel wichtiger ist als in Mexiko, und für Hunderte von Straßen, die den Namen Cinco de Mayo tragen. Kaum jemand scheint sich daran zu erinnern, dass die Franzosen, die Verstärkung erhalten hatten, im folgenden Jahr Puebla einnahmen und bis 1867 besetzt hielten.

⊙ Sehenswertes

★ Catedral de Puebla · KATHEDRALE

(Ecke Av 3 Oriente & Av 16 de Septiembre; ⊙9–13 & 16–20 Uhr) `GRATIS` Pueblas eindrucksvolle Kathedrale, die auf dem 500-Mex$-Schein abgebildet ist, nimmt einen ganzen Block südlich vom *zócalo* ein. Architektonisch ist sie eine Mischung aus dem strengen Herrera-Stil der Renaissance und frühen Barockstilen. Mit dem Bau wurde 1550 begonnen, doch der größte Teil der Arbeiten fand unter Bischof Juan de Palafox in den 1640er-Jahren statt. Die 69 m hohen Türme sind die höchsten in Mexiko. Das prächtige Innere, die Fresken und die kunstvoll dekorierten Seitenkapellen sind ehrfurchterregend und meistens mit zweisprachigen Schildern versehen, die ihre Geschichte und Bedeutung erklären.

★ Museo Amparo · MUSEUM

(🎵222-229-38-50; www.museoamparo.com; Calle 2 Sur 708; Erw./Student/Kind bis 12 Jahre 35/ 25 Mex$/frei, So & Mo Eintritt frei; ⊙Mi–Mo 10–18, Sa bis 21 Uhr; ⓐ) Das großartige, private Museum befindet sich in zwei miteinander verbundenen Kolonialgebäuden aus dem 16. und 17. Jh. und zeigt präkolumbische Artefakte in modernem, stilvollem Ambiente. Zu den Exponaten der tollen Sammlung gibt's erklärende Infoblätter auf Spanisch und Englisch. Auffällig ist die thematische Kontinuität der mexikanischen Gestaltungselemente – dieselben Motive tauchen auf Dutzenden von Ausstellungsstücken immer wieder auf. So sehen z. B. die unheimlichen Totenköpfe in der Sammlung präkolumbischer Kult-Schädel aus wie die Totenköpfe aus Zuckerguss, die am Día de Muertos verkauft werden.

Auf der wundervollen Café-Terrasse kann man jeden Freitag von 20 bis 21 Uhr kostenlos Livemusik lauschen. Samstags und sonntags finden oft kostenlose Kunst-Workshops für Kinder statt.

★ Iglesia de la Compañía · KIRCHE

(Ecke Av Palafox y Mendoza & Calle 4 Sur; ⊙Messe 19 Uhr) Diese Jesuitenkirche mit einer Fassade im Stil des Churriguerismus aus dem Jahr 1767 wird auch Espíritu Santo genannt. Hinter dem Altar befindet sich ein Grab, das die letzte Ruhestätte einer asiatischen Prinzessin sein soll, die nach Mexiko in die Sklaverei verkauft worden war und später befreit wurde.

Ihr soll die farbenfrohe *china-poblanca*-Tracht zu verdanken sein, die aus einem Schal, einer Rüschenbluse, einem bestickten Rock sowie Gold- und Silberverzierungen besteht. Im 19. Jh. wurde diese Tracht eine Art „bäuerlicher Chic". Doch *china* (*tschi-nah*) bedeutet auch „weibliche Dienerin", und der Stil könnte sich auch aus spanischen Bauerntrachten entwickelt haben.

Templo de Santo Domingo   KIRCHE

(Ecke Av 5 de Mayo & 4 Poniente) Der Hauptgrund für den Besuch dieser hübschen dominikanischen Kirche ist die atemberaubende Capilla del Rosario (Rosenkranzkapelle) südlich vom Hauptaltar. Sie wurde zwischen 1650 und 1690 erbaut und ist mit vergoldetem Stuck und steinernen Reliefs verziert – hinter jedem goldenen Blatt scheinen Engel und Cherubim hervorzuspähen. Aufmerksame Betrachter finden vielleicht auch das himmlische Orchester.

In der Zona de Monumentos vor dem Eingang finden oft Skulpturenausstellungen statt.

Museo del Ferrocarril   MUSEUM

(http://museoferrocarrilesmexicanos.gob.mx; Calle 11 Norte 1005; Erw./Kind 12 Mex$/frei, So Eintritt frei; ☉ Di–So 9–17 Uhr; ♿) Das exzellente Eisenbahnmuseum, das auch Aktivitäten für Kinder bietet, ist im ehemaligen Bahnhof von Puebla und auf dem weitläufigen umliegenden Gelände untergebracht. Es gibt hier diverse Attraktionen: von alten dampfbetriebenen Monstern bis hin zu relativ neuen Personenwaggons, die man oft sogar betreten darf. In einem Waggon ist eine hervorragende Fotosammlung von verschiedenen Entgleisungen und anderen Unglücken, die sich in den 1920er- und 1930er-Jahren ereigneten, zu sehen.

Museo Casa del Alfeñique   MUSEUM

(☎ 222-232-42-96; Av 4 Oriente 416; Erw./Student 25/20 Mex$, So Eintritt frei; ☉ Di–So 10–18 Uhr) Das renovierte Kolonialhaus ist ein großartiges Beispiel für den übertrieben dekorativen *alfeñique*-Stil des 18. Jhs., der sich durch kunstvolle Stuckverzierungen auszeichnet und nach einer Süßigkeit aus Zucker und Eiweiß (dem heutigen Pueblo-Marzipan) be-

nannt ist. Der erste Stock ist der spanischen Eroberung gewidmet und zeigt mittels Zeichnungen und Wandmalereien die Ereignisse auch aus indigener Sicht. Im zweiten Stock befinden sich eine große Sammlung historischer und religiöser Gemälde, regionale Möbel und Haushaltsgegenstände. Die Exponate sind nur auf Spanisch beschriftet.

Biblioteca Palafoxiana   BIBLIOTHEK

(☎ 222-777-25-81; www.bpm.gob.mx; Av 5 Oriente 5; 25 Mex$, So Eintritt frei; ☉ Di–So 10–18 Uhr) Die 1646 gegründete Biblioteca Palafoxiana oberhalb der Casa de la Cultura war die erste öffentliche Bibliothek auf dem amerikanischen Doppelkontinent und gehört deshalb zum Weltdokumentenerbe der UNESCO. Die hübsche Bibliothek beherbergt in ihren prachtvollen, aus Zedern- und Kiefernholz geschnitzten Regalen Tausende seltener Bücher, darunter eines der frühesten Wörterbücher der Neuen Welt und ein Exemplar der *Schedel'schen Weltchronik* von 1493 mit mehr als 2000 Holzschnitten.

Casa de la Cultura   GEBÄUDE

(☎ 222-232-12-27; Av 5 Oriente 5; ☉ Mo–Fr 8–20, Sa 9–13 Uhr) Der frühere Bischofspalast nimmt einen ganzen Block gegenüber der Südseite der Kathedrale ein und ist ein klassischer Bau aus Ziegeln und Kacheln. Heute beherbergt er Regierungsbüros, die Casa de la Cultura und die staatliche Touristeninformation. Im Inneren sind Kunstgalerien, ein Buchladen und ein Kino, und hinten im Hof ist ein tolles Café. Im oberen Stockwerk befindet sich die Biblioteca Palafoxiana von 1646, die älteste Bibliothek Amerikas.

Zócalo   PLAZA

Pueblas zentrale Plaza war ursprünglich ein Marktplatz, auf dem Stierkämpfe, Theateraufführungen und Hinrichtungen durch Erhängen stattfanden. Erst 1854 erhielt sie ihr an eine Baumschule erinnerndes heutiges Aussehen. Die Arkaden ringsum stammen aus dem 16. Jh. An den Wochenenden füllt sich die Plaza abends mit einer unterhaltsamen Mischung aus Clowns, Luftballonverkäufern, Snackständen und Leuten, die das kostenlose WLAN nutzen.

Museo San Pedro de Arte   MUSEUM

(☎ 222-246-58-58; Calle 4 Norte 203; Erw./Student 25/20 Mex$, So Eintritt frei; ☉ Di–So 10–18 Uhr) Das 1999 als Museo Poblano de Arte Virreinal eröffnete erstklassige Museum trägt heute den Namen des Hospital de San Pedro aus dem 16. Jh., in dem es unterge-

Puebla

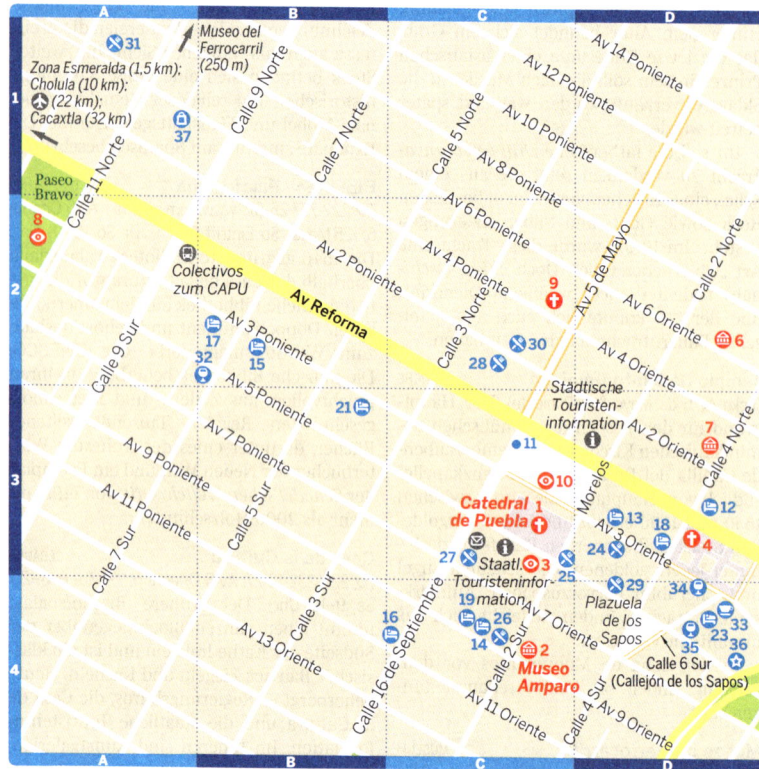

bracht ist. Zu sehen sind hier hervorragende Ausstellungen zeitgenössischer Kunst und eine faszinierende Dauerausstellung zur Geschichte des Hospitals.

Paseo Bravo
PLAZA

(zw. Reforma & 11 Poniente on Constitucion de 1917) Der langgestreckte, schmale Park bildet einen attraktiven Gegensatz zum *zocálo* in der Altstadt. Nachmittags geht's im Park fröhlich und lebhaft zu, wenn Kinder in Schuluniformen, Büroangestellte in der Mittagspause und auf ihrer Gitarre klimpernde Möchtegernrocker hier zusammentreffen, um unter den nach Art und Herkunft beschrifteten Bäumen aus aller Welt zu essen, zu spielen und zu relaxen. Am Ende der Reforma steht die kleine, mit Talavera-Fliesen verzierte Kirche **Sanitatario de Nuestra Señora de Guadalupe** aus dem 17. Jh.

Museo de la Revolución
MUSEUM

(Casa De Los Hermanos Serdan; ☎222-242-10-76; Av 6 Oriente 206; Erw./Student 25/20 Mex$, So

Eintritt frei; ◷Di–So 10–18 Uhr) Dieses pockennarbige Haus aus dem 19. Jh. war der Schauplatz des ersten Kampfes der Revolution von 1910. Im renovierten Haus sind noch die Einschusslöcher und einige Erinnerungsstücke an die Revolution zu sehen. Ein Raum ist den weiblichen Rebellen gewidmet.

Zwei Tage vor einem geplanten Aufstand gegen den Diktator Porfirio Díaz wurden die Familie Serdán (Aquiles, Máximo, Carmen und Natalia) und 17 weitere Aufständische verraten und kämpften gegen 500 Soldaten, bis nur noch Aquiles und Carmen lebten. Aquiles versteckte sich unter den Dielen und hätte vielleicht überlebt, wenn die Feuchtigkeit nicht einen Husten ausgelöst hätte, der ihn verriet. Danach wurden beide ermordet.

☞ Geführte Touren

Turibus
STADTRUNDFAHRT

(☎222-231-52-17; www.turibus.com.mx; Puebla-Centro-Tour Erw./Kind 110/65 Mex$, Cholula-Tour 160/90 Mex$; ◷Cholula-Tour 13 Uhr, Centro-Tour

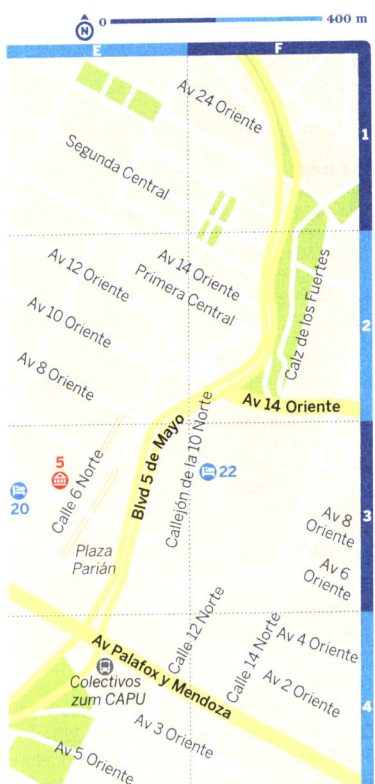

9–19 Uhr alle 40 Min.) Die vierstündige Rundfahrt der Busgesellschaft ADO gibt einen Überblick über die nahe gelegene Ortschaft Cholula sowie seine Pyramide (Eintritt extra). Angeboten wird auch eine Tour in einem roten Doppeldeckerbus durch Pueblas *centro histórico*, bei der man beliebig oft aus- und wieder zusteigen kann – diese ist besser als die nur wenig billigere 1½-stündige einfache Tour. Beide Touren starten an der Westseite des *zócalo*; Fahrkarten gibt's an Bord.

Feste & Events

★ Día de Muertos KULTUR

(☺Okt.) Mit dem zweiwöchigen stadtweiten Kulturprogramm anlässlich des Tags der Toten ist Puebla auf den fahrenden Zug mit aufgesprungen. Das Fest beginnt Ende Oktober und beinhaltet auch nächtliche Museumsbesuche und die Präsentation geschmückter *ofrendas* (Altare).

Festival del Chile en Nogada ESSEN & TRINKEN

(☺Aug.) Die Restaurantbesitzer der Stadt lassen nichts unversucht und werben im August für das „patriotische Rezept" des Landes, den *chiles en nogada* – mit *picadillo* (einer Mischung aus Hackfleisch und Früchten) gefüllte grüne Paprika mit köstlicher Walnuss-Sahne-Sauce.

Festival del Mole Poblano ESSEN & TRINKEN

(☺Juni) Anfang Juni feiert die Stadt ihren berühmtesten Beitrag zur Kochkunst: *mole poblano,* eine dicke Sauce aus Chilis, Früchten, Nüssen, Gewürzen und Schokolade.

Cinco de Mayo UMZUG

(☺5. Mai) Die Feierlichkeiten gedenken des Sieges der mexikanischen Armee über die Franzosen am 5. Mai 1862. Es gibt einen riesigen Umzug und während der zwei darauffolgenden Wochen jede Menge Festivitäten. Normalerweise sind die Feiern zum Cinco de Mayo in den USA viel größer als in Mexiko – mit Ausnahme von Puebla, wo das Fest immer größer wird.

Feria de Puebla MUSIK

(☺April–Mai) Das Fest von Ende April bis Ende Mai würdigt mit Kultur- und Musikveranstaltungen die Errungenschaften des Bundesstaates.

🛏 Schlafen

Pueblas Hotelszene ist hart umkämpft: Es gibt eine große Auswahl in jeder Preisklasse und hohe Standards in vielen Drei- und Viersterne-Boutiquehotels. In der Städtischen Touristeninformation (S. 172) am *zócalo* bekommt man Broschüren, auf denen die Budgethotels mit den jeweiligen Zimmerpreisen aufgelistet sind. Es lohnt sich, online nach Last-Minute-Angeboten zu schauen.

Viele Hotels erkennt man schon von Weitem an dem „H"-Leuchtschild über dem Eingang. Die meisten Häuser aus der Kolonialzeit haben zwei Arten von Zimmern: Innenzimmer (ohne Fenster) und Außenzimmer (zur lauten Straße hin).

Hostal Casona Poblana HOSTEL $

(☎222-246-03-83; http://casonapoblana.com; Calle 16 de Septiembre 905; B/DZ/3BZ mit Frühstück 150/500/650 Mex$; ☺🖥) Die offen gestalteten Zimmer liegen rund um einen überdachten Innenhof, sodass das moderne Hostel sehr gesellig ist, ohne gleich zur Partyzentrale auszuarten. Aufgrund der Bauweise zirkuliert neben der Luft auch der Lärm ziemlich

Puebla

◉ Highlights
1 Catedral de Puebla...............................C3
2 Museo Amparo C4

◉ Sehenswertes
Biblioteca Palafoxiana ....(siehe 3)
3 Casa de la Cultura C3
4 Iglesia de la Compañía.........................D3
5 Museo Casa del Alfeñique....................E3
6 Museo de la Revolución.......................D2
7 Museo San Pedro de Arte D3
8 Paseo Bravo A2
9 Templo de Santo Domingo C2
10 Zócalo C3

◉ Aktivitäten, Kurse & Touren
11 Turibus..C3

◉ Schlafen
12 Casona de la China Poblana D3
13 El Hotel Boutique Puebla de
Antaño D3
14 El Sueño Hotel & Spa C4
15 Gran Hotel San Agustín B2
16 Hostal Casona Poblana C4
17 Hostel Gente de Más B2
18 Hotel Colonial D3
19 Hotel Mesón de San Sebastián C4

20 Hotel Nube...E3
21 Hotel Teresita B3
22 La Purificadora..F3
23 Mesón Sacristía de la Compañía D4

◉ Essen
24 Amalfi Pizzeria D3
25 Antigua Churreria de Catedral.............C3
26 Augurio...C4
27 El Mural de los Poblanos.....................C3
28 El Patio de las Ranas C2
La Purificadora.........................(siehe 22)
29 La Zanahoria... D4
30 Las Ranas.. C2
31 Mercado de Sabores Poblanos............. A1
Restaurante Sacristía ....(siehe 23)

◉ Ausgehen & Nachtleben
32 Barra Beer B2
33 Café Milagros D4
34 La Berenjena D4
35 La Pasita D4

◉ Unterhaltung
36 Celia's Cafe.. D4

◉ Shoppen
37 Talavera Uriarte A1

gut durch die Anlage; für den WLAN-Empfang gilt das leider nicht. Es gibt auch einen Garten auf dem Dach sowie eine kleine Küche. Das Hostel ist an dem großen „Hostal"-Banner an der Außenfassade zu erkennen.

Hotel Teresita HOTEL $
(Hotel Teresa; ☎ 222-232-70-72; www.hotelteresita.com.mx; Av 3 Poniente 309; EZ/DZ/3BZ 290/320/470 Mex$; ❄🛜) Das Teresita hebt sich von den vielen tristen Posadas in der Nähe des *zócalo* ab wie ein funkelnder Diamant und wartet mit modernen Zimmern mit eigenen Bädern auf. Dafür muss man Platzmangel, alte Fernseher und nach innen gehende Fenster in Kauf nehmen, angesichts der blütenweißen Leintücher, bequemen Betten und durchgängigen Sauberkeit ist das Teresita jedoch trotzdem ein guter Deal.

Hostel Gente de Más HOSTEL $
(☎222-232-31-36; www.gentedemashostel.com; Av 3 Poniente 713; B/DZ/2BZ 180/500/700 Mex$; 🛜) Das neue Hostel macht mit seinem künstlerisch angehauchten, rustikalen Ambiente in einem ehemaligen Wohnhaus Anstalten, ein echtes „Poshtel" (luxuriöse Unterkunft zum kleinen Preis) zu werden. Die Badezimmer sind zwar winzig und alles ist hellhörig, die Zimmer sind aber sauber und komfortabel.

Gran Hotel San Agustín HOTEL $
(☎222-232-50-89; Av 3 Poniente 531; Zi./2BZ/3BZ/4BZ inkl. Frühstück 320/430/500/560 Mex$; 🅿🛜) Dieses schnörkellose Budgethotel liegt nahe dem *centro histórico* und hat saubere Zimmer, einen Innenhof mit vielen Pflanzen und einem kleinen Brunnen sowie ein einfaches kostenloses Frühstück. Das San Agustín ist vielleicht nicht unbedingt ein Ort, an dem man den ganzen Tag verbringen möchte (die Quartiere sind dunkel und langweilig), dafür aber eine gute Ausgangsbasis für Stadterkunder mit kleinem Geldbeutel.

Hotel Colonial HOTEL $$
(☎222-246-46-12, 800-013-00-00; www.colonial.com.mx; Calle 4 Sur 105; EZ/DZ/3BZ 800/900/1000 Mex$; 🅿🛜) Einst Teil eines Jesuitenklosters aus dem 17. Jh., wird das Gebäude seit Mitte des 19. Jhs. in verschiedenster Form als Hotel genutzt. Das Colonial versprüht mit seinen vielen hinreißend eingerichteten Zimmern (halb kolonial, halb modern) jede Menge historisches Flair. Hinzu kommen ein gutes Restaurant und ein großartiger Aufzug mit vergoldeten Elementen von 1890. Atmosphäre und Lage sind unschlagbar. Auch gelegentlicher Straßenbzw. Livemusik-Lärm ändert daran nichts.

Hotel Nube
HOTEL **$$**

(☎222-503-77-20; http://hotelnube.com.mx; Av 4 Oriente 407; DZ ab 1140 Mex$; 🛏❄🛜) Das wie ein Designer-Hotel anmutende Nube liegt in der Nähe des *zócalo*, bleibt aber vom Lärm verschont. Es bietet frische Zimmer mit sauberen Betten und modernen Badezimmern sowie einen hübschen Dachgarten mit toller Aussicht. Außerdem gibt's hier einen kleinen Fitnessraum und hilfsbereite Angestellte, die allerdings nicht gut Englisch sprechen.

Hotel Mesón de San Sebastián
BOUTIQUEHOTEL **$$**

(☎222-242-65-23; www.mesonsansebastian.com; Av 9 Oriente 6; DZ/2BZ/Suite mit Frühstück 990/1170/1345 Mex$; 🛜) Das elegante Boutiquehotel hat einen farbenprächtigen Innenhof, nette, Englisch sprechende Angestellte und wegen seiner Familienfreundlichkeit einen guten Ruf. Die nach verschiedenen Heiligen benannten 17 Zimmer sind individuell gestaltet, verfügen aber alle über TV, Telefon, Safe, Minibar und antike Möblierung. Bei wenig Betrieb gibt's Preisnachlässe.

★La Purificadora
BOUTIQUEHOTEL **$$$**

(☎222-309-19-20; www.lapurificadora.com; Callejón de la 10 Norte 802; DZ/Suite ab 130/200 US$; P🛜🏊) Das Purificadora gehört zu dem trendigen Hotelunternehmen, das in Mexico City das schicke Condesa df betreibt. Es hat ein atemberaubendes Design mit scharfen, dramatischen Ecken und einen herrlichen Infinity-Pool auf dem Dach. Wie sein Schwesterhotel in der Hauptstadt hat es sich schnell zu einem hippen Treff von Pueblas Elite entwickelt. Die Zimmerpreise unterscheiden sich erheblich und sind freitags bis sonntags höher; auf der Website des Hotels sind häufig Last-Minute-Angebote zu finden.

El Hotel Boutique Puebla de Antaño
BOUTIQUEHOTEL **$$$**

(☎222-246-24-03; www.hotelpuebladeantano.com; Av 3 Oriente 206; Suite 1765–2120 Mex$; P❄🛜🏊) Dieses Boutiquehotel hat Zimmer mit Marmorwaschbecken, Deckenleisten, Kamin, Whirlpool und alten Fotos an den Wänden. Im Erdgeschoss befindet sich eines der raffinierteren französischen Restaurants, das Casa de los Espejos, und auf dem Dach die schicke Bar Las Chismes de Puebla.

Mesón Sacristía de la Compañía
BOUTIQUEHOTEL **$$$**

(☎222-242-45-13; http://mesones-sacristia. com; Calle 6 Sur 304; Suite inkl. Frühstück 1670/2050 Mex$; P🛜) Die kleine Pension mit acht Zimmern, die um einen in grellem Rosa gestrichenen, fast schon kitschigen Hof liegen, wirkt wie das Haus einer exzentrischen Großmutter. Die Juniorsuiten sind einfache Standardzimmer, die beiden Mastersuiten hingegen sind größer und haben ihren Namen eher verdient. Das Restaurant im Erdgeschoss, das köstliches amerikanisches Frühstück und tolle *poblana*-Küche serviert, erntet begeisterte Kritiken.

El Sueño Hotel & Spa
BOUTIQUEHOTEL **$$$**

(☎222-232-64-89, 222-232-64-23; www.elsueno -hotel.com; Av 9 Oriente 12; Suite inkl. Frühstück 2205–4180 Mex$; P❄🛜) Diese Oase des minimalistischen Chics liegt mitten in Pueblas kolonialzeitlichem Altstadttrubel. Das Themendekor der 20 eleganten Zimmer mit hohen Decken und Plasma-TVs orientiert sich jeweils an einer anderen mexikanischen Künstlerin. Vorhanden sind auch eine Sauna mit Whirlpool und eine Martinibar in der Lobby. Sonntags gibt's Ermäßigung.

Casona de la China Poblana
LUXUSHOTEL **$$$**

(☎222-242-56-21; www.casonadelachinapoblana. com; Ecke Calle 4 Norte & Av Palafox y Mendoza; DZ 2530 Mex$, Suite 2880–4025 Mex$; P) Das elegante Boutiquehotel scheint zu wissen, wie beeindruckend es ist und bezeichnet sich schamlos als „exklusivstes Hotel Pueblas". Die großen, wunderbaren Suiten sind in einem Stilmix eingerichtet, außerdem gibt's einen reizenden Innenhof und das Restaurant La Cocina de la China Poblana.

🍴 Essen

Pueblas kulinarisches Erbe, auf das die *poblanos* zu Recht stolz sind, kann man in der ganzen Stadt in den unterschiedlichsten Lokalitäten probieren – von bescheidenen Straßenständen bis hin zu eleganten Restaurants im Kolonialstil. Angesichts des Rufs als kulinarisches Zentrum, den die Stadt genießt, gibt es aber erstaunlich wenige wirklich erstklassige Restaurants.

★La Zanahoria
VEGETARISCH **$**

(☎222-232-48-13; Av 5 Oriente 206; Hauptgerichte 22-62 Mex$, Menüs zum Festpreis 76 Mex$, tgl. Büfett Erw. 88–120 Mex$, Kind 53–72 Mex$; 🕙7–20.30 Uhr; 🛜♿🍴) Dieses Vegetarierparadies ist eine tolle Adresse zum Mittagessen in nächster Nähe zum *zócalo*. Hauptbesuchermagnet ist das tägliche Büfett von 13 bis 18 Uhr in einem geräumigen Innenhof in kolonialem Stil. Auf den Tisch kommen dabei mehr als 20 verschiedene Gerichte, Salate und Desserts, z. B. Soja-Lasagne, *chilaquiles* oder nahöstliches Taboulé.

Die lange Speisekarte reicht von vegetarischen *hamburguesas* bis hin zu *nopales rellenos* (gefüllten Kaktussprossen). Der Schnellservice-Bereich im vorderen Restaurantteil beherbergt u. a. eine Saftbar und einen Laden mit allerlei gesunden Snacks.

★ Las Ranas
TACOS $

(☏222-242-47-34; Av 2 Poniente 102; Tacos & Tortas 8–27 Mex$; ⊙Mo-Sa 12–21.15, So 14–20.30 Uhr) Das Las Ranas ist eine Institution in Puebla und *der* Ort, um eines der berühmtesten Gerichte der Stadt zu probieren, den *taco árabe*. Hier gibt's das sehr saftige Schweinefleisch *al pastor* (nach Schäferart). Das Fleisch wird mariniert, am Spieß gegrillt und dann in frisches, leicht angebranntes Fladenbrot im arabischen Stil gewickelt. Das Hauptrestaurant und der Ableger **El Patio de las Ranas** (Av 2 Poniente 205) auf der anderen Straßenseite sind immer voll, doch das Essen lohnt das Warten.

Antigua Churreria de Catedral
CAFÉ $

(☏222-232-13-24; Ecke Calle 5 Oriente & 2 Sur; ⊙9–24 Uhr) Hier gibt's immer eine lange Schlange von Leuten mit Heißhunger auf die leckeren, knusprigen *churros* (eine Art Krapfen). Es macht schon riesigen Spaß, das Spektakel der Herstellung hinter der Scheibe zu beobachten.

Mercado de Sabores Poblanos
MARKT $

(Av 4 Poniente, zw. Calles 11 & 13 Norte; ⊙7–19 Uhr) Der 6570 m² große Mercado de Sabores Poblanos ist eine hinreißende Ergänzung zu Pueblas Restaurantszene. Die etwa 130 Stände des belebten Gastrobereichs servieren Lokalspezialitäten wie *cemitas* (eine Art von Burgern bzw. Sandwiches; nur in Puebla zu haben), *pipián verde* (Sauce aus grünen Kürbiskernen) oder *tacos árabes* (Tacos auf arabische Art).

★ El Mural de los Poblanos
MEXIKANISCH $$

(☏222-242-05-03; www.elmuraldelospoblanos. com; Av 16 de Septiembre 506; Hauptgerichte 170–295 Mex$; ⊙So–Do 8–23, Fr & Sa bis 23.30 Uhr; ✳☎) Im eleganten Ambiente eines großartigen, kolonialzeitlichen und etwas abseits der Straße gelegenen Innenhofs mit vielen Pflanzen gibt's hier hervorragende traditionelle *poblano*-Gerichte. Die Spezialität des Hauses ist *mole* in fünf Varianten. Beliebt sind auch das rauchige *ancho chile relleno* (getrocknete *poblano*-Chilis) mit Ziegenkäsefüllung und die *cemitas* (für Puebla typische Sandwiches bzw. Burger) auf dreierlei Art. Ebenso ausgezeichnet sind die Cocktails, die anderen Drinks und der Service. Am Freitag- und Samstagabend sowie an Feiertagen ist immer viel los – es empfiehlt sich vorab zu reservieren.

★ Augurio
MEXIKANISCH $$

(☏222-290-23-78; www.augurio.mx; Av 9 Oriente 16; Hauptgerichte 180–250 Mex$; ⊙Mo-Sa 9–23, So bis 18 Uhr) Der *poblano*-Chefkoch Angel Vázquez hat internationale Aromen in andere Unternehmen von Puebla gebracht, doch mit dem Augurio hat er einen Gourmettempel in intimem Ambiente geschaffen. Hier stehen regionale Gerichte auf dem

---

PUEBLAS SAISONALE KÖSTLICHKEITEN

Puebla ist für seine großartige Küche bekannt – und es bietet auch viele saisonale und regionale Delikatessen, die sich abenteuerlustige Esser nicht entgehen lassen sollten:

Escamoles (März–Juni) Ameisenlarven, die wie Reis aussehen und meistens in Butter sautiert werden.

Gusanos de maguey (April–Mai) Würmer, die in Agaven leben und meist in einer Sauce aus mit Alkohol zubereiten Chilis und *pulque* (ein Getränk mit geringem Alkoholgehalt auf der Grundlage von Agavensaft) gebraten werden.

Huitlacoche (Juni–Okt.) Tiefschwarzer Maispilz mit wunderbarem, erdigem Geschmack; wird manchmal auch *cuitlacoche* geschrieben.

Chiles en nogada (Juli–Sept.) Grüne Paprikas, die mit *picadillo* (eine Mischung aus Hackfleisch und getrockneten Früchten) gefüllt und mit einer cremigen Walnusssauce serviert werden, garniert mit den Samen von roten Granatäpfeln.

Chapulines (Okt.–Nov.) Heuschrecken, die von Verdauungsresten befreit und dann getrocknet und geräuchert oder in Zitronensaft und Chilipulver gebraten werden.

Speiseplan, z.B. *camarones en costra de chicharrón* (Shrimps in Schweinekruste) als Vorspeise und zehn Arten von *mole*-Hauptgerichten, darunter Forelle in roter *pepita mole* mit buttrigen *escamoles* (Ameisenlarven).

⭐ Restaurante Sacristía   MEXIKANISCH $$

(📞222-242-45-13; Calle 6 Sur 304; Hauptgerichte 120–195 Mex$; ⊘Mo–Sa 13–23, So 9–18 Uhr) Dieses schicke Restaurant befindet sich im schönen kolonialzeitlichen Innenhof des Mesón Sacristía de la Compañía Hotels. Hier kann man u.a. authentische *mole* oder reichhaltige *poblano*-Küche in einfallsreichen Varianten probieren. Zudem empfiehlt sich die vertrauliche Bar Confesionario für einen Cocktail oder Kaffee. Blütenblätter (auf Anfrage) und Liveklänge von Solopianisten oder -geigern sorgen an den meisten Abenden ab 21 Uhr für eine romantische Atmosphäre.

Bei Gefallen am Verkosteten sollte man nach Kochkursen für Kleingruppen fragen.

Amalfi Pizzeria   PIZZA $$

(📞222-403-77-97; Av 3 Oriente 207B; Pizza 150–190 Mex$; ⊘So–Do 13–21.45, Fr & Sa bis 23 Uhr) Es ist leicht nachzuvollziehen, warum diese hervorragende Pizzeria mit schummriger Beleuchtung, Terrakotta-Wandfliesen und Balkendecken eine beliebte Adresse für Dates ist. Neben der großen Auswahl an leckeren Holzofenpizzas mit dünnen, knusprigen Böden gibt's hier auch guten Wein und italienische Klassiker wie Caprese-Salate und Pasta. Der kleine Speiseraum macht Reservierungen ratsam.

La Purificadora   INTERNATIONAL $$$

(📞222-309-19-20; www.lapurificadora.com; Callejón de la 10 Norte 802, Paseo San Francisco, Barrio El Alto; Hauptgerichte 160–350 Mex$; ⊘So–Do 7–23, Fr & Sa bis 24 Uhr; 🅿🛜) Das Restaurant im La Purificadora, einem der schicksten Boutiquehotels von Puebla, befindet sich in einem spartanischen, loftähnlichen Raum mit Rohbauwänden und langen, schmalen Holztischen. Die Speisekarte ist dagegen eher üppig und aufwendig und bietet Gerichte wie Zackenbarsch in Tequila-Marinade und Hühnchen-*mole* mit Erdnuss-Polenta. Es gibt hier auch eine gute Getränkekarte.

🍷 Ausgehen & Nachtleben

Tagsüber sind die Straßencafés im Fußgängerbereich der Avenida 3 Oriente nahe der Universität mit Studenten gefüllt. Abends versammeln sich Mariachis rund um die Callejón de los Sapos und die Calle 6 Sur zwischen den Avenidas 3 und 7 Oriente, doch in den Bars an der nahen Plazuela de los Sapos finden sie keinen Platz. In diesen wüsten Kneipen ist es an den Wochenenden abends rammelvoll, oft gibt es dann auch Livemusik.

⭐ La Pasita   BAR

(📞222-232-44-22; Av 5 Oriente 602; Schnaps ab 25 Mex$; ⊘Mi–Mo 12.30–17.30 Uhr) Die winzige Bar inmitten der Antiquitätenläden der La Plazuela de Los Sapos serviert schon seit mehr als 100 Jahren Spirituosen. Wie wär's mit einem süßen und starken *la pasita* (mit Rosinen), *rompope* (Eierpunsch), *almendra* (mit Mandeln) oder dem romantisch benannten „Künstlerblut" aus Quitten und Aprikosen? Schon das bunt zusammengewürfelte kitschige Dekor und die altmodisch-europäische Atmosphäre lohnen den Abstecher.

La Berenjena   KLEINBRAUEREI

(📞222-688-47-54; www.laberenjenapizza.com; Calle 3 Oriente 407; ⊘Mo–Sa 14–23, So bis 19 Uhr; 🛜) Hervorragende handgemachte Pizza ist in der „Aubergine" die Spezialität des Hauses, doch die riesige Auswahl an mexikanischen Craft-Bieren und Mezcals ist nicht minder bemerkenswert. Es gibt auch Weine, Cocktails (wie wär's mit einem Mezcal-Mojito?) und einfallsreiche Snacks zum Teilen, z.B. in Honig gebratener Ziegenkäse und *baba ganoush* (Auberginen-Dip).

Café Milagros   CAFÉ

(www.facebook.com/cafemilagros; Calle 6 Sur 4; Frappé 35 Mex$, Snacks 30–70 Mex$; ⊘So–Mi 9–22, Do–Sa bis 24 Uhr) So wurde ein mexikanisches Café wohl in einem Cartoon aussehen: Schreine für Frida Kahlo, Tag-der-Toten-Nippes, *lucha-libre*-Bilder (mexikanisches Wrestling), Teufelsmasken und knallbunte Holztische. Der Laden ist ein beliebter Treff, um mit Freunden Tacos zu verputzen oder allein, nur mit dem Smartphone in der Hand, einen Frappé zu nippen.

Barra Beer   SPORTBAR

(📞222-298-05-54; Av 5 Poniente 705C; ⊘Mo–Mi 12–23.30, Do–Sa bis 1.30, So 13–21 Uhr) Dieser Tempel der *cervezas del mundo* (Biere der Welt) hat eine beeindruckende Auswahl und serviert Biere von Nah und Fern, darunter 21 deutsche Biere sowie Gebräue aus China, Spanien, Belgien und Irland. Wer mal etwas anderes probieren will, findet hier auch gute mexikanische Craft-Biere.

 Unterhaltung

⭐ Celia's Cafe
LIVEMUSIK

(☎ 222-242-36-63; Av 5 Oriente 608; ⊙ Mi–Fr 9–22, Sa bis 23.30, So 10–18 Uhr) Livemusik verleiht dieser weitläufigen Restaurantbar mit *poblano*-Dekor einen Hauch altmodischer Romantik. Beim Essen lauscht man den Musikern, die auf dem Klavier (Fr 20–22 Uhr, Sa & So früh & mittags) klimpern oder *trova* (Volksmusik; Do 20–22 Uhr) bzw. *bohemia* (Liebeslieder; Sa 19–21 Uhr) zum Besten geben.

Hier werden *mole poblano* (Mexikos berühmtestes Gericht), Kaffee und Tequila immer in Talavera-Tonwaren serviert, die im hauseigenen Atelier hergestellt und auch zum Verkauf angeboten werden.

Shoppen

⭐ Talavera Uriarte
TÖPFERWAREN

(☎ 222-232-15-98; www.uriartetalavera.com.mx; Av 4 Poniente 911; ⊙ Mo–Fr 10–19, Sa bis 18, So bis 17 Uhr) Im Gegensatz zu den meisten anderen Talavera-Läden in Puebla stellt diese Firma (gegr. 1824) ihre Töpferwaren immer noch vor Ort her. Sie gehört nun einem kanadischen Auswanderer und bietet auch Führungen an (Mo–Fr 10–13 Uhr). Der Ausstellungsraum präsentiert eine tolle Auswahl an hochwertigen, aufwendig bemalten Stücken.

ℹ️ Praktische Informationen

Geldautomaten gibt's in der Stadt überall reichlich, vor allem an der Avenida Reforma nahe dem *zócalo*, wo die Banken auch Geld wechseln. Freitagnachmittags muss man mit langen Schlangen rechnen.

Nahezu alle Unterkünfte und Cafés bieten kostenlosen WLAN-Zugang. Am *zócalo* ist der Empfang wechselhaft. Auch an der Calle 2 Sur gibt's ein paar Internetcafés. Die meisten nehmen 5 bis 10 Mex$ pro Stunde.

CAPU-Touristeninformation (CAPU; ⊙ Do–Mo 10–18 Uhr) Befindet sich im Busbahnhof, hat englischsprachige Angestellte und bietet Broschüren sowie Infos zu Verkehrsmitteln.

Hauptpost (☎ 222-232-64-48; Av 16 de Septiembre s/n, Ecke Av 5 Oriente; ⊙ Mo–Fr 8–18, Sa 10–15 Uhr)

Hospital UPAEP (☎ 222-229-81-34, Anschlussnummer 6035; www.christusmuguerza.com.mx; Av 5 Poniente 715) Kurze Wartezeiten und gut ausgerüstet für Notfälle, allerdings hat das Personal nur Grundkenntnisse in Englisch.

Staatliche Touristeninformation (Oficina de Turismo del Estado; ☎ 222-246-20-44; Av 5 Oriente 3; ⊙ Mo–Sa 8–20, So 9–14 Uhr) Bietet Infos zu Zielen außerhalb von Puebla. Die Touristeninformation befindet sich in der Casa de Cultura mit Blick auf den Hof der Kathedrale.

Städtische Touristeninformation (☎ 01-800-326-86-56; Portal Hidalgo 14; ⊙ 9.30–20 Uhr) Hat kostenlose Stadtpläne, Computer mit Internetanschluss, hervorragende Infos zu anstehenden Veranstaltungen sowie Englisch und Französisch sprechende Angestellte. Durch den

---

SHOPPEN IN PUEBLA

Die Zona Esmeralda, 2 km westlich des *zócalo*, ist ein Abschnitt der Avenida Juárez mit schicken Boutiquen, gehobenen Restaurants und trendigen Nachtclubs.

Antiquitäten

Urige Antiquitätenläden finden sich in der Callejón de los Sapos hinter der Ecke Avenida 5 Oriente und der Calle 6 Sur. Die meisten Läden sind von 10 bis 19 Uhr geöffnet. Samstags und sonntags gibt's einen munteren Trödelmarkt hier draußen sowie einen auf der Plazuela de los Sapos (11–17 Uhr).

Süßwaren

Einige Läden an der Avenida 6 Oriente östlich der Avenida 5 de Mayo verkaufen traditionelle handgemachte Süßwaren aus Puebla, z. B. *camotes* (gezuckerte Süßkartoffelstäbchen) und *jamoncillos* (Riegel aus Kürbiskernpaste).

Talavera

Viele Geschäfte in Puebla vertreiben bunte handbemalte Talavera-Tonwaren. Mehrere gute Läden findet man an der Plazuela de los Sapos und in den umliegenden Straßen. Die Muster zeigen asiatische, spanisch-arabische und indigen-mexikanische Einflüsse. Größere Stücke sind teuer und fein gearbeitet, aber schwer zu transportieren.

BUSSE AB PUEBLA

ZIEL	PREIS (MEX$)	DAUER (STD.)	HÄUFIGKEIT (TGL.)
Cuetzalan	210	3½	14-mal
Mexico City (TAPO oder Tasqueña)	150–200	2–2½	75-mal
Oaxaca	347–780	4–4½	14-mal
Veracruz	242–580	3½	29-mal

Bogengang an der Nordseite des *zócalo* gelangt man zur Touristeninformation.

An- & Weiterreise

AUTO & MOTORRAD

Puebla liegt 123 km östlich von Mexico City am Hwy 150D. Der 150D führt weiter Richtung Osten nach Orizaba (und bewältigt unterwegs eine 22 km lange, wolkenverhangene, kurvenreiche Abfahrt vom 2385 m hohen Cumbres de Maltrata), Córdoba und Veracruz.

BUS

Pueblas **Central de Autobuses de Puebla** (CAPU; ☎ 222-249-72-11; www.capu.com.mx; Blvd Norte 4222), meistens nur CAPU genannt, liegt 4 km nördlich des *zócalo* und 1,5 km abseits der *autopista* (Autobahn).

Die meisten Busse zwischen Puebla und Mexico City bzw. den Ortschaften im Westen nutzen in der Hauptstadt den Busbahnhof TAPO, manche fahren allerdings auch zum Terminal Norte oder dem Terminal Sur in Tasqueña. Die Fahrt dauert rund zwei Stunden.

ADO (www.ado.com.mx) und Estrella Roja (www.estrellaroja.com.mx) verkehren häufig zwischen beiden Städten mit 1.-Klasse-Bussen und WLAN-fähigen Deluxe-Bussen. Ein Bus fährt vom/zum Viertel La Condesa in Mexico City (Mo–Fr 5-mal tgl., Sa & So 2-mal tgl.), was sehr praktisch ist, wenn man eine Unterkunft in dieser Gegend hat.

Vom CAPU fahren mindestens einmal am Tag Busse zu fast allen Zielen im Süden und Osten. Auf der Website des Busbahnhofs gibt's eine nützliche Liste mit den meisten Zielen und Busunternehmen.

Die häufigen „Cholula"-*colectivos* (7,50 Mex$, 40 Min.) starten von der Avenida 6 Poniente, nahe der Ecke zur Calle 13 Norte.

FLUGZEUG

Der **Aeropuerto Hermanos Serdán** (☎ 222-232-00-32; www.aeropuerto-puebla.es.tl) befindet sich 22 km nordwestlich von Puebla abseits des Hwy 190. Aeroméxico, Volaris und MexicanaLink haben an den meisten Tagen Flüge von/nach Guadalajara, Tijuana, Monterrey, Cancún und Hermosillo. Es gibt täglich einen Flug von/nach Houston mit Continental und einen von/nach Dallas mit American Eagle.

Der Flugverkehr ist recht unzuverlässig, weil der Flughafen schließt, sobald Vulkanasche in der Luft liegt. Der Flughafen Toluca (S. 216) ist wahrscheinlich die bessere Option.

ZUG

Der komfortable **Touristenzug Puebla–Cholula** (Tren Turístico Puebla–Cholula; https://trentu risticopuebla.com; Calle 11 Norte, Ecke Av 18 Poniente; einf. Fahrt Erw./Kind bis 5 Jahre 60 Mex$/frei; ☺ Abfahrt in Puebla Mo–Fr 7, 8.30, 16.50 & Sa & So 15.20 Uhr) verbindet das Zentrum Pueblas mit der Pyramide in Cholula. Die 17,4 km lange Strecke dauert 40 Minuten. Der Bahnhof Puebla liegt nordwestlich des *zócalo*.

Unterwegs vor Ort

Die meisten Hotels und Orte von Interesse liegen in Gehweite zu Pueblas *zócalo*.

Am CAPU-Busbahnhof gibt es einen Stand, an dem man Tickets für autorisierte Taxis zum Stadtzentrum (ca. 74 Mex$) kaufen kann. Alternativ folgt man den Schildern „Autobuses Urbanos" und fährt mit dem Kombi 51 (6 Mex$) bis zur Ecke Avenida 4 und Blvd 5 de Mayo, drei Blocks östlich vom *zócalo*. Die Fahrt dauert 15 bis 20 Minuten.

Vom Stadtzentrum zum Busbahnhof nimmt man einen der Richtung Norden fahrenden „CAPU"-*colectivos* von derselben Ecke oder vom Blvd 5 de Mayo bzw. von der Calle 9 Sur. Die meisten Direkttaxis zum CAPU haben eine weißliche Farbe und die Aufschrift „Boulevard CU" an der Seite. Alle Stadtbusse und *colectivos* kosten 6 Mex$.

Wer im Stadtgebiet ein sicheres Taxi braucht, nutzt den Taxiruf **Radio Taxi** (☎ 222-243-70-59) oder Uber – eine gute Idee, wenn man alleine oder nachts unterwegs ist.

Cholula

☎ 222 / 120 000 EW. / HÖHE 2170 M

Cholulas Verwandlung von einem farbenfrohen Vorort Pueblas in ein schmuckes Ausflugsziel hat mit der Einführung der Touristenbahn richtig Fahrt aufgenommen. Cholula unterscheidet sich (bislang) immer noch von Puebla: Die Stadt hat ihre ganz eigene Geschichte und tagsüber eine entspannte

Cholula

Cholula

🔴 Highlights

1 Capilla Real de Naturales B2
2 Pirámide Tepanapa C3
3 Santuario de Nuestra Señora de
  los Remedios C4
4 Zona Arqueológica C4

🔴 Sehenswertes

5 Capilla de la Tercera Orden B2
6 Ex-Convento de San Gabriel B2
7 Museo de la Ciudad de Cholula B2
8 Museo de Sitio de Cholula C3
9 Parroquia de San Pedro B2
10 Patio de los Altares C4
11 Templo de San Gabriel B2
12 Zócalo B2

🛏 Schlafen

13 Casa Calli A2
14 Estrella de Belem B3
15 Hostal de San Pedro C2
16 Hotel La Quinta Luna A3
17 Hotel Real de Naturales B2

✖ Essen

18 Güero's A2
19 La Casa de Frida A2

🔵 Ausgehen & Nachtleben

20 Bar Reforma B3
21 Container City D4
22 La Lunita B3

Atmosphäre. Dank der vielen Studenten gibt es hier ein erstaunlich pulsierendes Nachtleben sowie immer mehr schicke Restaurants und Unterkünfte in fußläufiger Entfernung zum riesigen *zócalo*.

In Cholula steht auch die größte jemals gebaute Pyramide (sie ist sogar größer als die in Ägypten): die Pirámide Tepanapa. Trotz dieses Anspruchs auf Weltruhm sind die Ruinen der Stadt ziemlich in Vergessenheit geraten, denn anders als in Teotihuacán oder Tula wurde die stark von Buschwerk überwucherte Pyramide im Laufe der Jahrhunderte so sehr vernachlässigt, dass man sie mittlerweile kaum noch als von Menschenhand erschaffenes Bauwerk erkennt.

Geschichte

Cholula entwickelte sich zwischen 1 und 600 n.Chr. zu einem bedeutenden religiösen Zentrum, und 100 km westlich davon blühte das mächtige Teotihuacán auf. Um 600 n.Chr. fiel Cholula an die Olmeca-Xicallanca, die das nahe Cacaxtla erbauten. Irgendwann zwischen 900 und 1300 n.Chr. übernahmen wohl die Tolteken oder die Chichimeken die Stadt, später fiel sie dann unter die Herrschaft der Azteken. Auch die Mixteken aus dem Süden hinterließen künstlerische Einflüsse.

1519 war Cholulas Bevölkerung auf 100 000 angewachsen und die Pirámide Tepanapa wurde nicht mehr genutzt und war bereits überwuchert. Auf Wunsch des Aztekenherrschers Moctezuma reiste Cortés, der sich mit den benachbarten Tlaxcalteken angefreundet hatte, nach Cholula. Das Ganze war eine Falle, denn Aztekenkrieger hatten einen Hinterhalt errichtet. Cortés wurde jedoch von den Tlaxcalteken gewarnt und die Spanier griffen zuerst an. Innerhalb eines Tages kamen 6000 Einwohner von Cholula ums Leben, danach plünderten Tlaxcalteken die Stadt. Cortés legte einen Schwur ab, hier für jeden Tag des Jahres eine Kirche zu bauen oder eine Kirche auf dem Dach jedes heidnischen Tempels zu errichten, je nachdem, welcher Legende man Glauben schenkt. Heute gibt's hier 39 Kirchen – das sind nun zwar weit weniger als 365, aber für eine so kleine Stadt doch eine beachtliche Menge.

Die Spanier erweiterten das nahe Puebla, um das alte heidnische Zentrum in den Schatten zu stellen, und Cholula errang nie wieder seine frühere Bedeutung, zumal der Großteil der indigenen Bevölkerung in den 1540er-Jahren einer schweren Pestepidemie zum Opfer fiel.

⊙ Sehenswertes

★ **Zona Arqueológica**   ARCHÄOLOGISCHE STÄTTE
(☏ 222-247-90-18; Calzada San Andres; 70 Mex$; ⊙ 9–18 Uhr) Zwei Blocks südöstlich von der zentralen Plaza Cholulas liegt die **Pirámide Tepanapa** (☏ 222-247-90-81; Calzada San And-

res; Eintritt 70 Mex$, Spanischer/Englischer Guide 90/120 Mex$; ⊙ 9–18 Uhr), die mehr an einen Hügel als an eine Pyramide erinnert. Ganz oben steht eine Kirche mit Kuppel. Übersehen kann man sie also kaum. Eine Enttäuschung ist der Besuchermagnet der Stadt aber keineswegs, denn durch das Innere des Bauwerks ziehen sich kilometerlange Tunnel. Die Zona Arqueológica umfasst die ausgegrabenen Bereiche rund um die Pyramide und die Tunnel darunter.

Ein Besuch des Kirchenareals auf der Spitze lohnt schon allein wegen des schönen Panoramablicks über Cholula bis zu den Vulkanen und Puebla.

Besucher der Pyramide treten durch den Tunnel an der Nordseite ein und folgen dann einer gespenstischen Tour durch ihr Inneres. Im Zuge verschiedener Umbauten wurden mehrere Pyramiden übereinander gebaut. Um die unterschiedlichen Stadien zu erforschen, mussten Archäologen mehr als 8 km Tunnel unter der Pyramide graben, von denen 800 m für Besucher zugänglich sind. Vom Eingangstunnel aus, der ein paar Hundert Meter lang ist, sind frühere Schichten des Bauwerks zu erkennen.

Der Eingangstunnel kommt an der Ostseite der Pyramide wieder heraus. Von dort führt ein Weg zum **Patio de los Altares** an der Südseite. Die von Plattformen und einzigartigen diagonalen Treppen umgebene Plaza war der Hauptzugang zur Pyramide. Drei große Steinplatten an der Ost-, Nord- und Westseite sind mit ineinander übergehenden Elementen im Veracruz-Stil verziert. Am Südende steht in einer Grube ein Aztekenaltar, der aus der Zeit kurz vor der spanischen Eroberung stammt. An der Westseite des Hügels sind der rekonstruierte Teil der jüngsten Pyramide und zwei freigelegte ältere Schichten zu sehen.

Statt dem Weg nach Süden zu folgen, kann man direkt die Treppen hinauf zur prächtig geschmückten **Santuario de Nuestra Señora de los Remedios** (⊙ 8–19 Uhr) GRATIS gehen, die auf der Pirámide Tepanapa thront und auf dem Patio de los Altares blickt. Es ist ein klassisches Eroberungssymbol – gleichwohl in diesem Fall vielleicht sogar unbeabsichtigt, da die Kirche möglicherweise gebaut wurde, bevor die Spanier entdeckten, dass sich unter dem Hügel ein heidnischer Tempel verbirgt. Der Besuch der Kirche ist kostenlos. Hin gelangt man über einen Weg, der an der Nordwestecke der Pyramide beginnt.

VULKAN LA MALINCHE

Die langen, sanft geschwungenen Hänge dieses schlafenden, 4460 m hohen Vulkans, der nach Cortés' heute vielgeschmähter Dolmetscherin und Geliebter benannt ist, prägen den Horizont nordöstlich von Puebla, von wo aus sie an klaren Tagen sichtbar sind. La Malinche, der fünfthöchste Gipfel Mexikos, ist nur ein paar Wochen im Jahr mit Schnee bekrönt (meist im Mai). Besonders am Wochenende unternehmen Familien hier gern Wanderungen.

Das vom Mexikanischen Institut für Soziale Sicherheit geführte **Centro Vacacional IMSS Malintzi** (☎ 55-5238-2701; http://centrosvacacionales.imss.gob.mx; Stellplatz 60 Mex$, Hütte für bis zu 6 Pers. 865–1278 Mex$, für bis zu 9 Pers. 1360 Mex$; P) vermietet 50 teils rustikale, teils „luxuriöse" Hütten auf der frostigen Höhe von 3333 m, die der Ausgangspunkt der meisten Wanderungen sind. Die familienorientierte Anlage liegt in einem waldigen Gelände mit schönem Ausblick auf den Gipfel. Die renovierten Hütten sind schlicht, bieten aber TV, Kamin, Warmwasser sowie eine Küche mit Kühlschrank. Von Freitag bis Sonntag wird es hier voll, aber werktags ist es ruhig. An den Wochenenden und an Feiertagen steigen die Preise um rund 100 Mex$. Wer nicht übernachten will, kann sein Auto für 40 Mex$ hier parken.

Hinter dem Ferienzentrum wird die Straße für Autos unpassierbar. Auf einem 1 km langen Fußweg gelangt man zu einem Kamm; dort beginnt der anstrengende Aufstieg zum Gipfel (hin & zurück 5 Std.). Gipfelstürmer sollten Vorsichtsmaßnahmen gegen die Höhenkrankheit treffen.

Die Hauptzufahrtsroute zum Vulkan ist der Hwy 136; am Schild „Centro Vacacional Malintzi" muss man nach Südwesten abbiegen. Ehe man das Zentrum erreicht, muss man sich am Eingang zum Parque Nacional La Malintzi registrieren. In der Ortschaft Apizaco starten um 8.20 Uhr ein paar *colectivos* von der Kreuzung der Av Hidalgo mit der Av Serdan zum Parkeingang (20 Mex$, 40 Min.); sie kehren um 13, 15 (Fr–So) und 17 Uhr nach Apizaco zurück.

Das kleine **Museo de Sitio de Cholula** (Calz San Andrés; Eintritt im Ticket für Zona Arqueológica enthalten; ⊙ 9–17 Uhr) liegt gegenüber vom Ticketschalter und dort ein paar Stufen nach unten. Es bietet die beste Einführung zur Stätte. Ein Modell der Pyramide im Querschnitt zeigt die verschiedenen übereinander liegenden Strukturen.

★ **Capilla Real de Naturales**   KIRCHE
(Zócalo; ⊙ Mo & Mi–Sa 9.30–13 & 16–18, So 9–15 & 17–19 Uhr, Di geschl.) Die im maurischen Stil erbaute Capilla Real hat 49 Kuppeln und stammt aus dem Jahr 1540. Mit ihrem an eine Moschee erinnernden Entwurf und dem wunderschönen, mit vielen kleinen Kuppeln versehenen Innenraum ist die Kirche einmalig in Mexiko. Sie bildet einen Teil des Ex-Convento de San Gabriel. Am 25. jeden Monats hat die Kirche längere Öffnungszeiten (9–20 Uhr).

Parroquia de San Pedro   KIRCHE
(Av 5 de Mayo 401; ⊙ 7–19 Uhr) Die unverkennbare gelbe Barockkirche hat den höchsten Turm von Cholula und ist eines der am meisten fotografierten Motive der Stadt. Die Kuppel der 1640 erbauten Kirche wurde 1782 restauriert.

Ex-Convento de San Gabriel   CHRISTLICHE STÄTTE
(Plaza de la Concordia; Zócalo; ⊙ 9–19 Uhr) Der Ex-Convento de San Gabriel (auch Plaza de la Concordia genannt) steht an der Ostseite des riesigen *zócalo* von Cholula und beherbergt eine kleine, aber interessante Franziskanerbibliothek und drei schöne Kirchen: die **Capilla de la Tercera Orden** (⊙ 9–13 & 16.30–18 Uhr), die Capilla Real und den **Templo de San Gabriel** (⊙ 9–19 Uhr). Ein Besuch lohnt sich vor allem für Traveller, die sich für alte Bücher, frühe Religionsgeschichte und die Geschichte des Franziskanerordens interessieren.

Museo de la Ciudad de Cholula   MUSEUM
(Casa del Caballero Águila; Ecke Av 5 de Mayo & Calle 4 Oriente; 20 Mex$, So frei; ⊙ Do–Di 9–15 Uhr) Dieses tolle Museum befindet sich in einem restaurierten Kolonialgebäude am *zócalo*. Die kleine Sammlung zeigt Keramiken und Schmuck aus der Pirámide Tepanapa sowie jüngere Malereien und Skulpturen aus der Kolonialzeit. Durch eine Glaswand können Besucher beobachten, wie Museumsange-

stelle zerbrochene Keramiken und beschädigten Schmuck wieder zusammensetzen.

Zócalo
PLAZA

(Plaza de la Concordia) Cholulas *zócalo* (in San Pedro Cholula; nicht zu verwechseln mit dem Zócalo de San Andrés im Osten) ist so groß und schön, dass die meisten Menschen sich lieber drinnen in den Cafés und Restaurants oder auf der grüneren Ostseite des Platzes nahe der aus dem 19. Jh. stammenden Capilla de la Tercera Orden (S. 176) treffen. Vor diesem begrünten Abschnitt befinden sich das Ex-Convento de San Gabriel und die im arabischen Stil erbaute Capilla Real. In der Mitte steht der Templo de San Gabriel (S. 176), der 1530 genau an der Stelle einer Pyramide gegründet wurde.

 Feste & Events

Festival de la Virgen de los Remedios
TANZ

(☺ Sept.) Das vielleicht wichtigste jährliche Fest der Stadt wird in der Woche um den 1. September gefeiert. Dann werden oben auf der Pirámide Tepanapa jeden Tag traditionelle Tänze aufgeführt. Das Fest bildet den Auftakt für Cholulas regionale *feria* in den ersten Septemberwochen.

Carnaval de Huejotzingo
GESCHICHTE

(☺ Feb.) Am Faschingsdienstag spielen maskierte Karnevalstänzer die Schlacht zwischen den französischen und mexikanischen Truppen in Huejotzingo nach, das 14 km nordwestlich von Cholula abseits des Hwy 190 liegt.

Quetzalcóatl-Ritual
KULTUR

Zur Tag-und-Nacht-Gleichen im Frühjahr (Ende März) und im Herbst (Ende Sept.) wird an der Pyramide in Cholula dieses präkolumbische Ritual mit Gedichten, Tanz, Feuerwerk und Musik auf traditionellen Instrumenten nachgestellt.

🛏 Schlafen

Mit dem zunehmenden Angebot an guten Hotels, ein paar Boutique-Herbergen und sogar einem Hostel ist Cholula eine attraktive Alternative zu Puebla für alle, die es gern entspannter mögen. Am besten steigt man nahe der Pyramide im San Pedro Cholula genannten Viertel ab, dann hat man die Kirchen, Museen und den *zócalo* gleich vor der Tür.

Hostal de San Pedro
HOSTEL **$**

(☏ 222-178-04-95; www.hostaldesanpedro.com; Calle 6 Norte 1203; B/DZ/2BZ/3BZ mit Frühstück 200/500/600/700 Mex$; 🅿 🚲 @ 🛜) Das einzige richtige Hostel in Cholula ist nur einen kurzen Fußmarsch vom *zócalo* entfernt und hat saubere, bequeme Betten in ruhiger Lage. Die Zimmer im oberen Stock verteilen sich rund um eine Sonnenterrasse, auf der man gut einen Nachmittag verbringen kann. Wer am Ende länger hier bleibt als gedacht, profitiert von Langzeitangeboten mit Zugang zur Waschküche. Im Hostel ist Alkohol verboten!

Hotel Real de Naturales
BUSINESSHOTEL **$**

(☏ 222-247-60-70; www.hotelrealdenaturales. com; Calle 6 Oriente 7; DZ/2BZ/3BZ/Suite 650/750/850/1050 Mex$; 🅿 🛜 🐾) Das Hotel mit 45 Zimmern wurde im Kolonialstil erbaut, damit es sich architektonisch in die Umgebung einfügt. Das ist gut gelungen, wie auch die schattigen Innenhöfe, gefliesten Bäder, geschmackvollen Schwarz-Weiß-Fotos und eleganten Bogengänge beweisen. Die zentrale Lage und die vielen durchdachten Details machen es zum exzellenten Schnäppchen.

Casa Calli
BOUTIQUEHOTEL **$**

(☏ 222-261-56-07; www.hotelcasacalli.com; Portal Guerrero 11; DZ/2BZ/3BZ 650/850/1000 Mex$; 🅿 🛜 🏊) Das Hotel direkt am *zócalo* hat 40 stilvoll minimalistische Zimmer, einen ansprechenden Pool und in der Lobby eine italienische Restaurant-Bar. In ruhigeren Zeiten (So–Do) sind die Zimmerpreise etwas niedriger, und am Wochenende gibt's Spa-Paketangebote.

⭐ Estrella de Belem
LUXUSHOTEL **$$$**

(☏ 222-261-19-25; www.estrelladebelem.com. mx; Calle 2 Oriente 410; Zi. inkl. Frühstück 2005–2540 Mex$; 🅿 ❄ 🛜 🏊) Dieses schöne Hotel hat nur sechs Zimmer, die alle mit tollen, durchdachten Details sowie Fußbodenheizung, Lärmschutzfenstern, Badewanne und LCD-TV ausgestattet sind. Die Mastersuiten mit Kamin und Whirlpool sind besonders luxuriös. Zu den Gemeinschaftsbereichen gehören u. a. ein hübscher Innenhof mit Rasen und ein kleiner Dachpool mit Blick auf die Stadt. Kinder unter 12 Jahren sind nicht erwünscht.

Hotel La Quinta Luna
LUXUSHOTEL **$$$**

(☏ 222-247-89-15; www.laquintaluna.com; Av 3 Sur 702; Zi. inkl. Frühstück 1820 Mex$, Suite 2230–3705 Mex$; 🅿 🛜) Dieses exklusive Hotel in dicken Herrenhausmauern aus dem 17. Jh. ist bei älteren Wochenendausflüglern sehr beliebt. Die sieben stilvollen Zimmer rund um einen zauberhaften Garten sind ein Ensemble aus kolonialzeitlichen Antiquitäten, nobler Bettwäsche und Flachbild-TVs. Hinzu kommt moderne Kunst, deren Schöpfer man bei arrangierten Zusammenkünften treffen kann.

Zum Haus gehören auch eine tolle Bibliothek und ein Spitzenrestaurant, das Speisegäste auf Reservierung akzeptiert.

Essen & Ausgehen

La Casa de Frida
MEXIKANISCH $$
(☎222-178-23-03; www.facebook.com/lacasadefrida; Miguel Hidalgo 109; Hauptgerichte 90–295 Mex$, Wochenend-Büfett 115 Mex$; ☺Mo–Do 9.30–18, Fr & Sa bis 22, So bis 19 Uhr; ⚕🖊👪) Das höhlenartige Juwel zollt Frida Kahlos Haus in Mexico City Tribut. Über den ganzen Hof verteilt sieht man mexikanisches Kunsthandwerk (und die Wandgemälde der Künstlerin und Inhaberin). Auf der einen Seite trällern mexikanische Musiker schmachtende Lieder, auf der anderen Seite brutzeln exzellente Steaks auf dem Grill. Der Service ist hervorragend, es gibt ein Spielzimmer für Kinder, und das *pipián verde* (Hähnchen in scharfer Kürbiskernsauce) ist außergewöhnlich lecker.

Das sehr beliebte Wochenend-Büfett (9–13 Uhr) bietet Kostproben von allen mexikanischen Klassikern.

Güero's
MEXIKANISCH $$
(☎222 247-21-888; Av Hidalgo 101; Hauptgerichte 55–130 Mex$; ☺Mo–Sa 7.30–23, So bis 22 Uhr; 👪) Das mit alten Fotos von Cholula dekorierte, lebhafte, familienfreundliche Lokal ist schon seit 1955 eine Institution in Cholula. Neben Pizza, Pasta und Burgern gibt's herzhafte mexikanische Gerichte wie *pozole, cemitas* und Quesadillas, die alle mit köstlicher *salsa roja* (roter Sauce) serviert werden.

Container City
BAR
(www.containercity.com.mx; Ecke Calle 12 Oriente & Av 2 Sur; ☺Di–Sa 11–2 Uhr) Diese Ansammlung trendiger Bars, Restaurants, Clubs und Läden im östlichen Cholula ist abends gut besucht. Das Ganze besteht aus früheren Schiffscontainern, die aufgehübscht und aufeinandergestapelt wurden und sich zum angesagtesten Treff der hippen Studenten und Modefreaks der Stadt entwickelt haben.

Bar Reforma
CANTINA
(☎222-247-01-49; Ecke Av 4 Sur & Norte; ☺Mo–Sa 18–0.30, So 12–18 Uhr) Angeschlossen an das Hotel Reforma ist Cholulas älteste Schänke

eine klassische Eckkneipe mit Schwingtüren und Plastikblumen. Die Spezialitäten des Hauses sind frisch gemixte Sangrias und Margaritas ohne Eis. Ab 21 Uhr treffen sich hier gern Studenten vor dem Clubbing.

La Lunita
CANTINA
(☎222-247-00-11; Ecke Av Morelos & Av 6 Norte 419; ☺8–23 Uhr) Die laute, familiengeführte Bar im Schatten der Pyramide ist seit 1939 im Geschäft. Mit fröhlichen Farben, alten Werbeplakaten und anderem Nippes kommt sie dem Klischee einer mexikanischen Cantina sehr nahe. Viele Einheimische schätzen sie für die vielfältige Speisekarte (Hauptgerichte 80–180 Mex$), die Livemusik, die große Getränkeauswahl und den Fußball im TV.

ℹ An- & Weiterreise

Seit 2017 verkehrt die komfortable, dringend benötigte **Touristenbahn Puebla–Cholula** (Tren Turístico Puebla–Cholula; Av Morelos, Ecke 6 Norte; einf. Fahrt Erw./Kind bis 5 Jahre 60 Mex$/frei; ☺Abfahrt in Cholula Mo–Fr 7.45, 12.20 & 17.40, Sa & So 7.50, 9.30, 16.10 & 17.50 Uhr) auf der 17,4 km langen, 40-minütigen Strecke zwischen Pueblas Zentrum und der Pyramide von Cholula. Ein Taxi für zwei Personen kostet mit 150 Mex$ etwa genauso viel und ist vielleicht eine reizvolle Alternative zum Zug, der frühmorgens fährt.

Wer nach Puebla eine Fahrt unter Einheimischen und auf kurvenreicheren Straßen vorzieht, nimmt von der Ecke Calle 5 Poniente und Av 3 Sur einen der häufig fahrenden **colectivos** (7,50 Mex$, alle 20 Min.) oder von der Ecke Calle 2 Norte und Calle 12 Oriente einen größeren **directo** (8 Mex$, alle 30 Min.). Die Busse und *colectivos* halten zwei oder drei Häuserblocks nördlich vom *zócalo*. Die Fahrt dauert 20 bis 40 Minuten; je nachdem, wie dicht sie fahren.

Vom Busbahnhof TAPO in Mexico City betreibt Estrella Roja vier Direktbusse pro Tag nach Cholula (rund 130 Mex$). Die Busse zurück nach Mexico City starten an derselben Haltestelle.

Cacaxtla & Xochitécatl

Die benachbarten Stätten Cacaxtla und Xochitécatl, die etwa 20 km südwestlich von Tlaxcala und 32 km nordwestlich von Puebla liegen, gehören zu den faszinierendsten des Landes.

Cacaxtla (ka-*kascht*-la) ist mit seinen vielen hervorragenden, lebhaften Darstellungen des Alltags eine der beeindruckendsten Ruinen Mexikos. Diese Malereien, darunter auch Fresken von einem fast lebensgroßen Jaguar und von Adlerkriegern im Kampf, wurden nicht in ein Museum verfrachtet, sondern sind in der Stätte selbst zu bewundern. Die 1975 entdeckten Ruinen liegen auf einem mit Buschwerk bewachsenen Hügel mit weitem Blick auf die Landschaft.

Die viel älteren Ruinen bei Xochitécatl (so-tschi-*teh*-katl), zu denen auch eine ungewöhnlich breite und eine runde Pyramide gehören, liegen 2 km entfernt und sind von Cacaxtla zu Fuß gut erreichbar. Die erste systematische Ausgrabung der Stätte fand 1969 unter der Leitung eines deutschen Archäologen statt, doch erst 1994 wurde sie der Öffentlichkeit zugänglich gemacht.

◉ Sehenswertes

Cacaxtla   ARCHÄOLOGISCHE STÄTTE

(☎ 246-416-00-00; Circuito Perimetral s/n, San Miguel del Milagro; Eintritt inkl. Xochitécatl & Museen 65 Mex$; ⊙ 9–17.30 Uhr; P) Die riesigen, faszinierenden Wandmalereien kann man zwischen den Ruinen besser als in einem Museum bestaunen. Hier bekommt man einen authentischen Einblick in die Geschichte und zwar genau dort, wo sie passierte. Es lohnt sich, die Stätte zu besuchen, bevor diese historischen Zeugnisse, leider, noch weiter verblassen. Die größte Sehenswürdigkeit ist eine 200 m lange und 25 m hohe natürliche Plattform, die **Gran Basamento** (Großes Fundament) genannt wird. Sie wird von einem riesigen Metalldach geschützt. Hier standen einst die wichtigsten bürgerlichen und religiösen Gebäude von Cacaxtla sowie die Wohnstätten der herrschenden Priesterklassen.

Vom Parkplatz gegenüber dem Eingang zur Stätte erreicht man nach 200 m den Ticketschalter, das Museum und das Restaurant. Vom Ticketschalter sind es noch einmal 600 m bergab bis zum oberen Ende der Stufen, die zum Gran Basamento auf der **Plaza Norte** führen.

Von hier aus führt der Pfad im Uhrzeigersinn um die Ruinen herum zu den Wandmalereien; viele von ihnen weisen neben Symbolen aus dem mexikanischen Hochland auch Einflüsse der Maya auf. Eine solche Kombination verschiedener Stile in einem Wandbild findet man nur in Cacaxtla.

Bevor man zu den Wandmalereien gelangt, kommt man aber noch an einem Innenhof vorbei. Hier steht ein **Altar** mit einer kleinen, quadratischen Grube davor, in der viele menschliche Überreste gefunden wurden. Neben dem Altar erhebt sich der **Templo de Venus**, in dem zwei anthropo-

morphe Skulpturen zu sehen sind: ein Mann und eine Frau in Blau, bekleidet mit Röcken aus Jaguarfell. Der Name des Tempels leitet sich von den vielen halben Sternen ab, die auf der weiblichen Figur abgebildet sind und mit dem Schwesterplaneten der Erde, der Venus, in Verbindung gebracht wurden.

Auf der gegenüberliegenden Seite des Weges, abseits der Plaza Norte, steht der **Templo Rojo**, der vier Wandgemälde enthält, von denen aber nur eines zu sehen ist. Auf den lebendigen Bildern ist vor allem eine Reihe Mais- und Kakaofrüchte zu sehen, in deren Hülsen Menschenköpfe stecken.

Das **Mural de la Batalla** (Wandgemälde einer Schlacht) aus dem Jahr 700 n.Chr. befindet sich an der Nordseite der Plaza Norte. Es zeigt zwei Gruppen von Kriegern bei einer Schlacht, wobei die eine Gruppe Jaguarfelle trägt und die andere Vogelfedern. Die Olmeca-Xicallanca (die Jaguarkrieger mit dem runden Schild) schlagen die eindringenden Huaxteken (die Vogelkrieger mit den Jadeornamenten und den deformierten Schädeln) eindeutig in die Flucht.

Hinter dem Mural de la Batalla sollte man nach links abbiegen und die Stufen bis zur zweiten **Gruppe von Wandmalereien** emporsteigen, die rechts hinter einem Zaun zu sehen sind. Die beiden wichtigsten Wandgemälde (sie entstanden ca. 750 n.Chr.) zeigen eine Figur im Jaguarkostüm und eine schwarz gemalte Figur in einem Vogelkostüm (das vermutlich den Olmeca-Xicallanca-Priesterkönig darstellt), die auf einer gefiederten Schlange steht.

Xochitécatl   ARCHÄOLOGISCHE STÄTTE

(☎ 246-416-00-00; Circuito Perimetral s/n, San Miguel del Milagro; Eintritt inkl. Cacaxtla & Museen 65 Mex$; ⊙ 9–17.30 Uhr; P) Rund 2 km von Cacaxtla entfernt befinden sich die viel älteren Ruinen von Xochitécatl, zu denen auch eine breite Pyramide zu Ehren eines Fruchtbarkeitsgottes und eine runde Pyramide gehören. Wegen des Grundrisses und der verwendeten Materialien nehmen die Archäologen an, dass die runde **Pirámide de la Espiral** zwischen 1000 und 800 v.Chr. erbaut wurde. Ihre Form und die Lage auf einem Hügel lassen vermuten, dass es sich um einen astronomischen Beobachtungsposten gehandelt hat oder um einen Tempel zu Ehren des Windgottes Ehécatl. Von hier führt der Weg zu drei weiteren Pyramiden.

Das **Basamento de los Volcanes** ist alles, was von der ersten Pyramide, der Pirámide de los Volcanoes, übrig geblieben ist: Es sind ihre Basis und Materialreste aus zwei Perioden. Geschliffene, rechteckige Steine wurden über die originalen Steine gelegt und dann mit Stuck verkleidet. An manchen Stellen kann man das sehen. Interessant ist, dass die farbigen Steine, die zum Bau von Tlaxcalas Stadtpalast verwendet wurden, von hier zu stammen scheinen.

Die **Pirámide de la Serpiente** hat ihren Namen von einem großen Stein mit eingemeißeltem Schlangenkopf. Das Beeindruckendste hier ist ein riesiges, aus einem einzigen Felsbrocken gemeißeltes Gefäß, das in der Pyramide gefunden wurde. Der ganze Felsbrocken wurde aus einer anderen Gegend hierhergeschleppt; Forscher glauben, dass das Gefäß als Wasserbehälter diente.

Weil mehrere Skulpturen und Überreste von 30 geopferten Kindern hier gefunden wurden, vermutet man, dass in der **Pirámide de las Flores** Rituale zu Ehren des Fruchtbarkeitsgottes abgehalten wurden. Nahe der Basis der Pyramide, die die viertbreiteste Lateinamerikas ist, befindet sich ein Becken. Es ist in den massiven Fels geschlagen, und man nimmt an, dass hier die Kinder gebadet wurden, bevor man sie tötete.

ⓘ An- & Weiterreise

Angesichts der geringen Entfernung der archäologischen Stätte von Mexico City, Tlaxcala und Puebla – es liegt ungefähr in der Mitte der drei Städte –, ist die Fahrt von und nach Cacaxtla und Xochitécatl mit öffentlichen Verkehrsmitteln unerwartet unbequem und zeitaufwendig.

Cacaxtla liegt 1,5 km oberhalb einer Nebenstraße von San Martín Texmelucan (nahe des Hwy 150D) zum Hwy 119, dem Schleichweg zwischen Tlaxcala und Puebla. In Tlaxcala nimmt man an der Ecke Escalona und Sánchez Piedras ein *colectivo* (9 Mex$, 40 Min.) mit der Aufschrift „San Miguel del Milagro", das einen etwa 500 m von Cacaxtla absetzt.

Vom CAPU in Puebla fahren Direktbusse von Flecha Azul nach Nativitas, das ca. 3 km östlich von Cacaxtla liegt. Von hier aus starten *colectivos* mit der Aufschrift „Zona Arqueológica" zur Stätte.

Zwischen Cacaxtla und Xochitécatl sind am Wochenende Taxis (60 Mex$) unterwegs, zu Fuß braucht man für die 2 km ca. 25 Minuten.

Popocatépetl & Iztaccíhuatl

Die Vulkane Popocatépetl (po-po-ka-*teh*-pet-l; 5452 m) und Iztaccíhuatl (iss-ta-*sih*-wat-l; 5220 m) sind Mexikos zweit- bzw. dritthöchster Berg. Sie bilden rund 40 km westlich von Puebla und 70 km südöstlich von Mexico City den Ostrand des Valle de México. Während die kraterlose Iztaccíhuatl schläft, ist der Popocatépetl (Náhuatl für „Rauchender Berg"; auch „Don Goyo" oder „Popo" genannt) sehr aktiv – aus diesem Grund ist sein Gipfel seit 1996 gesperrt.

Die gute Nachricht ist, dass der bezaubernde Iztaccíhuatl („Weiße Frau"), dessen Gipfel in 20 km nördlicher Luftlinie zu dem des Popocatépetl liegt, auch weiterhin für Kletterer geöffnet ist. Von seinem Aussichtspunkt bietet sich ein herrlicher Panoramablick auf die Ebene, die Gletscher und den Popocatépetl.

🏃 Aktivitäten

Wandern & Klettern

Der höchste Gipfel Iztas ist der **El Pecho** (5220 m). Alle Routen erfordern eine Übernachtung auf dem Berg. Zwischen der Sammelstelle bei La Joya, dem Ausgangspunkt der wichtigsten Südroute, und Las Rodillas, einem der kleineren Gipfel, gibt es eine Hütte, die man beim Aufstieg zum El Pecho benutzen kann. Von La Joya bis zur Hütte dauert es mindestens fünf Stunden, von der Hütte zum El Pecho weitere sechs Stunden und zurück zum Ausgangspunkt noch einmal sechs Stunden.

Kletterer müssen sich vor dem Aufstieg beim **Parque Nacional Iztaccíhuatl-Popocatépetl** (☏ 597-978-38-29; http://iztapopo.conanp.gob.mx; Plaza de la Constitución 9B, Amecameca; 30,50 Mex$/Pers. & Tag; ⊙ 7–21 Uhr) registrieren und die Parkgebühr bezahlen. Das Büro befindet sich in Amecameca an der Südostseite des *zócalo*. Auf der Website des Parks gibt's hervorragende Karten und einen praktischen Kletterführer auf Englisch zum Herunterladen.

In niedrigerer Höhenlage befindliche Wanderwege, die durch Kiefernwälder und Wiesen führen, gibt es etwa 24 km oberhalb von Amecameca in der Nähe des Paso de Cortés. Dieser Pass punktet mit atemberaubenden Blicken auf die nahen Gipfel. La Joya liegt weitere 4 km vom Paso de Cortés entfernt.

Eine einfache Unterkunft mit Strom bietet das Refugio de Altzomoni, das sich etwa auf halber Strecke zwischen dem Paso de Cortés und La Joya befindet. Man muss auf jeden Fall im Voraus über das Parkbüro reservieren!

Klima & Bedingungen

In den höheren Lagen des Izta kann es zu jeder Jahreszeit windig sein und Temperaturen deutlich unter 0°C geben. In Gipfelnähe herrscht fast immer Nachtfrost. Eis und Schnee sind hier völlig normal, die Schneegrenze liegt bei durchschnittlich 4200 m. Die besten Monate für den Aufstieg sind November bis Februar, wenn der Schnee hart genug für Steigeisen ist. In der Regenzeit (April–Okt.) besteht die Gefahr von Whiteout, Gewittern und Lawinen.

Führer

Der Iztaccíhuatl sollte wirklich *nur* von erfahrenen Kletterern in Angriff genommen werden. Wegen der versteckten Spalten auf den eisbedeckten oberen Hängen ist es ratsam, einen Führer zu engagieren. Neben den folgenden Führern kann eventuell auch das Parkbüro einige Empfehlungen geben.

Livingston Monteverde (www.tierraden tro.com; ab 290 US$/Pers., mind. 2 Pers.), der in Tlaxcala ansässig ist, ist ein Gründungsmitglied der Mexican Mountain Guide Association und hat 25 Jahre Klettererfahrung. Er spricht fließend Englisch, recht gut Französisch und etwas Hebräisch und Italienisch.

Mario Andrade (Smartphone 55-18262146; mountainup@hotmail.com) ist ein autorisierter, Englisch sprechender Führer, der in Mexico City lebt und schon viele Besteigungen des Izta geleitet hat. Er nimmt 350 US$ für eine Person, bei Gruppen wird es pro Person billiger. Im Preis inbegriffen sind die Hin- und Rückfahrt ab Mexico City, Unterkunft, Verpflegung auf dem Berg und die Seilnutzung.

🛏 Schlafen

Refugio de Altzomoni LODGE **$**

(Altzomoni Lodge; B 30,50 Mex$/Pers.) Einfache Unterkünfte findet man in der Altzomoni Lodge, die an einer Richtfunkstation etwa auf halber Strecke zwischen dem Paso de Cortés und La Joya liegt. Von hier aus bietet sich ein herrlicher Blick auf den Popo. Alle drei Zimmer sind mit Strom und vier Etagenbetten ausgestattet. Zuerst holt man sich am Paso de Cortés die Schlüssel und wandert dann hinauf zur Hütte. Bettzeug, warme Sachen und Trinkwasser muss man selbst mitbringen.

Die Kosten für das Bett kommen in selber Höhe zum Parkeintritt hinzu. Vom Büro des Parque Nacional Iztaccíhuatl-Popocatépetl in Amecameca aus sollte man vorab buchen, vor allem zwischen November und März.

ℹ An- & Weiterreise

Für Kletterer, die den Iztaccíhuatl besteigen, empfiehlt sich ein Führer, bei dem der Transport ab Mexico City oder Puebla inbegriffen ist. Ansonsten nimmt man vom *zócalo* in Amecameca einen *colectivo* zum Paso de Cortés (80 Mex$). In der Gruppe kann man vom **Parkbüro** ein Taxi nach La Joya (40 Min.) nehmen (300 Mex$, verhandelbar).

Tlaxcala

📞 246 / 90 000 EW. / HÖHE 2250 M

Die Hauptstadt des kleinsten Bundesstaates Mexikos ist geruhsam und unbeschwert und hat ein kompaktes Zentrum aus der Kolonialzeit, das von prächtigen Regierungsgebäuden, imposanten Kirchen und einer schönen zentralen Plaza geprägt wird. Auch wenn Tlaxcala nicht sehr groß ist, so ist es doch weder kleinkariert noch provinziell. Die vielen Studenten, die guten Restaurants und Bars und ein paar tolle Museen sorgen für eine lebhafte Kulturszene. Weil es keine herausragenden Sehenswürdigkeiten gibt, ist Tlaxcala noch recht unentdeckt, obwohl es kaum zwei Stunden Fahrt von Mexico City entfernt liegt.

An der Ecke der Avenidas Independencia und Muñoz treffen sich zwei große Plazas. Die nördliche, von Kolonialgebäuden umgebene Plaza ist der *zócalo* und wird Plaza de la Constitución genannt. Der südliche Platz ist die Plaza Xicohténcatl.

Geschichte

In den Jahrhunderten vor der Eroberung durch die Spanier entstanden in und um Tlaxcala zahlreiche kleine Kriegerreiche (*señoríos*). Einige davon bildeten ein lockeres Bündnis, das seine Unabhängigkeit vom Aztekenreich bewahrte, als dieses sich im 15. Jh. vom Valle de México her ausbreitete. Das wichtigste Königreich scheint Tizatlán gewesen zu sein, dessen Ruinen sich am nordöstlichen Rand von Tlaxcala befinden.

Als die Spanier 1519 eintrafen, kämpften die Tlaxcalaner zunächst erbittert, schließlich wurden sie jedoch die loyalsten Verbündeten von Cortés gegen die Azteken (mit Ausnahme eines Häuptlings, Xicoténcatl der Jüngere, der versuchte, sein Volk gegen die Spanier aufzuwiegeln und heute ein mexikanischer Held ist). 1527 wurde Tlaxcala das erste Bistum in Nueva España. Doch 1540 raffte die Pest den Großteil der Bevölkerung hin, und seitdem hat die Stadt nur noch eine Nebenrolle gespielt.

Tlaxcala

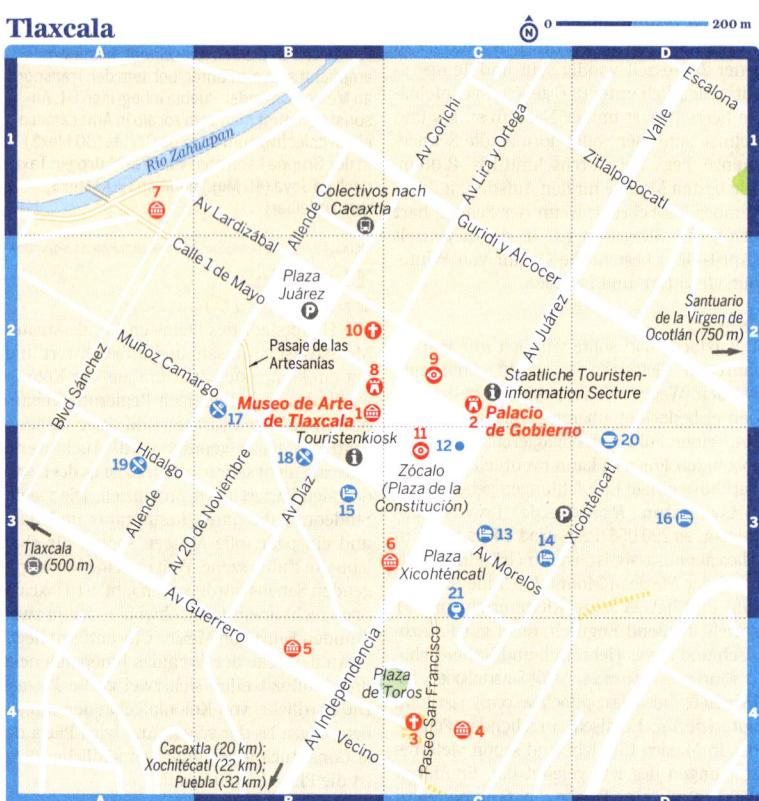

Sehenswertes

⭐ **Museo de Arte de Tlaxcala** MUSEUM

(📞 246-462-15-10; Plaza de la Constitución 21; Erw./Student/Kind unter 12 Jahren 30/15 Mex$/ frei, So Eintritt frei; ⊙ Di–So 9–18 Uhr) In diesem fantastischen, kleinen Museum für moderne Kunst befindet sich eine hervorragende Sammlung von frühen Gemälden Frida Kahlos, die an das Museum zurückgegeben wurden, nachdem sie jahrelang als Leihgabe in anderen Museen in der ganzen Welt waren. Sowohl das Hauptgebäude des Museums am *zócalo* als auch die kleinere **Zweigstelle** (Avenida Guerrero 15; Erw./Student/Kind unter 12 Jahren 30/15/frei, So frei; ⊙ Di–So 9–18 Uhr) zeigen interessante Sonderausstellungen sowie eine gute Dauerausstellung mit moderner mexikanischer Kunst.

⭐ **Palacio de Gobierno** PALAST

(Plaza de la Constitución; ⊙ Sa–Do 10–18, Fr 16–21 Uhr) **GRATIS** Im Gouverneurspalast gibt es farbenfrohe Wandgemälde zur Geschichte Tlaxcalas von Desiderio Hernández Xochitiotzin. Die Bilder im lebhaft realistischen Stil sind unheimlich detailliert und erinnern an moderne Comics. Die 500 m² an Gemälden waren die letzten großflächigen Bilder des mexikanischen Muralismus und sind ein Augenschmaus für Fans illustrativer Malerei. Für 200 Mex$ kann man einen Englisch und Spanisch sprechenden Führer engagieren.

⭐ **Santuario de la Virgen de Ocotlán** KIRCHE

(Hidalgo 1, Ocotlán; ⊙ 8–19 Uhr) **GRATIS** Dies ist eine der spektakulärsten Kirchen Mexikos und eine bedeutende Pilgerstätte für alle, die daran glauben, dass die Jungfrau Maria 1541 hier erschienen ist – ihr Bild schmückt zum Gedenken an ihre Erscheinung den Hauptaltar. Die klassische churriguereske Fassade ist mit weißem Stuck im Zuckerbäckerstil dekoriert und bildet einen schönen

Tlaxcala

⦿ **Highlights**
1 Museo de Arte de Tlaxcala B2
2 Palacio de Gobierno C2

⦿ **Sehenswertes**
3 Capilla Abierta C4
  Casa de Artesanías .... (siehe 7)
4 Ex-Convento Franciscano de la
  Asunción C4
5 Museo de Arte de Tlaxcala B4
6 Museo de la Memoria C3
  Museo Regional de Tlaxcala .... (siehe 4)
7 Museo Vivo de Artes y Tradiciones
  Populares A1
8 Palacio de Justicia B2
9 Palacio Municipal C2
10 Parroquia de San José B2
11 Zócalo C3

⦿ **Aktivitäten, Kurse & Touren**
12 Tranvía El Tlaxcalteca C3

⦿ **Schlafen**
13 Hostería de Xicohténcatl C3
14 Hotel Minatzín C3
15 Hotel Posada San Francisco B3
16 Posada La Casona de Cortés D3

⦿ **Essen**
17 Desayunos Lupita B2
18 Jaque's B3
19 La Granada A3

⦿ **Ausgehen & Nachtleben**
20 11:11 Cafe Boutique D3
21 Pulquería Tía Yola C3

RUND UM MEXICO CITY TLAXCALA

Kontrast zu den schlichten roten Kacheln. Im 18. Jh. verbrachte der indigene Künstler Francisco Miguel 25 Jahre damit, die Altarbilder und die Kapelle neben dem Hauptaltar zu dekorieren.

Das Bildnis spielt die Hauptrolle bei dem bedeutendsten Fest in Tlaxcala, dem Bajada de la Virgen de Ocotlán. Die fast von überall in der Stadt sichtbare Kirche thront 1 km nordöstlich des *zócalo* auf einem Hügel. Vom *zócalo* geht man drei Häuserblocks auf der Avenida Juárez/Avenida Independencia Richtung Norden und biegt dann rechts in die Zitlalpopocatl ein. Alternativ nimmt man eines der „Ocotlán"-*colectivos*, die auf derselben Strecke fahren.

Zócalo
PLAZA
(Plaza de la Constitución) Man könnte leicht einen ganzen Nachmittag beim Lesen oder Leutebeobachten auf Tlaxcalas schattigem, großem *zócalo* verbringen. Der **Palacio Municipal** (☉Sa–Do 10–18, Fr 16–21 Uhr) aus dem 16. Jh., ein ehemaliger Kornspeicher, und der Palacio de Gobierno nehmen den größten Teil der Nordseite ein. An der nordwestlichen Ecke des *zócalo* steht die **Parroquia de San José** mit orangefarbenem Stuck und blauen Fliesen. Wie an anderen Stellen im *centro histórico* erklären hier zweisprachige Schilder die Bedeutung der Kirche und ihrer vielen Fontänen. Das Gebäude an der Nordwestseite ist der aus dem 16. Jh. stammende **Palacio de Justicia**.

Ex-Convento Franciscano de la Asunción
HISTORISCHES GEBÄUDE
(Paseo San Francisco; ☉7–15 & 16–20 Uhr) GRATIS Ein schattiger Pfad führt von der Südostecke der Plaza Xicohténcatl zu diesem ehemaligen Franziskanerkloster. Es wurde zwischen 1537 und 1540 erbaut und ist eines der ältesten Klöster Mexikos. Seine Kirche – die Kathedrale der Stadt – hat eine schöne hölzerne Decke im maurischen Stil.

Gleich unterhalb des Klosters befindet sich neben der Plaza de Toros (Stierkampfarena) aus dem 19. Jh. eine **Capilla Abierta** (☉24 Std.) mit drei einzigartigen Bögen im maurischen Stil. Einer der Eingänge ist verschlossen, man kommt aber von mehreren anderen Eingängen in die *capilla* hinein.

Das **Museo Regional de Tlaxcala** (☎246-462-0262; ☉10–18 Uhr) GRATIS im Kloster zeigt religiöse Gemälde und Skulpturen sowie einige präkolumbische Exponate aus archäologischen Stätten der Umgebung.

Museo Vivo de Artes y Tradiciones Populares
MUSEUM
(☎246-462-23-37; Blvd Sánchez 1; 15 Mex$; ☉Di–So 10–18 Uhr) Das kleine Volkskunstmuseum zeigt Ausstellungen zum Dorfleben in Tlaxcala, zu Agaven, zur Weberei und zur *pulque*-Herstellung, manchmal sogar mit Demonstrationen. Kunsthandwerker führen die Besucher durch das Museum mit mehr als 3000 Ausstellungsstücken. Auch das Café und der Kunsthandwerksladen nebenan in der angeschlossenen **Casa de Artesanías** (☎246-462-23-37; http://artesanias.tlaxcala.gob.mx; Blvd Sánchez 1B; 20 Mex$, Di Eintritt frei; ☉9–18 Uhr) lohnen einen Besuch.

Museo de la Memoria
MUSEUM
(☎246-466-07-92; Av Independencia 3; Erw./Student 20/10 Mex$, So Eintritt frei; ☉10–17 Uhr) Das moderne Geschichtsmuseum betrachtet

Folklore durch den Blickwinkel moderner Medien und zeigt gut erhaltene Exponate zu indigener Politik, Landwirtschaft und zeitgenössischen Festen. Erklärungen gibt's allerdings nur auf Spanisch.

 Kurse

Estela Silva's Mexican
Home Cooking School
KOCHEN

(☎246-468-09-78; www.mexicanhomecooking. com) Bei Señora Estela Silva und ihrem Ehemann und stellvertretenden Küchenchef John Jarvis können die Teilnehmer lernen, wie die *poblano*-Küche zubereitet wird. Gekocht wird in der mit Talavera gefliesten Küche des Paares in Tlacochcalco, 10 km südlich von Tlaxcala. Der Kurs wird zweisprachig auf Englisch und Spanisch abgehalten und beinhaltet alle Mahlzeiten sowie die Unterkunft in Privatzimmern mit Kamin (die An- & Abfahrt zur bzw. von der Schule kann arrangiert werden). Es gibt sechstägige All-inclusive-Kurse mit fünf Übernachtungen für 1798 US$, aber auch kürzere Aufenthalte sind möglich.

Geführte Touren

Tranvía El Tlaxcalteca
BUS

(☎246-458-53-24; Plaza de la Constitución, Portal Hidalgo 6; Erw./Kind Mo–Fr 100/90 Mex$, Sa & So 75/65 Mex$; ☺Abfahrt stündl. 12–18 Uhr) Die Straßenbahn mit spanischem Bordkommentar klappert samstags und sonntags in 45 Minuten 33 Sehenswürdigkeiten im Stadtzentrum ab. Unter der Woche steigt die Rundfahrt auf zwei Stunden an und beinhaltet auch einen Gang durch die Basílica de Ocotlán. Keine Reservierung erforderlich. Abfahrt ist an der Ostseite des *zócalo*.

Feste & Events

Bajada de la Virgen de Ocotlán
RELIGION

(☺Mai) Am dritten Montag im Mai wird die Figur der Virgen de Ocotlán von ihrem Platz im Santuario de La Virgen de Ocotlán, das auf einem Hügel liegt, zu Kirchen in der Umgebung getragen, was Zuschauer und Gläubige gleichermaßen anzieht. Während des ganzen Monats finden Prozessionen durch die mit Blumen verzierten Straßen zum Gedenken an das Wunder der Marienerscheinung statt, zu denen Pilger aus dem ganzen Land kommen.

Gran Feria de Tlaxcala
KULTUR

(☺Okt.–Nov.) Zur Fiesta de Todos los Santos, wie das dreiwöchige Fest von Ende Oktober

bis Mitte November auch genannt wird, kommen Menschen aus dem ganzen Bundesstaat nach Tlaxcala. Im Mittelpunkt stehen *charrería* (Reitkunst) und andere vom Rodeo inspirierte Veranstaltungen sowie allerhand Aktivitäten zum Día de Muertos.

Schlafen

Hostería de Xicohténcatl
PENSION **$**

(☎246-466-33-22; Portal Hidalgo 10; EZ/DZ/3BZ 460/510/600 Mex$, Suite 720–1300 Mex$; P ☎) Die Hälfte der 16 Zimmer dieser schnörkellosen Budget-*hostería* sind große Suiten mit mehreren Räumen und Küche – ein Schnäppchen für Familien, Gruppen und Besucher, die länger bleiben. Die *hostería* ist sauber, vielleicht sogar etwas zu steril, und die Lage direkt an der Plaza Xicohténcatl ist super.

★ Posada La Casona
de Cortés
BOUTIQUEHOTEL **$$**

(☎246-462-20-42; http://lacasonadecortes. mx; Av Lardizábal 6; DZ/2BZ/3BZ ab 795/ 850/1385 Mex$; P ☎) Fast zu schön, um wahr zu sein: Das erschwingliche Boutiquehotel umgibt einen üppigen Hofgarten mit Obstbäumen und einem Springbrunnen. Mexikanische *artesanías* (Kunsthandwerksgegenstände) zieren die Zimmer mit festen Betten, Fliesenböden und tollen Duschen. Die Bar mit funktionierender Jukebox aus den 1950er-Jahren hat eine Dachterrasse, von der aus man Kirchtürme und Vulkangipfel im Blick hat.

Hotel Minatzin
BOUTIQUEHOTEL **$$**

(☎246-462-04-40; Xicohténcatl 6; EZ/DZ/Suite ab 650/750/950 Mex$; P ✳ ☎) Dieses umgebaute Haus im Kolonialstil ist mit Steinfliesen ausgestattet, hell, fröhlich und luftig und passt hervorragend zu Tlaxcalas *zócalo*, der nicht weit entfernt liegt. Die fünf geräumigen Zimmer (alle mit 3D-TVs) sind luxuriöser und die Betten weicher, als der Preis vermuten lässt. In der Suite finden vier Personen Platz.

★ Hotel Posada
San Francisco
LUXUSHOTEL **$$$**

(☎246-144-55-55; www.posadasanfranciscotlaxcala.mx; Plaza de la Constitución 17; DZ/Suite mit Frühstück 1250/2460 Mex$; P ✳ ☎ ☒) In der Hotelbar mit Stierkampfthema glaubt man, jeden Moment einen berühmten Schriftsteller auf einen erlesenen Tequila treffen zu können. Einen Blick wert sind auch die Buntglasdecke in der Lobby, der Pool und das luftige Restaurant im Hof.

✖ Essen & Ausgehen

Für eine kleine Stadt wie Tlaxcala gibt es hier eine beeindruckende Zahl und Vielfalt an guten Restaurants. Die zahllosen Straßencafés am Ostrand des *zócalo* sind aber nicht gerade überwältigend. Bessere Optionen findet man weiter südlich und an der nahe gelegenen Plaza Xicohténcatl. Tlaxcalas Markt gehört zu den nettesten der Region. Um von der Parroquia de San José hierher zu gelangen, geht man die Avenida Lira y Ortega entlang, bis die Ecke Escalona erreicht ist.

La Granada   SPANISCH

(☎246-462-77-72; Ignacio Allende 41; Hauptgerichte 80–140 Mex$; ⊙8–23 Uhr; ✸🗐) Meeresfrüchte-Paella, Kartoffel-Tortilla und Tapas sind einige der Favoriten in diesem ordentlichen kleinen Bistro. Neben Sangria gibt's Drinks mit mexikanischem Einschlag.

Jaque's   MEXIKANISCH $

(☎246-466-09-53; Muñoz Camargo 2; *menú del día* 80 Mex$, Hauptgerichte 45–85 Mex$; ⊙8–18.30 Uhr; 🗐) Das Jaque's ist nur ein paar Schritte vom *zócalo* entfernt, dennoch sind die mexikanischen Gerichte hier viel besser als bei der Konkurrenz in der Gegend. Zudem gibt's noch weiße Tischdecken und Erkerfenster mit Blick auf die Straße hinunter. Das *pechuga a la diabla* (mit Panela-Käse gefülltes Hühnerschnitzel in scharfer Tomatensauce) ist – wie der Name schon sagt – teuflisch gut!

Desayunos Lupita   MEXIKANISCH $

(☎246-462-64-53; Muñoz Camargo 14; Frühstück 50 Mex$; ⊙Mo–Fr 8.30–16, Sa & So bis 13.30 Uhr) Das sehr beliebte Frühstücks- und Mittagslokal serviert typisches *tlaxcalteco*-Essen wie *huaraches* (länglicher, gebratener Maisboden mit verschiedenen Belägen), *tamales, atoles* (süßes, warmes Getränk auf Maisbasis) und Quesadillas, die mit allem Möglichen von *huitlacoche* (Maispilz) bis Kürbisblüten gefüllt sind. Dies sind Straßensnacks im besten Sinne – ideal für diejenigen, die eine Schwäche für Spezialitäten des mittleren Mexiko haben, aber normalerweise nichts essen würden. Das Frühstücksmenü umfasst ein Hauptgericht der Wahl, frisch gepressten Saft, Obstsalat und *café de olla.*

11:11 Cafe Boutique   CAFÉ

(☎246-144-01-81; www.facebook.com/11.11cafe; Xicohténcatl 19; ⊙Mo–Sa 10.30–22 Uhr; 🗐) In dieser ruhigen Straße würde man kaum ein solch stilvolles Café vermuten. Es ist ein beliebter Treffpunkt für junge Pärchen und einheimische Kids, um sich zu verstecken, einen Frappé zu schlürfen oder einen guten Kaffee zu genießen.

Pulquería Tía Yola   PULQUERÍA

(☎246-462-73-09; Plaza Xicohténcatl 7; ⊙11–21 Uhr) Hier gibt's etwa ein Dutzend hausgemachte *pulque*-Sorten, die man in dem steinernen, mit Tag-der-Toten-Figürchen und Mosaiken von Aztekengöttern dekorierten Hof genießt. Die Straßentische an der Plaza sind am Wochenende prima zum Leutebeobachten. Man kann hier auch gute mexikanische Gerichte essen.

ℹ Praktische Informationen

Mehrere Banken an der Avenida Juárez, nahe der Touristeninformation, wechseln Dollars und haben Geldautomaten. Es gibt auch im Busbahnhof einen Geldautomaten.

Farmacia Cristo Rey (Av Lardizábal 15; ⊙24 Std.) Rund um die Uhr geöffnete Apotheke.

Hospital General (☎246-462-35-55; Corregidora s/n; ⊙24 Std.) Notfallversorgung.

Staatliche Touristeninformation Secture (☎246-465-09-60; Ecke Av Juárez & Lardizábal; ⊙Mo–Fr 8–17 Uhr) Die Englisch sprechenden Angestellten loben eifrig Tlaxcalas Vorzüge und versorgen Traveller mit bunten Stadtplänen, Landkarten und ein paar Broschüren. Das Material gibt's auch an dem praktischen **Touristenstand** (Plaza de la Constitución; ⊙10–17 Uhr) an der Westseite des *zócalo*.

ℹ An- & Weiterreise

Tlaxcalas **Busbahnhof** (Ecke Castelar & Calle 1 Bis) befindet sich 1 km westlich der zentralen Plaza auf einem Hügel. **ATAH** (☎246-466-00-87) betreibt (selten verkehrende) 1.-Klasse-Busse zu Mexico Citys TAPO-Busbahnhof (150 Mex$, 2 Std., alle 30 Min.). 2.-Klasse-Busse von Verde fahren regelmäßig nach Puebla (29 Mex$).

Nach Cacaxtla nimmt man von der Ecke Escalona und Sánchez Piedras einen *colectivo* (9 Mex$, 40 Min.) mit der Aufschrift „San Miguel del Milagro".

ℹ Unterwegs vor Ort

Auf dem Weg in die Stadt halten die meisten *colectivos* (6,50 Mex$) am Busbahnhof. Alternativ ist die Strecke in 10 Minuten per pedes zu bewältigen: Nach dem Verlassen des Terminals bergab nach rechts laufen, bis die Av Guerrero in Sicht kommt; dort wieder rechts abbiegen und die mächtigen Stufen der Escalinata de Héroes passieren. Um vom Zentrum aus zum Busbahnhof zu kommen, nimmt man am besten eines der blau-weißen *colectivos*, die auf der Ostseite des Blvd Sánchez starten. Taxifahrten zwischen dem Busbahnhof und dem Zentrum kosten 35 Mex$.

Huamantla

247 / 52 000 EW. / HÖHE 2500 M

Das farbenfrohe Huamantla hat viel in seine Innenstadt investiert, das koloniale Zentrum aufgepeppt und dem charmanten *zócalo* mit einem riesigen Schriftzug (ein internationaler Trend), auf dem „Huamantla" zu lesen ist, Pfiff verliehen. Die beste Neuerung ist der monatliche *Sábado Mágico* (Magischer Samstag): Dann wird eine kleine Straße mit buntem Sägemehl und Blumen bestreut. Das Ganze ist ein Vorgeschmack auf die Blumennumzüge bei der größeren *feria*, die jedes Jahr im August in Huamantla statt findet.

Wenn man die ausufernden Vororte erst mal hinter sich hat, ist die Stadt, über die der La Malinche aufragt, ein angenehmer Ausgangspunkt, um die umliegende Landschaft zu erkunden. Die meisten Leute, die aus Puebla flüchten, suchen sich hier im Ort eine Bleibe und genießen die malerische Kulisse über Huamantlas Kirche, der Parroquia de San Luis Obispo.

Sehenswertes

★ Museo Nacional del Títere   MUSEUM
(247-472-10-33; Parque Juárez 15; Erw./Student & Senior/Kind 20/10/5 Mex$, So Eintritt frei; Di– Sa 10–17, So bis 15 Uhr;) Das nationale Marionettenmuseum in einem fantastisch renovierten Gebäude am *zócalo* zeigt Puppen und Marionetten aus aller Welt. Ein Spaß für Jung und Alt!

Feste & Events

★ Feria Huamantla   FERIA
(Aug.) Bei dem zweiwöchigen Festival im August schmücken die Einwohner die Straßen der Stadt mit Teppichen aus Blumen und gefärbtem Sägemehl. Es gibt Umzüge von Fahrradfahrern, Kerzenlichter und eine Nacht, die als La Noche Que Nadie Duerme („Die Nacht, in der niemand schläft") bekannt ist. Außerdem findet ein Stierrennen ähnlich wie dem in Pamplona statt – allerdings gefährlicher, denn hier kommen die nicht kastrierten Stiere aus zwei Richtungen.

★ Sábados Mágicos   KUNST
(www.facebook.com/turismoenhuamantla; Pasaje Margarita Maza de Juárez; 3. Sa im Monat 11–16

Uhr) Wer es nicht zur alljährlichen Feria Huamantla schafft, erhält am sogenannten „Magischen Samstag" an jedem dritten Samstag des Monats einen Vorgeschmack. Dann wird die Gasse neben dem Presidencia Municipio mit einem Teppich aus gefärbtem *aserrín* (Sägemehl) und Blumen bedeckt. Am Nachmittag gibt es dann Tanzaufführungen und Feuerwerk.

Wenn das Wetter es zulässt, wird der bunte *tapete* (Teppich) nicht gleich weggeräumt, sodass man sich das Ganze noch am nächsten Tag anschauen kann. Die Termine können abweichen – daher sollte man vorab Infos einholen!

Schlafen & Essen

Hotel Centenario   HOTEL $
(247-472-05-87; Juárez Norte 209; Zi. 380– 550 Mex$, Suite 700 Mex$; P@) Nur ein kurzes Stück zu Fuß vom *zócalo* entfernt bietet das Hotel Centenario 33 lachsfarbene, saubere und geräumige Zimmer mit renovierten Bädern und WLAN-Empfang. Darüber hinaus gibt's hier hilfsbereite Angestellte und ein gutes Café im Foyer.

★ Hacienda Soltepec   HISTORISCHES HOTEL $$$
(247-472-14-66; www.haciendasoltepec.com; Carretera Huamantla-Puebl Km 3; DZ/2BZ/Suite ab 1605/1780/2850 Mex$; P) Die hervorragend renovierte Hazienda liegt 4,5 km südlich der Stadt und war früher ein Filmset (María Félix wohnte monatelang hier, als sie einen ihrer Klassiker drehte). Neben den tollen Blick auf den Malinche findet man auch Pferdeställe, Tennisplätze und ein fantastisches Hausrestaurant. Die hellen Zimmer haben hohe Decken und lackierte Holzdielen. Die hauseigene *pulque*-Brauerei ist samstags und sonntags für Besucher geöffnet.

La Casa de los Magueyes   MEXIKANISCH $$
(247-472-28-63; Reforma Sur 202; Hauptgerichte 90–170 Mex$; Mo–Sa 9–22, So bis 18 Uhr) Das wundervolle Restaurant für Hausmannskost liegt gleich südöstlich des *zócalo* und serviert regionale Gerichte mit saisonalen Zutaten wie *maguey*-Knospen, Waldpilzen oder sogar *escamoles* (Agaven-Ameisenlarven).

An- & Weiterreise

Surianos (www.autobusesoro.com.mx) bietet alle 15 bis 30 Minuten Busse von/nach Puebla CAPU (39 Mex$, 2 Std.). ATAH betreibt alle sie-

CANTONA

Aufgrund ihrer Entfernung von jeder irgendwie bedeutenden Stadt ist die riesige und unglaublich gut erhaltene mesoamerikanische Ruinenstätte **Cantona** (46 Mex$; ☉9–18 Uhr) Travellern praktisch unbekannt. Mit 24 entdeckten Ballspielplätzen gilt sie als das einst größte einzelne städtische Zentrum im mesoamerikanischen Raum. Die Stadt erstreckte sich auf 12 km² über ein eindrucksvolles, mit Kakteen und Yucca-Palmen durchsetztes Lavafeld mit einem herrlichen Ausblick auf den Pico de Orizaba im Süden.

Die Stätte erlebte ihre Blütezeit zwischen 600 und 1000 n.Chr. und ist aus zwei Hauptgründen interessant: Im Gegensatz zu den meisten anderen mesoamerikanischen Städten wurde zu ihrer Errichtung kein Mörtel verwendet; die Steine werden einfach durch ihr Gewicht im Mauerverband gehalten. Die Stadt ist außerdem durch ihre kluge Planung einmalig: Alle Teile der Stadt, die rund 3000 Wohnhäuser umfasste, sind durch ein weitläufiges Netz von Hochstraßen miteinander verbunden. Es gibt darüber hinaus mehrere kleine Pyramiden und eine kunstvolle Akropolis im Stadtzentrum. Cantona wird jetzt mit guten Infotafeln in englischer Sprache und einer Zufahrtsstraße als Touristenattraktion vermarktet. Das **Museo de Sitio de Cantona** (☎276-596-53-07; Erw./Student 55 Mex$/frei; ☉Mi–So 9–18 Uhr) lohnt einen Besuch, vor allem wenn man Spanisch versteht.

Von der Kreuzung der Carretera Federal Puebla-Teziutlan und der 8 Poniente in Oriental, der nächstgelegenen größeren Ortschaft, fahren überdachte Pickup-*colectivos* der Grupo Salazar alle 20 Minuten nach Cantona (35 Mex$, 45 Min.). Auf der Windschutzscheibe der Trucks steht die Zielangabe „Tepeyahualco". Beim Einsteigen sagt man dem Fahrer, wo man aussteigen möchte.

Alternativ kostet die Hin- und Rückfahrt mit einem Taxi 150 Mex$ oder mehr. Wenn man ein eigenes Auto hat, ist der Besuch von Cantona ein guter Abstecher auf dem Weg nach Cuetzalan.

ben Minuten Busse ab dem Hauptbusbahnhof Tlaxcala (38 Mex$). Der Bus hält nicht immer an den Busbahnhöfen – man sollte deshalb unbedingt dem Fahrer sagen, dass man nach Huamantla *centro* will, damit er nicht einfach an der Stadt vorbeifährt. Ab Cuetzalan gibt es keinen Direktbus, man muss zuerst nach Puebla.

Supra betreibt einen Direktbus zwischen Mexico Citys Busbahnhof TAPO (175 Mex$, 3 Std., stündl.) und Huamantla.

Cuetzalan

📞 233 / 6000 EW. / HÖHE 980 M

Die schöne Fahrt nach Cuetzalan ist eine der aufregendsten Touren in der Region und ein richtiges Abenteuer. Hinter der Ausfahrt nach Zaragoza wird die Straße richtig dramatisch: Sie schlängelt sich in Haarnadelkurven die Hügel hinauf und bietet atemberaubende Ausblicke. Am Ende liegt die abgeschiedene, schwül-warme Stadt Cuetzalan (Ort der Quetzals). Das hinreißende Dorf wurde an einem steilen Hang gebaut und ist für seine lebhaften Feste, die *voladores*-Aufführungen am Wochenende und den sonntäglichen *tianguis* (Straßenmarkt) bekannt, auf dem sich jede Menge indigene Einwohner in ihren traditionellen Trachten

tummeln. An den klarsten Tagen sieht man von den Hügeln aus bis zur Golfküste – das sind 70 km Luftlinie.

⦿ Sehenswertes

Drei Türme prägen die Skyline Cuetzalans: der frei stehende Uhrenturm auf der Plaza, der gotische Turm der Parroquia de San Francisco und im Westen der Turm des französisch-gotischen Santuario de Guadalupe mit seinen sehr ungewöhnlich dekorativen Reihen von *los jarritos* (Lehmvasen).

Casa de la Cultura Museum   MUSEUM
(Alvarado 18; ☉9–16 Uhr) GRATIS Das kleine Museum neben der Touristeninformation zeigt traditionelle Alltagskleidung aus der Region, Kunst und Kunsthandwerk sowie einige archäologische Exponate aus dem nahe gelegenen Yohualichán. Wer sich für *voladores* interessiert, findet hier auch einen Überblick über die Geschichte dieses Tanzes und anderer zeremonieller Darbietungen.

**Cascada Las Brisas &
Cascada del Salto**   WASSERFALL
Rund 5 km südöstlich der Stadt befinden sich zwei hübsche Wasserfälle. Die natürli-

chen Schwimmbecken unterhalb der Wasserfälle sind wirklich verführerisch – Badesachen mitbringen! Motorisierte Rikscha-Taxis setzen einen am Wegbeginn ab und warten, bis man zurückkommt. Von hier aus ist es ein einfacher, 15 Minuten dauernder Spaziergang bis zu den Wasserfällen.

 Feste & Events

Feria del Café y del Huipil BRAUCHTUM

(Plaza Celestino Gasca s/n; ☉ Okt.) Rund um den 4. Oktober feiert Cuetzalan beim Festival des Kaffees und der *huipiles* mehrere Tage lang sowohl seinen Schutzheiligen, den hl. Franz von Assisi, als auch den Beginn der Kaffeeernte. Dabei wird kräftig getrunken; dazu gibt es traditionellen Quetzal-Tanz und *voladores* (wörtlich „Flieger") – ein totonakisches Ritual, bei dem an den Fußknöcheln hängende Männer um einen hohen Pfahl wirbeln.

🛏 Schlafen

Posada Jaqueline PENSION $

(☎ 233-331-03-54; Calle 2 de Abril 2; EZ/DZ 200/250 Mex$; ☎) Die 20 einfachen, aber recht sauberen Zimmer blicken auf die höher gelegene Seite des *zócalo* und zählen dank Kabel-TV und rund um die Uhr fließendem warmem Wasser zu den Unterkünften mit den besten Preis-Leistungs-Verhältnis in Cuetzalan. Einige Zimmer oben teilen sich den Balkon und haben eine schöne Aussicht auf die Stadt.

Posada Quinto Palermo HOTEL $$

(☎ 233-331-04-52; Calle 2 de Abril 2; Zi. 750 Mex$; ☎) Das einfache Hotel hat die beste Lage der Stadt und eine Dachterrasse mit Blick auf die Palmen und Kirchtürme des prächtigen *zócalo* von Cuetzalan. Die 15 Zimmer sind mit kitschigen Bildern bestückt und farblich so schlecht gestaltet, dass sie fast schon wieder komisch wirken. Am besten lässt man sich ein Zimmer zur Vorderseite des Hotels geben, da die Fenster zur Plaza liegen. In der Nebensaison sind große Preisnachlässe drin. Beim Check-in können Parkplätze (30 Mex$) in der Nähe arrangiert werden.

Tosepan Kali LODGE $$

(☎ 233-331-09-25; www.tosepankali.com; Km 1,5 de la Carretera Cuetzalan, San Miguel Tzinacapan; B/Zi./Hütte mit Frühstück 250/350/450 Mex$/Pers.; P ☎) ◢ Hoch auf einem Hügel zwischen Cuetzalan und dem benachbarten San Miguel Tzinacapan im Norden befindet

sich diese Lodge, die aussieht wie ein Baumhaus, das sich im dichten Blätterdach versteckt. Das hübsche, wenn auch etwas heruntergekommene Ökohotel, dessen Name auf Náhuatl „unser Haus" bedeutet, wurde größtenteils mit Bambus und Stein von einer regionalen indigenen Kooperative, die Regenwasser aufsammelt, erbaut. Es bietet saubere Zimmer und einen großen Pool mit tollem Blick aufs Tal.

Hotel Posada Cuetzalan HOTEL $$

(☎ 233-331-01-54; www.posadacuetzalan.com; Zaragoza 12; EZ/DZ/3BZ/4BZ 655/913/1085/1220 Mex$; P ☎ ☎) Das hübsche Hotel liegt vom *zócalo* 100 m hügelaufwärts und einen kurzen Spaziergang vom Busbahnhof entfernt. Es besitzt drei große Innenhöfe voller zwitschernder Vögel, einen Swimmingpool und ein gutes Restaurant, in dem es auch regionale Obstliköre gibt. Die 36 einfachen Zimmer in tropischen Farben haben Fliesenböden, viel leicht gebeiztes Holz und Kabel-TV. Der WLAN-Empfang reicht bis in die vorderen Zimmer in der Nähe des Büros.

Hotel La Casa de la Piedra BOUTIQUEHOTEL $$

(☎ 233-331-00-30; www.lacasadepiedra.com; Carlos García 11; DZ/2BZ/Suite ab 960/1580/1680 Mex$; P ☎ ☎) Alle 16 Zimmer in diesem renovierten und dennoch rustikalen ehemaligen Kaffeeverarbeitungslager haben Panoramafenster und nachgearbeitete Holzböden. Die zweistöckigen Suiten oben punkten mit einem tollen Blick aufs Tal und eignen sich jeweils für bis zu vier Personen. Die Zimmer unten haben geflieste Badezimmer, Steinwände und ein bzw. zwei Betten.

Essen

Viele Straßenstände verkaufen regionale Spezialitäten, darunter auch Obstweine und Räucherfleisch. Zu empfehlen sind *xoco atol* (fermentiertes Reisgetränk), *yolixpan* (Kaffeelikör) und *dulce de tejocote* (gelbe Weißdornfrucht in Anissirup). Probieren sollte man auch den lokalen *café de la sierra* – falls das denn möglich, da aufgrund des Klimawandels die Ernte in den letzten Jahrzehnten zurückgegangen ist.

Sazón Jarocho MEERESFRÜCHTE $

(☎ 233-119-18-83; Zaragoza 13; *comida corrida* 50 Mex$, Hauptgerichte 50–120 Mex$; ☉ Di–So 9–22 Uhr) Cuetzalans schwüle, tropische Atmosphäre verlangt regelrecht nach *mariscos*. Glücklicherweise serviert dieses schlichte Restaurant köstliche Meeresfrüchtegerichte von Fisch nach Veracruz-Art bis hin zu *caracoles* (Meeresschnecken), Krabben, Tintenfisch und nach Wunsch zubereitete Shrimps. Die Spezialität des Hauses ist die mit Meeresfrüchten gefüllte Kokosnuss oder Ananas – einfach großartig!

Restaurante Yoloxóchitl MEXIKANISCH $

(☑233-331-03-35; Calle 2 de Abril 1; Hauptgerichte 50–75 Mex$;) Das Yoloxóchitl ist schön mit Pflanzen, Antiquitäten und uralten Jukeboxes dekoriert und bietet neben dem Blick auf die Kathedrale verschiedene Salate, *antojitos* (Tortilla-Snacks) und Fleischgerichte sowie in *chipotle*-Chilis eingelegte Wildpilze an.

La Terraza MEERESFRÜCHTE $$

(☑233-331-04-16; Hidalgo 33; Frühstück 58 Mex$, Hauptgerichte 58–162 Mex$; ☺8.30–21 Uhr) Das familienbetriebene Restaurant liegt westlich des *zócalo* und ist mit Fotos von den jährlichen Stadtfesten geschmückt. Bei den Einwohnern ist es wegen seiner großen Auswahl (und den großen Portionen) an Frühstücksgerichten, an *mariscos* (Meeresfrüchten), Quesadillas, *platillos de la región* und Kronenhummern (zur Saison) überaus beliebt.

⭐ Unterhaltung

★ Los Voladores DARSTELLENDE KÜNSTE

(Parroquía de San Francisco de Asís, Plaza Celestino Gasca s/n; Eintritt gegen Spende; ☺Sa ab 16, So ab 12 Uhr) Beim *danza de los voladores* (Tanz der „Flieger") wirbeln die an den Knöcheln an ein Seil angebundenen Tänzer in der Luft um einen 30 m hohen Pfahl herum und spielen dabei Flöte. An den Wochenenden treten die *voladores* mehrmals täglich tur (die Traveller (und für Trinkgeld) vor der Kirche am *zócalo* auf. Eine bemerkenswerte Vorstellung, die man nicht verpassen darf! Dieses mesoamerikanische Ritual wurde 2009 von der UNESCO als immaterielles Kulturerbe anerkannt.

Vier Tänzer symbolisieren die vier Himmelsrichtungen und der fünfte in der Mitte steht für die Sonne. Jeder der vier Tänzer macht exakt 13 Umkreisungen. Insgesamt sind es also 52 – das entspricht den Jahren einer Ära des präkolumbischen Kalenders. Insofern steht dieses Ritual, das wohl zur Zeit der Präklassik (1000 v.Chr.–250 n.Chr.) in Veracruz entstand, für den Beginn eines neuen Zeitalters. Bei starkem Regen oder Wind wird die Vorstellung abgesagt.

RUINEN VON YOHUALICHÁN

Die einst von Totonaken bewohnte präkolumbische **Kultstätte** (40 Mex$; ☺9–17 Uhr) besitzt Nischenpyramiden ähnlich denen in El Tajín (Veracruz), die in unterschiedlichen Ausmaßen verfallen sind. Die eindrucksvolle Stätte lohnt einen Besuch, nicht zuletzt auch wegen der tollen Aussicht von dieser Seite des Tals aus. Sie liegt rund 8 km nordöstlich von Cuetzalan; die letzten 2 km der Anfahrt führen über eine steile Kopfsteinpflasterstraße. Um hinzukommen, erkundigt man sich bei der Touristeninformation (S. 189) nach einem *camión* (LKW), der an den Pyramiden vorbeifährt. Der Eingang der Stätte befindet sich neben der Kirche und dem Stadtplatz von Yohualichán.

Shoppen

Mercado de Artesanías Matachiuj KUNST & KUNSTHANDWERK

(Hidalgo 917; ☺Mi–Mo 9–19 Uhr) Dieser Fair-Trade-Markt liegt ein paar Blocks westlich vom *zócalo* und hat eine große Auswahl hochwertiger Webarbeiten und anderes Kunsthandwerk. Hier hat man den Vorteil, dass man den Herstellern selbst begegnet: Viele Waren werden vor Ort von einheimischen Kunsthandwerkern gefertigt. Man findet auch Imbissbuden und Touristenführer.

❶ Praktische Informationen

Die **Touristeninformation** (Casa de la Cultura de Cuetzalan; ☑233-331-05-27; Av Miguel Alvarado 18; ☺Mo–Fr 9–17, Sa & So bis 21 Uhr) in der Casa de la Cultura liegt zwei Blocks westlich vom *zócalo*. Hier gibt's unverzichtbare Stadtpläne und Infos zu Unterkünften, allerdings sprechen die Angestellten kein Englisch. Die Santander-Bank nebenan hat einen Geldautomaten.

❶ An- & Weiterreise

Vía betreibt Busse zwischen Puebla und Cuetzalan (210 Mex$, 3½ Std., stündl.); ab Puebla fahren sie von 5 bis 20 Uhr und zurück ab Cuetzalan von 5 bis 18 Uhr. In der Regenzeit informiert man sich besser über die Straßenverhältnisse und kauft die Rückfahrkarten im Voraus. AU hat täglich zwischen 9 und 22 Uhr mindestens sechs Busse ab Mexico Citys TAPO-Busbahnhof (360 Mex$, 6 Std.) mit Rückfahrt ab Cuetzalan zwischen 4.30 und 14.30 Uhr. Von Freitag bis Samstag gibt's noch zusätzliche Busse von ADO.

ⓘ Unterwegs vor Ort

Die Fahrt mit einem der dreirädrigen Motortaxis (ab 25 Mex$ oder ca. 100 Mex$/Std.) durch die steilen Straßen der Stadt verspricht ein kleines Abenteuer. Überdachte Pick-ups fahren in nahe *pueblitos* (8 Mex$).

SÜDLICH VON MEXICO CITY

Südlich der mexikanischen Hauptstadt liegen Unmengen fantastischer Ziele wie das geheimnisvolle Tepoztlán, das atemberaubende Taxco, einst Siedlung zum Silberabbau, heute Touristenmekka, und das grandiose Höhlensystem der Grutas de Cacahuamilpa. Cuernavaca, die „Stadt des ewigen Frühlings", ist schon seit Langem ein beliebtes Ausflugsziel ab Mexico City und für viele US-Amerikaner und *chilangos* (Einwohner Mexico Citys), die hier Ferienhäuser haben, eine Art zweite Heimat.

Der Bundesstaat Morelos mit den Städten Cuernavaca und Tepoztlán ist einer der kleinsten und am dichtesten besiedelten in Mexiko. Leider verursachte das Erdbeben vom 19. September 2017 erhebliche Schäden, sodass viele Sehenswürdigkeiten für Restaurierungsarbeiten (zumindest zeitweise) geschlossen werden mussten. Die unterschiedlich hoch gelegenen Täler sind klimatisch sehr verschieden. Seit präkolumbischer Zeit werden hier Obst, Getreide und Gemüse angebaut. Man kann die Paläste und Haziendas in der Region sowie die aus dem 16. Jh. stammenden Kirchen und Klöster besichtigen. Wer sich für den aus der Bauernschaft stammenden Revolutionsführer Emiliano Zapata interessiert, sollte nach Cuautla fahren, denn dies war die erste Stadt, die der Held von Morelos eroberte. Weitere 6 km südlich liegt seine Geburtsstadt Anenecuilco.

Tepoztlán

◙ 739 / 14 000 EW. / HÖHE 1700 M

Ein Wochenendausflug ins nur 80 km südlich der Hauptstadt liegende Tepoztlán wird einen nicht enttäuschen. Die schön gelegene Stadt hat ein gut erhaltenes historisches Zentrum, das von hohen, zerklüfteten Bergen umgeben ist. Vor 1200 Jahren soll hier Quetzalcoatl, der mächtige Schlangengott der Azteken, geboren worden sein (glaubt man einer mesoamerikanischen Legende),

daher ist Tepoztlán ein bedeutendes Náhuatl-Zentrum und zudem ein Mekka von New-Age-Anhängern, die glauben, dass diese Gegend eine kreative Energie besitzt.

In diesem *pueblo mágico* gibt es einen tollen Kunsthandwerksmarkt und viele Restaurants und Hotels. Es hat sich auch indigene Traditionen bewahrt; einige der Älteren sprechen noch Náhuatl, und die jüngere Generation lernt es sogar in der Schule, was in den Städten rings um die mexikanische Hauptstadt eine Seltenheit ist.

◉ Sehenswertes

In Tepoztlán ist alles leicht zu Fuß erreichbar. Nur zur eindrucksvollen, oben auf einem Felsen gelegenen Pirámide de Tepozteco ist es eine anstrengende, 2,5 km lange Wanderung.

★ Pirámide de Tepozteco
ARCHÄOLOGISCHE STÄTTE

(47 Mex$, So frei; ⊙ 9–17 Uhr) Unbestrittenes Ortshighlight ist diese 10 m hohe Pyramide, die auf einem nackten Felsen am Ende eines sehr steilen, asphaltierten Pfads steht, der vom Ende der Av Tepozteco nach oben führt. Errichtet wurde die Pyramide einst zu Ehren von Tepoztécatl (Aztekengott der Fruchtbarkeit, der Ernte und des *pulque*). Allerdings beeindruckt der Bau eher durch seine Lage als durch seine Dimensionen. Ist man erst einmal oben, wird man (je nach aktuellen Sichtverhältnissen) von einem idyllischen Talpanorama erwartet, das für die Mühen des Anstiegs entlohnt.

Wer Glück hat, sieht vielleicht auch einen Coati, der dem Waschbär sehr ähnlich ist.

Tepozteco liegt 400 m oberhalb der Stadt und der Weg dorthin ist hart. Deshalb sollte man unbedingt früh losgehen, um der Hitze zu entgehen, und geeignetes Schuhwerk tragen. Der 2,5 km lange Weg ist nur zu empfehlen, wenn man körperlich fit ist. Ein Laden auf dem Hügel verkauft Erfrischungen, Wasser sollte man aber in jedem Fall dabei haben. Die Nutzung einer Videokamera kostet 47 Mex$. Die eigentliche Wanderung ist gratis. Wenn man sich dann jedoch der Pyramide (und der Aussicht) nähern möchte, wird der Eintritt fällig.

Ex-Convento Domínico de la Natividad
CHRISTLICHE STÄTTE

Das östlich vom *zócalo* gelegene Kloster und die angeschlossene Kirche wurden zwischen 1560 und 1588 von Dominikanern erbaut. Die platereske, mit Siegeln der Dominikaner

Tepoztlán

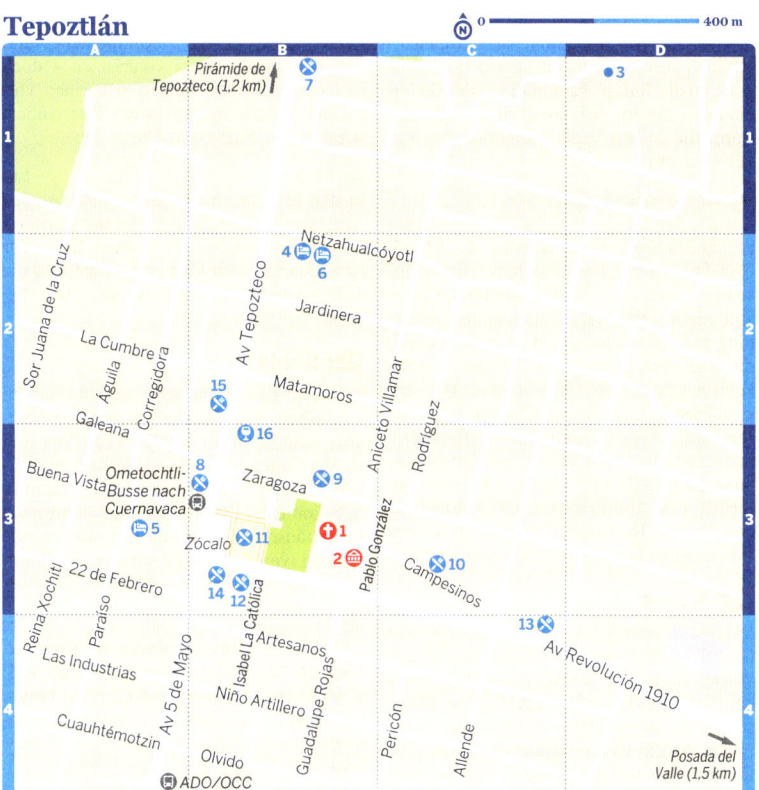

Tepoztlán

⦿ Sehenswertes
1 Ex-Convento Domínico de la
   Natividad B3
2 Museo de Arte Prehispánico Carlos
   Pellicer B3

⦿ Aktivitäten, Kurse & Touren
3 La Villa Bonita D1

⦿ Schlafen
4 Hotel Posada Ali B2
5 Posada del Tepozteco A3
6 Posada Nican Mo Calli B2

⦿ Essen
7 Axitla B1
8 El Brujo B3
9 El Ciruelo D3
10 El Mango Biergarten-Restaurante C3
11 El Tlecuil B3
12 La Luna Mextli B3
   La Sibarita ....(siehe 5)
13 La Sombra del Sabino C4
14 Los Buenos Tiempos B3
15 Los Colorines B2

⦿ Ausgehen & Nachtleben
16 La Terraza Yecapixtla B3

verzierte Kirchenfassade ist durchsetzt von indigenen Symbolen, Blumenmustern und diversen Figuren wie Sonne, Mond, Sternen, Tieren, Engeln und der Jungfrau Maria. Oben befinden sich in verschiedenen Zellen ein Buchladen, Galerien und ein Museum zur Regionalgeschichte.

Der gewölbte Eingang zum Kloster ist mit einem aufwendigen, aus Samen bestehenden Wandbild zur präkolumbischen Geschichte und Symbolik geschmückt. Jedes Jahr in der ersten Septemberwoche „säen" ortsansässige Künstler ein neues Wandbild aus 60 verschiedenen Samensorten.

Während unserer Recherchen war das Kloster zwecks Aufnahme der Erdbebenschäden geschlossen; nur über den Südeingang an der Rampe kam man auf das Gelände. Es ist ratsam, sich vorab zu informieren, wann die Anlage wieder komplett zugänglich sein wird.

Museo de Arte Prehispánico
Carlos Pellicer
MUSEUM

(☑ 739-395-10-98; Pablo González 2; 15 Mex$; ⊙ Di–So 10–18 Uhr) Dieses archäologische Museum hinter der Dominikanerkirche zeigt eine kleine, aber sehr interessante Ausstellung von Exponaten aus dem ganzen Land, die alle eine Spende des Dichters Carlos Pellicer Cámara aus Tabasco sind. Die ausgestellten Figuren von Menschen und Tieren sind äußerst lebendig und kraftvoll. Die Steinfragmente, auf denen ein Kaninchenpaar dargestellt ist – ein Symbol für Ometochtli, den Anführer von 400 Kaninchengöttern der Trunkenheit –, wurden an der Pyramidenstätte von Tepozteco entdeckt.

Kurse

La Villa Bonita
KOCHEN

(☑ 739-395-15-15; www.lavillabonita.com; Aniceto Villamar 150, Colonia Tierra Blanca; Wochenendkurs inkl. 2 Übernachtungen 450–925 US$) Die Kochschule an einem Hang oberhalb der Stadt ist ein Projekt von Ana García, eine der prominentesten Chefköchinnen Mexikos. Von den Teilnehmern erntet Garcías Kochkurs begeisterte Kritiken. Die sechs Gästezimmer haben bodenlange Fenster, die auf einen prächtigen Patio mit Blick aufs Tepoztlán-Tal und mit einem in den Vulkanfelsen hineingehauenen Swimmingpool hinausführen. Wer länger bleiben will, findet Angebote auf der Website.

Feste & Events

In Tepoztlán wird viel gefeiert, und etliche christliche Feste beruhen auf heidnischen. Und bei acht *barrios* (Stadtviertel) und ebenso vielen Schutzheiligen scheint es eigentlich immer einen Grund für ein Feuerwerk zu geben.

Fiesta del Templo
RELIGION

(⊙ 7. Sept.) Am 7. September wird auf dem Berg von Tepozteco in der Nähe der Pyramide die ganze Nacht gefeiert. Zu Ehren Tepoztécatls fließt reichlich *pulque*. Am folgenden Tag findet die Fiesta del Templo statt, ein katholisches Fest mit Theateraufführungen in Náhuatl.

Der Feiertag sollte ursprünglich mit dem heidnischen Fest zusammenfallen und dieses vielleicht sogar verdrängen – doch die *pulque*-Trinker sichern sich einen Vorsprung, indem sie mit ihrem Fest einfach schon in der Nacht davor beginnen.

Carnaval
TANZ

In den fünf Tagen vor Aschermittwoch (46 Tage vor Ostersonntag) findet der Karneval statt. Dann werden die bunten Tänze der Huehuenches und Chinelos aufgeführt, die Federkopfschmuck und wunderschön bestickte Kostüme tragen.

Schlafen

Tepoztlán bietet eine gute Auswahl an Unterkünften, doch in die kleine Stadt kommen viele Besucher, und zu Festzeiten und an Wochenenden kann es deshalb manchmal trotzdem schwierig werden, ein Zimmer zu bekommen. Wer keines findet, sollte nach Privathäusern schauen, die am Wochenende Zimmer vermieten und an den Schildern *hospedaje económico* zu erkennen sind.

⭐ Posada Nican Mo Calli
HOTEL $$

(☑ 739-395-31-52; www.hotelnican.com; Netzahualcóyotl 4A; DZ 1400 Mex$, Suite 1500–2200 Mex$; P 🛜 🛖) Dieses Hotel gehört zu den besten örtlichen Unterkünften. Gemeinschaftsbereiche in fröhlichen Farben, ein beheizter Pool, viele Tiere und stilvolle Zimmer (manche mit super Bergblick vom Balkon aus) machen es zur richtigen Wahl für ein romantisches Wochenende. Sonntag bis Donnerstag sind die Preise 20 % niedriger.

Hotel Posada Ali
PENSION $$

(☑ 739-395-19-71; www.facebook.com/hotelposadaalitepoztlan; Netzahualcóyotl 2C; DZ ab 1150 Mex$; P 🛜 🛖) Die 20 Zimmer, die Ali anbietet, sind unterschiedlich komfortabel – in den unteren Etagen sind sie kleiner, dunkler und günstiger, oben vergleichsweise geräumig. Vorhanden sind auch ein *frontón* (Spielfeld für Jai Alai bzw. Pelota) sowie ein kleiner Pool, an dem man Drinks (werden serviert) genießen kann. Im Garten auf dem Dach gibt's Liegestühle und einen beruhigenden Bergblick. Gäste mit leichtem Schlaf könnten sich nachts durch die nahen Kirchenglocken gestört fühlen.

Posada del Valle
RESORT $$

(☑ 739-395-05-21; www.posadadelvalle.com.mx; Camino a Mextitla 5; Zi. ab 1650 Mex$, Spa-Paket 4220–5220 Mex$; P 🛖) Das Wellnesshotel östlich der Stadt hat ruhige, romantische

Zimmer und ein gutes argentinisches Restaurant. Die Spa-Pakete beinhalten eine oder zwei Übernachtungen, Frühstück, Massagen und einen Besuch im *temascal* (Dampfbad). Es liegt 2 km stadtauswärts an der Ave Revolución 1910 – die letzten 100 m sind ausgeschildert. Kinder unter 16 Jahren sind hier nicht erwünscht.

★**Posada del Tepozteco**　　LUXUSHOTEL **$$$**
(☎739-395-00-10; www.posadadeltepozteco.com; Paraíso 3; Suite 3295–3660 Mex$; P @ 🛜 ☒) Dieses kultivierte Hotel wurde in den 1930er-Jahren als Villa auf einem Hügel errichtet. Die 20 luftigen, individuell eingerichteten Zimmer warten größtenteils mit herrlichem Stadtblick auf und teilen sich einen großartigen Garten mit Pool. Im Gästebuch stehen Promis wie Angelina Jolie, die bei einem Kurzbesuch in Zimmer 5 wohnte. Unter der Woche sind die Preise bis zu 40% niedriger.

 **Essen**

Am Wochenende, wenn sich die Cafés und Bars mit begeisterten Besuchern füllen, ist in der kleinen Stadt richtig was los. Unter der Woche ist es allerdings nicht so lebhaft, denn viele der besten Lokalitäten öffnen nur von Freitag bis Sonntag.

El Tlecuil　　VEGAN **$**
(www.facebook.com/eltlecuiltepoztlan; Mercado Municipal de Tepotzlán s/n; Snacks 40 Mex$; ☺9–18 Uhr; 🍴) Mitten in dem chaotischen Markt versteckt sich ein Stand mit veganen präkolumbischen Gerichten. Das bedeutet vor allem geschmacksintensive Kroketten eingewickelt in Tacos oder mit Reis und *mole*-Sauce. Besonders lecker sind die *siete semillas* (Mischung aus Sonnenblumen, Kürbiskernen und anderen Samen) und ein fantasievolles Gericht aus gehackten Äpfeln.

El Brujo　　BÄCKEREI **$**
(Av 5 de Mayo; Frühstück 60–95 Mex$; ☺9–21 Uhr; 🍴) Diese wunderbare Bäckerei mit Restaurant an der Hauptstraße ist der beste Ort für ein ordentliches Frühstück, denn hier gibt es z.B. hervorragende Omeletts und typisch Mexikanisches wie *chilaquiles* – in Sauce getauchte Streifen gebratener Maistortillas. Sie serviert auch tollen Kaffee und fantastische Desserts. Bereits beim Anblick der Kuchentheke läuft einem das Wasser im Mund zusammen!

Los Buenos Tiempos　　BÄCKEREI **$**
(☎739-395-05-19; Av Revolución 1910 No 14B; Gebäck 8–35 Mex$; ☺8.30–22.30 Uhr; 🍴🍴) Hier

gibt's das beste Gebäck weit und breit – schon der Duft, der über den *zócalo* hinweg zieht, hat magische Anziehungskraft. Außerdem gibt's guten Kaffee und eine gesellige Atmosphäre. Man kann hier auch wunderbar Gebäck für den Weg zur Pyramide einkaufen.

Los Colorines　　MEXIKANISCH **$$**
(☎739-395-08-90; www.facebook.com/loscolorinesoficial; Av Tepozteco 13; Hauptgerichte 75–165 Mex$; ☺9–18 Uhr; 🍴🍴) In dem brummenden Restaurant mit der rosafarbenen Einrichtung köcheln herzhafte, traditionell mexikanische Gerichte in *cazuelas* (Tontöpfen) vor sich hin. Probieren sollte man regionalen *chiles rellenos* oder das *huauzontle* (broccoliartige Blumenknospen). Mehr noch als das Essen lohnen hier die *piñatas*, der Blick von der Terrasse, die großen Räumlichkeiten und das Gefühl, eine Fiesta auf Großmutters farbenfroher Ranch zu besuchen. Nur Barzahlung.

El Mango
Biergarten-Restaurante　　DEUTSCH **$$**
(☎739-395-22-53; www.elmangotepoztlan.com; Campesinos 7; Hauptgerichte 70–165 Mex$; ☺Fr & Sa 14–23, So 12–20 Uhr; 🍴) Mal wieder Lust auf Gulasch, Spätzle, Bratwurst und herzhaftes, frisch gebackenes Brot? In diesem von Deutschen geführten Biergarten, der ein kleines Stück bergab vom *zócalo* liegt, wird am Wochenende echte deutsche Küche serviert. Zum Runterspülen gibt's jede Menge Biersorten, darunter importierte europäische Biere und ein heimisches *cerveza*. Es wird auch live Jazz und Blues gespielt – Infos findet man im Veranstaltungskalender auf der Website.

La Sombra del Sabino　　CAFÉ **$$**
(☎739-395-03-69; www.lasombradelsabino.com.mx; Av Revolución 1910 No 45; Hauptgerichte 150–165 Mex$; ☺Mi–So 10–19 Uhr; 🍴) In diesem „Literaturcafé" mit Buchladen gibt's Kaffee, Tee, Wein und Bier sowie so einfache Gerichte wie Pasteten, Sandwiches und Salate. Alles wird in einem friedlichen Garten serviert. Hier finden auch Lesungen und andere Veranstaltungen statt, und der Buchladen hat eine kleine Auswahl an englischsprachigen Büchern.

La Luna Mextli　　INTERNATIONAL **$$**
(☎739-395-11-14; www.facebook.com/lalunamextli; Av Revolución 1910 No 16; Hauptgerichte 85–220 Mex$; ☺Mo–Fr 12–21, Sa & So 9–22 Uhr) Das La Luna Mextli hat eine hauseigene Kunst-

galerie mit Werken lokaler Künstler. Ebenso hervorragend ist das Essen; die Palette reicht dabei von mexikanischen Klassikern bis hin zu vielen verschiedenen argentinischen Steaks und *parrillada* (gemischte Grillplatten).

⭐ **La Sibarita**   MEXIKANISCH **$$$**
(📞 777-101-16-00; www.posadadeltepozteco.com. mx; Posada del Tepozteco, Paraíso 3; Hauptgerichte 200–300 Mex$; ⊙ So–Do 8.30–22, Fr & Sa bis 23 Uhr P 📶) Hoch droben auf einem Hügel über der Stadt punktet das Hausrestaurant der Posada del Tepozteco mit einem tollen Talblick. Surreale Felsen und die darüber aufragende Pyramide bescheren ihm eine atemberaubende Lage. Auf der Karte stehen z. B. Hühnerbrust mit Ziegenkäsefüllung, Carpaccio vom *róbalo* (Snook) in Vinaigrette oder *nieve* (Sorbet) mit Rosenblüten. Dazu gibt's passende Importweine.

⭐ **El Ciruelo**   MEXIKANISCH **$$$**
(📞 777-219-37-20; www.elciruelo.com.mx; Zaragoza 17; Hauptgerichte 193–369 Mex$; ⊙ So–Do 13–18.30, Fr & Sa bis 22.30 Uhr; 📶) Die alteingesessene Institution befindet sich in einem Hof mit bestechendem Blick auf die Felsen und die Pyramide. Die eindrucksvolle Nobelkarte reicht von *pechuga con plátano macho* (Hühnchen mit Kochbananen in *mole*) und *salmón chileno a la mantequilla* (chilenischer Lachs in Buttersauce) bis hin zu guten Salaten und mexikanischen Suppen. Man bezahlt hier allerdings auch für die Kulisse. Samstags und sonntags gibt's Spielbereiche für Kids.

🍷 Ausgehen & Nachtleben

La Terraza Yecapixtla   DACHBAR
(📞 735-172-85-85; Av Tepozteco; ⊙ 9–23 Uhr; 📶)
Von der Straße aus sieht diese Freiluftbar recht bescheiden aus, doch erklimmt man die Treppen, eröffnet sich oben ein toller Blick auf die Felswand und die grüne Umgebung. Es gibt hier Grillgerichte und mexikanische Snacks, die gut zu Bier, Cocktails und Feuerwasser passen. Die Musik geht in Richtung *ranchero* bei niedriger Lautstärke.

🛍 Shoppen

In Tepoz findet jeden Tag ein wunderbarer **Markt** auf dem *zócalo* statt. Mittwochs und sonntags ist am meisten los. Neben frischem Obst und Gemüse, Kleidung und Handwerkserzeugnissen bekommt man hier auch verschiedenes Kunsthandwerk.

ℹ An- & Weiterreise

Auf keinen Fall sollte man Tepoztlán (in Morelos) mit dem nördlich von Mexico City gelegenen Tepotzotlán verwechseln!

ADO/OCC (www.ado.com.mx; Av 5 de Mayo 35) betreibt 1.-Klasse-Busse vor allem vom/zum Terminal Sur in Mexico City (126 Mex$, 1 Std., alle 20–30 Min., 5–20 Uhr), aber auch zum Terminal Norte (130 Mex$, 2¼ Std., 2-mal tgl.) sowie Direktbusse vom/zum Flughafen von Mexico City (184 Mex$, 1½ Std., 4-mal tgl.) und nach Cuautla (24 Mex$, 45 Min., alle 30 Min.). Die ADO/OCC-Busse halten in Tepoztlán am ADO-Busbahnhof „Terminal Tepoztlán-Gasolinera" neben der Tankstelle, von wo man mit einem

DIE BALNEARIOS VON CUAUTLA

Cuautlas bekanntestes *balneario* (Thermalbad) ist das **Agua Hedionda** (Stinkendes Wasser; 📞 735-352-00-44; http://balnearioaguahedionda.com; am Ende der Av Progreso, Ecke Emiliano Zapata; Erw./Kind Mo–Fr 50/30 Mex$, Sa & So 75/40 Mex$, Mo–Fr vor 9 Uhr 25 Mex$; ⊙ Mo–Fr 6.30–17.30, Sa & So bis 18 Uhr; 📶) am Flussufer. Wasserfälle versorgen die beiden seengroßen Becken mit lauwarmem, schwefelig riechendem Wasser. Von der Plazuela Revolución del Sur fahren Busse mit der Aufschrift „Agua Hedionda" (7 Mex$) hierher. Donnerstags gilt der Eintritt ins Bad für zwei Personen. Die Anlage war wegen Erdbebenschäden vorübergehend geschlossen, aber sie sollte inzwischen wieder geöffnet sein. Aktuelle Informationen findet man auf der Website.

Zu den weiteren *balnearios*, die einen Besuch lohnen, zählen **El Almeal** (Hernández; Erw./Kind 80/50 Mex$; ⊙ 9–18 Uhr) und **Los Limones** (Gabriel Teppa 14; Erw. 65–75 Mex$, Kind 50 Mex$; ⊙ 8.30–18 Uhr). Beide werden von derselben (nicht schwefelhaltigen) Quelle gespeist und verfügen über ausgedehnte, schattige Picknickplätze. Montags bis freitags gelten ermäßigte Preise. Kinder unter drei Jahren kommen kostenlos hinein. Eine vollständige Liste aller Thermalbäder in der Gegend findet sich unter www.balneariosenmorelos.com.mx.

weißen *micro* (8 Mex$, 5 Min., häufig) bis zum 1,5 km entfernten *zócalo* fahren kann.

Ometochtli hat Direktbusse nach Cuernavaca (24 Mex$, 40 Min., alle 20 Min., 6–21 Uhr), die gegenüber vom Auditorio (mit dem kostümierte Tänzer darstellenden Wandmosaik) abfahren. Fahrkarten kauft man vor dem Einsteigen von den Händlern unter dem blauweißen Schirm. Nicht die indirekte Route nehmen; sicherer sind die Busse mit der Aufschrift „directo" auf der Vorderseite. Die Busse setzen einen in Cuernavaca an *La Fuente* ab, einer Kirche an der Calle Chamilpa 1B, von wo einen ein hübscher Spaziergang Richtung Süden zum *zócalo* bringt. Ein sicheres Taxi nach Cuernavaca kostet rund 230 Mex$.

Cuautla

☑ 735 / 154 360 EW. / HÖHE 1300 M

Cuautla (*kwaut*-la) kann es weder mit der landschaftlichen Schönheit Tepoztláns noch mit den architektonischen Highlights Cuernavacas aufnehmen, doch seine Schwefelquellen ziehen seit Jahrhunderten Besucher an, und auch bei der Revolution spielte der Ort eine Rolle.

Cuautla war der Stützpunkt von José María Morelos y Pavón, einem der ersten mexikanischen Anführer im Kampf um die Unabhängigkeit. Erst als 1812 die königliche Armee die Stadt belagerte, musste er Cuautla verlassen. 100 Jahre später wurde Cuautla ein Zentrum der Unterstützung für Emiliano Zapatas Revolutionsarmee. Wer sich aber nicht für moderne mexikanische Geschichte oder die *balnearios* (Thermalbäder) interessiert, verpasst in dieser Stadt wenig. Das moderne Cuautla ist ein netter Ort, doch viel zu sehen und zu tun gibt es nicht – abgesehen von den oben erwähnten Dingen.

⊙ Sehenswertes

Die beiden wichtigsten Plazas sind die Plaza Fuerte de Galeana, besser bekannt als Alameda (am Wochenende ein beliebter Treffpunkt von Mariachis, die auf Kundschaft warten), und der *zócalo*.

Ex-Convento de San Diego HISTORISCHES GEBÄUDE
(Batalla 19 de Febrero s/n) Am alten Bahnhof von Cuautla (im Ex-Convento de San Diego) umarmte der Präsidentschaftskandidat Francisco Madero 1911 Emiliano Zapata. Dampflok-Fans sollten samstags kommen, denn dann wird die einzige Dampflok Mexikos zwischen 16 und 21 Uhr für ein paar kurze Fahrten angeheizt. Im Ex-Convento

befindet sich heute die **Touristeninformation** der Stadt (☑ 352-52-21; ⊙ 9–20 Uhr).

Museo Histórico del Oriente MUSEUM
(☑ 735-352-83-31; Callejón del Castigo 3; 39 Mex$, So frei; ⊙ Di–So 10–17 Uhr) Im früheren Wohnhaus von José María Morelos beleuchtet jede einzelne Raum eine andere Geschichtsperiode. Zu sehen sind z. B. prähispanische Tonwaren, gute Karten oder frühe Fotos von Cuautla und Zapata. Der Rebellenführer des mexikanischen Unabhängigkeitskrieges liegt übrigens unter dem imposanten Zapata-Monument im Zentrum der Plazuela Revolución del Sur begraben.

🛏 Schlafen & Essen

Hotel Defensa del Agua HOTEL $
(☑ 735-352-16-79; Defensa del Agua 34; DZ 340–440 Mex$, 3BZ 410–515 Mex$, 4BZ 475–590 Mex$; P 🛜 🐾) Das moderne, saubere Hotel im Motelstil hat einen kleinen Pool und geräumige Zimmer mit TV, Telefon und Ventilator. Fürs Frühstück bietet sich die praktische Filiale der Italian Coffee Company im Gebäude an. Die Zimmer mit Fenstern zur lauten Straße hin sollte man besser meiden.

Hotel & Spa Villasor RESORT $$
(☑ 735-303-55-03; www.hotelvillasor.com.mx; Av Progreso; EZ/DZ/Suite 540/700/1150 Mex$; P ✳ 🛜 🐾) Gegenüber von den Agua-Hedionda-Bädern außerhalb der Stadt liegt dieses moderne Hotel mit einem großen Pool. Die komfortablen Zimmer sind mit Kabel-TV eingerichtet. Es ist die beste Wahl, wenn man relaxen will, ist aber ohne eigenes Fahrzeug ziemlich schwierig zu erreichen.

Así Es Mi Tierra MEXIKANISCH $
(☑ 735-398-47-54; Reforma 113; Hauptgerichte 90–240 Mex$; ⊙ Mo–Fr 13–21, Sa 8–24, So 8–22 Uhr; 🎵) Das Tierra erinnert an ein großes, buntes und luftiges Zirkuszelt. Die Show besteht hier aus ausgezeichneten Steaks, Grillgerichten und mexikanischen Klassikern, darunter *chiles en nogada* (mit Picadillo gefüllte grüne Chilischoten samt Walnuss-Sahne-Sauce und Granatapfelkernen) und dicke Hühnchen-Tacos. Letztere gibt's mit allen möglichen Beilagen wie Salat, Reis und Guacamole. Das Brunch-Büfett am Samstag und Sonntag ist bei Gruppen und Familien sehr beliebt.

Las Golondrinas MEXIKANISCH $$
(☑ 735-354-13-50; www.restaurantelasgolondrinas.com; Catalán 19A; Hauptgerichte 85–190 Mex$; ⊙ 8–22 Uhr) Das Las Golondrinas befindet

¡QUE VIVA ZAPATA!

Ein Bauernführer aus dem Bundesstaat Morelos, Emiliano Zapata (1879–1919), war einer der radikalsten Revolutionäre Mexikos. Er kämpfte mit dem Ruf „¡Tierra y libertad!" (Land und Freiheit!) für die Rückgabe von Haziendaland an die Bauern. Die zapatistische Bewegung war aber sowohl mit den konservativen Unterstützern des alten Regimes als auch mit deren liberalen Widersachern uneins. Im November 1911 verbreitete Zapata seinen Plan de Ayala, der die Rückgabe des ganzen Landes an die Bauern forderte. Nachdem er viele Kämpfe gegen die Regierungstruppen in Zentralmexiko gewonnen hatte (einige gemeinsam mit Pancho Villa), geriet er 1919 in einen Hinterhalt und wurde ermordet.

Ruta de Zapata

In Anenecuilco, 6 km südlich von Cuautla, stehen die Überreste der Lehmziegelhütte, in der Zapata am 8. August 1879 geboren wurde. Heute befindet sich hier das **Museo de la Lucha para la Tierra** (Museo y Casa de Emiliano Zapata; ☑ 735-308-89-01; Ayuntamiento 33, Ecke Av Zapata; 35 Mex$; ☉ 10–17 Uhr) mit einem bewegenden Wandbild über Zapatas Lebensgeschichte.

Etwa 20 km südlich davon liegt die **Ex-Hacienda de San Juan Chinameca** (☑ 735-170-00-83; Cárdenas s/n; 30Mex$, So frei; ☉ Di–So 9–17 Uhr) im Ort selben Namens. Hier wurde Zapata 1919 von Colonel Jesús Guajardo in eine tödliche Falle gelockt. Dieser folgte Befehlen des Präsidenten Carranza, der den Rebellenführer unbedingt loswerden und die nachrevolutionäre Regierung konsolidieren wollte. Unter dem Vorwand, zu den revolutionären Truppen überlaufen zu wollen, arrangierte Guajardo ein Treffen mit Zapata, der von einer Guerilla-Eskorte begleitet in Chinameca eintraf. Gajardos Männer erschossen den General, noch ehe dieser über die Schwelle der verlassenen Hazienda getreten war.

In der Hazienda gibt es ein kleines, leider schrecklich vernachlässigtes Museum mit einer dürftigen Sammlung von Fotos und Zeitungsausschnitten. Doch am Eingang steht eine Statue Zapatas auf einem sich aufbäumenden Pferd. Hier, wo der Revolutionär starb und wo sich alte Männer treffen, um ihren gestürzten Helden zu feiern, kann man noch Einschusslöcher von damals sehen.

Von Chinameca geht es 20 km Richtung Nordwesten nach Tlaltizapán, wo sich das großartige **Cuartel General de Zapata** (Museo de la Revolución del Sur; ☑ 734-341-51-26; Guerrero 2; ☉ Di–So 10–17 Uhr) GRATIS befindet, die Hauptkasernen der revolutionären Kräfte. Hier kann man Zapatas Gewehr (auf dem Abzug sind immer noch seine Fingerabdrücke), sein Bett und die (von Kugeln durchlöcherte und blutbefleckte) Kleidung sehen, die er bei seiner Ermordung trug.

Diese Route ist zwar mit einem *colectivo* machbar – von der Ecke Garduño und Matamoros in Cuautla fahren alle 10 Minuten gelbe „Chinameca"-Combis nach Anenecuilco und Chinameca ab –, das kann aber in eine ganztägige Strapaze ausarten. Die staatliche Touristeninformation Morelos (S. 205) in Cuernavaca arrangiert auf dieser Route geführte Touren.

sich in einem Gebäude aus dem 17. Jh. mit vielen Pflanzen und Koi-Teichen und bietet eine schöne Atmosphäre und hervorragenden Service. Zu den Spezialitäten des Hauses gehören verschiedene *molcajetes* (im Steintopf gekochter, scharf gewürzter Eintopf). Es gibt Frühstück einschließlich Eiweiß-Omelettes.

ⓘ An- & Weiterreise

OCC (☑ 800-702-80-00; www.ado.com.mx; Calle 2 de Mayo 97) betreibt 1.-Klasse-Busse zum Terminal Sur in Mexico City (140 Mex$,

2 Std., alle 15–30 Min.) und nach Tepoztlán (24 Mex$, 50 Min., alle 15–40 Min.).

Cuernavaca

☑ 777 / 339 000 EW. / HÖHE 1480 M

Cuernavaca (quer-na-*wah*-ka), die Hauptstadt des Bundesstaats Morelos, umgibt seit jeher eine glamouröse Aura. Mit seinen großen, umzäunten Haziendas und den weitläufigen Anwesen lockte es schon immer das ganze Jahr über Besucher aus der High Society an, die die Wärme, die saubere Luft und die reizende Architektur zu schätzen wussten. Diese Tradition setzt sich bis heute fort, obwohl die ausufernde Urbanisierung der sauberen Luft den Garaus gemacht hat. Und man wird inzwischen wohl kaum noch auf den Straßen auf internationale Blaublütige oder berühmte Künstler treffen, sondern eher auf US-Urlauber und Collegestudenten, die in einmonatigen Sprachkursen Spanisch lernen.

Cuernavaca ist ein entspanntes Wochenendausflugsziel ab Mexico City. Es hat ein hübsches Stadtzentrum, das gut zu Fuß zu erkunden ist, eine recht raffinierte Gastronomie und bewundernswerte Kunstwerke von Diego Rivera und Frida Kahlo. Außerdem kann man von hier aus leicht einen Abstecher zu den gut erhaltenen Ruinen im nahe gelegenen Xochicalco machen.

Geschichte

Die ersten Siedler ließen sich wahrscheinlich um 1500 v.Chr. in den Tälern des heutigen Morelos nieder. Zwischen 200 und 900 n.Chr. entwickelten sie sich zu einer sehr produktiven landwirtschaftlichen Gesellschaft und schufen Xochicalco und andere große Bauwerke in der Region. Später nannten die herrschenden Mexica (Azteken) diese Siedler „Tlahuica", was „Menschen, die den Boden bearbeiten" bedeutet. 1379 eroberte ein Mexica-Fürst Cuauhnáhuac, unterwarf die Tlahuica und legte ihnen eine jährliche Tributzahlung auf, die 16 000 Stücke *amate* (Borkenpapier) und 20 000 Scheffel Mais umfasste. Der Tribut, den unterworfene Völker zu entrichten hatten, wurde in einem Register verzeichnet, das die Spanier später als Códice Mendocino bezeichneten. Im Register wurde Cuauhnáhuac als Baum mit drei Ästen dargestellt – und dieses Symbol schmückt heute das Wappen von Cuernavaca.

Der Nachfolger des Mexica-Fürsten heiratete die Tochter des früheren Herrschers von Cuauhnáhuac. Aus der Ehe ging Moctezuma I. Ilhuicamina hervor, der im 15. Jh. König der Azteken und ein Vorgänger von Moctezuma II. Xocoyotzin war. Auf den wiederum traf später Cortés. Unter den Azteken entfalteten die Tlahuica eine Handelstätigkeit und kamen zu Wohlstand. Ihre Stadt war ein Bildungs- und Religionszentrum. Archäologische Funde beweisen auch, dass die Volksgruppe über bedeutende astronomische Kenntnisse verfügte.

Als die Spanier ins Land kamen, waren die Tlahuica den Azteken treu ergeben. Im April 1521 wurden sie schließlich besiegt, und Cortés brannte die Stadt nieder. Und bald setzte sich eine andere Version des Stadtnamens durch, den die Spanier leichter aussprechen konnten: Cuernavaca.

1529 erhielt Cortés (relativ spät) seine Belohnung von der spanischen Krone: Er wurde zum Marqués del Valle de Oaxaca ernannt. Ihm unterstanden 22 Städte, u.a. Cuernavaca, und 23 000 indigene Mexikaner. Nachdem er das Zuckerrohr und neue landwirtschaftliche Methoden eingeführt hatte, wurde Cuernavaca – wie einst unter den Azteken – zu einem Zentrum des Ackerbaus. Cortés' Nachkommen herrschten fast 300 Jahre über die Region.

Mit seinem angenehmen Klima, der ländlichen Umgebung und der kolonialen Elite zog Cuernavaca die Reichen und Mächtigen im 18. und 19. Jh. an, z.B. José de la Borda, den Silbermagnaten von Taxco. Bordas prächtiges Haus diente später Kaiser Maximilian und Kaiserin Charlotte als Unterkunft. Viele Künstler zogen nach Cuernavaca, das 1947 als Schauplatz von Malcom Lowrys Roman *Unter dem Vulkan* literarischen Ruhm erlangte.

Sehenswertes

Museo Robert Brady

MUSEUM
(☎777-318-85-54; Netzahualcóyotl 4; 45 Mex$; ⊙Di–So 10–18 Uhr) Mal ehrlich: Wer würde nicht gern unabhängig und reich sein und seine Zeit damit verbringen, um die Welt zu reisen und wundervolle Kunst für seine verschwenderisch eingerichtete mexikanische Villa zu sammeln? Wer sich dies nicht leisten kann, muss sich mit dem Besuch dieses Museums begnügen, das zu den besten von Cuernavaca zählt. Es befindet sich in der Casa de la Torre, dem einstigen Wohnhaus des US-amerikanischen Künstlers und Sammlers Robert Brady (1928 86), und ist ein wunderbarer Ort, um ohne Hast den exquisiten Geschmack dieses Mannes zu bewundern.

Das Haus war ursprünglich Teil des Klosters im Recinto de la Catedral und ist ein beeindruckendes Zeugnis des Lebens eines Mannes, der wusste, was er will. Nach einem kurzen Aufenthalt in Venedig lebte Brady 24 Jahre in Cuernavaca. Er heiratete niemals und hatte auch keine Kinder. Seine Sammlungen reichen von Papua-Neuguinea und Indien bis zu Haiti und Südamerika.

Alle Zimmer, auch die beiden fantastischen Badezimmer und die Küche, sind mit

Cuernavaca

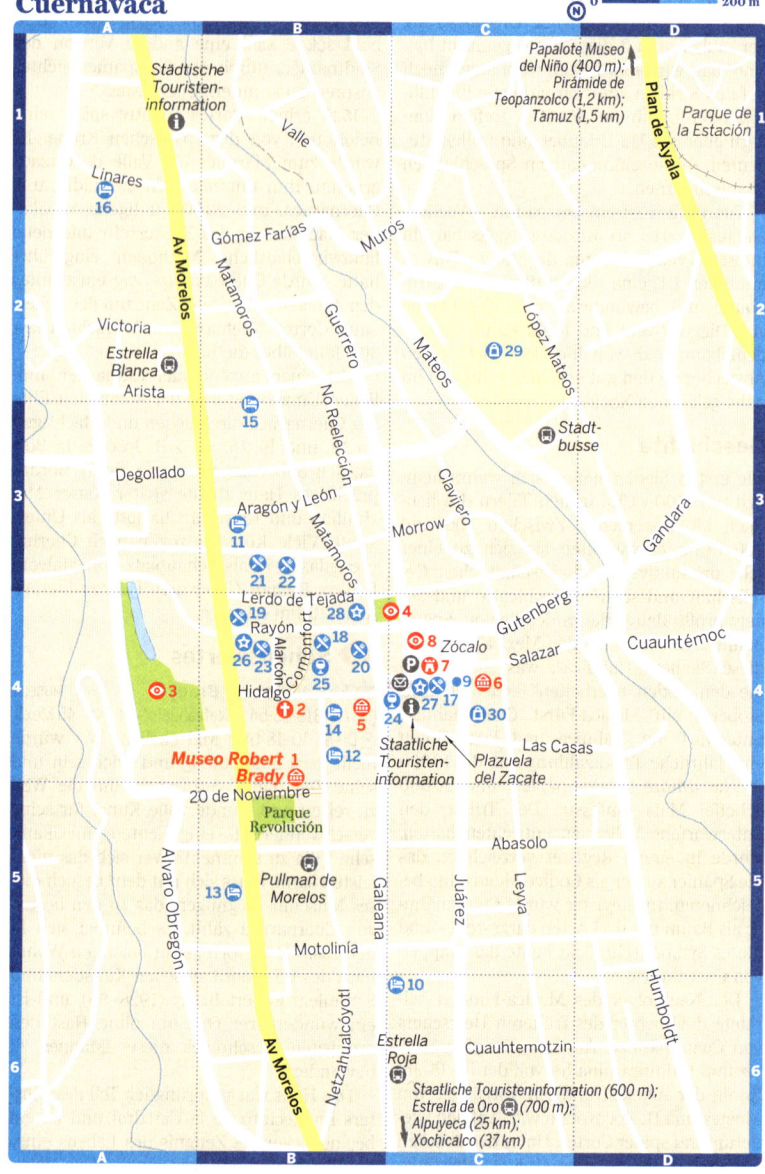

Gemälden, Schnitzereien, Textilien, Antiquitäten und Kunsthandwerk aus allen Ecken der Welt bedeckt. Zu den Schätzen gehören Werke weltbekannter mexikanischer Künstler wie Rivera, Tamayo, Kahlo und Covarrubias sowie Bradys eigene Gemälde (besonders schön ist das Porträt seiner Freundin Peggy Guggenheim). Eines der Schlafzimmer ist seiner Freundin Josephine Baker gewidmet, der französisch-amerikanischen Schauspielerin und Bürgerrechtsaktivistin. Hübsch ist auch die Gartenanlage mit einem sehr verlockenden (aber nicht zugänglichen) Pool und einem kleinen Café.

Cuernavaca

Highlights
1 Museo Robert Brady B4

Sehenswertes
2 Catedral de Cuernavaca.......................B4
3 Jardín Borda A4
4 Jardín Juárez C4
5 MMAPO B4
   Museo Regional Cuauhnáhuac....(siehe 6)
6 Palacio de Cortés C4
7 Palacio de Gobierno.............................C4
8 Plaza de Armas.......................................C4

Aktivitäten, Kurse & Touren
9 Cuernabús C4

Schlafen
10 Hotel Antigua Posada C6
11 Hotel Colonial B3
12 Hotel Juárez...B4
13 Hotel Laam...B5
14 Hotel Las Hortensias B4
15 La Casa Azul B3
16 Las Mañanitas A1

Essen
17 Casa Hidalgo C4
18 Emiliano's...B4
19 Iguana Green's B4
20 La Cueva B4
21 La India Bonita B3
22 La Maga Café...B3
23 L'arrosoir d'Arthur B4
   Restaurant Las Mañanitas ....(siehe 16)

Ausgehen & Nachtleben
24 House Cafe + Lounge.............................C4
25 Mercado Comonfort................................B4

Unterhaltung
26 Cine Teatro Morelos...............................B4
27 Los Arcos C4
28 Teatro Ocampo B4

Shoppen
29 Mercado Adolfo López Mateos.............C2
30 Mercado de Artesanías y Plata C4

RUND UM MEXICO CITY CUERNAVACA

Im Hof des Museums werden jeden Mittwoch um 16 und 18 Uhr gegen eine Spende von 30 Mex$ Filmklassiker und zeitgenössische Filme in Originalsprache mit spanischen Untertiteln gezeigt.

Für Gruppen von bis zu 20 Personen werden für 300 Mex$ Führungen (Di–Sa 10–18 Uhr) arrangiert.

MMAPO   MUSEUM
(Museo Morelense de Arte Popular; ☎ 777-318-62-00; Hidalgo 239; ☺ Di–So 10–17 Uhr) GRATIS Das helle und einladende Museum ist eine tolle neue Institution in Cuernavaca. Ausgestellt wird Kunsthandwerk aus Morelos, darunter lebensgroße *chinelos* (kostümierte Tänzer mit nach oben gerecktem Kinn aus Morelos). Die meisten Exponate werden offen ausgestellt, sind also nicht hinter Glas. So kommt man ganz nahe ran und kann die Handarbeit im Detail bewundern. Der zugehörige Laden verkauft qualitativ hochwertige Stücke, die man auf einem herkömmlichen Kunsthandwerksmarkt wohl nur selten finden wird.

Catedral de Cuernavaca   KIRCHE
(www.catedraldecuernavaca.org; Hidalgo 17; ☺ 7.30–20 Uhr) GRATIS Die Kathedrale von Cuernavaca steht in einem großen, von hohen Mauern umschlossenen *recinto* (Komplex). Sie wurde im Stil einer großen Festung erbaut, um die Ureinwohner zu beeindrucken, einzuschüchtern und fernzuhalten. Die Franziska-

ner nahmen 1526 hier ihre Arbeit auf – damit war die Anlage, zu deren Bau indigene Arbeitskräfte und Steine aus den Trümmern von Cuauhnáhuac benutzt wurden, eine der ersten christlichen Missionen Mexikos. Das erste Bauwerk war die **Capilla Abierta de San José**, eine offene Kapelle an der Westseite der Kathedrale. Der Eingang zur Anlage befindet sich an der Hidalgo.

Die Kathedrale selbst, der **Templo de la Asunción de María**, ist schlicht und massiv und hat eine schmucklose Fassade. Der Seiteneingang an der Nordseite weist europäische und indigene Elemente auf – der Schädel mit gekreuzten Knochen darüber ist ein Symbol des Franziskanerordens. Drinnen sind Fresken zu sehen, die erst im 20. Jh. wiederentdeckt wurden. Cuernavaca war eine Basis der Franziskaner für die Missionierung Asiens, und die Fresken – die angeblich die Verfolgung christlicher Missionare in Japan darstellen – sollen im 17. Jh. von einem zum Christentum konvertierten Japaner gemalt worden sein.

Auf dem Gelände der Kathedrale stehen auch zwei kleinere Kirchen. Vom Eingang aus rechts steht der **Templo de la Tercera Orden de San Francisco**. Außen wurde sie von indigenen Künstlern im Barockstil des 18. Jhs. gestaltet, der Innenraum ist reich vergoldet. Links vom Eingang steht die **Capilla del Carmen** aus dem 19. Jh., in der Gläubige Heilung ihrer Leiden suchen.

Die Kathedrale wurde bei dem Erdbeben vom 19. September 2017 stark beschädigt. Zur Zeit unserer Recherchen war sie auf unbestimmte Zeit geschlossen. Man sollte sich vorab darüber informieren, wann sie wiedereröffnet werden soll.

Palacio de Cortés
HISTORISCHES GEBÄUDE

(☎ 777-312-81-71; 55 Mex$, So Eintritt frei; ☉ Di–So 8–18 Uhr) Cortés' imposanter Palast im Stil einer mittelalterlichen Burg steht gegenüber vom Südostende der Plaza de Armas. Der zweistöckige steinerne Palast wurde 1535 auf dem Fundament der Pyramide erbaut, die Cortés nach der Eroberung von Cuauhnáhuac zerstören ließ. Das Fundament ist an mehreren Stellen im Erdgeschoss noch immer sichtbar. Der Palast beherbergt das hervorragende **Museo Regional Cuauhnáhuac** (Leyva 100; 55 Mex$, So Eintritt frei; ☉ Di–So 9–18 Uhr, letzter Einlass 17.30 Uhr), das auf zwei Etagen Ausstellungen zur mexikanischen Kultur und Geschichte zeigt. Auf dem oberen Balkon ist das faszinierende Wandgemälde *Historia del Estado de Morelos* von Diego Rivera zu sehen.

Das Wandbild wurde Mitte der 1920er-Jahre von Dwight Morrow, dem US-amerikanischen Botschafter in Mexiko, in Auftrag gegeben. Es zeigt von rechts nach links Szenen von der Eroberung bis zur Revolution von 1910 und betont die Grausamkeit, Unterdrückung und Gewalt, die die mexikanische Geschichte geprägt haben.

Während sich die obere Etage den Ereignissen von der spanischen Eroberung bis zur Gegenwart widmet, liegt der Schwerpunkt im Erdgeschoss auf den präkolumbischen Kulturen, darunter der der Tlahuica und ihrer Beziehung zum Aztekenreich. Die Exponate sind – bis auf ein paar Ausnahmen mit guten Übersetzungen – meistens nur auf Spanisch beschildert.

Bis zu seiner Flucht nach Spanien im Jahr 1541 residierte Cortés hier. Der Palast blieb für den größten Teil des folgenden Jahrhunderts im Besitz seiner Familie, wurde aber im 18. Jh. zum Gefängnis umfunktioniert. In der Ära von Porfirio Díaz waren hier Verwaltungsbüros untergebracht.

Am 19. September 2017 erschütterte ein starkes Erdbeben die Region und zerstörte die Uhr am Gebäude, die daraufhin entfernt werden musste. Während unserer Recherchen war der Palacio wegen Schadensfeststellung und Reparaturarbeiten noch mindestens für ein Jahr für die Öffentlichkeit geschlossen. Am besten kontrolliert man

vorab, wann der Palast wiedereröffnet wird, oder man begnügt sich mit dem Blick auf die Fassade.

Jardín Juárez
GARTEN

(Guerrero) GRATIS Den nordwestlichen Rand der Plaza de Armas säumt der Jardín Juárez, dessen zentraler Pavillon (entworfen von Turmspezialist Gustave Eiffel) mehrere Saft- und Sandwichstände beherbergt. Hier spielen außerdem Livebands (Do & So abends ab 18 Uhr), während fliegende Händler u. a. Luftballons, Eis und Maiskolben unter den Bäumen verkaufen. Aus letzteren erschallt abends ein vielstimmiges Vogelkonzert.

Noch unterhaltsamer sind die Gitarristentrios, die nach dem Warmspielen bzw. -singen an den gegenüberliegenden Cafes vorbeiziehen, um geneigten Gästen ein Ständchen zu bringen. Für eine oder auch zwei Balladen verlangen sie dabei etwa 80 Mex$.

Papalote Museo del Niño
MUSEUM

(www.papalotecuernavaca.org.mx; Av Vicente Guerrero 205; Erw./Kind bis 15 Jahre 50/60 Mex$, 4-Pers.-Gruppe 185 Mex$; ☉ Mo–Fr 9–18, Sa & So ab 10 Uhr; ℗ 🚹) Im Zuge eines Grundstücksgeschäfts mit der Stadt wurde dieses großartige Kindermuseum gebaut. Es hat zwar eine seltsame Lage in einem Einkaufszentrum neben einem Costco, rund 4 km nördlich des Stadtzentrums, doch für Reisende mit Kindern lohnt sich der Besuch. Das auf Bildung, Technologie und Spiel ausgerichtete Museum zeigt u. a. eine große Lego-Ausstellung, musikalische Elemente und viele bunte Farben. Im selben Komplex gibt's auch ein IMAX-Kino. Gruppen und Familien erhalten Ermäßigungen.

Das Museum liegt 500 m südlich des Pullman-de-Morelos-Busbahnhofs „Casino de la Selva".

Pirámide de Teopanzolco
RUINEN

(☎ 777-314-12-84; Ecke Río Balsas & Ixcateopan; 50 Mex$, So Eintritt frei; ☉ 9.30–17.30 Uhr) Die sehr kleine archäologische Stätte liegt 1 km nordöstlich vom Stadtzentrum und besteht eigentlich aus zwei ineinandergeschachtelten Pyramiden. Man kann auf den Sockel der äußeren Pyramide steigen und sieht drinnen die ältere; eine doppelte Treppe führt hinauf zu den Überresten der beiden Tempel. Die Tlahuicas erbauten die ältere Pyramide vor mehr als 800 Jahren; bei Cortés' Ankunft errichteten die Azteken gerade die äußere Pyramide, die daraufhin nie fertiggestellt wurde. Der Name Teopanzolco bedeutet „Ort des Alten Tempels".

Es gibt ein paar Infotafeln auf Englisch. Die Stätte nahm bei dem Erdbeben vom 19. September 2017 einigen Schaden und war während unserer Recherchen wegen Restaurierungsarbeiten geschlossen. Vor dem Besuch Infos einholen, ob die Anlage inzwischen komplett wiedereröffnet wurde!

Jardín Borda

GARTEN

(☎777-318-82-50; Av Morelos 271; Erw./Kind 30/15 Mex$, So frei; ⊙Di–So 10–17.30 Uhr) Dieses extravagante Anwesen neben der 1784 erbauten Parroquia de Guadalupe ist von Versailles inspiriert und verfügt über formell angelegte Gärten mit einer Reihe von Terrassen mit Wegen, Stufen und Fontänen. Im Haus erhalten Besucher eine Vorstellung vom Leben der Aristokraten Mexikos im 19. Jh. Die Gebäude liegen im typischen Kolonialstil um Höfe herum. In einem Flügel befindet sich das **Museo de Sitio** mit Ausstellungen zum Alltagsleben während der Kaiserzeit und mit Originaldokumenten samt Unterschriften von Morelos, Juárez und Maximilian.

Das Anwesen wurde 1783 von Manuel de la Borda als Ergänzung zu der stattlichen Residenz entworfen, die sein Vater José de la Borda gebaut hatte. Ab 1866 unterhielten hier Kaiser Maximilian und Kaiserin Carlota die Mitglieder ihres Hofes und nutzten das Haus als Sommerresidenz.

In der **Sala Manuel M. Ponce**, einem Konzertsaal nahe dem Hauseingang, stellen mehrere romantische Gemälde den Garten zur Zeit Maximilians dar. Eines der berühmtesten Bilder zeigt Maximilian im Garten mit La India Bonita, der „hübschen Indianerin", die später seine Geliebte wurde. Ursprünglich gab es hier eine botanische Sammlung mit Hunderten Arten von Zierpflanzen und Obstbäumen. Die Fontänen im barocken Stil werden wegen der Wasserknappheit nur an den Wochenenden angestellt.

Plaza de Armas

PLAZA

(Zócalo; Gutenberg) Cuernavacas *zócalo,* die Plaza de Armas, ist im Osten gesäumt vom Palacio de Cortés, im Westen vom **Palacio de Gobierno** und im Nordosten und Süden von Restaurants und umherziehenden Mariachi-Bands. Dies ist landesweit der einzige Hauptplatz ohne Kirche, Kapelle, Kloster oder Kathedrale.

 Kurse

Cuernavaca ist ein etabliertes Zentrum für Spanischkurse aller Stufen und hat Dutzende Sprachschulen. Insofern ist das Niveau hier insgesamt recht hoch, der Unterricht sehr gründlich und der Preis wettbewerbsfähig (ein Kurs kostet normalerweise 240–310 US$/Woche zzgl. Anmeldegebühr und Kosten für Unterrichtsmaterial und Unterkunft). Die besten Schulen bieten für alle Niveaus Kurse in Kleingruppen oder Einzelunterricht mit vier bis fünf Stunden Intensivunterricht pro Tag plus ein paar Stunden Konversationspraxis an. Die Kurse beginnen jeden Montag. Die meisten Sprachschulen empfehlen eine Kursdauer von mindestens vier Wochen.

Angesichts der vielen Unterrichtsmethoden und Angebote sollten sich Interessenten genau informieren. Bei der **Touristeninformation** (☎777-329-44-04; www.cuernavaca.gob.mx/turismo; Av Morelos 278; ⊙9–18 Uhr) erhält man eine umfangreiche Liste mit den Sprachschulen.

Feste & Events

Feria de la Primavera

KULTUR

(⊙März–April) Beim Frühlingsfest von Ende März bis Anfang April finden in der Stadt diverse Veranstaltungen zu Kunst und Kultur, Konzerte und eine wunderschöne Frühlingsblumenausstellung statt.

Carnaval

KARNEVAL

(⊙Feb./März) In den fünf Tagen vor Aschermittwoch feiert Cuernavaca seinen farbenfrohen Karneval mit Umzügen, Kunstausstellungen und Straßentheater der Chinelo-Tänzer aus Tepoztlán.

Schlafen

Hier gibt's ein paar der besten Boutique-hotels des Landes. Sie zielen auf die Wochenendausflügler aus der Hauptstadt ab. Die hiesigen Budgethotels sind meist eher schlicht, Mittelklassehotels gibt es kaum. Die Stadt füllt sich an den Wochenenden und an Feiertagen mit Besuchern; dann steigen die Preise erheblich an. Wer einen leichten Schlaf hat, sollte an turbulenten Wochenenden nicht im Umkreis der Plazuela del Zacate absteigen.

Hotel Colonial

HOTEL $

(☎777-318-64-14; Aragón y León 19; EZ/DZ/2BZ/3BZ mit Frühstück 350/455/500/590 Mex$; ☎) Das entspannte Budgethotel ist zwar schlicht, hat aber ein exzellentes Preis-Leistungs-Verhältnis. Es gibt hier einen Garten in der Mitte, Kabel-TV, einen kostenlosen Wasserspender und dekorative Fußböden. Am besten sind die oberen Zimmer mit Balkonen und hohen Decken.

Hotel Las Hortensias HOTEL $

(☎ 777-318-52-65; www.hotelhortensias.com; Hidalgo 13; EZ/DZ/2BZ/3BZ 390/440/510/660 Mex$; 🅿) Das billige und zentral gelegene Hotel hat kleine, karge Zimmer, einen üppigen Garten und Angestellte, die scheinbar dauernd putzen. Die Zimmer zur Straße sind recht laut – daher Ohrstöpsel mitbringen oder eines der nach innen gehenden, dunklen Zimmer nehmen.

Hotel Juárez HOTEL $

(☎ 777-314-02-19; Netzahualcóyotl 19; Zi. 300–400 Mex$, ohne Bad 250–350 Mex$; 🅿🛜❄) Das Hotel liegt in einer gute Lage und bietet große, luftige Zimmer, aber die Betten sind schon etwas in die Jahre gekommen. Dafür entschädigt die kühle Terrasse mit Blick auf einen ausgedehnten, grasbewachsenen Hinterhof, auf einen reizvollen Pool und auf Cuernavacas Ziegeldächer. Die Bleibe ist nicht hübsch, jedoch gut und preiswert, vor allem für einen Sprung ins Wasser.

Hotel Laam BUSINESSHOTEL $$

(☎ 777-314-44-11; www.laamhotel.com.mx; Av Morelos 239; DZ/2BZ 960/1520 Mex$; 🅿🛜❄) Das schicke Hotel mit gutem Preis-Leistungs-Verhältnis wirkt wie ein Motel und bietet komfortable, wenn auch sterile Zimmer (teilweise mit großer Terrasse). Es liegt zurückgesetzt von der Straße, sodass der Straßenlärm fern bleibt. Zudem hat das Hotel einen beheizten Pool und gepflegte Anlagen.

Hotel Antigua Posada HOTEL $$

(☎ 777-310-21-79; Galeana 69; Zi. 850–1000 Mex$, Suite 1150–1300 Mex$, jeweils mit Frühstück; 🅿🛜❄) Nur ein paar Gehminuten vom Stadtzentrum entfernt verbirgt sich hinter der unscheinbaren Fassade ein exklusives, kleines Refugium mit gerade mal elf Zimmern, einem reizenden Innenhof und großartigem Service. Die mit Holzbalken und rustikalen Elementen gestalteten Zimmer sind einfach hinreißend.

⭐Hotel Hacienda de Cortés HISTORISCHES HOTEL $$$

(☎ 777-315-88-44, 800-220-76-97; www.hotelhaciendadecortes.com.mx; Plaza Kennedy 90; DZ/Suite ab 2135/2990 Mex$; 🅿🛜❄) Die im 16. Jh. von Martín Cortés (Hernán Cortés' Nachfolger als Marqués del Valle de Oaxaca) erbaute Zuckermühle wurde 1980 renoviert und in ein Hotel umgewandelt. Die 23 Zimmer prunken auf verschiedene Weise mit einem hohen Maß an Luxus und haben jeweils eine eigene Terrasse mit Garten. Es gibt auch einen Pool, der um alte Steinsäulen herum erbaut wurde, einen Fitnessraum und ein exzellentes Restaurant.

Das Hotel liegt etwa 5 km südöstlich vom Zentrum. Auf der Website findet man gute Angebote.

Las Mañanitas LUXUSHOTEL $$$

(☎ 777-362-00-00; www.lasmananitas.com.mx; Linares 107; Suite mit Frühstück 2950–5885 Mex$; 🅿❄🛜❄) Wer jemanden wirklich beeindrucken will, sollte ein Zimmer in diesem atemberaubenden Hotel buchen, das ein echtes Ziel für sich ist. Man könnte hier glatt ein ganzes Wochenende verbringen – insofern spielt es kaum eine Rolle, dass das Hotel nicht im Zentrum der Stadt liegt. Die großen Zimmer sind wunderbar unaufdringlich und viele haben eine Terrasse mit Blick auf den Garten, in dem Pfauen zu Hause sind und in dem es einen beheizten Pool gibt. In der Mitte der Woche sind die Preise günstiger.

La Casa Azul BOUTIQUEHOTEL $$$

(☎ 777-314-21-41, 777-314-36-34; www.hotelcasaazul.com.mx; Arista 17; Zi. 2915–3330 Mex$; 🅿🛜❄) Das Boutiquehotel mit 24 Zimmern ist einen kurzen Fußweg vom Stadtzentrum entfernt und versprüht jede Menge Charme. Es gehörte ursprünglich zum Guadalupe-Konvent und hat wohltuende Springbrunnen, zwei Pools, einen Fitnessraum und überall auf dem Gelände Kunst und Kunsthandwerk aus der Region.

Essen

Mit ein paar hervorragenden Nobelrestaurants und vielen guten Cafés ist Cuernavaca ein gutes Pflaster zum Essengehen. Allerdings gibt's hier erstaunlich wenige Möglichkeiten im mittleren Preisbereich.

Emiliano's MEXIKANISCH $

(Rayon 5; menú del día 43–70 Mex$, Hauptgerichte 30–85 Mex$; ⏰8–19 Uhr) Jeder Einheimische, den man nach seinem Lieblingsrestaurant fragt, wird einen zu diesem heimeligen Lokal mit Strohdach schicken. Die komplexen mole und die anderen mexikanischen Klassiker wie gefüllte Chilischoten werden hervorragend ergänzt durch die handgemachten Tortillas, die vor den Augen der Gäste zubereitet werden. Es gibt auch Frühstück – man kann hier also gut und gern den ganzen Tag verbringen.

XOCHICALCO

Auf einer kahlen Hochebene, von der aus man kilometerweit über das Land blicken kann, liegt **Xochicalco** (☑ 737-374-30-92; http://turismo.morelos.gob.mx/zona-arqueologica-de -xochicalco; Eintritt 70 Mex\$, Video 35 Mex\$; ☺ 9–18 Uhr, letzter Einlass 17 Uhr). Die archäologische Stätte ist ein beeindruckender, vergleichsweise leichter Tagesausflug ab Cuernavaca, den man sich nicht entgehen lassen sollte. Die Stätte ist groß genug, dass sich die Anreise lohnt, aber nicht so berühmt, dass sie von Reisenden überlaufen wäre.

Xochicalco (so-tschi-kal-ko) – der Name bedeutet auf Náhuatl „Ort des Blumenhauses" – ist eine UNESCO-Weltkulturerbestätte und eine der wichtigsten archäologischen Stätten in Zentralmexiko. Die Ruinen der aus weißem Stein errichteten Gebäude, von denen viele noch ausgegraben werden müssen, bedecken ein Gelände von annähernd 10 km². Sie sind Zeugnisse der verschiedenen Kulturen und Völker – Tlahuica, Tolteken, Olmeken, Zapoteken, Mixteken und Azteken –, für die Xochicalco ein wirtschaftliches, kulturelles und religiöses Zentrum war. Als zwischen 650 und 700 n. Chr. der Einfluss Teotihuacáns schwand, wuchs die Bedeutung Xochicalcos, das zwischen 650 und 900 n. Chr. seine Blütezeit mit weitreichenden kulturellen und kommerziellen Beziehungen erlebte. Gegen 650 n. Chr. trafen hier die spirituellen Führer der Zapoteken, der Maya und der Völker von der Golfküste zusammen, um ihre Kalender aufeinander abzustimmen. Xochicalco blieb bis gegen 1200 ein bedeutendes Zentrum, als der exzessive Bevölkerungswachstum einen ähnlichen Niedergang verursachte wie zuvor in Teotihuacán.

Das berühmteste Monument der Stätte ist die **Pirámide de Quetzalcóatl**. Archäologen vermuten aufgrund der gut erhaltenen Flachreliefs, dass Priester-Astronomen hier zu Beginn und am Ende eines jeden 52-Jahre-Zyklus des präkolumbischen Kalenders zusammentrafen. Die Ausschilderungen sind auf Spanisch und Englisch verfasst, während die Informationen im ausgezeichneten, umweltbewussten, 200 m von den Ruinen entfernten **Museum** nur auf Spanisch verfügbar sind.

Zwischen Oktober und Ende Mai gibt's an Freitag- und Samstagabenden gelegentlich eine **Lightshow** (☑ Reservierungen 737-374-30-90; xochicalco.mor@inah.gob.mx; 7 Mex\$; ☺ Okt.–Mai). Wer das Spektakel erleben will, sollte vorher anrufen, weil es nicht regelmäßig gezeigt wird.

Vom Markt in Cuernavaca fahren alle 30 Minuten *colectivos* mit der Aufschrift „Xochi" auf der Windschutzscheibe zum Eingang der Ruinenstätte (15 Mex\$). Größere Busse fahren, allerdings nur samstags und sonntags, vom Busbahnhof Pullman de Morelos direkt zum gleichen Ziel. Dort muss man zunächst bis zum Museum laufen, um die Tickets zu kaufen. Der *colectivo* zurück fährt gegen 18 Uhr. Alternativ nimmt man ein Taxi (30 Mex\$) von der Stätte zur nahe gelegenen Ortschaft Alpuyeca, von wo häufiger *colectivos* zurück nach Cuernavaca fahren.

RUND UM MEXICO CITY CUERNAVACA

Iguana Green's
MEXIKANISCH \$

(Rayón 190; *menú del día* 45 Mex\$, Hauptgerichte 40–90 Mex\$; ☺ 8–18.30 Uhr) Bei dermaßen gutem und billigem Essen könnte das Iguana auch irgendein anonymes *fonda* (familienbetriebenes Restaurant) sein und würde trotzdem massenhaft Gäste anlocken. Die freundliche Betreiberfamilie nimmt aber einen Ehrenplatz mit ihrem fröhlichen Lokal ein; es hat bunt bemalte Tische und Stühle und Lobsprüche über das authentisch mexikanische Essen an den Wänden, die Gäste hierhin gekritzelt haben.

La Cueva
CAFÉ \$

(Galeana; Hauptgerichte 40–90 Mex\$; ☺ 8–22 Uhr) Die abschüssige Bar, die sich zur belebten Calle Galeana hin öffnet, tischt hervorragendes *pozole* (Hackfleisch und Maismehl in Schweinefleischbrühe), andere leckere Snacks und Gerichte wie geschmortes *conejo* (Kaninchen) auf. Hier kann man hervorragend unter Einheimischen ohne Touristenaufpreis speisen. Ausgezeichnetes Frühstück gibt's schon ab 35 Mex\$.

★ La India Bonita
MEXIKANISCH \$\$

(☑ 777-312-50-21; www.laindiabonita.com; Morrow 115; Hauptgerichte 150–240 Mex\$; ☺ So–Do 8–22, Fr & Sa bis 23 Uhr) Das älteste Restaurant der Stadt liegt in einem begrünten Hof und hat mit das beste mexikanische Essen, von *brocheta al mezcal* (in Mezcal mariniertes Fleisch am Spieß) bis zu *chile en nogada* (*poblano*-Paprika in Walnusssauce), gelegentlich mit überraschenden Geschmacksnoten. Nebenan betreibt La India Bonita eine gute Bäckerei mit Café.

★ La Maga Café
MEXIKANISCH **$$**

(www.lamagacafe.com; Morrow 9; Büfett 103 Mex$; ☺ Mo–Sa 13–17 Uhr; 🕿🚗) Die zahllosen Töpfe des bunten Büfetts sind mit Salaten, Nudelgerichten, Obst und Gemüse gefüllt – ergänzt von Tagesspecials wie verführerischem *pollo en adobo* (in Kräutern und Chili mariniertes Huhn) oder *tortas de elote* (Käse-Mais-Kroketten). Hinzu kommen tolle vegetarische Optionen und eine gesellige Atmosphäre mit Musik. Wer einen Fensterplatz will, sollte früh kommen.

★ L'arrosoir d'Arthur
FRANZÖSISCH **$$**

(📞 777-243-70-86; Calle Juan Ruiz de Alarcón 13; *menú del día* 110 Mex$, Hauptgerichte 140–180 Mex$; ☺ Mo & Mi 13–24, Di & Do–So ab 10 Uhr; 🕿) Das L'arrosoir d'Arthur unter französischer Leitung in einem innenstädtischen Loft ist zugleich entspannter Treffpunkt, Nachtlokal und Restaurant. Es serviert erschwingliche französische Gerichte (Crêpes, Cassolette, Hühnchen in Senfsauce) und dazu gute Cocktails und Weine. Am Wochenende machen Livemusik, Theater, Tanz- und Poetry-Events die gelassene europäische Atmosphäre etwas lebhafter.

★ Restaurante Hacienda de Cortés
INTERNATIONAL **$$$**

(📞 800-220-76-97, 777-315-88-44; www.hotelhaciendadecortes.com.mx; Plaza Kennedy 90; Hauptgerichte 105–385 Mex$; ☺ 7–23 Uhr; 🅿❄🕿🚗) Das teure, aber schlichte Restaurant des 15 Fahrtminuten südlich vom Zentrum Cuernavacas gelegenen Hotels Hacienda de Cortés hat eine hervorragende Auswahl an Salaten und leckeren internationalen Gerichten, darunter eine fantastische vegetarische Lasagne, Thunfisch in Mandelsauce mit Risotto und gut zubereitete Steaks vom Angus-Rind. Der Speiseraum ist spektakulär: An den Wänden klettern Weinranken hoch und über den Köpfen baumeln schmiedeeiserne Kronleuchter.

Restaurant Las Mañanitas
FRANZÖSISCH **$$$**

(📞 777-362-00-00; www.lasmananitas.com.mx; Linares 107; Frühstück 110–285 Mex$, Hauptgerichte 265–490 Mex$; ☺ 8–22.30 Uhr) Das luxuriöse, teure Restaurant mit Bar von Cuernavacas berühmtestem Hotel ist nicht nur Hotelgästen vorbehalten. Auf der langen, stark von der französischen Küche geprägten Karte

stehen u. a. Entrecôte Bourguignon und üppige Desserts; es gibt aber auch traditionelle Gerichte wie *maguey*-Raupen. Am besten reserviert man einen Tisch im Herrenhaus oder auf der Terrasse, von wo aus man beobachten kann, wie Wildtiere um die modernen Gartenskulpturen herumschleichen.

Tamuz
INTERNATIONAL **$$$**

(www.tamuz.mx; Reforma 501; Hauptgerichte 160–270 Mex$; ☺ Di–Mi 8–18, Do bis 22, Fr & Sa bis 23, So bis 18 Uhr) Der israelische Chefkoch bietet eine bunt gemischte Karte mit Gerichten wie Hühnchen-Marsala nach Tel-Aviv-Art, Pita mit Räucherlachs-Dip und Polenta. Das Restaurant liegt in einem der schickeren Viertel Cuernavacas und ist im L.A.-Stil (modern, spartanisch und unpersönlich) gestaltet. Außerdem hat es einen hübschen Hinterhof.

Casa Hidalgo
MEXIKANISCH **$$$**

(📞 777-312-27-49; www.casahidalgo.com; Jardín de los Héroes 6; *menú del día* 230 Mex$, Hauptgerichte 155–295 Mex$; ☺ So–Do 8–23, Fr & Sa bis 24 Uhr) Direkt gegenüber vom Palacio de Cortés lockt dieses beliebte Restaurant mit einer großartigen Terrasse und einem Balkon im Obergeschoss die gut betuchte Lokalprominenz an. Auf der vielfältigen Karte findet man u. a. kalte Mango-Agaven-Suppe mit *jicama* (Yambohnen), mit Käse gefüllte Hähnchenbrust auf *tlaxcalteca*-Art und gegrillte *poblano*-Paprika mit drei Salsas (Kürbisblüte, Spinat und *chipotle*). Es gibt auch Frühstücks- und Mittagsmenüs.

Ausgehen & Nachtleben

Studenten sorgen für ein pulsierendes Nachtleben in Cuernavaca, das vor allem in den lauten Bars und Clubs an der Plazuela del Zacate und der angrenzenden Gasse Las Casas statt findet (hier gibt es dröhnende House- und Techno-Clubs, in denen das Akkordeon des mexikanischen *norteño* unüberhörbar ist). Alle sind so lange geöffnet, bis der letzte Gast gegangen ist – und das ist am Wochenende meist erst bei Sonnenaufgang der Fall. Zu den besten Adressen der gehobenen Klasse gehören das L'arrosoir d'Arthur, die Cafés gegenüber der Kathedrale und der Mercado Comonfort.

★ Mercado Comonfort
BIERGARTEN

(www.facebook.com/mercadocomonfort; Comonfort 4; ☺ 12–23 Uhr oder später) Der Mercado Comonfort erweist sich als toller Neuzugang im Nachtleben der Stadt abseits der rüpelhaften La Plazuela. Dieser „Markt" ist eigentlich ein abgeschiedener Hof mit Kneipen und kleinen terrassierten Bars, wo die coolen Einheimischen sich beim Cocktail- oder Latte-Trinken beobachten lassen. Zu Bier und Wein gibt's Snacks wie Pizzas, Tapas, vegetarische Speisen und Gerichte aus Yukatan und Oaxaca. Manche Bars sind am Wochenende bis weit nach Mitternacht geöffnet.

★ House Cafe + Lounge LOUNGE
(☏777-318-37-82; www.lascasasbb.com; Las Casas 110; ☺So–Mi 8–23, Do–Sa bis 0.30 Uhr; ☎) Das Essen und die Cocktails des in einem Boutiquehotel gelegenen House sind exzellent. Doch der wahre Grund, warum es die Reichen und Schönen hierher zieht, ist ein anderer: Sie wollen beim abendlichen Relaxen am Pool in einem ruhigeren Umfeld als in den Clubs, die in derselben Straße liegen, gesehen werden.

☆ Unterhaltung
Abhängen auf den Plätzen ist hier ein beliebter Zeitvertreib – vor allem am Samstagabend, wenn eines der Freiluftkonzerte stattfindet. Oft kommen noch Live-Klänge im Jardín Borda hinzu (S. 201; Do abends).

Wer des *español* mächtig ist, kann auch in Cuernavacas Theaterszene eintauchen.

Los Arcos TANZ
(☏777-312-15-10; Jardín de los Héroes 4; Mindestspende 60 Mex$; ☺Salsatanzen Do, Fr & So 21.30–23.30 Uhr) Hier wird Salsa vor vielen begeisterten Zuschauern getanzt – nicht auf einer Bühne, sondern rund um Familien, die an Terrassentischen ihr Abendessen genießen. Die fröhlichen Klänge der Liveband schallen bis auf die andere Platzseite hinüber und bringen automatisch Schwung in die Hüften.

Cine Teatro Morelos KINO
(☏777-318-10-50; www.cinemorelos.com; Av Morelos 188; Tickets ab 30 Mex$; ☎) In Morelos' Staatstheater finden anspruchsvolle Filmfestivals, Theatervorstellungen und Tanzaufführungen statt. Die Programmübersicht ist in voller Länger draußen angeschlagen. Drinnen gibt's auch einen Buchladen und ein Café.

Teatro Ocampo THEATER
(☏777-318-63-85; http://cartelera.morelos.gob.mx/tags/teatro-ocampo; Jardín Juárez 2) Das Theater nahe dem Jardín Juárez zeigt zeitgenössische Stücke. Der Veranstaltungskalender hängt am Eingang.

Shoppen
Auf dem Platz gegenüber der Kathedrale sowie entlang der Verlängerungsstraße gibt's hochwertige *guayaberas* (Männerhemden mit Applikationen), *huipiles* (lange, ärmellose Tuniken) und Souvenirs gehobener Art.

Mercado de Artesanías y Plata KUNST & KUNSTHANDWERK
(Markt für Kunsthandwerk & Silber; Juárez, Ecke Hidalgo; ☺8–21 Uhr) Auf dem entspannten Markt gibt's Kunsthandwerk (z. B. Kokosfaserlampen und handbemalte Tonwaren), das man auch in ganz Mexiko bekommt, und jede Menge handgemachte *chinelo*-Puppen mit nach oben gerichteten Bärten, die für Morelos typisch sind. Der schattige Markt mit vernünftigen Preisen ist perfekt für einen Bummel. Eine große Statue des Revolutionärs Morelos markiert den Eingang des Markts.

Mercado Adolfo López Mateos MARKT
(☏777-417-68-59; Adolfo López Mateos; ☺6–20 Uhr) Auf dem weitläufigen, halb überdachten Markt werden frische landwirtschaftliche Erzeugnisse und andere Waren verkauft. Hier duftet es intensiv nach Obst, Fleisch, Blumen und geräucherten Chilis.

❶ Praktische Informationen
Internetzugang gibt's am Busbahnhof von Futura und Estrella Blanca sowie in den Internetcafés überall in der Stadt.

Infostände bzw. -schalter findet man in der Kathedrale, am Nordende des *zócalo* (tgl. 9–18 Uhr) und an den meisten Busbahnhöfen. Weitere Stände sind in der ganzen Stadt verteilt. Nach Stadtplänen fragen.
Cruz Roja (Rotes Kreuz; ☏777-315-35-15; Rio Pánuco, Ecke Leñeros; ☺24 Std.) Das Rote Kreuz bietet professionelle medizinische Untersuchungen für unter 100 Mex$ an. Es liegt 20 Fahrtminuten östlich vom Zentrum Cuernavacas.
Hauptpost (Plaza de Armas; ☺Mo–Fr 8–17, Sa 10–14 Uhr)
Staatliche Touristeninformation (☏777-314-38-81, 800-987-82-24; www.morelosturistico.com; Av Morelos Sur 187; ☺9–18 Uhr) Die hervorragende Touristeninformation hat Unmengen an Broschüren, Karten und Infos. Es gibt auch eine Filiale im **Stadtzentrum** (☏777-314-39-20; www.morelosturistico.com; Hidalgo 5; ☺9–18 Uhr).
Städtische Touristeninformation (S. 201) Hier gibt's auch ein Büro der Touristenpolizei. **Touristenpolizei** (☏800-903-92-00)

BUSSE AB CUERNAVACA

ZIEL	PREIS (MEX$)	DAUER (STD.)	HÄUFIGKEIT (TGL.)
Cuautla	64	1½	28-mal
Mexico City	100–140	1½	40-mal
Flughafen Mexico City	250	2	24-mal
Taxco	90	1¾	13-mal
Tepoztlán	24	¾	28-mal

❶ An- & Weiterreise

Der mautpflichtige Hwy 95D (Mexico City–Acapulco) säumt den Ostrand der Stadt. Bei Anreise
aus Norden nimmt man die Ausfahrt Cuernavaca
und fährt am Reiterstandbild Zapatas auf den
Hwy 95. Weiter gen Süden bzw. Stadt wird letzterer zum Blvd Zapata und dann zur Av Morelos.
Diese verwandelt sich noch weiter südlich (ab
der Av Matamoros) in eine Einbahnstraße, die
nur nordwärts befahrbar ist. Wer hier abbiegt
und der Matamoros folgt, kommt ins Zentrum.

AUTO & MOTORRAD

Cuernavaca liegt 89 km südlich von Mexico City
und ist von dort aus entweder über den Hwy 95
(1½ Std.) oder über den Hwy 95D (1 Std.) erreichbar. Beide Straßen führen südwärts weiter
nach Acapulco – der Hwy 95 passiert Taxco, der
Hwy 95D verläuft dagegen direkter und die Fahrt
geht deutlich schneller.

BUS

Die wichtigsten Busunternehmen Cuernavacas
haben jeweils eigene Busbahnhöfe für ihre
Fernbusse.
Estrella de Oro (EDO; ☏ 777-312-30-55; www.
estrelladeoro.com.mx; Av Morelos Sur 812)
Busse nach Taxco (91 Mex$, 1¼ Std., 1- oder
2-mal tgl.) und zu Mexico Citys Terminal Sur
(132 Mex$, 1½ Std., 7-mal tgl.); von hier starten
auch die Busse von Pluss.
Estrella Roja (ER; ☏ 777-318-59-34; www.est
rellaroja.com.mx; Ecke Galeana & Cuauhtemot-
zin) Winziger Busbahnhof mit Verbindungen
nach Tepoztlán und Cuautla.
Estrella Blanca (☏ 777-312-26-26; www.
estrellablanca.com.mx; Av Morelos 503, zw.
Arista & Victoria) Busse von Futura und Costa
Line sowie Executive-Busse von ETN fahren
nach Toluca (235 Mex$, 3 Std., 2-mal tgl.), auch
Turistar startet hier. Die Busse fahren nach
Puebla (270 Mex$, 3 Std., 3- bis 4-mal tgl.),
Taxco, Tepoztlán, Tepotzotlán und zu Mexico
Citys Busbahnhöfen Terminal Norte (2 Std.)
und Terminal Sur.
Pullman de Morelos (PDM; ☏ 777-318-09-07;
www.pullman.mx; Ecke Calle Abasolo & Netza-
hualcóyotl) Von dem am günstigsten gelegenen
Busbahnhof fahren komfortable Busse zum Flug-
hafen von Mexico City und zum Terminal Sur.

❶ Unterwegs vor Ort

Die meisten Attraktionen in Cuernavacas Zentrum sind zu Fuß erreichbar. Bei Stadtbussen
(6,50 Mex$) ist das jeweilige Ziel hinter der
Frontscheibe angegeben. Viele Busse zu lokalen
und nahe gelegenen regionalen Zielen starten
an der **Südecke** des labyrinthartigen Markts
(Mercado Adolfo López Mateos). Achtung: Berichten zufolge kam es schon zu Raubüberfällen
in Cuernavacas Lokalbussen – daher bei deren
(eventuell nötiger) Benutzung entsprechend
vorsichtig sein! Für die meisten Stadtfahrten mit
Taxis bezahlt man den Grundtarif von 35 Mex$.

Die Busbahnhöfe liegen in Laufentfernung
zum *zócalo*. Eine Ausnahme ist das Terminal
von Estrella de Oro, das man 1 km südlich bzw.
bergab vom Zentrum findet. Dorthin geht's mit
Buslinie (Ruta) 17 oder 20 entlang der Galeana;
in Gegenrichtung eignen sich alle Busse, die der
Av Morelos folgen. Die Busse der Ruta 17 und 20
fahren die Av Morelos hinauf und halten in ca.
einem Block Entfernung zum Terminal von Pullman de Morelos am Casino de la Selva.

Der **Cuernabús** (Hidalgo, Ecke Juárez;
100 Mex$/Pers.; ◷ Abfahrt vom *zócalo* Sa &
So 11, 13 & 15 Uhr) ist ein Doppeldeckerbus
für Traveller, der eine 22 km lange Strecke mit
Sehenswürdigkeiten abklappert: Vom *zócalo*
geht's zu diversen Parks und Sehenswürdigkeiten wie dem Jardín Borda, der Catedral de
Cuernavaca und, was am hilfreichsten ist, der
Pirámide de Teopanzolco. Die Führer sprechen
aber nur Spanisch.

Taxco

☏ 762 / 53 000 EW. / HÖHE 1800 M

Schon der erste Blick auf die weißen Gebäude von Taxco (*tass*-ko), die sich über das tiefe Tal verteilen, raubt einem bei der Anfahrt
den Atem. Die von dramatischen Bergen
und Felsen eingefasste Stadt gibt mit ihrer
perfekt erhaltenen Kolonialarchitektur und
den beiden Glockentürmen des barocken
Meisterwerks Templo de Santa Prisca einen
betörenden Anblick ab, der im zentralen
Hochland seinesgleichen sucht.

Das 160 km südwestlich von Mexico City
gelegene Taxco hat im Zusammenhang mit

den unglaublich reichen Silbervorkommen, die im 16. Jh. entdeckt und von denen bis ins frühe 20. Jh. immer wieder neue erschlossen wurden, viele Perioden des Aufschwungs und des Niedergangs erlebt. Nachdem das Silber mittlerweile fast völlig erschöpft ist, lebt die Stadt nun vom Tourismus und setzt dabei – eine seltene Ausnahme in Mexiko – ganz auf den Denkmalschutz. Anders als viele andere Städte aus der Kolonialzeit wird Taxco nicht von umliegenden Industriegebieten erstickt, und neue Gebäude müssen in Größe, Form und Baumaterialien den alten entsprechen. Auf diese Weise bleibt Taxco als reizende Kleinstadt und als eines der besten Ausflugsziele fürs Wochenende ab der Hauptstadt erhalten.

Geschichte

Die Azteken, die die Region von 1440 bis zur Ankunft der Spanier beherrschten, nannten Taxco „Tlachco" (Ballspielplatz). Die koloniale Stadt gründete Rodrigo de Castañeda 1529 mit einer Vollmacht von Hernán Cortés. Unter den ersten spanischen Einwohnern befanden sich drei Bergleute – Juan de Cabra, Juan Salcedo, Diego de Nava – sowie der Zimmermann Pedro Muriel. 1531 eröffneten sie die erste spanische Mine in Nordamerika.

Die Spanier suchten Zinn und fanden auch kleine Mengen davon, vor allem aber stießen sie 1534 auf riesige Silbervorkommen. Im selben Jahr wurde die Hazienda El Chorrillo errichtet – mit Mühlrad, Hüttenwerk und Aquädukt; die Überreste des Letzteren bilden die alten Bögen (Los Arcos) über den Hwy 95 nördlich der Stadt.

Schnell leerten die Schürfer die ersten Silberadern der Hazienda und verließen Taxco. Weitere Erzvorkommen wurden erst 1743 entdeckt. Don José de la Borda, der 1716 im Alter von 16 Jahren aus Frankreich gekommen war, um mit seinem Bruder als Bergmann zu arbeiten, stieß zufällig auf eine der reichsten Adern der Region. Der Legende zufolge war Borda gerade in der Nähe des heutigen Templo de Santa Prisca unterwegs, als sein Pferd stolperte, einen Stein wegstieß und auf diese Weise das Edelmetall zum Vorschein brachte.

Borda führte neue Entwässerungs- und Reparaturtechniken ein, und angeblich behandelte er seine indigenen Arbeiter besser, als es zu dieser Zeit üblich war. Und der Templo de Santa Prisca war ein Geschenk des gläubigen Borda an die Stadt Taxco.

Sein Erfolg zog bald weitere Schürfer an, die wiederum neue Silberadern entdeckten und sie ausbeuteten. Nachdem das Silber größtenteils weg war, wurde Taxco zu einem ruhigen Ort mit schwindender Einwohnerzahl und Wirtschaftskraft.

1929 kam der US-amerikanische Architekt und Professor William (Guillermo) Spratling in die Stadt und gründete auf Vorschlag des amerikanischen Botschafters Dwight Morrow eine Silberschmiede, um den Ort wieder zum Leben zu erwecken (einer anderen Version zufolge arbeitete Spratling an einem Buch – und wandte sich dem Silbergeschäft zu, weil sein Verleger pleite ging. Und nach einer dritten Version träumte er davon, Silberschmuck herzustellen, der prähispanische Motive mit der Art-déco-Moderne verband). Die Werkstatt wuchs zu einer Fabrik heran, und schließlich begannen Spratlings Lehrlinge, eigene Werkstätten zu eröffnen. Heute gibt's in Taxco Hunderte davon, und viele produzieren Waren für den Export.

◉ Sehenswertes

★ Templo de Santa Prisca KIRCHE

(Plaza Borda 1) Taxcos Wahrzeichen Santa Prisca ist eines der schönsten und eindrucksvollsten barocken Gebäude Mexikos. Das Beeindruckendste an der Santa Prisca ist der Kontrast zwischen den Glockentürmen mit der sorgfältig gearbeiteten churrigueresken Fassade und dem sehr viel einfacheren, schmalen, eleganten Kirchenschiff (das Ganze ist am besten von der Seite zu sehen). Die rosafarbenen Steine, die für die Fassade benutzt wurden, sind besonders hübsch, wenn sie von der Sonne angestrahlt werden. Das Relief über dem Eingang zeigt die Taufe Christi. Die großartig verzierten, goldbedeckten Altarbilder im Innenraum sind weitere prächtige Beispiele für den churrigueresken Stil.

Santa Prisca war eine Liebesgabe des Stadthelden José de la Borda. Die hiesigen katholischen Würdenträger erlaubten dem Silbermagnaten, der Stadt diese Kirche zu schenken, unter der Bedingung, dass er mit seiner Villa und seinen anderen Besitztümern für ihre Fertigstellung haftete. Das Projekt trieb Borda fast in den Ruin, aber durch das riskante Unternehmen hinterließ er ein außergewöhnliches Erbe. Die Kirche wurde von den spanischen Architekten Juan Caballero und Diego Durán entworfen und zwischen 1751 und 1758 erbaut.

Taxco

Taxco

◉ Highlights
1 Templo de Santa Prisca B2

◉ Sehenswertes
2 Casa Borda.. B2
3 Museo de Arte Virreinal........................ C2
4 Museo Guillermo Spratling.................... C2

🛏 Schlafen
5 Hostel Casa Taxco C2
6 Hotel Casa Grande................................. A3
7 Hotel Emilia.. B2
8 Hotel Los Arcos...................................... B2
9 Hotel Mi Casita.......................................B1
10 Hotel Santa Prisca A3
11 Pueblo Lindo... C3

✗ Essen
12 Hostería Bar El Adobe........................... A3
13 La Hacienda de Taxco B2
    La Sushería ....(siehe 7)
14 Restaurante Santa Fe B3

🍸 Ausgehen & Nachtleben
15 Bar Berta.. B2

🛍 Shoppen
16 EBA Elena Ballesteros B2
17 Nuestro México Artesanías C2
18 Patio de las Artesanías B2

Museo Guillermo Spratling   MUSEUM
(☏ 762-622-16-60; Delgado 1; 40 Mex$; ☺ Mo–Sa
9–17, So bis 15 Uhr) Das sehr schön angeleg-
▸, dreistöckige Museum für Geschichte
⁴ Archäologie liegt in einer Gasse hinter

dem Templo de Santa Prisca. Es zeigt eine
kleine, aber herausragende Sammlung von
Schmuck, Kunst, Töpferei und Skulpturen
der vorkolonialen Periode aus der Privatsammlung des amerikanischen Silber-

schmieds William Spratling. Ein besonderer Hingucker sind die phallischen Kultobjekte. Im Erdgeschoss sind einige Beispiele von Entwürfen Spratlings mit prähispanischen Motiven zu sehen. Im oberen Stockwerk finden gelegentlich Sonderausstellungen statt.

Museo de Arte Virreinal
MUSEUM

(📞762-622-55-01; Ruiz de Alarcón 12; 50 Mex$; 🕙Di–So 10–18 Uhr) Dieses charmante, ziemlich bunt zusammengewürfelte Kunstmuseum befindet sich in einem wunderbaren alten Haus. Es zeigt eine kleine, aber schön präsentierte Kunstausstellung, die auf Englisch und Spanisch beschildert ist. Die interessantesten Ausstellungsstücke illustrieren die Restaurierungsarbeiten an der Santa Prisca, bei denen im Keller des Hauses einige großartige Dinge entdeckt wurden, darunter Tapeten, hölzerne Altaraufsätze und edle dekorative Stoffe. Eine andere interessante Ausstellung ist Manila Galleons gewidmet, dem Pionier des Handels zwischen Amerika und Fernost.

Das Museum de Arte Virreinal wird oft Casa Humboldt genannt, obwohl der berühmte deutsche Entdecker und Naturforscher Friedrich Heinrich Alexander von Humboldt hier 1803 nur eine einzige Nacht verbrachte.

Casa Borda
GEBÄUDE

(📞762-622-66-34; Centro Cultural Taxco, Plaza Borda; 🕙Di–So 10–18 Uhr) GRATIS Die Casa Borda wurde 1759 von José de la Borda gebaut und ist heute ein Kulturzentrum, das experimentelle Theateraufführungen und Ausstellungen zeitgenössischer Skulpturen, Malerei und Fotografie von Künstlern aus Guerrero zeigt. Die eigentliche Sehenswürdigkeit ist aber das Gebäude selbst: Wegen des unebenen Geländes schaut man vom Fenster an der Rückseite vier Stockwerke in die Tiefe, obwohl sich der Eingang im Erdgeschoss befindet.

Aktivitäten

Teleférico
SEILBAHN

(www.montetaxco.mx; einfache Fahrt/hin & zurück Erw. 65/95 Mex$, Kind 45/65 Mex$; 🕙So–Do 7.45–19, Fr & Sa bis 22 Uhr) Am Nordende von Taxco schwingt sich eine Schweizer Seilbahn 173 m in die Höhe bis zum Resort Hotel Monte Taxco. Vom Hotelpool bietet sich ein fantastischer Blick auf Taxco und auf die umliegenden Berge – einfach an der Rezeption nach dem Weg fragen.

Combis mit der Aufschrift „Arcos/Zócalo" (6,50 Mex$) halten am Eingang der Talstation von der Seilbahn. Von der Südseite der Los Arcos läuft man bergauf und dann rechts durch das Tor der Escuela Nacional de Artes Plásticas.

Das Bar-Restaurant El Taxqueño im Hotel Monte bietet ebenfalls einen tollen Ausblick und ist überraschenderweise preisgünstiger als die Balkon-Restaurants rund um den *zócalo* von Taxco.

Kurse

Die beschauliche Gebirgsatmosphäre und die relativ gute Sicherheitslage machen Taxco zu einem beliebten Ziel für Ausländer, vor allem für US-Amerikaner, die hier Kurse in Spanisch und im Silberschmieden belegen.

Centro de Enseñanza Para Extranjeros
SPRACHKURS

(CEPE; 📞762-622-34-10; www.cepe.unam.mx; Ex-Hacienda El Chorrillo s/n; Intensivkurs 6 Wochen 12 000 Mex$) Dieser Ableger der Universidad Nacional Autónoma de México in Mexico City veranstaltet Spanisch-Intensivkurse in der stimmungsvollen Ex-Hacienda El Chorrillo.

Escuela Nacional de Artes Plásticas
KUNST

(📞762-622-36-90; www.fad.taxco.unam.mx; Del Chorrillo; Kurs ab 1200 US$) Diese Kunstschule bietet Workshops zur Malerei, Bildhauerei und Schmuckherstellung.

Feste & Events

Fällt der Besuch in Taxco mit einem der jährlichen Feste zusammen, sollte man unbedingt weit im Voraus ein Zimmer reservieren. Die genauen Termine aller Festivitäten erfährt man bei der Touristeninformation (S. 212).

Feria de la Plata
MESSE

(🕙Nov./Dez.) Ende November oder Anfang Dezember findet diese einwöchige nationale Silbermesse statt. Es gibt Wettbewerbe und Ausstellungen mit einigen der besten Arbeiten mexikanischer Silberschmiede. Außerdem werden Rodeos, Konzerte, Tänze und *burro* (Esel)-Rennen veranstaltet.

Las Posadas
KULTUR

(🕙Dez.) Vom 16. bis 24. Dezember ziehen jeden Abend von Kerzen umlichtete Prozessionen singend von Tür zu Tür. Die Kinder verkleiden sich als biblische Figuren. Am Ende des Abends stürzen sich alle auf die *piñatas*.

Día del Jumil
ESSEN & TRINKEN

(☉ Nov.) Am Montag nach dem Día de Muertos (Tag der Toten; 2. Nov.) feiern die Einheimischen den *jumil* – den essbaren Käfer, der dafür steht, den Bewohnern von Taxco für ein weiteres Jahr Leben und Energie zu spenden. Viele Familien kampieren am Wochenende davor auf dem Cerro de Huixteco oberhalb der Stadt, und die Einwohner steigen auf den Hügel, um *jumiles* zu sammeln, gemeinsam zu essen und den Gemeinschaftsgeist zu erleben.

Fiestas de Santa Prisca & San Sebastián
RELIGION

(☉ Jan.) Taxcos Schutzheilige werden am 18. Januar (Santa Prisca) und 20. Januar (San Sebastián) gefeiert. Dann ziehen die Einwohner mit ihren Haus- und Nutztieren im Schlepptau am Templo de Santa Prisca vorbei, um die jährliche Segnung zu empfangen.

🛏 Schlafen

In Taxco gibt's eine Fülle an Hotels, von großen Vier- und Fünfsternehotels bis zu charmanten familiengeführten Posadas. An Feiertagswochenenden kommen Menschenmassen aus Mexico City her, dann reserviert man am besten im Voraus.

Auch Ohrstöpsel sind eine gute Idee. Die zahllosen VW-Taxis, die in der steilsten Bergstadt des Landes als Verkehrsmittel fungieren, verursachen nämlich fast überall Straßenlärm.

Hostel Casa Taxco
HOSTEL $

(☎ 762-622-70-37; www.hostelcasataxco.com; Veracruz 5; B/DZ 2507550 Mex$, 2BZ/4BZ mit Gemeinschaftsbad 500/800 Mex$; 🐾) Schon der erste Blick auf dieses schön umgestaltete Wohnhaus mit seinen kunsthandwerklichen Fliesen und Einrichtungsgegenständen verrät, dass auch Taxco dem Ruf der Zeit folgt. Die Casa Taxco ist fast schon ein „Poshtel": Die Schlafsäle haben nur zwei bis vier Betten und es herrscht das entspannte Flair eines Wohnhauses aus kolonialer Zeit. Es gibt auch eine offene Küche und eine Dachterrasse mit Blick auf die Kathedrale.

Hotel Casa Grande
HOTEL $

(☎ 762-622-09-69; www.hotelcasagrandetaxco.com.mx; Plazuela de San Juan 7; mit/ohne Bad EZ 330/220 Mex$, 2BZ 515/330 Mex$, 3BZ 600/420 Mex$; 🐾) Die hervorragende Lage und die atemberaubende Terrasse mit Blick auf die *plazuela* machen das Casa Grande zu einer attraktiven Budgetoption. Aller-

dings sollte man Ohrenstöpsel mitbringen, da am Wochenende die Musik in der Restaurant-Bar La Concha Nostra bis spät in die Nacht hinein dröhnt. Die Zimmer sind klein, haben aber frische Baumwollbettwäsche.

⭐ Hotel Los Arcos
HISTORISCHES HOTEL $$

(☎ 762-622-18-36; www.hotellosarcosdetaxco.com; Juan Ruiz de Alarcón 4; DZ 1080 Mex$; 🐾) Das wunderschöne alte Hotel mit vielen Terrassen voller Pflanzen, Höfen, einer Dachterrasse und schicken, mit Kissen bestückten Lounge-Bereichen ist allein schon die Fahrt hierher wert. Die Zimmer sind groß und rustikal mit komfortablen Betten sowie mexikanischen Dekorationselementen gestaltet. Die Lage in der Nähe des *zócalo* ist praktisch, aber die Zimmer zur Straße hin bekommen einigen Verkehrslärm ab.

⭐ Hotel Mi Casita
HOTEL $$

(☎ 762-627-17-77; www.hotelmicasita.com; Altos de Redondo 1; Zi. inkl. Frühstück ab 1020 Mex$; 😐@🐾) Nur einen Katzensprung vom *zócalo* entfernt wird dieses elegante Wohnhaus im Kolonialstil von einer Schmuckdesigner-Familie geleitet. Die umlaufenden Balkone bieten Aussicht auf die Kathedrale. Die zwölf komfortablen Zimmer mit Ventilatoren haben teilweise auch private Terrassen; drei bieten Talavera-Badewannen. Das wunderschöne Individualdekor umfasst auch original von Hand bemalte Badezimmerfliesen.

Hotel Emilia
HOTEL $$

(☎ 762-622-13-90; www.hotelemilia.com.mx; Ruiz de Alarcón 7; DZ/3BZ 850/950 Mex$; 🐾📶) Alle 14 Zimmer des heimeligen Hotels sind blitzsauber und haben schön geflieste Bäder. Es gehört einer berühmten Familie von Silberschmieden, versprüht jede Menge Charme und bietet die kostenlose Nutzung der Pools des nahe gelegenen Hotel Agua Escondida. Leider ist es besonders lärmgeplagt, darum sollte man nach einem Zimmer nach hinten hinaus fragen. Auf keinen Fall die Aussicht von der Dachterrasse verpassen.

Hotel Santa Prisca
HOTEL $$

(☎ 762-622-00-80; www.facebook.com/santaprisca.hotel; Cenaobscuras 1; Zi. 585–770 Mex$, Suite/FZ 860–1100 Mex$; 🅿🐾) In toller Lage mitten im Trubel empfängt dieses Hotel seine Gäste mit mexikanischem Traditionsdekor und einem einladenden Hofgarten. Die 31 Zimmer mit jeweils zwei Betten sind recht klein, haben aber meist luftige eigene Balkone. Die neueren, sonnigeren Varianten kosten etwas mehr. Vom bergauf gelegenen Ende des Geländes führt ein Fußgängertunnel zum Parkplatz.

Pueblo Lindo · · · · · · · · · · · · · HOTEL $$$

(☎ 762-622-34-81; www.pueblolindo.com.mx; Hidalgo 30; Zi. & Suite inkl. Frühstück 1290–2990 Mex$; 🅿 @ 🛜 🌊) Dieses Luxushotel schafft den Spagat zwischen Eleganz und Substanz, indem es auf ein modernes mexikanisches Design mit fröhlichen Farben und Holzmöbeln setzt. Weitere Pluspunkte sind die Loungebar und der hervorragende Service. Wie die meisten Zimmer bietet der Dachpool einen sensationellen Blick auf Taxco.

Posada de la Misión · · · · · · LUXUSHOTEL $$$

(☎ 800-008-29-20, 762-622-00-63; http://posada mision.com; Cerro de la Misión 32; Zi. mit Frühstück 2145–5355 Mex$; 🅿 🛜 🌊) An einem steilen Hügel mit Blick auf die Stadt befindet sich das weitläufige Anwesen des La Misión, das ein luxuriöser Zufluchtsort vor der Hektik in Taxco ist. Die Zimmer sind groß, hell und luftig, und viele haben Balkone mit atemberaubendem Ausblick. Es gibt hier auch einen prächtigen Pool mit Whirlpool unter einem Mosaik von Cuauhtémoc sowie ein exzellentes Restaurant.

Essen

Jumil (ähnlich einer Stinkwanze) ist eine Delikatesse in Taxco, vor allem am Día del Jumil (S. 210). Die Käfer bekommt man in *cucuruchos* (Papiertüten) auf dem Markt. Man isst sie traditionell noch lebend in einer Tortilla, viel häufiger werden sie aber zerquetscht zu einer Sauce verarbeitet.

In Bezug auf Straßenimbisse sollte man abends an der Plazuela de San Juan die exzellenten Tacos mit gegrilltem Schweinefleisch probieren.

La Sushería · · · · · · · · · · · · · · JAPANISCH $

(www.facebook.com/lasusheriataxco; Ruiz de Alarcón 7; Sushi 70–105 Mex$; ⊙ 13–23 Uhr; 🛜 🌊) Das Sushi-Restaurant in der Lobby des Hotels Emilia bereichert Taxco auf tolle Weise mit Designermöbeln und zwangloser Atmosphäre. Nach dem frischen Sushi ist das Grüntee-Eis ein prima Nachtisch – der Himmel in einem Cocktailglas. Die schicken Separees eignen sich perfekt für ein Date oder ein Geschäftsessen und hinterlassen Eindruck.

Restaurante Santa Fe · · · · · MEXIKANISCH $

(☎ 762-622-11-70; Hidalgo 2; Hauptgerichte 70–115 Mex$; ⊙ 8–20 Uhr) Einheimische lieben

das seit mehr als 50 Jahren bestehende Santa Fe für seine recht preisgünstigen traditionellen Gerichte wie *conejo en chile ajo* (Kaninchen in Knoblauch und Chili). An den Wänden hängen Fotos von Gästen und ein paar tolle Schwarz-Weiß-Aufnahmen des guten alten Taxco. Das dreigängige *menú de hoy* ist zur Mittagszeit und manchmal auch später noch für 87 Mex$ zu haben.

★ El Sotavento · · · · · · · · · · · MEXIKANISCH $$

(☎ 762-627-12-17; Alarcón 4; Hauptgerichte 90–185 Mex$; ⊙ Do–Di 9–23 Uhr) Man erliegt schnell dem Charme des Sotavento mit seinen Kopfsteinbögen und dem warm beleuchteten ruhigen Hof. Die mexikanischen Klassiker wie Enchiladas und Hähnchen-*mole* gehören zu den besten in der Stadt. Daneben gibt's noch Cocktails und einige überraschend gute europäische Gerichte. Das sonntägliche Frühstücksbüfett (130 Mex$) ist eine wundervolle Schlemmerei.

La Hacienda de Taxco · · · · · · MEXIKANISCH $$

(☎ 762-622-11-66; Plaza Borda 4; Hauptgerichte 80–175 Mex$; ⊙ 7.30–22.30 Uhr; 🅿 🍴) Elemente der langen Karte mit mexikanischen Traditionsgerichten sind z. B. selbstgemachte Marmelade (morgens) und hauseigene *mole* aus 20 Zutaten (nachmittags). Hinzu kommen Pluspunkte wie Kinderportionen, vegetarisches Essen und auf Wunsch ein Frühstück ohne Eigelb (also nur mit Eiweiß).

Hostería Bar El Adobe · · · · · MEXIKANISCH $$

(☎ 762-622-14-16; Plazuela de San Juan 13; Hauptgerichte 65–225 Mex$; ⊙ 8–23 Uhr) Die Bar hat zwar keinen Blick auf den *zócalo*, ist dafür aber charmant mit allerlei Schwarz-Weiß-Fotos von Pancho Villa bis Elvis dekoriert. Die niedlichen Balkontische bieten etwas mehr Privatsphäre. Man bekommt gute, einfache Gerichte wie pfannengebratenes Hähnchen oder Fisch in Salsa mit Reis und Gemüse. Am Donnerstag gibt's *pozole* (65 Mex$), am Samstagabend live *trova*-Musik und am Sonntag ein Büfett (125 Mex$).

🍷 Ausgehen & Nachtleben

Bar Berta · · · · · · · · · · · · · · · · · · CANTINA

(☎ 762-107-55-90; www.facebook.com/barbertata xco; Cuauhtémoc; ⊙ Mi–Mo 12–22 Uhr) Eigentlich müsste das Berta mit verloren aussehenden Touristen gefüllt sein, doch stattdessen besteht das Publikum aus einheimischen Raubeinen, die sich harte Drinks hinter die Binde kippen und *fútbol* schauen. Oben gibt's eine winzige Terrasse, von der aus

ABSTECHER

HÖHLEN VON CACAHUAMILPA

Die **Höhlen von Cacahuamilpa** (Grutas de Cacahuamilpa; ☑721-104-01-55; http://caca huamilpa.conanp.gob.mx; Erw./Kind inkl. Führer 80/70 Mex$; ⏱10–17 Uhr; ℗) gehören zu den eindrucksvollsten Naturattraktionen Zentralmexikos und sind Pflicht, wenn man Taxco oder Cuernavaca besucht. Die Dimensionen der Höhlen sind kaum zu ermessen: Die gewaltigen, bis zu 82 m hohen Kammern liegen 1,2 km tief unter dem Berg. Im Inneren befinden sich atemberaubende Stalaktiten und Stalagmiten.

Leider darf man dem (sicheren) Weg durch die Höhlen nicht auf eigene Faust folgen. Bei den einstündigen Führungen (sie starten jeweils zur vollen Stunde) werden große Besuchergruppen von Guides (kostenlos) durch die Höhlen gelotst. Die Führer weisen bei vielen Zwischenstopps auf bestimmte Felsformationen hin, die u. a. an den Nikolaus, an ein kniendes Kind oder an einen Gorilla erinnern. Am Ende geht's dann im eigenen Tempo bei ausgeschalteter Beleuchtung zurück zum Höhleneingang. Die meisten Führer sprechen nur Spanisch.

Vom Höhlenausgang führt ein steiler Pfad (15 Min.) zum schnell fließenden Río Dos Bocas. Dort warten ganzjährig eine herrliche Aussicht und in der Trockenzeit ruhige Schwimmlöcher. Insektenspray mitnehmen!

An den Wochenenden ist der Andrang oft groß, es bilden sich lange Warteschlangen, und die geführten Gruppen setzen sich aus vielen Besuchern zusammen. Die Erkundung der Höhlen macht daher unter der Woche mehr Spaß. In der Nähe des Eingangs gibt's Restaurants, Snacks und Souvenirläden. Den Weg zwischen dem Eingang und den eigentlichen Höhlen (150 m) kann man direkt zurücklegen oder zwischendurch noch an einer kurzen Seilrutsche (70 Mex$) über die Baumwipfel fliegen.

Zu den Höhlen geht's mit einem Estrella-Roja-Bus (Aufschrift „Grutas") vom Futura-Busbahnhof in Taxco (40 Mex$, 40 Min., alle 40 Min.) oder mit einem Taxi (180 Mex$). Die Busse setzen einen an der Kreuzung ab, wo die Straße nach Cuernavaca abzweigt. Von dort läuft man 350 m bergab zum Besucherzentrum des Parks. Zurück starten die Busse von derselben Kreuzung (alle 40 Min., letzter Bus 18.30 Uhr). Pullman de Morelos hat eine direkte Busverbindung zu den Höhlen ab Cuernavaca Centro (70 Mex$, 2 Std., alle 2 Std. bis 19.43 Uhr); der letzte Bus zurück fährt um 18 Uhr.

---

man die Leute auf dem *zócalo* beobachten kann. Unbedingt eine Berta (Tequila, Honig, Limette und Mineralwasser), die Spezialität des Hauses, probieren!

 Shoppen

Nuestro
México Artesanías KUNST & KUNSTHANDWERK
(☑762-622-09-76; Veracruz 8; ⏱10–18 Uhr) Schatzjäger werden dieses Lagerhaus voller Kunsthandwerk aus ganz Mexiko gern durchstöbern. Hier gibt's die meisten klassischen Souvenirs: Kokosnussmasken, Teufel aus Pappmaché, fliegende Cherubim, fischförmige Windspiele und auch Silber. Die Preise sind jeweils ausgeschrieben und liegen nahe an dem, was man draußen auf der Straße bezahlt.

Patio de las Artesanías SCHMUCK
(Plaza Borda; ⏱Di–So 9–18 Uhr) Wer auf der Suche nach Silber ist, findet im Gebäude Patio de las Artesanías mehrere Läden zum Stöbern.

EBA Elena Ballesteros SCHMUCK
(☑762-622-37-67; www.ebaplata.com; Muñoz 4; ⏱Mo–Sa 9.30–19, So 10–18 Uhr) Punktet mit kreativem, gut gearbeitetem Silberschmuck.

❶ Praktische Informationen

Mehrere Banken rund um die großen Plazas und Busbahnhöfe haben Geldautomaten.
Hospital General (☑762-622-93-00; Los Jales 120)
Touristeninformation (Ecke Juárez & Plazuela del Exconvento; ⏱9–20 Uhr) Die Touristeninformation neben der Post hat Stadtpläne und gute Infos. Der Infostand an der zentralen Plaza verteilt jedoch vor allem Broschüren und versucht, Touren zu verkaufen.

❶ An- & Weiterreise

Im gemeinsam genutzten **Futura-/Estrella-Blanca-Busbahnhof** an der Avenida de los Plateros gibt's eine Gepäckaufbewahrung. Der **Primera-Plus-/Estrella-de Oro-(EDO)-Busbahnhof** liegt am südlichen Stadtrand. Der Futura-Bus nach Mexico City fährt meist zur vollen Stunde.

Häufigere Busverbindungen zur Küste gibt's ab dem etwa 30 Minuten entfernten Iguala; dorthin gelangt man mit einem der Sammeltaxis (30 Mex$), die vor dem Busbahnhof abfahren.

Busse nach Acapulco (300 Mex$, 4–5 Std., 7-mal tgl.) fahren von den Busbahnhöfen EDO und Futura, nach Cuernavaca von EDO (100 Mex$, 2 Std., 5-mal tgl.) und Futura (90 Mex$, 1½ Std., 12-mal tgl.) und zum Busbahnhof Terminal Sur in Mexico City (209 Mex$, 2½ Std.) von EDO (4- bis 6-mal tgl.) und Futura (8-mal tgl.).

ⓘ Unterwegs vor Ort

Wer sich ohne Ziel durch die hübschen Straßen Taxcos treiben lässt, kann sich zwar auch mal verlaufen, aber eigentlich findet man sich äußerst schnell zurecht. Die beiden Glockentürme der Santa Prisca am *zócalo*, der Plaza Borda, sind die beste Orientierungshilfe.

Fast alle Straßen in Taxco sind Einbahnstraßen, nur die Hauptstraße Avenida de los Plateros ist in beide Richtungen befahrbar. Hier befinden sich auch die beiden Busbahnhöfe. Nur über diese Straße kommt man in die Stadt und natürlich auch wieder hinaus. Die wichtigste *colectivo*-Strecke beschreibt eine Schleife gegen den Uhrzeigersinn in Richtung Norden auf der Avenida de los Plateros und dann südlich durch das Stadtzentrum.

Am besten bewegt man sich in den steilen und engen Kopfsteinpflasterstraßen Taxcos zu Fuß oder mit Combis und Taxis fort.

Combis (weiße VW-Minibusse; 6,50 Mex$) fahren zwischen 7 und 20 Uhr in dichten Abständen. „Zócalo"-Combis fahren von der Plaza Borda die Cuauhtémoc hinunter bis zur Plazuela de San Juan und dann auf die Hidalgo bergauf. Sie biegen rechts in die Morelos ein, fahren an der Avenida de los Plateros wieder nach links und weiter Richtung Norden, an der Futura Bushaltestelle vorbei bis La Garita, wo sie links abbiegen und zum *zócalo* zurückfahren. Combis mit der Zielangabe „Arcos/Zócalo" folgen derselben Route, fahren aber an La Garita vorbei weiter bis Los Arcos, wo sie wenden und nach La Garita zurückfahren. Combis mit der Zielangabe „PM" (für Pedro Martín) fahren von der Plaza Borda am Busbahnhof von Estrella de Oro vorbei zum südlichen Stadtrand. Eine Taxifahrt in der Stadt kostet 25 bis 35 Mex$.

WESTLICH VON MEXICO CITY

Das Gebiet westlich von Mexico City wird von der Industriestadt Toluca beherrscht, die die Hauptstadt des Bundesstaats Mexico und ein großer Verkehrsknotenpunkt ist. Toluca ist zwar eine angenehme Stadt, hat Besuchern aber wenig Interessantes zu bieten. Die meisten passieren es darum nur auf ihrem Weg zu zwei Perlen der Kolonialzeit, den zauberhaften Kleinstädten Malinalco und Valle de Bravo. Hoch über dem verschlafenen, abgelegenen Malinalco thronen einige faszinierende prähispanische Ruinen, und der beliebte kosmopolitische Erholungsort Valle de Bravo liegt am Ufer eines Stausees, der von Toluca in einer eindrucksvollen zweistündigen Fahrt Richtung Westen zu erreichen ist. Die Umgebung Tolucas machen Kiefernwälder, Flüsse und ein riesiger erloschener Vulkan, der Nevado de Toluca, zu einer malerischen Landschaft.

Toluca

📞 722 / 490 000 EW. / HÖHE 2660 M

Wie in vielen anderen mexikanischen Kolonialstädten hat die Entwicklung in Toluca zu einer Zersiedelung rund um das noch immer sehr hübsche Stadtzentrum geführt. Nur der Verkehr schmälert den Reiz der Stadt etwas. Wer sich aber ein wenig Zeit nimmt, wird entdecken, dass Toluca eine freundliche, geschäftige Stadt ist, in der man einen netten Tag mit der Erkundung der schönen Plazas, der belebten Einkaufsarkaden und der Kunstgalerien und Museen verbringen kann.

Die Plaza de los Mártires mit der Kathedrale und dem Palacio de Gobierno bildet das Stadtzentrum. Am belebtesten ist allerdings die Fußgängerzone einen Block weiter südlich, umgeben von *arcos* (Bogengängen). Der schattige Parque Alameda befindet sich drei Blocks weiter westlich an der Hidalgo.

⊙ Sehenswertes

Das 250 m lange **Portal Madero** aus dem 19. Jh. erstreckt sich entlang der Avenida Hidalgo und ist ziemlich belebt, genau wie die Einkaufsarkade an der Fußgängerstraße östlich davon, an der sich nach 21 Uhr Mariachis einfinden. Einen Block weiter nördlich liegt die große, offene **Plaza de los Mártires**. Sie ist von schönen alten Regierungsgebäuden umgeben. Die **Kathedrale** aus dem 19. Jh. und der **Templo de la Santa Veracruz** aus dem 18. Jh. befinden sich an der Südseite. An der Nordseite der Plaza Garibay steht der **Templo del Carmen** aus dem 18. Jh.

★ **Cosmovitral Jardín Botánico** GARTEN

(Botanischer Garten Cosmovitral; 📞 722-214-67-85; Juárez s/n, Ecke Lerdo de Tejada; Erw./Kind

10/5 Mex$; ⊙Di–So 9–18 Uhr) Der einzigartige, beeindruckende Botanische Garten am nordöstlichen Ende der Plaza Garibay wurde 1909 als Markt erbaut. Heute beherbergt das Gebäude auf einer Fläche von 3500 m² wunderschöne Gärten, die durch 48 Buntglasfenster belichtet werden, welche der aus Toluca stammende Künstler Leopoldo Flores mit Hilfe von 60 Kunsthandwerkern gestaltete. Die dafür verwendeten 500 000 Glasstücke in 28 verschiedenen Farben kommen aus sieben Ländern, darunter Japan, Belgien und Italien.

⭐ Museo de Culturas Populares   MUSEUM

(Museum für Volkskunst; ☎722-274-54-58; Blvd Reyes Heroles 302; Erw./Kind 10/5 Mex$, So frei; ⊙Mo–Sa 10–18 Uhr) Die wunderbar vielfältige Sammlung von traditionellem Kunsthandwerk aus Mexiko zeigt z. B. erstaunliche „Lebensbäume" aus Metepec, tolle *charro-* bzw. Cowboyausrüstung und sonderbare Figuren für den Tag der Toten. Hinzu kommen Mosaike, traditionelle Teppiche, ein Loft und ein Souvenirladen.

Museo de Arte Moderno   MUSEUM

(Museum für moderne Kunst; ☎722-274-12-66; Blvd Reyes Heroles 302; 10 Mex$, So Eintritt frei; ⊙Mo–Sa 9–18, So bis 15 Uhr) Dieses Museum widmet sich den Strömungen der mexikanischen Kunst von der Academia de San Carlos im späten 19. Jh. bis zur Nueva Plástica. Zu sehen sind u. a. Gemälde von Tamayo und Orozco. Es gibt hier ein eindrucksvolles Wandbild in Kugelform, das den Kampf der Menschen gegen die Sklaverei darstellt und das Teil des eigentlichen Gebäudes ist. Darüber hinaus werden Wechselausstellungen mit gewagter zeitgenössischer Kunst präsentiert.

Museo de Antropología e História   MUSEUM

(Museum für Anthropologie & Geschichte; ☎722-274-12-00; Blvd Reyes Heroles 302; 10 Mex$, So Eintritt frei; ⊙Mo–Sa 9–18, So bis 15 Uhr) Das überragende Museum präsentiert Ausstellungen zur Geschichte des Bundesstaats von der Vorgeschichte bis ins 20. Jh. und hat auch eine gute Sammlung präkolumbischer Artefakte. Zudem zeichnet es nach, wie präkolumbische kulturelle Einflüsse bis heute Werkzeuge, Bekleidung, Textilien und Glauben prägen. Die Beschriftung ist überwiegend nur auf Spanisch.

Museo Luis Nishizawa   MUSEUM

(☎722-215-74-65; Bravo Norte 305; Erw./Kind 10/5 Mex$; ⊙Di–Sa 10–18, So bis 15 Uhr) Dieses Museum zeigt die Arbeiten des modernen mexikanisch-japanischen Wandmalers und Landschaftskünstlers Luis Nishizawa (1918–2014). Nishizawa wurde im Bundesstaat Mexiko geboren und studierte sowohl mexikanische als auch japanische Kunststile, was seine aus Keramik zusammengesetzten Wandbilder widerspiegeln. Er ist für seine Skulpturen in verschiedenen Techniken und seine farbkräftigen Tuschezeichnungen von Natur und Menschen bekannt. Seine Werke sind in Museen auf der ganzen Welt ausgestellt, darunter auch im MOMAK in Kyoto.

Centro Cultural Mexiquense   MUSEUM

(State of Mexico Cultural Center; ☎722-274-12-22; Blvd Reyes Heroles 302; ⊙Mo–Sa 10–18, So bis 15 Uhr) GRATIS Dieses Kulturzentrum 4,5 km westlich vom Stadtzentrum beherbergt drei gute Museen (alle mit denselben Öffnungszeiten). Man muss das Centro Cultural nicht unbedingt gesehen haben, doch wer sich für Kunst und Kunsthandwerk, örtliche Archäologie und moderne Kunst interessiert, für den lohnt sich der Besuch allemal.

Aus dem Stadtzentrum kann man ein Taxi (40 Mex$) nehmen, das Kulturzentrum ist aber auch einfach mit einem der zahlreichen *colectivos* zu erreichen, die vor dem Mercado Juárez abfahren. Einfach nach Fahrzeugen mit „Centro Cultural" auf der Tafel Ausschau halten. Die Fahrt mit ihren vielen Umwegen dauert 20 Minuten. An dem großen, grasbewachsenen Kreisverkehr in der Nähe des Campus Toluca der Universität Monterrey steigt man aus, überquert die Straße und geht durch das Tor die Straße hinunter bis zum Museumskomplex.

Museo de Bellas Artes de Toluca   MUSEUM

(Museum der schönen Künste; ☎722-215-53-29; Degollado 102; Erw./Kind 10/5 Mex$; ⊙Di–So 10–18 Uhr) Die Gebäude des ehemaligen Konvents neben dem Templo del Carmen an der Nordseite der Plaza Garibay beherbergen dieses Museum, das Gemälde von der Kolonialzeit bis zum frühen 20. Jh. zeigt.

👉 Geführte Touren

Tranvía   TRAM

(☎722-330-50-52; www.turismotolucalabella.com; Independencia, Ecke Bravo; Erw./Kind 60/40 Mex$; ⊙Abfahrt Fr–So 11–17 Uhr stündl.) Die motorisierte Besucherbahn klappert in einer Stunde zwei Dutzend Sehenswürdigkeiten in der Stadt ab, während ein Führer jeweils spanische Infos dazu liefert. Den Großteil

des Jahres werden auch *leyendas*-Abend-
rundfahrten (Erw./Kind 90/70 Mex$, Fr–So
18.30–23 Uhr, 1½ Std., alle 1½ Std.) angeboten, bei denen man zwölf Stätten besichtigt
und vom Reiseführer die mit jedem Gebäude verbundenen „Legenden" erfährt.

Schlafen

Hotel Colonial HOTEL **$**

(722-215-97-00; Hidalgo Oriente 103; EZ/DZ/
3BZ 400/500/650 Mex$; P) Für das gut
geführte Hotel mit dem hervorragendem
Preis-Leistungs-Verhältnis sprechen auch
die eindrucksvolle Lobby und das freundliche Personal. Die Zimmer, die zur belebten
Hauptstraße hin gehen, sind am besten,
aber auch am lautesten. Der Preis beinhaltet
die Benutzung eines nahe gelegenen Park-
platzes an der Juárez. Das Hotel Colonial
ist bei Gruppen sehr beliebt. Also am besten
vorab anrufen.

Hotel Maya HOTEL **$**

(722-214-48-00; Hidalgo 413; Zi. mit/ohne Bad
400/300 Mex$;) Diese Posada wird von
einer alten Dame geleitet. Das Maya liegt extrem zentral und ist somit eine gute, wenn
auch schnörkellose Unterkunft für alle, die
lediglich Tolucas Sehenswürdigkeiten einen
kurzen Besuch abstatten wollen. Wen der
viele Straßenlärm stört, nimmt sich eines
der dunkleren Zimmer im Inneren.

Hotel Don Simón BUSINESSHOTEL **$$**

(722-213-26-00; www.hoteldonsimon.com; Matamoros 202; DZ/3BZ 1200/1400 Mex$; P@)
Die Zimmer im Don Simón sind makellos
sauber und hell, auch wenn die braune Einrichtung (die sich auch im angeschlossenen
Restaurant fortsetzt) ein wenig altmodisch
wirkt. Insgesamt ist dies eine ausgewogene
Allround-Bleibe mit freundlichen Angestellten mitten im Zentrum von Toluca; es liegt
aber an einer ruhigen Straße, nur einen kurzen Spaziergang vom Cosmovitral entfernt.

Fiesta Inn Toluca Centro BUSINESSHOTEL **$$$**

(722-167-89-00; www.fiestainn.com; Allende Sur
124; Zi./Suite 1685/2570 Mex$; P@) Das
moderne, gepflegte Fiesta Inn Toluca Centro
bietet 85 luftige und komfortable Zimmer,
einen kleinen Fitnessraum sowie eine Café-
Bar in der Lobby. Ein weiteres Fiesta Inn
liegt in der Nähe des Flughafens.

 Essen

Die *toluqueños* mögen Snacks und Süßigkeiten für ihr Leben gern, und in den Arka-

den rund um die Plaza Fray Andrés de Cast-
ro kann man es ihnen gleich tun und dieser
Vorliebe frönen. Diverse Stände verkaufen
kandierte Früchte, *jamoncillos* (Riegel aus
Kürbiskernpaste) und *mostachones* (Plätz-
chen aus angebrannter Milch). Die meisten
Lokale im Zentrum sind in etwa von 8 bis 21
Uhr geöffnet.

La Gloria Chocolatería
y Pan 1876 CAFÉ **$**

(Quintana Roo; Snacks 10–35 Mex$; 9–23.30
Uhr) Das freundliche, familiengeführte Café
ist einfach wunderbar und man ist mit ziem-
licher Sicherheit der einzige ausländische
Gast. Auf der Speisekarte stehen verführerische lokale Gerichte, von *tacos al pastor*
(würzige Schweinefleischtacos) bis hin zu
köstlichen *sermones* (Sandwiches), die mit
Schweinebraten oder gehacktem Hühner-
fleisch gefüllt und mit reichlich *mole poblano* serviert werden.

La Vaquita Negra del Portal SANDWICHES **$**

(722-167-13-77; Portal Reforma 124B; Sandwiches
24–34 Mex$; 8.30–20 Uhr) An der nordwest-
lichen Ecke der Arkaden deuten die über
dem Deli-Schalter hängenden Räucherschin-
ken und riesigen grün-roten Würstchen auf
erstklassige *tortas* hin. Zu empfehlen ist das
mächtige *toluqueña* (mit rotem Schweine-
fleisch-Chorizo, weißem Käse, Sahne, Tomate und *salsa verde*). Nicht vergessen, das
dick belegte Sandwich mit würzig eingeleg-
ter Paprika und Zwiebeln zu garnieren!

Hostería Las Ramblas MEXIKANISCH **$$**

(722-215-54-88; Calle 20 de Noviembre 107D;
Hauptgerichte 110–180 Mex$; Mo–Sa 9–20, So
bis 19 Uhr;) Das stimmungsvolle Restaurant liegt in einer Fußgängerzone und erinnert mit seinen weißen Tischtüchern und
der Retro-Dekoration an die 1950er-Jahre.
Die aufmerksamen Kellner servieren komplette Frühstücksmenüs, darunter ein paar
tolle vegetarische Varianten, z. B. das *omelette campesino* mit Panela-Käse, *rajas* (*poblano*-Paprika) und Zucchini, sowie zahlreiche Gerichte zum Mittag- und Abendessen,
etwa *mole verde* und *conejo al ajillo* (großzügig mit Knoblauch gewürztes Kaninchen).

Shoppen

Casart KUNST & KUNSTHANDWERK

(Casa de Artesanía; 722-217-52-63; Aldama 102;
Mo–Sa 10.30–19, So bis 17 Uhr) Der Innen-
stadtableger von Casart, der staatlichen
Organisation zur Förderung des lokalen

RUND UM MEXICO CITY TOLUCA

Kunsthandwerks, ist sowohl wegen seines schönen Gebäudes, das einen Innenhof umschließt, als auch wegen der Auswahl an hochwertigen Kunst- und Kunsthandwerkserzeugnissen fantastisch. Die Preise sind festgelegt und damit etwas höher als die, die man auf dem Markt nach einigem Handeln für Waren schlechterer Qualität erzielen kann. Die günstigsten Preise gibt's ohnehin direkt beim Hersteller.

ℹ Praktische Informationen

Banken mit Geldautomaten gibt's nahe dem Portal Madero.

Staatliche Touristeninformation (☎ 722-212-59-98; www.edomexico.gob.mx; Urawa 100, Ecke Paseo Tollocan; ☺ Mo–Fr 9–18 Uhr) Liegt zwar ungünstig 2 km südöstlich vom Zentrum, hat aber Englisch sprechende Angestellte und gute Stadtpläne.

Städtische Touristeninformation (☎ 722-384-11-00, Anschlussnummer 104; www.toluca.gob.mx/turismo; Plaza Fray Andrés de Castro, Edificio B, Local 6, Planta Baja; ☺ Mo–Fr 9–18, Sa & So 10–19 Uhr) Die Angestellten sprechen Englisch, versorgen einen mit kostenlosen Stadtplänen und helfen bei der Buchung von Unterkünften.

Touristeninformationsstand (www.turismo tolucalabella.com; Palacio Municipal; ☺ Mo–Fr 9–18, Sa & So 10–19 Uhr) Hilfreicher Infostand mit Gratis-Stadtplänen.

ℹ An- & Weiterreise

BUS

Caminante betreibt häufig verkehrende Shuttlebusse vom Flughafen Toluca zum Busbahnhof Observatorio in Mexico City (202 Mex$, tgl. bis etwa 19 oder 20 Uhr) und zum Aeropuerto Internacional (200 Mex$, 5-mal tgl.) der Hauptstadt. Je nach Verkehrslage dauert die Fahrt jeweils ein bis zwei Stunden. Interjet hat Shuttles nach Cuernavaca (255 Mex$). Ein autorisiertes Taxi vom Flughafen zur Innenstadt von Toluca kostet rund 35 Mex$; die Fahrt dauert 20 bis 30 Minuten.

Tolucas **Busbahnhof** (Terminal Toluca; www.terminaltoluca.com.mx; Berriozábal 101) liegt 2 km südöstlich des Zentrums. Die Ticketbüros für viele Fahrtziele liegen direkt an den Bussteigen oder an deren Zugängen – man kann sich hier nur schlecht orientieren. Die Anzeigetafeln an den Zugängen zu den Plattformen verraten, an welchem Zugang Fahrkarten zu welchen Zielen verkauft werden.

FLUGZEUG

Der moderne, leistungsfähige und recht ruhige **Aeropuerto Internacional de Toluca** (TOL; ☎ 722-279-28-00; Blvd Miguel Alemán Valdez) ist eine sehr gute Alternative zu Mexico Citys einschüchterndem Riesenflughafen. Rund 10 km außerhalb vom Stadtzentrum liegt er gut erreichbar in der Nähe des Hwy 15. Direkt nebenan befinden sich ein Industriegebiet und mehrere Business-Kettenhotels.

Toluca ist die Drehscheibe der Billigfluglinie **Interjet** (www.interjet.com.mx), die Las Vegas und Ziele in ganz Mexiko bedient.

Spirit Airlines (☎ 800-772-7117; www.spirit.com) und **Volaris** (☎ 800-122-80-00; www.volaris.com.mx) bieten ebenfalls Auslandsflüge: Sie verbinden Toluca mit diversen US-Großstädten (u. a. Los Angeles, Chicago, Las Vegas, Houston, San Francisco, Seattle, Newark, Miami, New York und Atlanta).

Am Flughafen sind außerdem die Autovermieter Europcar, Dollar und Alamo vertreten.

ℹ Unterwegs vor Ort

Die aus Mexico City kommende Hauptstraße wird an Tolucas östlichem Stadtrand zur Paseo Tollocan, die nach Südwesten führt und am südlichen Stadtrand eine Ringstraße wird. Tolucas Busbahnhof und der riesige Mercado Juárez liegen 2 km südöstlich des Zentrums abseits des Paseo Tollocan.

Vor Tolucas Busbahnhof starten große Busse mit der Aufschrift „Centro", die entlang der Lerdo de Tejada und vorbei an der Plaza de los Mártires zum Stadtzentrum (10 Mex$, 20 Min.) fahren. Vom Zentrum in Juárez fahren Busse mit der Aufschrift „Terminal" zum Busbahnhof. Ein Taxi vom Busbahnhof zum Zentrum kostet rund 45 Mex$.

BUSSE AB TOLUCA

ZIEL	PREIS (MEX$)	DAUER (STD.)	HÄUFIGKEIT (TGL.)
Cuernavaca	71–235	2	24-mal
Mexico City (Poniente)	50–90	1	55-mal
Morelia	258–332	2	16-mal
Taxco	189	3	7-mal
Valle de Bravo	77	2¼	10-mal
Zihuatanejo	643	9	1-mal

Nevado de Toluca

Der schon lange erloschene Vulkan Nevado de Toluca (auch Xinantécatl genannt) gehört zu den höchsten Erhebungen in der Region. Mexikos vierthöchster Berg besitzt zwei Gipfel am Kraterrand. Beide lohnen eine Wanderung wegen des prächtigen Ausblicks auf die beiden von Schnee umgebenen Kraterseen, den Lago del Sol und den Lago de la Luna. Der Pico del Aguila (4620 m), der niedrigere Gipfel, liegt näher am Parkplatz und ist die beliebtere Tageswanderung. Für den höheren Pico del Fraile (4704 m) muss man eine zusätzliche Wanderzeit von drei bis vier Stunden einplanen.

Im Jahr 2013 veränderte der mexikanische Staat den Status des Nationalparks in den einer *área de protección de flora y fauna* (Tier- und Pflanzenschutzgebiet) und legalisierte und regulierte damit den ungeregelten Bergbau, den es hier schon zuvor gab. Die meisten Leute bezeichnen die Schutzzone aber immer noch als Nationalpark.

Aktivitäten

Mario Andrade   KLETTERN
(☏55-1826-2146; mountainup@hotmail.com; Transport, eine Mahlzeit & Parkeintritt 200 US$) Der Englisch sprechende Guide Mario Andrade veranstaltet eintägige private Klettertouren auf den Nevado de Toluca und führt Kletterer auch auf den Iztaccíhuatl.

Schlafen

Posada Familiar   HOSTEL **$**
(☏722-214-37-86;   Stellplatz/B   85/150 Mex$) Gleich hinter dem Eingangstor zum Schutzgebiet bietet diese Posada, die einzige Bleibe im Park, eine schlichte Unterkunft in einer stark ausgelasteten Hütte mit Warmwasser-Gemeinschaftsduschen, einer Küche (ohne Küchengeräte) und einem Gemeinschaftsbereich samt Kamin. Man sollte zusätzliche Decken mitbringen. Es empfiehlt sich, mindestens zwei Wochen vorab zu reservieren.

ℹ An- & Weiterreise

Den Nevado de Toluca bezwingt man am besten mit einem privaten Bergführer oder im Rahmen einer Tour.

Aus Toluca bringen einen Taxis zum Ausgangspunkt des Trails (ab 250 Mex$). Man kann mit dem Fahrer auch eine Hin- und Rückfahrt samt Aufenthaltszeit vereinbaren; der Preis ist Verhandlungssache (ca. 600 Mex$). Unbedingt ein neueres Taxi (die Bergstraße ist sehr rau und staubig) von einem offiziellen Taxistand nehmen und darauf achten, dass das Foto des Fahrers im Fahrzeug aushängt! Die meisten internationalen Autovermietungen haben Büros in Toluca.

Vom Parkeingang führt eine Straße 3,5 km hinauf zum Haupttor (Carretera Temascaltpec Km 18, San Antonio Acahualco; Einfahrt Auto/Pick-up 20/40 Mex$; ⊙10–17 Uhr, letzter Einlass 15 Uhr). Von dort fährt man 17 km auf einer unbefestigten Piste zum Kraterrand. Warm anziehen – oben ist es kühl!

Valle de Bravo

726 / 28 000 EW. / HÖHE 1800 M
Das *pueblo mágico* Valle de Bravo besitzt eine der schönsten kolonialzeitlichen Innenstädte in Zentralmexiko und bietet sich für einen zauberhaften Trip von der mexikanischen Hauptstadt aus an. Mit ihren dichten Wäldern, nebelverhangenen Hügeln und den roten Terrakottahausdächern in der gesamten Stadt erinnert die Gegend ein wenig an die Region der norditalienischen Seen. Valle, wie der Ort auch kurz genannt wird, ist ein beliebtes Wochenenddomizil der Oberschicht aus Mexico City.

Vom Ufer des Lago Avándaro – eines durch den Bau eines Wasserkraftwerks entstandenen Stausees – hat man einen herrlichen Ausblick, aber die eigentliche Attraktion des Orts ist sein bezauberndes, weitgehend intaktes kolonialzeitliches Zentrum. Bootsfahrten auf dem See sind so beliebt wie Wander- und Campingausflüge in den Hügeln rund um die Stadt. Valle ist gut auf Besucher eingestellt, wirkt dabei aber immer noch authentisch.

⚡ Aktivitäten

Bootsfahrten auf dem schönen See sind die beliebteste Freizeitaktivität; in der Nähe des Sees bieten viele Veranstalter ihre Dienste an. *Lanchas* (kleine Boote) mit Bootsführer kosten rund 400/700 Mex$ für 30 Minuten/1 Stunde. Bei vielen Touren ist der Besuch eines Wasserfalls enthalten. Unbedingt darauf achten, dass im Boot *chalecos salva vidas* (Rettungswesten) vorhanden sind – auch solche in Kindergröße, wenn man sie braucht!

Man kann mit Tourveranstaltern oder auf eigene Faust zu Haziendas, zu Schmetterlingsfarmen und sogar zu einem buddhistischen Tempel wandern; am beliebtesten ist der La-Pena-Trail, von dem aus man einen herrlichen Blick hinunter auf den See genießt. Infos gibt's am Stand der Touristeninformation auf dem *zócalo*. Auch Paragliding und Parasailing sind hier beliebte Freizeit-aktivitäten.

 Feste & Events

Festival de las Almas
KULTUR
(⊙Okt./Nov.) Ende Oktober oder Anfang November treten bei diesem einwöchigen internationalen Kunst- und Kulturfest Musiker und Tanzensembles aus Europa und Lateinamerika auf.

🛏 Schlafen

Für eine Kleinstadt besitzt dieses beliebte Wochenendziel der Einwohner von Mexico City eine gute Auswahl an Budget-Posadas und Mittelklassehotels. Die günstigsten, aber auch schäbigsten Optionen liegen im Umkreis von zwei Blocks um den Busbahnhof. Man kann auch campen und in Hütten übernachten; Infos gibt's am Stand der Touristeninformation auf dem *zócalo*.

⭐Hotel San José
HOTEL $
(☎726-262-09-72; Callejón San José 103; DZ/2BZ/3BZ 600/700/1350 Mex$; 🛜) Das umgebaute Hotel im Stil einer Ranch liegt nur einen Block entfernt vom *zócalo* in einer ruhigen Gasse und besitzt eine kleine Terrasse, von der aus man den Blick in die Hügel genießt. Die großen Zimmer haben sehr bequeme Betten und lichtdurchflutete Bäder mit Luxusausstattung (schwere Duschvorhänge und exklusive Badematten), die meisten auch eine Einbauküche. Das beste Schnäppchen im Ort!

⭐Hotel San Sebastian
BOUTIQUEHOTEL $$
(☎726-688-50-15; hotel_sansebastian@outlook.es; San Sebastian 101, Ecke Callejon Machinhuepa; DZ/3BZ/Penthouse 1000/1200/4000 Mex$; 🛜) Vom Balkon der kleinen Zimmer in diesem Hotel hat man einen besonders schönen Blick auf den See und die Terrakottadächer der Stadt. Die Badezimmer sind modern und makellos und die Betten sehr bequem, womit das Haus sogar für Alleinreisende ein wundervoll romantisches Refugium ist. Das angrenzende Restaurant liefert das Essen sogar ins Zimmer. Das Penthouse bietet Platz für sechs Personen und verfügt über eine Küche und eine Terrasse.

Hotel Casanueva
BOUTIQUEHOTEL $$
(☎726-262-17-66; Villagrán 100; DZ/2BZ/Suite 1000/1300/1700 Mex$; 🛜) Die individuell gestalteten, mit geschmackvollem Kunsthandwerk dekorierten Zimmer des Casanu-

eva liegen an der Westseite des *zócalo*. Die Suite mit Platz für vier Personen ist äußerst hübsch und gehört zu den stilvollsten Optionen im Stadtzentrum. Einige Zimmer haben eigene Balkone mit Blick auf den Platz.

El Santuario
RESORT $$$
(☎726-262-91-00; www.elsantuario.com; Carretera Colorines, San Gaspar; Zi. ab 5570 Mex$; P ✳ 🛜) Das prächtige Hotel liegt an einem Hügel 20 Minuten nordwestlich der Stadt und verfügt über einen Infinity-Pool, Springbrunnen, ein hauseigenes Spa und Zimmer mit prächtigem Seeblick und zugehörigen kleinen Pools. Es gibt hier auch einen Golfplatz, Pferdestallungen und eine Marina, in der man Segelboote mieten kann.

Essen & Ausgehen

Viele der unzähligen Restaurants und Cafés am Kai und rund um den *zócalo* sind nur von Freitag bis Sonntag geöffnet. An den Imbissständen sollte man *esquite* (mit Zitronensaft und Chili gewürzter Mais in einer Tasse) probieren. An der Villagrán westlich des *zócalo* gibt's sehr saubere Imbissstände. Die *trucha* (Forelle), die meist auf der Karte steht, stammt von Farmen aus den Bergen, nicht aus dem See.

La Michoacana
MEXIKANISCH $$
(Calle de la Cruz 100; Hauptgerichte 100–205 Mex$; ⊙8–23 Uhr; 🛜) Das große Restaurant mit farbenfrohen Innenräumen und einer großen Terrasse, von der man einen Panoramablick auf die Stadt und den See hat, bietet beliebte mexikanische Gerichte wie Hühnchen-*mole* oder *salmón en salsa de almendra* (Lachs mit Mandel-Sauce) sowie jede Menge Snacks und Drinks. Die Kellner sind erfreut, ihr Englisch zu üben.

Soleado
FUSION $$
(☎726-262-58-31; Pagaza 314; Hauptgerichte 135–265 Mex$; ⊙Sa–Do 13–22, Fr bis 24 Uhr, Mo geschl.; 🛜 ✎ ♿) Das Soleado nennt sich *cocina del mundo*, und tatsächlich sind hier Gerichte und Desserts aus vielen „Küchen der Welt" im Angebot. Allerdings haben die meisten Speisen, von indischem Curry bis zu vegetarischer italienischer Lasagne, einen deutlichen mexikanischen Einschlag – lecker sind sie trotzdem. Das gedämpft beleuchtete Restaurant hat eine schöne Aussicht und eignet sich mit seiner Karte, auf der für jeden etwas steht, prima für Gruppen.

Es gibt auch Frühstück mit Bio-Eiern und eine Kinderkarte.

Restaurante Paraíso · MEERESFRÜCHTE $$

(☎726-262-47-31; Fray Gregorio Jiménez de la Cuenca s/n; Hauptgerichte 75–160 Mex$, Mittagsmenü 140 Mex$; ☺8–22 Uhr) Das Restaurant hat einen fantastischen Blick auf den See und eine große Karte mit Meeresfrüchtespezialitäten sowie auf einfallsreiche und ausgezeichnete Art zubereitete örtliche Forellen. Vom Dachpatio aus kann man, wenn man früh kommt, den Sonnenuntergang beobachten. Das Mittagsmenü mit seinen Fischgerichten bietet ein gutes Preis-Leistungs-Verhältnis.

LocaL · CAFÉ

(☎726-262-51-74; www.facebook.com/local.valle debravo; Calle 5 de Mayo 107; ☺9–18.30 Uhr; ☎ ⊚) Das LocaL will ein bisschen von allem sein: Café, Co-Working-Gelände, wo man kostenlos etwas ausdrucken kann, Bibliothek mit Büchern zu Architektur und Design, Dachterrasse mit Kinderkrippe und kleine Bäckerei mit veganen Angeboten – aber hauptsächlich ist es der hippste Treff in Valle de Bravo.

❶ Praktische Informationen

Am Kai gibt's einen Stand der Touristeninformation. Wichtige Dienstleistungen, darunter Geldautomaten und Internetcafés, verteilen sich um die Hauptplaza, vom Ufer aus zehn Gehminuten bergauf.

Touristeninformationsstand (Bocanegra, Ecke Independencia; ☺9–17 Uhr) Das Personal an diesem Stand am *zócalo* spricht ein wenig Englisch, gibt Wegbeschreibungen und verteilt kostenlose Stadtpläne sowie Tour-Prospekte.

❶ An- & Weiterreise

Trotz der Touristenmassen, die jedes Wochenende nach Valle fahren, sind die Verkehrsverbindungen relativ schlecht. Bei den meisten Besuchern handelt es sich aber ohnehin um wohlhabende Mexikaner, die mit dem eigenen Auto kommen.

Zina-Bus (www.autobuseszinacantepec.com. mx) betreibt vom frühen Morgen bis in den späten Nachmittag Direktbusse der 1. Klasse zwischen dem Terminal Poniente in Mexico City und Valle de Bravos kleinem Busbahnhof an der Calle 16 de Septiembre (238 Mex$, 2¼ Std., alle 1–2 Std.). Wer bei der Fahrt eine schöne Aussicht genießen will, wählt die südliche Route („Los Saucos"), die auf dem Hwy 134 durch einen Nationalpark führt. Wer mit dem eigenen Auto fährt, wählt ebenfalls diese Strecke wählen.

Zwischen Malinalco und Valle de Bravo gibt es keine direkte Busverbindung. Man muss über Mexico City oder mit einem häufig verkehrenden Bus der 2. Klasse über Toluca (77 Mex$) fahren.

Malinalco

☎714 / 7000 EW. / HÖHE 1740 M

Dieses *pueblo mágico*, das in einem Tal voller dramatischer Felsen und alter Ruinen liegt, entwickelt sich rasant zum neuen Tepoztlán. An den Wochenenden ist hier mittlerweile richtig viel los, man trifft aber dennoch deutlich weniger Wochenendbesucher an als in den leichter zu erreichenden Orten. Die Fahrt nach Malinalco gehört zu den malerischsten in der ganzen Gegend; zu beiden Seiten der Straße südlich von Toluca erstreckt sich eine atemberaubende Landschaft.

Es gibt ein paar Hippie-Läden, einige internationale Restaurants und eine erstaunliche Zahl an Boutiquehotels. Doch die Stadt ist von einer kompletten touristischen Erschließung noch weit entfernt, und unter der Woche ist es oft fast beängstigend ruhig. Dann kann es auch zur Herausforderung werden, außer auf dem *zócalo* abends noch irgendwo etwas zu essen zu bekommen.

Das Dorf selbst hat ein charmantes Zentrum aus der Kolonialzeit, das um ein gut erhaltenes Kloster und zwei benachbarte zentrale Plazas liegt.

◉ Sehenswertes

Aztekentempel · ARCHÄOLOGISCHE STÄTTE

(Zona Arqueológica Cuauhtinchan; ☎722-215-85-69; Av Progreso s/n; 55 Mex$; ☺Di–So 10–17 Uhr, letzter Einlass 17 Uhr) Eine anstrengende Wanderung über 358 Stufen hinauf in die Berge oberhalb von Malinalco führt zu einem der wenigen relativ gut erhaltenen Aztekentempel (sie haben sogar das letzte Erdbeben überstanden) des Landes. Von dort bietet sich ein atemberaubender Blick ins Tal. Die Stätte selbst ist faszinierend und enthält u. a. das Wandbild El Paraíso de los Guerreros, das einst eine ganze Wand bedeckte und gefallene Krieger darstellt, die zu Göttern werden und im Paradies leben. Vom Hauptplatz in Malinalco folgt man den Schildern zur *zona arqueológica* und gelangt auf einem gut instandgehaltenen, ausgeschilderten Weg hinauf zu den Tempeln.

1476 eroberten die Azteken die Region. Sie wollten gerade ein rituelles Zentrum bauen, als sie von den Spaniern unterworfen wurden. Der El Cuauhcalli (Tempel der Adler- und Jaguarkrieger, in dem die Initiation der Söhne von adligen Azteken für Kriegerorden stattfand) überdauerte, weil er direkt aus dem Berg geschlagen wurde. Der

Eingang ist von einer Schlange mit Fangzähnen geschmückt.

Der **Tempel IV** (am hinteren Ende der Stätte) gibt den Archäologen bis heute Rätsel auf. Der Raum liegt so, dass bei Sonnenaufgang die ersten Sonnenstrahlen hineinfallen, deshalb gibt es Theorien, dass er Teil eines mexikanischen Sonnenkults bzw. eines Sonnenkalenders gewesen sein könnte oder ein Ort, an dem die Adligen zusammenkamen – oder aber eine Kombination davon.

Das **Museo Universitario Dr. Luis Mario Schneider**, ein schönes modernes Museumsgebäude in der Nähe des Eingangs, beschäftigt sich mit der Geschichte und Archäologie der Region.

Augustinerkloster KLOSTER
(Convento Agustino de Malinalco; Morelos s/n, Ecke Hidalgo; ☺9–18 Uhr) Das schön restaurierte Kloster aus dem 16. Jh. steht gegenüber der zentralen Plaza. Davor erstreckt sich ein ruhiger Garten voller Bäume, während eindrucksvolle Freskenmalereien aus Kräuter- bzw. Pflanzenfarben den Kreuzgang zieren.

👉 Geführte Touren

Tour Gastronómico Prehispánico ESSEN & TRINKEN
(☎Handy 55-55091411; https://gastrotourprehisp anicomalinalco.weebly.com; Tour 1200 Mex$/Pers.) Die kulinarische Tour, bei der man sich auf die Spuren der präkolumbischen Küche macht, beinhaltet einen Marktbesuch, einen Kochkurs mit traditionellen Küchenutensilien und Verfahren sowie eine dreigängige Mahlzeit. Für Gruppen von mehr als fünf Personen gibt's Rabatt.

🛏 Schlafen & Essen

Der kleine Ort verfügt zwar über unglaublich viele Hotelzimmer, aber eine Reservierung empfiehlt sich trotzdem. Da Malinalco ganz auf Wochenendbesucher ausgerichtet ist, findet man auch zwischen Sonntag und Donnerstagabend problemlos ein Zimmer (oft lässt sich auch ein Rabatt herausschlagen). Manche der schöneren Hotels nehmen jedoch unter der Woche keine Zufallsgäste auf oder sind ganz geschlossen.

Malinalco besitzt auch ein paar sehr gute Restaurants, die man in einem so kleinen Ort gar nicht erwartet. Wer unter der Woche kommt, hat aber Pech, denn die meisten der besseren Optionen (an der Avenida Hidalgo und rund um den *zócalo*) sind nur von Don-

nerstag bis Sonntag geöffnet. Es gibt einen kleinen, aber gut bestückten Supermarkt an der nordöstlichen Ecke des *zócalo*.

El Asoleadero HOTEL $
(☎714-147-01-84; Aldama, Ecke Comercio; EZ/ DZ 600/700 Mex$, Zi. mit Küche 800 Mex$; P ☞☒) Von den geräumigen, modernen und luftigen Zimmern gleich oberhalb von Malinalcos Hauptstraße genießt man die hinreißende Aussicht auf das *pueblito* und die umliegenden Felsen. Am kleinen Pool im Hof kann man mit einem Bier aus der Lobby den unschlagbaren Ausblick genauso gut auf sich wirken lassen. Zwischen Sonntag und Donnerstag bekommt man einen Rabatt von 100 Mex$.

⭐ **Casa Navacoyan** BOUTIQUEHOTEL $$$
(☎714-147-04-11; www.casanavacoyan.mx; Prolangación Calle Pirul 62; EZ/DZ/Suite mit Frühstück ab 2500/2700/3200 Mex$; P ☞☒) Das schöne Hotel am Stadtrand hat nur sechs Zimmer, die im elegant-ländlichen Stil eingerichtet sind. Die Unterkünfte wirken, als wohne man im Haus einer reichen Tante auf dem Land. Das Highlight ist der makellos gepflegte Hof mit Palmen, einem herrlichen, beheizten Pool und Blick auf die sagenhaften Hügel und Klippen rings um den Ort.

Casa Limón BOUTIQUEHOTEL $$$
(☎714-147-02-56; www.casalimon.com; Río Lerma 103; Zi./Suite mit Frühstück ab 2700/3100 Mex$; P ☞☒) Das ultratrendige Hotel inmitten einer kahlen Wüstenlandschaft hat helle Zimmer mit Ventilator, einen aus Schieferplatten gebauten Pool, interessante Kunstwerke, eine verführerische Bar mit Plätzen drinnen und draußen sowie ein elegantes, wie ein Baumhaus aufgemachtes Restaurant (Hauptgerichte 300 Mex$). Das Essen besteht aus klassischer internationaler Küche, von Coq au Vin bis zu Forelle mit Mandeln, und die Weinkarte ist erlesen. Das Hotel ist in den schlecht ausgeschilderten Nebenstraßen schwer zu finden.

⭐ **Los Placeres** INTERNATIONAL $$
(☎714-147-08-55; https://losplaceresmalinalco. com; Plaza Principal s/n; Hauptgerichte 85– 190 Mex$; ☺Do 14–19, Fr bis 22, Sa & So 10–22 Uhr; ☞✎) Das künstlerisch angehauchte Gartenrestaurant an Malinalcos *zócalo* serviert internationale Speisen (z. B. Salat Niçoise oder Hähnchen-Curry) und kreative Abwandlungen traditionell mexikanischer Gerichte wie Omelettes mit *poblano*-Sauce, Forelle mit

ancho-Chilis oder Fondue *al tequila*. Aufwendige Malereien schmücken die Wände, die Tische sind mit Mosaiken verziert und aus der Anlage tönt Musik von Robert Johnson und dergleichen.

Mari Mali
MEXIKANISCH **$$**

(✆ 714-147-14-86; Av Juárez 4; *menú del día* 80 Mex$, Hauptgerichte 90–165 Mex$; ⊙ So–Do 10–18, Fr & Sa bis 21 Uhr; 🐾) Das Mari Mali ist das einzige lässige, stilvolle und saubere Lokal, das unter der Woche morgens und mittags Menüs zum Festpreis anbietet. Mexikanische Klassiker wie Enchiladas und *pozole* stehen auf der Karte, außerdem *trucha* (Forelle) mit Salat und Reis. Der Obstverkäufer vor dem Lokal sorgt für eine farbenfrohe Kulisse.

El Puente de Má-Li
INTERNATIONAL **$$**

(✆ 714-147-01-29; Hidalgo 22; Hauptgerichte 140–250 Mex$; ⊙ So–Di & Do 13–18, Fr & Sa bis 23 Uhr) Dieses stimmungsvolle Restaurant gleich hinter der winzigen Brücke auf dem Weg vom *zócalo* zu den Ruinen hat einen Speisesaal im Kolonialstil und einen tollen Garten nach hinten hinaus. Hier kann man sich verschiedene *antojitos*, Pasta, Suppen und Steaks schmecken lassen.

❶ Praktische Informationen

Touristeninformationsstand (✆ 714-147-21-08; www.malinalco.net; ⊙ Mo–Fr 9–16, Sa & So bis 17 Uhr) Der Stand am nördlichen Ende des *zócalo* hilft bei der Suche nach einer Unterkunft und verteilt neben Tour-Broschüren auch einen kostenlosen Stadtplan.

❶ An- & Weiterreise

Águila (✆ 800-224-84-52; www.autobuses aguila.com) bietet an jedem Nachmittag (16.20 & 18.20 Uhr) zwei Direktbusse vom Terminal Poniente in Mexico City (110 Mex$, 2½ Std.) sowie samstags und sonntags einen zusätzlichen Bus um 8.30 Uhr. Wer nicht warten kann, nimmt einen Águila-Bus vom Terminal Poniente nach Chalma (115 Mex$, 2½ Std., alle 20 Min.), von wo einen ein Taxi (15 Mex$, 15 Min.) ins nahegelegene Malinalco bringt.

Der direkte Águila-Bus von Malinalco zum Terminal Poniente fährt montags bis freitags nur um 3.50 und 5.15 Uhr sowie samstags und sonntags nur um 17 Uhr; er startet vor der Bank Santander an der Hidalgo. Um diese furchtbar frühe Abfahrtzeit zu vermeiden, kann man ein Taxi (15 Mex$, 15 Min.) nach Chalma nehmen und dort in einen Águila-Bus zum Terminal Poniente (115 Mex$, 2½ Std., alle 20 Min.) in Mexico City einsteigen. In den Águila-Bussen gibt es keine Bordtoiletten.

Von Gate 6 des Busbahnhofs in Toluca nimmt man einen Flecha Roja Bus nach Tenango (44 Mex$, 1½ Std., alle 10 Min.). Vor der Elektra-Verkaufsstelle fahren die *colectivos* nach Malinalco (22 Mex$, 50 Min.) ab.

Die Entfernungen sind zwar klein, die Reise von Malinalco nach Cuernavaca kann aber trotzdem Stunden dauern. Alternativ nimmt man ein Taxi (175 Mex$, ca. 1 Std.) und fährt die atemberaubend malerische Strecke durch Puente Caporal, Palpan und Miacatlán bis nach Alpuyeca nahe der Xochicalco-Ruinen. Dort kann man problemlos einen der zahlreichen Busse heranwinken, die auf dem Hwy 95 Richtung Norden (nach Cuernavaca und Mexico City) oder Süden (nach Taxco und an die Küste) fahren.

Veracruz

Inhalt ➡

Veracruz (Stadt).... 224
Xalapa 237
Córdoba 251
Papantla. 260
El Tajín 263
Tlacotalpan 266
Catemaco 271

Gut essen

➡ El Brou (S. 243)

➡ Villa Rica Mocambo (S. 232)

➡ Marrón Cocina Galería (S. 257)

➡ El Cebichero (S. 256)

➡ La Barra (S. 276)

➡ Taquería Los Nuevos 4 Vientos (S. 259)

Schön übernachten

➡ Mesón del Alférez Xalapa (S. 241)

➡ Casa Real del Café (S. 246)

➡ Hotel Tres79 (S. 256)

➡ Rodaventa Natural (S. 250)

➡ Posada Bugambilea (S. 271)

➡ Las Magdalenas (S. 248)

Auf nach Veracruz!

Der langgezogene, vielseitige Bundesstaat Veracruz nimmt einen Großteil der Küste des Golfs von Mexiko ein. Hier begann die spanische Eroberung der Azteken, und in El Tajín war die Wiege der mesoamerikanischen Veracruz-Kultur. Die Region beherbergt auch den höchsten Gipfel Mexikos, den schneebedeckten Orizaba.

Als Ziel wird Veracruz von Travellern eher vernachlässigt. Es stimmt zwar, dass die Strände auf Yucatán besser und die Kolonialstädte im zentralen und westlichen Hochland beeindruckender sind, aber Veracruz hat beides – und das ohne den Stress, den die anderen Orte mit sich bringen. In Veracruz gibt's zudem die Welterbestätte Tlacotalpan, das Biosphärenreservat Los Tuxtlas und einige wunderbare *pueblos mágicos* (magische Dörfer), z.B. das hügelige Papantla, Coscomatepec mit Kaffeeplantagen und das kleinere, anziehende Xico.

Die größte Attraktion von Veracruz ist jedoch die Ruhe. Wo auch immer man hinkommt, man bewegt sich stets abseits der Touristenpfade und kann viele Entdeckungen machen.

Reisezeit
Veracruz (Stadt)

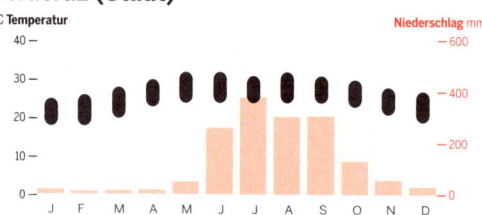

Juli In Xico gibt es endlose Prozessionen und Maskentänze zu Ehren des Schutzheiligen der Stadt.

Feb. & März Der Karneval in Veracruz markiert den Beginn der größten Party an Mexikos Ostküste.

Nov.–Feb. Aufgrund der milden Temperaturen mit weniger Regen kommen nun die meisten Traveller.

Highlights

❶ Museo de Antropología (S. 238) In Xalapas architektonisch gelungenen Museum ein Triumvirat der mesoamerikanischen Kulturen erkunden

❷ El Tajín (S. 263) In diesen weitläufigen Ruinen die Pracht vergangener Zeiten auferstehen lassen

❸ Coatepec (S. 245) In dem inmitten von Nebelwald gelegenen Hochlandstädtchen Gourmetkaffee genießen

❹ Pico de Orizaba (S. 258) Auf dem Gipfel des höchsten Berges von Mexiko die atemberaubende Aussicht bewundern

❺ Jalcomulco (S. 249) Auf einem der besten Wildwasserflüsse Mexikos raften und anschließend in einem *temazcal* (traditionelles Kräuterdampfbad) entspannen

❻ La Barra (S. 276) Mit einem Boot über die Laguna de Sontecomapan fahren und direkt am Strand frischen Fisch essen

❼ Papantla (S. 260) Erwachsenen Männern bei der einzigartigen Zeremonie der *voladores* (Flieger) zusehen

❽ Tlacotalpan (S. 266) In diesem verschlafenen Kolonialstädtchen – der vielleicht unbekanntesten Welterbestätte Mexikos – die vielen bunten Farben bewundern

Geschichte

Die Olmeken sind die älteste bekannte Kultur Mesoamerikas. Sie errichteten ihr erstes großes Zentrum um 1200 v.Chr. bei San Lorenzo im südlichen Teil des Bundesstaats Veracruz. Obwohl die Stadt 900 v.Chr. gewaltsam zerstört wurde, florierte die Olmekenkultur noch mehrere Jahrhunderte lang in Tres Zapotes. In der Klassischen Periode (250–900 n.Chr.) entwickelte sich an der Golfküste eine weitere bedeutende Kultur: die klassische Veracruz-Kultur. Ihr wichtigstes Zentrum war El Tajín, das seine Blütezeit zwischen 600 und 900 n.Chr. erlebte. In der postklassischen Periode siedelten sich die Totonaken in der Region südlich von Tuxpan an. Nördlich von Tuxpan erlebte die Kultur der Huaxteken zwischen 800 und 1200 n.Chr. ihre Blütezeit. Zugleich hielten auch die kriegerischen Tolteken an der Golfküste Einzug. Mitte des 15. Jhs. eroberten die Azteken die meisten totonakischen und huaxtekischen Gebiete. Ihre Tributforderungen von Gütern und Menschenopfern führten immer wieder zu Aufständen.

Als Hernán Cortés im April 1519 eintraf, machte er die Totonaken von Zempoala zu seinen ersten Verbündeten gegen die Azteken, indem er ihnen Schutz vor deren Repressalien versprach. Cortés gründete mit Villa Rica de la Vera Cruz (Reiche Stadt des Wahren Kreuzes) seine erste Siedlung, und 1523 war die gesamte Golfküste in spanischer Hand. Die indigene Bevölkerung wurde durch Sklaverei, eingeschleppte Krankheiten und Krieg stark dezimiert.

Der Hafen von Veracruz entwickelte sich zu einem Knotenpunkt für den Handel und den Informationsaustausch mit Spanien – das war wichtig für die Herrschaft über Mexiko. Aber Klima, Tropenkrankheiten und Piratenüberfälle hemmten das Wachstum der spanischen Siedlungen.

Der Diktator Porfirio Díaz kurbelte die industrielle Entwicklung an, indem er 1872 zwischen Veracruz und Mexico City die erste mexikanische Eisenbahnstrecke bauen ließ. 1901 wurde bei Tampico Öl entdeckt, und in den 1920er-Jahren lieferte die Region ein Viertel des weltweit geförderten Öls. In den 1980er-Jahren barg die Golfküste noch immer mehr als die Hälfte der landesweiten Reserven und Raffineriekapazitäten. Obwohl mittlerweile nicht mehr ganz so groß im Geschäft, ist die Region bis heute ein wichtiges Standbein der mexikanischen Ölindustrie.

VERACRUZ (STADT)

🚌 229 / 892 000 EW.

Wie alle großen Hafenstädte ist Veracruz eine sündige Mischung aus Schmutz, Romantik und miteinander verschmolzenen Kulturen. Die Stadt wurde 1519 gegründet und feiert 2019 ihren 500. Geburtstag. Es ist die älteste von Europäern gegründete Siedlung Mexikos, jedoch wurde sie im Lauf der Zeit von den Städten im Landesinneren verdrängt und hat heute weder besondere historische noch visuelle Attraktionen zu bieten. Zahllose Plünderungen durch Franzosen, Spanier und Nordamerikaner haben dafür gesorgt, dass die schönsten Gebäude verschwunden sind. Heute erscheint Veracruz wie ein bunter Flickenteppich aus aktiven Hafenanlagen und fragwürdigen architektonischen Stilmixen, der hier und da von einem kolonialen Juwel unterbrochen wird. Aber Veracruz' Schönheit liegt nicht in ihrem Prunk, sondern in ihrem Charakter: An den meisten Abenden herrscht auf dem *zócalo* (Hauptplatz) eine unbekümmerte, fröhliche Stimmung. Die Hauptaktivität dreht sich darum, wen man als nächstes zu einem *danzón* (traditioneller Paartanz) überredet. Darüber hinaus gibt es ein paar ganz ordentliche Strände im südlichen Teil der Stadt.

Geschichte

Mit der Ankunft von Hernán Cortés in Veracruz am Karfreitag am 21. April 1519 begann sein Eroberungsfeldzug in Mexiko. Schon im Jahr 1521 hatte er das Aztekenreich vernichtet.

Veracruz war 400 Jahre lang Mexikos wichtigstes Tor zur restlichen Welt. Invasoren und Piraten, angehende und abgesetzte Herrscher, Siedler, Silberhändler und Sklaven – alle kamen und gingen und machten Veracruz zum Brennpunkt der mexikanischen Geschichte. Der englische Seefahrer Francis Drake überlebte hier 1569 den Angriff eines großen spanischen Flottenverbands. 1683 eroberten der Franzose Laurent de Gaff und seine 600 Männer Veracruz. Sie hielten die 5000 Einwohner der Stadt gefangen, erschossen alle, die flüchten wollten, plünderten, soffen, vergewaltigten und zogen dann mit ihrer Beute weiter.

Im Kuchenkrieg 1838 floh General Antonio López de Santa Anna in Unterwäsche aus Veracruz, während dieses von einer französischen Flotte bombardiert wurde. Später gelang es dem General aber, die Invasoren

DIE GRÜNDUNG VON VERACRUZ – DIE SIEDLUNGEN I, II UND III

Die Geschichte der ersten spanischen Siedlung auf dem amerikanischen Festland nördlich von Panama ist in spannendes Dunkel gehüllt.

Nach allgemeiner Vorstellung war Hernán Cortés der erste Europäer, der das Gebiet von Veracruz betrat, tatsächlich aber war ihm sein spanischer Landsmann Juan de Grijalva um rund sechs Monate zuvorgekommen. Grijalva ankerte Ende 1518 zehn Tage vor der Isla de los Sacrificios (kurz vor der Küste von Veracruz), wo er eindeutige Hinweise auf Menschenopfer entdeckte und mit den dortigen Einheimischen Handel trieb.

Cortés' berühmtere Flotte erreichte, von der yukatekischen Küste her kommend, die Gegend im Jahr 1519. Der Konquistador schlug sein Lager am Strand gegenüber der Insel San Juan de Ulúa auf dem Gebiet der heutigen Stadt Veracruz auf. Bis hier aber eine richtige Stadt entstand, sollten noch 80 Jahre vergehen. Cortés und seine Mannen gaben ihr das von Malaria heimgesuchtes Lager schnell auf und zogen 40 km weiter nach Norden in die Totonaken-Siedlung Cempoala, wo sie von Xicomecoatl, dem „dicken Kaziken", freundlich aufgenommen wurden und mit ihm ein Zweckbündnis gegen die Azteken schlossen. Xicomecoatl schickte Cortés' Gefolge 30 km weiter nach Norden in die Stadt Quiahuiztlán; für den Marsch wurden in Cempoala 400 Träger angeheuert. In Quiahuiztlán wurden sie von den 15000 neugierigen Einwohnern erwartet. Da seine Schiffe bereits vor der Küste ankerten und Cortés entschlossen war, mit seinem Oberherrn, Diego Velázquez, dem Gouverneur von Kuba, zu brechen, gründete er eine neue Stadt in der Nähe von Quiahuiztlán und erklärte sich zu deren gesetzmäßigem *adelantado* (Gouverneur). Die neue Stadt wurde Villa Rica de la Vera Cruz (Veracruz I) genannt und bestand aus wenig mehr als einer Befestigungsanlage, einer Kapelle und ein paar Baracken. So klein sie auch war, so ist sie doch die erste belegte europäische Ansiedlung in Nordamerika. Da die Stadt als Hafenstadt schlecht geeignet war, wurde sie gegen 1524 südwärts nach La Antigua verlegt (Veracruz II). Der neue Standort befand sich mehrere Kilometer im Binnenland am Ufer des Río Antigua, auf dem kleine Schiffe ankern konnten. Mit dem weiteren Machtzuwachs des spanischen Imperiums erwies sich die Lage von Antigua aber erneut als unzureichend, da größere Schiffe den Fluss nicht befahren konnten und Versorgungsgüter für sie über Land nach San Juan de Ulúa geschafft werden mussten, wobei sie oft Schmugglern in die Hände fielen. Deshalb wurde gegen 1599 Veracruz ein drittes Mal verlegt – zurück an die Stätte des ursprünglichen Lagers an der Küste gegenüber von San Juan de Ulúa.

durch einen heroischen Gegenschlag zu vertreiben. Im Mexikanisch-Amerikanischen Krieg wurde Veracruz von Winfield Scotts Soldaten angegriffen. Mehr als 1000 Mexikaner starben, bevor die Stadt kapitulierte.

1861 verkündete Benito Juárez, dass Mexiko seine Auslandsschulden an Spanien, Frankreich und Großbritannien nicht zurückzahlen könne. Daraufhin planten die Briten und Spanier, nur das Zollhaus von Veracruz zu besetzen, zogen sich aber zurück, da Napoleon III. sich anschickte, das ganze Land zu erobern. Nach Ende der fünfjährigen Intervention Napoleons III. blühte Veracruz wieder auf. Es wurde 1872 über Mexikos erste Eisenbahn mit Mexico City verbunden; gleichzeitig flossen ausländische Investitionen in die Stadt.

1914 besetzten US-Truppen Veracruz, um eine deutsche Waffenlieferung an den Diktator Victoriano Huerta abzufangen. Im weiteren Fortgang der Revolution war Veracruz kurzzeitig das Zentrum der reformistischen Konstitutionalisten-Fraktion unter Venustiano Carranza.

Heute ist Veracruz ein wichtiger Tiefseehafen, über den Exporte in alle Welt abgewickelt werden. Auch für die Fertigungsindustrie und die Petrochemie ist die Stadt von Bedeutung. Ein weiteres wirtschaftliches Standbein ist der Tourismus, vor allem der aus dem Inland.

◉ Sehenswertes

★ Zócalo   PLATZ

Eine Erkundungstour durch Veracruz sollte immer mit dem *zócalo* (auch Plaza de Armas oder Plaza Lerdo) beginnen. Der Platz ist die inoffizielle Freilichtbühne der Stadt, auf der sich außergewöhnliche Events mit bunten Szenen aus dem mexikanischen Alltag vermischen. Der schön angelegte öffentliche Platz

Veracruz

ist von drei Seiten mit *portales* (Arkaden), dem **Palacio Municipal** (Zamora s/n) aus dem 17. Jh. und einer **Kathedrale** (☉ 8–17 Uhr) aus dem 18. Jh. gesäumt. Gegen Abend wird's hier immer lebendiger; dann tummeln sich auf dem *zócalo* Musikanten, Straßenkünstler, Partywütige und Schaulustige.

⭐ **Museo Histórico Naval**   MUSEUM
(☎ 229-931-40-78; Arista 418; Erw./Student/Kind unter 6 Jahren 45/30 Mex$/kostenlos; ☉ Di–So 10–17 Uhr) Dieses Hightech-Museum in einer ehemaligen Schifffahrtsakademie bietet dank einer gut durchdachten Anordnung und vielen interaktiven Ausstellungen eine gigantische Einführung in Mexikos maritimes Erbe. Die Ausstellungen handeln die ganze Skala von der präkolumbischen Schifffahrt und Kolumbus Entdeckung der Neuen Welt über den Handel mit Asien bis zur Entwicklung von Veracruz und der Rolle der heutigen Marine ab. Es gibt auch Exponate zu den Angriffen der USA auf Veracruz

in den Jahren 1847 und 1914, einen Schiffssimulator und zahlreiche Rüstungen aus verschiedenen Epochen.

Das Café im Museum lädt zu einer Verschnaufpause ein. Der große Nachteil für Besucher, die nicht Spanisch sprechen, ist, dass die meisten Ausstellungsstücke nur auf Spanisch erklärt werden.

Centro Cultural
La Atarazana   KULTURZENTRUM
(☎ 229-932-89-21; Montero s/n; ☉ Di–Fr 10–19, Sa & So 14 & 15–19 Uhr) GRATIS Dieses Lagerhaus aus der Kolonialzeit wurde wunderbar restauriert und in eine Ausstellungshalle verwandelt. Hier finden regelmäßig ausgezeichnete Wechselausstellungen statt, u.a. zur Keramikkunst sowie Installationen einheimischer Künstler.

Instituto Veracruzano
de Cultura   KULTURZENTRUM
(☎ 229-932-89-21; www.ivec.gob.mx; Ecke Av Zaragoza & Canal; ☉ Di–So 10–20 Uhr) GRATIS Die um-

0 ——— 200 m

Hafen von Veracruz

Arista

Morales

Peña · Av Xicoténcatl · Hernández · Figueroa · Blvd Camacho

Rayón

Víctimas del 25 de Junio · Doblado · Blvd Camacho

Tlacotalpan (105 km);
Córdoba (114 km)

Veracruz

◉ Highlights
1 Museo Histórico Naval D3
2 Zócalo B3

◉ Sehenswertes
3 Catedral de la Virgen de la
   Asunción... B3
4 Centro Cultural La Atarazana............. D4
5 Faro Carranza...................................... D2
6 Fototeca C3
7 Instituto Veracruzano de Cultura D4
8 Museo de la Ciudad de Veracruz C4
9 Palacio Municipal C3
10 Statue von Venustiano Carranza D2

◉ Aktivitäten, Kurse & Touren
11 Amphibian B3
12 Harbor Tours D2
13 Scubaver F4

◉ Schlafen
14 El Faro.. D3
15 Fiesta Inn...E2
16 Gran Hotel Diligencias B3
17 Hawaii Hotel C3
18 Hotel Amparo C3
19 Hotel Emporio...................................... D2
20 Hotel Imperial B3
21 Mesón del Mar C3

◉ Essen
22 Gran Café de la Parroquia.................. D2
23 Gran Café del Portal........................... B3
   Los Canarios .... (siehe 19)
24 Nieves del Malecón C3
25 Tacos David D3

◉ Ausgehen & Nachtleben
   Bar El Estribo ....(siehe 16)
26 Bar Prendes B3

◉ Unterhaltung
27 Las Barricas B2
28 Teatro Principal Francisco Javier
   Clavijero... B2

◉ Shoppen
   Libros y Arte Fototeca.............. (siehe 6)
29 Mercado de Artesanías C2

funktionierte Kirche mit Kreuzgang beherbergt einige erstklassige Wechselausstellungen, z. B. Kunstwerke von Diego Rivera und Arbeiten lokaler zeitgenössischer Künstler.

San Juan de Ulúa · FESTUNG
(☎229-938-51-51; Erw./Student & Kind 60 Mex$/ kostenlos; ⏱Di–So 9–16.30 Uhr) Die koloniale Festung der Stadt wird heute fast von dem modernen Hafen verschluckt – sie liegt versteckt zwischen Containerschiffen und Kränen auf der anderen Seite des Hafens. Der Kern der Festung war während des Regimes von Porfirio Díaz Regime ein Gefängnis, noch dazu ein berüchtigt unmenschliches. Heute ist San Juan de Ulúa eine leere Ruine aus Gängen, Mauern, Brücken und Treppen, die langwierig restauriert wird. Hierher geht's mit dem Taxi (55 Mex$) oder einem *lancha* (Bootstaxi; 40 Mex$) ab dem *malecón*.

Die Festung wurde ursprünglich auf einer Insel errichtet, die seitdem durch einen Damm mit dem Festland verbunden ist. Die ältesten Befestigungsanlagen stammen aus dem Jahr 1565, und der junge Francis Drake bekam hier in einem gewalttätigen Kampf im Jahr 1569 seine gerechte Strafe. Während der Kolonialzeit wurden die Festung und die Insel zum Tor für die spanischen Neuankömmlinge in Mexiko.

Geführte Touren sind auf Spanisch, oft auch auf Englisch, verfügbar. Sonntags ist der Eintritt kostenlos.

Acuario de Veracruz
AQUARIUM

(☎ 229-931-10-20; www.acuariodeveracruz.com; Blvd Camacho s/n; Erw./Kind 130/75 Mex$, Haifütterung 440/240 Mex$; ⊗ Mo–Do 10–19, Fr–So bis 19.30 Uhr) Eine der größten Attraktionen in Veracruz ist dieses Aquarium, das die Bewohner des Golfs von Mexiko aus nächster Nähe zeigt – es ist angeblich eines der besten seiner Art in Lateinamerika. Hier gibt es einige ungewöhnliche Fische, z. B. Arapaimas und Albino-Haiwelse. Das Aquarium befindet sich rund 2 km südlich des Zentrums am Ufer. In seiner Mitte befindet sich ein großes ringförmiges Becken mit Tiger-, Riff- und Ammenhaien sowie mit Barrakudas und Adlerrochen, die um die Besucher herumschwimmen. Gäste können auch an Haifütterungen teilnehmen.

Das Aquarium veranstaltet zudem Delfinshows und besitzt ein weiteres Becken mit traurig aussehenden Seekühen. Die Verantwortlichen des Aquariums behaupten, dass sie so zur Erhaltung und Erforschung von Delfinen und Seekühen beitragen, Tierschutzorganisationen auf der ganzen Welt bewerten solche Ausstellungen aber als grausam.

Museo Agustín Lara
MUSEUM

(☎ 229-937-02-09; Ruíz Cortines s/n, Boca del Río; Erw./Student 30/15 Mex$; ⊗ Di–Fr 10–14.30 & 16–18, Sa & So 10–18 Uhr) Das Museum widmet sich einer der berühmtesten Musikikonen von Veracruz. Es zeigt persönliche Gegenstände, Möbel und Erinnerungsstücke von Agustín Lara und befindet sich in der alten Stadtwohnung des Musikers, 4 km vom Zentrum entfernt, gleich abseits des Blvd Camacho.

Museo de la Ciudad de Veracruz
MUSEUM

(Veracruz' Stadtmuseum; ☎ 229-931-63-55; Av Zaragoza 397; ⊗ Di–So 10–17 Uhr) GRATIS Dieses Museum in einem charmanten Kolonialgebäude erzählt die Geschichte der Stadt, beginnend mit der prähispanischen Ära, und erläutert ihre Musik, ihre verschiedenen ethnischen Wurzeln und ihre Politik. Das Museum vermittelt so einen Einblick in die Seele dieser stolzen und lebhaften Stadt. Zu den besten Ausstellungsstücken gehören einige Totonaken- und Huaxteken-Figuren. Viele Exponate beschäftigen sich mit der Entwicklung von Veracruz über die Jahrhunderte; einige sind auf Englisch beschriftet.

Der schöne Hof wird oft für kulturelle Events wie Tanzvorführungen, Veranstaltungen zum Día de Muertos und mehr genutzt.

Faro Carranza
LEUCHTTURM

(Paseo del Malecón) Am *malecón* mit Blick auf das Wasser steht der Faro Carranza, der sowohl die Signalanlage als auch Marinebüros beherbergt und der von einer großen **Statue von Venustiano Carranza** bewacht wird. Hier wurde im Jahr 1917 die mexikanische Verfassung aufgesetzt. Jeden Montagmorgen hält die Marine eine aufwendige Parade vor dem Gebäude ab.

Fototeca
KUNSTZENTRUM

(☎ 229-932-87-67; Callejón El Portal de Miranda 9; ⊗ Mo–Fr 10–13 & 14–17 Uhr) GRATIS Das kleine Kulturzentrum an der Südostseite des *zócalo*

STRÄNDE & LAGUNEN VON VELACRUZ

Der Strand ist untrennbar mit der Identität der *jarocho* (Einwohner von Veracruz) verbunden. Bis runter nach Boca del Río säumen Sandstreifen die Küste. Faustregel: Je weiter weg von den Fördertürmen, desto besser (die Einheimischen fühlen sich an allen wohl).

Alternativ kann man sich beim Aquarium von *lanchas* (Mo–Do 110 Mex$, Fr–So 150 Mex$) nach **Cancuncito** schippern lassen. Mit ihrem hellen Sand und dem klaren Wasser gilt die Sandbank vor der Küste als bester Strand in Veracruz. Auch die **Isla de Sacrificios** wird von *lanchas* angesteuert. Die Insel wurde früher von den Totonaken für Menschenopfer genutzt und war später eine Leprakolonie. Heute gehört sie zum Natur- und Meeresschutzgebiet **Parque Marino Nacional Sistema Arrecifal Veracruzano**. In der Nebensaison sind manchmal keine *lanchas* aufzutreiben, aber auch die Hafenrundfahrtsschiffe halten hier bei manchen Touren.

Rund 11 km vom Zentrum entfernt liegt etwas ab vom Schuss die Stadt **Boca del Río**, wo es auf dem Blvd Camacho ein paar farbenfrohe Meeresfrüchterestaurants mit Blick auf die Flussmündung gibt. Auch von hier aus machen *lanchas* Bootstouren zu den Mangrovenwäldern. Jenseits der Brücke führt die Küstenstraße von Boca del Río zum 8 km entfernten **Mandinga**, das für Meeresfrüchte (vor allem *langostinos bicolores*, zweifarbige Garnelen) bekannt ist. Von der *zona de restaurants* befördern Charterboote Besucher zu den von einer vielfältigen Fauna geprägten Mangrovenlagunen.

zeigt Wechselausstellungen zu Fotografie und Videokunst. Es umfasst drei Etagen in einem restaurierten kolonialen Gebäude; manchmal ist aber nur das Erdgeschoss geöffnet.

Aktivitäten

Tauchen & Schnorcheln

Im Umkreis einer dermaßen von der Ölindustrie geprägten Stadt würde man kaum gute Tauchgebiete erwarten, aber Veracruz hat an den Riffen der vorgelagerten Inseln ein paar gute Tauchspots (mit immerhin einem zugänglichen Schiffswrack) zu bieten. Im Mai ist die Sicht am besten.

Scubaver TAUCHEN
(☏ 229-932-39-94; www.scubaver.net; Hernández y Hernández 563; 2 Tauchgang 900 Mex$) Dieser freundliche, professionelle und zentral gelegene Veranstalter ist an den Umgang mit Travellern gewöhnt. Im Angebot sind PADI-Kurse und alle möglichen Tauchgänge.

Mundo Submarino TAUCHEN
(☏ 229-980-63-74; www.mundosubmarino.com.mx; Blvd Camacho 3549; Tauchgänge für Anfänger ab 1000 Mex$) Empfehlenswerter Veranstalter, der Tag- und Nachttauchgänge sowie verschiedene PADI-Kurse und Ausflüge anbietet.

Geführte Touren

Amphibian ABENTEUERTOUR
(☏ 229-931-09-97; www.amphibianveracruz.com; Lerdo 117, Hotel Colonial Lobby; ⊙ 9–17 Uhr) Amphibian bietet thematische Stadtführungen, Rafting- und Abseiltouren in Jalcomulco, Ausflüge ins Kaffeeanbaugebiet (z. B. nach Xico und Xalapa) und historische Touren zu den Ruinen von Zempoala und Quiahuiztlán an.

Aventura Extrema ABENTEUER
(☏ 229-150-83-16; www.aventuraextrema.com; Sánchez Tagle 973; ⊙ Mo–Fr 11–18 Uhr) Im Angebot sind Abseil-, Reit-, Rafting- und Wanderausflüge rund um Veracruz, vor allem in der Gegend um Jalcomulco.

Harbor Tours BOOTSTOUR
(☏ 229-935-94-17; www.asdic.com.mx; Mex$ ab 100/55 Mex$; ⊙ 9–18 Uhr) Am *malecón* legen Boote zu 45-minütigen Hafenrundfahrten ab. Darüber hinaus stehen noch viele weitere Exkursionen auf dem Programm.

Feste & Events

Karneval KARNEVAL
In Veracruz steigt zum Karneval (Feb. oder März) eine neuntägige Party, die bis zum Aschermittwoch dauert. Dabei werden jeden Tag prächtige Umzüge durch die Stadt veranstaltet: Den Anfang macht der Umzug zur „Verbrennung der schlechten Stimmung", den Abschluss bildet das „Begräbnis des Juan Carnaval". Feuerwerke, Tänze, Salsa- und Sambamusik, Kunsthandwerk, Folkloreshows und Kinderumzüge machen das Fest zu einer der größten Fiestas Mexikos. Das Veranstaltungsprogramm ist in der Touristeninformation (S. 233) erhältlich.

🛏 Schlafen

Während der Hauptreisezeit (Mitte Juli bis Mitte Sept.) sowie an Karneval, Ostern, Weihnachten und Neujahr steigen die Preise um 10 bis 40%. Rund um den *zócalo* befinden sich historische Hotels; im Stadtzentrum liegen verstreut einige günstige Unterkünfte. Die Hostels findet man weiter südlich in der Nähe des Aquariums. In und um Boca de Río gibt es viele Geschäftshotels und Resorts.

⭐ **Oyster Hostel** HOSTEL $
(☏ 229-931-06-76; www.facebook.com/oysterhostelveracruz; Xicotencatl 1076, Flores Magon; mit Frühstück B/DZ/4BZ 129/302/431 Mex$; ❋ ⊚) Das Oyster ist derzeit das beste Backpacker-Hostel der Stadt: schick, hell, sauber und unter guter, hilfsbereiter Leitung; oft ist diese Unterkunft auch von einer Gruppe aus gut gelaunten Stammgästen bevölkert. Das Frühstücksangebot ist ungewöhnlich gut für die Preisklasse. Das Hostel liegt nahe dem Ufer und in Laufnähe zu vielen Sehenswürdigkeiten. Die Schlafsäle teilt man sich mit höchstens fünf anderen Personen.

Hotel Amparo HOTEL $
(☏ 229-932-27-38; www.hotelamparo.com.mx; Serdan 482; EZ/DZ/3BZ 250/450/550 Mex$; P ❋ ⊚) Einen Straßenblock entfernt vom *zócalo* steht dieses familienbetriebene Hotel mit Mosaikfassade, das im historischen Zentrum – vielleicht sogar in der ganzen Stadt – das beste Preis-Leistungs-Verhältnis bietet. Die sauberen, mit eigenen Bädern ausgestatteten Zimmer sind gemütlich, fast schon behaglich, und werden von Ventilatoren anstelle von Klimaanlagen gekühlt. Das Amparo liegt nur wenige Schritte entfernt von den meisten Sehenswürdigkeiten.

El Faro HOTEL $
(☏ 229-931-65-38; www.facebook.com/HotelElFaroVeracruz; Av 16 de Sepiembre 223; Zi./4BZ 399/699 Mex$; P ❋ ⊚) Zentral gelegene Budget-Option ohne Schnickschnack, die

VERACRUZ VERACRUZ (STADT)

einen kurzen Spazierweg vom Ufer entfernt liegt. Die Zimmerpreise hängen von der Größe sowie von der Anzahl der Betten ab. Die günstigeren sind zum Teil sehr dunkel und haben kein natürliches Sonnenlicht. Dennoch sind sie sauber und sicher und liegen im Herzen der Stadt. Am Empfang wird ausgezeichnetes Englisch gesprochen.

Nû Hotel
HOTEL **$**

(☏ 229-937-09-17; www.nuhotel.com.mx; Av Lafragua 1066; EZ/DZ 600/650 Mex$; P☕❄🛜) Das Nû hat sich mitten zwischen die schmuddeligen Bruchbuden am Busbahnhof gesetzt und ihnen den Krieg erklärt. Es ist aber nicht wirklich ein Wettbewerb, schon allein wegen der Preise. Das Hotel bietet saubere, minimalistisch-schicke Zimmer, junge, lässige Angestellte und ein cooles Café im Erdgeschoss. Der einzige Nachteil ist die Lage 3 km südlich vom *zócalo,* was recht unpraktisch ist, außer man nimmt den Bus.

★ Mesón del Mar
BOUTIQUEHOTEL **$$**

(☏ 229-932-50-43; www.mesondelmar.com.mx; Morales 543; Zi./Suite ab 950/1293 Mex$; ❄🛜) Das bezaubernde Kolonialgebäude punktet mit freundlichen Mitarbeitern und gepflegten Zimmern mit hohen Decken (viele mit Zwischengeschossen, die extra Schlafraum bieten). Weitere Highlights sind Balkone, wunderschön gefliese Badezimmer, Deckenventilatoren und Holzmöbel. Die Zimmer zur Avenida Zaragoza können laut sein, wenn man das Fenster offen hat. Das Mesón ist eine der atmosphärischsten Mittelklasse-Optionen in Veracruz.

Balajú Hotel & Suites
HOTEL **$$**

(☏ 229-201-08-08; www.bajalu.com; Blvd Camacho 1371; Zi. ab 870 Mex$; P❄🛜) Das Zimmerdesign folgt zwar dem bewährten Muster aus gefliestem Boden und neutralen Farben, aber das elegante, hübsche Hotel blickt auf das Meer (die Eckzimmer bieten die beste Aussicht), die Mitarbeiter sind effizient und freundlich und das Gebäude befindet sich nahe des Aquariums und des Stadtzentrums.

Hotel Imperial
HISTORISCHES HOTEL **$$**

(☏ 229-816-15-30; www.hotelimperialveracruz.com; Lerdo 153; Zi./Suite ab 1200/2000 Mex$; ☕❄🛜) Das Imperial beansprucht für sich den Titel des ältesten Hotels auf den beiden amerikanischen Kontinenten und ist tatsächlich seit 1794 ununterbrochen in Betrieb. Die Suiten und öffentlichen Bereiche sind angemessen dekoriert (der Aufzug mit dem Buntglas aus dem Jahr 1904 ist

definitiv einen Blick wert) und werden Fans der Kolonialgeschichte mit Sicherheit begeistern. Die Standardzimmer sind etwas fade, aber die Lage ist unschlagbar.

Hawaii Hotel
HOTEL **$$**

(☏ 229-989-88-88; www.hawaiihotel.com.mx; Paseo del Malecón 458; EZ/DZ/3BZ 700/800/1000 Mex$; P❄🛜) Warum es wohl Hawaii Hotel heißt? Es ist geformt wie ein Schiffsbug, hat 30 geräumige, sonnige Zimmer, von denen manche eine tolle Aussicht haben, und ist innen mit Marmor und weißem Dekor ausgestattet. Es bietet auf jeden Fall das beste Preis-Leistungs-Verhältnis auf dem *malecón.* Extras wie Föhne und Kühlschränke sorgen für einen angenehmen Aufenthalt.

★ Hotel Emporio
LUXUSHOTEL **$$$**

(☏ 229-989-33-00; www.hotelesemporio.com/hoteles/emporio-veracruz; Paseo del Malecón 244; Zi. ab 2567 Mex$; P❄🛜) Mit Abstand das beste Hotel in Veracruz. Das ganze Gebäude ist mit Kunstwerken geschmückt und die geräumigen Zimmer sind mit Balkonen und wunderschönen Bädern ausgestattet. Der Meeresblick lohnt den Aufschlag. Hier gibt es drei Swimmingpools, einen Fitnessraum, eine Cocktailbar und eine schier unschlagbare Lage am schönsten Abschnitt des *malecón.*

Außerhalb der Saison fallen die Preise manchmal um bis zu 40 %.

Fiesta Inn
BUSINESSHOTEL **$$$**

(☏ 229-923-15-00; www.fiestainn.com; Figueroa 68; Zi. ab 1591 Mex$; P❄🛜) Einen Block entfernt vom *malecón,* mit Blick auf das Meer, steht dieses solide Businesshotel mit geräumigen Zimmern und hellen Holzmöbeln (wie auch die anderen Hotels dieser Kette). Vor Ort gibt es ein gutes Restaurant, einen Pool, einen Fitnessraum und hilfsbereite, zweisprachige Mitarbeiter. Darüber hinaus liegt das Hotel in der Nähe der Sehenswürdigkeiten und bietet dennoch viel Ruhe.

Gran Hotel Diligencias
LUXUSHOTEL **$$$**

(☏ 229-923-02-80, 800-505-55-95; www.granhoteldiligencias.com; Av Independencia 1115; Zi./Suite ab 3000/3800 Mex$; P❄🛜) Die luxuriöseste Unterkunft am *zócalo* hat eine elegante Lobby voller frischer Blumen und geschäftige Hotelpagen in Livree. Die riesigen Zimmer im Obergeschoss bieten solide altmodische Eleganz; Highlights wie Kabel-TV und Kaffeekocher runden das Bild ab. Es gibt einen Außenpool, ein Spa, einen Fitnessraum und andere Annehmlichkeiten. Atmosphärisch geht's unten in der **Bar El Estribo**

(☏229-923-02-80; ⊙9 Uhr–spätabends; 🖥) und im Meeresfrüchterestaurant Villa Rica zu.

 Essen

Die meisten Restaurants – von den aneinander gereihten *palapas* (strohgedeckten Hütten) auf dem *malecón* gleich südlich des Aquariums bis zu den Meeresfrüchterestaurants in Boca del Río – servieren ausgezeichnete Meeresfrüchtegerichte. Verstreut in der Stadt gibt es zudem Fusion- und internationale Küche. Einige der besten günstigeren Esslokale, darunter Straßenstände, befinden sich im historischen Stadtzentrum.

★ Tacos David   STREETFOOD $

(Ecke Morales & Farías; Tacos 10 Mex$; ⊙Mo–Sa 10–16 Uhr) An diesem Tacostand, der sich auf ein Gericht spezialisiert hat, versammeln sich spätmorgens und mittags die Einheimischen an einfachen Tischen. Aufgetischt werden Tacos mit *cochinita pibil* (langsam gegartes Schweinefleisch), die in einer aromatischen, leicht scharfen Brühe serviert werden. Vier Tacos sind eine gute Portion; wer es schärfer mag, fügt ein paar Chilis hinzu.

Antojitos Emily   MEXIKANISCH $

(☏229-955-09-36; Zapata 436; Hauptgerichte ab 10 Mex$; ⊙9–14.30 Uhr) Das sehr bescheidene Äußere (rote Plastiktische und Ventilatoren, die träge über den Köpfen schwirren) täuscht über die Tatsache hinweg, dass dieses kleine Esslokal in einem Wohngebiet einige der besten *gordas* (gefüllte Pasteten), *pellizcadas con chicharrón* („Nester" aus Maismehl, garniert mit Schweinekruste), *antojitos con chorizo* (frittierte Tortilla mit Tomatensalsa, Chorizo und Käse) und andere Snacks serviert. Mittags wird es hier ziemlich voll.

Mercado Hidalgo   STREETFOOD, MARKT $

(Av Hidalgo; Hauptgerichte 30–70 Mex$; ⊙Mo–Fr 8–15 Uhr) In dem Labyrinth des Hidalgo-Marktes kann man zusammen mit *jarochos* nach kleinen, aber feinen Essständen Ausschau halten, die preiswerte, leckere einheimische Lieblingsgerichte servieren. Tampico Mariscos bereitet den riesigen Meeresfrüchte-Cocktail *vuelvealavida* zu (er eignet sich prima zum Auskurieren eines Katers), während Los Michoacanos verschiedene Tacos mit Fleischfüllung anbietet (genau wie die Taquería Rosita).

Nieves del Malecón   EISCREME $

(☏229-931-70-99; www.nievesdelmalecon.com; Av Zaragoza 286; Kugel ab 25 Mex$; ⊙8–24 Uhr) Die *jarochos* ziehen Sorbets *(nieves)* der Eis-

creme vor, und dieser Sorbettempel zwischen dem *malecón* und dem *zócalo* ist einer der beliebtesten. Draußen stehen „Reinwinker", die lautstark die Werbetrommel für ihr Café rühren – genauso wie beim Konkurrenzgeschäft direkt gegenüber. Wir empfehlen das leckere Mammiapfel-Eis oder Vanille, die Lieblingssorte der Einheimischen.

★ Gran Café de la Parroquia   CAFÉ $$

(☏229-932-25-84; www.laparroquia.com; Gómez Farías 34; Hauptgerichte 70–200 Mex$; ⊙6–24 Uhr) Es klingt wie eine Beleidigung der altehrwürdigen Hafenstadt, wenn man behauptet, die größte Sehenswürdigkeit von Veracruz sei ein Café. Aber wer das über zweihundert Jahre alte Gran Café de la Parroquia betritt, versteht, was gemeint ist. Das unerlässliche Getränk hier ist ein *lechero*, ein Milchkaffee, der als Espresso-kleine Portion in einem Glas am Tisch serviert wird.

Sobald man seinen Kaffee erhalten hat, nimmt man seinen Löffel in die Hand und klimpert damit am Glasrand. Sofort kommt ein Kellner mit weißem Jackett und Fliege, der seinen Milchgießer hoch in die Luft hält und aus schneidiger Höhe heiße Milch in den eben servierten Kaffee gießt – und so den perfekten *lechero* kreiert.

Das Parroquia hat in den letzten Jahren einige Ableger hervorgebracht (sogar einen gleich nebenan, den manche Besucher mit dem Original verwechseln). Keiner von ihnen kommt jedoch an die Atmosphäre und Stimmung des Originals auf dem Paseo del Malecón heran. Hier wird außerdem gutes Frühstück serviert (z. B. Eier in über einem Dutzend Varianten).

Bistro Marti   FRANZÖSISCH $$

(☏229-213 05 73; www.facebook.com/bistromarti veracruz; Calle Magallanes 213; Hauptgerichte 120–230 Mex$; ⊙Di–Fr 13–23.30, Sa 17–24, So 13–19 Uhr; 🖥) Das hoch angesehene französische Restaurant mit nur einem Hauch italienischen Einflusses serviert saisonbestimmte Leckereien, z. B. hübsch angerichtete Jakobsmuscheln oder klassische Miesmuscheln in Weißweinsauce, sowie ungewöhnlichere Gerichte wie Käsesuppe. Das Ambiente ist romantisch, modern und gemütlich zugleich.

Los Canarios   SPANISCH, MEXIKANISCH $$

(☏229-989-33-00; http://loscanarios.com.mx/emporio-veracruz; Paseo del Malecón 224; Hauptgerichte 140–290 Mex$; ⊙13–23 Uhr; 🖥) Angesichts des großen Fensters mit Blick auf den *malecón* kann man nur schwer dem Drang widerstehen, einen Blick in dieses noble Restaurant im superschicken Hotel Emporio zu werfen. Hier kann man moderne spanische Gerichte (mit mexikanischen Einflüssen) genießen. Der katalanische *arróz negro* (Reis mit Tintenfischtinte und Kalamari) ist hervorragend, der Rotwein kommt eisgekühlt auf den Tisch und der Service lässt keine Wünsche offen.

Wer richtig Hunger hat, sollte sich das Meeresfrüchte-Büfett (280 Mex$) nicht entgehen lassen, das es freitags bis sonntags ganztägig gibt.

Gran Café del Portal
INTERNATIONAL $$

(☑229-931-27-59; Av Independencia 1187; Hauptgerichte 70–200 Mex$; ⏱7–24 Uhr; 🛜) Trotz seines förmlichen Erscheinungsbildes geht es in dem schicken und eindrucksvoll dekorierten Café unweit des *zócalo* ziemlich relaxt zu. Auch die Bedienung ist entspannt, aber die Kellner sind ebenso flink und geschickt beim Servieren des Kaffees/der Milch wie in anderen Cafés der Stadt. Neben Kaffee und Gebäck werden auch vollständige Mahlzeiten angeboten.

★ Villa Rica Mocambo
MEERESFRÜCHTE $$$

(☑229-922-21-13; www.villaricamocambo.com.mx; Calz Mocambo 527, Boca del Río; Hauptgerichte 120–325 Mex$; ⏱So–Mi 11–22, Do–Sa bis 24 Uhr; 🛜🅿) Die Küche – und das Restaurant selbst – sind ein Grund genug, um eine Pilgerreise zur Boca del Río zu unternehmen. Hier gibt es jede Menge Fisch, von *camarones enchipotlados* (geräucherte Chipotle-Shrimps) zu gefülltem Wolfsbarsch. Der Service am Strand ist sehr aufmerksam. Nicht wenige Leute behaupten, dass es hier die besten Meeresfrüchtegerichte von Veracruz gibt – wir stimmen zu.

Eine zweite Filiale gibt es im Gran Hotel Diligencias am *zócalo*.

Mardel
ARGENTINISCH $$$

(☑229-937-56-42; www.mardel.com.mx; Blvd Camacho 2632; Hauptgerichte 160–380 Mex$; ⏱Mo–Sa 7–23, So 8–23 Uhr; 🛜) Das Luxusrestaurant gehört einem argentinischen Ex-Fußballer und hat eine wundervolle Lage direkt am Meer. Es ist auf Rib-Eye-Steaks spezialisiert und bietet auf seiner ausführlichen Speisekarte auch Gerichte mit mexikanischen und spanischen Einflüssen. Die Stammgäste des Mardel empfehlen jedoch, bei der Spezialität des Hauses zu bleiben: einem perfekt zubereiteten Rindersteak. Der Fernseher, in dem Sportsendungen laufen,

kann je nach Laune als angenehm oder störend empfunden werden.

Ausgehen & Nachtleben

Die *portales*-Cafés am *zócalo* sind Hochburgen des Nachtlebens. Wer sich weiter Richtung Süden am *malecón* bewegt, findet die meisten der schnelllebigen und stets im Wandel begriffenen Bars und Clubs der Stadt entlang dem Blvd Camacho.

Bar Prendes
BAR

(☑229-922-21-13; Lerdo; ⏱9 Uhr–Open End) Wer einen Platz in der ersten Reihe mit Blick auf das abendliche Geschehen auf dem *zócalo* haben will, ist im Prendes richtig, denn die Bar mit ihrer trendigen Einrichtung nimmt einen erstklassigen Platz unter den *portales* ein. Für größere Gruppen wird das Bier aus langen Schläuchen mit Zapfhähnen ausgeschenkt.

Velitas
BAR

(Ecke Blvd Camacho & Militar; ⏱17 Uhr–Ende) Mit ihren romantischen Petroleumfackeln eignet sich die beliebte kleine *palapa* am Wasser hervorragend für einen Cocktail. Von hier aus kann man den Bick auf das Meer genießen und dem Treiben auf dem Boulevard zusehen. An den Wochenenden gibt es Livemusik.

Unterhaltung

Klar, auf dem *zócalo* dürfen Marimba- und Mariachi-Bands nicht fehlen. Der Boulevard an der Küste wird *la barra más grande del mundo* (die größte Bar der Welt) genannt, wobei *barra* gleichzeitig „Sandbank" und „Tresen" bedeutet. Hier gibt es außerdem ein Theater und einige Orte, wo Livemusik auf dem Programm steht.

Las Barricas
LIVEMUSIK

(Constitución 72; Eintritt Sa & bei Livemusik 50 Mex$; ⏱Mo–Sa 14–16 Uhr) In dem bei *jarocho* beliebten Club wird Livemusik (Reggaeton, Salsa, Pop, Rock etc.) gespielt. Da er eher klein ist, wird es vor allem am Wochenende ziemlich eng, laut und feucht-fröhlich.

Teatro Principal Francisco Javier Clavijero
THEATER

(☑229-200-22-47; Emparán 166; ⏱Öffnungszeiten variieren) Dieses Theater hat eine lange Geschichte und diverse Wiedergeburten erlebt. Es zog im Jahr 1819 hierher und bekam im Jahr 1902 seinen gegenwärtigen architektonischen Stil verpasst (französischer Neoklassizismus mit einigen herrlichen Mosaiken), allerdings sieht es heute etwas mitgenom-

DANZÓN

Es ist fast unmöglich, in Veracruz nicht über einen Platz zu stolpern, auf dem sich romantische *jarochos* (Einwohner von Velacruz) der Lieblingsbeschäftigung der Stadt hingeben: dem *danzón*. Der elegante Tanz kombiniert den französischen Contradance mit den Rhythmen afrikanischer Sklaven.

Wie die meisten lateinamerikanischen Tänze hat der *danzón* seine Wurzeln in Kuba. Angeblich wurde er 1879 von dem populären Kapellmeister Miguel Failde „erfunden", der in der Hafenstadt Matanzas seine prägnante Tanzkomposition *Las Alturas de Simpson* zeigte. Bei dem anfangs nur von Instrumentalmusik begleiteten eleganten *danzón* bewegen sich die Tänzer im Kreis – aber nicht in Gruppen, sondern paarweise, was in der damaligen Zeit für die feine weiße Gesellschaft ein Skandal war. Als der Tanz in den 1890er-Jahren mit kubanischen Einwanderern nach Mexiko kam, wurde er noch komplexer: Der eigentümliche synkopierte Rhythmus wurde ausgebaut, und es kamen noch weitere Instrumente wie Congas hinzu, um ein *orquesta típica* zu bilden.

Mit dem Aufkommen des *mambo* und des *chachachá* flaute in den 1940er- und 1950er-Jahren in Kuba die Popularität des *danzón* ab – nicht jedoch in Mexiko. Tatsächlich erlebte der *danzón* seit den 1990er-Jahren ein riesiges Revival in Veracruz, besonders unter den Erwachsenen. Freitag- und samstagabends wird der *zócalo* zur Bühne, und wenn man lange genug auf dem Platz verweilt, ist es gut möglich, dass einen jemand auf die Füße zieht und zum Mitmachen einlädt (manchmal ein zweifelhaftes Vergnügen).

men aus. Hier werden Theaterstücke, Musicals und klassische Konzerte aufgeführt.

La Casona de la Condesa LIVEMUSIK
(www.facebook.com/casona.condesa; Blvd Camacho 1520; Grundpreis Fr & Sa 50–80 Mex$; ☺ Di–So 22–5 Uhr) Das La Casona lockt ein Publikum jenseits des Teeniealters an. Abends treten solide Live-Bands auf und manchmal finden hier auch Ausstellungen statt. Der Club liegt 5 km südlich vom Zentrum am Blvd Camacho und in Strandnähe.

 Shoppen

Die Av Independencia ist die größte Einkaufsmeile der Stadt. Wer es auf Souvenirs abgesehen hat, z.B. Flaschen mit Vanille oder qualitativ hochwertigen Kaffee, geht am besten zum **Mercado de Artesanías** (Paseo del Malecón; ☺9–19 Uhr). Schmuck, besonders Silber, ist ebenfalls günstig und oft mit interessanten eingravierten Azteken- oder Maya-Motiven verziert.

Libros y Arte Fototeca BÜCHER
(☑229-934-22-33; Callejón El Portal de Miranda 9; ☺Mo–Fr 10–13 & 14–17 Uhr) Im Fototeca-Gebäude an der Ecke des *zócalo*. Der Laden bietet eine gute Auswahl regionaler und internationaler Titel.

ⓘ Praktische Informationen

Die meisten Banken wechseln US-Dollar, manche auch Euro. Geldautomaten sind weithin in der Stadt vorhanden. Einen Straßenblock nörd-

lich des *zócalo* gibt es einige Banken mit Geldautomaten, darunter auch die folgenden Beiden:

Banco Santander (Av Independencia & Juárez; ☺24 Std.)

HSBC (Av Independencia & Juárez; ☺24 Std.)

Hospital Beneficencia Española de Veracruz (☑229-931-40-00; www.heveracruz.mx; Av 16 de Sepiembre 955; ☺24 Std.) Das beste Krankenhaus in der Stadt mit allgemeinmedizinischer Versorgung.

Hospital Regional (☑229-932-11-71; Av 20 de Noviembre 1074; ☺24 Std.) Allgemeines Krankenhaus.

Post (Plaza de la República 213; ☺Mo–Fr 9–16, Sa bis 13 Uhr) Fünf Gehminuten nördlich vom *zócalo*.

Touristeninformation (☑229-922-95-33; http://veracruz.mx; Palacio Municipal; ☺8–15 Uhr) Hat hilfreiche Mitarbeiter und viele Karten und Broschüren.

Touristeninformation (Stand) (Ecke Paseo del Malecón & Landero y Cos; ☺9–21 Uhr) Am Westende des Mercado de Artesanías.

ⓘ An- & Weiterreise

AUTO & MOTORRAD

Am Flughafen von Veracruz gibt es viele lokale und internationale Autovermietungen wie Hertz (www.hertz.com) und Dollar (www.dollar.com). Weitere Anbieter sind überall in der Stadt zu finden. Die Preise fangen bei 400 Mex$/Tag an.

BUS

Veracruz ist ein wichtiger Verkehrsknotenpunkt. Es gibt gute Busverbindungen die Küste hinauf und hinunter sowie ins Inland entlang der Strecke Córdoba–Puebla–Mexico City. In den Ferien sind Busse von/nach Mexico City schnell ausgebucht.

Der **Busbahnhof** (229-937-04-58; Av Díaz Mirón zwischen Tuero Molina & Orizaba) liegt 3 km südlich vom *zócalo* (hier gibt's auch Geldautomaten). Der Bereich für die 1.-Klasse- und Deluxe-Busse ist an der Calle Orizaba. Zu den häufiger verkehrenden, billigeren und langsameren Bussen der 2. Klasse kommt man von der Av Lafragua auf der anderen Seite, wo auch eine rund um die Uhr zugängliche Gepäckaufbewahrung ist.

FLUGZEUG

Der **Veracruz International Airport** (VER; www.asur.com.mx) liegt 18 km südwestlich des Zentrums unweit des Highway 140. VivaAerobus (www.vivaaerobus.com) fliegt nach Cancún, Guadalajara und Monterrey, TAR Aerolíneas (https://tarmexico.com) nach Cuidad del Carmen, Támpico und Mérida, Aeromar (www.aeromar.com.mx) und MAYAir (www.mayair.com.mx) nach Villahermosa und Aeroméxico (www.aeromexico.com), Aeromar, Interjet (www.interjet.com.mx) und einige internationale Fluggesellschaften häufig nach Mexico City, Volaris (www.volaris.com) und Interjet auch nach Guadalajara. Direktflüge von/nach Houston (Texas) werden von United (www.united.com) angeboten.

ⓘ Unterwegs vor Ort

Der Veracruz International Airport ist klein, modern und gut organisiert. Es gibt ein Café und mehrere Geschäfte. Zwischen Stadt und Flughafen verkehren keine Busse; Fahrten mit offiziellen Taxis zum *zócalo* kosten 280 Mex$. Man braucht eine Fahrkarte, die man am Schalter in den Ankunftshallen bekommt, sodass keine Gefahr besteht, abgezockt zu werden. Fahrten in die andere Richtung kosten 160 Mex$, aber man sollte vor dem Einsteigen einen Preis aushandeln.

Vom Busbahnhof 1. Klasse nimmt man in die Innenstadt den Bus mit der Aufschrift „Díaz Mirón y Madero" (10 Mex$). Er fährt zum Parque Zamora und dann die Av Madero hinauf. Um zum *zócalo* zu gelangen, steigt man an der Ecke Av Madero und Lerdo aus und biegt dann nach rechts ab. Zurück zum Busbahnhof kommt man mit dem gleichen Busservice von der Av 5 de Mayo Richtung Süden. Die Ticketschalter an den Busbahnhöfen der 1. und 2. Klasse verkaufen Taxifahrkarten zum Zentrum bzw. zum *zócalo* (45-50 Mex$). In manchen Hotels wie dem Gran Hotel Diligencias (S. 230) ist eine Liste mit offiziellen Taxipreisen erhältlich, eine Maßnahme, mit der man Traveller vor Abzocke schützen will.

Busse mit der Aufschrift „Mocambo-Boca del Río" (10 Mex$ nach Boca del Río) fahren regelmäßig an der Ecke Av Zaragoza und Arista in der Nähe des *zócalo* ab. Sie fahren am Parque Zamora vorbei, über den Blvd Camacho zur Playa Mocambo (20 Min.) und dann weiter nach Boca del Río (30 Min.). Hierher fahren auch AU-Busse ab dem 2.-Klasse-Busbahnhof.

BUSSE AB VERACRUZ

1.-Klasse-Busse von ADO fahren täglich von Veracruz nach:

ZIEL	PREIS (MEX$)	DAUER (STD.)	HÄUFIGKEIT (TGL.)
Campeche	1170	11½	22 Uhr
Cancún	1102	20–22¾	4-mal
Catemaco	91–132	3¾	10-mal
Chetumal	814	17¼	16.45 Uhr
Córdoba	146–164	1¾–2¼	häufig
Mérida	896–1071	15¼–18¼	4-mal
Mexico City	228–686	5½–7¼	häufig
Oaxaca	235–371	6¾–8½	5-mal
Orizaba	79–186	2½	häufig
Papantla	306	3½–4¼	7-mal
Puebla	176–384	3¾–5¼	häufig
San Andrés Tuxtla	196	3¼	12-mal
San Cristóbal de las Casas	521–1160	8¾–10	3-mal
Santiago Tuxtla	192	2¾	10-mal
Tuxpan	394–446	5½–6	häufig
Villahermosa	610	6½–8¾	häufig
Xalapa	134–384	1½–2¼	häufig

ZENTRALES VERACRUZ

Der kurvenreiche Hwy 180 führt, vorbei an dunklen Sandstränden, die Küste entlang in das geschäftige Transportzentrum Cardel. Von hier aus führt der Hwy 140 in westlicher Richtung nach Xalapa, der Hauptstadt des Bundesstaates. Hier gibt es eines der besten Museen Mexikos, und rund um die Hauptstadt liegen viele Hochlanddörfer, die vom Kaffeeanbau leben. Nördlich und südlich von Xalapa liegen zwei von Mexikos Rafting-Mekkas, Tlapacoyan und Jalcomulco. Südlich von Xalapa führt der Hwy 150D in südwestlicher Richtung nach Córdoba, Fortín de las Flores und Orizaba am Rande der Sierra Madre. Orizaba ist ein besonders hübscher Ort; hinter ihm ragt der höchste Berg Mexikos in den Himmel.

Zwischen Nautla und Veracruz ist die Küste trotz ihrer geschichtlichen Bedeutung wild und unberührt. Das verschlafene Dorf Antigua lohnt einen kurzen Stopp, während das Städtchen Zempoala eine beachtliche gleichnamige archäologische Stätte beherbergt. Wer sich für kaum besuchte archäologische Orte begeistern kann, sollte Quiahuiztlán, weiter die Küste entlang, nicht verpassen.

La Antigua

📞 296 / 988 EW.

Die zweite Inkarnation des Dorfes Veracruz (1525–1599) und die zweitälteste spanische Siedlung Mexikos gibt mit ihrem eintönigen Netz aus verschlafenen, kopfsteingepflasterten Straßen und moosbedeckten Ruinen nur wenig von ihrer vergangenen Identität preis. Das hübsche, ruhige Örtchen lohnt einen Umweg wegen seiner historischen Bedeutung und seiner Meeresfrüchteküche.

1525 wurde hier eine spanische Siedlung gegründet. Der Legende nach hat der Konquistador Cortés an dieser Stelle seine Boote an einem **Ceiba-Baum** festgemacht. Der knorrige, gigantische Baum steht noch immer hier – und daneben liegt ein Boot. Das auffällige, halb von Baumwurzeln und Wein strangulierte Gebäude ist ein Zollhaus aus dem 16. Jh., das manchmal irrtümlicherweise als **Casa de Cortés** bezeichnet wird. Die **Ermita del Rosario** (🕙 8–18 Uhr), die wahrscheinlich aus dem Jahr 1523 stammt, gilt als die älteste Kirche auf den beiden amerikanischen Kontinenten.

Lanchas befördern Besucher auf dem Río Antigua für etwa 100 Mex$ pro Person, je nachdem wie viele Leute mitfahren möchten.

✖ Essen

⭐ **Las Delicias Marinas** MEERESFRÜCHTE **$$**

(📞 296-971-60-38; www.lasdeliciasmarinas.com; am Ufer des Río Huitzilapan; Hauptgerichte 130–255 Mex$; 🕙 10–19 Uhr) Am Ufer in der Nähe einer Hängebrücke, die nur für Spaziergänger zugänglich ist, serviert das gefeierte Las Delicias Marinas erlesene Süß- und Salzwasserfischgerichte sowie Meeresfrüchte, die in Veracruz ihresgleichen suchen. Der gemischte Meeresfrüchte-Grillteller und die *camarones enchipotlados* (Shrimps in Chipotle-Soße) sind zu gut, um wahr zu sein. An den Wochenenden finden Livemusik- und Tanzveranstaltungen statt.

ℹ An- & Weiterreise

Colectivo-Taxis berechnen ca. 10 Mex$ vom Dorf zum Highway, der 1 km entfernt liegt. Hier fahren alle 15 Minuten Busse nach Veracruz und Cardel vorbei. Man kann einen Fahrer gleich nördlich der Mautstelle heranwinken oder die 20 Minuten vom Highway zu Fuß gehen.

Villa Rica

📞 296

Wer dieses winzige, verstaubte Fischerdorf 69 km nördlich des heutigen Veracruz besucht, wird kaum glauben, dass sich hier einst die erste von Europäern gegründete Siedlung nördlich von Panama auf dem amerikanischen Festland befand. Heute ist diese historische Stätte auf den meisten Karten gar nicht mehr eingezeichnet. Es gibt hier dennoch mehrere Häuser, ein paar Unterkünfte, rustikale Restaurants und die grasbewachsenen Ruinen einiger Gebäude, die von Cortés und seinen Männern kurz nach ihrer Ankunft errichtet wurden.

Das „erste Veracruz", das nie richtig Fuß gefasst hat, wurde 1519 als Villa Rica de la Vera Cruz gegrundet und bestand nur bis 1524, als es in das heutige La Antigua verlegt wurde. Ein Bummel an dem hübschen, kleinen Strand führt vorbei an Dünen und über eine Landenge zum Cerro de la Cantera. Die felsige Landzunge ist berühmt für ihre steil abfallenden *quebraditas* (Schluchten). An den Wochenenden wird es hier voll, wenn die Einwohner von Veracruz kommen.

◎ Sehenswertes

⭐ **Quiahuiztlán** ARCHÄOLOGISCHE STÄTTE

(am Hwy 180; 40 Mex$; 🕙 9–16.30 Uhr) Quiahuiztlán ist eine prähispanische Totonaken-

ZEMPOALA

Als Hernán Cortés die Totonaken-Siedlung Zempoala im Jahr 1520 erreichte, berichtete ihm einer seiner Späher, dass die Gebäude aus Silber seien – das war allerdings nur die weiße Farbe, die in der Sonne glänzte. Zempoalas Häuptling – ein korpulenter Zeitgenosse, der von den Spaniern *el cacique gordo* (der dicke Häuptling) genannt wurde – schloss mit Cortés ein Schutzbündnis gegen die Azteken. Seine Gastfreundschaft hielt die Spanier aber nicht davon ab, die Statuen seiner Götter zu zerstören und seinem Volk die christlichen Tugenden zu predigen. 1520 besiegte Cortés in Zempoala auch die Expedition, die von dem spanischen Gouverneur auf Kuba entsandt worden war, um Cortés festzunehmen. Eine Pockenepidemie dezimierte von 1575 bis 1577 die Einwohnerzahl Zempoalas drastisch, und die meisten Überlebenden zogen nach Xalapa.

Die **archäologischen Überreste** (Morelos Oriente s/n; 50 Mex$; ⊙ 9–18 Uhr) dieser Totonaken-Stadt mit rund 30000 Menschen stammen aus dem Jahr 1200 n.Chr. und befinden sich am Rande des heutigen Zempoala. Busse fahren regelmäßig von Cardel (20 Mex$) hierher. Die Tempel und Gebäude an dieser stillen, grasbewachsenen Stätte wurden umfassend restauriert; die meisten sind mit glatten runden Flusssteinen verziert, obwohl viele ursprünglich verputzt und getüncht waren. Zempoala umgab einst eine Verteidigungsmauer, es gab unterirdische Wasser- und Abwasserleitungen und in den Tempeln wurden Menschenopfer dargebracht.

Da die Stätte selbst nicht beschildert ist, sollte man zuerst einen Blick in das angrenzende **Museum** werfen. Neben interessanten Tonfiguren, mehrfarbigen Platten, Pfeilspitzen aus Obsidian und Tonwaren, die für Zeremonien benutzt wurden, gibt es Fotos und Beschreibungen (auf Spanisch) von jedem bedeutenden Gebäude auf dem Gelände. Man sollte sich auch die Tonfigur von Xipe Totec nicht entgehen lassen – dieser Gottheit zu Ehren wurden Sklaven und Gefangene geopfert und gehäutet. Die Haut wurde anschließend Kranken aufgelegt, um deren Leiden zu mindern.

Gelegentlich gibt es Guides, die Besucher gegen ein Trinkgeld auf dem Gelände herumführen. Roberto del Moral Moreno ist der einzige Führer, der etwas Englisch spricht. Er nimmt etwa 120 Mex$ pro Tour. Falls er nicht da ist, kann man den Aufseher bitten, ihn anzurufen.

Am Eingang steht der **Templo del Muerte** (Tempel der Toten), der einst das Grab der Mixtecacihuatl, der Göttin der toten Frauen, beherbergte. Der **Templo Mayor** (Haupttempel) wurde 1972 freigelegt und ist eine 11 m hohe Pyramide mit breiter Treppe, die zu den Überresten eines Schreins führt. Als sie zuerst nach Zempoala kamen, schliefen Cortés und seine Männer im **Templo de Las Chimeneas**, von dessen zinnenartigen Zähnen *(almenas)* angenommen wurde, dass sie Schornsteine waren – daher auch der Name. Der Steinzirkel in der Mitte der Stätte ist der **Circulo de los Guerreros**, in dem einst gefangene Soldaten gezwungen wurden, gegen Gruppen lokaler Krieger zu kämpfen. Nur wenige gewannen.

Auf der Westseite stehen zwei große Bauten: Einer davon ist der **Templo del Sol** mit seinen zwei Treppen auf der Vorderseite im typisch toltekisch-aztekischen Stil. Auf der **Piedra de Sacrificios** wurden dem Sonnengott Tonatiuh Opfer dargebracht. Der „dicke" Häuptling, der offizielle Xicomacatl hieß, schaute dem makabren Schauspiel von einem angemessen großen Altar aus zu. Nördlich davon steht das zweite große Bauwerk, der **Templo de la Luna**. Seine Bauweise ähnelt den Azteken-Tempeln, die dem Windgott Ehecatl geweiht waren.

Östlich des Las Chimeneas stößt man auf die **Las Caritas** (Kleine Köpfe). Sie sind nach den Nischen benannt, die einst mehrere kleine Tonschädel enthielten. Im Museum kann man sich diese jetzt ansehen.

Ein weiterer großer Tempel, der dem Windgott gewidmet ist, ist der **Templo Dios del Aire**. Er liegt in der Stadt selbst. Um ihn zu erreichen, läuft man auf der Straße beim Seiteneingang zurück Richtung Süden, überquert die Hauptstraße im Ort und geht anschließend rechts um die Ecke. Der uralte Tempel mit seiner charakteristischen runden Form befindet sich dann neben einer Straßenkreuzung.

Stadt und eine Totenstadt, die wie ein kleines Machu Picchu auf einem Plateau unterhalb eines hornförmigen Berges (des Cerro de Metates) liegt. Bei Cortés' Ankunft im Jahr 1519 lebten hier 15 000 Menschen. Über die Zeit davor weiß man nichts genaues, allerdings gab es hier wohl schon 800 n. Chr. eine Siedlung. Die heute verlassene Stätte umfasst zwei Pyramiden, mehr als 50 Gräber und ein paar mit Reliefs verzierte Monumente.

Die Bewohner von Quiahuiztlán (Ort des Regens) waren die einzige präkolumbische Zivilisation, die ihre Toten in Gräbern beisetzten, die Minitempeln ähnelten. Ein kurzer Fußweg führt vom Hauptplateau, von dem man einen Blick auf das Meer hat, zu einem höher gelegenen Plateau mit vier Gräbern. Ein weiterer Pfad, der teilweise zugewachsen ist und sich stellenweise in eine vertikale Kletterpartie verwandelt (hin & zurück jeweils 20 Min.), führt von hier aus weiter bis fast hinauf zum Gipfel des Cerro de Metates. Hier wird man für seine Anstrengungen mit einem unvergleichlichen Blick auf die Ruinen, die Küste und das grüne Tal belohnt, während Bussarde über dem Kopf kreisen.

Busse, die auf dem Hwy 180 verkehren, setzen Besucher an der Abzweigung nach Quiahuiztlán ab.

Quiahuiztlán erreicht man über einen hübschen, 3 km langen Spazierweg entlang einer kurvenreichen, geteerten Straße, die vom Hwy 180 abzweigt. Trotz ihrer erhabenen Lage wurde die Siedlung zwischen 800 und 900 n. Chr. zuerst von den Tolteken und dann um 1200 n. Chr. den Azteken unterworfen. Über dies alles kann man inmitten von Natur und Einsamkeit nachdenken, da man den Ort wahrscheinlich ganz für sich allein hat.

 Aktivitäten

★ EcoGuías La Mancha   ÖKOTOUR

(☏ 296-100-11-63; www.ecoturismolamancha.com; La Mancha-Actopan, Carretera Federal Cardel-Nautla Km 31; Stellplatz eigenes/geliehenes Zeit 60/100 Mex$, *cabaña* pro Pers./ganz 150/1200 Mex$) Alle sind begeistert von diesem fortschrittlichen lokalen Verband, der sich der Entwicklung eines Umweltinformationszentrums verschrieben hat. Die Einrichtungen liegen 1 km von Strand entfernt und bieten informative Wanderungen, Vogelbeobachtung, Reitausflüge und Kajaktouren, auf denen man die Tier- und Pflanzenwelt der umliegenden Mangrovenwälder erkunden kann

(150 Mex$/Pers.). Von Mancha kommend biegt man auf dem Hwy 180 Richtung Osten ab und folgt der Beschilderung „El Mangal" für 1 km. Moskitospray nicht vergessen!

Die Unterkünfte sind rustikal (Hütten mit Strohdächern für 8 Personen oder Zelte), aber dafür befindet man sich garantiert abseits der Touristenpfade und unterstützt zudem noch die lokale Gemeinde.

🛏 Schlafen & Essen

Villas Arcon   HOTEL $$

(☏ 296-964-91-72; www.villasarcon.com; Villa Rica; EZ/DZ 900/1150 Mex$; P ❋ 🛜 🏊) Am Nordeingang zu Villa Rica liegt dieses freundliche, orangefarbene, flache Resorthotel inmitten gepflegter Anlagen im Schatten von Bäumen und Bambus. Spartanische, relativ saubere, aber charakterlose Zimmer reihen sich um zwei Pools. Ein kurzer Spaziergang führt durch das Dorf Richtung Strand. Das dazugehörige Restaurant serviert Fisch und Meeresfrüchtegerichte, z. B. ausgezeichnete *camarones encipotlados* (Chipotle-Shrimps).

Restaurant Miriam   SEAFOOD $

(Villa Rica; Hauptgerichte 60–130 Mex$; ⏲10–19 Uhr) Die freundliche Miriam und ihre große Familie servieren köstliche Meeresfrüchtegerichte in einem Raum, der eigentlich nur eine Verlängerung ihres Wohnzimmers ist. Wenn sie einem ihr *picantísimo* (schärfstes) Gericht anbietet, sollte man gewarnt sein: Sie macht keine Witze!

❶ An- & Weiterreise

Villa Rica liegt rund 1 km östlich des Hwy 180. Jeder Busfahrer, der zwischen Cardel und Nautla unterwegs ist, hält an der Zugangsstraße zu den Quiahuiztlán-Ruinen. Von hier führt ein kurzer Spaziergang zum Dorf.

Xalapa

📞 228 / 719 591 EW. / HÖHE 1417 M

Xalapa (auch Jalapa geschrieben, aber immer ha-*la*-pa ausgesprochen) ist der Welt vor allem wegen ihrer superscharfen grünen Chili bekannt, die nach der Stadt benannt wurde. Xalapa unterscheidet sich jedoch völlig von der feurigen Jalapeñoschote: Im Gegensatz zum schwülwarmen Veracruz an der Küste herrscht in Xalapa aufgrund der Lage im Hochland ein gemäßigtes, manchmal wolkiges Klima. Dank der alternativ anmutenden Atmosphäre und der großen Studentenschar bietet die Stadt ein gutes

Xalapa

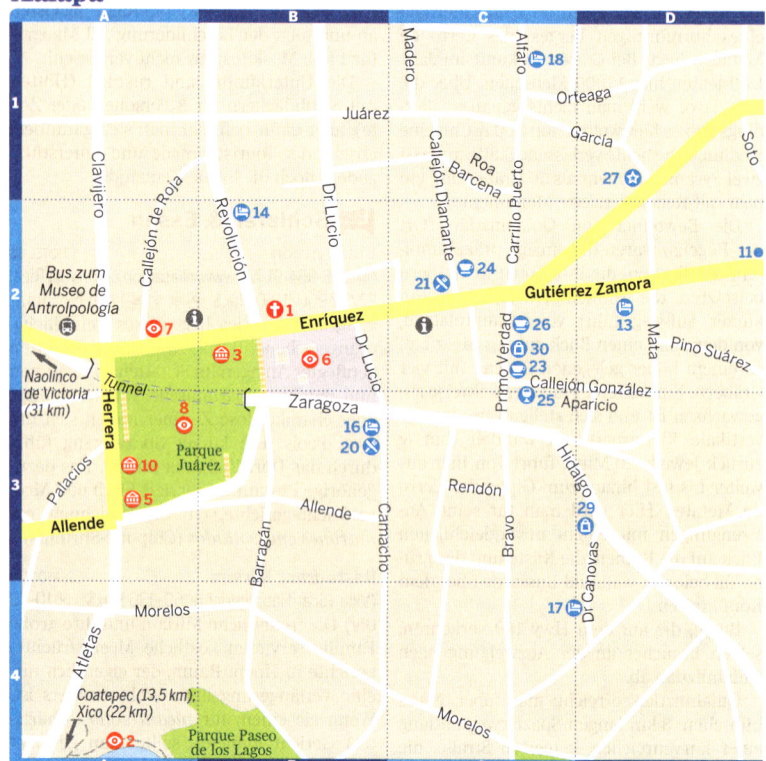

Nachtleben und eine blühende Kulturszene (hier findet z. B. ein eigenes Hay Festival of Literature & the Arts statt).

Das vom Verkehr verstopfte Xalapa hat ein schönes Zentrum voller gepflegter Parks, belebter Fußgängerzonen und kolonialer Architektur. Das hervorragende anthropologische Museum ist der Hauptmagnet für Besucher, aber die gewaltigen prähispanischen Relikte werden durch hippe Bars, hochkarätige Buchläden und tolle Cafés ergänzt, die Xalapa zu einer der attraktivsten Landeshauptstädte Mexikos machen.

Geschichte

Das im frühen 13. Jh. von den Totonaken gegründete Xalapa gehörte zum Aztekenreich, als Hernán Cortés und seine Männer 1519 hier durchkamen. Wegen des angenehmen Klimas und der günstigen Lage platzierten die Spanier hier strategisch ein Kloster, um die indigene Bevölkerung zu missionieren. Bis zum 17. Jh. entwickelte sich Xalapa zu ei-

nem wirtschaftlichen und gesellschaftlichen Zentrum. Bis heute spielt der Handel mit Kaffee, Tabak und Blumen eine große Rolle.

Sehenswertes

Museo de Antropología — MUSEUM

(☎ 228-815-09-20; www.uv.mx/max; Av Xalapa s/n; Erw./Student 55/30 Mex$, Audioguide 50 Mex$; ◔ Di–So 9–17 Uhr) Das bemerkenswerte Museum, das die zweitbeste archäologische Sammlung Mexikos beherbergt, liegt in einer weitläufigen Gartenanlage an der Avenida Xalapa, 4 km nordwestlich des Zentrums. Schon das Gebäude an sich ist ein Kunstwerk. Der Schwerpunkt des Museums liegt auf den bedeutendsten prähispanischen Zivilisationen der Golfküste, vor allem den Olmeken, Totonaken und Huaxteken, sowie dem klassischen Veracruz. Die schön dargebotenen Artefakte sind chronologisch in einer Reihe von miteinander verbundenen Galerien angeordnet, die sich einen Hügel hinaufziehen.

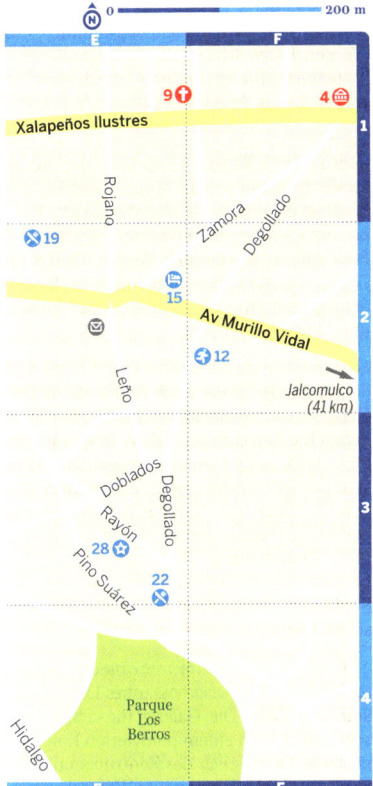

Xalapa

Sehenswertes
1 Catedral Metropolitana B2
2 Centro Cultural Los Lagos A4
3 El Ágora de la Ciudad........................ B2
4 Galería de Arte Contemporáneo F1
5 Museo Casa de Xalapa A3
6 Palacio de Gobierno.......................... B2
7 Palacio Municipal A2
8 Parque Juárez A3
9 Parroquia de San José E1
10 Pinacoteca Diego Rivera A3

Aktivitäten, Kurse & Touren
11 Escuela para Estudiantes
      Extranjeros......................... D2
12 Veraventuras F2

Schlafen
13 Hostal de la Niebla D2
14 Hotel Limón...................................... B2
15 Majova Inn.....................................E2
16 Mesón del Alférez Xalapa................. B3
17 Posada del Cafeto C4
18 Posada La Mariquinta....................C1

Essen
19 El Brou E2
20 La Candela B3
21 La Fonda C2
      Postodoro ....(siehe 30)
22 Verde Raiz E3

Ausgehen & Nachtleben
23 Angelo Casa de Té C2
24 Café Cali C2
25 Cubanías C3
26 Espresso 58 .... C2

Unterhaltung
27 Centro Recreativo Xalapeño D1
28 Tierra Luna.............................E3

Shoppen
29 360 by Negro Distaster..................... D3
30 Café Colón... C2

Umfang und Größe der Ausstellungen konkurrieren mit dem komplexen Grundriss des Museums. Außergewöhnliche Ausstellungsstücke umfassen die weltgrößte Sammlung riesiger Olmeken-Köpfe, eine Rekonstruktion des Las-Higueras-Tempels, Jademasken und das berühmteste Exponat des Museums: die Olmeken-Jadeskulptur *El señor de las Limas* aus dem südlichen Veracruz. Außerdem gibt es einige dramatische Steindarstellungen der wichtigsten präkolumbischen Gottheiten, nämlich Quetzalcoal (die gefiederte Schlange), Gott der Schöpfung und des Wissens; Tlaloc, der bebrillte Gott des Regens und der Fruchtbarkeit; Tlazolteotl (der Esser des Schmutzes), Schutzgöttin der Ehebrecher und Göttin der fleischlichen Lust; und Xipe Totec, Gottheit der Tod-Leben-Wiedergeburt, der mit dem Opfer eines Sklaven und dem Priester, der die abgezogene Haut der Leiche trägt, gefeiert wird. Darüber hinaus werden verschiedene wunderbare Kunstwerke gezeigt, die mit dem prähispanischen Ballspiel in Verbindung gebracht werden.

Im Obergeschoss gibt es ein kleines Café und einen hervorragenden Buchladen. Der Spaziergang zurück auf den Hügel durch den hübschen Garten ist ein reines Vergnügen.

Es lohnt sich, etwas mehr auszugeben und den ausgezeichneten Audioguide auszuleihen (ein Ausweis genügt als Pfand). Anderenfalls sollte man sich die Museums-App herunterladen.

Zum Museum hin geht's mit dem **Bus** „Camacho-Tesorería" (Av Camacho; 10 Mex$) ab der Enríquez nahe dem Parque Juárez;

zurück mit einem Bus Richtung „Centro". Ein Taxi kostet 30 Mex$.

Parque Juárez   PLAZA

Der zentrale Hauptplatz gleicht einer riesigen Terrasse. Von der Südseite bietet sich ein Blick auf das Tal darunter bis zum schneebedeckten Vulkankegel des Pico de Orizaba in der Ferne. Der Platz ist grüner und gepflegter als die meisten Plätze in Mexiko, und zwischen den Araukarien und den getrimmten Hecken tummeln sich Schuhputzer, Ballonverkäufer und Musikanten.

An der Nordseite der Plaza steht der klassizistische **Palacio Municipal** (Av Enriquez) von 1855, auf der Ostseite der **Palacio de Gobierno** (Parque Juárez), in dem die Regierung von Veracruz ihren Sitz hat. In seinem Inneren stellt ein schönes Wandgemälde von Mario Orozco Rivera die Geschichte der Justiz dar – gleich über der Treppe in der Nähe des Osteingangs an der Enríquez.

Catedral Metropolitana   KATHEDRALE

(Ecke Enríquez & Revolución; ⊙ 8–18 Uhr) Xalapas Kathedrale ist ein unvollendetes Meisterwerk – ihr fehlt der zweite Turm –, aber auch so beeindruckt sie mit Größe und Grandiosität. Die Architektur kompensiert die steile Lage am Hügel nicht, sondern nutzt sie aus und inspiriert einen schon beim Eintreten, wenn man gezwungen ist, seinen Kopf zu heben, um den Altar und das riesige Kruzifix zu sehen. Das Bauwerk, eine Mischung aus neogotischem und barockem Stil, beherbergt die sterblichen Überreste des Hl. Rafael Guízar y Valencia, der 1995 von Papst Johannes Paul II. seliggesprochen wurde.

Parque Paseo de los Lagos   PARK

(Zona Universitaria) ⚐ Wenn die Einwohner Xalapas dem furchtbaren Verkehr entfliehen wollen, kommen sie in diesen gleich südlich des Parque Juárez gelegenen ruhigen Park, den ein insgesamt 3 km langes Wegenetz durchzieht, das meist am Seeufer entlangführt und vor allem von Joggern und Spaziergängern genutzt wird. Am Nordende befindet sich das nette **Centro Cultural Los Lagos** (⏃ 228-812-12-99; Paseo de los Lagos s/n; ⊙ 8–17 Uhr). Das Schwarze Brett des Kulturzentrums gibt Auskunft über verschiedene Kulturveranstaltungen sowie diverse Tanz- und Yogakurse, die man auch spontan besuchen kann.

Pinacoteca Diego Rivera   GALERIE

(⏃ 228-818-18-19; www.facebook.com/Pinacoteca DiegoRivera.IVEC; Herrera 5; ⊙ Di–Sa 10–19 Uhr) GRATIS Diese kleine Galerie liegt versteckt unterhalb der Westseite der Plaza und präsentiert eine bescheidene Sammlung von Werken Diego Riveras. Sie zeigt außerdem manchmal Bilder anderer mexikanischer Künstler (z. B. Jose García Ocejo).

Parque Ecológico Macuiltépetl   PARK

(abseits García Barna; ⊙ 5–19 Uhr) Der 40 ha große Park auf einem Hügel nördlich der Stadt ist eigentlich die stark bewaldete Kuppe eines erloschenen Vulkans. Durch den Park führen gewundene Wege hinauf zum Gipfel, die sich hervorragend zum Joggen eignen und eine tolle Aussicht auf Xalapa und Umgebung bieten.

Museo Casa de Xalapa   MUSEUM

(⏃ 228-841-98-02; Herrera 7; ⊙ Di–So 10–19 Uhr) GRATIS Das in einem Kolonialgebäude untergebrachte Museum nahe dem Parque Juárez gibt dank seiner Ausstellungsstücke (mit spanischen Erläuterungen) einen kurzweiligen Überblick über Xalapas Geschichte, von der Prägeschichte bis zu deren Wachstum und Verstädterung. Die Ausstellungen behandeln das Kultur- und Handelsleben der Stadt und umfassen eine Kopie einer typischen Küche.

Galería de Arte Contemporáneo   GALERIE

(⏃ 228-817-03-86; Xalapeños Ilustres 135; ⊙ Di–So 9–18 Uhr) GRATIS Die Galerie für zeitgenössische Kunst ist in einem renovierten Kolonialgebäude 1 km östlich des Zentrums untergebracht und zeigt interessante Wechselausstellungen, z. B. abstrakte Keramiken von Gloria Carasco. Hier gibt es außerdem ein kleines Filmtheater, das künstlerisch anspruchsvolle Filme zeigt (Eintritt meistens kostenlos).

Parroquia de San José   KIRCHE

(Ecke Xalapeños Ilustres & Arieta; ⊙ 8–18 Uhr) Diese Kirche von 1770 befindet sich in dem Gelehrtenviertel San José und bekräftigt Xalapas Vorliebe für Gotteshäuser mit nur einem Turm. Architektonisch weist das Gebäude die übliche Mischung aus Barock- und Mudéjarstil mit einigen Hufeisenbögen auf. Hinter der Kirche befindet sich der **Mercado Alcalde y García**. Der überdachte Markt wurde mit ein paar coolen Café-Restaurants aufgepeppt.

Museo Interactivo de Xalapa   MUSEUM

(www.mix.org.mx; Av Murillo Vidal 1735; 50 Mex$; ⊙ Mo–Fr 9–17 Uhr, Sa & So 10–19 Uhr; ⊞) In einem der weniger schönen Vororte der Stadt liegt dieses Allround-Museum, in dem man hyperaktive Kinder an einem Regentag wunderbar beschäftigen kann. Es gibt sechs thematische Räume (zu den Themen Wissenschaft, Ökologie usw.), ein Planetarium und ein IMAX-Kino. Das Planetarium und das Kino sind nicht im Eintrittspreis enthalten.

El Ágora de la Ciudad
GALERIE

(☎228-818-57-30; www.agora.xalapa.net; Parque Juárez; ⊙Di–So 10–22, Mo 9–18 Uhr) GRATIS Eine belebte, moderne Kunstgalerie mit Kino, Theater, Galerie, Buchladen und Café. Vergangene Wechselausstellungen zeigten u. a. die psychedelischen, sinnlichen Bilder des zeitgenössischen Malers Lázaro Gracia.

🏃 Aktivitäten

Lokale Tourveranstalter bieten Kulturtrips zu *pueblos mágicos* (magischen Städten) im Umland, z. B. nach Xico, Coatepec und Naolinco, sowie zu archäologischen Stätten. Im Angebot sind außerdem entspannte, sportorientierte Outdoor-Exkursionen, darunter Wandern, Raften und Abseilen.

Robert Straub
VOGELBEOBACHTUNG

(☎228-818-18-94; http://wildsidenaturetours.com/leaders/robert-straub) Der ortsansässige Vogelkenner Robert Straub ist Mitglied bei COAX (einem Verein umweltbewusster Vogelbeobachter) und veranstaltet Touren in der Umgebung. Wenn er keine Zeit hat, kann er Vogelliebhabern auch erfahrene Guides aus der Region vermitteln. Sein Buch *Guía de Sitios* ist ein Führer durch die Vogelwelt von Veracruz; der Erlös aus dem Verkauf geht an Pronatura, eine gemeinnützige Naturschutzorganisation.

Veraventuras
ABENTEUERSPORT

(☎228-818-97-79; www.veraventuras.com; Degollado 81; ⊙Mo–Sa 9–17 Uhr) Der Veranstalter bietet Raftingtouren, Campingausflüge und viele andere Aktivitäten, z. B. Ausflüge zu den nahe gelegenen heißen Quellen.

💱 Kurse

Escuela para Estudiantes Extranjeros
SPRACHKURS

(Schule für ausländische Studenten; ☎228-817-86-87; www.uv.mx/eee; Gutiérrez Zamora 25; 6-wöchige Kurse ab 390 US$, plus Anmeldegebühr von 100 US$) Die Sprachschule der Universidad Veracruzana bietet zertifizierte Schnellkurse in Spanisch und Náhuatl sowie Kurse zur mexikanischen Kultur und Geschichte an. Die meisten Schüler nutzen die von der Universität organisierten Unterkünfte bei Gastfamilien.

👉 Geführte Touren

Aventura en Veracruz
KULTUR

(☎228-979-26-16; www.facebook.com/aventuraver) Der erfahrene Guide Armando Lobato organisiert Ausflüge in die Umgebung von Xalapa, darunter Kulturtrips nach Naolinco de Victoria, Kaffeeausflüge zu den *fincas* (Kaffeeplantagen) von Coatepec und Raftingtouren in Jalcomulco.

🛏 Schlafen

Xalapa bietet einige zauberhafte Unterkünfte, darunter mehrere zentral gelegene Hotels, die in jahrhundertealten Kolonialgebäuden untergebracht sind. Es gibt auch ein Hostel. Die Preise sind in Ordnung.

★ Mesón del Alférez Xalapa
HISTORISCHES HOTEL $

(☎228-818-01-13; www.pradodelrio.com; Sebastián Camacho 2; Zi. 669 Mex$, Suite ab 839 Mex$, alle inkl. Frühstück; ✳🖥) Dieses herrliche Hotel mitten im Zentrum macht alles richtig. Die ruhige, stilvolle Kolonialvilla aus dem 19. Jh. bietet Zuflucht vor dem lärmenden Straßenverkehr. Schöne zweigeschossige Zimmer (Bett oben, Wohnzimmer unten), schwere Holzbalken, Gärten voller Blumen und das beste Frühstück der Stadt (im noblen Restaurant La Candela) machen das Hotel zu einem wahren Schnäppchen.

★ Posada La Mariquinta
PENSION $

(☎228-818-11-58; www.lamariquinta.xalapa.net; Alfaro 12; EZ/DZ/Suite 580/720/1150 Mex$; ⊜🖥) Die Pension in einer Kolonialresidenz aus dem 18. Jh. erinnert an eine Burg. Innen herrscht Stille. Die luftigen, individuell eingerichteten Zimmer liegen verstreut in einem mit Bougainvillea bewachsenen Garten. Die Pension ist ruhig, freundlich und mit Kunst, Antiquitäten und anderen Kuriositäten angefüllt. Die besten befinden sich in dem fabelhaften Empfangsraum, der auch als Bibliothek dient und der mit alten Möbeln und Büchern versehen ist.

Majova Inn
BUSINESSHOTEL $

(☎228-818-18-66; www.hotelmajovainn.com; Gutiérrez Zamora 80; EZ/DZ ab 550/650 Mex$; P ✳ 🖥) Das schicke, moderne Majova ähnelt einer Studie in Creme- und Brauntönen mit willkommenen Farbtupfern. Die gefliesten Zimmer sind sehr sauber und mit Kabel-TV und zeitgemäßen Bädern ausgestattet. Die Räume sind ein bisschen steril, aber das Hotel ist bequem, makelos und zentral gelegen. Es verfügt zudem über einen eigenen Parkplatz – ein Plus für alle mit eigenem fahrbarem Untersatz.

Posada del Cafeto
HISTORISCHES HOTEL $

(☎228-817-00-23; www.pradodelrio.com; Dr Canovas 8; EZ/DZ/Suite 590/690/890 Mex$; ❋🛜) Die honiggelbe Posada del Cafeto besticht durch ihren traditionellen mexikanischen Charakter und liegt an einer ruhigen, aber dennoch sehr zentralen Seitenstraße. Die zwei Innenhöfe mit ihren handgearbeiteten Treppenläufen, Bögen und viel Grün vermitteln das Gefühl, als würde man sich in einem „geheimen Garten" befinden. Die Zimmer sind geräumig, individuell eingerichtet und sehr gemütlich. Das Frühstück wird in dem hübschen zugehörigen Café serviert.

Hostal de la Niebla
HOSTEL $

(☎228-817-21-74; www.facebook.com/hostal.dela niebla; Gutiérrez Zamora 24; B/EZ/DZ inkl. Frühstück 150/360/ 360 Mex$; 🅿🛜) Das moderne Hostel in skandinavischem Stil ist eine gut durchdachte Backpackerbleibe. Es bietet makellose, gut organisierte und gemeinschaftlich orientierte Unterkünfte mit luftigen Zimmern, die Veranden und Terrassen haben. Außerdem stehen Schließfächer und eine Küche zur Verfügung. Untergebracht wird man in Schlafsälen mit sechs Betten oder in großen Privatzimmern.

Hotel Limón
HOTEL $

(☎228-817-22-04; Revolución 8; EZ/DZ 200/ 230 Mex$; 🅿🛜) Der Begriff „verstaubtes Juwel" könnte für dieses Hotel erfunden worden sein. „Verstaubt" bezieht sich auf die Zimmer im Erdgeschoss, die mit hohen Decken und Ventilatoren ausgestattet sind, aber keine Fenster haben und daher nur unzureichend belüftet sind. Das „Juwel" ist jedoch der blau gekachelte Hof, der wie ein Erbstück aus längst vergangenen besseren Zeiten wirkt. Eine preisgünstige Option für alle, die es schlicht mögen. Außerdem liegt das Hotel sehr zentral.

Colombe Hotel Boutique
BOUTIQUEHOTEL $$

(☎228-818-89-89; www.colombehotel.com; Calle Vista Hermosa 16; EZ/DZ ab 997/1077 Mex$, Suite 2380 Mex$; 🅿❋🛜♨) Unweit vom Stadtzentrum bietet dieses kleine Hotel 13 völlig unterschiedliche Zimmer. Im Zimmer Río fühlt man sich, als würde man in einem Technicolor-Regenbogen schlafen; im Zimmer Aqua herrschen sanfte Farben; die Suite México ist landestypisch eingerichtet. Hier gibt es außerdem eine Bar, ein Restaurant und hilfsbereite Mitarbeiter.

 Essen

Schicke Cafés und Restaurants gibt's in Xalapa im Überfluss; viele bieten auch regionale Gerichte und vegetarische Alternativen. Einige liegen zentral, für viele braucht man jedoch ein Taxi. Im Callejón González Aparicio, zwischen Primo Verdad und Mata, findet man viele hippe internationale Esslokale. Eine köstliche lokale Spezialität sind *chiles rellenos* (gefüllte Chilischoten).

Verde Raiz
VEGAN $

(☎228-200-16-31; www.facebook.com/verderaizxa lapa; Leño 28; Hauptgerichte 50–65 Mex$; ☺Mo-Sa 8.30–19 Uhr; 🛜) 🌱 Rohkost und Tofu-Tacos sind in Xalapa angekommen und haben bei der hiesigen Studentenbevölkerung wie eine Bombe eingeschlagen. Wer im Verde Raiz essen möchte, sollte zeitig hierherkommen, um einen der drei winzigen Tische zu ergattern und eine Schüssel Müsli, *chilaquiles* (frittierte Tortilla-Streifen mit Salsa und Frischkäse) oder einen der berühmten Smoothies oder Säfte zu genießen.

Postodoro
ITALIAENISCH $

(☎228-841-20-00; www.postodoro.com; Primo Verdad 11; Hauptgerichte 39–98 Mex$; ☺9–24 Uhr; 🛜) Einheimische lieben das Postodoro mit seinen freundlichen gelben Wänden und dem bezaubernden Essbereich im Hof, der mit Lichterketten und gemütlichen Ledersitzen ausgestattet ist. Malfatti werden mit Tagliatelle verwechselt, aber ansonsten sind die Pastagerichte lecker, die Portionen groß, und preisgünstige Sangria und ebensolcher Wein fließen in Strömen.

La Fonda
MEXIKANISCH $

(☎228-818-72-82; Callejón Diamante 1; Gerichte 50–100 Mex$; ☺8–17.30 Uhr) La Fonda ist ein Mikrokosmos der lokalen Küche. Gäste quetschen sich an der Tortilla zubereitenden Señorita an der Tür vorbei und klettern ins Obergeschoss, wo man in dem mit Wandmalereien verzierten Speiseraum oder auf dem schmalen, mit Pflanzen geschmückten Balkon mit Blick auf die Hauptstraße Platz nehmen kann. Auf der Karte stehen hervorragende *mole* mit *chileatole de pollo* (Hühnersuppe mit Mini-Maiskolben). In letzter Zeit hat die Qualität jedoch etwas nachgelassen.

Mercado de la Rotonda
MARKT $

(Revolución s/n; ☺7–18 Uhr) Der „untouristische" Markt liegt am Nordende der Revolución und hat viele einfache Esslokale, die regionale Gerichte zu günstigen Preisen anbieten.

★ El Brou
MEDITERRAN **$$**

(☎228-165-49-94; Soto 13; Hauptgerichte 98–248 Mex$; ⏱9–17 Uhr; ⚥♦) Das El Brou befindet sich in einer schönen Lounge im Kolonialstil mit hohen Decken und ist in jeder Hinsicht ein Hit: Die vielseitige Speisekarte bietet eine köstliche, kreative Auswahl an Gerichten aus dem Mittelmeerraum und dem Mittleren Osten sowie aus Mexiko. Moderne Elemente geben der traditionellen Einrichtung einen schicken Look und viel Atmosphäre. Ein unvergessliches Erlebnis sind der Thunfischtartar, das Taboulé und das griechische Moussaka.

★ La Candela
FRÜHSTÜCK **$$**

(☎228-818-01-13; www.pradodelrio.com; Sebastián Camacho 2; Hauptgerichte 75–160 Mex$; ⏱8–15:30 Uhr; ⚥) Versteckt unten im Mesón del Alférez Xalapa zieht dieses prächtig geschmückte Lokal eine treue Gästeschar an, die mittags wegen der innovativen mexikanischen Küche und der Auswahl an Steaks kommen. Aber es sind die Frühstücksvarianten, die hungrige Bäuche erfreuen, fast alle Xalapeños halten sie für die besten der Stadt.

★ Vinissimo Xalapa
INTERNATIONAL **$$$**

(☎228-812-91-13; www.vinissimo.com.mx; Av Araucarias 501; Hauptgerichte 130–280 Mex$; ⏱Mo-Sa 14–24 Uhr; ⚥) Das elegante, aber absolut nicht pompöse Vinissimo Xalapa serviert ausgezeichnete Gerichte der *alta cocina,* die mit Fantasie und frischen Produkten zubereitet werden. Die oft wechselnde Karte bietet Risottos und Pasta aus Italien sowie Seafood von der wilden Küste des spanischen Galizien. Es bietet eine umfassende Wein- und Cocktailkarte und das Personal ist aufmerksam. Vom Zentrum fährt man zehn Minuten mit dem Taxi Richtung Osten.

Ausgehen & Nachtleben

Xalapa hat viele Cafés, in denen Hochlandkaffee angeboten wird, der im nahe gelegenen Coatepec angebaut wird. Als Universitätsstadt hat Xalapa ein lebhaftes Nachtleben. Das lauteste Getümmel findet man in der gerammelt vollen Callejón González Aparicio. In dieser überdachten Gasse abseits des Primo Verdad reihen sich trendige Bars aneinander.

★ Café Cali
CAFÉ

(☎228-818-13-39; www.cafecali.com.mx; Callejón Diamante 23A; Frühstück 170 Mex$; ⏱Mo–Sa 9–22, So 10–19 Uhr) Der verlockende Duft von gerösteten Kaffeebohnen schwebt durch die Gasse und umhüllt den gesamten Straßenblock um das wunderbare Café Cali. Die Inneneinrichtung ist im klassischen Boheme-Stil gehalten und die Auswahl an Kaffees ist eine reine koffeinhaltige Wonne.

Espresso 58
KAFFEE

(Primo Verdad 7; ⏱Mo–Sa 7–22.30 Uhr; ⚥) Eine Filiale einer schicken Minikette, die geschwätzige Debattier-Freaks und Smartphone-Süchtige anzieht. Der hauseigene Café Mahal (natürlich aus lokalem Anbau) ist *muy rico* und die Baristas sind charmant.

Cubanías
BAR

(www.facebook.com/BarCubanias; Callejón González Aparicio; ⏱17–1.30 Uhr; ⚥) In dieser quirligen Bar macht sich bei Mojitos, Bier und großen Sandwiches der kubanische Einfluss bemerkbar. Das Cubanías liegt am Anfang der Callejón González Aparicio und bietet abends Livemusik.

Angelo Casa de Té
CAFÉ

(☎228-841-08-39; Primo Verdad 21A; Tee ab 15 Mex$; ⏱8–21 Uhr) In den Regalen dieses süßen kleinen Cafés stapeln sich Dosen mit verschiedenen Teesorten, die Wände sind mit Bildern von Teepflückern und -plantagen auf der ganzen Welt dekoriert und es gibt gute Schokolade und hausgemachte Cookies.

★ Unterhaltung

Xalapa hat ein munteres kulturelles Leben; im Angebot ist die gesamte Palette an Unterhaltung, von Poetry Slams bis zu Theateraufführungen.

Centro Recreativo Xalapeño
KUNSTZENTRUM

(☎228-195-82-24; Xalapeños Ilustres 31; ⏱9–20 Uhr) Dieses Kulturzentrum auf der Intellektuellenmeile Xalapeños Ilustres bietet ein abwechslungsreiches Programm zu fast allen Kunstrichtungen, die es in Xalapa gibt: Jamsessions, Tangokurse, Kunstausstellungen, Skulpturenwettbewerbe und Cine Francés. Anstehende Events werden durch Aushänge oder auf Facebook angekündigt.

Das Zentrum ist in einem schönen Kolonialbau aus dem 19. Jh. mit Hof und kleinem Café (Luna Negra) untergebracht.

Tierra Luna
DARSTELLENDE KUNST

(☎228-812-13-01; http://tierraluna.com.mx; Rayón 18; ⏱Mo–Do 9–22, Fr & Sa bis 2 Uhr; ⚥) Das historische Tierra Luna mit seinen hohen Decken ist ein wahres Mekka für Kunstinteressierte. Hier finden regelmäßig Dichterlesungen, Theateraufführungen und Musikkonzerte statt. Außerdem gibt es leckere Café-Gerichte und Frühstück sowie eine Auswahl an alkoholischen Getränken. Des Weiteren hat es einen kleinen Buchladen und ein Kunsthandwerksgeschäft.

Teatro del Estado
Ignacio de la Llave
THEATER

(☎ 228-818-43-52; Ecke Llave & Av Ávila Camacho; ⊙ ab 20 Uhr) In dem eindrucksvollen Staatstheater geben das Orquesta Sinfónica de Xalapa und das Ballet Folklórico der Universidad Veracruzana Vorstellungen. Es liegt 1,5 km nordwestlich des Parque Juárez an der Av Ávila Camacho.

Shoppen

Die Callejón Diamante ist das Zentrum der alternativen Kulturszene Xalapas. Die lebhafte Gasse ist angefüllt mit unzähligen Boutiquen und Straßenhändlern, die günstigen Schmuck, Räucherstäbchen und anderen Krimskrams feilbieten. Einige gut sortierte Buchläden befinden sich an der Xalapeños Ilustres.

360 by Negro Distaster
MODE & ACCESSORIES

(☎ 228-284-35-28; Hidalgo 48; ⊙ Mo–Sa 11–21, So bis 15 Uhr) In diesem Outlet des ausgefallenen Modelabels 360 by Negro Distaster aus Mexico City gibt es Designer-T-Shirts, Oberteile mit Schädelmotiven und mehr.

Café Colón
KAFFEE

(☎ 228-817-60-97; Primo Verdad 15; ⊙ Mo–Sa 9–20, So 10–13 Uhr) 🌿 In dem aromatisch duftenden Café mahlen altmodische Röstmaschinen vor den Augen der Kunden die besten Kaffees aus Coatepec. Ein Kilo kostet etwa 180 Mex$.

❶ Praktische Informationen

An der Enríquez und der Gutiérrez Zamora gibt es Banken mit rund um die Uhr zugänglichen Geldautomaten.

Centro de Especialidades Médicas (☎ 228-814-45-00; www.cemev.gob.mx; Ruíz Cortines 2903) Medizinische Versorgung; die Einrichtung hat rund um die Uhr geöffnet.

Informationsschalter (www.xalapa.gob.mx; Enríquez s/n, im Palacio Municipal; ⊙ Mo–Fr 10–15 Uhr) Im Palacio Municipal werden hilfreiche Infos und Karten angeboten.

Informationsschalter (Enríquez; ⊙ 9–18 Uhr) Neben der Banco Santander.

Post (Ecke Gutiérrez Zamora & Diego Leño; Mo–Fr 9–17, Sa bis 14 Uhr)

Xalapa Mio (www.xalapamio.com) Offizielle Webseite des Touristenbüros.

Xalapa Tourist Network (www.xalapa.net) Allgemeine Touristeninformation über Sehenswürdigkeiten und Aktivitäten in der Stadt und der Umgebung.

❶ An- & Weiterreise

Xalapa ist ein Verkehrsknotenpunkt mit hervorragenden Verbindungen in den gesamten Bundesstaat und darüber hinaus.

AUTO & MOTORRAD

Xalapa ist berühmt-berüchtigt für seine verkehrsreichen Straßen, und das Fahren hier kann für Ortsunkundige eine Herausforderung sein; allein schon durch die weitläufigen Vororte ins Zentrum zu finden, ist schwierig, denn es gibt kaum Beschilderungen.

Bis Perote ist der Hwy 140 schmal und kurvenreich. Auf dem Highway Xalapa–Veracruz hingegen geht's sehr flott voran. Wer auf dem schnellsten Weg an die nördliche Golfküste will, fährt am besten bis nach Cardel und dann auf dem Hwy 180 nach Norden. Im Zentrum gibt es zahlreiche Parkplätze (15–17 Mex$/Std.).

BUSSE AB XALAPA

Täglich fahren die ADO-Busse, die weiter unten aufgelistet sind, am CAXA ab. ADO fährt außerdem nach Acayucan, Campeche, Cancún, Catemaco und Mérida.

ZIEL	PREIS (MEX$)	DAUER (STD.)	HÄUFIGKEIT (TGL.)
Cardel	98	1	18-mal
Córdoba	120–181	3	11-mal
Mexico City (TAPO)	334	5	12-mal
Orizaba	129–260	3¾	11-mal
Papantla	314	4¼	8-mal
Puebla	239–341	2½–3	häufig
Veracruz	79–384	2	häufig
Villahermosa	547–802	8½	8-mal

BUS

Xalapas moderner und gut organisierter Busbahnhof, der **Central de Autobuses de Xalapa** (CAXA; ☎228-842-25-00; Av 20 de Noviembre), befindet sich 2 km östlich des Zentrums und verfügt über einen Geldautomaten, Cafés und Telefone. Vom Mercado Los Sauces, 1 km westlich des Zentrums am Circuito Presidentes, fahren regelmäßig 2.-Klasse-Busse nach Xico und Coatepec ab. 1.-Klasse-Busse werden von ADO und gute 2.-Klasse-Busse von AU betrieben.

Die Busse nach Jalcomulco starten am **Azteca-Busbahnhof** (☎228-818-74-56; Niños Heroes 85), 2 km nördlich des Zentrums.

❶ Unterwegs vor Ort

Wer mit dem Bus vom CAXA zum Zentrum fahren will, folgt den Schildern zum Taxistand und läuft dann bergab zur Hauptstraße, der Av 20 de Noviembre. Die Bushaltestelle ist gleich rechts. Alle Busse mit der Angabe „Centro" setzen einen dann einen oder zwei Blocks vom Parque Juárez (10 Mex$) entfernt ab. Wer mit dem Taxi zum Zentrum fahren will, muss sich vorher am Busbahnhof eine Fahrkarte kaufen (35–45 Mex$). Der Bus zurück zum Busbahnhof hat die Aufschrift „Camacho-CAXA-SEC" und fährt von der Av Ávila Camacho oder Hidalgo. Taxifahrten in Xalapa kosten je nach Entfernung 20–40 Mex$.

Coatepec

☎228 / 52 621 EW. / HÖHE 1200 M

Es ist wie eine Offenbarung, schon morgens beim Aufwachen den Duft von Kaffee in der Nase zu haben. Die Kaffeeproduktion ist schon länger die Existenzberechtigung der zu Füßen der Sierra Madre gelegenen Stadt Coatepec – was bereits beim Aussteigen aus dem Bus deutlich wird. Die Siedlung wurde 1701 gegründet und fast genauso lange wird in den umliegenden Nebelwäldern Kaffee angebaut. Die Kaffeebohne brachte der Stadt Wohlstand. Coatepec liegt gerade mal 15 km südlich von Xalapa und schmückt sich mit vielen kolonialen Gebäuden. 2006 wurde die Stadt von der mexikanischen Regierung für den *pueblo mágico* (magisches Dorf) nominiert. Sie ist eine entspannte Alternative für das nahe gelegene Xalapa.

Ende September ist der perfekte Zeitpunkt für einen Besuch, wenn Coatepec seinen Stadtpatron, den heiligen Hieronymus, feiert.

◎ Sehenswertes

★ Museo El Cafétal Apan   MUSEUM

(☎228-816-61-85; www.elcafe-tal.com; Carretera Coatepec-Las Trancas km 4; 40 Mex$; ☉9–17 Uhr)

✎ Wer mehr über die Geschichte des Kaffeeanbaus in der Region erfahren möchte, kann sich in diesem ausgezeichneten Museum antike und moderne Geräte ansehen. Außerdem gibt es interaktive Vorführungen, die zeigen, wie Kaffee angebaut, gewaschen, sortiert und geröstet wird. Hier finden auch Kaffeeproben statt, und man kann Kaffeebohnen, Kaffee, Chipotle-Salsa und andere koffeinhaltige Produkte kaufen. Das Museum liegt etwas außerhalb der Stadt. Ein Taxi kostet rund 45 Mex$.

Cascada Bola de Oro   WASSERFALL

(Camino a Chopantla s/n) GRATIS Der dem Ort am nächsten gelegene Wasserfall befindet sich in der Umgebung der in Coatepec gut bekannten Kaffeefinca. Hier gibt's verschiedene Spazierwege und einen natürlichen Pool. Um herzukommen, folgt man der Calle 5 de Mayo nach Norden bis zu einer Brücke, geht dann weiter gen Norden auf der Calle Prieto und biegt links in die Calle Altamirano ein. Nach dem letzten Geschäft geht's nach rechts, über eine Brücke und dann links auf einen kleinen Weg. Die Touristeninformation hält Karten bereit.

Museo de la Orquídea   GÄRTEN

(☎228-231-05-58; www.facebook.com/Museodela Orquidea; Aldama 20; 30 Mex$; ☉Di–So 10–17 Uhr) GRATIS Seit 40 Jahren ist dieser Garten voller Orchideen ein Werk der Liebe des lokalen Botanikers Dr. Contreras Juárez. Hier wachsen über 5000 Orchideenarten aus der ganzen Welt, darunter alle von Mexikos 1200 einheimischen Arten – und mehrere von ihnen sind so winzig, dass man sie nur mit einer Lupe sehen kann. Eine kurze geführte Tour erläutert einige der Schönheiten.

Cerro de las Culebras   AUSSICHTSPUNKT

(abseits der Independencia; ☉24 Std.) Der Cerro de las Culebras (Schlangenhügel; auf Náhuatl „Coatepec") ist vom Zentrum aus leicht zu erreichen. Der Spaziergang führt über Kopfsteinstufen hinauf zu einem Aussichtsturm mit einer weißen Christusstatue an der Spitze. Von hier aus hat man einen tollen Blick auf die Stadt und die Berge. Am besten kommt man morgens. Um zum Hügel zu gelangen, läuft man einfach vom Hauptplatz über die Lerdo drei Straßenblocks Richtung Westen und dann die Independencia hinauf Richtung Norden.

Parque Miguel Hidalgo   PLATZ

Der Hauptplatz von Coatepec ist begrünt und vom schlimmsten Verkehr der Stadt

MUSEO EX-HACIENDA EL LENCERO

Fast so alt wie Neuspanien selbst ist diese ehemalige **Posada** (☑228-820-02-70; abseits der Carretera Xalapa-Veracruz Km 10; Erw./Kind 40/30 Mex$; ☺Di–So 10–17 Uhr). Sie wurde 1525 von Juan Lencero, einem Soldaten von Hernán Cortés, gegründet und diente als Raststätte für müde Reisende zwischen dem neu europäisierten Mexico City und der Küste. Heute beherbergt sie ein Museum und umfasst ein wunderbar restauriertes, mit Antiquitäten eingerichtetes Haus, einige hübsche Gärten, einen See und einen 500 Jahre alten Feigenbaum. Hierher gelangt man mit einem der regelmäßig verkehrenden „Miradore"-Busse (12 Mex$) von Xalapas Einkaufszentrum Plaza Cristal.

Mit dem Auto fährt man 12 km in südöstlicher Richtung von Xalapa auf dem Highway nach Veracruz und biegt dann auf eine ausgeschilderte Straße ab, die rechts abzweigt. Nach ca. 1 km ist man am Ziel.

verschont. In der Mitte befindet sich ein prächtiger *glorieta* (ein Musikpavillon), der auch als Café genutzt wird. An der Ostseite, abseits der Straße, liegt die nach dem Schutzheiligen der Stadt benannte, unverhohlen barocke Parroquia de San Jerónimo.

🛏 Schlafen & Essen

⭐ Casa Real del Café   HISTORISCHES HOTEL $$

(☑228-816-63-17; www.casarealdelcafe.com; Gutiérrez Zamora 58; Zi. inkl. Frühstück 1100–1500 Mex$; 🅿😊📶) Das Hotel im Kolonialstil gehört lokalen Kaffeebauern, deren aromatische Produkte auch im hauseigenen Café Antiguo Beneficio angeboten werden. Zweigeschossige Zimmer bieten historischen Luxus, inklusive dunklem Holz, prachtvoll gefliesten Bädern mit Regenduschen, Nahaufnahmen von Kaffee und mit Kaffeebohnen verzierte Spiegel. Im gemeinschaftlichen Hof gibt es Liegestühle, einen Spa und einen Leseraum.

Hotel Boutique
Casabella   BOUTIQUEHOTEL $$

(☑228-979-07-18; www.hotelcasabellacoatepec.com.mx; Calle 16 de Sepiembre 33; Zi. 980 Mex$; 🅿📶) Dieses historische Hotel beherbergt zweigeschossige Zimmer, die sich um zwei grüne Höfe reihen, sowie jede Menge bezaubernde Dekoelemente, darunter ein Brunnen im zentralen Hof, schwere Holzbalken und antike Kaffeepressen. Dies alles fügt sich mit den Annehmlichkeiten, die der moderne Mensch so braucht (gute Betten, Kabel-TV, Regenduschen usw.), zu einem harmonischen Ganzen zusammen.

Hotel Mesón del
Alférez Coatepec   BOUTIQUEHOTEL $$

(☑228-816-67-44; www.pradodelrio.com; Jiménez del Campillo 47; DZ/Suite inkl. Frühstück 853/1026 Mex$; 🅿😊❄📶) Hinter den senfgelben

Mauern dieses historischen Stadthauses versteckt sich ein geheimer Hof mit Brunnen und einem Dschungel aus Blumen. Drumherum reihen sich in U-Form zweigeschossige Zimmer, die mit schweren Holzmöbeln, geschliffenen Böden, Deckenbalken und Kolonialelementen ausgestattet sind. Es ist eine wunderschöne Unterkunft mit hilfsbereitem Personal, allerdings gibt es eine künstliche Belüftung. Das ausgezeichnete Frühstück ist im Preis inbegriffen.

Posada de Coatepec   HISTORISCHES HOTEL $$$

(☑228-816-05-44; www.posadacoatepec.com.mx; Hidalgo 9; DZ/Suite inkl. Frühstück 1700/2000 Mex$; 🅿😊📶🏊) Das schönste Hotel von Coatepec befindet sich in einem prächtigen Kolonialgebäude. Der stimmungsvolle zentrale Hof strotzt nur so vor Pflanzen und hat einen sprudelnden Springbrunnen. Es gibt einen Pool, Ausstellungen lokaler Künstler, ruhige Gärten und eine echte alte Kutsche. Die Zimmer sind geräumig und individuell eingerichtet, aber etwas dunkel und muffig (typisch für alte Kolonialhäuser).

⭐ Café Santa Cruz   MEXIKANISCH $$

(☑228-200-40-59; Zamora 24; Hauptgerichte 110–175 Mex$; ☺13–22 Uhr) Von außen erinnert das rötliche Terrakotta-Gebäude an ein Bauernhaus, aber der kleine Essraum (es gibt nur eine Handvoll Tische) ist hell, modern und super entspannt. Serviert werden unvergessliche mexikanische Gourmetgerichte, z. B. Hase in Karotten- und Macadamia-Soße und honigglasierter Lachs mit Äpfeln.

Finca Andrade   MEXIKANISCH $$

(☑228-816-48-87; www.fincaandrade.com; Lerdo 5; Hauptgerichte 106–184 Mex$; ☺7.30–21 Uhr; 📶) Dieses große, farbenfrohe Restaurant ist bekannt für seine rauchige, leckere *chilpochole de camarón* (mit Chili gewürzte

Shrimps-Suppe), das Hühnchen, das nach dem geheimen *mole*-Rezept des Restaurants zubereitet wird, und für viele leckere *antojitos* (kleine Häppchen).

Ausgehen & Nachtleben

★ El Café de Avelino   CAFÉ
(www.facebook.com/elcafedeavelino; Rebolledo 21; ☺ Fr–Mi 13–20 Uhr) Einer der besten Kaffees der Stadt wird in diesem Café mit den zwei Tischen und vier Stühlen serviert (fünf, wenn man den Stuhl des Besitzers dazurechnet). Der Eigentümer Avelino Hernández – lokal bekannt als der *Poeta del Café* (Cafédichter) – braut kleine Wunder aus Kaffee, der in Coatepec, Cosailton, Xico und Teocelo angebaut wird.

Hier kann man auch Kaffeebohnen für 200 Mex$ pro Kilo kaufen.

El Cafésito   KAFFEE
(☑ 228-202-27-31; www.facebook.com/cafesitiocoatepec; Rebolledo; ☺ 10.30–20.30 Uhr; ☎) Dieses fingerhutgroße Café ist vor allem ein Ort, an dem man lokal angebaute Gourmetkaffeebohnen (160 bis 325 Mex$ pro Kilo) kaufen kann, aber es gibt auch eine Theke mit drei Stühlen. Lecker sind sie alle: *cortado,* Cappuccino, Macchiato, Espresso, *lágrima* (für alle, die etwas Kaffee in ihrer Milch mögen) und *coatepecano* (die einheimische Variante eines *americano*).

Casú   CAFÉ
(La Casa del Café; ☑ 228-816-57-11; www.facebook.com/cafecasucoatepec; Calle 5 de Mayo; ☺ 9–21 Uhr; ☎) Das charmante Café wird von einem freundlichen Team aus Kaffeeröstern betrieben, die ihre Köstlichkeiten (fantastischer Kaffee und köstliche Kuchen) in einem wunderhübschen Hintergarten, ein paar Meter vom Hauptplatz entfernt, anbieten.

Shoppen

Enriqueta   KAFFEE
(☑ 228-816-86-59; www.facebook.com/enriquetamx; Rebolledo 11; ☺ 9–20 Uhr) In einem der besten Cafés der Stadt kann man das koffeeinhaltige Gebräu in Form von ganzen oder gemahlenen (fein, extrafein oder grob) Kaffeebohnen kaufen. 500 g kosten rund 90 Mex$.

Praktische Informationen

Touristeninformation (☑ 228-816-04-34; http://somoscoatepec.com; Ecke Rebolledo & Arteaga, Palacio Municipal s/n; ☺ Mo–Fr 9–14 & 16–19, Sa & So 9.30–18.30 Uhr) Ein nützliches Büro im Palacio Municipal am Parque Hidalgo.

❶ An- & Weiterreise

Hierher fahren regelmäßig Busse (15 Mex$) von den Busbahnhöfen CAXA und Los Sauces in Xalapa. Eine Taxifahrt kostet etwa 100 Mex$. Die Busse nach Xico (15 Mex$) starten von der Constitución (zwischen Aldama and Juárez). Der ADO-**Busbahnhof** (☑ 228-816-96-19; Río Sordo s/n) bedient Puebla und Mexico City

Xico

🚌 228 / 8 652 EW. / HÖHE 1297 M

Das ruhige, hügelige Xico ist ein kleines, bezauberndes Städtchen, das 2011 in die Liste der von der mexikanischen Regierung registrierten *pueblos mágicos* aufgenommen wurde. Xico liegt nur 8 km von Coatepec entfernt und zieht eher Liebhaber von *mole* und Kunsthandwerk als Kaffeefreaks an. Seine kopfsteingepflasterten Straßen und die vielfältige Kolonialarchitektur machen Xico zu einem immer beliebteren Wochenendziel. In Mexiko ist Xico vor allem für seine Fiesta de Santa Magdalena bekannt, die jedes Jahr im Juli gefeiert wird und bei der ein Stierrennen wie im spanischen Pamplona veranstaltet wird. Überschwängliche Masken- und Kostümtänze sind auch ein wesentlicher Bestandteile der vielen anderen Fiestas, die in Xico stattfinden.

◉ Sehenswertes

Die Touristeninformation kann bei der Organisation einer Kaffeefarmtour helfen.

★ Cascada de Texolo   WASSERFALL
(an der Camino a la Cascada; ☺ 24 Std.) GRATIS Ein hübscher, ausgeschilderter, 3 km langer Weg (oder eine kurze Fahrt auf einer schlaglochübersäten Piste) führt von Xico an einer ehemaligen Hacienda vorbei zur spektakulären, 80 m hohen Cascada de Texolo. Vom Aussichtspunkt aus geht es über die Brücke. Ein fünfminütiger Weg bringt einen zur Cascada de la Monja, der in dem Film *Auf der Jagd nach dem grünen Diamanten* (1984) zu Ehren kam: Hinter dem Wasserfall war der besagte Diamant versteckt. Folgt man dem Hauptweg weiter, kommt man zu einem Aussichtspunkt mit Restaurant. Der steile Sendero de Ocelot (10 Mex$) führt direkt hinab zur Cascada de Texolo.

Obwohl einige Einheimische in der Cascada de la Monja schwimmen (wie Kathleen Turner und Michael Douglas), ist die Strömung stark – daher schwimmt man hier auf eigene Gefahr.

VERACRUZ ZENTRALES VERACRUZ

Museo del Danzante Xiqueño
MUSEUM

(☎228-129-66-97; Av Hidalgo 76, Casa de Cultura; ⊙Di–Fr 10–18 Uhr) **GRATIS** In der Casa de Cultura führt dieses ausgezeichnete, farbenfrohe Museum durch die jahrhundertealte Geschichte von Xicos Tänzen, die bei den Feierlichkeiten zu Ehren des Schutzheiligen der Stadt ein wesentlicher Bestandteil darstellen. Erläutert werden auch die Maskenschnitztradition und die Rolle eines jeden Maskencharakters – des Stiers, des Clowns, des *negro separado* – in sämtlichen Tänzen.

Café Gourmet Pepe
PLANTAGE

(☎228-855-09-70; Carretera Xico-Coatepec Km 1; geführte Tour 60 Mex$; ⊙10–17 Uhr) 🌿 Diese Plantage stellt beinahe biologischen, im Schatten gewachsenen Kaffee her. Im Angebot sind außerdem geführte Touren (im Voraus anrufen), köstlicher Kaffee und Liköre. An der ersten Bushaltestelle in Xico aussteigen, 150 m zurücklaufen und den Schildern auf der rechten Seite folgen.

Casa Museo Totomoxtle
MUSEUM

(Ecke Aldama & Juárez; ⊙16–19 Uhr) **GRATIS** In dem kleinen Museum sieht man die Produkte des künstlerischen Hobbys in der Stadt: aufwendige und detailgetreu gearbeitete Figuren aus *hojas de maiz* (Maisblättern). Das gibt's nur in Xico! Öffnungszeiten flexibel.

Feste & Events

★Fiesta de Santa Magdalena
RELIGIÖSES FEST

(⊙5.–24. Juli) Die Mutter aller Feste umfasst überschwängliche Kostümtänze, Prozessionen und vieles mehr. Die Magdalena-Statue in der Parroquia de Santa María Magdalena (am Ende der Avenida Hidalgo) wird anlässlich der Feierlichkeiten 30 Tage lang täglich in ein anderes Gewand gekleidet. Am 22. Juli findet ein Stierrennen durch die Straßen statt.

Zur Vorbereitung der Heiligenprozession werden riesige Blumenbögen aufgestellt und die Straßen kunstvoll mit Teppichen aus gefärbten Sägespänen geschmückt.

🛏 Schlafen & Essen

Hotel Paraje Coyopolan
HOTEL $

(☎228-813-12-66; www.coyopolan.com; Venustiano Carranza Sur s/n; EZ/DZ inkl. Frühstück ab 550/685 Mex$; P☕📶) In dieser netten Anlage direkt am Fluss, gleich außerhalb der Stadt, dreht sich alles um schrille Farben und peppiges mexikanisches Design. Das Hotel organisiert Wander-, Canyoning- und Abseiltouren in die umliegenden Berge und Schluchten und eignet sich hervorragend als Ausgangsbasis für Outdoor-Aktivitäten. Einige Zimmer haben keine Fester, dafür aber einen Balkon.

Posada los Naranjos
HOTEL $

(☎228-153-54-54; Av Hidalgo 193; Zi. ab 400 Mex$; P📶) Das schnörkellose Hotel im Herzen der Stadt hat nur neun Zimmer und ist eine gute Budgetoption für eine Nacht. Die Zimmer haben hohe Decken und sind sauber, allerdings gibt es keine Fenster und die Unterkünfte sind daher muffig. Hierher führt ein kurzer Weg über die Hauptstraße von der Kirche aus. Wer im Naranjos übernachtet, kommt in den mehr oder minder schönen (Ansichtssache!) Genuss eines morgendlichen Kirchenglockenkonzerts.

★Las Magdalenas
BOUTIQUEHOTEL $$$

(☎228-813-03-14; www.lasmagdalenas.com.mx; Hidalgo 123; Zi. inkl. Frühstück ab 1590 Mex$; P📶) Dieses schöne Kolonialgebäude wurde auf eindrucksvolle Weise in ein wunderbares Boutiquehotel verwandelt. Es gibt einen bezaubernden Garten voller Blumen, Gemeinschaftsbereiche mit vergoldeten Spiegeln und mehrgeschossige Zimmer, die für eine solch altertümliche Kulisse überraschend hell und modern sind. Das Restaurant hat eine schöne Atmosphäre; das Essen ist allerdings nur so lala.

Los Portales Texolo
MEXIKANISCH $

(☎228-129-81-43; Av Hidalgo 109; Hauptgerichte 60–120 Mex$; ⊙Di–So 20 Uhr) Wenn man von der Kirche die Avenida Hidalgo hinunterläuft, kommt man zu einem kleinen Platz, der bei Sonnenuntergang von entzückten Vögeln bevölkert wird. Hier befindet sich dieses freundliche Esslokal, das köstliche *xiqueño*-Spezialitäten, z. B. *chiles en nogada* und *mole,* im Freien, inmitten von Xicos kolonialer Pracht, serviert.

★Restaurante Mesón Xiqueño
MEXIKANISCH $$

(☎228-813-07-81; Av Hidalgo 148; Hauptgerichte 55–350 Mex$; ⊙9–21 Uhr) Unweit der Ecke Av Hidalgo/Calle Carranza liegt das bekannteste Restaurant Xicos. Hier kann man in einem schönen Hof speisen und die berühmte lokale *mole* (eine komplexe Mischung aus Schokolade, Mandelzucker und weiteren geheimen Zutaten) probieren, die in verschiedenen Variationen erhältlich ist. Darüber hinaus gibt's gefüllte Jalapeños, Suppe mit duftendem *xonequi*-Kraut und vieles mehr.

Shoppen

Casa Doria KUNST & KUNSTHANDWERK
(☑228-044-22-81; Av Hidalgo 193; ⊘11–19 Uhr)
Ein guter Ort für lokales Kunsthandwerk,
z. B. die unverwechselbaren, bemalten Holzmasken, die von Tänzern während der vielen
Feste der Stadt getragen werden.

La Casa de Lilu LEBENSMITTEL
(Av Hidalgo 150; ⊘9–19 Uhr) Xicos berühmte
mole kann in dem freundlichen Geschäft er-
standen werden, das auch Biokaffee verkauft.

❶ Praktische Informationen

Touristenbüro (☑228-813-16-18; Av Hidalgo
76; ⊘9–18 Uhr) Im Casa de la Cultura; eine
gute Quelle für lokale Infos.

❶ An- & Weiterreise

Vom **Busbahnhof** (☑228-813-03-91; Nava s/n
fahren regelmäßig Busse zum Busbahnhof Los
Sauces in Xalapa (18 Mex$) und nach Coatepec
(12 Mex$).

Jalcomulco

☑279 / 4690 EW. / HÖHE 350 M

Nur 30 km südöstlich von Xalapa liegt das
winzige Jalcomulco in einem üppigen Tal
am Río Antigua (dieser Abschnitt wird auch
Río Pescados genannt) inmitten von dschun-
gelbewachsenen Hügeln. In der Gegend gibt
es viele Höhlen und fantastische Schwimm-
stellen. Am bekanntesten ist sie jedoch für
ihre Stromschnellen, darunter einige der
besten in ganz Mexiko, bei denen Rafting-
fans – Anfänger und Fortgeschrittene – voll
auf ihre Kosten kommen.

Ein paar Touranbieter organisieren
mehrtägige Raftingtouren, die normalerweise noch andere Aktivitäten umfassen (z. B.
Abseilen, Reiten, Mountainbiken, Canyoning oder Trekking).

Wenn an den Wochenenden zahlreiche
Abenteurer hier einfallen, erwacht Jalcomulco zum Leben. Die restliche Zeit über
ähnelt es aber einem verschlafenen Dorf
inmitten von Mangoplantagen und Zucker-
rohrfeldern.

✹ Aktivitäten

★ Jalco Expediciones RAFTING
(☑279-832-36-87; www.jalcoexpediciones.com.
mx; Calle 20 de Noviembre 17; Tagestour 780 Mex$;
⊘9–18 Uhr) Sehr professioneller Raftingveranstalter mit ausgezeichneter Ausrüstung.
Im Angebot sind Rafting-, Abseil- und Zip-
linetouren, inklusive Holzofenpizzas, die bei
der Rückkehr auf die hungrigen Kunden
warten. Es stehen Ein- und Mehrtagestou-
ren auf dem Programm.

★ Expediciones México Verde TOUR
(☑800-362-88-00; www.mexicoverde.com; Carretera Tuzamapan-Jalcomulco Km 6; 5-stündige
Raftingtour 790 Mex$, Kajaktour 890 Mex$; ⊘9–17
Uhr) Die Liste der adrenalingeladenen, nas-
sen und wilden Aktivitäten, die von diesem
professionellen Veranstalter angeboten werden, lassen selbst die Furchtlosesten nicht
kalt. Expediciones México Verde ist einer
der ältesten Tourveranstalter in Jalcomulco.
Sein Angebot umfasst dabei auch Luxusunterkünfte in Form von geräumigen Safari-
zelten inmitten von Dschungel, ein eigenes
Restaurant, einen Spa und *temascal* (Kräuterdampfbad). Das Gelände liegt rund 6 km
nördlich der Stadt.

Armonía Rafting TOUR
(☑279-832-35-80; www.armoniarafting.com; Zaragoza 56; Rafting-Tagestour 850 Mex$; ⊘Mo–Fr
9–18, Sa bis 15, So bis 13 Uhr) Einer der besten
Raftingveranstalter in Jalcomulco, der 3-Ta-
ges- bzw. 2-Nächte-Pauschaltouren anbietet.
Im Paket sind die Unterbringung (Camping/
Hostel/Hotel 2390/2590/2790 Mex$ pro
Pers.), zwei Raftingtrips, Abseilen und Ziplining sowie Mahlzeiten, Transport, ein Guide
und ein Dampfbad in einem *temascal* (traditionelles Kräuterdampfbad) enthalten. Tagesausflüge sind ebenfalls im Angebot.

🛏 Schlafen & Essen

Posada del Río HOTEL $
(☑279-832-35-27; Ecke Zaragoza & Madero; Zi.
680 Mex$; ❋🅿🖨) Das ockerfarbene, kleine
Hotel in zentraler Lage hat nur 14 kompakte
Zimmer, die sich um einen Hof mit viel Grün
und einem Pool reihen. Das Ganze hat einen
rustikalen Touch, das Restaurant vor Ort
bereitet köstliche einheimische Gerichte zu
und der Service ist hilfsbereit und freundlich.

Aldea Ecoturismo ZELTCAMP $$
(☑279-832-37-51; www.aldeajalcomulco.com.mx;
Carretera Tuzamapan-Jalcomulco Km 3; Zelt
555 Mex$/Pers., EZ/DZ Bungalow ab 647/1200 Mex$;
🅿) Rund 3 km außerhalb der Stadt befindet
sich diese begrünte Anlage, in der man seine
Dschungelfantasien beim Campen inmitten
von Weinranken oder beim Schlafen in
Baumhaus-Bungalows verwirklichen kann
(es gibt allerdings auch einige Bungalows auf
der Erde!). Im Angebot sind Rafting, Abseilen

und andere adrenalingeladene Aktivitäten; danach kann man seine schmerzenden Muskeln in einem traditionellen *temascal* entspannen.

★ Rodaventa Natural   RESORT $$$

(☎279-822-35-97; www.rodaventonatural.com; Constitución s/n; 3-/4-Pers.-Bungalow 1638/1810 Mex$, Safarizelt 2155 Mex$; ✴🐕🛏) Gleich südlich des Flusses liegen bezaubernde, behagliche, strohgedeckte Bambus-Bungalows (mit zusätzlichen Hochbetten) und luxuriöse, geräumige Safarizelte um eine Pool und ein *palapa*-Restaurant inmitten einer üppig grünen Anlage. Das Innere der Unterkünfte ist in leuchtenden Farben gehalten. Zur Anlage gehören ein nobles Spa und ein traditionelles *temascal* zum Relaxen.

Das Resort hat sich auf mehrtägige Pauschalangebote spezialisiert, die Rafting-, Abseil- und Wildwasserkajaktouren, Canyoning, Ziplining und vieles mehr beinhalten.

★ Restaurante Nachita   MEERESFRÜCHTE $$

(☎228-832-35-19; Madero 4; Hauptgerichte 95-320 Mex$; ⊘8–21 Uhr; ☎) Hier kann man auf der Veranda sitzen, den Blick auf den Fluss genießen und eine der Spezialitäten des Restaurants bestellen: *manuelitos* (lokal gefangene Krebse) in Salsa Verde oder Chipotle-Soße, eine herzhafte *torta be mariscos* (Meeresfrüchtepastete) oder einen Meeresfrüchte-*cazuela* (Eintopf). Alle Gerichte werden mit hervorragenden, hausgemachten Salsas serviert und mit *agua de jamaica* (Hibiskuseistee) heruntergespült, der in einem Becher von der Größe eines Goldfischglases serviert wird. Besonders beliebt bei größeren Gruppen.

❶ An- & Weiterreise

Busse zum Busbahnhof Azteca in Xalapa (40 Mex$, 1½ Std., tgl.) und nach Coatepec (30 Mex$, 45 Min. stündl.) fahren vom Hauptplatz ab. Veranstalter von Abenteuertouren aus Veracruz City und aus anderen Orten bieten Transfers nach Jalcomulco als Teil ihrer Raftingpauschalen an.

Tlapacoyan

☑225 / 35 338 EW.

An der Mündung des Río Filobobos (auch bekannt als Río Bobos und berühmt für seine Stromschnellen) geht es von Nauta auf dem Hwy 129 60 km landeinwärts nach Tlapacoyan, wo eine Handvoll von Raftingveranstaltern ansässig ist und der Wasserfall

Cascada de Encanto einen herrlichen Badeplatz bietet. Tlapacoyan selbst ist eine wenig aufregende, landwirtschaftlich geprägte Stadt inmitten von Bananenplantagen und Zitrusfrüchtehainen. Eine Übernachtung lohnt sich dennoch, wenn auch nur um die zwei interessanten archäologischen Stätten, Caujilote und Vega de la Peña, in der Nähe zu besichtigen. Diese beiden kürzlich entdeckten Stellen werden gemeinsam „Filobobos" genannt.

◉ Sehenswertes

★ El Cuajilote   ARCHÄOLOGISCHE STÄTTE

(55 Mex$; ⊘9–17 Uhr) Diese wunderschöne Stätte stammt aus den Jahren 600 bis 900 n. Chr. Sie umfasst Tempel, Plattformen und Schreine, die sich um einen langen, rechteckigen Platz reihen und teilweise vom Dschungel zurückerobert wurden. El Cuajilote war einst das Zuhause von unbekannten Völkern. Die Stätte lohnt schon aufgrund der Schönheit der Umgebung einen Besuch – darüber hinaus hat man den stillen Ort wahrscheinlich ganz für sich allein.

Südlich von Tlapacoyan folgt man den „Filobobos"-Schildern an einer geteerten Straße. Der letzte Kilometer ist ungeteert und holprig. Taxis nach Rancho Grande können einen an der Abzweigung vor dem letzten Kilometer absetzen.

Beim Betreten der Stätte sind die ersten beiden Gebäude auf der rechten Seite ein Ballspielplatz. Genau gegenüber befindet sich der freigelegte Tempo Mayor, eine beeindruckende, mehrstöckige Pyramide. Entlang der beiden Seiten des Platzes kann man die Formen anderer Plattformen und Tempel unter der üppigen Vegetation ausmachen. Ein Bach trennt den Templo Mayor von den Überresten der Schreine in der Mitte des Platzes. Das archäologische Projekt ist noch im Gange und die Ursprünge der Bewohner von El Cuajilote sind noch unbekannt. Über 1500 phallische Fruchtbarkeitsfiguren wurden am Schrein A4 gefunden, was auf den Einfluss eines Huasteken-Fruchtbarkeitskultes hindeutet, während die frühesten Gebäude der Stätte (die möglicherweise auf das Jahr 1000 v. Chr. zurückgehen) den Olmeken zugeordnet werden. Die Steinfiguren, die hier gefunden wurden, ähneln außerdem dem Totonaken-Stil. Archäologen glauben jedoch, dass es auch möglich ist, dass die zwei Stätten von „Filobobos" von einer bisher unbekannten mesoamerikanischen Zivilisation bewohnt wurden.

Vega de la Peña ARCHÄOLOGISCHE STÄTTE

(55 Mex$ ⊙ 9–17 Uhr) Die vor Kurzem entdeckte, 8 km² große Stätte einer prähispanischen Siedlung, Vega de la Peña, ist nur zu Fuß zu erreichen und wird daher kaum besucht. Sie wurde bisher nur teilweise freigelegt und zeigt Einflüsse der Olmeken, Huasteken, Totonaken und Tolteken. Ihre Geschichte umfasst mehr als 1500 Jahre, von 100 v.Chr. bis 1500 n.Chr., obgleich die Blütezeit zwischen 1200 und 1500 n.Chr. gewesen zu sein scheint. Vega de la Peña liegt 2,5 km entfernt von El Cuajilote, wo man sich nach dem Weg erkundigen kann.

Optisch ist Vega de la Peña nicht so beeindruckend wie El Cuajilote; es gibt nur einen kleinen Ballspielplatz und einige Wohnhäuser. Die Idee, die der Stätte zugrunde liegt, ist aber überwältigend: Es ist möglich, dass die noch nicht freigelegten Ruinen viel weitläufiger sind und dass die komplexe Zivilisation, die hier lebte, eine bedeutendere Rolle in Bezug auf den mesoamerikanischen Handel und Einfluss hatte, als bisher angenommen.

🏃 Aktivitäten

⭐ **Aventurec** RAFTING

(☎225-315-43-00; www.aventurec.com; abseits des Hwy 129, El Encanto; Rafting-Tagestour ab 800 Mex$) Der hoch angesehene Tourveranstalter bietet drei Arten von Raftingtouren auf dem Río Filobobos an, darunter ein nasses, wildes Flussabenteuer mit Halt bei den beiden archäologischen Stätten. Mehrtägige Touren, die Kajakfahren, Ziplining und andere adrenalingeladene Aktivitäten beinhalten, sind ebenfalls sehr zu empfehlen. Übernachtet wird in Zelten, Schlafsälen oder Hütten.

🛏 Schlafen & Essen

Hotel Posada Oliver HISTORISCHES HOTEL $

(☎225-315-42-12; Av Cuauhtemoc 400; Zi. 500 Mex$; ❄🞳) Das Beste von Tlapacoyans Hotels (nicht, dass man hier wirklich von einem Wettrennen sprechen kann) ist die Posada Oliver, gleich am Hauptplatz, mit Steinbögen und einem grünen Hof, der viel zum (dringend notwendigen) Charakter beiträgt. Die Zimmer sind einfach, aber komfortabel und mit Kabel-TV und Klimaanlage ausgestattet.

Las Acamallas MEXIKANISCH $

(☎225-315-02-91; Heroes de Tlapacoyan s/n; Hauptgerichte 60–130 Mex$; ⊙8–22 Uhr) Gleich am Hauptplatz liegt das zweistöckige Las Acamallas, in dem hervorragende Enchi-

ladas, Hühnchen in unzähligen Varianten und becherweise *horchata* (Reismilch) in kopfgroßen Bechern auf den Tisch kommen.

ℹ An- & Weiterreise

Vom **Busbahnhof** (Zaragoza s/n) fahren ADO-Busse nach Mexico City (395 Mex$, 5½ Std., 9-mal tgl.), Puebla (250 Mex$, 3½ Std., 7-mal tgl.) und Xalapa (134 Mex$, 2½ Std., 10-mal tgl.). Wer nach Veracruz oder Papantla möchte, muss in einen 2.-Klasse-Bus nach Martínez de la Torre, 22 km östlich, steigen und dort umsteigen.

Córdoba

☑271 / 142 500 EW. / HÖHE 817 M

Córdoba ist nicht mit seinen berühmten Namensvettern in Spanien und Argentinien zu verwechseln, schaut aber ebenfalls auf eine glanzvolle Vergangenheit zurück und trägt den entsprechend berechtigten Bürgerstolz zur Schau; hier wurde 1821 der Vertrag zur Unabhängigkeit Mexikos unterzeichnet. Gegründet wurde die Stadt bereits 1618 als Zwischenposten zwischen Mexico City und der Küste, um die Interessen der spanischen Krone vor der lokalen Sklavenrebellion zu schützen, die von Gaspar Yanga angeführt wurde und in dieser Region sehr stark war.

Als Übernachtungsstopp ist Córdoba weniger bezaubernd als das nahe gelegene Orizaba, aber aufgrund der Hauptplaza geht es hier lebhafter zu. Es findet rund um die Uhr eine „Liveshow" der ganz eigenen Art statt: Da eilen Theaterbesucher in hochhackigen Schuhen zwischen hungrigen Tauben vorbei, während sich ältere Herren als Marimba-Spieler verdingen. Und über allem thront eine prächtige Barockkathedrale, die zu den schönsten im Bundesstaat gehört.

⊙ Sehenswertes

Die meisten Sehenswürdigkeiten Córdobas finden sich rund um die Hauptplaza, Parque de 21 de Mayo, die an sich schon sehr beachtenswert ist.

Catedral de la Inmaculada Concepción KATHEDRALE

(Parque de 21 de Mayo; ⊙Öffnungszeiten variieren) Die blaue Barockkathedrale von 1688 hat eine aufwendig gestaltete Fassade und zwei Glockentürme an den Seiten. Blattgoldelemente und Marmorböden zieren den für Mexiko überraschend prächtigen Innenraum. Von den Altären neben der Kapelle fällt Kerzenlicht auf verschiedene Statuen, z.B. einen leidenden Christus am Kreuz und eine verzweifelte Virgen de la Soledad. Die Mischung aus Glanz und Schrecken ist eine visuelle Metapher für eine grausame historische Ungerechtigkeit: Während die Eroberer nach Reichtum gierten, lebte die indigene Bevölkerung in schrecklichem Elend.

Ex-Hotel Zevallos
HISTORISCHES GEBÄUDE
(Parque de 21 de Mayo) Im 1687 erbauten Ex-Hotel Zevallos residierten einst die *condes* (Grafen) von Zevallos. Es steht an der Nordostseite des Parque de 21 de Mayo hinter den *portales*. Die Tafeln im Hof erinnern daran, dass sich am 24. August 1821 Juan O'Donojú und Agustín de Iturbide hier trafen, um die Bedingungen für die Unabhängigkeit Mexikos auszuhandeln. Sie einigten sich auch darauf, dass kein Europäer, sondern ein Mexikaner Staatsoberhaupt werden sollte. Heute ist das Gebäude voller Cafés und Restaurants.

Parque de 21 de Mayo
PLAZA
Der Hauptplatz von Córdoba hat seine Sehenswürdigkeiten zu bieten. Hierher kommt man um zu leben. Der Platz konkurriert mit der Plaza von Veracruz um den Titel des tollsten und lebhaftesten Platzes der Region. Er ist zwar viel größer, aber wegen der scheinbar unzähligen Musikanten fehlt es ihm dennoch nicht an einer gemütlichen Atmosphäre. Gegenüber der Kathedrale an der Westseite steht der prächtige Palacio Municipal mit einem unvergesslichen Wandgemälde von Diego Rivera im Inneren.

Parque Ecológico Paso Coyol
PARK
(Ecke Calle 6 & Av 19, Bella Vista; 10 Mex$; ⊙7–18 Uhr) 🌿 Der ehemals von Kriminellen frequentierte, 4 ha große stillgelegte Parkplatz wurde mit staatlicher Unterstützung in einen Park umgewandelt. Heute tummeln sich in dieser nach ökologischen Gesichtspunkten konzipierten Grünanlage die *cordobeses*. Für Jogger und Spaziergänger gibt's gewundene Wege, die an bunten Gärten und Übungsplätzen vorbeiführen. Mit der geringen Eintrittsgebühr werden *campesinos* (Landbewohner) und Biologen finanziert, die sich um die Pflege der Anlagen kümmern. Anfahrt: Von der Plaza 1,5 km nach Süden der Calle 3 folgen. Die Straße ändert unterwegs ihren Namen und führt durch einen Vorort hinunter zum Park.

Museo de la Ciudad
MUSEUM
(☎271-712-09-67; Calle 3, zw. Av 3 & Av 5; ⊙Mo–Fr 9–17 Uhr) GRATIS Das Museum gehört zur Universität der Stadt und zeigt eine bescheidene, aber interessante Sammlung von Artefakten, z. B. eine schöne aztekische Ballspielmarkierung, einige Olmeken-Figuren und auch eine Replik der großartigen Statue *El señor de las Limas,* deren Original im Museo de Antropología in Xalapa (S. 237) steht. Das Museum liegt gleich abseits vom Hauptplatz, gegenüber des Centro Cultural Municipal.

Geführte Touren

Cecila Rábago
KULTURTOUR
(☎271-120-20-30; cecirabago@hotmail.com; Fortín de las Flores; 1–4 Pers./Tag ab 1400 Mex$) Als eine alteingesessene, zweisprachige Touristenführerin in der Region ist Cecila eine Expertin für Geschichte und sehenswerte Stätten im Gebiet Fortín–Córdoba–Orizaba. Die temperamentvolle Reiseführerin veranstaltet Stadtrundgänge und Ausflüge zu Kaffeeplantagen, ganztägige Wanderungen abseits der ausgetretenen Pfade und viele weitere interessante Touren. Man sollte sie unbedingt im Voraus kontaktieren.

Feste & Events

Karfreitag
RELIGIÖSES FEST
Am Abend des Karfreitags gedenkt Córdoba des Martyriums Jesu mit einer Schweigeprozession. Tausende von Einwohnern schreiten mit Kerzen in den Händen hinter einem Marienaltar durch die Straßen. Dabei herrscht absolute Stille – selbst die Kirchenglocken geben keinen Laut von sich.

🛌 Schlafen

Hotel Los Reyes
HOTEL $
(☎271-712-25-38; www.losreyeshotel.com; Ecke Calle 3 & Av 2; EZ/DZ 250/299 Mex$; ❀🛜) Nur einen halben Straßenblock vom Hauptplatz entfernt besticht dieses ausgezeichnete, super günstige Hotel durch freundlichen Service und ein Auge fürs Detail. Die ventilatorgekühlten Zimmer sind mit guten Betten und qualitativ hochwertiger Bettwäsche (die mit dem Hotelnamen bestickt ist) ausgestattet. Die Hälfte der Zimmer liegt nach innen, die andere Hälfte nach außen. Die Zimmer 203 bis 206 sind die besten, da sie auf die ruhigere Calle 3 hinausgehen.

Hotel Bello
HOTEL $
(☎271-712-81-22; www.hotelbello.com/cordoba; Ecke Av 2 & Calle 5; EZ/DZ/3BZ 635/696/720 Mex$; P❀✳@🛜) Das leuchtend gelbe, moderne Hotel, das man nur schwer verfehlen kann, ist äußerst sauber und steht nur einige Schritte entfernt vom Hauptplatz in guter Lage. Die

Mitarbeiter sind freundlich und die Zimmer haben Balkone. Einige bieten einen tollen Ausblick auf den Pico de Orizaba. Die Zimmer mit Balkonen im Obergeschoss sind die besten. Das Hotel liegt an einer belebten Straße, deshalb kann es etwas laut werden.

Hotel Layfer HOTEL $$
(☎271-714-05-05; www.hoteleslayfer.com; Av 5 No 908, EZ/DZ 810/1000 Mex$; P ❄ 📶 🏊) Das Layfer ist definitiv das schickste Hotel von Córdoba (wenn auch nicht das beste): Es bietet moderne, aber nicht besonders spektakuläre Zimmer, die um einen Pool herum angeordnet sind. Hinzu kommen jede Menge Extras wie kostenlose Körperpflegeprodukte, eine Bar, ein Fitnessstudio, ein Restaurant und ein Spielzimmer.

Hotel Mansur HOTEL $$$
(☎271-712-60-00; www.hotelmansur.com.mx; Av 1 No 301; Zi. 1642–2552 Mex$; P ❄ 📶) Mit seinen fünf Stockwerken bietet das Mansur den besten Blick über Córdobas Hauptplatz. In dem ehrwürdigen Hotel mit seinen riesigen, mit schweren Holzstühlen bestückten Balkonen fühlt man sich als Teil einer Show, die sich unten in den Straßen entfaltet. Das Mansur wurde kürzlich komplett renoviert; im Zuge dessen wurde der Glanz der Alten Welt gegen zeitgenössische Kunst ausgetauscht. Die Zimmer sind angemessen luxuriös, und einige haben private Terrassen.

Die Preise für die Zimmer nach vorne sind nicht teurer; wer eine schöne Aussicht möchte, sollte sich daher für eines dieser Zimmer entscheiden. Wer es jedoch relativ ruhig und friedlich mag, nimmt ein nach hinten gelegenes Zimmer.

Essen

Córdoba hat eine lebhafte Gastronomieszene mit einer großen Auswahl an Restaurants. Viele befinden sich auf dem Hauptplatz oder in der Gegend darum. Eine Ansammlung von teureren Lokalen liegen an der Kreuzung der Avenida 9 und den Calles 22 und 20.

El Patio de la Abuela MEXIKANISCH $
(☎271-712-06-06; Calle 1 No 208; Hauptgerichte 35–120 Mex$; ⏲8–24 Uhr; 📶) Dieses freundliche, zwanglose Esslokal serviert eine Auswahl an Tacos, *picaditas* (dicke Tortillas mit verschiedenen Belägen) und *tamales*. Es gibt hier auch herzhafte *pozole* (gewürzter Eintopf aus Maisgrütze und Schweinefleisch), *mondongo* (Kuttelsuppe – super gegen Kater!) und riesige Mengen von Grillfleisch.

Calufe Café CAFÉ $
(Calle 3 No 212; Kaffee ab 25 Mex$; ⏲So–Mi 8–21, Di–Sa bis 24 Uhr; 📶) Wenn nur alle Cafés so wären wie dieses. Das Calufe befindet sich in einem charmant verfallenen Kolonialgebäude mit wunderschönen Ecken und Nischen rund um einen gedämpft beleuchteten Hof voller Pflanzen. Abends bestimmen Gitarren- und Gesangsduos mit melancholischer Musik die Atmosphäre. Das Calufe verkauft seine eigene Kaffeemarke, dazu gibt's Kaffeekuchen, der buchstäblich auf der Zunge zergeht, und weitere diätfeindliche Snacks.

Roof Garden Restaurant FUSION $$
(☎271-716-41-42; Av 9 Bis zwischen Calles 26 & 28; Hauptgerichte 75–240 Mex$; ⏲9.30–23 Uhr) Eines der besten Restaurants in Córdoba. In diesem mit Pflanzen gefüllten, freundlichen, kleinen Restaurant im Westen der Stadt gibt es kreativ zubereitete und dargebotene moderne mexikanische Gerichte – gespickt mit Elementen aus dem sonnenverwöhnten Mittelmeerraum. Neben den modernen Varianten mexikanischer Klassiker erwartet einen auch eine Auswahl an Carpaccios, Pastas und mehrstöckigen Burgern sowie guter Kaffee und hausgemachte Limonade.

El Balcón del Zevallos MEXIKANISCH $$$
(☎271-714-66-99; Av 1 No 101; Hauptgerichte 130–420 Mex$; ⏲Mo–Do 17–1, Fr–So ab 14 Uhr; 📶) Das Lokal im oberen Stockwerk des schönen ehemaligen Hotel Zevallos beansprucht für sich, Córdobas berühmtestes Restaurant zu sein. Die Lage ist einfach wunderbar: Vom Balkon blickt man auf den Platz. Hier gibt es eine umfangreiche Weinkarte (darunter einige ordentliche mexikanische Rotweine) und gute (wenn auch überteuerte) Fleisch- und Meeresfrüchtegerichte, die am Tisch *a la parrilla* (auf dem Grill) zubereitet werden. Der Service ist nicht gerade übereifrig.

Ausgehen & Nachtleben

★ **Hêrmann Thômas Coffee Masters** KAFFEE
(☎271-712-50-71; http://hermann-thomas.com; Calle 2 104, zwischen Avs 1 & 3; ⏲7.45–22 Uhr; 📶) Der hübscheste Coffeeshop der Region hat ein schickes, modernes Inneres, das mit Büchern über Kunst, Design und Geschichte bestückt ist. Die Kaffeebohnen kommen von ausgewählten *fincas* (Farmen) in Mexikos Kaffeegebieten. Der Kaffee wird auf vielfältige Art zubereitet, z. B. im vietnamesischen Stil, und die Bohnen kann man hier auch kaufen. Auf der Karte stehen ebenfalls Tees und Säfte.

BUSSE AB CÓRDOBA

Deluxe- und 1.-Klasse-Busse fahren ab Córdoba u. a. nach:

ZIEL	PREIS (MEX$)	DAUER (STD.)	HÄUFIGKEIT (TGL.)
Fortín	20	½	häufig
Mexico City (TAPO)	434	5½	häufig
Oaxaca	278–400	5¼–7	4-mal
Orizaba	40	¾–1	häufig
Puebla	169	3¼	häufig
Veracruz	70–164	1¾–2¼	häufig
Xalapa	108–242	3	11-mal

Praktische Informationen

Die Banken rund um die Plaza de Armas haben rund um die Uhr zugängliche Geldautomaten.

Hospital Covadonga (✆ 271-714-55-20; www.corporativodehospitales.com.mx; Av 7 No 1610; ☻ 24 Std.) Notfallversorgung rund um die Uhr.

Touristeninformation (✆ 271-712-43-44; Centro Cultural Municipal, Ecke Av 3 & Calle 3; ☻ Mo–Fr 8.30–16 & 18–19.30, Sa & So 10–14 Uhr) Das hilfsbereite Personal hält Stadtpläne und nützliche Infos bereit. Hin und wieder bieten Freiwillige Stadtführungen an.

An- & Weiterreise

AUTO & MOTORRAD

Nach Córdoba, Fortín de las Flores und Orizaba kommt man über den mautpflichtigen Hwy 150D, den auch die meisten Busse nutzen, sowie über den Hwy 150, was aber länger dauert. Eine malerische Landstraße führt von Fortín durch die Hügel über Huatusco nach Xalapa.

BUS

Córdobas **Busbahnhof** (Blvd Augin Millan) befindet sich 2,5 km südöstlich der Plaza und wird von Bussen der Deluxe- sowie der 1. und der 2. Klasse bedient. Zum Stadtzentrum gelangt man mit einem Ortsbus mit der Aufschrift „Centro" oder einem Taxi (Taxiticket 40 Mex$). Nach Orizaba nimmt man besser den Nahverkehrsbus von der Ecke Av 11 und Calle 3, statt bis zum Busbahnhof Córdoba zu fahren.

Orizaba

✆ 272 / 124 000 EW / HÖHE 1219 M

Orizaba schafft es immer wieder, seine Besucher zu überraschen. Auf den ersten Blick ist es eine gewöhnliche, mittelgroße mexikanische Stadt. Bei näherem Hinsehen merkt man allerdings schnell, dass Orizaba eine der reizvolleren Städte in Veracruz ist und einige einzigartige Attraktionen zu bieten hat, z. B. ein schönes altes Koloni-

alzentrum, mehrere herrliche Parks und einen tollen Spazierweg am Fluss. Ganz in der Nähe ragt Mexikos höchster Berg in den Himmel, der majestätische Pico de Orizaba (5611 m); eine neue Seilbahn (für die man schwindelfrei sein muss) verschafft beste Aussichten auf den schlafenden Vulkan. Die bemerkenswerteste Sehenswürdigkeit in Orizaba ist Gustave Eiffels einzigartiger, im Jugendstil erbauter Palacio de Hierro (Eisenpalast). Die aufschlussreichste Attraktion ist jedoch das hervorragende Kunstmuseum, das die zweitgrößte Diego-Rivera-Sammlung Mexikos beherbergt. Aufgrund der abwechslungsreichen Restaurantszene und dem allgegenwärtigen Duft gerösteter Kaffeebohnen, der aus den zahllosen Cafés strömt, bleiben viele Besucher länger hier, als sie erwarten.

☺ Sehenswertes

★ Teleférico de Orizaba   SEILBAHN

(278-114-72-82; Sur 4, zw. Calle Poniente 3 & Calle Poniente 5; 50 Mex$; ☻ 9–19 Uhr) Diese Seilbahn bringt Besucher ratternd und schwingend von der Flussseite gegenüber des Palacio Municipal bis auf den Gipfel des Cerro del Borrego (1240 m), wo man herrliche Aussichten und einen guten Zugang zu Wanderrouten hat. Es dauert nur fünf Minuten, die Strecke von fast 1 km und die Höhe von etwa 320 m zu überwinden. Leute mit Höhenangst sollten sich die Aussicht allerdings lieber nur beschreiben lassen!

Aber es ist eine fantastische Erfahrung, und auf dem Gipfel des Cerro del Borrego findet man ausgeschilderte Wanderwege und einen „Ökopark", in dem es Picknickbereiche, ein kleines Militärmuseum und Spielplätze gibt. An Wochenenden zwischen 13 und 18 Uhr wird eine Schlacht, die hier gegen Ende des 19. Jhs. stattfand, nachempfunden.

⭐ Palacio de Hierro · MUSEUM

(272-728-91-36; Parque Castillo; ☉ 9–19 Uhr)
Der „Eisenpalast" ist Orizabas fantasiereiches Jugendstil-Wahrzeichen. Das Innere des Palasts wurde umgebaut und beherbergt jetzt ein halbes Dutzend kleine Museen. Am interessantesten sind das Museo de la Cerveza über die Geschichte der regionalen Bierindustrie, das Museo de Fútbol (Fußball), das Museo de Presidentes y Banderas mit Infos zu *jedem* mexikanischen Präsidenten sowie zu sehr vielen Flaggen und das Museo Interactivo mit einem kleinen Planetarium und einigen Wissenschaftsexponaten, z. B. ein Nagelbrett, das man ausprobieren darf.

Vor Ort befinden sich auch das Museo de Geográfico de Orizaba (Geographie der Region Orizaba) und das Museo de las Raíces de Orizaba (archäologische Fundstücke).

Metallurgie-Meister Alexandre Gustave Eiffel, nach dem der Eiffelturm benannt wurde und der das Tragwerk der Freiheitsstatue entwarf, konzipierte auch diesen Pavillon, der in Paris gebaut wurde. Orizabas Bürgermeister, der unbedingt einen eindrucksvollen Palacio Municipal in europäischem Stil haben wollte, kaufte den Pavillon im Jahr 1892. Er wurde Stück für Stück nach Orizaba verschifft und dort wieder aufgebaut.

Museo de Arte del Estado · MUSEUM

(Staatliches Kunstmuseum; ☎ 272-724-32-00; Ecke Av Oriente 4 & Sur 25; 20 Mex$; ☉ Di–So 10–19 Uhr) Orizabas wundervolles Museo de Arte del Estado befindet sich in einem herrlich restaurierten Kolonialgebäude von 1776, das seitlich an die Kirche anschließt. In einem der zahlreichen Ausstellungsräume ist Mexikos zweitbedeutendste Diego-Riviera-Sammlung mit 33 Originalwerken untergebracht; zudem sind hier Arbeiten moderner regionaler Künstler ausgestellt. Führer bieten kostenlose Führungen auf Spanisch an. Das Museum liegt 2 km östlich des Parque Castillo.

Parque Alameda · PARK

(Av Poniente 2 & Sur 10; ☉ 24 Std.; 🚻) Den rund 1 km westlich vom Zentrum gelegenen Parque Alameda könnte man entweder als sehr große Plaza oder als sehr kleinen Park betrachten. Auf jeden Fall fehlt es hier nicht an Aktivitäten: Neben den obligatorischen Statuen gefallener Helden findet man einen Fitnessbereich im Freien, eine Bühne, Imbissstände, Schuhputzer und einen Spielplatz für Kinder mit Schaukelburgen und luftgefüllten Rutschen. Nach der Sonntagsmesse rollt hier praktisch die ganze Stadt an.

Parque Castillo · PLATZ

(Av Colón Oriente; ☉ 24 Std.) Der Parque Castillo ist kleiner als die Plazas der meisten mexikanischen Städte. Und anders als in anderen Orten steht hier auch nicht der standardmäßige Palacio Municipal (Rathaus), denn das befindet sich mehrere Blocks entfernt an der Avenida Colón Poniente. Dafür erhebt sich hier der komplexe Palacio de Hierro sowie eine aus dem 17. Jh. stammende Pfarrkirche, die Catedral de San Miguel Arcángel. Auf der Südseite ist das neoklassizistische Teatro Ignacio de la Llave (1875) zu sehen, in dem Opern- und Ballettaufführungen sowie klassische Konzerte veranstaltet werden.

🏃 Aktivitäten

Paseo del Río · SPAZIERGANG

Der ausgezeichnete, 3 km lange Spaziergang an Orizabas sauberem, namengebendem Fluss führt vorbei an Wandbildern und abstrakten Skulpturen (am südlichen Ende, nach der Seilbahn). Entlang des Weges kommt man an 13 Brücken vorbei, z. B. an einer Hängebrücke und an der gebogenen Puente La Borda aus dem Jahr 1776. Ein guter Ausgangspunkt ist die Avenida Poniente 8, rund 600 m nordwestlich des Palacio de Hierro.

Von der Avenida Poniente 8 kann man in nördlicher Richtung zur Puente Tlachichilco oder in südlicher Richtung zu einem Miniatur-Eiffelturm (gleich hinter der Bahnbrücke) laufen. Wer beim Flanieren ein lautes Grollen hört, das verdächtig nach Tiger klingt, braucht nicht wegzurennen. Entlang des Weges gibt es eine Sammlung von Tierkäfigen mit Affen, Papageien, Krokodilen und, ja, sogar einem Tiger. Alle diese Tiere wurden in Gefangenschaft geboren und können nicht in die Wildnis ausgesetzt werden.

👉 Geführte Touren

Alberto Gochicoa · OUTDOOR-AKTIVITÄTEN

(☎ Handy 272-1037344) Alberto Gochicoa ist ein renommierter Führer, der beim Organisieren verschiedener Outdoor-Aktivitäten in den nahe gelegenen Hügeln, Bergen und Canyons helfen kann, z. B. bei Klettertouren zum Pico de Orizaba. Highlights der Gegend beinhalten Ausflüge zum herrlichen Cañón de la Carbonera nahe Nogales und zum Cascada de Popócatl nahe Tequila.

Erick Carrera · OUTDOOR-AKTIVITÄTEN

(☎ Handy 272-1345571) Ein geschätzter Führer, der die Gegend um Orizaba gut kennt.

VERACRUZ ORIZABA

🛏 Schlafen

Orizaba bietet etwas für alle Geldbeutel, von teureren Optionen an der Avenida Oriente 6 und nahe dem Parque Alameda zu günstigeren Möglichkeiten im und um das Zentrum.

Hotel del Río   HOTEL $
(📞 272-726-66-25; http://hoteldelrio.tripod.com; Av Poniente 8 No 315; EZ/DZ ab 360/380 Mex$; 🅿 ✳ 🛜) Ein hübsches Hotel, das preislich nicht zu toppen ist – das ist ganz klar der Testsieger. Das Hotel del Río, dessen zweisprachiger Besitzer sehr sympathisch ist, liegt in schöner Lage direkt am Río Orizaba und bietet einfache, moderne Zimmer mit kitschiger „Kunst" in einem alten Gebäude. Es ist vielleicht nicht so schick wie einige andere Hotels in Veracruz, aber es hat mit das beste Preis-Leistungs-Verhältnis.

Hotel Plaza Palacio   HOTEL $
(📞 272-725-99-23; Av Poniente 2 2-Bis; EZ/DZ/3BZ 305/390/450 Mex$; 🛜) Zentraler geht's nicht: Die Fenster blicken direkt auf den Palacio de Hierro. Architektonisch ist das Gebäude nichts Besonderes, aber die Zimmer sind sauber, wenn auch etwas charakterlos. Dafür gibt es Kabel-TV und Ventilatoren, und man wohnt mitten in der Stadt.

Orizaba Inn   HOTEL $$
(📞 272-725-06-26; www.hotelorizabainn.com; Av Oriente 2 No 117; Zi./Suite ab 690/890 Mex$; 🍽 ✳ 🛜) Ein ungewöhnliches Hotel mit türkisfarbenen Akzenten in hellen, weiß getünchten Zimmern, die mit modernen Bädern und anderen Annehmlichkeiten ausgestattet sind. Einige Zimmer haben Balkone; man sollte sich daher einige anschauen, ehe man sich entscheidet. Freundliche Mitarbeiter und ein gutes Frühstück sind ein weiterer Bonus.

Hotel Mision Orizaba   BOUTIQUEHOTEL $$
(📞 272-106-92-94; www.hotelesmision.com.mx; Av Oriente 6 No 64; EZ/DZ ab 1008/1313 Mex$; 🅿 ✳ 🛜) Die offiziell schickste Unterkunft der Stadt wurde umgebaut und bietet komfortable, wenn auch überraschend schlichte Zimmer, die um einen Hof und einen kleinen Swimmingpool angeordnet sind. In den Zimmern findet man nette Aufmerksamkeiten wie frische Blumen, Schreibtische und Kaffeemaschinen. Und das Personal ist sehr hilfsbereit.

⭐ Hotel Tres79   BOUTIQUEHOTEL $$$
(📞 272-725-23-79; http://tres79hotelboutique.com; Av Colón Poniente 379; Zi. ab 1918 Mex$; 🅿 🍽 ✳ 🛜) Dieses makellose Hotel übertrifft das durchschnittliche Hotelangebot in Veracruz um Längen. Jedes der 14 Zimmer ist individuell eingerichtet und einem mexikanischen Schriftsteller, Musiker oder Künstler gewidmet. Besonders schön ist das Zimmer Agustín Lara Rom. Die Räume sind mit auffälligen Möbeln und vielen Annehmlichkeiten ausgestattet, z. B. hyperallergener Bettwäsche und Regenduschen. Im Hof befinden sich ein vertikaler Garten und ein Brunnen mit Fontäne. Das internationale Restaurant ist hervorragend.

🍴 Essen

Im verschlafenen Orizaba schließen viele Lokale bereits am frühen Abend. Die Restaurantszene ist jedoch hervorragend und bietet Fusion-, Steak- und Meeresfrüchteküche sowie atmosphärische Cafés. Sehr gute Snacks, z. B. *garnachas* (offene Tortillas mit Hühnchens, Zwiebeln und Tomatensalat), gibt es auf der Plaza. In der Avenida Oriente 4 bekommt man die besten Tacos.

Taco T   STREETFOOD $
(📞 272-106-10-49; Av Oriente 4 1247; Tacos ab 10 Mex$; ⏱ 13–24 Uhr) In dem geschäftigen kleinen Esslokal, der beliebtesten der vielen *taquería* entlang der Avenida Oriente 4, sammeln sich die Einheimischen, um zuzusehen, wie die Köche brutzelnde Fleischstreifen von drehenden Spießen abschneiden. Alternativ nimmt man sich Tacos auf die Hand und genießt sie auf dem ruhigen grünen Platz auf der gegenüberliegenden Straßenseite.

Metlapilli   MEXIKANISCH $
(📞 272-705-24-82; Madero 350; Gerichte ab 10 Mex$; ⏱ Di–So 8–14 Uhr; 🍴) Dieses kleine Restaurant wird von einem freundlichen Mutter-Tochter-Team betrieben und hat nur vier Tische. Zur Frühstücks- und Mittagszeit füllt sich das Esslokal mit Gästen, die hier mit *flor de calabaza* (Kürbisblüten) oder Pilzen gefüllte Tacos und *picaditas* mit verschiedenen Garnierungen bestellen. Die meisten Gerichte sind vegetarisch. Hinuntergespült werden sie mit einem frischen Saft oder *licuado* (Milchshake).

⭐ El Cebichero   MEERESFRÜCHTE $$
(📞 272-106-33-22; Av Oriente 4 No 855; Hauptgerichte 65-250 Mex$; ⏱ Mo–Sa 11–22 Uhr; 🛜) Diese winzige *cevichería* erkennt man an dem Kugelfisch, der außen baumelt, und an den Fischnetzen, die an der Decke hängen. Der junge Koch Toni Serrano (er hat Englisch in

Bournemouth, England, studiert) bereitet Köstlichkeiten wie Ceviche aus Jakobsmuscheln mit Tabaquero- und Habanero-Chili zu. Außerdem grillt er Steaks, da das Lokal gleichzeitig eine *parrilla* ist. Ehe man geht, sollte man eine Nachricht auf einem 20 Mex$-Schein hinterlassen.

★ **Marrón Cocina Galería** FUSION $$
(☎ 272-724-01-39; www.facebook.com/marronco cinagaleria; Av Oriente 4 No 1265; Hauptgerichte 80–169 Mex$; ⏰ Di–Do & So 14–23, Fr & Sa bis 24 Uhr; ☎) In diesem coolen, hervorragenden Fusionrestaurant fungieren Eimer als Lampenschirme und auf den Tischen und anderen – leicht abgewetzten – Möbeln stehen frische Sonnenblumen. In ungezwungener, geselliger Atmosphäre kann man italienisch-mexikanische Gerichte genießen, z. B. die scharfe *lasagna de mi suegra* („Lasagne meiner Schwiegermutter"). Die knusprigen, dünnen Pizzas sind ebenfalls ausgezeichnet.

 Ausgehen & Nachtleben

★ **Gran Café de Orizaba** CAFÉ
(☎ 272-724-44-75; www.grancafedeorizaba.com; Ecke Av Poniente 2 & Madero, Palacio de Hierro; Snacks 40–80 Mex$; ⏰ 8–22:30 Uhr; ☎) Wie oft kann man sich in Mexiko hinsetzen und Kaffee und Kuchen auf dem Balkon eines königlichen Cafés genießen, das sich in einem von Gustave Eiffel entworfenen Eisenpalast befindet? Eben! Aber hier hat man die Chance. Das schicke Dekor, stilvolle Angestellte und die Auswahl an Sandwiches, Crêpes und Kuchen machen dies zum idealen Ort für eine Pause von der Entdeckungsreise durch Orizaba.

Cafino KAFFEE
(☎ 272-100-57-36; www.facebook.com/cafino.oriz aba; Oriente 4 No 327; ⏰ Mo–Sa 10–21 Uhr) Ein

winziges Café, in dem rund 2,5 Personen bequem Platz haben. Es lohnt sich, hier auf einen Kaffee vorbeizuschauen, da nur qualitativ hochwertiger Arabica aus dem Hochland Mexikos verwendet wird.

El Interior KAFFEE
(☎ 272-726-45-31; Ecke Av Oriente 4 & Sur 9; ⏰ 9–20.30 Uhr; ☎) Bücher, Kaffee und Kunst – dieses kleine Literaturcafé, das an einen Buch- und Kunsthandwerksladen angeschlossen ist, ist genauso, wie wir uns alle einen Buchladen wünschen würden. El Interior liegt zwischen dem Parque Castillo und dem Museo Arte del Estado.

 Praktische Informationen

Banken mit Geldautomaten gibt es an der Avenida Oriente 2, einen Straßenblock südlich der Plaza.

Hospital Covadonga (☎ 272-725-50-19; www. corporativodehospitales.com.mx; Sur 5 No 398)

Orizaba Pueblo Mágico Es lohnt sich, diese App, einem umfassenden Führer zu den Sehenswürdigkeiten der Stadt, herunterzuladen.

Touristeninformation (☎ 272-728-91-36; www. orizaba.travel; Palacio de Hierro; ⏰ 9–19 Uhr) Hat enthusiastische Mitarbeiter und viele hilfreiche Broschüren.

An- & Weiterreise

AUTO & MOTORRAD
Der mautpflichtige Hwy 150D führt an der Innenstadt Orizabas vorbei in Richtung Osten nach Córdoba und in Richtung Westen über einen spektakulären Anstieg nach Puebla (160 km). Der mautfreie Hwy 150 führt ostwärts nach Córdoba und Veracruz (150 km) und südwestwärts über die haarsträubenden Cumbres de Acultzingo ins 65 km entfernte Tehuacán.

BUS
Regionalbusse ab Fortín und Córdoba (Ecke Av Oriente 9 & Norte 14) halten vier Straßenblö-

BUSSE AB ORIZABA
1.-Klasse-Busse fahren täglich u. a. nach:

ZIEL	PREIS (MEX$)	DAUER (STD.)	HÄUFIGKEIT (TGL.)
Córdoba	40	¾	häufig
Fortín de las Flores	34	½	häufig
Mexico City (TAPO)	364	4½	häufig
Mexico City (Terminal Norte)	366–414	4½–5½	4-mal
Oaxaca	374	5¼–6	6-mal
Puebla	212–250	2¼	häufig
Veracruz	176	2–3¼	häufig
Xalapa	260	3¼–4	12-mal

cke nördlich und sechs Straßenblöcke östlich des Zentrums. Der **AU-2.-Klasse-Busbahnhof** (Poniente 8 No 425) liegt nordwestlich des Zentrums.

Der modern 1.-Klasse-**Busbahnhof** (222-107-22-55; Ecke Av Oriente 6 & Sur 13) bedient alle ADO-, ADO GL- und Deluxe-UNO-Busse.

Pico de Orizaba

Die schneebedeckte Spitze dieses riesigen Vulkans thront hoch über der Region. Er lockt all jene an, die dem Sirenenruf eines Gipfels, der noch nicht erobert wurde, nicht widerstehen können.

Aktivitäten

★**Pico de Orizaba**   TREKKEN

Der verschneite Pico de Orizaba, der höchste Berg Mexikos (und der dritthöchste Berg Nordamerikas nach dem Mt. Detail in den USA und dem Mt. Logan in Kanada), ragt mit seinen atemberaubenden 5611 m wie ein Wolkenkratzer in den Himmel und dominiert den Horizont der umliegenden Regionen meilenweit. Die Besteigung ist ein ernsthaftes Unterfangen: Sie dauert sechs Tage und ist nur für erfahrene, höhentrainierte Trekker zu empfehlen, die auf extreme Kälte und auch auf die mögliche Höhenkrankheit vorbereitet sind.

Auf Náhuatl heißt der Riese „Citlaltépetl" (Sternenberg). Vom Gipfel des schlafenden Vulkans kann man die Berge Popocatépetl, Iztaccíhuatl und La Malinche im Westen und den Golf von Mexiko im Osten erspähen. Man könnte meinen, dass der Gedanke, den Riesen zu bezwingen, Traveller von nah und fern anzieht, aber dem ist nicht so – man braucht einige Wochen Zeit und man muss zudem bereit sein, einen kurzen Technikkurs zum Überqueren von Eisfeldern zu absolvieren, da der letzte Abschnitt des Aufstiegs besonders anspruchsvoll ist.

Wer den Berg besteigt, sollte gut ausgerüstet sein, und jeder, außer den erfahrensten Bergsteigern, braucht einen Guide. Es gibt mehrere renommierte Anbieter aus den USA; der einzige lokale Anbieter ist Servimont, ein Kletterunternehmen, das seit Generationen von der Familie Reyes geführt wird. Auf keinen Fall sollte man versuchen, den Berg im Eiltempo zu erklimmen, weil die Gefahr der Höhenkrankheit, die bei derartigen Touren tödlich sein kann, wirklich ernst zu nehmen ist. Wer Symptome verspürt, sollte sofort absteigen.

Die Monate Oktober bis März sind der beste Zeitraum für die Bergtour, wobei Dezember und Januar am beliebtesten sind.

★**Servimont**   TREKKEN

(245-451-50-19, Handy 222-6275406; www.servimont.com.mx; Ortega 1A, Tlachichuca) Servimont ist ein Kletterunternehmen, das seit den 1930er-Jahren in den Händen der Reyes-Familie liegt. Als ältester Veranstalter in der Gegend fungiert Servimont auch als Rettungsstation des Roten Kreuzes. Servimont befindet sich in dem kleinen Örtchen Tlachichuca (2600 m), wo die meisten Touren beginnen. Er ist der einzige mexikanische Anbieter, der Besteigungen des Pico de Orizaba anbietet.

Touren mit Servimont sollten zwei bis vier Monate im Voraus gebucht werden. Für Akklimatisierung sowie für Auf- und Abstieg sollte man sieben Tage veranschlagen. Kürzere und weniger anspruchsvolle Besteigungen sind bei den Vulkanen Iztaccihuatl, Malinche und Nevado de Toluca möglich.

❶ An- & Weiterreise

Autobuses Valles (Av Hidalgo 13A) betreibt 2.-Klasse-Busse nach Ciudad Serdán (20 Mex\$, 1 Std.), wo man in einen Bus nach Orizaba (60 Mex\$, 2 Std.) umsteigen kann.

NÖRDLICHES VERACRUZ

Die nördliche Hälfte des Bundesstaates Veracruz erstreckt sich zwischen der Küste und den südlichen Ausläufern der Sierra Madre Oriental. Die Landschaft besteht zu weiten Teilen aus saftigem, hügeligem Weideland. Die Laguna de Tamiahua ist das größte Feuchtgebiet der Region, und an der Costa Esmeralda gibt es ein paar hübsche, einsame (leider hier und da ziemlich verschmutzte) Strände, die bei einheimischen Urlaubern beliebt sind. Die wichtigste archäologische Sehenswürdigkeit ist die archäologische Stätte El Tajín. Hierher gelangt man von der historischen Stadt Papantla. Die Stätte wird im Vergleich zu einigen von Mexikos bekannteren archäologischen Orten von nur wenigen Travellern besucht. Gleich nördlich von Papantla liegt das geschäftige, wenig attraktive Poza Rica, das ein nützlicher Zwischenstopp ist. Tecolutla ist ein typisch mexikanisches Strandresort mit schwarzem Sand und sehr guter Meeresfrüchteküche, während Tuxpan einen Halt lohnt, falls man Richtung Norden nach Tampico und weiter hinaus unterwegs ist.

Tuxpan

☏ 783 / 89 800 EW.

Tuxpan (manchmal auch Túxpam geschrieben) liegt 300 km nördlich von Veracruz und 190 km südlich von Tampico. Der meist in Dunst eingehüllte Fischerort ist zugleich auch ein kleiner Ölhafen. Wer etwas Zeit hat, kann hier tolle Meeresfrüchte genießen und über den breiten Río Tuxpan fahren, um das kleine Museum der mexikanisch-kubanischen Freundschaft zu besuchen oder sich einfach unter die mexikanischen Urlauber am 12 km östlich gelegenen Strand Playa Norte mischen. Die Stadt selbst ist keine Schönheit, liegt aber praktisch für Übernachtungsbesucher auf der Durchreise nach Tampico.

Sehenswertes

Museo de la Amistad México-Cuba
MUSEUM

(Mexikanisch-kubanisches Freundschaftsmuseum; Obregón s/n; ☺ 9–17 Uhr) GRATIS Dieses Museum erinnert an die Kolonialgeschichten Mexikos und Kubas und ihre Bedeutung für Fidel Castros unglückseligen Aufstand im Jahr 1956. Es zeigt viele Fotos von Che Guevara und Fidel Castro, das Modell einer revolutionären Jacht (der *Granma*) und mehr. Um hierher zu kommen, nimmt man am Kai nahe des ADO-Busbahnhofes ein Boot (5 Mex$) über den Fluss und läuft mehrere Straßenblocks in südlicher Richtung nach Obregón. Hier biegt man rechts ab. Das Museum befindet sich am westlichen Ende von Obregón am Fluss.

Am 25. November 1956 stach am Río Tuxpan der zum Revolutionär gewordene Rechtsanwalt Fidel Castro zusammen mit 82 mehr schlecht als recht bewaffneten Soldaten in See, um in Kuba einen Umsturz anzuzetteln. Ermöglicht hatte diese Fahrt Antonio del Conde Pontones (auch „El Cuate" genannt), den Castro in Mexico City kennengelernt hatte. Der Waffenhändler Pontones war sogleich von der starken Persönlichkeit des Kubaners überwältigt und willigte ein, ihm bei der Beschaffung von Waffen und einem Schiff zu helfen. Um für einen reibungslosen Ablauf zu sorgen, kaufte er ein Haus an der Südseite des Río Tuxpan, wo er das Boot vertäute und sich insgeheim mit Castro traf.

Heute ist in diesem geschichtsträchtigen Haus das Museo de la Amistad México-Cuba untergebracht.

☞ Geführte Touren

Paseos Turísticos
Negretti BOOTSTOUR, TAUCHEN

(☏ 783-835-45-64; Recreo s/n) Der örtliche Tourveranstalter organisiert viele unterschiedliche Ausflüge: Tauchen (2500 Mex$/Gruppe mit 8 Pers.), Angeln (450 Mex$ pro Boot/Std.), Bootstrips zu den nahegelegenen Mangroven (600 Mex$/2 Std.), Kajaktouren (120 Mex$/Pers.) und Wasserski (320 Mex$/30 Min). Das Büro befindet sich am Südufer des Río Tuxpan, dort, wo die Fähre anlegt.

🛏 Schlafen & Essen

Hotel Reforma
HOTEL $$

(☏ 783-834-11-46; http://hotel-reforma.com.mx; Av Juárez 25; EZ/DZ/Suite 835/950/1200 Mex$; 🅿️✳️🛜) Vom prachtvollen Außenbereich des Reforma tritt man in eine stilvolle Atrium-Lobby mit einem kleinen Wasserfall. Es gibt über 98 komfortable, wenn auch funktional ausgestattete Zimmer mit Flachbild-TVs und durchweg braunen Teppichen. Im Erdgeschoss befindet sich ein elegantes Restaurant.

★ Taquería Los Nuevos 4 Vientos
STREETFOOD $

(☏ 783-134-48-76; Morelos s/n; Tacos 10 Mex$; ☺ 9.30–24 Uhr) Die Los Nuevos ist eine von vier aneinander gereihten *taquerías* (Tacoständen). Ihr gebührt der Ruhm und unsere uneingeschränkte Loyalität wegen der vielen frischen Salsas, die zu den sechs verschiedenen Fleischsorten (*asado,* Kutteln, *pastór* usw. werden flink gebraten und dann in Tacos gehäuft) serviert werden. Rund um die Uhr drängeln sich hier die Einheimischen, die unserer Wahl ganz eindeutig zustimmen.

Restaurante Mora
MEERESFRÜCHTE $$

(☏ 783-837-09-93; Ribera del Pescador s/n; Hauptgerichte 100 -160 Mex$; ☺ 12–21 Uhr) Das erste in einer langen Reihe von Meeresfruchtlokalen entlang der Laguna de Tampamachoco. Das Mora serviert gefüllte Krabben, *camarones enchipotlados* (Chipotle-Shrimps), Austern aus der Schale und den Tagesfang, der gegrillt, frittiert, mit Shrimps gefüllt oder *a la diabla* (scharf) auf den Tisch kommt.

❶ Praktische Informationen

Touristenkiosk (☏ 783-110-28-11; http://tuxpan.com.mx; Juárez 25, Palacio Municipal; ☺ Mo–Fr 9–19, Sa 10–14 Uhr) Die enthusiastischen Mitarbeiter in diesem Touristenkiosk versorgen Besucher mit unzähligen Karten und Broschüren.

BUSSE AB TUXPAN

1.-Klasse-Busse fahren vom ADO-Busbahnhof u. a. nach:

ZIEL	PREIS (MEX$)	DAUER (STD.)	HÄUFIGKEIT (TGL.)
Mexico City (Terminal Norte)	396	4¼	13-mal
Papantla	92	2	12-mal
Tampico	294	3¼	häufig
Veracruz	394	6	11-mal
Villahermosa	771	13	4-mal
Xalapa	398	6½	9-mal

ⓘ An- & Weiterreise

Die meisten 1.-Klasse-Busse nehmen Tuxpan *de paso* (auf der Durchfahrt) mit. Deshalb ist es ratsam, Plätze im Voraus zu reservieren! Es gibt mehrere Busbahnhöfe, aber der **Busbahnhof 1. Klasse** (☎ 783-834-01-02; Ecke Rodríguez & Av Juárez) von ADO ist vom Zentrum aus am besten zu erreichen.

Die Fähre (5 Mex$) über den Fluss legt an verschiedenen Stellen zwischen Guerrero und Parque Reforma ab.

Papantla

☎ 784 / 53546 EW. / HÖHE 180 M

Die indigene Stadt Papantla erstreckt sich über mehrere bewaldete Hügel, und ihre Geschichte, ihr Aussehen und ihre Atmosphäre sind eindeutig von der vorspanischen Zeit, genauer gesagt der totonakischen Zeit der Grandezza, geprägt. Gegründet wurde die Stadt um 1230, also noch vor der spanischen Eroberung. Traditionell dient Papantla als Ausgangspunkt für Ausflüge zu den nahe gelegenen Ruinen von El Tajín. In den letzten Jahren hat die Stadt aber durch ihr indigenes Erbe und ihre zentrale Bedeutung als beste Vanilleanbauregion der Welt seine eigene Nische gefunden. Nicht selten trifft man hier auf Totonaken in traditioneller Kleidung: Die Männer tragen weite, weiße Hemden und Hosen, die Frauen bestickte Blusen und *quechquémitls* (traditionelle Umhänge). Auf dem hübschen Hauptplatz zeigen die *voladores* ihren „fliegenden" Tanz und einheimische Künstler bieten ihre Kunstwerke an.

◉ Sehenswertes

Iglesia de Nuestra Señora de la Asunción
KIRCHE

(Zócalo; ⊙ 8–19 Uhr) Auf ihrer erhöhten Plattform thront die Kirche oberhalb des *zócalo*. Sie ist vor allem bemerkenswert wegen ihrer großen Zedernholztore und der vier Gemälde eines aus Jalisco stammenden Künstlers. Der Bau wurde 1570 von den Franziskanern begonnen und in den folgenden Jahrhunderten etappenweise fortgesetzt; der Glockenturm wurde erst 1875 fertiggestellt.

Vor den Toren steht eine 30 m hohe *voladores*-Stange. Rituelle Vorführungen finden hier in der Regel montags bis sonntags zwischen 11 und 19 Uhr statt. In der Nebensaison (Okt.–April) dagegen freitags bis sonntags 9, 12, 16 und 19 Uhr.

Zócalo
PLAZA

Papantlas unterhalb der Iglesia de la Asunción an einem Hang terrassiert angelegter *zócalo* heißt offiziell Parque Téllez. Unterhalb der Kathedrale ist von dem Platz aus ein 50 m langes, symbolhaftes Wandgemälde zu sehen, das die Geschichte der Totonaken und des Bundesstaats Veracruz darstellt. Das Relief wurde 1979 von dem aus Papantla stammenden Künstler Teodoro Cano angefertigt. Entlang der dargestellten Szenen windet sich eine Schlange – sie fungiert als bizarres geschichtliches Bindeglied zwischen einem präkolumbischen Steinmetz, der Pirámide de los Nichos in El Tajín und einem Ölförderturm.

Museo de la Ciudad Teodoro Cano
MUSEUM

(☎ 784-842-47-51; Curti 101; 50 Mex$; ⊙ Di–So 10–18 Uhr) ✎ Papantlas legendärer Künstler Teodoro Cano (geb. 1932), der noch immer in Papantla lebt, war ein Schüler des berühmten mexikanischen Meisters Diego Rivera. Das kleine, aber sehr sehenswerte Museum zeigt einige seiner schönsten Arbeiten – eine faszinierende Mischung aus düsteren und überschwänglichen Szenen, die fast alle das Leben der Totonaken in sämtlichen Facetten thematisieren. Der Totonakenkultur widmen sich auch andere Ausstellungsstücke in dem Museum, darunter Fotos und traditionelle Kleidung. In dem modernen Auditorium finden regelmäßig Kulturveranstaltungen statt.

Volador-Denkmal
DENKMAL

(Callejón Centenario s/n) Auf dem Hügel thront Papantlas *volador*-Denkmal, eine Statue, die 1988 von Teodoro Cano geschaffen wurde. Sie stellt einen Flötenspieler dar, der den bevorstehenden Absprung der vier Flieger ankündigt. Der Weg hierher ist nicht schwer zu finden: Von der südwestlichen Ecke des Kirchhofs die Calle Centenario bergauf gehen, dann links in die steile Callejón Centenario einbiegen. Von oben hat man einen guten Blick über die Stadt.

 Geführte Touren

Gaudencio Simbrón
WANDERN

(☎ 783-842-01-21, 784-121-96-54; 450 Mex$/Tag) Der Guide Gaudencio Simbrón ist in der Stadt als *el de la ropa típica* (das heißt so viel wie: der Typ in traditioneller Kluft) bekannt, weil er meist in totonakischer Tracht unterwegs ist. Er arbeitet vom Hotel Tajín (S. 261) aus und führt Besucher durch El Tajín, Papantla und Umgebung.

 Feste & Events

Feria de Corpus Christi
KULTURELL

(⊙ Ende Mai–Anfang Juni) Die großartige Feria de Corpus Christi ist das größte Event im Jahr. Neben den in Mexiko üblichen Stierkämpfen, Umzügen und *charreadas* (mexikanische Rodeos) gibt es in Papantla zur Feier des totonakischen Kulturerbes spektakuläre indigene Tänze zu sehen. Die Hauptprozession findet am ersten Sonntag statt; dann gehen die *voladores* zwei- oder dreimal am Tag in die Luft.

Festival de Vainilla
ESSEN & TRINKEN

(⊙ 18. Juni) Das Vanillefest ist ein weiteres großes Event in Papantla. Dabei treten indigene Tänzer auf, an Straßenständen werden gastronomische Köstlichkeiten verkauft, und alle möglichen Vanilleprodukte sind im Angebot.

Schlafen

Papantla bietet eine kleine und wenig inspirierende Auswahl an Budget- und Mittelklasseunterkünften. Die Preise sind aber niedrig und die Zimmer mehr oder weniger sauber.

Hotel Tajín
HOTEL $

(☎ 784-842-01-21; http://hoteltajin.mx; Núñez y Domínguez 104; EZ/DZ/3BZ 690/770/940 Mex$, Suite ab 1200 Mex$; P ✱ 🛜 ☒) Auch wenn die Inneneinrichtung etwas altmodisch und abgenutzt ist, ist das Tajín eine feste Größe in Papantla. In exzellenter Lage beherbergt das Hotel einen von Steinbögen umgebenen Pool und ein Restaurant. Das Hotel ist wirklich nicht schick, hat aber durchaus Charakter. Die 62 Zimmer sind gemütlich

---

NICHT VERSÄUMEN

VOLADORES VON PAPANTLA: DIE ERSTEN BUNGEESPRINGER

Fast alle denken, dass die Idee, sich aus großer Höhe nur mit einem Seil um die Knöchel kopfüber in die Tiefe zu stürzen, in den 1980er-Jahren von den Bungeespringern in Neuseeland erfunden wurde. In Wahrheit springen die totonakischen *voladores* (Flieger) in Papantla schon seit Jahrhunderten ohne jede Sicherheitsausrüstung von 30 m hohen Holzpfählen in die Tiefe. Tatsächlich ist diese bizarre und doch mystische Tradition so alt, dass keiner so richtig weiß, wann oder wie sie zustande gekommen ist.

Das Ritual beginnt damit, dass fünf Männer in kunstvollen Trachten auf den Pfahl klettern. Vier von ihnen setzen sich auf den Rand eines kleinen Rahmens auf der Spitze und drehen diesen dann, wobei sich Seile um den Pfahl wickeln. Der fünfte Mann tanzt auf einer Plattform über ihnen und spielt auf einer *chirimía*, einer kleinen Trommel mit angehängter Flöte. Sobald er zu spielen aufhört, lassen sich die anderen, an den Seilen befestigt, nach hinten fallen. Mit ausgestreckten Armen kreisen sie anmutig um den Pfahl und gleiten kopfüber zu Boden, während sich die Seile wieder abwickeln.

Die uralte Zeremonie könnte eine Art Fruchtbarkeitsritual sein, mit dem die Flieger die vier Ecken des Universums beschwören. Wichtig ist dabei auch, dass jeder der vier Flieger den Pfahl 13-mal umrundet, sie insgesamt also 52 Umkreisungen vollführen. Die Zahl 52 entspricht nicht nur der Anzahl der Wochen des modernen Kalenders, sondern war auch im präkolumbischen Mexiko bedeutsam: Hier gab es zwei Kalender – einen, der mit 365 Tagen dem Sonnenjahr entsprach, und einen Ritualkalender mit 260 Tagen. Alle 52 Sonnenjahre stimmten beide Kalender überein.

Voladores-Zeremonien lassen sich am besten in El Tajín, vor der Kirche in Papantla und manchmal in Zempoala beobachten.

bis langweilig. Das Tajín liegt gleich abseits des *zócalo*. Wenn man auf die Kirche blickt, folgt man der Straße runter nach links.

Hotel Hostal del Moncayo PENSION $$
(☎784-842-04-98; http://hotelpapantla.webcindario.com; Zaragoza 108; EZ/DZ ab 595/797 Mex$; P❄📶) Diese ruhige, familienbetriebene Pension bietet hübsche, luftige Zimmer im Obergeschoss. Keine noch so hübsche Fliesenarbeit kann jedoch davon ablenken, dass es in dem Zimmer unten nach Schimmel riecht. Vor Ort gibt's einige Parkplätze.

Essen

Auf dem *zócalo* befinden sich einige gute Restaurants und Cafés. Der Mercado Juárez, an der Südwestecke des Platzes gegenüber der Kathedrale, verkauft preiswerte und frische regionale Lebensmittel. Außerhalb des Stadtzentrums gibt es außerdem zwei hervorragende Restaurants.

Café Catedral BÄCKEREI, CAFÉ $
(☎784-842-53-17; Ecke Núñez y Domínguez & Curato; Kuchen ab 30 Mex$; ⏲8–20 Uhr) Das beste Kaffeehaus der Stadt (da sind sich die Einheimischen einig) ist zugleich auch eine Bäckerei. Man nimmt sich einfach Kuchen, Muffins oder *pan dulce* (ein süßes Brötchen) aus der Theke, setzt sich an einen der Tische und wartet auf die *señora*, die mit einer altmodischen Blechkanne die Runde macht und die Kaffeebecher wieder auffüllt. In dem Café scheint jeder jeden zu kennen; daher wird hier mächtig getratscht.

Naku Restaurante Papanteco MEXIKANISCH $$
(☎784-842-31-12; www.kinkachikin.com; Colegio Militar s/n; Hauptgerichte 70–200 Mex$; ⏲8–20 Uhr; 📶) In diesem Restaurant, ein paar Kilometer nordöstlich der Stadt, serviert traditionell gekleidetes Personal angeblich authentische totonakische Küche (es ist allerdings zu hoffen, dass sie einige der weniger schmackhaften Gerichte gestrichen haben, die die Menschen damals wohl gegessen haben...). Die Lage im Garten ist nett, das Essen sehr lecker und das Brot wird in einem großen Tonofen gebacken.

Plaza Pardo MEXIKANISCH $$
(☎784-842-00-59; www.facebook.com/RestaurantePlazaPardo; Enríquez 105, 1. OG; Hauptgerichte 85–170 Mex$; ⏲7.30–23.30 Uhr; 📶) Nirgendwo kann man die Atmosphäre Papantlas besser genießen als auf dem schönen Balkon des Plaza Pardo mit Blick auf den *zócalo*. Die Inneneinrichtung ist sehr hübsch, aber in Sachen Romantik und auch Aussicht ist es eher ein Rückschritt. Im Angebot ist eine große Auswahl an *antojitos*, Fisch- und Fleischgerichten. Das Essen ist gut, erinnern wird man sich jedoch kaum daran.

Restaurante la Parroquia INTERNATIONAL $$
(☎784-842-01-21; http://hoteltajin.mx/restaurantes; Núñez y Domínguez 104, Hotel Tajín; Hauptgerichte 75-140 Mex$; ⏲8–22 Uhr; ❄📶) Das Restaurant mit Bar und freigelegten Steinbögen im Hotel Tajín bietet viel Atmosphäre (vor allem auf der Terrasse am Pool) sowie eine umfangreiche Karte mit internationalen Gerichten, von *antojitos* und Enchiladas zu Burgern. Hier werden auch Cocktails mit lokal angebautem Vanilleextrakt serviert.

★ **Ágora Alta Cocina** FUSION $$$
(☎784-842-75-64; www.facebook.com/agorapapantla; Libertad 301, 3. OG; Hauptgerichte 295-1250 Mex$; ❄📶) Das Ágora Alta Cocina ist eine unerwartete Überraschung in einer ruhigen Wohngegend und bietet gehobene Küche in luftiger Lage. Zu den klasse zubereiteten Fusiongerichten gehören geräucherter Lachs mit Birnen, Ziegenkäse und Spargel sowie feine, kräutergefüllte Shrimps im asiatischen Stil, Nudelsuppe und sautiertes Steak. Aufmerksame junge Kellner servieren außerdem gute Nachspeisen.

Shoppen

Hier, im mexikanischen Zentrum des Vanilleanbaus, bekommt man natürlich hoch-

BUSSE AB PAPANTLA

1.-Klasse-Busse von ADO fahren u. a. nach:

ZIEL	PREIS (MEX$)	DAUER (STD.)	HÄUFIGKEIT (TGL.)
Mexico City (Terminal Norte)	200–296	4–5	7-mal
Tuxpan	92	2	8-mal
Veracruz	224	4¼	4-mal
Xalapa	314	4¼	7-mal

wertigen Vanilleextrakt, Vanilleprodukte und hübsche *figuras* (Behälter in Form von Blumen, Insekten oder Kruzifixen). An der südwestlichen Ecke des *zócalo* gibt's einen guten Kunsthandwerksladen. Zudem sind traditionelle Totonakentrachten und handgeflochtene Körbe erhältlich.

ℹ️ Praktische Informationen

Touristeninformation (Reforma 100; ⊙ Mo–Fr 8–17 Uhr) Ein Kiosk im Ayuntamiento-Gebäude abseits des *zócalo*. Es gibt hilfreiche Karten vom Stadtzentrum und der umliegenden Region.

ℹ️ An- & Weiterreise

Papantlas **ADO-Terminal** (☎ 784-101-35-01; Ecke Juárez & Venustiano Carranza) liegt einen kurzen, steilen Fußweg vom Zentrum entfernt. Von hier fahren einige Fernbusse. Ein Taxi vom ADO zum Zentrum kostet 25 Mex$. Busfahrkarten kann man online (www.ado.com.mx) oder am **Kartenschalter** (Juan Enríquez s/n; ⊙ 9–17 Uhr) gleich östlich der Plaza kaufen. Vom **Terminal Transportes Papantla** (Ecke Av 20 de Noviembre & Olivo), gleich abseits der Plaza am Pemex-Bahnhof, betreibt Transportes Papantla (TP) Busverbindungen zu den Küstenorten im Süden und etwas preisgünstigere Busverbindungen nach Poza Rica und Tuxpan.

El Tajín

Diese wunderbar atmosphärische und wenig besuchte uralte Stadt wurde zufällig von einem Spanier „wiederentdeckt", der im Jahr 1785 nach illegalen Tabakplantagen suchte. Heute ist El Tajín eine der am besten erhaltenen und wichtigsten prähispanischen Städte in Mesoamerika. El Tajíns Pyramiden und Tempel stehen 7 km westlich von Papantla auf einer Ebene, die von niedrigen, grünen Hügeln umgeben ist. Die weitläufigen Ruinen sind eine eindrucksvolle Hinterlassenschaft der klassischen Veracruz-Zivilisation. Man sollte so spät am Tag wie möglich hierher kommen, um den roten Abendhimmel, die Wolkengebilde und die besinnliche Stille kurz vor der Schließung zu genießen.

Zu den Besonderheiten von El Tajín zählen Reihen rechteckiger Nischen an den Seiten der Gebäude, viele Ballspielplätze und Skulpturen, die Menschenopfer in Verbindung mit dem Ballspiel zeigen. Der Archäologe José García Payón deutete die Nischen und Steinmosaiken in El Tajín als Symbole für Tag und Nacht, Licht und Dunkelheit, Leben und Tod in einem dualistischen Weltbild.

Geschichte

Ursprünglich glaubte man, dass El Tajín (der totonakische Name für „Donner", „Blitz" oder „Wirbelsturm") in drei Phasen zwischen 100 v. Chr. und 1200 n. Chr. besiedelt wurde. Die jüngste Forschung deutet jedoch darauf hin, dass El Tajín seine Blütezeit als Stadt und rituelles Zentrum zwischen 800 und 900 n. Chr. erlebte. Um 1200 n. Chr. wurde der Ort aufgegeben – wahrscheinlich nach einem Brand und Angriffen der Chichimeken. Schnell eroberte der Dschungel das Gelände zurück, sodass die Spanier bis 1785 nichts von der Stätte wussten.

◎ Sehenswertes

Die **archäologische Stätte von El Tajín** (abseits des Hwy 127; 70 Mex$; ⊙ 9–17 Uhr) umfasst ein Gebiet von rund 10 km². Man muss also ein paar Kilometer zurücklegen und ein paar Stunden investieren, um alles zu sehen. Man sollte früh oder spät hierherkommen, da es nur wenig Schatten gibt und es hier wirklich heiß wird. Die meisten Gebäude und Reliefs sind auf Spanisch und Englisch beschriftet, aber ein Guide hilft, die Bedeutung der Ruinen wirklich zu verstehen.

★ **Pirámide de los Nichos**   ARCHÄOLOGISCHE STÄTTE

Die schön proportionierte Nischenpyramide abseits der Plaza Menor ist das auffälligste Gebäude in El Tajín. Die sechs Ebenen, die jeweils von Reihen kleiner quadratischer Nischen umrundet sind, sind insgesamt 18 m hoch. Archäologen vermuten, dass der Bau ursprünglich 365 Nischen besaß; dies deutet darauf hin, dass das Gebäude als eine Art Kalender benutzt wurde. In seiner Blütezeit war es rot gestrichen, die Nischen schwarz.

Museo El Tajín   MUSEUM

(⊙ 9–17 Uhr) Das Museum am Eingang zur archäologischen Stätte (im Ticketpreis enthalten) sollte man auf jeden Fall besuchen, um das ausgezeichnete Modell der Stätte zu sehen. Hier sind außerdem Bildhauer- und Töpferarbeiten, Flachreliefs und ein Teil einer Grabstätte von den Ruinen zu sehen.

Juego de Pelota de Las Pinturas   ARCHÄOLOGISCHE STÄTTE

Der Juego de Pelota de las Pinturas (Ballspielplatz der Gemälde) liegt an einer Seite der Pirámide de los Nichos. Er wurde so benannt, weil sich an seiner Nordseite zwei beeindruckend gut erhaltene, rot-blaue geometrische Friese befinden.

El Tajín

Plaza de las Columnas
Edificio B
Edificio A
Edificio D
Gran Greca
Edificio C
Plaza El Tajín Chico
Edificio I
Juego de Pelota Norte
Estructura 3
Pirámide de los Nichos
Juego de Pelota de las Pinturas
Plaza De Dios Tajín
Templo de las Alamenas
Juego de Pelota de Venus
Juego de Pelota Sur
Juego de Pelota de las Serientes
Plaza del Arroyo
Touristeninformation, Parkplatz (150 m)

0 ____ 200 m

El Tajín Chico
ARCHÄOLOGISCHE STÄTTE

El Tajín Chico war einst das Regierungsviertel der alten Stadt und wurde von der herrschenden Klasse bewohnt. Viele der Gebäude sind mit Steinmosaiken verziert, deren geometrische Muster als „Greco" („griechisch") bezeichnet werden.

Folgt man dem Pfad nach Norden zur Plaza El Tajín Chico kommt man zum **Juego de Pelota Norte** (Nördlicher Ballspielplatz). Er ist kleiner und älter als sein Pendant im Süden und die Seitenreliefs sind weniger gut erhalten.

Der erhöhte Fußweg bietet einen exzellenten Blick auf die niedrigere Seite.

Den **Edificio I**, der wohl als Palast diente, zieren ein paar wundervolle Reliefs und gut erhaltene blau-gelb-rote Farbarbeiten. Der dreistöckige **Edificio C** an der Ostseite mit Treppenaufgang an der Plaza war ursprünglich blau getüncht und zeigt einige sehr ungewöhnliche Verzierungen. Der **Edificio A** an der Nordseite der Plaza ist eine Kragbogenkonstruktion: Die Mauerlagen werden immer enger zueinander geführt und oben mit einer durchgehenden Steinplatte abgeschlossen – ein typisches Merkmal der Maya-Architektur. Diese Tatsache ist ein weiteres Fragezeichen im Rätsel um die prähispanischen Kulturen.

Die bislang nicht rekonstruierte **Plaza de las Columnas** (Plaza der Säulen) nordwestlich der Plaza El Tajín Chico ist eine der bedeutendsten Anlagen der Stätte. Sie bestand ursprünglich aus einem großen, offenen Hof mit angrenzenden Gebäuden, die sich über den Hügelhang erstreckten. Einige Reliefsäulen wurden wieder zusammengesetzt und sind im örtlichen Museum ausgestellt.

Juego de Pelota Sur
ARCHÄOLOGISCHE STÄTTE

(Südlicher Ballspielplatz) In El Tajín wurden bisher rund 17 Ballspielplätze entdeckt. Der Juego de Pelota Sur stammt vermutlich aus dem Jahr 1150 und ist aufgrund der sechs Wandreliefs, welche die unterschiedlichen Aspekte des rituellen Ballspiels beleuchten, der berühmteste seiner Art.

Das Relief in der nordöstlichen Ecke ist am besten zu erkennen: In der Mitte vollziehen drei Ballspieler nach dem Spiel ein Opferritual, wobei einer der Spieler dem anderen ein Messer in die Brust sticht, während der Dritte die Arme des Opfers festhält. Totengötter und eine vorsitzende Figur sind Zeugen dieses Schauspiels. Die anderen Reliefs zeigen diverse Szenen des zeremoniellen Konsums von *pulque* (einem milchigen, leicht alkoholischen Gebräu aus *maguey*-Pflanzen).

Plaza Menor
PLAZA

Pyramiden flankieren die Plaza del Arroyo auf allen vier Seiten. Südlich dahinter befindet sich die Plaza Menor (Kleinere Plaza) mit einem niedrigen Podest in der Mitte. Der Platz gehörte zum wichtigsten Zeremonienzentrum von El Tajín und war vermutlich auch der Marktplatz. Alle umliegenden Gebäude waren früher wahrscheinlich von kleinen Tempeln gekrönt. An manchen Stellen zeugen Farbreste von einem roten oder blauen Anstrich.

Feste & Events

⭐ Voladores-Vorführungen
KULTUR

Vor dem Eingang zu den Ruinen steht ein 30 m hoher *voladores*-Pfahl. Traditionell wurde das *voladores*-Ritual nur einmal im Jahr vollzogen, aber hier zeigen die Totonaken dreimal am Tag Vorführungen neben der Touristeninformation. Vor Beginn bittet einer der Darsteller in Totonaken-Tracht die Zuschauer um eine Spende (ca. 20 Mex$/Pers. sollten reichen).

Praktische Informationen

Das **Besucherzentrum** (abseits des Hwy 127; ⊙ 9–17 Uhr) hat eine Gepäckaufbewahrung und einen Informationsschalter. Wer mehr Infos möchte, sollte nach dem Buch *Tajín: Mystery and*

Beauty von Leonardo Zaleta Ausschau halten, das manchmal in Souvenirshops erhältlich ist.

Ein mehrsprachiger Guide kostet 300 Mex$ pro Stunde für bis zu 6 Personen.

ℹ An- & Weiterreise

Die Busse ab Poza Rica verkehren häufig. In Papantla starten die Busse (20 Mex$) mit der Zielangabe „Pirámides Tajín" etwa alle 20 Min. von der Calle 16 de Septiembre direkt hinter dem Hotel Tajín. Die Stätte ist 300 m vom Highway entfernt. Die Busse setzen einen in der Nähe des Marktes vor dem Eingang von Tajín ab. Ein Taxi von/nach Papantla kostet 80 Mex$ – in der Regel warten immer ein bis zwei vor den Ruinen.

Tecolutla

🚍 766 / 4591 EW.

Das verschlafene Städtchen mit einem hübschen Sandstrand und einer Reihe von Meeresfrüchterestaurants und günstigen Hotels in der Nähe ist einer der schöneren Urlaubsorte in Veracruz. Tecolutla ist ganz sicher nicht Cancún, und unter der Woche und außerhalb der Ferien ist hier nichts los. Im Hochsommer und während der Semana Santa sieht es jedoch ganz anders aus. Banken und Geldautomaten gibt es auf der Plaza.

⊙ Sehenswertes & Aktivitäten

Playa Tecolutla
STRAND

Dieser schwarz-weiße Strand, der sich über mehrere Kilometer erstreckt, ist bei mexikanischen Urlaubern außerordentlich beliebt. An den Wochenenden und Feiertagen ist er mit Familien gefüllt, die auf Plastikstühlen am Wasser picknicken, Snacks von vorbeikommenden Händlern kaufen, auf aufblasbaren Bananen reiten und in den Wellen toben. An den Wochentagen ist man hier meistens ganz allein.

★ Grupo Ecologista
Vida Milenaria
FREIWILLIGENARBEIT

(🚍766-846-04-67; www.vidamilenaria.org.mx; Niños Héroes 1; Spende erforderlich; ⊙Mai–Nov. 7–21 Uhr) 🚶 Das kleine Schildkrötenschutzzentrum am Strandende von Niños Héroes wird von Fernando Manzano Cervantes geleitet, der bei Einheimischen als „Papá Tortuga" (Vater der Schildkröten) bekannt ist. Seit über 35 Jahren betreibt er öffentliche Aufklärung und päppelt Suppen- und Atlantik-Bastardschildkröten auf, die er dann in die Freiheit entlässt. Besucher strömen in Scharen hierher, um morgens dabei zuzusehen, wie die Jungschildkröten ausgesetzt werden.

Das Zentrum wird privat betrieben, daher sollte man zumindest ein Souvenir kaufen – der Erlös kommt der Sache zugute. Besonders im April und Mai werden Freiwillige benötigt, die die 35 km langen Strände ablaufen und die Schildkröteneier einsammeln. Wenn möglich werden die Eier im Originalnest belassen, aber manchmal auch an einem sicheren Ort wieder eingegraben. Die Patrouillen sind zwischen 22 und 6 Uhr morgens unterwegs. Helfer dürfen umsonst ihr Zelt aufschlagen sowie Küche und Bad benutzen.

Die meisten Tiere werden im Juni ausgesetzt, aber Ende Oktober kann man beim Festival de Las Tortugas Hunderten von Einheimischen dabei zusehen, wie sie die Auswilderung der Schildkrötenbabys feiern.

🤙 Geführte Touren

Bootstouren
BOOTSTOUREN

(abseits Ribera del Río; 400–500 Mex$/Gruppe) Läuft man den Río Tecolutla auf der Emilio Carranza entlang, kommt man zum *embarcadero* (Pier), wo Boote zu Angeltouren oder Trips durch die dichten Mangrovenwälder starten, in denen viele Wildtiere (z. B. Pelikane) leben.

🛏 Schlafen & Essen

Es gibt jede Menge Budget- und Mittelklassehotels in dieser vom Tourismus geprägten Stadt. Die schickeren Optionen liegen außerhalb der Stadt, aber es finden sich viele günstige Hotels nahe der Plaza und hübschere Übernachtungsmöglichkeiten in Richtung Meer.

Aqua Inn Hotel
HOTEL **$**

(🚍766-846-03-58; www.tecolutla.com.mx/aqua inn; Ecke Aldama & Av Obregón; Zi. ab 700 Mex$; 🅿 ❄🛜🏊) Das moderne Hotel liegt mitten in der Stadt und nur wenige Schritte entfernt vom Wasser. Es bietet saubere, funktionale Zimmer mit Kabel-TV. Darüber hinaus hat es einen kleinen Pool auf dem Dach und ein cooles Restaurant mit Café. Außerhalb der Hauptsaison gibt's gute Rabatte, dann kann man ein richtiges Schnäppchen schlagen.

★ Hotel Azúcar
DESIGNHOTEL **$$$**

(🚍232-321-06-78; www.hotelazucar.com; Carretera Federal Nautla-Poza Rica Km 83,5; Zi. inkl. Frühstück ab 283 US$; 🅿🛜❄🏊) Das beeindruckende Designhotel am Strand, 45 km südlich von Tecolutla, ist im minimalistischen Zenstil gehalten. Die rustikalen Zimmer sind schneeweiß getüncht, genau wie die herrlichen Gemeinschaftsbereiche mit Strohdächern. Es gibt einen prächtigen Pool, ein beeindruckendes Spa und ein wunderbar zwangloses Restaurant.

★ El Camarón
Desvelado
MEERESFRÜCHTE $

(☎766-846-02-35; Aldama s/n; Hauptgerichte 50-120 Mex$; ⊙8–21Uhr) Der „Schlaflose Shrimp" ist das beliebteste Meeresfrüchterestaurant in der Stadt. Hier gibt es riesige Platten mit *arroz a la tumbada* (Meeresfrüchte-Reis mit Tomaten), Knoblauchshrimps, Oktopus in eigener Tinte, Fisch gefüllt mit Meeresfrüchten und andere leckere Speisen aus dem Meer.

Taquería Los Jairos
STREETFOOD $

(Ecke Obregón & Hidalgo; Tacos 60 Mex$; ⊙9–22 Uhr) In diesem geschäftigen Tacolokal kann man an einem der Plastiktische Platz nehmen und einen Teller Tacos *pastór* (mit Schawarma-Schweinefleisch), *cabeza* (mit Kuhkopffleisch) oder *suadero* (ein Stück Rindfleisch aus der Gegend zwischen Bauch und Bein) bestellen, Salsa darauf verteilen und das Ganze mit einer *michelada* (Bier mit Limettensaft, Gewürzen und Salz getränktem Glasrand) nach unten spülen. Einfach perfekt.

Ausgehen & Nachtleben
Porteño Café
KAFFEE

(Ecke Aldama & Av Obregón; ⊙8–22 Uhr) Das Porteño ist ein praktisches Café im Stadtzentrum, das die gesamte Palette an *lecheros* (Kaffees mit Milch), Espressos, Lattes und Cappuccinos sowie Frappés und Eiskaffees für heiße Tage am Strand verkauft. Obwohl die meisten wegen des Kaffees hierherkommen, gibt es auch eine Auswahl an *bocadillos* (Sandwiches).

❶ An- & Weiterreise
Tecolutla liegt 41 km östlich von Papantla. Regelmäßig fahren 2.-Klasse-Busse von Transportes Papantla zwischen Tecolutla und Papantla (50 Mex$), die einen Block westlich der Hauptplaza vor der Kirche an der Av Obregón ankommen und abfahren. Es gibt auch einen kleinen, aber eleganten 1.-Klasse-**Busbahnhof** von ADO (Ecke Abasolo & Ahumada) einige Blocks von der Hauptplaza entfernt. Traveller auf dem Weg von/nach Tecolutla müssen oft in Gutiérrez Zamora umsteigen. ADO betreibt Busse zu einigen Großstädten, darunter zum Terminal Norte in Mexico City (404 Mex$, 5¼ Std., 7-mal tgl.), sowie Verbindungen nach Papantla (68 Mex$, 1 Std., 8-mal tgl.).

SÜDLICHES VERACRUZ

Das südöstliche Veracruz ist die wahrscheinlich schönste Region des Bundesstaates, dennoch ist der Tourismus in dieser Gegend kaum verbreitet. Hier findet man träge Sumpfgebiete, vulkangekrönte Regenwälder, atemberaubende Seen und einige wundervolle Strände entlang der wenig besuchten Costa de Oro sowie das herausragende Reserva de la Biosfera Los Tuxtla. Letzteres ist ein gut geführtes Biosphärenreservat, das vor allem Traveller anzieht, die jenseits der ausgetretenen Pfade reisen. Der wildere, vulkanische Teil des Reservats ist über San Andrés Tuxtla zugänglich, während die Laguna Catemaco bekannt ist für Vogelbeobachtung ist und näher an dem namengebenden Ort liegt. Als Teil des früheren Kernlandes der alten Olmeken-Kultur ist der Südosten übersät mit archäologischen Stätten, und dann gibt's da noch die UNESCO-Welterbestätte Tlacotalpan, die einfach jeden Besucher bezaubern wird. Wer Richtung Süden nach Tabasco unterwegs ist, für den taugt das nicht gerade hübsche Handelszentrum Acayucan als passabler Zwischenstopp.

Tlacotalpan
☎288 / 7600 EW

Tlacotalpan war früher ein bedeutender Flusshafen, und die UNESCO-Welterbestätte hat sich seit den 1820er-Jahren kaum verändert. Die Stadt ist ein einziger Farbrausch: Die leuchtenden Sonnenuntergänge über dem nahe gelegenen Río Papaloapan addieren feine Orange- und Gelbtöne zu dem Regenbogen aus einstöckigen Kolonialhäusern, sodass man sofort an das verschlafene Havanna erinnert wird.

Im September 2010 wurde Tlacotalpan von einer schweren Flut heimgesucht, bei der 500 historische Gebäude überschwemmt wurden und 8500 Menschen evakuiert werden mussten. Der Wiederaufbau erfolgte sehr schnell und heute weist nur noch eine Wassermarkierung an der Mauer der Calle Alegre darauf hin, wie zerstörerisch die Flut war.

Obwohl es einige kleine Museen gibt, ist Tlacotalpan die Art Stadt, in der es am meisten Freude bereitet, durch die Straßen zu schlendern und die Atmosphäre in sich aufzusaugen. Tlacotalpan hat zwei hübsche Plätze direkt nebeneinander: den Parque Hidalgo und die Plaza Zaragoza. Man sollte unbedingt einen Spaziergang am Fluss machen und den Cházaro hinunterlaufen.

Sehenswertes

Capilla de la Candelaria
KIRCHE

(Parque Hidalgo; ⊙8–18 Uhr) Die von außen nicht mehr ganz taufrische lachsfarbene Capilla de la Candelaria stammt aus dem Jahr 1779 und ist innen mit lokalen Korallensteinen verziert.

Parroquía San Cristobal
KIRCHE

(Plaza Zaragoza; ⊙8–18 Uhr) Diese neoklassizistische Kirche, mit deren Bau 1812 begonnen wurde, erstrahlt in herrlichen Blau- und Weißtönen und ist der Star der Plaza Zaragoza.

Villin Montalio
GALERIE

(Av 5 de Mayo 53; ⊙Mo–Sa 9–18 Uhr) Tlacotalpan ist berühmt für Zedernholzmöbel, einschließlich Schaukelstühlen. In diesem Büro mit angeschlossener Werkstatt kann man den Künstlern bei der Arbeit zusehen und sich einige der fertigen Produkte ansehen.

Casa Cultural de Agustín Lara
MUSEUM

(Ecke Carranza & Noel; 10 Mex$; ⊙Mo–Sa 10–18 Uhr) Dieses Museum präsentiert alte Fotos von Tlacotalpan und dem *tlacotalpeño* Agustín Lara (1900–1970), einem legendären Musiker, Komponisten und Casanova, sowie ein Frankenstein-artiges männliches Mannequin, das am Klavier sitzt. Das Museum ist eher etwas für Mexikaner als für ausländische Besucher.

Museo Salvador Ferrando
MUSEUM

(Alegre 6; 20 Mex$; ⊙Di–Sa 11–18, So 12.30–19 Uhr) Das nach einem lokalen Künstler benannte Museum ist das Beste von Tlacotalpans Mini-Museen. Es beherbergt eine bunt gemischte Sammlung aus alten Kanonen, Singer-Nähmaschinen, alten Flinten sowie Gemälden regionaler Künstler in einem charmanten alten Kolonialgebäude.

 Aktivitäten

Bici Cletando
RADFAHREN

(☎288-100-46-86; Parque Hidalgo; 25/40/70 Mex$ pro 30 Min./1 Std./2 Std.; ⊙9–18 Uhr) Das herrlich flache Tlacotalpan eignet sich perfekt zum Fahrradfahren. Fahrräder kann man bei Bici Cletando mieten, das einen Stand vor der Capilla de La Candelaria auf der Plaza Zaragoza betreibt.

Geführte Touren

Bootstouren
BOOTSTOUR

(einstündige Fahrt 350 Mex$) Nahe der Restaurants am *malecón* legen *lancheros* (Bootführer) ab, die einstündige Bootsausflüge zu einer nahe gelegenen Lagune anbieten. Auch wenn das hier nicht der Amazonas ist, so ist es doch eine nette Option für einen schönen Spätnachmittag.

 Feste & Events

Día de la Candelaria
RELIGIÖS

(⊙Jan & Feb) Von Ende Januar bis Anfang Februar findet in Tlacotalpan das riesige Candelaria-Fest statt, bei dem Stiere durch die Straßen getrieben werden und ein Marienbild, gefolgt von einer Flotte aus kleinen Booten, den Fluss hinuntertreibt.

Schlafen

Es gibt vor allem einige Mittelklasse-Pensionen in wunderschönen, farbenprächtigen Kolonialgebäuden. Während des Candelaria-Festes steigen die Preise um das Drei- oder Vierfache – in dieser Zeit muss man unbedingt mehrere Wochen im Voraus buchen.

★ Hotel Doña Juana
PENSION $

(☎288-884-34-80; http://hoteldonajuana.com; Juan Enríquez 32; Zi. 600–730 Mex$; ❄ 🕾) Das moderne, mehrstöckige Gebäude bietet kleine, aber sehr gepflegte Zimmer. Der üppige Einsatz von Terrakottafarben und Kunstwerken unterscheidet es von den vielen gleichpreisigen anderen Optionen – genau wie das hilfsbereite, stets lächelnde Personal. Man sollte das dunkle Einzelzimmer mit einem Teilblick auf den Hof meiden.

Hostal El Patio
PENSION $

(☎288-884-31-97; www.hostalelpatio.com.mx; Alvarado 52; Zi. 550–650 Mex$; ℗ @ 🕾) Diese Pension verbindet warme Farben mit geräumigen, gut ausgestatteten Zimmern (mit Regendusche!) und einem begrünten Hof. Der Minischnauzer sorgt für jede Menge Hundeliebe.

Hotel Posada Doña Lala
HISTORISCHES HOTEL $

(☎288-884-24-55; http://hoteldonalala.mx; Av Carranza 11; EZ/DZ/Suite 650/750/1000 Mex$; ℗ ⇄ ❄ 🕾 ☒) Das Doña Lala mit seiner ausgeblichenen pinkfarbenen Fassade in Richtung Fluss ist ein herrliches Hotel im Kolonialstil mit geräumigen, eleganten Zimmern und hohen Decken. Für einen tollen Ausblick bittet man um ein Zimmer zum Platz; die Hälfte der Zimmer ist dunkel und geht zum Hof hinaus. Im Erdgeschoss gibt es ein hervorragendes Restaurant und sogar einen Pool zum Entspannen.

BUSSE AB TLACOTALPAN

ZIEL	PREIS (MEX$)	DAUER (STD.)	HÄUFIGKEIT (TGL.)
Mexico City (TAPO)	676	8½–11	2-mal
Puebla	285	6½	22 Uhr
San Andrés Tuxtla	108	2	4-mal
Xalapa	292	3	6.20 Uhr

Hotel Casa del Río HOTEL $$
(288-884-29-47; www.casadelrio.com.mx; Cházaro 39; Zi./Suite 850/1100 Mex$; ⊝❋🛜) In einer Kolonialvilla moderne, stylishe, minimalistische Zimmer einzurichten, ist durchaus eine Herausforderung, aber das Hotel Casa del Río mit seinen neun großen Räumen hat es geschafft. Das Highlight ist definitiv die Terrasse mit Flussblick. Oh, und das Frühstück ist der Hammer! WLAN gibt's nur in der Lobby.

Essen & Ausgehen
An der Uferpromenade reihen sich Fischrestaurants aneinander, die täglich von mittags bis abends geöffnet haben und den Tagesfang verkaufen. Man sollte sich nach den Einheimischen richten und dort hingehen, wo es richtig voll ist. An und um die Plaza Zaragoza gibt es ebenfalls mehrere Restaurants.

Restaurant Doña Lala MEXIKANISCH $$
(Av Carranza 11; Hauptgerichte 80–180 Mex$; ⊙7–22 Uhr; 🛜) Das schickste Restaurant der Stadt ist im gleichnamigen Hotel untergebracht und hat freundliche Angestellte. Hier verkehren einheimischer Exzentriker, die sich um die besten Plätze auf der Terrasse schlagen. Die große Auswahl an mexikanischen Gerichten enttäuscht nicht, und die vor Ort gefangenen Meeresfrüchte sind ausgezeichnet.

Rokala MEXIKANISCH $$
(288-884-22-92; Plaza Zaragoza; Hauptgerichte 100–190 Mex$; ⊙6–24 Uhr; 🛜) Aufgrund seiner unschlagbaren Lage unter den Kolonialbögen der Plaza Zaragoza ist dieses freundliche Restaurant mit einem Bereich im Freien das ganze Jahr über sehr beliebt. Die Hauptgerichte des Lokals reichen von frischem Fisch und Flussgarnelen zu Grillfleisch und typischen *antojitos* (Snacks). Allein die Atmosphäre ist ein Grund um ins Rokala einzukehren, allerdings ist das Essen leider nur durchschnittlich. Abends sollte man unbedingt an den Mückenschutz denken.

El K-Fecito CAFÉ
(www.facebook.com/elkfe; Plaza Zaragoza; ⊙17–2 Uhr) Dort, wo die beiden Plätze aufeinander treffen, verkauft das El K Fecito großartigen Kaffee, Kuchen und verschiedene einfache Snacks. Abends wird es hier so richtig voll. Unbedingt Moskitospray mitbringen.

☆ Unterhaltung
Teatro Netzahualcoyotl THEATER
(Av Carranza; ⊙Öffnungszeiten variieren) Das herrliche Teatro Netzahualcoyotl im französischen Stil wurde 1891 erbaut und zeigt anspruchsvolle Veranstaltungen.

❶ Praktische Informationen
Touristeninformation (☎288-884-33-05; www.tlacotalpan-turismo.gob.mx/turismo. html; Plaza Zaragoza, Ayuntamiento; ⊙Mo–Fr 9–15 Uhr) Mitten auf der Plaza Zaragoza befindet sich diese Touristeninformation, die hilfreiche Karten und Infos bereit hält.

❶ An- & Weiterreise
Der Hwy 175 führt von Tlacotalpan das Papaloapan-Tal hinauf nach Tuxtepec und schlängelt sich dann durch die Berge nach Oaxaca (320 km). ADO hat einen **Busbahnhof** (☎288-884-21-25; Cházaro 37) am Flussufer, drei Straßenblocks östlich vom Zentrum vor dem Mercado Municipal.

Santiago Tuxtla

☎294 / 15500 EW. / HÖHE 300 M

In Santiago Tuxtlas Mitte liegt eine äußerst hübsche, üppig begrünte Plaza – eine der schönsten im ganzen Bundesstaat –, die von mexikanischen Stärlingen bevölkert wird. Die Stadt ist umgeben von den hügeligen Ausläufern der vulkanischen Sierra de los Tuxtlas. Im Vergleich zu San Andrés ist Santiago Tuxtla deutlich entspannter und charmanter. Auf der Plaza flanieren eingehakte Damen und turtelnde Pärchen, daneben tummeln sich Schuhputzer. Das Museum und der Olmekenkopf allein lohnen einen Besuch.

◉ Sehenswertes

Olmekenkopf
DENKMAL

(Plaza Olmeca) Der steinerne Monolith mitten auf der Hauptplaza wird auch „Cobata-Kopf" genannt – nach dem Anwesen, auf dem er entdeckt wurde. Mit seinen 40 t ist er der größte bekannte Olmekenkopf und wahrscheinlich erst am Ende der olmekischen Periode entstanden. Einzigartig machen ihn auch die geschlossenen Augen.

Museo Tuxteco
MUSEUM

(☎294-947-10-76; Plaza Olmeca; 50 Mex$; ⊙Di–So 9–17 Uhr) Dieses Museum am Hauptplatz ist spezialisiert auf präkolumbische Völker, die in dieser Region von 1600 v.Chr. bis rund 1200 n.Chr. lebten. Ein besonderer Schwerpunkt liegt auf den Olmeken, der ersten bekannten bedeutenden Zivilisation Mexikos. Zu den Artefakten gehören ein totonakisches Bildnis einer Frau, die im Kindbett starb, Keramikteller, die für Menschenopferzeremonien auf der Isla de Sacrificios verwendet wurden, olmekische Steinreliefs (darunter ein kolossaler Steinkopf) und eine *hacha* (Axt) mit Affengesicht und Augen aus Obsidian.

Darüber hinaus sieht man hier auch die Nachbildung eines Altars aus Tres Zapotes.

▭ Schlafen & Essen

★ Mesón de Santiago
HOTEL $

(☎294-947-16-70; Calle 5 de Mayo No 8; DZ 760 Mex$; ▣❄🛜❄) Das fantastische Hotel am Hauptplatz mit seiner gut erhaltenen kolonialen Außenfassade und den riesigen, mit Kletterpflanzen bewachsenen Bäumen in einem stillen Hof ist eine unerwartete Überraschung in einem solch ruhigen und wenig besuchten Ort. Die Zimmer sind geschmackvoll dekoriert; es gibt tiefdunkle Holzmöbel, wunderschön geflieste Bäder und überkuppelte Treppenhäusern. Der kleine Pool sah beim letzten Besuch ein wenig vernachlässigt aus.

La Joya
MEXIKANISCH $

(☎294-947-01-77; Ecke Juárez & Comonfort; Hauptgerichte 50–80 Mex$; ⊙7–23 Uhr) Die Plastiktischdecken, die Bestuhlung (nur außen) und die rustikale offene Küche schreien förmlich „Moctezumas Rache", aber man muss keine Angst haben: Das La Joya tischt

NICHT VERSÄUMEN

TRES ZAPOTES

Eine der wichtigsten archäologischen Stätten von Veracruz, die spät-olmekische Siedlung von Tres Zapotes, liegt rund 21 km westlich von Santiago Tuxtla. Die Stätte war über 2000 Jahre lang eine olmekische Siedlung (etwa von 1200 v.Chr. bis 1000 n.Chr.) und wurde wahrscheinlich zuerst bewohnt als das große olmekische Zentrum von La Venta (Tabasco) noch florierte. Nach der Zerstörung von La Venta (um 400 v.Chr.) existierte die Stadt in einer „epiolmekischen Phase" (so bezeichnen es die Archäologen) fort, der Periode, in der die olmekische Kultur ihren Niedergang erlebte, während andere Zivilisationen (vor allem die Izapa und die Maya) aufstiegen.

Tres Zapotes besteht heute nur noch aus ein paar Erdhügeln inmitten von Maisfeldern, aber das namengebende archäologische **Museum** (☎294-947-01-96; www.inah.gob.mx/es/red-de-museos/226-museo-de-sitio-de-tres-zapotes; Estela Nuñez, Tres Zapotes; 40 Mex$; ⊙Di–So 9–17 Uhr) zeigt wichtige Funde der Stätte. Das größte Fundstück, die Stele A, zeigt drei menschliche Figuren im Rachen eines Jaguars. Eine andere Figur könnte einen Gefangenen mit hinter dem Rücken gefesselten Händen darstellen. In einen Thron oder Altar ist das nach oben gewandte Antlitz einer Frau eingemeißelt. Die Olmeken waren die Vorgänger der anderen großen Zivilisationen Mexikos und berühmt für ihre riesigen aus Stein gehauenen Menschenköpfe. Ein 1,50 m großes Beispiel aus der Zeit um 100 v.Chr. ist der ganze Stolz des Museums. Der Museumsaufseher beantwortet Fragen auf Spanisch oder gibt eine Führung (er freut sich über Trinkgeld).

Von Santiago Tuxtla nimmt man einen 2.-Klasse-Bus (35 Mex$) oder ein Taxi (40/140 Mex$ *colectivo*/privat). Besucher, die mit einem eigenen Fahrzeug kommen, fahren folgendermaßen: Von Santiago Tuxtla führt die Straße in südwestlicher Richtung nach Tres Zapotes; vom Hwy 180 dem Schild „Zona Arqueológica" folgen. Nach 8 km kommt eine Gabelung, an der man sich rechts hält. Nun sind es noch 13 km bis Tres Zapotes. Die Straße endet an einer Kreuzung, an der man links und dann noch mal links abbiegt, um so zum Museum zu gelangen.

BUSSE AB SANTIAGO TUXTLA

1.-Klasse-Busse fahren u. a. nach:

ZIEL	PREIS (MEX$)	DAUER	HÄUFIGKEIT (TGL.)
Córdoba	304	4 Std.	3-mal
Mexico City	334–744	9½ Std.	6-mal
Puebla	438–588	6¾–7½ Std.	4-mal
San Andrés Tuxtla	52	20 Min.	18-mal
Tlacotalpan	90	1½ Std.	3-mal
Veracruz	93–192	2¾ Std.	9-mal
Villahermosa	322	5¾ Std.	20.50 Uhr
Xalapa	234	4¾ Std.	3-mal

gutes mexikanisches Essen auf. Das Lokal befindet sich an der Ecke des Hauptplatzes, auf der einen Seite des Olmeken-Kopfes.

ℹ An- & Weiterreise

Die meisten Busses starten und enden an der **Bushaltestelle** nahe der Kreuzung der Morelos mit dem Highway. ADO-Busse halten am Highway an der Ecke Guerrero. Zum Zentrum kommt man, wenn man weiter die Morelos hinunterläuft und dann rechts auf die Ayuntamiento abbiegt, die zum einige Straßenblocks entfernt liegenden Hauptplatz führt.

Alle lokalen und regionalen Busse sowie die *colectivos*-Taxis nach San Andrés Tuxtla verkehren häufig und halten an der Kreuzung der Morales mit dem Hwy 180. Der Preis für eine Fahrt zwischen den beiden Städten mit dem Privattaxi beträgt 80 Mex$. Auch nach Catemaco, Veracruz, Acayucan and Tlacotalpan fahren häufig 2.-Klasse-Busse.

Taxis nach Tres Zapotes (Zaragoza) starten von dem Sitio Puente Real am äußeren Ende der Fußgängerbrücke an der Zaragoza (der Straße, die neben dem Museum in Santiago Tuxtla hinunterführt).

San Andrés Tuxtla

📞 294 / 63 800 EW. / HÖHE 360 M

Wie viele moderne Kleinstädte ist auch San Andrés eher zweckmäßig als schön. Das geschäftige Dienstleistungszentrum der Region Las Tuxtlas ist für Traveller vor allem wegen seiner Busverbindungen wichtig und als Ausgangspunkt zu den peripher gelegenen Attraktionen der Region, zu denen ein Vulkan sowie ein riesiger Wasserfall zählen. Nur Zigarrenfreunde dürfte San Andrés als Mexikos Zigarrenhauptstadt länger verweilen lassen. Das Zentrum ist gut geordnet – auf der Hauptplaza steht eine leuchtend orange-gelb gefliese Kirche.

⦿ Sehenswertes

⭐ **Salto de Eyipantla**　　　WASSERFALL

(Salto de Eyipantla; 10 Mex$; ☺8–18 Uhr) 12 km südöstlich von San Andrés führt im namengebenden Dorf eine Treppe mit 250 Stufen hinunter zum absolut spektakulären Salto de Eyipantla, einem 50 m hohen und 40 m breiten Wasserfall. Wer keine Lust hat, die Stufen hinunterzugehen, schaut sich den Wasserfall von einem *mirador* (Aussichtspunkt) an. Einfach dem Hwy 180 4 km nach Osten Richtung Sihuapan folgen und dann rechts nach Eyipantla abbiegen. TLT-Busse (15 Mex$), die regelmäßig fahren, und Sammeltaxis (30 Mex$) verkehren von der Ecke Cabada und 5 de Mayo, nahe dem Markt, ab San Andrés. Ein Teil von Mel Gibsons Kinofilm *Apocalypto* wurde im Übrigen hier gedreht.

🛏 Schlafen & Essen

Hotel Posada San Martín　　　HOTEL $

(📞 294-942-10-36; www.hotelposada-sanmartin. com; Av Juárez 304; EZ/DZ/3BZ 490/575/ 660 Mex$; 🅿✳🤖☁) Diese Posada im Stil einer Hazienda ist ein unerwarteter Glückstreffer! Sie liegt auf halbem Weg zwischen der Hauptstraße und der Hauptplaza und bietet ein gutes Preis-Leistungs-Verhältnis. Es gibt einen idyllischen Garten mit Pool, und in den Gemeinschaftsbereichen stehen viele hübsche Antiquitäten. Die Zimmer sind groß und sauber und haben schön gefliese Waschbecken.

⭐ **Mr Taco Segovia**　　　STREETFOOD $

(www.facebook.com/Mr.TacoSegovia; Ecke Madero & Allende; Tacos 8 Mex$; ☺18–2 Uhr) Seit über 20 Jahren versorgt Mr Taco Segovia all jene, die spät nachts noch vom Hunger geplagt werden. An diesem Tacostand wird auch

BUSSE AB SAN ANDRÉS TUXTLA

Vom ADO-Busbahnhof fahren folgende u. a. Busse ab:

ZIEL	PREIS (MEX$)	DAUER (STD.)	HÄUFIGKEIT (TGL.)
Córdoba	314	4½	3-mal
Mexico City (TAPO)	642–744	9½–10½	5-mal
Puebla	414–596	7½–8¼	4-mal
Santiago Tuxtla	52	½	17-mal
Tlacotalpan	108	2	3-mal
Veracruz	196	3	15-mal
Xalapa	317	5	6-mal

wirklich alles verwertet: Hier kann man zusehen, wie Tortillas frittiert und dann mit *suadero* (einer Scheibe Rindfleisch aus der Gegend zwischen Bauch und Bein), *tripita* (Kutteln), *seso* (Hirn) und anderem belegt, gewürzt und mit hausgemachter Salsa verziert werden.

ℹ️ Praktische Informationen

Touristeninformation (Madero 1; ⊘ 8.30–15.30 Uhr) Diese winzige Touristeninformation im Palacio Municipal bietet aktuelle Infos über die Reserva de la Biosfera Los Tuxtlas.

ℹ️ An- & Weiterreise

San Andrés ist der Verkehrsknoten von Los Tuxtlas und bietet recht gute Busverbindungen in alle Richtungen. Ado-Busse der 1. Klasse und AU-Busse der 2. Klasse fahren von ihren jeweilige Busbahnhöfen (☏ 294-942-08-71; Ecke Juárez & Blvd 5 de Febrero) an der Juárez unweit des Highways Santiago Tuxtla–Catemaco ab (rund zehn Gehminuten vom Zentrum).

Am Markt fahren außerdem häufig **colectivo-Taxis** (Sammeltaxis; 5 de Mayo s/n) nach Catemaco und Santiago. Sie sind schneller als die Busse, die Fahrten kosten aber etwas mehr als die TLT-Busse der 2. Klasse, die ebenfalls einen Straßenblock nördlich des Markts starten und an der Nordseite der Stadt über den Blvd 5 de Febrero (Hwy 180) fahren.

Catemaco

☏ 294 / 29 000 EW. / 340 M

Das verschlafene Catemaco wirkt zwar auf den ersten Blick ganz und gar nicht wie ein Traveller-Mekka, es ist dennoch der beste Ausgangspunkt für die Erkundung der Reserva de la Biosfera Los Tuxtlas. Die kleine, etwas schmuddelige Stadt erinnert an ein staubiges Backpacker-Reiseziel aus den 1980er-Jahren – nur ohne die Backpacker. Mit der langen Tradition von Hexerei und

Zauberei (z. B. Schamanen, die böse Geister vertreiben), der herrlichen Lage an einem See, der Nähe zu fantastischen Zielen zur Vogelbeobachtung, den Schwimmlöchern und den unberührten, einsamen Stränden eignet sich Catemaco gut als Basis für Ausflüge in die Umgebung.

👁 Sehenswertes

Basílica del Carmen KIRCHE
(Zócalo; ⊘ 8–18 Uhr) Wegen ihres prunkvollen Innenbereichs und der schönen Buntglasfenster können viele Besucher kaum glauben, wie neu die Hauptkirche von Catemaco wirklich ist: Man würde sie vielleicht auf die Mitte des 19. Jhs. datieren, tatsächlich aber stammt sie aus dem Jahr 1953.

Der kirchliche Ehrentitel einer Basilika wurde ihr 1961 hauptsächlich aufgrund ihrer Funktion als Wallfahrtskirche verliehen, zu der Gläubige wegen der Virgen del Carmen pilgern, die einem Fischer in einer Höhle an der Laguna Catemaco 1664 während eines Vulkanausbruchs erscheinen sein soll. Eine Statue der Jungfrau ist im Innern der Kirche aufgestellt und erfährt an ihrem Festtag, dem 16. Juli, besondere Verehrung.

🛏 Schlafen & Essen

★ Posada Bugambilea PENSION $
(☏ 294-110-01-80; 20 de Octobre 5; EZ/DZ 300/450 Mex$) Am Rand der Stadt steht diese gelbe Pension, die von Bougainvillea-Blüten fast erdrückt wird und auf deren Terrasse Katzenbabys spielen. Die Besitzerin ist die bezauberndste im ganzen Ort; sie überhäuft ihre Gäste förmlich mit Ratschlägen und Aufmerksamkeit. Die Zimmer sind geräumig und luftig, und solch eine Ruhe wie hier findet man nirgendwo anders in der Stadt. Auf der oberen Terrasse wehen dank einer herrlichen Brise Hängematten.

Hotel Los Arcos HOTEL $

(☎ 294-943-00-03; www.arcoshotel.com.mx; Madero 7; Zi./4BZ ab 720/766 Mex$; P ✳ 🛜 ☒) Das Hotel ist eine der besseren Optionen in der Stadt selbst. Es ist zentral gelegen, freundlich und gepflegt. Die kleinen Zimmer sind mit einigermaßen stabilem WLAN ausgestattet. Jedes Zimmer hat einen eigenen halbprivaten Außen- und Sitzbereich, und es gibt sogar einen (sehr) kleinen Pool. Das Hotel ist etwas hellhörig, weshalb man den Eindruck hat, man würde sich das Bett mit den Zimmernachbarn teilen.

Hotel Acuario HOTEL $

(☎ 294-943-04-18; Ecke Boettinger & Carranza; Zi./3BZ ab 593/759 Mex$; P 🛜) Diese freundliche Budgetunterkunft direkt abseits des

Catemaco

⊙ **Sehenswertes**
1 Basílica del Carmen B2

🛏 **Schlafen**
2 Hotel Acuario B2
3 Hotel Los Arcos B2

✖ **Essen**
4 Il Fiorentino C3
5 La Casa de Los Tesoros B3
6 La Ola B3

zócalo bietet 25 einfache, aber gepflegte und saubere Zimmer, die mit Ventilatoren ausgestattet sind. Man sollte versuchen, ein Zimmer mit Balkon und Aussicht zu ergattern – die auf der Rückseite haben kein natürliches Tageslicht. Kabel-TV ist ein weiteres Plus.

La Casa de Los Tesoros CAFÉ $

(☎ 294-943-29-10; Aldama 4; Hauptgerichte 50–120 Mex$; ⊙ Mo–Do 10–22, Fr–So 9–22 Uhr; 🛜) Dieses sehr beliebte Hippie-Café fungiert als Café-Restaurant, Buchladen (hier gibt's sogar einige uralte Lonely Planet Reiseführer), Galerie und Geschenkladen, der lokal hergestellte Kunsthandwerk verkauft. Die Einheimischen lieben besonders die Frühstücke (die Omeletts kann man sich selbst zusammenstellen), aber es gibt auch Burger, Root Beer, eine gute Auswahl an Kräutertees und noch mehr.

La Ola MEERESFRÜCHTE $$

(Paseo del Malecón s/n; Hauptgerichte 80–175 Mex$; ⊙ 11–21 Uhr; 🛜) Ein weitläufiges Ufer-Restaurant am *malecón,* das alle erdenklichen Meeresfrüchte serviert, darunter recht guten *pargo* (Roter Schnapper), gegrillte Shrimps und mehr.

Il Fiorentino ITALIENISCH $$

(☎ 294-943-27-97; Paseo del Malecón 11; Hauptgerichte 100–160 Mex$; ⊙ 6.30–23 Uhr; 🛜) Das Il

Catemaco

ZAUBERSTUNDE

Jedes Jahr kommen am ersten Freitag im März Hunderte von *brujos* (Schamanen), Hexen und Heiler aus ganz Mexiko nach Catemaco, um gemeinsam auf dem nördlich der Stadt gelegenen Cerro Mono Blanco ein Reinigungsritual durchzuführen, mit dem sich die Teilnehmer von den negativen Energien des vergangenen Jahres befreien wollen. Seit ein paar Jahren ist das Event allerdings mehr von Kommerz als von Übersinnlichem geprägt. Zu dieser Zeit strömen auch scharenweise Mexikaner in die Stadt, um Schamanen zu konsultieren oder *limpia* (Reinigungszeremonien) durchführen zu lassen. In einer bizarren Mischung aus jenseitiger Inbrunst und hedonistischer Ausschweifung wird gegessen, getrunken und gefeiert.

In diesem Teil von Veracruz hat die Hexerei eine jahrhundertealte Tradition, in der sich uralte indigene Glaubensüberzeugungen, spanische mittelalterliche Bräuche und Vodoopraktiken aus Westafrika mischen. Viele der *brujos* betätigen sich nebenbei als Medizinmänner oder -frauen (wobei sie sowohl traditionelle Kräuter als auch moderne Pharmazeutika nutzen), Psychotherapeuten oder Schwarze Magier, die die Feinde ihrer Kunden mit bösen Flüchen belegen. Catemaco ist bekannt für seine Bruderschaft der 13 bedeutenden *brujos* (Los Hermanos), die als Hohepriester ihrer Zunft betrachtet werden. Wer eine Sitzung buchen möchte, fragt am besten Einheimische um Rat, um herauszufinden, welche Leistungen während des Rituals durchgeführt werden und wie viel man wahrscheinlich zahlen wird (und auch um Betrüger zu meiden).

Fiorentino ist schicker als die meisten italienischen Restaurants im Ausland. Hier gibt es hausgemachte Pasta, Wein aus dem Piemont, Cappuccinos und großartige Kuchen. Es liegt am *malecón* und wird – natürlich – von einem Italiener betrieben.

ⓘ An- & Weiterreise

Die ADO- und AU-Busse nutzen einen **Busbahnhof** (Ecke Paseo del Malecón & Revolución) am See. Die **TLT-Nahverkehrsbusse 2. Klasse** (Hwy 180) fahren von einem Busbahnhof 700 m westlich des Platzes an der Kreuzung mit dem Highway ab; die Fahrten sind etwas günstiger und häufiger als die der 1.-Klasse-Busse. *Colectivo*-Taxis starten und halten am **El Cerrito** (Carranza s/n), einem kleinen Hügel rund 400 m westlich des Platzes an der Carranza.

Zu den Gemeinden rund um den See und an der Küste gelangt man günstig mit *piratas* (*colectivo*-Pickups). Sie starten an einer Haltestelle, die sich fünf Straßenblocks nördlich des Busbahnhofs an der Ecke Lerdo de Tejada und Revolución befindet.

Reserva de la Biosfera Los Tuxtlas

Die verschiedenen Naturschutzgebiete rund um San Andrés Tuxtla und Catemaco wurden 2006 zu einem UNESCO-Biosphärenreservat zusammengeschlossen. Diese einzigartige vulkanische Region, die sich bis zu 1680 m über die Küstengebiete des südlichen Veracruz erhebt, liegt 160 km östlich der Cordillera Neovolcánica und stellt damit so etwas wie eine ökologische Anomalie dar. Mit ihrer komplexen Vegetation wird die Region als nördlichster Regenwald Amerikas betrachtet. Das Naturschutzgebiet umfasst die Laguna Catemaco und deren Umgebung, und in seinem Herzen liegt der Volcán San Martín, an dessen Fuß sich das Dorf Ruíz

BUSSE AB CATEMACO

1.-Klasse-Busse von ADO fahren u. a. nach:

ZIEL	PREIS (MEX$)	DAUER (STD.)	HÄUFIGKEIT (TGL.)
Mexico City	342–463	10–11	6-mal
Puebla	330–468	8–8¾	4-mal
San Andrés Tuxtla	38	½	16-mal
Santiago Tuxtla	52	1	14-mal
Veracruz	92–204	3½–4	11-mal
Xalapa	198	5½	4-mal

Los Tuxtlas

0   20 km

VERACRUZ SÜDLICHES VERACRUZ

Cortines befindet. Trotz ihrer vielen Reize besuchen nur wenige internationale Besucher die Region, die kaum touristische Infrastruktur aufweist. Alle, die die Natur und Pfade abseits der Touristenströme lieben, sollten hierher kommen. Neueste Informationen zu Ruíz Cortines gibt es in der Touristeninformation von San Andrés (S. 271). Man sollte einen lokalen Guide mitnehmen, da die Einheimischen Fremden gegenüber misstrauisch sind.

Sehenswertes

Laguna Encantada   SEE
(abseits Valencia) Die „verzauberte Lagune" befindet sich auf einem kleinen vulkanischen Krater 3,5 km nordöstlich von San Andrés in dschungelartigem Gelände. Hierher führt nur eine unbefestigte Straße; Busse fahren nicht zur Lagune. Einige Einheimische raten dazu, nicht allein am See umherzuspazieren, da mehrere Besucher hier ausgeraubt wurden. Die Führer in der Unterkunft Yambigapan können aktuelle Auskünfte geben.

Cerro de Venado   NATURSCHUTZGEBIET
(abseits Valencia; 10 Mex$; ☺ 8–18 Uhr) ✐ Dieses 23 ha große Naturschutzgebiet wurde 2009 geschaffen, als hier Tausende von Bäumen angepflanzt wurden. Es liegt 2,5 km entfernt von der Laguna Encantada an der Straße

nach Ruíz Cortines. 500 Stufen führen hinauf auf einen 650 m hohen Hügel, von wo aus man einen tollen Blick auf San Andrés Tuxtla, den See und die Berge hat.

Aktivitäten

Ruíz Cortines   WANDERN
(☑ Handy 294-1005035; Ejido Ruíz Cortines; Zeltplätze/Cabañas 70/450 Mex$) ✐ Am Fuße eines Vulkans, eine Stunde nördlich von San Andrés Tuxtla, liegt dieses kleine Dorf mit sehr rustikalen *cabañas*. Hier kann man Reiten und Höhlenklettern. Das Highlight ist die atemberaubende eintägige Wanderung auf den Volcán San Martín (1748 m). Ein Taxi ab San Andrés Tuxtla kostet 120 Mex$, eine *pirata* (Pickup-Truck) 30 Mex$.

Schlafen & Essen

Yambigapan
Estancia Rural   CAMPINGPLATZ $
(☑ 294-115-76-34; www.facebook.com/Restaurant Yambigapan; Camino a Arroyo Seco km 3,5; Camping/Pers. 35 Mex$, EZ/DZ 350/450 Mex$; ℗) ✐ 3 km entfernt von San Andrés Tuxtla liegt diese familienbetriebene, ländliche Privatunterkunft mit zwei sehr rustikalen *cabañas* mit spektakulärer Aussicht. Auf keinen Fall sollte man die Kochstunden der *doña* des Hauses, Amelia, versäumen, die traditionelle

mexikanische Gerichte zaubert und dabei viele Infos zu deren Geschichte vermittelt (auf Spanisch, 250 Mex$). Hierher kommt man am besten mit dem Taxi (ca. 45 Mex$).

Auf dem Gelände befindet sich ein großartiges Restaurant; im nahe gelegenen Fluss Arroyo Seco kann man schwimmen, außerdem werden geführte Wanderungen angeboten. Eine eintägige Besteigung des Volcán San Martín kann ebenfalls organisiert werden. Wer auf seine Pesos aufpassen muss, sollte eine *pirata* (Pickup-Truck) anhalten, die Richtung Ruíz Cortines unterwegs ist, und sich an der Abzweigung absetzen lassen; anschließend folgt man den Schildern nach „Yambigapan", die nach einer Weile auf eine lang gezogene Schotterstraße führen. Das kostet rund 10 Mex$.

Yambigapan · MEXIKANISCH $

(294-115-76-34; www.facebook.com/Restaurant Yambigapan; Camino a Arroyo Seco Km 3,5; Hauptgerichte 70–100 Mex$; ☺ Sa & So 9–17 Uhr; 🛜) Das kleine, gemütliche Restaurant (nur an den Wochenenden geöffnet) serviert außergewöhnlich leckere und interessante lokale Gerichte, die von der talentierten *doña* Amelia zubereitet werden. Es befindet sich an dem gleichnamigen Campingplatz am Ufer der Laguna Encantada, nur 3 km entfernt von San Andrés.

ℹ️ An- & Weiterreise

Von San Andrés Tuxtla fahren *piratas* (Pickup-Trucks) und *colectivo*-Taxis an der Laguna Encantada vorbei nach Ruíz Cortines. Ab Catemaco verkehren *piratas* und *colectivo*-Taxis auf der Straße zur Laguna Catemaco.

Costa de Oro

 294

Von Catemaco aus verläuft eine zum Großteil geteerte, 92 km lange Straße Richtung Osten durch das (wahrscheinlich wegen der grünen Hügel und der Kühe) als „Schweiz Mexikos" bekannte Gebiet. Die Straße bringt einen zu dem Städtchen Sontecomapan am Rande der Lagune, die für ihre Bootstouren durch Mangrovenwälder bekannt ist. Weiter nördlich entlang der Küste führt die Straße durch die idyllischen Fischerdörfer Playa Hermosa und Costo de Oro, ehe sie wieder landeinwärts geht und rund 22 km nördlich von Santiago Tuxtla auf den Hwy 180 aufschließt. Man sollte sich ein, zwei Tage Zeit nehmen, um einen der am wenigsten besuchten und schönsten Teile der Küste von Veracruz zu erkunden.

🔴 Sehenswertes

Playa Escondida · STRAND

Richtung Norden zweigt man kurz vor dem Dorf Balzapote von der Hauptstraße auf eine unbefestigte Nebenstraße ab. Nach rund zehn Minuten auf der nervenzerreibenden Straße kommt man zu einem verfallenen Hotel. Von hier führt ein Pfad zu einer langen, brüchigen Treppe; diese bringt einen hinunter zur Playa Escondida (verborgener Strand), die ihren Namen wirklich verdient hat. An Werktagen in der Nebensaison hat man den herrlichen hellen Sand und das türkisfarbene Wasser wahrscheinlich ganz für sich allein.

In den 1970er- und 1980er-Jahren war dies ein FKK-Strand. Aus unserer Sicht ist es der wahrscheinlich schönste Strand im ganzen Bundesstaat.

La Barra · DORF

Das kleine Fischerdorf La Barra mit seinem hübschen Strand samt Blick auf die Laguna Sontecomapan ist mit einer *lancha* ab Sontecomapan (650 Mex$) zu erreichen; unterwegs bekommt man eine kostenlose Tour durch die Mangroven. Alternativ führt eine holprige Nebenstraße östlich von La Palma, 8 km nördlich von Sontecomapan, hierher. In La Barra sollte man mittags unbedingt in einer der einfachen *palapas* super frischen Fisch essen.

🏃 Aktivitäten

Laguna de Sontecomapan · BOOTSFAHRT

In der Ortschaft Sontecomapan, 15 km nördlich von Catemaco, gibt's ein paar Lagunenrestaurants, bei denen man im Boot für eine einstündige Tour durch die wunderschönen Mangroven (450 Mex$, bis zu 6 Pers.) oder nach La Barra (650 Mex$/Boot oder 100 Mex$/Pers.) mieten kann. Ab Catemaco nimmt man ein Taxi (70 Mex$) oder eine *pirata* (20 Mex$) nach Sontecomapan.

Pozo de los Enanos · SCHWIMMEN

(Sontecomapan) Der idyllische Pozo de los Enanos (Zwergenteich) ist eine Badestelle, an der sich jugendliche Einheimische in Tarzanmanier an Seilen ins Wasser schwingen. Er liegt rund fünf Gehminuten vom Bootsanleger in Sontecomapan entfernt.

🛏️ Schlafen & Essen

⭐ Rancho Los Amigos · ÖKOLODGE $

(294-107-46-99, 294-100-78-87; www.losamig os.com.mx; Sontecomapan; B 270 Mex$, Caba-

LAGO DE CATEMACO

Entlang des *malecón* in Catemaco legen *lancheros* ab, mit denen man die Laguna Cate-maco erkunden kann. Die Boote können *colectivo* (d. h. pro Platz) bezahlt oder für bis zu sechs Personen gemietet werden. Eine einstündige *colectivo*-Tour kostet 120 Mex$ (nur während der Stoßzeiten), eine private *lancha* 650 Mex$. Bei einem Tripp kann man ver-schiedene Inseln im See besuchen; auf der größten, der **Isla Tenaspi**, wurden Olmeken-Skulpturen entdeckt. Auf der **Isla de los Changos** (Affeninsel) leben rotbackige Maka-ken, die ursprünglich aus Thailand stammen. Sie gehören der Universidad Veracruzana, die die Tiere für Forschungszwecke erwarb.

Die **Reserva Ecológica de Nanciyaga** (☎ 294-943-01-99; www.nanciyaga.com; Car-retera Catemaco-Coyame; Hütten-Reservierungen Mo–Fr 9–14 & 16–18, Sa 9–14 Uhr; 🅿) 🌿 am Nordostufer des Sees, rund 8 km entfernt von Catemaco, ist eine Art Naturschutzgebiet im Naturschutzgebiet, das in einem kleinen Teil des Regenwalds indigene Akzente setzen will. Auf dem Gelände gibt es ein *temascal* (traditionelles Kräuterdampfbad), ein altes Planetarium und dekorative Elemente im Olmeken-Stil. Tagesbesucher sind willkom-men. Eine Übernachtung (1780 Mex$ für 2 Pers. inkl. Mahlzeiten) in solarbetriebenen, rustikalen Hütten beinhaltet ein Mineralschlammbad, eine Massage, eine geführte Wan-derung und die Benutzung von Kajaks. Jeder muss für sich entscheiden, ob der Gedanke an einen nächtlichen Spaziergang bewaffnet mit Taschenlampe zu Gemeinschaftsbäder nach seinem Geschmack ist oder nicht. In jedem Fall bietet das Schutzgebiet eine fan-tastische Naturerfahrung. Ab Catemaco fahren *piratas* (12 Mex$), Taxis (90 Mex$) und Boote (rund 60 Mex$60/Pers.) hierher.

Am Ostufer des Sees folgt man der vermutlich schlechtesten Straße in der Geschich-te Mexikos für rund 8 km zum rustikal-schicken (sprich: ein bisschen heruntergekom-menen) **Prashanti Tebanca** (☎ 294-115-88-86; www.prashanti.com.mx; Camino Laguna Catemaco Km 17; Zi. 750–2000 Mex$; 🅿 ✳ 🖥). Die Unterkunft ist ein bisschen schicker als das Nanciyaga (die Zimmer sind z. B. mit Bädern ausgestattet), aber da es in der Mitte vom Nirgendwo liegt, müssen alle Mahlzeiten und Aktivitäten (z. B. Kajakfahren und Bootsfahrten) im Voraus gebucht werden.

ñas/2 Pers. 580–900 Mex$, Cabañas/6 Pers. 1200–1700 Mex$, inkl. .Frühstück; 🕿) 🌿 Los Amigos ist ein gut geführter, friedlicher Rückzugs-ort unweit der Stelle, an der die Laguna Sontecomapan in den Ozean übergeht. Die fantastischen *cabañas* fügen sich nahtlos in die grüne Hügellandschaft und haben schöne Balkone mit Hängematten und tolle Ausblicke auf die Bucht. Es gibt Naturpfa-de zu einem herrlichen Aussichtspunkt und ein Restaurant, das frische Meeresfrüchte serviert. Die Bootsfahrt von Sontecomapan hierher dauert rund 20 Min.

Beim Kajakfahren durch die Mangroven, beim Yoga oder bei einem traditionellen Kräuterdampfbad (*temascal*) kann man der Hektik des Alltags wunderbar entkommen.

⭐ **La Barra** MEERESFRÜCHTE $
(Hauptgerichte 70–120 Mex$; 🕙 10–21 Uhr) Hier kann man mit den Zehen im Sand spielen und Fisch essen, der so frisch ist, dass er aus dem Meer direkt auf den Teller gesprungen zu sein scheint. Er kommt gegrillt oder ge-kocht *al mojo de ajo* (mit Knoblauch) auf den Tisch und wird mit hausgemachter Sal-sa, frittierten Kochbananen, Reis und einem eiskalten Bier serviert – noch perfekter geht es kaum.

Das Essen in den zahlreichen *palapas* ähnelt sich. Wir mochten besonders die *pa-lapa* ganz am Ende der Strandbar, weil man von hier aus einen wunderschönen Blick auf die Mündung hat.

ℹ An- & Weiterreise

Piratas (Pickup-Trucks) verkehren relativ häufig zwischen Catemaco und Montepío (40 Mex$); sie halten unterwegs in Sontecomapan (15 Mex$). Wer nach La Barra möchte, nimmt – falls er keinen eigenen fahrbaren Untersatz hat – am besten ein Boot ab Sontecomapan. *Piratas* fahren selten jenseits von Montepío, wer also die gesamte Costa de Oro abfahren möchte, braucht ein eigenes Auto.

Die Straße ist größtenteils geteert, hat aber Schlaglöcher. Ein wirklicher langsamer Teil der Strecke mit riesigen Steinen befindet sich in der Nähe der Abzweigung zum Playa Escondida und Balzapote.

Halbinsel Yucatán

Inhalt ➡

Cancún........................280
Isla Mujeres.................291
Isla Holbox 296
Playa del Carmen 301
Isla Cozumel 305
Tulum 311
Cobá............................317
Laguna Bacalar..........323
Mérida........................329
Celestún.....................346
Chichén Itzá...............352
Valladolid 359
Campeche.................365

Gut essen

➡ Ku'uk (S. 336)

➡ Apoala (S. 337)

➡ Harry's (S. 287)

➡ Posada Margherita (S. 316)

➡ Hartwood (S. 316)

Schön übernachten

➡ Luz en Yucatán (S. 334)

➡ Hacienda Hotel Santo Domingo (S. 352)

➡ Río Bec Dreams (S. 378)

➡ Hacienda Puerta Campeche (S. 370)

➡ Mezcal Hostel (S. 284)

Auf zur Halbinsel Yucatán!

Nur wenige Reiseziele im Land begeistern zugleich mit uralten Maya-Ruinen, kolonialzeitlichen Stätten und dem karibischen Azurblau des Golfs von Mexiko. Genau genommen gilt dies nur für die Halbinsel Yucatán, auf der neben Teilen von Belize und Guatemala auch drei mexikanische Bundesstaaten liegen: Yucatán, Quintana Roo und Campeche. Davon am bekanntesten ist wohl Quintana Roo – dank der Mega-Touristenhochburgen Cancún, Tulum and Playa del Carmen. Dort bräunen sich Millionen Besucher jedes Jahr an Postkartenstränden oder Hotelpools mit Horizontblick. Doch nur ein paar Stunden weiter westlich verspricht Mérida (die Hauptstadt des Bundesstaats Yucatán) mit kolonialzeitlicher Architektur, zeitgenössischen Restaurants und nahegelegenen Cenoten (Süßwasserquellen) einenangenehmen Tempowechsel. Der benachbarte Bundesstaat Campeche beeindruckt mit zahllosen grandiosen Maya-Ruinen. So birgt die ganze übersichtliche Halbinsel manch großartige, vielfältige und gut erreichbare Überraschung für Reisende.

Reisezeit

Playa del Carmen

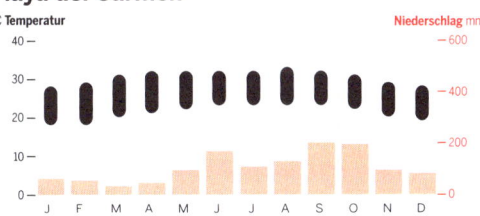

Dez.–April Das Mérida Fest (Jan.) und recht kühl.

Juli & Aug. Schwüle Hitze, Start der Hurrikan-Saison und höhere Hotelpreise.

Sept.–Nov. Sinkende Temperaturen, super Hotelschnäppchen und weniger Ruinenbesucher.

Highlights

1 Mérida (S. 329) Die koloniale Stadt erkunden und regionale Spezialitäten genießen

2 Parque Dos Ojos (S. 312) In dem tollen Höhlensystem tauchen

3 Isla Holbox (S. 296) Mit 15 t schweren Walhaien schnorcheln und seltene Vögel auf Nachbarinseln beobachten

4 Calakmul (S. 377) Von einer der größten Maya-Pyramiden auf den umliegenden Dschungel schauen

5 Chichén Itzá (S. 352) Die El-Castillo-Pyramide bestaunen und etwas über die Maya-Kultur erfahren

6 Laguna Bacalar (S. 323)
Den „See der sieben Farben"
bewundern und in der 90 m
tiefen Cenote Azul schwimmen

7 Cobá (S. 317) Vogelgesän-
ge und Morgenlicht unterm

Blätterdach des erwachenden
Dschungels erleben

8 Isla Cozumel (S. 305)
In einem der weltbesten
Unterwasser-Reviere zwischen
Korallenriffen tauchen

9 Campeche (S. 365) In der
Hauptstadt des gleichnamigen
Bundesstaats durch farbenfrohe Straßen schlendern und
auf dem Hauptplatz relaxen

QUINTANA ROO

Cancún

📞 998 / 628 000 EW.

Cancún hat zwei Gesichter: Da ist die glitzernde Zona Hotelera (Hotelzone) mit ihren berühmten weißen Stränden, einer wilden Partyszene und raffinierten Seafood-Restaurants. Und dann gibt's die eigentliche Stadt mit Tacoschuppen und unberührten Stränden.

Genug von den pulsierenden Discos der Zona Hotelera? Dann auf zu einem Salsa-Club im Zentrum. Und wer nicht mehr in Ciudad Cancún am Pool abhängen will, fährt einfach mit dem Bus zur Hotelzone und hüpft dort ins saphirblaue Meer.

Noch besser ist aber eine Erkundung des übrigen Quintana Roo: Nur einen Tagestrip von Cancún entfernt lockt der unberührte Nationalpark Isla Contoy mit einem faszinierendem Reichtum an Vogel- und Pflanzenarten. Eine ganz andere Welt ist Cobá mit Maya-Ruinen, Dschungel und einer Lagune voller Krokodile. Noch weiter südlich liegt die Lagune von Bacalar, die mit ihren verschiedenen Blau-, Grün- und Sandtönen schon fast an ein perfektes Digitalbild nach der Bearbeitung mit Photoshop erinnert.

⊙ Sehenswertes

⭐ **Museo Maya de Cancún**   MUSEUM
(Maya-Museum; Karte S. 282; www.inah.gob.mx; Blvd Kukulcán, Km 16,5; 70 Mex$; ⊙ Di–So 9–18 Uhr; 🚌 R-1) Mit einer der wichtigsten Sammlungen von Maya-Artefakten in Yucatán ist dieses moderne Museum eine willkommene Abwechslung in einer Stadt, die für ihre Partyszene und nicht für Kulturattraktionen bekannt ist. Zu sehen sind rund 400 Fundstücke aus wichtigen Stätten der Halbinsel und darüber hinaus, von Skulpturen bis zu Keramik und Schmuck. In einem der drei Säle werden zudem Wechselausstellungen zu den Maya gezeigt.

Cancúns ursprüngliches anthropologisches Museum musste 2006 wegen Bauschäden schließen, die von Hurrikanen verursacht worden waren. Beim neuen Museum kommt nun orkanbeständiges, verstärktes Glas zum Einsatz. Die Eintrittskarte gilt auch für die angrenzende Zona Arqueológica de San Miguelito.

All Ritmo   VERGNÜGUNGSPARK
(Karte S. 282; 📞 998-881-79-00; www.allritmocancun.com/en/waterpark; Puerto Juárez-Punta Sam Hwy, Km 1,5; Erw. 320–350 Mex$, Kind 5–12 Jahre 270–290 Mex$; ⊙ Mi–Mo 10–17 Uhr) Die Kinder können in diesem Wasserpark nach Herzenslust herumplanschen, Minigolf und Shuffleboard spielen. Die Ausfahrt befindet sich 2 km nördlich vom Fährhafen Ultramar. *Colectivos,* die an der Avenida Tulum (gegenüber dem Busbahnhof) nach Punta Sam fahren, setzen einen an der Ausfahrt ab. Ein kurzer Fußmarsch bringt einen dann ans Ziel.

Zona Arqueológica
El Rey   ARCHÄOLOGISCHE STÄTTE
(Karte S. 282; Blvd Kukulcán, Km 18; 50 Mex$; ⊙ 8–16.30 Uhr; 🚌 R-1, R-2) In der Zona Arqueológica El Rey, westlich des Blvd Kukulcán, gibt es einen kleinen Tempel und mehrere Zeremonialplattformen. Die Stätte erhielt ihren Namen von der hier ausgegrabenen Skulptur eines Würdenträgers, möglicherweise Königs (*rey*) mit aufwendigem Kopfschmuck. El Rey, das zwischen 1200 und 1500 bewohnt war, war wie das nahegelegene San Miguelito eine Siedlung, die vom Fischfang und dem Seehandel lebte.

Strände
Wenn man in Ciudad Cancún (Nordwesten) startet, findet man alle Strände der Isla Cancún auf der linken Seite der Straße. Diese passiert zuerst die Playas Las Perlas, Juventud, Linda, Langosta, Tortugas und Caracol (bis auf letztere die besten örtlichen Badestrände). Achtung: Auf gar keinen Fall in der krokodilverseuchten Lagune auf der rechten Seite der Straße schwimmen!

Rund um die Punta Cancún herum wird das Meer rauer, eignet sich aber immer noch zum Schwimmen. Und zwischen der Playa Gaviota Azul und der Punta Nizuc (Km 24) ganz unten im Süden werden die Strände schließlich immer malerischer: Weißer Sand säumt dort das türkisblaue Wasser der Karibik.

Playa Las Perlas   STRAND
(Karte S. 282; Km 2,5) Kleiner Strand mit tollem Kinderspielplatz, Toiletten und kostenlosen Tischen unter einem *palapa.* Parken ist gratis. Zugang über die Nordseite des Holiday Inn.

Playa Langosta   STRAND
(Karte S. 282; Km 5) Die Playa Langosta in der Mitte des nördlichen Endes der Zona Hotelera ist einer der schönsten Badestrände. Der Strand an der Bahía de Mujeres ist mit dem für Cancún typischen weichen Koral-

PARQUE NACIONAL ISLA CONTOY

Als spektakuläres Vogelschutzgebiet mit Nationalparkstatus ist die unbewohnte **Isla Contoy** (☑ 998-234-99-05; contoy@conanp.gob.mx) ein Paradies für Vogelbeobachter. Die Insel (max. Breite ca. 800 m, Länge über 8,5 km) lässt sich ab Cancún und der Isla Mujeres leicht in einem Tagesausflug besuchen. Ihre dichte Vegetation macht sie zum idealen Habitat für mehr als 170 Vogelarten (z. B. Braune Pelikane, Olivenscharben, Truthühner, Weißbauchtölpel, Fregattvögel, Kuba-Flamingos, Schmuck- und Silberreiher).

Zwischen Juni und September werden nördlich von Contoy oft Walhaie gesichtet. Um die unberührten Naturgebiete des Parks zu erhalten, sind pro Tag nur 200 Besucher zugelassen. Unbedingt Fernglas, Sonnencreme und Insektenschutzmittel mitbringen!

Firmen in Cancún und auf der Isla Mujeres bieten geführte Inseltouren an, die oft ein paar Stunden Zeit für Erkundungen auf eigene Faust beinhalten. Dabei kann man beispielsweise Naturlehrpfaden folgen, einen Beobachtungsturm (27 m) erklimmen und etwas schnorcheln.

Die Website der **Amigos de Isla Contoy** (S. 289) liefert weitere regionale Informationen (inkl. Details zum Ökosystem).

---

lensand bedeckt, und in dem recht flachen Wasser kann man prima schnorcheln. Wer genug vom Wasser hat, findet hier auch jede Menge Strandrestaurants und Bars.

Playa Caracol   STRAND

(Karte S. 282; Km 8,7) Der winzige Strand neben der Anlegestellen der Boote zur Isla Mujeres ist vielleicht der am wenigsten einladende Strand Cancúns. Man kann aber direkt am Wasser nach links zu dem hübschen Strand gelangen, der zum Hotel Riu „gehört". Keine Parkplätze.

Playa Chac-Mool   STRAND

(Karte S. 282; Km 9,5) Einer der ruhigeren Strände in Cancún, weil es hier keine Parkplätze gibt. Rettungsschwimmer sind im Einsatz. Es gibt am Strand keinerlei Speisen, aber Läden und Restaurants nahe beim Eingang, gegenüber von Señor Frogs.

Playa Marlin   STRAND

(Karte S. 282; Km 12,5) Ein schöner, langer, von Rettungsschwimmern überwachter Sandstrand, an dem man Liegestühle, Sonnenschirme und Tische mieten kann. Am Strand gibt's kein Essen, dafür aber eine Oxxo-Filiale am Blvd Kukulcán, nördlich der Kukulcán Plaza am Strandeingang.

Playa Delfines   STRAND

(Karte S. 282; Km 17,5; **P**) Dies ist der einzige Strand mit öffentlichem Parkplatz, aber leider ist der Sand hier gröber und dunkler als der feine Sand an den nördlicheren Stränden. Das Gute ist aber, dass der Strand einen tollen Blick bietet und es in der Nähe ein paar Maya-Ruinen zu bewundern gibt. Da er

zudem der letzte Strand am Boulevard ist, tummeln sich hier selten viele Menschen. Unbedingt die Schilder für die Schwimmbedingungen beachten, da es hier Unterwasserströmungen gibt.

🏃 Aktivitäten

Tauchen & Schnorcheln

★ Museo Subacuático de Arte   TAUCHEN, SCHNORCHELN

(MUSA-Unterwassermuseum; Karte S. 282; ☑ 998-206-01-82; www.musacancun.com; Schnorcheltour 41,50 US$, Einflaschen-Tauchgang 64,50 US$; ☺ 9–17 Uhr) 🤿 Das einmalige Unterwassermuseum wurde eingerichtet, um Taucher von gefährdeten Korallenriffen wegzulocken. In den Gewässern rund um Cancún und die Isla Mujeres verteilen sich hier über 500 lebensgroße Skulpturen des britischstämmigen Bildhauers Jason deCaires Taylor. Die künstlichen Riffe in 4 bis 8 m Tiefe sind ein ideales Ziel für Schnorchler und Tauchanfänger. Tauchveranstalter (Tipp: Scuba Cancún) bieten geführte Touren an.

Scuba Cancún   TAUCHEN

(Karte S. 282; ☑ 998-849-52-25; www.scubacancun.com.mx; Blvd Kukulcán, Km 5,2; Tauchgang mit 1/2 Flaschen 62/77 US$, zzgl. Ausrüstungsverleih) Der PADI-zertifizierte Familienbetrieb mit langjähriger Erfahrung war der erste Tauchveranstalter in Cancún. Angeboten werden diverse Schnorchel-, Angel- und Tauchausflüge (darunter auch Cenote-Tauchgänge und nächtliche Tauchtouren). Veranstaltet auch Schnorchel- und Tauchtouren zum MUSA-Unterwassermuseum.

Cancún

N 0 ———— 2 km

Punta Sam (2 km); **2**
Isla Blanca (12 km)

Hafen-
verwaltung **ℹ**
Puerto Juárez
Dock

Fähre zur Isla Mujeres

**PUERTO
JUÁREZ**

MEX 180

Av López Portillo

Fähre zur Isla Mujeres

Fähre zur Isla Mujeres

Wassertaxi zur Isla Mujeres

s. Karte Ciudad
Cancún (S. 286)

Amigos de ✉
Isla Contoy ℹ
25

Blvd Kukulcán

7 Playa
Juventud

Playa
Linda

*Bahía
de Mujeres*

Hwy 180D
(Maut; 7 km)

22 MEX 307

El Embarcadero Dock

6 Playa Pez
Volador

10 **12**

Marina
Scuba
Cancún

Playa
Tortugas
Dock

s. Detailplan

Playa
Tortugas

*Bahía de
Mujeres*

3 Playa
Caracol
Dock

Punta
Cancún

Playa
Chac-Mool

13

La Isla

Zona
Hotelera

21 Plaza
Caracol

*Laguna de
Nichupté*

14

23

Playa
Gaviota
Azul

Playa
Marlin

C Quetzal

Paseo
Pok-Ta-Pok

15

Playa
Ballenas

4

16

*Laguna
Bojórquez*

Blvd Kukulcán

*Laguna
de Nichupté*

19

18

17

8

1 *Museo Maya
de Cancún*

9

20

24

Playa
Ballenas

11

Casa
Consular

Playa San
Miguelito

5

*KARIBISCHES
MEER*

26

N 0 ———— 1 km

✈ (1 km)

Blvd Kukulcán

Puerto Morelos (18 km);
Playa del Carmen (48 km)

Punta
Nizuc

Parque Nacional
Submarino
Punta Nizuc

👉 Geführte Touren

Captain Hook   BOOTSTOUR
(Karte S. 282; ☎ 998-849-49-31; www.capitan
hook.com; Marina Capitán Hook, Blvd Kukulcán, Km
5; Erw. 84–109 US$, Kind unter 13 Jahren 5 US$;
☺ Touren 19–22.30 Uhr) Nichts regt die kindli-
che Phantasie mehr an als ein Piratenaben-
teuer mit Schwertkämpfen und Breitsei-
ten aus Schiffskanonen. Bei dieser Fahrt
(3½ Std.) mit dem Nachbau einer spanischen Galeone gibt's auch Abendessen. Wer
sich dabei für Steak und Hummer (95 US$)
entscheidet, wird ordentlich Dublonen los.

Cancún

🅞 Highlights
1	Museo Maya de Cancún	C5

🅞 Sehenswertes
2	All Ritmo	B1
3	Playa Caracol	B3
4	Playa Chac-Mool	B4
5	Playa Delfines	C5
6	Playa Langosta	C2
7	Playa Las Perlas	B2
8	Playa Marlin	A5
9	Zona Arqueológica El Rey	C5

🅞 Aktivitäten, Kurse & Touren
	Asterix	(siehe 12)
10	Captain Hook	C3
11	Museo Subacuático de Arte	A6
12	Scuba Cancún	C3

🅞 Schlafen
13	Beachscape Kin Ha Villas & Suites	B3
14	Grand Royal Lagoon	A3
15	Hostel Natura	B4
16	Le Blanc	B4
17	Me by Melia	A5

🅧 Essen
18	Crab House	C4
19	Harry's	C4
20	La Habichuela Sunset	A5
21	Taco Factory	B3

🅞 Ausgehen & Nachtleben
22	Marakame Café	B2
23	The City	B3

🅞 Shoppen
24	La Europea	A5
25	Mercado 28	A2
26	Plaza Kukulcán	A6

Asterix BOOTSTOUR

(Karte S. 282; ☎ 998-886-42-70; www.contoy tours.com; Blvd Kukulcán, Km 5,2; Erw./Kind 5–12 Jahre 99/54 US$, Hotelshuttle zzgl. 10 US$/Pers.; ⏱ Touren Di–So 9–18 Uhr) Die Bootstouren zur Isla Contoy starten an der **Marina Scuba Cancún** (Karte S. 282). Der Preis beinhaltet neben dem Guide auch Frühstück, Mittagessen auf der Isla Mujeres, Getränke an der Bordbar und Leihausrüstung zum Schnorcheln.

🛌 Schlafen

Cancúns Unterkunftspalette reicht vom Budget- bis zum obersten Spitzenklassebereich. Fast alle Hotels gewähren Rabatte in der „Nachsaison". Oft gibt's aber bis zu fünf verschiedene Tarifperioden: Über Weihnachten und Neujahr sind die Zimmer stets am teuersten. Hoch sind die Preise auch in der Spring Break in den USA (Ende Feb.–Anfang März), zu Ostern und in der mexikanischen Haupturlaubszeit (Juli–Aug.). Viele örtliche Bleiben haben super Online-Werbeangebote.

Hostel Mundo Joven HOSTEL $

(Karte S. 286; ☎ 998-898-21-03; www.facebook. com/mundojovenhostelcancun; Av Uxmal 25; B/ DZ inkl. Frühstück ab 11/37 US$; ⊕ ❋ @ 🛜; 🖵 R-1) Das HI-Hostel gehört zu den Budgetoptionen im Zentrum. Zu seinen Gemeinschaftsbereichen gehört z. B. eine Dachterrasse mit einem (scheinbar ständig defekten) Whirlpool. Mit Klimaanlage sind die sauberen Schlafsäle etwas teurer. Andere Hostels in der Umgebung bieten viel mehr; Hauptar-

gument für einen Aufenthalt ist daher die Nähe zum Busbahnhof.

Grand Royal Lagoon HOTEL $$

(Karte S. 282; ☎ 998-883-27-49, 800-552-46-66; www.gr-lagoon.com; Quetzal 8A; Zi. 1100 Mex$; 🅿 ⊕ ❋ 🛜 ❄; 🖵 R-1) Das luftige Grand Royal mit Kabel-TV, Zimmertresoren, kleinem Pool und WLAN (nur in der Lobby!) ist für die Zona Hotelera recht erschwinglich. Die Zimmer haben meist zwei Doppelbetten. Manche Varianten warten jedoch mit Kingsize-Betten plus Lagunenblick vom Balkon auf. Das Hotel liegt 100 m abseits des Blvd Kukulcán (Km 7,5).

Hotel Antillano HOTEL $$

(Karte S. 286; ☎ 998-884-11-32; www.hotelantil lano.com.mx/eng; Claveles 1; EZ/DZ inkl. Frühstück 1120/1270 Mex$; 🅿 ⊕ ❋ 🛜 ❄; 🖵 R-1) Gleich abseits der Av Tulum punktet das äußerst angenehme Antillano mit ruhiger Atmosphäre, erholsamer Lobby, nettem Pool, Kabel-TV und guter Klimaanlage (zentral gesteuert). Die Zimmer auf der Avenida-Seite bekommen mehr Straßenlärm ab. Starke Rabatte in der Nachsaison.

Hotel Plaza Caribe HOTEL $$

(Karte S. 286; ☎ 998-884-13-77; www.hotelplaza caribe.com; Pino s/n; Zi. 1295 Mex$; 🅿 ⊕ ❋ 🛜 ❄; 🖵 R-1) Direkt gegenüber vom Busbahnhof gibt's hier komfortable Zimmer, einen Pool, ein Restaurant und einen Garten mit umherlaufenden Pfauen. Die renovierten „Executive"-Quartiere wirken moderner als die „Standard"-Varianten.

Hotel Colonial Cancún
HOTEL $$

(Karte S. 286; ☎ 998-884-15-35; www.hotelcoloni alcancun.com; Tulipanes 22; DZ 850 Mex$; ⊖ ✳ ☎ ✉; 🖵 R-1) Das Hotel mit kleinem Poolbereich ist alles andere als kolonialzeitlich. Dennoch sind die hiesigen Zimmer ausreichend attraktiv (u. a. dank Blick auf einen zentralen Innenhof mit viel Grün und gluckerndem Springbrunnen).

Hotel Bonampak
HOTEL $$

(Karte S. 286; ☎ 998-884-02-80; www.hotelbon ampak.com; Av Bonampak 225; Zi. inkl. Frühstück 1220 Mex$; P ⊖ ✳ @ ☎ ✉; 🖵 R-1, R-2) Für örtliche Verhältnisse hat das businessmäßige Bonampak ein gutes Preis-Leistungs-Verhältnis: Die Zimmer überzeugen mit bequemen Matratzen, dunkler Holzeinrichtung und Flachbild-TVs. Am besten ein Quartier mit Blick auf den sonnigen Poolbereich wählen!

🛏 Ciudad Cancún

In Cancún ist der „Budgetbereich" relativ zu sehen: Verglichen mit dem Großteil des übrigen Mexiko gibt's hier generell weniger fürs Geld. Nordwestlich vom Busbahnhof säumen mehrere Blocks mit vielen Billig-Bleiben die Av Uxmal. Rund um den Parque de las Palapas findet man ebenfalls zahlreiche Budgetoptionen (u. a. Hostels).

Beim lokalen Mittelklassebereich besteht ein interner Preisunterschied: Unterkünfte in Ciudad Cancún sind im Vergleich zur Zona Hotelera deutlich günstiger und nur eine kurze Busfahrt von deren Stränden entfernt.

Hostel Ka'beh
HOSTEL $

(Karte S. 286; ☎ 988-892-79-02, 998-168-80-27; www.cancunhostel.hostel.com; Alcatraces 45; B/ Zi. inkl. Frühstück 380/880 Mex$; ⊖ ✳ @ ☎; 🖵 R-1) Gleich abseits des belebten Parque de las Palapas punktet das kleine, aber freundliche Hostel mit heimeliger und entspannter Atmosphäre in zentraler Lage. Zudem stehen hier viele gesellige Abendaktivitäten (meist rund um Essen und Trinken) auf dem Programm. Shuttlevans bringen Gäste morgens zum Strand und abends zur Zona Hotelera.

★ Mezcal Hostel
HOSTEL $$

(Karte S. 286; ☎ 998-125-95-02, 998-255-28-44; www.mezcalhostel.com; Mero 12; B/Zi. inkl. Frühstück 20/64 US$; ⊖ ✳ ☎ ✉; 🖵 R-1) Für das Mezcal sprechen frisch gemachte Frühstücksomeletts, ein Pool, eine Bar, viele Aktivitäten, Nightlife-Touren durch die Discos (tgl.) und Grillpartys (So) mit rauchig

schmeckendem Mezcal. Das schöne zweistöckige Haus steht in einem ruhigen Wohngebiet. Die Gemeinschaftsbereiche sind mitunter stark verqualmt; in den Schlafsälen herrscht jedoch Rauchverbot.

Cancún International Suites
HOTEL $$

(Karte S. 286; ☎ 998-884-17-71; www.cancuninter nationalsuites.com; Gladiolas 11, Ecke Alcatraces; Zi./Suite 1100/2000 Mex$; ⊖ ✳ ☎; 🖵 R-1) Die im Kolonialstil aufgemachten Zimmer und Suiten in diesem umgestalteten Hotel sind ruhig und gemütlich und haben eine tolle Lage gleich abseits des Parque de las Palapas in bequemer Nähe zum Restaurant- und Barviertel der Innenstadt.

Soberanis Hotel
HOTEL $$

(Karte S. 286; ☎ 998-884-45-64; www.hotelsobera nis.com; Av Cobá 5 s/n; DZ inkl. Frühstück 1300 Mex$; ⊖ @ ☎; 🖵 R-1) Beim Soberanis dreht sich alles um die Lage: An dieser Ecke halten Busse auf dem Weg zur Zona Hotelera. Zudem gibt's gleich nebenan einen Supermarkt. In den Zimmern mit Holzeinrichtung stehen bequeme und saubere Betten. Mangels Aufzug ist es aber wohl eher nichts für Gäste mit viel Gepäck.

Náder Hotel & Suites
HOTEL $$

(Karte S. 286; ☎ 998-884-15-84; www.suitesnader cancun.com; Av Náder 5; DZ/Suite mit Frühstück 54/75 US$; ⊖ ✳ ☎; 🖵 R-1) Das Náder ist auf Geschäftsreisende eingestellt, aber dank seiner großzügigen Zimmer und Suiten mit großen Gemeinschaftsbereichen und Küchen auch bei Familien sehr beliebt. Selbst die „Standardzimmer" bieten ziemlich viel Ellbogenfreiheit.

★ Hotel El Rey del Caribe
HOTEL $$$

(Karte S. 286; ☎ 998-884-20-28; www.elreydelcari be.com; Av Uxmal 24; Zi. inkl. Frühstück 3400 Mex$; ⊖ ✳ ☎ ✉; 🖵 R-1) ✒ Das schöne El Rey ist ein echtes Öko-Hotel: Es setzt u. a. auf Solarzellen, Recycling, Regenspeicher und Grauwasser zur Gartenbewässerung. Die Zimmer haben teilweise Komposttoiletten. Rund um den Pool und den Whirlpool im dschungelartigen Innenhof tummelt sich eine kleine Familie von *tlacuaches* (Opossums). Alle Zimmer haben Kühlschränke, komplett ausgestattete Küchen und bequeme Betten. Prima Online-Angebote.

🛏 Zona Hotelera

Die allermeisten Hotels am Blvd Kukulcán fallen in den Spitzenklassebereich. Viele davon offerieren All-inclusive-Pauschalpakete, die oft recht erschwinglich sind (sofern man auf externe Restaurantbesuche verzichtet). Die besten Zimmerpreise gibt's im Rahmen von Kombi-Angeboten mit Flug und Hotel – Vergleichen lohnt sich!

Hostel Natura   HOSTEL $$

(Karte S. 282; ☎ 998-883-08-87; www.facebook. com/HostelCancunNatura; Blvd Kukulcán, Km 9,5; B/Zi. 30/65 US$; ➜ ❄ ☎; ▯R-1) Das spaßige und gesellige Natura über dem gleichnamigen Naturkost-Restaurant liegt in nächster Nähe zur Partyzone der Zona Hotelera. Neben Privatzimmern mit Lagunenblick gibt's hier auch etwas beengte Schlafsäle, eine luftige Dachterrasse und eine nette Gemeinschaftsküche. Das Personal ist freundlich und hilfsbereit.

★ Le Blanc   RESORT $$$

(Karte S. 282; ☎ 800-272-02-15, 998-881-47-48, in den USA 877-883-3696; www.leblancsparesort. com; Blvd Kukulcán, Km 10; DZ/Suite all-inclusive 766/806 US$; P ➜ ❄ ☎ ☜; ▯R-1, R-2) Wohl das nobelste Resort der Stadt: Das passend benannte Le Blanc mit seiner strahlend weißen Fassade ist nicht zu übersehen. Hier sind alle zu erwartenden Luxus-Extras geboten – z. B. ein herrlicher Infinity Pool, kalte Begrüßungsdrinks beim Einchecken oder Handtücher mit Kokosduft. Optional erleichtert sogar ein hauseigener Butler-Service den Aufenthalt in Cancún. Ermäßigung bei Mehrfachübernachtung; keine Kinder.

★ Beachscape Kin Ha
Villas & Suites   HOTEL $$$

(Karte S. 282; ☎ 998-891-54-00; http://beachsca pekinhavillas.com; Blvd Kukulcán, Km 8,5; Zi. ab 108 US$; P ➜ ❄ @ ☎ ☜; ▯R-1) Das gut für Familien geeignete Hotel bietet einen Babysitter-Service, einen Spielbereich für Kinder und einen zum Baden einladenden Strand mit ruhigem Wasser. Man braucht das Hotelgelände gar nicht zu verlassen (man sollte das aber tun!), denn hier finden sich Bars, Märkte, Reisebüros und vieles mehr. Alle Zimmer haben Balkone und sind mit zwei Doppelbetten oder einem großen Doppelbett ausgestattet. Die angegebenen Preise verstehen sich ohne Mahlzeiten, man kann aber Vollpension vereinbaren.

Me by Melia   LUXUSHOTEL $$$

(Karte S. 282; ☎ 998-881-25-00; www.mebyme lia.com; Blvd Kukulcán, Km 12; DZ all-inclusive ab 320 US$; P ➜ ❄ ☎ ☜; ▯R-1, R-2) Das hypermoderne Hotel mit expressionistischem

Touch wurde generalrenoviert und erst kürzlich wiedereröffnet. Hinter dem Empfangstresen befindet sich eine riesige Bildschirmwand; draußen stehen futuristisch-rustikale Hollywoodschaukeln. Sicher nichts für jedermann – aber genau richtig für all jene, die statt des üblichen „Cancún-Barocks" lieber klare Linien mögen. Meerblick ist nur in 50 % der Zimmer geboten und sollte daher beim Buchen unbedingt explizit verlangt werden.

✖ Essen

Die Restaurantwahl hängt oft vom Unterkunftsstandort ab: Hotelzone wie Zentrum bieten jeweils diverse Optionen. Erstere ist natürlich auch in puncto Essen teurer.

Rooster Café Sunyaxchen   CAFÉ $

(Karte S. 286; ☎ 998-310-46-92; Avenida Sunyaxchen, Supermanzana 24 an der Plaza Sunyaxchen; Hauptgerichte 60–120 Mex$; ⊙ 7–23 Uhr) Das trendige Café im Herzen der Innenstadt ist sehr beliebt bei Einheimischen, die in Ruhe schreiben, arbeiten oder abhängen wollen. Nahe dem Mercado 28 gibt's hier morgens z. B. Monte-Cristo-Waffelsandwiches und selbstgebackenes Brot. Nachmittags sind dann Desserts, Salate, Burger und Panini im Angebot.

Taco Factory   MEXIKANISCH $

(Karte S. 282; ☎ 998-883-48-64; www.facebook. com/taco.factory.cancun; Blvd Kukulcán, Km 9; Tacos 20–37 Mex$; ⊙ Mo & Mi–So 11.30–7, Di 13–4 Uhr; ▯R-1) Das lässige Freiluftlokal kredenzt die besten authentischen Tacos (Tipp: die Variante *al pastor*) der Hotelzone. Zudem liegt es praktischerweise direkt an einer zentralen Nebengasse der Clubmeile – perfekt bei Hunger zu später Stunde!

★ El Tigre y El Toro   ITALIENISCH $$

(Karte S. 286; ☎ 998-898-00-41; Av Náder 64; Hauptgerichte 140–170 Mex$; ⊙ 18–24 Uhr; ☎ ✎; ▯R-1, R-2) In dem mit Kieseln bestreuten und mit Kerzen erhellten Garten des „Tigers und Stiers" (die Spitznamen der Besitzer) gibt's Feinschmeckerpizzas mit dünnem Boden und hausgemachte Pasta. Viele Einheimische halten den Laden für die beste Pizzeria vor Ort.

La Parrilla   MEXIKANISCH $$

(Karte S. 286; ☎ 998-287-8118; www.laparrilla. mx; 51 Av Yaxchilán; Hauptgerichte 130–550 Mex$; ⊙ 12–2 Uhr) Bunte Deko, Mariachi-Livemusik und ein großer Stier vor der Tür locken Gäste hierher an die zentral gelegene Av

Ciudad Cancún

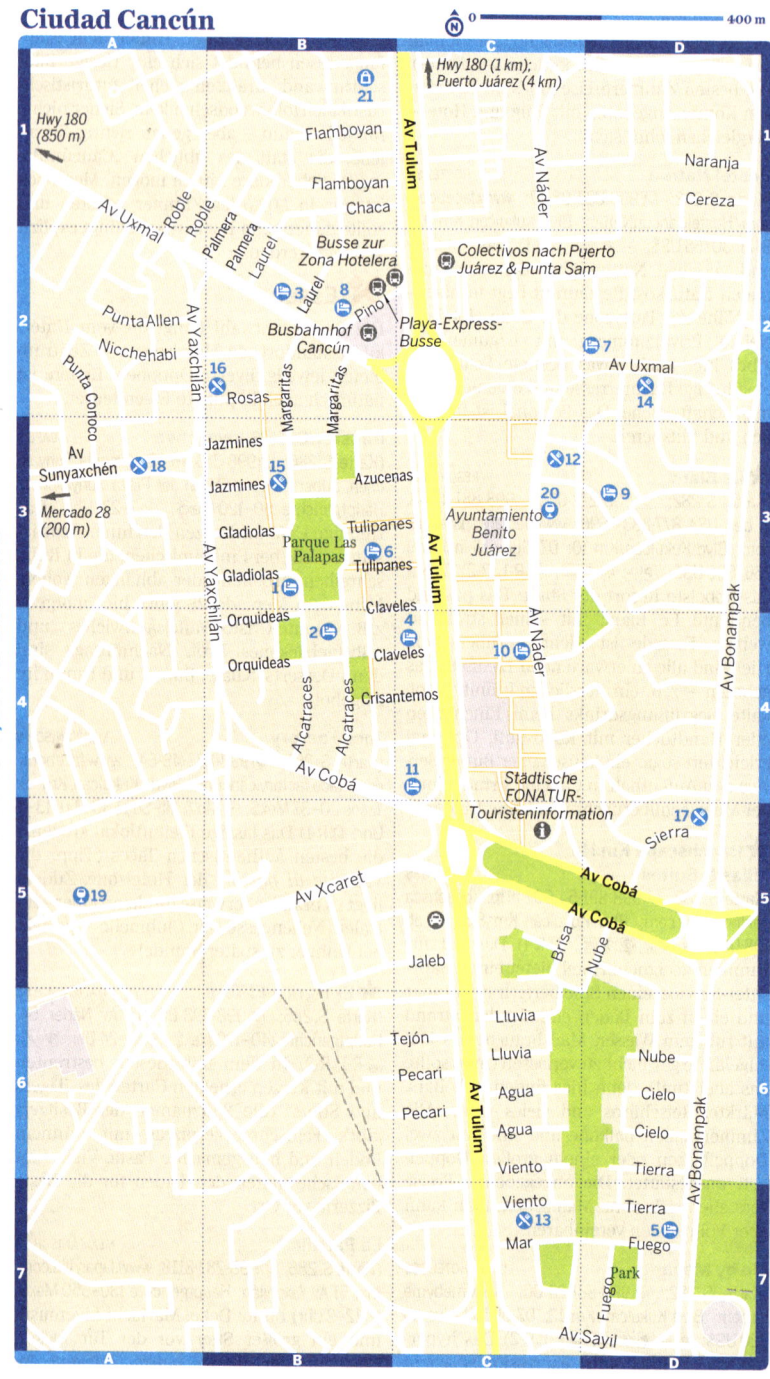

Ciudad Cancún

Schlafen
1 Cancún International Suites B3
2 Hostel Ka'beh B4
3 Hostel Mundo Joven B2
4 Hotel Antillano C4
5 Hotel Bonampak D7
6 Hotel Colonial Cancún B3
7 Hotel El Rey del Caribe D2
8 Hotel Plaza Caribe B2
9 Mezcal Hostel D3
10 Náder Hotel & Suites C4
11 Soberanis Hotel C4

Essen
12 El Tigre y El Toro C3
13 Irori C7
14 La Fonda del Zancudo D2
15 La Habichuela B3
16 La Parrilla B2
17 Peter's Restaurante D5
18 Rooster Café Sunyaxchen A3

Ausgehen & Nachtleben
19 Mambocafé A5
20 Nomads Cocina & Barra C3

Shoppen
21 Mercado 23 .... B1

Yaxchilán, die für billige Kaschemmen und Traditionsküche à la Mexiko bekannt ist. Solch authentische Kost (z. B. leckere Tacos *al pastor*; 184 Mex$) steht auch auf der langen Karte vom La Parilla, das Einheimische und Touristen seit 1975 verköstigt.

La Fonda del Zancudo INTERNATIONAL $$
(Karte S. 286; ☑ 998-884-1741; www.facebook.com/lafondadelzancudo; 23 Av Uxmal; Hauptgerichte 95–225 Mex$, ◷ Mo–Sa 19–24 Uhr; ☐R-1) Lichterketten, Laternen und der Mond tauchen das reizvolle kleine Restaurant an der zentral gelegenen Av Uxmal in einen sanften Schein. Im Ambiente eines zauberhaften Innenhofs stehen hier kunstvolle Kreationen aus regionalen Bio-Zutaten auf der Hauptkarte. Ergänzend gibt's einfallsreiche Cocktails und verführerische Überraschungen in Form von Tagesgerichten.

Irori JAPANISCH $$
(Karte S. 286; ☑ 998-892-30-72; www.iroricancun.com.mx; Av Tulum 226, Eingang an der Calle Viento; Hauptgerichte 85–220 Mex$; ◷ Mo–Sa 13–22.30, So bis 21.30 Uhr; ☎ ⛟; ☐R-27) Dieses Lokal unter japanischer Leitung serviert viele Klassiker à la Nippon (u. a. Sushi). Im lauschigen Ambiente schaut man hier dem unermüdlichen Küchenchef direkt bei der Arbeit

zu. Für kleine Gäste gibt's eine Kinderkarte und eine Spielecke. Hinweis: An Abenden mit wenig Betrieb schließt der Laden eventuell früher.

★ Harry's STEAK $$$
(Karte S. 282; ☑ 998-840-65-50; www.harrys.com.mx; Blvd Kukulcán, Km 14,2; Hauptgerichte 470–1500 Mex$; ◷ 13–1 Uhr; ☐R-1, R-2) Das renommierte Harry's brilliert mit selbst gereiften Steaks, fangfrischem Fisch und einer hauseigenen Spezialität aus Zuckerwatte. So eindrucksvoll wie das Essen ist auch das Gebäude mit Indoor-Wasserfällen, zwei Bars (drinnen und draußen), einer Dschungel-Lounge (unten) und einem neuen Club (oben). Von diversen Terassen fällt der Blick auf die Lagune; der Service ist tadellos. Zudem unbedingt die großartige Mezcal-Sammlung bewundern!

★ La Habichuela FUSION $$$
(Karte S. 286; ☑ 998-884-31-58; www.lahabichuela.com; Margaritas 25; Hauptgerichte 190–345 Mex$; ◷ 13–24 Uhr; ℗ ☎; ☐R-1) Gleich abseits des Parque de las Palapas ist dieses elegante Restaurant in einem zauberhaften Innenhof untergebracht. Spezialität des Hauses ist *cocobichuela* (Garnelen- und Hummerfleisch, mit Currysauce und Tropenfrüchten in einer Kokosschale serviert; 545 Mex$). Fast alle anderen Gerichte sind aber ebenso empfehlenswert. Die Karte beinhaltet sogar ein Wörterbuch (Mayathan-Englisch)! Der etwas teurere Ableger **La Habichuela Sunset** (Karte S. 282; ☑ 998-840-62-80; www.lahabichuela.com; Blvd Kukulcán, Km 12,6; Hauptgerichte 250–400 Mex$; ◷ 12–24 Uhr; ☎; ☐R-1, R-2) in der Zona Hotelera punktet mit herrlichem Lagunenblick.

Crab House SEAFOOD $$$
(Karte S. 282; ☑ 998-193-03-50; www.crabhousecancun.com; Blvd Kukulcán, Km 14,7; Gerichte 450–1250 Mex$; ◷ 12–23.30 Uhr; ℗ ☎; ☐R-1) Das Crab House kombiniert eine schöne Aussicht auf die Lagune mit einer langen Seafood-Karte. Darauf stehen u. a. viele Gerichte mit Garnelen oder Fischfilet. Spezialität des Hauses sind Steinkrabben, die zusammen mit Hummern lebendig in super sauberen Aquarien gehalten werden (bei beiden Krustentierarten Preisberechnung pro Pfund). Das Lokal rühmt sich, selbst während Hurrikanen immer geöffnet zu haben.

Peter's Restaurante INTERNATIONAL $$$
(Karte S. 286; ☑ 998-251-93-10; http://petersestaurante.restaurantwebexperts.com; Av Bonampak zw.

Calle Sierra & Robalo; Abendessen 400–1200 Mex$; ⊙ Di–Sa 18–22 Uhr) An einer der belebtesten Straßen im Zentrum wartet das Peter's mit heimeligem Charme und ein paar der besten Gerichte der Stadt auf. Der niederländische Küchenchef Peter Houben mixt internationale Küche mit europäischen und mexikanischen Einflüssen. Heraus kommt Appetitliches wie Pilz-Ravioli als Vorspeise oder frisches Lachsfilet mit Limettensauce und einem pikanten Hauch von *chile de àrbol* (Baumchili).

Ausgehen & Nachtleben

Viele Clubs und Restaurants in Cancún schenken Alkohol über den Großteil des Tages aus. Die recht kleine LGBT-Szene der Stadt beschränkt sich auf ein paar Nightlife-Adressen im Zentrum.

★ Mambocafé
CLUB

(Karte S. 286; ☎ 998-884-45-36; www.mambo cafe.com.mx; Plaza Hong Kong, Ecke Av Xcaret & Av Tankah; Grundpreis 200 Mex$; ⊙ Mi–Sa 22–5 Uhr; 🚌 R-2) Die große Tanzfläche dieses angesagten Clubs ist der perfekte Ort, um die lateinamerikanischen Tanzschritte zu üben, an denen man gearbeitet hat. Livebands spielen kubanischen Salsa und andere tropische Rhythmen.

Nomads Cocina & Barra
COCKTAILBAR

(Karte S. 286; ☎ 998-898-31-92; http://nomads cancun.com; Ecke Av Náder & Mero; ⊙ 15–2, Fr & Sa bis 3 Uhr; 🚌 R-1) Das Nomads prunkt mit künstlerischem Ambiente: Beton und Backstein treffen hier auf geometrische Fliesenmuster. In dem Laden laben sich Cancúns junge Trendsetter an innovativer Küche, mexikanischen Straßen-Klassikern und einfallsreichen Cocktails. Optional können die Tische auch für Gruppenessen zu später Stunde (Hauptgerichte 110–280 Mex$) reserviert werden. Die gesellige Freiluftbar im hinteren Bereich hat nur Stehplätze.

The City
NACHTCLUB

(Karte S. 282; ☎ 998-883-33-33; http://thecity cancun.com; Blvd Kukulcán, Km 9; Eintritt inkl. Getränke ab 65 US$; ⊙ Fr 22.30–5 Uhr; 🚌 R-1) Bis heute ist Lateinamerikas größter Nachtclub an jedem Freitagabend rappelvoll. In dem gigantischen Laden sorgen weltbekannte DJs und Livebands regelmäßig für heftige Feierwut (die einem manchmal schon fast zuviel werden kann). Wer nicht selbst auf der zentralen Bühne abtanzen will, kann

sich das Spektakel von den stadionartigen Seitenrängen aus anschauen.

Marakame Café
BAR

(Karte S. 282; ☎ 998-887-10-10; www.marakame cafe.com; Av Circuito Copán 19 nahe der Av Nichupté; ⊙ Mo–Fr 8–1, Sa 9–2, So 9–24 Uhr; 🚌) Das tolle Café ist tagsüber ein Frühstücks- und Mittagslokal. Abends verwandelt es sich dann in eine beliebte Bar mit Livemusik und gewieften Barkeepern. Diese mixen Intressantes wie Mojitos mit Kiwi-Aroma oder Margaritas mit *chaya* (Baumspinat), Gurken- und Limettensaft. Her kommt man mit einer kurzen Taxifahrt ab der Innenstadt.

Shoppen

Cancún erfreut Shoppingsüchtige u. a. mit farbenfrohen Märkten. Für Bekleidung, Schuhe und günstige Imbissstände bevorzugen die Einheimischen den **Mercado 28** (Mercado Veintiocho; Karte S. 282; Ecke Av Xel-Há & Sunyaxchén; ⊙ 6–19 Uhr) oder den **Mercado 23** (Karte S. 286; Av Tulum s/n; ⊙ 6–19 Uhr; 🚌 R-1). Letzterer ist weniger touristisch und ideal für alle, die nicht auf kitschige T-Shirts stehen. Die Stadt hat zudem viele moderne Einkaufszentren.

La Europea
SPIRITUOSEN

(Karte S. 282; ☎ 998-176-82-02; www.laeuropea. com.mx; Blvd Kukulcán, Km 12,5; ⊙ Mo–Sa 10–21, So 11–19 Uhr; 🚌 R-1) Ein Spirituosenladen für Kenner mit vernünftigen Preisen, kundigem Personal und der besten Spirituosenauswahl der Stadt, darunter Tequilas und Mezcals von Spitzenqualität. Die meisten Fluglinien erlauben die Mitnahme von bis zu 3 l Spirituosen, aber man sollte das vorab abchecken. *¡Salud!*

Plaza Kukulcán
EINKAUFSZENTRUM

(Karte S. 282; www.kukulcanplaza.mx; Blvd Kukulcán, Km 13; ⊙ 10–22 Uhr; 🚌; 🚌 R-1) Die Highlights von Cancúns größtem Indoor-Einkaufszentrum sind wechselnde Kunstausstellungen, viele Silberwarengeschäfte und der Laden La Ruta de las Indias. Dieser verkauft neben Holzmodellen spanischer Galeonen auch Repliken von Waffen und Rüstungen der Konquistadoren.

Praktische Informationen

EINREISE

Instituto Nacional de Migración (Einreisebehörde; ☎ 998-881-35-60; www.gob.mx/inm; Ecke Av Náder 1 & Av Uxmal; ⊙ Mo–Fr 9–13 Uhr) Ersetzt verlorene Einreiseformulare.

GELD

In der ganzen Zona Hotelera und an der Av Tulum im Zentrum gibt's jeweils diverse Bankfilialen mit Geldautomaten. Letztere findet man zusammen mit Wechselstuben auch am Flughafen.

Scotiabank (La Isla Shopping Village, Zona Hotelera; ⊙24 Std.) Eine von vielen Optionen.

MEDIZINISCHE VERSORGUNG

Hospital Playa Med (☑998-140-52-58; www. hospitalplayamed.com; Av Náder 13, Ecke Av Uxmal; ⊙24 Std.; ▦R-1) Die moderne Einrichtung hilft rund um die Uhr.

NOTRUF

Rettungsdienst (Cruz Roja bzw. Rotes Kreuz)	☑911, ☑065
Feuerwehr	☑911, ☑998-884-12-02
Polizei	☑911, ☑066
Touristenpolizei	☑911, ☑066, ☑998-885-22-77

POST

Die Zona Hotelera hat keine Postfiliale. Die meisten Hotelrezeptionen verkaufen jedoch Briefmarken und verschicken Briefe für Gäste.

Die **Hauptpost** (Karte S. 282; Ecke Av Xel-Há & Sunyaxchén; ⊙Mo–Fr 8–16, Sa 9–12.30 Uhr) liegt am Rand des Mercado 28 im Zentrum. Rote Briefkästen verteilen sich über die ganze Stadt.

TOURISTENINFORMATION

Amigos de Isla Contoy (Karte S. 282; ☑998-884-74-83; www.islacontoy.org; Plaza Bonita Mall; ⊙Mo–Fr 9.30–17) Liefert nützliche Informationen zur Isla Contoy und engagiert sich für deren Schutz.

Cancún Visitors Bureau (www.cancun.travel) Kein reales Büro, sondern eine informative Website.

Casa Consular (Karte S. 282; ☑998-840-60-82; www.casaconsular.org; Blvd Kukulcán, Km 13; ⊙Mo–Fr 10–14 Uhr) Leistet zwar selbst keine konsularische Hilfe, versorgt Reisende diesbezüglich aber mit allen erforderlichen Infos (inkl. korrekte Kontaktadressen). Der Service kann auch in Anspruch genommen werden, wenn das eigene Heimatland keine diplomatische Vertretung in Cancún hat. Das Büro ist in der kombinierten Polizei- und Feuerwache.

Städtische FONATUR-Touristeninformation (Karte S. 286; ☑998-887-33-79, 555-090-42-00; www.fonatur.gob.mx; Ecke Av Cobá & Náder; ⊙Mo–Fr 9–16 Uhr) Kompetentes Personal plus viele gedruckte Infomaterialien.

Hafenverwaltung (Karte S. 282; ☑998-880-13-63, 998-234-99-05; contoy@conanp.gob. mx; Capitanía Regional de Puerto Juárez)

ⓘ An- & Weiterreise

AUTO & MOTORRAD

Cancúns Straßen leiden zeitweise unter Stau. Stadterkundungen mit einem Auto sind oft den Stress nicht wert, aber definitiv möglich. Wichtig: Geparkt werden darf ausschließlich an weiß markierten Bordsteinkanten mit gelben Erlaubnisschildern. Alle andersfarbigen Bordsteinmarkierungen (z. B. rot, grün) kennzeichnen Parkverbote oder reservierte Abstellflächen. Der Hwy 180D zwischen Cancún und Mérida ist größtenteils eine *cuota* (Mautstraße; Gebühr 450 Mex$). Inklusive Haftpflichtversicherung kostet die Tagesmiete für einen Kleinwagen etwa 600 Mex$. Lokale Autovermieter:

Alamo (☑998-886-01-00; www.alamo.com. mx; Flughafen Cancún, Terminal 2)

Avis (☑800-288-88-88, 998-176-80-30; www. avis.com.mx; Centro Comercial La Isla, Blvd Kukulcán, Km 12,5)

Hertz (☑800-709-50-00; www.hertz.com; Flughafen Cancún)

National (☑998-881-87-60; www.nationalcar. com; Flughafen Cancún)

BUS

Cancúns moderner **Busbahnhof** (Karte S. 286; www.ado.com.mx; Ecke Av Uxmal & Tulum) liegt auf dem keilförmigen Areal am Schnittpunkt der Avenidas Uxmal und Tulum. Er ist relativ sicher; dennoch heißt's hier stets gut auf das Gepäck aufpassen und misstrauisch gegenüber angeblich kostenlosen Hilfsangeboten jeder Art sein. Wer Hilfe annimmt, sollte den Preis dafür unbedingt vor dem Einsteigen in den Bus aushandeln!

Gegenüber vom Busbahnhof und nahe der Av Tulum liegt auf der anderen Seite der Calle Pino das Mini-Terminal von **Playa Express** (Karte S. 286; Calle Pino). Das dortige Büro verkauft Tickets für klimatisierte Busse, die der Küste südwärts bis Playa del Carmen folgen (bis zum frühen Abend alle 10 Min.) und dabei in größeren Ortschaften sowie an Sehenswürdigkeiten halten. 1.-Klasse-Busse von **ADO** (☑800-009-90-90; www.ado.com.mx) bedienen dieselbe Strecke und noch weitere Routen.

ADO definiert den Standard für die 1. Klasse. Parallel steuern gute Intermediate-Busse von Mayab zahlreiche Ziele an, wobei es im Vergleich zur 1. Klasse meist mehr Zwischenstopps gibt.

FLUGZEUG

Aeropuerto Internacional de Cancún (☑998-848-72-00; www.asur.com.mx; Hwy 307, Km 22) Die geschäftigste Luftdrehscheibe in Mexikos Südosten bietet alle üblichen Einrichtungen eines internationalen Großflughafens (u. a. Geldautomaten, Wechselstuben, Autovermieter). Viele Auslandsmaschinen fliegen direkt oder über Mexico City hierher. Die einheimi-

BUSSE AB CANCÚN

ZIEL	PREIS (MEX$)	DAUER (STD.)	HÄUFIGKEIT (TGL.)
Bacalar	360–400	4–5	häufig
Chetumal	404–518	5½–6	häufig
Chichén Itzá	151–298	3–4	14-mal
Chiquilá	128–230	3–3½	3-mal (Mayab)
Felipe Carrillo Puerto	168–210	3½–4	6-mal
Mérida	412–498	4–4½	häufig
Mexico City	2074	27	1-mal (18.30 Uhr)
Mexico City (TAPO)	2074	24½–28	2-mal (6.30 & 20 Uhr)
Palenque	1326	13–13½	1-mal (17.45 Uhr)
Playa del Carmen	38–106	1–1½	häufig (ADO & Playa Express)
Puerto Morelos	28	½–¾	häufig (ADO & Playa Express)
Ticul	288	8½	häufig
Tizimín	133	3	3-mal
Tulum	116–206	2½	häufig
Valladolid	117–216	2–2¼	8
Villahermosa	1086–1286	12¾–14½	häufig

schen Billiganbieter VivaAerobus, Interjet und Volaris verbinden Cancún mit der Hauptstadt.

Flugverbindung nach Cancún besteht auch ab Guatemala City, Flores (beide Guatemala), Havanna (Kuba), Panama City (Panama) und São Paulo (Brasilien). Einige Flüge bedienen zudem die Route Havanna–Cancún–Mérida.

Die Website des Flughafens informiert über alle Firmen mit Flügen nach/ab Cancún. Beispiele für mexikanische Anbieter:

Aeroméxico (☑ 998-193-18-68; www.aerome xico.com; Av Cobá 80 gleich westlich der Av Bonampak; ☺ Mo–Fr 9–18.30, Sa bis 18 Uhr; 🚌 R-1) Direktflüge ab Mexico City und NYC.

Interjet (☑ 998-892-02-78; www.interjet.com; Av Xcaret 35, Plaza Hollywood) Direktflüge nach Miami und Havanna.

Magnicharters (☑ 800-201-14-04, 998-884-06-00; www.magnicharters.com.mx; Av Náder 94, Ecke mit der Av Cobá; 🚌 R-1) Flüge nach Mexico City.

VivaAerobus (☑ 81-8215-0150; www.vivaaero bus.com; Flughafen Cancún, Hwy 307, Km 22) Direktflüge nach Houston.

Volaris (☑ 551-102-80-00; www.volaris.com; Flughafen Cancún, Hwy 307, Km 22) Bedient Mexico City und viele andere Landesteile.

SCHIFF/FÄHRE

Boote zur Isla Mujeres starten vor Ort beispielsweise am **El Embarcadero** (Karte S. 282), an der **Playa Caracol** (Karte S. 282), an der **Playa Tortugas** (Karte S. 282), in **Puerto Juárez** (Karte S. 282; 160 Mex$) oder an der Zona Hotelera

(14 US$). Wer ein Fahrzeug zur Insel mitnehmen will, muss sich 8 km nördlich von Ciudad Cancún in **Punta Sam** einschiffen (Grundtarif 292–511 Mex$/Auto inkl. Fahrer). Details zu allen Passagen gibt's unter www.ultramarferry. com/en.

Boote zur Isla Contoy legen an der **Marina Scuba Cancún** (S. 283) ab.

❶ Unterwegs vor Ort

BUS

Für Fahrten von Ciudad Cancún zur Hotelzone eignen sich alle **Busse** (Karte S. 286) mit Kennzeichnung „R-1", „Hoteles" oder „Zona Hotelera" an der Frontscheibe. Diese Linien folgen der Av Tulum zur Av Cobá und letzterer dann weiter gen Osten. Südlich der Av Cobá kann man an der Av Tulum auch Linie „R-27" zur Zona Hotelera nehmen.

Puerto Juárez und die Fähren zur Isla Mujeres erreicht man u. a. mit **colectivos** (Karte S. 286; Kennzeichnung „Punta Sam" oder „Puerto Juárez"), die ab einer Bushaltestelle an der Av Tulum (gegenüber vom ADO-Terminal) nach Norden rollen. Alternativ halten an der Av Tulum auch „Puerto Juárez"-Busse der Linie R-1.

VOM/ZUM FLUGHAFEN

Vor den Terminals starten ADO-Busse nach Ciudad Cancún (72 Mex$, 8.20–12.30 Uhr, häufig). In der Stadt fahren sie über die Avenida Tulum bis zum Busbahnhof an der Kreuzung mit der Avenida Uxmal. Vom Busbahnhof fahren die gleichen ADO-Flughafenbusse (Aeropuerto Centro) regelmäßig zum Flughafen. ADO bietet vom

Flughafen auch Busverbindungen nach Playa del Carmen und Mérida.

Flughafenshuttles von Green Line und Super Shuttle fahren von/nach Ciudad Cancún und von/zur Zona Hotelera (ca. 50 US$/Pers.).

Shuttles von **Yellow Transfers** (☏ 998-193-17-42, 800-021-8087; www.yellowtransfers.com) pendeln „door-to-door" zwischen dem Flughafen und vielen örtlichen Hotels.

Mit **colectivos** (Karte S. 286) gelangt man günstig zum Flughafen. Von diesem rollen Linientaxis in die Stadt und zur Zona Hotelera (max. 650 Mex$/4 Pers.). Ein normales Taxi von der Stadt zum Flughafen kostet etwa 370 Mex$.

TAXI

Cancúns Taxis haben keine Taxameter. Wichtig: Trotz Festtarifen ist vor dem Einsteigen stets Verständigen über den Preis angebracht – andernfalls kann es zu teuren „Missverständnissen" kommen! Touren von Ciudad Cancún nach Punta Cancún kosten meist 100 bis 130 Mex$ (nach Puerto Juárez 50–70 Mex$). Fahrten innerhalb der Zona Hotelera oder der Innenstadt schlagen mit ca. 50 Mex$ zu Buche. Taxi-Miete pro Stunde (ca. 240 Mex$) oder Tag (ca. 2000 Mex$) ist ebenfalls möglich.

Isla Mujeres

☏ 998 / 12 600 EW.

Manche Besucher planen ihren Aufenthalt rund um Cancún und integieren dabei nur einen Abstecher zur Isla Mujeres. Doch die Insel ist zu Recht ein eigenständiges Reiseziel. Zudem urlaubt es sich hier generell ruhiger und günstiger als jenseits der Bucht.

Natürlich gibt's auch auf Mujeres ein paar kitschige Touristenshops. Doch ansonsten fahren die Menschen hier noch immer mit Golfwagen herum, während die Strände mit grobem Korallensand und ruhigem, türkisblauem Wasser sehr attraktiv sind. Aber das muss man sich einfach selbst anschauen.

Das Angebot an Aktivitäten ist grade so groß, dass keine Langeweile aufkommt: Hier kann man tauchen, schnorcheln, eine Schildkrötenfarm besuchen oder sich einfach nur die Sonnenbrille aufsetzen und endlich mal sein Buch zu Ende lesen. Fürs Abendessen stehen viele Restaurants zur Auswahl; das Nachtleben ist inseltypisch relax.

◉ Sehenswertes

Schildkrötenfarm Isla Mujeres   FARM

(Isla Mujeres Tortugranja; ☏ 998-888-07-05; Carretera Sac Bajo, Km 5; Eintritt 30 Mex$; ☺ 9–17 Uhr; ♿) ✦ Meeresschildkröten gehören zu den

Isla Mujeres

bedrohten Arten, werden aber in ganz Südamerika immer noch wegen ihres Fleischs und ihrer Eier getötet. In den 1980er-Jahren führten die Bemühungen eines einheimischen Fischers zur Gründung dieser *tortugranja* (Schildkrötenfarm). Rund 5 km südlich der Stadt werden die Brutplätze und Gelege der Tiere hier geschützt bzw. bewacht.

Die kleine Anlage ist von der Stadt aus leicht per Taxi (80 Mex$) oder Golfmobil erreichbar. Sie beheimatet Unechte Karettschildkröten, Echte Karettschildkröten und Grüne Meeresschildkröten in verschiedenen Größen (Gewicht 150 g bis über 300 kg). Zu sehen gibt's hier ansonsten auch ein paar

Isla Mujeres (Stadt)

Yunque Reef

KARIBISCHES MEER

Zazil-Ha

Carlos Lazo

Sección Rocas

Playa Pancholo

Matecón

López Mateos

Matamoros

Plaza Isla Mujeres

Abasolo

Guerrero

Hidalgo

Madero

Juárez

Plaza

Morelos

Bravo

Allende

Av Rueda Medina

Bahía de Mujeres

andere Tierarten, ein kleines, aber interessantes Aquarium (u. a. mit großen Ammenhaien) und Ausstellungen zum Leben im Meer. Die Führungen finden auf Spanisch und Englisch statt.

Die unverzüglich ausgewilderten Brütlinge (ca. 125 000/Jahr, Überlebensrate 1000:1) kehren als erwachsene Tiere alljährlich an diesen bewachten Strand zurück. Ihrem eigenen Nachwuchs wird daher derselbe Schutz zuteil.

Die Auswilderungen (meist Juli–Nov. ca. 19 Uhr) sind nicht immer öffentlich. Auf höfliche Nachfrage kann man aber eventuell trotzdem zuschauen, wie die winzigen Babyschildkröten ins weite Meer hineinwuseln – ein toller Anblick!

Punta Sur   AUSSICHTSPUNKT, GARTEN

(Ruinen 30 Mex$) Am südlichsten Punkt der Insel befinden sich ein Leuchtturm, ein Skulpturengarten und die zerfallenen Überreste eines Tempels, der Ixchel, der Mond-

und Fruchtbarkeitsgöttin der Maya, geweiht war. Die vielen Hurrikane haben den Ruinen im Lauf der Zeit mächtig zugesetzt, sodass es heute kaum mehr zu sehen gibt als den Skulpturengarten und das Meer und das in der Ferne liegende Cancún. Die Anfahrt aus der Stadt kostet mit dem Taxi rund 150 Mex$.

Strände

★ Playa Garrafón   STRAND

Hier kann man prima schnorcheln. Der Strand ist 6,5 km vom Touristenzentrum entfernt, die Anfahrt per Taxi kostet 120 Mex$.

Playa Norte   STRAND

Wer einmal die Playa Norte, den Hauptstrand der Insel, erreicht hat, will so schnell nicht wieder weg. Das warme, flache Wasser leuchtet dunkelblau, und der Sand besteht aus zermahlenen Korallen. Anders als die offenen Strände an der Ostküste ist die Playa Norte sicher und das Wasser noch ein gutes Stück vom Strand weg nur brusttief.

Isla Mujeres (Stadt)

◎ Sehenswertes
1 Playa Norte A2
2 Playa Secreto..B1

✪ Aktivitäten, Kurse & Touren
3 Aqua Adventures Eco Divers C4
4 Mundaca Divers......................................C3

⊟ Schlafen
5 Apartments Trinchan C2
6 Casa El Pío...D4
7 Hotel Francis Arlene C3
8 Hotel Kinich...B3
9 Hotel Na Balam.......................................B1
10 Hotel Rocamar.......................................D3
11 Poc-Na Hostel...C2

✪ Essen
12 Aluxes Coffee Shop B3
13 Café del Mar A3
14 La Lomita D4
15 Lola Valentina...B3
16 Olivia B3
17 Rooster Café...B3

◎ Ausgehen & Nachtleben
18 Buho's A2
19 El Patio C3
20 Fenix Lounge B1

⊙ Transport
21 Fähren zur Zona Hotelera & n. Cancún. C4
22 Fähre nach Puerto Juárez......................C4

Playa Secreto STRAND

() Dieser Badestrand liegt an der Lagune, die einen großen Hotelkomplex von der übrigen Insel trennt. Das örtliche Flachwasser ist ideal für Kinder. Trotz der geringen Tiefe umkreisen hier diverse hübsche Fischarten die Schwimmer und betteln um Futter.

🏃 Aktivitäten

Tauchen & Schnorcheln
Nur ein paar Bootskilometer von der Insel entfernt warten ein paar schöne Tauchspots wie **La Bandera, Arrecife Manchones** oder **Ultrafreeze** (El Frío). Bei letzterem handelt es sich um den Rumpf eines 60 m langen Frachters, der als künstliches Riff in 30 m Tiefe versenkt wurde. Unter Wasser gibt's Meeresschildkröten, Rochen und Barrakudas zu sehen – ebenso allerlei Hart- und Weichkorallen.

Nahe der **Playa Garrafón** und am **Yunque-Riff** kann man prima schnorcheln. Dabei heißt's wie immer auf den Bootsverkehr achten.

Auch Schnorcheln mit Walhaien (Hauptsaison Mitte Juni–Aug.) ist sehr beliebt und wird von den meisten örtlichen Tauchshops angeboten. Solche Trips können einen verrückten Charakter haben: Mitunter umkreisen bis zu zwölf Boote einen einzigen Walhai. Gleichzeitig ins Wasser dürfen aber jeweils immer nur zwei Schnorchler und ein Guide.

★Hotel Garrafón de Castilla SCHNORCHELN

(☑ 998-877-01-07; Carretera Punta Sur, Km 6; Eintritt/Leihausrüstung 70/80 Mex$; ⊙10–18 Uhr) Statt des überteuerten Playa Garrafón Reef Park empfiehlt sich ein Schnorcheltag im Strandclub dieses Hotels.

Aqua Adventures Eco Divers TAUCHEN

(☑ 998-251-74-23, Handy 998-3228109; www.diveislamujeres.com; Juárez 1, Ecke Morelos; Zweiflaschen-Tauchgang inkl. Leihausrüstung ab 75 US$, Walhai-Schnorcheln 125 US$; ⊙Mo–Sa 9–19, So 10–18 Uhr) Großartiges Schnorcheln mit Walhaien plus Rifftauchen an 15 Spots.

Mundaca Divers TAUCHEN

(☑ 998-877-06-07, Handy 998-1212228; www.mundacadiversisla.com; Madero s/n; Zweiflaschen-Tauchgang 90 US$, Schnorcheln 47 US$, Bootsangeln auf der Bucht 450 US$; ⊙8–20 Uhr) Bietet z. B. Tauchtouren zu Haihöhlen, Angelausflüge per Boot oder Schnorcheltouren zum einzigartigen Unterwasser-Skulpturenmuseum MUSA (S. 281).

🛏 Schlafen

★Poc-Na Hostel HOSTEL $

(☑ 998-877-00-90; www.pocna.com; Matamoros 15; B/DZ inkl. Frühstück ab 300/600 Mex$; ❂❄ ☏) Dieses Hostel mit unschlagbaren Gemeinschaftsbereichen liegt direkt an einem schönen Palmenstrand. Die hauseigene Strandbar zählt abends zu den belebtesten der ganzen Insel. Gäste können hier optional auch eigene Zelte aufschlagen. Die coole palapa-Bar in der Lobby lädt zum Relaxen ein; zudem gibt's dort Frühstück und Live-musik von Lokalbands (tgl. abends).

Wenn einem das Faulenzen zu langweilig wird, hilft das Poc-Na mit interessanten Aktivitäten. Darunter sind z. B. Salsa- und Spanischkurse, Schnorcheltouren oder Touren mit Leihfahrrädern (180 Mex$/Tag).

Apartments Trinchan APARTMENTS $$

(☑ Handy 998-1666967; atrinchan@prodigy.net.mx; Carlos Lazo 46; Zi. mit Ventilator/Klimaanlage

700/800 Mex$; ❄☎) Da diese Unterkunft keine Website hat, muss unser Wort ausreichen, dass dies eine der besten Budgetunterkünfte im Ort ist, zumal der Strand gleich um die Ecke liegt. Wenn verfügbar, sollte man eines der geräumigen Apartments mit komplett ausgestatteter Küche nehmen.

Hotel Francis Arlene
HOTEL **$$**

(☎ 998-877-03-10; www.francisarlene.com; Guerrero 7; Zi. mit Ventilator/Klimaanlage 1200/1500 Mex$; ♨❄☎) Niedliche Skulpturen in Form von faulenzenden Fröschen zieren dieses Hotel. Die teilweise klimatisierten Zimmer paaren Komfort mit Geräumigkeit. Darin findet man Kühlschränke und meist ein Kingsize-Bett oder zwei Doppelbetten. Viele der Quartiere haben auch Balkone (teils mit Meerblick). Gute Rabatte in der Nachsaison.

Hotel Na Balam
BOUTIQUEHOTEL **$$$**

(☎ 998-881-47-70; www.nabalam.com; Zazil-Ha 118; Zi./Suite inkl. Frühstück ab 196/283 US$; ♨❄☎✉) Direkt an der Playa Norte streifen hier Leguane durch schöne Gärten mit Palmen, Hibiskussträuchern und einem Poolbereich. Schlichte Eleganz prägt die Zimmer mit Tresoren, Hängematten und eigenen Balkonen oder Terrassen. Manche Quartiere verfügen zusätzlich über TVs. Das Hotel bietet auch Kurse (Yoga, Meditation) und Massagen an.

Hotel Kinich
BOUTIQUEHOTEL **$$$**

(☎ 998-888-09-09; www.islamujereskinich.com; Juárez 20; EZ/DZ/Suite mit Frühstück 1500/1800/2500 Mex$; ♨❄☎) In der Nebensaison, wenn die Preise um etwa 40 % fallen, ist dieses Boutiquehotel ein echtes Schnäppchen, aber auch in der Hauptsaison sind die riesigen Zimmer mit Balkon immer noch sehr günstig, ganz besonders die familiengerechten Suiten. WLAN gibt es nur in der Lobby.

Casa El Pío
BOUTIQUEHOTEL **$$$**

(www.casaelpio.com; Hidalgo 3; Zi. 95–113 US$; ♨❄☎✉) Dieses kleine und sehr beliebte Boutiquehotel erfordert rechtzeitige Reservierung (nur online möglich) die fünf Zimmer punkten alle mit interessantem Design. Eines davon wartet (wie die Dachterrasse auch) mit Meerblick auf. Der Pool eignet sich eher zum Planschen als zum Schwimmen. Doch angesichts der unmittelbaren Strandnähe ist das ziemlich egal.

Hotel Rocamar
HOTEL **$$$**

(☎ 998-877-01-01; www.rocamar-hotel.com; Ecke Bravo & Guerrero; Zi. 2261–3094 Mex$, Hütte 6664 Mex$; 🅿♨❄☎✉) Die modernen Zimmer des Rocamar haben neben Balkonen mit schönem Meerblick auch verglaste Bäder – das mag eher unerwünscht sein, wenn man sich sein Quartier mit einer zufälligen Reisebekanntschaft teilt. Alternativ stehen hier aber auch Hütten zur Auswahl. Die Aussicht vom Pool ist ebenfalls recht nett.

WLAN gibt's nur in der Lobby. Kräftige Rabatte in der Nachsaison.

Essen

Aluxes Coffee Shop
CAFÉ **$**

(Matamoros 11; Hauptgerichte 30–210 Mex$; ⊙ Mi–Mo 8–21 Uhr; ☎) Bagels, Baguettes und super Bananenbrot (25 Mex$) in einem der freundlichsten Lokale der Stadt.

★ Mango Café
FRÜHSTÜCK **$$**

(☎ 998-274-01-18; Payo Obispo 101, Colonia Meterológico; Hauptgerichte 85–125 Mex$; ⊙ 7–15 & 16–21 Uhr; ☎) Wenn man sich den Süden der Stadt anschaut, kann man sich im Mango Café einen Kaffee holen und ein karibisch inspiriertes Frühstück gönnen. An warmen Gerichten gibt's Arme Ritter mit Kokos (100 Mex$) und Eier Benedict mit einer mit Curry abgeschmeckten Sauce Hollandaise (125 Mex$). Das Café liegt 3 km südlich der Fähranlegestelle und ist in einer kurzen Fahrrad- oder Taxifahrt zu erreichen.

★ Rooster Café
CAFÉ **$$**

(☎ 998-274-01-52; Hidalgo 26; Frühstück 85–195 Mex$; ⊙ 7–18 Uhr; ☎) Das nette kleine Rooster ist zweifellos die beste Frühstücksadresse der Insel. Draußen vor dem kühl klimatisierten Innenraum stehen ein paar Freilufttische. Der aufmerksame Service kredenzt alle Klassiker, ein paar unkonventionellere Optionen und super Kaffee.

La Lomita
MEXIKANISCH **$$**

(☎ 998-179-94-31; Juárez Sur 25; Hauptgerichte 120–200 Mex$; ⊙ 9–22 Uhr) Der „Kleine Hügel" serviert gute und günstige mexikanische Küche (vor allem mit Seafood und Hühnerfleisch). Besonders empfehlenswert sind z. B. die hervorragende Bohnensuppe mit Avocados oder die Ceviche (Seafood in einer Marinade aus Knoblauch, Gewürzen und Zitronen- oder Limettensaft). Die Wände der kleinen und farbenfrohen Räumlichkeiten sind reizend bemalt. Der kleine Freiluftbereich verfügt über Sonnenschirme.

★ Lola Valentina
FUSION **$$$**

(☎ 998-315-94-79; Av Hidalgo s/n; Hauptgerichte 175–345 Mex$; ⊙ 8–23 Uhr; ☎✉) Auf der ruhigeren Nordseite der Restaurantmeile serviert das Lola seine mexikanische Fusionküche. Darunter sind z. B. Garnelen-Tacos mit thailändischem Touch (175 Mex$) und einige vegane Optionen (glutenfrei). Fleischfans ohne Glutenphobie freuen sich über das sehr beliebte Latin Surf'n'Turf (375 Mex$). Die Auswahl an leckeren Cocktails wurde kürzlich überarbeitet. Zudem hängen hier nun spaßige Schaukeln an der Bar.

★ Olivia MEDITERRAN $$$

(☎ 998-877-17-65; www.olivia-isla-mujeres.com; Matamoros; Hauptgerichte 170–250 Mex$; ⊙ Mo–Sa 17–21.45 Uhr, Mitte Sept.–Mitte Okt. geschl.; 🛜) Das nette Lokal unter israelischer Leitung bereitet alles frisch zu. Serviert werden hier z. B. Fisch im marokkanischen Stil (auf einem Bett aus Couscous) oder Hähnchen-Schawarma im ofenwarmen Fladenbrot. An den Tischen im Garten hinten speist man bei Kerzenlicht und wird mitunter von Hauskatze Olivia besucht. Unbedingt auch das selbstgemachte Kirscheis bestellen! Reservierung ist ratsam.

Café del Mar INTERNATIONAL $$$

(☎ 998-848-8470, Durchwahl 806; Av Rueda Medina; Hauptgerichte 198–290 Mex$; ⊙ 8–23 Uhr) Das Inselrestaurant mit der intensivsten Lounge- und Strandclub-Atmosphäre serviert auch ein paar der besten Gerichte des Eilands. Auf der kurzen, aber einfallsreichen Fusionkarte stehen vor allem Salate, Seafood und Pasta. *Palapas* spenden hier Schatten, während Strandliegen zum (ausgedehnten) Daiquiri-Schlürfen einladen. Täglich Livemusik.

Ausgehen & Nachtleben

Buho's BAR

(☎ 998-877-03-01; Carlos Lazo 1, Playa Norte; ⊙ 9–23 Uhr; 🛜) Dirkt am Strand wartet hier ein Tresen mit Sitzschaukeln. Zudem können Gäste morgens und nachmittags an Yogakursen teilnehmen.

Fenix Lounge BAR

(☎ 998-274-00-73; www.fenixisla.com; Zazil-Ha 118; ⊙ Mo–Sa 11–22, So bis 20 Uhr; 🛜) Eine *palapa*-Bar am Strand: Man kann in dem ruhigen Wasser schwimmen, ausgezeichnete Cocktails wie den scharfen Mango-Margarita (130 Mex$) schlürfen und am Wochenende Livemusik hören.

El Patio BAR

(Av Hidalgo 17; ⊙ 16–24 Uhr; 🛜) In dem selbsternannten „Musikhaus" mit zwei Freiluft-terrassen (eine davon auf dem Dach) spielen an guten Abenden Blues- oder Jazzbands. An schlechten Abenden gibt's mittelmäßig dargebotene Coversongs aus den 1980er-Jahren zu hören. Während der Happy Hour (17–19 Uhr) sind bestimmte Speisen und Getränke günstiger.

ⓘ Praktische Informationen

Direkt gegenüber vom Fähranleger gibt's mehrere Bankfilialen, die alle Geldautomaten haben und meist auch Bares umtauschen.

Hospital Integral Isla Mujeres (☎ 998-877-17-92; Guerrero zw. Madero & Morelos; ⊙ tgl. 24 Std.)

HSBC (Ecke Av Rueda Medina & Morelos; ⊙ Mo–Fr 9–17, Sa bis 15 Uhr)

Touristeninformation (☎ 998-877-03-07; di recciondeturismo@hotmail.com; Av Rueda Medina 130 zw. Madero & Morelos; ⊙ Mo–Fr 9–16 Uhr) Ein Teil des Personals spricht Englisch, diverse Broschüren sind erhältlich.

Überdruckkammer (☎ 998-877-17-92; Morelos s/n) Oft geschlossen, liegt aber direkt neben dem Hospital Integral Isla Mujeres (darum dort nachfragen).

ⓘ An- & Weiterreise

Von mehreren Kais in Cancún schippern Fähren zur Isla Mujeres (Details unter www.granpuerto.com.mx). Die meisten Reisenden nehmen eine Passagierfähre von Ultramar. Die „Puerto Juárez"-Stadtbusse der Linie R1 bedienen alle Fähranleger in der Zona Hotelera und in Puerto Juárez (Ciudad Cancún). Im Bereich der Terminals gibt's auch Parkmöglichkeiten für Selbstfahrer (130–200 Mex$). Weiter weg vom Wasser parkt es sich jedoch günstiger (teils nur 50 Mex$/Tag).

Fähren ab der Zona Hotelera haben Ticketpreise in US$. Bei kleinem Geldbeutel empfiehlt sich eine deutlich günstigere Passage ab Puerto Juárez. Anleger in Cancún:

El Embarcadero (Blvd Kukulcán, Km 4) Einfache Strecke 14 US$, 6-mal tgl.

Playa Caracol (Blvd Kukulcán, Km 9,5) Einfache Strecke 14 US$, 6-mal tgl.

Playa Tortugas (Blvd Kukulcán, Km 6,5) Einfache Strecke 14 US$, 8-mal tgl.

Puerto Juárez (4 km nördl. von Ciudad Cancún) Einfache Strecke 160 Mex$, alle 30 Min. Punta Sam (8 km nördlich von Ciudad Cancún) ist der einzige örtliche Fährhafen mit Möglichkeit zur Kfz- und Fahrradmitnahme nach Mujeres (einfache Strecke Auto/Motorrad/Fahrrad inkl. Fahrer 292/99/93 Mex$, zzgl. 40 Mex$/ weitere Pers.; Fahrplandetails unter www.mari timaislamujeres.com). Nach Punta Sam gelangt man per Taxi oder mit einem der „Punta Sam"-

colectivos, die der Av Tulum nordwärts folgen. Alternativ starten Fähren an verschiedenen Kais Richtung **Punta Sam**, **Zona Hotelera** und **Puerto Juárez**.

ℹ Unterwegs vor Ort

FAHRRAD

Die schmalen Straßen und entlegeneren Ecken der Insel lassen sich sehr gut mit einem Fahrrad erkunden.

Rentadora Fiesta (Av Rueda Medina s/n zw. Morelos & Bravo; Leihfahrrad pro Std./Tag 100/250 Mex$; ⊙ 8–17 Uhr) verleiht Mountainbikes und Beachcruiser.

MOTORROLLER & GOLFMOBIL

Die variierenden Mietpreise für Motorroller (meist ab ca. 380 Mex$/Tag; 9–17 Uhr) sind in der Hauptsaison manchmal stark überzogen. Wichtig: Jeden Roller vor dem Ausleihen unbedingt genauestens inspizieren!

Viele Besucher erkunden Mujeres auch gern per Golfmobil (ca. 700 Mex$/Tag; 9–17 Uhr) und fahren dabei oft im Konvoi.

Gomar (☑ 998-877-16-86; Av Rueda Medina, Ecke Bravo; 700 Mex$/Tag) Verleiht günstige Golfmobile.

Mega Ciro's (☑ 998-857-52-66; www.facebook.com/CirosGolfCartRentals; Av Guerrero 11; Motorroller/Golfmobil pro Tag 350/55 Mex$; ⊙ 9–17 Uhr) Vermietet Motorroller und Golfmobile.

TAXI

Die kommunal festgelegten Taxipreise (Fahrt ab 25 Mex$) hängen am **Taxistand** (Av Rueda Medina) gleich südlich vom Anleger der Passagierfähren aus.

Isla Holbox

☑ 984 / 1500 EW.

An den sandigen Straßen der Isla Holbox (sprich: Hol-bosch) dösen Hunde zwischen bunten karibischen Gebäuden in der Sonne. Der feine Strandsand der Insel hat fast die Konsistenz von Tonerde. Er grenzt an grünlich schimmerndes Wasser, das seine einzigartige Farbe dem Aufeinandertreffen verschiedener Meeresströmungen verdankt. Viele Touristen hoffen, sich hier vom Trubel in Cancún erholen zu können.

Mit Betonung auf „hoffen": Holbox ist zwar attraktiv und frei von pulsierenden Nachtclubs, aber dennoch nicht gerade ruhig. Hierfür sorgen neben den Besucherscharen auch die vielen lärmigen Golfmobile mit Verbrennungsmotor. Wer wirklich seine Ruhe haben will, muss sich daher per Boot oder Golfmobil zu einem der abgeschiedeneren Inselstrände begeben.

Holbox gehört zum Naturschutzgebiet Yum Balam und ermöglicht tolle Tierbeobachtungen: Vor Ort leben über 150 Vogelarten (z. B. Rosalöffler, Pelikane, Reiher, Ibisse, Flamingos). Im Sommer versammeln sich Walhaie in Küstennähe.

◉ Sehenswertes

Meist wird Holbox gedanklich mit Pulversand verbunden. Hier wartet aber auch eine artenreiche Natur mit zauberhaften Lagunen und niedrigen Wäldern. Die besten „Sehenswürdigkeiten" findet man dabei unter Wasser: Walhaie und Meeresschildkröten.

★ **Punta Mosquito**　　　　　　STRAND

Rund 2,5 km östlich vom Ortskern erstreckt sich auf der östlichen Inselseite dieser breite Sandstreifen, an dem man auch prima Flamingos beobachten kann.

☞ Geführte Touren

★ **VIP Holbox Experience**　　　TOUREN

(☑ 984-875-21-07; www.vipholbox.com; Walhai-Tour 125 US$/Pers.) Bei diesen Inseltouren (u. a. Kajaktrips, Jeepfahren im Dschungel) wird den Teilnehmern die Empfindlichkeit der örtlichen Ökosysteme gezielt bewusst gemacht. So gibt's z. B. biologisch abbaubare Sonnencreme bei den Walhai-Touren, die freiwillig strengen Schutzregeln folgen. Der Preis beinhaltet jeweils einen Zwischenstopp mit Schnorcheln und eine leckere Ceviche (Seafood in einer Marinade aus Knoblauch, Gewürzen und Zitronen- oder Limettensaft).

🛏 Schlafen

Wie erwartet säumen hier überall *cabañas* (Hütten) und Bungalows die Strände. Östlich der Stadt liegen ein paar der teuersten Optionen in der sogenannten Zona Hotelera am östlichen Inselufer. Rund um den Stadtplatz findet man Billig- und Mittelklassehotels.

Hostel Tribu　　　　　　　HOSTEL **$**

(☑ 984-875-25-07; www.tribuhostel.com; Av Pedro Joaquín Coldwell; B/Zi. ab 280/800 Mex$; ☻ ❋ ☎) Bei so vielen Angeboten (von Salsa bis Yoga und Kajakfahren) braucht man nicht lange, um sich heimisch zu fühlen. Die Schlafsäle für sechs Personen und die privaten Zimmer sind sauber, farbenfroh und heiter. Es gibt auch einen Büchertausch und

SCHWIMMEN MIT WALHAIEN

Zwischen Mitte Mai und Ende August versammeln sich riesige Walhaie um die Isla Holbox, um Plankton zu fressen. Mit einem Gewicht von bis zu 15 t und einer Länge von bis zu 15 m vom aufgerissenen Maul bis zur gewölbten Schwanzflosse sind sie die größten Fische der Welt. Die Einheimischen bezeichnen die Tiere wegen ihrer gefleckten Haut als Dominos.

Die beste Zeit, um die sanften Riesen aufzuspüren, sind die Monate Juli und August, doch ist dies auch die Zwischensaison, in der sich vielleicht bis zu zwei Dutzend Boote um einen Walhai drängen. Das ist weder für den Hai noch für die Schwimmer angenehm, man sollte also lieber noch einmal nachdenken, bevor man in dieser Zeit eine Tour unternimmt. Die Alternative ist der Juni, wobei man aber riskiert, möglicherweise gar keinen Walhai zu Gesicht zu bekommen.

Seit 2003 arbeitet der World Wildlife Fund mit der örtlichen Gemeinde zusammen, um nachhaltige Formen des Besuchs der Walhaie zu entwickeln, mit denen versucht wird, ein Gleichgewicht zwischen den wirtschaftlichen Vorteilen der Touren und dem ökologisch gebotenen Schutz dieser bedrohten Tierart herzustellen.

Beim Schwimmen mit den Walhaien dürfen nur drei Schwimmer (inkl. des Guides) gleichzeitig im Wasser sein. Das Berühren der Fische ist verboten, und die Schwimmer müssen entweder Schwimmweste oder Neoprenanzug tragen, um sicherzustellen, dass niemand unter die Haie abtaucht.

eine Bar mit Jam-Sessions am Wochenende. Von der Plaza einen Block nach Norden und dann zwei Blocks nach Westen laufen!

⭐ **Casa Takywara**　　　　　HOTEL $$$

(☎984-875-22-55; www.casatakywara.com; Paseo Carey s/n; DZ/Bungalows mit Frühstück 3230/3990 Mex$; 🖨❄📶) Das schöne Hotel steht draußen, am ruhigen westlichen Ortsrand, 1 km westlich der Avenida Tiburón Ballena, direkt am Strand und zeichnet sich durch seine auffällige Architektur und schicke Zimmer mit Kochnische und Balkon mit Meerblick aus. Das Anwesen liegt neben einem kleinen geschützten Sumpfgebiet, in dem die Grillen zirpen. In der Nebensaison fallen die Preise erheblich.

⭐ **Hotel Casa Barbara**　　　　HOTEL $$$

(☎984-875-23-02; www.hotelcasabarbara.mx; Av Tiburón Ballena s/n; Zi. mit Frühstück 2600 Mex$; 🖨❄📶🏊) Das sehr komfortable Hotel auf halber Strecke zwischen der Fährenlegestelle und dem Strand mit einem Swimmingpool inmitten eines grünen Gartens. Die rustikal möblierten Zimmer bieten bequeme Betten und die meisten auch eine Veranda mit Blick in den Garten.

Hotel La Palapa　　　　　HOTEL $$$

(☎984-875-21-02; www.hotellapalapa.com; Morelos; Zi. 250 US$; 🖨❄📶) Die gemütlichen Zimmer des Strandhotels haben teilweise Balkone mit Meerblick. Rund 100 m östlich der Av Tiburón Ballena gibt's hier auch eine Dachterrasse mit grandiosem Blick aufs Meer. Die Freiluftbar am eingefriedeten privaten Strand serviert leckere internationale Küche.

 Essen

⭐ **Le Jardin**　　　　　　　FRANZÖSISCH $

(☎984-115-81-97; www.facebook.com/LeJardinPanaderia; Backwaren 25–30 Mex$, Kaffee 40–65 Mex$; ⊙Mi–So 8.30–12.30 Uhr; 🚶) Wer mal nicht mexikanisch frühstücken möchte, freut sich hier über köstliche Morgenangebote, Backwaren und Kaffeevarianten im französischen Stil. Tempelbäume voller Schmetterlinge säumen den luftigen *palapa*-Bau, in dem man komfortabel mit anderen Gästen plaudern kann. Großes Spielzeugangebot für Kinder.

⭐ **Limoncito**　　　　　　　FRÜHSTÜCK $

(☎984-875-23-40; Av Damero s/n; Frühstück 80–110 Mex$; ⊙Do–Di 8–21.30 Uhr; 🚽) Das kleine und bunte *palapa*-Restaurant am Stadtplatz serviert den ganzen Tag über hervorragendes mexikanisches Frühstück. Besonders beliebt sind die Enchiladas und *motuleños* (Eier in Tomatensauce, serviert mit gebratenen Kochbananen, Schinkenstücken und Erbsen).

Las Panchas　　　　　　MEXIKANISCH $$

(☎984-875-2413; Morelos s/n, zw. Av Damero & Av Pedro Joaquín Coldwell; Antojitos 25–36 Mex$, Hauptgerichte 95–170 Mex$; ⊙8–11.30 & 13–18 Uhr) Fragt man Leute in der Stadt nach gutem, preiswertem Essen werden einen die meisten wahrscheinlich ins Las Panchas schicken, wo es köstliche yukatekische *anto-jitos* (Vorspeisen) wie *chaya* (Baumspinat) *tamales, panuchos* und *salbutes* (gebratene, schmackhaft belegte Tortillas) gibt.

Edelyn Pizzería & Restaurant
PIZZA $$
(☑ 984-875-20-24; Plaza Principal; Pizzas ab 100 Mex$; ◷ 12–23.30 Uhr) Wir wären nachlässig, würden wir die selbsternannten Schöpfer der berühmten Hummerpizza (ab 300 Mex$) der Isla Holbox nicht erwähnen. Die Einheimischen meinen allerdings, dass es anderswo weit bessere mit dem Fleisch der begehrten Krustentiere belegte Pies gibt (z. B. gleich gegenüber auf der anderen Seite des Platzes).

★ El Chapulim
MEXIKANISCH $$$
(☑ 984-137-60-69; Tiburón Ballena s/n; Hauptgerichte ab 350 Mex$; ◷ Mo–Sa ab 18 Uhr) Dieses Lokal akzeptiert weder Reservierungen noch Plastikgeld und hat keine Speisekarte. Der Küchenbetrieb endet, wenn die Zutaten ausgehen (meist etwa um 22 Uhr). Vegetarier müssen ihre Bedürfnisse spätestens 24 Stunden vorher verbindlich anmelden. Für diese Eigenarten entschädigt das exzellente Essen: Küchenchef Erik kommt selbst zu einem an den Tisch, um vier verschiedene Optionen (meist mit Fisch oder Seafood) zu unterbreiten.

Raices
SEAFOOD $$$
(☑ 984-136-00-17; Strand; Hauptgerichte 200–420 Mex$; ◷ 11–20 Uhr) Das schlichte Äußere täuscht: Die Meeresfrüchte dieses Strandrestaurants gehören zu den besten der Stadt. Empfehlenswert sind z. B. der Hummer mit Kokosmilch oder der leckere Fisch mit Butter und Knoblauch. Die Seafood-Platte für zwei Personen reicht locker für eine kleine Armee. Zudem speist man hier in unmittelbarer Nähe zu den schwappenden Wellen, was schlicht unbezahlbar schön ist.

Hinweis: Die Küche schließt pünktlich und macht meist keine Ausnahmen für Zuspätkommende.

🍷 Ausgehen & Nachtleben

Carioca's
BAR
(☑ 984-234-23-32; ◷ 20–2 Uhr) In der kleinen *palapa*-Strandbar gleich nordöstlich vom Ortskern kann man bestens abhängen. Freitags bis sonntags verwandelt sich der Laden zudem ab 24 Uhr in eine Disco, die bei genügend Gästen bis zum Morgengrauen geöffnet hat.

ℹ Praktische Informationen

Auf Holbox gibt's keine Bankfilialen. Der einzige lokale Geldautomat am Platz oberhalb der Polizeiwache ist oft leer – daher unbedingt genügend Bares mitbringen!

ℹ Anreise & Unterwegs vor Ort

Ab dem Hafenstädtchen Chiquilá schippern Fähren nach Holbox (90 Mex$, meist 5.30–21.30 Uhr, einfache Strecke ca. 25 Min.). Diese werden nach Einbruch der Dunkelheit von kleineren, schnelleren und wellenanfälligeren *lanchas* (Motorbooten; 1250 Mex$) abgelöst.

An Cancúns Busbahnhof besteht Verbindung nach Chiquilá (86 Mex$, 3½ Std., 7.50, 10.10 & 12.50 Uhr). Alternativ nimmt man ein Taxi (ca. 100 US$).

Flights Holbox (☑ 984-136-88-52; www. flights-holbox.com; Inselflugplatz) bietet private Charterflüge ab Cancún an. Für kleine Reisegruppen ist diese Option überaschend günstig: Der Mietpreis für die ganze Maschine (max. 5 Passagiere) liegt bei 470 US$. Ansonsten startet die Firma auch nach Playa (560 US$), Tulum (675 US$), Cozumel (631 US$) und Mérida (1290 US$).

In Chiquilá können Selbstfahrer ihre Fahrzeuge sicher auf bewachten Parkplätzen abstellen (50 Mex$/24 Std.). Das ist auch nötig: Die Fracht- und Autofähre zur Insel transportiert grundsätzlich keine Touristenfahrzeuge.

Auf Holbox ist ein eigenes Auto aber ohnehin nicht sinnvoll: Vor Ort gibt's nur schmale Sandpisten mit tiefen Furchen. Zudem kann man hier recht einfach ein Golfmobil mieten und sich damit der lärmigen Schar anschließen, die wie ein Schwarm aus riesigen Hummeln über das ganze Eiland brummt. Wer nicht selbst fahren will, nimmt ein Golfmobil-Taxi (Stadtfahrt 30 Mex$, hinaus zur Punta Coco 80 Mex$). Alternativ geht's auf Holbox aber auch gut per pedes voran.

Rentadora El Brother (☑ 984-875-20-18; Av Tiburón Ballena s/n; pro Std./Tag 200/ 1000 Mex$; ◷ 9–17 Uhr) verleiht Golfmobile.

Puerto Morelos

☑ 998 / 9200 EW.

Puerto Morelos liegt auf halber Strecke zwischen Cancún und Playa del Carmen. Trotz des Baubooms unmittelbar nördlich und südlich herrscht hier bis heute die ruhige Atmosphäre einer Kleinstadt. Die lokalen Bars und Restaurants sorgen abends für ausreichend Unterhaltung. Örtlicher Besuchermagnet Nr. 1 ist aber das flache karibische Meer. Die Lagune zwischen dem Strand und dem vorgelagerten Wallriff schimmert herrlich kontrastierend in Hellgrün und Dunkelblau – höchst reizvoll für Taucher und Schnorchler. Landeinwärts warten zudem ein paar tolle Cenoten zum Abenteuerlustige. Auf dem netten Markt gleich südlich der Plaza gibt's eine gute Auswahl an Handwerksprodukten (u. a. Hängematten). Die Qualität ist dabei weitaus höher als in Cancún oder Playa.

Sehenswertes

Crococun-Zoo ZOO

(☏998-850-37-19; www.crococunzoo.com; Hwy 307, Km 31; Erw./Kind 6–12 Jahre 32/22 US$; ☺9–17 Uhr) Rund 23 km südlich vom Flughafen Cancún liegt diese frühere Krokodilfarm, die sich heute als „Naturschutz-Zoo" für bedrohte regionale Arten bezeichnet. Der Eintritt beinhaltet jeweils eine Führung, bei der die Teilnehmer mit diversen Tieren (z. B. Weißwedelhirsche, Königsboas, Krokodile, Aras, Klammeraffen) auf Tuchfühlung gehen können.

Jardín Botánico
Dr. Alfredo Barrera Marín GARTEN

(Jardín Botánico Yaax Che; ☏998-206-92-33; www.jardinbotanico.com; Hwy 307, Km 320; Erw./Kind 3–10 Jahre 120/50 Mex$; ☺Mo–Sa 8–16 Uhr;) Das 65 ha große Naturschutzgebiet ist einer der größten botanischen Gärten Mexikos und hat ein Wegenetz von 2 km. In dem botanischen Garten gibt es Abschnitte mit Epiphyten (Orchideen und Bromelien), Palmen, Farnen, Sukkulenten (Kakteen und verwandte Gewächse) und Pflanzen der traditionellen Maya-Heilkunde. Im Park leben auch viele Tiere, darunter die letzten Klammeraffenhorden in der Region.

Aktivitäten

Ein Wallriff säumt den Großteil der Küste von Quintana Roos. In Puerto Morelos lädt es nur 600 m vor dem Strand zum Tauchen und Schnorcheln ein. Dabei kann man Meeresschildkröten, Haie, Stachelrochen, Muränen, Hummer und viele bunte Tropenfische beobachten. Die lokalen Tauchshops bieten zudem tolle Touren zu mehreren Schiffswracks und den Cenoten der Insel an.

Aquanauts TAUCHEN

(☏998-206-93-65; www.aquanautsdiveadventures.com; Av Melgar s/n; Rifftauchen mit 1/2 Flaschen 70/90 US$, Schnorcheln 30–80 US$; ☺Mo–Sa 8–16 Uhr) Bietet viele interessante Touren, darunter Strömungstauchen, Tauchen in Cenoten und zu Schiffswracks sowie die Jagd auf Feuerfische. Der Anbieter befindet sich

einen Block südlich der Plaza im Hotel Hacienda Morelos.

 Kurse

Little Mexican Cooking School KOCHEN

(☏998-251-80-60; www.thelittlemexicancooking school.com; Av Rojo Gómez 768, Ecke Lázaro Cárdenas; 128 US$/Kurs; ☺meist Di & Do 10–15.30 Uhr) Bei diesen sechsstündigen Kursen erlernt man die Zubereitung von leckerer mexikanischer Regionalküche. Die Teilnehmer erfahren alles über die jeweiligen Zutaten und kochen mindestens sieben verschiedene Gerichte. Gebucht wird über die Website.

Schlafen & Essen

Casitas Kinsol PENSION $$

(☏998-206-91-52; www.casitas-kinsol.com; Av Zetina Gazca Lote 18; Zi. 49 US$;) Das Kinsol ist praktisch für Leute, die auf der anderen Seite von Puerto Morelos übernachten wollen. Rund 3 km westlich der Stadt stehen hier acht *palapa*-Hütten mit schönen Einrichtungsdetails (u. a. handbemaltes Mobiliar, Waschbecken mit Talavera-Fliesen).
Eine dauerhaft ansässige Schildkröte durchstreift den grünen Garten des ruhigen Geländes, auf dem selbst Katzen und Hunde friedlich miteinander auskommen.

Posada Amor HOTEL $$

(☏998-871-00-33; Av Rojo Gómez s/n; DZ 800 Mex$;) Das Posada Amor liegt ca. 100 m südwestlich vom Stadtplatz und ist seit vielen Jahren im Geschäft. Ein paar kreative Elemente zieren die schlichten Zimmer mit weißen Wänden. Im schattigen Bereich hinten stehen Tische und viele Topfpflanzen. Das Hausrestaurant serviert gute Küche; viele Auswanderer bevölkern die freundliche Bar.

★ Posada El Moro HOTEL $$$

(☏998-871-01-59; www.hotelelmoro.mx; Av Rojo Gómez s/n; Zi. inkl. Frühstück 92 US$, Suite 125 US$;) Nordwestlich der Plaza schmücken fröhliche Geranien die Korridore und den Innenhof des gut geführten El Moro. Die Zimmer verfügen über Bettsofas und haben teilweise auch Kochnischen. Im tropischen Hotelgarten gibt's einen kleinen Pool. Kräftige Rabatte in der Nachsaison und/oder bei direkter Online-Buchung.

Casa Caribe B & B $$$

(☏998-251-80-60; www.casacaribepuertomorelos.com; Av Rojo Gómez 768; Zi. inkl. Frühstück 185 US$;) Einfach der Nase nach: Das elegant gestaltete B&B teilt sich ein schönes Gelände mit der Little Mexican Cooking School. Die fünf Zimmer (nur eins davon klimatisiert) haben alle Balkone mit weitem Strandblick und bekommen eine herrliche Meeresbrise ab. Dank Zubereitung durch die Kochschule ist das Frühstück von hoher Qualität. Drei Mindestübernachtungen.

El Nicho FRÜHSTÜCK $$
(www.elnicho.com.mx; Ecke Av Tulum & Av Rojo Gómez; Frühstück 65–125 Mex$, Mittagessen 90–190 Mex$; ⊙Fr–Mi 7–14 Uhr; 🛜🅿) Das beste und beliebteste Frühstückslokal in Puerto Morelos serviert Bio-Eierspeisen, Eier Benedict, Hühnchen-*chilaquiles* (gebratene Tortillastreifen mit Salsa) und Bio-Kaffee aus Chiapas. Vegetarier finden hier viele gute Angebote.

★**John Gray's Kitchen** INTERNATIONAL $$$
(☎998-871-06-65; www.facebook.com/johngrayskitchen; Av Niños Héroes 6; Frühstück 65–100 Mex$, Abendessen 270–450 Mex$; ⊙Di–Sa 8–22, Mo ab

17 Uhr) Einen Block westlich und zwei Blocks nördlich der Plaza tischt das „Kitchen" ein paar echte Köstlichkeiten auf. Die Spezialität des Küchenchefs (Ente in einer Sauce aus Chipotle, Tequila und Honig) steht nicht auf der regelmäßig wechselnden Karte. Das Lokal serviert auch Frühstück.

★**Al Chimichurri** STEAKS $$$
(☎998-241-82-20; http://alchimichurri.restaurantwebx.com; Av Rojo Gómez s/n; Hauptgerichte 135–340 Mex$; ⊙Di–So 17–24 Uhr) Mit der frischen Pasta und der Holzofenpizza macht man sicher nichts falsch, aber dieser uruguayische Grill gleich südlich der Plaza ist vor allem für seine Steaks bekannt. Die Stars auf der Karte sind die riesigen Rib-Eye-Steaks, das zarte Flankensteak und das Filet Mignon in hausgemachter Rindfleisch-Bratensauce.

 Shoppen

★**Kunsthandwerksmarkt** MARKT
(Av Rojo Gómez s/n; ⊙9–20 Uhr) Hier gibt's u. a. Hängematten, die seit Jahrzehnten von

THEMENPARKS AN DER RIVIERA MAYA

Zwischen Cancún und Tulum liegen mehrere Themenparks, die tolle Attraktionen für Kinder sind. Viele davon punkten mit herrlicher Landschaft – darunter ein paar der schönsten Lagunen, Cenoten und Naturgebiete der ganzen Küste.

Natürlich sind die Parks manchen Leuten zu kitschig; Kinder dürfte dies aber weniger stören. Besuchern eine ethische Bedenken bieten sie teilweise auch Gelegenheiten zum Schwimmen mit Delphinen. Beliebte Optionen:

Aktun Chen (☎800-099-07-58, 984-806-49-62; www.aktun-chen.com; Hwy 307, Km 107; komplette Tour inkl. Mittagessen Erw./Kind 128/102 US$; ⊙9.30–17.30 Uhr; 🚸) Kleiner Park rund 40 km südlich von Playa del Carmen; dazu gehören eine 585 m lange Höhle, eine 12 m tiefe Cenote, zehn Seilrutschen und ein kleiner Zoo.

Xplor (☎984-803-44-03; www.xplor.travel; All-inclusive Erw./Kind 5–11 Jahre 119/59,50 US$; ⊙9–17 Uhr; 🚸) Großer Park rund 6 km südlich von Playa del Carmen; bietet Seilrutschen, Rafting, Höhlenwanderungen, Touren mit Amphibien-Jeeps und Schwimmen in einem unterirdischen Fluss.

Xel-Há (☎998-883-05-24, 984-803-44-03, in den USA/Kanada 855-326-2696; www.xelha.com; Hwy Chetumal-Puerto Juárez, Km 240; Erw./Kind 5–11 Jahre ab 89/44,50 US$; ⊙9–18 Uhr; 🚸) Liegt rund 13 km nördlich von Tulum an einem Meeresarm und bezeichnet sich selbst als „natürliches Freiluft-Aquarium"; entsprechend hoch ist die Zahl der Aktivitäten im und auf dem Wasser (z. B. Schnorcheln, Flusstouren).

Xcaret (☎984-206-00-38; www.xcaret.com; Hwy Chetumal-Puerto Juárez, Km 282; Erw./Kind 5–12 Jahre ab 188/94 US$; ⊙8.30–22.30 Uhr; 🚸) Liegt rund 6 km südlich von Playa del Carmen und ist einer der ältesten Parks der Region; paart viele Aktivitäten in der Natur mit Optionen für Erwachsene (darunter ein Day-Spa und ein mexikanischer Weinkeller).

Selvática (☎800-365-7446, 998-881-30-30; www.selvatica.com.mx; Ruta de los Cenotes, Km 19; Erw./Kind 8–11 Jahre 199/99 US$; ⊙Touren 9, 10.30, 12 & 13.30 Uhr; 🚸) Abenteuer-Veranstalter, der landeinwärts von Puerto Morelos liegt und ausschließlich vorab vereinbarte Touren (für Altersbeschränkungen s. Website) anbietet; für Adrenalinkicks sorgen dabei z. B. Seilrutschen oder Schwimmen in einer Cenote.

derselben ortsansässigen Familie produziert werden (nach Mauricio fragen!) und entsprechend hochwertig(er) sind. Das übrige Angebot umfasst z. B. Traumfänger, Handtaschen, Masken, Schmuck und *alebrijes* (handgeschnitzte, bunt bemalte Holztiere aus San Martín Tilcajete).

🛈 An- & Weiterreise

Am ADO-Terminal in Cancún brechen Busse von ADO und Vans von Playa Express gen Playa del Carmen auf. Unterwegs halten sie an der Highway-Abzweigung außerhalb von Puerto Morelos (einfache Strecke 28 Mex$). Am Flughafen Cancún besteht Busverbindung nach Puerto Morelos (104 Mex$, tgl. 7–22 Uhr häufig), Cancún und Playa (einfache Strecke jeweils 28 Mex$).

An der Abzweigung warten meist Taxis, die Buspassagiere in die Stadt bringen. In Gegenrichtung starten die Chauffeure an der Plaza. Manche davon verlangen den Preis für das ganze Fahrzeug frech pro Person oder versuchen eine andere Abzockmasche. Darum hart verhandeln: Für die 2 km lange Fahrt sind 30 Mex$ (ganzes Taxi inkl. maximal möglicher Passagierzahl) angemessen.

Playa del Carmen

🕿 984 / 150 000 EW.

Das coole Playa del Carmen (alias Playa) ist heute die drittgrößte Stadt in Quintana Roos und zählt zusammen mit Tulum zu den angesagtesten Pflastern an der Riviera. Im Windschatten von Cozumel tummeln sich hier viele durchtrainierte Europäer an den Stränden. Deren Sand ist nicht nicht so fein wie der in Cancún oder Cozumel; zudem ist das Wasser vor Ort trüber als weiter nördlich. Dennoch wächst die Stadt immer weiter.

Ein Grund hierfür ist die ideale Lage in der Nähe von Cancúns internationalem Flughafen, aber gleichzeitig so weit im Süden, dass weitere lohnenswerte Ziele (z. B. Cozumel, Tulum, Cobá) von hier aus leicht erreichbar sind. Dicht vor Playa laden obendrein tolle Riffe zum Tauchen und Schnorcheln ein. Dabei gibt's Rochen, Muränen, Meeresschildkröten und vielerlei Korallen zu sehen. Besonders schön sind die lavendelfarbigen Gorgonien.

Playa ist ein Kreuzfahrthafen und wirkt daher mitunter recht überlaufen. Meist beschränkt sich dies aber auf die Hotelzone.

🎯 Sehenswertes & Aktivitäten

Playa del Carmen ist in erster Linie für seine Strände und Freiluftpartys bekannt. Den noch gibt's hier auch ein paar lohnenswerte Optionen für Regentage.

Aquarium AQUARIUM
(El Acuario de Playa del Carmen; 🕿 998-287-53-13, 984-873-38-59; www.elacuariodeplaya.com; Calle 14 Norte 148; Eintritt 233 Mex$; ☻ 11–19 Uhr) Das eindrucksvolle Aquarium mit vielen Becken, Infotafeln und Aktivitäten gehört zu den wenigen lokalen Optionen für Tage ohne Strandbesuch.

Strände
Strandfreaks werden in Playa nicht enttäuscht: Die schönen Strände mit weißem Sand sind deutlich leichter zugänglich als ihre Pendants in Cancún – hier heißt's einfach hinunter zum Meer marschieren, ausstrecken und Spaß haben. Die Touristenzone hat zahlreiche Strandrestaurants. Viele Hotels bieten Wassersport-Aktivitäten an.

Wer keine Menschenmassen mag, ist nördlich der Calle 38 richtig: Ab einer Gruppe aus dürren Palmen erstreckt sich dort ein einsamer Strandabschnitt über viele Kilometer. An diesem kann man prima zelten, muss aber aufgrund häufiger Diebstähle stets gut auf seine Sachen aufpassen.

In Playa bräunen sich manche Damen „oben ohne". Als bester Strand hierfür gilt der **Mamita's Beach** nördlich der Calle 28. Aber nicht vergessen: Im Großteil des Landes sind freie Frauenoberkörper unüblich und generell verpönt (nur nicht unter jüngeren Mexikanern, natürlich).

Rund 3 km südlich vom Fährhafen beginnt hinter einer Gruppe von All-inclusive-Hotels ein angenehm ruhiger und relativ schwach besuchter Strandabschnitt. Auch in Richtung Norden findet man ein paar einsamere Ecken.

Tauchen & Schnorcheln
Viele örtliche Tauchshops veranstalten neben tollen Trips im Meer auch Ausflüge zu Cenoten. Bei den meisten Anbietern kosten Zweiflaschen-Tauchgänge (85 US$), Cenote-Tauchen (175 US$), Schnorcheln (30 US$), Walhai-Touren (350 US$) und Freiwasser-Tauchkurse mit Zertifikat (450 US$) jeweils ungefähr gleich viel.

Phocea Mexico TAUCHEN
(🕿 984-873-12-10; www.phocea-mexico.com; Calle 10 s/n; Zweiflaschen-Tauchgang 89 US$; ☻ 8–18 Uhr) Das Personal dieses Shops spricht Französisch, Englisch und Spanisch. Von November bis März ist hier Tauchen mit Bullenhaien (90 US$) im Angebot.

Playa del Carmen

0   200 m

Chez Céline (600 m);
La Bodeguita del Medio (650 m)

Calle 16 Bis

Calle 14 Bis

15 Av

Calle 14

●2

Calle 12 Bis

20 Av

6

8

10 Av

1 Av

1 Av Bis

Quinta Av (5 Av)

1

Terminal
ADO

Calle 12

12

Calle 10 Bis

10

7

3

9

Calle 10

Parque 28
de Julio

15 Av

Playa

Calle 8

5

Calle 6 Norte Bis

11

14

Calle 6

10 Av

13

4

Calle 4

20 Av

15 Av

10 Av

Calle 2

KARIBISCHES
MEER

Quinta Av (5 Av)

Playa
Express

Parque
Turístico
Leona
Vicario

Terminal
del Centro

Av Juárez

Plaza
Mayor

Hwy 307 (450 m);
Cozumel (10 km)

Plaza
Mayor

Calle 1 Sur

20 Av

10 Av

Quinta Av (5 Av)

Calle 1 Sur

16

18 15
17

Cozumel
(19 km)

HALBINSEL YUCATÁN QUINTANA ROO

Playa del Carmen

◉ Sehenswertes
1 Aquarium....................................C2

✚ Aktivitäten, Kurse & Touren
2 International House C1
3 Phocea Mexico D2

🛏 Schlafen
4 Enjoy Playa Hostel B5
5 Hostel Playa...A3
6 Hotel Playa del Karma B1

🍴 Essen
7 100% Natural..C2
8 Don Sirloin...B2
9 Kaxapa Factory A3

🍴 La Famiglia
10 La Famiglia...B2
11 Markt..B4

☕ Ausgehen & Nachtleben
12 Dirty Martini Lounge.............................. C2
13 Playa 69 .... C4

✿ Unterhaltung
14 Fusion D4

ℹ Transport
15 Barcos Caribe...D7
16 Ticket-Stände für die Cozumel-Fähren.. D7
17 Mexico Waterjets D7
18 Ultramar...D7

🧭 Kurse & Geführte Touren

International House   SPRACHKURS

(☎ 984-803-33-88; www.ihrivieramaya.com; Calle 14 Norte 141; 230 US$/Woche) Spanischunterricht (20 Std./Woche) lässt sich hier mit Übernachtung in hauseigenen Gästezimmern (36 US$; auch von Nichtschülern buchbar) verknüpfen. Die besten Lernerfolge verspricht aber das Homestay-Programm (33–39 US$ mit Frühstück), das die Schule zusammen mit mexikanischen Gastfamilien organisiert.

Río Secreto   ABENTEUERTOUR

(☎ 998-113-19-05; www.riosecreto.com; Carretera 307, Km 283,5; Erw./Kind 6–11 Jahre 79/40 US$; ☺ 9–18 Uhr) Bei dieser Tour wandert und schwimmt man 5 km südlich von Playa durch eine 600 m lange Höhle. Trotz der Aufbauschung mancher Aspekte bietet das Ganze auch viel wirklich Großartiges.

🛏 Schlafen

Enjoy Playa Hostel   HOSTEL $

(☎ 984-147-77-76; www.enjoyplayahostel.com; Calle 4 zw. Av 15 & 20; B 250–300 Mex$, DZ 1200 Mex$; ☺※🛜🏊) Das einladende Hostel punktet mit praktischer Lage: Strand, Busbahnhof und Touristenzone liegen alle in nächster Nähe. Die etwas düsteren Schlafsäle verfügen über Steckdosen und abschließbare Spinde. Auf der Dachterrasse und unten in der Lobby kann man gut Kontakte zu anderen Gästen knüpfen.

Hostel Playa   HOSTEL $

(☎ 984-803-32-77; www.hostelplaya.com; Calle 8 s/n; B/DZ/3BZ inkl. Frühstück 200/490/735 Mex$; P☺🛜) Zum Zeitpunkt der Recherche war das Playa gerade vorübergehend geschlos-

sen. Was sich hoffentlich bald wieder ändert: Denn früher sorgten hier ein zentraler Aufenthaltsbereich, eine coole Gartenterrasse und eine Dachterrasse perfekt für Geselligkeit. Das Ganze war seit 2002 ununterbrochen im Geschäft – eine reife Leistung in einer Stadt, in der ständig neue Hostels eröffnen.

★ Hotel Playa del Karma   BOUTIQUEHOTEL $$

(☎ 984-803-02-72; www.hotelplayadelkarma. com; 15 Av zw. Calle 12 & 14; DZ 1050–1250 Mex$; ☺※🛜🏊) Die Zimmer von Playas dschungelmäßigster Bleibe grenzen an einen grünen Innenhof mit einem winzigen Pool. Sie verfügen jeweils über Klimaanlage, TV und nette kleine Veranden mit Hängematten. Teilweise kommen auch noch Kochnischen hinzu. Das Hotel organisiert zudem Touren zu umliegenden Ruinen und Tauchspots.

Grand Velas   RESORT $$$

(☎ 322-226-86-89, 800-831-11-65; www.rivierama ya.grandvelas.com; Hwy 307, Km 62; DZ All-inclusive ab 894 US$; P☺※🛜🏊) Die weitläufige „Mutter aller Strandresorts" hat eines der besten Spas an der Küste. Rund 6 km nördlich von Playa del Carmen gibt's hier u. a. einen unkonventionell geformten Infinity Pool mit azurblauen Fliesen. Die Zimmer mit Marmorböden degradieren andere sogenannte Luxusquartiere komplett. Obendrein organisiert das Resort viele Aktivitäten für Erwachsene und Kinder.

Petit Lafitte   RESORT $$$

(☎ 984-877-40-00; www.petitlafitte.com; Carretera Cancún-Chetumal, Km 296; inkl. Frühstück & Abendessen DZ/Bungalow ab 294/357 US$, Kind 3–11 Jahre zzgl. 60 US$; P☺※🛜🏊) Das Petit Lafitte liegt 6 km nördlich von Playa del

Carmen an der ruhigen Playa Xcalacoco und ist hervorragend für Familien geeignet. Zur Auswahl stehen hier Zimmer und „Bungalows" – eigentlich geschmackvolle Holzhütten mit rustikaler Holzeinrichtung und (je nach Variante) Platz für bis zu fünf Personen. Mit einem großen Pool, einem Minizoo, einem Spielbereich und diversen Wassersport-Aktivitäten bietet das Resort genug Unterhaltung für Kinder. Die Website liefert eine genaue Anfahrtsbeschreibung.

 Essen

Für günstiges Essen muss man die Touristenzone verlassen. Eine Option ist z. B. der kleine **Markt** (Av 10 s/n zw. Calle 6 & 8; Hauptgerichte 30–80 Mex$; ⏰ 7.30–23 Uhr) mit regionaler Hausmannskost.

Kaxapa Factory
SÜDAMERIKANISCH $

(☎ 984-803-50-23; www.kaxapafactory.com; Calle 10 s/n; Hauptgerichte 65–125 Mex$; ⏰ Di–So 10–22 Uhr; 📶📷) Die Spezialität dieses venezolanischen Restaurants am Park ist *arepa*, ein köstliches Maisfladenbrot, nach Kundenwunsch gefüllt mit Rinderhack, Hühnchen oder Bohnen und Kochbananen. Es gibt hier viele vegetarische und glutenfreie Angebote. Zu allen Gerichten auf der Karte passen gut die erfrischenden, frischen Säfte.

Don Sirloin
MEXIKANISCH $

(☎ 984-148-04-24; www.donsirloin.com; 10 Av s/n; Tacos 14–65 Mex$; ⏰ 14–6 Uhr; 📶) Der beliebte Taco-Schuppen schneidet Rinderlende (*sirloin*) und Schweinefleisch *al pastor* (mariniert) frisch gegrillt vom Spieß herunter. Er hat bis zum frühen Morgen geöffnet und inzwischen drei Filialen in Playa.

Chez Céline
FRÜHSTÜCK $

(☎ 984-803-3480; Ecke 5 Av & Calle 34; Frühstück 66–109 Mex$; ⏰ 7.30–23 Uhr; 🌐📶) Gutes und gesundes Frühstück sowie diverse leckere Backwaren sorgen in dem Bäckereicafé unter französischer Leitung für viel Betrieb.

100% Natural
VEGETARISCH $$

(Cien Por Ciento Natural; ☎ 984-873-22-42; www.100natural.com; Quinta Av s/n, Ecke Calle 10; Hauptgerichte 86–286 Mex$; ⏰ 7–23 Uhr; 📶📷) Die schnell wachsende Kette von Naturkost-Restaurants ist für üppige und gesunde Köstlichkeiten bekannt. Ihre Spezialität sind Frucht- bzw. Gemüsesäfte (auch gemixt), Salate und verschiedene Gerichte mit Gemüse und/oder Hühnerfleisch. Diesen Ableger in der Hotelzone ziert ein Dschungel- und Tiki-Thema.

La Famiglia
ITALIENISCH $$$

(☎ 984-803-53-50; www.facebook.com/lafamigliapdc; 10 Av s/n Ecke Calle 10; Hauptgerichte 130–390 Mex$; ⏰ Di–Sa 15–23, So ab 17 Uhr; 📶) In der „Familie" gibt's erstklassige Holzofenpizzas und hausgemachte Pasta, Ravioli und Gnocchi. Playa lockt italienische Restaurants in großer Zahl an, aber dieses hier gehört eindeutig zu den besten.

Ausgehen & Nachtleben

Von relaxten Lounge-Bars mit Psychedelic-Vibe bis zu pulsierenden Stranddiscos hat Playa alles Erdenkliche zu bieten. Von der Quinta Avenida führt die Haupt-Partyzone entlang der Calle 12 hinunter zum Strand.

★ Dirty Martini Lounge
BAR

(www.facebook.com/dirtymartinilounge; ⏰ So–Do 12–2, Fr & Sa bis 3 Uhr) Eine angenehme Überraschung im verrückten Playa: Hier gibt's weder Schaumkanonen noch mechanische Rodeo-Bullen; auch nackte Haut ist kaum zu sehen. Mit bequemen Rindsledersofas und dunkler Holzvertäfelung erinnert die Einrichtung an den Westen der USA. So können Gäste in Ruhe etwas Leckeres schlürfen.

La Bodeguita del Medio
TANZEN

(☎ 984-803-39-51; www.labodeguitadelmedio.com.mx; Quinta Av s/n; ⏰ 12.30–2 Uhr; 📶) Wände, Lampenschirme und fast alles andere sind in dieser kubanischen Restaurantbar mit Schriftzügen bedeckt. Nach ein paar Mojitos tanzt man die ganze Nacht zu kubanischer Livemusik. Um 19.30 Uhr gibt's kostenlosen Salsa-Unterricht.

Playa 69
SCHWULENCLUB

(www.facebook.com/sesentaynueveplaya; abseits der Quinta Av zw. Calle 4 & 6; Eintritt 60 Mex$ ab 23 Uhr; ⏰ Mi–So 21–5 Uhr) Die beliebte Schwulendisco am Ende einer schmalen Gasse wirbt stolz mit männlichen Strippern aus weit entfernten Ländern (z. B. Australien, Brasilien). Am Wochenende steigen hier zusätzlich Travestieshows. In der Hauptsaison hat der Laden mitunter auch dienstags geöffnet.

Unterhaltung

★ Fusion
LIVEMUSIK

(☎ 984-803-54-77; Calle 6 s/n; ⏰ 7–1 Uhr) Dieser Mix aus Strandbar und Grillrestaurant kombiniert Livemusik mit diversen Shows (z. B. Bauch- oder Feuertanz). Das stets unterhaltsame Programm beginnt zu verschiedenen Zeiten, startet aber meist zu späterer Stunde (ca. 23 Uhr). Bis dahin kann man hier ein-

BUSSE AB PLAYA DEL CARMEN

ZIEL	PREIS (MEX$)	DAUER (STD.)	HÄUFIGKEIT (TGL.)
Cancún	38–68	1¼	häufig
Cancún international Airport	178	1	häufig
Chetumal	250–346	4¼–5	häufig
Chichén Itzá	155–314	4	3-mal (8 Uhr 1. Klasse, 7.30 & 14.30 Uhr 2. Klasse)
Cobá	92–142	2	11-mal (1. & 2. Klasse)
Mérida	258–464	4¼–5¾	häufig
Palenque	634–934	11½–12	3
San Cristóbal de las Casas	836–1158	17–17½	3
Tulum	45–74	1	häufig
Valladolid	132–216	2¾	6

fach Bier, Cocktails und Wellenrauschen im hübschen Ambiente genießen.

🛈 Praktische Informationen

Touristeninformation (Plaza Mayor; ◷ 9–17 Uhr) Kiosk mit Basisinfos und Stadtplänen.

🛈 An- & Weiterreise

BUS

Playa hat zwei Busbahnhöfe, die jeweils Tickets verkaufen und zumindest ein paar wechselseitige Verbindungsinfos liefern. 2.-Klasse-Tickets sind zwar günstiger, aber oft mit vielen Zwischenstopps verbunden. Ein Taxi vom Terminal ADO zur Plaza Mayor kostet ca. 30 Mex$.

Mit den Shuttlebussen von Playa Express sind Cancún und andere Ziele an der Riviera Maya viel schneller erreichbar.

Terminal ADO (www.ado.com.mx; 20 Av s/n, Ecke Calle 12) Wird von den meisten 1.-Klasse-Bussen benutzt.

Terminal del Centro (Alter Busbahnhof; Quinta Av s/n, Ecke Av Juárez) Wickelt alle 2.-Klasse-Verbindungen (inkl. Mayab) ab.

Playa Express (Calle 2 Norte) Schneller, regelmäßiger Shuttleservice nach Puerto Morelos (25 Mex$) und Ciudad Cancún (38 Mex$).

COLECTIVO

Colectivos (Calle 2, Ecke 20 Av; ◷ 4–24 Uhr) Prima für günstige (Tages-)Trips nach Tulum (Süden; 45 Mex$) oder Cancún (Norden; 38 Mex$). Zu beiden Zielen starten die Fahrzeuge an derselben Ecke. Sie brechen erst bei Vollbelegung auf (ca. alle 15 Min.) und halten unterwegs überall am Highway. Die Möglichkeit zur Gepäckmitnahme ist aber begrenzt.

SCHIFF/FÄHRE

Linienfähren nach Cozumel starten an der Calle 1 Sur, wo drei Betreiberfirmen mit **Ticket-Stän-**den vertreten sind. Barcos Caribe ist dabei der günstigste Anbieter. Südlich von Playa schickt Transcaribe seine Autofähren nach Cozumel. Hinweis: Alle folgenden Preisangaben können sich jederzeit ändern.

Barcos Caribe (☑ 987-869-20-79; www.barcoscaribe.com; einfache Strecke Erw./Kind 5–12 Jahre 135/70 Mex$; ◷ 6.45–23 Uhr)

Mexico Waterjets (☑ 984-879-31-12; www.mexicowaterjets.com; einfache Strecke Erw./Kind 6–11 Jahre 162/96 Mex$; ◷ 9–21 Uhr) Werberabatte für Touristen senken die Ticketpreise teilweise auf 69 Mex$.

Transcaribe (☑ 987-872-76-71; www.transcaribe.net; Hwy 307, km 282, Calica-Punta Venado; einfache Strecke 1000 Mex$ inkl. Auto & aller Passagiere) Schickt täglich Autofähren nach Cozumel; das Terminal liegt 7 km südlich von Playa del Carmen.

Ultramar (☑ 984-803-55-81, 998-293-90-92; www.ultramarferry.com/en; einfache Strecke Erw./Kind 6–11 Jahre 163/97 Mex$; ◷ 6.45–23 Uhr) Die schickste der örtlichen Fähren verspricht dank zusätzlicher Stabilisatoren auch die ruhigste Passage. An Bord gibt's zudem eine 1. Klasse mit Lounge, Ledersesseln, mehr Platz und Priority Boarding.

Isla Cozumel

☑ 987 / 100 000 EW.

Auf den ersten Blick ist Cozumel nur ein weiteres kitschiges Kreuzfahrtziel – zumindest innerhalb der Hotel- und Touristenzone. Wer diese verlässt, entdeckt jedoch eine ruhige Insel voller Gelassenheit, echter Authentizität und schwungvoller karibischer Energie: Bis heute sieht man hier z. B. Marienschreine in Autowerkstätten. Zudem ermöglicht Cozumel natürlich auch urlaubsmäßige Aktivitäten. Die Hauptattraktionen sind dabei Tauchen und Schnorcheln (u. a. an ein paar der weltbesten Korallenriffe).

Der Stadtplatz lädt zum Abhängen am Nachmittag ein. Ebenso lohnt es sich, einen Motorroller oder ein VW-Käfer-Cabrio zu mieten und damit die weniger besuchten Inselteile zu erkunden. Durch die grandiose Landschaft am windigen Gestade führt die Küstenstraße zu kleinen Maya-Ruinen und einem Meeresschutzgebiet. Und obwohl das Nachtleben nicht so wild ist wie in Playa oder Cancún, herrscht auf Cozumel auch abends kein Mangel an Unterhaltung.

Sehenswertes

Punta Molas
RUINEN

(Karte S. 307; ⊘ 24 Std.) **GRATIS** Diese Landspitze im äußersten Nordosten der Insel ist nur schwer erreichbar: Man braucht einen vollgetankten (!) Geländewagen und sollte sich auch ansonsten angemessen vorbereiten, da entlang der verkehrsarmen Anfahrtsroute kaum mit Hilfe zu rechnen ist. Am Ziel warten ein verlassener Leuchtturm, diverse kleinere Ruinen und ein paar recht gute Strände. Unterwegs zeltet es sich am besten an der zauberhaften Playa Bonita.

El Cedral
ARCHÄOLOGISCHE STÄTTE

(Karte S. 307; Eintritt 35 Mex$; ⊘ 24 Std.) Die älteste Maya-Ruine der Insel ist ein schmuckloser Fruchtbarkeitstempel mit den Dimensionen eines kleinen Hauses. Der Schrein soll sehr bedeutend gewesen sein. Direkt daneben zeugt eine kleine Kirche davon, dass dieser Ort bis heute von religiöser Relevanz für die Einheimischen ist. Das Dorf El Cedral liegt 3 km westlich der Carretera Costera Sur. Nahe Km 17 beginnt die Abzweigung gegenüber vom Schild des Restaurants Alberto's (auf den weiß-roten Bogen achten).

Museo de la Isla de Cozumel
MUSEUM

(Karte S. 308; ☎ 987-872-14-34; Av Melgar s/n; 72 Mex$; ⊘ Mo–Sa 9–16 Uhr) Das Museum zeichnet ein klares und detailliertes Bild von der Flora, Fauna, Geografie und Geologie der Insel sowie von ihrer alten Maya-Geschichte. Die Exponate sind mit durchdachten und detaillierten Erläuterungen auf Englisch und Spanisch versehen. Hier kann man eine Menge über Korallen lernen, bevor man sich ins Wasser stürzt. Keinesfalls die Insel verlassen, ohne hier gewesen zu sein!

Strände
Viele von Cozumels schönsten Stränden sind nun nicht mehr öffentlich und/oder

kostenlos zugänglich. Hierfür verantwortlich sind vor allem abgeriegelte Resorts und Wohnanlagen. Mancherorts gibt's auch eintrittspflichtige Strandclubs. Diese kann man teilweise zu Fuß umrunden oder durchqueren, um gratis nutzbare Strandabschnitte in der Nachbarschaft zu erreichen. Wer sich unter die Sonnenschirme der Clubs setzt oder deren andere Einrichtungen nutzt, muss jedoch bezahlen – entweder in Form einer Grundgebühr oder eines *consumo mínimo* (Mindestverzehr von Speisen und Getränken). Vor allem bei wenig Betrieb wird einem diese Gebühr aber manchmal erlassen.

Playa Palancar
STRAND

(Karte S. 307; Carretera Costera Sur, Km 19) Palancar, rund 17 km südlich der Stadt, ist unter der Woche, wenn der Massenandrang ausdünnt, ein toller Strand. Es gibt hier einen Strandclub, der Schnorchelausrüstung verleiht (130 Mex$) und ein Restaurant. In der Nähe vom Strand lässt es sich am Arrecife Palancar (Palancar-Riff) sehr gut tauchen (Palancar Gardens) und schnorcheln (Palancar Shallows).

🏃 Aktivitäten

Cozumel und die umliegenden Riffe gehören mit zu den beliebtesten Tauchrevieren der Welt:

Die Unterwassersicht an den hiesigen Spots ist ganzjährig hervorragend (meist 30 m oder mehr). Der atemberaubend große Artenreichtum umfasst beispielsweise Gefleckte Adlerrochen, Muränen, Zackenbarsche, Barrakudas, Meeresschildkröten, Haie, Hirnkorallen und riesige Schwämme. Rund um die Insel herrschen mitunter starke Strömungen (teils ca. 3 Knoten bzw. 5,5 km/h), was *drift diving* (Strömungstauchen) vor allem an den zahlreichen Unterwasserwänden zum Standard macht. Und selbst beim Tauchen oder Schnorcheln vom Strand aus gilt grundsätzlich: die aktuellen Bedingungen checken, die Route sorgfältig planen (inkl. Ausstiegspunkt in Strömungsrichtung) und immer mit plötzlichen Veränderungen des Strömungsverhaltens rechnen. Zudem sollte man stets auf den Bootsverkehr achten (optisch wie akustisch!) und abseits vom Strand möglichst nicht alleine schnorcheln.

Die örtlichen Tauchshops geben ihre Preise üblicherweise in US-Dollar an. Für Tauchgänge mit zwei Flaschen (inkl. Leihausrüstung) und „Urlauber-Schnupperkur-

Isla Cozumel

N 0 ▬▬▬▬▬▬▬▬▬ 10 km

s. Karte Playa del Carmen (S. 302)

Playa del Carmen

Calica
(5,5 km)

Av Rafael
Melgar

Punta
Norte

*Laguna
Xlapak*

3

Cozumel
International Airport

s. Karte San Miguel
de Cozumel (S. 308)

San Miguel
de Cozumel

5

Playa
La Ceiba

*Bahía
Chankanaab*

Playa
Xhanan

Playa
Bonita

Carretera Transversal

Straße für Autos gesperrt

Playa
Los Cocos

Playa
Santa Cecilia

Punta
Morena

Playa
Chen Río

Playa San
Francisco

Parque Marino
Nacional Arrecifes
de Cozumel

1

2

Playa de
San Martín

Punta
Chiqueros

*Laguna
Colombia*

Playa
El Mirador

Chun
Chacab

Playa
Box

Playa
Encantada

Punta
Celarain

*KARIBISCHES
MEER*

HALBINSEL YUCATÁN ISLA COZUMEL

Isla Cozumel

Sehenswertes
1 El Cedral B4
2 Playa Palancar A4
3 Punta Molas D1

Schlafen
4 Hotel B Cozumel B2

Essen
5 Camarón Dorado B2

se" verlangen sie meist 80 bis 100 US$. PA-DI-Open-Water-Kurse mit Zertifikat kosten durchschnittlich 350 bis 420 US$.

Mitunter gibt's kräftig Rabatt, wenn man ein Pauschalpaket mit mehreren Tauchgängen wählt, sich mit einer ganzen Gruppe anmeldet und/oder bar bezahlt.

Bei Notfällen in Sachen Dekompressionskrankheit heißt's sofort die Überdruckkammer der **Cozumel International Clinic** (☎ 987-872-14-30; Calle 5 Sur zw. Av Melgar & 5 Sur; ☻ 24 Std.) aufsuchen.

Die zahllosen Tauchveranstalter der Insel begrenzen ihrer Tourgruppen jeweils auf sechs bis acht Personen (im Idealfall mit

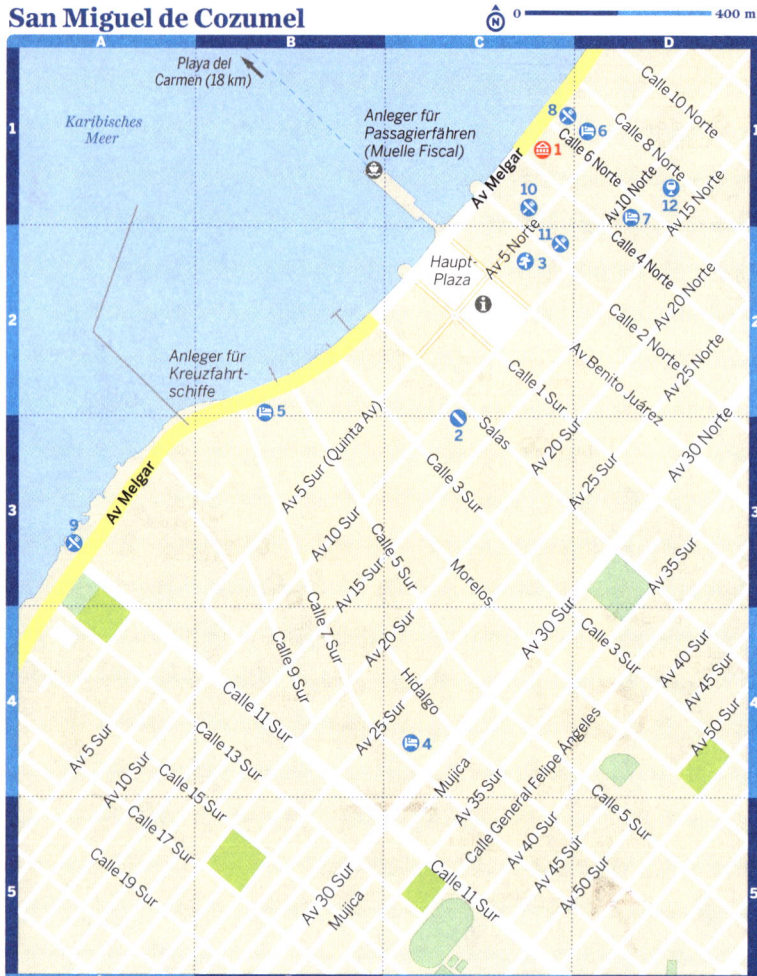

San Miguel de Cozumel

0   400 m

Playa del Carmen (18 km)

Karibisches Meer

Anleger für Passagierfähren (Muelle Fiscal)

Av Melgar

Calle 10 Norte

8

6

1

Calle 8 Norte

Calle 6 Norte

10

Av 10 Norte

7

12

Calle 15 Norte

11

3

Calle 4 Norte

Haupt-Plaza

Av 5 Norte

Calle 2 Norte

Av 20 Norte

Av Benito Juárez

Av 25 Norte

Av 30 Norte

Anleger für Kreuzfahrt-schiffe

5

Salas

2

Calle 1 Sur

Av 20 Sur

Av 25 Sur

Av 5 Sur (Quinta Av)

Calle 3 Sur

9

Av Melgar

Av 10 Sur

Calle 5 Sur

Av 15 Sur

Morelos

Av 30 Sur

Calle 3 Sur

Av 35 Sur

Calle 7 Sur

Av 20 Sur

Av 40 Sur

Av 45 Sur

Calle 9 Sur

Hidalgo

4

Av 25 Sur

Av 50 Sur

Calle 11 Sur

Mujica

Av 35 Sur

Calle General Felipe Ángeles

Calle 5 Sur

Av 5 Sur

Av 10 Sur

Calle 13 Sur

Calle 15 Sur

Av 40 Sur

Av 45 Sur

Calle 17 Sur

Av 30 Sur

Mujica

Calle 19 Sur

Calle 11 Sur

Av 50 Sur

möglichst gleichem Erfahrungslevel). Teilweise bieten sie auch Tauchkurse, Schnorcheltrips und Hochseeangeln an.

Deep Blue

TAUCHEN

(Karte S. 308; ☑987-872-56-53; www.deepblueco zumel.com; Calle Salas 200; Tauchgang mit 2 Flaschen inkl. Ausrüstung 100 US$, Schnorcheln inkl. Ausrüstung 60 US$; ⊙7–21 Uhr) Dieser Veranstalter, der PADI und der National Association of Underwater Instructors (NAUI) angehört, hat kundiges Personal, topmoderne Ausrüstung und schnelle Boote, die einem die Möglichkeit geben, mehr Tauchgänge an einem Tag zu absolvieren. Bei einem

Schnorchelausflug werden drei Tauchstellen aufgesucht.

🛌 Schlafen

Amigo's Hostel

HOSTEL $

(Karte S. 308; ☑987-872-38-68, Handy 987-1199664; www.cozumelhostel.com; Calle 7 Sur 571 zw. Av 25 Sur & 30 Sur; B/Zi. 12/45 US$; ❀❄🛜🛏) Keine beengte Billig-Bleibe: Das Amigo's hat einen großen Garten mit Kletterpflanzen, beschrifteten Bäumen und einem einladenden Pool. Zudem gibt's hier einen prima Aufenthaltsbereich mit viel Lesematerial, eine Klimaanlage (Betrieb nur Mai–Okt. 22–8 Uhr) und ausleihbare Schnorchelausrüs-

San Miguel de Cozumel

Sehenswertes
1 Museo de la Isla de Cozumel C1

Aktivitäten, Kurse & Touren
2 Deep Blue C3
3 Shark Rider C2

Schlafen
4 Amigo's Hostel C4
5 Casa Mexicana B2
6 Hotel Flamingo D1
7 Sun Suites Cozumel D1

Essen
8 Guido's Restaurant C1
9 Jeanie's...A3
10 Kinta C1
11 Taquería El Sitio C2

Ausgehen & Nachtleben
12 La Cocay...D1

tung (100 Mex$/Tag). Je nach Geschmack ist die recht große Entfernung zur Touristenzone ein Vor- oder Nachteil.

Sun Suites Cozumel   HOTEL $$
(Karte S. 308; ☏987-872-29-28; www.sunsuites czm.com; Av 10 Norte 19; EZ/DZ 800/900 Mex$) Blitzsaubere Zimmer mit Fliesenböden treffen hier auf die üblichen Hoteleinrichtungen (Kühlschrank, Klimaanlage, TV) und einen kleinen Pool hinter dem Haus. Interessanterweise haben Gäste auch freien Zugang zu mehreren Musikinstrumenten – darunter eine Gitarre und sogar ein Saxofon.

★Hotel B Cozumel   BOUTIQUEHOTEL $$$
(Karte S. 307; ☏987-872-03-00; www.hotelbco zumel.com; Carretera Playa San Juan, Km 2,5; Zi./Suite ab 85/185 US$; ✿❀☎➤) Das hippe Hotel an der Nordküste (ca. 3 km nördlich vom Fährhafen) hat keinen traumhaften Sandstrand. Der azurblaue Infinity Pool, der Whirlpool am Meer und die Leihfahrräder entschädigen hierfür aber vollauf. Recycling-Kunst ziert die Zimmer, die mit Meerblick jeweils mehr kosten (Preisangaben oben für Dschungelblick).

Casa Mexicana   HOTEL $$$
(Karte S. 308; ☏987-872-9090; www.casamexica nacozumel.com; Av Melgar 457; DZ inkl. Frühstück ab 159 US$; ⓟ❀✱@☎➤) Die luftige Open-Air-Lobby mit Pool und Aussicht auf den Ozean wirkt ziemlich prachtvoll, während die Zimmer (mit Meerblick etwas teurer) größtenteils einen standardmäßigen Ein-

druck machen. Angesichts der Toplage und des kostenlosen Frühstücksbuffets geht das Preis-Leistungs-Verhältnis aber insgesamt in Ordnung.

Hotel Flamingo   BOUTIQUEHOTEL $$$
(Karte S. 308; ☏987-872-12-64, in den USA 800-806-1601; www.hotelflamingo.com; Calle 6 Norte 81; Zi. inkl. Frühstück ab 101 US$; ✿❀☎) Das farbenfrohe und nett dekorierte Flamingo vermietet geräumige Zimmer mit vielen Extras (u. a. ein großes Penthouse-Apartment; 298 US$). Unter den Gemeinschaftsbereichen sind ein grüner Innenhof, ein Raum mit Pool-Billardtischen, eine beliebte Bar und eine sonnige Dachterrasse mit Whirlpool. Das Hotel organisiert auch Aktivitäten für Gäste (z. B. Radfahren, Reiten, Windsurfen, Angeln).

✗ Essen

Taquería El Sitio   TACOS $

(Karte S. 308; Calle 2 Norte; Tacos & Tortas 14–35 Mex$; ⊙7.30–12.30 Uhr) Schnell, gut, günstig: Im El Sitio empfehlen sich vor allem die panierten Garnelen, die Fischtacos oder das *huevo con chaya torta* (Sandwich mit Ei und Baumspinat). Das leckere Essen entschädigt für das spartanische Ambiente mit Klappstühlen auf Betonboden.

Camarón Dorado   SEAFOOD $
(Karte S. 307; ☏987-872-72-87, Handy 987-1121281; camarondoradoczm@hotmail.com; Ecke Av Juárez & Calle 105 Sur; Tortas 38 Mex$, Tacos 17–28 Mex$; ⊙Di–So 7–13.30 Uhr; ☎) Wer zu Cozumels Windseite unterwegs ist oder einfach eine andere Facette der Insel kennenlernen will, kehrt am besten im Camarón Dorado ein – ausreichend frühe Ankunft vorausgesetzt. Vorsicht: Die hiesigen Meeresfrüchte machen süchtig! Das Lokal liegt 2,5 km südöstlich vom Fährhafen.

Jeanie's   MEXIKANISCH $$
(Karte S. 308; ☏987-878-46-47; www.jeaniesco zumel.com; Av Melgar 790; Frühstück 79–125 Mex$, Hauptgerichte 110–230 Mex$; ⊙7–22 Uhr; ☎) Die Freiluftterrasse des Jeanie's punktet mit tollem Meerblick. Auf der Karte stehen hier kleinere Gerichte wie Waffeln, Kartoffelpuffer, Eierspeisen, Sandwiches und vegetarische Fajitas. Die Eiskaffee-Varianten helfen gut gegen die Mittagshitze. Prima Happy Hour (17–19 Uhr).

★Guido's Restaurant   ITALIENISCH $$$
(Karte S. 308; www.guidoscozumel.com; Av Melgar 23; Hauptgerichte 205–305 Mex$, Pizzas 180–225 Mex$; ⊙Mo–Sa 11–23, So ab 15 Uhr;

⊛) Küchenchefin Yvonne Villiger greift auf Rezepte ihres Vaters Guido zurück. Dabei heraus kommen z. B. Holzofenpizzas, selbstgemachte Pasta oder Jakobsmuscheln im Prosciutto-Mantel. Dazu empfiehlt sich Sangria (Spezialität des Hauses). Auf der ebenso eindrucksvollen Cocktailkarte steht u. a. Gin Tonic mit selbstgemachtem Sirup.

 Kinta　　　　　　　　　MEXIKANISCH **$$$**
(Karte S. 308; ☑987-869-05-44; www.kintarestau rante.com; Av 5 Norte s/n; Hauptgerichte 260–340 Mex$; ◷17–23 Uhr; ⊛) Mexikanische Klassiker mit Gourmet-Touch machen das schicke Bistro zu einem der Cozumels besten Restaurants. Die verlässlich guten Midnight Pork Ribs (340 Mex$) sind zu Recht sehr beliebt. Seit Kurzem gibt's hier auch einen Holzofen, aus dem z. B. köstlicher Fisch (320 Mex$) kommt. Zum Nachtisch empfiehlt sich der *budín de la abuelita* (Oma-Pudding).

🍷 Ausgehen & Nachtleben

 La Cocay　　　　　　　　　BAR
(Karte S. 308; ☑987-872-55-33; www.lacocay.com; Calle 8 Norte 208; ◷17.30–23 Uhr; ⊛) Eine gute Weinkarte und mexikanische Craft-Biere machen die La Cocay zu einem guten Ort für einen Drink nach dem Abendessen. Zudem werden Negroni-Besteller hier prompt bedient (auf Yucatán meist eine Seltenheit).

❶ Praktische Informationen

Touristeninformation (Karte S. 308; ☑987-869-02-11; Av 5 Sur s/n, Plaza del Sol, 2. Stock; ◷Mo–Fr 8–15 Uhr) Karten plus Broschüren.

❶ An- & Weiterreise

FLUGZEUG

Cozumels kleiner **Flughafen** (Karte S. 307; ☑987-872-20-81; www.asur.com.mx; Blvd Aeropuerto Cozumel s/n) liegt ca. 3 km nordöstlich vom Fährhafen (den Schildern entlang der Av Melgar folgen). Von den USA aus geht's mitunter nonstop hierher; Flüge ab Europa führen meist über eine US-Stadt oder Mexico City. Cozumel wird auch von den mexikanischen Gesellschaften Interjet und MayAir bedient.

Interjet (☑800-011-23-45, USA 866-285-9525; www.interjet.com) Fliegt direkt nach Mexico City.

MayAir (☑987-872-36-09; www.mayair.com.mx) Fliegt nach Cancún mit Anschlussflug nach Mérida.

SCHIFF/FÄHRE

Passagierfähren von México Waterjets (www. mexicowaterjets.com) und Ultramar (www.gran

puerto.com.mx) schippern ab Playa del Carmen zu Cozumels **Anleger für Passagierfähren** (Karte S. 308; einfache Strecke 165 Mex$, 6–21 Uhr stündl.).

Autofähren nach Cozumel (Mo–Sa 4-mal tgl., So 2-mal tgl.; Details unter www.transcaribe. net) starten ca. 7 km südlich von Playa del Carmen am Calica-Terminal (offiziell Terminal Marítima Punta Venado). Wer samt Fahrzeug mitfahren will, muss sich spätestens eine Stunde (Hauptsaison 2 Std.) vor dem Ablegen in die Warteschlange einfädeln. Der Transportpreis (ab 1000 Mex$) hängt von der Fahrzeuggröße ab und beinhaltet stets alle Passagiere.

❶ Unterwegs vor Ort

AUTO & MOTORRAD

Selbstfahrer können die entlegeneren Ecken der Insel am besten erkunden. Diesen Bedarf befriedigen hier zahlreiche Autoverleiher. Der Mietvertrag sollte automatisch eine Haftpflichtversicherung *(daños a terceros)* beinhalten und Brutto-Preise ausweisen (oft nicht der Fall). Kaskoversicherung kostet extra (ab ca. 150 Mex$ bei 5000 Mex$ Selbstbeteiligung).

Pauschalangebote inklusive Versicherung gibt's ab ca. 500 Mex$ (Ende Dez.–Jan. teurer). Rund um den Hauptplatz sind zahlreiche Autovermieter ansässig. Zwischen dem Hafen und dem Rand der Touristenzone sind die Tarife aber ca. 50 % niedriger – Klapperkisten kosten dort mitunter nur 30 US$.

Interessenten sollten zuerst nachfragen, ob ihr Hotel mit einem Autovermieter kooperiert: Dann gibt's oft Rabatt. Selbst bei bereits alten und/oder abgenutzten Reifen ziehen manche Verleihfirmen einfach Kosten für Reifenschäden (Reparatur oder Ersatz) von der Kaution ab. Besonders häufig geschieht das im Fall von Geländewagen, die auf unbefestigten Pisten benutzt werden. Auch in dieser Hinsicht ist es daher sehr ratsam, alle Vertragsdetails vor dem Unterschreiben ganz genau zu kennen.

Mietwagenkunden sollten auch die maximal erlaubte Passagierzahl pro Fahrzeug (meist 5 Pers. inkl. Fahrer) beachten: Überschreitung resultiert schnell in einem polizeilichen Bußgeld. Bei der Rückgabe des Gefährts muss der Tankinhalt dem Benzinstand bei Vertragsabschluss entsprechen; bei negativer Differenz ist diese extra zu begleichen. Im nahen Umkreis des Zentrums gibt's mehrere **Tankstellen.** Eine weitere Spritquelle findet man fünf Blocks östlich vom Hauptplatz an der Av Juárez.

Rentadora Isis (☑984-879-31-11, 987-872-33-67; www.rentadoraisis.com.mx; Av 5 Norte 181; Tagesmiete ab 20 US$; ◷8–18.30 Uhr) Auf dem recht schlichten Gelände stehen Leihautos (u. a. VW-Käfer-Cabrios) von bestens gewarteten Modellen bis hin zu absoluten Klapperkisten.

Zudem kann man hier Golfmobile und Motorroller mieten.

FAHRRAD & MOTORROLLER

Inselerkundungen per Miet-Motorroller sind super – vorausgesetzt, man hat genug Erfahrung mit solchen Zweirädern und mit dem mexikanischen Straßenverkehr. Auf einen Sozius am besten verzichten: Die Federungssysteme der Roller sind gerade mal stark genug für eine Person. Aufgrund des hohen örtlichen Unfallrisikos heißt's immer einen Schutzhelm tragen und ausreichend wachsam sein. Für Miet-Motorroller kann normalerweise keine Kaskoversicherung abgeschlossen werden. Alle Schäden am Fahrzeug sind daher selbst zu begleichen – eventuell auch solche, die bereits vorhanden waren. Daher den Roller vor dem Start unbedingt ganz genau inspizieren!

Wer einen Roller ausleihen will, muss einen gültigen Führerschein haben und eine Kaution hinterlegen (per Kreditkarte oder bar). Achtung: Auf Cozumel herrscht Helmpflicht – was auch streng kontrolliert wird!

Rentadora Isis gehört zu den empfehlenswerten Roller-Vermietern vor Ort – ebenso **Shark Rider** (Karte S. 308; ☑ 987-120-02-31; Av 5 Norte s/n zw. Av Juárez & Calle 2 Norte; Tagesmiete Fahrrad/Motorroller 10/20 US$; ☺ 8–19 Uhr), wo auch Leihfahrräder erhältlich sind.

VOM/ZUM FLUGHAFEN

Sammel-Kleinbusse fahren häufig vom Flughafen in die Stadt (57 Mex$), zu den Hotels am Nordufer (96 Mex$) und in den Süden der Insel (97–140 Mex$). Für die Taxifahrt aus der Stadt zum Flughafen zahlt man etwa 85 Mex$.

TAXI

Wie anderswo auf Yucatán gibt's auch auf Cozumel einen recht mächtigen Taxiverband. Stadtfahrten kosten ca. 35 Mex$, Trips zur Zona Hotelera etwa 100 Mex$. Für eine ganztägige Inselerkundung bezahlt man rund 2000 Mex$. Die Taxipreise hängen direkt vor der Fähranleger aus.

Tulum

☑ 984 / 18 200 EW.

Puderweicher Sand, jadegrünes Wasser, milde Brisen: Bei Tulum erstreckt sich eine der schönsten und beliebtesten Strandküsten Mexikos. Und nur hier kommen zu all dem noch spektakulär gelegene Maya-Ruinen hinzu. Tulum bietet außerdem spaßige Cenoten, tolle Möglichkeiten zum Höhlentauchen im Süß- oder Salzwasser und Unterkünfte bzw. Restaurants für jeden Geldbeutel.

Potenziell abschreckend wirkt, dass das Zentrum (Tulum Pueblo) mit den günstigsten Bleiben und Lokalen direkt am Highway liegt. So erinnert die Hauptstraße eher an eine Truckstop-Meile als an ein Tropenparadies. Aber keine Panik: Man hat jederzeit die Möglichkeit, sich schnell zum Strand zu begeben und dort nach einem beschaulichen Bungalow zu suchen.

Auch das Erkunden von Tulums Umgebung lohnt sich sehr: Dort warten die riesige Reserva de la Biosfera Sian Ka'an, das abgeschiedene Fischerdorf Punta Allen und die Ruinen von Cobá.

Geschichte

Die meisten Archäologen glauben, dass Tulum erst während der späten postklassischen Periode (1200–1521) besiedelt und in seiner Blütezeit eine wichtige Hafenstadt war, von der aus die Maya in den Küstengewässer bis hinunter nach Belize Handelsfahrten unternahmen. Als Juan de Grijalva 1518 an der Stadt vorbeisegelte, war er von ihren Mauern, den leuchtend rot, blau und gelb getünchten Häusern und dem Zeremonialfeuer beeindruckt, das auf dem Wachturm am Meer brannte.

Die Schutzmauern, die Tulum von drei Seiten umgeben (die vierte Seite grenzt ans Meer) belegen die strategische Bedeutung der Stadt als Festung. Die Mauern sind meterdick und 3 bis 5 m hoch; sie schützten die Stadt in einer Zeit, die von bewaffneten Auseinandersetzungen zwischen den Maya-Stadtstaaten geprägt war. Die Mauern umgaben aber nicht die gesamte Stadt: Die meisten Einwohner lebten vor ihren Toren, während die herrschende Klasse wohl in den Zeremonialgebäuden und Palästen im Zentrum unterkam.

Die Stadt wurde ungefähr 75 Jahre nach der spanischen Eroberung verlassen und war damit eine der letzten antiken Städte, die aufgegeben wurden – die meisten anderen waren schon lange vor Ankunft der Spanier der Natur überlassen worden. Aber auch später noch kamen Maya-Pilger hierher, und während des Kastenkriegs versteckten sich indigene Flüchtlinge in den Ruinen.

„Tulum" ist das Maya-Wort für „Mauer"; ihre ehemaligen Bewohner nannten die Stadt Zama („Morgendämmerung"). Der Name Tulum scheint auf die Forscher des frühen 20. Jhs. zurückzugehen.

Das moderne Tulum wächst schnell: Seit 2006 hat sich die Einwohnerzahl mehr als verdoppelt; der Zuzug hält weiterhin an.

🎯 Sehenswertes

★ **Ruinen von Tulum** ARCHÄOLOGISCHE STÄTTE
(www.inah.gob.mx; Hwy 307, Km 230; 70 Mex$, Parken 100 Mex$, Touren ab 700 Mex$; ⊘8–17 Uhr; P)
Die Ruinen von Tulum thronen über der zerklüfteten Küste mit tollem Strand und türkisfarbenem Wasser – das ist so schön, dass man sich kaum losreißen kann. Zugegeben, die Ruinen sind von bescheidener Größe und können sich mit ihrer Gestaltung im späten postklassischen Stil kaum mit den früheren, grandiosen Projekten messen – dennoch dürften die Maya hier bei jedem Sonnenaufgang den Atem angehalten haben.

Tulum ist ein wichtiges Ziel größerer Reisegruppen. Um die Ruinen richtig genießen zu können, ohne sich als Teil der Herde zu fühlen, kommt man am besten frühmorgens. Ein Zug (20 Mex$) bringt einen vom Eingang zum Kartenschalter; man kann die 500 m aber auch laufen. Preiswertere Parkmöglichkeiten findet man gleich östlich vom Hauptparkplatz, entlang der alten Zufahrtsstraße. Es gibt noch einen zweiten, weniger benutzten Fußgängereingang im Süden, der von der Strandstraße aus zu erreichen ist.

NICHT VERSÄUMEN

PARQUE DOS OJOS

Etwa 4 km südlich von Xcacel-Xcacelito und 1 km südlich des Vergnügungsparks Xel-Há führt eine Abzweigung zum riesigen Höhlensystem Dos Ojos. Der gleichnamige Parque wird von der lokalen Maya-Gemeinde als nachhaltiges Tourismusprojekt betrieben. Im Angebot sind hier u. a. geführte **Schnorchel- und Tauchtrips** (☎984-160-09-06; www.parquedosojos.com; Hwy 307, Km 124; Ein-/Dreiflaschentauchgang inkl. Guide & Leihausrüstung 475/1900 Mex$; ⊘9–17 Uhr) durch herrliche Unterwasserhöhlen. Dabei gleitet man in einem schaurig-schönen Wunderland an beleuchteten Stalaktiten und -miten vorbei.

Mit ca. 83 km Länge und rund 30 Cenoten gehört Dos Ojos zu den größten Unterwasser-Höhlensystemen der Welt. Unter seinen beliebtesten Spots für erfahrene Taucher ist die Pit (Grube): In der 110 m tiefen Cenote liegen menschliche und tierische Überreste aus uralter Zeit. Für Besucher ohne Tauchschein sind Schwimmen und Schnorcheln im Angebot (jeweils zzgl. Parkeintritt).

Die Ruinen erkunden
Besucher müssen sich an den vorgegebenen Rundgang halten. Ab dem Ticketschalter geht's zuerst nach Norden. Hierbei folgt man Tulums gewaltiger **Stadtmauer**, die etwa 380 m (Nord–Süd) auf 170 m (Seiten) misst. Der **Turm** an der Ecke auf etwa halber Strecke galt früher als Wachturm; inzwischen wird er von manchen als eine Art Tempel betrachtet. Jenseits der Ecke geht's dann durch eine Mauerbresche in die Stätte hinein.

Dort führt der Weg zunächst ostwärts zur **Casa del Cenote**, die nach dem kleinen Wasserbecken auf der Südseite ihres Fundaments benannt ist. In dem trüben Tümpel ist manchmal das Flankenblitzen silbrig schimmernder kleiner Fische zu bemerken. In der Casa wurde ein kleines Grab entdeckt. In Richtung Süden geht's dann zum Felsen mit dem **Templo del Dios del Viento** (Tempel des Windgotts). Dort oben hat man die beste Aussicht auf El Castillo und das darunter liegende Meer.

Unter dem Windgott-Tempel befindet sich ein hübscher, kleiner **Strand** (beim letzten Besuch war er abgesperrt). Weiter geht's westwärts zur **Estructura 25**, auf deren erhöhter Plattform ein paar interessante Säulen stehen. Über dem Hauptportal (an der Südseite) befindet sich ein schöner Stuckfries des Herabsteigenden (oder Tauchenden) Gottes. Die mit dem Kopf nach unten schwebende, halbmenschliche Gestalt findet man auch anderswo in Tulum, in Cobá und in mehreren Stätten an der Ostküste. Sie mag der Verehrung der Maya für Bienen (und Honig) geschuldet sein und stellt vielleicht eine Biene dar, die Nektar aus einem Blütenkelch saugt.

Südlich von Estructura 25 steht **El Palacio**, der wegen seiner x-förmigen Figuren bemerkenswert ist. Von hier geht's ostwärts zum Wasser zurück und um die äußere Einfassung des zentralen Tempelbezirks herum (links halten!). Auf der Rückseite bietet sich ein schöner Blick aufs Meer. Wenn man sich an der Südseite wieder landeinwärts wendet, kann man den Komplex durch einen Kragbogen hinter dem restaurierten **Templo de la Estela** (Stelentempel) betreten. Dieser Tempel wird auch als „Tempel der Anfangsreihe" bezeichnet, da die heute im Britischen Museum aufbewahrte Stele 1 hier gefunden wurde. Auf ihr findet sich ein Maya-Datum, das dem Jahr 564 n.Chr. entspricht (die „Anfangsreihe" von Hieroglypheninschriften der Maya gibt das Datum an). Archäologen waren zunächst verblüfft, denn das Datum liegt mehrere Jahrhunderte vor dem Zeitpunkt der mutmaßlichen Besiedlung von Tulum. Man erklärt sich den Fund so, dass Stele 1 aus Tankah, einer 4 km nördlich gelegenen Siedlung aus der Zeit der Klassik, nach Tulum gebracht wurde.

Im Zentrum des Komplexes kann man Tulums höchstes Gebäude bewundern, einen Wachturm, den die Spanier passend als **El Castillo** (die Burg) bezeichneten. Bemerkenswert sind der Herabsteigende Gott in der Mitte der Fassade und die Kukulkan-Darstellungen (gefiederte Schlangen) an den Ecken, deren toltekischer Stil an den von Chichén Itzá erinnert. Nördlich vom Castillo steht der kleine, schiefe **Templo del Dios Descendente**, der nach dem Relief über der Tür benannt ist. Südlich vom Castillo führen Stufen hinab zu einem (meistens stark bevölkerten) Badestrand.

Nach dem Bad geht es weiter nach Westen in Richtung Ausgang zum zweistöckigen **Templo de las Pinturas**, der in mehreren Etappen zwischen 1400 und 1450 erbaut wurde. Unter den Tempeln Tulums gehört er mit seinen Reliefmasken und bunten Malereien an den Innenwänden zu den besonders aufwendig dekorierten. Die Wandmalereien wurden zwar teilweise restauriert, sind aber dennoch kaum zu erkennen. Dieses Bauwerk war vielleicht das letzte, das die Maya vor der spanischen Eroberung errichteten, und mit seinen Säulen, Reliefs und dem zweistöckigen Aufbau ist es wohl das interessanteste der hiesigen Ruinenstätte.

Oft kreisen Fregattvögel über der Anlage. Zudem sieht man hier höchstwahrscheinlich Leguane und mit etwas Glück auch ein scheues *agouti* (eine einheimische, etwa kaninchengroße Nagetierart).

🏃 Aktivitäten

Zacil-Ha SCHWIMMEN
(☎984-218-90-29; Hwy 109 s/n; Grundpreis 80 Mex$, Schnorchelausrüstung/Seilrutschen zzgl. 30/10 Mex$; ☺10–18 Uhr) Rund 8 km westlich der Av Tulum liegt an der Straße nach Cobá diese Cenote, die Schwimmen, Schnorcheln und Seilrutschen mit einer Bar kombiniert.

Xibalba Dive Center TAUCHEN
(☎984-871-29-53; www.xibalbadivecenter.com; Andromeda 7, zw. Libra Sur & Geminis Sur; Tauchgang mit 1/2 Flaschen 100/150 US$) Der Tauchveranstalter gehört zu den besten in Tulum und ist dafür bekannt, Sicherheit groß zu schreiben. Der Shop ist auf das Tauchen in Höhlen

Ruinen v. Tulum 🧭

und Spalten spezialisiert, veranstaltet aber auch Tauchgänge im Meer. Das Xibalba ist darüber hinaus auch ein Hotel (Zimmer ab 1500 Mex$), das attraktive Pauschalangebote aus Unterkunft und Kursen im Tauchen und Höhlentauchen auf Lager hat.

👉 Geführte Touren

⭐ **Uyo Ochel Maya** BOOTSTOUR
(☎983-124-80-01; Erw./Kind 700/350 Mex$, Parken 50 Mex$; ☺8–16 Uhr) Diese netten Bootstouren erkunden Quintana Roos zweitgrößtes Lagunensystem. Dabei geht's zuerst über die Lagunen Chunyaxche und Muyil. Dann legen die Teilnehmer Schwimmwesten an und gleiten einen uralten Maya-Kanal entlang. Zwischen den Mangroven verstecken sich Orchideen, Saprophyten und viele Vögel.

🛏 Schlafen

Abgesehen vom Budget hängt die Unterkunftswahl vor allem von der Frage ab, ob man im Zentrum oder außerhalb am Strand übernachten will. Beides hat jeweils seine Vorteile: Der Strand und die Ruinen sind tagsüber am belebtesten. Abends zieht es die meisten Leute zu den Restaurants und Bars in der Stadt. Dort gibt's viele Hostels und Mittelklassehotels; zudem sind die Preise vergleichsweise niedriger.

Tulum

El Jardín de Frida (500 m)

Ruinen von Tulum (2,3 km)

Diamante K (3,7 km);
Cabañas Playa Condesa (4 km);
El Paraíso (4,8 km);
Zazil-Kin (5 km)

Weary Traveler
HOSTEL $

(☎984-106-71-92; www.wearytravelerhostel.com; Tulum Pueblo, Polar s/n zw. Orión & Beta Norte; B/Zi. 250/800 Mex$; ➕❄🛜) Das Weary Traveler war einst das einzige Hostel in einem abgeschiedenen winzigen Nest namens Tulum. Heute ist es eine von vielen Budgetoptionen im Zentrum. Auf Gäste warten hier Gratisfrühstück (eventuell mit frischen Omelettes), eine Gemeinschaftsküche und Aufenthaltsbereiche, in denen man sehr gut Kontakt zu anderen Travellern knüpfen kann.

Hotel Latino
HOTEL $$

(☎984-871-26-74; www.hotellatinotulum.com; Andromeda Oriente 2013; Zi./Suite ab 850/980 Mex$; ➕❄🛜🏊) Ob Mini-TV oder winziges Tauchbecken: Hier regiert rundum der Minimalismus. Am besten eines der Zimmer im Obergeschoss mit Balkonen und Hängematten nehmen.

Zazil-Kin
HÜTTEN $$

(☎984-124-00-82; www.hotelzazilkintulum.com; Carretera Tulum-Boca Paila, Km 0,47; Hütte mit/ohne Bad 1880/1372 Mex$, Zi. ab 3346 Mex$; P➕❄🛜) Rund zehn Gehminuten von den Ruinen entfernt erinnert diese beliebte Anlage mit ihren vielen bunten, aber spartanischen cabañas (Hütten; Strom nur 7–19 Uhr, Insektenspray notwendig!) an ein kleines Schlumpfhausen. Alternativ gibt's hier auch teurere Doppelzimmer mit Klimaanlage. Kinder freuen sich über den Dschungelspielplatz mit Schaukeln.

Diamante K
HÜTTEN $$$

(☎Handy 984-8762115; www.diamantek.com; Carretera Tulum-Boca Paila, Km 2,5; Hütte/Suite 92/250 US$; ➕🛜) Die neun netten Hütten in unmittelbarer Strandnähe teilen sich ein Gemeinschaftsbad und sind darum immer noch erschwinglich. Unter Palmen punkten sie jeweils mit Hängematten, grandiosem Meerblick und Deko- bzw. Einrichtungselementen, die fast schon an Tolkien erinnern.

Tankah Inn
HOTEL $$$

(☎in den USA 918-582-3743, Handy 984-1000703; www.tankah.com; Tankah 3, Lote 16; DZ inkl. Frühstück 149 US$; P❄🛜) Knapp 2 km östlich vom Highway vermietet das Tankah fünf komfortable, angenehm luftige Zimmer mit Fliesenböden, Privatterrassen und guten Betten. Das Obergeschoss mit großer Küche, Speiseraum und Aufenthaltsbereich bietet eine tolle Aussicht. Das Hotel organisiert auch Aktivitäten (z. B. Tauchen, Angeln, Kajakfahren).

Cabañas Playa Condesa
HÜTTEN $$$

(☎984-234-14-13; Carretera Tulum-Boca Paila, Km 3, Zona Hotelera; DZ mit/ohne Bad 2500/1500 Mex$; 🛜) Eine der günstigeren Optionen in der Hotelzone: Etwa 1 km nördlich der T-Kreuzung warten hier einfache, aber recht saubere cabañas (Hütten) mit Strohdächern und Moskitonetzen (dringend nötig!). Die Anlage liegt an einem Stück Felsküste; nur 100 m entfernt beginnt jedoch ein Sandstrand.

Casa Cenote
HOTEL $$$

(☎in den USA 646-634-7206, Handy 984-1156996; www.casacenote.com; Zi. inkl. Frühstück 180 US$; P❄🏊) Gegenüber einer Cenote vermietet das Casa u. a. nett gestaltete Strandbungalows mit Maya-Dekor und Schiebetüren aus Milchglas, durch die man auf kleine Privatterrassen gelangt. Zudem gibt's hier rus-

Tulum

ⓐ Aktivitäten, Kurse & Touren
1 I Bike Tulum D1
2 Xibalba Dive Center C1

ⓢ Schlafen
3 Hotel Kin-Ha B2
4 Hotel Latino B2
5 L'Hotelito B1
6 Teetotum D1
7 Weary Traveler B1

ⓧ Essen
8 Azafran C1
9 El Asadero C1
10 La Gloria de Don Pepe B2

ⓐ Ausgehen & Nachtleben
11 Batey C1

tikale Hütten und ein Restaurant. Ab dem „Casa Cenote"-Schild am Highway führt die Anfahrt ca. 2 km gen Osten.

Teetotum
BOUTIQUEHOTEL **$$$**
(☎ 984-143-89-56; www.hotelteetotum.com; Av Cobá Sur 2; Zi. inkl. Frühstück 161 US$; ➡ ✳ 🛜 ☒) Rund 200 m südlich der Av Tulum vermietet das hippe Teetotum gerade mal vier stilvolle Zimmer. In puncto Gemeinschaftsbereiche bietet es eine Sonnenterrasse (oben), einen kleinen Pool (unten) und ein hervorragendes Restaurant. Für die Lage abseits vom Strand ist das Hotel etwas überteuert. Dennoch kann man hier sehr angenehm wohnen und mitunter sogar ein Quartier für ca. 100 US$ ergattern.

El Paraíso
HOTEL **$$$**
(☎ in den USA 310-295-9491, Handy 984-1137089; www.elparaisohoteltulum.com; Carretera Tulum-Boca Paila, Km 1,5; Zi. 318 US$; P ➡ ✳ 🛜) Dieser einstöckige „Hotelbunker" beherbergt elf gut durchlüftete Zimmer mit je zwei anständigen Betten, eigenen Warmwasserbädern und Strom rund um die Uhr. Hinzu kommt ein sehr attraktives Restaurant. Der flache Hausstrand mit Palmen, weißem Pulversand, *palapa*-Sonnenschirmen und Schaukelstuhl-Bar gehört zu den schönsten an der Riviera Maya. Leihfahrräder für Gäste.

🛏 Tulum Pueblo

El Jardín de Frida
HOSTEL **$**
(☎ 984-871-28-16; www.fridastulum.com; Av Tulum s/n zw. Av Kukulcán & Chemuyil; B/Zi./Suite inkl. Frühstück 200/800/1100 Mex$; P ➡ 🛜) 🖉 Innen und außen ist dieses Öko-Hostel farben-

froh im mexikanischen Popart-Stil gestaltet. Die sauberen und fröhlichen Schlafsäle sind nicht nach Geschlechtern getrennt. Ansonsten gibt's hier auch normale Privatzimmer mit Ventilatoren und Suiten mit optionaler Klimaanlage. Das Personal ist extrem freundlich und hilfsbereit.

Hotel Kin-Ha
HOTEL **$$**
(☎ 984-871-23-21; www.hotelkinha.com; Orión Sur s/n, zw. Sol & Venus; DZ mit Ventilator/Klimaanlage 70/83 US$; P ➡ ✳ 🛜) Das kleine, von Italienern geführte Hotel hat nette Zimmer rund um einen kleinen Hof, in dem Hängematten hängen. Die Lage ist ideal: Die Haltestelle der *colectivos*, die zum Strand und den Ruinen fahren, liegt gleich um die Ecke. Gäste können die Einrichtungen der Filiale am Strand mitbenutzen.

★ L'Hotelito
HOTEL **$$$**
(☎ 984-160-02-29; www.hotelitotulum.com; Av Tulum s/n; DZ inkl. Frühstück 120 US$; ➡ ✳ @ 🛜) Oberhalb der Hauptstraße findet man dieses charaktervolle Hotel unter italienischer Leitung. Durch einen dschungelartigen Garten führen hier Plankenstege auf Backsteinpfeilern zu großen und luftigen Zimmern. Zwei davon (Obergeschoss) haben breite Balkone, leiden aber auch mehr unter Straßenlärm. Die Handtücher sind zu Schwänen oder Kaninchen gefaltet. Das Hausrestaurant serviert auch gutes Frühstück. Auf der Website stehen immer wieder Sonderangebote.

🛏 Zona Hotelera

Cenote Encantado
ZELTHÜTTEN **$**
(☎ Handy 984-1425930; www.cenoteencantado. com; Carretera Tulum-Boca Paila, Km 10,5; Zelthütte 500 Mex$/Pers.; ➡) Die esoterisch angehauchte Anlage mit Yoga- und Meditationsraum gehört zu den wenigen Budget-Unterkünften in der Nähe des Strandes (von hier aus per pedes oder mit dem Fahrrad erreichbar). Benannt ist sie nach der hübschen Cenote im hinteren Bereich des Areals, auf dem große Zelthütten mit zimmerartiger Einrichtung (inkl. Betten, Nachttische, Bettvorleger) stehen.

Die Inhaber wollen bald auch Kajaks verleihen. Bislang können Gäste in der Cenote schwimmen und schnorcheln, müssen sich dabei aber vor den „legendären" Krokodilen hüten. Nahe dem Eingang zur Reserva de la Biosfera Sian Ka'an liegt das Gelände ca. 6,5 km südlich der T-Kreuzung.

ABSTECHER

GRAN CENOTE

An der Straße zwischen Tulum und den Ruinen von Cobá bietet sich die **Gran Cenote** (Hwy 109 s/n; Eintritt 10 US$, Schnorchelausrüstung/Tauchtrip 80/200 Mex$; ☉ 8.10–16.45 Uhr) als Zwischenstopp an – vor allem an heißen Tagen: Rund 4 km westlich der Stadt kann man hier beim Schnorcheln kleine Fische beobachten; auf Besucher mit eigener Tauchausrüstung warten Höhlen mit Unterwasserformationen. Ein Taxi ab Tulum kostet 80 bis 100 Mex$ für die einfache Strecke (Achtung: Vorher vor Ort nachfragen, um böse Überraschungen zu vermeiden!).

★ Hotel La Posada Del Sol   BOUTIQUEHOTEL $$$

(☏ Handy 984-1348874; www.laposadadelsol.com; Carretera Tulum-Boca Paila, Km 3,5; Zi. inkl. Frühstück 250–350 US$; ☕☎) ⌀ Das Posada Del Sol zeichnet sich durch natürlich schöne Architektur aus. In diese integriert sind Objekte, die von einem Hurrikan auf das Grundstück geblasen wurden. Das Hotel nutzt Solar- bzw. Windenergie und hat keine Klimaanlage. Die Zimmer rund um einen „Dschungelgarten" bekommen aber viel frische Meeresluft ab. Sie haben keine TVs und begeistern mit vielen wunderbaren Design-Details. Der Hausstrand ist genauso attraktiv. Die Inhaber arbeiten auch mit lokalen Schutzorganisationen für brütende Schildkröten zusammen. Gleich hinter dem Haus liegt das deutlich größere Hotel Marina del Sol.

Posada Margherita   HOTEL $$$

(☏ WhatsApp 984-8018493; www.posadamargherita.com; Carretera Tulum-Boca Paila, Km 7; DZ ab 380 US$; ☺ Restaurant 12–21.30 Uhr; ☕☎) ⌀ In toller Lage im Herzen der Hotelzone hat man hier den Strand gleich vor der Tür. Die Zimmer mit guten Moskitonetzen, Strom rund um die Uhr und Terrasse oder Balkon verfügen teilweise auch über Hängematten. Das Restaurant im Untergeschoss serviert hervorragendes Essen aus frischen Bio-Zutaten der Region.

Hinweis: Die angegebene Telefonnummer gilt nur für WhatsAapp – das Hotel liegt in einem Mobilfunkloch und kann daher keine normalen Anrufe entgegennehmen. Zudem akzeptiert es keine Kreditkarten.

 **Essen**

Vom günstigen Touristenschuppen bis zur Nobeladresse bietet Tulum alles Mögliche. Die meisten Hotelrestaurants heißen auch externe Speisegäste willkommen. Hinweis: Mangels Netzanschluss akzeptieren viele Lokale in der Zona Hotelera keine Kreditkarten.

★ Azafran   FRÜHSTÜCK $$

(☏ 984-129-61-30; www.azafrantulum.com; Av Satélite s/n, Ecke Calle 2; Hauptgerichte 65–170 Mex$; ☉ Mi–Mo 8–15 Uhr; ☎) Das tolle kleine Frühstückslokal in einem schattigen Garten hinten steht unter deutscher Leitung. Am beliebtesten ist hier das herzhafte „Katerfrühstück" mit selbstgemachten Würstchen, Kartoffelpüree, Eiern, Roggentoast, Speck und vielleicht auch etwas Kopfsalat. Auf der Karte steht aber auch Leichteres wie frisch gebackene Bagels mit gepökeltem Lachs.

La Gloria de Don Pepe   TAPAS $$

(☏ 984-152-44-71; Orion Sur; Tapas 60–160 Mex$; ☉ Di–So 13–22.30 Uhr) Auf dem Schild dieses Ladens steht „Ein Essen ohne Wein wird Frühstück genannt". So gehen hier Tapas und Häppchen mit vielen guten Tropfen einher. Auch an den Tischen draußen können sich Gäste stundenlang in Ruhe unterhalten, ohne gegen irgendeine Form von Lärm anschreien zu müssen.

★ El Asadero   STEAK $$$

(☏ 984-157-89-98; Satélite 23; Hauptgerichte 195–480 Mex$; ☉ 16.30–23 Uhr; ☎) Das Asadero ist teuer, aber sein Geld wert. Hier empfiehlt sich z. B. das gegrillte *arrachera* (Flankensteak) mit Kartoffeln, *nopal* (Feigenkaktus) und Würstchen. Dazu passen sehr gut die mexikanischen Craft-Biere auf der Karte. Seafood-Fans bestellen am besten den gegrillten Thunfisch.

★ Hartwood   FUSION $$$

(www.hartwoodtulum.com; Carretera Tulum-Boca Paila, Km 7,5; Festpreismenü 500 Mex$; ☉ Mi–So 18–22 Uhr) ⌀ Wer einen Tisch im schlichten, aber reizvollen Hartwood ergattern kann (ohne Reservierung unmöglich), wird beeindruckt sein: Hier gibt's *nouveau cuisine*, die frische Zutaten aus der Region mit internationalen Aromen und Rezepten paart. Das Festpreismenü wechselt täglich. Zur Attraktivität trägt auch die offene Küche mit Holzofen und Solarstromnutzung bei. Rund 4,5 km südlich der T-Kreuzung liegt das Lokal am unteren Ende der Strandstraße.

BUSSE AB TULUM

ZIEL	PREIS (MEX$)	DAUER (STD.)	HÄUFIGKEIT (TGL.)
Cancún	152	2	häufig
Chetumal	308	3¼–4	häufig
Chichén Itzá	220	2½–2¾	2-mal (9 & 14.45 Uhr)
Cobá	80	1	1-mal (10.10 Uhr)
Felipe Carrillo Puerto	64	1¼	häufig (alternativ ein *colectivo* nehmen)
Laguna Bacalar	210–224	3	häufig
Mahahual	278	2½	3-mal (0.30, 8.55 & 18.40 Uhr)
Mérida	338	4–5	häufig
Playa del Carmen	74	1	häufig
Valladolid	126	2	häufig

⭐ **Posada Margherita** ITALIENISCH **$$$**
(☑ Whatsapp 984-8018493; www.posadamarghe
rita.com; Carretera Tulum-Boca Paila, Km 7; Haupt-
gerichte 295–520 Mex$; ⊙ 7.30–21.30 Uhr) Im
abendlichen Kerzenschein wirkt das Strand-
restaurant dieses Hotels besonders schön
und romantisch. Das großartige Essen (u. a.
Pasta) wird täglich frisch zubereitet und be-
steht größtenteils aus Bio-Zutaten. Ebenso
hervorragend sind die Weine und der haus-
eigene Mezcal. Liegt ca. 3 km südlich der T-
Kreuzung; nur Barzahlung.

Ausgehen & Nachtleben

⭐ **Batey** BAR
(Centauro Sur s/n zw. Av Tulum & Andrómeda;
⊙ Mo-Sa 8-2, So 16-1 Uhr) Mojitos mit frisch
gepresstem Rohrzucker sind die Hauptat-
traktion der beliebten kubanischen Bar mit
unterhaltsamer Livemusik im Garten hin-
ten. An den meisten Abenden bevölkern die
Gäste auch den Bereich vor dem Haus. Rund
um einen kultig bemalten VW Käfer wird
dort gemütlich geplaudert; mitunter gibt's
auch Wettbewerbe im Zuckrrohrpressen.

ⓘ An- & Weiterreise

Tulums Busbahnhof hat rund um die Uhr geöff-
net und beschränkt sich aufs Wesentliche: Au-
ßer Sitzgelegenheiten für Wartende ist hier nicht
viel vorhanden. Wer nach Valladolid will, sollte
sicherstellen, dass sein Bus die kurze Route über
Chemax nimmt (via Cancún dauert die Fahrt viel
länger!). An der Av Tulum starten *colectivos* nach
Playa del Carmen (45 Mex$, 45 Min.). Einen
Block südlich vom **ADO-Busbahnhof** (www.ado.
com.mx; Av Tulum s/n zw. Calle Alfa & Júpiter;
⊙ 24 Std.) brechen weitere *colectivos* nach
Felipe Carrillo Puerto (Av Tulum s/n; 75 Mex$,
1 Std.) und **Cobá** auf.

ⓘ Unterwegs vor Ort

Ab der Ecke Venus und Orión fahren **colectivos**
zum Strand (30 Mex$, 6–19.30 Uhr ca. stündl.)
und zu den Ruinen. In Gegenrichtung lassen sie
sich einfach heranwinken.

Per Fahrrad oder Motorroller kann man gut
zwischen Stadt und Strand pendeln. Viele örtli-
che Hotels verleihen gratis Drahtesel an Gäste. l
Bike Tulum (☑ 984-802-55-18; www.ibiketulum.
com; Av Cobá Sur s/n, Ecke Venus; Tagesmiete
Fahrrad 140–190 Mx$, Motorroller inkl. Versi-
cherung 650 Mex$; ⊙ Mo-Sa 8.30–17.30 Uhr)
vermietet eine gute Auswahl an Fahrrädern und
Motorrollern.

Im Zentrum gibt's zwei Taxistände (beide
Av Tulum s/n) mit Festpreisen. Der eine davon
liegt südlich vom **ADO-Busbahnhof** (wo auch
Taxipreise aushängen), der andere vier Blocks
weiter nördlich. Die Taxis bedienen u. a. die
Ruinen (100 Mex$) und die Zona Hotelera (100–
150 Mex$, je nachdem wie weit nach Süden sie
fahren müssen).

Cobá

☑ 984 / 1300 EW.

In dem reizenden und ruhigen Dorf mit ei-
ner Lagune voller Krokodile gibt's ein paar
Hotels und Restaurants. Hauptgrund für
einen Besuch sind aber die lokalen Sehens-
würdigkeiten – allen voran die reizvollen
Maya-Ruinen: Die größte Pyramide des
Bundesstaats, ein schöner Ballspielplatz und
diverse andere Bauten versprechen hier ein
paar nette Erkundungsstunden. Was wie-
derum zu Cobás Hauptproblem führt: Ab
11 Uhr tummeln sich vor Ort buchstäblich
Hunderte von Bustouristen aus Cancún, Pla-
ya und Tulum.

In puncto nachhaltiger Tourismus emp-
fiehlt sich Übernachten in kleinen Gemein-

den wie Cobá. Abends ist dort aber jeweils nicht viel los.

Geschichte

Cobá wurde früher besiedelt als Chichén Itzá oder Tulum. Zwischen 800 und 1000 n. Chr. erlebte die örtliche Bautätigkeit ihren Höhepunkt. Archäologen zufolge war die Stadt einst 70 km² groß und beheimatete ca. 40 000 Maya.

Cobás Architektur ist rätselhaft: Die Pyramiden und Stelen erinnern an Tikal. Dieses liegt jedoch im Vergleich zu Chichén Itzá und Stätten auf der nördlichen Halbinsel Yucatán mehrere Hundert Kilometer weit entfernt.

Als gesichert gilt nun, dass Cobá von 200 bis 600 n. Chr. den Großteil der Halbinsel kontrollierte und dabei Allianzen mit Tikal einging. Diese Bündnisse mittels Ehen und militärischer Abkommen sollten den Handelsaustausch zwischen den guatemaltekischen und yukatekischen Maya erleichtern. So zeigen einige Stelen in Cobá offenbar Herrscherinnen aus Tikal, die Zeremonienstäbe in den Händen halten und zur Demonstration ihrer Macht auf Gefangenen stehen. Bei ihrer Eheschließung mit örtlichen Fürsten könnten diese adligen Frauen ihre eigenen Architekten und Kunsthandwerker mitgebracht haben.

Archäologen staunen bis heute auch über das riesige Regionalnetz von *sacbeob* (Singular: *sacbé*; mit Kalkstein gepflasterte Zeremonialstraßen zwischen Maya-Großstädten) rund um Cobá. Die längste davon (fast 100 km) verbindet Cobás große Nohoch-Mul-Pyramide mit der Maya-Siedlung Yaxuna. Insgesamt führten früher rund 40 *sacbeob* durch Cobá – auch hier als Teil der großen astronomischen „Zeitmaschine", die es einst in jeder Maya-Stadt gab.

Der österreichische Archäologe Teobert Maler führte 1891 erstmals Ausgrabungen in Cobá durch. Doch danach wurde hier kaum noch geforscht. Erst 1926 finanzierte das Carnegie Institute dann die erste von zwei Expeditionen unter der Leitung von Sir J. Eric S. Thompson und Harry Pollock. Nach deren zweitem Besuch (1930) geschah erneut sehr wenig. Ab 1973 finanzierte Mexikos Regierung schließlich Ausgrabungen im größeren Stil. Heute wird vermutet, dass Cobá aus mehr als 6500 Gebäuden besteht. Trotz fortlaufender Arbeiten wurde davon aber bislang nur ein Bruchteil freigelegt und restauriert.

◉ Sehenswertes

Ruinen von Cobá
ARCHÄOLOGISCHE STÄTTE

(www.inah.gob.mx; Eintritt 70 Mex$, Guide 600–650 Mex$; ☉8–17 Uhr; Ⓟ) Zu Cobás Ruinen gehört Quintana Roos größte Pyramide, die zugleich die zweitgrößte auf Yucatán ist. Im dichten Dschungel fühlt man sich hier wie in einem Indiana-Jones-Film: Viele der geheimnisvollen Gemäuerreste sind noch nicht freigelegt und von Wurzeln bzw. Schlingpflanzen überwuchert. Besucher können antiken *sacbeob* folgen, uralte Hügel erklimmen und den spektakulären Dschungelblick von der Spitze des Nohoch Mul genießen.

Juego de Pelota
ARCHÄOLOGISCHE STÄTTE

(Ruinen von Cobá) Der eindrucksvolle Ballspielplatz ist einer von mehreren vor Ort. Bemerkenswert ist die Mitte mit je einem Jaguar- und Schädelrelief.

Templo 10
ARCHÄOLOGISCHE STÄTTE

(Ruinen von Cobá) Eine fein gearbeitete Stele von 730 n. Chr. zeigt hier einen Herrscher, der gebieterisch über zwei Gefangenen steht.

Die Ruinen erkunden

Grupo Cobá
ARCHÄOLOGISCHE STÄTTE

(Ruinen von Cobá) Wenn man vom Eingang knapp 100 m auf dem Hauptweg entlangläuft und dann nach rechts abbiegt, kommt man zur La Iglesia (die Kirche), dem auffälligsten Bauwerk in der Grupo Cobá. Wenn man die Stufen der gewaltigen Pyramide hinaufsteigen dürfte, könnte man von oben die umliegenden Seen (die an klaren Tagen wirklich hübsch aussehen) und die Pyramide Nohoch Mul bewundern. Bei der Erkundung der Grupo Cobá sollte man sich Zeit lassen. Es gibt ein paar Kraggewölbe-Durchgänge, die man durchschreiten kann. Auf dem Weg zurück zum Hauptweg und zum Fahrradverleih passiert man nahe dem Nordrand einen sehr gut restaurierten *juego de pelota* (Ballspielplatz).

Grupo Macanxoc
ARCHÄOLOGISCHE STÄTTE

(Ruinen von Cobá) Hiesiges Highlight sind viele restaurierte Stelen, deren Reliefs teilweise adlige Frauen aus Tikal zeigen – das wird jedenfalls vermutet. Viele der Stelen sind stark verwittert; die gut erhaltenen Exemplare darunter lohnen jedoch den Abstecher.

Grupo de las Pinturas
ARCHÄOLOGISCHE STÄTTE

(Ruinen von Cobá) Der Tempel der Grupo de las Pinturas (Gruppe der Malereien) zeigt über der Tür Spuren von Schriftzeichen und Fresken, innen sind Reste von bunt bemaltem Stuck erkennbar. Man nähert sich dem Tempel von Südosten. Verlässt man ihn auf dem Weg im Nordwesten (gegenüber den Tempelstufen), kann man zwei Stelen bewundern. Die erste ist 20 m lang und wird von einer *palapa* geschützt. Dargestellt ist ein Herrscher, der über zwei anderen Figuren steht, von denen eine mit auf dem Rücken gefesselten Händen auf dem Boden kniet.

Auf dem Sockel sieht man mehrere geopferte Gefangene unter den Füßen eines Herrschers liegen. Man braucht ein wenig Vorstellungskraft, da diese Stele wie die meisten anderen recht verwittert ist. Der Weg führt dann weiter zu einer anderen stark verwitterten Stele und einem kleinen Tempel und schließlich zurück auf den Weg der zur nächsten Gebäudegruppe führt.

Grupo Nohoch Mul ARCHÄOLOGISCHE STÄTTE
(Ruinen von Cobá) Der Nohoch Mul (Großer Hügel) ist auch als die Große Pyramide bekannt, was viel besser klingt als Großer Hügel. Mit einer Höhe von 42 m ist sie (nach der 45 m hohen Estructura II in Calakmul) das zweithöchste Maya-Bauwerk auf der Halbinsel. Das Besteigen der alten Stufen ist nichts für Nicht-Schwindelfreie oder Ängstliche. Über dem Tor des Tempels (aus postklassischer Zeit, 1100–1450) auf der Spitze sind ähnlich wie in Tulum zwei herabsteigende Götter in Reliefs abgebildet. Von oben hat man einen guten Blick über ein viele Quadratkilometer großes Gebiet mit flachem, buschigem Wald und Seen.

Xaibé ARCHÄOLOGISCHE STÄTTE
(Ruinen von Cobá) Das gut erkennbare, halbkreisförmige Gebäude mit Stufen ist fast vollständig restauriert. Sein Name bedeutet „Kreuzung": Hier treffen vier separate *sacbeob* (mit Kalkstein gepflasterte Zeremonialstraßen zwischen Maya-Großstädten) aufeinander.

🏃 Aktivitäten

Cenoten Choo-Ha, Tamcach-Ha & Multún-Ha SCHWIMMEN
(Erw. 55 Mex$/Cenote, Kind unter 10 Jahren frei; ☉8–18 Uhr) Rund 6 km südlich vom Dorf Cobá liegen an der Straße nach Chan Chen insgesamt drei höhlenartige Cenoten unter kommunaler Verwaltung: Choo-Ha, Tamcach-Ha und Multún-Ha. Darin kann man sich jeweils sehr gut beim Schwimmen oder Schnorcheln (eigene Ausrüstung erforderlich) abkühlen.

🛏 Schlafen & Essen

⭐ Hacienda Cobá HOTEL $$$
(☎Mobil 998-2270168; www.haciendacoba.com; Av 1 Principal Lote 114; DZ inkl. Frühstück 87 US$; 🅿🍴🛜) Dieses Hotel vermietet schlichte, aber attraktive Hacienda-Zimmer mit rustikaler Einrichtung. Im hübschen Dschungel drum herum kann man vielen Singvögeln lauschen und manchmal auch Klammeraffen erspähen. Das Gelände liegt ca. 200 m südlich der Abzweigung, die vom Hwy 109 nach Cobá führt; bis zu den Ruinen sind's rund 2,5 km. Wer zum Dorf will und kein eigenes Auto hat, muss daher laufen oder ein Taxi nehmen.

Chile Picante MEXIKANISCH $$
(Hauptgerichte 85–180 Mex$; ☉7–23 Uhr) Im Hotel Sac-Be gibt's hier viele verschiedene Gerichte. Darunter sind z. B. vegetarische Omelettes mit *chaya* (mexikanischer Baumspinat), *panuchos* (handgemachte, frittierte Tortillas mit Bohnen und Garnierung) oder Teller mit frischen Früchten.

Restaurant La Pirámide MEXIKANISCH $$
(☎984-206-71-75, 984-206-70-18; Hauptgerichte 80–150 Mex$; ☉8–17 Uhr; ☎) Die Hauptstraße des Dorfs führt zur „Pyramide" am Lagunenufer. Das Lokal ist recht touristisch, serviert aber anständige yukatekische Kost wie *cochinita* und *pollo pibil* (mit Annatto gewürztes Schweine- oder Hühnerfleisch). Von den Freilufttischen schaut man schön aufs Wasser.

ℹ An- & Weiterreise

Auf dem Weg zum Dorf Cobá bedienen die meisten Busse auch die kleine separate Haltestelle unten bei den Ruinen. Vor Ort besteht u. a. fünfmal täglich Busverbindung nach Tulum (50–80 Mex$, 45 Min.) und Playa del Carmen (91–142 Mex$, 2 Std.). Ab Cobá fahren zudem pro Tag sieben Busse über Valladolid (52 Mex$, 1 Std.) und Chichén Itzá (75–82 Mex$, 1½ Std.) nach Merida (115 Mex$, 3 Std.).

In Tulum starten **colectivos** (110 Mex$; Ecke Av Tulum & Calle Osiris) nach Cobá – eine Option für Tagesausflüge.

Für Trips nach Valladolid oder Chichén Itzá wählen Selbstfahrer am besten die pfeilgerade, gut ausgebaute Straße zwischen Cobá und Chemax.

Punta Allen

☎984 / 470 EW.

Analog zur Landspitze weiter südlich (2 km) wird das Nest Javier Rojo Gómez meist

„Punta Allen" genannt. Buchstäblich am Ende der Straße herrscht hier eine entspannte Atmosphäre, die an Belizes Inseln erinnert. Zudem liegt nur 400 m vor der Küste ein intaktes Korallenriff, das Taucher und Schnorchler mit herrlichen Anblicken verwöhnt. Nach Punta Allen geht's durch das grandiose Biosphärenreservat Sian Ka'an. Dieses riesige Schutzgebiet mit Mangrovensümpfen, Stränden, Dschungel und einer Lagune beheimatet diverse endemische Tierarten (u. a. scheue Jaguare).

Das Dorf selbst ist vor allem für seine Angelmöglichkeiten auf Grätenfische, Tarpune und Snooks (jeweils mit Fangen & Freilassen) bekannt. Neben Angeltouren veranstalten örtliche Kooperativen auch Delphinbeobachtungen und Schnorcheltouren.

Punta Allen steht immer noch, obwohl es von Hurrikan Gilbert (1988) fast ganz zerstört wurde und auch durch Hurrikan Dean (2007) diverse Schäden erlitt (u. a. an den Palmen).

Sehenswertes

Reserva de la Biosfera Sian Ka'an
NATURSCHUTZGEBIET
(Biosphärenreservat Sian Ka'an; Eintritt 37 Mex$; ☺Sonnenaufgang–Sonnenuntergang) Sian Ka'an („Wo der Himmel beginnt") beheimatet neben kleinen Populationen von Klammer- und Brüllaffen auch Spitzkrokodile, Baird-Tapire, vier Schildkrötenarten, Westatlantische Landkrabben, Manatis und rund 400 Fischarten. Hinzu kommen 330 Vogelarten (z. B. Rosalöffler, Flamingos) und eine reiche Flora. Vom Parkeingang (ca. 10 km südlich von Tulum) führt ein kurzer Naturpfad zu einer recht unscheinbaren Cenote (Ben Ha), die ihre Schönheit erst auf den zweiten Blick offenbart.

Ca. 10 km südlich vom Parkeingang liegt ein schlichtes Besucherzentrum mit Parkmöglichkeiten. Vom dortigen Aussichtsturm blickt man wunderbar über die Lagune.

Auf der holperigen Straße besteht akute Gefahr für den Fahrzeugunterboden – vor allem, wenn die Löcher mit Regenwasser gefüllt sind, was das Einschätzen der Tiefe stark erschwert. Die südliche Streckenhälfte ab der Brücke hinter Boca Paila ist am anspruchsvollsten: Dort braucht man stellenweise viel Offroad-Erfahrung, um nicht im Schlamm stecken zu bleiben. Die Route lässt sich sogar ohne Allradantrieb bewältigen. Allerdings sollte man dann unbedingt eine Schaufel und Sandbleche mit an Bord

haben (Tipp: im Notfall einfach Palmwedel als Traktionshilfe verwenden!) – und damit rechnen, den Leihwagen mit ausgeschlagener Lenkung zurückzugeben.

Mangels Wanderwegen erkundet man die Kernzone des weitläufigen Schutzgebiets am besten mit einem Profi-Guide. Community Tours Sian Ka'an bietet diverse Touren unter indigener Leitung an.

Camping an der abgeschiedenen Küste ist das absolute Highlight für furchtlose Abenteuerlustige. Erforderlich sind dazu ein Zelt, ein paar Hängematten, Moskitonetze und genügend Proviant (inkl. Trinkwasser). Rund 30 km vom Parkeingang entfernt kann man super zwischen der Lagune und dem herrlich blauen Meer campieren.

Schlafen & Essen

Grand Slam Fishing Lodge
HOTEL $$$
(☎998-800-10-47; www.grandslamfishinglodge.com; Zi. 375 US$; ⏏☺✳☎⛵) Für Besucher mit sehr großem Geldbeutel empfiehlt sich diese noble Lodge am Dorfeingang. Zur Auswahl stehen hier zwölf Zimmer mit Meerblick, Whirlpool, großem Balkon und Strom rund um die Uhr (in Punta Allen ein echter Luxus). Fliegenfischer können Pauschalpakete mit Angeln und Unterkunft buchen.

Muelle Viejo
SEAFOOD $$
(Hauptgerichte 90–160 Mex$; ☺Di–So 12.30–21 Uhr; ⏏) Der Service in dem bunten Strandhaus ist oft so gemächlich wie die Kreise der Fregattvögel am Himmel darüber. Dennoch lädt der Laden nett zum Relaxen ein. Gäste schauen direkt auf einen Bootsanleger an dem Fischer täglich ihren Fang anlanden. So gibt's hier z. B. frische Seafood-Cocktails, anständigen Bratfisch und Hummer (saisonal).

ⓘ An- & Weiterreise

Punta Allen ist am besten per Mietwagen oder -motorroller erreichbar. Die extrem holperige Anfahrt (2–4 Std. je nach Straßenzustand) erlaubt jedoch nur Schneckentempo. Unterwegs lassen sich viele Wildtiere erspähen (z. B. sonnenbadende Leguane und Schlangen).

Mahahual

🗺 983 / 920 EW.

Mahahual hat sich seit der Eröffnung des örtlichen Kreuzfahrt-Terminals für immer verändert und wächst weiterhin. Doch trotz der Touristenscharen herrscht hier immer noch die zauberhafte karibische Entspanntheit, die man weiter im Norden vergeblich sucht. Zudem ist dies der einzige Strandort an der Costa Maya, der groß genug für eine vielfältige Unterkunfts- und Restaurantpalette ist. Xcalak will weiterhin winzig bleiben, während Bacalar landeinwärts am Rand einer Lagune liegt. Vielen zufolge ist all das auch gut so (zumindest bislang).

Dem Norden des Städtchens hat der Tourismus ein paar Kitschläden und Gringo-Bars beschert. Wer damit nichts anfangen kann, begibt sich einfach südwärts nach Xcalak: Dort findet sich problemlos ein Privatstrand mit weißem Pulversand.

Vor Ort kann man sehr gut tauchen und schnorcheln. Und entlang von Mahahuals *malecón* (Strandpromenade) ist auch abends genug Unterhaltung geboten.

Aktivitäten

★ Banco Chinchorro   TAUCHEN

Taucher werden sich die Riffe und die fantastische Unterwasserwelt des Banco Chinchorro nicht entgehen lassen wollen. Das größte Korallenatoll der nördlichen Hemisphäre ist etwa 45 km lang und bis zu 14 km breit. Sein westlicher Rand liegt rund 30 km vor der Küste. Dutzende Schiffe sind schon dem dicht unter Wasser liegenden Ring aus Korallen zum Opfer gefallen.

Das Atoll und die umliegenden Gewässer wurden zum Schutz vor Zerstörung zum Biosphärenreservat (Reserva de la Biosfera Banco Chinchorro) erklärt. Es fehlt allerdings an Personal und an der Ausstattung, um ein derart großes Gebiet zu überwachen, und so bleiben viele Umweltsünden ungeahndet.

Die meisten Tauchgänge führen hier nur bis zu einer Tiefe von 30 m, weil es in der Umgebung kilometerweit keine Dekompressionskammer gibt. Weil aber das Verbot, zu Wracks hinabzutauchen, kürzlich aufgehoben wurde, gibt es viele lohnende Stätten zu erkunden. Auf einem Tauchgang erblickt man Korallenwände und Schluchten, Rochen, Schildkröten, Vasenschwämme, Schnapper, Doktorfische, Aale und an manchen Stellen auch Riff-, Tiger- und Hammerhaie.

Es gibt auch gute Schnorchelstellen, z. B. am 40 Cannons, dem Wrack eines in 5 bis 6 m Tiefe liegenden Holzschiffs. Bis auf 25 Kanonen haben Plünderer alles mitgenommen. Das Wrack kann nur bei idealen Bedingungen besucht werden.

Mahahual Dive Centre   TAUCHEN

(☑ 983-102-09-92, Handy 983-1367693; www.maha hualdivecentre.com; Malecón, Km 1; Tauchgang mit 2/3 Flaschen 80/110 US$, Schnorcheltour 25 US$; ⊙ 9–17 Uhr) In neuen Räumlichkeiten direkt am *malecón* werden hier Trips zu nahegelegenen Tauch- bzw. Schnorchelspots und zum Fischerdorf Punta Herrero angeboten.

Doctor Dive   TAUCHEN

(☑ Handy 983-1036013; www.doctordive.com; Av Mahahual s/n, Ecke Coronado; Tauchgang mit 2 Flaschen 95 US$, Schnorcheltour inkl. Leihausrüstung 25 US$; ⊙ 8–21 Uhr) Tauch- und Schnorcheltrips plus Kurse für vielerlei Erfahrungsstufen.

🛏 Schlafen & Essen

Hostal Jardín Mahahual   HOTEL $

(☑ 983-834-57-22; www.facebook.com/hostal.jar din; Sardina s/n, Ecke Rubia; B/Zi. 220/650 Mex$; ⊜ ❄ 🛜) Für diesen Preis ist das Jardín Mahahual ein überraschend stilvolles kleines Hostel mit fünf Privatzimmern und einem gemischten Schlafsaal mit acht Betten. Die Zimmer sind makellos und die Schlafsaalbetten die bei weitem besten im Ort. Das Hostel liegt zwei Blocks abseits des Strandes nahe der Calle Rubia.

★ Posada Pachamama   HOTEL $$

(☑ 983-834-57-62; www.posadapachamama.net; Huachinangos/n; DZ/4BZ1000/1500 Mex$; P ❄ 🛜 🐾) Die Zimmer im Pachamama (was in der Sprache der Inka „Mutter Erde" bedeutet) reichen von kleinen, innen gelegenen Einzelzimmern über Doppelzimmer mit Meerblick bis zu geräumigen Zimmern für vier Personen. Das Personal kann bestens über die örtlichen Aktivitäten informieren.

Ko'ox Quinto Sole   BOUTIQUEHOTEL $$$

(☑ 983-834-59-42; www.kooxquintosoleboutique hotel.com; Carretera Mahahual-Xcalak, Km 0,35; Zi./Suite 3775/5775 Mex$; P ❄ 🛜) Eine der nobelsten Bleiben in Mahahual: Hier warten geräumige Zimmer mit himmlischen Betten und Privatbalkonen, die teils über Whirlpools verfügen. Das Hotel hat auch ein Hausrestaurant. Nördlich der Promenade und ca. 350 m südlich des Leuchtturms am Ortseingang liegt es an einem ruhigen Strand. Hinweis: Die Preisangaben gelten für Quartiere mit Dschungelblick – Meerblick kostet extra.

★ Nohoch Kay   SEAFOOD $$

(Großer Fisch; ☑ 983-733-60-68; Ecke Malecón & Cazón; Hauptgerichte 190–235 Mex$; ⊙ Mo–Sa 13–21.30, So bis 20 Uhr; 🐾) Der „große Fisch" wird seinem Namen durchaus gerecht. In dem direkt am Strand liegenden Restaurant mit mexikanischen Eigentümern gibt's im Stück zubereiteten saftigen Fisch in einer Sauce aus Knoblauch und Weißwein. Zu empfehlen ist auch die Platte für zwei (670 Mex$) u. a. mit Hummer, Steak, Tintenfisch und Garnelen.

Luna de Plata ITALIENISCH $$

(☎ 983-119-22-73; www.lunadeplata.info; Av Mahahual, Km 2; Hauptgerichte 100–360 Mex$; ◉ 8–22 Uhr; ☎) Dieses Hotel unter italienischer Leitung serviert frisches Brot, Pasta, Pizza und Seafood in seinem *ristorante*. Zu empfehlen sind die leckeren Ravioli mit Hummerfüllung und Garnelensauce.

ℹ An- & Weiterreise

Mahahual liegt 127 km südlich von Felipe Carrillo Puerto und ca. 100 km nordöstlich von Bacalar.

Vor Ort gibt's keinen offiziellen Busbahnhof. Zum Zeitpunkt der Recherche verkaufte der Spirituosenladen **Solo Chelas** (Ecke Calle Huachinango & Cherna) Tickets für den ADO-Bus, der einmal pro Tag (5.30 Uhr) nordwärts nach Tulum (278 Mex$, 3 Std.), Playa del Carmen (350 Mex$, 4 Std.) und Cancún (426 Mex$, 5 Std.) fährt. An der Calle Huachinango hält täglich ein Caribe-Bus in Richtung Xcalak (58 Mex$, meist 6.30 Uhr, 40 Min.). Von 5.30 bis 19.30 Uhr besteht zudem etwa alle zwei Stunden Busverbindung nach Bacalar (78 Mex$, 2 Std.) und Chetumal (80 Mex$, 2½ Std.) im Süden.

Von 5.20 bis 20.20 Uhr fahren stündlich Minivans nach Chetumal (80 Mex$, 2½ Std.), Bacalar (75 Mex$, 2 Std.) und Limones (50 Mex$, 1 Std.), wo häufig Busanschluss in Richtung Norden besteht. Die Haltestelle liegt am Nordende des Fußballplatzes (Ecke Calle Sardina & Cherna).

Rund 100 m westlich von Mahahuals Pemex-Tankstelle liegt die Abzweigung nach Xcalak.

Xcalak

☎ 983 / 380 EW.

Ein perfektes Refugium mitten im Nirgendwo: Das winzige Xcalak steht im Zeichen von klapperigen Holzhäusern, langsam dahingleitenden Pelikanen und Fischerbooten auf dem Strand. Dank seiner Abgeschiedenheit und des Chinchorro-Atolls könnte es eventuell dem Erschließungswahn entgehen.

Hier schlendert man über staubige Straßen und schlürft eisgekühlte Drinks, während Fregattvögel über klaren, grünlich schimmernden Lagunen kreisen. Alternativ kann man durch Mangrovensümpfe paddeln oder sich faul in einer Hängematte sonnen. Xcalak hat auch ein paar nette Restau-

rants. Die Einwohnerschaft (ein Mix aus Mexikanern und Ausländern) ist lässig drauf.

Ab der Küstenstraße erstrecken sich Mangrovensümpfe landeinwärts. Darin laden große Lagunen und Kanäle zum Kajakfahren ein. Die Mangroven und die trockeneren Wälder an den Rändern sind sehr artenreich. So leben hier neben den üblichen Wasservögeln (z. B. Fischreiher) u. a. auch Agutis, Jabirus, Leguane, Halsbandpekaris, Sittiche, Eisvögel und Alligatoren.

🏃 Aktivitäten

XTC Dive Center TAUCHEN

(www.xtcdivecenter.com; Küstenstraße, Km 0,3; Tauchgang mit 2 Flaschen 275 US$; Schnorcheltour 50–75 US$; ◉ 9–17 Uhr) Alles aus einer Hand: Hier gibt's u. a. Tauch- und Schnorcheltrips zur Banco Chinchorro und zum herrlichen Wallriff vor der Küste. Hinzu kommen Leihausrüstung für Taucher, PADI-Open-Water-Kurse mit Zertifikat (600 US$), Angeltouren und geführte Vogelbeobachtungen.

Obendrein vermietet das Zentrum drei nette, erschwingliche Zimmer (50–70 US$) und hat ein gutes Restaurant mit Bar. Zu finden ist es 300 m nördlich des Dorfs.

🛏 Schlafen & Essen

Selbst Xcalaks bessere Unterkünfte haben einen schlichten Charakter. Die meisten örtlichen Bleiben akzeptieren Kreditkarten nur bei rechtzeitiger Anmeldung und lassen sich am besten über ihre Websites bzw. per E-Mail kontaktieren. Hungrige finden hier vor allem Seafood und mexikanische Küche auf teils recht gutem Touristenniveau.

Casa Paraiso HOTEL $$$

(☎ USA 404-502-9845, WhatsApp 678-446-9817; http://casaparaisoxcalak.com; Küstenstraße, Km 2,5; Zi. inkl. Frühstück 130 US$; ☎) Das Hotel in fröhlichem Gelb vermietet vier helle Zimmer mit großen Balkonen, auf denen Hängematten mit Meerblick aufgespannt sind. Zudem verfügen die Quartiere jeweils über ein Kingsize-Bett, eine Küche mit Kühlschrank und prachtvolle Bäder mit schönen Talavera-Fliesen. Gäste können gratis Kajaks, Fahrräder und Schnorchelausrüstung leihen.

Hotel Tierra Maya HOTEL $$$

(☎ in den USA 330-735-3072; www.tierramaya.net; Küstenstraße, Km 2; Zi. ab 107 US$, Suite 179 US$; P ◉ ☎) Ein großes Wandbild im Maya-Stil ziert die Fassade dieses modernen Strandhotels. Die sechs reizenden Zimmer (3 davon ziemlich geräumig) sind geschmackvoll mit vielen innenarchitektonischen Details gestaltet und haben Balkone mit Meerblick. Die größeren Varianten warten sogar mit kleinen Kühlschränken auf.

Costa de Cocos
INTERNATIONAL $$

(www.costadecocos.com; Küstenstraße, Km 1; Frühstück 5 US$, Mittag- & Abendessen 5–26 US$; 7–20.30 Uhr; P) Das Bar-Restaurant dieser Angler-Lodge gehört zu Xcalaks besseren Adressen in puncto Essen und Ausgehen. Auf den Tisch kommt hier u. a. Frühstück im US-amerikanischen und mexikanischen Stil; mittags und abends gibt's Fischtacos. Die Bar brennt ihren eigenen Craft-Whiskey und schenkt helles Fassbier aus.

Toby's
SEAFOOD $$

(983-107-54-26; Hauptgerichte 85–155 Mex$; Mo–Sa 11–20.30 Uhr, selten auch So) Freundliches Geplauder und leckeres Seafood (Tipp: der Rotfeuerfisch oder die Kokos-Garnelen) locken viele hier lebende Ausländer in dieses Lokal an der Hauptstraße.

ⓘ An- & Weiterreise

An der Küstenstraße hinter dem Leuchtturm starten um 5.30 und 14 Uhr Busse nach Chetumal (130 Mex$) und Limones, wo Busanschluss nach Norden besteht. Busse ab Chetumal halten um 6 und 16 Uhr in Xcalak.

Ab Limones am Hwy 307 kostet ein Taxi nach Xcalak ca. 700 Mex$ (auch zu den Hotels im Norden). Für eine Taxifahrt ab Felipe Carillo Puerto berappt man ca. 1000 Mex$.

Bei Start in Limones biegen Selbstfahrer nach 55 km rechts ab und folgen den Schildern südwärts nach Xcalak (weitere 60 km). Unterwegs heißt's Augen auf: Die tierischen Bewohner der artenreichen Wälder und Mangroven (z. B. große Landkrabben, Schlangen, Schildkröten) tummeln sich oft auch auf der Straße!

Die holperige Küstenstraße zwischen Xcalak und Mahahual ist in der Regenzeit häufig gesperrt. Zudem führt sie über eine Brücke, die offenbar regelmäßig weggespült wird. Wer nicht einen Teil der Strecke schwimmend zurücklegen will, sollte daher vor dem Start die aktuellen Bedingungen erfragen.

Laguna Bacalar

983 / 11 000 EW.

Struppiger Urwald prägt diese Region. Angesichts dessen ist die Laguna Bacalar eine echte Überraschung: Der größte See der Halbinsel Yucatán ist über 60 km lang und hat neben kristallklarem Wasser auch einen Grund aus glitzerndem weißem Sand. Hier kann man zelten, schwimmen, paddeln oder einfach nur faulenzen – umgeben von einer schon fast Photoshop-mäßig anmutenden Farbpalette aus Blau, Grün und schimmerndem Weiß.

Östlich des Highways liegt Bacalar rund 125 km südlich von Felipe Carrillo Puerto am Seeufer. Manche bezeichnen es als „neues" Tulum: klein und verschlafen, aber mit genug Aktivitäten und Restaurants für Reisende. Am bekanntesten ist das Städtchen für seine alte spanische Festung, seine beliebten *balnearios* (Badestellen) und seine Cenote. Am Hauptplatz gibt's einen Geldautomaten, einen kleinen Lebensmittelladen, einen Taxistand und eine Touristeninformation. Sonst ist hier nicht viel geboten – aber genau das schätzen Bacalars Besucher.

⦿ Sehenswertes & Aktivitäten

Fort
FESTUNG

(984-834-28-86; Ecke Av 3 & Calle 22; 73 Mex$; Di–So 11–19 Uhr) Das Fort oberhalb der Lagune wurde zum Schutz der Einwohner vor Überfällen durch Piraten und örtliche indigene Gruppen errichtet. Es war auch ein wichtiger Vorposten der Spanier im Kastenkrieg. 1859 fiel es in die Hände von Maya-Rebellen, die es bis zur endgültigen Eroberung Quintana Roos durch mexikanische Truppen im Jahr 1901 besetzt hielten.

Mit seinen Kanonen bietet das Fort auch heute noch einen imposanten Anblick. Das Museum innen zeigt koloniale Rüstungen und Uniformen aus dem 17. und 18. Jh.

Balneario
SCHWIMMEN

(Av Costera s/n, Ecke Calle 14; Eintritt frei, Parken 10 Mex$; 9–17 Uhr) GRATIS Ein paar Blocks südlich der Festung liegt an der Av Costera diese tolle öffentliche Badestelle.

Cenote Azul
SCHWIMMEN

(983-834-24-60; Hwy 307, Km 34; Erw./Kind unter 10 Jahren 25 Mex$/frei; 10–18 Uhr) Rund 3 km südlich von Bacalars Zentrum wartet diese 90 m tiefe Cenote mit Bademöglichkeiten, einer Bar und einem Restaurant auf. Sie liegt kurz vor dem Südende der *costera* (Küsten-Hwy 307), wo man sich ca. 200 m weiter westlich von vielen Bussen absetzen lassen kann.

🛏 Schlafen & Essen

★ Yak Lake House Hostel
HOSTEL $

(983-834-31-75; www.facebook.com/theyaklakehouse; Av 1 zw. Calle 24 & 26; B 300–350 Mex$,

CORREDOR ARQUEOLÓGICO

Der Corredor Arqueológico besteht aus den archäologischen Stätten Dzibanché und Kohunlich. Diese beiden faszinierenden und wenig besuchten Maya-Ruinenanlagen lassen sich per Tagestrip ab Chetumal besuchen.

Dzibanché (55 Mex$; ⊙ 8–17 Uhr) Die strapaziöse Anreise lohnt sich: Das abgeschiedene Dzibanché („Schrift auf Holz") mit seiner halbwilden Natur ist definitiv einen Besuch wert. Einst erstreckte sich hier eine Großstadt (über 40 km²), deren Paläste und Pyramiden heute teilweise ausgegraben sind. Bislang ist die Stätte aber noch nicht komplett freigelegt.

Die Anfahrt führt durch eine wunderschöne Landschaft. Rund 44 km westlich von Chetumal (gleich rechts hinter dem Zona-Arqueológico-Schild) zweigt die schmale Zufahrtsstraße (24 km) vom Hwy 186 ab. Auf dem Weg Richtung Norden und Osten passiert sie das Nest Morocoy, hinter dem man nach 2 km erneut rechts abbiegen muss (Achtung: Der Wegweiser ist leicht zu übersehen!).

Kohunlich (abseits des Hwy 186; Erw./Kind unter 13 Jahren 65 Mex$/frei; ⊙ 8–17 Uhr) Diese Ruinen aus der späten präklassischen (100–200 n. Chr.) und frühen klassischen Periode (300–600 n. Chr.) erheben sich auf einem grünen Grasteppich. Berühmt sind sie vor allem für den imposanten **Templo de los Mascarones** (Maskentempel). Die zentrale Treppe des pyramidenartigen Baus wird von gewaltigen, 3 m hohen Stuckmasken des Sonnengotts flankiert.

Die leicht zu meisternde Strecke nach Kohunlich (9 km) zweigt 3 km westlich der Straße nach Dzibanché vom Hwy 186 ab.

Zi. 1200 Mex$; (P ⊜ ✳ 🕾) Wer am liebsten den ganzen Tag lang in Badekluft faulenzt, ist im Yak House genau richtig: Direkt an der Laguna Bacalar kann man sich hier auf Bootsstegen und Terrassen mit großen Liegestühlen sonnen. Weitere Pluspunkte sind das Gratisfrühstück, das freundliche Personal, die sauberen Zimmer und die guten abschließbaren Spinde. Zum Zeitpunkt der Recherche hatte das Hostel keinerlei Schild. Zu erkennen ist es an seiner breiten, weißbraunen Fassade mit schwerer Holztür.

Hotel Laguna Bacalar   HOTEL $$
(☑ 983-834-22-05; www.hotellagunabacalar.com; Av Costera 479; DZ mit Ventilator/Klimaanlage 1360/1500 Mex$, Bungalow ab 2100 Mex$; P ⊜ ✳ 🕾 ✉) Das luftige Hotel empfängt Gäste mit einem kleinen Pool, einem Restaurant und toller Aussicht auf den See, den man mit hauseigenen Kajak- oder Bootstouren erkunden kann. Rund 2 km südlich der Stadt liegt es nur 150 m östlich vom Hwy 307. Wer per Bus anreist, kann sich daher vom Fahrer an der Abzweigung absetzen lassen.

★ Rancho Encantado   RANCH $$$
(☑ 998-884-20-71; www.encantado.com; Hwy 307, Km 24; DZ/Suite inkl. Frühstück ab 2480/4600 Mex$; P ⊜ ✳ 🕾 ✉) Die ohnehin herrliche Laguna Bacalar wirkt noch schöner, wenn man hier übernachtet: Diese Ranch zählt zu den schönsten Unterkünften am Ufer. Gäste wohnen in komfortablen Hütten mit Strohdächern. Nach dem Frühstück mit Aussicht auf den See geht's meist erst mal zum Schnorcheln ins kristallklare Wasser (optional mit einem extra zu bezahlendem Guide). Das Gelände liegt 3 km nördlich der Stadt.

★ Mango y Chile   VEGAN $$
(☑ 983-688-20-00; www.facebook.com/mangoy chile; Av 3 zw. Calle 22 & 24; Hauptgerichte 90–130 Mex$; ⊙ Mi–Mo 13–21 Uhr) Das bislang einzige örtliche Lokal mit rein veganer Küche hat eine große Terrasse, von der man schön auf die Festung und den See schaut. Das freundliche Personal serviert u. a. leckere Burger. Die Gerichte enthalten keinerlei Tierprodukte, aber teilweise zu viel Salz.

★ La Playita   SEAFOOD $$
(☑ 984-834-30-68; www.laplayitabacalar.com; Av Costera 765, Ecke Calle 26; Hauptgerichte 137–351 Mex$; ⊙ 12–23 Uhr; 🕾) Das Schild vor der Tür verkündet: „Essen, trinken und baden" – damit ist eigentlich alles gesagt. Die Fisch- und Meeresfrüchtegerichte sind schmackhaft, wenn auch nicht üppig – dafür entschädigen aber der Alipús-Mezcal und die schöne Badestelle. Der große Gummibaum, der in dem mit Kieseln bedeckten Hof Schatten spendet, wurde fast entwurzelt, als der Hurrikan Dean 2007 über die Küste fegte.

⭐ Unterhaltung

Galeón Pirata Espacio Cultural LIVEMUSIK
(☎ 983-157-75-58; www.facebook.com/GaleonPira
taBacalar; Av Costera s/n zw. Calle 30 & 32; ☺ Di–
Do 16–23, Fr & Sa 19–3 Uhr) In dem eigenständigen Kulturzentrum sorgen Livemusik, Theater, Filmabende und Kunstausstellungen für
gute Unterhaltung in belebter Atmosphäre.
Die Veranstaltungszeiten variieren jedoch
mitunter. Der Laden ist zugleich ein Restaurant mit Bar.

ℹ An- & Weiterreise

Busse fahren nicht nach Bacalar hinein; Taxis
und die meisten *combis* setzen Passagiere aber
am Stadtplatz ab. Nahe der Calle 30 liegt der
ADO-Busbahnhof draußen am Hwy 307. Von dort
aus geht's dann entweder zu Fuß (ca. 10 Blocks
Richtung Südosten) oder mit dem Taxi (18 Mex$)
zur Plaza.

Am **ADO-Busbahnhof** (☎ 983-833-31-63;
Hwy 307) besteht u. a. Verbindung nach Chetu-
mal (38–62 Mex$), Cancún (262–400 Mex$),
Mahahual (78 Mex$), Xcalak (94 Mex$) und
Tulum (166–224 Mex$).

Wer aus dem Norden kommt und die Stadt
bzw. das Fort zum Ziel hat, nimmt die erste
Ausfahrt nach Bacalar, fährt mehrere Blocks
geradeaus, biegt dann links (ostwärts) ab und
fährt den Hügel hinunter. Von Chetumal geht's
westwärts bis zum Hwy 307 und dann Richtung
Norden auf dem Hwy bis zu der ausgeschilderten Abzweigung (nach rechts) zum Cenote Azul
und zur Avenida Costera bzw. Avenida 1.

Chetumal

🚗 983 / 151 200 EW.

In der Hauptstadt von Quintana Roo geht
der Alltag einen recht ruhigen Gang. Auf
der Promenade am Ufer der Bucht steigen
Feste und Events. Trotz relativ weniger Artefakte wirkt das lokale Maya-Museum modern und eindrucksvoll. In Chetumals Nähe
findet man tolle Maya-Ruinen, großartige
Urwälder und die Grenze zum Nachbarland
Belize. Manatis tummeln sich mitunter in
der recht trüben Bucht oder an den umliegenden Mangrovenufern; auch mangels
geführter Beobachtungstouren sind Seekuh-
Sichtungen hier aber recht selten. Achtung:
In der Lagune herrscht Krokodilgefahr! Einheimischen zufolge lebt dort nur eine einzige und zudem zahme Panzerechse namens
Harry. Doch das ist vielleicht auch nur eine
scherzhafte Standard-Antwort auf nervige
Touristenfragen – darum zur Sicherheit nur
im Hotelpool schwimmen!

Geschichte

Einst war Chetumal ein Handelshafen der
Maya: Von hier aus gelangten Gold, Vogelfedern, Kakao und Kupfer auf dem Seeweg
in den Norden der Halbinsel Yucatán. Nach
der spanischen Eroberung wurde die Stadt
aber erst 1898 offiziell von Mexikos Regierung „gegründet" – zur Unterbindung des
Bauholz- und Waffenschmuggels, den die
Nachkommen der indigenen Kastenkrieg-
Rebellen damals betrieben. 1936 wurde der
Stadtname von Payo Obispo in Chetumal
geändert. 1955 zerstörte der Hurrikan Janet
praktisch das gesamte Zentrum. 2007 verursachte der Hurrikan Dean leichte Schäden
an der lokalen Infrastruktur.

⊙ Sehenswertes

Museo de la Cultura Maya MUSEUM
(☎ 983-832-68-38; Av de los Héroes 68, Ecke Av
Gandhi; 73 Mex$; ☺ Di–So 9–19 Uhr) Das Maya-
Museum ist ein gut konzipiertes und reali-
siertes Vorzeigeobjekt und hat der Stadt zu
kulturellem Ansehen verholfen. Auf drei
Etagen wird die gesamte Kosmologie der
Maya widergespiegelt. Das Hauptgeschoss
widmet sich dem Diesseits, die obere Etage
dem Himmel und das Untergeschoss der
Unterwelt Xibalbá. Leider besitzt das Mu-
seum nicht viel originale Artefakte, aber die
Ausstellungsobjekte decken das gesamte
Mayab (Land der Maya) ab.

Zusätzlich vermitteln maßstabsgetreue
Modelle (z. B. ein Tempelkomplex unter be-
gehbarem Plexiglas) einen Eindruck vom
möglichen Aussehen der großen Maya-Bau-
ten. Für die geringe Anzahl von Originalstü-
cken entschädigen Repliken von Stelen und
vielen anderen Objekten. In nachgemachter
Form findet man hier auch Wandbilder aus
Bonampak (Raum 1) und eine Grabkammer
aus Copán (Honduras). Parallel erklären
mechanische und digitale Animationen die
komplexen Kalender-, Zahlen- und Schriftsysteme der Maya.

Rund um den Museumshof (Eintritt frei)
gibt's wechselnde Ausstellungen mit moderner Kunst in mehreren Räumen zu sehen.
Die *na* (strohgedeckte Hütte) in der Hofmit-
te zeigt Kalebassen, Mahlsteine und weitere
Alltagsgeräte der Maya.

Museo de la Ciudad MUSEUM
(Museum zur Regionalgeschichte; Héroes de Cha-
pultepec, Ecke Av de los Héroes; Erw./Kind unter 11
Jahren 27/8 Mex$; ☺ Di–Fr 9–19, Sa & So 9–17 Uhr)
Das kleine, aber schön zusammengestellte

Chetumal

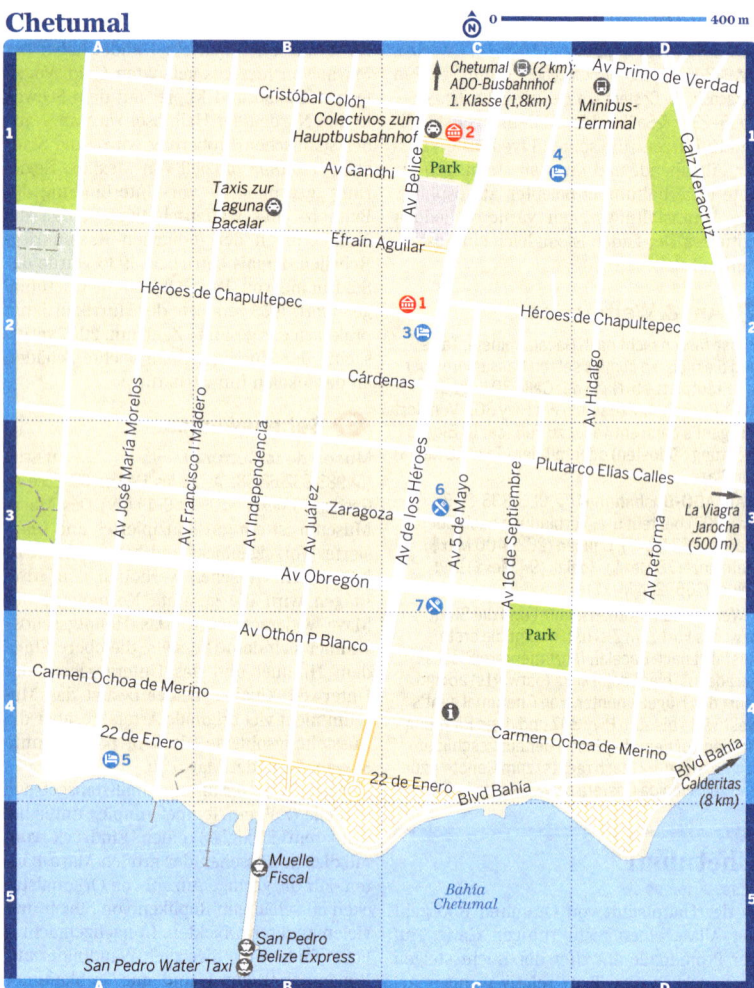

N 0 ———————— 400 m

Chetumal

◉ Sehenswertes
- 1 Museo de la Ciudad.............................. C2
- 2 Museo de la Cultura Maya C1

🛏 Schlafen
- 3 Hotel Los Cocos C2
- 4 Hotel Xcalak C1
- 5 Noor Hotel.. A4

✕ Essen
- 6 Café Los Milagros................................ C3
- 7 Sergio's Pizzas C3

Stadtmuseum zeigt historische Fotos, militärische Artefakte und alte Haushaltsgegenstände (sogar ein paar Uralt-Telefone und einen alten Fernseher).

🛏 Schlafen & Essen

Hotel Xcalak · · · · · · · · · · · · · · · · · · HOTEL $

(📞983-129-17-08; http://xcalakhotelboutique.com; Av Gandhi, Ecke 16 de Septiembre; Zi. 450 Mex$; ☺❄🛜) Eine Besonderheit unter den örtlichen Budget-Bleiben: Das Xcalak scheint nicht in den 1970er-Jahren hängengeblieben zu sein und hat ein gutes Restaurant (UG). In der Nähe findet man Chetumals bestes Museum und Verkehrsoptionen gen Bacalar.

★Hotel Los Cocos
HOTEL $$

(☎983-835-04-30; www.hotelloscocos.com.mx; Av de los Héroes 134, Ecke Héroes de Chapultepec; DZ/Suite mit Klimaanlage ab 912/1824 Mex$; 🅟 ⊖ ❄ @ 🛜 ⊠) In sehr guter Lage gibt's hier eine verspiegelte Lobby, die sofort Disco-Tanzwut in einem weckt. Ebenfalls vorhanden sind ein Pool, ein Whirlpool, ein Fitnessraum und ein Restaurant. Alle Zimmer haben Balkone und kleine Kühlschränke. Dank ganzjähriger „Werbeaktionen" (s. Website) wird's eventuell günstiger als offiziell angegeben.

Noor Hotel
HOTEL $$

(☎983-835-13-00; Blvd Bahía 3, Ecke Av Morelos; Zi. 900–1020 Mex$; 🅟 ⊖ ❄ 🛜 ⊠) Direkt an der Bucht empfiehlt sich das Noor für eine Flucht vor dem Trubel in der Innenstadt. Die meisten Zimmer im Gebäudeinneren sind schlecht belüftet – daher am besten ein Quartier mit Blick auf die Bucht nehmen! Das Hotel hat auch einen anständigen Pool und ein Restaurant mit internationaler Küche. Gegenüber lädt die Promenade zu netten Nachmittagsspaziergängen ein.

Café Los Milagros
CAFÉ $

(☎983-832-44-33; Zaragoza s/n; Frühstück 84–130 Mex$, Mittagessen 28–95 Mex$; ⊙Mo– Fr 7–16 Uhr; ☎) Das schlichte Café serviert besten Espresso und Essen in entspannter Atmosphäre. Bei Chetumals Studenten und Intellektuellen ist der Laden sehr beliebt. Hier kann man prima mit Einheimischen plaudern und sich die Zeit mit einer Runde Domino vertreiben.

★Sergio's Pizzas
PIZZA $$

(☎983-832-29-91; Av Obregón 182, Ecke Av 5 de Mayo; Hauptgerichte 86–300 Mex$; ⊙7–24 Uhr; ❄ 🛜) Ein Lokal wie in einem Hollywood-Mafiastreifen: Statt geschwätziger Damen arbeiten hier ausschließlich „Gorillas", die optisch eher an Leibwächter als an Kellner erinnern. Das Essen ist aber hervorragend. Auf der Karte steht eine gute Auswahl an mexikanischen und italienischen Gerichten (u. a. Pizzas, Steaks, Seafood).

La Viagra Jarocha
MEXIKANISCH $$

(☎983-144-39-05; www.laviagrajarocha.com; Blvd Bahía 98A; Hauptgerichte 135–200 Mex$; ⊙8–21 Uhr) Eine kitschige Delphinstatue steht vor dem spaßig-festlichen Viagra Jarocha, das bei Einheimischen wie Touristen sehr beliebt ist. Eine frische Meeresbrise verscheucht hier die Moskitos. Zudem pulsiert das lokale Nachtleben in nächster Nähe.

BUSSE AB CHETUMAL

Sofern nicht anderweitig vermerkt, starten alle im Folgenden genannten Busse am **1.-Klasse-Busbahnhof von ADO**.

ZIEL	PREIS (MEX$)	DAUER (STD.)	HÄUFIGKEIT (TGL.)
Bacalar	45–62	¾	häufig
Belize City, Belize	300	4–4½	häufig (ab altem Busbahnhof)
Campeche	198	6–7	3-mal
Cancún	404–518	5½–6½	häufig
Corozal, Belize	50	1	häufig (ab altem Busbahnhof)
Escárcega	316	4	häufig
Felipe Carrillo Puerto	116	2½–3	5-mal
Flores, Guatemala (für Tikal)	700	7½–8	1-mal (7 Uhr ab altem Busbahnhof)
Mahahual	85–110	2½–3½	3-mal
Mérida	446	5½–6	4-mal
Orange Walk, Belize	100	2¼	häufig (ab altem Busbahnhof)
Palenque	584–694	6½–7½	5-mal
Tulum	308	3¼–4	11-mal
Valladolid	228	5½	3-mal
Veracruz	1206	17	1-mal (18.30 Uhr)
Villahermosa	662–762	8¼–9	7-mal
Xcalak	130	4–4½	2-mal (5.40 & 16.10 Uhr)
Xpujil	164	2–3	5-mal

HALBINSEL YUCATÁN CHETUMAL

ℹ Praktische Informationen

Vor Ort gibt's diverse Bankfilialen und Geldauto-maten (u. a. im 1.-Klasse-Busbahnhof).

Arba (☑ 983-832-09-15; Efraín Aguilar s/n zw. Av de los Héroes & Juárez; 13 Mex\$/Std.; ☉ 7–22 Uhr) Eines von mehreren benachbarten Internetcafés.

Banorte (Av de los Héroes zw. Plutarco Elías Calles & Cárdenas; ☉ Mo–Fr 8.30–16, Sa 9–14 Uhr) Bankservices plus Geldautomat.

Cruz Roja (Rotes Kreuz; ☑ 065, 911; Ecke Av Independencia & Héroes de Chapultepec; ☉ 24 Std.) Medizinische Notfallhilfe.

Touristeninformation (☑ 983-833-24-65; Av 5 de Mayo 21, Ecke Ochoa de Merino; ☉ Mo–Fr 8–17 Uhr) Broschüren und freundliches Personal.

ℹ An- & Weiterreise

BUS

Wichtig: Alle Busverbindungen immer nochmal sorgsam vor Ort checken – die Preise, Abfahrts-zeiten und -orte können sich jederzeit ändern! Stand zum Zeitpunkt der Recherche:

ADO-Busbahnhof 1. Klasse (☑ 983-832-51-10; www.ado.com.mx; Salvador Novo 179 abseits der Av Insurgentes) Rund 2 km nördlich vom Zentrum besteht hier u. a. Verbindung nach Cancún, Campeche, Mérida, Valladolid und Xcalak.

Alter Busbahnhof (Salvador Novo s/n; ☉ 6–22 Uhr) Bedient nunmehr nur noch Ziele in Belize (Corozal, Belize City, Orange Walk) und Guatemala.

Minibus-Terminal (Ecke Av Primo de Verdad & Hidalgo) Minibusse nach Laguna Bacalar (62 Mex\$, 8–14 Uhr).

FLUGZEUG

Chetumals kleiner Flughafen liegt ca. 2 km nordwestlich vom Stadtzentrum an der Av Obregón.

Interjet (☑ 800-011-23-45; www.interjet.com) offeriert Direktflüge ab Mexico City.

SCHIFF/FÄHRE

Am **Muelle Fiscal** (Zollkai; Blvd Bahía) starten Boote nach Belize. Achtung: Zusätzlich zum Fahrtpreis wird jeweils eine Ausreisesteuer (500 Mex\$) fällig.

San Pedro Belize Express (☑ 983-832-16-48; www.belizewatertaxi.com; Av Blvd Bahía s/n, Muelle Fiscal; einfache Strecke 55 US\$; ☉ 9–15.30 Uhr) Wassertaxis nach Belize City, Caye Caulker und San Pedro.

San Pedro Water Taxi (http://belizewatertaxi express.com; Blvd Bahía s/n, Muelle Fiscal; einfache Strecke 50 US\$; ☉ 9–15.30 Uhr) Wassertaxis nach San Pedro und Caye Caulker in Belize.

TAXI, AUTO & MOTORRAD

Kurze Stadtfahren mit Chetumals **Taxis** (Stand an der Av Independencia zw. Efraín Aguilar & Av Gandhi) kosten ca. 25 Mex\$; zur Laguna Bacalar bezahlt man etwa 180 Mex\$ pro Person. Vor dem Einsteigen aber jeweils immer erst nach dem Preis fragen (ggf. inkl. Nachtzuschlag)!

Gibson's Tours & Transfers (☑ 501-6002605; Grenzübergang Santa Elena-Corozal; Shuttles für max. 4 Pers. ab 100 US\$) Organisiert Shuttles nach Corozal (Belize), geführte Touren auf belizischem Boden und Genehmigungen für Grenzübertritte mit Mietwagen.

ℹ Unterwegs vor Ort

Die meisten interessanten Stellen in der Touristenzone von Chetumal liegen praktischerweise nur in Gehweite voneinander entfernt. Wer vom Zentrum aus den Hauptbusbahnhof erreichen will, nimmt vor dem Busbahnhof 2. Klasse an der Kreuzung der Avenida Belice und der Avenida Cristóbal Colón ein *colectivo* und steigt an der *glorieta* an der Avenida Insurgentes aus. Von dort geht es nach links (Westen) zum Busbahnhof.

Von der gleichen Kreuzung fahren auch Busse nach Calderitas.

YUCATÁN (BUNDES-STAAT) & DAS KERNLAND DER MAYA

Der Bundesstaat Yucatán liegt auf der Nordspitze der Halbinsel Yucatán und ist in geringerem Ausmaß als Quintana Roo, der angesagte Nachbar im Süden, das Ziel von Massentourismus. Dafür ist der Bundesstaat ein ideales Reiseziel für Traveller, die sich mehr für Kultur als für das Strandleben interessieren. Zwar gibt es ein paar hübsche Strände in Celestún und Progreso, aber die meisten Besucher kommen, um die vielen antiken Maya-Stätten in der Region zu erkunden, z. B. an der Ruta Puuc, auf der man an nur einem Tag vier oder fünf verschiedene Ruinenstätten besichtigen kann.

Darüber hinaus können Besucher in den verstohlenen Nischen kolonialer Städte deren Vergangenheit und Gegenwart erleben, *henequén*-Haziendas, in denen die Zeit stehengeblieben ist oder die liebevoll restauriert in alter Pracht erstrahlen, besuchen – große Landgüter, auf denen einst Agave-Fasern zur Herstellung von Seilen gewonnen wurden – und die Energie, den Geist und die feinen Gegensätze in einem authentischen Winkel des südöstlichen Mexiko kennenlernen. Hilfreich beim Planen ist: www.yucatan.travel.

Mérida

✈ 999 / 800 000 EW.

Seit der Eroberung durch die Spanier ist die heutige Hauptstadt des Bundesstaats Yucatán das kulturelle Zentrum der Halbinsel. Als reizvoller Mix aus Ländlichkeit und *muy cosmopolitano* ist Mérida tief in der Kolonialgeschichte verwurzelt. Schmale Straßen, breite Innenstadtplätze und die besten Museen der Region laden hier zu tollen Erkundungen ein. Dies ist zudem die perfekte Ausgangsbasis für Touren durch die übrige Region – dank hervorragender Unterkünfte bzw. Restaurants, belebter Märkte und Events an fast allen Abenden.

Als Reiseziel ist Mérida schon lang beliebt bei Europäern, die Quintana Roos turbulente Strandorte nicht mögen. Allerdings ist die Stadt zu groß, um die Atmosphäre einer typischen Touristenfalle zu haben. Die Einheimischen prägt ein klein wenig Elitedenken: Sie sind sich der Schönheit ihrer Heimat vollauf bewusst.

Geschichte

Francisco de Montejo (der Jüngere) gründete 1540 eine spanische Kolonie im ca. 160 km südwestlich gelegenen Campeche. Von diesem Vorposten aus machte er sich die politische Uneinigkeit der Maya zunutze und eroberte 1542 T'ho (das heutige Mérida). Bis zum Ende des Jahrzehnts kam der größte Teil Yucatáns unter spanischer Herrschaft.

Als die Konquistadoren T'ho betraten, erblickten sie eine größere Maya-Stadt, deren Kalkmörtelbauten sie an die römische Architektur im spanischen Mérida erinnerten. Sie benannten die Stadt um und bauten sie zur Hauptstadt der Region aus. Die Gebäude der Maya wurden abgerissen und das Material zur Errichtung einer Kathedrale und weiterer Prachtbauten genutzt. Mérida wurde in der Kolonialzeit direkt von Spanien aus und nicht über Mexico City regiert. Deswegen hat Yucatán eine eigene kulturelle und politische Identität.

Während des Kastenkriegs konnten sich nur Mérida und Campeche gegen die aufständischen Maya behaupten. Als die Republik Yucatán kurz vor dem Zusammenbruch stand, bequemte sich die herrschende Klasse in Mérida, die Oberherrschaft Mexikos anzuerkennen, woraufhin Truppen aus Zentralmexiko zur Unterstützung einrückten.

Das moderne Mérida ist das Wirtschaftszentrum der Halbinsel Yucatán. In den 1980er- und 1990er-Jahren eröffneten hier die ersten *maquiladoras* (Niedriglohn-Fabriken für Exportwaren); parallel kam damals auch der lokale Tourismus in Schwung. Seitdem wächst die belebte Stadt sehr schnell, was Gastarbeiter aus ganz Mexiko anlockt. Vor Ort lebt auch eine große libanesische Gemeinde.

◉ Sehenswertes

★ Gran Museo del Mundo Maya   MUSEUM

(www.granmuseodelmundomaya.com.mx; Calle 60 Norte 299E; 150 Mex$; ⊙Mi–Mo 8–17 Uhr; P) Das erstklassige Museum würdigt die Maya-Kultur mit einer Dauersammlung von mehr als 1100 bemerkenswert gut erhaltenen Artefakten, zu denen eine liegende Chak-Mo'ol-Figur aus Chichén Itzá und eine coole Unterwelts-Figur aus Ek' Balam (mit Schädelkette und Schlangenhaaren) gehören. Wer die Ruinen in der Gegend besuchen will, sollte sich im Museum zuerst etwas Kontextinfos verschaffen und sich hier faszinierende Fundstücke von den Stätten aus der Nähe anschauen.

Das 2012 eröffnete zeitgenössische Museumsgebäude hat die Gestalt einer Ceiba, des heiligen Baums, der nach dem Glauben der Maya die Welt der Lebenden mit der Unterwelt und dem Himmel verbindet. Abends gibt's an einer Außenwand des Museums eine kostenlose Sound-and-Light-Show.

Das Museum liegt rund 12 km nördlich des Zentrums an der Straße nach Progreso. Die öffentlichen Transportmittel, die auf der Calle 60 fahren, setzen einen vor dem Museumseingang ab.

★ Palacio Cantón   MUSEUM

(Regionalmuseum für Anthropologie; ✆999-923-05-57; www.palaciocanton.inah.gob.mx; Paseo de Montejo 485; Erw./Kind unter 13 Jahren 52 Mex$/frei; ⊙Di–So 8–17 Uhr) General Francisco Cantón Rosado (1833–1917) errichtete diesen riesigen Stadtpalast (erb. 1909–1911), bewohnte ihn aber nur in den letzten sechs Jahren vor seinem Tod. Der dekadent wirkende Prachtbau ist ein passendes Symbol für die großen Ambitionen, die Méridas Oberschicht in den letzten Jahren des mexikanischen Porfiriato (1876–1911; despotische Herrschaft von Porfirio Díaz) hegte. Heute beherbergt er ein Museum, das wechselnde Ausstellungen mit teils variierenden Eintrittspreisen zeigt.

★ Casa de Montejo   MUSEUM

(Museo Casa Montejo; www.casasdeculturabanamex.com/museocasamontejo; Calle 63 No 506,

Mérida

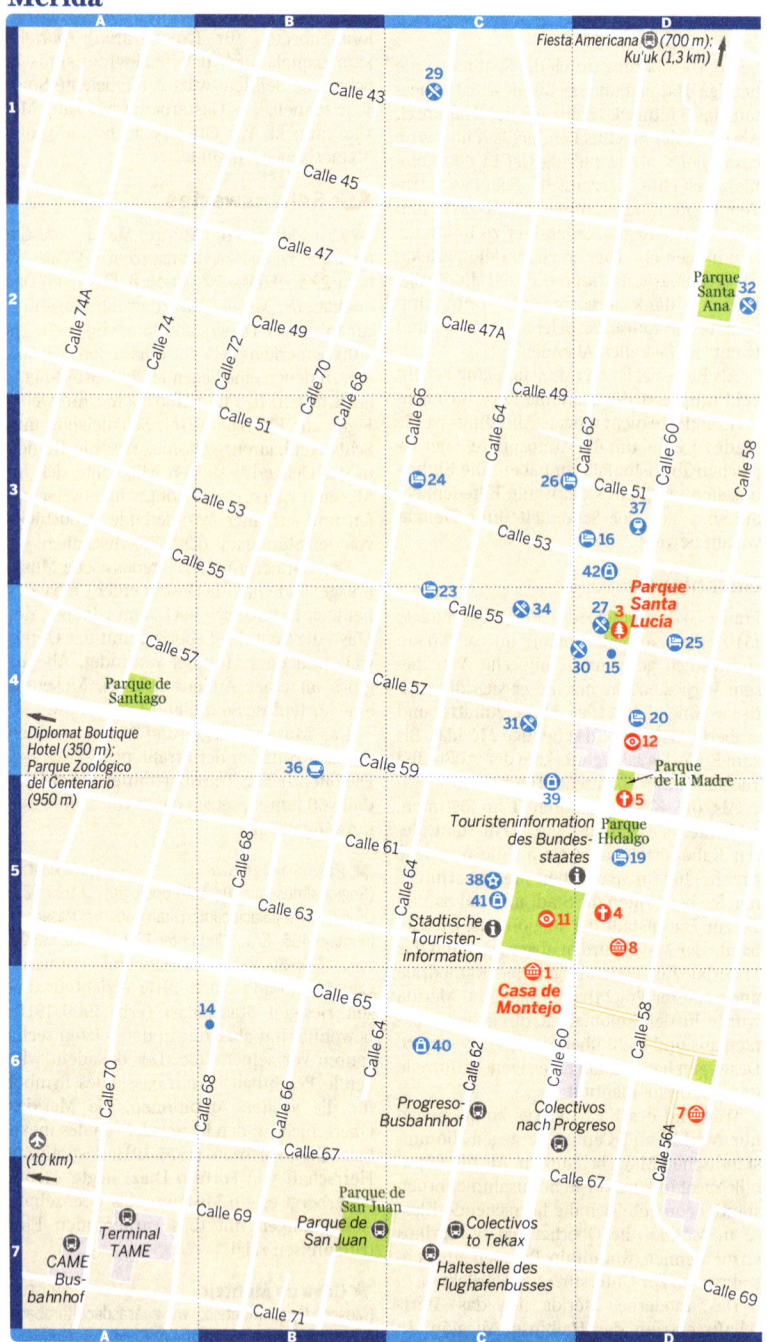

Fiesta Americana (700 m);
Ku'uk (1,3 km)

Calle 43

Calle 45

Calle 47

Parque
Santa
Ana **32**

Calle 74A

Calle 74

Calle 72

Calle 70

Calle 68

Calle 66

Calle 64

Calle 62

Calle 60

Calle 58

Calle 49

Calle 47A

Calle 49

Calle 51

Calle 51

24

26

Calle 51

37

Calle 53

Calle 53

16

42

23

Calle 55

34

27

3

**Parque
Santa
Lucía**

25

Calle 55

30

15

Calle 57

Parque
de Santiago

Calle 57

31

20

Diplomat Boutique
Hotel (350 m);
Parque Zoológico
del Centenario
(950 m)

36

Calle 59

39

12

Parque
de la Madre

Touristeninformation
des Bundes-
staates

Parque
Hidalgo **5**

19

Calle 68

Calle 61

Calle 64

38

41

Calle 63

Städtische
Touristen-
information

11

4

8

1

**Casa de
Montejo**

14

Calle 65

40

Calle 64

Calle 62

Calle 60

Calle 58

Calle 70

Calle 68

Calle 66

Progreso-
Busbahnhof

Colectivos
nach Progreso

7

(10 km)

Calle 67

Calle 56A

Calle 67

Parque de
San Juan

Terminal
TAME

Calle 69

Parque de
San Juan

Colectivos
to Tekax

Haltestelle des
Flughafenbusses

Calle 69

CAME
Bus-
bahnhof

Calle 71

Gran Museo del
Mundo Maya (10 km)

2 **Palacio
Cantón**

10 Calle 43

28

Paseo de Montejo

Calle 45

18

Calle 47

33

Calle 49

Calle 56

Calle 54

Eureka
(1,7 km)

Calle 51

35

21 17

Calle 53

Calle 55

Calle 57

13

6

22 9

Calle 59

Wayan'e
(100 m)

Calle 61

Calle 54

Calle 52

Calle 5C

Calle 48

Calle 63

Calle 65

Calle 54A

Calle 67 Noreste-Bus-
bahnhof

Mérida

⊙ Highlights
1 Casa de Montejo.................................. C6
2 Palacio Cantón E1
3 Parque Santa Lucía.............................. D4

⊙ Sehenswertes
4 Catedral de San Ildefonso.................. D5
5 Iglesia de Jesús D5
6 Museo de Arte Popular de
   Yucatán...F5
7 Museo de la Ciudad............................. D6
8 Museo Fernando García Ponce-
   Macay D5
9 Parque de la Mejorada.........................F5
10 Paseo de Montejo................................. E1
11 Plaza Grande.. C5
12 Teatro Peón Contreras........................ D4

⊙ Aktivitäten, Kurse & Touren
13 Instituto Benjamín Franklin E5
14 Los Dos B6
   Nómadas Hostel.................... (siehe 26)
15 Turitransmérida D4

⊙ Schlafen
16 62 St Guesthouse D3
17 Casa Ana B&B F4
18 Casa Lecanda E2
19 Gran Hotel D5
20 Hotel Casa del Balam D4
21 Hotel Julamis E4
22 Hotel La Piazzetta................................F5
23 Hotel Medio Mundo............................. C4
24 Los Arcos Bed & Breakfast C3
25 Luz en Yucatán D4
26 Nómadas Hostel.................................. C3

⊙ Essen
27 Apoala.. D4
28 Bar de Café Sukra E2
29 Bistro Cultural C1
31 La Chaya Maya C4
30 La Chaya Maya D4
32 La Socorrito D2
   Lo Que Hay.............................. (siehe 23)
33 Oliva Enoteca.......................................F3
34 Pola C4

⊙ Ausgehen & Nachtleben
35 La Fundación Mezcalería E4
36 Manifesto B4
37 Mercado 60... D3

⊙ Unterhaltung
38 Centro Cultural Olimpo C5

⊙ Shoppen
39 Guayaberas Jack.................................. C5
40 Hamacas Mérida C6
41 Librería Dante..................................... C5
42 Tejón Rojo D3

HALBINSEL YUCATÁN MÉRIDA

0   400 m

Palacio de Montejo; ◷ Di–Sa 10–19, So bis 14 Uhr) GRATIS An der Südseite der Plaza Grande erhebt sich die 1549 erbaute Casa de Montejo. Ursprünglich waren hier Soldaten untergebracht, doch bald wurde das Gebäude zu einem Palast umgebaut, in dem bis 1800 Angehörige der Familie Montejo wohnten. Heute residieren hier eine Bank und ein Museum mit dem renovierten viktorianischen, Neo-Rokoko- und Neo-Renaissance-Mobiliar aus dem historischen Gebäude.

Von außen lohnt ein genauer Blick auf die Fassade, auf der mit Hellebarden bewaffnete triumphierende Konquistadoren auf den Köpfen von typisch dargestellten Barbaren stehen (diese sind zwar nicht als Maya gekennzeichnet, aber dass diese gemeint sind, versteht sich von selbst). Wie für die Symbolik kolonialzeitlicher Bildwerke typisch, sind die Besiegten viel kleiner dargestellt als die Sieger – überall in den Kirchen der Region thronen große Priester über oder vor kleinen „Indios". Von der Fassade blicken auch Büsten von Montejo dem Älteren, seiner Frau und seiner Tochter über die Plaza.

★ Parque Santa Lucía   PARK

(Ecke Calle 60 & 55) Auf seiner Nord- und Westseite wird der hübsche kleine Park von Arkaden flankiert. An diesen hielten einst Postkutschen, die die Provinzhauptstadt mit regionalen Kleinstädten und Dörfern verbanden. Heute findet man auf dem Gelände ein paar beliebte Restaurants. Zudem steigt hier die kostenlose Konzertreihe Serenatas Yucatecas (Yukatekische Serenaden; Do 21 Uhr).

Museo Fernando García Ponce-Macay   MUSEUM

(Museo de Arte Contemporáneo; ☎ 999-928-32-36; www.macay.org; Pasaje de la Revolución s/n zw. Calle 58 & 60; ◷ Mi–Mo 10–17.15 Uhr) GRATIS Das hübsche Museum im früheren Palast des Erzbischofs zeigt Dauerausstellungen mit Werken von Fernando Castro Pacheco, Fernando García Ponce und Gabriel Ramírez Aznar. Diese drei Maler gehören zu Yucatáns berühmtesten Vertretern des Realismus und der Ruptura-Strömung. Ebenfalls zu sehen gibt's hier Wechselausstellungen mit zeitgenössischer Kunst aus Mexiko und dem Ausland.

Paseo de Montejo   ARCHITEKTUR

Parallel zu den Calles 56 und 58 verläuft dieser breite Boulevard, mit dem Méridas Stadtplaner im 19. Jh. berühmte Vorbilder wie den Paseo de la Reforma (Mexico City) oder die Champs-Élysées (Paris) imitieren wollten. Allerdings fiel das Ergebnis im Vergleich dazu schlichter aus. Dennoch erstreckt sich der Paseo (Promenade) heute als schöner und relativ offener Grünstreifen durch den Stein- und Betondschungel der Stadt – gelegentlich gesäumt von öffentlichen Skulpturenschauen.

Plaza Grande   PLATZ

GRATIS Einer der schönsten Stadtplätze in Mexiko: Mächtige Lorberbäume überschatten hier Parkbänke und breite Bürgersteige. Das Areal war ursprünglich das religiöse und gesellschaftliche Zentrum der präkolumbischen T'ho. Unter spanischer Herrschaft machte Francisco de Montejo d. J. daraus die Plaza de Armas (Paradeplatz).

Mexikos Nationalflagge wird hier jeden Tag in einer Zeremonie gehisst und niedergeholt. Sonntags findet ein Kunsthandwerksmarkt statt; fast jeden Abend sind Tanzvorführungen und/oder Livemusik geboten.

Catedral de San Ildefonso   KATHEDRALE

(Calle 60 s/n; ◷ 6–12 & 16.30–20 Uhr) An der Ostseite der Plaza erhebt sich auf dem Gelände eines früheren Maya-Tempels Méridas Ehrfurcht gebietende Kathedrale, die von 1561 bis 1598 errichtet wurde. Dazu wurden Steine aus dem Tempel benutzt. Das große Kruzifix hinter dem Altar ist der Cristo de la Unidad (Christus der Einheit), ein Symbol der Versöhnung zwischen den Menschen spanischer und indigener Abstammung.

Das Gemälde rechts über dem Südportal zeigt Tutul Xiu, den *cacique* (Fürsten) der Stadt Maní, der seinem verbündeten Francisco de Montejo in T'ho seine Aufwartung macht. (De Montejo und Xiu schlugen gemeinsam die Cocomes; Xiu trat zum Christentum über, seine Nachkommen leben noch heute in der Stadt.)

In der kleinen Kapelle links vom Altar befindet sich Méridas berühmtestes religiöses Artefakt, eine Statue, die Cristo de las Ampollas (Christus mit den Brandblasen) genannt wird. Nach einer Legende wurde das Bildwerk aus dem Holz eines Baumes geschnitzt, der von einem Blitz getroffen wurde und eine ganze Nacht brannte, ohne zu verkohlen. Es heißt ferner, dass die Statue als einziges den Brand der Kirche von Ichmul überstanden haben soll (wenn auch vom Feuer geschwärzt und mit Blasen bedeckt). 1645 wurde die Statue in die Kathedrale von Mérida überführt.

Abgesehen von diesen Highlights ist das Innere der Kathedrale ziemlich schlicht, weil ihr prunkvoller Schmuck dem antiklerikalen Eifer wütender Bauern zur Zeit der Mexikanischen Revolution zum Opfer fiel.

Museo de Arte
Popular de Yucatán   MUSEUM

(Museum der Volkskunst Yucatáns; Calle 50A Nr. 487; ⊙ Di–So 10–17, So bis 15 Uhr) GRATIS Das Museum in einem Gebäude von 1906 zeigt im Erdgeschoss eine kleine Wechselausstellung mit Volkskunst aus ganz Mexiko. Die Dauerausstellungen oben vermitteln einen Einblick, wie die Einheimischen *huipiles* (lange, ärmellose gewebte weiße Kittel mit aufwändigen, bunten Stickereien) besticken, und erklärt traditionelle Techniken der Töpferei. Nach aus Toiletten trinkenden Jaguaren Ausschau halten!

Museo de la Ciudad   MUSEUM

(Stadtmuseum; ☑ 999-924-42-64; Calle 56, No 529A zw. Calle 65 & 65A; ⊙ Di–Fr 9–18, Sa & So bis 14 Uhr) GRATIS Das Museum im alten Postamt bietet willkommene Erholung vom Trubel, dem Lärm der Hupen und dem Abgasestank des umliegenden Marktviertels. Die Ausstellungen portraitieren die Stadtgeschichte von der präkolumbischen Zeit bis zum 20. Jh. Hierbei beleuchten sie auch die Belle Èpoque, während der die Region durch *henequén* (Sisal) reich wurde.

Iglesia de Jesús   KIRCHE

(Iglesia de la Tercera Orden; Calle 60 s/n) Die Jesuitenkirche von 1618 ist der einzige erhaltene Teil eines Gebäudekomplexes, der sich einst über den ganzen Block erstreckte. Sie besteht aus dem Material eines zerstörten Maya-Tempels, der zuvor an derselben Stelle stand. An der Westmauer gegenüber vom Parque Hidalgo lassen sich daher zwei Steine mit Maya-Reliefs entdecken.

Teatro Peón Contreras   THEATER

(www.sinfonicadeyucatan.com.mx; Ecke Calle 60 & Calle 57; Tickets ab 150 Mex$) Das imposante Theater wurde in der Blütezeit des *henequén*-Handels zwischen 1900 und 1908 errichtet. Es prunkt mit einem Hauptaufgang aus Carrara-Marmor, einer Kuppel mit verblassten Fresken italienischer Künstler und diversen Tafelgemälden und Wandmalereien im gesamten Gebäude. Das Sinfonie-orchester von Yucatán gibt hier während der Saison freitags um 21 und sonntags um 12 Uhr Konzerte; weitere Infos stehen auf der Website.

FAHRRADFREUNDLICHES MÉRIDA

Um Mérida fahrradfreundlicher zu machen, werden Teile des Paseo de Montejo und der Calle 60 am Sonntagmorgen für Kraftfahrzeuge gesperrt. Am Parque Santa Ana bricht die Pro-Fahrrad-Organisation Ciclo Turixes (www.cicloturixes.org) zu Nachttouren auf (Mi ca. 20.30 Uhr; für genaue Zeiten s. Blog).

🍴 Kurse

Los Dos   KOCHEN

(www.los-dos.com; Calle 68, No 517; 1-tägige Kochkurse & Gastro-Touren 185–210 US$) Bis zu seinem Tod leitete der in den USA ausgebildete Küchenchef David Sterling diese Kochschule. Heute hat hier Davids langjähriger Mitarbeiter Mario Canul das Sagen und offeriert weiterhin Kurse mit Schwerpunkt auf regionalen Rezepten.

Instituto Benjamín Franklin   SPRACHE

(☑ 999-928-00-97; www.benjaminfranklin.com.mx; Calle 57 Nr. 474A; Sprachunterricht 12 US$/Std.) Die gemeinnützige Institution bietet Spanisch-Intensivkurse an.

🧭 Geführte Touren

⭐ Turitransmérida   TOUREN

(☑ 999-924-11-99; www.turitransmerida.com.mx; Calle 55 zw. Calle 60 & 62; ⊙ Mo–Fr 8–19, Sa bis 13, So bis 10 Uhr) In Méridas Umgebung besuchen diese empfehlenswerten Tagestouren für Gruppen z. B. Celestún (56 US$/Pers.), Chichén Itzá (49 US$), Uxmal und Kabah (49 US$) oder Izamal (42 US$). Im Angebot sind auch Tagestouren zur Ruta Puuc. Je nach Tour gelten Mindestteilnehmerzahlen; manche Touren finden aber auch statt, wenn nur zwei Personen teilnehmen wollen. Optional bekommt man einen Guide, der die eigene Muttersprache spricht (rechtzeitige Reservierung erforderlich).

Nómadas Hostel   TOUREN

(☑ 999-924-52-23; www.nomadastravel.com; Calle 62, No 433) Die Tagestrips dieses Hostels besuchen z. B. den Nationalpark Celestún (850 Mex$ inkl. Shuttles & Guide) oder die Maya-Ruinen von Chichén Itzá (600 Mex$), Uxmal und Kabah (600 Mex$). Zudem gibt's hier nützliche Broschüren für Touren auf eigene Faust. Diese liefern detaillierte Reiseinfos (inkl. Kostenkalkulationen, Verkehrsverbindungen) zu mehr als einem Dutzend Ziele in der Region.

 Feste & Events

Paseo de Ánimas
STRASSENUMZUG
(Seelenfest; ⊙ um den 31. Okt.) Mérida feiert den Tag der Toten mit Livemusik, Imbisswagen und künstlerischen Vorstellungen. Außerdem paradieren Hunderte Einheimische in Skelettkostümen an zahllosen Straßenaltären vorbei.

Festival de las Aves Toh
FESTIVAL
(www.festivalavesyucatan.com; www.festivalavesyucatan.com; ⊙ Feb.–Nov.) Höhepunkt der Events, die sich über das Jahr verteilen, ist der Vogelzählwettbewerb Ende November.

Otoño Cultural
KULTUR
(www.culturayucatan.com; ⊙ meist Sept. & Okt.) Dreiwöchiges Herbstfestival mit über 100 Events (Musik, Tanz, Theater, bildende Kunst).

Mérida Fest
KULTUR
(www.merida.gob.mx/festival; ⊙ Jan.) Das Kulturevent, das fast den ganzen Januar ausfüllt, feiert die Gründung der Stadt mit Kunstausstellungen, Konzerten, Theatervorstellungen und Buchpräsentationen an verschiedenen Veranstaltungsorten in der Stadt.

🛏 Schlafen

⭐ Nómadas Hostel
HOSTEL $
(☑ 999-924-52-23; www.nomadastravel.com; Calle 62, No 433; B ab 200 Mex$, DZ mit/ohne Bad 690/450 Mex$, jeweils inkl. Frühstück; P ✱ @ 🛜 🖥) Eines von Méridas besten Hotels: Hier warten Schlafsäle (u. a. nur für Damen), private Zimmer, Duschen und eine komplett ausgestattete Gästeküche mit Kühlschrank. Hinzu kommen eine Waschküche, Gratiskurse (Salsa, Yoga, Kochen), geführte Touren (für Details s. Website) und ein Pool hinter dem Haus.

Señor Raul gehört zu Mexikos ersten „modernen" Hostel-Betreibern und ist entsprechend kompetent.

⭐ Luz en Yucatán
HOTEL $$
(☑ 999-924-00-35; www.luzenyucatan.com; Calle 55, No 499; Zi. 58–100 US$; P ⊜ ✱ 🛜 🖥) Viele deutlich langweiligere Hotels bezeichnen sich großspurig als „Boutiquehotels". Das Luz hat dagegen still seine Hausaufgaben gemacht und sich dabei praktisch eine eigene Nische geschaffen. Individuell gestaltete Zimmer treffen hier auf tolle Gemeinschafts-

bereiche und eine tolle Poolterrasse hinter dem Haus. Die engagierten Eigentümer Tom und Donard verstehen ihr Handwerk. Zusammen mit ihrem hilfsbereiten Personal (spricht ebenfalls Englisch) kümmern sie sich um alle Gästebelange und organisieren z. B. auch geführte Touren.

Sehr zu empfehlen sind die vorn gelegenen Suiten mit Kochnischen und separaten Schlafzimmern. Fast noch besser ist aber das gegenüber liegende Ferienhaus mit Whirlpool und Platz für sieben Personen.

Hotel La Piazzetta
HOTEL $$
(☑ 999-923-39-09; www.hotellapiazzettamerida.com; Calle 50A, No 493 zw. Calle 57 & 59; DZ inkl. Frühstück 750–1100 Mex$; ⊜ ✱ 🛜) Dieser freundliche Mix aus Pension und Hotel liegt abseits einer ruhigen Seitenstraße. Gäste schauen entweder schön auf den **Parque de la Mejorada** oder auf den attraktiven Terrassenbereich des kleinen Gebäudes. Tische aus künstlich gealtertem Holz, Handtücher in Hängekörben usw. verleihen den gut gepflegten Zimmern ein modernes Gesicht. Die luftige Lobby ist gleichzeitig ein nettes Café. Kostenlose Leihfahrräder.

Casa Ana B & B
B&B $$
(☑ 999-924-00-05; www.casaana.com; Calle 52, No 469; Zi. inkl. Frühstück 50 US$; ⊜ ✱ 🛜 🖥) Das lässige, aber anheimelnde B & B hat eines der besten Preis-Leistungs-Verhältnisse der Stadt. Hierfür sorgen u. a. ein Pool mit Natursteinboden und ein lauschig verwucherter Garten. Die blitzsauberen Zimmer verfügen über mexikanische Hängematten und Moskitonetze (zum Glück!). Die kubanische Inhaberin Ana wohnt vor Ort, was der Atmosphäre eine freundliche und persönliche Note gibt.

Hotel Julamis
BOUTIQUEHOTEL $$
(☑ 999-924-18-18, Handy 998-1885508; www.hoteljulamis.com; Calle 53, No 475B; Zi. inkl. Frühstück 69–99 US$; ✱ 🛜) Hiesiges Highlight ist das Gourmetfrühstück, das Inhaber und Küchenchef Alex selbst zubereitet. Die leicht betagten, aber sonst sehr netten Zimmer sind individuell eingerichtet (z. B. mit bunten Wandbildern und originalen Fliesenböden). Zudem haben sie Kühlschränke, die täglich frisch mit Getränken bestückt werden. Weitere Pluspunkte sind der gute Service und die Tequila-Verkostung um 18 Uhr.

Gran Hotel
HOTEL $$
(☑ 999-923-69-63; www.granhoteldemerida.com; Calle 60, No 496; DZ 730–790 Mex$, Suite 1400–

1600 Mex$; P ⇄ ✳ 🛜) Bei seiner Eröffnung (1901) war dieser Oldtimer wirklich ein Grand Hotel. Heute wirken seine Zimmer aber meist ziemlich abgenutzt. Ein paar der Quartiere sind etwas moderner; oft muss man sich aber mit ausgebleichten Teppichen und altem Originalmobiliar begnügen. Trotz des Zahns der Zeit prunkt die elegante Lobby immer noch mit vielen schicken Schnörkeln. Die zentrale Lage ist vorteilhaft.

62 Street Guesthouse PENSION $$
(☎ 999-924-30-60; www.casaalvarezguesthouse.com; Calle 62, No 448 zw. Calle 51 & 53; DZ 750 Mex$; P ⇄ ✳ 🛜 ☀) In dieser freundlichen, blitzsauberen und äußerst ruhigen Pension der alten Schule fühlt man sich dank des freundlichen Hausverwalters wie ein Familienmitglied. Zudem warten hier Zimmerkühlschränke, viele Antiquitäten (z. B. ein Grammophon in Zylinderform) und tadellos geputzte Bäder mit guten Duschen. Gäste haben Zugang zur Küche und zum kleinen Pool im Garten hinten.

★ Casa Lecanda BOUTIQUEHOTEL $$$
(☎ 999-928-01-12; www.casalecanda.com; Calle 47, No 471 zw. Calle 54 & 56; DZ inkl. Frühstück ab 325 US$; ✳ 🛜 ☀) Das Lecanda mit seiner schlichten, aber attraktiven Fassade deklassiert Méridas andere Boutique-Unterkünfte mit großer Detailfreudigkeit – sowohl beim Design der Einrichtung als auch beim Service. Die großartig restaurierte Villa aus dem 19. Jh. beherbergt gerade mal sieben Zimmer. Diese paaren jeweils traditionelle Stilelemente mit modernen Annehmlichkeiten und luxuriösen Bädern.

Der kleine Pool im üppigen Garten und die optionale Raumauswahl beim Einchecken sind willkommene Extras. Das herzhafte Frühstück wird in einem Speiseraum im Kolonialstil serviert. Die Hotelbar schenkt diverse mexikanische Tequila- und Weinsorten aus.

Diplomat Boutique Hotel B & B $$$
(☎ 999-117-29-72; www.thediplomatmerida.com; Calle 78, No 493A zw. Calle 59 & 59A; Zi. 275 US$; ✳ 🛜 ☀) Gleich südwestlich vom historischen Zentrum liegt diese wunderschöne Oase mit anheimelnder Atmosphäre im Stadtviertel Santiago. Das ganze Haus strotzt vor Stil und Charme. Die minimalistische Zimmergestaltung wird z. B. durch Topfpflanzen oder geschmackvolle Ornamentik aufgelockert. Die freundlichen kanadischen Inhaber servieren leckeres Frühstück auf der Terrasse und leckere Snacks am Pool. Zudem machen sie tolle Vorschläge in puncto Sehenswürdigkeiten und Restaurants.

Wer sich zu einer eintägigen Stadterkundung aufgerafft hat, kann danach in einer Hängematte oder am Pool relaxen. Die Hauptsaisonspreise sind ganz schön hoch; in der Nachsaison ist das Preis-Leistungs-Verhältnis besser.

Los Arcos Bed & Breakfast B & B $$$
(☎ 999-928-02-14; www.losarcosmerida.com; Calle 66, No 448B; DZ inkl. Frühstück 85–95 US$; P ⇄ ✳ 🛜 ☀) Nichts für Minimalisten: Das reizende, schwulenfreundliche B & B wird überall von Kunst und Krimskrams geziert. Die beiden Gästezimmer liegen am Ende eines grandiosen Gartens mit Poolbereich. Sie kombinieren jeweils allerlei Kunstwerke und Antiquitäten mit hervorragenden Betten und Bädern.

Hotel Casa del Balam HOTEL $$$
(☎ 999-924-88-44; www.casadelbalam.com; Calle 60, No 488 zw. Calle 55 & 57; DZ/Suite ab 1200/ 1800 Mex$; P ⇄ ✳ @ 🛜 ☀) Dieses Hotel in zentraler Lage paart einen attraktiven Pool mit großen, ruhigen Zimmern im Kolonialstil. Darin findet man funkelnde Fliesen und sehr feste Betten mit Kopfteilen aus Schmiedeeisen. Bei wenig Betrieb gibt's oft kräftig Rabatt, was das Preis-Leistungs-Verhältnis dann sehr anständig macht.

✗ Essen

Mérida en Domingo ist Pflicht: Der ganztägige Gastro- und Kunsthandwerksmarkt findet jeden Sonntag auf dem Hauptplatz statt. Seine Besucher erfreuen sich an toller regionaler Küche in großer und günstiger Auswahl.

★ Pola EISCREME $
(www.polagclato.com; Calle 55 s/n zw. Calle 62 & 64; Eiskrem ab 30 Mex$) Selbst in der Arktis wäre das Pola wohl ein Hit: Sein Vollmilch-Bio-Eis ohne künstliche Zusatzstoffe ist einfach *muy rico* (köstlich). Unter den Sorten sind ein paar sehr ungewöhnliche Optionen wie „Schweinefleisch mit Bohnen": Dieses Gericht wird in Yucatán traditionell am Montagabend gegessen und kann hier alternativ als Eis-Aroma genossen werden (ebenfalls nur Mo). Aber unbedingt auch das normale Schokoladeneis probieren!

★ Wayan'e TACOS $
(Ecke Calle 59 & Calle 46; Tacos 12–17 Mex$, Tortas 20–32 Mex$; ⊙ Mo–Sa 7–14.30 Uhr) Das für sein

castakan (knuspriger Schweinebauch) beliebte Wayan'e (d. h. „Hier ist es", auf Mayathan) gehört zu den besten Frühstückslokalen Méridas. Vegetarier finden hier auch etwas, z. B. Tacos mit *huevo con xkatic* (Ei und Chili) sowie frische Säfte. Wer auf Fleisch steht, hält sich an die köstliche *castakan torta* (Sandwich).

Bistro Cultural   FRANZÖSISCH $

(Calle 66 377c zw. Calle 41 & 43; Hauptgerichte morgens 45–60 Mex$, mittags 65–80 Mex$; ⊙ Mo–Fr 8.30–17.30, Sa & So bis 16.30 Uhr) Es lohnt sich, von der belebten Touristenzone aus ein paar Blocks weit zu dem reizenden kleinen Café unter französischer Leitung zu laufen. In dessen kleinem Salon kann einheimische Kunst bewundert werden. Danach heißt's Snacks oder größere Gerichte im zauberhaften Garten genießen. Die französische Küche mit yukatekischem Touch besteht weitestmöglich aus regionalen Bio-Zutaten.

Auf der kurzen Karte steht z. B. *croque chaya* (Abwandlung des französischen *croque monsieur*). Zudem gibt's hier täglich ein anderes Tagesgericht und leckere französische Backwaren (12–17 Mex$). Zukünftig will der Laden auch abends öffnen (Okt.–April Do–Sa).

Bar de Café Sukra   CAFÉ $

(www.facebook.com/sukracafe; Paseo de Montejo 496 zw. Calle 43 & 45; Hauptgerichte 60–90 Mex$; ⊙ Mo–Sa 9–18, So bis 14 Uhr) Das lässige Café am Anfang des Paseo de Montejo wird von hübschen Pflanzen flankiert. Mit seinem kunterbunten Mix aus Tischen und Stühlen erinnert es eher an Omas Häuschen als an ein Restaurant an der vornehmsten Straße der Stadt. Die hervorragenden Salate und Sandwiches sind gleichermaßen unprätentiös – einfach genießen und das Leben vorbeiziehen lassen.

La Socorrito   YUKATEKISCH $

(Calle 47 zw. Calle 58 & 60; Tortas 20 Mex$; ⊙ 7–16 Uhr) Das zauberhafte La Socorrito gehört zu den ältesten Adressen an dieser Restaurantmeile und ist eine Institution: Seit über 60 Jahren wird hier *cochito* langsam in Gruben gegart. Zu finden ist das winzige Lokal auf der Plaza-Seite des Mercado de Santa Ana.

⭐Oliva Enoteca   ITALIENISCH $$

(☏ 999-923-30-81; www.olivamerida.com; Calle 47, Ecke Calle 54; Hauptgerichte 180–320 Mex$; ⊙ Mo–Sa 13–17 & 19–24 Uhr) Das moderne, elegante Restaurant lockt Méridas Hipster mit schwarz-weißen Bodenfliesen, Edison-

Glühlampen, Designerstühlen, einer offenen Küche und tollem italienischen Essen.

Nectar   YUKATEKISCH $$

(☏ 999-938-08-38; http://nectarmerida.mx; Av A García Lavín 32; Hauptgerichte 220–500 Mex$; ⊙ Di–Do 13.30–17 & 19–0.30, Fr & Sa bis 1, So 13.30–17 Uhr; ✻) Dieses Gourmetziel in Méridas Norden ist am besten per Taxi erreichbar. Serviert wird hier yukatekische Traditionsküche in so innovativen wie leckeren Varianten. Darunter sind z. B. *cebollas negras* (angeschwärzte Zwiebeln; 150 Mex$) – optisch etwas unattraktiv, aber sensationell schmackhaft. Ansonsten sind die Hauptgerichte mit Fleisch und Fisch immer eine gute Wahl.

Einfallsreichtum prägt auch die Cocktails und Desserts. Das Personal ist extrem freundlich und hilfsbereit. Abgerundet wird das tolle Paket durch eine Inneneinrichtung, die eines Designer-Awards würdig wäre.

Lo Que Hay   VEGAN $$

(www.hotelmediomundo.com; Calle 55, No 533; Hauptgerichte 80–150 Mex$, 3-gängiges Menü 280 Mex$; ⊙ Di–Sa 19–22 Uhr; ☏🍴) Das Hausrestaurant des **Hotel Medio Mundo** (☏ 999-924-54-72; DZ inkl. Frühstück 80–90 US$; ❂✻☏🐾) akzeptiert auch reine Speisegäste. Es hat nur abends geöffnet und begeistert mit seinem veganen Essen (z. B. mexikanisch, libanesisch, Rohkost) sogar die meisten Fleischfans. In einem lauschigen Hof kommen hier u. a. dreigängige Menüs auf den Tisch.

La Chaya Maya   MEXIKANISCH $$

(www.lachayamaya.com; Calle 55, No 510; Hauptgerichte 65–200 Mex$; ⊙ Mo–Sa 13–22, So 8–23 Uhr) Das La Chaya in einem schmucken Innenstadtgebäude aus der Kolonialzeit empfiehlt sich für einen guten Einstieg in Yucatáns Traditionsküche: Hier gibt's z. B. *relleno negro* (schwarzer Truthahn-Eintopf) oder *cochinita pibil* (langsam gegartes Schweinefleisch). Das bei Einheimischen wie Reisenden beliebte Lokal ist der neue Ableger des gleichnamigen **Stammrestaurants** (www.lachayamaya.com; Ecke Calle 62 & 57; Hauptgerichte 65–200 Mex$; ⊙ 7–23 Uhr), das auch morgens geöffnet hat.

⭐Ku'uk   INTERNATIONAL $$$

(☏ 999-944-33-77; www.kuukrestaurant.com; Av Rómulo Rozo, No 488, Ecke Calle 27; Hauptgerichte 220–500 Mex$, Probiermenü 1350 Mex$) Das prächtige historische Wohnhaus am Ende des Paseo Montejo hat das passende Ambiente für sein Essen: Die köstlichen Spitzengerichte legen eine sehr hohe Messlatte in puncto mexikanische Küche. Dabei kombinieren sie yukatekische Rezepte mit modernen Zubereitungsarten und Aromen. Am besten das Probiermenü (1350 Mex$, mit passenden Weinen 2200 Mex$) bestellen! Gespeist wird hier in mehreren Räumen mit leicht spartanischer, aber eleganter Einrichtung.

⭐ Apoala
MEXIKANISCH **$$$**

(☎999-923-19-79; www.apoala.mx; Calle 60, No 471, Parque Santa Lucía; Hauptgerichte 155–300 Mex$; 🕐) Eines von den tollen Restaurants im Parque Santa Lucía (S. 332): Das Apoala steht für Einflüsse aus Oaxaca, das wie Yucatán für seine einzigartige Regionalküche bekannt ist. Auf den Tisch kommen hier neue Varianten von beliebten Klassikern wie *enmoladas* (gefüllte Tortillas in reichhaltiger *mole*-Sauce) oder *tlayudas* (große Tortillas mit Rindfleischstreifen, schwarzen Bohnen und Käse aus Oaxaca).

Eureka
ITALIENISCH **$$$**

(☎999-926-26-94; www.facebook.com/eurekacucinaitaliana; Av Rotary Internacional 117, Ecke Calle 52; Hauptgerichte 130–260 Mex$; 🕐Di–Sa 13–23, Sa bis 18 Uhr; 🅿🕐🍷) Ein Hauch von Stil prägt das Eureka, das zu Méridas vielen Lokalen mit spitzenmäßiger *cucina Italiana* gehört. Die Spezialität von Küchenchef Fabrizio Di Stazio ist das *riccioli eureka* (frisch hergestellte Nudeln plus Pilze in getrüffelter weißer Hackfleischsauce). Der Laden liegt östlich des Paseo Montejo und ist leicht mit dem Taxi erreichbar.

Ausgehen & Nachtleben

⭐ Mercado 60
COCKTAILBAR

(www.mercado60.com; Calle 60 zw. Calle 51 & 53; 🕐18 Uhr–open end) Lust auf einen spaßigen Abend mit Drinks und günstiger Küche aus aller Welt? Dann auf zu diesem stimmungsvollen und belebten Markt mit großer kulinarischer Auswahl. Hier schlürft man Margaritas oder gute Weine und tanzt zusammen mit hippen Einheimischen zu live gespielter Salsa-Musik ab. Das Ganze entspricht einem modernen Mix aus Cocktailbar und Bierhalle; die einzelnen Alkoholverkäufer sind jeweils auf bestimmte Sorten spezialisiert.

Kleine Kioske servieren hier auch Essen von mexikanischen Gourmettacos bis hin zu Ramen-Nudeln. Die leckeren Gerichte sind teilweise nicht sonderlich hochwertig, schaffen aber eine gute Grundlage fürs Bechern.

⭐ Manifesto
CAFÉ

(http://manifesto.mx; Kaffee ab 30 Mex$; 🕐Mo–Fr 8–21, Sa bis 18 Uhr) Verspielten Firlefanz wie Latte mit Kürbissaft und Gewürzen sucht man in diesem Café vergeblich. Stattdessen gilt dieses *manifesto*: leckere Koffeingetränke für echte Kaffeeliebhaber. Dank eines Trios aus Kalabrien (Italien) werden hier Espresso, Cappuccino und Flat White von kompetenten Baristas gebraut. Das minimalistische und unkonventionelle Ambiente ist ebenfalls sehr reizvoll.

Das Manifesto röstet seine Kaffeebohnen (z. B. aus Veracruz oder Chiapas) selbst und verkauft sie auch sortenweise in Packungen zum Mitnehmen. Leider hat es sonntags geschlossen.

La Fundación Mezcalería
BAR

(www.facebook.com/lafundacionmezcaleriamerida; Calle 56, No 465 zw. Calle 53 & 55; 🕐Mi–So 20–2.30 Uhr; 🕐) Die lärmige Retro-Bar mit Livemusik (tgl.) ist vor allem mittwochs ein beliebter Radfahrer-Treff. Die Atmosphäre animiert dazu, die tolle Auswahl an Bio-Mezcals komplett durchzuprobieren. Doch Vorsicht: Das Zeug hat es in sich!

Unterhaltung

In Méridas Parks und historischen Gebäuden finden viele kulturelle Events (u. a. Konzerte) statt. Dabei treten hervorragende Künstler aus der Region auf; der Eintritt ist meist frei. Das Touristenmagazin *Yucatán Today* enthält ein gutes Wochenverzeichnis mit aktuellen Veranstaltungen vor Ort.

Centro Cultural Olimpo
KULTURZENTRUM

(☎999-924-00-00, Durchwahl 80152; www.merida.gob.mx/capitalcultural; Ecke Calle 62 & 61) Hier ist immer etwas geboten (z. B. Konzerte, Kinoabende, Installationskunst).

🔒 Shoppen

Guayaberas Jack
BEKLEIDUNG

(www.guayaberasjack.com.mx; Calle 59, No 507A; 🕐Mo–Sa 10–20.30, So bis 14.30 Uhr) Das *guayabera* (besticktes Herrenhemd) ist typisch für Mérida. Wer die falsche Wahl trifft, könnte darin aber wie ein Kellner aussehen und in jedem Restaurant nach der Rechnung gefragt werden. Davor bewahrt einen zuverlässig dieses berühmte Geschäft.

Hamacas Mérida
KUNSTHANDWERK

(☎999-924-04-40; www.hamacasmerida.com.mx; Calle 65, No 510 zw. Calle 62 & 64; 🕐Mo–Fr 9–19, Sa bis 14 Uhr) Große Auswahl von Hängematten und Stühlen in vielerlei Varianten. Weltweiter Versand.

Tejón Rojo
GESCHENKE, SOUVENIRS
(www.tejonrojo.com; Calle 53, No 503; ☺Mo–Sa 12–21, So 13–18 Uhr) Trendige T-Shirts mit Grafiken plus Souvenirs aus der mexikanischen Popkultur (z. B. Kaffeebecher, Schmuck, Handtaschen, Ringermasken).

Librería Dante
BÜCHER
(www.libreriadante.com.mx; Ecke Calle 61 & 62, Plaza Grande; ☺8–22.30 Uhr) Führt neben englischsprachigen Titeln zu Yucatáns Geschichte (inkl. Archäologie) u. a. auch gute Kochbücher mit regionalen Gerichten. Mehrmals in Mérida vertreten.

❶ Praktische Informationen

GELD
Überall in Mérida gibt's Bankfilialen und Geldautomaten. Beides auf einem Fleck findet man z. B. einen Block südlich der Plaza Grande an der Calle 65 (zw. Calle 60 & 62). Im Vergleich zu Banken haben *casas de cambio* (Wechselstuben) einen schnelleren Service und längere Öffnungszeiten, aber oft auch schlechtere Konditionen.

INTERNETZUGANG
Öffentliches Gratis-WLAN gibt's in vielen örtlichen Cafés und teils auch auf den Hauptplätzen.
Chandler's Internet (Calle 61 s/n zw. Calle 60 & 62; 15 Mex$/Std.; ☺9–22 Uhr) Gleich abseits der Plaza Grande.

MEDIZINISCHE VERSORGUNG
Das Reisemagazin *Yucatán Today* (www.yucatantoday.com/en/topics/healthcare-merida-yucatan) führt ein gutes Verzeichnis mit regionalen Arztpraxen, Kliniken und Krankenhäusern.
Clínica de Mérida (☎999-942-18-00; www.clinicademerida.com.mx; Av Itzáes 242, Ecke Calle 25; ☺24 Std.; 🚌R-49) Gute Privatklinik mit eigenem Labor und Notfallhilfe rund um die Uhr.
Hospital O'Horán (☎999-930-33-20; Av de los Itzáes, Ecke Av Jacinto Canek) Öffentliches, zentral gelegenes Krankenhaus mit Notaufnahme. Für Rezeptverschreibungen und Behandlungen bei harmloseren Gesundheitsproblemen empfehlen sich jedoch Méridas Privatkliniken.

POST
Hauptpost (☎999-928-54-04; Calle 53, No 469 zw. Calle 52 & 54; ☺Mo–Fr 8–19, Sa bis 15 Uhr)

TOURISTENINFORMATION
Am Flughafen gibt's spezielle Infoschalter für Touristen. Die beiden Büros in der Innenstadt paaren jeweils Basisinfos mit einfachen Broschüren und Übersichtsplänen.
Städtische Touristeninformation (☎999-942-00-00, Durchwahl 80119; www.merida.gob.mx/turismo; Calle 62, Plaza Grande; ☺8–20 Uhr) Direkt am Hauptplatz gibt's hier hilfsbereites Personal (spricht Englisch) und kostenlose Stadtspaziergänge (tgl. 9.30 Uhr).
Touristeninformation des Bundesstaates (☎999-930-31-01; www.yucatan.travel; Calle 61 s/n, Plaza Grande; ☺8–20 Uhr) Am Eingang des Palacio de Gobierno; meist mit englischsprachigem Personal besetzt.

❶ An- & Weiterreise

AUTO & MOTORRAD
Beim Besuch der vielen archäologischen Stätten rund um Mérida ist man mit einem Mietwagen am flexibelsten. Für das kurzzeitige Mieten eines Kleinwagens muss man zwischen 500 und 550 Mex$ pro Tag (inkl. Steuern und Versicherung) einkalkulieren. Im Gewirr der Einbahnstraßen in Mérida ist man besser zu Fuß oder mit dem Bus unterwegs.

Mehrere Autovermieter haben Filialen am Flughafen und an der Calle 60, zwischen den Calles 55 und 57. Den besten Preis bekommt man bei Online-Buchung. Zwischen Mérida und Cancún liegt eine teure Mautautobahn (450 Mex$).
Easy Way (☎999-930-95-00; www.easywayrentacar-yucatan.com; Calle 60 Nr. 484, zw. Calle 55 & Calle 57; ☺7–23 Uhr)
National (☎999-923-24-93; www.nationalcar.com; Calle 60 Nr. 486F, zw. Calle 55 & Calle 57; ☺8–13 & 16–20 Uhr)

BUS
Mérida ist der Knotenpunkt des Busverkehrs auf der Halbinsel Yucatán. Vorsicht in Nachtbussen und auf Routen zu Touristenhochburgen (ganztägig; vor allem in 2.-Klasse-Bussen): Gut aufs Gepäck aufpassen, da immer wieder Diebstähle vorkommen!

Mérida hat mehrere Busbahnhöfe. Einige Gesellschaften benutzen gleich mehrere dieser Terminals, die oft wechselseitig Tickets verkaufen. Die einzelnen Busfirmen bedienen häufig dieselben Ziele und liefern teilweise Ticketinfos unter www.ado.com.mx.
CAME-Busbahnhof (Terminal de Primera Clase; ☎999-920-44-44; Calle 70 s/n zw. Calle 69 & 71) Méridas Hauptbusbahnhof wickelt größtenteils 1.-Klasse-Verbindungen (u. a. von ADO, OCC, ADO GL) ab. Hierbei werden Ziele auf der Halbinsel Yucatán aber auch so weit entfernte Städte wie Mexico City abgedeckt.
Fiesta-Americana-Busbahnhof (☎999-924-83-91; Ecke Calle 60 & Av Colón; 🚌R-2) Kleines 1.-Klasse-Terminal auf der Westseite des Fiesta-Americana-Hotelkomplexes; bedient

BUSSE AB MÉRIDA

ZIEL	PREIS (MEX$)	DAUER (STD.)	HÄUFIGKEIT (TGL.)
Campeche	226	2½–3	häufig
Cancún	210–412	4½–6½	häufig (ab CAME- & TAME-Busbahnhof)
Celestún	56	2½	häufig (ab Noreste-Busbahnhof)
Chetumal	446	5½–6	3- bis 4-mal (ab TAME-Busbahnhof)
Chichén Itzá	91–144	1½–2	häufig (ab CAME- & Noreste-Busbahnhof)
Escárcega	288	4–4½	4-mal (ab TAME-Busbahnhof)
Felipe Carrillo Puerto	218	6	häufig (ab TAME-Busbahnhof)
Izamal	28	1½	häufig (ab Noreste-Busbahnhof)
Mayapán	25	1½	stündl. (ab Noreste-Busbahnhof)
Mexico City	1792–1882	20	7-mal; (ab CAME- & TAME-Busbahnhof)
Palenque	628–638	7½–10	4-mal (ab CAME- & TAME-Busbahnhof)
Playa del Carmen	464	4–6	häufig (ab CAME- & TAME-Busbahnhof)
Progreso	20	1	häufig (ab Progreso-Busbahnhof)
Río Lagartos/San Felipe	160–225	3½	3-mal (ab Noreste-Busbahnhof)
Ruta Puuc (Rundfahrt; 30 Min. pro Stätte)	179	8–8½	1-mal, nur So (8 Uhr ab TAME-Busbahnhof)
Ticul	55	1¾	häufig (ab TAME-Busbahnhof)
Tizimín	105–170	60	häufig (ab Noreste-Busbahnhof)
Tulum	190–338	4–4½	5-mal (ab CAME- & TAME-Busbahnhof)
Uxmal	63	1½	5-mal (ab TAME-Busbahnhof)
Valladolid	204	2½–3	häufig (ab CAME- & TAME-Busbahnhof)

in erster Linie die Gäste der Luxushotels, die nördlich vom Zentrum an der Av Colón liegen. Mit ADO besteht hier Verbindung nach Cancún, Playa del Carmen, Villahermosa und Ciudad del Carmen.

Noreste-Busbahnhof (Autobuses del Noreste y Autobuses Luz; ☎ 999-924-63-55; Calle 50, Ecke Calle 67) Von hier aus fahren die Busfirmen Noreste und Luz u. a. zu vielen Ortschaften im Nordosten der Halbinsel (z. B. Tizimín, Río Lagartos). Ebenfalls bedient werden Cancún (inkl. Ziele unterwegs) und Kleinstädte südlich bzw. westlich von Mérida (z. B. Celestún, Ticul, Ruinas de Mayapán, Oxkutzcab). Einige Oriente-Busse starten am Terminal de Segunda Clase und halten am Noreste-Busbahnhof.

Parque de San Juan (Calle 69 zw. Calle 62 & 64) Rund um den ganzen Platz und die dortige Kirche brechen *combis* (Vans bzw. Minibusse) u. a. gen Muna, Oxkutzcab, Tekax oder Ticul auf

Progreso-Busbahnhof (Terminal Autoprogreso; ☎ 999-928-39-65; www.autoprogreso. com; Calle 62, No 524) Separates Terminal für Busse zum Strandort Progreso im Norden.

TAME-Busbahnhof (Terminal de Segunda Clase; ☎ 999-924-08-30; Calle 69 zw. Calle 68 & 70) Gleich um die Ecke vom CAME-Busbahnhof sind hier ADO, Mayab, Oriente, Sur, TRT und ATS vertreten. Die Busse (meist 2. Klasse)

steuern Ziele im Bundesstaat Yucatán und auf der übrigen Halbinsel an (z. B. Felipe Carrillo Puerto oder Ticul).

Colectivos nach Tekax
Colectivos nach Progreso (Calle 60)

FLUGZEUG

Der **Aeropuerto Internacional de Mérida** (Mérida International Airport; ☎ 999-940-60-90; www.asur.com.mx; Hwy 180, Km 4,5; ☐ R-79) liegt rund 10 km (20 Fahrtmin.) südwestlich der Plaza Grande. Abseits des Hwy 180 (Av de los Itzáes) findet man hier u. a. Autovermieter, Wechselstuben, einen Geldautomaten und eine Touristeninformation.

Die meisten Auslandsflüge nach Mérida führen über Mexico City. Aeroméxico und United Airlines bieten jedoch internationale Direktverbindungen an.

Die Billiganbieter Interjet, VivaAerobus und Volaris fliegen nach Mexico City. Propellermaschinen von Mayair starten nach Cancún und Cozumel.

Aeroméxico (☎ 800-021-40-00; www.aerome xico.com) Direktflüge ab Miami.

Interjet (☎ 800-011-23-45, in den USA 866-285-9525; www.interjet.com) Bedient Mexico City, wo u. a. Anschluss nach NYC, Miami und Houston besteht.

Mayair (☑ 800-962-92-47; www.mayair.com.mx) Schickt Propellermaschinen über Cancún nach Cozumel.

VivaAerobus (☑ 818-215-01-50, in den USA 888-935-98-48; www.vivaaerobus.com) Flüge nach Mexico City und Monterrey.

Volaris (☑ Mexico City 55-1102-8000, in den USA 866-988-3527; www.volaris.com) Direktflüge nach Mexico City und Monterrey.

ⓘ Unterwegs vor Ort

BUS

Méridas günstige Stadtbusse (Einzelfahrt 8 Mex$) folgen teils verwirrenden Streckenführungen: Einige der Routen beginnen in einem Vorort, streifen den Rand des Zentrums und enden dann weit draußen in einem anderen Vorort. Transpublico.com (https://merida.transpublico.com) liefert detaillierte Streckenpläne zum gesamten Stadtbusnetz.

Mit Linie R-2 (Kennzeichnung „Hyatt" od. „Tecnológico") entlang der Calle 60 geht's von der Plaza Grande am schnellsten zu den Nobelvierteln, die den Paseo de Montejo gen Norden säumen. In Gegenrichtung eignen sich alle Busse, die mit „Hyatt", „Tecnológico" und/oder „Centro" gekennzeichnet sind und dem Paseo de Montejo südwärts folgen.

VOM/ZUM FLUGHAFEN

Schnelle Taxis von **Transporte Terrestre** (☑ 999-946-15-29; www.transporteterrestremerida.com; 200–220 Mex$/Taxi, Tür-zu-Tür zzgl. 200 Mex$) und **ADO** (☑ 999-946-03-68; 200 Mex$/Taxi, Tür-zu-Tür zzgl. 200 Mex$) verbinden den Flughafen mit der Stadt. In Gegenrichtung beträgt der Preis ca. 100 bis 120 Mex$, wenn man ein Taxi auf der Straße anhält. Wer diesen niedrigen Tarif *ab* dem Flughafen bezahlen will, muss von dort aus zur Hauptstraße laufen und dann ein Taxi heranwinken.

Stadtbusse mit Kennzeichnung „Aviación 79" pendeln zwischen der Hauptstraße vor dem Flughafeneingang und dem Zentrum (8 Mex$, bis 21 od. 23 Uhr alle 15–30 Min.). Allerdings fahren sie nicht in den Flughafen hinein. In Gegenrichtung nutzt man diese Linie am besten ab dem Parque San Juan (Ecke Calle 62 & 69).

TAXI

Méridas Taxis verfügen zunehmend über Taxameter. Bei Chauffeuren ohne ein solches Gerät unbedingt immer vorher den Preis aushandeln! Für Innenstadtfahrten und Touren zu den Busbahnhöfen sind jeweils 30 bis 50 Mex$ angemessen. An den Parks bzw. Plätzen der meisten *barrios* (Stadtviertel) gibt's Taxistände. Telefonische Bestellung und/oder Gepäcktransport kosten eventuell extra.

Radio Taxímetro del Volante (☑ 999-928-30-35) Funktaxi-Service rund um die Uhr.

Uxmal

Die eindrucksvollen Ruinen von Uxmal (sprich: uhsch-mahl) zählen zu Mexikos großartigsten (und leider auch am stärksten besuchten) Maya-Stätten. Auf dem großen Areal warten einige faszinierende und gut erhaltene Bauten mit vielen Reliefs. Uxmals Reiz wird verstärkt durch die Nähe zur Region Puuc, nach der der hiesige Architekturstil benannt ist. *Puuc* bedeutet „Hügel" – in diesem Fall bis zu 100 m hoch und die erste Abwechslung zum Tiefland im Norden bzw. Westen der Halbinsel.

Die allabendliche Sound- und Lightshow an den Ruinen kostet extra.

Ein komplettes Kontrastprogramm zu den Maya-Ruinen bietet das Museum **Choco-Story** (www.choco-storymexico.com; Hwy 261, Km 78 nahe dem Hotel Hacienda Uxmal; Erw./Kind 6–12 Jahre 120/90 Mex$; ⊙ 9–19.30 Uhr), das die Geschichte der Schokolade beleuchtet.

◉ Sehenswertes

Die Ruinen erkunden

Casa del Adivino   ARCHÄOLOGISCHE STÄTTE

(Pirámide del Adivino) Während man sich Uxmal nähert, kommt die 35 m hohe Casa del Adivino („Haus des Zauberers") mit ungewöhnlicher Ovalform in Sicht – genauer die restaurierte Version des fünften Tempels an dieser Stelle. Diese besteht aus runden Steinen, die mit viel Zement grob zusammengehalten werden. Die Maya überbauten alle vier Vorgängerschreine komplett und verschonten dabei nur das hohe Westportal des vierten Tempels.

Dieses bildet heute den Mund einer riesigen Chaac-Maske und ist prachtvoll im Chenes-Stil verziert. Letzterer entwickelte sich ursprünglich weiter südlich.

Cuadrángulo de las Monjas   ARCHÄOLOGISCHE STÄTTE

Das weitläufige „Nonnenviereck" mit 74 Räumen liegt unmittelbar westlich der Casa del Adivino. Archäologen zufolge könnte der Komplex als Militärakademie, königliche Schule oder Palast gedient haben. Die Fassaden der vier separaten Ecktempel sind über und über mit Chaacs langnasigem Gesicht verziert. Der nördliche Tempel ist am prächtigsten und auch am ältesten. Nach ihm wurden nacheinander der südliche, östliche und westliche Schrein des Vierecks errichtet.

Südlich von Mérida

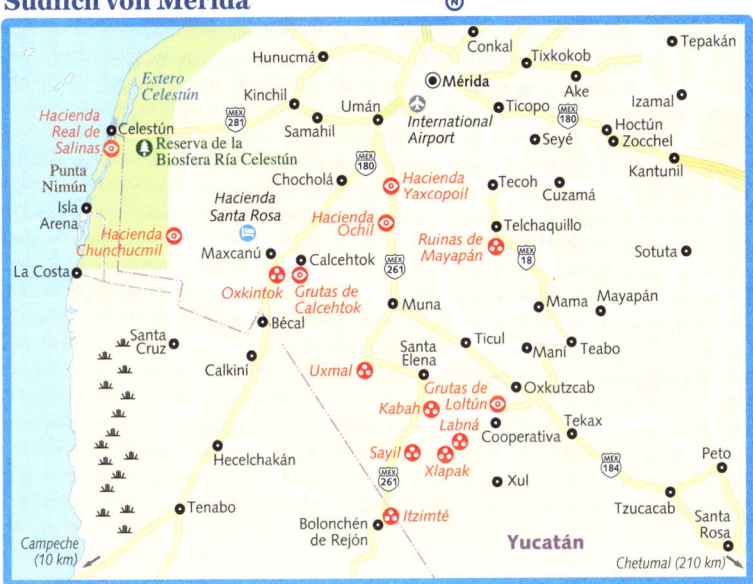

Mehrere Zierelemente auf den prachtvollen Fassaden weisen mexikanische (evtl. totonakische) Einflüsse auf. Dies gilt z. B. für die gefiederte Schlange (Quetzalcóatl bzw. Kukulcán auf Mayathan), die die obere Fassadenkante des westlichen Tempels säumt. Bemerkenswert sind auch die stilisierten Darstellungen einer *na* (traditionelle Maya-Hütte mit Strohdach) über einigen Portalen des nördlichen und südlichen Tempels.

Wer den mittleren Kragbogen des südlichen Tempels durchquert und dann bergab läuft, erreicht den **Juego de Pelota** (Ballspielplatz). Dort beginnen links die steilen Stufen, die hinauf zur großen Terrasse führen. Bei genügend Zeit kann man am Platz auch zuerst nach rechts abbiegen, um die westliche **Grupo del Cementerio** zu besichtigen. Diese ist größtenteils unrestauriert; allerdings stehen in der Mitte der dortigen Plaza einige interessante Steinquader mit Schädelreliefs.

Casa de
las Tortugas
ARCHÄOLOGISCHE STÄTTE

Südlich vom Ballspielplatz liegt das „Haus der Schildkröten", das nach den Schildkrötenreliefs auf seiner Brüstung benannt ist. Die Maya assoziierten Schildkröten mit dem Regengott Chaac: Nach ihrer Mythologie litten Menschen und Schildkröten identisch unter der Dürre, weshalb beide Chaac um Regen anflehten.

Unterhalb der Schildkröten verläuft rund um den Tempel ein Fries mit kurzen Säulen („Mattenrollen"), das charakteristisch für den Puuc-Stil ist.

Das eingestürzte Gewölbe auf der westlichen Gebäudeseite bietet einen guten Blick auf den Kragbogen, der das Ganze früher stützte.

Palacio
del Gobernador
ARCHÄOLOGISCHE STÄTTE

Der „Gouverneurspalast" mit seiner prächtigen, fast 100 m langen Fassade ist wohl das eindrucksvollste Gebäude in Uxmal. Die Mauern wurden mit Schutt verfüllt, mit Beton verputzt und dann mit einer dünnen Schicht aus Kalksteinplatten verblendet. Der untere Teil der Fassade blieb unverziert, der obere Teil wurde mit stilisierten Chaac-Masken und geometrischen, oft gitterförmigen oder durchbrochenen Mustern dekoriert.

Weitere Elemente des Puuc-Stils sind Ziergesimse, Reihen von Halbsäulen (wie bei der Casa de las Tortugas) und Rundsäulen in Toröffnungen (wie im Palast von Sayil).

Forscher entdeckten kürzlich an die 150 Arten von medizinischen Pflanzen, die an der Ostseite des Palastes wachsen. Wegen der hohen Konzentration der Pflanzen

Uxmal

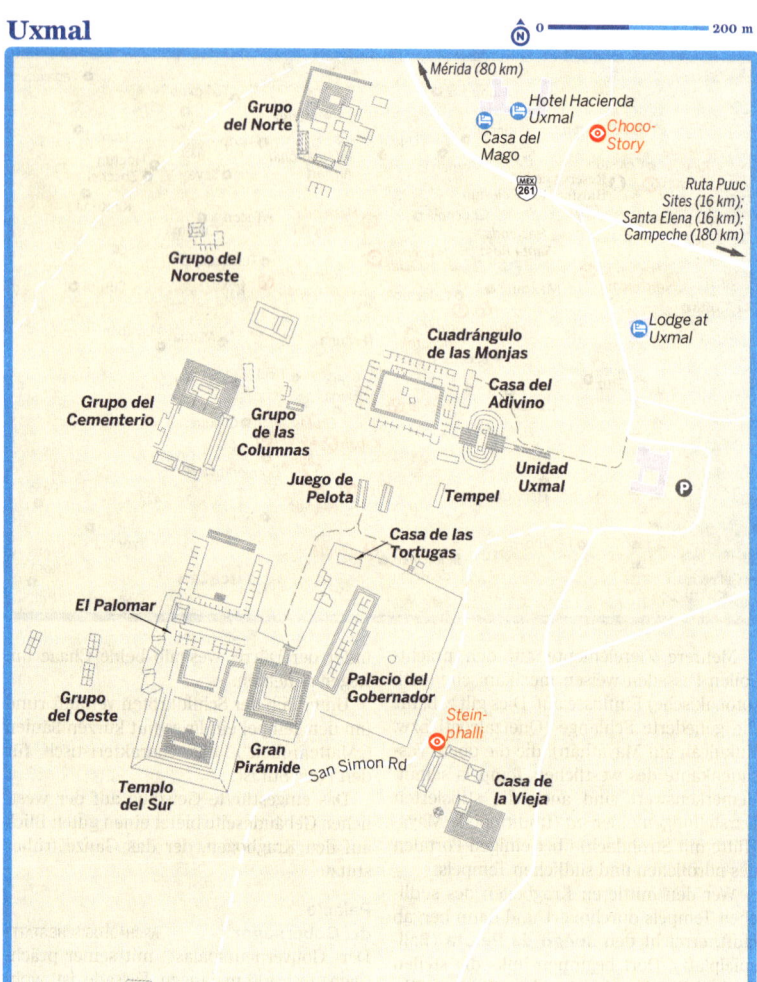

N 0 ▬▬▬ 200 m

Mérida (80 km)

Hotel Hacienda Uxmal
Casa del Mago
Choco-Story

Grupo del Norte

MEX 261

Ruta Puuc Sites (16 km);
Santa Elena (16 km);
Campeche (180 km)

Grupo del Noroeste

Lodge at Uxmal

Cuadrángulo de las Monjas

Casa del Adivino

Grupo del Cementerio

Grupo de las Columnas

Unidad Uxmal

Juego de Pelota

Tempel

Casa de las Tortugas

El Palomar

P

Grupo del Oeste

Palacio del Gobernador

Stein-phalli

Gran Pirámide

San Simon Rd

Casa de la Vieja

Templo del Sur

vermutet man, dass sie von den Maya angebaut wurden, um Bauchbeschwerden, Schlangenbisse und viele andere Leiden zu behandeln.

Gran Pirámide ARCHÄOLOGISCHE STÄTTE

Die 30 m hohe, neunstufige Pyramide ist nur an der Nordseite restauriert. Archäologen vermuten, dass der viereckige Raum auf der Spitze weitgehend zerstört wurde, um eine zweite Pyramide darüber zu errichten. Warum die Arbeiten nie fertiggestellt wurden, ist unbekannt. Auf der Spitze sieht man einige Stuckreliefs mit Chaac-Masken, Vögeln und Blumen.

El Palomar ARCHÄOLOGISCHE STÄTTE

Westlich der Großen Pyramide steht ein Gebäude, dessen mit Schlitzen durchbrochener Dachkamm an in Mauern eingelassene maurische Taubenschläge in Spanien oder Nordafrika erinnert – daher der Name „Taubenhaus" bzw. „Taubenschlag". Dreieckige, wabenförmige „Türme" sitzen auf dem Gebäude, das einst zu einem viereckigen Komplex gehörte.

Casa de la Vieja ARCHÄOLOGISCHE STÄTTE

(Haus der Alten Frau) Vor der südöstlichen Ecke des Palacio del Gobernador befindet sich ein kleiner, weitgehend verfallener Komplex, der als Casa de la Vieja bezeichnet wird. In der kleinen *palapa* (strohgedeckter Unterstand) vor dem Gebäude sind mehrere große Steinphalli aufgestellt.

🛏 Schlafen

In Uxmal gibt's weder ein Dorf noch Billig-Unterkünfte, sondern nur ein paar Spitzenklassehotels. Diverse gute Mittelklasse-Optionen findet man in Santa Elena (16 km gen Südosten) und Ticul (30 km gen Osten).

Hotel Hacienda
Uxmal   HISTORISCHES HOTEL **$$$**
(☎800-719-54-65, in den USA 877-240-58-64; www.mayaland.com; Hwy 261, Km 78; Zi. ab 136 US$; P✳🛜≋) Rund 500 m von den Ruinen entfernt liegt dieses attraktive Hotel der Resortkette Mayaland. Darin wohnten einst die Archäologen, die Uxmal erforschten und restaurierten. Breite Fliesenböden, viel Schmiedeeisen, hohe Decken, hervorragende Bäder und ein wunderbarer Pool versprechen hier einen angenehmen Aufenthalt. Nach einem langen Ruinentag können Gäste sogar in Schaukelstühlen relaxen.

Die dazugehörige Casa del Mago vermietet theoretisch Zimmer für den kleineren Geldbeutel, war aber zum Zeitpunkt der Recherche gerade aus unbekannten Gründen geschlossen.

Lodge at Uxmal   LUXUSHOTEL **$$$**
(☎800-719-54-65; www.mayaland.com; Hwy 261, Km 78; Zi. ab 235 US$; P✳🛜≋) Die Zimmer könnten für den Preis hübscher sein. Dafür ist der leichte Zugang zu den Ruinen, den man von hier aus hat, nicht zu toppen, und auch der Swimmingpool bringt Pluspunkte. Einige der teureren Zimmer haben auch einen Whirlpool. Kein Zweifel: Stephens und Catherwood genossen solchen Luxus nicht, als sie in den späten 1830er-Jahren hier durchkamen.

ℹ An- & Weiterreise

Uxmal ist 80 km von Mérida entfernt. Von Mérida TAME-Busbahnhof (S. 339) fahren Busse von Sur (etwa 70 Mex$, 1½ Std., 4-mal tgl.). Bei der Rückfahrt können die vorbeikommenden Busse aber voll sein. Wer nicht weg kommt, muss ein Taxi ins nahegelegene Santa Elena nehmen (150–200 Mex$).

Die Touren, die das Nómadas Hostel (S. 334) in Mérida anbietet, sind immer eine gute Option; ansonsten kann man ein Auto mieten und dann auch gleich andere Ruinen in der Gegend besuchen.

Santa Elena
☑ 997 / 3500 EW.

Während der Kastenkriege wurde Santa Elena (ursprünglich Nohcacab) im Jahr 1847 fast ganz zerstört. „Ele-na" bedeutet „verbrannte Häuser" auf Mayathan. Die Umbenennung des Städtchens war ein kühner PR-Schachzug der mexikanischen Regierung.

Wer Lust auf ein kleines Abenteuer hat, fragt Einheimische nach dem Weg zur Mulchic-Pyramide, die 4 km außerhalb des Orts liegt.

Santa Elena ist eine prima Ausgangsbasis für Touren zu den nahegelegenen Ruinen von Uxmal, Kabah und entlang der Ruta Puuc.

👁 Sehenswertes

Santa-Elena-Museum   MUSEUM
(Eintritt 10 Mex$; ⊙9–18 Uhr) Die beiden einzigen Gründe für den Besuch dieses winzigen Museums sind die schöne Aussicht (dank Hügellage) und das Unterstützen der Gemeinde per Eintrittsgeld. Und die Ausstellungen? Gezeigt werden hier offiziell „Kindermumien aus dem 18. Jh." – in Wirklichkeit vier halb verweste Leichen, die unter dem Boden der angrenzenden Kathedrale gefunden wurden.

🛏 Schlafen

⭐ Pickled Onion   B&B **$$**
(☎Handy 997-1117922; www.thepickledonionyucatan.com; abseits des Hwy 261; DZ/FZ inkl. Frühstück ab 50/65 US$; P🅿🛜≋) Das Pickled Onion vermietet moderne Lehmziegelhütten mit hübschen gefliesten Böden und Bädern. Die gut gepflegten Quartiere punkten mit Kaffeemaschinen, Moskitonetzen und kühlenden *palapa*-Dächern. Prima sind auch der Swimmingpool und der üppige Landschaftsgarten. Das hervorragende **Hausrestaurant** (Hauptgerichte 110–120 Mex$; ⊙7.30–20.30 Uhr; P🛜) serviert auch Picknick-Proviant für Ruinentrips. Abseits des Hwy 261 liegt das B&B am südlichen Ortsrand.

Nueva Altia   B&B **$$**
(☎Handy 998-2190176; Hwy 261, Km 159; DZ inkl. Frühstück 66 US$; P🅿🛜) ⚲ Die spiralförmigen Bungalows dieses B&Bs orientieren sich architektonisch an den alten Maya. Dank ihres geometrischen Designs sind die Quartiere ordentlich belüftet. Auf dem hübschen Waldgelände verstecken sich auch ein

paar freigelegte Maya-Ruinen (in Santa Elena keine Seltenheit). Wer Ruhe und Frieden schätzt, ist hier richtig.

Flycatcher Inn B&B $$
(☑ 997-978-53-50; www.flycatcherinn.com; abseits Hwy 261; DZ inkl. Frühstück ab 1200–1800 Mex$; ☺ Mitte Okt.-Aug.; 🅿 ❄ 🛜) Die sieben blitzsauberen Zimmer dieses B&Bs warten allesamt mit tollen Veranden, Hängematten, hervorragenden Moskitonetzen und schicken Bädern auf. Den netten Garten drum herum bevölkern diverse Säugetier- und Vogelarten (u. a. die namengebenden Fliegenschnäpper).

Knapp 100 m nördlich vom südlichen Ortseingang beginnt die Zufahrt nahe dem **Restaurant El Chac-Mool** (☑ 997-978-51-17; www.facebook.com/chacmooluxmal; Calle 18, No 211B; Hauptgerichte 110–120 Mex$; ☺ 7–22 Uhr; 🅿 🛜).

ℹ️ An- & Weiterreise

Santa Elena besucht man am besten mit einem eigenen Fahrzeug – vor allem, wenn Uxmal und die Ruinen an der Ruta Puuc von hier aus besichtigt werden sollen. Auf der Route Mérida–Campeche halten 2.-Klasse-Busse von Sur Mayab unterwegs in Uxmal und Santa Elena (inkl. Oxcutzcab; 5-mal tgl., ca. 70 Mex$).

Kabah

Kabah ARCHÄOLOGISCHE STÄTTE
(Hwy 261; 50 Mex$, Führer 500 Mex$; ☺ 8–17 Uhr) Beim Betreten wendet man sich nach rechts und steigt die Stufen des **Palacio de los Mascarones** (Codz Poop; Palast der Masken) hinauf. Vor diesem Gebäude befindet sich der Altar de los Glifos, dessen unmittelbare Umgebung mit vielen Steinen übersät ist, in die Schriftzeichen eingehauen sind. Die Palastfassade bietet mit ihren fast 300 Masken des Chaac, des Regengottes oder der Himmelsschlange, einen erstaunlichen Anblick. Die meisten der riesigen Nasen sind abgebrochen; die am besten erhaltenen Riechkolben kann man am südlichen Ende des Bauwerks bewundern.

Vielleicht waren die eingekringelten Nasen die Ursache für den modernen Maya-Namen des Palasts, denn Codz Poop bedeutet „gerollte Mappe". Dieser Bereich wurde kürzlich restauriert.

Wer von den Nasen die Nase voll hat, geht Richtung Norden, um die hintere Seite des Palasts herum, um sich die beiden restaurierten **Atlanten** (männliche, als tragende

Säulen eingesetzte Figuren) anzuschauen. Sie sind auch deshalb interessant, weil sie zu den ganz wenigen freiplastischen Menschenfiguren gehören, die man in den wichtigsten Maya-Stätten zu sehen bekommt. Die eine Figur hat ihren Kopf eingebüßt, die andere trägt auf dem Kopf eine Jaguarmaske.

Steigt man die Stufen in der Nähe der Atlanten hinab und wendet sich nach links, vorbei an der kleinen **Pirámide de los Mascarones**, erreicht man die Plaza mit dem **Palacio** (Palast, Segunda Casa). In der breiten Fassade des Palasts befinden sich mehrere Toröffnungen, von denen zwei in der Mitte eine Säule haben. Diese Toröffnungen mit Säulen und die Gruppe der dekorativen *columnillas* (kleinen Säulen) im oberen Teil der Fassade sind charakteristisch für den Puuc-Architekturstil.

Stufen an der Nordseite der Plaza des Palacio führen zu einem Pfad, der rund 200 m durch den Dschungel zum **Templo de las Columnas** führt, dessen Fassade oben ebenfalls mit Reihen dekorativer Säulen geschmückt ist. Zum Zeitpunkt der Recherche war der Zugang zum Tempel wegen Restaurierungsarbeiten geschlossen.

Westlich des Palacio führt jenseits des Highway ein Pfad den Hang hinauf und südlich vorbei an einem hohen Steinhügel, der einst die **Gran Pirámide** (Große Pyramide) war. Der Weg macht eine Kurve nach rechts und führt zu einem großen, restaurierten **Monumentalbogen**. Es heißt, dass der *sacbé*, die kopfsteingepflasterte, erhöhte Zeremonialstraße, von hier mitten durch den Dschungel bis nach Uxmal führt, wo sie an einem kleineren Bogen endet; in der anderen Richtung führt sie nach Labná. Einst war die gesamte Halbinsel Yucatán von solchen prachtvollen weißen Straßen aus roh behauenem Kalkstein durchzogen.

Gegenwärtig ist nichts von dem *sacbé* zu sehen, und das gesamte Gebiet westlich des Highway ist ein einziger Irrgarten aus unmarkierten, überwucherten Pfaden, die in den Dschungel führen.

Der Ticketschalter verkauft auch Souvenirs, Snacks und kalte Getränke. Fürs Übernachten in der Nähe empfiehlt sich Santa Elena (S. 343), das ca. 8 km nördlich von Kabah liegt.

Kabah liegt 104 km von Mérida entfernt. Von dort aus geht's am leichtesten mit einem eigenen Auto hierher; die Alternative sind Busse von Sur (5-mal tgl.).

Turitransmérida (S. 333) besucht Kabah und häufiger auch die Ruta Puuc. Das Nómadas Hostel (S. 333) organisiert ebenfalls Touren nach Kabah.

Ruta Puuc

Die Ruta Puuc führt durch Hügelland zu selten besuchten Maya-Ruinen in dichtem Wald. 5 km südlich von Kabah zweigt die Straße nach Osten ab und schlängelt sich an den Ruinen von Sayil, Xlapak und Labná vorbei bis zu den Grutas de Loltún. In den Ruinenstätten gibt's wunderbare Bauten zu bewundern, und man erhält einen tieferen Einblick in die Mayakultur des Puuc.

◉ Sehenswertes

Labná   ARCHÄOLOGISCHE STÄTTE
(Ruta Puuc; 50 Mex$; ⊙ 8–17 Uhr; P) Wenn man auf der Ruta Puuc unterwegs ist, darf man Labná auf gar keinen Fall auslassen. Archäologen glauben, dass im 9. Jh. rund 3000 Maya hier lebten. Um in dieser trockenen Berggegend so viele Menschen zu versorgen, wurde das Wasser in *chultunes* (Zisternen) gesammelt; in der Stadt und Umgebung gab es an die 60 *chultunes*, von denen einige noch immer erkennbar sind. Das erste Gebäude ist **El Palacio**. Der Palast ist einer der längsten in der Puuc-Region, und große Teile seiner Dekoration sind in gutem Zustand.

An der westlichen Ecke der Fassade des Hauptgebäudes, direkt vor dem großen Baum in der Mitte der Anlage, blickt ein menschliches Antlitz aus dem Maul eines Schlangenkopfs, dem Symbol des Planeten Venus. Weiter am Richtung Hügel sieht man eine eindrucksvolle Chaac-Maske und ganz in der Nähe davon die untere Hälfte einer menschlichen Figur in Lendenschurz und enger Hose (vielleicht ein Ballspieler).

Auf der unteren Ebene gibt es mehrere gut erhaltene Chaac-Masken und auf der oberen einen immer noch mit Wasser gefüllten großen *chultun* zu sehen. Von dort hat man einen atemberaubenden Blick auf die Stätte und die Hügel dahinter.

Labná ist vor allem wegen **El Arco** bekannt. Dieser prächtige Torbogen gehörte einst zu einem Gebäude, das zwischen zwei viereckigen Höfen stand. Heute wirkt es, als verbinde er zwei kleine Plätze miteinander. Die 3 m breite und 6 m hohe Kraggewölbekonstruktion ist gut erhalten; die Reliefs, die den oberen Teil der Fassade

schmücken, sind prächtige Zeugnisse des Puuc-Stils.

Neben der Westseite des Torbogens befinden sich Reliefs von *na* mit mehrstufigen Dächern. Auf diesen Wänden – den Überresten des Gebäudes, das früher an den Torbogen angrenzte – sind auch Gitterformen über einem Schlangenmuster zu sehen. Archäologen glauben, dass sich über dem schönen Bogen und den angrenzenden Räumen früher ein hoher Dachkamm befand.

Gegenüber dem Torbogen und von diesem durch den *sacbé* getrennt, erhebt sich die Pyramide **El Mirador**, die von einem Tempel gekrönt ist. Die Pyramide selbst ist größtenteils zu einem Geröllhaufen zerfallen. Der Tempel mit seinem 5 m hohen Dachkamm gewährt eine weite Aussicht – daher auch der Name.

Labná liegt 14 km östlich der Kreuzung der Ruta Puuc mit dem Hwy 261.

Sayil   ARCHÄOLOGISCHE STÄTTE
(Ruta Puuc; 50 Mex$; ⊙ 8–17 Uhr) Das bekannteste Bauwerk von Sayil ist der Palacio, ein gewaltiges, dreistöckiges Gebäude mit einer 85 m langen Fassade, das unwillkürlich an den minoischen Palast von Knossos auf Kreta denken lässt. Hier gibt es jede Menge der für den Puuc-Stil üblichen Säulen – als Stützen der Stürze, als Verzierung zwischen den Toren oder auch als Friese darüber. Die Säulen wechseln sich mit stilisierten Chaac-Masken und „herabsteigenden Göttern" ab.

Xlapak   ARCHÄOLOGISCHE STÄTTE
(Ruta Puuc; ⊙ 8–17 Uhr) GRATIS Der prächtig verzierte *palacio* in Xlapak (sprich: *schla-pak*) ist mit nur rund 20 m Länge wesentlich kleiner als die Paläste von Kabah und Sayil. Das interessante, leicht schiefe Gebäude ist mit den unvermeidlichen Chaac-Masken, Säulen, Kolonnaden und verwobenem, geometrischem Gitterwerk dekoriert, wie es für den Puuc-Stil typisch ist.

ℹ An- & Weiterreise

Turitransmérida (S. 333) und einige regionale Unterkünfte (u. a. Hostels) bieten Touren zur Ruta Puuc an.

Ausschließlich sonntags fährt ein ATS-Bus (8 Uhr, 176 Mex$) ab Méridas TAME-Busbahnhof zuerst zur Ruta Puuc (3 Ruinen), dann nach Kabah und Uxmal. Da die Rückfahrt schon zwischen 15 und 16 Uhr erfolgt, muss man die genannten Stätten im Schnelldurchlauf besichtigen.

Ruinas de Mayapán

Ruinas de Mayapán
ARCHÄOLOGISCHE STÄTTE

(50 Mex$; ☉ 8–17 Uhr) **Mayapán** ist zwar weit weniger eindrucksvoll als viele andere Maya-Stätten, aber von historischer Bedeutung: Die Herrscher der Stadt gehörten zu einer der letzten wichtigen Dynastien in der Region, und Mayapán bildete zwischen 1200 und 1440 das Zentrum der Maya-Kultur. Die Hauptattraktionen liegen kompakt beieinander, und meist haben Besucher die Stätte ganz für sich allein. Sie ist zudem eine der wenigen, wo man bis auf die Spitze der Pyramide klettern darf.

Die Stadt Mayapán war groß. Ihre Bevölkerungszahl wird auf rund 12 000 Menschen geschätzt, die Stadt erstreckte sich über 4 km² und war rund herum von einer großen Verteidigungsmauer umgeben. Mehr als 3500 Gebäude, 20 Cenoten und Reste der Stadtmauer wurden von Archäologen in den 1950er-Jahren und 1962 kartiert. Die Handwerkskunst der späten Postklassik erreicht allerdings nicht das Niveau der Glanzzeit der Maya-Kunst.

Zu den Gebäuden, die restauriert wurden, gehört das **Castillo de Kukulcán**, eine Pyramide, die bestiegen werden darf. Rund um ihren Sockel erkennt man die Reste von Fresken; an der Rückseite finden sich Friese mit der Darstellung enthaupteter Krieger. Die rötliche Farbe ist immer noch schwach sichtbar. Der **Templo Redondo** (Runde Tempel) erinnert entfernt an El Caracol in Chichén Itzá.

Man darf die Ruinenstätte nicht mit dem gleichnamigen Maya-Dorf verwechseln – das liegt ca. 40 km südöstlich der Ruinen hinter der Ortschaft Teabo.

Die Ruinas de Mayapán liegen gleich am Hwy 184, ein paar Kilometer südwestlich der Ortschaft Telchaquillo und etwa 50 km südöstlich von Mérida. Es fahren auch einige Busse 2. Klasse nach Telchaquillo (50 Mex$, 1½ Std., stündl.). Man sollte aber trotzdem in Erwägung ziehen, einen Mietwagen zu nehmen.

Celestún

📞 988 / 6800 EW.

Westlich von Mérida pflegt das verschlafene, sonnenverbrannte Celestún ganz bewusst ein sehr langsames Lebenstempo. Der Fischerort hat eine kleine, recht schmucke Plaza und ein paar nette Strände. Hauptmagnet ist aber das nahegelegene Biosphärenreservat Ría Celestún mit zahllosen Wasservögeln (Highlight: Flamingos).

Bei Tagestouren ab Mérida lassen sich hier Strandbesuche und Vogelbeobachtungen gut miteinander kombinieren. Celestún eignet sich aber auch für ein- bis zweitägige Verschnaufpausen mit reinem Faulenzen: Fischerboote liegen auf dem weißen Sand des schönen Strands, der sich kilometerweit nach Norden erstreckt. Und an den meisten Nachmittagen kühlt eine frische Brise das Städtchen. Zudem liegt Celestún im Schutz des südlichen Halbinselbogens, was für artenreiches Meeresleben und recht ruhiges Wasser während der *nortes* (starke Nordwinde mit Regenfällen) sorgt.

◉ Sehenswertes

Hacienda Real de Salinas
HISTORISCHE HACIENDA

Ein paar Kilometer südöstlich von Celestún liegt diese verlassene Hacienda, die einst der Sommersitz einer reichen Familie aus Campeche war. Rund 5 km stromaufwärts von der *ría* (Ästuar) wurden hier früher Salz und Farbholz produziert. Draußen in der *ría* markiert ein Steinhaufen die *ojo de agua dulce* (Süßwasserquelle), die die Hacienda in den alten Tagen mit kühlem Nass versorgte.

Die Gebäude auf dem Gelände bröckeln höchst malerisch vor sich hin. Der Zement der verfallenden Mauern enthält Muschelschalen, was noch gut zu erkennen ist. Der Blick fällt auch auf Dachüberreste mit französischen Ziegeln, die einst als Schiffsballast von Europa nach Mexiko gelangten. Viele davon sind noch intakt: Firmennamen und Standort (Marseille) des Herstellers lassen sich bis heute lesen.

Von Celestún aus erreicht man die Hacienda prima mit einem Fahrrad. Hierfür zunächst der Calle 4 südwärts bis zur Y-Kreuzung folgen, dort nach links in die unbefestigte Piste am Rand des Puerto Abrigo abbiegen. Schließlich geht's nach rechts zur Halbinsel El Lastre (Der Ballast) zwischen dem Ästuar und dessen westlichem Arm. Hier tummeln sich manchmal Flamingos, Rosapelikane und andere Vögel. Auf dem Rückweg legen die Skipper von Flamingo-Beobachtungsbooten auf Anfrage eventuell einen Zwischenstopp an der Halbinsel ein, wenn der Wasserstand dafür ausreicht. An Celestúns Plaza gibt's Leihfahrräder.

NEBENSTRECKEN SÜDLICH VON MÉRIDA

Hacienda Yaxcopoil (☎Handy 999-9001193; www.yaxcopoil.com; Hwy 261, Km 186; Erw./Kind unter 12 Jahren 100 Mex$/frei; ☉Mo–Sa 8–18, So 9–15 Uhr; Ⓟ🚻) Wer nur Zeit für eine Hacienda hat, sollte diese besuchen: Viele der zahlreichen Gebäude im Stil der französischen Renaissance wurden malerisch restauriert. Besonders schön ist das Innere des Hauptbaus. Auf dem riesigen Gelände wurde einst *henequén* (Sisal) angebaut und verarbeitet. Besichtigen kann man auch die Schuppen mit den gigantischen Schneidemaschinen, die die frischen Blätter in Fasern verwandelten. An einer davon stand früher der heutige Grundstücksverwalter, der einiges zu erzählen hat (nur auf Spanisch; bitte Trinkgeld geben!).

Hacienda San Pedro Ochil (☎999-924-74-65; www.haciendaochil.com; Hwy 261 Mérida-Muna, Km 175; Eintritt 30 Mex$; Ⓟ🚻) Hier gibt's weder alte Gemäuer noch Übernachtungsmöglichkeiten. Allerdings erfährt man Interessantes über den Anbau und die Verarbeitung von *henequén* (Sisal). Vom Parkplatz aus folgen Besucher den Schienen, auf denen früher kleine Loren den Materialtransport zur und ab der Verarbeitungsanlage übernahmen. Von dieser sind heute noch die *casa de maquinas* (Maschinenhaus) und der Schornstein erhalten. Der Weg passiert Werkstätten für Hanfprodukte und filigranen Schmuck sowie ein kleines Museum mit Wechselausstellungen.

Grutas de Calcehtok (Grutas de X'Pukil; ☎Handy 999-2627292; abseits Hwy 184; 1-/2-stündige Führung 100/130 Mex$; ☉8–17 Uhr; Ⓟ🚻) Calcehtok ist angeblich das größte Trockenhöhlensystem der Halbinsel Yucatán. Über 4 km sind bisher erforscht. Zwei der 25 Kammern haben einen Durchmesser von mehr als 100 m; eine davon hat zudem eine 30 m hohe „Kuppel". Die vielen natürlichen Felsformationen wirken sehr eindrucksvoll. Calcehtok ist aber sicher nichts für Besucher mit Platzangst bzw. Dunkelheits- oder Schmutzphobie.

Oxkintok (www.inah.gob.mx; Eintritt 50 Mex$; Guide ca. 600 Mex$; ☉8–17 Uhr; Ⓟ) Unter Archäologen sorgen die Ruinen von Oxkintok seit einigen Jahren für Aufregung: Hier entdeckte Inschriften enthalten ein paar der ältesten Datumsangaben Yucatáns. Diese zeigen, dass die Stadt von der präklassischen bis zur postklassischen Periode bewohnt war (300 v. Chr.–1500 n. Chr.; Blütezeit 475–860 n. Chr.).

Cenote X-Batún & Dzonbakal (☎Handy 999-2565508; San Antonio Mulix; Eintritt 50 Mex$; ☉9.30–18.15 Uhr) Man mag uns vorwerfen, ein „streng gehütetes Geheimnis" zu verraten. Doch nun ist es offiziell: Eine Kooperative im Nest San Antonio Mulix betreibt diesen tollen Park mit zwei Cenoten, die 800 m voneinander entfernt liegen. Der Eintritt wird beim Centro Comunitario bezahlt. Dann folgt die Fahrt auf einer unbefestigten Piste (2 km), an deren Ende es rechts nach X-Batún und links nach Dzonbakal geht.

X-Batún ist zwar klein, gehört aber mit seinem aquamarinblauen Wasser unter offenem Himmel zu den schönsten Cenoten der ganzen Gegend.

Am Anfang der Zufahrtspiste gibt's ein kommunal betriebenes Restaurant (Hauptgerichte 40–95 Mex$) plus einfache Maya-Hütten (600 Mex$/4 Pers.) mit Ventilatoren und Moskitonetzen.

Reserva de la Biosfera
Ría Celestún
NATURSCHUTZGEBIET

Das 591 km² große Naturschutzgebiet hat eine reiche Vielfalt an Tieren und Vögeln zu bieten, darunter eine große Flamingokolonie. Flamingos kann man im Reservat das ganze Jahr (im Rahmen von Bootstouren) sehen, besonders viele aber zwischen November und Mitte März.

👉 Geführte Touren

Hiesige Hauptattraktion sind Flamingotouren im Biosphärenreservat Ría Celestún. Die beste Zeit, die Flamingos zu sehen, ist etwa von Ende November bis Mitte März.

Bootstrips ab dem Strand (2½ Std.) folgen zunächst der Küste über mehrere Kilometer. Hierbei lassen sich Fischreiher, Kormorane, Wasserläufer und viele andere Vogelarten erspähen. Dann biegt der Kahn in die *ría* (Ästuar) ein und schippert diese hinauf.

Schließlich unterquert man die Highway-Brücke, hinter der die Flamingos zugange sind – je nach Gezeitenstand, Wetter, Tages- und Jahreszeit eventuell Hunderte oder gar Tausende. Bitte auf keinen Fall den Skipper auffordern, zu nahe an die bunten Vögel eranzufahren: Wenn ein ganzer Schwarm erschrocken auffliegt, können sich die Tiere verletzten (was eventuell sogar zum Tod des verletzten Tiers führen kann!). Danach folgt das Boot noch einem 200 m langen Mangroventunnel und stoppt zwecks Baden an Süßwasserquellen, die in das salzige Ästuar münden. Alternativ beginnen kürzere Bootstouren (1½ Std.) direkt an der Highway-Brücke.

Die Touren ab dem Strand sind mitunter nicht so toll: Die meisten Bootsbetreiber wollen so viele Passagiere wie möglich an Bord bringen, was die Abfahrt stark verzögern kann. Zudem gelten die angegebenen Preise oft für sechs Personen und steigen bei weniger Teilnehmern entsprechend pro Nase. Dieses Problem lässt sich umgehen, indem man gleich selbst mit einer sechsköpfigen Gruppe auftaucht. Bei sechssitzigen Booten werden ca. 250 Mex$ pro Passagier fällig (jeweils zzgl. 15 Mex$ Eintritt für das Biosphärenreservat).

Ob bei Start am Strand oder an der Brücke: Es ist nicht garantiert, dass der Skipper auch Englisch spricht.

★ **Manglares de Dzinitún**  ÖKOTOUR

(☐ Handy 999-6454310; dzinitun@gmail.com; 90-minütige Paddeltour ab 800 Mex$/Boot) Rund 1 km landeinwärts hinter der Bücke weisen Schilder mit Aufschrift „Paseos: canoas y kayak" den Weg zu diesem Öko-Tourveranstalter. Dessen Kunden paddeln entweder selbst in zweisitzigen Kajaks oder lassen sich im Kanu von einem Guide herumrudern. Die Touren führen durch einen renaturierten Mangroventunnel und besuchen ein paar gute Stellen für Vogelbeobachtungen. Positiv sind auch das Fehlen von Motorenlärm und die Sachkunde der Führer (sie sprechen teilweise etwas Englisch).

Um die Firma vom Strand aus zu erreichen, nach dem zweiten Strommast rechts abbiegen und der Straße etwa 300 m weit folgen.

🛏 Schlafen & Essen

Die meisten hiesigen Unterkünfte liegen in kurzer Laufentfernung zueinander an der Calle 12. Zimmer mit Meerblick rechtzeitig reservieren!

ABSTECHER

GRUTAS DE LOLTÚN

Loltún („Steinblume" auf Mayathan) gehört zu den größten **Trockenhöhlensystemen** (Erw./Kind unter 13 Jahren 127 Mex$/frei, Parken 22 Mex$; ⏲ Führungen 9.30, 11, 12.30, 14, 15 & 16 Uhr; 🚻) der Halbinsel Yucatán und hat sich als Schatztruhe für Archäologen auf den Spuren der Maya erwiesen: Radiokarbondatierungen hier gefundener Artefakte beweisen, dass die Grotten schon vor 2200 Jahren von Menschen genutzt wurden. Noch vor 25 Jahren waren darin brusthohe Wandbilder mit diversen Motiven (Hände, Gesichter, Tiere, geometrische Muster) zu sehen. Diese wurden aber von so vielen Besuchern angefasst, dass kaum noch Spuren geblieben sind. Ein paar der Handabdrücke wurden jedoch restauriert.

In einer Nische sind einige Töpfe ausgestellt; das eindrucksvolle Basrelief **El Guerrero** bewacht den Eingang. Ansonsten schaut man hauptsächlich auf beleuchtete Kalksteinformationen.

Das Labyrinth lässt sich ausschließlich im Rahmen der regelmäßigen Führungen erkunden. Die Dienste der Führer sind bereits im Eintritt enthalten; dennoch wird hinterher stets ein Trinkgeld erwartet (mindestens 50 Mex$/Pers.sind angemessen). Die ca. 80-minütigen Führungen mit vielen längeren Unterbrechungen finden meist auf Spanisch statt. Mitunter gibt's aber auch Kommentare auf Englisch, wenn die Gruppe dies wünscht. Manche Führer erzählen ausgedehnte Anekdoten und Witze über verschwundene Schwiegermütter, liefern aber kaum geologische oder historische Informationen. Der Weg ist mit bunten Lampen beleuchtet und ca. 1,1 km lang (offizielle Angabe 2 km).

In Mérida starten *colectivos* (Sammeltaxis) nach Oxkutzcab (sprich: osch-kutz-kab; 60 Mex$, 1½ Std., häufig) an der Calle 67A neben dem Parque San Juan. An der Calle 51 vor Oxkutzcabs Markt brechen *colectivos* zu den Höhlen (17 Mex$, 7 km Richtung Südwesten) auf. Alternativ geht's mit einem Taxi (ca. 120 Mex$) dorthin.

Mit einem Mietwagen lassen sich die Grutas jedoch am besten erreichen: Nach dem Verlassen Méridas rollen Selbstfahrer stressfrei über ziemlich gute Straßen.

Hotel Flamingo Playa · HOTEL $

(☎988-916-21-33; drivan2011@hotmail.com; Calle 12, No 67C; Zi. 700 Mex$; P⇄❄🛜🖥) Rund 800 m nördlich der Calle 11 liegt dieses familiengeführte Strandhotel mit Meerblick vom Pool. Die heruntergekommenen Waschbecken und Duschen könnten mal ersetzt werden; die Zimmer sind feucht. Dennoch ist das Ganze sauber.

Hotel Manglares · HOTEL $$

(☎988-916-21-04; hotelmanglares@hotmail.com; Calle 12, No 63; DZ/Hütte 1100/1600 Mex$; P⇄❄🛜🖥) Das nette Mittelklassehotel vermietet 24 Zimmer mit Meerblick und eigenen Balkonen. Hinzu kommen gut gepflegte Strandhütten mit Miniküchen, Whirlpools und kleinen Gemeinschaftsbereich. Die moderne Architektur passt allerdings nicht so ganz zum verschlafenen Celestún.

★ Casa de Celeste Vida · PENSION $$$

(☎988-916-25-36; www.hotelcelestevida.com; Calle 12, No 49E; Zi./Apt. 95/130 US$; Frühstückskorb für 2 Pers. zzgl. 10 US$; ⊙ganzjährig; P⇄🛜🖥) Die freundliche Pension in kanadischem Besitz liegt 1,5 km nördlich der Calle 11. Die komfortablen Zimmer mit Kochnische, Toaster und Kaffeemaschine werden durch ein Apartment für vier Personen ergänzt. Zudem gibt's hier eine große Gemeinschaftsküche für Selbstversorger. Alle Quartiere liegen direkt am Strand und warten mit Meerblick auf.

Gäste können gratis Kajaks und Fahrräder ausleihen. Die Inhaber organisieren auch bereitwillig Flamingotouren und nächtliche Krokodilbeobachtungen.

Dolphin · FRÜHSTÜCK $$

(Calle 12, No 104, Ecke Calle 13; Hauptgerichte 55–110 Mex$; ⊙Mi–So 8.30–13 Uhr; P🛜) Das super Frühstückslokal im Hotel Gutiérrez ist äußerst zwanglos: Plastikstühle auf Sandboden sorgen hier für „Picknick-Feeling". Die Komplettangebote beinhalten jeweils Kaffee, Fruchtsaft, frisch gebackenes Brot, Marmelade und Köstliches aus Eiern.

La Playita · SEAFOOD $$

(Calle 12, No 99; Hauptgerichte 70–150 Mex$; ⊙10–18 Uhr) Celestún hat diverse Strandrestaurants mit Plastikstühlen und -tischen auf Sandboden. Die Einheimischen bevorzugen dieses Lokal, das mit frischem Seafood und Ceviche überzeugt.

La Palapa · SEAFOOD $$

(☎998-916-20-63; restaurant-lapalapa@hotmail.com; Calle 12, No 105; Hauptgerichte 120–215 Mex$; ⊙11–19 Uhr) Das La Palapa ist etwas attraktiver als die anderen örtlichen Strandrestaurants: Neben leckerem Seafood gibt's hier auch einen großen Essbereich mit Meerblick. Am besten bestellt man hier die Garnelen mit Kokos-Kruste, die in einer Kokosschale serviert werden.

ℹ Praktische Informationen

Vor Ort gibt's keine Bankfilialen, sondern nur ein paar Geldautomaten (u. a. in der Super-Willy's-Filiale an der Plaza). Die Geräte sind jedoch häufig leer – daher unbedingt genügend Bares mitbringen!

ℹ An- & Weiterreise

Aus Richtung Mérida führt die Calle 11 direkt westwärts nach Celestún hinein und endet an der Calle 12, die parallel zum Strand verläuft.

Ab Méridas Noreste-Busbahnhof fahren Busse zu Celestúns Plaza (60 Mex$, 2½ Std., häufig). Einen Block landeinwärts von der Calle 12 starten dort auch *colectivos* zu Méridas Zentrum (ca. 60 Mex$).

Selbstfahrer nehmen am besten die neue Straße ab Umán, das ca. 15 km südwestlich von Mérida liegt.

Progreso

☎969 / 39 000 EW.

Progreso (alias Puerto Progreso) empfiehlt sich als Ziel, wenn man der Hitze in Mérida durch einen schnellen Abstecher ans Meer entkommen oder mal Mexikos längsten Pier (6,5 km) sehen will. Obwohl der hiesige Strand sehr lang ist, wird er wie der *malecón* (Uferpromenade) an seinem Rand oft dicht an dicht von Restaurantgästen, betrunkenen Partygängern und Touristen mit heftigem Sonnenbrand bevölkert. Trotzdem versprüht Progreso bis heute den entspannten Vibe eines kleineren Strandorts. Wie anderswo am Golf von Mexiko ist das Wasser hier selbst an ruhigen Tagen sehr trüb. Und vom Nachmittag bis in die Nacht hinein kann's kräftig wehen – vor allem, wenn *los nortes* (saisonale Nordwinde; Dez.–März) pusten.

Vor allem im Juli und August kommen *méridanos* am Wochenende scharenweise nach Progreso. Zimmer mit Aussicht sind dann manchmal nur schwer zu bekommen, während leider auch mehr Müll am Strand liegt. Ein- bis zweimal pro Woche strömen Kreuzfahrtpassagiere durch die Straßen. Doch ansonsten kann die Stadt abends wie ausgestorben wirken, was eine willkommene Abwechslung darstellt.

 Aktivitäten

El Corchito
SCHWIMMEN

(☎999-158-51-55; Hwy 27 s/n, Ecke Calle 46; Eintritt 35 Mex$; ⏰9–16 Uhr) Im Naturschutzgebiet El Corchito laden drei von Mangroven gesäumte Süßwasser-Badelöcher zum erfrischenden Planschen ein. Motorboote bringen Besucher über einen Kanal hinweg zum Schutzgebiet, in dem Leguane, Königsboas, kleine Krokodile, Waschbären und ein paar Nasenbären leben. Ein Hinweise für alle, die sich ein Mittagessen mitbringen möchten: Die Wasch- und Nasenbären sind Experten für Mundraub!

Vor allem am Wochenende ist El Corchito sehr stark besucht. Wer hier in Ruhe schwimmen will, sollte sich daher früh einfinden.

An einer Haltestelle an der Ecke Calle 82 und 29 starten „Tecnológico"-Busse, die eineinhalb Blocks vor dem Schutzgebiet halten. Selbstfahrer folgen der Calle 46 südwärts zum Hwy 27.

🛏 Schlafen & Essen

Hotel Yaxactún
HOTEL $$

(☎969-103-93-26; yaxactun@outlook.com; Calle 66, No 129 zw. Calle 25 & 27; Zi. ab 650–750 Mex$; ⊙❄🅿📶♨) Das Yaxactún gilt zu Recht als eines von Progresos modernsten Hotels. Dazu trägt auch die Farbgestaltung mit vielen Braun- und Cremetönen bei. Die Zimmer auf der Straßenseite haben Balkone und bekommen viel Tageslicht ab. Drei Blocks vom Strand entfernt gibt's hier auch ein kleines Restaurant mit yukatekischer Küche und eine Poolterrasse mit separatem Kinderbereich. Sowie viel Beton und wenig Grün.

El Naranjo
YUKATEKISCH $

(Calle 27 s/n zw. Calle 78 & 80; Tacos/Tortas 10/18 Mex$; ⏰6–12 Uhr) Blitzsauber und eine der besten regionalen Adressen für *cochito* (langsam gegartes Schweinefleisch).

Milk Bar
CAFÉ $$

(Malecón s/n zw. Calle 72 & 74; Hauptgerichte 69–180 Mex$; ⏰8–24 Uhr) Die „Riesenkuh im Ruderboot" kennzeichnet das ruhige Café unter texanischer Leitung. Trotz des Namens gibt's hier nicht nur Getränke auf Milchbasis, sondern auch herzhaftes Essen – genauer die definitiv besten Sandwiches, Burger und Salate der Stadt. Viele hier lebende Ausländer schätzen den Laden für

sein vielfältiges Dekor, seine üppigen Portionen und sein anständiges Frühstück (ein verlässlicher Kater-Killer).

Crabster
SEAFOOD $$$

(☎969-103-65-22; www.crabster.mx; Gerichte 135–320 Mex$; ⏰8–11 & 12–20 Uhr) Helle Holzstühle, Bordüren aus rosafarbenem Samt, Designerlampen: Das momentan vornehmste Lokal an der Strandpromenade könnte sich genauso gut in einem internationalen Hotel befinden. Der schicke Laden lockt wohlhabende Gäste natürlich mit Seafood und extrem professionellem Service – ganz zu schweigen von der Gelegenheit zum Sehen-und-Gesehen-Werden.

❶ An- & Weiterreise

Rund 33 km nördlich von Mérida liegt Progreso an einer vierspurigen Schnellstraße, die quasi eine Verlängerung des Paseo de Montejo ist.

In Mérida nutzt man entweder den speziellen Progreso-Busbahnhof (S. 339) oder nimmt einen Block weiter östlich (Calle 60) ein *colectivo*.

Busse in Gegenrichtung (20 Mex$) starten regelmäßig an Progresos **Busbahnhof** (Calle 29, No 151 zw. Calle 80 & 82).

Izamal

 ☎988 / 16 000 EW.

Die alten Maya verehrten in Izamal ihren obersten Gott Itzamná und den Sonnengott Kinich-Kakmó: Diesen und weiteren Göttern waren hier ein Dutzend Tempelpyramiden geweiht. Die so auffällige Präsenz der Maya-Religion an diesem Ort dürfte die Spanier einst veranlasst haben, jenes riesige und eindrucksvolle Franziskanerkloster zu bauen, das immer noch den Mittelpunkt der Stadt markiert.

Izamal liegt rund 70 km von Mérida entfernt und ist heute ein ruhiges Provinzstädtchen. Sein Spitzname La Ciudad Amarilla (die Gelbe Stadt) kommt vom goldgelben Anstrich der traditionellen Gebäude im Zentrumsbereich. Die Stadt lässt sich leicht zu Fuß oder auch nett per Pferdekutsche erkunden.

◉ Sehenswertes

★ Centro Cultural y Artesanal
MUSEUM

(www.centroculturalizamal.org.mx; Calle 31, No 201; Eintritt 25 Mex$; ⏰10 Uhr–open end) 🗡 Direkt gegenüber vom Kloster liegt auf der anderen Platzseite dieses Kulturzentrum mit einem Museum für Volkskunst aus ganz Mexiko.

DZIBILCHALTÚN

Genau nördlich von Méridas Zentrum (17 km) liegt mit **Dzibilchaltún** (Ort der beschrie-benen flachen Steine; Erw./Parken 132/20 Mex$; ☺ Di–So Stätte 8–17 Uhr, Museum 9–16 Uhr; P) das am längsten nonstop genutzte Verwaltungs- und Zeremonialzentrum der Maya: Diese waren hier etwa von 1500 v. Chr. bis zur spanischen Eroberung in den 1540er-Jah-ren zugange. In ihrer Blütezeit war die Stadt ca. 15 km² groß. Rund 8400 Gebäude wur-den in den 1960er-Jahren vor Ort von Archäologen kartiert; der Großteil davon ist aber bislang noch nicht freigelegt. Abgesehen von den Ruinen warten auf dem Areal auch ein Maya-Museum und eine zauberhafte Cenote mit Bademöglichkeiten.

Verglichen mit größeren Stätten wie Chichén Itzá oder Uxmal wirkt das schlichte Dzibilchaltún in mancher Hinsicht weniger eindrucksvoll. Doch zweimal pro Jahr ist hier buchstäblich ein Highlight geboten: Zur Tagundnachtgleiche (ca. 20. März und 22. Sep-tember) fällt das Licht der aufgehenden Sonne genau auf die Haupttüren des **Templo de las Siete Muñecas** (Tempel der sieben Puppen). Dieser verdankt seinen Namen den sieben grotesken Figürchen, die hier bei Ausgrabungen entdeckt wurden. Mit zuneh-mendem Morgenlicht scheinen die Türen zuerst zu glühen und dann zu „entflammen", wenn die Sonne daran vorbeizieht. Ein Lichtstrahl fällt zudem auf die zerfallene Mauer dahinter. Vielen Kennern zufolge übertrifft der Effekt die berühmte kriechende Schlange von Chichén Itzá und ist das frühe Aufstehen daher unbedingt wert.

Vom Eingang der Stätte führt ein Naturpfad zum modernen und klimatisierten **Mu-seo del Pueblo Maya** mit Artefakten aus allen Maya-Regionen Mexikos. Darunter sind z. B. kolonialzeitliche Schnitzereien religiöser Art. Die Ausstellungen zum Alltagsleben der historischen und modernen Maya sind auf Spanisch und Englisch beschriftet. Hinter dem Museum führt ein Pfad zur zentralen Plaza mit offener Kapelle aus der frühen spa-nischen Kolonialzeit (1590–1600).

Die über 40 m tiefe **Cenote Xlacah** auf dem Areal lädt zum Schwimmen nach der Ruinentour ein. 1958 entdeckte eine Tauchexpedition der National Geographic Society darin mehr als 30 000 Maya-Artefakte (oft mit ritueller Bedeutung). Die interessantesten Stücke davon sind heute im örtlichen Museum ausgestellt. Die **Estructura 44** südlich der Cenote ist mit 130 m eines der längsten bekannten Maya-Gebäude.

An der Calle 58 (zw. Calle 57 & 59) in Mérida starten regelmäßig *colectivos* nach Cha-blekal, die ca. 300 m vor dem Eingang zur Stätte halten.

Englischsprachige Infokarten erklären das Gezeigte sehr gut. Der hervorragende Laden des Zentrums offeriert Fair-Trade-zertifi-ziertes Kunsthandwerk aus zwölf indigenen Gemeinden, denen jeder Kauf somit direkt zugutekommt.

Kinich-Kakmó

ARCHÄOLOGISCHE STÄTTE

(Calle 27 s/n, zw. Calles 26B & Calle 28; ☺ 8–17 Uhr) GRATIS Drei der ursprünglich zwölf Ma-ya-Pyramiden der Stadt wurden teilweise restauriert. Die größte hier (und drittgrößte in Yucatán) ist der 34 m hohe Kinich-Kak-mó, drei Blocks nördlich des Klosters. Laut einer Legende stößt eine Gottheit in Form eines leuchtenden Aras vom Himmel herab, um dort niedergelegte Opfergaben einzu-sammeln.

Convento de San Antonio de Padua

KLÖSTER

(Calle 31 s/n; Museum 5 Mex$; ☺ 6–20 Uhr, Sound-and-Light-Show Do–Sa 20 Uhr, Museum 7–20 Uhr)

Als die Spanier Izamal eroberten, zerstör-ten sie auch den größten Maya-Tempel, die P'ap'hol-chaak-Pyramide, und begannen im Jahr 1533 aus ihren Steinen eines der ersten Klöster in der Neuen Welt zu errichten. Die Arbeiten am Convento de San Antonio de Padua wurden 1561 abgeschlossen. Unter den Arkaden des Klosters erkennt man auch heute noch Steine mit dem unverkennba-ren Labyrinthmuster, die aus dem früheren Maya-Tempel stammen. An drei Abenden in der Woche wird hier eine **Sound-and-Light-Show** gezeigt.

🛏 Schlafen & Essen

Zum Markt auf der südwestlichen Klos-terseite gehören auch mehrere *loncherías* (Snackbars).

Hotel Casa Colonial

HOTEL $

(☏ 988-954-02-72; hotelcasacolonializamal@hot mail.com; Calle 31, No 331, Ecke Calle 36; EZ/DZ

352

BUSSE AB IZAMAL

ZIEL	PREIS (MEX$)	DAUER (STD.)	HÄUFIGKEIT (TGL.)
Cancún	182	5	häufig
Mérida	40	1½	häufig (ab Terminal de Autobuses Centro)
Tizimín	85	2½	3-mal (ab Oriente-Busbahnhof)
Valladolid	66	2	häufig (ab Terminal de Autobuses Centro)

500/600 Mex$; ⓟ✳☎☀) In Izamal gibt's einige heruntergekommene und beengte Budget-Bleiben. Damit verglichen wirkt das Casa Colonial sauber und geräumig. Alle Zimmer verfügen sogar über Esstische, Mikrowellenöfen und Minikühlschränke.

★ Hacienda Hotel
Santo Domingo   HOTEL $$

(☎Handy 988-9676136; www.izamalhotel.com; Calle 18 zw. Calle 33 & 35; Zi. 900–1590 Mex$, Suite ab 1690 Mex$; ⓟ☎☀☀) Das ruhige Mittelklassehotel liegt fünf Blocks vom Kloster entfernt und ist extrem gut geführt: Der Inhaber weilt immer vor Ort. Das üppig grüne Gartengelände (13 ha) mit Spazierpfaden, Pool und *palapa*-Restaurant spricht Naturfans an. Und Leute mit Faible für etwas Stil freuen sich über die sehr hübschen Zimmer, die teils über halboffene Duschen und Waschbecken aus Naturstein verfügen.

Obendrein gibt's im zauberhaften Poolbereich mit kleiner Bar auch Frühstück (à la carte), während warme Mahlzeiten auf Vorbestellung serviert werden. Und wer seinen heimischen Bello vermisst, kann hier auf ein paar Haushunde zurückgreifen.

★ Kinich   MEXIKANISCH $$
(www.restaurantekinich.com; Calle 27, No 299 zw. Calle 28 & 30; Hauptgerichte 75–230 Mex$; ⊙10–20 Uhr; ☎) Das Kinich ist zweifellos sehr touristisch, serviert aber yukatekische Küche vom Feinsten – stets frisch von Hand zubereitet. Eine Spezialität des Hauses sind die leckeren *papadzules kinich* (Tortilla-Rollen mit Füllung aus gewürfeltem Ei, garniert mit geräucherter Wurst und Kürbissamen-Sauce). Berühmt ist das Lokal auch für sein *dzic de venado* (230 Mex$) mit gehacktem Wildfleisch.

Unter großen *palapa*-Dächern laufen die Kellner hier in traditionellen *huipiles* (lange, ärmellose Tuniken) herum.

❶ Anreise & Unterwegs vor Ort

Izamals **Oriente-Busbahnhof** (☎Handy 988-9540107; Calle 32 s/n, Ecke Calle 31A) und das nahegelegene **Terminal de Autobuses Centro**

(☎988-967-66-15; www.autobusescentro.com; Calle 33, No 302, Ecke Calle 30) punkten beide mit häufigen Verbindungen.

Taxis (25 Mex$/Stadtfahrt) warten u. a. an der Ecke Calle 32 & 31A. Die Alternative sind Pferdekutschen (250 Mex$/Std.).

Chichén Itzá
☎985 / 5500 EW. (PISTÉ)

Chichén Itzá (etwa „Am Rande des Brunnens der Itzá"; http://chichenitza.inah.gob.mx; abseits des Hwy 180, Pisté; Erw./Kind unter 13 Jahren 242/70 Mex$, Führungen auf Spanisch/Englisch 800/900 Mex$; ⊙8–16 Uhr; ⓟ) ist die berühmteste und am besten restaurierte Maya-Stätte Yucatáns. Und gnadenlos überlaufen: Scheinbar gigantisch ist die Schar all jener, die beim Abhaken der sieben neuen Weltwunder auf ihrer Reiseliste hierher kommen. Und dennoch verpasst diese höchst eindrucksvolle Stätte auch abgestumpftesten Besuchern noch eine Gänsehaut. Viele Mysterien des astronomischen Maya-Kalenders sind keine mehr, sobald man das Konzept hinter Chichén Itzas „Zeittempeln" verstanden hat. Achtung: Das Herumklettern auf den Bauten ist verboten – nur ein paar kleine Durchgänge dürfen betreten werden!

Hitze, Luftfeuchtigkeit und Menschenmassen können in Chichén Itza ganz schön erdrückend sein. Die Nerven strapazieren eventuell auch die verkaufswütigen Kunsthandwerkshändler an den Pfaden und das lästige Händeklatschen, mit dem zahllose Touristen die Akustik der Pyramiden „testen". Wer all dies möglichst umgehen möchte, besucht die Stätte am besten frühmorgens oder spätnachmittags.

Je nach Geschmack ist die abendliche Sound- und Lightshow entweder Top oder Flop.

Geschichte

Die meisten Archäologen sind sich einig, dass die erste größere Siedlung in Chichén Itzá während der späten klassischen Periode

HALBINSEL YUCATÁN YUCATÁN (BUNDES-STAAT) & DAS KERNLAND DER MAYA

Chichén Itzá

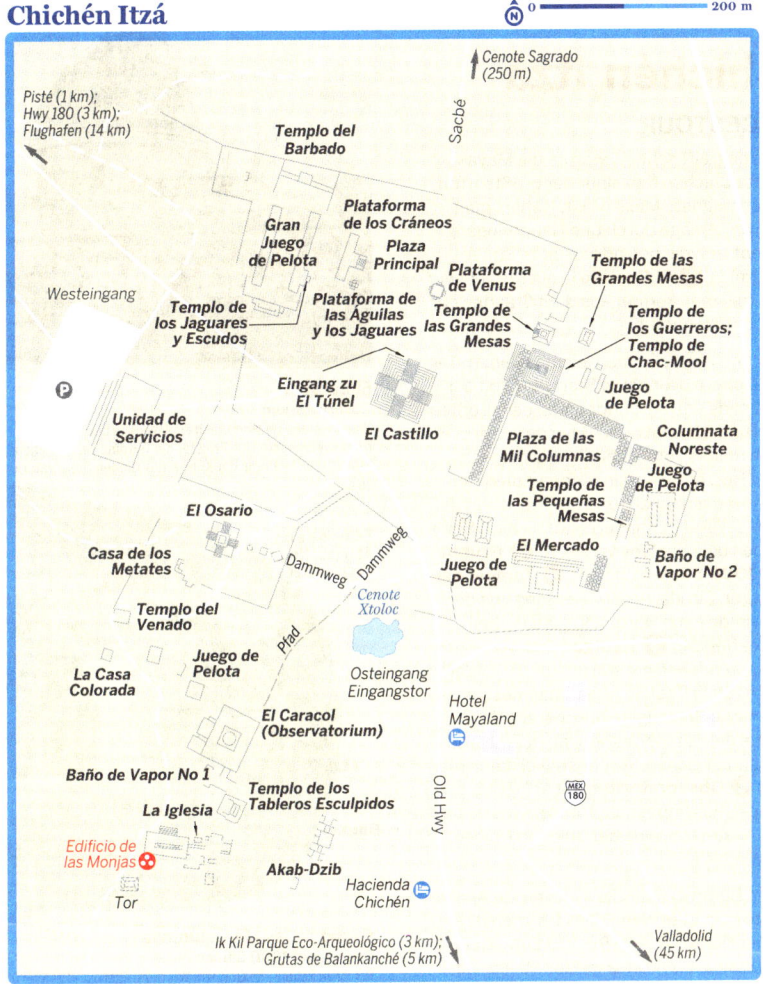

N 0 _____ 200 m

Cenote Sagrado
(250 m)

Pisté (1 km);
Hwy 180 (3 km);
Flughafen (14 km)

Sacbé

Templo del
Barbado

Plataforma
de los Cráneos

Gran
Juego
de Pelota

Plaza
Principal

Plataforma
de Venus

Templo de las
Grandes Mesas

Westeingang

Templo de
los Jaguares
y Escudos

Plataforma de
las Águilas
y los Jaguares

Templo de
las Grandes
Mesas

Templo de
los Guerreros;
Templo de
Chac-Mool

Eingang zu
El Túnel

Juego
de Pelota

P

Unidad de
Servicios

El Castillo

Plaza de las
Mil Columnas

Columnata
Noreste

El Osario

Templo de
las Pequeñas
Mesas

Juego
de Pelota

Casa de los
Metates

Dammweg Dammweg

El Mercado

Baño de
Vapor No 2

Templo del
Venado

Cenote
Xtoloc

Juego de
Pelota

La Casa
Colorada

Juego de
Pelota

Pfad

Osteingang
Eingangstor

Hotel
Mayaland

El Caracol
(Observatorium)

Baño de Vapor No 1

Old Hwy

Templo de los
Tableros Esculpidos

MEX
180

La Iglesia

Edificio de
las Monjas

Akab-Dzib

Tor

Hacienda
Chichén

Ik Kil Parque Eco-Arqueológico (3 km);
Grutas de Balankanché (5 km)

Valladolid
(45 km)

HALBINSEL YUCATÁN CHICHÉN ITZÁ

entstand und ausschließlich von Maya bewohnt war. Etwa im 9. Jh. wurde die Stadt aus unbekannten Gründen größtenteils aufgegeben.

Kurz nach ihrer Wiederbesiedlung im späten 10. Jh. wurde sie vermutlich von den Tolteken besetzt, die ihre Hauptstadt Tula im zentralen Hochland nördlich von Mexico City verlassen hatten. Die Kultur der Tolteken verschmolz mit derjenigen der Maya; so wurde auch die Verehrung des Quetzalcóatl (Kukulcán auf Mayathan) in Chichén Itza eingeführt. So sieht man hier überall Abbilder des Maya-Regengottes Chac-Mool und der gefiederten Schlange Quetzalcóatl.

Die intensive Verschmelzung der Architekturstile des zentralen Hochlands und der Region Puuc macht Chichén Itza einzigartig unter den Ruinenstätten der Halbinsel Yucatán. Das wundervolle El Castillo und die Plataforma de Venus sind architektonische Meisterwerke, die auf dem Höhepunkt des toltekischen Kultureinflusses entstanden.

Die kriegerischen Tolteken vermittelten den Maya aber nicht nur ihre baulichen Fertigkeiten: Beinahe obsessiv opferten sie Menschen, wie viele Darstellungen des blutigen Rituals vor Ort bezeugen.

Dann verlegte ein Maya-Herrscher die politische Hauptstadt nach Mayapán, wäh-

Chichén Itzá

TAGESTOUR

Man begreift schnell, warum die Maya-Stätte Chichén Itzá einer der größten Touristenmagnete Mexikos ist. Nähert man sich der Anlage durch den Haupteingang, erhebt sich die beeindruckende Stufenpyramide **1** **El Castillo** in aller Pracht vor einem – man kommt aus dem Staunen gar nicht mehr heraus.

Chichén Itzá kann man leicht an einem Tag abklappern. Nur einen Steinwurf von der Pyramide entfernt findet man den größten **2** **Ballspielplatz** der Maya neben gruseligen Reliefs von Schädeln und menschliche Herzen verschlingenden Adlern am Tempel der Jaguare und der Plattform der Schädel. Auf der anderen (östlichen) Seite stehen die kunstvoll verzierte **3** **Gruppe der 1000 Säulen** und der **4** **Tempel der Krieger**. Ein kleiner Spaziergang von der Pyramide nach Norden führt zum weit aufklaffenden **5** **Heiligen Cenote**, einer bedeutenden Pilgerstätte. Auf der anderen Seite von El Castillo findet man riesige steinerne Schlangen, die über die Grabstätte des Hohepriesters, auch El Osario genannt, wachen. Weiter südlich kann man das **6** **Observatorium** mit seiner Spiralkuppel, das imposante Nonnenkloster und das Akab-Dzib, eine der ältesten Ruinen, bewundern.

Beim Bummel über die 47 ha große Anlage sollte man bedenken, dass Chichén Itzá zu seiner Blütezeit etwa 90 000 Einwohner und eine Größe von ungefähr 30 km² hatte. Insofern sieht man heute nur noch einen Bruchteil der einstmals so großen Stadt.

DANIELA CONSTANTINESCU/SHUTTERSTOCK ©

El Caracol
Observatorium
Heute würden sie vermutlich eine Website betreiben, aber früher verkündeten die Priester die Termine der anstehenden Rituale und Feste von der Kuppel des runden Observatoriums aus.

Edificio de las Monjas (Nonnenkloster)

Akab-Dzib

Eingang

Grupo de las Mil Columnas
Gruppe der 1000 Säulen
Mit ihren Reliefs von Göttern, Würdenträgern und gefeierten Kriegern wirken die Pfeiler rund um die Tempel fast wie eine Ruhmeshalle.

VLADIMIR KOROSTYSHEVSKIY/SHUTTERSTOCK ©

TOP TIPPS

→ Wer schon morgens um 8 Uhr hier aufschlägt, hat etwa drei Stunden, bevor die Reisebusse eintreffen und Hektik ausbricht. Außerdem entgeht man so auch den Straßenhändlern.

→ Chichén Itzá ist eigentlich der Name der Anlage; die Stadt, in der die Stätte zu finden ist, heißt Pisté.

El Castillo
Die Burg
Selbst diese mächtige Pyramide steckt es nicht so einfach weg, wenn Millionen Besucher Jahr für Jahr ihre Stufen erklimmen. Deshalb ist das inzwischen verboten, aber der Blick von unten ist auch toll.

Gran Juego de Pelota
Großer Ballspielplatz
Bis heute ist es ein Rätsel, wie man unter freiem Himmel von einem Ende des langen Platzes jemanden am anderen Ende hören kann. Die Akustik ist wirklich erstaunlich.

Eingang

Parkplatz

Touristen-information

❶

❷

Templo de los Jaguares (Tempel der Jaguare)

Tumba del Gran Sacerdote (Grabstätte des Hohepriesters)

❺

Plataforma de los Cráneos (Platt-form der Schädel)

❸

❹

Cenote Sagrado
Heiliger Cenote
Bei Tauchexpeditionen wurden vom Grund des Cenote Hunderte wertvoller Artefakte gefördert, außerdem die Knochen geopferter Menschen, die gezwungen worden waren, sich in die Unterwelt zu stürzen.

...mplo de los Querreros
...mpel der Krieger
...Maya assoziierten Krieger mit Adlern und Jaguaren, wie auf ...Friesen dieses Tempels zu sehen ist. Vor allem der Jaguar ...de als Symbol für Stärke und Gewandtheit verehrt.

rend Chichén Itzá das religiöse Zentrum blieb. Daraufhin begann der Niedergang der Stadt, die schließlich im 14. Jh. komplett aufgegeben wurde – warum, weiß bislang niemand. Die einstige Metropole blieb jedoch noch lange ein bedeutendes Pilgerziel der Maya.

◉ Sehenswertes

El Castillo ARCHÄOLOGISCHE STÄTTE

Beim Betreten von Chichén Itzá erhebt sich El Castillo (die Pyramide des Kukulcán) vor einem in all seiner Pracht. Der erste Tempel wurde hier um das Jahr 800 in vortoltekischer Zeit erbaut, aber später mit der gegenwärtig sichtbaren, 25 m hohen Konstruktion überbaut. Die Treppenanlagen sind mit der gefiederten Schlange geschmückt, und die Reliefs in den Türöffnungen des Tempels auf der Spitze stellen toltekische Krieger dar. Die Reliefs kann man nicht sehen, weil das Besteigen der Pyramide verboten ist, seit 2006 eine Frau von ihr in den Tod stürzte.

Das Bauwerk ist eigentlich ein riesiger Maya-Kalender aus Stein. Jede der neun Ebenen des Castillo wird durch eine Treppe in zwei Hälften geteilt, sodass es 18 separate Terrassen gibt, die den 18 jeweils 20 Tage umfassenden Monaten des Haab-Jahres der Maya entsprechen. Die vier Treppen haben jeweils 91 Stufen; addiert man die obere Plattform hinzu, ergibt sich mit 365 die Zahl der Tage im Jahr. An jeder Fassade der Pyramide befinden sich 52 flache Paneele, die für die 52 Jahre der Maya-Kalenderrunde stehen. Während der Tagundnachtgleiche im Frühjahr und Herbst erzeugen Licht und Schatten an der Seite der Nordtreppe eine Reihe von Dreiecken, die an eine kriechende Schlange erinnern (gemeißelte Schlangenköpfe flankieren den unteren Anfang der Treppe).

Innerhalb von El Castillo verbirgt sich eine ältere Pyramide, die einen roten Jaguarthron mit eingelegten Augen und Flecken aus Jade besitzt. In einem Vorraum befindet sich auch eine *chak-mo'ol*-Statue (Opfersteinstatue der Maya). Der Eingang zum **Túnel**, dem Durchgang hinauf zum Thron, liegt unten an der Nordseite des Castillo – er ist allerdings für die Öffentlichkeit gesperrt.

Im Jahr 2015 brachten Forscher in Erfahrung, dass die Pyramide höchstwahrscheinlich über einem 20 m tiefen Cenote errichtet wurde. Damit besteht eine erhöhte Gefahr, dass das Gebäude eines Tages zusammenstürzt.

Gran Juego de Pelota ARCHÄOLOGISCHE STÄTTE

Der große Ballspielplatz, der größte und eindrucksvollste Platz dieser Art in Mexiko, ist nur einer von acht in der Stadt, was belegt, wie wichtig die Spiele hier genommen wurden. Den links vom Besucherzentrum gelegenen Platz flankieren Tempel an beiden Enden. Eingefasst ist er von hohen Mauern, auf denen oben Steinringe einzementiert wurden. An den Mauern des Ballspielplatzes gibt es noch in Stein gemeißelte Reliefs, die u. a. zeigen, wie Spieler geköpft werden.

Es gibt Beweise dafür, dass sich das Ballspiel im Verlauf der Jahre veränderte. Auf einigen Reliefs sieht man Spieler mit Knie- und Ellbogenschutz. Man glaubt, sie hätten ein fußballähnliches Spiel mit einem Hartgummiball gespielt, bei dem der Einsatz der Hände verboten war. Andere Reliefs zeigen Spieler, die Schläger tragen: wenn ein Spieler den Ball durch einen der steinernen Reifen schlug, wurde seine Mannschaft wahrscheinlich zum Sieger erklärt. Es ist möglich, dass in der Zeit des toltekischen Einflusses der Kapitän der geschlagenen Mannschaft, ja vielleicht sogar das ganze Team, als Menschenopfer dargebracht wurde.

Die Akustik des Platzes ist wirklich erstaunlich: Eine Unterhaltung, die an einem Ende geführt wird, kann man 135 m entfernt am anderen noch hören, und ein Klatschen ruft mehrere laute Echos hervor.

Templo del Barbado ARCHÄOLOGISCHE STÄTTE

Das Gebäude am nördlichen Ende des Ballspielplatzes, das wegen eines Reliefs im Inneren als „Tempel des bärtigen Mannes" bezeichnet wird, besitzt schön behauene Pfeiler und Reliefs mit Darstellungen von Blumen, Vögeln und Bäumen.

Plataforma de los Cráneos ARCHÄOLOGISCHE STÄTTE

Die Plattform der Schädel (Tzompantli auf Náhuatl) befindet sich zwischen dem **Templo de los Jaguares y Escudos** und dem Castillo. Die T-förmige Plattform ist nicht zu verwechseln, weil sie mit Reliefs von Schädeln und von Adlern, die Männern die Brust aufreißen und deren Herzen fressen, verziert ist. In alter Zeit wurden auf dieser Plattform die Schädel geopferter Feinde ausgestellt.

Plataforma de las Águilas y los Jaguares ARCHÄOLOGISCHE STÄTTE

Neben dem Tzompantli befindet sich die Plattform der Adler und Jaguare mit Reliefs beider Tierarten, die auf grausige Weise menschliche Herzen in ihren Klauen halten. Es wird angenommen, dass diese Plattform einst zu einem Tempel gehörte, der den Kriegerlegionen geweiht war, die Feinde für die Menschenopfer einfingen.

Cenote Sagrado · ARCHÄOLOGISCHE STÄTTE

Von der Plattform der Schädel (S. 356) führt ein *sacbé* (Pfad) aus grob behauenem Stein in Richtung Norden (400 m, 5 Min. zu Fuß) zur großen Heiligen Cenote, nach der die Stadt benannt ist. Das eindrucksvolle Naturbecken ist 35 m tief und hat einen Durchmesser von 60 m. Die Wände zwischen Oberkante und Wasseroberfläche sind dicht mit Schlingpflanzen und anderer Vegetation bewachsen. Nahe der Cenote befinden sich die Ruinen eines kleinen Dampfbads.

Grupo de las Mil Columnas · ARCHÄOLOGISCHE STÄTTE

Östlich von El Castillo (S. 356) liegt die „Gruppe der Tausend Säulen" – benannt nach dem Pfeilerwald, der sich hier in Richtung Süden und Osten erstreckt. Örtliche Hauptattraktion ist der **Templo de los Guerreros** (Kriegertempel), den u. a. Tiergottheiten in Form von Stuck- und Steinreliefs zieren. Eingemeißelte Kriegerfiguren bedecken einen Großteil der Säulen vor dem Bauwerk. Am oberen Ende der Stufen liegt Chac-Mool in klassischer Haltung. Besucher dürfen aber nicht mehr zu der Statue hinaufsteigen.

1926 entdeckten Archäologen unter dem Kriegertempel einen separaten Chac-Mool-Tempel.

Durch die Säulen auf der Südseite führt der Weg zur **Columnata Noroeste**, die für ihre Masken des „langnasigen Gottes" (teils separat am Boden rekonstruiert) bekannt ist. Gleich südlich davon liegen die Ruinen des **Baño de Vapor** (Dampfbad) mit Wasserabflüssen, einem unterirdischen Ofen und zwei Schwitzhäusern, die einst regelmäßig für rituelle Reinigungen genutzt wurden.

El Osario · ARCHÄOLOGISCHE STÄTTE

Das Beinhaus oder die Tumba del Gran Sacerdote (Grabmal des Hohepriesters) ist eine Pyramidenruine südwestlich vom El Castillo. Wie die meisten Gebäude im südlichen Teil der Stätte ist auch sie stilistisch eher der Puuc-Architektur als der toltekischen zuzuordnen. Bemerkenswert sind die schönen Schlangenköpfe am Fuß der Treppen.

Ein viereckiger Schacht auf der Spitze des Bauwerks führt in eine Höhle darunter, die als Grabstätte diente. Hier wurden sieben Gräber mit menschlichen Überresten gefunden.

El Caracol · ARCHÄOLOGISCHE STÄTTE

Das wegen seiner Wendeltreppe im Inneren von den Spaniern als El Caracol (die Schnecke) bezeichnete **Observatorium** südlich des Beinhauses ist eines der faszinierendsten und bedeutendsten Gebäude in Chichén Itzá (auch wenn man hineingehen darf). Der kreisrunde Entwurf erinnert an manche Bauten aus dem zentralen Hochland, aber erstaunlicherweise eben nicht an die des toltekischen Tula.

Die Architekturstile und die religiöse Bildwelt sind hier bunt gemischt: Es gibt typische Maya-Masken des Regengotts Chaac über den vier in alle Himmelsrichtungen weisenden Außentüren. Die Fenster in der Kuppel des Observatoriums sind auf die Punkte ausgerichtet, die bestimmte Sterne zu bestimmten Terminen am Firmament einnehmen. Von der Kuppel verkündeten die Priester dann einst die Termine für Rituale, Feierlichkeiten, die Mais-Aussaat und die Ernte.

Edificio de las Monjas · ARCHÄOLOGISCHE STÄTTE

Archäologen vermuten, dass der sogenannte Edificio de las Monjas (Nonnenkloster) ein Palast der Maya-Könige war. Mit seinen unzähligen Räumen erinnerte es die Konquistadoren an ein europäisches Kloster – daher der Name. Die Dimensionen des Bauwerks sind imposant: Es ist 60 m lang, 30 m breit und 20 m hoch.

Dem Stil nach gehört es der Maya-Architektur an, nicht der toltekischen, obwohl ein toltekischer Opferstein davor steht. Im Osten grenzt ein kleineres Gebäude an, das als **La Iglesia** (die Kirche) bezeichnet wird und fast vollständig mit Reliefs überzogen ist.

Akab-Dzib · ARCHÄOLOGISCHE STÄTTE

Östlich vom Nonnenkloster liegt der Akab-Dzib im Puuc-Stil. Manchen Archäologen zufolge ist dies der älteste Bau, der in Chichén Itza bislang freigelegt wurde (die zentralen Räume stammen aus dem 2. Jh.). Der Name bedeutet „unbekannte Schrift" auf Mayathan und bezieht sich auf einen Türsturz des südlichen Nebengebäudes: Zu sehen ist dort ein Priester mit einem Gefäß, in das Hieroglyphen mit bislang unbekannter Bedeutung eingeritzt sind.

🛏 Schlafen & Essen

Westlich von Chichén Itzá (also in Richtung Mérida) säumen die meisten örtlichen Unterkünfte, Restaurants und Dienstleister einen ca. 1 km langen Highway-Abschnitt in der Ortschaft Pisté. Vom Haupteingang am Westrand der Ruinenstätte sind es etwa 1,5 km bis zum nächstgelegenen Hotel in Pisté und rund 2,5 km bis zur dortigen Plaza. In der Nachsaison (Mai–Juni & Aug.– Anfang Dez.). auf jeden Fall kräftig um den Zimmerpreis feilschen!

Am Highway (Calle 15) in Pisté findet man viele Restaurants jeder Größe. Die günstigsten davon verstecken sich in der straßenseitigen Markthalle Los Portales am westlichen Ortsrand.

Pirámide Inn
HOTEL $

(☎ 985-851-01-15; www.piramideinn.com; Calle 15, No 30; Zeltstellplatz 100 Mex$, Zi. ohne/mit Klimaanlage 500/600 Mex$; P 🐕 ❄ 🛜 🏊 🍴) Das betagte Pyrámide empfängt seine Gäste mit Zeltstellplätzen, einem Swimmingpool und lauwarmem Duschwasser. Die geräumigen Zimmer haben anständige Bäder und jeweils zwei Doppelbetten mit „Trampolin-Federn".

Das haustierfreundliche Hotel steht an der Hauptstraße in Pisté und ist die nächstgelegene Budget-Unterkunft im Umkreis von Chichén Itzá (S. 352). Dennoch ist der Fußmarsch dorthin ca. 1,5 km lang.

Hotel Chichén Itzá
HOTEL $$

(☎ 985-851-00-22, in den USA 800-235-4079; www.mayaland.com; Calle 15, No 45; Zi./Suite 1310/1750 Mex$; P 🐕 ❄ 🛜 🏊) Dieses Hotel auf der Westseite von Pisté gehört zur Resortkette Mayaland (regional sehr stark vertreten). Die 42 netten Zimmer verfügen über Fliesenböden, altmodische Backsteindecken, feste Betten und Minibars. Von den teureren Varianten schaut man auf den Pool und den Landschaftsgarten. Pro Familie können zwei Kinder unter zwölf Jahren gratis hier wohnen.

★ Hacienda Chichén
RESORT $$$

(☎ 999-920-84-07; www.haciendachichen.com; Zona Hotelera, Km 120; DZ ab 224 US$; P 🐕 ❄ 🛜 🏊) Das auf dem gepflegten Gelände einer Hazienda aus dem 16. Jh. untergebrachte Resort liegt rund 300 m vom Eingang zu den Ruinen (S. 352) entfernt und verfügt über ein elegantes Haupthaus und hohe Ceiba-Bäume. In den Bungalows wohnten in den 1920er-Jahren die an der Ausgrabung von Chichén Itzá beteiligten Archäologen. Inzwischen wurden die Bungalows renoviert und durch neuere ergänzt. Zu den angebotenen Aktivitäten gehören Maya-Kochkurse und Vogelbeobachtungstouren.

Ein kleiner Wermutstropfen: Das Hotelrestaurant ist ultra teuer.

Hotel Mayaland
HOTEL $$$

(☎ 998-887-24-95, in den USA 877-240-5864; www.mayaland.com; Zona Hotelera, km 120; DZ/ Suite ab 2100/3500 Mex$; P 🐕 ❄ 🛜 🏊) Im resortmäßigen Mayaland sind anscheinend schon alle Würdenträger der Welt abgestiegen. Nicht mal 100 m von Chichén Itzá entfernt liegt das schicke Hotel mit „Privateingang" auf einem zauberhaften Gartengelände. Die Zimmer, Bungalows und Swimmingpools sind allesamt extrem attraktiv. Vom „Maya-Observatorium" (El Caracol) aus ist jedoch deutlich zu erkennen, dass die Anlage eine Schneise in den Dschungel schlägt.

Neben mehreren Restaurants und allen üblichen Extras gibt's hier auch kulturelle Angebote. Darunter ist z. B. das Aktivprogramm „Be Maya" („Sei selbst ein Maya"), bei dem man Gerichte der Maya zubereitet, allerlei Wissenswertes über dieses alte Volk erfährt und den hoteleigenen Nachbau einer „Sternwarte" besucht. In der Nähe wartet die dazugehörige Mayaland Lodge mit feschen Bungalows und wesentlich mehr Privatsphäre auf.

Cocina Económica Fabiola
MEXIKANISCH $

(Calle 15 s/n; Hauptgerichte 45–70 Mex$; ⏱7–22 Uhr) Für gute, günstige und authentische Küche empfiehlt sich dieses schlichte kleine Lokal, das am Ende der Restaurantzeile gegenüber der Kirche liegt. Seit über 25 Jahren werden hier z. B. *sopa de lima* (Limettensuppe) und *pollo yucateco* (Hähnchen auf yukatekische Art) serviert.

Las Mestizas
MEXIKANISCH $$

(☎ 985-851-0069; Calle 15 s/n; Hauptgerichte 70– 110 Mex$; ⏱9–22 Uhr; ❄ 🛜) Die beste örtliche Adresse für anständiges Essen à la Yucatán hilft ihren Gästen mit Fotos aller Gerichte bei der Auswahl. Auf der Karte steht z. B. *poc chuk* (gegrilltes Schweinefleisch, mit Orangensaft und Knoblauch mariniert). Je nach Tageszeit leidet der separate Freiluftbereich des Ladens jedoch teilweise unter den Abgasen von Tourbussen und dem Geschnatter zahlloser Touristen.

ZIEL	PREIS (MEXS)	DAUER (STD.)	HÄUFIGKEIT (TGL.)
Cancún	151–298	3–4½	9-mal
Cobá	69	2	1-mal (7.30 Uhr)
Mérida	91–168	1¾–2½	häufig
Playa del Carmen	155–314	3½–4	3-mal
Tulum	104–220	2½–3	3-mal
Valladolid	31–100	1	häufig

ⓘ An- & Weiterreise

Nahe Pistés Ost- und Westrand unterhält Oriente je ein Ticketbüro. Auf ihrem Weg durch die Ortschaft halten 2.-Klasse-Busse fast überall entlang der Hauptstraße.

Viele 1.-Klasse-Busse bedienen nur Chichén Itza bzw. starten nur dort zu diversen Zielen (z. B. Mérida und Valladolid oder Playa del Carmen, Tulum und Cancún an Quintana Roos Küste). So kann man die Ruinen besichtigen und von dort aus direkt per 1.-Klasse-Bus weiterreisen. Das Ticket dafür sollte jedoch schon vorab beim Besucherzentrum der Stätte gekauft werden, um die Chancen auf einen freien Bordplatz zu erhöhen.

Vom Parkplatz an den Ruinen fahren *colectivos* (Sammeltaxis) nach Valladolid (35 Mex$, 40 Min.).

ⓘ Unterwegs vor Ort

Die meisten Busse nach Pisté halten an dessen Plaza, die 20 bis 30 schweißtreibende Gehminuten von Chichén Itza entfernt liegt. Direkt zu den Ruinen fahren 1.-Klasse-Busse und manche 2.-Klasse-Busse (den Fahrer fragen). Letztere stoppen teils auch nahe der Cenote Ik Kil und den Grutas de Balankanché.

In der Nähe des westlichen Ortsrands gibt's einen Taxistand (ca. 40–50 Mex$ zu den Ruinen, 80 Mex$ zur Cenote Ik Kil, 150 Mex$ zu den Grutas de Balankanché).

Valladolid

♪ 985 / 52 000 EW.

Yucatáns drittgrößte Stadt (alias „Sultanin des Ostens") ist bekannt für ihre ruhigen Straßen und pastellfarbenen Mauern im Sonnenschein. Ein zumindest mehrtägiger Aufenthalt lohnt sich: Von hier aus kann man hervorragend Chichén Itzá, Ek' Balam, ein paar nahe Cenoten und den Río Lagartos besuchen. Valladolid schafft den magischen Spagat zwischen genügend Unterhaltung und dem Gefühl von Überschaubarkeit, Machbarkeit und Erschwinglichkeit.

Geschichte

Im Lauf seiner Geschichte hat Valladolid allerlei Unruhen und Revolten erlebt. Ursprünglich gegründet wurde es rund 50 km landeinwärts – genauer 1543 nahe der Chouac-Ha-Lagune. Francisco de Montejo (Neffe Montejos d. Ä.) und seinen Konquistadoren war es dort jedoch zu heiß und zu moskitoverseucht. So brachen sie erneut auf und zogen zum indigenen Zeremoniezentrum Zací (sah-*sih*), das die dortigen Maya daraufhin erbittert verteidigten. Schließlich wurde Zací von Montejo d. J. (Sohn des Älteren) erobert und wie üblich geschliffen. Danach bauten die Spanier an dieser Stelle eine neue Stadt, wobei sie dem klassischen Planungskonzept der Kolonialzeit folgten.

Über den Großteil der Kolonialzeit hinweg sorgte Valladolids geografische Isolation von Mérida dafür, dass die spanische Krone hier relativ wenig Einfluss hatte. Die Maya der Region wurden brutal ausgebeutet, was sich auch nach der mexikanischen Unabhängigkeit fortsetzte. So waren z. B. viele Teile der Stadt für sie tabu. Daher wurde Valladolid nach dem Ausbruch des Kastenkriegs in Tepich (1847) zu einem der ersten Angriffsziele der Maya. Die Verteidiger der Stadt kapitulierten nach zweimonatiger Belagerung. Viele von ihnen flohen ins sichere Mérida; die übrigen wurden getötet.

Heute ist Valladolid ein florierendes Landwirtschaftszentrum mit etwas Leichtindustrie und einem wachsenden Tourismussektor.

⊘ Sehenswertes

★ Casa de los Venados   MUSEUM

(☎ 985-856-22-89; www.casadelosvenados.com; Calle 40 Nr. 204, zw. Calle 41 & Calle 43; Eintritt gegen Spende; ☉ Führungen 10 Uhr oder nach Vereinbarung) Mit mehr als 3000 Werken mexikanischer Volkskunst in Museumsqualität ist diese Privatsammlung interessant, weil die Objekte in dem Kontext gezeigt werden, für

Valladolid

N 0 ———— 400 m

[Map of Valladolid with street names including Calle 54, Calle 52, Calle 50, Calle 48, Calle 42, Calle 40, Calle 38, Calle 36, Calle 33, Calle 35, Calle 37, Calle 39, Calle 41, Calle 43, Calle 45, Calle 47, Calle 49, Calle 41A (Calz de los Frailes), Calle 39 (Old Highway), Calle 41 (Old Highway), Calle 43A, Calle 44, Calle 46. Labels: ADO-Bus-bahnhof, Colectivos nach Mérida, Colectivos nach Pisté & Chichén Itzá, Hacienda San Lorenzo Oxman (3.5 km), Hotel Zentik'l (900 m); Naino (900 m), Parque Francisco Cantón Rosado, Colectivos nach Cancún, Casa de los Venados. Numbered markers: 10, 9, 8, 6, 7, 2, 12, 1, 5, 11, 3, 4]

den sie ursprünglich bestimmt waren, und nicht hinter Glas. Die Führung (Englisch und Spanisch) beleuchtet die Ursprünge einiger der bedeutenderen Stücke und die Geschichte der für ihre Restaurierung preisgekrönten kolonialzeitlichen Villa.

Catedral de San Servasio KATHEDRALE

(San Gervasio) Die Kathedrale wurde ursprünglich im Jahr 1545 aus den Steinen von Zacís Hauptpyramide erbaut, Anfang der 1700er-Jahre aber abgerissen und dann neu errichtet. Sie ist Yucatáns einzige Kirche, deren Eingang nach Norden zeigt (und nicht wie sonst üblich nach Osten): Einst sollten damit aufsässige Einheimische abgestraft werden.

🏃 Aktivitäten

⭐ Hacienda San Lorenzo Oxman SCHWIMMEN

(abseits der Calle 54; Cenote 70 Mex$, Cenote & Schwimmbecken 100 Mex$; ⊙9–18 Uhr) Mitte des 19. Jhs. war die frühere *henequén*-Plantage ein Schlupfwinkel von Aufständischen, die im Kastenkrieg kämpften. Ihre heutige Hauptattraktion ist eine tolle Cenote, die weit weniger überlaufen ist als andere Dolinen im Bereich von Valladolid (vor allem Mo–Do). Wer ein Kombiticket für die Cenote und das Schwimmbecken kauft,

bekommt eine Gutschrift (60 Mex$) für das örtliche Café.

Anfahrt per Auto oder Fahrrad: Zunächst der Calle 41A (Calzada de los Frailes) folgen, vorbei am Templo de San Bernardino an der Calle 54A. Dann nach rechts in die Av de los Frailes einbiegen, von dieser nach links in die Calle 54 abbiegen und schließlich noch ca. 3 km in Richtung Südwesten rollen. Ein Taxi von der Stadt zur Hacienda kostet 80 bis 100 Mex$.

Cenote X'Kekén y Samulá SCHWIMMEN

(Cenote Dzitnup & Samulá; 1/2 Cenotes 60/ 90 Mex$; ⊙8.30–17.20 Uhr) Der Cenote X'Kekén, einer von zwei Cenoten in Dzitnup (auch bekannt als X'Kekén Jungle Park), ist bei Gruppenreisenden beliebt. Es ist eine massive Kalksteinformation mit von der Decke hängenden Stalaktiten. Das Wasserbecken ist künstlich beleuchtet und eignet sich gut zum Baden. Baden kann man auch im Cenote Samulá, einem hübschen Höhlentümpel mit *álamo*-Wurzeln (Pappeln), die mehrere Meter nach unten reichen.

Die Fahrt mit einem Mietfahrrad zu den Cenoten dauert ungefähr 20 Minuten. Von Pistés Zentrum fährt man die Calle 41a (Calzada de los Frailes) entlang, die von kolonialzeitlichen Bauten gesäumt ist. Anschließend fährt man am **Templo de San**

Valladolid

● Highlights
1 Casa de los Venados C2

● Sehenswertes
2 Catedral de San Servasio C2
3 Templo de San Bernardino A3

● Aktivitäten, Kurse & Touren
4 Cenote Zací D2
5 MexiGo Tours C3

● Schlafen
6 Casa Marlene D2
7 Casa San Roque D2
8 Casa Tía Micha D2
9 Hostel La Candelaria C1

● Essen
10 La Palapita de los Tamales C1
11 Yerba Buena del Sisal A3

● Ausgehen & Nachtleben
12 Coffee Bike Station C2

Bernardino (Convento de Sisal; Ecke Calles 49 & 51; Mo-Sa 30 Mex$, So frei; ⊙ 9–19 Uhr) einen Block auf der Calle 54A und biegt dann rechts in die Calle 49 ein, die zur Avenida de los Frailes wird und auf die alte Fernstraße trifft. Nun links auf die *ciclopista* (Radweg) fahren, die parallel zur Straße nach Mérida verläuft. Nach etwa 3 km biegt man schließlich am Schild Richtung Dzitnup links ab und fährt knapp 2 km geradeaus weiter. *Colectivos* fahren ebenfalls nach Dzitnup.

Cenote Zací
SCHWIMMEN

(☎ 985-856-0818; Calle 36 s/n zw. Calle 37 & 39; Erw./Kind 3–11 Jahre 30/15 Mex$; ⊙ Cenote 8.30–17.30 Uhr, Restaurant 9–18 Uhr) In einem Park findet man hier einen der wenigen mexikanischen Cenoten, die in einem Innenstadtbereich liegen. Das ganzjährig geöffnete Badeloch ist prima für eine Erfrischung und recht hübsch, aber nicht gerade kristallklar. Im Wasser tummeln sich Welse, während weiter oben eine Fledermauskolonie haust. Vor Ort gibt's auch ein paar kleine Souvenirstände und ein nettes Restaurant (Hauptgerichte 85–140 Mex$) mit großem *palapa*-Dach.

 Geführte Touren

★ Yucatán Jay Expeditions
& Tours
VOGELBEOBACHTUNG, KULTUREXKURSION

(☎ Handy 985-1118000 od. 1034918; www.yucatanjay.com; ⊙ 8–20 Uhr) Betreiber dieser Kooperative sind fünf auskunftsfreudige und engagierte Angehörige der Maya-Gemeinde Xocén, die 14 km südlich von Valladolid liegt. Das Spektrum der hervorragenden Touren reicht von Vogelbeobachtungen bis hin zu Trips mit Schwerpunkt auf Kultur und Küche der Maya.

Die Guides bringen einen z. B. auch zu Cenoten und geben dabei tolle Einblicke in ihre Kultur. Zudem arrangieren sie Früh-

stück in ihrem Heimatdorf und haben Zugang zu Naturschutzgebieten, die ansonsten für Besucher tabu sind. So freuen sich die Vogelbeobachter unter den Kunden meist über viele Sichtungen.

🛏 Schlafen & Essen

★ Hostel La Candelaria
HOSTEL $

(☎ 985-856-22-67; www.hostelvalladolidyucatan. com; Calle 35, No 201F; B/Zi. inkl. Frühstück ab 230/ 500 Mex$; ❄ @ 🛜) Das freundliche Hostel an einem ruhigen kleinen Platz ist eines der besten der Stadt. Hierfür sorgen u. a. eine Gästeküche, ein toller länglicher Garten mit Hängematten, ein reiner Damenschlafsaal, viele Aufenthaltsbereiche, Leihfahrräder (20 Mex$/Std.), ein Wäscheservice und optionales Abendessen. Die Zimmer wirken teilweise etwas beengt und stickig; ein paar der Schlafsäle sind aber klimatisiert.

Dafür sucht auch der Organisationsgrad in der Stadt seinesgleichen: Die freundliche Inhaberin Tania kennt sich hervorragend in der Gegend aus. So bietet sie ganze Ordner voller Verzeichnisse, die genug Unterhaltung (z. B. Aktivitäten) für viele Tage vorschlagen.

Casa San Roque
B & B $$

(☎ 985-856-26-42; www.casasanroquevalladolid. com; Calle 41, No 193B; Zi. 1582 Mex$; 🅿 ❄ ✳ 🛜 🛏) Verglichen mit manchen größeren Hotels an der Plaza bietet das San Roque mehr Privatsphäre und persönliche Aufmerksamkeit: Hier gibt's gerade mal sechs Zimmer im Kolonialstil. Die Hauptattraktionen sind jedoch das üppige Frühstück und der Pool, der im Garten hinten mit zwei künstlichen Wasserfällen aufwartet.

Hotel Zenti'k
BOUTIQUEHOTEL $$$

(☎ 985-104-9171; www.zentikhotel.com; Calle 30, No 192C zw. Calle 27 & 29; Hütte 2400 Mex$; 🅿 ✳ 🛜 🛏) Das Zenti'k bezeichnet sich selbst als

Boutiquehotel, was durch das mehrsprachige Personal und den hervorragenden Service unterstrichen wird. Tatsächlich entspricht es aber eher einem Mini-Resort: Auf einem lauschigen Gelände stehen hier geräumige *cabañas* (wenn auch etwas dicht nebeneinander). Weitere Pluspunkte sind der großartige Swimmingpool, das hauseigene Spa, die unterirdische „Schwimmhöhle" und das exzellente Restaurant. Zudem werden die Mauern mancherorts von eindrucksvollen Wandbildern zeitgenössischer Künstler geziert.

Für die Anreise empfiehlt sich ein eigenes Fahrzeug, da die Laufentfernung ab der Innenstadt etwas zu groß ist (vor allem bei Dunkelheit). Dank dann deutlich günstigerer Tarife bietet die Nachsaison das beste Preis-Leistungs-Verhältnis.

Casa Tía Micha BOUTIQUEHOTEL $$$

(☎985-856-04-99; www.casatiamicha.com; Calle 39 Nr. 197; Zi. inkl. Frühstück ab 1700–2100 Mex$; P🐕❄🛜🏊) In diesem von einer Familie geführten Boutiquehotel gleich abseits der Plaza sind abends der Korridor und der rückwärtige Garten wunderschön beleuchtet. Einige der geschmackvoll im Kolonialstil dekorierten Zimmer haben große Doppelbetten und die Suiten im Obergeschoss sogar Whirlpools. Wenn das Tía ausgebucht ist, gibt es im gleichen Block noch die zugehörige **Casa Marlene** (Zi. inkl. Frühstück 1700–2100 Mex$; P❄🛜🏊).

⭐Yerba Buena del Sisal MEXIKANISCH $

(☎985-856-14-06; www.yerbabuenadelsisal.com.mx; Calle 54A, No 217; Hauptgerichte 80–120 Mex$; 🕐Di–So 8–22 Uhr; 🛜🍴) In einem idyllischen Garten werden hier köstliche und sehr gesunde Gerichte serviert – oft vegetarisch und meist aus Bio-Zutaten. Auf der Karte stehen z. B. leckere *tacos maculum* (handgemachte Maismehl-Tortillas mit Bohnen, Käse und aromatischem Mexikanischem Blattpfeffer). Während man auswählt, gibt's vorab schon mal Tortilla-Chips mit drei schmackhaften Salsa-Saucen.

Zum Zeitpunkt der Recherche war ein Umzug in ein Gebäude drei Häuser weiter geplant – inklusive Erhalt des Ambientes. Wir meinen: Das klappt bestimmt.

⭐La Palapita de los Tamales MEXIKANISCH $

(Calle 42 s/n, Ecke Calle 33; Tamales 40 Mex$; 🕐Mo–Sa 8–22 Uhr; 🍴) Hier gibt's ungewöhnliche *tamales* in täglich wechselnder Aus-

wahl. Bei unserem letzten Besuch (freitags?) war darunter eine köstliche Variante mit einer Füllung aus Schweinefleisch, Ei und Bohnen – für eine knusprige Kruste zusätzlich leicht in *manteca* (Schweineschmalz) angebraten. Auf der Karte stehen auch Frühstück, gute Säfte und vegane Optionen.

⭐Naino INTERNATIONAL $$

(☎985-104-90-71; www.facebook.com/zentikproject; Calle 30 zw. Calle 27 & 29; Hauptgerichte 80–150 Mex$; 🕐7–12 & 15–22.30 Uhr; P🛜) Das nette Freiluftrestaurant mit guter internationaler Küche gehört zum Hotel Zenti'k am Stadtrand. Der Laden ist morgens, mittags und abends gleichermaßen empfehlenswert – was auch viele wohlhabende Einheimische so sehen.

Ausgehen & Nachtleben

⭐Coffee Bike Station CAFÉ

(☎985-122-24-39; www.facebook.com/coffeebikestation2016; Calle 40, No 203 zw. Calle 41 & 43; Snacks ab 40 Mex$; 🕐Mo–Fr 8.30–13.30 & 18–22 Uhr) Diese willkommene Neueröffnung ist ein Mix aus kleinem Café und Radfahrertreff. Inhaber Enrique hat eine Profi-Espressomaschine und weiß trefflich damit umzugehen. Zudem verleiht er Drahtesel (160 Mex$/Tag) und leitet Radtouren. So hat das Ganze mitunter unerwartet geschlossen; die Öffnungszeiten sind ohnehin recht ungewöhnlich.

ℹ️ An- & Weiterreise

BUS

Valladolids Hauptbusbahnhof ist der günstig gelegene **ADO-Busbahnhof** (www.ado.com.mx; Ecke Calle 39 & 46). Dort starten 1.-Klasse-Busse von ADO, ADO GL und OCC sowie 2.-Klasse-Services von Oriente und Mayab. Die Busse nach Chichén Itzá/Pisté halten in der Nähe der Ruinen, wenn diese geöffnet sind. Zur Sicherheit aber immer nochmal beim Fahrer nachfragen!

COLECTIVO

Sofern man nicht den Mietpreis für das ganze Fahrzeug hinblättert, starten Valladolids *colectivos* (Betriebszeit meist ca. 7 od. 8–19 Uhr) immer erst, wenn sie ganz voll sind. Nach **Mérida** (Calle 39 nahe dem ADO-Busbahnhof; 180 Mex$, 2 Std.) und **Cancún** (Calle 41, Ecke Calle 38; 200 Mex$, 2 Std.) besteht Direktverbindung – zur Sicherheit aber jeweils immer nochmal beim Fahrer nachfragen!

Weitere *colectivos* rollen nach **Pisté/Chichén Itzá** (Calle 39 nördlich vom ADO-Busbahnhof; 35 Mex$, 1 Std.) und **Ek' Balam** (Kennzeich-

BUSSE AB VALLADOLID

ZIEL	PREIS (MEX$)	DAUER (STD.)	HÄUFIGKEIT (TGL.)
Cancún	117–261	2½–3½	häufig
Chichén Itzá/Pisté	31–28	¾	häufig
Chiquilá (für Isla Holbox)	115–170	4	1-mal
Cobá	49	1	häufig
Izamal	66	2½	1-mal (12.50 Uhr)
Mérida	117–204	2–3½	häufig
Playa del Carmen	132–216	2½–3	häufig
Tizimín	30	1	häufig
Tulum	92–126	1½–2	häufig

nung „Santa Rita"; Calle 44 zw. Calle 35 & 37; 50 Mex$).

Ab verschiedenen Haltestellen im Stadtzentrum (Einheimische fragen!) geht's per *colectivo* auch zu vielen regionalen Cenoten – allerdings meist nur morgens.

ⓘ Unterwegs vor Ort

Der alte Highway führt bis heute als Calle 41 (ostwärts) bzw. Calle 39 (westwärts) durch Valladolids Zentrum. Die meisten Schilder leiten Kraftfahrer aber gezielt zur neuen Mautstraße nördlich der Stadt.

Fahrräder sind hervorragend für Stadterkundungen und Ausflüge zu den Cenoten geeignet. Das **Hostel La Candelaria** (S. 361) und **MexiGo Tours** (☑ 985-856-07-77; www.mexigotours. com; Calle 43, No 204C zw. Calle 40 & 42; ⊙16–19 Uhr) verleihen Drahtesel für jeweils ca. 20 Mex$ pro Stunde.

Ek' Balam

Hauptattraktion von Ek' Balam sind die gleichnamigen Ruinen. Ein Besuch des winzigen Nests lohnt sich auch, um einen Eindruck von einem traditionellen Maya-Dorf zu bekommen. Bis auf ein paar Kunsthandwerksstände am Hauptplatz (dient auch als Fußballfeld) und eine gute Pension ist hier aber sonst nicht viel geboten.

◉ Sehenswertes

Ek' Balam　　　　　ARCHÄOLOGISCHE STÄTTE
(Erw. 205 Mex$, Guide zzgl. 600 Mex$; ⊙8–16 Uhr) Die faszinierende Ruinenstadt Ek' Balam erlebte ihre Blütezeit im 8. Jh., bevor sie plötzlich verlassen wurde. Vegetation überwuchert weiterhin den Großteil der archäologischen Stätte. Die freigelegten Bereiche sind aber gut beschildert und liegen schön inmitten der Natur. Unter den interessanten Bauten

sind u. a. eine Art Zikkurat in Eingangsnähe, ein schmucker Bogen und ein Ballspielplatz. Am eindrucksvollsten ist aber die gewaltige **Acrópolis**, deren gut restaurierter Sockel (160 m) eine „Galerie" in Form von mehreren separaten Räumen beherbergt.

Oben auf dem Sockel wird Ek' Balams mächtige **Große Pyramide** (32 m) vom weit aufgerissenen Rachen eines Jaguars geziert. Unter dem Maul der Großkatze befinden sich Totenschädel aus Stuck; rechts darüber sitzt eine herrlich ausdrucksvolle Figur. Die ungewöhnlichen Flügelmenschen auf der rechten Seite werden mitunter als Maya-Engel bezeichnet, sind aber in Wirklichkeit wohl eher Schamanen oder Medizinmänner.

Rund 17 km nördlich von Valladolid führt eine 6 km lange Abzweigung ostwärts zu den Ruinen.

Vom Eingang der Stätte gelangt man auch zur **X'Canché Cenote** (☑ Handy 985-1009915; www.ekbalam.com.mx/cenote-xcanche; Eintritt 50 Mex$; ⊙8–17 Uhr), die einst wohl zeremoniellen Zwecken diente.

🛏 Schlafen

★ **Genesis Eco-Oasis**　　　　　PENSION **$$**
(☑ Handy 985-1010277; www.genesisretreat.com; Pueblo Ek' Balam; DZ 65–79 US$; ☎🐾) Ein echtes Refugium: Die ruhige Pension mit entspannter Atmosphäre versprüht Vertraulichkeit wie ein B&B. Zudem legt sie weitestgehend Wert auf Umweltschutz. So wird hier Grauwasser fürs Gartenbewässern genutzt, während die Architektur der Unterkünfte mittels schräger Strohdächer für passive Kühlung sorgt. Ein paar Komposttoiletten sind ebenfalls vorhanden. Auf dem Gelände gibt's auch einen erfrischenden Pool und ein Temascal (präkolumbisches Dampfbad). Auf Wunsch bereiten die Inhaber zudem leckeres vegetarisches Essen zu.

ℹ An- & Weiterreise

Colectivos nach Ek' Balam starten in Valladolid an der Calle 44 (zw. Calle 35 & 37).

Río Lagartos

☑ 986 / 3000 EW.

Das verschlafene Fischerdorf Río Lagartos (Alligatorfluss) am windigen Nordufer der Halbinsel prunkt landesweit mit der höchsten Bestandsdichte in Sachen Flamingos – Hochrechnungen zufolge kommen etwa zwei bis drei Exemplare auf einen menschlichen Einwohner. Hierfür sorgt die herrliche **Reserva de la Biosfera Ría Lagartos**, die ein von Mangroven gesäumtes Ästuar mit vielen weiteren Vogelarten (z. B. Schmuckreiher, Streifenreiher, Schneesichler; insgesamt ca. 400 Spezies) schützt. Diese lassen sich je nach Jahreszeit sogar direkt vom Auto aus beobachten. Das Reservat beheimatet zudem die Krokodile, nach denen das Dorf benannt ist.

Die lokalen Straßen sind kaum beschildert und werden von den meisten Einheimischen mit unterschiedlichen Namen bezeichnet. Von Norden nach Süden führt die Calle 10 ins Dorf hinein und endet schließlich am uferseitigen *malecón*.

Río Lagartos hat weder Bankfilialen noch Geldautomaten; zudem kann hier vielerorts nicht per Kreditkarte bezahlt werden. Darum unbedingt genügend Bares mitbringen!

👉 Geführte Touren

⭐ **Río Lagartos Adventures** TOUREN

(☑ Handy 986-1008390; www.riolagartosadventures.com; Calle 19, No 134; Tourboot pro 2 Std. ohne/mit Fliegenfischen 110/195 US$) Der einheimische Experte Diego Núñez Martinez leitet diese Firma mit diversen Touren zu Wasser und zu Land. Darunter sind z. B. Flamingo- und Krokodilbeobachtungen, Schnorchelausflüge zur Isla Cerritos, Trips für Fliegenfischer oder spezielle Exkursionen für Fotografen. Diego ist ein lizenzierter Guide, der fließend Englisch spricht und professionell in Naturkunde ausgebildet ist. Über den aktuellen Zustand der regionalen Flora und Fauna ist er immer bestens informiert.

Diego hat sein Büro im **Ría Maya Restaurante** (www.riolagartosadventures.com; Calle 19, No 134, Ecke Calle 14; Hauptgerichte 150–300 Mex$, Hummer 250–500 Mex$; ⊙ 9–21 Uhr) und bildet auch selbst einheimische Führer aus.

Flamingo-Touren VOGELBEOBACHTUNG

Je nach Jahreszeit (am besten: Juni–Aug.) und Glück fällt der Blick hier auf Hunderte oder gar Tausende Flamingos. Wenn die Vögel auffliegen, tauchen sie den Horizont mitunter in ein feurig schimmerndes Meer aus Orange- und Rottönen. Ihre vier wichtigsten Tummel- bzw. Fressplätze sind Punta Garza, Yoluk, Necopal und Nahochín (in wachsender Entfernung zum Dorf). Diese sind jeweils nach nahegelegenen Mangrovenhainen benannt.

🛏 Schlafen & Essen

Restaurant y
Posada Macumba PENSION $

(☑ 986-862-00-92; www.restaurantmacumba.com; DZ 650–850 Mex$, Apt. 900–1200 Mex$) Die Pension am Ufer ist eine der besten örtlichen Unterkünfte. Der ungemein kreative Inhaber hat den sechs recht kleinen, aber sehr komfortablen Zimmern ein abgefahrenes Design im karibischen Stil verpasst. Der Panoramablick vom Apartment lohnt den Aufpreis.

El Perico Marinero HOTEL $$

(☑ 986-862-00-58; www.elpericomarinero.com; Calle 9 nahe Calle 19; DZ inkl. Frühstück 800–900 Mex$; P ❋ 🛜 🛁) Das schickste Hotel in Río Lagartos vermietet 14 nette Zimmer mit hervorragenden Betten. Ein Teil der Quartiere wartet zusätzlich mit handgezimmerten Möbeln und Blick auf das Ästuar auf.

Restaurant y
Posada Macumba SEAFOOD $$

(☑ 986-862-00-92; www.restaurantmacumba.com; Calle 16, No 102, Ecke Calle 11; Hauptgerichte 85–135 Mex$; ⊙ 8–19 Uhr; 🕿) Hier wähnt man sich in Arielles Höhle: Wie die dazugehörige Pension zeugt dieses Lokal vom großen kreativen Talent des Inhabers. So paart das reizvolle Ambiente z. B. fantasievolle Lampenschirme mit Muschelkunst an den Wänden. Doch ansonsten ist der Laden einfach ein anständiges Restaurant mit exzellenten Meeresfrüchten. Die Fotogalerie à la China-Restaurant erleichtert die Auswahl aus der ellenlangen Karte.

ℹ An- & Weiterreise

Mehrere Noreste-Busse verbinden Río Lagartos täglich mit Tizimín (45 Mex$, 1¼ Std.), Mérida (210 Mex$, 3–4 Std.) und San Felipe (20 Mex$, 20 Min.). Noreste bedient auch Valladolid und Cancún, wobei aber jeweils in Tizimín umgestiegen werden muss. Wichtig: In Richtung Valladolid ermöglicht dies nur der Bus, der um 16 Uhr in Río Lagartos abfährt – der Nachfolger um 17 Uhr bietet keine Anschlussverbindung!

Der Busbahnhof liegt an der Calle 19 (zw. Calle 8 & 10).

CAMPECHE (BUNDESSTAAT)

Im äußersten Südwesten der Halbinsel Yucatán erstreckt sich der Bundesstaat Campeche mit bescheidenen Dörfern, riesigen unberührten Dschungelgebieten und Mangrovenwäldern oder Lagunen voller Vögel. Hinzu kommen ein paar der imposantesten Maya-Ruinen der Region – und diese lässt man oft ganz für sich allein. Zudem brüten hier bedrohte Meeresschildkröten an abgeschiedenen Stränden, vor denen verspielte Delphine durch die Wellen flitzen. Die Staatshauptstadt Campeche mit ihren alten Festungsmauern ist das kulturelle Zentrum der Region und ein hervorragender Ausgangspunkt für Abenteuer in diesen vergleichsweise recht unbekannten Gefilden.

Obwohl hier einsame Nebenstraßen, freundliche Einheimische, idyllische Küstenabschnitte und entspannter Charme der provinziellen Art locken: Von allen Bundesstaaten auf Yucatán verzeichnet Campeche die wenigsten Besucher und bietet so willkommene Erholung von den Touristenscharen, die über bekanntere Ziele auf der Halbinsel herfallen. In friedvoller Atmosphäre warten hier überraschende Attraktionen und so authentische wie regionaltypische Erlebnisse.

Campeche (Stadt)

981 / 250 000 EW.

Campeche wirkt wie ein kolonialzeitliches Märchenland: Die Festungsmauern des historischen Zentrums schützen schmale Straßen, an deren Kopfsteinpflaster sich gut erhaltene Villen und restaurierte Gebäude in Pastelltönen drängen. Die Altstadt gehört seit 1999 zum Weltkulturerbe. Sie lässt allerdings etwas „Alltagsfeeling" vermissen, da dort kaum noch jemand wohnt. Außerhalb der Wälle erstreckt sich jedoch eine typische mexikanische Provinzhauptstadt mit belebtem Markt, ruhigem *malecón* (Uferpromenade) und altem Fischereihafen.

Von den Wehranlagen sind auch insgesamt sieben *baluartes* (Bastionen bzw. Bollwerke) erhalten geblieben. An den Stadt-rändern wachen zwei restaurierte Forts aus der Kolonialzeit; eines davon beherbergt heute das Museo de la Arquitectura Maya mit vielen archäologischen Artefakten von Weltrang. Obeindrein prunkt Campeche bis heute mit zahlreichen historischen Villen, die während der Blütezeit der Stadt (18. und 19. Jh.) von reichen spanischen Familien errichtet wurden.

Von hier aus lassen sich Edzná, nahegelegene Strände und regionale Maya-Stätten im Chenes-Stil optimal in einer Tagestour besuchen.

Geschichte

Als die Spanier Campeche im Jahr 1517 erstmals kurz ins Visier nahmen, war dies noch ein Maya-Dorf, das vom Handel lebte und Ah Kim Pech (Herr Sonnen-Schafzecke) hieß. Aufgrund des Widerstands der Maya brauchten die Spanier aber fast 25 Jahre, um die Region komplett zu erobern. So wurde das kolonialzeitliche Campeche zwar 1531 gegründet, aber wegen der Feindseligkeiten der Maya schnell wieder aufgegeben. Erst 1540 hatten die Konquistadoren so viel Kontrolle über das Gebiet erlangt, dass sie hier unter der Führung von Francisco de Montejo d. J. endlich eine dauerhafte Siedlung gründen konnten.

„Villa de San Francisco de Campeche" florierte schon kurze Zeit später als Haupthafen der Halbinsel Yucatán. Aus diesem Grund wurde es aber auch häufig von Freibeutern heimgesucht. Ein besonders verheerender Piratenangriff im Jahr 1663 (S. 376) zerstörte die Stadt fast vollständig. Daraufhin befahl Spaniens König den Bau von Campeches berühmten Festungsanlagen, um weitere Überfälle zu verhindern. Stärkster lokaler Wirtschaftsmotor ist heute der Tourismus.

Sehenswertes

★ **Museo Arqueológico de Campeche & Fuerte de San Miguel**   MUSEUM, FORT
(Archäologisches Museum Campeche; Av Escénica s/n; Eintritt 55 Mex$; Di–So 8.30–17 Uhr; P) Das größte kolonialzeitliche Fort des Bundesstaats liegt ca. 4 km südwestlich vom Stadtzentrum am Golf von Mexiko. Mit dem hervorragenden Museo Arqueológico de Campeche beherbergt es eines der bedeutendsten Maya-Museen weltweit – ein Besuch ist quasi Pflicht! Zu sehen gibt's hier herrliche Artefakte aus Calakmul, Edzná

Campeche

Golf von
Mexiko

Merida
(253 km)

Av Adolfo Ruíz Cortines

Av 16 de Septiembre (Av Circuito Baluartes Poniente)

Plaza
Moch-Couoh

Plaza de
la República

Parque
de las
Banderas

Módulo de
Información
Turística del
Municipio
de Campeche

Playa
Bonita (13 km)

Calle 8

Calle 10

Av Circuito Baluartes Sur

Calle 12

Calle 59

Calle 57

Calle 55

Calle 53

Paseo de
los Héroes

Calle 63

Calle 65

Calle 61

Calle 14

Calle 16

Pedro Moreno

Av Circuito Baluartes Este

Calle 18

Honduras

Guatemala

Hauptbusbahnhof (2 km)
(6 km)

und von der Isla de Jaina. Auf dieser Insel
nördlich der Stadt wurden einst Angehörige
des Maya-Adels bestattet.

Die thematisch geordneten Ausstellungen in insgesamt zehn Sälen zeigen u. a.
großartigen Jadeschmuck, exquisite Gefäße,
Masken, Teller, Stelen, Tonfigürchen und
Halsketten aus Muschelschalen. Das Highlight sind die mit Jade besetzten Bestat-
tungsmasken aus Calakmul.

Das schöne Fort mit trockenem Wasser-
graben und funktionierender Zugbrücke ist
eine eigenständige Attraktion. Die Dachterrasse wird von 20 Kanonen umringt und
wartet mit grandiosem Hafenblick auf.

Ab dem Markt fahren Busse und *combis*
(Minivans; Kennzeichnung „Lerma") zum
unteren Ende der Straße, die hinauf zum
Fort führt (300 m Fußmarsch) – dem Chauf-
feur einfach „Fuerte de San Miguel" als Ziel
angeben. Alternativ nimmt man ein Taxi
(40–50 Mex$).

Plaza Principal PLATZ
Unter den schattigen Johannisbrotbäumen
des angenehm schlichten Hauptplatzes stehen gekachelte Parkbänke an breiten Spazierwegen, die sternförmig von einem Pavillon im Stil der Belle Èpoque wegführen. Die
Plaza wurde 1531 als Feldlager der Konquis-

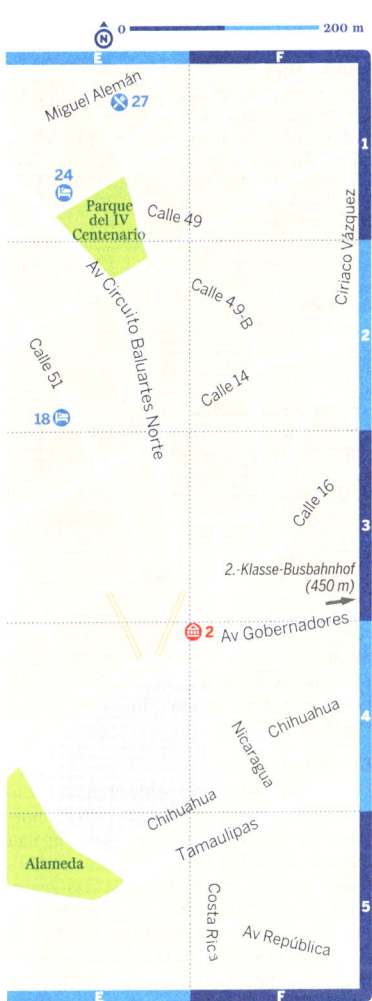

Mansión Carvajal
HISTORISCHES GEBÄUDE

(Calle 10 zw. Calle 51 & 53; ⊙ Mo–Fr 8–14.45 Uhr)
`GRATIS` Die frühere Villa des reichen Grundbesitzers Fernando Carvajal beherbergt heute Büros von Behörden. Trotzdem können Besucher das Innere des schmucken Baus besichtigen. Dabei gibt's u. a. schwarz-weiße Fliesenböden, dorische Säulen und prachtvolle Bogengänge zu sehen. Ein Highlight ist der spektakuläre Treppenaufgang mit Marmorstufen und schmiedeeisernen Geländern. Bemerkenswert ist auch die historische Gedenktafel.

Stadttor-Denkmal
MONUMENT

Am Rand der Plaza Moch-Couoh steht ein Denkmal für die vier Stadttore in der früheren Ringmauer. Zwei der Tore (Land- und Seeseite) sind bis heute erhalten, während von den beiden anderen (nach San Román bzw. Guadalupe ausgerichtet) nichts mehr übrig ist.

Museo del Archivo General de Estado
MUSEUM

(☎ 981-816-09-39; Calle 12, No 159; ⊙ Mo–Fr 8–15 Uhr) `GRATIS` Das kleine Museum mit Klimaanlage informiert gratis über Campeches Werdegang. Hierbei zeigt es neben alten Dokumenten und Karten auch ein Video (spanisch od. englisch) zur Geschichte des Bundesstaats.

Catedral de Nuestra Señora de la Purísima Concepción
KATHEDRALE

(Calle 55; ⊙ 6.30–21 Uhr) `GRATIS` Seit über 300 Jahren dominiert diese Kathedrale mit ihren Zwillingstürmen die Ostseite der Plaza Principal. Sie besteht aus Kalkstein und ist bis heute an den meisten Sonntagen rappelvoll. Statuen des Hl. Petrus und Paulus füllen Nischen in der barocken Fassade. Das einschiffige, nüchtern wirkende Innere wird von kolonialzeitlichen Malereien geziert. Abends sind die Kirche und andere umliegende Wahrzeichen dezent beleuchtet, was eine magische Atmosphäre schafft.

Centro Cultural Casa Número 6
KULTURZENTRUM

(Calle 57 Nr. 6; 20 Mex$, Audioguide 15 Mex$; ⊙ Mo–Fr 8–21, Sa & So 9–21 Uhr) In der Zeit vor der Revolution, als diese Stadtvilla von einer *campechano*-Familie der Oberschicht bewohnt wurde, war die „Nr. 6" eine prestigeträchtige Adresse an der Plaza. Beim Schlendern über das Gelände bekommt man eine Vorstellung von der Lebensweise der damaligen Oberschicht. Das vordere

tadoren angelegt. Im Lauf der Zeit entwickelte sich daraus das gesellschaftliche, politische und religiöse Zentrum der Stadt – was bis heute so geblieben ist: Viele *Campechanos* kommen hierher, um zu plaudern, zu knutschen, ihre Schuhe putzen zu lassen oder ein erfrischendes abendliches Eis zu genießen.

Malecón
UFERPROMENADE

Der 7 km lange *malecón* (Uferpromenade) ist bei Joggern, Radfahrern, Spaziergängern und turtelnden Liebespaaren sehr beliebt. Hier kann man z. B. prima einen Aufwachbummel in der Morgenbrise oder eine Radtour zu Sonnenuntergang unternehmen.

HALBINSEL YUCATÁN CAMPECHE (STADT)

Campeche

Sehenswertes

1 Baluarte de San Francisco &
   Baluarte de San Juan..........................D4
2 Baluarte de San Pedro F4
3 Baluarte de Santa Rosa..........................A5
4 Baluarte de Santiago & Jardín
   Botánico Xmuch Haltún D1
5 Catedral de Nuestra Señora de la
   Purísima Concepción C2
6 Centro Cultural Casa Número 6 ....C2
7 Ex-Templo de San José & Bazar
   Artesanal B3
8 Malecón A2
9 Mansión Carvajal....................................D2
10 Stadttor-Denkmal..................................A2
11 Museo de la Arquitectura Maya C2
12 Museo del Archivo General de
   Estado..C3
13 Plaza Principal C2
14 Puerta de Tierra D5
15 Puerta del Mar B2

Aktivitäten, Kurse & Touren

16 Kankabi' Ok B2

Schlafen

17 Hacienda Puerta Campeche D4
18 Hostal Viatger E2
19 Hotel Boutique Casa Don Gustavo.......B2
20 Hotel Campeche C2
21 Hotel Francis Drake................................B4
22 Hotel López..B3
23 Hotel Misión Campeche........................B3
24 Hotel Plaza Campeche..........................E1
25 Hotel Socaire..D3

Essen

26 Cafe Luan..C4
27 La Pigua..E1
28 Marganzo C2

Ausgehen & Nachtleben

29 Chocol-Ha C4
30 Salón Rincón Colonial D5

Unterhaltung

Puerta de Tierra ....(siehe 14)

Shoppen

31 Casa de Artesanías Tukulná................B3

Wohnzimmer ist mit kubanischen Möbeln der Entstehungszeit eingerichtet. Außerdem gibt es hier Ausstellungsräume, eine hübsche Terrasse hinter dem Haus und einen Souvenirladen.

Ex-Templo de San José & Bazar Artesanal
HISTORISCHES GEBÄUDE
(früher Kirche San José; Ecke Calle 10 & 63; ⊘10–20 Uhr) Die frühere Kirche mit blau-gelben Fassadenfliesen hat eine interessante Architektur: Auf der rechten Turmspitze thront ein Leuchtturm mit Wetterfahne. Der Bau wurde im frühen 18. Jh. von den Jesuiten errichtet. Diese betrieben darin ein Kolleg, bis sie 1767 aus den spanischen Besitzungen ausgewiesen wurden. Momentan findet man hier vorübergehend den Bazar Artesanal mit allerlei Kunsthandwerk aus der Region. Ein Besuch lohnt sich – zumindest so lange, bis der andere Kunsthandwerksmarkt nahe dem Kongresszentrum fertig umgebaut ist.

Museo de la Arquitectura Maya
MUSEUM
(Calle 8; 40 Mex$; ⊘Di–So 8.30–17.30 Uhr) Im zum Schutz der Puerta del Mar errichteten Baluarte de Nuestra Señora de la Soledad residiert das sehenswerteste Museum von Campeche. Es vermittelt einen ausgezeichneten Überblick über die vielen Maya-Stätten im Bundesstaat Campeche und die wichtigsten dort vertretenen Architektur-

stile. In fünf Sälen sind Stelen von diversen Stätten zu sehen, begleitet von Abzeichnungen der eingehauenen Inschriften und kurzen Kommentaren in makellosem Englisch.

Baluartes

Nach einem besonders verheerenden Piratenüberfall im Jahr 1663 begannen Campeches überlebende Einwohner mit dem Bau einer schützenden Ringmauer rund um ihre Stadt. Konkret errichtet wurde das sechseckige Bollwerk jedoch größtenteils von indigenen Sklaven, die zudem den Kalkstein aus nahegelegenen Höhlen heranschaffen mussten. Die Vollendung der insgesamt 2,5 km langen und bis zu 8 m hohen Wehranlage dauerte über 50 Jahre. Von den acht integrierten Bastionen sind heute noch sieben übrig. Darin gibt's ein großes, buntes und unterschiedlich interessantes Sammelsurium von historischen Stücken zu sehen. Besucher können die Bastionen erklimmen sowie ein Stück auf der Mauerkrone entlangspazieren und dabei den weiten Blick auf den Hafen genießen.

Zwei Haupttore verbanden die Festung früher mit der Außenwelt: Die **Puerta del Mar** (Tor zum Meer; Ecke Calle 8 & 59) GRATIS bot Zugang von der Seeseite her. Davor erstreckte sich einst eine Mole für kleine Boote, die Ladungen von weiter draußen ankernden Schiffen an Land brachten. Allerdings wurde der flache Hafen später aufgeschüttet; daher liegt die Puerta del Mar heute mehrere Blocks landeinwärts. Die gegenüber befindliche **Puerta de Tierra** (Landtor; Calle 18; ☉ 9–18 Uhr) wurde 1732 als Hauptportal in Richtung Vororte eröffnet. Heute ist sie der Schauplatz einer **Sound- & Lightshow** (Erw./Kind 4–10 Jahre 60/30 Mex$; ☉ Do–So 20 Uhr).

Baluarte de San Francisco
& Baluarte de San Juan   HISTORISCHE GEBÄUDE

(Calle 18; Eintritt 25 Mex$; ☉ Mo–Mi 8–21, Do & Fr bis 18, Sa & So 9–18 Uhr) GRATIS Die Baluarte de San Francisco war einst die wichtigste Verteidigungsanlage zum Schutz der angrenzenden Puerta de la Tierra. Heute befindet sich darin ein Piratenmuseum mit spanisch- und englischsprachigen Infotafeln. Besucher haben gleichzeitig Zugang zur Baluarte de San Juan, die die kleinste der sieben erhaltenen Bastionen ist. Die dortige Glocke wurde bei Gefahr geläutet, um die Bevölkerung zu warnen. In der ganzen Stadt gab es früher mehrere solcher Glocken mit unterschiedlichen Klängen und Funktionen.

Baluarte de
Santa Rosa   HISTORISCHES GEBÄUDE

(Ecke Calle 14 & Av Circuito Baluartes Sur; ☉ 8–20 Uhr) GRATIS Beherbergt heute ein Museum mit wechselnden Exponaten.

Baluarte de San
Pedro   HISTORISCHES GEBÄUDE

(Ecke Av Circuito Baluartes Este & Circuito Baluartes Norte) GRATIS Die Baluarte direkt hinter der Iglesia de San Juan de Dios bewies ihre Kampfkraft auch noch lange nach der Piratenzeit: 1824 verteidigte sie Campeche erfolgreich gegen eine Strafexpedition aus Mérida. Über dem Eingang ist das Symbol des Hl. Petrus eingemeißelt: zwei Himmelsschlüssel plus Papstkrone. Momentan ist die Bastion jedoch für Besucher gesperrt.

Baluarte de Santiago
& Jardín Botánico
Xmuch Haltún   HISTORISCHES GEBÄUDE, GARTEN

(Ecke Calle 8 & 49; Eintritt 15 Mex$; ☉ Mo–Fr 8–21, Sa & So 9–21 Uhr) Zur jüngsten der örtlichen Bastionen (erb. 1704) gehört der **Jardín Botánico Xmuch Haltún**. Dieser botanische Garten beheimatet viele endemische Pflanzenarten und auch ein paar eingeführte Gewächse. Er ist nicht sonderlich groß, bietet aber Ruhe und Erholung im Grünen, wenn die Sonne besonders heiß herabbrennt.

👉 Geführte Touren

Kankabi' Ok   TOUREN

(☎ 981-811-27-92; Calle 59, No 3; ☉ Mo–Sa 9–13 & 17–21 Uhr) Sehr verlässlicher Veranstalter, der u. a. Touren zu archäologischen Stätten wie Edzná (ca. 930 Mex$), Chenes (ca. 1733 Mex$) oder der Ruta Puuc (ca. 2272 Mex$) organisiert. Ebenfalls im Angebot sind Stadterkundungen (4 Std., mind. 2 Pers.), Öko- und Strandtouren. Kunden können auch längere Ausflüge nach Calakmul (2500 Mex$) und zur Cenote Miguel Colorado (1463 Mex$) buchen sowie Fahrräder ausleihen.

🛏 Schlafen

Hostal Viatger   HOSTEL $

(☎ 981-811-4500; Calle 51, No 28 zw. Calle 12 & 14; B/DZ/3BZ inkl. Frühstück 250/790/830 Mex$; 🅿 🛜) Während der letzten paar Jahre haben in Campeche viele neue Hostels eröffnet. Dieses hier überzeugt mit freundlichem Ambiente und Lage im historischen Zentrum (aber abseits vom Trubel). Die leicht beengten Schlafsäle (u. a. nur für Frauen) werden durch private Doppel- und Dreibettzimmer ergänzt.

Hotel Campeche   HOTEL $

(☎ 981-816-51-83; hotelcampeche@hotmail. com; Calle 57 zw. Calle 8 & 10; EZ/DZ mit Ventilator 285/380 Mex$, Zi. mit Klimaanlage 448 Mex$; ❄ 🛜) Das Campeche ist ziemlich spartanisch, dank großer Zimmer und Lage an der Plaza aber die wohl beste Budget-Unterkunft der Stadt. Untergebracht ist es in einem hübsch verwitterten Altbau. Die Quartiere haben teils kleine Balkone mit Blick auf den Platz.

⭐ Hotel López   HOTEL $$

(☎ 981-816-33-44; www.hotellopezcampeche.com. mx; Calle 12, No 189; EZ/DZ/Suite 950/1080/ 1250 Mex$; ❄ 🛜 🛗) Das business-mäßige López gehört definitiv zu Campeches besten Mittelklasseoptionen: Die kleinen, aber modernen und komfortablen Zimmer grenzen an geschwungene Balkone im Art-déco-Stil. Von diesen schaut man auf ovale Innenhöfe und nette Grünflächen. Hinter dem Haus lädt ein attraktiver Pool zum Schwimmen ein. In der Nachsaison sind die Preise deutlich niedriger.

Hotel Misión Campeche   HOTEL $$

(☎ 981-816-45-88; www.hotelmision.com.mx; Calle 10, No 252; Zi. 1162 Mex$; 🅿 ❄ @ 🛜) Das große und gute Mittelklassehotel in zentraler Lage

HALBINSEL YUCATÁN CAMPECHE (STADT)

gehört zu einer mexikanischen Kette. Hiesiges Highlight ist ein hübscher Innenhof aus der Kolonialzeit, von dem Arkadengänge zu 42 geräumigen und sauberen Zimmern führen. Allerdings sind die Quartiere allesamt höchst unterschiedlich (z. B. in puncto Schnitt, Fenstergröße, Himmelsrichtung) – deshalb erst nach einer Besichtigung buchen!

Hotel Socaire
BOUTIQUEHOTEL **$$**

(☑ 981-811-21-30; www.hotelsocaire.com; Calle 56, No 17; Zi. ab 82 US$; 🛜🍴) Die Rezeption des Socaire befindet sich in einem zauberhaft umgebauten Haus aus der Kolonialzeit. Die geräumigen Zimmer im Anbau dahinter wiesen zum Zeitpunkt der Recherche aber manchmal schon erste Feuchtigkeitsschäden auf. Zudem wirkt das Hotel auf seiner Website insgesamt nobler, als es in Wirklichkeit ist. Dennoch hat es ein hervorragendes Preis-Leistungs-Verhältnis (u. a. dank des schönen Poolbereichs) und liegt obendrein sehr zentral.

Hotel Francis Drake
HOTEL **$$**

(☑ 981-811-56-26; www.hotelfrancisdrake.com; Calle 12 Nr. 207; EZ/DZ inkl. Frühstück 890/990 Mex$, Suite inkl. Frühstück ab 1120 Mex$; 🍴🛜) Das etwas barock wirkende Foyer führt zu kühlen, frischen, geschmackvoll dekorierten Zimmern. Die Badezimmer und Balkone sind winzig, die Zimmer aber riesig – anderswo würden sie Suiten heißen – und mit großen Doppelbetten sowie separaten Sitzbereichen eingerichtet.

★Hacienda Puerta Campeche
BOUTIQUEHOTEL **$$$**

(☑ 981-816-75-08; www.luxurycollection.com; Calle 59 Nr. 71; Zi. ab 210 US$; 🍴@🛜🛁) Das schöne Boutiquehotel hat 15 Suiten mit hohen Decken und separaten Lounges. Der perfekt gepflegte Garten und die Rasenfläche verheißen viel Ruhe, und am teilweise überdachten Pool mit Hängematten gleich daneben fühlt man sich wie ein Maya-König. Das Hotel betreibt auch eine restaurierte Luxus-Hazienda 26 km außerhalb der Stadt auf dem Weg zu den Ruinen von Edzná.

Hotel Boutique Casa Don Gustavo
BOUTIQUEHOTEL **$$$**

(☑ 981-816-80-90; www.casadongustavo.com; Calle 59, No 4; Zi./Suite ab 4250/5000 Mex$; 🅿🍴🛜🛁) Dieses Boutiquehotel vermietet gerade mal zehn Zimmer mit Antikmöbeln und modernen Riesenbädern. Allerdings wirkt hier alles so perfekt „museal", dass

einem das Relaxen fast schon schwerfällt. Der kleine angrenzende Poolbereich verfügt über Hängematten; alternativ gibt's noch einen Whirlpool auf dem Dach. Korridore mit bunten Fliesen säumen den offenen Innenhof, der auch als Hausrestaurant dient. Für Sonderangebote direkt anrufen oder auf der Website nach Werbeaktionen schauen.

✕ Essen

In Campeche kann man einige gute ortstypische Gerichte probieren – vor allem Seafood und Gegrilltes wie *cochinita pibil* (Spanferkel). Ein paar wenige Nobelrestaurants servieren hier Spitzenküche. Die übrigen Lokale haben recht schlichte bzw. langweilige Speisekarten (das ist besonders oft im historischen Zentrum der Fall). Mancherorts entschädigt hierfür aber ein Mix aus traditioneller Atmosphäre und altmodischem Ambiente – mitunter noch erweitert um Livemusik.

Cafe Luan
CAFÉ **$**

(Calle 14, No 132; ⊙8–14 Uhr; 🛜) Das freundliche, helle Café serviert sehr gute Frühstücks- und Mittagssnacks der leichteren Art (z. B. Eier auf vielerlei Art, ofenwarme Kuchen, frisch belegte Sandwiches). Bei anständigem Kaffee und hervorragenden Smoothies kann man sich hier auch zwischendurch prima von der Hitze erholen.

★Marganzo
MEXIKANISCH **$$**

(☑ 981-811-38-98; www.marganzo.com; Calle 8, No 267; Hauptgerichte 160–250 Mex$; ⊙7–23 Uhr; 🛜) Das Marganzo ist bei Einheimischen und Touristen gleichermaßen beliebt – kein Wunder: Hier gibt's leckeres Essen, üppige Portionen, viele kostenlose Vorspeisen und Unterhaltung in Form von vorbeischauenden Musikern. Die lange Karte reicht von internationalen Gerichten bis zu regionalen Köstlichkeiten wie *cochinita pibil*. Beim Frühstück bekommen Frauen donnerstags 50 % Rabatt.

★La Pigua
SEAFOOD **$$$**

(☑ 981-811-33-65; Miguel Alemán 179A; Hauptgerichte 230–300 Mex$; ⊙13–21 Uhr) Gleich außerhalb der Stadtmauern liegt dieses Nobelrestaurant hinter dem **Hotel Plaza** (☑ 981-811-99-00; www.hotelplazacampeche.com; Ecke Calle 10 & Av Circuito Baluartes; Zi. ab 1667/1851 Mex$; 🅿🍴🛜🛁). Aufmerksames Personal kredenzt hier ein paar von Campeches besten Gerichten. Unter den Spezialitäten des Hauses sind auch ein paar Optionen mit Seafood: *camarones al coco* (Kokos-Garnelen), ganzer Fisch in Koriandersauce und gegrillter Tintenfisch mit Paprika und Mandelsplittern.

Ausgehen & Nachtleben

★ Chocol-Ha CAFÉ
(☎ 981-811-78-93; Calle 59, No 30; Getränke 25–55 Mex$, Snacks 55–80 Mex$; ⊙ Mo–Sa 8–13 & 17–23 Uhr) Akute Lust auf etwas Süßes? Dann nichts wie hin zu diesem netten kleinen Café mit Vorderterrasse und grasbewachsenem Hinterhof: Unter den schokoladigen Köstlichkeiten auf der Karte sind Kuchen, Crêpes und sogar *tamales*. In puncto Getränke gibt's u. a. Schoko-Frappé und heißen, bittersüßen Kakao mit Grüntee- oder Chilizusatz. Da freut sich der Insulinspiegel.

★ Salón Rincón Colonial BAR
(Calle 59, No 60; ⊙ 10–21 Uhr) In dieser geräumigen und luftigen Bar im kubanischen Stil schwirren Deckenventilatoren über einem massiven Holztresen, hinter dem allerlei Rumsorten locken. Somit war die Bar ein passender Drehort für Szenen des in Havanna spielenden Films *Original Sin* (2001) mit Antonio Banderas und Angelina Jolie. Die außergewöhnlich leckeren *botanas* (Snacks) am besten mit Regionalbier hinunterspülen!

Shopping

Casa de Artesanías
Tukulná KUNSTHANDWERK
(☎ 981-816-21-88; Calle 10, No 33; ⊙ 9–21 Uhr) In zentraler Lage gibt's hier eine hübsche Auswahl an hochwertigen und rein regionalen Handwerksprodukten (z. B. Stoffe, Bekleidung, Hüte, Hängematten, Holzstühle, Süßigkeiten).

Praktische Informationen

Campeche hat diverse Bankfilialen mit Geldautomaten.

Die lokale Notrufnummer für Polizei, Feuerwehr und Rettungsdienst lautet ☎ 911.

Hauptpost (Ecke Av 16 de Sepiembre & Calle 53; ⊙ Mo–Fr 8.30–16 Uhr)

Hospital Dr. Manuel Campos (☎ 981-811-17-09; Av Circuito Baluartes Norte zw. Calle 14 & 16)

Hospital General De Especialidades (☎ 981-127-39-80; Las Flores)

HSBC-Bankfiliale (Calle 10 zw. Calle 53 & 55; ⊙ Mo–Fr 9–17, Sa bis 14 Uhr)

Módulo de Información Turística del Municipio de Campeche (Städtische Touristeninformation; ☎ 981-811-39-89; Plaza Central; ⊙ Mo–Fr 8–21, Sa & So ab 9 Uhr) Basisinfos zur Stadt.

Secretaría de Turismo (☎ 981-127-33-00; www.campeche.travel) Hilfreich ist nur die Website mit Infos zum Bundesstaat.

ℹ An- & Weiterreise

AUTO & MOTORRAD
Bei Anreise von Süden her nehmen Selbstfahrer die *cuota* (Mautstraße), biegen am *Universidad*-Kreisverkehr links ab, folgen der Straße bis zur Küste und ab dort dem *malecón* nach Norden.

Wer ab Campeche nach Edzná fahren, die lange Route nach Mérida nehmen oder die mautpflichtige Schnellstraße in Richtung Süden benutzen will, folgt zunächst der Calle 61 zur Av Central. Entlang von dieser heißt's dann wiederum den Schildern folgen, die den Weg zum Flughafen weisen und einen dabei auch nach Edzná oder zur *cuota* leiten. Der *malecón* führt südwärts zur mautfreien Strecke nach Süden und nordwärts zur kurzen Route nach Mérida.

Diverse Autovermieter wie **Avis** (☎ 981-811-07-85; www.avis.mx; Calle 10 zw. 57 & 59; ⊙ 8–14 & 16–18 Uhr) sind am Flughafen und in der Stadt vertreten. Der lokale Startpreis für Leihwagen (ab ca. 700 Mex$/Tag) variiert saisonal.

BUS
Hauptbusbahnhof (☎ 981-811-99-10; Av Patricio Trueba 237) Wird meist neuer ADO- oder 1.-Klasse-Busbahnhof genannt, liegt ca. 2,5 km südlich der Plaza Principal und ist über die Av Central errichbar. 1.-Klasse-Busse starten hier zu Zielen in ganz Mexiko. Hinzu kommen 2.-Klasse-Verbindungen nach Sabancuy (36 Mex$, 2 Std.), Hecelchakán (45 Mex$, 1 Std.) und Candelaria (199 Mex$, 4 Std.).

2.-Klasse-Busbahnhof (Terminal Sur; ☎ 981-816-34-45; Av Gobernadores 479) Wird oft alter ADO-Busbahnhof oder Terminal Autobuses del Sur genannt und liegt 600 m östlich des Mercado Principal. Von hier aus fahren 2.Klasse-Busse z. B. nach Hopelchén (68 Mex$, 1½ Std.), Xpujil (220 Mex$, 4 Std.) und Bécal (60 Mex$, 1¾ Std.).

Transportes Crígar (Calle 10, No 329) Günstig gelegene Quelle für 1.-Klasse-Bustickets von ADO (ansonsten auch bei anderen lokalen Reisebüros erhältlich).

Minibusse mit Kennzeichnung „Las Flores", „Solidaridad" oder „Casa de Justicia" fahren von der Hauptpost zum Hauptbusbahnhof. An derselben Stelle starten mit „Terminal Sur" markierte Minibusse gen 2.-Klasse-Busbahnhof.

Taxifahrten kosten ca. 40 Mex$.

FLUGZEUG
Campeches kleiner, aber moderner Flughafen mit Autovermietern und Mini-Snackbar liegt

BUSSE AB CAMPECHE

ZIEL	PREIS (MEX$)	DAUER (STD.)	HÄUFIGKEIT (TGL.)
Cancún	652	7	7mal
Chetumal	305–498	6½	1-mal
Ciudad del Carmen	250	3	stündl.
Mérida	226	2½	stündl.
Mérida (über Uxmal)	157	4½	5-mal (ab 2.-Klasse-Busbahnhof)
Mexico City	1646	18	3-mal
Palenque	440	5	5-mal
San Cristóbal de las Casas	630	10	2-mal
Villahermosa	283–524	6	häufig
Xpujil	220–362	5	1-mal (14 Uhr)

6 km südöstlich der Innenstadt. Bedient wird er von **Aeroméxico** (☏ in Mexico City 55-51-33-4000; www.aeromexico.com).

ⓘ Unterwegs vor Ort

Vom Flughafen fahren normale Taxis (160 Mex$) und Sammeltaxis (70 Mex$/Pers.) zum Stadtzentrum; Tickets dafür gibt's jeweils beim Taxischalter im Terminal. In Gegenrichtung kostet ein Taxi 120 bis 150 Mex$, sofern man es auf der Straße anhält und nicht zum Hotel bestellt (was deutlich teurer kommt). Geizhälse nehmen ab dem Markt einen Bus zum Dorf Chiná außerhalb von Campeche (ca. 15 Mex$, stündl.), steigen am Flughafeneingang aus und laufen die letzten 500 m bis zum Terminal.

Stadtfahrten mit Taxis kosten tagsüber 30–60 Mex$ (ab 22 Uhr zzgl. 10 %, 24–5 Uhr zzgl. 20 %).

Die meisten Stadtbusse (Einzelfahrt ca. 7 Mex$) halten am oder nahe dem Mercado Principal.

Wer den *malecón* entlangradeln will, kann Fahrräder bei **Kankabi' Ok** (S. 369) ausleihen.

Im *centro histórico* hat man auf Straßen mit geraden Nummern immer Vorfahrt. An jeder Kreuzung ist dies mit roten (Stopp) oder schwarzen Pfeilen (Go) geregelt. Dennoch erstmal langsam tun, bis es mit der Orientierung richtig klappt!

Nördliches Campeche

Das nördliche Campeche verspricht einen lohnenswerten Aufenthalt mit faszinierenden Erfahrungen: Hier lockt ein Mix aus Maya- und Kolonialzeit, herrlicher Natur und jahrhundertealter Tradition. Die kolonialzeitlichen Plätze der regionalen Kleinstädte laden zum Abhängen mit Einheimischen ein. Parallel können Besucher die reizvollen Ruinen von Edzná erkunden, die zu den schönsten der Region zählen. Oder Beispiele für die einzigartige Chenes-Architektur der Maya bewundern. Abgerundet wird das Erlebnis dann, indem man sich eventuell einen der traditionellen Panama-Hüte im Stile Yucatáns zulegt. Weiteres Argument für einen Besuch: Die meisten Attraktionen im Norden sind gut als separate Tagesziele von Campeche aus erreichbar.

Maya-Stätten im Chenes-Stil

Im nordöstlichen Campeche liegen über 30 Maya-Stätten im markanten Chenes-Stil. Dessen typische Monster-Motive zieren neben Tempelpyramiden auch die zentralen Portale von langen, dreigeteilten Flachbauten. Den Großteil des Jahres über hat man diese Stätten für sich allein. Von Campeche aus können Selbstfahrer einen interessanten Tagestrip zu den drei kleinen Ruinenanlagen von El Tabasqueño, Hochob und Dzibilnocac unternehmen. Eine Alternative sind die geführten Ausflüge von Kankabi' Ok Tours (S. 369; zum Zeitpunkt der Recherche wurden die Ziele Hochob, Tohcok und Dzibilnocac angeboten), die ebenfalls in Campeche starten.

⦿ Sehenswertes

Dzibilnocac   ARCHÄOLOGISCHE STÄTTE
(Eintritt 40 Mex$; ☉ 8–17 Uhr) Dzibilnocac (eine mögliche Übersetzung ist „große bemalte Schildkröte") hat nur ein bedeutendes Bauwerk, ist aber aufgrund seiner gespenstischen Erhabenheit einen Besuch wert. Im Gegensatz zu den vielen anderen Maya-Ruinenanlagen im Chenes-Stil liegt die Stätte nicht auf einem Hügel, sondern auf flachem Gelände: Optisch erinnert das Ganze an einen großen Park mit vielen ver-

streuten Hügelchen, die bis heute nicht freigelegt sind. So vermuteten bereits Stephens und Catherwood im Jahr 1842, dass sich hier einst eine große Stadt erstreckte.

Recht gut erhalten bzw. teilweise restauriert ist lediglich der palastartige Komplex A1 (Gesamthöhe 76 m). Auf dessen Fundament thronen insgesamt drei Tempeltürme, die wie der Sockel jeweils eine Pyramidenform mit abgerundeten Ecken haben. Davon am besten erhalten ist der östliche Turm, der auf allen vier Seiten von unglaublich komplexen Reliefs mit Monster-Motiven geziert wird. Zudem weist der Turm an drei Ecken die typisch „gestapelten" Chaac-Masken des Chenes-Stils auf.

Rund 20 km nordöstlich von Dzibalchén liegt Dzibilnocac am Rand des Dorfs Iturbide (alias Vicente Guerrero), das ab dem 2.-Klasse-Busbahnhof in Campeche erreichbar ist (108 Mex$, 3 Std., mehrmals tgl.). Die Fahrt führt dabei jeweils über Hopelchén, wo man dann auch übernachten muss, da es in Iturbide keine Unterkünfte gibt.

Hochob ARCHÄOLOGISCHE STÄTTE

(Eintritt 40 Mex$; ☺ 8–17 Uhr) Hochob („Ort der Maisernte") liegt ca. 40 km südlich von Hopelchén. Von allen Stätten im Chenes-Stil gehört diese hier zu den schönsten und gruseligsten. Am Nordrand des Hauptplatzes liegt der Palacio Principal alias Estructura 2 (fälschlicherweise als „Estructura 1" ausgeschildert). Über dessen prachtvollem Eingang ist der Maya-Schöpfergott Itzamná als Klapperschlange mit offenem Maul dargestellt.

Gegenüber liegt auf der anderen Platzseite die langgestreckte Estructura 5 mit einer Reihe von Innenräumen. An ihren beiden Enden erhebt sich je ein Tempel; der östliche Schrein ist besser erhalten und hat noch einen Teil seines Dachkamms.

Um Hochob von El Tabasqueño aus zu erreichen, zunächst 5 km in Richtung Süden fahren und kurz vor der Pemex-Tankstelle in Dzilbalchén rechts abbiegen. Anschließend der Straße bis zum Wegweiser Richtung Chencoh folgen (7,5 km), dort links abbiegen und 400 m weiter erneut links halten. Dann sind's noch 3,5 km bis nach Hochob.

El Tabasqueño ARCHÄOLOGISCHE STÄTTE

(☺ 8–17 Uhr) GRATIS Diese Stätte ist angeblich nach einem einheimischen Grundbesitzer aus Tabasco benannt. Ihr Tempelpalast (Estructura 1) hat ein grandioses Schlangenmaultor, das beidseitig jeweils von acht übereinander angeordneten Chaac-Masken mit markanten Nasen flankiert wird. Die massive Estructura 2 ist ein frei stehender Turm und somit sehr ungewöhnlich für die Architektur der Maya.

Um El Tabasqueño von Hopelchén aus zu erreichen, zunächst 30 km Richtung Süden fahren. Gleich hinter dem Dorf Pakchén steht dann rechts ein leicht zu übersehendes Schild, an dem die unbefestigte Schotterpiste zur Stätte (2 km) beginnt.

❶ An- & Weiterreise

Die regionalen Maya-Stätten im Chenes-Stil (inkl. Dzibilnocac, Hochob, El Tabasqueño) sind mit öffentlichen Verkehrsmitteln generell nur schwer erreichbar. Interessenten ohne eigenes Auto buchen daher am besten bei **Kankabi' Ok Tours** (S. 369) einen Tagestrip ab Campeche.

Edzná

Wenn man nur eine archäologische Stätte im nördlichen Campeche besuchen kann oder will, empfehlen sich die Ruinen von Edzná – zu finden ca. 60 km südöstlich der Staatshauptstadt.

◎ Sehenswertes

★ Edzná ARCHÄOLOGISCHE STÄTTE

(Eintritt 55 Mex$; ☺ 8–17 Uhr) Eine Gesellschaft mit vielen sozialen Schichten errichtete die gewaltigen Bauten von Edzná (Blütezeit ca. 600 v. Chr.–15. Jh. n. Chr.), das einst über 17 km² groß war. Ein raffiniertes Bewässerungssystem mit Reservoirs erstreckt sich zwischen den mehr als 20 Gebäudekomplexen in verschiedenen Architekturstilen. Obwohl Edzná weit von den Stätten der hügeligen Region Puuc (z. B. Uxmal, Kabah) entfernt liegt, gibt's auch hier ein paar Beispiele für den Puuc-Stil zu sehen.

Ein Großteil der heute sichtbaren Reliefs stammt aus der Zeit zwischen 550 und 810 n. Chr.

Aus bislang unbekannten Gründen verlor Edzná an Bedeutung und wurde schließlich aufgegeben. Bis zur Wiederentdeckung durch *campesinos* im Jahr 1906 wusste die moderne Welt nichts von der Stätte.

Edzná bedeutet „Haus der Itzáes". Dies lässt darauf schließen, dass hier einst ein mächtiger Clan der Chontal-Maya das Sagen hatte. Die örtlichen Herrscher dokumentierten wichtige Ereignisse auf Stelen aus Stein. Etwa 30 dieser Stelen zieren die bedeutendsten Tempel der Anlage. Ein paar weitere Ex-

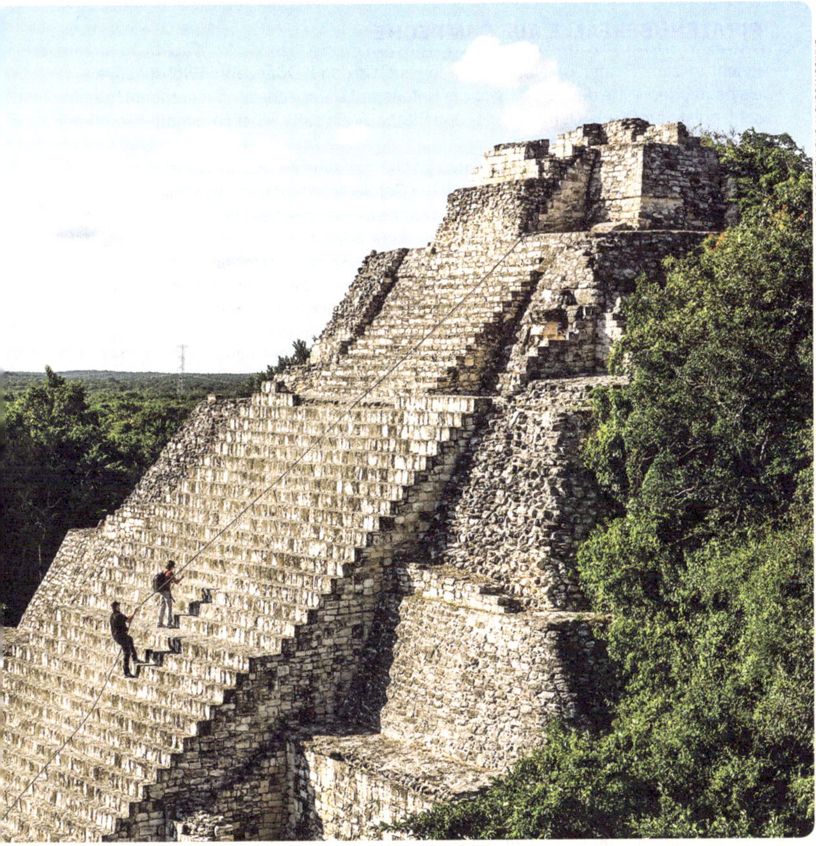

CHRISONTOUR84 / SHUTTERSTOCK ©

1. Cenote, Valladolid (S. 359)
In der Nähe dieser bezaubernden Stadt gibt es mehrere atemberaubende Cenoten, die man besuchen und in denen man schwimmen kann.

2. Becán (S. 378), Campeche
Eine der größten und komplexesten Maya-Stätten, umgeben von üppigem Urwald.

3. Laguna Bacalar (S. 323)
Die wunderschöne Lagune ist mit 60 km Länge die größte der Halbinsel und ein traumhafter Ort zum Entspannen.

4. Mérida (S. 329)
Das elegante Mérida ist die Kulturhauptstadt der Region und voll von schmalen Gässchen, hübschen Plätzen und wunderschönen Kolonialbauten.

TATI NOVA PHOTO MEXICO / SHUTTERSTOCK ©

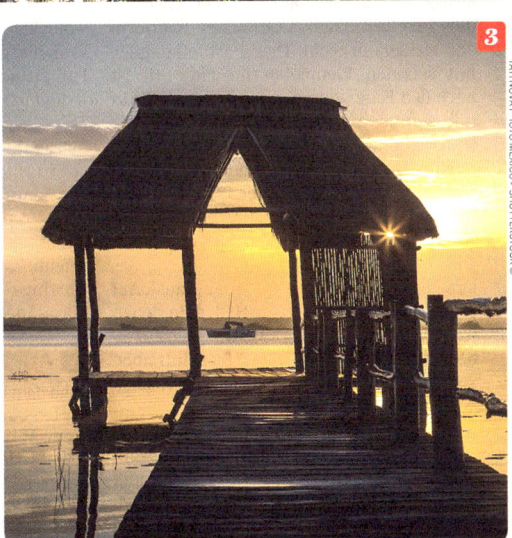

PIRATENÜBERFÄLLE AUF CAMPECHE

Reichtum zieht Piraten magisch an – wenn auch in den 1500er-Jahren wohl häufiger als heute. Und Mitte des 16. Jhs. war die Hafenstadt Campeche als florierender Umschlagplatz für Chicle-Gummi, Nutz- und Blutholz (ein natürlicher Farbstofflieferant) der reichste Ort der ganzen Region.

So wurde es 200 Jahre lang regelmäßig von Piraten heimgesucht. Diese drangen in den Hafen ein, plünderten Schiffe, zündeten Gebäude an und beraubten die Bürger – typisch „Freibeuter" (wie sich manche davon bevorzugt nennen ließen) eben. Unter den berüchtigtsten Typen waren dabei John Hawkins, Francis Drake, Henry Morgan und der gefürchtete „Peg-Leg" höchstpersönlich. Anfang 1663 beendeten die diversen Piratenbanden ihre internen Fehden, bildeten eine gemeinsame Flotte und massakrierten Campeches Einwohner beim schlimmsten Überfall der Geschichte in dieser Region.

Daraufhin beschloss die spanische Krone endlich Abwehrmaßnahmen. Der Bau der 3,5 m dicken Befestigungsmauern begann jedoch erst fünf Jahre später. Ab 1686 umschloss das sechseckige Bollwerk (Gesamtlänge 2,5 km) mit acht strategisch positionierten Bastionen schließlich die Stadt. Ein Teil davon ragte ins Meer hinaus, sodass Schiffe buchstäblich in eine Festung einlaufen mussten, um den Hafen zu erreichen. Nachdem Campeche so quasi uneinnehmbar geworden war, nahmen die Seeräuber andere Beute ins Visier. Ab 1717 führte der geniale Seestratege Felipe de Aranda einen Feldzug gegen die Piraten und konnte diesen Teil des Golfs schließlich von ihnen befreien. Natürlich mussten indigene Sklaven für all den Reichtum aus dem Handel mit Chicle und Holz schuften. Da stellt sich doch die Frage: Wer waren denn die wirklichen Verbrecher?

Einen Eindruck vom Freibeuterleben vermitteln örtliche Fahrten mit einem „Piratenschiff" (50 Min.; Di–So 12 & 17 Uhr, wärmere Monate 12 & 18 Uhr; jeweils wetterabhängig). Infos hierzu liefert ein Stand nahe dem *tranvía*-Kiosk an der Plaza Principal. Hinweis: Zum Zeitpunkt der Recherche war der Kahn gerade zwecks Überholung stillgelegt (aktuellen Stand vor Ort erfragen).

emplare sind gleich hinter dem Ticketschalter unter einem *palapa*-Dach ausgestellt.

Von dort aus führt ein ca. 400 m langer Pfad durch den Dschungel (den Schildern zur „Gran Acrópolis" folgen). Schon nach kurzer Zeit kommt auf der linken Wegseite die **Plataforma de los Cuchillos** (Plattform der Messer) in Sicht. Dieser Wohnkomplex mit schönen Elementen im Puuc-Stil ist nach den Feuersteinmessern benannt, die in ihm gefunden wurden und einst wohl eine Opferklinge waren.

Nun überquert man eine *sacbé* (Grasweg mit Steinfassung) und erreicht Edznás Hauptattraktion: die 160 m lange und 100 m breite **Plaza Principal** inmitten von Tempeln. Rechts steht hier das gewaltige, langgestreckte Nohochná (Große Haus). Auf dessen Sockel thronen vier Hallen, in denen früher wahrscheinlich Verwaltungsaufgaben erledigt wurden – etwa das Eintreiben von Tributen oder die Klärung von Rechtsfragen.

Die **Gran Acrópolis** auf der anderen Platzseite ist eine erhöhte Plattform mit mehreren Gebäuden. Unter diesen befindet sich auch Edznás bedeutendster Tempel:

das 31 m hohe Edificio de los Cinco Pisos (Gebäude mit den 5 Stockwerken), das insgesamt viermal umgebaut wurde. Die letzte Version ist hauptsächlich im Puuc-Stil gehalten. Die fünf Ebenen zwischen Sockel und Dachkamm beherbergen zahlreiche Gewölbekammern. Besonders bemerkenswert sind die gut erhaltenen Schriftzeichen am Fuß der zentralen Treppe.

Südlich der Plaza Principal liegt der **Templo de los Mascarones** (Tempel der Masken). Ein *palapa*-Dach schützt hier u. a. zwei rötliche Stuckmasken, die die Götter des Sonnenaufgangs und des Sonnenuntergangs repräsentieren. Die außerordentlich gut erhaltenen Antlitze aus Stein haben angefeilte Zähne, schielende Augen und riesige Ohrringe – diese Attribute werden mit dem Maya-Adel assoziiert.

❶ An- & Weiterreise

Nahe dem Mercado Principal in Campeche starten **Combis** (Calle Chihuahua; ca. 50 Mex$; 1 Std.; Abfahrt bei Vollbelegung) Richtung Edzná. Deren Fahrer setzen Passagiere meist 200 m vor der Stätte ab, sofern sie nicht gerade ihren großzügigen Tag haben. Der letzte *combi* in Gegenrichtung verlässt Edzná am frühen Nachmittag – allerdings zu variierenden Zeiten (14 od. 15 Uhr). Darum unbedingt nochmal beim Chauffeur nachfragen!

Kankabi' Ok (S. 369) in Campeche veranstaltet geführte Touren nach Edzná (ca. 930 Mex$/ Pers. inkl. Shuttles).

Südöstliches Campeche

Zwischen Escárcega und Xpujil grenzt Yucatáns Süden heute an Guatemala. Einst war dies die am frühesten, längsten und dichtesten besiedelte Region des Maya-Reichs. So findet man hier die prachtvollsten archäologischen Stätten der ganzen Halbinsel.

Deren Architektur prägt hauptsächlich der Río-Bec-Stil, der eigentlich eine Mischung aus Chenes- und Petén-Stil (weiter nördlich bzw. südlich entstanden) ist. Typisch für den Río-Bec-Stil sind langgestreckte, dreigeteilte Flachbauten mit zentralen Eingängen, die von riesigen Schlangenmäulern geziert werden. Die Fassaden prunken mit kleineren Masken und geometrischen Mustern. An den Enden der Gebäude ragen hohe, gestufte Türme mit sanft abgerundeten Ecken und Reliefs empor – gekrönt von kleinen Pseudo-Tempeln und flankiert von extrem steilen, nicht begehbaren Treppen.

Das bedeutendste Beispiel für den Río-Bec-Stil ist das spektakuläre Calakmul in der sehr arten- und vegetationsreichen **Reserva de la Biosfera Calakmul**.

Calakmul

Calakmul ist die entlegenste von Campeches Maya-Ruinenstätten. Doch die Anreise lohnt sich: Ab ca. 250 n. Chr. florierte hier eine der führenden Städte der Region; von dieser sind viele Gebäude erhalten geblieben. So besteht ein Teil des ohnehin grandiosen Erlebnisses in dem Gefühl, Calakmuls einstige Macht zu spüren.

Ein Tour hierher ist aber nicht nur in historischer Hinsicht, sondern auch in puncto Natur interessant: Die Stätte liegt im Herzen der riesigen und unberührten Reserva de la Biosfera Calakmul, die fast 15 % von Campeches Staatsfläche einnimmt. In den scheinbar endlosen Regenwäldern rund um die Ruinen tummeln sich ca. 350 standorttreue und migrierende Vogelarten (z. B. Pfauentruthühner, Papageien, Tukane). Zudem sieht oder hört man hier höchstwahrscheinlich Klammer- und Brüllaffen. Im Schutzgebiet leben auch fünf wilde Katzenarten

– darunter Jaguare, die sich aber nur extrem selten blicken lassen.

◉ Sehenswertes

★ Calakmul ARCHÄOLOGISCHE STÄTTE

(184 Mex$; ⊘ 8–17 Uhr) Die wohl größte aller alten Maya-Städte wurde 1931 von dem US-amerikanischen Botaniker Cyrus Lundell entdeckt. In Sachen Fläche und historischer Bedeutung ist Calakmul vergleichbar mit Tikal (Guatemala), das während der klassischen Periode sein Hauptrivale um die Vorherrschaft im südlichen Tiefland war. Einst lebten hier über 50 000 Menschen rund um die größte bekannte Pyramide der Halbinsel Yucatán.

Restauriert ist bislang nur ein zentraler Bereich des 72 km² großen Stadtgebiets. Die meisten der ca. 6000 Gebäude sind aber immer noch vom Dschungel überwuchert. 2004 wurden an der Chiik-Naab-Akropolis von Estructura 1 wunderbar erhaltene Wandbilder entdeckt – und damit die allerersten bekannten Darstellungen vom Alltagsleben normalsterblicher Maya. Bis dahin waren lediglich Wandbilder mit politischen, zeremoniellen oder religiösen Themen gefunden worden. Bereits ein paar Jahre zuvor hatten Archäologen an der Estructura II ein bedeutendes Stuckfries (Länge/Höhe 20/4 m) freigelegt, das scheinbar einen Mix aus olmekischen und mayathanischen Stilelementen aufweist.

Das Fries und die erwähnten Wandbilder sind leider nicht für Besucher zugänglich. Reproduktionen davon zeigt jedoch das besuchenswerte **Museo de Naturaleza y Arqueología** (⊘ 7–15 Uhr) ᴳᴿᴬᵀᴵˢ, das bei Km 20 an der 60 km langen Nebenstrecke nach Calakmul liegt. Dort gibt's auch geologische, archäologische und naturgeschichtliche Ausstellungen zu sehen.

Zum Zeitpunkt der Recherche galten drei separate Zugangsgebühren (Conhua-Gemeindegebiet/Biosphärenreservat/Ruinen 50/64/70 Mex$). Dies kann sich aber jederzeit wieder ändern.

☞ Geführte Touren

Kankabi' Ok (S. 369) veranstaltet Calakmul-Touren ab Campeche. **Ka'an Expeditions** (☏ 983-871-60-00; www.kaanexpeditions.com; Av Calakmul s/n; Touren 75 US$/Pers.; ⊘ Di–So 12–20 Uhr) bietet recht standardmäßige, aber komfortable Trips ab Xpujil an. **Calakmul Adventures** (☏ Handy 983-1841313; www.calakmuladventures.com; Touren ca. 1300 Mex$) überzeugt u. a. mit Guides, die Englisch spre-chen. Gleich westlich von Xpujil organisiert das Hotel **Rio Bec Dreams** (die vom dreams.com; Hwy 186, Km 142, Becán; Hütte für 2 Pers. 1050–1350 Mex$, für 3 Pers. 1400–1550 Mex$, für 4 Pers. 1750 Mex$; P ➘) ebenfalls Touren mit englischsprachigen Führern – allerdings nur für Übernachtungsgäste.

Kurzentschlossene finden zertifizierte Guides am Anfang der Abzweigung, die vom Hwy 186 durch das 20 km breite Privatge-biet der örtlichen Conhua-Gemeinde führt. Die meisten dieser Führer sprechen nur Spanisch und verlangen ca. 600 Mex$ für einen mehrstündigen Besuch von Calakmul (jeweils eigenes Fahrzeug erforderlich).

Wer komplett auf eigene Faust losziehen will, mietet in Escárcega oder Xpujil ein Taxi (ca. 1400 Mex$ inkl. 3 Std. Wartezeit).

🛏 Schlafen

Campamento Yaax' Che   CAMPING $
(Servidores Turísticos Calakmul; 📱 Handy 983-1348818; www.ecoturismocalakmul.com; Zelt-stellplatz/aufgebautes Mietzelt 6/19 US$) Das ruhige Gelände ist der nächstgelegene Cam-pingplatz im Umkreis von Calakmul. Gäste können in selbst mitgebrachten oder bereits fertig aufgebauten Zelten nächtigen. Das Erlebnis kommt echtem Dschungel-Cam-ping in der Wildnis recht nahe (inklusive Schlammbildung bei Regen).

In puncto Einrichtungen sind umwelt-freundliche Komposttoiletten, „Naturdu-schen" und eine Gemeinschaftshütte mit *palapa*-Dach vorhanden. Die Betreiber na-mens Fernando und Leticia servieren auf Wunsch auch Essen. Zudem organisieren sie geführte Exkursionen (3-stündige Dschun-geltouren ab ca. 900 Mex$/Pers., Ruinentou-ren ab 1200 Mex$/Pers.), bei denen jeweils eine Mindestteilnehmerzahl gilt. Anfahrt ab dem Hwy 186: Der Abzweigung nach Calak-mul folgen, dabei nach ein paar Kilometern auf die unbefestigte Abzweigung zum Cam-pingplatz achten.

ℹ An- & Weiterreise

Calakmul liegt 60 km südlich des Hwy 186 am Ende einer guten Asphaltstraße (beginnt 56 km westlich von Xpujil).

Chicanná & Becán

Chicanna und Becan (10 bzw. 8 km westlich von Xpujil) lassen sich vom Hwy 186 aus leicht erreichen. Beide Stätten sind faszinie-rende Beispiele für den Chenes- und Río-Bec-Stil der Maya.

 Sehenswertes

Chicanná   ARCHÄOLOGISCHE STÄTTE
(Eintritt 50 Mex$; ⊘ 8–17 Uhr) Chicanná („Haus des Schlangenmauls") ist passend benannt: Diese Maya-Ruinenstadt ist vor allem für ein bemerkenswert gut erhaltenes, aber sehr gruselig gestaltetes Schlangenmaul-tor bekannt. Während der späten klassi-schen Periode (550–700 n. Chr.) erlebte sie ihre Blütezeit als eine Art Nobelvorort von Becán. Rund 11 km westlich von Xpujil und 400 m südlich des Hwy 186 versteckt sich hier ein Mix aus Chenes- und Río-Bec-Stil im Dschungel.

Vom Ticketpavillon führen mit Steinen befestigte Dschungelpfade zur **Estructu-ra XX** mit zwei übereinander befindlichen Schlangenmaultoren. Oben wird dieser Bau eindrucksvoll von abgerundeten Stapeln aus langnasigen Chaac-Masken flankiert.

Nach weiteren fünf Gehminuten erreicht man die Ruinen der **Estructura XI**, die zu den ältesten Gebäuden der Stätte zählt. Wer nun dem Hauptpfad Richtung Nordosten folgt (ca. 120 m), erreicht den **Hauptplatz.** Auf dessen Ostseite erhebt sich Chicannás berühmte **Estructura II** mit ihrem riesigen Schlangenmaultor im Chenes-Stil. Dieses re-präsentiert vermutlich die Kiefer des obers-ten Maya-Schöpfergotts Itzamná. Bemer-kenswert sind auch die bemalten Glyphen rechts neben der Maske. Von der rechten Ecke der Estructura II führt ein Pfad zur **Estructura VI** mit einem gut erhaltenen Dachkamm und ein paar schönen Masken-reliefs an der Fassade. Auf der Rückseite des Gebäudes ist der verblasste rote Fassa-denanstrich des Westflügels gut zu erken-nen. Vorne geht's dann rechts zurück zum Haupteingang.

Becán   ARCHÄOLOGISCHE STÄTTE
(Eintritt 55 Mex$; ⊘ 8–17 Uhr) *Becán* bedeutet „Schlucht, von Wasser geformt" auf Maya-than. Und tatsächlich ist dieses Pflichtziel für Maya-Fans von einem mäandrierenden Wassergraben (2 km) umgeben. Durch die-sen führen insgesamt sieben Dämme zur eigentlichen Stätte (12 ha) mit den Ruinen von drei separaten Gebäudekomplexen. An strategisch bedeutender Stelle lag Becán einst an der Grenze zwischen der Peten-Zi-vilisation im Süden und der Chenes-Kultur im Norden. Deren Architekturstile mischten sich hier zum Río-Bec-Stil.

HORMIGUERO

Die ältesten Bauten von **Hormiguero** (spanisch „Ameisenhügel"; ⊘ 8–17 Uhr) stammen aus dem Jahr 50 n. Chr. Ihre Blütezeit erlebte die Stadt während der späten klassischen Periode. Bis vor Kurzem war die Stätte nur schwer erreichbar. Inzwischen ist die zugewucherte Zufahrtstraße aber größtenteils asphaltiert. Die Anreise lohnt sich: In atemberaubend grüner Umgebung stehen hier zwei eindrucksvolle und einzigartige Gebäude. Und höchstwahrscheinlich hat man die ganze Stätte für sich allein.

Beim Betreten fällt der Blick auf die 50 m lange **Estructura II** mit einem furchterregenden Schlangenmaultor im Chenes-Stil. Dessen Kiefer klaffen zwischen zwei Pyramidentürmen im klassischen Río-Bec-Stil auseinander. Auf der Rückseite gibt's Maya-Reliefs und die Überreste einiger Säulen zu sehen. Rund 60 m weiter nördlich (auf die Pfeile achten) liegt die **Estructura V** mit einem deutlich kleineren, aber ebenso prächtigen Schlangenmaultempel auf einem gestuften Fundament. Beim Herumklettern auf der rechten Seite schaut man aus nächster Nähe auf unglaublich detaillierte Reliefs. Diese zieren vor allem die Ecksäulen am Eingang.

Anfahrt ab der Ampelkreuzung in Xpujil: Zunächst 14 km Richtung Süden rollen, dann in die asphaltierte Straße zur Rechten einbiegen und dieser westwärts folgen (8 km). Vorsicht: Die letzten 2 km sind holperig und nicht befestigt!

Der Ring aus komplexen Befestigungsanlagen lässt vermuten, dass die Stadt einen militärischen Charakter hatte. Von etwa 600 bis 1000 n. Chr. war Becán eine Provinzhauptstadt, zu der auch Xpujil und Chicanná gehörten.

Über den Graben in die Stätte hinein geht's über den westlichen Damm, wobei der Weg rechts an der Plaza del Este vorbeiführt. Dann folgt man einem 66 m langen Bogengang zur **Plaza Central**, die von drei monumentalen Bauten umgeben wird: Die grandiose **Estructura IX** (32 m) auf der Nordseite ist Becáns größtes Gebäude. Seltsamerweise gibt's hier ein Kletterseil, obwohl das Ganze laut Schild nicht erklommen werden darf. Die **Estructura VIII** auf der rechten Seite ist ein gewaltiger Tempel mit einer Säulenfassade, die oben von zwei Türmen flankiert wird. In luftiger Höhe wartet hier ein toller Blick auf die Umgebung: Mit einem Fernglas lassen sich im Osten die Ruinen von Xpujil erkennen. Gegenüber von Estructura VIII liegt auf der anderen Platzseite die **Estructura X**, deren Haupteingang von den Fragmenten eines Schlangenmauls geziert wird. Auf ihrer Rückseite grenzt die Estructura X an die westliche Plaza mit rituellem **Ballspielplatz**; an der Südfassade gibt's eine Stuckmaske hinter Glas zu sehen.

Rechts der Maske führt der Weg zur ebenfalls riesigen **Estructura I**, die eine komplette Seite der östlichen Plaza einnimmt. Die großartige Südfassade dieses Komplexes flankieren zwei tolle Türme (15 m) im Río-Bec-Stil. Auf der rechten Gebäudeseite kann man zur Terrasse hinaufsteigen, die von diversen Räumen mit Gewölbedecken gesäumt wird. Am anderen Terrassenende führt ein Durchgang zur **Plaza del Este**. Deren markantestes Bauwerk ist die **Estructura IV** (gegenüberliegende Seite), in der mutmaßlich Becáns Aristokraten residierten. Hier führt eine Treppe hinauf zu einem Hof inmitten von sieben Räumen, deren Eingänge jeweils beidseitig von kreuzförmigen Motiven geziert werden. Der Rundgang endet schließlich auf der Rückseite der Estructura IV. Rund 8 km westlich von Xpujil liegt Becán ca. 500 m nördlich des Highways.

❶ An- & Weiterreise

Chicanná und Becán sind nicht mit öffentlichen Verkehrsmitteln erreichbar. Wer kein Selbstfahrer ist, kann aber ein Taxi ab Xpujil nehmen (ca. 500 Mex$ inkl. 1 Std. Wartezeit pro Stätte).

Xpujil

📞 983 / 4000 EW.

Xpujil (sprich: Schpu-*hihl*) ist in den letzten Jahren schnell gewachsen. Die langweilige Ortschaft verdankt dies vor allem den vielen Ruinenstätten in ihrer Umgebung und ist eine praktische Ausgangsbasis für deren Erkundung: Hier gibt's ein paar Hotels, Standard-Restaurants und Geldautomaten (u. a. einen im Supermarkt Willy's). Hinzu kommen eine Wechselstube von Elektra Dinero (Calle Chicanna nahe der Calle Xnantun), ein Busbahnhof und drei Tankstellen. Die meisten Einrichtungen konzentrieren sich auf die sieben Blocks entlang der Hauptstraße (Av Calakmul bzw. Hwy 186) und auf eine weitere Straße, die landeinwärts führt.

◉ Sehenswertes

Xpuhil
ARCHÄOLOGISCHE STÄTTE

(50 Mex$; ◷ 8–17 Uhr) Die Ruinen von Xpuhil sind ein großartiges Beispiel für den Río-Bec-Stil. Die drei (statt der üblichen zwei) Türme der Estructura I erheben sich über einem Dutzend Räumen mit Kraggewölben. Am besten erhalten ist der gestufte Mittelturm (53 m) mit Reliefbändern und unbegehbar steilen Stufen. Diese führen hinauf zu einem Tempel, an dem Spuren einer zoomorphen Maske erkennbar sind. All dies vermittelt eine gute Vorstellung davon, wie die beiden anderen Türme in Xpuhils Blütezeit (8. Jh.) ausgesehen haben könnten. Auf der Rückseite wird die Wand unter dem Tempel von einer grimmigen Jaguarmaske geziert.

Die Stätte liegt am Westrand des Dorfs Xpujil. Von dessen Eingang führt ein Fußmarsch (ca. 1 km) zu den schön gelegenen Ruinen.

🛏 Schlafen & Essen

Xpujils Unterkünfte liegen alle an der mitunter lärmigen Hauptstraße (Av Calakmul bzw. Hwy 186). Rund um den Busbahnhof am östlichen Ortsende gibt's Billig-Bleiben. Alle besseren Hotels stehen am westlichen Ortsrand. Ein Paar der besten Optionen findet man jedoch ca. 12 km westlich von Xpujil in der Nähe von Bécan.

Die örtlichen Hotelrestaurants werden im Bereich des Busbahnhofs durch einige Billiglokale und einen kleinen Supermarkt ergänzt. Zudem säumen *taquerías* (Tacostände) die Straße in Richtung Ruinen.

Und ca. 12 km westlich von Xpujil liegt bei Bécan das Hotel **Rio Bec Dreams** (https://riobecdreams.com; Hwy 186, Km 142; Hauptgerichte 120–220 Mex$; ◷ 7.30–21 Uhr; P) mit einem hervorragenden Hausrestaurant, das auch externe Speisegäste akzeptiert.

Hotel Maya Balam
HOTEL $$

(Calle Xpujil s/n zw. Av Calakmul & Silvituc; DZ 490–690 Mex$, 3BZ 590 Mex$; P ✳ 📶) Xpujils Unterkünfte sind größtenteils recht schlicht. Die beste Option darunter ist das kleine, aber moderne Maya Balam mit sauberen Zimmern. In puncto Aussicht ist hier nicht viel geboten (hinten fällt der Blick auf den Parkplatz). Dennoch ist das Hotel prima, wenn man beim Erkunden der Gegend ein- bis zweimal übernachten will.

Sazon Veracruzano
MEXIKANISCH $$

(Av Calakmul 92; Hauptgerichte 130–170 Mex$; ◷ Mo–Sa 7–23 Uhr) Xpujils nobelstes Restaurant paart eine Fassade in fröhlichem Orange mit noch bunteren Tischdecken aus Plastik. In lässiger Atmosphäre wird hier hauptsächlich mexikanische Küche à la Veracruz (Heimat der Inhaber) serviert. Auf der langen Karte stehen z. B. *fajita la arrachera* (Rindfleischstreifen; 170 Mex$) und gebratenes Fischfilet.

ℹ An- & Weiterreise

Xpujils **Busbahnhof** (☎ 983-871-65-11) liegt gleich östlich der Ampel neben dem Victoria Hotel. Verbindung besteht hier nach/ab Chetumal und Campeche (über Champotón; 260–370 Mex$, 4½ Std., 1-mal tgl.).

Nach Chetumal fahren auch Sammel-*colectivos* (120 Mex$/Pers., 1½ Std.), die nahe dem Kreisverkehr gegenüber vom Busbahnhof starten.

Chiapas & Tabasco

Inhalt ➡

Tuxtla Gutiérrez 384
San Cristóbal 393
Palenque 414
Agua Azul
& Misol-Ha 425
Bonampak, Yaxchilán
& Carretera
Fronteriza...................426
Comitán 435
El Soconusco
& Strände....................440
Tabasco........................451
Villahermosa...............451
Comalcalco 455

Gut essen

➡ Santo Nahual (S. 405)

➡ Restaurante LUM (S. 405)

➡ Restaurant Los Geranios (S. 437)

➡ Ta Bonitio (S. 437)

➡ Cocina Chontal (S. 456)

Schön übernachten

➡ Hostal Tres Central (S. 386)

➡ La Joya Hotel (S. 403)

➡ Puerta Vieja Hostel (S. 401)

➡ Las Guacamayas (S. 434)

➡ Parador-Museo Santa María (S. 437)

Auf nach Chiapas & Tabasco!

Kühles Hochland mit Pinienwäldern, schwüle, regenwald-ähnliche Urwälder und reizende Kolonialstädte liegen in Mexikos südlichstem Bundesstaat dicht beieinander. Hier wimmelt es nur so von Überresten der spanischen Herr-schaft und Ruinen der alten Maya-Kultur. Palenque und Yaxchilán sind Zeugnisse des mächtigen Maya-Reiches, und die Allgegenwart der modernen Maya-Kultur erinnert an die lange Geschichte der Region. Neben den kolonialen Zentren San Cristóbal de las Casas und Chiapa de Corzo ge-winnen auch die Sandstrände immer mehr an Bedeutung, genauso wie Soconusco mit seinen florierenden Kaffee- und Kakaoplantagen. Für Outdoor-Freaks sind Ausflüge zur La-guna Miramar und zum Cañón del Sumidero ein Muss.

Der Staat Tabasco im Norden besteht mit seinen Lagunen, Flüssen und Sumpfgebieten mehr aus Wasser als aus Land. Weit abseits der Touristenpfade wartet die Region mit eini-gen Maya-Ruinen und einem großen Biosphärenpark auf.

Reisezeit
San Cristóbal de las Casas

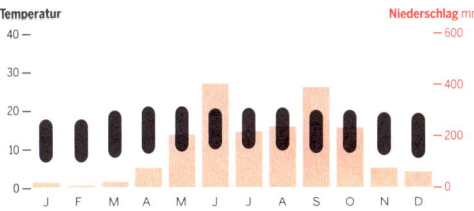

Jan. In Chiapa de Corzo steigt die Fiesta Grande de Enero, in San Juan Chamula der Wech-sel der *cargos*.

Juni–Nov. Eiab-lage der Meeres-schildkröten an den Stränden des Pazifiks. Schwere Regen in Tabasco.

Nov.–April Am trockensten. Von November bis Februar kann es in San Cristóbal abends kühl sein.

Highlights

❶ Palenque (S. 414)
Vom Urwald überwucherte Hügel und hohe Maya-Tempel besteigen

❷ San Cristóbal de las Casas (S. 393)
Durch die Kopfsteinpflasterstraßen der Hochlandstadt schlendern

❸ Cañón del Sumidero (S. 390) An den schroffen Felsklippen vorbeischippern

❹ Laguna Miramar (S. 433) Für ein paar traumhafte Tage zu dem von Bergen umgebenen, unberührten See wandern und dort entspannen

❺ Madre Sal (S. 445) Die hoch aufragenden Mangroven erkunden und nach nistenden Schildkröten Ausschau halten

❻ Lagos de Montebello (S. 439) Zwischen den saphirblauen und smaragdgrünen Seen herumwandern

❼ Yaxchilán (S. 431) Unter dem Gezeter der Brüllaffen die Maya-Ruinen am Ufer bewundern

❽ Reforma Agraria (S. 434) Im Wald nach den riesigen scharlachroten Aras suchen

CHIAPAS

Geschichte

Im tief liegenden, von Urwald bedeckten östlichen Chiapas konnte sich einer der herrlichsten und stärksten Stadtstaaten der Maya-Zivilisation entwickeln. Während der klassischen Periode (etwa 250–900 n.Chr.) waren Orte wie Palenque, Yaxchilán und Toniná die Machtzentren. Dutzende kleinerer Maya-Mächte – u.a. Bonampak, Comalcalco und Chinkultic – blühten in dieser Zeit im östlichen Chiapas und in Tabasco. Damals erreichte die Maya-Kultur ihren Höhepunkt, was die künstlerischen und intellektuellen Errungenschaften betraf. Die Vorfahren von vielen der typischen indigenen Gruppen aus dem Hochland von Chiapas sind wohl nach dem Untergang der klassischen Maya um 900 n.Chr. aus dem Tiefland in diese Region eingewandert.

Das zentrale Chiapas wurde 1528 durch eine Expedition von Diego de Mazariegos unter spanische Kontrolle gebracht. Entlegenere Gebiete wurden dann in den 1530er- und 1540er-Jahren unterworfen, obwohl die Eroberer nie die komplette Kontrolle über den Urwald von Lacandón erreichten. Mit den Spaniern kamen neue Krankheiten: 1544 tötete eine Epidemie etwa die Hälfte der indigenen Bevölkerung von Chiapas. Die längste Zeit der Kolonialherrschaft wurde Chiapas erfolglos von Guatemala aus verwaltet, und dabei ging man kaum gegen die Übergriffe der Kolonisten auf die indigene Bevölkerung vor. Nur ein paar Kirchenmänner, insbesondere der erste Bischof von Chiapas, Bartolomé de Las Casas (1474–1566), kämpften für die Rechte der Einheimischen.

1822 versuchte das gerade unabhängig gewordene Mexiko zunächst erfolglos, sich die früheren zentralamerikanischen Provinzen Spaniens (einschließlich Chiapas) einzuverleiben. Aber 1824 entschied sich Chiapas per Volksentscheid, lieber Mexiko als den Vereinigten Provinzen von Zentralamerika beizutreten. Seither hat eine Reihe von in Mexico City ernannten Gouverneuren gemeinsam mit den Landbesitzern in der Region eine fast schon feudale Kontrolle über Chiapas ausgeübt.

Gelegentliche Aufstände zeugen davon, wie schlecht die Regierung arbeitete. Aber die Welt nahm davon bis zum 1. Januar 1994 wenig Notiz. Doch dann besetzten die Zapatisten-Rebellen plötzlich und schnell mit militärischer Gewalt San Cristóbal de las Casas

und Städte in der Nähe. Die Rebellenbewegung hatte eine feste und engagierte Basis unter den ernüchterten einheimischen Siedlern im östlichen Chiapas. Mit ihrer Hilfe zog sie sich zügig in entlegene Stützpunkte im Urwald zurück, um von dort eine Kampagne für demokratische Veränderungen und die Rechte der Einheimischen zu führen. Die Zapatisten schafften es aber nicht, auf nationaler Ebene irgendwelche bedeutenden Zugeständnisse zu erreichen – inzwischen bekommt Chiapas mehr finanzielle Unterstützung von der Regierung, und die Infrastruktur des Staates konnte erkennbar verbessert werden. Auch die Entwicklung der touristischen Einrichtungen hat sich beschleunigt, und die städtische Mittelschicht ist ebenfalls gewachsen.

Im September 2017 erschütterte ein Erdbeben der Stärke 8,2 etwa 87 km abseits der Küste von Chiapas das Land. Ungefähr 98 Menschen starben und mehr als 40 000 Häuser wurden zerstört. Es hätte noch viel schlimmer kommen können, hätte sich das Beben nicht tief unter der Erde ereignet. Ende Oktober 2017 waren die Aufbauarbeiten schon weit fortgeschritten und die größten Folgen des Erdbebens behoben.

ⓘ An- & Weiterreise

Die Busverbindungen innerhalb der Region und in andere Bundesstaaten sind sehr gut. Für kürzere Strecken sind Kleinbusse, Combis und *colectivo*-Taxis die schnellere (wenn auch etwas beengtere) Alternative.

In Chiapas gibt es nicht viele Autovermieter. In Tuxtla Gutiérrez hat man am Flughafen und in der Stadt eine größere Auswahl, anderswo sieht es aber schlecht aus. In San Cristóbal gibt's einen Autovermieter und in Tapachula ein paar. In Villahermosa in Tabasco kommt man gut an einen Mietwagen.

Region Tuxtla Gutiérrez

Von der heißen und lebhaften Stadt Tuxtla Gutiérrez über die kühle Gischt eines Wasserfalls bis zum Kreischen der Papageien im Urwald – die Region um Tuxtla Gutiérrez hat viel zu bieten. Leider rauschen die meisten Besucher nur durch, um schnell ins nahe San Cristóbal de las Casas zu kommen.

Tuxtla Gutiérrez

☑ 961 / 550 000 EW. / 530 M

Tuxtla Gutiérrez in Chiapas ist das, was man von einer Großstadt erwartet – eine geschäftige, moderne Metropole und ein Verkehrsknotenpunkt. Die Hauptstadt des Bundesstaats Chiapas hat zwar in puncto Stil nicht viel zu bieten, doch es gibt einige Annehmlichkeiten und ein recht gutes Nachtleben. Die meisten Traveller bekommen nur den neuen Flughafen oder den Busbahnhof zu Gesicht, aber es lohnt sich, ein oder zwei Tage in dem netten Städtchen zu verweilen.

Ein paar Blocks westlich des Jardín de la Marimba wird die Avenida Central zum Blvd Belisario Domínguez. Viele der besten Hotels und Restaurants von Tuxtla befinden sich hier, wie auch die riesigen Kaufhäuser.

◉ Sehenswertes

★ Jardín de la Marimba   PLATZ
Man sollte es den Einheimischen gleichtun und abends einen *paseo* (Spaziergang) zu dieser grünen Plaza machen. Der Jardín de la Marimba befindet sich acht Blocks westlich der Plaza Cívica. Die ganze Stadt scheint sich hier allabendlich und besonders an den Wochenenden zu versammeln, um den kostenlosen Marimbafon-Konzerten (18.00–21.00 Uhr) zu lauschen. Pärchen jedes Alters tanzen um den Musikpavillon in der Mitte, und in den vielen Cafés, die bis 22 oder 23 Uhr und länger geöffnet sind, wird der wohl beste Kaffee der Stadt serviert.

★ Zoológico Miguel
Álvarez del Toro   ZOO
(Zoomat; ☎ 961-639-28-56; www.zoomat.chiapas.gob.mx; Calz Cerro Hueco s/n; Erw./Kind 60/20 Mex$, Mi–So Erw. vor 10 Uhr 30 Mex$, Di Eintritt frei; ⊙ Di–So 8.30–16.30 Uhr) Die Natur in der Umgebung von Chiapas ist unheimlich vielfältig. Hier leben die meisten verschiedenen Tierarten in ganz Nordamerika auf einem Fleck, beispielsweise mehrere Arten von Großkatzen, 1200 Schmetterlings- und über 600 Vogelarten. Etwa 180 dieser Spezies sind in den großen, baumreichen und der Natur nachempfundenen Gehegen von Tuxtlas sagenhaftem Zoo zu finden. Viele der Arten sind vom Aussterben bedroht. An Tieren sieht man u. a. Ozelots, Jaguare, Pumas, Tapire, Rote Aras, Tukane, Schlangen, Klammeraffen und drei Krokodilarten.

Die meisten Erklärungen sind auf Englisch und Spanisch gehalten. Um zum Zoo zu kommen, nimmt man an der Ecke 1a Calle Oriente Sur und 7a Avenida Sur Oriente ein „Zoológico"-*colectivo* (8 Mex$, 20 Min.) der Ruta 60. Ein Taxi vom Zentrum kostet ca. 55 Mex$.

Parque Madero   PARK
Das **Museo Regional de Chiapas** (☎ 961-225-08-81; Calz de los Hombres Ilustres; 55 Mex$; ⊙ Di–So 9–18 Uhr) befindet sich in einem beeindruckenden, modernen Gebäude auf dem Parkgelände. Zu sehen ist eine Sammlung wenig bedeutender archäologischer Funde von den vielen Ausgrabungsstätten in Chiapas. In der etwas interessanteren Geschichtsabteilung dreht sich alles um die Zeit von der spanischen Eroberung bis zur Revolution. Leider ist alles nur auf Spanisch beschildert.

Zum Parque Madero gehören auch der **Jardín Botánico** (⊙ 9–16 Uhr) GRATIS, eine üppige Oase, und ein netter, kleiner **Themenpark für Kids** (Eintritt frei, Fahrgeschäfte 10–18 Mex$; ⊙ Di–So 11–20 Uhr). Hin kommt man mit einem *colectivo* (Ruta 3 oder 20) ab 6a Av Norte Poniente.

Museo de la Marimba   MUSEUM
(☎ 961-600-01-74; 9a Calle Poniente Norte; 10 Mex$, So Eintritt frei; ⊙ 9–22 Uhr) In dem kleinen Museum am Jardín de la Marimba erfährt man alles über dieses 100 Jahre alte, aus Mexiko nicht wegzudenkende Musikinstrument und kann alte und moderne Ausführungen bewundern. Natürlich fehlt auch eine Ausstellung mit Fotos der beliebtesten Marimbafonspieler nicht.

Museo del Café   MUSEUM
(☎ 961-611-14-78; https://turismo.tuxtla.gob.mx/mcafe.php; 2a Calle Oriente Norte 236; 25 Mex$; ⊙ Mo–Sa 9–17 Uhr) Das vom Bundesstaat betriebene kleine Museum in einem schönen Kolonialgebäude zeigt Exponate zu Anbau und Verarbeitung der beliebten braunen Bohnen. Die Erläuterungen sind nur auf Spanisch, aber es gibt Englisch sprechende Führer. Die Säle sind angenehm klimatisiert, und am Ende der Tour gibt's für die erschöpften Besucher auch eine Tasse Kaffee, die sie im hübschen Hof genießen können.

Plaza Cívica   PLATZ
Tuxtlas großer, von Leuten wimmelnder Hauptplatz nimmt zwei Blocks ein und wird von unschönen Verwaltungs- und Geschäftsgebäuden aus Beton gesäumt. Am südlichen Ende, hinter der Avenida Central, hat man vor der weiß getünchten, modernen **Catedral de San Marcos** (Av Central) einen hübschen Blick auf die Hügel. Das Glockenspiel im Uhrenturm der Kathedrale spielt zu jeder vollen Stunde eine Melodie, zu der sich ein kitschiges Karussell mit Apostelfiguren dreht, die in den oberen Etagen sichtbar werden.

Tuxtla Gutiérrez

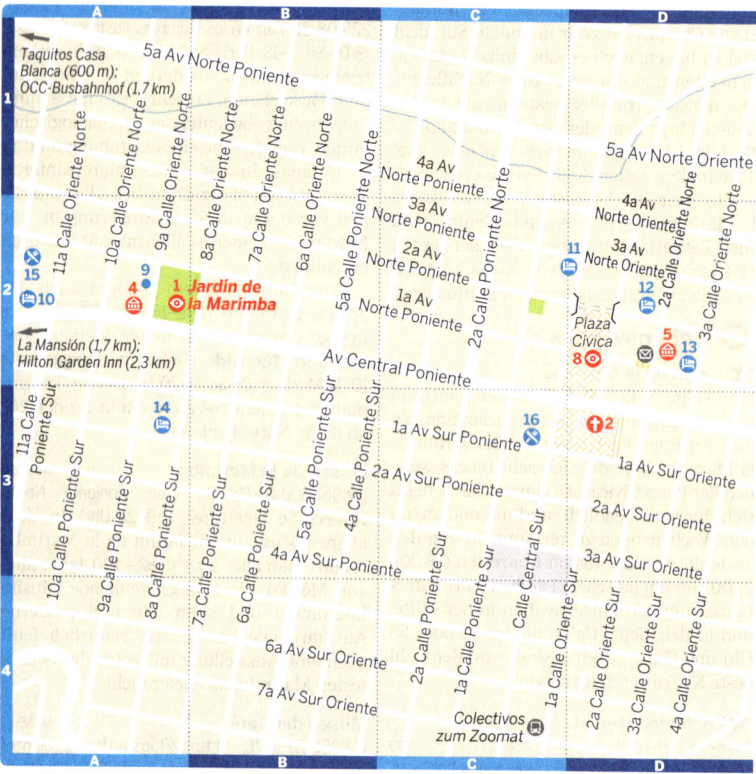

👉 Geführte Touren

Transporte Panorámico
Cañón del Sumidero TOUR
(☎ Handy 961-1663740) Täglich starten um 9.30 Uhr und 13 Uhr (min. 5 Pers.) Ausflugsbusse an Tuxtlas Jardín de la Marimba. Drei Touren stehen zur Wahl: eine mit Blick von fünf *miradores* (Aussichtspunkten; 150 Mex$, 2½ Std.) hinunter in die Schlucht, eine *lancha*-(Motorboot-)Tour inklusive Rücktransport (390 Mex$, 4½ Std.) und eine ganztägige Tour, die beides kombiniert (450 Mex$, nur ab 9.30 Uhr). Man sollte sich einen Tag vorab telefonisch die Abfahrtszeit bestätigen lassen. Private Touren in die Region werden ebenfalls angeboten.

🛏 Schlafen

Gute Budgethotels drängen sich im Stadtzentrum, während die meisten Mittelklasse- und die überwiegend zu internationalen Ketten gehörenden Luxushotels an der Avenida Central Poniente sowie am Blvd Belisario Domínguez westlich vom Zentrum liegen. Die meisten Hotels geben bei Buchungen online oder fürs Wochenende Rabatte.

⭐ **Hostal Tres Central** HOSTEL $
(☎ 961-611-36-74; www.facebook.com/TresCentral; Central Norte 393; B 134 Mex$, Zi. mit/ohne Bad 521/350 Mex$; P ➠ ✳ @ 🖰) Das Hostal Tres Central ist Tuxtlas einziges Hostel und eines der besten in Mexiko. Die schicke, ikeamäßig eingerichtete Bleibe hat supergemütliche Betten in Schlafsälen für vier Personen oder geräumigen Privatzimmern (die mit Gemeinschaftsbad verfügen über Dusche und Waschbecken im Zimmer). Die Aussicht von der Dachterrasse auf die umliegenden Hügel ist unschlagbar. Es gibt keine Küche, aber eine eigene Café-Bar.

⭐ **Holiday Inn Express** BUSINESS HOTEL $
(☎ 800-907-458; www.ihg.com; Ave Central Pte 1254; Zi. ab 686 Mex$; P ➠ ✳ 🖰) Auch für Leu-

Tuxtla Gutiérrez

◎ **Highlights**
1 Jardín de la Marimba A2

◎ **Sehenswertes**
2 Catedral de San Marcos..................... D3
3 Jardín Botánico F1
4 Museo de la Marimba A2
5 Museo del Café.................................. D2
6 Museo Regional de Chiapas F1
7 Parque Madero..................................... F1
8 Plaza Cívica....................................... D2

◔ **Aktivitäten, Kurse & Touren**
9 Transporte Panorámico Cañón
  del Sumidero....................................... A2

◉ **Schlafen**
10 Holiday Inn Express A2
11 Hostal Tres Central............................ D2
12 Hotel Casablanca............................... D2
13 Hotel Catedral.................................... D2
14 Hotel del Carmen A3

◉ **Essen**
15 Florentina Pizza.................................. A2
16 Restaurante La Casona..................... C3

❸ **Praktisches**
Städt. Touristeninformation..... (siehe 4)

kleine Tische, an denen man arbeiten, und große Spiegel, in denen man sich bewundern kann.

Hotel del Carmen
HOTEL $

(☎961-612-30-05, 800-841-31-91; www.hoteldelcarmen.net; 2a Av Sur Poniente 826; Zi. ab 466 Mex$; ❄❀🕾) Das Hotel del Carmen ist eine ausgezeichnete Option mit perfektem Preis-Leistungs-Verhältnis und einer tollen Lage zwischen den alten und den neuen Stadtbezirken. Die Zimmer sind groß und angenehm schlicht – gestärkte weiße Bettwäsche und dunkle Holzmöbel prägen sie. Im überdachten zentralen Hof mit vielen Blumen gibt's ein gutes Restaurant.

Hotel Catedral
HOTEL $

(☎961-613-08-24; www.hotel-catedral.net; 1a Av Norte Oriente 367; EZ/DZ 350/400 Mex$, mit Klimaanlage 450/500 Mex$; P❀❄🕾) Diese tolle, freundliche Budgetunterkunft in Familienhand verfügt über gepflegte Zimmer mit dunklen Holzmobiliar und Deckenventilatoren. In der Eingangshalle stehen ein paar bequeme Sofas herum. Die Zimmer unten in der Nähe der Lobby bekommen viel Lärm ab – besser meiden! Trinkwasser und Kaffee gibt's gratis.

te, die Kettenhotels nicht mögen, ist dieses hier einen Blick wert. Es bietet neben der vorteilhaften Lage nur zwei Blocks vom Jardín de la Marimba entfernt einen professionellen und freundlichen Service, ein angenehmes Farbkonzept, gut ausgestattete Zimmer, blitzschnelles Internet und eine beeindruckende Frühstücksauswahl.

In Bezug auf Preis und Qualität kann kein anderes Hotel der Stadt mit dem Holiday Inn Express mithalten.

Hotel Casablanca
HOTEL $

(☎961-611-03-05; 2a Av Norte Oriente 251; EZ mit Ventilator ab 219 Mex$, EZ mit Klimaanlage 415 Mex$, DZ mit Ventilator/Klimaanlage 285/415 Mex$; ❀❄🕾) Hier braucht man Urwaldfahrung, wenn man sich seinen Weg durch den üppig bepflanzten Hof dieses freundlichen, kleinen Hotels mitten in der Stadt mit den superhilfsbereiten Angestellten bahnt. Die Zimmer sind vielleicht etwas altmodisch, aber blitzblank, es gibt

Hilton Garden Inn
HOTEL $$

(☎ 961-617-18-00; www.tuxtlagutierrez.hgi.com; Ecke Blvds Belisario Domínguez & Los Castillos; Zi./Suite ab 1050/1350 Mex$; P 🐾 ❄ @ 🛜 🏊) Das luxuriöse Hilton mit seinen 167 Zimmern befindet sich in einem Gewerbegebiet 2,5 km westlich des Jardín de la Marimba. Fans technischer Spielereien werden sich für den MP3-Player mit Wecker, die Matratzen mit verstellbaren Kopfteilen und die internettauglichen Fernseher, Stilbewusste für die Regenduschköpfe und die Herman-Miller-Stühle begeistern.

Essen

Viele teurere und internationale Restaurantketten haben Filialen westlich vom Zentrum am Blvd Belisario Domínguez. Eine Reihe netter Cafés findet sich im Zentrum rund um den Jardín de la Marimba.

⭐Taquitos Casa Blanca
TACOS $

(Ecke 16 Poniente & 3a Norte 428; Tacos/Pozol 10/13 Mex$; ⊙ 7.30–15.30 Uhr) Das Taquitos Casa Blanca, eines der vielen urigen Lokale in diesem Viertel, hat sich mit seinen schnörkellosen, sättigenden, günstigen und leckeren Tacos sowie dem guten Kakao-*pozole* (was für Kenner!) einen Namen gemacht – keine Reise nach Tuxtla ist wirklich komplett, wenn man nicht hier gegessen hat. Zur Mittagszeit kommen viele einheimische Arbeiter her.

Restaurante La Casona
MEXIKANISCH $

(☎ 961-612-75-34; 1a Av Sur Poniente 134; Frühstück 40–70 Mex$, Hauptgerichte 60–95 Mex$; ⊙ 7–23 Uhr; P) Hinter den schön mit Schnitzereien verzierten Holztüren des 100 Jahre alten Gebäudes erwartet die Gäste ein fein eingedeckter Speisesaal mit hoher Decke und Gewölbebogen. Auf den Tisch kommen regionale Gerichte wie *pollo juchi* (gebratenes Huhn mit eingelegtem Gemüse und Kartoffeln) oder *tasajo en salsa de chirmol* (in Scheiben geschnittenes Rindfleisch in Tomatensauce). Von 14 bis 18 Uhr gibt's zur Untermalung Marimba-Livemusik.

Florentina Pizza
PIZZA $$

(☎ 961-613-91-91; 12a Poniente Norte 174; Pizza ab 110 Mex$; ⊙ Di–Fr 17–24, Sa 14.30–00.30, So 14.30–22.30 Uhr; 🛜) Knusprig dünne Pizza aus dem Holzofen und Craft-Bier *in Tuxtla*? Klar – Florentina Pizza ist aus gutem Grund die am meisten empfohlene Pizzeria der Stadt. Nette Atmosphäre, helle Farben, gute Preise und gelegentlich Livemusik.

⭐La Mansión
MEXIKANISCH $$$

(☎ 961-617-77-33; www.lamansion.com.mx; Sur Poniente 105; Hauptgerichte 120–250 Mex$; ⊙ Mo & Di 13–24, Mi–Sa bis 1, So bis 21 Uhr; P ❄) Das gehobene Restaurant im Marriott Hotel mixt die Eleganz klassischer weißer Tischtücher mit blau-rotem Diskolicht und serviert kreative, frech-moderne mexikanische Küche wie Tacos in Regenbogenfarben, riesige Schokoeier und einfach hervorragendes rotes Fleisch mit leicht gegrilltem Gemüse.

ℹ Praktische Informationen

Einen Geldautomaten gibt's am Flughafen in der Abflughalle.

Banorte (Av Central Oriente, zw. 2a Calle Oriente Sur & 3a Calle Oriente Sur; ⊙ Mo–Fr 9–17, Sa bis 14 Uhr) Wechselt Dollar.

Post (2a Calle Oriente Norte 227; ⊙ Mo–Fr 8–17, Sa 10–14 Uhr) Im Palacio Federal.

Scotiabank (Ecke Ave Central Oriente & 4a Calle Oriente; ⊙ Mo–Fr 8.30–16 Uhr)

Secretaría de Turismo (☎ 961-617-05-50, 800-280-35-00; www.turismochiapas.gob.mx; Andrés Serra Rojas,1090; ⊙ Mo–Fr 8–16 Uhr) Die staatliche Tourismusbehörde hat eine gebührenfreie Telefonnummer, unter der man Infos über Chiapas bekommt; Infos auf Englisch sind rar.

Städtische Touristeninformation (9a Calle Poniente Norte; ⊙ 9–14 & 16–20 Uhr) Im Museo de la Marimba.

ℹ An- & Weiterreise

AUTO & MOTORRAD

Neben den Autovermietern am Flughafen gibt's in der Stadt eine Filiale von **Alamo** (☎ 961-153-61-23; www.alamo.com; 5a Av Norte Poniente 2260; ⊙ 7–22 Uhr) nahe dem OCC-Busbahnhof sowie eine von **Europcar** (☎ 961-121-49-22; www.europcar.com; Blvd Belisario Domínguez 2075; ⊙ Mo–Fr 8–23, Sa & So bis 16 Uhr).

BUS, COLECTIVO & COMBI

Kostenloses WLAN und ein riesiger Supermarkt sind die Pluspunkte des modernen **OCC-Busbahnhofs** (☎ 961-125-15-80, App. 2433; 5a Av Norte Poniente 318), der sich rund 2,5 km nordwestlich des Jardín de la Marimba befindet. Hier starten alle 1.-Klasse- und Deluxe-Busse sowie die 2.-Klasse-Busse von Rápidos del Sur. Weitere Busse 2. Klasse sowie Kleinbusse nutzen den **Terminal de Transporte Tuxtla** (Ecke 9a Av Sur Oriente & 13a Calle Oriente Sur); sie fahren häufig u. a. nach San Cristóbal, Ocosingo und Ocozocoautla.

Von der 1a Avenida Sur Oriente fahren zwischen 5 und 22.30 Uhr alle paar Minuten Combis nach Chiapa de Corzo (14 Mex$, 45 Min.).

BUSSE AB TUXTLA GUTIÉRREZ

ZIEL	PREIS (MEX$)	DAUER (STD.)	HÄUFIGKEIT (TGL.)
Cancún	859–1055	17–20	5-mal
Comitán	112–132	3	häufig
Mérida	1006–1342	13–14	5-mal
Mexico City (TAPO & Norte)	898–1570	11½–12	11-mal
Oaxaca	380–589	10	4-mal
Palenque	268–364	6–6½	häufig
Puerto Escondido	541–666	11–12	2-mal
San Cristóbal de las Casas	56–76	1¼	häufig
Tapachula	446–504	4½–6	häufig
Tonalá	168–202	2–2½	häufig
Villahermosa	384–412	4–5	12-mal

Nach San Cristóbal

Nach San Cristóbal de las Casas (50 Mex$, 1 Std.) fahren häufiger Kleinbusse und Combis (alle 10 Min.) als langsamere Busse.
Corazón de María (☑ 961-600-12-12; 13a Calle Oriente Sur) Zwischen 4 und 21 Uhr starten Combis vor einer Ladenfront nahe der Av Central Oriente.
Ómnibus de Chiapas (☑ 961-611-26-56; Ecke 7a Calle Oriente Sur & 1a Av Sur Poniente) Komfortable „Sprinter"; Abfahrt 5–22 Uhr.

FLUGZEUG

Tuxtlas kleiner, aber feiner **Aeropuerto Ángel Albino Corzo** (☑ 961-153-60-68; www.chiapasaero.com; Sarabia s/n) liegt 35 km südöstlich des Stadtzentrums und 18 km südlich von Chiapa de Corzo. Aeroméxico (www.aeromexico.com), Interjet (www.interjet.com) und Volaris (www.volaris.com) fliegen nonstop nach Mexico City. Aerotucán (www.aerotucan.com.mx) bietet Direktflüge nach Oaxaca, VivaAerobus (www.vivaaerobus.com) fliegt nach Cancún, Guadalajara und Monterrey.

ⓘ Unterwegs vor Ort

BUS

Die **ConejoBus** genannten Biodiesel-Busse (☺ 5–23 Uhr) bedienen die Strecke Blvd Belisario Domínguez–Avenida Central. Wer mitfahren will, braucht eine Prepaid-Karte (5,50 Mex$, erhältlich im Palacio de Gobierno am Parque Central). Infos über Combi-Strecken stehen unter www.tuxmapa.com.mx. Eine Taxifahrt innerhalb der Stadt kostet zwischen 40 und 50 Mex$.

VOM/ZUM FLUGHAFEN

Am Flughafen warten Taxis (1–3 Pers.), die im Voraus bezahlt werden müssen, auf Fahrgäste.

Sie fahren ins Zentrum von Tuxtla (350 Mex$, 40 Min.), nach Chiapa de Corzo (300 Mex$, 30 Min.) und nach San Cristóbal (Taxi 1100 Mex$, Sammeltaxi 300 Mex$, 1 Std.). OCC-Busse starten ungefähr alle ein bis zwei Stunden zwischen 8 und 23 Uhr vom Terminal direkt nach San Cristóbal (240 Mex$). Achtung: Es gibt eine dreistündige Pause zwischen 10 und 13 Uhr!

Westlich von Tuxtla Gutiérrez

Sima de las Cotorras   CENOTE

(Papageienschlucht; www.simaecoturismo.com; Erw./Kind über 9 Jahren 30/15 Mex$) Die Sima de las Cotorras ist ein atemberaubender Karsttrichter, der 160 m breit und 140 m tief und von einem mit Regenwald dicht bewachsenen Krater umgeben ist. Bei Sonnenaufgang steigt eine grüne Wolke kreischender Papageien aus der Vertiefung auf, die erst bei Abenddämmerung zurückkehren. Mit einem Fernglas sind an einer Seite der Klippenwände mehrere rote vorkoloniale Felsmalereien zu erkennen. Wer will, kann auch in dieses Loch hinunterklettern oder sich abseilen (700 Mex$). Für Vogelfans ist ein Abstecher hierher ein absolutes Muss.

Unterkünfte (☑ Handy 968-1178081; www.simaecoturismo.com; Campingplatz 100 Mex$; Zelt & Schlafsack Verleih 250–300 Mex$, DZ/4BZ 400/600 Mex$, 6-Pers.-Cabaña 800 Mex$;) sind vorhanden (die geräumigen *cabañas* mit zwei Zimmern, in denen sechs Personen übernachten können, sind den Mehrpreis unbedingt wert). Außerdem gibt's ein gutes **Restaurant** (Hauptgerichte ab 85 Mex$; ☺ 8–18 Uhr), in dem köstliche *tamales* und hausgemachte Tortillas auf den Tisch kommen.

Von der letzten Haltestelle in Ocozocoautla (Coita) – sie liegt am Hwy 190 direkt an der ausgeschilderten Abzweigung zur Sima – nimmt man ein Taxi (ca. 300 Mex$, 50 Min.). An dieser Haltestelle starten täglich drei Piedra-Parada-*colectivos* (14 Mex$), die einen aber 4 km vor der Sima absetzen. Wer mit dem eigenen Auto aus Tuxtla kommt, hat kaum Probleme, da die Strecke gut ausgeschildert ist. Man fährt durch Ocozocoautla und biegt am Kleinbusbahnhof rechts ab (das blaue Hinweisschild ist aus dieser Fahrtrichtung nicht zu sehen). Nun fährt man 3,5 km nach Norden und 12 km auf einer unbefestigten, aber guten Straße.

El Aguacero
WASSERFALL

(www.cascadaelaguacero.com; 32 Mex$; ☺ 7–17 Uhr) Der El Aguacero stürzt über mehrere imposante Stufen schäumend in den Canyon des Río La Venta. In den trockenen Monaten (meist Dez.–Mai) kann man über den Sand am Flussufer zum Wasserfall spazieren. Bei hohem Wasserstand dauert der Marsch über einen schattigen Weg durch den Urwald eine halbe Stunde.

Von Dezember bis Mai kann man auch in der 200 m langen **El-Encanto-Höhle** einen unterirdischen Fluss erkunden. Wer an der einstündigen Tour (200 Mex$) teilnimmt, bekommt die erforderliche Ausrüstung (Helm, Stirnlampe usw.) gestellt.

Früher konnte man die Wasserfälle über 724 gut gebaute Stufen erreichen, aber zum Zeitpunkt der Recherche waren diese vorübergehend gesperrt, und man konnte die Wasserfälle nur von ein paar Beobachtungstürmen aus bewundern.

Man kann hier **campen** (Stellplatz 65 Mex$/ Pers., Stellplatz & Ausrüstung 300 Mex$/4 Pers.) oder in einer Hängematte übernachten (Duschen vorhanden). Der kleine *comedor* (Imbiss) verkauft Quesadillas (20 Mex$).

Die Fahrer der *colectivos* von Ocozocoautla (Coita) nach El Gavilán/Las Cruces (12 Mex$) lassen ihre Fahrgäste auf Wunsch an der Highway-Abfahrt aussteigen. Von dort sind es dann noch 3 km zu Fuß bis zum Eingang. Wer mit dem eigenen Auto unterwegs ist, muss nach der beschilderten Abzweigung ca. 15 km westlich von Ocozocoautla Ausschau halten.

Chiapa de Corzo
🎵 961 / 45 000 EW. / 450 M

Chiapa de Corzo liegt 12 km östlich von Tuxtla Gutiérrez an der Straße nach San Cristóbal. In der kleinen, netten Stadt aus der Kolonialzeit herrscht ein unbeschwertes, provinzielles Flair. Sie liegt am Nordufer des breiten Río Grijalva und ist der ideale Ausgangspunkt für einen Trip in den Cañón del Sumidero.

Chiapa de Corzo ist seit 1200 v. Chr. fast ständig bewohnt. Vor der Ankunft der Spanier befand sich Nandalumí, die Hauptstadt der kriegerischen Chiapa, ein paar Kilometer flussabwärts am anderen Ufer des Grijalva. Als Diego de Mazariegos 1528 in die Gegend kam, stürzte sich der Stamm der Chiapa lieber in den Canyon, als sich zu ergeben. Mazariegos gründete hier eine Siedlung namens Chiapa de Los Indios, verlegte seine Basis aber schon bald nach San Cristóbal de Las Casas, wo ihm das Klima besser und die Ureinohner umgänglicher schienen.

◉ Sehenswertes

Der *embarcadero* (Kai) für Bootsausflüge zum Cañón del Sumidero befindet sich zwei Blocks südlich der Plaza an der 5 de Febrero. Einfach nach der von Verkaufsständen gesäumten Straße Ausschau halten!

★ Cañón del Sumidero
SCHLUCHT

Die Sumidero-Schlucht nördlich von Tuxtla Gutiérrez ist ein spektakulärer Riss in der Erde. 1981 wurde an ihrem Nordende der Staudamm für das Wasserkraftwerk Chicoasén fertiggestellt. Dieser staute den Río Grijalva, der durch die Schlucht fließt, sodass ein 25 km langer Stausee entstand. Wer zwischen Tuxtla und Chiapa de Corzo unterwegs ist, passiert den Grijalva direkt südlich des Eingangs zum *cañón*.

Am beeindruckendsten ist es, die Schlucht in einer **lancha** (hin & zurück 215 Mex$; ☺ 8.30–16 Uhr) zu erkunden, die zwischen den hohen Felswänden hindurchjagt. Hin- und Rückfahrt dauern ca. zwei Stunden, Startpunkt ist entweder in Chiapa de Corzo oder am Embarcadero Cahuaré, 5 km nördlich von Chiapa an der Straße nach Tuxtla. Man muss selten länger als eine halbe Stunde warten, bis ein Boot voll genug ist. Getränke, Sonnenschutz und – falls das Wetter doch schlecht sein sollte – warme Kleidung oder eine Regenjacke einpacken!

Von Chiapa de Corzo zum Staudamm sind es etwa 35 km. Kurz nachdem man unter dem Hwy 190 hindurchgefahren ist, ragen die Wände des Canyons unglaubliche 800 m in die Höhe. Unterwegs bekommt man viele Vögel zu Gesicht – Reiher, Kormorane, Geier und Eisvögel – und wahrscheinlich auch ein

CHIAPAS & TABASCO CHIAPAS

oder zwei Krokodile. Die Bootsführer weisen auf ein paar seltsame Fels- und Pflanzenformationen hin. Beispielsweise gibt's eine Klippe, die mit herabhängendem Moos bedeckt ist und wie ein großer Weihnachtsbaum aussieht. Manchmal müssen sich die *lanchas* ihren Weg durch Unmengen herumschwimmenden Plastikmülls bahnen, der in der Regenzeit aus Tuxtla Gutiérrez angespült wird.

ser Baum namens **La Pochota** lässt seine jahrhundertealten Wurzeln über den Bürgersteig sprießen. Er wurde schon von den indigenen Gründern der Stadt verehrt und ist heute der älteste Kapokbaum am Río Grijalva. Die Hauptattraktion auf der Plaza ist aber **La Pila** (auch Fuente Colonial genannt). Der stattliche Ziegelbrunnen wurde 1562 im gotischen Mudejar-Stil errichtet und soll der spanischen Krone ähneln.

Plaza   PLATZ

Beeindruckende Arkaden rahmen die Plaza auf drei Seiten ein, und ein monströ-

Chiapa de Corzo   ARCHÄOLOGISCHE STÄTTE

(Av Hidalgo, Barrio Benito Juárez; ⏱9–17 Uhr) `GRATIS` Die große Siedlung Chiapa de Corzo

DIE INDIGENE BEVÖLKERUNG VON CHIAPAS

Von den 4,8 Mio. Menschen, die in Chiapas leben, gehört etwa ein Viertel der indigenen Bevölkerung an. Zu erkennen sind diese Menschen hauptsächlich an der Sprache. Jede der acht Hauptgruppen hat ihre eigene Sprache, ihren eigenen Glauben und ihre eigenen Bräuche. Dieser kulturellen Vielfalt ist es zu verdanken, dass Chiapas einer der faszinierendsten Bundesstaaten Mexikos ist.

Traveller, die in der Gegend um San Cristóbal umherreisen, kommen mit den Tzotzil und den Tzeltal in Berührung. Eigentlich sind diese katholisch, aber ihr traditionelles religiöses Leben weist auch vorkoloniale Elemente auf. Die meisten wohnen in den Hügeln außerhalb der Dörfer. In Letzteren werden vor allem Zeremonien und Märkte abgehalten.

Die Kleidung der Tzotzil und Tzeltal gehört zu den abwechslungsreichsten, buntesten und kunstvollsten in Mexiko. Sie identifiziert ihre Träger nicht nur als Bewohner verschiedener Dörfer, sondern führt die alten Maya-Traditionen fort. Viele der Muster sind nur scheinbar abstrakt: Sie stellen Schlangen, Frösche, Schmetterlinge, Vögel, Heilige und andere Wesen dar. Einige Motive haben religiös-magische Funktionen – Skorpione können z. B. eine symbolische Bitte um Regen sein, denn man glaubt, sie zögen Blitze an.

Die Lacandonen lebten tief im Lacandón-Urwald und mieden bis in die 1950er-Jahre jeden Kontakt mit der Außenwelt. Heute sind es weniger als 1000 Menschen, die in drei Hauptsiedlungen in dieser Region (Lacanjá Chansayab, Metzabok & Nahá) hauptsächlich von zurückhaltendem Tourismus leben. Lacandonen sind leicht an ihren weißen Tuniken und ihren langen schwarzen Haaren mit Pony zu erkennen. Die meisten Lacandonen haben ihre traditionelle animistische Religion inzwischen gegen presbyterianische oder evangelische Formen des Christentums eingetauscht.

Die Mitglieder der indigenen Bevölkerungsgruppen werden traditionell als Bürger zweiter Klasse behandelt und leben oft in den unfruchtbarsten Regionen, die nur sehr wenige Regierungsleistungen und sehr schlechte Infrastruktur bieten. Viele indigene Gemeinden versorgen sich durch Bedarfswirtschaft; es gibt weder fließendes Wasser noch Strom. Die Frustration über die mangelnde politische Macht und die seit eh und je schlechte Behandlung haben den Aufstand der Zapatisten geschürt. So kam die offensichtliche Ungerechtigkeit in dieser Region ans Tageslicht.

Heutzutage werden die uralten indigenen Lebensweisen sowohl vom evangelischen Christentum – das viele traditionell animistisch-katholische Praktiken und Alkoholmissbrauch bei religiösen Ritualen untersagt – als auch von der Zapatista-Bewegung bedroht, die traditionelle Führungshierarchien ablehnt und die Rechte und das Ansehen der Frauen stärken will. Der Großteil der indigenen Bevölkerung des Hochlands hat sich in den Lacandón-Urwald zurückgezogen, um dort neues Land zu roden, andere sind auf der Suche nach Arbeit in die Städte gegangen, teilweise sogar bis in die USA. Trotz aller Hindernisse haben Identität und Selbstachtung der indigenen Völker überlebt. Fremden gegenüber sind sie misstrauisch, Einmischungen in ihre religiösen Bräuche oder andere Lebensbereiche lehnen sie ab. Begegnet man ihnen aber mit dem nötigen Respekt, reagieren sie meist freundlich.

lag an der Handelsroute zwischen dem Pazifik und dem Golf und unterhielt enge Verbindungen zu den benachbarten Kulturen der Maya und Olmeken. In ihrer Blütezeit zählte die Stadt rund 200 Gebäude, wurde aber gegen 500 n.Chr. verlassen. Nach jahrelangen Ausgrabungen kann man jetzt hier, 1,5 km östlich der Hauptplaza, die Reste von drei Pyramiden der Zoque bewundern. Sie wurden vor 1600 bis 1800 Jahren errichtet, stehen aber auf Aufschüttungen, die bis in die Zeit um 750 v.Chr. zurückreichen.

Nur wenige Besucher verirren sich zu den bewachten Ruinen, aber es lohnt sich, eine Stunde zwischen den Tempeln herumzuklettern und den weiten Ausblick aufs Land zu genießen. Bei der Ausgrabung an einem nahe gelegenen (nicht zugänglichen) Erdhügel wurden kürzlich die älteste bekannte Grabpyramide Mesoamerikas und neue Beweise für die Verbindung zu Zentren der olmekischen Kultur wie La Venta gefunden.

Der Eingang zur Stätte befindet sich in der Nähe der Nestlé-Fabrik und des alten Highways (an der Straße nach La Topada de la Flor), aber die Stätte ist an der Straße nicht ausgeschildert. Taxifahrer nehmen für die Strecke von der Plaza hin und zurück rund 150 Mex$ inklusive einer Stunde Aufenthalt. Man kann aber auch in 20 Minuten hinlaufen.

Templo de Santo Domingo de Guzmán
KIRCHE

(Mexicanidad Chiapaneca 10; ⊗8–17 Uhr) Der große Templo de Santo Domingo de Guzmán einen Block südlich der Hauptplaza wurde Ende des 16. Jhs. vom Dominikanerorden gebaut. Das dazugehörige Kloster ist heute das **Centro Cultural** (☐997-616-00-55; www.facebook.com/CentroculturalExconvento; ⊗Di–So 10–17 Uhr) GRATIS, das eine Ausstellung von Holz- und Linoldrucken des talentierten in Chiapa geborenen Franco Lázaro Gómez (1922–1949) beherbergt. Außerdem ist hier das Museo de la Laca, das sich einem regionalen Kunsthandwerk widmet: lackierten Flaschenkürbissen. Es gibt sogar welche von 1606.

🎆 Feste & Events

Fiesta Grande de Enero
KULTUR

(⊗Jan.) Das einwöchige, Mitte Januar stattfindende Fest gehört zu Mexikos außergewöhnlichsten Events. Bei den abendlichen Tänzen verkleiden sich die Tänzer (Las Chuntá) als Frauen. Frauen tragen bunte, bestickte *chiapaneca*-Kleider. *Parachicos*

mit blonden Perücken und Masken stellen die Konquistadoren dar und ziehen an mehreren Tagen durch die Stadt. Eine Kanuschlacht und ein Feuerwerk krönen den letzten Abend.

🍴 Schlafen & Essen

Die Restaurants am *embarcadero* bieten nahezu identische und einheitlich überteuerte Gerichte. Der Blick auf den Fluss ist schön, aber die Marimbafonspieler treiben den Lautstärkepegel ziemlich in die Höhe. Der Markt (südöstlich der Plaza) ist die beste Adresse für eine günstige Mahlzeit. *Tascalate* (ein süßes Gebräu aus gemahlenem Kakao, Pinienkernen, geröstetem Mais, Zimt und Annatto) steht auf fast allen Speisekarten; viele Läden verkaufen das Pulver.

Posada Rocio
HOTEL $

(☐961-616-02-04; Zaragoza 347; DZ/3BZ ab 300/310 Mex$; 🌐) Das bescheidene, kleine hellorange Hotel unweit der Plaza hebt sich wegen seiner relativ großen, sauberen Zimmer, der freundlichen Betreiber und der guten Lage von den anderen Budgetunterkünften ab.

Hotel La Ceiba
HOTEL $$

(☐961-616-03-89; www.laceibahotel.com; Av Domingo Ruíz 300; Zi. 745 Mex$; P 🖥 ❄ 🌐 ⛱) Das eleganteste Hotel vor Ort verfügt über ein Spa mit Komplettservice, ein Restaurant, einen einladenden Pool, einen üppigen Garten und 87 zwar recht schlichte, aber gepflegte Zimmer mit Klimaanlage. Das kuppelförmige Gebäude im Kolonialstil steht zwei Blocks westlich der Hauptplaza.

Hotel Santiago
HOTEL $$

(☐Handy 961-1531049; www.hoteldesantiago.com; López s/n; Zi. ab 434 Mex$; 🌐) Das mittelgroße Hotel am Hafen weist außen viel kolonialen Charme auf. Die großen, gemütlichen, einfachen Zimmer sind um einen Innenhof bzw. Lichtschacht angeordnet. Trotz der zentralen Lage ist dies ein Ort der Ruhe (aber natürlich nur außerhalb der Festivalzeit). In der Nebensaison sind Preisnachlässe drin.

Los Sabores de San Jacinto
MEXIKANISCH $

(☐961-218-46-88; Calle 5 de Febrero 144; Hauptgerichte 80–120 Mex$; ⊗Mi–Di 13–24 Uhr) Dieses schlichte Lokal mit einer Handvoll Tische in einem orangefarbenen Speisesaal und weiteren Sitzgelegenheiten draußen auf der Terrasse mit Blick auf die Straße serviert deftige, schlichte, aber sehr leckere südmexikanische Gerichte. Die Bedienung ist schnell, und das Restaurant ist eines der wenigen, die abends geöffnet sind.

Restaurant Jardines
de Chiapa
MEXIKANISCH $$

(✆ 961-616-01-98; www.restaurantesjardines. mx; Madero 395; Hauptgerichte 95–180 Mex$; ☉ 9–19 Uhr) Das große Lokal ganz in der Nähe der Hauptplaza ist um einen mit stimmungsvollen Säulen geschmückten und bepflanzten Innenhof angelegt. Auf der langen Speisekarte steht u. a. die köstliche Spezialität des Hauses *cochinito al horno* (im Ofen gebackenes Schweinefleisch). Mittags kann es mitunter etwas hektisch werden, wenn geführte Gruppen für das Mittagsbüfett (279 Mex$) reinströmen. Am besten *à la carte* bestellen!

D'Avellino
ITALIENISCH $$

(✆ 961-153-07-33; www.davellino.com.mx; Calz Grajales 1103; Hauptgerichte 55–130 Mex$, Pizza 99–155 Mex$; ☉ Mo–Sa 13–1, So bis 24 Uhr) Dieses reizende italienische Restaurant mit einem rustikalen, altertümlichen Speisesaal und Plätzen im Hof serviert frische Pasta und gute Pizza in einer freundlichen und geselligen Atmosphäre. Von der Plaza läuft man nur fünf bis zehn Minuten in nordwestlicher Richtung entlang der Hauptstraße nach Tuxtla.

ⓘ Praktische Informationen

Die **staatliche Touristeninformation** (✆ 961-616-10-13; Calle 5 de Febrero s/n; ☉ Mo–Fr 8–16, Sa 9–13 Uhr) befindet sich im Rathaus an der Hauptplaza.

ⓘ An- & Weiterreise

Combis starten zwischen 5 und 22.30 Uhr alle paar Minuten in Tuxtla Gutiérrez (14 Mex$, 45 Min.) an der 1a Avenida Sur Oriente (zw. Calle 5a & Calle 7a Oriente Sur). Sie kommen an der Nordseite der Hauptplaza an (und fahren dort auch ab).

Es gibt keine direkte Verbindung zwischen San Cristóbal und dem Zentrum von Chiapa de Corzo. In San Cristóbal muss man ein Combi in Richtung Tuxtla nehmen und den Fahrer bitten, an der Chiapa-de-Corzo-Haltestelle auf dem Highway kurz anzuhalten (35 Mex$, 30 Min.). Auf der anderen Highwayseite kann man dann ein Combi herbeiwinken, das einen zur Plaza bringt (7 Mex$). Um von Chiapa de Corzo nach San Cristóbal zu kommen, steigt man an der Plaza in ein Combi zum Highway und hält dort ein anderes Combi nach San Cristóbal an. Combis in beide Richtungen lassen meist höchstens ein paar Minuten auf sich warten.

Region San Cristóbal

Alle Touristenpfade in Chiapas führen früher oder später zu den pastellfarbenen Gebäuden an den Kopfsteinpflasterstraßen der wunderschönen Bergstadt San Cristóbal de las Casas. Die Stadt hat zwar einige kulturelle Attraktionen zu bieten, aber viele Besucher kommen vor allem wegen des strahlenden Lichts des Hochlands, des lebendigen Getümmels auf den Straßen und der Möglichkeit, sich unter die Einheimischen zu mischen – ein Volk, das von den alten Maya abstammt und einige einzigartige Bräuche pflegt, traditionelle Kleidung trägt und ihren Glauben hochhält.

Auf Märkten und Festen bekommt man häufig den besten Einblick in das Leben der Einheimischen, und jenseits des Talkessels, in den San Cristóbal eingebettet ist, werden viele Dorfmärkte abgehalten. Diese lebendigen, farbenfrohen Veranstaltungen finden fast immer sonntags in den Dörfern statt. Los geht's bereits bei Sonnenaufgang, gegen Mittag wird abgebaut.

San Cristóbal de las Casas
✆ 967 / 185000 EW. / 1940 M

Die Kolonialstadt San Cristóbal (sprich: cris-*toh*-bal) liegt inmitten eines grandiosen Hochlandtals und ist von Pinienwäldern umgeben. Seit Jahrzehnten ist diese Stadt eines der beliebtesten Ziele von Travellern. Es macht viel Spaß, die Kopfsteinpflasterstraßen und Märkte zu erforschen und die einzigartige Atmosphäre und das herrlich klare

CHIAPAS & TABASCO REGION SAN CRISTÓBAL

NICHT VERSÄUMEN

ZWEI AUSSICHTSPUNKTE

Wer den besten Blick auf die Stadt genießen will, muss etwas dafür tun – in dieser Höhe können die Treppen, die auf die Hügel führen, zur Strafe werden. Der **Cerro de San Cristóbal** (abseits der Hermanos Dominguez) und der **Cerro de Guadalupe** (abseits der Real de Guadalupe) ragen, von Kirchen bekrönt, im Osten bzw. Westen über der Stadt auf und bieten eine tolle Aussicht. Rund um den **Día de la Virgen de Guadalupe** strömen die Gläubigen in Scharen zur Iglesia de Guadalupe. Achtung: Beide Gebiete gelten bei Nacht als gefährlich!

San Cristóbal de las Casas

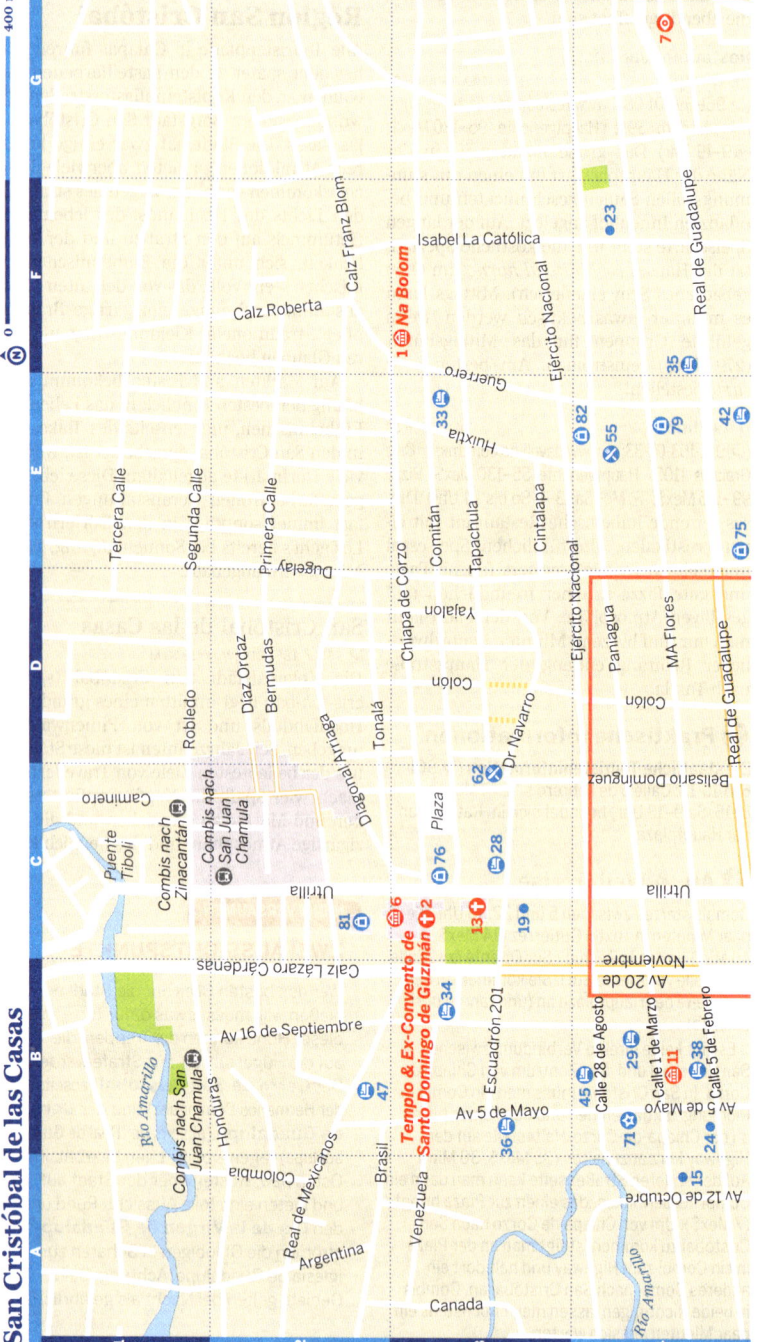

San Cristóbal de las Casas

⊙ Highlights
1 Na Bolom...F3
2 Templo & Ex-Convento de Santo
   Domingo de Guzmán.........................C3

⊙ Sehenswertes
3 Arco del Carmen B6
4 Catedral.. D7
5 Centro Cultural El Carmen....................C6
6 Centro de Textiles del Mundo Maya C3
7 Cerro de Guadalupe.............................G4
8 Cerro de San Cristóbal A6
9 Hotel Santa Clara E8
   Museo de los Altos de
   Chiapas......................................(siehe 2)
10 Museo del Ámbar de Chiapas...............A5
11 Museo del Cacao B4
12 Plaza 31 de Marzo B5
13 Templo de la Caridad...........................C3

⊕ Aktivitäten, Kurse & Touren
14 Alex & Raúl Tours.................................D8
15 Explora...A4
16 Instituto de Lenguas Jovel G8
17 Jaguar Adventours..............................F7
18 La Casa en el Árbol F8
19 Marcosapata o En Bici Tours...............C3
20 Nataté F8
21 Natutours... E5
22 Nichim Tours.......................................B6
23 Petra Vertical F4
24 SendaSur..B4
25 Shaktipat Yoga C5
26 Tienda de Experiencias G7
27 Trotamundos E7

⊜ Schlafen
28 Bela's B&B..C3
29 Casa de Alma......................................B4
30 Casa Margarita....................................F7
31 Casa Santa Lucía.................................D5
32 Docecuartos F8
33 Guayaba Inn E3
34 Hostal Akumal B3
35 Hostal Rincón de los Camellos.............F4
36 Hotel b¨o..B3
37 Hotel Diego de Mazariegos D7
38 Hotel Posada El Paraíso B4
39 Hotel Posada Jovel..............................G6
40 La Joya Hotel G8
41 Las Escaleras B5
42 Le Gite del Sol.....................................E4

Na Bolom ....(siehe 1)
43 Nuik B&B...E5
44 Parador Margarita G8
45 Posada Ganesha B4
46 Puerta Vieja Hostel.............................B5
47 Rossco Backpackers............................B2

⊗ Essen
48 Arez F7
49 Crustaceos E8
50 El Caldero C5
   El Eden .... (siehe 38)
51 Falafel E7
   La Lupe ....(siehe 30)
52 La Salsa Verde D7
53 La Tertulia San Cris C5
54 Namandí Café & Crepas B5
55 No Name Quesadillas...........................E4
56 Pizzería El Punto G7
   Restaurante LUM......................(siehe 36)
57 Santo Nahual...................................... D8
58 Sensaciones de Chiapas...................... D8
59 Super Más... E7
60 Te Quiero Verde C5
61 TierrAdentro.. E7
62 Trattoria Italiana C3

⊕ Ausgehen & Nachtleben
63 Café La Selva B5
64 Cocoliche F7
65 La Viña de Bacco E8
66 Latino's..F8
67 Mezcalería Gusana Grela.....................E7
68 Panóptico.. G7

⊕ Unterhaltung
69 Cafe Bar Revolución D6
70 Cinema El Puente G7
71 El Paliacate B4
72 Kinoki F7

⊖ Shoppen
73 Abuelita Books F7
74 El Camino de los Altos C6
75 Obst- & Gemüseläden..........................E4
76 J'pas Joloviletik.................................. E4
77 Lágrimas de la Selva D8
78 Meltzanel B5
79 Nemi Zapata..E4
80 Poshería G7
81 Sna Jolobil C2
82 Taller Leñateros..................................E4

Licht des Hochlands in sich aufzunehmen. Die mittelgroße Stadt besticht außerdem mit restaurierten jahrhundertealten Häusern, grasendem Vieh und Getreidefeldern.

San Cristóbal ist das Zentrum einer Gegend, in der das indigene Mexiko ganz besonders tief verwurzelt ist. Dutzende Dörfer der traditionellen Tzotzil und Tzeltal umge-

ben die Stadt, und man kann von hier aus eine Menge entdecken, denn neben dem modernen Luxus existieren auch noch uralte Bräuche.

Die Stadt wackelte erheblich bei dem Erdbeben, das im September 2017 Chiapas erschütterte: Es kamen einige Gebäude zu Schaden oder stürzten ein, aber im Großen und Ganzen kam die Stadt zum Glück glimpflich davon.

Geschichte

Diego de Mazariegos gründete San Cristóbal 1528 als spanischen Stützpunkt in der Region. Die spanischen Einwohner machten ein Vermögen mit Weizen; die indigenen Völker hingegen verloren ihr Land und litten unter Krankheiten, Steuern und Zwangsarbeit. Nur die Kirche bot etwas Schutz vor den Übergriffen der Kolonialherren. 1545 kamen Dominikanermönche in Chiapas an und machten San Cristóbal zu ihrer Basis. Heute ist die Stadt nach einem dieser Mönche benannt: Bartolomé de Las Casas. Man bestimmte ihn zum Bischof von Chiapas, und er wurde einer der berühmtesten spanischen Verteidiger der indigenen Völker in der Kolonialzeit. In jüngster Zeit trat Bischof Samuel Ruiz in seine Fußstapfen. Er verteidigte die unterdrückten indigenen Völker und handelte sich damit den Groll der Führungsschicht von Chiapas ein. 2011 verstarb der beliebte Bischof.

Von 1824 bis 1892 war San Cristóbal die Hauptstadt von Chiapas, blieb aber bis in die 1970er-Jahre relativ isoliert. Danach begann der Tourismus, die Wirtschaft zu beeinflussen.

In den letzten Jahrzehnten gab es einen Zustrom indigener Dorfbewohner in den „Cinturón de Miseria" (Gürtel des Elends) – er besteht aus einer Reihe verarmter, von Gewalt geplagter, behelfsmäßiger Kolonien rund um San Cristóbals *periférico* (Ringstraße). Manche der Bewohner sind hier, weil sie aus Chamula und anderen Gemeinden vertrieben wurden – oft als Ergebnis interner politisch-religiöser Konflikte. Die meisten der Menschen, die Kunsthandwerk rund um den Templo de Santo Domingo verkaufen, ebenso wie die minderjährigen Straßenverkäufer in der ganzen Stadt kommen aus dem Cinturón de Miseria.

Am 1. Januar 1994 wurde San Cristóbal ins internationale Rampenlicht katapultiert. Damals wählten die Zapatistenrebellen San Cristóbal zu einer von vier Städten, in denen sie ihre Revolution beginnen wollten. Sie eroberten und plünderten Regierungsbüros in der Stadt, bevor sie in nur wenigen Tagen von der mexikanischen Armee wieder vertrieben wurden. Die Stadt bleibt jedoch ein Hotspot für Sympathisanten (und einige Gegner) der Zapatistenrebellen und ein Zentrum für Organisationen, die mit den indigenen Völkern von Chiapas arbeiten. Politische und soziale Spannungen bestehen nach wie vor, aber San Cristóbal ist noch immer ein Magnet für Touristen, hat einen boomenden Immobilienmarkt sowie eine wachsende Mittelklasse.

⊙ Sehenswertes

San Cristóbal ist sehr gut zu Fuß zu erkunden, die geraden Straßen der Stadt ziehen sich über mehrere sanfte Hügel. Östlich der Plaza 31 de Marzo findet sich in der Real de Guadalupe eine Fußgängerzone mit vielen Unterkünften und Restaurants. Eine weitere Fußgängerzone, der Andador Turístico, befindet sich an der Hidalgo und der Avenida 20 de Noviembre.

★ Na Bolom HISTORISCHES GEBÄUDE
(☎ 967-678-14-18; www.na-bolom.org; Guerrero 33; 40 Mex$, inkl. Führung 50 Mex$; ⊙ 9–19 Uhr) Das vor Atmosphäre nur so strotzende Museums- und Forschungszentrum Na Bolom war viele Jahre das Heim der Schweizer Anthropologin und Fotografin Gertrude Duby-Blom (Trudy Blom, 1901–1993) und ihres dänischen Ehemanns, des Archäologen Frans Blom (1893–1963). Na Bolom bedeutet in der Tzozil-Sprache „Haus des Jaguars" und spielt gleichzeitig mit dem Namen der früheren Besitzer. Das Haus ist voller Fotografien, archäologischer und anthropologischer Relikte und Bücher.

Die Tour durchs Haus liefert einen enthüllenden Einblick in das Leben der Bloms und das Leben in Chiapas vor einem halben Jahrhundert und früher – das dargestellte Bild der Lacandonen gibt deshalb eher Aufschluss über ihre Vergangenheit als über ihre Gegenwart. Die Bloms kauften dieses Haus aus dem 19. Jh. im Jahr 1950, und während Frans die antiken Maya-Stätten in Chiapas (z. B. Palenque, Toniná und Chinkultic) erforschte und vermaß, studierte und fotografierte Trudy das verstreut lebende Volk der Lacandonen im Osten von Chiapas. Sie kämpfte um seinen Erhalt und um die Bewahrung des Urwalds.

Nach Trudys Tod hat Na Bolom die Arbeit der Bloms weitergeführt. Dabei dient das Haus als Museum und Forschungszentrum, um Chiapas' indigene Kulturen und deren Umwelt zu studieren und zu unterstützen. Außerdem werden hier soziale und Umweltprogramme für die hiesigen Regionen organisiert. Die Bibliothek mit mehr als 9000 Büchern und Dokumenten ist eine gute Quelle über die Maya.

In Na Bolom gibt's auch Gästezimmer (S. 403). Die angebotenen Mahlzeiten werden mit Biogemüse zubereitet, das aus dem zugehörigen Garten stammt.

⭐ **Templo & Ex-Convento de Santo Domingo de Guzmán**   KIRCHE
(Utrilla; ⊙ 6.30–14 & 16–20 Uhr) GRATIS Direkt nördlich vom Zentrum befindet sich der imposante Templo de Santo Domingo aus dem 16. Jh., San Cristóbals schönste Kirche – besonders wenn die Fassade von der Spätnachmittagssonne angestrahlt wird. Die barocke Front mit den herausragenden filigranen Stuckarbeiten wurde im 17. Jh. angebracht; auf ihr ist auch ein doppelköpfiger Habsburger Adler zu sehen, das damalige Symbol der spanischen Monarchie. Innen ist die Kirche reich vergoldet, besonders die kunstvoll verzierte Kanzel.

An der Westseite beherbergt das benachbarte frühere Kloster ein Regionalmuseum und das ausgezeichnete **Centro de Textiles del Mundo Maya** (http://fomentocul turalbanamex.org/ctmm; Calz Lázaro Cárdenas; 55 Mex$; ⊙ Di–So 9–17.45 Uhr). Rund um Santo Domingo und den benachbarten, 1712 erbauten **Templo de la Caridad** veranstalten Frauen aus Chamula und Boheme-Typen aus ganz Mexiko täglich einen farbenfrohen Kunsthandwerksmarkt. Der Verkaufsraum der Weberinnen von Sna Jolobil (S. 407) befindet sich jetzt in einem separaten, lichtdurchfluteten Gebäude im nordwestlichen Abschnitt des Geländes.

Plaza 31 de Marzo   PLATZ
Die baumbewachsene Hauptplaza ist ein gutes Plätzchen, um die ruhige Hochlandatmosphäre von San Cristóbal in sich aufzunehmen. Schuhputzer, Zeitungsverkäufer und *ambulantes* (Straßenhändler) versammeln sich um den kunstvollen eisernen Musikpavillon.

Das **Hotel Santa Clara** an der Südostecke der Plaza wurde von Diego de Mazariegos, dem spanischen Eroberer von Chiapas, erbaut. Sein Wappen ist über dem Hauptportal eingraviert. Das Gebäude ist ein seltenes weltliches Beispiel für platereken Stil in Mexiko.

Catedral   KATHEDRALE
(Plaza 31 de Marzo) Mit dem Bau der bonbonfarbenen Kathedrale an der Nordseite der Plaza wurde zwar schon 1528 begonnen, aber wegen mehrerer Naturkatastrophen konnte er erst 1815 vollendet werden. Kaum war die Kirche fertig, verursachten in den Jahren 1816 und 1847 weitere Erdbeben erhebliche Schäden, aber von 1920 bis 1922 wurde die Kirche nochmals restauriert. Im mit Blattgold verzierten Innenraum gibt es jede Menge Weihrauch und Kerzenlicht sowie fünf golden gerahmte Altargemälde von Miguel Cabrera aus dem 18. Jh. zu bewundern.

Museo de los Altos de Chiapas   MUSEUM
(☑ 967-678-16-09; Calz Lázaro Cárdenas s/n; 55 Mex$; ⊙ Di–So 9–17.30 Uhr) Dieses Museum ist eines der beiden Museen im Ex-Convento de Santo Domingo an der Westseite des Templo de Santo Domingo. Es beherbergt beeindruckende archäologische Relikte, u. a. Stelen aus Chincultik, sowie Exponate zur spanischen Eroberung und Christianisierung der Region. Mit dem gleichen Ticket kommt man auch ins Centro de Textiles del Mundo Maya.

Museo del Ámbar de Chiapas   MUSEUM
(☑ 967-674-58-99; www.museodelambar.com; Plazuela de la Merced; 25 Mex$; ⊙ Di–So 10–14 & 16–20 Uhr) Der Bernstein aus Chiapas – um die 30 Mio. Jahre altes, versteinertes Kiefernharz – ist bekannt für seine Klarheit und die Vielfalt seiner Farben. Das meiste davon wird rund um Simojovel gewonnen, nördlich von San Cristóbal. Dieses kleine Museum erläutert alles rund um den Bernstein (mit Infoblättern auf Englisch, Französisch, Deutsch, Japanisch und Italienisch). Außerdem sind einige wunderbar gearbeitete Kunstwerke aus Bernstein hinter Vergrößerungsgläsern ausgestellt, sodass man jedes Detail erkennen kann, und es werden verschiedene Filme gezeigt. Nach dem Besuch kann man einige besonders schön geschnitzte Exemplare – auch mit eingeschlossenen Insekten – erwerben.

Man beachte, dass eine Reihe benachbarter Schmuckläden sich den Namen des Museums angeeignet hat, aber nur diese Einrichtung hier befindet sich in einem Kloster – eigentlich nicht zu verwechseln.

Arco del Carmen   TOR
Der Arco del Carmen am südlichen Ende des Andador Turístico an der Hidalgo stammt aus dem späten 17. Jh. und war einst das Tor der Stadt.

Centro Cultural El Carmen   HISTORISCHES GEBÄUDE
(Hermanos Domínguez s/n; ⊙ Di–So 9–14 & Mo–Fr 16–20 Uhr) GRATIS Dieses ehemalige Kloster

gleich östlich vom Arco del Carmen ist ein wunderschönes Gebäude aus der Kolonialzeit mit einem großen, friedlichen Garten. Heute zeigt das Centro Cultural El Carmen Kunst- und Fotoausstellungen und veranstaltet gelegentlich Konzerte.

Museo del Cacao
MUSEUM

(☏ 967-631-79-95; www.kakaw.org; Iro de Marzo 16; 30 Mex$; ⊙ Mo–Sa 10–19, So 11–16 Uhr) Das Schokoladenmuseum wurde entlang eines offenen Balkons in einem Café eingerichtet. Besucher erfahren einiges über die Geschichte der Schokolade und wie die Maya sie eingesetzt haben. Zudem sieht man moderne Kakaotrinkgefäße und -utensilien und lernt den Herstellungsprozess der braunen Köstlichkeit kennen. Mit Gratisprobe!

 Kurse

Mehrere gute Sprachschulen bieten Einführungskurse in die spanische Sprache an. Sie sind flexibel genug, um auf fast alle Niveaus und Stundenplanwünsche einzugehen. Die Wochenpreise beinhalten normalerweise je drei Stunden Unterricht an fünf Tagen pro Woche, es gibt aber auch viele andere Möglichkeiten, sich zu organisieren (nur Unterricht, stundenweiser Unterricht, Aufenthalt in einer Gastfamilie etc.).

La Casa en el Árbol
SPRACHE

(☏ 967-674-52-72; www.lacasaenelarbol.org; Madero 29; Privatunterricht 1/10/20 Std. 150/1350/2400 Mex$/Woche, Unterkunft bei einer Gastfamilie & Mahlzeiten 1700 Mex$/Woche) Das „Baumhaus" ist eine enthusiastische, sozial engagierte Schule, in der man Tzeltal und Tzotzil lernen kann. Es werden auch viele außerschulische Aktivitäten angeboten und Freiwilligenjobs vermittelt. Außerdem stehen mexikanische Kochkurse auf dem Programm.

Instituto de Lenguas Jovel
SPRACHE

(☏ 967-678-40-69; www.institutojovel.com; Madero 45; Einzel-/Gruppenunterricht pro Woche ab 215/140 US$, Unterkunft bei einer Gastfamilie pro Woche ab 140 US$) Das Instituto Jovel arbeitet professionell und freundlich und hat unter Studenten einen hervorragenden Ruf. Im Unterricht sitzt meist ein Lehrer nur einem Schüler gegenüber. Außerdem ist die Schule wunderschön gelegen. Zusätzlich gibt es Kurse zur indigenen Kultur von Chiapas (110 US$), zur mexikanischen Küche (26–34 US$), Geschichte (110 US$) und Salsakurse (6 US$).

Shaktipat Yoga
GESUNDHEIT & WELLNESS

(☏ Handy 967-102-50-53; http://shaktipatyoga.com.mx; Niños Héroes 2; Unterricht 65 Mex$) Das Studio in dem Heilkunstkomplex Casa Luz veranstaltet in verschiedenen Sprachen Kurse in Vinyasa-, Ashtanga- und Hatha-Yoga. Wer mehrere Kurse belegt, kann sich über Rabatte freuen.

👉 Geführte Touren

Viele Agenturen in San Cristóbal (Öffnungszeiten meist 8–21 Uhr) bieten diverse geführte Touren an, oft auch mit Fremdenführern, die Englisch, Französisch oder Italienisch sprechen. Viele beschränken sich allerdings auch nur auf den Transport zu den gebuchten Zielen. Typische Tagesausflüge gehen nach Chiapa de Corzo und zum Cañón del Sumidero (ab 400 Mex$, 6–7 Std.), zu den Lagos de Montebello und zum El-Chiflón-Wasserfall (450 Mex$, 9–10 Std.) sowie nach Palenque, Agua Azul und Misol-Ha (550 Mex$, 14 Std.). Die Preise verstehen sich pro Person (min. 4 Pers.).

Alex & Raúl Tours
KULTUR

(☏ 967-678-91-41; www.alexyraultours.wordpress.com; 250 Mex$/Pers.) Nette und informative Kleinbus-Touren auf Englisch, Französisch oder Spanisch. Raúl und/oder ein Kollege warten täglich von 8.45 bis 9.30 Uhr am Holzkreuz vor der Kathedrale von San Cristóbal. Die Touren führen nach San Juan Chamula und Zinacantán. Es können auch Ausflüge nach Tenejapa, San Andrés Larraínzar oder Amatenango del Valle organisiert werden (min. 4 Pers.).

Jaguar Adventours
RADFAHREN

(☏ 967-631-50-62; www.adventours.mx; Belisario Domínguez 8A; Fahrradvermietung pro Std./Tag 50/250 Mex$; ⊙ Mo–Sa 9–14.30 & 15.30–20, So 9–14.30 Uhr) Veranstaltet Radtouren nach Chamula und Zincantán (650 Mex$) sowie längere Expeditionen. Die Preise beginnen bei 450 Mex$ pro Nase. Außerdem werden hier hochwertige Mountainbikes mit Helm und Schloss vermietet.

Marcosapata o En Bici Tours
RADFAHREN, WANDERN

(☏ 967-141-72-16; http://marcosapata1.wordpress.com) Bietet auf den Kunden zugeschnittene Wandertouren (250 Mex$) und Radtouren nach San Lorenzo Zinacantán, San Juan Chamula, Rancho Nuevo oder zum Cañon del Sumidero. Die Touren kosten zwischen 440 und 700 Mex$. Man spricht Englisch

CHIAPAS & TABASCO REGION SAN CRISTÓBAL

DIE ZAPATISTEN

Am 1. Januar 1994, dem Tag der Einführung des Nordamerikanischen Freihandelsabkommens (NAFTA), tauchte aus den Wäldern eine bis dato unbekannte linksgerichtete Guerrillaarmee auf und besetzte San Cristóbal de las Casas und noch einige andere Städte in Chiapas. Die Ejército Zapatista de Liberación Nacional (EZLN, Zapatistische Armee der Nationalen Befreiung) verband die Rhetorik der Globalisierungsgegner mit den Slogans der mexikanischen Revolution. Ihr erklärtes Ziel war es, die seit Jahrhunderten bestehende Oligarchie zu stürzen, die das Land, die Ressourcen und die Macht in den Händen hielt, und den dürftigen Lebensstandard der indigenen Bevölkerung Mexikos zu verbessern.

Die mexikanische Armee vertrieb die Zapatisten in nur wenigen Tagen. Die Rebellen zogen sich an den Rand des Lacandón-Urwalds zurück, um – hauptsächlich per Internet – einen Propagandakrieg zu führen. Der Pfeife rauchende, mit einer Wollmaske vermummte Zapatist Subcomandante Marcos (der ehemalige Universitätsprofessor Rafael Guillén) wurde schnell zur Kultfigur. Es wurden hochkarätige Versammlungen gegen Neoliberalismus abgehalten, und internationale Anhänger strömten ins Hauptquartier der Zapatisten bei La Realidad. Bauern, die der Zapatistenbewegung angehörten, nahmen Hunderte Farmen und Ranches in Chiapas ein.

Eine Reihe von Vereinbarungen über Autonomie und die Rechte der indigenen Bevölkerung wurden zwischen den Zapatisten und der mexikanischen Regierung ausgehandelt, aber nie ratifiziert, sodass die Spannungen und Gewalttaten in Chiapas während der gesamten 1990er-Jahre anhielten. Laut Amnesty International wurden die paramilitärischen Gruppen, die 1997 in Acteal ein Massaker verübten, von den staatlichen Behörden mit Waffen versorgt. Bis 1999 flohen infolge einer Einschüchterungskampagne schätzungsweise 21 000 Einwohner aus ihren Dörfern.

Nach der groß angelegten zapatistischen Medienkampagne La Otra Campaña (Die andere Kampagne) während des mexikanischen Präsidentschaftswahlkampfs von 2006 wurde es um die EZLN abgesehen von gelegentlichen Konferenzen und Mobilisierungsaktionen recht still, und ihr politischer Einfluss blieb außerhalb der von ihr gehaltenen Enklaven gering. Die Bewegung verfügt immer noch über fünf regionale Juntas de Buen Gobierno (Komitees der guten Regierungsführung) und viele autonome Gemeinden, auch wenn manche frühere Anhänger inzwischen desillusioniert sind und sich von der Bewegung abgewandt haben.

2016 brachen die Zapatisten mit der Tradition und wählten einen Kandidaten für die Präsidentschaftswahlen 2018. Das bedeutete das Ende der 20 Jahre andauernden Ablehnung der mexikanischen Politik durch die Zapatisten.

Weitere Hintergrundinformationen findet man in *The Zapatista Reader*, einer Anthologie von Schriftstellern wie Octavio Paz und Gabriel García Márquez sowie von Subcomandante Marcos persönlich, außerdem in Bill Weinbergs *Homage to Chiapas: The New Indigenous Struggles in Mexico*.

und Französisch. Einfach im Bekleidungsgeschäft in der Utrilla 18 nach Marco Antonio Morales nachfragen!

Petra Vertical
ABENTEUERTOUR

(☑ 967-631-51-73; www.petravertical.com; Isabel La Católica 9b) Veranstalter von Kletter-, Abseilund Rafting-Ausflügen in die Region, u. a. zur Sima de las Cotorras, nach El Aguacero, zum Cañon de la Venta sowie zum Wasserfall Chorreadero und seinem Höhlensystem nahe Chiapa de Corzo. Ebenfalls angeboten werden Wanderungen von San Cristóbal zur Arcotete-Flusshöhle und ins Huitepec-Reservat.

Nichim Tours
ABENTEUER

(☑ 967-631-63-40; www.nichimtours.com.mx; Hermanos Domínguez 15) Die Agentur mit vollem Service veranstaltet Abenteuertouren in die Selva El Ocote sowie Tagestrips zu Bernsteinminen, -werkstätten und zu indigenen Märkten. Mehrsprachige Führer.

Natutours
OUTDOOR-AKTIVITÄTEN

(☑ 967-674-63-52; www.natutours.com.mx; Vicente Guerrero 20; ⊙ Mo–Sa 9–16 Uhr) 🌿 Spezialist für Ökotourismus (u. a. spannende Baumkletterexkursionen), Urwaldtreks und Kulturtourismus. Es werden auch Workshops zu den Themen Recycling und Nachhaltigkeit in der Region veranstaltet – aber diesbezüglich sind ja hoffentlich schon alle firm!

Tienda de Experiencias
TOUR, BUSTOUR

(☎ 800-841-66-09; www.facebook.com/pg/Tienda deExperiencias; Real de Guadalupe 40A) Angeboten werden Touren in kleinen Gruppen zu Kunsthandwerkskooperativen, Scuba-/Snuba-Tauchen in Cenoten und andere „Abenteuer". Der Hop-on-hop-off-Bus Jungle Connection klappert den Lacandón ab.

SendaSur
ÖKOTOURISMUS

(☎ 967-678-39-09; www.sendasur.com.mx; Calle 5 de Febrero 29; ☺ Mo–Fr 9–14 & 16–19, Sa 9–12 Uhr) 🏊 Ein partnerschaftlich organisiertes Ökotourismus-Netzwerk in San Cristóbal de las Casas, das von Chiapas aus operiert. SendaSur kann bei Reisen auf eigene Faust und Reservierungen in den Urwaldgebieten Lacandón und El Ocote helfen.

Explora
ABENTEUER

(☎ 967-631-47-98; www.ecochiapas.com; Calle 1 de Marzo 30; ☺ Mo–Fr 9.30–14 & 16–20, Sa 9.30–14 Uhr) Abenteuertouren in die Selva Lacandona, darunter mehrtägige Kajak- und Raftingtouren.

Trotamundos
TOUREN

(☎ 967-678-70-21; www.facebook.com/trotamundosagencia; Real de Guadalupe 26C) Transporte in der Region und zum Flughafen Tuxtla sowie Ausflüge zur Laguna Miramar.

 Feste & Events

Semana Santa
RELIGION

Die Kreuzigung wird am Karfreitag im Barrio de Mexicanos im Nordwesten der Stadt nachgestellt.

Feria de la Primavera y de la Paz
KULTUR

(Frühlings- & Friedensfest) Am Ostersonntag beginnt dieses einwöchige Stadtfest mit Paraden, Musik-Events und Stierkämpfen.

Festival Cervantino Barroco
KULTUR

(Cervantes Festival; ☺ Okt./Nov.) Eine Messe mit Kunst, Musik, Tanz und Theater.

Festival Internacional Cervantino Barroco
KUNST

(www.conecultachiapas.gob.mx; ☺ Ende Okt.) GRATIS Das einwöchige Kulturprogramm mit Weltklassemusik, Tanz und Theater kann gratis besucht werden.

🛏 Schlafen

In San Cristóbal gibt's richtig viele Budgetunterkünfte, aber auch eine ganze Reihe ansprechender und stimmungsvoller Mittelklassehotels, die oft in Villen aus der Kolonialzeit oder dem 19. Jh. untergebracht sind. Spitzenklassehäuser gibt's natürlich auch. Hauptsaison ist während der Semana Santa und der darauffolgenden Woche, im Juli und August, am Día de Muertos sowie in den Ferien von Weihnachten bis Neujahr. Die meisten Preise sind außerhalb der Hauptsaison mindestens 20 % niedriger.

🛏 Rund um die Real de Guadalupe

Le Gîte del Sol
HOTEL $

(☎ 967-631-60-12; www.legitedelsol.com; Madero 82; EZ/DZ 250/320, DZ mit Gemeinschaftsbad 220 Mex$; @ 🛜) Ein üppiges Frühstücksangebot ergänzt die schlichten Zimmer mit Fußböden in sattem Gelb und Badezimmern, die wie übergroße Duschkabinen wirken. In einer neueren Anlage auf der anderen Straßenseite finden sich nette Zimmer mit Gemeinschaftsbad. Die Betreiber sprechen Französisch und Englisch, auch Gästeküchen gibt es.

Hostal Rincón de los Camellos
HOSTEL $

(☎ 967-116-00-97; www.loscamellos.over-blog.com; Real de Guadalupe 110; B 100 Mex$, EZ/DZ/4BZ ohne Bad 200/280/400 Mex$; 😋 🛜) Die saubere, ruhige, kleine Unterkunft wird von einem gastfreundlichen französisch-mexikanischen Duo betrieben. Die hell gestrichenen Zimmer sind um zwei Innenhöfe herum angelegt, hinten ist ein Gärtchen mit Rasen. In der kleinen Küche gibt's Trinkwasser und Kaffee gratis.

Casa Margarita
HOTEL $$

(☎ 967-670-09-57; www.hotelcasamargarita.mx; Real de Guadalupe 34; DZ inkl. Frühstück ab 920 Mex$; P 😋 🛜) Die beliebte, gut geführte Travellerbleibe hat blitzsaubere, allerdings etwas dunkle Zimmer mit Leselampen am Bett und liegt praktisch im Zentrum.

🛏 Westlich der Plaza 31 de Marzo

⭐ Puerta Vieja Hostel
HOSTEL $

(☎ 967-631-43-35; www.puertaviejahostel.com; Mazariegos 23; B inkl. Frühstück 140 Mex$, Zi. mit/ohne Bad 390/320 Mex$; 😋 🛜) Das geräumige, moderne Hostel ist auf Rucksackreisende spezialisiert und befindet sich in einem kolonialzeitlichen Gebäude mit hohen Decken, großem Garten mit Hängematten, Küche,

Temascal (vorkoloniales Dampfbad) und geschütztem Innenhof. Die Schlafsäle (einer nur für Frauen) sind relativ groß, die im Dachgeschoss bieten einen grandiosen Blick. In den Zimmern stehen ein französisches Bett und ein Stockbett. Im Garten gibt's ab und zu Livemusik.

Hostal Akumal
HOSTEL $

(📞 Mobil 967-1161120; Av 16 de Septiembre 33; B/ DZ inkl. Frühstück 130/400 Mex$; 🛜) Die freundlichen, im Haus lebenden Betreiber und das riesige warme, täglich wechselnde Frühstück (auf einem auffälligen Schild heißt es ganz richtig: „Ein kontinentales Frühstück ist kein richtiges Frühstück!") sind nur einige der Pluspunkte dieses zentral gelegenen Hostels. An kühlen Abenden kann man es sich am knisternden Kamin in der Lounge gemütlich machen, außerdem gibt es einen abgefahrenen Hof zum Entspannen. Die Zimmer und Schlafsäle sind in Ordnung, aber nichts Besonderes.

Posada Ganesha
PENSION $

(📞 967-678-02-12; www.posadaganesha.com; Calle 28 de Agosto 23; B 177 Mex$, DZ ohne Bad inkl. Frühstück 350–530 Mex$; 🛜🛜) Das reizende, weihraucherfüllte, mit indischen Stoffen dekorierte Hostel würde in den Nebenstraßen von Kathmandu nicht weiter auffallen. Es handelt sich um eine freundliche, muntere, kleine Pension mit einfacher Gästeküche und einem hübschen Lounge-Bereich. Montags bis freitags werden normalerweise zweimal täglich Yogakurse angeboten (gegen zusätzliche Gebühr).

Hotel Posada El Paraíso
HOTEL $$

(📞 967-678-00-85; Calle 5 de Febrero 19; EZ/DZ 755/900 Mex$; 🛜🛜) Das El Paraíso mischt kolonialen Stil mit Boutiquehotelambiente. Es hat eine hellblaue Veranda mit Holzsäulen sowie einen traumhaften Garten und sprüht nur so vor Charme. Die hohen Zimmer sind nicht riesig, bekommen aber alle Tageslicht ab. Einige erstrecken sich über zwei Etagen und haben oben ein Extrabett. L'Eden, das zugehörige Restaurant, ist hervorragend.

★ Casa de Alma
BOUTIQUE HOTEL $$$

(📞 967-674-77-84; Av 16 de Sepiembre 24; Suite inkl. Frühstück ab 3215 Mex$; 🅿🛜🛜) Wow! Das ausgezeichnete und sehr zentrale Boutiquehotel hat einfach alles! Die Zimmer, die genau den richtigen Mix aus kolonialem Charme und modernem Komfort bieten, bestechen durch die deckenhohen Kunstwerke

und kreativen Bettenden mit Maya-Touch. Es gibt wunderschöne Bäder, und von den privaten Terrassen und Balkonen hat man einen tollen Blick über mit Terrakotta gedeckte Dächer.

Die Gemeinschaftsbereiche sowie die schicke Empfangshalle und das Restaurant mit überdachtem Hof (gutes Essen!), moderner Deckenkunst und vielen Grünpflanzen sind nicht minder beeindruckend. Der Service ist erstklassig, es gibt ein Spa, und man parkt sicher in einer Tiefgarage – ein großes Plus im Zentrum.

Hotel b¨o
BOUTIQUEHOTEL $$$

(📞 967-678-15-15; www.hotelbo.mx; Av 5 de Mayo 38; Zi. ab 4390 Mex$; 🅿🛜@🛜) ✎ In diesem Boutiquehotel, das mit supermodernem, trendigem Schick und viel künstlerischem Flair das übliche Schema traditioneller Kolonialarchitektur durchbricht, trifft San Crístobal auf Miami Beach. Die großen, eleganten Zimmer und Suiten haben Bäder mit Glasfliesen und großen Duschköpfen an der Decke. Hinzu kommt ein Garten mit vielen Blumen und schönen Wasserspielen. Verglichen mit den meisten Konkurrenten ist das Haus allerdings etwas überteuert.

Las Escaleras
BOUTIQUEHOTEL $$$

(📞 967-678-81-81; www.lasescalerashotel.com; Isauro Rossette 4; Zi. ab 3000 Mex$; 🛜) Mit seinen lippenstiftroten Wänden und der dezenten künstlerischen Note weist das gehobene und charmante Hotel ein cooles Ambiente auf. Die Lage oben auf einem Hügel ist vielleicht nichts für Fußkranke (es sind sogar noch mehr Stufen zu erklimmen, als der Name vermuten lässt), aber wer auf der Suche nach einer stilvollen Unterkunft ist, findet in der Stadt keine bessere Bleibe.

🛏 Südlich der Plaza 31 de Marzo

Parador Margarita
HOTEL $

(📞 967-116-01-64; www.hotelparadormargarita. mx; JF Flores 39; EZ/DZ/3BZ inkl. Frühstück 650/ 785/1230 Mex$; 🅿🛜) Das dreistöckige Hotel bietet relativ große Zimmer mit einem großen Doppelbett oder zwei französischen Betten. Einige haben einen Kamin, Buntglasfenster und ein Bad mit Oberlicht. Andere Vorzüge in den Zimmern sind Heizgeräte und hinten eine schöne Veranda mit Blick auf eine große Rasenfläche.

Docecuartos
HOTEL $$

(📞 967-678-10-53; www.docecuartos.com; Benito Juárez 1; Zi. ab 912 Mex$; 🛜) Diese Unterkunft hat nur zwölf um einen schönen Innenhof herum angeordnete Zimmer. Das trägt zwar zu einem traulichen Ambiente bei, bedeutet aber auch, dass man ungeachtet der Saison rechtzeitig buchen muss. Die Zimmer sind wunderschön eingerichtet, gerade mit der richtigen Mischung aus kolonialer Pracht, traditionellen Farben und modernen Annehmlichkeiten. Ein weiteres Plus ist die superzentrale Lage.

Nuik B & B
B & B $$

(☎967-631-71-54; http://nuikbb.com; Madero 69; Zi. inkl. Frühstück ab 1000 Mex$; ⊜ 🛜) Die stets lächelnde Besitzerin Claudia hat immer Zeit für ein Schwätzchen und macht dieses Fleckchen einfach zu dem, was es ist. Aber auch ohne ihre anregende Präsenz würde das B & B mit sechs Zimmern voller Ethno-Kunst und mit einem Hauch Boheme Traveller anlocken, die nach einem Quartier mit echtem Charakter suchen.

⭐La Joya Hotel
B&B $$$

(☎967-631-48-32; www.lajoyahotelsancristobal. com; Madero 43A; Zi. inkl. Frühstück 170–220 US$; P ⊜🐾🛜) Das außergewöhnliche Boutiquehotel ist ein wahres Fest fürs Auge, da in jeder Ecke etwas Interessantes und Schönes zu entdecken ist. Die fünf Zimmer mit erlesenen Möbeln, riesigen Bädern und Antiquitäten, die die Eigentümer von ihren Reisen mitgebracht haben, könnten einem Hochglanzmagazin entsprungen sein. Es gibt Sitzbereiche am Kamin, in jedem Zimmer steht ein Heizgerät, und die Dachterrasse bietet einen schönen Blick über die Hügel.

Aufmerksamer Service: Nachmittags gibt's Snacks, zur Schlafenszeit Tee und für Gäste, die spät ankommen, ein speziell zubereitetes leichtes Abendessen. Es kann leicht passieren, dass man diese Unterkunft für das allerbeste Boutiquehotel hält, das man je besucht hat. Darum ist es selbstverständlich, dass man es unbedingt vorab buchen sollte. Mindestaufenthalt zwei Nächte.

Casa Santa Lucía
BOUTIQUEHOTEL $$$

(☎967-631-55-45; www.hotelcasasantalucia.mx; Av Josefa Ortíz de Domínguez 13; Zi. 1600–2000 Mex$, Suite 2500–3000 Mex$; P ⊜🛜) Das diskrete Boutiquehotel versprüht einen künstlerischen Vibe. Marokkanische Lampen baumeln an polierten Holzbalken, Geranien sorgen für Farbtupfer in Pink, Leoparden und Totenköpfe grinsen aus schummrigen Ecken, und Ethno-Stoffe und alte geschnitzte Möbel schmücken die Schlafzimmer. Glückli-

che Gäste schwärmen von der warmen Herzlichkeit, dem kostenlosen Wäscheservice und den köstlichen Frühstücksgerichten. Auch Gratis-Kekse gehören zu den Aufmerksamkeiten.

🛏 Nördlich der Plaza 31 de Marzo

Rossco Backpackers
HOSTEL $

(☎967-674-05-25; www.backpackershostel.com. mx; Real de Mexicanos 16; B ab 110 Mex$, DZ mit/ohne eigenes Badezimmer 530/400 Mex$; P ⊜ @🛜) Das Rossco Backpackers ist ein freundliches, geselliges, ordentlich geführtes Hostel mit guten Schlafsälen (einer nur für Frauen), einer Gästeküche, einem großen Filmvorführraum und einem grasbewachsenen Garten. Die Zimmer oben haben schöne Oberlichter. Wer per Fahrrad oder Motorrad anreist, bekommt eine Übernachtung gratis!

Hotel Posada Jovel
HOTEL $$

(☎967-678-17-34; www.hoteljovel.com; Paniagua 28; EZ/DZ ab 650/850 Mex$; P❄🛜) Das kürzlich renovierte Kolonialstilhotel gehört nun zu den besseren der Stadt. Die Zimmer sind voller Licht, Farbe und mexikanischem Flair. Sie sind um einen schönen Garten mit Brunnen und tropischen Blumen herum angeordnet, in dem man frühstücken kann.

Na Bolom
HOTEL $$

(☎967-678-14-18; www.nabolom.org; Guerrero 33; Zi. inkl. Frühstück ab 1110 Mex$; P⊜🛜) Das berühmte Museum und Forschungsinstitut (S. 397), das rund 1 km von der Plaza 31 de Marzo entfernt liegt, bietet 16 nette (aber nicht unbedingt luxuriöse) Gästezimmer voller Charakter, von denen nur zwei keinen Kamin haben. Die Mahlzeiten werden im herrschaftlichen Speisesaal des Hauses serviert. Im Preis ist eine Führung durch das Haus eingeschlossen.

Guayaba Inn
HOTEL $$$

(☎967-674-76-99; www.guayabainn.com; Comitán 55; Zi. inkl. Frühstück ab 2200 Mex$; 🛜) Das wunderbare, rustikale, ausgefallene Hotel erinnert ein bisschen an ein altes Farmhaus und ist eines der schönsten Boutiquehotels der Stadt. Die Detailverliebtheit der künstlerischen Besitzer macht sich überall bemerkbar: in den friedlichen Gärten sowie in den hellen, geräumigen und himmlisch dekorierten Zimmern. Alle sind mit Kamin, großen, freistehenden Badewannen und Minibar ausgestattet, außerdem gibt's eine Suite mit Sauna und Massage.

Bela's B&B
B&B $$$

(☎ 967-678-92-92; www.belasbandb.com; Dr. Navarro 2; EZ 40–80 US$, DZ 60–95 US$, alle inkl. Frühstück; P ⏎ 🛜 💺) Die traumhafte Oase im Stadtzentrum verzaubert die Gäste mit ihrem üppigen Garten, Heizdecken, Handtuchtrocknern und Massagen. Das B&B unter amerikanischer Leitung hat fünf komfortable Zimmer, die mit traditionellen Stoffen geschmückt sind. Von einigen hat man einen schönen Blick auf die Berge. Dies ist eine wahre Arche Noah für Hunde, wer also nicht auf die Vierbeiner steht, sollte woanders einchecken. Mindestaufenthalt drei Nächte.

Hotel Diego de Mazariegos
HOTEL $$$

(☎ 967-678-08-33; www.diegodemazariegos.com; Calle 5 de Febrero 1; Zi. 1600 Mex$, Suite 1900–2500 Mex$; P 🛜) Dieses alteingesessene Hotel besteht aus zwei Herrenhäusern aus dem 18. Jh., die von schönen, großen Innenhöfen umgeben sind. Die 76 geräumigen Zimmer wurden mit traditionellen Stoffen und Zubehör herausgeputzt. Sie bieten jeden modernen Komfort einschließlich Kabel-TV. Einige haben einen Kamin und die Suiten sogar eine Blubberbadewanne.

Essen

Essenstechnisch hat man in San Cristóbal das große Los gezogen. Hier gibt's mehr verführerische Spezialitäten als anderswo in Chiapas. Wer also Appetit auf eine kulinarische Besonderheit hat, wird fündig. Auch Vegetarier werden versorgt. *¡Provecho!*

✖ Rund um die Real de Guadalupe

Selbstversorger können sich im zentralen **Super Más** (Real de Guadalupe 22; ⏰ 8–22 Uhr) mit Vorräten eindecken. Hinzu kommen einige Obst- und Gemüseläden an der Dugelay, wo der verkehrsberuhigte Abschnitt der Real de Guadalupe endet.

TierrAdentro
MEXIKANISCH $

(☎ 967-674-67-66; Real de Guadalupe 24; Menü 55–130 Mex$; ⏰ 8–23 Uhr; 🛜📶) Das große Restaurant mit abgeschlossenem Innenhof ist Café und Pizzeria in einem und ein beliebter Treff für politisch links eingestellte sowie Kaffee schlürfende und auf ihre Laptops einhackende Einheimische (ohne dass sich beide Gruppen ausschlössen). Hier kann man gut ein paar Stunden vertrödeln. Geführt wird der Laden von Sympathisan-

ten der Zapatisten, die häufig Kultur-Events oder Diskussionen über regionale Themen veranstalten.

Arez
NAHÖSTLICH $

(☎ 967-678-63-08; Real de Guadalupe 29; Wrap 25–45 Mex$, Hauptgerichte 60–100 Mex$; ⏰ 12–23 Uhr) In San Cristóbals original-orientalischem Restaurant genießt man mit Blick auf Gemälde der libanesischen Küste Lamm-Schawarma und andere köstliche libanesische Gerichte. Die Grillplatte mit Rind, Huhn, Zwiebeln und Paprika nach Art des Hauses ist zu empfehlen.

La Lupe
MEXIKANISCH $$

(☎ 967-678-12-22; Real de Guadalupe 23; Hauptgerichte 70–120 Mex$, Frühstück 83 Mex$; ⏰ 7–24 Uhr) In diesem sehr beliebten Café, dessen Wände mit Bauernhof-Accessoires verziert sind, wird gute, sättigende und authentische mexikanische Kost in Tontöpfen oder auf Holzbrettern serviert. Bekannt ist das Lokal für seine üppiges Frühstück mit *huevos mexicanos* und die leckeren Fruchtsäfte.

Pizzería El Punto
PIZZA $$

(☎ 921-110-31-63; Real de Guadalupe 47; Pizzas 100–160 Mex$; ⏰ 12–23.30 Uhr; 📶) Labberige, zähe Pizzas gibt's hier nicht – sondern die knusprigste Pizza der Stadt. Der Hauptableger dieser ausgezeichneten Pizzeria hat eine Bar, elegantes schwarz-rotes Design und einen tollen Balkon mit Blick auf die Real de Guadalupe.

Crustaceos
SEAFOOD $$

(☎ 967-116-05-24; Madero 22; Hauptgerichte 100–150 Mex$; ⏰ 12–19 Uhr; 🛜) Hier gibt's wirklich gute Meeresfrüchte. Die Dauerbrenner sind *ceviche* und in Knoblauch marinierte Shrimps. Obwohl eine äußerst relaxte Atmosphäre herrscht, geht es doch manchmal auch etwas raubeinig zu, vor allem wenn es zwei Biere zum Preis von einem gibt.

✖ Westlich der Plaza 31 de Marzo

Namandí Café & Crepas
CRÊPERIE, CAFÉ $

(☎ 967-678-80-54; Mazariegos 16C; Crêpes 71–99 Mex$; ⏰ Mo–Sa 8–23, So 8.30–22.30 Uhr; 🛜📶) In den großen, modernen Café-Restaurant servieren die adrett gekleideten Bedienungen Baguette-Sandwiches, Pasta und guten Kaffee. Die Renner sind aber die frischen Crêpes. Unbedingt die köstliche *crepa azteca* mit Hühnchenfleisch, Mais, Paprika und *salsa poblana* probieren! Kids werden die moderne verglaste Spielecke und genervte Eltern die kostenlose Kinderbetreuung lieben (gegen Aufpreis wird auch Babysitting angeboten).

⭐ Restaurante LUM
MEXIKANISCH **$$**

(🕿 967-678-15-15; Hotel b̈o, Av 5 de Mayo 38; Hauptgerichte 150–250 Mex$; ⊘ 7–23 Uhr) Das schicke Restaurant mit Plätzen drinnen und draußen gehört zu San Cristóbals erstem Designerhotel und serviert spannende Kombinationen der Küchen von Chiapas, Veracruz und Yucatán gemixt mit Aromen und Ideen aus der ganzen Welt. Eigens entworfene Lampen, spiegelnde Teiche und Wände aus geometrisch gestapelten Feuerholz sorgen für ein abgefahrenes, modernes Ambiente. Der Tintenfisch und das Rindfleisch mit Linsen sind schlichtweg göttlich.

El Eden
MEXIKANISCH, INTERNATIONAL **$$**

(🕿 967-678-00-85; Hotel El Paraíso, Calle 5 de Febrero 19; Hauptgerichte 85–180 Mex$; ⊘ 7–23 Uhr; 🅿) Die Speisekarte dieses farbenfrohen Restaurants lockt mit europäischen und mexikanischen Gerichten wie authentischem *fondue suiza* (Schweizer Fondue), *sopa azteca* (Tortilla aus Chili, Zwiebeln, Kräutern mit Hähnchengeschnetzeltem, Frischkäse, Limette, Avocado und Koriander) und wohlschmeckenden Fleischgerichten. Das alles wird rund um einen anheimelnden Kamin oder draußen im grünen Innenhof serviert. Zudem gibt's eine umfangreiche Weinkarte.

✖ Südlich der Plaza 31 de Marzo

Te Quiero Verde
VEGETARISCH **$**

(Niños Heroes 4; Hauptgerichte ab 60 Mex$; ⊘ Mi–Mo 12–21 Uhr; 🅿🅿) Wer nicht glaubt, dass ein veganer Burger wirklich schmecken kann, sollte dieses Lokal aufsuchen. Auch die Suppen und Salate sind in Ordnung, aber die Burger und die selbst gemachten Pommes übertreffen alles.

La Tertulia San Cris
CAFÉ **$**

(🕿 967-116-11-45; Cuathémoc 2; Hauptgerichte 40–80 Mex$; ⊘ Di–So 8–23, Mo bis 17 Uhr) Das coole, kleine, künstlerische Café serviert tolle Frühstücksgerichte, leckere Salate und passable Pizzas in quietschbunter Umgebung. Ein kleiner Laden mit Produkten aus der Gegend sowie Souvenirs rundet das Ganze ab.

El Caldero
MEXIKANISCH **$**

(🕿 967-116-01-21; Av Insurgentes 5; Suppe ab 68 Mex$; ⊘ 11–22 Uhr) Das einfache, freundli-

che, kleine El Caldero ist auf leckere mexikanische Suppen wie *pozole* (Schweinefleisch in Brühe), *mondongo* (Kutteln), *caldo* (Brühe) spezialisiert – perfekt für einen kalten Tag. Diese Köstlichkeiten allerdings schlicht „Suppe" zu nennen, würde der Sache nicht gerecht werden, denn es sind eher dicke, deftige Eintöpfe als wässrige Suppen, und sie enthalten Avocados, Tortillas und verschiedene Saucen. Es gibt auch eine vegetarische Option.

⭐ Santo Nahual
FUSION **$$**

(🕿 967-678-15-47; www.santonahual.com; Hidalgo 3; Hauptgerichte 130–240 Mex$; ⊘ 9–24 Uhr; 🅿) Noch bevor man das Essen in diesem wunderbaren neuen Lokal gekostet hat, beeindruckt das Santo Nahual schon mit dem Speisesaal im glasüberdachten Hof, dekoriert mit recyceltem Holz, glatten Steinen, Bananenstauden mit glänzenden Blättern und sogar einem Klavier. Und das Essen, welches man am besten als moderne mexikanische Fusionsküche beschreiben kann, ist genauso überraschend und fantasievoll wie die Einrichtung.

Empfehlenswert sind die Muscheln mit Pesto und Tomate oder das Thai-Hühnchen, als Dessert bietet sich ein Baiserkuchen mit Waldfrüchten an.

Sensaciones de Chiapas
MEXIKANISCH **$$**

(🕿 967-674-55-06; Plaza 31 de Marzo 10A; Hauptgerichte 80–130 Mex$; ⊘ 8–24 Uhr) In diesem tollen Restaurant im Hotel Ciudad Real sollte man authentische Speisen aus Chiapas wie *chipilín*, *quesadilla de cochinita* sowie eines der vielen Gerichte mit *mole* (Chilisauce) probieren oder aber die Spezialität des Hauses kosten: mit Käse, Schinken und anderen leckeren Zutaten gefüllte Hühnerkeule. Manchmal wird auch Live-Marimba geboten.

✖ Nördlich der Plaza 31 de Marzo

⭐ No Name Quesadillas
MEXIKANISCH **$**

(Paniagua 49B; Quesadilla 40 Mex$; ⊘ Do–Di 20–23 Uhr; 🅿) In diesem Laden ohne Beschilderung verkauft ein nettes Paar Feinschmecker-Quesadillas und aromatisierte *atoles* (ein süßes Heißgetränk aus Mais). Man sitzt beim Essen romantisch im Hof. Die Karte wechselt täglich: Von Sonntag bis Dienstag gibt es vegetarische Gerichte, donnerstags Meeresfrüchte, freitags Fleisch und samstags eine bunte Mischung, aber es gibt immer etwa sechs verschiedene Variationen zur Auswahl.

Am besten schaut man sich die Zutaten an, zu denen Waldpilze, knusprige Ameisen (saisonal), Kürbisblüten und würzige Chorizo zählen, und kommt frühzeitig, um nicht leer auszugehen.

Falafel
FALAFEL $

(MA Flores 4; Hauptgerichte 45–90 Mex$; ☺ Mo-Sa 13–21 Uhr; ✏) Ein kleines, heiteres Lokal mit einem tollen Wandgemälde, das eine schnauzbärtige Sonne zeigt. Das sättigende namensgebende Gericht, das direkt aus dem Mittleren Osten zu kommen scheint, ist in frisch gebackene Pitas gewickelt und wird mit herrlich cremigem Hummus serviert. Für Gäste, die Hebräisch lesen könne, gibt's einen Bücherschrank.

La Salsa Verde
TACOS $

(☑967-678-72-80; Av 20 de Noviembre 7; 5 Tacos 60–120 Mex$; ☺8–23.30 Uhr; ☎) In dieser Taco-Institution (das Salsa Verde gibt's schon seit über 30 Jahren) brutzelt Fleisch auf dem Grill unter freiem Himmel. Die beiden großen Speisesäle, in denen Fernseher lärmen, sind immer rappelvoll mit Familien und Feierwütigen.

Trattoria Italiana
ITALIENISCH $$

(☑967-678-58-95; Dr. Navarro 10; Hauptgerichte 135–180 Mex$; ☺Mi–Mo 13.30–22 Uhr) Das von einem Mutter-Tochter-Gespann geführte italienische Lokal in einem pastellfarbenen Haus im Kolonialstil und mit einigen Tischen draußen unter den Bäumen könnte auch direkt aus der Toskana umgepflanzt worden sein. Die Spezialität des Hauses sind Ravioli, die jeden Tag frisch zubereitet werden. Die Füllungen bestehen z. B. aus Barsch mit Aubergine, Käse mit Walnuss und Rucola oder Kaninchen mit Rosmarin und Oliven. Die Saucen sind göttlich, u. a. die mit Mango, Chipotle und Gorgonzola.

Ausgehen & Nachtleben

Das Aroma gerösteter Hochlandkaffees zieht durch die Straßen von San Cristóbal – ein starker Muntermacher ist nie fern.

Cocoliche
COCKTAILBAR

(☑967-631-46-21; Colón 3; Hauptgerichte 75–120 Mex$; ☺13–24 Uhr; ☎) Das Cocoliche ist tagsüber ein unkonventionelles Restaurant, das viele asiatische Gerichte auf die Tische bringt, abends ist es mit den unpassenden chinesischen Laternen und den abgefahrenen Postern an den Wänden der richtige

Ort, um mit Freunden bei alkoholhaltigen *licuados* (Milchshakes) abzuhängen. In kühlen Nächten besetzt man am besten ein Plätzchen auf einem Sofa am Kamin. Abends gibt's Latin Jazz und Salsa sowie gelegentlich Theatervorstellungen um 21 Uhr.

Café La Selva
CAFÉ

(www.cafelaselva.com; Crescencio Rosas 9; Kaffee 15–25 Mex$; ☺8.30–23 Uhr; ☎) Einer der ersten Coffeeshops in San Cristóbal und immer noch der beste. Das La Selva befindet sich in einem schönen, alten Gebäude mit auffälligen Wandgemälden. Es werden etwa zehn verschiedene Kaffeesorten angeboten, die Bohnen dafür werden vor Ort geröstet, sodass stets ein köstlicher Duft in der Luft liegt.

Panóptico
BAR

(Real de Guadalupe 63A; ☺12–24 Uhr) Eine kleine Bar mit mehr einheimischem Publikum als in vielen Lokalen im Zentrum. Es gibt eine gute Auswahl von Bieren, und der Barmann kann einen ordentlichen Mojito mixen. Dazu kann man eine kleine Auswahl Tapas bestellen und Brettspiele ausleihen.

Mezcalería Gusana Grela
MEZCALERÍA

(MA Flores 2; ☺Mo–Sa 19–3 Uhr) Gäste quetschen sich an einem der wenigen Tische und probieren ein paar von den zwölf verschiedenen Mezcals (40–60 Mex$) aus Oaxaca, von denen viele mit Früchten aromatisiert sind.

La Viña de Bacco
WEINBAR

(☑967-119-19-85; Real de Guadalupe 7; ☺Mo–Sa 14–24 Uhr) Die mitteilsamen Betreiber von San Cristóbals erster Weinbar servieren jetzt auch an der Straße. Die gesellige Bar in einer Fußgängerpassage in der Haupttouristengegend kredenzt zahlreiche mexikanische Weine ab annehmbaren 20 Mex$ pro Glas. Zu jedem Glas Wein bekommt man kostenlose Tapas.

Latino's
CLUB

(☑967-678-99-27; Madero 23; Fr & Sa 50 Mex$; ☺Mo–Sa 20–3 Uhr) In dem hellen Restaurant mit Tanzschuppen treffen sich die *salseros* (Salsafans) der Stadt zum Grooven. Donnerstags bis samstags ab 23 Uhr spielt eine Band Salsa, Merengue, Cumbia und Bachata.

☆ Unterhaltung

Die meisten Livemusik-Veranstaltungen sind kostenlos, in Klubs gilt generell Rauchverbot.

San Cristóbal ist ein guter Ort, um sich mexikanische und lateinamerikanische Filme, politische Dokumentationen und Arthausfilme anzusehen. Westlich des Zentrums zeigt das Multiplexkino **Cinépolis** (www.cinepolis.com; Tickets 60 Mex$) die neuesten Streifen.

⭐ **Cafe Bar Revolución**   LIVEMUSIK
(☎ 967-678-66-64; www.facebook.com/cafebarrevolucion; Calle 1 de Marzo 11; ⏱ 11–3 Uhr) Im Revolución ist immer etwas los: Abends treten zwei Livebands auf (21 & 23 Uhr), und die Musik ist ein bunter Mix aus Salsa, Rock, Blues, Jazz und Reggae. Unten wird getanzt, im ruhigeren *tapanco* (Dachgeschoss) kann man sich bei einem Mojito oder Caipirinha unterhalten.

El Paliacate   KULTURZENTRUM
(☎ 967-125-37-39; Av 5 de Mayo 20; ⏱ Di–Sa 18–23 Uhr) Auf der Hauptbühne des alternativen Kulturzentrums mit kleinem Restaurant und einer Bar, an der Wein, Bier und Mezcal ausgeschenkt werden, gibt's Musik-Events, z. B. Rock auf Tzotzil, *son jarocho* (eine Art Folk) oder Konzerte experimenteller Bands sowie gelegentlich einen Dokumentarfilm oder eine Theatervorstellung. Drinnen befinden sich auch ein Fahrradkeller und oben Räume zum Chillen.

Cinema El Puente   KINO
(☎ 967-678-37-23; Centro Cultural El Puente, Real de Guadalupe 55; Tickets 30 Mex$; ⏱ Mo–Sa) Vorstellungen um 18 und 20 Uhr.

Kinoki   KINO
(☎ 967-678-50-46; http://forokinoki.blogspot.com; Belisario Domínguez 5A; Tickets 30 Mex$; ⏱ 13–24 Uhr; ☎) Die Kunstgalerie mit Teestube und einem schönen Raum sowie einer Terrasse im Obergeschoss zeigt jeden Abend zwei Filme (18.30 & 20.30 Uhr). Zudem gibt's Säle für Privatvorführungen aus dem Depot mit mehr als 3500 Filmen.

 Shoppen

In der Real de Guadalupe und der Andador Turístico befinden sich einige exklusive Kunsthandwerksgeschäfte. Auch die täglichen geschäftigen Kunsthandwerksmärkte um die Kirchen Santo Domingo und La Caridad sind einen Besuch wert. Neben Textilien ist Bernstein eine Spezialität in Chiapas; man bekommt ihn in zahlreichen Schmuckläden. Vorsicht vor Plastikimitationen: Echter Bernstein ist weder kalt noch schwer, und wenn man daran reibt, lädt er

---

AMATENANGO DEL VALLE

Die Frauen aus diesem Tzeltal-Dorf an der Panamericana, 37 km südöstlich von San Cristóbal, sind berühmte Töpferinnen. Die Töpferstücke werden hier immer noch auf vorkoloniale Art gebrannt: Um die Stücke wird ein Holzfeuer aufgeschichtet, ein Brennofen wird nicht benutzt. Es gibt einen hübschen Touristenmarkt, auf dem die Kinder von Amatenango *animalitos* verkaufen – kleine Tierfiguren aus Ton, nicht teuer, aber zerbrechlich. Wer das Dorf besucht, sollte darauf vorbereitet sein, innerhalb von wenigen Minuten von jungen *animalito*-Verkäufern umringt zu werden. Um hin zu kommen, nimmt man von San Cristóbal aus einen Bus oder ein Combi Richtung Comitán.

---

sich statisch auf. Außerdem riecht er ein wenig harzig.

Poshería   GETRÄNKE
(Real de Guadalupe 46A; ⏱ 10–21 Uhr) Hier sollte man sich eine vor Ort hergestellte Flasche *pox* (sprich: *posch*; alkoholisches Getränk aus Zuckerrohr), aromatisiert mit Honig, Schokolade und Früchten wie *nanche* (eine süße, gelbe Frucht) kaufen. Das ist definitiv kein Getränk für die breite Masse, denn die Flasche kostet zwischen 50 und 200 Mex$ und das bei einem Alkoholgehalt von nur etwa 14 %.

Sna Jolobil   ARTS & CRAFTS
(☎ 967-678-26-46; www.facebook.com/SnaJolobil; Calz Lázaro Cárdenas s/n; ⏱ Mo–Sa 9–14 & 16–19 Uhr) Neben dem Templo de Santo Domingo zeigt und verkauft Sna Jolobil – Tzotzil für „Haus der Weberinnen" – einige der mit Sicherheit besten *huipiles* (lange, ärmellose Tuniken), Blusen, Röcke, Teppiche und andere Webarbeiten. Die Preise reichen von ein paar Pesos für kleinere Teile bis zu mehreren Tausend Dollar für die schönsten *huipiles* (deren Herstellung mehrere Monate dauert).

Die Kooperative von 800 Weberinnen aus dem Hochland von Chiapas wurde in den 1970er-Jahren gegründet, um die bedeutende indigene Kunst des Webens am Gurtwebstuhl zu fördern. Auf diese Weise wurden viele bereits halb vergessene Techniken und Muster vor dem Verschwinden bewahrt.

Abuelita Books
BÜCHER

(Colón 2; ☺ Do–Mo 12–20.30 Uhr.; ☎) Ein wunderbarer Ort, um bei hausgemachten Brownies, heißem Kaffee oder einem dampfenden Tee herumzustöbern und die eigene Bibliothek um neue und antiquarische Bücher auf Englisch und in anderen Sprachen zu ergänzen. Am Donnerstag werden kostenlos englischsprachige Filme gezeigt.

Obst- & Gemüseläden
ESSEN

(Santiago; ☺ 8–20 Uhr) In diesen Obst- und Gemüseläden kann man sich fürs Picknick versorgen.

Taller Leñateros
KUNST & KUNSTHANDWERK

(☎ 967-678-51-74; www.tallerlenateros.com; Paniagua 54; ☺ Mo–Fr 9–17, Sa bis 14 Uhr) ✐ Die „Werkstatt der Waldländer", ein Zusammenschluss von Maya-Künstlern, fertigt exquisite Bücher, Poster und Kunstdrucke aus Recyclingpapier an. Die Motive sind von der traditionellen Volkskunst inspiriert. Im Atelier können Besucher Künstlern über die Schulter schauen.

Lágrimas de la Selva
SCHMUCK

(Plaza 31 de Marzo; ☺ Mo–Sa 10–21, So 12–21 Uhr) In diesem liebenswerten Schmuckladen kann man zuschauen, wie Bernstein verarbeitet wird.

El Camino de los Altos
KUNST & KUNSTHANDWERK

(www.facebook.com/elcaminodelosaltosAC; Av Insurgentes 19; ☺ Mi–Mo 12–22 Uhr) El Camino de los Altos ist ein Zusammenschluss von französischen Textildesignern und 130 Maya-Weberinnen, die exquisite Möbel und Stoffe herstellen.

J'pas Joloviletik
KLEIDUNG

(Utrilla 43; ☺ Mo–Fr 9–14 & 16–19 Uhr) Die 30 Jahre alte Kooperative J'pas Joloviletik – der Tzotzil-Name bedeutet „die, die weben" – besteht aus fast 200 Frauen aus zwölf Gemeinden. Sie betreiben auch den großen Laden an der Ostseite des Templo de Santo Domingo, der gelegentlich auch samstags und sonntags geöffnet ist – die Öffnungszeiten sind sehr flexibel.

Meltzanel
KLEIDUNG

(Diego de Mazariegos 8; ☺ Mo–Fr 9–14 & 16–20, Sa 10–20 Uhr) Moderne Designs, hergestellt aus traditionellen Maya-Stoffen.

Nemi Zapata
KUNSTHANDWERK

(www.nemizapata.com; MA Flores 57; ☺ Mo–Fr 9–19, Sa 9.30–15.30 Uhr) ✐ Der Fair-Trade-Laden verkauft in zapatistischen Gemeinden hergestellte Produkte: Webarbeiten, Stickereien, Kaffee und Honig sowie Karten, Poster und Bücher der Ejército Zapatista de Libéracion Nacional (EZLN; Zapatistische Armee der Nationalen Befreiung).

❶ Praktische Informationen

Bei den meisten Banken braucht man seinen Reisepass, wenn man Geld wechseln will, was außerdem nur montags bis freitags möglich ist. Praktische Geldautomaten finden sich am OCC-Busbahnhof und an der Südseite der Plaza 31 de Marzo.

Es gibt zwei Touristeninformationen in der Stadt, und in beiden gibt das Personal gerne Auskunft.

Banamex (Av Insurgentes, zw. Niños Héroes & Cuauhtémoc; ☺ Mo–Sa 9–16 Uhr) Hat einen Geldautomaten.

Banco Azteca (Plaza 31 de Marzo; ☺ 9–20 Uhr) Befindet sich versteckt hinten im Möbelladen Elektra; tauscht Dollar und Euro ein.

Dr. Luis José Sevilla (☎ 967-678-16-26, Mobil 967-1061028; Calle del Sol 12; ☺ 6–22 Uhr) Spricht Englisch und Italienisch und macht Hausbesuche. Westlich vom Zentrum nahe der Periférico.

Hauptpost (Allende 3; ☺ Mo–Fr 8–16, Sa bis 14 Uhr)

Hospital de la Mujer (☎ 967-678-38-34; Av Insurgentes 24; ☺ 24 Std.) Allgemeines Krankenhaus mit Notfallversorgung.

Lacantún Money Exchange (Real de Guadalupe 12A; ☺ Mo–Sa 9–21, So 9–14 & 16–19 Uhr) Die Wechselstube ist zwar auch außerhalb der Öffnungszeiten der Banken geöffnet, wechselt aber zu schlechten Kursen.

Touristeninformation Centro Cultural Carmen (Av Hidalgo 15; ☺ 9–20 Uhr) Touristeninformation im Kulturzentrum.

Touristeninformation Zebadua Theater (☎ 967-678-06-65; Calle 1 de Marzo 11; ☺ 9–20 Uhr) Das Personal kennt sich sehr gut in der Region von San Cristóbal aus und spricht Englisch.

❶ An- & Weiterreise

Eine schnell befahrbare, mautpflichtige Autopista (56 Mex$/Auto) verbindet San Cristóbal mit Chiapa de Corzo. Man folgt den Autobahnzeichen, auf denen *cuota* (Maut) steht.

Zum Zeitpunkt der Recherche fuhren aus Sicherheitsgründen keine Busse über Ocosingo nach Palenque. Die meisten Busse nahmen den Rundweg über Villahermosa. Wer dennoch über Ocosingo nach Palenque reist, sollte am besten bei Tageslicht fahren, da man gelegentlich – wenn auch nicht ständig – angehalten wird.

Wer den Bus auf dieser Route nimmt, sollte seine Wertsachen eventuell in das aufgegebene Gepäck packen.

AUTO & MOTORRAD

Bei San Cristóbals einzigem Autovermieter **Optima** (☑ 967-674-54-09; optimacar1@hotmail.com; Mazariegos 39; ⊙ So–Fr 9–19, Sa 9–14 & 16–19 Uhr) bekommt man Autos mit Schaltgetriebe. Die Preise richten sich nach Saison und Nachfrage. Die Barzahlung gibt es beträchtlichen Rabatt. Die Fahrer müssen mindestens 25 Jahre alt sein und eine Kreditkarte vorlegen.

BUS & COLECTIVO

Fast alle Busbahnhöfe liegen am Pan-American Hwy (Hwy 190, Blvd Juan Sabines, „El Bulevar"), der durch den Südteil der Stadt verläuft, oder in dessen Nähe. Vom OCC-Busbahnhof sind es sechs Blocks die Insurgentes entlang Richtung Norden bis zur zentralen Plaza 31 de Marzo.

Vom **OCC-Busbahnhof** (☑ 967-678-02-91; Ecke Pan-American Hwy & Av Insurgentes) fahren nicht nur die 1.-Klasse-Busse von OCC, sondern auch die von ADO und UNO sowie Deluxe-Busse und einige Busse 2. Klasse. Tickets bekommt man auch bei **Ticketbus** (☑ 967-678-85-03; Real de Guadalupe 16; ⊙ 7.30–22 Uhr) im Stadtzentrum. Die Busse von AEXA und die Kleinbusse von Ómnibus de Chiapas teilen sich einen Busbahnhof auf der anderen Straßenseite gegenüber dem OCC-Busbahnhof.

Alle *colectivo*- (Kombi-) und Taxiunternehmen haben Depots am Pan-American Hwy, die ein, zwei Blocks vom OCC-Busbahnhof entfernt sind. Die Fahrzeuge sind im Allgemeinen zwischen 5 und 21 Uhr unterwegs und fahren, wenn sie voll besetzt sind, nach u. a. Comitán, Tuxtla Gutiérrez und Ocosingo. Die Kombis nach Zinacantán und San Juan Chamula (Utrilla) fahren von weiter nördlich (Honduras) ab. Die *colectivos* (Sammeltaxis) nach Tuxtla, Comitán und Ocosingo sind rund um die Uhr im Einsatz; wer nicht warten mag, bis das Fahrzeug voll besetzt ist, zahlt zusätzlich den Preis für die freien Plätze.

Die beste Option, nach Tuxtla Gutiérrez zu kommen, sind die komfortablen Sprinter-Kleinbusse von Ómnibus de Chiapas (50 Mex$), die alle zehn Minuten verkehren.

Die meisten Agenturen bieten täglich einen Van-Service nach Guatemala, und zwar nach Quetzaltenango (350 Mex$, 8 Std.), Panajachel (350 Mex$, 10 Std.) und Antigua (450 Mex$, 12 Std.); etwas billiger geht das mit Viajes Chincultik, dessen Vans auch Guatemala-Stadt und Chichicastenango ansteuern. Alternativ fährt man nach Ciudad Cuauhtémoc und steigt auf der guatemaltekischen Seite in ein Fahrzeug zur Weiterreise um.

FLUGZEUG

Von San Cristóbal gibt es keine regulären Passagierflüge; der Hauptflughafen der Gegend befindet sich in Tuxtla Gutiérrez. Zehnmal täglich fahren OCC-Minibusse (242 Mex$) von San Cristóbals Hauptbusbahnhof zum Flughafen von Tuxtla. Die Fahrt zum Flughafen sollte man im Voraus buchen und sich über den Flugplan vom/zum Ángel Albino Corzo Aeropuerto unter www.ado.com.mx informieren.

Eine Reihe von Reiseveranstaltern bietet Shuttle-Dienste zum Flughafen von Tuxtla (280–300 Mex$/Pers.). Taxis vom Flughafen kosten mindestens 600 Mex$.

BUSSE AB SAN CRISTÓBAL DE LAS CASAS

ZIEL	PREIS (MEX$)	DAUER (STD.)	HÄUFIGKEIT (TGL.)
Campeche	630	10	2-mal OCC
Cancún	1362–1422	18–19	3-mal OCC, 1-mal AEXA
Ciudad Cuauhtémoc (Grenze zu Guatemalan)	156	3¼	3-mal
Comitán	78–90	1¾	häufig OCC & *colectivos*
Mérida	934	12¾	18.20 Uhr
Mexico City (TAPO & Norte)	1390–1684	13–14	10-mal
Oaxaca	428–672	11–12	4-mal
Palenque	306	5	häufig
Pochutla	672	11–12	2-mal
Puerto Escondido	740	12½–13	2-mal
Tuxtla Gutiérrez	62	1–1¼	häufig OCC; 4-mal AEXA
Tuxtla Gutiérrez Airport (Ángel Albino Corzo)	242	1½	10-mal
Villahermosa	466	5½–7	5-mal

GRUTAS DE SAN CRISTÓBAL

Der Eingang zu dieser langen **Höhle** (20 Mex$, Parkplatz 10 Mex$; ⊗ 8–18 Uhr) liegt in einem Kiefernwald 9 km südöstlich von San Cristóbal und fünf Gehminuten südlich des Pan-American Hwy. Die ersten rund 350 m der Höhle sind beleuchtet und können besichtigt werden – ein betonierter Weg schlängelt sich durch die Spalte mit den eindrucksvollen Stalagmiten und Stalaktiten. Darüber hinaus kann man nur mit einer Taschenlampe (wird gestellt) bewaffnet für 30 Mex$ extra ein paar 100 m in totaler Dunkelheit weitergehen. Am Parkplatz warten Pferde auf Reiter. Dort findet man auch einige *comedores* (Imbissstände).

Um hin zu kommen, nimmt man am Pan-American Hwy, rund 150 m südöstlich vom OCC-Busbahnhof in San Cristóbal, ein Combi Richtung Teopisca (20 Mex$) und bittet den Fahrer, einen bei „Las Grutas" abzusetzen.

❶ Unterwegs vor Ort

Combis (8 Mex$) fahren über die Crescencio Rosas von der Panamericana aus ins Zentrum. Taxifahrten innerhalb der Stadt kosten 30 Mex$, nachts 34 Mex$.

Wer selbst in die Pedale treten will, kann sich bei Jaguar Adventours (S. 399) ein qualitativ gutes Mountainbike leihen.

Croozy Scooters (☑ Mobil 967-6832223; Belisario Domínguez 7; Motorroller pro 3 Std./Tag 300/450 Mex$, Motorräder 400/540 Mex$; ⊗ 10–19 Uhr) vermietet gut gewartete Italika-CS-125-cm³-Motorroller und 150-cm³-Motorräder. Im Preis enthalten sind eine Tankfüllung, Karten, Schlösser und Helme; man braucht seinen Reisepass und 500 Mex$ Kaution.

San Juan Chamula

☑ 967 / 3300 EW. / 2200 M

Die Chamulas sind eine stark auf ihre Unabhängigkeit bedachte Gruppe der Tzotzil. Ihr Hauptwohnort, San Juan Chamula, befindet sich etwa 10 km nordwestlich von San Cristóbal. Er ist das Zentrum einiger einzigartiger religiöser Praktiken und durchaus einen Besuch wert, aber man sollte unbedingt auf die Gefühle der Einwohner Rücksicht nehmen.

Die Männer der Chamulas tragen lockere, in Heimarbeit gefertigte Tuniken aus weißer Wolle (wenn es kalt ist, auch aus dickerer schwarzer Wolle). Die *cargo*-Inhaber mit wichtigen religiösen und zeremoniellen Pflichten tragen dagegen ärmellose schwarze Tuniken und einen weißen Schal um den Kopf. Die Frauen der Chamulas kleiden sich normalerweise in eher einfache weiße oder blaue Blusen und/oder Stolen und Röcke aus Wolle.

Zum Wochenmarkt am Sonntag kommen die Menschen aus den Hügeln ins Dorf, wo sie ein- und verkaufen sowie die Kirche besuchen. Der Markt zieht auch busladungsweise Touristen an, sodass es vielleicht besser ist, sich einen anderen Tag für einen Besuch in San Juan Chamula auszusuchen (wegen eines Aberglaubens sind mittwochs weniger Leute dort).

◎ Sehenswertes

★ **Templo de San Juan**   KIRCHE

(70 Mex$) Chamulas Hauptkirche neben der Hauptplaza ist schneeweiß und hat einen leuchtend grün und blau bemalten Torbogen. Der dunkle Altarbereich, Hunderte flackernde Kerzen, die Weihrauchwolken und die knienden Anhänger, die ihr Gesicht auf den mit Kiefernnadeln bedeckten Boden senken, sind sehr beeindruckend. Die Chamulas verehren San Juan Bautista (Johannes den Täufer) mehr als Jesus; sein Abbild nimmt in der Kirche daher auch einen bedeutenderen Platz ein.

Vielleicht ist gerade zu sehen, wie singende *curanderos* („Heiler", d.h. Medizinmänner oder -frauen) die Körper ihrer Patienten mit Eiern oder Knochen abreiben. Gläubige trinken oft kohlensäurehaltige Erfrischungsgetränke (Rülpsen soll böse Geister vertreiben) oder Unmengen *pox* (Alkohol aus Zuckerrohr). Heiligenfiguren sind von Spiegeln umgeben und in heilige Gewänder gekleidet.

Vor dem Betreten muss man sich bei der **Touristeninformation** (⊗ 7–18 Uhr) neben der Plaza eine Eintrittskarte (70 Mex$) besorgen.

Der Friedhof liegt ganz in der Nähe und erstreckt sich rund um eine ältere Kirche. Ein schwarzes Kreuz bedeutet, dass der Mensch in hohem Alter gestorben ist, ein weißes, dass er jung war. Alle anderen haben blaue Kreuze. Dieser Brauch wird aber heute nicht mehr praktiziert.

Rund um San Cristóbal de las Casas

Simojovel (12 km)

Villahermosa (182 km)

MEX 195

El Bosque (Tzotzil)

Acteal (Tzotzil)

Pantelhó (Tzotzil)

MEX 195

Chalchihuitán (Tzotzil)

Pol-Hó (Tzotzil)

Santa Magdalena (Tzotzil)

San Pedro Chenalhó (Tzotzil)

Cancuc (Tzeltal)

San Andrés Larraínzar (Tzotzil)

Mitontic (Tzotzil)

Tenejapa (Tzeltal)

Ocosingo (25 km); Agua Azul (90 km); Palenque (145 km)

Tzontehuitz ▲ (2910 m)

San Lorenzo Zinacantán (Tzotzil)

San Juan Chamula (Tzotzil)

Oxchuc (Tzeltal)

Cerro Huitepec ▲ (2750 m)

MEX 190

San Cristóbal de las Casas

MEX 199

Autopista (Maut)

MEX 190D

Ecatepec ▲ (2750 m)

Flughafen

Huixtán (Tzotzil)

Chiapa de Corzo (41 km); Tuxtla Gutiérrez (51 km)

Grutas de San Cristóbal

Villa de Chiapilla

Amatenango del Valle (Tzeltal)

Río Grijalva

Teopisca

Comitán (50 km)

MEX 190

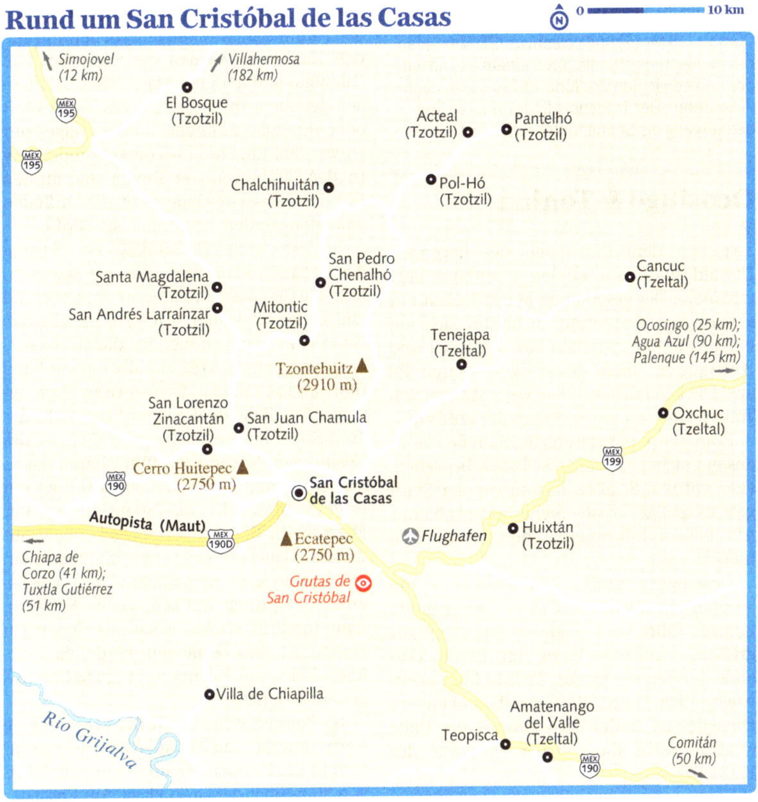

🎉 Feste & Events

Karneval
KARNEVAL

(⊙ Feb./März) Während des Karnevals ziehen Musikanten mit hohen Hüten und langen Troddeln Gitarre spielend und singend durch die Straßen. Es wird viel *pox* getrunken, ein alkoholisches Getränk aus Zuckerrohr. Die Feiern markieren die fünf „verlorenen" Tage des alten Kalenders der Langen Zählung, der die Zeit in Abschnitte von 20 Tagen unterteilte (18 Abschnitte ergeben 360 Tage, also fehlen fünf zum ganzen Jahr).

ℹ An- & Weiterreise

An der Calle Honduras und der Utrilla in San Cristóbal fahren häufig Combis nach San Juan Chamula (18 Mex$) ab. Ein Guide empfiehlt sich.

San Lorenzo Zinacantán

📞 967 / 3900 EW. / 2558 M

Das ordentliche Dorf San Lorenzo Zinacantán liegt 11 km nordwestlich von San Cristóbal. Es ist der Hauptort der Zinacantán-Gemeinde (36 000 Mitglieder). Die Zinacantán gehören wie die Chamulas zu den Tzotzil. Die Männer tragen charakteristische rosafarbene Tuniken, bestickt mit Blumenmotiven. Teilweise tragen sie stolz flache, runde und mit Bändern versehene Hüte aus Palmblättern. Die Frauen schmücken sich mit rosa- oder purpurfarbenen Stolen über kunstvoll bestickten Blusen.

Die Bewohner von Zinacantán sind passionierte Blumenzüchter mit einer Vorliebe für Geranien: Mit Kiefernzweigen werden diese Blumen bei vielen Ritualen geopfert.

⊙ Sehenswertes

Iglesia de San Lorenzo
KIRCHE

(15 Mex$) Die große, zentral gelegene Iglesia de San Lorenzo wurde nach einem Brand 1975 wieder aufgebaut. Heute stehen häufig massenweise Blumen auf dem Altar. In der Kirche und auf dem Friedhof ist Fotografieren verboten.

❶ An- & Weiterreise

Combis (18 Mex$) und *colectivos* (20 Mex$) fahren mindestens stündlich von einem Hof abseits der Robledo in San Cristóbal de las Casas nach Zinacantán. Der Transport findet von vor Sonnenaufgang bis Sonnenuntergang statt.

Ocosingo & Toniná

📍 919 / 42 000 EW. / 900 M

Zwischen dem dunstigen, tief liegenden Urwald und dem kühlen Hochland liegt Ocosingo. Der geschäftige Marktflecken mit gemäßigten Temperaturen breitet sich auf halber Strecke zwischen San Cristóbal und Palenque in einem großartigen, weiten Tal aus. Die beeindruckenden Maya-Ruinen von Toniná sind nur einige Kilometer entfernt.

Zum Zeitpunkt unserer Recherche war es absolut sicher, Ocosingo selbst zu besuchen, aber auf den Straßen in und vor der Stadt gab es einige ernste Sicherheitsprobleme. Am besten informieren, bevor man sich hierher wagt.

Ocosingo erstreckt sich vom Hwy 199 (bergab) in Richtung Osten. Die Avenida Central führt vom Highway hinunter zur großen, zentralen Plaza, an deren Ostende der Templo de San Jacinto über allem wacht. Viele Hotels, Restaurants und andere Dienstleister finden sich entlang der Calle Central Norte, die von der Nordseite der Plaza abgeht.

◉ Sehenswertes

★ Toniná   ARCHÄOLOGISCHE STÄTTE

(📞 919-108-22-39; ⊘ 8–17 Uhr) GRATIS Der zeremonielle Mittelpunkt von Toniná erhebt sich über einem idyllischen Tal 14 km östlich von Ocosingo und ist einer der spektakulärsten archäologischen Stätten in Chiapas. Dies ist die Stadt, die das mächtige Palenque in die Knie zwang. Obwohl die Ruinen hier wahre Poesie aus Stein sind und diese Stätte unglaublich bedeutend ist, zieht es nicht viele Besucher hierher – umso besser für die, die doch herkommen.

Im Jahr 688 n. Chr. wurde die „Schlangenschädel-Jaguarklauen-Dynastie" eingesetzt, deren Herrschende wild entschlossen waren, die Region unter ihre Kontrolle zu bringen. Ihr Gegner war die Maya-Stadt Palenque. 711 wurde Palenques Führer K'an Joy Chitam II. von Toninás Truppen gefangen genommen, und man vermutet, dass er von ihnen auch einen Kopf kürzer gemacht wurde.

Toniná machte sich einen Namen als „Ort der Himmlischen Gefangenen", denn in seinen Kammern wurden die Herrscher von Palenque und anderen Maya-Städten gefangen gehalten. Ihr Schicksal war es, geköpft oder für hohe Summen wieder freigekauft zu werden. Ein stetig wiederkehrendes Motiv der Skulpturen von Toniná sind an den Händen gefesselte Gefangene, die zu Boden geworfen werden, bevor man sie köpfte.

Im **Museum** (⊘ Di–So) GRATIS am Eingang des Geländes kann man sich (auf Spanisch) über die Geschichte Toninás informieren und einige der schönsten Artefakte besichtigen. Dann läuft man von hier aus die Straße entlang bis zu einem Weg, der über einen Fluss führt und zur weiten, flachen Gran Plaza ansteigt. Am Südende der Gran Plaza steht der **Templo de la Guerra Cósmica** (Tempel des Kosmischen Krieges) mit fünf Altären davor. Auf einer Seite der Plaza befindet sich ein **Ballspielplatz**, der ca. 780 n. Chr. von der Herrscherin Rauchender Spiegel eingeweiht wurde. Daneben steht ein Köpfungsaltar. 2011 entdeckten Archäologen zwei lebensgroße Skulpturen von gefangenen Kriegern. Laut Inschrift stammen sie aus Copán (in Honduras), was bestätigen würde, dass das Maya-Reich mit Palenque ein Kriegsbündnis geschlossen hatte.

Im Norden erhebt sich der zeremonielle Kern Toninás: Am Hang steigen terrassenförmig Plattformen hinauf bis in eine Höhe von 80 m über der Gran Plaza. Am Ende der Treppe von der ersten zur zweiten Plattform befindet sich auf der rechten Seite der Eingang zum **rituellen Labyrinth**.

Weiter oben, ebenfalls auf der rechten Seite, kommt man zum **Palacio de las Grecas y de la Guerra** (Palast der Grecas und des Krieges). Die *grecas* sind eine Reihe von geometrischen Verzierungen. Diese Verzierungen formen im Zickzack ein X und stellen möglicherweise Quetzalcóatl dar. Rechts davon befindet sich eine verschachtelte Reihe von Kammern, Gängen und Treppen. Man vermutet, dass es sich um das Verwaltungszentrum von Toniná gehandelt hat.

Noch weiter oben steht die bemerkenswerteste Skulptur: die **Mural de las Cuatro Eras** (Mauer der vier Ären). Das Stuckrelief wurde zwischen 790 und 840 n. Chr. geschaffen. Es hatte vier Felder, aber das erste auf der linken Seite ist verschwunden. Die Felder repräsentieren die vier Sonnen oder Ären der Menschheitsgeschichte. Die Bewohner Toninás glaubten, selbst in der vierten Sonne zu leben, der des Winters. Sie spiegelt die Nordrichtung und das Ende des Lebens wider. In der Mitte eines jeden Feldes ist der Kopf eines geköpften Gefangenen dargestellt, allerdings verkehrt herum. Aus dem Hals sprudelt Blut und formt einen Ring aus Federn und gleichzeitig eine Sonne. Auf einer Tafel hält ein tanzendes Skelett einen Kopf in der Hand. Links davon ist der Herr der Unterwelt dargestellt, der einem riesigen Nagetier ähnelt.

Über die nächste Treppe erreicht man die siebte Ebene mit den Resten von vier Tempeln. Hinter dem zweiten Tempel von links führen Treppen in die enge **Tumba de Treinta Metros** (Dreißigmetergrab) hinunter. Der schmale Gang ist definitiv nichts für Besucher, die Probleme mit Klaustrophobie haben.

Darüber liegt die **Akropolis**, der Wohnsitz der Herrschenden. Die acht wichtigsten Tempel befinden sich dort, vier auf jeder der zwei Ebenen. Der Tempel rechts auf der tieferen Ebene heißt **Templo del Monstruo de la Tierra** (Tempel des Erdmonsters) und besitzt den am besten erhaltenen Dachgiebel Toninás. Er wurde 713 n. Chr. erbaut.

Auf der höchsten Ebene steht der größte Tempel, der **Templo del Espejo Humeante** (Tempel des Rauchenden Spiegels). Er wurde von Zots-Choj gebaut, der 842 n. Chr. den Thron bestieg. In der Ära der vierten Sonne und der Nordrichtung war es Zots-Chojs Aufgabe, diesen nördlichsten und höchsten Tempel Toninás zu errichten – dafür wurde der Hügel nach Nordosten hin erweitert.

Combis nach Toniná (16 Mex$) fahren alle 30 Minuten von dem überdachten Depot direkt hinter dem Tianguis Campesino in Ocosingo ab. Das letzte kommt gegen 17.30 Uhr zurück. Ein Taxi kostet ca. 130 Mex$. Momentan gibt es keine Sicherheitsprobleme, die einen Besuch betreffen.

🛏 Schlafen & Essen

Hotel Central
HOTEL $

(☑919-673-00-24; Av Central 5; Zi. 500 Mex$; P ➘ ✳ 🛜) Das komfortable Hotel Central, direkt an der Plaza und mit tollem Blick von der Terrasse im 1. Stock, bietet kleine Zimmer mit Kabelfernsehen und Ventilator. Am besten fragt man nach den Zimmern oben; das Eckzimmer Nr. 12 ist besonders hell und luftig.

Restaurant Los Rosales
MEXIKANISCH $

(☑919-673-12-15; Hotel Margarita, Calle Central Norte 19; Frühstück 60–80 Mex$, Hauptgerichte

ⓘ AUF DER STRASSE NACH OCOSINGO

Die als Las Cañadas de Ocosingo bekannten Täler zwischen Ocosingo und der Reserva de la Biosfera Montes Azules im Südosten sind eine der stärksten Bastionen der Zapatisten. 1994 fanden in Ocosingo die blutigsten Auseinandersetzungen statt, bei denen 50 Rebellen von der mexikanischen Armee getötet wurden. Bis heute flammen immer wieder Kämpfe auf, und zum Zeitpunkt der Recherche fuhren keine Busse nach Ocosingo, weil es auf den Straßen um die Stadt herum immer wieder zu Problemen kam. Mit einem *colectivo* kann man diese Stadt noch erreichen, aber auch diese fahren eventuell Umwege. Man sollte sich unbedingt bei den Behörden informieren, bevor man von oder nach Ocosingo reist.

80–130 Mex$; ⊙ 7–23 Uhr; 🛜) Mit der Fensterwand und dem Blick über die Dächer in die Weite der grünen Berge ist dieses Restaurant, das zu einem Hotel gehört, ein netter Ort, um seinen Tag zu planen.

🛍 Shoppen

Fábrica de Quesos Santa Rosa
ESSEN

(☑919-673-00-09; 1a Calle Oriente Norte 11; ⊙ Mo–Sa 8–14 & 16–20 Uhr, So 8–14 Uhr) Ocosingo ist für seinen *queso amarillo* (gelben Käse) bekannt. In dieser Käserei kann man neun verschiedene Hauptsorten kaufen, u. a. den *de bola*, der in Kugeln à 1 kg angeboten wird. Er hat außen eine essbare Wachsschicht und ist innen krümelig und sehr fett. Während der Geschäftszeiten ist eine kostenlose Werksbesichtigung möglich.

Tianguis Campesino
MARKT

(Bauernmarkt; Ecke Av 2 Sur Oriente & Calle 5 Sur Oriente; ⊙ 6–17 Uhr) Auf dem Tianguis Campesino verkaufen kleinere Lebensmittelproduzenten ihre Waren direkt. Hier dürfen nur Frauen Handel treiben, sie tragen meist traditionelle Kleidung – das ergibt ein farbenfrohes Bild.

ⓘ Praktische Informationen

Die **Städtische Touristeninformation** (⊙ Mo–Fr 8–16 Uhr) hat einen Stand auf der Plaza vor dem Palacio Municipal und bietet Karten der Region und Stadtpläne, aktuelle Infos holt man sich aber besser in den Hotels.

❶ An- & Weiterreise

Ocosingos **OCC-Busbahnhof** (☑ 919-673-04-31) liegt am Hwy 199, 600 m westlich der Plaza, und der **AEXA-Busbahnhof** (☑ Mobil 919-1140679; www.autobusesaexa.com.mx) für 1.-Klasse-Busse auf der anderen Straßenseite. Die wichtigste *colectivo*-Haltestelle befindet sich gegenüber dem AEXA-Busbahnhof. Wegen schwerwiegender Sicherheitsprobleme fuhren zum Zeitpunkt der Recherche keine Busse von und nach Ocosingo. Man gelangt noch mit dem *colectivo* dorthin, aber die fahren häufig große Umwege, um Straßenblockaden oder bekannte gefährliche Gegenden zu umgehen.

Die Trucks nach Nahá (50 Mex$, 2½ Std., 11 & 12 Uhr) und Laguna Miramar halten auf einem ummauerten Gelände hinter dem Markt.

Palenque

☑ 916 / 43 000 EW. / 80 M

Die mächtigen Maya-Tempel von Palenque, die vom morgendlichen Urwaldnebel eingehüllt sind und vom Morgenkonzert der Brüllaffen und Papageien widerhallen, gehören zu den Top-Attraktionen von Chiapas und sind einige der besten Beispiele für die Maya-Architektur in ganz Mexiko. Die moderne Stadt Palenque liegt nur ein paar Kilometer weiter im Osten und ist im Kontrast dazu ein heißer, langweiliger Ort mit nur wenig Attraktivität, außer als Ausgangspunkt zu den Ruinen und als Möglichkeit, ins Internet zu kommen. Viele Traveller übernachten aber lieber in einer der im Wald versteckten Unterkünfte entlang der Straße von der Stadt zu den Ruinen. Beliebt ist das freakige El Panchán.

Geschichte

Der Name Palenque („Palisade") ist Spanisch und hat mit dem alten Namen der Stadt nichts zu tun, der Lakamha („Großes Wasser") gelautet haben könnte. Palenque wurde erstmals um 100 v. Chr. besiedelt und hatte seine Blütezeit zwischen 630 und 740 n. Chr. Unter Pakal, der von 615 bis 683 regierte, erlangte die Stadt Berühmtheit. Archäologen haben festgestellt, dass Pakal in den Hieroglyphen durch die Sonne und den Schild repräsentiert wird. Er wird deshalb auch Escuo Solar (Sonnenschild) genannt. Pakal erreichte das damals unglaubliche Alter von 80 Jahren.

Während der Regierungszeit von Pakal wurden viele Plazas und Gebäude errichtet, z. B. der großartige Templo de las Inscripciones (Pakals Mausoleum). Charakteristisch

für diese Bauten sind die Mansardendächer und die feinen Basreliefs aus Stuck.

Pakals Sohn Kan B'alam II. (reg. 684–702) wird in den Hieroglyphen durch einen Jaguar und eine Schlange dargestellt und auch Jaguarschlange II. genannt. Er führte die Ausweitung und die künstlerische Entwicklung Palenques fort. Zu seiner Regierungszeit wurden die Grupo-de-las-Cruces-Tempel erbaut. In jedem wurden große Steinstelen aufgestellt, auf denen Bilder Geschichten erzählen.

Unter der Herrschaft von Kan B'alam II. dehnte Palenque sein Einflussgebiet bis zum Río Usumacinta aus. Dann wurde es von der rivalisierenden Maya-Stadt Toniná, 65 km südlich, herausgefordert. Der Bruder und Nachfolger von Kan B'alam, K'an Joy Chitam II. („Wertvoller Pekari") wurde von Truppen aus Toniná im Jahr 711 gefangengenommen und wahrscheinlich hingerichtet. Zwischen 722 und 736 erlebte Palenque noch einmal einen Aufschwung, als Ahkal Mo' Nahb' III. („Schildkröte-Ara-See") einige bedeutsame Bauten errichten ließ.

Nach 900 war Palenque im Großen und Ganzen verlassen. In dieser Region, die Mexikos stärkste Regenfälle verzeichnet, wurden die Ruinen schnell vom Regenwald überwuchert, und der westlichen Welt war die Stadt bis 1746 unbekannt. Damals erzählten Maya-Jäger dem spanischen Priester Antonio de Solís von der Existenz eines Palasts im Urwald. Spätere Wissenschaftler glaubten, dass Palenque die Hauptstadt einer Zivilisation à la Atlantis gewesen sei. Der exzentrische Graf von Waldeck lebte in seinen 60ern für zwei Jahre (1831–1833) in der Spitze einer Pyramide. Er veröffentlichte sogar ein Buch mit fantasievollen neoklassizistischen Zeichnungen: Palenque sieht darin aus wie eine große Stadt im Mittelmeerraum.

Erst 1837 wurde Palenque durch John L. Stephens, einen Amateurarchäologen aus New York, und den Künstler Frederick Catherwood vernünftig untersucht. Es musste ein weiteres Jahrhundert vergehen, bevor der unermüdliche mexikanische Archäologe Alberto Ruz Lhuillier 1952 die versteckte Krypta des Pakal freilegte. Und noch heute hält Palenque faszinierende und wunderbare Geheimnisse parat. Erst kürzlich wurde auf dem Gebiet der Acrópolis del Sur eine Reihe von Skulpturen und Fresken entdeckt – durch sie konnte das Wissen über die Geschichte Palenques erweitert werden.

⊙ Sehenswertes

Der Hwy 199 kreuzt Palenques Hauptstraße, die Avenida Juárez, am westlichen Ende der Stadt an der **Glorieta de la Cabeza Maya** (Maya-Kopfstatue; Karte S. 420), einem Verkehrsrondell mit einer großen, den Kopf eines Maya-Herrschers darstellenden Statue. Hier befindet sich der ADO-Hauptbusbahnhof. Die Juárez führt von dieser Kreuzung 1 km nach Osten zur Hauptplaza der Stadt, **El Parque** (Karte S. 420).

Ein paar Hundert Meter südlich vom Maya-Kopf zweigt die gepflasterte Straße zu den 7,5 km entfernten Ruinen von Palenque nach Westen vom Hwy 199 ab. Diese Straße passiert nach etwa 6,5 km das Museum der Stätte und schlängelt sich dann noch ungefähr 1 km bergauf bis zum **Haupteingang zu den Ruinen** (Karte S. 416).

Museo de Sitio   MUSEUM
(Karte S. 416; Carretera Palenque-Ruinas, Km 7; mit Ruinen-Ticket Eintritt frei; ⊙ Di–So 9–16.30 Uhr) Das Museum der Grabungsstätten von Palenque lohnt einen Rundgang. Gezeigt werden Funde aus den Ruinen, die die Geschichte Palenques erläutern. Infos gibt's auf Spanisch und Englisch. Zu den Höhepunkten zählen Funde aus Templo XXI und der erfreulicherweise klimatisierte Saal mit einer Nachbildung des Deckels vom Sarkophag Pakals. Die Reliefs zeigen den Herrscher in seiner Wiedergeburt als Maisgott, umgeben von Schlangen, mythischen Ungeheuern und Glyphen, die von seiner Herrschaft berichten. Einlass in den Sarkophagsaal ist alle 30 Minuten.

El Panchán   AREA
(Carretera Palenque-Ruinas, Km 4,5) Abseits der Straße zu den Ruinen liegt El Panchán, ein legendärer Traveller-Treff mitten in dichtem Regenwald, das Zentrum der Alternativszene Palenques und Sammelpunkt eines bohemehaften Haufens mexikanischer und ausländischer Bewohner und Wanderer.

Früher war das Gebiet Teil einer Ranch, dann wurde es von der bemerkenswerten Familie Morales wieder aufgeforstet. Ein paar ihrer Mitglieder gehören zu den führenden Archäologieexperten von Palenque. Heute gibt's in El Panchán einige (eher rustikale) Übernachtungsmöglichkeiten, ein paar Restaurants, eine Reihe sich windender Flüsse, die durch alle Teile der Anlage plätschern, Abendunterhaltung (und tägliche Trommelkurse), einen Meditationstempel, ein Temascal (vorkoloniales Dampfbad)

und einen stetigen Strom von interessierten Besuchern aus der ganzen Welt.

Die Ruinen entdecken

Das alte **Palenque** (Karte S. 416; 48 Mex$ zzgl. Eintrittsgebühr Nationalpark 22 Mex$; ⊙ 8–17 Uhr, letzter Einlass 16.30 Uhr) befindet sich genau dort, wo sich die ersten Hügel aus der Ebene der Golfküste erheben. Der dichte Urwald auf diesen Hügeln bildet einen tollen Hintergrund für die sagenhafte Maya-Architektur von Palenque. Hunderte zerfallener Gebäude stehen hier auf einem 15 km² großen Gelände, aber nur das recht kompakte zentrale Areal ist ausgegraben worden. Alles, was hier zu sehen ist, wurde ohne die Verwendung von Metallwerkzeugen, Packtieren oder Rädern erbaut.

Bei der Erkundung der Ruinen sollte man versuchen, sich die grauen Steinbauten so vorzustellen, wie sie ausgesehen haben, als Palenque den Höhepunkt seiner Macht erreicht hatte: blutrot bemalt mit kunstvollen blauen und gelben Stuckdetails. Im Wald rund um die Tempel leben immer noch Brüllaffen, Tukane und Ozelots. Die Ruinen und der Wald ringsum bilden einen Nationalpark, den Parque National Palenque. Bei Km 4,5 an der Straße zu den Ruinen wird dafür eine zusätzliche Eintrittsgebühr fällig.

Durchschnittlich besuchen 1000 Personen pro Tag Palenque, und während der Saison in den Sommerferien ist diese Zahl noch höher. Am besten kommt man gleich frühmorgens her, wenn geöffnet wird – dann ist es kühler und nicht so überfüllt. Außerdem hüllt der Morgennebel die Ruinen dann vielleicht noch in einen märchenhaften Dunstschleier. Vor dem Haupteingang gibt's Erfrischungen, Hüte und Souvenirs zu kaufen. Auf vielen Wegen durch die Ruinen begegnet man Verkäufern.

Die offiziellen Führer für das Gelände kann man am Eingang und beim Kartenschalter anheuern. Zwei Unternehmen der Maya bieten informative zweistündige Besichtigungstouren für bis zu sieben Personen auf Spanisch 880 Mex$ oder Englisch, Französisch, Deutsch oder Italienisch 1050 Mex$ an. Wer einen französisch, deutsch oder italienisch sprechenden Führer wünscht, muss allerdings meist etwas warten, denn es gibt nicht allzu viele, die diese Sprachen beherrschen.

Die meisten Besucher nehmen ein Combi oder Taxi zum (oberen) Haupteingang der Ruinen, sehen sich die wichtigsten Gebäude an und gehen dann den Hügel hinunter ins

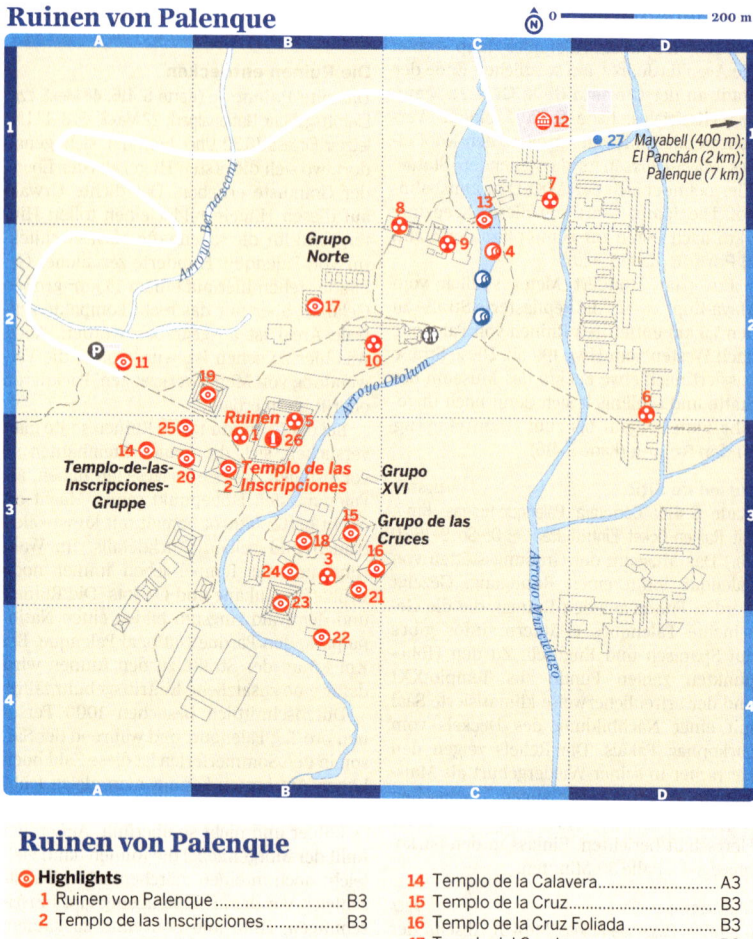

Ruinen von Palenque

0 ——————— 200 m

Ruinen von Palenque

⦾ Highlights
1 Ruinen von Palenque B3
2 Templo de las Inscripciones B3

⦾ Sehenswertes
3 Acrópolis Sur B3
4 Baño de la Reina C2
5 El Palacio B3
6 Grupo C D2
7 Grupo de los Murciélagos C1
8 Grupo I C1
9 Grupo II C2
10 Juego de Pelota B2
11 Haupteingang A2
12 Museo de Sitio C1
13 Puente de los Murciélagos C1

14 Templo de la Calavera A3
15 Templo de la Cruz B3
16 Templo de la Cruz Foliada B3
17 Templo del Conde B2
18 Templo del Sol B3
19 Templo XI B2
20 Templo XIII A3
21 Templo XVII B3
22 Templo XIX B4
23 Templo XX B3
24 Templo XXI B3
25 Grab von Alberto Ruz Lhuillier A3
26 Turm B3

✪ Aktivitäten, Kurse & Touren
27 Offizielle Guides D1

Museum. Auf dem Weg gibt's noch ein paar weniger bedeutende Ruinen zu besichtigen.

Combis fahren tagsüber, solange es hell ist, alle zehn Minuten zu den Ruinen (24 Mex$/Strecke). In der Stadt schaut man am besten nach *ruinas*-Combis, die man überall an der Juárez westlich der Allende findet. Sie sammeln Fahrgäste an jedem Punkt der Straße von der Stadt zu den Ruinen ein und setzen sie je nach Wunsch überall wieder ab.

Achtung: Die Pilze, die von den Einheimischen zwischen Mai und November an der Straße zu den Ruinen verkauft werden, sind halluzinogene Varianten!

Templo-de-las-Inscripciones-Gruppe

Wenn man vom Eingang aus läuft, lichtet sich auf einmal die Vegetation, und die meisten der schönsten Gebäude von Palenque rücken ins Blickfeld. Auf der rechten Seite erheben sich die Tempel vor dem Urwald, sie finden ihren Höhepunkt im Templo de las Inscripciones, der über 100 m weiter oben steht. El Palacio mit seinem unverwechselbaren Turm steht links vom Templo de las Inscripciones, und die Grupo de las Cruces ist vor einem dichten Urwaldhintergrund in der Ferne erkennbar.

Der erste Tempel zur Rechten ist der Templo XII. Er wird **Templo de la Calavera** (Tempel des Totenkopfs) genannt – wegen der Reliefskulptur eines Hasen- oder Wildtotenkopfs am Fuß einer Säulen. Der zweite Tempel, **Templo XI**, ist nicht so interessant. Der dritte ist der **Templo XIII**. Er enthält das Grab einer Würdenträgerin. Ihre Überreste wurden 1994 geborgen – der Leichnam war rot eingefärbt, man hatte ihn nämlich mit Zinnober behandelt. Man kann einen Blick in die **Tumba de la Reina Roja** (Grab der Roten Königin) und auf den Sarkophag werfen. Zusammen mit den Gebeinen wurden eine Maske aus Malachit und ca. 1000 Stücke aus Jade gefunden. Basierend auf DNA-Tests und weil das Grab der Gruft Pakals nebenan ganz ähnlich ist, spekulieren manche, die hier begrabene „Königin" sei Pakals Frau Tz'ak-b'u Ajaw. Das **Grab von Alberto Ruz Lhuillier**, der 1952 Pakals Grab entdeckte, befindet sich unter den Bäumen vor dem Templo XIII.

Der **Templo de las Inscripciones** (Tempel der Inschriften) ist vielleicht das berühmteste Grabmonument des amerikanischen Kontinents. Auf jeden Fall ist es das höchste und größte Gebäude von Palenque, erbaut auf acht Ebenen. Der Templo de las Inscripciones hat an der Vorderfront einen zentralen Treppenaufgang, der 25 m zu einer Reihe von kleinen Räumen hinaufführt. Der hohe Dachgiebel, der ihn früher krönte, ist schon lange verschwunden. Aber zwischen den vorderen Eingangstüren befinden sich Stucktafeln mit Reliefs von edlen Figuren. An der Innenwand im hinteren Teil sind drei Tafeln mit einer langen Maya-Inschrift angebracht, die die Geschichte von Palenque und von diesem Gebäude erzählt – nach ihr

hat der mexikanische Archäologe Alberto Ruz Lhuillier den Tempel benannt. Von der Spitze führen Treppen im Innern hinunter zum Grab des Pakal. Es ist für Besucher nicht zugänglich – so will man weitere Schäden an den Wandgemälden verhindern, die durch die Feuchtigkeit entstehen, die die Besucher ausdünsten. Das mit Juwelen bedeckte Skelett und die Totenmaske aus Jademosaik wurden aus dem Grab entfernt und nach Mexico City gebracht. Im Museo Nacional de Antropología wurde das Grab nachgebaut. Die unbezahlbare Totenmaske wurde 1985 gestohlen (ein paar Jahre später wiedergefunden), aber der Deckel des mit Reliefs versehenen Steinsarkophags ist hier geblieben. Man kann eine Nachbildung davon im Museum des Geländes besichtigen.

El Palacio

Schräg gegenüber vom Templo de las Inscripciones steht **El Palacio** (Der Palast, Karte S. 416). Das große Gebäude ist in vier Haupthöfe mit einem Irrgarten aus Korridoren und Zimmern unterteilt. Seit dem 5. Jh. wurde es in über 400 Jahren stückweise erbaut und verändert. Es war möglicherweise die Residenz der Herrscher von Palenque.

Sein **Turm** wurde im 8. Jh. von Ahkal Mo' Nahb' III. errichtet und 1955 restauriert. An den Wänden sieht man Überreste schöner Stuckreliefs. Im Inneren hinaufzuklettern ist aber verboten. Die Archäologen glauben, dass der Turm von den Königen und Priestern der Maya gebaut wurde, um die Sonne zu beobachten: Ihre Strahlen fallen zur Wintersonnenwende direkt in den Templo de las Inscripciones.

Der nordöstliche Hof ist der **Patio de los Cautivos** (Hof der Gefangenen). Er enthält eine Sammlung von Reliefskulpturen, die für ihre Umgebung zu groß wirken. Man vermutet, dass sie gefangene Herrscher darstellen sollen, die hierher gebracht worden waren.

Zu den großen unterirdischen Bädern im Südteil des Komplexes gehörten auch noch sechs Toiletten und ein paar Schwitzbäder.

Grupo de las Cruces

Pakals Sohn Kan B'alam II. war ein begeisterter Bauherr. Er begann schon kurze Zeit nach dem Tod seines Vaters mit den Entwurf der Tempel der Grupo de las Cruces (Gruppe der Kreuze). Die drei Hauptgebäude in Pyramidenform umgeben eine Plaza südöstlich des Templo de las Inscripciones. Sie wurden alle im Jahr 692 als spirituelle

Bezugspunkte den drei Hauptgottheiten von Palenque gewidmet.

Der **Templo del Sol** (Tempel der Sonne) befindet sich an der Westseite der Plaza. Er hat den am besten erhaltenen Dachgiebel in Palenque. Die Reliefs im Innern erinnern an die Geburt von Kan B'alam 635 n. Chr. und seine Thronbesteigung 684 und zeigen ihn vor seinem Vater. Einige sehen diese schönen Gebäude als sicheren Beweis dafür an, dass die Architekten von Palenque von den halluzinogenen Pilzen der Region inspiriert wurden. Wer weiß?

Steile Stufen führen zum **Templo de la Cruz** (Tempel des Kreuzes) hinauf. Er ist der größte Tempel der Gruppe und der mit den elegantesten Proportionen. Die Steintafel im zentralen Heiligtum zeigt rechts den Herrn der Unterwelt beim Tabakrauchen. Links ist Kan B'alam in vollem königlichem Ornat dargestellt. Dahinter zeigt eine Tafel eine Reproduktion von Kan B'alams Thronbesteigung.

Am **Templo de la Cruz Foliada** (Tempel des Blätterkreuzes) sind die Kragbogen völlig freigelegt. Hier kann man erkennen, wie die Architekten von Palenque diese Gebäude entworfen haben. Eine gut erhaltene Tafel mit Inschrift zeigt einen König (vielleicht Pakal). Seine Brust ist mit einem Sonnenschild geschmückt, Mais wächst aus seinen Schulterblättern, und auf seinem Kopf sitzt der heilige Vogel Quetzal.

Die Kreuzreliefs in einigen der hiesigen Bauten symbolisieren den Ceiba- bzw. Kapok-Baum – er wiederum symbolisiert nach dem Glauben der Maya das Universum und verbindet seine Teile miteinander.

Acrópolis Sur

Im Urwald südlich der Grupo de las Cruces steht die Südliche Akropolis. Hier haben Archäologen bei den letzten Ausgrabungen einige sagenhafte Funde gemacht. Ein Teil des Geländes ist sicher abgegrenzt. Die **Acrópolis Sur** (Karte S. 416) scheint einst als Erweiterung der Grupo de las Cruces konstruiert worden zu sein. Beide gruppieren sich um ein Areal herum, das vielleicht einmal ein einziger langer und offener Raum gewesen ist.

Im **Templo XVII** zwischen der Kreuzgruppe und der Acrópolis Sur befindet sich die Nachbildung einer gemeißelten Tafel, auf der Kan B'alam dargestellt ist. Er hält einen Speer und steht vor einem knienden, gefesselten Gefangenen. Das Original ist im Museum untergebracht.

1999 haben Archäologen im **Templo XIX** den seit Jahrzehnten wichtigsten Fund in Palenque gemacht: Eine Platte aus dem 8. Jh. trägt atemberaubende Reliefs mit sitzenden Figuren und dazu längere Hieroglyphentexte. Diese erzählen im Detail von den Ursprüngen Palenques. Im Templo XIX wurde eine Kopie dieser unschätzbar wertvollen Platte aufgestellt. Die zentrale Figur auf der langen Südseite der Tafel ist der Herrscher Ahkal Mo' Nahb' III. Er ist für viele der Gebäude auf der Acrópolis Sur verantwortlich, so wie Kan B'alam II. für die Grupo de las Cruces. Außerdem ist eine tolle Reproduktion einer hohen Stuckreliefskulptur von U Pakal, dem Sohn Ahkal Mo' Nahbs, zu sehen.

Der ebenfalls 1999 entdeckte **Templo XX** enthält ein mit roten Fresken verziertes Grabmal, das 540 erbaut wurde und gegenwärtig die wichtigste Grabungsstätte in Palenque ist. Die Archäologen begannen 2012 mit der Restaurierung des Grabmals und glauben inzwischen, es handele sich um die letzte Ruhestätte von K'uk Bahlam I., einem Vorfahren Pakals.

2002 entdeckten Archäologen in **Templo XXI** einen Thron mit sehr schönen Reliefs, die Ahkal Mo' Nahb III., dessen Großvater Pakal den Großen und seinen Nachfolger Pakal II. zeigen, der Ahkals Sohn oder Bruder war.

Grupo Norte

Nördlich vom El Palacio befinden sich ein **Juego de Pelota** (Ballspielplatz; Karte S. 416) und die schönen Gebäude der Nördlichen Gruppe. Jean-Frédéric Waldeck, der den Titel eines Grafen gab, hauste einst in dem 647 erbauten **Templo del Conde** (Tempel des Grafen).

Nordöstliche Gruppen von Palenque

Östlich von der Grupo Norte überquert der Hauptpfad den Arroyo Otolum. Etwa 70 m hinter dem Fluss führt die rechte Gabelung zur **Grupo C** (Karte S. 416), einer Anlage von Gebäuden und Plazas. Sie ist von Urwald überwachsen. Forscher glauben, dass sie zwischen den Jahren 750 und 800 bewohnt gewesen ist.

Wenn man auf dem Hauptweg bleibt, steigt man einige steile Stufen zu einigen flachen, länglichen Gebäuden hinunter. Sie wurden zwischen 770 und 850 n. Chr. vielleicht von den Adligen benutzt. Der Pfad führt am Arroyo Otolum entlang. Der Fluss bildet hier eine Reihe kleinerer Wasserfälle, die natürliche Becken formen. Man nennt sie **Baño de la Reina** (Bad der Königin). Leider darf man hier aber nicht mehr baden.

Der Weg führt zu einem weiteren vornehmen Viertel, der **Grupo de los Murciélagos** (Fledermausgruppe) und überquert dann die **Puente de los Murciélagos**, eine Fußgängerbrücke über den Arroyo Otolum.

Jenseits der Brücke und etwas weiter den Fluss hinunter führt ein Pfad ein kurzes Stück den Hügel hinauf nach Westen zu den **Grupo I** und **Grupo II**. Die Ruinen sind nur zum Teil freigelegt, liegen aber wunderschön im Urwald. Der Hauptweg geht weiter den Fluss hinab zur Straße. Dort kommt auf der rechten Seite das Museum in Sicht.

👉 Geführte Touren

Transportador Turística
Scherrer & Barb
TOUREN

(📱 Handy 916-1033649; fermerida_69@hotmail.com; Av Juárez 13) Das Unternehmen hat das vielseitigste Tourangebot vor Ort, darunter auch Touren zu den abgelegenen Lacandón-Gemeinden Metzabok und Nahá (1400 Mex$/Tag, 2500 Mex$/2 Tage) sowie zur archäologischen Stätte Piedras Negras in Guatemala (2500 Mex$). Außerdem gibt's Tagesausflüge abseits der Carretera Fronteriza, z.B. zur Cascada de las Golondrinas oder Cascada Welib-já und diverse Vogelbeobachtungs- und Kajaktouren. Für alle Touren müssen mindestens vier Interessenten zusammenkommen; die Guides sprechen auch Englisch und Italienisch.

Offizielle Guides
GEFÜHRTE TOUR

(Karte S. 416; 2-stünd. Tour für bis zu 7 Pers. auf Englisch/Spanisch 1050/880 Mex$) Ein guter Führer erweckt die Ruinen zum Leben. Ein schlechter Führer kann jeden Besuch wie eine schwarze Wolke verdunkeln. Auf dem Pfad hoch zu den Ruinen begegnet man Dutzenden angeblichen Führern (darunter auch Kinder). Am besten geht man bis zum Eingangstor und engagiert dort einen offiziellen Führer. Die Preise sind allerdings ziemlich flexibel!

🛏 Schlafen

Zunächst muss man sich entscheiden, ob man in oder außerhalb der Stadt übernachten möchte. Während die Stadt Palenque Verkehrsanbindung und Geschäfte bietet, wartet die Umgebung, vor allem zwischen Stadt und Ruinen, mit einigen magischen Orten auf, wo Brüllaffen durch die Baumkronen toben und nach Sonnenuntergang

unsichtbare Tiere zu hören sind. Das Gelände von El Panchán (S. 415) ist bei Reisenden besonders beliebt, es gibt hier schlichte Budget-*cabañas,* die sich im von Flüssen durchzogenen Regenwald verstecken. Tagsüber sammeln häufig fahrende Combis entlang dieser Straße zwischen der Stadt und den Ruinen Besucher ein oder setzen sie ab.

Mit Ausnahme des grünen Bezirks La Cañada im Westen hat die Stadt Palenque nicht viel zu bieten, aber wer dort übernachtet, hat jede Menge Restaurants und Service-Einrichtungen in der Nähe.

🛏 In der Stadt

⭐Yaxkin
HOSTEL $

(📞 916-345-01-02; www.hostalyaxkin.com; Prolongación Hidalgo 1; B 180 Mex$, DZ ohne Bad 472/330 Mex$, DZ mit Klimaanlage & Bad 727 Mex$; 🅿 ❄ ☀ @ 🛜) Die lockere, an El Panchán erinnernde, ehemalige Disko im hübschen La Cañada wurde zu einem modernen Hostel mit Gästeküche, Tischtennisplatte, mehreren Lounges und einem schicken Restaurant mit Bar und Café umfunktioniert. Die Zimmer ohne Klimaanlage sind klösterlich karg, aber trotzdem ziemlich abgefahren. Die Schlafsäle mit Ventilatoren (einer nur für Frauen) und die Zimmer mit Klimaanlage sind netter und komfortabler.

Ein weiteres Plus: Hier wird auf die Umwelt geachtet, recycelt und kein Plastik verwendet; außerdem werden solarbetriebene Warmwasserbereiter ein- und weitere innovative Ideen umgesetzt.

Hostal San Miguel
HOTEL $

(📞 916-345-01-52; hostalmiguel1@hotmail.com; Hidalgo 43; B 150 Mex$, EZ/DZ mit Ventilator 250/400 Mex$, mit Klimaanlage 400/550 Mex$; ☀ ❄ 🛜) Diese Option haut einen nicht von den Socken, aber die Zimmer bekommen schönes, natürliches Licht ab, und die in den oberen Stockwerken bieten Ausblick. Zudem ist es sauber und ruhig. Die düsteren Schlafsäle mit zwei oder vier Betten haben weder Warmwasser noch Klimaanlage, in den Zimmern mit Klimaanlage stehen zwei Queensize-Betten.

Hotel Lacandonia
HOTEL $

(📞 916-345-00-57; Allende 77; Zi. 500 Mex$; 🅿 ❄ 🛜) In dem modernen Hotel gibt es geschmackvolle, luftige Zimmer mit schmiedeeisernen Bettgestellen, Leselampen und Kabel-TV. Im Haus findet sich ein gutes Restaurant. Die Zimmer, die im oberen Ge-

Palenque

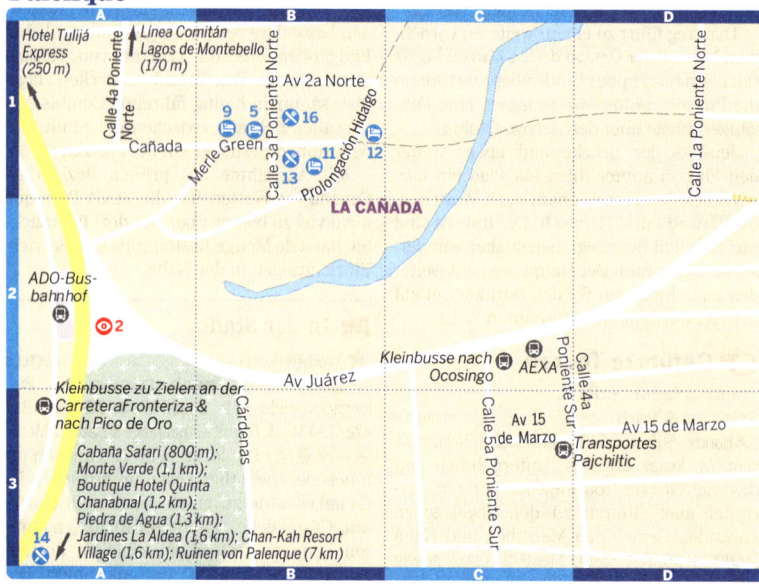

Palenque

◉ Sehenswertes
1 El Parque H2
2 Glorieta de la Cabeza Maya A2

✈ Aktivitäten, Kurse & Touren
3 Transportador Turística
   Scherrer & Barb F1

🛏 Schlafen
4 Hostal San Miguel E1
5 Hotel Chablis Palenque B1
6 Hotel Lacandonia E1
7 Hotel Lacroix H1
8 Hotel Maya Rue F2

9 Hotel Maya Tulipanes B1
10 Hotel Palenque H2
11 Hotel Xibalba B1
12 Yaxkin B1

✖ Essen
   Café Jade .... (siehe 12)
13 El Huachinango Feliz B1
14 La Selva A3
15 Restaurant Las Tinajas F2
16 Restaurant Maya Cañada B1

◉ Ausgehen & Nachtleben
17 Italian Coffee Company H1

schoss Richtung Straße liegen, haben niedliche Balkone und bekommen am meisten Licht ab.

Hotel Xibalba HOTEL $$
(☎916-175-08-60; www.hotelxibalba.com; Merle Green 9, La Cañada; Zi. ab 551 Mex$; 🅿✳@🛜) Das in dem ruhigen Viertel La Cañada gelegene Mittelklassehotel bietet ein gutes Preis-Leistungs-Verhältnis für seine 35 netten, sauberen Zimmer, von denen viele Wandgemälde an den Wänden und Vögel auf den Bettüberwürfen haben. In den Gemeinschaftsbereichen finden sich architektonische Elemente aus Stein und eine Replik

des Deckels von Pakals Sarkophag. Hoteleigenes Restaurant.

Hotel Chablis Palenque HOTEL $$
(☎916-345-08-70; www.hotelchablis.com; Merle Green, 7; Zi. 1000–1280 Mex$; 🌀✳🛜🌊) Dieses reizende kleine Hotel, das in sonnigen Farben gehalten ist und außergewöhnlich hohe Qualität, dicke Matratzen, schön gefliese (wenn auch kleine) Bäder, ein annehmbares Restaurant und einem wunderschön bewachsenen Hof mit einem makellosen Pool zu bieten hat, ist kaum zu schlagen. Es liegt zwar im Stadtzentrum, aber etwas zurückgesetzt von der Straße, darum ist es hier recht

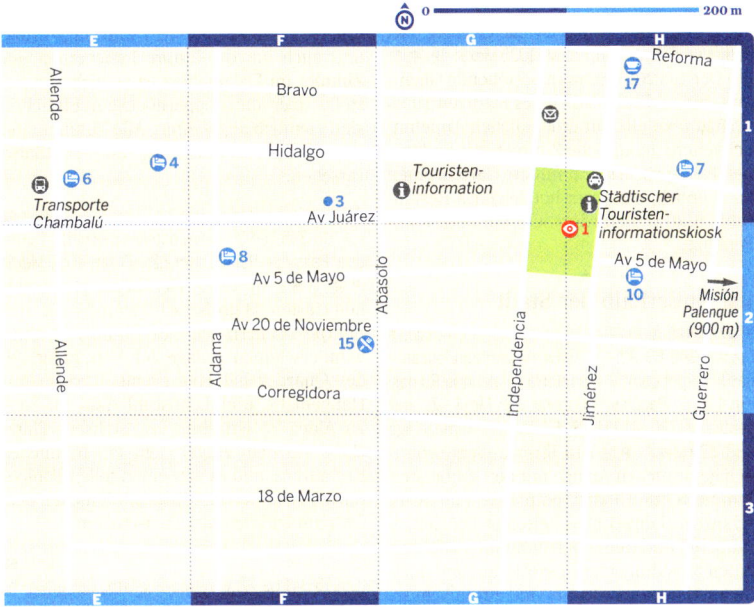

ruhig. Der einzige Makel sind die recht happigen Preise.

Hotel Maya Rue
HOTEL **$$**

(☏ 916-345-07-43; www.hotelmayaruepalenque. com; Aldama s/n; Zi. 600–900 Mex$; ✳@☎) Balken aus Baumstämmen, dramatische Beleuchtung und beeindruckende Schwarz-Weiß-Fotos an den Wänden verleihen den zwölf Zimmern durch die Verbindung von traditionellen Materialien und Industriechic einen überraschenden Stil. Einige Zimmer haben eigene, schattige Balkone, alle sind geräumig und mit Kabel-TV ausgestattet. Auf dem Gelände befindet sich ein Café.

Hotel Tulijá Express
HOTEL **$$**

(☏ 916-345-01-04; www.tulijahotelpalenque.com; Blvd Aeropuerto, Km 0,5; Zi. inkl. Frühstück ab 880 Mex$; ➳✳☎✉) Ausgezeichnetes Mittelklassehotel unmittelbar am Stadtrand (aber gut zu Fuß erreichbar) mit gutem Restaurant und großem Poolbereich. Es quillt nicht gerade über vor Charme, dennoch ist diese Unterkunft keine schlechte Option.

Hotel Lacroix
HOTEL **$$**

(☏ 916-345-15-31; www.lacroixhotel.wordpress.com; Hidalgo 10; Zi. 700–800 Mex$; P✳☎✉) Das gepflegte, familienfreundliche Hotel in der Nähe des El Parque bietet 16 geschmackvoll eingerichtete, pfirsichfarben gestrichene Zimmer – die oben mit kleinen Balkonen – und attraktive Wandmalereien von den Ruinen. Es gibt einen großen Pool mit einem getönten, lichtdurchlässigen Dach, ein geselliges Restaurant und einen superfreundlichen Service. Großartiges Preis-Leistungs-Verhältnis.

Hotel Palenque
HOTEL **$$**

(☏ 916-345-00-39; www.hotelpalenque.com.mx; Av 5 de Mayo 15; DZ inkl. Frühstück 850–950 Mex$; P✳☎✉) Die 28 schlichten, aber sauberen Zimmer sind fast alle mit zwei französischen Betten ausgestattet. Die Zimmer im Obergeschoss, die von einem breiten, luftigen Gang abgehen, bieten einen grandiosen Blick auf die Hügel. In dem Garten voller Obstbäume und auf der hübschen Terrasse mit Bar, Pool und Restaurant kann man wunderbar relaxen. Das Warmwasser fließt nicht immer zuverlässig.

Hotel Maya Tulipanes
HOTEL **$$**

(☏ 916-345-02-01; www.mayatulipanes.com.mx; Cañada 6, La Cañada; Zi. 935–1232 Mex$; P➳✳@☎✉) Das leicht überteuerte Hotel in La Cañada hat ein mit Wandmalereien verziertes Foyer und große, komfortable Zimmer mit Klimaanlage, schmiedeeisernen Doppelbetten und minimalistischem Dekor. Die Anlage verfügt über einen hübschen Garten mit kleinem Pool und Restaurant.

Misión Palenque
HOTEL $$

(☎916-345-02-41; www.hotelmisionpalenque.com; Periférico Oriente s/n; Zi. ab 1035 Mex$; ⏺❄️ 🏊) Der aus 207 Zimmern bestehende Gigant im Grünen direkt östlich des Stadtzentrums verfügt über alle nur erdenklichen Annehmlichkeiten: gemütliche Zimmer mit lindgrünen Farbspritzern, traumhafte Gärten, einen Poolbereich, ein gutes hoteleigenes Restaurant und außerordentlich aufmerksames Personal.

🛏️ Außerhalb der Stadt

Margarita & Ed Cabañas
PENSION $

(☎916-348-69-90; www.margaritaandedcabanas.blogspot.com; Carreterra Palenque-Ruinas, Km 4,5, El Panchán; Cabaña 285 Mex$, Zi. mit Ventilator 320–410 Mex$, EZ/DZ mit Klimaanlage 480/570 Mex$; ⏺❄️) In ihrer außergewöhnlich gemütlichen Anlage mit den saubersten Zimmern im Urwald empfängt Margarita schon seit Jahrzehnten Reisende. Die hellen, sauberen und freundlichen Zimmer sind mit guten Moskitonetzen ausgestattet, und auch die rustikaleren *cabañas* sind gut in Schuss, haben Leselampen und eigene Bäder. Außerdem gibt es kostenloses Trinkwasser, eine Bücherbörse und ein schönes, neueres Gebäude mit geradezu riesigen Zimmern.

Hier sind Gäste sehr viel sicherer als in anderen Optionen in der Umgebung von El Panchán.

Cabaña Safari
CABAÑAS $

(☎916-345-00-26; www.hotelcabanasafari.com; Carretera Palenque-Ruinas, Km 1; Stellplatz pro Pers. mit/ohne Ausrüstung 170/120 Mex$, Zi. inkl. Frühstück 711 Mex$; ⏺❄️🏊📶) Tolle Urwald-*cabañas* mit *palapa*-Dach, Klimaanlage, eigener Terrasse und Flatscreen-Fernseher (falls es jemandem langweilig werden sollte, von der eigenen Terrasse aus das Urwald-Flair in sich aufzusaugen). Felsbrocken, Baumstämme und Wandgemälde geben den geräumigen Zimmern mit Klimaanlage (darunter einige zweistöckige) einen eigenen Charakter. Es gibt ein Tauchbecken, ein Temascal und ein Restaurant, dessen Musik abends etwas laut sein kann.

El Jaguar
CABAÑAS $

(☎Handy 916-1192829; www.elpanchan.com; El Panchán; Stellplatz 40 Mex$/Pers., B/EZ/DZ 100/170/300 Mex$; ⏺) Die einfache Anlage, die früher als Rakshita's bekannt war, ist mit ihren bunten Wandmalereien und den selbst zusammengezimmerten Gebäuden eine echte psychedelische Fantasie. Die Moskitonetze in den Schlafsälen sind fragwürdig, und auch um die Einbruchssicherheit der Zimmer im Erdgeschoss ist es nicht gut bestellt, aber die doppelstöckigen Einheiten sind ziemlich abgefahren. Alle Zimmer sind mit Warmwasseranschluss und Ventilator versehen.

Jardines La Aldea
HOTEL $$

(☎916-345-16-93; www.hotellaaldea.net; Carretera Palenque-Ruinas, Km 2,8; Zi. ab 1050 Mex$; ⏺❄️📶🏊) In dem Vier-Sterne-Hotel stehen Gästen 33 große, schöne und helle, mit *palapa*-Dächern gedeckte Zimmer in einer wunderschönen Anlage zur Verfügung. Jedes Quartier hat eine eigene Terrasse mit Hängematte und Lehnstuhl. Das Jardines La Aldea ist ein einfaches, stylishes Plätzchen, auf dem Hügel steht ein friedliches Restaurant, und es gibt einen tollen Poolbereich. Fernseher allerdings gibt's nicht – perfekt, um wirklich mal abzuschalten.

Maya Bell
HOTEL $$

(☎916-341-69-77; www.mayabell.mx; Carretera Palenque-Ruinas, Km 6; Cabaña ohne Bad 350 Mex$, Zi. mit Ventilator/Klimaanlage 820/1100 Mex$; ⏺❄️📶🏊) An einem großen Teich im Urwald, wo sich Brüllaffen (sehr lautstark!) tummeln, bietet der weitläufige, grasbewachsene Campingplatz viele saubere und komfortable Übernachtungsmöglichkeiten sowie ein durchschnittliches Restaurant. Die Zimmer mit Klimaanlage sind sehr gemütlich und freundlich; die mit Ventilator sind schlichter – genauso wie die Gemeinschaftsbäder.

Die Unterkunft liegt am nächsten an den Ruinen (sie ist nur 400 m von Palenques Museum entfernt), aber da sie sich im Nationalpark befindet, muss man den Eintritt zum Park bezahlen, wenn man zwischen 7 und 20 Uhr anreist.

Hotel Paraiso Inn
PENSION $$

(☎916-348-08-28; Carretera Palenque-El Naranjo, Km 1; DZ/Suite 847/1250 Mex$; ❄️📶) Moderne, offene Zimmer mit viel Platz, gefliesten Böden und Blick in den Wald. Die Pension liegt einsam einen kurzen Fußmarsch von den anderen Hotelbereichen entfernt, was toll ist, wenn man Ruhe und Frieden sucht, aber auch stören kann, wenn man abends zu den Restaurants und wieder nach Hause latschen muss.

Man sollte die Personen sehr gut kennen, mit denen man sich das Zimmer teilt, denn die Glaswände der Duschen sind den Betten zugewandt!

Chan-Kah Resort Village　RESORT $$

(☎916-345-11-34; www.chan-kah.com.mx; Carretera Palenque-Ruinas, Km 3; Zi./Suite 1580/4100 Mex$; P✈@🛜⛱) Das große Luxusresort liegt an der Straße zu den Ruinen und eignet sich perfekt für Familien. Die kunstvollen, geräumigen Hütten aus Holz und Stein – manche davon mit vier Betten – haben alle große Bäder, Deckenventilatoren, Terrassen und Klimaanlagen. Kinder und andere Wasserratten werden den 70 m langen, von Steinen umrahmten Swimmingpool in dem üppigen urwaldartigen Garten lieben.

★Boutique Hotel Quinta Chanabnal　BOUTIQUEHOTEL $$$

(☎916-345-53-20; www.quintachanabnal.com; Carretera Palenque-Ruinas, Km 2,2; Zi. 150–350 US$; P✹🛜⛱) Mit seiner von den Maya inspirierten Architektur und dem Top-Service versetzt einen das luxuriöse Boutiquehotel in Verzückung. Durch schwere Holztüren (von einheimischen Künstlern geschnitzt) gelangt man in die geräumigen Suiten mit Steinfußböden, majestätischen Himmelbetten, ausgefallener mexikanischer Kunst und großen Bädern. Auf dem Gelände gibt es einen Bach, einen kleinen Teich und einen mehrteiligen Swimmingpool mit Natursteinen.

Vor Ort warten Masseure, ein Temascal und ein gutes Restaurant auf Gäste. Der italienische Betreiber ist ein Maya-Experte und spricht auch Deutsch, Französisch, Englisch und Spanisch.

Piedra de Agua　BOUTIQUE HOTEL $$$

(☎916-345-08-42; www.palenque.piedradeagua.com; Carretera Palenque-Ruinas, Km 2,5; Zi. inkl. Frühstück ab 1920 Mex$; P✈🛜⛱) Eleganter und romantischer Minimalismus in Holz und Weiß kennzeichnen diese tolle Designer *cabaña* Anlage, die ihre Gäste mit jeder Menge Toilettenartikeln, flauschigen Bademänteln, Badewannen auf der privaten Terrasse und Hängematten draußen verwöhnt. Es gibt auch Massagen, aber das Langschwimmbecken und der Jacuzzi sind am beliebtesten. Der perfekte Ort, um nach einem schweißtreibenden Tag zwischen Ruinen zu entspannen!

✕ Essen

Palenque ist zweifellos *nicht* Mexikos kulinarisches Mekka. Es gibt ordentliche Restaurants, von denen manche aber lächerlich überteuert sind. Ein paar Imbisse und günstige Lokale findet man in der Nähe des AEXA-Busbahnhofs und an der Ostseite von El Parque vor der Kirche.

★Café Jade　MEXIKANISCH, CHIAPAS-KÜCHE $

(☎916-345-48-15; Prolongación Hidalgo 1; Frühstück 50–100 Mex$, Hauptgerichte 60–120 Mex$; ◷7–23 Uhr; 🛜✍) Die sehr coole Bambus-Konstruktion mit Plätzen drinnen und draußen ist eines der beliebtesten Lokale der Stadt. Der wachsende Ruhm hat sich aber nicht negativ auf die Qualität ausgewirkt, es gibt weiterhin gutes Frühstück, einige Chiapas-Spezialitäten und internationale Traveller-Klassiker wie Burger. Alternativ bekommt man auch eine angemessene Anzahl vegetarischer Gerichte und sehr gute, frische Säfte.

Don Mucho's　MEXIKANISCH, INTERNATIONAL $

(☎916-112-83-38; Carretera Palenque-Ruinas, Km 4,5, El Panchán; Hauptgerichte 60–150 Mex$; ◷7–23 Uhr) Der beliebte Treff in El Panchán bietet preiswerte Gerichte an, die man vor der Waldkulisse und abends bei Kerzenschein genießt. Emsige Kellner servieren Pasta, Fisch, Fleisch, viele *antojitos* (typisch mexikanischer Snack) und Pizzas, die zu den besten westlich von Neapel zählen und in einem eigens nach italienischem Entwurf gebauten Holzofen zubereitet werden.

★El Huachinango Feliz　SEAFOOD $$

(☎916-345-46-42; Hidalgo s/n; Hauptgerichte 90–160 Mex$; ◷9–23 Uhr) Das beliebte, stimmungsvolle Restaurant im grünen Stadtteil La Cañada hat vorne eine schöne Veranda mit Tischen und Sonnenschirmen und im Obergeschoss eine überdachte Terrasse. Die Spezialität des Hauses sind definitiv Meeresfrüchte: Meeresfrüchtesuppe, Seafood-Cocktails, gegrillter Fisch – außen wunderbar kross, innen ganz weich – oder auf zehn verschiedene Arten zubereitete Shrimps. Laaangsaaamer Service, aber das Warten lohnt sich!

Monte Verde　ITALIENISCH $$

(☎916-119-17-87; Hauptgerichte 100–180 Mex$; ◷13–23 Uhr) Dieses italienische Restaurant mitten im Wald (beim Warten auf das Essen kann man Vögel und Affen beobachten) verbreitet echte mediterrane Stimmung, und obwohl die meisten Leute wegen der leckeren Pizza mit dünnem Boden herkommen, lohnen sich die Fleisch- und Pastagerichte genauso. Die Meeresfrüchte-Tagliatelle mit ganz vielen Krabben machen einfach glücklich. Abends gibt's oft Livemusik.

CHIAPAS & TABASCO PALENQUE

Restaurant Las Tinajas
MEXIKANISCH $$

(Ecke Av 20 de Noviembre & Abasolo; Hauptgerichte 85–130 Mex$; ⊙7–23 Uhr) Hier ist immer viel los, denn die leckeren, hausgemachten Gerichte werden in riesigen Portionen serviert. Das *pollo a la veracruzana* (Hähnchen in Tomaten-Oliven-Zwiebel-Sauce) und die *camarones al guajillo* (Shrimps mit nicht allzu scharfem Chili) sind genauso köstlich wie die Salsa.

La Selva
MEXIKANISCH $$

(☑916-345-03-63; Hwy 199; Hauptgerichte 85–220 Mex$; ⊙11.30–22.30 Uhr) In dem gehobenen und (auf jeden Fall für Palenque) etwas vornehmen Restaurant werden unter einem riesigen *palapa*-Dach gut zubereitete Steaks, Meeresfrüchte, Salate und *antojitos* serviert. Eine Wand ist mit bunten Glasscheiben mit Urwaldmotiven geschmückt. Im Herbst sollte man unbedingt *pigua* (Süßwasserhummer) probieren.

Restaurant Maya Cañada
MEXIKANISCH $$

(☑916-345-02-16; Merle Green s/n; Frühstück 85–110 Mex$, Hauptgerichte 85–200 Mex$; ⊙7–23 Uhr; ☎) Das relativ elegante, professionell geführte Restaurant im schattigen La Cañada serviert feine Steaks, regionale Spezialitäten und tolles Meeresfrüchte-Kebab. Die Teller sind besonders schön angerichtet. Das Restaurant ist luftig und hat oben eine kühle Terrasse.

★ Restaurante Bajlum
MEXIKANISCH $$$

(☑916-107-85-18; www.facebook.com/Restaurante-Bajlum-276562802519284; Hauptgerichte 150–250 Mex$; ⊙14–22 Uhr) Kreative und toll präsentierte moderne Maya-Fusion-Gerichte stehen auf der Karte dieses gehobenen, aber sehr einladenden Restaurants. Zu den Spezialitäten des Hauses gehören köstliches Kaninchen mit „Urwaldkräutern" und Ente mit Orange. Viele der Produkte kommen aus der Region, und egal, was man bestellt – der Besitzer kommt und erzählt einem die Geschichte, die sich hinter jedem Gericht verbirgt. Beeindruckende Cocktailliste! Das Lokal liegt leicht versteckt in einer Nebenstraße auf der linken Seite kurz vor den Ruinen.

Ausgehen & Nachtleben

Viel Nachtleben hat Palenque nicht zu bieten. Reisende, die man abends trifft, sind eher zu einem Nachtbus als zur einer Party unterwegs. An der Straße zu den Ruinen gibt's in ein paar Lokalen Livemusik, und in der Stadt findet man auch ein oder zwei Op-

tionen. Die Bars im Zentrum wirken etwas zwielichtig.

Italian Coffee Company
CAFÉ

(www.italiancoffee.com; Ecke Jiménez & Reforma; Kaffee 20–40 Mex$; ⊙8–23 Uhr; ☎) Wegemüde Wanderer flüchten sich in dieses klimatisierte Nirvana mit einer riesigen Kaffeekarte und Brettspielen, um einen regnerischen Nachmittag zu verbummeln.

Praktische Informationen

Egal aus welcher Richtung, es ist sicherer, bei Tageslicht nach Palenque zu reisen, da es auf den Straßen in die Stadt schon zu bewaffneten Straßensperren gekommen ist. Im Moment ist es besser, nicht direkt von Ocosingo nach Palenque zu fahren, und zur Zeit der Recherche nahmen die meisten Verkehrsmittel um einiges längere Routen in Kauf, die aber sicher sind. Zudem gab es zuletzt Berichte über Diebstähle im Nachtbus von Mérida. Wer mit dem Bus auf diesen Routen fährt, sollte seine Wertsachen lieber in das bewachte Gepäckfach laden.

Beide der aufgeführten Banken tauschen Dollar und Euro um (Kopie des Reisepasses nicht vergessen).

Banco Azteca (Av Juárez, zw. Allende & Aldama; ⊙9–21 Uhr)

Bancomer (Av Juárez 96; ⊙Mo–Fr 8.30–16 Uhr) Hat auch einen Geldautomaten.

Clínica Palenque (Velasco Suárez 33; ⊙8.30–13.30 & 17–21 Uhr) Hier wird Englisch gesprochen.

Post (Independencia s/n; ⊙Mo–Fr 8–20.30, Sa bis 12 Uhr)

Staatlicher Touristeninformationskiosk (El Parque; ⊙Mo–Fr 9–14 & 18–21 Uhr)

Touristeninformation (Ecke Av Juárez & Abasolo; ⊙Mo–Sa 9–20, So bis 13 Uhr) Die Touristeninformation hat die verlässlichsten Informationen zur Stadt, zur Region und zu Verkehrsmitteln sowie Karten. Ausführlichere Informationen bekommt man allerdings vom Hotelpersonal.

ⓘ An- & Weiterreise

BUS

Auf einem weitläufigen Gelände hinter dem Maya-Kopf befindet sich der Hauptbusbahnhof von **ADO** (☑916-345-13-44) mit Deluxe- und 1.-Klasse-Services, Geldautomaten und Gepäckaufbewahrung. Auch die Busse von OCC fahren hier ab (1. Klasse). Es ist empfehlenswert, die Busfahrkarte einen Tag vorher zu kaufen. Aufgrund von Sicherheitsproblemen fahren zur Zeit keine Busse direkt nach Ocosingo, die meisten Unternehmen schicken ihre Busse stattdessen durch Villahermosa.

AEXA (☎ 916-345-26-30; www.autobusesae xa.com.mx; Av Juárez 159) mit 1.-Klasse-Bussen und Cardesa (2. Klasse) starten etwa 300 m östlich auf der Avenida Juárez.

Línea Comitán Lagos de Montebello (☎ 916-345-12-60; Velasco Suárez zw. Calles 6a & 7a Poniente Norte) westlich vom Markt in Palenque fährt stündlich mit Kleinbussen nach Benemérito de las Américas (130 Mex$, 3.30–14.45 Uhr, tgl. 10-mal); die meisten fahren auf der Carretera Fronteriza weiter zu den Lagos de Montebello (300 Mex$, 7 Std. bis Tziscao) und nach Comitán (350 Mex$, 8 Std.).

COLECTIVOS

Kleinbusse nach Ocosingo (76 Mex$) warten auf der Calle 5a Poniente Sur und starten, wenn sie voll besetzt sind. Auf der Route gibt es nicht selten Sicherheitsprobleme, weswegen die Kleinbusse nicht immer die direkte Straße nehmen. Man sollte sich auf ausfallende Fahrten oder sehr große Umwege einstellen.

Viele **Combis** zu Zielen entlang der Carretera Fronteriza (einschließlich Lacanjá Chansayab, Bonampak, Yaxchilán und Benemérito de las Américas) und nach Pico de Oro starten an einem offenen *colectivo*-Bahnhof direkt südlich der ADO-Bushaltestelle.

Kleinbusse von **Transportes Pajchiltic** (Av 15 de Marzo) fahren nach Metzabok (55 Mex$, 3 Std.) und Nahá (60 Mex$, 4 Std.), sobald sie voll besetzt sind (am besten morgens). Zurück geht's meistens mitten in der Nacht.

FLUGZEUG

2014 wurde Palenques heiß ersehnter **Flughafen** (☎ 916-345-16-92) endlich für den kommerziellen Flugverkehr geöffnet. Interjet fliegt zweimal pro Woche nach Mexico City. Der nächstgelegene größere Flughafen befindet

sich in Villahermosa; ADO betreibt eine Direktverbindung in komfortablen Kleinbussen zum Flughafen (330 Mex$).

❶ Unterwegs vor Ort

Ein Taxi nach El Panchán oder Maya Bell kostet 55 Mex$ (nachts bis zu 70 Mex$) und 60 Mex$ zu den Ruinen. Combis von **Transporte Chambalú** (☎ 916-345-28-49; Hidalgo; 25 Mex$) pendeln bis Sonnenuntergang zwischen dem Zentrum und den Ruinen. Die Taxis von **Radio Taxis Santo Domingo** (☎ 916-345-01-26) sind bei Bedarf abrufbar. Bei El Parque gibt's einen **Taxistand**.

Agua Azul & Misol-Ha

Diese spektakulären Wasserfälle – den donnernden, stufenförmigen Agua Azul und den 35 m hohen Misol-Ha im Urwald – erreicht man über kurze Abstecher von der Straße zwischen Ocosingo und Palenque aus. In der Regenzeit büßen die Fälle allerdings etwas an Schönheit ein, denn dann ist das Wasser trüb – dafür stürzen größere Wassermengen in die Tiefe.

Beide Wasserfälle kann man gut im Rahmen einer organisierten Tagestour von Palenque aus besuchen.

⊙ Sehenswertes

Agua Azul　　　　　　　　　　WASSERFALL
(40 Mex$) Der Agua Azul bietet einen wahrhaft atemberaubenden Anblick: Gewaltige, blendend weiße Wasserfälle donnern (außerhalb der Regenzeit) in türkisfarbene Becken hinunter, alles umgeben von einem

CHIAPAS & TABASCO AGUA AZUL & MISOL-HA

BUSSE AB PALENQUE

ZIEL	PREIS (MEX$)	DAUER (STD.)	HÄUFIGKEIT (TGL.)
Campeche	440	5–5½	4-mal ADO
Cancún	722–994	12–13½	4-mal ADO
Mérida	628	8	4-mal ADO
Mexico City (1 TAPO & 1 Norte)	1096	13½	2-mal ADO
Oaxaca	946	15	ADO um 17.30 Uhr
San Cristóbal de las Casas	306–354	8–9	6-mal ADO, 4-mal AEXA
Tulum	576–645	10–11	4-mal ADO
Tuxtla Gutiérrez	268–364	6½	11-mal ADO, 5-mal AEXA
Villahermosa	140–204	2½	häufig ADO & AEXA
Villahermosa (Flughafen)	330	2¼	5-mal ADO

grünen Urwald. Feiertags und an den Wochenenden ist es hier rappelvoll, aber an den anderen Tagen ist man ziemlich allein. Die Versuchung, ein kühles Bad zu nehmen, ist groß. Man sollte jedoch extrem vorsichtig sein, denn es sind hier schon Menschen ertrunken. Die Strömung ist unerwartet stark und die Gewalt der Fälle offensichtlich, zudem lauern unter Wasser Gefahren wie Felsen und tote Bäume.

Wer fit ist, sollte weiter flussaufwärts wandern – je höher man kommt, desto weniger Leute trifft man.

Die Abzweigung zum Agua Azul befindet sich auf halber Strecke zwischen Ocosingo und Palenque, je etwa 60 km entfernt. Vom Hwy 199 geht eine befestigte Straße 4,5 km hinunter zum Agua Azul. Vom Parkplatz aus führt neben den Wasserfällen ein gut befestigter Stein-/Betonweg mit Treppen 700 m nach oben. Er ist von Imbiss- und Souvenirbuden gesäumt. Einfache Unterkünfte gibt's ebenfalls.

Diebstähle sind leider an der Tagesordnung, also alles Wertvolle zu Hause lassen und immer ein Auge auf die eigenen Sachen werfen! Auch sollte man den befestigten Hauptweg nicht verlassen.

Misol-Ha
WASSERFALL

(insgesamt 30 Mex$) Gerade einmal 20 km südlich von Palenque stürzt der spektakuläre Misol-Ha rund 35 m tief in einen breiten, von üppiger tropischer Vegetation umgebenen Teich. Das ist ein wunderbarer Ort zum Baden, wenn der Wasserfall nicht wegen Niederschlägen in der Regenzeit unmäßig viel Wasser führt. Ein Weg hinter dem Hauptfall führt in eine Höhle, wo man die Gewalt des Wassers aus der Nähe erleben kann. Misol-Ha liegt 1,5 km abseits des Hwy 199; die Ausfahrt ist beschildert. Man durchquert zwei *ejidos* (Gemeindeländereien), wo man jeweils Eintritt bezahlen muss.

🛏 Schlafen

Centro Turístico Ejidal
Cascada de Misol-Ha
HÜTTE $

(☎ 916-345-12-10; www.misol-ha.com; Hütte 290 Mex$; ☺ Restaurant 7–19, Hauptsaison bis 22 Uhr; 🅿 🚗 🛜) Stimmungsvolle Holzhütten zwischen den Bäumen in der Nähe des Wasserfalls mit Ventilatoren, Bädern mit Warmwasser und Moskitonetzen. Zudem gibt's ein gutes Restaurant (Hauptgerichte 80–160 Mex$) unter freiem Himmel. Es ist einfach traumhaft, hier nachts ein kühles Bad zu nehmen.

ⓘ An- & Weiterreise

Fast alle Reisebüros in Palenque bieten Tagestouren zum Misol-Ha und zum Agua Azul an. Eine Tour kostet etwa 350 Mex$ (inkl. Eintritt) und dauert jeweils sechs oder sieben Stunden. Dabei verbringt man 30 bis 60 Minuten am Misol-Ha und zwei bis drei Stunden am Agua Azul. Für zusätzliche 120 Mex$ können auch Touren organisiert werden, bei denen man am Ende in San Cristóbal abgesetzt wird. *Colectivos* (40 Mex$) fahren von Palenque zu der Abzweigung nach Misol-Ha, von wo man 20 bis 30 Minuten zu Fuß zu den Wasserfällen läuft.

Aufgrund von Sicherheitsproblemen ist es zur Zeit nicht empfehlenswert, Agua Azul und Ocosingo zu besuchen.

Bonampak, Yaxchilán & Carretera Fronteriza

Die alten Maya-Städte Bonampak und Yaxchilán in der Nähe der Grenze zu Guatemala gehören vielleicht nicht zu den größten oder sogar zu den bekanntesten Maya-Ruinen, aber eines ist sicher: Sie gehören zweifellos zu den wildromantischsten. Umgeben vom Lacandón-Urwald sind die Tagesstunden geprägt von leuchtend bunten Tropenvögeln, die zwischen den Monumenten Kapriolen schlagen, und Affen, die von den Bäumen herunterkreischen. Nachts ist es sogar noch stimmungsvoller, dann ist der Himmel mit Sternen übersät, und weiter unten flimmert die Luft vor lauter Glühwürmchen. Das für seine Fresken berühmte Bonampak ist 152 km von Palenque entfernt, das größere und bedeutendere Yaxchilán 173 km über die Straße plus 22 km per Boot. Diese Stätte liegt einzigartig mitten im Urwald am Ufer des breiten, recht schnell fließenden Río Usumacinta.

Bonampak und Yaxchilán sind über die Carretera Fronteriza zu erreichen, die auch zu einer Reihe ausgezeichneter Ökotourismusprojekte, zu traumhaften Wasserfällen, Dörfern der Lacandonen und weniger bekannten Ruinenstätten führt.

👉 Geführte Touren

Wer nur wenig Zeit und kein Auto hat, für den können organisierte Touren in dieser Region durchaus hilfreich sein. Dabei sollte man stets abchecken, was in dem Paket enthalten bzw. nicht enthalten ist, damit man die Mahlzeiten und die Eintrittsgebühren berechnen kann! Hier die Preise der Standardtouren (pro Pers., inkl. Eintrittsgebühren & einigen Mahlzeiten), die von den Reiseveranstaltern in Palenque angeboten werden:

Bonampak und Yaxchilán Tagesausflüge (1750–2500 Mex$) beinhalten meist zwei Mahlzeiten und den Transport in einem klimatisierten Kleinbus. Sie sind ein gutes Angebot, weil die unabhängige Anreise zu beiden Orten zeitaufwendig und in den Touren der Preis für die Einfahrt nach Bonampak enthalten ist; bei den zweitägigen Trips (3000–4000 Mex$) ist eine Übernachtung in Lacanjá Chansayab inklusive.

Transport nach Flores, Guatemala
Bei der Tour nach Flores (ca. 1300 Mex$, 10–11 Std.) geht es zunächst per Kleinbus nach Frontera Corozal, dann per Boot den Usumacinta hinauf nach Bethel in Guatemala und von dort mit dem öffentlichen Bus nach Flores. Diese Tour kann man ganz leicht selbst organisieren und komplett mit öffentlichen Verkehrsmitteln abdecken.

Flores über Bonampak und Yaxchilán
Zweitagestour (ca. 3100 Mex$) mit Übernachtung in Lacanjá Chansayab.

In Palenque organisiert Transportador Turística Scherrer & Barb (S. 419) geführte Touren abseits ausgetretener Pfade in die Region, z. B. zu den Lacandonen-Dörfern Nahá und Metzabok sowie zu den Wasserfällen in der Gegend; SendaSur in San Cristóbal (S. 401) kann Reisenden, die auf eigene Faust unterwegs sind, bei den Reservierungen helfen.

ℹ Praktische Informationen
GEFAHREN & ÄRGERNISSE

Drogen- und Menschenschmuggel sind in dieser Grenzregion die nackte Realität, und zudem führt die Carretera Fronteriza fast genau um das Hauptgebiet der zapatistischen Rebellen und ihrer Unterstützer herum. Aus diesem Grund muss man auf dieser Straße und weiter Richtung Palenque und Comitán mit zahlreichen Kontrollpunkten des Militärs rechnen. Diese Kontrollpunkte verbessern generell die Sicherheit für Traveller, doch sollte man Dieben bei Stopps nicht dadurch ihr Handwerk erleichtern, dass man Geld und Wertsachen unbeaufsichtigt lässt. Zum eigenen Schutz sollte man nicht nach Einbruch der Dunkelheit auf der Carretera Fronteriza unterwegs zu sein. Öffentliche Verkehrsmittel verkehren bei Nacht nicht. Auch alle Grenzübergänge nach Guatemala sollten früh am Tag passiert werden.

In den Regenzeitmonaten September und Oktober sind die Flüsse meist so angeschwollen, dass das Baden gefährlich ist.

Insektenschutzmittel nicht vergessen!

ℹ An- & Weiterreise

Die Carretera Fronteriza (Hwy 307) ist eine gute befestigte Straße, die parallel zur Grenze zwischen Mexiko und Guatemala verläuft, von Palenque bis nach Lagos de Montebello. Ab Palenque fährt Autotransportes Chamoán mit Kleinbussen nach Frontera Corozal (145 Mex$, 2½–3 Std., 4–17 Uhr alle 40 Min.). Start ist am offenen colectivo-Halteplatz unweit des Maya-Kopfes und südlich vom Busbahnhof. Diese Kleinbusse bieten sich für Besuche in Bonampak und Lacanjá Chansayab an, denn sie setzen einen auf Wunsch an der den Ruinen am nächsten gelegenen Kreuzung, dem sogenannten Crucero Bonampak (95 Mex$, 2 Std.) statt an der Haltestelle San Javier am Highway ab.

Línea Comitán Lagos de Montebello (S. 425) westlich vom Markt in Palenque fährt stündlich mit Kleinbussen nach Benemérito de las Américas (125 Mex$, 3.30–14.45 Uhr, 10-mal tgl.); die meisten fahren auf der Carretera Fronteriza weiter zu den Lagos de Montebello (310 Mex$, 7 Std. bis Tziscao) und nach Comitán (368 Mex$, 8 Std.).

Beide Unternehmen halten in San Javier (85 Mex$, 2 Std.), der 140 km von Palenque entfernten Abzweigung nach Lacanjá Chansayab und Bonampak sowie am Crucero Corozal (100 Mex$, 2½ Std.), der Abzweigung nach Frontera Corozal. Um zur Cascada Welib-Já und nach Nueva Palestina zu gelangen, kann man in Palenque jedes Combi nehmen, das über die Carretera Fronteriza fährt.

Auf der Carretera Fronteriza gibt es nur wenige Tankstellen. Auf der Fahrt von Palenque nach Comitán (via Abkürzung über Chajul) findet man nur welche in Chancalá und Benemérito, aber viele geschäftstüchtige Einheimische verkaufen relativ preisgünstiges Benzin aus großen Plastikkanistern. Einfach nach den selbst gemalten Schildern mit der Aufschrift Se vende gasolina Ausschau halten. Wer selbst fährt, sollte dafür sorgen, vor Einbruch der Dunkelheit von der Straße zu kommen.

Von Palenque nach Bonampak

Cascada de las Golondrinas WASSERFALL
(Nueva Palestina; 25 Mex$, Stellplatz 60 Mex$; ⊙ Restaurant 9–16 Uhr) 10 km neben dem Highway stürzen zwei Flüsse dramatisch in Stufen 35 m in die Tiefe und bilden ein schönes Becken, in dem man in der Trockenzeit ein kühles Bad nehmen kann. Ein Holzsteg überspannt den Ausfluss. In der Dämme-

CHIAPAS & TABASCO BONAMPAK, YAXCHILÁN & C. FRONTERIZA

rung strömen Hunderte Schwalben herbei, um die Nacht in einer Höhle unter den Fällen zu verbringen. Morgens schwärmen sie dann wieder aus.

Hier gibt es einen schönen schattigen Campingplatz mit einfachen Einrichtungen. Von Palenque fahren Combis zur Abzweigung nach Nueva Palestina (55 Mex$, 2 Std.), wo Taxis darauf warten, Fahrgäste zu dem Wasserfall zu bringen (einfache Strecke 130 Mex$). Unbedingt den Rücktransport vereinbaren! Wer mit dem eigenen Auto unterwegs ist, fährt 9 km in Richtung Nueva Palestina bis zur ausgeschilderten Abzweigung. Von dort ist es noch 1 km bis zum Wasserfall.

Cascada Welib-Já
WASSERFALL

(25 Mex$; ⏰ 8–19 Uhr) Diese 25 m hohe Wasserwand 30 km außerhalb von Palenque mag nicht der spektakulärste Wasserfall in der Gegend sein, aber die türkisgrünen Becken des Flusses sind ideal zum Baden, und es sind meist wenig andere Leute dort. An Einrichtungen gibt es eine Seilrutsche (50 Mex$) und ein einfaches Restaurant. Von Palenque fährt man mit dem Combi bis zum gut ausgeschilderten Eingang am Highway (40 Mex$, 30 Min.); von dort sind es noch 700 m zu Fuß.

Plan de Ayutla
ARCHÄOLOGISCHE STÄTTE

(nahe Nueva Palestina; 50 Mex$; ⏰ 8–17 Uhr) Die abgelegenen Maya-Ruinen von Plan de Ayutla stehen auf einem großen, stimmungsvoll überwucherten Gelände und präsentieren sich in unterschiedlichen Stadien des Verfalls und der Freilegung. Von dem unbefestigten Parkplatz unter dem dichten Blätterdach führt ein gewundener Pfad hinauf zur **Nordakropolis**, einem von drei auf natürlichen Hügeln errichteten Gebäudekomplexen. Besucher können die verwinkelten Räume dieses ehemaligen Palastes erkunden, der sich über vier Stockwerke erstreckt.

Das bedeutendste Gebäude der Akropolis ist **Struktur 13**, eine spektakuläre Kraggewölbekonstruktion, die an der Außenseite mit treppenförmigen Friesen verziert ist. Drinnen entdeckten Archäologen kürzlich ein astronomisches Observatorium: Zwei oben gelegene Räume enthalten Fensteröffnungen, die so ausgerichtet sind, dass man die Wintersonnenwende und die Sonne im Zenit beobachten kann.

Plan de Ayutla wurde von 150 v.Chr. bis 1000 n.Chr. bewohnt und bildete, so glaubt

man, zwischen 250 und 700 ein regionales Machtzentrum. Ausgehend von der Größe der Stätte und ihren Merkmalen (ihr Ballspielplatz ist mit 65 m Länge der größte in der Region am oberen Río Usumacinta) haben Archäologen zwei Theorien über die Geschichte des Ortes. Nach der einen Hypothese handelt es sich um die Stadt Sak T'zi' („Weißer Hund"), die mit Toniná, Yaxchilán und Piedras Negras im Krieg lag und schließlich von Bonampak erobert wurde, worauf die berühmten Fresken in jener Stätte möglicherweise anspielen. Vielleicht handelt es sich aber auch um die alte Stadt Ak'e' („Schildkröte"), aus der die Herrscherdynastie von Bonampak stammte.

Mit dem Auto fährt man vom Highway 11 km nach Nueva Palestina hinein. Wo die asphaltierte Straße neben einer Reihe Hinweisschilder zu Unterkünften nach links abdreht, fährt man geradeaus auf die Schotterpiste. Nach ungefähr 4,5 km folgt man an der Kreuzung der Ausschilderung nach links (die rechte Abzweigung führt ins Dorf Plan de Ayutla, nicht zu den Ruinen) und fährt weitere 3 km, bis man die Ruinen deutlich vor sich sieht. Vertreter des *ejido* (gemeinsamer Grundbesitz) fordern vielleicht eine kleine Gebühr, falls sie vor Ort sind. Wer mit dem Combi anreist, steigt an der Highway-Abzweigung nach Nueva Palestina aus und vereinbart mit einem Taxifahrer einen Preis für die Hin- und Rückfahrt inklusive Wartezeit.

Bonampak

Bonampak, eine der großartigen archäologischen Stätten von Chiapas, blieb der Welt dank seiner Lage im dichten Urwald bis 1946 verborgen. Berühmt ist die **Stätte** (65 Mex$; ⏰ 8–17 Uhr) vor allem wegen ihrer lebendigen Fresken, die die Maya-Welt für den Betrachter zum Leben erwecken. Der Weg hierher ist etwas mühsam, aber der Aufwand lohnt sich. Die Ruinen breiten sich auf 2,4 km² aus, aber die wichtigsten Elemente stehen alle rund um die rechteckige Gran Plaza.

Das Gelände von Bonampak mit seiner vielfältigen Wildnis grenzt an die Reserva de la Biosfera Montes Azules. Ausschau halten nach Affen und Aras!

◉ Sehenswertes

Die eindrucksvollsten erhaltenen Monumente bei den Ruinen wurden unter Chan Muwan II. gebaut, dem Neffen von Itzam-

naaj B'alam II. aus Yaxchilán. Chan Muwan II. bestieg 776 den Thron von Bonampak. Die 6 m hohe **Stele 1** auf der **Gran Plaza** stellt den Herrscher auf dem Höhepunkt
seiner Macht dar: Er hält einen Zeremoni-
enstab in der Hand. Auf den **Stelen 2** und **3**
am Südende der Plaza auf der **Akropolis** ist
er auch zu sehen.

Berühmt ist Bonampak jedoch wegen seiner lebendigen **Fresken** im eher bescheiden
wirkenden **Templo de las Pinturas (Edificio 1)**. Die Fresken gaben Bonampak auch
den Namen: Er bedeutet in der Maya-Spra-
che Yucateco „Bemalte Wände". Einige Archäologen gehen davon aus, dass das Wandgemälde eine Schlacht zwischen Bonampak
und der Stadt Sak T'zi' (wahrscheinlich Plan
de Ayutla) darstellt.

Diagramme vor dem Tempeleingang
helfen bei der Interpretation der Wandgemälde. Es sind die schönsten, die aus dem
vorspanischen Amerika bekannt sind. Seit
ihrer Entdeckung sind sie allerdings stark
stark verwittert – früher wurde sogar versucht, die Farben deutlicher zur Geltung zu
bringen, indem man Kerosin über die Wände goss.

Steht man vor dem Tempel, befindet sich
Raum 1 gleich links. Hier ist die Weihe des
Sohnes von Chan Muwan II. dargestellt; er
ist als Säugling zu sehen. Am oberen rechten
Ende des Bildes an der Südwand des Rau-
mes (gegenüber dem Eingang) sieht man
ihn in Waffen. Zeugen der Zeremonie sind
14 Jade tragende Adlige. Im Zentrum liegt
Raum 2. Auf seinen südlichen und östlichen Wänden und am Deckengewölbe sind
turbulente Schlachtszenen zu sehen. Auf
der Nordwand überwacht Chan Muwan II.
in Jaguarfellrüstung, wie Gefangene (durch
Ausreißen der Fingernägel) gefoltert und
geopfert werden. Unter ihm liegt ein abge-
schlagener Kopf, daneben der Fuß eines aus-
gestreckt daliegenden Gefangenen. Der vor
Kurzem restaurierte und jetzt in lebhaften
Farben leuchtende **Raum 3** zeigt einen feierlichen Tanz der Fürsten auf den Stufen der
Akropolis. Sie tragen riesigen Kopfschmuck.
Und auf der Ostwand durchstechen sich
drei in Weiß gekleidete Frauen im Rahmen
eines rituellen Aderlasses die Zungen. Die
Opfer, der Aderlass und der Tanz waren
wohl alle Teil der Zeremonien rund um den
neuen Erben.

Allerdings hat der kleine Prinz wahrscheinlich nie über Bonampak geherrscht –
die Stadt wurde verlassen, noch bevor die

Bonampak

Wandgemälde vollendet waren. Das war
zu einer Zeit, als sich die Maya-Zivilisation
allgemein auflöste. Beim Betreten der **Edificios 1** und **6** sollte man sich auch unbedingt die aufwendig mit Schnitzereien verzierten Türstürze anschauen.

❶ An- & Weiterreise

Bonampak ist 12 km von San Javier an der
Carretera Fronteriza entfernt. Falls man in San
Javier und nicht am Crucero Bonampak (8 km
näher) abgesetzt wird, bringen einen Taxis für
30 Mex$ hin.

Man muss ganz schön blechen: Für das Betreten der Ortschaft Lacanjá erhebt die Gemeinde
eine Gebühr von 30 Mex$. Jenseits des Crucero
Bonampak sind Privatfahrzeuge verboten. Für die
Fahrt zu den Ruinen und zurück fordern die Fahrer astronomische 250 Mex$ pro Kleinbus.

Lacanjá Chansayab

380 F W / 320 M

Lacanjá Chansayab, das größte Dorf der
Lacandonen, ist 6 km von San Javier an der
Carretera Fronteriza und 12 km von Bonampak entfernt. Die Familienverbände leben
über ein großes Gebiet verstreut, oft auf
Grundstücken, über die Bäche oder sogar
der Río Lacanjá fließen. Der Tourismus ist
heute eine wichtige Einnahmequelle, und
viele Familien betreiben sogenannte *cam-
pamentos* mit Übernachtungsmöglichkeit
in Zimmern, Hängematten oder auf Stell-
plätzen. Bei der Anfahrt zum Dorf überquert
man auf einer Brücke den Río Lacanjá. Von
dort sind es ungefähr 700 m bis zu der zentralen Kreuzung, von der Straßen nach links
(Süden), rechts (Norden) und geradeaus
(Westen) weiterführen.

🏃 Aktivitäten

Sendero Ya Toch Kusam
WANDERN

Der Sendero Ya Toch Kusam ist ein 2,5 km langer Wanderweg, der 200 m westlich der zentralen Kreuzung beginnt.

🛏 Schlafen & Essen

Campamento Río Lacanjá
CABAÑAS $$

(www.ecochiapas.com/lacanja; Zi. ohne Bad 645 Mex$; P) Dieser tollen Unterkunft mangelt es vielleicht an materiellem Luxus, aber dafür ist sie überreichlich mit Urwaldatmosphäre gesegnet. Die komfortablen, halb offenen Hütten mit Holzrahmen und Moskitonetzen stehen in der Nähe des von Bäumen gesäumten Río Lacanjá. Von hier aus hat man einen guten Blick auf den Wald und kann den Geräuschen der Natur lauschen. Es gibt eine separate Ansammlung größerer Zimmer (3BZ/4BZ 750/850 Mex$) mit je zwei stabilen Doppelbetten aus Holz, gefliesten Böden, Ventilatoren und Bädern mit Warmwasser.

Neben geführten Wanderungen werden für Gruppen von mindestens vier Personen Rafting-Ausflüge auf dem Río Lacanjá angeboten, der bis zu 2,5 m hohe Wasserfälle, aber keinerlei Stromschnellen hat. Ein halbtägiger Ausflug inklusive Besichtigung der Ruinen von Lacanjá und der Cascada Ya Toch Kusam (beide Ziele erreicht man vom Fluss aus zu Fuß) kostet 600 Mex$ pro Gruppe (max. 10 Pers.), eine Rafting- und Campingtour mit Übernachtung, bei der auch die Ruinen von Bonampak besucht werden, rund 1400 Mex$ pro Nase. Für Abendessen blecht man 100 Mex$, für Frühstück 85 Mex$.

Campamento Topche
CABAÑAS $$

(www.sendasur.com.mx; Zi. mit/ohne Bad 1294/733 Mex$; P 🏊🛜) Rund 550 m westlich der zentralen Kreuzung bietet dieses erst kürzlich renovierte *campamento* mehrere Optionen: komfortable Zimmer mit Terrakottafliesen und einem moskitosicheren, gewölbten *palapa*-Dach, Zimmer in Holzhütten mit Gemeinschaftsbad, Moskitonetzen und Trennwänden, die nicht bis zur Decke reichen, sowie frei stehende *cabañas* im Wald direkt am Fluss. Alle Zimmer haben Warmwasseranschlüsse.

Restaurant Chankin
MEXIKANISCH $

(Gerichte ca. 90 Mex$; ⏰7–21 Uhr) Das ruhige Gartenrestaurant hat duftende Blumenwände, die Schwärme von hyperaktiven Kolibris anlocken, während die hier servierte herz-

hafte Landkost weitaus weniger aktive Traveller anzieht.

ℹ An- & Weiterreise

Combis nach Lacanjá Chansayab (140 Mex$) und in andere Orte an der Carretera Fronteriza starten an einer offenen *colectivo*-Haltestelle direkt südlich vom ADO-Busbahnhof. Die Gemeinde kassiert am Ortseingang 30 Mex$ pro Person ein. Wer aus Yaxchilán anreist, muss für ein Combi zwischen Crucero Corozal und San Javier 53 Mex$ hinblättern.

Frontera Corozal

5200 EW. / 200 M

Die Grenzstadt am Fluss hieß früher Frontera Echeverría. Sie ist das Sprungbrett zu den wunderschönen Ruinen von Yaxchilán und liegt an der Hauptroute zwischen Chiapas und der Petén-Region in Guatemala. Die Bewohner sind vor allem Chol-Maya, die sich in den 1970er-Jahren hier angesiedelt haben. Frontera Corozal ist 16 km von der Crucero Corozal an der Carretera Fronteriza entfernt, hin kommt man über eine befestigte Straße. Der breite Río Usumacinta fließt schnell zwischen den urwaldbewachsenen Ufern und bildet die Grenze zwischen Mexiko und Guatemala.

Lange, schnelle *lanchas* (Motorboote) mit Außenbordmotoren fahren vom *embarcadero* (Anlegesteg) aus den Fluss hoch und runter. Fast alles, was man so braucht, gibt's an der befestigten Straße, die hier vom Fluss wegführt. Dazu gehört auch das **Einwanderungsbüro** (⏰8–18 Uhr), 400 m vom *embarcadero* entfernt. Hier muss man seine Touristengenehmigung einreichen bzw. holen, wenn man nach/aus Guatemala unterwegs ist.

◎ Sehenswertes

Museo de la Cuenca del Usumacinta
MUSEUM

(Museum des Usumacinta-Beckens; 26 Mex$; ⏰9–17 Uhr) Das Museo de la Cuenca del Usumacinta gegenüber dem Büro der Einreisebehörde zeigt gute Beispiele von Kostümen der Chol-Maya und bietet einige Informationen (auf Spanisch) über die koloniale und neuere Geschichte der Region. Das wirkliche Highlight sind jedoch die beiden schönen, mit feinen Reliefs versehenen Stelen, die in der nahe gelegenen Stätte Dos Caobas gefunden wurden. Wenn das Museum nicht geöffnet sein sollte, nebenan im Restaurante Imperio Maya nachfragen!

📕 Schlafen & Essen

Nueva Alianza
CABAÑAS $$

(📞in Guatemala 502-463-824-47; www.hotelnueva
alianza.org; Zi. mit/ohne Bad 600/300 Mex$;
🅿️📶) Die freundliche Unterkunft unter
Bäumen befindet sich an einer Nebenstraße
150 m vom Museum entfernt. Sie bietet klei-
ne, schlichte, aber nette Budgetzimmer mit
Holzwänden, die allerdings nicht bis zur De-
cke reichen, sowie neuere separate Zimmer
mit Bad. Sie verfügen über Ventilatoren
und Holzmöbel. Zur Anlage gehört ein gu-
tes Restaurant (Hauptgerichte ab 80 Mex$),
außerdem gibt's hier den einzigen Internet-
zugang der Stadt.

Escudo Jaguar
CABAÑAS $$

(📞in Guatemala 502-5353-56-37; www.escudoja
guar.com; Stellplatz 150 Mex$/Pers., EZ/DZ 580/
680 Mex$; 🅿️❄️) Das oft von Reisegruppen
besuchte Escudo Jaguar blickt 300 m vom
embarcadero entfernt über den Fluss. Die
soliden *cabañas* mit Strohdächern sind
pieksauber und mit Ventilator und Moskitonetzen ausgestattet. Die besten sind sehr
geräumig und haben Warmwasserduschen
und Terrassen mit Hängematten. Im Restaurant bekommt man einfache, aber gut zubereitete mexikanische Gerichte (Hauptgerichte ab 65 Mex$, Frühstück 40–75 Mex$).

Restaurante Imperio Maya
MEXIKANISCH $

(Hauptgerichte 75–110 Mex$; ⊙ 7.30–15 Uhr) Das
geräumige Restaurant mit *palapa*-Dach
neben dem Museum hat eine lange Karte
mit mexikanischen Standardgerichten und
bedient Reisende, die unterwegs nach Yaxchilán sind.

ℹ️ An- & Weiterreise

Wenn man keinen Bus und kein Combi erwischt,
der bzw. das direkt nach Frontera Corozal
tuckert, fährt man bis zum Crucero Corozal
16 km südöstlich von San Javier an der Carretera
Fronteriza; von hier steuern Taxis (*colectivo*
40 Mex$/Pers.) Frontera Corozal an. Der *ejido*
(Gemeinde) erhebt bei Besuchern, die Frontera
Corozal betreten oder verlassen, eine Gebühr
von 30 Mex$ pro Nase – wer nicht nach Gua-
temala weiter will, muss die Quittung für die
Ausreise aufbewahren.

Kleinbusse von Autotransporte Chamoán
fahren stündlich vom *embarcadero* in Frontera
Corozal nach Palenque (90 Mex$, 2½–3 Std.),
die letzte Fahrt beginnt um 16 Uhr oder wenn der
Wagen voll besetzt ist.

Lancha-Anbieter haben Schalter in einem
strohgedeckten Gebäude nahe dem *embarca-*
dero, und alle fordern ungefähr denselben Preis
für die Fahrt zum 40 Minuten stromaufwärts
gelegenen **Bethel in Guatemala** (Boot für 1–3
Pers. 450 Mex$, 4 Pers. 530 Mex$, 5–7 Pers.
650 Mex$, 8–10 Pers. 800 Mex$). Von Bethel
fahren von 8 bis 16 Uhr stündlich Busse nach
Flores (4½ Std.). Darauf achten, dass der Fahrer
an der Einreisestelle in Bethel anhält!

Yaxchilán

Yaxchilán (70 Mex$; ⊙ 8–17 Uhr; letzter Einlass
16 Uhr) liegt traumhaft mitten im Urwald an
einem hufeisenförmigen Bogen des Río Usumacinta. Diese Lage hat Yaxchilán die Kontrolle über den Flusshandel eingebracht.
Einige erfolgreiche Bündnisse und Erobe-
rungen machten die Stadt in der klassischen
Maya-Zeit zu einem der wichtigsten Orte in
der Usumacinta-Region. Unter archäologi-
schem Gesichtspunkt ist Yaxchilán berühmt
für seine geschmückten Fassaden und Dachgiebel sowie die eindrucksvoll gearbeiteten
Steinstürze mit Kampf- und Zeremoniensze-
nen. Als Hilfsmittel zur Erkundung von einigen Teilen des Geländes ist eine Taschenlampe keine schlechte Idee.

Brüllaffen *(saraguates)* leben hier in den
hohen Bäumen. Sie sind ein bewegendes
Highlight – fast sicher hört man ihre tiefen
Schreie, und die Chancen sie zu sehen, ste-
hen auch ganz gut. Klammeraffen und Rote
Aras sind auch schon gesichtet worden.

Geschichte

Den Höhepunkt seiner Macht und seines Glanzes erreichte Yaxchilán zwischen
681 und 800 n. Chr. unter den Herrschern
Itzamnaaj B'alam II. (Schildjaguar II.,
681–742), Pájaro Jaguar IV. (Vogeljaguar IV.,
752–768) und Itzamnaaj B'alam III. (Schild
jaguar III., 769–800). Um 810 n. Chr. wurde
die Stadt aufgegeben. Die Inschriften erzählen hier mehr über die Jaguar Dynastie, als
über die meisten Herrscherclans der Maya
überhaupt bekannt ist. Das Schild-und-Ja-
guar Symbol erscheint auf vielen Gebäuden
und Stelen Yaxchiláns. Die Hieroglyphe von
Pájaro Jaguar IV. ist eine kleine Urwaldkatze
mit einer Feder auf dem Rücken und einem
Vogel auf dem Kopf.

Zu den meisten Monumenten gehören
Infotafeln in drei Sprachen, eine davon ist
Englisch.

🎯 Sehenswertes

Auf dem Weg zu den Ruinen führt ein ausgeschilderter Weg nach rechts hinauf zur

Yaxchilán

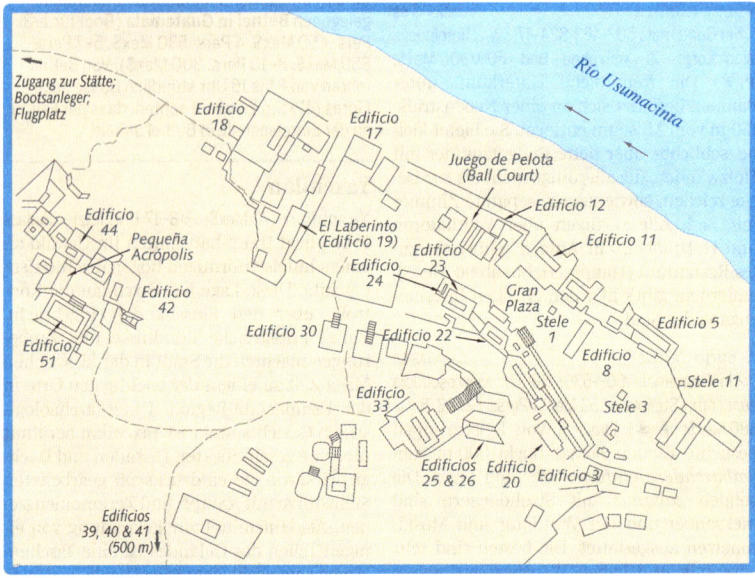

0 ————————————— 200 m

Zugang zur Stätte;
Bootsanleger;
Flugplatz

Río Usumacinta

Edificio 18

Edificio 17

Juego de Pelota (Ball Court)

Edificio 44

Pequeña Acrópolis

El Laberinto (Edificio 19)

Edificio 12

Edificio 11

Edificio 23

Edificio 42

Edificio 24

Gran Plaza

Edificio 51

Edificio 30

Edificio 22

Stele 1

Edificio 5

Edificio 8

Stele 11

Edificio 33

Stele 3

Edificios 25 & 26

Edificio 20

Edificio 31

Edificios 39, 40 & 41 (500 m)

Pequeña Acrópolis, einer Ansammlung von Ruinen auf einem kleinen Hügel. Dort kann man aber auch später hin. Wer auf dem Hauptweg bleibt, erreicht die verworrenen Gänge des **El Laberinto (Edificio 19)**. Es wurde von 742 bis 752 während des Interregnums zwischen Itzamnaaj B'alam II. und Pájaro Jaguar IV. gebaut. Heute finden Dutzende Fledermäuse unter dem Dach des Gebäudes Schutz. Aus dem komplizierten zweistöckigen Komplex kommt man am Nordwestende der weitläufigen **Gran Plaza** wieder heraus.

Es ist kaum vorstellbar: Irgendjemand wollte, dass ihm noch heißer wird, als es ihm ohnehin schon war, denn **Edificio 17** war offensichtlich ein Schwitzbad. Etwa auf der halben Strecke an der Plaza wird die Stele 1 von verwitterten Skulpturen eines Krokodils und eines Jaguars flankiert. Die Stele zeigt Pájaro Jaguar IV. bei einer Zeremonie, die 761 n.Chr. stattgefunden hat. **Edificio 20** stammt aus der Zeit von Itzamnaaj B'alam III. Es ist das letzte bemerkenswerte Gebäude, das in Yaxchilán gebaut wurde. Seine Tür- und Fensterstürze befinden sich heute in Mexico City. Die **Stele 11** an der Nordostecke der Gran Plaza hat man vor der Front von Edificio 40 gefunden. Die größere der beiden dort abgebildeten Figuren ist Pájaro Jaguar IV.

Von der Stele 1 führt eine eindrucksvolle Treppe zum **Edificio 33** hinauf – dies ist der am besten erhaltene Tempel von Yaxchilán. Noch etwa die Hälfte des Dachgiebels ist intakt. Auf der letzten Stufe vor dem Gebäude sind Schnitzereien mit Ballspielszenen zu sehen. Reliefs schmücken die Unterseiten der Tür- und Fensterstürze. Im Innern steht eine Statue von Pájaro Jaguar IV. – ohne Kopf. Den musste er im 19. Jh. an räuberische Holzfäller abgeben.

Von der Lichtung hinter dem Edificio 33 führt ein Pfad in ein Waldgebiet hinein. Diesem etwa 20 m folgen, dann an der Gabelung links den Berg hinauf gehen! An einer weiteren Gabelung nach 80 m geht's wieder links. Nach etwa zehn Minuten größtenteils weiter bergauf erreicht man drei Gebäude auf dem Hügel: **Edificio 39**, **Edificio 40** und **Edificio 41**.

ⓘ An- & Weiterreise

Lanchas (Motorboote) brauchen von Frontera Corozal 40 Minuten den Fluss hinunter und eine Stunde wieder hinauf. Die Bootsbetreiber sind in einem strohgedeckten Gebäude in der Nähe des *embarcadero* (Anlegestelle) von Frontera Corozal. Sie verlangen für die Touren (hin & zurück inkl. 2½ Std. Aufenthalt an den Ruinen für 1–3 Pers. 800 Mex$, 4 Pers. 1050 Mex$, 5–7 Pers. 1450 Mex$ oder 8–10 Pers. 1800 Mex$)

alle mehr oder weniger gleich viel. Die *lanchas* fahren bis gegen 13.30 Uhr häufig. Manchmal kann man sich an andere Traveller oder eine Tourgruppe ranhängen – dann kann man sich die Kosten teilen.

Las Nubes

Das milchig-blaue Flusswasser in Las Nubes sprudelt über glatte Granitfelsen und stürzt schäumend in einer Reihe von beeindruckenden Wasserfällen mitten im tropischen Wald in die Tiefe. An diesem herrlichen entspannten Ort kann man perfekt ein paar ruhige Tage mit Schwimmen oder Wandern verbringen, Aktivere schlagen alle Vorsicht in den Wind und wagen sich an Ziplining, Abseilen oder ähnliche adrenalinlastige Sportarten.

Sehenswertes

Río Santo Domingo
FLUSS

Der Río Santo Domingo ist ein wunderbares, türkisgrünes Wirrwarr aus Kaskaden und Stromschnellen. In manchen der Flussbecken kann man prima baden; wer hier nicht übernachtet, muss für den Sprung ins kühle Nass 20 Mex$ hinblättern. Eine Hängebrücke führt an einer wilden Stelle über eine vom Wasser ausgewaschene Schlucht. Von ihr hat man einen grandiosen Blick auf die prächtigsten Wasserfälle. Für Adrenalinjunkies gibt's eine Zip-Line (150 Mex$), wer will, kann sich von Februar bis Juni auch abseilen.

Entlang des Flusses und im Wald gibt es einige angenehme Wanderwege, beispielsweise den sehr beliebten 15-minütigen Fußweg hoch zum *mirador*, wo man mit einer Aussicht auf den blaugrünen Urwald belohnt wird. Auch kann man hier toll Vögel beobachten. Für die Aktivitäten zahlt man im Las Nubes.

Aktivitäten

Ecoturismo Xbulanjá
RAFTING

(☑ in Guatemala 502-3137-56-91; www.xbulanja. com) Vom Embarcadero Jerusalén, direkt östlich der Highway-Ausfahrt nach Nubes, veranstaltet die Tzeltal-Kooperative Raftingtouren der Schwierigkeitsklasse III nach Las Nubes (2200 Mex$, 2–6 Pers., 3 Std.). Die Unterkünfte (*cabañas* 600–800 Mex$) und das Restaurant (Hauptgerichte 60–100 Mex$) vor Ort sind die preiswertesten Optionen in Las Nubes. Der Rücktransport ist im Preis für die Raftingtouren bereits enthalten.

🛏 Schlafen

Las Nubes
LODGE **$$**

(☑ in Guatemala 502-4972-02-04; www.causas verdeslasnubes.com; Cabaña 1500 Mex$) Dieser wunderschön an den wichtigsten Wasserfällen gelegene, hübsch angelegte und sehr friedliche Komplex hat 15 gut gebaute, aber frustrierend überteuerte *cabañas* mit Warmwasser und schönen Terrassen; das Restaurant am Wasser serviert Mahlzeiten (Hauptgerichte ca. 90 Mex$), aber keinen Alkohol – den man sich aber immerhin selbst mitbringen darf. In der Nebensaison sinken die Übernachtungspreise um 25 %.

❶ An- & Weiterreise

Las Nubes ist 12 km von der Carretera Fronteriza und 55 km von Tziscao entfernt. Zwischen 7.30 und 16.30 Uhr fahren vier- bis sechsmal täglich Combis ab Comitán (95 Mex$, 3½–4 Std.).

Laguna Miramar
400 M

Die noch ursprüngliche Laguna Miramar liegt mitten in einem Regenwald in der Reserva de la Biosfera Montes Azules (Biosphärenreservat Montes Azules), 140 km südöstlich von Ocosingo. Die Lagune ist einer der abgelegensten und schönsten Seen Mexikos, an dem oft die Schreie von Brüllaffen zu hören sind. Der 16 km² große See ist warm wie eine Badewanne und absolut sauber. Zwischen den Felsvorsprüngen der drei kleinen Inseln kann man wunderbar herumwaten. Mit dem Kanu gelangt man zu Felsmalereien und zu einer Höhle, die von Schildkröten bewohnt wird. In der Gegend leben reichlich Wildtiere: Beim Schwimmen kommt es durchaus vor, dass man von Klammeraffen, Tapiren, Aras und Tukanen

❶ ABKÜRZUNG LAS NUBES– LAGUNA MIRAMAR

Wer Las Nubes und Laguna Miramar mit öffentlichen Verkehrsmitteln besuchen möchte, kann die Ost-West-Rückfahrt zum Highway durch eine Wanderung von Las Nubes nach Loma Bonita umgehen. Loma Bonita liegt auf halber Strecke an der Straße zu den *lanchas* zur Laguna Miramar. Die etwa 5 km lange Wanderung (40 Min.) führt von der Hängebrücke in Las Nubes über einige Hügel nach Loma Bonita, wo Combis für die Weiterfahrt auf Fahrgäste warten.

REFORMA AGRARIA

Reforma Agraria ist ein eindrucksvolles Gemeindeprogramm zum Schutz des Hellroten Aras *(Arakanga)*. Dieses prächtige und gefährdete Mitglied der Papageienfamilie, das so farbenfroh ist wie ein fliegender Regenbogen, war früher noch weiter im Norden bis Veracruz verbreitet, heute beschränkt sich sein Vorkommen in Mexiko aber leider auf den äußersten Osten von Chiapas. Die Bestandszahlen in Reforma Agraria sind seit 1991, als das 14,5 km² große Reservat gegründet wurde, auf mehr als 110 Paare angewachsen. Mithilfe von Führern kann man sich auf die Suche nach den Vögeln machen, aber man sollte bedenken, dass sie sich frei bewegen, d. h. auf der Suche nach Nahrung verlassen sie auch das Reservat und kommen später erst zurück. Die beste Zeit, sie zu beobachten, ist zwischen Dezember und Juni, wenn sie brüten. Man kann sich die Jungvogel-Voliere vor Ort anschauen und fragen, ob man die Mitarbeiter begleiten darf, die die Nester überwachen.

Die schöne, einladende Öko-Lodge **Las Guacamayas** (☑ in Guatemala 502-5157-96-10; www.ecoturismoaramacao.com; Ejido Reforma Agraria; B 330 Mex$, Cabaña 1635–1965 Mex$, Suite 2070–2260 Mex$; Ⓟ 🍴 🛜) liegt direkt am Ufer des breiten Río Lacantún, eines der wichtigsten Nebenflüsse des Usumacinta. Auf der anderen Uferseite befindet sich die Reserva de la Biosfera Montes Azules. Die großen, sehr komfortablen, strohgedeckten *cabañas* – mit Regenwaldmotiven, Moskitogittern, Veranden und Bädern mit Warmwasserduschen – verteilen sich über das weitläufige Gelände und sind über Plankenwege miteinander verbunden. Bei den Schlafsälen handelt es sich um Zweibettzimmer mit Gemeinschaftsbad.

beäugt wird; die Schmetterlinge sind hier offensichtlich auch sehr fruchtbar. Die Einheimischen, die im See *mojarra* (Barsche) fischen, versichern, dass die paar Krokodile hier nicht gefährlich sind. Jedenfalls nicht *so* gefährlich! Achtung: Zu diesem See zu gelangen, kann echt schwierig sein. Man sollte auf jeden Fall mehrere Tage zur Verfügung haben, sonst ist es sinnlos.

⊙ Sehenswertes

Emiliano Zapata   DORF
(☑ Gemeinde-Telefon   200-124-88-80/81/82) Dank eines erfolgreichen Ökotourismusprojekts in der kleinen Maya-Gemeinde Emiliano Zapata nahe dem Westufer ist die Laguna Miramar für Besucher zugänglich. Wer ohne Führer dort ankommt, muss sich an das Comité de Turismo oder El Presidente wenden.

🛏 Schlafen

Am Seeufer kann man unter einem *palapa*-Schutzdach seine Hängematte aufhängen oder campen (40 Mex$/Pers.). Aber wer nach 12 Uhr ankommt, muss in Emiliano Zapata übernachten, weil die Guides vor Einbruch der Dunkelheit zu Hause sein wollen. Im Dorf gibt es ein paar schlichte *cabañas* (150 Mex$/Pers.) mit Ausblick auf den Fluss, die alle mit einem französischen und einem Doppelbett, Ventilator und Gemeinschaftsbad ausgestattet sind.

ℹ An- & Weiterreise

BUS & COLECTIVO
Ab Comitán

Combis von **Transportes Las Margaritas** (6a Calle Sur Oriente 51, zw. 4a & 5a Av Oriente Sur) fahren häufig von Comitán nach Las Margaritas (20 Mex$, 25 Min.). Von Las Margaritas fahren sehr unkomfortable *collectivos* einige Male täglich von 5 bis 12 Uhr nach San Quintín (100 Mex$, 4½–6 Std.). Meistens gibt es eine Abfahrt pro Stunde, aber das hängt alles von Angebot und Nachfrage ab. Von San Quintín zurück geht's zwischen 2 bis 12 Uhr.

Ab Ocosingo

Die Trucks nach San Quintín (100–120 Mex$, in der Trockenzeit 5–6 Std.) starten von einem großen, ummauerten Platz hinter dem Markt. Sie fahren von 8 bis 14 Uhr ungefähr alle zwei Stunden ab, aber das hängt davon ab, wie viele Passagiere anwesend sind. Man sollte früh kommen und sich auf eine Wartezeit einstellen.

SCHIFF/FÄHRE

Mit dem Combi geht's von Comitán nach La Democracia (gegenüber der Brücke in Amatitlán) oder Plan de Río Azul, wo man eine *lancha* (einfache Strecke 1400 Mex$, max. 8 Pers., 2 Std.) anheuert, die Emiliano Zapata auf dem Río Jatate ansteuert. Die meisten Boote starten in Plan de Río Azul, wo *lanchas* (1400–2600 Mex$/Boot, je nach Bootsgröße und Verhandlungsgeschick) auf Nachfrage bis gegen 15 Uhr ablegen. La Democracia und Plan de Río Azul sind 16 bzw.

20 km über eine raue Straße von der Carretera Fronteriza entfernt; nur die erste Hälfte der Strecke ist asphaltiert.

Metzabok & Nahá

Die kleinen, abgelegenen Lacandón-Dörfer Metzabok und Nahá befinden sich im Lacandón-Urwald zwischen Ocosingo und der an der Carretera Fronteriza gelegenen Ortschaft Chancalá. Die Dörfer stehen auf einem Netz unterirdischer Flüsse in einem geschützten Biosphärenreservat, in dem u. a. Jaguare, Tapire, Brüllaffen und Ozelots leben. Die Dorfbewohner halten sich hier noch immer an viele Traditionen und Bräuche der Lacandonen.

Aktivitäten

In Metzabok veranstalten die Dorfbewohner *lancha*-Ausflüge (Motorbootausflüge) (max. 800 Mex$/Boot) in der von Wald gesäumten Laguna Tzibana, bei denen man an einer bemoosten Kalksteinwand leuchtend rote prähistorische Piktogramme bewundern und zu einem Aussichtspunkt über dem Blätterdach wandern kann.

In Nahá kann man einen Führer engagieren (1/2 Std. 400/700 Mex$), mit dem man zu verschiedenen Lagunen wandern oder paddeln und dabei viel über die Flora und Fauna der Gegend lernen kann.

 Schlafen

Centro Ecoturístico Nahá CABAÑAS $$
(☎ in Guatemala 555-150-59-53; www.nahaecoturismo.com; EZ/DZ 750/850 Mex$, ohne Bad 300/450 Mex$) Eine freundliche Unterkunft mit einfachen, gut geschützten Hütten mit Strohdach, Moskitonetzen und absolutem Tarzan-Flair oder überraschend luxuriösen *cabañas* mit Bad und Warmwasser.

An- & Weiterreise

Von Palenque fahren Kleinbusse von Transportes Pajchiltic (S. 425) nach Metzabok (55 Mex$, 3 Std.) und Nahá (60 Mex$, 4 Std.), sobald sie voll besetzt sind (am besten morgens). Der Transport zurück startet häufig mitten in der Nacht. Achtung: Die Fahrten nach Metzabok sind in beide Richtungen nicht sehr verlässlich. Wenn der Fahrer nicht genügend Fahrgäste hat, damit sich der Umweg für ihn lohnt, setzt er einen einfach an der Kreuzung (6 km vor dem Ort) ab. In Ocosingo starten Trucks von einem ummauerten Gelände hinter dem Markt nach Nahá (65 Mex$, 2½ Std.), wenn genügend Passagiere da sind.

Region Comitán

Die Region Comitán hat viel zu bieten: einen berauschenden Mix aus Naturwundern, Städten mit hübscher Kolonialarchitektur und beeindruckenden archäologischen Attraktionen. Darum ist es verwunderlich, dass es in dieser Gegend nicht vor Touristen wimmelt. Für Kenner ist es einer der verlockendsten Landstriche von Chiapas. Die Landeshauptstadt Comitán ist eine nette kleine Stadt mit attraktiven Gebäuden und haufenweise Lokalkolorit.

Comitán

963 / 98 000 EW. / 1560 M

Mit einer hübschen Plaza voller moderner Skulpturen, einer auffälligen Kirche und großen, sorgfältig beschnittenen Bäumen, in denen abends Vögel zwitschern, hat das koloniale Comitán ein freundliches, künstlerisch angehauchtes Flair. Die Stadt liegt auf einer Hochebene 90 km südöstlich von San Cristóbal, bietet ein angenehmes Klima, einige gute Unterkünfte und Restaurants sowie ein paar interessante Museen – und wenige Besucher. Hinzu kommen mehrere Natur- und Archäologie-Highlights im grünen Umland, weniger als eine Stunde entfernt.

Sehenswertes

★ **Museo Arqueológico de Comitán** MUSEUM
(☎ 963-632-57-60; 1a Calle Sur Oriente; ⊙ Di–So 9–18 Uhr) GRATIS Obwohl das Museum sehr klein ist, quillt es über vor Schätzen aus den vielen archäologischen Stätten der Umgebung (alles auf Spanisch beschriftet). Trotz all der schönen Kunstgegenstände aus allen Zeitaltern sind die Highlights für die meisten Besucher die unförmigen vorkolonialen Schädel – willentlich „verschönert" durch in die Regale gequetschte Kinderköpfe. Der Gang zum Zahnarzt wird einem gar nicht mehr so schlimm vorkommen …

Iglesia de Santo Domingo KIRCHE
(⊙ 7–14 & 16–20 Uhr) Die schöne apricotfarbene Iglesia de Santo Domingo auf der **Plaza** stammt aus dem 16. und 17. Jh. An ihrem Turm sind ungewöhnliche, aber herrliche Blendarkaden zu sehen. In dem ehemaligen Kloster nebenan mit dem hübschen Hof mit Holzsäulen und einem Wandgemälde zur regionalen Geschichte ist heute das **Centro Cultural Rosario Castellanos** (☎ 963-632-06-24; www.facebook.com/CentroCulturalRosario

Comitán

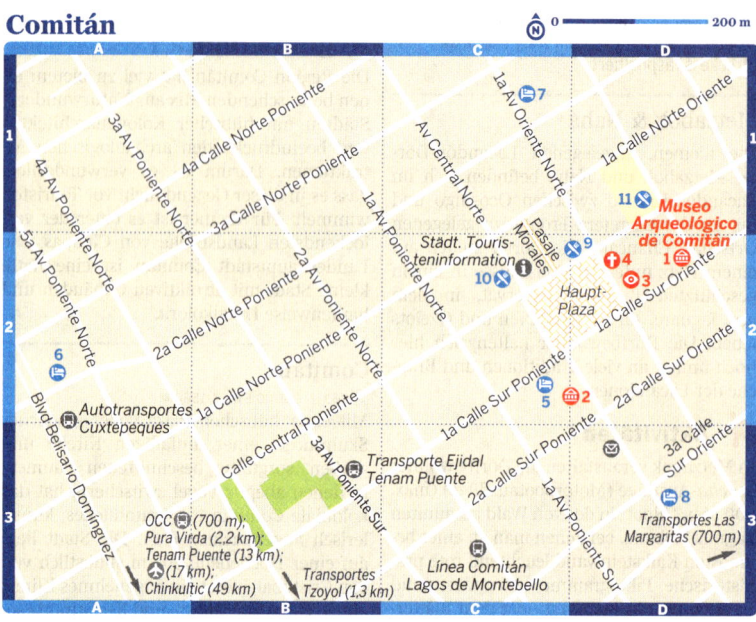

Museo Arqueológico de Comitán

Comitán

◉ Highlights
1 Museo Arqueológico de Comitán D2

◉ Sehenswertes
2 Casa Museo Dr. Belisario
   Domínguez D2
3 Centro Cultural Rosario
   Castellanos D2
4 Iglesia de Santo Domingo D2

⊟ Schlafen
5 Hotel Casa Delina C2
6 Hotel Lagos de Montebello A2
7 Hotel Nak'am Secreto C1
8 La Casa Del Marques de Comillas D3

⊗ Essen
9 500 Noches D2
10 Ta Bonitio C2
11 Yuli Moni Comedor D1

Castellanos; 1a Av Oriente; ⊙ 9–21 Uhr) **GRATIS** ansässig.

Casa Museo Dr. Belisario
Domínguez   MUSEUM
(☏ 963-632-13-00; Av Central Sur 35; ⊙ Di–Sa
10–18, So 9–12.45 Uhr) **GRATIS** Direkt südlich
der Hauptplaza steht die kürzlich renovierte Casa Museo Dr. Belisario Domínguez,
das Haus der Familie von Comitáns größ-

tem Helden. Hier befand sich auch seine
Arztpraxis. Das Museum (Beschriftungen
auf Spanisch) bietet einen faszinierenden
Einblick in den Stand der Medizin und das
Leben der Akademiker im frühen 20. Jh. in
Chiapas (mit einer Rekonstruktion der hie-
sigen Apotheke. Außerdem wird die Hel-
dengeschichte der politischen Karriere von
Domínguez bis hin zu seiner Ermordung
erzählt.

🛏 Schlafen

★ Hotel Nak'am Secreto   HOTEL $$
(☏ 963-636-73-85; www.nakam.mx; 1a Av Oriente
Norte 29; Zi. inkl. Frühstück ab 947 Mex$; ※ ☏)
Das Hotel mit den schrillen, modernen und
großen Zimmern, schönen Gemeinschaftsbereichen und dem perfekten Service hat
das beste Preis-Leistungs-Verhältnis aller
Hotels in Comitán. Boni sind die super-
zentrale Lage, große Grünpflanzen in Terra-
kottatöpfen und der Ausblick von der Dachterrasse.

Hotel Lagos de Montebello   HOTEL $$
(☏ 963-632-10-92; www.hotelloslagosdemontebel
lo.com; Blvd Belisario Dominguez Norte 14; DZ
832 Mex$; ⊜ ☏ ⊠) In dem großen, gut ge-
führten Hotel am Rand des Stadtzentrums
dreht sich alles um Form und Funktiona-
lität. Die Zimmer sind geräumig und gut

ausgestattet mit Schreibtischen und Flatscreen-TVs, nachts ist es recht ruhig. Der überdachte Swimmingpool im Innenhof ist ein großer Pluspunkt, nebenan gibt's außerdem ein Café.

La Casa Del Marques de Comillas
BOUTIQUEHOTEL $$

(☑ 612-175-08-60; www.lacasadelmarquesdecomillas.com; Av Central Sur 24; Zi. ab 816 Mex$; 🌬 ❄
📶 ⛱) Der begrünte Hof mit dem von der Sonne beschienenen Swimmingpool in diesem beliebten Hotel mit gutem Preis-Leistungs-Verhältnis ist der absolute Hammer. Die leicht altmodischen Zimmer bekommen etwas Leben durch die starken Kontrastfarben und die vielen weiteren künstlerischen Details überall. Einige vom Personal sprechen Englisch. Super!

★ Hotel Casa Delina
BOUTIQUEHOTEL $$$

(☑ 963-101-47-93; www.hotelcasadelina.com; 1a Calle Sur Poniente 6; Zi. ab 1300 Mex$; 🅿 🌬 📶) Durch die großartige Restaurierung und die Arbeit eines Teams aus zeitgenössischen mexikanischen und internationalen Künstlern ist aus dem 250 Jahre alten Herrenhaus etwas wirklich Bemerkenswertes geworden. Ausgefallene Lichtinstallationen hängen an originalen Arkaden mit Holzpfeilern, die Wände sind mit großen Mündern und springenden Pferden geschmückt, und acht Zimmer im Industriechic liegen um einen wunderschönen, grünen tropischen Garten. Diese Unterkunft ist wirklich etwas ganz Besonderes. Das Café vor Ort serviert ausgezeichneten Bio-Kaffee aus Chiapas.

🍴 Essen & Ausgehen

Ein paar gute, typische Restaurants säumen die Westseite der Plaza.

Yuli Moni Comedor
MEXIKANISCH $

(Mercado; Quesadilla 20–30 Mex$; ⏱ 8–17 Uhr; 🚭) Günstiges und authentisches Streetfood. In diesem mercado *comedor* bekommen Hungrige schmackhafte, sättigende Quesadillas. Für Vegetarier gibt's *nopales* (Kaktus) und Pilze.

★ Ta Bonitio
MEXIKANISCH $$

(☑ 963-565-95-06; www.facebook.com/tabonitio; Av Central Norte 5; Hauptgerichte 80–120 Mex$; ⏱ 8–23 Uhr) Schon mal einen Oktopus-Tentakel-Burger probiert? Na, wahrscheinlich nicht. In diesem lässigen Lokal werden kreative und ausgefallen moderne Gerichte à la Chiapas serviert, die so weit wie möglich aus regionalen Zutaten hergestellt wurden. Neben den ungewöhnlichen Hauptgerichten und tollem Mezcal ist der Laden bekannt und beliebt für seine üppig portionierten und variationsreichen Frühstücksgerichte.

NICHT VERSÄUMEN

PARADOR-MUSEO SANTA MARÍA
....

Man fühlt sich fast adlig, wenn man in diesem wunderschönen **Museumshotel** (☑ 963-632-51-16; www.paradorsantamaria.com.mx; Carretera La Trinitaria-Lagos de Montebello, Km 22; Zi. ab 1492 Mex$; 🅿 🌬 📶 ⛱) 1,5 km abseits der Straße von Comitán nach Lagos de Montebello nächtigt. Die restaurierte Hacienda aus dem 19. Jh. ist komplett mit Möbeln und Kunstwerken aus dieser Zeit eingerichtet. Einige der acht Zimmer verfügen über geflieste Badewannen und Kamine, und alle haben grobe Steinböden, große Holzbetten und gewähren Blicke über die grüne Landschaft.

Eine ausgefallene, aber edle Unterkunft ist das riesige neue Zelt im arabischen Stil. Es ist mit Orientteppichen, einem Bad mit Whirlpool, Armaturen in Form von Tiermäulern und schön drapierten Vorhängen, die als Raumteiler dienen, ausgestattet.

In der Kapelle befindet sich ein **Museum für religiöse Kunst** (www.paradorsantamaria.com.mx; Carretera La Trinitaria-Lagos de Montebello, Km 22; 30 Mex$; ⏱ 9–18 Uhr) mit einer interessanten Sammlung von Arbeiten aus der Kolonialzeit, die aus Europa und von den Philippinen sowie aus Mexiko und Guatemala stammen. Das hervorragende **Restaurant Los Geranios** (☑ 963-632-51-16; www.paradorsantamaria.com.mx; Carretera La Trinitaria-Lagos de Montebello, Km 22; Hauptgerichte 150–300 Mex$; ⏱ 8–21 Uhr) serviert Gerichte aus Chiapas und aller Welt, die aus selbst angebauten Biozutaten (inkl. Kaffee) zubereitet werden.

22 km hinter La Trinitaria auf der Montebello-Straße nach dem Schild Ausschau halten! In der Nebensaison fallen die Preise um 30 %, für die Hauptsaison sollte man im Voraus buchen.

500 Noches

SPANISCH $$

(☎963-101-38-11; Calle Central, Haupt-Plaza; Hauptgerichte 120–170 Mex$; ⊙11–23 Uhr; 🛜) Hohe Decken und romantische Nischen prägen die höhlenartige Restaurant-Bar, die auf Fondues, Tapas und mehr als 80 Weine sowie Craft-Biere spezialisiert ist. Die Attraktion hier ist die *trova*-Livemusik (abends ab 19 Uhr), es lohnt sich also auf einen Drink oder ein Dessert zu kommen, auch wenn man nicht auf die kleinen Gerichte steht. Es gibt auch Plätze auf der Plaza.

Pura Vida

BIERGARTEN

(www.facebook.com/PuraVidaBeerStation; De Abasolo; Bier 25–60 Mex$; ⊙Di–So 14–23 Uhr) Etwas westlich vom Stadtzentrum befindet sich dieser schlichte, coole Biergarten mit einer umfangreichen Karte voller lokaler und internationaler Biere, die bei Livemusik (häufig) und loderndem Lagerfeuer besonders gut schmecken.

❶ Praktische Informationen

BBVA Bancomer (Ecke 1a Av Oriente Sur & 1a Calle Sur Oriente; ⊙Mo–Fr 8.30–16 Uhr) Tauscht montags bis freitags Euro und Dollar; Geldautomat vorhanden.

Post (Av Central Sur 45; ⊙Mo–Fr 8.30–16.30, Sa bis 12 Uhr)

Städtische Touristeninformation (http://visitcomitan.com; Av Central Norte; ⊙Mo–Mi 8–20, Do–So bis 21 Uhr)

❶ An- & Weiterreise

Der Pan-American Hwy (Hwy 190), der hier Blvd Belisario Domínguez heißt, aber meist einfach nur „El Bulevar" genannt wird, verläuft durch den Westen der Stadt. **Mototaxis** (8 Mex$/Pers.) bringen einen schnell und leicht zu jedem Ziel in der Stadt.

Comitáns **OCC-Busbahnhof** (☎963-632-09-80; Blvd Belisario Domínguez Sur 43) liegt am Pan-American Hwy. Neben vielen anderen Zielen fahren Busse auch nach Mexico City, Villaher-

mosa, Playa del Carmen und Cancún. Gegenüber vom OCC-Busbahnhof starten auf der anderen Straßenseite „Centro"-Combis (8 Mex$) zur Hauptplaza; die Fahrt im Taxi kostet 35 Mex$.

Zahlreiche *colectivos* haben Halteplätze rund 500 m nördlich vom OCC-Busbahnhof am Hwy 190 zwischen der 1a and 2a Calles Sur Poniente; die Sammelgefährte starten, sobald sie voll besetzt sind. Nach San Cristóbal fahren bis 21 Uhr Vans (55 Mex$) und *colectivo*-Taxis (60 Mex$). Es gibt auch Vans nach Ciudad Cuauhtémoc (47 Mex$, bis 20 Uhr), meist mit Zielangabe „Comalapa", und Tuxtla Gutiérrez (95 Mex$, bis 18 Uhr).

Línea Comitán Lagos de Montebello (☎963-632-08-75; 2a Av Poniente Sur 23) betreibt Vans zu den Lagos de Montebello und entlang der Carretera Fronteriza, z. B. nach Laguna Bosque Azul (45 Mex$, 1 Std.) und Tziscao (50 Mex$, 1¼ Std.) mit Abfahrt ist zwischen 3 und 17 Uhr alle 20 Minuten, nach Reforma Agraria (160 Mex$, 4½ Std., 10-mal tgl., 3–14 Uhr) sowie nach Palenque (350 Mex$, 8 Std., 8-mal tgl., 3.30–11 Uhr). Der Fahrplan berücksichtigt nicht die Sommerzeit.

Transportes Tzoyol (☎963-632-77-39; Ecke 4a Av Poniente Sur 1039 & 13a Calle Sur Poniente) betreibt Kleinbusse nach Reforma Agraria (145 Mex$, 8-mal tgl., 2.30–15 Uhr) sowie nach Plan de Río Azul (100 Mex$, 3½ Std., 4-mal tgl., 4.30–14 Uhr), dem Umsteigeknotenpunkt für die Schiffe zur Laguna Miramar. Der Fahrplan richtet sich durchgehend nach der Normalzeit.

Vans und Busse von **Autotransportes Cuxtepeques** (Blvd Belisario Domínguez Sur zw. 1a & 2a Calles Norte Poniente) fahren zur Abzweigung zum Wasserfall El Chiflón am Hwy 226 (35 Mex$, 45 Min., 4–20 Uhr, stündl.).

NACH GUATEMALA

Zwischen Ciudad Cuauhtémoc und Comitán (1½ Std.) verkehren sehr oft *colectivos* (50 Mex$) und gelegentlich auch Busse (65 Mex$). Von Ciudad Cuauhtémoc fahren zwischen 11 und 22 Uhr täglich drei OCC-Busse nach San Cristóbal de las Casas (156 Mex$, 3½ Std.) und weiter. Normalerweise ist man aber schneller, wenn man nach Comitán fährt und

BUSSE AB COMITÁN

ZIEL	PREIS (MEX$)	DAUER (STD.)	HÄUFIGKEIT (TGL.)
Ciudad Cuauhtémoc	120	1½	3-mal
Palenque	368	10	1-mal
San Cristóbal de las Casas	78	2	häufig
Tapachula via Motozintla	300	6	6-mal
Tuxtla Gutiérrez	102–112	3	häufig

dort in ein anderes Verkehrsmittel umsteigt. Weitere (sporadisch angefahrene) Ziele sind u. a. Palenque, Cancún und Tapachula.

Die **mexikanische Einreisebehörde** (Ciudad Cuauhtémoc; ☺ 8–22 Uhr) befindet sich gegenüber vom OCC-Busbahnhof; die Fahrer der *colectivos* gehen im Allgemeinen davon aus, dass Reisende dort abgesetzt werden. Der guatemaltekische Grenzposten liegt 4 km südlich in La Mesilla; mit „Línea" gekennzeichnete Combis (8 Mex$) und Taxis (*colectivo* 15 Mex$, Taxi 50 Mex$) verkehren zwischen beiden Ländern. Banken und Wechselstuben gibt es auf beiden Seiten der Grenze, die von 21 bis 6 Uhr für den Autoverkehr geschlossen ist.

Von La Mesilla bringen einen **Mototaxis** (8 Mex$/5 Q) zum 2.-Klasse-Busbahnhof. Von hier fahren 2.-Klasse-Busse zwischen 6 und 18 Uhr sehr oft nach Huehuetenango (2 Std.) und Quetzaltenango (4 Std.), wo man Anschluss nach Guatemala City hat. Etwa 1 km hinter der Grenze (gleich hinter der Einmündung in den Highway) starten 1.-Klasse-Busse von Línea Dorada (www. lineadorada.info) täglich direkt nach Guatemala City (8 Std.).

In der Stadt gibt's ein **guatemaltekisches Konsulat** (☎ 963-110-68-16; www.minex.gob. gt; 1a Calle Sur Poniente 35, Int 3., 4. Stock, Comitán; ☺ Mo–Fr 9–13 & 14–17 Uhr), das Touristenvisa ausstellt.

Lagos de Montebello

Der gemäßigte Pinien- und Eichenwald an der Grenze zu Guatemala östlich von Chinkultic ist mit über 50 kleinen Seen von unterschiedlichster Farbe übersät, bekannt als Lagos (oder Lagunas) de Montebello. Das Gebiet ist sehr malerisch und friedlich und nach der dampfenden Hitze der umgebenden Urwälder angenehm kühl und erfri-

schend. Die meisten Besucher kommen auf einem Tagestrip von Comitán hierher, aber die Seen sind der ideale Ort, um ein paar friedliche Tage mit Wandern zu verbringen.

☉ Sehenswertes

☉ Laguna de Colores

Vom Ticketschalter des Parks führt eine Straße nach Norden zu den Lagunas de Colores, fünf Seen, deren lebhaftes Farbenspiel zwischen Türkis und Dunkelgrün changiert. Es handelt sich im Einzelnen um die **Laguna Agua Tinta**, die **Laguna Esmeralda**, die **Laguna Encantada**, die **Laguna Ensueño** und um die **Laguna Bosque Azul**; Letztere ist der größte See und befindet sich dort, wo die asphaltierte Straße endet, zur Linken.

☉ Laguna Pojoj & Laguna Tziscao

Bei Tziscao führt ein Weg 1 km nach Norden zu der kobaltblauen Laguna Pojoj mit einer Insel in der Mitte, zu der man leicht hinüberpaddeln kann. Die Laguna Tziscao an der Grenze zu Guatemala kommt 1 km hinter der Pojoj-Abzweigung in Sicht. Die Abzweigung nach **Tziscao** ist noch etwas weiter entfernt. Das nette Örtchen, in dem Chuj gesprochen wird, erstreckt sich bis zum Seeufer.

☞ Geführte Touren

Auf dem Parkplatz an der Laguna Ensueño (und manchmal auch auf dem der Bosque Azul) warten *camiones* (Lastwagen), deren Fahrer drei- bis fünfstündige Touren um

Lagos de Montebello

die Seen für rund 600 Mex$ pro Fahrzeug anbieten; an Werktagen kann es allerdings schwierig sein, eine Gruppe zusammenzubekommen. Einheimische Jungen bieten Reitausflüge zu mehreren Seen an, die auch zu den **Dos Cenotes** (200 Mex$, 2–3 Std.), zwei Dolinen im Wald oder zur (rund 1 Std. entfernten) **Laguna de Montebello** führen. An der Laguna de Monebello bieten weitere Jungen Ausritte zu den Dos Cenotes an.

🛏 Schlafen & Essen

La Esmeralda   HÜTTE $
(☏ Mobil 963-1094329; Hütte 665 Mex$; 🅿 😊)
Die solide gebauten, zweistöckigen Holz-Chalets mit Warmwasser und Fünf-Sterne-Lage (obwohl sie sehr nah aneinander stehen) wirken wie ein niedliches Sommerlager. In jeder Hütte können bis zu fünf Personen übernachten. Vor Ort gibt es auch ein Restaurant (Hauptgerichte 60–85 Mex$), das einfache mexikanische Küche auf die Tische bringt.

Die Anlage befindet sich 500 m östlich der Straße zwischen der Laguna Ensueño und der Laguna Encantada.

Comedores   MEXIKANISCH $
(Gerichte ab 45 Mex$; ☺ 7–15 Uhr) Am Parkplatz der Laguna Bosque Azul bekommt man bei einigen einfachen *comedores* Getränke und einfache Portionen *carne asada* (geröstetes Fleisch) oder Quesadillas; auch an den meisten anderen Seen kann man sich so verpflegen.

➊ An- & Weiterreise

Die befestigte Straße nach Montebello biegt nördlich von La Trinitaria und 16 km südlich von Comitán vom Hwy 190 nach Osten ab. Sie passiert nach 32 km Chinkultic und führt 5 km weiter in den Parque Nacional Lagunas de Montebello. Nach weiteren 800 m kommt ein Tickethäuschen, dort werden 25 Mex$ für den Park fällig. Nun gabelt sich die Straße: Nach Norden fährt man zu den Lagunas de Colores (2–3 km), gen Osten zum Dorf Tziscao (9 km). Nach diesem Dorf wird die Straße zur Carretera Fronteriza und verläuft weiter nach Osten bis Palenque. Die Anreise von Comitán mit öffentlichen Verkehrsmitteln ist einfach, sodass ein Tagesausflug möglich ist. Kleinbusse fahren bis zum Ende der Straße an der Laguna Bosque Azul sowie nach Tziscao und setzen einen auch an den Abzweigungen zum Museo Parador Santa María, nach Chinkultic und zu den anderen Seen ab. Die letzten Fahrzeuge fahren am frühen Abend von Tziscao und der Laguna Bosque Azul nach Comitán zurück.

In San Cristóbal bieten diverse Veranstalter Touren zu den Seen mit einem Besuch des El Chiflón an; bis zum Abendessen ist man wieder zurück.

El Soconusco & Strände

Die fruchtbare Küstenebene von Chiapas ist zwischen 15 und 35 km breit. Ihren Namen Soconusco verdankt sie der sehr abgelegenen Aztekenprovinz Xoconochco aus dem 15. Jh. Hier ist es das ganze Jahr über heiß und feucht, und von Mitte Mai bis Mitte Oktober gibt es starke Regenfälle. Die Sierra Madre de Chiapas mit ihrer üppigen Vegetation ragt steil aus der Ebene auf und ist die perfekte Umgebung für den Anbau von Kaffee, Bananen und anderen Früchten. Oliv-Bastardschildkröten, Grüne Meeresschildkröten und ab und zu auch Lederschildkröten nisten von Juni bis November hier an der Küste. In Puerto Arista, Boca del Cielo, La Encrucijada und Chocohuital/Costa Azul gibt's mehrere Projekte zum Schutz von Schildkröten.

Der endlose Strand und der Ozean sind hier wilder und stürmischer als das Tropenklischee, darum sollte man aufpassen, wo man ins Wasser geht – die Brandung ist häufig rau, und der Rückstrom (bekannt als *canales*) kann einen schnell weit mit hinausziehen. Wer am Strand übernachten will, sollte unbedingt Insektenschutzmittel mitbringen, denn die Sandfliegen können von Mai bis Oktober wirklich nerven.

Tonalá

☏ 966 / 35 000 EW.
Die schwüle, hektische Stadt am Hwy 200 ist der Ausgangspunkt zu den Stränden im nördlichen Teil von El Soconusco. Die Stadt hat nicht wirklich Attraktionen zu bieten, und wenn man nicht gerade sehr spät abends ankommt, gibt es wenig Grund, hier die Nacht zu verbringen.

Es existieren gute Verbindungen zu größeren Städten im Inland, und man kann sich hier mit Bargeld eindecken, bevor man sich zu den nahe gelegenen Stränden wie Puerto Arista (S. 443) aufmacht, da dort keine Geldautomaten vorhanden sind.

◎ Sehenswertes

Iglesia Vieja   ARCHÄOLOGISCHE STÄTTE
(☺ 8–17 Uhr) **GRATIS** Es wird vermutet, dass Iglesia Vieja in der klassischen Periode die regionale Hauptstadt der Zoque war. Die

DER LACANDÓN-URWALD

In Chiapas gibt es wilde, grüne Gegenden, die seit Jahrhunderten dafür sorgen, dass niemand Hunger leiden muss. Aber dieser Reichtum an natürlichen Ressourcen ist auch der Grund für den hiesigen Kampf um Wasser, Holz und Öl- sowie Gasvorkommen.

Die Selva Lacandona (Lacandón-Urwald) im östlichen Chiapas macht nur 0,25 % der Fläche Mexikos aus – dennoch gibt es hier mehr als 4300 Pflanzenarten (ca. 17 % der Pflanzenarten Mexikos), 450 Schmetterlingsarten (42 %), mindestens 340 Vogelarten (32 %) und 163 Säugetierarten (30 %). Unter ihnen finden sich auch so symbolträchtige Tiere wie der Jaguar, der Hellrote Ara, die Albino-Schildkröte, der Tapir und die Harpyie.

Dieser enorme Reichtum an natürlichen Ressourcen und die Artenvielfalt begegnen einem am südwestlichen Ende der Selva Maya. Hier erstreckt sich ein 30 000 km² umfassender Korridor mit tropischem Regenwald von Chiapas durch das nördliche Guatemala bis nach Belize und ins südliche Yucatán. Durch die Rancher, Holzfäller, Ölsuchenden und landlosen Bauern schrumpft der Lacandón-Urwald schnell: Von den etwa 15 000 km² in den 1950er-Jahren sind heute nur noch geschätzte 3000 bis 4500 km² Urwald übrig, und er schwindet jährlich weiter um ca. 5 %. Ganze Scharen landhungriger Siedler haben bis ca. 1960 das nördliche Drittel des Lacandón-Urwalds abgeholzt. In der weiter östlichen Region Marqués de Comillas, die in den 1970er-Jahren besiedelt wurde, sieht es ähnlich verheerend aus, und auch in Las Cañadas zwischen Ocosingo und Montes Azules bietet sich ein solches Bild. Was noch an Urwald vorhanden ist, befindet sich größtenteils in der Reserva de la Biosfera Montes Azules und in der benachbarten Reserva de la Biosfera Lacantún.

In den 1970er-Jahren hat die mexikanische Regierung einen großen Landstrich urkundlich an einige wenige Lacandonen-Familien übertragen. Dies führte zu Spannungen mit den anderen indigenen Gemeinden, deren Ansprüche infolgedessen zurückgestellt wurden. Das Land ist hier auch heute noch umkämpft. Die Lacandonen und ihre Anwälte stellen sich als sehr umweltbewusste indigene Gruppe dar, die ihr Eigentum gegen eindringende Siedler schützen will. Andere im Reservat lebende Gemeinden, die teilweise Zapatistenanhänger sind, werten das Ganze als verdeckte Landbesetzung und als Vertreibung unter dem Deckmantel des Umweltschutzes. Sie argumentieren, dass die Siedler die Wälder nachhaltig nutzen, und unterstellen der Regierung, die traditionellen Pflanzen in den Wäldern für biologische Forschungszwecke (und Patente) ausbeuten zu wollen.

Ruinen waren zwischen 250 und 400 n. Chr. bewohnt. Das hervorstechendste Merkmal ist ihre Megalith-Granit-Bauweise, das beeindruckendste Gebäude ist die namensgebende „Alte Kirche", eine 95 × 65 m messende Pyramide aus Steinblöcken, die jeweils mehr als 1 t wiegen. Die Spitze erreicht man nicht über Stufen, sondern über eine Rampe – Ausschau halten nach dem an der Südseite des Sockels eingeritzten Kreuz!

Ein weiteres besonderes Merkmal sind die vielen antropomorphen und zoomorphen Denkmäler, die hier überall zu finden sind. Die bekanntesten sind der **Sapodrilo** (scheinbar eine Kreuzung aus Kröte und Krokodil) und der **Altar de las Cuatras Caras** (Altar der vier Gesichter).

Nur wenige Besucher machen sich die wirklich geringe Mühe, hierher zu kommen, was den Ruinen eine unheimliche, geradezu geisterhafte Atmosphäre verleiht. Von der ausgeschilderten Ausfahrt bei Km 10 am Highway Tonalá–Arriaga sind es etwa 9 km (30 Min.) Richtung Osten bis zur Stätte. Von Mitte Mai bis November benötigt man einen Geländewagen, weil die letzten 2 km der Straße unterspült sein können. Möglicherweise muss man auch noch ein Stückchen laufen. Es gibt keine öffentlichen Verkehrsmittel hierher.

Der angesehene **Ricardo López Vassallo** (☑ 966-663-01-05, Mobil 966-1042394; rilova36@ hotmail.com), eine herausragende Autorität in Bezug auf archäologische Stätten, lebt in Tonalá und kann den Transport zur Iglesia organisieren.

🛏 Schlafen & Essen

Hotel Galilea HOTEL $

(☑ 966-663-02-39; Hidalgo 138; EZ/DZ 425/ 465 Mex$; P ❄ 🖥) Das sanftgelbe Hotel Galilea mit gutem Preis-Leistungs-Verhältnis hat ein ordentliches Restaurant und saubere, mittelgroße Zimmer mit dunklen Holzmö-

CHIAPAS & TABASCO EL SOCONUSCO & STRÄNDE

SEHENSWERTES RUND UM COMITÁN

Weil hierher einfach nicht so viele Touristen kommen, ist **Chinkultic** (◷ 8–17 Uhr) eine dieser magischen archäologischen Stätten, wo die Atmosphäre genauso fasziniert wie die Geschichte, die in die Steine gemeißelt wurde. Chinkultic war in der spätklassischen Epoche ein regionales Machtzentrum der Maya und könnte wie Tenam Puente noch bis in die Zeit der Postklassik überdauert haben. Von den mehr als 200 Aufschüttungen, die sich über ein großes Gebiet voller spektakulär gelegener Ruinen verteilen, sind nur ein paar freigeräumt, aber es fällt nicht schwer, sich den Rest plastisch vorzustellen.

Die Ruinen verteilen sich auf zwei Gruppen: Am Eingang folgt man zunächst dem nach links führenden Weg, der unterhalb von **E23**, einem der größten, von Pflanzen überwucherten Gebäude von Chinkultic, eine Kurve nach rechts beschreibt. Der Pfad führt nun zu einer grasbewachsenen Plaza mit einigen verwitterten **Stelen**, von denen einige mit Reliefs menschlicher Figuren geschmückt sind, sowie einem Ballspielplatz zur Rechten.

Wieder am Eingang nimmt man den anderen Weg, der zur **Plaza Hundida** (Versunkene Plaza) führt, einen Bach überquert und dann steil zur **Acrópolis** hin ansteigt, einem teilweise restaurierten Tempel auf einem Felsvorsprung, von dem man einen tollen Ausblick über die umliegenden Seen und Wälder und hinunter in einen 50 m tiefen Cenote (Kalksteindoline) hat, in den die Maya Töpferwaren, Perlen, Knochen und Obsidianmesser als Opfergaben geworfen haben.

Vor der Stätte bieten Führer – von denen manche ziemlich sicher eigentlich in der Schule sein sollten – den paar Besuchern ihre Dienste an.

Chinkultic liegt ungefähr 48 km von Comitán entfernt an der Straße zu den Lagos de Montebello. Combis zu den Seen können einen an der Abzweigung absetzen (ab Comitán 50 Mex$); die Stätte befindet sich 2 km weiter nördlich, zu erreichen über eine asphaltierte Zufahrtsstraße.

Man beachte, dass die Anlage von Zeit zu Zeit für Besucher gesperrt ist. Deshalb sollte man unbedingt in der Touristeninformation von Comitán nachfragen (S. 438), bevor man sich auf den Weg macht.

El Chiflón

20 km südwestlich von Comitán stürzen diese mächtigen Wassermassen über eine Felswand 120 m in die Tiefe. In einer Region mit einer Vielzahl beeindruckender Wasserfälle

beln, die für ein gediegenes Ambiente sorgen. Das Haus befindet sich direkt auf dem Hauptplatz.

Restaurant Nora   MEXIKANISCH **$$**
(☑ 966-663-02-43; www.facebook.com/norares taurante; Independencia 10; Hauptgerichte 85–165 Mex$; ◷ Mo–Fr 8–17, Sa bis 14 Uhr) Im Restaurant Nora, einen Block östlich von der Plaza (hinter dem Hotel Galilea), herrscht immer eine ausgelassene, familiäre Atmosphäre. Die Krabben sind hier so etwas wie die Spezialität des Hauses. Wenn man es recht bedenkt, war aber auch genügend Zeit, um deren Zubereitung zu perfektionieren – schließlich gibt es das Lokal schon seit dem Jahr 1864.

ⓘ An- & Weiterreise

Der **OCC-Busbahnhof** (Hidalgo) befindet sich 600 m westlich und der 2.-Klasse-Busbahnhof

von **Rápidos del Sur** (RS; Hidalgo zw. Belisario Domínguez & Iturbide) 250 m östlich der zentralen Plaza. Beide Busunternehmen fahren häufig nach Tapachula (142–318 Mex$, 3–4 Std.), Pijijiapan (82–112 Mex$, 1 Std.) und Tuxtla Gutiérrez (114–202 Mex$, 2½–3 Std.).

Die Sammeltaxis, die nach Puerto Arista (25 Mex$, 20 Min.), Boca del Cielo (70 Mex$, 35 Min.) und Madre Sal (70 Mex$) verkehren, fahren ab der Matamoros zwischen der 20 de Marzo und der Belisario Domínguez, vier Blocks östlich der Plaza und einen den Hügel hinunter. Combis nach Puerto Arista (20 Mex$) starten an der Juárez zwischen der 20 de Marzo und der 5 de Mayo, noch einen Block weiter den Hügel hinunter. Combis nach Madre Sal (45 Mex$) fahren an der 5 de Mayo zwischen der Juárez und der Allende in der Nähe des Markts; die Fahrt mit einem privaten Taxi kostet 300 Mex$. Sammeltaxis nach Pijijiapan (50 Mex$) gibt es an der Hidalgo zwischen der 5 de Mayo und der 20 de Mayo. Die Taxis und Combis fahren bis gegen 19 Uhr.

sind diese hier etwas Besonderes. In der Trockenzeit (ca. Feb.–Juli) bilden die Fälle eine schaumige Linie, und man kann in dem blauen Wasser des Flusses gefahrlos baden. Doch während der Regenzeit färben gewaltige Strömungen den Fluss erdbraun, die Fälle tosen mit hemmungsloser Gewalt, und es baden nur Lebensmüde.

Eine 1 km lange Zufahrtsstraße führt vom Hwy 226 zum Parkplatz, von wo ein guter, 1,3 km langer Fußweg am bewaldeten Flussufer (mit netten Badestellen) entlang zu einer Reihe zunehmend spektakulärer werdender, malerischer Wasserfälle führt. Am Hauptwasserfall Velo de Novia muss man damit rechnen, von der Gischt durchnässt zu werden. Man kann auch an einer Seilrutsche über den Fluss sausen (150 Mex$).

In einem kleinen **Infozentrum** erfährt man (auf Spanisch) Wissenswertes über den Fluss und die Tierwelt in dem Gebiet.

Von Comitán fahren Kleinbusse und Busse von Autotransportes Cuxtepeques (S. 438) stündlich zur Abzweigung nach El Chiflón am Hwy 226 (35 Mex$, 4–20 Uhr, 45 Min.). Dort warten Mototaxis, die einen weiterbefördern. Wer mit dem eigenen Fahrzeug kommt, nimmt vom Pan-American Hwy die Ausfahrt Tzimol, 5 km südlich des Stadtzentrums von Comitán.

Maya-Ruinen Tenam Puente

(50 Mex$; ☉ 8–17 Uhr) Auf dem weitläufigen Gelände dieser Maya-Ruinen gibt es drei Ballspielplätze, eine 20 m hohe Stufenpyramide und andere Gebäude, die sich auf einem bewaldeten Hügel erheben. Tenam Puente war eine von mehreren klassischen Randsiedlungen der Maya in dieser Region, die bis in die nachklassische Periode existiert haben – möglicherweise bis zum Jahr 1200 n. Chr. Die wichtigsten Gebäude wurden komplett restauriert, die kleineren liegen aber noch halb vergraben im Untergrund, was der Stätte in Kombination mit den nur wenigen Besuchern eine nachdenkliche, verträumte Atmosphäre verleiht.

Eine 5 km lange, befestigte Straße zweigt 9 km südlich von Comitán vom Hwy 190 ab und führt nach Westen zur Ausgrabungsstätte. **Transporte Ejidal Tenam Puente** (3a Av Poniente Sur 8) schickt zwischen 8 und 18 Uhr alle 45 Minuten Combis (25 Mex$) dorthin. Das letzte Combi von den Ruinen fährt um 16 Uhr zurück. Ein Taxi hin und zurück (inkl. einer Stunde Aufenthalt) kostet rund 300 Mex$.

Puerto Arista

🏨 994 / 900 EW.

Der am besten erschlossene Strandort im ganzen Bundesstaat befindet sich 18 km südwestlich von Tonalá, präsentiert sich aber als kleines, verschlafenes Fischerstädtchen, wenn man nicht gerade an den Wochenenden, im Sommer oder während der Ferien hierher kommt. Zu besagten Zeiten steigen die Hotelpreise kräftig, und urlaubsbedürftige *chiapanecos* bevölkern den ganzen Ort sowie sämtliche *palapa*-Seafood-Restaurants. Mit Blumen und Bäumen entlang den Straßen und einem strahlend weißen dreistöckigen Leuchtturm im Stadtzentrum ist Puerto Arista ein hübscher, kleiner Ort und genau das richtige Reiseziel für Traveller, die einen entspannten, absolut authentischen mexikanischen Strandurlaub verbringen wollen.

◉ Sehenswertes

Centro de Protección & Conservación de la Tortuga Marina en Chiapas

TIERHEIM

(☉ 10–17 Uhr) GRATIS Während der Eiablagezeit werden an dem 40 km langen Strand im Rahmen eines staatlichen Programms Tausende frisch gelegte Eier der Oliv-Bastard-Schildkröte eingesammelt. Sie werden in geschützten Nestern am Strand aufbewahrt, und wenn die Winzlinge nach sieben Wochen schlüpfen, werden sie freigelassen. Man kann das Schildkrötenzentrum auch besuchen, es liegt etwa 3 km nordwestlich vom Leuchtturm an der einzigen Straße (Taxis kosten 30 Mex$). Wer will, kann auch mit **Nataté** (☎ 967-631-69-18; www.natate.org. mx; Madero 29) in San Cristóbal Kontakt aufnehmen und als Freiwilliger (3500 Mex$/ 8 Tage inkl. einfacher Mahlzeiten & Unterkunft) bei der Strandkontrolle oder der Frei-

CHIAPAS & TABASCO EL SOCONUSCO & STRÄNDE

setzung der Jungtiere helfen. Statt einer Eintrittsgebühr wird um eine Spende gebeten.

🛏 Schlafen

Garden Beach Hotel HOTEL $$
(☎994-600-90-42; www.gardenbeach.mx; Blvd Mariano Matamoros 800; Zi. ab 1000 Mex$; P❊🛜🖥) Jenseits der Straße vom Strand und 800 m südöstlich vom Leuchtturm warten pastellfarbene Zimmer, die schon bessere Zeiten gesehen haben. Aber sie bieten Klimaanlage, Flatscreen-TV und bis zu drei Doppelbetten. Aus den Zimmern oben hat man einen tollen Blick aufs Meer.

Es gibt ein Freiluftrestaurant (Hauptgerichte 120–170 Mex$) am Strand und einen großen Doppel-Pool, bewacht von einem hellgrünen Frosch, der die Größe eines Kleinwagens hat.

❶ An- & Weiterreise

Am Wochenende und in den Ferien pendeln fast ununterbrochen *colectivo*-Taxis zwischen Puerto Arista und Tonalá (25 Mex$, 20 Min.). Werktags wartet man mit großer Wahrscheinlichkeit etwas länger auf ein Transportmittel.

Reserva de la Biosfera La Encrucijada

Das große Biosphärenreservat schützt einen 1448 km^2 großen Streifen mit Küstenlagunen, Sandbänken, Feuchtgebieten, tropischen und zu mancher Zeit überfluteten Wäldern und mit den größten Mangroven des Landes (einige über 30 m). Das Ökosystem ist für Zugvögel eines der wichtigsten Gebiete zum Überwintern und Nisten. Außerdem lebt hier eine der größten Jaguarpopulationen Mexikos. Hinzu kommen Klammeraffen, Schildkröten, Krokodile, Kaimane, Königsboas, Seeadler und jede Menge Wasservögel. Trotz dieser Vielfalt muss man sehr engagiert sein und viel Geduld haben, um einige der Waldbewohner zu sehen. Vögel kann man das ganze Jahr über beobachten, ideal ist aber die Brutzeit von November bis März. Das Reservat erreicht man über die Eingänge in Pijijiapan und Escuintla. *Lancha*-Fahrten führen durch Gebiete mit riesigen Mangroven.

◎ Sehenswertes

◎ Ribera Costa Azul

Die wunderschöne schwarze Sandbank der Ribera Costa Azul (auch Playa Azul genannt) ist ein schmaler, von Palmen gesäumter Landstreifen zwischen dem Ozean und der Lagune, kurz: ein echtes Juwel an der Küste. Man erreicht den Ort vom *embarcadero* in Chocohuital, 20 km südwestlich von Pijijiapan. Campen kann man grundsätzlich kostenlos, aber die Restaurantbetreiber (Seafood 130–150 Mex$) fordern, dass man bei ihnen isst, wenn man auf ihrem Gelände lagert. Außerhalb der geschäftigen Hauptsaison sind viele Lokale und Läden geschlossen. *Lanchas* (einfache Strecke 15 Mex$) bringen Passagiere auf die Sandbank, auch Vogelbeobachtungs- und Mangroventouren lassen sich vereinbaren (320 Mex$ pro Boot & Std.).

Wer nicht campen will, geht von der Anlegestelle in Chocohuital 300 m nach Norden und macht es sich am Pool des Hotels **Refugio del Sol** (☎Mobil 962-6252780; www.refugiodelsol.com.mx; Ribera Costa Azul; Zi. ab 1770 Mex$; P❊🛜🖥) gemütlich.

◎ Embarcadero Las Garzas

Das große, strohgedeckte **Red de Ecoturismo La Encrucijada** (Embarcadero Las Garzas; ◔8–17 Uhr) liegt versteckt zwischen den Sümpfen und Nebengewässern im Herzen des Reservats bei Embarcadero Las Garzas. Die Anlaufstelle für Informationen zu Touren und Unterkünften wird von lokalen Gemeindekooperativen zum Ökotourismus geleitet. Private *lancha*-Touren (1100–1800 Mex$, max. 10 Pers.) zu Stränden und tollen Vogelbeobachtungspunkten in der Gegend lassen sich hier ebenfalls organisieren. *Lanchas* fahren auch zu einer Reihe kleiner Gemeinden, in denen man campen oder in schlichten *cabañas* übernachten kann. In der Siedlung **Barra de Zacapulco** – wo es auch eine Aufzuchtstation für Meeresschildkröten gibt – kann man in der Regel kostenlos campen oder seine Hängematte aufspannen, wenn man bei einem der einfachen *comedores* (Seafood ca. 100 Mex$) isst. Eine Gemeindekooperative vermietet dort sechs sehr einfache, mit Solarstrom versorgte **cabañas** (☎918-596-25-00; Embarcadero Las Garzas; Zi. 500 Mex$) mit Ventilator, Fliegengitter und Bad (kein Warmwasser).

❶ An- & Weiterreise

In Pijijiapan fahren von der 1a Av Norte Poniente 27 zwischen 2a und 3a Poniente Norte stündlich Combis nach Chocohuital (25 Mex$, 40 Min., 5–18 Uhr), um zur Ribera Costa Azul zu gelangen; die letzte Rückfahrt ist um 20 Uhr.

MADRE SAL

Bei **Madre Sal** (✆ Mobil 966-6666147, Mobil 966-1007296; www.elmadresal.com; Manuel Ávila Camacho; Stellplatz 50–100 Mex$, Cabaña 600–800 Mex$; Ⓟ), einem nach einer Mangrovenart benannten Ökotourismusprojekt 25 km südlich von Puerto Arista, kann man sich vom Rauschen der Wellen, die an den schwarzen Sandstrand donnern, in den Schlaf wiegen lassen. Auf einem unberührten, schmalen Landstreifen zwischen einem See und dem Ozean, zu erreichen per *lancha* (25 Mex$) durch die Mangroven, befinden sich ein Restaurant (Gerichte ab 100 Mex$) und einige strohgedeckte *cabañas* mit Doppelbetten und Bad.

Wenn um 23 Uhr der Strom abgestellt wird, sitzen die Gäste im Kerzenschein, während am Himmel die Sterne funkeln und Krebse über den Sand eilen. In der entsprechenden Jahreszeit kommen die Meeresschildkröten an Land, um ihre Eier abzulegen. Der Nachtwächter kann einen wecken, wenn man zuschauen oder mithelfen will, wenn die Eier für die Schildkrötenstation Boca del Cielo eingesammelt werden.

Der Seegang kann zwar heftig werden, aber der Strand ist makellos, und in den Mangroven kann man gut Vögel beobachten, u. a. 13 Reiherarten. Es werden dreistündige *lancha*-Ausflüge angeboten (750 Mex$/Boot, max. 12 Pers.), darunter einer zur Beobachtung von Vögeln und Krokodilen.

Aus Tonalá nimmt man ein Taxi (300 Mex$, Sammeltaxi 70 Mex$) oder ein Combi (45 Mex$) nach Manuel Ávila Camacho; für die Fahrt bis zum *embarcadero* verlangen Combi-Fahrer einen Aufpreis von 5 Mex$ – man kann die fünf Minuten aber auch laufen oder auf einem Motorrad mitfahren (10 Mex$).

Um nach Embarcadero Las Garzas zu kommen, nimmt man am Hwy 200 einen Bus nach Escuintla und dann ein *colectivo* nach Acapetahua (9 Mex$, 10 Min.). Neben dem stillgelegten Bahnhof in Acapetahua fahren Combis zum 18 km entfernten Embarcadero Las Garzas (25 Mex$, 20 Min., bis 17 Uhr alle 30 Min.). Von dort fahren Sammel-*lanchas* zu diversen Gemeinden, u. a. nach Barra de Zacapulco (55 Mex$, 25 Min.). Das letzte Boot von Barra de Zacapulco zurück legt manchmal schon um 16 Uhr ab, und das letzte Combi fährt gegen 17 Uhr von Embarcadero Las Garzas zurück nach Acapetahua.

Region Tapachula

Die meisten Besucher nutzen die Gegend als reine Zwischenstation zwischen Nord-Guatemala und den besser bekannten Sehenswürdigkeiten an anderen Orten Süd-Mexikos, aber man kann der Region durchaus ein paar Tage widmen. Hier wird einer der besten Kaffees Mexikos hergestellt, und einige Kaffeefarmen bieten Touren und Boutiqueunterkünfte. Zu den Highlights in der restlichen Gegend zählen das schöne Dorf Santo Domingo, eine Wanderung in die Wolken auf einen der höchsten Vulkane Mexikos und die Entdeckung wenig bekannter vorkolonialer Ruinen. Die regionale Hauptstadt Tapachula ist unspektakulär, eignet sich aber gut für eine Übernachtung.

Tapachula

✆ 962 / 320 000 EW. / 100 M

Das quirlige Tapachula ist nicht nur Mexikos südlichste Stadt, sondern gilt allgemein auch als „Perle von Soconusco". Dem Spitznamen wird es zwar nicht ganz gerecht, es bildet aber eine interessante Kombination aus städtischem Flair und tropischer Lebendigkeit. Die Stadt ist ein bedeutendes Geschäftszentrum, nicht nur für Soconusco, sondern auch für den Handel über die Grenze nach Guatemala.

In Patachula ist es das ganze Jahr über warm und feucht, und es herrscht geschäftiges Treiben. Die meisten Traveller reisen hier auf dem Weg von oder nach Guatemala lediglich durch, obwohl die Stadt ein guter Ausgangspunkt für den Besuch einiger interessanter Sehenswürdigkeiten in der Nähe ist.

Das Herz der Stadt bildet der große, lebhafte **Parque Hidalgo**. Von hier aus kann man an klaren Tagen den 4100 m hohen Kegel des Volcán Tacaná im Norden sehen. Die imposante **Kathedrale** (⊙ 8–18 Uhr) thront an der Westseite der Plaza.

Ein paar Blocks weiter stellt der **Parque Bicentenario** eine ruhige Oase dar, er ist zwar nicht wahnsinnig attraktiv, aber die Hauptwege säumen plätschernde Brunnen, und es gibt einige schattige Plätzchen zum Verweilen.

Tapachula

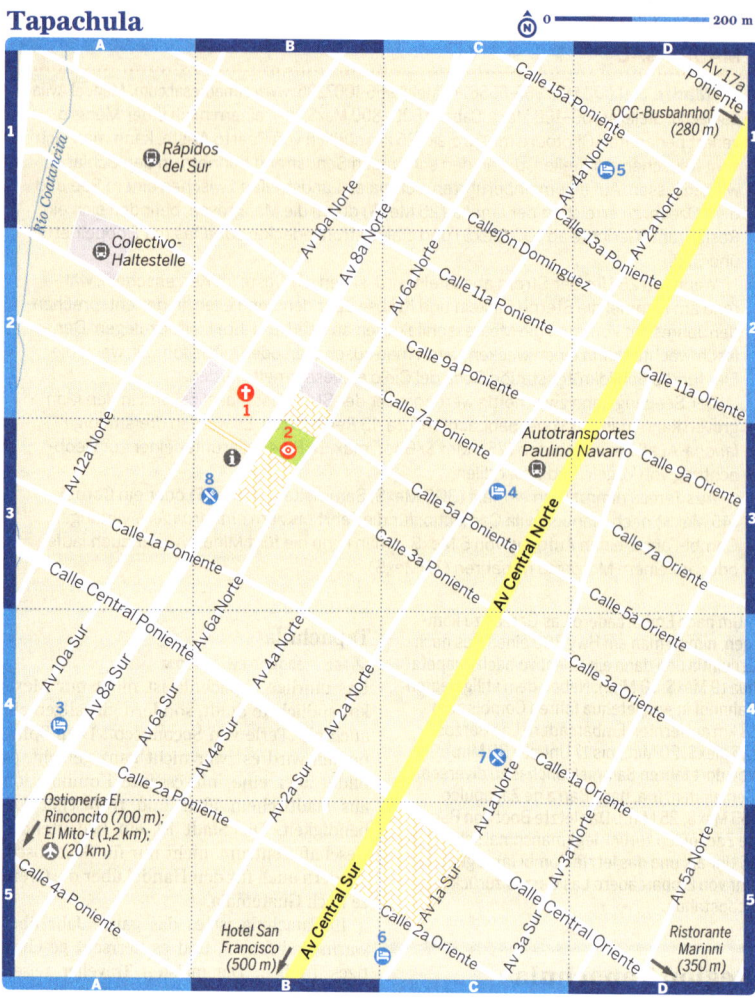

CHIAPAS & TABASCO CHIAPAS

Tapachula

◉ Sehenswertes
1 Kathedrale	B2
2 Parque Hidalgo	B3

🛏 Schlafen
3 Casa Maya Mexicana	A4
4 Hotel Diamante	C3
5 Hotel Mo Sak	D1
6 Suites Ejecutivas Los Arcos	C5

⊗ Essen
7 La Jefa	C4
8 La Parrilla Tap	B3

🛏 Schlafen

Hotel Diamante HOTEL $
(☎ 962-628-50-32; www.hoteldiamante.com.mx;
Calle 7a Poniente 43; Zi. mit Ventilator/Klimaanlage
350/627 Mex$; P ❄ 🛜) Ein eher langweiliges
Hotel, aber die durchschnittlichen Zimmer
sind preiswert und sauber. Die Zimmer
Nr. 12 bis Nr. 16 gewähren Wahnsinnsblicke
auf den Volcán Tacaná.

★ Casa Maya Mexicana BOUTIQUEHOTEL $$
(☎ 962-626-66-05; www.casonamaya.com; Av 8a
Sur 19; Zi. inkl. Frühstück ab 908 Mex$; P 🍴 ❄ @
🛜 ≋) Das mit Wein bewachsene, exquisite
Boutiquehotel huldigt bedeutenden Frauen

in der Geschichte Mexikos. Gäste können unter prächtigen Zimmern wählen, die nach Heldinnen benannt sind, z. B. nach der Menschenrechtlerin und Anwältin Digna Ochoa oder nach der zapatistischen Kommandantin Ramona. Antiquitäten, üppiger Pflanzenbewuchs und allerlei interessante Kunstgegenstände schaffen eine wohltuende, kreative Atmosphäre. Die zehn Zimmer sind über zwei Stockwerke verteilt und rund um einen tropischen bepflanzten Innenhof angeordnet.

Außerdem gibt's eine kleine Bar und ein Restaurant, in dem exzellentes Personal zuvorkommend hervorragende hausgemachte Speisen serviert. Eine rundum wunderbare Unterkunft!

Hotel Mo Sak HOTEL $$

(☎ 962-626-67-87; www.hotelmosak.com; Av 4a Norte 97; EZ/DZ ab 575/640 Mex$; P ☺ ❋ ☏) Das beliebte, moderne Hotel mit gutem Preis-Leistungs-Verhältnis hat große Fenster, riesige Kunstwerke und eine minimalistische Einrichtung. Hilfsbereites, aufmerksames Personal und kostenloser Kaffee am Morgen runden das Angebot ab. Die Zimmer mit Doppelbetten verfügen über Kochnischen.

Suites Ejecutivas Los Arcos HOTEL $$

(☎ 962-625-31-31; www.suitesejecutivasarcos.com; Av 1a Sur 15; EZ/DZ ab 696/814 Mex$; ❋ ☏) Eines dieser bezaubernden künstlerischen Hotels, für die Mexiko bekannt ist: Papierschmetterlinge und echte Pflanzen beleben die Gemeinschaftsbereiche, und verschiedenste Kunstwerke verschönern die Wände. Die Zimmer liegen sehr zentral, sind geräumig und verfügen über Küchenecken und Balkone mit Blick auf den üppigen Garten.

Hotel San Francisco HOTEL $$

(☎ 962-620-10-00; www.sucasaentapachula.com; Av Central Sur 94; EZ/DZ ab 627/796 Mex$; ❋ ☏ ❋) Das große Hotel im Business-Stil südlich des Stadtzentrums garantiert einen guten Schlaf und absoluten Komfort. Die lichtdurchfluteten Zimmer sind geräumig, und das Hotel bietet viele Annehmlichkeiten, etwa den einladenden Garten mit Pool.

 Essen

★ La Jefa MEXIKANISCH $$

(☎ 962-118-17-20; 1a Ave Norte Esquina; Hauptgerichte 80–140 Mex$; ⊙ 12–20 Uhr) Diese klassische *parrillada* ist eine gute Option, um abends mit einer Gruppe von Freunden aus-

zugehen. Riesige Stücke Fleisch brutzeln auf dem Grill, kaltes Bier wird auf die Tische geknallt, Fernseher plärren und ein paar übergroße Holzhühner bewachen die Gäste. Das ist rustikales mexikanisches Speisen, wie es im Buche steht!

Ostionería El Rinconcito SEAFOOD $$

(☎ 962-626-49-13; Hormiguillo 4; Hauptgerichte 50–150 Mex$; ⊙ 9–20 Uhr) Mit dem Taxi geht's zu diesem beliebten, günstigen und fröhlichen Meeresfrüchtelokal, in dem man aus den 17 verschiedenen Shrimps-Gerichten, einem frisch gekochten *róbalo* (Hecht) und dem saisonalen *langosta* (Hummer) wählen kann. Am Wochenende sollte man unbedingt mittags kommen, wenn eine Orgel die Speisenden mit *ranchera*, *cumbia* und *romántica* beglückt. Kinder werden den Kugelfisch, der von der Decke hängt, und das Trampolin lieben.

La Parrilla Tap PARRILLA $$

(☎ 962-118-14-28; Av 8a Norte 14; Tacos & Tortas 25–70 Mex$, Hauptgerichte 70–120 Mex$; ⊙ 7–24 Uhr) In diesem belebten Grill direkt neben der Plaza teilt man sich eine kunstvoll angerichtete herzhafte Platte mit *parrilla*, snackt einen schnellen Taco oder probiert das hausgemachte *pollo con mole* (Hühnchen mit *mole*-Sauce). Verdientermaßen eines der beliebtesten Lokale der Stadt!

El Mito-t MEXIKANISCH $$

(☎ 962-620-02-80; 4 Ave Sur, 133; Hauptgerichte 80–120 Mex$; ⊙ Mo–Sa 13–24, So bis 19 Uhr) Cool: Hier ist man sein eigener Koch – auf gewisse Art. Das El Mito-t ist weithin bekannt für seine Saucen. Von denen bekommt man hier ein Dutzend auf den Tisch gestellt, sobald man sich setzt, und muss nur noch die Tacos und Füllungen dazu aussuchen. Die Garnelen und Calamares sind allseits beliebt.

★ Ristorante Marinni ITALIENISCH $$$

(☎ 962-625-39-97; www.facebook.com/Marinni Ristorante; Av 11a Sur 1; Hauptgerichte 100–200 Mex$; ⊙ Mo–Do 13–23, Fr & Sa bis 24, So bis 19 Uhr) Das italienische Restaurant mit dem eleganten, sanft beleuchteten Speisesaal und einem üppig grünen Hof ist bei den Einheimischen hoch angesehen. Zu den Highlights gehören *tallarines con camarones* (Pasta mit Shrimps), Pizza mit dünnem Boden aus dem Holzofen und das *medallón al balsámico* (Rindermedaillons in Rotwein und Balsamico-Essig). Fürs Wochenende vorab reservieren!

CHIAPAS & TABASCO REGION TAPACHULA

ℹ Praktische Informationen

Banorte (Ecke Av 2a Norte & Calle Central Poniente; ⊙ Mo–Fr 8.30–16.30, Sa 9–14 Uhr) Tauscht montags bis freitags Geld um, und einen Geldautomaten gibt es auch.

Chiapas Divisas (Calle 1a Poniente 13; Mo–Fr 8.30–20.30, Sa bis 18.30, So bis 14.30 Uhr) Wechselstube.

Sanatorio Soconusco (☑ 962-626-35-66; Av 4a Norte 68, bei Calle 11 Poniente) Klinik mit einer rund um die Uhr geöffneten Station für Notfälle.

Touristeninformation (www.turismochiapas. gob.mx/sector/tapachula; Av 8a Norte; ⊙ Mo–Fr 8–16 Uhr) Hilfreiches Büro im Antiguo Palacio Municipal.

ℹ An- & Weiterreise

BUS

Deluxe- und 1.-Klasse-Busse fahren vom **OCC-Busbahnhof** (☑ 962-626-28-81; Calle 17a Oriente, zw. Avs 3a & 5a Norte), 1 km nordöstlich vom Parque Hidalgo, ab. Die meisten Busse 2. Klasse gehören zu **Rápidos del Sur** (RS; ☑ 962-626-11-61; Calle 9a Poniente 62).

Vom OCC-Busbahnhof fahren auch Busse nach Palenque, Puerto Escondido und Villahermosa. Am Hauptschalter werden auch Tickets für die Busse verkauft, die täglich nach Guatemala City (5–6 Std.) tuckern; der Hauptanbieter ist **Tica Bus** (☑ 962-625-24-35; www.ticabus. com; OCC-Busbahnhof, 17 Oriente Esquina), und Abfahrt ist um 7 Uhr (407 Mex$).

Busse von **Trans Galgos Inter** (www.trans galgosintergt.com; OCC-Busbahnhof, 17 Oriente Esquina) und Tica Bus fahren nach San Salvador, El Salvador, (ab 800 Mex$, 9 Std.) über Escuintla in Guatemala. Tica Bus hat einen Fernbus nach Panama City (ab 2670 Mex$), der einige Übernachtungspausen einlegt.

Zu Zielen im westlichen Guatemala wie Quetzaltenango fährt man am besten zur Grenze und nimmt dort einen Bus.

COLECTIVO

An der großen **Colectivo-Haltestelle** (Calle 5a Poniente) sind die meisten regionalen Taxi- und Combi-Unternehmen ansässig. **Autotransportes Paulino Navarro** (☑ 962-626-11-52; Calle 7a Poniente 5) bieten recht antike Combis nach Ciudad Hidalgo (15 Mex$, 50 Min.), die zwischen 4.30 und 22 Uhr alle zehn Minuten starten.

FLUGZEUG

Tapachulas moderner **Flughafen** (☑ 962-626-22-91; Carretera Tapachula-Puerto Madero, Km 18,5; ☎) befindet sich 20 km südwestlich der Stadt. Er ist ziemlich öde und wickelt pro Tag nur drei Flüge von/nach Mexico City mit **Aeroméxico** (☑ 962-626-39-21; Central Oriente 4) und Volaris (www.volaris.com) ab.

ℹ Unterwegs vor Ort

AUTO & MOTORRAD

Tapachulas zwei Autovermietungen haben Fahrzeuge mit Automatik und mit Gangschaltung.

AVC Rente un Auto (☑ 962-626-23-16; www. avcrenteunauto.com; Av Tapachula 2A) Mit Abholservice in der Stadt.

Europcar (☑ Handy 962-1208010; www.europ car.com; Flughafen; ⊙ 9–23.30 Uhr) Online günstiger.

TAXI

Taxifahrten im Zentrum (auch zum OCC-Busbahnhof) kosten 30 Mex$.

Sociedades Transportes 149 (☑ 962-625-12-87) hat einen Schalter in der Ankunftshalle des Flughafens. Die Fahrt vom Flughafen ins Zentrum kostet mit einem *colectivo* 90 Mex$ pro Person, mit einem Taxi 200 Mex$ (max. 3 Pers.). Der Preis gilt auch in umgekehrter Richtung

Nördlich von Tapachula

In den Hügeln nördlich von Tapachula gibt's zahlreiche Kaffee-*fincas* (Farmen), von denen viele vor mehr als 100 Jahren von deut-

BUSSE AB TAPACHULA

ZIEL	PREIS (MEX$)	DAUER (STD.)	HÄUFIGKEIT (TGL.)
Comitán via Motozintla	300	6–7	5-mal OCC
Escuintla	68–114	1½–2	6-mal OCC, sehr häufig RS
Mexico City	792–997	17–18	häufig OCC
Oaxaca	368	13	1-mal OCC
San Cristóbal de las Casas via Motozintla	234–386	7½–8	7-mal OCC
Tonalá	198–318	3–4	sehr häufig OCC & RS
Tuxtla Gutiérrez	209–504	4½–6	sehr häufig OCC & RS

schen Einwanderern gegründet wurden. Heute veranstaltet das Farmpersonal Führungen, und es gibt auch Restaurants und Übernachtungsmöglichkeiten.

🛏 Schlafen

⭐ Finca Argovia
RESORT **$$$**

(☎ 962-621-12-23; www.argovia.com.mx; Zi. 2085–3000 Mex$, Bungalow 3000 Mex$; ⊕ 🛜 🌊) Das tolle Boutiquehotel auf einer noch in Betrieb befindlichen Kaffeefarm hoch in den kühlen, nebligen Hügeln im Norden von Tapachula bietet luxuriöse holzgetäfelte Zimmer. Man kann hier stundenlang in den Hängematten auf den Terrassen schaukeln, in den Gärten Orchideen zählen, informative Kaffeefarmtouren mitmachen und im Spa entspannen. Und es gibt leckeres Essen!

Finca Hamburgo
BUNGALOW **$$$**

(☎ 962-626-75-78; www.fincahamburgo.com; Carr a Nueva Alemania, Km 54; DZ/Suite ab 1780/2780 Mex$; P ⊕ 🛜 🌊) 1888 von deutschen Siedlern gegründet, bietet diese historische Kaffeefarm auf einem Hügel atemberaubende Blicke über die üppige, raue Landschaft (am besten zu genießen mit einer Tasse Kaffee in der Hand in einem Liegestuhl auf der eigenen Terrasse) und Holzhütten mit Busch-Schick – gemütlich, aber nicht überkandidelt. Zusätzlich gibt es noch ein Spa, ein Gourmetrestaurant und Führungen durch Hof und Umgebung.

Die Straße hier hinauf kann holprig sein. Wegen der Schlaglöcher werden Auto und Körper ordentlich durchgeschüttelt.

Izapa

Die kleinen, friedlichen vorkolonialen **Ruinen** (⊗ 9–17 Uhr) GRATIS von Izapa sind in drei Gruppen aufgeteilt. Die nördliche Gruppe (Grupo F) – wenn man von Tapachula kommt, auf der linken Straßenseite – umfasst niedrige, pyramidenförmige Erdhügel, einen Ballspielplatz und mehrere mit Reliefs bedeckte Stelen und Altäre. Zu Grupo A gehören zehn sehr verwitterte Altäre mit Stelen rund um ein Feld. Grupo B besteht aus ein paar graswachsenen Hügeln und weiteren Steinskulpturen, darunter merkwürdige, oben mit Bällen abgeschlossene Säulen.

Izapa hatte seine Glanzzeit von etwa 200 v.Chr. bis 200 n.Chr. Den Stil der Reliefs hier erkennt man am besten auf den großen Steinplatten, die als Stelen bezeichnet werden und hinter runden Altären stehen.

Sie zeigen die Nachkommen der Olmeken-Gottheiten, deren Oberlippen unnatürlich in die Länge gezogen sind. Einige Maya-Monumente in Guatemala sind ganz ähnlich. Izapa wird als eine wichtige „Brücke" zwischen den Olmeken und den Maya angesehen. In Izapa sind 91 Stelen-und-Altar-Paare bekannt.

Die Gruppen A und B liegen etwas entfernt von der nördlichen Gruppe. Um diese zu erreichen fährt man wieder 700 m nach Tapachula zurück und folgt der ausgeschilderten, nach links abgehenden Straße. Nach 800 m erreicht man eine Gabelung mit der Ausschilderung zur Izapa Grupo A bzw. Izapa Grupo B. Diese befinden sich jeweils etwa 250 m weiter und werden von Verwalterfamilien betreut, die für die Besichtigung eine kleine Spende erwarten.

Izapa liegt rund 11 km östlich von Tapachula an der Straße nach Talismán. Für die Hinfahrt aus Tapachula nimmt man ein Combi (16 Mex$) ab der *colectivo*-Haltestelle oder einen beliebigen Bus in Richtung Talismán.

Santo Domingo, Unión Juárez & Volcán Tacaná

☎ 962

Der Kegel des schlafenden Volcán Tacaná (4100 m) überragt nördlich von Tapachula die Landschaft. Selbst wenn man nicht daran interessiert ist, seinen Gipfel zu besteigen, laden die beiden Dörfer, Santo Domingo und Unión Juárez, an seinen traumhaft grünen unteren Hängen zu einem netten Tagesausflug ein. Das kühlere Klima dort ist eine willkommene Abwechslung zum Dampfbad Tapachula. Die Panoramastraße, die nach oben führt, ist kurvig, aber gut befestigt.

◉ Sehenswertes

◉ Santo Domingo

Santo Domingo liegt 34 km nordöstlich von Tapachula inmitten von Kaffeeplantagen. Die umwerfende dreistöckige, hölzerne *casa grande* (großes Haus) aus den 1920er-Jahren wurde restauriert und gehörte früher zusammen mit der Kaffeeplantage deutschen Einwanderern. Jetzt ist das **Centro Ecoturístico Santo Domingo** (☎ 962-625-54-09; 5 Mex$; ⊗ 9–20 Uhr) mit einem Restaurant (Hauptgerichte 60–120 Mex$), einem kleinen Kaffeemuseum mit knarrendem

Fußboden (10 Mex$) und einem gepflegten tropischen Garten mit Pool (10 Mex$; wer hier isst, kann kostenlos ins kühle Nass springen) darin untergebracht.

◉ Unión Juárez

Ca. 9 km hinter Santo Domingo, nachdem man an einigen herrlichen Wasserfällen vorbeigekommen ist, kommt Unión Juárez (2600 Ew., 1300 m) in Sicht, der Ausgangspunkt für die Besteigung des Tacaná und für andere, weniger anspruchsvolle Wanderungen. Die Einwohner von Tapachula lieben es, an den Wochenenden und in den Ferien hier heraufzukommen und sich abzukühlen. Dann baden sie geradezu in *parrillada* (Tellern voll gegrillten Fleischs und einer Portion Gemüse) – einer echten Bedrohung für den Cholesterinspiegel!

 Aktivitäten

Wandern

Die beste Zeit für die Besteigung des Tacaná ist von Ende November bis März. Von Unión Juárez führen zwei Routen den Berg hinauf. Auf keiner braucht man Bergsteigerqualitäten, aber man sollte für beide zwei bis drei Tage einplanen, am besten auch noch Zeit zum Akklimatisieren. Achtung: Oben auf dem Berg ist es extrem kalt! Die weni-

ger steile Strecke ist die über Chiquihuites, das 12 km von Unión Juárez entfernt und mit dem Auto zu erreichen ist. Von dort aus führt ein dreistündiger Marsch nach Papales, wo man gegen eine kleine Spende in Hütten übernachten kann. Der Aufstieg von Papales zum Gipfel dauert etwa fünf Stunden. Die andere Route verläuft über Talquián (zu Fuß etwa 2 Std. von Unión Juárez entfernt) und Trigales (5 Std. von Talquián entfernt). Von Trigales bis zur Spitze ist es eine Klettertour von sechs Stunden. Die beiden Routen treffen sich ein paar Stunden unterhalb des Gipfels. Von beiden hat man Zugang zu Campingplätzen.

Combis bringen Fahrgäste von Unión Juárez in die kleine Stadt Córdoba. Sie liegt etwa auf halber Strecke nach Talquián. Unterwegs kommt man an der Abzweigung nach Chiquihuites vorbei (von dort sind es noch ca. 1½ Std. zu Fuß). Es ist nicht schlecht, sich in Unión Juárez einen Führer zum Tacaná zu nehmen oder sich dort mit einem zu verabreden. Die Casa Morayma vermittelt Führer (etwa 350 Mex$/Tag). Man muss sich drei Tage im Voraus melden.

🛏 Schlafen

Hotel Colonial Campestre   HOTEL **$**
(☎ 962-647-20-15; Unión Juárez; Zi. 380–560 Mex$; 🅿 🛜) Das große, verwinkelte Hotel hat ge-

ℹ GRENZÜBERGÄNGE

Wenn man nicht vom OCC-Busbahnhof einen Direktbus nach Guatemala nimmt, kann man auch zur Grenze fahren und dort in einen Anschlussbus steigen. Von Tapachula sind es 20 km bis zur Landesgrenze in Talismán, das dem guatemaltekischen Grenzort El Carmen gegenüberliegt. Der Grenzübergang zwischen den 37 km von Tapachula entfernten Ciudad Hidalgo und Ciudad Tecún Umán auf der anderen Seite der Grenze in Guatemala ist stärker frequentiert und bietet mehr Anschlussverbindungen. Beide Grenzübergänge sind durchgängig geöffnet und haben Optionen zum Geldwechseln. Aus Sicherheitsgründen und um garantiert einen Anschlussbus zu bekommen, sollte man die Grenze aber bis zum frühen Nachmittag überquert haben. Achtung: An beiden Grenzübergängen drehen Geldwechsler einem gern Falschgeld an.

Combis nach Talismán (18 Mex$, 30 Min., 5–21 Uhr, alle 10 Min.) starten am *colectivo*-Terminal in Tapachula. Von El Carmen aus fahren die meisten Busse, u. a. ca. 20 am Tag nach Guatemala City (7 Std.), zunächst nach Ciudad Tecún Umán und dann weiter über die Strecke am Pazifik. Um nach Quetzaltenango zu kommen, kann man einen beliebigen dieser Busse nehmen und in Coatepeque oder Retalhuleu umsteigen, aber einfacher geht's mit einem Sammeltaxi nach Malacatán, das über San Marcos direkter nach Quetzaltenango fährt. Von dort sucht man sich ein anderes Gefährt für die Weiterreise.

Von Tapachula fahren Combis nach Ciudad Hidalgo (29 Mex$, 50 Min., 4.30–22 Uhr, alle 10 Min.). Jenseits der Grenze in Ciudad Tecún Umán fahren bis gegen 18 Uhr häufig Busse auf der Pazifikroute über Retalhuleu und Escuintla nach Guatemala City (5 Std.). Busse nach Quetzaltenango (3 Std.) verkehren zwischen 5 und 18 Uhr stündlich.

Zum Lago de Atitlán oder nach Chichicastenango kommt man nur über Quetzaltenango.

räumige Zimmer mit Bad, Fernseher und gutem Ausblick (insbesondere aus Zimmer Nr. 26). Vor Ort gibt es auch ein Restaurant (Hauptgerichte 70–120 Mex$; Parrillada für 2 Pers. 250 Mex$). Um die Unterkunft zu finden, einfach nach dem Bogen ein paar Blocks unterhalb der Plaza Ausschau halten. Es lohnt sich außerdem, darum zu bitten, hier den Tunnel und das alte Kino besichtigen zu dürfen!

Casa Morayma · · · · · · · · · · · · · · · HOTEL $$

(☏ 962-122-25-84; www.facebook.com/casamoray ma; Unión Juárez; DZ 600 Mex$; ⊝ 🛜) Das kleine, künstlerische Hotel an der Zufahrtsstraße in die Stadt ist bei Weitem die beste Übernachtungsmöglichkeit in Unión Juárez und besticht durch seinen terracottafarbenen Anstrich sowie durch die Weinreben, die sich an der Außenseite des Gebäudes hochwinden. Die Botanikthematik setzt sich im Inneren der Anlage fort, denn es gibt einen kleinen Wassergarten, helle Blumenmuster und Reisefotos an den Wänden. Das Personal organisiert Tacaná-Treks (ca. 350 Mex$/Tag).

ⓘ An- & Weiterreise

In Tapachula nimmt man am *colectivo*-Terminal ein Combi nach Cacahoatán (20 Mex$, 30 Min.), das 20 km nördlich liegt. Von der Endhaltestelle in Cacahoatán fahren andere Combis nach Santo Domingo (18–20 Mex$, 30 Min.) und Unión Juárez (25 Mex$, 45 Min.).

TABASCO

Es heißt, Tabasco umfasse mehr Wasser als Land. Wenn man sich all die Seen, Flüsse und Feuchtgebiete auf der Karte anschaut, glaubt man das sofort und in der Regenzeit sowieso. Es ist hier eigentlich immer heiß und schwül – etwas weniger nur, wenn man am Golf von Mexiko eine Brise erhascht oder in die südlichen Hügel vorstößt. Traveller, die Villahermosa und die Küstengebiete von Tabasco aufsuchen, sollten beachten, dass es in der Region saisonal zu Überflutungen kommt. Allerdings bleiben ohnehin nur wenige Traveller länger im Bundesstaat Tabasco, als nötig ist, um sich die olmekischen Steinskulpturen in Villahermosas Parque-Museo La Venta anzuschauen. Tabasco liegt nördlich von Chiapas am Golf von Mexiko. Die staatliche mexikanische Ölgesellschaft Pemex unterhält an Land und im Meer umfangreiche Ölförderanlagen.

Villahermosa

✓ 993 / 353 000 EW.

Die große, flache, heiße, feuchte, ölreiche Stadt, in der über ein Viertel von Tabascos Bevölkerung lebt, war nie die „schöne Stadt", die der Name verspricht. Aber was ihr an Schönheit fehlt, macht sie mit ihrer lebendigen Atmosphäre, gastfreundlichen Einwohnern und der besten Auswahl an Hotels und Restaurants in Tabasco wett. Die Stadt ist außerdem ein guter Ausgangspunkt für die Besichtigung vieler Attraktionen in dieser Region.

◉ Sehenswertes

Das Zentrum dieser weitläufigen Stadt, die Zona Luz, erstreckt sich von Norden nach Süden vom Parque Juárez bis zur Plaza de Armas und von Osten nach Westen vom Río Grijalva etwa bis zur Calle 5 de Mayo. Die wichtigsten Bushaltestellen liegen 750 m bis 1 km nördlich des Zentrums.

★ Parque-Museo La Venta · · · PARK, MUSEUM

(http://iec.tabasco.gob.mx; Av Ruíz Cortines; 50 Mex$; ⊙ 8–16 Uhr; 🅿 ♿) Dieser faszinierende Park mit Museum wurde 1958 geschaffen, als wegen der Suche nach Öl die bedeutende antike Olmeken-Siedlung von La Venta im westlichen Tabasco bedroht war. Archäologen brachten die wichtigsten Funde, darunter drei riesige Steinköpfe, nach Villahermosa. Es gibt auch einen Zoo, aber die zugehörigen Gehege sind nicht tierfreundlich und ziemlich deprimierend. Man sollte den Zoo meiden, wenn man den Skulpturenweg entlangläuft.

Im Park stößt man allerdings wieder auf den Zoo, in dem Tiere aus Tabasco und den umliegenden Regionen leben: Katzen wie Jaguare, Ozelots und Jaguarundis, Weißwedelhirsche, Klammeraffen, Krokodile, Königsboas, Pekaris und jede Menge bunte Vögel, darunter Hellrote Aras und Regenbogentukane. Die meisten Leute rauschen hier aber, wie gesagt, lieber schnell durch.

Der **Skulpturenpfad** mit einer informativen, auf Englisch und Spanisch beschrifteten Ausstellung über die Ausgrabungen an den olmekischen Stätten beginnt bei einer gigantischen Ceiba (dem heiligen Baum der Olmeken und Maya). Den 1 km langen Weg säumen Funde aus La Venta. Die eindrucksvollsten sind (in der Reihenfolge, in der man an ihnen vorbeikommt): **Stele 3**, ein bärtiger Mann mit Kopfschmuck; **Altar 5**, eine

RESERVA DE LA BIOSFERA PANTANOS DE CENTLA

Das 3030 km² große **Reservat** (31 Mex$) schützt einen Teil der Feuchtgebiete rund um die unteren Ausläufer der beiden größten Flüsse Mexikos, des Usumacinta und des Grijalva. Die Seen, Sümpfe, Flüsse, Mangroven, Savannen und Wälder sind eine unersetzbare Zuflucht für viele Lebewesen, z. B. den Karibik-Manati und das Beulenkrokodil (beide gefährdet), sechs Schildkrötenarten, Tapire, Ozelots, Jaguare, Brüllaffen, 60 Fisch- und 255 Vogelarten.

Das Besucherzentrum **Centro de Interpretación Uyotot-Ja** (☑913-106-83-90; www.casadelagua.org.mx; Carretera Frontera-Jonuta, Km 12,5; Eintritt 25 Mex$, Reservat 31 Mex$, Bootsfahrt 1000 Mex$; ⊙Di–So 9–17 Uhr), auch „Casa de Agua" genannt, liegt von Frontera 13 km weiter die Straße hinunter in Richtung Jonuta am Río Grijalva. Vom 20 m hohen Aussichtsturm überblickt man den atemberaubenden Zusammenfluss des Grijalva, des Usumacinta und eines dritten großen Flusses, des San Pedrito. Diese Stelle wird Tres Brazos (Drei Arme) genannt. Es werden auch Bootsfahren in die Mangroven angeboten, im Rahmen derer man Krokodile, Leguane, Vögel und mit etwas Glück auch Brüllaffen zu sehen bekommt. Die Monate März bis Mai sind die beste Zeit, um Vögel zu beobachten.

Von Villahermosa fährt man mit ADO-, CAT- und Cardesa-Bussen nach Frontera (in der Nähe der Stelle, wo der Konquistador Hernán Cortés 1519 seinen ersten Kampf gegen indigene Mexikaner führte), von hier aus dauert die Fahrt mit den *colectivos* 15 Minuten bis zum Reservat.

Figur, die ein Kind trägt; **Monument 77**, „El Gobernante", ein sehr mürrisch aussehender, sitzender Herrscher; **Monument 56,** ein Affengesicht; **Monument 1**, der riesige Kopf eines helmtragenden Kriegers; und **Stele 1**, eine junge Göttin (was etwas Besonderes ist, da die Olmeken wohl nicht allzu oft irgendetwas Weibliches dargestellt haben). Harmlose Tiere wie Nasenbären, Eichhörnchen und Mohrenagutis laufen frei im Park herum. Dienstags bis sonntags gibt es ab 20 Uhr eine **Sound-&-Light-Show** (100 Mex$).

Für den Besuch der Anlage sollte man zwei bis drei Stunden einplanen und auf jeden Fall Insektenschutzmittel mitnehmen, der Park liegt nämlich mitten in einem feuchten, tropischen Waldgebiet. Das Parque-Museo La Venta befindet sich 2 km nordwestlich der Zona Luz abseits der Avenida Ruíz Cortines, des Ost-West-Highways, der durch die Stadt führt. Die Fahrt mit dem *colectivo* kostet 30 Mex$.

**Museo Regional
de Antropología** MUSEUM
(http://iec.tabasco.gob.mx; Periférico Carlos Pellicer; 20 Mex$; ⊙Di–So 9–17 Uhr; ℗) Villahermosas ausgezeichnetes regionales Anthropologiemuseum (sogar das schicke moderne Gebäude, in dem es untergebracht ist, ist beeindruckend) besitzt einige erstaunliche Ausstellungsstücke der Kulturen der Olmeken, Maya, Nahua und Zoque in Tabas-

co – darunter auch Tortuguero #6, die berühmte Inschriftentafel, aus der ganz allein die „Voraussage" für den Zeitenwechsel am 21. Dezember 2012 konstruiert wurde, was mal wieder beweist, dass man nicht alles glauben sollte, was man liest! Das Museum befindet sich im CICOM-Komplex, 15 Gehminuten von der Zona Luz entfernt, gleich südlich der Paseo-Tabasco-Brücke.

Museo de Historia Natural MUSEUM
(☑933-314-21-75; Av Ruíz Cortines; 24 Mex$; ⊙Di–So 8–17 Uhr, letzter Einlass 16 Uhr; ℗) Benannt nach Tabascos bekanntestem Naturforscher, zeigt das kleine Museo de Historia Natural eine gute Ausstellung zu Dinosauriern, dem Weltraum, frühen Menschenformen, Ökosystemen und dem Tierleben in Tabasco (alles auf Spanisch beschriftet).

🛏 Schlafen & Essen

Als größere Ölstadt ist Villahermosa gut mit komfortablen Kettenhotels der Mittel- und Spitzenkasse ausgestattet. Die meisten geben bei Online-Buchung und an den Wochenenden deutlichen Rabatt. Einladende Budgetoptionen sind seltener zu finden.

★**Hotel Olmeca Plaza** HOTEL $
(☑993-358-01-02, 800-201-09-09; www.hotelolmecaplaza.com; Madero 418; DZ ab 500 Mex$; ℗⊕✳@🛜🏊) Das Hotel im Zentrum bietet ein gutes Preis-Leistungs-Verhältnis, eine schicke Lobby, einen Freiluftpool und ein

gut ausgestattetes Fitnessstudio. Die Zimmer sind schlicht, aber komfortabel, haben große Schreibtische und zweckmäßige, geräumige Bäder. Im Haus gibt es zudem ein sehr gutes Restaurant. Die Polizei hat ihr Hauptquartier in dem Hotel eingerichtet, weswegen man schwer bewaffnete, maskierte Polizisten auf den Fluren marschieren sieht, was durchaus ein bisschen abschreckend sein kann.

Mision Express
Villahermosa   BUSINESSHOTEL **$**
(☑993-314-46-45; www.hotelesmision.com.mx; Aldama 404; Zi. 330–480 Mex$; ◉❄🛜) Eine gute Option nicht weit entfernt von einer Reihe annehmbarer, günstiger Taco-Stände. An den Wänden der Zimmer hängt heitere mexikanische Kunst, die Betten haben sattrote Gestelle, allerdings hört man den Lärm der Straße – darum unbedingt Ohrstöpsel mitbringen!

⭐One Villahermosa
Centro   BUSINESSHOTEL **$$**
(☑993-131-71-00; www.onehotels.com; Carranza 101; Zi. inkl. Frühstück ab 851 Mex$; ❄🛜) Das große Businesshotel punktet mit aufmerksamem Personal und superzentraler Lage. Die Zimmer sind preisentsprechend groß und komfortabel, aber es fehlt an Liebe zum Detail und Atmosphäre. Doch wer nachts gut schlafen will, findet im Zentrum keine bessere Option.

⭐La Cevichería Tabasco   SEAFOOD **$$**
(☑993-345-00-35; www.facebook.com/laceviche riatabascov; Francisco José Hernández Mandujano 114; Hauptgerichte 120–200 Mex$; ◉Di–Fr 11–18, Sa & So 10–18 Uhr; ❄) Ein herausragendes Meeresfrüchtelokal auf der dem Zentrum gegenüberliegenden Flussseite. Das mit großen Wandgemälden innen und außen und einer freundlichen, nachbarschaftlichen Atmosphäre aufwartende, gut besuchte und leicht chaotische Restaurant serviert Meeresfrüchtegerichte, die so kunstvoll sind, dass man sie am liebsten einfach nur bestaunen würde, statt sie zu essen. Die Tacos mit Speerfischfüllung sind besonders beeindruckend.

⭐Rock & Roll Cocktelería   SEAFOOD **$$**
(☑993-334-21-90; Reforma 307; Hauptgerichte 160–220 Mex$; ◉Mo & Do 7–23, Di & Mi 10–22, So & Fr 11–21, Sa 10–20 Uhr) Ein Hexenkessel aus Hitze, schwirrenden Ventilatoren und plärrenden Fernsehern: Alle kommen wegen der großen und köstlichen Meeresfrüchtecock-

tails (obwohl die *ceviche* und der Meeresfrüchteeintopf auch gut sind) und wegen des billigen Bieres hierher. Das Lokal hat schon 60 Jahre auf dem Buckel und liegt an der Fußgängerzone gegenüber vom Miraflores Hotel. Eine Institution in Villahermosa, wenn es so was hier jemals gab.

La Dantesca   ITALIENISCH **$$**
(☑993-351-51-62; www.facebook.com/LaDantesca; Hidalgo 406, in der Nähe vom Parque Los Pajaritos; Hauptgerichte 100–150 Mex$; Pizza 180 Mex$; ◉13–22 Uhr; ❄) Die Einheimischen strömen in diese muntere Trattoria, um sich mit isgenhafter Pizza aus dem Ziegelofen, hausgemachter Pasta und verboten guten Desserts zu verwöhnen. Die meisten halten sich zwar an die Pizza, aber die Ravioli *verde* mit *requesón* und *jamaica* (eine Art Ricotta und Hibiskusblüten) sind super. Wer den Chefkoch nur ein bisschen ermutigt, bekommt vorgeführt, wie er Pizzaböden herumwirbelt, als würde er Cocktails mixen.

Mar & Co   SEAFOOD **$$**
(☑993-315-05-05; http://marcompany.com.mx; Paseo Tabasco 1011; Hauptgerichte 90–160 Mex$; ◉Mo–Mi 13–22, Do–Sa 13–23.45, So 12–19 Uhr) Etwas ab vom Schuss, aber wegen der ausgezeichneten Meeresfrüchte den Weg absolut wert. Kulinarische Highlights sind etwa Oktopus mit Knoblauch und die köstlichen Muschelgerichte. Die meisten Einheimischen werden darauf bestehen, dass dies das beste Meeresfrüchtelokal der Stadt ist. Das Gebäude, das aus alten Schiffscontainern besteht, die wie Legosteine übereinandergestapelt wurden, ist genauso bemerkenswert wie das Essen.

⭐ Unterhaltung

La Bohemia de Manrique   LIVEMUSIK
(www.facebook.com/bohemiamanrique; Independencia 317; ◉Do–Sa 21–3 Uhr) In dieser Cocktailbar bekommt man am Wochenende tol-

ℹ️ FLUGHAFENBUS NACH PALENQUE

Am Flughafen von Villahermosa gibt's einen praktischen ADO-Schalter (www.ado.com.mx), von dem aus täglich zwischen 7.20 und 21.20 Uhr fast stündlich Kleinbusse nach Palenque (330 Mex$, 2¼ Std.) fahren. Der Fahrplan der Busse vom/zum Aeropuerto Villahermosa findet sich auf der Website.

le Livemusik zu hören. Viele der Künstler spielen hier den Musikstil Trova, der aus der Karibik stammt.

Praktische Informationen

Die meisten Banken haben Geldautomaten und tauschen auch US-Dollar oder Euros um.

HSBC (Ecke Juárez & Lerdo de Tejada; ⊙ Mo–Fr 9–17 Uhr) Die Filiale befindet sich in einer Fußgängerzone.

Oficina de Convenciones y Visitantes de Tabasco (OCV; ☑ 993-316-35-54; www.visite tabasco.com; Paseo Tabasco 1504; ⊙ Mo–Fr 9–15 Uhr) Informationen über den gesamten Bundesstaat.

Touristeninformation (Mina 297; ADO-Busbahnhof; ⊙ Mo–Sa 9–18 Uhr) Der Kiosk am ADO-Busbahnhof hat Karten und nimmt Hotelreservierungen vor.

An- & Weiterreise

BUS & COLECTIVO

Deluxe- und 1.-Klasse-Busse fahren vom **ADO-Busbahnhof** (☑ 993-312-84-22; Mina 297), wo es WLAN und eine rund um die Uhr geöffnete Gepäckaufbewahrung gibt. Er befindet sich 750 m nördlich der Zona Luz.

Die öffentlichen Verkehrsmittel zu den meisten Zielen innerhalb Tabascos fahren von anderen Terminals, die sich in Gehweite nördlich vom ADO-Busbahnhof befinden. Zu diesen gehören der **Cardesa-Busbahnhof** (Ecke Hermanos Bastar Zozaya & Castillo) mit Bussen 2. Klasse und der Hauptbusbahnhof für Busse 2. Klasse, der **Central de Autobuses de Tabasco** (CAT; ☑ 993-312-29-77; Ecke Av Ruíz Cortines & Castillo) an der Nordseite der Avenida Ruíz

Cortines (unbedingt die Fußgängerüberführung benutzen!).

FLUGZEUG

Villahermosas **Aeropuerto Rovirosa** (☑ 993-356-01-57; www.asur.com.mx; Carretera Villahermosa-Macuspana, Km 13) liegt 13 km östlich vom Zentrum abseits des Hwy 186. Aeroméxico ist die größte Fluglinie. Von/nach Villahermosa gibt es täglich Direktflüge.

Aeroméxico (www.aeromexico.com) Fliegt täglich nach Mexico City; viele Auslandsflüge über Mexico City.

Interjet (www.interjet.com.mx) Nach Mexico City.

MAYAir (www.mayair.com.mx) Nach Cancún, Cozumel, Mérida und Veracruz.

TAR (www.tarmexico.com) Nach Mérida und Oaxaca.

United (www.united.com) Nach Houston.

VivaAerobus (www.vivaaerobus.com) Nach Cancún, Mexico City, Monterrey und Guadalajara.

Volaris (www.volaris.com) Nach Mexico City.

Unterwegs vor Ort

Komfortable ADO-Kleinbusse fahren von 6 bis 21 Uhr stündlich zwischen dem Flughafen und dem ADO-Busbahnhof (225 Mex$). Ein Taxi ins Zentrum kostet 280 Mex$. Alternativ läuft man 500 m über den Flughafenparkplatz und steigt am Taxistand Dos Montes in ein *colectivo* (25 Mex$). Diese Sammeltaxis fahren bis zum Markt an der Carranza, ca. 1 km nördlich der Zona Luz.

Colectivos (25 Mex$) bilden das Rückgrat des öffentlichen Nahverkehrs im Stadtzentrum. Man kann eines heranwinken und sich erkundigen, ob

BUSSE AB VILLAHERMOSA

ZIEL	PREIS (MEX$)	DAUER (STD.)	HÄUFIGKEIT (TGL.)
Campeche	524–658	5½–7	häufig ADO
Cancún	624–1086	12½–14½	20-mal ADO
Comalcalco	90	2	sehr häufig Cardesa, 2-mal ADO
Mérida	698–855	8–9½	28-mal ADO
Mexico City (TAPO)	1022–1186	12–13	häufig ADO
Oaxaca	814	13	3-mal ADO
Palenque	140–190	2–2½	22-mal ADO, sehr häufig Cardesa
San Cristóbal de las Casas	466	6–6½	5-mal ADO
Tenosique	194–252	3–3½	11-mal ADO, sehr häufig CAT
Tuxtla Gutiérrez	384–572	4–5	16-mal ADO
Veracruz	610–696	6–8½	häufig ADO

DIE RUINEN VON MALPASITO

Die Maya-Zeremonialstätte **Malpasito** (40 Mex$; ☻ 7–17 Uhr) liegt von einem Dorf mit demselben Namen aus 600 m (ausgeschildert) bergauf. Außer der wunderschönen Lage hat diese wenig besuchte Stätte aus dem 700 bis 900 Jh. beeindruckende Petroglyphen zu bieten. Diese 100 Felsritzungen, die Vögel, Hirsche, Affen, Menschen und Tempel mit Treppen zeigen, sind auf dem Gelände von Malpasito verstreut, etwa zehn von ihnen befinden sich innerhalb der archäologischen Stätte. Die Infotafeln sind auf Spanisch und Englisch.

es in die richtige Richtung fährt, oder man stellt sich in die Schlange an einem Stand vor einem großen Warenhaus oder Nahverkehrsknotenpunkt, wo sachkundige Anweiser einem schnell den besten Weg zum Ziel weisen und einen in das richtige *colectivo* setzen. Der Service ist gratis und Feilschen überflüssig. Fahrten mit einem privaten Taxi durchs Stadtzentrum kosten 50 Mex$.

Comalcalco

📞 933 / 40 000 EW.

Die kleine Stadt Comalcalco, etwa 55 km nordwestlich von Villahermosa, ist ein rauer, flacher, visuell wenig reizvoller Ort. Doch direkt am Stadtrand befindet sich eine schöne, viel zu wenig besuchte Maya-Stätte, die eine der größten Attraktionen von Tabasco darstellt. Comalcalco ist zudem bekannt für die hiesige Kakaoproduktion und kleine Schokoladenfabriken, von denen manche zu besichtigen sind. Alte Monumente und göttliche Schokolade – wie viele Gründe braucht ein Mensch noch, um zu einem lockeren Tagestrip von Villahermosa aus hierher aufzubrechen?

⊙ Sehenswertes

Auch wenn Comalcalco klein ist, hat es doch genügend Attraktionen in Stadt und Umgebung zu bieten, dass sich ein Tagesausflug von Villahermosa (etwas über eine Stunde entfernt) lohnt.

★ **Comalcalco** ARCHÄOLOGISCHE STÄTTE
(📞 933-337-02-74; 55 Mex$; ☻ 8–16 Uhr) Die kleinen, aber beeindruckenden Maya-Ruinen des alten Comalcalco sind von Urwaldbäumen umgeben und werden nicht häufig von Touristen besucht, dabei sind es die westlichsten bekannten Maya-Ruinen. Architektonisch sind sie einzigartig, denn viele der Gebäude wurden aus Ziegeln und/oder Mörtel gebaut, die bzw. den man aus Austernschalen herstellte. Seine beste Zeit hatte Comalcalco zwischen 600 und 1000 n. Chr.,

als es von den Chontals regiert wurde. Für einige weitere Jahrhunderte blieb es ein wichtiges Wirtschaftszentrum und trieb Handel mit einer wahren Fülle vorkolonialer Luxusgüter.

Am Eingang des Komplexes befindet sich ein kleines **Museum** mit einer Reihe von Skulpturen und Schnitzereien von Menschenköpfen, Gottheiten, Glyphen und Tieren wie Krokodilen und Pelikanen.

Nach dem Museum ist das erste Gebäude, das man erreicht, die große mehrstufige Ziegelpyramide **Templo 1**. An ihrem Sockel sind Reste von großen Stucksskulpturen zu sehen, z. B. die Füße einer Riesenkröte mit Flügeln. Weitere Tempel säumen die **Plaza Norte** vor dem Templo I. In der gegenüberliegenden Südostecke des Geländes erhebt sich die **Gran Acrópolis**. Von ihrer Spitze schweift der Blick über ein Dach aus Palmen bis zum Golf von Mexiko. Gegenüber den Acrópolis steht der **Templo V**, eine Grabpyramide, die früher auf allen Seiten mit Stucksskulpturen von Menschen, Reptilien, Vögeln und Meereswesen verziert war. An der westlichen Ecke des Templo V steht der **Templo IX** mit einem Grab, das von neun Stucksskulpturen gesäumt ist, die einen Herrscher von Comalcalco mit seinen Priestern und Höflingen zeigen. Über dem Templo V erkennt man das zerfallene Profil des **El Palacio**. Er hat 80 m lange, parallel verlaufende, gebogene Galerien und war früher wohl die königliche Residenz von Comalcalco. Es gibt Infotafeln auf Spanisch und Englisch. Die Stätte liegt ein paar Minuten zu Fuß nordöstlich vom Stadtzentrum.

Hacienda La Luz PLANTAGE
(📞 933-337-11-22; www.haciendalaluz.mx; Blvd Rovirosa 232; 1-stündige Führung ab 100 Mex$/ Pers.; ☻ Führungen Di–So 9, 11, 13 & 15 Uhr) Hacienda La Luz, eine von mehreren lokalen Plantagen, die vor Ort aus eigenem Kakao Schokolade produzieren, bietet informative Führungen (die Basistour dauert eine Stun-

de, aber es gibt auch längere und detailliertere Touren) durch das schöne Haus, die Gärten und die Kakaoplantage. Man sieht, wie aus Kakaobohnen auf traditionelle Art Schokolade gewonnen wird, und natürlich bekommt man zum Abschluss auch eine Tasse des köstlichen Getränks. Eine Tour auf Englisch sollte man im Voraus buchen.

Die Hacienda liegt nur 300 m von Comalcalcos zentralem Platz, dem Parque Juárez, entfernt. Man läuft die Calle Bosada 250 m nach Westen bis zu ihrem Ende am Blvd Rovirosa, wendet sich nach rechts und erblickt auf der anderen Straßenseite schon die weißen Torpfosten der Hacienda.

 Essen

Im und um den Parque Benito Juarez Garcia herum (ein bisschen westlich auf der Hauptstraße durch die Stadt) gibt es eine Reihe von Taco-Ständen und andere günstige Lokale. In der Nähe der archäologischen Stätte befindet sich auch ein ausgezeichnetes Restaurant.

★ **Cocina Chontal** MEXIKANISCH **$**
(☎ 933-158-56-96; www.facebook.com/nelly.cordovamorillo.5; Ejido Buenavista; Hauptgerichte 80–130 Mex$; ⊙ Mi–So 12–17 Uhr) Dieses reizende Freiluft-Restaurant wird von der überlebensgroßen, traditionell gekleideten Nelly Córdova geführt, die hier halb vergessene traditionelle Gerichte aus Tabasco wieder zum Leben erweckt, darunter einige aus der Maya-Zeit. Außerdem gibt's dicke *moles* mit Schokolade, Truthahn-Eintopf und mit Bohnen und Schweinefleisch gefüllte Bananen. Alles wird auf offenen Holzfeuern gekocht und in Tonschüsseln serviert.

❶ An- & Weiterreise

Häufig verkehren Busse (90 Mex$, 2 Std.) von und nach Villahermosa, die an der Hauptstraße durch die Stadt abfahren.

Oaxaca

Inhalt ➡
Oaxaca de Juárez.......460
Monte Albán...............483
Pueblos
Mancomunados.........495
Puerto Escondido 497
Pochutla....................510
Puerto Ángel 511
Zipolite 512
San Agustinillo............516
Mazunte 518
Bahías
de Huatulco 521
Tehuantepec..............532
Juchitán 533

Gut essen

➡ Casa Oaxaca (S. 477)
➡ Almoraduz (S. 507)
➡ La Providencia (S. 514)
➡ Boulenc Pan Artesano (S. 474)
➡ Restaurante Los Danzantes (S. 477)

Schön übernachten

➡ Heven (S. 514)
➡ Villas Carrizalillo (S. 505)
➡ La Betulia (S. 472)
➡ Quinta Real Oaxaca (S. 473)
➡ Hotel Casa de Dan (S. 502)

Auf nach Oaxaca!

Die besondere Magie des Bundesstaates Oaxaca (wah-*ha*-kah) spüren Mexikaner und Traveller gleichermaßen. Die Bastion der indigenen Kultur ist zugleich die Heimat der lebendigsten Kunsthandwerks- und Kunstszene Mexikos, von bunten, ausgelassenen Festivitäten, einer einzigartigen Küche und diversen Naturschätzen. Die schöne, elegante Kolonialstadt Oaxaca, die reich an Kultur ist, bildet in jeder Hinsicht das Zentrum des Bundesstaates. In den Wäldern der nahen Sierra Norte können Besucher dank erfolgreicher kommunaler Tourismusprojekte inmitten der grünen Berglandschaft wandern, Rad fahren und reiten. Jenseits der zerklüfteten, abgelegenen Bergketten erstreckt sich im Süden Oaxacas tropische Küste mit ihren breiten Sandstränden, der donnernden Brandung des Pazifik, Delfinen, Schildkröten und einigen Strandorten, die jeden begeistern werden: dem Surferparadies Puerto Escondido, dem auf dem Reißbrett geplanten, aber entspannten Bahías de Huatulco und den friedlichen, hübschen Orten Mazunte, Zipolite und San Agustinillo.

Reisezeit
Oaxaca de Juárez

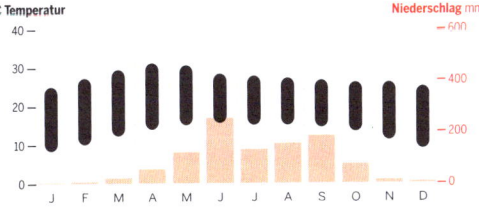

Jan.–März Die trockensten Monate. Viel Betrieb, Top-Wanderzeit in der Sierra Norte.

Juli & Aug. Guelaguetza-Fest in Oaxaca de Juárez und Sommerferienspaß an der Küste.

Ende Okt. & Nov. Día de Muertos in Oaxaca de Juárez, Fiestas de Noviembre in Puerto Escondido.

Highlights

❶ Oaxaca de Juárez
(S. 460) Kultur, Küche, Farben,
Kunst und Mezcal in der Stadt
aus der Kolonialzeit genießen

❷ Zipolite (S. 512) In dem
Traveller-Strandort, einem von

mehreren entspannten Dör-
fern entlang der Küste, relaxen

❸ Puerto Escondido
(S. 497) An den großartigen
Stränden dieser gemächlichen
Stadt surfen

❹ Pueblos Mancomunados
(S. 495) Durch den unwirkli-
chen Nebelwald zwischen den
Bergdörfern wandern

❺ Monte Albán (S. 483) Die
majestätische Lage und die

Tlacotalpan

Santiago
Tuxtla

Catemaco

Laguna de
Catemaco

Golf von Mexiko

Bahía de
Campeche

Laguna
El Carmen

Agua
Dulce

osamaloapan

Coatzacoalcos

Loma
Bonita

Isla

MEX 145

Acayucan

MEX 145D

Minatitlán

Las Choapas

MEX 180D

MEX 180

MEX 847

Veracruz

Río Papaloapan

MEX 175

MEX 147

MEX 179

Zacatepec

▲ Zempoaltépetl
(3400 m)

Ayutla

Oaxaca

Matías
Romero

MEX 185

Río Coatzacoalcos

Río Uxpanapa

Isthmus von
Tehuantepec

Río El Corte

Sierra Atravesada

Niltepec

MEX 190

MEX 195

Jalapa del
Marqués

Presa
Juárez

MEX 185D

Ixtepec

La Ventosa

MEX 190

Tapanatepec

Chiapas

Arriaga

Guiengola

Juchitán

Tehuantepec

Laguna
Superior

Laguna
Inferior

Mar
Muerto

MEX 200

Tonalá

Salina
Cruz

San Mateo
del Mar

MEX 200

Concepción Bamba

Golfo de Tehuantepec

Barra de la Cruz

Bahías de
Huatulco

Ⓝ 0 _____ 50 km

Laguna Ventanilla (handwritten) ♥

von Puerto Escondido → Puerto Ayel = (handwritten)
10 km westl. v. Puerto Ayel + Dorf 1,5h (handwritten)
➤ MAZUNTE (Strand) (handwritten) ♥

geheimnisvolle Architektur der
archäologischen Stätte mit
herrlicher Aussicht bewundern

6 Valles Centrales (S. 483)
Auf den Märkten, Festen und
in den Ateliers in das indigene

Dorfleben dieser kulturell reichen Region eintauchen

7 Chacahua (S. 509) In dem
ruhigen Dorf mit dem Boot
über Lagunen voller Vögel zu
einem tollen Strand fahren

8 Playa Escobilla (S. 505)
Beobachten, wie Schildkröten
zum Nisten ans Ufer kommen

9 Bahías de Huatulco
(S. 521) Das Strandleben mit
allem Komfort genießen

↳ schnorcheln, baden (handwritten)

Geschichte

Die vorkolonialen Kulturen der Valles Centrales (Zentraltäler) von Oaxaca erreichten einen ähnlich hohen Entwicklungsstand wie ihre Pendants in Zentralmexiko. Die Hügelstadt Monte Albán wurde zum Zentrum der Zapoteken, die den Großteil des heutigen Bundesstaats eroberten und von 350 bis 700 n.Chr. ihre Blütezeit erlebten. Ab ca. 1200 gerieten die Zapoteken mehr und mehr unter die Herrschaft der Mixteken aus dem nordwestlichen Hochland Oaxacas. Im 15. und frühen 16. Jh. besiegten die Azteken sowohl die Mixteken als auch die Zapoteken.

Die Spanier mussten mindestens vier Expeditionen entsenden, bis sie sich 1529 sicher genug zur Gründung der Stadt Oaxaca (Oaxaca de Juárez, oft auch Oaxaca City) fühlten. Die indigene Bevölkerung wurde schnell und stark dezimiert, obwohl sie sich bis ins 20. Jh. hinein mehrfach auflehnte.

Benito Juárez, Mexikos großer Reformer und Präsident Mitte des 19. Jhs., war ein Zapoteke aus den Bergen Oaxacas. Ebenfalls aus Oaxaca stammte Porfirio Díaz, der Mexiko von 1877 bis 1910 mit eiserner Faust regierte. Díaz führte die Nation ins Industriezeitalter, förderte bis zum Ausbruch der Revolution (1910) aber auch Korruption und Unterdrückung.

Während der Tourismus heute im Bereich von Oaxaca de Juárez und der Küste blüht, ist das Hinterland weiterhin rückständig. Es besteht immer noch eine tiefe Kluft zwischen reicher Elite (vor allem Mestizen bzw. Menschen gemischter Abstammung) und armer, machtloser Mehrheit (größtenteils indigener Abstammung) in Oaxaca.

OAXACA DE JUÁREZ

📞 951 / 260000 EW. / HÖHE 1550 M

Oaxaca, ein kultureller Koloss, dessen Geschichte, Gastronomie und farbenfrohe indigene Kultur es mit rivalisierenden Städten in ganz Lateinamerika aufnehmen kann, ist eine komplexe Stadt von eindringlicher Schönheit. Ihre majestätischen Kirchen und eleganten Plazas haben Oaxaca zu Recht den Titel einer UNESCO-Welterbestätte eingebracht. Kulturinteressierte kommen her, um ins Mexiko Zapotecs und der kolonialen Legenden einzutauchen. In den hübschen, aber ruhigen Straßen pulsiert das Leben, dessen regionaler Charakter unverfälscht geblieben ist – er zeigt sich in den historischen Boutiquehotels ebenso wie in den Handwerksläden, in denen man den Meistern persönlich begegnen kann, oder in einer gewollt schmuddeligen *mezcalería* (die lokal hergestellte alkoholische Getränke ausschenkt). Doch es sind die Unterströmungen, die Oaxaca ganz besonders interessant machen. Für mexikanische Verhältnisse ist die Stadt recht sicher und attraktiv, aber kleinere politische Proteste haben in den vergangenen Jahren unter der glatten Oberfläche für Bewegung gesorgt. Dies zeigt sich in satirischer Straßenkunst, in alternativen Bars und in den Straßenmärkten, die es schon ewig gibt. Vertraut uns, diese Stadt hat viel mehr zu bieten als hübsche Kirchen.

🔴 Sehenswertes

Oaxacas Reiz beginnt schon mit ihrer Geschichte – seit 1987 ist die Stadt UNESCO-Welterbestätte. Im Stadtzentrum wimmelt es nur so von Kirchen, Galerien, Museen und schönen Grünanlagen. Wer zum ersten Mal hier ist, klappert am besten die Highlights ab.

⭐ Templo de Santo Domingo   KIRCHE

(Ecke Alcalá & Gurrión; ⊙ 7–13 & 16–20 Uhr außer während des Gottesdienstes) Die wunderschöne Kirche ist die prachtvollste der Stadt, dafür sorgen die kunstvoll geschnitzte Barockfassade und der Innenraum voller dreidimensionaler Reliefs mit aufwendig vergoldeten Motiven, die um verschiedene farbenfrohe Figuren angeordnet sind. Am eindrucksvollsten ist die Capilla de la Virgen del Rosario (Rosenkranzkapelle) aus dem 18. Jh. auf der Südseite. Im Kerzenlicht der Abendmesse erstrahlt die gesamte Kirche in einem magisch anmutenden, warmen Licht.

Die Kirche entstand größtenteils zwischen 1570 und 1608 als Teil des städtischen Dominikanerklosters. An ihrem Bau waren die besten Kunsthandwerker aus Puebla und anderen Regionen beteiligt. Wie andere große Gebäude in der von Erdbeben bedrohten Gegend hat Santo Domingo sehr dicke Steinmauern.

Mitten auf der Fassade halten zwei Figuren eine Kirche in ihren Händen. Die rechte davon stellt den spanischen Mönch Santo Domingo de Guzmán (1172–1221) dar, der den Dominikanerorden gründete; sein kunstvoller Familienstammbaum ziert die Decke. Die Dominikaner hielten sich strikt an ihre Grundsätze der Armut, Keuschheit und Ergebenheit. In Mexiko schützten sie die indigene Bevölkerung vor Übergriffen durch andere Kolonisten.

★ Museo de las Culturas de Oaxaca
MUSEUM

(☎ 951-516-29-91; Alcalá; Erw./Kind unter 13 Jahren 70 Mex$/freier Eintritt; ⊙ Di–So 10–18.15 Uhr) Zwei Stunden Zeit? Dann sollten die ein Museum in den schönen Klostergebäuden neben dem Templo de Santo Domingo verbracht werden. Es widmet sich den Kulturen Oaxacas und ist eines der besten Regionalmuseen Mexikos. Die umfassende Ausstellung nimmt die Besucher mit auf eine Reise durch Geschichte und Kultur im Bundesstaat Oaxaca bis in die Gegenwart. Der Fokus liegt dabei auf der Kontinuität zwischen Oaxacas präkolumbischen und heutigen Kulturen in Bereichen wie Kunsthandwerk, Heilkunde und Küche.

Ein prächtiger steinerner Kreuzgang dient als Vorhalle des eigentlichen Museums. Das wertvollste Stück ist der **Mixteken-Schatz** aus Grab 7 von Monte Albán im Raum III (der erste oben rechts). Er stammt aus dem 14. Jh. Die Mixteken nutzten damals ein altes zapotekisches Grab in Monte Albán, um einen ihrer Könige und dessen geopferte Diener zu beerdigen. Als Grabbeigaben fügten sie Unmengen wunderschöner Arbeiten aus Silber, Türkis, Korallen, Jade, Bernstein und Perlen sowie fein geschnitzte Knochen, Kristallkelche, einen mit Türkis bedeckten Schädel und reichlich Gold hinzu. Der Schatz wurde 1932 von Alfonso Caso entdeckt.

Die Säle I bis IV widmen sich der präkolumbischen Zeit, die Säle V bis VIII der Kolonialzeit und die Säle IX bis XIII dem Oaxaca seit der Unabhängigkeit. Der letzte Saal (XIV) beschäftigt sich mit dem Kloster Santo Domingo. Durch die Glastür am Ende des langen Korridors hinter dem Saal IX sieht man den reich verzierten Chor des Templo de Santo Domingo.

Leider ist das Infomaterial des Museums nur auf Spanisch. Es gibt dort aber auch einen guten Buch- und Souvenirladen.

Jardín Etnobotánico
GARTEN

(Ethnobotanischer Garten; ☎ 951-516-79-15; Ecke Constitución & Reforma; 2-stündige Führung auf Englisch od. Französisch 100 Mex$, 1-stündige Führung auf Spanisch 50 Mex$; ⊙ Führungen auf Englisch Di, Do & Sa 11 Uhr, auf Spanisch Mo–Sa 10, 12 & 17 Uhr, auf Französisch Di 17 Uhr) Auf einem ehemaligen Klostergelände hinter dem Templo de Santo Domingo wachsen Pflanzen aus dem ganzen Bundesstaat, u. a. eine verblüffende Vielzahl von Kakteen. Obwohl der Garten erst in den 1990er-Jahren angelegt wurde, zeigt er die ganze faszinierende Artenvielfalt Oaxacas. Er ist nur im Rahmen einer Führung zu besichtigen; Interessierte sollten sich fünf Minuten vor Beginn einfinden.

Zócalo
PLAZA

Der verkehrsfreie *zócalo* im Schatten großer Bäume wird von eleganten *portales* (Arkaden) gesäumt und ist der ideale Ausgangspunkt, um in die Atmosphäre der Stadt einzutauchen. Bei Tag und Nacht ist die Plaza mit Leben erfüllt: Marimba-Gruppen, Blaskapellen und umherziehende Straßenmusiker zeigen zahlreichen Zuschauern ihr Können, Händler bieten hübsche Teppiche und geschmacklose Ballons feil und Liebespärchen ziehen unter den Bäumen ihre gemächlichen Runden, während andere Leute sich in den Straßencafés treffen, etwas trinken und die Szenerie auf sich wirken lassen.

Catedral
KATHEDRALE

(Av de la Independencia 700; ⊙ 8–20 Uhr) Oaxacas aus Naturstein erbaute Kathedrale ist angemessen massiv und alt, spielt aber in dieser Stadt, die so reich an Kultur ist, nur die dritte Geige hinter der Soledad (S. 465) und dem Templo de Santo Domingo. Mit ihrem Bau wurde 1553 begonnen, fertig wurde sie jedoch (nach mehreren Erdbeben) erst im 18. Jh. Sie hat einen prächtigen Standort direkt nördlich vom *zócalo*; die Hauptfassade mit den typischen, geradezu üppigen barocken Steinmetzarbeiten steht an der Alameda.

Palacio de Gobierno
GEBÄUDE

(Plaza de la Constitución) Der Gouverneurspalast der Staatsregierung stammt aus dem 19. Jh. und ist ein Wunderwerk aus Marmor und Wandgemälden am südlichen Rand des *zócalo*. Das große, ochr detaillierte Wandbild (1980) im Treppenhaus von Arturo García Bustos zeigt berühmte Persönlichkeiten aus Oaxaca und Ereignisse der Stadtgeschichte, darunter Benito Juárez nebst Ehefrau Margarita Maza, José María Morelos, Porfirio Díaz, Vicente Guerrero (wurde bei Cuilapan erschossen) und die Nonne Juana Inés de la Cruz, die im 17. Jh. Liebesgedichte verfasste.

Das Gebäude beherbergt außerdem das interaktive **Museo del Palacio** (25 Mex$, So frei; ⊙ Mo 9.30–17, Di–Sa bis 18, So bis 16 Uhr; ⓐ) mit hohem Informationsgehalt. Die ausschließlich auf Spanisch beschrifteten Hauptausstellungen widmen sich u. a. der Evolution, dem vorkolonialen Ballspiel und dem Artenreichtum. Der Schwerpunkt liegt auf Oaxaca, es werden jedoch auch universelle Themen behandelt. Zu sehen ist

Oaxaca de Juárez

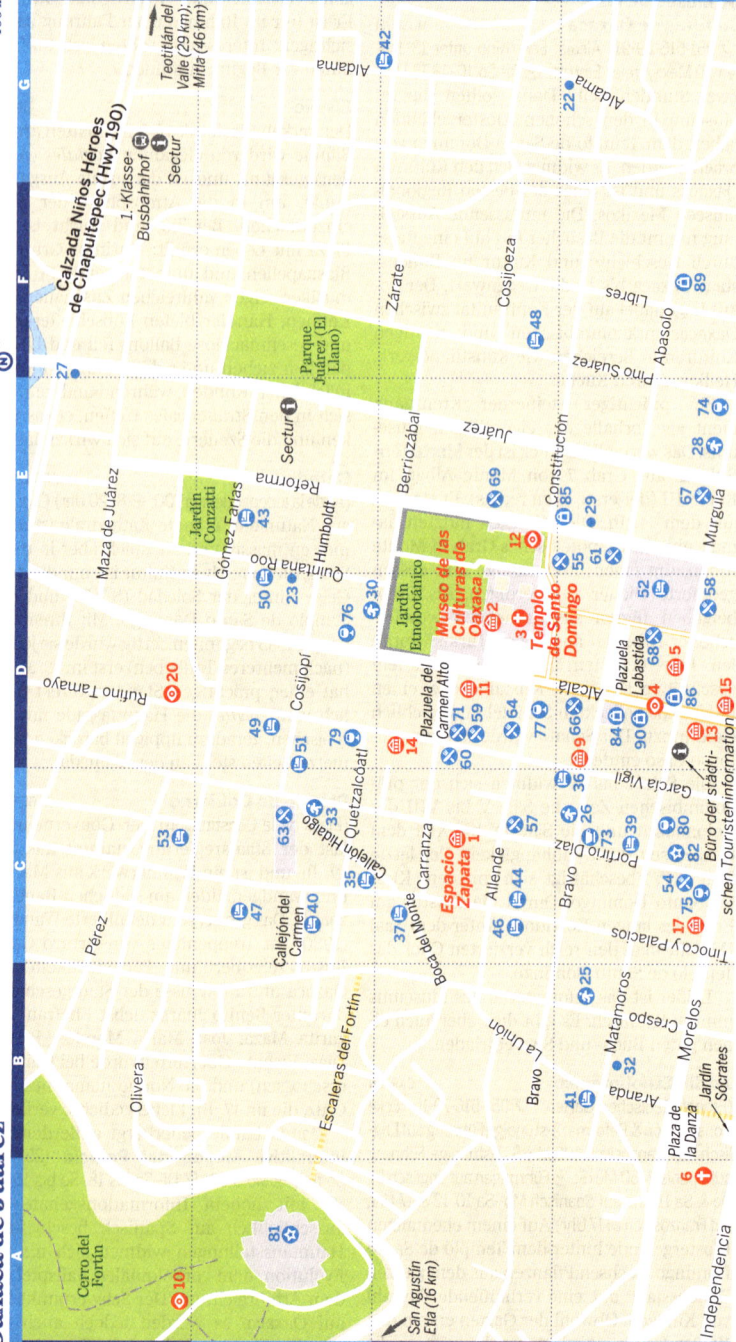

Oaxaca de Juárez

⦿ Highlights
1 Espacio Zapata C3
2 Museo de las Culturas de Oaxaca D3
3 Templo de Santo Domingo D3

⦿ Sehenswertes
4 Andador Turístico D4
5 Arte de Oaxaca D4
6 Basilica de Nuestra Señora de la
   Soledad A4
7 Bodega Quetzalli E5
8 Catedral C5
9 Centro Fotográfico Álvarez Bravo D4
10 Cerro del Fortín A1
   Galería Quetzalli ....(siehe 55)
11 Instituto de Artes Gráficas de
   Oaxaca D3
12 Jardín Etnobotánico E3
13 La Mano Mágica D4
14 Museo Casa de Juárez D3
15 Museo de Arte Contemporáneo de
   Oaxaca D4
16 Museo de los Pintores Oaxaqueños C5
   Museo del Palacio ....(siehe 19)
17 Museo Rufino Tamayo C4
18 Museo Textil de Oaxaca D5
19 Palacio de Gobierno..............................C6
20 Xochimilco Aqueduct D1
21 Zócalo C5

⦿ Aktivitäten, Kurse & Touren
22 Alma de Mi Tierra....................................G4
   Becari Language School
   (Bravo) ....(siehe 26)
23 Becari Tonatzin Language School........ D2
24 Bicicletas Pedro Martínez B6
25 Centro de Esperanza Infantil B4
26 Expediciones Sierra Norte....................C4
27 Fundación En Vía F1
28 Horseback Mexico E4
   Instituto Cultural Oaxaca..........(siehe 27)
29 La Casa de los Sabores........................E4
30 Mundo Ceiba D2
31 Ollin Tlahtoalli..D8
32 Spanish Immersion School B4
33 Tierraventura C2
   Turismo El Convento..................(siehe 52)

🛏 Schlafen
34 Azul Cielo E7
35 Casa Ángel C2
   Casa de las Bugambilias ....(siehe 29)
36 Casa Oaxaca C4
37 El Diablo y la Sandía (Boca del
   Monte) C3
38 El Diablo y la Sandía (Libres) F5
39 Hostal de las Américas C4
40 Hostal Pochón C2
41 Hotel Azucenas B4
42 Hotel Casa Arnel G3

zudem die wohl größte Tortilla der Welt in Form einer 300 kg schweren *tlayuda*, die Enrique Ramos mit Szenen aus Mexikos Geschichte schmückte.

Andador Turístico
STRASSE

Die wundervolle Calle Alcalá (seit den 1980er-Jahren verkehrsfrei) ist historisch, romantisch, würdevoll und sicher – und sie verkörpert das Wesen Oaxacas. Die Straße verläuft von der Kathedrale nordwärts zum Templo de Santo Domingo und wird von typischen Steinhäusern aus der Kolonialzeit gesäumt, in denen sich heute Kunsthandwerksläden, Galerien, Museen, Cafés und Bars befinden. Hier kann man zu jeder Tageszeit wunderbar spazieren gehen, abends ist es aber besonders stimmungsvoll.

Museo Rufino Tamayo
MUSEUM

(📷 951-516-47-50; Morelos 503; 90 Mex$; ⊙ Mo & Mi–Sa 10–14 & 16–19, So 10–15 Uhr) Dieses selbst nach den hohen Standards Oaxacas erstklassige Museum präsentiert eine erstaunliche Sammlung vorspanischer Kunst, die der berühmteste Künstler der Stadt, Rufino Tamayo (1899–1991), gespendet hat. Es verfolgt die künstlerischen Entwicklungen in der Zeit vor der Kolonialisierung und wartet mit einigen ungewöhnlich schönen Stücken auf. Gezeigt werden die Exponate in farblich markierten Vitrinen mit Hintergrundbeleuchtung in mehreren ruhigen, übersichtlichen Räumen, die rund um einen bezaubernden Innenhof aus dem 17. Jh. liegen.

Die Figurinen, die teilweise bis auf das Jahr 1250 v.Chr. zurückgehen, stammen aus Stätten in ganz Mexiko und werden in erster Linie als Kunstwerke und nicht als archäologische Funde präsentiert.

★ Espacio Zapata
GALERIE

(Porfirio Díaz 509; ⊙ 10–18 Uhr) **GRATIS** In einer Stadt voller provokativer grafischer Kunst ist dieses Atelier mit Galerie einer der führenden Unruhestifter. Die Galerie wurde 2006 vom Kunstkollektiv Asaro (Asamblea de Artistas Revolucionarios de Oaxaca) gegründet, und hier wird nie lange ausgeruht: Es werden ständig wechselnde Events, Diskussionsrunden, Workshops und Ausstellungen veranstaltet. Selbst das Wandbild an der Fassade wird regelmäßig übermalt.

Ins Espacio Zapata kann man einfach hereinschneien, sich umsehen, sich unterhalten, im Hofcafé einen Snack verputzen

43 Hotel Casa Conzatti E2
44 Hotel Casa del Sótano C3
45 Hotel La Casa de María E5
46 Hotel Las Golondrinas C3
47 La Betulia C2
48 La Casa de Mis Recuerdos...................F3
49 La Casona de Tita D2
50 Ollin Bed & Breakfast............................D2
51 Posada Don Mario..................................D2
52 Quinta Real Oaxaca...............................D4
53 Un Sueño Valle de Huajes C1

🍴 Essen
54 Boulenc Pan Artesano...........................C4
   Cafe El Ágora de Jalatlaco ....(siehe 42)
55 Casa Oaxaca E4
56 Cenaduría Tlayudas Libres F5
57 Gourmand C3
58 Jaguar Yuú D4
59 La Biznaga...D3
   La Olla ....(siehe 29)
60 La Popular D3
61 Los Pacos E4
62 Mercado 20 de Noviembre C7
63 Mercado Sánchez Pascuas C2
64 Pitiona..D3
65 Restaurante Catedral C5
66 Restaurante Los Danzantes D4
67 Tastavins E4
68 Tobaziche...D4

69 Vieja Lira E3
70 Xuncu Choco B5
71 Zandunga D3

🍷 Ausgehen & Nachtleben
72 Café Brújula D5
73 Café Café C4
74 Candela..E4
75 In Situ C4
76 La Mezcalerita C4
   La Santísima Flor de Lúpulo......(siehe 57)
77 Los Amantes D3
78 Mayordomo C7
79 Sacapalabras D2
80 Txalaparta..C4

🎭 Unterhaltung
81 Auditorio Guelaguetza A2
   Guelaguetza Show....................(siehe 52)
82 La Nueva Babel C4
83 Teatro Macedonio Alcalá......................D5

🛍 Shoppen
84 Amate Books D4
85 El Nahual..E4
86 Huizache D4
87 La Casa del Rebozo D5
88 Mercado Juárez C6
89 Unión de Palenqueros de Oaxaca F4
90 Voces de Copal, Aullidos del Alma D4

oder ein T-Shirt mit der Aufschrift „Ciudad Revolucionario de México" kaufen.

Basilica de Nuestra Señora de la Soledad
BASILIKA
(Independencia 107; Eintritt gegen Spende; ⊘Museum Di–So 9–14 & 15–19 Uhr) An bedeutenden Kirchen herrscht in Oaxaca kein Mangel, doch die Soledad ist die Lieblingskirche vieler Einheimischer. Die originale Barockfassade stammt von 1690, das dekorative Innere mit Goldelementen, das über dem Altar besonders kunstvoll ist, wurde dagegen im späten 19. Jh. geschaffen. Außerordentlich hübsch sind die acht Skulpturen von Engeln, die einen Kerzenleuchter halten. Lohnend ist auch das kleine **Museum** auf der Rückseite mit viel farbigem Glas, religiösen Gemälden und Darstellungen der Nuestra Señora de la Soledad (Unserer lieben Frau der Einsamkeit).

Museo de Arte Contemporáneo de Oaxaca
MUSEUM
(MACO; ☎951-514-10-55; www.museomaco.org; Alcalá 202; 20 Mex$, So frei; ⊘Mi–Mo 10.30–20 Uhr) In einem wundervoll sanierten Kolonialgebäude wird erstklassige moderne Kunst gezeigt.

Museo Casa de Juárez
MUSEUM
(☎951-516-18-60; www.museocasajuarez.blogspot.com.es; García Vigil 609; 50 Mex$; ⊘Di–So 10–19 Uhr) Das schlichte Haus des Buchbinders Antonio Salanueva, der in seiner Jugend den großen mexikanischen Anführer des 19. Jhs., Benito Juárez, unterstützte, ist inzwischen ein interessantes kleines Museum. Neben der noch erhaltenen Buchbinderei sind Erinnerungsstücke an Benito und historische Gegenstände zu sehen.

Museo Textil de Oaxaca
MUSEUM
(☎951-501-11-04; www.museotextildeoaxaca.org.mx; Hildago 917; ⊘Mo–Sa 10–20, So bis 18 Uhr) **GRATIS** Dieses Textilmuseum fördert mit Ausstellungen, Workshops, Filmen, Präsentationen und einer Bibliothek Oaxacas traditionelles Textilhandwerk. Zu sehen sind ausgewählte, thematisch sortierte Exponate aus der rund 5000 Stücke umfassenden Sammlung von Textilien aus Oaxaca und der Welt; viele davon sind über 100 Jahre alt. Es gibt hier auch einen hervorragenden Kunsthandwerksladen.

Mittwochs um 17 Uhr finden einstündige Führungen (10 Mex$) auf Englisch und/oder Spanisch statt (ab 5 Pers.).

OAXACA OAXACA DE JUÁREZ

ZEITGENÖSSISCHE KUNST IN OAXACA

Von den Kunstzentren Mexikos mag Mexico City die meisten und angesagtesten Galerien und Monterrey die eindrucksvollsten Vernissagen bieten, doch nur in Oaxaca gibt es eine solche Ballung von Talent, Innovation und Galerien auf kleinem, gut zugänglichem Raum.

Freude an Farbe und Licht, eine traumartige Atmosphäre und Bezüge zur indigenen Mythologie sind das Markenzeichen der Kunst Oaxacas. Zwei Künstler legten den Grundstein für die heutige Schaffensblüte: der große Muralist Rufino Tamayo (1899–1991) und der europäisch beeinflusste Francisco Gutiérrez (1906–1945). Drei Künstler führten die nächste Generation an: Die farbenfrohe Kunst des aus Ocotlán stammenden Rodolfo Morales (1925–2001) ist mit ihren kindhaften Engelsfiguren tief in den Mythen der Region verwurzelt. Rodolfo Nieto (1936–1985) bevölkerte seine Werke mit lebhaften Fantasietieren und Figuren aus Träumen. Der aus Juchitán stammende Francisco Toledo (geb. 1940) arbeitet in vielen Medien; oft stehen groteske Ungeheuer im Zentrum seiner Werke. Er ist auch heute ein aktiver Teilnehmer am Kulturleben in Oaxaca.

Workshops für junge Künstler, die Tamayo in den 1970er-Jahren organisierte, förderten Talente wie Abelardo López, Ariel Mendoza und Alejandro Santiago. Die Arbeiten dieser Künstler sind sehr vielgestaltig, aber indigene Bezüge und eine traumartige Stimmung sind in vielen zu finden. Ein wichtiger zeitgenössischer Künstler ist Sergio Hernández, dessen grenzenlose Fantasie das Figurative mit dem Abstrakten und Fantastischen verschmilzt. Künstler wie Demián Flores, Soid Pastrana und Guillermo Olguín, die um die Jahrtausendwende auf die Bühne traten, wenden sich gegen Repräsentation und „Folklorismus" – zugunsten von Postmodernismus, Videokunst und grafischen Kompositionen voller Symbolik, die zum Nachdenken anregen sollen.

Die besten Museen & Galerien

Museo de Arte Contemporáneo de Oaxaca (S. 465) Zeigt Ausstellungen erstklassiger moderner Kunst aus Mexiko und dem Ausland.

Museo de los Pintores Oaxaqueños (MUPO, Museum der Maler Oaxacas; ☎951-516-56-45; www.museodelospintores.blogspot.co.uk; Independencia 607; 20 Mex$, So frei; ⊙Di–So 10–18 Uhr) Ausstellungen von Kunst aus Oaxaca und anderswo – nicht selten provokant und modern.

Arte de Oaxaca (☎951-514-09-10; www.artedeoaxaca.com; Murguía 105; ⊙Mo–Fr 11–15 & 17–20, Sa 11–18 Uhr) GRATIS Die kommerzielle Galerie zeigt eine große Bandbreite hochwertiger Kunst; ein Raum ist den Arbeiten von Rodolfo Morales gewidmet.

Centro Fotográfico Álvarez Bravo (☎951-516-98-00; www.cfmab.org; Bravo 116; ⊙Mi–Mo 9.30–20 Uhr) GRATIS Diese Fotogalerie mit Schwerpunkt auf provokanter Sozialkritik zeigt kuriose und wunderbare Arbeiten internationaler Fotografen.

Galería Quetzalli (☎951-514-26-06; Constitución 104; ⊙Mo–Sa 10–14 & 17–20 Uhr) GRATIS Die führende kommerzielle Galerie vertritt z. B. Francisco Toledo und Guillermo Olguín. Der zweite Ausstellungsort, die **Bodega Quetzalli** (Murguía 400; ⊙wechselnde Öffnungszeiten), ist nah.

Instituto de Artes Gráficas de Oaxaca (IAGO, Institut für grafische Kunst Oaxaca; ☎951-516-69-80; www.institutodeartesgraficasdeoaxaca.blogspot.com; Alcalá 507; ⊙9.30–20 Uhr, So Bibliothek geschl.) GRATIS Ausstellungen grafischer Kunst und eine tolle Kunstbibliothek.

La Mano Mágica (☎951-516-42-75; Alcalá 203; ⊙Mo–Sa 10.30–15 & 16–20 Uhr) In dieser kommerziellen Galerie, die vom Meisterweber Arnulfo Mendoza (1954–2014) aus Teotitlán del Valle gegründet wurde, findet man Kunst von führenden Persönlichkeiten wie Tamayo, Morales und Hernández sowie eine kleine, aber feine Auswahl an Kunsthandwerk.

Espacio Zapata (S. 464) Ein Künstlerkollektiv, in dessen Galerie revolutionäre Kunst, oft mit politischem Bezug, gezeigt wird.

Aquädukt Xochimilco WAHRZEICHEN

Direkt nordwestlich des historischen Zentrums stößt man auf die Bögen dieses Aquädukts aus dem typischen grünen Naturstein, der über die gesamte Calle Rufino Tamayo verläuft. Er wurde zwischen 1727 und 1751 erbaut und brachte frisches Trinkwasser vom Berg Cerro de San Felipe ins Stadtzentrum. Bis 1940 erfüllte der Aquädukt seine Aufgabe, dann wurde er durch ein moderneres, wenn auch architektonisch weniger elegantes System ersetzt.

Cerro del Fortín BERG

Der Berg, der über Oaxaca wacht, lockt mit Treppen, Statuen, einem Park und natürlich mit einer tollen Aussicht zu einem strammen Lauf oder Spaziergang am frühen Morgen. Los geht's am Fuß der **Escaleras del Fortín**, einer breiten Treppe, auf der sich jeden Morgen viele Einheimische tummeln. Oben geht es durch eine mit Wandbildern bemalte Unterführung zum Auditorio Guelaguetza (S. 469); daneben steht eine noble **Statue von Benito Juárez**, der die zu seinen Füßen liegende Stadt bewundert, die ihren Anteil an seiner Entwicklung hatte.

Weiter oben führt eine unbefestigte Straße zwischen Bäumen hindurch zu einem Planetarium, einem Observatorium und dahinter zu Sendemästen und einem christlichen Kreuz. Den oberen Teil des Berges sollte man in der Dämmerung und nach Einbruch der Dunkelheit aber besser meiden.

Aktivitäten

★ Mundo Ceiba RADFAHREN

(☏ 951-192-04-19; Berriozábal 109; ◷ 8–23 Uhr) Oaxacas Fahrradfahrertreff befindet sich in einer großen Garage mit eigenem Café und spielt eine entscheidende Rolle bei der Organisation der Paseos Nocturnos en Bicicleta (S. 480), einer kostenlosen kommunalen Radtour, die an vier Abenden der Woche durch die gepflasterten Straßen des Stadtzentrums führt. Leihräder für diese oder andere Touren kosten 70 Mex$ pro acht Stunden, Tandems 120 Mex$.

★ Tierraventura OUTDOOR-AKTIVITÄTEN

(☏ 951-501-21-96; www.tierraventura.com; Porfirio Díaz 719; Tagestouren 950–1600 Mex$/Pers., Mehrtagestouren 1500–1600 Mex$/Tag; ◷ Mo–Fr 10–14 & 16–18 Uhr) Tierraventura wurde 1999 von einem schweizerisch-deutschen Paar gegründet und ist das Gegenstück zu den anderen Tourveranstaltern. Es bietet Ausflüge zu wenig besuchten Orten, die, wann immer möglich, von lokalen Guides begleitet werden.

Expediciones Sierra Norte OUTDOOR-AKTIVITÄTEN

(☏ 951-514-82-71; www.sierranorte.org.mx; Bravo 210A; ◷ Mo–Fr 9–19.30, Sa bis 14 Uhr) ✈ Die besten Outdoor-Abenteuer Oaxacas erlebt man in den Bergdörfern der Pueblos Mancomunados, wo dieser gemeindebetriebene Veranstalter ein gutes Wegenetz, komfortable *cabañas* (Hütten), Tourleiter, Reitpferde und einen Fahrradverleih bietet. Dieses Büro in der Stadt hat jede Menge Infos (darunter auch eine nützliche Orientierungskarte; 50 Mex$) und einige englischsprachige Angestellte. Selbstverständlich kann man hier auch Reservierungen für all die oben genannten Angebote vornehmen.

Horseback Mexico REITEN

(☏ Mobil 951-1997026; www.horsebackmexico.com; Murguía 403; ◷ So–Fr 11–18 Uhr) Der erfahrene, passionierte Anbieter unter kanadischamerikanischer Leitung lockt mit Abenteuern hoch zu Ross in allen Schwierigkeitsgraden. Ein zweistündiger Ritt auf einem Araber oder einem mexikanischen Criollo in der Landschaft rund um die hauseigene Ranch im 15 km östlich der Stadt gelegenen Rojas de Cuauhtémoc kostet 70 US$ pro Person inklusive Hin- und Rückfahrt ab Oaxaca.

Kurse

Sprachkurse

In Oaxaca gibt es zahlreiche gute, professionelle Sprachschulen, die Kurse für Kleingruppen verschiedener Leistungsstufen anbieten und dabei meistens die aktive Kommunikation in den Mittelpunkt stellen. Bei den meisten kann man immer montags einsteigen, bei manchen auch an jedem anderen Tag. Auf Wunsch gibt's fast überall auch Einzelunterricht, Freiwilligenjobs und Zusatzoptionen wie Tanz- oder Kochkurse, Ausflüge und *intercambios* (Treffen mit Einheimischen zwecks Sprachübungen). Wer mit anderen Studenten zusammenkommen will, hält sich besser an die größeren Schulen. Eventuell fallen Extrakosten für Anmeldung bzw. Einschreibung, Lehrbücher und Unterrichtsmaterialien an.

Die Sprachschulen können auch die Unterkunft bei Gastfamilien oder in Hotels, Ferienwohnungen oder Studentenwohnheimen vermitteln. Die Unterkunft bei einer Gastfamilie mit eigenem Zimmer kostet normalerweise etwa 20/25/29 US$ pro Tag inklusive 1/2/3 Mahlzeiten.

★ **Ollin Tlahtoalli** SPRACHE
(☎ 951-514-55-62; www.ollinoaxaca.org.mx; Ocampo 710; 15/20 Wochenstunden 150/186 US$) ✐ Dies ist nicht einfach eine Sprachschule – hier lernt man viel mehr als nur die Konjugation spanischer Verben. Ollin bietet auch Kurse zur mexikanischen Revolution, lateinamerikanischen Wirtschaft, mexikanischen Literatur und topaktuellen Straßenkunst. Am besten bespricht man seine Wünsche am Telefon oder per E-Mail, die Mitarbeiter sind extrem freundlich und flexibel.

Spanish Immersion School SPRACHE
(☎ Mobil 951-1964567; www.spanishschoolinmexico.com; Matamoros 502; Unterricht pro Stunde 12 US$) Diese Schule nutzt die neue Methode des Einzelunterrichts in Cafés, Parks, Bibliotheken, Privatunterkünften oder unterwegs während des Besuchs von Märkten, Museen und Galerien. Die Zeiten sind flexibel, man kann zwischen drei und acht Stunden täglich Unterricht nehmen (solange wie man eben möchte) oder einen Lehrer nur für einen Tagesausflug engagieren.

Instituto Cultural Oaxaca SPRACHE
(ICO, ☎ 951-515-34-04; www.icomexico.com; Juárez 909; 15/20/32 Wochenstunden 140/157/178 US$; 🖳) Das Instituto Cultural ist eine große, etablierte Sprachschule mit professionellem Ansatz und vielen Gärten, in denen einige Kurse stattfinden. Das Hauptprogramm umfasst 32 Wochenstunden, inlusive acht Stunden kulturelle Workshops (Tanz, Kochen, Kunst, Kunsthandwerk etc.) und vier Stunden *intercambio* (Treffen mit Einheimischen zur Konservation). Die Teilnahme ist ab einer Woche möglich. Außerdem im Angebot: Kurse für medizinisches und geschäftliches Spanisch sowie Spanischkurse für Kinder und für Lehrer.

Becari Language School (Bravo) SPRACHE
(☎ 951-514-60-76; www.becari.com.mx; Bravo 210; 15/20/30 Wochenstunden 150/200/300 US$; 🖳) Diese Zweigstelle der sehr gut bewerteten, mittelgroßen Becari Language School befindet sich in der Bravo. Die Gruppen bestehen aus ein bis fünf Personen, optional werden auch Salsa, Volkstanz, Weben und Kochen angeboten. Außerdem gibt es spezielle Kurse wie Zapotekisch oder Spanisch für Kinder. Eine weitere Filiale befindet sich in **Tonatzin** (☎ 951-516-46-34; Quintana Roo 209).

Kochkurse

Oaxaca hat eine sehr eigenwillige mexikanische Küche, die auf ihren berühmten sieben *mole*-Saucen (S. 475), uralten kulinarischen Traditionen und unvergesslichen Geschmackskombinationen basiert. Viele Köche teilen ihre Geheimnisse regelmäßig mit Besuchern. Die Kochkurse sind teilweise auf Englisch und beinhalten auch Marktbesuche zum Kauf der Zutaten sowie ein abschließendes Essen, bei dem man die Früchte seiner Arbeit genießt.

La Casa de los Sabores KOCHEN
(☎ 951-516-66-68; www.casadelossabores.com; La Olla, Reforma 402; 75 US$/Pers.) Pilar Cabrera, die Inhaberin des hervorragenden La Olla (S. 476), veranstaltet fast jeden Mittwoch- und Freitagvormittag Kochkurse. Die Teilnehmer bereiten eines der 17 verschiedenen Mittagsmenüs zu und essen dann auch gemeinsam. Für Anfragen und Anmeldungen ist das La Olla zuständig. Dort treffen sich die Kursteilnehmer dann auch um 9.30 Uhr und werden nach einem Marktbesuch, dem Kochkurs und einem Mittagessen bei Pilar zu Hause gegen 14.30 Uhr wieder zurückgebracht.

La Cocina Oaxaqueña KOCHEN
(☎ 951-156-28-93; www.oaxacacuisine.com; Yagul 209, San José la Noria; 60 US$/Pers.) Das freundliche Mutter-Sohn-Team veranstaltet in seiner hübsch dekorierten Küche preiswerte fünfstündige Kochkurse (vormittags oder nachmittags). Normalerweise werden vier typische Gerichte aus Oaxaca zubereitet. Am besten ein oder zwei Tage im Voraus anmelden, dann wird man in der Unterkunft abgeholt und wieder zurückgebracht. Auch vegetarische Kochkurse sind möglich.

Alma de Mi Tierra KOCHEN
(☎ 951-513-92-11; www.almademitierra.net; Aldama 205, Barrio Jalatlaco; 75–95 US$/Pers.) Nora Valencia, die aus einer oaxacanischen Familie gefeierter Köche stammt (ihre Eltern führen das La Casa de Mis Recuerdos; S. 474), veranstaltet in ihrem Haus im malerischen Viertel Barrio Jalatlaco fünfstündige Vormittagskurse; man muss sich 48 Stunden im Voraus anmelden.

👉 Geführte Touren

Aufgrund der vielen bedeutenden Sehenswürdigkeiten in der Umgebung ist Oaxaca ein toller Ausgangspunkt für geführte Touren. Dabei spart man sich den Ärger mit den

Verkehrsmitteln, kann viel Spaß haben und erfährt mehr, als wenn man auf eigene Faust unterwegs ist. Ein typischer Tagestrip mit kleinen Gruppen kostet zwischen 180 und 330 Mex$ pro Person. Dazu kommen meistens noch die Eintrittspreise und das Essen. Die hier genannten Touren sowie andere Ausflüge kann man bei vielen Unterkünften oder direkt bei Agenturen wie **Turismo El Convento** (☑ 951-516-18-06; www.oaxacatours. mx; Quinta Real, 5 de Mayo 300; ⊙ Mo–Sa 8.30–18, So 9–14 Uhr) buchen.

Zapotrek RADFAHREN, WANDERN
(☑ 951-502-59-57, Mobil 951-2577712; www.zapot rek.com) ⚐ Zapotrek hat sich auf Wander-, Fahrrad- und Fahrzeugtouren in indigene Zapoteken-Dörfer und ihre oft spektakuläre Umgebung spezialisiert, die mit der Hilfe lokaler Guides und Experten stattfinden. Sie alle bieten einen Einblick in die Kultur der Zapoteken. Oft wird bei Familien zu Hause gegessen. Zapotrek wird von Eric Ramírez geleitet, der fließend Englisch spricht und aus dem 31 km östlich von Oaxaca gelegenen Tlacolula stammt.

Fundación En Vía KULTUR
(☑ 951-515-24-24; www.envia.org; Instituto Cultural Oaxaca, Juárez 909; Touren 850 Mex$/Pers.; ⊙ Touren wochentags 13 & Sa 9 Uhr) ⚐ Die gemeinnützige Organisation En Vía gehört zur Sprachschule Instituto Cultural Oaxaca (S. 468) und unterstützt kleine Gruppen von Dorfbewohnerinnen finanziell dabei, eigene Kleinunternehmen aufzubauen. Dieses Programm wird durch die einzigartigen sechsstündigen Touren von En Vía finanziert, bei denen die Teilnehmer mittags in den Häusern der Frauen essen, vieles über das Kunsthandwerk und die Wirtschaft der Region erfahren und einen einmaligen Einblick ins Dorfleben erhalten.

Traditions Mexico KULTUR
(☑ Mobil 951-2262742; www.traditionsmexico. com; Tagesausflug 85–95 US$/Pers.; 🖮) Die fachmännisch geführten Touren vermitteln einen besseren Einblick in Oaxacas Kunsthandwerk, Küche, Feste und Kultur als die meisten anderen. Die Ausflüge führen weitab der Touristenpfade in die Werkstätten der Handwerker und die Küchen der Dorfbewohner, sodass man sich aus erster Hand ein Bild von der indigenen Kultur der Zapoteken machen kann. Die achtstündigen Tagesausflüge erkunden verschiedene Facetten des Alltags der Zapoteken (Di–So; mind. 3 Pers.).

Bicicletas
Pedro Martínez RADFAHREN, WANDERN
(☑ 951-514-59-35; www.bicicletaspedromartinez. com; Aldama 418; ⊙ Mo–Sa 9–20 Uhr) ⚐ Das nette Team unter Leitung des mexikanischen Radfahrers und Olympioniken Pedro Martínez bietet vor allem Offroad-Touren (und ein paar tolle Tageswanderungen) durch einige der schönsten Landschaften des Bundesstaates. Mit Hilfe von Kleintransportern werden weniger interessante Abschnitte und die steilsten Anstiege umgangen. Die beliebteste Exkursion ist die Fahrradtagestour Valle de Tlacolula (2/4 Pers. 1750/1500 Mex$), die den Bustransfer nach Hierve El Agua beinhaltet.

✴ Feste & Events

★ **Guelaguetza** TANZ
(⊙ 10 & 17 Uhr, letzte 2 Mo im Juli) Die Guelaguetza ist ein brillantes Fest des Volkstanzes in Oaxaca, das an den beiden ersten Montagen nach dem 16. Juli in dem großen, halb offenen **Auditorio Guelaguetza** (Carretera Panamericano) auf dem Cerro del Fortín stattfindet. Prächtig kostümierte Tänzer aus den sieben Regionen des Bundesstaats zeigen eine Reihe stolzer, lebhafter und komischer traditioneller Tänze und werfen am Schluss Erzeugnisse aus ihrer Heimatregion ins Publikum.

Die Begeisterung erreicht ihren Höhepunkt mit dem unglaublich farbenfrohen Ananas-Tanz der Frauen aus der Papaloapan-Region und der erhabenen zapotekischen Danza de las Plumas (Federtanz), die symbolisch die spanische Eroberung nachspielt.

Das Amphitheater fasst rund 11 000 Menschen: Karten für die vorderen Sitzreihen (A und B, insgesamt ca. 5000 Plätze) jeder Veranstaltung gehen ungefähr zwei Monate zuvor durch die staatliche Tourismusbehörde Sectur (S. 481) und unter www.ticketmaster. com.mx in den Verkauf (850–1050 Mex$). Die verbleibenden rund 6000 Plätze (Kategorien C und D) sind kostenlos und werden nach dem Prinzip „Wer zuerst kommt, mahlt zuerst" ausgegeben.

Die Veranstaltung beginnt an beiden Montagen um 10 und um 17 Uhr und dauert ungefähr drei Stunden. Die Termine ändern sich nur, wenn der 18. Juli, der Todestag von Benito Juárez, auf einen Montag fällt. In diesem Fall findet die Guelaguetza am 25. Juli und am 1. August statt.

In der Guelaguetza-Zeit gibt es noch viele andere farbenfrohe Feiern in Oaxaca, darunter Konzerte, Ausstellungen, eine Mezcal-

Messe im Parque Juárez (El Llano) und fantastisch ausgelassene Umzüge am Samstagnachmittag auf der Calle Alcalá. Tausende Menschen strömen zu diesen Festlichkeiten in die Stadt (darunter auch Taschendiebe – also aufgepasst!).

An den Aufführungstagen der Guelaguetza gibt es meist kleinere Guelaguetzas in umliegenden Vorstädten und Dörfern wie Zaachila, Tlacolula, Atzompa, Tlacochahuaya San Agustín Etla und sogar in Tututepec unten an der Küste. Diese Veranstaltungen können eine erfrischende Abwechslung zu dem vielleicht als überkommerzialisiert empfundenen Trubel in Oaxaca de Juárez sein.

Die Guelaguetza hat ihren Ursprung in der kolonialzeitlichen Vermischung von indigenen mit christlichen Festen für die Virgen del Carmen. In ihrer heutigen Form reicht sie bis 1932 zurück.

Día de Muertos TRADITIONELL

(⊙31. Okt.–1. Nov.) Oaxacas Feierlichkeiten anlässlich des „Tages der Toten" gehören zu den dynamischsten des Landes. So gehen Konzerte, Ausstellungen und andere spezielle Veranstaltungen dem eigentlichen Fest voraus. Wohnhäuser, Friedhöfe und einige öffentliche Gebäude werden mit wunderschön gestalteten *altares de muertos* (Totenaltären) dekoriert, die Straßen und Plazas zieren *tapetes de arena* (bunte Sandmuster- und skulpturen), und *comparsas* (satirisch angehauchte Kostümgruppen) ziehen durch die Straßen.

Oaxaca FilmFest FILM

(www.oaxacafilmfest.com; ⊙Okt.) Das Oaxaca FilmFest ist noch keine zehn Jahre alt, trotzdem gilt es schon als bedeutende kulturelle Institution. Es präsentiert in der ersten Oktoberwoche ein tolles einwöchiges Pro-

LAPIZTOLA & DER AUFSTIEG DER STRASSENKUNST

Oaxacas moderne Straßenkünstler treten in die Fußstapfen der ersten mexikanischen Muralisten – Diego Rivera und José Orozco waren in den 1930er- und 1940er-Jahren die Pioniere dieser Kunstform – und haben es in den vergangenen zehn Jahren mit provokativen Ausstellungen in so unterschiedlichen Ländern wie Brasilien, Schweden und Großbritannien zu weltweiter Bekanntheit gebracht.

Die Renaissance der Straßenkunst reicht zurück auf eine Reihe von Massenprotesten im Jahr 2006, als ein Lehrerstreik in der Hauptstadt des Bundesstaates einen gewaltsamen Verlauf nahm und es mehr als ein Dutzend Tote gab. Vor dem Hintergrund der Instabilität und politischen Unruhen fingen wütende Künstlerkollektive an, ihre Grafikschablonen als Form des politischen Protests zu nutzen.

An der Spitze der Bewegung steht das Künstlerkollektiv **Lapiztola** (http://lapiztola. tumblr.com), wobei kreative Größen wie Rosario Martínez und Roberto Vega Pionierarbeit leisten. Der Name ist eine clevere Kombination aus den Worten *lápiz* (Bleistift) und *pistola* (Pistole). Die Künstler haben sich nie gescheut, die Proteste von 2006 und ihre Nachwirkungen grafisch zu kommentieren. Es heißt, dass sie selbst ihre lebhafte und oft kurzlebige Kunst als „Schrei auf einer Mauer" bezeichnen.

Die Arbeiten von Lapiztola sind zwar philosophisch in der Tradition des mexikanischen Muralismus verankert, aber stilistisch sind sie stärker von satirischen Graffiti-Künstlern wie dem Briten Banksy und dem Franzosen Blek le Rat beeinflusst. Die Künstler arbeiten im Geheimen und malen ihre Wandbilder im Guerillastil auf Wände und Gebäude in der Innenstadt. Ihre Graffiti haben einen politischen Bezug und machen auf die Problemen des modernen Mexiko wie den Drogenkrieg, die Umweltzerstörung, Probleme von Migranten oder die Gefahren für unschuldige Jugendliche aufmerksam. Für die einen ist das eine Form von Vandalismus, für die anderen Teil einer riesigen öffentlichen Galerie, die entscheidend zur Entwicklung von Ideen und dem Vorantreiben der öffentlichen Debatte beiträgt.

Ob es einem nun gefällt oder nicht, Oaxacas Straßenkunst macht weiter auf die Widersprüche aufmerksam, die heute in der Stadt existieren: auf der einen Seite eine attraktive UNESCO-Welterbestätte, auf der anderen Seite ein Ort, wo unter der Oberfläche kontroverse politische Fragen gären. Es überrascht nicht, dass Lapiztola nur die „Spitze des Bleistifts" bildet. Weitere wichtige Künstlerkollektive sind z. B. Asaro (Asamblea de Artistas Revolucionarios de Oaxaca; S. 464) und **Yescka** (http://guerilla-art.mx), und in der ganzen Stadt verteilt gibt's viele weitere kleine unabhängige Galerien, die Drucke, Pop-Art und T-Shirts herstellen.

gramm mit Independent-Filmen aus Mexiko und aller Welt. Der Eintritt zu allen Filmen ist frei. Sie werden in der Originalsprache mit Untertiteln auf Spanisch, Englisch oder in beiden Sprachen gezeigt.

🏕 Schlafen

Oaxaca ist paradiesisch, was schöne, unabhängig geführte Unterkünfte mit jeder Menge authentischem lokalem Charme angeht. Es gibt ein gutes Angebot billiger, aber gepflegter Hostels in interessanten alten Häusern, einige fantastische B&Bs, eine außergewöhnliche Palette von Boutiquehotels und viele stimmungsvolle historische Häuser. Zu sagen, dass man hier die Qual der Wahl hat, ist noch untertrieben.

Einige Unterkünfte erhöhen die Preise zu den wichtigsten Feiertagen: Semana Santa (Osterwoche), Guelaguetza-Festival, Día de Muertos und von Weihnachten bis Silvester.

⭐ Casa Ángel · · · · · · · · · HOSTEL $

(☑951-514-22-24; www.casaangelhostel.com; Tinoco y Palacios 610; B 200–300 Mex$, EZ/DZ 700/800 Mex$, ohne Bad 400/500 Mex$, alle inkl. Frühstück; @🛜) Das zu Recht beliebte „Boutique"-Hostel wird von einem freundlichen, hilfsbereiten Team geführt und ist bis in den letzten Winkel makellos sauber. Die Zimmer sind durchdacht gestaltet. Zu den Gemeinschaftsbereichen gehören eine gute Küche, ein Plasma-TV mit Netflix und eine tolle Dachterrasse, auf der jeden Sonntag gegrillt wird.

Drei der sechs privaten Zimmer haben eine eigene kleine Terrasse. Die Schlafsäle (zwei davon nur für Frauen) sind mit guten, soliden Stockbetten samt Leselampen ausgestattet. Die neueren „Deluxe"-Schlafsäle erinnern an Kapselhotels: Die komfortablen Stockbetten mit hölzernen Trennwänden haben Vorhänge, Steckdosen und USB-Ladeanschlüsse. Außerdem gibt's viele Infos über die Stadt und Region.

Azul Cielo · · · · · · · · · · · · HOSTEL $

(☑951-205-35-64; www.azulcielohostel.com; Arteaga 608; B 150–170 Mex$, DZ 500 Mex$, alle inkl. Frühstück; @🛜) Die beliebte Backpackerbleibe ist ein Mittelding zwischen Hostel und B&B. Das Herzstück bildet der sonnige, grasige Garten, der für die Atmosphäre eines Privathauses sorgt. An einem Ende befinden sich eine halboffene Lounge, zwei Schlafsäle und eine saubere, moderne Küche. Am anderen Ende liegen die sechs farbenfroh und mit Wandbildern gestalteten Privatzimmer,

die mit Ventilator und Holzmöbeln ausgestattet sind. Weitere Pluspunkte sind die kostenlosen Fahrräder (zwei Stunden pro Tag) und das warme Frühstück.

La Villada Inn · · · · · · · · · · HOSTEL $

(☑951-518-62-17; www.facebook.com/lavillada.hostel; Felipe Ángeles 204, Ejido Guadalupe Victoria; B/EZ/DZ/3BZ/4BZ 380/625/750/900 Mex$; P@🛜✉) La Villada liegt zwar am äußersten Nordrand der Stadt, manche Gäste schätzen es aber wegen seiner guten Einrichtungen, der hilfsbereiten, Englisch sprechenden Mitarbeiter, der recht ruhigen Räume und der ländlichen Aussicht. Die überwiegend aus Lehmziegeln gebauten Zimmer sind mit guten mexikanischen Möbeln eingerichtet, es gibt ein recht preiswertes Café, einen tollen Pool, einen Yogaraum und Hängematten. Außerdem kann man hier Touren buchen. Einige Zimmer teilen sich Gemeinschaftsbäder.

Wenn man im Voraus oder bei der Ankunft am Busbahnhof anruft, schickt das Hostel ein Taxi, das einen für 60 Mex$ abholt. Es liegt 5,5 km nördlich vom *zócalo*.

Hotel Casa Arnel · · · · · · · · · HOTEL $

(☑951-515-28-56; www.casaarnel.com.mx; Aldama 404, Barrio Jalatlaco; EZ/DZ 650/700 Mex$, ohne Bad 300/400 Mex$; P🛜) Das erste Highlight des Casa Arnel ist die Lage im ruhigen Viertel Jalatlaco mit seinen gepflasterten Straßen. Das zweite ist ein hübscher „geheimer" Garten, wie ihn viele Häuser der Viertels haben. Die Zimmer dieses travellerfreundlichen, familiengeführten Hotels kommen zwar erst an dritter Stelle, sind aber nichtsdestotrotz sauber, gepflegt und in tollen Farben gestaltet.

Gäste können Fahrräder oder Autos aus leihen, hier frühstücken und hilfsbereite Reisedienstleistungen in Anspruch nehmen. Nebenan befindet sich das helle kleine **Cafe El Ágora de Jalatlaco** (Ecke Aldama & Hidalgo; Gerichte 30–85 Mex$; ⊙7.30–22.30 Uhr), das von denselben Besitzern geführt wird.

Hostal Pochón · · · · · · · · · · HOSTEL $

(☑951-516-13-22; www.hostalpochon.com; Callejón del Carmen 102; B 155 Mex$, DZ mit/ohne Bad 495/410 Mex$, alle inkl. Frühstück; @🛜) Das sehr günstige Pochón liegt in einer ruhigen Straße und hat fünf Schlafsäle für vier bis acht Personen (einer nur für Frauen) sowie vier Privatzimmer mit ordentlichen Betten. Es ist nicht luxuriös, aber gepflegt und gut geführt. Für die Gäste gibt es eine komplett ausgestattete Küche, gute Gemeinschaftsbereiche, kostenloses Frühstück, gratis Trinkwasser und Leihfahrräder. Farbige Akzente beleben das Hostel.

Posada Don Mario
PENSION $

(☎951-514-20-12; Cosijopí 219; EZ/DZ 650/750 Mex$, ohne Bad 450/650 Mex$, jeweils mit Frühstück; @🛜) Niedlich, fröhlich und freundlich – die bunte Pension mit Innenhof hat eine intime Atmosphäre und nette, bunt dekorierte Zimmer; die fünf oben auf der Dachterrasse sind besonders reizend. Es gibt kostenloses Trinkwasser und einen hilfreichen Service, darunter zur Buchung von Kochkursen, Touren und Transportmitteln zur Küste.

Hostal de las Américas
HOSTEL $

(☎951-514-13-53; www.hostaldelasamericas.mx; Porfirio Díaz 300; B/Zi. inkl. Frühstück 220/600 Mex$; ✸@🛜) Das Hostel mit Hotelstandard befindet sich in einem unlängst renovierten Haus im Zentrum und hat sieben nach Geschlechtern getrennte Schlafsäle mit jeweils eigenem Bad. Jedes Stockbett verfügt über eine eigene Leselampe und Steckdose. Außerdem gibt's drei Privatzimmer, eine Dachterrasse, gefiltertes Trinkwasser und eine gut ausgestattete Küche. Zudem ist es blitzsauber – alles in allem eine gute Wahl für Budget-Traveller.

⭐ La Betulia
B&B $$

(☎951-514-00-29; www.labetulia.com; Cabrera Carrasquedo 102; DZ inkl. Frühstück 1450 Mex$; P🛜) Es gibt guten Service – und es gibt das Betulia, ein B&B mit acht Zimmern und einem hübschen ummauerten Hof, in dem die Besitzer sitzen und sich beim Frühstück unter die Gäste mischen, als ob es alte Freunde wären. Nichts ist ihnen zu viel Mühe, ob es um Tipps für die besten Livemusiklokale der Stadt oder um spezielle Wünsche fürs Frühstück (das jeden Tag unterschiedlich, aber immer nach Oaxaca-Art zubereitet ist) geht.

Die Zimmer sind einfach, aber sehr modern und haben den einzigartigen künstlerischen Charakter, in dem Mexiko – und ganz besonders Oaxaca – so gut ist.

Hotel La Casa de María
BOUTIQUEHOTEL $$

(☎951-514-43-13; www.lacasademaria.com.mx; Juárez 103; Zi. 750–995 Mex$; ✸🛜) Die Inneneinrichtung dieses subtilen Boutiquehotels ist eine Mischung aus jungfräulichem Weiß mit kräftigen Farbakzenten und einzelnen Gemälden oder Zeichnungen im Stil Frida Kahlos. Neben den klinisch weißen Zimmern punktet das Hotel mit einem hellen Innenhof, einer Dachterrasse, einem kleinen angeschlossenen Restaurant (Zimmer-

service möglich) und übereifrigen Mitarbeitern. Es serviert auch erstklassigen Kaffee – schließlich ist dies ja Oaxaca.

Casa Adobe
B&B $$

(☎951-517-72-68; www.casaadobe-bandb.com; Independencia 801, Tlalixtac de Cabrera; EZ/DZ mit Frühstück 47/57 US$, Apt. 50–55 US$; 🛜) In einer ruhigen Gasse in dem 8 km östlich der Stadt gelegenen Dorf Tlalixtac de Cabrera befindet sich dieses charmante Refugium voller Kunst und Kunsthandwerk. Es ist eine ideale Bleibe für Besuche in der Stadt und zur Erkundung der Randbezirke. Das Frühstück wird auf dem kleinen Patio serviert. Es gibt auch eine hübsche Dachterrasse und ein gemütliches Wohnzimmer.

Die liebenswürdigen Inhaber holen einen bei der Ankunft in Oaxaca ab und bieten morgens kostenlose Fahrten in die Stadt. Sie erzählen einem auch, welche Restaurants in der Gegend gut sind. Für die drei Zimmer gilt ein Mindestaufenthalt von zwei Nächten, für die zwei Apartments von drei Nächten.

Hotel Casa del Sótano
HOTEL $$

(☎951-516-24-94; www.hoteldelsotano.com.mx; Tinoco y Palacios 404; EZ/DZ/3BZ/4BZ 1000/1150/1250/1400 Mex$; @🛜) Dieses Hotel mit fantastischem Preis-Leistungs-Verhältnis ist eine der besten Unterkünfte der Stadt. Es hat einen kleinen, aber schönen Innenhof mit vielen Pflanzen und eine Terrasse, auf der man den Sonnenuntergang genießen kann. Die schönen, blitzsauberen Zimmer sind angenehm alt (und nicht auf alt gemacht) und mit massiven Betten, traditionellen Möbel und einzelnen Antiquitäten eingerichtet. Zum Hotel gehört auch ein nettes Café.

Hotel Las Golondrinas
HOTEL $$

(☎951-514-32-98; www.lasgolondrinasoaxaca.com; Tinoco y Palacios 411; DZ/3BZ/4BZ 800/900/1000 Mex$; @🛜) Zahlreiche Pflanzen aller Art schmücken die drei Innenhöfe, diezu diesem kleinen Hotel mit exzellentem Preis-Leistungs-Verhältnis gehören – allein wegen der Gärten ist es sein Geld wert. Die Zimmer sind etwas prosaischer, aber makellos sauber, und für das fruchtige Frühstück (Gerichte 45–75 Mex$), das in einem der Innenhöfe serviert wird, lohnt es sich, aus der Hängematte zu klettern.

Hotel Casa Conzatti
HOTEL $$

(☎951-513-85-00; www.casaconzatti.com.mx; Farias 218; Zi. inkl. Frühstück 950–1300 Mex$; P✸🛜) Das dezente Hotel mit gutem Preis-Leistungs-Verhältnis ist nach einem italienischen Botaniker benannt. Es liegt etwa zehn Gehminuten vom Zentrum des Geschehens in der Stadtmitte gegenüber von einem ruhigen Parkplatz. Die Zimmer sind klein, aber gut ausgestattet und verfügen über Kaffeemaschinen und regelmäßig nachgefüllte Toilettenartikel. An der Vorderseite befindet sich ein sehr gutes und ebenfalls dezentes Restaurant, in dem das im Preis enthaltene Frühstück serviert wird. Die Dachterrasse ist ein weiterer Pluspunkt.

Hotel Azucenas
HOTEL **$$**

(☎800-717-25-40, 800-882-6089; 951-514-79-18, USA & Canada; www.hotelazucenas.com; Aranda 203; EZ/DZ 800/850 Mex$; @☎) Das Azucenas, das in den warmen Farben eines mexikanischen Sonnenuntergangs angestrichen ist, ist ein kleines, freundliches, sehr gutes Hotel mit kanadischem Besitzer in einem schön renovierten Haus, das schon ein Jahrhundert auf dem Buckel hat. Die zehn kühlen Zimmer mit Fliesenböden haben große Bäder. Das kontinentale Frühstücksbüfett (58 Mex$) wird auf der Panoramaterrasse auf dem Dach serviert. Zu einigen Spitzenzeiten gilt ein Mindestaufenthalt von drei Nächten. Kinder unter acht Jahren sind hier nicht erwünscht.

Un Sueño Valle de Huajes
HOTEL **$$**

(☎951-514-29-64; www.unsueno.com; Faustino Olivera 203; Zi. 1000 Mex$; ☎) Angesichts der starken Konkurrenz, die in der Hotellandschaft Oaxacas herrscht, schafft es dieses Hotel vielleicht nicht unter die Top 10, doch die zwölf klaren, minimalistischen Zimmer, die sich auf zwei Etagen um einen sonnigen Innenhof verteilen, sind zweckmäßig und ruhig. Die Betten sind bequem, und es gibt eine nette Dachterrasse, auf der Frühstück und Getränke mit Blick auf die Hügel und Berge serviert werden.

Die Wandbilder, die verschiedene Stadien im Lebenszyklus der in der Gegend reichlich vorhandenen *Weißkopfmimosen* (eine Baumart) darstellen, sind eine originelle Dekoration.

★ Quinta
Real Oaxaca
HISTORISCHES HOTEL **$$$**

(☎951-501-61-00; www.quintareal.com/oaxaca; 5 de Mayo 300; Zi. ab 2670 Mex$; ✹☎✉) Was historische Hotels aus der Kolonialzeit angeht, so ragt das Quinta selbst unter den Fünfsternehotels hervor. Es strotzt geradezu vor aufmerksamkeitserregenden Details, von mehreren grünen Innenhöfen bis zur fürstlichen Dekoration im Stil von Don Quichote.

Es wurde im 16. Jh. als Kloster erbaut und war 1970 das erste religiöse Bauwerk Mexikos, das in ein Hotel verwandelt wurde.

Die alte Kapelle ist heute ein Bankettsaal, in einem der fünf prächtigen Innenhöfe befindet sich ein Pool, und die dicken Mauern sorgen für Kühle. Die 91 Zimmer haben hohe Decken und sind sehr schön im Kolonialstil eingerichtet; die recht gewöhnlichen Suiten sind allerdings ziemlich klein. Wer sich beengt fühlt, kann die herrschaftlichen Korridore entlangwandeln und den Geistern der Konquistadoren aus der Vergangenheit begegnen.

★ La Casona de Tita
HISTORISCHES HOTEL **$$$**

(☎951-516-14-00; www.hotelcasonadetita.com; García Vigil 105; Zi. inkl. Frühstück 1660–1770 Mex$; ✹☎) Wäre ein Zimmer mit einem schmiedeeisernen Bettgestell aus dem 18. Jh. gefällig? Oder lieber das mit dem kostbaren Kleiderschrank aus dem 16. Jh., oder vielleicht das mit der philippinischen Kommode, die während der Kolonialzeit mit einem chinesischen Boot nach Mexiko kam? Das Tita ist eines der nobelsten und exklusivsten Hotels Oaxacas. Die sechs riesigen Zimmer sind mit einer harmonischen Mischung aus Antiquitäten und modernen Elementen dekoriert.

Und wer das grandiose moderne Gemälde in seinem Zimmer ins Herz geschlossen hat, kann es bei der Abreise mit nach Hause nehmen – das hat aber natürlich seinen Preis.

★ Casa de las Bugambilias
B&B **$$$**

(☎866-829-6778; 951-516-11-65, USA & Canada; www.lasbugambilias.com; Reforma 402; EZ 80–130 US$, DZ 90–140 US$, alle inkl. Frühstück; ✹@☎) Die neun nach Blumen benannten Zimmer sind echte Kunstwerke – die Betten sind mit geschnitzten oder handbemalten Kopfteilen versehen. Nach dem Frühstück im Restaurant La Olla (S. 476) auf dem Grundstück wird man überzeugt sein, dass Mexiko das beste Land der Welt ist, um morgens aufzuwachen. Vor allem aber begeistert der großartige Service dieses fabelhaften B&Bs.

Die Zimmer sind alle unterschiedlich; einige haben auch kleine Balkone. Die hinreißenden kleinen dekorativen Ideen lassen keinen Zweifel daran, dass man sich im kulturellen Herzen Mexikos befindet.

El Diablo y la Sandía (Libres)
B&B **$$$**

(☎951-514-40-95; www.eldiabloylasandia.com; Libres 205; EZ/DZ inkl. Frühstück 80/90 US$; ☎) Gibt es einen besseren Ort auf der Welt als Oaxaca, um wunderbar zu frühstücken?

Nach ein paar Tagen im B & B „Der Teufel und die Wassermelone" lautet die Antwort wahrscheinlich „Nein". Die sechs Zimmer dieser traumhaften Unterkunft sind lilienweiß gestrichen und mit typisch mexikanischen Farbakzenten aufgelockert sowie mit äußerst originellem Kunsthandwerk aus Oaxaca geschmückt.

Casa Oaxaca BOUTIQUEHOTEL $$$
(☏951-514-41-73; www.casaoaxaca.com.mx; García Vigil 407; Zi. 167–220 US$, Suite 238–362 US$, alle inkl. Frühstück; P@🛜☰) Riesige Zimmer, ein luxuriöser Pool, exzellentes Essen und ein Innenhof, der moderne und kolonialzeitliche Elemente kombiniert, in einer umgebauten Kolonialvilla aus dem 18. Jh. – was will man mehr? Hervorragenden Service? Auch den gibt es hier, dazu Kunstausstellungen, ein feines kleines Restaurant im Innenhof, Mezcal-Verkostungen und Kochkurse mit den Köchen. Keine Kinder unter zwölf Jahren.

El Diablo y la Sandía (Boca del Monte) B&B $$$
(☏951-514-40-67; www.eldiabloylasandia.com; Boca del Monte 121; EZ 55–90 US$, DZ 65–100 US$, alle inkl. Frühstück; 🛜) ✎ Sehr weiß sind die Zimmer in dieser neueren Filiale des etablierten B & B El Diablo y la Sandía. Sie liegen um einen breiten Innenhof mit Terrakottafliesen und bunten Pflanzen. Zwei Zimmer teilen sich immer ein modernes, solarbeheiztes Bad. Außerdem gibt's zwei Dachterrassen. Die Dekoration mit Kunsthandwerk aus Oaxaca fällt etwas dezenter aus als im Originalhaus in der Libres, doch ansonsten ist auch hier alles vom ausgezeichneten Geschmack des Besitzers geprägt.

Ollin Bed & Breakfast B&B $$$
(☏951-514-91-26; www.oaxacabedandbreakfast.com; Quintana Roo 213; Zi./Suite inkl. Frühstück 95/130 US$; ✱@🛜☰) Das Ollin bietet fast alles, was die Hotels in Oaxaca so liebenswert macht: charaktervolle Zimmer mit einer deutlichen mexikanischen Note, Gourmetfrühstück, überaus hilfsbereite Mitarbeiter und in jeder Ecke Farbe und etwas Interessantes. Doch das ist längst nicht alles – da wären noch der Pool im Innenhof, die große Dachterrasse und das schöne Kunsthandwerk aus Oaxaca, das sich überall findet. Und auch die Zimmerpreise halten sich im Rahmen.

La Casa de Mis Recuerdos B&B $$$
(☏951-515-56-45, USA & Canada 877-234-4706; http://lacasademisrecuerdos.com; Pino Suárez

508; EZ 70–80 US$, DZ 95–110 US$, alle inkl. Frühstück; ✱@🛜) Dieses einladende Gästehaus prägt eine wundervolle dekorative Ästhetik: Altmodische Fliesen, Spiegel, Masken und verschiedenes anderes mexikanisches Kunsthandwerk schmücken die Zimmer und Flure. Die besten Zimmer schauen auf den duftenden zentralen Innenhof, und das Frühstück nach Oaxaca-Art (eines der vielen Highlights) wird in einem schönen Speisesaal serviert. Zu einigen Spitzenzeiten gilt ein Mindestaufenthalt von drei Nächten. Familienmitglied Nora Valencia veranstaltet in ihrer Kochschule Alma de Mi Tierra (S. 468) Kochkurse.

✖ Essen

Oaxaca, zweifellos eine der großen kulinarischen Städte der Welt, hat eine dynamische gastronomische Szene mit vielen kreativen Restaurants, berühmten Köchen, Kochschulen und ausgefallenen lokalen Spezialitäten (Appetit auf Heuschrecken?). An jedem Abend der Woche kann man hier erlesen oder günstig speisen und wird immer zufrieden sein. Die Auswahl ist geradezu überwältigend.

★ Boulenc Pan Artesano BÄCKEREI, CAFÉ $
(☏951-351-3648; Porfirio Diaz 207; Sandwiches 45–55 Mex$; ⊙Mo–Mi 8.30–20.30, Do–Sa 8–23 Uhr; 🛜) Oaxacas beste Bäckerei hat ein angeschlossenes Hipster-Café, in dem das beliebteste Gericht – na, schon erraten? – Avocado auf Toast ist. Bärtige Männer in Doc-Martens-Schuhen servieren in einem gewollt rustikalen Innenhof mit abgewetzten Tischen und Wandkritzeleien Kaffee in Keramiktassen und Kuchen (zuerst sollte man sich das Angebot in der Bäckerei anschauen).

Sowohl die Brote als auch der Kaffee sind richtig klasse. Die Mandel-Croissants, die Sauerteigpizzas und die *shakshouka* (pochierte Eier mit einer würzigen Tomatensauce) machen süchtig.

★ Jaguar Yuú CAFÉ $
(Murguía 202; Frühstück & leichte Gerichte 55–95 Mex$; ⊙Mo–Sa 8–22, So 10–22 Uhr) Der beste Kaffee Oaxacas stammt von den Bergen oberhalb des Pazifiks. Er wird in diesem unaufdringlich hippen, aber unverkennbar mexikanischen Café serviert, neben einer guten Auswahl an Smoothies, Baguettes, Crêpes, Waffeln und anderen leckeren Kleinigkeiten.

Xuncu Choco OAXACANISCH $
(☏951-501-11-69; Independencia 403; Hauptgerichte 60–90 Mex$; ⊙Mo–Sa 8–18, So 9–15 Uhr; 🛜)

HEILIGE MOLE

Oaxacas bunte *moles* (Saucen auf Nuss-, Chili- und Gewürzbasis) sind das kulinarische Markenzeichen des Bundesstaats. Für Mexikaner ist das Fleisch, zu dem diese Saucen gereicht werden, eher zweitrangig. Oaxacas berühmteste Variante, die **mole negro** (schwarze *mole*), hat ein pikant-rauchiges Aroma mit einem Hauch von Schokolade. Ihre Zubereitung ist besonders kompliziert und arbeitsaufwendig, aber wegen ihrer Beliebtheit ist diese *mole* trotzdem leicht zu finden. Oaxaca-Besucher sollten aber auch einmal die anderen Farben der *mole*-Familie probieren:

Mole amarillo Die pikante *mole* auf Basis von Tomatillos (kleinen, von einer Hülle umgebenen Beeren) wird mit Kreuzkümmel, Nelken, Koriander und Mexikanischem Blattpfeffer gewürzt und häufig zu Rindfleisch serviert. Für das ungeschulte Auge erscheint diese *mole* übrigens eher rot als *amarillo* (gelb).

Mole verde Die leckere Sauce wird mit Maismehl angedickt und enthält Tomatillos, Kürbiskerne, Kräuter wie *epazote* und Mexikanischen Blattpfeffer sowie verschiedene Nüsse, z. B. Walnüsse und Mandeln. Diese Sauce wird häufig zu Hähnchen serviert.

Mole colorado Eine kräftige *mole* mit *ancho*-, *pasilla*- und *cascabel*-Chilis, schwarzem Pfeffer und Zimt.

Mole coloradito (oder mole rojo) Sehr scharfe Tomatensauce, die man ähnlich auch in mexikanischen Lokalen im Ausland findet, weil sie in abgeschwächter Form als Enchilada-Sauce exportiert wird.

Mancha manteles Das intensive, holzige Aroma des ziegelroten „Tischtuchbeflecker" passt gut zu tropischen Früchten.

Chíchilo negro Zu den Hauptzutaten der seltenen *mole* zählen *chilguacle negro*-, *mulato*- und *pasilla*-Chilis, Avocado-Blätter (die für einen leichten Anisgeschmack sorgen), Tomaten und Maismehl.

Das Café mit schwarzen Wänden und nur fünf Tischen ist so winzig, dass es mühelos in ein mittelgroßes Wohnmobil passen würde. Doch es kreiert himmlische Köstlichkeiten, darunter eine große Auswahl an Omeletts zum Frühstück, Bio-Kaffee und diverse Spezialitäten aus dem Isthmus von Tehuantepec. Unbedingt die *pescadillas* (Fisch-Quesadillas) oder die *camarones nanixhe* (würzige sautierte Shrimps) probieren!

Tastavins　　　　　　　　MEDITERRAN **$**
(☑ 951-514-3776; Murguía 309; Gerichte 50–150 Mex$; ⊙ Mo–Sa 15–24 Uhr; 🖥📶) Im angenehm kleinen Tastavins (sieben Tische und drei, vier Barhocker, die gegen 20 Uhr normalerweise alle schon besetzt sind) gibt's die besten Tapas Oaxacas und dazu kleine Pastagerichte, die Italien zur Ehre gereichen würde. Das Restaurant schenkt auch gute lateinamerikanische Weine aus, die zu einer Käse- und Wurstplatte noch viel besser schmecken.

Cenaduría Tlayudas Libres　　OAXACANISCH **$**
(Libres 212; tlayudas 30–55 Mex$; ⊙15–3 Uhr) Es riecht zwar mehr wie eine Schmiede als wie ein Restaurant, doch davon sollte man sich nicht abschrecken lassen. Für alle, die sich wirklich für die oaxacanische Küche interessieren, ist ein Abstecher ins schwarze Innere dieser Institution der Stadt praktisch obligatorisch. Das Highlight sind die *tlayudas:* große Tortillas vom Holzkohlegrill, die mit Käse, Salat und gebratenen Bohnen gefüllt sind.

Keine Sorge, die *tlayudas* schmecken fantastisch – nur Vorsicht, dass man keine fliegenden Funken abbekommt, wenn sie auf dem Grill brutzeln.

Gourmand　　　　　　　　EUROPÄISCH **$**
(☑ 951-516-44-35; Porfirio Díaz 410; Gerichte 55–100 Mex$; ⊙ Mo–Sa 9–1 Uhr; 🖥📶) Das Gourmand ist eine Kombination aus Feinkostladen und Tapas-Bar. Es serviert Baguettes und Gourmetsandwiches mit Roastbeef, Hummus oder Putenbrust, *tablas* (Bretter) mit kaltem Fleisch und Käse, hausgemachte Würste mit Senf, verschiedene Burger (darunter auch vegetarische) und gute Frühstücksgerichte, u. a. Eier Benedikt.

Ein großer Pluspunkt ist, dass man dazu die Craft-Biere von der angrenzenden Kleinbrauerei La Santísima Flor de Lúpulo (S. 479) trinken kann.

Mercado 20 de Noviembre MARKT $

(Ecke Flores Magón & Aldama; Gerichte 25–50 Mex$; ⊙7–22 Uhr) Wer Lust auf preiswertes Straßenessen hat, ist hier genau richtig. Auf diesem Markt gibt's Dutzende gute, saubere *comedores* (Imbissstände), und die Kellner wedeln schon mit den Speisekarten, wenn man vorbeigeht.

Das Highlight für Fleischesser ist der unglaublich beliebte Pasillo de Carnes Asadas (Grillfleisch-Passage) an der Ostseite, wo sich Dutzende Stände auf gegrilltes *tasajo* (Rindflcisch) oder *cecina enchilada* (Schweinefleischscheiben in Chili) vom Holzkohlegrill spezialisiert haben.

Mercado Sánchez Pascuas MARKT $

(Ecke Porfirio Díaz & Callejón Hidalgo; Gerichte 13–25 Mex$; ⊙8–16 Uhr) In dieser kleinen, bei den Einheimischen sehr beliebten Markthalle landen Besucher, die während eines Kochkurse einkaufen gehen oder auf der Suche nach bestimmten Zutaten sind.

An den *comedores* (Imbissständen) gibt's bodenständige oaxacanische Gerichte. Die Stände am westlichen Ende, wo die Gäste an Theken direkt den Köchen gegenübersitzen, bieten *tamal, memela* oder Empanadas, und beim Bestellen kann man gleich sein Spanisch ausprobieren.

★ La Olla OAXACANISCH $$

(☑951-516-66-68; www.laolla.com.mx; Reforma 402; Frühstück 100–125 Mex$, Hauptgerichte 90–210 Mex$; ⊙Mo–Sa 8–22 Uhr; 🖥🍴) Das La Olla (der Kochtopf) hat sich selbst erfunden: Es ist einerseits ein unaufdringliches Hipster-Café, andererseits ein schickes Fusion-Restaurant, das sich der Nouveau Cuisine verschrieben hat. Kurz gesagt: Es ist einfach sehr gut. An manchen Tagen gibt's internationale Gerichte, an anderen Straßenessen, je nachdem, was auf dem lokalen Markt im Angebot ist.

Essen kann man im coolen skandinavischen Restaurant im Erdgeschoss oder auf der Dachterrasse, von wo der Blick viel schöner ist. Hier schmecken die Guacamole, *moles* und Tortillas auch gleich viel besser.

Tobaziche NEUE MEXIKANISCHE KÜCHE $$

(☑951-516-81-16; www.tobaziche.mx; 5 de Mayo 311; Hauptgerichte 75–155 Mex$; ⊙Mo–Do 13–1, Fr & Sa bis 24 Uhr) Das nach einer speziellen Sorte der einheimischen Agave benannte, neue und unverhohlen hippe Tobaziche stellt an manchen Abenden Mezcal auf den Tisch, der aufs Haus geht. Es holt sich außerdem gute

Bands ins Haus, die jazzige Jamsessions improvisieren. Das Restaurant bereitet fantastischen gerösteten Butternusskürbis zu und vollbringt regelrechte Wunder mit den *chapulines* (Heuschrecken), die ohne Schnickschnack mit Guacamole serviert werden.

Auch die Garnelen-Tacos sollte man probieren und sich zum Abschluss etwas von den über Chorizo geschmolzenen regionalen Käse (*quesillo*) und oaxacanische „Wasser-Chilis" gönnen. Das Essen wird wundervoll präsentiert, und auch die meisten Gäste machen sich schick.

La Popular MEXIKANISCH $$

(García Vigil 519; Gerichte 75–120 Mex$; ⊙Di–Sa 10–23, So & Mo 13–23 Uhr; 🖥🍴) Das kleine Eckrestaurant ist billig, schnell, quirlig und – der Name verrät es – sehr beliebt. Es serviert eine Palette verschiedener interessanter *antojitos* (mexikanische Snacks) und gehaltvollere oaxacanische und mexikanische Gerichte. Nebenbei betreibt es eine kleine Kunstgalerie. Trendig ist es jedenfalls nicht, was eine echte Wohltat sein kann, wenn man an einer Überdosis der in Oaxaca gerade schwer angesagten hippen neuen *mezcalerías* (Mezcal-Bars) leidet. Die weichen Tacos sind gut, die Wildpilze in Knoblauch noch besser. Es ist ratsam, zeitig zu kommen – hier herrscht viel Betrieb.

Zandunga OAXACA-KÜCHE $$

(☑951-516-2265; García Vigil 512E; Hauptgerichte 85–185 Mex$; ⊙Mo–Sa 14–23 Uhr; 🖥) Am Isthmus von Tehuantepec gibt es eine ganz eigene, auf regionale Zutaten wie tropische Früchte und Meeresfrüchte basierende Variante der Oaxaca-Küche, bei der viele Gerichte in Bananenblättern gegart werden. Das gesellige Zandunga bringt diese Aromen nach Oaxaca. Das *botana* (eine Auswahl verschiedener Speisen, meist für 2 Pers.) ist der perfekte Begleiter für ein paar entspannte Stunden mit ein paar der vielen Mezcal-Sorten.

La Biznaga OAXACANISCH, FUSION $$

(☑951-516-18-00; García Vigil 512; Hauptgerichte 100–240 Mex$; ⊙Mo–Do 13–22, Fr & Sa bis 23 Uhr) In dem großen Innenhof aus der Kolonialzeit lassen sich Einheimische wie Besucher gut zubereitete, moderne Oaxaca-Fusion-Gerichte schmecken. Das Angebot steht auf Kreidetafeln. Ein guter Anfang ist z. B. die *sopa del establo* (eine cremige Suppe mit Roquefort und Chipotle-Chili), gefolgt von Putenbrust in einer Brombeer-*mole-negro*, und zum Abschluss gibt's himmlische Schokoladenmousse mit Guave.

★ Casa Oaxaca
FUSION $$$

(☎951-516-85-31; www.casaoaxacaelrestauran
te.com; Constitución 104-4; Hauptgerichte
200–335 Mex$; ⊙Mo–Sa 13–23, So bis 21 Uhr) Es
ist gar nicht so leicht, dem Ruf als bestes Re-
staurant Oaxacas gerecht zu werden, doch
dem Casa Oaxaca gelingt es beständig. Die
Dachterrasse ist glamourös, die Präsentati-
on am Tisch theatralisch, die Cocktails sind
nobel und das Essen – z.B. kurz angebrate-
ner Thunfisch, Ceviche in *pimiento agua*,
Fisch-„Stein“-Suppe, Enten-Tacos und Okto-
pus – ist großartig. Mit anderen Worten: das
Hemd bügeln und einen Tisch reservieren.

★ Restaurante Los Danzantes
FUSION $$$

(☎951-501-11-84; www.losdanzantes.com; Alcalá 403; Hauptgerichte 165–285 Mex$; ⊙So–Di
13–22.30, Fr & Sa bis 23 Uhr) Die exzellente
mexikanische Fusion-Küche in einem spektakulären, von Architekten entworfenen Innenhof machen das Los Danzantes zu einem
der ganz besonderen Restaurants Oaxacas.
Die beiden Käse im Mexikanischen Blatt-
pfeffermantel sind eine tolle Vorspeise, und
die Ziegenkäse-Quiche mit Feigen, Schokolade und Honig ist das perfekte Dessert.
Dazwischen empfiehlt sich das Fischfilet in
mole amarillo (gelbe *mole*) oder ein Rib-
Eye-Steak mit Wildpilzen.

Restaurante Catedral
INTERNATIONAL $$$

(☎951-516-32-85; www.restaurantecatedral.com.
mx; García Vigil 105; Hauptgerichte 180–320 Mex$;
⊙Mi–Mo 8–23 Uhr) Das Catedral stellt viel-
leicht das eleganteste und romantischste
Restaurant von Oaxaca dar. Der Service im
Innenhof und in mehreren Speiseräumen ist
sehr aufmerksam, aber zurückhaltend. Spezi-
alität des Hauses ist der Schweinebraten, au-
ßerdem gibt es die übliche Palette an *moles*
und – ein Highlight – den abwechslungsrei-
chen, aber sehr fleischhaltigen *Plato Oaxa-
queña*. Letzterer ist ein Mix der besten De-
likatessen der Stadt mit *mole,* Käse, Chorizo,
gefüllten Chilis sowie Wurst und Schinken.
Pescetarier können den *pulpo a las bra-
sas* (gegrillten Oktopus) bestellen, während
sich Vegetarier über die Pilzsuppe herma-
chen können.

Pitiona
OAXACANISCH $$$

(☎951-514-06-90; www.pitiona.com; Allende
108; Hauptgerichte 180–320, Probiermenüs ab
580 Mex$; ⊙Mo–Sa 13–23, So bis 21 Uhr) Essen
als Kunstwerk: Der oaxacanische Küchenchef José Manuel Baños, der im renommierten Restaurant El Bulli in Spanien gearbeitet hat, verarbeitet im Pitiona die Zutaten
und Aromen seines Heimatlandes zu neuen,
wunderbar kreativen Gerichten. Die köstliche *sopa de fideos* (Nudelsuppe) ist mit kleinen Stückchen flüssigen Käses verfeinert,
und die Rinderzunge wird in Chili mariniert
und unter Kartoffelschaum serviert.

Manche Gerichte sind so kunstvoll angerichtet, dass sie zum Essen fast zu schade
sind, doch die Atmosphäre ist angenehm
entspannt. Das Sechs-Gänge-Probiermenü
erfreut sich ungebrochener Beliebtheit.

Los Pacos
OAXACANISCH $$$

(☎951-516-17-04; www.lospacos.com.mx; Abasolo
121; Hauptgerichte 175–275 Mex$; ⊙12–22 Uhr)
Hier dreht sich alles um *moles*. Um den
Gästen die Wahl zu erleichtern, bringen die
Kellner eine kostenlose Auswahl von sieben
der beliebten Saucen mit Tortillas zum Dip-
pen. Die Nummer eins ist die *mole negro*
mit Huhn. Außerdem gibt es in 15 verschie-
denen Varianten zubereitetes *tasajo* (dünn
geschnittenes gegrilltes Rindfleisch).

Im Viertel Colonia Reforma in den nörd-
lichen Vororten befindet sich ein weiteres
Los Pacos, das älter und familienorientierter
ist und in dem hauptsächlich Einheimische
verkehren.

Vieja Lira
ITALIENISCH $$$

(☎951-516-11-22; www.viejalira.com; Reforma 502;
Hauptgerichte 120–300 Mex$; ⊙13–23 Uhr) Jede
Stadt braucht ein italienisches Restaurant
und Oaxaca hat gleich mehrere. Kaum eins
ist aber so gut wie das authentische, leger-
elegante Vieja Lira: Die Pizzas haben einen
dünnen Boden, die Pastas sind al dente und
der Gastraum ist mit Erinnerungen an Florenz dekoriert. Die umfangreiche Weinliste
bietet eine erfreuliche Abwechslung zu den
vielen Mezcals und Margaritas.

🍸 Ausgehen & Nachtleben

Wenn jemand in Oaxaca einen Drink bestellt (manchmal schon lallend), ist es am
häufigsten Mezcal. Diese Alternative des armen Mannes zu Tequila liegt inzwischen offiziell im Trend, wie die vielen und stetig zunehmenden hippen *mezcalerías* bestätigen.
Auch Craft-Bier ist immer stärker im Kommen. Freitag- und samstagabends erstreckt
sich die Hauptpartyzone um den Alcalá, die
García Vigil und die benachbarten Straßen.

★ Los Amantes
MEZCALERÍA

(http://losamantesmezcal.blogspot.ca; Allende 107;
⊙Di–So 17–23 Uhr) In dieser ungewöhnlichen

MEZCAL

Wenn Einheimische den Mezcal als *bebida espirituosa* („geistiges Getränk") bezeichnen, meinen sie damit nicht einfach nur, dass es sich dabei um eine Spirituose handelt, sondern sie spielen damit zugleich auf die beinahe schon spirituelle Verehrung für den König der Schnäpse in Oaxaca an. Wer Mezcal trinkt, kommt in den Genuss der Essenz einer Agave, die mindestens sieben und manchmal sogar 70 Jahre herangewachsen ist. Mezcal ist zudem ein Getränk, das beim Genuss unbedingt respektiert sein will, ein Getränk, das Menschen in eine Art Trancezustand versetzen kann. Man sagt: „*Para todo mal, mezcal*" und „*Para todo bien, también*" (Wenn's schlecht läuft, Mezcal, und wenn's gut läuft, ebenfalls.).

In den letzten zehn Jahren ist der einst wenig bekannte Schnaps zur Mode geworden, nicht nur in Mexiko, sondern auch in den USA und darüber hinaus. *Mezcalerías* (Mezcal-Bars), von Trendschuppen bis hin zu Läden für echte Kenner, sind in Oaxaca, Mexico City und anderswo aus dem Boden geschossen, und eine verwirrende Vielzahl von Mezcal-sorten und -marken sind auf den Markt gekommen.

Der Schnaps ist mit einem Alkoholgehalt von üblicherweise 40 bis 50 % sehr stark; deswegen trinkt man ihn langsam und genussvoll. Ein Glas anständigen Mezcals erhält man in einer Bar kaum je unter 30 Mex$, und das Glas einer Spitzensorte kostet durchaus 300 Mex$.

Mezcalartige Getränke werden in vielen Teilen Mexikos produziert, aber nur jene, die den festgelegten Kriterien bestimmter Herkunftsgebiete genügen, dürfen rechtlich als Mezcal vermarktet werden. Wenn dies nicht der Fall ist, wird der Schnaps als *destilado de agave* verkauft. Rund 60 % des Mezcals (und die meisten der besten Sorten) werden in oder rund um die Valles Centrales Oaxacas produziert.

Mezcal kann aus etwa 20 verschiedenen Arten von Agaven (auch *maguey* genannt) hergestellt werden. In den meisten Fällen wird der weithin angebaute *espadín* verwendet, der einen hohen Zuckergehalt hat und relativ schnell wächst. Mezcals aus *agaves silvestres* (wilden Agaven) werden wegen ihres natürlichen Charakters, des einmaligen Geschmacks und der Produktion in meist kleinen Chargen besonders geschätzt. Am bekanntesten unter diesen Mezcals ist der *tobalá*, der eine sehr ausgeprägte Kräuternote hat.

Das *piña* (Herz) der reifen Pflanze wird, nachdem die Blätter entfernt wurden, mehrere Tage lang über einem Holzfeuer gekocht, und zwar meist in einer Feuergrube. Der entstandene Brei wird zu Fasern zerkleinert und bis zu drei Wochen lang mit Wasser fermentiert. Die entstehende Flüssigkeit wird dann zweimal destilliert, um den Mezcal zu erhalten. Er wird *joven* (jung) oder *reposado* (zwischen zwei Monaten und einem Jahr in Eichenfässern gereift) oder *añejo* (mindestens ein Jahr im Eichenfass gereift) getrunken. Ein *pechuga*-Mezcal erhält seinen besonderen Geschmack durch die Zugabe von Hühner- oder Putenbrust *(pechuga)* und/oder Früchten und Gewürzen in den Destillationskessel.

Dutzende von Mezcal-Fabriken und *palenques* (Kleinproduzenten) in der Gegend um Oaxaca, insbesondere rund um Mitla und an der Zufahrtsstraße dorthin, und ganz besonders im Dorf Santiago Matatlán, das allein rund die Hälfte des Mezcals aus Oaxaca herstellt, geben Einblick in die Herstellung und bieten Verkostungen an. Wer alles über den Herstellungsprozess aus erster Hand und ganz genau erfahren will, macht eine Tour mit **Mezcal Educational Tours** (☏951-132-82-03; www.mezcaleducationaltours.com) ✐.

Die Geschmacksunterschiede zwischen den verschiedenen Mezcals sind erstaunlich groß, generell gilt: Je teurer, desto besser – aber welcher einem am meisten zusagt, kann man nur selber herausfinden.

Der berühmt-berüchtigte *gusano* (Wurm) ist tatsächlich die Raupe einer Mottenart, die sich von den Agaven nährt. Man findet sie hauptsächlich in billigeren Mezcalsorten. Der Verzehr ist unschädlich, aber keine Pflicht. Zum Mezcal wird häufig ein kleiner Teller mit einem orangefarbenen Pulver serviert, dem *sal de gusano*, einer Mischung aus Salz, Chili und zermahlenen *gusanos*. Mit Orangen- oder Zitronenscheiben ist das ein guter Kontrapunkt zum Geschmack des Mezcals.

Bar, die bis zum Anschlag mit ungewöhnlichem Krimskrams gefüllt ist, gibt's nur Stehplätze. Sie bietet einen guten Einstieg in Mexikos rauchigsten Schnaps. Die freundlichen Barkeeper erklären den Gästen gern die Feinheiten der drei verschiedenen handwerklich gebrauten Mezcals, die für etwa 350 Mex$ als Probierset gekostet werden können.

Sacapalabras
BAR

(☏ 951-351-83-71; García Vigil 104; ⊙ Mo–Sa 14–2 Uhr) In der angenehm stimmungsvollen Bar mit schummrigem blauen Licht bildet Mezcal und Livejazz ein ideales Gespann. Ein Raum ist praktisch eine Kunstgalerie. Die Bar serviert auch eine gute Auswahl an mexikanischen Craft-Bieren.

La Santísima Flor de Lúpulo
BRAUEREI

(☏ 951-516-44-35; Allende 215; ⊙ Mo–Sa 17–1 Uhr) Tschüss Corona, hallo Lúpulo (das Wort bedeutet „Hopfen"). Oaxacas beliebte Nano-Brauerei (eine Brauerei, die noch kleiner als eine Kleinbrauerei ist) bietet ein ständig wechselndes Trio von vor Ort gebrauten Craft-Bieren. Serviert werden sie in einem winzigen Raum. Wer Hunger hat, bestellt zum Probierset mit drei Gläsern einen Burger vom benachbarten Gourmand (S. 475), einem Feinkostladen mit Bäckerei.

In Situ
MEZCALERÍA

(http://insitumezcaleria.com; Morelos 511; ⊙ Mo–Sa 13–23 Uhr; ☏Das In Situ ist ein Pflichtstopp auf der Mezcal-Route. Es hat diverse handwerklich gebraute Mezcals auf Lager, darunter viele ungewöhnliche Sorten, und der Besitzer ist eine wandelnde Enzyklopädie der sogenannten gekochten Agave.

Café Café
CAFÉ

(Bravo 219; ⊙ 7–23 Uhr) 🚭 Dieses Eckcafé mit klaren Linien ist so gut, dass der Doppelname Sinn macht, es könnte aber auch ebenso gut „Karottenkuchen Karottenkuchen" oder „Mango-Smoothie Mango-Smoothie" heißen. Wie in den meisten mexikanischen Cafés kann man hier auch gehaltvolle Snacks verputzen (die Frühstücksgerichte sind besonders lecker). Ursprünglich war das Café eine Rösterei, die die lokale Kaffeebohnenproduktion und mehrere Bildungsprojekte für Frauen unterstützte.

Mayordomo
CAFÉ

(☏ 951-516-16-19; www.chocolatemayordomo.com.mx; Mina 219; ⊙ 7–21 Uhr; ♿) Das Mayordomo ist in Oaxaca ein Synonym für Schokolade und hat mehrere Filialen. Die größte und beste Zweigstelle ist diese gleich südlich vom Mercado 20 de Noviembre (S. 476). Drinnen begibt man sich am besten direkt durch den süßlich duftenden Raum, in dem Kakao gemahlen wird, zur Bar und bestellt eine Tasse (heiße oder kalte) oaxacanische Schokolade. Anschließend kann man sich von den Köchen faszinieren lassen, die Frühstück und/oder Mittagessen zubereiten.

La Mezcalerita
MEZCALERÍA

(Alcalá 706C; ⊙ 14–2 Uhr) Wie viele *mezcalerías* der Stadt ist diese klein, dunkel und rustikal-hip und hat eine Atmosphäre, die im Laufe des Abends immer lebhafter wird. Die Gäste sind meistens in den Zwanzigern und Dreißigern und sitzen an der Bar unten oder entspannen sich auf der schlichten Dachterrasse. Es gibt eine tolle Auswahl an rauchigen Mezcals (ab 50 Mex$) und Craft-Bieren sowie kleine Snackteller.

Café Brújula
CAFÉ

(www.cafebrujula.com; Alcalá 104; Kuchen, Gebäck & Sandwiches 10–70 Mex$; ⊙ Mo–Sa 8–22, So 9–21 Uhr; 🛜) Oaxacas prestigeträchtigste und am häufigsten anzutreffende Kaffeerösterei verwendet Bio-Bohnen, die von Kaffeebauern im westlichen Teil der Provinz gepflückt werden. Seit 2006 hat das Unternehmen vier Cafés eröffnet. Das beste von ihnen ist dieses in einem ruhigen Innenhof (neben mehreren Buch- und Kunsthandwerksläden) in der Calle Alcalá. Neben süßen Snacks gibt's hier Obst-Smoothies und dicke Stücke Karottenkuchen.

Txalaparta
CLUB

(☏ 951-514-43-05; Matamoros 206; ⊙ Mo–Sa 13–2, So 18–2 Uhr) Man nehme ein paar Hipster, ein vages Wildwest-Motto, die coole bedrohliche Atmosphäre aus *Reservoir Dogs – Wilde Hunde* und den Massenappeal der Beatles – und schon hat man eine grobe Vorstellung vom Txalaparta. Diese recht ruhige Shisha-Bar hat viele dunkle Ecken und Winkel, in die man sich tagsüber zurückziehen kann, abends verwandelt sie sich dagegen in einen quirligen Treffpunkt.

Candela
CLUB

(☏ 951-514-20-10; Murguía 413; 50 Mex$; ⊙ Do–Sa 22–2 Uhr) Das Candela prägt mit energetischen Latino-Bands und dem hübschen Ambiente eines kolonialzeitlichen Hauses seit Jahren das Nachtleben Oaxacas. Wer einen guten Tisch haben will, sollte bald nach Öffnung herkommen. Für Interessenten gibt's auch Kurse in lateinamerikanischem Tanz.

NICHT VERSÄUMEN

NÄCHTLICHE FAHRRADTOUREN

Oaxacas Schönheit ist berühmt, doch ohne den Verkehr im Stadtzentrum wird sie noch sichtbarer. Dass man diese Stadt auch ohne Autos erleben kann, verdankt sie u. a. den Bemühungen städtischer Firmen wie Mundo Ceiba (S. 467). Dieser Fahrradverleih ist für die Organisation der regelmäßigen öffentlichen Fahrradtouren verantwortlich, die sich gegen Umweltverschmutzung richten und für die Förderung alternativer Verkehrsmittel eintreten. Der sogenannte Paseos Nocturnos en Bicicleta startete 2008 als wöchentliche Tour durchs gepflasterte Zentrum Oaxacas, wurde bei Einheimischen und Besuchern aber bald so beliebt, dass er nun viermal pro Woche stattfindet: mittwochs, freitags, samstags und sonntags. Die Radfahrer treffen sich um 21 Uhr vor dem Templo de Santo Domingo (S. 460) in der Calle Alaclá. Die gemütliche und sehr gesellige Radtour dauert anderthalb Stunden und ist 8 km lang. An der Spitze fährt ein maßangefertigtes Dreirad mit anfeuernder Musik, das auf verirrte Autos achtet. Zu besonderen Tagen und Festivals kommen die Fahrradfahrer manchmal auch in lustigen Kostümen. Es gibt keine schönere Möglichkeit, Oaxaca nach Einbruch der Dunkelheit zu erleben als gemeinsam mit den Einheimischen auf dieser Tour.

Fahrräder kann man vorher bei Mundo Ceiba ausleihen, der sich ein paar Blocks vom Start der Tour entfernt befindet.

 Unterhaltung

Teatro Macedonio Alcalá
THEATER

(☎951-516-83-12; Independencia 900) Das bedeutendste Theater der Stadt schmücken zahlreiche Fresken und vergoldete Logen. Es wurde 1909 im Zuge der Renaissance des mexikanischen Theaters im Louis-Quinze-Stil erbaut. Das Programm des Macedonio Alcalá reicht von Opern und Theaterstücken bis hin zu klassischen Konzerten. Die Theaterkasse und Information befinden sich neben der Lobby.

La Nueva Babel
LIVEMUSIK

(Porfirio Díaz 224; ◷Mo–Sa 9–2, So 21–2 Uhr) Ein Wandbild von Bowie als Aladdin Sane im Kontrast zur Jungfrau von Guadaloupe prägt die Atmosphäre im Babel, einer Art mexikanischen Kneipe, in der regelmäßig Musiker auftreten. Das Spektrum ist groß und reicht von *son* (Folkmusik) und Blues über *trova* (eine Art Troubadour-Volksmusik) bis zu Jazz und *cumbia* (ursprünglich aus Kolumbien stammende Tanzmusik). Falls man sich langweilt – die Stühle sind mit alten Zeitungen bedeckt.

Guelaguetza-Show
TANZ

(☎951-501-61-00; Quinta Real Oaxaca, 5 de Mayo 300; inkl. Abendbüfett 450 Mex$; ◷Fr 19 Uhr) Wer nicht während des Guelaguetza-Tanzfestivals im Juli in der Stadt ist, sollte unbedingt eine der regelmäßig stattfindenden Imitationen besuchen. Die beste dieser Vorführungen ist die sehr farbenfrohe dreistündige Show im schönen Hotel Quinta Real.

Shoppen

Der Bundesstaat Oaxaca hat die vielfältigste und kreativste Volkskunstszene Mexikos, und die Stadt ist der größte Umschlagplatz dafür. Die hochwertigsten Stücke findet man vor allem in schicken Läden, doch auf den Märkten sind die Preise günstiger. Manche Kunsthandwerker haben sich zusammengetan, um ihre Werke in eigenen Läden zu vermarkten.

Oaxacas belebtes Geschäftsviertel erstreckt sich über mehrere Blocks südwestlich des *zócalo*. Die Einwohner Oaxacas besorgen hier und auf dem riesigen Markt Central de Abastos alles für ihren täglichen Bedarf.

★ Amate Books
BÜCHER

(Alcalá 307; ◷Mo–Sa 10.30–14.30 & 15.30–19.30, So 13–19 Uhr) Amate ist der wohl beste Laden für englischsprachige Bücher im ganzen Land. Es macht einfach Spaß, sich umzuschauen und die Bücher zu bewundern – hier sind so ziemlich alle englischsprachigen Titel mit Bezug zu Mexiko auf Lager. Der ideale Ort, um eine verregnete Stunde zu vertrödeln.

Voces de Copal, Aullidos del Alma
KUNST & KUNSTHANDWERK

(Alcalá 303; ◷8–21.30 Uhr) Ein edles Kunsthandwerksgeschäft mit großartigen *alebrijes* aus der Werkstatt von Jacobo und María Ángeles in San Martín Tilcajete (S. 491). Die bunt bemalten Holzfiguren, die hauptsächlich Vögel und andere Tiere darstellen, sind eines der vielen einzigartigen und sehr begehrten Kunsthandwerksprodukte aus den Valles Centrales.

Huizache
KUNST & KUNSTHANDWERK

(☑ 951-501-12-82; Murguía 101; ⊘ 9–21 Uhr) Hier gibt's die Highlights des oaxacanischen Kunsthandwerks, darunter schwarze Keramik, Läufer, Kleidung, Schuhe und bemalte Holzfiguren, die von einer Kooperative vereinigter Kunsthandwerker aus dem ganzen Bundesstaat stammen. Hier kann man gut einkaufen, wenn man es nicht zu den Märkten in den Dörfern schafft.

El Nahual
KUNST & KUNSTHANDWERK

(☑ 951-516-42-02; http://elnahualfolkart.blogspot.ca; Reforma 412A; ⊘ Mo–Sa 10.30–14 & 16–20 Uhr) Das Volkskunstgeschäft wird von einer Weberfamilie aus Teotitlán del Valle geführt und ist daher mit hochwertigen Läufern, Bekleidung und Stickereien gefüllt. Es verkauft außerdem Arbeiten anderer angeschlossener Kunsthandwerker.

La Casa del Rebozo
KUNST & KUNSTHANDWERK

(5 de Mayo 114; ⊘ Mo–Sa 9.30–21, So 10–18 Uhr) Diese Kooperative mit 84 Kunsthandwerkern aus dem gesamten Bundesstaat Oaxaca verkauft hochwertige Keramik, Textilien, *alebrijes*, Blechgeschirr, Schüsseln und Körbe aus Kiefernnadel sowie Taschen, Körbe, Matten und Hüte aus Palmenblättern.

Unión de Palenqueros de Oaxaca
GETRÄNKE

(☑ 951-513-04-85; Abasolo 510; ⊘ 9–21 Uhr) 🖉 Der winzige Laden vertreibt die Erzeugnisse einer Gruppe von kleinen Mezcal-Produzenten aus Santiago Matatlán. Er bietet ausgezeichneten *reposado*, *pechuga* und rauchige *añejo*-Sorten zu guten Preisen.

Central de Abastos
MARKT

(Periférico; ⊘ 6–20 Uhr) Auf dem riesigen Hauptmarkt fast 1 km westlich des *zócalo* ist die ganze Woche über etwas los, am meisten jedoch am Samstag. Hier gibt's so gut wie alles, und man verliert sich leicht zwischen den Haushaltswaren, *artesanías* und dem riesigen Angebot von Obst, Gemüse, Zuckerrohr, Mais und anderen Erzeugnissen, die zwischen dem Bergland und der Küste angebaut werden.

Mercado Juárez
MARKT

(Ecke Flores Magón & Las Casas; ⊘ 6–21 Uhr) Die täglich geöffnete Markthalle liegt einen Block südlich des *zócalo*. Hier gibt's Blumen, Hüte, Schuhe, Kleidung und Schmuck zu niedrigen Preisen, Korbwaren, Gürtel und Taschen aus Leder, schicke Messer, Mezcal, Kräuter (Heil- und Gartenkräuter), Gewürze, Fleischwaren, Käse, *mole*, Obst, Gemüse, Grashüpfer und jegliches andere Lebensmittel.

❶ Praktische Informationen

Es gibt immer noch einige Internetcafés, die meistens etwa 10 Mex$ pro Stunde verlangen. An einigen öffentlichen Orten gibt's WLAN, z. B. im Parque Juárez und in fast allen Hotels.

Im Zentrum herrscht kein Mangel an Geldautomaten, und einige Banken und *casas de cambio* (Wechselstuben) wechseln US-Dollar.

Büro der städtischen Touristeninformation (☑ 951-514-28-82; Matamoros 102; ⊘ 9–20 Uhr)

CI Banco (Armenta y López 203; ⊘ Mo–Fr 8.30–18, Sa 10–14 Uhr) Tauscht US-Dollar, kanadische Dollar, Euro, britisches Pfund, Yen und Schweizer Franken um und löst Euro-Reisechecks ein.

Hauptpost (Alameda de León; ⊘ Mo–Fr 8–19, Sa bis 15 Uhr)

Stand der städtischen Touristeninformation (Alameda de León; ⊘ 9–18 Uhr)

Sectur (☑ 951-502-12-00, Anschluss 1506; www.oaxaca.travel; Juárez 703; ⊘ 8–20 Uhr) Das Hauptinformationsbüro der Touristeninformation des Bundesstaates Oaxaca. Weitere Schalter befinden sich im **1.-Klasse-Busbahnhof** (5 de Mayo 900, Barrio Jalatlaco; ⊘ 9–20 Uhr), im **Museo de los Pintores Oaxaqueños** (Independencia 607; ⊘ 10–18 Uhr) und im **Teatro Macedonio Alcalá** (Independencia 900; ⊘ 9–20 Uhr).

❶ COLECTIVOS: EINE KLEINE EINFÜHRUNG

Colectivos sind Sammeltaxis, die in und um Oaxaca auf festen Routen fahren. Weil sich mehrere Fahrgäste die Kosten teilen, sind sie viel billiger als normale Taxis (aber etwas teurer als Busse). In Oaxaca sind *colectivos* dunkelrot und weiß, ihr Fahrziel steht auf einem Schild oben an der Windschutzscheibe. Viele versammeln sich an der Nordseite des 2.-Klasse-Busbahnhofs in Oaxaca. Wenn noch Plätze frei sind, stoppen sie unterwegs und lassen Fahrgäste einsteigen (einfach den Arm ausstrecken, um eins anzuhalten). *Colectivos* transportieren bis zu vier Fahrgäste (manche versuchen auch, fünf hineinzuquetschen) und fahren los, sobald sie voll besetzt sind. In der Regel sind sie schneller als Busse – manchmal vielleicht ein wenig zu schnell!

ⓘ An- & Weiterreise

AUTO & MOTORRAD

Der Hwy 135D zweigt vom Hwy 150D (Mexico City–Veracruz) ab und führt dann auf einer spektakulären Route über die nördlichen Berge Oaxacas nach Oaxaca de Juárez. Die Mautgebühren auf der Strecke von Mexico City nach Oaxaca betragen insgesamt 430 Mex$, die Fahrt dauert fünf bis sechs Stunden.

Die Straßen des Bundesstaats Oaxaca sind überwiegend in schlechtem Zustand. Die versprochenen neuen Fernstraßen an die Küste sind seit fast zehn Jahren im Bau – das Jahr der Fertigstellung war auf 2018 datiert –, aber die Strecken sind immer noch nicht fertig. Außerhalb von Oaxaca de Juárez herrscht wenig Verkehr und die Landschaft ist großartig.

Die Preise für nicht im Voraus gebuchte Mietwagen beginnen in Oaxaca bei um die 700 Mex$ pro Tag, inklusive unbegrenzter Kilometeranzahl.

Europcar (☑ 951-143-83-40; www.europcar.com.mx; ⊙ 6–22.30 Uhr) Am Flughafen.

Only Rent-A-Car (☑ 951-514-02-55; www.only rentacar.com; 5 de Mayo 215A; ⊙ 8–20 Uhr)

BUS & VAN

Busse vom 1.-Klasse-Busbahnhof zu Zielen an der Küste Oaxacas nehmen die lange und teure Route über Salina Cruz. Wenn man nicht an Reisekrankheit leidet und die Fahrt auf den kurvenreichen Bergstraßen verträgt, sind die bequemen Vans mit 12 bis 18 Sitzen, die direkt nach Puerto Escondido, Pochutla, Zipolite, Mazunte und Huatulco fahren (Ticketpreise 195–230 Mex$), billiger und schneller. Einige

Hostels arrangieren die Abholung ihrer Gäste von der Unterkunft für einen Zuschlag von ca. 50 Mex$.

Neue Fernstraßen nach Puerto Escondido und Tehuantepec werden die Fahrzeiten an die Küste verkürzen und sicher auch Veränderungen der Busfahrpläne und Busrouten auf einigen Strecken mit sich bringen, wenn sie endlich eröffnet werden (möglicherweise 2019, darauf sollte man sich aber nicht verlassen).

1.-Klasse-Busbahnhof (Terminal ADO; ☑ 951-502-05-60; 5 de Mayo 900, Barrio Jalatlaco) 2 km nordöstlich des *zócalo*; von hier fahren Busse von ADO Platino und ADO GL (Deluxe-Service), ADO und OCC (1. Klasse) sowie AU, Sur und Cuenca (2. Klasse). Tickets kann man online bei **Mi Escape** (☑ 951-502-0560; www.miescape.mx; 5 de Mayo 900; ⊙ Mo–Fr 7–22, Sa & So 9–14 & 17–20 Uhr) buchen.

2.-Klasse-Busbahnhof (Central de Autobuses de Segunda Clase; Las Casas) Von diesem Busbahnhof, 1 km westlich des *zócalo*, fahren einige Busse in Dörfern rund um Oaxaca.

Atlántida (☑ 951-514-7077; La Noria 101) Direkt-Vans nach Zipolite und Mazunte.

Autobuses Halcón (☑ 951-516-01-83; Bustamante 606A, Oaxaca) Busse nach San Bartolo Coyotepec.

Express Service (☑ 951-516-40-59; Arista 116) Vans nach Puerto Escondido.

Expressos Colombo Huatulco (☑ 951-514-38-54; www.expressoscolombohuatulco.com; Trujano 600) Vans nach Bahías de Huatulco.

Huatulco 2000 (☑ 951-516-31-54; Hidalgo 208) Vans nach Bahías de Huatulco.

BUSSE & VANS AB OAXACA DE JUÁREZ

ZIEL	PREIS (MEX$)	DAUER (STD.)	HÄUFIGKEIT (TGL.)
Bahías de Huatulco	230–305	7–8	13-mal Expressos Colombo, 9-mal Huatulco 2000, 5-mal vom 1.-Klasse-Busbahnhof
Mazunte	210	7	6-mal Atlántida
Mexico City (TAPO)	310–823	6–7	27-mal vom 1.-Klasse-Busbahnhof
Pochutla	195–446	6–10	30-mal Líneas Unidas, 4-mal vom 1.-Klasse-Busbahnhof
Puebla	370–780	4½	19-mal vom 1.-Klasse-Busbahnhof
Puerto Escondido	200–382	7–11	15-mal Express Service, 18-mal Villa del Pacífico, 4-mal vom 1.-Klasse-Busbahnhof
San Cristóbal de las Casas	507–804	10–11	4-mal vom 1.-Klasse-Busbahnhof
Tapachula	606	12	19 Uhr vom 1.-Klasse-Busbahnhof
Tehuantepec	154–294	4½	15-mal vom 1.-Klasse-Busbahnhof
Veracruz	400–792	7–8	4-mal vom 1.-Klasse-Busbahnhof
Zipolite	210	6¾	6-mal Atlántida

Líneas Unidas (951-187-55-11; Bustamante 601) Vans nach Pochutla.

Transportadora Excelencias (Díaz Ordaz 314, Oaxaca) Vans nach Yanhuitlán und Teposcolula.

Transportes Villa del Pacífico (951-160-51-60; Galeana 322A) Vans nach Puerto Escondido.

FLUGZEUG

Der **Flughafen Oaxaca** (951-511-50-88; www.asur.com.mx) liegt 6 km südlich des Zentrums und 500 m westlich des Hwy 175; er wird von zahlreichen Fluggesellschaften angeflogen.

Aeroméxico (951-516-10-66; www.aeromexico.com; Hidalgo 513; ⊙Mo–Fr 9–18, Sa bis 19 Uhr) Mehrmals täglich ab/nach Mexico City.

Aerotucán (951-502-0840; www.aerotucan.com) Cessnas mit 13 Sitzen unternehmen täglich den halbstündigen Flug hinüber nach Puerto Escondido (1993 Mex$) und Bahías de Huatulco (2042 Mex$) an der Küste von Oaxaca – spektakuläre Flüge, die aber manchmal kurzfristig gestrichen oder verschoben werden.

Interjet (951-502-57-23; www.interjet.com.mx; Plaza Mazari, Calzada Porfirio Díaz 256, Colonia Reforma; ⊙Mo–Fr 9–19, Sa bis 18, So 10–14 Uhr) Fliegt zwei- oder dreimal täglich nach Mexico City.

TAR Aerolíneas (55-2629-5272; www.tarmexico.com) Direktflüge nach Guadalajara, Villahermosa, Huatulco und Tuxtla Gutiérrez.

United (800-900-50-00; www.united.com) Fliegt täglich nach Houston, Texas.

Vivaaerobus (81-8215-0150; www.vivaaerobus.com) Budgetfluggesellschaft, die zwei- oder dreimal pro Woche Flüge nach/von Monterrey hat.

Volaris (55-1102-8000; www.volaris.com) Mexikanische Billigfluggesellschaft, die nach Mexico City (3-mal wöchentlich), Tijuana (5-mal wöchentlich), Monterrey (2-mal wöchentlich) und Los Angeles (3-mal wöchentlich) fliegt.

Unterwegs vor Ort

BUS

Die Fahrt in den Stadtbussen kostet 7,50 Mex$. Von der Hauptstraße vor dem 1.-Klasse-Busbahnhof fahren Busse mit der Aufschrift „Juárez" westwärts die Juárez und die Ocampo, drei Blocks östlich des *zócalo*, hinunter; die westwärts fahrenden Busse mit der Aufschrift „Tinoco y Palacios" nehmen die Tinoco y Palacios, zwei Blocks westlich des *zócalo*. Um wieder zurück zum Busbahnhof zu gelangen, nimmt man einen „ADO"-Bus Richtung Norden die Pino Suárez oder den Crespo hinauf.

VOM/ZUM FLUGHAFEN

Am Ticket- und Taxischalter von Transporte Terrestre im Flughafenterminal zahlt man für die Fahrt im Sammeltaxi in die Innenstadt 75 Mex$ pro Person. In umgekehrter Richtung muss man sich für die Fahrt zum Flughafen einen Tag vorher bei der **Transportación Terrestre Aeropuerto** (951-514-10-71; Alameda de León 1G; ⊙Mo–Sa 9–19, So 10–14 Uhr) anmelden. Andere Taxis zum Flughafen kosten im Allgemeinen 300 Mex$.

TAXI

Ein Taxi innerhalb der Innenstadt, etwa zu den Busbahnhöfen, kostet 40 Mex$.

VALLES CENTRALES

Rund um die historische, aber moderne Stadt Oaxaca liegen verschiedene rustikale Städte und Dörfer, die mit einigen der größten Attraktionen des Bundesstaates locken: antike mesoamerikanische Ruinen, indigenes Kunsthandwerk, lebhafte Märkte, turbulente Festivals sowie Felder voller Agaven, aus denen der Mezcal gemacht wird. Es gibt drei geografische Hauptadern: das Valle de Tlacolula, das sich von der Stadt 50 km gen Osten erstreckt, das Valle de Zimatlán, das etwa 100 km Richtung Süden verläuft, und im Norden das ca. 40 km lange Valle de Etla. Die drei Valles Centrales (Zentraltäler), in denen überwiegend indigene Zapoteken leben, erreicht man problemlos im Rahmen eines Tagesausflugs von Oaxaca de Juárez.

Monte Albán

Monte Albán (Erw./Kind unter 13 Jahren 70 Mex$/frei; ⊙8–17 Uhr; P), von wo aus die alten Zapoteken einst über Oaxacas Valles Centrales herrschten, thront ein paar Kilometer westlich von Oaxaca 400 m über dem Talgrund. Es zählt zu den bedeutendsten archäologischen Stätten Mexikos. Die Überreste der Tempel, Paläste, neben abgestuften Plattformen, des Observatoriums und des Ballspielplatzes sind systematisch angeordnet und bieten einen traumhaften Rundumblick über die Stadt, die Täler und die fernen Berge.

Monte Albáns 1300-jährige Geschichte lässt sich bis ins Jahr 500 v.Chr. zurückverfolgen und wird meistens in fünf archäologische Phasen eingeteilt. Ihre Blütezeit erreichte die Stadt zwischen 300 und 700 n.Chr., als die Spanier 1520 eintrafen, war sie jedoch schon lange verlassen.

Verglichen mit anderen archäologischen Stätten Oaxacas ist in Monte Albán zwar recht viel los, doch den Reisebusrummel

Monte Albán

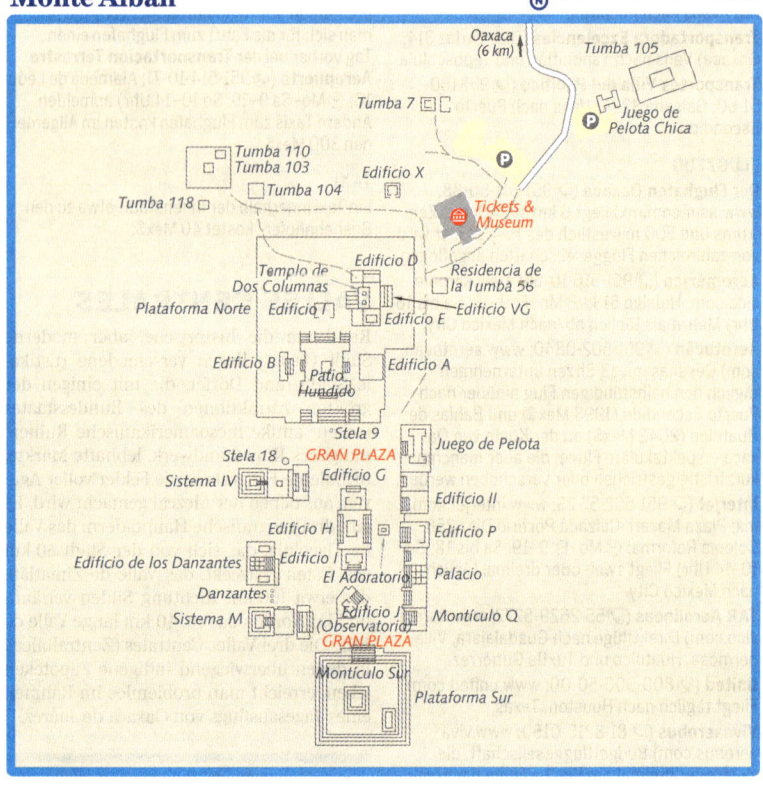

von bekannteren Ruinen in der Umgebung Mexico Citys und Cancúns gibt es hier nicht.

Geschichte

Monte Albán wurde erstmals um 500 v.Chr. besiedelt, wahrscheinlich von Zapoteken von ihrem früheren Hauptort in den Valles Centrales aus, dem schlecht zu verteidigenden San José El Mogote im Valle de Etla. Es bestanden frühe kulturelle Verbindungen zwischen Monte Albán und den Olmeken im Nordosten.

In der Zeit bis etwa 200 v.Chr. (als Phase Monte Albán I bekannt) wurde der Hügelgipfel planiert, und man errichtete darauf Tempel und wahrscheinlich auch Paläste. An den Bergflanken hatten sich bis dahin 10 000 oder mehr Einwohner angesiedelt. Während dieser Periode wurden Hieroglyphen und Daten in einer Art Koordinatensystem eingeritzt – das könnte heißen, dass der Elite von Monte Albán die ersten Menschen angehörten, die in Mexiko Schrift und einen schrift-

lichen Kalender verwendet haben. Zwischen 200 v.Chr. und 300 n.Chr. (Phase Monte Albán II) dehnte die Stadt ihren Einfluss allmählich auf die ganze Region Oaxaca aus.

Zwischen 300 und 700 n.Chr. (Phase Monte Albán III) erlebte die Stadt ihre Blütezeit: Die umliegenden Erhebungen wurden für den Bau von Wohnhäusern terrassiert, und die Einwohnerzahl stieg auf rund 25 000. Monte Albán war das Zentrum einer hierarchisch strukturierten Gesellschaft, in der Priester das Sagen hatten. Die Stadt herrschte über die flächendeckend bewässerten Valles Centrales mit ihren 200 weiteren Siedlungen und religiösen Stätten. Die Gebäude hier waren meist verputzt und rot gestrichen. Bis heute wurden fast 170 unterirdische Gräber aus jener Zeit entdeckt, von denen manche kunstvoll mit Fresken dekoriert sind. Leider sind sie für Besucher nicht zugänglich.

Zwischen 700 und 950 n.Chr. (Phase Monte Albán IV) wurde die Stadt aufgegeben und verfiel. In der Phase Monte Albán V (950–1521 n. Chr.) tat sich nicht mehr viel, außer dass Mixteken aus dem Nordwesten Oaxacas einige alte Gräber benutzten, um ihre eigenen Würdenträger zu begraben. Bemerkenswert ist vor allem das Tumba 7, dessen berühmte Grabschätze man im Museo de las Culturas de Oaxaca (S. 461) bewundern kann.

Sehenswertes

Edificio de los Danzantes   GEBÄUDE

Bei dem Gebäude handelt es sich um einen frühen Bau aus der Phase Monte Albán I mit den berühmten eingemeißelten Danzantes-Figuren (Tänzer), der später überbaut wurde. Einige original erhaltene Danzantes-Figuren befinden sich in einem kurzen Durchgang, den man betreten kann; Repliken weiterer Danzantes zieren die Außenmauer. Die zwischen 500 und 100 v. Chr. entstandenen Reliefs zeigen nackte Männer, die angeblich geopferte Anführer besiegter Nachbarstädte darstellen.

Die Danzantes haben in der Regel dicke Lippen, geöffnete Münder (teils nach Olmeken-Art nach unten zeigend) und geschlossene Augen. Bei einigen fließt Blut aus ihren ausgeweideten Körpern.

Plataforma Norte   AUSSICHTSPUNKT

Die Nordplattform ist fast so groß wie die Gran Plaza und bietet den besten Rundumblick weit und breit. Über die Jahrhunderte wurde sie mehrfach umgestaltet. Die zwölf Säulenbasen am oberen Ende der Stufen gehörten einst zu einer überdachten Halle. Der Zeremonialkomplex ganz oben auf der Plattform entstand zwischen 500 und 800 n. Chr. Der Komplex umfasst den **Patio Hundido** (abgesenkten Hof) mit einem Altar in der Mitte, einst von Lehmziegeltempeln gekrönten **Edificios D**, **VG** und **E** sowie den **Templo de Dos Columnas**.

Edificio J   GEBÄUDE

Das pfeilspitzenförmige Gebäude J wurde um 100 v. Chr. errichtet und steht in einem Winkel von 45 Grad zu den anderen Bauten an der Gran Plaza. Es beherbergt ein Labyrinth aus Tunneln und Treppen (leider für Besucher nicht zugänglich) und war einst ein Observatorium. Durch astronomische Beobachtungen konnten die Menschen damals die Jahreszeiten verfolgen, landwirtschaftliche Zyklen berechnen und Vorhersagen machen. Die eingemeißelten Figuren und Hieroglyphen an den Mauern dokumentieren die militärischen Siege Monte Albáns.

Edificio P   GEBÄUDE

Gebäude P wurde von einem kleinen Säulentempel gekrönt und diente vermutlich als eine Art Observatorium. Wenn die Sonne im Zenit steht (5. Mai & 8. Aug., jeweils um 12 Uhr), fällt das Licht durch die kleine Öffnung nahe der Spitze direkt hinab.

Plataforma Sur   AUSSICHTSPUNKT

Die 40 m hohe Südplattform mit einer breiten Treppe ist die höchste der Stätte. Von hier bietet sich eine tolle Aussicht auf die Plaza und die umliegenden Berge. Im Gegensatz zu manchen anderen mexikanischen Ruinen dürfen Besucher bis ganz nach oben steigen.

Juego de Pelota   ARCHÄOLOGISCHE STÄTTE

Die Steinterrassen des tiefen, etwa 100 v. Chr. angelegten Ballspielplatzes waren wohl keine Publikumsränge, sondern Teil des Spielfelds. Vermutlich waren sie mit einer dicken Kalkschicht bedeckt, damit der Ball gut rollen konnte.

Gran Plaza   PLATZ

Der 300 m lange und 200 m breite Große Platz bildet das Herzstück Monte Albáns. Manche der Bauten waren Tempel, andere Wohnhäuser der Elite. Der Großteil ist heute abgesperrt, um Beschädigungen durch herumlaufende Besucher zu verhindern.

Geführte Touren

In der Nähe des Ticketbüros bieten offizielle Führer ihre Dienste an (ca. 250 Mex$ für eine kleine Gruppe). Alternativ veranstalten zahlreiche Unternehmen im Zentrum Oaxacas Halbtagstouren nach Monte Albán, die inklusive Führer, Transport und Eintritt ab 350 Mex$ kosten.

An- & Weiterreise

Monte Albán kann man ab Oaxaca problemlos auf eigene Faust oder mit einer organisierten Tour besuchen. Busse von **Autobuses Turísticos** (☏ 951-516-61-75; Mina 501, Oaxaca) fahren von Oaxaca zwischen 8.30 und 15.30 Uhr stündlich (Sa & So alle 30 Min.) hin und zwischen 12 und 17 Uhr von der Stätte zurück. Die Busse halten zwei Blocks westlich vom Mercado 20 de Noviembre.

Valle de Tlacolula

Das Valle de Tlacolula östlich von Oaxaca hat die größte Konzentration an Sehenswürdigkeiten in den Valles Centrales – hier befinden sich zwei vorspanische Stätten (Mitla und Yagul) und ein noch älterer Baum. Auch

Valles Centrales & Pueblos Mancomunados

Kunsthandwerk spielt eine große Rolle: Es gibt Webwaren (vor allem jede Menge Kleidung und Läufer), und zahlreiche Brennereien produzieren handwerklich gebrauten Mezcal. Das Sahnehäubchen des Tals sind die fantastischen Infinity Pools und die Wasserfälle in Hierve el Agua.

❶ An- & Weiterreise

El Tule, Teotitlán del Valle, Tlacolula und Yagul liegen alle in der Nähe des Hwy 190 zwischen Oaxaca und Mitla. Busse nach Mitla (21 Mex\$, 1¼ Std.) fahren etwa stündlich von Oaxacas 2.-Klasse-Busbahnhof und lassen Fahrgäste überall entlang der Straße aussteigen.

Eine Alternative sind die *taxis colectivos*, die direkt nach El Tule (13 Mex\$, 15 Min.), Teotitlán (18 Mex\$, 30 Min.), Tlacolula (20 Mex\$, 40 Min.) und Mitla (25 Mex\$, 1 Std.) fahren. Sie starten 500 m östlich von Oaxacas 1.-Klasse-Busbahnhof an der Ecke Hwy 180/Derechos Humanos, direkt hinter dem Baseballstadion.

◉ Sehenswertes

El Rey del Matatlán BRENNEREI
(☏ 951-516-23-46; Hwy 190 Km 265; ⊙ 8–20 Uhr) GRATIS Direkt neben den Feldern, auf denen Agaven angebaut werden, liegt diese Brennerei, bei der Besucher gern Mezcal verkosten und kaufen. Sie liegt zwar auf den

0 — 10 km

Yalalag

Mitla

MEX 190D

MEX 179

San Pablo
Villa de Mitla
Xaagá

San Lorenzo
Albarradas

San Juan
Hierve del Río
El Agua

Santiago
Matatlán

MEX 190

Routen der Reisebusse (wer an einer Tour teilnimmt, wird hier wahrscheinlich halten), doch der rauchige Mezcal ist authentisch und die Hazienda mit ihren kühlen Terrakottafliesen, der Bar, der Mühle, den traditionellen Öfen und der Fermentierungsanlage wirkt eher rustikal als industriell. Im Lauf des Tages gibt es immer wieder kostenlose Erläuterungen des Herstellungsprozesses von Mezcal, danach kann man sich bei der Verkostung beschwipsen.

Ruinen von Yagul ARCHÄOLOGISCHE STÄTTEN
(65 Mex$; ⊘8–17 Uhr P) Wer gern Fotos von zapotekischen Ruinen mit Scharen von Be-

suchern im Hintergrund machen möchte, ist in Yagul genau richtig. Die Ruinen, von den Einheimischen „Pueblo Viejo" genannt, liegen malerisch auf einem mit Kakteen bewachsenen Hügel, etwa 1,5 km nördlich der Straße zwischen Oaxaca und Mitla und 34 km von Oaxaca entfernt. Wer kein Fahrzeug hat, muss die 1,5 km zu Fuß gehen; auf der einsamen Straße ist Vorsicht geboten.

Prähistorische Höhlen
von Yagul & Mitla HÖHLE
Auf der Fahrt von der Hauptstraße nach Yagul sieht man rechts auf der Wand des Felsvorsprungs **Caballito Blanco** eine große weiße Felszeichnung, die eine Person, eine Gottheit, einen Baum oder die Sonne darstellt. Dies ist das markanteste Merkmal der Prähistorischen Höhlen von Yagul und Mitla, einer UNESCO-Welterbestätte, die sich von hier rund 6 km nach Osten erstreckt. In den Höhlen fand man Zeugnisse vom frühesten Pflanzenanbau in Nordamerika vor etwa 10 000 Jahren und zahlreiche wertvolle Informationen über den Übergang von der Epoche der Jäger und Sammler zur Landwirtschaft in einem Zeitraum von Tausenden Jahren.

Es ist schwierig, die Höhlen auf eigene Faust zu besuchen. Am besten bucht man bei Tierraventura (S. 467) eine Tagestour zur bedeutenden Höhle Guilá Naquitz (1100 Mex$). Die Tour schließt eine dreistündige Wanderung ein.

El Tule
🕿 951 / 7600 EW. / HÖHE 1550 M
El Tule, 10 km östlich von Oaxaca am Hwy 190 gelegen, wartet mit einem lohnenden Besuchermagneten auf: El Árbol del Tule, ein gigantischer Baum, der so alt sein soll wie die Ruinen von Monte Albán. Der Baum ist das Zentrum des netten mexikanischen Städtchens mit Kirche, Plaza und Markt, das einen angenehmen Kontrast zur urbaneren Atmosphäre der nahen Großstadt bildet.

◉ Sehenswertes

El Árbol del Tule WAHRZEICHEN
(Baum von El Tule; 10 Mex$; ⊘8–20 Uhr) Besucher strömen ins Dorf El Tule, um El Árbol del Tule zu bewundern, den offenbar dicksten Baum der Welt. Der Mammutbaum General Sherman in Kalifornien hat zwar das größte Volumen, doch mit einem Durchmesser von 14 m besitzt El Árbol del Tule unbestritten den dicksten Stamm. Das hübsche

Dorf aus dem 17. Jh., in dessen Kirchhof der gewaltige *ahuehuete* (Mexikanische Sumpfzypresse) steht, wirkt in seinem Schatten zwergenhaft.

Das Alter des Baums wird auf über 2000 Jahre geschätzt, er wuchs hier also schon, als die alte Stadt Monte Albán noch in den Kinderschuhen steckte. Der von den Oaxacanern hoch verehrte Árbol del Tule scheint gesund zu sein, allerdings könnten das Wachstum des Ortes und die Bewässerungsanlagen der Landwirtschaft, die die Wasserquellen des Baums anzapfen, eine Gefahr für ihn darstellen.

 **Essen**

Casa Embajador OAXACANISCH **$$$**
(Unión 1; Hauptgerichte 250 Mex$; ☺9–18 Uhr) Das Casa Embajador ist sowohl ein neues *parador turistico,* das gern von Touristengruppen besucht wird, als auch eine Brennerei, die ihren eigenen Mezcal produziert. Wer Mittagessen bestellt, bekommt meist ein Gläschen auf Kosten des Hauses. Zu empfehlen ist das fleischlastige Botana Oaxaqueña (mit Käse, Chorizo, gegrilltem Rindfleisch und mehr; auch zum Teilen geeignet). Das große Restaurant liegt unter einem großen strohgedeckten *palapa*-Dach und hat einen eleganten Brunnen, Gärten und sogar eine Kapelle.

Teotitlán del Valle

📞951 / 4400 EW. / HÖHE 1700 M
Das bekannte Weberdorf Teotitlán, das ca. 25 km südöstlich von Oaxaca de Juárez liegt, ist für seine jahrhundertealte Webetradition berühmt, die bis in vorspanische Zeiten zurückreicht: Das Dorf musste an die Azteken Tribute in Form von Stoffen zahlen. Die Qualität ist heute sehr hoch, und traditionelle Farbstoffe aus Naturmaterialien wie Indigo, Cochenilleschildläusen und Moos erlebten eine Renaissance (wenngleich einige Weber weiterhin die viel billigeren synthetischen Farbstoffe nutzen). Die Vielfalt der Designs ist riesig und reicht von Zapoteken-Göttern und symmetrischen Mustern bis zu Imitationen von Werken Riveras und Picassos.

Viele Reisegruppen werden lediglich zu den viel größeren Ausstellungsräumen an der Zufahrtsstraße gebracht. Diese Großhändler dominieren das Gewerbe, denn sie kaufen die Webarbeiten auf oder beschäftigen selber Weber, die dann direkt für sie arbeiten. Um mit Webern selbst in Kontakt zu kommen, begibt man sich am besten ins eigentliche Dorf, wo Decken und Teppiche überall in den Straßen vor Häusern bzw. Werkstätten zu sehen sind.

 **Sehenswertes**

Iglesia Preciosa
Sangre de Cristo KIRCHE
(☺6–18 Uhr) Stufen führen von der Plaza hinauf zu dieser stattlichen Kirche aus dem 17. Jh. In einem schönen breiten Kirchhof und farbenfrohen Fresken im Inneren. Sie wurde über einer zapotekischen Zeremonienstätte erbaut, von der viele der behauenen Steine der Kirchwände stammen; besonders der Innenhof ist zu beachten.

 Kurse

El Sabor Zapoteco KOCHEN
(📞951-524-46-58; www.cookingclasseselsaborza poteco.blogspot.com; Juárez 30; 75 US$/Pers.) Reyna Mendoza veranstaltet diese Kurse, bei denen traditionelle Dorfgerichte mit herkömmlichen Methoden zubereitet werden, in ihrer Küche unter freiem Himmel. In der Regel finden sie am Dienstag- und Freitagvormittag statt, an den beiden Hauptmarkttagen der Stadt; der Hin- und Rücktransport ist im Preis enthalten. Treffpunkt in Oaxaca ist draußen vor dem Jardín Etnobotánico (S. 461).

Tlacolula

14 000 EW. / HÖHE 1650 M
In Tlacolula, 31 km von Oaxaca entfernt, findet jeden Sonntag einer der größten Märkte der Valles Centrales statt. Die Gegend rund um die Kirche ist dann brechend voll. Verkauft werden Kunsthandwerk, Lebensmittel und zahlreiche Alltagsprodukte. Wer gern Marktatmosphäre schnuppert und Marktessen liebt, wird begeistert sein. Ein anderer überzeugender Grund für einen Besuch ist der Templo de la Asunción mit seiner reich verzierten Seitenkapelle.

 Sehenswertes

Templo de la Asunción KIRCHE
(Av 2 de Abril; ☺8–18 Uhr) Die Sensation der Hauptkirche von Tlacolulas ist ihre aufwendig gestaltete barocke Seitenkapelle, die gemeinhin Capilla de la Plata (Silberkapelle) genannt wird. Ihre überwältigende, von der indigenen Kultur beeinflusste Dekoration ist mit der Capilla del Rosario in Oaxacas Santo Domingo (S. 460) vergleichbar. Wer sich die Deckenverzierungen genau anschaut,

entdeckt Märtyrer aus Gips, die ihre eigenen verwundeten Köpfe halten, und verspielte Engel mit diversen Musikinstrumenten.

San Pablo Villa de Mitla

♫ 951 / 8200 EW. / HÖHE 1700 M

Die kleine Stadt San Pablo Villa de Mitla, 46 km südöstlich von Oaxaca, ist für die Ruinen des Alten Mitla berühmt, zu denen die einzigartigen Stein-„Mosaiken" gehören, die heute in der Mitte einer modernen zapotekischen Siedlung stehen.

In der Stadt wimmelt es zudem nur so von Kunsthandwerksläden, die Stickereien verkaufen, und Spirituosengeschäften, in denen es den starken regionalen Mezcal gibt.

⊙ Sehenswertes

Altes Mitla   ARCHÄOLOGISCHE STÄTTE
(Grupo de las Columnas Erw./Kind 65 Mex$/frei, andere Ruinen kostenlos; ⊙8–17 Uhr; P) Die Ruinen des Alten Mitla werden in ihrer Bedeutung nur von Monte Albán übertroffen, wenngleich sie nicht so alt sind: Sie stammen aus den letzten zwei oder drei Jahrhunderten vor der spanischen Eroberung in den 1520er-Jahren. Zur Stätte gehört das damals wahrscheinlich wichtigste religiöse Zentrum der Zapoteken – ein Kultzentrum, in dem Hohepriestern das Sagen hatten, die im wahrsten Sinne des Wortes herzzerreißende Menschenopfer vollführten.

Die geometrischen „Mosaiken" des alten Mitla suchen ihresgleichen in Mexiko: Die 14 verschiedenen, raffiniert stilisierten Muster symbolisieren angeblich Himmel und Erde, eine gefiederte Schlange und andere bedeutende Wesen. Jedes der kleinen Steinstücke wurde exakt passend zugeschnitten, dann mit Mörtel in das Muster an den Mauern eingefügt und bemalt. Viele Gebäude in Mitla waren zudem mit bemalten Friesen verziert.

Die alten Gebäude von Mitla waren wahrscheinlich nur ganz speziellen Bewohnern vorbehalten: So war vermutlich ein Gebäudekomplex nur für Hohepriester bestimmt, ein anderer nur für den König usw. Heutige Besucher bekommen in der Regel nur die beiden Hauptkomplexe der Stadt zu Gesicht: die **Grupo de las Columnas** (Säulengruppe) vor der von drei Kuppeln gekrönten Iglesia de San Pablo (die 1590 über Teilen der alten Stätte errichtet wurde) und die **Grupo del Norte** (Nordgruppe) neben und hinter der Kirche.

Die Grupo de las Columnas hat zwei große Höfe: den Patio Norte und den Patio Sur.

An der Nordseite des Patio Norte liegt die 38 m lange Sala de las Columnas (Säulenhalle) mit sechs massiven Säulen. Am Ende der Halle führt ein Gang in den Palacio, der ein paar der schönsten „Steinmosaiken" Mitlas beherbergt. Im Patio Sur befinden sich zwei unterirdische Grabstätten.

Die Überreste weiterer Bauten finden sich in der Stadt und im Umkreis von mehreren Kilometern.

Wer mit öffentlichen Verkehrsmitteln unterwegs ist, lässt sich an der Kreuzung La Cuchilla am Ortseingang von Mitla absetzen. Von hier aus sind es 1,2 km Richtung Norden bis zur Iglesia de San Pablo und dem Ticketschalter für die Grupo de las Columnas.

🛏 Schlafen & Essen

Hotel Don Cenobio   HOTEL $$
(☎951-568-03-30; www.hoteldoncenobio.com; Av Juárez 3; Zi. 830–1050 Mex$; P🎧🖥) Das am zentralen Platz gelegene Hotel ist das wohl beste in Mitla. Es hat 23 komfortable Zimmer mit geschnitzten und bunt bemalten Möbeln aus Guadalajara. Auf dem Gelände rund um den grasbewachsenen zentralen Garten gibt's einen Swimmingpool, eine Bar und das Hotelrestaurant (8–18.30 Uhr) mit Gerichten der Oaxaca-Küche.

Restaurante Doña Chica   OAXACANISCH $
(☎951-568-06-83; Av Morelos 41; Hauptgerichte 75–100 Mex$; ⊙7–19 Uhr) Wer nach der Besichtigung der Ruinen von Mitla hungrig ist, kann unbesorgt sein. Das helle Doña Chica serviert köstliche oaxacanische Gerichte wie *moles,* Enchiladas und *tasajo* (dünne gegrillte Rindfleischscheiben), die in einer offenen Küche zubereitet werden. Suppen, *antojitos* (mexikanische Snacks), Salate und Dessert runden die Speisekarte ab.

Hierve El Agua

HÖHE 1800 M

Hierve El Agua, 65 km südöstlich von Oaxaca und 35 km hinter Tlacolula, besteht aus einer Reihe von spektakulär gelegenen Mineralquellen und Gesteinsformationen. Es ist ein beliebtes Ausflugsziel der *oaxaque-ños* (Bewohner von Oaxaca) an ihren freien Tagen und ein guter Endpunkt einer Tour ins Valle de Tlacolula zum Sonnenuntergang.

⊙ Sehenswertes

★**Mineralquellen**   BADEBECKEN, AUSSICHTSPUNKT
(25 Mex$; ⊙7.30–19.30 Uhr; P) Natürlich warme Badebecken haben selten so grandios

ausgesehen. Hierve El Agua (auf Deutsch „das Wasser kocht") liegt in einer wahrhaft ätherischen Umgebung inmitten von mit niedrigem Gebüsch bewachsenen Bergen. Es besteht aus mehreren blubbernden Mineralquellen, die direkt am Rand einer Klippe – von hier bietet sich ein spektakulärer Blick über die Sierra – in einem natürlichen Infinity Pool enden. Das Wasser, das seit Tausenden Jahren über den Klippenrand tropft, hat einzigartige weiße Mineralienformationen geschaffen, die an riesige gefrorene Wasserfälle erinnern.

Es gibt zwei dieser geisterhaften „Wasserfälle". Die „cascada chica" liegt näher am Besucherparkplatz und fließt in vier Badebecken (das dem Klippenrand am nächsten liegende wurde künstlich geschaffen). Von hier hat man einen perfekten Blick auf die eindrucksvollere „cascada grande". Um zum zweiten „Wasserfall" zu kommen, folgt man dem Weg 1 km bis zum Ende, wo man in viel natürlicherer Umgebung (und mit wenigen anderen Gästen) baden kann.

Das mineralienhaltige Wasser ist kühl bis kalt, meist aber warm genug zum Schwimmen. Alles in allem ist es ein einzigartiges Badeerlebnis vor überwältigender Kulisse. Gleich oberhalb der Badebecken befinden sich Umkleideräume.

Gelegentlich gibt es inoffizielle Straßensperren – das Resultat eines lokalen Streiks – in der Nähe der Quellen, bei denen 10 Mex$ für die Durchfahrt verlangt wird.

ⓘ An- & Weiterreise

Hierve El Agua steht auf der Liste der Tagesausflüge ab Oaxaca. Was öffentliche Verkehrsmittel angeht, betreibt Transportes Zapotecos del Valle Oriente *camionetas* (Pickups) ab der Kreuzung La Cuchilla in Mitla (einf. Fahrt 50 Mex$). Abfahrt ist, wenn ausreichend Fahrgäste an Bord sind.

Wer mit dem eigenen Auto unterwegs ist, folgt an der Zufahrtsstraße nach Mitla den Schildern „Hierve El Agua" zum neuen, mautpflichtigen Hwy 190D, der um Mitla herumführt, nimmt nach 19 km die Ausfahrt „Hierve El Agua" und folgt der Straße weitere 7 km (die letzten 4 km sind nicht asphaltiert). Alternativ fährt man durch Mitla und folgt dem alten Hwy 179, der mehr oder weniger parallel zur Mautstraße verläuft; 18 km hinter Mitla erreicht man die beschilderte Ausfahrt nach Hierve El Agua.

Valle de Zimatlán

Südlich von Oaxaca passiert der Hwy 175 auf dem Weg nach Pochutla in der Nähe der Küste San Bartolo Coyotepec, das für seine schwarze Keramik bekannt ist, dann Ocotlán mit einem der lebhaftesten Wochenmärkte der Valles Centrales und viel später San José del Pacífico, das für seine „Zauberpilze" berühmt ist. Der weniger stark befahrene Hwy 147 führt nach Cuilapan, direkt westlich vom Flughafen Oaxaca.

Cuilapan

☑ 951 / 12 000 EW. / HÖHE 1560 M

Cuilapan (Cuilápam) befindet sich 9 km südwestlich von Oaxaca und ist eine der wenigen Mixteken-Städte in den Valles Centrales. Die meisten Besucher kommen wegen des historischen Dominikanerklosters der Stadt, dem ehemaligen Convento Dominicano.

◉ Sehenswertes

Ex Convento Dominicano KLOSTER
(Kreuzgang 40 Mex$; ⊙ 9–18 Uhr; ℗) Das ehemalige Dominikanerkloster (auch Santiago Apóstol genannt) steht im staubigen Cuilapan neben der Fernstraße. Seine hellen, grünlichen Steinwände scheinen gleichsam aus der Erde zu wachsen. Da auf der Hälfte des Bauwerks das Dach fehlt, hält man es im ersten Moment leicht für eine Ruine. Tatsächlich wurde der Bau aber niemals beendet. Die Arbeit an der langen Kirche mit den stattlichen Bögen und detailreichen Steinmetzarbeiten, die vor dem Kloster steht, wurde 1560 wegen finanzieller Querelen eingestellt.

Dahinter steht die Kirche, deren Bau vollendet wurde. In ihr befindet sich das Grab von Juana Donají (Tochter von Cosijoeza, dem letzten Zapoteken-König von Zaachila). Normalerweise ist sie nur zur Messe geöffnet (Sa & So 12 & 17 Uhr). An die Kirche grenzt ein zweistöckiger Kreuzgang im Renaissancestil. In einem kleinen Raum hängt ein Gemälde von Vicente Guerrero; der Held des mexikanischen Unabhängigkeitskampfes wurde hier 1831 vor seiner Hinrichtung durch Soldaten, die den aufständischen Konservativen Anastasio Bustamante unterstützen, gefangen gehalten. Draußen markiert ein Denkmal die Stelle, an der er erschossen wurde.

Abgesehen von der dachlosen Kirche und der Verbindung zu Guerrero ist das Kloster für die maurische Architektureinflüsse und die verblichenen Wandbilder, die einige ungewöhnliche indigene Themen aufnehmen, bekannt.

An- & Weiterreise

Busse von **Zaachila Yoo** (Bustamante 601, Oaxaca) fahren etwa alle 15 Minuten von Oaxaca nach Cuilapan (7 Mex$, 45 Min.).

San Bartolo Coyotepec

951 / 4000 EW. / HÖHE 1550 M

Barro negro, die polierten, erstaunlich leichten schwarzen Keramikwaren (Kerzenhalter, Krüge und Vasen sowie dekorative Tier- und Vogelfiguren), die man in ganz Oaxaca in unzähligen Varianten findet, stammen aus San Bartolo Coyotepec, das 11 km südlich der Stadt liegt. Die Originalquelle dieser Kunst, die Alfarería Doña Rosa, findet man wenige Gehminuten östlich vom Highway.

Sehenswertes

Alfarería Doña Rosa KUNSTHANDWERK

(951-551-00-11; Juárez 24; 9–19 Uhr; P) Es war Doña Rosa Real Mateo (1900–1980), die die Methode erfand, dem *barro negro* durch das Polieren mit Quarzsteinen den charakteristischen Glanz zu verleihen. Die *alfarería* (Töpferwerkstatt) ihrer Familie ist inzwischen die größte des Dorfes. Die Mitarbeiter zeigen interessierten Besuchern gern den Herstellungsprozess. Die Stücke werden mit einer uralten Technik, bei der zwei Untertassen als primitive Töpferscheiben dienen, per Hand geformt. Danach werden sie in Grubenöfen gebrannt und erhalten durch den Rauch und das Eisenoxid im Ton ihre schwarze Farbe.

Die Werkstatt ist gleichzeitig ein Geschäft und sogar eine Art Museum. Der Besuch ist sehr lohnend, auch wenn man nichts kaufen möchte.

Museo Estatal de Arte Popular de Oaxaca MUSEUM

(951-551-00-36; Independencia; Erw./Kind 20 Mex$/frei; Di–So 10–18 Uhr) Nach einer Modernisierung erstrahlt die Fassade des Museums an der Südseite des zentralen Dorfplatzes nun in leuchtendem Rosa. Das exzellente, moderne Volkskunstmuseum ist sehr schön gestaltet und zeigt eine gute Sammlung von *barro negro* sowie Ausstellungen hochwertiger Volkskunst aus dem Bundesstaat Oaxaca.

An- & Weiterreise

Busse von Autobuses Halcón (S. 482) starten etwa alle zehn Minuten von der Innenstadt Oaxacas nach San Bartolo (10 Mex$, 20 Min.).

San Martín Tilcajete

951 / 1600 EW. / HÖHE 1540 M

Aus San Martín Tilcajete, das 1 km westlich vom Hwy 175 und 24 km südlich von Oaxaca liegt, stammen die bunten *alebrijes* aus Kopalharz. Diese charakteristischen farbenfrohen Tierfiguren sieht man überall in Oaxaca. Dutzende Dorfbewohner schnitzen sie. Sehen und kaufen kann man sie in den Häusern ihrer Schöpfer, die oft mit Schildern mit der Aufschrift „Alebrijes" oder „Artesanías de Madera" (Kunsthandwerk aus Holz) gekennzeichnet sind.

Essen

Azucena Zapoteca OAXACANISCH $$

(951-524-92-27; www.restauranteazucenazapoteca.com; Hwy 175 Km 23,5; Hauptgerichte 80–160 Mex$; 8–18 Uhr;) In diesem beliebten Mittagsrestaurant neben dem Hwy 175 und gegenüber der Abzweigung nach Tilcajete wird gute oaxacanische Küche serviert. Auf der Karte steht sogar ein Almuerzo Jacobo (Steak und Zwiebeln mit Schinken, Eiern und Bohnen), das nach dem talentierten einheimischen Holzschnitzer benannt ist. Dekoriert ist das Restaurant mit schönen *alebrijes* und anderem Kunsthandwerk.

Shoppen

★ **Jacobo & María Ángeles** KUNST & KUNSTHANDERK

(951-524-90-47; www.jacoboymariaangeles.com; Callejón del Olvido 9; 8–18 Uhr) Seit über zwei Jahrzehnten haben Jacobo und María Ángeles besonders hübsche *alebrijes* hergestellt; nun besitzen sie eine Werkstatt, in der über 100 Dorfbewohner Arbeit gefunden haben. Besucher werden kostenlos herumgeführt und können zuschauen, wie die unglaublich detaillierten *alebrijes* produziert werden. Der Prozess ist sehr arbeitsintensiv – für die Anfertigung eines mittelgroßen Stücks wird bis zu einem Monat Zeit benötigt.

Viele der hier angefertigten Figuren stellen heilige Tiere aus der zapotekischen Mythologie dar. Die besten Stücke werden für viele Tausend Peso verkauft und die Herstellung eines besonders großen, detailreichen Stückes kann bis zu vier Jahre dauern. Arbeiten des Paares gibt's auch bei Voces de Copal, Aullidos del Alma (S. 480) in Zentral-Oaxaca.

An- & Weiterreise

Busse von Oaxaca in Richtung Ocotlán setzen Fahrgäste an der Abzweigung nach San Martín

OAXACA VALLE DE ZIMATLÁN

(20 Mex$, 35 Min.) ab. *Taxis colectivos* fahren ab Ocotlán.

Ocotlán de Morelos

📞 951 / 15 000 EW. / HÖHE 1500 M

Ocotlán de Morelos ist eine Stadt der schönen Künste und der esoterischen Töpferei mit einem dicht gedrängten, betriebsamen Freitagsmarkt. Die Kunst hat sie dem aus Ocotlán stammenden Künstler Rodolfo Morales (1925–2001) zu verdanken. Er ließ die Gegend an seinem internationalen Erfolg teilhaben, indem er die Fundación Cultural Rodolfo Morales (www.fcrom.org.mx) gründete, die örtliche Kirchen wundervoll restaurierte und Traditionspflege, Umweltbewusstsein und soziale Wohlfahrt fördert.

Die Töpferei wurde durch die Familie Aguilar international bekannt. Die vier talentierten Schwestern begründeten einen ganz einzigartigen Skulpturenstil und schufen ungewöhnlich schöne Tonfiguren, deren Motive aus der Religion, von Bildern Frida Kahlos und vom Tag der Toten übernommen sind.

Die meisten Besucher kommen freitags nach Ocotlán, wenn auf der zentralen Plaza und ringsum der große, lebhafte, überdachte Markt statt findet.

🔴 Sehenswertes

Ex Convento de Santo Domingo MUSEUM
(15 Mex$; ⊙ 9.30–17.30 Uhr) Das sanierte ehemalige Kloster, das zuletzt ein heruntergekommenes Gefängnis war, ist heute ein erstklassiges Kunstmuseum. Ein Raum widmet sich den Werken Rodolfo Morales', dem einheimischen Künstler des Magischen Realismus. Er hatte großen Anteil an der Restaurierung des Gebäudes, mit der 1995 begonnen wurde, und hier befindet sich auch seine letzte Ruhestätte.

Nach dem Kunsterlebnis lohnt ein Besuch der angrenzenden Kirche, zu der ein von schlanken Bäumen gesäumter Weg führt.

Shoppen

Guillermina Aguilar KUNSTHANDWERK
(Morelos 430; ⊙ Mo–Sa 10–18 Uhr) Die bekanntesten Kunsthandwerker Ocotláns sind die vier Schwestern Aguilar und ihre Familien, die bunte, skurrile Keramikfiguren von Frauen in allen möglichen ungewöhnlichen Variationen schaffen. Wenn man von Norden nach Ocotlán kommt, stehen ihre Häuser nebeneinander auf der Westseite der Straße, fast direkt gegenüber vom Hotel Real de Ocotlán.

Am berühmtesten ist die älteste Schwester, Guillermina Aguilar, die u. a. Miniaturfiguren nach Motiven Frida Kahlos anfertigt. Diese Töpferkunst war ursprünglich von Guillerminas Mutter inspiriert und wurde über mehrere Generationen bis zu ihren Enkeln weitergegeben.

Mercado Morelos MARKT
(Pueblos Unidos; ⊙ 6.30–20 Uhr) Der überdachte Markt an der Südseite der zentralen Plaza ist täglich geöffnet. Hier gibt's Lebensmittel, Kleidung, Töpferei, Textilien, Mezcal, Hühner, Kunst und billigen Krempel – man fragt sich eher, was es hier wohl nicht gibt. Freitags werden die Stände in den großen Wochenmarkt der Stadt integriert, der sich über mehrere Blocks im Zentrum erstreckt.

ℹ️ An- & Weiterreise

Busse (20 Mex$) und Vans (25 Mex$) von **Automorsa** (Bustamante 601, Oaxaca) fahren zwischen 6 und 21 Uhr etwa alle zehn Minuten von Oaxaca nach Ocotlán (45 Min.).

Zaachila

📞 951 / 14 000 EW.

Das halb mixtekische, halb zapotekische Zaachila liegt 6 km südöstlich von Cuilapan und ist eine authentische Stadt mit einem großen, lebhaften Donnerstagsmarkt, der für seine Essensstände bekannt ist und der eine bunte Mischung aus gackernden Hühnern, brausenden Dreirad-Fahrzeugen und schwatzenden Einwohnern bietet. Zwischen 1400 und der spanischen Eroberung war Zaachila eine zapotekische Hauptstadt. Hinter der Dorfkirche an der zentralen Plaza weist ein Schild den Weg zum Eingang der Zona Arqueológica von Zaachila, einer wenig besuchten Stätte, wo die Ruhe noch nicht vom Tourismus gestört wird.

🔴 Sehenswertes

Zona Arqueológica ARCHÄOLOGISCHE STÄTTE
(Archäologische; Erw./Kind 40 Mex$/frei; ⊙ 9–17 Uhr) Nach dem Niedergang von Monte Albán war es nicht Mitla, sondern Zaachila, das in der zatopekischen Spätphase als Zapoteken-Stadt Wurzeln schlug. Später wurde es von den Mixteken erobert. Der Zeitpunkt ihrer Gründung ist ungewiss, doch ihre Blütezeit erreichte die Stadt wohl im 14. Jh. Die Zona Arqueológica befindet sich hinter der Dorfkirche am Hauptplatz und besteht aus mehreren Hügeln mit zwei kleinen Gräbern, die von den alten Mixteken genutzt wurden.

ℹ An- & Weiterreise

Busse von Zaachila Yoo (S. 491) verkehren etwa alle 15 Minuten zwischen Oaxaca und Zaachila (7 Mex$, 40 Min.). *Taxis colectivos* (12 Mex$, 20 Min.) fahren in Oaxaca an der Ecke Bustamante und Zaragoza ab.

Valle de Etla

Etla (Land der Bohnen) ist ein Seitental des Valle de Oaxaca und erstreckt sich von der Hauptstadt des Bundesstaates etwa 40 km nach Nordosten. Hier gibt es einige unlängst ausgegrabene Ruinen und ein inspirierendes Kunstzentrum in einer sanierten Fabrik.

Santa María Atzompa

🚗 951 / 22 000 EW. / HÖHE 1600 M

Die archäologische Stätte Atzompa, ein faszinierendes Gegenstück zur größeren und berühmteren Stadt Monte Albán, liegt 3 km oberhalb des Dorfes Santa María Atzompa (und 6 km vom Zentrum Oaxacas) auf dem Hügel Cerro El Bonete. Zusammen mit dem Dorfmuseum und dem Kunsthandwerksmarkt in Santa María Atzompa zeugt die Stätte von der Kontinuität der Töpferkunst in Atzompa, deren Tradition von der vorkolonialen Zeit bis in die Gegenwart reicht.

◉ Sehenswertes

Ruinen von Atzompa ARCHÄOLOGISCHE STÄTTE
(25 Mex$; ⊙ 8–16.30 Uhr; 🅿) Wer präkoloniale Ruinen mag, die wirklich „ruiniert" sind und deren Authentizität und spektakuläre Lage nicht von Menschenmengen beeinträchtigt werden, sollte sich Atzompa anschauen. Zu dieser archäologischen Stätte kommt nur ein Bruchteil der Besucher, die nach Monte Albán strömen, und nicht selten ist kein Mensch dort. Hier kann man der Fantasie freien Lauf lassen und vor dem inneren Auge Bilder von Zapoteken mit Federschmuck beim mesoamerikanischen Ballspiel entstehen lassen.

Die Stätte wurde erst im frühen 21. Jh. umfassend ausgegraben und ist erst seit 2012, als die Zugangsstraße gebaut wurde, für Besucher zugänglich. Atzompa war eine Satellitenstadt des nahen Monte Albán. Es wurde wahrscheinlich 650 n. Chr. gegründet und etwa 300 Jahre später aufgegeben.

Drei Zeremonienplätze, mehrere Ballspielplätze (darunter der größte in der Umgebung Oaxacas) und die Ruinen zweier großer Wohngebäude wurden freigelegt. Be-

sonders faszinierend ist der rekonstruierte Töpferbrennofen an der Nordseite, der exakt den Brennöfen gleicht, die noch heute von den Töpfern im modernen Atzompa benutzt werden. In der Stätte finden weiterhin Ausgrabungen statt.

Museo Comunitario MUSEUM
(Calle Indepedencia; 2 Mex$; ⊙ 10–17 Uhr) Das Gemeindemuseum, von den Ruinen 2 km die Straße Richtung Santa María Atzompa hinauf, zeigt einige sehr schöne Töpferwaren, die in der archäologischen Stätte gefunden wurden, darunter detaillierte Figuren von Adelsleuten oder Gottheiten sowie große Gefäße, die zur Aufbewahrung von Wasser, Getreide oder Saatgut benutzt wurden.

🛍 Shoppen

Mercado de Artesanías KUNST & KUNSTHANDWERK
(Kunsthandwerksmarkt; Av Libertad 303; ⊙ 9–19 Uhr) Hier stehen die Arbeiten von mehr als 100 modernen Töpfern aus Atzompa zum Verkauf. Die Auswahl reicht von Tierfiguren und Lampenschirmen bis hin zu Töpfen, Tellern, Bechern usw. Manche Stücke sind mit Atzompas typischer grüner Glasur überzogen, andere dagegen mehrfarbig und fantasievoll verziert. Die Preise sind fair, der Großteil der besten Arbeiten geht allerdings an Geschäfte in Oaxaca und anderswo.

ℹ An- & Weiterreise

Eine asphaltierte Straße führt zu den Ruinen, entweder 3 km bergauf vom Dorf Santa María Atzompa oder 2,5 km bergauf vom Dorf La Cañada, das an der Straße von Oaxaca nach San Pedro Ixtlahuaca liegt. Von Monte Albán kann man direkt nach La Cañada und zu den Ruinen fahren, ohne zuerst nach Oaxaca zurückzukehren. Es gibt keine öffentliche Verkehrsmittel zur Stätte. Taxis berechnen für die Hin- und Rückfahrt von Oaxaca 180 Mex$ und von Santa María Atzompa 60 Mex$; manche Unternehmungslustige gehen die 3 km (bergauf) von Santa María Atzompa zu den Ruinen auch zu Fuß.

Taxis colectivos und Busse nach Santa María Atzompa starten von der Trujano an der Nordseite des 2.-Klasse-Busbahnhofs in Oaxaca; die 20-minütige Fahrt kostet zwischen 8 und 10 Mex$.

San Agustín Etla

🚗 951 / 3700 EW. / HÖHE 1800 M

Das schöne, für sein Kunstzentrum bekannte San Agustín liegt 18 km nordwestlich von Oaxaca an den Osthängen des Valle de Etla.

◉ Sehenswertes

Centro de las Artes
de San Agustín
KUNSTZENTRUM

(CaSa; ☏ 951-521-25-74; www.casa.oaxaca.gob.mx; Independencia s/n, Barrio Vistahermosa; ◷ 9–20 Uhr) GRATIS San Agustíns große Textilmühle aus dem frühen 20. Jh. wurde fantastisch restauriert und beherbergt nun das Centro de las Artes de San Agustín (CaSa), ein spektakuläres Kunstzentrum mit zwei großen, langen Hallen. Die untere Halle ist eine Galerie, in der oft wundervolle Kunsthandwerks- und Kunstausstellungen gezeigt werden, die obere Halle dient als Veranstaltungsort für Konzerte, Konferenzen und andere Events. Im Zentrum finden auch Kurse und Workshops für unterschiedlichste Kunst- und Kunsthandwerksrichtungen statt. Kommende Veranstaltungen und Ausstellungen stehen auf der Website.

ⓘ An- & Weiterreise

Die Ausfahrt vom Hwy 190 nach San Agustín befindet sich 13,5 km vom Zentrum Oaxacas entfernt an der östlichen Seite der Straße und ist erkennbar an dem winzigen Schild „San Sebastián Etla" neben dem großen Instituto Euro-Americano. Von der Ausfahrt bis zum Dorf sind es 4 km. *Taxis colectivos* nach San Agustín (15 Mex$, 30 Min.) fahren ab der Trujano an der Nordseite des 2.-Klasse-Busbahnhofs in Oaxaca bis zum CaSa.

🔴 San José del Pacífico
☏ 951 / 370 EW. / HÖHE 2380 M

Hoch oben in den nebelverhangenen Bergen am Südende der Valles Centrales liegt, 135 km von Oaxaca entfernt, San José del Pacífico. Es ist vor allem für eine Sache berühmt: die halluzinogenen Pilze der Sorte *Psilocybe mexicana* (auch Mexikanischer Kahlkopf oder Gott-Pilz genannt). Der Konsum dieser *hongos mágicos* (Zauberpilze) ist offiziell zwar verboten, aber trotzdem haben sie dazu beigetragen, San José zu einem recht beliebten Touristenstopp auf der Fahrt von Oaxaca de Juárez zur Küste zu machen. Kein Wunder, dass hier und in den umliegenden Dörfern eine Gemeinde entstanden ist, die dem alternativen Lebensstil frönt. Doch auch darüber hinaus hat San José ein zauberhaftes Flair und ist ein hübscher Ort für einen Zwischenstopp. Wenn sich die Wolken verziehen, eröffnet sich ein himmlischer Blick auf die einsamen bewaldeten Berghänge und Täler. Man kann hier auch gut wandern. Eine Handvoll erstaunlich guter Herbergen lädt zudem zum Bleiben ein, und es gibt mehrere Möglichkeiten für ein gepflegtes Temazcal-Dampfbad.

🛏 Schlafen & Essen

An der Hauptstraße im Dorf gibt's mehrere Cafés und kleine Restaurants sowie Lebensmittelgeschäfte.

La Puesta del Sol
CABAÑAS $

(☏ 951-596-73-30; www.sanjosedelpacifico.com; Hwy 175 Km 131; Zi. inkl. Frühstück 350–650 Mex$; P 🛜) 500 m nördlich der Stadt, direkt hinter der Hauptstraße, befindet sich das La Puesta del Sol, das als die nobelste Unterkunft San Josés gilt. Von den gemütlichen, sauberen *cabañas* bietet sich ein fantastischer Panoramablick. Bis auf die billigsten Hütten haben alle einen Kamin.

Refugio Terraza de la Tierra
BUNGALOW $$

(www.terrazadelatierra.com; Hwy 175 Km 128; Zi. 500–850, Frühstück/Abendessen 140/180 Mex$; P 🛜) ✦ Dieses schöne Refugium in den Bergen bietet sechs Bungalows aus Lehmziegeln, Holz und Fliesen, die um den großen Bio-Garten auf einem 1,5 km² großen Berggrundstück mit über 20 Wasserfällen liegen. Es serviert ausgezeichnete vegetarische Mahlzeiten und hat hübsche kleine gläserne Meditationspyramiden und einen Yogaraum mit großem Fenstern. Das Refugio Terraza de la Tierra veranstaltet auch Kochkurse und Yoga-Seminare. Es befindet sich 300 m abseits der Fernstraße, 3,5 km nördlich der Stadt.

ⓘ An- & Weiterreise

San José liegt 33 km südlich von Miahuatlán am Hwy 175, der Oaxaca und Pochutla verbindet. Alle Vans, die häufig von Oaxaca (95 Mex$, 3 Std.) nach Pochutla (95 Mex$, 3½ Std.), Mazunte (130–140 Mex$, 4¼ Std.) und Bahías de Huatulco (140 Mex$, 4 Std.) fahren, halten hier.

SIERRA NORTE

Der Gebirgszug, der die Valles Centrales von der Tiefebene im äußersten Norden Oaxacas trennt, nennt sich Sierra Juárez, und der südlichere Teil des Gebirges, der sich im Norden des Valle de Tlacolula erhebt, heißt Sierra Norte. In dem schönen, bewaldeten Hochland sind erfolgreiche gemeindebetriebene Ökotourismusprojekte entstanden. Sie bieten die Gelegenheit, die unberührte

Landschaft zu Fuß, mit dem Mountainbike oder auf dem Rücken eines Pferdes zu erkunden. Mehr als 400 Vogelarten, 350 Schmetterlingsarten, alle sechs Wildkatzenarten Mexikos und fast 4000 Pflanzenarten sind in der Sierra Norte vertreten. Hier muss man sich auf kühle Temperaturen einstellen: In den höher gelegenen Dörfern im Süden kann es im Winter schneien. Der meiste Regen fällt zwischen Ende Mai und September, zwischen Januar und April hingegen regnet es kaum.

Pueblos Mancomunados

Die Pueblos Mancomunados (eine Gemeinschaft von Dörfern) sind acht entlegene Dörfer (Amatlán, Benito Juárez, Cuajimoloyas, La Nevería, Lachatao, Latuvi, Llano Grande und Yavesía), die sich unter dem Schirm eines einzigartigen, zukunftsweisenden Ökotourismusprojekts zusammengeschlossen haben. Gemeinsam bieten sie tolle Abstecher in die Wildnis und die enge Begegnung mit dem zapotekischen Dorfleben. Es gibt über 100 km an Wanderwegen im Hochland, die die Dörfer verbinden und die zu lokalen Sehenswürdigkeiten und landschaftlich besonders reizvollen Orten führen. Mit ihrer Erkundung lassen sich mühelos mehrere Tage verbringen. Die Orte liegen auf einer Höhe von 2200 bis über 3200 m, und die von Schluchten, Höhlen, Wasserfällen und Panoramaaussichten geprägte Landschaft ist einfach spektakulär.

Jahrhundertelang haben diese Dörfer die natürlichen Ressourcen ihres 290 km² großen Gebiets gebündelt und sich die Gewinne aus der Forstwirtschaft und anderen Aktivitäten geteilt. In den vergangenen Jahren haben sie sich auch dem Ökotourismus zugewandt, um ihre wirtschaftliche Lage zu verbessern. Gegenwärtig arbeiten 120 Dorfbewohner in der örtlichen Tourismusindustrie, die jährlich 17000 Besucher anlockt. Neunzig Prozent der Einnahmen gehen direkt zurück an die Dörfer.

 **Aktivitäten**

Wandern

Wanderwege, die über 100 km umfassen, verbinden die acht Dörfer miteinander. Man kann nach Lust und Laune einen Nachmittag oder bis zu vier Tage wandern. Wer wenig Zeit hat, sollte die dreieinhalbstündige Wanderung zwischen Benito Juárez und Cuajimoloyas auf dem **Wanderweg Needa−Naa-Lagashxi** unternehmen: Er führt zum **El Mirador**, einem Aussichtsturm hoch über dem Dorf, zur **Piedra Larga**, einem gigantischen Felsen – auf ihn kann man hinaufkraxeln, um an klaren Tagen den Blick bis zum Pico Orizaba zu bewundern –, und zu einer wackeligen **Hängebrücke** über einer Schlucht.

Weitere gute Wanderungen sind die **Ruta Loma de Cucharilla** von Cuajimoloyas nach Latuvi (etwa 6 Stunden, fast nur bergab) und zwei uralte Pfade, die von Latuvi weiterführen: der **Camino Real** nach San Juan Chicomezúchil und Amatlán sowie der schöne **Schluchtenwanderweg Latuvi−Lachatao**, der durch Nebelwald voller Bromelien und hängenden Moosen führt (auf dieser Route kann man nach Trogonen Ausschau halten).

Mit der einfachen Karte, die man bei Expediciones Sierra Norte (S. 467) bekommt, kann man auf eigene Faust wandern, jedoch ist die Beschilderung manchmal mangelhaft.

Radfahren

Willkommen im Mountbike-Paradies! Zwischen allen acht Dörfern winden sich Radrouten entlang. Besonders lohnend ist der **Circuito Taurino Mecinas Ceballos**, ein 30 km langer Rundkurs, der Benito Juárez, Latuvi und La Nevería verbindet. Eine andere Option ist die **Ruta Ka-Yezzi-Daa-Vii**, eine 28 km lange Strecke (einfacher Weg) zwischen Cuajimoloyas und Lachatao. Auf sehr holprigen oder steilen Abschnitten ist Vorsicht geboten, und Radfahrer sollten schon ausreichende Erfahrungen im Umgang mit dem Fahrrad haben.

Leihfahrräder gibt's in Benito Juárez und in Cuajimoloyas für 120 Mex$ je drei Stunden (250 Mex$ mit Führer).

Reiten

Ausritte sind eine abenteuerliche und sehr erfüllende Weise, die Sierra Norte zu erkunden. Die Kosten betragen für 3/4/5 Stunden 235/350/465 Mex$. Horseback Mexico (S. 467) bietet eine siebentägige Reittour zwischen den Dörfern für 2490 Mex$ inklusive Transport ab Oaxaca.

Seilrutschen

Eine spektakuläre, 1 km lange Seilrutsche (235 Mex$) beginnt an den Hängen des 3200 m hohen Yaa-Cuetzi und führt mit einer Geschwindigkeit von bis zu 65 km/h über die Dächer des Dorfes Cuajimoloyas. Ein anderes, kürzeres Seilrutschensystem mit drei Seilen in Benito Juárez kostet 150 Mex$ pro Person.

ⓘ DIE PUEBLOS MANCOMUNADOS BESUCHEN

Das Tourismusgeschäft wird in sechs Dörfern der Pueblos Mancomunados von einer Organisation namens Expediciones Sierra Norte (S. 467) verwaltet. Sie wird von indigenen Einheimischen geleitet und hat praktischerweise ein Buchungsbüro im Zentrum Oaxacas. Natürlich können Besucher in jedem der Dörfer auch einfach unangemeldet auftauchen und ihre Aktivitäten selbst organisieren, doch die Buchung bei Expediciones Sierra Norte macht alles wesentlich einfacher und garantiert, dass das Geld direkt bei den Gemeinden ankommt.

Expediciones Sierra Norte kann Bergtouren aller Art (u. a. Wanderungen, Radtouren und Ausritte) sowie Mahlzeiten, Unterkünfte, lokale Führer und die An- und Abreise von und nach Oaxaca arrangieren. Die zeitlichen Abläufe sind sehr flexibel und oft kann man alles einen Tag im Voraus organisieren (wer einen englischsprachigen Guide möchte, muss früher buchen). Es fällt eine einmalige Zugangsgebühr in Höhe von 100 Mex$ an.

Zwei der Dörfer, Yavesía und Lachatao, fallen nicht unter die Zuständigkeit von Expediciones Sierra Norte. Besuche von Lachatao arrangiert **Lachatao Expediciones** (☏951-159-71-94, Mobil 951-1810523; www.facebook.com/lachataoexpediciones) ✆.

ⓘ - & Weiterreise

Benito Juárez ist das Dorf, das Oaxaca de Juárez am nächsten liegt; die Fahrt Richtung Nordosten ist 60 km lang.

Bei Expediciones Sierra Norte (S. 467) in Oaxaca bekommt man aktuelle Informationen zu öffentlichen Verkehrsmitteln. Das Büro organisiert auch den Transport von bis zu 14 Personen zu jedem der Dörfer für 2900 Mex$ (Hin- & Rückfahrt); man muss mindestens einen Tag vorher reservieren.

DIE SÜDLICHEN DÖRFER

Die Sizsa-Buslinie fährt täglich um 7, 14 und 16 Uhr vom 2.-Klasse-Busbahnhof in Oaxaca (S. 482) nach Cuajimoloyas (50 Mex$, 2 Std.) und Llano Grande (45 Mex$, 2½ Std.). Wer nach Benito Juárez will, fährt bis zur Abzweigung nach Benito Juárez („desviación de Benito Juárez"), 3 km vor Cuajimoloyas, und läuft dann noch 3,5 km in westliche Richtung. Von Benito Juárez sind es zu Fuß nach La Nevería 9 km Richtung Westen und nach Latuvi 10 km Richtung Norden.

AMATLÁN & LACHATAO

Vom 2.-Klasse-Busbahnhof (S. 482) in Oaxaca fährt samstags um 14 Uhr und sonntags um 17 Uhr ein Direktbus über Lachatao nach Amatlán. Er benötigt zwei Stunden (sonntags drei) und kostet 80 Mex$.

Man kann auch auf dem Hwy 175 (50 Mex$, 1½ Std., 15-mal tgl. vom 1.-Klasse-Busbahnhof in Oaxaca; S. 482) nach Ixtlán de Juárez fahren und dann an der *escuela primaria* (Grundschule) im Zentrum Ixtláns eine *camioneta* nach Amatlán (35 Mex$, 45 Min.) oder Lachatao (35 Mex$, 1 Std.) nehmen. Die *camionetas* fahren von Montag bis Freitag um 7, 11 und 15 Uhr und samstags um 11 Uhr. *Colectivos* (Sammeltaxis) fahren dieselbe Route.

WESTLICHES OAXACA

Der dramatische und bergige Westen Oaxacas ist recht dünn besiedelt. Hier gibt es dichte Wälder und abgeholzte und durch Landwirtschaft ausgelaugte Flächen. Zusammen mit Teilen der benachbarten Bundesstaaten Puebla und Guerrero wird diese Region aufgrund ihrer indigenen Mixteken-Bevölkerung als Mixteca bezeichnet. Hier kann man sich prima abseits der Touristenpfade bewegen, in entlegenen Ecken wandern oder radeln und tolle kolonialzeitliche Architektur bewundern. Veranstalter wie Tierraventura (S. 467) und Bicicletas Pedro Martínez (S. 469) bieten geführte Trips ab Oaxaca de Juárez an.

Santiago Apoala

190 EW. / HÖHE 2000 M

Im Herzen der Mixteken-Region Oaxacas liegt dieses kleine, entlegene Dorf in einem grünen, paradiesischen Tal, das von Felsen eingerahmt wird. Es ist zwar noch wenig bekannt, doch hier kann man wunderbar wandern, Rad fahren und klettern. In dem rustikalen Dorf gibt es einen Gemeinschaftstourismus ähnlich dem der Pueblos Mancomunados.

Nach den traditionellen Glaubensvorstellungen der Mixteken war dieses Tal der Geburtsort der Menschheit, und die Landschaft rund um Apola ist tatsächlich spektakulär. Zu den Highlights gehören etwa der 60 m hohe Wasserfall **Cascada Cola de la Serpiente**, der 400 m tiefe **Cañón Morelos** und zahlreiche Höhlen und alte Felsmalereien.

Am einfachsten besucht man den Ort mit einer Agentur von Oaxaca aus; Tierraventura (S. 467) bietet eine gute Zweitagestour an. Billiger ist es, auf eigene Faust herzukommen und alles weitere direkt mit dem Gemeinschaftstourismusverband des Dorfes, der **Unidad Ecoturística** (Ökotouristischer Verband; ☏ 55-5151-9154; Ecke Pino Suárez & Independencia; ⏰ 8–17 Uhr) ✐, zu arrangieren.

🛏 Schlafen & Essen

Unidad Ecoturística Cabañas CABAÑAS **$**
(Zi./Hütte 200/450 Mex$, Hauptgerichte 45 Mex$; 🅿 ✐ Santiago Apoalas gemütliche *cabañas* werden vom Gemeinschaftstourismusverband des Dorfes, der Unidad Ecoturística, betrieben. Sie haben Bäder mit Warmwasser und liegen schön am Fluss. Außerdem gibt's drei Zimmer in einem kleinen „Hotel", das El Parador genannt wird.

❶ An- & Weiterreise

Santiago Apoala befindet sich 40 km nördlich der Stadt Nochixtlán und ist über eine holprige, unbefestigte Straße zu erreichen; die Fahrt dauert etwa zwei Stunden. Vom 1.-Klasse-Busbahnhof in Oaxaca fahren täglich neun Busse nach Nochixtlán (64–148 Mex$, 1–1½ Std.). Zwischen Nochixtlán und Apoala nimmt man ein Taxi oder den nicht hundertprozentig zuverlässigen *camioneta*-Bus, der von Apoala mittwochs, samstags und sonntags um 8 Uhr startet (70 Mex$, 2 Std.); zurück geht es von Nochixtlán an denselben Tagen um 12 oder 13 Uhr. Aber Vorsicht: Der Fahrplan ist „flexibel".

OAXACAS KÜSTE

An Oaxacas schöner, kaum erschlossener Pazifikküste gibt's mehrere unterschiedliche, entspannte Badeorte sowie lange goldene Strände und Lagunen voller Tiere. Vor der Küste schwimmen Schildkröten (dies ist ein Meeresschildkröten-Nistgebiet von Weltrang), Delfine und Wale, zudem können Besucher hier tauchen, schnorcheln, angeln und einige der besten Surfwellen Nordamerikas finden. Im hiesigen Tropenklima ist das Leben nie sehr hektisch, die Atmosphäre ist gelöst und die Einheimischen sind gastfreundlich. Die Landschaft wirkt spektakulär und überall ist die Kraft der Natur spürbar, ob an den halb versteckten Sandstränden, in der donnernden Brandung oder in den mit Wald bedeckten, von Flüssen durchzogenen Bergen, die direkt hinter der Küste aufragen. Viel Kleidung benötigt man hier nicht!

Die Gegend hat drei Zentren: den ruhigen Ferienort Huatulco, den losen Verbund von Stranddörfern südlich von Pochutla (darunter die FKK-Zone Zipolite und das Yoga affine Mazunte) sowie die lebenslustige Surferstadt Puerto Escondido.

Puerto Escondido
♪ 954 / 40 000 EW.

Ist dies der Ort, an den die Surfer kommen, wenn sie sterben? Viele Orte werben damit, den besten Surfstrand der Welt zu haben, doch Playa Zicatela – 3,5 km goldener Sandstrand und donnernde Wellen – in Puerto Escondido würde es ganz gewiss in die Top Ten der meisten Surfer schaffen. Auch wenn man keine Lust hat, seinen Gleichgewichtssinn zu testen, während über einem 6 m hohe Wellen wogen, wird man Mexikos „versteckten Hafen" mögen, denn die kleine Stadt ist sehr entspannt – hier vermischen sich Mexikaner, Auswanderer und Weltreisende, und Surfbretter sind genauso allgegenwärtig wie Handys.

Puerto Escondido ist zwar längst kein Geheimtipp mehr, doch es ist immer noch angenehm ungeschliffen und wirkt dank der weitläufigen Natur selten großstädtisch. Außerdem kann man hier viel mehr unternehmen als nur auf den dramatischen Wellen zu reiten. In den sandigen Gassen von La Punta schlendern Leute in Batik-T-Shirts umher, Spitzenköche sind ins Wohngebiet Rinconada gekommen und die Playa Carrizalillo – der Superstar der mexikanischen Strände – ist ein wundervoller Ort, um abzuhängen, zu baden und wie ein cooler Surfer (oder eine Surferin) zu leben.

👁 Sehenswertes

⭐ **Playa Zicatela** STRAND
(Karte S. 500; 🅿) Der legendäre, 3 km lange Playa Zicatela ist dank der stürmischen Wellen der Mexican Pipeline Mexikos bekanntester Surfspot. Das Zentrum des Geschehens und die Pipeline befinden sich am nördlichen Ende des Strandes. Nicht-Surfer aufgepasst: Das Wasser hat eine starke Unterströmung und ist weder für Schwimmer noch für Surfanfänger sicher. Rettungsschwimmer retten fast jeden Monat mehrere unvorsichtige Menschen. Abgesehen vom Surfen ist der Strand einfach traumhaft: breit, golden und herrlich entspannt!

Hinter dem Hauptstrand liegt **Calle del Morro**, ein entspannter Badeort, in dem me-

Puerto Escondido

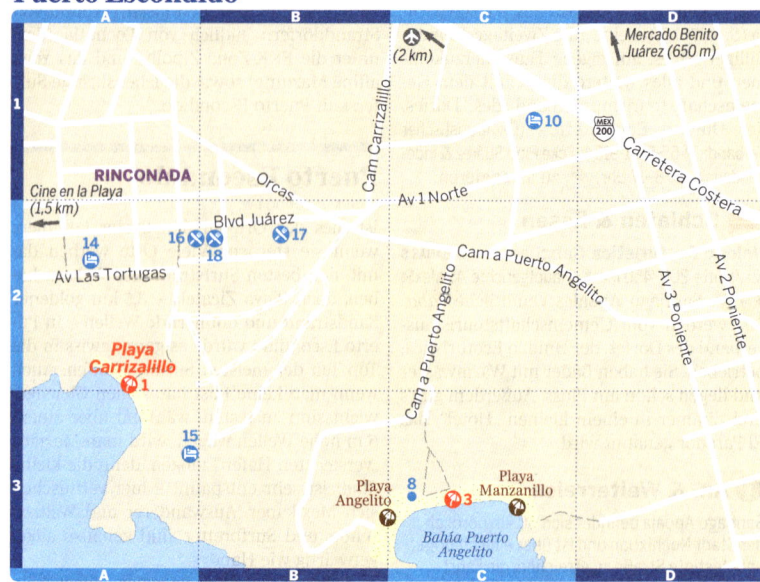

Puerto Escondido

🔴 Highlights
1 Playa Carrizalillo A2

🔴 Sehenswertes
2 Bahía Principal G2
3 Bahía Puerto Angelito C3

🔵 Aktivitäten, Kurse & Touren
4 Aventura Submarina G1
5 Experiencia F2
6 Gina's Tours F2
7 Lalo Ecotours F2
8 Omar's Sportfishing C3
9 Viajes Dimar G2

🟦 Schlafen
10 Hostel Losodeli C1

11 Hotel Arena Surf F1
12 Hotel Flor de María H2
13 Hotel Santa Fe H3
14 Hotel Villa Mozart y Macondo A2
15 Villas Carrizalillo A3

🔵 Essen
16 Almoraduz A2
17 El Nene B2
18 El Sultán B2
    Hotel Santa Fe ....(siehe 13)
19 Pascale F2
20 Virginia's Supercafe F2

🟦 Unterhaltung
21 Split Coconut G2

xikanische Urlauber und Surfer und Surferinnen aus kälteren Gefilden zusammentreffen.

An der **Punta Zicatela** am südlichen Ende des Playa Zicatela sind die Wellen ruhiger und auch die Atmosphäre ist entspannter. Die unbefestigte Straße säumen vegane Cafés und Yogazentren. Hierher zieht es vor allem Backpacker und Surfanfänger.

⭐ **Playa Carrizalillo**   STRAND
(Karte S. 498) Zum kleinen, aber schönen Playa Carrizalillo in einer geschützten Bucht westlich vom Zentrum führt eine Treppe

mit 157 Stufen. Der Strand ist besonders bei Schwimmern und Bodyboardern beliebt und eignet sich für unerfahrene Surfer. Wer hier Unterricht nimmt, wird sich zum Schluss wahrscheinlich 50 m vor der Küste an den Wellen versuchen. Hinterher laden eine Reihe von Standbars mit strohgedeckten *palapa*-Dächern zum Besuch ein.

Bahía Puerto Angelito   STRAND
(Karte S. 498) In der geschützten Bucht von Puerto Angelito liegen zwei kleinere Strände mit seichtem, meistens ruhigem Was-

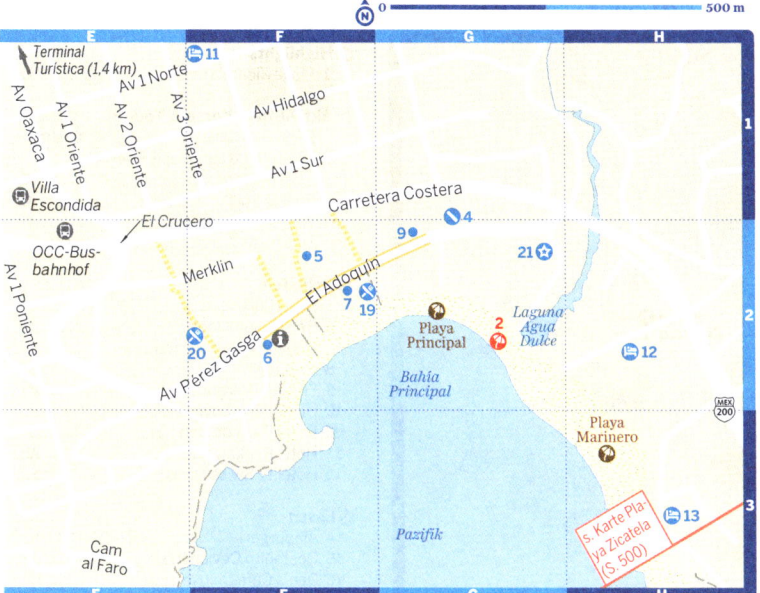

Terminal
Turística (1,4 km)
Av 1 Norte
Av Oaxaca
Av 1 Oriente
Av 2 Oriente
Av 3 Oriente
Av Hidalgo
Av 1 Sur
Villa
Escondida
Carretera Costera
El Crucero
OCC-Bus-
bahnhof
Merklin
El Adoquín
Av 1 Poniente
Av Pérez Gasga
Playa
Principal
Laguna
Agua
Dulce
Bahía
Principal
Playa
Marinero
Pazifik
Cam
al Faro
S. Karte Playa Zicatela (S. 500)
MEX 200

ser: **Playa Angelito** im Westen und **Playa Manzanillo** im Osten. An beiden gibt's viele Seafood-*comedores* und sie sind an den Wochenenden und in der Ferienzeit bei mexikanischen Familien äußerst beliebt. Am Playa Manzanillo geht es entspannter zu. Schnorchelausrüstung kann man für etwa 85 Mex$ je anderthalb Stunden ausleihen.

Bahía Principal STRAND
(Karte S. 498) Puerto Escondidos zentraler Strand ist lang genug für Restaurants am westlichen Ende, eine Flotte Fischerboote in der Mitte (am Playa Principal) und Sonnenanbeter und junge Bodyboarder am östlichen Ende (Playa Marinero), wo das Wasser etwas sauberer ist. Pelikane gleiten nur Zentimeter über den Wellen dahin, Boote hüpfen in der Brandung, und ein paar Straßenhändler laufen auf und ab und bieten unaufdringlich ihre Waren an.

Aktivitäten

Tauchen & Schnorcheln
Gewöhnlich beträgt die Unterwassersicht etwa 10 m, zwischen Mai und August, wenn das Meer am wärmsten ist, steigt sie auf bis zu 30 m. An den artenreichen Riffen aus Vulkangestein tummeln sich u.a. große Fischschwärme, Gefleckte Adler- und Stachelrochen und Schildkröten. Die meisten

Tauchspots liegen eine ungefähr 15-minütige Bootsfahrt entfernt. Beide Tauchanbieter vor Ort veranstalten Schnorchelausflüge, Tierbeobachtungstouren, Tauchgänge für zertifizierte Teilnehmer sowie diverse Tauchkurse.

Aventura Submarina TAUCHEN
(Karte S. 498; Mobil 954-5444862; Av Pérez Gasga 609; 9–14 & 18–21 Uhr) Der Tauchlehrer Jorge Pérez Bravo mit PADI-Zertifizierung (Professional Association of Diving Instructors) verfügt über 30 Jahre Erfahrung im Tauchen in den örtlichen Gewässern und bietet Tauchgänge mit zwei Flaschen für 1400 Mex$ sowie verschiedene Tauchkurse und Schnorcheltouren an.

Deep Blue Dive TAUCHEN, SCHNORCHELN
(Karte S. 500; Mobil 954-1003071; www.deepbluedivemexico.com; Beach Hotel Inés, Calle del Morro, Zicatela; 9–14 & 17.30–20 Uhr) Der professionelle Anbieter unter europäischer Leitung veranstaltet Ausflüge für zertifizierte Taucher (1/2 Flaschen 40/70 US$) sowie Nachttauchen (50 US$), einmalige Discover-Scuba-Kurse am Vormittag und verschiedene PADI-Tauchkurse. Einstündige Schnorchelausflüge kosten 25 US$ pro Person.

Angeln
Einheimische Fischer nehmen zwei bis vier Angler mit auf die Jagd nach Speer-, Segel-

Playa Zicatela

Playa Zicatela

Highlights
1 Playa Zicatela A2

Aktivitäten, Kurse & Touren
 Deep Blue Dive ....(siehe 6)
2 Instituto de Lenguajes Puerto
 Escondido.................................. B2
3 Puerto Surf................................. A7
4 Viajes Dimar A3
 Zicazteca ....(siehe 12)

Schlafen
5 Aqua Luna B4
6 Beach Hotel Inés A3
7 Cabañas Buena Onda A7
8 Casamar B5
9 Frutas y Verduras....................... A3
10 Hostal One Love B5
11 Hotel Casa de Dan...................... B4
12 Hotel Rockaway A3
13 Hotelito Swiss Oasis B2

Essen
14 Alaburger................................... A7
15 Costeñito Cevichería A2
16 Dan's Café Deluxe B4
17 El Cafecito A3
18 La Hostería Bananas A3
19 Lychee A7
 One Love................................(siehe 10)
20 Restaurante Los Tíos.................. A3

Ausgehen & Nachtleben
21 Casa Babylon.............................. A2
22 Playa Kabbalah A2

und Thunfischen oder kleineren Fischarten im Küstenbereich. Ein vierstündiger Ausflug kostet für bis zu vier Personen um die 4000 Mex$. Informationen erhält man bei **Omar's Sportfishing** (Karte S. 498; Mobil 954-5594406; www.omarsportfishing.com; Playa Angelito). Es ist erwünscht, dass man gefangene Fische lebend wieder zurücksetzt, man kann aber auch arrangieren, dass ein Teil des Fangs in einem der Fischrestaurants der Stadt zubereitet wird.

Surfen

In Puerto Escondido kann man fast das ganze Jahr über surfen. Die **Pipeline** am Playa Zicatela ist einer der stärksten und furchteinflößendsten Beach Breaks der Welt. Normalerweise sind die Wellen am besten bei ablandigem Wind morgens und am späten Nachmittag; am höchsten sind sie zwischen Mai und August. Selbst bei „flacher" Pipeline gibt's bei **Punta Zicatela** fast immer einen Point Break. Am **Playa Carrizalillo** finden sich gute Wellen für Anfänger. Jedes Jahr finden mehrere Profi-Surfwettbewerbe am Playa Zicatela statt; das Datum hängt teilweise von den Wettervorhersagen ab, doch während der Fiestas im November gibt's immer irgendein Event. 2015 fand zum ersten Mal die Big Wave Tour der World Surf League am Playa Zicatela statt.

Long- und Shortboards bekommt man in der Regel für 130 bis 150 Mex$ pro Tag, Bodyboards für 80 bis 100 Mex$. Bretter aus zweiter Hand sind bei diversen Surfshops in Zicatela für 1800 bis 5000 Mex$ zu haben.

Zahlreiche Surfshops, Schulen und Privatlehrer in Zicatela, Punta Zicatela und Rinconada bieten Surfstunden an. Eine Unterrichtseinheit dauert normalerweise anderthalb bis zwei Stunden im Wasser; im Preis inbegriffen sind die Nutzung des Surfbretts und der Transport an den Strand mit den geeignetsten Wellen (meist Carrizalillo).

Puerto Surf   SURFEN

(Karte S. 500; ☑ 954-122-01-72, Mobil 954-1096406; www.puertosurf.com.mx; Nuevo León, Punta Zicatela) Die Tauchschule unter der Leitung des freundlichen David Salinas, des jüngsten von sechs bekannten Surfbrüdern aus Puerto, bietet gute fünftägige Surfkurse (Gruppe/einzeln 2000/2800 Mex$). Daneben gibt es auch kürzere Kurse und einzelne Unterrichtseinheiten (Gruppe/einzeln 480/650 Mex$). Zur Übernachtung stehen fünf komfortable Zimmer in einer Pension in La Punta zur Verfügung.

Zicazteca   SURFEN

(Karte S. 500; ☑ Mobil 954-1105853; www.zicazteca.com; Hotel Rockaway, Calle del Morro, Zicatela; Gruppen-/Einzelunterricht pro Person 500/700 Mex$; ⏱ 7–19 Uhr) Die noch recht junge Surfschule hat sich mit ihrem Unterricht und den netten, enthusiastischen Lehrern schnell einen guten Namen gemacht. Sie hat ihren Sitz in einem Surfshop draußen vor dem Rockaway Hotel am Playa Zicatela.

 Kurse

Experiencia   SPRACHKURS

(Karte S. 498; ☑ 954-582-18-18; www.spanishpuerto.com; Andador Revolución 21; Kurse inkl. Aktivitäten pro Woche 173–529 US$, Registrierung 60 US$, Lehrbücher je 20 US$) Experiencia hat einen guten Ruf als professionelle Sprachschule mit angenehmer Atmosphäre. Sie kombiniert den Sprachunterricht mit Aktivitäten, Exkursionen und Freiwilligenprojekten (u. a. Schildkröten). Der Unterricht für alle Niveaus findet in kleinen Gruppen oder als Einzelunterricht statt; die Stundenzahl liegt zwischen zehn und 40 Wochenstunden. Sehr beliebt ist das Spanisch-Surfen-Paket – schon mal versucht, auf dem Surfbrett Verben zu konjugieren?

Instituto de Lenguajes Puerto Escondido   SPRACHKURS

(Karte S. 500; ☑ 954-582-20-55; www.puertoschool.com; Carretera Costera, Zicatela; Kleingruppe/Einzelunterricht 8/12 US$ pro Pers. pro Std.) Die kleine, schülerorientierte Schule legt Wert darauf, dass die Teilnehmer Spanisch sprechen und schreiben lernen und erhält für ihre Lehrmethoden viel Lob. Zudem kann man gegen einen Aufpreis auch Exkursionen und Aktivitäten wie Surfen, Salsa und Tai-Chi buchen. Die Schule liegt in einem tropischen Garten mit Blick auf den Playa Zicatela und verfügt über WLAN und Bungalows für Schüler. Kursbeginn, Lehrstufe und Dauer sind beliebig wählbar.

Geführte Touren

⭐ Gina's Tours   KULTUR, GESCHICHTE

(Karte S. 498; ☑ 954-582-02-76, 954-582-11-86; https://ginainpuertoescondido.wordpress.com; Tourist Information Kiosk, Av Pérez Gasga) Die engagierte und sachkundige Gina Machorro arbeitet für Puertos Touristeninformation und leitet persönlich verschiedene Touren wie die beliebten Besuche auf dem Mercado Benito Juárez (S. 506) am Samstagvormittag samt Einführung in die hiesige Geschichte, Küche und Religion (350 Mex$/Pers., 2 Std.).

Sie organisiert außerdem Kochkurse bei einem hiesigen Koch zu Hause (1500 Mex$; das zubereitete Essen kann man dann mitnehmen) und leitet Ausflüge zum Playa Escobilla (S. 505) zur Beobachtung von Meeresschildkröten und zum indigenen Dorf **Tututepec**, der alten Mixteken-Hauptstadt westlich von Puerto Escondido mit Ruinen, Mixteken-*artesanías* (Kunsthandwerk) und einem guten, kleinen archäologischen Museum. Der Trip nach Tututepec kostet 700 Mex$ pro Person (mind. 5 Pers.), inklusive Mittagessen und einer 20-minütigen Tanz- und Musikdarbietung.

⭐ Lalo Ecotours   VOGELBEOBACHTUNG

(Karte S. 498; ☑ 954-582-16-11, Mobil 954-5889164; www.lalo-ecotours.com; Av Pérez Gasga; ⏱ Büro 10–18 Uhr) ✆ Lalo Ecotours wird von einem erfahrenen einheimischen Guide geleitet, der sich mit Vögeln auskennt und der direkt neben der Laguna Manialtepec wohnt. *Lancha* (Motorboot)-Touren kosten pro Person 700 Mex$; die Abholung von Puerto Escondido ist inklusive. Eine Nachtexkursion zur Beobachtung der Bioluminiszenz kostet 300 Mex$. Weitere Touren führen zu Stränden, an denen Schildkröten freigesetzt werden, und zu Kaffeeplantagen.

Campamento Tortuguero Palmarito
TIERE

(💬) 🌿 Einige Kilometer westlich von Puerto Escondido liegt das Meeresschildkröten-Camp Palmarito. Die Angestellten sammeln das ganze Jahr über neu gelegte Schildkröteneier auf und vergraben sie dann zum Schutz vor räuberischen Menschen oder Tieren in einem eingezäunten Bereich wieder. Wenn nach etwa sechs Wochen die Baby-Schildkröten schlüpfen, können Besucher dabei helfen, sie ins Meer zu entlassen (Spenden sind immer willkommen).

Lalo Ecotours und andere Reisebüros bringen freiwillige Helfer aus der Stadt hierher (ca. 300 Mex$/Pers.) – einfach nach den Schildern mit der Aufschrift *Liberación de Tortugas* Ausschau halten. Das Camp liegt an einem Abzweig des Hwy 200 unmittelbar nach dem Kilometerstein von Km 134, 3 km vom Flughafen entfernt.

La Puesta del Sol
VOGELBEOBACHTUNG

(📱) Mobil 954-1328294, Mobil 954-5889055; www.facebook.com/lapuestamanialtepec; Hwy 200 Km 124; ⊙ Restaurant 9–18 Uhr; 💬) Das hübsche, familienbetriebene Restaurant am See, gleich abseits des Hwy 200 und rund 2,5 km vom östlichen Ende der Laguna Manialtepec entfernt, ist eine gute Anlaufstelle, wenn man auf eigene Faust nach Manialtepec kommt. Es gibt hier hervorragenden Essen (Frühstück 40–65 Mex$, Hauptgerichte 80–140 Mex$) und es werden auch Bootsausflüge zur Vogelbeobachtung angeboten (4–6/2–3 Pers. 1200/1000 Mex$).

Viajes Dimar
TOUREN

(Karte S. 498; 📱 954-582-02-59; www.viajesdimar.com; Av Pérez Gasga 905; ⊙ Mo–Sa 9–21, So bis 17 Uhr) Das alteingesessene und verlässliche Dimar bietet eine gute Auswahl an ganz- und halbtägigen Ausflügen nach Manialtepec, Chacahua, zu Wasserfällen, Thermalquellen und anderen interessanten Orten in der Region in Begleitung von englischsprachigen Führern (400–800 Mex$/Pers., mind. 4 Teilnehmer). Es hat auch eine Filiale in **Zicatela** (Karte S. 500; 📱 954-582-23-05; www.viajesdimar.com; Calle del Morro s/n, Zicatela; ⊙ Mo–Sa 9–21, So bis 17 Uhr).

 Feste & Events

Fiestas de Noviembre
KULTUR, SPORT

(⊙ Nov.) Jede Menge Veranstaltungen und Festivitäten sorgen den ganzen November über in Puerto für Stimmung. Dazu gehören u. a. das Festival Costeño de la Danza (Volkstanz), ein internationales Sportfischerturnier (www.pescapuertoescondido.com), Surfwettbewerbe und Motocross-Rennen.

🛏 Schlafen

Unterkünfte gibt es in den Vierteln Rinconada und Bacocho im Westen der Stadt, im Zentrum um den Adoquín und am Playa Zicatela im Südosten.

Während der Ferien zwischen Weihnachten und Neujahr sowie an Ostern steigen die Preise meist auf das Doppelte, wenn nicht sogar mehr. In der Nebensaison hingegen fallen sie erheblich. In der Hauptsaison sollte man reservieren.

⭐ Hotel Casa de Dan
HOTEL $

(Karte S. 500; 📱 954-582-27-60; www.hotelcasadan.com; Jacarandas 14, Colonia Santa María; Zi. 400–890 Mex$; 🅿✳🛜🏊) Gleich hinter dem Playa Zicatela betreibt ein nach Mexiko ausgewanderter Kanadier diese wunderbare Unterkunft im Haziendastil, die dem Großteil der Konkurrenz haushoch überlegen ist. Die 15 individuell gestalteten Suiten sind mit allem typischen Komfort (bequeme Betten, große Bäder und viel mexikanisches Kunsthandwerk) ausgestattet, aber sie bieten zudem einige bemerkenswerte Extras.

Die Gäste können in einem großen Pool ihre Bahnen schwimmen, in der umfangreichen Bibliothek stöbern und das erstklassige angeschlossene Café besuchen. Auch der charmante Dan selbst und seine hervorragenden Mitarbeiter sind ein Pluspunkt. Zudem ist der Preis wirklich sehr vernünftig – kein Wunder also, dass es so beliebt ist. Im Voraus buchen!

Hostal One Love
HOTEL, HOSTEL $

(Karte S. 500; 📱 Mobil 954-1298582; www.hostalpuertoescondido.com; Tamaulipas s/n, Brisas de Zicatela; Zi. ab 590 Mex$; 🛜) Im One Love fällt die Entscheidung schwer: Soll man im John-Lennon-Zimmer, in der Jim-Morrison-Suite oder, wenn man gerade den Blues hat, in der *habitación de* Janis Joplin übernachten? Das One Love ist eine wunderbar private Unterkunft voll üppiger Farne und musikalischer Legenden und hat mehr Stil als viele der Hippie-Bleiben in La Punta.

LAGUNA MANIALTEPEC

Die 6 km lange Lagune Manialtepec beginnt 14 km westlich von Puerto Escondido am Hwy 200 und ist ein bedeutender Ort für Vogelbeobachter, der aber auch alle anderen Naturfreunde faszinieren wird. An der Lagune leben zumindest für einen Teil des Jahres Ibisse, Rosalöffler, Papageien, Pelikane, Falken, Fischadler, Reiher, Eisvögel und mehrere Bussard- und Leguanarten. Die besten Monate zur Vogelbeobachtung sind Dezember bis März, die beste Tageszeit ist die Morgendämmerung.

Die Lagune ist hauptsächlich von Mangroven umgeben, auf der dem Meer zugewandten Seite wachsen aber auch tropische Blumen und Palmen, und der kurvenreiche Kanal am westlichen Ende führt zu einer ursprünglichen Sandbank am Strand.

Mehrere Veranstalter organisieren dreistündige Exkursionen zum Vogelbeobachten in *lanchas* (Boote mit Außenbordmotor); die Begleitung eines englischsprachigen Führers, Ferngläser und die An- und Abfahrt von/zur Unterkunft in Puerto Escondido sind inklusive. Manialtepec ist zudem ein biolumiszentes Gewässer, in dem jedes Jahr in einigen Nächten leuchtendes Plankton auftaucht. In dieser Zeit werden nächtliche Bootstouren angeboten, bei denen man das sonderbare phosphoreszierende Leuchten hervorrufen kann, indem man schwimmt oder seine Hand durchs Wasser gleiten lässt. Gute Monate, um dieses Phänomen zu erleben, sind Juli, August, November und Dezember. Bei Vollmond oder nach starkem Regen lohnt sich die Tour hingegen nicht.

Von der Av 4 Poniente in Puerto Escondido fahren zwischen 6 und 20 Uhr *taxis colectivos* (Sammeltaxis) nach San José Manialtepec (20 Mex$ bis La Puesta del Sol, 15 Min.), und auch mit den Minibussen in Richtung Río Grande (20 Mex$), die zwischen 4 und 20 Uhr etwa alle 20 Min. in der Av Hidalgo 5 abfahren, kommt man zur Lagune.

Die runden, komfortablen Zimmer sind mit Kunstwerken und Fotos der genannten friedensliebenden Rockstars dekoriert. Außerdem gibt's ein hervorragendes Restaurant (S. 506) auf dem Gelände, in dem auch Nicht-Gäste willkommen sind.

Hotel Arena Surf   HOTEL $

(Karte S. 498; ☑ 954-582-2743; 1 Norte, zw. Avs 3 & 4 Oriente; Zi. 300 Mex$; 🛜) Viele der Hotels im Zentrum Puerto Escondidos sind nicht gerade ansprechend und es wimmelt von Fliegen. Dieses kleine Hotel ist da anders. Es wird von einer freundlichen Familie geführt, die nach vorn hin auch einen Laden betreiht. Die Zimmer sind zwar einfach, aber groß genug, um ein Surfbrett zu verstauen. Zudem gibt's einen Wasserspender, ziemlich warme Duschen und funktionsfähiges WLAN.

Hostel Losodeli   HOSTEL $

(Karte S. 498; ☑ 954-582-42-21; www.casaloso deli.com; Prolongación 2a Norte; B 180 Mex$, Zi. 450–700 Mex$; 🅿 ❄ 🛜 ⛱) Das beliebte, gut geführte Losodeli befindet sich zwischen den Busbahnhöfen und Rinconada und erfüllt fast alle Wünsche, die Budgettraveller so haben könnten: eine saubere Unterkunft mit der Wahl zwischen Schlafsaal mit Etagenbetten und Privatzimmern (manche sind sehr groß), freundliche Angestellte, eine gut ausgestattete, durchorganisierte Küche,

ein guter Pool im Garten in der Mitte, ein Essbereich mit Bar, Frühstück auf Wunsch (35 Mex$) und die Buchung vieler Ausflüge und Aktivitäten.

Aqua Luna   HOTEL $

(Karte S. 500; ☑ 954-582-15-05; www.hotelaqua luna.com; Vista Hermosa s/n, Colonia Santa María; EZ/DZ/Apt. 360/420/1000 Mex$; ❄ 🛜 ⛱) Im Gegensatz zu den bei den Surfern beliebten Strandhütten bietet das Aqua Luna kühlen, zeitgenössischen Minimalismus in Schwarz-Weiß mit ein paar Zugeständnissen an den mexikanischen Stil (eine *palapa* am Pool und eine Panoramaterrasse mit einem Whirlpool). Das Projekt australischer Surfer ist dank des ausgezeichneten Preis-Leistungs-Verhältnisses der Zimmer, von denen viele eine Küche haben, bei Surfern nach wie vor sehr beliebt. An der Bar am Pool gibt's den ganzen Tag Frühstück und kleine Gerichte.

Frutas y Verduras   CABAÑAS, ZIMMER $

(Karte S. 500; ☑ Mobil 954-1230473; www.frutasy verdurasmexico.com; Cárdenas s/n, Punta Zicatela; EZ/DZ ohne Bad 400/600 Mex$; 🛜 ⛱) „Obst und Gemüse" klingt als Hotelname vielleicht sonderbar, doch in der Surfer-Hippie-Enklave La Punta gilt das Sonderbare als ziemlich normal. Diese winzige Unterkunft passt äußerst geschickt ins rustikale, dschungelartige Ambiente des Viertels. Es hat kleine, einfache *cabañas* mit Moskitonetzen, sehr farbenfrohe Zimmer mit Fliegenfenstern und ein Apartment; alle verfügen über vernünftige Bäder und Küchen.

Eine Überraschung sind der kleine Pool, das einladende Restaurant namens Café Olé, der Surfbrettverleih und die kostenlosen Fahrräder.

Cabañas Buena Onda · HOSTEL $

(Karte S. 500; ☎954-582-16-63; buenaondazicatela@live.com; Cárdenas 777, Punta Zicatela; Camping/Hängematte/B 100/100/150 Mex$/Pers., Cabañas 350 Mex$; 🛜) Das gut besuchte, aber entspannte Buena Onda liegt in einem schattigen Palmenhain, hat einen *palapa*-Bereich zum Relaxen am Strand und wirkt ein wenig wie ein Surfertreff. Es ist eine der wenigen Unterkünfte am Playa Zicatela, die sich wirklich auf dem Strand befinden. Die zehn rustikalen *cabañas* sind sauber und mit Moskitonetzen, Ventilator und Hängematten ausgestattet. Sie haben darüber hinaus akzeptable Bäder und Küchen.

Casamar · SUITEN $$

(Karte S. 500; ☎954-582-25-93; www.casamarsuites.com; Puebla 407, Brisas de Zicatela; Zi. 56–147 US$; 🅿🌀🛜❄) Das von nordamerikanischen Besitzern geführte Casamar ist eine luxuriöse, komfortable und gesundheitsbewusste Ferienoase. Schon der erste Eindruck von den 15 großen Zimmern mit Klimaanlage überzeugt. Alle haben tolle Küchen und sind mit geschmackvoller mexikanischer Kunst und Kunsthandwerk, vieles davon aus regionaler Produktion, dekoriert. Das Zentrum bildet der große, mit Farnen bewachsene Garten mit einem recht großen Pool. Von Dezember bis April hat ein veganes Gourmetcafé geöffnet, das den Gästen vorbehalten ist.

Die Gäste können Fitnesstrainings buchen, außerdem finden kostenlose Yoga- und Tanz-Kurse statt. Auch die Cocktails am Montagabend tragen dazu bei, dass sich die Gäste kennenlernen. Für Aufenthalte ab einer Woche gibt's kräftige Rabatte.

Hotel Rockaway · HOTEL $$

(Karte S. 500; ☎954-582-32-00; www.hotelrockaway.com; Calle del Morro; DZ/Suite 1250/2150 Mex$; 🅿🌀🛜❄) Dieses recht neue Hotel ist die schickste Unterkunft am Playa Zicatela und kündigt sich in elegantem Weiß mit lila Akzenten an. Die Zimmer sind so blitzblank wie attraktiv, der Strand liegt gleich über die Straße und zum Hotel gehört

ein größerer Komplex mit einem guten Fitnessstudio, in dem Gäste eine Stunde lang kostenlos trainieren können.

Hotel Villa Mozart y Macondo · BUNGALOW $$

(Karte S. 498; ☎954-104-22-95; www.hotelmozartymacondo.com; Av Las Tortugas 77, Rinconada; Zi. inkl. Frühstück 800–1200 Mex$; 🛜) Dass dieses Hotel quasi ein Kunstwerk ist, verdankt es nicht Wolfgang Amadeus, sondern dem üppigen tropischen Garten (Jardín Macondo) voller avantgardistischer peruanischer Skulpturen. Am Rand des Gartens stehen drei helle Bungalows mit modernen künstlerischen Akzenten und allen modernen Annehmlichkeiten; alle haben Kingsize-Betten und zwei Miniküchen.

Die drei großen Pluspunkte sind offensichtlich: In der Anlage gibt's ein angenehmes Café, der Besitzer ist superfreundlich und zur Playa Carrizalillo (dem zum Schwimmen am besten geeigneten Strand der Stadt) ist es nur ein kurzer Fußweg.

Hotelito Swiss Oasis · HOTEL $$

(Karte S. 500; ☎954-582-14-96; www.swissoasis.com; Andador Gaviotas; Zi. 50–60 US$; 🛜❄) Das gute, kleine Hotel hat eine Gästeküche, in der kostenlos Kaffee, Tee und gefiltertes Wasser bereitstehen, einen hübschen Garten mit Swimmingpool und acht kühle Zimmer mit guten Betten, Moskitonetzen und attraktiver Farbgestaltung. Die vielgereisten Besitzer aus der Schweiz sprechen vier Sprachen und geben gern Infos und Tipps zur Region. Keine Gäste unter 15 Jahren erwünscht.

Hotel Flor de María · HOTEL $$

(Karte S. 498; ☎954-582-05-36; www.mexonline.com/flordemaria.htm; 1a Entrada a Playa Marinero; Zi. 50–65 US$; 🅿🛜❄) Das beliebte Hotel unter kanadischer Leitung verfügt über 24 geräumige Zimmer mit guten, großen Bädern, folkloristischem mexikanischem Dekor und hübsch bemalten Wänden und Türen. Ein Highlight ist die weitläufige Dachterrasse mit großartigen Ausblicken, Bar und kleinem Pool. Gäste unter zwölf Jahren sind nicht erwünscht.

Beach Hotel Inés · HOTEL $$

(Karte S. 500; ☎954-582-07-92; www.hotelines.com; Calle del Morro s/n; Zi. 1080–1350 Mex$; 🅿🌀🛜❄) Die Anlage unter deutscher Leitung bietet eine große Auswahl an hellen, fröhlichen *cabañas*, Zimmern, Apartments und Suiten rund um einen schattigen Poolbereich mit einem Restaurant, in dem gute europäische und mexikanische Gerichte serviert werden. Die meisten Unterkünfte haben eine Klimaanlage, manche auch eine Küche oder einen Whirlpool. Gäste können Ausritte, Surfunterricht, Tauchgänge und andere Ausflüge buchen. Zudem wird hier großer Wert auf Sicherheit gelegt.

★ **Villas Carrizalillo** BOUTIQUEHOTEL **$$$**

(Karte S. 498; ☏954-582-17-35; www.villascarrizalillo.com; Av Carrizalillo 125, Rinconada; Apt. 185–215 US$; P✳@🛜🏊) An den spektakulären Landspitzen der Küste Oaxacas herrscht kein Mangel an fantasie- und charaktervollen Unterkünften, doch selbst an dieser verträumten Küste ragt das Carrizalillo noch heraus. Natürlich schadet es nicht, dass es an einem der schönsten Strände der Gegend liegt, ein elegantes Restaurant mit einer überdachten Terrasse besitzt (das Espadin) und großzügige, stilvolle Apartments mit ein bis drei Schlafzimmern und Klimaanlage hat.

Fast alle der prächtig dekorierten Apartments verfügen über Küchen und private Terrassen, einige davon sogar mit Panoramablick auf die Küste.

Ein Pfad führt direkt zum Strand. Das Hotel verleiht Schnorchelausrüstungen und hat kostenlose Surfbretter und Fahrräder. Bei Barzahlung gibt es Rabatt.

Hotel Santa Fe HOTEL **$$$**

(Karte S. 498; ☏954-582-01-70; www.hotelsantafe.com.mx; Calle del Morro s/n; Zi. ab 1800 Mex$; P✳@🛜🏊) Das Santa Fe im neokolonialen Stil verleiht der typischen Hotelarchitektur mehr Geschmack. Es ist voller Pflanzen, Terrakottatöpfen und Vogelgesang und in einem subtilen folkloristischen Stil gestaltet. Die über 60 Räume haben schöne Böden aus Terrakottafliesen und Holzmöbel und liegen um zwei von Palmen beschattete Pools. Das renommierte Restaurant (S. 506) mit Blick auf den Playa Zicatela serviert nur Fisch und vegetarische Gerichte.

✖ Essen

★ **Lychee** THAI **$**

(Karte S. 500; www.facebook.com/lycheemex; Ecke Cárdenas & Héroes Oaxaqueñas, Punta Zicatela; Hauptgerichte 70–100 Mex$; ⏱17–24 Uhr; 🍴) In mancher Hinsicht gleicht La Punta einem hedonistischen thailändischen Strand, da fällt es dem Lychee nicht schwer, sich hier nahtlos einzufügen. Die großartigen Thai-Gerichte – Tom-Yum-Suppe, rote und grüne Currys, Hühnchen Satay – und andere typische südostasiatische Speisen werden in der

INSIDERWISSEN

PLAYA ESCOBILLA

Dieser 15 km lange Strand, der etwa 30 km östlich von Puerto Escondido beginnt, ist einer der bedeutendsten Nistplätze der Oliv-Bastardschildkröte (die Mexikaner nennen sie *tortuga golfina*). Bis zu 1 Mio. Schildkrötenweibchen kommen an den Strand, um dort ihre Eier abzulegen. Die meisten Tiere pro Nacht kommen in einem Zeitraum von etwa sieben Tagen rund um den Vollmond zwischen Mai und Februar her – dieses spektakuläre Phänomen wird *arribada* oder *arribazón* genannt. Die Oliv-Bastardschildkröte zählt mit etwa 70 cm Länge zu den kleineren Meeresschildkröten, dennoch ist sie ein beeindruckendes Tier, besonders wenn pro Stunde Tausende von ihnen gleichzeitig aus der Brandung kriechen, wie es während der größten *arribadas* am Playa Escobilla geschieht.

Zum Schutz der Schildkröten ist der Strand generell für Besucher gesperrt, was von der mexikanischen Armee durchgesetzt wird. Einige Reisebüros in Puerto Escondido bieten organisierte Touren an. Sehr zu empfehlen ist Gina's Tours (S. 501).

Mitte einer großen rechteckigen Holzbar zubereitet. Die Gäste sitzen im Freien auf Bänken an Tischen aus Baumscheiben, die einfach auf der Erde stehen. Platz für ein Dessert lassen, z. B. für die karamellisierte Banane auf Blätterteig mit Eiscreme!

Virginia's Supercafe CAFÉ **$**

(Karte S. 498; ☏Mobil 954-1003453; Andador La Soledad 2; Frühstück 50–75 Mex$; ⏱7–16 Uhr) Das Virginia versteckt sich hinter dem El Adoquin und ist wirklich klasse, besonders der Kaffee (der beste der Stadt; er wird vor Ort geröstet) und die Waffeln (dick und mit einfallsreichen Toppings). Es ist *das* Frühstückscafé der Stadt.

Dan's Café Deluxe INTERNATIONAL **$**

(Karte S. 460; www.facebook.com/danscafedeluxe; Jacarandas 14, Colonia Santa María; Frühstück 45–65 Mex$, leichte Gerichte 45–80 Mex$; ⏱Mo–Sa 9–17 Uhr; 🛜🍴) Dan war einer der Gründer des legendären lokalen El Cafecito (S. 506). In seinem gleichnamigen Hotel bekommt man tolles herzhaftes Frühstück, das auf Surfer ausgerichtet ist, Säfte und *licua-*

dos (Smoothies) sowie gesundes Mittagessen wie Salate, Vollkornbrot-Sandwiches und Pfannengemüse. Es gibt eine Tischtennisplatte und im Fernsehen läuft Sport (natürlich auch Surfen).

Alaburger
INTERNATIONAL $

(Karte S. 500; Cárdenas s/n, Punta Zicatela, gegenüber von Cabañas Buena Onda; Hauptgerichte 65–150 Mex$; ⊙ 11–23 Uhr; 🛜) Hier ist Einfachheit angesagt. Das Alaburger befindet sich unter einer dunklen *palapa*, unter der der sympathische Besitzer einen schlichten Grill aus einem Stapel Ziegelsteine gebaut hat. Doch das Essen ist himmlisch! Neben Backkartoffeln, Pizzas und Burgern gibt es eine vegetarische Speisekarte, die gut genug ist, um Fleischesser zu bekehren. Die Idee ist ambitioniert, doch oft kommen die besten kulinarischen Freuden aus bescheidenen Restaurantbuden wie dieser.

Die Gäste sitzen an Gemeinschaftstischen, aber nicht auf normalen Stühlen, sondern auf Schaukeln – schließlich ist das La Punta.

El Sultán
NAHÖSTLICH $

(Karte S. 498; ☑ 954-582-05-12; www.el-sultan.com; Blvd Juárez, Rinconada; Gerichte 20–65 Mex$; ⊙ Di–So 10–22 Uhr; 🚲) Wer Lust auf eine Shisha oder eine Falafel und einen starken Kaffee hat, kann es sich auf den Kissen des Sultán bequem machen, einer überraschenden Oase preiswerter nahöstlicher Snacks in der schicken Rinconada-Meile. Hier gibt's auch Shawarma und Hummus. Es ist so beliebt, dass eine zweite Filiale am Playa Zicatela eröffnet wurde.

Mercado Benito Juárez
MARKT $

(Av 8 Norte, zw. Avs 3 & 4 Poniente; Hauptgerichte 40–60 Mex$; ⊙ 8–19 Uhr) Wer Lust auf Lokalkolorit und die authentische Atmosphäre Puerto Escondidos hat, geht zum Hauptmarkt im oberen Teil der Stadt, wo Dutzende *comedores* frischen Fisch, Garnelen, Suppen und *antojitos* (mexikanische Snacks) zu unglaublich günstigen Preisen anbieten. Während man sich die Lebensmittel-, Blumen- und Kunsthandwerksstände anschaut, kann man auch mal eines der ungewöhnlicheren Getränke probieren, die an einer Reihe von Saftständen kredenzt werden. Die Busse mit der Aufschrift „Mercado" (8 Mex$) fahren die Av Oaxaca hinauf.

El Nene
MEXIKANISCH, FUSION $$

(Karte S. 498; Blvd Juárez, Rinconada; Hauptgerichte 120–180 Mex$; ⊙ Mo–Sa 14–22 Uhr) El Nene serviert große Tacos (drei für 50–100 Mex$)

und Hauptgerichte mit Fisch, Garnelen und Hühnchen auf mexikanische und internationale Art. Eine gute Wahl ist der Fisch des Tages in Weißwein oder nach Cajun-Art. Als Vorspeise empfiehlt sich eine aromatische Thai-Suppe oder eine Nopal- (Feigenkaktus-) Suppe. Die von Pflanzen umringte Terrasse trägt dazu bei, dass man hier so schön speist wie kaum irgendwo in der Stadt.

El Cafecito
MEXIKANISCH, INTERNATIONAL $$

(Karte S. 500; Calle del Morro s/n; Frühstücksgerichte 25–80 Mex$, Hauptgerichte 60–250; Mex$ ⊙ 6–23.30 Uhr; 🛜🚲) Das Cafecito hat erfolgreich eine eigene Nische besetzt: Es bietet westlich-mexikanische Fusion-Küche in großen Portionen, die auch Surfer satt machen. Die Frühstücksangebote gehören zu den besten an der Küste: endlose Varianten von Eierspeisen, riesige Obstgerichte, Pastas und Schalen reichhaltiger oaxacanischer Schokolade. Das Sahnehäubchen ist Carmens Bäckerei auf dem Grundstück mit einem Fenster, an dem Kaffee und Backwaren verkauft werden. Der Karottenkuchen ist unvergesslich. Eine weitere, ebenso gut besuchte Filiale befindet sich in Rinconada.

One Love
EUROPÄISCH, MEXIKANISCH $$

(Karte S. 500; www.hostalpuertoescondido.com; Tamaulipas s/n; Hauptgerichte 105–160 Mex$; ⊙ Di–So 8–21.30 Uhr; 🛜) Das Restaurant eines mexikanisch-französischen Paares serviert hervorragende europäisch-mexikanische Gerichte mit frischen Zutaten aus der Region. Den Anfang macht das „One Love Taco" (ein Ceviche-Wrap mit Mango-*habanero*-Chili-Mayo), gefolgt von „Give Peace a Chance" (panierter Fisch des Tages mit Bulgursalat und Chili-Mayo). Es gibt aber auch viele andere Optionen, darunter gute Pasta- und vegetarische Gerichte.

Hotel Santa Fe
VEGETARISCH, SEAFOOD $$

(Karte S. 498; Calle del Morro s/n; Hauptgerichte 90–250 Mex$; ⊙ 7.30–22 Uhr; 🛜🚲) Das ansprechende Restaurant des Hotel Santa Fe aus der Kolonialzeit hat eine überdachte Terrasse mit Blick auf den Playa Zicatela und serviert pescetarische Küche (kein Fleisch, nur Fisch und vegetarische Speisen), darunter Tofu-Gerichte, vegetarische *antojitos* (mexikanische Snacks) und eine mediterrane Platte mit Hummus, Taboulé und Pita-Brot.

La Hostería Bananas
ITALIENISCH, MEXIKANISCH $$

(Karte S. 500; ☑ 954-582-00-05; Calle del Morro s/n; Hauptgerichte 80–220 Mex$; ⊙ 8–23.30 Uhr;

☎☒⛟) Die Hostería ist ein mit Liebe geführtes italienisches Restaurant – das zeigt sich in der funkelnden Küche (mit einem computergesteuerten Pizza-Holzofen) ebenso wie in den mit Talavera-Kacheln gefliesten Bädern. Die Auswahl ist groß und umfasst auch viele vegetarische und hausgemachte Pastas; dazu gibt's eine tolle Getränkekarte, gute Frühstücksangebote und starken Kaffee. Die Meeresfrüchte-Spieße sind super.

Restaurante Los Tíos　　　SEAFOOD $$

(Karte S. 500; ☒954-582-28-79; Calle del Morro; Hauptgerichte 50–160 Mex$; ⊗Mi–Mo 8–22 Uhr) Direkt am Strand servieren die „Onkel" großartige *licuados* (Milchshakes) und frische Säfte, die bestens zu den preiswerten Eierspeisen, *antojitos* (mexikanische Snacks) und Meeresfrüchten passen. Es ist angenehm entspannt und bei den Einheimischen beliebt.

★ Almoraduz　　　MEXIKANISCH $$$

(Karte S. 498; ☒954-582-31-09; www.almoraduz.com.mx; Blvd Juárez 11-12, Rinconada; Hauptgerichte 180–250 Mex$; ⊗Di–So 14–22 Uhr; ☒) Die kulinarische Allianz des Ehepaares, das hinter dem Almoraduz steht, sorgt in einem der wenigen echten Gourmetrestaurants Oaxacas für erinnerungswürdige Geschmackskombinationen. Dabei geht es nicht im geringsten prätentiös zu. Das offene Restaurant im aufstrebenden Viertel Rinconada ist klein, geschmackvoll und distinguiert. Die Speisekarte wechselt häufig, zu den beliebtesten Gerichten gehören etwa der Feigensalat, der Fisch in grüner *mole* und der Schokoladen-Lava-Kuchen.

Das volle Programm bekommt man mit dem Acht-Gänge-Probiermenü für vernünftige 500 Mex$. Auch die Getränkeauswahl, darunter von Hand gebraute Mezcals, Craft-Biere und Bio-Saftgetränke, ist erstklassig.

Pascale　　　MEXIKANISCH, EUROPÄISCH $$$

(Karte S. 498; ☒Mobil 954-1030668; www.pascale.mx; Av Pérez Gasga 612; Hauptgerichte 110–225 Mex$; ⊗Di–So 18–23 Uhr; ☎) Inmitten der schäbigeren Fischbuden am Playa Principal steht dieses überraschende Gourmetrestaurant, das originelle, kreative Fisch- und Fleischgerichte, hausgemachte Pastas (mit verschiedenen Saucen) und französische Desserts mit seltenem Flair zubereitet. Der Fisch könnte nicht frischer sein, es gibt eine kurze, erlesene Weinkarte und alles wird mit professionellem Feinschliff serviert. In der Nebensaison schließt das Pascale manchmal.

Costeñito Cevichería　　　SEAFOOD $$$

(Karte S. 500; ☒Mobil 954-1270424; Calle del Morro s/n; Gerichte 130–300 Mex$; ⊗13–23 Uhr) Im Costeñito dreht sich alles um den einzigartigen *parrilla* (Grill) im hinteren Teil eines alten Hippie-Campers – man kann zuschauen, wie der Fisch (im Angebot sind Schnapper, Barsch, Krabben und Oktopus) zubereitet wird. Wer Räucherfisch mag, bekommt hier die wohl beste Ceviche der Stadt.

Das Restaurant befindet sich in einer der luxuriösesten *palapas* am Playa Zicatela (auf den Camper-Van achten).

🍷 Ausgehen & Nachtleben

★ Playa Kabbalah　　　BAR

(Karte S. 500; www.playakabbalah.com; Calle del Morro 312; ⊗8–24 Uhr oder länger; ☎) Das Kabbalah ist eine hippe oder romantische (je nach Begleitung) Strandbar mit Restaurant, in der man sich abends bestens unter das Völkchen am Playa Zicatela mischen kann, um etwas zu trinken. Entweder lässt man sich an der Bar nieder oder macht es sich auf den Liegen mit Sonnendach am Strand gemütlich. Die Fiestas der Bar sind weithin bekannt, meistens spielt ein DJ elektronische Tanzmusik zu blinkenden fluoreszierenden Lichtern; manchmal findet auch gleichzeitig eine Hochzeit statt.

Musik gibt's dienstags, donnerstags, freitags und samstags. Besonderer Beliebtheit erfreuen sich die speziellen Ladies Nights. An den Wochenenden spielen oft auch Reggae- oder Salsabands.

Casa Babylon　　　BAR

(Karte S. 500; Calle del Morro s/n; ⊗9–2 Uhr; ☎) Das psychedelisch angehauchte Babylon hat eine fantastische mexikanische Maskensammlung und eine große Büchertausch-Bibliothek. Auf der von Engeln und fliegenden Nymphen umgebenen Bühne treten von donnerstags bis samstags unterschiedliche Musiker oder DJs auf. Es heißt, die mit Mezcal gemixten Mojitos und Margaritas seien der Wahnsinn.

☆ Unterhaltung

Cine en la Playa　　　KINO

(Kino am Strand; www.facebook.com/hotelvillasol; Playa Bacocho; ⊗Nov.–Mai Mi 19 oder 20 Uhr) Das abwechslungsreiche Kinoprogramm reicht von aktuellen Spielfilmen und Programmfilmen bis zu Klassikern und Dokumentationen, die meistens auf Spanisch mit englischen Untertiteln oder umgekehrt gezeigt werden. Das Kino findet auf dem Sand des Playa Bacocho vor dem Beach Club des Hotel Suites Villasol statt.

Split Coconut
LIVEMUSIK

(Karte S. 498; Playa Marinero; ⊙ Mi–Mo 14–24 Uhr) Das Split Coconut ist ein Lieblingstreff von Auswanderern. In dieser Bar werden von etwa Dezember bis März jede Woche mehrere Livemusikabende veranstaltet, bei denen talentierte Musiker von hier oder von außerhalb Rock, Blues, Jazz, Weltmusik und mehr spielen. In den anderen Monaten gibt's meistens am Samstag oder Sonntag ein Konzert. Die Küche serviert auch Gringo-Kost (Rippen, Steaks, Burger etc.).

❶ Paktische Informationen

Am Playa Zicatela gibt's ein paar Geldautomaten, aber die in der Stadt sind verlässlicher.

HSBC (Av 1 Norte, zw. Av 2 Poniente & Carretera Costera) Hat einen zuverlässigen Geldautomaten.

Santander (Carretera Costera; ⊙ Mo–Fr 9–16, Sa 10–14 Uhr) Neue Bank mit mehreren betriebsicheren Bankautomaten und einer Klimaanlage.

Touristeninformationsstand (Karte S. 498; ☑ 954-582-11-86; ginainpuerto@yahoo.com; Av Pérez Gasga; ⊙ Mo–Fr 10–14, Sa bis 13 Uhr) Gina Machorro, die energische, hingebungsvolle mehrsprachige Mitarbeiterin der Touristeninformation, weiß über alles Bescheid, was in Puerto und Umgebung los ist. Sie beantwortet gern alle Fragen und veranstaltet ihre eigenen interessanten Touren (S. 501).

❶ An- & Weiterreise

AUTO & MOTORRAD

Die Fahrt von und nach Oaxaca de Juárez auf dem kurvenreichen Hwy 131 über Sola de Vega dauert ca. sieben Stunden.

Für die 400 km lange Fahrt auf dem Hwy 200 zwischen Puerto Escondido und Acapulco sollte man etwa sieben Stunden einplanen. Der Straßenbelag ist zwar gut, aber es gibt viele Bodenschwellen.

Los Tres Reyes (☑ 954-582-33-35; http://lostresreyescarrent.com; Ecke Carretera Costera & Belmares, Colonia Santa María; ⊙ 8–19 Uhr) Vermietet Limousinen ab 800 Mex$ pro Tag und hat Büros am Highway oberhalb von Colonia Santa María und am Flughafen. Günstiger ist **Úcar** (☑ 954-149-03-04; www.u-car.mx; Calle del Morro; ⊙ 9–20 Uhr) – Limousinen kosten hier ab 499 Mex$ pro Tag, Motorroller ab 150 Mex$.

BUS & VAN

OCC-Busbahnhof (Karte S. 498; ☑ 954-582-10-73; Carretera Costera 102) Wird von OCC-Bussen der 1. Klasse und den 2.-Klasse-Bussen von Sur und AU benutzt.

Terminal Turística (Central Camionera; Ecke Avs Oaxaca & 4 Poniente) Liegt in der Oberstadt und wird von AltaMar (1. Klasse) und Turistar (Deluxe) genutzt.

Oaxaca

Die Fahrt von/nach Oaxaca wird einfacher, wenn der neue Highway, der ein paar Kilometer östlich von Puerto Escondido auf den Hwy 200 trifft und zum Hwy 175 südlich von Ejutla führt, eröffnet wird. Man sollte sich aber nicht zu früh freuen, denn die Bauarbeiten dauern schon fast ein Jahrzehnt an. Nach seiner Fertigstellung wird die Fahrzeit von ca. sieben auf etwa vier Stunden sinken und auch die Bus- und Van-Verbindungen werden sich sicherlich ändern. Bis dahin ist die Fahrt in den komfortablen Vans auf dem Hwy 131 (7 Std.), die von mindestens zwei Unternehmen angeboten wird, die bequemste Möglichkeit, um nach Oaxaca zu kommen. Die 1.-Klasse-Busse (220 Mex$, 11 Std., 3-mal tgl.) von OCC fahren über Salina Cruz und den Hwy 190 und benötigen viel mehr Zeit.

Express Service (☑ 954-582-08-68; Terminal Turística, Ecke Avs Oaxaca & 4 Poniente) Vans nach Oaxaca (220 Mex$) fahren stündlich zwischen 4 und 17 Uhr sowie um 20, 22, 23 und 23.30 Uhr.

Villa Escondida (Karte S. 498; Av Hidalgo s/n) Vans nach Oaxaca (200 Mex$) starten von 3.30 bis 21.30 Uhr stündlich sowie um 23 Uhr. Ein

BUSSE AB PUERTO ESCONDIDO

ZIEL	PREIS (MEX$)	DAUER (STD.)	HÄUFIGKEIT (TGL.)
Acapulco	466	8	7-mal AltaMar
Bahías de Huatulco	81–162	2½	23-mal vom OCC-Busbahnhof
Mexico City (Sur)	703–796	12	Turistar 18 & 18.45 Uhr, AltaMar 17.45 & 20.30 Uhr
Pochutla	64–104	1¼	25-mal vom OCC-Busbahnhof
Salina Cruz	298–316	5	11-mal vom OCC-Busbahnhof
San Cristóbal de las Casas	740	13	OCC 18.30 & 21.30 Uhr

weiteres Büro befindet sich im Terminal Turística. Die Vans halten an beiden Büros.

Weitere Ziele

Ab dem Terminal Turística fahren AltaMar und Turistar über Acapulcos Vororte nach Mexico City. OCC-Busse über Salina Cruz brauchen deutlich länger.

FLUGZEUG

Flughafen (☎ 954-582-04-91) Liegt 3 km westlich vom Zentrum am Hwy 200. Keine internationalen Flüge.

Aeromar (☎ 954-582-09-77; www.aeromar. com.mx; ☉ 9–18 Uhr) Hat bis zu drei Flüge am Tag ab/nach Mexico City.

Aerotucán (☎ 954-582-34-61; www.aerotucan. com.mx; ☉ Mo–Sa 7–15, So 12–14 Uhr) Die Cessnas mit 13 Sitzplätzen fliegen täglich ab/ nach Oaxaca (2210 Mex$). Manchmal gibt's kurzfristige Änderungen im Flugplan.

Interjet (☎ Mobil 954-1079957; www.interjet. com; ☉ 8–19 Uhr) Fliegt vier- oder fünfmal pro Woche ab/nach Mexico City.

VivaAerobus (☎ 81-82-150-150; www.vivaae robus.com) Die Billigfluglinie hat täglich Flüge ab/nach Mexico City. Vorab gebuchte Flüge kosten manchmal weniger als 750 Mex$.

❶ Unterwegs vor Ort

Prepaid-Taxis ab dem Flughafen fahren für 40 Mex$ pro Person zu beliebigen Zielen in der Stadt (70 Mex$ nach Punta Zicatela). Normalerweise lässt sich an der Hauptstraße vor dem Flughafen ein eigenes Taxi zu einem ähnlichen Preis ergattern. Stadtfahrten schlagen mit 30–35 Mex$ zu Buche.

Taxis colectivos, Lokalbusse und *camionetas* mit der Aufschrift „Zicatela" oder „La Punta" (jeweils 8 Mex$) verkehren ungefähr alle 20 Minuten von Sonnenaufgang bis um 20.30 Uhr vom Mercado Benito Juárez im nördlichen Teil der Stadt (in den Terminal Turísticas) nach Punta Zicatela. Sie fahren die 3 Poniente hinunter und nehmen anschließend die Carretera Costera in Richtung Osten. Wer nach El Adoquín oder zur Playa Zicatela möchte, steigt einfach unterwegs ein und läuft hinunter (2 Min.).

Parque Nacional Lagunas de Chacahua

Westlich von Manialtepec windet sich der Hwy 200 durch ein äußerst artenreiches Küstengebiet mit vielen Lagunen und unberührten Stränden. Die zahlreichen Afro-Mexikaner der Region stammen von einstmals entflohenen Sklaven der Spanier ab.

Der wunderschöne 149 km² große Parque Nacional Lagunas de Chacahua rund um die Küstenlagunen von Chacahua und La Pastoría lockt im Winter zahlreiche Zugvögel aus Alaska oder Kanada an. Seine mangrovengesäumten Inseln beheimaten Rosalöffler, Ibisse, Kormorane, Waldstörche, (Silber-)Reiher, Mahagonibäume, Krokodile und Schildkröten. Der tunnelartige Wasserweg El Corral verbindet die beiden Lagunen miteinander und im Winter strotzt es hier nur so vor Vögeln. Das Ziel einer wirklich herrlichen Bootsfahrt entlang der Lagunen ist das Dorf Chacahua an einem großartigen Strandbogen. Dieser erstreckt sich über mindestens 20 km in Richtung Osten und lädt allerorts zu diversen Restaurantbesuchen oder Übernachtungen in rustikalen *cabañas* ein.

◉ Sehenswertes

Cocodrilario de Chacahua   TIERSCHUTZGEBIET (Chacahua-Krokodilschutzgebiet; Calle Chiapas; Führung gegen Spende; ☉ 8–18 Uhr) 🏊 Im Cocodrilario de Chacahua leben mehr als 200 Krokodile. Gelegentlich werden einige von ihnen im Rahmen eines erfolgreichen Programms, das sich für den Schutz der lokalen Krokodilpopulation vor der Ausrottung durch Wilderer einsetzt, in die Lagunen entlassen. Das Schutzzentrum ist nicht speziell auf Besucher eingestellt, diese sind aber gern gesehen.

Lokale *lanchas* (Motorboote; 15 Mex$/ Pers.) düsen über den Kanal zur landeinwärts liegenden Hälfte des Dorfes, wo sich das Cocodrilario befindet.

🛏 Schlafen & Essen

Viele Strandrestaurants haben auch schlichte *cabañas* mit Gemeinschaftsbad, die für zwei Personen ab etwa 150 Mex$ kosten. Wer in einem bestimmten Restaurant isst, kann dort meistens in der Hängematte schlafen oder kostenlos campen.

Restaurante Siete Mares   CABAÑAS **$** (☎ 954-114-00-62, 954-132-22-63; Playa; Cabañas 250 Mex$) Die *cabañas* des Siete Mares am westlichen Strandende (am nächsten zum Fluss) gehören zu den besseren. Sie sind alle mit zwei Doppelbetten, Ventilator, Moskitonetzen, elektrischem Licht und durch Vorhänge abgetrennte Duschen in der Ecke ausgestattet. Vor Ort gibt's auch ein nettes Lokal.

❶ An- & Weiterreise

Der Ausgangspunkt für Bootstouren durch die Lagunen zum Dorf Chacahua ist das kleine Fischerdorf Zapotalito am östlichen Ende der

Laguna La Pastoría, 63 km von Puerto Escondido entfernt.

Ab Puerto Escondido nimmt man an der Av Hidalgo 5 einen Van Richtung Pinotepa Nacional (4–20 Uhr etwa alle 20 Min.) und steigt am Abzweig nach Zapotalito (45 Mex$, 1¼ Std.), 58 km von Puerto entfernt (und 8 km nach der Ortschaft Río Grande), aus. Von dort nimmt man für die restlichen 5 km bis Zapotalito ein Taxi (70 Mex$; *colectivo* 20 Mex$).

Diverse Kooperativen bieten *lancha*-Fahrten von Zapotalito zum Dorf Chacahua an (hin & zurück ca. 1500 Mex$; bis zu 10 Pers.). Der Ausflug mit Rückfahrt dauert ca. vier Stunden inklusive zwei Stunden Aufenthalt in Chacahua. Bei hoher Nachfrage fahren die Boote als *colectivo* (einf. Fahrt/ hin & zurück 150/200 Mex$ pro Pers.). In SpitzenFerienzeiten wie Weihnachten bis Neujahr oder Semana Santa steigen die Preise um ca. 40%.

Mit dem Auto folgt man der größtenteils unbefestigten Straße, die von San José del Progreso am Hwy 200 über 27 km Richtung Süden zum Dorf Chacahua führt. Abgesehen von Überschwemmungen (oft Mai–Nov.) ist sie auch für normale Autos befahrbar.

Pochutla

📞 958 / 14 000 EW.

Das belebte, heiße Pochutla ist die Marktstadt und der Verkehrsknotenpunkt von Oaxacas zentralem Küstenabschnitt, der die nahe gelegenen Strandorte Puerto Ángel, Zipolite, San Agustinillo und Mazunte umfasst. Einen anderen Grund für einen Stopp gibt's nicht.

Der aus Oaxaca kommende Hwy 175 durchquert als Av Lázaro Cárdenas Pochutla und bildet die schmale Hauptstraße der Stadt. Etwa 1,5 km südlich der Stadt stößt diese Straße auf den Hwy 200, der an der Küste entlang führt. Die Bus- und Van-Bahnhöfe liegen dicht beieinander am südlichen unteren Ende der Av Cárdenas.

🛏 Schlafen und Essen

Das **Hotel Izala** (📞 958-584-01-15; Av Cárdenas 59; EZ/DZ 250/300 Mex$, mit Klimaanlage 350/500 Mex$; 🅿 ❄) und das **Hotel San Pedro** (📞 958-584-11-23; Av Cárdenas s/n; EZ/DZ 400/500 Mex$; 🅿 ❄ 📶), die 300 m nördlich bzw. 300 m südlich vom Busbahnhof liegen, sind beide für eine Nacht in Ordnung, doch eigentlich ist Pochutla nur ein Zwischenstopp auf der Fahrt zu den nahen Küstenorten.

⭐ **Finca de Vaqueros**   PARRILLA **$$**
(📞 958-100-43-31; Dorf El Colorado; Hauptgerichte 145–200 Mex$; ⊙10–21 Uhr; 🅿 🚗) Das Restaurant im Stil einer Ranch hat lange Tische in

einer großen, einseitig offenen Scheune. Die Fahrt von jedem beliebigen Punkt an der Küste hierher lohnt sich wegen des hervorragenden Grillfleischs auf jeden Fall. Es liegt 2 km südlich von Pochutla an der Straße nach Puerto Ángel (mit dem Taxi 60 Mex$). Am besten beginnt man mit *frijoles charros* (Bohnensuppe mit Speck) und *queso fundido* (Schmelzkäse), gefolgt von zarter *arrachera* (Kronfleisch).

ℹ Praktische Informationen

Banco Azteca (Av Cárdenas s/n; ⊙ 9–21 Uhr) Wechselt US-Dollar und Euro. Befindet sich im Elektra-Laden /5 m südlich vom Hauptbusbahnhof. Man sollte sich auf lange Warteschlangen einstellen.

Geldautomat Scotiabank (Av Cárdenas 57) Vom Hauptbusbahnhof rund 350 m die Hauptstraße hinauf.

ℹ An- & Weiterreise

OAXACA

Oaxaca ist eine 245 km lange Fahrt über den kurvenreichen Hwy 175 entfernt – das sind sechs Stunden in einem der praktischen, recht komfortablen, klimatisierten Vans verschiedener Anbieter für ca. 195 Mex$. Die gleichen Vans setzen einen auch in San José del Pacífico (95 Mex$, 3½ Std.) ab. Die Fahrer halten in der Regel aus an, wenn Fahrgäste eine Toilettenpause benötigen oder sich übergeben müssen, was auf dieser Strecke auch durchaus mal vorkommen kann. OCC hat täglich drei 1.-Klasse-Busse nach Oaxaca (446 Mex$, 9 Std.) vom Terminal de Autobuses San Pedro Pochutla, die aber die viel längere und teurere Strecke über Salina Cruz fahren.

Atlántida (📞 958-584-92-39; Av Cárdenas 85) Unterhält elf Vans nach Oaxaca (ab 195 Mex$), die beim Ticketbüro neben dem Santa Cruz Hotel, 50 m nördlich vom Hauptbusbahnhof, starten.

Líneas Unidas (📞 Mobil 958-5841322; Av Cárdenas 94) Gegenüber vom Hauptbusbahnhof starten die Vans nach Oaxaca (ab 3.30–24 Uhr alle 30–60 Min.; ab 200 Mex$).

WEITERE ZIELE

Terminal de Autobuses San Pedro Pochutla (Ecke Av Cárdenas & Constitución) Zum Hauptbusbahnhof geht's durch eine weiße Gittertür am Südende der Cárdenas. Hier starten Busse von Turistar (Deluxe), OCC und AltaMar (1. Klasse) sowie Sur und AU (2. Klasse). Tickets für seltener bediente Ziele wie San Cristóbal de las Casas und Mexico City kauft man am besten ein paar Tage vorher.

Taxis zu den Strandorten (TRP; Ecke Jamaica & Matamoros) Gleich nördlich vom Hauptbusbahnhof führt die Calle Jamaica von

ZIEL	PREIS (MEX$)	DAUER (STD.)	HÄUFIGKEIT (TGL.)
Bahías de Huatulco	39–74	1	TRP 6.15–20.15 Uhr alle 10–15 Min., Sur 7.20–20.20 stündl., 9-mal OCC
Mexico City (Sur)	1089	13½	Turistar 17 Uhr, AltaMar 16.20 Uhr
Puerto Escondido	64–104	1¼	Sur 7–20 Uhr stündl., 8-mal OCC, 4 -mal AltaMar
Salina Cruz	228–240	4	8-mal OCC
San Cristóbal de las Casas	672	11–12	OCC 20 & 22.50 Uhr
Tapachula	434	12	OCC 18.40 Uhr

der Av Cárdenas nach Westen. Nach ca. 150 m stößt man auf eine kleine Kapelle. Ein Parkplatz auf der linken Seite dient als Abfahrtsort für *taxis colectivos* (Sammeltaxis) zu den Strandorten Zipolite, San Agustinillo und Mazunte. Die Fahrt kosten zwischen 15 und 20 Mex$.

Puerto Ángel

📞 958 / 2600 EW.

Das etwas heruntergekommene Puerto Ángel ist das Tor zu diesem traumhaften Küstenabschnitt und es wirkt wie ein mexikanisches Fischerdorf. Der Strand, Playa Panteón genannt, liegt in einer geschützten Bucht. Auf dem Wasser sieht man aber keine Surfer, sondern Boote, und anstelle von Pizza und Pasta kommen hier Tortillas auf den Tisch. Die meisten Traveller lassen den Ort links liegen und wollen so schnell wie möglich das Strandleben weiter westlich in Zipolite oder Mazunte genießen. Doch wer hier ein oder zwei Nächte verbringt, wird es nicht bereuen, vor allem Leute, die es lieber schäbig als schick mögen.

👁 Sehenswertes

Playa La Boquilla   STRAND

(🅿) Die Küste östlich von Puerto Ángel ist nur so mit versteckten kleinen Stränden gespickt, die alle recht ruhig sind. Am Playa La Boquilla, einer ruhigen Bucht etwa 7,5 Fahrkilometer von der Stadt entfernt, befindet sich das Hotel und Restaurant Bahía de la Luna. Der Strand eignet sich zum Schnorcheln und Schwimmen. Die Bootsfahrt dorthin macht Spaß (einfache Strecke 600 Mex$) – einfach am Pier von Puerto Ángel oder am Playa del Panteón nachfragen.

Alternativ führt eine unbefestigte, 3,5 km lange Straße von einem Abzweig 4 km hinter Puerto Ángel an der Straße nach Pochut-

la zum Strand. Ein Taxi ab Puerto Ángel kostet 120 Mex$, ab Pochutla 200 Mex$. Manche Taxis weigern sich in der Regenzeit, die Straße zu fahren.

🏃 Aktivitäten

Azul Profundo   WASSERSPORT

(📱Mobil 958-1060420; www.hotelcordelias.com; Playa del Panteón) Das gut organisierte Azul Profundo hat sich auf Bootstouren (mit Schnorcheln und Tierbeobachtung) sowie Angeln von Goldmakrelen, Speer-, Schwert- und Thunfischen spezialisiert. Es hat seinen Sitz im Hotel Cordelias mit Blick auf Puerto Ángel, man kann aber auch im Internetcafé (S. 515) in Zipolite buchen und von dort die Abholung arrangieren.

Bei den vierstündigen Schnorcheltouren per Boot (180 Mex$/Pers., mit Abholung in Zipolite 250 Mex$), die zu vier Buchten führen, geht es auf die Suche nach Schildkröten, Delfinen und von Dezember bis April mit etwas Glück auch Walen. Es gibt mindestens einen Schnorchelstopp und die Möglichkeit, an Land zu gehen.

Ein Angelboot für vier Personen mit zwei Angeln kostet pro Stunde 600 Mex$ (mindestens zwei Stunden). Alle Führer sprechen zumindest etwas Englisch.

Kajaks für Touren in der geschützten Bucht von Puerto Ángel kann man für 50 Mex$ pro Stunde ausleihen.

🛏 Schlafen & Essen

Hotel Cordelias   HOTEL $$

(📱958-584-3021; www.hotelcordelias.com; Playa Panteón; Zi. 500–1000 Mex$; ❄🏠) Nicht viele entscheiden sich dafür, in Puerto Ángel zu übernachten, doch diejenigen, die über Nacht bleiben möchten, gehen am besten in dieses helle, weiße Hotel, das von den Besitzern des

OAXACA PUERTO ÁNGEL

Bootstour-Spezialisten Azul Profundo betrieben wird. Die Zimmer sind groß (die meisten haben zwei Doppelbetten), und zehn von ihnen bieten einen Blick auf den munteren Strand und Hafen der Stadt. Das Restaurant unten serviert frischen Fisch und am angrenzenden Bootssteg starten Bootstrips.

Bahía de la Luna   BUNGALOW $$$
(✆958-589-50-20; www.bahiadelaluna.com; Playa La Boquilla; Zi. inkl. Frühstück ab 1900 Mex$; P ⏾) Die rustikal-schicke Anlage liegt wunderbar abgeschieden am hübschen Playa La Boquilla – ideal für alle, die mal nichts von der Welt wissen wollen. Die Lehmziegelbungalows verteilen sich auf einem bewaldeten Hügel mit Strandblick. Einige haben eigene Küchen. Außerdem gibt's ein zwangloses Restaurant (Mittagsgerichte ab 60 Mex$, Zwei-Gänge-Abendessen ab 300 Mex$), das mexikanisch-internationale Fusion-Küche auftischt, darunter ausgezeichnete Meeresfrüchte und Steaks. Dazu werden großzügige Margaritas und Mezcal vom Fass serviert. Gäste können kostenlos Schnorchelausrüstungen, Kajaks und ein Stehpaddelbrett benutzen.

❶ Praktische Informationen

Banco Azteca (Blvd Uribe; ⏰8–20 Uhr) Wechselt US-Dollars und Euros.

❶ An- & Weiterreise

Ein *taxi colectivo* nach Zipolite kostet 10 Mex$, nach Pochutla 15 Mex$. Für ein privates Taxi werden etwa 45 bis 50 Mex$ fällig (nach ca. 21 Uhr 60–70 Mex$).

Zipolite
✆958 / 1100 EW.

Mitten am Strand meditiert ein splitternackter Typ mit Rasta-Locken, im Wasser kämpfen etliche Surfer mutig gegen die mächtigen Wellen, ein paar alternde Hippies wirken, als wären sie geradewegs aus dem Jahr 1975 an den Strand gebeamt worden (von den Smartphones mal abgesehen), und ein Kunsthandwerksgeschäft betreibt schwungvollen Handel mit Frida-Kahlo-Taschen. Willkommen im entspannten Zipolite mit seinen zahlreichen *palapas,* Strandbuden und gewollt rustikalen Boutiquehotels, das von den großen Hotelketten und den Golfspielern noch nicht entdeckt wurde.

Zipolite, der größte der drei Strandorte an der Küste westlich von Puerto Ángel, ist für seine Surfmöglichkeiten, die FKK-Strände und die völlig unbekümmerte Atmosphäre des Faulenzens bekannt. Viele Auswanderer haben den ruhigen Charme des Orts entdeckt und ein kleines Geschäft eröffnet (vor allem Italiener), doch davon abgesehen hat sich der Ort einen Hauch der einstigen Aussteiger-Magie bewahrt. Möge dies noch lange währen!

◉ Sehenswertes

★ Playa Zipolite   STRAND
Zipolites Strand ist riesig, er erstreckt sich über gut 1,5 km und hat riesige Wellen. Er ist vor allem als FKK-Strand berühmt – hier sieht man zu jeder Tageszeit nackte Menschen, die baden, sich sonnen oder glücklich über den feuchten Sand spazieren. Am weitesten verbreitet ist die Textilfreiheit in einigen Buchten am westlichen Ende des Strandes und in der kleinen Bucht namens Playa del Amor am östlichen Ende, die bei schwulen Männern beliebt ist.

Das östliche Ende des Playa Zipolite (das am nächsten zu Puerto Ángel liegt) wird Colonia Playa del Amor genannt, der Mittelteil heißt Centro. Das westliche Ende, wo sich die Travellerszene konzentriert, ist die Colonia Roca Blanca und dort verläuft einen Block hinter dem Strand auch die Hauptstraße, die Av Roca Blanca (auch als El Adoquín bekannt).

Im westlichen Teil herrschen die besten Bedingungen zum Surfen. Wer Abgeschiedenheit und die besten Boutiquehotels sucht, findet beides am westlichen Ende des Strands hinter mehreren felsigen Hügeln.

🏃 Aktivitäten

Es liegt in der Natur Zipolites und ist sein großes Plus, dass es hier kaum organisierte Aktivitäten gibt. Stattdessen sind Erholung und Nichtstun angesagt.

Azul Profundo (S. 511) bietet die kostenlose Abholung von Puerto Ángel zu seinen Angel-, Tauch- und Schnorcheltouren an, die man in seinem Internetcafé (S. 515) an der Av Roca Blanca buchen kann.

Im La Loma Linda finden täglich um 9 und 10.30 Uhr Yogakurse (70 Mex$) für jedermann statt.

🛏 Schlafen

Die meisten Unterkünfte in Roca Blanca und Umgebung liegen am westlichen Ende Zipolites nur wenige Meter vom Strand entfernt. Eine kleinere Gruppe vornehmerer Bleiben befindet sich oben auf einem Kap im Westen.

Hotel Hostal Teresa
HOTEL **$**

(☎958-584-30-06; www.hotelhostalteresa.com; Av Roca Blanca; Zi. 300 Mex$) Ein gutes Hotel machen zu einem Großteil die Menschen aus, die es führen. Dies trifft ganz besonders auf das Hotel Teresa zu: Ein reizendes mexikanisches Paar leitet es und kümmert sich um alle Wünsche der Gäste. Die Zimmer sind zwar bescheiden, doch der Service ist fantastisch, die Umgebung ist sicher und die Preise sind günstig – eine tolle Kombination.

A Nice Place on the Beach
ZIMMER **$**

(☎958-584-31-95; www.aniceplaceonthebeach.weebly.com; Av Roca Blanca; DZ 500 Mex$, DZ/4BZ ohne Bad 300/500 Mex$; ☞) Der Name bringt es auf den Punkt, und auch das Motto, das unter dem Hotelnamen steht („wo Menschen hinkommen, um nichts zu tun"), trifft es. Es gibt acht einfache Zimmer: vier mit Holzwänden und eigenem Bad oben sowie vier mit Betonwänden und Gemeinschaftsbad unten. Wenn man vor die Tür tritt, steht man schon im Sand und direkt neben der Bar und dem Restaurant des Hauses.

Lo Cósmico
CABAÑAS **$**

(www.locosmico.com; am Westende der Playa Zipolite; Zi. 400–600 Mex$, ohne Bad 300 Mex$; ☺Restaurant Di–So 8–16 Uhr; P ☞) Lo Cósmico stammt aus den frühen Tagen Zipolites, als der Ort noch unentdeckt war und nur ein paar kosmisch gesinnte Hippies herkamen. Es wurde zwar 1997 von einem Hurrikan zerstört und wiederaufgebaut, aber es hat sich den Charakter der 1970er-Jahre bewahrt: einfache *cabañas* mit kegelförmigen Dächern aus heimischen Materialien, die sich auf einem kleinen felsigen Kap verteilen.

Das Freiluftrestaurant auf dem Grundstück hat eine makellos saubere Küche und serviert ausgezeichnete Crêpes, Salate und Frühstücksgerichte (Gerichte 30–70 Mex$).

Las Casitas
BUNGALOWS **$**

(☎958-100-34-55; www.las-casitas.net; Hütten 500–800 Mex$; P ☞) Wie ein Leuchtturm steht das friedliche Las Casitas in einer Gasse am Westende des Playa Zipolite. Die sieben frei stehenden Bungalows aus Palmstroh und Holz liegen in einem steilen, terrassierten Garten und sind in geschmackvollen, typisch mexikanischen Farben und mit süßen Details gestaltet. Alle haben ein eigenes Bad, eine Küche und viel Platz zum Relaxen.

★ La Loma Linda
HOTEL **$$**

(☎958-584-31-98; www.lalomalinda.com; Carreta Puerto Ángel-Mazunte; DZ 45–70 US$, ohne Bad 28-

40 US$; P ☞) An einem steilen Hügel abseits der Travellerszene der Colonia Roca Blanca steht dieses schicke, besinnliche Yoga-Hotel, das ästhetisch ein Genuss ist. Die sechs Bungalows bestechen mit äußerst gutem Design, zudem gibt's vier Zimmer mit Gemeinschaftsbad in einem sechseckigen Turm im Mudéjar-Stil. Der Garten und die Terrassen sind sehr gepflegt. Im Yogastudio finden täglich Yogaklassen statt (Nicht-Gäste sind willkommen).

Die Zimmer sind mit Kühlschrank, Moskitonetzen und Hängematten ausgestattet und haben riesige Steinterrassen mit Meer- oder Gartenblick. Im Voraus buchen – oft wohnen in dem von Deutschen geleiteten Hotel die Teilnehmer von Yogareisen.

Posada Buena Vida
GASTHOF **$$**

(☎55-2855-2230; www.posadabuenavida.com; Andador Gaviotas, Colonia Roca Blanca; Cabaña/Suite ab 1250/2250 Mex$; ☞) Mit den Zimmern, die mit markanten Bildern, bunten Kacheln und Balustraden aus Treibholz gestaltet sind, toppt das Buena Vida die typische Boutiquequalität noch. Beherrschendes Thema ist die Begegnung von mexikanischer Kunst und Kunsthandwerk mit europäischem Mystizismus. Über dem wundervollen runden Pool wacht ein gigantischer Buddha, und am Strand stehen Tische und Sonnenliegen unter schattenspendenden Überdachungen. Ein wirklich gutes Leben!

Zur Wahl stehen verschiedene Zimmer, Hütten, Suiten und Bungalows. Darüber hinaus gibt's eine charmante Bar mit Restaurant am Strand.

Hotel Nude
HOTEL **$$**

(☎958-584-30-62; www.nudezipolite.com; Av Roca Blanca; Zi. ab 1200 Mex$; P ☞ ☒) Das Nude richtet sich an die FKK-Anhänger, die Zipolite besuchen, kommt selbst aber recht dezent daher – die Nacktheit heben sich die Gäste meistens für den Strand auf. Die schönen zweistöckigen Bungalows mit Strohdächern verteilen sich um einen nierenförmigen Pool mit einer Palme in der Mitte. Sie sind sehr sauber, schlicht und weiß, aber alle haben große Terrassen mit Hängematten. Weitere Pluspunkte sind das Spa, das Strandrestaurant und der beflissene Service.

Posada México
ZIMMER **$$**

(☎958-584-31-94; Av Roca Blanca; Zi. 800–1000 Mex$, ohne Bad 300-600 Mex$; P ☞) Die von Italienern betriebene Strandunterkunft ist freundlich und persönlich und bietet recht kleine, aber saubere und farbenfrohe Zimmer. Die Quartiere haben

gute Himmelbetten mit passenden Moskitonetzen, ausgeklügelte Wasserspardischen
und sandige Bereiche mit Hängematten. Die
beiden großen, teureren Zimmer mit Strand-
blick sind die besten. Ein gutes **Restaurant**
(Hauptgerichte 80–160 Mex$; ⊘Do–Di 8–17.30, Mi
8–13.30 Uhr; 🖥🅿) gehört ebenfalls zur Posada.

★ Heven
APARTMENTS $$$

(☑Mobil 958-1062018; www.hevenresidence.com;
Arco Iris 1; EZ/DZ inkl. Frühstück 1200/1600 Mex$;
🖥🅿) Das Heven ist, auch wenn es abge-
droschen klingen mag, wirklich himmlisch:
Der ummauerte Komplex mit einem Infi-
nity Pool in der Mitte besticht mit seinem
schönen Design, dem üppigen Garten, den
anmutigen, von Balkons unterbrochenen
Treppen und dem eleganten Turm, der (ge-
wollt) an die weiße Pracht Neapels und der
Amalfi-Küste erinnert. Die Zimmer, die be-
reits Musiker und Schriftsteller beherberg-
ten, haben Klasse und Charakter.

Die meisten haben eine Küche; alle sind
mit einem Ventilator und schönen, handgear-
beiteten mexikanischen Möbeln ausgestattet.

Casa Sol
APARTMENTS $$$

(☑Mobil 958-1000462; www.casasolzipolite.com;
Arco Iris 6; Zi. 110–150 US$; 🟰🖥🅿) Das Casa
Sol unter kanadischer Leitung blickt auf
den kleinen Playa Camarón und liegt zehn
Gehminuten westlich des Playa Zipolite. Die
drei geräumigen, blitzblanken Zimmer sind
das perfekte Urlaubsdomizil. Es gibt hier
kein Essen, aber die Zimmer haben Küchen,
und es gibt noch eine weitere Küche auf der
großen Aussichtsterrasse. Der Strand ist bei
ruhiger See ideal zum Schnorcheln (für Gäste ist die Ausrüstung gratis).

Die Autozufahrt erfolgt über eine ausgeschilderte, 400 m lange Piste, die 1 km
westlich von Zipolite von der Hauptstraße
abzweigt. Alternativ wartet ein 20-minütiger
heißer Spaziergang.

El Alquimista
BUNGALOWS $$$

(☑958-587-89-61; www.el-alquimista.com; West-
ende der Playa Zipolite; Bungalow 1100–1500 Mex$,
Zi. 1600–1800 Mex$; 🅿🟰🖥) Das Alquimis-
ta hat strohgedeckte Bungalows im rustika-
len Boutique-Stil gleich hinter dem Strand
(die meisten mit Doppelbett, Ventilator und
Bad mit warmem Wasser), und große, hel-
le Zimmer mit geräumigen Terrassen und
Kingsize-Betten weiter hinten an den üppi-
gen Hügeln. Das Ambiente prägen Hänge-
matten, Terrassen zum Faulenzen, Trance-
Musik und abends funkelnde Öllampen.

Zum Komplex gehören eines der besten
Restaurants Zipolites (S. 515), ein guter Pool
und das Spa **Espacio Shanti** (☑958-111-50-
97; ⊘10–19.30 Uhr), das regionale Bio-Produk-
te verwendet. Täglich finden in einem hellen
Yogaraum Hatha-Yogaklassen statt (1/4 Klas-
sen 100/300 Mex$).

 Essen

Sal y Pimienta
MEXIKANISCH $

(Playa; Hauptgerichte 70–130 Mex$; ⊘11–22 Uhr)
Das „Salz und Pfeffer" liegt so dicht am
Strand, dass man kaum vom Surfbrett stei-
gen muss. Es serviert schlichte, aber leckere
comida-Gerichte, z. B. fabelhaften Fisch zu
eiskaltem Bier. Die Gäste sitzen an Plastik-
tischen am Strand. Die Portionen sind groß,
die Preise klein. Mehr muss man nicht sa-
gen. Es befindet sich direkt östlich vom
Bang Bang (S. 515).

Orale! Cafe
FRÜHSTÜCK $

(☑958-117-71-29; abseits des Westendes der Av Roca
Blanca; Frühstücksgerichte 30–85 Mex$; ⊘Do–Mo
8–15 Uhr) Der schattige tropische Garten des
Cafés wirkt wie eine Lichtung im Dschungel.
Das Essen ist ziemlich gut, besonders der
Markenkaffee und die Obstplatten (mit Jo-
ghurt und Müsli) voller köstlicher Happen,
die von den Bäumen auf den Teller gefallen
sein könnten. Es serviert auch Eier zum
Frühstück und Baguettes zum Mittagessen.

Postres del Sol
CAFÉ $

(☑Mobil 958-1070249; Carretera Puerto Ángel-
Zipolite; Kuchen 20–40 Mex$; ⊘Di–So 8.30–21 Uhr)
Wie eine Erscheinung taucht das neue Café
am staubigen Rand der Straße von Zipolite
nach Westen auf. Das Postres hat vier Tische
im Freien und meistens genauso viele Hunde.
Es lockt mit seinen strategisch positionierten
Kuchenvitrinen die Gäste vorbeifahrender
Taxis an. Die Kuchen, darunter Karottenku-
chen, Nuss- und Schokoladentorte, sind üp-
pig, und auch der Kaffee ist ziemlich gut.

★ La Providencia
MEXIKANISCH, FUSION $$

(☑Mobil 958-1009234; www.laprovidenciazipolite.
com; Hauptgerichte 130–190 Mex$; ⊘Nov.–April
& Juli–Aug. Mi–So 18.30–22 Uhr) Zipolites herausragendes Restaurant befindet sich in
einer Gasse hinter dem westlichen Ende des
Strandes. Es verbindet exquisite Aromen
mit kunstvoller Präsentation und entspann-
tem Ambiente. Während man die Karte studiert, kann man in der Open-Air-Lounge an
einem Cocktail nippen. Auf den Tisch kommen moderne mexikanische Gerichte, z. B.

Aubergine mit Amaranthkruste, Rinderme-
daillons mit Rotweinreduktion oder Garnelen mit Kokoskruste und Mangosauce. Platz
für Schokoladenmousse lassen! In der Hochsaison ist eine Reservierung ratsam.

El Alquimista INTERNATIONAL $$

(☑954-587-89-61; am Westende der Playa Zipolite;
Hauptgerichte 120–230 Mex$; ⊙8–23 Uhr; 🔊♪)
„Der Alchimist" liegt wunderbar in einer ruhigen, sandigen Bucht. Abends sorgen stimmungsvolle Öllampen und Kerzen für romantisches Flair. Das Angebot auf der umfangreichen Speisekarte reicht von frischen Salaten
über gute Fleischgerichte, Meeresfrüchte und
Pasta bis zu unwiderstehlichen Desserts. Was
das Ambiente angeht, ist dies eindeutig das
eleganteste Restaurant Zipolites.

Piedra de Fuego SEAFOOD $$

(Mangle, Colonia Roca Blanca; Hauptgerichte
70–110 Mex$; ⊙14–22 Uhr) Wer in Zipolite me-
xikanisch und nicht italienisch essen will,
ist hier goldrichtig. Es gibt große Portionen
Fischfilet oder Garnelen mit Reis, Salat und
Kartoffeln. Das Essen ist einfach und großartig. Das Piedra de Fuego wird von einer einheimischen Familie geführt. Auch die *aguas
de frutas* (Fruchtsäfte) schmecken gut.

Pacha Mama ITALIENISCH, MEXIKANISCH $$

(☑958-106-61-64; Pelícano, Colonia Roca Blanca;
Hauptgerichte 90–170–; ⊙Fr–Mi 18–23 Uhr) Da
es nach einer Fruchtbarkeitsgöttin der Inka
benannt ist, könnte man meinen, das Pacha
Mama sei peruanisch, doch dem ist nicht so.
Die Köche gehören zur großen italienischen
Gemeinschaft Zipolites und bereiten Steaks,
Fisch, Meeresfrüchte, hausgemachte Pasta
mit traditionellen Saucen und Holzofenpizza
(auch zum Mitnehmen) zu. Die Gäste sitzen
in einem schattigen, gartenartigen Bereich.

🍷 Ausgehen & Nachtleben

Die Strandrestaurants und -bars der Stadt
liegen perfekt, um zum Sonnenuntergang
oder danach etwas zu trinken. Lagerfeuer
am Strand bilden das Zentrum der informel-
len Partys, ehe die Surfer nach Hause gehen.

Bang Bang BAR

(⊙Mo–Sa 18–2 Uhr) Tagsüber sieht diese Bar
eher wie eine schäbige Hütte aus, doch
nachts entfacht das Bang Bang am Strand
ein Lagerfeuer, veranstaltet Tischtennistour-
niere nach dem Motto „der Gewinner spielt
weiter", hat DJs zu Gast und punktet mit
der ausgelassenen, von *muchas cervezas*
beflügelten Atmosphäre. Es liegt gleich öst-

lich vom Ende der Hauptstraße Roca Blanca
(wer den Strand entlanggeht, kann durch
den flachen Fluss der Stadt waten).

⭐ Unterhaltung

Cine Luciernaga
(Glühwürmchen-Kino) FREILUFTKINO

(Pelícano) Ein cooles kleines selbstge-
bautes Kino mit Plätzen drinnen und draußen und einer kleinen Bar. Meistens veranstaltet es Matineen und abendliche Film-
oder Fernsehproramme – das kann von
Twin Peaks bis zu *Withnail & I* alles sein.

🛍 Shoppen

Tienda de Artesanías
Piña Palmera KUNST & KUNSTHANDWERK

(Ecke Pelícano & Carretera, Colonia Roca Blanca;
⊙Mo–Sa 9–17 Uhr) Dieser kleine Laden
verkauft Holzspielzeug, Produkte aus recy-
celtem Papier, Kokosöl und andere Dingen,
die im Resozialisierungszentrum **Piña Palmera** (☑958-584-31-47; www.pinapalmera.org;
Colonia Roca Blanca; ⊙Mo–Sa 8–15 Uhr) 🔊 und
in den Dörfern, in denen Piña Palmera tätig
ist, hergestellt werden.

ℹ Praktische Informationen

Zipolite scheint ein Ort der Ruhe und des Friedens
zu sein, und die meisten Traveller verbringen hier
eine schöne, sorgenfreie Zeit. Doch in den jüngsten Jahren wurde von einigen Straftaten gegen
Traveller berichtet, vor allem nach Einbruch der
Dunkelheit am Strand. Besucher sollten die relaxte Atmosphäre genießen, aber trotzdem Vorsicht
walten lassen. Die Zimmertür immer abschließen! Wer in einer Hängematte am Strand übernachten will, sollte sich das zweimal überlegen.

Eine größere und natürliche Gefahr stellt
Zipolites Brandung dar. Sie ist voller Risiken wie
Brandungsrückströme, wechselnde Strömungs-
richtungen und starke Unterströmungen. Wenn
man weiter als knietief hineingeht, kann das
lebensgefährlich sein. Die Rettungsschwimmer
holen viele Unvorsichtige aus dem Wasser, dennoch ertrinken hier jedes Jahr Menschen. Der
Shore Break ist nur etwas für erfahrene Surfer!
Man sollte unbedingt auf die Warnflaggen achten: Gelb bedeutet „höchstens knietief ins Wasser gehen", Rot „nicht ins Wasser gehen".

Geldautomaten befinden sich draußen vor
dem Hotel Playa Zipolite und im Hotel Nude in
der Av Roca Blanca, manchmal geht ihnen aber
das Bargeld aus. Die nächsten Geldautomaten
gibt es erst in Pochutla und Mazunte.

Internetcafé (☑958-584-34-37; Av Roca
Blanca; Internet 15 Mex$/Std.; ⊙9–22 Uhr)
Hier kann man auch Touren bei Azul Profundo
(S. 511) buchen.

ℹ An- & Weiterreise

Nach Einbruch der Dunkelheit ist ein Taxi die einzige Möglichkeit, um nach Puerto Ángel, San Agustinillo oder Mazunte zu gelangen (bis 21 Uhr 50–60 Mex$, danach 70–80 Mex$).

Atlántida (☎ 954-584-32-14; Papelería Aby, neben dem La Capilla, Centro) Hat jeden Tag fast rund um die Uhr komfortable Vans nach San José del Pacífico (130 Mex$, 4 Std.) und Oaxaca (210 Mex$, 6½ Std.).

San Agustinillo

☑ 958 / 290 EW.

Stimmt, es ist ein wenig so, als wenn man das Paradies mit dem Nirwana vergleicht, doch San Agustinillo hat den vielleicht schönsten Sandstrand dieser herrlichen Küste. Das Dorf ist kleiner als Mazunte, der Zwillingsstadt im Westen, und hier spielt sich alles in der Hauptstraße Calle Prinzipal ab. Auch die Wellen sind besser zu beherrschen, weshalb sich San Agustinillo bestens für Bodyboarder und Surfanfänger eignet. Wer Hilfe benötigt, findet sie in der lokalen Surfschule.

Aktivitäten

Einheimische Fischer nehmen Besucher mit auf Fahrten zur Beobachtung von Schildkröten, Delfinen, Vögeln, Mantarochen und Walen (die beiden letzteren am besten Nov.–April). Eine dreistündige Bootsfahrt kostet normalerweise 250 Mex$ pro Person (mind. 4 Pers.) inklusive Zwischenstopp zum Schnorcheln. Die Fischer bieten auch Angeltrips (mind. 3 oder 4 Std.) für bis zu drei Personen (rund 450–550 Mex$/Std.) an. In der eigenen Unterkunft nachfragen.

🐚 Kurse

Coco Loco Surf Club SURFEN, SCHNORCHELN
(☑ Mobil 958-1157737; Calle Principal; ⏱ 10–18 Uhr; ♿) Der qualifizierte Surflehrer des Coco Loco, der Franzose David Chouard, gibt Personen ab 5 Jahren hervorragenden Surfunterricht (400 Mex$). Zudem verleiht das Coco Loco Surfbretter, Bodyboards und Schnorchelausrüstung (je 50/200 Mex$ pro Std./Tag), verkauft Surfausrüstung und veranstaltet Schnorcheltouren nach Chacahua und Barra de la Cruz (600 Mex$/Tag & Pers.).

Schlafen

Die meisten Unterkünfte und Restaurants liegen am Strand. Die Zimmer sind entweder mit Insektenschutzgittern an den Fenstern oder mit Moskitonetzen ausgerüstet.

Recinto del Viento PENSION $
(☑ Mobil 958-1135236; www.recintodelviento.com; EZ/DZ ohne Bad 380/450 Mex$; 🅿) Die Budgetunterkunft wirkt wie ein Relikt aus den Zeiten des Ortes, als es noch keine Besucher gab. Sie liegt 100 m hoch am Ende einer Treppe, die gegenüber vom Un Sueño (S. 517) beginnt. Von der mit Hängematten versehenen Terrassen fällt der Blick aufs Meer. Die Gästeküche trägt zur geselligen Atmosphäre bei; außerdem gibt's hier bewusst kein WLAN, damit die Gäste in Kontakt kommen. Die fünf Zimmer sind einfach und klein, nur eins hat ein eigenes Bad (EZ/DZ 500/600 Mex$).

Hotel Paraíso del Pescador HOTEL $$
(☎ 958-589-95-17; Calle Principal; Zi. 1000 Mex$; 🅿 ✳ 🛜) Sonnige Zimmer mit angrenzenden Küchen, in denen riesige Kühlschränke stehen, und breite Balkons bietet diese orange gestrichene Posada über einem Restaurant in der Hauptstraße San Agustinillos. Die Zimmer sind nichts Besonderes, die Aussicht dagegen schon.

Rancho Cerro Largo CABAÑAS $$
(www.ranchocerrolargo.wix.com/ranchocerrolargo; Playa Aragón; EZ 900–1250, DZ 1000–1350 Mex$, alle inkl. Frühstück & Abendessen; 🅿) 🍃 Das Rancho hat alles, was zu einem Yoga-Resort in Oaxaca dazugehört: eine ruhige Lage auf den Klippen, komfortable, aber einfache *cabañas* mit Meerblick, die hauptsächlich aus Lehm und Flechtwerk gebaut sind (einige haben offene Wände mit Blick auf die donnernden Wellen in der Tiefe), und erstklassige, meist vegane und vegetarische Mahlzeiten, die alle Gäste gemeinsam einnehmen.

Wahrscheinlich gibt es keinen besseren Ort, um im Lotussitz zu meditieren und sich eins mit der Natur zu fühlen. Die Zufahrt ist von der Straße zwischen Zipolite und San Agustinillo ausgeschildert.

Bambú CABAÑAS $$
(www.bambuecocabanas.com; Calle Principal; DZ/4BZ 1300/1500 Mex$; 🅿🛜) 🍃 Die sechs Zimmer dieser Anlage am östlichen Strandende sind groß und so offen wie nur möglich, um eine frische Brise hereinzulassen. Sie befinden sich unter hohen *palapa*-Dächern, die ein wenig indonesisch wirken, und sind raffiniert, hauptsächlich aus Bambus, gebaut. Alle haben hübsche Fliesen, Ventilatoren, gute Moskitonetze und witzige Elemente wie Muscheln als Duschköpfe oder Bäume, die in manchen Zimmern wachsen. Zum großen Gästeküchenbereich gehören auch ein Grill und ein langer Gemeinschaftstisch.

★ Punta Placer CABAÑAS $$$

(📱Mobil 958-1090164; www.puntaplacer.com; Calle Principal; Zi./Apt. 1800/2500 Mex$; P 🛜) Die acht schönen runden Zimmer und das große Apartment wirken dank ihrer luftigen Terrassen und der Holzlamellen vor den Fenstern frisch und offen. Kleine Extras wie die Leselampen oder die von Steinen umringten Duschen mit fantastischem Wasserdruck machen die Zimmer einen Tick besser als die der meisten Unterkünfte in San Agustinillo.

Der Garten mit einheimischen Pflanzen öffnet sich direkt zum Strand. Das kleine Restaurant der Anlage, das Vidita Negra (S. 517), serviert gut zubereitete mexikanische und mediterrane Küche.

Hotel Casa La Ola BOUTIQUEHOTEL $$$

(📱55-3103-6257; www.casalaola.mx; Calle Principal; EZ/DZ/Suite 1800/2600/3100 Mex$; P❄🛜🏊) San Agustinillos jüngstes Hotel (im Dezember 2016 eröffnet) ist ein nobles Haus aus Ziegeln und Mörtel. Es steht oberhalb der Hauptstraße am westlichen Dorfrand. Die eleganten, modernen Zimmer wurden sehr kreativ mit einheimischem Holz und Stein gestaltet. Die meisten sind groß, gehen aufs Meer hinaus und haben Kühlschränke, Holzterrassen und bequeme Liegestühle. Das Frühstück im Café des Hotels kostet 200 Mex$ extra.

Casa Aamori BOUTIQUEHOTEL $$$

(📱55-5436-2538; www.aamoriboutiquehotel.com; Calle Principal; Zi. 1800–2800 Mex$; ❄🛜🏊) San Agustinillos schickste, wunderschön gestaltete Unterkunft liegt am Ostende des Strands. Es gibt hier zwölf große, attraktive, thematisch eingerichtete Zimmer (z. B. Copacabana, Goa oder Afrika) mit Bodenmosaiken und Originalkunstwerken aus aller Welt. Vier von ihnen blicken direkt aufs Meer.

Die Terrasse mit Pool und Restaurant führt zu einem sandigen Bereich oberhalb des Strands mit Hängematten unter den Palmen. Das Hotel ist nur für Erwachsene; Mindestaufenthalt zwei Nächte.

Un Sueño CABAÑAS $$$

(📱Mobil 1138749; www.unsueno.com; Calle Principal; Zi. ab 1650 Mex$; P🛜) Un Sueño liegt in Richtung des östlichen Strandendes und hat 17 zauberhafte, große Zimmer, die mit Kunst und Kunsthandwerk aus aller Welt gestaltet sind. Durch die Bambuslamellen vor den Fenstern und die Terrassen mit Hängematten wirken sie sehr offen. Das schattige Areal mit den Hängematten, wo eine frische Brise weht, und das hervorragende Restaurant, das Frühstück und Mittagessen anbietet, grenzen auch direkt an den Strand.

Essen

★ Restaurante

La Mora MEXIKANISCH, ITALIENISCH $$

(📱958-584-64-22; www.lamoraposada.com; Calle Principal; Hauptgerichte 80–120 Mex$, Zi. mit/ohne Miniküche 600/500 Mex$, Apt. 1200 Mex$; ⏰Mi–Mo 8–14.30 & 18.30–22 Uhr; 🛜) Das La Mora steht an einem geschützten Strandabschnitt und besticht mit traditionellem Flair. Das Innere erinnert an eine Taverne, während der Salznebel auf die schmale Terrasse weht. Auch das Essen – gute italienische Speisen, Meeresfrüchte, Frühstück und riesige Obstplatten – und der Bio-Kaffee aus fairem Handel sind denkwürdig.

La Ola SEAFOOD $$

(📱55-3103-6257; Playa; Hauptgerichte 150–220 Mex$; ⏰8–23.30 Uhr) Das La Ola (die Welle) ist eine etwas elegantere *palapa* als in dieser Gegend üblich und befindet sich nah am Strand. Die guten Fischgerichte kommen souverän auf den Tisch. Eine besondere Würdigung verdienen auch die Thunfisch-*tostadas* (mit marinierten, gewürzten rohen Thunfisch auf einem knusprigen Sandwich), die Fisch-Tacos und die großen, schälbaren Curry-Garnelen.

Restaurant des Un Sueño MEXIKANISCH $$

(Calle Principal; Hauptgerichte 120–160 Mex$; ⏰8–18.30 Uhr; 🛜) Das Strandrestaurant des Un Sueño serviert gutes Frühstück und zum Mittagessen *sabores del Pacífico* (Aromen des Pazifik) mit einem französischen Touch. Auf der kurzen, aber verlockenden Seafood-Karte stehen z. B. in Folie gehüllter Fisch oder Garnelen nach thailändischer Art. Nicht verpassen: die Zitronen-Baiser-Torte!

Vidita Negra MEXIKANISCH, MEDITERRAN $$

(Hauptgerichte 70–190 Mex$; ⏰7.30–22.30 Uhr; 🛜) In dem kleinen Freiluftrestaurant des Punta Placer (S. 517) gibt's eine breite Palette an gut zubereiteten mexikanischen und mediterranen Gerichten, von Rinderfilet bis zu *parrillada de verduras* (gegrilltes Gemüse). Mit dem frischen Fisch in Chili- oder Weißweinsauce macht man nichts falsch.

ⓘ An- & Weiterreise

Zwischen San Agustinillo und den anderen Dörfern an der Küste verkehren regelmäßig *colectivos* und *camionetas*, die man einfach an der Hauptstraße heranwinkt.

OAXACA SAN AGUSTINILLO

Mazunte

958 / 870 EW.

Das kleine Mazunte hat vieles mit Zipolite gemein. Gruppen von Stroh- und Lehmziegelhäusern säumen die beiden natürlichen Strände (Playa Rinconcito und Playa Mermejita), die sich zu beiden Seiten eines von der Brandung umtosten Kaps namens La Cometa erstrecken. Der Ort liegt auf der Route vieler Traveller. Geprägt wird er von einem Mix aus Tattoo-Geschäften, Yoga-Studios, Che-Guevara-T-Shirts und Leuten, die die Zukunft aus Tarotkarten ablesen. Vor allem aber ist Mazunte sehr schön und laut einer jüngsten Liste von *pueblo mágico* (Magische Dörfer) der meistbesuchte der hiesigen Strandorte.

Mazunte ist für seine Meeresschildkröten bekannt: Ein interessantes Forschungszentrum gleich abseits der Hauptstraße hat ein für Besucher geöffnetes Aquarium. Darüber hinaus kann man in Mazunta sehr gut Spanisch lernen, Yoga machen oder schlicht und einfach abhängen und gar nichts tun.

Sehenswertes

★ Punta Cometa AUSSICHTSPUNKT

Das felsige Kap an Mazuntes westlichem Strandende ist der südlichste Punkt des Bundesstaates Oaxaca und ein wunderbarer Ort für einen Spaziergang bei Sonnenuntergang mit romantischem Blick auf die tosenden Wellen und den Pazifik.

Wer zum Kap gehen will, folgt von der Calle Rinconcito der Gasse in Richtung Playa Mermejita und nimmt direkt hinter dem Friedhof den Pfad nach oben, der nach 250 m zum Eingang des kommunalen Naturreservats führt. Von hier gibt es zwei Varianten: Der Pfad rechts (Sendero Corral de Piedra Poniente) führt bergab und stößt auf eine kurvige, manchmal sehr raue Piste, auf der man nach 20 bis 30 Minuten das Kap erreicht (das letzte Stück führt über einen kleinen Strand). Nimmt man den zentralen Pfad, gelangt man etwas direkter durch einen Wald und später über eine grasbewachsene Landzunge zur Punta Cometa. Am besten kombiniert man beide Wege zu einer Rundtour, die ohne Pause etwa eine Stunde dauert.

Centro Mexicano de la Tortuga AQUARIUM

(55-5449-7000, App. 19001; www.centromexicanodelatortuga.org; Paseo del Mazunte; 32 Mex$; Mi–Sa 10–16.30, So bis 14.30 Uhr; P) Die-

ses wundervoll und passend mit Blick aufs Meer gelegene Schildkrötenzentrum besteht aus zwei Teilen. Besucher besichtigen zuerst die Außenbecken, in denen alle Arten von exotischen Schildkröten leben, und tauchen dann (metaphorisch) drinnen in das Aquarium ein, wo sie einigen sehr großen Reptilien sehr nahe kommen. Das Forschungszentrum hat Vertreter aller acht Meeresschildkrötenarten (von denen sieben an den mexikanischen Küsten zu finden sind) sowie einige Süßwasser- und Landschildkrötenarten.

 Aktivitäten

Ola Verde Expediciones RAFTEN, WANDERN

(Mobil 958-1096751; www.olaverdeexpediciones.com.mx; Calle Rinconcito; Büro 10–14 & 16–21 Uhr;) Das professionelle Team aus Abenteuersportfans bietet aufregende Abenteuer auf dem Fluss an. Dazu zählt die halbtägige Schluchtenwanderung von Mazunte entlang des Río San Francisco ins Landesinnere (ganzjährig; Erw./Kind 550/400 Mex$), bei der man auch baden, sich in der Strömung treiben lassen und in Naturbecken hüpfen kann – ein großer Spaß für Familien, aber auch für alle anderen.

Kurse

Instituto Iguana SPRACHE

(Mobil 958-1075232; www.institutoiguana.com; Camino al Aguaje) Passend zur Atmosphäre Mazuntes ist diese Sprachschule entspannt und freundlich. Sprachschüler können an jedem beliebigen Tag starten und so intensiv lernen, wie sie möchten. Die Schule wird von einer mexikanisch-deutschen gemeinnützigen Organisation betrieben, die auch Dorfbewohnern kostenlosen Englischunterricht gibt. Sie liegt sehr schön auf einem Hügel, das Zentrum bildet ein großer Bereich unter einer *palapa* (Strohdach).

Einzelunterricht ist jederzeit möglich (10 Std. pro Woche 2000 Mex$). Die Schule arrangiert auch die Vermittlung von Unterkünften in familiengeführten, nahe gelegenen Pensionen (100–200 Mex$/Nacht). Kurse mit zwei Schülern und einem Lehrer kosten 1600 Mex$ pro Nase. Die Schule liegt 400 m von der Hauptstraße landeinwärts und ist neben der Brücke im Zentrum Mazuntes ausgeschildert.

 Feste & Events

Festival Internacional de Jazz MUSIK

(www.facebook.com/festivalinternacionaldejazzdemazunte; Mitte Nov.) Mitte November kommen hervorragende Jazz- und andere Musiker zu diesem dreitägigen Festival nach Mazunte, das neben Konzerten auch Workshops und Ausstellungen im Programm hat. Alle Veranstaltungen sind kostenlos!

🛏 Schlafen

Die meisten Unterkünfte befinden sich in zwei Gebieten – rund um die Playa Rinconcito am Ende der gleichnamigen Straße sowie auf der anderen Seite des „Buckels" mit Blick auf den Playa Mermejita. In der letzteren Gegend liegen die schönsten Bleiben.

Hospedaje El Rinconcito   HOTEL $

(☑984-157-30-56; Calle Rinconcito; EZ & DZ 300–400 Mex$, mit Klimaanlage 550–600 Mex$; P✳🛜) Die neueste Absteige im Ort befindet sich in einem terrakottafarbenen Gebäude in der Calle Rinconcito hinter einer Reihe von Spezialgeschäften, darunter die Bäckerei La Baguette (S. 520). Die Zimmer liegen in der zweiten Etage um einen Hof, der auch als Parkplatz dient. Sie sind recht schlicht und mit ein paar Farbakzenten gestaltet. In den meisten stehen zwei Doppelbetten, einige verfügen über eine Klimaanlage.

Posada del Arquitecto   CABAÑAS $

(www.posadadelarquitecto.com; Playa Rinconcito; B 70–100 Mex$, Estrella 100 Mex$, Hütten 400–1200 Mex$; P🛜) Vom Strand aus wirkt das Arquitecto etwa schäbig, doch in den Zimmern macht sich seine Qualität bemerkbar. Eine skurrile Besonderheit sind seine *camas colgantes* (hängende Betten), auch *estrellas* genannt. Manche befinden sich draußen auf dem Hügel unter *palapas*, andere hängen in den Hütten an Seilen von der Decke und sind in elegante weiße Moskitonetze gehüllt.

Zum Geräusch der donnernden Wellen (zum Playa Rinconcito sind es nur ein paar Meter) können sich die Gäste in den Schlaf wiegen. Es gibt auch billigere Schlafsäle.

Cabañas Balamjuyuc   CABAÑAS $

(☑Mobil 958-5837667; http://balamjuyuc.blogspot.com; Camino a Punta Cometa; Camping 100 Mex$/Pers., Zelt- & Campingausrüstung 150 Mex$, B 150 Mex$, Cabañas 500–800 Mex$; P🛜) Oben auf den Klippen wird man im Balamjuyuc mit den Worten *paz y amor* (Liebe und Frieden) als Zeichen seines Hippie-Charakters begrüßt. Die Hütten sind recht schlicht, im Fokus steht hier das eigentliche Highlight, die Lage – hoch oben inmitten der Natur mit Blick auf die felsige Küste. Es gibt wohl keinen schöneren Ort, um seine Zeit mit Yoga, therapeutischen Massagen und dem angebotenen Temazcal (Dampfbad) zu verbringen.

Neben den komfortablen Hütten gibt es einen Schlafsaal, Campingmöglichkeiten sowie Zelte und Campingausrüstung zum Ausleihen.

★Hotel Arigalan   HOTEL $$

(☑Mobil 958-1086987; www.arigalan.com; Cerrada del Museo de la Tortuga; Cabañas 700 Mex$, ohne Bad 500–650 Mex$, Suite 1800–2000 Mex$; P✳🛜) Das beste zweier Welten findet man in luftiger Höhe zwischen Mazunte und San Agustinillo, wo sich ein spektakulärer Blick auf zwei Strände bietet. Als wäre das nicht genug, hat das Arigalan zudem blütenweiße Zimmer mit Bildern Frida Kahlos, Hängematten, einen Pool und ein Flair zwangloser Eleganz. Kinder und Jugendliche unter 18 Jahren sind nicht willkommen. Von Dezember bis April gibt's auf Wunsch Frühstück.

Oceanomar   CABAÑAS $$

(☑Mobil 958-5890376; www.oceanomar.com; Camino a Mermejita, Playa Mermejita; EZ/DZ/3BZ 1600/1800/2000 Mex$; P🛜🖼) Das Oceanomar mit italienischen Besitzern liegt auf einem hübschen und geschickt gestalteten Hügelgrundstück mit großartiger Aussicht auf den Playa Mermejita. Es hat einen herrlichen Pool und nur fünf geräumige, gute Zimmer mit netten kunsthandwerklichen Elementen, Terrassen samt Hängematten und schönen Bädern. Das tolle kleine Restaurant der Anlage heißt ebenfalls **Oceanomar** (Hauptgerichte 120–200 Mex$; ⊘Hotelgäste 8–22, öffentlich 19–22 Uhr; 🖊) und serviert den Gästen den ganzen Tag Essen, während abends auch Nicht-Gäste willkommen sind.

El Copal   CABAÑAS $$

(☑Mobil 55-41942167; www.elcopal.com.mx; Playa Mermejita; Cabañas 1050–1350 Mex$; P🛜) 🖋 Das Copal ist nicht leicht zu finden – es versteckt sich an einem bewaldeten Hügel hinter dem Playa Mermejita. Eine Treppe führt hinauf zu einem kunstbeflissenen **Restaurant** (Hauptgerichte 95–130 Mex$; ⊘7–22.30 Uhr; 🛜) und einen Pool, der so unendlich wirkt wie die Tiefen des Meeres. Die grüne, abgeschiedene Anlage hat *cabañas* aus Lehmziegeln, Holz und Palmstroh. Die *cabañas* im Erdgeschoss verfügen über ein Doppelbett, oben gibt's zwei oder drei Einzelzimmer.

Jüngste Ergänzung sind einige indianische Tipis. Die Bäder sind offen und bieten eine schöne Aussicht.

Celeste del Mar ZIMMER $$

(✉ Mobil 958-1075296; www.celestedelmar.com; Playa Mermejita; Zi. 1550 Mex$; ☏) ✐ Ein paar Schritte vom Playa Mermejita bietet dieses kleine Hotel acht sorgfältig gestaltete, ansprechend modern dekorierte Zimmer in zweistöckigen Bungalows mit *palapa*-Dach. Die vier luftigen Zimmer oben haben unter ihren hohen Dächern Bereiche mit großen Doppelhängematten. Kinder und Jugendliche unter 18 Jahren sind nicht erwünscht.

Casa Pan de Miel HOTEL $$$

(✉ Mobil 958-1004/19; www.casapandemiel.com; Zi. 150–350 US$; P✲❄☏✖) Ein perfekter Ort zum Entspannen! Vor dem einladenden großen Restaurant- und Loungeareal unter einer *palapa* liegt der schöne Infinity Pool. Die neun hellen, eleganten Zimmer sind mit mexikanischer Kunst dekoriert, haben Meerblick und verfügen über Klimaanlagen, Küchen oder Miniküchen und Terrassen mit Hängematten. Zum ausgezeichneten Frühstück (9–15 US$) gibt's u.a. Bio-Eier, hausgemachte Marmeladen, Brot und Joghurt.

Von der Hauptstraße führt am Ostende Mazuntes ein steiler Pfad hinauf zum Hotel; die Aussicht von hier ist wundervoll. Wegen der Lage am Klippenrand werden Kinder nicht als Gäste aufgenommen.

Essen

La Baguette BÄCKEREI, CAFÉ $

(Rinconcito; Backwaren 25–50 Mex$; ☺ 8–21 Uhr) Auf dem Weg die Calle Rinconcito hinunter zum Strand kommt man an dieser kleinen Bäckerei mit einem guten Angebot an belegten Baguettes, Muffins, Pizzastücken und auf dem Herd gebrühten Kaffee vorbei.

★ Alessandro ITALIENISCH $$

(✉ Mobil 958-1220700; El Rinconcito; Hauptgerichte 95–145 Mex$; ☺ Mi–Mo 18.30–22.30 Uhr; ✎) An Oaxacas Küste ist der nächste ausgewanderte italienische Koch, der seine Kochkunst mitgebracht und ein Restaurant eröffnet hat, niemals weit. Aber nur wenige sind so gut wie Alessandro. Sein winziges, großartiges Lokal an einer Ecke der Posada del Arquitecto (S. 519) hat nur sechs Tische, doch es serviert wunderbare hausgemachte Pasta (z.B. mit Rucola- und Avocado-Pesto).

Im Angebot sind auch frischer Fisch (eventuell in *guajillo*-Chili und Tomatillo-Sauce serviert), Filet Mignon (Rinderlende in Weißwein und Olivenöl mit Parmesan) und Desserts (unbedingt die oaxacanische Schokolade mit Orangen-Rum-Aroma pro-

bieren). Die gute Getränkeauswahl umfasst argentinischen Wein, Mezcal aus Oaxaca und durststillende *aguas de frutas* (Fruchtsäfte). Es empfiehlt sich, zeitig zu kommen, um Wartezeit zu vermeiden.

La Cuisine MEDITERRAN, MEXIKANISCH $$

(✉ Mobil 958-1071836; Andador Barrita; 3-Gänge-Menü 190 Mex$; ☺ Do–Sa 18.30–23 Uhr) Das Restaurant war bei seiner Eröffnung 2015 sofort ein Erfolg dank der drei Gänge umfassenden *comida corrida gourmet* (Gourmet-Menü), bei der für jeden Gang vier Optionen zur Auswahl stehen. Das Menü ändert sich täglich entsprechend dem marktfrischen Zutaten, die der engagierte französische Koch erstanden hat. Was es gibt, wird jeden Morgen auf der Facebook-Seite angekündigt. Das Lokal liegt gleich abseits der Calle Rinconcito in der ersten Seitengasse hinter dem Strand.

Siddhartha INTERNATIONAL $$

(El Rinconcito; Gerichte 70–150 Mex$; ☺ 8–23 Uhr; ☏✎) Das Siddhartha ist ein typisches Strand- und Backpacker-Restaurant, in das man halb bekleidet spazieren kann, ohne dass jemand auch nur aufschaut. Auf der Karte steht das Übliche: Pasta mit Pesto, Burger, Salate, Fisch des Tages, Falafel und zwei Cocktails zum Preis von einem. Drinnen trinken junge Backpacker vor den gigantischen Wellen Bier und versuchen, ihre Abhängigkeit von den sozialen Medien zu überwinden.

Shoppen

Cosméticos
Naturales Mazunte KUNST & KUNSTHANDWERK

(✉ Mobil 958-5874860; www.cosmeticosmazunte.com; Paseo del Mazunte; ☺ Mo–Sa 9–16, So 10–14 Uhr) ✐ Die sehr erfolgreiche kleine Genossenschaft nahe dem westlichen Ortsrand produziert und vertreibt Produkte wie Shampoos, Kosmetik, Mückenschutzmittel, Seifen und Kräuterarzneien. Für die Produkte werden natürliche Zutaten wie Mais, Kokosnuss oder ätherische Öle verwendet. Die Toilettenartikel des Betriebs kann man in den Hotelbadezimmern im gesamten Bundesstaat Oaxaca finden! Das Unternehmen verkauft darüber hinaus Bio-Kaffee und Tahina. Besucher können den Betrieb auch besichtigen.

ℹ Praktische Informationen

Santander-Geldautomat (Paseo del Mazunte) Gleich westlich der Kirche an der Hauptstraße.

Touristeninformationsstand (Paseo del Mazunte; ☺ Sa & So 9–17 Uhr) An der Straßen am westlichen Ende des Dorfes.

ℹ️ An- & Weiterreise

Atlántida (☑️Mobil 958-198911) Bequeme Vans fahren elfmal täglich vom Paseo del Mazunte, direkt östlich der Kirche, nach San José del Pacífico (140 Mex$, 4¼ Std.) und Oaxaca (200 Mex$, 6¾ Std.). Man bucht vorher telefonisch oder im Büro in Pochutla (S. 510).

Colectivos und *camionetas* steuern Dörfer in der Umgebung an; man winkt sie einfach an der Hauptstraße heran.

La Ventanilla

☑️ 958 / 100 EW.

Etwa 2,5 km westlich von Mazunte weist ein Schild an der Straße den Weg ins winzige Stranddorf La Ventanilla, das am Ende eines 1,2 km langen unbefestigten Pfads liegt. Hier gibt es ein kommunales Ökoprojekt zum Schutz von Schildkröten und Krokodilen sowie einen weitläufigen, natürlichen Strand und eine Lagune. Besucher können bei einer Bootsfahrt auf der Lagune Krokodile sehen, am Strand reiten und Vögel beobachten. Das kleine Dorf hat es geschafft, dass zwei konkurrierende Kooperativen die gleichen Leistungen anbieten; beide haben englischsprachige Guides und machen ihre Sache gut.

🏃 Aktivitäten

Lagarto Real TIERBEOBACHTUNG
(☑️Mobil 958-1080354; www.facebook.com/lagar to.real; 1½-stündige Lagunentouren Erw./Kind 80/40 Mex$; ⏱️Touren 8–18 Uhr) 🏄 Lagarto Real, deren Mitarbeiter rote Hemden tragen, hat ein Büro an der Straße in der Nähe des Strandes und eins direkt im Dorf. Es bietet Bootstouren auf der Lagune (ohne Insel-Stopp) sowie frühmorgendliche Touren zur Vogelbeobachtung (150 Mex$ pro Stunde) und die nächtliche Beobachtung nistender Schildkröten an.

Servicios Ecoturísticos
La Ventanilla WILDTIERE
(☑️Mobil 958-1087726; www.laventanilla.com.mx; 1½-stündige Lagunentouren Erw./Kind 100/50 Mex$; ⏱️Touren 8–17 Uhr) 🏄 Das Büro und das Restaurant dieser Kooperative – die Mitarbeiter tragen weiße Shirts – liegen am Straßenrand beim Ortseingang. Sie veranstaltet Bootstouren für zwölf Passagiere auf der von Mangroven gesäumten Lagune, bei denen man die bedrohten Flusskrokodile (in dem lokalen geschützten Gebiet leben mehrere Hundert), viele Wasservögel (vor allem von November bis März) und in Gehegen auf einer Insel Rotwild, Affen, Adler und Nasenbären sieht.

Auch dreistündige Ausritte (500 Mex$) sind im Angebot. Für alle Aktivitäten sollte man am Vortag reservieren. An manchen Tagen besteht die Gelegenheit, frisch geschlüpfte Schildkröten freizulassen oder die nächtliche Patrouille zu begleiten, um zu sehen, wie Schildkröten ihre Eier am Strand ablegen (250 Mex$).

ℹ️ An- & Weiterreise

Camionetas und *taxis colectivos*, die auf der Straße von Zipolite über Mazunte nach Pochutla unterwegs sind, kommen an der Abzweigung nach Ventanilla vorbei; die letzten 1,2 km muss man dann laufen. Ein Taxi von Mazunte kostet etwa 80 Mex$, von Zipolite ungefähr 150 Mex$.

Bahías de Huatulco

☑️ 958 / 19 000 EW.

Huatulco ist ein interessantes Experiment eines geplanten Resorts. Bis Mitte der 1980er-Jahre gab es an diesem dicht bewaldeten Abschnitt der Pazifikküste nichts als ein paar entlegene Fischerdörfer. Dann kam die von der Regierung finanzierte Tourismusagentur Fonatur mit dem Auftrag, die neun malerisch zerklüfteten Buchten der Region für den Tourismus zu erschließen. Doch dies ist kein zweites Cancún. Bei der Entwicklung Huatulcos wurde mehr Wert auf ökologische Aspekte gelegt. Die flachen und recht dezenten großen Hotels verteilen sich, ein Nationalpark zum Schutz von Primärwaldgebieten entstand, und auch die zurückhaltende Infrastruktur der Gegend vermeidet jegliche Resort-Atmosphäre. Der Hauptort La Crucecita, in dem die ursprünglichen Bewohner dieses Küstenstreifens leben, wirkt eigentlich mit seinen Kirchen, Parks und Straßenständen wie eine authentische mexikanische Stadt.

Der sehr sanfte Ansatz hat zur Folge, dass es eine bunt gemischte Besucherschar nach Huatulco zieht. Sie wird von der größten Attraktion der Region angezogen: die großartigen Strände in geschützten Buchten, die von dunkelgrünem Wald gesäumt werden.

🔴 Sehenswertes

Huatulcos sandige Strände am türkisblauen Meer sind wunderschön. An einigen gibt's vorgelagerte Korallen und großartige Schnorchelspots. Wie überall in Mexiko sind die Strände unter staatlicher Kontrolle, und alle sind öffentlich, auch wenn die Hotels so tun, als wären sie Privatland.

Bahías de Huatulco

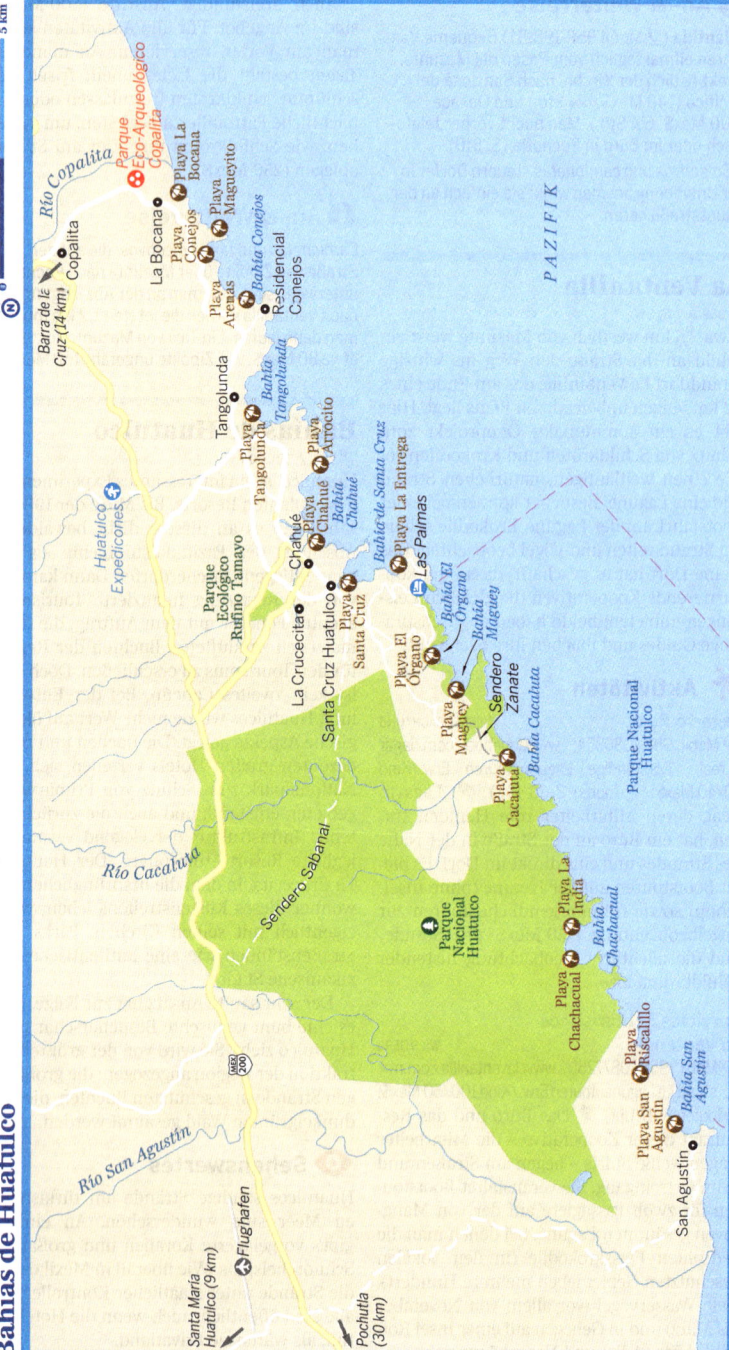

5 km

PAZIFIK

Río Copalita
Parque
Eco-Arqueológico
Copalita
Copalita
La Bocana
Playa La
Bocana
Playa
Magueyito
Playa
Conejos
Bahía Conejos
Residencial
Conejos
Barra de la
Cruz (14 km)
Playa
Arenas
Tangolunda
Bahía
Tangolunda
Playa
Tangolunda
Playa
Arrocito
Huatulco
Expediciones
Chahué
Playa
Chahué
Bahía
Chahué
Bahía de Santa Cruz
Playa La Entrega
Parque
Ecológico
Rufino Tamayo
Las Palmas
Bahía El
Órgano
La Crucecita
Santa Cruz Huatulco
Playa
Santa Cruz
Playa El
Órgano
Bahía
Maguey
Playa
Maguey
Sendero
Zanate
Bahía Cacaluta
Río Cacaluta
Sendero Sabanal
Playa
Cacaluta
Parque Nacional
Huatulco
Parque
Nacional
Huatulco
Playa La
India
Bahía
Chachacual
Playa
Chachacual
Playa
Riscalillo
Bahía San
Agustín
Río San Agustín
Playa San
Agustín
San Agustín
Santa María
Huatulco (9 km)
Flughafen
Pochutla
(30 km)

Die Gegend wird gern als Region der neun Buchten mit über einem Dutzend verschiedener Strände beschrieben.

★ Bahía San Agustín STRAND

Der lange Sandstrand, 14 km westlich von Santa Cruz Huatulco, wird von einem Fischerdorf gesäumt und hat im Gegensatz zu den anderen Siedlungen Huatulcos überhaupt keine echte touristische Infrastruktur, abgesehen von einer Reihe rustikaler *comedores* entlang des Strandes, die Fisch und Meeresfrüchte sowie einfache *antojitos* (typisch mexikanische Snacks) verkaufen. Das Wasser in der Bucht ist meist ruhig, und rund um die Felsen in der Bucht sowie am **Playa Riscalillo** um die Ecke im Osten gibt es Korallen, an denen man gut schnorcheln kann.

An Wochenenden und in den Ferien ist San Agustín bei Mexikanern beliebt, aber sonst geht es hier sehr ruhig zu. Einige *comedores* verleihen Schnorchelausrüstung, und die meisten können Boote nach Riscalillo oder an den Playa La India arrangieren. Viele vermieten auch Hängematten für die Nacht oder haben Zeltstellplätze; Gäste, die dort essen, können vielleicht sogar kostenlos übernachten. **El Tronco** (⌖ Mobil 958-1031808; Playa San Agustín; 2-Pers.-Zelt 150 Mex$, Hängematte 50 Mex$/Pers.; ℗) am nördlichen Strandende wird von einer netten Familie geführt, die ein Zelt und Hängematten vermietet.

Von einer Kreuzung am Hwy 200, 1,7 km westlich des Flughafens, führt eine 13 km lange unbefestigte Straße nach San Agustín. Busse zwischen Huatulco und Pochutla setzen Fahrgäste an der Kreuzung ab; dort warten Taxis, die nach San Agustín fahren (115 Mex$ oder 25 Mex$/Pers. im *colectivo*).

Hagia Sofia FARM

(www.hagiasofia.mx; Apanguito; inkl. Hin- & Rückfahrt & Frühstück 800 Mex$; ℗ ⛻) 🌿 Der „öko-touristische Landwirtschaftsbetrieb" zählt zu den schönsten und interessantesten Zielen für Tagesausflüge ab Huatulco. Das Gelände umfasst eine große Bio-Obstplantage und einen prächtigen, 500 m langen Weg am Flussufer, an dem 60 blühende Tropenpflanzenarten bunte Vögel und Schmetterlinge anlocken. Besucher können unter einem Wasserfall ein erfrischendes Bad nehmen. Die Plantage liegt 9 km nordwestlich von Santa María Huatulco und rund 30 km (45 Min.) von La Crucecita entfernt.

Besuche sind jeden Tag möglich, doch sollte man sich am Vortag persönlich oder telefonisch im **Büro** (⌖ 958-587-08-71, Mobil 958-5837943; Local 7, Mitla 402; ⊙ Mo–Fr 9–14 & 16–19, Sa 11–17 Uhr) in Santa Cruz Huatulco anmelden: Die Führungen finden auf Englisch oder Spanisch statt; die meisten Besucher bleiben rund vier Stunden.

Bahía Conejos STRAND

Die Bucht mit dem seltsamen Namen „Kaninchenbucht", 3 km östlich von Tangolunda, hat einen langen Hauptstrand, der von einem kleinen felsigen Kap am **Playa Arenas** im Westen und dem **Playa Punta Arenas** im Osten geteilt wird. Zu beiden führt von der asphaltierten Straße ein kurzer Fußweg. Der Wellengang kann hier stark sein. Am östlichen Ende der Bucht liegt der geschützte **Playa Conejos** mit dem megaschicken Secrets Huatulco Resort (S. 526), der Strand ist aber für jedermann zugänglich.

Bahía Cacaluta STRAND

Cacaluta ist ein 1 km langes Stückchen vom Paradies. Die Bucht wird von einer Insel geschützt und von Dünen gesäumt und ist meistens herrlich einsam. Berühmt wurde der Strand als Kulisse des mexikanischen Road-Trip-Films *Y Tú Mamá También – Lust for Life!*. Schwimmen ist zwar möglich, es kann aber Sog geben. Die besten Schnorchelspots befinden sich rund um die Insel. Am Strand gibt es keinerlei Einrichtungen, also genug Wasser mitbringen! Im Moment gelangt man nur per *lancha* (Motorboot) hierher. Theoretisch gibt es zwar einen Weg zum Strand, den **Sendero Zanate**, doch bei unserem letzten Besuch war dieser für die Öffentlichkeit gesperrt.

Bahía Maguey STRAND

(℗ ⛻) 3 km westlich von Santa Cruz – die Strecke lässt sich auf dem neuen befestigten Weg parallel zur Straße locker zu Fuß gehen – umrundet der hübsche, 400 m lange Strand von Maguey eine ruhige Bucht zwischen bewaldeten Landzungen. Eine Reihe von etwa einem Dutzend familienfreundlicher *palapas* serviert Fisch- und Meeresfrüchtegerichte ab 100 Mex$ und dazu sehr leckere Piña Coladas. Rund um die Felsen auf der Ostseite der Bucht kann man gut schnorcheln. **Escualo** (Schnorchelset 100 Mex$; ⊙ 8–18 Uhr) verleiht die Ausrüstung. Auf dem Parkplatz warten viele Taxis, der Fahrpreis nach Santa Cruz beträgt 70 Mex$.

Bahía Chachacual STRAND

In der nicht auf dem Landweg erreichbaren Bahía Chachacual gibt es zwei Strände: Der **Playa La India** im Osten gehört zu den schönsten Sandstränden Huatulcos und zu den besten Schnorchelspots der Gegend. Der gleichnamige **Playa Chachacual** ist länger, hier ist die Strömung stärker. An beiden Stränden gibt es keinerlei Einrichtungen, höchstens ab und an einen Einheimischen, der Kokosnüsse verkauft.

Parroquia de Nuestra
Señora de Guadalupe KIRCHE

(Plaza Principal, La Crucecita; ⊘8–18 Uhr) Es sage keiner, dass die Zeit der großen Kirchenbauten Vergangenheit sei. La Crucecitas hellorangene Kirche im Kolonialstil wurde erst im Jahr 2000 errichtet, doch was ihr an Geschichte fehlt, das macht sie durch ihre Schönheit wieder wett. Die Decke ziert ein großes, 20 m langes Bildnis der Jungfrau von Guadalupe. Einige bunte Seitenkapellen sind mit Mosaiken und Wandbildern gestaltet.

Parque Eco-Arqueológico
Copalita ARCHÄOLOGISCHE STÄTTE

(☎958-587-15-91; Blvd Copalita-Tangolunda; Mexikaner/Nicht-Mexikaner 60/80 Mex$; ⊘Di–So 8–16 Uhr; ℗) Na gut, es ist keine Monte Albán, doch die präkoloniale Stätte 600 m nördlich des Dorfes La Bocana ist die einzige Möglichkeit, einen Einblick die Geschichte des ansonsten erst in den 1980er-Jahren entstandenen Huatulcos zu werfen. Die Ausgrabungen dauern noch an, bisher wurden ein Ballspielplatz und zwei recht bescheidene Tempel entdeckt. Zum Reiz der Anlage tragen auch ein kleines Museum, einige neue Informationstafeln auf Spanisch und Englisch und ein Dschungelpfad zu einem spektakulären Aussichtspunkt auf einer Klippe (nach einem antiken „Leitstein" Ausschau halten, der möglicherweise für Opferhandlungen genutzt wurde) bei.

Hier lebten zwischen 500 v.Chr. und 500 n.Chr. und später noch einmal von ca. 1000 bis ins 16. Jh. verschiedene Gruppen. Besucher können sich nach Belieben umschauen oder einen Führer anheuern (480 Mex$ für bis zu vier Pers.). Parken kostet 10 Mex$. Taxifahrer verlangen für die Fahrt bis La Crucecita 1000 Mex$.

Playa La Entrega STRAND

(℗🚻) La Entrega liegt am äußeren Rand der Bahía de Santa Cruz, eine fünfminütige *lancha*-Fahrt oder 2,5 km mit dem Auto oder zu Fuß an einer gewundenen Straße entlang von Santa Cruz entfernt. Der 300 m lange Strand, vor dem eine Reihe von Meeresfrüchte-*palapas* liegt, ist oft recht voll, aber es gibt an einer für Boote gesperrten Korallenbank

ordentliche Schnorchelmöglichkeiten, wenn der Andrang nicht gerade allzu groß ist. Ausrüstung gibt's bei **Renta de Snorkel Vicente** (☎Mobil 958-1168197; Schnorchelausrüstung 75 Mex$, Kajak 250 Mex$/Std.; ⊘7.30 Uhr–Sonnenuntergang) am nördlichen Ende des Strands.

„La Entrega" bedeutet „die Auslieferung": 1831 wurde hier der mexikanische Unabhängigkeitsheld Vicente Guerrero von einem genuesischen Schiffskapitän an seine politischen Feinde ausgeliefert; er wurde nach Cuilapan in der Nähe von Oaxaca de Juárez verschleppt und dort erschossen.

La Bocana STRAND

(℗) Etwa 1,5 km östlich der Playa Conejos, direkt vor dem Parque Eco-Arqueológico Copalita, liegt Huatulcos ruhigster Strand. Er ist nicht so schön wie viele andere, steht aber dank seiner anständigen Right-Hand Breaks nahe der Mündung des Río Copalita bei Surfern hoch im Kurs. Eine **Surfschule** (☎958-130-18-32; www.bocanasurf.com; Playa Bocana; Surfunterricht 75 US$; ⊘Öffnungszeiten variieren) bietet Unterricht an und verleiht Ausrüstung (auf das Wandbild mit dem VW-Bus achten). Am Strand gibt's zudem einige angenehm schäbige Restaurants.

Bahía Tangolunda STRAND

In Tangolunda, 5 km östlich von Santa Cruz Huatulco, befinden sich die meisten großen Spitzenhotels. An den langen, breiten, makellos sauberen Strand gelangen Besucher am westlichen Ende, hinter dem Golfplatz. Eine felsige Landzunge (Vorsicht beim Hinaufklettern) teilt den Strand in zwei Hälften.

Bahía El Órgano STRAND

Der von dichtem Grün gesäumte, 250 m lange Strand gleich östlich der Bahía Maguey eignet sich wegen des ruhigen Wassers gut zum Schnorcheln. Da es weder eine Zufahrtsstraße noch Restaurants gibt, ist er sehr ruhig. Die meisten Besucher kommen per Boot. Man kann aber auch über einen 1 km langen Pfad durch den Wald zum Strand laufen. Der Weg beginnt rund 1,3 km Richtung Santa Cruz am Parkplatz Maguey. Am Eingang, den man leicht übersehen kann, stehen Schilder, die Besucher auffordern, keine Tiere zu stören, kein Feuer zu machen usw. In der Regensaison verwandelt sich der Pfad in einen kleinen Bach.

Corredor Turístico STRASSE

Eine der jüngsten Neuerungen Huatulcos ist ein breiter, gepflasterter Fußweg, der von La Crucecita zum Kreuzfahrtterminal Santa

Cruz und von dort parallel zur Straße weiter Richtung Westen bis zur Playa Maguey führt.

Bahía Chahué · STRAND

(P) Dieser breite Strand 1 km östlich von Santa Cruz Huatulco hat weichen Sand, aber kaum Schatten, zudem kann die Brandung überraschend stark sein. Am Ostende befindet sich ein Jachthafen. Die Einheimischen spielen hier manchmal spontan Fußball.

Aktivitäten

Huatulco Expediciones · RAFTING

(☎958-587-21-26; www.huatulcoexpediciones.com; Hwy 200 Km 256, Puente Tangolunda, Comunidad La Jabalina; 🚻) Dieser Veranstalter bietet Raftingtouren auf dem Río Copalita nahe Huatulco an: von Tagestouren auf dem Alemania-Abschnitt, der 800 m über Meereshöhe beginnt und Stromschnellen der Klassen III bis IV hat (650–700 Mex$ pro Pers.), bis zu gemächlicheren zweieinhalbstündigen Touren. Bei Letzteren legt man die letzten 5 km des Río Copalita bis zur Mündung im Meer bei La Bocana zurück (300–350 Mex$/Pers., ganzjährig möglich, auch für Kinder geeignet).

Tauchen & Schnorcheln

Schnorchelausrüstung inklusive Rettungsweste und Schwimmflossen erhält man am Hafen von Santa Cruz für 130 Mex$ pro Tag, wenn man von dort aus einen Bootsausflug macht. An einer oder zwei Stränden sind die Preise günstiger. Zu den besten Schnorchelstellen zählen die Korallenbänke vor La Entrega, San Agustín und die dem Land zugewandte Seite der Insel vor der Bahía Cacaluta. Um zu den Schnorchelstellen zu gelangen, nimmt man eine *lancha* (Motorboot) in Santa Cruz oder schließt sich einer Schnorcheltour der Tauchveranstalter in Huatulco an.

An der Küste von Huatulco gibt es mehr als 100 Tauchstätten, von denen 40 mit Bojen markiert sind. Neben vielen Fischen und Korallen lassen sich Delfine, Schildkröten und Buckelwale (ca. Dez.–März) beobachten. In dem warmen, fast ganzjährig ruhigen Meer mit facettenreicher Unterwasserwelt kann man wunderbar Tauchen lernen. Die durchschnittliche Sichtweite beträgt 10 bis 20 m. Das örtliche Marinekrankenhaus verfügt über eine Dekompressionskammer.

Huatulco Dive Center · TAUCHEN, SCHNORCHELN

(☎958-583-42-95; www.huatulcodivecenter.com; Marina Chahué; ⏰Mo–Fr 9–18, Sa ab 16 Uhr) Das äußerst effiziente PADI-Tauchzentrum an

der Marina Chahué bietet Tauchgänge mit zwei Flaschen (95 US$), Discover-Scuba-Kurse für Neulinge im Meer (150 US$ inkl. zwei Tauchgängen) und verschiedene PADI-Kurse und Schnorcheltouren.

Die Tauchexkursionen starten meistens um 9.30 Uhr. Die meisten Tauchspots sind innerhalb von 20 Fahrminuten mit dem Boot zu erreichen.

Hurricane Divers · TAUCHEN, SCHNORCHELN

(☎958-587-11-07; www.hurricanedivers.com; Playa Santa Cruz; ⏰Mo–Fr 9–18, Sa bis 16 Uhr) Das sehr professionelle Unternehmen mit internationaler Crew gehört in Mexiko zu den wenigen PADI-Tauchresorts mit fünf Sternen. Angeboten werden u.a. Tauchgänge mit zwei Flaschen (95 US$) und Tauchgänge bei Nacht (70 US$) für zertifizierte Taucher (bei Bedarf jeweils 5 US$ Aufschlag für Tarierweste, Atemregler und Neoprenanzug) sowie halbtägige „Discover Scuba"-PADI-Tauchkurse (150 US$) für Anfänger, die zwei kurze Tauchgänge enthalten.

Wandern & Mountainbiken

Innerhalb des Parque Nacional Huatulco gibt's mehrere Mountainbike-Strecken, aber Traveller sollten sie möglichst im Rahmen einer organisierten Tour in Angriff nehmen. Der beste Anbieter interessanter geführter Wanderungen und Radtouren in dieser Gegend ist Huatulco Salvaje (S. 525).

Geführte Touren

Fast alle Agenturen der Stadt bieten die „Seven Bays Tour" an, die an sieben der neun Buchten Huatulcos zum Schnorcheln und Mittagessen halten. Alle kosten ca. 350 Mex$.

Außerdem gibt's Trips zu Wasserfällen in der Umgebung, Rafting auf dem Río Copalita und mehrere einfache Wander- und Radtouren. Diese und andere Ausflüge werden überall an der Hotelmeile in Hotels und an Infoständen sichtbar angepriesen.

★ Huatulco Salvaje · ABENTEUERTOUREN

(☎Mobil 958-5874028, Mobil 958-1193886; www.huatulcosalvaje.com; Local 2, Mitla 402, Santa Cruz Huatulco; ⏰Mo–Sa 9–14 & 16.30–19.30 Uhr; 🚻) 🌿 Huatulco Salvaje ist eine Gruppe zertifizierter Tourguides aus der Gegend. Viele der Führer stammen aus Dörfern, deren Bewohner umgesiedelt wurden, als in den 1990er-Jahren der Parque Nacional Huatulco geschaffen wurde. Sie kennen die Gegend wie ihre Westentasche und wissen bestens über die Natur Bescheid.

Im Büro in Santa Cruz' Ocean-Park-Gebäude kann man Aktivitäten zu Wasser wie fünfstündige Schnorchelausflüge (2000–35000 Mex$ für bis zu 10 Pers.), Wanderungen und Wal-, Delfin- und Schildkrötenbeobachtungstouren (Okt.–April, 650 Mex$/Pers., mind. 5 Pers.) arrangieren.

Außerdem verleihen sie Fahrräder, die pro Stunde/Tag 40/200 Mex$ kosten.

🛏 Schlafen

Alle Budget- und viele Mittelklasseunterkünfte befinden sich in La Crucecita. Weitere Mittelklasse-Optionen gibt's in Chahué und Santa Cruz. In Tangolunda und Umgebung sind die Spitzenhotels – in der Regel sind es All-inclusive-Hotels – ansässig.

Wer in einem Spitzenhotel in Huatulco wohnen möchte, kommt mit einer Pauschalreise inklusive Flug und Hotel am günstigsten weg.

AM Hotel y Plaza   HOTEL $

(☎ 958-587-14-89; www.amhotelyplaza.com; Blvd Chahué 1601, La Crucecita; Zi. 500–700 Mex$; P✳🛜🏊) Das interessante neue „Konzept"-Hotel mit offener Rezeption am Straßenrand einer Plaza hat elegante, minimalistische Zimmer in einem großen, ungewöhnlich geschnittenen Gebäude mit schrägen Kanten über der Straße. Es gibt sogar ein kleines Tauchbecken mit Blick auf den recht langweiligen Boulevard. Alles ist blitzsauber und ordentlich. Zudem liegt es gleich neben dem Busbahnhof, und ins Zentrum von La Crucecita ist es nur ein Katzensprung.

Hotel Nonni   HOTEL $

(☎ 958-587-03-72; Bugambilia 203, La Crucecita; Zi. ab 500 Mex$; ✳🛜) Das neue Nonni ist noch immer in tadellosem Zustand. Die modern ausgestatteten Zimmer haben neu gefliese Duschen und eine Aura der Reinheit. Das Hotel ist einfach (aber keineswegs hässlich) und gut durchdacht: Es gibt viele Steckdosen, gute Beleuchtung und große Betten mit so bequemen Matratzen, dass es schwer ist, morgens aus den Federn zu kommen.

Hotel María Mixteca   HOTEL $

(☎958-587-09-90; www.mariamixtecahuatul co.com; Guamuchil 204, La Crucecita; Zi. 550–650 Mex$; P✳🛜) Das María Mixteca hat 14 hübsch gestaltete gelb-weiße Zimmer in den beiden oberen Etagen, die um einen offenen Innenhof liegen. Sie sind mit superbequemen Betten, guten Bädern und Zimmersafe ausgestattet. Es liegt einen hal-

ben Block östlich der Plaza Principal und teilt sich das Grundstück mit dem Restaurant El Sabor de Oaxaca (S. 529).

Hotel Jaroje Centro   HOTEL $

(☎ 958-583-48-01; www.hotelhuatulco.com.mx; Bugambilia 304, La Crucecita; DZ/4BZ 550/750 Mex$; ✳🛜) Zwei Blocks südlich der Plaza Principal bietet dieses helle Hotel 13 große, saubere weiße Zimmer mit Insektenschutzgittern, Klimaanlage und einem Kingsizebett oder zwei normalen Doppelbetten. Die Balkons gehen zur Straße hinaus.

⭐ Misión de los Arcos   HOTEL $$

(☎958-587-01-65; http://misiondelosarcos.website; Gardenia 902, La Crucecita; Zi./Suite 654/892 Mex$; ✳🛜) Überraschung! Das beliebteste Hotel Huatulcos ist nicht etwa eine der großen All-inclusive-Burgen, sondern dieses bescheidenere, aber leidenschaftlich traditionelle Haus einen halben Block von La Crucecitas Plaza Principal. Die „Mission" ist zwar nicht besonders alt, doch die grünen Gärten und die hellen, gemütlichen Zimmer mit Klimaanlage und sehr bequemen Betten, die anderswo sehr viel mehr kosten würden, erinnern ein wenig an den Kolonialstil.

Ein Durchgang führt zum ausgezeichneten Restaurant Terra-Cotta (S. 528), das denselben Besitzer gehört.

Hotel Posada Edén Costa   HOTEL $$

(☎958-587-24-80; www.edencosta.com; Zapoteco 26, Chahué; Zi./Suite inkl. Frühstück 800/1200 Mex$; P✳🛜🏊) Das Edén Costa, 500 m landeinwärts von der Bahía Chahué, hat schweizerisch-laotische Besitzer und bietet ansprechende Zimmer mit bunten Wandbildern von Vögeln. Die meisten Zimmer haben zwei Doppelbetten mit Ausblick auf den kleinen zentralen Pool. Die Suiten besitzen eine eigene Küche. Ein großer Pluspunkt ist das angrenzende Restaurant L'Échalote (S. 528).

Secrets Huatulco
Resort & Spa   RESORT $$$

(☎USA 866-467-3273; www.secretsresorts.com.mx; Bahía de Conejos; Zi. All-inclusive 165–295 US$; P✳@🛜🏊) Das 2012 eröffnete Secrets sieht noch immer so schick aus wie am ersten Tag. Es ist eine ziemlich entzückende Option: Als Erstes wäre da die Lage hoch über dem goldenen Sandstreifen des Playa Conejos zwischen zwei dunkelgrünen Landspitzen. Dann kommen die supergroßen Zimmer mit Whirlpools, Nespresso-Maschinen, Bademänteln, Hausschuhen, eigenem Pool und natürlich allem prosaischeren Zubehör.

Die öffentlichen Bereiche sind gleichermaßen extravagant, vom exotischen Garten bis zu den blank polierten Äpfeln auf der Rezeption. Die ganze Anlage ist so blitzblank, dass man schon fast eine Sonnenbrille braucht. Ach, und haben wir schon das Spa, den Fitnessraum, den Vogelbeobachtungsweg und die zwei nierenförmigen Pools erwähnt?

Las Palmas
SUITEN $$$

(☑ Mobil 958-1091448; www.laspalmashuatulco.com; Camino a Playa La Entrega; Casitas/Villen 190/750 US$; [P][❄][☎][☷]) Die hübsche Anlage an der Straße zwischen Santa Cruz und dem Playa La Entraga schaut auf den Playa Violín. Es eignet sich sehr gut für Paare, Familien oder größere Gruppen mit eigenem Fahrzeug, die sich selbst versorgen wollen. Die drei hellen, geräumigen Villen mit vier Schlafzimmern haben große Sitz- und Essbereiche, die sich zum privaten Infinity Pool öffnen.

Die fünf kleineren, aber ebenso schönen Casitas (für bis zu vier Personen) teilen sich eine Küche, den Pool und den großen Essbereich unter einer *palapa* (Strohdach). Die Fliesen und die handwerklichen Details sind wunderbar, den Gästen stehen kostenlose Kajaks und Mountainbikes zur Verfügung und der Komplex wirkt großzügig, aber privat.

Camino Real Zaashila
LUXUSHOTEL $$$

(☑ 958-583-03-00; www.caminoreal.com; Blvd Juárez 5, Tangolunda; Zi. ab 2410 US$; [P][❄][☎][☷]) Die Häuser des Zaashila bestehen aus glatten weißen Lehmziegeln und erheben sich auf einem liebevoll gestalteten terrassierten Hang über dem Meer – der Anblick erinnert an eine griechische Insel. Wer eines der großen Zimmer mit Meerblick, privatem Pool, Luxusbettwäsche, Whirlpool und Superkingsize Betten bucht, fühlt sich wahrscheinlich selbst wie Zeus oder Aphrodite.

Das zweite Highlight – falls das noch nicht reicht – ist das Essen. Zwei noble Restaurants fügen sich harmonisch in die paradiesische Anlage ein, darunter das Azul Profundo (S. 529), das mexikanisch-thailändische Fusion-Küche serviert.

Hotel Binniguenda
RESORT $$$

(☑ 958-583-26-00; www.binniguendahuatulco.com.mx; Blvd Santa Cruz 201, Santa Cruz Huatulco; EZ/DZ All-inclusive 6700/9000 Mex$; [P][❄][@][☎][☷]) Das Binniguenda ist ein historisches Monument Huatulcos und nicht so monströs wie typische All-inclusive-Hotels. Bei seiner Eröffnung 1987 war es das erste Hotel des Ferienorts. Dank des eleganten Ambientes, des kleinen, schönen Pools und der Architektur im

Kolonialstil wirkt es auch heute noch nicht veraltet. Nach der Renovierung im Jahr 2012 präsentiert es sich wieder stolz und schick.

Es liegt zwar nicht direkt am Strand, aber bis zu dem von Santa Cruz ist es nicht weit. Die Atmosphäre ist angenehm ruhig und mit nur 80 Zimmern ist es klein genug für einen relativ persönlichen Service. Im Internet gibt's manchmal gute Angebote.

✕ Essen

Etwa 80% der Restaurants liegen im „Zentrum" von La Crucecita. An einigen Stränden, besonders an den Playas Santa Cruz, Entraga, Maquey und San Agustín, stehen viele gute *palapas* (offene Strandhütten mit Palmstrohdächern). In Tangolunda, der Domäne der All-inclusive-Hotels, sind die Optionen begrenzter, aber es gibt einige Mittagslokale.

Antojitos Los Gallos
MEXIKANISCH $

(Ecke Carrizal & Palma Real, La Crucecita; Gerichte 55–70 Mex$; ⊙ Di–So 14–22 Uhr; [☎]) Was La Crucecita so angenehm macht, ist, dass es mexikanisch aussieht, wirkt und ist, obwohl es so jung ist. Wer sich in diesem sehr schlichten Lokal im Cafeteria-Stil niederlässt, kann echte mexikanische Hausmannskost genießen, die tatsächlich authentisch schmeckt.

Wie wär's mit einem *caldo tlalpeño* (Suppe mit Hühnchen, Gemüse, Chili und Kräutern), gefolgt von einer *tlayuda* (große Tortilla) mit *res deshebrada* (gezupftes Rindfleisch) oder vielleicht ein paar Enchiladas?

Es gibt auch einfallsreiche Fruchtgetränke wie *agua de pepino y limón* (Gurken-Limetten-Saft).

Xipol
CAFETERIA $

(Guanacastle 311, La Crucecita; Frühstück & Snacks 45–100 Mex$; ⊙ 7–23.30 Uhr; [☎]) Dieses neue Lokal unter dem unkonventionellen La Crema (S. 529) ist ebenfalls künstlerisch gestaltet – ein Wandbild des bekannten Graffiti-Künstlers Irving Cano ziert eine der Wände. Es serviert nicht nur Mezcal, sondern auch Frühstück mit erstklassigem Kaffee. Ein paar Flachbildschirme bieten Travellern ihre Dosis europäischen Fußball.

Casa Mayor
CAFÉ $

(Bugambilia 601, La Crucecita; Gerichte 65–130 Mex$; ⊙ Mo–Sa 8–24, So bis 16 Uhr) ✐ An der Plaza Principal serviert das Casa Mayor guten oaxacanischen Bio-Kaffee und leckeres Frühstück, Baguettes, *antojitos* (mexikanische Snacks) und Cocktails. Eine kleinere Filiale (Ecke Gardenia & Guanacastle,

CONCEPCIÓN BAMBA

Westlich von Salina Cruz erstreckt sich eine spektakuläre Küste mit langen, kurvigen Sandstränden, Monsterdünen und bewaldeten, direkt hinter dem Strand aufragenden Bergen. Surfer schwärmen begeistert von den Wellen, dem sandigen Meeresboden, den Right-Hand Point Breaks und mehreren Beach und Jetty Breaks. Concepción Bamba, auch La Bamba genannt, liegt 40 km von Salina Cruz entfernt an einem 6 km langen Strand mit zwei Point Breaks in der Mitte und hat die wohl schönsten Unterkünfte in der ganzen Gegend. Die Surfsaison dauert etwa von März bis Oktober, doch nicht jeden Tag gibt es gute Wellen; man sollte also auf die Wettervorhersagen achten.

Am Strand gibt's ein kommunales Schildkröten-Camp, wo die Eier, die die Schildkröten zwischen Oktober und März legen, eingesammelt und in einer geschützten Anlage ausgebrütet werden. Nach etwa sechs Wochen werden die Schlüpflinge ins Meer entlassen.

Das **Cocoleoco Surf Camp** (☑ Mobil 322-1167535; www.cabanabambasurfmx.com; Camping 5–7 US$/Pers., Cabañas 15–30 US$, Bungalows 40–50 US$, weitere Pers. 10 US$; P ☎) 🛈 ist mit seiner großzügigen Anlage samt ansprechendem Mix aus Bungalows, Doppelzimmern, den Betten unter einer offenen, strohgedeckten *palapa* und den Zeltstellplätzen eine perfekte entspannte Surferbleibe. Bis auf die Zeltstellplätze sind alle Unterkünfte mit Moskitonetzen und Ventilatoren ausgestattet. Außerdem gibt's gute französische, mexikanische und internationale Gerichte (Hauptgerichte mittags 50–80 Mex$, abends 100–120 Mex$) und einen Kochbereich für Gäste.

Die ausgeschilderte Abzweigung nach Concepción Bamba befindet sich bei Km 352 am Hwy 200. Von dort führt eine 2,5 km lange unbefestigte Straße ins Dorf. Am hinteren Ende liegt das Cocoleoco Surf Camp, dann sind es noch weitere 800 m bis zum Strand. Busse zwischen Huatulco und Salina Cruz setzen Fahrgäste am Abzweig ab, von dort fahren zwischen 7 und 18 Uhr dreirädrige Moto-Taxis (10 Mex$/Pers.) ins Dorf. Zudem verkehren von Salina Cruz zwischen 7 und 19 Uhr stündlich *taxis colectivos* (50 Mex$, plus 15 Mex$ für ein Surfbrett) ins Dorf, sie starten im Norden der Stadt an einem Platz am Hwy 200 ein kurzes Stück westlich von der Kreuzung mit dem Blvd Salina Cruz.

La Crucecita; Kaffees 15–40 Mex$; ⊙ 7–23 Uhr) 🛈 an der entgegengesetzten Ecke der Plaza bietet denselben guten Kaffee und andere Getränke. Abends spielt oft ein Minnesänger.

Restaurant La Crucecita · · · · · · MEXIKANISCH $

(☑ 958-587-09-06; Av Bugambilia 501; Hauptgerichte 50–95 Mex$; ⊙ 7.30–22 Uhr) Das preiswerte Restaurant mit Plastikflaschen auf den Tischen liegt einen Block von der Plaza Principal weg und erfreut sich bei den Einheimischen großer Beliebtheit. Es beweist wieder mal, dass „einfach" oft am besten ist, jedenfalls wenn es um oaxacanische Fisch-, Hühner- und Rindfleischgerichte geht. Das Tagesmenü (*menú del día*) kostet nur 50 Mex$. Frühmorgens kann man zuschauen, wie der Koch hingebungsvoll große Mengen *salsa roja* (scharfe rote Salsa) zubereitet.

★ Terra-Cotta · · · · · MEXIKANISCH, INTERNATIONAL $$

(☑ 958-587-12-28; Gardenia 902, La Crucecita; Hauptgerichte 80–170 Mex$; ⊙ 7.30–23 Uhr; ☎ 🛈) La Crucecitas nobelstes Restaurant gehört zum ebenso luxuriösen Hotel Misión de los Arcos (S. 526) und hat einen eleganten kleinen klimatisierten Speiseraum, der an einen schönen Sommertag in Paris denken lässt. Auf der Karte stehen internationale Gerichte, wobei die mexikanischen natürlich im Vordergrund stehen; hier wird anstelle der üblichen Nachos aber kostenloses Brot gereicht. Zur Wahl stehen Garnelen, Steaks, Fisch, Pasta, Baguettes und Pizza. Die strategisch platzierte Kuchenvitrine macht es schwer, das Dessert wegzulassen.

El Grillo Marinero · · · · · · · · · · SEAFOOD $$

(Carrizal & Macuhitle, La Crucecita; Hauptgerichte 140–160 Mex$; ⊙ Di–So 13–20 Uhr) Riesige Portionen Fisch (Tipp: die Goldmakrele wählen, wenn sie im Angebot ist) gibt's in diesem familiengeführten Restaurant, das auf jeden Schnickschnack verzichtet. Das Bier wird in der Flasche serviert, die Chipotle-Sauce im Plastikbehälter und die billigen Servietten, die beim kleinsten Windhauch fortwehen, bringt ein Kellner im FC-Barcelona-T-Shirt. Einfach typisch mexikanisch.

L'Échalote · · · · · · · · · · EUROPÄISCH, MEXIKANISCH $$

(☑ 958-587-24-80; www.edencosta.com; Hotel Posada Edén Costa, Zapoteco 26, Chahué; Hauptgerichte 120–230 Mex$; ⊙ Di–Fr 18–23, Sa & So 14–23 Uhr) Die Küche unter französisch-schweizerischer Leitung bereitet ausgezeichnete französische, mexikanische und mediterrane Speisen zu. Zu den Spezialitäten gehören Schnecken, Ossobuco und der Fisch des Tages in einer cremigen Lauchsauce. Erlesen sind auch die Desserts und die französischen und italienischen Weine (ab 350 Mex$). Den perfekten Abschluss bildet ein wunderbar weicher Armagnac.

El Sabor de Oaxaca
OAXACANISCH **$$**

(☎ 958-587-00-60; Guamuchil 206, La Crucecita; Hauptgerichte 140–180 Mex$; ⊙ 7.30–23 Uhr) Zum Klang von Vögeln und surrender Ventilatoren genießen die Gäste hier typisch oaxacanische Speisen. Es gibt zahlreiche lokale Spezialitäten wie *tlayudas* (gegrillte Tortillas) und *moles*. Wer es ganz wie die Oaxacaner machen möchte, bestellt *tlayuda* mit *chapulines* (Heuschrecken).

Giordanas
ITALIENISCH **$$**

(☎ 958-583-43-24; www.giordanas-delizie.com; Ecke Gardenia & Palma Real, La Crucecita; Pastas 90–130 Mex$, Antipasti 120–220 Mex$; ⊙ Di–Sa 12–22 Uhr; ☎ ✈) Hier macht der talentierte italienische Küchenchef fast alles selbst, auch die Pasta. Zur Auswahl stehen Ravioli mit verschiedenen Füllungen und neun Saucen, Fleisch- oder Gemüselasagne und ziemlich gute Antipasti, darunter Carpaccios und Parmaschinken mit Melone. Dazu sind diverse italienische Weine im Angebot. Außerdem gibt's tolle Baguettes mit italienischen Käse- und Salamisorten.

Azul Profundo
SEAFOOD **$$$**

(☎ 958-583-03-00; Camino Real Zaashila, Blvd Juárez 5, Tangolunda; Hauptgerichte 200–300 Mex$; ⊙ Mo, Mi, Fr & So 19–23 Uhr) Das Camino Real Zaashila (S. 527) gestattet Nicht-Gästen den Besuch seines besten Restaurants, was untypisch für ein All-inclusive-Hotel ist. Besucher können hier sehr romantisch bei Kerzenschein am Meer üppige, aber teure Meeresfrüchte schlemmen. Wer davon träumt, bei Hummer und Champagner die orangene Sonne ins Wasser sinken zu sehen, sollte schon mal seine Kreditkarte polieren.

 ## Ausgehen & Nachtleben

Palapas (z. B. Strandbars) gibt es überall. Oft servieren sie nur wenige Schritte vom Meer entfernt große, starke Cocktail. Die All-inclusive-Hotels bieten ihr eigenes, leicht kitschiges Unterhaltungsprogramm (in Form von Elvis-Imitatoren und anspruchslosem Kabarett). Die kleine Barszene im Zentrum von La Crucecita wird durch entspannte Livemusik und vom Mezcal befeuertes Karaoke belebt.

★ La Crema
BAR

(☎ 958-587-07-02; www.lacremahuatulco.com; Gardenia 311, La Crucecita; ⊙ 19–2 Uhr; ☎) Es macht einen Teil des Erfolgs Huatulcos aus, dass es etwas so Cooles wie das La Crema hervorbringen kann. In die schummrige Bar mit zusammengewürfelten alten Sofas und Retrodekoration im Obergeschoss kommt jeder, der auf Punk, Pizza, Mezcal und Reggae steht. Hier ist es nie langweilig, vor allem nicht bei Livekonzerten (meistens am Wochenende).

El Tonel
BAR

(☎ 958-587-17-90; Carrizal 504, Ecke Framboyán, La Crucecita; ⊙ 12–23 Uhr) Die jüngste Mezcalbar La Crucecitas ist verglichen mit den typischen *mezcalerías* recht groß, stimmungsvoll beleuchtet, mit grellen Graffiti gestaltet und mit viele Barhockern ausgestattet. Freitags und samstags sorgen Salsa und ähnliche Musik für Stimmung.

Paletería Zamora
SAFTBAR

(Plaza Principal, La Crucecita; Getränke 20–65 Mex$; ⊙ 7.15–23.45 Uhr) Die einen besaufen sich mit Bier, die anderen trinken im Zamora die Art von Smoothies, bei denen selbst Hippies das Gesicht verziehen würden. Para la Prostata (gut für die Prostata) ist ein Mix aus Karotten, Spargel und Salat, ebenso starke Getränke gibt's für die Leber, die Nieren und das Herz.

Und dann wäre da noch das Eis – wenn man es mit den Jalapeños gerade etwas übertrieben hat, ist das Reiseis im Stiel (im Grunde Reispudding) eine Wohltat.

 ## Shoppen

Paradise
KUNST & KUNSTHANDWERK

(Gardenia 803; ⊙ 9.30–21.30 Uhr) In La Crucecita herrscht kein Mangel an Geschäften. Wer aber etwas Spannenderes als Socken und Unterwäsche sucht, findet in diesem lokalen Kunsthandwerksladen schwarze Keramik, *alebrijes* aus Kopalharz und ein paar psychedelische Klamotten.

❶ Praktische Informationen

Touristeninformationsstand (Plaza Principal, La Crucecita; ⊙ 9–21 Uhr) Dieses *módulo* (Stand) in der Plaza Principal in La Crucecita ist die zentrale Touristeninformation, es gibt aber mehrere andere Stände, u. a. in Santa Cruz.

BUS & VANS AB BAHÍAS DE HUATULCO

ZIEL	PREIS (MEX$)	DAUER (STD.)	HÄUFIGKEIT (TGL.)
Mexico City (Sur) über Puerto Escondido	956–1235	14–15	AltaMar 15.30 Uhr, Turistar 16 Uhr
Mexico City (TAPO) über Salina Cruz	765–1116	14–15	4-mal vom OCC-Busbahnhof
Oaxaca über Salina Cruz	279–305	8	4-mal vom OCC-Busbahnhof
Oaxaca über San José del Pacífico	230	7	13-mal Expressos Colombo, 8-mal Huatulco 2000
Pochutla	39–74	1	23-mal vom OCC-Busbahnhof, TRP 5.30–20 Uhr alle 10–15 Min.
Puerto Escondido	81–162	2½	23-mal vom OCC-Busbahnhof
Salina Cruz	164–218	2¾	Istmeños 4–18 Uhr stündl., 13-mal vom OCC-Busbahnhof
San Cristóbal de las Casas	630	10	OCC 21 & 23.55 Uhr
Tehuantepec	176–206	3½	Istmeños 4–18 Uhr stündl., 12-mal vom OCC-Busbahnhof

An- & Weiterreise

BUS, VAN & TAXI COLECTIVO

Manche Busse nach Huatulco tragen die Aufschrift „Santa Cruz Huatulco", fahren aber trotzdem nur bis La Crucecita. Unbedingt darauf achten, dass der Bus nicht nach Santa María Huatulco fährt – das liegt ein ganzes Stück landeinwärts!

Taxis colectivos nach Pochutla (35 Mex$, 1 Std.) starten von der Ecke neben dem Großmarkt Soriana am Blvd Chahué, 200 m westlich vom OCC-Busbahnhof in La Crucecita.

Central Camionera (Carpinteros s/n, Sector V, La Crucecita) Der Busbahnhof 1,2 km nordwestlich des Zentrums von La Crucecita wird von Bussen von Turistar (Deluxe), AltaMar (1. Klasse), Transportes Rápidos de Pochutla (TRP; 2. Klasse) und Istmeños (2. Klasse) genutzt.

Expressos Colombo (Ecke Gardenia & Sabalí, La Crucecita) Von dem Terminal 400 m nördlich der Plaza Principal fahren Vans nach Oaxaca de Juárez.

Huatulco 2000 (Guamuchil, La Crucecita) Ab diesem Terminal, 150 m östlich der Plaza Principal, verkehren Vans nach Oaxaca de Juárez.

OCC Bus Station (Blvd Chahué, La Crucecita) Von dem Busbahnhof, 500 m nördlich der Plaza Principal, fahren Busse von ADO GL (Deluxe), OCC (1. Klasse) sowie Sur und AU (2. Klasse).

FLUGZEUG

Der **Flughafen Huatulco** (☑ 958-581-90-04) liegt 15 km westlich von La Crucecita und 400 m nördlich vom Hwy 200. Er ist mit seinen weißen Wänden und den Giebelstrohdächern der wohl hübscheste Flughafen der Welt. Internationale Direktflüge von **United** (www.united.com) verbinden Huatulco mit Houston/USA. Von November bis Mai (bzw. in einem Teilzeitraum) gibt es Flüge mit **Air Canada** (www.aircanada.com), **Air Transat** (www.airtransat.ca), **Sunwing Airlines** (www.flysunwing.com) und **WestJet** (www.westjet.com) in mehrere kanadische Städte sowie mit **Sun Country Airlines** (www.suncountry.com) von/nach Minneapolis.

Weitere Fluggesellschaften, die Huatulco anfliegen, sind:

Aeroméxico (☑ 958-581-91-26; www.aeromexico.com; ☺ 9.30–18.30 Uhr) Zweimal täglich nach Mexico City.

Aerotucán (☑ 958-581-90-85; ☺ 8–12 Uhr) Cessnas mit 13 Sitzplätzen fliegen täglich von/nach Oaxaca (2042 Mex$). Manchmal werden Flüge kurzfristig storniert oder verschoben.

Interjet (☑ 958-581-91-16; ☺ 9–17 Uhr) Fliegt mindestens zweimal täglich nach Mexico City.

Magnicharters (☑ 800-201-14-04; www.magnicharters.com) Fliegt täglich außer dienstags nach Mexico City und hat Flüge nach Monterrey.

TAR Aerolíneas (www.tarmexico.com; ☺ 9–17 Uhr) Viermal pro Woche nach Oaxaca, zweimal wöchentlich nach Guadalajara.

Volaris (☑ 55-1102-8000; www.volaris.com) Mindestens zweimal wöchentlich nach Mexico City sowie Flüge nach Chicago und Monterrey.

Unterwegs vor Ort

VOM/ZUM FLUGHAFEN

Taxis autorizados (autorisierte Taxis) kosten vom Flughafen nach La Crucecita, Santa Cruz, Chahué oder Tangolunda 430 Mex$. Wenn man die 300 m hinunter bis zum Hwy 200 geht, wo Taxis an der Flughafenkreuzung warten, zahlt man meistens nur die Hälfte. Von dieser Kreuzung fahren auch Busse nach La Crucecita

(8 Mex$) und nach Pochutla (20 Mex$), die zwischen 6 und 20 Uhr in beide Richtungen im Viertelstundentakt verkehren. Die Taxifahrt von La Crucecita zum Flughafen kostet 170 Mex$.

AUTO & MOTORRAD

Mietwagen bekommt man problemlos.

Europcar (☎958-581-90-94; Huatulco Airport; ☉8.30–18.30 Uhr) Vernünftige Preise und guter Service.

Los Tres Reyes (☎Mobil 958-1051376; http://lostresreyescarrent.com; Lote 20, Blvd Chahué manzana 1, La Crucecita; ☉8–20 Uhr) Effiziente einheimische Firma mit guten Preisen.

Es kann Spaß machen, mit dem Roller durch die Gegend zu düsten. **Aventura Mundo** (☎958-581-0197; www.aventuramundo.net; Blvd Benito Juárez; ☉9–19 Uhr) in Tangolunda vermietet gute japanische Motorräder mit Helm und Karte ab 35 US$ pro Tag (bei mehreren Tagen gibt's Rabatt). Eine Versicherung kann man in der Regel nicht abschließen, wenn man eins davon ausleiht.

BUS & TAXI

Taxis sind das häufigste Verkehrsmittel zwischen den weit auseinanderliegenden Attraktionen Huatulcos. Es gelten Festpreise, die an allen Taxiständen aushängen. So kostet die Fahrt von La Crucecita nach Santa Cruz oder zum Central Camionera 30 Mex$, nach Tangolunda 43 Mex$, zum Playa La Entrega 60 Mex$ und zur Bahía Maguey 70 Mex$.

Tagsüber verkehren alle paar Minuten blauweiße Lokalbusse. Nach Santa Cruz Huatulco fahren sie vom Einkaufszentrum Plaza El Madero in der Guamuchil, zwei Blocks östlich der Plaza in La Crucecita. Die Fahrt kostet 5 Mex$.

FAHRRAD

Huatulco Salvaje (S. 525) vermietet Fahrräder für ca. 200 Mex$ pro Tag. Auf den Straßen gibt's nur wenig Verkehr und wegen der *topes* (Bodenschwellen) wird langsam gefahren.

ZU FUSS UNTERWEGS

Von La Bocana im Osten bis zum Playa Maguey im Westen gibt es einen breiten, recht glatten Bürgersteig entlang der Straße, auf dem man gut und sicher zu Fuß gehen kann.

SCHIFF/FÄHRE

Zu einigen der Buchten im Westen und zu den meisten im Osten führen Straßen. Eine Bootsfahrt macht aber mehr Spaß als eine Taxifahrt, obwohl sie auch teurer ist. *Lanchas* (Motorboote) fahren von Santa Cruz' Hafen ab 8 Uhr zu den meisten Stränden und kehren bei Einbruch der Dämmerung zurück, um die Passagiere abzuholen. Die Preise für die Hin- & Rückfahrt für bis zu zehn Personen sind: Playa La Entrega 800 Mex$, Bahía Órgano 1500 Mex$, Bahía Maguey 1500 Mex$, Bahía Cacaluta 2000 Mex$, Playa La India 2800 Mex$ und Bahía San Agustín 3500 Mex$. Vom Hafen fahren auch Boote nach Cacaluta und zur Bahía Chachacual, wo im Hafen ein Eintritt (50 Mex$) für den Parque Nacional Huatulco fällig wird. Im Nationalpark ist biologisch nicht abbaubarer Sonnenschutz verboten.

ISTHMUS VON TEHUANTEPEC

Der 200 km breite Isthmus von Tehuantepec (sprich: Teh-wahn-teh-*pek*) bildet die

DAS ERDBEBEN VON 2017

Im September 2017 wurde die Küste von Oaxaca, besonders die Gegend um den Isthmus von Tehuantepec vom stärksten Erdbeben (Stärke 8,2) in Mexiko seit über 100 Jahren getroffen. Die größten Schäden gab es in der Stadt Juchitán, in der viele der alten Gebäude im und rund um den zentralen Jardín Juárez einstürzten oder schwer beschädigt wurden. Eines der am häufigsten gezeigten Bilder war das des teilweise eingestürzten Palacio de Ayuntamiento, dem eleganten Rathaus aus dem 19. Jh. mit seinen 31 Bögen. Auch die Kirche Vicente Ferre aus dem 16. Jh. gleich um die Ecke wurde vom Erdbeben schwer getroffen – ein Turm stürzte ein, während der andere gefährlich über dem angrenzenden Lidxi Guendabiaani hing. Die Schule vor der Kirche, das Centro Escolar Juchitán, wurde wegen irreparabler struktureller Beschädigungen komplett abgerissen.

Zur Zeit der Recherche hatten einige Unternehmen in Juchitán ihre Arbeit wieder aufgenommen. Der Freiluftmarkt im Jardín Juárez und viele Restaurants wurden wieder relativ normal betrieben, doch die meisten städtischen Hotels waren noch geschlossen. Wer in die Gegend reisen will, sollte sich vorher informieren, denn die Situation wird sich ändern.

In der Stadt Tehuantepec, 28 km südwestlich von Juchitán, fielen die Schäden geringer aus, jedoch hielten einige Dächer der älteren Gebäude aus der Kolonialzeit den Erschütterungen nicht stand. Die meisten Hotels und Restaurants der Stadt blieben aber geöffnet.

Huatulco, Puerto Escondido und die Küste rings um Zipolite waren von dem Erdbeben nicht betroffen, dort geht alles seinen normalen Gang.

schmale Taille Mexikos. Seine Südhälfte ist das heiße, flache Ostende des Bundesstaats Oaxaca. Die indigene Zapoteken-Kultur ist hier stark ausgeprägt und weist regionale Besonderheiten auf. 1496 schlugen die Isthmus-Zapoteken die Azteken von ihrer Festung Guiengola bei Tehuantepec zurück. So wurde die Landenge nie Teil des Azteken-Reichs; ein gewisser Unabhängigkeitsgeist prägt die Region bis heute.

Hierher verirren sich nur wenige Besucher. Wer es dennoch tut, lernt lebhafte, freundliche Menschen kennen sowie eine Gesellschaft, in der offene, selbstbewusste Frauen Führungspositionen in Wirtschaft und Politik bekleiden. Viele regionale Fiestas umfassen eine *tirada de frutas,* bei der die Frauen auf die Dächer steigen und Obst auf die Männer hinunterwerfen – sehenswert!

Was die drei größten Städte anbelangt, ist die Isthmuskultur in Tehuantepec und Juchitán stärker ausgeprägt als in Salina Cruz, wo eine Ölraffinerie den Ton angibt. Alle drei Städte wirken in der Tageshitze und mit ihrer hohen Luftfeuchtigkeit recht ungemütlich, werden jedoch mit dem Einsetzen der angenehmen Abendbrise deutlich einladender.

Tehuantepec

☎ 971 / 42 000 EW.

Das 245 km von Oaxaca de Juárez entfernte Tehuantepec ist eine freundliche, aber heiße und schwüle Stadt. Die meisten Traveller fahren hier einfach nur durch. Juni und August sind die Hauptmonate für Fiestas in den 15 Barrios (Vierteln) der Stadt, von denen jedes seine eigene kolonialzeitliche Kirche hat. Viele werden nachts angestrahlt.

◉ Sehenswertes

Ex Convento
Rey Cosijopí   HISTORISCHES GEBÄUDE
(☎971-715-01-14; Callejón Rey Cosijopí; ⊙Mo–Fr 8–20, Sa 9–14 Uhr) GRATIS Das einstige Dominikanerkloster aus dem 16. Jh. beherbergt die Casa de la Cultura Tehuantepecs, die Kunst-

und Kunsthandwerks-Workshops und andere Aktivitäten veranstaltet. Bei unserem letzten Besuch war sie jedoch infolge des Erdbebens im September 2017 geschlossen. Im Inneren kann man noch Reste alter Fresken sehen. In einigen Räumen werden kleine Ausstellungen traditioneller Trachten, archäologischer Exponate und historischer Fotos gezeigt. Sie liegt 400 m östlich der zentralen Plaza an einer Gasse, die von der Guerrero abgeht.

🛏 Schlafen & Essen

Hotel Donaji   HOTEL $
(☎971-715-00-64; www.hoteldonaji.com; Josefa O de Domínguez; EZ/DZ 450/570 Mex$; ❉🌐) Dieses Hotel für Durchreisende ist gut genug, um einen Zwischenstopp einzulegen (was die Hauptfunktion Tehuantepecs ist). Es liegt recht zentral und hat relativ neue Zimmer mit Klimaanlage und bunten Bettdecken sowie ein etwas schäbiges Café.

Hostal Emilia   PENSION $
(☎971-715-00-08; Ocampo 8; Zi. für bis zu 3 Pers. mit/ohne Klimaanlage 450/310 Mex$; ❉@🌐) Einen Block südlich der Plaza bietet das Emilia recht komfortable Zimmer, eines davon ohne eigenes Bad. In den billigeren Zimmern gibt's nur Ventilatoren. Das **Mariscos Silvia** (Hauptgerichte 120–150 Mex$; ⊙8–19 Uhr) neben an bereitet gute Mahlzeiten (150 Mex$) zu.

Restaurante Scarú   MEXIKANISCH $$
(Callejón Leona Vicario 4; Hauptgerichte 80–150 Mex$; ⊙Mo–Sa 8–21 Uhr) Das Scarú befindet sich in einem Haus aus dem 18. Jh. mit einem schäbigen Innenhof, den typisch mexikanische Wandbilder verschönern. Im Windhauch des Ventilators können Gäste *limonada* trinken und aus einer breiten Palette an Gerichten auswählen. Spezialität des Hauses sind Meeresfrüchte, eine gute Wahl sind die mit *acelga* (Mangold) gefüllten Garnelen.

❶ Praktische Informationen

An der Fernstraße zwei Blocks westlich der zentralen Plaza befindet sich eine unregelmäßig

---

BUSSE AB TEHUANTEPEC

ZIEL	PREIS (MEX$)	DAUER (STD.)	HÄUFIGKEIT (TGL.)
Bahías de Huatulco	176–206	3¼	6-mal
Mexico City (TAPO oder Sur)	624–1106	12	8-mal
Oaxaca	154–294	5	24-mal
Pochutla	260–286	4½	4-mal
Puerto Escondido	316–334	5½	4-mal

ZIEL	PREIS (MEX$)	DAUER (STD.)	HÄUFIGKEIT (TGL.)
Bahías de Huatulco	202–288	3½–4	8-mal
Mexico City (TAPO oder Sur)	624–1064	12	7-mal
Oaxaca	164–314	5–5½	26-mal
Pochutla	268–294	4½–5	6-mal
San Cristóbal de las Casas	418	5½–6	3-mal
Tapachula	427–478	7½	3-mal

besetzte **Touristeninformation** (Hwy 185; ⊙ Mo–Sa 9–19 Uhr).

❶ An- & Weiterreise

Der Hauptbusbahnhof von Tehuantepec (**La Terminal**; Calle de los Heroes) liegt am Hwy 185, 1,5 km nordöstlich der zentralen Plaza. Hier fahren die Busse der Deluxe, der 1. sowie der 2. Klasse der ADO/OCC-Gruppe. Die Busse der 2. Klasse von Istmeños nach Juchitán (27 Mex$, 30 Min.) und Salina Cruz (20 Mex$, 30 Min.) halten tagsüber mindestens halbstündlich am Highway vor dem Busbahnhof.

Juchitán

📞 971 / 75 000 EW.

Der freundliche Ort ist eine Hochburg der Isthmus-Kultur: Rund 30 verschiedene *velas* (Feste) in den Stadtvierteln sorgen von April bis September mit Musik, Tanz, Trinken, Essen und Spaß für gute Stimmung. Juchitán ist außerdem berühmt für seine *muxes* – Männer, die sich offen zu ihrer Homosexualität bekennen und oft in Frauenkleidern herumlaufen. Sie sind hier voll akzeptiert und haben sogar ihre eigene *vela* im November.

⊙ Sehenswertes

Jardín Juárez   PLATZ

Der Jardín Juárez ist der stets interessante Hauptplatz der Stadt. Auf dem Markt an der Ostseite bekommt man in der Region hergestellte Hängematten und Frauentrachten im Isthmus-Stil. Auf den Karten der *comedores* steht manchmal auch Leguan. Der prächtige **Palacio del Ayuntamiento** aus dem 19. Jh. mit 31 Bögen nimmt die Ostseite der Plaza ein, aber beim Erdbeben 2017 stürzte er teilweise ein und wurde schwer beschädigt.

🛏 Schlafen & Essen

Als Folge des Erdbebens von 2017 wurden viele Unterkünfte geschlossen. Davor gab es genügend bezahlbare Unterkünfte, doch bis einige wieder eröffnen, kann es etwas dauern.

Hotel Central   HOTEL $

(📞 971-712-20-19; www.hotelcentral.com.mx; Av Efraín Gómez 30; EZ/DZ 370/470 Mex$; ❋ @ 🛜) Anderthalb Blocks östlich vom Jardín Juárez bietet dieses Hotel mit gutem Preis-Leistungs-Verhältnis frisch gestrichene Zimmer mit bequemen Matratzen, großen Bädern und Trinkwasser in Flaschen. In einigen gibt's allerdings wenig Tageslicht. Nach dem Erdbeben (S. 531) war es kurzzeitig geschlossen, ist nun aber wieder geöffnet.

La Inter   CAFETERIA $$

(📞 971-711-42-08; 16 de Septiembre 25; Frühstück 120 Mex$; ⊙ 8–22.30 Uhr) Von diesem hellen, fröhlichen Restaurant sollte man sich keine voreilige Meinung bilden. Es gehört zwar zu einer Kette von drei Cafés und sieht auf den ersten Blick sehr nach Plastik aus, doch im nach dem Erdbeben immer noch beeinträchtigten Juchitán ist es ein Glücksfall – die Mitarbeiter sind höflich und schnell, die umfangreich Karte bietet auch gesunde Gerichte und die Klimaanlage ist ein Segen.

La Tossta   MEDITERRAN, MEXIKANISCH $$

(Av 16 de Septiembre 37; Hauptgerichte 160–195 Mex$; ⊙ 7–24 Uhr; 🛜) Das Tassta ist mit dem fröhlich modernen Ambiente und den einfallsreichen Rezepten (panierte Shrimps mit Kokos oder Rindermedaillons in Portweinsauce) eine echte Überraschung. Es blieb nach dem Erdbeben von 2017 weiter geöffnet.

❶ An- & Weiterreise

Der **Hauptbusbahnhof** (Prolongación 16 de Septiembre) liegt 100 m südlich des Hwy 185 am nördlichen Stadtrand. Busse von ADO/ OCC (Deluxe, 1. & 2. Klasse) starten hier oft – unpraktischerweise – zwischen 23 und 7 Uhr. „Terminal-Centro"-Busse pendeln zwischen Busbahnhof und Hauptplatz (Taxi 30 Mex$).

Von der nächsten Straßenecke südlich des Hauptterminals schickt Istmeños seine 2.-Klasse-Busse nach Tehuantepec (27 Mex$, 30 Min., tagsüber alle 30 Min.) und Salina Cruz (40 Mex$, 1 Std.).

X = Gefährlich bei Nacht

*von puerto Escondido nach
playa Ventura = ca. 4,5h*

Zentrale Pazifikküste

Inhalt ➡
Mazatlán 536
San Blas 551
Tepic 556
Sayulita 560
Puerto Vallarta 564
Bahía de Navidad 583
Manzanillo 588
Michoacáns Küste 592
Lázaro Cárdenas 594
Zihuatanejo 599
Barra de Potosí 609
Acapulco 612
Costa Chica 625

Gut essen

➡ El Presidio (S. 545)

➡ Paititi del Mar (S. 619)

➡ Café des Artistes (S. 577)

➡ El Manglito (S. 587)

➡ Pacifica del Mar (S. 591)

Schön übernachten

➡ Troncones Point Hostel (S. 596)

➡ Aura del Mar (S. 604)

➡ Casa Dulce Vida (S. 573)

➡ Hotel Delfin (S. 586)

➡ Techos de México (S. 558)

Auf zur zentralen Pazifikküste!

Mexikos zentrale Pazifikküste mit ihren Traumstränden und schönen Sonnenuntergängen ist geprägt vom Rhythmus riesiger aquamarinblauer Wellen. Hier kann man in allen tropischen Klischees schwelgen und z. B. leckeres Seafood unter Palmdächern oder gekühlte Kokosmilch in einer Hängematte genießen. Alternativ warten Nobelresorts mit Cocktails am Pool auf. Geboten sind zudem ein tolles Nachtleben und Strände für jeden Geschmack – egal, ob dahinter nun Hochhaushotels oder schäbige Hütten stehen.

Für noch mehr Abwechslung sorgt das Meer selbst, z. B. mit Weltklasse-Surfwellen und der Möglichkeit, auftauchende Buckelwale oder Delfine am Horizont zu beobachten. Bewundern kann man außerdem Pelikan-Flugformationen am Himmel und zahllose Meeresschildkröten, die an der Küste ihre Eier ablegen.

Ob luxuriöse Verwöhnwoche am Strand oder Budgettrip auf der Suche nach der perfekten Welle: Diese Region macht's möglich.

Reisezeit
Puerto Vallarta

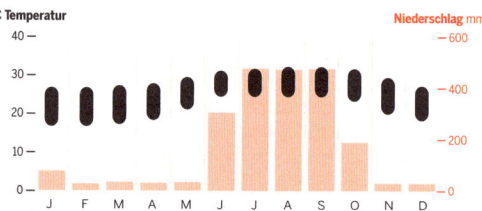

Feb. Perfektes Strandwetter plus Karnevalsstimmung in Mazatlán (S. 536).

Juni & Juli Starke Brandung und niedrige Preise in den Surfer-Hochburgen an Mexikos Pazifikküste.

Nov. & Dez. Puerto Vallarta ist in Feierlaune. Im Dezember ist Walbeobachtungssaison.

Highlights

❶ Mazatlán
(S. 536) Im wunderschön restaurierten Zentrum die Seele baumeln lassen

❷ Troncones
(S. 595) Von einem neuen Leben in diesem Strandort träumen und die Tage auf dem Surfbrett verbringen

❸ Barra de Navidad (S. 585) In dem winzigen, lässigen Badeort radeln, Boot fahren und frische Meeresfrüchte genießen

❹ San Francisco
(S. 559) Am Strand und in den Straßen die Partystimmung in sich aufsaugen

❺ Chacala (S. 557) In den ruhigen Gewässern vor dem kleinen Fischerdorf schwimmen und Wale beobachten

❻ Puerto Vallarta
(S. 564) Das Treiben in der Zona Romántica beobachten und abgelegene Strände besuchen

❼ Zihuatanejo
(S. 599) Kulinarische Leckereien und stimmungsvolle Bars genießen

❽ Playa Ventura
(S. 625) Am absolut perfekten Strand chillen

❾ Michoacáns Küste (S. 592) Surferstrände und traditionelle Siedlungen erkunden

❿ Pie de la Cuesta
(S. 611) Vögel beobachten und im benachbarten Acapulco den Mut der Klippenspringer bewundern

Mazatlán

🎵 669 / 502 547 EW.

Dank seiner 20 km langen Sandstrände wurde Mazatlán Mitte des 20. Jhs. zu einem der beliebtesten Strandorte des Landes. Danach entwickelte sich die Stadt langsam zu einem Ziel von Mittelklasse- und Pauschaltouristen. Kürzlich wurde das historische Zentrum im Stil des „tropischen Neoklassizismus" restauriert und wird seitdem von Kreativen bevölkert. Ergebnis ist eine reizvolle Küstenstadt, deren Strände dank eines ehrgeizigen neuen Highway-Bauprojekts nun auch für Mexikaner aus dem Landesinneren leichter zugänglich sind. Parallel ist die frühere fröhliche Atmosphäre zurückgekehrt.

Um Mazatláns Puls zu spüren, sollte man dem Touristen-Trubel in der Zona Dorada (Goldene Zone) schnell den Rücken kehren und sich zur restaurierten Altstadt begeben: Deren herrlicher *malecón* (Strandpromenade) wird von Bars und Restaurants gesäumt, die mit magischem Blick auf den Sonnenuntergang aufwarten.

◉ Sehenswertes

☉ Alt-Mazatlán

★ Alt-Mazatlán   STADTVIERTEL
(Karte S. 542) Die restaurierte Altstadt ist ein malerischer Mix aus prachtvollen Gebäuden und hübschen Plätzen aus dem 19. Jh. Sie erstreckt sich hinter dem kleinen Strandbogen der Playa Olas Altas (S. 537), wo die Uferstraße mit ihren altmodischen Bars und Hotels stark an die 1950er-Jahre erinnert. Obwohl das Viertel von den hässlichen Sendemasten auf dem Cerro de la Nevería dominiert wird, ist es reizvoll. Hierfür sorgen neben der Studentenszene auch viele Kunstgalerien, Cafés, Restaurants und Bars.

★ Plaza Machado   PLATZ
(Karte S. 542; Ecke Av Carnaval & Constitución; ⬛ Sábalo-Centro) Dieser tolle Platz mit Bäumen an den Rändern wirkt tagsüber recht verschlafen und erwacht abends zum Leben. Dann eröffnen hier Marktstände, während Paare Hand in Hand vorbeischlendern und Musiker die zahlreichen Terrassenrestaurants beschallen. Touristisch, aber sehr romantisch!

Teatro Ángela Peralta   THEATER
(Karte S. 542; ☎ 669-982-44-46, Durchwahl 103; www.culturamazatlan.com/tap; Av Carnaval 47;

Tour ohne Führer 20 Mex$; ⊙ 9–14 & 16–18 Uhr; ⬛ Sábalo-Centro) Dieses Theater (erb. 1869–1874) gleich abseits der Plaza Machado ist nach einer Sopranistin aus dem 19. Jh. benannt. Es hat 1366 Plätze und war fast 100 Jahre lang das blühende Zentrum des örtlichen Kulturlebens. Dann fiel es dem Verfall anheim und wurde von der Stadtregierung zum Abriss freigegeben. Doch Ende der 1980er-Jahre retteten engagierte Lokalpatrioten das Gebäude. Die drei restaurierten Etagen im Inneren erstrahlen heute wieder in alter Pracht. Inzwischen finden hier auch wieder alle möglichen Kulturevents wie das alljährliche Festival Cultural Mazatlán (S. 540) statt.

El Faro   LEUCHTTURM
(Karte S. 538; ⬛ Playa Sur; GRATIS) Dieser Leuchtturm am Südende der Halbinsel thront 135 m über dem Meeresspiegel auf einem markanten Felsvorsprung und gilt (fälschlich) als zweithöchster der Welt. Wer zu ihm hinaufsteigt (Achtung: während der heißesten Zeit des Tages nicht zu empfehlen!), wird mit einem tollen Blick auf Stadt und Küste belohnt.

Catedral   KATHEDRALE
(Karte S. 542; Ecke Juárez & Calle 21 de Marzo; ⊙ 6.30–19.30 Uhr; ⬛ Sábalo-Centro) Im Herzen der Altstadt erheben sich die hohen gelben Zwillingstürme dieser großartigen Kathedrale aus dem 19. Jh. Das spektakuläre Innere zieren verschiedenfarbige Steinblöcke und vergoldete Stuckrosetten mit darunterhängenden Kronleuchtern. Die **Plaza Principal** vor der Kirche ist beliebt bei zahllosen Taubenfreunden und einheimischen Familien, die an den meist verstopften Hauptverkehrsstraßen in der Umgebung shoppen.

Clavadistas   AUSSICHTSPUNKT
(Karte S. 542; Paseo Olas Altas) Die hiesigen *clavadistas* sind weder so berühmt noch so spektakulär wie ihre Kollegen in Acapulco (S. 612). Doch auch sie stürzen sich zur Unterhaltung ihrer Zuschauer von mehreren Plattformen ins tückische Meer und haben darum ebenfalls ein angemessenes Trinkgeld verdient. Showtime ist normalerweise um die Mittagszeit sowie am späten Nachmittag. Los geht's aber immer erst dann, wenn sich genug Publikum eingefunden hat.

Museo de Arte   MUSEUM
(Karte S. 542; ☎ 669-985-85-02; www.facebook.com/museodeartedemazatlan; Ecke Sixto Osuna & Carranza; ⊙ Mo–Fr 10–18, Sa &So 11–17 Uhr;

🖿 Sábalo-Centro) **GRATIS** Das kleine Museum in einem weitläufigen Innenhofkomplex aus der Kolonialzeit liefert überzeugende Beweise für die Vitalität und Kreativität von Mexikos moderner Kunstszene. Die wechselnden Ausstellungen präsentieren digitale Installationen, Skulpturen, Drucke und Gemälde.

Museo Arqueológico
de Mazatlán MUSEUM

(INAH; Karte S. 542; ☑ 669-981-14-55; www.inah. gob.mx/es/red-de-museos/210-museo-arqueologi co-de-mazatlan; Sixto Osuna 76; Erw./Kind unter 12 Jahren 40 Mex$/frei, So Eintritt frei; ☺ Di–So 9–18 Uhr; 🖿 Sábalo-Centro) Das kleine, aber feine Museo Arqueológico zeigt mehrere Hundert vorkoloniale archäologische Funde mit spannenden Infotexten auf Spanisch und Englisch.

★ Isla de la Piedra INSEL

(Karte S. 538; Bootsfahrt 30 Mex$; 🖿 Playa Sur) Die Insel direkt südöstlich der Altstadt ist ein beliebtes Ziel für einen Halbtagesausflug von Mazatlán aus. Ihr wunderschöner langer Sandstrand ist von Kokoshainen gesäumt. Surfer kommen wegen der Wellen, mexikanische Familien wegen der einfachen *palapa*-Restaurants mit Strohdach. Werktags und der Nebensaison hat man die Insel aber manchmal fast für sich allein. Zu erreichen ist sie im Rahmen von geführten Touren oder aber auch ganz einfach mit einem Wassertaxi. Die Boote legen zwischen 6 und 18 Uhr regelmäßig am *embarcadero* (Bootsanleger) an der Playa Sur ab.

„Playa Sur"-Busse zum *embarcadero* starten an der Ecke Serdán und Escobedo, zwei Blocks südöstlich der Plaza Principal in Alt-Mazatlán.

◉ Zona Dorada

Onilikan BRENNEREI

(Karte S. 544; ☑ 669-668-23-70; www.onilikan. com; Av Playa Gaviotas 505; ☺ Mo–Fr 8.30–17.30, Sa 9–14 Uhr; P; 🖿 Sábalo-Centro) **GRATIS** Die winzige Brennerei stellt ihre Spirituosen u. a. aus Mangos, Agaven und Kaffee her. Sie liegt mitten in der Zona Dorada und kann spontan zwecks Gratisverkostung mit freundlichem Kurzkommentar besucht werden.

Acuario Mazatlán AQUARIUM

(Karte S. 538; ☑ 669-981-78-15; www.acuarioma zatlan.com; Av de los Deportes 111; Erw./Kind 3–11 Jahre 115/85 Mex$; ☺ 9.30–17 Uhr; P; 🖿 Sábalo-Centro) Eines von Mexikos größten Aquarien: In den Becken tummeln sich zahllose Fischarten aus Süß- und Salzwasser. Zu sehen gibt's außerdem Skelette sowie einen Garten mit Vögeln und Fröschen. Die beliebten Seelöwen- und Haishows werden von Tierschützern kritisiert.

Strände

An den über 20 km langen Stränden findet wohl jeder ein passendes Plätzchen. Die folgenden Strände sind von Süden nach Norden aufgelistet.

An der sichelförmigen **Playa Olas Altas** (Karte S. 542; 🖿 Sábalo-Centro) tummelten sich in den 1950er-Jahren die ersten Touristen. Der Strand ist von Alt-Mazatlán aus zu Fuß zu erreichen.

Gleich nördlich der Altstadt erstreckt sich der goldfarbene Sand der **Playa Norte** (Karte S. 538; 🖿 Sábalo-Centro) vor einer Promenade voller Jogger und Spaziergänger. Der Strandbogen führt hinaus zu einer Felsspitze namens **Punta Camarón**, die von dem burgartigen Nachtclubkomplex Fiesta Land (S. 547) dominiert wird.

Die luxuriösesten Hotels stehen an der hübschen **Playa Las Gaviotas** (Karte S. 544; 🖿 Sábalo-Centro) und an der **Playa Sábalo** (Karte S. 538; 🖿 Sábalo-Centro). Letztere befindet sich nördlich der Zona Dorada. Beide Strände liegen im Schutz von malerischen Inseln. So ist das Wasser hier meist ruhig und daher ideal für Wassersport (z. B. Schwimmen).

Weiter nördlich befinden sich die **Marina El Cid** und die ständig wachsende **Marina Mazatlán**. Jenseits davon folgen die früher idyllische **Playa Bruja** (🖿 Cerritos-Juárez) – heute durch zahllose Hochhaushotels verschandelt – und die **Playa Cerritos** (🖿 Cerritos-Juárez). Dort warten jeweils einige Seafood-Lokale und gute Brandung zum Surfen. Zu erreichen sind diese nördlichen Strände mit „Cerritos Juárez"-Bussen ab der Av Camarón Sábalo außer der Zona Dorada.

Inseln

Die drei fotogenen Felsen, die sich vor der Zona Dorada aus dem Meer erheben und wie Wale aussehen, geben mit abgelegenen Stränden und klarem Wasser ein ideales Tagesausflugsziel ab. Hier kann man auch wunderbar schnorcheln sowie zahlreiche Robben und Meeresvögel beobachten. Links liegt die **Isla de Chivos** (Ziegeninsel); rechts die **Isla de Pájaros** (Vogelinsel). In der Mitte befindet sich die meistbesuchte Insel, die **Isla de Venados** (Hirschinsel). Die Inseln gehören zu einem Wildschutzgebiet, das

Großraum Mazatlán

Großraum Mazatlán

☉ Highlights
1 Isla de la Piedra D6

☉ Sehenswertes
2 Acuario Mazatlán C4
3 El Faro C7
4 Playa Norte C5
5 Playa Sábalo A2

☉ Aktivitäten, Kurse & Touren
6 Aqua Sports Center A2
7 Aries Fleet A1
8 Bibi Fleet...B1
9 Flota Sábalo C7
10 Huana Coa Canopy B3
11 Onca Explorations A2

☉ Schlafen
12 Hotel Posada Los Tabachines C4
13 Las 7 Maravillas.....................................C5
14 Suitel...C4

☉ Essen
15 Carlos & Lucía's A2
16 Mercado de Mariscos Playa
        Norte...C5
17 Tacos José...D5
18 Todos Santos B3
19 Yoko..C4

☉ Ausgehen & Nachtleben
20 Cervecería Tres Islas...........................D6
21 La Fiera A2

die Tier- und Vogelwelt schützen soll, die an der Küste der Inseln lebt. Mit fast jedem Bootsbetreiber kommt man dort hin; auch geführte Touren sind möglich.

Aktivitäten

Außer der Playa Bruja hat Mazatlán noch ein paar andere bemerkenswerte Surfspots zu bieten. Es gibt mehrere Ausrüstungsverleiher und diverse Surfschulen. Equipment für andere Wassersportarten kann man an den Stränden der meisten großen Strandhotels mieten.

Estrella del Mar Golf Club　GOLF
(☎ 800-727-46-53; www.estrelladelmar.com; Camino Isla de la Piedra 10; Greenfee Nov.–April 120 US$, Mai–Okt. 75 US$) Mazatláns bester Golfplatz befindet sich direkt südlich des Flughafens (S. 548) am Meer.

Jah Surf School　SURFEN
(☎ Handy 669-1494699; http://jahsurfschool.com; Unterricht 50 US$, Surfbrett Std./Tag 10/25 US$; ♿) Der freundliche Surflehrer hier wird von unseren Lesern empfohlen und unterrichtet auch gern ganze Familien. Zudem verleiht er Surfbretter und anderes Wassersportequipment.

Aqua Sports Center　WASSERSPORT
(Karte S. 538; ☎ 669-913-04-51; www.aquasportscenter.com; Av Camarón Sábalo s/n, Hotel El Cid Castilla; Tauchgang mit 1 Flasche 100 US$, Schnorcheltour 40 US$, Leihkajak 30 US$; ⊙ 9.30–17 Uhr; 🚌 Sábalo-Centro) Die beste Anlaufstelle für alle Arten von Wassersport, z. B. Sporttauchen, Bananenboottouren (für max. 5 Pers.) und Parasailing sowie Verleih von Schnorchelausrüstung, Jetskis, Segelbooten und Seekajaks.

Sportangeln

Mazatlán liegt günstig am Übergang des Golfs von Kalifornien in den Pazifik und ist weltberühmt für seine Angelmöglichkeiten. An den Haken gehen hier vor allem Marline, *dorados* (Goldmakrelen), Schwert-, Segel- und Thunfische. Das Angeln kann jedoch ganz schön teuer sein (475–750 US$/Boot und Tag, Bootsgröße 8–11 m, 4–10 Pers.). Touren mit 7 m langen *super pangas* (Fiberglasbooten) sind günstiger (ca. 325 US$/Tag, max. 4 Pers.). Die erforderliche Angellizenz (10 US$/Pers.) wird normalerweise vom jeweiligen Veranstalter organisiert.

Die schicksten Boote legen an den Jachthäfen nördlich der Stadt ab. Wer weniger bezahlen will, probiert es bei den Anbietern nahe El Faro (S. 536) – oder verhandelt direkt mit einem der unabhängigen Berufsfischer, die *panga*-Trips am Paseo Claussen nahe der Playa Norte (S. 537) anbieten. Mit vielen Veranstaltern kann man auch einfach nur auf Grund angeln.

Flota Sábalo　ANGELN
(Karte S. 538; ☎ 669-981-27-61; www.facebook.com/manuel.valdessalgado; Calz Camarena s/n; halbtägige Angeltouren ab 3000 Mex$; ⊙ 6–18 Uhr; 🚌 Playa Sur) Freundliche Firma unter der Leitung eines Brüderpaars, das zwei verschiedene Boote vermietet (u. a. für sehr erschwingliche Angeltouren). Einer der Kähne ist ein gestandener Oldtimer, der andere kommt schicker und moderner daher. An Bord geht's immer sehr fröhlich zu.

Bibi Fleet　ANGELN
(Karte S. 538; ☎ 669-913-10-60; www.bibifleet.com; Marina Mazatlán, Shop 8, zw. Dock 7 & 8; Charter 300–600 US$/Tag; ⊙ Mo–Fr 9–17, Sa 9–13 Uhr; 🚌 Sábalo-Centro) Hilfsbereiter Profi-Anbieter

mit drei verschiedenen Bootstypen. Auf den bis zu acht Stunden langen Touren kann man sowohl Angeln als auch Schnorcheln.

Aries Fleet
ANGELN
(Karte S. 538; ☎ 669-916-34-68; www.elcidma rinas.com; Av Camarón Sábalo s/n, Marina el Cid; Angeltour ab 325 US$/Tag, Deer-Island-Tour Erw./ Kind 58/38 US$; ⊙ Mo–Sa 8.30–17, So 8.30–14 Uhr; 🚌 Sábalo-Centro) Dieser Anbieter veranstaltet Angeltouren und unterstützt Catch-and-Release-Praktiken (fangen und wieder freilassen). Bei den Exkursionen nach Deer Island werden u. a. Schnorcheln, Kajakfahren, Getränke und Mittagssnacks geboten.

Geführte Touren

★ Onca Explorations
ÖKOTOUR
(Karte S. 538; ☎ 669-913-40-50; www.oncaexplo rations.com; Av Camarón Sábalo 2100; Walbeobachtung od. Delfintour Erw./Kind 95/65 US$, Vogelbeobachtung 85/65 US$; ⊙ 9–17 Uhr; 🚌 Sábalo-Centro) 🚶 Diese Ökotouren, die vom Meeresbiologen Oscar Guzón geführt werden, konzentrieren sich auf Tierbeobachtung und Tierschutz. Am beliebtesten sind die Buckelwal- (Dez.–April 8–13 Uhr) und Delfintouren (ganzjährig 8 Uhr), die exzellente Möglichkeiten bieten, die Meeressäuger von Nahem zu beobachten.

Angeboten werden auch Exkursionen nach Las Labradas (S. 551), wo sich die Küstenfelsmalereien befinden, und maßgeschneiderte Touren für Vogelbeobachter zur Santa María Bay sowie zum Isla Isabel National Park und dem Chara Pinta Tufted Jay Preserve.

King David
BOOTSFAHRT
(Karte S. 544; ☎ 669-914-14-44; www.kingdavid. com.mx; Av Camarón Sábalo 333; Tour Erw./Kind 45/30 US$; ⊙ Büro Mo–Fr 7.30–17, Sa bis 14 Uhr; 🚌 Sábalo-Centro) Unter den verschiedenen Bootstouren gibt es z. B. die Option „Jungle and Beach" durch die von Mangroven gesäumten Wasserwege des Naturschutzgebiets Isla de la Piedra. Direktbuchung beim Firmenbüro (statt über ein Hotel) spart Bares. Auf eigene Faust wird aus der Tour „Isla de la Piedra" ein günstigerer (und besserer) Ausflug.

Vista Tours
GEFÜHRTE TOUREN
(Karte S. 544; ☎ 669-986-86-10; www.vistatours. com.mx; Av Camarón Sábalo 51; Touren 30–129 Mex$/Pers.; ⊙ Mo–Fr 9–17, Sa 9–15 Uhr; 🚌 Sábalo-Centro) Verlässliches Unternehmen mit einer Vielzahl geführter Touren in und um

Mazatlán, z. B. Stadttouren (30 US$), Kolonialtouren (50 US$) zu den Städten Concordia und Copala in den nahen Gebirgsausläufern, Tequila-Touren (45 US$) und Tagestouren nach Mexcaltitán (129 US$).

Feste & Events

Karneval
KARNEVAL
(www.carnavalmazatlan.net; ⊙ Feb.) Mazatlán feiert eine große, bunte Karnevalsparty. In der Woche vor Aschermittwoch ist in der Stadt rund um die Uhr der Bär los. Dann empfiehlt es sich auch, die Hotelzimmer weit im Voraus zu reservieren.

Festival Cultural Mazatlán
THEATER
(www.culturamazatlan.com; ⊙ Okt.–Dez.) Das Festival erfreut Fans der darstellenden Künste in und um das Teatro Ángela Peralta (S. 536) mit bezaubernden Theatervorstellungen und Konzerten.

Artwalk
KUNST
(www.artwalkmazatlan.com; ⊙ Nov.–April am 1. Fr des Monats 16–20 Uhr) Bei diesem Kunstspaziergang auf eigene Faust bekommt man einen guten Eindruck von Mazatláns Kunstszene.

🛏 Schlafen

★ Funky Monkey Hostel
HOSTEL $
(Karte S. 544; ☎ Handy 669-4313421; www.funky monkeyhostel.net; Cerro Boludo 112; B/DZ inkl. Frühstück 265/630 Mex$; [P] 🔄 ❄ @ 🛜 🏊; 🚌 Sábalo-Centro) Grandios geführtes Hostel mit zahlreichen Einrichtungen in einem ruhigen Wohngebiet am Stadtrand, ca. 1,2 km vom Strand entfernt. Ein toller Ort zum Relaxen mit großer Lounge, einem hübschen Pool, zwei Küchen und Hängematten. Die Zimmer sind mit Kochgelegenheit, Klimaanlage und Bad ausgestattet, die geräumigen Schlafsäle mit Ventilatoren, bunten Bettdecken und anständigen Matratzen. Surfbrettverleih und kostenlose Fahrräder.

Hotel Posada Los Tabachines
HOTEL $
(Karte S. 538; ☎ 669-982-29-10; www.hoteltaba chines.com; Río Elota 2; DZ/Suite ab 400/470 Mex$; [P] 🔄 ❄ 🛜; 🚌 Sábalo-Centro) Das angenehme Budgethotel ist 100 m vom Strand und fünf Blocks vom Busbahnhof (S. 548) entfernt und bietet saubere, klimatisierte Zimmer mit gefliesten Fußböden sowie recht große Suiten mit Küche. Für alle, die der Lärm am frühen Morgen in der Lobby nicht stört, ist dies eine tolle Unterkunft mit gutem Preis-Leistungs-Verhältnis.

SINALOAS KOLONIALZEITLICHE PERLEN

In den Gebirgsausläufern der Sierra Madre liegen ein paar malerische Städtchen aus der Kolonialzeit, die sich als nette Tagesziele ab Mazatlán anbieten.

Concordia, gegründet 1565, hat eine Kirche aus dem 18. Jh., die von einer Barockfassade und prachtvoll gestalteten Säulen geziert wird. Ansonsten ist das Dorf für die hochwertigen Tonwaren und Möbel seiner Handwerker bekannt. Es liegt östlich von Mazatlán und ist in ca. 45 Autominuten erreichbar. Hierzu folgt man dem Hwy 15 südostwärts bis Villa Unión (20 km) und fährt anschließend auf dem Hwy 40 (führt nach Durango) 20 km landeinwärts.

Copala liegt rund 40 km hinter Concordia (ca. 1 Std. Fahrt ab Mazatlán) und ist eine von Mexikos ältesten Bergbaustädten am Hwy 40. Bis heute stehen hier eine Kirche (erb. 1748) und Häuser aus der Kolonialzeit an Straßen mit Kopfsteinpflaster.

El Rosario liegt 76 km südöstlich von Mazatlán am Hwy 15 und ist ebenfalls eine Bergbaustadt aus der Kolonialzeit. Sie wurde im Jahr 1655 gegründet und ist vor allem für den mächtigen blattgoldverzierten Altar in der Kirche Nuestra Señora del Rosario bekannt. Hier kann man auch das Haus der viel geliebten Sängerin Lola Beltrán besichtigen, die die *ranchera* (Mexikos urbane „Countrymusik") Mitte des 20. Jhs. populär machte.

Cosalá in den Bergen nördlich von Mazatlán ist eine wunderschöne koloniale Bergbaustadt, die 1550 gegründet wurde. Hier gibt es eine Kirche aus dem 18. Jh., ein Bergbaumuseum in einer Kolonialvilla an der Plaza und das schöne **Hotel Quinta Minera** (☎ 696-965-02-22; www.hotelquintaminera.com; Hidalgo 92, Cosalá; DZ/4BZ 1200/1420 Mex$; P ⊖ ❄ 🛜 ☰) im Stil einer Hacienda. Um dorthin zu kommen, folgt man dem Hwy 15 etwa 113 km gen Norden bis zur Abfahrt (die gegenüber der Abzweigung zum Küstenort La Cruz de Alota liegt) und fährt dann 45 km hinauf in die Berge.

Busse nach Cosalá, Concordia und El Rosario fahren an einem kleinen Busbahnhof hinter Mazatláns Hauptbusbahnhof (S. 548) ab.

Hostal Mazatlán
HOSTEL $

(Karte S. 542; ☎ 699-688-57-55; www.hostal mazatlan.com; Constitución 809; B/DZ 290/600 Mex$; ⊖ ❄ 🛜; 🚌 Sábalo-Centro) Für dieses Hostel im Zentrum spricht so einiges: Es ist nur zwei Blocks von der belebten Plaza Machado (S. 536) entfernt, bietet superbillige Leihräder und einen Einblick in Mazatláns weniger touristische Gegend mit vielen Nachbarschaftskneipen und Lokalen. Übernachtet wird in klimatisierten Schlafsälen mit sechs Betten oder netten Doppelzimmern mit Bad.

Melville Suites
HOTEL $$

(Karte S. 542; ☎ 669-982-84-74; www.themelvil le.com; Constitución 99; Suite 1390–2400 Mex$; ⊖ ❄ 🛜; 🚌 Sábalo-Centro) Die lockere Unterkunft in perfekter Lage versprüht viel Charme im Stil des guten alten Mexikos. Die riesigen Suiten mit hohen Decken und dicken Mauern sind um einen zentralen Innenhof angeordnet. Die rustikalen Zimmer verfügen über Ventilatoren, Klimaanlage und kleine Küchen. Und was ist der Haken? Der Straßenlärm, den die Zimmer nach vorne raus am Wochenende abends abbekommen können. Parkplätze befinden sich gegenüber.

Hotel La Siesta
HOTEL $$

(Karte S. 542; ☎ 669-981-26-40; www.lasiesta. com.mx; Paseo Olas Altas 11; Zi. 1178–1416 Mex$; ⊖ ❄ @ 🛜 ☰; 🚌 Sábalo-Centro) Das La Siesta in schöner Lage oberhalb der Playa Olas Altas (S. 537) ist eine tolle Option, wenn man eines der Zimmer mit Meerblick ergattert. Zum Zeitpunkt der Recherchen wurden die geräumigen Zimmer ohne Meerblick allerdings gerade renoviert und mit neuen Möbeln und Matratzen ausgestattet. Im netten zentralen Innenhof mit angrenzendem Restaurant kann man gut Kontakte mit anderen Travellern knüpfen. Im Sommer schnell ausgebucht.

Suitel
PENSION $$

(Karte S. 538; ☎ 669-985-41-40; www.facebook. com/suitel522; Río Presidio 522; Zi. inkl. Frühstück 1100 Mex$; ⊖ ❄ 🛜; 🚌 Sábalo-Centro) 🏊 Die drei Blocks vom Strand entfernt gelegene Unterkunft bietet blitzsaubere (wenn auch

Alt-Mazatlán

Alt-Mazatlán

Highlights
1 Alt-Mazatlán C2
2 Plaza Machado C2

Sehenswertes
3 Catedral.. D1
4 Clavadistas... A2
5 Museo Arqueológico de Mazatlán B3
6 Museo de Arte B3
7 Playa Olas Altas B3
8 Teatro Ángela Peralta............................ C2

Schlafen
9 Casa de Leyendas B3
10 Hostal Mazatlán D2
11 Hotel La Siesta B2
12 Jonathon C2
13 Melville Suites.. C2
14 Villa Serena C1

Essen
15 Angelina's Kitchen B3

16 El Presidio B2
17 Fonda de Chalio B3
18 Gaia Bistrot C2
19 Héctor's Bistro C2
20 Helarte Sano... C3
21 Nieves de Garrafa de con
     Medrano C2
22 Panamá D1
23 Pedro & Lola C2
24 Topolo D2

Ausgehen & Nachtleben
25 Looney Bean... B3
26 Vitrolas Bar C2

Shoppen
27 Casa Etnika B3
28 Gandarva Bazar D2
29 La Querencia C2
30 Mercado Pino Suárez D1
31 Nidart.. C2

etwas muffige) Zimmer mit Kochnische, eine nette Veranda mit vielen Pflanzen und ein gutes Preis-Leistungs-Verhältnis. Gäste können Fahrräder, Bodyboards und Angelausrüstung ausleihen. Um die ökobewusste Pension zu erreichen, einfach gegenüber der vergoldeten *pulmonía*-Taxistatue von der Küstenstraße abbiegen.

Casa Contenta
APARTMENT $$

(Karte S.544; ☎669-913-49-76; www.casacontenta.com.mx; Av Playa Gaviotas 224; Apt./Haus 1600/3600 Mex$; P🖳❄🛜✉; 🚇Sábalo-Centro) Die geräumigen Apartments mit Kabel-TV, Kochnische, Essbereich, einem Doppelbett und zwei Einzelbetten liegen direkt am Strand mitten in der Zona Dorada und sind eine gute Wahl für Familien. Die Zimmer und Betten könnten zwar eine Modernisierung vertragen, haben aber angesichts der Spitzenlage ein recht gutes Preis-Leistungs-Verhältnis.

Motel Marley MOTEL **$$**
(Karte S. 544; ☎ 669-913-55-33; http://travelbymexico.com/sina/marley; Av Playa Gaviotas 226; 1-/2-Zi.-Apt. 1400/1600 Mex$; P ⊖ ❄ @ ☈ ≋; 🚌 Sábalo-Centro) Die stimmungsvollste der vielen Budgetunterkünfte in der Zona Dorada bietet altmodische, aber komfortable Apartments am Meer. Sie sind in Blocks mit je vier Einheiten untergebracht, erstaunlich luftig und haben gut ausgestattete Küchen. Es gibt eine Wiese mit Blick aufs Meer, einen Pool und – was am allerbesten ist – einen privaten Strandzugang.

★ **Casa de Leyendas** B & B **$$$**
(Karte S. 542; ☎ 669-981-61-80; www.casadeleyendas.com; Venustiano Carranza 4; Zi. inkl. Frühstück 2118–2975 Mex$; ⊖ ❄ @ ☈ ≋; 🚌 Sábalo-Centro) Dieses B&B gehört zu den gemütlichsten Unterkünften in Alt-Mazatlán. Die sechs komfortablen Zimmer nur für Erwachsene verteilen sich auf zwei Etagen des großen Hauses nahe der Playa Olas Altas (S. 537) und sind mit Kaffeemaschine, Kühlschrank, Föhn, Safe und anderen netten Kleinigkeiten ausgestattet. Zu den Gemeinschaftsbereichen gehören eine Bibliothek, eine beliebte, gut bestückte, preiswerte Bar, ein zentraler „Cocktail-Pool“ mit Jaccuzi, eine voll eingerichtete Gästeküche und oben zwei geräumige Balkone.

Villa Serena APARTMENT **$$$**
(Karte S. 542; ☎ Handy 669-1500034; www.villa-serena.blogspot.com; Heriberto Frías 1610; 1-/2-Zi.-Apt. ab 100/120 US$; ⊖ ❄ ≋; 🚌 Sábalo-Centro) Die ehemalige Zigarrenfabrik in einem wunderschönen Gebäude aus dem 19. Jh. wurde in einen Apartmentkomplex mit 14 Wohneinheiten umgebaut. Am besten sind die mit zwei Ebenen und hohen Decken mit offenliegenden Balken, gefliestem Fußboden, voll eingerichteter Küche und eigenem Balkon. Und als Sahnehäubchen gibt's einen kleinen Pool in dem ruhigen Garten und einen Whirlpool auf dem Dach.

Las 7 Maravillas B & B **$$$**
(Karte S. 538; ☎ 669-136-06-46; www.las7maravillas.com; Av Las Palmas 1; Zi. inkl. Frühstück 2200–3200 Mex$; ⊖ ❄ ☈; 🚌 Sábalo-Centro) Das vornehme B&B liegt einen Block oberhalb vom Strand in einem ruhigen Wohnviertel. Mit individuellem Service, guten Sicherheitsvorkehrungen und Aussicht vom Whirlpool zielt es vor allem auf Paare ab. Das Frühstücksbüfett wird von unseren Lesern sehr gelobt. Die sechs Zimmer orientieren sich einrichtungsmäßig jeweils an den Ländern, nach denen sie benannt sind. Insgesamt ein eindrucksvolles Gesamtpaket, das rechtzeitig reserviert werden muss! Keine Gäste unter 15 Jahren.

Jonathon BOUTIQUEHOTEL **$$$**
(Karte S. 542; ☎ 669-915-63-60; www.jonathonhotel.com; Av Carnaval 1205; Zi. inkl. Frühstück 1964–3778 Mex$; ⊖ ❄ ☈ ≋; 🚌 Sábalo-Centro) An einer Fußgängerzone unweit der Plaza Machado (S. 536) umgibt das Jonathon einen tollen Innenhof mit Säulen und einer modernen Wendeltreppe. Die geräumigen Zimmer haben „schwebende“ Betten sowie Schränke und Regale aus Hartholz. Die teureren Zimmer sind außerdem mit Jacuzzis ausgestattet. Das Ganze ist etwas überteuert, aber äußerst komfortabel. Zusätzliche Pluspunkte sind die großartige Lage und der Pool auf dem Dach mit tollem Blick.

Hotel Playa Mazatlán RESORT **$$$**
(Karte S. 544; ☎ 669-89-05-55; www.hotelplayamazatlan.com; Av Playa Gaviotas 202; Zi. ab 2500 Mex$; P ⊖ ❄ @ ☈ ≋; 🚌 Sábalo-Centro) Das Resort gehört zu den ältesten der Zona Dorada und hat einen Top-Standard. Die meisten der 404 Zimmer bieten Meerblick und Kabel-TV, eine private Terrasse und den geschmackvollen Stil, der ein klassisches Hotel auszeichnet. Die gepflegten tropischen Gärten und das Strandrestaurant machen das Playa zum besten der großen Häuser in Mazatlán.

Essen

Mazatlán ist für frisches Seafood berühmt – darunter leckerer *pescado zarandeado* (pikanter Fisch vom Holzkohlegrill) und großartige Garnelen.

Für preiswerte und schlichte Gerichte mit frischen Meeresfrüchten empfiehlt sich z. B. die Umgebung des Mercado de Mariscos am Südende der Playa Norte (S. 537). Etwas weiter nördlich sind die strohgedeckten Strandbuden gegenüber der Hotels Hacienda und Cima einen Besuch wert.

Alt-Mazatlán & Umgebung

Tacos José TACOS **$**
(Karte S. 538; ☎ Handy 669-9940467; Ecke Río Presidio & Av Rotarismo; Tacos 17–35 Mex$; ⏲ 18–1.30

Zona Dorada & Umgebung

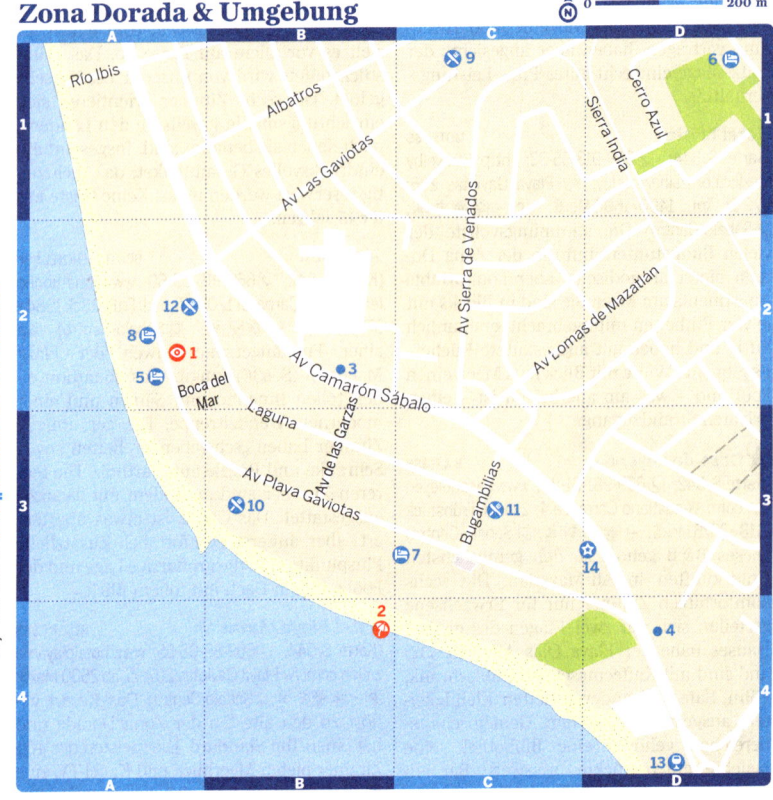

Uhr; ▢ Sábalo-Centro) Die total beliebte Taco-Bude hat sich spezialisiert auf *carne asada*, gegrilltes Rindfleisch auf einer Mais- oder Mehltortilla mit Salsa nach Wahl. Stammkunden lieben die Cholesterinbombe *choreada* (gegrilltes Rindfleisch auf knuspriger Tortilla mit Schmalzschicht). Wer kein Fleisch mag, kann sich Quesadillas bestellen oder rüber zum Seafood-Stand auf der anderen Straßenseite gehen.

Helarte Sano
EIS $

(Karte S. 542; www.facebook.com/helartesano; Av Carnaval 1129; Eis am Stiel 10–35 Mex$, Eis 35–55 Mex$; ⊙ Mo–Fr 9–21, Sa 10–22, So 11–21 Uhr; ▢ Sábalo-Centro) Hier gibt's *paletas* (Eis am Stiel), Sorbets und mexikanisch inspirierte Eiscremes in über drei Dutzend verschiedenen Geschmacksrichtungen, darunter originelles Fruchteis (mit Zitronen-Rosmarin-, Kumquat- und Avocado-Geschmack), diabetikerfreundliche, zuckerfreie Optionen und kleine Eislollis für Kinder.

Mercado de Mariscos Playa Norte
SEAFOOD $

(Karte S. 538; Paseo Claussen s/n; Fisch 60–100 Mex$/kg; ⊙ 8–15 Uhr; ▢ Sábalo-Centro) Der schlichte Seafood- und Fischmarkt verkauft den frischen Fisch der Boote, die gegenüber am Strand (S. 537) anlegen. Die Stände bereiten den Kauf oder das selbst Geangelte zu.

Nieves de Garrafa de con Medrano
EIS $

(Karte S. 542; www.facebook.com/nievesdegarrafa deconmedrano; Ecke Flores & Calle 5 de Mayo; Eis 20–30 Mex$; ⊙ 11–21 Uhr; ▢ Sábalo-Centro) Dieser schlichte Eiswagen in Familienhand nahe der Plaza Principal ist seit 1938 eine hiesige Institution. Das leckere, selbst gemachte Eis hat viele treue Anhänger. Unbedingt die Sorten Vanille, Pflaume, Kokos und Guave probieren!

Panamá
MEXIKANISCH, BÄCKEREI $$

(Karte S. 542; ☎ 669-985-18-53; www.panama. com.mx; Ecke Canizales & Juárez; Hauptgerichte

Zona Dorada & Umgebung

◎ Sehenswertes
1 Onilikan A2
2 Playa Las Gaviotas B4

⊕ Aktivitäten, Kurse & Touren
3 King David B2
4 Vista Tours D4

⊟ Schlafen
5 Casa Contenta A2
6 Funky Monkey Hostel D1
7 Hotel Playa Mazatlán C3
8 Motel Marley A2

⊗ Essen
9 Casa Loma C1
10 Pancho's Restaurant B3
11 Pura Vida C3
12 Tomates Verdes A2

◉ Ausgehen & Nachtleben
13 Fiesta Land.....................................D4

◎ Unterhaltung
14 Cinemas Gaviotas D3

68–164 Mex$; ⊙7–22.30 Uhr; ☎; ▢Sábalo-Centro) Super, um den Tag zu beginnen oder sich später zu stärken: Dieser Mix aus Bäckerei und Diner ist bei Einheimischen sehr beliebt. Bei den zahllosen Frühstücksoptionen reicht die Auswahl von nordamerikanischen Klassikern bis hin zu mexikanischen Köstlichkeiten wie *chilaquiles* (Tortillastreifen mit viel Salsa-Sauce). Es gibt mehrere Filialen vor Ort.

Angelina's Kitchen   MEXIKANISCH **$$**
(Karte S. 542; ☑669-910-15-96; www.facebook.com/angelinaslatinkitchen; Venustiano Carranza 18; Hauptgerichte 120–200 Mex$; ⊙Mitte Okt.–Juli Di–Fr 12–23, Sa & So 8–23 Uhr; ☎🏊; ▢Sábalo-Centro) Viele Einheimische schätzen dieses überraschend geräumige Restaurant mit unauffälliger Fassade. Kein Wunder: Die bodenständige Karte reicht von Burgern, Salaten und vegetarischen Optionen bis zu *ceviche* und griechischer Pizza. Hinzu kommt sorgsam ausgewähltes und zubereitetes Seafood (z. B. große, leckere Krustentiere oder marinierter Fisch).

Fonda de Chalio   MEXIKANISCH **$$**
(Karte S. 542; ☑669-910-04-80; fondadechalio33@hotmail.com; Paseo Olas Altas 166; Hauptgerichte 130–185 Mex$; ⊙So–Fr 7–23, Sa 7–24 Uhr; ☎; ▢Sábalo-Centro) Das Straßencafé gegenüber vom *malecón* (Uferpromenade) ist bei Einheimischen mittleren Alters besonders beliebt, vor allem morgens, wenn Körbe voller *pan dulce* (Backwaren), *chilaquiles* mit *machaca* (pikante, getrocknete Rindfleischstückchen) und *huevos con nopales* (Rührei mit Feigenkaktusscheiben) auf den Tisch kommen. Abends sorgen dann *aguachile* (Ceviche à la Mazatlán), kaltes Bier, Straßenmusik und Tanz für Stimmung.

Pedro & Lola   FUSION **$$**
(Karte S. 542; ☑669-982-25-89; www.restaurantpedroylola.com; Av Carnaval 1303; Hauptgerichte 129–238 Mex$; ⊙18–1 Uhr; ☎; ▢Sábalo-Centro) Das schicke Lokal an der Plaza Machado (S. 536) kredenzt hervorragende kleine Gerichte, u.a. mit köstlichen Shrimps und Tintenfisch. Der frische Fisch wird auf verschiedene Arten zubereitet – die sautierten Speisen mit Knoblauch sind am besten. Es stehen auch immer neue Versionen von traditionellen Sinaloa-Gerichten auf der Karte. Donnerstags bis sonntags wird Livejazz und -blues geboten.

★ Héctor's Bistro   FUSION **$$$**
(Karte S. 542; ☑669-981-15-77; www.facebook.com/hectorsbistro; Escobedo 409, Ecke Heriberto Frías; Hauptgerichte 165–295 Mex$; ⊙Mo–Sa 8–23 Uhr; ☎; ▢Sábalo-Centro) Das viel gepriesene Restaurant eines beliebten einheimischen Chefkochs punktet mit engagiertem Service und einem geräumigen Innenraum, in dem hohe, alte Balkendecken und moderne Eleganz eine gelungene Liaison eingehen. Aus der Küche kommen Speisen wie Seafood-Carpaccio, hausgemachte Pastrami, leckere Pasta und Salate mit frischen Garnelen und Avocado. Hinzu kommen Tagesgerichte wie Schweinefilet oder T-Bone-Steak.

★ El Presidio   MEXIKANISCH **$$$**
(Karte S. 542; ☑669-910-26-15; www.facebook.com/elpresidiococinademexico; Blvd Niños Héroes 1511; Hauptgerichte 149–329 Mex$; ⊙So–Do 13–23, Fr & Sa 13–24 Uhr; ☎; ▢Sábalo-Centro) Wenn man in dem Hof dieses wunderschön restaurierten Gebäudes aus dem 19. Jh. zu Abend isst, fühlt man sich wie in der guten, alten Zeit. Auf der hervorragenden Speisekarte stehen u.a. *zarandeado* (gegrillte Shrimps) mit mexikanischen Nudeln und geräucherte Schweinshaxen, die 14 Stunden langsam gegart werden. Und dazu gibt's hervorragenden Mezcal, Tequila und lokales Craft-Bier.

Gaia Bistrot   INTERNATIONAL **$$$**
(Karte S. 542; ☑669-112-25-25; www.gaiabistrot.com.mx; Heriberto Frías 1301; Hauptgerichte

ZENTRALE PAZIFIKKÜSTE MAZATLÁN

165–275 Mex$; ⊙ Di–Sa 12–23, So 13.30–22 Uhr; 🕿⊘; 🖥 Sábalo-Centro) Der Küchenchef Gilberto del Toro hat für seine Speisekarte mit internationalen Gerichten wie Rinderschmorbraten in Rotweinsauce und seine nur sonntags zubereitete *paella valenciana* (Reis mit Gewürzen und Seafood) schon viel Lob eingeheimst. Als Dessert sollte man Vanille-Panna-Cotta mit in Balsamico marinierten Erdbeeren probieren. Für Vegetarier gibt's eine gute Auswahl an Salaten, Suppen und Pasta.

Topolo   MEXIKANISCH $$$
(Karte S. 542; ☑ 669-136-06-60; www.topolomaz. com; Constitución 629; Hauptgerichte 220–260 Mex$; ⊙ Di–So 15–23 Uhr, Mitte Aug.–Sept. So geschl.; 🕿; 🖥 Sábalo-Centro) Für ein romantisches Abendessen ohne Mariachis empfiehlt sich dieser sanft beleuchtete Innenhof eines historischen Gebäudes in zentraler Lage. Das Lokal zielt zwar auf Ausländer ab, ist aber sehr charmant: Die Kellner bereiten frische Salsa direkt am Tisch zu, und aus der Küche kommen Spezialitäten wie Garnelen mit Tequila oder Fisch in Korianderbutter.

✖ Zona Dorada & Umgebung

Pura Vida   VEGETARISCH $
(Karte S. 544; ☑ 669-916-10-10; puravidatogo@gmail. com; Bugambilias 18; Hauptgerichte 85–106 Mex$; ⊙ 8–22.30 Uhr; ✳🕿⊘; 🖥 Sábalo-Centro) Hier kommen Salate, Sandwiches, mexikanische Snacks und vegetarisches Essen auf den Tisch. Am beliebtesten sind jedoch die Säfte und Smoothies (Getränke 45–54 Mex$). Bei den kreativen Mixturen auf der Karte werden alle beliebten Tropenfrüchte mit Äpfeln, Datteln, Pflaumen, Erdbeeren, Weizengras und Spirulina kombiniert.

Tomates Verdes   MEXIKANISCH $
(Karte S. 544; ☑ 669-913-21-36; Laguna 42; Menü 55 Mex$; ⊙ Mo–Sa 8.30–16.30 Uhr; 🕿; 🖥 Sábalo-Centro) Das schlichte Frühstücks- und Mittagslokal mit gemütlicher Atmosphäre serviert z. B. *pechuga rellena* (gefüllte Hähnchenbrust) oder aromatische Suppen wie *nopales con chipotle* (pikanter Kaktus). Jede Mahlzeit besteht aus Suppe, Hauptgericht, Reis oder Bohnen. Täglich wechselnde Karte.

Carlos & Lucía's   KUBANISCH, MEXIKANISCH $$
(Karte S. 538; ☑ 669-913-56-77; lucialleras@ yahoo.com; Av Camarón Sábalo 2000; Hauptgerichte 80–220 Mex$; ⊙ Mo–Sa 12–23 Uhr; 🕿; 🖥 Sábalo-Centro) Was kommt heraus, wenn

man die Talente eines Mexikaners namens Carlos und einer in Kuba geborenen Köchin namens Lucía miteinander kombiniert? Ein quirliges, farbenfrohes, kleines Restaurant, das Spezialitäten aus beiden Ländern serviert. Besonders empfehlenswert ist die *Plato Carlos y Lucía*, in Brandy gegarte Shrimps und Fisch, serviert mit Reis, Gemüse und Kochbananen. Das Lokal befindet sich gegenüber vom Palms Resort.

Pancho's Restaurant   MEXIKANISCH $$
(Karte S. 544; ☑ 669-914-09-11; www.lospanchos mazatlan.com; Av Playa Gaviotas 408, Centro Comercial Las Cabanas; Hauptgerichte 165–269 Mex$; ⊙ 7–23 Uhr; 🕿; 🖥 Sábalo-Centro) Die beiden Terrassen direkt an der Playa Las Gaviotas (S. 537) bieten einen spektakulären Blick, mit dem das Essen voll mithalten kann. Die große Auswahl reicht von leckerem *aguachile* (Ceviche) bis zu gewaltigen Seafood-Platten. Oder wie wär's mit einem Drink? Eine ganze Armada von Kellnern serviert gern riesige Margaritas und eiskaltes Bier.

Todos Santos   SEAFOOD $$
(Karte S. 538; ☑ 669-112-13-22; www.facebook. com/todosantosmariscosoficial; Ecke Av Marina & Rodolfo Gaona; Gerichte 129–189 Mex$; ⊙ So–Do 11–23, Fr & Sa bis 13 Uhr; 🅿🕿; 🖥 Sábalo-Cocos) Das luftige Open-Air-Lokal mit Surfer-Deko ist eine beliebte Dating-Adresse für junge einheimische Paare. Trotz der fröhlich-frechen Atmosphäre wirkt das Personal jedoch ein bisschen arrogant. Die lange Seafood-Karte zeugt von viel Einfallsreichtum und Qualitätsbewusstsein: Darauf stehen z. B. leckerer Thunfisch, frische Austern, diverse *ceviches* und ein paar tolle Kreationen mit Fischfilet.

Zu finden ist das Ganze hinter dem Einkaufszentrum Soriana Plus an der Av Rafael Buelna.

Yoko   SUSHI $$
(Karte S. 538; ☑ 669-982-55-99; Av del Mar 720; Hauptgerichte & Sushi-Röllchen 80–175 Mex$; ⊙ 13–23 Uhr; 🕿; 🖥 Sábalo-Centro) Für die Einheimischen ist in dieser Stadt mit ihren unzähligen Sushi-Restaurants das Yoko eines der besten.

Casa Loma   INTERNATIONAL $$$
(Karte S. 544; ☑ 669-913-53-98; www.restaurant casaloma.com; Av Las Gaviotas 104; Hauptgerichte 145–298 Mex$; ⊙ 13.30–23 Uhr; 🕿; 🖥 Sábalo-Centro) In diesem eleganten Restaurant kann man ein *chateaubriand béarnaise* (Steak mit hausgemachter Béarnaise-Sauce)

oder gedünsteten Fisch *blanca rosa* (mit Shrimps, Spargel und Pilzen) genießen. Gespeist wird in einem schicken Speiseraum oder draußen rund um einen sprudelnden Brunnen.

 Ausgehen & Nachtleben

Seinen Ruf als Nightlife-Hochburg verdankt Mazatlán vielen pulsierenden Diskos, denen urlaubende Studenten eine Art mexikanische Spring-Break-Atmosphäre verpassen. Der Betrieb beginnt meist um ca. 22 Uhr und erreicht nach Mitternacht seinen Höhepunkt. Wer lieber gediegen an seinem Drink nippt und dabei Leute beobachtet, begibt sich in die Av Olas Altas oder noch tiefer nach Alt-Mazatlán (S. 536) hinein.

⭐ **Cervecería Tres Islas**   BRAUEREI
(Karte S. 538; ☑ 669-688-54-57; www.facebook. com/cervezatresislas; Av Alemán 923; ⊗ Mo–Sa 13–22.30 Uhr; 🖥; ▣ Sábalo-Centro) In der netten Schankstube dieser kleinen Brauerei gibt's Mazatláns bestes Craft-Bier vom Fass. Das nach Hopfen schmeckende Indian Pale Ale und das auf belgische Art gebraute Saison-Bier sind genau das Richtige an einem warmen Tag. Donnerstag- und freitagabends wird Musik vom Plattenteller oder Livemusik geboten. Essen gibt es nicht, wer Hunger hat, kann sich aber etwas von anderswo bringen lassen.

La Fiera   LOUNGE
(Karte S. 538; ☑ 669-913-16-85; www.facebook. com/fierarest; Av Cámaron Sábalo 1968; ⊗ Do & Fr 18–1, Sa 18–3.30 Uhr; 🖥; ▣ Sábalo-Centro) Die zum Restaurant La Fiera gehörende Bar ist ein dringend benötigter Ruhepol zu den lauten Nachtclubs in der Zona Dorada. In der schummrig beleuchteten Cocktail-Lounge legen DJs alles von House über Reggae bis hin zu *cumbia* (ursprünglich aus Kolumbien stammende Tanzmusik) und Hip Hop auf. Im Restaurant kann man lecker essen, aber die Portionen sind recht übersichtlich.

Looney Bean   CAFÉ
(Karte S. 542; ☑ 669-136-05-07; www.looneybean mzt.com; Paseo Olas Altas 166G; Getränke 20–50 Mex$, Gebäck 20–50 Mex$; ⊗ Mo–Do 7.30–22, Fr–So 7.30–23 Uhr; 🖥; ▣ Sábalo-Centro) In dem tollen Coffeeshop an der Haupuferstraße gibt es starken Kaffee, Espresso, Säfte und Smoothies. Außerdem bekommt man Erdbeerküchlein, die so groß sind, dass man sie kaum auf einmal schafft. Man sollte es aber unbedingt probieren, denn sie sind saulecker.

Vitrolas Bar   SCHWULENBAR
(Karte S. 542; ☑ 669-985-22-21; www.vitrolasbar. com; Heriberto Frías 1608; ⊗ Do–So 20–2 Uhr; 🖥; ▣ Sábalo-Centro) Die elegante Schwulenbar in einem wunderschön restaurierten Gebäude ist romantisch beleuchtet und überhaupt nicht „szenig": Hier tummeln sich mehr Anzugträger als Muskelmänner in Netzhemden. Der Laden ist außerdem beliebt für Karaoke und serviert auch anständige Pizzas.

Fiesta Land   CLUB
(Karte S. 544; ☑ 669-989-16-00; www.fiestaland. mx; Av Camarón Sábalo s/n; ⊗ Do–So 21–4 Uhr; 🖥; ▣ Sábalo-Centro) Die pompöse weiße Burg auf der Punta Camarón am südlichen Ende der Zona Dorada ist eindeutig das Zentrum des Nachtlebens von Mazatlán. Hinter den Mauern befinden sich etwa sechs Clubs und einige der beliebtesten Diskos der Stadt.

Das **Valentino's** zieht ein gemischtes Publikum an und hat drei Tanzflächen mit Hip-Hop und lateinamerikanischer Musik; das **Bora Bora** ist wegen seiner Open-Air-Tanzfläche und der lockeren Einstellung beliebt, denn hier tanzen die Leute sogar auf dem Bartresen; und der saisonale **Sumbawa Beach Club** ist der perfekte Ort, um nach Feierabend im Sand zu tanzen, auf einer riesigen Matratze abzuhängen oder sich im Pool abzukühlen.

 Unterhaltung

Das Magazin Pacific Pearl (www.pacific pearl.com) mit Veranstaltungsverzeichnissen liegt überall in örtlichen Hotellobbys aus und steht auch online zur Verfügung.

Cinemas Gaviotas   KINO
(Karte S. 544; ☑ 669-984-28-48; www.cinemasga viotas.com.mx; Av Camarón Sábalo 218; Tickets 30 Mex$; ▣ Sábalo-Centro) Hier laufen die neuesten Streifen (teilweise Hollywood-Filme im Original mit Untertiteln).

 Shoppen

In der Zona Dorada verkaufen zahllose Touristenläden Klamotten, Schmuck, Töpferwaren, Kunsthandwerk usw. Für unkonventionellere bzw. künstlerisch anspruchsvollere Artikel empfiehlt sich Alt-Mazatlán.

Casa Etnika   KUNST & KUNSTHANDWERK
(Karte S. 542; ☑ 669-136-01-39; www.facebook. com/casaetnika; Sixto Osuna 50; ⊗ Mo–Sa 10–19 Uhr; 🖥; ▣ Sábalo-Centro) ⯇ Die familiengeführte Casa Etnika bietet ein kleines, aber feines Sortiment einzigartiger Objekte, von

denen viele von hiesigen Künstlern geschaffen wurden. In dem dazugehörigen Café gibt es Fair-Trade-Kaffee. In manche Länder kann man sich das Gekaufte auch schicken lassen.

La Querencia
KUNST

(Karte S. 542; ☑ 669-981-10-36; www.facebook.com/laquerenciagaleriadearte; Heriberto Frías 1405; ☉ Mo–Sa 10–20 Uhr; ☎; ⬛ Sábalo-Centro) Die ziemlich große Galerie mit Laden und Eingängen in zwei verschiedenen Straßen (einer davon in der Belisario Dominguez) hat tolle Keramiken, bemalte Holzobjekte, Skulpturen und Schmuck im Angebot. Einige der Stücke sind so riesig, dass man sie nicht ins Handgepäck bekommt. La Querencia dient auch als Bistro mit Bar.

Gandarva Bazar
KUNST & KUNSTHANDWERK

(Karte S. 542; ☑ 669-136-06-65; www.facebook.com/gandarvabazar; Constitución 616; ☉ Mo–Sa 10–20 Uhr) Diese wunderbare Galerie hat einen stimmungsvollen Innenhof voller Trommeln, Skulpturen, Masken, Kruzifixen, Glasherzen und Puppen aus Kalebassen – hauptsächlich Massenware. Man bekommt hier aber auch ein paar interessante Reproduktionen von Keramiken der Chinesco-Kultur, die um 1000 n. Chr. in Nayarit ansässig war.

Mercado Pino Suárez
MARKT

(Mercado Centro; Karte S. 542; www.mercadopinosuarezmazatlan.com; Melchor Ocampo 7; ☉ Mo–Sa 6–18, So 6–14 Uhr; ⬛ Sábalo-Centro) Der zentrale Markt in Alt-Mazatlán bietet ein klassisches Einkaufserlebnis à la Mexiko. Die Händler verkaufen Gemüse, Gewürze, Essen und spottbilliges Kunsthandwerk.

Nidart
KERAMIK, KUNSTHANDWERK

(Karte S. 542; ☑ 669-985-59-91; www.facebook.com/nidartgallery; Libertad 45; ☉ Mo–Sa 10–14 Uhr; ⬛ Sábalo-Centro) Neben handgemachten Ledermasken, Skulpturen und Keramik aus dem hauseigenen Atelier gibt's hier Produkte von vielen anderen lokalen Kunsthandwerkern. Der ganze Laden duftet nach Leder.

❶ Praktische Informationen

Gratis-WLAN gibt's in vielen Bars, Restaurants und Unterkünften.

Die Website Go Mazatlán (www.gomazatlan.com) bietet nützliche Infos über Mazatlán und Umgebung.

Hospital Sharp (☑ 669-986-56-78; www.hospitalsharp.com; Jesús Kumate s/n, Ecke Av Rafael Buelna; ⬛ Sábalo-Centro) Gute, moderne Privatklinik.

Secretaría de Turismo (Karte S. 538; ☑ 669-915-66-00; http://turismo.sinaloa.gob.mx; Av del Mar 882; ☉ Mo–Fr 9–17 Uhr; ⬛ Sábalo-Centro) Hier gibt's einen mittelmäßigen Gratisstadtplan und ein paar Broschüren über das Landesinnere, in puncto praktische Informationen ist der Laden aber völlig nutzlos.

❶ An- & Weiterreise

AUTO & MOTORRAD

In der Hauptsaison bekommt man Mietwagen ab ca. 750 Mex\$ (All-Inclusive-Tarif) pro Tag.

Alamo Flughafen (☑ 669-981-22-66; www.alamo.com.mx; Rafael Buelna International Airport; ☉ 6–21 Uhr; Zona Dorada (☑ 669-913-10-10; Av Camarón Sábalo 410; ☉ Mo–Sa 7–20, So 8–19 Uhr; ⬛ Sábalo-Centro)

Budget Flughafen (☑ 669-982-63-63; www.budget.com.mx; Rafael Buelna International Airport; ☉ 7–22 Uhr; Zona Dorada (☑ 669-913-20-00; Av Camarón Sábalo 413; ☉ Mo–Sa 7–20, So 7–19 Uhr; ⬛ Sábalo-Centro)

Europcar Flughafen (☑ 669-954-81-15; www.europcar.com.mx/en; Rafael Buelna International Airport; ☉ 7–23 Uhr; Zona Dorada (☑ 669-913-33-68; Av Camarón Sábalo 357; ☉ Mo–Sa 8–20, So 8–18 Uhr; ⬛ Sábalo-Centro)

Hertz Flughafen (☑ 669-985-37-31; https://hertzmexico.com; Rafael Buelna International Airport; ☉ 8–20 Uhr; Zona Dorada (☑ 669-913-49-55; Av Camarón Sábalo 314; ☉ Mo–Fr 8–19, Sa & So 8–18 Uhr; ⬛ Sábalo-Centro)

BUS

Der **Central de Autobuses** (Hauptbusbahnhof; Karte S. 538; ☑ 669-982-02-87; Espinoza Ferrusquilla s/n; ⬛ Sábalo-Cocos) liegt unweit der Avenida Ejército Mexicano, vier Blocks landeinwärts vom Nordende der Playa Norte. Die einzelnen Buslinien fahren von separaten Hallen im Hauptbusbahnhof ab.

Regionalbusse in kleine Orte in der Umgebung (wie Concordia, Cosalá und El Rosario) starten an einem kleineren Busbahnhof hinter dem Hauptbusbahnhof.

FLUGZEUG

Der **Rafael Buelna International Airport** (Mazatláns Flughafen; ☑ 669-982-23-99; www.oma.aero/en/airports/mazatlan; Carretera Internacional al Sur s/n) liegt 26 km südöstlich der Zona Dorada. Hier starten Direktflüge zu mehreren Zielen in den USA und Kanada.

Die folgenden Ziele innerhalb des Landes werden von den jeweils angegebenen Gesellschaften angeflogen:
- Guadalajara – TAR
- Mexico City – Aeroméxico, VivaAerobús, Volaris, Interjet
- Monterrey – VivaAerobús
- Tijuana – Volaris

Aeroméxico (www.aeromexico.com) hat Büros in der Zona Dorada (☎ 669-914-11-11; www.aeromexico.com; Av Camarón Sábalo 310; ☺ Mo–Fr 9–18, Sa 9–14 Uhr; 🚌 Sábalo-Centro) und am Flughafen (☎ 669-982-34-44; www.aeromexico.com; Carretera Internacional al Sur s/n; ☺ 4–23 Uhr).

SCHIFF/FÄHRE

Baja Ferries (Karte S. 538; 📞 800-337-74-37; www.bajaferries.com; Av Barragán s/n, Playa Sur; einfache Strecke Sitzplatz Erw./Kind 1240/620 Mex$, Auto 3200 Mex$; ☺ Ticketbüro Mo & Mi–So 8–18, Di 8–15 Uhr; 🚌 Playa Sur) verkehren zwischen dem Terminal am Südende Mazatláns und der Hafenstadt Pichilingue (23 km entfernt von La Paz, Baja California Sur). Die Schiffe legen mittwochs, freitags und sonntags um 18.30 Uhr ab (Passagiere sollten spätestens um 16.30 Uhr vor Ort sein). Die Überfahrt dauert etwa zwölf Stunden. In die Gegenrichtung geht's dienstags, donnerstags und samstags um 20 Uhr. Im Winter kann es wegen starker Winde zu Verspätungen kommen.

🛈 Unterwegs vor Ort

BUS

Stadtbusse fahren von 6 bis 22.20 Uhr. Fahrten in normalen Bussen kosten 7 Mex$, in klimatisierten Bussen 10 Mex$.

Um vom Busbahnhof **Central de Autobuses** in die Innenstadt zu kommen, geht man zur Avenida Ejército Mexicano und steigt in einen beliebigen Bus in Richtung Süden. Alternativ kann man vom Busbahnhof 400 m zum Strand laufen und dort einen Sábalo-Centro-Bus in Richtung Süden zum Zentrum oder Norden zur Zona Dorada nehmen.

Hauptstrecken:

Playa Sur (Karte S. 542; 🚌 Playa Sur) folgt der Avenida Ejército Mexicano gen Süden, führt in

der Nähe des Busbahnhofs vorbei, durchquert das Zentrum vorbei am Mercado Centro, passiert das Fährterminal und erreicht schließlich El Faro.

Sábalo–Centro fährt vom Mercado Centro über Juárez zur Playa Norte, folgt dann der Avenida del Mar bis zur Zona Dorada und anschließend der Avenida Camarón Sábalo weiter nach Norden.

FAHRRAD

Mazatlán kann man gut mit dem Fahrrad erkunden. Der *malecón* (Strandpromenade) führt vom Stadtzentrum bis zur Zona Dorada. Entlang der Küste gibt es zahlreiche Fahrradverleihe.

Baikas (☎ 669-910-19-99; www.baikas.mx; Paseo Olas Altas 166; pro Std./Tag Stadtrad 70/300 Mex$, Hybrid-Rad 100/400 Mex$; ☺ 7–21 Uhr; 🚌 Sábalo-Centro) Professioneller Vermieter von Stadträdern und teureren Hybrid-Bikes. Eine weitere Filiale (☎ 669-984-01-01; www.baikas.mx; Av del Mar 1111; pro Std./Tag Stadtrad 70/300 Mex$, Hybrid-Rad 100/400 Mex$; ☺ 7–21 Uhr; 🚌 Sábalo-Centro) befindet sich in der Nähe der Zona Dorada.

ZUM/VOM FLUGHAFEN

Taxis und *colectivos* (Shuttle-Busse, die ihre Fahrgäste auf festen Routen ein- und aussteigen lassen) fahren vom Flughafen (S. 548) in die Stadt. Tickets (*colectivo* 115 Mex$; Taxi 400 Mex$) gibt's jeweils an einem Stand direkt vor der Ankunftshalle. Zwischen Mazatlán und dem Flughafen verkehren keine öffentlichen Busse.

TAXI

Mazatlán ist bekannt für seine speziellen *pulmonía*-Taxis (kleine offene Vehikel, die an Golfwagen erinnern). Auch normale Taxis sind hier unterwegs. Je nach Streckenlänge, Tageszeit und Verhandlungsgeschick belaufen sich Fahrten innerhalb der Stadt auf 50 bis 120 Mex$.

BUSSE AB MAZATLÁN

ZIEL	PREIS (MEX$)	DAUER (STD.)	HÄUFIGKEIT (TGL.)
Culiacán	130–180	2¾–3	häufig
Durango	495–685	4–5½	häufig
Guadalajara	505–705	8–8½	häufig
Los Mochis	455–532	6–7	häufig
Manzanillo	909	12	2-mal
Mexicali	1260–1470	22–25	häufig
Mexico City (Terminal Norte)	985–1275	13–16	häufig
Monterrey	1395–1580	12–14	5-mal
Puerto Vallarta	570	9	4-mal
Tepic	290–430	4–5	häufig
Tijuana	1370–1560	24–27	häufig

Mexcaltitán

📍 323 / 818 EW.

Dieses schildförmige Inseldorf soll nach Ansicht einiger Experten Aztlán, die Heimat der Azteken, sein, die diesen Ort etwa 1091 verließen, um ihre generationenübergreifende Auswanderung nach Tenochtitlán (das heutige Mexico City) zu beginnen. Die Anhänger dieser Theorie weisen darauf hin, dass zwischen dem kreuzförmigen Aufbau der Straßen von Mexcaltitán und der städtischen Struktur des frühen Tenochtitlán auffällige Ähnlichkeiten bestehen. Als weiterer Beweis wird ein vorspanisches Basrelief aus Stein gedeutet, das in der Region gefunden wurde – es stellt einen Fischreiher dar, der eine Schlange umklammert, und soll ein Hinweis auf das Zeichen sein, das die Azteken im gelobten Land zu finden hofften.

Heute ist Mexcaltitán ein Fischerdorf, das vor allem von der Shrimps-Produktion lebt. Am frühen Abend fahren die Männer mit kleinen Booten in die umliegenden Sumpfgebiete und kehren kurz vor Sonnenaufgang mit vollen Netzen zurück. Der Tourismus hat in sehr ruhigen und freundlichen Mexcaltitán bislang kaum Spuren hinterlassen.

🎯 Sehenswertes

Museo del Origen   MUSEUM
(📱 Handy 323-1209303; Plaza s/n; Eintritt 5 Mex$; ⏰ Di–Sa 10–14 & 16–19, So 10–13 Uhr) Das kleine, aber reizvolle Museum an der Plaza informiert auf Spanisch über die Regionalgeschichte. Zudem zeigt es eine archäologische Sammlung sowie Fotos von Ruinen und Felsbildern. Ausgestellt ist auch eine Replik des *Códice Boturini*. Diese Schriftrolle berichtet von den Reisen der Azteken, deren Ausgangspunkt eine Insel mit starker Ähnlichkeit zu Mexcaltitán war.

🏃 Aktivitäten

Wer Lust hat, kann eine Bootstour auf der Lagune machen, um Vögel zu beobachten, zu angeln und Sehenswürdigkeiten zu besuchen – jede Familie besitzt mindestens ein Boot. Trips um die ganze Insel kosten ab 50 Mex$; für andere Touren muss man etwa 300 Mex$ pro Stunde hinblättern.

✨ Feste & Events

Semana Santa   RELIGION
(⏰ März od. April) Die Karwoche wird groß gefeiert. Am Karfreitag wird in der Kirche eine Christusstatue ans Kreuz geschlagen, dann abgenommen und durch die Straßen getragen.

Fiesta de San Pedro Apóstol   RELIGION
(⏰ Ende Juni) Das lärmige Fest ist dem Schutzpatron der Fischer gewidmet. Statuen des hl. Petrus und des hl. Paulus werden in geschmückten *lanchas* (Motorbooten) hinaus in die Lagune gebracht.

🛏 Schlafen & Essen

Man sollte die Stadt nicht verlassen, ohne vorher die hiesige Spezialität *albóndigas de camarón* (Shrimps-Bällchen), Shrimps-*empanadas* oder vielleicht einen reichhaltigen *jugo de camarón* (Shrimps-Brühe) probiert zu haben. Ein weiteres kulinarisches Highlight sind Shrimps-*tamales*, die morgens in den Straßen von Schubkarren aus verkauft werden.

Hotel Casino Plaza   HOTEL $
(📞 323-235-08-50; hotelcasino.facturas@gmail.com; Ocampo s/n, Ecke Rayón, Santiago Ixcuintla; EZ/DZ 475/555 Mex$; 🅿 🐾 ❄) Die Unterkunft im Motelstil verfügt über saubere Zimmer und ein Restaurant. Außerdem ist sie nur fünf Blocks von der *colectivo*-Haltstelle (35 Mex$) in Santiago Ixcuintla entfernt gelegen und somit ein guter Ausgangspunkt für eine Stippvisite in der Inselstadt Mexcaltitán.

⭐ La Alberca   SEAFOOD $$
(📞 323-235-60-27; Porfirio Diaz s/n, an der Venecia; Hauptgerichte 90–110 Mex$; ⏰ 9–18 Uhr) Das Restaurant auf der östlichen Inselseite bietet einen grandiosen Blick auf die Lagune. Faszinierenderweise ist das Personal immer gut drauf, obwohl es den halben Tag lang Krustentiere pulen muss. Hier dreht sich alles um Shrimps. Empfehlenswert sind die Shrimps-*empanadas*, Shrimps-*ceviche* und Shrimps-*albóndigas* (Bällchen) in einer leckeren, ziemlich chililastigen Shrimps-Brühe. Auch die frittierten Gratis-Shrimps (eine Vorspeise namens *cucarachas*) sind sehr lecker.

Mariscos Kika   SEAFOOD $$
(📱 Handy 323-235-60-54; Loma China s/n; Hauptgerichte 70–150 Mex$; ⏰ 9–18 Uhr) Appetit auf Fisch, Garnelen oder Tintenfisch in zahllosen Varianten? Dann schnell ein Boot zu diesem familiengeführten Lokal nehmen, das gleich gegenüber von Mexcaltitáns Hauptpier auf einer kleinen Insel liegt. Rasenflächen und Liegestühle laden hier zum längeren Verweilen ein.

LAS LABRADAS

Las Labradas (☑Handy 696-1041144; www.facebook.com/laslabradas; via Hwy 15D, Km 51, Ejido la Chicayota; 55 Mex$; ⊙Mo–Do 9–17, Fr–So 9–18 Uhr) an einem großartigen Küstenabschnitt etwa 60 km nördlich von Mazatlán weist Vulkangestein mit mehr als 600 Felsbildern auf, von denen einige vermutlich über 5000 Jahre alt sind. Viele der Bilder entstanden zwischen 750 und 1250 und stehen – wie an den Sonnengravuren und geometrischen Einritzungen zu erkennen ist – mit der Sommersonnenwende in Zusammenhang. Auch Menschen und Tiere, u. a. ein faszinierender, wie ein Mantarochen geformter Fels sind zu erkennen. Hier kann man auch eine wunderbare Zeit am Strand verbringen, also Badezeug und Picknick nicht vergessen!

Nach Las Labradas kommt man am besten mit dem eigenen Fahrzeug. Von Mazatlán aus dem Hwy 15 bis zum Hwy 15D folgen und gleich die erste Abfahrt hinter Km 51 nehmen! Weiter geht's auf einer Schotterstraße (5,5 km) in Richtung Küste. Alternativ kann man sich einer geführten Tour von Onca Explorations (S. 540) anschließen.

ℹ An- & Weiterreise

Ab San Blas (70 Mex$, 1 Std.) oder Tepic (71 Mex$, 1 Std.) geht's zunächst per Bus nach Santiago Ixcuintla, das 7 km westlich des Hwy 15 und 52 km nordwestlich von Tepic liegt. In Santiago nimmt man dann ein *colectivo* (35 Mex$, 45 Min., 4-mal tgl.) oder Taxi (200 Mex$) zum kleinen Bootsanleger von La Batanga (35 km), wo *lanchas* (Motorboote) nach Mexcaltitán starten. Die Ankunfts- und Abfahrtszeiten der *lanchas* sind auf den *colectivo*-Fahrplan abgestimmt. Die Überfahrt (15 Mex$/Pers.) dauert 15 Minuten. Wer die *lanchas* verpasst, kann ein Privatboot mieten (120 Mex$).

Von Mazatlán aus fährt man mit einem Bus in Richtung Tepic bis zur Abzweigung nach Santiago Ixcuintla und wartet dort auf Anschluss.

San Blas

☑ 323 / 10 187 EW.

Das ruhige Fischerdorf San Blas ist ein friedlicher, verschlafener Ort, und genau darin liegt sein Charme. Besucher erfreuen sich an einsamen Stränden, guten Surfspots, einer bunten Vogelwelt und Tropenwäldern, die nur mit Flussschiffen erreichbar sind.

San Blas war vom späten 16. Jh. bis zum 19. Jh. ein wichtiger Hafen der Spanier. Sie errichteten hier eine Festung, um ihre Handelsgaleonen vor Überfällen britischer und französischer Piraten zu schützen. Auch St. Junípero Serra, der „Vater" der kalifornischen Missionsstationen, schipperte einst von hier nach Norden. Mit den Kopfsteinpflasterstraßen sieht San Blas aus wie jedes andere Dorf auch. Aber beim Anblick der Avenida Juárez mit ihren einheitlichen, weiß getünchten Fassaden gerät man schnell ins Schwärmen und träumt von alten Zeiten.

◉ Sehenswertes

★ Playa Las Islitas — STRAND

Die besten Strände säumen die Bahía de Matanchén südöstlich der Stadt. Der erste ist die Playa Las Islitas und liegt 7 km von San Blas entfernt. Um ihn zu erreichen, nimmt man zunächst die Hauptstraße nach Tepic und biegt nach etwa 4 km rechts ab. Diese befestigte Straße führt gen Süden nach Matanchén und weiter über eine Schotterstraße in Richtung Osten zur Playa Las Islitas und zu herrlichen Badestränden.

Playa El Borrego — STRAND

Der lange graue Sandstrand mit anständigen Wellen und ein paar schlichten Restaurantbars liegt am nächsten zur Stadt (am Ende der Azueta; nach dem Düsenflugzeug Ausschau halten!). Ein paar ältere Gauchos bieten hier Ausritte an (50 Mex$, 15–30 Min.). Achtung: Die starken Brandungsrückströme können hier das Schwimmen lebensgefährlich machen! Flaggenmarkierungen und Rettungsschwimmer sorgen jedoch für gewisse Sicherheit.

Cocodrilario Kiekari — ZOO

(☑Handy 311-1456231; www.facebook.com/kiekari. cocodrilario; Ejido La Palma s/n; 30 Mex$; ⊙9–19 Uhr; ℗) In dieser am Fluss gelegenen Aufzuchtstation für Krokodile wachsen die bissigen Reptilien heran und werden später im Rahmen eines Wiederansiedlungsprogramms ausgewildert. Ein paar der Krokodile, Katzen (Jaguare und Luchse) und anderen Tiere in den Gehegen sind jedoch permanente Bewohner. Normalerweise wird die Station im Rahmen einer La-Tovara-Bootstour besucht, ist aber auch über die Straße erreichbar (10,5 km von San Blas).

San Blas

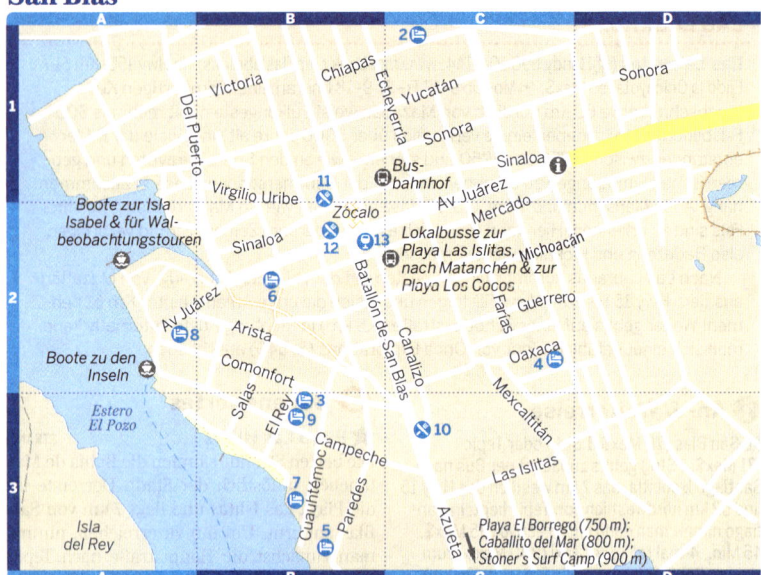

La Contaduría FESTUNG
(Del Panteón s/n; 10 Mex$; ☺ 9–19 Uhr; Ⓟ) Auf diesem Hügel mit toller Aussicht befand sich die ursprüngliche koloniale Siedlung von San Blas. Lohnend ist die Erkundung der Ruinen des spanischen Forts aus dem 18. Jh., wo einst die kolonialen Reichtümer angehäuft und gezählt wurden, bevor man sie nach Mexiko City oder auf die Philippinen verschiffte. Der Platz wird bis heute von ein paar verrosteten Kanonen geziert. Auf dem Weg nach oben passiert man die großartigen Ruinen des 1769 errichteten **Templo de la Virgen del Rosario**.

🏃 Aktivitäten

Infos über Vogelbeobachtung, Sportangeln und Schwimmen mit Walhaien gibt's unter www.sanblasrivieranayarit.com/tours und bei lokalen Touranbietern.

Surfen

Anfänger und Surfer mit Vorkenntnissen verbessern ihre Kenntnisse gern in San Blas, weil es hier viele Beach- und Pointbreaks gibt. Die Saison beginnt im Mai, die Wellen sind dank der südlichen Dünung mit der langen Brandung bis September und Oktober gut surfbar. Beliebte Surfspots mit den weltweit längsten Wellen sind u.a. **El Borrego**, **La Puntilla** (an der Flussmündung südlich der Playa El Borrego), **El Mosco** (westlich von San Blas auf der Isla del Rey) und **Stoner's** (weiter im Süden zwischen San Blas und Las Islitas).

Stoner's Surf Camp SURFEN
(Playa Azul; ☏ 323-232-22-25; www.stonerssurf camp.com; Ramada 7, Playa El Borrego; Surfkurs 300 Mex$/Pers., Leihbrett pro Std./Tag ab 60/150 Mex$) Das Camp an der Playa El Borrego ist der örtliche Surfertreff. „Pompis" Cano (der mexikanische Longboard-Landesmeister) veranstaltet hier Surfkurse und hält Hof unter einer *palapa*. Besucher können bei Bedarf auch übernachten (S. 554).

👉 Geführte Touren

Zusätzlich zu den beliebten La-Tovara-Touren starten weitere **Boote** am Anleger des Estero El Pozo. Sie fahren nach **Piedra Blanca** (500 Mex$, max. 6 Pers., 1 Std.), wo die Statue der Jungfrau besucht wird, zur **Isla del Rey** (30 Mex$/Pers., 5 Min.), die direkt gegenüber von San Blas liegt, und zur **Playa del Rey**, einem 20 km lang Strand auf der anderen Seite der Halbinsel Isla del Rey.

An einem **Anleger** nördlich der Avenida Juárez kann man Bootsleute anheuern, die Exkursionen zur Vogelbeobachtung (300 Mex$/Std.), Walbeobachtung (Dez.–März 250 Mex$/Pers.) und Angeltouren

Tepic (68 km) →

Av Juárez

Cerro de la
Contaduría

Boote zur La Tovara
& zum Cocodrilario

Estero
San
Cristóbal

1

2

3

E   F

0   400 m

San Blas

⦿ Sehenswertes
1 La Contaduría E2

🛏 Schlafen
2 Bungalows Conny C1
3 Casa Roxanna Bungalows B3
4 Estancia Don Roberto.....................C2
5 Hotel Garza Canela B3
6 Hotel Hacienda Flamingos.................B2
7 Hotel Marina San Blas B3
8 Hotelito Casa de las Cocadas............A2
9 Posada del Rey B3

✕ Essen
10 Juan Bananas C3
11 Mercado B1
12 Ofro's B2
    Restaurant El Delfín ....(siehe 5)

☺ Ausgehen & Nachtleben
13 Cafe Del Mar B2

(2800 Mex$/Boot) anbieten. Sie können auch interessante Besichtigungstouren mit Übernachtung zur **Isla Isabel** durchführen. Der Nationalpark und das geschützte Ökoreservat liegen nordwestlich von San Blas und sind in drei Stunden per Boot erreichbar. Die Insel ist ein Paradies für Vogelliebhaber. Da es keinerlei Einrichtungen gibt, sollte man sich auf Campen und Selbstversorgung einstellen. Man kann sich sein Abendessen selbst angeln, aber die Tourveranstalter helfen auch gern dabei, gute Preise mit den Fischern vor Ort auszuhandeln. Diese Touren mit Übernachtung kosten im Allgemeinen 9000 Mex$ für bis zu sechs Personen.

⭐ **La Tovara**   BOOTSFAHRT
(☎ Handy 323-1169997; www.latovara.com; La Tovara 150 Mex$/Pers., La Tovara & Cocodrilario 200 Mex$/Pers.; ⏱ 7–16 Uhr; 🚌 San Blas–Tepic.) Ein lokales Highlight sind Bootstouren zur Süßwasserquelle La Tovara. Kleine Boote starten am *embarcadero* (Anleger) am östlichen Stadtrand und vom Hauptpier, der 4,5 km weiter östlich an der Straße nach Matanchén liegt. Die dreistündige Fahrt entlang des *estero* (Mündung) San Cristóbal zur Quelle führt durch dichte Urwälder und Mangrovenhaine.

La Tovara ist eine ausgewiesene Ramsar-Stätte und profitiert von einem internationalen Übereinkommen zur Erhaltung von Feuchtgebieten.

An der Quelle kann man in einem Restaurant zu Mittag essen. Auf Wunsch lässt sich der Ausflug noch um den Krokodilzoo Cocodrilario Kiekari erweitern.

Die **Boote** starten in der Regel, wenn sich sechs bis acht Fahrgäste zusammengefunden haben. Die meisten Boote fahren am Hauptpier ab. Vom *zócalo* nimmt man am besten ein Combi, das von San Blas nach Tepic fährt.

🎊 Feste & Events

Festival Internacional de Aves Migratorias   VOGELBEOBACHTUNG
(www.facebook.com/fiamsanblas.uan.mx; ⏱ Jan. & Feb.) Ende Januar und/oder Anfang Februar versammeln sich Vogelbeobachter in San Blas zum einwöchigen Internationalen Zugvogelfestival. Zu den Highlights gehören Touren mit englischsprachigen Ornithologen und ein abendliches Unterhaltungsprogramm auf der Plaza.

🛏 Schlafen

⭐ **Casa Roxanna Bungalows**   BUNGALOWS $
(☎ 323-285-05-73; www.casaroxanna.com; El Rey 1; DZ 800–900 Mex$; 🅿 🐕 ❄ 🛜 🏊 🐾) Die elegante Anlage bietet acht große Bungalows und zwei kleinere Zimmer. Am besten wählt man eine der größeren Wohneinheiten im Obergeschoss (max. 5 Pers.) mit voll eingerichteter Küche und einer verglasten Veranda mit Blick auf den Pool und den gepflegten Pal-

mengarten. Das Personal spricht Englisch; bei längeren Aufenthalten gibt's Rabatt.

Bungalows Conny
GASTHAUS $

(☎ 323-285-09-86; www.bungalowsconny.com; Chiapas 26; DZ ab 600 Mex$, Bungalow 850 Mex$; P ☀ 🌐 🛜 ❄) Die Unterkunft in einer ruhigen Ecke der Stadt verfügt über vier moderne Zimmer und Bungalows. In dem größten, luftigen Bungalow fühlt man sich wie in einem kleinen Apartment mit großer Küche. An dem sonnenbeschienenen Pool kann man wunderbar die Seele baumeln lassen. Tom, der Betreiber, hat viele tolle Reisetipps auf Lager.

Hotelito Casa de las Cocadas
HOTEL $

(☎ 323-285-09-60; www.hotellacasadelascocadas. com; Av Juárez 145; DZ 800 Mex$; ➡ ☀ 🛜 ❄) In dem netten Hotel unten am Bootsanleger wohnt man in sauberen Zimmern mit guten Betten und Antikmöbeln. Die Zimmer sind um einen zentralen Pool angeordnet und mit Werken einheimischer Künstler geschmückt. Ein weiterer Pluspunkt ist der ansprechende Speisesaal, in dem sogar ein Klavier steht.

Estancia Don Roberto
HOTEL $

(☎ 323-131-27-78; www.facebook.com/hotelestan ciadonroberto; Isla María Magadalena 50; EZ/DZ 560/795 Mex$; P ☀ 🌐 🛜 ❄) Die modernste Budgetunterkunft in San Blas hat ordentliche Zimmer mit Klimaanlage, Sofa und Sat-TV. Sie sind rund um die Lobby und einen blau gefliesten Pool angeordnet. Ideal, wenn man auf der Suche nach einer erschwinglichen Bleibe mit Komfort ist!

Stoner's Surf Camp
HÜTTE, CAMPING $

(Playa Azul; ☎ Handy 323-2322225; www.stoners surfcamp.com; Playa El Borrego; Stellplatz 80 Mex$/ Pers., Hütte ohne Bad für 2/4 Pers. 250/500 Mex$; P) Die *cabañas* (Hütten) in diesem freundlichen Travellertreff und Surferzentrum verfügen über Strom, Moskitonetze (die man bestimmt brauchen wird), Ventilatoren und fragwürdige Betten. Am besten sind die klapprig-urigen Strandhütten auf Stelzen. Hinzu kommen Zeltstellplätze und Hängematten. Das Restaurant Playa Azul bietet außerdem eine gute Küche. Wer in einer *cabaña* übernachtet, kann gratis Fahrräder ausleihen und bekommt im Surferzentrum Rabatt.

★ Hotel Hacienda Flamingos
HOTEL $$

(☎ 323-285-09-30; www.sanblas.com.mx/flamingo; Av Juárez 105; DZ ab 1200 Mex$, Suite 1900 Mex$;

P ➡ ☀ 🌐 🛜 ❄) Dieses restaurierte Juwel aus der Kolonialzeit ist die vornehmste Bleibe der Stadt und erinnert ohne jeglichen Kitsch an das alte Mexiko. Hinter den Mauern verbergen sich geräumige Zimmer und ein Innenhof mit Springbrunnen. Die Quartiere sind mit Kaffeemaschinen ausgestattet, manche auch mit Antikmöbeln und eigenen Balkonen. Das Hotel hat zudem einen prima Pool, eine eigene Bar und ein kleines Fitnesscenter.

Posada del Rey
HOTEL $$

(☎ 323-285-01-23; www.sanblas.com.mx/posada-del-rey; Campeche 10; DZ 1000 Mex$; P ☀ 🛜 ❄) Die schicken, klimatisierten Zimmer rund um einen hübschen Pool machen dieses Hotel in der teils erdrückenden Mittagsschwüle zur angenehmen Fluchtburg. Das Personal ist locker drauf, die Betten und Bäder sind mehr als anständig, aber die Zimmer sind manchmal etwas muffig.

Hotel Marina San Blas
HOTEL $$

(☎ 323-285-08-12; www.sanblas.com.mx/marina-san-blas; Cuauhtémoc 197; EZ/DZ 850/990 Mex$; P ➡ ☀ 🛜 ❄) Das in der Nähe der Flussmündung in schöner Umgebung gelegene Resort mit Blick auf den Hafen ist eine einwandfrei geführte Drei-Sterne-Unterkunft. Gäste können eine Stunde ein Kajak gratis benutzen. Die kitschigen Zimmer mit maritimem Touch weisen Leuchtturmlampen und eine eigenartige Mischung aus Schlackenbetonwänden und Fliesen auf. Sie sind gemütlich, haben Kabel-TV und bieten einen tollen Blick auf den Fluss. Zudem gibt es einen Pool und einen kleinen Badestrand an der Flussmündung.

🍴 Essen

In San Blas gibt's vor allem zwanglose Restaurants und *palapas*, die frisches Seafood für wenig Geld servieren. Auf dem lokalen **mercado** (Ecke Sinaloa & Batallón de San Blas; Hauptgerichte 45–90 Mex$; ☑ 7–13 Uhr) bekommt man außer preiswerten Snacks wie *tortas* (Sandwiches) auch *jugos* (Säfte) und *licuados* (Milchshakes).

★ Ofro's
MEXIKANISCH $

(☎ 323-285-07-50; oohlala505@outlook.es; Av Juárez 64; Hauptgerichte 55–130 Mex$; ☑ 7–22 Uhr; 🛜) Für solide, schmackhafte Hausmannskost empfiehlt sich dieses an der Hauptstraße gelegene Lokal in Familienhand. Es ist einfach, aber nett eingerichtet und serviert gutes Frühstück, leckere Shrimps, Tacos mit Hühnchen und Kartoffeln – die fast schon eine ganze Mahlzeit sind – sowie Fisch- und Hühnchenplatten mit Gemüse, Reis und Guacamole.

Juan Bananas
BÄCKEREI, CAFÉ $

(La Tumba de Yako; ☎ 323-285-05-52; www.facebook.com/panaderiajuanbananas; Batallón de San Blas 219; Bananenbrot 60–65 Mex$, Snacks 12–55 Mex$; ⊙ 8–19 Uhr) Seit vier Jahrzehnten stellt diese kleine Bäckerei das weltbeste Bananenbrot her; mit etwas Glück bekommt man sogar einen ofenfrischen Laib. Juan kann verdammt gute Tipps geben. Im hauseigenen Café (Nov.–Mai) werden Frühstücksgerichte und leckere Snacks serviert.

⭐ Restaurant El Delfín
FUSION $$

(☎ 323-285-01-12; www.garzacanela.com/en/restaurante-bar-el-delfin; Paredes 106 Sur; Frühstück 55–130 Mex$, Mittag- & Abendessen 170–189 Mex$; ⊙ 8–10 & 13–20.30 Uhr; 🅿 🛜) Das Restaurant im **Hotel Garza Canela** (Zi. 1700 Mex$, Suite 2700 Mex$; ❄ ✳ 🛜 🏊) steht unter der Leitung der international bekannten Chefköchin Betty Vázquez (Preisrichterin bei der mexikanischen Kochshow *MasterChef*). Hier werden beeindruckend gute Gourmet-Speisen und internationale Weine serviert. Wie wär's mit einem hervorragend zubereiteten Fisch-, Seafood- oder Fleischgericht und anschließend einem hausgemachten Dessert oder Eis? Auch die leichten Gerichte sind einfallsreich und lecker.

Mysis III
SEAFOOD $$

(☎ Handy 323-1086405; horse_pedro@hotmail.com; Playa Las Islitas; Hauptgerichte 90–140 Mex$; ⊙ 9–19 Uhr; 🚌 Combi San Blas–Tepic) Das nett an der Playa Las Islitas (S. 551) etwa 2 km südlich vom San Blas–Tepic Hwy gelegene *palapa*-Seafood-Restaurant serviert hervorragende Shrimps, *tostadas* und eine schmackhafte *caldo de pescado* (Fischsuppe). Der ruhige Strand und die grandiose Umgebung tragen dazu bei, dass der Besuch hier nicht so schnell in Vergessenheit gerät. Auch die Strände südlich von Mysis sind es wert, entdeckt zu werden.

Combis auf der Strecke San Blas–Tepic setzen ihre Fahrgäste auf Wunsch am Eingang zur Playa Las Islitas ab, von wo es dann noch 2 km zu Fuß zum Restaurant sind.

Caballito del Mar
SEAFOOD $$

(☎ 323-216-92-04; caballitodemar10c@gmail.com; Playa El Borrego; Hauptgerichte 140–160 Mex$; ⊙ Do–Di 11–19 Uhr; 🅿 🛜) Eine der besten Seafood-*enramadas* (strohgedecktes Open-Air-Restaurant) an der Playa El Borrego

(S. 551). Besonders beliebt sind u. a. *cóctel de camarón* (Shrimps-Cocktail) und *pescado zarandeado* (ganzer Fisch vom Grill, Kilopreis).

🍷 Ausgehen & Nachtleben

Cafe Del Mar
BAR

(☎ 323-285-10-81; salogv76@hotmail.com; Av Juárez 5; ⊙ Fr–So 18–2 Uhr; 🛜) Die coolste Schänke der Stadt liegt direkt an der Plaza. An den weiß verputzten Wänden hängen echte Masken der indigenen Bevölkerung, und die Tropenbrise mischt sich mit Jazz, Salsa, Reggae und Rock aus der Stereoanlage. Obwohl die Drinks nicht ganz mit der Atmosphäre mithalten können, kann man hier ganz nett abhängen.

ℹ Praktische Informationen

Insektenspray ist in San Blas Pflicht: Moskitos und Sandfliegen gieren in Massen nach dem Blut der Besucher.

In einem Umkreis von 150 m um die zentrale Plaza steht kommunales Gratis-WLAN zur Verfügung.

Banamex ATM (Av Juárez s/n) Einer der wenigen örtlichen Geldautomaten.

Centro de Salud (☎ 323-285-12-07; Ecke Azueta & Campeche; ⊙ 24 Std.) Zentral gelegenes Gesundheitszentrum an der Straße, die hinunter zum Strand führt.

Touristeninformation (☎ Handy 323-2824913; adry64lopez@hotmail.com; Av Juárez s/n; ⊙ Mo–Fr 14–20 Uhr) Beim Bogen am Eingang zum Stadtzentrum (Hauptstraße). Hier gibt's Karten und Broschüren über die Region und den Bundesstaat Nayarit. Leider sind die Öffnungszeiten etwas … ungewiss.

ℹ An- & Weiterreise

An dem kleinen **Busbahnhof** (☎ 323-285-00-43; Sinaloa s/n; ⊙ 6–20 Uhr) halten Busse von Nayar und Estrella Blanca. Bustrips zu/ab einigen Zielen, u. a. Mazatlán, erfordern Umsteigen – entweder in Tepic oder an der Kreuzung (Crucero de San Blas; 40 Mex$) am Hwy 15.

Beispiele für tägliche Abfahrten:

Puerto Vallarta (228 Mex$, 3½ Std., 4-mal tgl.)

Santiago Ixcuintla (70 Mex$, 1 Std., häufig)

Tepic (64 Mex$, 1 Std., 6–20 Uhr, häufig)

Busse (Ecke Canalizo & Mercado; 15–20 Mex$) starten mehrmals täglich an der Ecke Canalizo und Mercado, sie fahren in die Dörfer und an die Strände an der Bahía de Matanchén.

An der Südseite der Plaza warten Taxis und Combis gen Tepic auf Kunden. Sie fahren an die nahen Strände und halten am Hauptanleger, wo die Boote zum Nationalpark La Tovara abfahren.

ZENTRALE PAZIFIKKÜSTE SAN BLAS

Tepic

📊 311 / 332 863 EW. / 920 M

Tepic wurde 1524 vom Neffen des Hernán Cortés gegründet. Heute ist die Hauptstadt des Bundesstaates Nayarit vorwiegend von Mittelschichtbürgern bewohnt, und die schmalen Straßen brummen vor provinziellem, geschäftigem Treiben. Hier lassen sich oft indigene Huicholen in ihren farbenfrohen Trachten blicken.

Die prachtvolle Kathedrale wurde 1804 geweiht und wacht erhaben über die **Plaza Principal**. Gegenüber steht der **Palacio Municipal** (Rathaus), in dessen Nähe man oft Huicholen sieht, die preiswertes Kunsthandwerk verkaufen. Die nördlich vom Rathaus gelegene Calle Amado Nervo und die umliegenden Straßen sind von Ständen gesäumt, die lokale Spezialitäten wie *tejuino* (gegorenes Maisgetränk) und *guamuchil* (kleine weiße Früchte) anbieten.

🔴 Sehenswertes

⭐ Museo Regional de Nayarit · · · · · MUSEUM

(📞 311-212-19-00; www.inah.gob.mx/es/red-de-museos/257-museo-regional-de-nayarit; Av México Norte 91; Eintritt 50 Mex$; ⏰ Mo–Fr 9–18, Sa 9–15 Uhr) Dieses hervorragende Museum umgibt den Innenhof eines magentafarbigen *palacio* (Palast) mit eindrucksvoller Architektur. Die exquisiten indigenen Keramiken der schön präsentierten Sammlung sind Grabbeigaben aus der Periode zwischen 200 v.Chr. und 600 n.Chr. Die darauf abgebildeten Schwangeren, Häuser, Krieger, Ballspieler und Musiker geben einen Einblick in das damalige Leben. Die menschenähnlichen Begräbnisurnen der regionalen Mololoa-Kultur (spätes 1. Jt. n.Chr.) werden dagegen von gruseligen Gesichtern geziert. Zu sehen gibt's außerdem eine interessante Muschelschalensammlung. Alles wird mit guten englischsprachigen Infos erklärt.

Museo de los Cinco Pueblos · · · · · MUSEUM

(Museum der Fünf Völker; 📞 311-212-17-05; nayocra@hotmail.com; Av México Norte 105; ⏰ Di–Sa 10–14 & 16–19, So 10–14 Uhr) 🎟 **GRATIS** Zeitgenössische Kunst der in Nayarit lebenden Volksstämme Huicholen, Coras, Tepehuanos, Mexicaneros und Mestizen, u.a. Kleidung, Fadenkunst, Webstoffe, Musikinstrumente, Keramik und Perlenstickereiarbeiten. In dem Fair-Trade-Laden nebenan werden zahlreiche Arbeiten indigener Kunsthandwerker verkauft.

🛏 Schlafen & Essen

⭐ Hotel Real de Don Juan · · · · · HOTEL $$

(📞 311-216-18-88; realdedonjuan2@hotmail.com; Av México Sur 105; Zi./Suite 1340/1740 Mex$; 🅿 ♿ ❄ @ 🐾 🏊) Dieses schön restaurierte alte Hotel an der Plaza Constituyentes schafft einen gelungenen Spagat zwischen kolonialzeitlichem Charme und urbanem Stil. Die Zimmer im Obergeschoss sind in gefälligen Pastelltönen gehalten, mit luxuriöse Kingsize-Betten ausgestattet und haben Bäder mit Marmorakzenten. Weitere Pluspunkte sind das gute Restaurant mit Erkertischen über der Straße, die vornehme Bar, die Lounge auf dem Dach und der lange Pool. Über die ruhige Lobby wachen zwei imposante Engelskriegerstatuen. Abzüge gibt es wegen des unzuverlässigen WLAN, und Gäste, die gern lange ausschlafen möchten, könnten sich vom Glockengeläut in der Nähe gestört fühlen.

El Farralón del Pacífico · · · · · SEAFOOD $$

(📞 311-213-11-24; www.facebook.com/elfarallondelpacificotepic; Av Insurgentes 282; Tostadas 31–85 Mex$, Hauptgerichte 130–210 Mex$; ⏰ 11.30–19 Uhr; 🅿 🐾) Der Renner ist hier *pescado zarandeado* (ganzer Fisch vom Grill), aber die Speisekarte hat auch noch andere Leckereien aus dem Meer zu bieten, beispielsweise *tostadas* mit Unmengen *ceviche* und frischen Shrimps drauf.

⭐ Emiliano · · · · · MEXIKANISCH $$$

(📞 311-216-20-10; www.emilianorestaurant.com; Zapata Oriente 91; Frühstück 159 Mex$, Mittag- & Abendessen 198–275 Mex$; ⏰ Mo–Sa 8–24 Uhr; 🅿 🐾) Das Emiliano gehört zu den am meisten gelobten Restaurants in ganz Mexiko. Aus der Küche kommen vorwiegend regionale Speisen, die in einem elegant gestalteten Hof serviert werden. Am beliebtesten ist das Frühstück: Zu den gesunden Frühstücksoptionen und den fit machenden Fleischgerichten gibt's Saft, Kaffee und Obst. Abends kredenzt der Sommelier den passenden Wein zu den kreativen Speisen von Chefkoch Marco.

ℹ Praktische Informationen

Städtische Touristeninformation (📞 311-215-30-00, ext 2000; www.facebook.com/didecotepic; 2. Stock, Amado Nervo s/n; ⏰ 8–20 Uhr) Hier bekommt man Informationen rund um Stadttouren. Der Informationskiosk in der Nähe und der Infoschalter am Busbahnhof liefern zudem noch mehr Details zum Bundesstaat Nayarit.

BUSSE AB TEPIC

ZIEL	PREIS (MEX$)	DAUER (STD.)	HÄUFIGKEIT (TGL.)
Guadalajara	224–375	3½–5	häufig
Mazatlán	350–360	4	stündl.
Mexico City (Terminal Norte)	1190–1225	10–11	3-mal
Puerto Vallarta	205–305	3–4	häufig
Santiago Ixcuintla	71	1	häufig

ℹ An- & Weiterreise

Der **Hauptbusbahnhof** (Tepic Bus Terminal; ☑ 311-213-23-30; Av Insurgentes 492) befindet sich am südöstlichen Stadtrand. Die mit „Estación" gekennzeichneten Stadtbusse (6 Mex$) pendeln regelmäßig zwischen dem Busbahnhof und dem Stadtzentrum hin und her. Die Taxifahrt vom Busbahnhof in die Innenstadt kostet 40 Mex$.

Colectivos (Durango Norte 284; 70 Mex$; ⊙ 5–21 Uhr) nach San Blas starten regelmäßig an einem kleinen Terminal in der Durango Norte zwischen Zaragoza und Amado Nervo. Die Laguna Santa María del Oro erreicht man mit einem **colectivo** (Av México s/n, zw. Zaragoza Poniente & Bravo Poniente; 30 Mex$; ⊙ 6–21 Uhr) von der Avenida México aus.

ℹ Unterwegs vor Ort

Lokale Busse (6 Mex$) verkehren von ca. 6 bis 21 Uhr. Combis (6 Mex$) fahren von 6 bis 24 Uhr auf der Avenida México. Es gibt auch viele Taxis, ein Taxistand befindet sich gegenüber der Kathedrale.

Chacala

☑ 327 / 319 EW.

Chacala, das bezaubernd schöne, kleine Fischerdorf, hat es irgendwie geschafft, seinen Ruf als heimliches Paradies zu wahren. Der Ort liegt 96 km nördlich von Puerto Vallarta und 10 km westlich von Las Varas am Hwy 200 in einer wunderschönen, kleinen Bucht, die von grünen Hängen umgeben und an jeder Seite von zerklüfteten schwarzen Felsformationen begrenzt ist. Mit nur einer sandigen Durchgangsstraße und ein paar Kopfsteinpflastergassen ist Chacala ein idealer Ort zum Relaxen und Träumen.

⊙ Sehenswertes

Felsbilder von Altavista ARCHÄOLOGISCHE STÄTTE
(Hwy 200–Altavista; 20 Mex$; ⊙ 7–16 Uhr) Die Felsmalereien erreicht man über eine Schotterstraße abseits des Hwy 200 Richtung Altavista, von dort muss man dann noch 1,5 km laufen. Mangels Beschilderung sollte man sich vorab eine genaue Wegbeschreibung besorgen. Die Stätte hat zahlreiche Felsbilder zu bieten, sie sind teilweise geometrisch oder zeigen menschliche Figuren. Ein Fußweg führt an vielen Zeichnungen mit Infotafeln auf Spanisch und Englisch vorbei.

Der Weg endet an einer Lichtung, wo ein kleiner Wasserfall und ein Naturbecken zum Baden einladen. Die Stätte ist etwas schwer zu finden, man kann sich aber einer Tour von Xplore Chacala anschließen.

🏃 Aktivitäten

Die meisten Aktivitäten finden im Meer statt. In Chacalas toller Bucht mit dem ruhigen Wasser kann man fast ganzjährig gefahrlos schwimmen. Alternativ kann man auch nach La Caleta wandern. Das ist ein 3,5 km langer anspruchsvoller, aber lohnender Marsch durch den Urwald.

Wer einen Ausflug in einem kleinen Boot unternehmen möchte, sollte sich an die **Chacala Fishing Cooperative** (☑ Handy 327-1020683; trinimoya2@hotmail.com; Walbeobachtung 400 Mex$/Pers., Angeln & Surfen 800 Mex$/Boot; ⊙ 7.30–17.30 Uhr) am Anleger am Nordzipfel der Küstenlinie wenden. Sie veranstaltet Walbeobachtungs- und Angelausflüge sowie Surftrips nach La Caleta, wo tolle Pointbreaks an den felsigen Strand rollen. **Xplore Chacala** (☑ Handy 327-1053504; www.xplorechacala.wixsite.com/mysite; Av Chacalilla s/n; Vogelbeobachtungstour 100 Mex$/Std., Tour zu den Felsmalereien 350 Mex$/Pers., Leihsurfbrett 100 Mex$/Std.; ⊙ Nov.–April 9–20 Uhr, Mai–Okt. Sa & So 9–17 Uhr) verleiht Surfbretter und SUPs.

🎊 Feste & Events

Chacala Music & Arts Festival KULTUR
(☑ 327-219-50-06; www.chacalamusicfestival.com; ⊙ März) Viertägiges Fest mit Musik, Tanz, lokaler Kunst und regionaler Küche in den Restaurants und Open-Air-Locations am Strand.

LAGUNA SANTA MARÍA DEL ORO

Dieser idyllische See ist von bewaldeten Bergen umgeben und füllt einen über 100 m tiefen Vulkankrater mit einem Durchmesser von 2 km aus. Das klare Wasser changiert in allen nur erdenklichen Türkis- und Schiefertönen. Ein Spaziergang um den See und durch die umgebenden Berge ist wunderschön, unterwegs kann man Vögel (etwa 250 Spezies) und Schmetterlinge beobachten. Man kann auch in eine verlassene Goldmine klettern, radeln, schwimmen, Kajak fahren oder Fluss- und Forellenbarsche angeln. Mehrere Restaurants servieren frischen Fisch aus dem See.

Um hierher zu gelangen, folgt man der Straße nach Guadalajara von Tepic aus 40 km und biegt an der Abzweigung nach Santa María del Oro ab. Von der Abzweigung sind es noch etwa 9 km zum Ort Santa María del Oro, von wo es weitere 8 km bis zum See sind. Wer mit dem Bus anreist, nimmt in der Avenida México in Tepic ein *colectivo* mit der Aufschrift „Santa María del Oro" (30 Mex$, 45 Min.) und steigt dann auf dem Stadtplatz in Santa María in ein „Laguna"-colectivo (S. 557) um. Alternativ kann man auch ein Taxi nehmen.

Schlafen & Essen

Bei den über 50 Unterkünften reicht das Spektrum von einfach bis luxuriös. Viele von ihnen bestehen auf rechtzeitiger Reservierung und mehrtägigen Aufenthalten.

Chacala Villas (Handy 327-1030065; www.chacalavillas.com; Av Chacalilla 3; 7.30–21.30 Uhr;) vermietet verschiedene Ferienhäuser mit komplett ausgestatteten Küchen für Selbstversorger, u.a. auch die empfehlenswerte **Casa Mágica** (327-219-40-97; www.omcasamagica.blogspot.mx; Socorro 100; Apt. 100–110 US$;).

★**Techos de México** GASTFAMILIE, PENSION (www.techosdemexico.com; Zi. 400–600 Mex$;) Traveller, die Kontakt zu Einheimischen wünschen, sollten sich an diese Organisation wenden. Sie hilft Chacalas Einwohnern beim Bau von guten Wohnhäusern mit Gästezimmern. Insgesamt sieben Familien bieten gute Budget-Quartiere über das Programm an (Details siehe Website). In der Stadt weisen auffällige Techos-Schilder auf diese Unterkünfte hin.

Casa Norma PENSION $
(327-219-40-85; Golfo de México 15; Zi. 500–600 Mex$;) Die Unterkunft ist nur ein paar Minuten zu Fuß vom Strand entfernt und hat drei ordentliche Zimmer mit voll eingerichteter Küche. Zwei der Zimmer verfügen über große Balkone mit Meerblick. Bei der Familie, die *muy amable* ist, kann man eine ruhige, nette Zeit verbringen.

Casa de Tortugas FERIENHAUS $$
(Handy 322-1464787; www.casadetortugas.com; Oceano Pacifico 4; DZ 1300–1400 Mex$, Suite 3700 Mex$;) Dieses Ferienhaus mit roten Mauern ist am nördlichen Strandende gelegen und bietet einen exklusiven Blick über die Bucht, drei hervorragende Zimmer, eine große Familiensuite, eine Dachterrasse und einen Infinity-Pool. Die Zimmer sind mit Mikrowelle und Kaffeemaschine ausgestattet, außerdem gibt es eine große Gemeinschaftsküche. Ohne Reservierung geht hier nichts. Es gibt keine Rezeption.

Hotel Mar de Coral HOTEL $$
(327-219-41-09; www.facebook.com/mardecoral chacala; Av Chacalilla s/n; DZ 1000 Mex$, Bungalow ab 1800 Mex$;) Das moderne, aber unpassende Gebäude im Stadtzentrum steht direkt gegenüber vom Strand. Es bietet geräumige Zimmer mit gefliesten Fußböden, Holzbetten und -möbeln. Die sogenannten Bungalows sind nur deutlich größere Zimmer mit Küche. Lobby und Pool befinden sich in einem schattigen Innenhof.

Um die Ecke in der Calle Canarias steht die Schwesteranlage **Mar de Coral Elite** mit etwas besseren Quartieren und einem sonnigen Poolbereich.

Mar de Jade RESORT $$$
(327-219-40-00, US 800-257-0532; www.marde jade.com; Mar de Jade 1; EZ/DZ inkl. VP ab 321/369 US$;) In diesem Refugium am äußersten Südende des Strandes finden regelmäßig Klausuren mit Yoga, Meditation und Wellness statt. Individualreisende sind aber ebenfalls willkommen. Auf dem ganzen Gelände ist das Donnern der Wellen zu hören. Die Zimmer haben fein geflieste Badewannen. Zum Wellnessbereich gehören eine Sauna und ein Whirlpool. Auf der weitläufigen Poolterrasse werden vege-

tariertaugliche Büfetts aufgebaut. Im Winter sind Yogakurse im Preis enthalten.

Mauna Kea
FRÜHSTÜCK **$**

(☏ 327-219-40-67; www.casapacificachacala.com; Los Corchos 15; Hauptgerichte 70–100 Mex$; ☺ Nov.–April Mo–Sa 8–11 Uhr; 🕿) In diesem nur saisonal geöffneten Dachterrassen-Lokal an den Klippen nördlich der Stadt kann man beim morgendlichen Kaffee wunderbar Wale beobachten. (Wer im dazugehörigen B & B übernachtet, bekommt sein Frühstück natürlich kostenlos!).

Quezada
SEAFOOD **$$**

(☏ Handy 327-1044373; Av Chacalilla s/n; Grillfisch 240 Mex$/kg; ☺ 9–17.30 Uhr) Das *palapa*-Restaurant (mit Strohdach) am Strand bereitet *pescado zarandeado* (gewürzter Fisch vom Holzkohlengrill) dank der köstlichen *adobo*-Marinade (pikante Tomaten-Chili-Sauce), die während des Grillvorgangs auf den ganzen Fisch aufgetragen wird, perfekt zu. Wenn es als Fang des Tages *corbina* gibt, kann man sich wirklich glücklich schätzen.

Majahua
INTERNATIONAL **$$**

(☏ 327-219-40-53; www.majahua.com; Sur de la Bahia de Chacala s/n; Hauptgerichte 95–90 Mex$; ☺ Frühstück 9–11 Uhr, Mittagessen 12–16 Uhr, Abendessen 17–20 Uhr; 🕿) 🍴 Das Terrassenrestaurant der Ökolodge an einem von Urwald bedeckten Berghang mit Blick über die Bucht ist ein idealer Ort, um den neuen Tag mit einem guten Frühstück zu begrüßen oder bei Sonnenuntergang einen Sundowner und ein romantisches Abendessen mit frischem Seafood zu genießen. Abends unbedingt reservieren! Majahua betreibt von November bis April auch eine Tapas-Bar am Strand.

ℹ An- & Weiterreise

Um von Puerto Vallarta nach Chacala zu kommen, nimmt man zunächst einen Bus in Richtung Tepic und steigt in Las Varas aus. Direkt gegenüber der dortigen Bushaltestelle (Ausschau halten nach den Stühlen an der Ecke vor der Schlosserei!) nimmt man dann ein *colectivo* nach Chacala (15 Mex$, 11 km, ca. alle 30 Min.). Ein Taxi nach Chacala kostet etwa 120 Mex$. Selbstfahrer biegen 1 km südlich von Las Varas vom Hwy 200 ab.

San Francisco

☏ 311 / 1823 EW.

Auch im Fall von San Francisco (alias San Pancho) wurde ein Fischerdorf in einen Fe-

rienort umgewandelt. Verglichen mit dem beliebten Sayulita etwas weiter südlich findet man hier jedoch schönere Strände und weniger Gringo-Tourismus. Und so etwas wie Action machen hier eigentlich nur ein paar echte Gauchos, die mitunter ihre Pferde durch das Flussbett treiben oder auf dem hellen Sand des langen und wilden Traumstrands voller Treibholz entlangreiten.

Vom Hwy 200 aus führt die Av Tercer Mundo nach ein paar Kilometern durch den Ort und schließlich zum Strand. Dort servieren ein paar *palapa*-Restaurants kaltes Bier zu den üblichen Gerichten mit Fisch und *ceviche*.

🏃 Aktivitäten

Las Huertas
GOLF

(☏ 311-258-45-21; www.lashuertasgolf.com; América Latina s/n; Greenfee 9 Löcher ab 420 Mex$; ☺ Di–So 8–16 Uhr) Las Huertas ist ein kurzer, aber schöner Par-32-Kurs mit neun Löchern, der Golfspieler ein paar Stunden lang glücklich macht.

👉 Geführte Touren

Paseos a Caballo
REITEN

(☏ 311-258-41-82; www.laselvasanpancho.com; Av Tercer Mundo 50; Ausritt 350 Mex$/Std.) Das Hostal La Selva kurz vor den Toren der Stadt bietet Ausritte in die Berge und am windumtosten Strand.

🛏 Schlafen

⭐ Refugio de Sol & Hostal San Pancho
HOSTEL, PENSION **$**

(☏ 311-258-41-61; www.hostalsanpancho.com; Av Tercer Mundo 12; B 250–300 Mex$, DZ 1000–1500 Mex$; ♿🐾🕿) Dieser Mix aus Pension und Hostel mit Surfer-Shop in der Nähe des Highways scheint die Bedürfnisse von Travellern genau zu kennen. Geboten werden blitzblanke, einfache, aber bezaubernde Zimmer und schicke „Suiten" (größere Zimmer mit ansehnlichem Design, besseren Bädern und Terrasse). Im Erdgeschoss befinden sich einfache, aber komfortable Schlafsäle mit Bad im Freien. Im Pensionspreis enthalten ist das Frühstück, das im Obergeschoss in einem ansprechenden Gemeinschaftsraum serviert wird.

Gäste können kostenlos die Fahrräder und die Skateboards benutzen – die sind prima, um zum 1 km entfernten Strand runterzudüsen. Im Angebot sind außerdem Surfkurse, Leihbretter und diverse geführte Touren.

Bungalows Lydia
BUNGALOW **$$$**

(☑ 311-258-43-37; www.bungalowslydia.com; Clavelinas 393; Bungalow 110–150 US$; 🅿 ❄ 🛜 �D) Diese ruhige, idyllische Oase an den Klippen mit Blick über zwei versteckte Strände befindet sich inmitten von 2000 Palmen, die die Betreiber selbst gepflanzt haben. Von den acht Suiten mit Ventilator bieten „Sunset" und „Panorama" den besten Blick aufs Meer (wie auch der Infinity-Pool am Rand der Klippe). Unten am Strand wartet ein schöner Salzwasserpool darauf, entdeckt zu werden.

Bungalows Lydia ist eine gute Adresse für unabhängige Traveller mit eigenem Fahrzeug. Es gibt kein Restaurant, aber die Suiten haben komplett eingerichtete Küchen. Die Unterkunft befindet sich 3 km östlich der Stadt an einer Schotterstraße.

Essen & Ausgehen

Maria's
MEXIKANISCH **$**

(☑ 311-258-44-39; www.facebook.com/marias.restaurant.3; Av Tercer Mundo 28A; Frühstück & Mittagessen 50–100 Mex$, Abendessen 110–240 Mex$; ☺ Do–Mo 8.30–15.30 & 18–22.00, Di 8.30–15.30 Uhr; 🛜🅿) San Panchos bestes Frühstückslokal serviert schmackhafte mexikanische Speisen wie *huevos divorciados* (Spiegeleier mit roter und grüner Salsa) und Nordamerikanisches. Auf der Mittags- und Abendkarte stehen auch viele vegetarische und leichte Gerichte wie Salate und Fisch-Tacos.

★ Bistro Orgánico
FUSION **$$$**

(☑ 311-258-41-55; www.hotelcielorojo.com/english/bistro-organico-restaurant.html; Asia 6; Hauptgerichte 215–240 Mex$; ☺ morgens tgl. 8.30–14.30 Uhr, abends Nov.–April Fr–So 18.30–22 Uhr; 🛜🅿) Das überraschend schicke Bistro Orgánico in dem hübschen Innenhof des **Hotel Cielo Rojo** (DZ inkl. Frühstück 150 US$; ❄ ❂ 🅿) ist eine ausgezeichnete Wahl. Küchenchef Calixto bereitet Fisch und Vegetarisches so fantasievoll zu wie Köche in L. A. oder New York und verwendet vorwiegend regionale Bioprodukte. Frühstücken kann man bis nachmittags, und das an die Saison angepasste Abendessen sollte man mit Schoko-Tequila-Trüffeln beenden.

★ La Fresona
BAR

(☑ Handy 322-2315219; www.facebook.com/lafresonabeachclub; Av Tercer Mundo s/n; ☺ Do–Mo 11–21 Uhr; 🛜) In dieser beliebten Strandbar, in der DJs funkige elektronische Musik auflegen oder Live-Salsa geboten wird, kann man wunderbar abtanzen. Selbst in den ruhigeren Nachmittagsstunden ist diese Bar ein netter Ort zum Chillen, an dem man gut ein paar *micheladas* (Bier-Cocktails) und Cocktails schlürfen kann.

ℹ️ An- & Weiterreise

Sehr zuverlässige Busunternehmen verbinden die Ferienorte an der Küste mit dem Landesinneren.

Der Coastal Hwy 200 gilt mal als mehr, mal als weniger gefährlich. Vor allem in den Bundesstaaten Michoacán und Guerrero besteht bei Dunkelheit nach wie vor ein hohes Risiko.

Sayulita
☑ 329 / 2262 EW.

Einst – o. k., am Ende der 1990er-Jahre – *war* Sayulita wirklich noch ein verschlafenes Fischerdorf. So wird es von vielen ortsansässigen *norteamericanos* jedenfalls bis heute beschrieben. Aber in Wahrheit erlebt das Städtchen in der Hauptsaison eine Invasion der „Gringos" – angelockt vom schönen (wenn auch nicht ganz sauberen) Strand, den guten Surferwellen, den guten Restaurants und den geschmackvollen B & Bs. Trotzdem kann man hier immer noch ein paar Tage lang angenehm relaxen und dabei in eine so blühende wie trendige Surfer-Szene eintauchen.

⦿ Sehenswertes

Playa Los Muertos
STRAND

An der beliebten Playa Los Muertos nahe Sayulitas Zentrum ist Picknicken und Bodyboarden angesagt. Man erreicht sie nach einem 15-minütigen Fußmarsch in Richtung Süden, zunächst die Küstenstraße entlang, dann durch das Resort Villa Amor und schließlich über den Friedhof.

🏃 Aktivitäten

An der Hauptstraße und am Strand werden Leihfahrräder, Bootsausflüge, Ausritte, Wander- und Kajaktouren angeboten.

Don Pedros
TANZEN

(☑ 329-291-30-90; www.donpedros.com; Marlín 2; Salsa-Kurs 50 Mex$; ☺ Okt.–Juli Salsa-Unterricht Mo 20.30–23.30 Uhr, Flamenco Do 19.30–21.30 Uhr) In diesem Restaurant mit Bar am Meer kann man montagabends seine Salsa-Schritte verbessern. Donnerstagabends kann man bei einem Drink Flamenco-Tänzer bewundern. Beide Tanzabende finden von Oktober bis Juli statt.

Stand Up Sayulita WASSERSPORT

(🕿 329-291-35-75; www.standupsayulita.com; Marlín 59; Leihboard pro Std./halber/ganzer Tag 10/30/45 US$, Unterricht 50 US$; ⊙ 9–20 Uhr) Diese Schule ist genau der richtige Ort, um zu lernen, wie man mit einem SUP-Board umgeht und auf den Wellen reitet. Die Kurse dauern 90 Minuten, danach kann man eine Stunde kostenlos üben.

Surfen

Sayulita ist eine klassische „Grenzstadt": Mittelgroße Wellen rollen hier verlässlich von rechts oder links heran. So kann man problemlos seine eingeübten Moves anwenden oder sich auch zum ersten Mal aufs Brett wagen. Mehrere Surf-Shops verleihen Bretter und bieten Unterricht an.

Oceano Dive & Surf SURFEN, TAUCHEN

(🕿 329-298-85-32; www.oceanoadventures.com; Av Revolución 34B; Surfkurs 45 US$, Islas-Marietas-Tour 75 US$; ⊙ Mo–Sa 9–17 Uhr) Freundlicher, empfehlenswerter Anbieter. Die wirklich guten Surfkurse mit engagierten Lehrern sind günstiger als bei vielen Konkurrenten. Im Preis der zweieinhalbstündigen Privatkurse ist anschließendes Üben mit einem Gratis-Leihbrett (1 Std.) enthalten. Außerdem ist Oceano Dive & Surf ein zertifizierter PADI-Tauchveranstalter und bietet auch Schnorchelausflüge zu den Islas Marietas an.

Lunazul SURFEN

(🕿 329-291-20-09; www.lunazulsurfing.com; Marlín 4; SUP/Surfbrett/Bodyboard pro Tag 300/400/200 Mex$, Privatunterricht 60 US$; ⊙ 9–18 Uhr) Mehrere Surfshops verleihen Bretter und geben Kurse, u. a. das etablierte Unternehmen Lunazul.

🛏 Schlafen

Auf der Website Sayulita Life (www.sayulitalife.com) gibt's ein gutes Verzeichnis mit privaten Ferienhäusern. In der Nebensaison sind örtliche Unterkünfte mitunter deutlich günstiger.

⭐ Amazing Hostel Sayulita HOSTEL $

(🕿 329-291-36-88; www.theamazinghostelsayulita.com; Pelícanos 102; B/DZ 350/1300 Mex$; ⊜ ❄ ❂ ❖) Wenn man der Straße flussaufwärts bis zur Brücke folgt, kommt man an der Plaza-Seite zu diesem modernen Hostel mit spitzenmäßigen Einrichtungen. Die hilfsbereiten Inhaber sind selbst weitgereist. Unten sind dunkle, aber coole Schlafsäle, im Obergeschoss gibt's einen Gemeinschaftsbereich mit Küche, Kletterwand und Pool. Die ge-

ABSTECHER

LO DE MARCOS

In dem ruhigen Fischerdorf Lo de Marcos kann man nicht allzu viel unternehmen, und genau deshalb mögen mexikanische Urlauber und Pensionäre diesen Ort so sehr. An dem von Palmen gesäumten Strand gibt es ein paar Seafood-Restaurants und einfache Bungalows am Meer. **El Caracol Bungalows** (🕿 33-3684-3301; www.bungalowselcaracol.com; Camino a las Minitas, Km 1,5, Playa Lo de Marcos; Zi. 80–102 US$; 🅿 ❄ ❂ ❖ ❂ ❖) bietet außer komfortablen Zimmern mit Blick auf viel Grün auch einen Wohnmobilpark. Das Personal kann Bootsausflüge zu den in der Nähe gelegenen Inseln organisieren. (o. k., man kann also doch etwas unternehmen). Etwa 2 km südlich von Lo de Marcos befindet sich die **Playa Los Venados**, eine kleine Bucht, die über eine Schotterstraße zu erreichen ist.

Um nach Lo de Marcos zu kommen, nimmt man einen Compostela-Bus, der auf dem Hwy 200 nach Norden fährt. Der Ort liegt 10 km nördlich von San Francisco.

räumigen Zimmer haben Klimaanlage und verlässliches WLAN. Außerdem stehen Leihräder zur Verfügung.

Casa Corazón HOTEL $$

(🕿 Handy 322-1345696; www.casacorazonsayulita.com/blog; Cocos Sur 4; DZ 990–1200 Mex$; 🅿 ⊜ ❄ ❂) Etwa 500 m vom Stadtplatz entfernt steht dieses Hotel in Familienhand mit zehn einfachen, aber farbenfrohen Zimmern unterschiedlicher Größe – von kompakten Zimmerchen mit Klimaanlage bis hin zu größeren Wohneinheiten mit Küche. Es ist nichts Besonderes, aber hier hat man eine saubere, nette Unterkunft zu einem für Sayulita relativ erschwinglichen Preis.

Petit Hotel Hafa HOTEL $$

(🕿 329-291-38-06; www.hotelhafa-sayulita.com; Av Revolución 55; Zi. 60–103 US$; ⊜ ❄ ❂) Das reizende kleine Hotel nahe der Plaza kommt sehr charmant daher. Aufgrund der Lage kann hier Feierlärm jedoch zum Problem werden. Der Einrichtungsstil kombiniert Mexiko mit Nordafrika. Die acht individuell gestalteten Zimmer haben Betonböden, Ventilatoren (Klimaanlage kostet extra) und große Bäder mit Messingschüsseln als

ℹ️ DIE ANDERE ZEITZONE VON SAYULITA

Sayulita und die Orte an der Riviera Nayarit bis nach Lo de Marcos im Norden folgen der Central Standard Time – anders als der Großteil des Bundesstaats Nayarit, in dem die Mountain Standard Time gilt. Die Gegend wechselte die Zeitzone im Jahr 2010, um ihre Uhren mit dem benachbarten Puerto Vallarta und Jalisco zu synchronisieren. Aber warum? Der Grund hierfür waren zahlreiche Gringos, die eine Stunde zu spät am Flughafen von Vallarta eintrafen und ihre Heimflüge verpassten, weil sie entweder nichts von der abweichenden Zeit wussten oder zu sehr vom Strandleben abgelenkt waren.

Waschbecken. Das Personal ist freundlich, aber recht unpersönlich. Im Untergeschoss lädt eine tolle Boutique zum Stöbern ein.

⭐ Aurinko Bungalows
BUNGALOWS $$$

(☎ 329-291-31-50; www.aurinkobungalows.com; Marlín 18; Bungalow mit 1/2 Schlafzi. 107/178 US$; 🅿️❄️📶🐾) Ein großes Strohdach bedeckt diesen verführerisch schönen Komplex aus umgebauten Abrisshäusern mit halboffenen Wohnzimmern und Küchen sowie wunderschönen Schlafzimmern mit Fußböden aus Flussgestein. Obwohl die Anlage nur ein paar Schritte von der Plaza und vom Strand entfernt ist, herrscht hier die Atmosphäre eines abgeschiedenen Refugiums. Ein Yogazentrum und ein kleiner Pool kamen kürzlich dazu.

Siete Lunas
BOUTIQUEHOTEL $$$

(☎ Handy 322-1822979; www.sietelunas.mx; Camino Playa de los Muertos 714; Zi. inkl. Frühstück 242–303 US$; 🅿️❄️📶🐾) Die lauschigen Bungalows mit sensationellem Meerblick zielen speziell auf Flitterwöchner ab und sind perfekt für einen romantischen Urlaub. Oberhalb von urwaldbewachsenen Hängen stehen sie stehen rund 2 km außerhalb der Stadt hinter der Playa los Muertos (S. 560). Am Ende einer Straße geht's dort per Golfwagen hinauf zu dem wirklich wunderschönen Anwesen im Stil einer Lodge. Das Frühstück ist im Preis enthalten; allerdings gibt's keinen Restaurantservice.

Hotel Sayulita Central
HOTEL $$$

(☎ 329-291-38-45; www.hotelsayulitacentral.com; Delfínes 7; Zi. 113–169 US$; 🅿️❄️📶) Dieses Hotel liegt perfekt zwischen Plaza und Strand. Die hellen und einfallsreich gestalteten Zimmer sind allesamt nach klassischen Rockbands benannt. Zudem verfügen sie über Wasserkühler und teilen sich eine große Lounge, in der es sich super abhängen lässt. Die Preise entsprechen der jeweiligen Zimmerqualität: Die preiswertesten Zimmer im obersten Stockwerk können im Sommer echte Saunen sein.

🍴 Essen

In Sayulita finden sich viele kleine Cafés im Bistrostil. Diese bilden einen angenehmen Gegenpol zu den *palapas* am Strand und zu den vielen belebten Imbissständen (Tipp: die Burritos mit Seafood), die jeden Abend an den Straßen rund um die Plaza öffnen.

⭐ Naty's Kitchen
TACOS $

(☎ 329-291-38-18; natys.cocina@gmail.com; Marlín 13; Tacos 15–20 Mex$; ⊙ Mo–Sa 8.30–16 Uhr, So 9–15 Uhr) Nette, saubere Taco-Bude. Die Tortillas werden hier nach Kundenwunsch mit dünn geschnittenen *poblano*-Chilis, Kartoffeln, Bohnen und Pilzen, Rindfleisch, geräuchertem Speerfisch, Hähnchen mit *mole* (Chilisauce) oder Schweinefleisch mit Kaktusscheiben gefüllt. Bestellt wird am Tresen, gegessen auf der Bank davor. Die Einheimischen kommen nicht ohne Grund in Massen hierher.

Mary's
MEXIKANISCH $

(☎ Handy 322-1201803; Av Revolución 36; Tacos 25–40 Mex$, Hauptgerichte 60–150 Mex$; ⊙ Mo–Sa 8.30–23, So 8.30–16 Uhr) Bei Mary's gibt's einfache, erschwingliche, klassische Speisen wie Fisch-Tacos oder gegrillte Shrimps auf hausgemachten Tortillas. Das beliebte Lokal ist auch für seine mit Shrimps, Hühnchen oder Käse gefüllten *poblano*-Chilis bekannt.

Yah-Yah
Sayulita Cafe
VEGETARISCH, FRÜHSTÜCK $

(www.facebook.com/cafeyahyah; Delfínes 20; 55–90 Mex$; ⊙ 8–16 Uhr; 📶🚗) Außer starkem, in Mexiko angebautem Kaffee gibt's in diesem kleinen Café am Hauptplatz Frühstücksgerichte, Schalen mit Obst und Gemüse, glutenfreie Kuchen und viel Vegetarisches. Genau das Richtige, bevor man sich in die Wellen stürzt!

Chilly Willy
SEAFOOD $

(☎ Handy 322-8897190; Av Revolución 72; Gerichte 60–120 Mex$; ⊙ Mi–Mo 10–19 Uhr) Die schlichte, bodenständige *taquería* (Taco-Bude) serviert leckere Meeresfrüchte, z. B. *tostadas* mit massenhaft Shrimps und Tintenfisch sowie Seafood-Cocktails. Samstags und sonntags gibt's Hühnchen mit *mole* und *chile relleno* (gefüllte *poblano*-Chilis). Unbedingt auch nach den Urwaldwanderungen, Vogelbeobachtungs- und Mountainbiketouren fragen.

Café El Espresso CAFÉ $

(www.sayulitalife.com/elespresso; Av Revolución 51; Gerichte 65–130 Mex$; ⊙ 7–22 Uhr; 🖥) Das Eckcafé an der Plaza serviert tolles mexikanisches Frühstück (bis 14 Uhr) und wird seinem Namen wirklich gerecht: Sein starker Kaffee schmeckt sensationell und ist auf Wunsch auch mit Sojamilch zu bekommen. Der Smoothie „Tropical Heaven" besteht aus Ananas, Joghurt, Honig, Basilikum und Koscreme sowie Papaya oder Erdbeeren.

Palmar Trapiche AMERIKANISCH, SEAFOOD $$

(📞 Handy 55-43607789; www.facebook.com/trapichesayulita; Av del Palmar 10A; Hauptgerichte 95–295 Mex$; ⊙ Di–So 16–23 Uhr) Dieses von der ausgezeichneten Kleinbrauerei Colima betriebene Restaurant mit Biergarten serviert nordamerikanische Speisen wie Burger und langsam in hellem Bier geschmorte Rippchen. Auf der Speisekarte stehen zudem Fisch- und Seafood-Gerichte, zu denen das passende Bier angeboten wird.

Yeikame MEXIKANISCH $$

(📞 329-291-30-22; www.facebook.com/yeikame sayulita; Mariscal 10; Hauptgerichte 90–165 Mex$; ⊙ Mi–Mo 8–22.30 Uhr; 🖥) Dieses familiengeführte Lokal ist einladend und solide. Auf den netten Tischen an der Straße landet mexikanische Küche der ziemlich traditionellen Art – und das zu fairen Preisen. Im Angebot sind hier neben Enchiladas, *tostadas* und Tacos auch größere Gerichte (z. B. Hühnchen in *mole* oder mariniertes Schweinefleisch). Dazu gibt's jeweils leckere Tortillas aus blauem Mais. Auf der Karte stehen zudem tolle Fruchtgetränke und gleichermaßen schmackhaftes Frühstück.

🍷 Ausgehen & Nachtleben

Diverse Bars an der Westseite der Plaza sind bis spät in die Nacht geöffnet.

Cava BAR

(📞 Handy 322-1495836; berenice_praznik@hotmail. com; Av Revolución 54; ⊙ Mo–Sa 13–1, So 19–1 Uhr) In dieser freundlichen Mezcal-Kneipe kann man rauchigen *raicilla* (Agavenschnaps ähnlich wie Mezcal), klebrigen *pulque* (fermentiertes Agavengetränk), lokales Craft-

Bier und Cocktails genießen. Nach ein paar starken *raicillas* kommt man schnell mit dem Fremden auf dem Hocker nebenan ins Plaudern.

Don Pato BAR

(📞 Handy 322-1032006; www.facebook.com/bardonpato; Marlin 12; ⊙ So–Fr 20–3, Sa 20–4 Uhr) Beim Gummientenschild an der Hauptplaza führt eine Wendeltreppe hinauf zu dieser belebten Bar, die an den meisten Abenden mit Live- oder DJ-Musik aufwartet. Dienstags ist Open-Mic-Abend. Einen Dresscode gibt es hier nicht: Die Hälfte der Gäste trägt Badekluft. An den Kickertischen geht's hoch her; im Obergeschoss ist oft am meisten los.

Shoppen

Tierra Huichol KUNST & KUNSTHANDWERK

(📞 Handy 322-1572725; www.huicholand.com; Av Revolución 38; ⊙ 10–22 Uhr) 🖊 Der Laden ist zwar nicht der günstigste, bietet aber einen guten ersten Überblick über die farbenfrohen Perlenfiguren der Huicholen. Das Angebot umfasst einige spektakuläre Stücke, zudem kann man oft Künstlern bei der Arbeit über die Schulter schauen. Die hier verkauften Fair-Trade-Objekte tragen zu einem besseren Leben der Kunsthandwerker in den Gemeinschaften der Huicholen bei.

Revolución del Sueno MODE & ACCESSOIRES

(📞 329-291-38-50; revoluciondelsueno.contacto@ gmail.com; Navarrete 55; ⊙ 10–20 Uhr) Dieser Shop ist auf im Siebdruckverfahren bedruckte T-Shirts und trendige Strandtaschen spezialisiert – besonders toll sind die mit Revolutionär Emiliano Zapata, der einen Blumenstrauß in der Hand hält. Außerdem gibt's Dekokissen, exquisiten Schmuck, abgefahrene Sticker und dekorative Kunstartikel, etwa großartige Totenköpfe aus Pappmaché.

An- & Weiterreise

Sayulita liegt ca. 40 km nördlich von Puerto Vallarta, direkt westlich vom Hwy 200. Busse (40 Mex$, 50 Min.) fahren alle 15 Minuten von der Haltestelle (S. 581) vor dem Walmart in Puerto Vallarta, südlich der Marina Vallarta, hierher. 2.-Klasse-Busse, die am Busbahnhof (S. 581) in Puerto Vallarta in Richtung Norden starten, lassen ihre Fahrgäste an der Abzweigung nach Sayulita aussteigen. Von hier ist es dann noch ein 2 km langer Marsch in die Stadt.

Busse nach San Francisco (20 Mex$, 15 Min.), Lo de Marcos (30 Mex$, 30 Min.) und Puerto Vallarta (40 Mex$, 50 Min.) fahren an einem kleinen **Bahnhof** (Av Revolución s/n; ☺ 6–22 Uhr) in der Avenida Revolución Ecke Coral ab.

Punta de Mita & Riviera Nayarit

Gleich südlich von Sayulita ragt eine bergige, mit herrlichem Urwald bewachsene Halbinsel ins Meer hinaus. Der Großteil davon ist inzwischen erschlossen und Standort von bewachten Nobelresorts. Für diese fungiert das Dorf **Punta de Mita** hauptsächlich als Dienstleistungszentrum. Trotzdem gibt's hier auch noch diverse Strandrestaurants, die bei Familien aus Vallarta sehr beliebt sind. Hinzu kommt ein kleiner Jachthafen, an dem Bootsausflüge beginnen.

Die Strände zwischen Punta de Mita und Nuevo Vallarta sind Teil der 150 km langen Küstenlinie namens **Riviera Nayarit** und gehören zu den schönsten der zentralen Pazifikküste: Das Wasser am Rand des weißen Sandes ist fast immer klar und aquamarinblau. Auch die Brandung ist oft toll. Zudem kann man hier ein paar entspannte frühere Fischerdörfer erkunden, die mittlerweile Ferienorte sind – z. B. **La Cruz de Huanacaxtle** und **Bucerías**.

🏃 Aktivitäten

An der Strandstraße von Punta de Mita gibt es diverse Läden, die Surfkurse und Leihbretter anbieten. Außerdem gibt es mehrere Massagesalons, die nach ein paar Abgängen vom Surfbrett durchaus empfehlenswert sein könnten. Vom Jachthafen (am östlichen Straßenende) fahren Boote zu den Islas Marietas; von Dezember bis März werden auch Walbeobachtungstouren angeboten.

Punta Mita Charters   BOOTSFAHRT
(☎ 329-291-62-98; www.puntamitacharters.com; Av Anclote 17; Walbeobachtungsboot 140 US$/Std., Angelboot 800 US$/Tag, Islas Marietas 500–1500 Mex$; ☺ Büro 8–16 Uhr) Diese Kooperative bietet Fahrten zu den Islas Marietas, Angeltouren und von Dezember bis März Buckelwalbeobachtungstouren an.

Schlafen & Essen

★ **Villa Bella Bed & Breakfast**   B & B $$$
(☎ 329-295-51-61; www.villabella-lacruz.com; Monte Calvario 12, La Cruz de Huanacaxtle; Suite inkl. Frühstück ab 149 US$; ☺ ✳ 🛜 🕹 🐕) Der spektakuläre Blick über die Riviera Nayarit und das moderne, ausgefallene Dekor lohnen die Fahrt hinauf zu dieser Unterkunft un-

bedingt (ein Auto ist allerdings ein Muss). Die sehr private Master Suite hat eine eigene Outdoor-Küche und eine Sitzecke, die anderen Suiten bieten einen tollen Blick und Zugang zu dem schönen Garten und Poolbereich. Gefrühstückt wird unter freiem Himmel. An der Straße weiter unten wartet der kleine Ort La Cruz de Huanacaxtle mit einem Jachthafen sowie zahlreiche Restaurants und Bars auf.

La Quinta del Sol   HOTEL $$$
(☎ 329-291-53-15; www.laquintadelsol.com; Hidalgo 162; DZ ab 119 US$; ☺ ✳ 🛜) Eine ideale Bleibe sowohl für Surfer als auch für Strandfreaks. Die sieben geschmackvoll eingerichteten Zimmer haben voll ausgestattete Küchen, schicke Marmorwaschbecken, ausgezeichnete Betten und eine niedliche Dachterrasse mit Blick aufs Meer. Direkt gegenüber befindet sich ein ruhiger Strand und **Stinky's**, ein auch für Anfänger geeigneter Surfspot. Das Hotelpersonal organisiert Unterricht und verleiht Bretter.

★ **Tuna Blanca**   MEXIKANISCH $$$
(☎ 329-291-54-14; www.tunablanca.com; Av Anclote 5; Mittagessen 95–210 Mex$, Abendessen 380–650 Mex$, Probiermenü 869–950 Mex$; ☺ Di–So 12–22.30 Uhr; 🛜 🅿) Der bekannte Chefkoch Thierry Blouet fährt in diesem schicken Restaurant am Meer ein hervorragendes Surf-and-Turf-Angebot auf. Seine altbewährten Favoriten sind Garnelen-Kürbis-Cremesuppe und mit *raicilla* flambierte Shrimps. Wer richtig viel Geld ausgeben will, sollte sich das aus fünf Gängen bestehende Probiermenü bestellen, das auch als vegetarische Variante angeboten wird.

❶ An- & Weiterreise

Ab Puerto Vallarta geht's zunächst auf dem Hwy 200 gen Norden durch Bucerías. Dann nach links in Richtung La Cruz de Huanacaxtle abbiegen und der Küste zur Halbinsel Punta de Mita folgen! Busse aus Puerto Vallarta (S. 581) halten in den meisten Orten an der Riviera Nayarit.

Puerto Vallarta
☎ 322 / 255 681 EW.

Vor herrlichen Bergen mit Palmenbewuchs erstreckt sich Puerto Vallarta (oder kurz „Vallarta") rund um die funkelnd blaue Bahía de Banderas. Die Stadt gehört zu Mexikos reizvollsten Strandorten. Jedes Jahr relaxen hier Millionen Besucher an den traumhaften Sandstränden, stöbern in den urigen Läden, speisen in den schicken Restaurants und bummeln durch die malerischen Straßen im Zentrum und über den schönen *malecón* (Uferpromenade). Zu den vielen Aktivitäten zählen Bootsfahrten, Ausritte, Tauchtouren und Tagesausflüge ins Landesinnere. Nach Sonnenuntergang ändert Vallarta dann seinen Charakter: Das Nachtleben in den Kopfsteinpflasterstraßen und vielen LGBT-freundlichen Optionen pulsiert – Vallarta ist schließlich die schwullesbische Strandhauptstadt des Landes.

❶ Orientierung

Das „alte" Stadtzentrum heißt **Zona Centro** und erstreckt sich nördlich des Río Cuale. Die charaktervolle **Zona Romántica**, eine weitläufige Touristenzone mit kleineren Hotels, Restaurants und Bars auf der anderen Seite des Flusses grenzt an die beiden Stadtstrände und ist das Zentrum der LGBT-Szene. Die beiden Viertel lassen sich gut zu Fuß erkunden. Bis heute bilden sie Puerto Vallartas Herz und Seele. Hier finden sich auch die meisten lohnenden Sehenswürdigkeiten, Unterkünfte und Restaurants.

Nördlich der Stadt bildet eine Reihe riesiger Luxushotels die **Zona Hotelera** mit der Marina Vallarta, einem großen Jachthafen (9 km vom Zentrum entfernt). Weiter gen Norden folgt Nuevo Vallarta, ein neues Viertel mit Hotels und Ferienwohnungen (18 km). Direkt nördlich von Marina Vallarta liegen der **Flughafen** (10 km; S. 581) und der **Busbahnhof** (12 km; S. 581). Die Traumstrände südlich der Stadt sind teilweise von Resorts gesäumt.

❍ Sehenswertes

Herz der Zona Centro ist die **Plaza Principal** (Plaza de Armas), an der die Kettenläden

der Moderne auf die Schuhputzer der alten Pueblo-Tage treffen. Etwas südlich des Platzes erstreckt sich der breite **malecón** über etwa zehn Blocks in Richtung Norden – er ist von Bars, Restaurants, Nachtclubs und großartigen Skulpturen gesäumt.

Die Strände an der Bahía de Banderas haben viele verschiedene Gesichter: Manche brummen vor fröhlicher Aktivität, andere sind ruhig und wenig besucht. Allerdings liegen nur die **Playa Olas Altas** (Karte S. 570) und die **Playa de los Muertos** (Strand der Toten; Karte S. 566) südlich des Río Cuale gut erreichbar in Zentrumsnähe. Das Südende der Playa de los Muertos heißt **Blue Chairs** und gehört zu Mexikos berühmtesten Schwulenstränden.

Im Norden wartet die Zona Hotelera mit einer Reihe guter Hotels auf, Nuevo Vallarta hat dagegen ein paar anständige Sandstreifen zu bieten. Die schönsten Buchten befinden sich aber südlich des Zentrums (S. 569).

★ **Jardin Botánico de Vallarta**   GÄRTEN
(Botanischer Garten Vallarta; ☎322-223-61-82; www.vbgardens.org; Hwy 200 km 24; 150 Mex$; ☺Jan.–April Di–So 9–18 Uhr, Mai–Dez. Mo–So 9–18 Uhr) Orchideen, Bromelien, Agaven und Palmen säumen die Pfade dieses tollen Naturparks 30 km südlich von Puerto Vallarta. Hier kann man in Farngrotten Kolibris beobachten oder hinunter zum Fluss gehen, um im Liegestuhl auf dem Sand zu relaxen oder zwischen mächtigen Felsen zu schwimmen. Hin kommt man entweder mit einem der „El Tuito"-Busse (30 Mex$), die in Puerto Vallarta an der Ecke Carranza und Agua-

---

ABSTECHER

EIN TAG AUF EINER RANCH

Die **Hacienda El Divisadero** (☎322-225-21-71; www.haciendaeldivisadero.com; Camino Tuito–Chacala, Km 9, Las Guásimas; Tour ohne/mit Transport vom/zum Hotel 50/95 US$; ☺Nov.–März Fr–So 10–18 Uhr) ist eine große Ranch, die 90 Minuten südlich von Puerto Vallarta liegt und Tagestouren mit allen möglichen netten Aktivitäten anbietet. Die Teilnehmer werden in Puerto Vallarta abgeholt und zur Ranch gefahren, wo es erst einmal ein leichtes Frühstück gibt. Anschließend reitet man dann zu Felsbildern, badet im Fluss und besichtigt die hauseigene *raicilla*-Destillerie (*raicilla* ist eine Art Mezcal aus Agaven).

Im Tourpreis enthalten sind eine Käseverkostung und ein Mittagessen im hauseigenen Restaurant, in dem z. B. auf der Zunge zergehende *birria* (pikanter Fleischeintopf) serviert wird. Gegen 17 Uhr wird man wieder am Hotel abgesetzt. Abgesehen von den Trinkgeldern für die Guides ist alles in dem genannten Preis enthalten. Ohne Transport vom/zum Hotel wird's billiger. Um zur Hacienda zu gelangen, fährt man von Puerto Vallarta aus 45 km auf dem Hwy 200 gen Süden zur Ortschaft El Tuito und folgt dann den Schildern nach Westen bis zur Ranch (10 km).

566

Großraum Puerto Vallarta

ZENTRALE PAZIFIKKÜSTE PUERTO VALLARTA

Großraum Puerto Vallarta

Sehenswertes
1 Playa Conchas Chinas A4
2 Playa de los Muertos A4
3 Playa Palmares A5

Aktivitäten, Kurse & Touren
4 Ecotours de México A2
5 Marina Vallarta Golf Club A2
6 Rancho El Charro B3

Schlafen
7 Blue Chairs Beach Resort A4

Essen
8 Barrio Bistro B3
9 Benitto's A2
10 El Barracuda B3
11 El Taquito Hidalguense...................... B3
12 La Leche A3
13 Layla's Restaurante B3
14 Red Cabbage Café B4

Rand eines Freiluft-**Amphitheaters** empor und ist inzwischen ein Wahrzeichen der Stadt. In der Nähe, auf der Seeseite der Plaza, finden öffentliche Veranstaltungen wie Gaucho-Paraden und Mariachi-Feste statt.

Parroquia de Nuestra Señora de Guadalupe
KATHEDRALE
(Templo de Guadalupe; Karte S. 570; ☎ 322-222-13-26; www.parroquiadeguadalupevallarta.com; Hidalgo 370; ⊗ Mo–Sa 7–22, So 6.30–22 Uhr) Der mit einer Krone verzierte Turm der Kirche Unserer Lieben Frau von Guadalupe im Zentrum ist ein weiteres Wahrzeichen Vallartas. Es ist eine hiesige Tradition, die Glocken über ein langes Seil per Hand zum Läuten zu bringen.

Aktivitäten

Rastlose Seelen müssen nicht lange suchen: Hier kann man mountainbiken und Wale beobachten. Schnorcheln, Gerätetauchen, Tiefseeangeln, Wasserskifahren, Windsurfen, Segeln und Parasailing sind vor den großen Hotels oder in der Touristeninformation (S. 581) buchbar.

Bootstouren
In Vallarta kann man tagsüber, bei Sonnenuntergang und abends Bootsausflüge machen. Am beliebtesten sind die Touren zu den Stränden Yelapa (S. 569) und Las Ánimas (S. 569) oder zu den **Islas Marietas**. Die Preise sind verhandelbar; Fahrten bei Sonnenuntergang und Strandtouren kosten ab 1200 Mex$; für vier- bis sechsstündige

cate abfahren, oder aber mit einem Taxi (ca. 350 Mex$).

Isla Río Cuale
INSEL
(Karte S. 570) Bei einem Aufenthalt in Vallarta darf ein Ausflug zur Isla Río Cuale nicht fehlen. Diese Sandinsel tauchte in den 1920er-Jahren von selbst in der Flussmündung auf und wurde später weiter aufgeschüttet. Auf der autofreien Insel kann man zwischen den Bäumen spazieren gehen.

Los Arcos
BAUWERK
(Karte S. 570; Malecón s/n, Plaza Morelos) Diese Bogenreihe im romanischen Stil ragt am

Touren mit Verpflegung und unendlich vielen Cocktails muss man 2200 Mex$ zahlen. Überall in der Stadt gibt's Broschüren, in denen solche Touren angeboten werden.

Diana's Gay & Lesbian Cruise BOOTSFAHRT

(Karte S. 570; www.dianastours.com; Anleger an der Playa de los Muertos; Bootsfahrt 110 US$; ☺ Okt.– Mai Do od. Fr 9–17 Uhr) Außerhalb des Sommers starten die Tagestörns für Schwule und Lesben donnerstags oder freitags (je nach Woche unterschiedlich). Es wird viel gegessen, getrunken und geschnorchelt. Los geht's am Anleger an de Playa de los Muertos. Online-Reservierung möglich.

Tiefseeangeln

Tiefseeangeln ist das ganz Jahr über angesagt, und jedes Jahr findet Mitte November ein bedeutendes internationales **Angelturnier** (☎ 322-225-54-67; www.fishvallarta.com) statt. An den Haken gehen vor allem Fächer-, Speer- und Thunfische sowie Rote Schnapper und Wolfsbarsche. Angeltrips kann man am Anleger in der Marina Vallarta oder über die vielen Agenturen in der Stadt buchen. Für vier-/achtstündige Trips muss man ab ca. 250/400 US$ hinblättern.

Tauchen & Schnorcheln

Tief unten im warmen, ruhigen Wasser der Bahía de Banderas leben Stachelrochen, tropische Fische und bunte Korallen. In Vallarta gibt's mehrere Tauchanbieter. Die meisten veranstalten auch Schnorchelausflüge, auf denen Schnorchler und Taucher oft zusammen unterwegs sind. Bei den Tauchexkursionen sind in der Regel Transport, Ausrüstung und leichte Mahlzeiten inklusive

Banderas Scuba Republic TAUCHEN

(Karte S. 570; ☎ Handy 322-1357884; www.bs-republic.com; Cárdenas 230; Tauchgang Küste/Boot 95/105 US$; ☺ Büro Mo–Fr 8–13 & 14–17, Sa 8–13 Uhr) Hochprofessionelles Unternehmen, das Exkursionen in kleinen Gruppen zu weniger bekannten Zielen anbietet.

Golf

Vallartas Golfplätze liegen nördlich der Stadt. Auf diversen Golf-Websites, z. B. www.golfnow.com, stehen oft interessante Sonderangebote.

Punta Mita Golf Club GOLF

(☎ 329-291-55-90; www.fourseasons.com/punta mita/golf; Ramal Carretera 200, Km 19, Punta Mita; Greenfee 9/18 Löcher 208/322 US$) Die beiden Golfplätze des Resorts Four Seasons in Punta Mita wurden von Jack Nicklaus entworfen und punkten mit einem grandiosen Blick aufs Meer. Der **Pacífico** hat ein bekanntes natürliches Green mit einem optionalen Loch. Die **Bahía** steht ihm im Vergleich kaum nach. Gäste, die nicht im Hotel übernachten, müssen zusätzliche 243 US$ für einen Tagespass zahlen (gilt für 2 Pers., inkl. Zimmer für den Tag).

Vista Vallarta Golf Club GOLF

(☎ 322-290-00-30; www.clubcorp.com/clubs/vista -vallarta-club-de-golf; Circuito Universidad 653, Colonia El Pitillal; Greenfee nachmittags/vormittags 155/209 US$; ☺ vormittags 7–13 Uhr, nachmittags 13–17 Uhr) Dieses Golfresort in Traumlage am Rand des Urwalds gehört zu den besten Mexikos. Die beiden benachbarten Plätze wurden von Nicklaus und Weiskopf entworfen. Sie liegen etwa 9 km östlich des Flughafens (S. 581).

Marina Vallarta Golf Club GOLF

(Karte S. 566; ☎ 322-221-00-73; www.clubcorp. com/clubs/marina-vallarta-club-de-golf; Paseo de la Marina 430; Greenfee nachmittags/vormittags inkl. Cart 111/139 US$; ☺ vormittags 7–13 Uhr, nachmittags 13–16.30 Uhr) Direkt nördlich der Marina Vallarta liegt dieser von Joe Finger entworfene Golfplatz mit 18 Löchern (Par 72) und vielen Wassertieren (u. a. Krokodile). Dem Platz könnte eine Überholung nicht schaden.

Reiten

Die mit Urwald bedeckten Berge Vallartas kann man ganz wunderbar vom Rücken eines Pferdes aus erkunden. Rancho El Charro veranstaltet idyllische Touren in die Sierra Madre.

Rancho El Charro REITEN

(Karte S. 566; ☎ 322-224-01-14; www.ranchoel charro.com; Treffpunkt Av Francisco Villa 1001; Ausritte 75–135 US$) Die Ranch El Charro liegt 12 km nordöstlich des Zentrums von Puerto Vallarta. Sie ist für ihre gesunden Pferde und die malerischen drei- bis achtstündigen Ausritte in die Sierra Madre bekannt. Manche Ausflüge sind auch für Kinder geeignet. Treffpunkt in Puerto Vallarta ist an der Biblioteca Los Mangos in der Nähe der Avenida Francisco Villa, Ecke Avenida De Los Tules.

 Kurse

Instituto Vallartense de Cultura KURS

(Kulturinstitut Vallarta; Karte S. 570; ☎ 322-223-00-95; www.facebook.com/ivcultura; Isla Río Cuale; Aufnahmegebühr 100 Mex$, Kurs 280 Mex$/

Monat; ☉ Mo–Fr 8–20, Sa 9–14 Uhr) Kunstkomplex an einer Plaza im äußersten Osten der Isla Río Cuale, einer Gegend mit viel Lokalkolorit. In dem schlichten Theater finden Aufführungen und Bandwettbewerbe statt. Außerdem gibt's regelmäßige Musik-, Drucktechnik- und Zeichenworkshops, an denen Einheimische und Touristen teilnehmen können.

Colegio de Español y Cultura Mexicana   SPRACHKURS

(CECM; Karte S. 570; ☎ 322-223-20-82; www.cecm.udg.mx; Libertad 105-1; Intensivkurs/Privatunterricht 500/800 US$; ☉ Büro Mo–Fr 9–17 Uhr) Die Sprachkurse in dieser zur Universidad de Guadalajara gehörenden Schule reichen von zweiwöchigen Intensivkursen (50 Std.) bis zu Privatkursen (30 Std.) und optionalen Homestay-Programmen.

👉 Geführte Touren

Zu den Highlights in Puerto Vallarta gehören Touren durch die Natur und Outdoor-Aktivitäten. An fast jeder Ecke findet man Agenturen mit mehr oder weniger aggressiver Verkaufspolitik. Die **Agencia Paraíso** (Karte S. 570; ☎ 322-222-25-49; paraisopv1@gmail.com; Morelos 236; ☉ 9–21.30 Uhr) ist eine verlässliche Option in zentraler Lage. Es gibt diverse empfehlenswerte Zip-Line-Parks.

⭐ Ecotours de México   NATUR

(Karte S. 566; ☎ 322-209-21-95; www.ecotoursvallarta.com; Proa s/n, Marina Vallarta; Walbeobachtung Erw./Kind 95/80 US$, Delfin- & Schnorcheltour Erw./Kind 85/75 US$; ☉ Mo–Fr 9–19, Sa 9–17, So 9–14 Uhr) 🖉 Dieser Anbieter unter der Leitung von leidenschaftlichen Naturliebhabern organisiert Walbeobachtungsexkursionen, geführte Wander- und Vogelbeobachtungstouren, Schnorcheln mit Delfinen, Ausflüge zu den Islas Marietas und mehrtägige Trips, bei denen etwa Meeresschildkröten im Mittelpunkt stehen. Hinzu kommen Touren, deren Ziel es ist, lokale Forschungsprojekte und Naturschutzeinrichtungen zu unterstützen.

Eco Ride   RADTOUR

(Karte S. 570; ☎ 322-222-79-12; www.ecoridemex.com; Miramar 382; geführte Tour 45–105 US$) Das von Bergen, Urwald und Meer umgebene Vallarta ist der perfekte Ort für anspruchsvolle Mountainbiketouren. Die Tagestouren dieses netten Veranstalters sind sowohl etwas für Anfänger als auch für Cracks. Die für jedermann geeignete, 20 km lange Tour führt flussaufwärts zu einem schönen Wasserfall. Die anspruchsvollste Tour ist eine 48 km lange Expedition von El Tuito (einer kleinen, 1100 m hoch gelegenen Stadt) durch Chacala und hinunter zum Strand von Yelapa (S. 569).

Vallarta Eats   ESSEN & TRINKEN

(Karte S. 570; ☎ 322-178-82-88; www.vallartaeats.com; Independencia 231, 2. Stock; Taco-Tour Erw./Kind 55/39 US$; ☉ Büro 9–17 Uhr) Zweisprachige Guides aus der Gegend veranstalten diverse Touren mit dem Schwerpunkt Essen und Trinken. Die beliebteste Tour ist die Taco-Tour (vormittags oder abends), auf der Straßenbuden, Süßigkeitenläden und mehr besucht werden. Ebenfalls im Angebot ist eine alkohollastige dreieinhalbstündige Craft-Bier-Tour.

Stadtspaziergänge   STADTSPAZIERGANG

(Recorridos Turísticos; Karte S. 570; ☎ 322-222-09-23; www.facebook.com/turismopvoficial; Ecke Juárez & Independencia; ☉ Di & Mi 9 & 12, Sa 9 Uhr) **GRATIS** Die kostenlosen Stadtspaziergänge durch Puerto Vallartas historisches Zentrum werden vom Touristenbüro (S. 581) angeboten. Die Führer können Spanisch, Englisch und Deutsch. Am Ende sollte man ihnen ein Trinkgeld geben.

Canopy River   BAUMWIPFELTOUR

(Karte S. 570; ☎ 322-223-52-57; www.canopyriver.com; Insurgentes 379; Erw./Kind 80/51 US$; ☉ Büro 8–16 Uhr) Den Río Cuale hinauf führt diese berauschende Baumwipfeltour, bei der man vier Stunden lang an insgesamt elf Ziplines (Höhe 4–216 m, Länge 44–650 m) entlangrutscht. Um die Höchstgeschwindigkeit zu erreichen, müssen sich Teilnehmer mitunter wie eine Kanonenkugel zusammenrollen. Zudem sind Tequila-Touren, Maultierreiten, Quadfahren und „nasses" Seilrutschen durch Flüsse im Angebot. Preise inklusive Shuttles.

🎊 Feste & Events

Vallarta Pride   LGBT

(☎ Handy 322-1786787; www.vallartapride.com; ☉ Mai) Einwöchiges Event der schwullesbischen Gemeinde mit Kulturveranstaltungen, Konzerten, Umzügen und wilden Strandfeten. Das Fest im Mai gehört zu Mexikos Top-LGBT-Veranstaltungen.

Festival Gourmet International   ESSEN & TRINKEN

(☎ 322-222-22-47; www.festivalgourmet.com; ☉ Nov.) Seit 1995 ist Puerto Vallartas Gastro-

DIE SÜDLICHEN STRÄNDE

An der Bucht südlich von Vallarta liegen ein paar wunderschöne Strände, die leicht mit dem Bus erreichbar sind. Weiter entlang des südlichen Randes der Bucht befinden sich drei weitere abgeschiedene Strände: Las Ánimas, Quimixto und Yelapa (von Osten nach Westen). Dorthin fahren jeweils nur Boote; die ersten beiden sind aber auch über einen Wanderweg ab Boca de Tomatlán zugänglich.

„Boca"-Busse halten in Mismaloya und Boca de Tomatlán (8 Mex$). Die „Mismaloya"-Busse fahren nur bis Mismaloya. Mit beiden Linien gelangt man zur Playa Conchas Chinas und zur Playa Palmares.

Playa Conchas Chinas (Karte S. 566) Diese schöne Apartment-Enklave liegt rund 3 km südlich der Innenstadt. Ihre winzige Bucht ist bei Familien sehr beliebt – dank flacher Naturbecken im Schutz einer mächtigen vorgelagerten Felsbank (ein Tummelplatz von Schnorchlern und Harpunenfischern). Die Bucht ist zwar klein, hat aber einen hellen und relativ breiten Sandstrand. Zudem gibt's hier Rettungsschwimmer.

Playa Palmares (Karte S. 566) Die Playa Palmares rund 6 km südlich der Zona Centro ist nicht etwa nach Palmen (hier gibt's überhaupt keine) benannt, sondern nach dem gleichnamigen Apartment-Komplex. Ihr schmaler, aber langer und weißer Sandstrand punktet mit tollem türkisblauem Flachwasser. Letzteres ist ganzjährig sauber (im Umkreis gibt's keinerlei Flüsse) und daher bei einheimischen Schwimmern sehr beliebt.

Mismaloya Rund 12 km südlich von Vallarta wurde hier 1964 der Film *Die Nacht des Leguan* gedreht – wovon bis heute das verfallene Leguan-Schild am Straßenrand zeugt. Die winzige malerische Bucht wird von einem riesigen Resort dominiert. Aktuell wehren sich die Dorfbewohner vehement gegen die angedachte Zwangsumsiedlung wegen des Baus eines zweiten Resorts.

Boca de Tomatlán Dieses Küstendorf ist vergleichsweise weniger kommerzialisiert als Puerto Vallarta. Hier kann man prima *tostadas* mit *ceviche* am Strand futtern und mit dem Wassertaxi zu einem der entlegeneren Strände an der Bucht hinausfahren. Das Dorf liegt etwa 16 km von Vallarta entfernt (Richtung Südwesten), hinter Mismaloya, südwestlich entlang der Küste.

Playa de las Ánimas Hübscher Strand mit einem kleinen Fischerdorf und ein paar *palapa*-Restaurants, die frisches Seafood servieren.

Playa de Quimixto Gleich hinter Las Ánimas wartet hier ein Wasserfall, der vom tiefer gelegenen Strand aus entweder mittels Fußmarsch (30 Min.) oder mit einem Mietpony erreichbar ist.

Yelapa Die kleine Fischergemeinde gehört zu Puerto Vallartas entlegensten und beliebtesten Buchten. Sie liegt in Richtung Süden am weitesten von der Stadt entfernt und ist das Ziel vieler geführter Tagestouren. Doch sobald die Boote spätnachmittags verschwinden, wirkt die malerische Bucht wieder relativ menschenleer. Vor Ort gibt's mehrere komfortable Unterkünfte. Wassertaxis (S. 582) schippern von Boca de Tomatlán (Rundfahrt 180 Mex$/Pers.) und Puerto Vallarta (Rundfahrt 320 Mex$/Pers., 45 Min.) hierher.

szene Ausrichter dieses Festivals, das Mitte November stattfindet.

🛏 Schlafen

In Sachen Unterkünfte hat man in Puerto Vallarta die Qual der Wahl. Die preiswertesten Quartiere befinden sich landeinwärts an beiden Seiten des Río Cuale. Näher am Meer, in der Zona Romántica, gibt's mehrere ansprechende Mittelklassehotels. Die genannten Preise gelten für die Hauptsai-

son (Dez.– April); in der Nebensaison wird alles 20 bis 50 % billiger. Wer mehrere Tage bleiben will, sollte unbedingt einen Rabatt aushandeln. Monatsmiete kann den Zimmerpreis halbieren.

Hostal Suites Vallarta HOSTEL **$**
(Karte S. 570; ☎ 322-222-23-66; www.hostal
vallartasuites.com; Corona 270; B 350 Mex$, Zi. inkl.
Frühstück 650–1300 Mex$; ➡ ❄ 🛜) Das Hostel ist zwar etwas teurer als die anderen in

Puerto Vallarta Zentrum

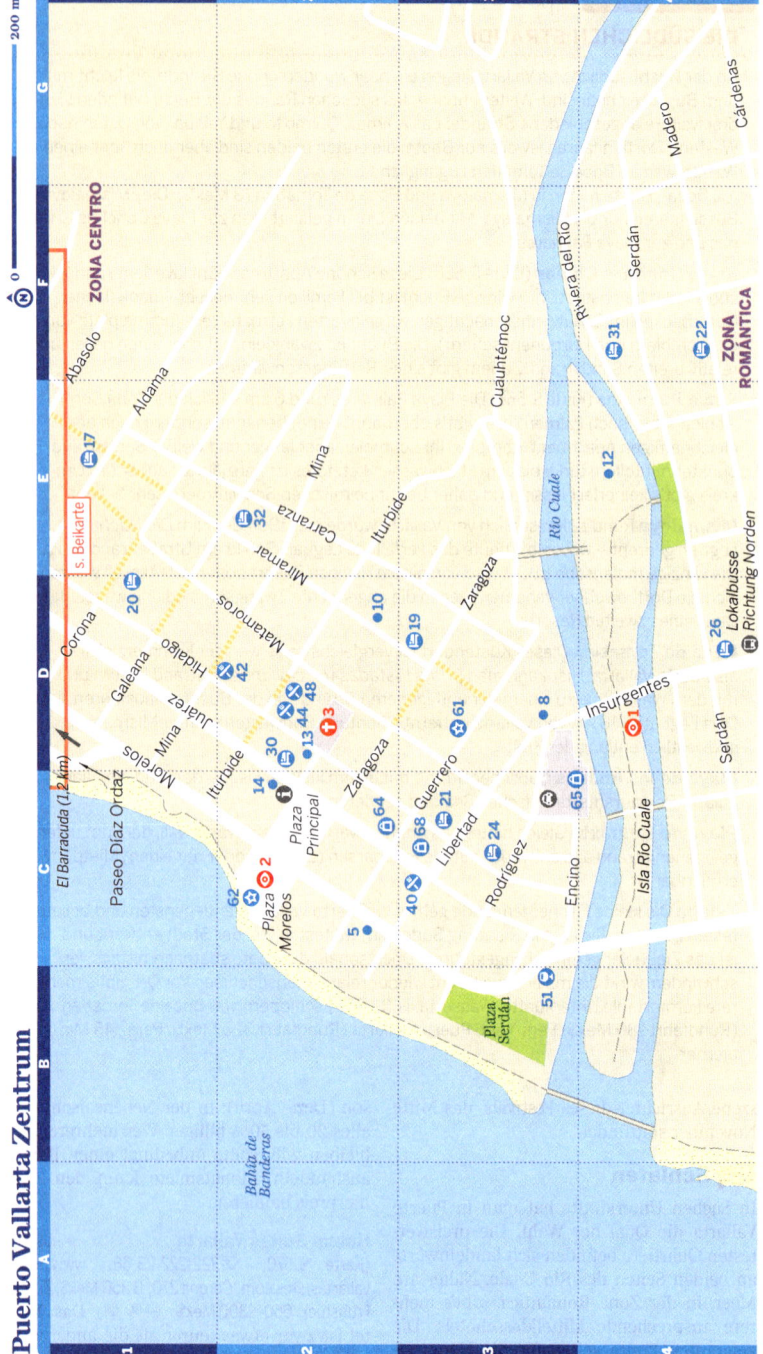

200 m

N 0

ZONA CENTRO

ZONA ROMÁNTICA

Bahía de Banderas

Río Cuale

Isla Río Cuale

Plaza Serdán

Plaza Principal

Plaza Morelos

El Barracuda (12 km)

Paseo Díaz Ordaz

Morelos

Mina

Iturbide

Juárez

Hidalgo

Galeana

Corona

Abasolo

Aldama

Matamoros

Miramar

Mina

Carranza

Iturbide

Cuauhtémoc

Zaragoza

Guerrero

Libertad

Rodríguez

Encino

Insurgentes

Serdán

Rivera del Río

Serdán

Madero

Cárdenas

s. Beikarte

Lokalbusse Richtung Norden

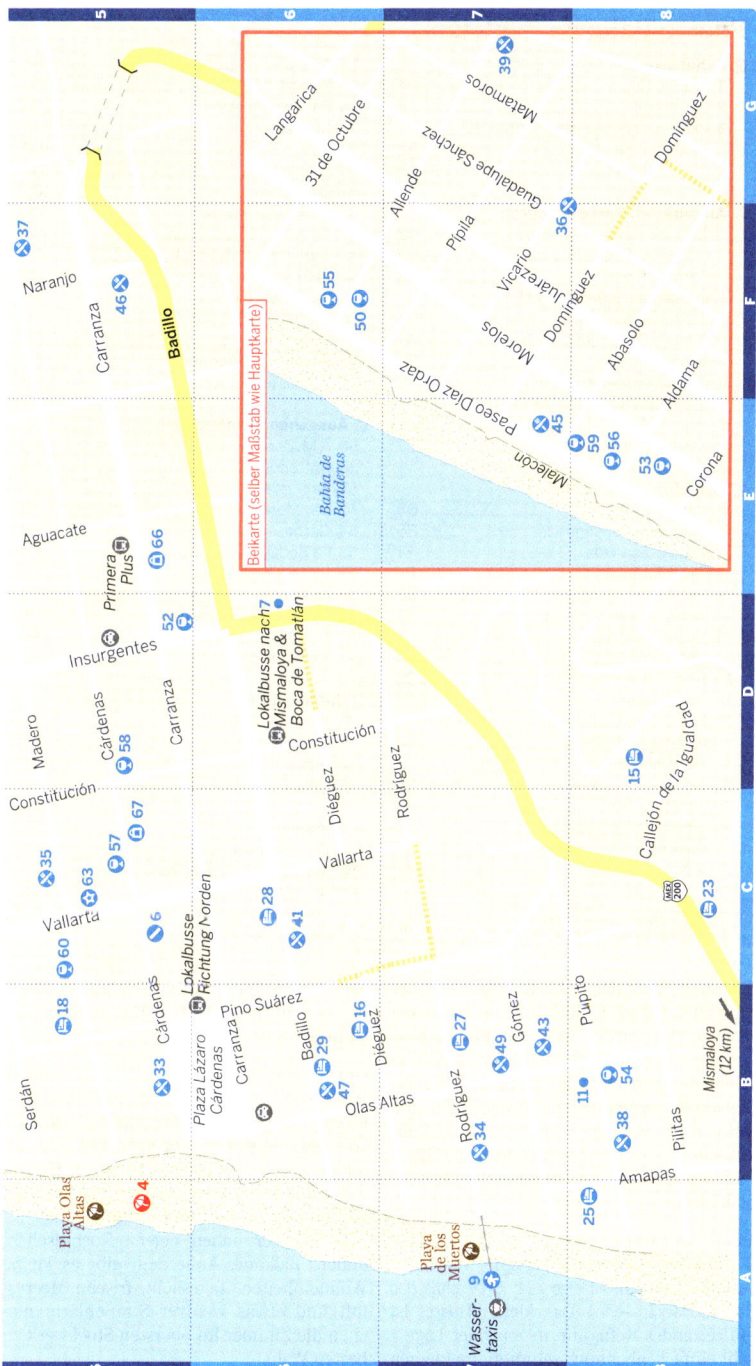

Puerto Vallarta Zentrum

◉ Sehenswertes
1 Isla Río Cuale D4
2 Los Arcos C2
3 Parroquia de Nuestra Señora de
  Guadalupe D2
4 Playa Olas Altas A5

◈ Aktivitäten, Kurse & Touren
5 Agencia Paraíso C2
6 Banderas Scuba Republic C5
7 Canopy River D6
8 Colegio de Español y Cultura
  Mexicana D3
9 Diana's Gay & Lesbian Cruise...............A7
10 Eco Ride D2
11 Gay Vallarta Bar-Hopping B8
12 Instituto Vallartense de Cultura E4
13 Vallarta Eats..D2
14 Stadtspaziergänge C2

🛏 Schlafen
15 Casa Cupula D8
16 Casa Doña Susana B6
17 Casa Dulce Vida E1
18 Casa Fantasía B5
19 Hacienda San Angel...............................D3
20 Hostal Suites Vallarta D1
21 Hostel Central...C3
22 Hotel Azteca F4
23 Hotel Casa Anita.....................................C8
24 Hotel Catedral...C3
25 Hotel Emperador..................................... A8
26 Hotel Galería Belmar D4
27 Hotel Mercurio..B7
28 Hotel Posada de Roger C6
29 Hotel Yasmin...B6
30 Oasis Hostel Downtown D2
31 Rivera del Río F4
32 Villa David...E2

✕ Essen
33 A Page in the Sun B5

34 Archie's Wok..B7
35 Bravos C5
36 Café des Artistes F7
37 Chenando's...F5
38 Coco's Kitchen B8
39 El Arrayán G7
40 El Banquito C3
41 El Mole de Jovita C6
42 Gaby's..C5
43 Joe Jack's Fish Shack B7
44 La Cigale D2
45 La Dolce Vita..E7
46 Marisma Fish Taco F5
47 Pancho's Takos..B6
48 Planeta Vegetariano D2
49 Tacos Revolución.....................................B7

🍸 Ausgehen & Nachtleben
50 A.M. Bar F6
51 Antropology B3
52 Bar Frida D5
53 Bar Morelos E8
54 Garbo...B8
55 La Bodeguita del Medio F6
56 La Cervecería Unión E8
57 La Noche C5
58 Los Muertos Brewing D5
59 Mandala E8
60 Panchöfurter C5

🎭 Unterhaltung
61 El Patio de Mi Casa D3
  Jazz Foundation........................(siehe 50)
62 Amphiteater Los Arcos......................... C2
63 Roxy Rock House.....................................C5

🛍 Shoppen
64 Dulcería Leal C2
65 Mercado Municipal Río Cuale C3
66 Mundo de Azulejos E5
67 Olinalá...C5
68 Peyote People C3

der Stadt, aber der hohe Komfort und der Meerblick dieser Unterkunft am Berghang machen das das wieder wett. Im Erdgeschoss befinden sich ein Schlafsaal für beide Geschlechter und einfache Zimmer. Die Zimmer im Obergeschoss sind etwas heller und luftiger. Ein veganes Frühstück ist im Preis enthalten. Von der Dachterrasse aus kann man wunderbar den Sonnenuntergang beobachten.

Hostel Central
HOSTEL **$**

(Karte S. 570; ☏ Handy 322-1341313; www.hostelcentralvallarta.com; Hidalgo 224; B/DZ ohne Bad 250/350 Mex$; ☺🛜) Das kleine Hostel ist ein reizendes Refugium in zentraler Lage – sehr einfach, aber auch sehr nett. Im kleinen

Schlafsaal unter dem Dach stehen Stockbetten und normale Betten. Das Inhaberpaar ist hilfsbereit.

Hotel Galería Belmar
HOTEL **$**

(Karte S. 570; ☏ 322-223-18-72; www.belmarvallarta.com; Insurgentes 161; Wohnstudio/DZ ab 650/1200 Mex$; ☺❄@🛜) Die sauberen, komfortablen Zimmer in diesem Hotel im Herzen der Zona Romántica punkten mit cleverer Farbgestaltung und viel Originalkunst. Einige Zimmer haben eigene Kochnischen, andere Balkone. Außerdem gibt es kleine Wohneinheiten. Tageslicht, frische Meeresluft und etwas weniger Straßenlärm machen die Zimmer im obersten Stockwerk zu besten Wahl.

Oasis Hostel Downtown

HOSTEL **$**

(Karte S. 570; ☎ 322-222-92-82; jguillermov@gmail.com; Juárez 386; B/DZ ohne Bad 300/500 Mex$; ☻☏) Das günstig gelegene Oasis Downtown (es gehört nicht mehr zu der anderen Oasis-Unterkunft in der Stadt) hat drei helle Schlafsäle sowie ein einfaches Zimmer mit zwei Betten und Gemeinschaftsbad. Es gibt hier allerdings eine ziemlich abschreckende Politik, die besagt, dass man sich die Zimmer vor der Buchung nicht anschauen darf. Eine Dachterrasse mit Blick aufs Meer und Schließfächer für Wertsachen sind vorhanden.

Hotel Azteca

HOTEL **$**

(Karte S. 570; ☎ 322-222-27-50; www.facebook.com/hotelaztecapvta; Madero 473; EZ 350 Mex$, DZ 450–650 Mex$; ☀☻☏) Viele Backsteinbogen zieren dieses beliebte Budgethotel. Die Zimmer zum Hinterhof sind weder riesig, noch sonderlich hell, haben aber geflieste Fußböden, Satelliten-TV, mäßig gute Betten und nette handgemalte Farbelemente. Die teureren Zimmer sind mit eigenen Küchen und/oder einer Klimaanlage ausgestattet.

Hotel Casa Anita

HOTEL **$$**

(Karte S. 570; ☎ 322-222-00-18; www.casaanita.com; Carretera Barra de Navidad 601; DZ 65–100 US$, 1-/2-Zi. Suite 115–175 US$; P☻☀☏☷) Highlight dieser Unterkunft an einem mit Urwald bewachsenen Hang ist der wirklich grandiose Blick. Die freundlichen Wohneinheiten – von Wohnstudios bis hin zu geräumigen Drei-Zimmer-Apartments – verfügen alle über komplett eingerichtete Küchen, und von den Balkonen schaut man auf die Bucht. Die Gäste haben Zugang zu zwei Pools (einer davon in der dazugehörigen Schwesteranlage Corona del Mar). Etwa die Hälfte der Zimmer hat keine Klimaanlage, aber die Meeresbrise sorgt dafür, dass in ihnen immer angenehme Temperaturen herrschen.

Hotel Catedral

HOTEL **$$**

(Karte S. 570; ☎ 322-222-90-33; www.hotelcatedralvallarta.com; Hidalgo 166; DZ 1200–1500 Mex$; ☻☀@☏) Reizende Drei-Sterne-Unterkunft nicht weit vom Meer und vom Fluss. Die auf vier Stockwerke verteilten Zimmer sind um einen Hof angeordnet. Von den oberen Etagen hat man einen schönen Blick auf den Templo de Guadalupe (S. 566). Die sauberen, freundlichen Zimmer haben gefliese Fußböden, Flachbild-TVs und ein paar wohlüberlegte Extras. In den kleinen Bädern ste-

hen tolle Kosmetikprodukte, das Personal ist hilfsbereit, und die Preise sind vor allem im Sommer sehr fair.

Hotel Yasmin

HOTEL **$$**

(Karte S. 570; ☎ 322-222-00-87; www.hotelyasminpv.com; Badillo 168; EZ/DZ 800/950 Mex$; ☻☏☷) Dieses Hotel steht nur einen Block hinter dem Strand und ist ein Schnäppchen. Hier wird man mit herzlicher Gastlichkeit empfangen, außerdem gibt es einen schönen Innenhof mit einem kleinen Pool. Einige der Zimmer riechen etwas muffig, sind aber mit farbenfrohen Kunstwerken und rustikalen Möbeln eingerichtet.

Hotel Emperador

HOTEL **$$**

(Karte S. 570; ☎ 322-222-17-67; www.hotelemperadorpv.com; Amapas 114; DZ/Suite 1550/2700 Mex$; ☻☀@☏) Das traumhaft am Strand gelegene Hotel hat fröhliches Personal und einfache, aber gemütliche Zimmer mit gefliesten Fußböden, bequemen Betten und Flachbild-TV an der Wand. Die „Suiten" sind geräumige Zimmer mit grandiosem Blick auf Strand und Meer und komplett ausgestatteten Küchen auf dem großen Balkon. In der Nebensaison sind hohe Preisnachlässe möglich. Die Atmosphäre ist dynamisch und schwulenfreundlich.

Hotel Posada de Roger

HOTEL **$$**

(Karte S. 570; ☎ 322-222-08-36; www.hotelposadaderoger.com; Badillo 237; EZ/DZ 1300/1400 Mex$; ☻☀☏☷) Der einladende Traveller-Treff ist drei Blocks vom Strand entfernt und gehört schon seit Langem zu den beliebtesten Mittelklassehotels in Vallarta. Die Posada verfügt über ein stark besuchtes hauseigenes Restaurant, einen Pool und einen grünen Innenhof. Die Zimmer werden durch bunte Kissen aufgepeppt.

★Casa Dulce Vida

APPARTMENT **$$$**

(Karte S. 570; ☎ 322-222-10-08; www.dulcevida.com; Aldama 295; Suite 80–250 US$; ☻☏☷) In dieser Unterkunft mit dem Look und dem Flair einer italienischen Villa werden sechs geräumige Suiten vermietet, die mit viel Eleganz und angenehmer Privatsphäre überzeugen. Die luxuriösen *casas* bieten sonnendurchflutete Wohnbereiche, prima ausgestattete Küchen, Keramikfliesenböden und hohe Decken mit surrenden Ventilatoren. Hinzu kommen jeweils großartige schmiedeeiserne Türen und Fenster sowie eine Dachterrasse, von der aus man einen fantastischen Ausblick auf den Sonnenuntergang hat.

Obendrein gibt's meist noch eine separate private Terrasse und Extrabetten für Gästegruppen. Die Casa hat außerdem einen grünen Garten und einen großartigen Pool mit rotem Mosaikboden. Selbst wenn das Hotel komplett ausgebucht ist, wirkt die Atmosphäre ruhig und anheimelnd – da muss man sich hier doch zumindest einen Cocktail gönnen.

Casa Fantasía
B & B $$$

(Karte S. 570; 322-223-24-44; www.casafanta sia.com; Pino Suárez 203; Zi. inkl. Frühstück ab 135 US$;) Das niedliche B & B ist nur einen Block vom Strand entfernt und wartet mit geräumigen Zimmern mit Terrakottaböden, Deckenbalken, Antikmöbeln und Kabel-TV auf. Das umfangreiche Frühstück wird in dem traumhaften Hof mit blubbernden Springbrunnen serviert. Dort öffnen in der Hauptsaison auch eine beliebte Bar und ein Restaurant.

Rivera del Río
BOUTIQUEHOTEL $$$

(Karte S. 570; Handy 322-2056093; www.ri veradelrio.com; Rivera del Río 104; Zi. inkl. Frühstück 129–239 US$;) Hier, an einer ruhigen Straße am Fluss, wartet eine ziemliche Überraschung: Die prachtvollen Innenräume sind eine echte Augenweide, geprägt von italienisch anmutenden Fresken und Wasserspielen bis hin zum Schick der 1920er-Jahre – und das absolut stimmig. Die acht Zimmer und Suiten in dem vertikal konstruierten Gebäude sind total unterschiedlich gestaltet. Sehr eindrucksvolles Gesamtpaket! Schwulenfreundlich.

Casa Doña Susana
HOTEL $$$

(Karte S. 570; 322-226-71-01; www.casadona susana.com; Diéguez 171; DZ ab 115 US$;) Dieses Hotel nur für Erwachsene verfügt über eine elegante Lobby im Stil der guten alten Zeit, viele Stein- und Ziegelbogen und einen schönen Innenhof. Die Zimmer sind mit Antiquitäten eingerichtet. Zur Dachterrasse gehört neben einem Pool mit Meer- und Bergblick auch eine Kapelle. Gäste dürfen gratis alle Einrichtungen des benachbarten Schwesterresorts (Playa Los Arcos) benutzen, u. a. auch die Sonnenschirme und den größeren Pool.

Hacienda San Angel
BOUTIQUEHOTEL $$$

(Karte S. 570; 322-222-26-92; www.hacienda sanangel.com; Miramar 336; Suite inkl. Frühstück ab 504 US$;) Die 19 Suiten in dieser schönen, ruhigen Seitenstraße oberhalb der Küste verteilen sich auf fünf erlesen einge-

richtete Häuser mit schönem Terrakottaboden, altmodischen Himmelbetten und mit *azulejos* geschmückten Bogen und Waschbecken. Herz des Ganzen ist ein Innenhof mit blubbernden Springbrunnen. Die beiden herrlichen Poolterrassen gewähren einen ganz besonderen Blick auf die Stadt und das Meer. Das gute Restaurant auf dem Dach wird von vielen Stammgästen besucht.

Essen

Puerto Vallarta hat eine gute Restaurantszene. Die Auswahl reicht von den allgegenwärtigen Straßenlokalen bis hin zu Gourmetlokalen.

Südlich des Río Cuale

Ein paar der leckersten und preiswertesten Gerichte in Vallarta servieren die Taco-Stände, die vormittags und am früheb Abend in den Straßen der Zona Romántica aus dem Boden schießen.

Pancho's Takos
TACOS $

(Karte S. 570; 322-222-16-93; Badillo 162; Tacos 13–64 Mex$; Mo–Sa 18–2 Uhr) Dieses Lokal in Strandnähe lockt viele Nachtschwärmer an. Bis zu später Stunde, wenn viele andere Lokale in der Gegend schon geschlossen sind, gibt's hier köstliche *tacos al pastor* (am Spieß gegartes Schweinefleisch mit Zwiebelscheiben, Koriander und Ananas).

Tacos Revolución
TACOS $

(Karte S. 570; 322-222-13-62; www.facebook. com/tacosrevolucion; Olas Altas 485; Tacos 15–85 Mex$; Mi–Mo 14–23 Uhr;) Der revolutionär eingerichtete Laden serviert köstliches *carne asada* (gegrilltes Rindfleisch), Tacos *al pastor* (mariniertes Schweinefleisch), Fisch und vegetarische Tacos auf hausgemachten Tortillas mit verdammt guter Salsa. Anders als in den meisten *taquerías* gibt's hier eine gute Auswahl mexikanischer Craft-Biere, Tequilas und Weine. Als Dessert sollte man sich einen himmlischen *churro*-Eisbecher mit Vanille-Eis und Schokosirup bestellen.

A Page in the Sun
CAFÉ $

(Karte S. 570; 322-222-36-08; www.apagein thesun.com; Cárdenas 179; Backwaren & kleine Gerichte 25–100 Mex$; 7–23 Uhr;) Das sehr empfehlenswerte Café mit freundlicher Atmosphäre fungiert auch als Traveller-Treff und Buchladen. Auf den Tisch kommen hier guter Espresso, leckere Süßigkeiten, Sandwiches, Salate und Bier. Zudem werden regelmäßig Events veranstaltet.

Marisma Fish Taco
TACOS $

(Karte S. 570; ☎322-222-13-95; www.marisma fishtaco.com; Naranjo 320; Snacks 24–30 Mex$; ⊙9–17 Uhr) Die tolle Straßen-*taquería* serviert u. a. leckere Tacos mit Garnelen, geräuchertem Marlin oder frittiertem Fisch. Auf der einfachen Karte stehen aber auch Quesadillas mit Seafood. Von seinem Stuhl aus kann man das Thekenpersonal beim Pressen von frischen Tortillas und Brutzeln von diversen Köstlichkeiten beobachten.

Coco's Kitchen
INTERNATIONAL $$

(Karte S. 570; ☎322-223-03-73; www.cocoskitchen pv.net; Púlpito 122; Hauptgerichte 78–155 Mex$; ⊙Juni–Nov. 8–16 Uhr, Dez.–Mai bis 22 Uhr; ☎) Das Restaurant südlich des Flusses ist eine beliebte Brunch-Adresse und hat einen schattigen Garten. Darin befinden sich eine Bar und ein Terrakotta-Dach auf Pfeilern, unter dem Tische auf einer Terrasse mit Keramikfliesen stehen. Serviert werden hier u. a. *carnitas* (geschmortes Schweinefleisch), Burritos mit grüner Chilisauce, Quesadillas, Salate, Eier Benedikt, *chilaquiles*, Arme Ritter und Waffeln mit Pekannüssen.

Joe Jack's Fish Shack
SEAFOOD $$

(Karte S. 570; ☎322-222-20-99; www.joejacks-fish shack.com; Olas Altas 507; Hauptgerichte 140–260 Mex$; ⊙12–23 Uhr; ☎) Hier kann man bis in die frühen Abendstunden Mojitos genießen (Happy Hour 12–19 Uhr). Die erfrischenden Minz-Cocktails passen hervorragend zu frischer *ceviche*, der Spezialität des Hauses, sowie zu Fisch à la Baja und Shrimps-Tacos.

El Mole de Jovita
MEXIKANISCH $$

(Karte S. 570; ☎322-223-30-65; www.mexicanres taurantpuertovallarta.wordpress.com; Dadillo 220; Hauptgerichte 130–170 Mex$; ⊙12–22.30 Uhr; ☎) Dieses Restaurant in Familienhand ist auf Hühnchen mit *mole* (Chilisauce) spezialisiert, serviert aber auch viele andere mexikanische Standardgerichte zu erschwinglichen Preisen.

Red Cabbage Café
MEXIKANISCH $$$

(Karte S. 566; ☎322-223-04-11; www.redcabbage pv.com; Rivera del Río 204A; Hauptgerichte 165–375 Mex$; ⊙Okt.–Juni Mo–Sa 17–23 Uhr; ☎) Restaurant mit eher lässiger Atmosphäre und erlesenen unkonventionellen Kunstwerken an den Wänden. Die noble Küche orientiert sich dagegen an alten Rezepten und verwen-

det ungewöhnliche, nach indigenen Rezepten hergestellte Saucen. Das Lokal ist zehn Gehminuten von der Zona Romántica entfernt; von Cárdenas aus kurz vor der Brücke über den Río Cuale rechts in die Rivera del Río einbiegen! Nur Barzahlung.

Chenando's
SEAFOOD $$$

(Karte S. 570; ☎322-222-33-28; www.facebook. com/chenandosrestaurant; Cárdenas 520; Hauptgerichte 180–298 Mex$; ⊙Di–So 17.30–23 Uhr; ☎) Nettes Restaurant in Familienhand mit einfachem, aber ansprechendem Interieur, kleinen Tischen und Klimaanlage. Aus der Küche kommen köstliche, total saftige Seafood-Burritos sowie schmackhafte Kokos-Shrimps und andere Köstlichkeiten. Regelmäßig wechselnde Speisekarte.

Bravos
MEXIKANISCH, ITALIENISCH $$$

(Karte S. 570; ☎322-222-03-39; www.bravospv. com; Madero 263; Hauptgerichte 195–320 Mex$; ⊙Di–So 17–23 Uhr; ☎) Das sanft beleuchtete Bistro im Herzen der Zona Romántica gewinnt immer mehr Fans. Das liegt zu gleichen Teilen am extrem freundlichen Service und an der leckeren Spitzenküche, die sich an Mexiko und Italien orientiert. Fast alles hier ist sehr lecker – vor allem die Gerichte mit den dicken und zarten Garnelen. Unbedingt noch Platz für ein Stück Kuchen zum Nachtisch lassen!

Archie's Wok
ASIATISCH $$$

(Karte S. 570; ☎322-222-04-11; www.archieswok. com; Rodríguez 130; Hauptgerichte 160–275 Mex$; ⊙Mo–Sa 14–22.30 Uhr; ☎) Die Speisekarte in diesem eleganten Restaurant in urbanem Stil mag ja regelmäßig wechseln, aber immer stehen asiatische Fusion-Gerichte darauf. Wie war's mit herzhaftem Bratfisch im Bananenblatt? Auch für Vegetarier gibt es eine gute Auswahl, z. B. pfannengerührtes Gemüse mit einer thailändischen Currysauce oder einer Chinasauce aus schwarzen Bohnen. Die Nudelgerichte sind göttlich, die Weine und Margaritas süffig.

✖ Nördlich des Río Cuale

El Banquito
TACOS $

(Karte S. 570; ☎Handy 322-1412301; Libertad 189; Tacos 12 Mex$; ⊙Do–Di 9–15 Uhr) Wer Appetit auf einen der für Jalisco typischsten Snacks hat, sollte dieses winzige Taco-Lokal aufsuchen, das seinen Namen dem einzigen Hocker *(banquito)* auf dem Bürgersteig verdankt. Die Spezialität, *taco de birria dorado*, ist ein harter Taco mit pikantem

SAN SEBASTIÁN DEL OESTE

Eine völlig andere Szenerie bieten die kühlen Gefilde von San Sebastián del Oeste, eine ehemalige Bergbaustadt (17. Jh.) mit grandiosem Blick auf die Berge der Sierra Madre. Eine zweispurige Straße schlängelt sich vorbei an alten Bauernhäusern, Kokosnuss-buden, *birria*- (Lamm-)Lokalen und kleinen Destillerien, die *raicilla* (Agavenschnaps ähnlich wie Mezcal) herstellen.

San Sebastián (700 Ew.) liegt etwa 1400 m über dem Meeresspiegel. Von der höchsten Stelle, dem Aussichtspunkt **Cerro de la Bufa**, bietet sich bei entsprechendem Wetter ein spektakulärer Blick bis hinüber nach Vallarta. Am einfachsten erreicht man den Aussichtspunkt im Geländewagen, den man sich im Ort mieten kann. Alternativ schließt man sich einer dreistündigen Tour von **Malibrí Turismo** (☑Handy 322-1400441; www.facebook.com/malibrisso; Juárez 30; Tour 900 Mex$/Pers.; ⊙Büro 10–17 Uhr) an. Das Büro dieses Anbieters befindet sich direkt einen Block nördlich des Hauptplatzes. Am besten kommt man an einem Werktag nach San Sebastián, denn dann sind normalerweise weniger Besucher hier.

In den Kopfsteinpflasterstraßen von San Sebastián ist eigentlich nicht viel los, man kann aber wunderbar eine gute Tasse Kaffee (aus hier in der Gegend angebauten Bohnen) trinken, in einem Lokal an der Plaza Hausmannskost genießen oder auf einem Spaziergang die frische Bergluft einatmen. Im Ort gibt es mehrere ansprechende Hotels. Besonders empfehlenswert für einen schönen, entspannenden Aufenthalt ist das **Mansion Real** (☑322-297-32-75; hotelmansionreal@yahoo.com.mx; 5 de Mayo 36A; DZ 1500–2100 Mex$; ➔🅿) im Kolonialstil.

San Sebastián del Oeste liegt etwa 70 km östlich von Puerto Vallarta und ist am einfachsten mit dem eigenen fahrbaren Untersatz zu erreichen. Um dorthin zu gelangen, nimmt man den Hwy 200 (Vallarta–Tepic) und biegt etwa 3 km hinter dem **Flughafen** (S. 581) auf den Hwy 544 ab. Diesem folgt man für etwa 53 km in Richtung Osten bis zur Ortschaft La Estancia, wo sich die Abzweigung nach San Sebastián del Oeste befindet.

Ziegenfleisch. In Puerto Vallarta gibt's viele *taquerías*, aber dieser Winzling scheint wirklich der beste zu sein. Wer drei Tacos bestellt, bekommt eine Tasse Kraftbrühe gratis mit dazu.

El Taquito Hidalguense
TACOS $

(Karte S. 566; ☑Handy 322-1123740; Panamá 177; Tacos 19 Mex$, Kraftbrühe 25–29 Mex$; ⊙10–15.30 Uhr) Die Familie aus Hidalgo, Mexikos Hauptstadt für *barbacoa* (Lamm oder Hammel), serviert köstliche hausgemachte Tortillas mit saftigem Fleisch, das zwölf Stunden langsam im Ofen gegart wurde. Die Kraftbrühe verleiht den ansonsten sehr fetthaltigen Speisen etwas Pep.

Planeta Vegetariano
VEGETARISCH $

(Karte S. 570; ☑322-222-30-73; www.planeta vegetariano.com; Iturbide 270; Frühstücksbüfett 75 Mex$, Mittag- & Abendessen 105 Mex$; ⊙8–22 Uhr; 🖉) Das Lokal, das ein Büfett aufbaut und nur über zehn Tische verfügt, Bereitet frische, laktosefreie Gerichte wie Soja-*carnitas,* Süßkartoffellasagne (ja, ehrlich!) und eine große Auswahl an kreativ zusammengesetzten Salaten zu.

Gaby's
MEXIKANISCH $$

(Karte S. 570; ☑322-222-04-80; www.gabysres taurant.com.mx; Mina 252; Hauptgerichte 135–260 Mex$, Kochkurs 850 Mex$; ⊙8–23 Uhr; 🖉) Seit 1989 serviert dieses fröhlich-helle Lokal in Familienhand oben auf einer Terrasse und hinten auf einer Veranda im Schatten von Bäumen verlässlich gute mexikanische Klassiker. Besonders stimmungsvoll ist es hier abends, wenn Videos auf die Mauern eines Nachbargebäudes projiziert werden. Lust auf einen fünfstündigen Kochkurs? Julio Castillón, Gaby's Küchenchef, zeigt, wie Salsas, *mole tamales* und mehr zubereitet werden.

El Barracuda
SEAFOOD $$

(Karte S. 566; ☑322-222-40-34; www.elbarra cuda.com; Paraguay 1290; Hauptgerichte 148–238 Mex$; ⊙Mo & Di 13–23, Mi–Sa 12–1, So 12–23 Uhr; 🖉) Der luftige, offene Strandschuppen ist super geeignet für ein Mittagessen mit Seafood und Meerblick. Die Tacos mit gegrillten Garnelen sind berühmt. Das Thunfisch-Sashimi ist zwar eigentlich eher ein Carpaccio, schmeckt aber dennoch prima.

Dasselbe gilt für die *mariscos dinamita* (Garnelen, Tintenfisch und Fisch mit Reis). Sehr empfehlenswert sind auch die selbst zu belegenden *tostadas* mit geräuchertem Marlin. Bis heute nisten hier Meeresschildkröten; zudem ziehen den ganzen Winter über Buckelwale dicht vor der Küste vorbei.

Benitto's
FEINKOST $$

(Karte S. 566; ☑ 322-209-02-87; www.benittos. com; Paseo de la Marina 21; Hauptgerichte 115–195 Mex$; ⊙ Mo–Sa 8.30–2.30 Uhr; ☎) Im Bereich des Jachthafens findet man dieses hervorragende Feinkostgeschäft mit kühnmoderner großformatiger Kunst an den Wänden. Die einheimische Oberschicht schätzt das Benitto's für einfallsreiche Panini, gemischte Carpaccios, importierte Weine und Craft-Biere. Zudem gibt's hier Hauptgerichte in Form von Suppen, Salaten und Nudeln. Der Küchenbetrieb geht bis 1 Uhr; gebechert werden kann länger.

La Dolce Vita
ITALIENISCH $$

(Karte S. 570; ☑ 322-222-38-52; www.dolcevita. com.mx; Paseo Díaz Ordaz 674; Hauptgerichte 125–242 Mex$; ⊙ Mo–Sa 11.30–2, So 17–24 Uhr; ☎) Das fröhliche und oft gut besuchte Lokal eignet sich bestens zum Leutebeobachten bei Pasta oder Pizza aus dem Holzbackofen. Wer die Aussicht genießen möchte, nimmt einen Fenstertisch im Obergeschoss. Bei hier lebenden Ausländern sehr beliebt.

★ Barrio Bistro
FUSION $$$

(Karte S. 566; ☑ Handy 322-3060530; www.barrio bistro.com; España 305, Colonia Versalles; Hauptgerichte 190–320 Mex$; ⊙ Di–Sa 18–22.30 Uhr; ☎) Nachdem man Platz genommen hat, kommt Küchenchef Memo an den Tisch und erklärt jedes Gericht, das auf der wöchentlich wechselnden Tafel steht, im Detail. Bei unserem letzten Besuch gab es wunderbar zubereitetes Lammkarree mit frischen Kräutern aus dem hauseigenen Garten. Memo kredenzt auch erstklassigen *raicilla* (Agavenschnaps ähnlich wie Mezcal), Qualitätsweine und Craft-Biere. Nur Barzahlung.

★ Café des Artistes
FUSION $$$

(Karte S. 570; ☑ 322-226-72-00; www.cafedesar tistes.com; Guadalupe Sánchez 740; Hauptgerichte 260–545 Mex$; ⊙ 18–23 Uhr; ☎) Für viele das beste Restaurant der Stadt: Hier schwelgt man in romantischem Ambiente und einer Küche, die französische und mexikanische Einflüsse auf exquisite Art kombiniert. Der Garten erstrahlt im Kerzenlicht, die Räume sind modern, und der Anblick der Anlage

erinnert an eine wundersame Festung. Die Hauptattraktion sind aber die Gerichte, unter denen ein paar wirklich erinnerungswürdige Kreationen sind. Der Service ist formell, aber nicht aufdringlich. Es empfiehlt sich, im Voraus zu reservieren.

El Arrayán
MEXIKANISCH $$$

(Karte S. 570; ☑ 322-222-71-95; www.elarrayan.com. mx; Allende 344; Hauptgerichte 235–325 Mex$; ⊙ Mi–Mo 17.30–23 Uhr; ☎) Inhaberin Carmen Porras macht es besonders viel Spaß, alte Familienrezepte vor dem Vergessen zu bewahren. Sie legt außerdem viel Wert auf frische Zutaten aus der Region. Die Spezialitäten des Hauses sind beispielsweise knusprige (frittierte) Enten-*carnitas* mit Orangensauce und Kochbananen-*empanadas* (Kochbananenteig, schwarze Bohnen und Käse). Das Restaurant dient mit seiner offenen Küche und dem romantischen Innenhof auch als Veranstaltungsort für regelmäßig stattfindende Kochkurse.

La Leche
MEXIKANISCH $$$

(Karte S. 566; ☑ 322-293-09-00; www.lalecheres taurant.com; Medina Ascensio km 2,5; Hauptgerichte 230–390 Mex$, Probiermenü 699 Mex$, Burritos 80–100 Mex$; ⊙ 18–1 Uhr; ☎) Hier ist der Name Programm, und das unterhaltsame Motto setzt sich auf verschiedene Art auch während der Mahlzeiten fort. Der Service ist sehr persönlich und freundlich (Schulterklopfen statt Glacéhandschuhe), aber auch etwas schusselig. Seafood und ein Entengericht sind die Spezialitäten des Hauses. Essen macht hier wirklich Spaß.

Die Weinkarte ist für Mexikos Westküste recht gut. Außerdem gibt es ein *degustación*-Menü (Probiermenü) mit sieben Gängen. Der Sohn des Drogenbosses Joaquín „El Chapo" Guzmán wurde hier 2016 von bewaffneten Männern eines rivalisierenden Kartells gekidnappt. La Leche betreibt draußen vor der Tür auch einen Burrito-Food-Truck.

Layla's Restaurante
MEXIKANISCH $$$

(Karte S. 566; ☑ 322-222-24-36; www.laylasres taurante.com; Venezuela 137; Hauptgerichte 159–295 Mex$; ⊙ Di–So 13–23 Uhr; ☎) Obwohl das Layla's gleich abseits der Strandmeile liegt, wird es von den meisten Passanten übersehen. Doch es ist ein sehr empfehlenswertes Restaurant, in dem das freundliche Personal qualitativ hochwertige, schön angerichtete Speisen serviert. Bevor man sich ein hervorragend zubereitetes Gericht mit Fisch, Shrimps oder Fleisch bestellt, kann man

SCHWULEN- & LESBENSZENE IN PUERTO VALLARTA

Hier kann jeder und jede sein, wie er bzw. sie ist. In Puerto Vallarta flattert die Regenbogen-flagge überall stolz im Wind. Wegen der tollen Auswahl schwulenfreundlicher Bars, Nacht-clubs, Restaurants und Hotels kommen jedes Jahr mehr Besucher in die Stadt; als Mag-nete wirken auch die vielen Events für Schwule und Lesben, die alljährlich hier stattfinden. Die Broschüre und die Website des Gay Guide Vallarta (www.gayguidevallarta.com) liefern zahllose Infos und eine hilfreiche Karte, auf der die schwulenfreundlichen Einrichtungen verzeichnet sind. Das neuntägige Event Vallarta Pride (S. 568) im Mai wird von der LGBT-Gemeinde ausgelassen gefeiert.

Schlafen

Casa Cupula (Karte S. 570; ☏ 800-223-24-84; www.casacupula.com; Callejón de la Igualdad 129; Zi./Suite ab 343/629 US$; P ⊕ ✳ @ ☎ ⊠) Edles Design und luxuriöses Dekor prägen dieses beliebte Resort, das Schwule und Lesben gleichermaßen willkommen heißt. Alle Zimmer sind individuell gestaltet und verfügen über Annehmlichkeiten wie Großbild-TVs und in einigen Suiten private Whirlpools. Der Strand liegt nur ein paar Blocks weiter unten. Die drei Pools, der Fitnessraum, das hauseigene Restaurant und die Bar sind mitunter Grund genug, hier den ganzen Tag lang rumzuhängen.

Hotel Mercurio (Karte S. 570; ☏ 322-222-47-93; www.hotel-mercurio.com; Rodríguez 168; EZ/DZ inkl. Frühstück 1872/2214 Mex$; ⊕ ✳ @ ☎ ⊠) Nicht mal zwei Blocks vom Pier an der Playa de los Muertos (S. 565) entfernt steht dieses dreistöckige Schwulenhotel mit 28 Zimmern (von denen einige etwas muffig riechen), die sich um einen schönen Innenhof mit stilvollem Pool- und Barbereich reihen. Die Zimmer wirken für ihren Preis recht schlicht, haben aber Kühlschrank, Kabel-TV und Doppel- oder Kingsize-Betten. Weitere Pluspunkte sind das Frühstücksbüfett und die kostenlosen Auslandstelefonate.

Blue Chairs Beach Resort (Karte S. 566; ☏ 800-561-97-17; www.bluechairsresort.com; Almendro 4; Zi./Suite ab 85/155 US$; ⊕ ✳ ☎ ⊠) Dieses Resort mit Blick über einen der be-rühmtesten Schwulenstrände Mexikos ist der Inbegriff der hiesigen Schwulenszene. Zum Zeitpunkt der Recherchen wirkte das Resort etwas heruntergekommen. Einige Zimmer wurden aber bereits renoviert. Der dazugehörige Strandclub lohnt noch immer den Be-

oben auf der Terrasse wunderbar eine Gur-ken-Margarita schlürfen. Bei unserem letz-ten Besuch stand ausgezeichnetes Spargel-Tempura auf der Speisekarte.

La Cigale FRANZÖSISCH $$$
(Karte S. 570; ☏ 322-222-79-38; www.lacigalebis tro.com; Hidalgo 398; Hauptgerichte 135–295 Mex$; ☺ 17–23.30 Uhr; ☎) Das schicke französische Bistro mit schwarz-weißem Karofußboden serviert im Schatten des Templo de Gua-dalupe (S. 566) so ziemlich alles zwischen Quiche Lorraine und Steak Tartare. Was es gibt, steht auf einer Tafel. Dazu werden Wei-ne aus der ganzen Welt kredenzt.

Ausgehen & Nachtleben

Es ist kinderleicht, sich in dieser Stadt ei-nen anzutrinken, denn die Happy Hours mit zwei Drinks zum Preis von einem sind hier so sicher wie der Sonnenuntergang, die Margarita-Gläser sehen aus wie überdimen-sionale Kognakschwenker, und tagsüber zu

trinken, ist fast schon ein Muss. Am Wo-chenanfang ist der Eintritt normalerweise frei; am Freitag- und Samstagabend bein-haltet er ein oder zwei Drinks, d. h. einen Mindestverzehr.

A.M. Bar BAR
(Karte S. 570; www.facebook.com/playa.a.m.bar; Allende 116; ☺ 21–4 Uhr) Lockere Bar mit un-verputzten Wänden und erschwinglichen Drinks. DJs legen *cumbia* (Tanzmusik aus Kolumbien) auf, und nach ein paar Mezcals werden die Hüften zur Musik geschwungen. Kein Schicki-Micki-Nachtclub.

La Cervecería Unión BAR
(Karte S. 570; ☏ 322-223-09-29; www.lacervece riaunion.com.mx; Paseo Díaz Ordaz 610; ☺ 11–2 Uhr; ☎) An heißen Nachmittagen gewährt diese Bar mit tollem Blick auf die Bucht echte Erholung. Hier gibt es kein ödes Bier, sondern eine gute Auswahl von Craft-Bieren aus ganz Mexiko und Importbiere. Hinzu kommen eine Austernbar, anständige Tacos,

such, ebenso wie die Dachterrasse mit Nachtclub und Pool. Die Suiten sind größere Zimmer mit Kochgelegenheit.

Villa David (Karte S. 570; ☑ 322-223-03-15; www.villadavidpv.com; Galeana 348; Zi. 126–161 US$; ⊜ ❄ @ 🛜 ⛱) Hier sind Reservierungen Pflicht und Klamotten optional. Das Schwulen-B & B in einer schönen Villa im Hacienda-Stil befindet sich in einer der charaktervollen Straßen weit oberhalb des *malecón* (Strandpromenade) und bietet einen grandiosen Blick auf den Sonnenuntergang. Die Zimmer punkten mit geschmackvoller und individueller Einrichtung.

Ausgehen & Nachtleben

Gay Vallarta Bar-Hopping (Karte S. 570; www.gaypv.mx/hop/tours; Púlpito 141; 60–129 US$/ Pers.; ⊙ Büro Mo–Fr 10–16 Uhr) Die unterhaltsamen Touren sind eine lustige Einführung in das schwule Nachtleben Vallartas. Im Preis der teuersten Touren sind Abendessen und Drinks in sechs verschiedenen Bars enthalten. Online oder direkt im Büro buchen!

Garbo (Karte S. 570; ☑ 322-223-57-53; german_gm@yahoo.com; Púlpito 142; ⊙ 18–2 Uhr; 🕿) Wer auf Jazz und ausgezeichnete Martinis steht, ist im Garbo mit dem Betonfußboden an der richtigen Adresse. Jazz und Gesang zu später Stunde sind mittelmäßig bis gut, manchmal gibt's auch Songs zum Mitsingen.

Antropology (Karte S. 570; ☑ 322-117-11-31; edward_1602@hotmail.com; Morelos 101; ⊙ 21–4 Uhr; 🕿) In dem heißen Tanzmekka und Schwulen-Stripclub lautet das Motto: *It's raining men*. Frauen wird der Zutritt strikt verweigert. Mindestverzehr von zwei Getränken.

Bar Frida (Karte S. 570; ☑ 322-222-36-68; www.barfrida.com; Insurgentes 301A; ⊙ 13–2 Uhr; 🕿) Die nach der berühmten Künstlerin benannte Location ist eine gemütliche und gesellige Cantina mit verführerischen Getränke-Specials. Ein toller Ort, um in relaxtem und „unszenigem" Ambiente in den Abend zu starten.

La Noche (Karte S. 570; www.lanochepv.com; Cárdenas 263; ⊙ 20–3.30 Uhr; 🕿) Fröhliche Atmosphäre, muskulöse Barkeeper, Go-Go-Tänzer und eine Dachterrasse machen das La Noche zur beliebten Adresse vor dem Clubbing. Aus den Boxen schallt Oldschool-House.

eine lange Mezcal-Karte und leckere *micheladas* (Bier-Cocktails).

Panchöfurter BIERKNEIPE
(Karte S. 570; ☑ 322-223-13-42; www.facebook. com/gastrocervecceria; Madero 239, ⊙ Mo–Fr 15–23, Sa 15–1 Uhr; 🕿) In dieser trendigen Bierkneipe trifft Mexiko auf Deutschland. Geboten werden Craft-Biere, Hausmacherwürstchen, Burger und Salate (Gerichte 95–165 Mex$). Das „tropische" IPA aus der in Vallarta ansässigen Kleinbrauerei Los Cuentos ist ein echt hopfiger Genuss.

Bar Morelos BAR
(Karte S. 570; ☑ 322-222-25-50; www.facebook. com/barmorelospuertovallarta; Morelos 589; ⊙ So–Di 20–3, Mi–Sa 20–5 Uhr; 🕿) Die stilvolle Bar mit Profi-Personal ist weitaus eleganter als ihre Konkurrenten am einen Block entfernt *malecón* (Strandpromenade). Die über 50 verschiedenen Mezcal-Sorten werden von den Barkeepern bereitwillig erklärt. Weitere Pluspunkte sind gute DJs an

Werktagen, ein gutes Sound-System und die hübsche Deko. Unbedingt auch eine Runde kickern! Die Tische stehen bei den Klos.

Los Muertos Brewing KNEIPE
(Karte S. 570; ☑ 322-222-03-08; www.losmuertosbrewing.com; Cárdenas 302; ⊙ 11–24 Uhr; 🕿) Nette Brauereikneipe mit Backsteinbogen und Betonfußboden. Es gibt sechs Sorten Bier, u.a. ein IPA namens „Revenge" und ein Stout namens „McSanchez". Dazu werden gute Pizzas und durchschnittliches Kneipenessen serviert.

Mandala CLUB
(Karte S. 570; ☑ 322-224-38-27; www.facebook. com/mandala.puerto.vallarta; Paseo Díaz Ordaz 640; ⊙ 18–6 Uhr) Diese riesige Location ist der bei Weitem beste von drei benachbarten Clubs. In Spitzenlage direkt am *malecón* feiern junge Leute bis zu später Stunde unter Shivas wohlwollenden Blicken. Die Drinks sind ziemlich teuer; für Kampftrinker gibt's jedoch Flatrate-Armbänder.

ZENTRALE PAZIFIKKÜSTE PUERTO VALLARTA

La Bodeguita del Medio BAR
(Karte S. 570; ☎ 322-223-15-85; www.labodeguita
delmedio.com.mx; Paseo Díaz Ordaz 858; ⏱ 9–3
Uhr; ☎) Die Wände sind in zahlreichen Sprachen vollgekritzelt mit Poesie und Albern-
heiten, die Bar ist gut bestückt mit Rum
und Tequila, und der Barkeeper mixt einen
mittelprächtigen Mojito und fragwürdige
Mojito-Varianten. Laute Live-Salsa sorgt jeden Abend für fröhlichen Tanzbetrieb und
gute Laune. Das Essen ist allerdings nichts
Besonderes.

☆ Unterhaltung

Vallartas Nachtleben dreht sich vor allem
um Tanzen, Trinken und Essen. Am meisten ist am belebten *malecón* los. Oft finden
auch Veranstaltungen nahe dem Los Arcos
(S. 566) am Meer statt.

★ El Patio de Mi Casa JAZZ
(Karte S. 570; ☎ 322-222-07-43; www.facebook.
com/elpatiodemicasavallarta; Guerrero 311; ⏱ Mo–
Sa 18–2.30 Uhr; ☎) Wer keine Lust mehr auf
laute Nachtclubs hat, wird sich in dieser
Open-Air-Location mit Vintage-Flair und
erfrischend sanftem Jazz bestimmt wohlfühlen. An der Bar gibt's *raicilla* (Agavenschnaps ähnlich wie Mezcal), und auf der
Speisekarte stehen Salate und dünne knusprige Pizzas. Freitags und samstags wird Livemusik gespielt.

Jazz Foundation JAZZ
(Karte S. 570; ☎ 322-113-02-95; www.jazzpv.com;
Allende 116; ⏱ Di–So 18–2 Uhr; ☎) Die Location
im Obergeschoss ist zwar geprägt von Beton, Backsteinen und Holzbrettern, gespielt
wird aber sehr gute Live-Musik von Jazz
und Blues über Funk bis hin zu Soul. Hinzu
kommt ein spektakulärer Blick aufs Meer.
Ideal für einen romantischen Sundowner!

Roxy Rock House LIVEMUSIK
(Karte S. 570; ☎ 322-222-76-17; www.roxyrock
house.com; Vallarta 217; ⏱ 22–6 Uhr; ☎) Im Herzen der Zona Romántica zieht dieser Club
jeden Freitag und Samstag ein bunt gemischtes Publikum an. Coverbands spielen
Rock und Blues. Der Eintritt ist frei.

🛍 Shoppen

Vallarta ist ein Paradies für Shoppingfans.
Viele Geschäfte und Boutiquen verkau-
fen schicke Klamotten, Strandoutfits und
Kunsthandwerk aus ganz Mexiko. Auch
Tequila und kubanische Zigarren sind sehr
gefragt.

Peyote People KUNST& KUNSTHANDWERK
(Karte S. 570; ☎ 322-222-23-02; www.peyotepeo
ple.com; Juárez 222; ⏱ Mo–Fr 10–20, Sa 10–18,
So 11–17 Uhr) ✍ Hier bekommt man hervorragende Perlenarbeiten, Fadenbilder und
Schmuck von Huicholen sowie Kunsthandwerk für den Dia de los Muertos und Holzschnitzereien aus dem Bundesstaat Oaxaca.
Die eingenommenen Gelder gehen an indigene Kunsthandwerkergruppen.

Dulcería Leal ESSEN
(Karte S. 570; ☎ 322-222-80-42; www.facebook.
com/dulcerialeal; Juárez 262; ⏱ 10–22 Uhr)
Naschkatzen sollten dieser niedlichen *tienda* (Laden) einen Besuch abstatten. Zu den
hiesigen Verführungen zählen u. a. weiche
Tamarindenbonbons, tolle Karamellbon-
bons, allerlei Trockenfrüchte und zuckerige
Leckereien mit Nüssen.

Mundo de Azulejos KERAMIK
(Karte S. 570; ☎ 322-222-26-75; www.mundodea
zulejos.com; Carranza 374; ⏱ Mo–Fr 9–19, Sa 9–14
Uhr) Dieser Laden hat eine riesige Auswahl
leuchtend bunter Kacheln und Keramiken
im Talavera-Stil.

Olinalá KUNST& KUNSTHANDWERK
(Karte S. 570; ☎ 322-222-49-95, Handy 322-
1213576; http://brewsterbrockmann.com; Cárdenas 274; ⏱ Okt.–Mai Mo–Sa 11–17 Uhr, Juni–Sept.
Do–Sa 11–15 Uhr) Seit 1978 verkauft dieser tolle kleine Laden authentische mexikanische
Tanzmasken, Volkskunst und ländliche Antiquitäten.

Mercado Municipal Río Cuale KUNST& KUNSTHANDWERK, MARKT
(Karte S. 570; ☎ 322-222-45-65; Rodríguez 260;
⏱ 9–18 Uhr) Auf dem Markt am Nordufer des
Río Cuale wird alles Mögliche verkauft, u. a.
Taxco-Silber, *sarapes* (Decken bzw. Umhänge mit einer Öffnung für den Kopf), *huaraches* (Sandalen aus geflochtenem Leder),
Wandbehänge aus Wolle und mundgebla-
senes Glas. Nicht mit dem nahe gelegenen
Markt an der Morelos verwechseln, auf dem
nur Touristenkitsch verkauft wird!

ⓘ Praktische Informationen

Obwohl die meisten Geschäfte in Vallarta neben
Pesos auch US-Dollar akzeptieren, sind die
Wechselkurse meist miserabel. Banken mit
Geldautomaten und *casas de cambio* (Wechsel-
stuben) gibt's in der Stadt zuhauf.

Hauptpost (Karte S. 566; ☎ 322-223-13-60;
www.correosdemexico.gob.mx; Colombia 1014;
⏱ Mo–Fr 8–17.30, Sa 9–13 Uhr)

San Javier Marina Hospital (☎ 322-226-10-10; www.sanjavier.com.mx; Medina Ascensio 2760; ⊗ 24 Std.) Das am besten ausgestattete Krankenhaus der Stadt.

Städtisches Touristenbüro (Karte S. 570; ☎ 322-222-09-23; www.visitpuertovallarta. com; Juárez s/n; ⊗ Mo–Fr 8–19, Sa & So 9–17 Uhr) In dem geschäftigen Büro in Vallartas Rathaus am nordöstlichen Rand der Plaza Principal sind kostenlose Stadtpläne und mehrsprachige Tourismusbroschüren erhältlich. Die Angestellten sind zweisprachig.

An- & Weiterreise

Vom Flughafen und vom Busbahnhof erreicht man die Innenstadt über die Medina Ascensio (alias Hwy 200) in Richtung Süden.

AUTO & MOTORRAD

In der Hauptsaison sind Mietwagen ohne Reservierung ziemlich teuer (ab ca. 500 Mex$/ Tag). Mit einer Online-Buchung kommt man oft günstiger weg, obwohl Zusatzversicherungen zu den Internetpreisen hinzukommen, die dann mitunter nicht mehr so niedrig sind wie sie auf den ersten Blick scheinen. Zu anderen Zeiten gibt's oft kräftig Rabatt.

In der Ankunftshalle des **Flughafens** reihen sich die Schalter vieler Autovermieter aneinander. Die jeweiligen Büros befinden sich in nächster Nähe. Nachstehend einige Autovermieter mit Niederlassungen in Vallarta.

Alamo (☎ 322-221-30-30; www.alamomexico. com.mx; Medina Ascensio 4690, Coral Plaza; ⊗ 8–22 Uhr; 🚍 Ixtapa)

Avis (☎ 322-221-07-83; www.avis.mx; Medina Ascensio, Km 7,5; ⊗ 7–23.30 Uhr; 🚍 Ixtapa)

Budget (☎ 322-221-17-30; www.budget.com. mx; Medina Ascensio 141, Villa Las Flores; ⊗ 7–21 Uhr)

Europcar (☎ 322-209-09-21; www.europcar. com.mx/en; Carretera Vallarta–Tepic, Km 7,5, Gustavo Díaz Ordaz International Airport; ⊗ 7–22 Uhr)

Hertz (☎ 800-709-50-00; https://hertzmexi co.com; Carretera Vallarta–Tepic, Km 7,5, Gustavo Díaz Ordaz International Airport; ⊗ 7–23 Uhr)

National (☎ 322-209-03-52; www.nationalcar. com.mx; Medina Ascensio 4172; ⊗ 7–22 Uhr)

Sixt (☎ 322-221-14-73; www.sixt.com.mx; Medina Ascensio 7930, Villa Las Flores; ⊗ 7–22 Uhr; 🚍 Ixtapa)

Thrifty (☎ 322-221-29-84; www.thrifty.com. mx; Medina Ascensio 7926; ⊗ 7–22 Uhr; 🚍 Ixtapa)

BUS

Gleich abseits des Hwy 200 liegt Vallartas **Fernbusbahnhof** (Central Camionera; Karte S. 566; ☎ 322-290-10-09; Bahía Sin Nombre 363) rund

10 km nördlich der Innenstadt und 3 km nordöstlich vom Flughafen. Ein Taxi ab dem Zentrum kostet etwa 180 Mex$.

Primera Plus (Karte S. 570; ☎ 322-222-90-70; www.primeraplus.com.mx; Carranza 393; ⊗ Mo & Di 7–19, Mi–So bis 22.30 Uhr) unterhält im Stadtzentrum ein Ticketbüro. Bei Trips in Richtung Süden (z. B. nach Barra de Navidad oder Manzanillo) kann man sich den Weg zum Busbahnhof sparen und hier direkt vor Ort einsteigen.

Richtung Norden fahren Busse nach **Riviera Nayarit** (Karte S. 566; Blvd Medina Ascensio s/n; ⊗ 5–21 Uhr) häufig von einer Bushaltestelle vor dem Walmart, gleich südlich von Marina Vallarta.

FLUGZEUG

Der **Gustavo Díaz Ordaz International Airport** (Puerto Vallartas internationaler Flughafen; Karte S. 566; ☎ 322-221-12-98; www.aeropu ertosgap.com.mx; Carretera Vallarta–Tepic, Km 7,5; ☎; 🚍 Las Juntas, Ixtapa) liegt 10 km nördlich der Stadt. Es gibt viele Direktverbindungen (einige nur saisonal), aber auch Charterflüge.

Außerdem werden diverse Inlandsziele von folgenden Fluggesellschaften angeflogen:
- Acapulco – TAR
- Guadalajara – Aeroméxico, Interjet, TAR
- León – Interjet, TAR
- Mazatlán – TAR
- Mexico City – Aeroméxico, Interjet, VivaAerobús, Volaris
- Monterrey – Aeroméxico, TAR, VivaAerobús, Volaris
- Querétaro – TAR
- Tijuana – Volaris
- Toluca – Interjet

Aeroméxico (☎ 322-225-17-77; www.aerome xico.com; Medina Ascensio 1853, Plaza Santa María; ⊗ Mo–Fr 9–19, Sa 9–14 Uhr; 🚍 Ixtapa) hat ebenfalls ein Büro am Flughafen.

Unterwegs vor Ort

BUS

Stadtbusse fahren auf den meisten Strecken zwischen 5 und 23 Uhr alle fünf Minuten; die Fahrt kostet 7,50 Mex$. Die **Plaza Lázaro Cárdenas** (Karte S. 570; Suárez s/n) in der Nähe der Playa Olas Altas (S. 565) ist der Hauptknotenpunkt. Lokale Busse in **Richtung Norden** (Karte S. 570; Insurgentes s/n) halten auf der Insurgentes auch nahe der Ecke mit der Madero. Busse gen Süden fahren entweder durch das Zentrum oder im Bogen durch einen Tunnel zur Zona Romántica.

Auf dem Weg nach Norden zum Flughafen (s. oben) und zur Marina Vallarta durchqueren Busse mit der Beschriftung „Aeropuerto", „Ixta-

BUSSE AB PUERTO VALLARTA

ZIEL	PREIS (MEX$)	DAUER (STD.)	HÄUFIGKEIT (TGL.)
Barra de Navidad/ Melaque	244–332	4–5½	häufig
Guadalajara	399–635	5½–6	häufig
Manzanillo	306–421	5–5½	stündl.
Mazatlán	570–695	6½–7	4-mal
Mexico City	1019–1350	11–13¼	9-mal (abends)
Tepic	205–310	3–3½	häufig

pa", „Mojoneras" und „Juntas" die Stadt. Der „Mojoneras"-Bus hält auch an Puerto Vallartas Fernbusbahnhof (S. 581).

Die weiß-orangefarbenen „Boca de Tomatlán"-Busse (8 Mex$) fahren auf dem Küstenhighway Richtung Süden über **Mismaloya** (20 Min.; S. 569) nach **Boca de Tomatlán** (30 Min.; S. 569). Los geht's alle 15 Minuten an der Ecke Badillo und Constitución.

VOM/ZUM FLUGHAFEN

Am billigsten kommt man mit einem der Stadtbusse vom Flughafen in die Stadt (7,50 Mex$). Die Busse mit der Aufschrift „Centro" und „Olas Altas" starten von einer Haltestelle direkt vor der Ankunftshalle. Von der Stadt zum Flughafen nimmt man einen Bus mit der Aufschrift „Aeropuerto", „Juntas" oder „Ixtapa", die an einer Fußgängerbrücke in der Nähe des Flughafeneingangs halten.

Taxis verlangen für die Fahrt vom Flughafen in die Stadt je nach Ziel einen Festpreis von 260 bis 343 Mex$. Shuttle-Busse kosten zwischen 120 und 139 Mex$. Für ein Taxi von der Innenstadt muss man etwa 150 Mex$ veranschlagen.

SCHIFF/FÄHRE

Vallartas **Wassertaxis** (Karte S. 570; Pier an der Playa de los Muertos; hin & zurück 320 Mex$) bedienen die schönen Strände an der Südseite der Bucht, von denen einige nur mit dem Boot erreichbar sind. Sie legen am Pier an der Playa de los Muertos (S. 565) ab, fahren gen Süden um die Bucht herum und halten an der **Playa de las Ánimas** (25 Min.; S. 569), in **Quimixto** (40 Min.; S. 569) und **Yelapa** (55 Min.; S. 569). Die Boote starten zwischen 10 und 16.30 Uhr stündlich oder alle zwei Stunden in Puerto Vallarta und fahren im selben Rhythmus zwischen 7.30 und 15.45 Uhr täglich von Yelapa (der Endhaltestelle) zurück. Wassertaxis fahren von Boca de Tomatlán (S. 569) aus an die Strände.

Privatjachten und *lanchas* (Motorboote) kann man an der Südseite des Piers an der Playa de los Muertos chartern (ab ca. 350 Mex$/Std.). Sie fahren ganz nach Wunsch einen der einsamen Strände der Bucht an; die meisten haben Schnorchel-und Angelzubehör an Bord.

TAXI

Die Taxipreise sind nach Zonen aufgeteilt. Die Summe wird nach der Zahl der Zonen festgelegt, die man auf der Fahrt durchquert. Eine übliche Fahrt vom Stadtzentrum in die Zona Hotelera kostet 120 Mex$, zum Flughafen (S. 581) oder Fernbusbahnhof (S. 581) zwischen 160 und 180 Mex$ und nach Mismaloya (S. 569) 175 Mex$. Bevor man einsteigt, sollte man sich immer auf einen Preis einigen. Im Zentrum entlang der Morelos ist es kein Problem, ein Taxi heranzuwinken. Es gibt mehrere Taxistände, darunter einen an der Ecke **Insurgentes und Cárdenas** (Karte S. 570; ☑ 322-222-24-22; taxisitio9@gmail.com; Ecke Insurgentes & Cárdenas), einen an der Ecke **Rodríguez und Matamoros** (Karte S. 570; Ecke Rodríguez & Matamoros) und in **Olas Altas** (Karte S. 570; ☑ 322-223-30-33; Ecke Olas Altas & Carranza) an der Plaza Lázaro Cárdenas.

Strände an der Costalegre

Südlich von Puerto Vallarta wartet Mexikos Pazifikküste von Chamela bis Barra de Navidad mit einem Streifen sehr schöner Strände und genügend Outdoor-Aktivitäten auf, sodass Naturfreaks wahrscheinlich kaum an sich halten können. Es gibt eine Station für Meeresschildkröten, unbewohnte Inseln, auf denen man wunderbar Vögel beobachten und schnorcheln kann, und Mangrovenhaine, in denen große Krokodile leben. Um mehr Besucher in diese Gegend zu locken, bezeichnet die Tourismus- und Baubranche diesen Abschnitt als „Costalegre" (Glückliche Küste).

◉ Sehenswertes

Playa Pérula   STRAND

(Abfahrt vom Hwy 200 bei Km 73) Die Playa Pérula, ein geschützter Strand am Nordende der ruhigen, 11 km langen Bahía de Chamela, eignet sich perfekt zum Schwimmen und für lange Spaziergänge. Hier gibt's ein paar preiswerte Unterkünfte und auch einige *palapa*-Restaurants. Wer will, kann sich eine *panga* (Ruderboot) mieten und zu den neun Inseln in der Bucht paddeln.

Campamento Majahuas NATURSCHUTZGEBIET
(⊠Handy 322-2285806; www.campamentomajahu as.com; Abfahrt vom Hwy 200 bei Km 116; ⊗Eiablage der Schildkröten Juli–Nov.) ✦ Das von der Gemeinde betriebene Projekt befindet sich gleich nördlich der Punta Pérula. Dort kann man zelten und (zusammen mit einheimischen Guides) die Schildkröten bei der Eiablage beobachten. Die Station ist inzwischen zu einer wichtigen Adresse für Studenten aus aller Welt geworden, die sich für Schildkröten und deren Lebensraum interessieren. Zudem werden Freiwilligenprogramme angeboten. Wer kein eigenes Fahrzeug hat, kann an einem der von Mex-Eco Tours angebotenen Trips mit Übernachtung teilnehmen. Man kann hier sein Zelt zu jeder Jahreszeit aufstellen, die beste Zeit zum Beobachten der Schildkröten ist von Juli bis November.

Playa Tenacatita STRAND
(Abfahrt vom Hwy 200 bei Km 28) Vor der Playa Tenacatita an der von Palmen gesäumten Bahía Tenacatita ist das Wasser klar genug zum Schnorcheln, und es gibt eine große Mangrovenlagune, in der man wunderbar Vögel beobachten kann. Allerdings wird hier gerade um Grundstücksrechte gestritten. Eine Gruppe von Bauunternehmern schickt sich an, den ansonsten öffentlichen und relativ naturbelassenen Strand zu erschließen und teilweise zu privatisieren. Der Besuch ist noch möglich, campen ist aber nicht mehr erlaubt.

Playa El Negrito STRAND
(Abfahrt vom Hwy 200 bei Km 64) Die abgeschiedene Playa El Negrito an der Bahía de Chamela ist ein Strand mit ein paar Restaurants, aber keinerlei Hotels, an dem man sich prima erholen kann. Die neun Inseln in der großen Bucht bilden bei Sonnenuntergang eine wunderschön anzuschauende Silhouette.

ℹ An- & Weiterreise

Die meisten Strände an der Costalegre sind nur mit dem eigenen Fahrzeug zu erreichen. Die Busse, die von Puerto Vallarta nach San Patricio-Melaque und Manzanillo fahren, halten am Highway an der Abfahrt nach Punta Pérula, wo man mit etwas Glück ein Taxi (50 Mex$) in die Stadt bekommt.

Bahía de Navidad

Die schmale Sichel der Bahía de Navidad ist praktisch komplett von tiefem, honigfarbenem Sand umgeben. Die beiden Ferienorte an ihren Enden winken einander quasi fröhlich zu – Barra de Navidad und San Patricio-Melaque liegen zwar fünf Straßenkilometer, aber etwa nur einen Strandkilometer voneinander entfernt. Die Schwesterorte haben jeweils ein individuelles Erscheinungsbild: Barra besticht mit schönen Kopfsteinpflasterstraßen und der Aura hoher Lebensqualität. Das größere Melaque ist weniger malerisch und zieht eher Budgetreisende auf der Suche nach Strandtrubel an.

San Patricio-Melaque
☏ 315 / 7569 EW.

Der entspannte Strandort wird meist nur Melaque (sprich: meh-*lah*-keh) genannt und ist bei mexikanischen Familien sehr beliebt. Zudem dient er vielen sogenannten Snowbirds (Winterurlauber aus Nordamerika) als schlichtes Winterquartier. Hiesige Hauptaktivitäten sind Schwimmen und Faulenzen am Strand, die Pelikane bei ihren Fischzügen in der Morgen- bzw. Abenddämmerung beobachten, zum *mirador* (Aussichtspunkt) am westlichen Buchtende hinaufsteigen und Strandspaziergänge nach Barra de Navidad unternehmen. Ein Bummel über Plaza und Markt bietet sich ebenfalls an.

🏃 Aktivitäten

Pacific Adventures WASSERSPORT
(☏315-355-52-98; www.pacificadventures.mx; Gómez Farías 595; Verleih von Surf-/SUP-Brettern/ Fahrrädern pro Std. 90/150/20 Mex$; ⊗Do–Di 9–14 & 16–19 Uhr) Das engagierte, jugendliche Team verleiht Surf- und SUP-Boards sowie anderes Equipment und bietet auch entsprechende Kurse an. Wer die in der Nähe gelegene Barra de Navidad erkunden will, kann sich hier auch ein Fahrrad ausleihen.

👉 Geführte Touren

⭐ Mex-Eco Tours ÖKOTOUR
(☏315-355-70-27; www.mex-ecotours.com; Gómez Farías 59-2; Tour Kaffeeplantage 1100 Mex$, Meeresschildkröten-Camp 1500–2400 Mex$; ⊗Mo–Fr 10–14 & 17–19, Sa 10–14 Uhr) ✦ Kompetent, freundlich und sachkundig: Dieser Ökotourismus-Anbieter veranstaltet u. a. eindrucksvolle Tagestouren durch die Umgebung von Melaque. Genauso nachhaltig

orientiert sind die mehrtägigen Exkursionen im übrigen Mexiko. Zu den Highlights gehören Bootsausflüge, Campingtouren zu einer Forschungsstation für Meeresschildkröten (inkl. einer Übernachtung) und der Besuch einer Kaffeeplantage, die kooperativ von indigenen Frauen bewirtschaftet wird. Einige Optionen starten auch in Bucerías bei Puerto Vallarta.

 Feste & Events

Fiesta de San Patricio
KULTUR

(⊙ März) Melaque ehrt seinen Schutzheiligen mit einer lebhaften Woche voller Festlichkeiten: Bis zum St. Patrick's Day (17. März) steigen endlose Partys, und es gibt einen Karneval, Konzerte, Tanzvorstellungen sowie nächtliche Feuerwerke.

🛏 Schlafen

Während der Hauptsaison (Nov.–April) sind die Zimmerpreise zu Weihnachten und Ostern besonders hoch. Bei längeren Aufenthalten gibt's oft Rabatt.

Hotel Bahía
HOTEL $

(☎ 315-355-68-94; www.melaquehotelbahia.com; Legazpi 5; DZ/Suite 680/890 Mex$; ✿✳🛜🖥) Das Bahía ist nicht nur das sauberste Budgethotel im ganzen Ort, es liegt auch nur einen Block von Melaques bestem Strand entfernt. Die Zimmer haben Klimaanlage und Kabel-TV, die Suiten sind mit Kochecken und Kühlschränken ausgestattet. Die zweistöckige Unterkunft befindet sich an Melaques ruhigem Nordzipfel und ist ca. 1 km vom Zentrum entfernt.

★ Villas El Rosario de San Andres
APARTMENT $$

(☎ 315-355-63-42; www.elrosariodesanandres.com; Hidalgo 10; DZ 790–990 Mex$, 4BZ 990–1190 Mex$; P✿✳🛜🖥) In dem tollen, zentral gelegenen Komplex in Familienhand erwarten Gäste helle Wohnstudios mit Keramikfliesen, netten Kochnischen, hohen Decken und Flachbild-TVs. Dank Bettsofas kommen Kinder in den meisten Zimmern problemlos unter. Die Dachterrasse ist ein wunderschöner Gemeinschaftsbereich mit grandiosem Berg- und Meerblick. Ein kleines Tauchbecken steht auch zur Verfügung.

Casa Misifus
WELLNESSHOTEL $$

(☎ 315-355-84-47; http://casamisifus.wixsite.com/casamisifus; Av Veracruz 27; DZ inkl. Frühstück 1250 Mex$; P✿✳🛜🖥) Das gut geführte Hotel direkt vor den Toren der Stadt ist etwa fünf Blocks vom Strand entfernt. Mit seinem bemerkenswert ruhigen Poolbereich und der Dachterrasse strahlt es jede Menge Gemütlichkeit aus. Geboten werden ein Spa und sechs komfortable Zimmer mit Küche, Balkon und behaglichen Betten.

Posada Pablo de Tarso
HOTEL $$

(☎ 315-355-57-07; www.posadapablodetarso.com; Gómez Farías 408; DZ 1500 Mex$, Bungalow ab 1900 Mex$; P✿✳🛜🖥) Dieses Hotel aus Backstein punktet mit einem grünen Innenhof und einem herrlichen Poolbereich am Strand. Zur Verfügung stehen geräumige Zimmer mit Klimaanlage und Bungalows (mit Küche, aber ohne Klimaanlage). Die coolen Quartiere haben Balkendecken und Terrakottaböden und teils auch Kühlschränke. Die Zimmer mit Blick auf den Strand oder die Straße sind am größten. Ein paar der Bungalows stehen auf der gegenüberliegenden Straßenseite.

★ La Paloma
BOUTIQUEHOTEL $$$

(☎ 315-355-53-45; www.lapalomamexico.com; Las Cabañas 13; Zi. inkl. Frühstück 2050–2350 Mex$, Penthouse inkl. Frühstück 2450 Mex$; ⊙ Nov.–Aug.; P✿✳🛜🖥) Dieses Boutiquehotel, das sich hinter hohen Mauern am Meer versteckt, wartet mit vielen Originalkunstwerken auf. Die separaten, komfortablen Zimmer haben Küchen bzw. Kochecken und Terrassen. Sie sind in lebhaften Farben gehalten und mit unkonventionellen Spiegeln und leuchtenden Keramikfliesen ausgestattet. Der kleine Aufpreis für eines der großen Penthäuser mit Meerblick lohnt sich – unser Favorit ist die Nr. 14. Mit seinem üppig grünen Garten und dem Pool am Strand ist diese Unterkunft ein grandioser Ort, um die Seele baumeln zu lassen.

✕ Essen & Ausgehen

Einen Block östlich der Plaza gibt's preiswerte mexikanische Gerichte bei Imbissständen an der Juárez (18–24 Uhr). Eine Reihe ansprechender *palapa*-Restaurants säumt den Strand am westlichen Ende der Stadt.

La Flor del Café
CAFÉ $

(☎ Handy 314-1301222; www.facebook.com/laflordelcafemelaque07; Guzmán s/n, nahe Corona; Hauptgerichte 60–120 Mex$; ⊙ Mi–Mo 7–13 & 18–22 Uhr; ☎) Das freundliche Café mit der farbenfrohen Terrasse hat während der heißesten Tageszeit geschlossen. Vormittags bekommt man hier leckere Smoothies, Säfte, Kaffee, Sandwiches und Salate. Am Abend kommen noch ein paar herzhafte Gerichte dazu, z. B. Fettuccine mit Seafood.

Quetzal de Laura
MEXIKANISCH $$

(☎315-351-52-76; Guerrero 99; Frühstück 45–70 Mex$, Abendessen 120–245 Mex$; ⊙Di–So 8–13 & 17–22 Uhr; ✈) Die lange Speisekarte in diesem Open-Air-Restaurant mag verwirrend sein, bietet aber preiswerte mexikanische Frühstücksgerichte, Suppen nach Hausfrauenart und die Spezialität des Hauses – mit Shrimps oder Pilzen gefüllte Paprikaschoten. Auch Vegetarier finden hier eine große Auswahl vor.

Tacos Scooby
MEXIKANISCH $$

(☎Handy 315-1073499; Obregón 34; Snacks 10–50 Mex$, Hauptgerichte 90–270 Mex$; ⊙12–1 Uhr; 🕾) Das Nachbarschaftslokal serviert die besten *tacos al pastor* (am Spieß gegartes mariniertes Schweinefleisch) der Stadt. Viele der hier lebenden Ausländer kommen sonntags immer wieder wegen der gegrillten Rippchen und großartigen Rib-Eye-Steaks hierher. Großzügige Portionen und äußerst gastfreundliche Betreiber. Es gibt auch gute *micheladas* (Biercocktails).

Taza Negra
CAFÉ

(☎315-355-70-80; www.latazanegra.com; Guerrero 112; Kaffee 25–40 Mex$; ⊙Okt.–April Mo–Fr 8.30–13 Uhr, Mai–Sept. 8.30–12 Uhr; 🕾) In dem netten Nachbarschaftscafé kann man den Tag wunderbar mit einem starken Kaffee beginnen. Die aus Chiapas stammenden Bohnen werden hier geröstet und mit Liebe aufgegossen. Auch die Kuchen, etwa die Blaubeer-Hafer-Kokos-Muffins, sind ausgesprochen lecker.

Esquina Paraíso
BAR

(☎Handy 314-1624412; Obregón 13; ⊙Dez.–März 17–2 Uhr) Die merkwürdige Freiluftbar an einer Ecke ist an sich schon sehenswert. Ihr Dekor besteht aus Treibholz, recycelten Packkisten und ähnlichem Material. Statt Luxus erwarten einen hier Schaukelsitze und jeden Abend Livemusik.

❶ An- & Weiterreise

An der Ecke mit der Gómez Farías halten Busse auf beiden Seiten der Carranza. Rund um diese Kreuzung sind drei verschiedene Busfirmen mit ähnlichen Ticketpreisen vertreten.

Am südwestlichen Platzrand (Ecke López Mateos und Juárez) starten orangefarbene Lokalbusse nach Barra de Navidad (7 Mex$, 15 Min.). In der 1. alle 15 Min.), die vor dem Einbiegen in die Hauptstraße noch einen langsamen Rundkurs durch Melaque absolvieren. Die grünen Busse (15 Mex$) erreichen Barra etwas schneller.

Barra de Navidad
☎315 / 4324 EW.

Dieses indigene Städtchen begrüßt seine Gäste mit entspannter Fröhlichkeit und äußerst ansteckendem Charme. Auf einer schmalen Landenge zwischen einer Lagune und dem Strand warten hier nicht nur saftige Meeresfrüchte, sondern auch tolle Möglichkeiten für Sportangler, Vogel- und Krokodilbeobachter. 1564 erlangte Barra erstmals Berühmtheit: In den hiesigen Werften entstanden damals die Galeonen, mit denen der Konquistador Miguel López de Legazpi und der Mönch André de Urdaneta die Philippinen für König Philipp II. von Spanien in Besitz nahmen. Um 1600 starteten die meisten Eroberungszüge jedoch in Acapulco. Daraufhin geriet Barra in Vergessenheit und wurde zur verschlafenen Kleinstadt.

Aktivitäten

Barras steiler und schmaler Strand ist hübsch anzusehen. Die Bedingungen sind aber mitunter zu schlecht zum Schwimmen. Morgens ist das Wasser im Allgemeinen am ruhigsten.

Im umliegenden Meer lassen sich neben Marlinen, Schwertfischen, Langflossen-Thunfischen, *dorados* und Schnappern auch ein paar seltenere Arten angeln.

Isla Navidad Golf Course
GOLF

(☎314-337-90-24; www.islanavidad.com.mx; Isla Navidad; Greenfee 18 Löcher inkl. Cart 197 US$;

BUSSE AB SAN PATRICIO-MELAQUE

ZIEL	PREIS (MEX$)	DAUER (STD.)	HÄUFIGKEIT (TGL.)
Guadalajara	350–485	5½–6½	häufig
Manzanillo	65–90	1–1½	häufig
Mexico City (Terminal Norte)	1229	12	1-mal (abends)
Puerto Vallarta	244–332	4–5½	häufig

⊙7–19 Uhr) Dieser Golfplatz hat 27 Löcher mit hervorragendem Blick, die Greens vor einer Bergkulisse verteilen sich über Stranddünen. Der Platz gehört zu den besten Mexikos. Wen wundert's, dass es bei dieser Lage zahlreiche Wasserhindernisse gibt?

👉 Geführte Touren

Ecojoy Adventures ÖKOTOUR

(☑Handy 315-1009240; www.facebook.com/ecojoy adventures; Costa Occidental 13, Ecke Av Veracruz; Rad- & Kajaktouren 200 Mex$, Ausritte 300 Mex$/ Std., Leihräder 150 Mex$/Tag; ⊙Mo–Do 9–11 & 17–20 Uhr) Dieser Veranstalter direkt vor den Toren der Stadt bietet Fahrrad- und Kajaktrips in und um die Lagune an. Ausritte am Strand können ebenfalls organisiert werden. Wer lieber auf eigene Faust unterwegs ist, kann sich ein Leihrad direkt ins Hotel bringen lassen.

Sociedad Cooperativa
de Servicios Turísticos BOOTSFAHRT

(☑Handy 315-1077909; konan_marlin@hotmail. com; Ecke Veracruz & López de Legazpi; Lagunentour 400 Mex$, Tagestrip nach Tenacatita 4000 Mex$/Boot, Angeln 4500 Mex$; ⊙9–17 Uhr) Ausflüge in die Laguna de Navidad gehören zu den Highlights in Barra. Die Kooperative von Bootseignern bietet diverse Bootstouren an, von halbstündigen Fahrten über die Lagune bis hin zu ganztägigen Urwaldtrips nach Tenacatita. Angeltouren mit *lanchas* (Skiffs) können ebenfalls organisiert werden (inkl. Ausrüstung und Schnorchelstopps). Die Preise hängen im Freiluftbüro an der Lagune aus.

🛏 Schlafen

In Barra Finden Gäste weniger Strandquartiere vor als im benachbarten Melaque. Obwohl manche der örtlichen Unterkünfte eher mittelmäßig sind, gibt es auch ein paar recht anständige Optionen. Für die Hauptsaison (Nov.–Mai) unbedingt rechtzeitig reservieren!

Hotel Sarabi HOTEL $

(☑315-355-82-23; www.hotelsarabi.com; Av Veracruz 196; DZ 500–600 Mex$, Bungalow 700–900 Mex$; ⊖❄🔅❄) Das dreistöckige Hotel mitten in Barras Action-Zentrum bietet ausgezeichnete Budgetzimmer mit Ventilator und Klimaanlage (die bei Benutzung allerdings 100 Mex$ kostet). Die Zimmer liegen um einen Kieselsteinhof mit blau gefliestem Pool. Die ganze Anlage ist super in Schuss. Ein echtes Schnäppchen!

⭐ Hotel Delfín  HOTEL $$

(☑315-355-50-68; www.hoteldelfinmx.com; Morelos 23; DZ 827–927 Mex$, Apt. 2004 Mex$; 🅿⊖❄🔅❄) 🏊 Das gemütliche Delfín ist eines der besten Hotels in Barra. Es verfügt über große, hübsche Zimmer mit Gemeinschaftsbalkonen, eine Rasenfläche mit Pool und eine Dachterrasse. Berücksichtigt man auch noch das ausgezeichnete Management, dann ist klar, dass man eigentlich nicht wieder weg will. Die Zimmer mit TV und Klimaanlage sind teurer, aber ansonsten identisch. Die Ventilatoren in den anderen Zimmern sind aber völlig ausreichend.

Die geräumigen Apartments mit komplett eingerichteter Küche sind genau das Richtige für Familien. Im Winter sind viele Stammgäste hier. Das umweltfreundlich arbeitende Delfín kompostiert Biomüll und verfügt über eine Solaranlage zur Warmwasserbereitung.

Hotel Bogavante HOTEL $$

(☑315-355-81-09; www.bogavanteresortspa.com; López de Legazpi 259; Zi. 1100–1309 Mex$, Suite 1750–2380 Mex$; ⊖❄🔅❄) Das Bogavante liegt mitten in der Stadt direkt am Strand und bietet moderne Zimmer, ein hauseigenes Restaurant und einen Infinity-Pool mit beeindruckendem Blick auf Melaque und die Umgebung. Am besten sind die Zimmer mit Meerblick und die teureren Suiten für bis zu fünf Personen.

Hotel Barra de Navidad HOTEL $$

(☑315-355-51-22; www.hotelbarradenavidad.com. mx; López de Legazpi 250; DZ 1200–1400 Mex$, Suite 1400–2050 Mex$; ⊖❄🔅❄) Das weiße Hotel am Meer bietet einen guten Zugang zum Strand, wirkt aber teilweise etwas betagt. Es hat einen lauschigen, schattigen Hof und einen kleinen, aber einladenden Pool. Dank des offenen Grundrisses kann man das Meeresrauschen fast im ganzen Haus hören. Am besten sind die modernen Zimmer auf der Seeseite – recht gesichtslos, aber mit grandioser Aussicht von einer kleinen privaten Terrasse.

✖ Essen & Ausgehen

Bananas FRÜHSTÜCK $

(☑315-355-55-54; marydiaz805@yahoo.com.mx; López de Legazpi 250; Frühstück 65–88 Mex$; ⊙Mai–Nov. 8–12 Uhr, Dez.–April 8–12 & 18–22 Uhr; 🔅) Es gibt keinen besseren Ort zum Frühstücken als dieses Lokal mit schönem Blick aufs Meer im 2. Stock des Hotel Barra de Navidad. Man sollte an einem der Tische auf der Terrasse mit Blick auf den Strand Platz nehmen, sich zurücklehnen und eine der mexikanischen oder nordamerikanischen Spezialitäten genießen. Wie wär's mit Bananen-Pancakes oder *chilaquiles* (gebratene Tortillas mit grüner oder roter Salsa, Eiern und/oder Hühnchenfleisch)?

★ El Manglito
SEAFOOD $$

(☑ 315-355-81-28; www.facebook.com/elmanglito-restaurantbar; Av Veracruz 17; Hauptgerichte 140–230 Mex$; ☉12–23 Uhr; ☎) Das Open-Air-Restaurant mit schönem Blick auf die Lagune, angenehmer Brise, Palmendach und Sandfußboden serviert wirklich hervorragendes Seafood – die Shrimps sind wunderbar und die frischen Austern geradezu grandios –, aber auch die anderen Fischgerichte sind hervorragend. Außerdem ist der Service ausgesprochen freundlich.

Fortino's
SEAFOOD $$

(☑ 314-337-90-75; Isla Navidad; Hauptgerichte 130–160 Mex$; ☉Do–Di 11–19 Uhr; ☎) Das familienbetriebene Restaurant auf der anderen Seite der Lagune serviert direkt am Strand seit über 50 Jahren hervorragende Seafood-Gerichte. Zu den *camarones costeños* (Kokos-Shrimps mit Ananas-Guaven-Dip) passt wunderbar die erfrischende Kokosmilch direkt aus der Nussschale. Es gibt hier auch einen kleinen Strand für alle, die sich nach dem Mittagessen abkühlen wollen. Hin kommt man mit einem der Boote, die direkt südlich des *malecón* (Strandpromenade) kostenlos hinüber zu den Restaurants an der Lagune schippern.

Jarro Beach
BAR

(☑Handy 315-1002020; jarrobeach@hotmail.com; López de Legazpi 154; ☉11–4 Uhr; ☎) Tagsüber Beachbar, abends Disko: Das Jarro Beach ist eine der wenigen Bars, in der man bis in die frühen Morgenstunden tanzen kann. Die DJs spielen hauptsächlich Salsa, *banda* (Big-Band-Musik aus dem Norden) und *cumbia* (Tanzmusik aus Kolumbien). Tagsüber geht es hier verhältnismäßig ruhig zu, sodass man wunderbar mit einem kalten Drink in der Hand die Seele baumeln lassen kann.

❶ Praktische Informationen

Banamex (Av Veracruz s/n) Einer von zwei Geldautomaten gleich südlich des Hauptplatzes. Für genügend Bargeld sorgen, der Automat streikt gelegentlich!

Touristeninformation (☑ 315-355-83-83; www.costalegre.com; Av Veracruz 98; ☉Mo–Fr 9–17 Uhr) Regionalbüro mit Karten und Infos über Barra und die anderen Orte an der Costalegre.

❶ An- & Weiterreise

BUS

Busgesellschaften säumen die Avenida Veracruz direkt südlich der Marlin-Statue am Stadtrand. Busse von **ETN** (☑ 315-355-84-00; www.etn.com.mx; Av Veracruz 273C) und **Primera Plus** (☑ 477-710-00-60; www.primeraplus.com.mx; Av Veracruz 269; ☉6–21 Uhr) fahren von Barra direkt nach Manzanillo (61–75 Mex$), Puerto Vallarta (259–264 Mex$) und Guadalajara (499–590 Mex$). Einige Fahrzeuge (sogenannte *coordinados*) halten in Barra und Melaque, die

PESCADO ZARANDEADO – EIN KULINARISCHES HIGHLIGHT AN DER KÜSTE

Wer noch nie *pescado zarandeado* (marinierten Fisch vom Grill) probiert hat, hat wirklich was verpasst. Der ganze Fisch – oft ein Roter Schnapper oder eine Gelbschwanzmakrele – wird aufgeklappt, mit Marinade gewürzt oder eingerieben und dann in einem Fischgitter über Holz oder Holzkohle gegrillt. Bei guter Zubereitung ist das Ergebnis ein leicht rauchig schmeckender, saftiger Fisch, der je nachdem, ob und wie viel Chili in der Marinade ist, auch recht pikant sein kann.

Pescado zarandeado (alias *pescado a la talla*) stammt aus Nayarit und Sinaloa. Bis heute pochen die beiden benachbarten Bundesstaaten unnachgiebig darauf, Erfinder dieser uralten Zubereitungsmethode zu sein. Heutzutage wird diese Spezialität in den meisten Restaurants an der Küste angeboten und steht sogar auf den Speisekarten in Mexico City. Aber nichts schlägt die Erfahrung mit frischem Fisch und das Know-how der *costeños* (Küstenbewohner). Vor allem die Restaurants in Mazatlán, Chacala, San Blas und Barra Vieja servieren hervorragenden *pescado zarandeado*. Und keine zwei Versionen gleichen sich: Puristen braten den Fisch in alten Holzöfen, und die Marinade kann aus so ziemlich allem bestehen, von Guajillo-Chili und zerdrücktem Knoblauch bis hin zu Huichol-Salsa und Worcestershire-Sauce aus der Flasche.

meisten aber nur in Melaque. Nach Melaque fahren aus orangefarbene Lokalbusse (7 Mex$, 6–21 Uhr, alle 15 Min.), die einen Rundkurs in beiden Städten absolvieren; mit den grünen Bussen (15 Mex$) erreicht man sein Ziel direkter.

FLUGZEUG

Barra de Navidad wird über Manzanillos Playa de Oro International Airport (S. 592) bedient, der 30 km südlich von Barra am Hwy 200 liegt. Taxis fahren vom Flughafen in die Stadt (590 Mex$, 30 Min.).

SCHIFF/FÄHRE

Vom Anleger am Südende der Avenida Veracruz fahren Wassertaxis auf Abruf zum Jachthafen, Golfplatz und zu diversen Restaurants. Die Hin- und Rückfahrt kostet jeweils 40 Mex$.

TAXI

Ein Taxi nach San Patricio-Melaque kostet 70 Mex$.

Manzanillo

📞 314 / 161 420 EW.

Trotz endloser goldfarbener Strände spielt der Tourismus in Manzanillo nur die zweite Geige: Der wichtigste örtliche Wirtschaftsmotor ist einer der größten Überseehäfen an der mexikanischen Pazifikküste. Zudem sind die regionalen Strände nicht allzu sauber und ohne eigenes Auto nur ziemlich schwer erreichbar – der beste davon (die Playa Olas Altas) liegt 20 km von der Altstadt entfernt.

Obendrein verläuft direkt hinter den Stränden eine hässliche Fernstraße, die dicht an dicht von mittelmäßigen Hotels, Kettenrestaurants, Autohändlern und Tankstellen gesäumt wird. Nichtsdestotrotz gibt's hier auch ein paar wirklich großartige Übernachtungsmöglichkeiten. Dies gilt vor allem für die malerische Península de Santiago mit spektakulärer Aussicht auf die Küste. Die Altstadt ist allgemein am stimmungsvollsten.

Manzanillo bezeichnet sich außerdem selbst als „Welthauptstadt des Fächerfischs", wovon u. a. die blaue Großskulptur auf der Plaza am Wasser zeugt.

🎯 Sehenswertes

⭐ Playa La Boquita   STRAND

Die Playa La Boquita ist ein Strand mit ruhigem Wasser an der Lagunenmündung, wo Fischer tagsüber ihre Netze trocknen, mit denen sie nachts gefischt haben. Der Strand, an dem man gut einen Tag verbringen kann,

ist gesäumt von Seafood-Restaurants. Das Schiffswrack dicht vor der Küste ist ein beliebter Schnorchelspot.

Playa Azul   STRAND

Der lange, bogenförmige Strand weist manchmal Ölschlieren auf, und auch das Meer kann hier ziemlich rau werden. Die Playa Azul erstreckt sich nordwestlich der Playa Las Brisas bis zur Península de Santiago.

Playa Las Brisas   STRAND

Gegenüber der Altstadt erstreckt sich gleich jenseits des Hafens dieser breite Strand vor einer ansprechenden, wenn auch schnell wachsenden Kulisse aus Hotels, Restaurants und Bars.

Playa Olas Altas   STRAND

Übersetzt bedeutet der Name dieser Playa „Hoher-Wellen-Strand". An dem schönen Sandstreifen laufen denn auch gute Wellen für Surfer auf, und es gibt ein paar einfache Strandrestaurants.

Playa Santiago   STRAND

Dieser Strand – am anderen Ende der Península de Santiago von der Stadt aus gesehen – gehört zu den saubereren Stränden von Manzanillo und hat ganz in der Nähe auch ein paar gute Unterkünfte zu bieten.

Playa Miramar   STRAND

Die lange, wunderschöne Playa Miramar hat die besten Wellen zum Surfen und Bodysurfen in der ganzen Gegend. Ein idealer Ort, um sich mit einem geliehenen Surfbrett in die Wellen zu stürzen!

🏃 Aktivitäten

Tauchen

Rund um Manzanillo warten ein paar interessante Möglichkeiten für Sporttaucher: An den Felsnadeln von **Los Frailes** tummeln sich Freiwasserfische in großer Tiefe. Bei **Roca Elefante** können reizvolle Unterwasserbogen durchschwommen werden.

Aquatic Sports & Adventures   TAUCHEN

(📞314-334-63-94; www.aquaticsportsadventures. com; Privada Los Naranjos 30; Tauchgang mit 2 Flaschen 110 US$, Schnorcheltour 55 US$/Pers.; ⏰Mo–Sa 9–17, So 9–14 Uhr; 🚌Ruta 1) In der Gegend rund um Santiago bietet dieser Taucherladen mit PADI-Zertifikat Tauchoptionen für jedes Niveau an. Es gibt Tauchgänge vom Strand und vom Boot aus sowie Schnorcheltouren zu diversen Zielen.

Großraum Manzanillo

N   0 ━━━━━━━ 2 km

Großraum Manzanillo

◉ Highlights
1 Playa La Boquita A1

◎ Sehenswertes
2 Playa Azul...C2
3 Playa Las Brisas D2
4 Playa Miramar..A1
5 Playa Olas Altas......................................B1
6 Playa Santiago...B1

◍ Aktivitäten, Kurse & Touren
7 Aquatic Sports & Adventures.................B1

◍ Schlafen
8 Casa Artista B1
9 Dolphin Cove Inn C1
10 Hostal Tzalahua......................................C1

11 Hotel Colonial D3
12 Hotel La Posada D3
13 Hotel Real Posada B1
14 Pepe's Hideaway.....................................B2

✕ Essen
15 El Fogón C1
Los Candiles .... (siehe 11)
Mariscos El Aliviane..................... (siehe 6)
16 Mariscos El Delfín D3
17 Oasis Ocean Club....................................A1
18 Pacifica del Mar D2
19 Poco Pazzo C2
20 Tacos Chuy C1

◍ Ausgehen & Nachtleben
21 Hostal Olas Altas.....................................B1

✸ Feste & Events

Fiestas de Mayo   KULTUR
(◷ April & Mai) Mit diesen zweiwöchigen Feierlichkeiten (Ende April–Anfang Mai) wird Manzanillos Gründung im Jahr 1873 gefeiert. Es finden u. a. einige Sportwettbewerbe statt.

Fächerfisch-Angelturniere   SPORT
(☎ 314-332-73-99; www.deportivodepescamanza nillo.com; ◷ Feb. & Dez.) Manzanillos berühmtes internationales Angelturnier wird im Dezember abgehalten; ein kleineres nationales Turnier wird dagegen im Februar veranstaltet.

⊟ Schlafen

Die preiswertesten Unterkünfte findet man in Manzanillos Altstadtviertel rund um den Hauptplatz. An der Playa Santiago (S. 588) tarnen sich ein paar glücklose Dreisternehotels als anständige Strandresorts. Auf der Halbinsel stehen diverse Spitzenklasseoptionen.

Hotel Colonial
HOTEL **$**

(☎ 314-332-10-80; www.facebook.com/colonial hotelmanzanillo; Bocanegra 28; EZ 640 Mex$, DZ ab 790 Mex$; P ❖ ❄ 🛜 🛋) Einen Block von Manzanillos Ufer-Plaza entfernt konnte sich dieses stimmungsvolle alte Hotel mit gefliesten Wandelgängen im Freien, spektakulärem Äußeren und einem zentralen Innenhof bis heute seinen Charme einer kolonialzeitlichen Hacienda bewahren. Die um diesen Hof angeordneten großen Zimmer mit eleganten Vorhängen und Holzmöbeln sind über vier Stockwerke verteilt. Die Zimmer im Erdgeschoss sind recht dunkel und bekommen viel Lärm vom **Restaurant** (Av México 100; Frühstück & Mittagessen 60–120 Mex$, Abendessen 140–310 Mex$; ⊙ Mo–Fr 7–22.30, Sa & So 8–16 Uhr; 🕿) ab.

Hostal Tzalahua
HOSTEL **$**

(☎ Handy 311-1184546; www.facebook.com/hos taltzalahua; Pájaro de Fuego 1; B/DZ 150/ 400 Mex$; ❖ 🛜 🛋 💤; 🚌 Ruta 1) In diesem gut geführten Hotel in einer ruhigen Wohngegend einen Block von der Playa Azul (S. 588) entfernt fühlen sich Gäste wohl. Übernachten kann man in einem gemischten Schlafsaal mit neun Betten oder in einem der sieben sauberen, freundlichen Zimmer (fünf davon mit Bad). In dem hinter dem Haus gelegenen Garten mit Hängematten und Pool kann wunderbar chillen.

★ Casa Artista
B&B **$$**

(☎ 314-334-47-04; www.casaartistamanzanillo.com; Calle 4 No 12, Colinas de Santiago; Apt. inkl. Frühstück 800–1200 Mex$; P ❖ ❄ 🛜 🛋; 🚌 Ruta 1) Dieses B&B in himmlisch ruhiger Lage thront oben auf einem Hügel an der Landseite der Hauptstraße. Im Garten schwirren Kolibris herum. Die künstlerisch gestalteten Apartments mit Kochgelegenheit sind gemütlich und hübsch. Insgesamt ein wunderbarer Ort, um mit einem Buch in der Hand zu relaxen!

Hotel Real Posada
HOTEL **$$**

(☎ 314-334-12-12; www.realposada.com.mx; Blvd Miguel de la Madrid 13801; DZ 1000 Mex$; P ❖ ❄ @ 🛜 🛋; 🚌 Ruta 1) Dieses Hotel im Motelstil liegt einen Block hinter der Playa Santiago (S. 588) und in Laufentfernung zur Playa Olas Altas (S. 588) an der Hauptstraße. Die Zimmer sind relativ modern und mit Fliesenböden, dunklen Holzmöbeln, Kabel-TV und gestärkter Bettwäsche ausgestattet. Obendrein gibt's hilfsbereites Personal und einen Pool mit Kinderbecken.

Pepe's Hideaway
CABAÑAS **$$$**

(☎ 314-334-16-90, US 213-261-6821; www.pepeshide away.com; Camino Don Diego 67, La Punta; Hütte inkl. Mahlzeiten 185–225 US$/Pers.; P ❖ 🛜 🛋) Nicht entsetzt sein! Um zu dieser total überraschenden Unterkunft zu kommen, muss man durch die perfekt gepflegte Banalität einer bewachten Wohnanlage. Die Ferienanlage breitet sich auf einem Felsen aus – Lärm bedeutet hier rauschende Kokospalmen und donnernde Brandung. Eine Handvoll romantischer, rustikaler, farbenfroher Hütten scheint die Gäste in eine fantastische andere Welt zu versetzen. Die Preise sind *all inclusive*. Für die Anfahrt benötigt man einen eigenen fahrbaren Untersatz.

Dolphin Cove Inn
HOTEL **$$$**

(☎ 314-334-15-15; www.dolphincoveinn.com; Av Vista Hermosa s/n; DZ inkl. Frühstück 2450 Mex$; P ❖ ❄ @ 🛜 🛋; 🚌 Ruta 8) An den Klippen gibt's ihre helle, geradezu riesige Zimmer auf mehreren Ebenen, zu deren Füßen ein hübscher Pool am Rand der Bucht liegt. Das Spektrum der Unterkünfte reicht von einfachen Doppelzimmern bis zu Suiten mit zwei Schlafzimmern (max. 4 Pers.). Alle Quartiere haben Marmorböden, Gewölbedecken, Küchen bzw. Kochecken und Balkone mit Meerblick. Die Bäder und deren Armaturen sind für diesen Preis etwas enttäuschend. Dafür ist die Aussicht sensationell!

Hotel La Posada
HOTEL **$$$**

(☎ 314-333-18-99; www.hotel-la-posada.net; Cárdenas 201; EZ/DZ inkl. Frühstück 69/93 US$; P ❖ ❄ 🛜 🛋; 🚌 Ruta 8) Das hellrosa Hotel am Ende der Las-Brisas-Halbinsel (S. 588) lockt Stammgäste mit schönen, rustikalen Zimmern und individuellem Service. Zu den weiteren Annehmlichkeiten gehören eine Bibliothek, ein Essbereich im Freien und eine tolle Bar. Vom kleinen Pool mit Strandblick kann man Schiffe – und manchmal auch Wale – im Hafen beobachten.

🍴 Essen & Ausgehen

Ein paar Blocks rund um die Hauptplaza befinden sich mehrere bodenständige Lokale und ein paar Märkte. Kettenrestaurants und ähnlich gesichtslose Optionen säumen den Hwy 200 rund um die Bucht.

★ Mariscos El Aliviane
SEAFOOD **$**

(☎ Handy 314-3536588; Playa Santiago; Gerichte 20–120 Mex$; ⊙ Mo–Sa 11–16.30 Uhr) Ein genialer kleiner Straßenimbiss gegenüber vom Hotel Playa Santiago, in dem einheimische

Gäste die Holztische bevölkern und *jaiba* (Blaukrabben) *tostadas, cócteles* (Seafood-Cocktails) und Platten mit Shrimps, Tintenfisch, Jakobsmuscheln und *ceviche* genießen. Das Bier ist eiskalt, und die hausgemachte Habanero-Salsa ist so scharf, dass sie nicht nur die Lippen, sondern auch die Seele in Aufruhr bringt. Die Einheimischen sagen, dies sei die beste *cevichería* in Manzanillo.

Tacos Chuy
FOODTRUCK **$**

(📞 Handy 314-1121010; www.tacoschuymanzanillo. blogspot.mx/p/la-carta.html; Blvd Miguel de la Madrid s/n; Tacos 13 Mex$; ⏱ 9–19 Uhr; 🚌 Ruta 1) Am roten Truck bekommt man diverse Tacos, u. a. mit mariniertem Schweinefleisch und *carne asada* (mariniertes Rindfleisch vom Grill) samt pikanter Salsa und Beilagen wie gebratenen Feigenkaktusscheiben und Bohnen. Zu finden ist der Truck direkt südlich des Supermarkts Comercial Mexicana.

Tacos Chuy gewinnt bestimmt keinen Preis für besondere Hygiene, was Food-Truck-Fans aber wahrscheinlich egal ist.

Oasis Ocean Club
INTERNATIONAL **$$**

(📞 314-334-88-22; www.oasisoceanclub.com; Delfin 15; Mittagessen 90–200 Mex$, Abendessen 150–350 Mex$; ⏱ 11–22 Uhr; 🚌 Ruta 1) Nicht nur der schöne Badestrand an der Santiago Bay lohnt den Besuch, sondern auch dieses Restaurant mit Bar. Hier werden ausgezeichnete Cocktails, schmackhafte internationale Gerichte wie *curricanes* (Thunfischrollen mit Krabbenfleisch, Avocado und Ponzu-Sauce) und als Dessert traumhafte Eisbecher serviert. Wer mit dem Bus kommt, muss vom Boulevar de la Madrid noch etwa 1 km laufen.

Mariscos El Delfín
SEAFOOD **$$**

(📞 314-332-63-69; www.facebook.com/mariscos.e. manzanillo; Av Niños Héroes s/n, 2. Stock; Gerichte 15–160 Mex$; ⏱ Di–So 10.30–18 Uhr; 📞) In dem Restaurant über dem Fischmarkt in der Nähe des Stadtzentrums genießt man einen idyllischen Blick auf jagende Pelikane und im Wasser schaukelnde Boote. Serviert werden einfache, aber schmackhafte Gerichte. Spezialität des Hauses ist Schwertfisch in Tamarindensauce. Außerdem gibt es ausgezeichnete *tostadas* mit Marlin.

El Fogón
MEXIKANISCH **$$**

(📞 314-333-30-94; fogonypalmas@outlook.com; Blvd Miguel de la Madrid, Km 9,5; Hauptgerichte 140–220 Mex$; ⏱ 13–24 Uhr; 📞; 🚌 Ruta 1) Unter einem Dach mit Kacheln kommen in diesem rustikalen Fleischrestaurant leckere, saftige Steaks aus einer Grillhütte. Im Schuppen gegenüber werden emsig frische Tortillas zubereitet. Die Portionen sind enorm – selbst die Tortilla-Chips kommen mit mehreren Saucen auf den Tisch. Besonders empfehlenswert sind die Tacos mit Schweinefleisch und *arrachera* (Nierenzapfen-Steak).

★ Pacifica del Mar
FUSION **$$$**

(📞 314-333-63-53; www.facebook.com/pacificadel marzlo; Del Mar 1506, Playa Las Brisas; Hauptgerichte 195–265 Mex$; ⏱ 13–23 Uhr; 🅿 📞; 🚌 Ruta 1) Von der Terrasse dieses Lokals an der Playa Las Brisas (S. 588) kann man mit einem Cocktail in der Hand riesige Containerschiffe in den Hafen einlaufen sehen. Auf der Karte steht eine erlesene Auswahl von Speisen aus aller Welt, z. B. Steaks aus der Flanke von Black-Angus-Rindern in Biersauce, frische Pasta und Chipotle-Shrimps auf Hibiskus-Tortillas. Der sonntägliche Brunch von November bis April ist ein Renner.

Poco Pazzo
ITALIENISCH **$$$**

(📞 314-336-85-33; pocopazzofacturacion@gmail. com; Marina Las Hadas s/n; Hauptgerichte 120–280 Mex$; ⏱ Di–So 17–24 Uhr; 📞; 🚌 Ruta 8) Den Jachthafen des Resorts Las Hadas säumen mehrere Restaurants mit romantischem Blick aufs Wasser. Eines davon ist dieser authentische Italiener, der u. a. dünne Pizza, Pasta, italienische Steaks und Seafood serviert. Empfehlenswert ist das Fischfilet *siciliano* mit Oliven, Kapern und Weißweinsauce.

★ Hostal Olas Altas
BAR

(📞 314-333-03-90; www.hostalolasaltas.com; Blvd Miguel de la Madrid 15675; ⏱ 12–2.30 Uhr; 📞; 🚌 Ruta 1) Im Zentrum von Manzanillos Musik-, Kunst- und Surfszene bietet diese Beach-Bar jeden Samstag Livemusik. Gelegentlich stattfindende Surf-Turniere oder Kunstshows sorgen für Partystimmung. Die hiesigen Unterkünfte sind cool, aber lärmig.

ℹ Praktische Informationen

Secretaría de Turismo (📞 314-333-22-77; www.visitcolima.mx; Blvd Miguel de la Madrid 875A; ⏱ Mo–Fr 8.30–16.30 Uhr) Auf halber Strecke zwischen Innenstadt und Peninsula de Santiago. Direkt an der Uferpromenade gibt's hier begrenzte Infos zu Manzanillo und Colima.

ℹ An- & Weiterreise

AUTO & MOTORRAD

Ein Mietwagen ist nicht nur praktisch, weil man damit die Costalegre-Strände nordwestlich vom

Flughafen erkunden kann, sondern auch weil man so ganz generell mehr aus einem Aufenthalt in Manzanillo herausholt. Es gibt mehrere Autovermieter am Flughafen, von denen einige auch Niederlassungen in der Innenstadt haben.

Alamo (☑314-333-24-30; www.alamo.com.mx; Blvd Miguel de la Madrid 1570; ⊙8–20 Uhr; Ruta 1)

Budget (☑314-333-14-45; www.budget.com. mx; Blvd Miguel de la Madrid km 10; ⊙Mo–Fr 9–14 & 16–19, Sa 9–14 Uhr; Ruta 1)

Sixt (☑314-333-31-91; www.sixt.com.mx; Playa de Oro International Airport; ⊙7–19 Uhr)

Thrifty (☑314-334-32-82; www.thrifty.com. mx; Playa de Oro International Airport; ⊙7–19 Uhr; Ruta 1)

BUS

Manzanillos **Central Camionera** (☑314-336-80-35; Obras Marítimas s/n; Ruta 8) befindet sich 7 km nordöstlich des Stadtzentrums. Er ist gut organisiert und bietet eine Touristeninformation, Telefonzellen, Lokale und eine Gepäckaufbewahrung.

FLUGZEUG

Der **Playa de Oro International Airport** (☑314-333-11-19; www.aeropuertosgap.com. mx; Carretera Manzanillo–Barra de Navidad, Km 42) liegt 35 km nordwestlich von Manzanillos Zona Hotelera zwischen einem langen, einsamen, weißen Sandstrand und tropischen Bananen- und Kokosplantagen. Aeroméxico und **Aeromar** (☑314-334-05-32, 800-237-66-27; www.aeromar.com.mx; ⊙Mo–Fr 7–20, Sa 7–13, So 12–20 Uhr) fliegen von hier direkt nach Mexico City.

ⓘ Unterwegs vor Ort

BUS

Lokalbusse mit den Kennzeichnungen „Santiago", „Las Brisas" und „Miramar" fahren entlang der Bucht in die Orte San Pedrito, Salahua, Santiago und Miramar mit Zwischenstopps an mehreren Stränden. Die Linie 8 fährt von der Playa

las Brisas (S. 588) zum Busbahnhof (S. 592) und folgt dann einem Rundkurs auf der Península de Santiago. Mit der Linie 2 kommt man aus der Altstadt zum Busbahnhof und zur Playa Olas Altas (S. 588). Tickets kosten 9 Mex$.

TAXI

In Manzanillo gibt's viele Taxis. Achtung: Bevor es losgeht, immer den Fahrpreis aushandeln! Die Fahrt vom Hauptbusbahnhof (S. 592) zur Hauptplaza oder zur Playa Azul (S. 588) kostet ca. 50 Mex$, zur Península de Santiago oder Playa Miramar (S. 588) 70 Mex$.

Michoacáns Küste

Der Hwy 200 folgt dem Hauptteil der 250 km langen Küstenlinie von Michoacán, einem der schönsten Bundesstaaten Mexikos. Er ermöglicht eine der schönsten Autotouren des Landes. Die Route führt vorbei an Dutzenden unberührter Strände – einige davon breit und mit goldfarbenem Sand, manche an winzigen Felsbuchten gelegen, andere an ruhigen Flussmündungen mit unzähligen Vogelarten. Teils laden sanfte Wellen zum Baden ein, teils mächtige Brecher zum Surfen. Viele der Strände sind unbewohnt; mancherorts gibt's jedoch kleine vorwiegend indigene Gemeinden. Mango-, Kokos- und Bananenplantagen säumen den Highway. Landeinwärts bilden die grünen Gipfel der Sierra Madre del Sur eine herrliche Kulisse. Entlang des Hwy 200 markieren Schilder die Abfahrten zu vielen Stränden, u.a. **Ixtapilla** (Km 180), **La Manzanillera** (Km 174), **Motín de Oro** (Km 167), **Zapote de Tizupán** (Km 103), **Pichilinguillo** (Km 95) und **Huahua** (Km 84).

ⓘ Praktische Informationen

GEFAHREN & ÄRGERNISSE

Der 150 km lange Küstenstreifen zwischen Las Brisas und Caleta de Campos wurde schon

---

BUSSE AB MANZANILLO

ZIEL	PREIS (MEX$)	DAUER (STD.)	HÄUFIGKEIT (TGL.)
Barra de Navidad	61–75	1–1½	häufig
Colima	110–160	1½–2	alle 30 Min.
Guadalajara	440–525	5–6	häufig
Lázaro Cárdenas	390–518	6–8½	8-mal
Mexico City (Terminal Norte)	1051–1380	11½–12	4-mal
Puerto Vallarta	360–421	5–5½	häufig
San Patricio-Melaque	66–90	1–1½	alle 30 Min.
Zihuatanejo	616–695	8–8½	3-mal (abends)

PLAYA MARUATA

Klares, türkisfarbenes Wasser und goldene Sandstrände machen die **Playa Maruata** (Abfahrt vom Hwy 200 bei Km 150) zu Michoacáns schönstem Strand. Das Nahua-Fischer-dorf hat einen gewissen Ruf als Hippie-Hochburg und begeistert Strandfans aus aller Welt. An diesem ruhigen, freundlichen Ort kann man wunderbar abhängen – ob nun mit seinem Liebsten oder einem großen Stapel Bücher. Hier befindet sich zudem eine der wichtigsten Eiablagestellen für Grüne Meeresschildkröten (Juli–Dez. jeden Abend).

Maruatas drei Strände haben alle ihren ganz eigenen Charakter. Der linke (östliche) Strand ist mit 3 km am längsten. Die unberührte, halbmondförmige Bucht hat weichen, gelben Sand und eine sanfte Brandung – perfekt zum Schwimmen und Schnorcheln. Erfahrene Schwimmer können sich an den kleinen Bogen in der Mitte wagen. Er liegt im Schutz einer besteigbaren Felszunge voller Höhlen, Tunnel und Spritzlöcher. Zudem ragt hier eine außergewöhnliche Felsformation namens Dedo de Dios (Finger Gottes) aus dem Meer empor. Die Playa de los Muertos (Strand der Toten) ganz rechts im Westen trägt ihren Namen nicht ohne Grund: Hier drohen gefährliche Strömungen und wilde Wogen. Bei Ebbe kann man über die Felsen ganz rechts von Muertos zu einer abgeschot-teten Bucht hinüberklettern und dort ungestört hüllenlos in der Sonne liegen. Doch Vorsicht: Wenn die Flut kommt, sitzt man hier fest! Das Kruzifix auf den Felsen soll an all diejenigen erinnern, die das Meer an dieser Stelle verschlungen hat.

Maruata ist ein extrem armes Pueblo (Dorf). Allerdings ist die Infrastruktur im Orts-kern kürzlich durch einige Projekte verbessert worden. An der halb heruntergekom-menen Plaza gibt es Geschäfte und einfache Lokale. Die *enramadas* (strohgedeckte Freiluftlokale) am linken Strand servieren frische Meeresfrüchte und sind auch die beste Option zum Campen. Die meisten nehmen ab 50 Mex$ pro Person für einen Zeltstell-platz oder eine Leihhängematte. Es stehen auch rustikale *cabañas* (300–400 Mex$) zur Verfügung. Die besten Unterkünfte bietet aber das **Centro Ecoturístico Ayutl Ma-ruata** (☏ Handy 555-1505110; https://nuestrodestino.jimdo.com/ecoturismo-en-michoacán/centro-ecoturístico-ayult-maruata; DZ/3BZ/4BZ 600/750/1000 Mex$, Hängematte 100 Mex$; P🐕🍴📶) 🏄.

Busse von Manzanillo in Richtung Lázaro Cárdenas halten am Hwy 200 am Ortsein-gang, von wo aus es nur noch ein paar Schritte in den Ort sind.

immer von Kartellen kontrolliert – zuerst von der berühmt-berüchtigten La Familia, später dann von den Tempelrittern. Kartellkriege und Regierungsoperationen haben inzwischen zur Entmachtung dieser Organisationen geführt, aber das wichtigste Geschäft existiert hier defi-nitiv noch immer.

Diverse schwer einzuordnende „Selbstver-teidigungsgruppen" sind hier heute aktiv. Pro-bleme wie Armut, Rechte der indigenen Bevöl-kerung sowie ein Mangel an Infrastruktur und Arbeitsplätzen vermischen sich mit anhaltender Kriminalität, Drogenproduktion und -schmuggel sowie Loyalitätskonflikten. Polizei und Militär haben hier zwar keine Stützpunkte, patrouillie-ren aber schwer bewaffnet in beiden Richtungen am Highway entlang.

Und was bedeutet das nun für Besucher? Konkret kaum etwas. Manchmal verzögert sich die Reise durch Straßensperren von Regierungs-gegnern. Die großen Kartelle haben aber nie toleriert, dass Traveller bestohlen oder angegrif-fen werden, sodass diese Region bis heute ver-gleichsweise sicher ist. Die Einheimischen raten aber dennoch sehr davon ab, nachts über diesen Straßenabschnitt zu fahren, trampen sollte man ganz und gar unterlassen.

San Juan de Alima

📱 313 / 291 EW.

Nach rund 20 km kommt der nette Ort San Juan de Alima (Abfahrt vom Hwy 200 bei Km 211) mit Kopfsteinpflaster, einem ru-higen Strand, mehreren Restaurants am Strand und modernen Hotels in Sicht. Er ist saisonbedingt beliebt bei Surfern, denn direkt vor der Küste brechen sich geschmei-dige, mittelgroße Wellen.

🛏 Schlafen & Essen

Hotel Restaurant Parador　　　　HOTEL **$**
(☎ 313-327-90-38; www.facebook.com/elhotelpa-rador; Blvd San Juan de Alima Oriente 1; EZ/DZ 600/750 Mex$; P🅿✳📶🏊) Das Hotel bietet eine Vielzahl Zimmer mit Klimaanlage, Balkon und schönem Blick. Das beliebte Hotelres-taurant befindet sich direkt über dem Meer; man sitzt auf palmenbeschatteten Terrassen.

Hotel Hacienda Trinidad
HOTEL **$$$**

(☎ 313-327-92-00; www.haciendatrinidad.com.mx; Blvd San Juan s/n; DZ 2110 Mex$; ⓟ ⮐ ❄ 🛜 🏊) Das vornehmste Hotel der Stadt verfügt über gute Zimmer, einen netten Pool im Grünen und eines der schönsten Restaurants überhaupt. In der Hauptsaison (Juli, Aug. & Dez.) sind die Preise übertrieben hoch, aber sonst eigentlich recht angemessen.

ℹ An- & Weiterreise

Busse (56 Mex$, 1 Std.) starten alle zwei Stunden vom Busbahnhof in Tecomán und lassen ihre Fahrgäste direkt vor den Toren des Orts am Hwy 200 raus.

Barra de Nexpa
☎ 753 / 102 EW.

Bei Km 55,6 befindet sich gleich nördlich der Puente-Nexpa-Brücke die kleine, nette Gemeinde Nexpa; vom Highway führt eine 1 km lange, holprige Kopfsteinpflasterstraße hierher. Das ruhige Örtchen riecht nach Meeresgischt und ist seit Langem ein Paradies für Surfer. Sie kommen wegen der schwarz-weißen Sandbank und der Flussmündung mit den langen Lefthand-Breaks hierher. Diese türmen sich mitunter doppelt mannshoch auf und ermöglichen dann über 500 m lange Wellenritte. Unbedingt Bargeld mitbringen, denn im Ort gibt es keine Geldautomaten!

🛏 Schlafen & Essen

Cabañas Alba
CABAÑAS **$**

(☎ Handy 753-1185082; www.hospedajesalba.com; Barra de Nexpa; DZ/4BZ 500/700 Mex$; ⓟ ⮐) In den rustikalen, zweistöckigen Hütten mit komplett eingerichteter Küche, Veranda und Balkon mit Meerblick, in denen bis zu sechs Personen übernachten können, fühlt man sich schnell wohl. Das hauseigene Restaurant öffnet seine Tore in der Hauptsaison. Zudem kann man nach einer langen Partynacht im Temascal-Dampfbad ordentlich schwitzen. Die Haken? Es gibt weder Klimaanlage noch WLAN.

Chicho's
INTERNATIONAL **$**

(☎ Handy 753-1184203; chichosnexpa@hotmail. com; Barra de Nexpa; Frühstück 60–150 Mex$; Mittag- & Abendessen 80–150 Mex$; ⊙ 9–21 Uhr; ⓟ) Das Chicho's in Familienhand ist eine der zahlreichen *palapas* am Strand und eine gute Anlaufstelle für Hungrige. Serviert werden gigantische Frühstücks-Smoothies, Pfannkuchen, Burger und üppige Shrimps-

portionen. Den Blick aufs Meer und die Surfer gibt's gratis dazu.

ℹ An- & Weiterreise

Busse von Sur de Jalisco (87 Mex$, 1½ Std.) starten fünfmal täglich in Lázaro Cárdenas am Galeana-Busbahnhof.

Caleta de Campos
☎ 753 / 2580 EW.

Der Ort Caleta (Abfahrt vom Hwy 200 bei Km 50) liegt am oberen Rand von Klippen, zu deren Füßen sich eine Bucht mit azurblauem Wasser erstreckt. Er ist vor allem bei Surfern beliebt. Aufgrund des kleinstädtischen Ambientes ist ein kurzer Besuch aber auch für Nicht-Surfer lohnend.

Die auch unter dem Namen Bahía Bufadero bekannte Stadt ist ein regionales Servicezentrum mit allen wichtigen Einrichtungen (aber ohne Geldautomaten). Es gibt einen Surfshop und eine geschützte Bucht, die sich perfekt für Surfanfänger eignet. Zudem befinden sich im Zentrum mehrere Hotels.

🛏 Schlafen

Partour Caleta
PENSION **$$**

(☎ Handy 753-1141111; www.partourcaleta.com; Hwy 200, Km 51; DZ 1500 Mex$, Suite 2200–2500 Mex$; ⓟ ⮐ ❄ 🏊) Pension mit grandiosem Blick von den Klippen auf den ursprünglichen Strand und auf die sich im Wind wiegenden Palmen. Die komfortablen Wohneinheiten mit Meerblick, Terrakottaboden und Kabel-TV sind rund um einen Lounge-Bereich und eine Bar mit *palapa*-Dach angeordnet. Die beste Suite verfügt über eine Kochnische, ein Esszimmer und eine private Terrasse mit Jacuzzi. Den felsigen Strand erreicht man über eine Treppe. Die Unterkunft liegt 1 km nördlich der Stadt am Highway.

ℹ An- & Weiterreise

Busse von Sur de Jalisco (80 Mex$, 1¼ Std.) fahren fünfmal täglich am **Galeana-Busbahnhof** in Lázaro Cárdenas ab. *Colectivos* starten zwischen 6.30 und 20 Uhr stündlich an Caletas Hauptplaza nach Lázaro Cárdenas (68 Mex$, 1¼ Std.). Die Taxifahrt zwischen Caleta de Campos und Barra de Nexpa kostet 70 Mex$.

Lázaro Cárdenas
☎ 753 / 79 200 EW.

Lázaro mit seinem Industriehafen hat praktisch keine touristischen Attraktionen. Al-

BUSSE AB LÁZARO CÁRDENAS

ZIEL	PREIS (MEX$)	DAUER (STD.)	HÄUFIGKEIT (TGL.)
Acapulco	235–329	6–7	häufig
Guadalajara	596–650	8–10	6-mal
Manzanillo	390–560	7	stündl.
Mexico City	708–788	8–11	6-mal
Morelia	530–563	4–5	häufig
Uruapan	330–380	3–4	häufig
Zihuatanejo	71–118	1½–2	häufig

lerdings ist die Stadt ein regionales Dienstleistungszentrum und ein Knotenpunkt für Busverbindungen entlang der Küste. So sind Traveller hier regelmäßig anzutreffen. Wegen toller Strände und Wellen in nächster Nähe gibt's aber eigentlich keinen Grund für eine Übernachtung vor Ort.

❶ An- & Weiterreise

Lázaro hat mehrere Busbahnhöfe, die alle nur ein paar Blocks voneinander entfernt liegen. Am praktischsten ist der **Hauptbusbahnhof** (Galeana; ☑753-532-30-06; Av Lázaro Cárdenas 1810) mit Verbindungen nach Manzanillo, Uruapan, Morelia, Colima, Caleta de Campos, Barra de Nexpa, Guadalajara und Mexico City.

Estrella Blanca (☑753-532-11-71; www.estrellablanca.com.mx; Francisco Villa 65) fährt u. a. nach Puerto Vallarta, Mazatlán und gen Norden bis nach Tijuana. Der Busbahnhof **Estrella de Oro** (☑753-532-02-75; www.estrelladeoro.com.mx; Corregidora 318) liegt einen Block nördlich und zwei Blocks westlich vom Busbahnhof Estrella Blanca und hat Verbindungen nach Zihuatanejo, Acapulco, Manzanillo und Mexico City.

Troncones

☑755 / 698 EW.

Vor relativ kurzer Zeit war Troncones noch ein armes, verschlafenes Fischer- und Bauerndorf. Mit ihren B&Bs und Häusern von Auswanderern erinnert die lange Strandstraße heute aber eher an Kalifornien als an die traditionellen mexikanischen Siedlungen an ihren beiden Enden. Die örtlichen Hauptattraktionen sind offensichtlich: großartige Strände, relaxte Atmosphäre und erstklassige Möglichkeiten zum Surfen. So kann man hier wunderbar ein paar Tage lang entspannen.

Rund 25 km nordwestlich von Ixtapa liegt Troncones am Ende einer 4 km langen Straße, die vom Hwy 200 abzweigt und an einer T-Kreuzung endet. Von dieser führt die Strandstraße nach Nordwesten zum Nachbarort **Majahua** (4,5 km) – vorbei an Troncones Point, Manzanillo Bay und den meisten Hotels bzw. Restaurants der Gegend.

Majahua ist ein traditionelles Fischerdorf mit ein paar *enramadas* (strohbedeckte Open-Air-Restaurants) und einem samtigen Strand, an dem man schöne Muschelschalen sammeln kann. Von Majahua aus geht's über eine unbefestigte Straße (in der Regenzeit schwer befahrbar) zurück zum Hwy 200.

🏃 Aktivitäten

In der geschützten Bucht vor der Playa Manzanillo kann man traumhaft schwimmen und an ruhigen Tagen hervorragend schnorcheln. Auch Reitausflüge sind recht beliebt; die Einheimischen laufen mit ihren Pferden am Strand entlang und halten Ausschau nach Kunden. In den Unterkünften kann man Fahrradtouren, Angeltrips und Höhlenwanderungen durch die Kalksteinhöhlen in der Nähe von Majahua buchen.

Prime Surfboards SURFEN
(☑755-103-01-80, Handy 755-1143504; www.primesurfboards.com.mx; Av de la Playa s/n; Surfkurs 60 US$, Leihbrett 25 US$/Tag; ☺7–20 Uhr) Etwa 500 m nördlich der T-Kreuzung bietet Bruce Grimes zweistündige Kurse und Leihbretter. Zudem repariert er Surfbretter und entwirft und baut Modelle nach Kundenwunsch.

Inn at Manzanillo Bay KAJAKFAHREN, RADFAHREN
(☑755-553-28-84; www.manzanillobay.com; Av de la Playa s/n, Playa Manzanillo; Surfbrett & Fahrrad/Kajak & SUP 25/40 US$/Tag) Das Hotel hat eine tolle Auswahl von Short- und Longboards, Fahrrädern, SUPs und Kajaks.

👣 Geführte Touren

Costa Nativa Ecotours ÖKOTOUR
(☑Handy 755-1007499; www.tronconesecotours.com; Av de la Playa s/n; Kajak-/Wander-/SUP-Tou-

ren 42/45/45 US$; ⊙ Büro Okt.–Mai Mo–Sa 9–18 Uhr) 🏊 Dieser Anbieter veranstaltet umweltschonende Ökotouren wie dreistündige Kajaktrips mit prima Tierbeobachtungen, geführte Wanderungen zu einem Badeloch und SUP-Ausflüge.

🛏 Schlafen

Die vielen örtlichen Unterkünfte konzentrieren sich größtenteils auf die Strandstraße. In der Hauptsaison (Nov.–April) ist Reservierung ratsam; zudem bestehen einige Unterkünfte dann auf Mindestaufenthalte. Während der Nebensaison können die Preise um 25 bis 50 % sinken. Manche Hotels haben jedoch im Sommer geschlossen.

⭐ Troncones Point Hostel   HOSTEL $

(☎ 755-553-28-86; www.tronconespointhostel.com; Lote 49, Manzana 15, Troncones Point, an der Av de la Playa; B 19–21 US$, Zelt 29 US$, Zi. 85 US$; P 🐶 🛜) 🏊 Das einfallsreich gestaltete Hostel ist nicht weit entfernt von dem traumhaften Surfspot am Troncones Point. Es bietet eine Vielzahl von Zimmern in mehreren schönen Gebäuden. Das Spektrum reicht von etwas beengten, aber schicken Schlafsälen mit Bambusbetten bis hin zu „Luxus"-Zelten und einem merkwürdigen, sich über zwei Ebenen erstreckenden Duplex-Raum mit separatem Eingang. Zudem bietet die umweltfreundliche Anlage eine grandiose Lounge mit Gemeinschaftsküche und verleiht auch Boards.

⭐ Casa Delfín Sonriente   B & B $$

(☎ 755-553-28-03; www.casadelfinsonriente.com; Av de la Playa s/n; Zi./Suite inkl. Frühstück 85/119 US$; 🐶 ❄ 🛜 🍽) Rund 1 km von der T-Kreuzung entfernt steht dieses herrliche B & B mit sehr freundlichen Hausverwaltern und äußerst entspannter Atmosphäre. Idealerweise nimmt man eine der tollen Suiten im Obergeschoss, die mit freischwebend installierten Betten und komplett ausgestatteten Küchen aufwarten, aber keine Türen haben (für Wertsachen gibt's jeweils ein abschließbares Schubfach). Die Quartiere teilen sich eine Dachterrasse mit Traumaussicht auf den wilden Pazifik. Wer die Gästeküche nicht benutzen will, kann sich von externem Personal etwas kochen lassen.

Hotel Playa Troncones   HOTEL $$

(☎ 755-103-00-79; hotelplayatroncones@hotmail.com; Av de la Playa s/n; DZ 1000 Mex$; P ❄ 🛜 🍽) Das praktisch im Ortszentrum gelegene Hotel mit für Troncones (vor allem in der Nebensaison) erschwinglichen Preisen bietet gute Zimmer mit Klimaanlage, bequemen Betten und blitzblanken Bädern mit Flusssteinen. Von den Wohneinheiten im Obergeschoss hat man einen schönen Blick aufs Meer. Kinder lieben den kleinen Pool.

Los Raqueros   B & B $$$

(☎ 755-553-28-02; www.raqueros.com; Av de la Playa s/n; DZ inkl. Frühstück 95–125 US$; P ❄ 🐶 🛜) Das gut geführte B & B bietet mit das beste Preis-Leistungs-Verhältnis an der wunderschönen Playa Manzanillo. An dem herrlichen Strand und in dem gepflegten Garten kann man wunderbar die Seele baumeln lassen. Von einigen Zimmern hat man einen schönen Blick auf die Bucht. Die familienfreundlichen Bungalows für bis zu vier Personen haben Küchen im Freien. Die Unterkunft befindet sich 3 km nördlich der T-Kreuzung.

Inn at Manzanillo Bay   HOTEL $$$

(☎ 755-553-28-84; www.manzanillobay.com; Av de la Playa s/n, Playa Manzanillo; Suite 183–204 US$; P 🐶 ❄ 🛜 🍽) Das Hotel in Spitzenlage am schönsten Strand von Troncones bietet exklusive, strohgedeckte, um einen Pool angeordnete Bungalows mit Kingsize-Betten, handgefertigten Marmorbecken, Regenduschen und Terrassen mit Hängematten. Außerdem gibt's ein beliebtes Restaurant mit Bar, einen Surfshop, einen Fahrradverleih und einen sehr guten Zugang zu den spitzenmäßigen Wellen am Troncones Point.

✕ Essen

⭐ Toro del Mar   SEAFOOD $$

(☎ Handy 755-1083074; Av de la Playa s/n, Playa Majahua; Hauptgerichte 90–180 Mex$; ⊙ 9–21 Uhr) Das rustikale Restaurant am Meer befindet sich am Südende des Majahua-Strands in einem kleinen Fischerdorf. Aus der Küche kommen frische, absolut leckere Fischgerichte und Seafood. Wie wär's mit gegrilltem Schnapper oder Shrimps mit Kokos, gebratenen Kochbananen, Reis und Gemüse.

Chenchos   MEXIKANISCH $$

(☎ 755-553-00-61; Av de la Playa s/n; 95–175 Mex$; ⊙ 11–21 Uhr; 🛜) Von dem einen Block landeinwärts gelegene „Mini-Restaurant" hat man keinen Blick aufs Wasser – der Sandfußboden und die leichte Meeresbrise müssen reichen. Das bei Einheimischen beliebte Lokal in Familienhand serviert gute mexikanische Hausmannskost wie Shrimp-

Enchiladas in *salsa verde* und *chiles relle-nos* (gefüllte Peperoni).

Café Pacífico
CAFÉ **$$**

(☎ 755-101-73-72; www.facebook.com/cafepacifico troncones; Av de la Playa s/n; Hauptgerichte 70–160 Mex$; ⊙ Dez.–Aug. 8–16 Uhr; ☎ ✈) In dem netten, modernen Café kommen sehr anständiger Kaffee und leckere Säfte auf die schönen Tische im Schatten. Die freundlich lächelnden Kellner servieren authentische Frühstücks-Omeletts, Sandwiches und zahlreiche gut zubereitete Gerichte.

Roberto's Bistro
ARGENTINISCH **$$$**

(☎ 755-103-00-19; www.robertosbistro.com; Av de la Playa s/n; Hauptgerichte 120–270 Mex$; ⊙ 8–22 Uhr; ☎) Das Brutzeln der Steaks und die rauschenden Wellen erzeugen in diesem argentinischen Grillrestaurant (1 km südlich der T-Kreuzung) ein stereophones Hintergrundgeräusch. Von Vorspeisen mit *chorizo* bis hin zu Festessen wie *parrillada argentina* (T-Bone-, Rib-Eye- und zig weitere Steaks, die mit Shrimps zusammen gegrillt werden) ist alles dabei. Das Restaurant ist zwar ein Paradies für Fleischfans, serviert aber auch Seafood. In der Hauptsaison gibt's samstags Salsa-Abende. Außer um das Restaurant kümmert sich der Sohn des Betreibers um ein kleines Schutzgebiet für Schildkröten. Dort werden alljährlich 15 000 Jungtiere in die Freiheit entlassen.

Jardín del Edén
FUSION **$$$**

(☎ 755-103-01-04; www.jardindeleden.com.mx; Av de la Playa s/n; Hauptgerichte 140–240 Mex$; ⊙ Nov.–April 8–22 Uhr; ☎) In diesem Restaurant direkt nördlich von Troncones Point kreiert der französische Küchenchef Fusion-Küche. Auf der Speisekarte stehen Gerichte aus dem mediterranen Raum und traditionelle mexikanische Speisen. Die Abendangebote wie Pizza, Lasagne und *cochinita pibil* (langsam gebratenes Schweinefleisch à la Yucatán) werden auf dem Grill oder im Holzofen zubereitet. Freitagabends wird Live-Salsa geboten.

❶ Anreise & Unterwegs vor Ort

In Zihuatanejo nimmt man am Petatlán-Busbahnhof (S. 608) einen Bus in Richtung La Unión (33 Mex$, 30 Min.) und steigt an der Abzweigung aus. Dann läuft man weiter die Straße entlang und kommt an eine Haltestelle, von der aus kleine Shuttle-Busse (15 Mex$, 5 Min.) bis 19 Uhr etwa alle 30 Minuten nach Troncones fahren. Einige tuckern auch weiter in das Fischerdorf Majahua gleich nördlich von Troncones.

Einige 2.-Klasse-Busse, die nach Nordwesten in Richtung Morelia oder Lázaro Cárdenas unterwegs sind, lassen ihre Fahrgäste ebenfalls an der Abzweigung aussteigen.

Von Troncones fahren **Taxis** (☎ 755-553-28-68; Av de la Playa s/n; ⊙ 8–20 Uhr) zu Zielen in der näheren Umgebung (100 Mex$ zur Playa Majahua), zum Flughafen (S. 609) (800 Mex$) und nach Zihuatanejo (500 Mex$). **Victor's Taxi Service** (☎ 755-553-28-08, Handy 755-1110580; carayala2010@hotmail.com; Av de la Playa s/n) ist eine zuverlässige Firma mit klimatisierten Fahrzeugen.

Ixtapa
☎ 755 / 8698 E W.

Bis zum Ende der 1970er-Jahre war Ixtapa nicht mehr als eine große Kokosplantage. Doch dann befand die Fonatur (die mexikanische Behörde für Tourismusentwicklung), dass der Pazifikküste ein Ferienort à la Cancún gut zu Gesicht stehen würde. Und so kamen Erschließungsexperten hierher – und mit ihnen die Hochhäuser. Ergebnis war eine lange Reihe von riesigen Hotels an einem reizenden Strand, während mexikanisches Gemeindeleben nur sehr eingeschränkt entstand. Unterm Strich ist Ixtapa also vor allem etwas für Familien, die einen stressfreien *All-inclusive*-Strandurlaub verbringen wollen, und für Traveller, die den modernen Komfort von Kettenhotels schätzen. Allerdings ist Ixtapa praktisch ein Vorort von Zihuatanejo, wo hiesige Kultur der authentischeren Art in bequemer Reichweite wartet.

◉ Sehenswertes

Playa el Palmar
STRAND

Ixtapas längster (2,5 km) und breitester Strand mit hellgelbem Sand wird gesäumt von zahllosen Parasailing- und Jetski-Anbietern. In der Trockenzeit schimmert das Meer aquamarinblau und lädt mehr denn je zum Sprung ins kühle Nass ein. Aber Achtung: Beim Schwimmen ist Vorsicht geboten. Bei hoher Dünung kann die Brandung extrem heftig werden und mit einem starken Sog einhergehen. Öffentliche Zugänge zum Strand sind rar, da hier ein Megaresort neben dem anderen steht. Wer kein Hotelgast ist, kann sich aber immer irgendwie durch eine Lobby hindurchmogeln.

Playa Escolleras
STRAND

Die Playa Escolleras am Westende der Playa del Palmar unweit der Einfahrt zum Jachthafen ist wegen ihrer Brandung bei Surfern sehr beliebt.

Cocodrilario
KROKODILRESERVAT

(Playa Linda; x ⊙ 24 Std.) GRATIS Der kleine *cocodrilario* (Krokodilreservat) an der Playa Linda beheimatet auch wohlgenährte Leguane und mehrere Vogelarten. Die mächtigen Krokos lassen sich aus sicherer Entfernung bewundern. Hierfür sorgt eine eingezäunte Beobachtungsplattform aus Holz, die sich nahe der Bushaltestelle in Richtung Hafen erstreckt.

Isla Ixtapa
INSEL

(Boot hin & zurück 50 Mex$, Verleih von Schnorchelausrüstung 150 Mex$) Ixtapas Hauptattraktion ist eine wunderschöne Oase. Das ruhige, türkisblaue Wasser ist kristallklar und eignet sich perfekt zum Schnorcheln. Die **Playa Corales** auf der Rückseite der Insel ist der schönste und ruhigste Strand hier. Er besitzt weichen weißen Sand und hat ein vorgelagertes Korallenriff. Strohgedeckte *enramadas* (Seafood-Restaurants unter freiem Himmel) sowie Massagestudios verteilen sich über die ganze Insel. Vom Anleger an der **Playa Linda** schippern regelmäßig Boote hierher. In der Hauptsaison erlebt die Insel deshalb auch eine wahre Invasion der Touristen.

Aktivitäten

Tolle Radtouren ermöglicht eine 15 km lange *ciclopista* (Radweg), die ab der Playa Linda (nördlich von Ixtapa) praktisch bis nach Zihuatanejo hineinführt. **Adventours** verleiht Fahrräder.

Mero Adventure
TAUCHEN

(☎ Handy 755-1019672; www.meroadventure.com; Blvd Paseo Ixtapa s/n, Hotel Pacífica; Tauchgang mit 1/2 Flaschen 65/90 US$; ⊙ Mo–Sa 9–17 Uhr) Mero Adventure organisiert Tauch-, Schnorchel-, Kajak- und Angeltrips.

Catcha L'Ola Surf
SURFEN

(☎ 755-553-13-84; www.ixtapasurf.com; Centro Comercial Kiosco 12, Plaza Zócalo; Leihbrett pro Tag/Woche 20/100 US$, 3-stündiger Kurs 50 US$; ⊙ Mo–Sa 9–19, So 12–17 Uhr) Hier gibt's alles, was man zum Surfen braucht: Leihbretter, Reparaturservice, Unterricht und Surftrips. Der Laden befindet sich neben dem gut ausgeschilderten Restaurant **Nueva Zelanda** (☎ 755-553-08-38; www.restaurantsnapshot.com/nuevazelanda; Plaza Zócalo s/n; Frühstück 61–85 Mex$, Mittag- & Abendessen 125–210 Mex$; ⊙ 8–22 Uhr; ☎).

 Geführte Touren

Adventours
ABENTEUER

(☎ 755-553-35-84; www.ixtapa-adventours.com; Blvd Paseo Ixtapa s/n; Touren 1180–1580 Mex$, Leihräder pro Std./Tag 60/250 Mex$; ⊙ 8–18 Uhr) Gegenüber vom Hotel Park Royal ansässig, veranstaltet Adventours geführte Rad-, Kajak-, Schnorchel- und Vogelbeobachtungstouren rund um Ixtapa und Zihuatanejo.

Schlafen

Von der Hauptstraße ein paar Blocks landeinwärts finden sich mehrere preiswerte Unterkünfte. Am Strand gibt's hauptsächlich Spitzenklassehotels, die man am besten über Pauschalangebote oder Hotelwebsites bucht. Seit ihrem Bau in den 1970er-Jahren haben einige dieser Hotels nur einen neuen Farbanstrich erhalten. Alle Hotels in Ixtapa haben WLAN.

Hotel Suites Ixtapa Plaza
HOTEL $$

(☎ 755-553-13-70; www.hotelsuitesixtapaplaza.com; Blvd Paseo Ixtapa s/n, Centro Comercial Ixtapa; Zi. 1200–1600 Mex$, Suite ab 1700 Mex$; P ⊖ @ 🛜 🏊) Das relativ kleine Hotel ist eine willkommene Abwechslung in einer Gegend, in der es vorwiegend Riesenresorts gibt. Vom Pool auf der Dachterrasse hat man einen schönen Blick auf Ixtapa. Von einfachen Zimmern über „Superior"-Zimmer bis hin zu Suiten mit Privatterrasse ist hier alles Mögliche im Angebot. Aber Achtung: In einigen Zimmern ist der Lärm von den Bars und Nachtclubs in der Nähe deutlich zu hören.

★ Casa Candiles
B & B $$$

(☎ Handy 755-1012744; www.casacandiles.com; Paseo de las Golondrinas 65; Zi. inkl. Frühstück 160–172 US$; ⊖ ⊛ 🛜 🏊) Das lauschige Paradies in einer ruhigen, etwa 500 m vom Strand entfernten Wohnstraße ist sehr viel netter als die riesigen Resorthotels. Die drei stilvollen, gemütlichen Zimmer sind individuell eingerichtet (eines davon mit balinesischen Masken). Zudem grenzt der schöne Garten mit Pool an einen Urwald, wo man von einem kleinen Pfad aus wunderbar Vögel und andere Tiere beobachten kann. Die Gastfreundschaft ist hier wirklich echt.

Essen & Ausgehen

Einige der großen Hotels haben Bars und Nachtclubs. In der Nebensaison sind sie unregelmäßig geöffnet und verlangen auch weniger Eintritt.

⭐ La Raiz de la Tierra
VEGAN **$$**

(☑ 755-553-15-03; www.laraizdelatierra.com; Plaza Zócalo s/n; Hauptgerichte 55–145 Mex$; ⊗ 8–22 Uhr; 🐾) In einem von Rodrigo Sánchez, dem Mitglied des Flamenco-Metal-Gitarren-Duos Rodrigo Y Gabriela, betriebenen veganen Café werden auch Schallplatten und Bücher verkauft. Außerdem wird in diesem Zentrum u. a. Salsa- und Gitarrenunterricht angeboten. Auf der Speisekarte stehen frisch gepresste Säfte, vegane *tacos al pastor* (marinierte Pilze in einer Tortilla aus Biomais) und diverse andere fleischlose Speisen.

Lili Cipriani
SEAFOOD **$$**

(☑ Handy 755-1200404; lili.cipriani@hotmail.com; Playa Coral s/n, Isla Ixtapa; Hauptgerichte 150–250 Mex$; ⊗ 9–17 Uhr) Dieses *palapa*-Restaurant an der Playa Coral am Südende der Isla Ixtapa serviert große Portionen *pescado a las brasas* (gegrillter Fisch) – außerdem kann man hier an diesem Strandabschnitt wunderbar schnorcheln. Der ganze Fisch wird zusammen mit hausgemachten Tortillas und einer scharfen *habanero*- und *chile-de-arbol*-Sauce (auch als Bird's Eye Chili bekannt) serviert. Boote zur Isla Ixtapa legen an der Playa Linda ab. Witzig: Wildlebende Kaninchen suchen den Sand nach Tischabfällen ab.

Bistro Soleiado
INTERNATIONAL, SEAFOOD **$$**

(☑ 755-553-04-20; www.facebook.com/bistrosoleiadoixtapa; Blvd Paseo Ixtapa s/n; Hauptgerichte 155–255 Mex$; ⊗ 8–23 Uhr; 🐾) Das offene Restaurant gegenüber vom Hotel Park Royal hat eine lange, internationale Karte und eignet sich auch hervorragend zum Frühstücken. Besonders empfehlenswert sind aber die leckeren Meeresfrüchte und der zarte Fisch mit verschiedenen Saucen.

Cuattro Café
CAFÉ

(☑ 755-553-01-80; www.cuattrocafe.com; Blvd Paseo Ixtapa s/n, Plaza Comercial Rafaello; ⊗ Do–Di 8–22.30 Uhr) Eines der besseren Cafés der Stadt. Hier wird starker Kaffee serviert. Stärkeres – wie Cocktails – bekommt man in der Hauptniederlassung in Zihuatanejo (Altamirano 19).

Christine
CLUB

(☑ 755-553-04-56; Blvd Paseo Ixtapa 4, Hotel Krystal; ⊗ Fr & Sa 23–4 Uhr; 🐾) Das Christine hat die Sound- und Lichtanlage, die man von einer der beliebtesten Diskos der Stadt erwartet. Der Eintritt variiert, ist in der Hauptsaison aber ziemlich hoch, selbst wenn die Getränken dann frei sind.

❶ Praktische Informationen

Touristeninformation (☑ 755-555-07-00, Durchwahl 224; www.ixtapa-zihuatanejo.com; Blvd Paseo Ixtapa s/n; ⊗ 8–16 Uhr) In einem kleinen Kiosk direkt gegenüber vom Holiday Inn untergebracht.

❶ An- & Weiterreise

Private Taxis (460 Mex$) fahren vom Flughafen (S. 609) nach Ixtapa. Shuttle-Busse, die unterwegs mehrere Stopps einlegen, kosten 135 Mex$ pro Person. Für die Fahrt zurück zum Flughafen nehmen private Taxis zwischen 280 und 340 Mex$. Städtische Taxis verlangen für die Fahrt von Ixtapa nach Zihuatanejo zwischen 75 und 105 Mex$.

Einen Mietwagen bekommt man am Flughafen oder im Hotel **Barceló Ixtapa** (☑ 755-553-71-47; www.alamo.com.mx; Blvd Paseo Ixtapa s/n; ⊗ Mo–Sa 9–19 Uhr).

Obwohl Busfirmen vor Ort ein paar Ticketbüros betreiben, halten nur sehr wenige Fernbusse in Ixtapa: Die meisten Ziele werden ab Zihuatanejo bedient.

Lokalbusse pendeln zwischen Ixtapa und Zihuatanejo (12 Mex$, 15 Min., 5.30–23 Uhr häufig). In Ixtapa stoppen sie an der Hauptstraße vor allen Hotels und folgen in Zihuatanejo der Morelos. Viele Busse in Richtung Ixtapa fahren weiter zur Playa Linda (14 Mex$).

Zihuatanejo

☑ 755 / 118 211 EW.

Zihuatanejo (oft liebevoll nur Zihua genannt) ist ein pazifisches Paradies mit wunderschönen Stränden, freundlichen Einheimischen und lässiger Lebensart. Bis zu den 1970er-Jahren stand hier nur ein verschlafenes Fischerdorf. Doch mit dem Bau des benachbarten Ixtapa boomte der Tourismus in Zihua praktisch über Nacht.

Vor allem wenn Kreuzfahrtschiffe hier anlegen, werden manche Viertel förmlich von Touristen überschwemmt. Außerdem verdrängen Luxushotels allmählich die familiengeführten Pensionen der Stadt. Dennoch hat sich Zihua seinen historischen Charme bis heute größtenteils bewahrt. An den schmalen Kopfsteinpflasterstraßen im Stadtzentrum verstecken sich tolle Restaurants, Bars, Boutiquen und Kunsthandwerksstätten. Auf dem Paseo del Pescador (Fischerpromenade) am Strand verkaufen einheimische Fischer nach wie vor jeden Morgen ihren Tagesfang. Abends flanieren junge Liebespaare und Familien bis heute unbekümmert an der romantischen Uferpromenade entlang. So vereint Zihua zwei ganz unterschiedliche Welten auf großartige Weise. Kein Wunder, dass sich Andy und Red hier im Film *Die Verurteilten* (1994) nach ihrer Zeit im Gefängnis niederließen!

◉ Sehenswertes

Museo Arqueológico
de la Costa Grande   MUSEUM
(Archäologisches Museum von Costa Grande; ☎ 755-554-75-52; museoarqueologico2@hotmail.com; Ecke Plaza Olof Palme & Paseo del Pescador; 10 Mex$; ⊙ Di–So 10–18 Uhr) Das kleine Museum widmet sich in sechs Räumen der Geschichte, Archäologie und Kultur an der Küste des Bundesstaates Guerrero. Die meisten Exponate sind nur auf Spanisch beschriftet. Es gibt aber auch eine kostenlose englischsprachige Broschüre.

Strände
An allen Stränden der Bahía de Zihuatanejo ist die Dünung sanft. Wer auf große Brecher steht, begibt sich besser Richtung Westen nach Ixtapa oder Süden zur Playa Larga. Vor allem an den zentralen Stränden ist das Wasser in der Bucht nicht immer das sauberste.

Die **Playa Municipal** vor dem Stadtzentrum ist o. k., wenn man hier wohnt. Die anderen Strände an der Bucht sind aber sehr viel sauberer. Nach einem fünfminütigen Spaziergang gen Osten entlang der Uferpromenade erreicht man die **Playa Madera** (⌕ Playa La Ropa) mit seichtem, gut zum Schwimmen geeignetem Wasser.

Von der Playa Madera geht's über einen steilen Hügel zur **Playa La Ropa** (Stoffstrand; ⌕ Playa La Ropa). Während des 20-minütigen Marschs entlang einer idyllischen Straße kommt man in den Genuss eines grandiosen Blicks aufs Meer. Einige der besten Hotels reihen sich an der Playa La Ropa aneinander, die tolle Möglichkeiten zum Schwimmen und Wasserskilaufen bietet.

Die geschützte **Playa Las Gatas** (Katzenstrand; Boot hin & zurück 50 Mex$) auf der anderen Seite der Bucht ist während der mexikanischen Ferien im Juli und August und in den Winterferien rappelvoll. Zu anderen Zeiten ist diese Playa aber ein wunderbarer Schnorchelspot. Die Boote nach Las Gatas (hin & zurück 50 Mex$) legen am Hauptpier in Zihuatanejo ab.

Mächtige Wellen zum Surfen und Reitmöglichkeiten bietet die ca. 12 km südlich des Stadtzentrums gelegene Playa Larga. Um hierher zu kommen, nimmt man zunächst ein „Coacoyul"-Combi (S. 609) an der Ecke Juárez und Gonzalez bis zur Abzweigung Playa Larga, wo es mit einem anderen Combi dann weiter zum Strand geht.

Die **Playa Manzanillo** nahe der Playa Larga gehört zu den besten Schnorchelspots der Gegend, zieht aber weniger Besucher an als die sehr beliebte Playa Las Gatas. Der abgelegene Strand ist per Boot zu erreichen.

🏃 Aktivitäten

Sportangeln
Sportangeln ist in Zihuatanejo sehr beliebt. Das ganze Jahr über beißen Fächerfische an, je nach Saison auch Blaue oder Schwarze Marline (März–Mai), *Nematistius pectoralis* (Sept.–Okt.), Wahoos (Okt.), Goldmakrelen (Nov. & Dez.) und Spanische Makrelen (Dez.). Tiefseeangeltouren kosten ab ca. 3600 Mex$ für ein Boot mit bis zu vier Personen. Die Trips dauern etwa sieben Stunden. Die Ausrüstung ist im Preis enthalten.

Sociedad Cooperativa
José Azueta   ANGELN, BOOTFAHREN
(☎ 755-554-20-56; https://sociedadcooperativateniente joseazueta.com; Muelle Municipal; Playa Las Gatas hin & zurück 50 Mex$, Tiefseeangeln 3600 Mex$; ⊙ Büro 8–18 Uhr) Veranstaltet ganztägige Angelausflüge und Bootsfahrten an die Playa Las Gatas. Los geht's an dem Büro am unteren Ende des Piers.

Sociedad de Servicios
Turísticos Triángulo del Sol   ANGELN
(☎ 755-554-37-58; cooptriangulodelsol@hotmail.com; Paseo del Pescador 38B, nahe Muelle Municipal; Angeln 200–350 US$, Schnorcheltour 160 US$/Boot; ⊙ Büro 9–16 Uhr) Neben Angelausflügen in kleinen und großen Booten werden auch Schnorcheltrips zur Playa Manzanillo mit Zwischenstopp an der Playa Las Gatas organisiert. Im Angebot sind zudem Touren durch die Bucht.

Wassersport
Schnorcheln kann man wunderbar an der Playa Las Gatas – und noch besser an der Playa Manzanillo. Da hier mehrere Strömungen aufeinandertreffen, ist die Unterwasserwelt besonders vielfältig. Die Sicht ist vor allem in der Trockenzeit hervorragend – bis zu 35 m. Von Dezember bis Anfang März ziehen Buckelwale hier vorbei.

Dive Zihua   TAUCHEN
(☎ Handy 755-1023738; www.divezihuatanejo.com; Ascension 7; Tauchgang mit 2 Flaschen 90 US$, Schnorcheltour 35 US$; ⊙ Mo–Sa 9.30–18.30

Uhr) Diverse Tauchgänge, Schnorcheltouren, Kurse in Unterwasserfotografie und PADI-Kurse mit Zertifikat. Von Dezember bis März können Biologen auch Touren zur Beobachtung von Buckelwalen organisieren.

Carlo Scuba
TAUCHEN

(☏ Handy 755-5546003; www.carloscuba.com; Playa Las Gatas; Tauchgang mit 1/2 Flaschen 65/90 US$; ⊙ 8–18 Uhr) Carlo Scuba ist ein in dritter Generation familiengeführtes Unternehmen an der Playa Las Gatas. Angeboten werden Tauchgänge, Schnorchelausflüge und Tauchunterricht mit PADI-Zertifikaten. Man wird kostenlos an der Muelle Municipal (Pier) abgeholt und dort auch wieder abgesetzt.

Yoga

Paty's Yoga Studio
YOGA, MASSAGE

(☏ 755-554-22-13; www.zihuatanejoyoga.com; Playa La Ropa; Yogakurse 10 US$; ⊙ Okt.–April 9–10.15 Uhr) Nur wenige Yogastudios können diese Art der Erleuchtung garantieren: Von einer Terrasse über dem Restaurant Paty's (S. 607) schaut man hier durch Kokospalmen direkt auf den in der Sonne schimmernden Pazifik. Während der Hauptsaison finden täglich Kurse für alle Erfahrungsstufen statt. Massagen können hier ebenfalls gebucht werden.

 Kurse

★ Patio Mexica Cooking School
KOCHEN

(☏ Handy 755-1167211; www.patiomexica.com; Adelita 32, Colonia La Madera; Kurs 400–450 Mex$) Für diese tollen Kochkurse öffnet Mónica Durán Pérez ihre private Küche und vermittelt den Teilnehmern ihre Liebe zur mexikanischen Gourmetkultur. Das Ganze beginnt (je nach Kurs) mit einem Marktbesuch. Dann geht's zurück in Mónicas Hinterhof, wo Mais gemahlen, Tortillas geformt und Salsa-Zutaten in einer *molcajete* (traditioneller Mörser mit Stößel) zerkleinert werden. Anschließend wird daraus eine der vielen Spezialitäten zubereitet.

Darunter können *tamales, mole poblano* (Huhn oder Truthahn in einer Sauce aus Chilis, Früchten, Nüssen, Gewürzen und Kakao), gefüllte Chilis oder Zucchiniblüten sein. Die Website informiert über Details zu den verschiedenen Kursen.

Geführte Touren

Picante
BOOTSFAHRT

(☏ 755-554-82-70; www.picantecruises.com; Muelle Puerto Mío, La Noria; Segeln & Schnorcheln

88 US$, Sonnenuntergangstörn 65 US$) Auf dem 23 m langen Katamaran kann man zwei unterhaltsame Törns machen. Mit der Tour *Sail, Snorkel and Spinnaker Flying* geht's südlich von Zihua zu erstklassigen Schnorchelspots vor der Playa Manzanillo. Die *Magical Sunset Cruise* führt rund um die Bucht und dann entlang der Küste von Ixtapa. In den Preisen enthalten sind Verpflegung und Getränke aus der offenen Bar. Reservierung erforderlich. Genaue Termine siehe Website.

 Schlafen

Zihuatanejo hat zahllose Unterkünfte für jeden Geldbeutel. Diverse Billighotels konzentrieren sich auf den Umkreis der Calle Bravo im Zentrum. Sogar während der Hauptsaison (Dez.–März) gibt's oft Rabatt auf überzogene Listenpreise. In der Nachsaison fallen die Tarife um bis zu 20 %. Allgemein lassen sich häufig Ermäßigungen heraushandeln – vor allem bei längeren Aufenthalten oder wenn nur wenig los ist.

Casa de la Palma
HOTEL $

(☏ 755-554-20-92; www.facebook.com/hotelcasadelapalma; Ciruelos s/n; DZ 595–774 Mex$; P ❋ ❋ ❋ ▣) Das blitzsaubere und überraschend gemütliche Budgethotel in einer wuseligen Marktgegend mit mehreren lauten Kneipen bietet einen Einblick in die weniger touristische Seite von Zihua. Trotz all der Aktivitäten in der Umgebung findet man hier ruhigen Schlaf, und der Pool hinter dem Haus lädt zum Sprung ins kühle Nass ein. Das WLAN war zum Zeitpunkt unserer Recherchen seeehr laaangsam.

Hotel Villas Mercedes
HOTEL $

(☏ 443-319-13-05, 755-544-67-81; www.hotelvillasmercedes.com; Adelita 59; DZ 525–900 Mex$; P ❋ ❋ ❋ ▣) Das freundliche Hotel in dem netten Stadtviertel hinter der Playa Madera hat ein bemerkenswert gutes Preis-Leistungs-Verhältnis zu bieten und sorgt anständig für die Sicherheit seiner Gäste. Die sauberen und durchaus komfortablen Zimmer sind rund um einen Poolbereich angelegt und bei mexikanischen Familien ausgesprochen beliebt.

Hotel Villas El Morro
HOTEL $

(☏ 443-319-13-05; www.zihuatanejo-villaselmorro.com; Paseo del Morro 4, Colonia El Almacén; Zi. 400–600 Mex$, Suite 700–1300 Mex$; P ❋ ❋ ❋ ▣) Im El Morro oben auf einem Hügel am weniger besuchten Westrand der Bucht

Zihuatanejo

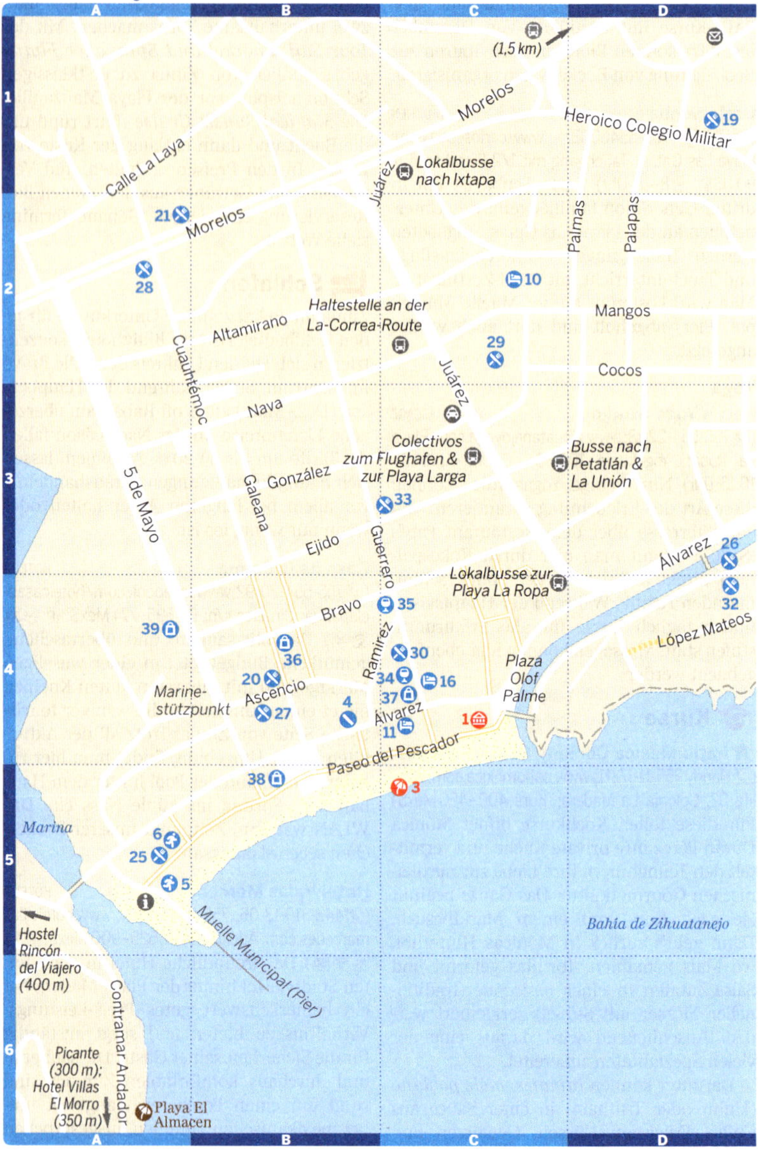

Map of Zihuatanejo with labels:

(1,5 km)

Morelos
Heroico Colegio Militar
19

Calle La Laya
Juárez
Lokalbusse nach Ixtapa
21
Morelos
28
Palmas
Palapas
10
Mangos
Altamirano
Haltestelle an der La-Correa-Route
Juárez
29
Cuauhtémoc
Nava
Cocos
5 de Mayo
Galeana
González
Colectivos zum Flughafen & zur Playa Larga
Busse nach Petatlán & La Unión
33
Ejido
Guerrero
Álvarez
26
Lokalbusse zur Playa La Ropa
39
Bravo
35
32
López Mateos
36
30
20
Ascencio
34
16
Plaza Olof Palme
27
4
37
Marine-stützpunkt
11
1
38
Paseo del Pescador
3
Marina
6
25
5
Hostel Rincón del Viajero (400 m)
Muelle Municipal (Pier)
Bahía de Zihuatanejo
Picante (300 m); Hotel Villas El Morro (350 m)
Contramar Andador
Playa El Almacen

dreht sich alles um den Blick. Die Zimmer sind erfreulich günstig. Wer 200 Mex$ mehr hinblättert, bekommt sogar ein Zimmer mit Küche, Terrasse und Jacuzzi. Das WLAN ist leider unzuverlässig, und der Anstieg zum Hotel (150 Stufen!) kann ziemlich anstrengend sein.

Mi Casita PENSION $
(755-125-27-71, Handy 755-1245123; micasita. alejandra@gmail.com; Carretera Escénica s/n; Zi. 600–800 Mex$;) Die einfache, einladende Pension in Familienhand steht auf einem Hügel zwischen der Playa Madera und der Playa La Ropa. Die

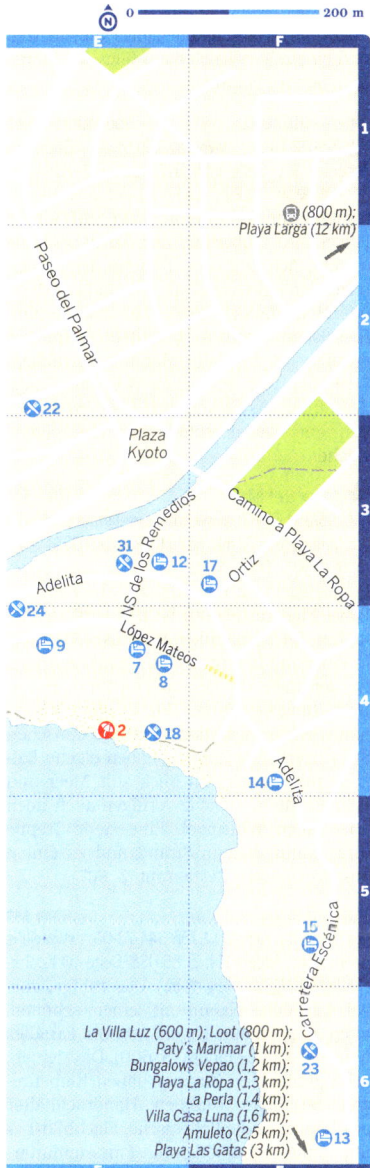

Zihuatanejo

◉ Sehenswertes
1 Museo Arqueológico de la Costa
  Grande.. C4
2 Playa Madera E4
3 Playa Municipal C5

✿ Aktivitäten, Kurse & Touren
4 Dive Zihua.. B4
  Patio Mexica Cooking School ..(siehe 31)
5 Sociedad Cooperativa José Azueta... A5
6 Sociedad de Servicios Turísticos
  Triángulo del Sol................................. A5

🛏 Schlafen
7 Arena Suites E4
8 Aura del Mar... E4
9 Bungalows La Madera E4
10 Casa de la Palma................................. C2
11 Hotel Ávila C4
12 Hotel Villas Mercedes........................ E3
13 La Casa Que Canta..............................F6
14 La Quinta de Don Andres F4
15 Mi Casita...F5
16 Posada Citlali C4
17 Villas Naomi F3

🍴 Essen
18 Bistro del Mar E4
19 Carmèlitas..D1
20 Chez Leo... B4
21 El Gabo... A2
22 Fonda Doña Licha E2
23 Il Mare F6
24 La Gula E4
25 La Sirena Gorda................................... A5
26 Las Adelitas.. D3
27 Mariscos Chendo's B4
28 Marisquería Yolanda........................... A2
29 Mercado Municipal C2
30 Panadería El Buen Gusto C4
31 Patio Mexica E3
32 Restaurant El Arrayan D4
33 Restaurantes Mexicanos Any............ C3
  Rufo's Grill................................. (siehe 31)

🍸 Ausgehen & Nachtleben
34 Andy's Bar.. C4
  Malagua ....(siehe 6)
35 Temptation C4

🛍 Shoppen
36 Alberto's... B4
37 Café Caracol C4
  El Embarcadero...................... (siehe 38)
38 El Jumil B5
39 Mercado de Artesanías A4

sechs Zimmer sind alle recht unterschiedlich – einige sind kunstvoll gestrichen, andere haben stattdessen eine Küche und eine Klimaanlage. Sie verfügen aber alle über nette Terrassen mit Hängematten und grandiosem Blick auf das tief unten liegende Meer.

Hotel Ávila HOTEL **$**
(☎ 755-554-20-10; hotelavila68@yahoo.com.mx; Álvarez 8; DZ 600 Mex$; P ➰ ✳ 🖥 ☎) Die Unterkunft unweit der Plaza hinter dem Hauptstrand bietet ältere, ziemlich große Zimmer

mit Klimaanlage und einen kleinen Pool. Der Preis ist in Ordnung und die Lage ideal, dennoch könnte diese Bleibe etwas mehr Liebe zum Detail vertragen. Die Zimmer im Erdgeschoss bieten WLAN, sind aber dunkel und bekommen viel Straßenlärm ab.

Posada Citlali
PENSION $

(☏ 755-554-20-43; xochramirez@live.com.mx; Guerrero 4; EZ/DZ 400/650 Mex$; ⊕❄🛜) Ordentliche Budgetunterkunft im Stadtzentrum. Die hübsche, ältere Posada (Pension) in Familienhand bietet saubere, einfache, gemütliche Zimmer mit gefliesten Fußböden und Queensize-Betten. Auf der Gemeinschaftsterrasse stehen Schaukelstühle, und im Innenhof gibt es einen üppig grünen Garten. Die nur ein paar Schritte vom Meer entfernte Pension bekommt an den Wochenenden recht viel Kneipenlärm ab. Klimaanlage kostet 50 Mex$ extra.

Bungalows Vepao
BUNGALOW $$

(☏ 755-554-36-19; www.vepao.com; Playa La Ropa; DZ 1400–2000 Mex$; 🅿⊕❄🛜❄; 🏊 Playa La Ropa) Für die super Lage direkt an der Playa La Ropa (S. 600) sind diese niedlichen, geräumigen „Bungalows" quasi ein Schnäppchen. Hier kann man an einem einladenden Pool oder nach Herzenslust am Strand relaxen. Die Quartiere gibt's in verschiedenen Varianten – die mit Küche und/oder Meerblick kosten etwas mehr.

Arena Suites
APARTMENT $$

(☏ 755-554-40-87; www.arenasuites.com.mx; López Mateos s/n; Apt. 70–95 US$, Suite 115–180 US$; 🅿⊕❄🛜) Einfache, aber nette, gut gepflegte, geräumige Bungalows mit unschlagbarem Blick und Strandzugang. Die meisten haben Terrassen mit Strohdach, Hängematten, Zimmersafes und Küchen. Außerdem gibt es eine Suite mit Whirlpool und Terrasse mit Blick auf die Playa Madera (S. 600). Stufen führen hinunter zum Strand, wo das Hotel einen eigenen Strandclub mit Bar betreibt.

Bungalows La Madera
BUNGALOW $$

(☏ 755-554-39-20; www.bungalowslamadera.com; López Mateos 25; Zi. mit Kochgelegenheit 65–130 US$; ⊕❄🛜❄) Diese weitläufige Anlage bedeckt den Hang zwischen der Playa Madera (S. 600) und der Innenstadt. Die schönsten Bungalows auf der Seeseite haben jeweils zwei Zimmer; viele der Wohneinheiten besitzen außerdem eigene Terrassen mit Meerblick und Küchen. Herzstück des Geländes ist ein Pool- und Terrassenbereich. Die geräumigen Zusatzquartiere auf der

gegenüberliegenden Straßenseite verfügen über tolle „Wohnbalkone" mit Hängematten und einem hervorragenden Blick auf Zihua. Kein Service bei Nacht.

★ La Villa Luz
BOUTIQUEHOTEL $$$

(☏ 755-112-18-34; www.lavillaluz.com; Carretera Escénica 97; Suite inkl. Frühstück 170–230 US$; 🅿⊕❄🛜❄; 🏊 Playa La Ropa) Diese wahrhaft romantische Unterkunft liegt auf einem Hügel direkt oberhalb der Playa La Ropa (S. 600; Achtung: viele Stufen!). Die sieben reizenden Suiten sind alle stil- und kunstvoll mit Holzintarsien sowie Lehmziegel- und Kieselsteinmosaiken gestaltet. Besonders attraktiv ist die Suite Mar mit herrlichem Meerblick vom bequemen Bett aus. Einige der Suiten erstrecken sich über zwei Ebenen, eine davon verfügt über eine eigene Küche.

★ Aura del Mar
HOTEL $$$

(☏ 755-554-21-42; www.hotelauradelmar.com; López Mateos s/n; DZ inkl. Frühstück ab 189 US$; 🅿⊕❄@🛜❄) Das Aura del Mar aus roten Lehmziegeln an den Klippen oberhalb der Playa Madera (S. 600) ist das perfekte Refugium für Romantiker. Wie das weitläufige Gelände mit hervorragenden Einrichtungen werden auch die geräumigen Zimmer von Gestaltungselementen, Fliesen und Kunsthandwerk im traditionellen mexikanischen Stil geziert. Alle Zimmer haben eigene Balkone mit grandiosem Blick aufs Meer und Hängematten, manche verfügen auch noch über einen Whirlpool. Eine steile Treppe führt hinunter zum Strand und zu einem ausgezeichneten Restaurant (S. 607).

Villas Naomi
HOTEL $$$

(La Casa del Árbol; ☏ 755-544-73-03; www.villasnaomi.com; Adelita 114; Zi. 85 US$, Suite mit Kochecke 90–110 US$; ⊕❄🛜❄) Das ruhige, ehrwürdige Villas Naomi mit seinem schönen, alten Kapokbaum ist ein wahres Paradies nahe der Playa Madera (S. 600). Die kleinen, weiß getünchten Zimmer haben Einbauregale, begehbare Duschen, Handtuchhalter aus Bambus, edle Bettwäsche, Flachbild-TVs und geflieste Fußböden mit Flusssteinintarsien. Bei nur acht Wohneinheiten kann man sicher sein, dass man rund um den Swimmingpool in aller Ruhe die Seele baumeln lassen kann.

La Quinta de Don Andres
HOTEL $$$

(☏ 755-554-37-94; www.laquintadedonandres.com; Adelita 11, Colonia La Madera; Zi. ohne/mit Küche 130/140 US$; 🅿⊕❄🛜❄) Die modernen

Zimmer in diesem Komplex aus künstlichen Lehmziegeln in dunklen Orangetönen verfügen über Terrakottaboden, Klimaanlage und kleine Balkone, von denen man auf den Pool und den Ozean hinunterschaut. Alle Zimmer sind groß und picobello, die mit ungehindertem Blick aufs Meer haben zusätzlich kleine Küchen. Das kleine, familienfreundliche Hotel mit vielen Gemeinschaftsbereichen und hervorragendem Service ist mehr als nur die Summe einzelner Elemente.

Villa Casa Luna
VILLA $$$

(☎755-554-27-43; www.villa-casa-luna.com; Playa La Ropa s/n; DZ/4BZ 375/475 US$; 🅿❄❈🛜🏊; 🚌Playa La Ropa) Üppig grünes, von Mauern umschlossenes Anwesen am Südende der Playa La Ropa (S. 600) mit einer Traumvilla, die über mehrere Zimmer und eine großartig gefliese Designerküche verfügt. Zusammen mit dem Wohnstudio in einem reizenden Cottage können hier bis zu acht Personen übernachten. Außerdem gibt es einen netten Pool und einen friedlichen Garten.

La Casa Que Canta
BOUTIQUEHOTEL $$$

(☎755-555-70-30; www.lacasaquecanta.com; Carretera Escénica s/n, Playa La Ropa; Suite ab 548 US$; 🅿❄❈🛜🏊) Das „Singende Haus" ist der Inbegriff von Luxus und Gästeservice in Zihuatanejo. Das strohgedeckte Hotel auf den Klippen zwischen den Playas Madera (S. 600) und La Ropa (S. 600) verfügt über ein gewagtes, umwerfendes Innendesign, exquisit gestaltete Zimmer und zahlreiche Einrichtungen. Aber das Wertvollste am ganzen Hotel ist wahrscheinlich die Ruhe: Es gibt weder Fernseher noch Kinder. Im Angebot sind auch separate Villen.

Amuleto
BOUTIQUEHOTEL $$$

(☎755-544-62-22; www.amuleto.net; Carretera Escénica 9; Zi. inkl. Frühstück ab 476 US$; 🅿❄❈@🛜🏊) Das Amuleto in den Hügeln hoch über der Playa La Ropa (S. 600) begeistert Gäste u. a. mit erdig wirkenden Luxuszimmern, die mit Elementen aus Stein, Holz und Keramik gestaltet sind. Hinzu kommen Suiten mit privatem Tauchbecken und einer traumhaften Aussicht. Das Hausrestaurant ist gleichermaßen großartig. Drei Mindestübernachtungen, keine Kinder.

 ## Essen

Der Bundesstaat Guerrero ist für seine grüne pozole bekannt, einen herzhaften Eintopf mit Fleisch und Maismehl, der auf den meisten Speisekarten in Zihua steht (vor allem

donnerstags). *Tiritas* (rohe Fischscheiben mit einer Marinade aus roten Zwiebeln, Zitronen- oder Limettensaft und Chilis) sind eine hiesige Spezialität.

✖ Zihuatanejo Zentrum

Hier gibt's vor allem frische und leckere Meeresfrüchte. Viele beliebte (wenn auch touristische) Fischrestaurants säumen den Paseo del Pescador, der parallel zur Playa Municipal (S. 600) verläuft. Allerdings wird das Preis-Leistungs-Verhältnis besser, je weiter man sich landeinwärts begibt. Die Gastrobereiche des **Mercado Municipal** (☎755-544-77-82; Mangos s/n; Gerichte 30–60 Mex$; ⏱8–18 Uhr) sind immer gut für ein herzhaftes und günstiges Frühstück oder Mittagessen.

★ Fonda Doña Licha
MEXIKANISCH $

(☎Handy 755-1153114; felisa.solis@hotmail.com; Cocos 8; Hauptgerichte 59–115 Mex$; ⏱8–18 Uhr) Dieses Restaurant in der Nähe des *mercado* ist für seine mexikanische Hausmannskost, die lockere Atmosphäre und die ausgezeichneten Preise bekannt. Man hat immer die Auswahl zwischen mehreren *comidas corridas* (Festpreismenüs), die alle mit Reis, Bohnen und hausgemachten Tortillas serviert werden. Zum Frühstück werden Riesenportionen aufgetischt, als Sonntagsspecial gibt's u. a. *tamales de elote* (Zuckermais-*tamales*).

Carmelitas
FRÜHSTÜCK $

(☎755-554-38-85; www.facebook.com/holacarmelitascafe; Av Heróico Colegio Militar s/n; Hauptgerichte 65–130 Mex$; ⏱Mo–Sa 8–16.30, So 8–15 Uhr; 🅿🛜) Das Freiluftcafé ist Zihuas bestes Frühstückslokal. Aus der Küche kommt eine verlockende Vielfalt lokaler Hausmannskost, z. B. *huevos a la pasilla* (Spiegeleier in einer Tortilla-Schale mit Guajillo-Chili-Sauce und gebratenen Kochbananen) mit hausgemachten Tortillas als Beilage. Die Speisen stehen in der Speisekarte oder auf der Tafel mit täglich wechselnden Specials wie *pozole* (Maismehleintopf). Nur Barzahlung.

Panadería El Buen Gusto
BÄCKEREI $

(Guerrero 11; Backwaren ab 5 Mex$; ⏱Mo–Sa 8.30–22 Uhr) Gute mexikanische Traditionsbäckerei im Herzen der Innenstadt.

★ Marisquería Yolanda
SEAFOOD $$

(☎Handy 755-1282368; Ecke Morelos & Cuauhtémoc; Hauptgerichte 80–200 Mex$; ⏱10–20 Uhr) Am Straßenrand werden hier Austern mit dem Hammer geöffnet. Während das Personal die *ceviche* würfelt und mariniert, belagern angeheiterte Boleros die Bar auf dem Bürgersteig und singen zügellose, aber nicht erwiderte Lobeshymnen auf die Göttin des Biers. Wenn ihnen die Luft ausgeht, übernimmt die Jukebox. Nicht ohne Grund ist dieses Lokal auch als Catedral del Marisco (Seafood-Kathedrale) bekannt.

El Gabo
SEAFOOD **$$**

(☎ 755-103-41-12; mariscoselgago@hotmail.com; Morelos 55; Hauptgerichte 120–195 Mex$; ⊙ 11–20.30 Uhr; ☎) Das schattige Lokal unweit einer Hauptstraße entspricht nicht unbedingt der gängigen Vorstellung von einem erstklassigen Seafood-Lokal. Doch dieses offene Restaurant mit Barhockern in Form von Ledersätteln serviert wirklich leckere Meeresfrüchte unter einem gewölbten Schindeldach. Auf der Speisekarte stehen Kokos-Shrimps, auf zehn verschiedene Arten zubereiteter Frischfisch, Austern, Sashimi, Seafood-Cocktails und *ceviche*.

Chez Leo
SEAFOOD **$$**

(☎ Handy 7551136038; www.facebook.com/chezleo restaurant; Ecke Cuauhtémoc & Ascensio; Hauptgerichte 120–170 Mex$; ⊙ Mo–Sa 14–23 Uhr; ☎) Dieses Lokal sieht auf den ersten Blick nach nicht viel aus, überzeugt aber mit recht gutem Preis-Leistungs-Verhältnis und ein paar überraschenden Aromen. Der Küchenchef ist sichtbar stolz auf seine schlichten, aber leckeren und appetitlich präsentierten Gerichte mit Seafood. Serviert werden u. a. Fisch-Tartar, scharf angebratener Thunfisch und andere fangfrische Köstlichkeiten.

La Sirena Gorda
SEAFOOD **$$**

(☎ 755-554-26-87; Paseo del Pescador 90; Hauptgerichte 90–200 Mex$; ⊙ Do–Di 8.30–22.30 Uhr; ☎) Die „Dicke Meerjungfrau" in der Nähe des Piers ist ein zwangloses, beliebtes Freiluftrestaurant, das gute Knoblauch-Shrimps, Thunfisch mit Curry und verführerische Fisch-Tacos auftischt. Zudem kann man hier wunderbar pikante *tiritas* (in Zitronensaft gekochte Fischstreifen) und frische Fischfilets in durchweg leckeren Varianten probieren.

Restaurantes Mexicanos Any
MEXIKANISCH **$$**

(☎ 755-554-73-73; www.restaurantesmexicanosany.com.mx; Ejido 18; Hauptgerichte 60–200 Mex$; ⊙ 8–23 Uhr; ☎) In dem freundlichen Restaurant mit fröhlich-buntem Folkloredekor werden traditionelle mexikanische Gerichte

unter einem großen *palapa*-Dach serviert. Zu den Highlights gehören grüne *pozole* (Maismehleintopf) à la Guerrero, köstliche *tamales* und *atoles* (süße, heiße Getränke auf Maisbasis).

Mariscos Chendo's
SEAFOOD **$$**

(☎ 755-104-89-78; chendos.zihuatanejo.2017@gmail.com; Ascencio 15; Hauptgerichte 110–160 Mex$; ⊙ Do–Di 13–21 Uhr) In dem niedlichen, kleinen Restaurant in Familienhand gibt's ehrliche Seafood-Gerichte und Bier zu angemessenen Preisen. Zu den Spezialitäten zählen Knoblauch-Shrimps, Kokos-Shrimps und hitverdächtige *tiritas* (in Zitronensaft gegarte Fischstreifen).

✖ Rund um die Bucht

Teure Restaurants mit Panoramablick dominieren die Bergkuppen, während an der Playa La Ropa (S. 600) Strandlokale mit zwanglosem Ambiente und Kerzenlicht die Regel sind. Günstigere Kost gibt's im „Gringo-Gastro-Ghetto" an der Adelita gleich hinter der Playa Madera (S. 600). Allerdings hat die Hälfte der dortigen Lokale von Mai bis November geschlossen.

Patio Mexica
FRÜHSTÜCK **$**

(☎ Handy 755-1167211; www.patiomexica.com; Adelita 32, Colonia La Madera; Hauptgerichte 40–80 Mex$; ⊙ Sept.–April Mo–Sa 9–14 Uhr; ☎) In diesem lässigen Frühstückslokal kann man den sonnigen Tag ganz wunderbar mit einem Kürbisblüten-Omelett und anderen mexikanischen Leckereien beginnen. Inhaberin dieses Restaurants ist Mónica Durán Pérez von der Patio Mexica Cooking School (S. 601).

Restaurant El Arrayan
GRILL **$$**

(☎ 755-112-11-93; www.facebook.com/restaurateel arrayan; Adelita 41, Colonia La Madera; ⊙ Juni–Okt. Do–Sa 8.30–21 Uhr, Nov.–Mai Mo–Sa 8.30–21 Uhr; ☎) Grillmeister Mauricio Cancino bereitet an seinem Stand am Straßenrand frischen Fisch (meistens Thunfisch oder Goldmakrele mit Grillgemüse) zu, den er mit einer köstlichen Sauce aus Guajillo-Chili und Knoblauch serviert. Auf der Speisekarte stehen auch Gerichte wie gegrilltes Steak, aber der Fang des Tages ist mit Abstand die beste Wahl.

Las Adelitas
MEXIKANISCH **$$**

(☎ Handy 755-5593517; Adelita 6; Frühstück 40–60 Mex$, Mittag- & Abendessen 60–200 Mex$; ⊙ Mai–Okt. Mo–Sa 8–16 Uhr, Nov.–April 8–22 Uhr;

⊛) Bezauberndes Frühstücks- und Mittagscafé an einer kleinen Plaza mit Tischen im Freien. Morgens kommen die treuen Stammkunden wegen der *chilaquiles* (Tortilla-Streifen in Salsa) und Omeletts, mittags wegen der *tortas* (Sandwiches), der *chiles rellenos* (gefüllte Chilis) und des gebratenen oder gegrillten Fischs. In der Touristensaison gibt's zusätzlich Abendessen mit einem prima Preis-Leistungs-Verhältnis.

Paty's Marimar   MEXIKANISCH $$

(☎755-544-22-13; www.patys-marymar.com; Playa La Ropa; Hauptgerichte 100–260 Mex$; ⊕7–22 Uhr; ⊛; 🖩 Playa La Ropa) Das Paty's am Hauptzugang zur Playa La Ropa (S. 600) serviert gegrillten Tintenfisch, Schnapper, in Tequila sautierte Shrimps, schmackhafte Suppen, Salate, Omeletts und Säfte. Man sitzt unter Stroh-Leinen-Sonnenschirmen im Sand, und in den Palmen baumeln Rattanlampen.

Rufo's Grill   PARRILLA $$

(☎755-120-54-94; www.facebook.com/rufosgrill; Adelita 32A, Colonia La Madera; Hauptgerichte 100–220 Mex$; ⊕Sept.–Mai Mo–Sa 17–23 Uhr; ⊛) Das unprätentiöse Ecklokal mit seiner betonierten Terrasse und dem mit Weihnachtsbeleuchtung geschmückten Bambusdach ist seit eh und je bei langzeiturlaubenden Gringos beliebt. Auf der Speisekarte stehen extrem leckeres Grillfleisch und in Kräutern und Olivenöl marinierte Shrimps. Köstlich gegrilltes Gemüse – rote Paprika, Karotten, Zucchini, Auberginen und Pilze – wird zu jedem Hauptgericht serviert.

Bistro del Mar   FUSION $$$

(☎755-554-83-33; www.bistrodelmar.com; López Mateos s/n, Playa La Madera, Hauptgerichte 190–290 Mex$; ⊕8–22.30 Uhr; ⊛) Mit seinem auffälligen Segeldach über kerzenbeleuchteten Tischen und seiner Fusion-Küche aus lateinamerikanischen, europäischen und asiatischen Kochstilen ist dieses Strandbistro ein romantisches Paradies. Serviert werden hauptsächlich außerordentlich kreativ zubereitete Fischgerichte, u.a. köstliche Goldmakrelen und Thunfisch-Sashimi (oder der Fang des Tages). Auch die Hausweine sind überdurchschnittlich gut.

La Gula   FUSION $$$

(☎755-554-83-96; www.restaurantelagula.com; Adelita 8; Hauptgerichte 160–260 Mex$; ⊕Nov.–April Mo–Sa 17–22 Uhr; ⊛) Dieses Restaurant punktet mit seinen wunderschön präsentierten kreativen Speisen. Die Gerichte haben Namen wie *manjar mestizo* (mit Mais,

Trüffeln und Kürbisblüten gefüllte Auberginen-Ravioli) und *negrito de zihua* (sautierter Thunfisch mit zehn Gewürzen). Auf der luftigen Terrasse im Obergeschoss herrscht eine nette Atmosphäre.

Il Mare   ITALIENISCH, SEAFOOD $$$

(☎755-554-90-67; www.ilmareristorante.com; Carretera Escénica 105; Hauptgerichte 155–385 Mex$; ⊕Mo–Sa 12–23, So 16–23 Uhr, Mai–Okt. Di geschl.; ⊛) Romantischer Italiener mit grandiosem Blick aus der Vogelperspektive auf die Bucht. Das Il Mare ist bekannt für mediterrane Pasta und Seafood-Spezialitäten, u.a. Linguini mit frischen Muscheln in Knoblauch-Wein-Sauce. Und wie wär's dazu mit einem leckeren Tropfen aus Spanien, Italien, Frankreich oder Argentinien?

La Perla   SEAFOOD $$$

(☎755-554-27-00; www.laperlarestaurant.net; Playa La Ropa; Hauptgerichte 120–240 Mex$; ⊕10–22 Uhr; ⊛; 🖩 Playa La Ropa) Direkt an der Playa La Ropa (S. 600) steht dieser noble Pavillon mit dunkler Holzeinrichtung und etwas unpassenden Bierkühlern mit NFL-Werbelogo. Zu den Highlights gehören gegrillter Tintenfisch, sautierte Thunfischsteaks (auf Wunsch noch fast roh), ganze gegrillte Fische und Tacos mit bergeweise Shrimps, Hummer und Huhn. Nach dem Essen können die Gäste so lange auf Strandliegen relaxen, wie sie wollen.

🍷 Ausgehen & Nachtleben

Im Zentrum gibt's ein paar Bars mit Double Time bei Bier und Margaritas. Am Wochenende sind mancherorts auch Livemusik und hämmernde Bass-Sounds zu hören. Größtenteils herrscht in Zihua jedoch ein erdiger und entspannter Vibe.

Malagua   BAR

(☎755-554-42-91; www.facebook.com/malagua-1376149592406803; Paseo del Pescador 20; ⊕Mi–So 19–2 Uhr; ⊛) Freundliche Nachbarschaftskneipe mit importierten und mexikanischen Craft-Bieren. Ein netter Ort, um mit Einheimischen ins Gespräch zu kommen! Die gute Musikauswahl verleiht der Bar mit Ventilator an der Decke ein bisschen Flair.

Andy's Bar   BAR

(☎Handy 755-5593349; Guerrero 6; ⊕Do–Di 19–2 Uhr) Das mit zwei Räumen und einer Tanzfläche könnte theoretisch von Andy Dufresne (bekannt durch *Die Verurteilten*) höchstpersönlich eröffnet worden sein. Es gibt Bildschirme, auf denen Sport läuft, und eine Karaoke-Anlage. An den Wochenenden ist hier Hochbetrieb. Da es keine Sitzmöglichkeiten im Freien gibt, ist die Luft im hinteren Raum zu später Stunde oft recht stickig.

Temptation
NACHTCLUB
(🖥 Handy 7551049998; Ecke Bravo & Guerrero; ☺ Do–So 21–6 Uhr; 🍸) Mit seiner erhöhten Tanzfläche (von unten beleuchtet) und seiner schicken Bar in der Mitte erinnert das Temptation an die Borddisco eines Kreuzfahrtschiffs. Unter der obligatorischen Diskokugel findet man hier Separees mit rotem Vinylbezug. Über das Erd- und Zwischengeschoss verteilen sich noch weitere Sitzgelegenheiten. Die DJs legen Salsa, Electro, Reggae, *cumbia* (kolumbianische Tanzmusik) und *merengue* (Tanzmusik aus der Dominikanischen Republik) auf.

☆ Unterhaltung

★ Loot
LIVEMUSIK
(📞 755-544-60-38; www.loot.mx; Playa La Ropa 55; ☺ Mo–Sa 8–23 Uhr; 🚌 Playa La Ropa) Die Hipster-Zentrale Loot bietet von jedem etwas: Brunch im Café im Untergeschoss, Kunstausstellungen im Obergeschoss und Abendessen und Drinks in der Bar auf der Dachterrasse. Hier finden mitunter die besten *fiestas* der ganzen Stadt statt: mit Live-Veranstaltungen wie Tanzpartys, Konzerten und Kunstfestivals.

🛍 Shoppen

In Zihua kann man überall mexikanisches Kunsthandwerk kaufen, u. a Keramik, Kleidung, Lederarbeiten, Taxco-Silber, Holzschnitzereien und Masken aus Guerrero. In der Hauptsaison (Dez.–März) haben die meisten Läden auch sonntags geöffnet.

Café Caracol
ESSEN & TRINKEN
(📞 Handy 755-5574219; www.cafecaracol.com.mx; Álvarez 15; ☺ 8–21 Uhr) Dieser Laden mit vier Filialen verkauft köstlichen Bio-Kaffee aus Guerrero sowie Vanille und Honig.

El Embarcadero
BEKLEIDUNG
(📞 755-554-23-73; nataliakrebs@yahoo.com.mx; Álvarez 21A; ☺ Mo–Sa 10–20 Uhr) Stickarbeiten, Textilien und Kleidung aus handgewebten Stoffen aus den Bundesstaaten Guerrero, Oaxaca, Michoacán und Nachbarstaaten.

Alberto's
SCHMUCK
(📞 755-554-21-61; albertos@albertos.com.mx; Cuauhtémoc 15; ☺ Mo–Sa 9–20 Uhr) Ein paar Lä-

den an der Cuauhtémoc verkaufen Silber aus Taxco, einer Stadt, die für ihr qualitativ gutes Kunsthandwerk berühmt ist. Dieser Juwelier führt ein paar der schönsten und originellsten Stücke.

El Jumil
KUNST & KUNSTHANDWERK
(📞 755-554-61-91; Paseo del Pescador 9; ☺ Mo–Sa 10–20 Uhr, Dez.–April auch So) Spezialisiert auf Guerreros bekannte traditionelle Masken.

Mercado de Artesanías
MARKT
(5 de Mayo s/n; ☺ 9–20 Uhr) Viele Verkaufsstände mit Bekleidung, Taschen, Kunsthandwerk und Krimskrams.

❶ Praktische Informationen

Hospital General (📞 755-554-36-50; Ecke Morelos & Mar Egeo; ☺ 24 Std.) Auf halber Strecke zwischen Zentrum und Busbahnhof.

Post (📞 755-554-21-92; www.correosdemexi co.com.mx; Carteros s/n; ☺ Mo–Fr 8–16.30, Sa 9–13 Uhr) Neben dem großen blau-gelben Coppel-Kaufhaus abseits der Morelos.

Touristeninformation (📞 755-555-07-00, App. 224; www.ixtapa-zihuatanejo.com; Paseo del Pescador s/n, Muelle Municipal; ☺ 8–16 Uhr) Nützliches Büro im Terminal Marítima am unteren Ende des Piers. Stadtpläne und Broschüren sind hier auch dann erhältlich, wenn gerade kein Personal anwesend ist.

❶ An- & Weiterreise

AUTO & MOTORRAD
Am Flughafen gibt es mehrere Autovermieter. Leihwagen kosten pro Tag inklusive Haftpflichtversicherung ab ca. 600 Mex$.

Alamo (📞 755-553-71-47; www.alamo.com.mx/ en; ☺ Mo–Sa 9–19 Uhr)

Europcar (📞 755-553-71-58; www.europcar. com.mx; ☺ 9–18 Uhr)

Hertz (📞 755-553-73-10; https://hertzmexico. com; ☺ Mo–Do & Sa 9–18, Fr & So 9–21 Uhr)

BUS
Die beiden Fernbusbahnhöfe befinden sich am Hwy 200 (Paseo de Zihuatanejo), ca. 2 km nordöstlich des Zentrums (in Richtung Flughafen). Der Hauptbusbahnhof Central de Autobuses, der auch als **Estrella Blanca** (Central de Autobuses; 📞 800-507-55-00; www.estrellablanca.com.mx; Paseo de Zihuatanejo Oriente 421; 🚌 La Correa) bekannt ist, befindet sich direkt neben dem kleineren **Estrella de Oro** (📞 755-554-21-75; www. estrelladeoro.com.mx; Paseo de Zihuatanejo s/n; 🚌 La Correa) (EDO). Busse nach La Unión und Petatlán (mit Anschluss nach Troncones bzw. Barra de Potosí) starten häufig an dem kleinen **Busbahnhof** (Las Palmas s/n) einen Block südlich des städtischen Markts (S. 605).

ZIEL	PREIS (MEX$)	DAUER (STD.)	HÄUFIGKEIT (TGL.)
Acapulco	195–248	4–5	9-mal EDO
Lázaro Cárdenas	74–118	1½–2	häufig EDO
Manzanillo	695	9	20 Uhr Hauptbus-bahnhof
Mexico City	723–812	8–10	4-mal EDO, 7-mal Haupt-busbahnhof
Morelia	570–585	5–6	4-mal Hauptbusbahnhof (abends)
Puerto Vallarta	989–1069	14–14½	2-mal Hauptbusbahnhof (abends)

Seitlich: **ZENTRALE PAZIFIKKÜSTE** BARRA DE POTOSÍ

FLUGZEUG

Der **Ixtapa/Zihuatanejo International Airport** (ZIH; ☏ 755-554-20-70; www.oma.aero/en/airports/zihuatanejo; Hwy 200 s/n) liegt 12 km südöstlich von Zihuatanejo, ein paar Kilometer abseits des Hwy 200 in Richtung Acapulco. Es gibt Direktverbindungen in die USA und in der Hauptsaison auch nach Kanada.

Außerdem werden diverse Inlandsziele von den folgenden Fluggesellschaften bedient:
➨ Mexico City – Aeromar, Aeroméxico, Interjet, VivaAerobús, Volaris
➨ Monterrey – Magnicharters
➨ Querétaro – TAR

ⓘ Unterwegs vor Ort

BUS & COLECTIVO

Um von Zihuas Fernbusbahnhöfen ins Zentrum von Zihua oder Ixtapa zu kommen, nimmt man direkt gegenüber vom Hauptbusbahnhof einfach die Fußgängerbrücke über den Hwy 200. Busse ins Zentrum von Zihua und Ixtapa halten direkt westlich der Brücke

Um von Zihuas Zentrum zu den Busbahnhöfen zu kommen, nimmt man Busse mit der Kennzeichnung **La Correa** (Ecke Nava & Juárez; 8 Mex$; ◷ 6–22 Uhr) (8 Mex$, 10 Min.), die zwischen 6 und 22 Uhr regelmäßig an der Ecke Nava und Juárez abfahren. Ixtapa erreicht man von Zihuatanejo Centro mit einem der **Busse** (Morelos s/n; 12 Mex$; ◷ 6–22 Uhr) (15 Min.), die an der Ecke Morelos und Juárez starten.

Playa La Ropa-Busse (Juárez s/n; 12 Mex$; ◷ 7–18 Uhr, alle 30 Min.) fahren über die Juárez nach Süden bis zur Playa La Ropa (S. 600).

„Coacoyul"-colectivos zur Playa Larga und zum Flughafen (S. 609) starten zwischen 6.30 und 20 Uhr alle 15 Minuten in der Juárez nahe der Ecke mit der González (14 Mex$, 15 Min.).

ZUM/VOM FLUGHAFEN

Die preiswerteste Möglichkeit für Fahrten vom und zum Flughafen (S. 609) sind die öffentlichen „Aeropuerto"-**colectivos** (Juárez s/n; 14 Mex$; ◷ 6.30–20 Uhr). Sie starten zwischen 6.30 und 20 Uhr an der Juárez in der Nähe der González, halten unterwegs an vielen Stellen und setzen die Passagiere direkt am Flughafeneingang ab. Eine praktischere und schnellere Option für Neuankömmlinge sind *colectivo*-Taxis, die vom Ankunftsbereich nach Ixtapa oder Zihua fahren (135 Mex$/Pers.). Privattaxis in die Stadt kosten zwischen 400 und 460 Mex$, von Zihuatanejo zurück zwischen 180 und 250 Mex$.

TAXI

In Zihuatanejo fahren viele Taxis. Die Preise von einem **Taxistand** (☏ 755-554-33-11; Ecke Juárez & González; ◷ 24 Std.) im Zentrum von Zihua betragen 75 Mex$ nach Ixtapa, 45 bis 70 Mex$ zur **Playa La Ropa** (S. 600), 90 Mex$ zur **Playa Larga** (⌑ Coacoyul), 180 bis 250 Mex$ zum **Flughafen** (S. 609) und 30 Mex$ zu den Bus-bahnhöfen. Taxis mit Klimaanlage sind teurer.

Barra de Potosí

☏ 755 / 396 EW.

Etwa 26 km südöstlich von Zihuatanejo liegt am äußersten Ende des endlos erscheinenden, palmengesäumten weißen Sandstrands Playa Larga das kleine Fischerdorf Barra de Potosí an der Mündung der brackigen **Laguna de Potosí**. Diese ca. 6,5 km lange Salzlagune ist die Heimat von unzähligen Vögeln, u.a. Reiher, Eisvögel, Kormorane und Pelikane. Da es in dem Dorf zum Glück nicht ein einziges Resorthotel gibt, verspricht der Ort mit seinen freundlichen Bewohnern einen wunderbar erholsamen Aufenthalt.

◉ Sehenswertes

El Refugio de Potosí   NATURSCHUTZGEBIET
(☏ Handy 755-5572840; www.elrefugiodepotosi.org; Colonia Playa Blanca s/n) ◪ In dem Natur-zentrum werden verletzte Wildtiere gesund

gepflegt, Schmetterlinge und Papageien gezüchtet und umweltrelevante Bildungsprogramme in den örtlichen Schulen durchgeführt. Auf dem Gelände finden sich Aras, Leguane und das beeindruckende 18 m lange Skelett eines Pottwals. Wer an einem Besuch interessiert ist, sollte vorher per E-Mail Kontakt mit dem Zentrum aufnehmen. Es liegt vom Strand landeinwärts etwa 3,5 km nördlich der Stadt.

👉 Geführte Touren

So ziemlich jede Fischerfamilie, die im Dorf eine *enramada* (strohgedecktes Freiluftrestaurant) besitzt, bietet zum Standardpreis von 300 Mex$ 90-minütige Bootsfahrten durch die Lagune an. Unterwegs trifft man bestimmt das eine oder andere Krokodil. **Paradise Bird Tours** (Eco Tours Cheli's Oregón; ☑ Handy 755-1306829; www.facebook.com/araceli.oregonsalas; Barra de Potosí-Achotes s/n; Vogelbeobachtungstour 350 Mex$, Schnorcheln 2000 Mex$, Angeln 4500 Mex$) mit Sitz im Restaurante Rosita ist eine gute Wahl; die Schnorcheltouren gehen u. a. zu den beeindruckenden **Morros de Potosí**. Diese massive, von Guano bedeckte Felsformation liegt etwa 20 Minuten vor der Küste. Die Boote umrunden die Morros; unterwegs kann man die vielen hier nistenden Seevögel beobachten. Am Ende geht's dann zur ganz in der Nähe gelegenen **Playa Manzanillo**, wo man wunderbar schnorcheln kann.

🛏 Schlafen & Essen

⭐ Casa del Encanto   B&B $$
(☑ Handy 755-1246122; www.lacasadelencanto.com; Rodríguez s/n; DZ inkl. Frühstück 70–100 US$; 🌐🛜) 🅿 Nichts kann den unkonventionellen Charme dieses magischen Orts toppen, an dem man einen guten Einblick in das Leben der hiesigen Gemeinde erhält. Das B&B bietet leuchtend bunte Open-Air-Räume, Hängematten, Springbrunnen und von Kerzen beleuchtete Treppenaufgänge. Inhaberin Laura ist eine hervorragende Informationsquelle. Sie hat viele Jahre lang Freiwillige aus aller Welt hierher gebracht, die mit den Kindern aus der Nachbarschaft gearbeitet haben. Die Unterkunft liegt in einer Wohnstraße ca. 300 m vom Strand landeinwärts. In der Nachsaison sind die Preise verhandelbar; bei längeren Aufenthalten gibt's anständig Rabatt. In der Hauptsaison kommt man vielleicht in den Genuss einer mit regionalen Zutaten belegten Pizza aus dem Lehmziegelofen.

La Condesa   SEAFOOD $$
(☑ Handy 755-1203128; Barra de Potosí-Achotes s/n; Hauptgerichte 80–140 Mex$; ⊙ 9–18 Uhr) Die nördlichste der *enramadas* am Strand ist eine der besten. Besonders empfehlenswert sind die beiden lokalen Spezialitäten *pescado a la talla* (gegrillter Fisch) und *tiritas* (rohe Fischstreifen in einer Marinade aus roten Zwiebeln, Zitrone oder Limette und Chilis). Je nach Saison gibt's auch schmackhafte *abulón* (Seeohren).

ℹ An- & Weiterreise

Ab Zihua folgen Selbstfahrer dem Hwy 200 südostwärts Richtung Acapulco und nehmen in Los Achotes die Abzweigung nach Barra de Potosí (9 km).

Eine Anreise mit öffentlichen Verkehrsmitteln ist von Zihua aus ebenfalls möglich. Dazu muss man zunächst am marktnahen Terminal oder vor den Hauptbusbahnhöfen in einen Bus nach Petatlán steigen und den Fahrer bitten, einen an der *crucero* (Abzweigung; 19 Mex$, 30 Min.) nach Barra abzusetzen. Von dort aus geht's dann per *camioneta* (Pick-up; 15 Mex$, 20 Min.) zum Dorf.

Außerdem fahren *colectivos* vom Flughafen Ixtapa/Zihuatanejo (S. 609) direkt nach Barra (14 Mex$, 30 Min.).

Soledad de Maciel

☑ 758 / 385 EW.

Das winzige Dorf Soledad de Maciel wird von Einheimischen kurz „La Chole" genannt. Es liegt auf den Ruinen der größten und bedeutendsten archäologischen Stätte von Guerrero. Seit dem Beginn intensiver Ausgrabungen im Jahr 2007 haben Archäologen eine Plaza, einen Ballspielplatz und drei Pyramiden entdeckt. Auf einer der Pyramiden thronten einst fünf Tempel. Die Bauten stammen alle von vorkolonialen Kulturen wie den Tepoztecos, Cuitlatecos und Tomiles. Ein Museum beherbergt drei Räume mit vielen Artefakten und Exponaten, die mit spanischsprachigen Infotafeln beschildert sind.

🔴 Sehenswertes

Museo de Sitio Xihuacan   MUSEUM
(☑ Handy 758-1043188; www.inah.gob.mx/es/red-de-museos/309-museo-de-sitio-de-la-zona-arqueologica-de-soledad-maciel-o-museo-de-sitio-xihuacan; Abzweigung vom Hwy 200 bei Km 214; empfohlene Spende 10 Mex$, Führung 100 Mex$; ⊙ Di–So 8–16 Uhr) Das Museum in der Nähe der archäologischen Stätte in Soledad de

Maciel hat drei Räume voller Exponate, die auf Spanisch beschriftet sind und die archäologischen Funde in einen größeren historischen Kontext setzen. Eines der neuesten Ausstellungsstücke ist ein Stein mit eingravierten Schriftzeichen, die für den Stadtnamen in später vorkolonialer Zeit stehen: Xihuacan. Adán Velez, ein Guide aus der Gegend, hat viele der im Museum ausgestellten Artefakte gefunden.

ⓘ An- & Weiterreise

Soledad de Maciel liegt abseits des Hwy 200, rund 33 km südöstlich von Zihuatanejo. Von der deutlich beschilderten Abzweigung bei Km 214 führt eine Straße zum **Museum** an der Küste (4 km); von dort sind es noch einmal 1000 m bis zum Dorf mit der Ausgrabungsstätte.

Alle Busse nach Petatlán oder Acapulco im Süden halten auf Wunsch an der Abzweigung nach „La Chole", wo *camionetas* (Pick-up; 10 Mex$) zum Dorf starten.

Pie de la Cuesta

♪ 744 / 773 E W.

Nur 10 km von Acapulco entfernt wartet dieser so ruhige wie urige Küstenort mit ein paar Pensionen und Seafood-Restaurants auf. Bekannt ist Pie de la Cuesta jedoch für eine ungewöhnliche Kombination: Hier gibt's blutrote Sonnenaufgänge über einer großen Süßwasserlagune zu sehen, während spektakuläre Sonnenuntergänge vom langen Strand aus bewundert werden können. Grund dafür ist die Lage des Orts auf einem schmalen Landstreifen zwischen dem Pazifik und der Laguna de Coyuca. In der Lagune liegen mehrere Inseln (u. a. das Vogelschutzgebiet **Isla Pájaros**), und sie diente einst als Drehort für Teile von *Rambo II – Der Auftrag*.

Im Vergleich zu Acapulco ist Pie de la Cuesta deutlich ruhiger, sicherer, günstiger und naturnaher. Trotzdem liegen die Sehenswürdigkeiten und Nightlife-Spots der Großstadt in angenehmer Reichweite.

🏃 Aktivitäten

Die Brandung an der schroffen, steilen Küste eignet sich sehr gut zum Bodysurfen. Im Dezember aber, wenn die Wellen über 3 m hoch sind, wird dieser Ort zum Surfertreff. Wegen der Strömung und der hohen Wellen ist es nicht ungefährlich, hier zu baden.

Reitausflüge am Strand kosten um die 200 Mex$ pro Stunde. Man kann sie im Ho-

tel oder direkt bei den Gauchos am Strand buchen.

Wassersport

Beliebte Freizeitaktivitäten in der Lagune sind Wasserskifahren und Wakeboarden. An der Hauptstraße sind mehrere Wasserskiclubs ansässig, die alle zwischen 900 und 1000 Mex$ pro Stunde berechnen. Dazu gehört der Club de Ski Cadena.

Mehrere Anbieter organisieren Bootstouren durch die Lagune. An der Hauptstraße und unten an der Bootsrampe am Südostende der Lagune warten ungeduldige Kapitäne auf Kunden.

Club de Ski Cadena   WASSERSPORT

(☑Handy 744-1598503; clubdeskicadena@gmail. com;AvFuerzaAéreaMexicanas/n;Touren900 Mex$/ Std.) Im Angebot sind Wasserskifahren und Wakeboarden sowie Bootstouren in der Lagune mit Zwischenstopps an zwei Inseln. Der Englisch sprechende Inhaber Fernando weiß viel über die hiesige Vogelwelt und vermietet auch recht ordentliche Budgetzimmer (600–800 Mex$) mit Sonnenterrasse direkt an der Lagune. Cadena ist ein sehr viel freundlicherer Veranstalter als die Konkurrenz nebenan.

🛏 Schlafen

Baxar   BOUTIQUEHOTEL **$$**

(☑744-460-25-02; www.baxar.com.mx; Av Fuerza Aérea Mexicana 356; Zi. inkl. Frühstück 1533 Mex$, Suite inkl. Frühstück 2624–3060 Mex$; P ➜ ❄ 🛜 🛏) Das beliebte rosafarbene Wochenendrefugium animiert zum lässigen Barfußlaufen. Die hübschen Zimmer verfügen über tiefer liegende Sitzbereiche, geschmackvolle Rattanlampenschirme, Moskitonetze und andere nette, kleine Details. Im Preis enthalten ist die Benutzung von Kajaks; SUPs können ausgeliehen werden.

Quinta Erika   B&B **$$**

(☑744-444-41-31; www.quintaerika.com; Carretera Barra de Coyuca, Km 8,5; DZ/Bungalow inkl. Frühstück 55/120 US$; P ➜ 🛜 🛏 ; 🖥 Playa Luces) Rund 8 km westlich der Highwaykreuzung versteckt sich diese dschungelartige Unterkunft auf einem schön gestalteten Gelände (2 ha) am Ufer der Lagune. Zwischen Palmen und tropischen Obstbäumen gibt's hier sechs farbenfrohe Zimmer plus einen Bungalow – jeweils geschmackvoll mit handgezimmerten Möbeln und traditionellem Kunsthandwerk eingerichtet. Ebenso überzeugend sind die Leihkajaks, der witzig de-

ZENTRALE PAZIFIKKÜSTE PIE DE LA CUESTA

korierte Pool und der Bootsanleger mit Blick auf die Lagune. Im Obergeschoss befindet sich ein Aufenthaltsbereich.

Das B & B liegt ca. 1 km hinter der letzten Bushaltestelle in Playa Luces.

Hacienda Vayma Beach Club HOTEL $$
(☎744-460-28-82; www.vayma.com.mx; Av Fuerza Aérea Mexicana 378; Zi. 1102–1218 Mex$, Suite 2320 Mex$; ) Das ruhige Hotel im Stil einer Ranch ist hübsch mit schwarzweißen Holzelementen eingerichtet. Neben einem Strand mit privaten *cabañas* (Hütten) und Liegestühlen in Doppelbreite gibt es einen großen Pool mit Schwimm-Bar. Das Zimmerspektrum reicht von rustikalen Strandhütten bis hin zu klimatisierten Suiten mit Jacuzzi. Man muss nicht im Hotel übernachten, um die an den Wochenenden bis 23 Uhr geöffnete Bar zu besuchen.

A&V Hotel Boutique BOUTIQUEHOTEL $$$
(☎744-444-43-29; www.avhotelboutique.com; Av Fuerza Aérea Mexicana, Km 6,2, Colonia Luces en el Mar; Zi. 1600–2400 Mex$; ⊛❄🔊; ♿Playa Luces) Die elf ultragemütlichen Zimmer haben alle erdige Design-Elemente wie mit Palmenblättern verkleidete Wände, Rattenlampenschirme und Fußböden aus Kiefernholz. Die meisten haben darüber hinaus einen Privatbalkon mit Blick auf den ungewöhnlich geformten Pool und das hauseigene Restaurant. Der Restaurantbesuch lohnt sich auch, wenn man nicht hier wohnt.

✖ Essen

Dank unzähliger Strandrestaurants dürfte es kein Problem sein, an einen Garnelencocktail und ein kaltes Bier zu kommen.

Chepina SEAFOOD $$
(☎744-460-25-02; www.baxar.com.mx; Av Fuerza Aérea Mexicana 356; Hauptgerichte 80–200 Mex$; ⊗8–22 Uhr; 🔊) Das knallrosa Bistro am Strand serviert gängige Gerichte wie *ceviche*, *cócteles* (Cocktails) und Fisch-Tacos sowie Shrimps und gedünstetes Gemüse in *taquitos* (knusprige, aus Maismehl gebackene Tortilla-Rollen). Alle Gerichte kommen nett angerichtet aus der Küche und sind wirklich schmackhaft. Das Chepina befindet sich im Hotel Baxar.

Mar de Fondo FUSION $$$
(☎744-444-43-29; www.avhotelboutique.com; Av Fuerza Aérea Mexicana, Km 6,2, Colonia Luces en el Mar; Hauptgerichte 180–240 Mex$; ⊗Di–So 9–20 Uhr; 🅿; ♿Playa Luces) Keine Lust mehr auf Fisch und Seafood? Dann ist das Restaurant

im A&V Hotel Boutique genau das Richtige. Hier bekommt man hausgemachte Pasta und Lasagne, Speisen aus der Region Oaxaca und süße Leckereien wie Apfelstrudel. Außerdem gibt es diverse Fischgerichte, die man anderswo in der Stadt nicht findet, was auch auf die in der Restaurantbar angebotenen Cocktails zutrifft.

❶ Praktische Informationen

Pie de la Cuesta erstreckt sich zwischen Lagune und Strand entlang der langen Hauptstraße (Av Fuerza Aérea Mexicana bzw. Calzada Pie de la Cuesta), die vorbei an einem Luftwaffenstützpunkt zur Playa Luces führt.

❶ An- & Weiterreise

In Acapulco starten Busse mit der Aufschrift „Pie de la Cuesta" (S. 623) in der Av Costera gegenüber der Post (8 Mex$, 6–21 Uhr, alle 15 Min.). Je nach Verkehrslage dauert die Fahrt zwischen 30 und 90 Minuten, an manchen Tagen steht man ewig im Stau.

Busse mit der Kennzeichnung „Pie de la Cuesta–San Isidro" oder „Pie de la Cuesta–Pedregoso" halten beim Eingangsbogen am Hwy 200, von wo es noch ein paar Schritte bis in den Ort sind. Praktischer sind die „Pie de la Cuesta–Playa Luces"-Busse, die vom Highway abbiegen und der Hauptstraße quer durch Pie de la Cuesta zur Playa Luces folgen.

Die Taxifahrt von Acapulco kostet – je nach Verhandlungsgeschick – zwischen 200 und 400 Mex$.

Acapulco
☎744 / 789 971 EW.

Mexikos allererste Partystadt ist wirklich traumhaft gelegen. Vor Hügeln mit grünem Urwald grenzen hohe Klippen an breite oder auch kleine, lauschige Buchten mit Sandstränden. Die „Perle des Pazifiks", wie Acapulco in ihrer Blütezeit genannt wurde, war damals Tummelplatz der Reichen und Berühmten, darunter Frank Sinatra, Elvis Presley und Elizabeth Taylor.

Acapulco ist heute so prachtvoll wie eh und je, wenn auch übermäßig erschlossen. Zudem hat der Ruf der Stadt durch die jahrelangen Drogenkriege stark gelitten, und die Zahl der Besucher aus aller Welt ist stark zurückgegangen. Doch trotz erschreckend hoher Mordraten beschränkt sich die Gewalt größtenteils auf Konflikte zwischen rivalisierenden Banden, sodass die Stadt noch immer verhältnismäßig sicher ist. Außerdem bietet sie jede Menge Atmosphäre und Charme, romantische Restaurants an den Klippen, ein beeindruckendes Fort aus dem 17. Jh., einen botanischen Garten von Weltklasse, Klippenspringer und in der Altstadt einen schattigen *zócalo* (Hauptplatz). Und wer genug von den Menschenmassen hat, findet in nächster Nähe abgeschiedene Strände wie den von Pie de la Cuesta.

ℹ️ Orientierung

Acapulco liegt am Rand der 11 km langen Bahía de Acapulco (Bucht von Acapulco). Im Westen erstreckt sich die Altstadt rund um die Kathedrale (S. 615) und den angrenzenden *zócalo* (S. 615). Acapulco Dorado säumt die Bucht ostwärts zwischen den Playas Hornos (S. 615) und Icacos (S. 615). Das neuere Luxusresort Acapulco Diamante liegt südöstlich der eigentlichen Stadt in Flughafennähe.

Die Hauptuferstraße namens Av Costera Miguel Alemán (alias La Costera) verläuft entlang der gesamten Bucht. Hinter dem Marinestützpunkt wird sie zur Carretera Escénica und führt über die Landzunge hinweg in Richtung Diamante bzw. Flughafen.

🔴 Sehenswertes

Die meisten Hotels, Restaurants, Diskos und Attraktionen der Stadt konzentrieren sich auf den Bereich der Av Costera – insbesondere auf den Umkreis des zentralen Kreisverkehrs **La Diana** (Karte S. 620; Av Costera s/n). Von der Playa Caleta auf der Península de las Playas verläuft die Küstenstraße nordwärts in Richtung *zócalo*. In Richtung Osten passiert sie anschließend das schattige Parkgelände des großen Parque Papagayo (S. 613), der bei mexikanischen Familien sehr beliebt ist. Zum Schluss führt die Av Costera bis hinaus zur Playa Icacos (S. 615) und zum Marinestützpunkt am südöstlichen Rand der Bucht.

⭐ Clavadistas
de la Quebrada　　　　AUSSICHTSPUNKT
(Karte S. 616; ☎744-483-14-00; cpqaca@prodi gy.net.mx; Plazoleta La Quebrada s/n; Erw./Kind 40/15 Mex$; ⏱ Shows 13, 19.30, 20.30, 21.30 & 22.30 Uhr; 🚌 Caleta) Die Klippenspringer von La Quebrada faszinieren ihr Publikum seit 1934 und sind Acapulcos berühmteste Touristenattraktion. Furchtlos und kunstvoll stürzen sie sich aus 25 bis 35 m Höhe in eine schmale Meeresbucht. Die Männer treten meist zu sechst an und absolvieren den letzten Sprung des Tages mit Fackeln in den Händen. Für ihre wagemutige Show (jeweils ca. 20 Min.) verdienen sie ein anständiges

Trinkgeld! Gäste der Restaurantbar La Perla genießen von oben einen tollen (aber auch teuren) Ausblick auf die Springer.

⭐ Exekatlkalli　　　　ÖFFENTLICHE KUNST
(Haus der Winde; Karte S. 616; Inalámbrica 8; 🚌 Caleta) Als die berühmte mexikanische Kunstsammlerin Dolores „Lola" Olmedo 1956 im Urlaub war, beschloss der todkranke Diego Rivera, den Eingang der Villa seiner Freundin, Muse und Geliebten mit spektakulär verschlungenen Wandmosaiken zu schmücken – ein recht unerwarteter Anblick in dieser ruhigen, an einem Hügel gelegenen Straße. Es gibt seit längerer Zeit Pläne, aus diesem Haus mit Studio ein Kulturzentrum/ Museum zu machen.

La Capilla de la Paz　　　　KAPELLE
(Friedenskapelle; ☎744-446-54-58; Vientos Cardinales s/n, Alto Las Brisas; ⏱10–18 Uhr) GRATIS Ein ruhiger Ort zum Nachdenken. Die luftige Nur-Dach-Kapelle aus den 1970er-Jahren steht hoch oben auf einem Hügel über Acapulco inmitten schöner Gärten und bietet einen umwerfenden Blick aufs Meer. Trotz des riesengroßen weißen Kreuzes, das kilometerweit zu sehen ist, ist diese Kirche nicht konfessionsgebunden. Hier ist jeder willkommen, was wohl auch die Skulptur von gefalteten Händen im Garten zum Ausdruck bringen soll. Da die Stätte umzäunt und bewacht ist, muss man sich am Eingang eventuell ausweisen.

Fuerte de San Diego　　　　FESTUNG
(Karte S. 620; ☎744-482-38-28; www.facebook. com/museohistoricodeacapulcofuertedesandiego; Hornitos s/n) GRATIS Seit 1616 thront diese wunderschön restaurierte Festung auf einem Hügel östlich des *zócalo*. Das fünfeckige Bollwerk schützte einst die spanischen *naos* (Galeonen) auf der Handelsroute zwischen den Philippinen und Mexiko vor englischen bzw. holländischen Freibeutern. Nach der Zerstörung durch ein Erdbeben (1776) wurde es wieder aufgebaut und blieb seitdem fast im Originalzustand erhalten. Hier ist zudem das hervorragende **Museo Histórico de Acapulco** (Karte S. 620; ☎744-482-38-28; www.facebook.com/museohistoricodeacapulco fuertedesandiego; Hornitos s/n; Eintritt 55 Mex$; ⏱ Di–So 9–18 Uhr; 🅿) ansässig.

Parque Papagayo　　　　PARK
(Karte S. 620; ☎744-486-14-14; www.facebook. com/parquepapagayoacapulcoepbs; Morín 1; ⏱6–20 Uhr; 🅿) GRATIS Der große schattige Kinderpark zwischen Morín und El Cano in der

Großraum Acapulco

Nähe der Playa Hornitos ist bei mexikanischen Familien sehr beliebt. Zu den Attraktionen gehören ein See mit Tretbooten, eine Bimmelbahn für Kinder, ein Restaurant mit Bar, ein Vogelhaus, ein kleiner Zoo und ein Streichelzoo. Der 1,2 km lange Weg eignet sich perfekt zum morgendlichen Joggen.

Isla de la Roqueta   INSEL
(☑755-410-97-07; www.yatesdeacapulco.com; Rundfahrt Boot 50 Mex$, Glasbodenboot 90 Mex$) Diese Insel mit einem beliebten (sprich: überfüllten) Strand bietet Möglichkeiten zum Schnorcheln und Tauchen. Besucher können u. a. Kajaks und Schnorchelausrüstung ausleihen. Von der Playa Caleta aus schippern Boote hierher (hin & zurück 60 Mex$, 8 Min., häufig). Außerdem brechen Glasbodenboote der Firma Yates Fondo Cristal vor Ort und am *zócalo* zu Rundfahrten auf. Dabei bewundert man neben den Villen von Prominenten auch Meerestiere und die **Virgen de los Mares** (Jungfrau der Meere; eine Marienstatue aus Bronze) auf dem Grund des Ozeans. Abhängig davon, wie oft schwimmende Händler unterwegs an die Bordwand heranpaddeln, dauert die Tour etwa 45 Minuten.

Jardín Botánico de Acapulco   GARTEN
(Karte S. 614; ☑744-446-52-52; www.acapulco botanico.org; Av Heróico Colegio Militar s/n, Cumbres de Llano Largo; Erw./Kind 30 Mex$/frei, So frei, Führung 50 Mex$/Pers.; ⊙9–18 Uhr) Der botanische Garten mit einer beeindruckenden Tier- und Pflanzenwelt liegt auf dem Campus einer jesuitischen Universität. Der gut ausgeschilderte Fußweg schlängelt sich von 204 bis auf 411 m Höhe über dem Meeresspiegel durch einen schattigen Tropenwald. Unterwegs laden viele Bänke zum Ausruhen und Genießen des Blumendufts ein. Der Garten liegt 1,2 km von der Hauptstraße zwischen Acapulco und Diamante entfernt. Sammeltaxis mit der Aufschrift „Base–Cumbres" starten an der Marinebasis Icacos und halten direkt vor dem Eingang.

Club de
Golf Acapulco

Miguel Alemán)

s. Karte Acapulco Dorado (S. 620)

La
Redonda

Horacio Nelson

Macrotúnel-
Eingang

Marine-
basis
Icacos

Playa
Guitarrón

Carretera Escénica

Acapulco Diamante
District (13 km);
Acapulco
International
(15 km)

Palladium

Jardín Botánico
de Acapulco

Zócalo
PLAZA
(Karte S. 616; Ecke Av Costera & Madero) Straßenkünstler, Mariachis, Straßencafés und manchmal auch Feste erwecken den schattigen *zócalo* in Acapulcos Altstadt jeden Abend zum Leben – vor allem sonntags, wenn sich hier viele mexikanische Großfamilien tummeln. Beherrscht wird der Platz von der 1930 erbauten Kathedrale **Nuestra Señora de la Soledad** (Karte S. 616; 744-483-05-63; www.facebook.com/catedral.soledad; Hidalgo s/n; Mo–Sa 7–20, So 6.30–21 Uhr) GRATIS mit ihrer blauen Kuppel und der außergewöhnlichen Architektur im neo-byzantinischen Stil.

Sinfonía del Mar
AUSSICHTSPUNKT
(Sinfonie des Meeres; Karte S. 614; Av López Mateos s/n) Die magische Sinfonía del Mar ist eine stufenförmige Plaza, auf der gelegentlich Konzerte stattfinden. Hauptsächlich kommen die Leute aber hierher, um den Sonnenuntergang zu genießen.

Strände
Acapulcos Strände stehen ganz oben auf der To-do-Liste der meisten Besucher. Die Strände, die vom *zócalo* in Richtung Osten um die Bucht verlaufen – **Playa Hornos** (Karte S. 620), **Playa Hornitos** (Karte S. 620), **Playa Condesa** (Karte S. 620) und **Playa Icacos** (Karte S. 620) – sind am beliebtesten. Am Westende der Playa Hornos liegt aber manchmal der Geruch von Fisch in der Luft, der von den morgendlichen Fängen der Fischer herüberweht. Das in den Himmel ragende Hotelviertel beginnt an der Playa Hornitos, an der Ostseite des Parque Papagayo, und erstreckt sich Richtung Osten. Auf der Av Costera fahren regelmäßig Stadtbusse, mit denen man den langen Strandbogen problemlos erkunden kann.

Die **Playas Caleta** und **Caletilla** (Karte S. 614; Caleta) sind zwei kleine Strände an der Südseite der Península de las Playas. Das ruhige Wasser eignet sich perfekt zum Schwimmen und zieht daher massenweise Familien an, die hier vor allem im Juli und August und in der Ferienzeit im Winter Urlaub machen. Vom Stadtzentrum fahren Busse mit der Kennzeichnung „Caleta" entlang der Avenida Costera hierher. Boote zur Isla de la Roqueta legen an einem kleinen Anleger ab.

Die **Playa La Angosta** (Karte S. 616; Caleta) liegt in einer geschützten Bucht etwa 1,5 km südwestlich des *zócalo* und ist von der Hauptplaza aus gut zu Fuß zu erreichen. Alternativ kann man einen der „Caleta"Busse nehmen, die ihre Fahrgäste einen Block vom Strand entfernt rauslassen. Die Einheimischen kommen wegen der *palapa*Seafood-Restaurants zur La Angosta.

Die landschaftlich schöne Fahrt vom Stadtzentrum auf dem Hwy 200 in südöstlicher Richtung bietet auf der einen Seite dichten Urwald und auf der anderen einen spektakulären Blick auf die Bucht von Acapulco. Nachdem man vom Highway abgebogen ist, erreicht man schließlich die Strände an der **Bahía Puerto Marqués**, wo man in dem ruhigen Wasser gut Wasserski fahren und schwimmen kann. „Puerto Marqués"Busse (S. 625) fahren über die Av Costera hierher.

Etwa 3 km südlich von Puerto Marqués befindet sich die **Playa Revolcadero**, ein beliebter Surfspot mit großen Wellen. Schwimmen ist hier nicht ungefährlich. Obwohl in den letzten Jahren an dem langen Strand ein wahrer Bau-Boom erfolgte, kann

Alt-Acapulco

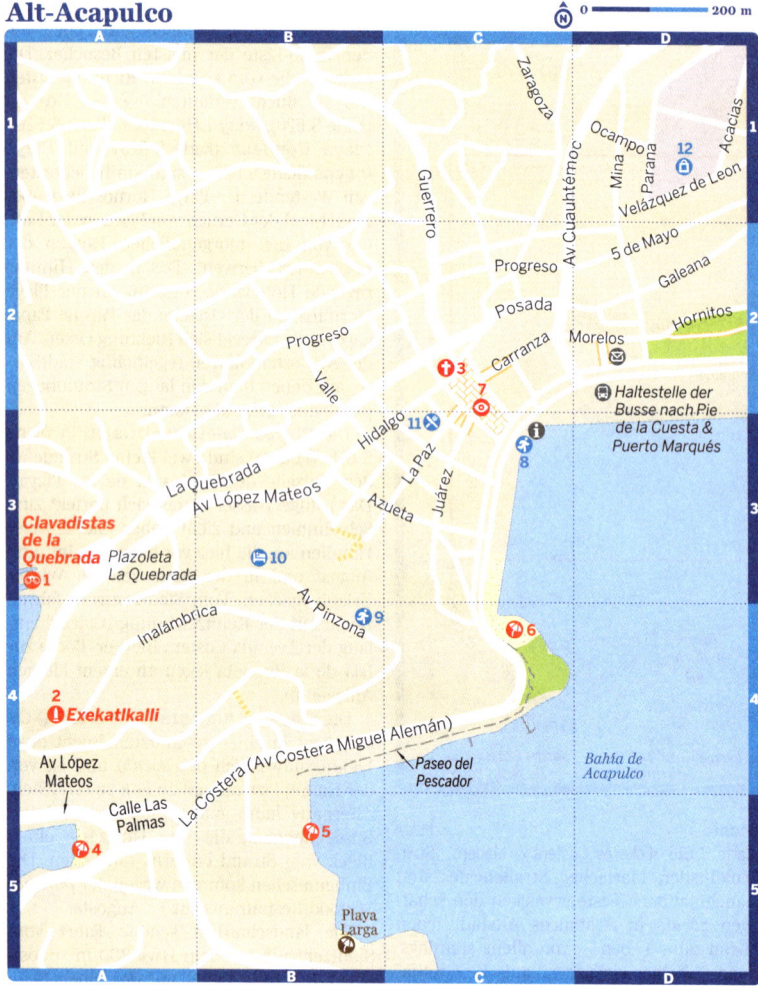

0 ————— 200 m

Alt-Acapulco

Highlights
1 Clavadistas de la Quebrada A3
2 Exekatlkalli A4

Sehenswertes
3 Nuestra Señora de la Soledad
   Cathedral.. C2
4 Playa La Angosta.................................... A5
5 Playa Manzanillo.................................... B5
6 Playa Tlacopanocha............................... C4
7 Zócalo C2

Aktivitäten, Kurse & Touren
8 Acarey C3
9 Blue Water Sportfishing B4

Schlafen
10 Etel Suites.. B3

Essen
11 El Nopalito.. C3

Shoppen
12 Mercado de Artesanías El Parazal.........D1

man noch immer ein ruhiges Plätzchen am Strand finden.

In unmittelbarer Nähe von Alt-Acapulco befinden sich zwei Strände: Die **Playa Tlacopanocha** (Karte S. 616) – nicht so gut zum Schwimmen geeignet – und die **Playa Manzanillo** (Karte S. 616), ein kleiner Badestrand mit eher schlechter Wasserqualität.

 # Aktivitäten

In Acapulco spielen sich die Aktivitäten hauptsächlich am Strand ab.

Bootsfahrten

Diverse Boote und Jachten bieten tagsüber und abends Fahrten durch die Bucht an. Die meisten beginnen an der Playa Tlacopanocha oder der Playa Manzanillo unweit des *zócalo*. Es gibt Boote mit Glasboden, mehrstöckige Schiffe (mit lauter Salsamusik und Gratisgetränken) und Jachten, die bei Sonnenuntergang ruhig über die Bucht gleiten. Reservieren kann man direkt im Jachthafen, über Reisebüros, an den Kiosken der Touranbieter und in den meisten Hotels. Die Zahl der **Kreuzfahrtschiffe** (Karte S. 620; ☎ 744-434-17-10; www.apiacapulcoport.com; Av Costera s/n) in Acapulco ist aufgrund von Sicherheitsproblemen rückläufig.

Acarey BOOTSFAHRT
(Karte S. 616; ☎ 744-100-36-37; www.acarey.com.mx; Av Costera s/n; Erw./Kind unter 10 Jahren 310 Mex$/frei; ⏱ Bootsfahrt tgl. 16.30 & 22.30, Sa auch 19.30 Uhr) Tickets für diese beliebten Bootstouren bekommt man in so ziemlich jedem Tourkiosk und Reisebüro sowie an dem Stand am Hafen gegenüber vom *zócalo*. An Bord gibt's Gratisgetränke und Livemusik. Die Tour bei Sonnenuntergang um 16.30 geht geruhsam durch die Bucht, auf den Abendtouren herrscht Fiestastimmung. Die Fahrten dauern zweieinhalb Stunden.

Golf

Club de Golf Acapulco GOLF
(Karte S. 620; ☎ 744-484-07-81; clubgolf@prodigy.net.mx; Av Costera s/n; Greenfee 9/18 Löcher 600/800 Mex$; ⏱ 7–17 Uhr) Ein schlichter Golfplatz mit neun Löchern in zentraler, strandnaher Lage. Ein Golfcart ist in der Platzgebühr enthalten. Wer Lust hat, kann eine zweite Runde spielen und hat dann 18 Löcher.

Sportangeln

Sportangeln ist sehr beliebt, vor allem in den Wintermonaten, in denen Fächerfische und Gelbflossen-Thunfische anbeißen.

Blue Water Sportfishing ANGELN
(Karte S. 616; ☎ Handy 744-4282279; www.acavio.com/aventura.html; Pinzona 163; Angeltour 250–390 US$) Fröhlicher und freundlicher Anbieter, der seine Kunden am Pier am *zócalo* abholt. Die Preise richten sich nach der Bootsgröße.

Wassersport

Acapulco hat alle nur denkbaren Wassersportarten zu bieten. Besonders beliebt sind Wasserskifahren, Bootsausflüge, Bananenbootfahrten und Parasailing. Anbieter finden sich an den Stränden der Zona Dorada. Sie berechnen etwa 500 Mex$ für einen fünfminütigen Parasailing-Flug und 1500 Mex$ pro Boot für eine Stunde Wasserskifahren, Jet-Ski-Fahren oder Wakeboarden. An den kleineren Stränden Playa Caleta und Playa Caletilla (S. 615) kann man sich Segel-, Angel-, Motor-, und Tretboote, Kanus und Schnorchelausrüstung ausleihen. Obwohl Acapulco nicht das beliebteste Ziel für Sporttaucher ist, gibt es doch einige gute Tauchspots in der Nähe.

Am besten schnorcheln kann man vor der kleinen Playa Las Palmitas auf der Isla de la Roqueta (S. 614). Wer nicht an einer organisierten Schnorcheltour teilnehmen will, muss über zahlreiche Felsen klettern, um dorthin zu kommen. Die erforderliche Ausrüstung kann man sich auf der Insel oder an der Playa Caleta und der Playa Caletilla leihen, wo es auch ein paar gute Schnorchelspots gibt.

Acapulco Scuba Center TAUCHEN
(Karte S. 614; ☎ 744-482-94-74; www.acapulcoscuba.com; Av Costera 215, Club Náutico La Marina Acapulco; Tauchgang mit 2 Flaschen 1100 Mex$, Schnorcheln 500 Mex$; ⏱ Mi–Mo 8–16 Uhr) Einer der wenigen Tauchanbieter, die mit Booten raus in die Bucht fahren. Im Angebot sind auch PADI- und SSI-Kurse mit Zertifikat sowie Schnorchelausflüge zur Isla de la Roqueta (S. 614).

Swiss Divers Association TAUCHEN
(Karte S. 614; ☎ 744-482-13-57; www.swissdivers.com; Cerro San Martín 325, Hotel Caleta; Bootstauchen mit 2 Flaschen 80 US$, Schnorcheln 40 US$; ⏱ Do–Di 9–17 Uhr) Dieses erfahrene Unternehmen bietet neben allerlei verschiedenen Tauchtouren und PADI-Kursen auch Schnorcheltrips an. Bereits eine Attraktion an sich ist das Büro, das sich über wellenumtosten Felsen auf dem schon ziemlich heruntergekommenen Gelände des Hotel Caleta versteckt.

 Feste & Events

Festival Francés de Acapulco · KULTUR

(www.festivalfrances.com; ⊙ März od. April) Das französische Festival findet in der Regel im März oder April statt. Dann dreht sich alles um Frankreich: Essen, Kino, Musik und Literatur.

🛌 Schlafen

Acapulco bietet unzählige Hotelzimmer. Die meisten örtlichen Budget-Unterkünfte konzentrieren sich rund um den *zócalo* (S. 615). Die ursprüngliche Zone mit Hochhaushotels säumt die Bucht ostwärts ab dem östlichen Ende des Parque Papagayo (S. 613). Weitere Luxusoptionen findet man südöstlich der Stadt in Flughafennähe.

Hotel Márquez del Sol · HOTEL $

(Karte S. 620; ☏ 744-484-77-60; hotelmarquezdel sol@hotmail.com; Juan de la Cosa 22; Zi. 600 Mex$; ⊝ ✳ 🛜 ⊠) Das strandnahe Budgethotel liegt weit genug von der Hauptstraße entfernt, um einen ruhigen Schlaf zu garantieren. Es wirkt zwar recht langweilig und wenig charmant, bietet aber für seine Lage im Herzen der Hotelzone ein recht gutes Preis-Leistungs-Verhältnis. Viele der geräumigen und ausreichend sauberen Zimmer mit recht kleinen Bädern haben Balkone.

Hotel Nilo · HOTEL $$

(Karte S. 620; ☏ 744-484-10-99; www.hotelnilo.mx; Calle 4 No 105; DZ/4BZ 1300/1500 Mex$; P ⊝ ✳ 🛜 ⊠) Das sympathische Nilo mit Dachpool fällt in denselben Preisbereich viele andere Hotels in Acapulco, ist aber rund 40 Jahre jünger als die meisten seiner Konkurrenten. Es hat liebenswerte Betreiber und steht einen Block hinter der Strandmeile im attraktiven äußersten Osten der Stadt. Die Zimmer sind kompakt, aber komfortabel und modern (was auch für die Bäder gilt).

Etel Suites · HOTEL $$

(Karte S. 616; ☏ 744-482-22-40; www.facebook. com/hoteletelsuites; Av Pinzona 92; Zi. 600–900 Mex$, Apt. 1500 Mex$; P ⊝ ✳ 🛜 ⊠; ⊠ Caleta) Das Hotel hoch über Alt-Acapulco bietet einen schönen Blick auf die Bucht und den Pazifik. Das freundliche Management hält die einfachen Zimmer und die Terrassen mit umwerfendem Blick auf die Stadt gut in Schuss. Wer den Modernismus der 1950er-Jahre liebt, wird sich in den Apartments mit altem Originalmobiliar bestimmt wohlfühlen, Familien werden den Kinderspielplatz und die schönen Zimmer mögen.

Hotel Acapulco Malibu · HOTEL $$

(Karte S. 620; ☏ 744-484-10-70; www.acapulcoma libu.com; Av Costera 20; Zi. ab 1415 Mex$; P ⊝ ✳ 🛜 ⊠) Etwas Originalität ist immer nett und wird hier in Form von achteckigen Zimmern geboten. Die kompakten und ziemlich charmanten Quartiere mit kleinen Balkonen umgeben ein Atrium voller Kletterpflanzen. Wer den bequemen Zugang zum Strand nicht nutzen will, kann im ebenfalls achteckigen Pool planschen.

Bali-Hai · MOTEL $$

(Karte S. 620; ☏ 744-485-66-22; www.balihai.com. mx; Av Costera 186; Zi. ab 1071 Mex$; P ⊝ ✳ 🛜 ⊠) Dieses Motel im polynesischen Stil im Herzen der Bahía de Acapulco ist nur durch eine Straße vom Strand getrennt. Es sieht ein wenig heruntergekommen aus, stellt Gästen aber einen sicheren Parkplatz zur Verfügung. Die geräumigen Zimmer sind in langen Reihen angeordnet, die zusammen mit Palmen mehrere Pools flankieren. Die teureren „Superior"-Zimmer sind ihr Geld nicht wert.

Hotel Los Flamingos · HOTEL $$

(Karte S. 614; ☏ 744-482-06-91; www.hotellosfla mingos.com.mx; Av López Mateos s/n; DZ/Superi or-DZ/Junior-Suite 714/833/952 Mex$; P ⊝ ✳ 🛜 ⊠) Eine lebendige Reminiszenz an die Blütezeit von Acapulco: Dieses erschwingliche Hotel mit Millionen-Dollar-Aussicht gehörte früher Johnny „Tarzan" Weissmüller, John Wayne und deren Kumpels. Rund 135 m über dem Meer begeistert der knallrosa Klassiker auf einer Klippe mit einem der besten Ausblicke der Stadt. Dieser lässt sich von Hängematten und einer beliebten Restaurantbar aus genießen.

Bilder aus Hollywoods goldenen Tagen zieren hier die Wände. Die einfachen Zimmer wirken zwar mittlerweile ein wenig betagt, sind aber ausreichend komfortabel. Die deutlich größeren „Junior-Suiten" mit Klimaanlage und Balkon sind den Aufpreis vollauf wert.

Hotel Marzol · HOTEL $$

(Karte S. 620; ☏ 744-484-33-96; www.hotelmarzol acapulco.com; Av Francia 1A; Zi. 1000 Mex$; ⊝ ✳ 🛜 ⊠) Das elegante, aber eher unauffällige Drei-Sterne-Hotel versteckt sich zwischen Hochhausriesen in einer schmalen Straße, die zum Strand führt. Die sauberen Zimmer mit noblen Fliesenböden, dunklen Holzmöbeln und dünnen, harten Matratzen sind eine verlässlich gute Basisstation für Aufenthalte in Acapulco.

★ Pier d Luna
B&B $$$

(Karte S. 614; ☎744-480-10-18; Handy 744-1792072; www.pdluna.wix.com/pier-d-luna; Casa No 2, Gran Vía Tropical 34; Zi. inkl. Frühstück 119–153 US$; 🅿 ☀ ❄ 🛜 ⛱) Das versteckt gelegene B & B mit Traumaussicht hat einen riesigen, komplett offenen Lounge- und Essbereich mit Stutzflügeln an den Seiten – ein wahrhaft grandioses Fleckchen. Die fünf reizenden und individuell gestalteten Zimmer – einige mit Balkon – bieten ebenfalls einen tollen Blick. Die freundlichen Inhaber sorgen für Wohlfühlatmosphäre und servieren üppiges Frühstück.

Oben gibt es einen netten Pool mit Jacuzzi, an der Bucht einen tollen Salzwasserpool, den man direkt über eine Privattreppe erreicht. Auf Vorbestellung bereitet der Küchenchef köstliche französisch-mexikanische Gerichte zu. Achtung: Da es keine Beschilderung gibt, muss man die zugeschickte Wegschreibung bei der Anreise genau beachten. Rechtzeitig reservieren!

Hotel Elcano
HOTEL $$$

(Karte S. 620; ☎744-435-15-00; www.hotelelcano.com.mx; Av Costera 75; DZ 1100–1800 Mex$; 🅿 ☀ ❄ @ 🛜 ⛱) Das Elcano unweit des sichelförmigen Strandes konnte sich seinen klassischen Retro-Charme bewahren. Die luftige Lobby ist mit schönen Art-déco-Fliesen geschmückt, es gibt einen herrlichen Poolbereich und auch einen netten Strandabschnitt. Die vielen Blau- und Weißtöne sorgen für maritimes Ambiente. Die meisten der hellen Zimmer haben eine private Terrasse mit Traumblick aufs Meer. Die Nebensaisonpreise sind echte Schnäppchen.

Banyan Tree Cabo Marqués
RESORT $$$

(☎744-434-01-00; www.banyantree.com; Blvd Cabo Marqués s/n, Punta Diamante; Zi. ab 735 US$; 🅿 ☀ ❄ @ 🛜 ⛱) Rund 20 km südlich der Innenstadt bringt dieses großartige Resort ein Stück Asien nach Acapulco. Die mondänen Villen auf einer eingezäunten und bewachten Halbinsel punkten mit perfekter Privatsphäre direkt über dem Meer. So können Gäste den weiten Blick von ihren Poolterrassen mit Hängematten in aller Ruhe genießen. Drinnen warten jeweils allerlei stilvolle und aufmerksame Extras (u. a. Bademäntel und Pflegeprodukte). Auf Wunsch wird das Essen direkt aufs Zimmer geliefert. Golfwagen bringen einen schnell zu den charmant gestalteten Einrichtungen des Geländes.

Unter dessen Highlights sind ein thailändisches Restaurant, ein großartiger Infinity-Pool und private Massageräume mit Aussicht. Außerdem sorgen zahllose hilfsbereite Angestellte für einen reibungslosen Service. Wer in komplett ruhiges Resort abseits der Touristenscharen sucht, wird in Acapulco kaum etwas Besseres finden.

✖ Essen

Zahlreiche Restaurants säumen die Küstenstraße von der Playa Icacos (S. 615) bis zur Altstadt, wo viele traditionelle Lokale angesiedelt sind. Donnerstags, wenn zu Livemusik klassische *pozole* (Maismehleintopf) und andere traditionelle Gerichte wie *tamales* serviert werden, kommen ganze Gästegruppen hierher.

El Nopalito
CAFÉ $

(Karte S. 616; La Paz 230; Hauptgerichte 50–120 Mex$; Menü 60 Mex$; ⊘ 8–20 Uhr) Das bodenständige, etwas düstere Café ist bekannt für seine Tages-Specials, donnerstags und sonntags gibt es z. B. *mole verde* (Gericht mit Sauce aus grünen Chilis). Das Mittagsmenü besteht außer aus Obst, Saft oder Kaffee aus einem Hauptgericht wie Brathähnchen, Rindfleisch-Enchilada, *carne asada* (mariniertes Rindfleisch vom Grill) mit *nopales* (Feigenkaktusscheiben) und Tortillas. Dies ist eines der vielen Lokale in den Straßen rund um den *zócalo* (S. 615).

★ Paititi del Mar
SEAFOOD $$

(☎744-480-00-31; www.facebook.com/paititidelmar; Zaragoza 6, La Poza; Hauptgerichte 140–220 Mex$; ⊘ Fr–Mi 8–19 Uhr; 🚌 Coloso) Von dem Seafood-Restaurant mit *palapa*-Dach in einem tropischen Garten könnten sich die meisten Strandlokale eine Scheibe abschneiden. Das *ceviche paraíso* sorgt mit frischem Thunfisch, Mango, Ingwer, Erdbeeren und Habaneros für eine wahre Geschmacksexplosion. Dazu sollte man sich eine erfrischende Gurken-Limetten-Limo bestellen. Als Hauptgericht ist gegrillter oder *ajillo*-Tintenfisch sehr empfehlenswert.

„Coloso"-Busse, in die man überall an der Avenida Costera südlich der Abfahrt vom Hwy 200 einsteigen kann, halten ca. 2 km nördlich des Restaurants am Bulevar de las Naciones.

★ La Casa de Tere
MEXIKANISCH $$

(Karte S. 620; ☎744-485-77-35; www.facebook.com/lacasadetereacapulco; Martín 1721; Hauptgerichte 70–225 Mex$; ⊘ Di–So 8–18 Uhr; 🛜) Das schlichte Juwel in der Nähe des Estrella-de-Oro-Busbahnhofs ist *der* Ort, um donners-

Acapulco Dorado

ZENTRALE PAZIFIKKÜSTE ACAPULCO

s. Karte Alt- Acapulco (S. 616)

Acapulco Dorado

Highlights
1 Museo Histórico de Acapulco...............A3

Sehenswertes
Fuerte de San Diego ....(siehe 1)
2 La Diana...E2
3 Parque Papagayo C1
4 Playa Condesa.......................................F2
5 Playa Hornitos C2
6 Playa Hornos B2
7 Playa Icacos G3

Aktivitäten, Kurse & Touren
8 Club de Golf Acapulco G2
9 Paradise Bungy F2

Schlafen
10 Bali-Hai..E1
11 Hotel Acapulco Malibu G2
12 Hotel Elcano...G3

13 Hotel Márquez del Sol E1
14 Hotel Marzol G3
15 Hotel Nilo H4

Essen
16 El Cabrito H3
17 El Gaucho F2
18 El Jacalito D2
19 La Casa de Tere D1
Pipo's...(siehe 16)

Ausgehen & Nachtleben
20 Demás Factory......................................G2
21 Mezcalina H3
22 Mojito...E2

Shoppen
23 La Europea..H3
24 Mercado Central A2

tags *pozole verde* (grüner Maismehleintopf) zu essen. Das Lokal wurde 1990 im Innenhof von Doña Tere gegründet; seitdem kocht sie nach traditionellen Rezepten ihrer Mutter Clarita und serviert eine große Auswahl an Speisen. Besonders beliebt ist das Sonntags-Special: *barbacoa de carnero* (langsam gegartes Lamm). Alle Speisen werden mit hausgemachten Tortillas serviert.

El Jacalito
MEXIKANISCH **$$**

(Karte S. 620; ☑ 744-486-65-12; Gonzalo de San-doval 26; Hauptgerichte 55–195 Mex$; ⊙ 8–23 Uhr; ☎) Das strohgedeckte Restaurant liegt zwar nur ein paar Schritte von der Hauptmeile und vom Strand entfernt, bietet aber dennoch eine ruhige und sehr authentische Atmosphäre. Dazu tragen auch die traditionellen Tischdecken mit Karomuster, das freundliche Personal und das leckere Essen bei. Aus der Küche kommen tolle Taco-Rollen mit Hühnerfleisch, köstliche *frijoles* (Bohnen), erschwingliche Fischgerichte und üppiges Frühstück. Alles in allem eine echte Oase zu jeder Tageszeit!

La Cabaña de Caleta
SEAFOOD **$$**

(Karte S. 614; ☑ 744-482-50-07; www.lacabanade caleta.com; Playa Caleta; Hauptgerichte 80–250 Mex$; ⊙ 9–21 Uhr; ☎; ☒ Caleta) In dieser altehrwürdigen, schlichten Seafood-*palapa* an der Playa Caleta fühlt man sich in die Vergangenheit zurückversetzt und erlebt ein Stück traditionelles mexikanisches Strandleben der 1950er-Jahre. Unter den blauen Sonnenschirmen mit Blick auf die Bucht genießt man Spezialitäten wie *cazuela de mariscos* (Eintopf aus Meeresfrüchten) oder ganze Fische vom Grill.

El Cabrito
MEXIKANISCH **$$**

(Karte S. 620; ☑ 744-484-77-11; www.elcabrito -acapulco.com; Av Costera 1480; Hauptgerichte 85–255 Mex$; ⊙ Mo–Sa 14–23, So 13.30–22.30 Uhr; ☎) Das und beliebte Restaurant mit fröhlichem Dekor serviert ein paar der besten mexikanischen Traditionsgerichte in Acapulco. Auf den Tisch kommen hier u. a. leckere Garnelen, selbst gemachte Tortillas oder schwarze *mole* (eine bestimmte Art Chilisauce) à la Oaxaca aus 32 Zutaten. Ebenfalls sehr empfehlenswert ist der *cabrito al pastor* (Zickleinbraten), den man, wenn man dem Personal Glauben schenkt, am besten mit den Fingern isst.

Pipo's
SEAFOOD $$$

(Karte S. 620; ☏ 744-188-10-05; www.facebook.com/mariscospiposacapulco; Av Costera 105; Hauptgerichte 150–270 Mex$; ⊙ 12–23 Uhr) Das Pipo's begann vor über 70 Jahren als kleine *ceviche*-Bude und ist jetzt eine echte Institution in Acapulco. Hierher geht man am besten nach 18 Uhr, denn dann öffnet die luftige Terrasse im Obergeschoss ihre Pforten und bietet einen schönen Blick aus der Vogelperspektive auf die Carmageddon-Szene unten an der Costera. Berühmt ist das Restaurant für *pescado almendrado* (in cremiger Parmesansauce gebackene Goldmakrele mit Mandeln).

El Gaucho
PARRILLA $$$

(Karte S. 620; ☏ 744-435-63-00; www.facebook.com/elgauchoacapulcomexico; Av Costera 8, Hotel Presidente; Pasta 89–120 Mex$, Hauptgerichte 325–545 Mex$; ⊙ 14–24 Uhr; 🕭) In puncto Atmosphäre lässt das rundherum verglaste Restaurant zwar ein bisschen zu wünschen übrig, aber dafür sind die Steaks wirklich ausgezeichnet. Wer nicht so sehr auf Fleisch steht, kann zwischen mehreren Pastagerichten oder auch lecker gegrilltem Provolone-Käse wählen. Mittwoch-, freitag- und samstagabends treten argentinische Trios auf.

Ausgehen & Nachtleben

Rund um den markanten Turm von **Paradise Bungy** (Karte S. 620; ☏ 744-484-75-29; www.facebook.com/paradisebungyacaoficial; Av Costera 101; 600 Mex$; ⊙ Di–Do 17–0.30, Fr & Sa 15–2, So 15–23 Uhr) befinden sich zahlreiche große Bars mit Outdoorbereichen, in denen u. a. Getränke-Specials und Go-Go-Tänzer vom frühen Abend bis zum Morgengrauen für Partystimmung sorgen.

In den meisten Clubs geht's erst nach Mitternacht richtig los. Der Eintritt variiert je nach Saison und Wochentag. Man sollte sich aufbrezeln – Shorts und Sneakers sind überall tabu.

★ Bar Los Flamingos
BAR

(Karte S. 614; ☏ 744-483-98-06; www.hotelflamingosacapulco.com; Av López Mateos s/n; ⊙ 10–22 Uhr; 🕭) Die altmodische Bar des Hotels Los Flamingos (S. 618) oben auf den Klippen gilt als Acapulcos bestes Plätzchen für einen Sundowner. Die Auswahl an Cocktailspezialitäten, beispielsweise Cocos Locos (Rum, Tequila, Ananassaft und Kokoscreme), sind weithin berühmt. Das beliebte Restaurant serviert außerdem traditionelle Gerichte und donnerstags klassische *pozole* (Maismehleintopf). Unbedingt im Voraus reservieren!

Mojito
BAR, CLUB

(Karte S. 620; ☏ 744-484-82-74; www.facebook.com/mojitoaca; Av Costera s/n; ⊙ Do–Sa 10–16 Uhr; 🕭) Wer lieber Salsa und *cumbia* (Tanzmusik aus Kolumbien) tanzt, als sich zu Reggaeton- oder Technomusik zu bewegen, ist hier an Acapulcos Strandmeile genau richtig. Der beliebte Club mit Blick aufs Meer bietet Latin-Beats und Drinks bis zu später Stunde. Hier tummeln sich Gäste verschiedener Altersstufen, die zu den Klängen kubanischer Bands fröhlich das Tanzbein schwingen.

Palladium
CLUB

(Karte S. 614; ☏ 744-446-54-90; www.palladium.com.mx; Carretera Escénica s/n; unterschiedlicher Eintritt; ⊙ Fr & Sa 23–6 Uhr; 🕭) Acapulcos bester Nachtclub lockt vor allem junge Leute an und bietet durch die deckenhohen Fenster einen großartigen Blick auf die Bucht. Internationale DJs füttern das Highend-Soundsystem mit Hip-Hop, House, Trance und Techno. Schick anziehen und auf Schlangestehen einrichten! Der Eintrittspreis ist recht hoch, dafür gibt's aber alle Getränke gratis.

Mezcalina
BAR

(Karte S. 620; ☏ 744-481-15-90; www.facebook.com/mezcalinaacapulco; Av Costera 3007; ⊙ Di–Do 20–2, Fr–Sa 20–4 Uhr; 🕭) Das hier ist zwar keine typische Mezcal-Kneipe (es sei denn, dass Tanzen zu lauter Reggaeton-Musik jetzt ein neuer Trend in *mezcalerías* wäre), aber ein netter Ort, um zu feiern und einen rauchigen Danzantes oder Bruxo zu genießen.

Demás Factory
SCHWULENCLUB

(Karte S. 620; www.facebook.com/demasfactory; Av de los Deportes 10A; ⊙ Mi–So 22–7 Uhr; 🕭) Der älteste Schwulenclub der Stadt zieht zwar ein gemischtes Publikum an, wird aber vorwiegend von Männern besucht. An den Wochenenden werden Shows geboten, und samstags kann man für 250 Mex$ trinken bis zum Umfallen.

Unterhaltung

Forum Mundo Imperial KONZERTHALLE
(☑744-435-17-00; www.forumimperial.com; Blvd de las Naciones s/n, Acapulco Diamante) In der riesigen, tollen Location an der Flughafenkreuzung in Diamante treten die Stars mit den großen Namen auf. Von Tanzaufführungen bis zu Rockkonzerten steht so ziemlich alles auf dem Programm. Hin kommt man am besten mit dem eigenen Fahrzeug oder mit einem Taxi.

Shoppen

La Europea ALKOHOL
(Karte S. 620; ☑744-484-80-43; www.laeuropea.com.mx; Av Costera 2908; ☺Mo–Do 10–20, Fr & Sa 10–21, So 11–16 Uhr) Großes Angebot an Mezcals und Tequilas wie Pierde Almas und 7 Leguas.

Mercado de Artesanías El Parazal MARKT
(Karte S. 616; Ecke Parana & Velázquez de Leon; ☺meiste Händler 10–19 Uhr) Der schattig gelegene und ruhige Kunsthandwerksmarkt ist einer von mehreren in der Stadt. Die Händler verkaufen z. B. Hängematten, Schmuck, Keramiken, Lackarbeiten, T-Shirts und andere Klamotten. Wer feilscht (das ist hier die Regel), bezahlt dafür weniger als in den Hotelgeschäften.

Mercado Central MARKT
(Karte S. 620; Hurtado de Mendoza s/n; ☺7–18 Uhr) In der großen Markthalle mit Freiluftbereich reicht das Angebot von *atoles* (Maisgetränk), *zapatos* (Schuhe), Lebensmitteln und warmen Speisen bis hin zu Souvenirs. „Ple de la Cuesta"- und „Pedregoso"-Busse in Richtung Westen halten an der Markthalle.

ℹ Praktische Informationen

GEFAHREN & ÄRGERNISSE
Zum Zeitpunkt der Recherchen hatte Acapulco weltweit die zweithöchste Mordrate pro Kopf. Die Einheimischen sagen aber zur Recht, dass dies die Besucher nur selten betrifft. Die meisten Fälle von Gewaltkriminalität beschränken sich auf Konflikte zwischen den Mitgliedern konkurrierender Drogenbanden. Obwohl der Schutz der Innenstadt für die Stadtverwaltung ganz oben rangiert, wurden doch auch Reisende schon vereinzelt angegriffen oder gerieten ins Kreuzfeuer. Acapulco ist sicherlich kein besonders gefährliches Reiseziel, doch – wie in den meisten mexikanischen Städten – sollte man auch hier auf seine persönlichen Besitztümer aufpassen, unsichere Gegenden meiden und bei Dunkelheit mit dem Taxi fahren.

GELD
Banken und *casas de cambio* (Wechselbuden) säumen den *zócalo* (S. 615) und die Avenida Costera. Hotels wechseln ebenfalls Geld, aber meistens zu schlechten Kursen.

MEDIZINISCHE VERSORGUNG
Hospital Magallanes (☑744-469-02-70; www.hospitalprivadomagallanes.com; Massieu 2) Renommierte Privatklinik mit englischsprachigen Ärzten und Angestellten.

NOTFALL
Touristenpolizei (☑744-485-04-90)

POST
Hauptpost (Karte S. 616; ☑744-483-24-05; www.correosdemexico.com.mx; Av Costera 315, Palacio Federal; ☺Mo–Fr 8a–19, Sa 8–14 Uhr)

TOURISTENINFORMATION
CAPTA (Tourist Infomation and Assistance; Karte S. 620; ☑744-481-18-54; www.acapulco.gob.mx/capta/; Av Costera 38A; ☺Büro 9–21 Uhr) Büro und 24-Stunden-Hotline für Infos und Hilfe bei Problemen.

Die Stadtverwaltung betreibt mehrere, allerdings wenig hilfreiche Info-Kioske. Sie befinden sich am **Jachthafen** (Karte S. 616; ☑744-481-18-54; www.acapulco.gob.mx/capta; Av Costera s/n; ☺9–18 Uhr) gegenüber vom **zócalo** (S. 615), am **Kreisverkehr La Diana** (Karte S. 620; ☑744-481-18-54; www.acapulco.gob.mx/capta; Av Costera s/n; ☺9–18 Uhr), an der **Playa Caleta** (Karte S. 614; ☑744-481-18-54; www.acapulco.gob.mx/capta; ☺9–18 Uhr) und am Eingang des **Walmart** (Karte S. 620; ☑744-481-18-54; www.acapulco.gob.mx/capta; Horacio Nelson s/n; ☺9–18 Uhr) nahe der Playa Icacos (S. 615).

An- & Weiterreise

AUTO & MOTORRAD
Mehrere Autovermieter sind am Flughafen vertreten.
Alamo (☑744-466-93-30; www.alamo.com.mx/en; ☺7–22 Uhr)
Europcar (☑744-466-93-14; www.europcar.com.mx/en; ☺6–23 Uhr)
Hertz (☑744-466-94-24; www.hertz.com; ☺6–22 Uhr)

BUS
Die beiden größten der vier örtlichen Busbahnhöfe liegen zum Glück nahe beieinander. Ein weiteres Terminal befindet sich in der Hotelzone von Acapulco Diamante.
Central Ejido (Karte S. 614; ☑744-469-20-30; Av Ejido 47) Von diesem Busbahnhof aus geht's hauptsächlich mit AltaMar/Costeños zu

Zielen in Guerrero und Oaxaca. Zudem hält hier Estrella de Oro auf dem Weg nach Zihuatanejo im Norden.

Central Papagayo (Estrella Blanca Terminal; Karte S. 620; ☎ 800-507-55-00; www.estrellablanca.com.mx; Av Cuauhtémoc 1605) Von dem modernen Busbahnhof gleich nördlich des Parque Papagayo (S. 613) schicken Estrella Blanca und deren Tochtergesellschaften diverse Luxus- bzw. 1.-Klasse-Busse zu Zielen in ganz Mexiko. Vor Ort gibt's eine Gepäckaufbewahrung, aber nur sehr wenige Restaurants.

Estrella-de-Oro-Busbahnhof (Central Cuauhtémoc; Karte S. 620; ☎ 800-900-01-05; www.estrelladeoro.com.mx; Av Cuauhtémoc 1490) Alle Busse von Estrella de Oro (EDO) starten an diesem modernen Terminal mit Klimaanlage, Gepäckaufbewahrung und mehreren Geldautomaten.

Terminal Centro (Karte S. 620; ☎ 800-003-76-35; Av Cuauhtémoc 97) Von hier aus fahren 1.- und 2.-Klasse-Busse zu relativ nahe gelegenen Zielen. Allerdings gibt's auch ein paar Verbindungen nach Mexico City.

FLUGZEUG

Die Zahl der internationalen Verbindungen zu Acapulcos **Flughafen** (Juan Álvarez International Airport; ☎ 744-435-20-60; www.oma.aero/es/aeropuertos/acapulco; Blvd de las Naciones s/n) hat stark abgenommen. Die Anreise über Mexico City (nur eine kurze Flugstrecke entfernt) ist nach wie vor problemlos möglich.

Zudem werden diverse Inlandsziele von folgenden Fluggesellschaften ab Acapulco bedient:
* Guadalajara – TAR
* Mexico City – Aeromar, Aeroméxico, Interjet, Volaris
* Monterrey – VivaAerobús, Volaris
* Queretaro – TAR
* Tijuana – Interjet, Volaris
* Toluca – Interjet

❶ Unterwegs vor Ort

Radeln kann in Acapulco eine haarige Sache sein. Nie ohne Helm fahren! **Las Bicis de Aca** (www.facebook.com/lasbicisdeaca.es; Av Costera s/n; Leihrad 50 Mex$/Std.; ⊗ Mo–Fr 13–21, Sa & So 9–21 Uhr) verleiht Fahrräder.

AUTO & MOTORRAD

Auto- und Motorradfahren in Acapulco sollte man möglichst vermeiden. Der Verkehr ist total chaotisch; es gibt viel Stau. Ein neuer, teurer, 3,3 km langer Tunnel (55 Mex$) namens Macrotúnel führt vom Süden des Marinestützpunkts Icacos nach Acapulco Diamante. Man ist aber besser bedient, wenn man die landschaftlich schöne Strecke entlang der Küste nimmt.

BUS

Am praktischsten ist die „Base–Caleta"-Busroute, die von der Marinebasis Icacos am südöstlichen Zipfel Acapulcos die La Costera vorbei am *zócalo* (S. 615) zur Playa Caleta führt. Fahrten mit normalen Bussen kosten 8 Mex$, Fahrten mit klimatisierten Bussen 9,50 Mex$.

Eine weitere Option ist das Acabús-Netz (www.acabus.gob.mx). Die roten Schnellbusse besteigt man an Plattformen. Es wird eine wiederaufladbare Smart Card benötigt. Die gelbe Linie RT4 bedient eine Hauptstrecke und fährt von Icacos über die Avenida Costera zum *zócalo*. Am *zócalo* kann man in die Anschlusslinie RA12 nach Caleta umsteigen. Eine Fahrt (inkl. Umsteigen in Anschlussbusse) kostet 10 Mex$.

Die meisten Busse fahren von 5 bis 23 Uhr. Busse in die in der Nähe gelegenen Strandorte

BUSSE AB ACAPULCO

ZIEL	PREIS (MEX$)	DAUER (STD.)	HÄUFIGKEIT (TGL.)
Chilpancingo	66–128	1½–2½	häufig Centro, EDO, Ejido & Papagayo
Cuernavaca	414–533	4–5	4-mal EDO, 6-mal Papagayo
Mazatlán	1500–1830	19–21	3-mal Papagayo
Mexico City (Terminal Norte)	507–667	6	häufig Centro, EDO & Papagayo
Mexico City (Terminal Sur)	525–690	5–6	häufig Centro, EDO & Papagayo
Puerto Escondido	466	8–9	7-mal Centro, 7-mal Ejido
Taxco	257–290	4–5	1-mal Centro, 4-mal EDO
Zihuatanejo	160–248	4½–5½	häufig Centro, 7-mal EDO, 9-mal Papagayo

Pie de la Cuesta and Puerto Marqués halten in der Avenida Costera, etwa zwei Blocks östlich des *zócalo*.

VOM/ZUM FLUGHAFEN
Acapulcos Flughafen (S. 624) liegt 23 km südöstlich des *zócalo* (S. 615). Tickets für die Fahrt in die Stadt gibt's an dem Schalter am Ende des Terminals für Inlandsflüge. Private Taxis warten am Flughafen auf Fahrgäste, der Preis richtet sich nach dem Ziel (ca. 450 Mex$ zu Hotels im Zentrum).

Die Fahrt vom Zentrum zum Flughafen kostet je nach Entfernung zwischen ca. 250 und 350 Mex$.

TAXI
Zahllose blau-weiße Taxis flitzen wie Küchenschaben durch Acapulco. Die Dreistigkeit der Fahrer im Verkehr grenzt fast schon an Komik. Die Chauffeure verlangen oft Preise, die über den offiziellen Tarifen liegen. Daher den genauen Betrag immer vor dem Einsteigen aushandeln! Kurzstrecken kosten 40 bis 50 Mex$, während Fahrten quer durch die ganze Stadt mit ca. 100 bis 150 Mex$ zu Buche schlagen.

Entlang ihrer festen Routen lassen sich Acapulcos gelbe Sammeltaxis (*colectivos* oder *peseros*) überall heranwinken bzw. kündigen ihre Stopps selbst durch Hupen an. Das jeweilige Ziel steht stets auf der Frontscheibe. Eine Einzelfahrt kostet 18 Mex$ (wer sich nicht hinten zerquetschen lassen und darum allein auf dem Beifahrersitz thronen will, bezahlt das Doppelte).

Durch die Hotelzone kurven märchenhaft funkelnde Pferdekutschen, die Kinder vor allem abends begeistern.

Costa Chica

Von Acapulco aus erstreckt sich die „Kleine Küste" von Guerrero südostwärts bis zur Grenze zu Oaxaca. Sie bekommt wesentlich weniger Besucher ab als ihr großes Pendant (Costa Grande) im Nordwesten. Hier findet man zumindest einige großartige Strände. Sogenannte Afro-Mestizen mit afrikanischen, indigenen und europäischen Wurzeln machen den Teil der hiesigen Bevölkerung aus. Einst war die Region ein sicherer Zufluchtsort für Sklaven; manche kamen aus dem Landesinneren, andere sollen lokalem Geschichten zufolge aber auch von einem Schiff geflohen sein, das direkt vor der Küste gesunken ist.

Ab Acapulco führt der Hwy 200 landeinwärts vorbei an kleinen Dörfern und Feldern. **San Marcos** und **Cruz Grande** liegen ca. 60 km bzw. 100 km östlich von Acapulco und sind die beiden einzigen größeren Städte bis Cuajinicuilapa (S. 626) in der Nähe der Grenze zu Oaxaca. Sie bieten beide einfache Service-Einrichtungen wie Banken, Tankstellen und schlichte Hotels. Die Playa Ventura ist ein toller Ort, um ein paar Tage an einem ruhigen Strand mit schönen Felsformationen die Seele baumeln zu lassen.

Playa Ventura

741 / 555 EW.
Rund 135 km südöstlich von Acapulco erstreckt sich die unberührte Playa Ventura, die auf den meisten Karten als „Colonia Juan Álvarez" verzeichnet ist. Hinter dem langen Streifen aus weichem, weiß-goldenem Sand liegt ein schlichtes und sympathisches Dorf. Ab dessen Zentrum wird der Strand in beiden Richtungen von einfachen Unterkünften und Seafood-Restaurants gesäumt.

Die Playa Ventura ist ein bedeutender Brutplatz für Meeresschildkröten. In der Saison (Mai–Jan.) sammeln freiwillige Helfer hier jeden Abend die Eier und graben sie auf einem kleinen Strandareal wieder ein. Letzteres erinnert mit seinen vielen Markierungstafeln an einen winzigen Soldatenfriedhof, erfüllt aber einen weitaus hoffnungsvolleren Zweck. Wie die meisten schönen Orte an der selten von Touristen heimgesuchten Costa Chica – dazu zählen der in der Nähe gelegene Marktflecken **Marquelia** und der Traumstrand **Playa La Bocana** – lässt einem auch die Playa Ventura keine andere Wahl, als abzuschalten und sich der Leichtigkeit des Seins und der Schönheit der Natur hinzugeben.

Schlafen

★ **Méson Casa de Piedra** HOTEL $
(Handy 741-1013129; www.playaventura.mx; Costera Ventura s/n; DZ 600–900 Mex$;) Das Steinhaus bietet wunderschön gestaltete rustikale Zimmer, einige mit Privatbalkon und Meerblick (das Zimmer „cielo" gewährt einen hübschen Blick und ist obendrein noch erschwinglich). Zum Méson gehört auch eines der besten Restaurants des Ortes. Aus der Küche kommen ausgezeichnete Frühstückspizzas, Vegetarisches sowie frischer Fisch und Meeresfrüchte.

Essen & Ausgehen

★ **Los Norteñitos** MEXIKANISCH $
(Handy 745-1163957; Hauptgerichte 50–150 Mex$; 7–22 Uhr) Diese total authentische und wirklich einladende *taquería* im

Ortszentrum wird von einer freundlichen einheimischen Familie betrieben. Aus der Küche kommen köstliche Tacos mit *cecina* (geräuchertes Rindfleisch) und *tomatillo*-Salsa (Salsa aus grünen Tomaten), die frisch in einem *molcajete* (Mörser und Stößel) zubereitet wird. Die Fisch- und Garnelengerichte sind köstlich, der ganze in Alufolie gegarte Schnapper mit sanfter Chilisauce ist himmlisch.

Bolumba   BAR

(☑ 741-101-30-12; felixbolumba@live.com.mx; Costera Ventura s/n; ⊙ 7–21 Uhr; ☎) Das *palapa*-Restaurant mit Bar liegt an einem schönen Badestrand und ist bis 21 Uhr geöffnet, was für die Playa Ventura wirklich lange ist. Wie wär's mit einer erfrischenden *michelada* (Biercocktail)? Die Bar befindet sich ca. 500 m südlich des Ortszentrums.

❶ An- & Weiterreise

Von Acapulco kommend nimmt man den Hwy 200 bis zur ausgeschilderten Abfahrt nach Playa Ventura (Km 124), gleich östlich des Dorfes Copala, und fährt dann noch 7 km in Richtung Küste. Alternativ fährt man mit einem Bus gen Südosten nach Copala (110–134 Mex$, ca. 3½ Std.). An dem Oxxo-Laden in Copala starten *camionetas* (Pick-ups) und Kleinbusse zur Abzweigung nach Playa Ventura (10 Mex$, 10 Min.). Dort stehen Sammeltaxis (17 Mex$, 10 Min.), die in die Stadt fahren. Einige Busse, die von Acapulco nach Cuajinicuilapa unterwegs sind, halten direkt an der Abzweigung.

Cuajinicuilapa

 741 / 10 282 EW.

Cuajinicuilapa (kurz Cuaji genannt) liegt etwa 200 km südöstlich von Acapulco und ist das kulturelle Zentrum der Afro-Mestizen an der Costa Chica.

Die Hauptsehenswürdigkeit der Stadt ist das **Museo de las Culturas Afromestizas** (Museum für die Kultur der Afro-Mestizen; ☑ Handy 741-1250842; museodelasculturasafromestizas_cuaji@hotmail.com; Zárate s/n; 10 Mex$; ⊙ Mo–Fr 10–14 & 16–10 Uhr, Sa & So nach Vereinbarung), ein Tribut an die Geschichte afrikanischer Sklaven in Mexiko und insbesondere an die Kultur der regionalen Afro-Mestizen. Zudem gibt es hier ein paar interessante Geschichten, gut gemachte Dioramen und das Modell eines Sklavenschiffs zu erleben. Die Infotafeln und Erklärungen sind auf Spanisch gehalten. Hinter dem Museum stehen drei Beispiele für *casas redondas*. Die für Westafrika typischen Rundhäuser wurden in der Gegend um Cuaji bis in die 1960er-Jahre gebaut. Das Museum befindet sich hinter dem Basketballplatz an der Hauptstraße, die ins Stadtzentrum führt.

❶ An- & Weiterreise

Vom **Busbahnhof Central Ejido** (S. 623) in Acapulco fahren Busse von AltaMar/Costeños nach Cuajinicuilapa (233 Mex$, 4½ Std., 9-mal tgl.). Verbindung besteht zudem von Pinotepa Nacional (60 Mex$, 1 Std., 9-mal tgl.) in Oaxaca.

Westliches Zentralhochland

Inhalt ➡

Guadalajara................630
Tequila.........................655
Lago de Chapala.........656
Colima.........................660
Morelia........................667
Reserva Mariposa
Monarca......................677
Angangueo..................678
Zitácuaro.....................679
Uruapan......................689
Angahuan....................692

Gut essen

➡ Alcalde (S. 645)

➡ Chango (S. 674)

➡ Cox Hanal (S. 691)

➡ Lu Cochina Michoacana
(S. 674)

➡ Lulabistro (S. 645)

➡ Los Girasoles (S. 659)

Schön übernachten

➡ Casa de las Flores (S. 643)

➡ Lake Chapala Inn (S. 657)

➡ Casa Alvarada (S. 666)

➡ Hotel Casa Encantada
(S. 684)

➡ Casa Chikita Bed & Breakfast (S. 691)

➡ La Nueva Posada (S. 657)

Auf ins westliche Zentralhochland!

Herzlich willkommen im Mexiko der Träume! Viele Elemente, die das weltweite Image von Mexiko prägen, stammen aus dem westlichen Zentralhochland mit seinen schlummernden Vulkanen, sonnenverwöhnten Avocado-Plantagen und einigen der schönsten, kaum bekannten prähispanischen Ruinen. Wer sich unter die Einheimischen mischt, kann den besten Tequila der Welt inmitten eines Meers aus blauen Agaven trinken, Mariachi-Musik an ihrem Ursprungsort hören und die wunderbare Kathedrale von Morelia mit den Zwillingstürmen bestaunen.

Weniger bekannt ist der Lago de Pátzcuaro, wo das Volk der Purépecha bestes Kunsthandwerk herstellt und mit besonders schaurigen Feierlichkeiten den Tag der Toten begeht.

Zu den Naturwundern der Region gehören der Volcán Paricutín, der 1943 in einem Maisfeld ausbrach und den man besteigen kann, sowie das Reserva Mariposa Monarca, in dessen dichten Koniferenwäldern jedes Jahr Millionen von Monarchfaltern überwintern.

Reisezeit

Guadalajara

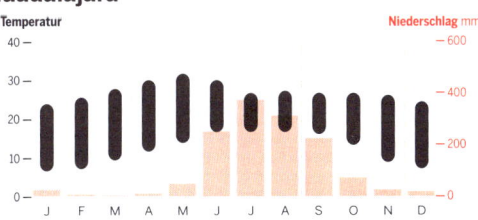

°C Temperatur — Niederschlag mm

Feb. Die beste Zeit, um die Monarchfalter im Reserva Mariposa Monarca zu beobachten.

März–April Beim Tianguis Artesanal de Uruapan kann man bestes Kunsthandwerk bewundern.

Nov. In den Dörfern rund um Pátzcuaro sind die Feiern zum Día de Muertos besonders schaurig.

Highlights

1 Die prachtvolle Kathedrale inmitten belebter Straßen und wunderbarer Architektur in Michoacans Hauptstadt **Morelia** (S. 667) bestaunen

2 Ausgezeichnete Kunstmuseen, uralte Kirchen und hervorragende Restaurants in Mexikos zweitgrößten Stadt **Guadalajara** (S. 630) besuchen

3 Im **Reserva Mariposa Monarca** (S. 677) das unglaubliche Naturphänomen der Millionen von Schmetterlingen bewundern, die hier überwintern

4 In der ruhigen Stadt **Pátzcuaro** (S. 680) mit ihren schönen Plätzen die mystische Seele des Purépecha-Volkes entdecken

5 Den verschneiten und erloschenen **Volcán Nevado de Colima** (S. 664) im gleichnamigen Nationalpark erklimmen, in dem sich auch ein noch aktiver (nicht begehbarer) Vulkan befindet

6 In **Tzintzuntzan** (S. 688) auf den Lago de Pátzcuaro blicken und die mystischen, halbverlassenen Tarascan-Ruinen besichtigen

7 In **Tequila** (S. 655) die vielen Brennereien besuchen und Mexikos berühmtestes Getränk an seinem Ursprungsort probieren

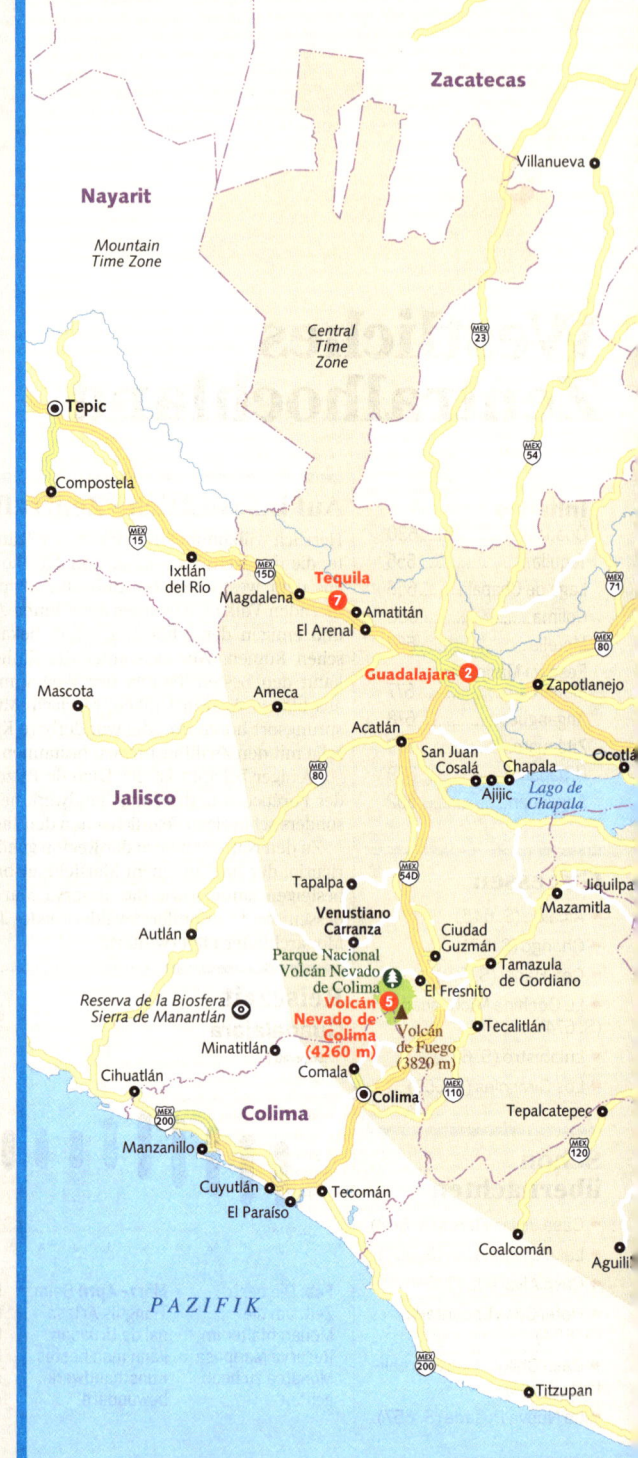

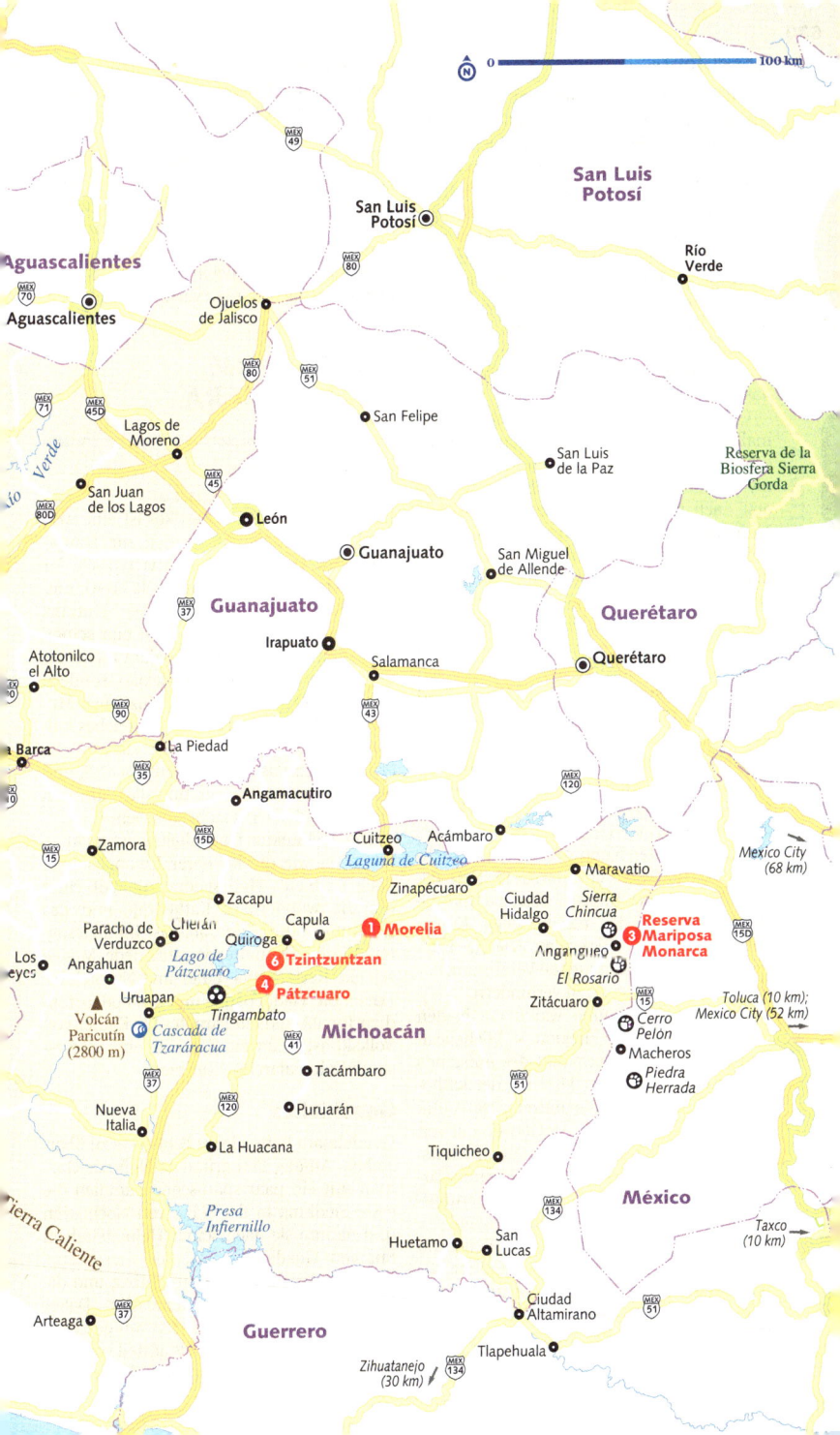

Geschichte

Für die Maya und Azteken war das westliche Zentralhochland zu weit entfernt, um unter ihren Einfluss zu geraten, doch im 14. bis 16. Jh. entwickelte das Volk der Tarasken im Norden des heutigen Bundesstaates Michoacán eine blühende prähispanische Kultur. Als die Azteken sie entdeckten und angriffen, konnten die Tarasken sie dank ihrer Kupferwaffen besiegen. Westlich von Taracan lebten ihre Feinde, die Chimalhuacán, in vier indigenen Königreichen, die noch heute in den Staaten Jalisco, Colima und Nayarit bestehen. Im Norden befand sich das Reich der Chichimeken.

Colima, das führende Königreich der Chimalhuacán, wurde 1523 von den Spaniern erobert. Allerdings erlangten die Spanier die vollständige Herrschaft über das Gebiet erst nach den Feldzügen des berüchtigten Nuño de Guzmán, der von 1529 bis 1536 die indigene Bevölkerung von Michoacán bis in den Norden von Sinaloa foltern, töten und versklaven ließ. Sein grausiges Vorgehen machte ihn nicht nur reich, sondern auch zum Gouverneur des von ihm eroberten Landes, jedoch nur, bis die Nachricht von seinen Kriegsverbrechen das Heimatland erreichten. 1536 wurde er zurück nach Spanien beordert und dort eingesperrt.

Die fruchtbare Region entwickelte sich zu einem Zentrum der Vieh- und Landwirtschaft, und die 1542 gegründete Stadt Guadalajara wurde zur „Hauptstadt des Westens". Die Kirche unter Nuño de Guzmáns Nachfolger Bischof Vasco de Quiroga förderte die Gründung kleiner Industriebetriebe und die Wiederbelebung des traditionellen Kunsthandwerks in den Dörfern am Lago de Pátzcuaro, um die fortschreitende Verarmung der indigenen Bevölkerung zu verhindern.

In den 1920er-Jahren waren die beiden größten Staaten der Region – Michoacán und Jalisco – Ausgangspunkt des Aufstands der Cristeros, die unter Führung der katholischen Kirche gegen die antireligiöse Politik der Regierung kämpften. Als Gouverneur von Michoacán (1928–1932) und späterer Staatspräsident (1934–1940) setzte Lázaro Cárdenas Reformen durch, die die regierungsfeindlichen Aufständischen besänftigten.

Heute befinden sich in Jalisco, Michoacán und in geringem Maße auch in Colima die meisten Rohstoffe Mexikos, vor allem Holz und Mineralstoffe, die Staaten sind aber Zentren der Vieh- und Landwirtschaft. Außerdem verfügt Jalisco über viel Industrie

und Colima hat einen der höchsten Lebensstandards des Landes. Das war aber nicht immer so, denn ein Großteil der Bewohner dieser Staaten wanderten zu den Arbeitsplätzen in den USA ab. Allein aus Michoacán emigrierte fast die Hälfte der Bevölkerung und schickte regelmäßig Geld in Höhe von mehr als 2 Mrd. US$ nach Hause. Doch der wirtschaftliche Abschwung und verschärfte Einwanderungsgesetze in den USA scheinen den Strom nach Norden verringert zu haben.

GROSSRAUM GUADALAJARA

Guadalajara

☑ 33 / 1,5 MIO. EW. / HÖHE: 1566 M

Die zweitgrößte Stadt Mexikos ist eine weit weniger hektische Alternative zur Hauptstadt des Landes. Vieles, was typisch für Mexiko ist – wie Mariachi-Musik, breitkrempige Sombreros, mexikanischer Huttanz und *charreadas* (Rodeos) – hat hier seinen Ursprung. Und so ist Guadalajara nicht nur die Vorhut des modernen Mexiko, sondern auch ein Wächter des alten. Unzählige Museen und Theater sorgen für ein reiches kulturelles Leben, die schon legendäre Küche erhält durch Fusion den letzten Schliff, und weitsichtige Stadtplaner tun alles, um den Verkehr in den Griff zu bekommen.

Die Architektur Guadalajaras ist nicht so homogen wie die kleinerer Kolonialstädte, doch es bietet eine schöne Altstadt rund um die wunderbare Kathedrale und das Instituto Cultural de Cabañas. Im angesagten Viertel Chapultepec gibt's jede Menge schicke Restaurants, Cafés und Nachtclubs. Das noble Tlaquepaque und das bodenständige Tonalá sind ein Paradies für Käufer von Volkskunst, während Zapopan eine interessante Kolonialarchitektur bietet.

Geschichte

Guadalajara hatte einige Fehlstarts zu überstehen. Anfang 1531 gründete Nuño de Guzmán mit ein paar spanischen Familien die erste Siedlung in der Nähe von Nochixtlán und nannte sie nach seiner Heimatstadt in Spanien Guadalajara. Wasser war knapp, das Land trocken und unfruchtbar, und die Ureinwohner natürlich feindselig. Daher zogen die Siedler im Mai 1533 weiter in das Dorf Tonalá, das heute ein Stadtteil von Guadalajara ist. Guzmán mochte Tonalá nicht, und verlegte die Siedlung deshalb einige Jahre später nach Tlacotán. 1541 wurde der Ort von einer Gruppe von Volksstämmen unter Führung des Häuptlings Tenamaxtli angegriffen und schwer zerstört. Die Überlebenden flohen in das Tal von Atemajac und gründeten eine neue Siedlung neben dem San Juan de Dios Creek, an dessen Stelle heute die Calzada Independencia verläuft. Damit wurde das heutige Guadalajara schließlich am 14. Februar 1550 an der Stelle des heutigen Teatro Degollado gegründet.

Guadalajara blühte auf und wurde 1559 zur Hauptstadt der Provinz Nueva Galicia erklärt. Die Stadt inmitten einer fruchtbaren Agrarregion entwickelte sich rasch zu einem der wichtigsten Zentren des kolonialen Mexiko. Außerdem wurde sie zu einem wichtigen Ausgangspunkt für weitere spanische Expeditionen und Missionen im Westen und Norden von Nueva España und sogar bis zu den Philippinen. Miguel Hidalgo, einer der führenden mexikanischen Unabhängigkeitskämpfer, bildete Ende 1810 eine Revolutionsregierung in Guadalajara, die jedoch schon im nächsten Jahr in der Nähe der Stadt besiegt wurde. Nur wenige Monate später wurde Hidalgo in Chihuahua gefangengenommen und hingerichtet. Guadalajara war auch während des Reformkriegs (1857–1861) und der mexikanischen Revolution 1915 Schauplatz schwerer Gefechte.

Doch trotz der kriegerischen Auseinandersetzungen war das 19. Jh. auch eine Zeit des wirtschaftlichen, technischen und sozialen Wachstums, sodass Gualdajara Ende des 19. Jhs. Puebla als zweitgrößte Stadt Mexikos verdrängt hatte. Seit dem Zweiten Weltkrieg ist die Einwohnerzahl rasant gestiegen, und die Stadt ist heute ein wichtiges Wirtschafts-, Industrie- und Kulturzentrum sowie der Hightech- und Kommunikationsbrennpunkt für die nördliche Hälfte Mexiko.

⊙ Sehenswertes

⊙ Plaza de Armas & Umgebung

★ Catedral de Guadalajara   KATHEDRALE
(Catedral de la Asunción de María Santísima; Karte S. 638; ☎ 33-3613-7168; www.facebook.com/catedralguadalajara.org; Av Alcalde 10, zw. Morelos & Av Hidalgo; ⊙ 7.30–20.30 Uhr) **GRATIS** Die Kathedrale ist das bedeutendste Wahrzeichen der Stadt. Die weithin sichtbaren neogotischen Türme wurden 1816 errichtet, nachdem die ursprünglichen Türme bei einem Erdbe-

ben zerstört worden waren. Die Kathedrale selbst wurde von 1561 bis 1618 erbaut und ist damit fast so alt wie die Stadt. Wer zur richtigen Zeit in der Kathedrale ist, kann sehen, wie das Licht durch die Buntglasfenster auf das Letzte Abendmahl über dem Altar fällt und einem Orgelspieler unter dem Dach zuhören. Den Innenraum schmücken massive vergoldete Säulen im toskanischen Stil und 11 reich verzierte Seitenaltare, die König Ferdinand VII von Spanien (1784–1833) der Stadt vermachte.

Zu der Kirche gehört auch eine gotische **Krypta** (Karte S. 638; ⊙ Mo–Sa 10.30–14 & 16.30–19, So 9–11 & 13.30–20.30 Uhr), in der drei Erzbischöfe begraben sind. Der Glaskasten aus dem 18. Jh., der neben dem Westeingang steht, enthält eine sehr populäre Reliquie, nämlich die eingewachsten Überreste der Heiligen Innozenzia, die den Märtyrertod starb. In der Sakristei, die einer der Mitarbeiter auf Wunsch öffnet, hängt *La Asunción de la Virgen* des spanischen Malers Bartolomé Murillo von 1650. Genau wie der Palacio de Gobierno in der Stadt ist auch die Kathedrale ein Stilmix mit Elementen des Barocks, des Churriguerismus (spanischer Spätbarock) und des Neoklassizismus.

Palacio de Gobierno   GEBÄUDE
(Karte S. 638; ☎ 33-3668-1808; Av Corona 43, zw. Morelos & Moreno; ⊙ Di–Sa 10–18, So 10–15 Uhr) **GRATIS** In dem goldfarbenen Palacio de Gobierno von 1774 befinden sich die Büros der Staatsregierung von Jalisco. Besonders sehenswert sind die zwei Wandgemälde des örtlichen Künstlers José Clemente Orozco (1883–1949). Gleich im Treppenhaus ist das 400 m² große Bild von Miguel Hidalgo von 1937 zu sehen. Darauf hält Hidalgo eine brennende Fackel in der geballten Faust, während die Massen zu seinen Füßen gegen die beiden Feinde Kommunismus und Faschismus kämpfen.

Das zweite Gemälde befindet sich im Ex Congreso (dem früheren Kongresssaal) oben rechts. Es zeigt Hidalgo mit Benito Juárez und weiteren historischen Persönlichkeiten. Das ausgezeichnete **Multimediamuseum** im Erdgeschoss erzählt die Geschichte von Jalisco und seiner Hauptstadt, wobei die Erläuterungen meist in Spanisch sind.

Plaza Guadalajara   PLAZA
(Karte S. 638) Westlich der Kathedrale liegt die Plaza Guadalajara im Schatten akkurat geschnittener Lorbeerbäume. Hier gibt's einige schöne Cafés mit Blick auf die Kathe-

Großraum Guadalajara

5 km

N

ZAPOPAN

Basílica de Zapopan

CHAPALITA

TONALÁ

TLAQUEPAQUE

Río Verde

Río Grande de Santiago

Anillo Periférico

Av Tonaltecas

Calz Río Nilo

Autopista Guadalajara Zapotlanejo

Av Tonalá

Paseo del Zoológico

Calz Obrero

Av de la Cruz

Calz Independencia

Domínguez

Circunvalación

Av Alcalde

Av 16 de Septiembre

Av Federalismo

Av Camacho

Av de las Américas

Av López Mateos

Av Acueducto

Av de la Patria

Av Vallarta

Av Vallarta

Av Guadalupe

Av Tepeyac

Av de la Patria

Av López Mateos Sur

Av Otero

Av Cruz del Sur

Av Colón

Av 8 de Julio

Av de Julio

Calz Cárdenas

Calz Curiel

Calz Legazpi

Calz Gallo

Dr Michel

Calz Cárdenas

Blvd Barragán

Calz Revolución

Av Javier Mina

San Jacinto Plutarco Elías Calles

Av Giantes

Av Oso

Av Presa de

Anillo Periférico

s. Karte Guadalajara Zentrum (S. 638)

s. Karte Tlaquepaque (S. 644)

s. Karte Chapultepec (S. 646)

Aeropuerto Internacional Miguel Hidalgo (12 km)

Tequila (50 km); Tepic (215 km)

Großraum Guadalajara

◉ Highlights
1 Basílica de Zapopan................................C1

◉ Sehenswertes
2 Museo de Arte de Zapopan....................C1
  Museo de Arte Huichol
  (Wixárika)...................................(siehe 2)
3 Museo Nacional de la Cerámica............G4
4 Straßenmarkt Tonalá G4

◉ Aktivitäten, Kurse & Touren
5 José Cuervo Express D3

◉ Schlafen
6 Casa Pedro Loza D2

◉ Essen
7 Alcalde..C2
8 Fonda Doña Gabina Escolatica C1
9 I Latina..C3
10 Lulabistro..C3
11 Taco La Paz D3

◉ Unterhaltung
12 Campo Charro Jalisco...........................D3
13 Teatro Diana...D3

◉ Transport
14 Antigua Central Camionera..................D3
15 Nueva Central Camionera F4

drale, und Tag und Nacht wimmelt es hier nur so von Menschen. An der Nordseite steht der **Palacio Municipal** (Rathaus; Karte S. 638; Av Hidalgo 400; ⊙ Mo–Fr 10–19 Uhr) GRATIS. Er wurde zwar erst von 1949 bis 1952 erbaut, sieht aber wesentlich älter aus. Über der großen Treppe im Inneren prangt ein düsteres Wandgemälde von Gabriel Flores, das die Gründung von Guadalajara zeigt.

Teatro Degollado   THEATER
(Karte S. 638; ☎ 33-3614-4773; www.facebook.com/TeatroDegollado; Degollado; ⊙ Besichtigung Mo–Fr 12–14 Uhr) GRATIS Mit dem Bau des klassizistischen Theaters, das die Philharmonie von Guadalajara beherbergt, wurde 1855 begonnen, doch fertiggestellt war es erst 40 Jahre später. Das Mosaik im Giebeldreieck über den korinthischen Säulen zeigt Apollo mit den neun Musen.

Museo Regional de Guadalajara   MUSEUM
(Karte S. 638; ☎ 33-3613 2703; Liceo 60; Erw./Student & Kind 55 Mex$/frei; ⊙ Di–Sa 9–17.30, So 9–16.30 Uhr) Im bedeutendsten Museum der Stadt wird versucht, die Geschichte von Guadalajara und seiner Umgebung von der Vorgeschichte bis zur Revolution anhand von chaotischen, einsprachig beschrifteten Ausstellungsstücken in zumeist verschlossenen Räumen zu zeigen. Im Erdgeschoss befindet sich die naturkundliche Sammlung, in deren Mittelpunkt ein wahrlich beeindruckendes Mammutskelett von 10 000 v. Chr. steht. In weiteren Ausstellungen wird das Leben der Ureinwohner erläutert und eine hervorragende Sammlung prähispanischer Keramik und anderer Fundstücke aus einem Schachtgrab von 600 v. Chr. gezeigt.

Das obere Stockwerk des Museums ist den Gemälden der Kolonialzeit gewidmet, die zumeist die spanische Eroberung, aber auch religiöse Allegorien darstellen. Zudem gibt es noch einen Revolutionsflügel und Ausstellungen zur Kultur der indigenen Huicholen. Sehenswert ist auch die Architektur des Gebäudes, das rund um einen prachtvollen, doppelten Innenhof mit schattigen Bäumen und einem Springbrunnen errichtet wurde.

Plaza de la Liberación   PLAZA
(Karte S. 638) Der riesige Platz östlich der Kathedrale war das Lieblingsprojekt eines Stadtplaners in den 1980er-Jahren. Er ließ zwei ganze Häuserblocks abreißen und pflasterte die freie Fläche mit Betonplatten zu.

Auf der Nordseite der Plaza liegt neben dem Museo Regional de Guadalajara der **Palacio Legislativo** (Karte S. 638; República). Die massiven Steinsäulen im Inneren des Palastes machen den Ort, an dem der Kongress tagt, zu etwas ganz Besonderem. Auf der Calle Belén befindet sich der **Palacio de Justicia** (Gerichtsgebäude; Karte S. 638; Belén). Er wurde 1588 erbaut und war zunächst Guadalajaras erstes Nonnenkloster. Das Wandgemälde im Treppenhaus von Guillermo Chávez aus dem Jahr 1965 zeigt legendäre mexikanische Gesetzgeber, u. a. Benito Juárez.

Rotonda de los Jaliscenses Ilustres   DENKMAL
(Rotunda der Berühmtheiten von Jalisco; Karte S. 638; Av Hidalgo zw. Av Alcalde & Liceo) Die „Hall of Fame" an der Nordseite der Kathedrale besteht aus 30 Bronzestatuen berühmter Schriftsteller, Architekten und Revolutionäre aus Jalisco. Als einzige Frau ist Rita Pérez Jiménez (1779–1861) vertreten, eine Heldin des Unabhängigkeitskrieges. Einige der hier Dargestellten sind auch unter dem runden, mit Säulen umgebenen Pavillon in der Mitte der Rotunda begraben.

EINEN BLICK AUF OROZCO WERFEN

Lange vor Banksy und der Wiederauferstehung der politischen Straßenkunst schufen mexikanische Künstler riesige Wandbilder in kraftvollen Farben und brachten damit ihre revolutionäre Gesinnung als Teil des Freiheitskampfes zum Ausdruck. Dabei erlangte Guadalajara eine ganz besondere Bedeutung. Als Gründervater des mexikanischen *muralismo* gilt allgemein der in Guadalajara geborene Künstler Gerardo Murillo (1875–1964), der seine Werke mit „Dr Atl" signierte. Einer seiner ersten und bedeutendsten Schüler war José Clemente Orozco (1883–1949), der aus dem nahegelegenen Ciudad Guzmán stammte.

Zusammen mit Diego Rivera und David Alfaro Siqueiros gehört Orozco zu den „Großen Drei" der mexikanischen Wandmalerei. Für viele ist er auch der originellste. Mit energischen Pinselstrichen malte er leidenschaftliche, oft gepeinigte Figuren und polemisierte mit lebhaftem Symbolismus. Die Werke von Orozco zieren Treppenhäuser, Decken und öffentliche Flächen in Großstädten von Mexico City bis New York, doch die meisten und persönlichsten Wandbilder finden sich in Guadalajara, darunter vor allem die folgenden:

Instituto Cultural de Cabañas In dem UNESCO-Weltkulturerbe malte Orozco von 1937 bis 1939 insgesamt 57 Wandbilder, darunter das kaleidoskopische *Hombre del Fuego*.

Palacio de Gobierno (S. 631) Die packende Darstellung von Miguel Hidalgo mit der brennenden Fackel von 1939 im Regierungsgebäude lässt die Besucher im großen Treppenhaus innehalten.

Museo de las Artes In dem Kunstmuseum gegenüber der Universität sind zwei seiner Werke zu bewundern. *El Hombre Creador y Rebelde* (Schöpfer und Rebell) in der Kuppel der Festhalle und *El Pueblo y Sus Falsos Líderes* (Das Volk und seine falschen Führer) im Hintergrund der Bühne.

Casa-Taller Orozco Hier befindet sich *La Buena Vida* (Das gute Leben) von 1945, eine untypisch fröhliche Studie eines Kochs mit einem Fisch.

Museo de Arte Sacro de Guadalajara
MUSEUM

(Karte S. 638; ☏ 33-3613-6706; www.museodeartesacro.com.mx; Liceo 17, zw. Morelos & Av Hidalgo; Erw./Kind 20/10 Mex$; ☉ Di–Sa, So 10–14 Uhr) Die religiöse Sammlung im Ostflügel der Kathedrale ist voller düsterer, unheimlicher Kunstwerke aus dem 17. und 18. Jh., darunter auch einige spektakuläre Schätze wie Kelche, Monstranzen und Kleidungsstücke.

Galería Jorge Martínez
GALERIE

(Karte S. 638; ☏ 33-3613-2362; Belén 120; ☉ Mo–Fr 10–19, Sa 11–13 Uhr) GRATIS Es lohnt sich, immer mal wieder die interessante, moderne Kunstgalerie aufzusuchen, um zu sehen, ob es gerade eine Ausstellung gibt, denn die Galerie hat keine Dauerausstellung. Sie befindet sich neben der besten Kunstschule in Guadalajara, die zur Universität der Stadt gehört und die von der Galerie auch unterstützt wird.

☉ Östlich der Plaza de Armas

★**Instituto Cultural de Cabañas** MUSEUM
(Karte S. 638; ☏ 33-3668-1645; http://hospicio cabanas.jalisco.gob.mx; Cabañas 8; Erw./Student 70/20 Mex$, Di frei; ☉ Di–So 10–18 Uhr) Das imposante Gebäude am Ostende der spektakulären Plaza Tapatía ist eines der Wahrzeichen von Guadalajara und gehört seit 1997 auch zum UNESCO-Welterbe. Die Decke und die Kuppel der bezaubernden klassizistischen **Capilla Mayor** (Hauptkapelle) sind mit einer Reihe ungewöhnlich modernistischer Wandgemälde von José Clemente Orozco geschmückt, die zu seinen Meisterwerken und den wichtigsten Sehenswürdigkeiten der Stadt zählen. In dem Gebäude befinden sich noch weitere 340 Gemälde von Orozco sowie Werke der führenden zeitgenössischen Künstler aus ganz Mexiko.

Das wunderbare Gebäude mit seinen unzähligen überwölbten Innenhöfen wurde 1805–1810 von Bischof don Juan Cruz Ruiz de Cabañas nach Plänen des spanischen Architekten Manuel Tolsá errichtet. Zunächst war es 150 Jahre lang ein Waisenhaus und Invalidenheim, in dem zeitweise bis zu 500 Kinder lebten.

Als einer der großen Drei der mexikanischen Muralistenbewegung stellte Orozco von 1937 bis 1939 den archetypischen Kampf um die Freiheit in 57 wunderbaren Wandgemälden dar, die bis heute die Kuppel der

Kapelle im Inneren des Gebäudes zieren. Die Gemälde, die allgemein als seine besten Werke gelten, zeigen das prähispanische Jalisco und die Eroberung in düsteren, furchterregenden und sehr modernen Bildern von Feuer, Waffen, zerbrochenen Ketten, Blut und Gebeten. Angesichts des zeitlichen Hintergrunds dienten die Gemälde eindeutig als Warnung vor dem Faschismus und allen anderen Kräften, die die Menschlichkeit der Macht und Herrschaft opfern. Für die Besucher stehen Bänke bereit, damit sie die Gemälde im Liegen betrachten können. Es gibt regelmäßige kostenlose Führungen in einem halben Dutzend Sprachen (auch Englisch).

Plaza Tapatía
PLAZA

(Karte S. 638) Der extrem weite und leicht erhöhte Platz ist den Fußgängern vorbehalten. Er erstreckt sich über mehr als 500 m östlich des Teatro Degollado bis zum Instituto Cultural de Cabañas. Sonntags findet hier immer ein Markt statt, wo die Einheimischen günstiges Kunsthandwerk kaufen, (an Straßenständen und in Cafés) essen, den Straßenkünstlern zuschauen oder sich auf den Rändern der plätschernden Springbrunnen ausruhen.

Plaza de los Mariachis
STRASSE

(Karte S. 638) In dieser Straße südlich der Avenida Javier Mina und des Mercado San Juan de Dios (S. 643) wurde die Mariachi-Musik geboren. Tagsüber ist sie eine ganz normale Straße in der Fußgängerzone, die von bezaubernden alten Gebäuden gesäumt ist, vor denen ein paar Plastiktische und Stühle draußen stehen, und wo einzelne Mariachi-Musiker mit dem Handy telefonieren oder darauf warten, von jemandem gebucht zu werden. Ganz anders nachts, wenn die Straße zum Leben erwacht, das Bier in Strömen fließt und Bands die Wünsche der Zuhörer spielen (ab 100 Mex$/Lied).

⊙ Westlich der Plaza de Armas

An der Kreuzung von Avenida Juárez und Av Federalismo westlich des Zentrums liegt der kleine grüne **Parque Revolución**, ein Paradies für Inline-Skater und Mittelpunkt des sonntäglichen Vía Recreativa (S. 652).

Museo de las Artes
MUSEUM

(MUSA; Karte S. 638; ☏ 33-3134-1664; www.musa.udg.mx; Av Juárez 975; ⊙ Di–So 10–18 Uhr) GRATIS Das Kunstmuseum drei Häuserblocks westlich des Parque Revolución ist in einem Gebäude der französischen Renaissance von

1917 untergebracht, das früher das Verwaltungsgebäude der Universität von Guadalajara war. Besonders sehenswert ist das **Paraninfo** (Auditorium) im 1. Stock, dessen Bühnenhintergrund und Kuppel riesige Wandgemälde in starken Farben von Orozco schmücken. In den restlichen insgesamt 14 Galerien finden gut gemachte Wechselausstellungen zur modernen Kunst Mexikos statt.

Templo Expiatorio del Santísimo Sacramento
KIRCHE

(Karte S. 638; ☏ 33-3825-3410; Madero 935; ⊙ 7–22 Uhr) Die schöne neogotische Kirche wurde von 1897 bis 1972 errichtet. Mit ihren riesigen Steinsäulen, 15 m hohen Buntglasfenstern über dem Altar und dem mehrfarbigen Glockenturm dominiert sie das Stadtviertel. Das Glockenspiel mit 25 Glocken spielt nicht nur religiöse Musik, sondern auch populäre Songs und Volksmusik. Zu jeder vollen Stunde öffnet sich eine Tür im Glockenturm und die 12 Apostel kommen heraus. Am besten zu beobachten ist das Spektakel vom Parque Expiatorio südlich davon.

Casa-Taller Orozco
GALERIE

(Haus und Atelier von Orozco; Karte S. 646; ☏ 33-3616-8329; https://sc.jalisco.gob.mx/patrimonio/casas-de-la-cultura/casa-taller-jose-clemente-orozco; Aceves 27; ⊙ Di–Sa 12–18 Uhr) GRATIS Im ehemaligen Atelier, das der berühmte Künstler nur kurz in den 1940er-Jahren nutzte, finden heute Wechselausstellungen statt. In der Eingangshalle immer zu sehen ist *La Buena Vida* (Das gute Leben), ein ungewöhnlich fröhliches Wandgemälde von Orozco, das er 1945 im Auftrag des Turf Club in Mexico City schuf. Bevor man sich auf den Weg zum Museum macht, sollte man unbedingt vorher anrufen, denn die Öffnungszeiten werden sehr flexibel gehandhabt.

⊙ Zapopan

Der schicke moderne Mittelklasse-Vorort liegt knapp 10 km nordwestlich des Zentrums. Es gibt ein paar interessante Sehenswürdigkeiten rund um den Hauptplatz **Plaza de las Americas**, der aber auch einfach nur zum Entspannen einlädt. Dabei kann man auch das Kommen und Gehen der vielen Gläubigen und Verkäufer von religiösen Gegenständen beobachten. Nach Einbruch der Dunkelheit gehört der Platz wieder den Einheimischen, die unzähligen Bars und Restaurants drehen die Musik lauter und das Bier fließt in Strömen.

Vom Zentrum Guadalajaras fahren alle Busse mit Fahrtziel Zapopan hierher (z. B. Bus 275 oder TUR-Bus 706). Die Busse fahren in der Avenida 16 de Septiembre und ihrer Verlängerung Avenida Alcalde Richtung Norden. Die Haltestelle ist in der Avenida Hidalgo nördlich der Basílica de Zapopan. Die Fahrt dauert rund 40 Minuten. Ein Taxi vom Zentrum kostet etwa 120 Mex$.

★ **Basílica de Zapopan**　　KATHEDRALE
(Karte S. 632; ☑ 33-3633-0141; Eva Briseño 152; ☺ 9–20 Uhr) Eine der wichtigsten Kirchen der Stadt ist die Basílica de Zapopan, die 1730 erbaut wurde und die *Nuestra Señora de Zapopan* beherbergt, eine kleine Jungfrauenstatue, die das ganze Jahr über von Pilgern besucht wird. Seit 1734 versammeln sich am 12. Oktober Tausende kniender Gläubiger, um hinter der Statue her zu kriechen, während sie von Guadalajaras Kathedrale nach Zapopan getragen wird. Die Pilger begeben sich dann auf einen letzten Weg durch das Kirchenschiff der Basilika, um vor dem Altar um Gnade zu bitten.

Museo de Arte Huichol (Wixarika)　　MUSEUM
(Karte S. 632; ☑ 33-1112-8247; Eva Briseño 152; Erw./Kind 10/5 Mex$; ☺ Mo–Sa 10–18, So 9–15.30 Uhr) Das kleine, überraschend lehrreiche Museum zeigt eine bemerkenswerte Sammlung von Artefakten der Huicholen (oder Wirrá'ika bzw. Wixarika), die für ihre farbenfrohen Textilien, Perlenkunstwerke und Peyote-Rituale bekannt sind. Von der Geburt bis zum Tod zeigt das Museum alle Aspekte ihrer Kultur anhand von Alltagsgegenständen und Fotografien. Außerdem gibt's einen ausgezeichneten Museumsshop. Das Museum befindet sich auf Gelände der Basílica de Zapopan rechts neben der Kirche.

Museo de Arte de Zapopan　　MUSEUM
(MAZ; Karte S. 632; ☑ 33-3818-2575; www.mazmuseo.com; Andador 20 de Noviembre No 166; ☺ Di–So 10–18, Do bis 22 Uhr) GRATIS Einen Block östlich der südöstlichen Ecke der Plaza de las Américas in Zapopan liegt das MAZ, das sich der modernen Kunst verschrieben hat. In vier blitzblanken, minimalistischen Galerien sind wechselnde Ausstellungen zu sehen, die Werke von Diego Rivera, Frida Kahlo und führenden zeitgenössischen mexikanischen Künstlern zeigen. Viele der Ausstellungen sind interaktiv, und das Museum dient mitunter auch als Veranstaltungsort für diverse kulturelle Aktivitäten.

◉ **Tlaquepaque**

Obwohl es weniger als 8 km südöstlich vom Zentrum Guadalajaras entfernt ist, wirkt Tlaquepaque, das offiziell San Pedro Tlaquepaque heißt, wie ein kleines abgelegenes Dorf oder Kolonialstädtchen im Nirgendwo. Doch Tlaquepaque ist nicht nur hübsch anzusehen. Hinter den pastellfarbenen Mauern der alten Herrenhäuser in den engen kopfsteingepflasterten Straßen leben viele Kunsthandwerker, die ihre Holzschnitzereien, Skulpturen, Möbel, Schmuckstücke, Lederarbeiten und vor allem Keramiken in und rund um die Calle Independencia in der Fußgängerzone verkaufen. Dabei sind die Läden hier schicke Boutiquen im Vergleich zu den eher provisorischen Läden und Ständen in Tonalá.

Der Hauptplatz **Jardín Hidalgo** ist voller grüner Bäume und üppig blühender Blumen. Die Bänke rund um den Brunnen sind immer voll besetzt. Das Essen ist sehr gut, aber ein Bummel über den Platz ist noch viel besser – vor allem bei Sonnenuntergang, wenn der Himmel hinter der weißen Kuppel der prachtvollen Basilika orange und rotglühend leuchtet. Dann zieht es die Familien auf die Straße, um das letzte Tageslicht auszukosten und den *voladores* (den „fliegenden Männern" von Papantla) zuzusehen, die meist zwischen 15 und 16 Uhr an einer 30 m hohen Stange auf dem Platz ihre spektakulären Kunststücke zeigen.

Bei der Kreuzung von Av Juárez und Calle Progresso befindet sich ein praktischer und hilfreicher **Stand der Touristeninformation** (Karte S. 644; ☑ 33-1057-6212; Ecke Av Juárez & Calle Progresso; ☺ Mo–Fr 9–20, Sa & So 10–19 Uhr) gegenüber dem El Parián (S. 647). An dem Stand gibt's reich bebilderte Stadtpläne des Viertels.

Um nach Tlaquepaque zu kommen, nimmt man aus Guadalajaras Zentrum den Bus 275 B, 330 oder 647 (7 Mex$). Der türkisfarbene 706 TUR-Bus mit der Aufschrift „Tonalá" hat eine Klimaanlage und ist etwas komfortabler (12 Mex$). Alle Busse fahren aus Guadalajara von der Avenida 16 de Septiembre zwischen López Cotilla und Madero ab, die Fahrt dauert etwa 20 Minuten. Wenn man sich Tlaquepaque nähert, sollte man nach dem Backsteinbogen und dem darauf folgenden Kreisverkehr Ausschau halten, denn am nächsten Stop steigt man am besten aus. Auf der linken Seite der Straße befindet sich die Straße Independencia, die einen ins Zentrum Tlaquepaques bringt.

Museo Pantaleón Panduro MUSEUM
(Museo Premio Nacional de la Cerámica; Karte
S. 644; ☑ 33-3639-5646; www.premionacionaldela
ceramica.com/museo-pantaleon-panduro; Sánchez
191; ⊙ Di–So 10–17 Uhr) GRATIS Die hervorragende Sammlung von mehr als 500 Stücken zur
mexikanischen Volkskunst ist in einer ehemaligen Mission untergebracht. Die schön
präsentierten Ausstellungsstücke reichen
von winzigen Figurinen bis zu riesigen,
leicht verbrannten Urnen und anderen Keramiken aus dem ganzen Land. Unter den
Keramiken befinden sich auch viele preisgekrönte Stücke.

Museo Regional de la Cerámica MUSEUM
(Karte S. 644; ☑ 33-3635-5404; Independencia
237; ⊙ Di–Sa 10–17.45, So 11–16.45 Uhr) GRATIS Das
Museum befindet sich in einem grandiosen
alten Adobegebäude mit Steinarkaden und
uralten Bäumen im Hof. Die relativ kleine
Ausstellung zeigt die verschiedenen Stile
und Tonsorten, die in Jalisco und Michoacán verwendet wurden. Zu sehen sind auch
eine komplett ausgestattete alte Küche und
ein alter Webstuhl, an den sich jeden Tag um
11 Uhr ein Weber setzt. Außerdem gibt's einen ausgezeichneten Museumsshop.

◉ Tonalá

In diesem staubigen, betriebsamen Vorort ca. 17 km südöstlich des Zentrums von
Guadalajara leben viele Kunsthandwerker.
An ein paar lässigen, einladenden Ver-
kaufsräumen und an den Cafés, die überall
in der Stadt neu eröffnen, sieht man, wie
Tonalá beginnt, Tlaquepaque den Rang ab-
zulaufen. Trotzdem hat sich der Ort bisher
angenehme Ecken und Kanten bewahrt. Es
macht Spaß, durch die dunklen, staubigen
Läden und Werkstätten zu tingeln und nach
Glas- und Keramikwaren, Möbeln, Masken,
Spielzeug, Schmuck, handgemachter Seife
usw. Ausschau zu halten. Alles, was es in
Tlaquepaque zu kaufen gibt, wird hier um
einiges günstiger angeboten, was vor allem
Großhändler aus der ganzen Welt anzieht.

Die Mitarbeiter der **Touristeninformation** (☑ 33-3586-6062; Morelos 180; ⊙ Mo–Fr
9–15 Uhr) in Tonalá informieren über zwei-
bis dreistündige **Stadtspaziergänge** (gegen Spende), bei denen man auch Tonalás
Werkstätten für Kunsthandwerk besucht.
Die Touren sind auf Englisch und Spanisch,
müssen aber einige Tage im Voraus per E-

KOLONIALE KIRCHEN

Im Zentrum von Guadalajara stehen Dutzende großer und kleiner Kirchen. Die schönsten
und interessantesten sind im Folgenden genannt. Die Kirchen sind meist von 7 oder 9.30
Uhr bis gegen 13 Uhr und von 16 oder 17 Uhr bis 20 oder 20.30 Uhr geöffnet.

Der **Templo de Nuestra Señora del Carmen** (Karte S. 638; Ecke Avenida Juárez & Calle
8 de Julio; ⊙ 9.30–12.45 & 16.30–18.45 Uhr), an einem kleinen Platz, ist im Grund eine Kapelle
aus dem 17. Jh., die in den 1860er-Jahren zur heutigen Form umgebaut wurde. Sie enthält
Unmengen von Blattgold, alten Gemälden und Wandmalereien in der Kuppel. Weiter im
Zentrum ist die kunstvoll verzierte **Templo de la Merced** (Karte S. 638; Ecke Calle Loza &
Av Hidalgo; ⊙ 7–20 Uhr), der 1650 erbaut wurde. Das Innere ist ebenfalls voller Blattgold,
großer Gemälde und kristallenen Kronleuchtern. Ein Block nordöstlich der Plaza de la
Liberación steht der nicht sehr bemerkenswerte **Templo de Santa María de Gracia**
(Karte S. 638; Ecke Carranza & República; ⊙ 7–13 & 17–20 Uhr) mit einem eher nüchternen
Innenraum. Diese Kirche war die erste Kathedrale der Stadt (1549–1618). Südlich des
Wahrzeichens Teatro Degollado erhebt sich an der Plaza de la Liberación der barocke
Templo de San Agustín (Karte S. 638; Morelos; ⊙ 11–13 & 17–20 Uhr). Die ganz in Gold und
Weiß gehaltene Kirche ist eine der ältesten und schönsten der Stadt. Die Gottesdienste
in der 1726 erbauten Kirche **Templo Santa Eduviges** (Karte S. 638; Calle Abascal y Souza;
⊙ 7–13 & 17–20 Uhr) sind immer gut besucht und über allem schwebt der Duft von verbrann-
tem Sandelholz. Die Kirche ist an der Ostseite des Mercado San Juan de Dios.

Der kleine **Templo de Aranzazú** (Karte S. 638; Av 16 de Septiembre 20; ⊙ 6–13 &
16–20.40 Uhr) ist vielleicht die schönste Kirche der Stadt. Erbaut wurde sie von 1749 bis
1752 und hat gleich drei irrsinnig verzierte goldene Altäre im Stil des Churriguerismus
(spanischer Barock) und eine schöne Gewölbedecke. Genau gegenüber steht der größere, aber weniger eindrucksvolle **Templo de San Francisco de Asís** (Karte S. 638; Ecke
Sánchez & Av 16 de Septiembre; ⊙ 9.30–13 & 14–18 Uhr), mit dessen Bau die Franziskaner in
den 1660er-Jahren begannen. Die Kirche hat vor allem schöne Buntglasfenster.

Guadalajara Zentrum

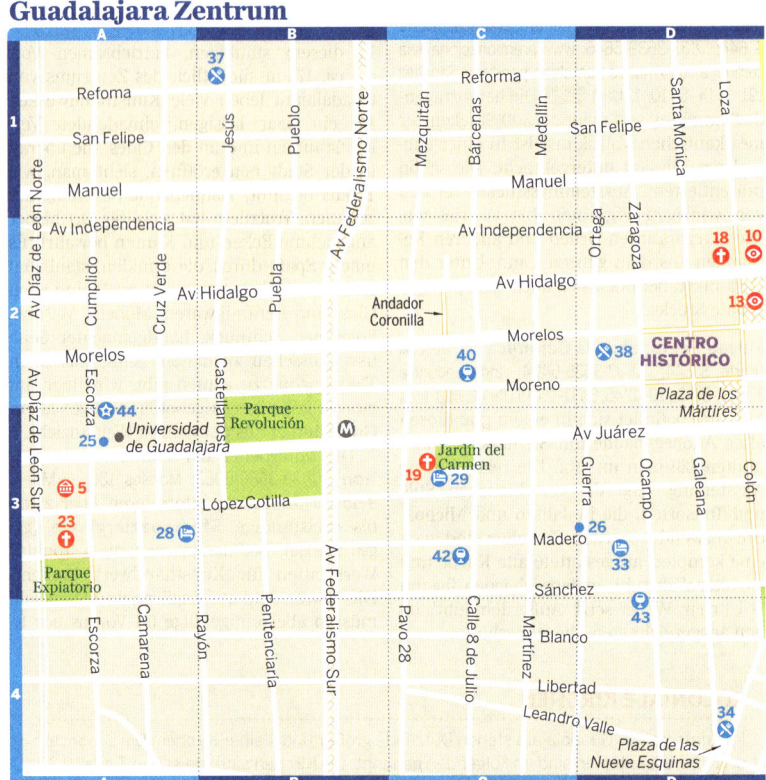

Mail (recorridostonala@hotmail.com) gebucht werden.

Nach Tonalá fahren die Busse 231, 275 Diagonal und 633V (7 Mex$). Der türkisfarbene TUR-Bus 707 mit der Aufschrift „Tonalá" hat eine Klimaanlage und ist komfortabler (12 Mex$). Alle diese Busse fahren in Guadalajara an der Ecke Av 16 de Septiembre und Madero ab; die Fahrt dauert etwa 45 Minuten. In Tonalá steigt man an der Haltestelle an der Ecke Av Tonalá und Av Tonaltecas aus. Zur Plaza Principal, die drei Blocks östlich der Av Tonaltecas liegt, kommt man über die Avenida Juárez. Eine Taxifahrt kostet um die 150 Mex$.

Museo Nacional de la Cerámica   MUSEUM
(Karte S. 632; ☎33-3683-2519; www.facebook.com/museonacionaldelaceramica.tonala; Constitución 104; ⊙Di–So 10–18 Uhr) GRATIS Das beste der vielen Keramikmuseen im Großraum Guadalajara zeigt vor allem Keramiken aus Tonalá, die angeblich die besten in Zentralmexiko

sind und teilweise aus der Zeit um 500 v.Chr. stammen. Die bemerkenswertesten Stile sind *barro bruñido* und *barro canela*.

Straßenmarkt Tonála   MARKT
(Karte S. 632; ⊙Do & So 8–16 Uhr) Donnerstags und sonntags verwandelt sich Tonalá in einen riesigen Straßenbasar, der sich von der Avenida Tonaltecas durch Dutzende Straßen und Gassen erstreckt und stundenlanger Erkundung bedarf. Die *torta*- (Sandwich-) und *michelada*-(Bier-und-Tomatensaft-)Stände geben dem Ganzen eine Volksfestatmosphäre. Wer ein Schnäppchen machen möchte, sollte danach jedoch eher in den Werkstätten und Lagergebäuden suchen und nicht auf der Straße.

Kurse

Guadalajara ist sehr beliebt, um Spanisch zu lernen, und es gibt unzählige Angebote für alle Alters- und Leistungsstufen. Preise und Kurszeiten variieren aber beträchtlich.

Colegio de Español y Cultura Mexicana

SPRACHKURS

(CECM; Karte S. 646; ☑ 33-3616-6881; www.cecm. udg.mx; Gómez 125; 50 Std. in 2 Wochen 500 US$) Als Teil der Universität von Guadalajara bietet das CECM verschiedene Spanischkurse an, darunter Intensivkurse mit jeweils 50 Std. in zwei oder vier Wochen. Tagesausflüge, Aufenthalte in Gastfamilien (ab 240 US$/Woche) und längere Exkursionen in andere Landesteile gehören ebenfalls zum Programm.

IMAC

SPRACHKURS

(Instituto Mexico-Americano de Cultura; Karte S. 638; ☑ 33-3614-1414; www.learnspanish.com. mx; Guerra 180; 25 Std./Woche ab 230 US$) Im Angebot sind Kurse ab einer Woche und Einzelunterricht ab 21 US$ pro Stunde. Infos über Kursgebühren und einen möglichen Aufenthalt in Gastfamilien findet man auf der Homepage. Außerdem wird Musik- und Tanzunterricht angeboten.

☞ Geführte Touren

Bike Tours

RADTOUREN

(Karte S. 638; Ecke Av Juárez & Calle Escorzia; ⊙ So 9,30 & 11 Uhr) GRATIS Wenn zum Vía Recreativa am Sonntag in Guadalajara die Hauptstraßen für den Verkehr gesperrt sind, verteilt eine Armee von Freiwilligen im Parque Revolución kostenlose Fahrräder (man braucht einen Ausweis) und startet zu reizvollen Radtouren, die an der Ecke von Avenida Juárez und Calle Escorzia beginnen und eine Stunde dauern. Die Fahrräder darf man jeweils bis 13 Uhr behalten.

Recorridos Turísticos Guadalajara

STADTFÜHRUNG

(Karte S. 638; ☑ 33-3818 3600, ext 3351; www.vivir guadalajara.com/14632-recorridos-en-guadalajara. shtml; Plaza Guadalajara) GRATIS Die kostenlosen Stadtführungen (in Spanisch) durch das Zentrum von Guadalajara beginnen um 10 und 19 Uhr. Sie starten gegenüber des Palacio Municipal auf der Plaza Guadalajara,

Guadalajara Zentrum

Highlights

1	Catedral de Guadalajara	E2
2	Instituto Cultural de Cabañas	H2

Sehenswertes

	Krypta der Kathedrale	(siehe 1)
3	Galería Jorge Martínez	E1
4	Museo de Arte Sacro de Guadalajara	E2
5	Museo de las Artes	A3
6	Museo Regional de Guadalajara	E2
7	Palacio de Gobierno	E2
8	Palacio de Justicia	F2
9	Palacio Legislativo	E2
10	Palacio Municipal	D2
11	Plaza de la Liberación	E2
12	Plaza de los Mariachis	G3
13	Plaza Guadalajara	D2
14	Plaza Tapatía	G2
15	Rotonda de los Jaliscenses Ilustres	E2
16	Teatro Degollado	F2
17	Templo de Aranzazú	E4
18	Templo de la Merced	D2
19	Templo de Nuestra Señora del Carmen	C3
20	Templo de San Agustín	F2
21	Templo de San Francisco de Asís	E4
22	Templo de Santa María de Gracia	F2
23	Templo Expiatorio del Santísimo Sacramento	A3
24	Templo Santa Eduviges	H3

Aktivitäten, Kurse & Touren

25	Bike Tours	A3

26	IMAC	D3
	Recorridos Turísticos Guadalajara	(siehe 10)
27	Tapatío Tour	E2

Schlafen

28	Casa Vilasanta	A3
29	Del Carmen Concept Hotel	C3
30	Hospedarte Centro Histórico	E3
31	Hotel Francés	E2
32	Hotel Morales	E3
33	Posada San Pablo	D3

Essen

34	Birriería las Nueve Esquinas	D4
35	Café Madrid	E2
36	La Chata de Guadalajara	E2
37	La Fonda de la Noche	B1
38	La Fonda de San Miguel Arcángel	D2

Ausgehen & Nachtleben

39	Café Galería André Breton	F1
40	California's	C2
41	La Fuente	E2
42	La Mutualista	C3
43	La Taberna de Caudillos	D4

Unterhaltung

44	1er Piso Jazz Club	A3
45	Arena Coliseo	F4
	Teatro Degollado	(siehe 16)

Shoppen

46	Mercado San Juan de Dios	G2

und dauern etwa eineinhalb Stunden. Anmelden muss man sich 15 Minuten vor dem Start. Weitere Infos hat die Touristeninformation (S. 651).

Tapatío Tour BUSTOUREN
(Karte S. 638; 33-3613-0887; www.tapatiotour. com; An Wochentagen/Wochenende Erw. 130/140 Mex$, Senior & Kind 80/90 Mex$ pro Tour) Die Doppeldeckerbusse fahren zu den beliebtesten Sehenswürdigkeiten der Stadt: Guadalajara, Tlaquepaque, Tonalá und Zapopan. Die Erläuterungen in Spanisch und Englisch sind nicht besonders interessant, doch man kann beliebig oft ein- und aussteigen. Die Busse starten stündlich zwischen 9 und 20 Uhr vor der Rotonda de los Jaliscenses Ilustres.

Feste & Events

Encuentro Internacional del Mariachi y la Charrería MUSIK, RODEO
(www.mariachi-jalisco.com.mx; Aug.–Sept.) Ende August/Anfang September strömen Mariachi-Musiker aus ganz Mexiko nach Guadalajara, um dort um die Wette zu spielen und die Massen zu unterhalten. Zur gleichen Zeit findet die Campeonato Nacional Charro (nationaler Cowboy-Meisterschaften) statt.

Feria Internacional del Libro BUCHMESSE
(www.fil.com.mx; Nov.–Dez.) Die neuntägige Buchmesse ist eines der größten Events für Bücherfans in Lateinamerika. Sie findet in der letzten Woche im November und der ersten Woche im Dezember statt und wird von Autoren aus der gesamten spanischsprechenden Welt besucht.

Festival Internacional del Cine FILM
(www.ficg.mx; März) Seit mehr als 30 Jahren zieht das größte Filmfestival Mexikos im März die besten Schauspieler und Regisseure für eine Woche nach Guadalajara, wo dann in der ganzen Stadt Filme gezeigt und Partys gefeiert werden.

🛏 Schlafen

Während der Feiertage (Weihnachten & Karwoche/Ostern) und für Festivalzeiten wie rund um den Día de los Muertos *unbedingt* im Voraus reservieren! In der Nebensaison oder wenn man länger als ein paar Tage bleibt, ist es möglich, Rabatte zu bekommen.

🛏 Centro Histórico

Im historischen Zentrum gibt es jede Menge Mittelklassehotels, die sich meist in bezaubernden Kolonialgebäuden befinden. Südöstlich des Mercado San Juan de Dios findet man vor allem Budgetunterkünfte. Dieser Teil der Stadt ist ziemlich rau und weitab des Geschehens, doch in der Regel findet man hier immer noch eine preiswerte Unterkunft, wenn alles andere ausgebucht ist. Weitere Budgetunterkünfte gibt's rund um den Antigua Central Camionera (den alten Busbahnhof). Auch diese sind ziemlich abgelegen, aber gut mit dem Bus zu erreichen.

Hospedarte Centro Histórico   HOSTEL $

(Karte S. 638; ☎ 33-3562-7520; www.hostelguada lajara.com; Maestranza 147; B/DZ/Suite inkl. Frühstück 240/550/700 Mex$; @ 🛜) Von den beiden Hospedarte-Hostels in Guadalajara ist dieses hellgelbe Haus in der Innenstadt vor allem bei jungen Leuten beliebt, die sich einfach nur amüsieren wollen. Die drei Schlafsäle (für Männer, Frauen und gemischt) sind geräumig und haben jeweils acht Stockbetten aus Metall, Schränke und Ventilatoren. Die Gemeinschaftstoiletten und -duschen sind rund um den großen Gemeinschaftsbereich angeordnet. Es gibt auch eine riesige Küche und jede Menge Aktivitäten.

Die beiden Doppelzimmer haben ebenfalls Gemeinschaftsbäder. Im Nachbargebäude mit der tollen Terrasse stehen noch sieben Suiten zur Verfügung. Wer einen internationalen Jugendherbergsausweis hat, bezahlt weniger.

Casa Vilasanta   HOTEL $

(Karte S. 638; ☎ 33-3124-1277; www.vilasanta. com; Rayón 170; B/EZ/DZ/3BZ 250/600/700/900 Mex$; ✳ 🛜) Die hellen, pastellfarbenen Zimmer des freundlichen Gästehauses verteilen sich rund um einen kühlen überdachten Innenhof, der voller Blumen in Tontöpfen ist. Im 2. Stock gibt's eine sonnige Terrasse. Die Einzelzimmer sind ziemlich eng, doch die Doppelzimmer (z. B. Nummer 4) sind sehr groß, und alle Zimmer haben Fernseher.

Es gibt auch eine Gemeinschaftsküche mit einem riesigen Esstisch und viele ruhige Ecken auf den beiden Stockwerken. Da das Hotel nur 17 Zimmer und eine englischsprachige Leitung hat, ist es immer schnell ausgebucht. Deshalb unbedingt im Voraus reservieren! Und von den vielen Kruzifixen überall wird man förmlich erschlagen.

Posada San Pablo   HOTEL $

(Karte S. 638; ☎ 33-3614-2811; www.posadasan pablo.com; Madero 429; Zi. mit/ohne Bad ab 500/370 Mex$; 🛜) Das freundliche Hotel hat einen zentralen Innenhof und eine sonnige Terrasse. Die 16 gefliesten Zimmer erinnern zwar eher an Mönchszellen, doch die Zimmer oben sind mit Balkon. Es gibt eine blitzsaubere Gemeinschaftsküche, und in der altmodischen *lavandería* hinter dem Haus kann man Wäsche (von Hand) waschen. Ventilatoren halten das Hotel schön kühl.

⭐ Del Carmen Concept Hotel   BOUTIQUEHOTEL $$

(Karte S. 638; ☎ 33-3614-2640; www.delcar men.mx; Gálvez 45; DZ/Suite 1250/1450 Mex$; ✳🛜) Das Hotel in einem Herrenhaus aus dem 19. Jh. ist ein bezaubernder Ort der Ruhe. Warum? Jedes der neun Zimmer ist nach einem der Künstler der La-Ruptura-Bewegung (einer abstrakten Antwort auf die Wandmalereien des 20. Jhs. in Mexiko) benannt und ausgestattet. So steht im Tamayo-Zimmer eine geschwungene Metallbadewanne, im Friedeberg-Zimmer hängt ein psychedelischer Flickenteppich des grellsten Surrealismus, während das Soriano-Zimmer ganz in energetischem Blau gehalten ist.

Alle modernen Annehmlichkeiten (bis auf einen Parkplatz) sind vorhanden, und auch die Chai-Kette betreibt ein Café mit Terrasse im 1. Stock, in dem man gut frühstücken kann und selbst spätabends noch ein Bier und eine Enchilada bekommt.

Hotel Francés   HOTEL $$

(Karte S. 638; ☎ 33-3613-2020; www.hotelfran ces.com; Maestranza 35; Zi. 740–1270 Mex$) In dem Hotel, das zu den besten der mittleren Preisklasse in Guadalajara gehört, scheint die Zeit seit seiner Gründung 1610 stehen geblieben zu sein. Für die 64 nüchternen Zimmer entschädigt die witzige (von 12–24 Uhr geöffnete) Bar im Marmorhof, in der die Kellner mit Fliege alle Gäste wie alte Freunde behandeln, Sänger schwülstige Balladen singen, die Happy Hour bis 20 Uhr dauert und der Barkeeper ordentliche Margaritas mixt.

Hotel Morales
HOTEL $$

(Karte S. 638; ☑ 33-3658-5232; www.hotelmo rales.com.mx; Av Corona 243; DZ/Suite ab 1200/ 1700 Mex$; P ✳ 🛜 🛏) Die schwach beleuch tete, vier Stockwerke hohe Eingangshalle im kolonialen Stil mit einem überwältigenden Deckengemälde vermittelt einen angemes senen Eindruck von dem ausgezeichneten Hotel in zentraler Lage. Ebenso grandios, aber deutlich heller ist der Hof im 2. Stock, der einen blau/weißen Fliesenboden im an dalusischen Stil hat. In den vielen Ecken und Winkeln verstecken sich Springbrunnen, Bücherregale und sogar ein Pool, Spa und Fitnessraum. Die 98 Zimmer sind groß und teilweise mit Whirlpool. Am schönsten sind die Zimmer (z. B. Nummer 122), die auf den Innenhof im älteren Teil des Hotels hinaus gehen, wo einst der Vizekönig residierte.

Casa Pedro Loza
BOUTIQUEHOTEL $$$

(Karte S. 638; ☑ 33-1202-2423; www.casapedro loza.com.mx; Loza 360; Zi. inkl. Frühstück 1200– 2300 Mex$; ✳ 🛜) Das Hotel in einem beein druckenden Herrenhaus der Kolonialzeit steht in einem bezaubernden Teil des Cen tro Histórico, liegt etwas abseits des Gesche hens und ist leicht versnobbt. Die 12 Zimmer sind sehr unterschiedlich. Während einige mit wunderbaren Antiquitäten vollgestopft sind, wirken die anderen wie grellbunte Lie besnester mit runden Betten und Möbeln, bei denen der Lack abblättert. Wer's mag…

Pluspunkte sind das Schiebedach über dem Innenhof und die tolle Dachterrasse mit der Sky Lounge.

🛏 Chapultepec & Umgebung

In Chapultepec und der Gegend westlich da von befinden sich meist teure Unterkünfte, für die man ein eigenes Fahrzeug braucht.

Hospedarte Chapultepec
HOSTEL $

(Karte S. 646; ☑ 33-3615-4957; www.hospedarte hostel.com; Luna 2075; B/EZ/DZ 200/450/ 600 Mex$; @ 🛜) Das einfache Hostel in einer ruhigen Wohnstraße von Chapultepec bie tet alles, was Rucksacktouristen schätzen: zwei blitzsaubere Schlafsäle mit jeweils acht Betten, 10 Zimmer, ein Garten voller Hän gematten, Gemeinschaftsküche, kostenlose Fahrräder, Internet und WLAN, eine eigene Bar, die von Mittwoch bis Samstag geöffnet ist, und preiswerte Restaurants in unmit telbarer Nähe.

Zudem gibt's jede Menge nützliche Dienstleistungen für die Gäste und Unter

haltung wie Kneipentouren und Grillaben de. Wer einen internationalen Jugendher bergsausweis hat, bezahlt weniger.

★ Villa Ganz
BOUTIQUEHOTEL $$$

(Karte S. 646; ☑ 33-3120-1416; www.villaganz.com; López Cotilla 1739; Suite inkl. Frühstück 2500– 3500 Mex$; P ✳ @ 🛜) Hinter der Fassade der Villa verbirgt sich eine überwältigende Viel falt von Fliesen, Farnen, Kronleuchtern, ech ter Kunst und sogar ein Klavier. Die „Zim mer" sind individuell ausgestattete Luxussu iten mit Bademänteln, klassischen Möbeln, dicken Teppichen und viel Liebe zum Detail. Hinter dem Haus lockt ein fantastischer Garten mit unzähligen heimlichen Winkeln und Ecken.

Die beste Suite (17) hat einen Balkon, die helle Nummer 13 bietet einen Ausblick auf zwei Seiten und einen Whirlpool. Der Ser vice ist ebenso überragend. Von 18 bis 20 Uhr gibt's kostenlosen Wein, offenes Feuer und Kerzenbeleuchtung. Zum Haus gehört ein sehr gutes Restaurant. Auch wenn es ziemlich teuer ist, es lohnt sich jeder Cent.

Quinta Real Guadalajara
LUXUSHOTEL $$$

(Karte S. 646; ☑ 33-1105-1000; www.quintareal.com; Av México 2727; Zi. 2500–3000 Mex$; P ✳ @ 🛜) Das Fünf-Sterne-Hotel einer kleinen mexi kanischen Luxuskette ist eine Art ländlicher Hazienda mitten in der Stadt. Schon die mit Efeu überwucherte Steinfassade ist eine ein zige Pracht. Eingangshalle und Bar sind ein ladend und stylish, das Gelände sehr gepflegt und der Service hervorragend. Unter den 66 Zimmern gibt es einige Suiten, wie Nummer 104, die auf den Garten hinausgeht.

Außerdem stehen ein schöner Pool im Garten und ein komplett ausgestatteter Fitnessraum zur Verfügung. Das Hotel liegt rund 2,5 km nordwestlich von Chapultepec.

🛏 Tlaquepaque

Tlaquepaque ist nur 20 Minuten mit dem Bus oder Taxi vom Zentrum Guadalajaras entfernt und damit ideal für alle, die in einer kleinen Stadt wohnen, aber die Sehenswür digkeiten der Großstadt besuchen möchten. Ein weiterer Vorteil sind die tollen Einkaufs möglichkeiten in diesem Viertel.

Casa del Retoño
PENSION $$

(Karte S. 644; ☑ 33-3639-6510; www.lacasadelreto no.com.mx; Matamoros 182; EZ/DZ inkl. Frühstück 825/1000 Mex$; P 🛜) Die acht Zimmer des schönen traditionellen Hauses sind farben prächtig ausgestattet und haben jeweils ein gutes Bad. Den Gästen steht auch ein riesiger Garten zur Verfügung. Die von einer freundlichen Familie geführte Pension ist nur einen Katzensprung vom Hauptplatz in Tlaquepaque entfernt. Da die Rezeption nicht immer besetzt ist, sollte man unbedingt vorher anrufen.

Casa Campos
PENSION **$$**

(Karte S. 644; ☑ 33-3838-5297; www.casacampos.mx; Miranda 30; EZ/DZ/Suite inkl. Frühstück 1070/1310/1510 Mex$; ✴@🛜) Das umgebaute Herrenhaus aus dem 19. Jh. ist nun ganz in Pink und Orange gehalten. Es hat einen prächtigen Innenhof voller Blumen, Steinsäulen und eleganten Holzmöbeln. Die 11 Zimmer auf zwei Stockwerken sind geräumig und sehr gut und geschmackvoll eingerichtet. Nur die Badezimmer sind nicht so schön. Dafür ist es nur wenige Schritte von den besten Geschäften der Independencia entfernt.

★ Casa de las Flores
B&B **$$$**

(Karte S. 644; ☑ 33-3659-3186; www.casadelasflores.com; Degollado 175; Zi. inkl. Frühstück 2210–2435 Mex$; @🛜) Diese farbenfrohe Pension ist eine der besten Unterkünfte im Großraum Guadalajara. Sie ist voller bemalter Keramik, die der amerikanische Besitzer leidenschaftlich sammelt, und hat einen Garten voller Blumen mit einem sehr dekorativen Kamin, der kaum als solcher zu erkennen ist. Die sieben Zimmer in einem Nebengebäude sind ganz im mexikanischen Stil eingerichtet, mit farbenprächtigen Tagesdecken, gefliesten Waschbecken und unheimlichen Kunstwerken. Einige Zimmer haben auch Tageslicht und einen Balkon.

Es dauert Tage, bis man alle Details im Zimmer und das riesige Angebot der Galerie El Nahual (S. 651) entdeckt hat. In dem hauseigenen Geschäft werden wunderbare Keramiken, Figuren und Masken verkauft.

Quinta Don José
BOUTIQUEHOTEL **$$$**

(Karte S. 644; ☑ 33-3635-7522; www.quintadonjose.com; Reforma 139; Zi. inkl. Frühstück 1675–3250 Mex$; P✴@🛜≋) Das bezaubernde Hotel ist ein herrlicher Rückzugsort mitten in Tlaquepaque. Es hat eine tief liegende, sehr gemütliche Eingangshalle, eine sonnige Terrasse mit Blumen, geschwungenem Swimmingpool und plätschernden Springbrunnen. Die 18 Zimmer sind leider nicht so prachtvoll wie die Terrasse, aber das ist nicht weiter schlimm.

Zum Hotel gehört auch das italienische Restaurant **TlaquePasta** (Karte S. 644; ☑ 33-3635-7522; www.quintadonjose.com/tlaquepasta; Reforma 139, Quinta Don José; Hauptgerichte 160–350 Mex$; ⊙ Di–Do 17–22, Fr–So 14–22 Uhr).

Essen

Guadalajara ist ein Paradies für Feinschmecker, und für viele Besucher ist das Essen hier eines der Highlights ihrer Reise. Zu den Spezialitäten der Region gehören *birria* (würziger Eintopf mit Ziegen- oder Lammfleisch), *carne en su jugo* („Fleisch im eigenen Saft", eine Art Rindfleischsuppe) und natürlich die allgegenwärtige *torta ahogada* (wörtlich „ertrunkenes Sandwich", ein in Chilisauce schwimmendes Brötchen mit Schweinefleisch, das gegen alles, insbesondere Kater, helfen soll).

🛏 Centro Histórico

Der **Mercado San Juan de Dios** (Mercado Libertad; Karte S. 638; Ecke Av Javier Mina & Calza da Independencia; ⊙ Mo–Sa 10–19, So 10–16 Uhr) ist etwas für Abenteuerlustige, denn das sehr preiswerte, geschmackvolle Essen wird an unzähligen einfachen Ständen verkauft. Auf dem Platz südlich des Templo Expiatorio bekommt man auch nachts noch leckere Tacos, *tortas ahogadas* und *elote* (gegrillter Maiskolben mit Mayonnaise und Käse).

Taco La Paz
SEAFOOD **$**

(Karte S. 632; ☑ 33-1200-4647; www.tacofish-lapaz.com; Av de la Paz 494; Hauptgerichte 23–35 Mex$; ⊙ Mo–Sa 9–16.30 Uhr) Trotz der großen Entfernung zum Meer, sind Fisch und Meeresfrüchte in Guadalajara äußerst beliebt und sehr gut. Die Garnelen- und Fisch-Tacos dieses einfachen Restaurants sind unschlagbar, was sofort an den langen Warteschlangen zu erkennen ist.

Café Madrid
CAFÉ **$**

(Karte S. 638; ☑ 33-3614-9504; Av Juárez 264; Hauptgerichte 48–145 Mex$; ⊙ 8–22.30 Uhr) Dieses modernisierte Café im Stil der 1950er-Jahre hat zwar den ganzen Tag geöffnet, aber am besten kommt man zum Frühstück mit *huevos rancheros* (Spiegeleier auf einer Maistortilla mit Tomaten-, Chili-, Zwiebelsauce und Bohnenmus; 60 Mex$) und *chilaquiles* (gebratene Tortillastreifen in Chilisauce gekocht; 77 Mex$) hierher.

Allerdings fehlt hier die historische Atmosphäre, die ähnliche mexikanische Lokale aufweisen – auch wenn der Kaffee, der in einer altmodischen, silbernen Espressomaschine gemacht wird, sehr rassig schmeckt.

WESTLICHES ZENTRALHOCHLAND GUADALAJARA

Tlaquepaque

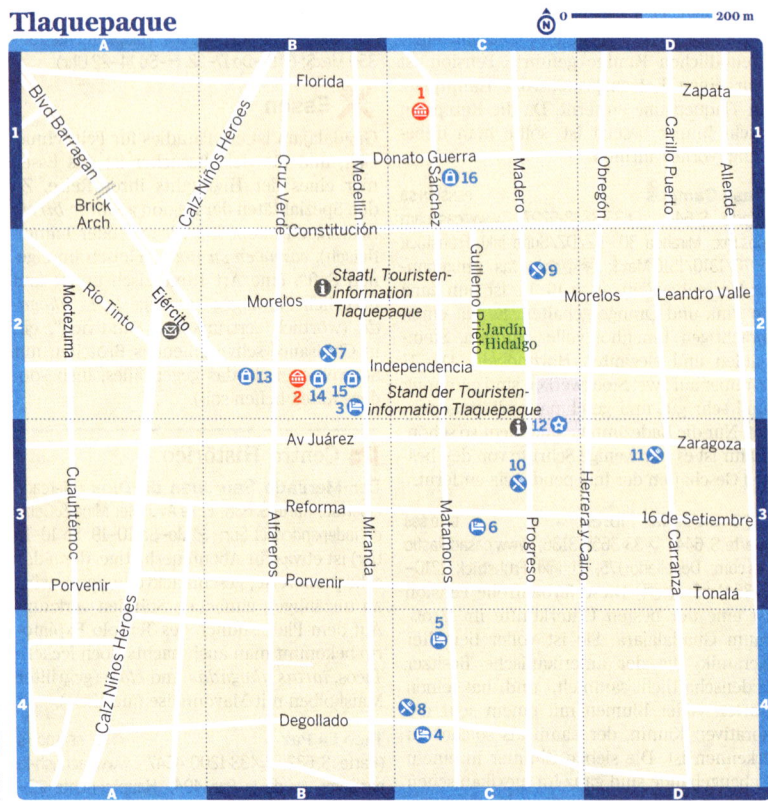

★ La Fonda de la Noche

MEXIKANISCH **$$**

(Karte S. 638; ☎ 33-3827-0917; www.facebook.com/LaFondadelaNoche; Jesús 251; Hauptgerichte 80–132 Mex$; ⏲ 19.30–24 Uhr) Das Restaurant in einem verwinkelten Jugendstilhaus ist in jeder Hinsicht etwas Besonderes. Die Küche kommt überwiegend aus Durango, und eigentlich ist alles sehr lecker. Die Speisekarte ist sehr einfach und wird mündlich übermittelt, doch der freundliche Besitzer Carlos spricht auch etwas Englisch. Am besten nimmt man die *plato combinado,* eine Auswahl der vier preisgekrönten Gerichte des Küchenchefs (111 Mex$).

La Fonda de San Miguel Arcángel

MEXIKANISCH **$$**

(Karte S. 638; ☎ 33-3613-0793; www.fondasanmiguelarcangel.com; Guerra 25; Hauptgerichte 155–240 Mex$; ⏲ Di–Fr 14–23, Sa 9–23, So 9–21 Uhr) Der Hof des ehemaligen Klosters ist so spärlich beleuchtet, dass man kaum sieht, was

man isst. Die relative Dunkelheit hat aber auch ihre Vorteile, denn sie verstärkt das Plätschern der Springbrunnen, das Klavierspiel und das Zwitschern der Vögel in ihren Käfigen. Unbedingt probieren sollte man hier *filete de res oro negro (*Rindfleisch) mit *huitlacoche* (Maispilzsauce).

Ebenfalls zu empfehlen ist *molcajete,* ein scharfes Gericht aus Oaxaca, das auf einem heißen Stein mit Fajitas serviert wird.

Birriería las Nueve Esquinas

MEXIKANISCH **$$**

(Karte S. 638; ☎ 33-3613-6260; www.las9esquinas.com; Av Colón 384; Hauptgerichte 74–139 Mex$; ⏲ Mo–Sa 8.30–23, So 8.30–20.30 Uhr) Im dorfähnlichen Stadtteil Nueve Esquinas (Neun Ecken) haben sich viele Restaurants auf *birria,* spezialisiert, Fleisch, das so lange im eigenen Saft schmort, bis es schön weich und zart ist. Dieses teilweise überdachte Restaurant mit blau-weißen Fliesen gilt weit und breit als die beste *birriería.*

Tlaquepaque

◎ Sehenswertes
1 Museo Pantaleón Panduro C1
2 Museo Regional de la Cerámica B2

◉ Schlafen
3 Casa Campos B2
4 Casa de las Flores C4
5 Casa del Retoño C4
6 Quinta Don José C3

◎ Essen
7 Casa Fuerte.. B2
Casa Luna.....................................(siehe 15)
8 Cenaduría Doña Victoria C4

9 Chimbombo's Grill................................. C2
10 Mariscos Progreso C3
TlaquePasta.................................(siehe 6)
11 Zaguan D3

◎ Unterhaltung
12 El Parián C3

◎ Shoppen
13 Antigua de México B2
14 Del Corazón de la Tierra B2
El Nahual Gallery..........................(siehe 4)
15 Orígenes David Luna B2
16 Taller de Cerámica Paco Padilla C1

Es gibt hier vor allem zwei Gerichte, *birria de chivo* (Ziegen-Birria) und *barbacoa de borrego* (gebackenes Lammfleisch). Beide kosten je 139 Mex$ und werden mit einem Stapel frisch gebackener Tortillas, eingelegten Zwiebeln, Koriander und zwei Sorten Salsa serviert. Das Fleisch wird mit den anderen Zutaten in eine Tortilla gewickelt, in den Fleischsaft getunkt und dann gegessen.

La Chata de Guadalajara   MEXIKANISCH $$

(Karte S. 638; ☎33-3613-1315; www.lachata.com. mx; Av Corona 126; Hauptgerichte 69–164 Mex$; ☺7.30–24 Uhr) Beste *comida típica* (Hausmannskost), günstige Preise und riesige Portionen sorgen dafür, dass die Gäste immer in langen Schlangen anstehen. Zum Glück ist das Personal flink und fleißig, sodass es nicht allzu lange dauert. Zudem kann man die Wartezeit dazu nutzen, den quirligen Köchen zuzusehen. Spezialität des Hauses ist das ausgezeichnete *platillo jaliscense* (gebratenes Hühnchen mit 5 Beilagen; 108 Mex$).

✕ Chapultepec & Umgebung

★Tortas Ahogadas Migue   MEXIKANISCH $

(Karte S. 646; ☎33-3825-4520; Calle Mexicaltzingo 1727; Tortas 38–65 Mex$) Nach Ansicht der *tapatíos* (Einwohner von Guadalajara) serviert das freundliche Café in Gelb und Orange die besten *tortas ahogadas,* (beliebtes Katerfrühstück) der Stadt. Dafür werden die baguetteähnlichen *birotes* mit langsam gegarten Schweinegeschnetzeltem und einer scharfen *salsa picante* gefüllt. Wer es nicht so scharf mag, bestellt *media ahogada* („halb getränkt"). An *bien ahogada* sollten sich nur hartgesottene Chili-Fans wagen.

Pig's Pearls   BURGER $$

(Karte S. 646; ☎33-3825-5933; www.pigspearls. com; Coronado 79; Burger 95–112 Mex$; ☺Mo–Sa

13–23 Uhr) *Tapatíos* (Einwohner von Guadalajara) schwärmen von den Burgern, die es in einem guten Dutzend Varianten gibt. Bei gutem Wetter ist die schöne Terrasse geöffnet, ansonsten wird an der kleinen, gemütlichen Theke gegessen. Eine kleine Auswahl an Salaten (75–85 Mex$) und Fleischgerichten (ab 85 Mex$) ist ebenfalls im Angebot.

El Cargol   SPANISCH $$

(Karte S. 646; ☎33-3616-6035; López Cotilla 1513; Hauptgerichte 115–200 Mex$; ☺Mo, Di & Do 14–23, Fr & Sa 14–1, So 14–19 Uhr) Die familiengeführte „Schnecke" bietet (die mit den meisten Michelin-Sternen in Spanien ausgezeichnete) katalanische Küche mitten in Chapultepec. Das Essen ist „slow food" und wird immer frisch zubereitet. Das Warten lohnt sich also. Die Stammgäste kommen vor allem wegen der Paella und schwärmen von der *crema catalana* als Nachtisch.

★Alcalde   NEUMEXIKANISCH $$$

(Karte S. 632; ☎33-3615-7400; www.alcalde.com. mx; Av México 2903; Hauptgerichte 295–375 Mex$; ☺Mo–Sa 13.30–23, So 13.30–17.30 Uhr) Eines der besten Nobelrestaurants in Guadalajara ist die jüngste Unternehmung von Starkoch Francisco Ruano, der sich bereits im El Celler de Can Roca in Girona und Noma in Kopenhagen einen Namen gemacht hat. Als Vorspeise empfiehlt sich grüne *aguachile*-Suppe mit Äpfeln oder dreierlei Arten von Tomaten, gefolgt vom „schwarzen Gericht" aus gegrilltem Schweinefleisch in üppiger *mole* mit Blutwurstpudding und gebratenem Reis.

Die verblüffende Innenausstattung besteht aus farbenprächtigem Perspex-Leuchten auf schwarz-weißem Fliesenboden.

★Lulabistro   NEUMEXIKANISCH $$$

(Karte S. 632; ☎33-3647-6432; www.lulabistro. com; San Gabriel 3030; 6-/8-/12-Gänge-Menü

Chapultepec

N 0 ————— 500 m

850/1200/1600 Mex$; ⊙ Mo 20–23.30, Di–Do 14–17 & 20–23.30, Fr & Sa 14–17.30 & 20–24 Uhr) Das superschicke Restaurant westlich des Zentrums ist das innovativste in Guadalajara. In eleganter Industrieatmosphäre wird ausgezeichnetes Essen serviert. Die Dreigängemenüs sind Fusionen von französischer und mexikanischer Küche, die zumeist aus viel Fisch und Meeresfrüchten bestehen. Für 600/750/1000 Mex$ gibt's den jeweils passenden Wein dazu. Unbedingt reservieren.

★ El Sacromonte MEXIKANISCH $$$

(Karte S. 646; ☎ 33-3825-5447; www.sacromonte.com.mx; Moreno 1398; Hauptgerichte 180–300 Mex$; ⊙ Mo–Sa 12–24, So 12–18 Uhr) Das beliebte *alta cocina* (Feinschmeckerrestaurant) in Chapultepec wandelt internationale Klassiker sehr ungewöhnlich ab, so gibt es z. B. Quesadillas mit Rosenblütenblättern und Erdbeeraioli, Avocado-Wassermelonen-Suppe oder Riesengarnelen in Hummersauce mit gebratenem Spinat. Der Wandschmuck ist legendären Matadoren gewidmet, von denen überall Karikaturen hängen. Im Hintergrund ist schwermütige Klaviermusik zu hören. Reservierung empfohlen.

Hueso INTERNATIONAL $$$

(Karte S. 646; ☎ 33-3615-3591; www.huesorestaurant.com; Luna 2061; Hauptgerichte 295–

375 Mex$; ⊙ Mo–Sa 19.30–24 Uhr) Das Reich oder eher *taller* (Atelier) des gefeierten Küchenchefs Alfonso Cadena wird immer wieder für die kreative Küche mit viel Liebe zum Detail gelobt. Etwas nervig ist die Überbetonung des Themas Hueso (Knochen), denn gut 10000 Knochen von Haien, Bären, Rehen, Hirschen, Wildschweinen und anderen Tieren schmücken das Lokal. So scheint es, als ob hier immer der Tag des Todes wäre.

Allium FUSION $$$

(Karte S. 646; ☎ 33-3615-6401; www.allium.com.mx; López Cotilla 1752; Hauptgerichte 230–250 Mex$; ⊙ Di–So 13.30–17, Di–Fr 19–22.30, Fr & Sa 19–23 Uhr) 🍴 In dem eleganten Feinschmeckerrestaurant legt Küchenchef Sebastian Renner Hamdan großen Wert auf die Verwendung regionaler Produkte. So stammen 90 % seiner Zutaten aus Jalisco. Die minimalistische Einrichtung erinnert an europäische Sterne-Restaurants, doch die Preise und der Service sind sehr bodenständig. Sehr zu empfehlen ist der Schweinebauch mit Süßkartoffeln und der gebratene Tintenfisch.

I Latina INTERNATIONAL $$$

(Karte S. 632; ☎ 33-3647-7774; www.ilatinarest.com; Av Inglaterra 3128; Hauptgerichte 150–350 Mex$; ⊙ Di–Sa 19–1, So 13.30–18 Uhr) Zur außergewöhnlichen Ausstattung des Res-

Chapultepec

Sehenswertes
1 Casa-Taller Orozco A2

Aktivitäten, Kurse & Touren
2 Colegio de Español y Cultura
  Mexicana A1
3 Tequila Tour by Mickey Marentes A2

Schlafen
4 Hospedarte Chapultepec C3
5 Quinta Real Guadalajara A1
6 Villa Ganz...C2

Essen
7 Allium..C2
8 El Cargol C2

9 El Sacromonte... D2
10 Hueso C3
11 La Nacional C2
12 Pig's Pearls D1
13 Tortas Ahogadas Migue....................... D3

Ausgehen & Nachtleben
14 Angels Club... C2
15 Bar Américas... C3
16 Cervecería Chapultepec C3
  El Grillo ....(siehe 11)
17 Pigalle D2
18 Romea D2

Shoppen
19 Tienda de Vino Vinísfera B1

taurants gehören eine Wand aus Keramikschweinen, ein riesiger Schwertfisch und jede Menge Kitsch und Krimskrams. Dazu passt das schicke ausgelassene Publikum, das schon mal etwas lauter werden kann. Die Speisekarte ist international mit starkem asiatischem Einfluss, und das Essen ist ausgezeichnet.

Tlaquepaque

Der Hauptplatz von Tlaquepaque ist voller Essensstände, die *jericalla* (eine Mischung aus Kuchen und Crème brûlée), *empanadas* mit Kokosnuss und Becher mit Granatapfelkernen in Zitronensaft verkaufen. Südöstlich des Platzes befindet sich **El Parián** (Karte S. 644; ☎ 33-3696-0488; www.facebook.com/ElParianDeTlaquepaque; Av Juárez 68; ☺ So–Do 10–24, Fr & Sa 10–1 Uhr). Dabei handelt es sich um einen ganzen Block mit Restaurantbars, deren Tische dicht gedrängt im schattigen Innenhof stehen. Hier kann man herrlich sitzen, etwas trinken und Mariachi-Bands zuhören. Essen sollte man allerdings besser woanders.

Cenaduría Doña Victoria   MEXIKANISCH $
(Karte S. 644; ☎ 33-3635-2010; Degollado 182; Hauptgerichte ab 80 Mex$; ☺ Fr–Mi 19–23 Uhr) In ihrem Straßenstand in Tlaquepaque bietet Victoria erstklassiges mexikanisches Essen für die Seele. Jeden Abend bruzzeln *taquitos* (kleine Tacos), Tacos, *pozole* (traditionelle Suppe oder Eintopf mit Maismehl, Schweinefleisch und Chilis), Wachteln und Hühnchen in ihrer Pfanne. Am besten ist tatsächlich das *pollo dorado* (gebratenes Hühnchen) für 80 Mex$, das sie mit Kartoffeln, Salat, Tortillas und dreierlei Salsa serviert.

Chimbombo's Grill   MEXIKANISCH $$
(Karte S. 644; ☎ 33-3954-1788; Madero 80A; Torta 32 Mex$, Steak 75–170 Mex$; ☺ 8–22 Uhr) Hier gibt's die besten T-Bone- und Skirt Steaks sowie köstliche *tortas ahogadas* (*birote*-Brötchen mit langsam gegartem Schweinegeschnetzeltem und scharfer *salsa picante*)). Vor dem Grillen werden die Steaks mit Olivenöl eingerieben und mit Sojasauce besprüht, und dann mit griechischem Salat und Knoblauchbrot serviert. Es gibt ein paar Tische im Innenraum, aber man kann das Essen auch mitnehmen und sich auf der Plaza in die Sonne setzen.

★ Casa Fuerte   MEXIKANISCH $$$
(Karte S. 644; ☎ 33-3639-6481; www.casafuerte.com; Independencia 224; Hauptgerichte 150–350 Mex$; ☺ 12–21 Uhr; ☎) Das elegante, weitläufige Lokal, das zum Nobelrestaurant tendiert, hat eine gute Cocktailbar, eine kühle Gartenterrasse und eine gediegene Atmosphäre. Es ist sehr beliebt bei den oberen Zehntausend Tlaquepaques, doch man bekommt in der Regel immer einen Tisch. Unbedingt probieren sollte man den kochend heißen *queso fundido con chorizo* (geschmolzener Käse mit Chorizo) im Steintopf.

Casa Luna   NEUMEXIKANISCH $$$
(Karte S. 644; ☎ 33-1592-2061; www.facebook.com/CasaLunaRest; Independencia 211; Hauptgerichte 245–350 Mex$; ☺ Mo–Do 12–23, Fr & Sa 12–24 Uhr) In dem Restaurant mitten in Tlaquepaque kann man im offenen Hof unter einem schattigen Baum oder drinnen sitzen. Die Küche ist mexikanisch, jedoch modern abgewandelt. So gibt es z. B. Koriandercremesuppe und Quesadillas mit Shrimps. Die schönen Lampen und Beleuchtungselemente stammen aus dem hauseigenen Ge-

schäft **Origenes** (Karte S. 644; ☑ 33-3657-2405; ⊙ Mo–Fr 10–19, Sa 11–17, So 11–18 Uhr).

Zaguan
MEXIKANISCH $$$
(Karte S. 644; ☑ 33-3614-1814; www.facebook.com/zaguan.restaurante.galeria; Juárez 5; Hauptgerichte 180–250 Mex$; ⊙ Di–So 13–21 Uhr) Das Restaurant mit Galerie gilt als das beste in Tlaquepaque und legt Wert auf Farben, Geschmack und Präsentation. Beliebte Gerichte wie *chiles en nogada* und *carne en su jugo* werden ganz neu zubereitet und präsentiert. Bei der *degustación de moles* (199 Mex$) kann man verschiedene *mole* verkosten.

Mariscos Progreso
SEAFOOD $$$
(Karte S. 632; ☑ 33-3636-6149; Progreso 80; Hauptgerichte 150–300 Mex$; ⊙ 11–20 Uhr) Am Samstag- und Sonntagnachmittag scheint halb Guadalajara auf der Terrasse dieses Seafood-Restaurants in Tlaquepaque mit Kaminfeuer zu sitzen. Mexikanische Familien in schicker Kluft futtern hier *ceviche* und reichen Teller herum, auf denen sich z. B. Ananas-Shrimps (162 Mex$) oder *huachinango al estilo Veracruz* (Schnapper mit Limette und Tomaten; 299 Mex$) befinden. Währenddessen ziehen Mariachis von Tisch zu Tisch. Austern (12 ab 106 Mex$) sind eine Spezialität des Hauses: Der Laden ist an seiner „Knackbude" vor der Tür zu erkennen.

✖ Zapopan

Das Viertel hat seine ganz eigene multikulturelle Restaurantszene. Allerdings sollte man die Lokale entlang der Hauptstraße bis zur Basilika besser meiden und lieber in die kleinen Straßen südöstlich davon gehen.

Fonda Doña Gabina Escolatica
MEXIKANISCH $
(Karte S. 632; ☑ 33-3833-0883; Mina 237; Hauptgerichte 16–62 Mex$; ⊙ Di–Sa 14–23, So 9–20 Uhr) Das schmale Restaurant ähnelt einem Schuppen, steht jedoch inmitten von hübschen pastellfarbigen Häusern in einer Nebenstraße von Zapopan. Das Innere ist mit Textilien in sonnigen Farben ausgestattet, und die Spezialitäten des Hauses sind *pozole* (traditionelle Suppe oder Eintopf mit Maismehl, Schweinefleisch und Chilis) und riesige *tostada de pollo*, Unmengen von Hühnchen und Salat auf einer getoasteten Tortilla.

Ausgehen & Nachtleben

Im Centro Histórico ist es nachts sehr ruhig, obwohl es einige nette (schwer zu findende)

Kneipen und eine alteingesessene Schwulenszene gibt. In den meisten Schwulenclubs sind auch Heteros und Frauen gern gesehen. In Chapultepec dagegen ist immer etwas los. Hier gibt es sowohl die einheimischen *antros* (wörtlich „Höhle, Bude", tatsächlich aber kleine Kneipen) als auch Bars und Club im internationalen Stil. Dabei ist es in Guadalajara üblich, sich zum Ausgehen gut anzuziehen und herauszuputzen.

★ La Mutualista
TANZEN
(Karte S. 638; ☑ 33-3614-2176; Madero 553; ⊙ Di–Sa 12–2 Uhr) Mit den vom Rauch vergilbten Wänden und den altmodischen Kronleuchtern, die von den hohen Decken hängen, versprüht dieser alte Tanzclub das verblasste Flair von Alt-Havanna. Donnerstag, Freitag und Samstag ist Salsa angesagt – der eigentliche Grund, hierherzukommen. Eine kubanische Band lässt etwa ab Mitternacht die Puppen tanzen, und spätestens dann hält es niemanden mehr auf den Plätzen (egal wie alt man ist) – da kommt man schnell ins Schwitzen!

★ Café Galería André Breton
BAR
(Café AB; Karte S. 638; ☑ 33-3345-2194; Manuel 175; ⊙ Mo 10–20, Di–Sa bis 3 Uhr) Versteckt in einer Nebenstraße am östlichen Rand des Centro Histórico liegt diese bezaubernde Mischung aus Bar, Café und Veranstaltungsort für Livemusik. Wie der kultiviert klingende Name schon verrät, ist es einer der coolsten Schuppen der Stadt. Gäste genießen hier eine französische Speisenauswahl (Hauptgerichte 80 Mex$) und eine Vielzahl an Craft-Bieren aus aller Welt. An den meisten Abenden kann man ab 22 Uhr Livemusik (Gebühr 50 Mex$) genießen.

Bar Américas
CLUB
(Karte S. 646; ☑ Mobil 324-1044467; http://barame ricas.com.mx; Av Chapultepec Sur 507; ⊙ Mi–Sa 21–5, So 21–24 Uhr) In einem der interessantesten Nachtclubs der Stadt verkehrt vor allem ein wohlhabendes, kultiviertes älteres Publikum. Die pechschwarze Eingangstür im Keller sieht aus wie das Tor zur Hölle.

El Grillo
CRAFT-BIER
(Karte S. 646; ☑ 33-3827-3090; www.facebook.com/el.grillo.cantor; Av Chapultepec 219; ⊙ 12–2.30 Uhr) Die Bar hat mehr als 50 mexikanische Craft-Biere (meist in Flaschen) im Angebot. Besonders interessant sind das Diógenes IPA und das rotbraune Grasshoppy aus Guadalajara. Die Terrasse vor dem Haus ist ein guter Ausgangspunkt für eine

Kneipentour in Chapultepec, denn nüchtern schmeckt man die feinen Unterschiede zwischen den einzelnen Bieren noch deutlicher.

Wer eine Grundlage im Magen schaffen will, bestellt etwas von der Speisekarte des benachbarten (und ebenso trendigen) Restaurant **La Nacional** (LaNaChapultepec; Karte S. 646; ☏ 33-3827-3090; www.facebook.com/lanachapultepec; Av Chapultepec Sur 215; Hauptgerichte 89–134 Mex$; ⊙ So–Do 9–2, Fr & Sa 9–3 Uhr).

California's   SCHWULE
(Karte S. 638; ☏ 33-3614-3221; Moreno 652; ⊙ Mo–Sa 18–4 Uhr) Treffpunkt eines recht gemischten, interessanten Publikums, darunter viele Geschäftsreisende. Gegen 22 Uhr wird es rappelvoll, freitag- und samstagabends ist es das reinste Tollhaus. Die Musik ist klasse, aber es wird nicht getanzt – dafür zieht man dann weiter in einen der Clubs.

La Fuente   BAR
(Karte S. 638; Suárez 78; ⊙ Mo–Mi 12–23, Do–Sa 12–0.30 Uhr) Die Bar in einem ehemaligen Kesselraum ist eine Institution in Guadalajara und das Paradebeispiel einer echten mexikanischen Kantina, d.h. derb und einfach. Es gibt sie schon seit 1921, und die Stammgäste empfangen jeden Neuankömmling wie einen Familienangehörigen. Von Nachmittag bis Kneipenschluss spielt ein Trio mit Gitarre, Klavier und Geige auf.

La Taberna de Caudillos   CLUB
(Karte S. 638; ☏ 33-3613-5445; www.facebook.com/LaTabernaDeCaudillos; Sánchez 407; 50 Mex$; ⊙ 9–16 Uhr) Die beliebte Disco mit drei Tanzflächen erstreckt sich über mehrere Stockwerke und besteht aus unzähligen Lounges und Bars, in denen schöne junge Leute tanzen und die verschiedenen Shows (von Gogo-Girls bis Travestie) verfolgen. Hier ist immer was los.

Pigalle   COCKTAILBAR
(Karte S. 646; ☏ 33-3825-3118; Robles Gil 137; ⊙ Di & Mi 18–24, Do–Sa 18–2.30 Uhr) Mexikanische Barkeeper mixen generell ausgezeichnete pikante und süße Cocktails (ab 17 Mex$), doch die Cocktails dieser Bar sind noch eine Nummer besser. Die Bar ist sehr entspannt, die Cocktails sind äußerst kreativ und es gibt Musik vom Plattenteller und live.

Romea   WEINBAR
(Karte S. 646; ☏ 33-1817-0202; www.facebook.com/romea.gdl; Morelos 1349; ⊙ Mo 17.30–24, Di–Sa 9–24, So 9–16 Uhr) Die freundliche Eck-

SCHWULEN- & LESBENSZENE IN GUADALAJARA

Guadalajara ist eine der schwulenfreundlichsten Städte in Mexiko, trotz konservativer Stadtverwaltung und erzkatholischer Bevölkerung. Ende Juni feiert die ganze Stadt eine der größten Schwulenparaden Lateinamerikas.

Das Schwulenviertel („gay ghetto") erstreckt sich von der Straßenecke Ocampo und Sanchez über ein paar Häuserblocks im Stadtzentrum, doch in der Avenida Chapultepec westlich des Zentrums öffnen immer mehr noble Lokale für Schwule. Ein ausführliches Verzeichnis findet sich auf www.gaymexicomap.com.

kneipe mit weit geöffneten Fenstern bietet eine große Auswahl an offenen Weinen aus Mexiko, Spanien, Frankreich, Portugal und sogar Slowenien an. Dazu gibt's Käse- und Wurstplatten (99 bzw. 245 Mex$).

Cervecería Chapultepec   PUB
(Karte S. 646; ☏ 33-1102-1955; www.cerveceria chapultepec.com; Mexicaltzingo 1938) In dieser Kneipe ist einfach immer etwas los, und das hat seinen Grund, denn alles, aber auch wirklich alles – vom Bier und Mojito bis zu Tacos und Burger – kostet nur 18 Mex$. So ist die Terrasse vor dem Haus auch ständig voll besetzt.

Angels Club   CLUB
(Karte S. 646; ☏ 33-4040-5030; López Cotilla 1495B; ⊙ Mi–Sa 22–5, So 6–23 Uhr) Willkommen im Superclub von Guadalajara. Es ist zwar ein Schwulenclub, doch Heteros sind ebenso gern gesehen und dürfen auf den drei Tanzflächen mit bestem House, Pop und Techno abfeiern. Samstagabends ist die Hölle los und das bis in die frühen Morgenstunden des Sonntags.

⭐ Unterhaltung

Guadalajara ist eine Musikstadt, und fast jeden Abend gibt's irgendwo Livemusik (oft auch in Restaurants). Discos und Bars gibt's in Hülle und Fülle, doch nur die Einheimischen wissen, welche gerade in sind und teilen dieses Wissen gern mit den Besuchern.

Neben den großen kulturellen Einrichtungen der Stadt trägt auch die Weltkulturerbestätte des Instituto Cultural de Cabañas (S. 634) viel zum kulturellen Leben bei.

Livemusik

Guadalajara ist der Geburtsort der traditionellen Mariachi-Musik, und auf der Plaza de los Mariachis (S. 635) östlich des Centro Histórico kann man herrlich sitzen, ein Bier trinken und den leidenschaftlichen Vorträgen der Mariachi-Bands zuhören. El Parián (S. 647) in Tlaquepaque ist ein Gartenkomplex von 1878, der aus vielen kleinen *cantinas* besteht, die alle rund um einen Platz liegen, auf dem sich Dutzende Mariachis tummeln. Donnerstags bis montags spielen die Bands ab 15.30 und 21.30 Uhr jeweils eine Stunde lang.

Staatliche und kommunale Gruppen geben kostenlose Konzerte der typischen *música tapatía* (Musik aus Guadalajara) im französischen Jugendstil-Pavillon von 1889 auf der Plaza de Armas. Vorführungszeiten sind dienstags um 18.30, mittwochs um 19.30 und donnerstags um 20 Uhr sowie teilweise in den Ferien.

1er Piso Jazz Club — LIVEMUSIK

(Primer Piso Jazz Club; Karte S. 638; ☑ 33-3825-7085; Moreno 947; ⊙ Di–Sa 19.30–3 Uhr) Der anspruchsvolle Jazzclub im 1er Piso (1. Stock) eines Wohnhauses in der Innenstadt bietet fast jeden Abend eine Jamsession ab 21 Uhr und ausgezeichnete Cocktails.

Sport

Fútbol (Fußball) liegt den Einheimischen im Blut. Für Guadalajara spielen zwei Clubs in der mexikanischen Top-Liga MX (der früheren Primera División): **Guadalajara** (www.chivasdecorazon.com.mx), das zweitpopulärste Team des Landes und der einzige Club Mexikos, in dem ausschließlich mexikanische Spieler auf dem Platz stehen, und Atlas (www.atlas.com.mx). Die Spielzeit dauert von Juli bis Dezember und von Januar bis Juni. Beide Teams spielen in den verschiedenen Stadien der Stadt. Den aktuellen Spielplan gibt's bei der Federación Mexicana de Fútbol (www.femexfut.org.mx).

★ Arena Coliseo — MEXIKANISCHES WRESTLING

(Karte S. 638; ☑ 33-3617-3401; Medrano 67; Tickets 110–350 Mex$; ⊙ Di 20.30, So 18 Uhr) Die *luchadores* (Wrestler) tragen Masken und nennen sich El Terrible und Blue Panther. Ein solcher Kampf ist ein unvergessliches Spektakel. Zum klassischen Freizeitvergnügen vieler Mexikaner gehören auch die knapp bekleideten Zuschauerinnen, lautstarken Beleidigungen der Kämpfer und schreiende Donut-Verkäufer. Da das Viertel rund um das beliebte Kolosseum etwas zwielichtig ist, sollte man hier besonders vorsichtig sein.

Campo Charro Jalisco — RODEO

(Karte S. 632; ☑ 33-3619-0315; www.decharros.com; Av Dr Roberto Michel 577, Rincon de Agua Azul) In der Arena hinter dem Parque Agua Azul südlich des Zentrums finden fast jeden Sonntag um 12 Uhr die rodeo-ähnlichen *charreadas* (oder *charrerías*) statt. Dazu kommen die *charros* (Cowboys) nicht nur aus Jalisco, sondern aus ganz Mexiko. Und auch Frauen messen sich im *escaramuza charra* (Stuntreiten).

Theater

Teatro Degollado — THEATER

(Karte S. 638; ☑ 33-3614-4773; www.facebook.com/TeatroDegollado) Das historische Theater ist das kulturelle Zentrum der Innenstadt. Es bietet eine breite Palette an Schauspielen, Tanz- und Musikveranstaltungen.

Teatro Diana — THEATER

(Karte S. 632; ☑ 33-3613-8579; www.teatrodiana.com; Av 16 de Septiembre 710) Der schickste Veranstaltungsort der Stadt bringt eine große Auswahl an Dramen, Tanz- und Musikvorführungen auf die Bühne. Hier werden auch Broadway-Shows gezeigt und es finden Konzerte mit einheimischen und internationalen Künstlern sowie Kunstinstallationen statt.

Shoppen

Guadalajara ist vor allem für ausgezeichnetes Kunsthandwerk aus Jalisco, Michoacán und anderen Bundesstaaten bekannt, das hier auf vielen Märkten verkauft wird. Vor allem in den beiden Vororten Tlaquepaque und Tonalá, 8 bzw. 17 km entfernt vom Zentrum, befinden sich viele Werkstätten von Kunsthandwerkern und Möbelherstellern, die ihre Waren auch direkt vor Ort verkaufen. Die besten Großhandelspreise findet man in Tonalá. Auch in Chapultepec gibt's einen Kunsthandwerksmarkt.

Tienda de Vino Vinísfera — WEIN

(Karte S. 646; ☑ 33-1377-5647; www.tiendadevino.mx; Av Justo Sierra 2275) Wer mehr über mexikanischen Wein erfahren und auch welchen probieren möchte, sollte in dieses Geschäft mit Café-Bar im Norden von Chapultepec gehen. Neben einer großen Auswahl von Rot- und Weißweinen in der Preisklasse von 100–4000 Mex$ findet man hier auch Dutzende Craft-Biere aus Jalisco. Vor dem Kauf kann man Wein und Bier erst im Café oder schönen Garten hinter dem Haus genießen.

El Nahual Gallery KUNST & KUNSTHANDWERK

(Karte S. 644; www.elnahualgallery.com; Degollado 175; ☺10–18 Uhr) Die Galerie in der Casa de las Flores (S. 643) bietet einige der schönsten Keramiken, Figuren und Masken der Region. Sammler und Inhaber Stan Singleton erläutert auch gern den Herstellungsprozess, organisiert Werkstattbesuche und berät die Kaufinteressenten.

Antigua de México HAUSHALTSWAREN

(Karte S. 644; ☎33-3635-2402; www.antiguademexico.com; Independencia 255; ☺Mo–Fr 10–14 & 15–18.30, Sa 10–18 Uhr) Das Geschäft verkauft wundervolle Möbelstücke wie Bänke, die aus einem einzigen Baum herausgesägt wurden, und präsentiert sie in weitläufigen, europäisch anmutenden Höfen. Eine wahre Fundgrube für wunderbare Antiquitäten und alte Stücke.

Del Corazón
de la Tierra KUNST & KUNSTHANDWERK

(Karte S. 644; ☎33-3657-5682; www.delcorazondelatierra.mx; Independencia 227) Das hübsche Geschäft im Zentrum von Tlaquepaque, das den passenden Namen „Aus dem Herzen des Landes" trägt, hat sich auf die Kunst der Ureinwohner, vor allem der Maya, spezialisiert. Die sehr erschwinglichen Stücke eignen sich auch gut als Souvenir oder Geschenk.

Taller de Cerámica
Paco Padilla KUNST & KUNSTHANDWERK

(Karte S. 644; ☎33-3635-4838; www.facebook.com/tallerpacopadilla; Sánchez 142; ☺Mo–Fr 10–16, Sa 10–14 Uhr) Dies ist das Atelier und das Geschäft des renommierten Töpfers Paco Padilla aus Tlaquepaque. Es ist nur einen kurzen Spaziergang vom berühmten Museo Pantaleón Panduro (S. 637) entfernt, in dem ebenfalls preisgekrönte Keramiken zu sehen sind.

Praktische Informationen

GELD

In Guadalajara gibt es jede Menge Banken und die meisten haben auch einen Geldautomaten, die hier *cajeros automáticos* heißen.

Oder man tauscht Geld in einer der geschäftstüchtigen *casas de cambio* (Wechselstuben) in der López Cotilla zwischen Avenida 16 de Septiembre und Maestranza. Sie sind rund um die Uhr geöffnet und bieten gute Wechselkurse. Reiseschecks werden mittlerweile kaum noch eingelöst.

INTERNETZUGANG

Es gibt nur wenige Internetcafés (10–35 Mex$/Std.) in der Stadt, die zudem oft den Standort wechseln. Doch fast alle Hotels und Hostels sowie die meisten Restaurants, Cafés und Bars bieten kostenloses WLAN.

MEDIZINISCHE VERSORGUNG

Farmacia Guadalajara (☎33-3613-7509; Moreno 170; ☺8–22 Uhr) Verkauft u. a. Erste-Hilfe-Artikel und verschreibungspflichtige Medikamente.

Hospital México Americano (☎33-3648-3333, kostenlose Anrufe: 01-800-462-2238; www.hma.com.mx; Colomos 2110) Hat englischsprachige Ärzte und liegt ca. 3 km nordwestlich vom Zentrum.

US-Konsulat (☎33-3268-2100; https://mx.usembassy.gov/embassy-consulates/guadalajara; Progreso 175, Colonia Americana) Führt ein regelmäßig aktualisiertes Verzeichnis (https://mx.usembassy.gov/embassy-consulates/guadalajara/american-services) der englischsprachigen Ärzte (u. a. Spezialisten, Zahnärzte) vor Ort.

NOTFALL

Opfer von Kriminaldelikten sollten zuerst die staatliche Touristeninformation und/oder eine diplomatische Vertretung ihres Heimatlands kontaktieren.

Feuerwehr ☎33-3619-5155
Notruf ☎066, ☎080
Polizei ☎33-3668-0800
Rettungsdienst ☎33-3616-9616

POST

Wer zuviele Hängematten, Keramiken und riesige Holztiere gekauft hat, kann sich diese von **Sebastián Exportaciones** (Karte S. 644; ☎33-3124-6560; sebastianexp@prodigy.net.mx, Ejército 45; ☺Mo–Fr 9–14 & 16–18 Uhr) nach Hause schicken lassen. Die Spedition transportiert Kisten und Kartons (ab 1 m³) in die ganze Welt.

Hauptpost (Karte S. 638; ☎33-3614-2482; Ecke Carranza & Av Independencia 57; ☺Mo–Fr 8–19, Sa 8–15 Uhr)

TOURISTENINFORMATION

Stand der Touristeninformation Guadalajara (Karte S. 638; Plaza de la Liberación; ☺Mo–Fr 8.45–13.45 & 14.45–19.45, Sa & So 9.45–14.45 Uhr) Dies ist nur einer von einem halben Dutzend Kiosken, die über die ganze Stadt verteilt sind und alle die gleichen Öffnungszeiten haben. Weitere Kioske befinden sich im Jardín San Francisco, auf der Plaza de las Américas (in Zapopan) und vor dem Instituto Cultural de Cabañas auf der Plaza de Iberoamérica.

Staatliche Touristeninformation Jalisco (Karte S. 638; ☎33-3668-1600/1; Morelos 102;

AUTOFREIES GUADALAJARA

Seit 2004 feiert die zweitgrößte Stadt Mexikos jeden Sonntag die **Vía Recreativa** (www. viarecreativa.org; ☺ So 8–14 Uhr). Dann sind alle Hauptverkehrsstraßen für Autos gesperrt und Fahrrädern, Skateboards, Fußgängern, Rollstühlen und sonstigen unmotorisierten Fortbewegungsmitteln überlassen.

Diese Gelegenheit nutzt auch eine Gruppe von Freiwilligen, die im Parque Revolución kostenlose Fahrräder (gegen Vorlage des Personalausweises) verleiht und Radtouren durch die schöne Landschaft anbietet (S. 639). Die Touren starten um 9.30 und 11 Uhr ein Stück westlich des Parks und dauern eine Stunde.

Ziele dieses autofreien halben Tages sind die Reduzierung der Abhängigkeit vom Auto, die Förderung der allgemeinen Gesundheit und des gesellschaftlichen Miteinanders. Außerdem sollen sich kreative Künstler auf den Straßen betätigen, und in einem Pavillon im Parque Revolución, dem Herz der Via Recreativa, finden kulturelle Veranstaltungen statt. Die Aktion, an der jede Woche im Durchschnitt 200 000 *tapatíos* (Einwohner von Guadalajara) teilnehmen, wird mittlerweile auch in anderen mexikanischen Städten nachgeahmt, darunter Mexico City.

☺ Mo–Fr 9–17 Uhr) Es gibt einen Eingang in der Morelos und im Paseo Degollado. Das Englisch sprechende Personal bietet Infos über Guadalajara, den gesamten Bundesstaat Jalisco und aktuelle Veranstaltungen.
Staatliche Touristeninformation Tlaquepaque (Karte S. 644; ☑ 33-1057-6212; www. tlaquepaque.gob.mx; Morelos 288; ☺ Mo–Fr 9–15 Uhr) Die Touristeninformation befindet sich im 1. Stock des Casa del Artesano. Ein weitaus nützlicherer und besser gelegener Stand der Touristeninformation von Tlaquepaque (S. 636) befindet sich allerdings direkt neben dem El Parián (S. 647).
Die Touristeninformation von Tonalá (S. 637) befindet sich in der Moreles nördlich der Avenida Constitución und zwei Blocks östlich der Avenida Tonaltecas.

ℹ An- & Weiterreise

AUTO & MOTORRAD
Guadalajara liegt 545 km nordwestlich von Mexico City und 325 km östlich von Puerto Vallarta. Die Highways 15, 15D, 23, 54, 54D, 80, 80D und 90 führen alle hierher und führen als Periférico Norte und Periférico Sur rund um die Stadt.

Autovermietungen sind in Guadalajara reichlich vorhanden. Alle großen internationalen Firmen sind vertreten, doch die einheimischen Vermietungen sind oft günstiger und so lohnt es sich vor der Abreise die Preise und Verfügbarkeiten zu vergleichen. Eine viertürige Limousine kostet ab etwa 350 Mex$ pro Tag und bis zu 4000 Mex$, wenn sie an einem anderen Ort wieder abgegeben wird.

BUS
In Guadalajara gibt es zwei Busbahnhöfe. Der Bahnhof für Überlandbusse ist der flughafenähnliche **Nueva Central Camionera** (Neuer

Busbahnhof; Karte S. 632; ☑ 33-3600-0135), ein großes, modernes, V-förmiges Terminal, das in sieben verschiedene *módulos* (Miniterminals) unterteilt ist. Bei jedem *módulo* gibt es Ticketschalter für verschiedene Buslinien, sowie Toiletten, Internetcafés und Caféterias. Der Nueva Central Camionera liegt 11 km südöstlich vom Zentrum Guadalajaras, hinter Tlaquepaque und neben der Hwy 15 nach Mexico City.

Fast alle Orte in West-, Zentral- und Nordmexiko werden von Bussen bedient. Die Ziele werden von zahlreichen Unternehmen angefahren, die ihre Stände in den verschiedenen *módulos* haben, was es schwierig und zeitaufwendig macht, Preise zu vergleichen (obwohl die Preise aushängen). Allerdings ist man dadurch auch sehr flexibel und muss nie lange auf einen Bus warten – in alle größere Städte fährt mindestens stündlich ein Bus. Die hier genannten Preise gelten für die besten verfügbaren Busse. Wer weniger bequeme Busse nimmt, wird auch niedrigere Preise zahlen.

ETN (☑ 33-3817-6618; www.etn.com.mx) und **Primera Plus** (☑ 800-444-16-06; www.primeraplus.com.mx) bieten Direktfahrten in hervorragenden Bussen zu allen Zielen an. Die Busse verfügen über WLAN, Toiletten, Klimaanlage, eigene TV-Bildschirme, super-bequeme Sitze und kostenloses Essen und Trinken. Dafür sind die Preise noch sehr angemessen.

Der zweite Busbahnhof von Guadalajara ist der ungepflegtere **Antigua Central Camionera** (Alter Busbahnhof; Karte S. 632; ☑ 33-3650-0479; Dr Michel & Los Ángeles), etwa 2 km südlich der Kathedrale in der Nähe des Parque Agua Azul. Von hier aus fahren 2.-Klasse-Busse zu allen Zielen im Umkreis von 100 km. Es gibt zwei Bereiche: Sala A ist für Ziele im Osten und Nordosten, Sala B für Ziele im Nordwesten, Südwesten und Süden. Wer den Busbahnhof betritt, muss 0,50 Mex$ zahlen. Die Busse verkehren normalerweise zwischen 6 und 22 Uhr. Nahe gelegene Ziele werden mehrmals in der Stunde angefahren, weiter entfernte ungefähr einmal stündlich.

FLUGZEUG

Guadalajaras **Aeropuerto Internacional Miguel Hidalgo** (☎ 33-3688-5248; www.aeropuertos gap.com.mx) liegt 20 km südlich der Innenstadt am Hwy 23 nach Chapala. Im Terminal befinden sich Geldautomaten, Wechselstuben, Cafés und Autovermietungen.

Von dort gibt es jede Menge Direktflüge in die größeren Städte Mexikos.

Aeroméxico (☎ 800-021-40-00; www.aero mexico.com; Aeropuerto Internacional Miguel Hidalgo)

Aeroméxico (☎ 800-021-40-00; www.aero mexico.com; Aeropuerto Internacional Miguel Hidalgo)

VivaAerobus (☎ 33-4000-0180; www.vivaaero bus.com; Aeropuerto Internacional Miguel Hidalgo)

Volaris (☎ 55-1102-8000; www.volaris.mx; Aeropuerto Internacional Miguel Hidalgo)

ZUG

Der Zugverkehr von und nach Guadalajara beschränkt sich auf die beiden „Tequila-Züge" für Touristen, die nach Amatitán und Tequila fahren.

ⓘ Unterwegs vor Ort

BUS

Guadalajaras Busnetz funktioniert meist reibungslos, aber leider sind die Busse oft ziemlich voll und die Fahrten recht holprig. Auf den Hauptstrecken verkehren die Busse zwischen 6 und 22 Uhr etwa alle fünf Minuten, der Fahrpreis beträgt 7 Mex$. Viele Routen führen durch den Stadtkern, hier hat man also oft die Auswahl zwischen den Haltestellen. Stadtauswärts verzweigen sich die Buslinien, hier sollte man die Busnummer, die zum Zielort führt, kennen. Dabei sollte man aufpassen, denn einige Busnummern haben zusätzlich einen Buchstaben.

BUSSE AB GUADALAJARA
Ab Nueva Central Camionera

ZIEL	PREIS (MEX$)	DAUER (STD.)	HÄUFIGKEIT (TGL.)
Barra de Navidad	549	6	12-mal
Colima	324	3	stündl.
Guanajuato	482	4	13-mal
Manzanillo	473	4½	stündl.
Mexico City (Terminal Norte)	792	7	alle 30 Min.
Morelia	495	3½	alle 30 Min.
Pátzcuaro	438	4½	2-mal
Puerto Vallarta	589	6	stündl.
Querétaro	612	4½	alle 30 Min.
San Miguel de Allende	648	5½	alle 2 Std.
Tepic	351	3	5-mal
Uruapan	459	4¾	stündl.
Zacatecas	621	5	11-mal
Zamora	274	2¼	alle 30 Min.

Ab Antigua Central Camionera

ZIEL	PREIS (MEX$)	DAUER (STD.)	HÄUFIGKEIT (TGL.)
Ajijic	55	1	stündl.
Chapala	55	1	sehr häufig
Ciudad Guzmán	192	2	stündl.
Mazamitla	170	3	stündl.
Tapalpa	152	3	10-mal
Tequila	103	1¾	alle 30 Min.

WESTLICHES ZENTRALHOCHLAND GUADALAJARA

Er zeigt an, auf welcher Route die Busse durch die Vororte fahren.

Die TUR-Busse in hübschem Türkis sind um einiges komfortabler (12 Mex$). Sie sind mit Klimaanlagen und mit kuschelig-gemütlichen Sitzen ausgestattet und brausen, wenn sie voll sind, einfach vorbei. Während des Berufsverkehrs kann das durchaus gleich mehrmals hintereinander vorkommen – oft genug jedenfalls, um einen wahnsinnig zu machen.

Die Touristeninformation hat Fahrpläne der längeren Busrouten in Guadalajara vorrätig und hilft bei Fragen gern weiter. Im Folgenden sind einige Standardziele samt den sie bedienenden Linien und einer zentral gelegenen Haltestelle zur Abfahrt aufgeführt.

Zum **Antigua Central Camionera** fährt Bus 62 in der Calzada Independencia in Richtung Süden ab oder Bus 320 und Bus 644A im Stadtzentrum.

Nach **Chapultepec** fahren TUR-Bus 707 und der Ersatzbus für die Metrolinie 3 in der Avenida Vallarta. Die Busse 400 und 500 fahren von der Avenida Alcalde nach **Chapultepec** (Karte S. 638).

Zum **Nueva Central Camionera** fährt Bus 616, 275B und jeder andere Bus mit Fahrtziel Nueva Central. Sie alle fahren an der Ecke Avenida 16 de Septiembre und Madero ab.

Nach **Tlaquepaque** fahren Bus 275B, 303, 647 und TUR 706 mit Fahrtziel **Tlaquepaque** in der Avenida 16 de Septiembre zwischen López Cotilla und Madero ab.

Nach **Tonalá** fahren Bus 231, 275D, 275 Diagonal, 633V und TUR 707b mit Fahrtziel Tonalá an der Ecke Avenida 16 de Septiembre und Madero ab.

Nach **Zapopan** fahren Bus 275 und TUR 706 mit Fahrtziel **Zapopan** (Karte S. 638) in der Avenida 16 de Septiembre und Alcalde Richtung Norden ab.

VON/ZU DEN BUSTERMINALS

Von der Nueva Central Camionera fahren Busse mit der Aufschrift „Centro" (7 Mex$) ins Zentrum. Die bequemeren türkisfarbenen TUR-Busse (12 Mex$) fahren ebenfalls zum Zentrum. Sie sollten die Bezeichnung „Zapopan" tragen – nicht in die mit der Aufschrift „Tonalá" einsteigen, die fahren vom Zentrum weg! Taxis in die Innenstadt kosten etwa 150 Mex$, vorausgesetzt, der Fahrer benutzt das Taxameter (nicht alle machen das). Ein Taxi direkt vom Flughafen zum Nueva Central Camionera kostet ca. 290 Mex$.

Um vom Stadtzentrum zum Nueva Central Camionera zu kommen, in einen Bus mit der Bezeichnung „Nueva Central" steigen – wie die 161 oder 275B. Sie fahren häufig von der Kreuzung (Karte S. 638) Av 16 Septiembre und von der Av Madero ab.

Wer vom Antigua Central Camionera zum Zentrum will, kann jeden Bus nehmen, der auf der Calzada Independencia nach Norden fährt. Zurück zum Antigua Central Camionera fährt Bus 604 südlich auf der Calzada Independencia (Karte S. 638). Taxifahrten kosten 50 Mex$.

Bus 616 (7 Mex$) pendelt zwischen den beiden Busterminals hin und her.

FAHRRAD

Das umfangreiche Bike-Sharing-System **MiBici** gibt es seit 2014 und hat heute gut 13 000 Mitglieder. Die meisten Mitglieder haben ein Jahresabo (365 Mex$), doch es gibt auch *pase temporal* (Kurzzeitabos) für 80/160/280 Mex$ pro Tag/für 3 Tage/1 Woche. Bezahlt werden sie mit der Kreditkarte am Automaten einer Ausleihstation, wie z. B. der großen Station im Parque Revolución. Die Fahrräder können nur ab 6 Uhr ausgeliehen werden und müssen bis jeweils 24 Uhr zurückgegeben werden.

VOM/ZUM FLUGHAFEN

Der Flughafen liegt keine 20 km südlich der Innenstadt von Guadalajara, am Hwy 23 nach Chapala. Busse Richtung Zentrum fahren an der Bushaltestelle vor dem motelähnlichen Hotel Casa Grande 50 m rechts vom Ausgang ab. Bus 176 (7 Mex$) und der etwas teurere Atasa-Bus (12 Mex$) fahren von 5 bis 22 Uhr alle 15 Minuten dort ab und sind 40 Minuten später am Antigua Central Camionera, wo man in einen Bus ins Zentrum umsteigen kann.

Ein Taxi ins Zentrum kostet 330 Mex$, zum Nueva Central Camionera 290 Mex$ und nach Tlaquepaque 250 Mex$. Festpreistickets gibt's im Flughafen.

Vom Zentrum zum Flughafen fährt Bus 604 bis zum Antigua Central Camionera. Dort steigt man an der Haltestelle vor dem Gran Hotel Canada aus und fährt mit dem „Aeropuerto"-Shuttle-Bus weiter (von 6–21 Uhr alle 20 Min.). Die Fahrt mit dem Taxi kostet etwa 300 Mex$.

METRO

Zur Zeit verfügt das **SITEUR** (Sistema de Tren Eléctrico Urbano; ☎ 33-3942-5700; www.siteur. gob.mx) nur über zwei Untergrund- und Light-Rail-Linien. Die Haltestellen sind mit einem „T" gekennzeichnet. Allerdings ist die Metro derzeit nicht sehr touristenfreundlich, da die meisten Haltestellen weitab der Sehenswürdigkeiten liegen. Die 15,5 km lange Línea 1 verkehrt in Nord-Süd-Richtung von der Periférico Norte bis zur Periférico Sur. Sie führt unter der Federalismo (sieben Blocks westlich des Stadtzentrums) und der Avenida Colón hindurch. Eine große Haltestelle ist im Parque Revolución, an der Ecke Avenida Juárez. Die 8,5 km lange Línea 2 verläuft in Ost-West-Richtung unter der Avenidas Juárez und Mina. Zum Zeitpunkt der Recherche war geplant, dass ab Dezember 2018 die Línea 3 vom

Umsteigebahnhof Juárez 19 km weit nach Westen bis Zapopan führen soll. Bis dahin verkehrt der SiTren-Bus auf einem Teil der Strecke bis nach Los Arcos und Centro Magno.

Die einfache Fahrt kostet 7 Mex$, mit Umsteigen in Juárez zusätzlich 3,50 Mex$. Eine Mehrfachkarte (20 Mex$) gilt ab der ersten Fahrt.

TAXI

Taxis sind im Zentrum überall zu finden. Sie haben zwar alle einen Taxameter, der jedoch nur selten eingeschaltet wird. Die meisten Fahrer nennen lieber einen Festpreis, vor allem bei Nachtfahrten. Allerdings ist der auf der Uhr angezeigte Preis in der Regel günstiger. Deshalb sollte man bei einem Festpreis, der zu hoch erscheint, unbedingt verhandeln. Von 22 bis 6 Uhr wird ein Zuschlag von 25 % fällig. Da es in der Stadt gang und gäbe zu sein scheint, von Einheimischen und Touristen völlig überhöhte Preise zu verlangen, sollte man mögkichst nur mit Uber-Taxis fahren, denn sie sind zuverlässiger und durchweg günstiger.

Tequila

📞 374 / 29 200 EW. / HÖHE 1180 M

Die von einem Meer blauer Agaven umgebene Industriestadt ist überraschend hübsch und heute fester Bestandteil jeder Busrundreise. Den berühmten Schnaps, wegen dem alle herkommen, verkostet man am besten in einer der drei großen Brennereien, die alle besichtigt werden können.

Seit 2006 gehören die Agavenfelder und uralten Industrieanlagen der Region Tequila zum Weltkulturerbe der UNESCO.

◉ Sehenswertes

Hacienda La Cofradia · DESTILLERIE

(📞 374-742-6800; www.tequilacofradia.com.mx; La Cofradia 1297; Führung 195 Mex$, mit 3 Kostproben 260 Mex$; ⊙ 10–18 Uhr) Auf der schönen Hazienda 2 km südlich von Tequila wird Hochprozentiges der Marke Casa Noble aus 100 % blauen Agaven hergestellt. Die elegante „Fabrik" steht inmitten von Mangobäumen und lagert ihren Tequila in französischen Eichenfässern. Auf dem Gelände befindet sich auch das **Museo de Sitio del Tequila**. Nach der Fabrikbesichtigung kann man noch im stimmungsvollen kleinen Restaurant **La Taberna del Cofrade** einkehren.

Casa Sauza · DESTILLERIE

(📞 374-742-61-00; www.casasauza.com; Luis Navarro 70; ⊙ Mo–Fr 9–18, Sa 9–14 Uhr) Das Anwesen im Kolonialstil erinnert an den Klassiker *Der geheime Garten* von Frances Hodgson

Burnett. Überall sind italienisch angehauchte Springbrunnen und wild wuchernde Pflanzen zu sehen. Und es gibt sogar eine Kapelle. Auch die sonnendurchflutete Bar will so gar nicht zu einer „Tequilafabrik" passen. Doch genau das ist es, und Tequila wird hier schon seit Ewigkeiten gebrannt. Die einfache Besichtigung der **Perseverancia-Destillerie** (Sauza 80; Führung 120 Mex$, mit Verkostung 220 Mex$) dauert 1½ Std.

Es gibt aber auch Führungen durch das ganze Gelände mit Brennerei, botanischem Garten und Agavenfeldern, die 2½ Std. dauern und 160 Mex$ kosten.

Mundo Cuervo · DESTILLERIE

(📞 374-742-72-00; www.mundocuervo.com; José Cuervo 33; ⊙ So–Fr 11–17, Sa 11–18 Uhr) Die Destillerie liegt direkt gegenüber dem Hauptplatz von Tequila und ist unschwer an der riesigen Krähe (spanisch *„cuervo"*) zu erkennen. Inhaber José Cuervo hat daraus einen richtigen Tequila-Themenpark gemacht, der zum größten Freizeitvergnügen der Stadt wurde. Jede Stunde werden Besichtigungen der **La Rojeña-Destillerie** (José Cuervo 73; Führung 240 Mex$, mit 4 Verkostungen 385 Mex$), der ältesten in Amerika, angeboten, bei denen der Tequila auch verkostet werden kann. Allerdings ist die einstündige Führung etwas hektisch und oberflächlich. Deshalb sollte man lieber etwas mehr Geld ausgeben und die längere Führung (880 Mex$) buchen, bei der auch die Agavenfelder gezeigt werden.

Museo Nacional del Tequila · MUSEUM

(📞 374-742-00-12; Ramón Corona 34; Erw./Kind 15/7 Mex$; ⊙ 9–16 Uhr) Das Museum in einem alten Kolonialgebäude am Hauptplatz erstreckt sich über fünf Räume, in denen die Geschichte der Tequilaherstellung anhand von Fotos und Destilliergeräten dargestellt wird. Es gibt auch einen guten Museumsshop.

☛ Geführte Touren

Tequila Tour by Mickey Marentes · TOUR

(Karte S. 646; 📞 33-3615-6688; www.tequilatourbymm.com; Lope de Vega 25A, Guadalajara; Erw. 99–195 US$; ⊙ 9–18 Uhr) Die angesehene Agentur bietet Einzel- und Gruppenführungen durch Tequila, die Destillerien, Geschäfte und Museen an. Der Preis richtet sich nach der Zahl der Teilnehmer und der Art des Transportmittels, also Minibus, Jeep oder Pferd.

Experience Tequila · TOUR

(📞 55-3060-8242; www.experiencetequila.com; 4-tägige Tour ab 1255 US$) Der US-amerikani-

WESTLICHES ZENTRALHOCHLAND TEQUILA

Rund um Guadalajara

sche Tequilakenner Clayton Szczech bietet eine Reihe individueller Touren ab Guadalajara an, die von einfachen Tagesausflügen ins Tequilaland bis zu mehrtägigen Verkostungsseminaren reichen. Möglichst lange im Voraus buchen.

José Cuervo Express TOUR

(Karte S. 632; ✆USA 374-742-67-29; www.mundocuervo.com/jose-cuervo-express; Washington 11, Guadalajara; Erw./Kind ab 1900/1650 Mex$; ⏰Ticketschalter Mo–Fr 9–18, Sa & So 9–13 Uhr) In eleganten Zugwaggons fahren die Teilnehmer vom Bahnhof in Guadalajara zur Mundo Cuervo-Destillerie in Tequila (S. 653). Abfahrt ist samstags und manchmal auch sonntags um 9.30 Uhr (s. Homepage). Die Fahrt in noch exklusiveren Waggons kostet 2100 bzw. 2300 Mex$. Im Preis enthalten sind Zugfahrt, Besichtigung, Mahlzeiten, eine mexikanische „Show" und etwas Tequila.

✗ Essen

La Jíma INTERNATIONAL $$

(✆374-742-42-42; www.losabolengos.com.mx/restaurantelajima; México 138; Hauptgerichte 135–255 Mex$; ⏰7–23 Uhr) Das gemütliche Restaurant mit internationaler Küche gehört zum Hotel **Los Abolengos** (✆374-742-42-42; www.losabolengos.com; Zi. 980–3300 Mex$; P ✱ ☎). Gegessen wird drinnen oder im überdach-

ten Garten hinter dem Haus. Der schöne Keller ist ebenfalls sehenswert, und das nicht nur wegen der ausgezeichneten Weine aus Mexiko und anderen Ländern. Wer mexikanisches Essen nicht mehr sehen kann, sollte unbedingt hierher kommen.

ℹ An- & Weiterreise

Alle 30 Minuten fahren Busse vom Antigua Central Camionera in Guadalajara nach Tequila (103 Mex$, 1¾ Std.).

Lago de Chapala

Der größte See Mexikos ist 12,5 x 80 km groß und liegt 50 km südlich von Guadalajara. Die spektakuläre Gebirgskulisse und das milde Klima (tagsüber immer warm und nachts angenehm kühl) macht den See zum beliebten Ziel für Rentner aus den USA und Wochenendausflügler aus Guadalajara, die sich hier in der frischen Luft erholen, Boot fahren und Fisch essen. Für ausländische Reisende ist der See weniger interessant, bietet aber eine erholsame Abwechslung von Guadalajara.

Leider ist das Wasser nicht so gesund wie es aussieht. Aufgrund des großen Wasserbedarfs von Guadalajara und Mexico City sowie wiederholter Dürreperioden schwankt der Wasserstand sehr stark. Einfließende Düngemittel verschmutzen das Wasser und begünstigen das Wachstum der invasiven Wasserhyazinthe, die die Wasseroberfläche ersticken und alles Leben im See töten. Deshalb schwimmt auch kaum jemand im See.

Chapala

📞 376 / 21 600 EW. / HÖHE 1539 M

Die Stadt am Nordufer des gleichnamigen Sees wurde zum weithin bekannten Ferienort, als Präsident Porfirio Díaz von 1904 bis 1909 hier jedes Jahr seinen Urlaub verbrachte. Es folgten D. H. Lawrence und Tennessee Williams, die den Ruf als Literaturort begründeten. Heute ist Chapala eine einfache, aber bezaubernde Arbeiterstadt mit schönen Spazierwegen am See, in der es jedes Wochenende rund geht.

◉ Sehenswertes

Isla de Mezcala   INSEL

Die interessanteste Insel auf dem Lago de Chapala ist die Isla de Mezcala. Hier gibt es Ruinen eines alten Forts, in dem mexikanische Unabhängigkeitskämpfer von 1812 bis 1816 die Stellung gehalten und mehrere Angriffe der Spanier abgewehrt hatten, bevor sie sich schließlich den Respekt und eine Entschuldigung ihrer Feinde verdienten. Eine 3-stündige Bootsfahrt für bis zu acht Personen kostet hin und zurück 1800 Mex$.

Isla de los Alacranes   INSEL

Ein Ticketschalter am Eingang des Piers verkauft Bootstickets zur Isla de los Alacranes (Skorpioninsel), 6 km von Chapala entfernt, auf der es ein Restaurants und Souvenirläden gibt, die aber sonst nicht besonders ansprechend ist. Eine Bootstour hin und zurück mit 30 Minuten Aufenthalt auf der Insel kostet 430 Mex$ pro Boot; mit einstündigem Aufenthalt 510 Mex$.

🛏 Schlafen & Essen

⭐ Lake Chapala Inn   PENSION $$$

(📞 376-765-47-48; www.chapalainn.com; Paseo Ramón Corona 23; EZ/DZ inkl. Frühstück 1200/ 1600 Mex$; 🅿 @ 🛜 🛟) Das imposante weiße Haus von 1906 steht direkt am See und ist nur einen Katzensprung vom Zentrum entfernt. Von zwei der Zimmer („Rosa" und „Jacaranda") und der Gemeinschaftsterrasse hat man einen tollen Blick über den See bis zu den Bergen in der Ferne. Außerdem gibt es eine wunderbare Bibliothek mit Kamin und einen kleinen Garten mit Pool.

Das traditionelle Frühstück ist der Hit, und man kann auch ein Fahrrad der Besitzer ausleihen. Bei mehr als zwei Übernachtungen gibt es eine Ermäßigung.

Isla Cozumel   SEAFOOD $$

(📞 376-765-75-15; www.facebook.com/restaurant. isla.cozumel; Paseo Ramón Corona 22A; Hauptgerichte ab 160 Mex$; ⊙ Di–So 10–21 Uhr) Das beliebte Restaurant direkt an der Strandpromenade gehört noch zu den besten der vielen touristischen Lokale am See. Es bezeichnet sich selbst als „karibische Zuflucht an der Riviera von Chapala". Zum Auftakt erhalten die Gäste einen kostenlosen Margarita, auf der Speisekarte stehen vor allem Meeresfrüchte von Wels bis Austern.

An- & Weiterreise

Die Busse von Guadalajara nach Chapala (55–70 Mex$, 1 Std., alle 30 Min.) fahren am Antigua Central Camionera ab. Von Chapala nach Ajijic (8–10 Mex$, 15 Min.) fahren die Busse alle 20 Minuten.

Ajijic

📞 376 / 10 300 EW. / HÖHE 1577 M

Die Stadt mit dem merkwürdigen Namen (der a-hi-hik ausgesprochen wird) ist ein Außenposten US-amerikanischer Rentner und bei weitem die kultivierteste und dynamischste Stadt am Nordufer des Lago de Chapala. Obwohl die Gringos hier jede Menge Boutiquen, Galerien und Restaurants eröffnet haben, hat sich die Stadt doch ihren kolonialen Charme mit kopfsteingepflasterten Gassen und ruhigen Straßen voller farbenprächtiger Häuser bewahren können. Hier kann man wunderbar sitzen und sich entspannen, obwohl es so ganz anders als das typische Mexiko ist: Es wird fast mehr Englisch als Spanisch gesprochen, und die Preise sind auch höher als in allen anderen Orten am See.

🏃 Aktivitäten

In Ajijic gibt es ein Netz aus gewundenen Wanderwegen, die über die zugewachsenen Hügel hinter der Stadt zu Wasserfällen, Aussichtspunkten mit Blick auf den See und ein paar Felsformationen führen.

🛏 Schlafen

⭐ La Nueva Posada   PENSION $$

(📞 376-766-14-44; www.hotelnuevaposada.com; Guerra 9; Zi. inkl. Frühstück 1300–1600 Mex$; 🅿 🛜 🛟) Das hübsche Hotel am See hat die

Atmosphäre des eleganten Mexiko der Vergangenheit. Die 19 Zimmer sind geräumig und geschmackvoll möbliert, fast die Hälfte davon bietet einen tollen Seeblick (vor allem Zimmer 109). Im Garten mit dem kleinen Pool lebt der Papagei Paco. Trotzdem kann man sich auf dem weitläufigen Gelände, das sich bis zum See erstreckt, herrlich entspannen und eins mit der Welt fühlen.

Zur Pension gehört auch ein großes, luftiges Restaurant (Hauptgerichte 120–170 Mex$), das Gästen und Nichtgästen täglich von 8 bis 20 Uhr offen steht.

✖ Essen & Ausgehen

El Chile Verde MEXIKANISCH $

(☎376-766-00-72; Colón 25; Hauptgerichte 35–60 Mex$; ⊙Mo–Sa 8–16 Uhr) Das kleine, knallgelbe Restaurant ist Welten von den pseudokünstlerischen Restaurants und Cafés der Expats entfernt und serviert hausgemachtes original mexikanisches Essen, das neben den Einheimischen auch die hier lebenden Ausländer zu schätzen wissen. Das Tagesgericht für 50 Mex$ ist ein echtes Schnäppchen.

Ajijic Tango ARGENTINISCH $$$

(☎376-766-24-58; www.ajijictango.com; Morelos 5; Steaks 117–370 Mex$; ⊙Mo, Mi & Do 12.30–21, Fr & Sa 12.30–22, So 12.30–19 Uhr) Das beliebteste Restaurant in Ajijic ist immer voller Einheimischer, hier lebender Ausländer und Reisender, die die ausgezeichneten argentinischen Steaks genießen. Doch es gibt auch mexikanische Küche, Salate und Pasta (117–199 Mex$). Gegessen wird in dem farbenfrohen Hof, der mit einer Zeltplane überdacht ist. Freitag- und samstagabends muss man unbedingt reservieren.

Café Grano CAFÉ

(☎376-766-51-68; www.facebook.com/Cafegrano cafeoficial; Castellanos 15D; Kaffee 28–44 Mex$; ⊙So–Do 8.30–21, Fr & Sa bis 21.30 Uhr) Dieses wirklich nette, einheimische Café hat alles, was ein gutes Kaffeehaus haben sollte: feine Aromen, mexikanische Bohnen, Holzstühle mit Bezügen aus Kaffeesäcken und ausgezeichnete Kuchen (22–45 Mex$). Helle Wandgemälde erzählen, wie der Kaffee von der Pflanze in die Tasse gelangt. Hier werden auch erstklassige Bohnen aus Veracruz, Oaxaca und Chiapas verkauft.

❶ An- & Weiterreise

Busse von Guadalajara (55–70 Mex$, 1 Std., halbstündl.) nach Ajijic fahren vom Antigua Central Camionera ab und lassen einen an der Autobahn bei Colón neben einem kleinen Ticketschalter raus. Busse zwischen Chapala und Ajijic verkehren alle 20 Minuten (8–10 Mex$, 15 Min.).

Zona de Montaña

Südlich des Lago de Chapala erstreckt sich die „Gebirgszone" von Jalisco, die aus scheinbar endlosen übereinander geschichteten Berggipfeln besteht. In dem weiten Grasland mit Pinien verbringen immer mehr Einwohner von Guadalajara am liebsten das Wochenende, um die zeitlosen kolonialen *pueblos mágicos* (magische Dörfer), Essen aus der Region und das kühle Klima zu genießen.

Tapalpa

☎343 / 15740 EW. / HÖHE: 2068 M

Das Labyrinth aus weiß getünchten Häusern mit roten Ziegeldächern und kopfsteingepflasterten Gassen rund um zwei beeindruckende Kirchen aus dem 16. Jh. verdient wirklich die Bezeichnung *pueblo mágico* und ist eines der schönsten Bergdörfer der Region. Das hat sich natürlich schnell herumgesprochen, und so strömen jedes Wochenende die Einwohner von Guadalajara nach Tapalpa, um hier zu wandern, zu trekken und vor allem das kühle, feuchte Klima zu genießen. Unter der Woche ist es dagegen ein ruhiges Dorf auf dem Land, in dem das Geklapper von Pferdehufen durch die Gassen schallt und alte Männer mit Cowboyhüten auf den Bänken des Dorfplatzes sitzen.

◎ Sehenswertes

Las Piedrotas NATUR

(🚶) Las Piedrotas ist eine große, eindrucksvolle Gruppe von Felsformationen, die sich auf dem Weideland des Valle de las Enigmas 6 km nördlich der Stadt erheben. Die meisten Besucher fahren hierher, doch es gibt auch einen schönen Rundwanderweg, der in 2½–3 Stunden durch dunkle Pinienwälder an einer verlassenen Papiermühle vorbei zu einem mit Blumen bedeckten Hochplateau führt.

Nach Las Piedrotas fährt man in Hidalgo in westlicher Richtung aus der Stadt, hält sich links und folgt den Schildern nach Chiquilistlán (auf manchen ist auch schon Las Piedrotas angegeben). Hat man die Stadt verlassen, fährt man einfach immer geradeaus. Die einfache Fahrt mit dem Taxi kostet rund 100 Mex$.

EL ARENAL

Das Tor zur Tequila-Region liegt 43 km nordwestlich von Guadalajara und 22 km südöstlich von Tequila. Die kleine Stadt El Arenal selbst ist Sitz einer der besten kleinen Brennereien des Landes: **Cascahuín** (33-3614-9958, Handy 374-7480010; www.facebook.com/cascahuin; Av Ferrocarril; Führung 50 Mex$, mit 3 Kostproben 100–160 Mex$; ⊙Mo–Fr 9–18, Sa 9–14 Uhr). Wer nur eine einzige Tequila-Brennerei besuchen kann, sollte sich unbedingt für diese entscheiden. Hier lernt man den ganzen Prozess kennen, von der *piña* (Ernte) bis zur Abfüllung und Etikettierung der Flaschen, wobei das meiste auf traditionelle Art durchgeführt wird. Viele Geräte und Gegenstände sind echte Museumsstücke, wie etwa Ziegelöfen, *tahona* (Schlagmühle) und Holzkohlefeuerstellen, doch das Ergebnis – egal ob *blanco* (weiß), *reposado* (gelagert) oder *añejo* (alt) – ist köstlich.

El Salto del Nogal
WASSERFALL

Der 105 m hohe Wasserfall befindet sich 18 km südlich von Tapalpa. Die einfache Fahrt mit dem Taxi kostet rund 200 Mex$.

Geführte Touren

Colores Tapalpa
REISEBÜRO

(☑343-432-12-67; www.colorestapalpa.mx; Matamoros 69C; ⊙9–20 Uhr) Die fröhliche, hilfsbereite Agentur am Hauptplatz von Tapalpa bietet täglich Ausflüge nach Las Piedrotas, die um 13 und 17 Uhr beginnen, drei Stunden dauern und 300 Mex$ kosten. Die fünfstündige Tour nach El Salto del Nogal beginnt um 11 Uhr und kostet 400 Mex$.

Schlafen & Essen

Las Margaritas Hotel Posada
PENSION $$

(☑343-432-07-99; www.tapalpahotelmargaritas. com; 16 de Septiembre 81; DZ/Haus für 4 Pers. 800/ 1600 Mex$; ❀) Die Pension am Berg oberhalb des Hauptplatzes bietet ein ausgezeichnetes Preis-Leistungs-Verhältnis, viel Komfort und sieben schöne Zimmer mit freundlicher Einrichtung und geschnitzten Schränken. Außerdem werden Ferienhäuser mit Küche vermietet. Auf dem Gelände gibt's auch einen Laden, der schönes Kunsthandwerk aus der Region verkauft.

★ Los Girasoles
MEXIKANISCH $$

(☑343-432-00-86; www.facebook.com/girasoles tapalpa; Obregón 110; Hauptgerichte 75–165 Mex$; ⊙Mo–Do 9–22, Fr & Sa 9–23, So 9–19.30 Uhr) Das nobelste Restaurant der Stadt ist am Hauptplatz von Tapalpa und serviert erstklassige Gerichte wie Chilischoten gefüllt mit Käse und Kochbananen in Koriandersauce, *tamales de acelga* (mit Mangold gefüllte *tamales*) und ein scharfes Hühnchengericht namens *cochala de polio*. An einem der seltenen warmen Abende kann man auf der Terrasse essen, ansonsten im gemütlichen Speiseraum mit Kaminfeuer.

ⓘ Praktische Informationen

Die **Touristeninformation** (☑343-432-06-50, Durchwahl 125; www.tapalpaturistico.com; Portal Morelos; ⊙Mo–Fr 8–17, Sa 10–18, So 10–15 Uhr) an der Plaza Principal bietet Stadtpläne, Infos und eine sehr nützliche Webseite.

ⓘ An- & Weiterreise

Gut 10 Busse fahren täglich vom Antigua Central Camionera in Guadalajara nach Tapalpa (152 Mex$, 3 Std.), drei weitere starten am Nueva Central Camionera. Außerdem fahren jeden Tag vier Busse von und nach Ciudad Guzmán (109 Mex$, 2 Std.). In Tapalpa halten die Busse beim Büro von **Sur de Jalisco Bus** (Ignacio López 10) unterhalb des Zentrums.

Ciudad Guzmán

☑341 / 97 750 EW. / HÖHE: 1535 M

Die große, hektische Stadt ist sicher keine Touristenattraktion, liegt aber am nächsten zum Volcán Nevado de Colima, dem majestätischen Vulkan 25 km weiter südwestlich.

◉ Sehenswertes

Der belebte Hauptplatz ist von Marktständen und Einkaufspassagen umgeben. Mittendrin erheben sich zwei Kirchen aus dem 17. Jh., die **Templo del Sagrado Corazón** und die klassizistische **Catedral de San Juan**. In der Mitte des benachbarten Jardín Municipal (Stadtgarten) steht ein Musikpavillon aus Stein, dessen Decke eine Kopie des Wandgemäldes *Hombre de Fuego* (Feuermann) des hier geborenen José Clemente Orozco schmückt. Das Original befindet sich im Instituto Cultural de Cabañas in Guadalajara (S. 634).

WESTLICHES ZENTRALHOCHLAND ZONA DE MONTAÑA

🛏 Schlafen

Gran Hotel Zapotlán
HOTEL $

(☎ 341-412-00-40; www.hotelzapotlan.com; Fedérico del Toro 61; DZ/3BZ ab 400/585 Mex$; P ❄ 🛜) Das wunderbar altmodische Hotel am Westrand des Hauptplatzes hat jede Menge Charme und einen schönen gefliesten Innenhof voller Hängepflanzen und riesiger Metallurnen. Die 82 Zimmer verteilen sich auf vier Stockwerke und gehen alle auf den Innenhof hinaus. Sie sind nicht gerade luxuriös, aber für den Preis ganz in Ordnung.

❶ Praktische Informationen

Die **Touristeninformation** (☎ 341-412-25-63, Durchwahl 102/110; Calz Madero y Carranza 568; ⏱ Mo–Fr 9–15 Uhr) befindet sich im ehemaligen *estación de ferrocarriles* (Bahnhof), rund 2,5 km westlich des Zentrums am nördlichen Rand des riesigen Busbahnhofs. Hier kann man den Aufstieg auf den Volcán Nevado de Colima planen und buchen.

❶ An- & Weiterreise

Rund 3 km westlich der Plaza liegt der moderne Busbahnhof nahe dem Zubringer, der vom Highway Guadalajara–Colima in die Stadt hineinführt (oder herausführt). Hin und zurück geht's mit Bus 6 (6 Mex$). Bedient werden z. B. Guadalajara (192 Mex$, 2 Std.), Colima (132 Mex$, 1–2 Std.), Tapalpa (109 Mex$, 2 Std.), Mazamitla (109 Mex$, 2½ Std.) und Zapotitlán. Letzteres befindet sich 2 km vor dem Dorf El Fresnito (20 Mex$, 20 Min.), das am nächsten zum Volcán Nevado de Colima liegt. Alternativ erreicht man El Fresnito mit dem 1A, 1C oder 1V *urbano* (Stadtbus) ab der Los-Mones-Kreuzung in Ciudad Guzmán (6 Mex$, 20 Min.).

COLIMAS BINNENLAND

Der drittkleinste Bundesstaat Mexikos ist nur 5627 km^2 groß, verfügt aber über eine überaus reiche und vielseitige Ökologie. Im trockenen Hochland im Norden erheben sich imposante Vulkane, im feuchtheißen Süden erstreckt sich die Pazifikküste mit türkisgrünen Lagunen.

Für viele Reisende könnte das Landesinnere von Colima zur neuen Drehscheibe des Abenteuertourismus in Mexiko werden. Dabei sind die berühmten Vulkane im Norden – wie der noch aktive und ständig rauchende, aber unzugängliche Volcán de Fuego (3820 m) und der erloschene, mit Schnee bedeckte Volcán Nevado de Colima (4260 m) – natürlich die Hauptattraktionen,

doch der Dschungel und die Kalksteinfelsen des Reserva de la Biosfera Sierra de Manantlán lockt mit herrlichen Mountainbikestrecken sowie mit tollen Wander- und Canyoning-Touren, bei denen sich die Teilnehmer teilweise in glasklare Flüsse abseilen oder im Wasserfallbecken des magischen Cascada El Salto baden. Doch noch ist die Gegend vom Tourismus weitgehend berührt und ein Paradies für alle, die die Möglichkeiten dieses Neulands entdecken möchten.

Geschichte

Das präkolumbische Colima war weit entfernt von den alten Hochkulturen in Mexiko. Daher dürften die Seekontakte zu Reichen außerhalb des Landes weit wichtiger gewesen sein. Nach der Überlieferung soll König Ix von Colima regelmäßig Besucher aus China empfangen und Geschenke von ihnen erhalten haben. Schließlich begannen Stämme aus dem Norden in das Land einzuwandern. Zuerst ließen sich von 250 bis 750 die Otomí hier nieder, es folgten die Tolteken, deren Blütezeit von 900 bis 1154 dauerte, und dann die Chichimeken (1154–1428).

Die Völker hinterließen Spuren in Form von wundervollen Tonwaren. Es gibt mehr als 250 Fundstätten, insbesondere Gräber, die aus der Zeit zwischen 200 v. und 800 n. Chr. stammen. Man stieß z. B. auf Figuren mit ausdrucksstarken und komischen Gesichtszügen. Am bekanntesten sind die plumpen Nackthunde, die sogenannten *xoloitzcuintli*.

Die Chichimeken konnten den Spaniern zweimal Einhalt gebieten, mussten sich jedoch 1523 Gonzalo de Sandoval, einem Leutnant von Cortés, und seinen Mannen geschlagen geben. De Sandoval gründete noch im selben Jahr die Stadt Colima, nach Veracruz und Mexico City die dritte spanische Siedlung in Nueva España. Ursprünglich lag Colima in der Ebene in der Nähe von Tecomán. 1527 wurde die Stadt an ihren heutigen Standort verlegt.

Colima

☎ 312 / 137 500 EW. / HÖHE: 498 M
Die entspannte Stadt hat üppige subtropische Gärten, schöne öffentliche Plätze und das mildeste Klima im westlichen Zentralhochland. An der Universität von Colima sind Studierende aus aller Welt eingeschrieben, und immer mehr Touristen zieht es in die Canyons, Wälder und Berge der Umgebung.

Colima

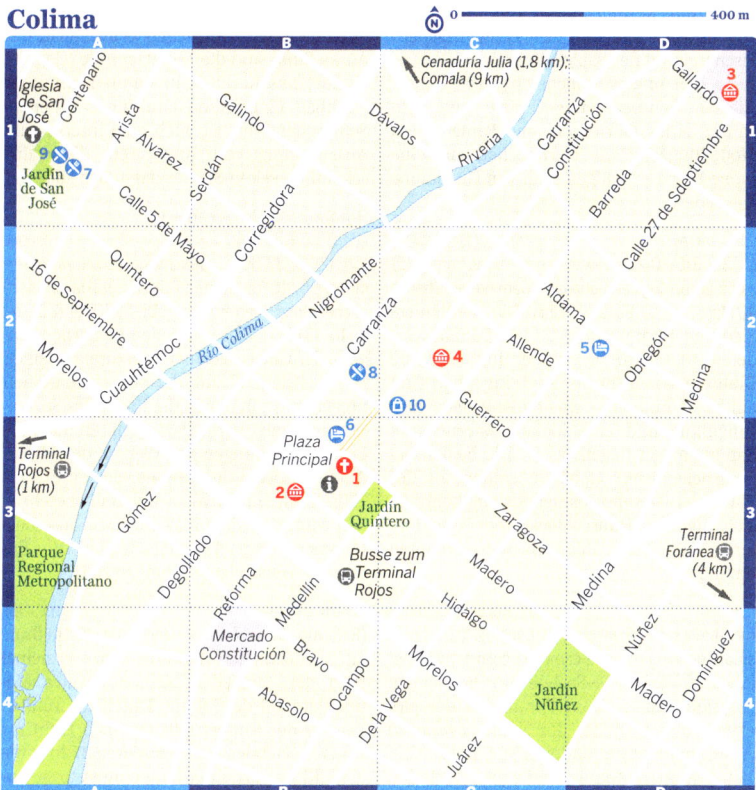

Bei klarem Wetter ist die Rauchsäule des Volcán de Fuego 30 km weiter nördlich zu sehen. Der Vulkan ist immer noch aktiv, und die Stadt wurde schon mehrmals von starken Beben erschüttert (das letzte Erdbeben mit einer Stärke von 7,5 war im Januar 2003). Aus diesem Grund gibt es in Colima auch kaum noch Gebäude aus der Kolonialzeit, obwohl sie die erste von Spaniern gegründete Stadt im westlichen Mexiko war.

◉ Sehenswertes

Museo Universitario de Artes Populares
MUSEUM

(☑ 312-312-68-69; www.mexicoescultura.com/rec into/66604/museo-universitario-de-artes-popula res-ma-teresa-pomar.html; Ecke Gallardo & Barreda; Erw./Kind & Student 20/10 Mex$, So frei; ⊙ Di–Sa 10–14 & 17–20, So 10–13 Uhr) Das beste Museum der Stadt zeigt eine hervorragende Sammlung von Volkskunst aus ganz Mexiko, darunter großartige Masken, *mojigangas* (Riesenpuppen), Musikinstrumente, Körbe,

Colima

◎ Sehenswertes
1 Kathedrale.. B3
2 Museo Regional de Historia de
   Colima.. B3
3 Museo Universitario de Artes
   Populares.. D1
4 Pinacoteca Universitaria
   Alfonso Michel C2

◎ Schlafen
5 Hotel Aldama D2
6 Hotel Ceballos B3

◎ Essen
7 ¡Ah Qué Nanishe! A1
8 Chile Amor B2
9 El Charco de la Higuera A1

◎ Shoppen
10 Huentli C2

Holz- und Keramikskulpturen. Außerdem gibt es Ausstellungen zur Landwirtschaft, Fischerei und der Salzgewinnung in Colima.

Zu den ungewöhnlichsten Ausstellungsstücken gehören eine Gitarre aus dem Panzer eines Gürteltiers aus Paracho, ein Modellflugzeug aus Tierknochen und eine Ikone Unserer heiligen Frau von Guadalupe aus Federn.

El Chanal ARCHÄOLOGISCHE STÄTTE

(☎ 312-316-20-21; www.inah.gob.mx/es/zonas/151 -zona-arqueologica-el-chanal; Camino al Chanal; 40 Mex$; ⏱ Di–So 9–18 Uhr) Die weitläufige Siedlung 4 km nordöstlich von Colima wurde um 1300 v.Chr. gegründet und hatte ihre Blütezeit von 1100 bis 1400. Zu sehen sind einige Pyramiden, ein Ballspielfeld, fünf Innenhöfe und eine kleine Zisterne zum Sammeln von Regenwasser. Die beiden beeindruckendsten Gebäude stehen an der Plaza del Tiempo, östlich davon befinden sich mehrere Häuserblocks mit Felsenmalereien, die Tiere, Pflanzen und Gottheiten darstellen.

La Campana ARCHÄOLOGISCHE STÄTTE

(☎ 312-313-49-45;www.zonaarqueologica.com.mx/ sitio-arqueologico-de-la-campana-colima; Av Tecnológico; 50 Mex$; ⏱ Di–So 9–18 Uhr) Die kleinen, sorgsam restaurierten Pyramiden der glockenförmigen (daher der Name *campana*) Ausgrabungsstätte datieren von 1500 v.Chr. Bei den Ausgrabungen, die hier seit den 1930er-Jahren stattfinden, wurden auch ein kleines Schachtgrab mit Grabbeigaben und ein Ballspielfeld entdeckt. Alle Gebäude sind in Richtung Norden zum Volcán de Fuego, hin ausgerichtet, der bei klarem Wetter eine beeindruckende Hintergrundkulisse liefert. Die Stätte liegt 3 km nördlich der Innenstadt von Colima und ist gut mit Bus 7 und 22 zu erreichen. Die Fahrt mit dem Taxi kostet rund 50 Mex$. Achtung: Unbedingt feste Schuhe und Socken tragen, denn es wimmelt von Feuerameisen.

Museo Regional de Historia de Colima MUSEUM

(☎ 312-312-92-28; www.inah.gob.mx/es/red-de-museos/245-museo-regional-de-historia-de-colima; 16 de Septiembre 29, Portal Morelos 1; 55 Mex$; ⏱ Di–Sa 9–18, So 17–20 Uhr) Das ausgezeichnete Museum, dessen Räume alle auf einen zentralen Innenhof hinausgehen, erläutert die Geschichte der Region von den Anfängen über die Zeit der spanischen Eroberungen bis zum 19. Jh. In der umfangreichen Sammlung von sehr gut beschrifteten Gegenstän-

den sind Keramiken, Rüstungen, Waffen und eine Kutsche zu sehen. Glanzstücke der Ausstellung sind die Xoloitzcuintle (Colima-Hunde) aus Keramik in Raum 12 und der Nachbau einer alten Grabstätte nebenan. Sehr sehenswert ist auch eine interessante Ansammlung von Tonfiguren, die wahrscheinlich Pelota-Spieler darstellen sollen.

Pinacoteca Universitaria Alfonso Michel GALERIE

(☎ 312-314-33-06; www.mexicoescultura.com/re cinto/55240/pinacoteca-universitaria-alfonso-michel.html; Guerrero 35; ⏱ Di–Sa 10–14 & 17–20, So 10–13 Uhr) GRATIS Durch den modernen Eingang der Galerie gelangt man direkt in einen Hof aus dem 19. Jh., der von sieben Sälen umgeben ist, in denen die Kunst des Surrealismus gezeigt wird. Dazu gehören auch die Dauerausstellungen mit Werken des Malers Alfonso Michel aus Colima, dessen Stil als „Mischung von Picasso und Dalí" beschrieben wurde, sowie mit Werken von José Luis Cuevas und Rafael Coronel. In vier *salas* finden nur Wechselausstellungen statt.

Kathedrale KATHEDRALE

(Reforma 21; ⏱ 7–20.30 Uhr) Die Kathedrale am nordöstlichen Rand des Plaza Principal trägt den offiziellen Namen Basílica Menor Catedral de Colima. Durch die runden Fenster der Kuppel fällt reichlich Licht ins Innere. Nachdem die Spanier 1527 hier die erste Kirche errichtet hatten, musste sie immer wieder neu gebaut werden, zuletzt nach dem Erdbeben von 1941, als der Nordturm einstürzte. Die heutige klassizistische Kathedrale stammt zum Großteil von 1894.

🛏 Schlafen & Essen

Hotel Aldama HOTEL $

(☎ 312-330-73-07; www.hotelaldamacolima.com; Aldama 134; EZ/DZ 550/620 Mex$; ✱ 🛜) Das Hotel vier Häuserblocks nordöstlich des zentralen Platzes ist weit mehr als eine einfache Budgetunterkunft. Die 15 Zimmer sind zwar klein, aber mit netten Kleinigkeiten ausgestattet, wie etwa Blumen auf dem Bett, massiven Möbeln aus Schmiedeeisen und Holz sowie einem Schreibtisch. Die Zimmer im 1. Stock blicken in den Hof, eines der Zimmer im 2. Stock wartet mit einer schönen Dachterrasse auf.

Hotel Ceballos HOTEL $$

(☎ 312-316-01-00; www.hotelceballos.com; Constitución 11, Portal Medellín 12; Zi. ab 1100 Mex$; 🅿 ✱ @ 🛜 ✉) Bei dem bekannten mexikanischen „Plazahotel" liegt der Eingang in einer stimmungsvollen Arkade mit Café und Restaurant. Dahinter befinden sich 54 eher langweilige Zimmer. Das Hotel gehört zur Best-Western-Kette, und einige der teureren Zimmer haben hohe Decken mit Stuckkronen und einen Balkon, der auf den Plaza Principal hinausgeht. Es gibt einen Swimmingpool und einen kleinen Fitnessraum im Erdgeschoss. Das Personal ist sehr freundlich.

Chile Amor
MEXIKANISCH $

(✆ 312-160-50-96; 5 de Mayo 49; Hauptgerichte 35–60 Mex$; ◷ Mo–Sa 8–15 Uhr) Die Wände des kleinen, farbenfrohen Restaurants sind von oben bis unten schön bemalt. Das Personal in farbenprächtiger traditioneller Kleidung serviert Tacos und Quesadillas, die zu den besten der Stadt gehören. Ein beliebtes Tagesgericht ist Rindfleisch in Erdnusssauce. Außerdem gibt's gutes Frühstück.

Cenaduría Julia
MEXIKANISCH $

(✆ 312-312-42-44; Leandro Valle 80, Villa de Álvarez; Hauptgerichte 35–75 Mex$; ◷ Mo & Mi–Fr 18–23.30, Sa & So 14–23.30 Uhr; ⊞) Diese Institution im nördlichen Vorort Villa de Álvarez ist eines der beliebtesten Restaurants der Gegend. Spezialitäten des Hauses sind *sopitos* (kleine runde Tortillas mit Fleisch, Gewürzen und Tomatensauce zu 40 Mex$ für 8 Stück) und *tacos tuxpeños* (marinierte Tortillas, die gebraten und mit gebratenen Bohnen oder Schweinefleisch gefüllt werden, 4 Stück für 35 Mex$).

Das scheint alles nichts Besonderes zu sein, doch die preiswerte, echte *cocina colimense* (Colima-Küche) ist auf jeden Fall die kurze Taxifahrt vom Stadtzentrum hierher wert (40 Mex$).

★ El Charco de la Higuera
MEXIKANISCH $$

(✆ 312-313-01-92; www.facebook.com/ElCharco delaHiguera; Jardín de San José, Ecke Calle 5 de Mayo; Hauptgerichte 90–145 Mex$; ◷ 8–24 Uhr) Das beste, typisch mexikanische Restaurant in Colima ist zugleich ein bescheidenes Museum der Maskenherstellung in der Region. Die gemischte *antojitos*-Platte (Mexikanische Snacks, 85 Mex$) ist mehr als üppig. Wer sich traut, kann auch die *pepena* (Rinderherz und andere Innereien, 85 Mex$) mit warmen Tortillas bestellen. Weniger Mut erfordern die *chilaquiles* (gebratene Tortillas; 70 Mex$).

Das ausgezeichnete Essen wird auf einem kleinen ruhigen Platz neben der Kirche San

José serviert. Von Donnerstag bis Sonntag gibt's dazu Livemusik bis 20 Uhr

¡Ah Qué Nanishe!
MEXIKANISCH $$

(✆ 312-314-21-97; www.facebook.com/restaurante nanishe; Calle 5 de Mayo 267; Hauptgerichte 99–120 Mex$; ◷ Di–So 12–23 Uhr) In der Sprache der Zapoteken bedeutet der Name des Restaurants „Wie köstlich!" und das trifft nicht nur auf die üppige, schokoladenbraune *mole* (Sauce) zu. Weitere Köstlichkeiten der Oaxaca-Küche sind *chiles rellenos* (gefüllte Chilischoten) und manchmal auch *chapulines* (knusprige gebratene Grashüpfer). Es können auch halbe Portionen bestellt werden, die zwar 70 % des vollen Preises kosten, aber immer noch sehr preiswert sind.

🛍 Shoppen

Huentli
KUNSTHANDWERK

(✆ 312-314-12-95; www.facebook.com/Artesanias Huentli; Andador Constitución 1, Ecke Zaragoza; ◷ Mo–Fr 8.30–20, Sa 9–20, So 9–14 Uhr) Die Masken, Keramiken, Tonwaren, Hüte, Möbel und sonstigen Produkte, die der ausgezeichnete staatliche *tienda de artesanías* (Kunsthandwerksladen) verkauft, wurden ausschließlich in Colima hergestellt.

❶ Praktische Informationen

Colima State Tourist Office (✆ 312-312-83-60; www.colimatienemagia.com.mx; Reforma; ◷ Mo–Fr 9–17 Uhr) Das Büro befindet sich im Palacio de Gobierno am Hauptplatz der Stadt.

❶ An- & Weiterreise

Der Flughafen von Colima, **Licenciado Miguel de la Madrid Airport**, (✆ 312-314-41-60; Av Lic Carlos de la Madrid Bejar) liegt in der Nähe von Cuauhtémoc, 12 km nordöstlich des Zentrums am Highway nach Guadalajara. Ein Taxi kostet 280 Mex$. **Aeromar** (✆ 312-313-13-40; www.aeromar.com.mx) fliegt von hier dreimal täglich nach Mexico City. Weitere Flugverbindungen bieten **Aeromexico** (✆ 312-313-80-58; https://aeromexico.com) und **Volaris** (✆ 55-1102-8000; https://flights.volaris.com).

Colima hat zwei Busbahnhöfe. Für Fernverbindungen zuständig ist der **Terminal Foránea** (Carretera 54), der 2 km östlich vom Zentrum liegt (Kreuzung Av Niños Héroes & östliche Stadtumgehung). Vor Ort gibt's eine Gepäckaufbewahrung und einen Stand für Prepaid-Taxis, die für 28 Mex$ in die Innenstadt fahren. Alternativ kann man dafür den Bus der Rutas 5 nehmen, die in Gegenrichtung an der Calle 5 de Mayo oder Zaragoza starten.

Colimas zweiter Busbahnhof, der **Terminal Rojos** (Bosque de Cedros) für Regionalverbin-

WESTLICHES ZENTRALHOCHLAND COLIMA

BUSSE AB COLIMA

ZIEL	PREIS (MEX$)	DAUER (STD.)	HÄUFIGKEIT (TGL.)
Ciudad Guzmán	132	1–2	5
Comala	9	¼	alle 30 Min.
Guadalajara	324	3	stündl.
Manzanillo	134	1½	alle 30 Min.
Mexico City (Terminal Norte)	1015	10	10
Morelia	579	6	3
Uruapan	425	6	1

dungen, liegt ungefähr 2 km westlich der Plaza Principal. Die Busse der Rutas 4 und 6 rollen von hier aus ins Zentrum. Für Fahrten in die Gegenrichtung eignen sich alle mit „Rojos" gekennzeichneten Busse, die der Morelos in Richtung Norden folgen.

Stadtfahrten mit dem Taxi kosten normalerweise 15 bis 25 Mex$.

Parque Nacional Volcán Nevado de Colima

Der 9,5 km^2 große Nationalpark erstreckt sich beiderseits der Grenze zwischen Colima und Jalisco und ist vor allem von zwei spektakulären Vulkanen geprägt, die nur 5 km voneinander entfernt sind: der immer noch aktive Volcán de Fuego und der wesentlich ältere, bereits erloschene Volcán Nevado de Colima. Ciudad Guzmán liegt zwar am nächsten zum Park, doch wer über ein Fahrzeug verfügt oder mit einem Fremdenführer hinfährt, sollte lieber Colima oder Comala als Basislager wählen. Da es jedoch schwierig ist, spontan einen solchen Führer zu finden, sollte man alles besser vorher organisieren.

In dem Nationalpark gibt es auch eine Vielzahl von Pflanzen- und Tierarten, von denen viele endemisch sind. Zu den ständig oder vorübergehend hier lebenden Säugetieren gehören z. B. Weißschwanzfüchse, südamerikanische Nasenbären, Kojoten, Pumas und Jaguare.

◉ Sehenswertes

Volcán Nevado de Colima   VULKAN
Der Volcán Nevado de Colima (4260 m) ist von der letzten Oktoberwoche bis zur ersten Juniwoche zu Fuß begehbar. An Nevados Hängen wachsen Pinienwälder, weiter oben findet man alpine Wüstengegenden. Zu den tierischen Bewohnern gehören Rehe, Wildschweine, Kojoten und sogar einige Pumas.

Die beste Zeit zum Klettern sind generell die trockenen Monate von Dezember bis Mai. Allerdings sinken die Temperaturen zwischen Dezember und Februar oft unter 0 °C, und in den höheren Gegenden kann es schneien– *nevado* bedeutet „schneebedeckt". Das Wetter ändert sich hier schnell, und bei Gewitter schlägt auf dem Gipfel oft der Blitz ein – also immer auf die Wolken achten und möglichst früh starten. Zwischen November und März öffnet der Park von 6 bis 18 Uhr, in der Regenzeit zwischen Juli und September hat er länger geöffnet.

Um von Ciudad Guzmán hierherzukommen, nimmt man den Bus bis El Fresnito (20 Mex$), wo man versuchen kann, einen Fahrer zu buchen (keine leichte Aufgabe), der einen die letzten 20 km über eine schlechte Straße bis zum Startpunkt bei La Joya/Puerto Las Cruces (3500 m) bringt. Auf dem Weg dorthin passiert man den Parkeingang, an dem man 40 Mex$ Eintritt bezahlen muss. Alternativ kann man auch von El Fresnito aus wandern – was sehr viel länger dauert und anstrengender ist. Wer sich dazu entschließt, zu laufen, bleibt nach der Stadt so lange man kann im Bus sitzen.

Wanderer brauchen eine Campingausrüstung und Essen (und ein paar sehr warme Klamotten), da es unmöglich ist, an einem Tag hin und zurück zu wandern. Zum Parkplatz bei La Joya/Puerto Las Cruces braucht man ca. sieben Stunden, und dann von dort nochmal drei bis vier bis zum Gipfel. Der Rückweg in die Stadt dauert dann ca. sieben Stunden. Zelten kann man bei La Joya/Puerto Las Cruces, ein paar Kilometer hinter dem Parkeingang.

Die Wanderung von La Joya zum Gipfel erstreckt sich über 9 km und 700 Höhenmeter. Manche wandern auch nur bis zum *micro-ondas* (Radio-Sendemasten), der zu Fuß in 90 Minuten vom Ende der Straße bei La Joya/Puerto Las Cruces zu erreichen ist. Wer zum Gipfel will, braucht nochmal

90 Minuten, und obwohl der Gipfel leicht zu sehen ist, sollte man nicht alleine gehen. Es gibt viele Wege nach oben und zurück, und man kann sich schnell verlaufen oder in Gebiete geraten, in denen man gefährlich abrutschen kann. Nebel kann ebenfalls ein Hindernis sein. Man spart sich viel Zeit und Ärger, wenn man mit einem Führer geht.

Eine Fahrt über die relativ gute Schotterstraße auf den Vulkan hinauf bedeutet, dass man schnell sehr viele Höhenmeter zurücklegt. Wem schwindelig wird, oder wer Kopfweh bekommt, der leidet vielleicht unter der Höhenkrankheit (S. 931). Dann sollte man schnellstmöglich wieder nach unten fahren, denn dieser Zustand kann gefährlich sein.

Volcán de Fuego
VULKAN

Der 3820 m hohe Vulkan erhebt sich 23 bzw. 30 km nördlich von Comala bzw. Colima und ist der aktivste Vulkan Mexikos. In den letzten 400 Jahren ist er mehrmals ausgebrochen, wobei es etwa alle 70 Jahre zu einem großen Ausbruch kam. Nach einer großen Explosion schleuderte er im Juni 2005 eine 5 km hohe Aschefontäne in den Himmel, die dann über Colima niederging. Das gleiche Schicksal ereilte Ciudad Guzmán im Juli 2015. Seit 1960 ist der Vulkangipfel für Besucher gesperrt, seit 2013 auch für Seismologen. Auch Wanderungen außerhalb der 10 km breiten Sperrzone sollten nur mit einem seriösen Veranstalter unternommen und im voraus gebucht werden.

Geführte Touren

Die im Folgenden genannten Fremdenführer haben alle die Lizenz, Besucher in den Parque Nacional Volcán Nevado de Colima zu führen. Eine dreieinhalbstündige Tour bis zu dieser Zone kostet ab 800 Mex$. Die getührte Wanderung auf den Gipfel des Volcán Nevado kostet ab 2200 Mex$. In den Preisen sind Transport und Eintrittsgebühren eingeschlossen.

Admire Mexico
TREKKING

(☎ 312-314-54-54; www.admiremexicotours.com; Obregón 105, Comala) Die hoch angesehene Agentur des Vulkanexperten Júpiter Rivera ist eindeutig der beste Veranstalter von Wanderungen und Touren in den Nationalpark sowie in und um Colima und Comala. Das Büro ist im Casa Alvarada in Comala.

Corazón de Colima Tours
TREKKING

(☎ 312-314-08-96; www.corazondecolimatours. com; Nayarit 1415, Colima) Der Veranstalter in

Colima bietet Touren nach Comala, eine Wanderung rund um den Volcán de Fuego und den Aufstieg zum Volcán Nevado.

Ausgehen & Nachtleben

Cafe La Yerbabuena
CAFÉ

(☎ 312-102-17-33; La Yerbabuena; ☺ 8–18 Uhr) Bei der Wanderung zur Sperrzone des Volcán de Fuego sollte man in dem 1500 m davor gelegenen rustikalen Café auf einer Kaffeeplantage eine Pause einlegen und den dort angebauten Kaffee genießen. Die Plantage befindet sich an der Stelle des ehemaligen Dorfs La Yerbabuena, das beim Ausbruch von 2005 unter dem Lavastrom begraben wurde. Die Einwohner konnten rechtzeitig evakuiert werden und leben nun in La Yerbabuena II gut 7 km weiter vom Vulkan entfernt.

❶ An- & Weiterreise

Mit öffentlichen Verkehrsmitteln ist der Nationalpark nicht zu erreichen. Die letzte Station, die man von Ciudad Guzmán aus anfahren kann, heißt El Fresnito (20 Mex$). Deshalb kommt man am besten mit dem eigenen Fahrzeug oder einer geführten Tour hierher.

Comala

☑ 312 / 9500 EW. / HÖHE: 600 M

Wer es bis nach Colima geschafft hat, sollte unbedingt das charakteristische *pueblo mágico* (magisches Dorf) Comala, 10 km weiter nördlich besuchen und die berühmten Spezialitäten *ponche* (Punsch), *tuba* (ein fermentiertes Getränk aus Palmensaft) und süßes Brot probieren, sowie die einzigartigen handgeschnitzten Holzmasken bewundern. Ebenfalls typisch für das Dorf sind die weißen Kolonialhäuser, die man eher in den *pueblos blancos* (weißen Dörfern) von Andalusien vermuten würde. Der zentrale Hauptplatz von Comala gehört zu den schönsten der Region und ist voller Restauranten, *tuba*-Verkäufer, Schuhputzer und wandernder Mariachi-Musiker.

Das Topereignis in Comala ist die zweiwöchige Feria de Ponche, Pan y Cafe (Festival des Punsches, Brots und Kaffees), die jedes Jahr im April stattfindet.

◉ Sehenswertes

Ex Hacienda Nogueras
MUSEUM

(☎ 312-315-60-28; Nogueras; Hazienda/Museum 10/20 Mex$; ☺ Mo–Fr 10–15, Sa & So 10–17 Uhr) Die wichtigste Sehenswürdigkeit in Comala ist das ehemalige Wohnhaus des mexikanischen Künstlers Alejandro Rangel Hidalgo (1923–2000), in dem nun ein Museum untergebracht ist, das sich seinem Leben und seiner Kunst widmet. So ist auch seine umfangreiche Sammlung prähispanischer Keramiken (darunter auch Colima-Hunde) zu sehen und die außergewöhnlichen Weihnachtskarten, die er für UNICEF gestaltet hat. Zu dem Haus gehören auch eine Kapelle und die Ruine einer Zuckerfabrik. Auf dem üppig grünen Gelände befinden sich zudem ein botanischer Garten und eine ehemalige Apotheke, in der heute ein Laden untergebracht ist.

Um zu Fuß zur Hazienda zu gelangen, geht man vom Hauptplatz in Richtung Osten durch die Calle Degollado links vom **Templo de San Miguel Arcángel**. Nach 450 m biegt man an der T-Kreuzung links in die Calle Saavedra ab und folgt ihr für weitere 450 m. Man kann auch mit dem Bus (7 Mex$) oder einem Taxi (25 Mex$) hinfahren. Beide starten hinter der Kirche.

Centro Estatal de los Artes
GALERIE

(☑ 312-313-99-68; Carreterra Villa de Álvarez-Comala, Km 5,5; ⊙ Mo–Sa 9–18, So 9–15 Uhr) GRATIS Erst vor kurzem wurde das „Staatszentrum der Künste" in einem aufsehenerregenden Gebäude über dem Río Suchitlán südlich des Hauptplatzes eröffnet. In Wechselausstellungen werden moderne Malerei und Bildhauerei gezeigt. In den angrenzenden Gärten kann man herrlich spazieren gehen und das halbe Dutzend Skulpturen bewundern, die zumeist die beiden alles beherrschenden Vulkane darstellen.

🛏 Schlafen & Essen

⭐ Casa Alvarada
B&B $$

(☑ 312-315-52-29; www.casaalvarada.com; Obregón 105; DZ inkl. Frühstück 950–1600 Mex$; P ❀ ☎) Die gemütliche und sehr freundliche Pension wird vom Englisch sprechenden Fremdenführer Júpiter Rivera und seiner Frau Mara geleitet. Es gibt drei Zimmer, eine Suite und ein freistehendes Ferienhaus, die alle nach einem bestimmten Motto mit Volkskunst aus der Region ausgestattet sind. Das Haus für vier Personen ist nach dem Maler Alejandro Rangel Hidalgo benannt und hat eine eigene Küche.

Das üppige Frühstück wird im familiären Rahmen serviert, auf der Terrasse schaukelt eine riesige Hängematte. Die Badezimmer haben mit Sicherheit die kräftigsten Duschen südlich der Grenze.

Tacos Doña Mary
MEXIKANISCH $

(5 de Mayo 144; Hauptgericht 45 Mex$; ⊙ Mi–Mo 19–24 Uhr) Nach Meinung der Einheimischen bietet der einfache Stand mit ein paar Stühlen auf der Straße die besten Tacos der Region. Dabei ist schwer zu sagen, welcher des halben Dutzends im Angebot am besten schmeckt. (Wer es unbedingt wissen will: für viele ist der *asado de res* – mit Roastbeef – der Gewinner, dicht gefolgt von denen mit Chorizo.)

Don Comalón
MEXIKANISCH $

(☑ 312-315-51-04; www.doncomalon.com; Progreso 5; Getränk mit Snack 45 Mex$; ⊙ 12–18 Uhr) Eines der vielen Restaurants am Hauptplatz von Comala, in denen zu jedem bestellten Getränk ein *botana* (kostenloser Snack) serviert wird. Wer keine Zeit hat, sich zwischen den vielen Restaurants zu entscheiden, sollte dieses wählen und eine knusprige *tostada* mit Ceviche bestellen.

❶ An- & Weiterreise

Zwischen Colama und Colima verkehren Busse (9 Mex$) den ganzen Tag alle 30 Minuten und halten jeweils am Hauptplatz..

MICHOACÁNS BINNENLAND

Michoacán ist gleichermaßen von prähispanischen Traditionen und kolonialer Architektur geprägt. In dem Staat liegen drei der schönsten, bisher kaum beachteten Städte Mexikos: das aus Lehmziegelbauten und Kopfsteinpflaster bestehende Pátzcuaro, wo Purépecha-Frauen Obst und *tamales* im Schatten der Kirchen aus dem 16. Jh. verkaufen, das üppig grüne, landwirtschaftlich geprägte Uruapan am Fuß des mythischen Vulkans Paricutín, und schließlich das lebendige Kolonialstädtchen Morelia mit seiner uralten Kathedrale und dem Äquadukt aus rosafarbenem Stein.

Michoacán genießt aber auch zunehmend den Ruf eines Zentrums für das Kunsthandwerk. Das Volk der Purépecha im Hochland der Cordillera Neovolcánica stellt wunderbare Masken, Tonwaren, Strohkunst und Saiteninstrumente her und verkauft diese auf der alljährlichen Kunsthandwerksmesse Tianguis Artesanal de Uruapan (S. 690). Zudem ist Michoacán reich an Naturschönheiten, wozu auch der alljährliche Flug der Monarchfalter ins zerklüftete Reserva Mariposa Monarca (Monarchfalter-

Schutzgebiet) gehört, die sich scharenweise auf Bäumen und am Boden zur Paarung niederlassen.

Morelia

📞 443 / 607500 EW. / HÖHE: 1920 M

Die Hauptstadt von Michoacán ist zugleich die schönste und dynamischste Stadt des Bundesstaates. Außerdem wird sie zunehmend zum beliebten Reiseziel, denn mitten im kolonialen Zentrum erhebt sich die prachtvolle alte Kathedrale, die so gut erhalten ist, dass sie 1991 ins Weltkulturerbe der UNESCO aufgenommen wurde.

Die Straßen der Innenstadt sind von eleganten Steinhäusern mit Barockfassaden aus dem 16. und 17. Jh. sowie schönen Arkaden gesäumt, in denen sich Museen, Hotels, Restaurants, *chocolaterías* (Konfiserien), Straßencafés und preiswerte *taquerías* (Taco-Stände) befinden. Auch die beliebte Universität befindet sich mitten in der Stadt. Es gibt kostenlose Konzerte, Kunstinstallationen und noch sehr wenige ausländische Besucher. Diese bleiben dann oft länger als geplant, um kochen oder Spanisch zu lernen. Noch ist Morelia ein unberührter Geheimtipp, wie es Oaxaca einmal war, doch das wird sich bald ändern.

Geschichte

Morelia wurde im Jahr 1541 gegründet und war eine der ersten spanischen Städte in der noch jungen Kolonie Nueva España. Der erste Vizekönig Antonio de Mendoza nannte die Stadt Valladolid nach dem gleichnamigen Ort in Spanien und forderte die spanischen Adeligen auf, mit ihren Familien hierher auszuwandern. Vier Jahre nachdem aus Nueva España die Republik Mexiko geworden war, erhielt Morelia 1828 den heutigen Namen zu Ehren des Nationalhelden José María Morelos y Pavón, dem Priester, der nach der Erschießung von Miguel Hidalgo y Costilla die Freiheitsbewegung im Mexikanischen Unabhängigkeitskrieg weiterführte.

⊙ Sehenswertes

In Morelia gibt es zahllose erstklassige Museen, deren Ausstellungen sich jedoch oft überschneiden, insbesondere, wenn es um den Nationalhelden José María Morelos y Pavón geht. Deshalb sollte man sich wohl überlegt entscheiden oder auf eine totale Übersättigung gefasst machen.

★**Biblioteca Pública de la Universidad Michoacana**   HISTORISCHES GEBÄUDE

(📞443-312-57-25; Jardín Igangio Altamirano, Ecke Av Madero Poniente & Nigromante; ⊙Mo–Fr 8–20 Uhr) GRATIS In der atemberaubenden Universitätsbibliothek im wundervollen **Ex Templo de la Compañía de Jesús** aus dem 17. Jh. reichen die Regale bis unter die Deckenkuppel und die bemalten Decken. Sie enthalten 22901 uralte Bücher und Manuskripte, darunter sieben wertvolle Inkunabeln aus dem 15. Jh. Die Wandgemälde stammen aus den 1950er-Jahren.

★**Morelia Catedral**   KATHEDRALE

(Plaza de Armas; ⊙6–21 Uhr) GRATIS Die alles beherrschende Kathedrale am zentralen Platz der Stadt gilt als schönste in Mexiko. Der Bau dauerte fast ein Jahrhundert (1660–1744), was den bunten Mischmasch der Stile erklärt. So haben die 70 m hohen Zwillingstürme einen Sockel im klassischen Herreresque-Stil, barocke Mittelteile und klassizistische Spitzen mit mehreren Säulen. Besonders eindrucksvoll ist das Bauwerk, wenn es nachts angestrahlt wird.

Der Großteil der Barockreliefs im Inneren wurde im 19. Jh. durch klassizistische Arbeiten ersetzt. Zum Glück blieb zumindest ein Glanzstück erhalten, die Skluptur des gekreuzigten Jesus **Señor de la Sacristía** in einer Kapelle links vom Hauptaltar. Die Skulptur besteht aus *pasta de caña* (einer Paste aus dem Mark von Maiskolben) und trägt eine Krone aus Gold, die der spanische König Philipp II. der Kirche im 16. Jh. schenkte. Die Orgel hat 4600 Pfeifen, und ein Orgelkonzert in dieser Kathedrale ist ein unvergessliches Erlebnis.

★**Centro Cultural Clavijero**   MUSEUM

(📞443-312-04-12; www.ccclavijero.mx; Nigromante /9; ⊙Di–Fr 10–18, Sa & So 10–19 Uhr) GRATIS Von 1660 bis 1767 war im Palacio Clavijero mit seinem herrlich minimalistischen Innenhof, Säulengängen und rosafarbenem Mauerwerk die Jesuitenschule des Heiligen Franz Xaver untergebracht. Heute befindet sich in dem riesigen Gebäude ein Kulturzentrum mit Ausstellungsflächen für zeitgenössische Kunst, Fotografie und andere kreative Medien.

Museo de Arte Colonial   GALERIE

(📞443-313-92-60; http://morelianas.com/morelia/museos/museo-de-arte-colonial; Juárez 240; ⊙Mo–Fr 10–20, Sa & So 10–18 Uhr) GRATIS Das ambitionierte Museum besteht aus fünf

Morelia

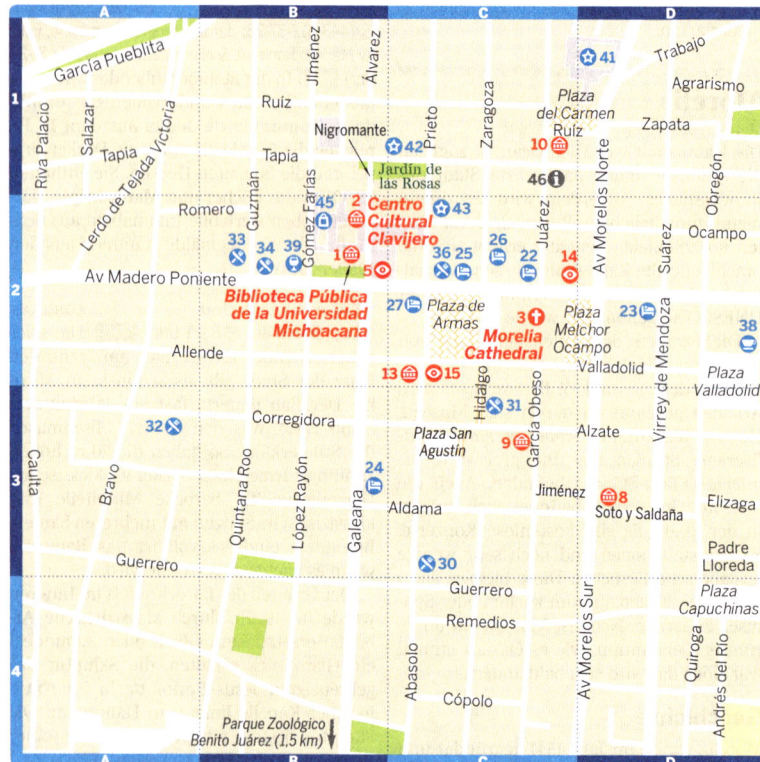

Räumen, die von oben bis unten mit religiösen Gemälden und Skulpturen vollgestopft sind, darunter allein mehr als 100 Darstellungen des gekreuzigten Jesus. Zu den Glanzstücken gehören eine kleine Statue von Jesus Christus mit Rock in Raum 3 und maßstabsgetreue Modelle der drei Schiffe *Niña, Pinta* und *Santa Maria* von Kolumbus in Raum 4. In Raum 5 sind alte Fenster von Wohnhäusern zu sehen.

Parque Zoológico Benito Juárez ZOO

(☏ 443-299-36-10; www.zoomorelia.michoacan. gob.mx; Calzada Juárez; Erw./Kind 25/15 Mex$; ⊙ Mo–Fr 10–17, Sa & So 10–18 Uhr) Der Zoo 2,5 km südlich der Plaza de Armas ist überraschend schön, denn die meisten Tiere leben in artgerechten Gehegen. Zu sehen sind Seelöwen, Giraffen, Elefanten und jede Menge Vögel und andere Flugtiere. Die Kieswege sind etwas beschwerlich, und für Kinder gibt es einen Spielplatz. Für das Aquarium, das Reptilienhaus und den kleinen Zug muss extra Eintritt bezahlt werden.

Palacio de Gobierno GEBÄUDE

(http://morelianas.com/morelia/edificios/palacio -de-gobierno; Av Madero Oriente; ⊙ 9–20 Uhr) GRATIS Der Palast mit der einfachen Barockfassade aus dem 18. Jh. war ursprünglich ein Seminar und beherbergt heute die Büros der Staatsregierung. Die riesigen historischen Wandbilder (1962) im Treppenhaus und in den Korridoren des 2. Stocks sind das Meisterwerk des in Pátzcuaro geborenen Künstlers Alfredo Zalce (1908–2003) und die besten der Stadt. Der Eingang ist in der Calle Juárez.

Museo Regional Michoacano MUSEUM

(Michoacán Regional Museum; ☏ 443-312-04-07; www.inah.gob.mx/es/red-de-museos/297-museo -regional-de-michoacan-dr-nicolas-leon-calderon; Allende 305; Erw./Kind 50 Mex$/frei; ⊙ Di–So 9–17 Uhr) In einem Dutzend Räume des renovierten Barockpalastes aus dem späten 18. Jh.

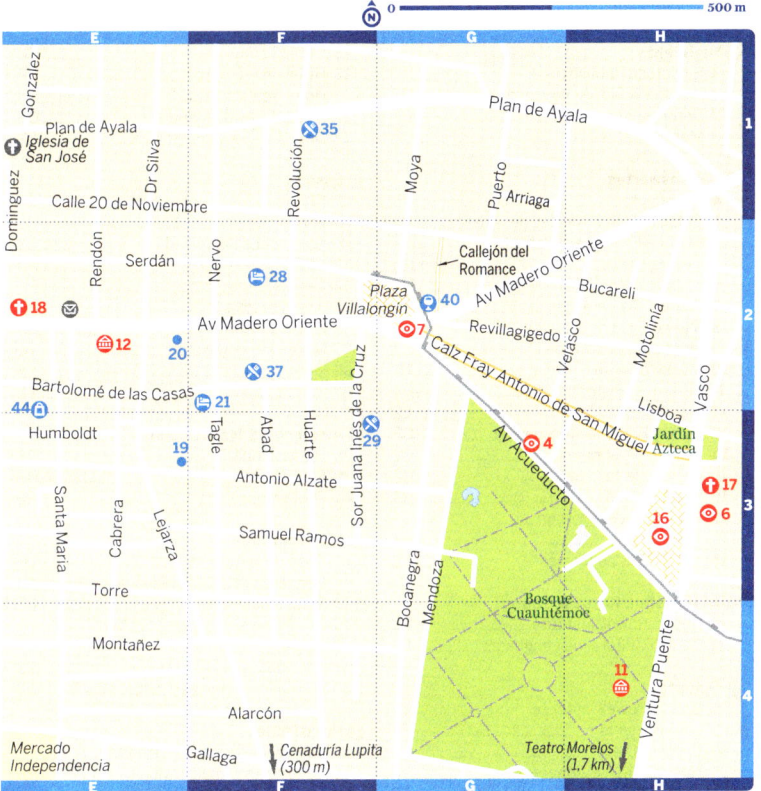

zeigt das Museum eine beeindruckende Sammlung prähispanischer Artefakte, darunter den Nachbau eines Grabs von El Opeño, sowie Kunst und Relikte aus der Kolonialzeit, darunter einen in Stein gemeißelten Kojoten aus Ihuatzio und die anatomisch korrekte Skulptur eines Chacmool (liegende männliche Figur mit nach vorn gewandtem Kopf). Im Treppenhaus sind spektakuläre Wandbilder von Alfredo Zalce zu sehen, darunter *Cuauhtémoc y la Historia* (Cuauhtémoc in der Geschichte) und *Los Pueblos del Mundo contra la Guerra Atómica* (Völker der Erde gegen den Atomkrieg), die beide 1951 entstanden.

Das beste Wandbild ist jedoch das surreale Gemälde *La Inquisición* (Die Inquisition von Philip Guston und Reuben Kadish, 1935), das an der Wand des Hinterhofs im 1. Stock zu bewundern ist. Das kostbarste Werk ist *Traslado de las Monjas Dominicas a Su Nuevo Convento* (Der Umzug der Dominikanerinnen in ihr neues Kloster),

das den Einzug der Nonnen in den neuen **Templo de las Monjas** (Av Madero Oriente; 8–20 Uhr) 1738 darstellt.

Santuario de la Virgen de Guadalupe KIRCHE

(Av Vasco 200; 8–20 Uhr) Hinter der einfachen Barockfassade (1708–1716) verbirgt sich das prachtvolle Heiligtum der Schutzheiligen von Mexiko, das in einem Übermaß an Rosa, Rot und ganz viel Gold erstrahlt. Die Innenausstattung stammt von 1915.

Aus all der funkelnden Pracht sticht jedoch eine Reihe großer Gemälde heraus, die die Bekehrung der Ureinwohner zum Christentum zeigen. So sind Szenen dargestellt, in denen todgeweihte Opfer gerade noch rechtzeitig von aufrichtigen und gottesfürchtigen Spaniern gerettet werden.

Neben der Kirche befindet sich der weit weniger prachtvolle **Ex Convento de San Diego** (Plaza Morelos; 7–20 Uhr). Das Kloster wurde 1761 errichtet und beherbergt nun die

Morelia

⦿ **Highlights**
1 Biblioteca Pública de la
  Universidad Michoacana.................... B2
2 Centro Cultural Clavijero...................... B2
3 Morelia Cathedral.................................C2

◎ **Sehenswertes**
4 Acueducto..G3
5 Colegio de San Nicolás de Hidalgo B2
  Estatua Ecuestre al Patriota
  Morelos.....................................(siehe 16)
6 Ex Convento de San Diego....................H3
7 Fuente Las Tarascas.............................G2
8 Museo Casa de Morelos.........................D3
9 Museo Casa Natal de Morelos..............C3
10 Museo de Arte Colonial C1
11 Museo de Historia Natural H4
12 Museo del Dulce E2
13 Museo Regional Michoacano C2
14 Palacio de Gobierno.............................C2
15 Palacio de Justicia...............................C2
16 Plaza Morelos.......................................H3
17 Santuario de la Virgen de
  Guadalupe...H3
18 Templo de las Monjas...........................E2

❸ **Aktivitäten, Kurse & Touren**
19 Baden-Powell Institute E3
20 Centro Cultural de Lenguas.................. E2

🛏 **Schlafen**
21 Baden-Powell Institute
  Apartments....................................... F2
22 Cantera Diez..C2
23 Hosting House Congreso......................D2
24 Hotel Casa del Anticuario B3

25 Hotel Casino C2
26 Hotel de la Soledad.............................. C2
  Hotel Real Valladolid .... (siehe 21)
27 Hotel Virrey de Mendoza C2
28 Only Backpackers Morelia....................F2

✖ **Essen**
29 Chango F3
30 Fonda Marceva C3
31 Gaspachos La Cerrada C3
32 La Cocina de Licha................................ A3
33 Las Mercedes B2
34 Los Mirasoles B2
  Lu Cochina Michoacana ....(siehe 25)
35 Mercado de San Juan.......................... F1
36 Onix... C2
37 Tata...F2

🍷 **Ausgehen & Nachtleben**
38 Cafe Europa.. D2
39 Los 50s Bar... B2
40 Tatita Mezcalería G2

✪ **Unterhaltung**
41 Casa de la Cultura................................D1
42 Conservatorio de las Rosas................... C1
43 Teatro Ocampo C2

🛍 **Shoppen**
44 Casa de las Artesanías E2
45 Mercado de Dulces y Artesanías B2

ℹ **Praktisches**
Touristeninformation Michoacán ..(siehe 25)
46 Touristeninformation Morelia.................. C1

juristische und sozialwissenschaftlicher Fakultät der Universidad Michoacana de San Nicolás de Hidalgo.

Colegio de San Nicolás de Hidalgo
GEBÄUDE
(☎443-322-35-00; Ecke Av Madero Poniente & Nigromante; ⊙Mo–Sa 8–20 Uhr) GRATIS Das Gebäude gehört zur Universidad Michoacana de San Nicolás de Hidalgo, zu deren Absolventen auch Morelos, Miguel Hidalgo y Costilla und José Sixto Verduzco gehörten. Der **Sala de Melchor Ocampo** im Obergeschoss ist einem weiteren mexikanischen Reformer, Nationalhelden und ehemaligem Gouverneur von Michoacán gewidmet (Mo–Fr 8–14 Uhr). Zu sehen ist seine gut erhaltene Bibliothek mit einer Kopie des Dokuments, mit dem er den Palast dem Kollegium vermachte, bevor er 1861 von einem konservativen Erschießungskommando hingerichtet wurde.

Das riesige 72 m² große Wandgemälde *Paisaje y economía de Michoacán* (Landschaft und Wirtschaft von Michoacán) im 1. Stock wurde 1935 von Marion Greenwood gemalt, der ersten Ausländerin, die ein öffentliches Wandbild in Mexiko malen durfte.

Museo Casa de Morelos
MUSEUM
(Morelos House Museum; ☎443-313-26-51; www.inah.gob.mx/paseos/morelos; Av Morelos Sur 323; Erw./Kind 40 Mex$/frei; ⊙Di–So 9–17 Uhr) Das Museum dürfte das beste zu José María Morelos y Pavón in Morelia sein. Es befindet sich im ehemaligen Wohnhaus des Freiheitskämpfers, der das Herrenhaus im spanischen Stil 1801 für seine Schwester kaufte. Die schön präsentierten Ausstellungsstücke werden auf Schildern in Spanisch und Englisch gut erklärt. So erfährt man alles über das Leben und die Feldzüge, die Morelos führte, sowie den Verlauf des Unabhängigkeitskampfes nach seinem Tod. Zu sehen

sind auch sein Arbeitszimmer, das zellenähnliche Schlafzimmer und die gruselige *máscara mortuoria* (Totenmaske).

Außerdem sind die original erhaltene Küche und alte Kutschen im Hof zu besichtigen.

Acueducto
WAHRZEICHEN

Das sehr gut erhaltene Äquadukt im Norden von Morelia verläuft mehr als 2 km entlang der Avenida Acueducto und danach rund um den Plaza Villalongín. Es wurde von 1785–1786 errichtet und versorgte die Stadt bis ins Jahr 1910 mit Wasser. Die 253 Bogen, von denen einige mittlerweile unter der Erde liegen, werden nachts wunderschön angestrahlt.

Museo del Dulce
MUSEUM

(Süßigkeitenmuseum; ☎ 443-312-04-77; www.callereal.mx/#recorridos; Av Madero Oriente 440; Erw./Kind 26/21 Mex$; ⊙ So–Fr 10–20, Sa 10–21 Uhr) In dem kleinen Museum hinter einem altmodischen Bonbonladen warten die Museumsführer in alten Kostümen auf die Besucher. Das Museum erzählt die Geschichte der Bonbonherstellung von der Handarbeit der Nonnen in den Klöstern der Region bis zur heutigen Massenproduktion.

Plaza Morelos
PLAZA

In der Mitte des unregelmäßigen, auffallend leeren Platzes südöstlich des Zentrums steht seit 1913 die **Estatua Ecuestre al Patriota Morelos**, ein majestätisches Reiterstandbild von Morelos, das der italienische Künstler Giuseppe Inghilleri schuf.

Von hier bis zum **Fuente Las Tarascas** (Plaza Villalongín) verläuft die grüne kopfsteingepflasterte **Calzada Fray Antonio de San Miguel**, eine breite, romantische Fußgängerpromenade, die von noblen alten Gebäuden gesäumt wird. Nördlich von ihrem westlichen Ende befindet sich die schmale **Callejón del Romance** (Romantische Gasse) mit ihren rosafarbenen Steinhäusern, wildem Wein und verliebten Pärchen. Hier gibt es auch ein paar Bars.

Museo Casa Natal de Morelos
MUSEUM

(Geburtshaus von Morelos; ☎ 443-312-27-93; http://sic.gob.mx; Corregidora 113; ⊙ Mo–Fr 9–20, Sa & So 9–19.30 Uhr) GRATIS Der Freiheitskämpfer José María Morelos y Pavón ist allgegenwärtig in Morelia – schließlich wurde die Stadt nach ihm benannt. Geboren wurde er aber nur am Ort des heutigen Hauses. Ein ewiges Licht im Hof markiert die Stelle, wo ihn seine Mutter Juana Pérez Pavón am 30.

September 1765 auf ihrem Weg zur Heiligen Messe zur Welt gebracht hat. Deshalb ist in dem Haus nun ein Museum zu seinen Ehren eingerichtet worden. Die alten Fotos und Dokumente in den acht Räumen sind zwar interessant, aber lange nicht so umfassend wie im wesentlich besseren Museo Casa de Morelos (S. 670).

Palacio de Justicia
GEBÄUDE

(http://michoacan.network/publicacion/museo-antiguo-palacio-de-justicia-morelia-michoacan; Portal Allende 267; ⊙ Mo–Fr 9–18 Uhr) GRATIS An einer Seite des weitläufigen grünen Plaza de Armas erhebt sich der Palacio de Justicia, der eigentlich aus zwei Gebäuden besteht, die 1884 wieder aufgebaut wurden. In der üppig verzierten Fassade mischen sich französische mit verschiedenen anderen Stilen, im Innenhof sind kunstvolle Treppenhäuser zu bewundern. Das beeindruckende Wandgemälde *Morelos y la Justicia* (Morelos und die Justiz) von Agustín Cárdenas (1976) wurde 40 Jahre nach seiner Entstehung vom Künstler selbst restauriert und erstrahlt nun wieder im alten Glanz. Das Museum zeigt wechselnde Ausstellungen zur Geschichte und Regierung des Landes.

Kurse

Dank der wenigen Reisenden und jeder Menge Kultur ist Morelia ein idealer Ort, um mexikanisch kochen, Salsa tanzen oder Spanisch zu lernen.

Baden-Powell Institute
SPRACHE

(☎ 443-312-20-02; www.baden-powell.com; Antonio Alzate 569; 20 Std./Woche ab 180 US$, Einzelunterricht 18 US$/Std.) Das kleine, freundliche und sehr gut geführte Institut bietet Spanischkurse und Kurse zur lateinamerikanischen Geschichte, mexikanischen Kunst, Küche und Kultur sowie Gitarrenunterricht und Volkstanz- und Salsakurse. Die Schüler können bei Gastfamilien wohnen (27 US$/Tag) oder in einem der gut ausgestatteten Apartments um die Ecke.

Centro Cultural de Lenguas
SPRACHE

(☎ 443-312-05-89; www.ccl.com.mx; Av Madero Oriente 560; Einzelunterricht 17 US$/Std.) Die chaotische Sprachschule in der Hauptstraße bietet hauptsächlich Englischkurse für Mexikaner an, erteilt aber auch Einzelunterricht in Spanisch. Außerdem werden Touren und Kurse zu mexikanischer Musik sowie Tanz- und Kochkurse organisiert (ab mind. 3 Teilnehmern).

Geführte Touren

Die Touristeninformation (S. 676) bietet jeden Tag um 10 und 16 Uhr eine Stadtführung an. Sie erteilt auch Auskünfte über Touren außerhalb der Stadt.

Mexiko kocht! ESSEN & TRINKEN
(☎55-1305-7194; www.mexicocooks.typepad.com; halbtägige Markt-Tour 125 US$/Pers.) Die in den USA geborene Cristina Potters ist mexikanische Staatsbürgerin und Expertin für die mexikanische Küche. Sie bietet ganz individuelle kulinarische und kulturelle Touren in Morelia und in ganz Michoacán sowie in Guadalajara an, obwohl sie selbst in Mexico City lebt. Die Touren müssen im Voraus gebucht werden.

Feste & Events

Festival Internacional de Guitarra MUSIK
(http://michoacan.travel/en/events/guitar-international-festival.html; April) Bei dem populären viertägigen Festival im April finden Konzerte von einheimischen und weltberühmten Gitarristen statt, und es gibt Seminare und eine wunderbare Ausstellung der schönsten Gitarren und anderen Saiteninstrumenten.

Feria de Morelia KULTUR
(Apr–Mai) Das größte Fest in Morelia erstreckt sich über drei Wochen von Ende April bis Mai und bietet Kunsthandwerks-, Landwirtschafts- und Tierausstellungen neben Tanz, Stierkämpfen und Fiestas. Ihr Gründungsdatum (18. Mai) feiert die Stadt mit einem großen Feuerwerk.

Festival Internacional de Música MUSIK
(www.festivalmorelia.mx; Nov.) Das internationale Festival der klassischen Musik im November dauert zwei Wochen, in denen Orchester, Chöre und Quartette in Kirchen, Theatern und auf Plätzen in der ganzen Stadt zu hören sind.

Festival Internacional de Cine de Morelia FILM
(www.moreliafilmfest.com; Okt.) Beim wichtigsten internationalen Festival der lebhaften mexikanischen Filmindustrie Ende Oktober steht die Stadt 10 Tage lang ganz im Zeichen von Filmen, Partys und Stars.

Schlafen

In Morelia gibt es jede Menge Unterkünfte für nicht allzu viele Reisende. So herrscht ein starker Wettbewerb, und mit Ausnahme der Festivalzeiten bieten alle Hotels – bis auf die ganz billigen Hostels – deutliche Ermäßigungen an.

★ **Baden-Powell Institute Apartments** APARTMENT $
(www.furnishedapartmentmorelia.com; Tagle 138; Apt. für 2/4 Pers. ab 250/300 US$ pro Woche; P) Die komplett ausgestatteten Apartments in einem hübschen Gebäudekomplex teilen sich einen Hof und eine Terrasse. Jedes Apartment hat eine komplett ausgestattete Küche, Esszimmer und ein, zwei oder drei Schlafzimmer für 2 bis sechs Personen. Das Gebäude steht am östlichen Ende der Avenida Madero Oriente, nur einen kurzen Fußmarsch von den Sehenswürdigkeiten und Restaurants an der Plaza de Armas und den Bars der Plaza Villalongín entfernt.

Hotel Casa del Anticuario HOTEL $
(☎443-333-25-21; www.hotelcasadelanticuario.com; Galeana 319; EZ/DZ ab 550/650 Mex$, Superior 750/950 Mex$;) Die 16 Zimmer der gelben überladenen Pension haben teilweise freiliegendes Mauerwerk und Dachbalken aus Holz. Es gibt einen schönen zentralen Innenhof voller alter Radios, TV-Geräte und Grammofons sowie ausgezeichnetem WLAN. Das Personal ist sehr hilfsbereit. Eigentlich hat die Pension alles, was auch ein Hotel zum doppelten Preis bietet.

Hotel Real Valladolid HOTEL $
(☎443-312-45-62; valladolidhotel@hotmail.com; Bartolomé de las Casas 418; DZ 650 Mex$; P) Im spärlich besetzten Segment der Budgetunterkünfte in Morelia ist dieses Hotel eine solide Option, die alles Notwendige bietet. 21 einfache, saubere, relativ moderne Zimmer mit Flachbild-TVs und kleinem Bad. Es hat zwar nicht den Charme der alten historischen Häuser von Morelia, ist aber eine gute Unterkunft, wenn man sie nur zum Schlafen nutzen will.

Only Backpackers Morelia HOSTEL $
(☎443-425-42-09; www.facebook.com/TheOnlyBackpackers; Serdán 654; B 150 Mex$, DZ 290–400 Mex$; @) Nein, es ist sicher nicht das einzige Backpacker-Hostel der Stadt, aber immerhin das beste. Neben den Schlafsälen mit acht bis 10 Betten für insgesamt 45 Personen gibt es noch drei Zimmer, die ebenfalls Gemeinschaftsbäder haben. Das Hostel in einem traditionellen Haus in einer ruhigen Gegend hat noch eine Küche und zwei ruhige Innenhöfe. Die Inhaber sind sehr freundlich und servieren ein ausgezeichne-

tes Frühstück mit viel Obst (35 Mex$). Einmal Wäsche waschen kostet 70 Mex$.

Hotel Casino
HOTEL $$

(☏443-313-13-28; www.hotelcasino.com.mx; Portal Hidalgo 229; Zi. ab 1050 Mex$; P@🛜) Das Hotel am Plaza de Armas mit Blick auf die Kathedrale ist mitten im Geschehen. Die 42 Zimmer sind allerdings nicht so beeindruckend, wie man es in einem so imposanten Gebäude vermutet. Immerhin gibt es einen Aufzug und andere Vorteile, wie die unschlagbare Lage, den professionellen Service und das ausgezeichnete Restaurant mit Michoacana-Küche und Terrasse, das sich in der Eingangshalle befindet.

⭐ Hotel Virrey de Mendoza
HISTORSICHES HOTEL $$$

(☏443-312-00-45; www.hotelvirrey.com; Av Madero Poniente 310; Zi. ab 1850 Mex$; P✳@🛜) Die Eingangshalle des zentral gelegenen, sehr freundlichen Hotels besteht aus einem spektakulären Atrium mit Buntglasfenstern. Es besteht seit 1939, und die 55 Zimmer mit Holzfußboden und hohen Decken sind in Würde gealtert. Einige der Zimmer sind etwas dunkel, aber es gibt auch welche mit vielen Fenstern.

Im hauseigenen Restaurant gibt's jeden Sonntag den schicksten Brunch der Stadt (Hauptgerichte ab 90 Mex$) mit individuell zubereiteten Omelettes, Platten voller frischer Tropenfrüchte und einer Riesenauswahl an Desserts.

⭐ Hotel de la Soledad
HISTORISCHES HOTEL $$$

(☏443-312-18-88; www.hsoledad.com; Zaragoza 90; Zi./Suite inkl. Frühstück ab 2500/3000 Mex$; P✳@🛜) Wow! Bougainvilleen rahmen die Steinbögen, während Springbrunnen sprudeln, klassische Musik im Wind wabert und Palmen Richtung Himmel streben – und das ist erst der Innenhof. Die 41 Zimmer sind individuell gestaltet. Alle überzeugen jedoch mit Duschen aus alten Steinbögen, lichtdurchlässigen Steinwaschbecken, schnitzereiverzierten Bettkopfteilen aus Holz und allgemein Exklusivität.

Cantera Diez
BOUTIQUEHOTEL $$$

(☏443-312-54-19; www.canteradiezhotel.com; Juárez 63; Zi. ab 3120 Mex$; P✳🛜) Das eleganteste Hotel der Stadt liegt genau gegenüber der Kathedrale. Das Spektrum der 11 Zimmer – durchweg Suiten – reicht von geräumig bis riesig. Alle haben einen dunklen Holzfußboden, moderne stylishe Möbel in den Grund-

farben und ein luxuriöses Badezimmer, in dem man tanzen könnte. Das sehr beliebte Restaurant **Cantera 10** befindet sich im 1. Stock.

Hosting House Congreso
BOUTIQUEHOTEL $$$

(☏443-232-02-46; www.hhcongreso.com; Av Madero Oriente 94; Zi./Suite ab 2400/3750 Mex$; P✳@🛜) Das vor kurzem umbenannte Hotel möchte offensichtlich ins Tagungs- und Kongressgeschäft einsteigen. Die 26 Zimmer sind recht klein, aber mit viel Pomp und fürstlichem Luxus vollgestopft. So sind die Kopfteile der Betten kunstvoll geschnitzt und farbenfroh bemalt, Badezimmer und Matratzen sind erstklassig. Außerdem gibt es eine schöne Bar im Innenhof und ein Restaurant. In den Zimmern zur Straße hinaus ist der Verkehrslärm trotz Schallschutzfenster deutlich zu hören.

Essen

In Morelia findet man sehr gute Restaurants in jeder Preisklasse. Staßenessen wird sehr selten angeboten, am ehesten noch auf den drei Märkten.

Mercado de San Juan
MARKT

(Revolución & Plan de Ayala; ⊘8–16 Uhr) Aufgrund seiner Lage ist der Markt auch als Mercado Revolución bekannt. Er ist der beste der drei Märkte in Morelia und bietet eine Auswahl an Fleisch, landwirtschaftlichen Erzeugnissen, Trockenfrüchten und frisch zubereiteten Gerichten.

Cenaduría Lupita
MEXIKANISCH $

(☏443-312-13-40; www.facebook.com/Cenaduria LupitaMR, Sanchez del Tagle 1004; Hauptgerichte 67–100 Mex$; ⊘Mo–Fr 18–23, Sa & So 14–22 Uhr) Das einfache Restaurant 2 km südöstlich der Kathedrale serviert vor allem Spezialitäten aus Morelia, wie *antojitos regionales* (Vorspeisen aus der Region), *sopa tarasca* (dicke Bohnensuppe mit Sahne, getrocknetem Chilia und knusprigen Tortillastückchen), *uchepos* (in Blättern gekochte Maispolenta) und *pozole* (Eintopf mit Schweinefleisch und Maisbrei).

La Cocina de Licha
MEXIKANISCH $

(☏443-312-61-65; Corregidora 669; Menü 45 Mex$; ⊘13–16 Uhr) Das winzige superfreundliche Restaurant ist eines der preiswertesten der Stadt. Die vielen Stammgäste schätzen die *cocina económica* (wörtlich „wirtschaftliche Küche"), die zu den Klängen eines Klaviers serviert wird. Das täglich wechselnde Menü besteht aus Vorspeise, Hauptgericht, Dessert und einem Getränk. Informationen dazu werden auf eine Tafel geschrieben, die auf einem kleinen Tisch auf der Straße steht.

Gaspachos La Cerrada
MEXIKANISCH $

(Hidalgo 67; Gaspacho 35 Mex$; ⊙ 9–21 Uhr) Gaspacho ist hier in Mexiko keine kalte Gemüsesuppe, sondern ein Salat aus Mango, Ananas und *jicama* (mexikanische Rübe) in einer Orangen-Limetten-Vinaigrette mit Salz, Zwiebeln, Chilisauce und geriebenem Käse. In Morelia ist es ein Lieblingsgericht der Einheimischen. Und nach ihrer Meinung gibt's hier das beste Gaspacho überhaupt.

★ Tata
MEXIKANISCH $$

(☎ 443-312-95-14; www.tatamezcaleria.com; Bartolomé de las Casas 511; Hauptgerichte 125–210 Mex$; ⊙ Mo–Do 13.30–0.30, Fr & Sa 13.30–2, So 13.30–22 Uhr) Vielleicht sind es die 190 Sorten Mezcal aus Michoacán, Jalisco und Oaxaca, die das Lokal so beliebt machen, aber wahrscheinlich ist es eher die *cocina de autor* (Spezialküche) des Küchenchefs Fermín Ambás mit Köstlichkeiten wie Kaninchen-Tartar mit Wasabi-Aioli und Chili (85 Mex$) oder Thunfisch mit Tortillakruste (210 Mex$). Deshalb sollte man hier essen und danach im Ableger Tatita (S. 675) zwei Blocks weiter nordöstlich etwas trinken.

★ Lu Cochina Michoacana
NEUMEXIKANISCH $$

(☎ 443-313-13-28; www.lucocinamichoacana.mx; Portal Hidalgo 229; Hauptgerichte 120–180 Mex$; ⊙ So–Do 7.30–2, Fr & Sa 7.30–2 Uhr) Das bescheidene Restaurant unter dem Hotel Casino ist eines der innovativsten in Morelia. Das junge Talent Lucero Soto Arriaga verarbeitet prähispanische Zutaten zu wunderschön präsentierten Kostbarkeiten der *alta cocina* (Haute cuisine). Unbedingt probieren sollte man die *atápakua de chilacayote*, eine dicke Suppe aus Gemüse der Saison (56 Mex$) und die Zitácuaro-Forelle mit grüner *mole* (169 Mex$). Dazu werden ausgezeichnete mexikanische Weine im Glas serviert.

Fonda Marceva
MEXIKANISCH $$

(☎ 443-312-16-66; Abasolo 455; Hauptgerichte 90-175 Mex$; ⊙ 9–18 Uhr) Das Restaurant mit hübschem Innenhof hat sich auf die Küche des *Tierra Caliente* (Heißes Land) im Südosten von Michoacán spezialisiert. In drei Räumen voller farbenfrohem Kunsthandwerk wird zum Frühstück ein umwerfendes

aporreadillo (Eintopf mit Eiern, getrocknetem Rindfleisch und Chili; 90 Mex$) und sagenhafte *frijoles de la olla* (langsam gegarte Bohnen im Topf; 60 Mex$) serviert.

★ Chango
FUSION $$$

(☎ 443-312-62-13; www.changorestaurante.com; Sor Juana Inés de la Cruz 129; Hauptgerichte 145–350 Mex$; ⊙ 13.45–0.30 Uhr) Das nette Restaurant südlich des Plaza Villalongín bietet die *cocina contemporánea de autor* (moderne Spezialküche) des Küchenchefs Daniel Aguilar Bernal. Gegessen wird in mehreren Räumen im Untergeschoss oder auf der Terrasse oben – in einem Haus im Stil einer Mischung aus mexikanischer Kunst und Jugendstil. Die Speisekarte ist international und leicht experimentell (es wird auch mit Vakuum gekocht).

Unbedingt probieren sollte man den Feinschmecker-Burger mit Lammfleisch (158 Mex$) und das Orangenrisotto mit Ingwer, Zucchini und Garnelen. Ebenso erwähnenswert sind die Feigenquiche mit Ziegenkäse (115 Mex$) und das Schweinefleisch-Confit mit Mangoglasur (220 Mex$). Nicht nur die Freunde der englischen Küche werden den *banoffee pie* (69 Mex$) zum Nachtisch lieben.

Los Mirasoles
MEXIKANISCH $$$

(☎ 443-317-57-75; www.losmirasoles.com; Av Madero Poniente 549; Hauptgerichte 125–295 Mex$; ⊙ Mo–Do 13–23, Fr & Sa 13–23.30 Uhr) Das Restaurant befindet sich in einem schönen Weltkulturerbe-Haus, das (neben anderen Kuriositäten) auch ein Nachbau des Las-Tarascas-Brunnens schmückt. Auf den Tisch kommt das Beste aus den Küchen von Morelia und Michoacán. Unbedingt probieren sollte man die *chiles capones* (kernlose Chilischoten mit Käse gefüllt, 87 Mex$) und *atápakua de huachinango* (Fisch in einer *mole*-ähnlichen Sauce; 210 Mex$).

Letzteres wurde 2005 in Paris bei der Bewerbung um die Aufnahme der mexikanischen Küche in die Liste des immateriellen Weltkulturerbes der UNESCO gekocht (die Aufnahme erfolgte dann 2010). Im Keller lagern gut 250 verschiedene Weine.

Onix
MEXIKANISCH, INTERNATIONAL $$$

(☎ 443-317-82-90; www.onix.mx; Portal Hidalgo 261; Hauptgerichte 119–259 Mex$; ⊙ 13–1 Uhr) Alle Restaurants an der Plaza de Armas eignen sich hervorragend zum Sehen und Gesehen werden, aber nur in wenigen kann man auch gut essen. Eines davon ist das

DAS SÜSSE LEBEN

Die aus Früchten, Nüssen, Milch und Zucker hergestellten *dulces morelianos* (köstliche Süßigkeiten aus Morelia) sind in der ganzen Region bekannt und beliebt. Verkauft werden sie sowohl auf dem **Mercado de Dulces y Artesanías** als auch im Museo del Dulce (S. 671), einer altmodischen *chocolatería* voller Trüffel, Obstkonserven, karamellisierten Nüssen und mit Zucker überzogenen Pfirsichen und Kürbisstücken. Die Verkäuferinnen tragen schöne alte Kostüme.

Es gibt bis zu 300 verschiedene Sorten dieser Süßigkeiten, doch am besten sind die folgenden:

➡ *Ates de fruta* Trockenobst als Vierecke oder Streifen in den Farben von Edelsteinen, die zumeist aus Guave, Mango und Quitte hergestellt werden.

➡ *Cocadas* – Klebrig-knackige Pyramiden aus karamellisierter Kokosnuss.

➡ *Frutas cubiertas* – Kandierte Fruchtstücke aus Kürbis, Feige oder Ananas.

➡ *Glorias* – Bonbons aus Ziegenmilchkaramell mit Erdnusskruste

➡ *Jamoncillo de leche* – Fondant-ähnliche Süßigkeit aus Milch, die in Vierecken oder zu „Nüssen" geformt verkauft wird

➡ *Obleas con cajeta* – Klebriges Karamell zwischen zwei dünnen Waffelscheiben

➡ *Ollitas de tamarindo* – süß-salzige, scharfe Tamarindenpaste in winzigen Tontöpfchen

➡ *Rompope* – Eierflip-ähnliches Getränk aus *aguardiente*, Eiern, Milch und (hier) einem von 16 Aromastoffen von Pekan- und Walnuss bis zu Zimt und Erdbeer.

Onix, das weithin für seine außergewöhnliche Speisekarte bekannt ist, denn hier findet sich z. B. Krokodil in Sternfrucht-Kokosnusssauce neben internationalen Klassikern wie Käsefondue.

Auch die Möblierung mit avantgardistischen Stühlen, die perfekt gemixten Margaritas und unterschiedliche Livemusik (Mi–Sa ab 21.30 Uhr) sind weit weniger traditionell als bei seinen Nachbarn. Und das Personal ist sehr aufmerksam.

Las Mercedes MEXIKANISCH $$$
(☎ 443-312-61-13; Guzmán 47; Hauptgerichte 180–295 Mex$; ⏱ Mo–Sa 14.30–22, So 14–15.30 Uhr) Das ungewöhnlich ausgestattete Restaurant verteilt sich über verschiedene Räume in einem alten kolonialen Gebäude. Mit Gemälden und Spiegeln in wuchtigen Goldrahmen, religiösen Ikonen, hübschen Säulen und Steinkugeln könnte es auch ein Museum sein. Das Essen ist ebenso hochwertig, wie etwa *pechuga azteca* (aztekische Hühnchenbrust) oder vier Steakteile, die auf verschiedenste Arten zubereitet werden.

Ausgehen & Nachtleben

Das Nachtleben in Morelia ist eher vornehm zurückhaltend als rau, auch wenn in einigen Clubs bis zum Morgengrauen kräftig gefeiert wird. Rund um den Jardín de las Rosas nördlich des Centro Cultural Clavi-

jero gibt es ein paar Bars mit Terrasse, die schon am frühen Abend öffnen. Ein weiteres Zentrum des Nachtlebens liegt rund um den Plaza Villalongin am östlichen Rand der Innenstadt.

Los 50s Bar BAR
(Av Madero Poniente 507; ⏱ So & Mo 17–24, Di–Do 17–23, Fr & Sa 17–5 Uhr) Von der Handvoll Clubs, die in und um die Av Madero Poniente nach 22 Uhr rappelvoll sind, ist dies einer der besten. Junge melancholische Studentenbands spielen ihre Versionen von Hits der Doors oder eigene Werke in Anlehnung an Nirvana. Bei Livemusik kostet der Eintritt ab 30 Mex$.

Cafe Europa CAFÉ
(www.cafeeuropa.com.mx; Bartolomé de las Casas 97; Kaffee ab 25 Mex$; ⏱ Mo–Sa 9–21 Uhr) Das winzige Café gehört zu einer kleinen einheimischen Kette und würde glatt übersehen werden, wäre da nicht der Duft von frisch gerösteten Kaffeebohnen aus vier verschiedenen Staaten Mexikos. Es besteht aus zwei Ebenen.

Tatita Mezcalería BAR
(☎ 443-312-95-14; www.facebook.com/TatitaMez caleria; Jardín Villalongín 42; ⏱ 13–2.30 Uhr) Die prachtvolle *mezcalería* (Mezcal-Bar) befindet sich in einer wunderbar umgebauten alten Villa beim Fuente Las Tarascas. Hier

stimmt einfach alles: coole Musik, ausgezeichnete Cocktails (ab 65 Mex$), tolle DJs und freundliches, aufmerksames Personal. Drinks mit Mezcal aus Michoacán kosten 140 Mex$, aus Oaxaca 265 Mex$.

⭐ Unterhaltung

Als Universitätsstadt und Hauptstadt eines der dynamischsten Staaten Mexikos verfügt Morelia über eine rege Kulturszene. Bei der Touristeninformation und dem Casa de la Cultura erhält man das kostenlose Wochenmagazin *Cartelera Cultural* mit Kinoprogramm und Veranstaltungskalender.

An Theatern gibt es das **Teatro Ocampo** (☑ 443-312-37-34; www.facebook.com/TeatroOcampoMorelia; Ocampo 256) und das **Teatro Morelos** (☑ 443-314-62-02; www.ceconexpo.com; Ecke Av Ventura Puente & Camelinas), das sich im Gebäudekomplex des Centro de Convenciones 3 km südlich des Zentrums befindet. In der Kathedrale (S. 667) finden gelegentlich Orgelkonzerte statt.

Conservatorio de las Rosas
KLASSISCHE MUSIK

(☑ 443-312-14-69; www.conservatoriodelasrosas.edu.mx; Tapia 334) Die 1743 gegründete Musikhochschule ist die älteste in Amerika und hat sich den Charme eines Konservatoriums alter Schule erhalten. Es gibt einen schönen Innenhof, der an die Alhambra erinnert. Hier kann man sich hinsetzen, die romantische Stimmung genießen und dem Trompeten- und Gitarrenunterricht in den umliegenden Klassenzimmern zuhören. Jeden Donnerstag findet um 20 Uhr ein kostenloses Konzert im Sala Niños Cantores de Morelia statt.

Casa de la Cultura
LIVEMUSIK

(☑ 443-313-12-68; www.casaculturamorelia.gob.mx; Av Morelos Norte 485) Neben dem Conservatorio de las Rosas (s. oben) ist das Kulturzentrum die zweite tragende Säule des kulturellen Lebens in Morelia. Es befindet sich in einem ehemaligen Karmeliterkloster aus dem 17. Jh. und ist der ideale Ort, um sich zu entspannen und die Musik Mexikos zu genießen. Auf der Bühne des netten Cafés neben dem Eingang finden regelmäßig Veranstaltungen statt, die auf der Homepage angekündigt werden.

Daneben sind viele schöne Ecken und Winkel zu entdecken sowie uralte Wandgemälde, riesige Spiegel und die ehemaligen Mönchszellen. Im Kreuzgang spielen oft Gitarristen vor sich hin.

 Shoppen

Casa de las Artesanías
MARKT

(☑ 443-312-08-48; http://casart.gob.mx; Fray Juan de San Miguel 129, Plaza Valladolid; ⊙ Mo–Fr 8–19.30, Sa & So 9–15 & 16–19.30 Uhr) Wer keine Zeit hat, in den Dörfern der Purépecha nach schöner Volkskunst zu suchen, kann dies auch im Haus des Kunsthandwerks in einem Flügel des Ex Convento de San Francisco von 1541 tun. Auf dem Markt der Kooperative indigener Kunsthandwerker wird Kunst und Kunsthandwerk aus ganz Michoacán verkauft. Im Obergeschoss befindet sich das kostenlose Kunsthandwerksmuseum **Museo Michoacano de las Artesanías**.

Mercado de Dulces y Artesanías
MARKT

(Süßigkeiten- & Kunsthandwerkmarkt; Gómez Farías 55; ⊙ 9–22 Uhr) Dieser verführerische Markt an der westlichen Seite des Centro Cultural Clavijero handelt mit den Süßigkeiten, für die die Region bekannt ist, u.a. mit einer bunten Mischung von *ates de fruta* (Fruchtleder; Streifen oder Quadrate aus getrocknetem Fruchtpüree) in einer Vielzahl exotischer Geschmacksrichtungen.

ℹ Praktische Informationen

In der Avenida Madero gibt es jede Menge Banken und Geldautomaten, vor allem rund um den Platz am westlichen Ende, auf beiden Seiten der Kathedrale.

Die **staatliche Touristeninformation** (☑ 443-312-94-14; http://michoacan.travel/en; Portal Hidalgo 245; ⊙ Mo–Fr 8–17 Uhr) befindet sich gegenüber der Plaza de Armas. Die sehr nützliche **städtische Touristeninformation** (☑ 443-317-03-35, 443-317-80-39; www.turismomorelia.mx; Juárez 178; ⊙ Mo–Fr 9–18, Sa & So 10–18 Uhr) ist in der Benito Juárez nördlich der Kathedrale. Außerdem gibt's Infostände an der nordwestlichen Ecke der Plaza de Armas und an der Plaza Melchor Ocampo (beide tgl. 9–21 Uhr).

Hospital Star Médica (☑ 443-322-77-00; www.starmedica.com; Virrey de Mendoza 2000)

Hauptpost (Av Madero Oriente 369; ⊙ Mo–Fr 8–18, Sa 8–12 Uhr)

ℹ An- & Weiterreise

BUS

Morelias **Busbahnhof** (Terminal de Autobuses de Morelia; ☑ 443-334-10-71) liegt etwa 4 km nordwestlich der Innenstadt. Er ist in drei *módulos* unterteilt, die jeweils Bussen der 1., 2. und 3. Klasse entsprechen. Von hier aus kommt man mit einem Roja-1-Combi (rot) in die Stadt. Dieser

BUSSE AB MORELIA

ZIEL	PREIS (MEX$)	DAUER (STD.)	HÄUFIGKEIT (TGL.)
Colima	579	6	3-mal
Guadalajara	388	4	alle 30 Min.
Mexico City (Terminal Norte)	414	4¾	stündl.
Mexico City (Terminal Poniente)	414	4½	alle 30 Min.
Pátzcuaro	59	1	stündl.
Uruapan	175	2	stündl.
Zitácuaro	187	3	alle 30 Min.

fährt unter der Fußgängerbrücke ab. Oder man nimmt ein Taxi (60 Mex$). Busse 1. Klasse fahren stündlich oder öfter in die meisten Städte.

FLUGZEUG

Der **General Francisco Mujica International Airport** (Aeropuerto Internacional General Francisco Mujica; ☏ 443-317-67-80; www.aeropuertosgap.com.mx/en/morelia-3.html; Carretera Morelia-Zinapécuaro, Km 27) liegt an der Schnellstraße von Morelia nach Zinapécuaro, 27 km nördlich von Morelia. Öffentliche Busse fahren nicht hierher, ein Taxi vom und zum Flughafen kostet rund 200 Mex$. Am Flughafen starten jeden Tag mehrere Flüge in verschiedene Städte Mexikos und auch ein paar in die USA.

Aeromar (☏ 800-237-66-27; www.aeromar.com.mx) fliegt nach Mexico City und Tijuana.
Volaris (☏ 55-1102-8000; www.volaris.mx) Flüge können online oder am Schalter im Flughafen gebucht werden. Die Inlandsflüge gehen auch nach Mexico City.

ⓘ Unterwegs vor Ort

In der ganzen Stadt sind Combis und Busse unterwegs (7 Mex$, bgl. 6 22 Uhr; Fahrplandetails bei der Touristeninfo erfragen!). Die Combi-Linien lassen sich anhand ihrer Farbstreifen unterscheiden: Ruta Roja (rot), Ruta Amarilla (gelb), Ruta Rosa (pink), Ruta Azul (blau), Ruta Verde (grün), Ruta Cafe (braun) usw. Für Hilfe mit den Bus- und Combirouten einfach in der Touristeninformation nachfragen.

Reserva Mariposa Monarca

Das unglaubliche, 563 km² große **Reserve de la Biósfera Santuario Mariposa Monarca** (Biosphärenreservat des Monarchfalters; http://mariposamonarca.semarnat.gob.mx; jedes Schutzgebiet Erw./Kind 50/40 Mex$; ☺ Mitte Nov.–März 8 Uhr–Sonnenuntergang) erstreckt sich von der östlichsten Ecke von Michoacán über die Grenze hinweg in den Bundesstaat Mé-

xico. Seit 2008 gehört das Naturschutzgebiet zum Weltkulturerbe der UNESCO. Von Ende Oktober bis Anfang November schwärmen jedes Jahr Millionen von Monarchfaltern in das dicht bewaldete Hochland, um hier zu überwintern. Sie kommen zum großen Teil aus dem Gebiet um die Großen Seen in den USA und aus Kanada und legen gut 4500 km zurück. In einem unvergesslichen Schauspiel verwandeln riesige Schwärme der bunt gefärbten Insekten den Wald in ein schimmerndes Farbenmeer.

⊙ Sehenswertes

Das Biosphärengebiet erstreckt sich über zwei Bundesstaaten und besteht aus je zwei Schutzgebieten in Michoacán und México. Die Hotels in der Nähe der Schutzgebiete können Touren ab 1500 Mex$ inkl. Mittagessen organisieren.

⊙ El Rosario

El Rosario ist das beliebteste Gebiet – zur besten Schmetterlingsbeobachtungszeit (Feb.–März) kommen etwa 8000 Besucher täglich. Es ist gleichzeitig das kommerziellste – überall an den Hängen stehen Souvenirstände. Leider wird hier auch viel illegale Abholzung betrieben. Das Dorf El Rosario und der Eingang zum Naturschutzgebiet von El Rosario liegen etwa 12 km über eine gute Schotterstraße vom kleinen Dorf Ocampo entfernt.

Um zu den Schmetterlingen zu gelangen, muss man je nach Jahreszeit eine 2 bis 4 km steile Wanderung (oder einen Ritt) über viele Stufen hinter sich bringen. In Ocampo gibt es ein paar Hotels, aber viel schöner ist es, im Dorf Angangueo zu übernachten (nur 45 Gehminuten von Ocampo entfernt). Der Eintrittspreis (Erw./Kind 50/40 Mex$) beinhaltet den obligatorischen Fremdenführer. Ein Pferd kostet für eine Strecke 100 Mex$. Am Eingang befindet sich ein kleines, kostenloses **Museum** (9–17 Uhr), dessen Ausstellungen und ein kurzer Film über Schmetterlinge einen Besuch wert sind.

Sierra Chincua

Das Schutzgebiet liegt gut 12 km nordöstlich von Angangueo hoch oben in den Bergen. Der Holzeinschlag hat gravierende Schäden hinterlassen, aber nicht ganz so schlimme wie in El Rosario. Es ist das am leichtesten zugängliche Schutzgebiet. Der Eintritt kostet genauso viel wie in El Rosario (Erw./Kind 50/40 M$). Wer nicht wandern will, kann auch nach oben reiten. Im schön gemachten Eingangsbereich gibt's Souvenirläden, Restaurants und eine Seilrutsche. Um von Angangueo aus hierher zu kommen, fährt man mit einem Bus Richtung Tlalpujahua oder Mexico City (20 Mex$) und sagt dem Fahrer, dass man zur Sierra Chincua möchte. Ein Taxi von Angangueo kostet 350 Mex$ und mehr, je nach Wartezeit.

Cerro Pelón

Dieses Schutzgebiet liegt zwar schon im Nachbarstaat México, ist aber das mit Abstand schönste. Die Berge hier sind mehr als 3000 m hoch, der Wald ist noch völlig intakt, und im Gegensatz zu den Gebieten in Michoacán ist man hier fast allein. Seit 40 Jahren steht der Wald in México unter dem Schutz von Parkwächtern, wodurch der illegale Holzeinschlag deutlich zurückging. So stehen hier noch meterhohe Kiefern und alte von Moos überwucherte Bäume. Und von Wildblumenwiesen hat man einen sagenhaften Blick in tiefe Schluchten.

Dafür geht es hier steil bergauf, und der schwere Aufstieg dauert bei zügigem Tempo mindestens 1½ Stunden ohne Pause. Für ungeübte Wanderer wird der Weg schnell zur Tortur und ist nicht zu empfehlen. Die meisten Besucher reiten (200 Mex$) deshalb auch nach oben.

Das Schutzgebiet liegt 40 Autominuten südöstlich von Zitácuaro, der sechstgrößten Stadt in Michoacán, wo man Lebensmittel, Trinkwasser und andere Vorräte einkaufen kann. Es ist über mehrere Zugänge zu erreichen, darunter auch Macheros und El Capulín. Die beiden Orte sind 1,5 km voneinander entfernt und vom Busbahnhof in Zitácuaro gut mit öffentlichen Verkehrsmitteln zu erreichen. Die Straßenbahn mit der Aufschrift „Aputzio" fährt links neben der Bodega Aurrera vor dem Busbahnhof

ab. Eine Fahrt kostet 15 Mex$. In La Piedra muss man aussteigen und mit dem Taxi weiter nach Macheros oder El Capulín fahren (ab 30 Mex$). Ein Taxi von Zitácuaro direkt in eines der Schutzgebiete kostet 250–300 Mex$.

Piedra Herrada

Das Schutzgebiet des „gebrandmarkten Felsen" ist 25 km entfernt vom Valle de Bravo im Staat México. Die Straße zum Felsen führt an einem wichtigen Kreuzungspunkt der Flugrouten der Monarchfalter vorbei. Sie trinken hier jeden Tag, bevor sie zu ihren Schlafplätzen zurückkehren. Der Eingang zum Schutzgebiet ist gleich links hinter dem Kreuzungspunkt. Der Weg hinauf zur Kolonie der Falter ist größtenteils befestigt. Die Schwierigkeit der Wanderung oder des Ritts ist abhängig vom jeweiligen Standort der Kolonie. Es stehen auch Pferde zur Verfügung. Am Wochenende sollte man besser nicht kommen, denn dann kommen die großen Reisebusse aus Mexico City.

ℹ An- & Weiterreise

Eines der vier Schutzgebiete ist auf jeden Fall von Angangueo, Zitácuaro oder Macheros aus zu erreichen, aber am einfachsten und schnellsten ist es, sich von einem Fremdenführer fahren zu lassen.

Angangueo

715 / 5030 EW. / HÖHE: 2580 M

Das verschlafene Bergarbeiterstädtchen ist das beliebteste Basislager bei Schmetterlingsbeobachtern, denn es liegt am nächsten zu den beiden Schutzgebieten Sierra Chincua und El Rosario. Die Stadt besteht aus mehreren Terrassen, die von dichtem Kiefernwald, Weideland und Maisfeldern bedeckt sind. Die meisten Geschäfte und Einrichtungen befinden sich in der einzigen Hauptstraße des Ortes, die aber zwei Namen hat (Nacional und Morelos). Es gibt zwei hübsche Kirchen, darunter den Templo de la Immaculada Concepción aus dem 18. Jh. an der Plaza de la Constitución, dem Stadtzentrum, von dem die Hauptstraße als Nacional den Berg hinunter führt.

🛏 Schlafen

Plaza Don Gabino   PENSION $
(☎ 715-156-03-22; www.facebook.com/Don.Gabino.Hotel; Morelos 147; EZ/DZ/Suite 650/850/

1200 Mex$; P 🛜) Die außerordentlich freundliche, familiengeführte Pension ist mit Abstand die beste in der Stadt. Die neun Zimmer sind blitzsauber und haben gut funktionierende warme Duschen. Im hauseigenen Restaurant wird abends ein Vier-Gänge-Menü mit Spezialitäten aus Michoacán serviert. Einige der Suiten sind auch mit einem offenen Kamin ausgestattet. Die Pension liegt etwa 1 km unterhalb des zentralen Platzes. In der Schmetterlingsaison von Ende Oktober bis März muss unbedingt im Voraus gebucht werden.

Dann organisiert die Familie auch Ausflüge in die Schutzgebiete Sierra Chincua und El Rosario.

ℹ Praktische Informationen

Die kleine **Touristeninformation** (☎ 715-156-06-44; Nacional 1; ⊙ Nov.–März Mo–Fr 8–19 Uhr, April–Okt. Mo–Fr 8–16 Uhr) befindet sich direkt unterhalb des Hauptplatzes.

ℹ An- & Weiterreise

Die häufig verkehrenden Busse von Morelia fahren bis nach Zitácuaro (187 Mex$, 3 Std.). Von dort aus fahren Busse dann nach Angangueo (25 Mex$, 1¼ Std.). Vom Terminal Poniente in Mexico City fährt ein Zina-Bus direkt nach Angangueo (226 Mex$, 3½ Std., tgl. 7-mal). Die meisten Busse fahren ebenfalls über Zitácuaro.

Um von Angangueo ins Schutzgebiet El Rosario zu gelangen, nimmt man zuerst die Straßenbahn nach Ocampo (12 Mex$, 15 Min., stündl.) und steigt dort an der Ecke Independencia und Ocampothen in die Straßenbahn nach El Rosario (20 Mex$, 30 Min. stündl.). In der Hochsaison fahren auch *camionetas* (Pick-ups) vom *auditorio* (Festhalle) oder vor Hotels in Angangueo ab. Sie kosten 600 Mex$ für 10 Personen, die Fahrt über eine holprige Landstraße dauert 45 Minuten, endet aber direkt am Eingang zum Schutzgebiet.

Nach Sierra Chincua nimmt man einen Bus in Richtung Tlalpujahua oder Mexico City (20 Mex$) und bittet den Fahrer, bei Sierra Chincua anzuhalten. Ein Taxi von Angangueo kostet 350 Mex$ und mehr, je nach Wartezeit.

Zitácuaro
☎ 715 / 84 700 EW. / HÖHE: 1990 M

Zitácuaro ist zwar die sechstgrößte Stadt von Michoacán, wirkt aber wie eine Arbeiterstadt in der Provinz. Bekannt ist sie vor allem für Brot und Forellenzucht, doch ansonsten gibt's nicht viel zu sehen und die meisten Besucher irren nur ziellos in den bergigen Straßen umher. Doch Zitácuaro ist ein guter Ausgangspunkt, um die Schmetterlinge in den Schutzgebieten Cerro Pelón und Piedra Herrada zu beobachten.

⊙ Sehenswertes

Iglesia de San Pancho   KIRCHE
(Morelos 74; ⊙ 9–14 & 16–18 Uhr) Die schön restaurierte Kirche aus der Mitte des 16. Jhs. steht in dem Dorf San Francisco Coatepec de Morelos am Hwy 51 südlich von Zitácuaro. Sie ist auch in John Hustons Film *Der Schatz der Sierra Madre* mit Humphrey Bogart zu sehen. Bei Sonnenuntergang fällt das Licht genau durch die schönen Buntglasfenster. Ein Taxi von der Stadt zur Kirche kostet 50 Mex$.

🛏 Schlafen & Essen

Rancho San Cayetano   HOTEL $$$
(☎ 715-153-19-26; www.ranchosancayetano.com; Carretera a Huetamo, Km 2,3; Zi. ab 2125 Mex$; P @ 🛜 ♿) Das schöne aber teure Hotel hat neun Zimmer, drei Loft-Appartments und drei Ferienhäuser für Selbstversorger. Das alles befindet sich auf einem 5 ha großen Garten- und Waldgrundstück mit einem rauschenden Bach. Die geräumigen Zimmer

ABSEITS DER ÜBLICHEN PFADE

MACHEROS

Das ruhige Agrarstädtchen liegt in der Nähe des Eingangs zum Schmetterlingsschutzgebiet Cerro Pelón (S. 678). Außerhalb der Saison ist es ideal zum Wandern und Vögel beobachten. Und natürlich kann man das ganze Jahr über den tollen Ausblick genießen.

Neben dem wunderbaren B & B **JM Butterfly** (☎ 726-596-31-17; www.jmbutterflybnb.com; EZ 850–1250 Mex$, DZ 950–1350 Mex$, jeweil inkl. Frühstück), gibt es in Macheros auch einen Campingplatz (ab 300 Mex$) mit den üblichen Einrichtungen. Einen weiteren Campingplatz findet man in dem Dorf El Capulín, ein paar Kilometer weiter südöstlich. Diese Campingplätze sollte man auch nutzen, denn in den Schutzgebieten ist das Campen verboten.

sind schön rustikal mit offenem Mauerwerk, Balkendecken und Kaminen. Außerdem gibt's einen Pool und einen neuen Wellnessbereich. Abends wird ein mehrgängiges Menü (510 Mex$) serviert.

Das *rancho* wird von dem mexikanisch-französischen Inhaberpaar Pablo und Lisette geführt, die gleichzeitig auch noch echte Schmetterlingsexperten sind. Sie zeigen ihren Gästen interessante Videos, stellen ihnen ihre umfangreiche Bibliothek zur Verfügung und organisieren Touren in alle vier Schutzgebiete.

La Bodega Leonesa SPANISCH **$$**
(☎ 715-153-71-55; www.facebook.com/labodegaleonesa; Revolución Sur 209; Hauptgerichte 125–210 Mex$; ⊙ Mi–Mo 13–21.30 Uhr) Die Tapas-Bar mit Restaurant serviert Spezialitäten aus León, der „spanischen Hauptstadt der Gastronomie 2018" und wird von den Einheimischen in den höchsten Tönen gelobt. Unbedingt probieren sollte man *pulpo gallego* (mit Olivenöl besprühter und gegrillter Tintenfisch nach galizischer Art mit Salzkartoffeln und Paprika) oder eines der köstlichen Lachsgerichte. Und keine faulen Tricks ausprobieren, denn die Inhaber sind Boxer.

❶ An- & Weiterreise

Der Busbahnhof von Zitácuaro befindet sich in der General Pueblita Norte, etwa 1 km südöstlich des Stadtzentrums. Busse verkehren regelmäßig nach Morelia (187 Mex$, 3 Std.) und Angangueo (25 Mex$, 1¼ Std.), sowie zum Terminal Poniente in Mexico City (194–260 Mex$, 2 Std.) und vielen anderen Zielen.

Für Cerro Pelón fährt die Straßenbahn in Richtung Aputzio (15 Mex$) links neben der Bodega Aurrera beim Busbahnhof ab. In La Piedra muss man aussteigen und mit dem Taxi weiter nach Macheros oder El Capulín fahren (ab 30 Mex$). Ein Taxi von Zitácuaro direkt nach Cerro Pelón kostet 250–300 Mex$.

Rund um Pátzcuaro

In dem Gebiet nördlich der Stadt Pátzcuaro befindet sich der Lago de Pátzcuaro, der von einem halben Dutzend hübscher Dörfer umgeben ist.

Pátzcuaro

📞 434 / 55 300 EW. / HÖHE: 2140M
Dächer aus Terrakotta-Ziegeln, windschiefe Lehmhäuser in Rot und Weiß sowie enge kopfsteingepflasterte Straßen sorgen dafür, dass die Stadt eher wie ein großes Dorf wirkt. Im Gegensatz zu den von den Spaniern gegründeten Siedlungen Morelia und Guadalajara wurde Pátzcuaro um 1320 von den Tarasken gegründet und erst 200 Jahre später von den Konquistadoren erobert. Dennoch hat sich die Stadt bis heute ihren indigenen Charakter bewahrt.

Feine Jalousien schützen die Fenster der Häuser in den lebendigen, aber niemals verstopften Straßen, die alle in die hübsch gestalteten Plazas Vasco de Quiroga (oder auch Plaza Grande) und Gertudis Bocanegra (oder Plaza Chica) münden. Hier weht noch der Atem der Geschichte. Zu dieser Atmosphäre passen auch die hochdramatischen Festlichkeiten zum Tag des Todes. Außerdem ist die Stadt ein günstiges Basislager zur Erkundung des Lago de Pátzcuaro, 3 km weiter nördlich, und die für ihr schönes Kunsthandwerk bekannten Dörfer der Purépecha an seinem Ufer.

In den Ferien und rund um Feiertage muss man unbedingt im Voraus buchen. Von November bis Februar sollte man auch warme Kleidung mitbringen, denn in der Höhenlage kann es recht kalt werden.

Geschichte

Pátzcuaro war von 132 bis 1400 die Hauptstadt des Taraskenreichs, dessen Bevölkerung heute unter dem Namen „Purépecha" bekannt ist. Nach dem Tod von König Tariácuri schlossen sich die Tarasken mit Tzintzuntzan und Ihuatzio zu einem Dreierbündnis zusammen. Der Bund musste mehrmals die Angriffe der Azteken abwehren, was erklären könnte, warum sie 1522 die spanischen Eroberer zunächst sehr freundlich empfingen. Das erwies sich als großer Fehler. Denn 1529 kamen die Spanier unter dem grausamen Konquistador Nuño de Guzmán wieder zurück.

Guzmáns fünfjährige Herrschaft über die Ureinwohner war selbst für damalige Verhältnisse äußerst brutal. Schließlich rief ihn die Kolonialregierung nach Spanien zurück, sperrte ihn ein und schickte stattdessen den allseits respektierten Bischoff und Richter Vasco de Quiroga aus Mexico City, um die Sache wieder in Ordnung zu bringen. Quiroga war ein ungewöhnlich aufgeklärter Mann. Als er 1536 in der Stadt ankam, schloss er die einzelnen Dörfer zu Kooperativen zusammen, die auf der Basis der humanistischen Ideale in *Utopia* von Sir Thomas Morus begründet waren.

Damit die Einwohner nicht von spanischen Gruben- und Großgrundbesitzern abhängig waren, förderte Quiroga die Bildung und landwirtschaftliche Selbstversorgung der Purépecha-Dörfer rund um den See, indem alle Dorfbewohner ihren Beitrag zur Gemeinschaft leisteten. Außerdem unterstützte er die Dörfer bei der Entwicklung eines speziellen Kunsthandwerks, sodass sich auf die Herstellung von Masken, Tonwaren, Körbe oder Gitarren spezialisieren konnten. Nach seinem Tod 1565 lösten sich die utopischen Gemeinschaften langsam auf, doch die Tradition des Kunsthandwerks besteht bis heute. Und auch Tata Vascu (Vater Vasco), wie die Tarasken de Quiroga liebevoll nannten, ist nicht vergessen, denn in ganz Michoacán sind unzählige Straßen, Plätze, Restaurants und Hotels nach ihm benannt.

◉ Sehenswertes

★ Basílica de Nuestra Señora de la Salud

BASILIKA

(Plaza de la Basílica; ◷ 8–21 Uhr) Die Kathedrale auf dem Berg wurde auf einer prähispanischen heiligen Stätte als Zentrum von Vasco de Quirogas Utopia errichtet. Später wurde sie zu einer Art Pilgerstätte. Der Bau der Kirche begann im Jahr 1540 und war erst weit im 19. Jh. beendet. Nur das Tonnengewölbe der Decke im Mittelschiff wurde nach den ursprünglichen Plänen gestaltet. In einer Seitenkapelle links vom Haupteingang befindet sich das **Mausoleo de Don Vasco**. Das massive Grabmal von Quiroga ist sehr schlicht und immer dicht von Gläubigen umlagert.

Hinter dem Altar am westlichen Ende der Basilika steht auf einer Treppe die hochverehrte Statue der Schutzheiligen der Kathedrale, **Nuestra Señora de la Salud** (Unsere heilige Frau der Gesundheit), die die Kunsthandwerker der Purépecha im 16. Jh. aus einer Paste aus dem Mark von Maiskolben und *tazingue*, einem natürlichen Klebstoff, geschaffen haben. Schon bald nach ihrer Weihe berichteten die Menschen von wundersamen Heilungen und bis heute bitten Pilger aus ganz Mexiko hier um ein Wunder. Dafür kriechen sie auf Knien über den Platz in die Kirche und durch das Mittelschiff bis zur Statue. Die ganze Statue und vor allem ihre Füße sind mit kleinen *votivas* (Votivtäfelchen) aus Zinn bedeckt, die die Form des jeweiligen Körperteils haben, das geheilt werden soll.

★ Plaza Vasco de Quiroga

PLATZ

(Plaza Grande) Der grüne Hauptplatz der Stadt ist nach dem Zócalo in Mexico City der zweitgrößte Platz des Landes und der einzige ohne Kirche. Stattdessen ist er von alten Herrenhäusern aus dem 17. Jh. umgeben, die alle in Hotels, Geschäfte und Restaurants umgewandelt wurden. Mitten auf dem Platz steht in einem Brunnen die ehrwürdige **Statue von Vasco de Quiroga**.

Die *portales* (Säulengänge) rund um den Platz sind voller Essensstände, Juweliergeschäfte und Verkäufern von Kunsthandwerk. Besonders an den Wochenenden, wenn Bands spielen und Straßenkünstler auftreten, aber auch sonst herrscht hier eine wunderbare Atmosphäre.

Casa de los Once Patios

MARKT

(Madrigal de las Altas Torres; ◷ 10–19 Uhr) Das kühle, verwinkelte Kolonialgebäude wurde in den 1740er-Jahren als Dominikanerinnenkloster gebaut. Davor stand an dieser Stelle das Hospital de Santa Martha, das von Vasco de Quiroga als erstes Krankenhaus in Mexiko gegründet worden war. Heute sind in den zwei Stockwerken kleine *artesanías* (Kunsthandwerksläden) untergebracht, die sich jeweils auf ein bestimmtes traditionelles Kunsthandwerk spezialisiert haben. Aufgrund der ständigen Renovierungen gibt es heute nur noch fünf statt der früheren elf Innenhöfe. Diese elf (spanisch *once*) Höfe sind auch noch im Namen der Markthalle enthalten.

Templo del Sagrario

KIRCHE

(Ecke Lerín & Portugal; ◷ 8–20 Uhr) Die verwitterte Kirche ist eine der ältesten in Pátzcuaro und wurde an der Stelle eines Krankenhauses im 16. Jh. erbaut. Bis Anfang des 20. Jhs. stand hier die Statue von Nuestra Señora de la Salud, die jetzt in der Basilika neben an verehrt wird. Besonders bemerkenswert sind der wunderbare Fußboden aus Holzfliesen und der imposante Barockaltar.

Templo San Francisco

KIRCHE

(Terán) Die Kirche aus rosafarbenem Stein weist eine bunte Mischung der Baustile auf. Sie hat ein beeindruckendes Portal im Plateresker-Stil, einen angebauten Kreuzgang und eine Christus-Statue aus Maiskolbenpaste aus dem 16. Jh.

Museo de Artes e Industrias Populares

MUSEUM

(☎ 434-342-10-29; www.inah.gob.mx/es/red-de -museos/299-museo-local-de-artes-e-industrias

WESTLICHES ZENTRALHOCHLAND RUND UM PÁTZCUARO

Pátzcuaro

-populares-de-patzcuaro; Ecke Enseñanza & Alcantarillas; Erw./Kind 50 Mex$/frei; ⊙ Di–So 9–17 Uhr) Das beeindruckende Volkskunstmuseum besteht aus einem Dutzend Säle, in denen u. a. auch eine für Michoacán typische Küche aufgebaut ist. Desweiteren sind Kisten voller kostbarem Schmuck zu sehen sowie Kupfer- und Keramikwaren und Gitarren aus Paracho. Ein ganzer Raum enthält nur *votivas* und *retablos*, Votivbilder und einfach gemalte Heiligenbilder als Dank für die Heilung einer Krankheit oder das Überleben eines Unfalls.

Das Museum ist im ehemaligen Colegio de San Nicolás untergebracht, das Bischoff Quiroga 1540 als erste Universität in Amerika gegründet hat. Das Gebäude wurde damals auf prähispanischen Fundamenten errichtet, die teilweise auch noch im Hof hinter dem Museum zu sehen sind. Dort befindet sich außerdem ein ganz mit Holz verkleideter *troje* (traditioneller Kornspeicher).

Biblioteca Gertrudis Bocanegra

BIBLIOTHEK

(☎ 434-342-54-41; http://sic.gob.mx; Ecke Padre Lloreda & Títere; ⊙ Mo–Fr 9–19, Sa 9–14 Uhr) Die überwältigende öffentliche Bibliothek befindet sich im riesigen Templo de San Agustín aus dem 16. Jh., der an der Nordseite des Plaza Chica steht. Die Bibliothek hat ein Tonnengewölbe und ist mit Oberlichtern aus Perlmutt ausgestattet. Das farbenprächtige Gemälde auf der hinteren Wand stammt von Juan O'Gorman (1942) und erzählt die Geschichte Michoacáns von der prähispanischen Zeit bis zur Revolution von 1910. Auf den östlichen und westlichen Wänden sind noch Reste der ursprünglichen Fresken zu erkennen.

Westlich der Bibliothek steht das **Teatro Emperador Caltzontzin** (☎ 434-342-14-51; www.teatroemperador.org; Plaza Chica), ein ehemaliges Kloster, das 1936 zum Theater umgebaut wurde und heute als Arthaus-Kino fungiert.

Pátzcuaro

◉ Highlights
1 Basílica de Nuestra Señora de la Salud D2
2 Plaza Vasco de Quiroga (Plaza Grande) B3

◉ Sehenswertes
3 Biblioteca Gertrudis Bocanegra.............C1
4 Casa de los Once Patios C4
5 Museo de Artes e Industrias Populares C3
6 Plaza Gertrudis Bocanegra B2
7 Templo del Sagrario C3
8 Templo San Francisco............................A3
9 Statue von Vasco de Quiroga B3

◉ Aktivitäten, Kurse & Touren
10 Centro de Lenguas y Ecoturismo de Pátzcuaro..A4

◉ Schlafen
11 Gran Hotel Pátzcuaro B2
12 Hotel Casa del Refugio B2

13 Hotel Casa Encantada...........................B4
14 Hotel Casa Leal C3
15 Hotel Mansión de los Sueños...............B2
16 Hotel Mansión Iturbe.............................B2
17 Hotel Misión Pátzcuaro Centro Histórico B1
18 Mesón de San Antonio D2
19 Posada de la Basílica.............................C2

◉ Essen
Doña Paca...................................(siehe 16)
20 El Patio B3
21 La Surtidora B3
22 Market Food Stalls B1
23 Santo Huacal B4
24 Tekare C2

◉ Unterhaltung
Teatro Emperador Caltzontzin.................................(siehe 3)

◉ Shoppen
25 Markt..B1

Plaza Gertrudis Bocanegra   PLATZ

(Plaza Chica) Der zweitgrößte Platz von Pátzcuaro wird normalerweise als Plaza Chica bezeichnet, ist aber offiziell nach einer heldenhaften Freiheitskämpferin aus der Region benannt, die 1818 von einem Erschießungskommando getötet wurde. Ihre Statue markiert den Mittelpunkt des Platzes. Der Platz ist von Hotels gesäumt, an der Westseite befindet sich der **Markt** (zw. Juárez & Codallos; ☺ 7–17 Uhr) wo von Obst und Gemüse über Heilkräuter bis zu traditioneller Kleidung alles verkauft wird. So findet man hier auch die für die Region typischen gestreiften Schultertücher und *sarapes* (Decken mit einer Öffnung für den Kopf).

Volcán del Estribo   AUSSICHTSPUNKT

Zu dem Aussichtspunkt auf einem erloschenen Vulkan 3,5 km westlich des Zentrums führt eine beliebte Laufstrecke der sportlichen Einwohner. Diese ist jedoch sehr anstrengend, denn der Vulkan liegt 2175 m über dem Meeresspiegel und der Weg durch eine Zypressenallee ist steil und kopfsteingepflastert. Dafür wird man mit einem umwerfenden Blick auf den Lago de Pátzcuaro und seine Umgebung belohnt. Wer dann noch Energie übrig hat, kann die 422 Stufen zum eigentlichen Gipfel hinauf steigen.

Um zum Vulkan zu gelangen geht (oder läuft) man von der südwestlichen Ecke der Plaza Grande die Calle Ponce de León entlang.

Kurse

Centro de Lenguas y Ecoturismo de Pátzcuaro   SPRACHKURS

(CELEP; ☑ 434-342-47-64; www.celep.com.mx; Navarrete 50; 2-wöchiger Spanischkurs 350 US$, Sprachkurs mit Kulturprogramm 540 US$) Das sehr engagierte Zentrum erteilt montags bis freitags jeweils vier Stunden Unterricht. Zum Kulturprogramm gehören Seminare über mexikanische Literatur und Ausflüge in die Dörfer der Umgebung. Kost und Logis in Gastfamilien ist ebenfalls möglich (ab 25 US$/Tag).

🎇 Feste & Events

Día de Muertos   RELIGIÖS

(Tag der Toten; ☺ 1. & 2. Nov.) In den Dörfern rund um Pátzcuaro, vor allem aber in Tzintzuntzan und auf der Isla Janitzio, werden die berühmtesten (und meistbesuchten!) Feierlichkeiten zum Tag der Toten in ganz Mexiko abgehalten. An beiden Tagen gibt es Paraden, Kunsthandwerksstände, Tanz, Zeremonien, Ausstellungen und Konzerte in und rund um Pátzcuaro. Während dieser Feierlichkeiten sind die Friedhöfe voll von Besuchern.

Pastorelas   RELIGION

(☺ 26. Dez.–2. Feb.) In der Zeit um Weihnachten wird auf dem Plaza Grande die Wanderung der Schafhirten zum Jesuskind nachgespielt. Bei den *pastorelas indígenas,* zum gleichen Thema treten noch maskierte Tänzer auf und wird der Kampf der Engel gegen die Teufel dargestellt, die die Huldigung durch die Hirten verhindern wollen. Die Spiele finden vom 26. Dezember bis 2. Februar an unterschiedlichen Tagen in acht Dörfern rund um den Lago de Pátzcuaro statt.

La Inmaculada Concepción/ Virgen de la Salud
RELIGION

(☉ 8. Dez.) Das Fest der unbefleckten Empfängnis zu Ehren Unserer heiligen Frau der Gesundheit wird mit einer farbenprächtigen Prozession zur Kirche und traditionellen Tänzen gefeiert.

🛏 Schlafen

Was feine Straßencafés für Paris sind, sind die „schönen Hotels aus der Kolonialzeit" für Pátzcuaro. Allerdings sollte man freitags und samstags sowie in der Zeit vor dem Día de Muertos im Voraus reservieren, denn dann sind alle Hotels der Stadt lange vorher ausgebucht. Zu allen anderen Zeiten kann man in den teureren Hotels dagegen schnell schon mal eine Ermäßigung von bis zu 40% erhalten.

Gran Hotel Pátzcuaro
HOTEL $

(☎ 434-342-04-43; www.granhotelpatzcuaro.com; Plaza Bocanegra 6; EZ/DZ ab 650/950 Mex$; P 🛜) Das schlichte Hotels hat recht kleine Zimmer, ist an der Südseite des Plaza Chica aber sehr zentral gelegen. Am schönsten sind die Zimmer im 2. Stock zum Platz hinaus. Im Restaurant hinter der Rezeptionn bekommt man ein herzhaftes Frühstück (55–110 Mex$).

Mesón de San Antonio
PENSION $

(☎ 434-342-25-01; Serrato 33; EZ/DZ 650/ 750 Mex$; @ 🛜) Die Zimmer des preiswerten Gasthauses im Stil einer Hazienda gehen auf einen grünen Hof im Kolonialstil hinaus. Die mit Balken versehenen Vorbauten werden von uralten Holzpfosten gestützt. Die sieben extrem große Zimmer sind mit schönen Tonwaren der Purépecha geschmückt und haben einen offenen Kamin und Kabel-TV. Den Gästen steht auch eine Gemeinschaftsküche zur Verfügung.

⭐ Hotel Casa Encantada
B&B $$

(☎ 434-342-34-92; www.hotelcasaencantada.com; Dr Coss 15; Zi. inkl. Frühstück 950–1750 Mex$; P @ 🛜) Die gemütliche Pension einer Amerikanerin ist einfach nur bezaubernd. In einem umgebauten Herrenhaus von 1784

befinden sich 12 elegante Zimmer mit schön gefliesten Bädern und Teppichen aus der Region. Viele der Zimmer auf der Vorderseite wie etwa das Grand Sala sind wirklich riesig und haben teilweise eine kleine Küche und offenen Kamin. Die Inhaberin und ihr freundliches Personal tun alles, damit sich ihre Gäste wohlfühlen.

Hotel Mansión Iturbe
BOUTIQUEHOTEL $$

(☎ 434-342-03-68; www.mansioniturbe.com; Morelos 59; Zi. inkl. Frühstück 1265 Mex$; P 🛜) Die 14 Zimmer in dem stimmungsvollen Hotel direkt am Hauptplatz sind groß und mit dunklen Massivholzmöbeln sowie vielen Antiquitäten im europäischen Stil eingerichtet. Dazu passen auch die Balkendecken. Die luxuriösen Badezimmer haben ebenfalls Holzmöbel und Steinplatten. Hinter dem Haus wartet eine wunderbare Terrasse in einem schönen Hof auf die Gäste.

Hotel Casa del Refugio
BOUTIQUEHOTEL $$

(☎ 434-342-55-05; www.hotelesdelrefugio.com/ casa-del-refugio; Portal Régules 9; DZ 1100 Mex$; P 🛜) Die 23 kleinen, blitzsauberen Zimmer des sehr zentral gelegenen Hotels haben Adobe-Wände, die mit religiösen Motiven und Heiligenbildern geschmückt sind. Der schöne Innenhof ist voller Palmen und hat einen riesigen offenen Kamin. So könnte das freundliche Hotel eines der besten der Stadt sein, vorausgesetzt, man kann den Preis etwas herunterhandeln. Es gehört zu einer kleinen Kette, die hier und in Morelia insgesamt fünf Hotels betreibt.

Hotel Misión Pátzcuaro Centro Histórico
HOTEL $$

(☎ 434-342-10-37; www.hotelesmision.com.mx/e_ michoacan_patzcuaro.php; Obregón 10; DZ ab 900 Mex$; P ✳ 🛜) Hinter einem hässlichen Parkplatz vor dem Eingang verbirgt sich ein beindruckendes Hotel mit einem hohen zentralen Innenhof, der überdacht und mit einem Wandgemälde von Pátzcuaro sowie mehreren Altarbildern geschmückt ist. Es ist eines von gut vier Dutzend Hotels einer örtlichen Kette. Die 82 Zimmer sind recht standardisiert, aber gemütlich mit modernem Bad. Leider gehen die meisten Fenster nur zum Innenhof hinaus.

⭐ Hotel Casa Leal
BOUTIQUEHOTEL $$$

(☎ 434-342-11-06; www.hotelcasaleal.com; Portugal 1; DZ/Suite ab 1500/3000 Mex$; P ✳ @ 🛜) Dies ist mit Abstand das schönste der vielen Boutiquehotels in Pátzcuaro. Zudem steht das klassizistische Haus direkt an der Plaza.

Überall stehen elegante Sofas, die fantasti-sche Bibliothek könnte aus *Downton Abbey* zu stammen, und die 14 großartigen Zimmer sind in einer guten Mischung aus alter europäischer Eleganz und modernem Komfort eingerichtet. Der absolute Hit aber ist die tolle Dachterrasse hoch über der Plaza Grande. Sagenhaft!

Posada de la Basílica BOUTIQUEHOTEL $$$

(434-342-11-08; www.posadalabasilica.com.mx; Arciga 6; DZ/Suite 1600/2400 Mex$; P @ 🛜) Das Hotel gegenüber der Basilika bietet rustikalen Luxus mit Terrakotta-Dachterrasse und Seeblick. In dem erstaunlich hellen Kolonialgebäude befinden sich 12 riesige Zimmer mit Holzfußboden und offenem Kamin. Sieben weitere Zimmer sind in einem neuen Flügel untergebracht. Die Topsuiten sind wirklich etwas besonderes, selbst in diesem Haus, das so viel Eleganz, Charme und Zurückhaltung ausstrahlt. Das hauseigene Restaurant Tekare bietet einen tollen Panoramablick.

Hotel Mansión de los Sueños BOUTIQUEHOTEL $$$

(434-342-11-03; www.mansiondelossuenos.com. mx; Ibarra 15; DZ/Suite inkl. Frühstück ab 1950/ 2950 Mex$; P 🛜) Das wunderbar restaurierte Herrenhaus mit drei Innenhöfen ist eine der luxuriösesten Unterkünfte in der Stadt. Jede Wand ist mit Kunst geschmückt, alle 13 Zimmer haben eine Kaffeemaschine sowie eine Minibar, einige sind sogar mit einem offenen Kamin ausgestattet. Es gibt auch ein paar Lofts. In einigen Zimmern ist dies jedoch zu viel des Guten. Deshalb sollte man unbedingt verschiedene Zimmer ansehen, bevor man sich entscheidet.

 Essen

In Pátzcuaro gibt es viele stimmungsvolle Restaurants. Das beste Straßenessen bieten die **Essensstände** (Juárez; ⊙8–23 Uhr) gegenüber dem Markt an der Nordwestecke der Plaza Chica.

★ Santo Huacal MEXIKANISCH $

(434-117-63-87, cell 434-1096942; www.facebook. com/santohuacal; Navarrete 32; Hauptgerichte 60–120 Mex$; ⊙Mi–Fr 10–18, Sa & So 10–19 Uhr) Das winzige Gartenrestaurant eines jungen Paares aus Oaxaca ist ein echter Geheimtipp. Die wöchentlich wechselnde Speisekarte steht auf einer Kreidetafel geschrieben und enthält Köstlichkeiten wie Wurzelgemüse-salat mit Honig-Senf-Dressing, gefüllte Dat-

SPEZIALITÄTEN AUS PÁTZCUARO

In Pátzcuaro bekommt man wunderbares Straßenessen, wie das hellgrüne *atole de grano* (die Anis-Variante eines beliebten Getränks auf Maisbasis), *nieve de pasta* (Mandel-Zimt-Eiscreme) und kandierte Kürbisstücke. Ebenfalls probieren sollte man *sopa tarasca* (eine dicke Bohnensuppe mit Sahne, getrockneten Chilis und knusprigen Tortilla-stückchen). Die besten *corundas* (drei-eckige *tamales* mit oder ohne Füllung) verkauft eine ältere Frau aus Körben, die morgens immer bei der Basilika sitzt.

teln im Speckmantel und Quiche mit *poblanos* oder *huitlacoche* (Maisbrandpilze). Und danach gibt's himmlische Desserts.

Doña Paca MEXIKANISCH $

(434-342-03-68; Morelos 59; Hauptgerichte 59–109 Mex$; ⊙8–20 Uhr) Das Restaurant unter dem Hotel Mansión Iturbe ist erstaunlich stylish und das Essen – aufgepeppte mexikanische Klassiker – ist fantastisch. Der einzige Nachteil sind die „Bank"-Öffnungszeiten, denn es schließt genau dann, wenn die Leute essen gehen wollen.

★ La Surtidora MEXIKANISCH $$

(434-342-28-35; Hidalgo 71; Hauptgerichte 89–160 Mex$; ⊙8–22 Uhr) Die herrlich entspannende Kneipe ist der eindeutige Beweis dafür, dass es nur noch in Mexiko so stimmungsvolle Cafés im Kolonialstil gibt. Schon seit 1916 serviert dieses Café mit Delikatessengeschäft an der Plaza Grande Frühstück (35–89 Mex$), *comidas* (Mittagessen) und *cenas* (Abendessen). Die Enchiladas, die Kuchen, die flinken Bedienungen und der Kaffee aus frisch gerösteten Bohnen tragen ebenfalls zu einer Empfehlung bei.

Tekare NEUMEXIKANISCH $$

(434-342-11-08; Arciga 6; Hauptgerichte 120–190 Mex$; ⊙9–21 Uhr) Das noble Restaurant serviert auf zwei Stockwerken über dem Hotel Posada de la Basilica wunderbare Fleisch- und Fischgerichte der modernen mexikanischen Küche. Allerdings stammen nur die wenigsten Fische aus dem hiesigen See. Der größte Trumpf des Tekare (was in der Purépecha-Sprache „Aussichtspunkt" bedeutet) ist jedoch der fantastische Blick auf die Stadt und den Lago de Pátzcuaro.

BUSSE AB PATZCUARO

ZIEL	PREIS (MEX$)	DAUER (STD.)	HÄUFIGKEIT (TGL.)
Guadalajara	438	4½	2
Ihuatzio	20	15 Min.	sehr häufig
Mexico City (Terminal Norte)	553	5½	6
Mexico City (Terminal Poniente)	553	5½	9
Morelia	68	1	stündl.
Tzintzuntzan	20	20 Min.	sehr häufig
Uruapan	79	1	sehr häufig

El Patio MEXIKANISCH $$
(☑ 434-342-04-84; www.facebook.com/elpatio
rest; Aldama 19; Hauptgerichte 60–160 Mex$;
☺ 8–22 Uhr) Das Restaurant mit seinen Ti-
schen am Rand der Plaza Grande ist bei Ein-
heimischen und Reisenden gleichermaßen
beliebt. Aber auch die mexikanischen
Standardgerichte und Spezialitäten aus der
Region wie *corundas* (dreieckige *tamales;*
60 Mex$) sind sehr gut. Ausstattung und
Einrichtung sind im Stil einer *fiesta méxi-
cana* gehalten.

❶ Praktische Informationen

Im Zentrum gibt's diverse Banken mit Geldauto-
maten, die teilweise auch ausländische Währun-
gen umtauschen.
Städtische Touristeninformation (☑ 434-
344-34-86; Portal Hidalgo 1; ☺ 9–21 Uhr)
Post (Obregón 13; ☺ Mo–Fr 8–16.30, Sa
9–12 Uhr)

❶ An- & Weiterreise

Der Busbahnhof mit Cafeteria und Gepäckauf-
bewahrung (20 Mex$/Gepäckstück; von 7–19
Uhr geöffnet) liegt zu Fuß 1,5 km südwestlich von
Pátzcuaros Zentrum.
   Um Letzteres zu erreichen, läuft man einfach
außerhalb des Busbahnhofs nach rechts und
steigt an der Ecke in einen beliebigen „Centro"-
Bus (8 Mex$). Die Taxi-Alternative kostet
35 Mex$.
   Busse in Gegenrichtung (Kennzeichnung
„Central") starten am nordöstlichen Rand der
Plaza Chica. Dasselbe gilt für Busse zum **Boots-
anleger** (Kennzeichnung „Lago"; 8 Mex$, 5 Min.;
tgl. ca. 6–22 Uhr), die von der östlichen Seite
des Platzes abfahren.

Lago de Pátzcuaro

Etwa 3 km nördlich vom Zentrum Pátzcua-
ros kommt hinter einer Anhöhe ein See zum

Vorschein, der so blau ist, dass seine Um-
risse nahtlos in den Himmel überzugehen
scheinen. Im See liegen ein paar bewohnte
Inseln. Er ist natürlich entstanden und hat
einen Flusszulauf, und obwohl Umweltver-
schmutzung auch hier ein Problem ist, ist er
immer noch schön.

ISLA JANITZIO

Am Wochenende und in den Ferien ist die
Insel ein beliebtes Ausflugsziel. Deshalb
ist hier alles auf den Tourismus ausgerich-
tet, mit unzähligen preiswerten Souvenir-
ständen, Fischrestaurants und betrunkenen
Studenten in den Ferien. Doch sie ist auch
autofrei und von insgesamt 275 Fußwe-
gen mit Stufen durchzogen, die alle zum
höchsten Punkt der Isla Janitzio führen, wo
seit 1934 eine 40 m hohe Statue des Frei-
heitskämpfers José María Morelos steht.
Wer noch höher hinaus will, kann im In-
neren des **Morelos-Denkmals** (10 Mex$)
nach oben klettern und dabei die 56 Wand-
bilder von Ramón Alva de la Canal (1936–
1940) bewundern, auf denen das Leben von
Morelos dargestellt ist. Der letzte Teil der
Treppe führt durch seinen erhobenen Arm
zu einer Aussichtsplattform im Handgelenk,
die einen tollen Panoramablick auf den
See bietet.
   Seit kurzem verbindet auch eine 1200 m
lange Seilrutsche die Isla Janitzio mit der Isla
Tecuéna. Einmal rutschen kostet 250 Mex$.
Von Tecuéna zurück fahren Boote.
   Es gibt auch Rundfahrten mit dem Boot
nach Janitzio, die am Muelle General am
Südostufer des Sees ablegen und 60 Mex$
kosten (Kinder bis 7 Jahre bezahlen nichts).
Die Boote legen immer erst dann ab, wenn
sie voll sind (etwa alle 30 Min.; Sa und
So auch öfter). Die Überfahrt dauert jeweils
25 Minuten. Die letzte Rückfahrt ist gegen
20 Uhr.

Dörfer am See

Die Dörfer am Lago de Pátzcuaro sind ideale Ziele für einen Tagesausflug von Pátzcuaro aus. Die meisten sind gut mit öffentlichen Verkehrsmitteln zu erreichen. Die Dörfer sind sehr unterschiedlich und haben sich jeweils auf ein Kunsthandwerk spezialisiert.

ERONGARÍCUARO

434 / 2575 EW. / HÖHE: 2084 M

Die hübsche Stadt 20 km nordwestlich von Pátzcuaro ist eine der ältesten Siedlungen am See. Der französische Dichter André Breton (1896–1966), für den „Mexiko das surrealistischste Land der Welt" war, lebte in den späten 1930er-Jahren eine Zeitlang in Erongaríduaro (auch nur „Eronga"). Hier lernte er Leo Trotzki kennen und wurde ab und zu von Diego Rivera und Frida Kahlo besucht. Breton entwarf auch das außergewöhnliche schmiedeeiserne Kreuz, das vor dem **Templo de Nuestra Señora de la Asunci**-

ón, 50 m östlich der Avenida Morelos, steht. Hinter dem alten Franziskanerkloster, zu dem die Kirche gehört, befinden sich prachtvolle Gärten, deren Tore meist geöffnet sind.

 An- & Weiterreise

Von Pátzcuaro aus fahren regelmäßige Kleinbusse nach Erongarícuaro (20 Mex$).

IHUATZIO

434 / 3575 EW. / HÖHE: 2057 M

Nach Pátzcuaro (und vor Tzintzuntzan) war Ihuatzio, 15 km nördlich von Pátzcuaro, die Hauptstadt des taraskischen Reichs. Heute ist es nur noch ein träges, staubiges Dorf, das bekannt ist für seine gewebten Figuren, wie Elefanten, Schweine etc., aus *tule*, dem Schilf, das am Seeufer wächst.

Sehenswertes

Archäologische Stätte Ihuatzio   RUINEN
(443-312-88-38; http://inah.gob.mx/es/zonas/ 155-zona-arqueologica-ihuatzio; Erw./Kind

WESTLICHES ZENTRALHOCHLAND RUND UM PÁTZCUARO

Lago de Pátzcuaro

0   5 km

40 Mex$/frei; ☉ 9–18 Uhr) Zu der Ruinenstätte gehören auch teilweise wiederhergestellte Ruinen aus der prätaraskischen Zeit um 900. Die Ausgrabungsstätte ist etwa 1,5 km vom kleinen Hauptplatz des Dorfes entfernt. Eine kopfsteingepflasterte Straße führt dorthin. Die am besten erhaltene Ruine ist die der **Plaza de Armas**, eine offene Kultstätte, die gut 200 m lang ist und auch als Ballspielfeld genutzt wurde. Am westlichen Ende stehen zwei 15 m hohe Pyramiden. Die Steinwälle rund um die Stätte sind sogenannte *muro-calzadas* (Dammwege), die als Verkehrs- und Transportwege dienten.

ℹ An- & Weiterreise

Von der Plaza Chica.in Pátzcuaro fahren Busse direkt nach Ihuatzio (20 Mex$).

QUIROGA
🚗 435 / 14 700 EW. / HÖHE: 2080 M

Die geschäftige Marktstadt liegt 25 km nordöstlich von Pátzcuaro und 8 km von Tzintzuntzan entfernt. Sie ist nach Vasco de Quiroga benannt, der auch viele Gebäude errichten ließ und das Kunsthandwerk förderte. Deshalb findet hier auch jeden Tag der lebhafte **mercado de artesanías** (Kunsthandwerkermarkt) in der Avenida Vasco de Quiroga und auf der Plaza Principal statt, wo Hunderte Stände und Geschäfte bunt bemalte Holz-, Keramik- und Lederwaren, farbenprächtige Wollpullover und *sarapes* (lange, deckenähnliche Schultertücher) verkauft werden. Da Quiroga genau an der Kreuzung von Hwy 15 mit Hwy 120 liegt, strömen die Kunden aus der ganzen Region herbei.

Am ersten Sonntag im Juli wird die **Fiesta de la Preciosa Sangre de Cristo** (Fest des kostbaren Blutes von Jesus Christi) mit einem langen Fackelzug gefeiert, an dessen Spitze ein Bild Christi aus Maiskolbenpaste und Honig getragen wird.

ℹ An- & Weiterreise

Öffentliche Verkehrsmittel verkehren nur sehr selten zwischen Quiroga und Erongarícuaro. Deshalb ist es besser, über Pátzcuaro zu fahren.

TZINTZUNTZAN
🚗 434 / 3500 EW. / HÖHE: 2050 M

Das winzige Städtchen (Tsin Tsun Tsan) 17 km nordöstlich von Pátzcuaro ist die ehemalige Hauptstadt des taraskischen Reichs und diente Vasco de Quiroga als Basislager für die Besiedelung der Region. Neben verfallenen Ruinen der Tarasker und einigen Überresten aus der frühen spanischen Missionszeit hat es eine schönen weitläufigen Friedhof, der in der Zeit des Día de Muertos in einem Farbenrausch aus Blumen und Kreppпапier versinkt. Motor der Stadt ist der geschäftige **mercado de artesanías** (Kunsthandwerkermarkt), der jeden Samstag und Sonntag am Eingang zu Quirogas heiß geliebtem *atrio de los olivos* (Olivenhain) bei zwei alten Kirchen und einem ehemaligen Kloster stattfindet, das heute ein faszinierendes Museum ist.

⦿ Sehenswertes

★ Antiguo Convento Franciscano de Santa Ana   KLOSTER

Südlich des Sees und westlich des Hwy 120 liegt die riesige Klosteranlage, die teilweise aus den Steinen der taraskischen *yácatas* (Tempel) auf dem Berg errichtet wurde. Hier begannen spanische Franziskanermönche im 16. Jh. mit der Missionierung in Michoacán. Das Kloster besteht aus zwei Kirchen, vor denen Vasco de Quiroga einen Olivenhain anlegte. Der Großteil des Klosters wurde in ein faszinierendes **Museum** (✆ Mobil 434-3443005; www.inah.gob.mx/es/red-de-museos/317-antiguo-convento-franciscano-de-santa-ana-tzintzuntzan-michoacan; 15 Mex$; ☉ 10–17 Uhr) verwandelt.

Das Museum ist der Kultur und Geschichte der Purépecha gewidmet und zeigt anhand zahlloser Dokumente und ausgezeichneter Multimediashows, wie das Volk nach der Ankunft der Spanier zum Christentum bekehrt wurde. Die Galerien im Kreuzgang, Refektorium und zwei offenen Kapellen zeigen zudem eine Reihe verblasster Wandgemälde und kunstvoll verzierte Holzdecken der Mudéjares. Bermerkenswert ist auch das geschnitzte Portal des Haupteingangs. Direkt nebenan befindet sich der verfallene **Templo de San Francisco**, in dem aber auch heute noch Gottesdienste abgehalten werden.

★ Archäologische Stätte Tzintzuntzan   RUINEN

(✆ Mobil 443-3128838; http://inah.gob.mx/es/zonas/179-zona-arqueologica-de-tzintzuntzan; Erw./Kind 55 Mex$/frei; ☉ 9–18 Uhr) Die fünf wieder aufgebauten, halbrunden Tempel oder *yácatas* dieser Ruinenstätte sind die einzigen Überreste des einst mächtigen taraskischen Reichs. Von der Ausgrabungsstätte am Berghang hat man einen traumhaften Blick auf die Stadt, den See und die Berge der Umge-

689

bung. Noch ist die Stätte nur wenig besucht. In einem kleinen, gut gemachten **Museum** sind einige Fundstücke ausgestellt, darunter die wunderbare Nachbildung des Kojoten von Ihuatzio.

Am östlichen Fuße des Berges befinden sich einige Felsen mit stark verwaschenen Zeichnungen verschiedener Gottheiten. Der kleine Infostand und die blühenden Büsche gehören zu einem Projekt, mit dem man versucht, den hier einst in Scharen lebenden Kolibri zurück zu holen, denn Tzintzuntzan bedeutet in der Sprache der Purépecha „Ort des Kolibri".

Cerámica Tzintzuntzan   WERKSTATT

(✉ Mobil 443-3948167; moralestz@yahoo.com; del Hospital & Tariacuri; ⊙ Mo–Sa 10–20, So 10–13 Uhr) Im ehemaligen Missionskrankenhaus ist nun die rustikale Keramikwerkstatt von Manuel Morales untergebracht, der das Handwerk bereits in der fünften Generation ausübt. Seine kunstvoll verzierten, farbenfrohen Arbeiten werden in den Galerien Mexikos und der USA verkauft. Keramiken in verschiedenen Stadien der Produktion sind auch in der Werkstatt zu sehen, und im Keller im hinteren Teil des Hauses befindet sich ein kühler Ausstellungsraum. Morales gibt auch Töpferkurse und bildet Lehrlinge aus.

ⓘ An- & Weiterreise

Vom Busbahnhof in Pátzcuaro fahren Direktbusse nach Tzintzuntzan (20 Mex$).

Uruapan

✆ 452 / 279 000 EW / HÖHE: 2140 M

Hauptattraktion und Lebensader von Uruapan ist der tosende Río Cupatitzio. Dabei entspringt der beeindruckende Fluss einer unterirdischen Quelle, gelangt dann an die Oberfläche und bewässert die Palmen, Orchideen und riesigen Bäume im subtropischen Garten des Parque Nacional Barranca del Cupatitzio mitten in der Stadt. Ohne den Fluss würde Uruapan auch gar nicht existieren.

Als der spanische Mönch Juan de San Miguel im Jahr 1533 hier ankam, war er so begeistert von der Umgebung, dass er den Namen der Purépecha (u-ru-ah-pan) übernahm, der „Ewiger Frühling" bedeutet. Bruder Juan gestaltete den großen Marktplatz, baute ein Krankenhaus und eine Kapelle und legte das Gitternetz der Straßen an, das bis heute existiert.

Uruapan entwickelt sich schnell zu einem ertragreichen Landwirtschaftszentrum, das für seine Macadamianüsse und erstklassigen *aguacates* (Avocados) bekannt war. Bis heute gilt sie als „Welthauptstadt der Avocado". Uruapan liegt 500 m tiefer als Pátzcuaro und ist deshalb etwas wärmer. Die Stadt ist zwar nicht so schön wie Pátzcuaro, lohnt aber durchaus einen Kurzbesuch von ein oder zwei Tagen.

◎ Sehenswertes

★ Parque Nacional
Barranca del Cupatitzio   PARK

(Parque Nacional Eduardo Ruíz; ✆ 452-523-23-09; www.uruapanvirtual.com/acerca.php?item=parque-nacional; Independencia & Culver City; Erw./Kind 25/10 Mex$; ⊙ 7.30–18 Uhr) Der einzigartige Park liegt nur 15 Gehminuten westlich des Hauptplatzes, ist aber eine Welt für sich. Zwischen den üppig grünen tropischen und subtropischen Pflanzen flattern zahllose Vögel und Schmetterlinge. Der Río Cupatitzio rauscht über Felsbrocken und Wasserfälle in große, glasklare Becken. Kopfsteingepflasterte Wege (sogenannte *recorrido principal*) führen am Ufer entlang zur eiskalten, klaren Quelle am Rodilla-del-Diablo-Becken.

Der Haupteingang zu dem 458 ha großen Park befindet sich an der Ecke Calle Independencia und Calle Culver City, ein weiterer Eingang ist am westlichen Ende der Calzada Rodilla del Diablo. Im Park gibt's ein paar Obststände und *taquerías* sowie eine Forellenzucht, wo man selbst angeln darf.

Fábrica San Pedro   FABRIK

(✆ 452-524-14-63; www.facebook.com/FabricadeSanPedro; Treviño; ⊙ Mo–Sa 9–18 Uhr) **GRATIS** Die alte Textilfabrik aus dem 19. Jh. ist eher ein lebendes Museum. Tagesdecken, Tischdecken und Vorhänge aus reiner Baumwolle und Wolle werden hier noch immer von Hand gewebt und gefärbt und im hauseigenen Geschäft (S. 692) verkauft. Die Originalmaschinen sind über 150 Jahre alt und werden immer noch benutzt.

Museo Indígena Huatápera   MUSEUM

(✆ 452-524-34-34; www.gob.mx/cdi/galerias/museo-indigena-huatapera-uruapan-michoacan; Portal Mercado; ⊙ Di–So 9.30–13.30 & 15.30–18 Uhr) **GRATIS** Das kleine Museum im Huatápera, einem Kolonialgebäude mit Innenhof an der nordöstlichen Ecke des Hauptplatzes, zeigt schönes *artesanías* (Kunsthandwerk)

WESTLICHES ZENTRALHOCHLAND URUAPAN

DIE RUINEN VON TINGAMBATO

Der Weg zu den sehr schönen Ruinen der Kultstätte **Tinganio** (☎443-312-88-38; http://inah.gob.mx/es/zonas/177-zona-arqueologica-tingambato; 50 Mex$; ⊘9–18 Uhr) in Purépecha führt durch einen üppig grünen Avocadohain. Die Stätte stammt aus der Zeit vor dem taraskischen Reich und hatte ihre Blütezeit von 450 bis 900. Die wenig besuchte und deshalb sehr stimmungsvolle Ruinenstätte liegt außerhalb der Stadt Tingambato 33 km nordöstlich von Uruapan an der alten Straße nach Pátzcuaro. Die Ruinen, zu denen zwei Plazas, drei Altäre und ein Ballspielfeld gehören, sind ganz im Stil von Teotihuacán.

Im Osten steht eine 8 m hohe Stufenpyramide, und es gibt auch ein unterirdisches Grab, in dem 15 Skelette und 32 einzelne Schädel gefunden wurden – ein Hinweis auf Köpfungsrituale oder die Bedeutung von Schädeln als Trophäe. Unter dem bewaldeten Hügel hinter dem Zaun westlich des Ballspielfelds befindet sich eine weitere, noch nicht ausgegrabene Pyramide.

Am Busbahnhof von Uruapan fährt jede halbe Stunde ein Bus nach Morelia oder Pátzcuaro ab. Die Busse halten unterwegs in Tingambato (44 Mex$, 30 Min.). Zu den Ruinen führt die 1,5 km lange Straße Terán in Fortsetzung der Juárez, der sechsten Straße rechts nach dem Ortseingang, den Berg hinunter.

der vier größten indigenen Gruppen in Michoacán, Purépecha, Nahua, Mazahua und Otomí. Das in den 1530er-Jahren von Juan de San Miguel erbaute Huatápera beherbergte einst das erste Krankenhaus auf dem amerikanischen Doppelkontinent. Die Verzierungen um Türen und Fenster wurden von Kunsthandwerkern der Purépecha im Stil der Mudéjares geschnitzt.

Cascada de Tzaráracua   WASSERFALL

(☎452-106-04-41; www.tzararacua.com; Erw./Kind 15/5 Mex$; ⊘8.30–18 Uhr) Gut 12 km südlich des Stadtzentrums von Uruapan rauscht der wilde Río Cupatitzio seinem Schlusspunkt entgegen, dem Wasserfall von Tzaráracua. Hier stürzt er sich über die von Weinreben bedeckten 30 m hohen Felsenklippen im Dunst der Gischt ins Becken. Über 557 glitschige Stufen kann man durch den üppig grünen Wald am Wasserfall entlang nach unten gehen. Oder man reitet den Weg hinunter (hin & zurück mit 30 Min. Wartezeit unten 150 Mex$).

Es gibt auch eine Reihe von Seilrutschen. Eine Seilrutsche führt einfach übers Blätterdach, ein anderer Veranstalter bietet kurze „Flüge" über das Becken am Fuß des Wasserfalls (50–150 Mex$). Eine uralte Steinbrücke führt zum besten Aussichtspunkt, zu dem man auch mit einer kleinen Seilbahn kommt (10 Mex$).

Die Busse zum Wasserfall (8 Mex$) fahren stündlich vor dem Hotel Regis an der Südseite des Hauptplatzes in Uruapan ab. Die Hin- und Rückfahrt mit einem Taxi kostet mindestens 120 Mex$ inkl. Wartezeit.

Feste & Events

Semana Santa (Tianguis Artesanal de Uruapan)   JAHRMARKT

(⊘März od. April) Am Palmsonntag gibt es eine Prozession durch die Stadt, und der **Tianguis Artesanal de Uruapan** beginnt mit einem Wettbewerb der Kunsthandwerker. In den folgenden zwei Wochen drängen sich auf dem Hauptplatz die Aussteller und Verkäufer von Kunsthandwerk aus ganz Michoacán.

Día de Muertos   KULTUR

(⊘1. & 2. Nov.) Der in ganz Mexiko gefeierte Tag der Toten wird hier besonders groß gefeiert, und so strömen die Besucher in Scharen zu dem farbenprächtigen Festival in Uruapan.

Feria del Aguacate   ESSEN & TRINKEN

(⊘Nov./Dez.) Die Avocado-Messe als Höhepunkt des Veranstaltungskalenders beginnt Ende November und dauert zweieinhalb Wochen. In dieser Zeit finden jede Menge Ausstellungen zu Landwirtschaft, Industrie und Kunsthandwerk statt.

Schlafen

Uruapan verfügt über ein recht großes Angebot an Unterkünften, doch in der Zeit des Día de Muertos (1. und 2. Nov.) und der Semana Santa (März/April) sollte man dennoch im Voraus reservieren.

Hotel Regis   HOTEL $

(☎452-523-58-44; www.hotelregis.com.mx; Portal Carrillo 12; EZ/DZ/3BZ 500/600/700 Mex$;

(P 🛜) Dies dürfte das beste der Budgethotels an der Plaza sein. Die Gemeinschaftsbereiche und der zentrale Innenhof sind bezaubernd, wenn auch leicht exzentrisch, während die 43 Zimmer sehr klein sind und ein noch winzigeres Bad haben. Dafür wurden die Kopfteile von Hand in exotischen Farben bemalt. Einige Zimmer, wie z. B. Nr. 35 und 36, haben auch einen kleinen Balkon mit Blick auf den Hauptplatz.

★**Hotel Mi Solar Centro**   BOUTIQUEHOTEL **$$**

(☏ 452-524-09-12; www.hotelmisolar.com; Delgado 10; Zi. ab 1150 Mex$; P ✳ @ 🛜) Das älteste Hotel der Stadt wurde in den 1940er-Jahren eröffnet, als die Touristen in Scharen nach Uruapan strömten, um den neu entstandenen Volcán Paricutín zu bestaunen. Mittlerweile wurde das Hotel komplett umgebaut und bietet nun 17 geräumige Zimmer auf drei Stockwerken, die rund um einen Innenhof mit Bar angeordnet sind. Die Zimmer haben üppige Doppelbetten, hohe Decken und handgeschnitzte Holzmöbel.

Auf der anderen Straßenseite befindet sich ein neuer Gebäudeteil mit größeren Zimmern, die zwar sehr gemütlich sind, aber nicht den Charme der Zimmer im Hauptgebäude haben. Die angegebenen Preise gelten nur in der Hauptsaison. Zu anderen Zeiten sind Ermäßigungen bis zu 40 % möglich.

★**Casa Chikita Bed & Breakfast**   B & B **$$**

(☏ 452-524-41-74; www.casachikita.com; Carranza 32; Zi. inkl. Frühstück 850–1200 Mex$; P 🛜) Das Haus aus dem 19. Jh. hat vier schöne Zimmer, die auf einen Garten hinausgehen, der mit Tonwaren aus der Region geschmückt ist. Die Zimmer sind recht unterschiedlich, doch die besten sind äußerst gemütlich und mit vielen netten Details ausgestattet, wie Granit- oder Holzplatten im Bad, Fliesenböden und Kunst aus der Region.

Hotel Mansión del Cupatitzio   HOTEL **$$$**

(☏ 452-523-20-60; www.mansiondelcupatitzio. com; Calz Rodilla del Diablo 20; EZ/DZ Standard ab 1620/1970 Mex$, „Executive" ab 2235/2735 Mex$; P @ 🛜 ☲) Das schöne Hotel im Stil einer Hazienda hat 57 Zimmer, die in einem Meer von Blumen und übertrieben viel religiöser Kunst versinken. Die Blumen stammen aus dem eigenen, sehr gepflegten Garten, in dem es auch einen schönen Swimmingpool gibt. Dagegen wirken die hübschen, gemütlichen Standardzimmer fast etwas vernachlässigt. Deshalb lohnt sich der höhere Preis für ein „Executive"-Zimmer durchaus.

✕ Essen & Ausgehen

★**Cox-Hanal**   MEXIKANISCH **$**

(☏ 452-524-61-52; Carranza 31A; Hauptgerichte 40–110 Mex$; ⊙ Di–Fr 16–23, Sa & So 12–23 Uhr) Die Stühle sind aus Plastik, es gibt keinen nennenswerten Wandschmuck und das Personal ist recht langsam – aber was soll's. Das Restaurant ist weithin bekannt für seine gemischten *antojitos yucatecos* (kleine Gerichte aus Yucatán; 12–18 Mex$), die alles andere mehr als wett machen. Unbedingt probieren sollte man die festen *tacos de cochinita* (mit Schweinegeschnetzeltem) und die hervorragende *sopa de lima* (Limettensuppe mit Hühnchen).

Cocina Económica Mary   MEXIKANISCH **$**

(☏ 452-519-48-69; Independencia 59; Menü 60 Mex$; ⊙ Mo–Sa 8.30–17 Uhr) In dem geschäftigen Familienbetrieb im Stil einer Cafeteria riecht es sehr verlockend. In der offenen Küche werden gut sättigende Menüs zubereitet, bei denen man für den Hauptgang zwischen Hühnchen in *mole*, Schweinegeschnetzeltem mit Kürbis und *chiles rellenos* (mit Käse oder Fleisch gefüllte Chilischoten), jeweils mit Suppe, Reis, Bohnen und frisch zubereiteten Tortillas wählen kann. Frühstück kostet zwischen 30 und 50 Mex$.

La Lucha   CAFÉ **$**

(☏ 452-524-03-75; Ortiz 20; Kaffee 30 Mex$; ⊙ 8–21 Uhr) Das bezaubernde Café mit Gewölbedecke bietet guten Kaffee und Kuchen. An den Wänden hängen Schwarzweißfotos, hinter dem Haus gibt es einen tollen Hof. Es werden auch eigene Kaffeebohnen verkauft. Im kleineren **Ableger** (☏ 452-523-32-69; Portal Matamoros 16A; Kaffee ab 30 Mex$; ⊙ 8–21 Uhr) am Hauptplatz gibt's auch Essen und Kaffee zum Mitnehmen.

Gralíssima   MEXIKANISCH **$$**

(☏ 452-148-87-82; www.gralissima.mx; Calz Rodilla del Diablo 13A; Hauptgerichte 70–135 Mex$; ⊙ Do–Di 10.30–18.30 Uhr) Das nette Restaurant beim Nordeingang zum Parque Nacional Barranca del Cupatitzio hoch über dem Río Cupatitzio serviert wunderbare Gerichte der modernen mexikanischen Küche, die immer in irgendeiner Form Avocado enthalten. So sind die *enchiladas suizas de aguacate* mit Hühnchenfleisch und Avocado gefüllt.

La Cantinita Cafe   BAR

(☏ 452-519-37-45; Ocampo; ⊙ Di–So 15–24 Uhr) Schon seit 1907 ist die kleine Bar etwas abseits vom Hauptplatz auf Cocktails speziali-

BUSSE AB URUAPAN

ZIEL	PREIS (MEX$)	DAUER (STD.)	HÄUFIGKEIT (TGL.)
Angahuan	25	1	alle 30 Min.
Colima	539	6	1-mal
Guadalajara	425	4½	alle 30 Min.
Mexico City (Terminal Norte)	626	6	stündl.
Morelia	180	2	alle 30 Min.
Paracho	52	1	alle 15 Min.
Pátzcuaro	74	1	alle 15 Min.
Tingambato	44	30 Min.	alle 30 Min.

siert, und der Cocktail mit Mezcal und Avocado ist wirklich umwerfend. Fast schon auf der Straße stehen unten die Barhocker und Stehtische, während es im loft-ähnlichen 2. Stock sehr bequeme Sitzgelegenheiten gibt.

Salt COCKTAILBAR
(☏452-116-68-30; Carranza 37; Cocktail 17 Mex$; ◷So–Do 15.30–23, Fr & Sa 15.30–2 Uhr) Die trendige neue Bar ganz in Schwarz und Weiß mit einem kleinen grünen Garten hinter dem Haus serviert auch Essen, vor allem Meeresfrüchte (Hauptgerichte ab 160 Mex$). Dazu passen auch die Lampen aus alten Reusen. Doch das Beste hier sind die fantastischen Cocktails, vor allem der eine ohne Namen mit Mezcal, Erdbeersaft, Pfeffer und Limette.

 Shoppen

Mercado de Antojitos MARKT
(Quiroga; ◷8–23 Uhr) Der Markt im Norden des Hauptplatzes bietet Snacks und kleine Gerichte aus der Region und ist damit ideal, um die Spezialitäten von Michoacán zu probieren.

Fábrica
San Pedro Shop KLEIDUNG, HAUSHALTSWAREN
(☏452-524-14-63; Treviño; ◷Mo–Sa 9–18 Uhr) In diesem Geschäft werden die ausgesuchten, (meist handgefertigten) Textilien der Fábrica San Pedro (S. 689) verkauft.

 Praktische Informationen

Am oder beim zentralen Platz gibt's mehrere Banken mit Geldautomaten.
Hauptpost (Jalisco 81; ◷Mo–Fr 8–17, Sa 9–12 Uhr) Östlich des Zentrums.

An- & Weiterreise

Der Busbahnhof von Uruapan befindet sich 2 km nordöstlich des Zentrums an der Schnellstraße nach Pátzcuaro und Morelia. Nach Tingambato

(44 Mex$, 30 Min.) fahren die Busse mit Fahrtrichtung Pátzcuaro oder Morelia.

Die städtischen Busse mit Fahrtziel „Centro" fahren nur vom Busbahnhof bis zur Plaza (8 Mex$). Taxis (30 Mex$) muss man im Busbahnhof im Voraus bezahlen. Zurück zum Busbahnhof fahren die Busse mit Fahrtziel „Central Camionera" an der Südseite der Plaza ab.

Angahuan
☏ 452 / 5775 EW. / HÖHE: 2380 M

Die Stadt 40 km nordwestlich von Uruapan liegt am nächsten bei dem unglaublichen Volcán Paricutín. Sie ist eine typische Purépecha-Stadt mit staubigen Straßen, Holzhäusern, ebenso vielen Pferden wie Autos, Frauen in knöchellangen Röcken und bunten Schultertüchern sowie Lautsprechern, die wichtige Mitteilungen in der Purépecha-Sprache verkünden. *Jaru je sesi* (Herzlich willkommen)!

Sehenswertes

★**Volcán Paricutín** VULKAN
Der Neuling unter den Vulkanen ist 2800 m hoch und noch nicht einmal 80 Jahre alt, doch der Aufstieg über die Geröllhänge zum Gipfel und der Blick über schwarze, von Lava bedeckte Dörfer ist eines der Highlights einer Reise in diesen Teil Mexikos. Man kann zu Fuß gehen oder reiten, wobei das letzte Stück nur zu Fuß möglich ist. Egal wie, es ist ein sehr langer Weg, der sich aber auf jeden Fall lohnt.

Ebenso faszinierend wie der Blick vom Gipfel ist die Geschichte dieses Vulkans. Am 20. Februar 1943 pflügte der Bauer Dionisio Pulido vom Volk der Purépecha gerade sein Maisfeld 40 km westlich von Uruapan, als die Erde plötzlich bebte und begann, Dampf, Funken und heiße Asche auszuspucken. Der Bauer versuchte, die aufgebrochenen Löcher wieder zu schließen, merkte aber schnell, dass das sinnlos war und brachte sich in Sicherheit. Das war auch besser so, denn wie in einem schlechten Film begann sich ein grollender Vulkan aus der Erde zu erheben. Nach einem Jahr war er bereits 410 m hoch und hatte die Dörfer San Salvador Paricutín und San Juan Parangaricutiro unter seiner Lava begraben. Zum Glück floss die Lava so langsam, dass die Bewohner der beiden Dörfer rechtzeitig fliehen konnten.

1952 hatte der Vulkan seine endgültige Höhe erreicht. Heute tritt aus manchen Stellen des schwarzen Vulkankegels immer noch heißer Dampf aus, aber ansonsten scheint er erloschen zu sein. Am Rand des 20 km^2 großen Lavafelds ragt der Glockenturm des versunkenen Templo de San Juan Parangaricutiro aus dem schwarzen Lavasee heraus. Zusammen mit dem Altar voller Blumen und Kerzen sind dies die einzigen Hinweise auf die beiden unter der Lava begrabenen Dörfer. Von Angahuan zu der Kirche sind es 3 km, die in einer Stunde zu schaffen sind.

Wer auch noch den Volcán Paricutín besteigen will, sollte spätestens um 9 Uhr in Angahuan losgehen. Beim Touristenzentrum bieten jede Menge Führer mit Pferden ihre Dienste für den Weg zum Vulkan und an der zerstörten Kirche vorbei zurück an. Sie holen ihre Gäste auch vom Bus aus Uruapan ab. Ein Führer mit Pferd kostet etwa 800 Mex$ pro Person für einen Tag. Es gibt zwei Standardwege zum Vulkan hinauf, einen kurzen 14 km langen Rundweg und den langen Rundweg mit 24 km. Die Pferde gehen nur den langen Rundweg, da der kurze über ein Lavafeld führt. Wer mit dem Pferd unterwegs ist, sollte mit fünf bis sechs Stunden rechnen, davon vier in einem harten Holzsattel.

Bei beiden Wegen ist der letzte Anstieg zum Vulkangipfel ein steiler Pfad über Kiesel und Felsgeröll, der eine halbe Stunde dauert und nur zu Fuß möglich ist. Der Abstieg ist auch eine Sache für sich. Eigentlich könnte man in zwei Minuten über den schwarzen Sand hinunterrutschen. Doch beide Rückwege führen an der Kirche San Juan vorbei. Fast immer ist der Altar mit bunten Kerzen und Blumen geschmückt. In der Nähe der Kirche gibt es auch eine Reihe Essensstände, die superleckere Quesadillas aus blauem Mais verkaufen. Zubereitet werden sie in alten Öldosen über dem Holzfeuer. Bei der Wanderung genug Trinkwasser mitbringen und feste Schuhe tragen.

Wer nicht so auf Holzsättel steht und/ oder eben einfach ausreichend Puste hat, der kann auch ganz zu Fuß auf den Vulkan laufen, allerdings auch das nur mit Führer (400 Mex$), da dem Weg durch den Pinienwald nur schwer zu folgen ist. Die lange Wanderung verläuft 12 km weit über einen sandigen Weg durch Avocado-Haine, Agavenfelder und Wildblumenwiesen. Die kürzere Strecke (7 km einfach) beginnt in Pinienwäldern, führt dann aber bald über steile Felsen und ein weites Lavafeld. Wer sich fit fühlt und die Abwechslung liebt, der kann seinen Führer bitten, auf dem Hinweg die kürzere Strecke und auf dem Rückweg die längere Strecke zu nehmen.

Iglesia de Santiago Apóstol KIRCHE

Die spektakuläre Kirche aus dem 16. Jh. steht auf dem Hauptplatz und hat ein schön geschnitztes Eingangsportal im maurischen Stil der Mudéjares. Es wurde von einem Steinmetz aus Andalusien gefertigt, der mit den ersten spanischen Missionaren hierher kam.

ⓘ Praktische Informationen

Centro Turístico de Angahuan (☑ 452-443-03-85; www.staspe.org/centro-turistico-de-angahuan; 10 Mex$; ⊙ 24 Std.) Das Touristenzentrum mit einem kleinen staubigen Museum, Unterkünften und einem Restaurant ist praktisch der Eingang zum Volcán Paricutín. Es befindet sich rund 2 km südwestlich des Hauptplatzes.

ⓘ An- & Weiterreise

Angahuan liegt 40 km nordwestlich von Uruapan. Die Busse nach Angahuan (25 Mex$, 1 Std.) fahren von 5 bis 19 Uhr etwa alle 30 Minuten am Busbahnhof von Uruapan ab.

Zurück nach Uruapan fahren die Busse auch alle 30 Minuten, zuletzt um 20 Uhr (bei der Ankunft unbedingt nachfragen, denn es gibt kaum Taxis, wenn man den letzten Bus verpasst).

Nördliches Zentralhochland

Inhalt ➡
Querétaro 696
Tequisquiapan 703
Guanajuato 705
Dolores Hidalgo 718
San Miguel
de Allende 720
Aguascalientes 734
San Luis Potosí 739
Real de Catorce 745
La Huasteca
Potosina 749
Zacatecas 754
Jerez 762

Gut essen

➡ Áperi (S. 730)

➡ El Jardín de los Milagros (S. 714)

➡ Las Mercedes (S. 714)

➡ Nomada (S. 730)

➡ La Parada (S. 729)

Schön übernachten

➡ Mesón de Abundancia (S. 748)

➡ Rosewood San Miguel de Allende (S. 727)

➡ Hotel Museo Palacio de San Agustín (S. 743)

➡ Villa María Cristina (S. 712)

➡ La Casa del Atrio (S. 700)

Auf ins nördliche Zentralhochland!

Von gepflasterten Gassen bis hin zu schattigen Plazas, von Wüsten bis hin zu Nebelwäldern – das nördliche Zentralhochland ist so vielseitig wie seine Geschichte, Küche und Kultur. Hier entstanden einst mit dem Reichtum aus dem Mineralienabbau Kolonialstädte, und die Revolution hinterließ Geisterstädte. Die auch Cuna de la Independencia (Wiege der Unabhängigkeit) genannte Region ist für ihre Rolle beim Ringen um die Unabhängigkeit bekannt, das durch den berühmten *Grito de Dolores* befeuert wurde – der Schrei rief die Bevölkerung zum bewaffneten Kampf gegen die Spanier auf.

Zu den Juwelen der Region gehören das kunstsinnige, schöne San Miguel de Allende, die Wasserfälle und das türkisfarbene Wasser der Huasteca Potosina und die silberreichen Kolonialstädte Guanajuato und Zacatecas. Anderenorts finden sich präkoloniale Stätten, Kunstmuseen, Nachtleben, Festivals und Shoppinggelegenheiten für *artesanías*, die mit den großen Zentren im Land problemlos mithalten können. Man mache sich bereit für eine (sehr!) ausgelassene Party.

Reisezeit

Guanajuato

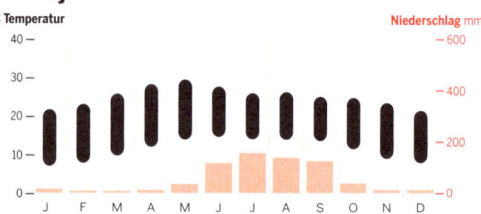

Juli & Aug. Die Tage sind mild und die Wildblumen blühen – perfekt für Touren auf eigene Faust!

Okt.–April In der Huasteca Potosina ist Trockenzeit; ideal, um Wasserfälle und Flüsse zu besuchen.

Ende März oder April Rund um die Semana Santa (Karwoche) finden viele religiöse Feste statt.

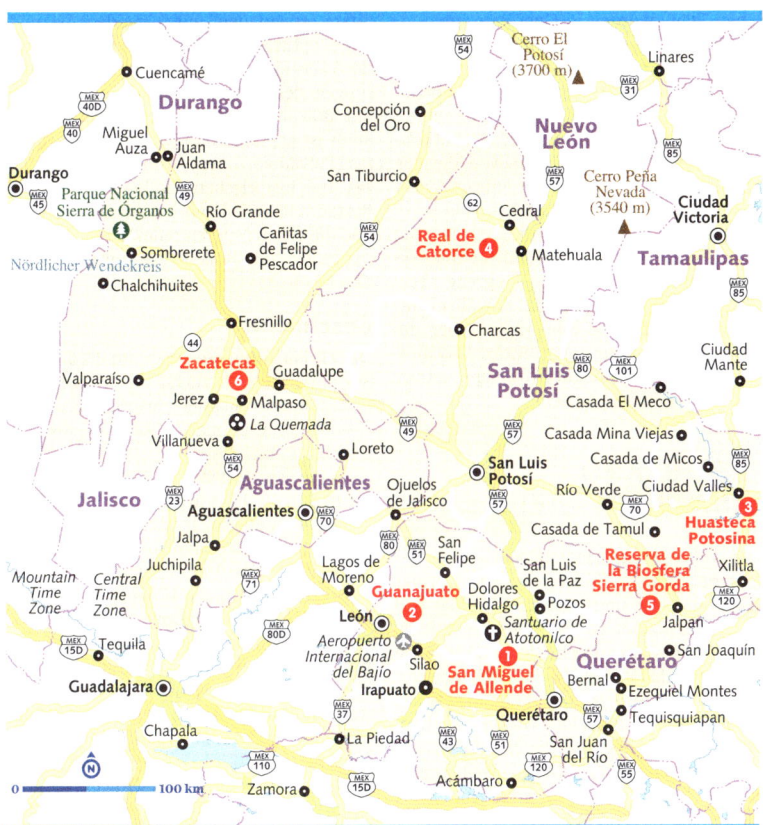

Highlights

1 San Miguel de Allende
(S. 720) Sich staunend durch die traumhafte Kolonialstadt treiben lassen, die mit Kunst, Essen, heißen Quellen und Fiestas aufwartet

2 Guanajuato (S. 705)
Durch gewundene, mit Kopfstein gepflasterte Gassen schlendern und tolle Museen entdecken

3 Huasteca Potosina
(S. 749) Ein erfrischendes Bad in den erstaunlich türkisblauen Flüssen nehmen und die außergewöhnlichen Wasserfälle inspizieren

4 Real de Catorce
(S. 745) In der überaus malerischen, inzwischen zu neuem Leben erwachenden „Geisterstadt" im Hochland

deren glorreiche Vergangenheit erahnen

5 Reserva de la Biosfera Sierra Gorda (S. 706) In dieser Perle der Wildnis Missionskirchen bewundern und Dörfer besuchen

6 Zacatecas (S. 754) Die vielen faszinierenden Museen dieser bezaubernden alten Silberstadt entdecken

Geschichte

Bis zur Eroberung durch die Spanier war das nördliche Zentralhochland von wilden, halbnomadischen Stämmen bewohnt, die den Azteken als Chichimeken bekannt waren. Sie leisteten der Expansion der Spanier länger Widerstand als andere mexikanische Völker, wurden aber Ende des 16. Jhs.

schließlich erobert. Der Reichtum, den die Spanier in der Folgezeit anhäuften, ging auf Kosten vieler Chichimeken, die in den Minen Sklavenarbeit leisten mussten.

In der im Lauf der Geschichte so unruhigen Region wurde auch der Funke zum Kampf der Criollos für die Unabhängigkeit Mexikos gezündet. Die ersten umstürzlerischen Pläne wurden in Querétaro und San Miguel de Allende geschmiedet, 1810 begann in Dolores Hidalgo der offene Kampf. Ein Jahrhundert später veröffentlichte Francisco Madero seinen revolutionären „Plan de San Luis Potosí". 1917 zementierte schließlich die Unterzeichnung von Mexikos Verfassung in Querétaro die Führungsrolle der Region in der mexikanischen Politik.

In letzter Zeit erlebte die Region eine wirtschaftliche Blüte. Zum Teil verdankt sie dies dem Boom der Auto-, Flugzeug-, Fertigungs- und Agrarindustrie, vor allem um Querétaro, während San Miguel eher die Wochenendtouristen aus Mexico City und einen stetigen Strom gut situierter kreativer Köpfe aus den USA anzieht.

QUERÉTARO (BUNDESSTAAT)

1,9 MIO. EW.

Der Bundesstaat Querétaro steckt voller Überraschungen. Er ist vorrangig von der Landwirtschaft und Viehzucht geprägt und seine Hauptstadt ist das hübsche, aufstrebende Querétaro. Doch hier warten auch eine abwechslungsreiche Landschaft, skurrile Sehenswürdigkeiten und historische Schätze. Innerhalb seiner Grenzen schlummern Naturwunder wie die Peña de Bernal, der drittgrößte Monolith der Welt, präkoloniale Ruinen und das atemberaubende Biosphärenreservat der Sierra Gorda. Dieses umfasst mehrere Missionsstädte, in denen Einheimische von der Gemeinde organisierte Tourismusprojekte betreuen – für kühne Traveller ein Muss.

Querétaro

🖉 442 / 879 000 EW. / HÖHE 1800 M

Wenn man durch die entzückende koloniale Altstadt von Querétaro mit seinen schattigen Plätzen, großartigen Brunnen und historischen Herrenhäusern schlendert, würde man niemals auf die Idee kommen, dass dies, dank der boomenden Flugzeug- und Technologieindustrie, eine der am schnellsten wachsenden Städte der nördlichen Hemisphäre ist. Oder vielleicht doch, wenn man nämlich auf dem Weg in das koloniale Herz von Querétaro erst einmal durch ein irgendwie beeindruckendes Beispiel für Zersiedelung kommt und sich durch den schon fast legendären Verkehr der Stadt quälen muss. All diese Mühe lohnt aber, denn Que-

rétaro ist auf dem aufsteigenden Ast und seine optimistische und geschäftstüchtige Bevölkerung stellt sich dem Herausforderungen des Lebens im modernen Mexiko mit Bravour. Das historische Zentrum der Stadt ist geprägt von charmanten *andadores* (Fußgängerzonen), wunderschönen Plazas und historischen Kirchen. Niveauvolle Restaurants servieren erstklassige Küche, und die vielen Museen reflektieren Querétaros bedeutende Rolle in der mexikanischen Geschichte.

Geschichte

Die Otomí gründeten hier im 15. Jh. eine Siedlung, die sich zuerst die Azteken und 1531 dann die Spanier einverleibten. Franziskanische Missionare nutzten sie als Missionsbasis, nicht nur für Mexiko, sondern auch für den Südwesten der heutigen USA. Im frühen 19. Jh. war Querétaro das Zentrum der Ränkespiele der unzufriedenen *criollos*, die Pläne schmiedeten, um Mexiko von der Herrschaft der Spanier zu befreien. Rebellen wie Miguel Hidalgo trafen sich heimlich im Haus der Doña Josefa Ortiz (La Corregidora), der Ehefrau von Querétaros früherem *corregidor* (Distriktverwalter). Nachdem die Verschwörung aufgeflogen war, wurde Doña Josefa in ihrem Haus eingesperrt, dem heutigen Palacio de Gobierno. Doch sie schaffte es – so will es zumindest die Legende –, dem Mitverschwörer Ignacio Pérez durch das Schlüsselloch zuzuflüstern, dass ihre Verbündeten in Gefahr seien. Dies war schließlich der Auslöser für Padre Hidalgos Ruf zu den Waffen. Das Schlüsselereignis wird heutzutage immer noch jeden September als Teil der mexikanischen Unabhängigkeitsfeierlichkeiten zelebriert.

1917 wurde die mexikanische Verfassung von den Konstitutionalisten in Querétaro unterzeichnet. Der PNR (später PRI, Partei der Institutionellen Revolution) organisierte sich 1929 hier in der Stadt und beherrschte die mexikanische Politik für den Rest des 20. Jhs.

🔴 Sehenswertes

⭐ **MUCAL**   MUSEUM

(Museo del Calendario; www.mucal.mx; Madero 91; 25 Mex$; ⊙ Di–So 10–18 Uhr) Dieses außergewöhnliche Museum, weltweit das erste seiner Art, ist die Herzensangelegenheit seines Besitzers Senor Landin, dessen Familie seit Jahrzehnten in Mexiko Kalender produziert. Es besteht aus zwei Teilen: In 19 Ausstellungsräumen befinden sich jene Originalkunstwerke (darunter auch Reproduktionen), die im Lauf der Jahrzehnte in den mexikanischen Kalendern abgebildet waren, sowie 400 Originalkalender im Retrostil. Die zweite Sehenswürdigkeit ist das Gebäude selbst, ein großartig saniertes Herrenhaus mit schönen Gärten und mehreren Höfen.

Die Außenbereiche und das wunderbare Café auf einem eigenen Rasen bieten in der Hitze eine perfekte Oase, in der man über die manchmal amüsanten (und oft pikanten und politisch unkorrekten) Abbildungen der Retro-Kalender nachsinnen kann.

Mirador   AUSSICHTSPUNKT

Von diesem Aussichtspunkt hat man einen schönen Blick auf Querétaros Wahrzeichen „Los Arcos", ein 1,28 km langes Aquädukt mit 74 hoch aufragenden Sandsteinbögen, das zwischen 1726 und 1738 erbaut wurde. Es verläuft in der Mitte der Avenida Zaragoza.

Templo y Convento de la Santa Cruz   KIRCHE

(Independencia 148 Ecke Felipe Luna; 10 Mex$; ⊙Di–Sa 9–14 & 16–18, So bis 17.15 Uhr) Dieses Konvent, eine der interessantesten Sehenswürdigkeiten der Stadt, wurde zwischen 1654 und etwa 1815 dort errichtet, wo in einer Schlacht auf wundersamer Weise der hl. Jakob erschienen war, woraufhin die Otomí sich anscheinen den Konquistadoren und dem Christentum ergaben. Kaiser Maximilian hatte hier sein Hauptquartier, als er von März bis Mai 1867 in Querétaro belagert wurde. Nach seiner Kapitulation und der darauffolgenden Verurteilung wurde er bis zu seiner Hinrichtung in dem Gebäude inhaftiert.

Heute dient die Kirche als religiöse Schule. Man darf sie nur mit einem Führer besuchen – man wartet am Eingang, bis eine Gruppe zusammenkommt –; die Führungen finden aber nur auf Spanisch statt. Die Hauptlegende der Kirche rankt sich um den Árbol de la Cruz, einen uralten Baum im Klostergarten, der kreuzförmige Dornen hat. Dieses Wunder geschah, nachdem 1697 ein frommer Mönch einen Wanderstock in die Erde steckte.

Museo de Arte de Querétaro   MUSEUM

(www.museodeartequeretaro.com; Allende Sur 14; 30 Mex$, Di frei; Fotos 15 Mex$; ⊙Di–So 10–18 Uhr) Querétaros Kunstmuseum grenzt an den Templo de San Agustín und befindet sich in einem prächtigen Barockkloster, das zwischen 1731 und 1748 erbaut wurde. Schon das Gebäude selbst lohnt einen Besuch: Überall wimmelt es von Engeln, Wasser-

speiern, Statuen und anderen Ornamenten, besonders rund um den großartigen Innenhof. Die Ausstellung europäischer Malerei des 16. und 17. Jhs. im Erdgeschoss zeigt den Einfluss der flämischen auf die spanische und der spanischen auf die mexikanische Kunst auf. Hier sind außerdem mexikanische Gemälde aus dem 19. und 20. Jh. zu sehen. Die Ausstellung im Obergeschoss umfasst Werke vom Manierismus des 16. Jhs. bis zum Barock des 18. Jhs.

Templo de Santa Rosa de Viterbo   KIRCHE

(Ecke Arteaga & Montes) `GRATIS` Der aus dem 18. Jh. stammende Templo de Santa Rosa de Viterbo ist Querétaros prunkvollste Barockkirche. Sie hat einen Glockenturm, der einer Pagode ähnelt, einen ungewöhnlichen Fassadenanstrich sowie verzierte Strebpfeiler und ist innen aufwendig mit Gold und Marmor dekoriert. Manche behaupten, die Kirche sei die erste der Neuen Welt gewesen, die an allen vier Seiten des Turms eine Uhr besessen habe.

Templo de San Francisco   KIRCHE

(Ecke Av Corregidora & Andador 5 de Mayo; ⊙8–21 Uhr) Die eindrucksvolle Kirche steht direkt am Jardín Zenea. Die schönen farbigen Kacheln an der Kuppel wurde 1540 aus Spanien hergebracht, etwa zu der Zeit, als man mit dem Bau der Kirche begann. Im Inneren befinden sich einige schöne religiöse Gemälde aus dem 17., 18. und 19. Jh.

Museo Regional de Querétaro   MUSEUM

(Ecke Av Corregidora 3 & Jardín Zenea; 55 Mex$; ⊙Di–So 9–18 Uhr) Im Erdgeschoss dieses Museums sind interessante Ausstellungen zur präkolonialen Zeit Mexikos, zu archäologischen Ausgrabungsstätten, zur spanischen Eroberung sowie zu verschiedenen indigenen Gruppen zu sehen. Die Ausstellungen im oberen Stock illustrieren die Bedeutung Querétaros für den Unabhängigkeitskampf und in der Zeit danach. So ist z. B. der Tisch zu sehen, an dem 1848 der Vertrag von Guadalupe Hidalgo unterzeichnet wurde; dieser beendete den Krieg zwischen Mexiko und den USA. An einem anderen Tisch saß das Tribunal, das Kaiser Maximilian zum Tode verurteilte.

Das Museum ist in einem Teil eines Gebäudes untergebracht, das früher ein riesiges Kloster und Seminar war. Die Bauarbeiten dazu begannen 1540. Im Jahr 1567 wurde das Seminar dann zum Regierungssitz der Franziskanerprovinz San Pedro y San Pablo de Michoacán. Noch für das Jahr 1727 sind Arbeiten an dem Komplex belegt. Dank

NÖRDLICHES ZENTRALHOCHLAND QUERÉTARO

Querétaro

seines hohen Turms wurde das Kloster in den 1860er-Jahren sowohl von den Truppen, die Maximilian unterstützten, als auch von denen, die ihn schließlich 1867 besiegten, als Festung genutzt.

Teatro de la República
THEATER

(☎442-212-03-39; Ecke Juárez & Peralta; ⏱10–15 & 17–20 Uhr) GRATIS In dem schönen alten, immer noch genutzten Theater mit seinen beeindruckenden Kronleuchtern trat 1867 das Tribunal zusammen, das das Todesurteil über Kaiser Maximilian verhängte. Am 31. Januar 1917 wurde hier die Verfassung der Vereinigten Mexikanischen Staaten unterzeichnet. An den Kulissen sind die Namen der Unterzeichner und der von ihnen vertretenen Bundesstaaten verewigt. 1929 gründeten Politiker in diesem Theater Mexikos politische Partei PNR (heute PRI).

Casa de la Zacatecana
HAUS

(☎442-224-07-58; www.museolazacatecana.com; Independencia 59; 45 Mex$; ⏱10–18 Uhr) Dies ist ein hübsch restauriertes Wohnhaus aus dem 17. Jh. mit einer beeindruckenden Sammlung von Möbeln und Dekorationsgegenständen, die von kitschig bis asketisch reicht (auf keinen Fall die Wand mit den schauerlichen Kruzifixen verpassen). Ein guter Ort, um sich einen Eindruck vom Querétaro der Kolonialzeit zu machen!

Monumento a la Corregidora
DENKMAL

(Ecke Corregidora & Andador 16 de Sepiembre) GRATIS Die Plaza de la Corregidora wird vom Monumento a la Corregidora beherrscht. Die Statue der Doña Josefa Ortiz stammt von 1910 und trägt die Fackel der Freiheit. Der Anblick ist recht beeindruckend und inspirierend, und fast jeden Tag findet hier außerdem noch ein geschäftiger Büchermarkt statt.

Kathedrale
KATHEDRALE

(Ecke Madero & Ocampo) GRATIS Die Kathedrale aus dem 18. Jh. präsentiert sich in einer Mischung aus Barock und Klassizismus mit

Museo de la Ciudad
MUSEUM

(www.museodelaciudadqro.org; Guerrero Norte 27; 5 Mex$; ⊙ Di–So 11–19 Uhr) Im Inneren dieses ehemaligen Konvents, das auch als Gefängnis für den abgesetzten Kaiser Maximilian diente, sind die elf Räume des Museo de la Ciudad untergebracht. Es zeigt gute Wechselausstellungen zeitgenössischer Kunst.

Fuente de Neptuno
BRUNNEN

(Neptunsbrunnen; Ecke Madero & Allende) Einen Block westlich des Jardín Zenea steht der Fuente de Neptuno. Der Brunnen wurde 1797 vom berühmten mexikanischen, neoklassizistischen Architekten Eduardo Tresguerras entworfen.

Kurse

Olé Spanish Language School
SPRACHEN

(442-214-40-23; www.ole.edu.mx; Escobedo 32) Die Sprachschule veranstaltet eine breite Palette an Kursen mit optionaler Unterbringung bei Gastfamilien und zusätzlichen außerschulischen Programmen. Wochenkurse kosten zwischen 185 US$ für Gruppenunterricht mit 15 Wochenstunden und 470 US$ für Intensivkurse mit 35 Wochenstunden.

Schlafen

Santa Lucha Hostel
HOSTEL $

(442-214-36-45; www.santalucha.com; Hidalgo 47; B/DZ ab 285/850 Mex$;) Dieses bunt angestrichene Hostel in beneidenswerter Lage mitten in der Altstadt ist in einem hübsch umgebauten Haus untergebracht und voll und ganz dem mexikanischen Wrestling gewidmet. Alle Schlafsäle und Zimmer – bis auf ein privates Zimmer – teilen sich Gemeinschaftsbäder, diese sind aber ausreichend vorhanden und sehr sauber. Es gibt zudem eine große Küche und einen Gemeinschaftsbereich, der zum Entspannen einlädt.

El Petate Hostel
HOSTEL $

(442-212-79-87; www.elpetatehostel.com; Matamoros 20; B/DZ ab 200/500 Mex$;) Das Hostel versteckt sich in einer wunderschönen kleinen Seitenstraße und besitzt ein sehr ansprechendes Design mit sauberen, hellen Schlafsälen und Zimmern, die teilweise auch ein eigenes Bad haben.

Blue Bicycle House
HOSTEL $

(442-455-48-13; www.bluebicyclehouse.com; Ejercito Republicano 15; B 230–250 Mex$, DZ 590–750 Mex$;) Direkt am Rand des Zentrums mit Blick auf das Aquädukt ist das Blue Bicycle House (ja, draußen hängt ein

der Betonung gerader Linien und nur wenigen Krümmungen. Die erste Messe in der Kathedrale (damals bekannt als San Felipe Neri) soll Padre Hidalgo, der spätere Held des mexikanischen Unabhängigkeitskriegs, gehalten haben.

Templo de Santa Clara
KIRCHE

(Ecke Madero & Allende) Der Templo de Santa Clara aus dem 17. Jh. besticht mit einer außerordentlich prächtigen barocken Innenausstattung. Da hier regelmäßig Messen abgehalten werden, sollte man sich erkundigen, wann die günstigste Zeit für einen Besuch ist.

Mausoleo de la Corregidora
MAUSOLEUM

(Ejército Republicano s/n; ⊙9–18 Uhr) Das Mausoleo de la Corregidora, das gegenüber dem Mirador (S. 697) liegt, ist die letzte Ruhestätte von Doña Josefa Ortiz, der hiesigen Heldin des Unabhängigkeitskriegs, und ihres Ehemanns Miguel Domínguez de Alemán.

Querétaro

◉ **Highlights**
1 MUCAL A3

◉ **Sehenswertes**
2 Casa de la Zacatecana D2
3 Kathedrale... A3
4 Fuente de Neptuno B2
5 Mausoleo de la Corregidora F2
6 Mirador F2
7 Monumento a la Corregidora C2
8 Museo de Arte de Querétaro B3
9 Museo de la Ciudad.............................. A2
10 Museo Regional de Querétaro............. C2
11 Teatro de la República B2
12 Templo de San Francisco C2
13 Templo de Santa Clara......................... B2
14 Templo de Santa Rosa de
   Viterbo A4
15 Templo y Convento de la Santa
   Cruz E2

◉ **Aktivitäten, Kurse & Touren**
16 Olé Spanish Language School..............B1

◉ **Schlafen**
17 Blue Bicycle House.................................F2
18 El Petate Hostel...................................... B2
19 Hotel Quinta Lucca B1
20 La Casa de los Dos Leones.................. C4
21 La Casa del Atrio B3
22 Santa Lucha Hostel A2

◉ **Essen**
23 Breton D2
24 Brewer Gastro Pub B3
25 La Antojería C2
26 La Biznarga Arte-Cafe...........................E2
27 La Mariposa B1
28 La Vieja Varsovia...................................E2
29 Restaurante Las Monjas A2
30 Tikua B3

◉ **Ausgehen & Nachtleben**
31 El Faro D1
32 Gracias a Dios D2

◉ **Unterhaltung**
33 Casa de la Cultura................................. C2
Teatro de la República ....(siehe 11)

Fahrrad) ein Highlight der Budgetszene der Stadt. Es ist klein und schlicht und hat neben gemischten Schlafsälen auch einen nur für Frauen. Die Betten sind für mexikanische Verhältnisse lang und eine Stunde Fahrradnutzung ist im Preis enthalten.

Hotel Quinta Lucca   HOTEL $$
(☏ 442-340-44-44; www.hotelquintalucca.com; Juárez Norte 119A; Zi. 990–1100 Mex$, Suite 1200–1400 Mex$; P 🖝) Die geräumigen Zimmer mit moderner mexikanischer Einrichtung sind äußerst sauber und bieten ein gutes Preis-Leistungs-Verhältnis. Besonders schön sind die Zimmer im hinteren Teil, die um einen üppig grünen Garten liegen, in dem das kontinentale Frühstück serviert wird.

★ La Casa del Atrio   B&B $$$
(☏ 442-212-63-14; www.lacasadelatrio.com; Allende Sur 15; 1850–2750 Mex$; 🖝🖝) Diese fantastische Unterkunft hat sich von ursprünglich drei Zimmern in einem Antiquitätengeschäft in ein umwerfendes Boutiquehotel mit zwölf Zimmern, mehreren tollen Innenhöfen und einem eigenen Spa gemausert. Der zweisprachige Gastgeber Antonio scheut keine Mühe, um das Haus professionell zu führen und sicherzustellen, dass die Gäste mit allem – von den kreativen und mit Kunstwerken dekorierten Zimmern bis hin zum köstlichen Frühstück – zufrieden sind.

Die Schlafzimmer und Bäder sind geräumig, wer nachts aber bei offenem Fenster schlafen möchte, sollte das bei der Reservierung sagen, denn alle Zimmer habe große Türen, die auf den Innenhof gehen, aber keine Fenster. In jeder anderen Hinsicht ein echter Glücksgriff!

La Casa de los Dos Leones   BOUTIQUEHOTEL $$$
(☏ 442-212-45-85; www.lacasadelosdosleones. com; Colón 4; Zi. inkl. Frühstück ab 2690 Mex$; 🖝🖝🖝) Wer sich nach einer absolut komfortablen Erfahrung mit geräumigen, modernen Zimmern und superfreundlichen Angestellten sehnt, wird hier nicht enttäuscht. Die Casa befindet sich einen Block außerhalb der Altstadt, ist zu Fuß aber ganz leicht zu erreichen und durch die etwas abgeschiedene Lage hat man hier auch jede Menge Platz. Es gibt auch einen Fitnessraum und einen Pool auf dem Dach.

✕ Essen

★ Breton   FRANZÖSISCH $
(Andador Libertad 82B; Hauptgerichte 115–190 Mex$; ⊙ Di–Sa 8–17 Uhr; 🖝🖝) Die hinreißende französische Bäckerei mit einem hübschen, halboffenen Sitzbereich in der oberen Etage serviert neben ausgezeichnetem Kaffee und Gebäck zum Mitnehmen auch köstliches Frühstück und Mittagessen

mit Gerichten wie Bœuf Bourguignon, Steak mit Pommes und Muscheln Marinara. Vegetarier und Veganer kommen hier auch auf ihre Kosten.

★ La Mariposa
CAFÉ $

(Peralta 7; Snacks 25–120 Mex$; ☉8–21.30 Uhr) In diese Institution der Stadt, in der sich seit 1940 kaum etwas verändert hat, wie die Fotos und die Kaffeemaschine bezeugen, geht man vor allem wegen der besonderen Atmosphäre und weniger wegen des Essens. Unbedingt probieren sollte man aber das köstliche *volteado de piña* (eine Art Ananastorte) oder das *mantecado* (Eiscreme auf Eierbasis).

La Vieja Varsovia
BÄCKEREI $

(www.laviejavarsovia.com.mx; Plaza de los Fundadores; Snacks 50–150 Mex$; ☉Di–So 10–23 Uhr) Die Tische dieses süßen Cafés mit Bäckerei stehen verstreut auf der Plaza de los Fundadores. Es ist ein toller Ort für ein stärkendes Frühstück, bevor man die Altstadt erkundet. Später am Tag locken dann leckere Holzofenpizzas mit Feinschmeckerbelägen.

La Biznarga Arte-Cafe
CAFÉ $

(Gutiérrez Najera 17; Hauptgerichte 38–62 Mex$; ☉Mo–Sa 9–14 & 18–23 Uhr) Ihre Freunde waren von ihren Kochkünsten so begeistert, dass die heutigen Besitzer des Biznarga ihre Küche schließlich auch für die Allgemeinheit öffneten. Das Café ist recht dunkel und eher chaotisch, aber es ist auch unglaublich beliebt und mit seinen Graffitis, Kunstwerken und Erinnerungsstücken an den Wänden auf jeden Fall einen Besuch wert. Auf der Speisekarte stehen Salate, hausgemachte Pizzas, Säfte und mehr.

La Antojería
MEXIKANISCH $

(Calle 5 de Mayo; Hauptgerichte 60–110 Mex$; ☉10–23 Uhr; 🐾) Dieses familienfreundliche Restaurant im fröhlichen mexikanischen Stil serviert so ziemlich jede Art von *antojito* (typische mexikanische Snacks), die es in Mexiko gibt.

Restaurante Las Monjas
MEXIKANISCH $$

(Ezequiel Montes 22; Hauptgerichte 170–285 Mex$; ☉Mo–Sa 7.30–23, So bis 18 Uhr) Geschichte ist in diesem zutiefst traditionellen Restaurant in Querétaro fast greifbar. Die charmanten, elegant gekleideten Kellner bedienen die Gäste mit Freude und höchster Kompetenz, was man spätestens dann live miterlebt, wenn sie den Salat direkt am Tisch zubereiten. Auf der Speisekarte finden sich viele lokale Gerichte, darunter auch eine wunderbare *cazuela de quesillo fundido* (Eintopf aus geschmolzenem Käse mit Chorizo).

Tikua
MEXIKANISCH $$

(☏442-455-33-33; www.tikua.mx; Allende Sur 13; Hauptgerichte 110–230 Mex$; ☉Mo–Sa 9–24 Uhr, So bis 21 Uhr; 🐾) Das Restaurant in wunderschöner Lage ist auf südostmexikanische Küche spezialisiert, und die Gerichte bleiben ihren Wurzeln treu, ob nun das *xi'i*, ein Pilzsalat, oder die Chorizo-Gerichte nach Oaxaca-Art. Besonders gut ist der Reis mit *chapulines* (Heuschrecken), *tasajo* (eingesalzenem Rindfleisch) und Schokoladen-*mole* (eine traditionelle Sauce). Es gibt auch eine Mezcal-Karte und Cocktails.

Brewer Gastro Pub
INTERNATIONAL $$

(www.erlum.com.mx; Arteaga 55; Hauptgerichte 130–235 Mex$; ☉Mi–Sa 13–1, So bis 20 Uhr; 🐾) 🍺 Das also kommt heraus, wenn eine örtliche Kleinbrauerei sich mit einem guten Restaurant zusammentut: eine entspannte Bar, die fabelhafte Gebräue, von Indian Pale Ales mit Honig *(miel de abeja)* bis hin zu einem Mezcal-Bier-Mixgetränk (Agave Ale), und hervorragendes Essen serviert. Der Koch nutzt nur Zutaten aus der Region, deren Herkunft er kennt. Hier gibt's großartige Fleisch- und Wurstspeisen, Pizza und Salate.

🍷 Ausgehen & Nachtleben

Querétaro hat eine lebhafte Barszene. Im historischen Zentrum und darüber hinaus finden sich zahlreiche Bars und Clubs. Die Calle 5 de Mayo ist die elegante Ausgehmeile im Zentrum; die Lokale füllen sich ab 22 Uhr.

★ El Faro
BAR

(Calle 16 de Septiembre 128) Der Leuchtturm, ein heller Stern am Horizont der hiesigen Ausgehszene, hat alte Elemente (die ursprünglich 1927 eröffnete Bar soll die älteste der Stadt sein) mit neuem Glanz versehen. Der jetzige Besitzer übernahm sie Anfang 2015, sodass die Inneneinrichtung nun etwas hipper ist. Doch die Cantina-Schwingtüren und die freundliche Atmosphäre sind Hinterlassenschaften aus der Vergangenheit. Die Gäste werden mit Vornamen angesprochen, kostenlose Barsnacks sorgen für Standfestigkeit und die Happy Hour geht den ganzen Nachmittag.

Gracias a Dios
BAR

(Calle 5 de Mayo; Snacks 60–120 Mex$; ☉Di–Sa 14–1.30 Uhr) Dies ist eine von vielen Bars rund um die Calle 5 de Mayo. Sie lässt alte

Traditionen wieder aufleben: Sie ist eine *cantina-botanero* (Bar mit Snacks) mit Fässern, Barhockern und einem Hauch Kneipenverruchtheit. Zugleich hat sie aber einen coolen femininen Touch und ist ein Magnet für junge Besucher, die sich bei Whiskey, Tequila und Brandy amüsieren.

⭐ Unterhaltung

In Querétaro ist kulturell jede Menge los. Aktuelle Veranstaltungen werden auf Postern und Anschlagtafeln angekündigt und stehen im kostenlosen Veranstaltungsmagazin *Asomarte*, das man sich in der Touristeninformation holen kann. Oft finden kostenlose Konzerte sonntags um 13 Uhr auf der Plaza de Armas sowie abends im Jardín Zenea statt.

Teatro de la República   THEATER
(Ecke Juárez & Peralta; Karten 80–200 Mex$) An den meisten Freitagen finden hier Sinfoniekonzerte statt.

Casa de la Cultura   KONZERTSAAL
(☎ 442-212-56-14; Calle 5 de Mayo 40; ☺ Mo–Fr 9–14 & 16–20 Uhr) Veranstaltet Konzerte, Tanz- und Theatervorstellungen sowie Kunstevents; die aktuellen Veranstaltungen stehen an der Anschlagtafel.

ℹ Praktische Informationen

H+ Querétaro (☎ 442-477-22-22; www.hmas queretaro.mx; Zaragoza 16B) Das private Krankenhaus wird von Expats empfohlen.

Hospital Angeles (☎ 442-192-30-00; www. hospitalangelesqueretaro.com; Bernardo Del Razo 21, El Ensueño) Südwestlich von Querétaros Stadtzentrum befindet sich dieses Krankenhaus, in dem Englisch sprechende Ärzte arbeiten.

Touristeninformation (☎ 800-715-17-42, 442-238-50-67; www.queretaro.travel; Pasteur Norte 4; ☺ 9–19 Uhr) Dieses Büro hat hilfsbereite, englischsprachige Angestellte und hält kostenlose Stadtpläne und Broschüren bereit. Hier ist auch das praktische Veranstaltungsmagazin *Asomarte* erhältlich.

ℹ An- & Weiterreise

BUS
Querétaro ist ein Knotenpunkt, von dem aus Busse in alle Richtungen fahren. Der moderne **Central Camionera** (Parque del Cimatario) liegt 5 km südöstlich vom Zentrum. Es gibt ein Gebäude für Deluxe-Busse und 1.-Klasse-Busse (Gebäude A), eines für Busse der 2. Klasse (Gebäude B) und eines für Nahverkehrsbusse (Gebäude C). Auf dem Busbahnhof befindet sich eine Gepäckaufbewahrung.

FLUGZEUG
Die Taxifahrt von der Innenstadt zum **Aeropuerto Intercontinental de Querétaro** (☎ 442-192-55-00; www.aiq.com.mx), 8 km nordöstlich des Zentrums, kostet etwa 300 Mex$. Zudem fährt ein Bus von Primera Plus vom Busbahnhof zum Flughafen von Mexico City (365 Mex$, 3 Std.). Neben Direktflügen nach Mexico City starten auch Flüge zu einigen Städten in den USA.

ℹ Unterwegs vor Ort

Ist man erst einmal im Zentrum, dann erreicht man alle Sehenswürdigkeiten ohne Probleme zu Fuß. Die Stadtbusse (9 Mex$) fahren von 6 bis 21 oder 22 Uhr. Sie starten am Ende des Busbahnhofs; aus dem 2.-Klasse-Terminal geht man nach rechts, aus dem Terminal für die 1. Klasse nach links. Mehrere Stadtbusse fahren zum Zentrum (man sollte sich vor Ort erkundigen, denn die Nummern ändern sich häufig). Wer ein Taxi nehmen will, holt sich zuerst ein Ticket am Schalter im Busbahnhof (50 Mex$ für bis zu 4 Pers.).

BUSSE AB QUERÉTARO

ZIEL	PREIS (MEX$)	DAUER (STD.)	HÄUFIGKEIT (TGL.)
Ciudad Valles	735	7½	3-mal
Guadalajara	410–620	4½–5½	häufig
Guanajuato	239	2½–3	7-mal
Mexico City (Terminal Norte)	280–395	3–4½	4–23.30 Uhr alle 20 Min.
Mexico City Flughafen	393	3½	alle 30 Min.
Morelia	219–305	3–4	häufig
San Luis Potosí	228–280	2½–2¾	häufig
San Miguel de Allende	74–130	1–1½	6–23 Uhr alle 40 Min.
Tequisquiapan	50	1	6.30–21 Uhr alle 30 Min.
Xilitla	355–400	5–8	4-mal

Um vom Busbahnhof ins Zentrum zu fahren, nimmt man an der Calle Zaragoza einen Stadtbus mit der Aufschrift „Central" (für „Central de Autobuses") oder jeden Bus mit der Aufschrift „TAQ" („Terminal Camionera de Querétaro") oder aber, auf der Ostseite der Alameda Hidalgo, den Bus mit der Aufschrift „Central" Richtung Süden.

Tequisquiapan

 414 / 30 000 EW. / HÖHE 1870 M

Das kleine Tequisquiapan (teh-kis-ki-*ap*-an), 70 km südöstlich von Querétaro, ist ein idyllisches Ziel für Wochenendurlauber aus Mexico City und Querétaro. Die Stadt war einst für seine Thermalquellen berühmt – selbst mexikanische Präsidenten kamen hierher, um Schmerzen und Verspannungen auszukurieren. Die natürlichen Teiche sind zwar längst ausgetrocknet, aber die hübschen, von Bougainvilleen gesäumten Straßen, die farbenfrohen Gebäude aus der Kolonialzeit und die ausgezeichneten Märkte verlocken zum Herumschlendern. An den Wochenenden wird die Stadt von Pärchen und Familien bevölkert, die durch die Straßen bummeln und sich die vielen Stände mit *artesanías* anschauen.

Sehenswertes

Plaza Miguel Hidalgo   PLAZA
Portales (Arkaden) fassen die große, schöne Plaza Miguel Hidalgo ein, auf der sich Cafés und Kunsthandwerksläden drängen. Über allem thront die aus dem 19. Jh. stammende, klassizistische **La Parroquia de Santa María de la Asunción** (⊙ 7.30–20.30 Uhr) mit ihrer rosafarbenen Fassade und dem reich verzierten Turm.

Quinta Fernando Schmoll   GARTEN
(☎ 441-276-10-71; Pilancon 1, Cadereyta de Montes; 25 Mex$; ⊙ Di–So 9–17 Uhr) Wer ein eigenes Fahrzeug hat, sollte diesen außergewöhnlichen botanischen Garten mit über 4400 Kakteenarten besuchen. Er liegt 38 km von Tequisquiapan entfernt am östlichen Rand des Dorfes Cadereyta de Montes.

Aktivitäten

Reiten   REITEN
(Fray Junípero; Ausritte 80–100 Mex$/Std.; ⊙ Sa & So 10–18 Uhr) Am Wochenende sind geführte Ausritte ins Umland möglich. Die Führer und ihre Pferde sammeln sich in der Fray Junípero, gleich nördlich vom Parque La Pila.

 Feste & Events

Feria Nacional del Queso y del Vino   ESSEN & TRINKEN
(www.feriadelquesoyvino.com.mx; Parque La Pila; ⊙ Mitte Mai–Anfang Juni) Beim nationalen Wein- und Käsefestival, das seit über 40 Jahren von der Touristeninformation in Tequisquiapan ausgerichtet wird, gibt es zwei Wochen lang Verkostungen, Abendessen und Konzerte. Für die meisten Veranstaltungen benötigt man Eintrittskarten; diese bekommt man über die Website.

Schlafen & Essen

Die besten Budgetunterkünfte sind die Posadas an der Moctezuma. Von Montag bis Donnerstag herrscht geringe Nachfrage, sodass man durchaus einen Rabatt heraushandeln kann.

Posada Tequisquiapan   PENSION $
(☎ 414-273-00-10; Moctezuma 6; EZ/DZ 350/500 Mex$; P) Hier sind um einen grünen Hof mit Brunnen einfache, aber geräumige Zimmer angeordnet, die ein gutes Preis-Leistungs-Verhältnis bieten. Frühstück wird nicht angeboten und es gibt auch kein Restaurant.

La Granja   BOUTIQUEHOTEL $$$
(☎ 414-273-20-04; www.hotelboutiquelagranja.com; Morelos 12; Zi. ab 1925 Mex$; P ✳ 🛜 ❄) Das Kolonialgebäude in einer hübschen Ecke der Stadt wurde renoviert und in ein beeindruckendes Hotel umgewandelt. Die Zimmer können mit den sehr schönen öffentlichen Bereichen allerdings nicht mithalten. Hinter dem Haus gibt es einen großen Garten mit Pool und das große Restaurant auf dem Gelände serviert auch Frühstück, das allerdings nicht im Preis inbegriffen ist.

Madre Selva   PIZZA $$
(Ninos Heroes 54; Pizza 110–170 Mex$; ⊙ Mi–So 14–22 Uhr) Diese bezaubernde Pizzeria hat einen Holzofen und eine lange Liste an Belägen, mit denen sich jeder seine perfekte Pizza zusammenstellen kann.

Shoppen

Mercado de Artesanías   MARKT
(Carrizal; ⊙ 8–19 Uhr) Dieser Kunsthandwerksmarkt befindet sich einen Block nördlich von der Hauptplaza der Stadt.

ℹ Praktische Informationen

Touristeninformation (☎ 414-273-08-41; Plaza Miguel Hidalgo; ⊙ 9–19 Uhr) Hier gibt's Stadtpläne und Infos über den Bundesstaat Querétaro.

ℹ An- & Weiterreise

Tequisquiapans **Terminal de Autobuses** (Carretera San Juan del Río-Tequisquiapan 546) liegt etwa 2 km nördlich des Zentrums im neuen Teil der Stadt. Vor dem Busbahnhof starten Nahverkehrsbusse (8 Mex$) zu den Märkten an der Carrizal, einen Block nordöstlich der Plaza Principal.

Busse von Flecha Azul fahren zwischen 6.30 und 20 Uhr alle 30 Minuten nach/von Querétaro (50 Mex$, 1 Std.). Den ganzen Tag über fahren Busse auch regelmäßig nach Ezequiel Montes (nach Bernal dort umsteigen; 14 Mex$, 20 Min.); täglich um 17.40 Uhr gibt es einen Direktbus nach Bernal (35 Mex$, 1 Std.). Deluxe-Busse von ETN verkehren vom/zum Terminal Norte von Mexico City (280 Mex$, 3 Std., 8-mal tgl.). Die gleiche Route bedienen auch Busse der 2. Klasse von Coordinados (Flecha Amarilla) und Flecha Roja (205 Mex$, 3½ Std., regelm.). Drei Busse starten täglich nach Xilitla (322 Mex$, 5 Std.).

Jalpan

🚌 441 / 11000 EW. / HÖHE 760 M

Den Mittelpunkt der hübschen Kleinstadt bildet seine berühmte Missionskirche. Von Jalpan aus erreicht man auch die anderen vier berühmten Missionskirchen, die in der Region verstreut liegen. Der Ort selbst ist mit seiner hübschen Hauptplaza und der malerischen Lage an einem Hügel aber ebenfalls sehr reizvoll. Angesichts des tropischen Klimas verwundert es nicht, dass hausgemachtes – und sehr leckeres – Eis eine Spezialität von Jalpan ist. Man bekommt es in den vielen *heladerías* (Eisdielen) in der Stadt.

◎ Sehenswertes

Missionskirche   KIRCHE

Die in den 1750er-Jahren von Franziskanern und indigenen Konvertiten erbaute Kirche war die erste der fünf Missionskirchen in der Sierra Gorda. Sie steht im Herzen von Jalpan und besticht durch ihr aufwendiges Äußeres. Gewidmet ist sie dem ersten Evangelisten, Jakob dem Älteren.

🛏 Schlafen & Essen

Cabañas Centro Tierra   BUNGALOWS $

(☎ 441-296-07-00; www.sierragordaecotours.com; Centro Tierra Sierra Gorda, Av La Presa s/n, Barrio El Panteon; DZ 600–750 Mex$; 📶) ✦ Diese einfachen, aber bezaubernden und komfortablen Zimmer sind die beste Budgetoption der Stadt. Sie liegen in einer hübschen Gartenanlage in der Nähe der *presa* (Reservoir), 15 Gehminuten vom Zentrum Jalpans entfernt.

Hier wurde auf umweltfreundliche Bauweise geachtet, alle Zimmer haben Ventilatoren und die größeren unter ihnen, mit Platz für bis zu fünf Personen, haben sogar ein Zwischengeschoss.

⭐**Hotel Misión Jalpan**   HOTEL $$

(☎ 441-296-02-55; www.hotelesmision.com.mx; Fray Junípero Serra s/n; Zi. ab 870 Mex$; 🅿❄🛜) Das Hotel an der Westseite des Jardín Principal und mitten im Herzen der Stadt hat einen hübschen Garten und ein gutes Restaurant. Die Zimmer sind gut in Schuss und mit gemütlichen Matratzen und Hochdruckduschen ausgestattet. Am Wochenende sind die Preise ziemlich hoch, unter der Woche werden jedoch oft Rabatte angeboten.

El Aguaje del Moro   MEXIKANISCH $$

(Vicente Guerrero 8; Hauptgerichte 100–200 Mex$; ⏱Mo–Sa 7–22.30 Uhr) Das angenehme Lokal ist für seine außergewöhnlich scharfen Enchiladas bekannt (man muss allerdings explizit darum bitten – Traveller scheinen automatisch die abgeschwächte Version zu bekommen, wenn sie nicht ausdrücklich auf Schärfe bestehen). Es gibt einen Balkon mit Blick auf die Berge und die Hauptstraße. Ein gemütliches Restaurant mit günstigen Preisen!

ℹ An- & Weiterreise

Von Jalpans **Terminal de Autobuses** (Heroico Colegio Militar) fahren stündlich Busse nach Ciudad Valles (246 Mex$, 3 Std.) und Xilitla (92 Mex$, 1¾ Std.) sowie vier Busse täglich nach San Luis Potosí (342 Mex$, 4 Std.).

Es gibt auch Verbindungen zum Terminal Norte in Mexico City (415–509 Mex$, 5 Std., 5-mal tgl.), nach Querétaro (343 Mex$, 3½ Std., 3-mal tgl.) und nach Tequisquiapan (235 Mex$, 3¼ Std., 4-mal tgl.).

Bernal

🚌 441 / 4000 EW.

Das hübsche und idyllische Bernal wird von der beeindruckenden Peña de Bernal überragt, einem riesigen Felsen, der der drittgrößte Monolith der Welt ist. Der Ort ist liebenswert, sonst aber eher unscheinbar und in der Region für Käse, Süßigkeiten und Streetfood bekannt. Jedes Wochenende wird Bernal von mexikanischen Besuchern überrollt, aber unter der Woche ist es eine ganz normale, ruhige Kleinstadt, in der jeder seinen Geschäften nachgeht.

In Bernal gibt es sieben zauberhafte Kirchen, die in der Altstadt verstreut liegen, sowie El Castillo, ein Gebäude des Vizekönigreiches aus dem 16. Jh. Wer die Gegend näher kennenlernen möchte, kann beim freundlichen Anbieter La Peña Tours aus einer Palette verschiedener Touren (150–700 Mex$) auswählen; auch Klettertouren auf die Peña sind dabei.

 Sehenswertes

Peña de Bernal
BERG

Die 350 m hohe Felsnadel ist der drittgrößte Monolith der Welt und viele Mexikaner schreiben ihm magische Kräfte zu. Während der Tagundnachtgleiche versammeln sich hier Tausende Pilger, um von der positiven Energie des Felsens zu profitieren. Besucher können bis zur halben Höhe des Felsens hochklettern (hin & zurück je 1 Std.); den Gipfel können aber nur professionelle Bergsteiger erklimmen.

 Geführte Touren

La Peña Tours
GEFÜHRTE TOUREN

(☑ 441-296-73-98, 441-101-48-21; www.lapeniatours.com; Ecke Independencia & Colon) Der sympathische Anbieter Peña Tours hat eine Reihe von Aktivitäten im Angebot (170–900 Mex$), darunter auch eine Wein- und Käsetour. Kletterexkursionen an der Peña (halber Tag 1500 Mex$) können ebenfalls gebucht werden.

🛍 Shoppen

La Aurora
KUNST & KUNSTHANDWERK

(Jardín Principal 1; ⏱ 10–20 Uhr) Dieser interessante *artesanías*-Laden verkauft eine Auswahl an vor Ort hergestellten Teppichen. Auf Anfrage kann man auch den Webern bei ihrer Arbeit an den Webstühlen zusehen. Die Werkstatt liegt gleich hinter dem Laden.

ℹ An- & Weiterreise

Es gibt regelmäßige Busse ab/nach Querétaro (rund 70 Mex$, 45 Min.). Der letzte Bus zurück nach Querétaro fährt gegen 17.30 Uhr an der Hauptstraße ab. Ab/nach Tequisquiapan muss man in Ezequiel Montes (15 Mex$, 30 Min.) umsteigen.

GUANAJUATO (BUNDESSTAAT)

5.5 MIO. EW.

Der im felsigen Hochland gelegene Bundesstaat Guanajuato kann mit allen erdenklichen Reichtümern aufwarten. In der Kolonialzeit haben die Bodenschätze spanische Glücksritter angezogen, die auf der Suche nach Silber, Gold, Eisen, Blei, Zink und Zinn waren. Zwei Jahrhunderte lang verhalfen Metalle und Erze der Region zu einem enormen Wohlstand: 40 % des gesamten Silbers der Welt wurden hier gewonnen. Die Silberbarone der Stadt Guanajuato pflegten einen opulenten Lebensstil – auf Kosten der *indígenas*, versteht sich. Diese arbeiteten in den Minen zunächst als Sklaven und später dann als geknechtete Tagelöhner. Und irgendwann beteiligten sich auch die wohlhabenden *criollos* in den Bundesstaaten Guanajuato und Querétaro, die der Herrschaft der in Spanien geborenen Kolonisten überdrüssig waren, an den Rebellionsplänen.

Die Perlen des Bundesstaates sind heute die idyllischen Kolonialstädte Guanajuato und San Miguel de Allende. Besucher können deren kostbares Erbe erleben: imposante Kolonialarchitektur, ein gut etabliertes Kulturleben und eine schier endlose Folge von Festivals… ganz zu schweigen von den freundlichen, stolzen Einheimischen und der lebhaften Unistadt-Atmosphäre.

Guanajuato

☑ 473 / 155 000 EW. / HÖHE 2045 M

Die außergewöhnliche Stadt Guanajuato, die auf der UNESCO-Welterbeliste steht, wurde 1559 wegen der reichen Silber- und Goldvorkommen in der Region gegründet. Auf den steilen Hängen eines engen Tals drängen sich prächtige Kolonialbauten, baumbestandene Plazas und leuchtend bunte Häuser. In den kopfsteingepflasterten Straßen liegen verstreut herausragende Museen, stattliche Theater und ein schöner Marktplatz. Die Hauptstraßen der Stadt winden sich um die Berge herum und verschwinden in langen, dunklen Tunneln, die früher Flüsse waren.

Weltweit ist Guanajuato vor allem für sein renommiertes jährliches Kunstfestival, das Festival Cervantino, bekannt, doch die farbenfrohe, lebendige Stadt steht das ganze Jahr lang im Zentrum des Geschehens. Den Großteil ihrer jugendlichen Dynamik und produktiven kulturellen Aktivitäten – *callejoneadas,* Filme, Theater und Orchester – verdankt sie den 20 000 Studenten der städtischen Universität von Guanajuato. Kurz, Guanajuato ist die etwas grobkörnige, aber doch faszinierende Hauptstadt des Bundesstaats und unbedingt einen Besuch wert, wenn man in der Gegend unterwegs ist.

RESERVA DE LA BIOSFERA SIERRA GORDA

Die Reserva de la Biosfera Sierra Gorda in der zerklüfteten Bergkette der Sierra Madre Oriental nimmt ein riesiges Gebiet im nordöstlichen Drittel des Bundesstaates Querétaro ein. Im Schutzgebiet, auch das „grüne Juwel" Zentralmexikos genannt, existieren 15 Vegetationstypen – damit ist es Mexikos Schutzgebiet mit der größten Vielfalt an Öko-systemen. Seine faszinierenden Wildnisgebiete bestehen aus Nebelwäldern, Halbwüsten und tropischen Wäldern; mit etwas Glück bekommt man Jaguare, seltene Orchideen, endemische Kakteen und andere seltene Tiere und Pflanzen zu sehen.

In den vergangenen Jahren wurden hier einige Projekte des nachhaltigen Tourismus gestartet – mit wechselndem Erfolg. Traveller können mit Führern aus der Gegend Dörfer besuchen, in einfachen Hütten und auf Campingplätzen übernachten und verschiedene Aktivitäten unternehmen: Wanderungen zu Wasserfällen, Rafting, Abseilen und Kajak-fahren. In vielen Orten gibt es noch heute aktive Werkstätten, die Keramik, Naturmedizin, getrocknete Lebensmittel, Honigprodukte und Stickereien herstellen.

Mehrere Unternehmen bieten Touren in das Schutzgebiet an:

Aventúrate (☑441-296-07-14, Mobil 441-1033129; www.aventurate.mx; Benito Juárez 29) Dieser professionelle Veranstalter mit jungen, enthusiastischen und erfahrenen Guides bietet Touren zu zahlreichen Sehenswürdigkeiten an. Ziele sind unter anderem die Mis-sionen (1800 Mex$ für 2 Pers. inkl. Transport & Guide), der Rio Escanela (bis Puente de Dios), der Wasserfall El Chuveje, der Sotano del Barro oder Las Pozas. Es ist der einzige Veranstalter, der Touren zur Gruta Jalpan, einer hiesigen Höhle, organisiert.

Sierra Gorda Eco Tours (☑441-296-02-42, 441-296-07-00; www.sierragordaecotours.com; Av La Presa s/n, Barrio El Panteón) Der Anbieter unterstützt Programme, die von den hiesi-gen Gemeinden angeboten werden. Pakete inklusive Transport, Unterkunft, Mahlzeiten, Aktivitäten, Eintritt und Guide aus einer Gemeinde der Gegend (wenn nötig) beginnen bei 1700 Mex$ pro Person (bei 2 Pers.). Man muss sich aber mindestens einen Tag vorher anmelden, in der Hauptsaison sogar eine Woche vorher. Die Guides sprechen Englisch.

Arnoldo Montes Rodríguez (☑441-108-88-24, 441-101-81-31; www.sierragordaguides. com) Dies ist einer der ursprünglichen unabhängigen Guides aus Jalpan, der sich gut mit den Missionen auskennt. Er sitzt in einem Büro im Hotel Misión Jalpan (S. 704), das als Touristeninformation deklariert wird. Es ist aber ein Reisebüro, das Exkursionen verkauft.

Geschichte

1558 wurde eine der reichsten Silberadern der nördlichen Hemisphäre entdeckt: die La-Valenciana-Mine. 250 Jahre lang produ-zierte sie 20 % des weltweiten Silbers. Von dem Schatz profitierten vor allem die Ko-lonialbarone. So verwundert es nicht, dass sie wenig erfreut waren, als ihnen König Karl III. von Spanien ihren Anteil am gro-ßen Kuchen 1765 streitig machte. Ein Dekret des Königs vertrieb 1767 die Jesuiten aus den spanischen Herrschaftsgebieten und entfremdete die reichen Barone und die ar-men Minenarbeiter von den Spaniern, die beide treu zu den Jesuiten gestanden hatten.

Der Konflikt entlud sich im Unabhän-gigkeitskrieg. 1810 initiierte der Rebellen-führer Miguel Hidalgo mit seinem *Grito de Independencia* (Schrei nach Unabhän-gigkeit) die Unabhängigkeitsbewegung im nahen Dolores. Die Bürger von Guanajuato schlossen sich den Unabhängigkeitskämp-fern an und schlugen die Spanier und de-ren Getreue. Im ersten militärischen Erfolg des mexikanischen Unabhängigkeitskriegs eroberten sie die Stadt. Als die Spanier sie wieder zurückeroberten, rächten sie sich mit der berüchtigten „Todeslotterie": Wahllos wurden Namen von Bürgern Guanajuatos gezogen und die „Gewinner" gefoltert und gehängt. Doch die Unabhängigkeit Mexikos konnten die Spanier letztlich doch nicht ver-hindern. Nun hatten die Silberbarone die Freiheit, weiteren Reichtum anzuhäufen – einen Reichtum, mit dem viele Villen, Kir-chen und Theater finanziert wurden.

⊙ Sehenswertes

★ **Museo y Casa de Diego Rivera**   MUSEUM
(Positos 47; 20 Mex$; ⊙Di–Sa 10–18.30, So bis 14.30 Uhr) Das Geburtshaus von Diego Ri-vera ist heute ein ausgezeichnetes Muse-

um. Es ehrt den berühmten Maler, der hier jahrelang eine *persona non grata* war. Es lohnt sich, in dem Museum eine Stunde zu verbringen – oder auch mehr Zeit, wenn man ein Fan von Rivera ist. 1886 wurden Diego und sein Zwillingsbruder in diesem Haus geboren (Carlos starb im Alter von 2 Jahren). Sechs Jahre später zog die Familie nach Mexico City. Das Erdgeschoss bildet mit Antiquitäten des 19. Jhs. das Heim der Riveras nach.

Im Labyrinth der oberen Stockwerke wartet eine Dauerausstellung mit Original-werken und Skizzen, die als Grundlage für einige seiner berühmten Wandgemälde in Mexico City dienten. Außerdem ist ein Akt Frida Kahlos zu sehen. Weitere Säle beherbergen Wechselausstellungen mit Arbeiten mexikanischer und internationaler Künstler. In einem Kammertheater im oberen Stock hängen Schwarzweißfotos von Kahlo und Rivera.

★ Templo La Valenciana KIRCHE

(Iglesia de San Cayetano) Auf einem Hügel mit Blick über Guanajuato steht 5 km nördlich vom Zentrum die sagenhafte Templo La Valenciana. Schon seine Fassade ist spektakulär, innen aber zieht er den Betrachter mit üppigen goldenen Kronleuchtern, filigraner Reliefkunst und gigantischen Gemälden in seinen Bann. 1765 wurde der Grundstein gelegt und 1788 war die Kirche fertig.

Einer Legende zufolge soll jener Spanier, der in der Nähe die San-Ramón-Mine eröffnete, San Cayetano (hl. Kajetan) versprochen haben, ihm zu Ehren eine Kirche zu bauen, wenn die Mine ihm Reichtum beschere. Eine andere Sage will wissen, dass Conde de Rul, der Silberbaron von La Valenciana, für die Ausbeutung der Bergarbeiter Sühne leistete, indem er die prächtigste aller Kirchen im Stil des Churriguerismus erbauen ließ.

★ Teatro Juárez THEATER

(Sopeña s/n; 35 Mex$; ⊙ Di–So 9–13 & 16–18 Uhr) Wer Guanajuato besucht, sollte auf keinen Fall das prächtige Teatro Juárez verpassen. Es wurde zwischen 1873 und 1903 gebaut und vom Diktator Porfirio Díaz eingeweiht, dessen Vorliebe für Prunk sich im rot-goldenen Inneren widerspiegelt. Die Fassade schmücken zwölf Säulen mit Messingkapitellen, Laternen und acht der neun Musen. Das Innere hat mit der Bar und der Lobby, in der Holz, Buntglas und Edelmetalle glänzen, einen maurischen Touch. Das Theater ist nur geöffnet, wenn keine Vorstellung ist.

★ Basílica de Nuestra Señora de Guanajuato KIRCHE

(Plaza de la Paz) In der hübschen, einnehmenden Basílica de Nuestra Señora de Guanajuato befindet sich ein mit Juwelen verziertes Bild der Jungfrau, der Schutzpatronin der Stadt. Angeblich wurde diese Holzstatue in Spanien 800 Jahre lang in einer Höhle vor den Mauren versteckt. Philipp II. von Spanien sandte sie dann zum Dank für den Reichtum, den die Stadt seinem Reich bescherte, nach Guanajuato. Nebenan präsentiert die kleine Galería Mariana Marienbilder und andere katholische Reliquien.

Parador Turístico Sangre de Cristo MUSEUM

(Carretera Silao Km 8; Erw./Student 50/30 Mex$; ⊙ Mi–Sa 11–18, So 10–18 Uhr) In einem architektonisch eindrucksvollen Komplex in den Hügeln oberhalb von Guanajuato sind drei Museen untergebracht. Eine Sammlung widmet sich der regionalen Bergbaugeschichte, und in der zweiten sind 36 Mumien ausgestellt, die in Kirchen in der Umgebung entdeckt wurden (ein schauriger Anblick; wer mit kleinen Kindern unterwegs ist, sollte hier vielleicht eher nicht vorbeischauen). Das letzte Museum beleuchtet die Feierlichkeiten zum Tag der Toten und die *Catrina*-Puppen (Abbilder/Figuren eines Skeletts in Frauenkleidern), die ein wichtiger Teil der Tradition sind. Vor Ort gibt es Geschäfte und ein Café. Hin kommt man mit dem Bus „Cristo Rey", der in etwa stündlich in der Nähe des Alhóndiga abfährt (hin & zurück 40 Mex$).

Casa de Arte Olga Costa & José Chávez Morado MUSEUM

(Pastita 158, Torre del Arco; Erw./Student 20/5 Mex$; ⊙ Di–Sa 10–16, bis 15 Uhr) 1966 verwandelten die Künstler José Chávez Morado und Olga Costa ein großes altes Brunnenhaus in ihr Wohnhaus und Atelier; vor ihrem Tod stifteten sie das Haus und seinen Inhalt der Öffentlichkeit. Zu sehen ist eine kleine, aber faszinierende Sammlung von Objekten aus dem 16. bis 18. Jh., darunter präkolumbische und moderne Keramiken, Stickereien, Masken und Werke des Künstlerpaars. Es lohnt sich, die „Vorstadt" Pastita aufzusuchen, weil man hier Guanajuato von einer anderen Seite kennenlernt.

Die hübsche Zufahrt folgt dem ehemaligen Aquädukt, das an dem Haus endet. Vom östlichen Ende der Stadt kann man jeden Bus mit der Zielangabe „Pastita" nehmen.

NÖRDLICHES ZENTRALHOCHLAND GUANAJUATO

Guanajuato

El Jardín de los Milagros (750 m);
Las Mercedes (1,3 km);
Templo La Valenciana (3,5 km);
Bocamina de San Ramón &
Bocamina de San Cayetano (3,7 km)

Alhóndiga

Busse zur Bocamina San
Ramón & Bocamina
de San Cayetano

Insurgencia

Calle 28 de Septiembre

Plaza
Alhóndiga

Manuel Real

Calle 5 de Mayo

Mendizabal

Museo de las Momias (1 km);
Ex-Hacienda San Gabriel
de Barrera (2,3 km)

Cañón Rojo

Gavira

Mercado
Hidalgo

Grasero

Túnel Santa Fe

Señores
Santo Niño

Moyas

Polleros

Positos

Plaza
San
Roque

San Roque

Plazuela
de San
Fernando

Av Juárez

Av Juárez

San Cristóbal Venado

Museo y
Casa de
Diego
Rivera

Hospitales

Plaza de la
Paz

Alonso

Barranca

Plazuela
de los
Ángeles

Guanajuato

Highlights
1 Basílica de Nuestra Señora de
   Guanajuato.. E2
2 Museo y Casa de Diego Rivera D1
3 Teatro Juárez... F2

Sehenswertes
4 Callejón del Beso....................................D3
5 Jardín de la Reforma..............................C2
6 Jardín de la Unión...................................F2
7 Monumento a El Pípila...........................E3
8 Museo del Pueblo de Guanajuato E1
9 Museo Iconográfico del Quijote G2
10 Museo Regional de Guanajuato
   Alhóndiga de Granaditas....................B2
11 Templo de la Compañía de
   Jesús F1
12 Templo de San Diego.............................F2
13 Templo de San Francisco G2
14 Universidad de Guanajuato E1

Aktivitäten, Kurse & Touren
15 Escuela Falcon..G1
16 Seilbahn F2

Schlafen
17 1850 Hotel.. F2
18 Alonso10 Hotel Boutique & Arte E2
19 Casa Zuniga..F3
20 Corral d Comedias F1
21 El Zopilote Mojado G1

22 Hostel La Casa del Tío.......................... G2
23 Mesón de los Poetas D1

Essen
24 A Punto F1
25 Café Tal H3
26 Casa Valadez F2
27 Delica Mitsu C2
28 El Midi Bistró F1
29 Escarola D2
30 La Vie en Rose F1
31 Los Campos...F1
32 Mestizo..C1
33 Santo Café H2

Ausgehen & Nachtleben
34 El Incendio F2
   El Midi Bistró ....(siehe 28)
35 Golem G2
36 La Inundación de 1905 ....D2
37 Los Lobos.. G2
38 Whoopees H2
39 Why Not? E2

Unterhaltung
40 Teatro Cervantes H2

Shoppen
41 Central Comercio A3
42 Mercado Hidalgo....................................C3
43 Xocola-T..F1

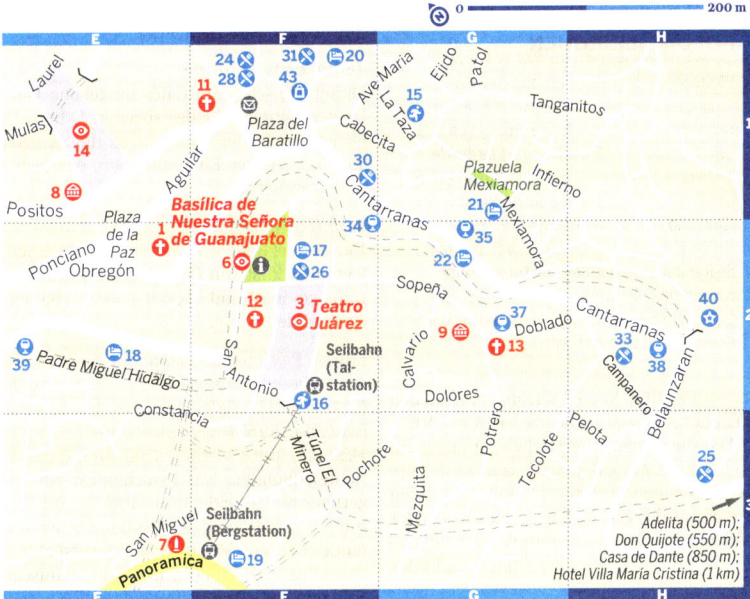

Monumento a El Pípila DENKMAL

(Panoramica) Das El-Pípila-Monument ehrt jenen Helden, der am 28. September 1810 die Tore der Alhóndiga anzündete und so den ersten Sieg der Unabhängigkeitskämpfer um Hidalgo ermöglichte. Die Statue stellt El Pípila dar, der die Fackel hoch über der Stadt hält. Auf dem Sockel steht die Inschrift *Aún hay otras Alhóndigas por incendiar* – „Es gibt noch mehr Alhóndigas zum Anzünden".

Vom Zentrum aus führen zwei steile, malerische Routen zum Denkmal hinauf. Eine verläuft vom Jardín de la Unión östlich auf der Sopeña und biegt dann nach rechts auf die Callejón del Calvario ab (aus ihr wird die Pochote; an der Subida San Miguel rechts abbiegen). Ein anderer, nicht ausgeschilderter Weg beginnt an der kleinen Plaza an der Alonso. Man kann sich alternativ auch vom Bus mit der Zielangabe „Pípila-ISSSTE", der auf der Juárez Richtung Westen fährt, direkt bei der Statue absetzen lassen. Oder man nimmt die Standseilbahn.

Museo de las Momias MUSEUM

(Mumienmuseum; www.momiasdeguanajuato.gob. mx; Explanada del Panteón Municipal s/n; Erw./ Student 55/36 Mex$; ⊙9–18 Uhr) Das bekannte Museum ist die wohl skurrilste (manche meinen auch: die geschmackloseste) Sehenswürdigkeit im *panteón* (Friedhof) und ein Musterbeispiel für den mexikanischen Hang zum Morbiden. Besucher aus allen Ecken des Landes kommen nach Guanajuato, um die mehr als 100 exhumierten Körper zu sehen.

Es handelt sich tatsächlich um mumifizierte Überreste – entstanden, weil es in den Gräbern sehr trocken war –, aber die Körper sind nicht Tausende von Jahren alt. Die ersten Überreste wurden 1865 ausgegraben, um auf den Friedhöfen Platz für neue Leichname zu schaffen. Was die Behörden dabei entdeckten, waren keine Skelette, sondern eben Mumien (einige haben groteske Formen und fratzenhafte Gesichtsausdrücke).

Die Anlage befindet sich am Westrand der Stadt; ein „Momias"-Bus von der Avenida Juárez bringt einen in zehn Minuten hin (5 Mex$).

Bocamina de San Ramón & Bocamina de San Cayetano MINE

(www.bocaminasanramon.com; 35 Mex$; ⊙10–18 Uhr) Diese benachbarten Minen sind Teil des berühmten Bergbaudistrikts Valenciana. 1548 wurde hier Silber entdeckt. In **San Ramón** kann man über Stufen 60 m tief in einen Minenschacht klettern (Achtung: nicht geeignet für Leute, die unter Klaustrophobie leiden). **San Cayetano** besitzt ein interessantes Museum. Ehemalige Bergarbei-

NICHT VERSÄUMEN

KOLONIALKIRCHEN

Weitere schöne Kirchen aus der Kolonialzeit sind neben der **Basílica de Nuestra Señora de Guanajuato** z. B. der **Templo de San Diego** (Jardín de la Union s/n) gegenüber vom Jardín de la Unión, der **Templo de San Francisco** (Doblado s/n) sowie der große **Templo de la Compañía de Jesús** (Lascuraín de Retana s/n), die 1747 fertiggestellte Kirche des Jesuitenseminars, dessen Gebäude heute von der Universität von Guanajuato genutzt werden.

ter veranstalten kurze Führungen, zu denen auch der Abstieg in einen Schacht gehört.

Um die Minen zu erreichen, nimmt man an der Ecke Alhóndiga und Calle 28 de Septiembre einen der regelmäßig fahrenden Busse mit der Zielangabe „Cristo Rey" oder „Valenciana", steigt am Templo La Valenciana aus und folgt der Ausschilderung hinter der Kirche.

Cristo Rey DENKMAL

Cristo Rey (Christus der König) ist eine 20 m große Christusstatue aus Bronze, die 1950 auf dem Gipfel des Cerro de Cubilete, 15 km westlich von Guanajuato, errichtet wurde. Sie steht am vermeintlichen geografischen Mittelpunkt des Landes und ist besonders bei mexikanischen Urlaubern ein sehr beliebtes Ziel. Von dort oben ist der Blick auch eindrucksvoll. Reisebüros bieten Ausflüge hierher an, allerdings kann man auch einfach die Busse mit der Aufschrift „Cubilete" oder „Cristo Rey" nehmen, die etwa stündlich in der Nähe des Alhóndiga abfahren (hin & zurück 40 Mex$).

Museo del Pueblo de Guanajuato MUSEUM

(Positos 7; Erw. 20 Mex$; ☉ Di–Sa 10–18.30, So bis 14.30 Uhr) Das faszinierende Kunstmuseum liegt gleich neben der Universität und zeigt eine exquisite Sammlung mexikanischer Miniaturen, Werke aus dem 18. und 19. Jh., u. a. Gemälde der einheimischen Künstler Hermenegildo Bustos und José Chávez Morado, sowie Wechselausstellungen. Das Museum befindet sich im früheren Herrenhaus der Marqueses de San Juan de Rayas, denen die Mine San Juan de Rayas gehörte. Die 1696 errichtete barocke Privatkapelle im Obergeschoss am Innenhof enthält ein interessantes dreiteiliges Wandgemälde von

José Chávez Morado, das die spanische Kolonisierung zum Thema hat.

Jardín de la Reforma PLAZA

Dieser hübsche, von Cafés umgebene Platz ist der Mittelpunkt des sozialen Lebens in Guanajuato. Hier wimmelt es den ganzen Tag nur so von Einheimischen, Mariachis und Travellern.

Jardín de la Unión PLAZA

Der dreieckige Platz in einem schön angelegten Park ist von Cafés, Bars und Restaurants gesäumt und überall stehen schattenspendende Bäume.

Museo Regional de Guanajuato Alhóndiga de Granaditas MUSEUM

(☑ 473-732-11-12; Calle 28 de Sepiembre; 52 Mex$, Foto/Video 30/60 Mex$; ☉ Di–Sa 10–17.30, So bis 14.30 Uhr) Die zwischen 1798 und 1808 errichte Alhóndiga war ursprünglich ein Lagerhaus für Getreide. 1810 wurde sie zur Festung umfunktioniert, als 20 000 Rebellen unter der Führung Miguel Hidalgos versuchten, Guanajuato zu erobern und 300 spanische Soldaten und spanientreue Loyalisten sich hier verschanzten. Am 28. September 1810 ließ sich ein junger Bergarbeiter mit dem Spitznamen El Pípila eine Steinplatte auf den Rücken binden und kroch, so geschützt vor den Kugeln der Spanier, zum Tor und setzte es in Brand. Die Rebellen rückten vor und metzelten die gesamte Besatzung nieder.

Später diente die Alhóndiga als Waffenkammer, dann als Schule, ehe sie 80 Jahre lang (1864–1948) ein Gefängnis war. 1958 wurde in ihr schließlich das Museum eingerichtet, auch wenn ihre Geschichte weitaus fesselnder ist als die heutigen Ausstellungen. Sehenswert sind die dramatischen Wandgemälde im Treppenhaus, die von José Chávez Morado geschaffen wurden und Episoden aus der Geschichte Guanajuatos zeigen.

Ex-Hacienda San Gabriel de Barrera MUSEUM, GARTEN

(Camino Antiguo a Marfil Km 2,5; Erw. 30 Mex$; ☉ 9–18 Uhr) Will man einmal dem Gewühl in den Straßen Guanajuatos entkommen, bietet sich ein Abstecher zu dem prächtigen kolonialen Wohnhaus an, das heute ein Museum ist und mitten in einem hinreißenden, ruhigen Park steht. Das Ende des 17. Jhs. erbaute Haus war die prächtige Hazienda des Hauptmanns Gabriel de Barrera, dessen Familie vom ersten Conde de Rul der berühmten Mine La Valenciana abstammte. 1979 als Museum eröffnet, ermöglicht die Hazienda mit ihren prachtvollen europäischen Möbeln aus jener Zeit einen Einblick in das damalige Leben der Wohlhabenden.

Die Hazienda liegt 2,5 km westlich des Stadtzentrums. Hin kommt man mit dem häufig verkehrenden „Marfil"-Bus, der nach Westen durch den Tunnel unter der Avenida Juárez fährt. An Bord den Fahrer einfach bitten, am Hotel Misión Guanajuato anzuhalten.

Callejón del Beso   STRASSE

(Gasse des Kusses) Die schmalste der vielen Gassen zwischen Guanajuatos Hauptstraßen ist die „Gasse des Kusses", über der sich die Balkone der Häuser fast berühren. Nach einer örtlichen Legende lebte einst eine vornehme Familie in der Gasse, deren Tochter sich in einen gewöhnlichen Bergarbeiter verliebte. Sie durften sich nicht sehen, aber der Bergarbeiter mietete im Haus gegenüber ein Zimmer, und so tauschten sie auf den Balkonen verstohlene Küsse. Selbstverständlich wurde die Liebschaft entdeckt und fand ein tragisches Ende.

Von der Plazuela de los Ángeles an der Avenida Juárez geht man rund 40 m die Callejón del Patrocinio hinauf, dann sieht man links die winzige Gasse.

Universidad de Guanajuato   GEBÄUDE

(UGTO; www.ugto.mx; Lascuraín de Retana 5) Das Hauptgebäude der Universität, dessen Zinnen von vielen Teilen der Stadt aus sichtbar sind, befindet sich von der Basilika aus einen Block hügelaufwärts. Das auffällige, vielstöckige Gebäude in Weiß und Blau mit dem zinnenbewehrten Giebel stammt aus den 1950er-Jahren. Der Entwurf war (und ist noch immer) umstritten, weil das hohe Gebäude das bekannte historische Stadtbild empfindlich stört. Aber gerade aufgrund dieser Andersartigkeit ist ein kurzer Besuch lohnend.

Museo Iconográfico del Quijote   MUSEUM

(☎473-732-67-21; www.museoiconografico.guanajuato.gob.mx; Manuel Doblado 1; Erw./Student 30/10 Mex$; ⊙Di–Sa 9.30–19, So 12–19 Uhr) Das überraschend interessante Museum lohnt durchaus einen halbstündigen Besuch. Jedes Ausstellungsstück hat irgendetwas mit Don Quixote de la Mancha, Cervantes' Held der klassischen Literatur, zu tun. Man kann ihn hier in zahllosen Darstellungen verschiedener, in unterschiedlichen Stilen und Medien arbeitenden Künstler betrachten. In den ausgestellten Gemälden, Statuen, Wandteppichen und sogar Schachspielen und Briefmarken begegnet man immer wieder dem ikonenhaften Ritter und seinem tollpatschigen Begleiter Sancho Panza.

Aktivitäten

★ Seilbahn (Funicular)   SEILBAHN

(Plaza Constancia s/n; einfache Strecke/hin & zurück 25/50 Mex$; ⊙Mo–Fr 8–21.45, Sa 9–21.45, So 10–20.45 Uhr) Diese Standseilbahn zuckelt den Hang hinter dem Teatro Juárez hinauf (und hinunter) und endet in der Nähe des El-Pípila-Denkmals. Von hier hat man dann einen tollen Blick auf Guanajuato und das umliegende Tal. Die Fahrt nach oben macht Spaß, hinunter kann man aber ein paar Taler sparen und laufen (es gibt zwei deutlich erkennbare, gut asphaltierte Wege).

Kurse

Guanajuato ist eine Universitätsstadt und bietet eine wunderbare Atmosphäre, um Spanisch zu lernen. Gruppenkurse kosten zwischen 160 und 220 US$ für 20 Unterrichtsstunden (entspricht einer Woche); für Privatunterricht zahlt man durchschnittlich 20 US$ pro Stunde. Die Schulen können die Unterbringung bei Gastfamilien inklusive Mahlzeiten für ca. 200 US$ pro Woche arrangieren. Empfehlenswerte Sprachschulen sind u. a. **Adelita** (☎473-732-64-55; www.learnspanishadelita.com; Agua Fuerte 56), **Don Quijote** (☎mobil 923-268860; www.donquijote.org; Calle Pastita 76, Barrio Pastita) und **Escuela Falcon** (☎473-732-65-31; www.escuelafalcon.com; Callejón de Gallitos).

Mika Matsuishi & Felipe Olmos Workshops   KURSE

(☎Mobil 473-1204299; www.felipeymika.wix.com/mojigangas) Fröhliche Kunstworkshops (z. B. Maskenmachen, Töpfern) für Kreative, die von talentierten Künstlern und mojiganga-(Possen-)Spezialisten angeleitet werden. Die Preise variieren je nach Aktivität; das Material ist im Preis enthalten.

Feste & Events

★ Festival Internacional Cervantino   KUNST

(www.festivalcervantino.gob.mx; ⊙Okt.) In den 1950er-Jahren bestand das Theaterfestival nur aus entremeses (Intermezzi) aus dem Werk von Miguel Cervantes, die von Studenten aufgeführt wurden. Mittlerweile hat sich das Festival Internacional Cervantino zu einem der wichtigsten Kunstevents Lateinamerikas gemausert. Musik-, Tanz- und

NÖRDLICHES ZENTRALHOCHLAND GUANAJUATO

Theatergruppen aus aller Welt führen im Oktober zwei Wochen lang verschiedene Werke auf (diese haben meist nichts mit Cervantes zu tun).

Eintrittskarten für einzelne Aufführungen kosten zwischen 30 und 650 Mex$ und sollten, ebenso wie das Hotel, vorab reserviert werden (www.ticketmaster.com.mx). In Guanajuato kann man die Tickets ab zwei Monate vor Festivalbeginn an einem Schalter des Teatro Juarez kaufen.

Baile de las Flores
RELIGION

(☉ März oder April) Der Blumentanz findet immer am Donnerstag vor der Semana Santa statt. Am nächsten Tag sind die Minen der Öffentlichkeit für Besichtigungen und Feiern zugänglich. Die Bergarbeiter schmücken Altäre für ihre Schutzpatronin, die Virgen de los Dolores, eine Erscheinungsform der Jungfrau Maria.

Fiestas de San Juan y Presa de la Olla
RELIGION

(☉ Ende Juni–Anfang Juli) Die Fiesta de San Juan wird Ende Juni im Presa-de-la-Olla-Park gefeiert. Am meisten los ist am Tag des Heiligen selbst: am 24. – dann gibt's Tänze, Musik, Feuerwerk und Picknicks. Am ersten Montag im Juli kommen alle noch einmal in den Park zurück, um mit einer weiteren großen Party die Öffnung der Fluttore in den Dämmen zu feiern.

🏨 Schlafen

Guanajuato bietet einige hervorragende Übernachtungsoptionen für jeden Geldbeutel. Mehrere der mittleren und gehobenen Hotels und Pensionen in der Altstadt sind besonders stimmungsvoll. Während des Festival Internacional Cervantino im Oktober, zu Weihnachten, Ostern und manchmal auch während der Sommerferien können die Preise weit über die normalen Tarife ansteigen.

Corral d Comedias
HOSTEL $

(☎ 473-732-40-54; Av María 17; B/DZ 200/650 Mex$; 🛜) Dieses Hotel wurde 2016 eröffnet und wird von Freiwilligen geführt. Aus diesem Grund fühlt es sich auch eher wie ein cooler Ort zum Abhängen an und es hat weniger den Anschein eines typischen Hostels. Es gibt viele Gemeinschaftsbereiche und Platz zum Entspannen, und das Frühstück ist super. Das Hostel hat drei Schlafsäle und ein privates Zimmer. Einige Quartiere sind eher schlicht, aber die Lage ist ausgezeichnet.

Hostel La Casa del Tío
HOSTEL $

(☎ 473-733-97-28; www.hostellacasadeltio.com.mx; Cantarranas 47; B/Zi. 190/560 Mex$; 🛜) Die niedlichen, schlichten Zimmer sind sauber, allerdings verfügen sie oft über nur wenig Tageslicht. Dafür gibt's eine bunt gestrichene Terrasse auf dem Dach und eine zentrale Lage mitten im Herzen von Guanajuato. Die Schlafsäle im Obergeschoss sind etwas heller und es wird ein gutes Frühstück serviert.

El Zopilote Mojado
HOTEL $$

(☎ 473-732-53-11; www.elzopilotemojado.com; De Mexiamora 51; Zi. 1400 Mex$; 🛜) Das einladende Hotel bietet traditionelle Zimmer mit Ventilator in einem restaurierten Haus aus der Kolonialzeit. Viele der Zimmer haben hübsche Fliesen und Holzmöbel; einige punkten auch mit Blick auf eine reizende Plaza. Im Erdgeschoss gibt's ein Café, das auch Frühstück im Angebot hat; das ist im Zimmerpreis allerdings nicht enthalten.

Casa Zuniga
B & B $$

(☎ 473-732-85-46; www.casazunigagto.com; Callejón del Pachote 38; Zi. inkl. Frühstück ab 1250 Mex$; 🅿️🛜🐾) Dieses reizende B & B wird von dem charismatischen Gastgeberpaar Carmen und Rick betrieben, das für seine herzliche Gastfreundschaft und das großzügige Frühstück bekannt ist. Die Casa Zuniga liegt in der Nähe von El Pília links von der Standseilbahn (wenn man hinauffährt) auf einem Hügel; mit dem Auto oder Bus erreicht man es über die Panoramica. Das Seilbahnticket ist für die Dauer des Aufenthalts im Preis enthalten. Das lange, schmale Schwimmbecken ist ein nettes Extra.

Mesón de los Poetas
HOTEL $$

(☎ 473-732-07-05; www.mesondelospoetas.com; Positos 35; Zi. 1200–3500 Mex$; 🛜🐾) Die Zimmer dieses Hotels am Hang sind labyrinthförmig angeordnet und jedes ist nach einem anderen Poeten benannt. Sie sind geräumig, komfortabel und sehr sauber. Zwar gibt es nur wenig Tageslicht, dafür bietet es ein gutes Preis-Leistungs-Verhältnis und einen freundlichen Service. Am schönsten sind die Zimmer 401, 402 und 403, die sich eine sonnige Terrasse teilen.

★ Hotel Villa María Cristina
LUXUSHOTEL $$$

(☎ 473-731-21-82; www.villamariacristina.net; Paseo de la Presa de la Olla 76; Suite 5300–12 100 Mex$; 🛜🏊) Dieser Komplex aus mehreren atemberaubenden umgebauten Kolonialvillen und einem Labyrinth aus Patios und Gärten ist eine der exklusivsten Adressen in Guanajuato. Die großen Zimmer sind mit neoklassizistischen französischen Designermöbeln und Originalbilder des einheimischen Künstlers Jesús Gallardo eingerichtet, und die Betten und Bäder sind vom Feinsten. Außerdem wartet es mit Springbrunnen, zwei Pools und einem wunderbaren Ausblick auf. Es befindet sich 15 Gehminuten vom Stadtzentrum entfernt in La Presa.

1850 Hotel BOUTIQUEHOTEL $$$

(☑ 473-732-27-95; www.hotel1850.com/index.php/en; Jardín de la Unión 7; Zi. 2950–4550 Mex$; ❄ 🛜) In traumhafter Lage direkt am El Jardín – es gibt Doppelglasfenster, damit man in den Schlafzimmern die Musik der Mariachis nicht hört – befindet sich dieses umgebaute Herrenhaus, das zu den elegantesten Unterkünften der Stadt gehört. Die Deko ist schick und elegant und überall sieht man zeitgenössische Skulpturen und viel Silber. Jedes Zimmer hat ein individuelles Design und die Dachterrassenbar ist der Hammer.

Alonso10 Hotel
Boutique & Arte BOUTIQUEHOTEL $$$

(☑ 473-732-76-57; www.hotelalonso10.com.mx; Alonso 10; Suite 2950–3500 Mex$; ❄ 🛜) Das stilvolle Boutiquehotel in Weiß- und Taupetönen liegt einen Straßenzug abseits des chaotischen Zentrums. Die eleganten Zimmer sind mit allem Drum und Dran ausgestattet. Die beiden Suiten zur Straße hin haben tolle Balkons mit einem etwas anderen Blick auf die Basilica und die Rückseite des Teatro Juárez. Unten befindet sich ein elegantes Restaurant mit Bar und einem fabelhaften Weinkeller.

 Essen

Essengehen in Guanajuato ist nicht gerade eine kulinarische Offenbarung und die Optionen sind begrenzt. Allerdings gibt es einige hervorragende Ausnahmen. Frische Lebensmittel und preiswerte Mittagessen bekommt man auf dem Mercado Hidalgo (S. 716), der fünf Gehminuten westlich vom Jardín de la Unión an der Avenida Juárez liegt. Zwei Blocks weiter befindet sich auf der rechten Seite der **Central Comercio** (Av Juárez; ⊙ 8–20 Uhr) mit einem großen Supermarkt.

⭐ La Vie en Rose FRANZÖSISCH $

(Cantarranas 18; Gebäck & Snacks 30–80 Mex$; ⊙ Di–So 10–22 Uhr; 🛜) Diese Institution in der Altstadt bereitet die authentischsten, leckersten und geschmackvollsten franzö-

sischen Backwaren und Desserts weit und breit zu, die allesamt von einem französischen Konditor hergestellt werden.

⭐ Delica Mitsu JAPANISCH $

(Cantaritos 37; Sushi 43–93 Mex$; ⊙ Mo–Sa 12–18 Uhr) Das Ambiente dieses winzigen, von Japanern geführten Restaurants ist nicht das eleganteste (es kann nicht einmal mit einer tollen Lage in einer Seitenstraße abseits einer hübschen Plaza aufwarten), doch dafür serviert es mit die größten, frischsten und besten japanischen Gerichte.

Escarola INTERNATIONAL $

(Positos 38; Hauptgerichte 40–70 Mex$; ⊙ Di–Sa 11–20, So bis 18 Uhr; 🛜 🍴) 🌿 Dieses exzellente kleine Lokal mitten in der Altstadt ist eine tolle Adresse zur Mittagszeit. Da die Gerichte hier komplett frisch zubereitet werden, sollte man unbedingt genügend Zeit mitbringen und die Wartezeit einfach auf der hübschen, sonnenreichen Terrasse genießen. Serviert werden leckere Burger, Sandwiches, Salate und Suppen.

Café Tal CAFÉ $

(Temezcuitate 4; Snacks 30–50 Mex$; ⊙ Mo–Fr 7–24, Sa & So 8–24 Uhr; 🛜) Das bei Studenten beliebte Café erstreckt sich über zwei Gebäude auf beiden Seiten einer steilen, schmalen Nebenstraße und ist immer voller modebewusster junger Leute, die den guten, vor Ort gerösteten Kaffee zu schätzen wissen. Nicht entgehen lassen sollte man sich den *beso negro* („schwarzer Kuss") – eine hochkonzentrierte heiße Schokolade (20 Mex$). Tal, die Katze, macht es sich gern mal auf dem Schoß der Gäste gemütlich.

Santo Café CAFÉ $

(www.facebook.com/santocafe; Puente de Campanero; Hauptgerichte 50–150 Mex$; ⊙ Mo–Sa 10–23, So 12–20 Uhr; 🛜 🍴) In diesem legeren, gemütlichen Café an der idyllischen Brücke im venezianischen Stil kann man die aktuellsten Studententrends erforschen. Es serviert gute Salate und Snacks, und der *queso fundido* (geschmolzener Käse) und der Sojaburger sind eine tolle Option für Vegetarier. Von einigen Tischen blickt man hinunter in die Gasse.

⭐ Los Campos TAPAS $$

(www.loscampos.mx; 4A de la Alameda, abseits der Plaza Baratillo; Hauptgerichte 75–185 Mex$; ⊙ Di–So 14–22 Uhr) Das kleine, gemütliche, von Kerzen erhellte Restaurant wird von einem kanadisch-mexikanischen Ehepaar geführt. Das Angebot auf der innovativen Speisekarte reicht von Tapas bis hin zu ganzen Gerichten wie etwa gefüllten Ancho-Chili auf einem Bett aus Perlgraupen mit *huitlacoche* (Maispilze), *nopal* und Mais. Damit hebt sich Los Campos in puncto Vielfalt und Zutaten deutlich von den anderen Restaurants der Stadt ab. Wer abends hier essen möchte, sollte vorher reservieren.

A Punto INTERNATIONAL $$

(☑ 473-732-61-32; Casa Cuatro, San José 4; 180–310 Mex$; ⏰ Di & Mi 14–22, Do–So bis 23 Uhr) Im restaurierten Herrenhauskomplex Casa Cuatro ist dieses Restaurant untergebracht, das zu den kosmopolitischsten Adressen in Guanajuato zählt. Aufgetischt werden gute internationale Gerichte. A Punto ist eine toller Ort für ein ausgedehntes Mittag- oder Abendessen, man kann aber auch nur auf ein paar Drinks vorbeischauen.

Mestizo INTERNATIONAL $$

(☑ 473-732-06-12; Positos 69; Hauptgerichte 120–280 Mex$; ⏰ Di–Sa 13–22, So bis 17 Uhr; 📶) Hier gibt's interessante Kunst an den Wänden, eine großartige Speisekarte und drei luftige Speiseräume, ganz zu schweigen von den täglich wechselnden Spezialangeboten. Da fragt man sich unwillkürlich, warum die Beleuchtung so spärlich ist und der Teppichboden hässlich aussieht. Zwar kann die Feinschmeckerszene Guanajuatos noch lange nicht mit der anderer Städte in Mexiko mithalten, aber immerhin kommen hier leckere Gerichte auf den Tisch.

Casa Valadez MEXIKANISCH $$

(☑ 473-732-03-11; Jardín de la Unión 3; Hauptgerichte 150–800 Mex$; ⏰ 8.30–23 Uhr; 📶) Das klassische Restaurant ist in jeder Hinsicht eine gute Wahl und glänzt mit einem beeindruckenden Blick auf den Jardín de la Unión. Wie nicht anders zu erwarten ist es Treffpunkt gut gekleideter Stammgäste, die auch zum Sehen und Gesehenwerden kommen. Die Portionen sind üppig und auf der Karte stehen überwiegend internationale Gerichte und einige mexikanische Klassiker wie *pollo con enchiladas mineras* (Enchiladas mit Hühnchen).

⭐ El Jardín de los Milagros MEXIKANISCH $$$

(☑ 473-732-93-66; www.eljardindelosmilagros. mx; Calzada Alhondiga 80; Hauptgerichte 230–350 Mex$; ⏰ Mi–Mo 13.30–22 Uhr; 📶) Dieses ausgezeichnete Restaurant liegt in einer alten Hazienda mit einem hübschen gepflegten Garten und wird von einer dicken Mauer

von der viel befahrenen Straße abgeschirmt. Die Location ist einfach atemberaubend, egal ob man draußen oder in den bezaubernden Speiseräumen der Hazienda isst. Das Personal ist sehr aufmerksam und das Essen ein Glanzakt mit kreativ angerichteten, hochwertigen mexikanischen Gerichten, die einen internationalen Touch haben.

⭐ Las Mercedes MEXIKANISCH $$$

(☑ 473-733-90-59; www.casamercedes.com.mx; Arriba 6, San Javier; Hauptgerichte 200–350 Mex$; ⏰ Di–Sa 14–22, So bis 18 Uhr; 📶) Guanajuatos bestes Restaurant befindet sich in einem Wohngebiet mit Blick auf die Stadt. Es serviert mexikanische Gerichte *como la abuela*, also Hausmannskost, deren Zubereitung Stunden dauert, z. B. *moles*, die von Hand in einem *molcajete* (traditioneller Mörser und Stößel) gemahlen werden. Dennoch warten alle Speisen mit einer modernen Note auf und werden stilvoll angerichtet. Eine Reservierung ist ratsam. Zum Restaurant kommt man mit dem Taxi.

El Midi Bistró FRANZÖSISCH $$$

(Casa Cuatro, San José 4; Hauptgerichte 230–300 Mex$; ⏰ Mo, Mi & Do 9–22, Fr & Sa bis 23, So bis 21 Uhr; 📶) Diese geschmackvoll eingerichtete Kombination aus Bistro und Bar im Obergeschoss eines wunderschön renovierten Herrenhauses serviert eine köstliche Auswahl an französischen Klassikern à la carte, darunter Bœuf Bourguignon, Entenconfit und Bouillabaisse. Donnerstagabend gibt's Livemusik und sonntags Brunch (9–14 Uhr) – alles in allem einer der nettesten Orte der Stadt, um zu entspannen.

🍷 Ausgehen & Nachtleben

Jeden Abend füllt sich der Jardín de la Unión mit Menschen, die an den Tischen im Freien Platz nehmen, spazieren gehen oder den Straßenmusikern und Mariachi-Bands lauschen. Da in der Stadt unglaublich viele Studenten leben – ihr großer Ausgehabend ist in der Regel der Donnerstag – herrscht kein Mangel an Bars und Nachtclubs, die allerdings meist erst spät öffnen.

Los Lobos BAR

(Doblado 2; ⏰ Mo–Sa 18–3, So bis 1 Uhr) Jede einzelne Oberfläche dieser coolen, schwulenfreundlichen Bar ist mit Bildern von Teufeln und *catrinas* (Skelettpuppen) zugepflastert. Die Gäste sind weitaus weniger gruselig und die Musik ist richtig gut. Im Hinterzimmer steht ein Billardtisch.

CALLEJONEADOS – DIE TRADITIONELLE ART ZU FEIERN

Die Tradition der *callejoneada* soll aus Spanien stammen. Eine Gruppe professioneller Sänger und Musiker in traditionellen Trachten beginnt an einem zentralen Ort, z.B. einer Plaza, zu musizieren, eine Menschenmenge versammelt sich, und dann ziehen alle gemeinsam durch die Gassen, Straßen und über die Plazas und tanzen und singen aus vollem Herzen. In Guanajuato werden diese Partys auch *estudiantinas* genannt. Zwischen den Liedern werden Geschichten und Witze erzählt (auf Spanisch), die sich oft auf die Legenden der jeweiligen Gassen beziehen. In Zacatecas gibt es keine Geschichten, stattdessen werden *tamboras* genannte Bands (die keine traditionellen Trachten, sondern Uniformen tragen) engagiert, um an der Spitze der Tanzwütigen zu marschieren. Bei besonderen Gelegenheiten wird auch ein mit Wein beladener Esel mitgeführt. Oft erwartet man von Fremden, dass sie sich einfach der Party anschließen, sodass die Menge immer größer wird. Manchmal kommen die Organisatoren für die Kosten auf, manchmal zahlt man einen kleinen Beitrag für den Wein, den man trinkt (oder man bringt seinen eigenen mit). In Guanajuato verkaufen die Gruppen selbst oder Tourveranstalter Karten (ca. 100 Mex$ für 1¼ Std., Di–Do) für die *callejoneadas*; Saft (kein Alkohol) ist im Preis enthalten. Ein fröhliches Vergnügen.

Golem BAR
(Cantarranas 38; ⏱ Mo–Sa 18.30–3, So 14–24 Uhr) Die etwas schäbige Bar ist ein wahres Labyrinth aus Zimmern mit Tischkicker, umfunktionierten Flugzeugsitzen und englischer Indie-Musik. Die Margaritas werden hier in Champagnergläsern serviert, und im Obergeschoss geht's genauso weiter, nur dass noch eine Dachterrasse hinzukommt. Das Golem ist definitiv eine der lebhaftesten Adressen in Guanajuato.

Why Not? CLUB
(Alfonso 34; ⏱ Mo–Sa 21.30–3 Uhr) Hier feiert und trinkt man die ganze Nacht lang mit hiesigen Studenten, die sehr gern in diese beliebte Institution der Stadt kommen. Vor allem von Donnerstag bis Samstag ist echte Partystimmung angesagt. Wenn man dann morgens mit einem dicken Kopf aufwacht, fragt man sich wahrscheinlich nicht mehr „Warum nicht?". So richtig los geht's erst nach Mitternacht.

La Inundación de 1905 BAR
(San Fernando Plaza; ⏱ Di–So 10–24 Uhr) Die legere Bar, die nach der Flut in Guanajuato im Jahr 1905 benannt ist, ist wegen des in Strömen fließenden Bieres und der Biergartenatmosphäre bei Studenten beliebt.

El Midi Bistró BAR
(Casa Cuatro, San José 4; ⏱ Mo, Mi & Do 9–22, Fr & Sa bis 23, So bis 21 Uhr) Die angenehme Bar fungiert gleichzeitig als gehobenes Restaurant und ist in einer umgebauten Villa untergebracht. Es wartet mit einem Hauch von Klasse und Kultur (in der Galerie nebenan gibt's oft Livemusik und Ausstellungen) sowie mit einer herrlichen altmodischen Bar auf. Ein entspannter Ort für einen Drink vor oder nach dem Abendessen!

El Incendio BAR
(Cantarranas 39; ⏱ 11–23 Uhr) In der ehemaligen traditionellen Cantina ist noch das Erbe von damals zu erkennen: Schwingtüren, ein offenes Urinal (das aber nicht mehr genutzt wird) und mit Wandbildern verzierte Wände. Hier treffen sich fröhliche, aber oft auch laute Studenten.

Whoopees BAR
(Manuel Doblado 39; ⏱ Di–Sa 21–4 Uhr) Die freundliche Bar ist das Zentrum der Schwulenszene von Guanajuato.

☆ Unterhaltung

Teatro Cervantes THEATER
(☎ 473-732-11-69; Plaza Allende s/n) Während des Cervantino-Festivals ist der Spielplan prall gefüllt, den Rest des Jahres finden die Vorstellungen jeodch unregelmäßiger statt. Die kleine Plaza Allende vor dem Theater schmücken Statuen von Don Quixote und Sancho Panza.

🛍 Shoppen

Xocola-T ESSEN
(Plazuela del Baratillo 15; ⏱ Mo 12–20, Di–Sa 9–20, So 10–18 Uhr) Dieses Schokoladenparadies verkauft köstliche hausgemachte Schokolade aus reinem Kakao mit natürlichen Aromen und ohne Transfette. Zu den ausgefalleneren Füllungen zählen *chapulines* (Heuschrecken), *gusanos* (Raupen) und *nopal* (Kaktus).

Mercado Hidalgo   MARKT
(Av Juárez; ⊙8–21 Uhr) Guanajuatos stim-
mungsvollster und lebhaftester Markt ist
vollgestopft mit Touristenschnickschnack,
Kunsthandwerk und Essensständen – ein
Besuch hier lohnt allemal.

ℹ️ Praktische Informationen

Man mag es kaum glauben, doch die einzigen
offiziellen Touristeninformationen der Stadt sind
zwei kleinen Infostände im **Jardín de la Unión**
(⊙9–18 Uhr) und in seiner Erweiterung, der Calle
Allende. Vorsicht: Nicht auf die offiziell wirkenden
Buden mit der Aufschrift „Information Turística"
hereinfallen, die in der Stadt verteilt sind. Sie
sind in privater Hand und versuchen, bestimmte
Hotels und Dienstleistungen zu bewerben.

Die Banken in der Avenida Juárez wechseln
Bargeld, zahlen gegen Vorlage einer Kreditkarte
Bargeld aus und haben Geldautomaten.

Centro Médico la Presa (☑473-102-31-00;
www.centromedicolapresa.mx; Paseo de la
Presa 85; ⊙24 Std.)
Hospital General (☑473-733-15-73, 473-733-
15-76; Carretera a Silao, Km 6,5)
Post (Ayuntamiento 25; ⊙Mo–Fr 8–16.30, Sa
bis 12 Uhr)

ℹ️ An- & Weiterreise

BUS

Der Busbahnhof **Central de Autobuses** (☑473-
733-13-44; Silao 450) befindet sich 5 km südwestlich der Stadt (verwirrenderweise erreicht
man ihn aber, indem man die Stadt in nordwestlicher Richtung auf der Tepetapa verlässt).
Karten für Deluxe- und 1.-Klasse-Busse (ETN
und Primera Plus) kann man in der Stadt bei
Viajes Frausto (☑473-732-35-80; www.frausto.
agenciasviajes.mx; Obregón 10; ⊙Mo–Fr 9–14 &
16.30–19.30 Uhr, Sa 9–13.30 Uhr) kaufen.

Die größten 1.-Klasse-Busgesellschaften sind
Primera Plus und ETN. Flecha Amarilla bietet
dagegen Fahrten nach Dolores Hidalgo, León
und San Miguel de Allende, die günstiger sind.

FLUGZEUG

Guanajuatos Flughafen ist der **Aeropuerto
Internacional de Guanajuato** (Aeropuerto
Internacional del Bajío; ☑472-748-21-20; www.
aeropuertosgap.com.mx; Silao), der etwa 30 km
westlich der Stadt in der Nähe von Silao liegt.

ℹ️ Unterwegs vor Ort

Ein Taxi zum Aeropuerto Internacional de Guanajuato kostet etwa 400 Mex$, vom Flughafen in
die Stadt gilt ein Festpreis von 450 Mex$ (Ticket
am Taxischalter im Flughafen kaufen). Bei der
Fahrt von Guanajuato aus kommt man besser
weg, wenn man zunächst einen der häufigen Busse nach Silao (30 Mex$; alle 20 Min.) nimmt und
dort ein Taxi (rund 120 Mex$) nimmt. Achtung:
umgekehrt – also vom Flughafen nach Silao – gilt
für die Taxis ein Festpreis von 250 Mex$.

Zwischen dem Busbahnhof und Downtown
fahren rund um die Uhr ständig „Central de
Autobuses"-Busse (5 Mex$). Vom Zentrum aus
kann man in der Av Juárez Richtung Westen
zusteigen. Vom Busbahnhof fährt man durch
den Tunnel Richtung Osten unter dem *centro
histórico* hindurch. Man kann an einer der vielen
Haltestellen aus- oder einsteigen: Mercado
Hidalgo, Plaza de los Ángeles, Jardín de la
Unión, Plaza Baratillo/Teatro Principal, Teatro
Cervantes oder Embajadoras. Ein Taxi vom/zum
Busbahnhof kostet ca. 50 Mex$.

Um in der Stadt voranzukommen, aufpassen:
An den Stadtbussen steht das jeweilige Ziel. Im
centro histórico gilt diese Faustregel: Alle Busse
nach Osten fahren durch die Tunnel *unter* der Av
Juárez (z. B. wenn man vom Markt zum Teatro
Principal möchte), die Busse Richtung Westen
fahren *auf* der Av Juárez.

Die Stadtbusse (6 Mex$) sind von 7 bis 22 Uhr
unterwegs. Taxis gibt's im Zentrum jede Menge;
sie verlangen für einen kurzen Trip durch die
Stadt etwa 40 Mex$ (etwas mehr, wenn es den
Berg hinauf geht, z. B. zum El Pípila).

Die Busse zur Bocamina San Ramón und Bocamina de San Cayetano (Insurgencia) fahren von
der Calle Insurgencia nahe der Plaza Alhóndiga.

BUSSE AB GUANAJUATO

ZIEL	PREIS (MEX$)	DAUER (STD.)	HÄUFIGKEIT (TGL.)
Dolores Hidalgo	60	1½	5.30–22.30 Uhr alle 30 Min.
Guadalajara	420–515	4	häufig
León	75–98	1–1¼	sehr häufig
Mexico City (Terminal Norte)	540–680	4½	sehr häufig
Querétaro	200–230	2½	häufig
San Miguel de Allende	130–170	1½–2	sehr häufig
Zacatecas	465	4	tgl. um 12.15 Uhr

MIGUEL HIDALGO: ¡VIVA MEXICO!

Den fast kahlen Kopf des visionären Priesters Miguel Hidalgo y Costilla kennt jeder, der schon einmal einen Blick auf mexikanische Statuen oder Wandmalereien geworfen hat. Als echter Rebell und Idealist opferte Hidalgo seine berufliche Stellung und riskierte sein Leben, als er am 16. September 1810 die Unabhängigkeitsbewegung ins Rollen brachte.

Hidalgo wurde am 8. Mai 1753 als Sohn eines kreolischen (in Mexiko geborene Menschen spanischer Abstammung werden als Kreolen bezeichnet) Gutsverwalters in Guanajuato geboren. Er erwarb einen Universitätsabschluss und wurde 1778 zum Priester ordiniert. Anschließend lehrte er an seiner Alma Mater in Valladolid (heute Morelia) Theologie und wurde schließlich Rektor der Universität. Doch Hidalgo war alles andere als ein orthodoxer Kleriker: Er stellte viele katholische Traditionen in Frage, las verbotene Bücher, gab doch dem Glücksspiel hin, tanzte und hatte eine Mätresse.

1800 wurde er von der Inquisition angeklagt. Es konnte ihm zwar nichts nachgewiesen werden, aber ein paar Jahre später, 1804, wurde er als Priester in das Provinznest Dolores verbannt.

Während der Jahre in Dolores interessierte sich Hidalgo zunehmend für das wirtschaftliche und kulturelle Wohlergehen des Volkes. Er begründete mehrere neue Produktionszweige: die Seidenraupenzucht und die Anlage von Olivenplantagen und Weinbergen – alles unter Missachtung der Anordnungen der spanischen Kolonialverwaltung. Die Herstellung von Töpferwaren förderte die hiesige Keramiksparte, die heute fein glasierte Töpfe und Fliesen hervorbringt.

Hidalgo lernte Ignacio Allende aus San Miguel kennen; beide teilten die kreolische Unzufriedenheit über den Würgegriff, in dem Mexiko durch die spanische Kolonialmacht gehalten wurde. Hidalgos Ansehen unter den *mestizos* (Menschen von unterschiedlicher europäischer und indigener Herkunft) und *indígenas* seiner Gemeinde war entscheidend dafür, den geplanten Aufstand auf eine breitere Basis zu stellen.

Kurz nach dem Grito de Independencia wurde Hidalgo wegen „Häresie, Apostasie und Aufwiegelung" exkommuniziert. Er aber verteidigte seine Forderung nach der Unabhängigkeit Mexikos und warf den Spaniern vor, keine wahren religiösen Katholiken zu sein, sondern dies lediglich aus politischen Gründen zu behaupten, vor allem, um Mexiko vergewaltigen, ausplündern und ausbeuten zu können. Einige Tage später, am 19. Oktober, diktierte Hidalgo sein erstes Edikt, das die Abschaffung der Sklaverei in Mexiko forderte.

Hidalgo führte seine wachsende Streitmacht von Dolores nach San Miguel, Celaya und Guanajuato, nordwärts nach Zacatecas, südwärts bis fast nach Mexico City und westwärts nach Guadalajara. Dann aber wurden seine Truppen nach Norden vertrieben und dezimiert. Am 30. Juli 1811 wurde Hidalgo von den Spaniern gefangengenommen und in Chihuahua von einem Erschießungskommando erschossen. Sein Kopf wurde in die Stadt Guanajuato gebracht und zehn Jahre lang in einem Käfig an einer Ecke der Alhóndiga de Granaditas, zusammen mit den Köpfen der Unabhängigkeitskämpfer Allende, Aldama und Jiménez, öffentlich ausgestellt. Das scheußliche Schauspiel verfehlte aber seinen Zweck: Statt das Volk einzuschüchtern, hielt es die Erinnerung an das Wirken, die Ziele und das Beispiel dieser heldenhaften Märtyrer wach. Nach dem Erreichen der Unabhängigkeit wurden die Käfige abgenommen. Die Schädel (und Körper) der Revolutionshelden ruhen heute im Monumento a la Independencia in Mexico City.

León

⬙ 477 / 1,5 MIO. EW. / HÖHE 1815 M

Es gibt zwar keinen Grund, die Industriestadt León, 56 km westlich von Guanajuato, zu besuchen, da sie aber ein wichtiges Drehkreuz für Busverbindungen im Bundesstaat Guanajuato ist, wird man irgendwann wahrscheinlich doch hier landen, um in einen anderen Bus umzusteigen. Zudem liegt León nur 20 km vom Aeropuerto Internacional de Guanajuato (S. 716) entfernt. Da die Busanschlüsse sehr gut sind, steckt man normalerweise nicht über Nacht hier fest.

Wenn man ein oder zwei Stunden in León ist, ehe die Fahrt weitergeht, lohnt sich ein Spaziergang durch die Straßen rund um den Busbahnhof, die als Zona Piel (das Lederviertel) bekannt sind. León ist seit Langem ein Versorgungszentrum: Schon im 16. Jh.

BUSSE AB LEÓN

ZIEL	PREIS (MEX$)	DAUER (STD.)	HÄUFIGKEIT (TGL.)
Aguascalientes	195	2–2½	häufig
Guadalajara	320–370	3	10-mal
Guanajuato	80–112	¾	stündl.
Mexico City (Terminal Norte)	450–600	5	sehr häufig (24 Std.)
San Miguel de Allende	185–250	2¼	6-mal
Zacatecas	430	4	8-mal

war die Stadt ein Zentrum der mexikanischen Viehzucht, das Fleisch in die Bergwerksstädte lieferte und in dem die Häute zu Lederwaren verarbeitet wurden.

❶ An- & Weiterreise

Der Aeropuerto Internacional de Guanajuato (S. 716) liegt 20 km südöstlich von León an der Straße nach Mexico City. Viele US-amerikanischen Fluggesellschaften fliegen von dort Städte in den USA an. Leider verkehren zwischen dem Aeropuerto Internacional de Guanajuato und dem Zentrum Leóns keine Busse. Ein Taxi zwischen León und dem Flughafen kostet etwa 300 Mex$ (380 Mex$ mit den offiziellen Flughafentaxis am Flughafen).

In der **Central de Autobuses** (Blvd Hilario Medina s/n), die 2,5 km östlich des Zentrums direkt nördlich vom Blvd López Mateos liegt, gibt es eine Cafeteria, eine Gepäckaufbewahrung und Wechselstuben. Von hier fahren regelmäßig Busse der 1. und 2. Klasse zu den meisten Städten im Norden und Westen Mexikos.

Dolores Hidalgo

📍 418 / 61 000 EW. / HÖHE 1920 M

Dolores Hidalgo ist eine kompakte Stadt mit einer hübschen, mit Bäumen bestandenen Plaza, einer lockeren Atmosphäre und einer geschichtsträchtigen Vergangenheit. Es war tatsächlich hier in diesem kleinen Ort, in dem die mexikanische Unabhängigkeitsbewegung Konturen annahm. Am 16. September 1810 läutete der Gemeindepfarrer Miguel Hidalgo um 5 Uhr morgens – früher als gewöhnlich – die Glocken, um die Menschen in die Kirche zu rufen. Dort stieß er den Grito de Dolores (Schrei von Dolores), auch bekannt als Grito de Independencia (Schrei nach Unabhängigkeit), aus.

Heute ist Hidalgo einer der am meisten verehrten Helden Mexikos und Dolores wurde 1824 zu seinen Ehren umbenannt. Am Unabhängigkeitstag (16. Sept.) strömen die Mexikaner hierher; in dieser Zeit können sich die Unterkunftspreise mehr als verdoppeln. Wer sich für Geschichte interessiert, für den lohnt es sich, dem *centro histórico* der Stadt einen halben Tag zu widmen – nicht nur wegen der interessanten Museen rund um das Thema Unabhängigkeit, sondern auch wegen der Werkstätten mit bunter Talavera-Keramik und wegen der berühmten Eiscreme.

◉ Sehenswertes

Parroquia de Nuestra Señora de Dolores   KIRCHE
(Plaza Principal) Die Parroquia de Nuestra Señora de Dolores ist jene Kirche, in der Hidalgo den mittlerweile weltbekannten Grito (den Ruf zu den Waffen, um für die Unabhängigkeit des Landes zu kämpfen) erschallen ließ. Sie steht auch im Zentrum der alljährlichen Feierlichkeiten der Stadt rund um den Unabhängigkeitstag. Sie hat eine schöne Fassade aus dem 18. Jh. im Stil des Churriguerismus. Einer Legende nach äußerte Hidalgo die berühmten Worte von der Kanzel, andere behaupten, er habe an der Kirchentür zu den draußen versammelten Menschen gesprochen.

Cuna De Tierra   WEINGUT
(📞 418-690-22-09; www.cunadetierra.com; Carretera Dolores Hidalgo–San Luis de la Paz Km 11; ⏲ nach Vereinbarung Mi–So) Das erste und größte Weingut in Guanajuato wurde 2005 eröffnet, womit die Keltereikunst wieder in der Region eingeführt wurde – 200 Jahre nachdem die Spanier die Herstellung von Wein verboten hatten und so die Mexikaner stattdessen spanische Weine trinken sollten. Weinproben finden in den preisgekrönten Gebäuden des Weinguts statt; diese sollte man unbedingt vorab buchen. Für die Herstellung des Weißweines werden Sémillon-Trauben eingesetzt, der Rotwein wird als Cuvée gekeltert. Jedes Jahr werden hier rund 80 000 Flaschen produziert.

Hidalgo-Statue DENKMAL

(Plaza Principal) Die Hauptplaza der Stadt ziert natürlich eine Statue des großen Helden (in römischem Gewand auf einer hohen Säule). Zudem steht hier ein Baum, der laut der Tafel darunter ein Ableger jenes Baumes ist, unter dem Cortés in der Noche Triste (Traurige Nacht) geweint haben soll, als seine Männer 1520 aus Tenochtitlán vertrieben wurden.

Museo Bicentenario 1810–2010 MUSEUM

(Casa del Capitán Mariano Abasolo; Erw./Student 20/10 Mex$, So frei; ☉ Mo–Sa 10–17, So bis 15 Uhr) Dieses Museum im Gebäude der früheren Presidencia Municipal wurde 2010 anlässlich der Feierlichkeiten zum 200. Jahrestag der mexikanischen Unabhängigkeit eingeweiht. Ungeachtet seines Namens widmen sich die meisten der sieben Räume dem kulturellen und historischen Kontext der ersten hundert Jahre der Unabhängigkeit und zeigen u. a. Dokumente im Zusammenhang mit dem 100. Jahrestag der Unabhängigkeit im Jahr 1910. Zu den ausgefalleneren Exponaten zählen ein mit Haaren besticktes Seidentuch (mit dem Bildnis von Alejandro Zavala Mangas, einem Architekten aus der Stadt Guanajuato) sowie das gemalte Originalplakat zum 100. Jahrestag der Unabhängigkeit.

Museo de la Independencia Nacional MUSEUM

(Zacatecas 6; Erw./Student 15/10 Mex$, So frei; ☉ Mo–Sa 9–17, So bis 15 Uhr) In diesem Museum gibt's zwar nur wenige Exponate, dafür aber viele Informationen über die Unabhängigkeitsbewegung. Die Ausstellung, die sich über sieben Säle erstreckt, dokumentiert den dramatischen Rückgang der indigenen Bevölkerung in Nueva España zwischen 1519 (geschätzte 25 Mio. Menschen) und 1605 (1 Mio.) und stellt 23 indigene Rebellen aus der Zeit vor 1800 sowie mehrere Kreolen-Verschwörungen in den Jahren vor 1810 vor. Lebendige Gemälde, Zitate und interessante Infos erhellen die heroischen letzten zehn Monate des Lebens Hidalgos.

Museo Casa de Hidalgo MUSEUM

(Ecke Hidalgo & Morelos; Erw./Student 40/20 Mex$, So frei; ☉ Di–Sa 9–17.45, So bis 16.45 Uhr) In diesem Haus lebte Miguel Hidalgo, als er Gemeindepriester von Dolores war. Von hier aus sollen Hidalgo, Ignacio Allende und Juan de Aldama am 16. September 1810 aufgebrochen sein, um einen Aufstand gegen die Kolonialherrschaft zu entfachen. Heute ist das Haus eine Art Nationaldenkmal und enthält Erinnerungsstücke, Kopien von Hidalgos Möbeln sowie Dokumente der Unabhängigkeitsbewegung, darunter den Erlass zur Exkommunikation Hidalgos.

🎆 Feste & Events

Día de la Independencia GESCHICHTE

(☉ 16. Sept.) Als Schauplatz des Grito de Independencia ist Dolores auch der Ort einer großen Feier zum Día de la Independencia am 16. September, bei der der mexikanische Präsident traditionell im fünften Jahr seiner Amtszeit anwesend ist.

🛏 Schlafen & Essen

Man sollte unbedingt bei einem Straßenhändler auf der Plaza oder sonst irgendwo in der Stadt ein hausgemachtes Eis (rund 20 Mex$) probieren. Dabei kann man seine Geschmacksnerven beispielsweise mit Geschmacksrichtungen *mole* (Chilisauce), *chicharrón* (gebratene Schweinekruste), Avocado, Mais, Käse, Honig, Shrimps, Bier, Tequila oder tropische Früchte aussetzen.

Posada Cocomacán HOTEL $

(☎ 418-182-60-86; www.posadacocomacan.com.mx; Plaza Principal 4; EZ/DZ 420/600 Mex$; 🖥) Das zentral gelegene, ganz aprikosenfarbene Cocomacán ist eine betagte, aber verlässliche Unterkunft und sprüht nur so vor mexikanischem Flair. Von den 37 Zimmern sind jene in den oberen Stockwerken, deren Fenster zur Straße hin gehen, die besten. Es gibt auch ein Restaurant (8–22.30 Uhr).

Hotel Hidalgo HOTEL $

(☎ 418-182-04-77; www.hotelposadahidalgo.com; Hidalgo 15; EZ/DZ 550/650 Mex$; 🖥) Die Rezeption wirkt ein wenig wie eine Arztpraxis, aber das supersaubere und gut geführte Hotel bietet komfortable, wenn auch etwas in die Jahre gekommene Zimmer. Das Haus liegt praktisch zwischen den Busbahnhöfen und der Plaza Principal.

★ DaMónica ITALIENISCH $$

(Nayarit 67; Hauptgerichte 80–200 Mex$; ☉ Di–So 10.30–22.30 Uhr) In diesem gemütlichen und einladenden Restaurant kocht die italienische Besitzerin Mónica echte Köstlichkeiten aus ihrer Heimat, darunter Lasagne, Pizza und Gourmetgerichte mit Meeresfrüchten.

🛍 Shoppen

Talavera-Keramik ist das Markenzeichen von Dolores, seit Padre Hidalgo im frühen 19. Jh. hier die erste Keramikwerkstätte ins Leben rief. Umschauen kann man sich

NÖRDLICHES ZENTRALHOCHLAND DOLORES HIDALGO

BUSSE AB DOLORES HIDALGO

ZIEL	PREIS (MEX$)	DAUER (STD.)	HÄUFIGKEIT (TGL.)
Guanajuato	85	1¼	häufig
León	160	2¼	3-mal
Mexico City (Terminal Norte) via Querétaro	375	5–6	häufig
Querétaro	150	2	stündl.
San Luis Potosí	170	2¼	stündl.
San Miguel de Allende	50	¾	häufig

in der Zona Artesanal, den Werkstätten an der Avenida Jiménez fünf Blocks westlich der Plaza oder (wenn man ein Auto hat) in der Calzada de los Héroes, der Ausfallstraße nach San Miguel de Allende.

ⓘ Praktische Informationen

Touristeninformation (☑ 418-182-11-64; www. dolores-hidalgo.com; Plaza Principal; ⊙ Mo–Fr 9–17, Sa 10–14 Uhr) An der Südostseite der Plaza Principal. Die hilfreichen Mitarbeiter verteilen Stadtpläne und geben Informationen.

ⓘ An- & Weiterreise

Der **Busbahnhof von Primera Plus/Coordinados (Flecha Amarilla)** (Hidalgo) befindet sich 2½ Blocks südlich der Plaza in der Nähe des **Busbahnhofs von Herradura de Plata/Autovías** (☑ 418-182-29-37; Ecke Chiapas & Yucatán).

San Miguel de Allende

☑ 415 / 73 000 EW. / HÖHE 1900 M

Mit seiner großartigen Architektur aus der Kolonialzeit, den charmanten kopfsteingepflasterten Straßen und seinem zauberhaften Licht ist San Miguel de Allende zu Recht eine der größten Attraktionen des Landes und bereits seit dem vergangenen Jahrhundert bei Schöngeistern und Romantikern beliebt. Dazu gehört auch eine große Bevölkerungsgruppe aus Amerikanern, die entweder ganz in der Stadt leben oder hier ihre Winterdomizile haben. Sie sorgen für eine weltoffene Atmosphäre, wie sie nur wenige andere Städte in Mexiko vorweisen können.

San Miguel ist mit seinen hervorragenden Restaurants und erstklassigen Unterkünften, den zahlreichen, mit hochwertigen, mexikanischen *artesanías* (Kunsthandwerk) gefüllten Galerien, seinem traumhaften, frühlingshaften Klima und einer Vielzahl an kulturellen Aktivitäten wie Festen, Feuerwerken und Umzügen ein Highlight, das

jeder Besucher des nördlichen Zentralhochlands erleben sollte. Dieses Gesamtbild wurde 2008 zum UNESCO-Welterbe erklärt, und trotz der großen Anzahl an Besuchern ist die Stadt nicht überlaufen. Die Einwohner der Stadt nehmen ihre ausländischen Gäste und die hier lebenden Ausländer mit aller Herzlichkeit auf.

Geschichte

Es heißt, die Stadt verdanke ihre Gründung ein paar erschöpften Hunden, den Lieblingen des Franziskanermönchs Juan de San Miguel. 1542 hatte dieser 5 km von der heutigen Stadt entfernt an einem häufig ausgetrockneten Fluss eine Mission aufgebaut. Eines Tages liefen die Hunde von der Mission fort; man fand sie schließlich bei einer Rast an der Quelle **El Chorro**, woraufhin die Mission an diesen günstigeren Ort verlegt wurde.

San Miguel war damals die nördlichste spanische Siedlung Zentralmexikos. Die Purépecha und die Tlaxcalteken waren Verbündete der Spanier und wurden in der Region angesiedelt, um die einheimischen Otomí und Chichimeken zu „befrieden“. Beinahe hätte San Miguel den heftigen Widerstand der Chichimeken nicht überstanden. 1555 jedoch richtete man zum Schutz der neuen Straße von Mexico City ins Silberzentrum Zacatecas eine spanische Garnison ein. Spanische Viehzüchter kamen in die Gegend, die sich zu einem boomenden Wirtschaftszentrum und zur Heimat einiger wohlhabender Silberbarone aus Guanajuato entwickelte.

Der Lieblingssohn von San Miguel, Ignacio Allende, kam 1779 zur Welt. Er wurde zu einem glühenden Befürworter der mexikanischen Unabhängigkeit und Kopf einer Verschwörung, die für den 8. Dezember 1810 in Querétaro einen bewaffneten Aufstand plante. Als die Obrigkeit in Querétaro am 13. September dem Plan auf die Schliche kam, eilte ein Bote nach San Miguel und informierte Juan de Aldama, einen weiteren Rebellen. Aldama machte sich gen Norden nach Dolores auf, wo er in den frühen Morgenstunden des 16. Septembers Allende im Haus des Priesters Miguel Hidalgo traf, der ebenfalls dem Zirkel der Aufständischen angehörte. Ein paar Stunden später rief Hidalgo von seiner Kirche aus zur Rebellion auf. Nach anfänglichen Erfolgen wurden Allende und Hidalgo zusammen mit anderen Rebellen 1811 in Chihuahua gefangengenommen und hingerichtet. Nachdem sich Mexiko 1821 aber endgültig von Spanien losgesagt hatte, erklärte man Allende zum Märtyrer. 1826 benannte man die Stadt in San Miguel de Allende um.

1938 wurde die Escuela de Bellas Artes gegründet. Die Stadt entwickelte sich allmählich zu dem, was sie heute ist, als David Alfaro Siqueiros begann, Wandmalerei-Kurse zu geben, und damit Künstler aller Stilrichtungen anlockte. Auch das 1951 eröffnete Instituto Allende zieht ausländische Studenten an. Viele waren US-Veteranen (denen die G.I. Bill of Rights dies ermöglichte) und der Zustrom an Künstlern ist seitdem nicht abgerissen.

◉ Sehenswertes

Parque Benito Juárez   PARK
(⚑) Der schattige Parque Benito Juárez ist ein traumhafter Ort zum Entspannen und Spazierengehen mit Bänken, guten Wegen und beliebten Spielplätzen für die Kleinen.

La Esquina: Museo del
Juguete Popular Mexicano   MUSEUM
(www.museolaesquina.org.mx; Núñez 40; Erw./Kind 50/20 Mex$; ⊙ Di–Sa 10–18, So bis 16 Uhr; ⚑) Das helle, moderne Museum ist ein Muss für alle großen und kleinen Kinder. Museumsbesitzerin Angélica Tijerina hat diese Spielzeugsammlung in über 50 Jahren zusammengetragen. Ihr Ziel ist es, die Tradition des Spielzeugs zu bewahren und fortzusetzen, indem sie verschiedene Exponate aus vielen Regionen Mexikos zeigt. Das Spielzeug – eingeteilt in vier große Themenbereiche – ist aus ganz unterschiedlichen Materialien, die von Stroh über Plastik und Holz bis hin zu Textilien reichen.

Oratorio de San Felipe Neri   KIRCHE
(Plaza Cívica) Nahe des östlichen Endes der Insurgentes steht diese von einer Kuppel gekrönte Kirche aus dem 18. Jh. mit mehreren Türmen. Die blassrosafarbene barocke Hauptfassade verrät indigene Einflüsse. Rechts von dieser Fassade führt ein Durchgang zur Ostwand, wo sich in einem Torbogen das Bildnis von *Nuestra Señora de la Soledad* (Unsere Liebe Frau von der Einsamkeit) befindet. Von dieser Seite der Kirche kann man auch einen Blick in den Kreuzgang werfen.

Im Innern der Kirche stellen 33 Ölgemälde Szenen aus dem Leben von San Felipe Neri dar, des Florentiners, der im 16. Jh. die katholische Kongregation des Oratoriums gründete. Im östlichen Querschiff hängt ein Gemälde der Jungfrau von Guadalupe von Miguel Cabrera, dem führenden Maler der Kolonialzeit. Im westlichen Querschiff befindet sich eine üppig verzierte Kapelle von 1735, die **Santa Casa de Loreto**, eine Kopie der legendären Kapelle im italienischen Loreto, die das Wohnhaus der Jungfrau Maria gewesen sein soll. Im leider nur selten geöffneten *camarín* (Kapelle hinter der Hauptkirche) stehen sechs aufwendige vergoldete Barockaltäre. Einer enthält eine liegende Wachsfigur des hl. Columban; angeblich sollen sich dort auch die Knochen des Heiligen befinden.

Jardín Botánico El Charco
del Ingenio   GARTEN
(☎ 415-154-47-15; www.elcharco.org.mx; abseits der Antiguo Camino Real a Querétaro; 40 Mex$; ⊙ 9–18 Uhr) San Miguels exzellenter, 88 ha großer botanischer Garten ist zugleich ein Tier- und Vogelschutzgebiet. Pfade führen durch Feuchtgebiete und herrliche Areale mit Kakteen und heimischen Pflanzen. In einer Schlucht befindet sich die namensgebende Süßwasserquelle El Charco del Ingenio. Auf keinen Fall sollte man sich die großartige Sammlung von Kakteen und Sukkulenten im Gewächshaus mit mexikanischen Pflanzen entgehen lassen. Zweistündige Führungen (auf Englisch) beginnen dienstags und donnerstags um 10 Uhr (80 Mex$).

Der botanische Garten liegt 1,5 km nordöstlich der Stadt. Jeden Dienstag, Donnerstag, Samstag und Sonntag fährt um 9.30 Uhr ein kostenloser Bus von der Calle Mesones vor der Plaza Cívica ab, der um 13 Uhr zurückkehrt. Alternativ führt vom Einkaufszentrum Soriana, das sich 2,5 km südöstlich vom Zentrum an der Straße nach Quetéro befindet, eine 2 km lange Fahrzeugpiste Richtung Norden. Diese erreicht man mit den „Soriana" beschrifteten Bussen von der Bushaltestelle an der Mesones nahe der Plaza Cívica (10 Min., 5 Mex$). Ein Taxi kostet aus dem Zentrum zum botanischen Garten 50 bis 60 Mex$.

NÖRDLICHES ZENTRALHOCHLAND SAN MIGUEL DE ALLENDE

San Miguel de Allende

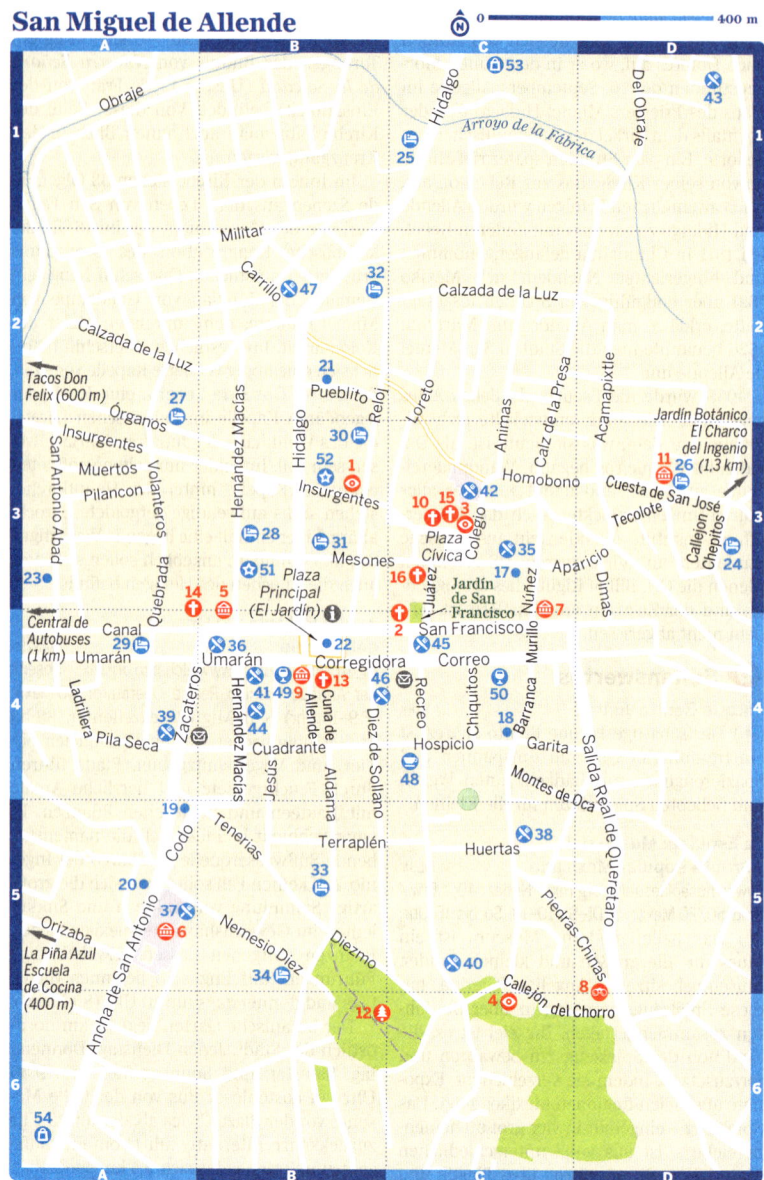

Parroquia de
San Miguel Arcángel
KIRCHE

Die bekannteste Sehenswürdigkeit von San Miguel ist diese Pfarrkirche, deren markante rosafarbene Türme hoch über der Stadt aufragen. Die merkwürdigen Spitztürme wurden von dem einheimischen Steinmetz Zerferino Gutiérrez im späten 19. Jh. entworfen. Angeblich ließ er sich von einer Postkarte mit einer belgischen Kirche inspirieren und teilte den Bauarbeitern seine Pläne mit, indem er sie mit einem Stock in den Sand zeichnete. Der Rest der Kirche stammt aus dem späten 17. Jh.

San Miguel de Allende

◉ **Sehenswertes**
  1 Biblioteca Pública.................................B3
  2 Capilla de la Tercera Orden C4
  3 Colegio de Sales C3
  4 El Chorro C6
  5 Escuela de Bellas Artes B3
  6 Instituto Allende A5
  7 La Esquina: Museo del Juguete
      Popular Mexicano C3
  8 Mirador...D5
  9 Museo Histórico de San Miguel de
      Allende...B4
 10 Oratorio de San Felipe Neri C3
 11 Other Face of Mexico Gallery D3
 12 Parque Benito Juárez B6
 13 Parroquia de San Miguel Arcángel B4
 14 Templo de la Concepción A3
 15 Templo de la Salud C3
 16 Templo de San Francisco C3

⊕ **Aktivitäten, Kurse & Touren**
 17 Academia Hispano Americana.............C3
 18 Bici-Burro C4
 19 Bookatour A5
 20 Coyote Canyon Adventures...................A5
 21 El Liceo de la Lengua Española B2
 22 Historical Walking Tour of San
      Miguel de Allende B4
 23 Warren Hardy Spanish A3

⌂ **Schlafen**
 24 Antigua Capilla D3
 25 Casa Carly C1
 26 Casa de la Cuesta..................................D3
 27 Casa de la Noche....................................A2
 28 Casa Florida B3

 29 Dos Casas A4
 30 Hostal Alcatraz.......................................B3
 31 Hostal Punto 79 ....B3
 32 Hostel Inn..B2
 33 Hotel Matilda B5
 34 Rosewood San Miguel de Allende B5

⊗ **Essen**
      Áperi ....(siehe 29)
 35 Baja Fish Taquito C3
 36 Berlin B4
 37 Café Rama A5
 38 El Manantial C5
 39 La Mesa Grande A4
 40 La Parada C5
 41 Lavanda B4
 42 Mercado El Nigromante.........................C3
 43 Muro D1
 44 Nomada B4
 45 San Agustín C4
 46 The Restaurant B4
 47 Vía Orgánica B2

⊕ **Ausgehen & Nachtleben**
 48 El Café de la Mancha C4
 49 La Azotea B4
 50 La Mezcalería C4
      Mama Mía ....(siehe 49)

⊕ **Unterhaltung**
 51 Teatro Ángela Peralta B3
 52 Teatro Santa Ana....................................B3

⊕ **Shoppen**
 53 Fábrica La Aurora C1
 54 TOSMA A6

Biblioteca Pública GEBÄUDE
(☑ 415-152-02-93; Insurgentes 25; ⊙ Mo–Fr 10–19,
Sa bis 14 Uhr) Hier ist nicht nur die größte
Sammlung an englischsprachigen Büchern
und Zeitschriften in ganz Lateinamerika
untergebracht, diese hervorragende öffentliche Bibliothek fungiert zudem noch als
Kulturzentrum. Sie beherbergt auch die Re-
daktionsbüros der englisch-spanischen Wochenzeitung *Atención San Miguel*. Das Café
auf dem Gelände ist ein toller Ort, um das
kulturelle Treiben zu beobachten. Im winzigen **Teatro Santa Ana** (☑ 415-152-02-93; Reloj 50A; Tickets 40–250 Mex$) finden Vorträge
und Aufführungen statt.

Escuela de Bellas Artes GALERIE
(Akademie der schönen Künste, Centro Cultural
Nigromante; ☑ 415-152-02-89; Hernández Macías
75; ⊙ Mo–Sa 10–18, So bis 14 Uhr) Das einstige
Kloster beherbergt seit 1938 eine Kunstschu-
le. Sehenswert sind die Wandmalereien von

Pedro Martínez sowie der Siqueiros-Saal in
der hinteren Ecke der Galerie mit einem
außerordentlichen, unvollendeten Wandgemälde von David Alfaro Siqueiros. In den
übrigen Räumen sind Wechselausstellungen
einheimischer Künstler zu sehen, von denen
viele hier ihre Ausbildung absolviert haben.

Mirador AUSSICHTSPUNKT
Einen der schönsten Blicke auf die Stadt
und die umliegende Landschaft hat man
vom Mirador südöstlich von San Miguel.

**Museo Histórico de
San Miguel de Allende** MUSEUM
(Museo Casa de Allende; Cuna de Allende 1; 50 Mex$,
So frei; ⊙Di–So 9–17 Uhr) Dies ist das Haus, in
dem der mexikanische Unabhängigkeitsheld
Ignacio Allende 1769 geboren wurde, und
das ganze Jahr über kommen mexikanische
Pilger deswegen hierher. Im Haus ist auch
das städtische Geschichtsmuseum unterge-
bracht, das über interessante Geschichten

aus der Region berichtet und Nachbildungen der Einrichtungsgegenstände und sonstiger Habseligkeiten Allendes ausstellt. Die Erklärungen sind allerdings alle auf Spanisch.

Other Face of Mexico Gallery   MUSEUM
(☏ 415-154-43-24; www.casadelacuesta.com; Casa de la Cuesta, Cuesta de San José 32; 50 Mex$) Diese faszinierende Privatsammlung von mehr als 500 Masken gibt einen ausgezeichneten Einblick in die mexikanische Maskentradition. Die Galerie ist nur nach Vereinbarung zu besichtigen. Das Eintrittsgeld dient wohltätigen Zwecken.

Instituto Allende   HISTORISCHES GEBÄUDE
(Ancha de San Antonio 20) Der große Komplex von 1736 war ursprünglich das Domizil der Aristokratenfamilie De La Canal und diente dann als Karmeliterkloster. Seit 1951 residiert hier eine Kunst- und Sprachschule. Heute ist das Gelände in zwei Bereiche aufgeteilt: Der eine Teil, bestehend aus mehreren Gärten und einer alten Kapelle, wird administrativ, der andere für den Unterricht genutzt. Das Relief über dem Haupteingang zeigt Unsere Liebe Frau von Loreto, die Schutzpatronin der Familie Canal. Innen ist ein beeindruckendes Wandgemälde zu bestaunen, das die Geschichte Mexikos abbildet.

Templo de la Salud   KIRCHE
(Plaza Cívica) Gleich östlich von San Felipe Neri steht diese Kirche mit einer blau-gelb gekachelten Kuppel und dem großen Relief einer Muschel über dem Eingang. Die Fassade ist im Stil des frühen Churriguerismus gestaltet. Unter den Gemälden in der Kirche ist eines von Miguel Cabrera, das San Javier (hl. franz Xavier; 1506–1552) darstellt, einen Mitbegründer der Gesellschaft Jesu. Die Kirche gehörte früher zum Colegio de Sales.

Templo de la Concepción   KIRCHE
(Kirche der Empfängnis; Ecke Zacateros & Canal) Eine prächtige alte Kirche mit einem schönen Altar und mehreren großartigen alten Ölgemälden. Auf den inneren Eingang sind verschiedene weise Sprüche aufgemalt, damit alle, die eintreten, vorher innehalten. Mit dem Bau der Kirche wurde Mitte des 18. Jhs. begonnen, Ende des 19. Jhs. ergänzte der umtriebige Zeferino Gutiérrez die Kuppel, wobei er sich möglicherweise von Abbildungen des Pariser Invalidendoms inspirieren ließ.

Capilla de la Tercera Orden   KAPELLE
(Kapelle der Tertiarier; Ecke San Francisco & Juárez) Diese im frühen 18. Jh. erbaute Kapelle war

wie der **Templo de San Francisco** (Ecke San Francisco & Juárez) Teil eines franziskanischen Klosterkomplexes. Auf der Hauptfassade sind der hl. Franz und Symbole des Franziskanerordens zu sehen.

Colegio de Sales   GEBÄUDE
(Plaza Cívica; ⊙ 8–14 & 17–20 Uhr) Das ehemalige Kolleg wurde Mitte des 18. Jhs. von der Kongregation vom Oratorium des hl. Filippo Neri erbaut und auch heute dient es wieder Bildungszwecken, denn gegenwärtig ist hier ein Teil der Universität von León untergebracht. Viele der Revolutionäre von 1810 haben das Kolleg besucht. Als die Aufständischen San Miguel eingenommen hatten, wurden die gefangengenommenen spanischen Adeligen außerdem hier eingesperrt.

Aktivitäten

Balnearios

Balneario Santa Veronica   BADEN
(☏ 415-109-63-73; Carretera San Miguel de Allende–Dolores Hidalgo Km 5,5; 30 Mex$; ⊙ Fr–So 10–18 Uhr) Dies ist eine der am einfachsten erreichbaren heißen Quellen, denn sie befindet sich direkt an der Hauptstraße. Es handelt sich um eine reizende alte Hazienda mit einem riesigen Schwimmbecken und zwei von einer heißen Quelle gespeisten Pools. Santa Veronica ist zwar schon deutlich in die Jahre gekommen, aber dafür geht es hier wunderbar entspannt zu. Man darf gern seine eigene Verpflegung in Form von Essen und Getränken mitbringen und sein Bier sogar im Pool genießen.

Balneario Xote   BADEN
(☏ 415-155-83-30; www.xoteparqueacuatico.com. mx; Erw./Kind 100/50 Mex$; ⊙ 9–18 Uhr; ▣) Der auf Familien ausgerichtete Wasserpark liegt 3,5 km vom Highway entfernt an einer Kopfsteinpflasterstraße. Es ist ein tolles Ziel mit Kindern, da es hier mehrere Spielbereiche sowie verschiedene Wasserrutschen und Becken gibt.

La Gruta   BADEN
(☏ 415-185-21-62; www.lagruta-spa.com; Carretera Dolores Hidalogo–San Miguel de Allende Km 10; 150 Mex$; ⊙ 7–17 Uhr) Das gehobene La Gruta ist zu Recht bei Einheimischen und Travellern sehr beliebt. Es bietet drei kleine, miteinander verbundene Pools, die von einer Thermalquelle gespeist werden. Der heißeste Pool liegt in einer Höhle, in der das Wasser von der Decke tropft und die nur durch einen 27 m langen, spärlich von Sonnenstrah-

len erhellten Tunnel zugänglich ist. Die angebotenen Wellnessanwendungen sind ausgezeichnet und das Restaurant ist auch gut.

Escondido Place
BADEN

(☑ 415-185-20-22; www.escondidoplace.com; Carretera San Miguel de Allende–Dolores Hidalgo Km 10; 150 Mex$; ☻ 8–17.30 Uhr) Escondido Place wartet mit sieben kleinen Außenbecken und drei miteinander verbundenen Innenbecken auf, die der Reihe nach immer wärmer werden. Auf dem idyllischen Gelände gibt's Platz zum Picknicken sowie ein Kiosk mit Getränken und Snacks.

🎓 Kurse

Mehrere Institutionen bieten Spanischkurse an, als Gruppen- oder Einzelunterricht und optional mit zusätzlichen Kursen zur mexikanischen Kultur und Geschichte. Privatunterricht kostet meistens um die 20 US$ pro Stunde, Gruppenkurse und Langzeitkurse sind wesentlich günstiger. Die Unterkunft bei einer mexikanischen Gastfamilie kostet inklusive dreier Mahlzeiten am Tag ca. 35 US$. Kochkurse sind in der Stadt ebenfalls sehr beliebt.

La Piña Azul Escuela de Cocina
KOCHEN

(www.kirstenwest.blogspot.de; Orizaba 39A; Unterricht 75 US$/Pers.) Kirsten West, die einstige private Chefköchin von Mick Jagger und weltweite Expertin in puncto mexikanischer Küche, hat 2016 ihre eigene mexikanische Kochschule eröffnet. Der Unterricht (auf Englisch, mind. 4 Teilnehmer), bei dem man den Kochlöffel allerdings gar nicht selbst schwingt, konzentriert sich auf indigene und traditionelle mexikanische Gerichte.

El Liceo de la Lengua Española
SPRACHE

(☑ 415-121-25-35; www.liceodelalengua.com; Callejón del Pueblito 5) Eine kleine, sehr professionelle Spanischschule in zentraler Lage, in der nie mehr als fünf Sprachschüler in einer Klasse sind.

Academia Hispano Americana
SPRACHE

(☑ 415-152-03-49; www.academiahispanoamericana.com; Mesones 4) Diese Schule in einem schönen Kolonialgebäude veranstaltet sehr gute Spanischkurse zur Vertiefung und integriert Geschichtsstunden in den Unterricht.

Warren Hardy Spanish
SPRACHE

(☑ 415-154-40-17; www.warrenhardy.com; San Rafael 6) In der von einem Amerikaner betriebenen Schule wird Spanischunterricht

mit eigenem gedrucktem Lernmaterial angebote, und sie ist bei zugezogenen Ausländern reiferen Alters beliebt.

👉 Geführte Touren

⭐ Bookatour
GEFÜHRTE TOUREN

(☑ 415-152-01-98; www.bookatour.mx; Codo 1; ☻ Mo–Fr 9–18.30, So bis 15 Uhr) Dieses Unternehmen bietet eine Reihe von Stadtspaziergängen mit zweisprachigen Führern. Es sind u. a. folgende Touren möglich: sehr interessante, dreistündige Stadtspaziergänge in San Miguel (40 US$/Std.), Kunst- und Kunsthandwerkstouren (120 US$/Std.), Cantina-Touren (35 US$/Pers.) und Fahrten mit dem Heißluftballon (175 US$/Pers.). Die Preise gelten bei bis zu drei Teilnehmern und schließen auch den Transport mit ein. Dies ist auch der einzige Ort in San Miguel, an dem man einen Mietwagen bekommen kann.

⭐ Bici-Burro
RADFAHREN

(☑ 415-152-15-26; www.bici-burro.com; Hospicio 1; Ausflüge 70–120 US$) Der freundliche und professionelle englischsprachige Besitzer Alberto veranstaltet elf verschiedene geführte Mountainbiketouren für Gruppen ab zwei Personen. Besonders beliebt sind die sechs- bis siebenstündigen Exkursionen nach Atotonilco oder Mineral de Pozos und die wundervolle „Mezcal-Tour", bei der man an einem Tag mehrere Haziendas besucht. Leihfahrräder gibt's hier ebenfalls (45 US$/Tag) und auch geführte Wanderungen werden angeboten.

Historical Walking Tour of San Miguel de Allende
STADTSPAZIERGANG

(☑ 415-152-77-96; www.historicalwalkingtour.org; Jardín Allende; 300 Mex$) Diese hervorragende Tour findet jeden Montag, Mittwoch und Freitag um 10 Uhr statt und startet am El Jardín. Ab 9.45 Uhr werden die Karten verkauft; unbedingt einen guten Zeitpuffer einplanen, da die Touren pünktlich starten. Die englischsprachigen Freiwilligen geben faszinierende historische, architektonische und kulturelle Hintergrundinformationen zu den Sehenswürdigkeiten der Stadt. Man kann auch spezielle Architektur- sowie Privatführungen buchen.

Xotolar Ranch Adventures
REITEN

(☑ 415-154-62-75; www.xotolarranch.com; Ausritte ab 95 US$) Xotolar Ranch Adventures mit Sitz auf einer bewirtschafteten Ranch hat sich auf halb- und ganztägige Ausritte durch Schluchten spezialisiert. Eine Tour

SANTUARIO DE ATOTONILCO

Die als Mexikos Sixtinische Kapelle bekannte **Kirche** (Calle Principal, Atotonilco) steht im Dörfchen Atotonilco, das 11 km nördlich von San Miguel liegt. Sie ist aufgrund ihrer Verbindung zu Mexikos Unabhängigkeitskampf ein bedeutendes Heiligtum und ein wichtiges Symbol für die Menschen des Landes. Nationalheld Ignacio Allende, der hier 1802 heiratete, kehrte 1810 gemeinsam mit Miguel Hidalgo und einer Gruppe von Unabhängigkeitskämpfern auf dem Weg von Dolores nach San Miguel zurück, um das Banner der Jungfrau von Guadalupe als Flagge zu verwenden.

Eine Reise nach Atotonilco ist bei Pilgern und Bußetuenden aus ganz Mexiko beliebt. Am zweiten Wochenende vor Ostern startet hier außerdem eine bedeutende und feierliche Prozession, bei der die Teilnehmer ein Bildnis des Señor de la Columna zur Kirche San Juan de Dios in San Miguel tragen. Das Heiligtum besteht im Inneren aus sechs Kapellen und ist mit zahlreichen Statuen, folkloristischen Wandmalereien und Gemälden geschmückt. Am dritten Sonntag im Juli finden hier traditionelle Tänze statt. 2008 wurde die Kirche von der UNESCO zum Weltkulturerbe ernannt.

Von San Miguel aus verlangen Taxifahrer für die einfache Strecke etwa 120 bis 150 Mex$. An der Calzada de La Luz fahren stündlich (jeweils zur halben Stunde) Stadtbusse mit der Aufschrift „Atotonilco" oder „Cruz del Palmar" ab (10 Mex$, 45 Min.).

führt zur Pyramide von Cañada de la Virgen (145 US$/Pers.; S. 733).

 Feste & Events

San Miguel ist reich an Kirchen (über 40!) und Schutzheiligen (es gibt sechs). Entsprechend groß ist die Zahl der Feste, von denen viele einen stark religiösen Charakter haben. Dass ein Fest im Gange ist, erkennt man spätestens dann, wenn das Feuerwerk losgeht. Und Umzüge sind hier fast schon an der Tagesordnung. Eine Übersicht über die anstehenden Events gibt's in der Touristeninformation (S. 731) sowie auf der Webseite www.visitsanmiguel.travel.

Semana Santa RELIGION
(☉ März/April) Eine Woche voller religiöser Aktivitäten. Zwei Sonntage vor Ostern tragen Pilger in einer Prozession das Bild des Señor de la Columna von Atotonilco 11 km weiter nördlich zur Kirche San Juan de Dios in San Miguel. Aufgebrochen wird am Sonnabend um Mitternacht. Zu den Hauptereignissen während der Semana Santa gehören die feierliche Procesión del Santo Entierro am Karfreitag und das Verbrennen oder Sprengen von Judasfiguren am Ostersonntag.

Fiesta de la Santa Cruz FIESTA
(☉ Ende Mai) Das tiefreligiöse Frühlingsfest hat seine Wurzeln im 16. Jh. und findet 2 km außerhalb des Zentrums im Valle del Maíz statt. Ochsen werden mit Halsbändern aus Zitronen und bemalten Tortillas und ihr Joch mit Blumen und Früchten geschmückt. Ein

Scheingefecht zwischen „Indios" und „Federales" findet statt. Man sieht *mojigangas* (riesige Puppen), Tänzer und Musiker, und außerdem gibt's 96 Stunden lang Feuerwerk.

Fiesta de los Locos RELIGION
(☉ Mitte Juni) Als Teil der Festividad de San Antonio de Padua Mitte Juni ist das „Fest der Narren" ein bunter, karnevalesker Umzug durch die Stadt mit Festwagen, plärrender Musik und kostümierten Tänzern, die mit Zuckerwerk werfen – teilweise gezielt in die Menge. Es wird am ersten Sonntag nach dem 13. Juni veranstaltet.

San Miguel Arcángel RELIGION
(Jardín Allende; ☉ Sept.) Die Feierlichkeiten zu Ehren des wichtigsten Schutzheiligen der Stadt finden um das Wochenende nach dem 29. September herum statt. Ein Höhepunkt ist die *alborada,* eine künstliche Morgendämmerung, die rund um die Kathedrale mit Tausenden Feuerwerkskörpern geschaffen wird und ein die ganze Nacht andauerndes Fest einleitet, bei dem vorkoloniale Tänze aufgeführt werden.

Guanajuato International Film Festival FILM
(GIFF; www.giff.mx; ☉ Juli) Das Kurzfilmfestival im Juli, das gemeinsam mit der Stadt Guanajuato ausgerichtet wird, wurde mit der Intention ins Leben gerufen, die hiesige Filmindustrie zu fördern – und bekam dafür großen Beifall. Auf dem Programm steht z. B. das Cine entre Muertos, bei dem Horrorfilme auf Friedhöfen ausgestrahlt werden.

🛏️ Schlafen

Während der Festivals und in der Hochsaison sind die Unterkünfte oft ausgebucht, dann sollte man rechtzeitig im Voraus buchen. Dank einiger neuer Unterkünfte bietet die Stadt nun Übernachtungsmöglichkeiten für jeden Geldbeutel an. San Miguel ist aber auch eine Hochburg luxuriöser B&Bs, Boutiquehotels und Pensionen.

Hostal Punto 79 · HOSTEL $

(☎415-121-10-34; www.punto79.com; Mesones 79; B 180–210 Mex$, Zi. ab 780 Mex$; 🛜) Der zentral gelegene Komplex bewirbt sich selbst als Hotel-Hostel, doch die Hostelzimmer bieten ein weitaus besseres Preis-Leistungs-Verhältnis. Die Schlafsäle sind nach Geschlecht getrennt und eine gute Option, besonders für Budgettraveller. Viele Einrichtungen sind nicht vorhanden, auch Frühstück gibt es nicht, doch dafür nächtigt man mitten in der Stadt.

Hostal Alcatraz · HOSTEL $

(☎415-152-85-43; www.facebook.com/alcatrazhostal; Reloj 54; B inkl. Frühstück ab 235 Mex$; 🛜) Das zentral gelegene Hostel bietet einfache, einwandfreie Schlafsäle und eine Gemeinschaftsküche, aber zu wenig Bäder. Das im Preis inbegriffene Frühstück ist exzellent.

Hostel Inn · HOSTEL $

(☎415-154-67-27; www.hostelinnmx.com; Calzada de La Luz 31A; B 180–250 Mex$, EZ 580 Mex$, Zi. ohne Bad 550–750 Mex$, alle inkl. Frühstück; 🛜) Das funktionell umgebaute Gebäude hat Schlafsäle und einfache Privatzimmer mit Ventilatoren, eine Gemeinschaftsküche, einen günstigen Wäscheservice und einen kleinen Garten hinterm Haus mit Rasenflächen sowie einen gemütlichen Gemeinschaftsbereich. Es liegt an einer vielbefahrenen Straße, jedoch gehen die meisten Zimmer nach hinten oder zur Seite.

Casa Carly · APPARTEMENT $$

(☎415-152-89-00; www.casacarly.com; Calzada de la Aurora 48; EZ/DZ/4BZ inkl. Frühstück 1200/1600/1800 Mex$; ☉ Juli–Mai; 🛜) Die sieben reizenden Zimmer in dieser ehemaligen Hazienda liegen um einen wunderbar abgeschiedenen Garten und sind alle ganz individuell in geschmackvollen, farbenfrohen mexikanischen Designs gehalten. Einige davon sind mit einer Küchennische ausgestattet; eine tolle Option, wenn man hier länger wohnen möchte. Der bezaubernde Garten hat sowohl einen Teich als auch einige Springbrunnen und ist eine wahre Oase mitten im bunten Treiben der Stadt.

⭐ Rosewood San Miguel de Allende · HISTORISCHES HOTEL $$$

(☎415-152-97-00; www.rosewoodhotels.com/en/san-miguel-de-allende; Nemesio Diez 11; Zi./Suite inkl. Frühstück ab 11 750/17 300 Mex$; 🅿🌀🛜🏊) San Miguels exklusivste und beeindruckendste Unterkunft ist dieser prachtvolle Palast, in dem lückenloser Service, wunderbar klassisch eingerichtete Zimmer und ein ganz schön überwältigendes Maß an Opulenz für ein Luxuswochenende der Spitzenklasse sorgen. Es gibt außerdem einen tollen Pool, einen schön gestalteten Garten und eine Dachterrassenbar mit einem schwindelerregenden Blick über die Kuppeln und Hügel von San Miguel.

⭐ Casa de la Noche · PENSION $$$

(☎415-152-07-32; www.casadelanoche.com; Organos 19; Zi. inkl. Frühstück 100–160 US$; 🌀🛜) Das faszinierende ehemalige Bordell ist stolz auf seine verruchte Vergangenheit und Besitzerin Barbara hat interessante Storys über ehemalige Angestellte auf Lager, deren Bilder noch an den Wänden hängen und deren Nachkommen zum Teil heute hier arbeiten. Trotz seiner umtriebigen Geschichte ist das Hotel nun der Inbegriff von Anständigkeit und erfreut sich bei Künstlern und Schriftstellern großer Beliebtheit.

Bei den Zimmern gibt es enorme Unterschiede in Größe und Schnitt, alle sind aber komfortabel und gemütlich und haben Bodenheizung. Die Gäste können die Gemeinschaftsküche und die großen Gemeinschaftsbereiche mitbenutzen. Ein Restaurant soll bald auch noch hinzukommen.

⭐ Antigua Capilla · BOUTIQUEHOTEL $$$

(☎415-152-40-48; www.antiguacapilla.com; Callejon Chepitos 16; Zi. inkl. Frühstück 175–200 US$; 🅿🌀🛜) Das durch und durch stilvolle, gepflegte Hotel, das um eine winzige Kapelle aus dem 17. Jh. herum angelegt ist, weist kaum einen Makel auf. Es wartet mit allen modernen Annehmlichkeiten, einem überragenden Frühstück und einem hübschen, von Pflanzen gesäumten Innenhof auf. Die bezaubernden Besitzer sprechen Englisch und Spanisch. Zum Hotel geht es einen Hügel hinauf, doch dafür ist der Blick von der Dachterrasse einer der besten der Stadt. Hervorragendes Preis-Leistungs-Verhältnis.

Hotel Matilda · BOUTIQUEHOTEL $$$

(☎415-152-10-15; www.hotelmatilda.com; Aldama 53; Zi. inkl. Frühstück ab 410 US$; 🌀🛜🏊) Der äußerst moderne Luxus des Hotel Matilda steht in krassem Kontrast zu den anderen Unterkünften der Stadt, die dem Kolonialstil konsequent treu bleiben; das Konzept hier scheint allerdings aufzugehen. Fast alles ist in Weiß gehalten, selbst die eleganten, auf schlichte Weise fabelhaften Zimmer. Es gibt einen Infinity-Pool, einen Wellnessbereich und ein beliebtes Bar-Restaurant, in dem das tolle kontinentale Frühstück serviert wird.

Überall im Haus sind verschiedene Kunstwerke zu sehen, darunter auch eine Kopie von Diego Riveras in den 1940er-Jahren entstandenen Porträt von Matilda Stream (der Mutter des amerikanischen Hotelbesitzers).

Casa Florida

BOUTIQUEHOTEL **$$$**

(☎415-154-81-95; www.casafloridasma.com; Macias 60; Zi. inkl. Frühstück 130–170 US$; ❄ 🐾 🛜) Dieses sehr ansprechende, anheimelnde Boutiquehotel im Herzen von San Miguel besticht durch gedeckte Farben und ein dezentes Design. Die vier entzückenden Zimmer sind alle unterschiedlich groß, haben aber allesamt weiche Kissen und lokal gefertigte Überwurfdecken. Es gibt eine gemeinsam genutzte Dachterrasse und das Penthouse hat sogar seine eigene. Die Gäste können die Küche mitbenutzen, was für solch eine Art von Unterkunft recht ungewöhnlich ist. Am Wochenende muss man mit einem um etwa 30 % höheren Preis rechnen.

Dos Casas

BOUTIQUEHOTEL **$$$**

(☎415-154-40-73; www.doscasas.com.mx; Quebrada 101; DZ inkl. Frühstück ab 210 US$; ➯ ❄ 🐾 🛜) Dieses schicke Hotel bietet mit seinen Creme- und Schwarztönen, den Kaminen und den privaten Terrassen jede Menge modernen Stil. Die zwölf atemberaubenden Zimmer auf zwei nebeneinander gelegenen Grundstücken verströmen einen Hauch von Avantgarde-Luxus (der Besitzer ist Architekt). Es gibt ein Spa und im Hof das Restaurant Áperi (S. 730), das zweifellos ein kulinarisches Highlight der Region ist.

Casa de la Cuesta

B & B **$$$**

(☎415-154-43-24; www.casadelacuesta.com; Cuesta de San José 32; Zi. inkl. Frühstück 180 US$; ➯ 🛜) Die reich verzierte und typisch mexikanische Unterkunft schmiegt sich an einen Hügel hinter dem Mercado El Nigromante. Es verfügt über geräumige Zimmer in einem hübschen Herrenhaus der Kolonialzeit, und den Gästen wird ein üppiges Frühstück serviert. Die Besitzer sind freundlich und sehr sachkundig. Der Mindestaufenthalt beträgt zwei Nächte.

 ## Essen

San Miguel hat eine erstklassige Restaurantszene mit einer überraschenden Vielfalt an hochwertiger mexikanischer und internationaler Küche. Sie gilt als eine der kulinarischen Hauptstädte Mexikos und hat das des Öfteren schon unter Beweis gestellt. Die Stadt verfügt außerdem über eine florierende Caféhausszene und sagenhafte Bäckereien. Günstiges Essen gibt's an mehreren bewährten Essensständen an der Ecke der Ancha de San Antonio und der von Bäumen beschatteten Calle Nemesio Diez.

Tacos Don Felix

TACOS **$**

(www.tacosdonfelix.com; Fray Juan de San Miguel 15; Tacos 25–40 Mex$, Hauptgerichte 70–200 Mex$; ⏱Fr & Sa 18–24, So 14–21.30 Uhr) Eine gute Gelegenheit, sich einmal etwas abseits der Touristenpfade zu bewegen, ist dieses angenehm einheimische Lokal in der Colonia of San Rafael, das nicht weit außerhalb des Zentrums liegt. Leckere Tacos und ein freundlicher Service laden in den schattigen Hof oder in das überraschend große Hauptrestaurant ein. Nach Einbruch der Dunkelheit sollte man lieber ein Taxi nehmen.

Baja Fish Taquito

TACOS **$**

(☎415-121-09-50; Mesones 11B; Tacos 25–40 Mex$, Tagesmenü 80–120 Mex$; ⏱11.30–20 Uhr; 🛜) Das Personal dieses wunderbar kleinen Lokals ist außerordentlich fürsorglich. Die Spezialitäten hier sind atemberaubend leckere Fisch-Tacos im Baja-Stil und *tostadas*. Während der Bereich unten, wo man am Tresen sitzen und dabei zusehen kann, wie die Tacos frisch zubereitet werden, nicht wirklich einladend aussieht, gibt es oben eine nette Terrasse mit schönem Blick über die Dächer von San Miguel.

La Mesa Grande

BÄCKEREI **$**

(☎415-154-08-38; www.lamesagrande.com; Zacateros 149; Frühstück 50–100 Mex$, Pizzas 90–130 Mex$; ⏱Mo–Do 8–17, Fr bis 22, Sa 9–17 Uhr; 🛜) Eine moderne, von einem Amerikaner betriebene *pandería* mit Café, die hervorragendes Gebäck, ein tolles Frühstück, leckere Salate und Pizzas aus dem Holzofen im Angebot hat. Letztere kann man sich selbst zusammenstellen. Der große Gemeinschaftstisch, der im Namen der Bäckerei schon angekündigt ist, bietet eine tolle Gelegenheit, mit seinen Nachbarn ins Gespräch zu kommen. Das Lokal ist ein beliebter Treffpunkt für Einheimische.

El Manantial
BAR, CANTINA **$**

(Barranca 78; Tacos 85–95 Mex$, Tostadas 40–60 Mex$; ☺ Di–So 13–1 Uhr) Hinter den Schwingtüren eines früheren Salons serviert „die Quelle" fantastisch frische Ceviches in einem recht lauten Lokal im Cantina-Stil. Die Bar hat wirklich Pep, nicht zuletzt wegen der Habanero-Salsa, der schärfsten Chilisauce überhaupt, und obwohl das Personal manchmal etwas mürrisch ist, ist der Laden fast immer komplett voll. Lecker sind auch die Ingwer-Margaritas (65 Mex$).

San Agustín
CAFÉ **$**

(☎ 415-154-91-02; San Francisco 21; Snacks 30–80 Mex$, Hauptgerichte 70–180 Mex$; ☺ Mo–Do 8–23, Fr–So 9–24 Uhr) Eine der Institutionen, die man besucht haben muss, ehe man abreist. Das Paradies für Naschkatzen ist der beste Ort Mexikos, um Schokolade und *churros* (eine Art frittierter Donuts) zu schlemmen. Man muss allerdings oft anstehen, um überhaupt erst reinzukommen. Die meisten Gäste scheinen jedoch der Meinung zu sein, dass sich das Warten lohnt.

★ Vía Orgánica
MEXIKANISCH **$$**

(www.viaorganica.org; Ledesma 2; Hauptgerichte 120–200 Mex$; ☺ 8–21 Uhr; ☎ ✏) ✏ Ein ausgezeichnetes Restaurant und ein Pionier auf seinem Gebiet: Dank seiner traumhaften Auswahl an mexikanischen Gerichten mit internationalem Touch (etwa mit Salbei verfeinerter Truthahn-Burger oder vegetarische Lasagne) hat das Vía Orgánica die Herzen der in San Miguel lebenden wohlhabenden Expats im Sturm erobert. Hier werden auch vor Ort angebaute Bio-Lebensmittel verkauft und jeden Donnerstag gibt's einen kostenlosen Workshop zu Themen wie Landwirtschaft und gesunde Ernährung.

★ Lavanda
CAFÉ **$$**

(Macías 87; ☺ Mo–Sa 8.30–16, So bis 14 Uhr; ☎ ✏) ✏ Während die Gäste das unglaublich beliebte Frühstück verdrücken, sorgt ein Gitarrist für die passende Hintergrundmusik. Wer nicht gleich da ist, wenn das Café öffnet, muss sich auf Wartezeiten einstellen. Das reizende Lavanda serviert zudem einen hervorragenden Kaffee, super Eiergerichte und köstliche *cazuelas*. Die zauberhaften Räumlichkeiten sind zweigeteilt: Es gibt einen Speiseraum mit hohen Decken und einen Garten im Hof.

★ La Parada
PERUANISCH **$$**

(☎ 415-152-04-73; www.laparadasma.com; Recreo 94; Hauptgerichte 105–250 Mex$; ☺ Mi–Sa

12–22, So & Mo bis 21 Uhr; ☎) Dieses angesagte Restaurant bietet peruanische Küche vom Feinsten. Die Gerichte sind so kunstvoll präsentiert wie sie heißen („El Quiquiriquí" für Hühnerbrust und „Chino Cochino" für exquisites Schweinefleisch). Und natürlich gibt's auch die allgegenwärtigen (und köstlichen) Ceviches. Die Besitzer sind nicht nur jung und hip, sondern auch, was viel wichtiger ist, leidenschaftliche Köche. Für Vegetarier ist der „Veggie Muncher" (105 Mex$) im Angebot, ein aufwendiges Sandwich mit gegrillter Zucchini. Unbedingt reservieren.

Muro
MEXIKANISCH **$$**

(☎ 415-152-63-41; www.cafemuro.com; Cerrada de San Gabriel 1; 130–195 Mex$; ☺ Do–Di 9–16 Uhr; ☎) Das Muro ist kürzlich in seine tollen neuen Räumlichkeiten nicht weit vom Zentrum entfernt umgezogen und serviert auch hier so ziemlich alles: von *chilaquiles con arrachera* über Arme Ritter bis hin zu Gebäck und fabelhaften frisch gepressten Säften. All dies macht es zu einer tollen Frühstücksadresse. Wo immer möglich, werden regionale Zutaten verwendet, und die hochprofessionellen und freundlichen Besitzer stellten sicher, dass man sich hier gut aufgehoben fühlt.

Café Rama
BAR, RESTAURANT **$$**

(☎ 415-154-96-55; www.cafe-rama.com; Nemesio Diez 7; Hauptgerichte 165–290 Mex$; ☺ Di–So 8–24 Uhr; ☎ ✏) Diese coole Kombination aus Café, Bar und Restaurant besteht aus zwei Räumen, die liebevoll mit skurrilen Antiquitäten und diversem Schnickschnack sowie mit gemütlichen Sofas in der Nähe des offenen Kamins eingerichtet sind. Die wechselnde Karte bietet ausgezeichnete internationale Gerichte, die ausgesprochen gut ankommen. Besonders das Frühstück ist sehr beliebt und es wird täglich bis 12 Uhr, am Wochenende sogar bis 13 Uhr serviert. Lecker sind die Curry-Muscheln und die göttlichen Shrimps-Tacos.

Berlin
INTERNATIONAL **$$**

(☎ 415-152-94-32; www.berlinmexico.com; Umarán 19; Hauptgerichte 130–385 Mex$; ☺ 17 Uhr–open end; ☎) In dem angesagten, künstlerisch angehauchten Lokal werden gute internationale Gerichte serviert, darunter auch deutsche Klassiker wie Spätzle. Es gibt außerdem eine beeindruckende Auswahl an Steaks. In der stimmungsvollen und sehr geselligen Bar kann man sich gepflegt betrinken.

⭐ Nomada

MEXIKANISCH $$$

(☑ 415-121-91-63; http://nomada-cocina.mx; Macias 88; Hauptgerichte 70–180 Mex$; ☺Mo–Sa 13–22 Uhr; 🛜🖋) Das Nomada ist ein großartiges Restaurant mit freundlichem, Englisch sprechendem Personal, das die beste moderne mexikanische Küche in ganz San Miguel hat. Wie wär's mit Schweinebauch-Tacos, Kaktussalat mit gegrillter Avocado oder Tintenfisch-Tortilla mit Salsa Verde, Käse aus der Region und Koriander? Montags und mittwochs ist zudem ein sehr empfehlenswertes Probiermenü mit vier Gängen (350 Mex$) im Angebot.

⭐ Áperi

INTERNATIONAL $$$

(☑ 415-152-09-41; www.aperi.mx; Dos Casas, Quebrada 101; 5-Gänge-Probiermenü mit/ohne passende Weine 1200/900 Mex$, Hauptgerichte 360–480 Mex$; ☺Mi–Mo 14–16 & 18.30–22.30 Uhr; 🖋) Dieses Restaurant im Hof eines Boutiquehotels ist die vielleicht beste Adresse der Stadt für ein gehobenes Essen. Der Koch des Áperi hat den Freibrief, zu kochen, was immer er will. Das Ergebnis ist eine regelmäßig wechselnde Karte mit Enten-, Schweinefleisch- und Meeresfrüchtegerichten, die mit lokalen Zutaten aus San Miguel zubereitet werden. Gerichte, die frisch vom Hof auf den Teller kommen, waren noch nie so glamourös wie hier.

Der „Chef's Table" – mehrgängiges Probiermenü für zwei bis fünf Personen – beginnt um 18.30 Uhr (Teilnahme nach vorheriger Reservierung). Wer bereit ist, auch mal mehr auszugeben, sollte das hier tun.

The Restaurant

INTERNATIONAL $$$

(☑ 415-154-78-57; www.therestaurantsanmiguel. com; Diez de Sollano 16; Hauptgerichte 245–480 Mex$; ☺So, Di & Mi 12–22, Do–Sa bis 23 Uhr) Das gehobene Restaurant ist im Hof eines Kolonialgebäudes untergebracht und besticht durch sein vollständig internationales Angebot mit dem gelegentlichen mexikanischen Touch. Zum Einsatz kommen saisonale Bio-Produkte, die auf kreative Weise zu grandiosen Kompositionen kombiniert werden. Ein unvergessliches kulinarisches Erlebnis versprechen die Enten-Tacos oder das Zuckermais-Risotto mit *huitlacoche* (Maispilz).

🍷 Ausgehen & Nachtleben

Trinken und Unterhaltung fallen in San Miguel oft zusammen. Viele Bars (und Restaurants) bieten Livemusik. Am meisten ist donnerstags bis samstags an den Abenden los, doch mancherorts gibt's sogar jeden Abend Livemusik. In der Calle Umarán befinden sich viele Bars.

La Mezcalería

BAR

(Correo 47; ☺17–23 Uhr) San Miguel ist verrückt nach Mezcal und diese coole Bar, in der es eine gigantische Auswahl an Mezcals aus Oaxaca und obendrein noch gute Tapas-Teller gibt, gehört zu den beliebtesten Adressen der Einheimischen, um diese Leidenschaft auszuleben. Auf keinen Fall verpassen: die Mezcal-Margarita!

Mama Mía

CLUB

(www.mamamia.com.mx; Umarán 8; ☺So–Do 8–24 Uhr, Fr & Sa bis open end) Dieser seit vielen Jahren beliebte Laden hat verschiedene Bereiche für unterschiedliche Arten der Unterhaltung: In der Bar gibt's freitags und samstags live gespielte Rock- und Funkmusik (unter der Woche ist Karaoke angesagt) und im Hof des Restaurants treffen sich die kultivierteren Gäste und lauschen dem Live-Folk. Die Bar Leonardo's im vorderen Bereich zeigt auf einer großen Leinwand Sportveranstaltungen und die Terrassenbar La Terrazza bietet einen netten Ausblick auf die Stadt. Gegen 23 Uhr nimmt die Stimmung an Fahrt auf.

La Azotea

BAR

(Umarán 6) Diese Cocktail-Lounge auf einer Dachterrasse ist eine schwulenfreundliche, entspannte Adresse, die ein junges, schickes Publikum anzieht – ein toller Ort für einen Sundowner.

El Café de la Mancha

CAFÉ

(www.facebook.com/elcafedelamancha; Recreo 21A; ☺Mo–Fr 9–18, Sa 10–18 Uhr; 🛜) Dieses Café ist zwar winzig, aber der perfekte Ort für Kaffeekenner. Der Besitzer und ausgebildete Barista vollbringt mit seinen mexikanischen Bohnen wahre Wunder und verwendet alle existierenden Methoden der Kaffeekultur (Cafétiére, Chemex-Kaffeebereiter, Aeropress-Kaffeemaschine, Espresso).

⭐ Unterhaltung

In San Miguel jagt ein kulturelles Event das nächste; die aktuellen Terminen stehen im *Atención San Miguel*. In der Escuela de Bellas Artes (S. 723) und der Biblioteca (in der Sala Quetzal) finden verschiedene Kulturveranstaltungen statt, teilweise in englischer Sprache; das Programm steht auf den Tafeln.

Teatro Ángela Peralta
THEATER
([☎] 415-152-22-00; http://teatro.sanmigueldealle nde.gob.mx; Ecke Calles Mesones & Hernández Macías) Dieses 1873 erbaute, elegante Theater ist das eindrücklichste der Stadt. Hier werden lokale Produktionen, klassische Musikkonzerte und andere kulturelle Events veranstaltet. Die Theaterkasse ist gleich um die Ecke. Die Karten kosten je nach Veranstaltung zwischen 50 und 500 Mex$.

 Shoppen

San Miguel hat eine unglaublich große Anzahl an Kunsthandwerksläden, die Volkskunst und Kunsthandwerk aus dem ganzen Land verkaufen. Wer ernsthaft etwas erstehen möchte, sollte sich einen Termin bei der hervorragenden **Galeria Atotonilco** ([☎] 415-185-22-25; www.folkartsanmiguel.com; Camino Antiguo Ferrocarril 14, El Cortijo; ☉nur nach Vereinbarung) geben lassen. Hier wird lokales Kunsthandwerk aus Blechgeschirr, Schmiedeeisen, Silber, Messing, Leder, Glas, Keramik und Stoff verkauft. Viele Läden finden sich an den Straßen Canal, San Francisco, Zacateros und Pila Seca. Preis und Qualität der angebotenen Stücke können sehr unterschiedlich sein.

Kunsthandwerk
Ein Stadtbummel durch San Miguel macht auch deshalb Spaß, weil man dabei die vielen Galerien entdeckt, die sich in den Gassen der Stadt verstecken. In San Miguel gibt's mehr kommerziell betriebene Galerien als Cafés (und vielleicht sogar Immobilienmakler). Die meisten zeitgenössischen Kunstgalerien und Designstudios – sie werden von hier lebenden Künstlern geführt – haben sich in der trendigen **Fábrica La Aurora** ([☎] 415-152-13-12; www.fabricalaaurora. com; Aurora s/n; ☉10–18 Uhr) angesiedelt, einer ehemaligen Fabrik für Rohbaumwolle am Nordrand der Stadt.

Märkte
Ein interessantes Ausflugsziel ist der berühmte **Tianguis** (☉Di 7–18 Uhr), ein riesiges Freiluftspektakel neben dem Einkaufszentrum Soriana, 2,5 km südöstlich des Zentrums an der Straße nach Querétaro. Hier bekommt man frische Produkte und jede Menge grässliche Kunststoffprodukte. Manch ein Besucher fühlt sich von der Größe und den Massen aber schlichtweg überfordert. Zentraler liegt da der **Mercado El Nigromante** (Colegio s/n; ☉8–20 Uhr), auf dem man Obst, Gemüse und sonstige Nahrungsmittel kau-

fen kann. Eine eher gehobene Alternative zu den genannten beiden Märkten ist **TOSMA** (www.tosma.net; Ancha de San Antonio 32; ☉Sa 9–16 Uhr), der jeden Samstag den ganzen Tag auf einem Gelände abseits der Ancha de San Antonio abgehalten wird und wo man Kunsthandwerk, Souvenirs und Lebensmittelstände findet.

ⓘ Praktische Informationen

Wer etwas Zeit in der Stadt verbringt, sollte unbedingt die zweisprachige (Englisch und Spanisch) Wochenzeitung *Atención San Miguel* (15 Mex$) kaufen, die jeden Freitag erscheint. Sie ist bis zum Anschlag mit Veranstaltungsterminen der darauffolgenden Woche gefüllt, darunter geführte Touren, Konzerte und Ausstellungseröffnungen. Auch die Termine von Yoga-, Spanisch-, Kunst- und Tanzkursen sind aufgelistet. Man bekommt die Zeitung in der öffentlichen Bibliothek und in vielen Cafés sowie bei Straßenverkäufern.

Die meisten Banken haben ihre eigenen Geldautomaten, die auf der El Jardín oder maximal zwei Blocks davon entfernt zu finden sind. Auf dem Correo gibt es auch *casas de cambio* (Wechselstuben).

Die **Hauptpost** (Ecke Correo & Corregidora; ☉Mo–Sa 8–18 Uhr) befindet sich unmittelbar abseits vom El Jardín. Wer Kunsthandwerk oder andere Kunstwerke nach Hause schicken möchte, sollte sich jedoch besser für einen Zustelldienst wie **La Unión** ([☎] 415-185-92-00; www. launionsanmiguel.com; Pila Seca 13; ☉Mo–Sa 9–18 Uhr) entscheiden.

H+ San Miguel de Allende ([☎] 415-152-59-00; www.hmas.mx/sanmiguel; Libramiento Jose Manuel Zavala 12) ist im Falle von medizinischen Notfällen die beste Adresse für eine moderne Versorgung und englischsprachige Ärzte.

Die **Touristeninformation** ([☎] 415-152-09-00; www.visitsanmiguel.travel; Plaza Principal 8; ☉Mo–Fr 9–20, Sa 10–20, So bis 18 Uhr) liegt an der Nordseite vom El Jardín. Hier bekommt man Stadtpläne, Werbeflyer und Infos zu Veranstaltungen.

ⓘ An- & Weiterreise

AUTO & MOTORRAD
Der einzige Autovermieter in San Miguel ist Bookatour (S. 725). Mietwagen kosten ab 750 Mex$ pro Tag inklusive Versicherung. Die meisten größeren Autovermietungen sitzen in Guanajuato oder am Flughafen Bajío.

BUS
Die Central de Autobuses liegt an der Canal (Calzada de la Estación), 3 km westlich vom Stadtzentrum. Die Linien 2. Klasse (Coordinados/Flecha Amarilla und Herradura de Plata)

starten ebenfalls von diesem Busbahnhof aus. Busse der 1. Klasse fahren außerdem nach Aguascalientes, Monterrey und San Luis Potosí.

FLUGZEUG

In der Stadt gibt es eine riesige Diskussion über den kleinen Lokalflughafen, den die Behörden San Miguels planen und von dem viele fürchten, dass er die Stadt für immer verändern wird. Bis dahin ist der am nächsten gelegene Flughafen der Aeropuerto Internacional de Guanajuato (S. 716) zwischen León und Silao, etwa 1½ Autostunden von San Miguel entfernt. Sinnvolle Alternativen sind der Flughafen Queretaro und der internationale Flughafen in Mexico City.

 ## Unterwegs vor Ort

VOM/ZUM BUSBAHNHOF

Nahverkehrsbusse (6 Mex$) sind täglich zwischen 7 und 21 Uhr in Betrieb. Busse mit der Aufschrift „Central" verkehren regelmäßig zwischen dem Busbahnhof und dem Stadtzentrum. Bei der Fahrt ins Zentrum endet die Fahrt am östlichen Ende der Insurgentes, nachdem sie sich durch die Straßen geschlängelt hat. Stadtauswärts fahren sie die Avenida Canal hoch, wo man zusteigen kann. Ein Taxi vom Zentrum in die Stadt oder umgekehrt kostet ca. 40 Mex$, Fahrten innerhalb der Stadt um die 35 Mex$.

VOM/ZUM FLUGHAFEN

Viele Agenturen arrangieren den Shuttle-transport von und zum Flughafen Guanajuato, darunter **Viajes Vertiz** (☑415-152-18-56; www.facebook.com/viajesvertiz; Hidalgo 1; ☺Mo–Fr 9–18.30, Sa 10–14 Uhr), **Viajes San Miguel** (☑415-152-25-37; www.viajessanmiguel.com; Mesones 38, Interior 7; ☺Mo–Fr 9–19, Sa 10–14 Uhr), **Bajío Go** (☑415-152-19-99; www.bajiogo.com; Jesús 11; ☺Mo–Sa 8–20, So 10–15 Uhr) und **Bookatour** (S. 725). Alternativ nimmt man einen Bus nach Silao und fährt von dort mit dem Taxi zum Flughafen (ca. 60 Mex$). Um zum Flughafen Mexico City zu kommen, nimmt man einen Bus nach Querétaro und von dort einen Direktbus zum Flughafen.

Wer mit dem Bus vom Flughafen nach San Miguel fahren will, nimmt am besten bis León ein Taxi und steigt dort in den Bus. Zwischen dem Flughafen Guanajuato und dem Zentrum von León verkehren keine Busse. Ein Taxi nach León kostet 380 Mex$ und nach San Miguel 1200 Mex$ (für bis zu 4 Pers.).

Mineral de Pozos

☑442 / 3500 EW.

Noch vor nicht einmal 100 Jahren war Mineral de Pozos ein florierendes Zentrum des Silberbergbaus mit 70 000 Einwohnern, doch nach der Revolution von 1910 und der Überflutung der Minen schrumpfte die Bevölkerung. Die Folge waren leere Häuser, eine große, unvollendete Kirche und verlassene Schächte. Heute kämpft sich das kleine Örtchen allmählich wieder auf die Landkarte zurück. Besucher können die verfallenden Gebäude erkunden und die faszinierende Umgebung, in der sich die Ruinen mehrerer Minen befinden, mit dem Mountainbike oder Pferd besuchen. Neben Galerien gibt es überall im Ort auch zahlreiche Kunsthandwerksläden, in denen die Einwohner ihre Arbeiten verkaufen.

 ## Aktivitäten

Man sollte sich nicht nur auf den Jardin Juarez beschränken, sondern auch die Plaza Zaragoza hügelaufwärts und die Plaza Mineros hügelabwärts erkunden. Die Minen befinden sich allesamt außerhalb des Ortes und sollten am besten im Rahmen einer geführten Tour besucht werden, die von Cinco Señores organisiert werden kann.

Cinco Señores   GEFÜHRTE TOUREN

(☑468-106-06-35, 468-103-06-50; mineral-depozos@outlook.com; Juárez; 150 Mex$/Tour; ☺Sa & So 11–18 Uhr) Diese zertifizierte Reiseagentur ist die beste in der Stadt. Sie bietet geführ-

BUSSE AB SAN MIGUEL DE ALLENDE

ZIEL	PREIS (MEX$)	DAUER (STD.)	HÄUFIGKEIT (TGL.)
Celaya	60	1¾	alle 15 Min.
Dolores Hidalgo	53	1	7–19 Uhr alle 40 Min.
Guadalajara	590–680	5¼–5½	4-mal
Guanajuato	113–175	1–1½	stündl.
León	224	2¼–2½	12-mal
Mexico City (Terminal Norte)	328	3½–4¼	8-mal
Querétaro	74	1–1½	7–20.30 Uhr alle 40 Min.

CAÑADA DE LA VIRGEN

Cañada de la Virgen ist ein faszinierender präkolumbischer Pyramidenkomplex und eine ehemalige Ritual- und Zeremonialstätte aus der Zeit zwischen ca. 300 und 1050 n. Chr. Vor Ort wurden Artefakte und Knochen entdeckt, die von Opferzeremonien stammen sollen. Zu den interessantesten Aspekten gehören die Ausrichtung des Haupttempels auf die Planeten und die Gestaltung des Ortes, in der sich die umliegende Landschaft widerspiegelt.

Die **Stätte** (50 Mex$; ☉ Di–So 10–16 Uhr) liegt etwa 25 km südöstlich von San Miguel. Für Reisende, die des Spanischen nicht mächtig sind, ist eine geführte Tour mit **Coyote Canyon Adventures** (☑ 415-154-41-93; www.coyotecanyonadventures.com; Fahrt halber/ ganzer Tag ab 1550/2450 Mex$/pro Pers., mind. 4 Pers.) die einfachste und auch lohnendste Option. Unter den Führern sind Archäologen und Anthropologen, die den spannenden kulturellen und historischen Kontext der Stätte erklären. Auf dem Gelände müssen alle Besucher den Shuttlebus (30 Mex$) benutzen. Er verkehrt zwischen dem Verwaltungsbüro und den (mehrere Kilometer entfernten) Ruinen und fährt zwischen 10 und 16 Uhr zur vollen Stunde los. Die Führungen sind auf Spanisch. Da es über Kopfsteinpflaster und steile Treppen geht, sollte man an geeignetes Schuhwerk denken.

te Touren zu einer (150 Mex$) oder zwei (220 Mex$) Bergbau-Haziendas einschließlich Transport, Eintritt und einer Führung im Grubenschacht. Helme werden für alle Teilnehmer bereitgestellt. Das Büro befindet sich auf der Hauptplaza von Mineral de Pozos.

🛏 Schlafen & Essen

⭐ **Posada de las Minas**   BOUTIQUEHOTEL **$$**
(☑ 442-293-02-13; www.posadadelasminas.com; Doblado 1; Zi. inkl. Frühstück 1000–1800 Mex$; ☎) Die wunderschön restaurierte Hazienda aus dem 19. Jh. bietet kunstvolle Zimmer und Apartments mit mexikanischen Keramiken und antiken Möbeln. Das Zimmer „Santa Brigida" hat Eckfenster, von denen aus man über den Ort blickt; viele der anderen Zimmer haben Balkons. Das Hotel hat auch eine Bar und ein Restaurant sowie einen beeindruckenden Kakteengarten und reizende Angestellte.

El Secreto   B&B **$$**
(☑ 442-293-02-00; www.elsecretomexico.com; Jardín Principal 4; Zi. inkl. Frühstück ab 1500 Mex$; ☎☎) Das kleine B&B an der Plaza versteckt sich in einem hübschen Garten mit zahlreichen Kakteen, Blumen und Vögeln und verfügt über drei elegante Zimmer. Haustiere sind erlaubt.

⭐ **La Cantina Mina**   MEXIKANISCH **$$**
(www.posadadelasminas.com; Doblado 1; Hauptgerichte 100–175 Mex$; ☉ So–Do 8.30–21, Fr & Sa bis 23 Uhr; ☎) In der Posada de las Minas liegt dieses wunderbare Restaurant rund um einen Brunnen in einem Hof. Es ist die beste

Adresse im Ort für ein gemütliches Essen. Die Gerichte auf der Speisekarte sind raffiniert und lecker, darunter finden sich z. B. Kokos-Shrimps mit Ananassauce und ein Lachsburger, aber auch mexikanische Klassiker wie der fantastische *queso fundido* (geschmolzener Käse).

🛍 Shoppen

Casa del Venado Azul   MUSIK
(☑ 468-117-03-87; azulvenado@hotmail.com; Calle Centenario 34; ☉ 10–18 Uhr) Unter den Herstellern von volkstümlichen Musikinstrumenten in Mexiko sticht der Besitzer dieses Ladens, Luis Cruz, deutlich heraus. Der seinerseits versierte Musiker führt sein eigenes Musikensemble an, das auch international auf Tour geht. Die Casa del Venado Azul ist gleichzeitig auch ein **Budgethotel** (Zi. 500–600 Mex$).

ℹ An- & Weiterreise

Wer einen eigenen fahrbaren Untersatz hat, der braucht für die Fahrt von San Miguel de Allende bis nach Mineral de Pozos gerade einmal eine Stunde. Ansonsten ist Bookatour (S. 725) die einfachste Alternative, um nach Pozos zu kommen. Die fünfstündige Tour kostet 45 US$ pro Person (mind. 3 Pers.). Oder man bucht bei Bici-Burro (S. 725) eine eintägige Fahrradtour zum Ort und zu den Minen.

Mit dem Bus (ab San Miguel de Allende oder Querétaro) braucht man leider fast den ganzen Tag, um in dieses abgeschiedene Örtchen zu gelangen. Zuerst muss man nach Dolores Hidalgo und dann nach San Luis de la Paz fahren (14 km nördlich von Pozos, ein Abstecher nach Osten vom Hwy 57), anschließend nimmt man einen dritten Bus nach Pozos. Eine echte Plackerei also.

AGUASCALIENTES (BUNDESSTAAT)

1,2 MIO. EW.

Der Bundesstaat Aguascalientes ist einer der kleinsten Mexikos und hier dreht sich alles um die gleichnamige Stadt. Der Legende nach hat ein Kuss, den die Frau eines prominenten Lokalpolitikers auf die Lippen des Diktators Santa Anna platzierte, Aguascalientes die Loslösung von Zacatecas beschert.

Abseits der Hauptstadt mit ihrer feinen Museumslandschaft sind echte Touristenziele Mangelware. Aber schon die Fahrt ab/nach Zacatecas ist reizvoll: Es geht durch fruchtbares Land, auf dem Mais, Bohnen, Chili, Früchte und Getreide gedeihen. Auf den Ranches des Bundesstaates werden Rinder und Bullen gezüchtet, die auf der Schlachtbank enden oder im ganzen Land bei Stierkämpfen geopfert werden.

Aguascalientes

📞 449 / 935 000 EW. / HÖHE 1880 M

In dieser prosperierenden Industriestadt lebt über die Hälfte der Einwohner des Bundesstaates. Seine hässlichen Vororte mit ihren Ringstraßen und die Zersiedelung, die so gut wie alle Städte in Mexiko gemein haben, sind zwar nicht sehr einladend, doch im Zentrum gibt's eine nette Plaza und einige Straßenzüge mit schönen Kolonialgebäuden. Der größte Trumpf der Stadt sind ihre Museen: Das Museo Nacional de la Muerte allein ist einen Besuch wert, ebenso die Museen, die sich José Guadalupe Posada und Saturnino Herrán widmen. Wenn man sowieso durch den Bundesstaat fährt und etwas Zeit übrig hat, ist es lohnend, in der Stadt Halt zu machen und zu Mittag zu essen oder sogar zu übernachten.

Geschichte

Vor der Ankunft der Spanier hatte man hier bereits ein Labyrinth aus Katakomben gebaut, das die ersten Spanier La Ciudad Perforada (die durchlöcherte Stadt) nannten. Den Archäologen sind die Tunnel (die leider nicht öffentlich zugänglich sind) noch immer ein Rätsel.

1522 traf der Konquistador Pedro de Alvarado hier ein, wurde aber von den Chimicheken zurückgeschlagen. Im Jahr 1575 wurde hier eine kleine Garnison gegründet, um die Silberkonvois von Zacatecas nach Mexico City zu schützen. Nachdem die Chimicheken ihren Widerstand schließlich aufgegeben hatten, beförderten die Thermalquellen das Wachstum der Stadt. Ein großer Tank neben der Ojo-Caliente-Quelle half bei der Bewässerung der hiesigen Farmen, die auch für die Lebensmittel für die Arbeiter in den nahegelegenen Bergbaugebieten sorgten.

Heute werden in der Stadt Textilien, Wein, Weinbrand, Leder, Trockenfrüchte und Autos produziert.

🔵 Sehenswertes

⭐ Museo Nacional de la Muerte

MUSEUM

(www.museonacionaldelamuerte.uaa.mx; Jardín del Estudiante s/n; Erw./Student 20/10 Mex$, Di frei; ☺ Di–So 10–18 Uhr) Das exzellente Museo Nacional de la Muerte widmet sich allem, was mit dem Lieblingsthema in Mexiko – dem Tod – zu tun hat, vom Skelett La Catrina bis hin zu historischen Exponaten und modernen Darstellungen. Die Sammlung – über 2500 Objekte, Zeichnungen, Schriften, Textilien, Spielzeuge und Miniaturen – stiftete der Sammler und Grafiker Octavio Bajonero Gil der Universidad Autónoma de Aguascalientes. Über 1200 Exponate davon sind ausgestellt, die von der mesoamerikanischen Zeit bis hin zu modernen künstlerischen Interpretationen reichen.

Während der Bereich über die Bestattungsriten von Kindern sicher nicht jedermanns Sache ist – vom Bild der toten Frida Kahlo an anderer Stelle ganz zu schweigen –, schafft es das Museum ansonsten, das Thema überraschend unbeschwert aufzugreifen. Im vorletzten Raum ist der sehr kleine Miniaturschädel aus Kristall bemerkenswert. Er soll aus der Zeit der Azteken stammen und einer von nur zweien sein, die es auf der ganzen Welt gibt. In der Galerie im Obergeschoss findet man einen interessanten Bereich über die verschiedenen Darstellungen des Todes in den unterschiedlichen Ländern der Welt und man erkennt hier schnell, dass die Obsession des Makabren bei Weitem nicht nur in Mexiko vorkommt. Dieses wundervolle Museum vermittelt einen bunten, humorvollen und interessanten Einblick und es ist wahrscheinlich das Highlight von Aguascalientes.

Palacio de Gobierno

HISTORISCHES GEBÄUDE

(Plaza de la Patria; ☺ Mo–Fr 8–20.30, Sa & So bis 14 Uhr) GRATIS Der 1665 aus rotem und rosafarbenem Stein als Villa für den Marqués de Guadalupe errichtete Palacio de Gobierno an der Südseite der Plaza de la Patria ist das

Aguascalientes

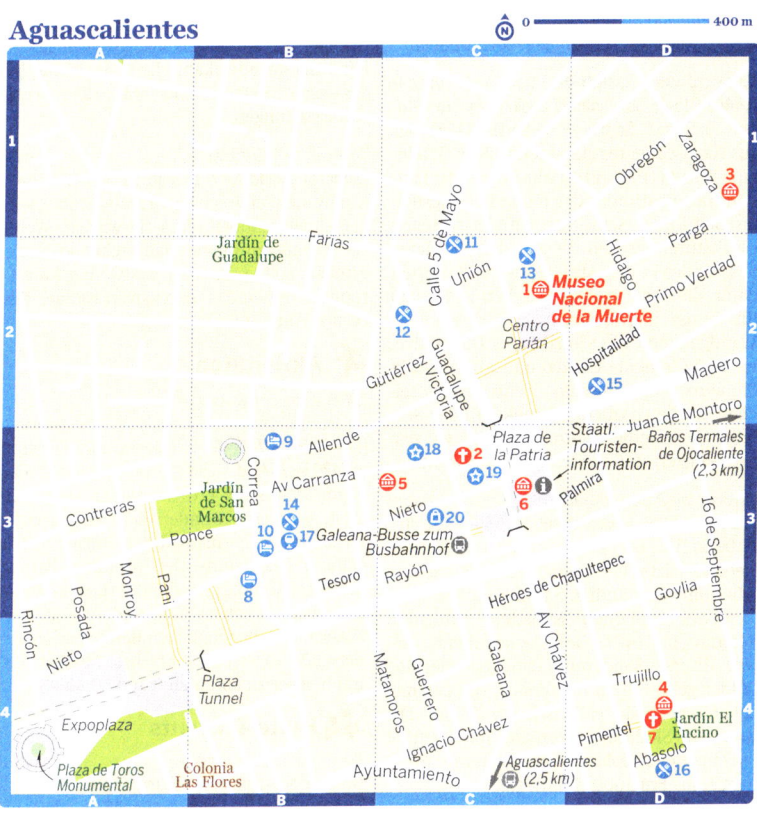

Aguascalientes

◉ Highlights
1 Museo Nacional de la Muerte C2

◎ Sehenswertes
2 Catedral C3
3 Museo de Aguascalientes D1
4 Museo José Guadalupe Posada D4
5 Museo Regional de Historia C3
6 Palacio de Gobierno C3
7 Templo del Encino D4

🛏 Schlafen
8 Art Hotel B3
9 El Giro Hostel B3
10 Hostal La Vie en Rose B3

🍴 Essen
11 Mercado Jesús Terán C2
12 Mercado Juárez ....,.......................C2
13 Mercado Morelos..................... ., C2
14 Mesa Verde...B3
15 Restaurant Mitla D2
16 Rincón Maya...D4

🍷 Ausgehen & Nachtleben
17 Pulquería Posada......................................B3

🎭 Unterhaltung
18 Casa de la Cultura.....................................C3
19 Teatro Morelos..C3

🛍 Shoppen
20 Casa de las Artesanías............................C3

bedeutendste Gebäude aus der Kolonialzeit in Aguascalientes. Die Wände des herrlichen Innenhofs sind zwei Stockwerke hoch von Wandmalereien bedeckt. Besonders erwäh-nenswert ist jenes Wandbild, welches die Konvention von 1914 darstellt. Sein Schöp-fer, der chilenische Künstler Osvaldo Barra, ein Schüler von Diego Rivera, malte auch das Wandbild an der Südwand, das die Kräfte zeigt, die Aguascalientes geformt haben.

Museo José Guadalupe Posada   MUSEUM

(☎449-915-45-56; Jardín El Encino s/n; Erw./Student 10/5 Mex$, So frei; ☺Di–So 11–18 Uhr) Der aus Aguascalientes stammende José Guadalupe Posada (1852–1913) war in vielerlei Hinsicht der Begründer der modernen mexikanischen Kunst. Seine Stiche und satirischen Karikaturen stellten die sozialen Probleme des Landes in den Mittelpunkt und sorgten dafür, dass sich mehr Menschen in Mexiko für Kunst interessierten. Später schuf er Wandgemälde, die Künstler wie Diego Rivera, José Clemente Orozco und Alfaro David Siqueiros beeinflussten. Sein Markenzeichen ist die *calavera* (Totenkopf oder Skelett). Viele seiner *calavera*-Stiche wurden reproduziert und fanden weite Verbreitung.

Museo de Aguascalientes   MUSEUM

(Zaragoza 505; Erw./Student 10/5 Mex$, So frei; ☺Di–So 11–18 Uhr) In einem recht stattlichen neoklassizistischen Gebäude zeigt dieses Museum die ständige Sammlung von Werken des brillanten Künstlers Saturnino Herrán (1887–1918) aus Aguascalientes sowie diverse Sonderausstellungen. Herráns Bilder gehörten zu den ersten, die das mexikanische Volk realistisch darstellten. Die sinnliche Skulptur *Malgretout* im Innenhof ist eine Fiberglaskopie des Marmororiginals von Jesús Fructuoso Contreras.

Catedral   KATHEDRALE

(Plaza de la Patria) Die schön restaurierte Barockkathedrale an der Westseite der Plaza stammt aus dem 18. Jh. Innen ist sie prächtiger, als das Äußere zunächst vermuten lässt. Über dem Altar am Ostende des südlichen Schiffs befindet sich ein Gemälde Unserer Lieben Frau von Guadalupe von Miguel Cabrera. In der *pinacoteca* (Bildergalerie) der Kathedrale gibt's noch mehr Arbeiten von Cabrera zu sehen, dem größten mexikanischen Künstler der Kolonialzeit. Sie ist nur zu Ostern geöffnet, aber wenn man Glück hat und höflich darum bittet, lässt einen vielleicht ein Priester hinein.

Museo Regional de Historia   MUSEUM

(☎449-916-52-28; Av Carranza 118; Erw. 50 Mex$; ☺Di–So 9–18 Uhr) Das Gebäude des Geschichtsmuseums wurde von Refugio Reyes als Villa für eine Familie errichtet und besitzt auch eine schöne Kapelle voller Votivgemälde und Werke, die Correa zugeschrieben werden. In mehreren Räumen wird anhand von Exponaten die Geschichte vom Urknall bis zur Kolonialzeit abgehandelt. Für Fans der mexikanischen Geschichte ist das sicher interessant. Es gibt zudem Wechselausstellungen.

Templo del Encino   KIRCHE

(Jardín El Encino; ☺7–13 & 18–21 Uhr) In dieser Kirche steht eine schwarze Jesus-Statue, von der einige glauben, dass sie wächst. Wenn sie irgendwann eine nahestehende Säule erreicht, soll es zu einer weltweiten Katastrophe kommen. Bemerkenswert ist auch das riesige Wandbild *Kreuzweg*.

🏃 Aktivitäten

⭐ Baños Termales de Ojocaliente   THERMALBÄDER

(☎449-970-07-21; Av Tecnológico 102; Privatbad ab 420 Mex$/Std.; ☺8–20 Uhr) Obwohl der Name der Stadt etwas anderes vermuten lässt, ist dieses wunderschön restaurierte, farbenfrohe Thermalbad das einzige in der Nähe des Zentrums. Der in bunten Farben gefliese Komplex von 1808 versetzt seine Besucher zurück in eine andere Zeit. Das Wasser soll alle möglichen Beschwerden lindern. Ein Taxi ist die einfachste Möglichkeit, um hierher zu kommen (rund 50 Mex$).

🎊 Feste & Events

Feria de San Marcos   VOLKSFEST

(www.feriadesanmarcos.gob.mx; Expoplaza; ☺Mitte April) Dies ist Mexikos größtes, drei bis vier Wochen dauerndes Volksfest. Es findet einmal im Jahr rund um die Expoplaza statt und lockt Tausende Besucher mit Ausstellungen, Stierkämpfen, Hahnenkämpfen, Rodeos, Konzerten und Kulturevents. Der große Umzug erfolgt am 25. April, dem Tag des hl. Markus. Die Feria ist das größte Event in Aguascalientes und die Zimmerpreise erreichen zu dieser Zeit ihren Höchststand.

Festival de las Calaveras   KULTUR

(☺Nov.) Mit dem zehntägigen Festival de las Calaveras (die Termine variieren, aber meistens liegen sie immer um den 1. und 2. Nov.) feiert Aguascalientes den Día de Muertos (Tag der Toten) mit viel *calavera*-Symbolik. Der essbare oder auch dekorative Totenkopf ist bei Mexikanern zu dieser Zeit des Jahres besonders beliebt.

🛏 Schlafen

Aguascalientes wartet mit einer ganz guten Auswahl an Unterkünften auf, die für fast jeden Geldbeutel geeignet sind. Seit hier vor Kurzem einige Hostels eröffnet haben, können nun auch Backpacker eine günstige Bleibe finden. Während der Feria de San Marcos im April schießen die Preise in die Höhe; am letzten Wochenende des Festes sind die Unterkünfte komplett ausgebucht. Die Einheimischen verdienen sich dann mit der Vermietung von Privatzimmern ein schönes Zubrot.

Hostal La Vie en Rose
HOSTEL $

(☎449-688-71-69, 437-479-24-00; lavieenrosehostal@gmail.com; Nieto 457; B/DZ 200/400 Mex$; ☎) Das freundliche Hostel bietet ein gutes Preis-Leistungs-Verhältnis. Die Inneneinrichtung ist zwar recht einfach, aber auch auf seltsam ansprechende Art altmodisch. Die Schlafsäle sind sauber und teilen sich Gemeinschaftsbäder, während die Doppelzimmer über ein eigenes Bad verfügen. Es gibt einen Tischkicker, eine gute Küche, einen Aufenthaltsbereich und eine Dachterrasse mit Bar. Das Gesamtpaket verleiht dem Hostel ein sehr geselliges Flair.

El Giro Hostel
HOSTEL $

(☎449-917-93-93; www.elgirohostal.com; Ignacio Allende Oriente 341; B ab 180 Mex$) Das farbenfrohe El Giro ist das beste Hostel der Stadt. Die Schlafsäle mit Stockbetten sind zwar ganz schön vollgestellt, haben aber (bis auf einen) alle ihr eigenes Bad. Es gibt eine Küche und freundliche Mitarbeiter und auch die Lage ist hervorragend. Vom Busbahnhof nimmt man Bus 31 bis zur Ecke Calle Elizondo/Calle Bavon.

Art Hotel
BOUTIQUEHOTEL $$

(☎449-269-69-95, 449-917-95-95; Nieto 502; Zi. wochentags/Wochenende 650/1050 Mex$; ❄☎) Dieses Hotel ist in einem brutalistischen Betongebäude untergebracht und stellt – bei diesem Namen nicht überraschend – jede Menge Kunst aus, darunter auch ein sehr markanter Stier an der Rezeption. Seine Mission ist es, seinen Gästen einen unvergesslichen Aufenthalt zu bescheren, womit es auch recht erfolgreich ist. Die komfortablen und stilvollen Zimmer haben zwar nicht viel Tageslicht, dafür bieten sie unter der Woche ein hervorragendes Preis-Leistungs-Verhältnis, während die Preise am Wochenende stark ansteigen. Frühstück gibt es hier jedoch nicht.

✗ Essen & Ausgehen

In Aguascalientes werden ganz gute und recht abwechslungsreiche Essensmöglich-keiten angeboten. Frische Lebensmittel und billige Gerichte findet man auf den drei Märkten: **Mercado Juárez** (Plazuela Juárez), **Mercado Jesús Terán** (Arteaga) und **Mercado Morelos** (Morelos); sie haben alle täglich von 7 bis 19 Uhr geöffnet. Die Calle Carranza ist von Restaurants gesäumt und in der Callejón del Codo gibt's mehrere kleine Cafés und guten Kaffee.

★ Mesa Verde
CAFÉ $

(Elizondo 113; ☉ Mo, Mi–Fr 9.30–17, Sa & So 10.30–18 Uhr; ☎✎) Das entzückende Mesa Verde ist mit seiner vegetarierfreundlichen *comida saludable* – Reformkost –, die frisch vor den Augen der Gäste zubereitet wird, eine tolle Adresse für ein entspanntes Mittagessen. Auf der Karte stehen hausgemachte Biere sowie großartiger Kaffee. Die Dachterrasse hat Holztische und versprüht eine freundliche Atmosphäre.

Rincón Maya
YUKATEKISCH $$

(Abasolo 113; Hauptgerichte 100–200 Mex$; ☉Mo–Sa 14–24, So bis 22.30 Uhr) Bis zum Mittagessen serviert das Rincón Maya im La Mestiza Yucateca (8–14 Uhr), seinem Alter Ego gleich nebenan. Beide Restaurants befinden sich in einer ehemaligen Hazienda, und beide tischen Köstliches aus Yucatán auf.

Restaurant Mitla
MEXIKANISCH $$

(Madero 220; Hauptgerichte 75–230 Mex$; ☉7–22, So bis 21 Uhr; ☎) In diesem großen, netten und beliebten Restaurant scheint die Zeit im Jahr seiner Eröffnung, nämlich 1938, stehengeblieben zu sein. Die Kellner haben weiße Hemden an und tragen Silbertabletts. Auf der umfangreichen Karte stehen verschiedene mexikanische Spezialitäten, Frühstücksmenüs (ab 90 Mex$) und Mittagessen vom Büffet (140 Mex$).

Pulquería Posada
BAR

(La Pulque; Nieto 445; ☉10–14.30, Di–So 17.30–23 Uhr) Aguascalientes war einst berühmt für seinen *pulque*, und dieser beliebte Studententreff lässt diese Tradition wieder aufleben. In der Pulquería Posada geht's fröhlich zu – und es ist billig. Eine Halbliter-*jarra* (Krug) mit *pulque* (traditionelles aztekisches alkoholisches Getränk aus fermentiertem Agavensaft) kostet 20 Mex$. Es gibt auch eine gute Auswahl an Mezcals in den diversen Geschmacksrichtungen von Limone bis Guave.

☆ Unterhaltung

In Aguascalientes gibt es zwei Theater, das **Teatro de Aguascalientes** (☎449-978-54-

BUSSE AB AGUASCALIENTES

ZIEL	PREIS (MEX$)	DAUER (STD.)	HÄUFIGKEIT (TGL.)
Guadalajara	255–310	2¾–3	häufig
Guanajuato	240	3	2-mal
León	180–240	2–3½	häufig
Mexico City (Terminal Norte)	470–680	6	häufig
Queretaro	395–550	5	häufig
San Luis Potosí	175–245	3–3½	stündl.
Zacatecas	165–230	2	stündl.

14; Ecke Calles Chávez & Aguascalientes) und das **Teatro Morelos** (449-915-19-41; Nieto 113, Plaza de la Patria), in denen verschiedene kulturelle Veranstaltungen stattfinden.

Casa de la Cultura   KULTURZENTRUM
(449-910-20-10; Av Carranza 101) Die Casa de la Cultura befindet sich in einem schönen Gebäude aus dem 17. Jh. und veranstaltet Kunstausstellungen, Konzerte sowie Theater- und Tanzaufführungen.

🛍 Shoppen

Casa de las Artesanías   KUNST & KUNSTHANDWERK
(Nieto 210) Die reizende Casa de las Artesanías verkauft eine Auswahl beeindruckenden Kunsthandwerks aus der Umgebung, von regionalen Süßigkeiten bis hin zu Lederwaren, die mit der schwierigen *piteado*-Technik hergestellt sind.

ℹ Praktische Informationen

Banken mit Geldautomaten sind rund um die Plaza de la Patria und die Expoplaza zahlreich vertreten. *Casas de cambio* (Wechselstuben) konzentrieren sich in der Hospitalidad, gegenüber von der Post.

Star Médica (449-910-99-00; www.starmedica.com; Universidad 101)

Staatliche Touristeninformation (449-910-20-88, Anschluss 4300; www.aguascalientes.gob.mx; Palacio de Gobierno, Plaza de la Patria; ⏲Mo–Sa 9–20, So 10–17 Uhr)

ℹ An- & Weiterreise

BUS
Der **Busbahnhof** (Central de Autobuses Aguascalientes; Av Convención) befindet sich 2 km südlich vom Zentrum. Dort gibt's mehrere Essensoptionen und eine Gepäckaufbewahrung. Nach/ab Aguascalientes verkehren Busse der Deluxe-, der 1. und der 2. Klasse. Deluxe- und 1.-Klasse-Busse werden u. a. von ETN, Primera Plus, Futura und Ómnibus de México angeboten. Das wichtigste Unternehmen mit Bussen der 2. Klasse ist Coordinados (Flecha Amarilla).

FLUGZEUG
Der **Aéropuerto Internacional Jesús Terán** (449-918-28-06) liegt 26 km südlich von Aguascalientes abseits der Straße nach Mexico City. Es gibt Inlandsflüge nach Mexico City und Monterrey sowie Direktverbindungen nach Los Angeles, Houston und Dallas/Fort Worth.

ℹ Unterwegs vor Ort

Die meisten interessanten Sehenswürdigkeiten liegen in bequemer Gehentfernung voneinander entfernt. Die Stadtbusse (6 Mex$) fahren zwischen 6 und 22 Uhr. Aus dem Zentrum starten von der Ecke **Galeana** (Galeana/Insurgentes nahe der Insurgentes) mehrere Busse zum Busbahnhof.

Taxifahrer bestimmen die Preise anhand ihres Taxameters. Die Fahrt vom Busbahnhof zum Zentrum oder umgekehrt kostet zwischen 25 und 30 Mex$.

SAN LUIS POTOSÍ (BUNDESSTAAT)

San Luis Potosí gehört zu den idyllischsten und abwechslungsreichsten Bundesstaaten des Landes und zieht alle, die es besuchen, in seinen Bann. Dafür sorgen einerseits seine bezaubernden grünen Täler, die steilen Berghänge und die hohen Wasserfälle der Huasteca Potosina. Andererseits punktet der Bundesstaat auch mit der gleichnamigen historischen Hauptstadt, deren elegantes Zentrum aus der Kolonialzeit eher wie eine Filmkulisse anmutet und nicht wie eine bewohnte mexikanische Stadt mittlerer Größe. Und dann wäre da noch die faszinierende „Geisterstadt" Real de Catorce. Die Reise dorthin gipfelt in einer langen Fahrt durch einen etwas furchteinflößenden Tunnel im

Berg. Dieses unvergessliche Erlebnis wird belohnt, denn man erreicht direkt danach eines der beeindruckendsten *pueblos mágicos* (magische Dörfer) Mexikos. Aber auch ein Abstecher ins bezaubernde Xilitla darf nicht fehlen, der Stadt, die Edward James' epischem Skulpturengarten von Las Pozas am nächsten liegt. Das wunderbare dadaistische Meisterwerk wird durch eine Reihe von Wasserfällen und rauschenden Flüssen abgerundet, die die dicht bewaldeten Berghänge hinunterstürzen.

San Luis Potosí

🎵 444 / 762 000 EW. / HÖHE 1860 M

Die Grande Dame unter den Städten aus der Kolonialzeit war einst Brutstätte der Revolution, bedeutende Bergbaustadt und Sitz der Regierung. Als blühende Hauptstadt des Bundesstaates, ordentliches Industriezentrum und Sitz einer Universität hat sie bis heute Haltung bewahrt, verzeichnet jedoch relativ wenige Besucher.

Ein herrlicher Ort für einen Spaziergang ist das koloniale Herz der Stadt. Es besteht aus zahlreichen Plazas und gepflegten Parks, die durch hübsche Fußgängerzonen verbunden sind. Auch wenn die lebhafte Stadt nicht so überwältigend ist wie Zacatecas oder Guanajuato und definitiv nicht den Zauber von San Miguel versprüht, so spiegeln sich doch in den herrlichen Gebäuden aus der Kolonialzeit, dem beeindruckenden Theater und den vielen ausgezeichneten Museen kulturelle Eleganz.

Geschichte

San Luis Potosí wurde 1592 gegründet, 20 km westlich der Silbervorkommen des Cerro de San Pedro. Benannt wurde die Stadt nach der unglaublich reichen bolivianischen Silberstadt Potosí – die Spanier hofften, dass ihr das neue Potosí einmal Konkurrenz machen könnte. Doch schon in den 1620er-Jahren gingen die Erträge zurück. Allerdings hatte sich San Luis zu dieser Zeit als Zentrum der Viehzucht schon so gut etabliert, dass es die wichtigste Stadt im Nordosten Mexikos blieb, bis Monterrey ihr zu Beginn des 20. Jhs. den Rang ablief.

Im 19. Jh. war San Luis für seine prächtigen Häuser und seine importierten Luxusgüter bekannt. Während der französischen Besetzung in den 1860er-Jahren war die Stadt zweimal Sitz des Präsidenten Benito Juárez und seiner Regierung. Während der Wahlkampagne von 1910 hielt der diktatorisch herrschende Präsident Porfirio Díaz seinen liberalen Konkurrenten Francisco Madero in San Luis fest. Nach der Wahl wieder in Freiheit, brütete Madero seinen *Plan de San Luis Potosí* aus, der die Absetzung Díaz' zum Ziel hatte. Im Oktober 1910 präsentierte er ihn in San Antonio in Texas der Öffentlichkeit. Der Plan erklärte die Wahl für illegal, Madero ernannte sich selbst zum provisorischen Präsidenten und terminierte den Beginn des Aufstands in Mexiko auf den 20. November – und damit nahm die Mexikanische Revolution ihren Lauf.

◉ Sehenswertes

★ **Museo Federico Silva**   MUSEUM
(www.museofedericosilva.org; Obregón 80; Erw./Student 30/15 Mex$, So frei; ⏰ Mi–Mo 10–18, So bis 14 Uhr) Dieses hervorragende Museum, das der Arbeit des mexikanischen Künstlers Federico Silva (geb. 1923) gewidmet ist, sollte man sich nicht entgehen lassen. Das im 17. Jh. errichtete Gebäude war einst ein Hospital und dann eine Schule. Es wurde meisterhaft und unter Einbezug der früheren neoklassizistischen Verkleidung zu einem Skulpturenmuseum umgestaltet, in dem die eindringlichen monolithischen Skulpturen von Silva zu sehen sind.

Neben der Dauerausstellung im Erdgeschoss werden oben auch hochwertige Wechselausstellungen internationaler zeitgenössischer Bildhauer gezeigt.

Jardín de San Francisco (Jardín Guerrero)   PLAZA

Die Plaza wird von der Mächtigkeit des Templo de San Francisco (S. 741) und des zugehörigen Klosters bestimmt, und mit dem hübschen Springbrunnen in der Mitte ist sie einer der bezauberndsten Plätze der Stadt.

Museo del Ferrocarril   MUSEUM

(Av Othón; 25 Mex$; ⏰ Di–Fr 9–18, Sa & So 13–17 Uhr; ♿) Im herrlichen alten Bahnhof von 1936, der einst ein wichtiger Halt an zwei der größten Zugstrecken Mexikos war, befindet sich ein hervorragendes Museum, das die Vergangenheit sehr geschickt zum Leben erweckt. Sehenswert sind die beiden Wandbilder von Fernando Leal (1943 vollendet), die das Innere des Bahnhofs zieren. Auch ein Spaziergang durch die alten Zugwaggons, die an den Bahnsteigen stehen, lohnt sich. Die kleinen Besucher lieben den Miniaturzug, der rund ums Museum fährt (25 Mex$).

San Luis Potosí

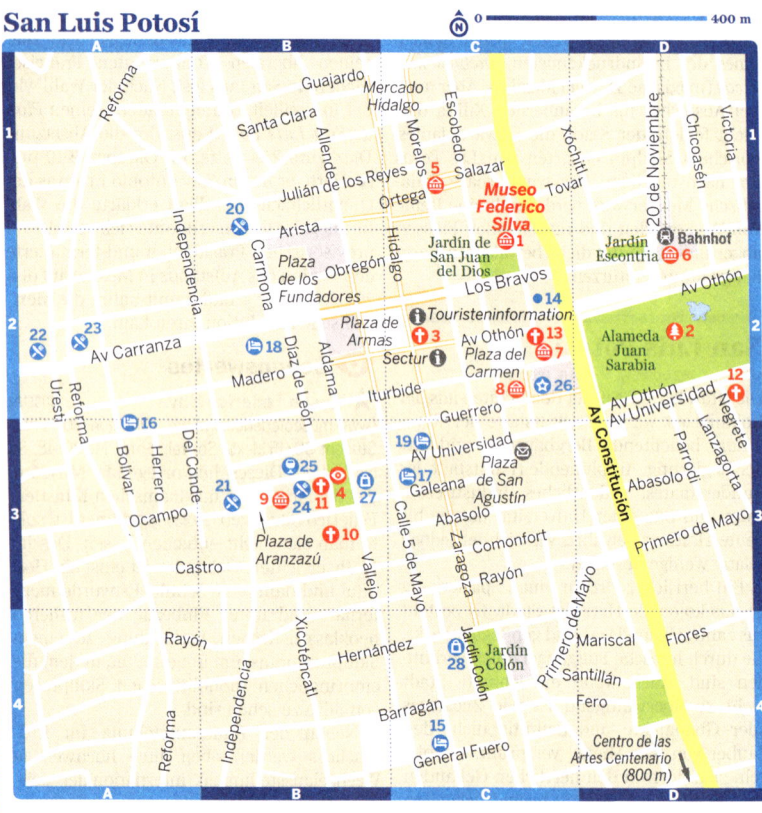

San Luis Potosí

🔴 Highlights
1 Museo Federico Silva..............................C2

🔴 Sehenswertes
2 Alameda D2
3 Catedral C2
4 Jardín de San Francisco (Jardín
   Guerrero) B3
5 Museo de Arte Contemporáneo C1
6 Museo del Ferrocarril D2
7 Museo del Virreinato.............................C2
8 Museo Nacional de la Máscara C2
9 Museo Regional Potosino B3
10 Templo de la Tercera Orden &
   Templo del Sagrado Corazón.................B3
11 Templo de San Francisco B3
12 Templo de San José D2
13 Templo del Carmen C2

🔵 Aktivitäten, Kurse & Touren
14 Operatour Potosina C2

🟡 Schlafen
15 Corazón de Xoconostle..........................C4
16 Hikuri Eco Hostal A3
17 Hotel Museo Palacio de San Agustín ... C3
18 Hotel Panorama.....................................B2
19 Hotel San Francisco C3

❌ Essen
20 Antojitos El Pozole................................B1
21 Cafe Cortáo B3
22 Cielo Tinto...A2
23 La Gran Vía A2
24 La Oruga y La Cebada B3

🔵 Ausgehen & Nachtleben
25 Callejon 7B..B3

🔵 Unterhaltung
26 Teatro de la Paz C2

🔵 Shoppen
27 Casa Grande Esencia Artesanal B3
28 La Casa del Artesano C4

Centro de las
Artes Centenario KULTURZENTRUM

(Antigua Penitenciaria; Calz de Guadalupe; 20 Mex$; ☺ Mo–Fr 10–14 & 17–20, Sa & So 11–17 Uhr) Bis 1999 diente dieses Gebäude als Gefängnis, in dem für kurze Zeit Francisco Madero inhaftiert gewesen sein soll. Zehn Jahre später hatte es sich in ein Kunst- und Kulturzentrum verwandelt, ohne dass das Gebäude wesentlich umgebaut wurde. Einige der früheren Zellen wurden erhalten, andere in Büros umgewandelt. Es ist für Architekten ein Muss. Um 17, 18 und 19 Uhr finden Führungen statt (auf Spanisch, ein Trinkgeld für den Führer ist angebracht).

Museo Regional Potosino MUSEUM

(Plaza de Aranzazú s\n; 50 Mex$, So frei; ☺ Di–So 9–18 Uhr) Dieses spannende Museum gehörte ursprünglich ebenfalls zu dem 1590 gegründeten Franziskanerkloster. Im Erdgeschoss – in das auch die kleine Capilla de San Antonio de Padua einbezogen ist – sind Exponate (überwiegend Keramiken) aus dem präkolumbischen Mexiko, insbesondere vom indigenen Volk der Huaxteken, ausgestellt. Im Obergeschoss befindet sich die üppig in Gold und Blaugrün dekorierte **Capilla de Aranzazú**, eine aufwendige Privatkapelle, die Mitte des 18. Jhs. im Stil des Churriguerismus erbaut wurde. In der Kapelle wurden Mönchsnovizen ordiniert.

Templo del Carmen KIRCHE

(☺ 8–13 & 17–20 Uhr) Der im Stil des Churriguerismus errichtete Templo del Carmen (1749–1764) ist das spektakulärste Bauwerk der Stadt. Die schwebenden Engel an der wild bewegten Steinfassade verraten die Hand indigener Künstler. Die Camarín de la Virgen mit ihrem prächtigen goldenen Altar befindet sich drinnen, links vom Hauptaltar. Der Eingang und die Decke dieser Kapelle sind mit kleinen Stuckfiguren übersät.

Catedral KATHEDRALE

(Plaza de Armas GRATIS) Die imposante dreischiffige Barockkathedrale wurde zwischen 1660 und 1730 erbaut. Ursprünglich hatte sie nur einen Turm, der Nordturm wurde im 20. Jh. ergänzt. Die Marmorstatuen der Apostel auf der Fassade sind Kopien der Statuen im römischen Petersdom. Zu jeder vollen Stunde erklingen die elektronischen Glocken, die (natürlich) aus jüngerer Zeit stammen.

Museo Nacional de la Máscara MUSEUM

(Nationales Maskenmuseum; www.museonacion aldelamascara.com; Villerías 2; Erw./Student 20/10 Mex$, Foto 10 Mex$; ☺ Di–Fr 10–18, Sa bis 17, So & Mo bis 15 Uhr) Das tolle Museum zeigt eine interessante Sammlung zeremonieller Masken aus Mexiko und der ganzen Welt, die die Entwicklung der präkolumbischen Masken in Mexiko gut beleuchtet. Die englischen Beschriftungen sind gut und es gibt spannende Videos von Tänzen verschiedener Völker, die bei besonderen Festen aufgeführt wurden.

Templo de San José KIRCHE

(Av Othón) Im Templo de San José an der Südseite der Alameda befindet sich die christusähnliche Figur des El Señor de los Trabajos, die Pilger von nah und fern anzieht. Zahlreiche *retablos* (Altarbilder) rund um die Statue zeugen von den vielen Gebeten, etwa für einen neuen Job, die Gehör fanden, und von anderen Wundern.

Plaza de los Fundadores PLAZA

Die am wenigsten schöne Plaza, die Plaza de los Fundadores („Plaza der Gründer"), war die Wiege der Stadt. An der Nordseite steht ein großes Gebäude, das 1653 als Jesuitenkolleg errichtet wurde. Heute beherbergt es die Universidad Autónoma de San Luis Potosí.

Alameda PARK

(Av Othón) Die Alameda Juan Sarabia bildet die östliche Grenze der Innenstadt. Früher war sie der Gemüsegarten des Klosters, das zum Templo del Carmen gehörte. Heute ist die Alameda ein großer, hübscher Park mit schattigen Wegen.

Museo de Arte Contemporáneo MUSEUM

(MAC; ☎ 444-814-43-63; www.macsanluispotosi. com; Morelos 235; Erw./Student 20/10 Mex$; ☺ Di–Sa 10–18, So bis 14 Uhr) Dieses Museum ist im ehemaligen Postamt der Stadt untergebracht. Heutzutage beherbergt das grandios umgebaute Gebäude Kunstausstellungen, die alle drei Monate wechseln.

Templo de San Francisco KIRCHE

(Jardín de San Francisco) Der Altar des im 17. und 18. Jh. errichteten Templo de San Francisco wurde im 20. Jh. umgestaltet, aber die Sakristei, zu erreichen über eine Tür rechts vom Altar, ist original erhalten und besitzt eine schöne Kuppel und Figuren aus rosafarbenem Stein. Die Sala de Profundis, hinter dem Bogen am südlichen Ende der Sakristei, birgt weitere Gemälde und einen verzierten Brunnen aus Stein. In der Hauptkuppel hängt ein schöner Kristalllüster in Gestalt eines Schiffes.

NÖRDLICHES ZENTRALHOCHLAND SAN LUIS POTOSÍ

Templo de la Tercera Orden & Templo del Sagrado Corazón KIRCHE

(Jardín de San Francisco) Der kleine Templo de la Tercera Orden, 1694 erbaut und 1960 restauriert, und der Templo del Sagrado Corazón (1728–31) bilden das Franziskanerkloster, das am südlichen Ende des Jardín de San Francisco steht.

Museo del Virreinato MUSEUM

(www.museodelvirreinato.mx; Villerías 155; Erw./Student 15/10 Mex$, Foto 20 Mex$; ☉ Di–Sa 10–19, So bis 17 Uhr) Dieses Museum neben dem Templo del Carmen (S. 741) besitzt eine große Sammlung von Gemälden und Objekten aus der Zeit des spanischen Vizekönigreichs. Interessanter sind aber vielleicht die Sonderausstellungen – am besten schaut man, was gerade läuft.

Geführte Touren

Operatour Potosina GEFÜHRTE TOUREN

(☎444-151-22-01; www.operatourpotosina.com.mx; Hotel Napoles, Sarabia 120) Dieser Anbieter hat in San Luis Potosí am meisten Erfahrung in der Arbeit mit ausländischen Travellern. Der freundliche, kenntnisreiche Besitzer und Guide Lori spricht Englisch und führt Touren durch die Stadt, zu Haziendas, nach Real de Catorce, nach Zacatecas und in die Region Huasteca Potosina (mind. 2 Pers.) durch. Auch individuelle Touren sind hier möglich.

Feste & Events

Semana Santa RELIGION

(☉März/April) Die Karwoche wird mit Konzerten, Ausstellungen u. a. gefeiert; am Karfreitag wird um 15 Uhr im Barrio San Juan de Guadalupe der Leidensweg Christi nachgestellt. Um 20 Uhr folgt eine stille Prozession durch das Stadtzentrum – sie ist eine der wichtigsten Ereignisse im Stadtkalender.

Feria Nacional Potosina VOLKSFEST

(FENAPO; www.fenapo.mx; ☉Aug.) San Luis' Volksfest findet normalerweise in den letzten drei Augustwochen statt. Es werden Konzerte, Stierkämpfe, Rodeos, Hahnenkämpfe und eine Landwirtschaftsmesse veranstaltet.

Festival Internacional de Danza Contemporánea Lila López TANZ

(www.facebook.com/festivalinternacionaldedanza contemporanealilalopez; ☉Juli) Dieses wunderbare, jährlich stattfindende nationale Fest des zeitgenössischen Tanzes wird norma-

lerweise an verschiedenen Terminen im Juli abgehalten.

Día de San Luis Rey de Francia RELIGION

(☉25 Aug.) Am 25. August wird als Höhepunkt der Feria Nacional der Schutzpatron der Stadt, Ludwig IX. von Frankreich, mit Prozessionen, Konzerten und Aufführungen geehrt.

Schlafen

Corazón de Xoconostle HOSTEL $

(☎444-243-98-98; www.corazondexoconostle.com; 5 de May 1040; B mit Gemeinschaftsbad 190 Mex$, Zi. 425–500 Mex$; ☎) Das beste Hostel der Stadt ist in einem wunderbar renovierten Haus untergebracht und nach der Feigenkaktusblüte benannt. Die guten Schlafsäle sind mit Schließfächern ausgestattet und einer ist nur Frauen vorbehalten. Es gibt eine Gemeinschaftsküche und eine Dachterrasse. Die Waschküche kann kostenlos genutzt werden, und die Atmosphäre im Hostel ist sehr freundlich.

Der Nachteil ist der Mangel an Sanitäranlagen – zu „Spitzenzeiten" kann es schon passieren, dass man warten muss.

Hikuri Eco Hostal HOSTEL $

(☎444-814-76-01; hikuriecohostal@gmail.com; Iturbide 980; B 175 Mex$, Zi. ab 500 Mex$; ☎) Das hübsch umgebaute Haus am Rande der kolonialen Altstadt gibt mit einer Hälfte eines alten Kleinbusses mitten in der Rezeption gleich ein Statement ab. An anderen Stellen stehen abgefahrene recycelte Möbel und es bietet einfache, aber komfortable Schlafsäle und Privatzimmer. Der viel gereiste italienische Besitzer spricht mehrere Sprachen und sorgt für eine gesellige Atmosphäre.

Hotel San Francisco HOTEL $$

(www.sanfranciscohotel.mx; Universidad 375; Zi. 1030 Mex$; P ☎ ✳ ☎) Das Hotel in einem umgebauten historischen Gebäude hat moderne Zimmer im Stil eines Businesshotels. Mit den Büromöbeln hauen sie zwar keinen vom Hocker, dafür sind die Zimmer aber sehr sauber und gemütlich. Die Zimmer zur Vorderseite mit Fenstern nach draußen sind dem Straßenlärm ausgesetzt, die nach innen liegenden Quartiere bekommen keine frische Luft ab; es ist dennoch, so oder so, eine gute Wahl.

Hotel Panorama BUSINESSHOTEL $$

(☎444-812-17-77, 800-480-01-00; www.hotelpa norama.com.mx; Av Carranza 315; Zi./Suite 1050/1400 Mex$; P ☎ ✳ ☎ ☎) Dies ist die beste un-

DIE VISIONEN DER HUICHOLEN

Die abgelegene Sierra Madre Occidental, weit im Norden von Jalisco, ist die Heimat der Huicholen, einer der eigenwilligsten und ältesten indigenen Gruppen Mexikos. Das leidenschaftlich seine Unabhängigkeit verteidigende Volk war eines der wenigen, die die Azteken nicht bezwingen konnten.

Die Ankunft der Spanier hatte zunächst kaum Auswirkungen auf die Huicholen, und erst im 17. Jh. erreichten die ersten katholischen Missionare ihr Gebiet. Doch die Huicholen ließen sich nicht zum Christentum bekehren, sondern integrierten stattdessen verschiedene Elemente der christlichen Lehre in ihr animistisches Glaubenssystem. In der Mythologie der Huicholen personifizieren Pflanzen, Totemtiere und natürliche Objekte die Götter, während deren übernatürliche Form in religiösen Ritualen erfahrbar wird.

Jedes Jahr verlassen die Huicholen ihr entlegenes Gebiet und unternehmen eine Pilgerreise zur Sierra de Catorce im Norden des Bundesstaates San Luis Potosí. In dieser unwirtlichen Wüstenregion suchen sie nach dem Mezcal-Kaktus (Lophophora williamsii), auch Peyote-Kaktus genannt. Die kugelförmigen Pflanzen enthalten eine stark halluzinogene Substanz (deren Hauptbestandteil Mescalin ist), die eine zentrale Rolle bei den Ritualen der Huicholen und in ihrem komplexen spirituellen Leben spielt.

Fakt ist aber, dass Peyote in Mexiko eine illegale Droge ist, obwohl viele Traveller diese Tatsache zu ignorieren scheinen. Nach mexikanischem Recht dürfen die Huicholen es für spirituelle Zwecke nutzen. Die Huicholen empfinden den willkürlichen Gebrauch als anstößig, ja, sogar als Sakrileg.

Die traditionellen Kunstformen der Huicholen waren das Geschichtenerzählen, die Maskenherstellung und die Stickerei von detaillierten geometrischen Mustern, den sogenannten „Garnbildern". In den vergangenen Jahrzehnten haben bunte Perlen das Garn ersetzt. Bei dieser mühsamen, aufwendigen Arbeit werden die Perlen in einen mit Bienenwachs beschichteten Untergrund gedrückt. Die kunstvollen Werke werden auf Kunsthandwerksmärkten, in Geschäften und in Galerien verkauft. In der Regel gelten Festpreise, denn die Huicholen feilschen nicht gern. Wer ihre besten Arbeiten sehen will, sollte eines der spezialisierten Museen oder Geschäfte in Zapopan (Guadalajara), Tepic, Puerto Vallarta oder Zacatecas besuchen.

ter den recht durchschnittlichen Mittelklasseunterkünften der Stadt. Das Hotel punktet mit seiner Lage direkt gegenüber der Plaza de los Fundadores. Davon abgesehen ist es relativ elegant und alle 126 Zimmer haben raumhohe Fenster; die auf der Südseite schauen auf den Pool und den hübschen Garten. Verständlicherweise ist es bei Geschäftsreisenden sehr beliebt, jedoch könnte der Empfang etwas freundlicher ausfallen.

⭐**Hotel Museo Palacio de San Agustín** HISTORISCHES HOTEL **$$$**
(☎444-144-19-00; www.hotelmuseopalaciodesanagustin.com; Galeana 240; Zi. ab 4000 Mex$; P ❄ ❀ 🛜) Das ehemalige Wohnhaus für die alten Mönche des nahen Klosters San Agustín wurde inzwischen renoviert und wieder in seinen Originalzustand versetzt – mit handgemalten Blattgoldverzierungen, Kristallkronleuchtern und 700 zertifizierten europäischen Antiquitäten. Die Zimmer sind aufwendig im Stil der mexikanischen Oberschicht des 19. Jhs. eingerichtet und

verfügen etwa über Marmorbäder inklusive Toilettenartikeln von L'Occitane. Hier kann man es sich so richtig gut gehen lassen.

🍴 Essen & Ausgehen

Die Restaurantszene von San Luis hat nicht viel zu bieten. Man sollte jedoch unbedingt dem reizenden Cafe Cortão einen Besuch abstatten, das das wahrscheinlich netteste Lokal der Stadt ist. Eine Spezialität sind tacos potosinos – rote, mit viel Chili gewürzte und mit Käse oder Hühnchen gefüllte Tacos, die mit gewürfelten Kartoffeln, Karotten, Blattsalat und reichlich queso blanco (Frischkäse) belegt sind.

⭐**Cafe Cortão** MEXIKANISCH **$**
(Independencia 1150; Hauptgerichte 45–85 Mex$; ⊙Mo–Fr 8.30–13.30 & 18.20–21.30, Sa 9.30–13.30 & 18.20–21.30 Uhr) Das schlichte Cafe Cortão ist die erste Wahl der Autoren dieses Lonely Planet Bandes. Es ist ein Musterbeispiel eines lokalen, einfachen Restaurants, das seinen dankbaren Gästen große Portionen

hochwertigen mexikanischen Essens serviert. Der Service ist effizient und der charismatische Besitzer sorgt für eine freundliche Atmosphäre. Sehr zu empfehlen ist das *huevo abolengo* (Eier auf Brot mit einer Pilz- und Manchego-Käse-Sauce).

Antojitos El Pozole
MEXIKANISCH $

(Ecke Calles Carmona & Arista; Hauptgerichte 50–100 Mex$; ⊙Di–So 12–23.30 Uhr) Dies ist das ideale Restaurant, um die regionalen *enchiladas potosinas* zu kosten – der Tortillateig ist rot vor Chili. Es wurde in den 1980er-Jahren von einer Frau gegründet, die zuvor in ihrer Wohnung *antojitos* (mexikanische Snacks) verkaufte. Die Nachfrage danach war so groß, dass sie mehrere Restaurants eröffnete, die auf das spezialisiert sind, was sie am besten kann: *tacos rojos*, leckeren *pozole* (hausgemachter Eintopf) und *quesadillas de papa* (Kartoffel-Quesadillas).

La Oruga y La Cebada
INTERNATIONAL $$

(Callejón de Lozada 1; Hauptgerichte 115–200 Mex$; ⊙Di–Sa 12–1, So bis 23, Mo bis 22 Uhr; 🕿) „Die Raupe und die Gerste" ist ein immens beliebtes Restaurant bestehend aus zwei Teilen. Unten befindet sich der Speisesaal, der von einer normal besuchten Bar dominiert wird, oben gibt's eine Dachterrasse mit Faltdach. Auf der umfangreichen Speisekarte stehen sowohl mexikanische Klassiker als auch internationale Gerichte. Die Pizza ist, ebenso wie das Craft-Bier, hervorragend.

Cielo Tinto
INTERNATIONAL $$

(☎444-814-00-40; www.cielotinto.com.mx; Carranza 700; Hauptgerichte 140–295 Mex$; ⊙8–23.30 Uhr) Der „rote Himmel" gilt als das beste Restaurant in San Luis Potosí. Das ansprechende, gehobene Lokal ist in einer ehemaligen Hazienda mit einem hübschen Innenhof untergebracht und serviert internationale Küche, von fachmännisch angerichteten Grillgerichten bis hin zu mexikanischen Klassikern. Gute Frühstücksmenüs (90–130 Mex$).

La Gran Vía
SPANISCH $$$

(☎444-812-28-99; www.lagranviaslp.com; Carranza 560; Hauptgerichte 230–380 Mex$; ⊙Mo–Sa 13–24, So 13–19 Uhr) Hier vermischt sich der Duft teuren Parfüms mit dem Aromen von Paella, *lechón asado* (gebratenes Spanferkel) und Kabeljau – und dies sind nur einige der Gerichte von der riesigen Speisekarte dieser kulinarischen Institution der Stadt. Das La Gran Vía eignet sich gut für besondere Anlässe.

Callejon 7B
CRAFT-BIER

(www.7barrios.com.mx; Universidad 153; ⊙Mo–Fr 18–1, Sa & So 14–1 Uhr) Eine hippe Bar, die nach dem Bier benannt ist, das sie produziert, dem Siete Barrios (das wiederum nach den sieben Hauptbezirken der Stadt heißt). Nachdem man eines ihrer Biere probiert hat, ob nun ein helles Ale oder ein robustes Porter, kann man die kleine Straße hinunter zu einem Streifzug durch die benachbarten Bars aufbrechen.

Unterhaltung

San Luis hat eine lebendige Kulturszene. Was gerade los ist, erfährt man in der Touristeninformation und aus der monatlich erscheinenden, kostenlosen Broschüre *Guiarte*.

Teatro de la Paz
KONZERTE

(☎444-812-52-09; Villerias 2) In dem außergewöhnlich schönen, neoklassizistischen Gebäude, das 1894 fertiggestellt wurde, befindet sich ein Konzertsaal mit 1500 Plätzen; hier tritt regelmäßig San Luis Potosís Orquesta Sinfónica auf. Hinzu kommen eine Ausstellungsgalerie und ein Theater. Plakate informieren über anstehende Tanz-, Theater- und Musikaufführungen.

🛍 Shoppen

Casa Grande
Esencia Artesanal
KUNST & KUNSTHANDWERK

(Universidad 220; ⊙Mo–Sa 10–20, So 11–18 Uhr) Die Kooperative mit ihren kleinen Ständen hat ein großes Angebot an *artesanías potosinas*, die zu 100 % aus der Region San Luis Potosí kommen. Es gibt auch Kleidung und die herkömmlichen Standardsouvenirs.

La Casa del Artesano
KUNSTHANDWERK

(www.elrebozo.gob.mx; Jardín Colón 23; ⊙Mo–Fr 8–15 & 17–19, Sa 10–17 Uhr) Will man Produkte aus der Region kaufen, kann man sich hier bei den *potosino*-Töpferwaren, Masken, Holzschnitzereien und Flechtarbeiten umschauen.

ℹ Praktische Informationen

Hospital Lomas de SLP (☎444-102-59-00; www.hls.com.mx; Av Palmira 600, Villas del Pedregal)

Post (Av Universidad 526; ⊙Mo–Fr 8–15 Uhr)

Sectur (Staatliche Touristeninformation; ☎444-812-99-39; www.visitasanluispotosi.com; Av Manuel José Othón 130; ⊙Mo–Fr 8–21, Sa & So 9–15 Uhr) Hat Kartenmaterial und hilfreiche Infos zu weniger bekannten Attraktionen im Bundesstaat San Luis Potosí.

BUSSE AB SAN LUIS POTOSÍ

ZIEL	PREIS (MEX$)	DAUER (STD.)	HÄUFIGKEIT (TGL.)
Aguascalientes	196–245	2½–3	stündl.
Ciudad Valles	690	4½	stündl.
Guadalajara	485–660	5–6	stündl.
Guanajuato	275	3	1-mal
Matehuala	265	2½	4-mal
Mexico City (Terminal Norte)	550–710	5–6½	stündl.
Monterrey	690–785	6	5-mal
Querétaro	286–340	2½–4	häufig
San Miguel de Allende	245	4	3-mal
Xilitla	451	6	3-mal
Zacatecas	290	3	häufig

Touristeninformation (444-812-57-19; Palacio Municipal; ⊙ Mo–Sa 8–20, So 10–17 Uhr) An der Ostseite der Plaza de Armas.

ℹ An- & Weiterreise

AUTO & MOTORRAD

Mietwagen kosten etwa 25 US$ pro Tag (nicht alle Versicherungen sind darin enthalten); Wochenpreise sind ebenfalls möglich. Alle Mietwagenfirmen haben ihre Büros am Flughafen.

BUS

Der **Terminal Terrestre Potosina** (TTP; ⊿ 444-816-46-02; Carretera 57), 2,5 km östlich des Zentrums, ist ein geschäftiger Transportknoten mit Deluxe-, 1.-Klasse- und 2.-Klasse-Busverbindungen. Im Bahnhof gibt's unter anderem eine rund um die Uhr geöffnete Gepäckaufbewahrung sowie Imbisse.

FLUGZEUG

Der **Aeropuerto Internacional Ponciano Arriaga** (⊿ 444-822-00-95; www.oma.aero/en) liegt 10 km nördlich der Stadt nahe dem Hwy 57. Zum Zeitpunkt der Recherche wurde gerade ein neuer Terminal gebaut. Täglich gibt es mehrere Flüge nach Mexico City und ein- bis zweimal täglich geht ein Flieger nach Monterrey.

ℹ Unterwegs vor Ort

Ein Taxi für die 30-minütige Fahrt vom/zum Flughafen kostet 200 bis 250 Mex$. Innerhalb der Stadt gilt ein Festpreis von 260 Mex$. Tickets dafür müssen vorab im Terminal gekauft werden.

Vom Busbahnhof ins Zentrum kommt man mit allen Bussen mit der Aufschrift „Centro" und mit jedem Bus 46. Eine günstige Haltestelle, um auszusteigen, befindet sich in der Alameda vor dem ehemaligen Bahnhof. Ein Schalter im Busbahnhof verkauft Taxitickets (35–70 Mex$) für die Fahrt ins Zentrum.

Vom Zentrum zum Busbahnhof gelangt man mit allen Bussen mit der Aufschrift „Central TTP" und allen Bussen, die von der Westseite der Alameda auf der Avenida Constitución südwärts fahren.

Stadtbusse verkehren zwischen 6.30 und 22.30 Uhr (8 Mex$). Wer zu einer Adresse in der Avenida Carranza will, fährt vom Busdepot hinter dem Museo de Ferrocaril mit einem „Morales"-Bus (Bus 9) oder einem „Carranza"-Bus (Bus 23).

Real de Catorce

⊿ 488 / 1300 EW. / HÖHE 2730 M

Real de Catorce war bis ins frühe 20. Jh. eine reiche Silberminenstadt. Dies änderte sich aber über Nacht, als der Preis für Silber abstürzte, die Mine schloss und ein Großteil der Bevölkerung den Ort verließ. Was übrig blieb, war eine abgelegene, von den kahlen Bergen der Sierra Madre Oriental umgebene „Geisterstadt". Vor noch gar nicht allzu langer Zeit war sie dann fast verlassen, verfallene Häuser säumten die Straßen und ein paar Hundert Menschen fristeten ein karges Dasein.

Dann hatte aber irgendjemand die Idee mit Wochenendtrips und den Boutique-hotels – und Real de Catorce erlebte eine Neuausrichtung. Menschen von außerhalb zogen in den Ort und halfen bei der sehr langsamen (und immer noch nicht abgeschlossenen) Transformation in ein beliebtes Ausflugsziel. Eine echte „Geisterstadt" ist Real zwar nicht mehr, doch die Türen knarzen nach wie vor im Wind, mit Kopfstein

Real de Catorce

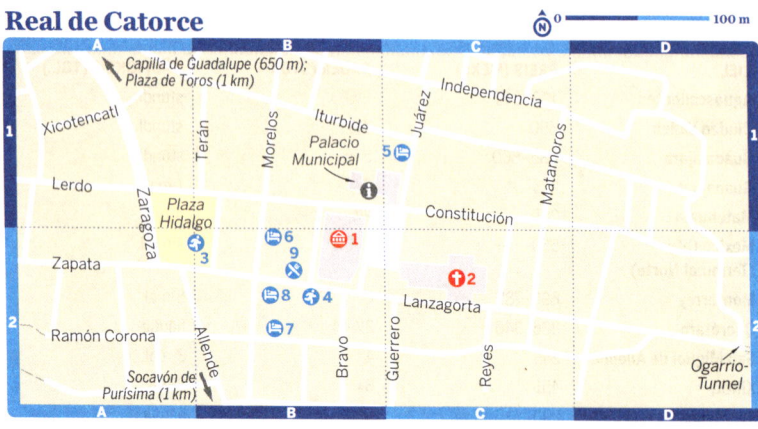

Real de Catorce

◉ Sehenswertes
1 Centro Cultural de Real de Catorce...... B2
2 Templo de la Purísima Concepción......C2

✪ Aktivitäten, Kurse & Touren
3 Caballerangos del Real.........................B2
4 Lalo Bike...B2

🛏 Schlafen
5 Hotel Amor y Paz..................................C1

6 Hotel El Real...B2
7 Hotel Mina Real....................................B2
8 Mesón de Abundancia...........................B2

✖ Essen
9 Café Azul..B2
   Mesón de Abundancia...............(siehe 8)

❂ Ausgehen & Nachtleben
   Amor y Paz....................................(siehe 5)

gepflasterte Straßen enden plötzlich im Nichts und viele Gebäude sind noch immer verfallen. Die fabelhafte Landschaft und die reizende Architektur machen es jedoch zu einem wirklich lohnenden Ziel.

Geschichte

Die Zahl 14 im Ortsnamen bezieht sich vermutlich auf die 14 spanischen Soldaten, die hier um 1700 von indigenen Widerstandskämpfern getötet wurden. Die Stadt wurde Mitte des 18. Jhs. gegründet, die Kirche zwischen 1790 und 1817 erbaut. Seine Blütezeit erreichte Real Ende des 19. Jhs., als es drauf und dran war, die berühmte Valenciana-Mine in Guanajuato zu übertrumpfen. Es entstanden prächtige Häuser, eine Stierkampfarena und Läden, die europäische Luxusgüter verkauften.

◉ Sehenswertes

Templo de la Purísima Concepción
KIRCHE
(Lanzagorta; ⊙ 7–19 Uhr) GRATIS Die zauberhafte Kirche ist ein beeindruckendes, neoklassizistisches Gebäude. Jedes Jahr kommen Tau-

sende mexikanischer Pilger hierher, um das angeblich wundertätige Abbild des hl. Franz von Assisi im vorderen Teil der Kirche zu sehen. Die Statue ist Gegenstand kultischer Anbetung: Sie wird um konkrete Hilfeleistungen und Erlass der Sünden ersucht. Wenn man links vom Altar durch die Tür geht, kommt man in einen Raum mit unzähligen *retablos*. Die kleinen Bilder illustrieren bedrohliche Situationen, bei denen der hl. Franz den Gläubigen beigestanden hat.

Retablos werden bei Sammlern immer beliebter und sind mitunter sogar in Antiquitätenläden zu finden. Leider wurde die Mehrzahl der Exemplare aus Kirchen wie dieser gestohlen.

Centro Cultural de Real de Catorce
MUSEUM
(Casa de la Moneda; 10 Mex\$; ⊙ Mi–So 10–18 Uhr) Gegenüber dem Templo de la Purísima Concepción steht das Centro Cultural de Real de Catorce, die alte Münze der Stadt, in der Mitte der 1860er-Jahre – jedoch nur 14 Monate lang – Geldstücke geprägt wurden (und zwar in einem Gesamtnennwert von 1 489 405 Pesos). Das Denkmal wurde

in den letzten Jahren hervorragend restauriert. Heute befindet sich drinnen ein Kulturzentrum mit Galerie, in der auf mehreren Stockwerken Wechselausstellungen zu sehen sind, oft mit Leihgaben von Museen aus Mexico City. Im Erdgeschoss zeigt eine Dauerausstellung Fotos und Maschinen der alten Prägestätte.

Capilla de Guadalupe KIRCHE, FRIEDHOF
(Zaragoza; ☺8–17 Uhr) Das interessante Innere dieser hübschen, alten Kirche aus dem 19. Jh. ist mit einst prächtigen, mittlerweile aber verblassten und zerfallenden Fresken geschmückt.

 # Aktivitäten

Wandern
Die hügelige, kahle Wüstenlandschaft entschädigt für das Fehlen größerer Sehenswürdigkeiten rund um den Ort. Wenn man gern wandert, kann man hier durchaus ein paar Tage verbringen. Tolle Wanderungen sind etwa die zum Pueblo Fantasmo oder zum Socavón de Purísima.

Pueblo Fantasmo WANDERN
Für den Weg zu diesem Geisterdorf am Hügel, das von Real aus zu sehen ist, sollte man mindestens eine Stunde einplanen. Von dort sind es noch einmal 100 m zu einer zweiten Gruppe von Ruinen, die vom Ort aus allerdings nicht zu erkennen sind. In den Ruinen gibt es noch zwei riesige Schächte – beim Herumschlendern sollte man also unbedingt aufpassen. Von Real aus folgt man der Lanzagorta und hält sich links.

Man kann die Wanderung verlängern, indem man auf dem Grat nach Nordwesten zu den Antennen und dem Kreuz über der Stadt geht (man sollte vor dem Losgehen genau hinschauen, denn unterwegs kann man das Kreuz nicht mehr sehen, da es verdeckt ist). Dort angekommen folgt man dem Pfad hinter dem Kreuz, bevor man sich auf den Weg hinunter zum Friedhof macht (diese längere Wanderung dauert insgesamt 3–4 Std.).

Socavón de Purísima WANDERN
Der Socavón de Purísima ist ein großer Schornstein einer ehemaligen Mine. Um hierherzukommen, geht man in Real die Allende entlang und hält sich an ihrem Ende rechts. Dieser Straße folgt man, bis man den Schornstein erreicht hat (einfache Strecke ca. 45 Min.). Sie führt durch einen gespaltenen oder geborstenen Felsen, den Cerro

Trocado. Falls geöffnet ist, kann man in den Mineneingang hineingehen.

Der Rückweg ist eine etwas längere und härtere Schinderei den Berg hinauf. Unbedingt Wasser, einen Sonnenhut und festes Schuhwerk mitnehmen – das Land hier draußen ist trocken und gnadenlos.

Reiten
Zahlreiche Pfade führen hinaus in die trockene, kahle und faszinierende Wüstenlandschaft rund um Real, die mal hügelig, mal flach ist. Der beliebteste geführte Ausritt ist der dreistündige Trip zum El Quemado, dem heiligen Berg der Huicholen. Hier bietet sich eine weite Aussicht auf das Wüstenhochplateau. Ein kleiner Schrein ist dem Sonnengott geweiht. Die Guides finden sich jeden Morgen mit ihren Pferden an der Plaza Hidalgo ein.

Es gibt mittlerweile einen Verband der Pferdeführer, der von der Gemeinde anerkannt ist. Die **Caballerangos del Real** (Plaza Hidalgo; 2-stündiger Ausritt 150–200 Mex$) findet man auch rund um die Hauptplaza von Real, wo sie Ausritte anbieten. Es gilt zu beachten, dass keine Schutzhelme bereitgestellt werden. Man reitet also auf eigenes Risiko los.

Jeepfahrten
Zu vielen Zielen lassen sich auch Touren mit „Jeep Willys" arrangieren, vor allem an den Wochenenden. Einfach bei den Fahrern entlang der Lanzagorta oder der Allende oder aber in der Touristeninformation nachfragen. Die Preise variieren je nach Tour und Teilnehmerzahl; sie sind billiger, wenn man sie sich mit anderen Travellern teilt.

Radfahren
Radfahrer aller Niveaus können rund um Real de Catorce mit **Lalo Bike** (☑ Mobil 488-1051981; www.facebook.com/mtb-bicitours-expeditions; Lanzagorta 5; 1½-stündige Tour 150 Mex$/Pers.; ☺Nov.–Sept. Fr–So) verschiedene Touren unternehmen, die ihr Geld wirklich wert sind. Lalo spricht nur Spanisch, kann aber englischsprachige Führer arrangieren. Mountainbike, Helm und Führer sind im Preis enthalten. Wer Spanisch spricht, kann vorher eine Mail schicken oder anrufen, ansonsten erkundigt man sich nach seiner Ankunft in Real im Mesón de la Abundancia.

 # Feste & Events

Fiesta de San Francisco RELIGION
(☺Ende Sept.–Okt.) Von Ende September bis Ende Oktober erweisen 150 000 Pilger der

Statue des hl. Franz von Assisi in der Stadtkirche ihre Reverenz. Viele kommen nur für einen Tag, aber Tausende bleiben in der Stadt, belegen jedes anmietbare Zimmer oder campieren sogar draußen auf den Plätzen.

Die Straßen sind von Ständen gesäumt, an denen Devotionalien und Essen verkauft werden, während viele der besseren Restaurants der Stadt den ganzen Monat geschlossen bleiben. Traveller, die Real de Catorce als ruhige „Geisterstadt" erleben wollen, bleiben in der Festzeit besser weg, sonst erleben sie eine herbe Enttäuschung.

Festival del Desierto KULTUR

(www.festivaldeldesierto.com.mx; ☺Juni) Dieses Kulturevent bringt Volksmusik und Tanzvorführungen in die Ortschaften überall in der Region. Die Termine variieren von Jahr zu Jahr, daher sollte man sich vor der Anreise bei der Touristeninformation informieren.

🛌 Schlafen

Obwohl es ein solch abgelegener Ort ist, gibt es hier eine gute Auswahl an Hotels. Am Wochenende sollte man dennoch lieber im Voraus buchen. In den preiswertesten Unterkünften kann es im Winter ziemlich kalt werden. Man sollte daher einen Schlafsack oder eine Kleidungsschicht mehr mitbringen; alternativ bittet man um zusätzliche Decken.

⭐ Mesón de Abundancia HOTEL $$

(☎488-887-50-44; www.mesonabundancia.com; Lanzagorta 11; DZ 850–1500 Mex$; 🐾) Die frühere Schatzkammer aus dem 19. Jh. wurde wunderschön renoviert und ist eines der stimmungsvollsten Hotels in ganz Mexiko – und die mit Abstand beste Option in Real. Mit einem großen, altmodischen Schlüssel kommt man in eines der elf prachtvoll eingerichteten Zimmer, die geschmackvoll mit lokalem Kunsthandwerk dekoriert wurden. In kalten Nächten sind sie sehr gemütlich. In der Nebensaison fallen die Preise beträchtlich.

Hotel Mina Real HOTEL $$

(☎488-887-51-62; www.hotelminareal.com; Corona 5B; Zi. ab 1250 Mex$; 🐾) Bei dieser stilvollen Unterkunft handelt es sich nicht um Reals Geschichtsmuseum, sondern um ein sorgfältig und kühn renoviertes Steingebäude. Eine moderne Holztreppe in seiner Mitte führt hinauf zu den elf ansprechenden, trendigen Zimmern sowie zu einer traumhaften Dachterrasse. Es ist eine gute Adres-

se mit zeitgenössischem Komfort, aber es gibt kein Frühstück.

Hotel Amor y Paz HOTEL $$

(☎488-887-50-59; hotelayp@gmail.com; Juárez 10; DZ 1100 Mex$; 🐾) Der Gesamteindruck hier hängt stark davon ab, was man von den spirituellen Ambitionen des Hotels hält (auf den Visitenkarten stehen Buddha-Zitate). Nicht zu leugnen ist jedoch sein historischer Charme, den es auch dem hübschen Innenhof voller alter Möbel zu verdanken hat. Die Zimmer sind etwas dunkel, aber dafür warten sie mit tollen Holzdecken und bunt gefliesten Bädern auf.

Essen & Ausgehen

Café Azul CAFÉ $

(Lanzagorta 27; Frühstück 50–90 Mex$; ☺Do–Di 8.30–17, Fr & Sa bis 22 Uhr) Das von Schweizern geführte, luftige Café ist den ganzen Tag geöffnet und serviert gutes Frühstück, frisch gebackenen Kuchen und leichte Mahlzeiten, z.B. fantastische Crêpes. Die wunderbaren Besitzer können mit vielen Infos über die Gegend dienen.

Mesón de Abundancia MEXIKANISCH, ITALIENISCH $$

(www.mesonabundancia.com; Lanzagorta 11; Hauptgerichte 100–200 Mex$; ☺7–22 Uhr; 🐾) Im Restaurant dieses überaus stimmungsvollen Hotels gibt's mehrere gemütliche Essbereiche und einer davon hat auch eine Bar und einen Kamin. Die in mächtigen Portionen servierten italienischen und mexikanischen Gerichte sind köstlich, und die Holzofenpizza ist ein echter Genuss am Abend. Das Restaurant ist jeden Tag durchgehend geöffnet, auch zum Frühstück.

Amor y Paz BAR

(Juaréz 10; ☺Fr & Sa 18 Uhr–open end) Reals Ruf als Geisterstadt mag auch damit zusammenhängen, dass sich sämtliche Einwohner und Besucher oft in dieser schrillen Bar hinter den Mauern des **Hotel El Real** (www.hotelreal.com.mx; Morelos 20) verstecken. Die Bar ist mit Antiquitäten (sehenswert ist die Holztheke), altmodischen Barhockern und schrulligen Kronleuchtern eingerichtet und serviert eine recht große Auswahl an Mezcals.

ℹ Praktische Informationen

In Real de Catorce ist nur ein Geldautomat vorhanden. Dieser befindet sich in der Touristeninformation. An geschäftigen Wochenenden kann es schon mal passieren, dass ihm das Geld ausgeht oder er wegen eines Stromausfalls oder anderen Unwägbarkeiten nicht funktioniert. Man sollte also in jedem Fall genügend Bargeld mitbringen.

Neben der Kirche gibt es eine kleine, aber hilfreiche **Touristeninformation** (Palacio Municipal, Constitución s/n; ⊙ 9–16 Uhr).

❶ An- & Weiterreise

AUTO & MOTORRAD

Wer einen eigenen fahrbaren Untersatz besitzt, nimmt von Matehuala aus den Hwy 57 nach Norden und biegt dann in Richtung Cedral ab, das 20 km weiter westlich liegt. Hinter Cedral wendet man sich nach Süden und erreicht Catorce über eine der wohl längsten Kopfsteinpflasterstraßen der Welt. Langsam, aber spektakulär geht es bei einer kurvenreichen Fahrt einen steilen Berghang hinauf. Der 2,3 km lange Ogarrio-Tunnel (30 Mex$/Fahrzeug) ist nur breit genug für ein Auto; zwischen 7 und 23 Uhr sind an beiden Ausgängen Arbeiter mit Telefonen postiert, die den Verkehr regeln. Wenn richtig viel Betrieb herrscht, muss man sein Auto am östlichen Tunneleingang zurücklassen und in einen Kleinbus oder Karren einsteigen. Wer den Tunnel mit dem Auto passiert, muss dieses als Besucher auf dem Parkplatz gleich am Tunnelausgang abstellen, anstatt die engen Gassen des Orts damit zu verstopfen.

BUS

Real de Catorce ist von Matehuala aus mit dem Bus zu erreichen (95 Mex$, 1½ Std.). Von der Haltestelle in Matehuala fährt er um 8, 12, 14 und 18 Uhr los. Nach Matehuala kommt man von überall in der Region ohne Probleme; so gibt es etwa mehrere Verbindungen täglich nach San Luis Potosí (247 Mex$, 3 Std.) und Querétaro (515 Mex$, 5½ Std.).

Bei der Ankunft in Real parken die Busse außerhalb des Orts am östlichen Eingang des Ogarrio-Tunnels. Für die Fahrt durch den Tunnel und ins eigentliche Real müssen die Passagiere in kleinere Busse umsteigen. In Real steigt man dann am Marktplatz aus.

Für die Rückreise von Real nach Matehuala steigt man wieder am Marktplatz in die kleinen Busse ein (7.40, 11.40, 15.40 und 17.40 Uhr; 88 Mex$, 1½–Std.), die einen durch den Tunnel bringen. Dort warten dann die großen Busse für den Rest der Reise. Tickets gibt's im Bus.

La Huasteca Potosina

Die atemberaubende, tropische Huasteca Potosina ist eine üppig grüne, entlegene Region im Bundesstaat San Luis Potosí, von der sie aber in geographischer und klimatischer Hinsicht Welten trennen. Ein großer Anziehungspunkt sind die unglaublichen Wasserfälle und Wasserlöcher, in denen man baden kann. Sie werden durch die Flüsse gebildet, die von den Hängen der Sierra Madre Oriental nach Osten fließen. Alles in allem bietet diese verlockende Region mit die faszinierendste Landschaft in Zentralmexiko. Die Aquamarintöne der Wasserfälle sind so intensiv, dass man meinen könnte, sie seien eine Photoshop-Schöpfung, jedoch verdanken sie ihre Farbe dem hohen Kalziumgehalt der Felsen, die sie umgeben. Dank der reichen Kultur der hiesigen Huaxteken (Tének), der außergewöhnlichen Dolinen, Höhlen und der Gelegenheiten zur Vogelbeobachtung lohnt sich ein Besuch hier wirklich. Die beste Zeit dafür ist in der Trockenzeit (Nov.–März). In der Regenzeit regnet es oft heftig und das Wasser ist hoch und weniger klar.

◉ Sehenswertes

Sótano de las Golondrinas HÖHLE

(Aquismón; 35 Mex$; ⊙ Sonnenaufgang–Sonnenuntergang) Diese außergewöhnliche Kalksteinhöhle, Schwalbenhöhle genannt, liegt in der Nähe von Aquismón und ist mit über 500 m (370 m freier Fall) eine der tiefsten Höhlen der Welt. Sie ist für ihre Tausenden *vencejos* (Halsbandsegler, eine Schwalbenart) berühmt, die in der Höhle nisten. In der Morgendämmerung verlässt ein Schwalbenschwarm die Höhlen und fliegt in Spiralen nach oben zur Öffnung. Bei der Rückkehr zur Höhle in der Abenddämmerung kreisen die Schwalben über der Höhle, ehe sie sich in Gruppen aufteilen und im Sturzflug in den Abgrund schießen.

Besonders beliebt ist die Höhle bei Abseil-Sportlern und Basejumpern, die vom oberen Höhlenrand abspringen. Man erreicht sie vom Parkplatz aus zu Fuß in etwa 20 Minuten, allerdings geht es Hunderte Stufen hinab (und zurück wieder hinauf).

Sótano de las Huahuas HÖHLE

(San Isidro Tampaxal; 35 Mex$; ⊙ Sonnenaufgang–Sonnenuntergang) Diese beeindruckende Doline ist eine der zwei Cenoten der Huasteca Potosina, in denen man Schwalbenschwärme beobachten kann; diese fliegen aus dem Abgrund hinaus- und wieder hinein. Die Höhle ist bei Abseil-Sportlern sehr beliebt, denn der Abgrund ist etwa 478 m tief. Sie ist etwas schwierig zu erreichen, denn vom Parkplatz aus geht's einen Kilometer zu Fuß durch einen erstaunlich dichten Dschungel, doch die Mühe lohnt sich schon allein we-

NÖRDLICHES ZENTRALHOCHLAND LA HUASTECA POTOSINA

LAS POZAS

Man nehme einen reichen englischen Exzentriker, ein idyllisches Fleckchen mexikanischen Urwalds und eine extrem hyperaktive Fantasie – und man hat dennoch Schwierigkeiten, sich das kühne, bizarre und – ehrlich gesagt – ziemlich verrückte Experiment namens **Las Pozas** (Die Brunnen; www.xilitla.org; 70 Mex$; ⊙ 9–18 Uhr) auch nur vorzustellen.

Laz Pozas liegt an den weiten Hängen der Sierra Madre Oriental und ist ein monumentaler Skulpturengarten mitten im dichten Urwald. Es verbindet verschiedene Betontempel, Pagoden, Brücken, Pavillons und Wendeltreppen mit einer Reihe natürlicher Wasserfälle. Das surreale Werk setzt der Fantasie und dem exzessiven Reichtum von Edward James (1907–1984) quasi ein Denkmal. Der englische Aristokrat stieg aus dem bürgerlichen Leben aus, wurde in den späten 1930er-Jahren zu einem Förderer von Salvador Dalí und häufte danach die größte Sammlung surrealistischer Kunst der Welt an. 1945 führten ihn seine Abenteuer nach Xilitla, wo er Plutarco Gastelum begegnete, der ihm beim Bau von Las Pozas half. Alles begann mit 40 einheimischen Arbeitern, die an einem idyllischen Bach im Dschungel gigantische bunte Betonblumen formten. In den folgenden 17 Jahren schufen James und Gastelum immer größere und skurrilere Bauten, von denen viele nie fertig wurden und die schätzungsweise 5 Mio. US$ kosteten.

James starb 1984 und hatte keine Vorkehrungen für den Erhalt von Las Pozas getroffen. Seit 2008 ist die Anlage nun in den Händen einer mexikanischen gemeinnützigen Stiftung. Das extravagante Labyrinth aus surrealen Skulpturen und Häusern, deren Treppen ins Nichts führen, ist 36 ha groß. Für jeden mit auch nur vagen kreativen Neigungen lohnt sich selbst ein weiterer Abstecher, um es zu sehen. Wer gut in Form ist, kann einen ganzen Tag lang die hübschen Teiche und die labyrinthischen Wege erkunden.

In der Anlage gibt es auch ein gutes Restaurant (10–18 Uhr), und in der näheren Umgebung befinden sich mehrere kleine Campingplätze und Posadas. Wer aber das komplette Las-Pozas-Erlebnis möchte, sollte in der **Posada El Castillo** (S. 753) übernachten, dem vom Surrealismus inspirierten früheren Wohnhaus Gastelums (in dem auch James lebte), das heute in eine grüne Pension im Stil von Las Pozas verwandelt wurde, die die Gastelum-Familie führt.

gen der schönen Zedern, der anderen heimischen Bäume und der vielen Vögel.

Laguna de la Media Luna
HEISSE QUELLEN

(El Jabalí; Erw./Kind 40/20 Mex$; ⊙ 9–18 Uhr) Die außergewöhnliche prähistorische Lagune wird von sechs Thermalquellen gespeist, deren Wassertemperaturen zwischen angenehmen 27 und 30°C liegen. Das Wasser ist so kristallklar, dass Schnorchler und Taucher Wasserlilienbeete, einen versteinerten urzeitlichen Wald und verschiedene Fischarten sehen können. An den Wochenenden zieht es Hunderte Familien her; dann wird es teilweise recht voll. Viele Stände auf dem Gelände der Lagune verleihen Schnorchelausrüstung (20 Mex$).

Tauchkurse werden ebenfalls angeboten. Am häufigsten wird die **Escuela de Buceo Media Luna** (🖉 487-872-81-89; www.buceome dialuna.com; Tauchkurse ab 950 Mex$) empfohlen, die vom Meistertaucher und Ozeanograf Ossiel Martinez geleitet wird.

Wasserfälle

Die Hauptattraktion der Region sind die wunderbaren Wasserfälle. Viele von ihnen sind im Rahmen von Bootsausflügen zu erreichen, oft kann man an ihrem Fuß auch baden. Ein perfekter Weg, um sie zu erkunden, ist eine Tour auf eigene Faust (mit eigenem fahrbarem Untersatz) oder ein von einem Reisebüro organisierter Tagesausflug.

Los Micos
WASSERFALL

(30 Mex$; ⊙ 8–17 Uhr) Dies mag zwar der touristischste Wasserfall der Huasteca Potosina sein, aber das ist aus gutem Grund so: Hier stürzen sieben unterschiedlich hohe Fälle in ein Flussbett hinab und bieten damit einen wirklich spektakulären Anblick. Man kann sie auf einer kurzen Bootsfahrt bewundern (10 Min., 90 Mex$; mind. 4 Pers.) oder bei einer kühneren Expedition die sieben Wasserfälle hinunterspringen (2 Std., 175 Mex$/Pers. inkl. Helm und Ret-

tungsweste). Am Parkplatz finden sich viele verschiedene Veranstalter, die aber alle die gleiche Aktivität anbieten.

⭐ **Cascadas de Minas Viejas**   WASSERFALL
(El Platanito; 30 Mex$; ⊙ 7–20 Uhr) Die atemberaubenden Wasserfälle Minas Viejas liegen 78 km nordwestlich von Ciudad Valles, sie sind den langen Weg aber auf jeden Fall wert, und sei es nur, um sich das tiefblaue Wasser anzuschauen. Sie bestehen aus einem Hauptwasserfall, der über 55 m in die Tiefe stürzt, sowie einem fantastischen Wasserbecken. Von dort fließen mehrere kleinere Wasserfälle und Wasserbecken über Terrassen nach unten. Die Wasserfälle sind sehr beliebt bei Abenteuergruppen, die über die Terrassen springen.

Puente de Dios   WASSERFALL
(30 Mex$) Von Tamasopo aus geht es für etwa 5 km auf einer holprigen Straße in Richtung Nordosten. Puente de Dios verfügt über einen 600 m langen Holzsteg mit Blick auf einen grandiosen Regenwald und fabelhafte Bademöglichkeiten. Die Hauptattraktion, die „Götterbrücke", ist ein türkisblaues Wasserloch mit einem angrenzenden Höhleneingang. Bei hohem Wasserstand ist der Zugang jedoch nicht möglich bzw. nicht zu empfehlen.

⭐ **Cascada de Tamul**   WASSERFALL
(20 Mex$; ⊙ 8–18 Uhr) Dies ist der spektakulärste Wasserfall in der Huasteca Potosina. Hier stürzt das Wasser 105 m tief in den unberührten Río Santa Maria (der später zum Tampaón wird). Die Lage in einer Schlucht und mit dichtem Regenwald von allen Seiten umgeben ist atemberaubend. Das Beste: Wegen seiner Abgeschiedenheit hat man den großartigen Ort oft für sich alleine.

Um zu den Wasserfällen zu gelangen, kann man fast den gesamten Weg bis zum oberen Eingang mit dem Auto fahren (für das Befahren der privaten, unbefestigten Straße fallen 20 Mex$ an). Am Fluss angekommen, muss das Auto abgestellt werden und es geht zu Fuß durch den Fluss zum Zeltplatz auf der anderen Seite (wenn der Fluss viel Wasser führt, lässt man sich am besten von den Angestellten des Zeltplatzes helfen). Nun ist es bis zum Wasserfall selbst nur noch ein einfacher Fußweg von 1 km. Dieser endet am oberen Ende des Wasserfalls und an einem hübschen Becken, in dem man auch baden kann. Man sollte es trotzdem nicht versäumen, die

klapprige Holzleiter hinunterzusteigen, die zum Boden der Schlucht führt, und sich den Wasserfall von dort anzuschauen. Von hier bietet sich ein spektakulärer Anblick mit Tausenden von Schmetterlingen, die im Sprühnebel umherflattern.

Der Wasserfall ist alternativ auch mit einer hölzernen *lancha* (Boot) zu erreichen (je nach Verhandlungsgeschick 800–1000 Mex$/Boot). Dabei paddelt man auf dem Hinweg flussaufwärts. Hin und zurück braucht man etwa 3½ Stunden. Ausflüge können bei der Ankunft in Tanchachín oder La Morena gebucht werden.

Wer keinen eigenen fahrbaren Untersatz besitzt, kann sich bei MS Xpediciones für einen der exzellenten Ausflüge ab Ciudad Valles anmelden (800 Mex$/Pers. inkl. Transport; mind. 2 Pers.). Im Preis enthalten ist auch das Mittagessen im Haus eines gastfreundlichen Einheimischen. Raftingtrips in der Region können ebenfalls arrangiert werden.

🏃 **Aktivitäten**

Die Huasteca Potosina ist ein Paradies für aktive Traveller. Ihre tosenden Flüsse und hoch aufragenden Berge ermöglichen das Schwimmen, Wandern, Abseilen, Rafting und Kajakfahren. Reiseveranstalter in Xilitla, Ciudad Valles und San Luis Potosí können Tagesausflüge sowie mehrtägige Touren arrangieren. Dabei sollte man mindestens ein paar Tage im Voraus buchen.

🛏 **Schlafen**

El Molino   PENSION $$
(www.hotelelmolino.webs.com; Porfirio Díaz 1417, Rio Verde; Zi. ab 950 Mex$; 🅿🌐) „Die Mühle" in der von der Landwirtschaft geprägten Stadt Rio Verde am Rand der Huasteca Potosina hat 15 gepflegte und geschmackvolle Zimmer (von denen einige rund um den zentralen Wohnraum liegen) und einen hübschen Garten. Die Pension wurde auf den Ruinen einer Zuckerrohrfabrik aus dem 18. Jh. erbaut und ist ein angenehmes Refugium bei Hitze. Die Besitzer bereiten ihren Gästen auf Anfrage auch Gerichte zu.

Es ist eine reizende Unterkunft, wenn man die Laguna de la Media Luna (S. 750) ganz in der Nähe besuchen möchte. Das Frühstück kostet 70 Mex$.

ℹ **An- & Weiterreise**

Nach Xilitla und Ciudad Valles kommt man problemlos mit öffentlichen Verkehrsmitteln, aber aufgrund der landschaftlichen Beschaffenheit der Region außerhalb dieser „Ballungszentren" braucht man unbedingt ein eigenes Fahrzeug, um die schönsten Flecken der Umgebung zu erreichen. Natürlich kann man sich auch ein Taxi mieten oder sich an einen lokalen Tourveranstalter wenden. Diese findet man sowohl in Xilitla als auch in Ciudad Valles.

Ciudad Valles

 481 / 177 000 EW.

Ciudad Valles ist zwar keine besonders attraktive Stadt, dafür ist sie aber die größte in La Huasteca Potosina. Hier kann man seine Abenteuertouren organisieren und, bei Bedarf, von ihr als Transportkreuz und den hiesigen Übernachtungsoptionen profitieren. Die Stadt selbst ist nicht wirklich sehenswert, aber sie hat zwei interessante Museen zu bieten, die sich hauptsächlich der Geschichte der regionalen Huaxteken und Nahua widmen.

⊙ Sehenswertes

Museo Regional Huasteco Joaquín Meade   MUSEUM

(Rotarios 623; ⊙ Mo–Fr 9–16 Uhr) GRATIS Dieses Museum zeigt über 10 000 archäologische und ethnologische Objekte aus der Region, die aus der Zeit von ca. 600 v.Chr. bis zur spanischen Eroberung stammen.

Museo de Cultura de la Huasteca Tamuantzán   MUSEUM

(☎481-381-26-75; Carretera México-Laredo y Libramiento Sur; ⊙ Mo–Fr 9–18 Uhr) GRATIS Ein ausgezeichneter Ort, um mehr über die Region Huasteca und ihre lokalen Kulturen zu erfahren.

🏃 Aktivitäten

★ **MS Xpediciones**   ABENTEUER

(☎481-381-18-88; www.msxpediciones.com; Blvd México Laredo, Escontría 15-B, Interior Hotel Misión; ⊙ Mo–Sa 9–20 Uhr, Juli & Aug. auch So 9–12 Uhr) 🖉 Wegen seines Engagement für die örtlichen Gemeinschaften und wegen des freundlichen, professionellen Ansatzes ist dies der empfehlenswerteste Veranstalter der Region. Die Palette der Aktivitäten und Abenteuer umfasst Trips nach Xilitla und Las Ponzos, zu den Vogelhöhlen und zu vielen Wasserfällen der Region. Außerdem arrangiert er tolle Kanu-Abenteuer, z.B. nach Tamul (800 Mex$, mind. 2 Pers., inkl. Transport und einer Mahlzeit bei einer einheimischen Familie) sowie Rafting-Touren.

🛏 Schlafen & Essen

Hotel Misión Ciudad Valles   HOTEL $$

(☎481-382-00-66; www.hotelesmision.com.mx; Blvd México-Laredo 15; Zi. 1438 Mex$; ❄ 🛜 🏊) Das hübsche Gebäude im Haziendastil der 1930er-Jahre hätte zwar dringend einen neuen Anstrich nötig, das Grundgerüst stimmt aber. Es gibt einen großen Pool (in diesem Klima ein großer Vorteil) und geräumige, saubere Zimmer mit Kaffeestation. Das Frühstück ist nicht im Preis inbegriffen, aber man kann es dazu buchen.

La Leyenda   MEXIKANISCH $$

(Morelos 323; 115–225 Mex$; ⊙ Mo–Sa 8–23, So bis 17 Uhr; P ❄) Das recht düstere, zum Glück aber klimatisierte Restaurant ist in einem Gebäude untergebracht, das an einen Bauernhof erinnert, und die elegant gekleideten, aufmerksamen Angestellten arbeiten hart für ihr Trinkgeld. Das fleischlastige Speiseangebot ist rein mexikanisch: Es gibt leckere Tacos, Enchiladas und Steaks.

❶ An- & Weiterreise

Ciudad Valles ist gut an alle Ziele in der Region angeschlossen. Der geschäftige Busbahnhof **Terminal Ciudad Valles** (Contreras s/n) liegt 3 km südöstlich des Zentrums. Um von hier nach Real de Catorce zu gelangen, muss man zweimal umsteigen: erst in Río Verde, dann in Matehuala.

Xilitla

 489 / 6500 EW. / HÖHE 489 M

Das liebenswürdige, abgeschiedene Bergdorf Xilitla (Chie-*liet*-la) liegt inmitten der fesselnden tropischen Landschaft der Huasteca Potosina. Es ist bekannt für seine gefährlich steilen Straßen und seine Nähe zu Las Pozas, dem fantasievollen Skulpturengarten des britischen Exzentrikers Edward James. Dieser liegt mitten im Dschungel unmittelbar außerhalb des Ortes und wurde nach seiner Entstehung in den 1950er-Jahren in den darauffolgenden Jahrzehnten stetig verschönert und erweitert. Las Pozas ist bis heute der Hauptgrund, warum viele Besucher nach Xilitla kommen.

Seit die Huasteca Potosina jedoch als Reiseziel immer beliebter wird, befindet sich Xilitla im Zentrum einer kleinen, aber kontinuierlich wachsenden Tourismusblase, und heute verfügt es über Dutzende Hotels und Pensionen. Es gibt außerdem zahlreiche Tourveranstalter, die Rafting, Abseilen, Wandern und Mountainbiken in der Umgebung anbieten. Wer sich bis hierher vor-

ZIEL	PREIS (MEX$)	DAUER (STD.)	HÄUFIGKEIT (TGL.)
Ciudad Valles	132	2	stündl.
Jalpan	94–128	2	stündl.
Mexico City (Norte)	440–561	8	5-mal
Querétaro	440	5½	1-mal
San Luis Potosí	451	5½	2-mal
Tampico	413	5	5-mal
Tequisquiapan	322	5	3-mal

wagt, wird schnell merken: Hier liegt definitiv etwas Magisches in der Luft.

Geführte Touren

Mundo Extreme Tours   OUTDOORAKTIVITÄTEN
(☏489-105-30-00; www.mundoextreme.com.mx; Hidalgo 104) Dieser oft empfohlene Veranstalter hat sich auf Extremsport und alle Arten von Outdooraktivitäten spezialisiert. Angeboten werden verschiedene *rutas* durch die Huasteca Potosina, die Wandern, Klettern, Kajakfahren, Rafting und Abseilen miteinander verbinden.

Ruta Xilitla   OUTDOORAKTIVITÄTEN
(☏489-109-65-40; www.rutaxilitla.com) Ein guter Tourenveranstalter mit Sitz in Xilitla, der eine große Bandbreite an Aktivitäten in der Huasteca Potosina anbietet, darunter Ausflüge zu den Wasserfällen und Höhlen sowie Rafting und Abseilen.

Schlafen & Essen

Obwohl sich die Lage in den letzten Jahren merklich gebessert hat, ist die kulinarische Auswahl immer noch recht spärlich. Die wenigen Optionen finden sich alle auf oder rund um den Jardín Principal, der Hauptplaza von Xilitla.

★ Hotel Camino Surreal   HOTEL **$$**
(☏489-365-03-67; www.caminosurreal.com; Ocampo 311; Zi. 1500 Mex$; ❄☏⛱) Dies ist die freundlichste und komfortabelste Unterkunft im Ort. Nach einem Tag im Dschungel ist es wie eine kleine Oase. Es gibt nur sechs Zimmer, diese sind aber geräumig und makellos sauber, und die meisten haben sogar einen Balkon mit Blick auf den Pool und den Garten hinterm Haus.

Posada El Castillo   PENSION **$$**
(☏489-365-00-38; www.junglegossip.com; Ocampo 105; DZ inkl. Frühstück 1570 Mex$; ☏⛱) Das frühere Haus Gastelums, in dem Edward

James wohnte, wenn er in Xilitla war, ist heute eine begrünte Pension, die von der Nichte Gastelums und ihrer Familie geführt wird und auch „pozas-eske" Züge aufweist. Die einzigartigen Zimmer sind mit Antiquitäten und Kunst ausgestattet und einige haben einen fantastischen Ausblick. Angesichts der Qualität der Zimmer ist es etwas überteuert. Die Besitzer bereiten ihren Gästen zwar einen herzlichen Empfang, aber spontane Besucher werden abgewiesen, also sollte man unbedingt vorab reservieren.

Querreque   MEXIKANISCH **$$**
(Hidalgo 201; Hauptgerichte 115–220 Mex$; ☺9–22 Uhr; ☏) Von der großen Terrasse dieses Restaurants hat man einen wunderbaren Blick auf den Ort und die Hügel in der Ferne. Im Inneren gibt's zwei fröhlich-bunte Speiseräume und freundliche Angestellte, die mexikanische Gerichte aller Art servieren, darunter auch *mole de mariscos* (traditionelles *mole* mit Meeresfrüchten), feurige Enchiladas und *chile hojaldrado relleno* (gefüllte Chili in Blätterteig).

❶ An- & Weiterreise

Xilitlas behelfsmäßiger **Busbahnhof** (Independencia s/n) ist ein kleines Grundstück mitten im Ort, das von zahlreichen Fahrkartenhäuschen umgeben ist. Von hier fahren Busse zu verschiedenen Zielen.

ZACATECAS (BUNDESSTAAT)

Der Bundesstaat Zacatecas (sa-ka-*te*-kas) liegt in einem trockenen, zerklüfteten, mit Kakteen übersäten Gebiet am Rand der nördlichen Halbwüsten Mexikos. Am bekanntesten ist der Staat für die gleichnamige wohlhabende Silberstadt, ein elegantes, angenehmes Fleckchen Erde mit jeder Menge Kolonialarchitektur und einer beeindruckenden Kathedrale. Auf Besucher warten die Geschichts- und Naturmonumente der Region, darunter auch die mysteriösen Ruinen von La Quemada, die Zeugnis von jahrhundertealten Kulturen ablegen. Der Bundesstaat ist zwar flächenmäßig einer der größten Mexikos (73 252 km²), hat aber die geringste Einwohnerzahl (1,5 Mio.). Schätzungen zufolge leben gegenwärtig mindestens noch einmal so viele Menschen, die ursprünglich aus Zacatecas stammen, in den USA.

Zacatecas

📞 492 / 147 000 EW. / HÖHE 2430 M

Die nördlichste der mexikanischen Silberstädte ist das faszinierende Zacatecas, eine UNESCO-Weltkulturerbestätte, die in einem schmalen Tal umgeben von steilen, eindrucksvollen Berghängen liegt. Das große historische Zentrum ist voller prächtiger Gebäude aus der Kolonialzeit. Zu sehen sind u. a. eine überwältigende Kathedrale, ausgezeichnete Museen sowie steile, sich windende Straßen und Gassen, die jede Menge Charme versprühen.

In Zacatecas wurden jedoch auch Tausende indigene Sklaven von den Spaniern unter schrecklichen Bedingungen zur Arbeit in den Minen gezwungen. Pancho Villa hat hier 1914 einen historischen Sieg errungen und wird heute noch von den Einheimischen euphorisch dafür gefeiert. Heutzutage können Besucher in einem *teleférico* (Seilbahn) auf dem Weg zu der beeindruckenden Felsnase des Cerro de la Bufa eine erhebende Erfahrung machen. Von hier hat man eine herrliche Aussicht über eine Collage aus Kirchenkuppeln und Häuserdächern. Das krasse Gegenteil erlebt man, wenn man in den Untergrund abtaucht und sich einer Tour durch die berüchtigte Edén-Mine anschließt, ein ernüchterndes Zeugnis der brutalen kolonialen Vergangenheit der Stadt.

Geschichte

Die indigenen Zacatecos gehörten zum Volk der Chichimeken. Sie bauten die vorhandenen Erze ab, und zwar schon Jahrhunderte vor den Spaniern. Der Silberrausch in dieser Gegend soll ausgebrochen sein, nachdem ein Chichimeke einem Konquistador ein Stück des sagenumwobenen Metalls gegeben hatte. 1548 gründeten die Spanier eine Siedlung und begannen mit dem Bergbau in der Region. Wagenzug um Wagenzug vol-

ler Silber sandten sie von nun an Richtung Mexico City und machten so aus einigen Menschen in Zacatecas fabelhaft reiche Silberbarone.

Im frühen 18. Jh. stammten aus den Minen von Zacatecas 20 % des gesamten Silbers, das in Nueva España gefördert wurde. In dieser Zeit wurde die Stadt auch eine wichtige Basis für katholische Missionare.

Im 19. Jh. beeinträchtigte die politische Instabilität die Silberproduktion. Hatte sich diese unter Porfirio Díaz wieder etwas erholt, so kam sie während der Revolution völlig zum Erliegen. In Zacatecas siegte 1914 der legendäre Pancho Villa über eine Armee von 12 000 Soldaten, die treu zu Präsident Victoriano Huerta standen. Nach der Revolution brachte das Silber Zacatecas einen erneuten Aufschwung bis zur endgültigen Schließung der letzten Minen.

🔴 Sehenswertes

⭐ Museo Rafael Coronel   MUSEUM

(Ecke Abasolo & Matamoros; Erw./Student 15 Mex$; ⊙Do–Di 10–17 Uhr) Das exzellente Museo Rafael Coronel sollte man sich nicht entgehen lassen. Es residiert in den schönen Ruinen des aus dem 16. Jh. stammenden Ex-Convento de San Francisco und zeigt mexikanische Volkskunst, die der aus Zacatecas stammende Künstler Rafael Coronel, der Bruder von Pedro Coronel und Schwiegersohn von Diego Rivera, gesammelt hat. Man sollte sich die Zeit nehmen, dem durch Pfeile markierten Rundweg zu folgen und die verschiedenen Räume zu besichtigen. Die Maskensammlung ist einfach wunderbar, ebenso wie die Totems, Töpferwaren, Puppen und anderen faszinierenden Objekte. Alle Schilder sind auf Spanisch.

⭐ Museo del Arte Abstracto Manuel Felguérez   MUSEUM

(www.museodearteabstracto.com; Ex-Seminario de la Purísima Concepción, Colón s/n; Erw./Student 30/20 Mex$; ⊙Mi–Mo 10–17 Uhr) Ein Besuch dieses hervorragenden Museums für abstrakte Kunst lohnt sich schon allein wegen des Gebäudes. Das ehemalige Seminar wurde später als Gefängnis genutzt; aus den düsteren, niederdrückenden Zellen und Stahlstegen sind durch die Renovierung bemerkenswert schöne Ausstellungsflächen entstanden. Es gibt eine beeindruckende und vielfältige Sammlung abstrakter Malereien und Skulpturen, von denen besonders die Werke des aus Zacatecas stammenden

NÖRDLICHES ZENTRALHOCHLAND ZACATECAS (BUNDESSTAAT)

RUINEN VON LA QUEMADA

Die abgeschiedenen und malerischen Ruinen von **La Quemada** (55 Mex$; ⊙ 9–17 Uhr) erheben sich auf einem Hügel 45 km südlich von Zacatecas. Es wird viel über die genaue Geschichte und den Grund für die Errichtung der Stätte spekuliert. Eine Theorie besagt, die Azteken hätten auf ihrer legendären Wanderung Richtung Valle de México hier Halt gemacht. Sicher ist aber nur, dass ein Feuer die Gebäude zerstört hat – und daher stammt auch der Name La Quemada („die verbrannte Stadt").

La Quemada war zwischen 300 und 1200 n. Chr. bewohnt. Den Höhepunkt der Siedlung vermutet man zwischen 500 und 900 mit bis zu 3000 Einwohnern. Ab etwa 400 war sie Teil des Handelsnetzwerkes in der Region, das mit Teotihuacán verbunden war. Die Festungsanlagen lassen aber vermuten, dass La Quemada später den Handel in der Gegend zu beherrschen versuchte. Einer aktuellen Studie zufolge betrieben die Einwohner während der Blütezeit der Siedlung Kannibalismus an den Feinden. Die sterblichen Überreste wurden dann zeremoniell aufgehängt.

Zu den wichtigsten Gebäuden gehört der **Salón de las Columnas** (Halle der Säulen), der dem Eingang am nächsten liegt und in dem möglicherweise Zeremonien abgehalten wurden. Etwas weiter den Hügel hinauf befinden sich ein Ballspielplatz, eine steile Pyramide für Opferdarbietungen und eine ebenso steile Treppe, die zu den höheren Ebenen der Stätte führt. Von den oberen Ebenen des Haupthügels führt ein Pfad etwa 800 m nach Westen zu einem Felsvorsprung (dem höchsten Punkt). Die Überreste der Gebäudeansammlung hier heißen **La Ciudadela** (die Zitadelle). Um zurückzukommen folgt man dem Verteidigungswall und dem Weg zu einem kleinen **Museum**. Dieses stellt eine interessante Sammlung von Artefakten aus, die auf der Anlage gefunden wurden, und ein Video gibt eine gute Zusammenfassung dessen, was über die Stätte bekannt ist. Man braucht genug Wasser und einen Hut. Außerdem muss man die Augen nach Klapperschlangen offen halten, die hier nämlich schon gesichtet wurden.

An der Plaza del Bicentenario in Zacatecas steigt man in einen Combi-Bus nach Villanueva (40 Mex$) und sagt vorher, dass man bei *las ruinas* aussteigen möchte; man wird dann an der Abzweigung abgesetzt und muss von dort 2,5 km bis zum Eingang der Stätte laufen. Auf dem Rückweg nach Zacatecas kann es eine Weile dauern, bis ein Bus kommt, man sollte also nicht zu spät von den Ruinen aufbrechen. Alternativ mietet man sich ein Taxi, das einen hinbringt und dort auch wartet (Kostenpunkt etwa 800 Mex$).

Künstlers Manuel Felguérez heraussteehen. Man kann hier problemlos ein, zwei Stunden verbringen und die außergewöhnlichen Formen auf sich wirken lassen.

⭐ **Museo Pedro Coronel**   MUSEUM
(Plaza de Santo Domingo s/n; Erw./Student 30/15 Mex$; ⊙ Di–So 10–17 Uhr) Das herausragende Museo Pedro Coronel befindet sich in einem früheren Jesuitenkolleg aus dem 17. Jh. Spätestens seitdem es kürzlich modernisiert wurde, ist es eines der besten regionalen Kunstmuseen Mexikos. Pedro Coronel (1923–1985) war ein wohlhabender Künstler aus Zacatecas, der dem Museum seine Sammlung von Kunstwerken und Artefakten aus aller Welt sowie seine eigenen Werke hinterlassen hat. Zur Sammlung gehört Kunst des 20. Jhs. – von Picasso, Rouault, Dalí, Goya und Miró – sowie vorkoloniale mexikanische Artefakte, Masken und andere alte Objekte.

Cerro de la Bufa   WAHRZEICHEN
Die überzeugendste der vielen Erklärungen für den Namen des Hügels, der Zacatecas beherrscht, lautet, dass *bufa* von dem alten baskischen Wort für Weinschlauch stammt, denn genau so sieht diese Felsformation auch aus. Die Aussicht vom Gipfel ist fantastisch, zudem stehen oben mehrere interessante Denkmäler, eine Kapelle und ein Museum. Hier befindet sich auch die **Tirolesa 840** (☑ Mobil 492-9463157; Fahrt 250 Mex$; ⊙ 10–18 Uhr), eine 1 km lange Seilrutsche über einem ehemaligen offenen Tagebau.

Oben auf dem Hügel kann man die **Capilla de la Virgen del Patrocinio** besichtigen. Gegenüber von der Kapelle stehen drei imposante Statuen der Sieger der Schlacht von Zacatecas – Villa, Ángeles und Pánfilo Natera. Rechts von den Statuen führt ein asphaltierter Pfad am Fuß der felsigen Hügelspitze entlang zum **Mausoleo de los Hombres Ilustres de Zacatecas**, in dem

Zacatecas

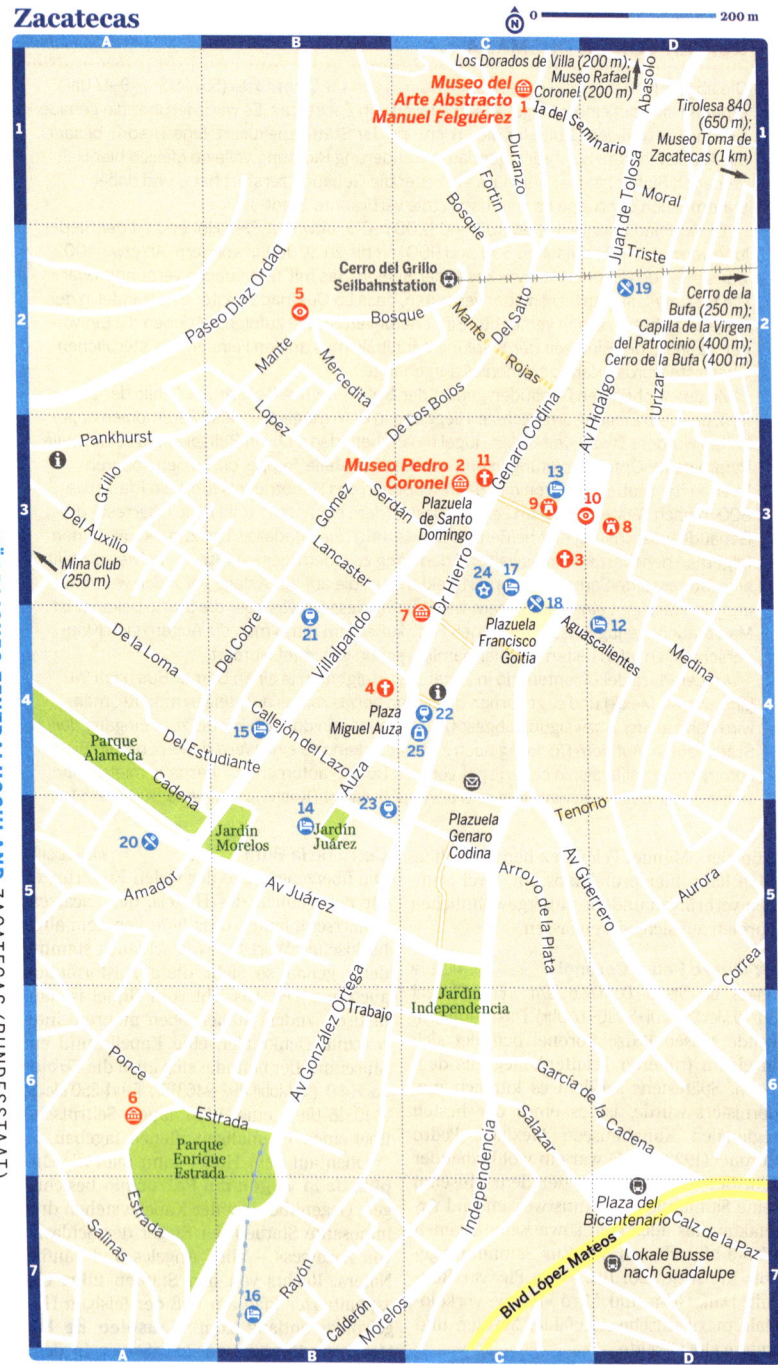

Los Dorados de Villa (200 m);
Museo Rafael Coronel (200 m)

Museo del Arte Abstracto Manuel Felguérez 1

Tirolesa 840 (650 m); Museo Toma de Zacatecas (1 km)

Cerro del Grillo Seilbahnstation 5

Cerro de la Bufa (250 m); Capilla de la Virgen del Patrocinio (400 m); Cerro de la Bufa (400 m)

19

Museo Pedro Coronel 2 · 11 · 13 · 9 · 10 · 8 · 3 · 24 · 17 · 18

Plazuela de Santo Domingo

Mina Club (250 m)

7 · 21 · 12

Plazuela Francisco Goitia

4 · 22 · 25

Plaza Miguel Auza

15

Parque Alameda

20 · 14 · Jardín Juárez · 23

Jardín Morelos

Plazuela Genaro Codina

Jardín Independencia

6

Parque Enrique Estrada

Plaza del Bicentenario

Lokale Busse nach Guadalupe

16

Streets/labels: Durango, Fortín, Bosque, 1a del Seminario, Abasolo, Juan de Tolosa, Moral, Triste, Mante, Del Salto, Rojas, Paseo Díaz Ordaz, Mante, Mercedita, López, Bosque, De Los Bolos, Genaro Codina, Av Hidalgo, Urizar, Pankhurst, Grillo, Del Auxilio, Gomez, Serdán, Lancaster, Dr. Hierro, Aguascalientes, Medina, De la Loma, Del Cobre, Villalpando, Callejón del Lazo, Auza, Tenorio, Del Estudiante, Cadena, Amador, Av Juárez, Arroyo de la Plata, Av Guerrero, Aurora, Correa, Av González Ortega, Trabajo, Ponce, García de la Cadena, Estrada, Independencia, Salazar, Salinas, Estrada, Rayón, Calderón, Morelos, Blvd López Mateos, Calz de la Paz

Zacatecas

⊙ **Highlights**
1 Museo del Arte Abstracto Manuel Felguérez C1
2 Museo Pedro Coronel C3

⊙ **Sehenswertes**
3 Catedral C3
4 Ex-Templo de San Agustín B4
5 Mina El Edén B2
6 Museo Francisco Goitia A6
7 Museo Zacatecano C4
8 Palacio de Gobierno D3
9 Palacio de la Mala Noche C3
10 Plaza de Armas D3
11 Templo de Santo Domingo C3

⊞ **Schlafen**
12 Cielito Lindo Hostal D4
13 Hotel Emporio Zacatecas C3
14 Hotel Mesón de Jobito B5

15 La Terrasse B4
16 Quinta Real Zacatecas B7
17 Santa Rita Hotel C3

✕ **Essen**
18 Acrópolis Café C3
19 El Pueblito D2
20 El Recoveco A5
    Restaurant La Plaza .... (siehe 16)

☺ **Ausgehen & Nachtleben**
21 Cantina 15 Letras B4
22 Dalí Café & Bar C4
23 La Famosa Cantina Típica B5

✪ **Unterhaltung**
24 Teatro Calderón C3

⊙ **Shoppen**
25 Casa de las Artesanías C4

NÖRDLICHES ZENTRALHOCHLAND ZACATECAS

sich die Gräber der Helden von Zacatecas von 1841 bis heute befinden.

Eine bequeme Variante, nach La Bufa (zur Kirche und zum Museum) hinaufzukommen, ist der **teleférico** (Seilbahn; ☏ 492-922-01-70; Ticket einf. Strecke 50 Mex$; ⊙ 10–18 Uhr). Alternativ kann man auch laufen; los geht's in der Calle del Ángel am östlichen Ende der Kathedrale. Mit dem Auto nimmt man die Carretera a la Bufa, die einige Kilometer östlich vom Zentrum an der Avenida López Velarde beginnt. Ein Taxi kostet etwa 60 Mex$. Zurück in die Stadt kann man den *teleférico* oder den Fußweg nehmen, der bei den Statuen nach unten führt.

Plaza de Armas   PLAZA
Die kürzlich renovierte Plaza liegt nördlich der Kathedrale. Der **Palacio de Gobierno** (⊙ Mo–Fr 8–20 Uhr) GRATIS an ihrer Ostseite wurde im 18. Jh. für eine Kolonialfamilie gebaut. Den Turm über der Haupttreppe schmückt ein Wandbild aus dem Jahr 1970 von Antonio Rodríguez, das die Geschichte des Bundesstaates Zacatecas darstellt. Auf der anderen Straßenseite direkt gegenüber steht der **Palacio de la Mala Noche**. Er wurde im späten 18. Jh. für einen Minenbesitzer gebaut und beherbergt heute Büros der Regierung des Bundesstaates.

Mina El Edén   MINE
(☏ 492-922-30-02; www.minaeleden.com.mx/english; Mante s/n; Führung Erw./Kind 100/50 Mex$; ⊙ Führungen 10–18 Uhr stündl.) Die Mine, die einst zu den reichsten Mexikos zählte (1586–1960), sollte man sich unbedingt

anschauen, weil sie einen Einblick in die Umstände vermittelt, wie und unter welch furchtbaren Bedingungen der Reichtum hier entstand. Versklavte *indígenas* mussten unter entsetzlichen Qualen nach den sagenhaften Schätzen (Gold, Silber, Eisen, Kupfer und Zink) graben – bis zu fünf Menschen starben täglich an Unfällen oder Krankheiten wie Tuberkulose oder Silikose. Heute geht es hier anders zu: Mit einer Miniaturbahn wird man tief ins Innere des Cerro del Grillo transportiert und dann geleiten einen die Führer durch erleuchtete Gänge vorbei an Schächten und über unterirdische Wasserbecken.

Die Mine hat zwei Eingänge: Um den höher gelegenen (östlichen) zu erreichen, geht man von der *teleférico*-Station Cerro del Grillo (S. 757) 100 m nach Südwesten. An diesem Eingang beginnen die Führungen mit einer Fahrstuhlfahrt in den Schacht. Um vom Zentrum aus den Westeingang zu erreichen, geht man auf der Avenida Juárez nach Westen, die bei der Alameda zur Avenida Torreón wird. Unmittelbar hinter dem IMSS-Hospital nach rechts abbiegen, dann ist es nur noch ein kurzes Stück zum Mineneingang (der Bus 7 fährt von der Kreuzung mit der Avenida Hidalgo die Avenida Juárez entlang und am Hospital vorbei). Am Westeingang beginnen die Führungen mit einer Fahrt mit der Schmalspurbahn (540 m), anschließend muss man rund 350 m laufen.

Catedral   KATHEDRALE
(Plaza de Armas) Die zwischen 1729 und 1752 aus rosafarbenem Stein erbaute Kathed-

rale ist ein Höhepunkt des mexikanischen Barocks: Die überwältigende Hauptfassade prunkt mit einer Wand voll detailreichen plastischen Schmucks; sie wird als ein riesiger symbolischer Hostienschrein gedeutet. Tatsächlich hält in der Mitte, beim Schlussstein über dem zentralen Rundfenster, ein winziger Engel einen Hostienschrein. Darüber steht eine Christusfigur im Mittelpunkt der dritten Etage des Fassadenaufbaus, und über dem Ganzen thront Gottvater.

Die zentrale Figur der Südfassade stellt La Virgen de los Zacatecanos dar, die Schutzpatronin der Stadt. Die Nordfassade zeigt den gekreuzigten Christus zwischen der Jungfrau Maria und dem Evangelisten Johannes. Der 2010 enthüllte große Altar ist ein Werk des berühmten mexikanischen Künstlers Javier Marín. Vor einem Hintergrund aus goldenen Blöcken zeigt er zehn große Bronzefiguren und eine Christusskulptur.

Museo Toma de Zacatecas   MUSEUM
(☎ 492-922-80-66; Cerro de la Bufa; Erw./Student 20/10 Mex$; ☉ 10–16.30 Uhr; ♿) Dieses Museum gedenkt der Schlacht von 1914 an den Hängen des Cerro de la Bufa. Damals besiegte die revolutionäre División del Norte unter Führung von Pancho Villa und Felipe Ángeles die Truppen von Präsident Victoriano Huerta. Dadurch gelang es den Revolutionären, Zacatecas, das Tor zu Mexico City, zu kontrollieren. Das kinderfreundliche Museum, das 2014 nach einer umfassenden Renovierung wieder eröffnete, bietet Technologie vom Feinsten mit sprechenden Geistern, Filmdokumenten der Schlacht und anderen interaktiven Highlights.

Museo Zacatecano   MUSEUM
(Dr Hierro 301; Erw./Student 30/15 Mex$; ☉ Mi–Mo 10–17 Uhr) Zacatecas' ehemalige Münze (die im 19. Jh. die zweitgrößte Mexikos war) beherbergt heute das wunderbare Museo Zacatecano. Das über eine Reihe von Sälen verteilte Museum stellt eine bunte Mischung von allem aus, was mit Zacatecas zu tun hat. Leider kommen die ersten Säle mit vielen Informationstafeln (auf Spanisch) sehr textlastig daher. Das Highlight ist die in den letzten Sälen untergebrachte wunderbare Sammlung von Kunstwerken der Huicholen. Videos (alle auf Spanisch) vermitteln den Kontext zu den Exponaten des jeweiligen Saals.

Templo de Santo Domingo   KIRCHE
(Plazuela de Santo Domingo) Der im Barockstil gebaute Templo de Santo Domingo steht an der gleichnamigen *plazuela* und hat schöne vergoldete Altäre und eine elegante hufeisenförmige Treppe. Die in den 1740er-Jahren von den Jesuiten errichtete Kirche wurde von Dominikanermönchen übernommen, nachdem die Jesuiten 1767 vertrieben wurden.

Ex-Templo de San Agustín   KIRCHE
(☉ Di–So 10–16.30 Uhr) GRATIS Der Ex-Templo de San Agustín wurde im 17. Jh. für Augustinermönche erbaut. Während der antiklerikalen Bewegung im 19. Jh. wurde die Kirche als Cantina und später als Freimaurerloge genutzt. Amerikanische presbyterianische Missionare erwarben sie 1882, zerstörten die „zu katholische" Hauptfassade und ersetzten sie durch eine kahle weiße Mauer. Erhalten geblieben ist das platereske Relief über dem Nordeingang, das die Bekehrung des hl. Augustin darstellt. Heute finden in dem ehemaligen Gotteshaus Wechselausstellungen statt.

Museo Francisco Goitia   MUSEUM
(☎ 492-922-02-11; Estrada 101; 30 Mex$; ☉ Di–So 10–16.45 Uhr) Das Museo Francisco Goitia zeigt Werke verschiedener Künstler des 20. Jhs. aus Zacatecas, darunter faszinierende Bilder von Ureinwohnern des Malers Goitia (1882–1960) selbst. Andere vertretene Künstler sind Pedro Coronel, Rafael Coronel und Manuel Felguérez. Das Museum ist in der früheren Gouverneursvilla oberhalb des Parque Enrique Estrada untergebracht, und allein das Gebäude selbst und die gepflegten Gärten mit Blick auf das Aquädukt sind einen Besuch wert.

🎉 Feste & Events

La Morisma   RELIGION
(☉ Aug.) La Morisma, das meistens am letzten Augustwochenende stattfindet, erinnert bei einer spektakulären nachgestellten Schlacht an den Triumph der Christen über die Muslime im alten Spanien. Zwei verfeindete „Armeen" mit etwa 10 000 Teilnehmern aus dem *barrio* Bracho marschieren morgens, begleitet von Musikkapellen, durch die Stadt und stellen dann zwischen Lomas de Bracho und dem Cerro de la Bufa zwei Schlachtszenen nach.

Feria de Zacatecas   KULTUR
(FENAZA; www.fenaza.com.mx; ☉ Sept.) Dieser Jahrmarkt, bei dem die Folklore im Mittelpunkt steht, findet jedes Jahr in den ersten drei Septemberwochen statt. Bekannte Ma-

tadore kämpfen gegen berühmte Stiere aus der Region. Außerdem werden *charreadas* (Rodeos), Konzerte, Theateraufführungen und Landwirtschafts- sowie Handwerksschauen veranstaltet. Am 8. September wird die Statue der Virgen del Patrocinio von ihrer Kapelle auf dem Cerro de la Bufa (S. 755) zur Kathedrale getragen.

🛏 Schlafen

Leider gibt es in Zacatecas nur wenige Budgetoptionen, wobei es zumindest ein sehr schönes Hostel gibt. Mittel- und Spitzenklassenunterkünfte tendieren dazu, während der hiesigen Hochsaison (zu den Festivals im September, zu Weihnachten und während der Karwoche im März oder April) ihre Preise zu verdoppeln.

⭐ Cielito Lindo Hostal   HOSTEL $
(☎492-921-11-32; www.cielitolindohostal.com; Aguascalientes 213; B 220 Mex$, DZ ab 500 Mex$; 🛜) Im liebevoll umgebauten ehemaligen Wohnhaus eines Paters mitten im Zentrum der Stadt ist heute ein wunderbares, stilvolles und einfach reizendes Hostel untergebracht – und bietet damit endlich eine gute Option für Budgetreisende. Es gibt eine große Auswahl an Zimmern. Die Schlafsäle sind mit Spinden und Ladestationen ausgestattet, eine (recht einfache) Küche ist vorhanden und das Personal ist sehr freundlich.

La Terrasse   BOUTIQUEHOTEL $$
(☎492-925-53-15; www.terrassehotel.com.mx; Villalpando 209; DZ 700–880 Mex$, Zi. 1000 Mex$, alle inkl. Frühstück; 🛜) Dieses kleine, freundliche und zentral gelegene Boutiquehotel wird von seinem stolzen Besitzer selbst geführt. Es hat 14 moderne, ein wenig kahle Zimmer, ist aber nichtsdestotrotz die mit Abstand beste Mittelklasseunterkunft am Ort. Die Fenster der hinteren Zimmer gehen nach innen – für die einen bedeutet das Platzangst, für die anderen Ruhe.

Hotel Mesón de Jobito   HOTEL $$
(☎492-922-70-95; www.mesondejobito.com; Jardín Juárez 143; Zi. ab 1270 Mex$; 🅿🛜) Die Gäste lieben den altmodischen Charme und die Geschichtsträchtigkeit, die sich in jedem Winkel dieses stimmungsvollen Hotels widerspiegelt. Die 53 Zimmer sind gemütlich und geräumig, auch wenn sie vielleicht etwas in die Jahre gekommen sind. Es gibt ein gutes Restaurant und eine Bar mit einem schrägen Balkon, ein architektonisches Erbe, das an seinen Bau vor 200 Jahren er-

GUADALUPE

Etwa 10 km östlich von Zacatecas wartet Guadalupe mit einem faszinierenden historischen ehemaligen Kloster auf, dem Convento de Guadalupe. Es wurde im frühen 18. Jh. von Franziskanern als apostolisches Kolleg gegründet und entwickelte eine starke akademische Tradition. Es war bis in die 1850er-Jahre Stützpunkt der Missionsarbeit im nördlichen Nueva España. Heute ist hier das exzellente **Museo Virreinal de Guadalupe** (Jardín Juárez Oriente; 52 Mex$, So frei; ⏰ Di–So 9–18 Uhr) untergebracht, das für viele Reisende die Grund ist, hierher zu kommen.

Besucher können zwei Teile des Konvents betreten: die beeindruckende **Kirche** – sie wird von vielen Pilgern besucht, die die geliebte Jungfrau ihres Landes ehren wollen – und das Museum selbst. Letzteres besitzt eine der besten Kunstsammlungen aus der Kolonialzeit, die man in Mexiko finden wird.

innert. Das Frühstücksbüffet jeden Sonntag (160 Mex$) ist eine Institution in der Stadt.

Quinta Real Zacatecas   LUXUSHOTEL $$$
(☎492-922-91-04, 800-500-40-00; www.quintareal.com; Rayón 434; Suite ab 2700 Mex$; 🅿🛜) Dieses Luxusparadies ist zweifellos das beste Hotel in Zacatecas. Das Hotel mit 49 Zimmern, das spektakulär um die älteste – inzwischen geschlossene – Stierkampfarena des Landes in der Nähe des Aquädukts El Cubo liegt, gehört zu den modernsten und attraktivsten in Mexiko. Selbst die preisgünstigsten Zimmer sind große, komfortable Master-Suiten. Vom eleganten Restaurant La Plaza (S. 760) aus kann man die Stierkampfarena erblicken.

Hotel Emporio Zacatecas   LUXUSHOTEL $$$
(☎492-925-65-00; www.hotelesemporio.com; Av Hidalgo 703; Zi. ab 3195 Mex$; 🅿🛜) Das Nobelhotel der Stadt punktet mit einer fantastischen Lage, großen und luxuriösen, wenn auch etwas einfallslosen Zimmern und hübschen Gemeinschaftsbereichen. Der Service ist professionell und die Zimmer bieten Ruhe vor dem Lärm von draußen. Einziger Nachteil: Es gibt keine Klimaanlage. Der Standardtarif ist hoch, manchmal kann man auf der Website aber sehr gute Angebote finden. Frühstück ist nicht inbegriffen.

Santa Rita Hotel
BOUTIQUEHOTEL $$$

(☎492-925-11-94; www.hotelsantarita.com; Av Hidalgo 507A; Suite 2300–3500 Mex$; P ✳ ☎) Das Santa Rita ist ein stilvolles und modernes Boutiquehotel mit wunderbarem, aufmerksamen Personal und einigen ungewöhnlichen Dekoelementen. Mehrere der 41 Suiten haben nach innen gehende Fenster; das ist bei Gebäuden aus der Kolonialzeit zwar unvermeidbar, bei diesen Preisen aber vielleicht doch überraschend.

Essen

Zacatecas' Restaurantszene ist im Allgemeinen eher trostlos, allerdings gibt es ein paar nennenswerte Ausnahmen. Die hiesigen Spezialitäten werden oft mit Zutaten wie Nopal-Kaktus und Kürbiskernen zubereitet. Am Morgen kann man rund um die Avenida Tacuba *burros* (Esel) sehen, die Krüge mit *aguamiel* (Honigwasser) tragen, einem nahrhaften Getränk, das aus dem *maguey*-Kaktus gewonnen wird.

Acrópolis Café
MEXIKANISCH $

(www.acropoliszacatecas.wixsite.com/restaurante; Ecke Av Hidalgo & Plazuela Candelario Huizar; Hauptgerichte 110–200 Mex$; ⊙8–22 Uhr; ☎) Dieses Café in der Nähe der Kathedrale hat griechische Besitzer und wirkt wie ein skurriler Diner aus den 1950er-Jahren. Es ist für Einheimische und Besucher Zacatecas' Frühstücksadresse schlechthin – was vielleicht mehr an der Lage als am Essen liegt. Es gibt leichte Gerichte, Frühstücksmenüs und guten Kaffee.

El Pueblito
MEXIKANISCH $

(Hidalgo 802; Hauptgerichte 60–180 Mex$; ⊙Mi-Mo 13–22 Uhr) Das ungezwungene Lokal in den Farbtönen Mexikos – helle Lila-, Gelb-, Pink- und Orangetöne – ist ein erstklassiges Ziel für mexikanische Küche. Die Einheimischen kommen meistens für ein spätes Mittagessen hierher, und da das Restaurant ohne Gäste eher an eine riesige Scheune erinnert, tut man es ihnen am besten gleich.

El Recoveco
MEXIKANISCH $

(Torreón 513; Büfett Frühstück/Mittagessen 89/99 Mex$; ⊙Mo–Sa 8.30–19, So 9–19 Uhr) Die Einheimischen beschreiben dieses alteingesessene Restaurant im Cafeteria-Stil gern mit den Worten „gut und günstig". Am Büfett gibt's die üblichen mexikanischen Gerichte, die lecker genug schmecken und auch noch ein unschlagbares Preis-Leistungs-Verhältnis bieten. Unbedingt genügend Hunger mitbringen, denn man kann so viel Essen, wie man mag.

Los Dorados de Villa
MEXIKANISCH $$

(☎492-922-57-22; Plazuela de García 1314; Hauptgerichte 80–240 Mex$; ⊙15–0.30 Uhr; ☎) Eventuell muss man reservieren, um überhaupt einen Platz in diesem beliebten Restaurant mit Revolutionsschick zu ergattern. Auf jeden Fall kräftig an die Tür klopfen, denn diese ist immer zu. Innen ist es warm, farbenfroh, stimmungsvoll und bis zum Anschlag mit allerlei Interessantem gefüllt. Auf der Karte stehen so ziemlich alle Leckereien, die man sich ausmalen kann, darunter auch eine großartige Auswahl verschiedener Enchiladas und ein fabelhafter *caldillo durangueño* (Eintopf mit Durango-Rind), einer Delikatesse des nördlichen Mexikos.

Restaurant La Plaza
INTERNATIONAL $$$

(Quinta Real Zacatecas, Rayón 434; Hauptgerichte 200–390 Mex$; ☎) Der elegante Hotel-Speisesaal in der Quinta Real Zacatecas beeindruckt besonders mit dem Ausblick auf das Aquädukt und die Stierkampfarena, aber auch mit seinem erlesenen Ambiente und der guten internationalen Küche mit einigen typisch mexikanischen Gerichten. Man kann auch zum Sonntagsbrunch (250 Mex$) kommen, einer echten hiesigen Institution. Abends sollte man besser reservieren.

Ausgehen & Nachtleben

Mina Club
BAR

(www.minaeleden.com.mx; Dovali s/n; Eintritt 70–150 Mex$; ⊙Sa 22 Uhr–open end) Für eine Erfahrung der anderen Art sollte man unbedingt die Gelegenheit beim Schopfe packen, unter Tage gehen und in dem Stollen der Mina El Edén (S. 757) feiern – samstags verwandelt sich diese Attraktion nämlich in einen Club. Die Öffnungszeiten erfragt man besser vorher, weil sie sich je nach Saison ändern.

Cantina 15 Letras
BAR

(☎492-922-01-78; Mártires de Chicago 309; ⊙Mo–Sa 13–3 Uhr) Bohemiens, Trinker und Poeten bevölkern diese oft überfüllte klassische Bar, die Kunstwerke bekannter lokaler und internationaler Künstler zieren, darunter welche von Pedro Coronel.

La Famosa Cantina Típica
BAR

(Callejón Cuevas 110; ⊙Di–So 19–2 Uhr) In dieser beliebten und stimmungsvollen Bar drängt sich ein gut gekleidetes Publikum aus Studenten und Künstlertypen. Wie in den meisten Bars in Zacatecas geht es erst spät so richtig los.

Dalí Café & Bar
BAR

(Plaza Miguel Auza 322; ⊘ Mo–Sa 12–1, So 17–1 Uhr; 🛜) Die weitläufige Café-Bar vor dem Ex-Templo de San Agustín (S. 758) bietet eine surreale Mischung aus originellen Möbeln, Cocktails und Knabbereien sowie gute Getränke mit heißer Schokolade.

 Unterhaltung

Teatro Calderón
THEATER

(☎ 492-922-81-20; http://teatrocalderon.uaz.edu. mx; Av Hidalgo s/n) An diesem tollen Veranstaltungsort finden verschiedene Kulturveranstaltungen statt, darunter Theater- und Tanzaufführungen sowie Konzerte. Aktuelle Veranstaltungen sind auf Plakaten angekündigt, man kann sich aber auch in der Touristeninformation danach erkundigen.

Shoppen

Zacatecas ist für Silber- und Lederwaren sowie für die farbenfrohen *sarapes* (Decken mit einer Öffnung für den Kopf) bekannt. Gut einkaufen kann man in der Arroyo de la Plata (und in der dortigen Markthalle) sowie in der **Casa de las Artesanías** (Plazuela Miguel Auza 312).

Centro Platero
SCHMUCK

(☎ 492-899-45-03; www.centroplaterodezacatecas. com; Ex-Hacienda de Bernardez; ⊘ Mo–Fr 10–17, Sa bis 14 Uhr) Zacatecas' Silberschmiede verkaufen ihre Produkte in dieser Werkstatt, die einige Kilometer östlich der Stadt an der Straße nach Guadalupe liegt. Junge Kunsthandwerker stellen dort verschiedene Designerstücke her, von traditionell bis zu modern. Am einfachsten erreicht man das Centro Platero mit dem Taxi (ca. 60 Mex$).

ℹ Praktische Informationen

Hospital Santa Elena (☎ 492-924-29-28; Av Guerrero 143)

Post (Allende 111; ⊘ Mo–Fr 8–16, Sa bis 14 Uhr)

Touristeninformation (☎ 492-924-40-47; www.zacatecastravel.com; Av Hidalgo s/n; ⊘ Mo–Sa 9–20, So bis 18 Uhr) Dieser Infostand wird von der städtischen Tourismusorganisation Secturz betrieben und bietet Stadtpläne und Informationen. Hier kann man auch nach der Agenda Cultural fragen, einem ausgezeichneten monatlichen Veranstaltungsprogramm.

Touristeninformation (☎ 492-925-12-77, Anschluss 625; www.zacatecastravel.com; Av González Ortega s/n; ⊘ Mo–Fr 9–16 Uhr) Der offizielle Hauptsitz von Secturz.

ℹ An- & Weiterreise

BUS

Der **Central de Autobuses Zacatecas** (Carretera 45) befindet sich ca. 3 km vom Zentrum entfernt am südwestlichen Stadtrand. Von dort fahren Deluxe-Busse und Busse der 1. und 2. Klasse. Einige Busse zu Zielen in der näheren Umgebung, darunter nach Villanueva (für die Fahrt nach La Quemada), starten an der **Plaza del Bicentenario** (Blvd López Mateos). **Stadtbusse nach Guadalupe** (Blvd López Mateos) fahren auf der gegenüberliegenden Seite der Straße ab. Von Zacatecas aus gibt es keine Direktverbindung nach Guanajuato: Man nimmt einen Bus nach León und steigt anschließend dort um. Reisende mit dem Ziel San Miguel de Allende steigen in San Luis Potosí oder Querétaro in den entsprechenden Bus ein.

FLUGZEUG

Der **internationale Flughafen von Zacatecas** liegt 20 km nordwestlich der Stadt. Täglich gibt es zwei Flüge nach Mexico City sowie Direktverbindungen nach Los Angeles, Dallas/Fort Worth und Chicago.

BUSSE AB ZACATECAS

ZIEL	PREIS (MEX$)	DAUER (STD.)	HÄUFIGKEIT (TGL.)
Aguascalientes	165–196	2–3	stündl.
Durango	460–520	4½–7	stündl.
Guadalajara	545–580	4–7	stündl.
León	365	3–4	4-mal
Mexico City (Terminal Norte)	810–975	6–8	häufig
Monterrey	556–601	7–8	häufig
Querétaro	560–640	5–6¼	häufig
San Luis Potosí	305	3–3½	stündl.

ℹ️ Unterwegs vor Ort

Die einfachste Möglichkeit, um zum Flughafen bzw. vom Flughafen weg zu kommen, ist eine Taxifahrt (350–400 Mex$).

Taxis vom Busbahnhof zum Zentrum von Zacatecas kosten um die 50 Mex$. Bus Nr. 8 (6 Mex$) fährt vom Busbahnhof direkt zur Kathedrale. Vom Zentrum stadtauswärts nimmt man Bus Nr. 8 Richtung Süden gen Villalpando.

Jerez

📍 494 / 58 000 EW. / HÖHE 2000 M

Die wunderbare Provinzstadt Jerez, 30 km südwestlich von Zacatecas, ist der Inbegriff Mexikos: Überall sieht man Cowboys, Kirchen und Mariachi-Bands. Aus diesem Grund ist sie auch ideal, um einen Tag lang das einheimische Leben zu beobachten. Am Sonntag, dem Markttag, gibt es besonders viel zu sehen, z. B. *rancheros,* die hoch zu Pferde vor den Saloons trinken. Samstags ist die hübsche Hauptplaza, der Jardín Páez, mit seinem altmodischen Pavillon, den Bäumen und Bänken ein beliebter Ort für Hochzeitszüge und Mariachi-Darbietungen. Jerez ist für seinen lebhaften einwöchigen Osterjahrmarkt bekannt, bei dem u. a. *charreadas* (mexikanische Rodeos) und Hahnenkämpfe veranstaltet werden.

👁️ Sehenswertes

Teatro Hinojosa　　　HISTORISCHES GEBÄUDE
(Reloj Esq Salvador Varela; ⊙ Di–So 10–17 Uhr) Es heißt, dass der Bau dieses beeindruckenden, wunderschönen Gebäudes über 20 Jahre gedauert hat. Die Initiative dafür ging von dem aus Jerez stammenden Don Higinio Escobedo Zauza aus, und 1867 wurde mit den Bauarbeiten begonnen. In der Folge organisierte Don José María Hinojos großzügige Einwohner, die ihre Zeit und Materialien

bereitstellten, bis das Projekt erfolgreich abgeschlossen war. Das Teatro ist für seine außergewöhnliche Form bekannt, die angeblich eine der besten Akustiken der Welt schaffen soll. Einfach den Hausmeister fragen, ob man einen Blick hineinwerfen darf.

Casa Museo Interactivo
Ramón Lopez Velarde　　HISTORISCHES GEBÄUDE
(Calle de la Parroquia 33; 20 Mex$; ⊙ Di–Fr 10–17, Sa & So 11–17 Uhr) In diesem Haus wurde am 15. Juni 1888 Ramón Lopez Velarde, einer der beliebtesten Dichter Mexikos, geboren, und er verbrachte hier schätzungsweise die ersten acht Jahre seines Lebens. Das Museum wird sehr gut kuratiert und besitzt zahllose interaktive Exponate, die auch interessant sind, wenn man Lopez Velardes Werke nicht kennt.

🍴 Essen

⭐ **Botica del Cafe**　　　　　　CAFÉ **$**
(Calle del Espejo 3; Sandwiches 60–80 Mex$; ⊙ Di–Fr 17.30–22.30, Sa & So 10–22.30 Uhr; 📶 📷)
📷 Dieses absolut hinreißende Café ist in solch einer kleinen Stadt wie Jerez ein echtes Highlight. Hier werden in den Räumlichkeiten einer alten Apotheke köstliche *chapatas* (Ciabatta-Sandwiches), Salate und Kuchen serviert. Das Angebot an Kaffeevariationen wird ziemlich sicher auch den anspruchsvollsten Gast zufriedenstellen; es gibt sogar Chemex und Aeropress.

ℹ️ An- & Weiterreise

Vom Busbahnhof in Zacatecas aus gibt es regelmäßige Verbindungen nach Jerez (50–60 Mex$, 1 Std.). Der **Busbahnhof** von Jerez liegt im östlichen Teil der Stadt, 1 km vom Zentrum entfernt an der Calzada La Suave Patria. Um von dort ins Zentrum zu kommen, steigt man in einen Bus mit der Aufschrift „Centro" (6 Mex$).

Baja California

Inhalt ➡

Tijuana 765
Ensenada 776
Mexicali 781
Guerrero Negro.......... 782
San Ignacio 784
Santa Rosalía 786
Mulegé 787
Loreto......................... 789
Puerto San Carlos...... 792
La Paz......................... 792
Cabo Pulmo 799
Cabo San Lucas........803
Todos Santos 807

Gut essen

- ➡ Sur Beach House (S. 805)
- ➡ Tras/Horizonte (S. 767)
- ➡ Deckman's (S. 775)
- ➡ Heirbabuena (S. 809)
- ➡ Taco Fish La Paz (S. 796)

Schön übernachten

- ➡ Posada la Poza (S. 808)
- ➡ Bungalows Breakfast Inn (S. 805)
- ➡ Casa Natalia (S. 801)
- ➡ El Ángel Azul (S. 795)
- ➡ Pension Baja Paradise (S. 794)

Auf nach Baja California!

Baja California (Niederkalifornien) – die zweitlängste Halbinsel der Welt – bietet über 1200 km geheimnisvolles, majestätisches, ungezähmtes Land. Die Halbinsel ist in zwei Bundesstaaten unterteilt: Baja California und Baja California Sur. Wer die ganze Reise von Tijuana nach Los Cabos macht, kann sich glücklich schätzen: Die Carretera Transpeninsular (Hwy 1) bietet herrliche Aussichten. Zudem ist es mitten im Nirgendwo schöner, als man je erwartet hätte. Selbst in den Grenzstädten sind die Menschen freundlich, entspannt und hilfsbereit. Nebenstraßen führen durch winzige Dörfer und schlängeln sich an Berghängen entlang, während Kondore am wolkenlosen Himmel kreisen. Manche Besucher schlürfen einfach nur Drinks, essen Fischtacos und genießen den Sonnenuntergang über dem Pazifik. Andere erleben einen Adrenalinrausch beim Surfen, wandern durch Schluchten oder starren in den Nachthimmel, an dem die Sterne wie Diamanten funkeln. Wie auch immer die Wahl ausfallen mag: Man wird einige von Bajas vielen Schönheiten begegnen.

Reisezeit
Cabo San Lucas

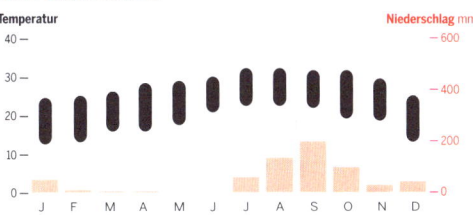

°C Temperatur | Niederschlag mm

Jan.–März Blütezeit, alles ergrünt. Wale und Walhaie lassen sich blicken; Surfer freuen sich über große Wellen.

Aug.–Sept. Die Strände sind nahezu verlassen. Man hat Baja fast für sich allein, aber es ist sehr heiß.

Okt.–Nov. Das Meer ist kristallklar, und man kann ohne Menschenmassen tauchen und schnorcheln.

Highlights

1 Espíritu Santo
(S. 792) Mit dem Kajak durch blaue Buchten paddeln und an menschenleeren, weißen Stränden picknicken

2 Ruta del Vino
(S. 774) Die ländlichen Gaumenfreuden im unberührten Valle de Guadalupe im nördlichen Baja genießen

3 El Bajo (S. 800)
In Cabo Pulmo am einzigen lebenden Korallenriff im Golf von Kalifornien mit großen Schulen von Großaugen-Makrelen tauchen

4 Bahía Magdalena (S. 792) Von Puerto San Carlos in die klaren Gewässer hinausfahren, in denen Wale ihre Jungen zur Welt bringen

5 Todos Santos
(S. 807) Auf Kopfsteinstraßen spazieren, im Hierbabuena farmfrische Gerichte genießen und surfen bis zum Sonnenuntergang

6 Land's End
(S. 804) Durch klares Wasser bis zum romantischen Lovers Beach paddeln und dann zum wilden Divorce Beach übersetzen

7 Loreto (S. 789)
Tagsüber Boot fahren und schnorcheln und abends auf dem historischen Stadtplatz schmausen und bechern

8 Tijuana (S. 765)
Auf der Plaza Fiesta kalifornisch-mediterrane Küche und Craft-Biere genießen

Geschichte

Ehe die Europäer ins Land kamen, lebten um die 48 000 umherziehende Jäger und Sammler in Niederkalifornien; ihre geheimnisvollen Wandmalereien schmücken noch heute Höhlen und Felswände. Die europäische Besiedlung setzte auf Baja erst mit den Jesuitenmissionen im 17. und 18. Jh. ein, doch die Missionen brachen schnell durch von den Europäern eingeschleppte Krankheiten zusammen, die die indigene Bevölkerung dezimierten. Viehzüchter, Bergleute und Fischer kamen als nächste. In den 1920er-Jahren, als in den USA die Prohibition herrschte, kamen Glücksspieler, Trinker und andere „Sünder" von nördlich der Grenze nach Baja California. Heute verzeichnet die Region einen Zuwachs an Wirtschaftskraft, Bevölkerungsgröße und Bekanntheit, allerdings mit problematischen Konsequenzen für Natur und Umwelt.

ⓘ An- & Weiterreise

Es gibt sechs offizielle Grenzübergänge vom US-Bundesstaat Kalifornien nach Baja.

Mexikanische, US-amerikanische und internationale Fluglinien fliegen nach La Paz, Loreto, San José del Cabo und Tijuana. Fähren von Santa Rosalía und Pichilingue (bei La Paz) verbinden Baja California auf dem Seeweg mit dem Festland.

ⓘ Unterwegs vor Ort

Klimatisierte, relativ teure Nichtraucherbusse verkehren täglich zwischen den Städten auf der ganzen Halbinsel; abgelegene Dörfer, Berge und Strände erreicht man aber häufig nur mit dem Auto. Autovermietungen gibt's in größeren Städten und wichtigen Touristenzielen.

Die Autobahnen sind in gutem Zustand, und es gibt nur wenige mautpflichtige Straßen. Auf der malerischen Panoramastraße (*cuota*; mautpflichtig) nach Ensenada muss man 32 Mex$ zahlen; die Route von Tijuana nach Mexicali kostet 170 Mex$. Es werden keine größeren Scheine als solche zu 20 US$ oder 200 Mex$ angenommen. Unterwegs trifft man auf mehrere Armeekontrollpunkte.

NÖRDLICHES BAJA

Tijuana, Tecate und Mexicali bilden die nördliche Grenze einer Region, die als La Frontera bekannt ist und sich weit südlich bis San Quintín im Westen und bis San Felipe im Osten erstreckt. Die Ruta del Vino (zwischen Ensenada und Tecate) ist mit ihren erlesenen, preisgekrönten Weinen inzwischen fast so berühmt wie das Napa Valley. Und während die Grenzstädte und Strände des nördlichen Baja zweifellos ganz dem Vergnügen dienen, sind Tijuana und Mexicali auch bedeutende Industriezentren mit einem arbeitsamen Alltag.

Parque Nacional
Constitución de 1857   NATIONALPARK

Am Ende der herausfordernden, 43 km langen Straße hinter Ojos Negros (östlich von Ensenada) erwartet einen dieser Nationalpark mit seinen wunderschönen Nadelbäumen, Wiesen voller Wildblumen und einem zuweilen ausgetrockneten See, der Laguna Hanson, auf einer Höhe von 1200 m. Es gibt **Cabañas** (Hütten; 30 US$) und **Stellplätze** (☑ 686-554-44-04; in der Parkgebühr von 4 US$ inbegriffen; ◷ 8–15 Uhr); man sollte sein eigenes Wasser mitbringen, weil das vorhandene verunreinigt sein könnte.

Der Park ist ein herrlicher Ort zum Mountainbiken, Wandern oder einfach nur zum Entspannen – zumindest solange nicht alle anderen zur gleichen Zeit relaxen wollen. In der Hauptsaison kann es sehr voll werden, aber der Park ist zu allen Jahreszeiten schön. Erreichbar ist der Park auch über eine steilere Straße östlich von Kilometer 55,2 (16 km südöstlich der Kreuzung bei Ojos Negros).

La Bufadora   AREAL

La Bufadora ist ein beliebtes „Blowhole" (vielmehr eine Einkerbung im Felsen, durch die Wellen in die Höhe spritzen) 40 km südlich von Ensenada. Unter den geeigneten Bedingungen spritzt die Wasserfontäne bis zu 30 m himmelwärts und durchnässt die begeisterten Zuschauer.

Die Bedingungen sind nicht immer ideal, aber wenn man sich auf das Glücksspiel einlassen will, kann man auf der Transpeninsular südwärts bis zum „Bufadora"-Schild fahren. Man folgt anschließend der Straße rund herum bis zur pazifischen Küste. Das Parken kostet 20 Mex$; an der Zufahrtsstraße finden sich allerhand Souvenirstände (und Schlepper).

Tijuana

☑ 664 / 1.4 MIO. EW.

Tijuana rühmt sich der „weltweit meistüberquerten Grenze" und ist in vieler Hinsicht eine typische Grenzstadt mit einem munteren kulturellen Mix, einem ausgeprägten Nachtleben, einer großen Bandbreite an Restaurants und Bars und einem zwielichtigen Rotlichtbezirk. Ja, die Stadt ist schmuddelig, und ja, es gibt viele Gewaltverbrechen, deren Opfer aber Touristen nur selten werden. In den letzten Jahren ist eine dynamische Kleinbrauerei-, Restaurant- und urbane Kunstszene entstanden. In mehreren *pasajes* (Gassen) abseits der Hauptstraße La Revolución (oder La Revo, wie sie gewöhnlich genannt wird) finden sich jetzt Galerien zeitgenössischer Kunst und Künstlercafés. Viele hippe, hoch gepriesene Restaurants haben in der Zona Río eröffnet, dem noblen Geschäftsviertel am Flussufer. Hier befindet sich auch die Plaza Fiesta, das etwas ungeschliffene Zentrum der Kleinbrauerei- und Kneipenszene, die wie nichts sonst die lebendige, hedonistische und typisch mexikanische Seele von Tijuana verkörpert.

Geschichte

Zu Beginn des vorigen Jahrhunderts war Tijuana nicht mehr als ein Schlammloch. Zur Prohibitionszeit kamen US-Amerikaner, die hier ihr Interesse an Alkohol, Glücksspiel, Bordellen sowie Box- und Hahnenkämpfen befriedigen wollten. Bis 1960 war die Bevölkerung der Stadt auf 180000 Menschen angestiegen. Dieses unausgesetzte Wachstum brachte die unvermeidlichen sozialen und ökologischen Probleme mit sich. Heute sind der Schmuggel von Drogen und illegalen Einwanderern in die USA das größte Problem.

Sehenswertes

⭐ **Museo de las Californias**   MUSEUM

(☏664-687-96-00; www.cecut.gob.mx; Centro Cultural Tijuana; Ecke Paseo de los Héroes & Av Independencia; Erw./Kind unter 12 Jahren 27 Mex$/frei; ☻Di–So 10–18 Uhr; 🅿️🚻) Das Museo de las Californias zeichnet die Geschichte Bajas von prähistorischen Zeiten bis zur Gegenwart nach. Die Ausstellung beginnt mit Kopien von Höhlenmalereien und widmet sich dann wichtigen historischen Wendepunkten, in vielen Fällen mit realistischen Dioramen oder maßstabsgetreuen Modellen, darunter eines Schiffs aus dem 16. Jh., mehrerer Missionen und sogar einer Sandsteinkapelle, illustriert werden.

⭐ **Pasaje Rodríguez**   KUNSTZENTRUM

(Av Revolución, zw. Calle 3a & 4a; ☻12–22 Uhr) Die stimmungsvolle Kunstgasse spiegelt Tijuanas wachsende urbane Kunstszene wider. Die Mauern sind mit lebensprühenden Wandmalereien im Graffiti-Stil bedeckt – die ideale

Kulisse für Boheme-Cafés, Imbissstände mit Essen aus Oaxaca, vor Ort produzierte Mode, Musikbars, Buch- und Kunstgewerbeläden.

Frontón Palacio Jai Alai   PALAST

(Av Revolución, zw. Calle 7a & 8a) Der skurrilbarocke Palacio stammt von 1926 und war jahrzehntelang Austragungsstätte von Jai Alai, der schnellen, aus dem Baskenland stammenden Ballsportart, die an Squash erinnert. Ein Spielerstreik und zurückgehende Zuschauerzahlen führten zur Schließung der Anlage. Heute ist sie eine riesige Konzertstätte.

Aktivitäten

Vinícola L.A. Cetto   WEIN

(Weingut L.A. Cetto; ☏664-685-30-31; www.lacetto.mx; Cañón Johnson 2108; ☻Mo–Sa 10–17 Uhr) Das immer noch von Nachfahren italienischer Einwanderer, die 1926 nach Baja kamen, bewirtschaftete Weingut produziert eine Reihe köstlicher Weine, außerdem Schaumweine und einen ordentlichen Weinbrand. Wer es nicht zu dem **Weingut** (☏646-175-23-63; www.lacetto.com; Carretera Tecate–El Sauzal km 73,5; Führung & Verkostung 50 Mex$; ☻9–17 Uhr) des Unternehmens im Valle de Guadalupe schafft, kann in diesem Laden die Produkte verkosten.

Geführte Touren

Turista Libre   TOUR

(www.turistalibre.com; Tagestour ab 70 US$) Die Touren in und rund um Tijuana konzentrieren sich auf Kulturevents, urige Märkte, Kleinbrauereien, lohnende Tacostände und andere, nicht leicht zu findende Attraktionen.

Feste & Events

Expo Artesanal   KUNST

(Centro Cultural; Ecke Paseo de los Héroes & Av Independencia; ☻Anfang Mai) Bei diesem wunderbaren Kunsthandwerksfest im Kulturzentrum steht Kunsthandwerk aus ganz Mexiko zum Verkauf.

Tijuana Craft Beer Expo   BIER

(www.facebook.com/TjBeerFest; ☻Mercado Hidalgo Anfang Juli) Bei dem bierseligen Fest stehen tolle Biere (alte und neue) im Mittelpunkt. Gemixt mit Clamato ein echtes Stück Mexiko!

Expo Tequila   TEQUILA

(Tequila-Festival; Ecke Ave Revolucion & Calle 8a; ☻Mitte Okt.) Angesichts der großen Auswahl an Tequilas, die hier verkostet und gekauft werden können, wird man zum Experten.

 **Schlafen**

Hotel Baja
HOTEL **$**

(☎ 664-688-22-88; Calle 5a 8163; Zi. ab 660 Mex$; P ⊖ ✳ 🛜) Das kleine, moderne und ziemlich neue Hotel gleich abseits der La Revo hat motelartige Zimmer um einen kleinen Garten mit Kunstrasen. Das Dekor ist eine blendende Mischung aus Grün und Weiß. Die Zimmer sind klein, die Bäder mit ihren begehbaren Duschen aber geräumig. Das Hotel ist außerdem sicher, bietet eine freundliche Atmosphäre und hat ein sehr gutes Preis-Leistungs-Verhältnis.

Hotel Nelson
HISTORISCHES HOTEL **$**

(☎ 664-685-43-02; Av Revolución 721; Zi. ab 650 Mex$; P ⊖ ✳ 🛜) Der freundliche Langzeit-Favorit punktet mit hohen Decken und Details aus den 1950er-Jahren, z. B. einem altmodischen Friseursalon. Die mit Teppichen ausgelegten Zimmer sind abgenutzt und manche vielleicht auf zu authentische Art alt (erst einige anschauen!), aber sie sind mit Farbfernsehern ausgestattet. Teilweise blickt man auch auf die (alles andere als idyllische) Avenida Revolución.

★ Hotel Caesar's
HISTORISCHES HOTEL **$$**

(☎ 664-685-16-06; www.hotelcaesars.com.mx; Av Revolución 1079; Zi. 1360–1530 Mex$; P ⊖ ✳ 🛜) Wenn Mauern reden könnten! Tijuanas berühmtestes historisches Hotel stammt aus der Prohibitionszeit der 1920er-Jahre, als Filmstars von jenseits der Grenze hier ein und aus gingen. Heute kündet nur noch die Fassade von dieser Zeit. Die Zimmer sind groß, sehr sauber, mit Teppichen ausgelegt, komfortabel und ziemlich nichtssagend. Aber der Preis ist sehr gut, und das angrenzende Restaurant besitzt den historischen Charme, der dem Hotel fehlt. Bei Online-Buchung sind die Preise günstiger.

Hotel La Villa de Zaragoza
MOTEL **$$**

(☎ 664-685-18-32; www.hotellavilla.biz; Av Madero 1120; Zi. ab 900 Mex$; P ⊖ ✳ @ 🛜) Die Zimmer sind um einen zentralen Hof mit Parkplätzen angeordnet und typisch für ein älteres Motel. Das Dekor ist geschäftsmäßig nüchtern und überwiegend in Creme- und Brauntönen gehalten. Ein Vorteil ist die zentrale, aber ruhige Lage. Die Zimmer sind sauber und makellos, es gibt Zimmerservice und ein gutes Restaurant vor Ort.

Hotel Real del Río
HOTEL **$$$**

(☎ 664-634-31-00; www.realdelrio.com; Av Velasco 1409; Zi. mit Frühstück 1650 Mex$; P ⊖ ✳ 🛜)

SICHERHEIT IN BAJA

Das US-amerikanische Außenministerium hat Reisewarnungen herausgegeben, weil die Gangkriminalität vor allem in San José del Cabo und La Paz in die Höhe schnellt; die beiden Städte gehören inzwischen zu den Städten mit der höchsten Mordrate pro Einwohner in Mexiko. Die Morde ereignen sich aber fast ausschließlich innerhalb der Drogenkartelle, und in den wichtigsten touristischen Gebieten bekommt man von dieser Gewalt in den Randbereichen kaum etwas mit. Auch Grenzstädte wie Tijuana haben wegen Morden in Zusammenhang mit dem Drogenhandel eine schlechte Presse. Man muss betonen, dass Touristen bislang nicht angegriffen wurden. Wachsamkeit, gesunder Menschenverstand und Vorsichtsmaßnahmen sind jedoch dringend geboten. Dazu gehört auch, sich von zwielichtigen Vierteln fernzuhalten und nicht nachts mit dem Auto zu fahren. Wertsachen (auch Surfbretter) nicht unbeaufsichtigt offen herumliegen zu lassen und die Tür abzuschließen, vermindern das Risiko, dass etwas geklaut wird – Diebstahl ist bislang das größte Problem, auf das sich Traveller einstellen müssen.

Der sanitäre Standard ist in Niederkalifornien höher als anderswo in Mexiko, und sogar das Leitungswasser ist normalerweise zum Trinken geeignet.

Die zeitgenössische Fassade, die modularen Baublöcken ähnelt, bildet den Auftakt zu einem schicken modernen Hotel mit komfortablen Zimmern mit Teppichböden, einem Fitnessraum, einer Sonnenterrasse auf dem Dach und einem ausgezeichneten Restaurant mit Bar, das bei den Einheimischen für seinen Sonntagsbrunch beliebt ist. Das Hotel liegt in der zentralen Zona Río in der Nähe vieler angesagter Restaurants und Brauereikneipen.

 **Essen**

★ Tras/Horizonte
MEXIKANISCH **$**

(Río Colorado 9680; Gerichte 28–119 Mex$; ⊙ Di–Sa 13–22, So bis 19 Uhr; 🛜) Das Restaurant in einem Lagerhaus wirkt dank auf die Wände gemalter Sonnenuntergänge und Meereskreaturen sowie der Dekoration mit Far-

Tijuana

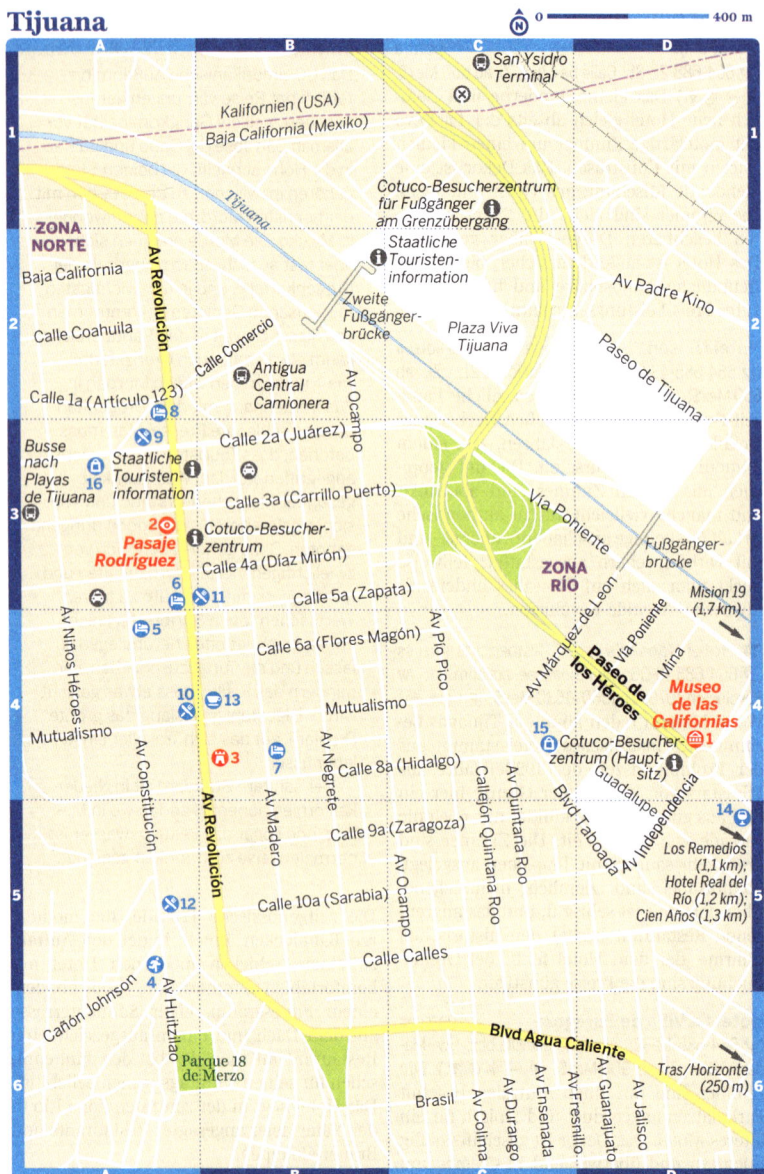

N
0 — 400 m

San Ysidro Terminal

Kalifornien (USA)
Baja California (Mexiko)

Tijuana

ZONA NORTE

Baja California

Av Revolución

Cotuco-Besucherzentrum für Fußgänger am Grenzübergang

Staatliche Touristen-information

Calle Coahuila

Zweite Fußgänger-brücke

Plaza Viva Tijuana

Av Padre Kino

Paseo de Tijuana

Calle 1a (Artículo 123)

Calle Comercio

Antigua Central Camionera

Av Ocampo

Busse nach Playas de Tijuana

Staatliche Touristen-information

Calle 2a (Juárez)

Calle 3a (Carrillo Puerto)

Via Poniente

ZONA RÍO

Fußgänger-brücke

Pasaje Rodríguez

Cotuco-Besucher-zentrum
Calle 4a (Díaz Mirón)

Calle 5a (Zapata)

Mision 19 (1,7 km)

Av Niños Héroes

Av Márquez de Leon

Via Poniente

Museo de las Californias

Calle 6a (Flores Magón)

Av Pío Pico

Paseo de los Héroes

Mina

Mutualismo

Mutualismo

Cotuco-Besucher-zentrum (Haupt-sitz)

Av Constitución

Av Revolución

Av Madero

Av Negrete

Calle 8a (Hidalgo)

Calle 9a (Zaragoza)

Callejón Quintana Roo

Av Quintana Roo

Blvd Taboada

Guadalupe

Av Independencia

Los Remedios (1,1 km); Hotel Real del Río (1,2 km); Cien Años (1,3 km)

Calle 10a (Sarabia)

Av Ocampo

Calle Calles

Cañón Johnson

Av Huitzláo

Parque 18 de Merzo

Blvd Agua Caliente

Tras/Horizonte (250 m)

Brasil

Av Colima

Av Durango

Av Ensenada

Av Fresnillo

Av Guanajuato

Av Jalisco

nen, Kakteen, Treibholz und Lichterketten wie ein magischer Ort im Freien. Das Essen übertrifft das Ambiente sogar noch: Es gibt kreative Vorspeisen in großzügigen Portionen und Tacos, die von mit Shrimps gefüllten *chili relleno* in Adobe-Chili-Sauce bis zu Champignons mit Koriander-Mesquite-

Pesto reichen. Dazu passt ein Mezcal-Cocktail, die Spezialität des Hauses.

Colectivo 9
INTERNATIONAL **$**

(Av Revolución 1265; Hauptgerichte 70–95 Mex$; Di–Do & So 13–20, Fr & Sa bis 24 Uhr;) Die schmale Gasse, durch die man hierher

Tijuana

⊙ Highlights
1 Museo de las Californias D4
2 Pasaje Rodríguez A3

⊙ Sehenswertes
3 Frontón Palacio Jai Alai B4

✈ Aktivitäten, Kurse & Touren
4 Vinícola L.A. Cetto A5

🛏 Schlafen
5 Hotel Baja...A4
6 Hotel Caesar's A3
7 Hotel La Villa de Zaragoza B4
8 Hotel Nelson A2

✕ Essen
Caesar's...(siehe 6)

9 Casa Cacao...A3
10 Cine Tonala A4
Colectivo 9 ....(siehe 10)
11 Praga B3
12 Tacos El Gordo A5

⊙ Ausgehen & Nachtleben
13 Container Coffee....................................B4
Norte Brewing Co. ....(siehe 2)
14 Plaza Fiesta D5

⊙ Unterhaltung
Centro Cultural Tijuana................(siehe 1)
Domo Imax ....(siehe 1)

⊙ Shoppen
15 Mecado Hidalgo C4
16 Mercado El Popo....................................A3

kommt, bietet mit ihren hippen kleinen Boutiquen und Cafés den richtigen Vorgeschmack: Das Colectivo besteht aus neun kleinen Restaurants rund um einen zentralen Hof mit Springbrunnen. Man hat die Wahl z. B. zwischen Burgern, hausgemachten Würstchen, Pizzas oder japanischem Essen. Das Niveau ist hochklassig, und das Ambiente mutet zeitgenössisch-urban an, anders als sonst im Zentrum von Tijuana.

Tacos El Gordo · TACOS $
(Av Constitución 1342; Tacos 24 Mex$; ⊙Mo–Sa 10–17 Uhr) Kundige Einheimische strömen zu diesem markanten, rot und weiß eingedeckten Treff mit Plätzen drinnen und draußen. Es gibt die üblichen Tacos wie *asada* und *pastor* (mit mariniertem Schweinefleisch), aber auch Spezialitäten wie zarte *lengua* (mit Zunge) und fettig-schmackhafte *ojo* (mit Rinderauge). Auf der Karte stehen außerdem *sopas* (Suppen), *tortas* (Sandwiches) und *tostadas* (frittierte Tortillas).

Praga · CAFÉ $
(Av Revolución, zw. Calle 4a & 5a; Frühstück 75–98 Mex$; ⊙8–23 Uhr; ☎) Guter Kaffee (darunter auch Espresso-Spezialitäten) und leckere Frühstücksgerichte von Eggs Benedict und Pfannkuchen bis zu besonders guten *chilaquiles* machen dieses Café zu einer sehr guten Option am Morgen. Die Marmortische, die an Paris erinnern, und die europäische Atmosphäre lassen einen die staubigen Straßen draußen vergessen.

Cine Tonala · MEXIKANISCH $$
(http://tj.cinetonala.mx; Av Revolución 1317; Gerichte 45–160 Mex$; ⊙Di–So 13–2 Uhr) Das kosmo-

politische Dachrestaurant mit Bar setzt an der Av Revolución neue Maßstäbe in Sachen Schick. Es bietet hervorragende und ungewöhnliche Tacos, z. B. mit Seeigel, Avocado und Guajilio-Chilis oder mit geräuchertem Thunfisch, Garnelen, Knoblauch-Limetten-Sauce und neun Chilis. Ansonsten bestellt man sich ein Rib-Eye-Steak oder einen vegetarischen Burger und dazu einen Cocktail. Das Kino im Erdgeschoss lohnt mit seinen anspruchsvollen Filmen einen Besuch.

Caesar's · ITALIENISCH $$
(☎664-685-19-27; www.caesarstijuana.com; Av Revolución 1927; kleiner Caesar Salad 90 Mex$, Hauptgerichte 110–120 Mex$; ⊙Mo–Mi 12–22.30, Do–Sa 12–24, So 12–21 Uhr; 🅿) Hier wird man in die 1950er-Jahre zurückversetzt: An den Wänden hängen Fotos von Hollywoodstars mit Sepia-Effekt, dunkles Holz verbreitet Eleganz. Der hervorragende Caesar Salad wird liebevoll direkt am Tisch zubereitet. Sein angeblicher Erfinder ist Restaurantgründer Caesar Cardini, der in den 1920er-Jahren von Italien nach Mexiko auswanderte.

Casa Cacao · MEXIKANISCH $$
(Calle 2 No 8172; Hauptgerichte 60–190 Mex$; ⊙Mo–Sa 8.30–20, So 10.30–15 Uhr) Das freundliche Café, das wie die Wohnung einer mexikanischen Oma anmutet, ist unser Favorit unter den Frühstückslokalen. Es gibt Hühnchen-*emolades* (mehrlagige, mit Fleisch gefüllte Tortillas) mit einer der besten *moles* (Chili-Saucen) in Baja und einen überaus hervorragenden *cafe olla* (mexikanischer Zimtkaffee) sowie heiße Schokolade. Auch die Gerichte zu Mittag und am Abend sind großartig.

BAJA CALIFORNIA TIJUANA

Mision 19
INTERNATIONAL $$$

(☎ 664-634-24-93; www.mision19.com; Misión de San Javier 10643, Zona Río; Hauptgerichte 150–395 Mex$; ⊙ Mo–Sa 13–22 Uhr) Mit seinem sparsamen schwarzweißen Dekor und dem förmlichen Service ist das Mision 19 die schickste Adresse der Stadt und eine Hommage des mexikanischen Starkochs Javier Plascencia an seine Heimatstadt. Die Zutaten stammen möglichst aus einem Umkreis von nur 200 km, um authentische „Baja-Küche" zu gewährleisten. Empfehlenswert sind die gebratene Ente mit Mezcal, Guaven und Chili oder das Thunfisch-Parfait mit Avocado-Baiser, Meyer-Zitronen-Karamell und Schweinekruste.

Cien Años
MODERN-MEXIKANISCH $$$

(☎ 664-634-30-39; Av Velasco 2331, Zona Río; Hauptgerichte 169–399 Mex$; ⊙ Mo–Sa 7.30–23, So bis 17 Uhr; P 🛜) Neben leckerer, einfallsreicher modern-mexikanischer Küche gibt's hier auch traditionelle Gerichte wie *sopa azteca* mit Avocado und Tortilla-Streifen, *crepes de huitlacoche* (zubereitet mit einem Brandpilz, der den Mais befällt) mit sahniger Pistaziensauce oder *chiles rellenos* (mit Fleisch oder Käse gefüllte Chilis) mit Garnelen und Hummercremesuppe. Der Kellner bereitet die klassische *salsa de molcajete* (geröstete Salsa) mit Mörser und Stößel direkt am Tisch zu, wenn man darum bittet.

Ausgehen & Nachtleben

Als Feierlustiger fühlt man sich in Tijuana wie ein Hund in einer Hydrantenfabrik. Man kann sich in Kneipen volllaufen lassen oder es mit Craft-Bieren, feinen Tequilas und örtlichen Weinen gepflegter angehen.

★ Plaza Fiesta
CRAFT-BIER

(Erasmo Castellanos Q. 9440; ⊙ 16–2 Uhr) Dieses Gelände, das wie eine betagte Mall mit einigen schmuddeligen Durchgängen anmutet, bildet das Zentrum der hiesigen Kleinbrauereiszene und birgt auch eine ganze Menge Mezcal- und Sportbars sowie muntere Clubs. Wir schätzen besonders die Biere des kleinen, aber hochgepriesenen Insurgente Tap Room, dennoch lohnen das provokante Border Psycho und das lustige Mamut ebenfalls das Einkehren.

In den Kleinbrauereikneipen verlaufen die Abende recht ruhig, allerdings geht es – je später es wird – viel wilder in den Clubs an der Rückseite des Komplexes zu. Das Ganze ist nicht auf Traveller ausgerichtet, sondern eine echt mexikanische Party.

Norte Brewing Co.
BRAUEREI

(Diaz Miron y o cuarta 8160; Bier-Probegedeck 80 Mex$; ⊙ Mo–Mi 14–22, Do–Sa bis 24 Uhr) Es ist allein schon toll, diese grau und schwarz gestaltete Brauerei zu finden, deren Fenster auf die US-amerikanisch-mexikanische Grenze blicken. Probieren kann man das hopfige, aber leichte 4 Play Session IPA oder das Foreign Club Porter, das so dunkel ist wie die Musik aus der Stereoanlage. Zum Lokal führt ein nicht beschilderter Eingang neben dem Kasino; hier nimmt man den Aufzug in den 5. Stock.

Container Coffee
KAFFEE

(Av Revolución 1348; Espresso-Spezialitäten ab 35 Mex$; ⊙ Mo–Sa 8–21 Uhr) Wer dringend einen Kaffee braucht und dabei Ansprüche hat, sollte schnurstracks in diese hippe Rösterei im Stadtzentrum eilen, die mit Modellflugzeugen an der Decke und Sitzgelegenheiten aus Kaffeesäcken ausstaffiert ist. Hier gibt's Kaffeespezialitäten aller Art, ob Espresso, Filterkaffee oder Kaffee aus der Pressstempelkanne.

Los Remedios
CANTINA

(Av Rivera 2479, Zona Río; Gerichte 100–300 Mex$; ⊙ 13–0.30 Uhr) Die große Cantina gibt sich mit Stierkampfplakaten, klassischen Filmpostern aus den 1950er-Jahren, bunten Papierfähnchen und einer mit Lottoscheinen tapezierten Decke sagenhaft lustig. Die kanariengelbe Fassade des Restaurants direkt am Kreisverkehr in der Zona Río ist gar nicht zu übersehen. Das Tequila-Sortiment ist riesig, und an den Wochenenden gibt's Livemusik.

Unterhaltung

Domo Imax
KINO

(www.cecut.gob.mex; Centro Cultural Tijuana; Ecke Paseo de los Héroes & Av Independencia; Tickets ab 52 Mex$; ⊙ Di–So 13–23 Uhr) Das Kino im Centro Cultural Tijuana zeigt hauptsächlich anspruchsvolle Filme.

Centro Cultural Tijuana
KULTURZENTRUM

(CECUT; ☎ 664-687-96-00; www.cecut.gob.mx; Ecke Paseo de los Héroes & Av Independencia; ⊙ Mo–Fr 9–19, Sa & So 10–19 Uhr; 🚻) Tijuanas raffiniertes Kunst- und Kulturzentrum würde jede ähnlich große Stadt nördlich der Grenze stolz machen. Neben einer Kunstgalerie, einem Theater und dem hervorragenden Museo de las Californias (S. 766) beherbergt es auch das kugelförmige Kino Domo Imax.

RUTA DEL VINO – WEINTOUREN AUF EIGENE FAUST

Hier eine kleine Auswahl der besten, malerischsten und urigsten Weingüter im Valle de Guadalupe, die man in seine Reiseroute aufnehmen sollte (geordnet von Ensenada in Richtung Tecate):

Clos de Tres Cantos (☎558-568-92-40; Carretera Ensenada-Tecate, Km 81; Weinverkostung mit Brot & Käse 8 US$; ⊘Mi–So 10–17 Uhr) ✎ Der nahezu ideale Ort, um Wein zu schlürfen und dazu einen Teller mit vor Ort gebackenem Brot und Käse zu genießen: alt anmutende Steingebäude, moderne Wandmalereien, schöne Aussicht, freundliches Personal und der nach unserer Meinung beste Rosé im Tal.

El Pinar de 3 Mujeres (vinicola3mujeres@gmail.com; Carretera Tecate-Ensenada, Km 87; Menü 450 Mex$; ⊘April–Okt. Do–Mo 13–18 Uhr) Das nach den drei Winzerinnen, denen das Weingut gehört, benannte Lokal verbindet Weingut, Restaurant und Kunsthandwerksladen; die Gerichte werden unter Bäumen mit Blick auf die malerischen Weinberge serviert.

Castillo Ferrer (☎646-132-03-56; www.castilloferrer.com; Carretera Ensenada-Tecate, Km 86,3; Verkostung ab 200 Mex$; ⊘11–17 Uhr) Auf der mediterran anmutenden Terrasse inmitten eines Orangenhains verkostet man Weine (der Aurum ist besonders bemerkenswert); dazu gibt's leckere Focaccia mit Rosmarin.

Bibayoff (☎646-176-10-08; http://bibayoff.mx; Carretera Franciso Zarco-El Tigre, Km 9,5; Verkostung 7 US$; ⊘Di–So 10–16 Uhr) Das Weingut abseits gebahnter Wege hat ein kleines Museum, das die faszinierende Geschichte der Russen beleuchtet, die zu Beginn des vorigen Jahrhunderts einwanderten – der gegenwärtige Besitzer ist ein Nachkomme dieser Immigranten. Unbedingt den fruchtigen Muskateller probieren!

Adobe Guadalupe (☎646-155-20-94; www.adobeguadalupe.com; Parcela A-1 s/n, Rusa de Guadalupe; Verkostung ab 200 Mex$; ⊘10–18 Uhr) Das am stärksten mexikanisch anmutende Weingut im Tal serviert seine Tropfen im Nachbau einer spanischen Mission, die von Weinstöcken und einer Pferderanch umgeben ist. Der Jardin Secreto (ein Verschnitt aus Grenache und Tempranillo) ist besonders zu empfehlen.

L.A. Cetto (S. 766) Der größte Weinproduzent Mexikos wird oft von Reisebussen angefahren. Ein Besuch ist interessant, um die Unterschiede zu den kleinen, erlesenen Betrieben zu beobachten. Das hiesige Highlight ist der Cabernet Sauvignon.

 Shoppen

Tijuana ist prima für Souvenirjäger, doch Vorsicht beim Kauf von Gold und Silber – das Meiste ist gefälscht (wie bei den Preisen auch nicht anders zu erwarten). Auffällig sind die vielen Drogerien bzw. Apotheken: Sie sind darauf spezialisiert, günstige Generika an US-Bürger zu verkaufen. Man sollte sich unbedingt auch einige Märkte anschauen, um eine andere Seite von Tijuana kennenzulernen.

Mecado Hidalgo MARKT
(Guadalupe Victoria 2; ⊘6–18 Uhr) Tijuanas bekanntester Markt zählt zu den größten und am meisten von Reisenden besuchten Märkten der Stadt, ist aber immer noch eine gute Adresse für alles: von exotischen Früchten über frisches Gebäck bis zu bunten Piñatas.

Mercado El Popo MARKT
(Ecke Calle 2a & Av Constitución; ⊘8–20.30 Uhr) El Popo ist der stimmungsvollste Markt der

Innenstadt mit stapelweise frischem Käse, Süßwaren, Holzlöffeln, getrockneten Chili-Schoten, Küchengeräten, Kräutern, Weihrauch, Santería, Kerzen, Seifen, Zimtstangen, Bienenpollen und Früchten. Das Ganze ist eine konzentrierte Fassung der größeren und bekannteren Märkte.

 Praktische Informationen

GEFAHREN & ÄRGERNISSE

Wer wachsam ist, seinen gesunden Menschenverstand einsetzt und keinen Ärger sucht, wird wahrscheinlich keine Probleme bekommen. Die Straßenhändler sind zwar mitunter lästig, haben aber dennoch ein respektvolles „No, thanks" verdient: Sie versuchen eben, ihren Lebensunterhalt in der Stadt zu verdienen.

Bitte nie auf der Straße betrinken (es ist ohnehin verboten): Ein Vollrausch zu später Stunde kann Ärger anziehen.

Coyotes und *polleros* („Schlepper" bzw. „Menschenschmuggler") treffen sich westlich des Grenzübergangs San Ysidro am Flussufer. Diesen Bereich sollte man bei Dunkelheit meiden – ebenso die Colonia Libertad östlich des Übergangs.

GELD

Vorsicht beim Geldumtausch, vor allem nachts! US-Dollars werden überall akzeptiert, und die meisten Banken verfügen über Geldautomaten.

MEDIZINISCHE VERSORGUNG

Hospital General (☑ 664-684-00-78; Centenario 10851) Krankenhaus mit gutem Ruf nordwestlich der Kreuzung mit der Avenida Rodríguez.

NOTFALL

Touristen-Hotline (☑ 078)

TOURISTENINFORMATION

Cotuco-Besucherzentrum (☑ 664-685-31-17; www.descubretijuana.com; Av Revolución, zw. Calle 3a & 4a; ⊙ Mo–Sa 9–18 Uhr) Es gibt außerdem ein Besucherzentrum am **Grenzübergang** (☑ 664-607-30-97; www.descubre tijuana.com; Besucherzentrum am Fußgänger-Grenzübergang; ⊙ Mo–Sa 9–18, So 9–15 Uhr) und ein **Hauptbüro** (☑ 664-684-05-37; www. descubretijuana.com; Suite 201, Paseo de los Héroes 9365; ⊙ Mo–Sa 9–18 Uhr) an der Paseo de los Héroes.

Staatliche Touristeninformation (☑ 664-973-04-24; Av Revolución 842; ⊙ Mo–Fr 8–20, Sa 9–13 Uhr) Der kleine Infostand verteilt einen praktischen Stadtplan, das war's dann aber auch schon.

Staatliche Touristeninformation (Secretaría de Turismo del Estado; ☑ 664-682-33-67; www. descubrebajacalifornia.com; Alarcón 1572; ⊙ Mo–Fr 8–20, Sa 9–13 Uhr) Das Hauptbüro der staatlichen Touristeninformation in der Stadt.

ⓘ An- & Weiterreise

Einreisegenehmigungen nach Mexiko (500 Mex$; kostenlos bei einem Aufenthalt von weniger als 7 Tagen) erhält man rund um die Uhr im Büro des *Instituto Nacional de Migración* (INM) am Grenzübergang San Ysidro–Tijuana. Der Gültigkeitszeitraum kann bis zu 180 Tage betragen.

AUTO & MOTORRAD

Der Grenzübergang **San Ysidro** (☑ USA 619-428-1194; 799 East San Ysidro Blvd), der zehn Gehminuten vom Zentrum Tijuanas entfernt ist, hat 24 Stunden geöffnet. Eine Alternative für Kraftfahrer ist der (ebenfalls rund um die Uhr geöffnete) 15 km östlich von San Ysidro gelegene Übergang Mesa de Otay, weil der Andrang hier geringer ist.

Autovermietungen in San Diego sind die billigste Option, aber die meisten erlauben nur Fahrten bis nach Ensenada. Wer weiter nach Süden will, nimmt am besten den Bus oder mietet ein Auto in Tijuana. Der Nachteil ist allerdings, dass nur wenige Autovermietungen die Möglichkeit abieten, das Auto an einem Zielort abzugeben, und die, die das tun, erheben darauf einen Aufschlag von 600 US$ und mehr.

BUS

Der **Central Camionera** (☑ 664-621-29-82; Chapultepec Alamar), rund 5 km südöstlich des Stadtzentrums, ist der Hauptbusbahnhof. Von hier aus fahren Busse 1. Klasse (mit Klimaanlage und Toilette) von Elite (www.autobuses elite.com.mx) und Estrella Blanca (www.es trellablanca.com.mx) z. B. nach Guadalajara (ab 1900 Mex$, 36 Std.) und Mexiko-Stadt (ab 2015 Mex$, 44 Std., 12-mal tgl., stündl.). ABC (www.abc.com.mx) und Auto Transporte Águila (www.autobusesaguila.com) fahren hauptsächlich mit Bussen 2. Klasse Ziele an der mexikanischen Pazifikküste und überall in Baja California an.

Die Regionalbusse von **Suburbaja** (☑ 664-688-00-45) fahren vom praktisch im Stadtzentrum gelegenen **Antigua Central Camionera** (Ecke Av Madero & Calle 1a) nach Tecate (85 Mex$, 1 Std., alle 15 Min.).

Zwischen 3 und 22 Uhr fahren Busse vom **Greyhound-Terminal in San Diego** (☑ 800-231-22-22, USA 619-515-1100; www.greyhound. com; 120 West Broadway, San Diego) mit einem Halt am Terminal **San Ysidro** (☑ 619-428-62-00; 4570 Camino de la Plaza) nach Tijuana (zum Central Camionera oder zum Flughafen). Der Fahrpreis ab San Diego oder San Ysidro zum Central Camionera oder zum Flughafen beträgt für eine einfache Strecke 150 Mex$.

BUSSE AB TIJUANA

ZIEL	PREIS (MEX$)	DAUER (STD.)	HÄUFIGKEIT (TGL.)
Ensenada	205	1½	häufig
Guerrero Negro	1300	11	3-mal
La Paz	2505	24	3-mal
Loreto	1945	18	2-mal
Mexicali	325	2¾	häufig
Santa Rosalía	1616	14	3-mal

FLUGZEUG

Mehrere Fluglinien bedienen Tijuana, darunter überwiegend **Aeroméxico** (☑ 664-683-84-44, 664-684-92-68; www.aeromexico.com; Plaza Rio) und **Volaris** (☑ 55-1102-8000; www.volaris. com; Aeropuerto Internacional de Tijuana) mit Flügen zu vielen Zielen auf dem mexikanischen Festland und in den USA. Weitere ausländische Ziele sind u. a. Shanghai, Guatemala-Stadt, Managua und San Salvador.

Der **Aeropuerto Internacional General Abelardo L Rodríguez** (☑ 664-607-82-00; www.tijuana-airport.com; Carretera Aeropuerto-Otay Mesa) befindet sich in Mesa de Otay östlich des Stadtzentrums.

STRASSENBAHN

San Diegos beliebte und unkomplizierte Straßenbahn (www.sdmts.com) fährt ab 5 Uhr bis Mitternacht alle 15 Minuten vom Zentrum San Diegos bis zur Grenze in San Ysidro (2,50 US$). Von San Diegos Flughafen Lindbergh Field fährt der Stadtbus 992 (2,50 US$) zur Straßenbahnhaltestelle Plaza America im Zentrum von San Diego, gegenüber vom Amtrak-Bahnhof.

ⓘ Unterwegs vor Ort

Für rund 12 Mex$ bringen einen Stadtbusse überall hin, aber die etwas teureren Sammeltaxis sind wesentlich schneller. Alle Busse mit der Aufschrift „Buena Vista", „Centro" oder „Central Camionera" fahren von der Calle 2a, östlich der Avenida Constitución, zur Central Camionera. Alternativ nimmt man von der Avenida Madero zwischen Calle 2a und 3a ein golden-weißes Sammeltaxi mit der Aufschrift „Mesa de Otay" (15 Mex$). Reguläre Taxis verlangen rund 100 Mex$ für Fahrten auf der und rund um die Avenida Revolucíon oder in der Zona Río. Die Fahrt zum Flughafen kostet rund 250 Mex$.

Die Busse nach Playas de Tijuana starten von der Calle 3a nahe der Ave Martinez in der Zona Central. Zum Blvd Agua Caliente und zum Central Camionera fahren Sammeltaxis.

Der Uber-Fahrdienst ist in Tijuana beliebt; Stadtfahrten kosten rund 35 Mex$. Zur Nutzung braucht man die App oder man lädt sie sich auf sein Handy herunter. Hier kann man ohne Zusatzkosten auch einen Fahrer anfordern, der Englisch spricht.

Playas de Rosarito

☑ 661 / 78 247 EW.

Einst ein verlassener Sandstrand, dann eine Hollywood-Filmlocation (Fox Studios Baja wurde 1996 für die Dreharbeiten von *Titanic* gebaut) – Playas de Rosarito kommt allerdings erst jetzt so richtig zur Geltung. Überall entstehen Wohnanlagen und Eigentumswoh-

nungen, aber trotz des Baulärms ist es ein recht ruhiger Ort zum Feiern oder Entspannen. Rosarito eignet sich auch als einfacher Tagesausflug (wahlweise mit Übernachtung) ab Tijuana oder San Diego. In der Nähe gibt's zudem mehrere tolle Surfspots, darunter der berühmte K38 rund 15 km südlich der Stadt.

🛏 Schlafen & Essen

Robert's K38 Surf Motel — MOTEL $$

(☑ 661-613-20-83; www.robertsk38.com; Carretera 1D Km 38; Zi. 40–75 US$; P ✻ 🛜) Die vor allem bei Surfern beliebte lustige, komfortable Budgetunterkunft liegt 11 km südlich von Rosarito und in Gehweite des berühmten Surfspots K38. Man mietet sich die Ausrüstung oder bringt die eigene mit und entspannt sich am Strand, marschiert zu billigen Restaurants und genießt die Sonne. Keine Reservierung.

Hotel del Sol Inn — HOTEL $$

(☑ 661-612-25-52; www.del-sol-inn.com; Blvd Juárez 32; DZ 1500 Mex$; P ⇆ ✻) Das Sol, direkt an der Hauptstraße, ist eine Unterkunft im Motel-Stil mit sauberen Zimmern, die mit Teppichen, TVs, Wasserflaschen und schlichten Möbeln ausgestattet sind. Während der kurzen Spring-Break-Ferien verdreifachen sich die Preise.

★ Tacos El Yaqui — TACOS $

(Ecke Palma & Mar del Norte; Tacos 20–45 Mex$; ⓘ Mo, Mi & Do 8–17, Fr–So 9–21.30 Uhr) Dieser tolle Tacostand mit Grill im Freien ist so beliebt, dass oft früher Schluss ist, weil die Zutaten ausgegangen sind. Wer nicht leer ausgehen will, sollte sich vor 16 Uhr anstellen.

Susanna's — MODERN-AMERIKANISCH $$

(Blvd Juárez 4356; Hauptgerichte 15 30 US$; ⓘ Mi–Mo 13–21.30 Uhr; 🛜) Die Inhaberin Susanna tischt schmackhafte Gerichte mit frischen saisonalen Zutaten und kalifornischem Pfiff auf. Man kann die leichten Salate mit einfallsreichen Dressings sowie die Pasta-, Fleisch- und Fischgerichte draußen im Hof oder im gemütlichen Speisesaal mit den olivgrünen Wänden und kitschigen Möbeln genießen. Die Weine stammen aus Valle de Guadalupe.

El Nido — STEAKS $$$

(Blvd Juárez 67; Hauptgerichte 225–510 Mex$; ⓘ 8–21.30 Uhr; P 🛜 ♿) Die mit Weinranken bedeckte und mit einem Wagenrad dekorierte Fassade dieses Steakhauses im Stadtzentrum ist nicht zu übersehen. Zum Ambiente tragen auch freiliegende Ziegel und

PARQUE NACIONAL SIERRA SAN PEDRO MÁRTIR

Rotluchse, Hirsche und Dickhornschafe leben in diesem Nationalpark. Doch berühmt ist er nicht für seine Bodenbewohner, sondern als einer von nur sechs Standorten, an denen der in freier Wildbahn praktisch ausgestorbene Kalifornische Kondor erfolgreich wieder ausgewildert wurde.

Doch selbst wenn gerade kein Kondor am Himmel schwebt, lohnt sich ein Abstecher aus vielen anderen Gründen: Nadelbäume ragen hoch in den Himmel, Kieferduft liegt in der klaren Luft, und die (quälend kurvenreiche) Fahrt führt durch eine traumhafte, von Felsbrocken übersäte Landschaft, die eher an den Mars als an die Erde erinnert.

Um den Park zu erreichen, nimmt man südlich von Colonet ungefähr bei Km 140 den Abzweig von der Transpeninsular. Auf 100 km führt die asphaltierte Zufahrtsstraße nach Osten durch eine sich immer verändernde Wüstenlandschaft, die überall wundervolle Ausblicke bietet. Camping ist in ausgewiesenen Bereichen möglich (keine Toiletten, Trinkwasser selber mitbringen), sonst gibt es keine weiteren Einrichtungen.

Balken, Knoblauchstränge und die begrünte Terrasse hinten (mit einer Vogelvoliere) bei. Die Tortillas werden frisch nach Kundenwunsch zubereitet, und auf der Karte stehen neben Steaks als Highlight auch Reh, Kaninchen und Hühnchen.

ⓘ An- & Weiterreise

Vom Zentrum Tijuanas aus fahren die *colectivos* (Sammeltaxis) nach Playas de Rosarito (18 Mex$) an der Avenida Madero zwischen Calle 3a und Calle 4a ab.

Ruta del Vino & Valle de Guadalupe

♪ 646 / 2664 EW.

Bajas Weinbaugebiet wird von den Bewohnern Mexikos und Südkaliforniens geliebt, ist aber darüber hinaus wenig bekannt. Diese sehr entspannte Weinregion punktet mit einer Mischung aus Luxusunterkünften, Weinverkostungen und noblen Restaurants inmitten einer Landschaft mit unbefestigten Straßen und Kakteen neben den Weinbergen. Es ist eines der ältesten Weinbaugebiete Amerikas, und heute gibt es mehr als 60 Weingüter. Hippe Traveller von Mitte 20 bis Mitte 40 kommen hierher, um sich zu entspannen und zu relativ günstigen Preisen die schöneren Dinge des Lebens zu genießen. Nachdem sich die Kunde verbreitete, hier entstehe das neue Napa Valley, werden die hiesigen Weine auch international stärker beachtet.

◉ Sehenswertes

Museo de la Vid y El Vino MUSEUM
(www.museodelvinobc.com; Carretera Federal Tecate–Ensenada Km 81,3; 50 Mex$; ⊙ Di–So 9–17

Uhr) Schon gewusst, dass die ersten Weine Amerikas in Niederkalifornien angebaut wurden? Das Museum zeichnet mit Dioramen (auf Spanisch erläutert, für Besucher ohne Spanischkenntnisse gibt's aber einen Ordner mit den englischen Übersetzungen) und einigen Artefakten die faszinierende Geschichte des regionalen Weinbaus nach. Auch das helle, moderne Gebäude selber lohnt einen Blick.

Feste & Events

Fiesta de la Vendimia WEIN
(Fest der Traubenernte; ⊙ Anf. Aug.) Das Weinfest im Hochsommer bringt Galas, besondere Verkostungen und elegante Partys ins Valle de Guadalupe. Für die Events auf den Weingütern muss man weit im Voraus reservieren.

🛏 Schlafen

Glamping Ruta de Arte y Vino WOHNMOBILPARK $
(☑ 646-185-33-52; www.rutadearteyvino.wixsite.com/rutadearteyvino; Carretera Ensenada–Tecate Km 33, San Marcos; Wohnmobile EZ/DZ 50/96 US$) Die skurrile Anlage befindet sich auf einem Feld mit zwölf alten Airstream-Wohnmobilen aus den 1960er-Jahren. Die Unterbringung ist rustikal und bei drückender Hitze gibt's kaum Abkühlung, aber ansonsten grillt man hier mit seinen Nachbarn, lässt sich von den freundlichen Betreibern Tipps geben, blickt durch ein Teleskop in die Sterne und genießt die Zwiesprache mit der Natur. Die Unterkunft ist überteuert, aber lustig.

Hotel Meson del Vino HOTEL $$
(☑ 646-151-21-37; www.mesondelvino.net; Carretera Federal 3 Ensenada–Tecate Km 88,4; DZ 55 US$; P ❄ 🛜 🏊) Mit seiner senfgelben, von Wein-

ranken bedeckten Fassade mutet dieses Hotel wie eine Hazienda an, während die komfortablen Zimmer sich auch im Haus einer Großmutter befinden könnten. Es gibt einen kleinen Pool und einen ziemlich bizarren, halb offenen Kraftraum, aber keinerlei Service – wir erhielten den Zimmerschlüssel und sahen den Besitzer danach nicht wieder. Insgesamt ist das Hotel dennoch sauber, zentral gelegen und hat ein ausgezeichnetes Preis-Leistungs-Verhältnis.

Encuentro
DESIGNHOTEL **$$$**

(☏646-155-27-75; www.grupoencuentro.com.mx; Carretera Tecate-Ensenada Km 75; Zi. 320–390 US$; 🛜🍽) Das architektonisch schöne Encuentro bietet 22 minimalistische „Loft"-Bungalows aus Glas, Stahl und Holz auf einem trockenen, grasbewachsenen Hügel mit Blick ins Tal. Hier stylen sich die Leute auf und machen Selfies. Es gibt einen malerischen Infinity-Pool und ein Restaurant mit einem der schönsten Ausblicke weit und breit sowie Essen, das zum besten in der gesamten Weinbauregion gehört.

La Villa del Valle
B&B **$$$**

(☏646-156-80-80; www.lavilladelvalle.com; Carretera Tecate–San Antonio de las Minas Km 88; DZ 275–295 US$; 🅿🐾❄🛜) Ein schönes B&B mit Blick auf die Weinberge und Felder an der Ruta del Vino. Die Inhaber bauen Lavendel an, produzieren Schönheitsprodukte und bieten fantastisches Essen. Die Unterkunft wirkt wie eine moderne, äußerst luxuriöse Bleibe in der Toskana. Haustiere und Kinder sind unerwünscht.

 Essen

La Cocina de Doña Estela
MEXIKANISCH **$**

(☏646-156-84-53; Ranchos San Marcos; Hauptgerichte 60–115 Mex$; ⏰Di–So 8–18 Uhr) Das beliebteste Frühstückslokal im Tal ist ein echtes Stück traditionelles Mexiko mit mächtigen Eiergerichten, darunter als Spezialität des Hauses *machaca con huevos* (Rührei mit getrocknetem Rindfleisch nach Sinola-Art). Mittags ist *birria de res* (Rindfleisch-Schmortopf) angesagt. Der *cafe olla* (mexikanischer Kaffee) ist der beste, den wir je hatten, und kann süchtig machen.

Taquería Los Amigos
MEXIKANISCH **$**

(Ecke Av Hidalgo & Ortiz Rubio, Tecate; Tacos ab 22 Mex$; ⏰Fr–Mi) Wie die Einheimischen kann man hier einfach ausgezeichnete (und riesige) Mehl-Quesadillas, gefüllt mit Bohnen, Käse, exzellenter Guacamole und *carne asada* (mariniertem gegrillten Rindfleisch), genießen. Auch die Tacos sind schmackhaft. Man sollte Tecate nicht verlassen, ohne hier gegessen zu haben.

Lupe
FOODTRUCK **$$**

(Carretera Tecate–Ensenada Km 83; Tortas 60–130 Mex$; ⏰Di–Fr 13–21, Sa & So 12–22 Uhr) Wer einen schnellen Happen zwischen den Weinverkostungen essen oder einfach im Land der gehobenen Restaurants günstig speisen will, darf sich freuen: Promi-Koch Javier Placensia bietet diesen bescheidenen, leckeren Foodcart. Die Auswahl reicht von schlichtem, aber gutem Schinken und Käse bis hin zu kreativen Gerichten wie knusprigem Ferkel mit aufgewärmten Bohnen und Avocado oder mexikanisches Rinderschmorfleisch mit Zwiebeln.

Troica
FOODTRUCK **$$**

(☏646-156-80-30; Rancho San Marcos Toros Pintos; Gerichte 45–160 Mex$; ⏰Di–So 13–19 Uhr) Direkt inmitten der Weinberge kann man auf einem kleinen Hügel in diesem fabelhaften Imbiss eine Pause von den Weinverkostungen einlegen und Fisch, *asada* (gegrilltes Rindfleisch), Tacos mit *lechon* (geröstetes Ferkel) oder vielleicht auch einen Salat oder *tostadas* (frittierte Tortillas) mit Tintenfisch genießen.

★ Deckman's
KALIFORNISCH **$$$**

(☏646-188-39-60; www.deckmans.com; Carretera Ensenada–Tecate Km 85,5; Hauptgerichte 190–400 Mex$; ⏰Mi–Mo 13–20 Uhr; 🅿) ✔ Wer in diesem Restaurant mit Grill keinen Spaß hat, dem ist nicht zu helfen: Es ist in warmen Farben gehalten, hat Adobe-Wände und Kiesboden, und die Herzen der weintrinkenden Gäste schlagen hier höher. Das Lokal wird von dem mit Michelin-Sternen ausgezeichneten Chefkoch Drew Deckman geführt, und es werden herzhafte Gerichte wie geröstete Wachteln oder Lammkarree aufgetischt; nahezu alles ist aus regionalen Bio-Zutaten. Das Fünf-Gänge-Verkostungsmenü für 500 Mex$ ist ein echtes Schnäppchen.

Finca Altozano
KALIFORNISCH **$$$**

(☏646-156-80-45; www.fincaltozano.com; Carretera Tecate–Ensenada Km 83; Hauptgerichte 95–380 Mex$; ⏰Di–So 13–21 Uhr) Unser Lieblingslokal unter den Restaurants des mexikanischen Promikochs Javier Placensia ist ein entspannter Ort mit Blick auf die Weinberge, einer tollen Austernbar und herrlichen Vorspeisen wie Schokomuscheln

BAJA CALIFORNIA RUTA DEL VINO & VALLE DE GUADALUPE

BAJAS BESTE FISCHTACOS

Die schlichten, vielseitigen Fischtacos sind die beliebtesten Snacks in Baja. Richtig zubereitet sind sie einfach fantastisch. Die folgenden Lokale sind alle prima, wenn man diesen leckeren Snack einmal probieren möchte:

Taco Fish La Paz (S. 796), La Paz. Hervorragende, knusprige Meeresfrüchtetacos in einem der am längsten bestehenden Lokale der Stadt.

La Guerrerense (S. 779), Ensenada. Der Sieger eines internationalen Streetfood-Wettbewerbs ist so gut, dass es auch den auf Schweinefleisch versessenen Anthony Bourdain überzeugte.

La Lupita (S. 801), San José del Cabo. Kreative, neuartige Versionen des Klassikers und dazu 15 Mezcals zur Auswahl.

Tacos del Rey (S. 791), Loreto. Sauber, schlicht, perfekt. Man wählt den Belag und verzehrt seinen Tacos auf einer Parkbank.

mit Thunfisch, anderen Muscheln und über Eichenrauch geräuchertem Schinken. Als Hauptgericht gibt's alles von Risotto und Enten-Confit mit *mole* (Chilisauce) über Fleisch von Rindern aus der Region bis hin zu Tacos aus dem Holzofen.

ℹ An- & Weiterreise

Wer die langen Warteschlangen in Tijuana umgehen und zudem eine tolle Landschaft genießen will, reist über Tecate nach Mexiko ein. Dieser Grenzübergang (geöffnet 6–22 Uhr) ist weit weniger frequentiert und liegt gleich nördlich der Ruta del Vino (Hwy 3) im berauschend schönen Valle de Guadalupe.

Die Ruta del Vino und das Valle de Guadalupe werden nicht verlässlich von öffentlichen Verkehrsmitteln bedient – man braucht hier ein eigenes Auto.

ℹ Unterwegs vor Ort

Wer im eigenen Auto mit mehreren Personen auf eine Weintour geht, sollte zunächst einmal einen Fahrer bestimmen, der nüchtern bleibt. Eine Karte der Weinroute (erhältlich in den örtlichen Hotels, Touristeninformationen und Weingütern) hilft, die einzelnen Weingüter aufzuspüren.

Wer nicht selber fahren, sich aber auch nicht einer Gruppentour anschließen will, kann für den Tag einen Fahrer über **UberVALLE** (www.uber.com; Tagestour für bis zu 4 Pers. rund 150 US$) innerhalb der Uber-App bestellen. Es hat allerdings schon Zusammenstöße zwischen Uber-Fahrern und Einheimischen, die das örtliche Taxigewerbe unterstützen, gegeben. Aus diesem Grund ziehen einige es vor, ein Taxi für den Tag zu chartern (man findet sie über die Hotels und durch Mundpropaganda) – die Tagestour für bis zu vier Personen kostet mit einem Taxi rund 160 US$.

Ensenada

📞 646 / 519 813 EW.

Ensenada liegt 108 km südlich der Grenze und ist die kosmopolitische Schwesterstadt des vergnügungssüchtigen Tijuana. Vor Ort trifft man auf einen schrägen Mix: Kreuzfahrtpassagiere, Durchreisende aus Kalifornien, Besucher vom mexikanischen Festland und abgebrühte Einheimische. All die US-Dollars und englischsprachigen Speisekarten könnten einen glatt vergessen lassen, dass dies hier Mexiko ist. Doch dann einfach mal nach oben schauen: Über der *malecón* (Uferpromenade) weht eine mexikanische Flagge, die so groß ist, dass man meinen könnte, sie sei noch vom Weltraum aus erkennbar. Beim Bummeln entlang der Av López Mateos (Calle 1a) lässt sich von leckerem französischen Essen bis hin zu geschmacklosen T-Shirts fast alles finden. Wenn man Kinder dabei hat, sollte man nicht den musikalisch begleiteten Springbrunnen am Hafen verpassen.

Von 1882 bis 1915 war Ensenada die Hauptstadt der Region Baja, wurde aber während der Revolution von Mexicali abgelöst. Später florierten hier „sündige" Branchen, bis die Bundesregierung das Glücksspiel in den 1930er-Jahren verbot. Heute ist die Stadt eine Touristenhochburg für jährlich mehr als vier Millionen Besucher.

◎ Sehenswertes

⭐ **Riviera del Pacífico**   HISTORISCHES GEBÄUDE

(📞 646-177-05-94; Blvd Costero; Ⓟ) GRATIS Das extravagante Riviera del Pacífico, ein ehemaliges Kasino im spanischen Stil, wurde in den 1930er-Jahren als Hotel Playa Ensenada eröffnet; gerüchteweise soll Al Capone hier öfters abgestiegen sein. Heute sind hier das **Museo de Historia de Ensenada** (25 Mex$; ⊙ Mo–Sa 10–17, So 12–17 Uhr) und die **Bar Andaluz** (☑ 646-176-43-10; ⊙ Mo–Fr 10–24, Sa 9–13 Uhr; 📶) untergebracht. Die Casa de Cultura bietet Kurse, Filmvorführungen und Ausstellungen. Auf dem Gelände herumzuspazieren und sich das Gebäude von außen anzuschauen, ist bereits ein Vergnügen.

Museo Historico Regional de Ensenada

MUSEUM

(Museo del INAH; ☑ 646-178-25-31; www.lugares. inah.gob.mx; Av Gastelum; ⊙ Mo–Sa 9–17 Uhr) **GRATIS** Das älteste öffentliche Gebäude der Stadt wurde 1886 als Aduana Marítima de Ensenada (Zollamt) errichtet und beherbergt nun ein Geschichts- und Kulturmuseum mit einer kleinen, aber umfassenden Sammlung von Artefakten, das die Geschichte der Gegend (vorwiegend auf Spanisch) erläutert. Am interessantesten sind die alten Gefängniszellen. Die Zeichnungen, die die Insassen an den Mauern hinterließen, sind noch erhalten.

El Mirador

AUSSICHTSPUNKT

Auf den Colinas de Chapultepec gelegen bietet der El Mirador Panoramablicke auf die Stadt und die Bahía de Todos Santos. Zu Fuß oder mit dem Auto (keine Parkplätze abseits der Straße!) erreicht man den höchsten Punkt der Stadt auf der Avenida Alemán vom westlichen Ende der Calle 2a im Zentrum von Ensenada.

Aktivitäten

Surfen

Isla de Todos Santos

SURFEN

Bei der Insel vor Ensenadas Küste (nicht zu verwechseln mit der Stadt in der Nähe von Los Cabos) wird jedes Jahr einer der wichtigsten Big-Wave-Surfwettkämpfe der Welt ausgetragen. Der Surfspot **El Martillo** (Der Hammer) ist mit seinen 4 bis 5 m hohen (bei guten Bedingungen sogar noch höheren) Wellenkämmen legendär. Boote kann man am Hafen mieten. Die Preise beginnen bei 900 Mex$ pro Person (mind. 4 Pers.).

San Miguel

SURFEN

(Parken 55 Mex$) In San Miguel gibt's nicht viel mehr als ein paar Wohnmobile, einen Parkplatz und einen tollen Point Break gleich vor der Küste. Bei entsprechender Wellengröße sind die Surfbedingungen erstklassig.

Angeln & Walbeobachtungen

Ensenada ist weltweit für seine hervorragenden Angelmöglichkeiten bekannt. Wer selbst einen Fisch an den Haken bekommen will, braucht dazu jedoch einen gültigen mexikanischen Fischereischein (erhältlich in der Staatlichen Touristeninformation). Die meisten Charterfirmen bieten auch Walbeobachtungen an (Mitte Dez.–Mitte April).

Sergio's Sportfishing Center

ANGELN

(☑ 646-178-21-85; www.sergiosfishing.com; Tagesausflüge ab 70 US$; ⊙ 8–18 Uhr) Der renommierte Anbieter ist am Sportfischerkai abseits des *malécon* von Ensenada zu finden. Bei den Angelausflügen ist die notwendige Ausrüstung im Preis inbegriffen. Angeboten werden Tagesausflüge und private Chartertouren.

 Kurse

Spanish School Baja

SPRACHE

(☑ 646-190-60-49; www.spanishschoolbaja.com; Calle 10a, zw. Av Ruiz & Obregón; Kurs 270 US$/ Woche) Ganzjährig gibt es Sprachkurse in kleinen Gruppen mit 25 Unterrichtsstunden pro Woche.

Feste & Events

Baja 1000

RENNEN

(⊙ Mitte Nov.; 🚗) Bajas größtes Offroad-Autorennen. Angefeuert von den Zuschauern bringen „Truggies" (Truck-Buggies) die Wüste zum Beben. Die Baja 500 findet im Juni statt.

Carnaval

KARNEVAL

(⊙ Feb.; 🚗) 40 Tage vor Aschermittwoch sind die Straßen voller Festwägen und Tänzerinnen.

Baja Seafood Expo

ESSEN & TRINKEN

(Calle 9a 340; ⊙ Sept.) Hier kann man köstliche Meeresfrüchte inmitten der Aussteller genießen.

🛏 Schlafen

Insbesondere an Wochenenden und im Sommer kann die Nachfrage das Angebot übersteigen. Viele Hotels erhöhen dann ihre Preise beträchtlich, aber viel für sein Geld darf man zu keiner Zeit erwarten.

Hotel Santo Tomás

HOTEL $

(☑ 646-178-33-11; hst@bajainn.com; Blvd Costero 609; DZ ab 590 Mex$; 🅿🚗❄@📶) Obwohl die Einrichtung und die Teppiche etwas veraltet sind, bleibt das große Hotel mit seiner Fassade in Erbsengrün und Purpur eine tol-

Ensenada

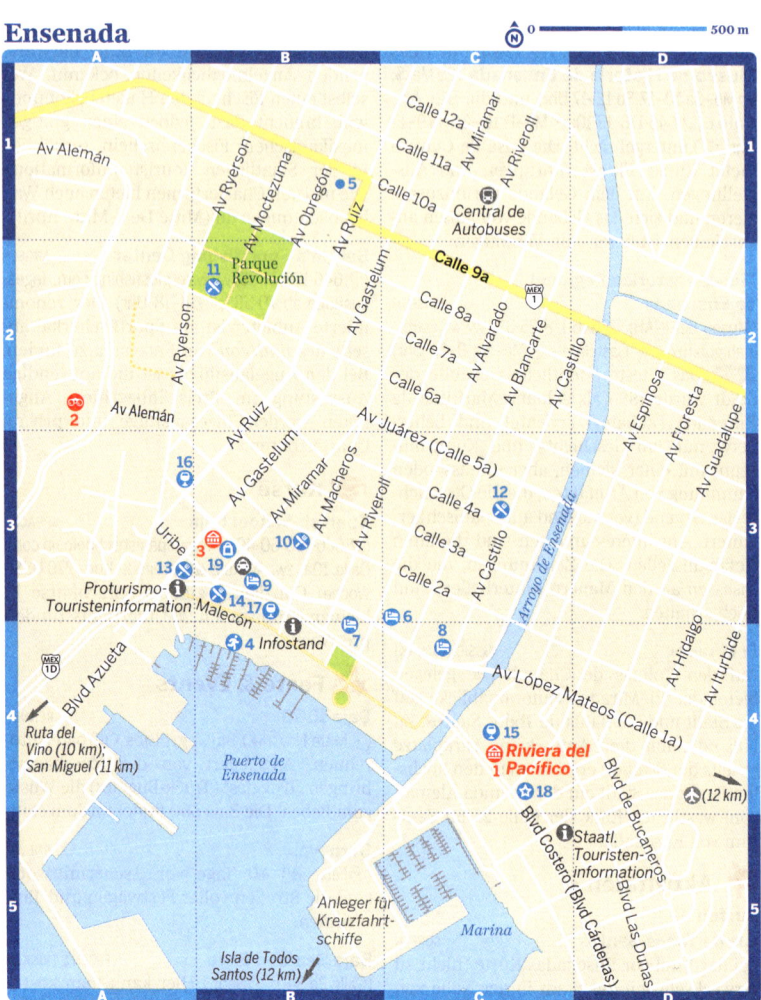

le Wahl. In dem skurrilen Foyer gibt's eine große Freitreppe, einen Fahrstuhl mit Disco-Spiegeln und einen Käfig mit knuddeligen Chinchillas. Die Preise (und der Lärmpegel von draußen) steigen freitags und samstags auf nahezu das Doppelte.

Hotel Cortez
HOTEL **$$**

(☏ 646-178-23-07; www.bajainn.com; Av López Mateos 1089; Zi. ab 1470 Mex$; 🅿 ⊕ ❄ @ 🛜 🕸) Dies ist eine der besten Optionen im Zentrum des Geschehens. Zu den Einrichtungen des Hotels zählen ein kleiner Fitnessraum und ein von hohen Bäumen umgebener, beheizter Pool. Manche Zimmer sind ein wenig dun-

kel. Wer es sich leisten kann, bucht eines der schicken, modern anmutenden Premium-Zimmer, die in Erdfarben gehalten und mit üppigen Stoffen dekoriert sind. Das Hotel ist schnell ausgebucht.

Hotel Bahía
HOTEL **$$**

(☏ 646-178-21-01; www.hotelbahia.com.mx; Av López Mateos 980; Zi. 1062 Mex$; 🅿 ❄ 🛜 🕸) Trotz der unfreiwilligen Retro-Fassade im trostlosen Stil der 1960er-Jahre hat das Hotel angenehme, geräumige Zimmer, die mit Teppichen ausgelegt sind. Ein weiteres Plus ist der attraktive Poolbereich mit angrenzender Bar, von der das Personal die Drinks direkt

Ensenada

⊙ Highlights
1 Riviera del Pacífico C4

⊙ Sehenswertes
2 El Mirador A2
  Museo de Historia de
  Ensenada.....................................(siehe 1)
3 Museo Historico Regional de
  Ensenada...B3

⊕ Aktivitäten, Kurse & Touren
4 Sergio's Sportfishing Center B4
5 Spanish School Baja B1

⊜ Schlafen
6 Best Western Hotel El Cid C3
7 Hotel Bahía..B4
8 Hotel Cortez...C4
9 Hotel Santo Tomás B3

⊗ Essen
10 Birreria La Guadalajara B3
11 Boules... B2
12 El Parián C3
   La Guerrerense ....(siehe 6)
13 Mariscos El Norteño A3
14 Muelle 3 .... B3

⊕ Ausgehen & Nachtleben
15 Bar Andaluz C4
16 Hussong's Cantina................................ A3
   Ojos Negros ....(siehe 16)
17 Wendlandt B3

⊕ Unterhaltung
18 Centro Estatal de las Artes................... C4

⊕ Shoppen
19 Tequila Room B3

zum Liegestuhl bringt. Das Hotel liegt in einer sehr zentralen Lage.

Best Western Hotel El Cid HOTEL $$$
(☏ 646-178-24-01; www.hotelelcid.com.mx; Av López Mateos 993; DZ ab 1495 Mex$; ⓟ⊛❄@☎ 🖥️🅿️) Das Vier-Sterne-Hotel hat komfortable Zimmer mit guten Betten, ein renommiertes Restaurant und eine lebhafte Bar. Das zweisprachige Personal ist sehr nett und freundlich. Das Hotel hat eine zentrale Lage im nobleren Teil der Stadt.

✗ Essen

Ensenadas kulinarische Optionen reichen von Tacoständen mit absolut leckerem Essen bis zu Restaurants mit ausgezeichneter mexikanischer oder internationaler Küche.

★ La Guerrerense TACOS $
(www.laguerrerense.com; Ecke Av Alvarado & López Mateos; Tacos ab 25 Mex$; ⊙ Mi–Mo 10.30–17 Uhr) Sabina Banderas preisgekrönter Meeresfrüchtestand stammt aus den 1960er-Jahren. Bis heute sorgen die großartigen Meeresfrüchtetacos, die saftige Ceviche (in Zitronensaft marinierter Fisch) und die *tostadas* (frittierte Tortillas) für lange Warteschlangen. In der Regel trägt Gitarrengeklimper von der Straße zum Ambiente bei. Sehr zu empfehlen sind die *tostadas* (25 Mex$) mit Meeresschnecken oder Seeigel.

Birreria La Guadalajara MEXIKANISCH $
(Av Macheros 154; Tacos 25–39 Mex$; ⊙ 7–20 Uhr; 🖥️) Das große, an eine Scheune erinnernde Restaurant ist berühmt für sein *birria de chivo* (Ziegenschmortopf), serviert aber

auch ausgezeichnete Tacos und Fleisch vom Holzkohlegrill. In dem bei Familien beliebten Lokal geht es lebhaft und laut zu. Es gibt eine große, offene Küche, ein paar Fernseher, herumziehende Mariachis und ein Dekor, das sich seit der Eröffnung im Jahr 1972 kaum verändert hat.

Mariscos El Norteño SEAFOOD $
(Local 4, Mercado de Mariscos; Tacos 30 Mex$; ⊙ Mo–Sa 8–21 Uhr, So ab 7 Uhr) Die Seafood-Stände gegenüber vom *mercado de mariscos* (Fischmarkt) sind allesamt empfehlenswert. Dieser beliebte hier hat jedoch viele Sitzplätze und eine hervorragende Auswahl an Salsas (u.a. mit gerösteten Jalapeños oder roten Chilis). Am besten genehmigt man sich einen Taco im originalen Baja Stil (Fisch oder Shrimps aus der Fritteuse, serviert mit Krautstreifen und weißer Cremesauce).

El Parián MEXIKANISCH $
(☏ 646-128-82-32; Ecke Calle 4a & Av Castillo; Hauptgerichte 80–95 Mex$; ⊙ 7.30–23.30 Uhr; 🖥️) Wimpel, Wandbilder, bemalte Tische und limonadenfarbenes Mobiliar sorgen hier für eine festliche Atmosphäre. Die freundlichen Kellner servieren tolle Enchiladas, Quesadillas, Burritos und *agua de jamaica* (Hibiskuswasser). Flachbild-TVs in jeder Ecke garantieren, dass weder die Gäste noch das Personal etwas von den kitschigen mexikanischen Seifenopern im TV verpassen.

Muelle 3 MEERESFRÜCHTE $$
(☏ 646-17-40-318; Teniete Azueta 187a; Gerichte 60–150 Mex$; ⊙ Mi–So 12–18.30 Uhr) Das direkt

an der Marina gelegene Restaurant wirkt wie ein unscheinbares Ladenlokal, doch bei näherem Hinschauen entdeckt man elegante Leute, die kunstvoll präsentierte Ceviche und andere klassische mexikanische Gerichte verspeisen. Die Aromen sind ausgewogen und feinsinnig; alles wird frisch und perfekt zubereitet. Besonders zur Mittagszeit kann der Andrang groß sein.

Boules
INTERNATIONAL $$$

(☏ 646-175-87-69; Av Moctezuma 623; Hauptgerichte rund 250 Mex$; ◷ Mi–So 14–24 Uhr) Cremige Risottos, Pasta und frische Meeresfrüchte sind hier die Attraktion, aber die Lage auf einer Terrasse inmitten von Bäumen mit aufgehängten Lichtern macht das Erlebnis noch besser. Der Inhaber Javier mischt sich unter die Gäste und behandelt alle wie Stammgäste. Im Laden auf dem Gelände wählt man seine Flasche Wein aus einem großen Angebot und bringt sie mit zu seinem Tisch.

Ausgehen & Nachtleben

Am Wochenende sind die meisten Bars und Cantinas an der Av Ruiz vom Mittag bis zum frühen Morgen rappelvoll. Wer das nicht mag, sucht am besten eines der vielen guten Hotels oder Nobelrestaurants auf: Dort findet sich bestimmt ein ruhiges Plätzchen, um eine Margarita (wurde angeblich hier erfunden) oder einen erlesenen Tequila zu schlürfen.

Hussong's Cantina
CANTINA

(http://cantinahussongs.com/home.html; Av Ruiz 113; ◷ Di–So 11–2 Uhr) Die älteste und vielleicht belebteste Cantina der kalifornischen Großregion schenkt seit 1892 Tequila aus. Freitag- bzw. samstagabends tummeln sich hier viele Einheimische, aufdringliche Mariachis und sehr wenige Traveller. Die Geschichte des Hauses ist faszinierend – unbedingt die entsprechende Broschüre (englisch- und spanischsprachig) verlangen!

Wendlandt
BIERHALLE

(www.wendlandt.com.mx; Blvd Costero; Diez 385; ◷ Di–Sa 18–24 Uhr) Hier gibt's von den Inhabern selbst produziertes Craft-Bier sowie Bier von anderen mexikanischen und ausländischen Kleinbrauereien; fünf Probiergläser kosten gerade einmal 60 Pesos. Das Ambiente wirkt mit klobigen Holzmöbeln, unverputzten Ziegelwänden und den skurrilen Lampen, in die Bierflaschen integriert sind, schick und urban.

Ojos Negros
WEINBAR

(Av Ruiz 105; ◷ Di–Sa 11–24, So 14–22 Uhr; ☏) Genug von Margaritas? Dann auf zu dieser Weinbar, um ein Glas fruchtigen Passion Meritages zu genießen: Der preisgekrönte Rote stammt vom Weingut des Inhabers (Bodegas San Rafael). Loungemäßige Sitzgelegenheiten, Chillout-Musik und burgunderfarbene Wände tragen zur Atmosphäre bei. Zu essen gibt's u. a. leckere Fladenbrot-Pizza.

Unterhaltung

Centro Estatal de las Artes
KULTURZENTRUM

(☏ 646-173-43-07; www.cenart.gob.mx/2015/07/ensenada/; Ecke Av Riviera & Blvd Costero; ◷ Mo–Sa 8–20, So 12–19 Uhr, Abendveranstaltungen extra) Veranstaltet ganzjährig Shows und Ausstellungen.

Shoppen

Tequila Room
SPIRITUOSEN

(Av López Mateos; ◷ Di–Do 10–18, Fr & Sa bis 24 Uhr) Der irisch-mexikanische Inhaber hat eine Leidenschaft für Tequila, aber die gängigen Marken findet man hier nicht: Er bezieht sein Angebot aus ganz Mexiko. Selbst wenn man nichts trinken will (Kostproben sind gratis), kann man die vielen Flaschen bewundern, von denen manche kleine Kunstwerke sind.

Praktische Informationen

MEDIZINISCHE VERSORGUNG
Sanatorio del Carmen (☏ 646-178-34-77; Ecke Av Obregón & Calle 11a) Kleine, saubere Privatklinik mit gutem Ruf.

NOTFALL
Örtliche Polizei ☏ 646-165-20-34, ☏ 911
Staatspolizei ☏ 646-176-13-11, ☏ 911
Touristennotruf ☏ 078

TOURISTENINFORMATION
Proturismo-Touristeninformation (☏ 646-178-24-11; www.proturismoensenada.org.mx; Blvd Costero 540; ◷ Mo–Fr 8–20, Sa & So 9–17 Uhr) Für Karten, Broschüren und aktuelle Unterkunftsinfos; betreibt auch einen Infostand (☏ 646-178-30-70; ◷ Di–So) an der Plaza Cívica.
Staatliche Touristeninformation (☏ 646-172-54-44; www.descubrebajacalifornia.com; Blvd Costero 1477; ◷ Mo–Fr 8–18, Sa & So 9–13 Uhr) Ähnliche Infos wie bei Proturismo.

An- & Weiterreise

Einreisebehörde (☏ 646-174-01-64; Blvd Azueta 101; ◷ Dokumentenausgabe Mo–Fr 8–18 Uhr, Abholung Mo–Fr 13–15 Uhr) Das Büro

BUSSE AB ENSENADA

ZIEL	PREIS (MEX$)	DAUER (STD.)	HÄUFIGKEIT (TGL.)
Guerrero Negro	1705	10	3-mal
La Paz	2140	22	3-mal
Mexicali	300–380	4	12-mal
Playas de Rosarito	135	1	häufig
Tecate	200–300	2	häufig
Tijuana	145–250	1½	häufig
Tijuana (Flughafen)	300	1¾	häufig

verkauft Einreisegenehmigungen für Touristen, die per Schiff ins Land kommen.

AUTO & MOTORRAD

Auf der malerischen Straße *(cuota)* von Tijuana nach Ensenada passiert man drei Mautstellen (Gesamtgebühr 99 Mex$).

BUS

Central de Autobuses (Av Riveroll 1075) Der Busbahnhof zehn Blocks nördlich der Avenida López Mateos bedient regionale Ziele, aber auch weiter entfernte wie Guadalajara (1680 Mex$, 36 Std.) und Mexiko City (1800 Mex$, 48 Std.).

ⓘ Unterwegs vor Ort

Der Haupttaxistand befindet sich an der Kreuzung der Avenidas López Mateos und Miramar; Taxis sammeln sich auch an der Avenida Juárez. Die meisten Fahrten innerhalb der Stadt kosten zwischen 50 und 120 Mex$. Auch der Fahrdienst Uber bietet in Ensenada seine Dienste an; Stadtfahrten kosten durchschnittlich 30 Mex$.

Mexicali

 686 / 763162 EW.

Mexicali ist so wie Tijuana vor Einsetzen des Tourismusbooms gewesen sein muss – schmuddelig, teils sogar furchteinflößend – und die meisten Traveller fahren deswegen gleich weiter Richtung Süden. Hier lebt der größte Anteil ethnischer Chinesen in Mexiko, weshalb es neben den mexikanischen auch einige gute chinesische Restaurants sowie ein munteres, nicht für Zartbesaitete geeignetes Nachtleben gibt. Im Sommer ist Mexicali einer der heißesten Orte auf Erden und ein Besuch ist absolut nicht zu empfehlen.

◉ Sehenswertes

Catedral de la Virgen
de Guadalupe   KATHEDRALE

(Ecke Morelos & Av Reforma) Die Kathedrale ist das größte religiöse Wahrzeichen der Stadt.

🛏 Schlafen & Essen

Araiza   LUXUSHOTEL $$$

(⌨ 686-564-11-00; www.araizahoteles.com; Calz Juárez 2220, Zona Hotelera; DZ inkl. Frühstück ab 100 US$; P ⊖ ❄ @ 🛜 🖭) Zu diesem familienfreundlichen Hotel gehören zwei hervorragende Restaurants, eine Bar, ein Fitnessraum, Tennisplätze und ein Tagungszentrum. Die Zimmer sind geräumig und gut in Schuss. Für größere Ruhe empfiehlt sich aber ein Quartier im Executive-Flügel, der abseits von Straße und Poolbereich liegt.

Los Arcos   MEERESFRÜCHTE $$

(⌨ 686-556-09-03; AV Calafia 454; Hauptgerichte 126–300 Mex$; ⊙11–22 Uhr) Mexicalis beliebtestes Meeresfrüchterestaurant existiert seit 1977. Das *shrimp culichi* (Shrimps in einer sahnigen Sauce mit grünem Chili) ist hervorragend. Am Donnerstag und Freitag sorgt abends Livemusik für Unterhaltung. Reservierung empfohlen!

ⓘ An- & Weiterreise

AUTO & MOTORRAD

Die Genehmigung zur Einfuhr eines Fahrzeugs gibt's an der Grenze. Der Hauptgrenzübergang Calexico–Mexicali ist rund um die Uhr geöffnet, der (zur Entlastung gebaute) neuere Übergang von 6 bis 22 Uhr.

BUS

Die Fern- und Festlands-Busverbindungen starten vom **Central de Autobuses** (⌨ 686-556-19-03; Calz Independencia 1244; ⊙24 Std.) nahe der Calzada López Mateos. Autotransportes del Pacífico (www.tap.com.mx) und Elite (www.autobuseselite.com.mx) bedienen Ziele auf dem mexikanischen Festland, ABC (www.abc.com.mx) Ziele auf der niederkalifornischen Halbinsel.

Greyhound (⌨ 760-357-18-95, 800-231-22-22; www.greyhound.com; Calz Independencia 1244; ⊙5.30–23.30 Uhr) hat Büros in Mexicali und gleich jenseits der Grenze in Calexico. Täg-

BAJA CALIFORNIA MEXICALI

BUSSE AB MEXICALI

ZIEL	PREIS (MEX$)	DAUER (STD.)	HÄUFIGKEIT (TGL.)
Ensenada	498	4	12-mal
La Paz	2931	25	2-mal
Mexico City	1797	37	5-mal
Tijuana	235	2½	häufig

lich fahren mehrere Busse von Mexicali nach Los Angeles (einf. Fahrt ab 25 US$); es gibt außerdem 12 Fahrten nach San Diego (einf. Fahrt ab 22 US$) und weitere Busse zu anderen Zielen in den USA.

FLUGZEUG

Der **Aeropuerto Internacional General Rodolfo Sánchez Taboada** (☑686-552-23-17; www.aeropuertosgap.com.mx/es/mexicali; Carretera Mesa de Andrade Km 23,5) befindet sich 18 km östlich von Mexicali. **Aeroméxico** (☑686-555-70-47; www.aeromexico.com) fliegt zu vielen Zielen über Mexico City; darüber hinaus führen die Fluglinien von **Calafia Airlines** (www.calafiaairlines.com) von Mexicali nach La Paz und San José del Cabo in Baja California Sur.

SÜDLICHES BAJA

Cardón-Kakteen, Boojums, Ocotillos, Cholla-Kakteen und andere Wunder der Wüste wachsen in dieser schönen Wüstenregion, in der es manchmal ein ganzes Jahrzehnt lang nicht regnet. Auf dem Weg nach Süden erblickt man verfallene Missionen, Dattelpalmen, Kokospalmen und Mangrovensümpfe.

Die 25 000 km² große **Reserva de la Biosfera El Vizcaíno** ist eines der größten zusammenhängenden Naturschutzgebiete Lateinamerikas. Sie reicht von der Península Vizcaíno bis zum Golf von Kalifornien hinüber und umfasst auch die Laguna San Ignacio und die Laguna Ojo de Liebre, die größten Kalbgebiete der Grauwale. Außerdem erstreckt sich hier die Sierra de San Francisco mit ihren tollen prähispanischen Felsmalereien.

An der Südspitze der Baja-Halbinsel liegen neben dem kosmopolitischen La Paz mehrere kleine Küstenstädte und Dörfer sowie die beliebten Ferienorte San José del Cabo und Cabo San Lucas; zusammen werden sie als „Los Cabos" bezeichnet. Nach der Ruhe und Einsamkeit des Nordens könnten sie für eine Art Schock sorgen – oder für eine willkommene Abwechslung!

Guerrero Negro

☑615 / 13 054 EW.

Guerrero Negro ist ein bescheidener, zusammengewürfelter Ort, der seine Entstehung einer einsamen Salzfabrik verdankt. Die Hauptattraktion für Traveller sind die in der Nähe saisonal vorbeiziehenden Grauwale, aber man kann in den flachen Marschen auch wunderbar Vögel beobachten. Die weißen, kristallinen Salzebenen der Saline sind ebenfalls eindrucksvoll.

🔴 Sehenswertes

Misión de San Borja   KIRCHE
(zw. Rosarito & Bahía de los Ángeles; ⏱8–18 Uhr)
Die gut restaurierte Mission liegt in einer ursprünglichen spektakulären Wüste mit Boojums und Cardón-Kakteen. Die (holprige) Anfahrt lohnt schon den Abstecher. Eine Familie, die von den Ureinwohnern abstammt, restauriert die Anlage von Hand und zeigt Besuchern stolz die Mission, eine Süßwasserquelle, einen geheimen, heute vermauerten Tunnel und die Ruinen der Jesuiten. Zur Anfahrt biegt man vom Hwy 1 nach Osten ab, nach 45 km fährt man dann nach rechts.

🏃 Aktivitäten

Guerrero Negro ist für Überraschungen gut: Wenn gerade Wale da sind, kann man Vögel beobachten oder an Führungen durch die **Salzfabrik** teilnehmen. Auf der Ostseite des Meeresarms liegt eine „Mini-Sahara" mit 3 bis 6 m hohen Dünen aus weißem Pulversand.

Vogelbeobachtung

Vogelbeobachter fahren zum **Alten Pier** und zum *faro* (Leuchtturm). Eine schöne, 11 km lange Straße führt durch Salzwüsten und Marschland – ein prima Revier für Enten, Blässhühner, Adler, Brachvögel, Seeschwalben, Reiher und andere Vogelarten.

Walbeobachtung

In der Walsaison organisieren diverse Veranstalter Beobachtungstouren auf dem Wasser der **Laguna Ojo de Liebre**. Sichtungen von Walen sind dort praktisch garantiert.

Malarrimo Eco Tours NATUR

(☑ 615-157-01-01; www.malarrimo.com; Blvd Zapata 42; Walbeobachtung 50 US$; 🚐) Der Veranstalter hat seinen Sitz neben dem gleichnamigen Hotel und gehört zu den angesehensten und etabliertesten vor Ort. Er bietet vierstündige Walbeobachtungstouren an.

Noch mehr Aktivitäten

Salzfabrik FÜHRUNG

(☑ 615-157-50-00; Führung 1–2 Std. 200 Mex$/Pers.) Führungen durch die Salzfabrik lassen sich über die Hotels und Reiseveranstalter in Guerrero Negro vereinbaren. Wer gut Spanisch spricht, kann direkt bei der Fabrik anrufen, um eine kostenlose Besichtigung zu vereinbaren; in diesem Fall muss man dann aber auf die Informationen verzichten, die die Führer zu bieten haben.

🛏 Schlafen & Essen

In der Walsaison können die Unterkünfte vor Ort knapp werden, daher ist es zwischen Januar und März ratsam zu reservieren.

Neben den Restaurants gibt's ein paar Foodtrucks, die zwischen ca. 10 und 17 Uhr an der Hauptstraße stehen und billige, schmackhafte Tacos verkaufen.

Terra Sal MOTEL $

(☑ 615-157-01-33; Emiliano Zapata s/n; EZ/DZ mit Frühstück 550/620 Mex$; 🅿 ❄ 🛜) Das an der Zufahrt zur Stadt gelegene große, neue Motel wirkt von außen reizlos, aber seine Zimmer gehören mit Erdfarben, schweren Holzmöbeln, Mosaikfliesen und Whirlpool oder begehbarer Dusche eigentlich in eine höherwertige Hotelkategorie. Es gibt auch ein ordentliches Restaurant.

Hotel Malarrimo HOTEL $

(☑ 615-157-01-00; www.malarrimo.com; Blvd Zapata 42; EZ/DZ/490/590 Mex$; 🅿 🚲 ❄ @ 🛜) Das Malarrimo hat kräftige Warmwasserduschen und mehr Atmosphäre als die

Konkurrenz. Waldekor (z. B. auf den Betten) erinnern einen überall daran, warum man hergekommen ist – das Motel organisiert auch entsprechende Beobachtungstouren. Zum Haus gehören ein kleiner Geschenkshop und ein sehr gutes Restaurant. Zeltstellplätze und Anschlüsse für Wohnmobile sind ebenfalls vorhanden.

Los Caracoles HOTEL $$

(☑ 615-157-10-88; www.hotelloscaracoles.com.mx; Calz de la República s/n; Zi. 850 Mex$; 🅿 🚲 ❄ @ 🛜) Das hübsche Hotel in Sandfarben passt perfekt in die umliegende Wüstenlandschaft. Dasselbe gilt für die modernen Zimmer, deren Bäder ganz mit Gelb- und Goldtönen gestaltet sind. Zudem gibt's hier einen Souvenirladen und mehrere Gästecomputer.

Malarrimo MEXIKANISCH $$

(www.malarrimo.com; Blvd Zapata 42; Hauptgerichte 145–275 Mex$; ⏱ 7.30–22.30 Uhr; 🅿 🛜) Das Restaurant in dem alteingesessenen Hotel ist abends eine solide Wahl. Auf der Karte stehen hauptsächlich Meeresfrüchte; die Fischsuppe wird hoch gelobt. Vegetarische Mahlzeiten gibt es auf Anfrage. Die Bar nebenan und der Billardtisch sorgen für etwas Unterhaltung in dem verschlafenen Städtchen.

Santo Remedio MEXIKANISCH $$

(☑ 615-157-29-09; Carballo Félix; Hauptgerichte 120–260 Mex$; ⏱ 8–22 Uhr; 🅿) Mit hervorragendem Service, sanfter Beleuchtung, ockerfarbenen Wänden und einem hübschen Hof ist dies eines der schickeren Restaurants in Guerrero Negro. Zu essen gibt's allerlei Meeresfrüchte- und Fleischgerichte, vom T-Bone-Steak bis zum Oktopus auf galicische Art.

❶ Praktische Informationen

In der Banamex-Filiale gibt es einen Geldautomaten.

Clínica Hospital IMSS (☑ 615-157-03-33; Blvd Zapata) Größte medizinische Einrichtung vor Ort.

BAJA CALIFORNIA GUERRERO NEGRO

BUSSE AB GUERRERO NEGRO

ZIEL	PREIS (MEX$)	DAUER (STD.)	HÄUFIGKEIT (TGL.)
Ensenada	1705	10	3-mal
La Paz	1730	11	4-mal
Loreto	825	5–6	2-mal
Santa Rosalia	396	3	1-mal
Tijuana	1300	11	3-mal

TIPPS ZUR FAHRT AUF DER CARRETERA TRANS-PENINSULAR
••••••••••••••••••••••••••••••••

Es ist ein lohnendes Erlebnis, die Carretera Transpeninsular (1625 km) in ihrer gesamten Länge zu bewältigen, wenn man die Zeit dafür hat. Am wichtigsten: Die Straße ist überall sehr sicher, auch wenn das Fahren bei Nacht nicht zu empfehlen ist, weil plötzlich Kühe auf der Straße stehen könnten. Der Straßenbelag ist gut in Stand, und der Verkehr in der Regel überraschend gering. Es gibt mehrere militärische Kontrollpunkte an der Strecke, aber Traveller werden nur selten herausgewunken. Man sollte ein Auge auf die Tankanzeige haben und regelmäßig nachtanken. Achtung: Zwischen El Rosario und Guerrero Negro gibt es auf rund 350 km keine Tankstelle!

ℹ An- & Weiterreise

Guerrero Negros winziger Flughafen liegt 2 km nördlich der Grenze des Bundesstaats westlich der Transpeninsular.

Aéreo Calafia (☎ 615-157-29-99; www.aereo calafia.com.mx; Blvd Zapata; ⊙ Mo–Fr 8–19, Sa bis 16 Uhr) Bietet Linienflüge nach Hermosillo und nach Guyamas sowie Charterflüge.

Busbahnhof (Blvd Marcello Rubio; ⊙ 24 Std.) Bietet Busverbindungen zu vielen Orten auf der niederkalifornischen Halbinsel.

San Ignacio
☎ 615 / 667 EW.

Mit seinen üppig grünen Dattelpalmen und dem hübschen, ruhigen Fluss ist das verschlafene San Ignacio eine willkommene Oase nach der endlosen Desierto de Vizcaíno. Die Jesuiten bestimmten den Ort für die Misión de San Ignacio de Kadakaamán, nach ihrer Vertreibung überwachten die Dominikaner die Errichtung der 1786 fertiggestellten, prächtigen Kirche, die immer noch die malerische Plaza beherrscht, auf der Lorbeerbäume Schatten spenden.

◉ Sehenswertes

Misión de San Ignacio de Kadakaamán   KIRCHE
Flankiert von einem Hain mit Zitrusbäumen steht schräg gegenüber der kleinen Plaza von San Ignacio diese ehemalige Jesuitenkirche

mit fast 1,2 m dicken Mauern aus Lavablöcken. Die Misión auf dem Gelände einer früheren *ranchería* (indigene Siedlung) der Cochimí wird seit ihrer Gründung im Jahr 1728 ununterbrochen genutzt. Sie ist die vielleicht schönste Kirche in Niederkalifornien.

Eines der drei Altarbilder der Kirche aus dem 18. Jh. ist San Ignacio de Loyola gewidmet, dem Schutzpatron des Ortes. Die Misión wurde von dem berühmten Jesuiten Fernando Consag gegründet und 1786 unter Leitung des Dominikaners Juan Crisóstomo Gómez fertiggestellt. Seuchen reduzierten die Cochimí-Bevölkerung im späten 18. Jh. von rund 5000 auf nur noch 120 Menschen, die Missionsstation blieb aber bis 1840 bestehen.

Museum   MUSEUM
(Misión San Ignacio de Kadakaamán; ⊙ Mo–Fr 8–17 Uhr) GRATIS Das kleine Museum vermittelt einen Einblick in die Naturgeschichte der Gegend und zeigt Repliken der berühmten Felsmalereien aus der Sierra de San Francisco.

Casa Lereé   MUSEUM
(☎ 615-154-01-58; www.casaleree.com; Morelos 20; ⊙ Mo–Sa 10–13 & 16–17 Uhr) GRATIS Das wunderschöne alte Gebäude, teils Museum, teils Buchladen, steht in einem grünen Garten mit prächtigen Bäumen, zu denen auch eine hohe, Schatten spendende Kaktusfeige gehört. Der US-amerikanische Besitzer hat viele Infos über die Gegend auf Lager und besitzt das wohl größte Sortiment an Büchern über Niederkalifornien.

👉 Geführte Touren

Ecoturismo Kuyima   ABENTEUERSPORT
(☎ 615-154-00-70; www.kuyima.com; Plaza Benito Juaréz 9; Tagestour zu den Felsmalereistätten 60–95 US$/Pers.; ⊙ 8–20 Uhr) Die sehr freundliche und hilfsbereite örtliche Kooperative mit Sitz an der Plaza organisiert Walbeobachtungstouren zur schönen **Laguna San Ignacio**. Sie hilft ebenfalls bei der Organisation von Besuchen der sonst schwer zu erreichenden Felskunststätten in der Sierra de San Francisco.

🛏 Schlafen & Essen

★ Ignacio Springs   B & B $$
(☎ 615-154-03-33; www.ignaciosprings.com; San Ignacio; DZ 68–130 US$; 🅿 ❄ 🛜 🐾) Dieses B & B in kanadischem Besitz vermietet neben Jurtenzelten und *cabañas* (Hütten) auch Kajaks. In idyllischer Lagunenlage reicht das Dekor hier von konventionell-amerikanisch bis hin zum aztekischen Ethno-Stil mit

strahlend bunten Läufern und Keramiken. Zum Frühstück gibt's selbstgebackenes Brot, Eingemachtes und (sogar) Würstchen.

Hotel Desert Inn
HOTEL $$

(☎615-154-03-00; mmabarca@fonatur.gob.mx; Camino a San Ignacio Km 72; DZ 1200 Mex$; [P][🛜][�><]) Von außen wirkt das Gebäude wie ein Gefängnis, aber hinter der düsteren Fassade verbirgt sich ein modernes Hotel im Stil einer Mission mit luftigen und geräumigen Zimmern in ruhigen Creme-, Braun- und Ockertönen; die einzelnen Quartiere verfügen des Weiteren über begehbare Duschen und viel Stauraum fürs Gepäck. Die Zimmer liegen um einen zentralen Poolbereich mit hohen Palmen und bezaubernden Bougainvilleen.

Rice & Beans
CAFÉ $

(www.riceandbeansoasis.com; Gerichte 80–250 Mex$; ⊘8–21 Uhr) Für ein wenig Abwechslung sorgt dieser saubere Motorradfahrertreff im Stil eines amerikanischen Diners. Es gibt preisgünstige Frühstücksgerichte, *comidas corridas* (Mittagsmenüs), gefüllte Kartoffeln und exzellente *tortas* (Sandwiches). Erschöpfte Biker können auch in einem der großen, aber schäbigen und alten Zimmer für 40 US$ übernachten.

ⓘ An- & Weiterreise

Der **Busbahnhof** (☎ 615-154-04-68) liegt nahe der San-Lino-Kreuzung außerhalb des Orts. Hier bestehen Verbindungen nach Norden oder Süden (5–23 Uhr, ca. alle 4 Std.). Bedient werden z. B. Tijuana (1855 Mex$), La Paz (1480 Mex$) und Cabo San Lucas (1844 Mex$).

Sierra de San Francisco

Schon allein die bloße Menge schöner Felsmalereien in dieser Region ist beeindruckend. Die in Ocker, Rot, Schwarz und Weiß gehaltenen Bilder sind bis heute geheimnisumwittert. Angesichts ihrer kulturellen Bedeutung wurde die Sierra de San Francisco zum UNESCO-Weltkulturerbe erklärt. Sie ist außerdem Teil der **Reserva de la Biosfera El Vizcaíno**. Tagesausflüge sind zwar möglich, aber um die Highlights dieser Region zu sehen, muss man schon ein paar Tage mit örtlichen Rancher-Guides wandern, wobei Esel das Gepäck tragen.

⊙ Sehenswertes

Cueva del Ratón
ARCHÄOLOGISCHE STÄTTE

Diese Höhle erhielt ihren Namen nach einer Felszeichnung, von der die Einheimischen glaubten, sie würde eine Ratte (oder eine Maus) darstellen; tatsächlich aber handelt es sich wohl eher um ein Reh. Sie ist die am leichtesten zugängliche Höhle in der Sierra de San Francisco.

Autofahrer können auf eigene Faust hinfahren, nachdem sie sich im Büro des **Instituto Nacional de Antropología e Historia** (INAH; ☎615-154-02-22; Museum der Misión de San Ignacio de Kadakaamán; ⊘April–Okt. Mo–Sa 8–17 Uhr, Nov.–März tgl.) im Museum der Misión de San Ignacio de Kadakaamán (S. 784) angemeldet, den Parkeintritt (65 Mex$) und die Führergebühr (150 Mex$ für 2 Pers.) bezahlt haben. Den Führer kann man dann in dem Dorf abholen, das den Malereien am

---

GRAUWALE IN NIEDERKALIFORNIEN

Die Wanderung der Grauwale aus den Gewässern vor Sibirien und Alaska zu den Meerengen Niederkaliforniens ist ein bemerkenswertes Naturschauspiel. In der Laguna Ojo de Liebre oder der Laguna San Ignacio werden die 700 kg schweren Kälber geworfen, tun ihren ersten Atemzug und lernen unter den Augen ihrer wachsamen Mütter, was sie für das Leben im Meer brauchen. Die Walbeobachtungssaison ist lang und verläuft unterschiedlich, denn einige Wale stellen sich früh in den Lagunen des Pazifiks ein, während andere Wochen oder Monate brauchen, um Land's End zu umrunden und ihre bevorzugten Buchten im Golf von Kalifornien aufzusuchen.

Die beste Chance, um Walmütter mit ihren Kälbern in den Lagunen zu beobachten, besteht zwischen Februar und Anfang April; offiziell dauert die Beobachtungssaison vom 15. Dezember bis zum 15. April.

Wer vom *ballena*-(Wal)-Fieber befallen ist, dem wird an folgenden Orten geholfen:
➡ Laguna Ojo de Liebre (Scammon's Lagoon)
➡ Laguna San Ignacio
➡ Puerto López Mateos
➡ Puerto San Carlos (S. 792)

IM NAMEN GOTTES...

Die Missionsstationen in Baja haben eine fragwürdige Geschichte. Sie wurden von Jesuiten und Dominikanern errichtet und sollten eigentlich das Seelenheil bringen. Stattdessen aber brachten sie den Tod, weil die Europäer Krankheiten einschleppten. Viele Missionen wurden aufgegeben, als die Zahl ihrer Schäfchen unter ein vertretbares Niveau sank. Heute sind diese wunderschönen Gebäude, ob sie nun genutzt werden oder irgendwo im Niemandsland stehen, faszinierende und vor allem fotogene Ausflugsziele. Sie gehören einfach zur bewegten Geschichte von Baja. Für den Besuch der folgenden Missionen ist kein Allradwagen nötig, dennoch können die Straßen streckenweise äußerst schlecht und gelegentlich sogar unpassierbar sein.

Misión Nuestra Señora de Loreto (S. 790) Die älteste und beeindruckendste Mission wird heute noch genutzt.

Misión de San Borja (S. 782) Völlig ab vom Schuss – aber der Abstecher lohnt sich. Zu den Eigenheiten dieser Mission gehören eine heiße Quelle und ein geheimer Tunnel (er ist inzwischen zugemauert). José Gerardo, der von den Einwohnern aus der Zeit vor der Eroberung abstammt, führt die Besucher herum.

Misión de San Francisco Javier de Viggé-Biaundó (S. 790) In dieser abgelegenen, wunderbar erhaltenen Mission fühlt man sich in alte Zeiten zurückversetzt. Auf der Fahrt kommt man in den Genuss großartiger Aussichten und kann hier und da sogar ein paar Felsmalereien entdecken.

Misión de Santa Rosalía de Mulegé (S. 788) Ein äußerst fotogenes Gebäude. Hinter der Mission hat man einen wunderschönen Blick auf den von Palmen gesäumten Fluss.

Weitere Infos und fantastische Fotos findet man in dem Buch *Las Misiones Antiguas* von Edward W. Vernon und im Internet unter www.vivabaja.com/bajamissions.

nächsten liegt. Wer Fotos machen möchte, muss zusätzlich 45 Mex$ pro Tag bezahlen. Die INAH-Gebühren für andere Führungen beginnen bei 150 Mex$ pro Tag, und pro Lasttier kommen weitere 250 Mex$ hinzu. Das sind nur die Gebühren der INAH, die Führer verlangen noch zusätzliche Gebühren (in unterschiedlicher Höhe).

❶ An- & Weiterreise

Der schöne Abstieg auf dem Rücken eines Maultiers in den Cañón San Pablo dauert mindestens zwei Tage (besser wären drei). Solche Ausflüge unternimmt man am besten mit einem Tourveranstalter wie Ecoturismo Kuyimá (S. 784), der dreitägige Ausflüge für rund 240 US$ pro Person (min. 4 Pers.; Vorräte nicht inbegriffen) organisiert. Auch längere Touren sind im Angebot.

Fahrer mit einem eigenen Auto sollten sich vor dem Aufbruch beim Instituto Nacional de Antropología e Historia Rat und eine Wegbeschreibung holen.

Santa Rosalía

📱 615 / 12 000 EW.

Traveller aus Richtung Norden werden sich nach der Durchquerung der Desierto de Vizcaíno hier über den ersten Blick auf den Golf von Kalifornien freuen. Die bunt bemalten, seltsamerweise an Wildwest-Kulissen erinnernden Schindelhäuser, die von Gustave Eiffel entworfene Iglesia Santa Bárbara, der Hafen, die französische Wildwest-Bäckerei, der *malecón* (Uferpromenade) und das Bergwerksmuseum sind die Hauptattraktionen. Die schwarzen Sandstrände, die trägen Pelikane und der herrliche Blick von den umliegenden Hügeln sind dennoch genauso reizvoll. Das Städtchen ist sicher kein Urlaubsparadies, aber auf alle Fälle ein lohnender und einmaliger Zwischenstopp.

Mit der 2013 erfolgten Wiedereröffnung der historischen Tagebau-Mine El Boleo, in der Kupfer und Kobalt abgebaut werden, ist die Stadt erneut zu einem prosperierenden Bergbauzentrum geworden; rund 3800 neue Jobs sind dadurch entstanden. Aus diesem Grund besitzt Santa Rosalía auch die echte Atmosphäre einer hart arbeitenden Industriestadt.

◎ Sehenswertes

⭐ **Iglesia Santa Bárbara**   KIRCHE
(Av Obregón 20) Die von Gustave Eiffel (genau, dem Erbauer des Eiffelturms!) geplante Iglesia Santa Bárbara wurde ursprünglich für die Pariser Weltausstellung gebaut, dann

aber zerlegt und in Brüssel zwischengelagert; als Bestimmungsort war eigentlich Westafrika vorgesehen. Schließlich unterschrieb aber ein Direktor der Boleo Company 1895 die Bestellung und die Kirche wurde nach Santa Rosalía verschifft.

🛏 Schlafen & Essen

Hotel Las Casitas
de Santa Rosalia   BOUTIQUEHOTEL $$
(☑ 615-152-30-23; www.facebook.com/Las-Casitas-Santa-Rosalia-164100420829302; Carretera Sur, Km 195; EZ/DZ 850/1150 Mex$; P 🛜) Das Las Casitas hat US-amerikanische Eigentümer und wirkt wie eine echte Fünf-Sterne-Ferienanlage. Die großen Zimmer prunken mit Balkonen, einem weiten Ausblick auf den Golf von Kalifornien, exquisiten Fliesen und geschmackvoller Kunst. Die billigeren Doppelzimmer haben die gleiche Aussicht, bieten aber weniger Platz. Es gibt einen kleinen Gemeinschaftsbereich mit Kochgelegenheiten, und Gäste können den topmodernen Heimtrainer nutzen.

Hotel Francés   HISTORISCHES HOTEL $$
(☑ 615-152-20-52; www.hotelfrances.com; Av Cousteau 15; Zi. mit Frühstück 920 Mex$; P 🛜 ☷) Das Hotel ist ein koloniales Schmuckstück mit Blick auf den Golf von Kalifornien und auf die vor sich hin rostende Bergbaumaschinerie. Das 1886 erbaute Haus diente ursprünglich als Wohnheim für die Prostituierten, die in einem Bordell nahe der Mine arbeiteten. Es hat schöne Zimmer mit hohen Decken, Stofftapeten und reizenden Holzintarsien.

⭐ Panadería El Boleo   BÄCKEREI $
(☑ 615-152-03-10; Av Obregón 30, Backwaren 8–12 Mex$; ⊙ Mo–Sa 8–21, So 9–14 Uhr) Seit 1901 ist dies die Pflichtadresse für alle, die mexikanisches Gebäck und ungewöhnliche, authentische französische Baguettes haben wollen.

ℹ An- & Weiterreise

Die Passagier- und Autofähre *Santa Rosalía* schippert hinüber nach Guaymas (Mi & Fr 8.30, Sa 20 Uhr, 10 Std.) und legt in umgekehrter Richtung dienstags, donnerstags und samstags um 20 Uhr in Guaymas ab. Die Abfahrtzeiten können sich jederzeit ändern, darum unbedingt nachprüfen!

Das Ticketbüro befindet sich im **Fährterminal** (☑ 615-152-12-46; www.ferrysantarosalia.com; ⊙ Mo–Sa 9–13 & 15–18, So 9–13 & 15–20 Uhr) am Highway. Der Preis für eine Überfahrt beträgt pro Person rund 930 Mex$ (Kinder zahlen die Hälfte); der Preis für Fahrzeuge richtet sich nach deren Länge.

Der **Busbahnhof** (☑ 615-152-14-08; ⊙ 24 Std.) liegt gleich südlich vom Eingang zur Stadt; er ist im gleichen Gebäude wie das Fährterminal zu finden.

Mulegé
♫ 615 / 3821 EW.

Palmen und Mangroven säumen den Río Mulegé, der mit einem Delta voller Vögel und anderer Tiere aufwartet. Auch die Schnorchel- und Tauchmöglichkeiten in der Nähe machen Mulegé zu einem tollen Ziel für Outdoorfans und Familien mit Kindern. Aufgrund seiner tiefen Lage an einem schmalen *arroyo* (Bachbett) ist der Ort anfällig für Überflutungen durch Hurrikans und schwere Unwetter – solche Überflutungen treten alle zwei, drei Jahre hier auf. Die Lage am Fluss, der Stadtplatz und die Mission aus dem 18. Jh. verleihen dem Ort einen ruhigen, altmodischen Charme, der für Baja einmalig ist.

BAJA CALIFORNIA MULEGÉ

BUSSE AB SANTA ROSALÍA

ZIEL	PREIS (MEX$)	DAUER (STD.)	HÄUFIGKEIT (TGL.)
Ensenada	1652	13	2-mal
Guerrero Negro	396	3	1-mal
La Paz	1021	8	5-mal
Loreto	461	3½	6-mal
Mulegé	120	1	5-mal
San Ignacio	145	1	4-mal
San José del Cabo	1402	13	1-mal
Tijuana	1616	14	3-mal

CAÑÓN LA TRINIDAD

Im Cañón La Trinidad werden sich Vogelfans wohlfühlen. Mit etwas Glück sieht man hier sogar Rubintyrannen, Gilaspechte sowie viele Greifvögel und Bussarde. Die engen, blassroten Canyonwände, die schimmernden Wasserbecken und die Höhlenmalereien sind atemberaubend: Die Höhlenwände sind geschmückt mit Schamanen, Mantarochen und Walen in verblassten Ocker- und Rosttönen sowie dem berühmten „Trinity Deer", das ganz unbeeindruckt über die Wände springt, während die Speere über seinen Kopf fliegen. Der Zutritt ist nur mit Guide möglich, und der in Mulegé geborene Salvador Castro Drew von **Mulegé Tours** (☏615-161-49-85; mulegetours@hotmail.com; Tagestour 600–700 Mex$/Pers.) weiß einfach alles über diesen Ort, sogar wie man die beiden angriffslustigen Bienenvölker austrickst, die die Malereien „bewachen". Er macht auch Taxi-Touren zu anderen Stätten.

Fährt man von Mulegé weiter nach Süden, passiert man an der Bahía Concepción einige der schönsten *playas* (Strände) der Halbinsel. Die Pelikankolonien, die wunderschönen Felsformationen und das milchige, blaugrüne Wasser machen die Gegend zu einem erstklassigen Ziel für Kajakfahrer, auch wenn mehrere dieser Strände inzwischen stärker bebaut werden.

◎ Sehenswertes

★ Bahía Concepción   STRAND

Mit blaugrünem Wasser, weißen Sandbuchten und vergleichsweise geringer Bebauung ist dies einer der schönsten Abschnitte der niederkalifornischen Küste. Hier kann man außerdem ideal Kajak fahren.

Museo Mulegé   MUSEUM

(Barrio Canenea; ⊙Mo–Sa 9-14 Uhr;) GRATIS
Das frühere Bezirksgefängnis war einst dafür bekannt, dass seine Insassen tagsüber frei im Ort herumlaufen durften; die weiblichen Insassen blieben aber im Gefängnis, um zu kochen und sauber zu machen. Heute beherbergt das Gebäude eine kleine Sammlung recht banaler Gegenstände aus dem Gefängnis und eine mumifizierte Katze. Interessant ist die rußgeschwärzte Zelle, in der sich ein Häftling offenbar selbst in Brand setzte, nachdem er von der Affäre seiner Frau gehört hatte.

Misión de Santa Rosalía de Mulegé   KIRCHE

Die aus Stein erbaute Misión de Santa Rosalía de Mulegé wurde 1705 gegründet, 1766 fertiggestellt und 1828 aufgegeben. Die imposante Kirche thront auf einem Hügel, und wer schöne Fotos von der Anlage und dem Flusstal knipsen möchte, kommt am besten zu diesem großartigen Ort.

⚐ Aktivitäten

Mulegés beste Tauchstellen finden sich nördlich der Stadt rund um die Santa-Inés-Inseln sowie südlich der Stadt gleich nördlich von Punta Concepción. Die Veranstalter von Tauchtouren kommen und gehen – am besten einfach rumfragen. Der schöne Fluss, das Mündungsdelta und die Strände im Süden machen Mulegé zu einem hervorragenden Ort für Kajakfahrten.

NOLS Mexico   KAJAKFAHREN

(☏USA 800-710-6657, US 307-332-5300; www.nols.edu/courses/locations/mexico/; ⊙Segelkurs 1 Woche 1900 US$) Dieser Veranstalter hat seinen nachhaltigen, umweltbewussten Sitz an der Coyote Bay, südlich von Mulegé, und bietet nicht nur verschiedene Touren an, sondern auch Seekajak-, Segel- und Wildnis-Kurse.

🛏 Schlafen & Essen

Mulegé ist ein sehr beliebter Tummelplatz von ortsansässigen bzw. überwinternden Ausländern, die hier ihre Villen und Eigentumswohnungen haben. Unterkünfte für kürzere Aufenthalte sind sehr dünn gesät.

Hotel Las Casitas   HOTEL $

(☏615-153-00-19; javieraguiarz51@hotmail.com; Madero 50; EZ/DZ 550/650 Mex$; P🐕❄🔊) Der sehr hübsche Hof, die Springbrunnen, die Statuen und der schattige Garten voller tropischer Pflanzen mögen der Grund gewesen sein, dass der gefeierte mexikanische Dichter Alán Gorosave einst hier abstieg. Das Restaurant serviert gutes Essen und hat einen Grill über offenem Feuer. Die mit traditionellen Stoffen und Kunstwerken geschmückten Zimmer sind schlicht und etwas verwohnt, duften aber nach Zimt und Orangen.

Hotel Mulegé
HOTEL $

(☎615-153-00-90; Moctezuma s/n; DZ 550 Mex$; P ✳ @ 🛜) Das gleich hinter dem Bogen am Ortseingang gelegene Hotel ist von außen ein unscheinbares Motel, hat aber dank der makellosen, modernen, bunt angestrichenen Zimmer das beste Preis-Leistungs-Verhältnis vor Ort. Das Personal ist zudem sehr freundlich und hilfsbereit.

Hotel Serenidad
HOTEL $$

(☎615-153-05-30; www.serenidad.com.mx; Mulegé; DZ/3BZ 1200/1400 Mex$, Cabañas 2100 Mex$; P ⊖ ✳ 🛜 ☒) Das aus den 1960er-Jahren stammende Hotel ist eine Institution. Viele Promis, darunter John Wayne, landeten direkt auf der holprigen privaten Flugzeugpiste. Das weitläufige, staubige Anwesen mit seinem großen Restaurant, den rustikalen, authentisch im Stil jener Zeit eingerichteten Doppelzimmern und den kleinen *cabañas* hat Hinterland-Atmosphäre. Jeden Samstag gibt's Schweinebraten vom Spieß und Livemusik. Das Hotel liegt 3,8 km südlich der Stadt abseits des nach Süden führenden Highways.

Ana's
MEERESFRÜCHTE $$

(Playa Santispac; Hauptgerichte 140–240 Mex$; ⊙8–21 Uhr; P) Lust auf Meeresfrüchte? Dann lohnt sich die Fahrt zu dem hübschen Strandrestaurant 10 km südwestlich der Stadt. Die saftige Meeresfrüchteplatte bietet Garnelen, Muscheln und alles, was am gleichen Tag so gefangen wurde. Wer früh kommt, holt sich hier ein frisches Zimtbrötchen. Das Lokal ist am Wochenende ein beliebtes Ausflugsziel von Familien.

Doney Mely's
MEXIKANISCH $$

(☎615-153-00-95; Moctezuma s/n; Hauptgerichte 90–180 Mex$; ⊙Mi–Mo 7.30–22 Uhr; 🛜 ♿) Das farbenfroh dekorierte Restaurant mit Bar serviert ein spezielles Wochenendmenü für zwei Personen mit einer aromatischen Auswahl beliebter örtlicher Gerichte wie *chiles rellenos* (mit Fleisch oder Käse gefüllte Chilis) und *enchiladas verdes*. Zum ebenfalls empfehlenswerten Frühstück gibt's Espresso-Spezialitäten.

Los Equipales
INTERNATIONAL $$$

(☎615-153-03-30; Moctezuma s/n; Hauptgerichte 100–375 Mex$; ⊙8–22 Uhr; 🛜) Das Restaurant mit Bar gleich westlich der Zaragoza bietet Riesenportionen und einen hellen, umschlossenen Balkon, der sich ideal für abendliche Margaritas mit Freunden eignet. Auf der Karte stehen Hummersalat, T-Bone-Steaks, Brathähnchen und weitere Gerichte im Surf-and-Turf-Stil.

❶ An- & Weiterreise

Der **Busbahnhof** (Transpeninsular, Km 132; ⊙8–23 Uhr) liegt nahe dem großen Eingangsbogen zur Stadt. Ziele Richtung Norden sind u. a. Santa Rosalía (120 Mex$, 1 Std.) und Tijuana (2030 Mex$, 16 Std., tgl. 3-mal), Richtung Süden u. a. nach Loreto (225 Mex$, 2 Std.) und La Paz (1170 Mex$, 6 Std., tgl. 5-mal).

Loreto

☎613 / 17 000 EW.

Loreto wirkt wie ein Zwischending aus alter und neuer Welt. Man schlendert auf Kopfsteinstraßen vorbei an Läden für Töpferwaren und bewundert die jahrhundertealte Missionsstation, während örtliche Teenager auf dem Platz Hip-Hop tanzen. Vielleicht sitzt man auch in einem Straßencafé oder läuft am *malécon* (Strandpromenade) entlang, wo alte Leute mit Krückstock einen Spaziergang machen und junge Frauen in den neusten Sportklamotten joggen. Das blaue Meer ist ein Wassersportparadies, während im prächtigen Parque Nacional Bahía de Loreto die Küste, die Gewässer und die vorgelagerten Inseln vor Umweltverschmutzung und unkontrollierter Fischerei geschützt sind.

Anthropologen halten die Region um Loreto für das älteste menschliche Siedlungsgebiet auf der niederkalifornischen Halbinsel. Dank jeder Menge Wasser und reichlicher Nahrung florierten hier einst die indigenen Kulturen. 1697 gründete der Jesuit Juan María Salvatierra in diesem bescheidenen Hafen vor einer hohen Bergkulisse die erste dauerhafte Missionsstation.

◉ Sehenswertes

★ Parque Marine Nacional Bahía de Loreto
PARK

(Eintritt 33 Mex$) Dieser Park macht Loreto zu einem ausgezeichneten Ziel für allerlei Outdooraktivitäten; einige Veranstalter bieten fast alles an – von Kajakfahren und Tauchen bis zu Stehpaddeln und Schnorcheln an den Riffen rund um die Islas del Carmen und um die von einem schlafenden Vulkan dominierten Coronado-Inseln. Abgesehen von Grauwalen, die in den Golf von Kalifornien hinein schwimmen, ist dies auch der beste Ort in der Gegend, um Blauwale zu erspähen. Den Eintritt zum Park bezahlt man im

Parkbüro an der Marina. Das Personal kann Ratschläge zu Wassersportaktivitäten geben.

Sierra de la Giganta OUTDOOR

Die Wege in den rauen, schichtenförmigen Bergen, die hinter Loreto aufragen, sind selten markiert, aber sie eignen sich als gute Trails für fitte, abenteuerlustige Wanderer. Führer findet man über die städtische Tourismusbehörde (S. 791) oder auf www. hikingloreto.com (worüber man auch ein Wander-Handbuch bestellen kann). Bei Wanderungen muss man viele Vorsorgemaßnahmen beachten, weil in der Gegend kein Handyempfang besteht.

Misión de San Francisco Javier de Viggé-Biaundó KIRCHE

(San Javier) GRATIS Diese wunderbare Missionsstation lohnt sich tagsüber für einen Abstecher. Auf dem Weg zur Mission führt die kurvenreiche Straße an ein paar schönen *arroyos* (Bächen) vorbei. Unbedingt anschauen sollte man den Garten hinter der Misión: Der 300 Jahre alte Olivenbaum mit seiner seilartigen Rinde könnte einem Tolkien-Roman entsprungen sein. Das Aussehen der Missionsstation hat sich in den letzten drei Jahrhunderten kaum verändert.

Man fährt auf der Transpeninsular rund 35 km nach Süden und nimmt kurz nach Verlassen Loretos die ausgeschilderte raue Abzweigung. An der Kirche bieten Führer eventuell an, einen zu Stätten mit Felsmalereien zu bringen (Führergebühr 300 Mex$; Eintritt in die Höhlen 100 Mex$). Dazu muss man wissen, dass man zum Erreichen der Höhlen 15 km auf einer sehr schlechten Piste fahren und einen steilen Felshügel erklimmen muss; am Ziel erwartet einen zudem lediglich eine sehr kleine Felswand mit mehreren roten Felszeichnungen.

Misión Nuestra Señora de Loreto KIRCHE

Diese 1697 gegründete Missionsstation war die erste, die in der gesamten kalifornischen Großregion Bestand hatte, und der Ausgangspunkt zur Erweiterung des Missionsnetzes der Jesuiten über ganz Niederkalifornien. Neben der Kirche zeichnet das **Museo de las Misiones** (613-135-04-41; Salvatierra 16; 50 Mex$; Di–So 9–13 & 13.45–18 Uhr) die Geschichte der Besiedlung Niederkaliforniens nach.

Aktivitäten

Mit den schönen Gewässern und Inseln des Parque Marine Nacional Bahía de Loreto (S. 789) ist Loreto ein erstklassiges Ziel für alle Arten von Meereswassersport: von Kajakfahren und Angeln bis zu Tauchen und Schnorcheln. Hinter der prächtigen Küste liegt die gleichermaßen beeindruckende Sierra de la Giganta (S. 790), in der man abseits gebahnter Pfade Ausritte unternehmen, wandern und mountainbiken kann.

In Loreto gibt's viele Veranstalter, die Outdoorsport anbieten.

Loreto Sea and Land Tours WASSERSPORT

(613-135-06-80; www.toursloreto.com; Madero; Tauchen/Schnorcheln/Wale beobachten ab 110/65/130 US$;) Dieses empfehlenswerte und umweltfreundliche Unternehmen deckt eine große Palette ab, dazu gehören auch Tauchen, Kajakfahren und Schnorcheln.

Schlafen

★ Hostal Casas Loreto HOTEL $

(613-116-70-14; Misioneros 14; EZ/DZ 600/800 Mex$;) Die makellosen Zimmer liegen um einen langen, überdachten Hof und sind geschmackvoll mit Steinwänden und rustikalen Möbeln ausgestaltet. Es gibt eine gut ausgestattete Gästeküche. Der gesellige Besitzer Abel lädt die Gäste ein, zusammen in den Gemeinschaftsbereichen abzuhängen.

La Damiana Inn HISTORISCHES HOTEL $$

(613-135-03-56; www.ladamianainn.com; Madero 8; Zi. 75 US$, Casitas 90 US$;) Die historische Posada hat geräumige, individuell gestaltete Zimmer; das Dekor in teils ruhigen Erdfarben umfasst Keramiken, farbenfrohe Stoffe aus Baja, Kunstwerke und Artefakte amerikanischer Ureinwohner. Es gibt eine Gemeinschaftsküche und einen prächtigen Garten mit Obstbäumen und Hängematten.

Darüber hinaus wird eine bezaubernde *casita* (Häuschen) für bis zu vier Personen mit eigener Küche und geschützter Terrasse vermietet – der Aufpreis lohnt sich.

Posada de las Flores LUXUSHOTEL $$

(613-135-11-62; www.posadadelasflores.com; Plaza Cívica; Zi. mit Frühstück ab 100 US$;) Steinsäulen und -bögen, plätschernde Springbrunnen und erdige Farbtöne verleihen dem majestätischen Hotel am Hauptplatz eine palastartige Atmosphäre. Die Zimmer sind aber überraschend klein, düster und nichtssagend. Hierfür entschädigen jedoch die großartigen Gemeinschaftsbereiche, darunter eine Dachterrasse mit Pool, Bar und Blick auf die Missionsstation.

Posada del Cortes
BOUTIQUEHOTEL **$$**

(☑613-135-02-58; www.posadadelcortes.com; El
Pipila 4; Zi. 1500 Mex$; ☺❈🛈☺) Ein Anstrich
in Ocker und Beige, dunkelgrüne Fliesen,
dunkle Holzmöbel und viel weißes Leinen
geben dem eleganten kleinen Hotel ein no-
bles Flair. Schmiedeeiserne Möbel und ein
Springbrunnen zieren die kleine Terrasse,
und die Zimmer sind mit Kaffeemaschinen
ausgestattet.

Essen

Hier genießt man regionale Küche: ausge-
zeichnete Meeresfrüchte mit viel Zitrone
und Koriander, hochprozentige Margaritas
und fruchtige *aguas frescas* (eisgekühlte
Getränke).

⭐ Asadero Super Burro
MEXIKANISCH **$**

(Fernández; Tacos 25–40 Mex$, Burritos
95–120 Mex$; ☺Do–Di 18–24 Uhr) In diesem
bei den Einheimischen beliebten Lokal
kann man zuschauen, wie die Frauen in der
offenen Küche frische Tortillas kneten und
das Rind- bzw. Hühnerfleisch kochen und
grillen. Das Super Burro ist bekannt für
aromatische *arracheras* (gegrillte Kron-
fleisch-Steaks), mächtige Burritos und gro-
ße, gefüllte Kartoffeln. Wer keine Beglei-
tung hat, mit der er sich das Essen teilen
kann, nicht völlig ausgehungert oder auch
einfach nur von den Riesenportionen über-
fordert ist, hält sich einfach an die Tacos.

Tacos del Rey
MEXIKANISCH **$**

(Ecke Juárez & Misioneros; Tacos 30 Mex$; ☺9–14
Uhr) Die besten Fischtacos der Stadt verkauft
dieser Kiosk mit Restaurant, der schon ge-
radezu klinisch sauber ist. Das *carne asado*
(gebratenes Fleisch) ist ebenfalls hervor-
ragend, und es gibt viele Optionen, seinen
Taco ganz individuell zu füllen.

Pan Que Pan
MEXIKANISCH, ITALIENISCH **$**

(Hidalgo s/n; Frühstück 25–95 Mex$; ☺Di–So
8–16 Uhr) 🖉 Das freundliche, schrille Frei-
luftcafé mit Bäckerei serviert wundervolles
Frühstück, große Omelettes mit Bohnen,

Avocado, örtlichem Käse und frischem Brot,
sowie kleinere, europäische Müsli-Schalen
und herrliche Arme Ritter mit karamellisier-
ten Bananen. Mittags gibt's Salate, Pizzas,
belegte Baguettes und hausgemachte Pasta.

El Zopilote
Brewery & Cocina
MEXIKANISCH, ITALIENISCH **$$**

(Davis 18; Hauptgerichte 99–160 Mex$; ☺Di–So
12–22 Uhr) Das Restaurant mit Kleinbrauerei gehört einem mexikanisch-irischen Paar
(interessant ist die Geschichte, wie sie sich
kennenlernten), und die Küche ist dementsprechend vielfältig: Sie reicht von cremigen
Pasta-Gerichten bis hin zu Filetsteaks und
Hühnchen-Fajitas. Dank ansprechender
Aufmachung und einer luftigen Terrasse eignet sich das Lokal gut für ein romantisches
Abendessen. Die Craft-Biere aus der Region
sollte man auch probieren.

Shoppen

Baja Books
BÜCHER

(Hidalgo 19; ☺Mo–Sa 10–17 Uhr) Hier wartet
das größte Angebot an Büchern über Baja.
Hinzu kommen Karten, Keramiken, Künstlerbedarf und riesige Kaffeebecher.

Silver Desert
SILBER

(☑613-135-06-84; Salvatierra 36; ☺Mo–Sa 9–14
& 15–20, So 9–14 Uhr) Verkauft hochwertigen
Sterling-Silberschmuck aus Taxco und un-
terhält eine Filiale an der **Magdalena de
Kino 4** (☑613-135-06-84; ☺Mo-Sa 8-14 & 15-20
Uhr, So 9-14 Uhr).

Praktische Informationen

Städtische Tourismusbehörde (☑613-135-
04-11; Plaza Cívica; ☺Mo–Fr 8–15 Uhr) Hier
wird außer ein paar Broschüren und einer Liste
von Führern nicht viel angeboten.

ⓘ An- & Weiterreise

Aeropuerto Internacional de Loreto (☑613-
135-04-99; Carretera Transpeninsular km 7)
Der Flughafen, 4 km südlich von Loreto, wird
von mehreren Fluglinien bedient, darunter von

BUSSE AB LORETO

ZIEL	PREIS (MEX$)	DAUER (STD.)	HÄUFIGKEIT (TGL.)
Guerrero Negro	825	5–6	2-mal
La Paz	800	5	6-mal
San José del Cabo	1382	8	6-mal
Santa Rosalía	461	3½	6-mal
Tijuana	1945	18	2-mal

Calafia Airlines (www.calafiaairlines.com) sowie von Alaska Airlines (www.alaskaair.com) mit Direktflügen nach Los Angeles. Ein Taxi vom Flughafen in die Stadt kostet 250 Mex$.

Busbahnhof (⊙ 24 Std.) Der Busbahnhof liegt 15 Gehminuten vom Stadtzentrum entfernt nahe der Kreuzung von Salvatierra, Paseo de Ugarte und Paseo Tamaral.

Puerto San Carlos

 613 / 5538 EW.

Puerto San Carlos ist ein Tiefseehafen und ein munteres kleines Fischerstädtchen 57 km westlich von Ciudad Constitución an der Bahía Magdalena. Wenn die *ballenas* im Januar kommen und bis in den März bleiben, um in der warmen Lagune zu kalben, dreht sich in der Stadt alles um Meeressäuger und Touristen.

🏃 Aktivitäten

Pangueros (Bootsführer) fahren mit Passagieren zu Walbeobachtungsexkursionen (ca. 850 Mex$/Std. für 6 Pers.) hinaus, man kann sich aber auch organisierten Touren von Veranstaltern wie **Ecotours Villas Mar y Arena** (☎ 613-136-00-76; www.villasmaryarena. com; Carretera Federal Km 57; private Walbeobachtungstour 3 Std. 210 US$; ⊙ Okt.–Juni; 🚐) oder **Magdalena Bay Whales** (☎ US 855-594-2537; www.magdalenabaywhales.com; Puerto La Paz; 6-stündige Tour 90–100 US$; ⊙ 4–12 Uhr; 🚐) anschließen.

🛏 Schlafen & Essen

Hotel Mar y Arena CABAÑAS $$
(☎ 613-136-00-76; www.villasmaryarena.com; Carretera Federal Km 57; Zi. 70–100 US$; 🅿 ⊕ ❄ 🛜) 🖉 Die *cabañas* im *palapa*-Stil haben Innenräume in schicken Erdtönen und luxuriöse Badezimmer. Mit Sonnenenergie, entsalztem Wasser und der Beachtung von Feng-Shui-Prinzipien zeigt sich der örtliche Eigentümer naturverbunden.

Hotel Alcatraz HOTEL $$
(☎ 613-136-00-76; www.hotelalcatraz.mx; Calle San Jose del Cabo s/n; Zi. mit Frühstück 820–990 Mex$; 🅿 ❄ 🛜) Das hübsche, große Hotel hat nichts mit der gleichnamigen Gefängnisinsel gemein. Die Zimmer liegen um einen üppig grünen Hof, in dem Sonnenliegen unter den Bäumen stehen. Ansprechende blassblaue Fliesen vermitteln ein sonnig-maritimes Flair. Es gibt hier außerdem eine Bar und ein Restaurant (Hauptgerichte 100–250 Mex$).

Los Arcos MEERESFRÜCHTE $$
(Puerto La Paz 170; Hauptgerichte 90–280 Mex$; ⊙ 10–21 Uhr) Dieses Lokal mit Tischen, die unter Palmwedeln stehen, ist zwar schlicht, aber die Meeresfrüchtegerichte sind die besten im Ort. Man wählt eines der neun Shrimps-Gerichte oder einfach einen schlichten *pescado de la plancha* (gegrillten Fisch). Der Tacostand auf der anderen Straßenseite ist übrigens auch hervorragend.

ℹ An- & Weiterreise

Autotransportes Águila (☎ 613-136-04-53; Calle Puerto Morelos; ⊙ 7–7.30, 11.30–13.45 & 18.30–19.30 Uhr) Betreibt täglich Busse von/nach Ciudad Constitución (110 Mex$) und La Paz (665 Mex$), von wo man Anschluss zu weiteren Zielen hat.

La Paz

 612 / 258 000 EW.

Auf den ersten Blick ist La Paz eine ausgedehnte, leicht schmuddelige Stadt, aber innerhalb einer Stunde entdeckt man, dass sie doch mehr zu bieten hat. Entspannte, altmodische Eleganz findet sich bei einem Bummel am *malecón*, der Uferpromenade, oder in den älteren Bauten rund um die Plaza Constitución; schicke Restaurants, Cafés und Bars verstecken sich geschickt in den Lücken. Die Stadt ist überraschend international – neben Spanisch und Englisch hört man hier auch Französisch, Portugiesisch und Italienisch. Paradoxerweise ist sie aber zugleich die „mexikanischste" Stadt in ganz Niederkalifornien. Die heutige Hauptstadt von Baja California Sur hat eine bewegte Geschichte: La Paz war zeitweise von US-Truppen besetzt und einmal kurzfristig Sitz der „Republik" eines US-amerikanischen Söldnerführers.

Alles in allem kann man hier prima herumschlendern und unbelästigt von Schleppern shoppen, sobald man in die Stadt eingetaucht ist. Die Stadt ist eine gute Ausgangsbasis für Tagesausflüge zur Isla Espíritu Santo, nach Cabo Pulmo und Todos Santos.

🔴 Sehenswertes

⭐ Espíritu Santo INSEL
Mit seinen azurblauen Buchten und den rosafarbenen Klippen gehört Espíritu Santo zu den Schmuckstücken von La Paz. Wie ingesamt 244 Inseln und Küsten im Golf von Kalifornien ist Espíritu Santo Teil des UNESCO-Weltkulturerbes, und die eignet sich für einen tollen Tagestrip. Viele Anbie-

ter organisieren hier Aktivitäten wie Kajakfahren und Schnorcheln.

★ Museo de la Ballena MUSEUM

(www.museodelaballena.org; Paseo Obregón; Erw./Kind 160/120 Mex$; ⊘ Di–So 9–18 Uhr) Das kürzlich umgestaltete Museum umfasst fünf Ausstellungsräume mit Modellen, audiovisuellen Exponaten und mehrsprachigen Erläuterungen, die alle Aspekte der Grauwale behandeln, die in den örtlichen Gewässern leben und ihre Jungen aufziehen. Ein Soundtrack mit dem Gesang der Wale trägt zur Atmosphäre in den gut belichteten und luftigen Galerieräumen bei. Die Stiftung des Museum fördert die Erforschung und den Schutz der Wale.

Eine Abteilung widmet sich auch den sieben verschiedenen Schildkrötenarten, die in Mexiko heimisch sind. Darüber hinaus gibt es eine Cafeteria und einen Souvenirshop.

Malecón UFER

Das Ufer von La Paz mit seiner weiten Fußgängerpromenade, den winzigen Stränden, dem Touristenpier, den Sitzbänken, den Skulpturen örtlicher Künstler und dem ungehinderten Blick in den Sonnenuntergang ist die Hauptattraktion der Stadt. Es erstreckt sich auf 5,5 km von der Marina de la Paz im Süden bis zur Playa Coromuel im Norden. Im Jahr 2017 begann eine Umgestaltung, die sich stufenweise über einige Jahre hinziehen dürfte.

Museo Regional
de Antropología e Historia MUSEUM

(Ecke Calles 5 de Mayo & Altamirano; Erw./Kind unter 12 Jahren 40 Mex$/frei; ⊘ Mo–Sa 9–18 Uhr; 🐾) Dieses große, gut organisierte Museum dokumentiert die Geschichte Bajas (auf Spanisch) von der Steinzeit bis zur Revolution von 1910 und deren Nachwehen.

🏃 Aktivitäten

★ Baja Outdoor Activities KAJAKFAHREN

(BOA; ☎ 612-125-56-36; www.kayactivities.com; Pichilingue Km 1; mehrtägige Kajaktour ab 585 US$; ⊘ Mo–Fr 8–13 & 15–18, Sa 9–17, So 9–15.30 Uhr) Mit diesem Unternehmen kann man um die Isla Espíritu Santo mit dem Kajak fahren und campen oder die ultimative, achttägige Umrundung buchen, welches die beste Art ist, um die schöne Insel näher kennenzulernen.

Red Travel Mexico ÖKOTOUR

(☎ 612-122-60-57; www.redtravelmexico.com; Salvatierra 740, Colina de la Cruz; Wandertour 25 US$; ⊘ 9–18 Uhr; 🐾) Red Travel Mexico finanziert

größere Naturschutzprojekte überall in Niederkalifornien, z.B. die Überwachung bedrohter Meeresschildkröten. Zu den weiteren Aktivitäten zählen Wanderungen, Bildungsarbeit mit Kindern und Tiefseetauchen im Nationalpark Cabo Pulmo.

Mar y Aventuras KAJAKFAHREN

(☎ 612-122-70-37; www.kayakbaja.com; Topete 564; Tagestour 40–115 US$; 🐾) Das Unternehmen mit guter Reputation bietet Seekajak- und Walbeobachtungstouren, Tauch- und Angelausflüge an. Wer auf eigene Faust lospaddeln will, kann hier ein Kajak mieten.

Carey Dive Center TAUCHEN, SCHNORCHELN

(☎ 612-128-40-48; www.buceocarey.com; Topete 3040; Schnorcheln 85 US$, Tauchgänge mit 2 Flaschen 150 US$; 🐾) Das von einer Familie geführte Unternehmen veranstaltet neben Schnorchel-, Tauch- und Walbeobachtungstouren auch Ausflüge zu einer Seelöwenkolonie und andere Touren.

👉 Geführte Touren

Espíritu & Baja OUTDOOR

(☎ 612-122-44-27; www.espiritubaja.com; Paseo Obregón 2130-D; ganztägige Tour 85 US$) Das Unternehmen hat kundige, humorvolle Führer, die engagiert über Natur und Geschichte der Gegend informieren. Zur Auswahl stehen Tagesausflüge zur Isla Espíritu Santo, kürzere Touren zur Beobachtung von Walhaien (3-std. Tour 70 US$) und Touren zur Beobachtung von Grauwalen vor Bahía Magdalena an der Pazifikküste.

Whale Shark Mexico WALHAIBEOBACHTUNG

(☎ 612-154-98-59; www.whalesharkmexico.com; Paseo Obregón 2140; Tagestrip 85 US$, zweimonatiges Praxisseminar 3000 US$; ⊘ Mo–Fr 9–17) 🐾 Von Oktober bis März kann man Forschern zur Hand gehen, die junge Walhaie studieren, welche sich in den ruhigen Gewässern vor der Bucht von La Paz sammeln. Die Aufgaben sind bei jeder Tour andere: Man kann z.B. beim Markieren der Tiere helfen und vielleicht sogar einem einen Namen geben. Die Einrichtung vermietet keine Ausrüstung und stellt auch keine zur Verfügung; Touren müssen vorab vereinbart werden und finden nur bei passenden Wetterbedingungen statt.

🎆 Feste & Events

Karneval KARNEVAL

(⊘ Feb.) Der jährliche Karneval gilt als einer der besten landesweit. Er bringt Umzüge, Konzerte und Straßenfeste.

La Paz

0   400 m

A **B** **C** **D**

Torres Iglesias
24

Salvatierra
8

Guadalupe Victoria

Aquiles Serdán

Morelos

Paseo Obregón
Domínguez
Madero

Hidalgo

19
17

Constitución

15
14

22

20
9

Espíritu Santo
(7 km)

Muelle Turístico
(Tourismuspier)

Terminal
Turística

2

Museo de
la Ballena

23 11

3
Calle 5 de Mayo

Av Independencia

Jardín Velasco
(Plaza
Constitución)

Reforma

13 Agustín Arreola

Esquerro

Calle 16 de Septiembre

Malecón

Mijares

Degollado

Lerdo de Tejada

Ocampo

Mutualismo

10

Av Bravo

Infostand der staatlichen
Touristeninformation

Touristen-
polizei

Rosales

Baja
Ferries
(200 m)

Av Héroes de la Independencia

Bahía de
La Paz

Allende

16

12

Juárez

6

Paseo Obregón

Domínguez
18

Madero

Revolución

Pineda

Prieto

Ramírez

Altamirano

Gómez Farías

Ortiz de Domínguez

Av Márquez de León

Marina de
La Paz

5 Topete

Legaspi

Legaspi

21

Encinas

4

Encinas

Topete
7

Abasolo

Navarro

Calle 5 de Febrero

MEX
1

(12 km)

🛏 Schlafen

⭐ **Pension Baja Paradise**   PENSION **$**
(Madero 2166; EZ ohne Bad 300 Mex$, DZ/3BZ mit
Bad ab 400/580 Mex$) Die von mexikanischen
Japanern geführte hübsche, makellose Unterkunft ist mit Kunstwerken und Treibholz
dekoriert und bietet bequeme, moderne Betten, verlässliche Warmwasserduschen und
eine leistungsfähige Klimaanlage. Es gibt
für die Gäste eine Küche und eine Waschma-
schine mit Münzeinwurf. Ganz in der Nähe
gibt's viele tolle Restaurants. Der einzige
Nachteil ist an manchen Abenden die lau-

La Paz

⊙ Highlights
1 Museo de la Ballena B2

⊙ Sehenswertes
2 Malecón B2
3 Museo Regional de Antropología e
   Historia D2
4 Unidad Cultural Profesor Jesús
   Castro Agúndez.....................................D6

⊕ Aktivitäten, Kurse & Touren
5 Carey Dive Center A5
6 Espíritu & Baja B5
7 Mar y Aventuras A6
8 Red Travel Mexico.................................... D1
   Whale Shark Mexico .... (siehe 6)

⊟ Schlafen
9 Baja Bed & Breakfast............................. B2
10 Casa Tuscany B4
11 El Ángel Azul C2
12 Pension Baja Paradise B5
13 Posada de la Mision B3

⊗ Essen
14 Bagel Shop... B2
15 Bismarkcito B2
16 Dulce Romero Panaderia
   Gourmet.. B4
17 Las Tres Virgenes B2
18 Maria California....................................... B5
19 Nim C2
20 Bio-Markt B2
21 Taco Fish La Paz D5

⊗ Ausgehen & Nachtleben
22 Harker Board... B2

⊗ Unterhaltung
   Teatro de la Ciudad .... (siehe 4)

⊗ Shoppen
23 Allende Books C2
24 Ibarra's Pottery C1

te Musik einer benachbarten Bar, weshalb man Ohrstöpsel mitbringen sollte!

Posada de la Mision
HOTEL **$**

(☏ 612-128-77-67; www.posadadelamision.com; Paseo Obregón 220; Studio 595 Mex$, Suite 1100–1400 Mex$; ⊖ ❋ ☎) Mit der fantastischen Lage mitten an der Uferpromenade bietet dieses Hotel im klassischen Hazienda-Stil ein, besonders für Familien tolles Preis-Leistungs-Verhältnis. Die großen „Studios" (DZ) sind oft belegt, aber für Familien mit Kindern sind vor allem die mehrstöckigen Suiten mit Einbauküchen und zwei oder mehr Schlafzimmern reizvoll. Das florale Dekor ist schlicht und der Service sehr freundlich.

Baja Bed & Breakfast
B&B **$$**

(☏ 612-156-07-93, 612-158-21-65,; Madero 354; EZ/DZ mit Frühstück 66/72 US$; ☎ ❋) Das anheimelnde, etwas veraltete B&B liegt im trendigsten Teil der Stadt, wo es Bio-Läden und Kaffeehäuser gibt. Die Zimmer verteilen sich um einen Pool von unregelmäßiger Form und einen grünen Hof mit einer Freiluftküche, die die Gäste benutzen können. Terrakottafliesen, Pastelltöne und geschmackvolle Kunst an den Wänden tragen dazu bei, dass das Haus sehr einladend wirkt. Gebucht werden kann telefonisch oder über die Websites anderer Anbieter.

★ El Ángel Azul
BOUTIQUEHOTEL **$$$**

(☏ 612-125-51-30; www.elangelazul.com; Av Independencia 518; Zi. 100–110 Mex$; P ⊖ ❋ ☎)

Die vielleicht schönste Unterkunft in La Paz bietet schlicht möblierte, pastellfarbene Zimmer rund um einen schönen Hof voller Palmen, Kakteen, Bougainvilleen und Vogelgezwitscher. Es gibt ein bunt zusammengewürfeltes Wohnzimmer mit Bar und eine Küche für die Gäste.

Casa Tuscany
B&B **$$$**

(☏ 612-128-81-03; www.tuscanybaja.com; Av Bravo 110; DZ inkl. Frühstück 79–118 US$; ⊖ ❋ ☎) Einen Katzensprung vom *malecón* entfernt steht dieses malerische B&B, dessen gemütliche Zimmer mit fröhlichen Farbtönen, Läufern und traditionellen Tonwaren dekoriert sind. Die Quartiere umgeben einen ruhigen zentralen Innenhof und sind verschieden groß. Am geräumigsten ist die Variante „Romeo & Julia" mit drei Meerblick-Terrassen auf verschiedenen Ebenen. Zum Frühstück gibt's *aebleskiver* (dänische Pfannkuchen).

 **Essen**

Die Restaurantszene hier wird immer raffinierter – die besten Adressen sind vor allem um die Calle Domínguez und die Calle Madero, nördlich der Calle 5 de Mayo, zu finden.

Bio-Markt
MARKT

(Madero s/n; ⊗ Sa 9–14.30 Uhr) Auf dem kleinen Bio-Markt kann man gut stöbern. Zu kaufen gibt's Delikatessen, die vor Ort produziert werden, heimischen Käse, hausgemachten Kuchen und Brot.

★ Taco Fish La Paz   MEERESFRÜCHTE $

(Ecke Av Márques de León & Héroes de la Independencia; Tacos 24–30 Mex$; ⊘Di–So 8–16 Uhr) Das von Travellern weitgehend unentdeckte Lokal lockt Einheimische seit 1992 in Scharen herbei. Man findet hier einen blanken Edelstahltresen und die besten Fischtacos der Stadt. Der knusprige Fisch in Backteig erinnert an sehr gute britische Fish & Chips. Auch das Ceviche ist ausgezeichnet.

Dulce Romero
Panaderia Gourmet   BÄCKEREI $

(Allende 167; Frühstück 58–98 Mex$; ⊘8–22 Uhr, So geschl.; ✴) In diesem sauberen, modernen und mit weißen Fliesen ausgestalteten Lokal erwarten die einen leckere Frühstücksgerichte aus Bio-Zutaten: Es gibt u.a. perfekt zubereitetes Spiegelei, örtliche Käsesorten, Gemüse, Salsas sowie Brot und Croissants frisch aus dem Ofen. Mittags isst man hier Sandwiches und Salate, abends Pizza, Pasta und Burger. Als Nachtisch bieten sich die hervorragenden Kuchen, Pasteten und unzähligen weiteren Backwaren an.

Bagel Shop   BAGELS $

(Domínguez 291; Bagels ab 45 Mex$; ⊘Di–So 8–15 Uhr) Der Inhaber Fabrizio lernte die Kunst der Bagel-Herstellung in den USA und er backt täglich eine gewaltige Menge. Der Belag reicht von klassischem Räucherlachs mit Frischkäse bis hin zu geräuchertem Marlin mit deutschen Würstchen.

★ Maria California   MEXIKANISCH $$

(Juárez 105; Frühstück 69–116 Mex$; ⊘Mo–Sa 7.30–14 Uhr) Die gemütlich-chaotischen Speiseräume und Terrassen warten zum Frühstück mit toller Atmosphäre und Livemusik auf. Fotos und heimische Kunst zieren die bunt angestrichenen Wände. Die Gäste genießen hier typisch mexikanische Gerichte, Pfannkuchen und frische Smoothies und Säfte.

Bismarkcito   MEXIKANISCH, MEERESFRÜCHTE $$

(Ecke Obregón & Constitución; Hauptgerichte ab 150 Mex$; ⊘9–22 Uhr) Das Restaurant am Ufer, vor dem sich ein eigener Tacostand befindet, wird stets gut von Einheimischen besucht, die wegen der hervorragenden Meeresfrüchte kommen; besonders die sämige Hummersuppe ist zu empfehlen. TVs, unverputzte Backsteinwände und lustige blau-weiße Tischtücher bestimmen den riesigen Speisesaal. Der Service ist manchmal etwas langsam, aber niemand ist im Bismarkcito in Eile.

Nim   INTERNATIONAL $$$

(www.nimrestaurante.com; Revolución 1110; Hauptgerichte 190–360 Mex$; ⊘13–22.30 Uhr; ☎) Das Restaurant residiert in einem eleganten historischen Haus mit Art-déco-Bodenfliesen und schickem blassgrauem Innenanstrich. Bio-Zutaten werden für die Gerichte aus aller Welt verwendet. Es gibt z.B. marokkanisches *tagine,* italienische Pasta, Muscheleintopf und sautierte Austern aus regionaler Ernte. Das bei Expats sehr beliebte Lokal zeigt La Paz von seiner kosmopolitischsten Seite.

Las Tres Virgenes   INTERNATIONAL $$$

(☏612-165-62-65; Madero 1130; Hauptgerichte 120–500 Mex$; ⊘13–23 Uhr) Umgeben von Statuen und grünen Bäumen speisen die Gäste dieser Restaurant-Oase in einem stimmungsvollen Innenhof. Auf der Karte stehen sowohl traditionelle als auch kreative Gerichte, z.B. gegrillter Octopus, mexikanisches Rindfleisch von Exportqualität, pikante Meeresschnecken und klassischer Caesar Salad. Reservierung empfohlen.

★ Ausgehen & Unterhaltung

Die meisten Bars findet man gegenüber vom *malecón* zwischen den Calles 16 de Septiembre und Agustín Arreola.

Harker Board   BAR

(Ecke Constutución & Paseo Obregón; ⊘Mi–Mo 14–2 Uhr; ☎) Oben von der Terrasse des tollen Lokals genießt man den weiten Blick über die Bucht und dazu sein *cerveza* (Bier) – neben Fassbier der örtlichen Baja Brewery gibt's 17 verschiedene Biersorten in Flaschen und Pizza. Zwischen 11 und 18 Uhr werden hier auch Stehpaddelbretter (200 Mex$/Std.) und Kajaks (150 Mex$/Std.) vermietet.

Club Marlin   BAR

(El Centenario; ⊘Di–Sa 12–22, So 10–20 Uhr; ☎) Dieser sonnenverwöhnte Mix aus Hotel, Bar und Restaurant (eröffnet in den 1980er-Jahren) liegt ca. 5 km nördlich vom Zentrum in El Centenario. Es ist seit Langem ein Tummelplatz hier lebender Auswanderer. Bei tollem Buchtblick sind jede Menge Charakter und Freundlichkeit geboten (gilt auch für die Gäste). Zudem gibt's regelmäßig Livemusik.

Teatro de la Ciudad   LIVE-VERANSTALTUNGEN

(☏612-125-00-04; Altamirano; ⊘unterschiedliche Zeiten) In dem Theater gibt's Konzerte und Theatervorstellungen, oft von Künstlern vom mexikanischen Festland, sowie gelegentlich Filmreihen. Das große Theater liegt in der **Unidad Cultural Profesor Jesús**

Castro Agúndez (612-125-02-07; Kulturzentrum Mo–Fr 8–14 & 16–18 Uhr).

Shoppen

In den Touristenshops finden sich zwischen viel Plunder auch ein paar gute Sachen.

Ibarra's Pottery
TÖPFERWAREN

(Prieto 625; Mo–Fr 9–15, Sa 9–14 Uhr) Diese Töpferwerkstatt mit Laden (eröffnet 1958) ist in ganz Baja berühmt. Besucher können den Handwerkern bei der Arbeit zuschauen.

Allende Books
BÜCHER

(612-125-91-13; www.allendebooks.com; Av Independencia 518; Mo–Sa 10–18 Uhr) Gute Auswahl an englischsprachigen Büchern zu Baja California und zu Mexiko allgemein.

Praktische Informationen

Die meisten Banken (häufig mit Geldautomaten) und *casas de cambio* (Wechselstuben) liegen an der Calle 16 de Septiembre und um diese herum.

Ein Büro der **Einreisebehörde** (612-122-04-29; Paseo Obregón; Mo–Fr 8–20, Sa 9–15 Uhr) befindet sich nahe dem Stadtzentrum.

Hospital Salvatierra (612-175-05-00; Av Paseo de los Deportistas 86; 24 Std.) Das größte Krankenhaus in Bajas Süden liegt 4,6 km südwestlich vom Zentrum; zu erreichen ist es über die Calles 5 de Febrero und Forjadores de Sudcalifornia.

Hauptpost (Ecke Constitución & Revolución; Mo–Fr 8–15, Sa 9–13 Uhr)

Infostand der staatlichen Touristeninformation (612-122-59-39; Ecke Paseo Obregón & Av Bravo; 8–22 Uhr) Das sehr hilfreiche Büro hat Broschüren und Flyer in englischer Sprache sowie einige Stadtpläne und Landkarten.

Touristenpolizei (078 612-122-59-39; 8–22 Uhr) Kleiner Posten am Paseo Obregón; die Öffnungszeiten können wechseln.

Viva La Paz (www.vivalapaz.com) Die offizielle Tourismus-Website von La Paz.

An- & Weiterreise

AUTO & MOTORRAD
Mietwagen gibt's ab rund 400 Mex$ pro Tag, die Versicherung ist nicht inbegriffen.

Budget (612-122-60-40; www.budget.com; Ecke Paseo Obregón & Allende) hat mehrere Büros sowohl am *malecón* als auch am Flughafen.

BUS
Terminal Turística (612-122-78-98; Ecke *malecón* & Av Independencia) hat eine zentrale Lage am *malecón*. Zu den praktischen regionalen Verbindungen zählen Busse nach Playa Tecolote (100 Mex$, 30 Min., tgl. 5-mal) und Playa Pichilingue (100 Mex$, 20 Min., 6-mal zw. 10 und 17 Uhr).

FLUGZEUG
Der **Aeropuerto General Manuel Márquez de León** (612-124-63-36; www.aeropuertosgap.com.mx; Transpeninsular Km 9) liegt rund 9 km südwestlich der Stadt und hat ein Einreisebüro.

Aeroméxico (612-122-00-91; www.aeromexico.com; Paseo Obregón) fliegt über Mexico City zu vielen Städten. **Calafia Airlines** (www.calafiaairlines.com; Ecke Santiago & Mulege) hat die meisten Direktflüge, darunter von/nach Guadalajara und Tijuana.

SCHIFF/FÄHRE
Fähren nach Mazatlán und Topolobampo starten 23 km nördlich der Stadt am Terminal von Pichilingue. Baja Ferries unterhält ein **kleines Büro** (612-125-63-24) am Hafen und eine **größere Vertretung** (612-123-66-00; www.bajaferries.com; Allende 1025; Mo–Fr 8–17, Sa 8–14 Uhr) direkt in La Paz.

Die Fähren nach Mazatlán (Abfahrt Di, Do & Sa 20 Uhr; Rückfahrt Mi, Fr & So 18.30 Uhr) brauchen für die einfache Strecke etwa 16 bis 18 Stunden. An Bord stehen nummerierte Sitzplätze (*salón*-Klasse; 1240 Mex$) zur Verfügung.

Von La Paz bzw. Pichilingue nach Topolobampo (Mo–Fr 14.30, Sa 23 Uhr; Rückfahrt So–Fr 23 Uhr) geht's innerhalb von sechs bis sieben Stunden. Die Preise für die *salón*-Sitze liegen bei 1000 Mex$. Passagiere sollten sich unbedingt spätestens zwei Stunden vor Abfahrt am Pier einfinden. Die Kfz-Transporttarife variieren je nach Fahrzeuglänge und Ziel.

Das Verschiffen jeglicher Fahrzeuge auf das Festland ist offiziell genehmigungspflichtig. Entsprechende Dokumente gibt's bei **Banjército** (www.banjercito.com.mx; Mo, Mi & Fr–So 7–15, Di & Do bis 19 Uhr) am Fährterminal sowie bei den zuständigen Stellen in Mexicali oder Tijuana.

AUTOFÄHREN AB LA PAZ

ZIEL	FAHRZEUGTYP	PREIS (MEX$)
Mazatlán	Auto bis 5,4 m Länge/Motorrad/ Wohnmobil	6380/3200/22 550
Topolobampo	Auto bis 5,4 m Länge/Motorrad/ Wohnmobil	4600/3730/17 500

BUSSE AB LA PAZ

ZIEL	PREIS (MEX$)	DAUER (STD.)	HÄUFIGKEIT (TGL.)
Cabo San Lucas	370	3	häufig
Ciudad Constitución	450	3	12-mal
Ensenada	2140	22	3-mal
Guerrero Negro	1730	11	4-mal
Loreto	800	5	6-mal
Mulegé	1170	6	5-mal
San Ignacio	1480	9	4-mal
San José del Cabo (Flughafen)	340–370	3½	häufig
SJD Airport	545	3½	häufig
Tijuana	2505	24	3-mal
Todos Santos	160	1½	häufig

❶ Unterwegs vor Ort

Uber ist jetzt auch in La Paz verfügbar; Fahrten in der Stadt kosten rund 40 Mex$, die Fahrt vom Flughafen zum *malecón* rund 120 Mex$.

La Ventana

⛵ 612 / 183 E.W.

Mit seinem beständigen Wind lockt dieser Küstenstreifen Kitesurfer aus aller Welt an. Hier kann man auch sehr gut abseits der Massen Walhaie, Seelöwen, Wale, Meeresschildkröten und unzählige Fische beobachten. Die Tauchbedingungen sind im Sommer am besten, wenn die Sichtweite unter Wasser 25 bis 30 m beträgt.

🛏 Schlafen & Essen

Baja Joe's　　　　　　　　HOTEL **$$**
(☎612-114-00-01; www.bajajoe.com; EZ 40 US$, DZ 50–115 US$; P ❄ 🛜 🐾) Das Hotel mit gutem Preis-Leistungs-Verhältnis hat ordentliche, kleine Zimmer, die auf die Gemeinschaftsterrasse führen; die Küche und einen Gemeinschaftsraum teilt man sich mit den anderen Gästen. Auf dem Anwesen gibt es eine Kitesurfing-Schule, zwei Restaurants und **Joe's Garage**, eine beliebte Bar mit zehn schaumigen Ales vom Fass.

★ Palapas Ventana　　　　CABAÑAS **$$$**
(☎612-114-01-98; www.palapasventana.com; Cabaña mit Frühstück 2260–3350 Mex$; P 🛜 ❄ @ 🛜 🐾) Auf einem Hang am Hügel gleich über dem Hauptstrand kann man in schönen *cabañas* (Hütten) im *palapa*-Stil wohnen. Es gibt Ausrüstungen zum Tauchen, Schnorcheln, Windsurfen, Kitesurfen und Angeln. Zudem werden Wanderungen zu Felszeichnungen und mehr angeboten. Hier werden auch Abenteuertouren in die Reserva de la Biosfera Sierra de la Laguna (und anderswohin) organisiert. Im Restaurant kann man nach den ganzen Aktivitäten prima abhängen und den Blick auf den Ozean genießen.

Playa Central　　　　　　　PIZZA **$$**
(www.facebook.com/playa.central.kiteboarding/; La Ventana; Pizza 125–250 Mex$; ⏰9–22 Uhr; P 🛜) Die im Stadtzentrum am Strand gelegene ehemalige Shrimps-Fabrik mit Patio auf dem Dach liefert nicht nur prima Pizza mit dünnem Boden. Es gibt hier außerdem regelmäßig Livemusik, eine beliebte Bar und eine Kitesurfing-Schule, die auch die entsprechende Ausrüstung vermietet. Die Margaritas sollte man sich definitiv nicht entgehen lassen.

Las Palmas　　　　　　MEXIKANISCH **$$**
(El Sargento; Hauptgerichte 90–230 Mex$; ⏰8–22 Uhr) Das tolle, leuchtend orangefarbene Restaurant mit einem zauberhaften Blick auf das Wasser und die Isla Cerralvo befindet sich in El Sargento, ein paar Kilometer nördlich von La Ventana. Die mexikanischen Gerichte schmecken überdurchschnittlich; zu empfehlen sind die *chilis rellenos* (mit Fleisch oder Käse gefüllte Chilis).

❶ An- & Weiterreise

Täglich um 14 Uhr startet ein Bus von La Paz nach La Ventana (einfache Fahrt 100 Mex$), der täglich gegen 7 Uhr nach La Paz zurückfährt. Die meisten Besucher kommen allerdings mit dem eigenen Auto.

Los Barriles

 624 / 1200 EW.

In der hübschen Kleinstadt südlich von La Paz streift die Transpeninsular den Golf. Starke Winter-Westwinde mit 20 bis 25 Knoten machen Los Barriles zu einem spektakulären Revier für Wind- und Kitesurfer. In der Walbeobachtungssaison sieht man die spritzenden Fontänen der Wale nahe am Strand und in den Wellen viele springende Teufelsrochen.

Aktivitäten

Vela Windsurf WINDSURFEN
(www.velawindsurf.com; Hotel Playa del Sol; Kitesurf-Unterricht ab 90 US$; ⊙ Dez.–April 9–17 Uhr) Einer der länger bestehenden Wassersport-Anbieter für Windsurfer, Stehpaddler und Kitesurfer mit Zentren in aller Welt. Zwischen April und August ebben die Winde beträchtlich ab, sodass es sich nicht lohnt, das Brett auszupacken.

Schlafen & Essen

Hotel Los Barriles HOTEL $$
(⊙ 624-141-00-24; www.losbarrileshotel.com; 20 de Noviembre s/n; EZ/DZ 65/80 US$; P ✳ 🛜 🐾) Das Hotel ist angenehm entspannt. Die Zimmer liegen um einen hübschen, wie eine Lagune gestalteten Poolbereich mit Freiluftbar und Whirlpool. Der Eigentümer ist stolz auf die hochwertigen deutschen Matratzen und renoviert die Zimmer regelmäßig. Alle sind mit einem Kühlschrank ausgestattet.

Caleb's Cafe CAFÉ $$
(20 de Noviembre s/n; Hauptgerichte 65–160 Mex$; ⊙ Di–Sa 7.30–15 Uhr; 🛜) Das nette, von US-Amerikanern geführte Café ist berühmt für seine klebrigen, mit viel Butter zubereiteten Plunderstücke. Ebenfalls sehr beliebt sind das Zucchinibrot und die Rüblitorte. Es gibt auch gesundes und herzhaftes Frühstück (z. B. Broccoli mit Rührei und Feta-Omelette).

Shoppen

Plum Loco KUNST & KUNSTHANDWERK
(20 de Noviembre s/n; ⊙ 9–17 Uhr) Der US-amerikanische Inhaber, Paul, beschafft Kunsthandwerk aus ganz Mexiko und aus dem Ausland. Man kann kostenlos in Büchern stöbern und dabei einen Kaffee trinken. Als langjähriger Einwohner des Städtchens hat der Inhaber auch viele Infos auf Lager.

ℹ Unterwegs vor Ort

Mehrmals täglich fahren Busse von San José del Cabo auf dem Weg nach La Paz durch Los Barriles (98 Mex$, 1½ Std.)

Cabo Pulmo

⟩ 624 / 58 EW.

Wer in Baja tauchen oder schnorcheln will, ist in Cabo Pulmo, einer winzigen Ortschaft im gleichnamigen, 7111 ha großen Meeresschutzgebiet – einem der weltweit erfolgreichsten Meeres-Nationalparks – genau richtig. Hier befindet sich auch das einzige pazifische Korallenriff im Golf von Kalifornien. Für die spektakuläre Anfahrt auf der Küstenstraße am Ostkap (aus Süden) oder durch die Sierra de la Laguna (nach Westen) braucht man keinen Geländewagen, allerdings ist die Straße streckenweise rau. Hier entkommt man den Massen und taucht in

---

DIE PERFEKTE WELLE

Die Baja-Halbinsel ist mit ihren Pazifikwellen ein Surferparadies, in dem man auch an schlechten Tagen Spaß haben kann. Bretter können für rund 250 Mex$ in den Surfshops ausgeliehen werden. Aber Vorsicht: Die Brandung, die Soge und die gigantischen Wellen können selbst erfahrenen Surfern gefährlich werden. Tolle Surfbedingungen findet man an folgenden Standorten:

Costa Azul Man könnte hier zwar auch ein paar Wellen mehr vertragen, trotzdem kann der Durchschnittssurfer viel Spaß haben – und die Cabos sind auch nicht weit.

Los Cerritos (S. 808) Wunderbarer Sand, gute Pazifikwellen, heitere Stimmung und Adlerrochen – genau der richtige Strand für Anfänger.

San Miguel (S. 777) Felsiger Strand mit toller Brandung, die bei hohem Wellengang für fantastische Surfbedingungen sorgt. Könner kommen auch auf die Isla de Todos Santos auf ihre Kosten.

Weitere Infos zum Thema gibt's in Mike Parises nüchternem *Surfer's Guide to Baja.* Surfkurse kann man bei der **Mario Surf School** buchen (S. 808).

RESERVA DE LA BIOSFERA SIERRA DE LA LAGUNA

Hardcore-Backpacker schnüren ihre Wanderstiefel, füllen die Wasserflaschen und machen sich auf in die unberührte Wildnis dieses üppigen, zerklüfteten Biosphärenreservats südlich der Kreuzung der Transpeninsular mit dem Hwy 19. Dies ist kein Gelände für ungeübte Wanderer und für niemanden, der sich nicht mit den einzigartigen Herausforderungen auskennt, die Wüsten-Trails bieten. Erfahrene Wanderer werden hier jedoch mit herrlicher Aussicht, Begegnungen mit Wildtieren und einer Wiese belohnt, die einst ein Flussbett war (nach ihm ist das Gebiet benannt).

Baja Sierra Adventures (☑624-166-87-06; www.bajasierradventures.com; Tagestour ab 60 US$) mit Sitz auf der winzigen Ranch El Chorro bietet diverse Tagesausflüge und Touren mit Übernachtung (Mountainbike- und Wandertouren) in dieser einmaligen Region. **Palapas Ventana** ist ein weiterer Anbieter von Touren in dieser Region.

eine sehr lässige Szene ein, aus der man sich nur schwer wieder lösen kann.

🏃 Aktivitäten

Die Menschen strömen aus Bajas ganzen Süden zum Tauchen oder Schnorcheln nach Cabo Pulmo. Zu den Highlights gehören das Korallenriff und **El Bajo** mit seinem sandigen Boden, wo große Schwärme von Großaugen-Makrelen sich regelmäßig zu einem riesigen, erstaunlichen Ball formieren.

Schnorchler eilen zum 5 km südlich von Cabo Pulmo gelegenen Strand von **Los Arbolitos** (Zutritt 40 Mex$/Pers.) und folgen dann dem Ufer-Wanderweg zu den Felsen von **Las Sirenitas**, die wegen der Erosion durch Wind und Wellen das Aussehen geschmolzener Wachsfiguren angenommen haben. Diesen so gespenstischen wie wunderschönen Ort erreicht man auch per Boot.

Schnorchelausflüge vor der Küste und Tauchtouren lassen sich bei mehreren Unternehmen buchen, die Kioske unten am Wasser haben. Wir empfehlen das von der Familie Castro geführte **Cabo Pulmo Divers** (☑624-184-81-42; Tauchen mit 2 Flaschen 125 US$; Schnorcheln 2½ Std. 45 US$); die Familie war federführend bei der Schaffung des

Nationalparks und ist auch weiterhin der größte hiesige Vorkämpfer für den Schutz des Gebiets.

🛏 Schlafen & Essen

Cabo Pulmo Casas   BUNGALOWS **$$**
(www.cabopulmocasas.com; Casita 80–150 US$; ⊛) Marly Rickers vermietet fünf gepflegte, komfortable kleine Bungalows direkt im Dorf. Alle werden mit Solarstrom versorgt und bieten voll ausgestattete Küchen mit Gärten, in denen man entspannen kann. Definitiv die beste Unterkunft in Cabo Pulmo!

Eco Adventure Bungalows   CABAÑAS **$$**
(☑624-158-97-31; www.tourscabopulmo.com; Cabaña 60 US$; 🅿) 🚭 Die beiden mit Solarstrom versorgten *cabañas* (Hütten) im *palapa*-Stil stehen nahe am Wasser und sind schlicht, aber nett eingerichtet. Die Inhaber organisieren von ihrem Eco-Adventures-Kiosk am Ufer aus Wassersportaktivitäten und Walbeobachtungstouren.

Palapa Cabo Pulmo   MEERESFRÜCHTE **$$**
(Hauptgerichte 105–300 Mex$; ⊙12–21 Uhr) Das freundliche Lokal in unschlagbarer Lage direkt am Strand serviert auf seiner Terrasse erstklassige Meeresfrüchte, z. B. Kokos-Shrimps, gebratene Calamari und frischen Fisch oder Hühnchen; die Letzteren werden auf Wunsch mit verschiedenen leckeren mexikanischen Saucen zubereitet. Die Mango-Margaritas sind lecker.

El Caballero   MEXIKANISCH **$$**
(Hauptgerichte 90–190 Mex$; ⊙Fr–Mi 7–21.30 Uhr) Das Restaurant tischt traditionelle mexikanische Gerichte in riesigen Portionen auf, darunter hervorragende Fischtacos. Auch das Frühstück ist prima. Es gibt hier zudem einen kleinen Laden mit Snacks und Vorräten.

ℹ An- & Weiterreise

Viele Leute kommen im Rahmen von Tagestouren aus ganz Baja California Sur zum Tauchen nach Cabo Pulmo. Anderenfalls ist man auf ein eigenes Auto angewiesen.

San José del Cabo

☑624 / 70 000 EW.

San José del Cabo ist die „gesetzte" Schwester des „wilden" Cabo San Lucas. Hier kann man in Ruhe shoppen, und es gibt eine attraktive Plaza, eine schöne Kirche und ausgezeichnete Restaurants im landeinwärts gelegenen historischen Zentrum. In der einige Kilometer entfernten Zona Hotelera gibt's ellenlange weiße Sandstrände an einem Ozean mit überwiegend starken Brandungsrückströmen. Hinter dem Strandgebiet befinden sich Hotels und hässliche Ferienwohnanlagen.

Sehenswertes

Die besten Badestrände liegen an der Straße nach Cabo San Lucas; zu ihnen zählt auch die **Playa Santa María** bei Km 13.

Iglesia San José   KIRCHE
(Plaza Mijares; ☉ sporadisch) Die im Kolonialstil erbaute Iglesia San José wurde 1730 erbaut, um die Misión de San José del Cabo zu ersetzen, und steht an der Plaza Mijares.

Schlafen

Während der Hauptsaison im Winter sollte man vorab reservieren.

Hotel Colli   HOTEL $$
(☏ 624-142-07-25; www.hotelcolli.com; Hidalgo s/n; Zi. 850 Mex$; ℗ ☕ ❄ ☎) Das freundliche, seit drei Generationen von derselben Familie geführte Colli hat sonnengelb gestrichene Zimmer und eine tolle Lage: Es liegt nur wenige Schritte von der Plaza entfernt gleich neben der besten Bäckerei (S. 801) der Stadt. Sehr gutes Preis-Leistungs-Verhältnis!

★ Casa Natalia   BOUTIQUEHOTEL $$$
(☏ 624-146-71-00; www.casanatalia.com; Blvd Mijares 4; Zi. 190–300 US$; ☕ ❄ ☎ ≋) Das fabelhafte Natalia öffnet sich zur Plaza der Stadt, und die Zimmer blicken auf eine Reihe von luxuriösen Swimmingpools mit Hängematten und Liegestühlen. Die schönen Zimmer sind individuell mit Kunst, großen Gemälden an den Wänden und zeitgenössischem Mobiliar gestaltet; sie verfügen außerdem über riesige Bäder. Das Restaurant ist hervorragend. Die Standardzimmer teilen sich zwar die (durch Trennvorhänge abgeteilten) Terrassen, aber sie wurden erst kürzlich renoviert.

Drift   BOUTIQUEHOTEL $$$
(☏ 624-130-72-03; www.driftsanjose.com; Hidalgo; Zi. 99–145 US$; ☕ ❄ ☎ ≋) Polierter Beton, weiße Wände mit detaillierten Backsteinen und freiliegende Kupferrohre verleihen den hellen, luftigen Zimmer eine Atmosphäre von strengem Luxus. Unten kann man am Pool unter hohen Palmen und oben auf der mit Hängematten bestückten Dachterrasse abhängen und dabei an einem der 15

verschiedenen Mezcals nippen, die im Hotel eigens gebrannt werden. Donnerstags kommt ein Foodtruck auf das Gelände und die Mezcal-Bar ist dann für einen Abend mit Bier, Burritos und Gesang für alle geöffnet. Im Hotel sind Kinder unerwünscht.

Tropicana Inn   HOTEL $$$
(☏ 624-142-15-80; www.tropicanainn.com.mx; Blvd Mijares 30; EZ/DZ mit Frühstück 104/113 US$; ❄ ☎ ≋) Terrakottafliesen zieren die geräumigen Zimmer, deren hübsche Bäder Fliesen mit Blumenmuster besitzen. In dem klassisch-mexikanischen Hof im Hazienda-Stil gibt es einen großen, teilweise von einer *palapa* überdachten Pool, einen Dschungel aus Blumen und tropischen Pflanzen sowie einen vor sich hin plappernden Sittich namens Paco. Das Hotel hat eine ausgezeichnete, zentrale Lage.

Essen & Ausgehen

Von billigen Tacotreffs bis zu Restaurants mit gehobener internationaler Küche – in der Stadt gibt's einige fabelhafte Optionen, wo man essen kann.

★ La Lupita   TACOS $$
(☏ 624-688-39-26; Morelos s/n; Tacos 25–55 Mex$; ☉ Di–So 14–2 Uhr) Das Lokal bietet schmackhafte, einzigartige Tacos – u.a. mit mediterranem Tintenfisch, mit Enten-*mole* oder mit Fisch und Miso – und dazu Mezcal-Cocktails, tolle Margaritas, Livemusik und eine rundum lustige Atmosphäre. Bunte Farben, rustikale Holztische und indigene Muster sorgen für ein hippes Ambiente.

La Ostería   MEDITERRAN $$
(Obregón 1907; Tapas 90–150 Mex$, Hauptgerichte ab 150 Mex$; ☉ 11–21 Uhr) Der altmodisch-elegante, begrünte Hof und die Livemusik sorgen für einen stimmungsvollen Treff zum Essen, Trinken und Fröhlichsein. Zu empfehlen sind Steak, Hühnchen oder Fisch vom Grill oder der Tapas-Teller mit 14 verschiedenen Vorspeisen. Das Essen ist vielleicht nicht überwältigend, aber die Drinks und das Ambiente sind absolut hinreißend.

French Riviera   BÄCKEREI, CAFÉ $$
(www.facebook.com/FrenchRivieraBistro/; Ecke Hidalgo & Doblado; Gebäck rund 40 Mex$, Hauptgerichte 150 Mex$; ☉ 7–23 Uhr) In dem französisch angehauchten Café gibt's leckeres Brot, Croissants, Gebäck, Eis – perfekt für heiße Tage – und ausgezeichnetes Abendessen. Das mediterrane Dekor wirkt geschmackvoll und modern.

BAJA CALIFORNIA SAN JOSÉ DEL CABO

San José del Cabo

N 0 _____ 400 m

[Map of San José del Cabo with streets including Márquez de León, Green, Obregón, Morelos, Zaragoza, Doblado, Ibarra, Degollado, Guerrero, Coronado, Blvd Mijares, Margarita de Juárez, Juárez, Pescador, Castro, Prolongación 5 de Mayo, González Conseco, Hidalgo, Paseo del Estero, Arroyo San José. Numbered points 1–12 marked. Labels: Plaza Mijares, Plaza San José, Cabo San Lucas (33 km), (10 km).]

San José del Cabo

◉ Sehenswertes
1 Iglesia San José C1

🛏 Schlafen
2 Casa Natalia C1
3 Drift C1
4 Hotel Colli C1
5 Tropicana Inn C2

✕ Essen
6 French Riviera C1
7 La Lupita C1
8 La Ostería C1

🍷 Ausgehen & Nachtleben
Baja Brewing Co ....(siehe 7)
9 Los Barriles de Don Malaquias D2

🛍 Shoppen
10 La Sacristia C1
11 Necri C1
12 Old Town Gallery C1

⭐ **Flora's Field Kitchen**   INTERNATIONAL **$$$**
(☎624-142-10-00; www.flora-farms.com; Hauptgerichte 200–520 Mex$; ⏱Di–Sa 11–14.30 & 18–21.30, So 10–14.30 Uhr) In dieser Farm-Oase kann man fein komponierte Gerichte aus frischen Zutaten (sie wurden in den umliegenden Gärten geerntet), knuspriges Brot, regionalen Käse und erfrischende Cocktails genießen.

Das rustikal-schicke Ambiente könnte die Seiten eines hochklassigen Lifestyle-Magazins zieren. Man kann hier auch Lebensmittel und Seifen kaufen oder das idyllische Gelände erkunden. Das Anwesen liegt rund 5 km nordöstlich des kolonialen Stadtzentrums.

Baja Brewing Co   BRAUEREI
(www.bajabrewingcompany.com; Morelos 1227; ⏱12–1 Uhr) In dieser Kneipe gibt's örtliches Craft-Bier. Mit einem Probedeck von acht verschiedenen Bieren in Gläsern zu 0,1 l kann man herausfinden, welches einem am besten schmeckt. Sehr beliebt sind das Raspberry Lager und das starke Peyote Pale Ale.

Los Barriles de Don Malaquias   BAR
(☎624-142-53-22; Ecke Blvd Mijares & Juárez; ⏱Mo–Sa 10–20 Uhr) Los Barriles hat über 300 Sorten Tequila auf Lager und etwa zwei Dutzend offene Flaschen für eine Kostprobe. Die Preise sind hoch, aber die Auswahl ist klasse.

Shoppen

Der Blvd Mijares ist das selbsternannte Kunstviertel mit zahlreichen Galerien, Ateliers und Läden. Donnerstags gibt's einen Art Walk (17–21 Uhr) mit offenen Werkstätten, Weinverkostungen und mehr. Infos zu den Kunstgalerien der Gegend findet man unter www.artcabo.com.

La Sacristia
KUNSTHANDWERK

(Hidalgo 9; ☺10–20 Uhr) In der Galerie mit vielen Räumen gibt's Kunsthandwerk aus ganz Mexiko. Lohnend sind die regenbogenfarbenen, mit Perlen besetzten Tierfiguren der Huicholen aus dem nordwestlichen Zentralmexiko.

Old Town Gallery
KUNST

(www.theoldtowngallery.com; Obregón 1505; ☺Mo–Sa 10–18 Uhr) In dieser Galerie kann man die unterschiedlichen Stile von sieben kanadischen Künstlern entdecken, von denen die meisten hier in der Stadt leben.

Necri
KERAMIK

(www.necri.com.mx; Obregón 17; ☺10.30–20 Uhr) Necri zählt zu den ältesten Keramikläden der Stadt. Der Laden verkauft Zinnarbeiten, echten Talavera-Schmuck und Kunsthandwerk vom mexikanischen Festland.

❶ Praktische Informationen

Mehrere *casas de cambio* (Wechselstuben) haben lange Öffnungszeiten.

IMSS Hospital (☏ Notfall 624-142-01-80, Terminvergabe 624-142-00-76; www.imss.gob.mx; Ecke Hidalgo & Coronado) Die beste Adresse im Krankheitsfall.

Secretaria Municipal de Turismo (☏ 624-142-29-60, ext 150; Plaza San José, Transpeninsular; ☺Mo–Sa 8–17 Uhr) Hat Broschüren und Stadtpläne auf Lager.

❶ An- & Weiterreise

AUTO & MOTORRAD

Am Flughafen sind die üblichen Autovermietungen ansässig. Die Preise beginnen bei etwa 600 Mex$ pro Tag.

BUS

Busse fahren vom **Hauptbusbahnhof** (☏ 624-130-73-39; González Conseco s/n) östlich der Transpeninsular.

FLUGZEUG

Der nördlich von San José del Cabo gelegene **Aeropuerto Internacional de Los Cabos** (SJD; ☏ 624-146-51-11; www.aeropuertosgap.com.mx; Carretera Transpeninsular Km 43,5) bedient auch Cabo San Lucas. Sämtliche Büros der Fluglinien befinden sich hier.

Calafia Airlines (☏ 624-143-43-02; www.calafiaairlines.com) fliegt direkt einige Ziele im mexikanischen Zentralland an, darunter Los Mochis, Guadalajara und Mazatlán. **Aeroméxico** (☏ 624-146-50-98; www.aeromexico.com) bietet Verbindungen über Mexico City ins In- und Ausland sowie tägliche Flüge nach Los Angeles an. **Alaska Airlines** (☏ 624-146-55-02; www.alaskaair.com) hat die meisten Flüge in die USA.

❶ Unterwegs vor Ort

Der offizielle staatliche Anbieter bringt einen mit hellgelben Taxis und Kleinbussen für etwa 280 Mex$ zum Flughafen. Die Mautgebühr auf der Straße von der Transpeninsular bis zum Flughafen beträgt 32 Mex$.

Cabo San Lucas

 624 / 88 539 EW.

Die weißen Strände und fruchtbaren Gewässer von Cabo San Lucas und die spektakulären, gewölbten Steinklippen bei Land's End sind zur Kulisse für den lärmenden Tourismus in Baja geworden. Wo sonst organisieren Nachtclubs Polonaisen, damit Kellner die Gäste besser mit Tequila abfüllen können? Am nächsten Morgen kann man dann seinen Kater bei einer Bootstour neben Delfinen und spritzenden Walen kurieren. Die Möglichkeiten für Aktivitäten sind nahezu grenzenlos: Jetski, Bananenbootfahrten, Parasailing, Schnorcheln, Kitesurfen, Tauchen und Reiten werden direkt am Strand angeboten. Lässt man die Stadt hinter sich, gelangt man in eine majestätische Landschaft mit Cardón-Kakteen, Geier fallen und geheimnisvollen *arroyos,* die einen mindestens genauso beeindrucken wird wie der wilde Club, in dem man die letzte Nacht durchgefeiert hat.

Unglücklicherweise verschwindet die Wüste schnell. Der „Korridor", der einst spektakuläre Küstenstreifen zwischen

BUSSE AB SAN JOSÉ DEL CABO

ZIEL	PREIS (MEX$)	DAUER (STD.)	HÄUFIGKEIT (TGL.)
Cabo San Lucas	65	1	häufig
Ensenada	2348	24	1-mal
La Paz	340–370	3½	häufig
Los Barriles	98	1½	6-mal
Tijuana	2281	27	2-mal

San José del Cabo und Cabo San Lucas, wird mit hässlichen Ferienanlagen, US-amerikanischen Kettenläden, Grundwasser verschwendenden Golfplätzen und All-Inclusive-Hotels verschandelt.

Sehenswertes

★ Land's End
WAHRZEICHEN

Land's End ist die beeindruckendste Sehenswürdigkeit, die Cabo zu bieten hat. Mit einer *panga* (Skiff), einem Kajak oder mit Stehpaddelbretter geht's hinaus zum **El Arco** (der Bogen). Der zerklüftete Felsbogen verschwindet bei Flut teilweise im Wasser. Die Pelikane, die Seelöwen, das Meer und der Himmel waren es, die die Menschen schon immer nach Cabo gelockt haben, und trotz gigantischer Kreuzfahrtschiffe, die vor der Kulisse ankern, hat sich die Gegend ihren Zauber bewahrt.

Strände

Zum Sonnenbaden ist die **Playa Médano** an der Bahía de Cabo San Lucas mit ihrem ruhigen Wasser ideal. Die **Playa Solmar** am Pazifik ist schön, aber auch berühmt-berüchtigt für gefährliche Brecher und starke Strömungen. Nicht entgehen lassen sollte man sich die nahezu unberührte **Playa del Amor** („Strand der Liebe") nahe Land's End; sie ist von der Playa Médano oder den Anlegestellen an der Plaza Las Glorias per Wassertaxi erreichbar, man kann aber auch mit einem Stehpaddelbrett oder Kajak zu ihr paddeln. Gleich in der Nähe hinter der Landspitze liegt an der Pazifikseite die **Playa del Divorcio** („Scheidungsstrand"). Die **Playa Santa María**, bei Km 13 auf dem Weg nach San José del Cabo, gehört zu den schönsten Badestränden.

Aktivitäten

Die besten Tauchspots sind der **Roca Pelícano**, die Seelöwenkolonie vor dem Land's End und das Riff vor der **Playa Chileno**, die östlich der Stadt an der Bahía Chileno liegt. **Tio Sports** (624-143-33-99; www.tiosports.com; Playa Médano; Tauchgänge mit zwei Flaschen ab 120 US$/Std.) an der Playa Médano gehört zu den größten örtlichen Wassersportanbietern. Es gibt aber zahlreiche Alternativen.

Überraschend gute Schnorcheltouren sind direkt ab der Playa del Amor möglich: Dort einfach Richtung Jachthafen schwimmen. Leihausrüstung (Maske, Schnorchel, Flossen) kostet ca. 200 Mex$ pro Tag. *Panga*-Skipper verlangen etwa 200 Mex$ (hin & zurück) plus Trinkgeld (obligatorisch), wenn man direkt mit ihnen verhandelt.

 Geführte Touren

★ Cabo Expeditions
OUTDOOR

(624-143-27-00; www.caboexpeditions.com.mx; Bvd Marina s/n, Plaza de la Danza Local 6; Walbeobachtungstour 89 US$; Mo–Sa 8–17 Uhr) Das gut geführte, umweltbewusste Unternehmen ist auf Touren in kleinen Gruppen spezialisiert und bemüht sich ständig um Neuheiten (z. B. Ausritte auf Kamelen oder Bootsausflüge zu „Walkonzerten", bei denen der Walgesang durch Röhren nach oben übertragen wird. Es gibt auch Walbeobachtungs-, Kajak- und Tauchtouren sowie Ausflüge bis hin zur Isla Espíritu Santo. Alle werden von erfahrenen Guides und tollen Kommentaren begleitet.

Ecocat
BOOTSFAHRT

(624-157-46-85; www.caboecotours.com; Kai N-12; Touren ab 60 US$/Pers.;) Diverse Touren (z. B. mit Schnorcheln oder Walbeobachtung, zweistündige Segeltörns zu Sonnenuntergang...) mit einem riesigen Katamaran.

Feste & Events

Angelwettbewerbe
ANGELN

(Mai–Nov.) Im Herbst wird Cabo San Lucas zum beliebten Schauplatz von Angelturnieren. Die größten sind der **Gold Cup**, der **Bisbee's Black & Blue Marlin Jackpot** und der **Cabo Tuna Jackpot**.

Sammy Hagar's Birthday Party
TANZEN

(Cabo Wabo; Anf. Okt.) Für das Großereignis mit viel Alkohol und Tanz braucht man eine (kostenlose) Einladung – einfach an der Rezeption größerer Hotels nachfragen oder auf Flyer achten.

Día de San Lucas
RELIGION

(18. Okt.) Dieses lokale Fest ehrt mit Feuerwerk, Imbissständen und jeder Menge guter Partystimmung den Schutzheiligen der Stadt.

Schlafen

Cabo Inn Hotel
GASTHOF $

(624-143-0819; www.caboinnhotel.com; 20 de Noviembre; EZ/DZ/Zi. ab 40/54/62 US$;) Die Unterkunft liegt in der Stadt, aber angesichts des *palapa*-Dachs, des farbenfrohen Dekors und des mit Pflanzen bewachsenen Hofs könnte man meinen, auf dem Land zu wohnen. Die Unterkunft befindet sich in der Nähe unzähliger Restaurants und Läden, jedoch ist sie rund 15 Gehminuten vom Strand entfernt. Nimmt man die Gemeinschaftsküche, den entspannenden Bereich auf dem Dach und den Pool hinzu, hat man hier eines der besten Angebote in Cabo San Lucas.

Hotel Los Milagros HOTEL $$

(✆ 624-143-45-66, USA 718-928-6647; www.losmi lagros.com.mx; Matamoros 116; DZ 80–105 US$; P✳︎❄︎🅿︎✉︎) Der ruhige Innenhof und die zwölf individuell gestalteten Zimmer sind eine ideale Zuflucht vor Cabos wildem Party- leben. Der Wüstengarten (mit Leguanen), der schöne, tiefblaue Pool und der freund- liche und höfliche Service sorgen für einen Aufenthalt, an den man gern zurückdenkt.

★ Bungalows Breakfast Inn B&B $$$

(✆ 624-143-05-85; www.thebungalowshotel.com; Ecke Libertad & Herrera; Bungalows inkl. Frühstück 165 US$; P⇦@❄︎✉︎) Äußerst aufmerksamer Service, gutes Frühstück, geschmackvoll ein- gerichtete Zimmer, duftende, palmgedeckte *palapas,* Hängematten und ein Swimming- pool mit mildem, salzfreiem Wasser heben dieses B & B von der Konkurrenz ab. Frische Smoothies, Fruchtsäfte, ausgezeichneter Kaffee und das zuvorkommende zweispra- chige Personal tragen dazu bei, dass man sich in den Bungalows wie zu Hause fühlt. Die wunderbare selbstgemachte Seife ist nur eines von vielen kleinen Details, die ei- nen großartigen Aufenthalt versprechen.

Bahia Hotel & Beach Club HOTEL $$$

(www.bahiacabo.com; Av El Pescador; Zi. 150–350 US$; P✳︎❄︎✉︎) Dieses weiß ge- tünchte elegante Hotel ist eine Option mit Klasse nur ein paar Gehminuten vom Her- zen des Médano-Strands entfernt. Die Zim- mer mit hohen Decken, Fliesenböden, be- quemen Betten und allen modernen Ein- richtungen liegen um einen Pool, der zum Abhängen einlädt. Da sich die **Bar Esquina** auf dem Gelände befindet, ist der Weg zum stilvollsten Nachtleben der Stadt nicht weit.

 **Essen**

Cabos Gastrospektrum reicht von schlichten Tacosständen bis hin zu Gourmetrestaurants.

Tacos Gardenias TACOS $

(www.tacosgardenias.com; Paseo de la Marina 3; Tacos ab 35 Mex$; ☉ 8–22 Uhr) Man muss schon außerhalb der Stoßzeiten kommen, wenn man einen Tisch in diesem großen Lokal im Stil einer Cafeteria ergattern will. Dies ist der angesagte Ort für Tacos mit frischem (paniertem oder gegrilltem) Fisch oder Shrimps, obgleich es hier auch Fleisch und vegetarische Optionen gibt. Die Tacos gibt's mit hausgemachten Tortillas und allen möglichen Zutaten, sodass man sich sein ei- genes Meisterwerk zusammenstellen kann.

Die Meeresfrüchte-Cocktails, die Salate und alles andere sind ebenfalls prima.

Taqueria Las Guacamayas TACOS $

(Morelos; Gerichte 70–110 Mex$; ☉ 17.30–24 Uhr) Das Lokal bietet die perfekte Mischung: ausgezeichnete leckere Tacos, rustikale me- xikanische Holztische, eine recht schicke, besondere Atmosphäre und erstklassigen Service. Zum Essen trinkt man frische Säfte, ein Bier oder Margaritas. Alle drei Filialen des Las Guacamayas eignen sich gleicherma- ßen prima für Familien wie für Paare, doch un- ser Favorit ist die etwas ruhigere in einer Neben- straße. Wer richtig schlemmen will, bestellt das *molcajete mixto*!

Mariscos Las Tres Islas MEERESFRÜCHTE $$

(Ecke Revolución & Mendoza; Hauptgerichte 50–195 Mex$; ☉ 8–22 Uhr) Das muntere, stroh- gedeckte Restaurant mitten in der Stadt ist voller Einheimischer, die die besten, klas- sisch-mexikanischen Meeresfrüchte in der Gegend genießen wollen. Die Preise sind vernünftig, die Biere kalt und die Marisco- Band ist talentiert. Zu empfehlen sind die Shrimps-Scampi oder der Tintenfisch mit Knoblauch.

★ Sur Beach House INTERNATIONAL $$$

(✆ 624-143-18-90; www.bahiacabo.com; Playa Mé- dano; Hauptgerichte 170–395 Mex$; ☉ 7.30–24 Uhr) Das elegante, aber lässige Lokal hat eine herrliche Lage am Strand mit Blick auf El Arco und serviert geschmacklich ausbalan- cierte Tacos und Ceviche aus den frischesten Zutaten. Die teureren Gerichte mit gegrill- tem Fisch und Fleisch sind genauso spek- takulär, und der Service ist der beste in der Stadt. Man isst sein Mittagessen mit Geträn- ken direkt am Strand oder kommt abends zu einem Candlelight-Dinner.

In der Hauptsaison sitzt man abends um ein kleines Strandfeuer und blickt auf die funkelnden Lichter der Boote auf dem Meer.

Mi Casa MEXIKANISCH $$$

(www.micasarestaurant.com.mx; Ecke Cárdenas & Cabo San Lucas; Hauptgerichte 13–27 US$; ☉ 10–23 Uhr) Dieser Ort ist wirklich ein- drucksvoll: Innen gibt's Räume auf mehre- ren Etagen rund um einen Innenhof, der einem mexikanischen Musical der 1950er- Jahre entsprungen zu sein scheint – Pflan- zen, Statuen, volkstümliche Wandmalerei- en, Día-de-Muertos-Figürchen und herum- ziehende Mariachis bestimmen die Szene. Am besten hält man sich an die einfacheren Gerichte; das Essen ist zwar gut, aber ei-

Cabo San Lucas

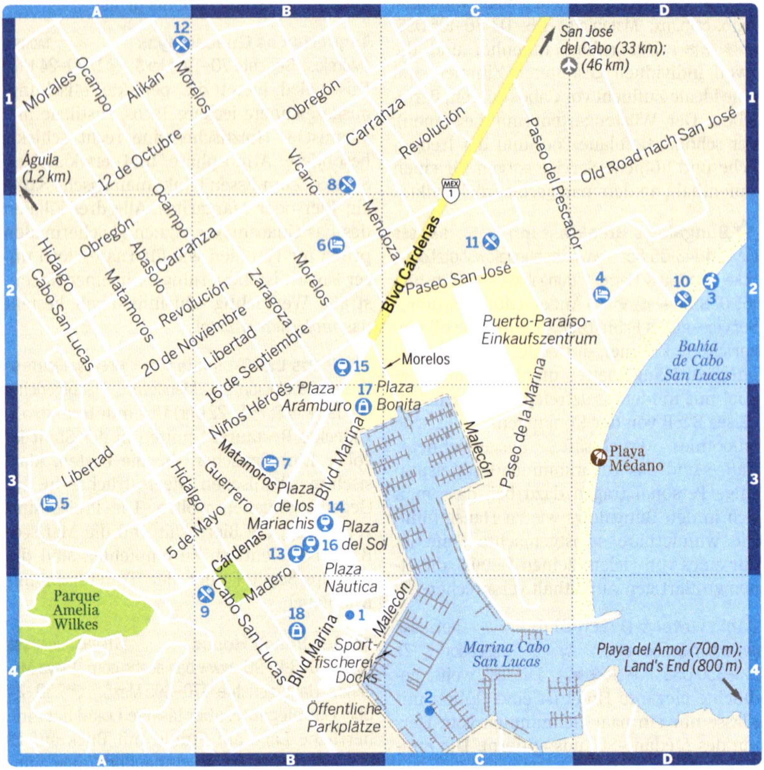

N 0 ━━━━━━━━━━ 400 m

[Map of Cabo San Lucas with numbered markers and street names including Morales, Ocampo, Alikán, Morelos, Obregón, Carranza, Revolución, Vicario, Mendoza, Paseo del Pescador, Old Road nach San José, Blvd Cárdenas, Paseo San José, Puerto-Paraíso-Einkaufszentrum, Bahía de Cabo San Lucas, Playa Médano, Malecón, Blvd Marina, Plaza Bonita, Plaza del Sol, Plaza Náutica, Marina Cabo San Lucas, Playa del Amor (700 m); Land's End (800 m), Parque Amelia Wilkes, Öffentliche Parkplätze, Sportfischerei-Docks, etc.]

San José del Cabo (33 km); (46 km)

Águila (1,2 km)

Cabo San Lucas

Aktivitäten, Kurse & Touren
1 Cabo Expeditions B4
2 Ecocat C4
3 Tio Sports D2

Schlafen
4 Bahia Hotel & Beach Club D2
5 Bungalows Breakfast Inn A3
6 Cabo Inn Hotel B2
7 Hotel Los Milagros B3

Essen
8 Mariscos Las Tres Islas B1
9 Mi Casa B4

10 Sur Beach House D2
11 Tacos Gardenias C2
12 Taqueria Las Guacamayas A1

Ausgehen & Nachtleben
13 Cabo Wabo B3
14 Canela B3
15 El Squid Roe B2
16 Slim's Elbow Room B3

Shoppen
17 Dos Lunas B3
18 Mercado Mexicano B4

gentlich kommt man wegen der Atmosphäre ins Mi Casa.

Ausgehen & Nachtleben

Achtung, Vorwarnung: In dieser stolzen Partystadt wird rund um die Uhr kräftig gebechert und gefeiert.

Canela   BAR
(Plaza del Sol; ⏱ 8–23 Uhr) Nobler als die meisten anderen Bars der Stadt: Schummerlicht, rustikale Möbel und ein Día-de-Muertos-Thema (so seltsam wie unterhaltsam) schaffen hier das Ambiente für Corona-Bier oder Cocktails.

Slim's Elbow Room BAR

(Blvd. Marina s/n; ⊙ 10–24 Uhr) Im Schatten des Cabo Wabo ist diese Bar, deren Wände mit Dollarnoten und Kritzeleien der Gäste tapeziert sind, leicht zu übersehen. Laut eigener Aussage ist sie die kleinste Bar der Welt. Und bei nur vier Sitz- und zwei Stehplätzen klingt das durchaus plausibel.

Cabo Wabo CLUB

(☑ 624-143-11-88; www.cabowabo.com; Ecke Guerrero & Madero; ⊙ 9–2 Uhr; ☎) Die berühmteste Bar mit Club in der Stadt wurde von dem bekannten Rockmusiker Sammy Hagar (dem zeitweiligen Sänger von Van Halen) gegründet. Hier erwarten einen Livemusik und die legendären Margaritas, zubereitet mit Hagars eigener Tequila-Marke.

El Squid Roe CLUB

(☑ 624-143-12-69; Ecke Blvd Cárdenas & Zaragoza; ⊙ 10–5 Uhr) Irre, einfach nur irre. Wackelpudding mit Schuss, Reihenbilden zum Tequila-Schlucken, Barkeeper (und besoffene Kundschaft), die inmitten der johlenden Menge auf den Tischen tanzen. Das El Squid Roe ist das tägliche Epizentrum des alkoholschwangeren Nachtlebens der Stadt.

Shoppen

Dos Lunas MODE & ACCESSOIRES

(☑ 624-143-19-69; Blvd Marina, Plaza Bonita; ⊙ 9–18 Uhr) Der helle, farbenfrohe Laden macht nicht Ferienlaune. Hier gibt's Ferienkleidung aus Naturfasern zu vernünftigen Preisen, tolle Handtaschen, Hüte, Schmuck und Kinderkleidung. Am besten schaut man sich noch vor dem Strandbesuch hier um. Es gibt noch eine Filiale in Puerto Paraíso.

Mercado Mexicano MARKT

(Ecke Hidalgo & Zapata) Der große Markt ist Cabos vielseitigstes Shopping-Pflaster. Dutzende Stände bieten Kunsthandwerk aus dem ganzen Land an, aber es gibt hier auch viel Ramsch. Schlepper locken die Kundschaft hinein.

Praktische Informationen

Dass es in Cabo keine staatlichen Touristeninformationen gibt und die Infostände von Immobilienagenturen und Hotels betrieben werden, zeigt ziemlich eindeutig, wer hier das Sagen hat. Die Mitarbeiter sind freundlich und helfen mit Karten und Infos weiter, allerdings sind sie auf Provisionen für die Vermietung von Timesharing-Wohnungen angewiesen. Man sollte sich also auf bestimmte, manchmal flehentliche Versuche einstellen, einen vom Besuch einer solchen Wohnung zu überzeugen. Aber Achtung: Diese scheinbar kostenlosen Angebote sollte man ausschlagen, weil man dabei nur kostbare Urlaubszeit verschwendet.

Die Nummer des Touristennotrufs ist 078.

Die **Einreisebehörde** (☑ 624-143-01-35; Ecke Blvd Cárdenas & Farías; ⊙ Mo–Sa 9–13 Uhr) hat ein Büro nahe dem Zentrum.

Eine nützliche Besucher-Website ist All About Cabo (www.allaboutcabo.com).

Amerimed American Hospital (☑ 624-143-96-70; www.amerimed.com.mx; Blvd Cárdenas) Nahe dem Paseo de la Marina.

An- & Weiterreise

AUTO & MOTORRAD

Zahlreiche Autovermietungen haben Stände am Paseo de la Marina und anderswo in der Stadt, es kann aber billiger sein, das Auto vorab zu buchen und am Flughafen in Empfang zu nehmen.

BUS

Das firmeneigene Terminal von **Águila** (www. autotransportesaguila.net; Hwy 19; ⊙ 24 Std.) befindet sich nördlich des Zentrums an der Todos-Santos-Kreuzung. Weitere Fahrzeuge starten am Busbahnhof, den man 40 Gehminuten nordwestlich der Touristen- und Uferzone findet.

FLUGHAFEN

Der nächstgelegene **Flughafen** (S. 803) befindet sich in San José del Cabo. Der **Cabo Airport Shuttle** (☑ USA 1-877-737-9680; www.caboairportshuttle.net; ca. 19 US$/Pers.) ist eine der billigsten und besten Optionen für die Fahrt vom/zum Flughafen; der Shuttle bringt die Passagiere direkt zu ihren Hotels.

Unterwegs vor Ort

Stadtfahrten mit Sammeltaxis kosten rund 10 US$, ein Taxi zum Flughafen rund 80 US$. Man sollte sich nicht auf Fahrten mit Leuten einlassen, die gleichzeitig als Schlepper arbeiten!

Todos Santos

☑ 612 / 5200 EW.

Die Stadt „aller Heiligen" ist mit ihrem skurrilen Mix aus Künstlern, Anglern, Surfern und Esoterikern bislang dem ausufernden Tourismus der anderen Orte am Kap entkommen. Dank ihrer bezaubernden Kopfsteinstraßen, die von Kunstgalerien, romantischen Restaurants und ein paar Kakteen gesäumt werden, ist sie bei Weitem die schönste Stadt im äußersten Süden Niederkaliforniens. Und aufgrund der langen Strände und der wilden Brandung gibt's für Besucher, die sich draußen vergnügen wollen, viel zu tun. Der Ort ist in etwa so wie Taos in New Mexico, bevor Ansel Adams und Georgia O'Keefe das Pueblo überall bekannt machten. Auf hohe Preise muss man in Todos Santos trotzdem gefasst sein.

Wie viele andere Gebiete in Baja verändert sich auch Todos Santos, und die Bautätigkeit ist enorm. Man sollte schnell herkommen, ehe nichts mehr so ist, wie es einst war.

◉ Sehenswertes

Im Umkreis der Stadt liegen mehrere ehemalige *trapiches* (Zuckermühlen), von denen viele inzwischen neuen Zwecken dienen. Dazu gehört auch das restaurierte **Teatro Cine General Manuel Márquez de León** an der Legaspi mit Blick auf die Plaza. Weitere Beispiele sind die **Molino El Progreso** (die Ruine des ehemaligen Restaurants El Molino) und die **Molino de los Santana** an der Juárez gegenüber dem Hospital.

Centro Cultural   MUSEUM
(☎ 612-145-00-41; Juárez; ☉ Mo–Fr 8–20, Sa & So 9–16 Uhr; ⊛) GRATIS In dem Kulturzentrum in einem früheren Schulgebäude mit hübschem Innenhof sind einige interessante, 1933 geschaffene Wandmalereien mit nationalistischer bzw. revolutionärer Aussage zu bewundern. Daneben gibt's eine Ausstellung mit verstaubten regionalen Artefakten, faszinierenden alten Fotos und der Nachbildung eines Farmhauses. Man beachte auch den von der Decke baumelnden „Wiegenkäfig".

🏃 Aktivitäten

Hier bekommen Surfer einige der besten Wellen auf Baja geboten. **San Pedrito** braucht einen Vergleich mit Hawaii nicht zu scheuen – selbst Seeigel gibt es hier. Man sucht nach der perfekten Welle, während Adlerrochen unter einem entlang gleiten, oder relaxt einfach zusammen mit anderen lässigen Leuten am **Los Cerritos** und sieht zu, wie die orangerote Sonne im Pazifik versinkt. Surfbretter (250–350 Mex$/Tag)

werden im Pescadero Surf Camp und von Anbietern an den Stränden vermietet.

Mario Surf School   SURFEN
(☎ 612-142-61-56; www.mariosurfschool.com; Hwy 19 km 64; Surfunterricht 1 Std. ab 60 US$; ⊛) Bietet ausgezeichneten Surfunterricht für alle Niveaus in der Gegend um Todos Santos und Pescadero an.

🛏 Schlafen

Die meisten Unterkünfte gehören in die mittlere bis teure Preiskategorie, viele sind mit die hübschesten Bleiben in ganz Niederkalifornien.

Pescadero Surf Camp   CABAÑAS $
(☎ 612-130-30-32; www.pescaderosurf.com; Hwy 19 km 64; Casita 800–900 Mex$, Penthouse 1200 Mex$, Stellplatz 200 Mex$/Pers.; 🅿 @ ⊠) Die saubere und überraschend stilvolle Anlage liegt neben dem Highway 13 km südlich von Todos Santos nahe dem Surfspot Pescadero. Surfer bekommen hier Leihbretter, Unterricht und Ratschläge. Bei einigen der strohgedeckten *casitas* (kleine Häuschen) sind die Ritzen zwischen Wänden und Decke so groß, dass man meint, in der freien Natur zu wohnen. Es gibt einen Pool und eine Gemeinschaftsküche, aber bei allen Unterkünften teilt man sich die Bäder.

★ Posada La Poza   SUITEN $$$
(☎ 612-145-04-00; www.lapoza.com; Camino a la Poza 282; Suite mit Frühstück 150–325 US$; 🅿 ⊛ ❄ 🛜 ⊠) Das sehr private Refugium in einer herrlichen Palmenoase direkt am Pazifik rühmt sich „mexikanische Gastlichkeit mit Schweizer Qualität" zu verbinden – womit nach unserem Eindruck das farbenfrohe Ambiente und der sorgsame, sehr förmliche Service gemeint sind. Mit dem Meerwasserpool, der Süßwasserlagune, einem üppigen Garten und einem hervorragenden Restaurant mit ausgezeichneten mexikanischen Weinen zeichnet sich die Anlage vor anderen ab. Die Suiten sind groß und hell, die Möblierung könnte allerdings mal erneuert

BUSSE AB CABO SAN LUCAS

ZIEL	PREIS (MEX$)	DAUER (STD.)	HÄUFIGKEIT (TGL.)
La Paz	370	3	häufig
Loreto	995	8¾	3-mal
San José del Cabo	65	1	häufig
Tijuana	2630	27	2-mal
Todos Santos	151	1	häufig

werden. Kinder unter 13 Jahren sind im Posada La Poza unerwünscht.

Hotel San Cristóbal
BOUTIQUEHOTEL **$$$**

(☎ 800-990-02-72; www.sancristobalbaja.com; Carretera Federal 19 Km 54; Zi. ab 350 US$; 🅿 ❄ 🛜 🛁) Stil ist angesagt in diesem schicken Boheme-Resort mit weißen Wänden, Kandelabern mit Holzperlen, bunten Kissen und dekorativen Kakteen. Es hat eine erstklassige Lage an einem unberührten Strand mit mächtigen Wellen und den an Land gezogenen Fischerbooten. Das Schwimmen im Meer ist zu gefährlich, aber der Pool ist ein einladender Treff mit Cocktails und Korbliegestühlen. Die Anlage befindet sich rund 4 km südlich von Todos Santos.

Todos Santos Inn
BOUTIQUEHOTEL **$$$**

(☎ 612-145-00-40; www.todossantosinn.com; Legaspi 33; DZ 125–325 US$; ❄ 🛜 🛁) Das Boutiquehotel in einer hervorragend restaurierten Backstein-Hazienda aus dem 19. Jh. hat nur acht intime Zimmer, die mit Pfostenbetten ausgestattet sind und die luxuriöse Atmosphäre einer vergangenen Ära verströmen. Wandmalereien, Balkendecken aus Palmenholz und bemalte Keramik-Waschbecken sind nur einige der schönen Details. Der winzige Swimmingpool in dem üppig begrünten, tropischen Hof und das Barrestaurant vor Ort sind wahrhaft romantisch.

Guaycura
BOUTIQUEHOTEL **$$$**

(☎ 612-175-08-00; www.guaycura.com; Ecke Legaspi & Topete; Zi. ab 218 US$; ❄ 🛜) Das Hotel bietet ruhige Farben, eine angenehme Beleuchtung und geschmackvolle Möbel als Kunstwerke. Die Gäste können kostenlos den zugehörigen Strandclub mit seinem renommierten Restaurant besuchen. Darüber hinaus gibt es eine Dachterrassenbar und eine kleine Bibliothek mit Bücherregalen und gemütlichen Sofas, auf denen man entspannt-altmodisch eine Lesestunde einlegen kann.

Hotel California
HOTEL **$$$**

(☎ 612-145-05-25; www.hotelcaliforniabaja.com; Juárez s/n; Zi. 125–175 US$; ❄ 🛜 🛁) Das künstlerisch angehauchte, gemütliche und muntere Hotel California wird man gar nicht mehr verlassen wollen. Die öffentlichen Bereiche sind besonders schön, vor allem rund um den Pool, der von üppigem Blattwerk, blutrotem Hibiskus und hohen Palmen umgeben ist. Die Zimmer des entspannten Hotels bieten viel Platz und bunte, geschmackvolle Kunstwerke; sie sind zudem

PUNTA LOBOS

An diesem schlichten, leicht abgelegenen Sandstrand bei Todos Santos (nach der örtlichen Seelöwenkolonie benannt) lassen Fischer ihre *pangas* (Skiffs) zu Wasser. Von etwa 13 bis 15 Uhr kann man hier fangfrischen Fisch für die heimische Zubereitung direkt vom Boot kaufen. Pelikane kämpfen um die Reste, während sich ein Wanderpfad hinauf zu einem unvergleichlich schönen Aussichtspunkt schlängelt.

mit hochwertigen, traditionellen mexikanischen Möbeln ausgestattet. Das Hotel ist ganzjährig geöffnet.

Essen & Ausgehen

⭐ Loncheria La Garita
MEXIKANISCH **$**

(☎ 612-176-5792; Hwy 19; Gerichte ab 40 Mex$; ⏱ 6–18 Uhr) Das von einer Familie geführte, stets betriebsame Restaurant im Ranch-Stil ist ein toller Stopp 19 km auf dem Weg Richtung La Paz, und es lohnt allein schon die Anfahrt, weil es so authentisch ist wie kein anderes Lokal in der Gegend. Zu empfehlen sind das *asada rancheros* (Roastbeef mit Bohnen, Eiern und Salsa), die Empanadas und der auf örtliche Art aufgebrühte *talega*-Kaffee. Kinder freuen sich über die Tiere, die hinten auf dem Hof zwischen den hohen Kakteen herumlaufen.

⭐ Hierbabuena
MEXIKANISCH **$$**

(☎ 612-149-25-68; www.hierbabuenarestaurante.com; Hwy 29 Km 62, Pescadero; Gerichte 170–250 Mex$; ⏱ Mi–Mo 13–21 Uhr, Sept. geschl.) Vorbei an Obst- und Gemüseplantagen gelangt man zu diesem Restaurant mit farmfrischer Kost. Ein munteres Team tischt hier Gerichte auf, die zu den besten in der Gegend zählen. Die Karte ändert sich je nach dem, was gerade frisch aus dem Bio-Garten, dem Meer und aus der Umgebung geliefert wird; die Küche bereitet alles perfekt zu. Das Restaurant befindet sich rund 11 km südlich von Todos Santos.

Die gebratenen Hähnchen sind knusprig und delikat, die Salate genau richtig angemacht und die Pizzas herrlich aromatisch.

Ristorante Tre Galline
ITALIENISCH **$$**

(☎ 612-145-02-74; Ecke Topete & Juárez; Hauptgerichte abends ab 140 Mex$; ⏱ Nov.–April Di–So 12–22 Uhr) Die Tische dieses aus Stein und

Holz gebauten und mit Pflanzen geschmückten italienischen Restaurants stehen auf absteigend angeordneten Terrassen. So genießen die Gäste etwas mehr Privatsphäre, und Kerzenlicht trägt zu der Atmosphäre bei. Besonders zu empfehlen sind die leckeren Meeresfrüchteteller; die Pasta wird täglich frisch gemacht.

Jazamango
MODERN-MEXIKANISCH $$$

(📞 612-688-15-01; www.facebook.com/jazamango; Naranjos s/n; Gerichte 95–350 Mex$; ⏱ Di–So 13–21 Uhr) Der mexikanische Starkoch Javier Placensia bringt seine niederkalifornisch-mediterrane Küche mit diesem freundlichen, offen angelegten Restaurant nach Baja California Sur. Es liegt gleich außerhalb der Stadt auf einem kleinen Hügel mit herrlicher Aussicht. Fast alle Zutaten sind nachhaltig in der Region produziert, daher stehen viele Gerichte mit Meeresfrüchten, Fleisch und Gemüse auf der Karte, die immer je nach Angebot wechseln.

Los Adobes de Todos Santos
MODERN-MEXIKANISCH $$$

(www.losadobesdetodossantos.com; Av Hidalgo; Hauptgerichte 200–365 Mex$; ⏱ 11–21 Uhr; P 🗫) Einen Blick lohnt der hinreißende Wüstengarten hinter diesem beliebten Restaurant. Das Los Adobes bietet mexikanische Spitzenküche mit kreativ zubereiteten traditionellen Gerichten wie *caldo pepita*, einer hausgemachten Hühnerbrühe mit Klößen, Koriander, Guajillo-Chilischoten und Kürbissamen. Ausgezeichneter, netter Service!

El Gusto!
FUSION, MEXIKANISCH $$$

(📞 612-145-04-00; www.lapoza.com; Posada La Poza, Camino a la Poza 282; Hauptgerichte 180–450 Mex$; ⏱ Fr–Mi 12–15 & 19–22 Uhr; P) In der Hauptsaison sollte man in dem schönen Restaurant, das erst kürzlich zu dem Lokal mit dem besten Blick auf den Sonnenuntergang über dem Pazifik gewählt wurde, vorab reservieren. Man schlürft seine Margarita auf der Terrasse oder in dem schön dekorierten Speisesaal. Während der Walsaison sieht man beim Essen draußen die Meeressäuger vorbeiziehen. Auf der umfangreichen Weinkarte stehen die edelsten Tropfen Mexikos.

Café Santa Fe
ITALIENISCH $$$

(📞 612-145-03-40; Centenario 4; Hauptgerichte abends 310–550 Mex$; ⏱ Nov.–Aug. Mi–Mo 12–21 Uhr) Die *insalata mediterranea* (gedämpfte Meeresfrüchte mit Zitronensaft und Öl) wird wohl auch den ärgsten Meeresfrüchtehasser bekehren. Durch die offene Küche,

die der Besitzer selbst entworfen hat, kann man zusehen, wie das Essen zubereitet wird. Die Speisekarte ist ein einziger kulinarischer Höhenflug.

Wer sich nicht entscheiden kann, der sollte die Muscheln in Wein probieren oder eines der Gerichte mit selbstgemachten Ravioli, die mit Hummer, Fleisch oder Spinat und Ricotta gefüllt sind.

Cafefelix
CAFÉ

(Juárez; Café frappé 65 Mex$; ⏱ Mi–Mo 8–21 Uhr; 📞) Großartiger Kaffee und mächtige Frühstücksgerichte sorgen dafür, dass ortsansässige Ausländer das künstlerisch angehauchte Café in Scharen aufsuchen. An heißen Tagen trinkt man hier einen Café frappé (davon gibt's hier mehr als ein Dutzend Varianten) oder aber einen leckeren Mango-Smoothie.

Shoppen

Vor allem rund um die Plaza kann man durch zahlreiche Galerien schlendern.

Faces of Mexico
KUNST & KUNSTHANDWERK

(Morelos; ⏱ Mi–Mo 11–18 Uhr) In den vielen dunklen Räumen kann man eine außergewöhnliche Sammlung von Masken, Skulpturen, Kunst indigener Einwohner, alten Weihnachtskugeln und vor allem jeder Menge mit Perlen besetzter und bemalter Totenschädel entdecken – die düstere Dekoration für den Día de Muertos. Dies ist wirklich kein gewöhnlicher Souvenirladen!

Agua y Sol Joyeria
SCHMUCK

(Ecke Centenario & Analia Gutiérrez; ⏱ 10–17 Uhr) Der erschwingliche Silberschmuck mit ein paar großartigen, außergewöhnlichen Designs stammt von einheimischen Kunsthandwerkern.

ℹ Praktische Informationen

El Tecolote (📞 612-145-02-95; Ecke Juárez & Av Hidalgo) Die Stadt hat keine offizielle Touristeninformation, aber in diesem englischsprachigen Buchladen gibt's Broschüren mit Stadtplänen und einer Skizze der nahegelegenen Strände. Der Inhaber Jan ist sehr hilfsbereit.

ℹ An- & Weiterreise

Von der **Bushaltestelle** (📞 612-148-02-89; Heróico Colegio Militar; ⏱ 7–22 Uhr) zwischen der Zaragoza und der Morelos fahren zwischen 6.30 und 22.30 Uhr stündlich Busse nach La Paz (122 Mex$, 1 Std.) und Cabo San Lucas (135 Mex$, 1 Std.).

Barranca del Cobre & Nördliches Mexiko

Inhalt ➡

El Fuerte 817
Urique 821
Areponápuchi 824
Creel...........................826
Batopilas....................830
Sonora........................835
Los Mochis.................845
Chihuahua..................848
Durango 855
Saltillo 861
Parras.........................864
Monterrey 867

Gut essen

➡ Teresita's (S. 844)

➡ Madre Oaxaca (S. 873)

➡ Plaza del Mariachi (S. 853)

➡ Restaurante Barranco (S. 825)

➡ Cremería Wallander (S. 860)

Schön übernachten

➡ Hacienda de los Santos (S. 843)

➡ Dream Weaver Inn (S. 836)

➡ La Troje de Adobe (S. 828)

➡ Hotel San Felipe El Real (S. 852)

➡ Foggara Hotel (S. 864)

Auf zur Barranca del Cobre & ins nördliche Mexiko!

Willkommen in Nordmexiko, dem ultimativen Grenzland! Weite, mit Kakteen gesprenkelte Wüsten, zerklüftete Berge und atemberaubende Canyons prägen die Landschaft, die fast jeder als Kulisse aus Western kennt. Ebenso facettenreich wie die Natur sind auch die Menschen im Norden: Cowboys, Revolutionäre und Banditen haben im Laufe der Jahrhunderte der Region ihren Stempel aufgedrückt und die verschiedenen, noch immer tief in Traditionen verankerten indigenen Bewohner gehören auch weiterhin zu dem am wenigsten verwestlichten Mexikos.

Obwohl der Norden in den letzten Jahren stark unter dem Drogenkrieg zu leiden hatte, bleibt er, wenn man ein paar Vorsichtsmaßnahmen beachtet, eine sichere Reiseregion. Besucher haben sie dennoch fast für sich. Der Ferrocarril Chihuahua Pacífico, Mexikos letzter Passagierzug für Fernreisen, ist die herausragendste Attraktion, daneben locken Kolonialstädte, tolle Strände und die vielfältige Tierwelt.

Reisezeit

Chihuahua

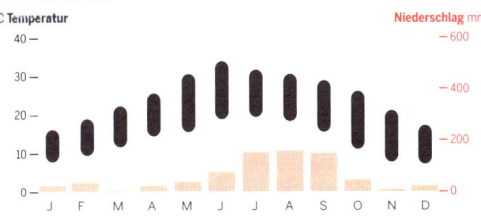

Juni & Juli Starke Regenfälle; bedeutende Feste wie Las Jornadas Villistas in Parral.

Ende Sept.–Okt. Tagsüber angenehm warm: gut, um die blühende Barranca del Cobre zu sehen.

Dez. & Jan. Das milde Wetter ist toll für Strandbesuche; das Festival Tirado lockt viele ins Binnenland.

Highlights

1 Ferrocarril Chihuahua Pacífico (S. 815) Mit Mexikos letztem Personenzug durch die Schluchtenlandschaft fahren

2 Biosphärenreservat El Pinacate (S. 837) Die Mond-

landschaft des spektakulären Wüstenreservats bestaunen

3 Cuatrociénegas (S. 865) Die geschützte Oase erkunden, einen der Orte auf der Welt mit der größten Artenvielfalt

4 Álamos (S. 841) In einem kolonialzeitlichen Hotel absteigen und die Schönheit der alten Silberstadt genießen

5 Horno3 (S. 869) Im Museum voller Ehrfurcht vor Monter-

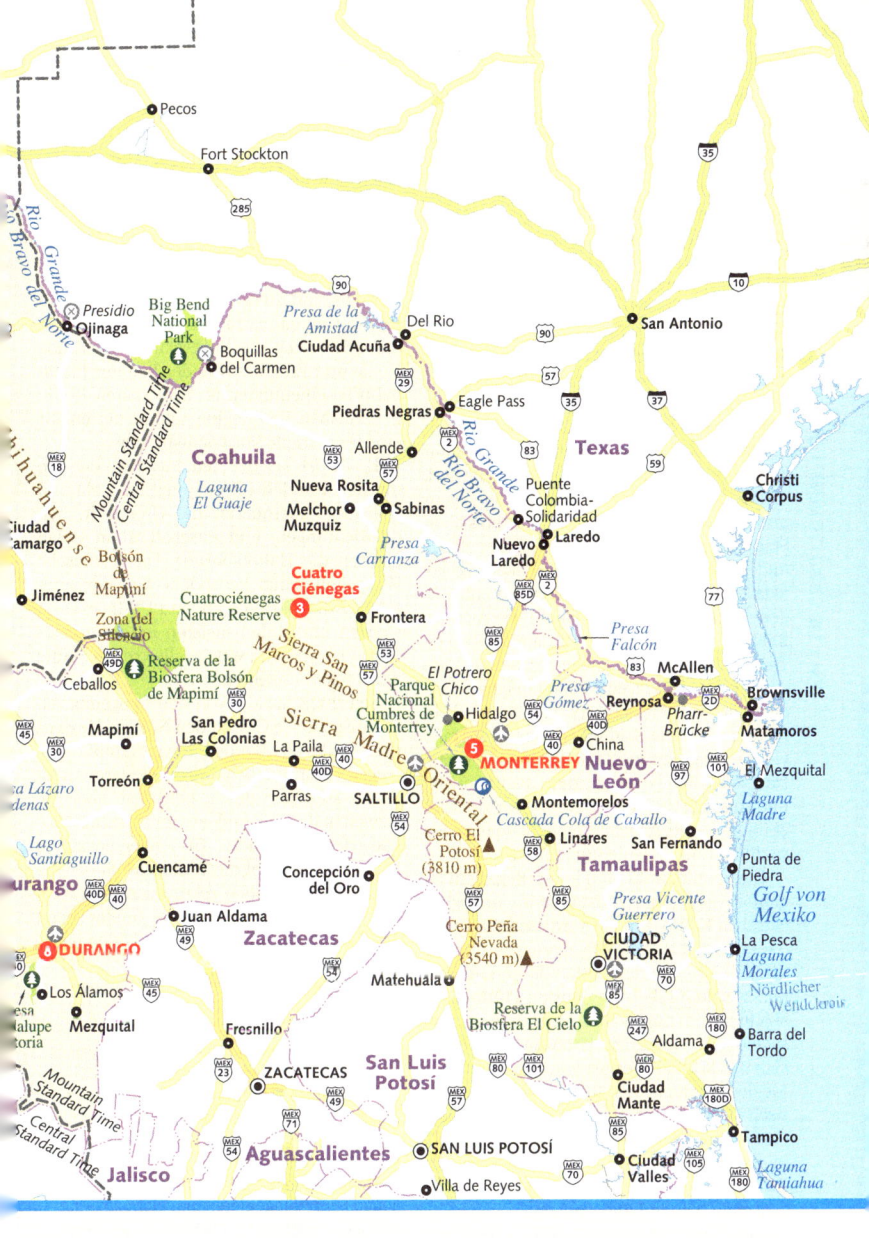

reys Vergangenheit als Zentrum der Stahlindustrie sein

6 **Playa Los Algodones** (S. 840) An San Carlos' schönstem Strand (weißer Sand, blaues Wasser) relaxen

7 **Cascada de Basaseachi** (S. 829) Im Becken von Mexikos höchstem permanenten Wasserfall schwimmen

8 **Durango** (S. 855) Die Geschichte und Kultur der

charmanten kolonialzeitlichen Stadt erleben

9 **Parque de Aventura Barrancas del Cobre** (S. 825) An schnellen Seilrutschen über die Barranca del Cobre sausen

Geschichte

Vor der Ankunft der Spanier hatte die Bevölkerung Nordmexikos deutlich mehr mit den Pueblo-Indianern (früher „Anasazi" genannt) und anderen Kulturen aus dem Südwesten der USA gemein als mit denen Zentralmexikos. Paquimé war die wichtigste Stadt der Region und bis zu ihrer Zerstörung um 1340 n.Chr. ein bedeutendes Handelszentrum zwischen Zentralmexiko und dem trockenen Norden. In Siedlungen außerhalb der Stadt wurden Wohnstätten zum Schutz vor Angreifern in die Felsen gebaut.

Im 16. Jh. kamen spanische Sklavenhändler und Entdecker auf der Suche nach Gold in den Norden. Ihre Bilanz war jedoch durchwachsen: Im Nordwesten trafen sie auf indigene Völker, darunter die Opata, die Seri, die Yaqui und die Mayo. Anstelle der sagenumwobenen Provinz Cíbola mit ihren sieben Städten aus Gold fanden die Spanier Silber und ließen die indigene Bevölkerung als Sklaven in den Minen arbeiten. So entstanden wohlhabende Minenstädte wie Álamos. Bald ließen die Spanier den Camino Real de Tierra Adentro (Königliche Straße des Landesinneren) bauen, eine 2560 km lange Handelsroute von Mexico City nach Santa Fe in New Mexico, die Städten entlang der Straße wie Durango zu großem Reichtum verhalf. Im Nordosten standen raue Bedingungen und Angriffe indigener Stämme wie der Chichimeken und Apachen einer schnellen Besiedlung und Erschließung im Weg.

Die Spanier erlangten in der Region nicht genug Macht, um Aufstände zu unterdrücken. Im Kampf um die mexikanische Unabhängigkeit (1810), im Mexikanisch-Amerikanischen Krieg in den 1840er-Jahren und bei der Mexikanischen Revolution (1910–1920) spielten die nördlichen Staaten eine entscheidende Rolle. Die Grenzen verschoben sich mit Mexikos Verlust von Texas und New Mexico (1830er- bis 1850er-Jahre) dramatisch: Der Vertrag von Guadalupe Hidalgo (1848) beendete den Mexikanisch-Amerikanischen Krieg und legte schließlich den Río Bravo del Norte (Rio Grande) als Grenze zwischen beiden Ländern fest.

Eklatante Unterschiede in den Besitzverhältnissen zwischen der durch die Minen reich gewordenen Elite und der verarmten Mehrheit trugen zu der Unzufriedenheit bei, die den Norden zu einem Brennpunkt der Mexikanischen Revolution machte. Die revolutionäre División del Norte, angeführt vom legendären, in Durango geborenen Pan-

cho Villa, kämpfte in mehreren wichtigen Schlachten an vorderster Front. Venustiano Carranza und Álvaro Obregón, weitere wichtige Revolutionsführer, stammten aus den nördlichen Staaten Coahuila und Sonora. Die drei waren bei der Revolution zunächst Verbündete, doch später zerbrach die Allianz im Norden, und sie wurden zu Feinden.

Mitte des 20. Jhs. verwandelten Bewässerungsanlagen Sonora in den Kornspeicher Mexikos und zusammen mit dem benachbarten Chihuahua in ein Zentrum der Rinderzucht. Auch die Entdeckung von Erdöl, Kohle und Erdgas sowie der Bau der Eisenbahn beschleunigten ab dem späten 19. Jh. den Ausbau der Region und sicherten ihr eine industrielle Vormachtstellung.

Heute ist sie der Teil Mexikos, der am meisten von den USA geprägt ist. Geld und Rohstoffe überqueren die Grenze in beide Richtungen, und Baseball ist in vielen Städten die Hauptsportart. Die texanische Wirtschaft hängt besonders von mexikanischen Arbeitskräften ab, und US-Investoren stecken hinter den meisten *maquiladoras* (Montagewerken), welche alle großen Städte der Region umgeben.

Seit 2006 hat die von den Drogenkartellen ausgehende Gewalt den Norden Mexikos erfasst, da die Banden Revierkämpfe austragen. Ursprünglich waren die Grenzstädte am stärksten davon betroffen, aber die Gewalt nahm zu und bedroht mittlerweile alle wichtigen Städte. Trotz aller negativen Schlagzeilen erlebt die Wirtschaft dieser Region weiterhin einen relativen Aufschwung mit hohen Wachstumsraten (außer beim Tourismus, der fortwährend zu leiden hat).

ⓘ Praktische Informationen

GEFAHREN & ÄRGERNISSE

Die große Mehrheit der Besucher Nordmexikos erlebt einen sicheren, sorgenfreien Urlaub, aber der Drogenschmuggel und die damit im Zusammenhang stehenden Gewalttaten sind ein großes Problem in der Region.
➺ Bei Ausflügen in abseits gelegenes Terrain sollte man unbedingt einen verlässlichen örtlichen Führer engagieren, um nicht auf Marihuanaplantagen und in Gebiete zu gelangen, die von Drogenkartellen und Gangs heimgesucht werden.
➺ Gewalttätigkeiten kommen gelegentlich in Bars, Nachtclubs und Kasinos vor – bei Besuchen solcher Etablissements umsichtig sein!
➺ Wo immer möglich, mautpflichtige Straßen (*cuotas*) benutzen: Sie sind sicherer, schneller und im besseren Zustand.

➡ In den Städten bei der Fahrt immer die Autotüren verschließen, um gewaltsamen Autoraub (Carjacking) vorzubeugen.

➡ Nicht nach Einbruch der Dunkelheit unterwegs sein, besonders nicht in abgelegenen Gebieten und Grenzregionen!

BARRANCA DEL COBRE & FERROCARRIL CHIHUAHUA PACÍFICO

Die Landschaft in dieser Hochlandregion ist wahrhaft spektakulär. In Nordmexiko herrscht zwar kein Mangel an eindrucksvollen Attraktionen, aber keine ist so überwältigend wie die Barranca del Cobre mit ihren hinreißenden Ausblicken, hohen, von Kiefern bedeckten Gipfeln und der faszinierenden Kultur der indigenen Tarahumara.

Ein Labyrinth aus sechs Hauptschluchten bedeckt ein Gebiet, das viermal größer ist als der Grand Canyon in Arizona, und die Schluchten sind zudem tiefer, enger und grüner als die in den USA. Tropische Obstbäume wachsen am Boden der Schluchten, während der obere Bereich mit alpiner Vegetation bedeckt und im Winter oft verschneit ist.

Ein paar Ortschaften eignen sich gut als Standquartiere zur Erkundung der Region. Creel ist die größte darunter und besitzt mehrere empfehlenswerte Hotels. Tiefer drinnen im Schluchtensystem befinden sich Divisadero, Arepo und Cerocahui – sie liegen alle an oder nahe der berühmten Chepe-Bahnroute – und die abgelegeneren (aber leicht erreichbaren) Taldörfer Batopilas und Urique.

🏃 Aktivitäten

Naturwunder aller Art – Klippen, hochaufragende Felsmassive, Flüsse, Wasserfälle, Seen und Wälder – sind zu Fuß, zu Pferd, per Fahrrad oder motorisiert zu erreichen. Wer den ultimativen Adrenalinkick sucht, saust im Parque de Aventura Barrancas del Cobre an Seilrutschen, die zu den spektakulärsten Mexikos gehören, über atemberaubend tiefe Schluchten.

⭐ **Ferrocarril Chihuahua Pacífico**   ZUG
(El Chepe; ☏ 614-439-72-12, 800-122-43-73; www. chepe.com.mx; gesamte Stecke 1./2. Klasse 3276/ 1891 Mex$; 🚻) Die Statistik spricht für sich: 656 Streckenkilometer, 37 Brücken, 86 Tunnel und eine Bauzeit von über 60 Jahren. Der Ferrocarril Chihuahua Pacífico gehört

zu den eindrucksvollsten Bahnstrecken der Welt und ist die größte Attraktion im nördlichen Mexiko. „El Chepe" (die spanisch ausgesprochenen Anfangsbuchstaben von „Chihuahua" und „Pacífico") fährt täglich einmal in beide Richtungen; die Fahrt dauert einen ganzen Tag.

Die 1961 fertiggestellte Bahnstrecke beeindruckt mit ihrer Ingenieurleistung genauso wie mit dem Ausblick in die Schluchten.

Die Bahnlinie ist die Hauptroute zwischen Chihuahua und der Küste und wird intensiv für den Personen- und Güterverkehr genutzt. Sie verbindet die Pazifikküste mit dem bergigen, trockenen Inneren Nordmexikos und führt über steile Schluchten in über 2400 m Höhe.

Zwischen Los Mochis und El Fuerte verläuft die Strecke durch flaches Ackerland, bevor es in die Hügel geht, auf denen Kakteen wie dunkle Pfeiler aufragen. Der Zug überquert die lange Brücke über den Río Fuerte und fährt etwa vier Stunden nach der Abfahrt in Los Mochis in den ersten von 86 Tunnels ein. Nun schmiegen sich die Gleise an die Hänge der immer tiefer werdenden Canyons und führen dann in einer spektakulären Zickzackkurve in einen Tunnel oberhalb von Témoris. Danach kommen an den Hängen die ersten Kiefern in Sicht. Am nächsten Halt, in Bahuichivo, befindet man sich im Hochland der Sierra Madre mit von Blumenwiesen durchzogener Gebirgslandschaft. Das Highlight der Fahrt ist der Halt in Divisadero, der einzigen Stelle, an der man einen Blick in die eigentliche Barranca del Cobre erhascht. Bei El Lazo (der Name „Lasso" passt!) schraubt sich der Zug in einer kompletten Spirale nach oben, ehe er dann weiter nach Creel und Chihuahua tuckert.

Der Unterschied zwischen den beiden Kategorien *primera* und *económica* ist gar nicht so groß. Erstere hat ein Restaurant, Letztere eine Kantine. Snacks kosten 20 Mex$, Mahlzeiten etwa 100 Mex$. In beiden Klassen gibt es nur Instantkaffee und kein WLAN. Sämtliche Wagen sind recht betagt (sie stammen aus den 1980ern) und die Fahrkarten sind angesichts des nur mäßigen Komforts überteuert. Die Waggons beider Kategorien haben Klimaanlagen, Heizung und Sitze mit verstellbarer Rückenlehne, die viel Beinfreiheit bieten. Die *clase económica* reicht für die meisten Reisenden vollkommen aus, oft gibt es jedoch nur noch Plätze in der *primera*.

Barranca del Cobre

Es sei darauf hingewiesen, dass in allen Zügen der Konsum von Alkohol verboten ist. Rauchen ist gestattet und zwar in dem offenen Bereich zwischen den Waggons. In allen Zügen fahren außerdem Polizisten in Zivilkleidung mit, die Maschinengewehre bei sich haben.

ⓘ Praktische Informationen

TICKETS

Außerhalb der Hauptsaison (Semana Santa, Juli & Aug., Weihnachten und Neujahr) und sofern es freie Plätze gibt, kann man an jedem Bahnhof einsteigen und beim Schaffner eine Karte lösen.

Dennoch ist es ratsam, in der Spitzenzeit die Fahrkarten mindestens einen Monat im Voraus und das übrige Jahr einen Tag vor Fahrtantritt zu reservieren. In der Regel bekommt man jedoch auch noch am Reisetag selbst ein Ticket.

Fahrkarten werden im Bahnhof von Los Mochis und von Chihuahua für jede Station entlang der Strecke verkauft, an der man die Reise antreten möchte. Tickets für den *primera express* sind bis zu einem Monat im Voraus erhältlich, die für die *clase económica* einen Tag im Voraus. Reservierungen kann man telefonisch (bei Englisch sprechenden Angestellten) oder per E-Mail bis zu einem Jahr im Voraus tätigen. Beim *primera express* sind (meist bis zu drei) Zwischenstopps ohne zusätzliche Kosten möglich, wenn man bei der Buchung die Orte und die Termine angibt.

Möchte man Karten für die Fahrt am selben Tag, sollte man eine Stunde vor Zugabfahrt an den Bahnhöfen von Los Mochis oder Chihuahua sein. Kartenschalter gibt's nur an den Bahnhöfen von Los Mochis, Creel, Cuauhtémoc und Chihuahua.

Beim Ticketkauf sollte man, der besseren Aussicht wegen, einen Platz an der Südseite des Zugs (von Los Mochis nach Chihuahua ist das die rechte, von Chihuahua nach Los Mochis die linke Seite) nehmen.

Fahrplan und Preise des Ferrocarril Chihuahua Pacífico stehen auf S. 818.

El Fuerte

📞 698 / 11 900 EW. / HÖHE 90 M

Mit seiner eindrucksvollen Plaza und einer Innenstadt voll farbenfroh gestrichener Kolonialhäuser versprüht El Fuerte jede Menge historisches Flair. Aufgrund der Nähe zu den Silberminen in den Schluchten war die Stadt über Jahrhunderte das wichtigste Handelszentrum im nordwestlichen Mexiko. Heute präsentiert sich El Fuerte als malerische kleine Stadt, die inmitten einer der letzten tropischen Trockenwälder Lateinamerikas liegt. Als Start- und Endpunkt für eine Fahrt mit dem Ferrocarril Chihuahua Pacífico ist sie Los Mochis vorzuziehen und lohnt mehr als nur eine Übernachtung. Man kann z. B. einen Ausflug auf dem Río Fuerte machen und das einzigartige subtropische Umland erkunden.

El Fuerte wurde 1564 gegründet und ist nach einer Festung benannt, die im 17. Jh. hoch auf dem Cerro de las Pilas zum Schutz der Siedler vor Angriffen indigener Stämme errichtet wurde.

◉ Sehenswertes

Bosque Secreto   WALD

(Geheimer Wald) 🚶 Vor 500 Jahren breiteten sich über 500 000 km² tropischer Trocken-wald entlang der Küste von Nordmexiko bis nach Panama aus. Davon sind heute noch etwa 10 % übrig geblieben; der Großteil davon erstreckt sich rund um El Fuerte und ist als Bosque Secreto bekannt. Der malerische Río Fuerte mit seiner unglaublich großen Vogelvielfalt (darunter Reiher, Fischadler, Eisvögel und Fliegenschnäpper) windet sich durch den größten Teil des Waldes.

Hotel Río Vista leitet empfehlenswerte Bootsfahrten (300 Mex$/Pers.) auf dem Fluss, darunter auch zu 2000 Jahre alten Petroglyphen.

🛏 Schlafen

Hotel La Choza   HOTEL $

(📞 698-893-12-74; www.hotellachoza.com; 5 de Mayo 101; Zi. 700 Mex$; 🅿 ➔ ❄ 🛜 🎏) Hinter seiner kolonialen Fassade verbirgt das täuschend groß wirkende Hotel einen riesigen Hof und es ist doch recht modern. Die einladenden Zimmer haben hübsche Details wie handbemalte Waschbecken, riesige Kruzifixe über den Betten und hohe, gewölbte Backsteindecken. Das Hotel bietet ein ausgezeichnetes Preis-Leistungs-Verhältnis, und das im Haus befindliche Restaurant **Diligencias** (Hauptgerichte 70–220 Mex$; ⏱ 7–22 Uhr; 🛜) ist ebenfalls eine gute Wahl.

Hotel Guerrero   HOTEL $

(📞 698-893-05-24; www.hotelyhostelguerrero.jimdo.com; Juárez 106; Zi. 400 Mex$; ❄ 🛜) Das charmante Personal des Budgethotels im Zentrum von El Fuerte scheut keine Mühen, um die Gäste zufriedenzustellen. Die um einen schattigen, von Pfeilern gesäumten Patio angeordneten Zimmer sind farbenfroh und komfortabel, wenn auch etwas abgewetzt. Statt der zellenartigen Zimmer auf der linken Seite nimmt man besser eines der älteren, aber geräumigeren auf der rechten Seite.

Hotel Río Vista   HOTEL $$

(📞 698-893-04-13, Mobil 698-1042647; hotelrio vista@hotmail.com; Progreso s/n; Zi. 670 Mex$; 🅿 ❄ 🛜 🏊) Das unkonventionelle Hotel hinter dem Museum auf dem Hügel beherbergt schon seit Jahren Gäste. Stilistisch ist es mit seinen Wandmalereien, seinen knalligen Farben und einer Fülle von Mexiko-Kitsch und anderem bizarren Schnickschnack etwas gewöhnungsbedürftig, dafür bietet es einem aber einen herrlicher Ausblick auf den Fluss, und es gibt einen Pool. Das Hotel veranstaltet herrliche Bootsausflüge durch den Bosque Secreto.

FAHRPLAN – FERROCARRIL CHIHUAHUA PACÍFICO

Täglich verkehrt jeweils ein Zug in jede Richtung. Der *primera express* (nur 1.-Klasse-Waggons; weniger Halte) fährt montags, mittwochs, donnerstags und samstags in Los Mochis ab. In Chihuahua macht er sich sonntags, dienstags, mittwochs und freitags auf den Weg. An anderen Tagen hat der Zug Waggons der *primera* und der *clase económica*, deswegen ist er dann langsamer und hält öfter. Das hat Auswirkungen auf den Zeitplan und die Gesamtfahrtdauer, die sich um rund eine Stunde (insgesamt 13½ Std.) verlängert.

Fahrpläne ändern sich, und beide Züge haben meist Verspätung (1–2 Std.), deswegen dienen die Zeitangaben nur der groben Orientierung. Wer sich nach Los Mochis aufmacht und hofft, noch am selben Tag von Topolobampo die Fähre nach Baja zu erwischen, sollte sich nicht darauf verlassen, dass das auch klappt. Am besten plant man gleich eine Übernachtung in Los Mochis ein.

Richtung Osten – von Los Mochis nach Chihuahua

	PRIMERA EXPRESS		CLASE ECONÓMICA	
Bahnhof	Ankunft	Preis ab Los Mochis (MEX$)	Ankunft (Di, Fr, So)	Preis ab Los Mochis (MEX$)
Los Mochis	6 Uhr (Abfahrt Los Mochis)	–	6 Uhr (Abfahrt Los Mochis)	–
El Fuerte	8.16 Uhr	602	8.19 Uhr	348
Témoris	11.20 Uhr	1074	11.24 Uhr	620
Bahuichivo	12.20 Uhr	1269	12.35 Uhr	733
San Rafael	13.25 Uhr	1430	13.28 Uhr	825
Posada Barrancas (Arepo)	13.43 Uhr	1480	13.46 Uhr	854
Divisadero	14.22 Uhr	1500	14.25 Uhr	866
Creel	15.44 Uhr	1791	15.42 Uhr	1034
Cuauhtémoc	18.37 Uhr	2609	19.07 Uhr	1506
Chihuahua	20.54 Uhr	3276	21.34 Uhr	1891

Richtung Westen – von Chihuahua nach Los Mochis

	PRIMERA EXPRESS		CLASE ECONÓMICA	
Bahnhof	Ankunft	Preis ab Chihuahua (MEX$)	Ankunft (Mo, Do, Sa)	Preis ab Chihuahua (MEX$)
Chihuahua	6 Uhr (Abfahrt Chihuahua)	–	6 Uhr (Abfahrt Chihuahua)	–
Cuauhtémoc	8.25 Uhr	667	8.25 Uhr	385
Creel	11.20 Uhr	1490	11.47 Uhr	860
Divisadero	13.04 Uhr	1781	13.41 Uhr	1028
Posada Barrancas (Arepo)	13.11 Uhr	1801	13.52 Uhr	1040
San Rafael	13.37 Uhr	1851	14.16 Uhr	1069
Bahuichivo	14.28 Uhr	2012	15.12 Uhr	1161
Témoris	15.25 Uhr	2208	16.12 Uhr	1274
El Fuerte	18.23 Uhr	2870	19.19 Uhr	1657
Los Mochis	20.22 Uhr	3276	21.28 Uhr	1891

★ Posada
del Hidalgo
HISTORISCHES HOTEL **$$$**

(☎800-552-56-45, 698-893-02-42; www.hotelpo
sadadelhidalgo.com; Hidalgo 101; EZ/DZ/3BZ
1525/1625/1950 Mex$; P ❋ @ 🛜 ⛱) Das über-
aus stimmungsvolle Hotel in einer rostroten
Kolonial-Hacienda versprüht jede Menge
klassischen Charme. Die geräumigen, ele-
ganten Zimmer sind um einen schattigen
Garten und großartige Gemeinschaftsberei-
che angeordnet. Es gibt ein wunderschönes
Freiluft-Restaurant, einen Pool, ein Massa-
gezimmer und eine beliebte Bar mit geselli-
ger Stimmung. Kolibris leisten Gästen beim
Frühstück Gesellschaft.

Torres del Fuerte
BOUTIQUEHOTEL **$$$**

(☎698-893-19-74; www.facebook.com/Torresdel
Fuerte; Robles 102; EZ/DZ/3BZ 100/110/130 US$;
P 🛆 ❋ 🛜) Die 400 Jahre alte Hazienda
inmitten prächtiger Gärten verbindet koloniale Klasse mit zeitgenössischer Kunst.
Alle Zimmer sind nach unterschiedlichen
Themen gestaltet – chinesisch, indisch, ma-
rokkanisch –, und viele haben Bäder mit
Schieferboden und unverputzte Lehmziegel-
wände. Riesenkakteen säumen die Quartiere, über die sich hohe Balkendecken span-
nen. Im Haus befindet sich das Feinschme-
ckerrestaurant **Bonifacio's** (Hauptgerichte
70–250 Mex$; ⊙7–12 & 18.30–21.30 Uhr; 🖋).

✗ Essen

Dank der ausreichenden Süßwasservorkom-
men rund um El Fuerte gibt es hier ein paar
lokale Spezialitäten, die man unbedingt probieren sollte, z. B. *cauques* oder *langostinos*
(Süßwasserkrebse) und *lobina* (Forellen-
barsch). Abgesehen von diesen Besonderheiten: Die Restaurantauswahl in der Stadt ist
sehr klein.

★ SU-FÓ Sushi &
Cocina Bistro
BISTRO **$**

(☎698-893-50-17; www.facebook.com/pg/SufoSu
shi.Bistro; Constitucion 112; Gerichte 60–90 Mex$;
⊙Di–So 18–24 Uhr; 🛜) Das SU-FÓ serviert
eine bunte Mischung aus Sushi-Rollen
(mit hauseigenem Frischkäse), Reisschalen,
Hamburger mit von Hand geschnittenen
Fritten und sogar Hähnchen-Nuggets. Das
scheint zu funktionieren, denn das Lokal ist
an den meisten Abenden richtig voll. Man
sitzt in einem von Wandmalereien eingefassten, zum Himmel offenen Raum, der mit
urbanem, schickem Dekor und Lichterketten verziert ist. Häufig betätigt sich abends
ein Kellner als DJ.

Tacobuden
TACOS **$**

(Juárez s/n; Gerichte 30–50 Mex$; ⊙7–15 Uhr) In
den Betonhütten neben der Bushaltestelle
nach Los Mochis haben sich Tacobrater eingerichtet, die die vielen Kunden mit Grill-
fleisch aller Art, von *al pastor* (mariniertes
Schweinefleisch) bis *cabeza* (Kopffleisch,
meist Wange, vom Rind), versorgen. Man
stellt sich einfach mit den Einheimischen an
einen Schalter und bestellt Tacos, bis man
satt ist. Getränke selber mitbringen!

El Mesón del General
MEERESFRÜCHTE **$$**

(☎698-893-02-60; Juárez 202; Hauptgerichte
110–270 Mex$; ⊙11–21.30 Uhr) Das traditio-
nelle, formelle Restaurant ist auf Fisch und
Meeresfrüchte spezialisiert. Auf den Tisch
kommen verschiedene Variationen von
pulpo (Tintenfisch) und gemischte Teller
mit verschiedenen Flussspezialitäten. Das
Mesón liegt an der Hauptstraße von El Fu-
erte und bietet ruhige Entspannung von der
Hektik auf dem Markt in der Nähe.

❶ Praktische Informationen

Touristeninformationsstand (5 de Mayo s/n;
⊙Mo–Fr 8–15 Uhr) Der Touristeninfostand an
der Hauptplaza stellt Broschüren und Stadt-
pläne bereit. In der Nähe hängen Führer herum,
die Touren anbieten und Tipps auf Lager haben.

❶ An- & Weiterreise

Die Busse nach Los Mochis (70 Mex$, 2 Std.)
fahren von 5 bis 19.30 Uhr etwa alle 30 Minuten
in der Juárez unweit der Calle 16 de Septiembre,
direkt in der Innenstadt, ab. In Los Mochis gibt
es viele Verbindungen zu Zielen in Nordmexiko.

Der Bahnhof liegt 6 km südlich der Stadt
(Taxifahrt 150 Mex$). Viele Hotels bieten Gästen
einen Abhol- und Bringservice, für den teils eine
Gebühr (bis zum Preis einer Taxifahrt) berech-
net wird. Wer abends mit dem Zug ankommt,
muss für eine Fahrt ins Zentrum mit dem Sam-
meltaxi 50 Mex$ (pro Pers.) zahlen.

Für die fünfstündige Fahrt auf der unbefes-
tigten Straße von El Fuerte nach Álamos ist ein
Geländewagen vonnöten. Man ist schneller,
wenn man nach Los Mochis fährt und dann die
Autobahn nimmt.

Cerocahui

 635 / 1300 EW. / HÖHE 1600 M

Das reizende winzige Dorf Cerocahui, das
vor allem von der Forstwirtschaft geprägt ist,
liegt inmitten eines grünen malerischen Tals
und ist von der El-Chepe-Haltestelle (S. 815)
in Bahuichivo 16 km entfernt und leicht zu

erreichen. Die Canyon-Landschaft in der Umgebung wird von weit weniger Reisenden besucht als das näher bei Creel liegende Gebiet, und das wunderhübsche Dorf Uruqui, das am Canyon-Grund angesiedelt ist, liegt inmitten dieser einzigartigen Landschaft.

An der zentralen Plaza liegt Cerocahuis schöne, mit einer gelben Kuppel bekrönte Kirche **San Francisco Javier de Cerocahui**, die 1680 gegründet wurde.

Es gibt gute Wandermöglichkeiten rund um Cerocahui; lohnend sind auch die (von allen Unterkünften angebotenen) Ausflüge zum **Cerro del Gallego**, einem spektakulären Aussichtspunkt über die Barranca de Urique, 25 km entfernt an der Urique-Straße gelegen.

🛌 Schlafen & Essen

Hotel Jade · HOTEL $$

(☎ 635-456-52-75; www.hoteljade.com.mx; Plaza del Poblado; EZ/DZ 450/900 Mex$, Apt. ab 500 Mex$; ⊛ ✳) Das schlichte Hotel hat 10 saubere, komfortable Zimmer mit großen Betten und riesigen Fenstern. Es zeichnet sich durch die herzliche Gastlichkeit der Inhaber Alberto und Francia und seine hervorragende Küche (mit hausgemachtem Brot, Fischgerichten und vegetarischen Optionen; Mahlzeiten 100 Mex$) aus. Im Angebot auch Touren in die Umgebung (100–600 Mex$/Pers.; min. 2 Pers.). Das Personal spricht außerdem Englisch.

Cabañas San Isidro · CABAÑAS $$

(☎ 635-293-75-02; www.coppercanyonamigos.com; Carretera a Urique Km 24; EZ/DZ/3BZ mit VP & Transfer 85/115/140 US$; ℗) ⁄ Hoch in den Hügeln oberhalb von Cerocahui, 8 km hinter dem Ort an der Straße nach Urique, bietet sich diese bewirtschaftete Farm als ein ideales (wenn auch abgelegenes) ländliches Standquartier für Wanderungen, Ausritte und Touren in die Canyon-Landschaft an. Die Inhaber, die Brüder Mario und Tito, verfügen über ausgezeichnete Kontakte zu den Langläufer-Guides der Tarahumara-Gemeinde. Die gemütlichen, kunstvollen Lehmziegel- und Holzhütten sind mit holzbefeuerten Kaminen ausgestattet. Das Essen ist lecker, und die Portionen sind groß.

★ Hotel Paraíso del Oso · HOTEL $$$

(☎ 635-109-01-88, Chihuahua 614-421-3372; www.mexicohorse.com; Carretera Bahuichivo-Cerocahui s/n; B 15 US$, EZ/DZ mit VP 120/185 US$; ℗ ⊛ ☎) Die exzellente ländliche Lodge in Familienbesitz ist eine tolle Bleibe für Vogelbeobach-

tungstouren, Wanderungen (ab 50 Mex$), Ausritte (150 Mex$/Std.) und Gemeindetourismus (die Inhaber haben gute Kontakte zu den Tarahumara). Die Anlage umfasst geräumige, im Stil einer Ranch eingerichtete Zimmer mit Blick in einen üppig begrünten Hof und eine faszinierende Büchersammlung. Es gibt auch einen Schlafsaal mit mehreren Betten für zwei Personen (Mahlzeiten nicht im Preis inbegriffen). Das Hotel befindet sich 4 km außerhalb des Zentrums von Cerocahui an der Straße nach Bahuichivo.

Hotel Misión · HOTEL $$$

(☎ 635-456-52-94; www.hotelmision.com; Plaza del Poblado; EZ/2BZ inkl. VP ab 3054/3997 Mex$; ℗ ⊛ @ ✳) Die reizende ehemalige Hacienda an der zentralen Plaza bietet rustikale schicke Unterkünfte mit *chimeneas* (Kaminen), ein stimmungsvolles Bar-Restaurant, einen Spielraum mit Billardtisch und einen hübschen Garten mit Weinreben. Das Hotel ist bei Reisegruppen beliebt, die Touren in den Canyon unternehmen. Individualreisende erhalten oft Preisnachlässe.

❶ An- & Weiterreise

Mitarbeiter der Hotels in Cerocahui holen Gäste, die reserviert haben, vom El-Chepe-Bahnhof (S. 815) in Bahuichivo ab. Oft können auch Traveller ohne Reservierung mitfahren, allerdings wird von diesen erwartet, dass sie dann in dem entsprechenden Hotel absteigen.

Alternativ gibt es einen Nahverkehrsbus, der vom Abarrotes El Teto, einem kleinen Lebensmittelladen am Ortseingang, der zugleich als Bushaltestelle dient, abfährt. Die Taxifahrt vom Bahnhof zur Bushaltestelle kostet 50 Mex$. Der Bus fährt gegen 13.30 Uhr nach Cerocahui (50 Mex$, 40 Min.) und Urique (230 Mex$, 3½ Std. oder mehr) und wartet die Ankunft des Zuges aus Chihuahua, aber nicht immer die des Zuges aus Los Mochis ab. In umgekehrter Richtung startet der Bus um 7 Uhr in Urique, hält gegen 10 Uhr in Cerocahui und erreicht sein Ziel in Bahuichivo um 11 Uhr. Von Bahuichivo fahren Busse zwischen 6 und 14 Uhr alle zwei Stunden nach San Rafael (50 Mex$, 45 Min.), Areponápuchi (60 Mex$, 1 Std.), Divisadero (10 Mex$, 70 Min.), Creel (100 Mex$, 2 Std.) und Chihuahua (350 Mex$, 7–8 Std.).

Von Cerocahui aus wurden einige interessante unbefestigte Nebenstraßen angelegt, die auf der Karte verlockend praktisch erscheinen, jedoch nicht ohne Begleitung eines kundigen lokalen Führers befahren werden sollten. Sie weisen anspruchsvolle Abschnitte auf, die nur mit dem Geländewagen zu passieren sind, führen durch einsames Terrain mit Drogenanbaugebieten und sind nach heftigen Regenfällen teils unterspült.

Ein Weg verbindet Cerocahui mit Choix (von wo es eine befestigte Straße nach El Fuerte gibt); eine weitere Strecke führt von Bahuichivo über Témoris nach Álamos. Am besten informiert man sich bei den Besitzern der Unterkünfte Hotel Paraíso del Oso (S. 820) oder Cabañas San Isidro (S. 820) über die Sicherheitslage und den Straßenzustand.

Urique

🗓 635 / 1000 EW. / HÖHE 550 M

Unter einem weiten Sternenhimmel liegt das ehemalige Bergbaudorf am Grund der tiefsten Schlucht, der spektakulären Barranca de Urique – von der Abbruchkante bis hinunter zum Fluss beträgt die Höhendifferenz 1870 m. Die Anreise ist wahrhaft eindrucksvoll: Die weitgehend unbefestigte Straße windet sich durch hügelige Kiefernwälder, ehe sie urplötzlich in den eigentlichen Canyon abtaucht. Gleich hinter dem Schluchtenrand liegt der **Mirador Cerro del Gallego**, einer der fantastischsten Aussichtspunkte in der Barranca del Cobre. Von hier aus kann man auf den Ort Urique und den Fluss tief unten blicken. Vom Aussichtspunkt windet sich die schmale Straße die nahezu kahle Canyonwand hinunter – eine schwindelerregende, 15 km lange Strecke, die mehr Haarnadelkurven als gerade Streckenabschnitte aufweist.

Urique ist zwar ein charmanter, sicherer Ort, aber auch ein Zentrum des Marihuana- und Schlafmohn-Anbaus. (Die ungewöhnlich breite Straße am Ortsrand dient zugleich als Flugfeld, vorgeblich für die Evakuierung medizinischer Notfälle, aber praktisch für Transporte aller Art.) Die meisten Besucher werden allerdings nichts Ungewöhnliches merken, zumindest dann, wenn sie sich an die Hauptrouten und geführte Touren halten.

 Aktivitäten

Tageswanderungen können am Río Urique bergauf zum Dorf **Guadalupe Coronado** (7 km) oder flussabwärts nach **Guapalaina** (6 km) unternommen werden. Beide Wanderungen sind schön und führen auf unbefestigten Wegen den Fluss entlang. Eine größere Herausforderung ist die zwei- bis dreitägige Wanderung nach Batopilas. Einheimische Führer verlangen für diesen Ausflug rund 4000 Mex$ bis 5000 Mex$. Wie überall in Nordmexiko gilt es, die Sicherheitslage vor dem Aufbruch noch einmal zu überprüfen.

🛏 **Schlafen & Essen**

Hotel El Paraíso Escondido   HOTEL $
(☎635-592-74-04;   escondidodeurique@hotmail. com; Principal s/n; EZ/DZ 300/400 Mex$; P ❄) Die Wände der blitzsauberen, zentral gelege-

Seitenleiste rechts: BARRANCA DEL COBRE & NÖRDLICHES MEXIKO URIQUE

ULTRAMARATHONS IN URIQUE

Normalerweise findet Anfang März in Urique der **Ultra Caballo Blanco** (www.facebook. com/caballoblancoultramarathon) statt, ein 82 km langer Ultramarathon auf schwierigen Wegen durch Schluchten und in der Höhe. Ins Leben gerufen wurde das Rennen von Micah True, einem legendären US-amerikanischen Läufer, der vor Ort als Caballo Blanco (weißes Pferd) bekannt war, jahrelang in der Region der Barranca del Cobre lebte und internationale Berühmtheit erlangte, als Christopher McDougall ihn in seinem Buch *Born to Run* verewigte.

Der Ultramarathon ist eine Hommage an die indigenen Tarahumara (oder Rarámuri), die eine jahrhundertealte Tradition des Langstreckenlaufs haben und deren Name „das rennende Volk" oder „die Schnellfüßigen" bedeuten soll. Die *huaraches* (Sandalen aus recycelten Autoreifen) der Tarahumara sollen zur Methode des Barfußlaufens angeregt haben, die nachweislich den Energieverbrauch senkt, das Risiko von Verletzungen miniert und heute weltweit verbreitet ist.

Ein weiteres Event, das alljährlich im Dezember stattfindet, ist die **Carrera de los Pies Ligeros** (Rennen der leichten Füße), eine *rarajipari*. Bei dieser Art von Staffel-Langstreckenlauf der Tarahumara treiben zwei Mannschaften die ganze Zeit einen Ball vor sich her. *Rarajipari* steht den Traditionen der Tarahumara viel näher als die reinen Wettläufe. Es gibt zwei Rennen, eines für Männer und eines für Frauen, mit jeweils zwei Teams, die eine Entfernung von mehr als 100 km bewältigen (nachts im Fackelschein). Die Rennen dauern zwischen 12 und 24 Stunden; teilnehmen dürfen nur Angehörige der Tarahumara.

Die Rennen wurden in den letzten Jahren wegen der aufflammenden Gewalttakte der Drogenkartelle abgesagt, aber Sicherheit und Stabilität sind in die Region zurückgekehrt und damit wurden auch die Rennen wieder aufgenommen.

ⓘ GRENZÜBERGÄNGE

Es gibt über 40 offizielle US-amerikanisch-mexikanische Grenzübergänge; viele sind täglich durchgehend geöffnet. Die Website der US Customs & Border Protection (www.cbp.gov) informiert Traveller über Öffnungszeiten und die geschätzten Wartezeiten für Autofahrer.

Reisende, die Mexiko von den USA aus besuchen wollen, benötigen einen Reisepass. Bei der Einreise muss sich jeder eine mexikanische Touristenkarte (*forma migratoria para turista, FMT,* oder *forma migratoria múltiple,* FMM) besorgen, sofern er nicht in der Grenzzone bleiben und sich länger als 72 Stunden im Land aufhalten will. Die Grenzzone erstreckt sich etwa 20 bis 30 km südlich der Grenze, reicht aber auch bis nach Puerto Peñasco in Sonora und Ensenada sowie San Felipe in Baja California hinunter.

Reisende, die Mexiko mit einem Fahrzeug besuchen möchten, müssen eine mexikanische Fahrzeugversicherung (am Grenzübergang erhältlich) abschließen. Wer die Grenzzone verlässt und weiter ins Landesinnere (außer Baja California) reist, braucht eine Genehmigung zur zeitweiligen Einfuhr. Die Genehmigung kostet 1014 Mex$t; wer sie vorab beantragt, zahlt weniger. Die Papiere werden dann postalisch zugestellt oder können an Banjército-Vertriebsstellen bei der Grenze abgeholt werden.

Die Genehmigung kann man sich vor Reiseantritt über die Website von Banjército (www.banjercito.com.mx) oder an einer der 38 mexikanischen IITV-(Importación e Internación de Vehículos-)Stellen an der Nordgrenze besorgen, u. a. in Sonora in Agua Zarca (21 km südl. von Nogales), im Bundesstaat Chihuahua 30 km südlich von Ciudad Juárez und in Baja California in Pichilingue (nahe La Paz) und Ensenada. Alle IITV-Stellen sind auf der Website www.banjercito.com.mx aufgeführt (auf Red de Módulos IITV klicken!).

Wer ein Fahrzeug nach Baja California einführt und es dann mit der Fähre von Pichilingue aus aufs mexikanische Festland mitnehmen möchte, muss die Genehmigung vor der Einschiffung des Fahrzeugs einholen.

Die wichtigsten Grenzübergänge (von Westen nach Osten) sind:

San Diego (Kalifornien)–Tijuana (Baja California) Zu den drei Grenzübergängen vor Ort gehören San Ysidro–El Chaparral (24 Std.), der am stärksten frequentierte der Welt. Daneben gibt es das Terminal für Grenzübergänge am internationalen Flughafen von Tijuana (24 Std., nur für Ticketinhaber) und den Übergang Otay Mesa (24 Std.).

Calexico (Kalifornien)–Mexicali (Baja California) Hier gibt es die Grenzübergänge Calexico West (24 Std.) und Calexico East (3–24 Uhr).

Lukeville (Arizona)–Sonoyta (Sonora) Am praktischsten, wenn man nach Puerto Peñasco (6–24 Uhr) möchte.

Nogales (Arizona)–Nogales (Sonora) Der Hwy 15/15D ist die Hauptverbindung nach Süden zum Grenzübergang Deconcini (24 Std.).

Grenzübergang Santa Teresa Der Grenzübergang befindet sich im Bundesstaat Chihuahua rund 20 km westlich von Juárez; er ist besonders zur Umgehung des Risikogebiets bei Juárez (6–24 Uhr) geeignet.

nen Zimmer in dem freundlichen und günstigen Motels wurden mittels einer Schwammtechnik bemalt, und die Quartiere bieten ein prima Preis-Leistungs-Verhältnis. Sie sind mit Flachbild-TV, Warmwasser und Klimaanlage ausgestattet. Die Zimmer im 1. Stock verfügen auch über eine Heizung. Am Ortseingang biegt man rechts von der Hauptstraße ab; das Hotel liegt auf der rechten Seite.

Entre Amigos   CABAÑAS, CAMPING $
(☎635-110-62-60, USA 503-434-6488; www.amon gamigos.com; Principal s/n; Stellplatz 10 US$/Pers.,

B/Zi. 15/50 US$; ⓟ🐾🖨) 🖊 Die schöne Anlage empfängt seit 1975 Gäste. Gemütliche Steinhütten, abgewetzte Schlafsäle und gute Stellplätze (Ausrüstung selber mitbringen) verteilen sich über ein Gelände voller Obstbäume, über dem ein riesiger Kaktus aufragt. Mahlzeiten werden hier nicht serviert, aber es gibt eine gute Gästeküche. Das Personal vermittelt verlässliche lokale Führer für Wanderungen, Camping- und Angelausflüge; im Haus wartet eine eindrucksvolle Bibliothek.

Der Komplex befindet sich in der Nähe des Flussufers, zehn Gehminuten außerhalb

El Paso (Texas)–Ciudad Juárez (Chihuahua) Bridge of the Americas (24 Std.), Paso del Norte (24 Std.), Stanton St–Avenida Lerdo (6–24 Uhr) sowie Ysleta (24 Std.). Fußgänger können die Grenze über die Brücken Bridge of the Americas, Paso del Norte oder Ysleta überqueren. Bei der Rückkehr als Fußgänger muss man die Paso del Norte benutzen. Mit dem Auto muss man über die Bridge of the Americas (Puente Córdova) fahren. Touristenkarten erhält man am Ende der Brücke Stanton St–Avenida Lerdo und der Bridge of the Americas. Der Hwy 45D von Juárez ist die wichtigste nach Süden führende Route.

Presidio (Texas)–Ojinaga (Chihuahua) Von Ojinaga sind es 225 km auf dem Hwy 16 direkt nach Chihuahua (24 Std.).

Del Rio (Texas)–Ciudad Acuña (Coahuila) Rund um die Uhr geöffnet.

Eagle Pass (Texas)–Piedras Negras (Coahuila) Zwei Grenzübergänge: Bridge 1 (7–23 Uhr) und Bridge 2 (24 Std.).

Laredo (Texas)–Nuevo Laredo (Tamaulipas) Vier Grenzübergänge: Puente Internacional 1 (24 Std.), Puente Internacional 2 (24 Std.), Colombia Solidarity (8–24 Uhr) und World Trade Bridge (8–24 Uhr). Puente Internacional 2 umgeht die Stadt und ist die sicherste Option, mit Anschluss an den Hwy 85D von Nuevo Laredo nach Monterrey, wo es gute Verbindungen ins übrige Mexiko gibt (24 Std.).

McAllen/Hidalgo/Pharr (Texas)–Reynosa (Tamaulipas) Grenzübergänge nach Reynosa gibt's in drei nebeneinanderliegenden US-amerikanischen Städten: die Grenzübergänge Anzalduas International Bridge (6–22 Uhr), Hidalgo (24 Std.) und Pharr (6–24 Uhr).

Brownsville (Texas)–Matamoros (Tamaulipas) B&M (24 Std.), Gateway (24 Std.), Los Indios (6–24 Uhr) und Veterans International (6–24 Uhr).

Es gibt viele grenzüberschreitende Busverbindungen zwischen US-amerikanischen Städten und der Region; bei den meisten muss man aber in einer Stadt vor oder hinter der amerikanisch-mexikanischen Grenze den Bus wechseln. Angesichts der Zeit, die der Bus zum Passieren der Grenze braucht, geht es oft schneller, vor der Grenze auszusteigen, die Grenze zu Fuß zu überqueren und auf der anderen Seite mit einem anderen Transportmittel weiterzufahren.

Wer sich nicht länger in einer der mexikanischen Grenzstädte aufhalten will, kann mit einigen Busunternehmen gleich tiefer nach Mexiko hineinfahren, z. B. mit **Transportes Express** (S. 838) u. a. von Phoenix über Sonoyta nach Puerto Peñasco, mit **Los Paisanos Autobuses** (S. 854) von Dallas, Denver, Los Angeles, Las Vegas und anderen Städten aus über Juárez nach Chihuahua sowie mit Tufesa (www.tufesa.com.mx), das zahlreiche grenzüberschreitende Busse nach Kalifornien und Arizona betreibt.

Zahllose Grenzstädte gehören zu den gefährlichsten Orten Mexikos. Die Sicherheitslage kann sich rasch ändern. Ciudad Juárez und Nuevo Laredo sind schon seit Jahren ein gefährliches Pflaster und sollten am besten gemieden oder zumindest nur tagsüber durchquert werden; Vorsicht ist aber auch dabei geboten. Die Grenzübergänge Sonoras galten zur Zeit der Recherche als ziemlich *tranquilo* (friedlich).

des Ortskerns. Bei der Anreise mit dem Bus lässt einer der Fahrer in der Regel gern hier aussteigen.

Restaurant Plaza MEXIKANISCH **$$**
(📞635-456-60-03; Principal s/n; Gerichte 100–120 Mex$; ⊙6–21 Uhr) Das ausgezeichnete, familiengeführte Restaurant bietet ordentliches Essen nach Hausmannsart. Die Spezialität ist *aguachile,* ein suppenartiger, würziger Shrimps-Cocktail mit Zwiebeln und Tomaten, der in einem *molcajete* (traditioneller Mörser) serviert wird. Der winzi-

ge Speisesaal vorne sollte einen nicht verschrecken: Hinten gibt's einen großen, schattigen Hof und oben eine sonnige Dachterrasse mit Blick auf die hoch aufragenden Wände der Schlucht.

Restaurante del Centro MEXIKANISCH **$$**
(Hauptgerichte 70–180 Mex$; ⊙7.30–21 Uhr) Durch einen Krimskrams-Laden gelangt man in dieses verschlafene Restaurant. Der geräumige Speisesaal ist hell und ansprechend; man sitzt an langen, für Familien geeigneten Tischen. Es gibt eine Frühstücks-

karte, einmal pro Woche ein Mittagsbüffet und viele Optionen beim Abendessen, darunter diverse, gut zubereitete Steaks. Das Restaurant liegt an der zentralen Plaza abseits der Hauptdurchfahrtsstraße.

ℹ Praktische Informationen

Im Rathaus an der Hauptstraße befindet sich die kleine, effiziente **Touristeninformation** (☏ 635-456-60-42; turismo.urique@gmail.com; Palacio Municipal, Principal s/n; ⊙ Mo–Fr 8–15 Uhr).

ℹ An- & Weiterreise

Der Zug **El Chepe** (S. 815) hält zweimal täglich in Bahuichivo, dem Urique am nächsten gelegenen Bahnhof. Nach der Ankunft des letzten Zuges des Tags fährt täglich ein Bus vom Bahnhof nach Urique (230 Mex$, 3½ Std. oder mehr). Alternativ gibt es einen Nahverkehrsbus, der vom Abarrotes El Teto, einem kleinen Lebensmittelladen am Ortseingang, der zugleich als Bushaltestelle dient, abfährt. Die Taxifahrt vom Bahnhof zur Bushaltestelle kostet 50 Mex$. Der Bus fährt gegen 13.30 Uhr nach Cerocahui (50 Mex$, 40 Min.) und Urique (230 Mex$, 3½ Std. oder mehr) und wartet die Ankunft des Zuges aus Chihuahua, aber nicht immer die des späteren Zuges aus Los Mochis ab.

In umgekehrter Richtung startet der Bus um 7 Uhr in Urique und fährt über Cerocahui nach Bahuichivo. Die Hotels in Urique holen Gäste aus Bahuichivo ab (ca. 1500 Mex$). Transporte bieten auch die Hotels in Cerocahui: Cabañas San Isidro und das Hotel Jade berechnen jeweils 1800 Mex$ für eine Tagestour mit Führer nach Urique und wieder zurück.

Areponápuchi

☏ 635 / 210 EW. / HÖHE 2220 M

Entlang einer 2 km langen Straße in der Nähe des Canyons liegt die winzige Siedlung Areponápuchi oder „Arepo". Sie besteht lediglich aus einem Dutzend Häusern, einer Kirche und einigen Hotels, von denen die teureren direkt an der Schlucht liegen und atemberaubende Ausblicke bieten. Die Gegend ist die touristischste rund um die Barranca del Cobre. Hier kann man in dem großartigen Abenteuerpark (S. 825) über sieben Zipline-Routen fast bis zum Grund des Canyons schweben, bevor es mit der Seilbahn zurück nach oben geht. Den Halbtagesausflug sollte man sich auf keinen Fall entgehen lassen.

Der Ort selbst ist wenig spektakulär. Die meisten bleiben nur eine oder zwei Nächte, um den Abenteuerpark zu besuchen, bevor es mit der Eisenbahn El Chepe (S. 815) weitergeht. Ein einfacher Weg mit mehreren guten Aussichtspunkten verläuft entlang der Canyonkante links (nördlich) des Hotel Mirador. In unmittelbarer Nähe zur Straße nach Divisadero warten mehrere Aussichtsplattformen (sowie der Abenteuerpark).

🛏 Schlafen & Essen

Cabañas Díaz Family
CABAÑAS $

(☏ 635-578-30-08; abseits der Principal; Hütte 300 Mex$/Pers.; P) Die freundliche, familiengeführte Anlage hat mehrere komfortable Hütten mit Blick auf eine Pfirsichplantage. Alle Hütten sind mit Kamin und voll ausgestatteter Küche versehen, viele verfügen auch über ein Dachgeschoss. Außerdem gibt's schlichte, saubere Zimmer im Stil von Hotels (500 Mex$). Im großen Speisesaal des Haupthauses werden günstige Gerichte nach Hausmannsart serviert. Im Angebot stehen exzellente geführte Wanderungen und Ausritte (4-std. Ausflug für 2 Pers. zu Fuß/Pferd 350/650 Mex$).

Hotel Mansión Tarahumara
HOTEL $$

(El Castillo; ☏ 635-578-30-30, Chihuahua 614-415-47-21; www.hotelmansiontarahumara.com.mx; abseits der Principal; EZ/DZ mit Frühstück ab 1026/1445 Mex$, mit VP ab 1386/1938 Mex$; P 🖥) Das burgartige Hotel mit Türmchen und Zinnen bietet gemütliche Unterkünfte, die vom Bahnhof nur ein paar Minuten den Hügel hinauf liegen. Die Zimmer am Canyonrand sind mit Balkonen und luxuriösen Betten die schönsten und teuersten. Im Haus gibt's ein großes Restaurant (Gerichte 220 Mex$), einen Pool und einen Whirlpool.

Hotel Mirador
HOTEL $$$

(☏ 800-552-56-45, 635-578-30-20; www.mexicoscoppercanyon.com; abseits der Principal; EZ/DZ/Suite mit VP 3045/3997/4845 Mex$; P 🖥) Am östlichen Ortsrand ragt dieses Hotel über die Schlucht vor. Die 75 Zimmer (jeweils mit Balkon, Decken mit Balken und etwas betagten Möbeln) bieten eine unschlagbare Aussicht ebenso wie das Restaurant, in dem Gerichte vom Büffet an Gemeinschaftstischen serviert werden. Das Hotel ist bei Reisegruppen beliebt und etwas überteuert, aber eine Übernachtung lohnt sich wegen des hinreißenden Canyon-Panoramas.

Cabañas Díaz Eatery
MEXIKANISCH $

(☏ 635-578-30-08; abseits der Principal; Gerichte 80–90 Mex$; ⊙ 7–20 Uhr; 🖥) An den langen Gemeinschaftstischen dieses familiengeführten Restaurants wird schmackhafte Hausmannskost aufgetragen Es gibt keine

PARQUE DE AVENTURA BARRANCAS DEL COBRE

In diesem erstaunlichen **Abenteuerpark** (☎ 664-143-23-05, USA 800-887-4766; www.parquebarrancas.com; 20 Mex$, Seilrutschen 600–1000 Mex$; ◷ 9–17 Uhr; ♿) am Schluchtenrand zwischen Areponápuchi und Divisadero finden sich Mexikos längste *tirolesas* (Ziplines; Seilrutschen), die über einige der weltweit tiefsten Schluchten gespannt sind. Die sieben Seilrutschen des Parks führen aus einer Höhe von 2400 m mehr als die halbe Strecke hinunter zum Grund der Schlucht. Zu ihnen gehört auch die mit 2,5 km längste Seilrutsche der Welt.

Ein paar beängstigend wacklige Hängebrücken runden das Canyon-Abenteuer ab. Die Sicherheitsstandards sind ausgezeichnet: Die Besucher werden stets von einem Team erfahrener Zipliner begleitet und erhalten eine komplette Sicherheitsausrüstung. Für den Abstieg zum spektakulären Aussichtspunkt Mesón de Bacajípare muss man mindestens zwei Stunden einrechnen, weil man in einer Gruppe unterwegs ist und warten muss, bis jeder den entsprechenden Seilrutschen-Abschnitt bewältigt hat. Wer keine Lust auf Ziplining hat, gelangt mit einem Abseil- und Kletterausflug (450 Mex$) zum selben Aussichtspunkt; hierbei braucht man mindestens 1½ Stunden.

Der Aussichtspunkt Mesón de Bacajípare ist zugleich die Talstation des *teleférico* (Seilbahn), die man benutzen muss, um wieder nach oben zu kommen. Die Fahrt ist im Preis für die Zipline- bzw. Abseil-Tour inbegriffen. Wer auf Abenteuersport keine Lust hat, aber trotzdem die spektakuläre Aussicht genießen will, fährt einfach vom Schluchtenrand aus mit der Seilbahn hinunter (Erw./Kind 250/130 Mex$; Fahrtzeit jeweils 10 Min. mit 20 Min. Aufenthalt). Wanderungen (50–200 Mex$) und Mountainbike-Abfahrten (400 Mex$) lassen sich mit Tarahumara-Führern vereinbaren.

Im Hauptgebäude befinden sich der Ticketverkauf, ein **Restaurant** mit toller Aussicht und ein Souvenirladen.

Die nächstgelegenen öffentlichen Verkehrsmittel gibt's im Arepo, zu erreichen über einen leichten 1,5 km langen Weg, der sich an den Canyonrand schmiegt. Divisadero ist rund 3 km entfernt; auf dem Weg dorthin genießt man einen ähnlich eindrucksvollen Ausblick.

Karte, sondern täglich ein frisch zubereitetes Gericht. Dies ist das verlässlichste Restaurant vor Ort, wenn man nicht in einem der großen Hotels wohnt.

⭐ **Restaurante**

Darranco INTERNATIONAL **$$**
(☎ 664-143-23-05; www.parquebarrancas.com; Parque de Aventura Barrancas del Cobre; Hauptgerichte 90–250 Mex$; ◷ 9–16 Uhr; ♿) Das Restaurant über einem atemberaubenden Riss in den Canyonwänden bietet durch deckenhohe Fenster und den Plexiglasboden einen erstaunlichen Ausblick. Zu essen gibt's eine gute Auswahl von Steaks, Salaten und beliebten Frühstückgerichten in großen Portionen. Das Restaurant befindet sich im Hauptgebäude des Abenteuerparks.

ℹ️ An- & Weiterreise

Die meisten Besucher kommen mit dem Zug El Chepe (S. 815) an Bahnhof Posada Barrancas an, der einen kurzen Fußmarsch von den Hotels von Arepo und dem Abenteuerpark entfernt liegt. Wer gleich in den Park will, überquert die Bahntrasse und marschiert links den Hügel hinauf.

Fünf Busse von Autotransportes Noroeste (S. 830) verbinden Creel täglich mit Arepo (90 Mex$, 1 Std.) und San Rafael (10 Mex$, 15 Min.); sie fahren zwischen 11.30 und 19.30 Uhr alle zwei Stunden. Die Busse setzen die Passagiere entweder am Eingang zum Abenteuerpark ab oder an der Hauptstraße am Ortseingang von Arepo.

Divisadero

HÖHE 2240 M

Divisadero, ein Bahnhof ohne Dorf, bietet – wenn man sich nur auf die Zugfahrt beschränkt – die einzige Möglichkeit, in die eigentliche, wundervolle Barranca del Cobre hinunterzuschauen. Alle Züge halten hier 20 Minuten, sodass genug Zeit bleibt, hinauszuspringen, sich zu umschauen, am Aussichtspunkt ein paar Fotos zu schießen und wieder in den Zug zu steigen. Am Boden der Schlucht erkennt man nur ein winziges Stück des Río Urique. Man muss seine Zeit gut einteilen, weil der Bahnhof auch als Souvenirmarkt mit einem spektakulären Foodcourt dient. Die in behelfsmäßig zu Öfen umfunktionierten Ölfässern gegarten *Gorditas* (Maiskuchen, teilweise aus blauem Mais), Burritos und *chiles rellenos* (mit Fleisch oder Käse gefüllten Chilis) lohnen allein schon den Halt. Beim Essen sollte man sich beeilen: Die Schaffner sollen darauf achten, dass die Passagiere kein Essen mit in den Zug nehmen. Dies alles und der nur 1,5 km südlich gelegene Abenteuerpark rechtfertigen einen Aufenthalt von mehr als nur 20 Minuten.

🛏 Schlafen & Essen

Hotel Divisadero Barrancas
HOTEL $$$

(☎614-415-11-99, US 888-232-4219; www.hoteldivisadero.com; Av Mirador 4516; EZ/DZ mit VP ab 2629/3135 Mex$; P🅿🛜) Das Hotel direkt am Aussichtspunkt der Schlucht hat moderne, aber etwas teure Zimmer mit Blockhütten-Atmosphäre. Die älteren Einheiten bieten keine Aussicht (was hat man sich nur dabei gedacht?), jedoch warten die neueren Zimmer (Nr. 35–52) mit einem erstaunlichen Ausblick auf. Zumindest können aber alle Gäste die Aussicht aus den Panoramafenstern im Restaurant und in der Lounge genießen.

⭐ Mercado Divisidero
MARKT $

(Av Mirador; Gerichte 15–40 Mex$; ⊙12–15 Uhr; 🌐🛜) Am Fuß des Bahnhofs befindet sich der Markt mit seinen unzähligen Imbissständen. Hier werden hauptsächlich Tacos, Burritos und *gorditas* (dicke Tortillas), gefüllt mit vielen verschiedenen Leckereien wie gegrillten Steaks, mariniertem Hühnchen, *nopales* (Kaktusfeigen) und sogar *chiles rellenos* (Chilischoten mit Fleisch oder Käse), angeboten.

❶ An- & Weiterreise

Der Zug El Chepe (S. 815) hält zweimal täglich auf seinem Weg nach Los Mochis bzw. Chihuahua am Bahnhof Divisadero. Zugtickets können an Bord gekauft werden, wenn es freie Sitzplätze gibt (was meistens der Fall ist). Bei einer Fahrt zu Spitzenzeiten (Semana Santa, Juli, Aug., Weihnachten & Neujahr) sollte man sein Ticket mindestens einen Monat im Voraus reservieren.

Die Busse nach Areponápuchi, San Rafael und Bahuichivo fahren alle über Divisadero, wo sie unterhalb des Bahnhofs halten – mit ihnen kommt man schneller und günstiger weiter als mit dem Zug.

Creel

☑635 / 5300 EW. / HÖHE 2345 M

Creel, das wichtigste Zentrum des Barranca-del-Cobre-Tourismus, ist nicht viel mehr als ein schlichtes Städtchen im Hochland, das sich längs der Bahngleise erstreckt. Der von Kiefernwäldern und interessanten Felsformationen umgebene, nette Ort verfügt über mehrere gute Hotels und Restaurants. Zum Stadtbild gehören die Tarahumara in ihren bunten Gewändern sowie Traveller, die überwiegend in Reisegruppen unterwegs sind.

Das Gebiet um Creel ist reich an Naturwundern, von Wasserfällen und Thermalquellen bis hin zu surrealen Felsformationen und ausgedehnten Parklandschaften, die sich für Tageswanderungen und Ausflüge per Fahrrad oder motorisiert anbieten. Lokale Guides veranstalten diverse Touren, aber man kann sich auch allein mit einem gemieteten Fahrrad, Motorrad oder Geländewagen auf den Weg machen.

In Creel kann es im Winter sehr kalt werden und sogar schneien; auch die Herbstnächte sind alles andere als mild. Im Sommer bringt die Bergluft eine willkommene Abkühlung von der Hitze des mexikanischen Küstentieflands und der Wüste.

◎ Sehenswertes

Museo de Arte Popular de Chihuahua
MUSEUM

(☎635-456-00-80; casaartesanias@prodigy.net.mx; Av Vías del Ferrocarril 178; Erw./Kind 10/5 Mex$; ⊙9–18 Uhr; P🌐) Gezeigt werden ausgezeichnete, auch auf Englisch erläuterte Exponate zur lokalen Geschichte sowie zur Kultur und zum Kunsthandwerk der Tarahumara, z. B. prächtige Flechtkörbe, traditionelle Gewänder und Fotos. Der Museumsshop verkauft zudem hochwertige Volkskunst der Tarahumara.

🏃 Aktivitäten

Man sollte wirklich erwägen, die Region auf eigene Faust zu erkunden. Die Gegend ist bestens für Reiter geeignet, und viele Attraktionen rund um Creel können zu Pferd, mit dem Fahrrad oder dem Motorroller abgeklappert werden. Das ist umso lohnender, weil man Orte erreicht, an die kein Kleintransporter je kommt, und außerdem kann man die Natur mit mehr Ruhe genießen. Die gesamte Region ist eine Spielwiese für Mountainbiker: Man kann sich ein Rad mieten und die Attraktionen auf eigene Faust entdecken.

Mit einem Motorroller oder Auto hat man die Möglichkeit, den Grund der Barranca del Cobre auf den eigenen Rädern zu erreichen. Zunächst gilt es, sich in Creel ein Lunch-Paket zu sichern. Die Route ist recht simpel: Man folgt dem ausgezeichnet asphaltierten,

Creel

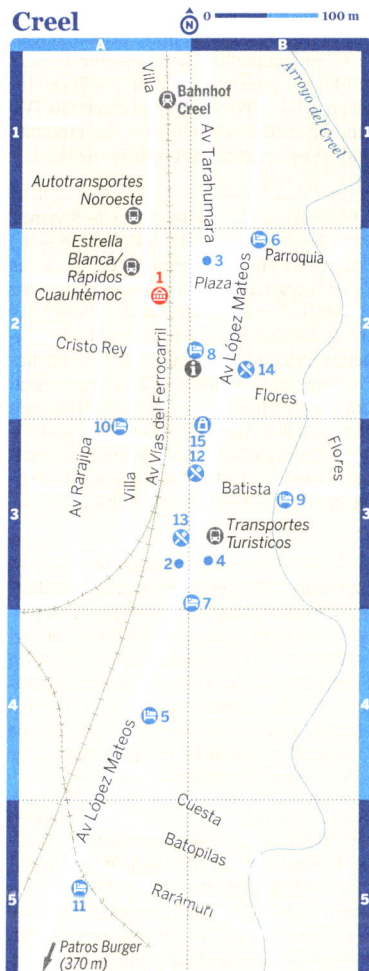

0 —————— 100 m

Creel

◎ **Sehenswertes**
1 Museo de Arte Popular de
Chihuahua A2

✦ **Aktivitäten, Kurse & Touren**
2 3 Amigos................................... A3
3 Tarahumara Tours..................... B2
4 Umarike Expediciones................ B3

🛏 **Schlafen**
5 Best Western The Lodge at Creel A4
6 Casa Margarita.......................... B2
7 Hotel Cascada Inn...................... B3
8 Hotel La Estación B2
9 Hotel Plaza Mexicana B3
10 La Troje de Adobe A3
11 Quinta Mision........................... A5

✕ **Essen**
12 La Cabaña B3
13 La Lupita.................................. A3
14 Simple..................................... B2

◉ **Ausgehen & Nachtleben**
La Troje de Adobe Cafe ....(siehe 10)

🔒 **Shoppen**
15 No Name Gift Shop B3

Kleintransportern sind oft eher oberflächlich, man hakt in einer kurzen Zeitspanne – meist sind es halbtägige Trips – die Sehenswürdigkeiten der Umgebung ab, etwa Canyons, Wasserfälle, Tarahumara-Siedlungen, Thermalquellen und weitere Stellen. Thementouren sind oft lohnender. Ein beliebter, rund fünfstündiger Trip führt zum Dorf Cusárare und dem Wasserfall, zum Lago Arareko und zum Valle de las Ranas y los Hongos. Halbtagestouren kosten üblicherweise 300 Mex$ pro Nase, und für Ganztagestouren werden bis zu 600 Mex$ fällig. Zu weiteren Zielen von Halb- oder Ganztagestouren zählen u. a. der Abenteuerpark (S. 825) in der Nähe von Areponápuchi, die Cascada de Basaseachi (S. 829) und die Rekowata-Thermalquellen (S. 834).

★ **3 Amigos**   TOUREN
(☎635-456-00-36; www.amigos3.com; Av López Mateos 46; ⊙9–18 Uhr; 🚲) Die sehr engagiert und professionell geführte Agentur mit englischsprachigen Mitarbeitern ist bekannt dafür, Besuchern dabei zu helfen, „in der Barranca del Cobre ihr eigener Guide" zu sein. Sie verkauft Streckenkarten (20 Mex$), vermietet Rockhopper-Mountainbikes (350 Mex$/Tag) und Motorroller (1000 Mex$/Tag) und bietet indivi-

südöstlich von der Stadt verlaufenden Highway in Richtung Guachochi. Die Landschaft ist überwältigend; im schönsten Abschnitt zwischen Km 133 und Km 50 windet sich der Weg zwischen den ockerfarbenen Wänden der Schlucht hindurch, dann geht's bergab zur Humira-Brücke und am schäumenden Wasser des Río Urique entlang. Zurück geht es denselben Weg über Cusárare und den Lago Arareko.

👉 Geführte Touren

Sobald man in einem Hotel eingecheckt hat (oder sogar noch davor), wird man bedrängt, eine Tour zu buchen. Die Standardtouren in

duell zugeschnittene, mehrtägige geführte Touren mit Fahrer (160 US$/Tag).

Die ganztägige Mountainbiketour in Eigenregie zu den Rekowata-Thermalquellen und die ganztägige Fahrt mit dem Motorroller über die Humira-Brücke zum Grund der Schlucht führen durch eine atemberaubende Landschaft und sind sehr zu empfehlen. Die Agentur ist zudem die beste Informationsquelle vor Ort und ihre Website eine hervorragende Adresse, um mit der Planung eines Barranca-del-Cobre-Abenteuers anzufangen. Man kann sich von der Agentur in Chihuahua und Los Mochis abholen lassen.

Tarahumara Tours TOUREN

(☑635-199-61-64; creeltour@hotmail.com; Callejón Parroquial s/n; ☺9–19 Uhr) Einheimische Fahrer-Guides bieten begleitete Exkursionen von zwei Stunden bis zu zwei Tagen zu günstigen Preisen an. Eine zweistündige Tour zu fünf schönen Stellen in der Umgebung kostet ab 200 Mex$ pro Person, ein zweitägiger Trip nach Batopilas ohne Verpflegung und Unterkunft 1000 Mex$. Das Büro liegt an der zentralen Plaza.

Umarike Expediciones ABENTEUER

(☑635-456-06-32, Handy 614-4065464; www.umarike.com.mx; Av López Mateos s/n) Der Mountainbiking-Spezialist bietet geführte Rad- und Wandertouren von einem Tag bis acht Tagen Länge. Daneben gibt es einen Fahrradverleih (500 Mex$/Tag), Karten und Infos.

🛏 Schlafen

★ La Troje de Adobe GASTHOF $

(☑635-102-10-11; www.lodgeatcreel.com; Chapultepec s/n; Zi. 595–795 Mex$; ☎) Der dreistöckige, an eine Schweizer Skihütte erinnernde Gasthof hat nur sieben Zimmer, die mit Webarbeiten der Tarahumara, handgearbeiteten Möbeln und Bädern mit Schieferfliesen gehobenes Boheme-Flair verströmen. Mehrere Zimmer haben einen Ausblick in die Berge. Die umgänglichen Inhaber, von denen einer ein pensionierter Anthropologe ist, geben ausgezeichnete Empfehlungen zu Sehenswertem in der Gegend und vermitteln auch Führer.

★ Hotel La Estación GASTHOF $$

(☑635-456-04-72; www.facebook.com/hotellaestacioncreel; Av López Mateos s/n; Zi. mit Frühstück 1050 Mex$; ☎) Das aus einem Kino in einen Gasthof umgebaute Haus ist eine Hommage an den El Chepe (S. 815): Jedes Zimmer ist mit Wandmalereien, Fotos und sogar origi-

nalen Waggontüren einem anderen Bahnhof des Ferrocarril Chihuahua Pacífico gewidmet. Die Zimmer haben urban-schickes Flair mit klaren Linien und Extras wie Regenduschen, feiner Bettwäsche und Flachbild-TVs. Zum Frühstück gehören auch Bio-Produkte und hausgemachte regionale Spezialitäten.

Hotel Plaza Mexicana HOTEL $$

(☑635-456-02-45; hotelesmargaritas@hotmail.com; Batista s/n; Zi. mit HP 850 Mex$; ⓟ☺☎) Das zweite Hotel der Familie, die auch das **Casa Margarita** (☑635-456-00-45; Av López Mateos 11; Zi. mit HP ab 850 Mex$; ⓟ☺☎) betreibt, ist eine Stufe gehobener als das trubelige Original. Das Haus hat freundliches Personal und komfortable Zimmer, die sich um einen hübschen, gelb angestrichenen Hof verteilen. Im Preis inbegriffen sind ein gutes Frühstück (mit nach Wunsch zubereiteten Eiern) und das Abendessen mit überwiegend typisch mexikanischen Gerichten.

Hotel Cascada Inn HOTEL $$

(☑635-456-01-51; www.hotelcascadainn.com; Av López Mateos 49; Zi. mit Frühstück 950–1495 Mex$; ⓟ☺☎) Das alteingesessene Familienunternehmen bietet renovierte, schlichte, moderne Zimmer mit Marmorbädern und großen Flachbild-TVs. Das Gelände könnte gepflegter sein, aber abgesehen von dem überwucherten Garten ist das Hotel eine solide Option. Ein Vorteil ist die praktische Lage direkt an der Hauptstraße von Creel.

Quinta Mision HOTEL $$$

(☑635-456-00-21; www.quintamision.com; Av López Mateos s/n; Zi. ab 1730 Mex$; ⓟ☺✳☎) ✐ Das wohl umweltbewussteste Hotel in Creel bereitet sein Wasser auf und setzt auf Wind- und Solarenergie. Die 20 schicken Zimmer von der Größe einer Suite wurden in das Skelett einer alten Möbelfabrik eingebaut. Sie haben alle Kühlschränke und bieten genügend Raum für eine kleine Familie. Auf der Website stehen regelmäßig Sonderangebote.

Best Western
The Lodge at Creel LODGE $$$

(☑635-456-07-07; www.thelodgeatcreel.com; Av López Mateos 61; Zi. ab 1928 Mex$; ⓟ☺@☎) Das faszinierende Best Western bedient mit seinen Geweih-Kronleuchtern und Kuhhäuten an den Wänden sämtliche Wild-West-Fantasien der Gäste. Die 41 geräumigen, schicken Zimmer haben Kamine, freigelegte Steinwände, Sitznischen und Sitzschaukeln auf den Veranden. Es gibt ein kleines Fitnesscenter und Spa sowie mehrere Lokale und Bars.

 Essen

In Creel ist die Restaurantauswahl begrenzt, gemessen am Standard der kleinen Dörfer am Canyongrund ist die Qualität allerdings hoch. Als Mittagessen zum Mitnehmen gibt's in den Lebensmittelläden an der Hauptstraße leckeren *queso menonita* (Mennonitenkäse) und Brot.

Simple
BISTRO $

(☏ 635-456-08-44; www.facebook.com/simplebistrocreel; Av López Mateos 17A; Hauptgerichte 45–75 Mex$; ⊗ 8–22 Uhr; 🖥) Große Sandwiches, nach Kundenwunsch zubereitete Burger und viele Arten von Crêpes werden in diesem kleinen Bistro serviert, das nur wenige Schritte von der zentralen Plaza entfernt ist. Der Service kann etwas brüsk sein, aber das Essen entschädigt allemal dafür. Lunchboxen werden schon früh für jene angeboten, die auf Besichtigungstour gehen wollen. An warmen Tagen kann man gut draußen auf dem Bürgersteig sitzen.

Patros Burger
TACOS $

(☏ 635-102-10-05; Av López Mateos; Hauptgerichte 45–75 Mex$; ⊗ 12–20 Uhr) Dem Namen zum Trotz sind die Highlights in diesem bunten Lokal die *tortas* (Sandwiches mexikanischer Art) und Tacos. Auf dem Grill brutzelt den ganzen Tag über ausschließlich Fleisch, während Brötchen und Tortillas in der Küche darauf warten, mit Steaks, Schweinefleisch und Beilagen gefüllt zu werden. Durch den stetigen Kundenstrom hat das Personal die meiste Zeit gut zu tun.

La Lupita
MEXIKANISCH $

(☏ 635-456-10-01; Av López Mateos 44; Hauptgerichte 60–110 Mex$; ⊗ 7–21 Uhr; 🖥) Das farbenfroh dekorierte Lokal mit Plastiküberzügen auf den Tischdecken wird von einem Team freundlicher Einheimischer betrieben. Sie sind an Reisende gewöhnt, die sich hier die Wartezeit zwischen Bus- und Zugfahrten vertreiben. Auf den Tisch kommen verschiedene Frühstücksgerichte, ein umfangreiches Sortiment von mexikanischen Speisen und einige Meeresfrüchtespezialitäten.

La Cabaña
INTERNATIONAL $$

(☏ 635-456-06-64; Av López Mateos 36; Hauptgerichte 60–180 Mex$; ⊗ 7.30–22.30 Uhr; 🖥) Das Restaurant unter der Leitung von Katalanen gehört zu den eleganteren vor Ort. Neben guten Frühstücksgerichten (60–100 Mex$) serviert es hervorragende *tampiqueña* (Steak mit mehreren Beilagen), schmackhaf-

MEXIKOS HÖCHSTER GANZ-JÄHRIGER WASSERFALL

Nur wenige Naturattraktionen Mexikos können mit der unberührten Schönheit von Mexikos höchstem ganzjährigen Wasserfall, der **Cascada de Basaseachi** (☏ 642-135-28-74), mithalten. Hier stürzt das Wasser 246 m tief in ein Becken, das sich zum Baden eignet. Basaseachi liegt 140 km nordwestlich von Creel, man sollte also für den Besuch einen ganzen Tag einplanen, darunter drei Stunden für den Hin- und Rückweg zu/von den Fällen. Der Wasserfall gehört zum gleichnamigen Nationalpark; südlich von diesem liegt die alte Bergbausiedlung **Maguarachi** mit ihren angenehmen Thermalquellen.

Beide Stätten sind über San Juanito, 35 km nördlich von Creel, erreichbar. Ein Besuch ist nur mit einem eigenen Auto oder im Rahmen einer Tour ab Creel möglich.

te Salate, Grillspeisen und täglich wechselnde Spezialitäten, z. B. mit Shrimps gefüllte lokale Forelle. Die Bedienung kann schrecklich langsam sein.

🍷 Ausgehen & Nachtleben

La Troje de Adobe Cafe
CAFÉ

(☏ 635-102-10-11; Chapultepec s/n; ⊗ Mo–Sa 16.30–21.30 Uhr; 🖥) Das gemütliche Café versorgt örtliche Intellektuelle und durchreisende Hipster mit Kaffee (zubereitet auf alle möglichen Arten), italienischer Limonade und Milchshakes. Auch Desserts und herzhafte Snacks aus Bio- und regionalen Zutaten sind im Angebot. Bei großem Zuspruch bleibt das Café bis spät abends geöffnet.

🛍 Shoppen

Die Läden in Creel verkaufen Tarahumara-Kunsthandwerk sowie Töpferwaren aus Mata Ortiz.

★ No Name Gift Shop
KUNSTHANDWERK

(Av López Mateos s/n; ⊗ 12–20 Uhr) Eine Gruppe von Tarahumara aus dem nahe gelegenen San Ignacio verkauft in diesem kleinen Laden Volkskunst, Kleidung und Musikinstrumente. Die Qualität ist hervorragend, und die Preise sind mehr als fair. Der Laden hat kein Schild; er befindet sich neben dem Telcel-Büro am nördlichen Ende der Stadt.

ℹ Praktische Informationen

Santander (800-501-00-00; www.santan der.com.mx; Av López Mateos 3; ☺Mo–Fr 9–16, Sa 10–14 Uhr) Betreibt die beiden einzigen Geldautomaten in der Stadt.

Touristeninformation (☑635-456-05-06; Av López Mateos s/n; ☺Mo–Fr 9–13 & 15–18 Uhr) In diesem Büro, das eigentlich nur ein Schalter in einem öffentlichen Bereich ist, erhält man Broschüren und Landkarten. Das Personal ist einigermaßen hilfsbereit. Das Büro befindet sich an einem kleinen Park südlich der Hauptplaza.

Unidad Medica Santa Teresita (☑635-456-01-05; Parroquia s/n; ☺24 Std.) Die Klinik bietet einfache medizinische Dienste.

ℹ An- & Weiterreise

AUTO & MOTORRAD

Die Straßen von Chihuahua nach Creel und weiter nach Divisadero, Batopilas und Bahuichivo sind alle durchgehend asphaltiert. Das **3 Amigos** (S. 827) verleiht Motorräder und Geländewagen (mit obligatorischem Fahrer). Wer die Region auf den eigenen Rädern erkunden möchte, muss von Los Mochis oder Chihuahua einen Mietwagen mitbringen. Allerdings ist Vorsicht angesagt: Einige Gebiete werden von Drogenkartellen kontrolliert, deswegen sollte man sich vor dem Aufbruch immer bei einer Person, die über aktuelle Infos verfügt, über die geplante Route informieren.

BUS

Hinsichtlich Geschwindigkeit und Bequemlichkeit ist der Bus das effizienteste Verkehrsmittel zwischen Creel und Chihuahua und erst recht zwischen Creel, Divisadero und Areponápuchi: Die Strecken sind kürzer, die Fahrten billiger und die Busse verkehren häufiger als der Zug.

Autotransportes Noroeste (☑635-456-09-45; www.turisticosnoroeste.com; Francisco Villa s/n) Betreibt achtmal täglich zwischen 6.30 und 17 Uhr im 1½-Stunden-Abstand Busse nach Cuauhtémoc (125 Mex$, 2½ Std.) und Chihuahua (240 Mex$, 4½ Std.) sowie zwischen 10.30 und 18.30 Uhr alle zwei Stunden Busse nach Divisadero (60 Mex$, 1 Std.), Areponápuchi (60 Mex$, 1 Std.) und San Rafael (90 Mex$, 1¼ Std.). Der erste Bus nach San Rafael hat dort um 13 Uhr Anschluss an den Bus nach Bahuichivo.

Estrella Blanca/Rápidos Cuauhtémoc (☑635-456-07-04; www.estrellablanca.com. mx; Francisco Villa s/n) Hat täglich neun Busse über Cuauhtémoc (120 Mex$, 3 Std.) nach Chihuahua (240 Mex$, 4½ Std.); diese fahren ungefähr stündlich zwischen 6.30 und 16.45 Uhr. Darüber hinaus gibt es zwischen 10.15 und 18.15 Uhr alle zwei Stunden insgesamt vier tägliche Fahrten nach Bahuichivo (120 Mex$,

2½ Std.) mit Zwischenhalten in Divisidero (55 Mex$, 1 Std.), Areponápuchi (55 Mex$, 1 Std.) und San Rafael (55 Mex$, 1½ Std.).

Transportes Turisticos (☑635-106-43-09; Av López Mateos) Betreibt einen Minibus nach Batopilas (300 Mex$, 4 Std.), der täglich außer sonntags vor dem Hotel Los Pinos an der Avenida López Mateos abfährt. Montags, mittwochs und freitags startet er um 9 Uhr; dienstags, donnerstags und samstags fährt er schon um 7.30 Uhr los. Im umgekehrter Richtung startet der Bus montags bis samstags um 5 Uhr in Batopilas.

ZUG

Der Zug El Chepe (S. 815) hält täglich zweimal auf dem Weg nach Los Mochis bzw. Chihuahua in Creel. Fahrkarten der 1. Klasse (*primera-express*) werden eine Stunde vor Abfahrt des Zugs am **Bahnhof Creel** (☑635-456-00-15; www.chepe.com.mx; Av Tarahumara s/n) verkauft; 2.-Klasse-Fahrkarten können nur im Zug gelöst werden.

Batopilas

☑ 649 / 1220 EW. / HÖHE 580 M

Das ehemalige Silberminendorf Batopilas, ein bezauberndes Städtchen am Grund der Barranca del Cobre, ist ein verschlafener Ort, in dem jeder jeden kennt und dessen entspannte Atmosphäre alle Besucher verzaubert. Die Ortschaft erstreckt sich 2 km am Ufer des gleichnamigen, gewundenen Flusses entlang. Über die asphaltierte Straße in die atemberaubende Barranca de Batopilas gelangt man vergleichsweise bequem in den Ort. Diese Straße hat mehr Kurven, Kehren und haarsträubend steile Stellen als die Achterbahnen in einem Vergnügungspark.

Batopilas wurde 1708 gegründet und erlebte seine Blüte im späten 19. Jh., als der Silberabbau boomte. Das Klima ist das ganze Jahr über subtropisch, die Sommermonate sind also glühend heiß, die restlichen angenehm warm.

In Batopilas geht es mitunter rau zu, und der Marihuana-Anbau ist ein bedeutendes Standbein der hiesigen Wirtschaft. Doch auch wenn Überfälle vorkommen, sind ausländische Besucher im Normalfall nicht das Ziel. Bei Exkursionen außerhalb der Stadt sollte man sich dennoch über die Sicherheitslage informieren.

⊙ Sehenswertes

Museo de Batopilas   MUSEUM
(Donato Guerra s/n; ☺Mo–Sa 9–17 Uhr)
Mit einer nachgebauten Silbermine sowie

mit interessanten Fotos und Artefakten bietet das Museum einen guten Überblick über die Geschichte des Orts. Der Englisch sprechende Direktor Rafael Ruelas geleitet die Besucher durch die Ausstellung und würzt seine Erläuterungen mit Anekdoten. Das Museum liegt an der zentralen Plaza und dient auch als Touristeninformation.

🏃 Aktivitäten

Ruta de Plata
REITEN

(Silver Trail; ☎ 649-123-07-77; 250 Mex$/Tag; ⊙ Mitte Okt.) Die Ruta de Plata ist einer der besten Reitwege Nordmexikos mit einem jährlichen Reit-Event auf dem alten Maultierpfad zwischen Batopilas und Chihuahua. Das Event feiert diese historische Route und ihre Bedeutung für den Bergbau; dabei kommen die Reiter auf der strapaziösen Strecke durch einige der schönsten Landschaften des Landes.

Es dauert rund 2½ Wochen, um die gesamte Strecke zu absolvieren; campiert wird unterwegs am Wegesrand. Im Preis inbegriffen sind das Pferd und dessen Versorgung; Campingausrüstung muss man selber mitbringen. Lebensmittel können unterwegs gekauft werden.

Urique Trek
WANDERN

(mit/ohne Maultier 5000/4000 Mex$) Die anspruchsvolle und spektakuläre zwei- bis dreitägige Wanderung gehört zu den schönsten im Gebiet der Barranca del Cobre: Man wandert auf wenig genutzten Wegen über zwei Canyons bis zum Dorf Urique. Verpflegung und Campingausrüstung muss man selber mitbringen. Vor dem Aufbruch sollte man sich unbedingt über die aktuelle lokale Sicherheitslage erkundigen, Verlässliche Führer erhält man über sein Hotel oder die Touristeninformation.

Wanderung zur Misión Satevó
WANDERN

(🚶) Eine der beliebtesten Wanderungen ab Batopilas führt zu der im 18. Jh. erbauten Missionskirche von Satevó, einem einsamen Ort 8 km weiter in die Barranca del Cobre hinein. Man folgt einfach dem Río Batopilas stromabwärts, bis die Kirche urplötzlich vor der Kulisse einer bewaldeten Schlucht auftaucht. Man kann auch mit dem Auto hinfahren. Die Missionskirche ist nur gelegentlich geöffnet.

🛏 Schlafen & Essen

Hotel Juanita's
HOTEL $

(☎ 649-488-00-43; Degollado s/n; EZ/DZ 300/400 Mex$; ➡❄) Die schlichten, gepflegten,

NICHT VERSÄUMEN

AUSBLICK IN DIE SCHLUCHT LA BUFA

An der malerischen Straße nach Batopilas liegt rund 100 km südlich von Creel einer der spektakulärsten Aussichtspunkte der Region: Die Schlucht **La Bufa** (Carretera Samachíque-Batopilas; P) besitzt eine Tiefe von 1800 m. In der Mitte dieser tiefen, grünen Schlucht fließt unten der Río Batopilas; eine Straße führt in Serpentinen zum Grund. Die beeindruckende Felsformation wirkt mit zusammengekniffenen Augen wie eine riesige, siebenschichtige Torte. Der Parkplatz befindet sich in halsbrecherischer Lage oben am Schluchtenrand. Dort gibt's ein paar Verkaufsstände für Tarahumara-Kunsthandwerk.

jeweils mit einem Kruzifix geschmückten Zimmer verteilen sich um einen Hof mit plätscherndem Springbrunnen und Blick auf den Fluss. Alle Zimmer sind mit einem Ventilator ausgestattet, manche auch mit einer Klimaanlage. Am besten nimmt man ein Zimmer abseits der Hauptstraße mit Sicht auf den Fluss. Verpflegung gibt es nicht, man muss also außer Haus essen.

Riverside Lodge
HOTEL $$$

(☎ 649-427-30-97; www.coppercanyonlodges.com; Juárez s/n; Zi. mit Frühstück 190 US$; P ➡❄) Wer ein echtes Hazienda-Erlebnis genießen möchte, steigt in diesem labyrinthischen kolonialen Herrenhaus ab, das liebevoll und fachgerecht renoviert wurde. Die Riverside Lodge ist mit üppigen Wandmalereien, Ölgemälden, Teppichen und Eichenholzmöbeln ausstaffiert. Die 14 Zimmer sind individuell eingerichtet und verfügen zudem über große Bäder mit Klauenfuß-Badewannen. Die Unterkunft hat kein Schild, ist aber leicht an den blauen Kuppeln schräg gegenüber der Kirche erkennbar. Man betritt die Anlage durch ein Tor, über dem sich ein Anker befindet.

Doña Mica
MEXIKANISCH $

(Plaza de la Constitución; Gerichte 70–100 Mex$; ⊙7–19 Uhr; 🚶) Das von Velia und ihrem Ehemann geführte Speiselokal überzeugt mit herzhafter Hausmannskost. Die Gerichte werden im vorderen Raum ihres Hauses aufgetragen. Meistens gibt es keine Karte, und die wenigen Gerichte, die pro Tag vorhanden sind, werden in schnellem Spanisch heruntergerattert.

Restaurant Carolina
MEXIKANISCH $$

(☑ 649-456-90-96; Plaza de la Constitución; Gerichte 50–145 Mex$; ☺ 8–20.30 Uhr) Gewehre an den Wänden, Gläser mit Eingemachtem und Gemälde mit hiesigen Motiven zieren dieses familienbetriebene Restaurant einen Block hinter dem Hauptplatz der Stadt. Auf den Tisch kommen sättigende Frühstücksgerichte (50–90 Mex$), leckere Tacos (unbedingt nach der Mango-Salsa fragen!) und raffiniertere Speisen wie Süßwasserforelle. Das gesamte Lokal ist in Carolinas Haus untergebracht. In der Küche werkeln immer mehrere Generationen.

❶ Praktische Informationen

Touristeninformation (☑ 649-123-07-77; www.visitbatopilas.com; Donato Guerra s/n; ☺ Mo–Sa 9–17 Uhr) Die kleine Touristeninformation im städtischen Museum – ein Tisch mit Broschüren und Landkarten – ist ein guter Ausgangspunkt für den Besuch des Ortes. Rafael Ruelas, der Direktor des Museums, fungiert zugleich als Leiter des Fremdenverkehrsamts. Der freundliche und hilfsbereite Mann ist oft persönlich zur Stelle, um Travellern mit Empfehlungen und Tipps weiterzuhelfen.

❶ An- & Weiterreise

Die asphaltierte Straße von Creel nach Batopilas zählt zu den landschaftlich reizvollsten Mexikos. Die meisten Traveller halten unterwegs am großartigen Mirador La Bufa (S. 831), um die traumhafte Aussicht zu genießen.

Kleinbusse (300 Mex$, 4 Std.) von Transportes Turisticos (S. 830) starten ab Creel jeden Morgen außer sonntags außerhalb vom Hotel Los Pinos in der Avenida López Mateos. Sie fahren montags, mittwochs und freitags um 9 Uhr ab sowie dienstags, donnerstags und samstags um 7.30 Uhr. Die Busse zurück nach Creel starten jeden Morgen außer sonntags um Punkt 5 Uhr vor der Kirche in Batopilas.

Zweitägige Kleinbustouren von Creel aus (normalerweise min. 4 Pers.) kosten 1330 US$ pro Person. Man kann Batopilas auch in Eigenregie mit dem Mietwagen besuchen; nach Fertigstellung der neuen Straße ist kein Geländewagen mehr vonnöten.

Eine Nebenstraße (Geländewagen mit hoher Bodenfreiheit erforderlich) mit Ausblicken direkt vom Schluchtrand verläuft von Batopilas nach Urique und über den Río Urique. Sie ist nur von November bis April befahrbar. Bevor man aufbricht, sollte man sich nach der Sicherheitslage auf der Strecke erkundigen, die sich übrigens auch fürs Mountainbike eignet.

Cusárare
☑ 635 / 200 E.W.

Rund 25 km von Creel entfernt liegt das ruhige Tarahumara-Dorf Cusárare, das sich auf 2 km längs einer unbefestigten Straße erstreckt. Es besitzt eine Missionskirche aus dem 18. Jh. mit eindrucksvollen Wandmalereien im Stil der Tarahumara sowie ein Museum mit einer hervorragenden Sammlung religiöser Gemälde aus der Kolonialzeit. In der Nähe befindet sich der gleichnamige Wasserfall; hier kann man wandern, baden und Selfies schießen.

◉ Sehenswertes & Aktivitäten

Misión Cusárare
KIRCHE

(Cusárare s/n) Die Mission wurde 1741 von den Jesuiten als eine Kirche mit angeschlossener Schule erbaut, in der die indigene Bevölkerung Spanisch und diverse Handwerke erlernte. 1826 fügten die Franziskaner Seitenaltäre, eine Empore und einen Glockenturm aus Lehmziegeln hinzu. Letzterer stürzte 1969 ein und zerstörte dabei eine Seite des Gebäudes. Die Kirche wurde in den frühen 1970er-Jahren repariert und restauriert und mit auffälligen Malereien im Stil der Tarahumara ausgemalt. Ein neuer Glockenturm aus Stein wurde ebenfalls errichtet.

Museo Loyola
MUSEUM

(Cusárare s/n; 20 Mex$) Dieses Museum neben der Missionskirche von Cusárare präsentiert eine ausgezeichnete Sammlung religiöser Malereien aus der Kolonialzeit. Die Serie der 13 Gemälde, die 1713 von Miguel Correa geschaffen und am Anfang des 19. Jhs. von den Franziskanermönchen nach Cusárare gebracht wurden, zeigt Szenen aus dem Leben der Jungfrau Maria. Das Museum ist nur gelegentlich geöffnet, aber die Hausmeisterin Doña Rosa schließt Besuchern gern die Tür auf. Sie lebt in dem blauen Haus, vom Diconsa-Gemeindeladen aus gleich den Hügel hinunter.

Cascada de Cusárare
WANDERN

(Hwy 25 Km 112; 25 Mex$; ☺ 8–17 Uhr; ⓐ) Der hübsche, 30 m hohe Wasserfall ist das ideale Ziel für eine kurze Wanderung. Von der Straße aus marschiert man 3 km auf einem sehr schönen, schattigen Weg und zwischendurch kann man auch ein Bad nehmen. Um hinzukommen, fährt man hinter dem Abzweig nach Cusárare 400 m nach Süden; bei Km 112 biegt man am „Cascada de Cusárare"-Schild nach rechts ab und schlägt den Pfad

DIE TARAHUMARA

Einen Teil der Faszination der Schluchtenlandschaft machen die Tarahumara aus, eine von Mexikos charakteristischsten indigenen Kulturen. Sie leben hier in Höhlen und kleinen Häusern auf dem Land. Am leichtesten zu erkennen sind die Frauen mit ihren farbenfrohen Blusen und Röcken, die oft Kinder auf dem Rücken tragen. In Touristenorten in der Sierra verkaufen sie schöne, von Hand geflochtene Körbe und aus Holz geschnitzte Puppen und Tiere zu sehr niedrigen Preisen. Die Männer tragen mittlerweile größtenteils moderne Kleidung wie Jeans anstelle des traditionellen Lendenschurzes, doch *huaraches* – Sandalen mit Kautschuksohlen und Lederbändern – haben für beide Geschlechter noch nicht ausgedient.

Die Tarahumara umgeben viele Geheimnisse. Sogar ihr Name ist umstritten. Es wird angenommen, dass sie ursprünglich „Ralamuli" hießen. Die Spanier machten daraus „Rarámuri", was sich schließlich zu „Tarahumara" entwickelte. Mit diesem Begriff bezeichnen sich die Menschen meist auch selbst. Entgegen der landläufigen Meinung trieben nicht die Spanier die Tarahumara in die Canyons; Letztere lebten bereits hier, als die ersten Jesuiten 1608 eintrafen.

Es gibt zwei Hauptgruppen, die Alta (Hochland) und die Baja (Tiefland), mit denen jeweils Jesuitenpriester aus dem höher gelegenen Parral bzw. dem tiefer gelegenen El Fuerte Kontakt aufnahmen. Zwischen den Gruppen gibt es signifikante Unterschiede in Kultur und Sprache, die aufgrund der langen Isolation von Gemeinde zu Gemeinde variieren. Es ist nicht einmal klar, wie viele Tarahumara es tatsächlich gibt; ihre Zahl wird auf 50 000 bis 120 000 geschätzt.

Rarámuri bedeutet „jene, die schnell laufen" – ein angemessener Name für ein Volk, das für seine Ausdauer im schnellen Überwinden großer Distanzen (oft laufen sie bis zu 20 Stunden am Stück) bekannt ist. Bis in die letzte Generation nutzten sie ihre Gabe für die Jagd auf Hirsche mit Pfeil und Bogen. Mittlerweile wird in der Region Barranca del Cobre (in Urique) einmal im Jahr ein eigener Ultramarathon (S. 821) ausgetragen.

Noch prägender für die Kultur der Tarahumara ist ihr Gerechtigkeitssinn. „Korima" bezeichnet den Brauch, dass jemand, der eine gute Ernte einfährt und damit „gesegnet" ist, sein Glück mit anderen teilen muss. Eine weitere Tradition ist die *tesgüinada*, eine ausgelassene Zusammenkunft, bei der die Tarahumara ihre sonstige Zurückhaltung ablegen und gemeinschaftlich vollbrachte Arbeiten oder Feste mit jeder Menge *tesgüino*, einem starken Maisbier, feiern.

Sogar diese traditionell isoliert lebende Kultur wurde von Neuankömmlingen beeinflusst: Viele Tarahumara praktizieren eine Art Katholizismus. Dabei haben das Christentum und christliche Feste ganz eigene Ausprägungen – Letztere werden mit Trommeln und viel *tesgüino* begangen.

Trotz des Findringens von Eroberern, Missionaren, Eisenbahnen, Drogenbanden und Reisenden haben sich die Tarahumara ihren Lebensstil bewahren können. Alle, die nicht ihrer Gemeinschaft angehören, nennen sie *chabochi*, was „mit Spinnweben im Gesicht" bedeutet und sich auf die bärtigen spanischen Siedler bezieht. Die Mehrheit der Tarahumara lebt noch immer von Subsistenzwirtschaft in ländlichen Gebieten der Sierra Madre Occidental.

Materiell gesehen sind die Tarahumara im Allgemeinen arm, und in ihren Gemeinden herrschen massive Gesundheitsprobleme. Die Kindersterblichkeit ist hoch, Mangelernährung und Teenager-Schwangerschaften sind weit verbreitet. Einen Teil der geringen Unterstützung erhalten sie von katholischen Missionen.

ein, der einem plätschernden Bach durch das weite Hochland bis zu dem Wasserfall folgt.

Zwei Straßenschilder weisen den Weg zum Ausgangspunkt der Strecke. Mit dem Auto hält man hinter dem ersten bei Km 108 – die Straße ist von dort an nur mit einem Geländewagen befahrbar.

 An- & Weiterreise

Creel ist der nächstgelegene Haltepunkt, wenn man mit dem Zug **El Chepe** (S. 815) fährt. Gleich nördlich vom Bahnhof in Creel starten Busse mit der Zielangabe „Guacochi", die einen am Highway am Ortseingang von Cusárare absetzen; von dort marschiert man 1 km bis in den Ort. Auch viele Touren legen in dem Ort einen Halt ein. Alternativ engagiert man für die Fahrt hin und zurück ein Taxi und vereinbart einen Wartezeit von rund einer Stunde, um sich die Kirche und das Museum anzuschauen.

San Ignacio de Arareko

✈ 635 / 4000 EW.

Der Tarahumara-*ejido* (kommunaler Landwirtschaftsdistrikt) San Ignacio, 4 km südöstlich von Creel, erstreckt sich über etwa 200 km². Hier leben rund 4000 Menschen in Höhlen und kleinen Häusern inmitten von Ackerland, kleinen Canyons und Kiefernwäldern. In dem Gebiet liegen die malerische Missionskirche San Ignacio aus dem 18. Jh., mehrere außerordentliche Felsformationen und der stimmungsvolle Lago de Arareco. Ein Stück weiter, aber immer noch im Gebiet des *ejido*, befinden sich die beliebten Rekowata-Thermalquellen. Für den Besuch von San Ignacio wird ein Eintritt erhoben (25 Mex$); das Ticket sollte man griffbereit halten, denn es gilt für die meisten Sehenswürdigkeiten in dem *ejido*.

◎ Sehenswertes

★ **Valle de los Monjes** NATUR
(Tal der Mönche; San Ignacio s/n; ⊙ 24 Std.; 🚻)
Rund 7 km östlich des Zentrums von San Ignacio gelangt man über grünes Farmland zum Valle de los Monjes mit spektakulären, senkrecht aufragenden roten Felsen, denen das Tal seinen Tarahumara-Namen Bisabírachi, das „Tal der erigierten Penisse", verdankt. Das Tal lohnt eine Erkundung und wird viel weniger besucht als das **Valle de las Ranas y los Hongos** (Tal der Frösche und Pilze; San Ignacio s/n; 🚻). Gelegentlich wird ein Eintritt (15 Mex$) erhoben.

Lago Arareco SEE
(Hwy 25 Km 8) In dem ruhigen Wasser des U-förmigen Sees, dessen Name auf Rarámuri „Hufeisen" bedeutet, spiegeln sich die um ihn stehenden Kiefern und Felsformationen. Am Ufer kann man Ruderboote (50 Mex$) mieten und mit ihnen schöne Badestellen ansteuern. Der Zugang zum See ist im Eintritt nach San Ignacio (25 Mex$) inbegriffen; am Highway zwischen Creel und Cusárare gibt's mehrere Aussichtspunkte, von denen man auf den See blicken kann. Dieser befindet sich ca. 8 km südlich von Creel.

Der Besuch des Lago Arareco lässt sich leicht mit einer Erkundung des Valle de las Ranas y Los Hongos und des Valle de los

Monjes zu einem wunderbaren Tagesausflug kombinieren.

🏃 Aktivitäten

Aguas Termales Rekowata THERMALQUELLEN
(Rekowata-Thermalquellen; Hwy 77 Km 7; 25 Mex$; ⊙ 9–17 Uhr; 🚻) Die Thermalquellen mit einer Durchschnittstemperatur von rund 37° C werden nahe dem Talgrund der Barranca de Tarárecua in moderne Badebecken geleitet. Um hierher zu kommen, folgt man vom Hwy Creel-Divisadero 11 km lang einer ausgeschilderten, unbefestigten Piste bis zum Parkplatz. Von dort geht's 3 km über einen rauen, kopfsteingepflasterten Weg hinunter zu den angenehm warmen Badebecken. Transporter (hin & zurück 70 Mex$) bringen die Besucher vom Parkplatz zu den Thermalquellen. Alternativ kann man laufen – der Hinweg ist schön, aber der Rückweg eine schweißtreibende Strapaze. An den Wochenenden herrscht viel Betrieb.

Es gibt auch einen wunderbaren Mountainbike-Trail nach Rekowata. Die Route folgt anfangs der Straße nach Cusárare, biegt dann aber nahe San Ignacio nach rechts (Süden) ins Gelände ab. Man fährt durch ein malerisches Flusstal und passiert einen hinreißenden Aussichtpunkt auf den Canyon, ehe der steile Abstieg nach Rekowata beginnt. Hin und zurück ist es ein ganzer Tagesausflug; bei 3 Amigos (S. 827) bekommt man eine Streckenkarte.

Der Eintritt zu den Thermalquellen ist im Eintrittsticket für das *ejido* San Ignacio enthalten – die Karte also nicht wegwerfen!

❶ An- & Weiterreise

Die meisten Traveller besuchen das Gebiet im Rahmen einer Tour, aber man gelangt auch von Creel aus leicht zu Fuß, per Fahrrad oder Taxi zum nördlichen Eingang von San Ignacio (gleich außerhalb des Ortes, hinter dem Friedhof); von dort sind es auf einer guten unbefestigten Straße 1,6 km bis zur Misión San Ignacio und zum Valle de las Ranas y los Hongos. Busse nach Guacochi können einen am Highway-Eingang von San Ignacio absetzen, von wo man noch 1,6 km bis zu den Hauptattraktionen zurücklegen muss.

NORDWESTLICHES MEXIKO

Die Besuchermagnete im nordwestlichen Mexiko sind die eindrucksvollen Strände am Golf von Kalifornien und die reiche Meereswelt, zu der auch rund 40 Seelöwenkolonien und 27 Wal- und Delfinarten gehören: Puerto Peñasco, Bahía de Kino und San Carlos sind allesamt gut für Traveller geeignet. Die Region, die Sonora und das nördliche Sinaloa umfasst, hat sich ihren bodenständigen Charakter bewahrt. Auf den Straßen hört man traditionelle *norteña*-Musik, der verführerische Duft von *carne asada* (gegrilltes Rindfleisch) liegt in der Luft und viele Einheimische tragen Cowboy-Hüte.

Die nichtssagenden Ortschaften und Städte laden nicht zu längerem Verweilen ein: Los Mochis ist nur interessant als Ausgangspunkt der spektakulären Zugfahrt durch die Barranca del Cobre oder als Fährhafen nach Baja California. Hermosillo ist eine große, unansehnliche Hauptstadt, die kulturell wenig zu bieten hat. Die prächtige Ausnahme ist Álamos – das von den Gipfeln der Sierra Madre Occidental umgebene koloniale Juwel voller stimmungsvoller Hotels und Restaurants lohnt einen Abstecher.

Sonora

Mexikos nach dem benachbarten Chihuahua zweitgrößter Bundesstaat bietet auf 180 000 km² eine bemerkenswerte kulturelle und ökologische Vielfalt. Er hat kilometerlange, prachtvolle Strände, die Mondlandschaften der Wüste im Biosphärenreservat El Pinacate nahe Puerto Peñasco und Landschaften aller anderen Art. Das Gebiet ist zwar noch nicht vom Massentourismus entdeckt, wohl aber von mexikanischen Travellern: Strandorte wie San Carlos oder Bahía de Kino sind ein beliebtes Ziel von Wochenendausflüglern aus Hermosillo und anderswoher, und die Städte nahe der US-amerikanischen Grenze empfangen einen beständigen Strom von Pensionären aus den USA, die dort den Winter verbringen. Trotz allem aber hat Sonora weit weniger (vor allem ausländische) Besucher, als die unzähligen Attraktionen und die schöne Natur vermuten lassen würden. Jedoch wird sich darüber wohl kein Traveller ernsthaft beklagen.

Puerto Peñasco

638 / 65 200 EW.

Bis in die 1920er-Jahre war „Rocky Point", wie US-Amerikaner den Küstenort am Golf von Kalifornien nennen, nicht mehr als ein Orientierungspunkt auf den Karten des Militärs. Seine Lage an einem der trockensten Abschnitte des Desierto Sonorense

(Sonora-Wüste) hielt alle Siedler, abgesehen von unermüdlichen Fischern, ab, bis die Prohibition der jungen Gemeinde einen unerwarteten Aufschwung verschaffte. Als die Weltwirtschaft in den 1930er-Jahren einbrach, verfiel Peñasco in einen (sehr) langen Dornröschenschlaf. Dieser endete erst, als staatliche Investitionen und eine Meerwasserentsalzungsanlage in den frühen 1990er-Jahren die lokale Wirtschaft in Schwung brachten. Ein Wirtschaftsboom mit starkem Bevölkerungswachstum setzte ein und die Küstenstadt wurde zu einem Seebad, wie es in Arizona nie eines gegeben hat.

Das historische Zentrum El Malecón (Alter Hafen) erstreckt sich rund um die Felsspitze, nördlich davon liegt der angenehme Playa Bonita. Weiter westlich befindet sich Sandy Beach (Zona Hotelera), ein ausgedehnter Bereich mit Apartmenthotels, teuren Restaurants und der Wüste abgetrotzten Golfplätzen.

Sehenswertes

★ Isla San Jorge   INSEL

Die Isla San Jorge, die auch als Bird Island bekannt ist, ist eines der besten Ziele für Bootsausflüge in ganz Nordmexiko. Auf der felsigen, 40 km südöstlich von Peñasco gelegenen Insel nisten Seevögel; hier lebt auch eine große Kolonie von Seelöwen (die von Natur aus sehr neugierig sind und die Boote begleiten). Häufig sichtet man auch Delfine, und mit etwas Glück können zwischen Oktober und April gelegentlich sogar Wale (Finnwale, Grauwale, Orcas und Grindwale) erspäht werden. **Del Mar Charters** (520-407-60-54, 638-383-28-02; www.delmarcharters. com. Erw./Kind inkl. Mittagessen 85/55 US$) veranstaltet ganztägige Ausflugsfahrten

Playa Bonita   STRAND

(Calle 13; P) Der städtische Hauptstrand ist ein prächtiger Streifen gelbbraunen Sands mit kleinen Wellen und dem Blick auf die felsige Landschaft in der Ferne. Händler verhökern hier alles von Mangos bis zu Schmuck, und Sonnenschirme und Strandstühle sind auch zu haben (20 Mex$/Tag). Für Action jenseits des Baus von Sandburgen sorgen Fahrten mit Bananenbooten (6 US$/12 Min.) und Jetski-Verleihe (35 US$/30 Min.).

CEDO   BESUCHERZENTRUM

(Interkulturelles Zentrum zur Erforschung der Wüsten & Ozeane; 638-382-01-13, in den USA 520-320-5473; www.cedo.org; Blvd Las Conchas s/n;

⊙ Mo–Sa 9–17, So 10–14 Uhr;) 🅿 **GRATIS** Das CEDO ist ein wunderbarer Ort, um etwas über das faszinierende Ökosystem der Gegend zu erfahren, in der die Wüste auf das Meer trifft. Die Einrichtung widmet sich dem Schutz des oberen Golfs von Kalifornien und des umliegenden Desierto Sonorense. Es betreibt außerdem ein Besucherzentrum, in dem kostenlose naturkundliche Vorträge (Di 14, Sa 16 Uhr) in englischer Sprache gehalten werden. Darüber hinaus bietet das CEDO spannende Touren in die Natur, die teilweise in Zusammenarbeit mit lokalen Kooperativen durchgeführt werden.

Zu den angebotenen Touren gehören Wattwanderungen (15 US$), Kajaktouren im Morúa-Ästuar (50 US$), Schnorchelausflüge zur Isla San Jorge (115 US$) und Exkursionen ins Biosphärenreservat El Pinacate mit einem englischsprachigen Naturkundler (60 US$).

La Choya STRAND

(Cholla Bay;) Das rund 12 km westlich von Puerto Peñasco gelegene La Choya ist ein zur Ausländer-Enklave gewordenes Fischerdorf mit sandigen Straßen und absolut ruhigen Stränden. Bei Ebbe geht das Wasser stark zurück und Austern und andere Schalentiere bleiben auf dem Strand. Am besten macht man sich mit Schaufel und Eimer auf den Weg, um sein Abendessen einzusammeln.

🏃 Aktivitäten

Beliebte Aktivitäten sind Angeln, Schnorcheln, Tauchen, Kajakfahren und Bootstouren in den Sonnenuntergang. Bei Ebbe kann man große Felsteiche erkunden; Touren ins Ästuar und darüber hinaus ins bemerkenswerte Reserva El Pinacate y Gran Desierto de Altar lassen sich z. B. mit CEDO arrangieren.

🛏 Schlafen

Im El Malecón (Alter Hafen) gibt's angenehme, bodenständige Optionen, aber abgesehen von Campingplätzen ist das Angebot für Besucher mit schmalem Geldbeutel eher dünn. Die Megahotel-Komplexe liegen alle weiter nordwestlich am Sandy Beach. Achtung: Viele College-Studenten aus den USA feiern in Peñasco ihren Spring Break – für diese Zeit sollte man im Voraus reservieren.

Concha Del Mar CAMPING $

(☑ 638-113-04-67; Calle 19 Nr. 680; Stellplatz 200 Mex$; 🅿🛜) Die Anlage auf einem großen, unbebauten Grundstück direkt an der Playa Bonita bietet saubere Toiletten, WLAN, Waschmaschinen und sogar einen

Sicherheitsdienst rund um die Uhr. Man bringt sein eigenes Zelt mit oder besorgt sich am Stadteingang im SAMS Club oder in der Bodega Aurrera das Nötige. In der Hauptsaison sollte man mitten in der Woche kommen, um sich einen Stellplatz am Ozean zu sichern. Keine Reservierung!

★ **Dream Weaver Inn** APARTMENTS $$

(☑638-125-60-79; www.facebook.com/dreamweaverinn; Calle Pescadores 3, El Malecón; Apt. 65–95 US$; ❄🛜🐾) Die einladende, gepflegte Anlage hat ausgezeichnete Apartments, die liebevoll mit lokalem Kunsthandwerk in mexikanischem Stil dekoriert sind. Jede Wohneinheit besitzt eine Kochgelegenheit, manche haben auch Meerblick. Man fühlt sich hier gleich wie zu Hause. Die Wohnungen liegen nahe der Hauptplaza des Malecón, nur einige Schritte entfernt von Restaurants, Läden und herumziehenden Blaskapellen. Kinder und Haustiere sind willkommen.

Hospedaje Mulege PENSION $$

(☑ 638-383-29-85, US 760-235-4870; www.hospedajemulege.com; Ecke Av Circunvalación & Calle 16 de Septiembre, El Malecón; Zi. mit Frühstück 75 US$; 🅿🐾❄🛜) In dieser Pension, einer der beliebtesten von Puerto Peñasco, dreht sich alles um Gastlichkeit mit persönlicher Note. Lupita und Israel leiten ihr Haus mit großem Stolz und zeigen Gästen ihrer freundlichen und unprätentiösen Villa am Alten Hafen das andere Gesicht der Stadt abseits der Megaresorts. Die sieben Zimmer sind komfortabel und gemütlich, einige verfügen über einen spektakulären Meerblick.

🍴 Essen

Max's Cafe CAFÉ $

(☑ 638-383-10-11; www.maxsmx.com; Centro Comercial La Marina, Calle 13 s/n; Gerichte 5–15 US$; ⊙8–22 Uhr; 🛜) In einem Ambiente, das an ein gemütliches Eisenbahnabteil erinnert, serviert das Max's solide mexikanische Kost, Hamburger und Sandwiches. Das Lokal ist nur wenige Schritte von der Playa Bonita entfernt und bietet sich daher für eine Pause vom Sonnenbaden an, wenn man sich nicht gleich wie die örtlichen Expats hier ein großes Frühstück amerikanischer Art gönnt. Nur Barzahlung.

The Blue Marlin MEERESFRÜCHTE $$

(El Marlin Azul; ☑638-383-65-64; www.facebook.com/pg/thebluemarlinrestaurant; Ignacio Zaragoza s/n, El Malecón; Gerichte 50–250 Mex$; ⊙Do–Di 11–22 Uhr) Das Restaurant gehört zu den ele-

GRAN DESIERTO DE ALTAR

Etwa 30 km von Puerto Peñasco entfernt erstreckt sich die Mondlandschaft der **Reserva de la Biosfera El Pinacate y Gran Desierto de Altar** (Biosphärenreservat El Pinacate; ☑ 638-383-14-33, 638-108-00-11; http://elpinacate.conanp.gob.mx; Carretera Sonoyta–Peñasco Km 72; 60 Mex$; ⊗ 8–17 Uhr), eines der trockensten Gebiete auf Erden. Das abgelegene, imposante, 7145 km² große Schutzgebiet ist eine UNESCO-Welterbestätte und umfasst uralte erodierte Vulkane, riesige Krater, erstarrte Lavaströme, mehr als 400 Aschekegel und die größte Häufung wandernder Sanddünen auf dem Kontinent. In dem Gebiet leben u. a. Gabelböcke (die schnellsten Landsäugetiere auf dem amerikanischen Doppelkontinent), Dickhornschafe, Pumas, Reptilien sowie zahlreiche Vogelarten. Vor Ort gibt's ein ausgezeichnetes, sehr informatives, mit Solarstrom betriebenes Besucherzentrum, Lehrpfade und zwei Campingplätze.

Die faszinierende Landschaft ist so außergewöhnlich, dass sich Neil Armstrong und Buzz Aldrin in den 1960er-Jahren hier auf ihre Mondlandung im Rahmen der Mission Apollo 11 vorbereiteten.

Heute führen über 70 km unbefestigte Straßen (Allradantrieb nur teilweise erforderlich) durch das Schutzgebiet. Besucher, die den 1190 m hohen Vulkan **Cerro del Pinacate** besteigen möchten, müssen sich vorab registrieren.

Das Besucherzentrum liegt etwa 8 km westlich von Km 72 am Hwy 8 (27 km von Puerto Peñasco entfernt). Die Zufahrt zu den Kratern erfolgt über eine andere Abzweigung weiter nördlich bei Km 52 des Hwy 8.

Das CEDO in Puerto Peñasco veranstaltet hervorragende Touren ins Schutzgebiet. Gute Wanderschuhe sind zu empfehlen. Man sollte wissen, dass es im gesamten Reservat außer im Besucherzentrum keinen Strom und kein Wasser gibt

ganteren vor Ort und ist auf Meeresfrüchte spezialisiert. Hier gibt's alles von schlichten Fisch-Tacos bis zu herzhaften Kokos-Shrimps. Die Bedienung kann äußerst langsam sein, aber das Warten lohnt sich. Man sitzt drinnen in dem kleinen, nautisch aufgemachten Speisesaal oder draußen auf dem netten Patio an der Straße.

La Curva MEXIKANISCH $$
(☑ 638-383-34-70; www.facebook.com/pg/RestaurantLaCurva.puertopenasco; Blvd Kino 100; Hauptgerichte 150–280 Mex$; ⊗ So–Do 8–21.30, Fr & Sa bis 22 Uhr; ▮) Das Restaurant in der Stadtmitte ist das Gegenteil eines schicken Strandlokals (und man sieht in dem Laden praktisch niemanden mit Manschetten). In einem schlichten, unprätentiösen Ambiente werden große Teller mit traditionellen mexikanischen Gerichten aufgetragen; zu empfehlen sind das hervorragende *mariscada* (Meeresfrüchteplatte) oder das *carne asada* (gegrilltes Steak).

Kaffee Haus CAFÉ $$
(☑ 638-388-10-65; Blvr Benito Juarez 216B; Frühstück 80–110 Mex$, Mittagessen 80–140 Mex$; ⊗ Mo–Sa 7–15.30, So 7–14 Uhr; ▮) Das alteingesessene, beliebte Café ist eine kleine Institution und bleibt mit seinem riesigen Frühstück, das täglich bis 14 Uhr auf die Ti-

sche kommt, dem tollen Burger des Hauses, dem köstlichen Apfelstrudel und vielen weiteren Leckereien eine exzellente Option zum Einkehren. Wegen seiner ungemeinen Popularität muss man zu Stoßzeiten oft auf einen Tisch warten. Die Portionen sind riesig und eignen sich zum Teilen. Nur Barzahlung.

⭐ **Chef Mickey's Place** INTERNATIONAL $$$
(☑ 638-388-95-00; Plaza del Sol 4, Blvd Freemont; Hauptgerichte 180–350 Mex$; ⊗ 13–22 Uhr) Mickey, der Chefkoch des Restaurants, zaubert in einem eleganten, gehobenen Ambiente schon seit Jahren Köstlichkeiten, deren Qualität und Einfallsreichtum in der Stadt ihresgleichen suchen. Steaks, Meeresfrüchte und frischer Fisch bestimmen die bunt zusammengewürfelte Karte. Das Lokal ist bei der hiesigen Expat-Gemeinde sehr beliebt, man sollte also besser reservieren.

 Shoppen

Tequila Factory ESSEN & TRINKEN
(☑ 638-388-06-06; www.tequilafactory.mx; Ecke Blvd Benito Juárez & Calle 12; ⊗ Mi–So 10–18 Uhr) GRATIS Das kleine Familienunternehmen produziert hier – anders als der Name vermuten lässt – keinen Tequila, aber es bietet informative und lustige Vorführungen zur Tequila-Herstellung. Kostproben der von Hand her-

gestellten Tequilas gehören mit dazu (und man kann immer erst probieren, bevor man eine Flasche in dem Laden kauft). Besonders beliebt sind die aromatisierten Tequilas und der in Eichenfässern gereifte Añejo.

Praktische Informationen

Convention & Visitors Bureau (☑ 800-552-28-20, 638-388-04-44; www.cometorockypoint.com; Av Coahuila 445; ☺ Mo–Fr 9–14 & 16–19, Sa 9–13 Uhr) Das Büro der hilfreichen Touristeninformation befindet sich im 2. Stock der Plaza Pelícanos. Das englischsprachige Personal kann beim Buchen von Unterkünften und Touren helfen. Auf der Website stehen viele nützliche Informationen über die Stadt und das Umland.

Rocky Point 360 (www.rockypoint360.com) ist eine weitere nützliche Infoquelle im Internet.

❶ An- & Weiterreise

Der **Puerto Peñasco International Airport** (Aeropuerto Mar de Cortés; ☑ 638-383-60-97; www.aeropuertomardecortes.com; Libramiento Caborca-Sonoita 71) liegt 35 km östlich der Stadt. Zur Zeit der Recherche gab es auf dem Flughafen nur einige Charterflüge.

Zwischen Puerto Peñasco und Arizona verkehren mehrere Shuttles verschiedener Unternehmen, darunter **Transportes Express** (☑ 638-383-36-40, US 602-442-6670; www.transportes-express.com; Ecke Lázaro Cárdenas & Sinaloa), das viermal täglich eine Verbindung von/nach Phoenix anbietet (50 US$, 4 Std.).

Albatros (☑ 638-388-08-88, 800-624-66-18; www.albatrosautobuses.com; Blvd Juárez, zw. Calles 29 & 30) betreibt Busse nach Hermosillo (370 Mex$, 5½ Std., 6-mal tgl.), Nogales (320 Mex$, 6 Std., 6-mal tgl.), Guaymas (440 Mex$, 8 Std., 3-mal tgl.), Navojoa (625 Mex$, 12 Std., 5-mal tgl.) und Álamos (665 Mex$, 13 Std., 2-mal tgl.). **Autobuses de la Baja California** (ABC; ☑ 800-025-02-22, 664-104-74-00; www.abc.com.mx; Ecke Constitución & Bravo), einen Block nördlich vom Blvd Juárez, fährt nach Tijuana (555 Mex$, 8 Std., 4-mal tgl.).

❶ Unterwegs vor Ort

Traveller ohne Auto seien gewarnt: Es gibt in der Stadt keine verlässlichen öffentlichen Verkehrsmittel. **Bufalo** (☑ 638-388-99-99; ventas_rentacars@hotmail.com; Ecke Freemont & Chiapas; ☺ 8–20 Uhr) vermietet recht neue, gepflegte Autos ab 1000 Mex$ pro Tag.

Kurze Taxifahrten in der Stadt kosten ca. 30 Mex$. Bei Fahrten mit dem Taxi über Puerto Peñasco hinaus zahlt man z. B. vom Malecón zu den Resorts von Sandy Beach 60 Mex$ oder nach La Choya 150 Mex$ (und bei der Rückfahrt womöglich das Doppelte oder mehr).

Bahía de Kino

✈ 662 / 6050 EW.

Das entspannte Bahía de Kino ist ein prächtiges Strandparadies, das nach Padre Eusebio Kino benannt ist, der hier im 17. Jh. eine kleine Mission für das indigene Volk der Seri gründete. Der alte Ortsteil, Kino Viejo, ist ein raubeiniges mexikanisches Fischerdorf, das sich entlang des weitläufigen Hauptstrands erstreckt. Ein paar Kilometer weiter nördlich gibt's im eleganteren Kino Nuevo, dem angesagten Ziel vieler „Snowbirds" (hier überwinternder US-Pensionäre), hübsche Wohnhäuser und Strandrestaurants. Kino Nuevo verfügt auch über den besten Strandabschnitt, einen scheinbar endlosen Streifen goldenen Sandes. Die Hauptsaison dauert von November bis März; zu anderen Zeiten kann es am Wasser herrlich einsam sein.

◉ Sehenswertes

Isla del Tiburón INSEL

Die gebirgige Isla de Tiburón, Mexikos größte Insel, liegt 3 km vor der Küste von Punta Chueca. Einst lebten hier indigene Seri, die aber ausgesiedelt wurden, als die Insel 1963 zu einem Naturschutzgebiet erklärt wurde. Heute wird sie von der Stammesregierung der Seri verwaltet. Die Insel besitzt ein intaktes Wüsten-Ökosystem und ist Heimat von Dickhornschafen und großen Kolonien von Meeresvögeln. An den Küsten lässt es sich gut schnorcheln. Die Genehmigung zum Besuch der Insel sowie Führer erhält man beim Consejo de Ancianos am Ortseingang von Punta Chueca.

Museo de los Seris MUSEUM

(Museo Comca'ac; ☑ 662-212-64-19; Ecke Av Mar de Cortez & Progreso, Kino Nuevo; 10 Mex$; ☺ Mi–So 9–18 Uhr; P ♿) Das kleine, aber gut aufgemachte Museum präsentiert eine interessante Sammlung von Artefakten, Kunsthandwerk und Paneelen zur Kultur und Geschichte der Seri (Comcaac), darunter auch Videos zur Tradition des Korbflechtens. Die Ausstellung ist nur auf Spanisch beschildert. An den Wochenenden verkaufen Seri-Frauen *artesanía* (Kunsthandwerk) und traditionelles Essen am Museumseingang; manchmal gibt's dazu auch Musik und Tanzdarbietungen.

Punta Chueca (Socaaix) GEBIET

Dieses Dorf ist eines der zwei Dörfer im Stammesland der Seri, die mit weniger als 1000 Menschen eines der kleinsten indigenen Völker Mexikos sind. Die Seri sind für ihr Kunsthandwerk bekannt, vor allem für ihre Flechtkörbe und Eisenholz-Schnitzereien. Der nach dem indigenen Namen der Siedlung benannte kleine Laden **Socaaix** nahe dem Ortseingang hat hochwertige Stücke. Wenn der Laden geschlossen ist, fragt man nach Doña Guillermina. Eine asphaltierte Straße führt in die Siedlung, die 34 km nördlich von Bahía de Kino liegt.

La Casa del Mar BESUCHERZENTRUM

(☏ 662-366-04-65; Ecke Bilbao & Esqueda, Kino Nuevo; ⏰ Di–So 9–16 Uhr) GRATIS Das Besucherzentrum der aus 900 Inseln bestehenden **Área de Protección de Flora y Fauna Islas del Golfo de California**, eines artenreichen Inselschutzgebiets im Golf von Kalifornien, bietet sehr informative, auf Spanisch und Englisch erläuterte Ausstellungen. Es hilft zudem bei der Ausfertigung der Genehmigungen zum Besuch der Inseln (50 Mex$ pro Pers., Insel & Tag).

🛏 Schlafen

Eco Bay Hotel HOTEL $$

(☏ 662-242-04-91; www.ecobayhotel.com; Ecke Guaymas & Tampico, Kino Viejo; Zi./Suite mit Frühstück ab 900/1500 Mex$; P🚗❄🛜♨) Das freundliche Hotel mit gutem Preis-Leistungs-Verhältnis bietet in Kino Viejo ein paar Blocks vom Strand entfernt geräumige Zimmer rund um einen kleinen Pool und den Parkplatz. Die Bäder sind makellos, ein gutes warmes Frühstück ist im Preis enthalte und im Barbereich herrscht eine gesellige Stimmung (wenn das Zimmer nahe an der Bar liegt, kann die laute Musik störend sein).

Casa Tortuga APARTMENTS $$$

(☏ 662-173-03-01; www.facebook.com/RentCasaTortugaBahiaKino; Av Mar de Cortez 2645, Kino Nuevo; Apt. 95–115 US$; P🚗❄🛜) Die am Strand gelegene Casa Tortuga beherbergt drei stimmungsvolle, sehr komfortable Apartments. Besonders empfehlenswert ist das Pelican mit einer eindrucksvollen, mit *palapa* überdachten Terrasse samt Meerblick, Sonnenliegen, Grill und Tisch zum Essen im Freien. Es gibt kostenlose Leihkajaks, und manchmal nehmen die Besitzer Gäste in einem Boot zur Isla Pelícano mit, um Vögel zu beobachten. In den Sommermonaten steigen die Preise leicht.

Casablanca Inn HOTEL $$$

(☏ 662-242-07-77; www.facebook.com/Casablanca kinobay; Ecke Av Mar de Cortez & Santander, Kino Nuevo; Zi. mit Frühstück 1500–1800 Mex$; P🚗❄

☏) Das wunderschön gepflegte Hotel ist eine echte Entdeckung. Die hochwertigen Zimmer im minimalistischen Stil haben Regenduschen, gefliese Böden, weiß getünchte Wände und attraktive Holzmöbel. Das Frühstück im hauseigenen Restaurant sollte man sich nicht entgehen lassen: Dank schmackhafter Gerichte und gutem Service ist es bei Expats beliebt.

Essen

In dem kleinen Ort dominieren Meeresfrüchte. Die meisten Restaurants liegen an der Hauptstraße in Kino Nuevo.

Restaurant Dorita CAFÉ $

(☏ 662-252-03-49; Ecke Blvd Kino & Salina Cruz, Kino Viejo; Frühstück 55 Mex$, Hauptgerichte 60–95 Mex$; ⏰ Di–So 8–20 Uhr; 🚸) Dorita und ihre Tochter verwandelten ihr Vorderzimmer vor mehr als 20 Jahren in ein Restaurant und bieten seither das beste Frühstück in der Gegend. *Omelette rancheros* (eine Abwandlung von *huevos rancheros* mit Omelette statt Spiegeleiern) ist ihre Spezialität.

★ El Pargo Rojo SEAFOOD $$

(☏ 662-242-02-05; Av Mar de Cortez 1426, Kino Nuevo; Hauptgerichte 120–250 Mex$; ⏰ Mo–Fr 12–20, Sa 10–22, So bis 21 Uhr; 🚸) Die strohgedeckte Hütte ist der beliebteste Ort in Kino Nuevo. Meist lassen sich hier Stammkunden leckere Fischgerichte und herzhaftes mexikanisches Frühstück schmecken. Besonders lecker sind die *camarones rellenos* (gefüllte Garnelen).

ℹ Anreise & Unterwegs vor Ort

Busse nach Hermosillo (150 Mex$, 2 Std.) fahren ungefähr stündlich vom Busbahnhof ab, der etwa auf halber Strecke der Promenade liegt – die weißen, schwerfälligen Busse mit der Aufschrift „Costa de Hermosillo" sind gar nicht zu übersehen. Man kann diese Busse nutzen, um im Ort herumzukommen (Ortsfahrten kosten 10 Mex$); es gibt nämlich sonst keine anderen öffentlichen Transportmittel. Taxifahrten kosten 50 Mex$ für eine Strecke von bis zu 5 km und mehr nach Einbruch der Dunkelheit.

San Carlos

🔢 622 / 7000 EW.

Wegen der atemberaubenden Landschaft zwischen Wüste und Meeresbucht fühlt man sich in dem entspannten Strandort San Carlos Welten von den düsteren Nachbarhäfen entfernt. Über dem Ort ragen spektakuläre Hügel auf, allen voran die majestätische

Doppelspitze des Cerro Tetakawi, die in der Abendsonne eindrucksvoll in rötlichen Erdtönen leuchtet.

Die Strände von San Carlos bestehen aus dunklem Sand und Kies. Jenseits der geschäftigen zentralen Promenade lockt die abgelegenere, ruhigere Playa Algodones, bekannt als Kulisse im Film *Catch-22 – Der böse Trick*. Mit dem weißen Sand und dem türkisblauen Meer zählt sie zu den besten Stränden Nordmexikos.

❶ Orientierung

San Carlos erstreckt sich über eine Länge von ungefähr 8 km und ist nicht gerade fußgängerfreundlich. Die meisten Einrichtungen liegen an dem 2,5 km langen Abschnitt des Blvd Beltrones. Bei der Kreuzung am Oxxo-Laden am nördlichen Ende des Boulevards geht's rechts zur Playa Algodones (6 km nordwestlich) und geradeaus zur Marina San Carlos (500 m westlich).

⦿ Sehenswertes

★ Playa Los Algodones STRAND
(Hwy 124 Km 19; Parkplatz 30 Mex$) Die Playa Los Algodones wurde nach den an Wattebäuschen erinnernden Dünen am südlichen Ende des Strands benannt, und dieser Strand ist vielleicht der schönste im nördlichen Mexiko. Der Sand ist fein und weiß, das Meer blau und ruhig, und man blickt auf eine spektakuläre Bergkulisse. In der Hauptsaison ist mit Massenandrang und herumziehenden Blaskapellen zu rechnen: Wer bei dem Treiben nicht mitmachen will, geht einfach weiter gen Norden, um ein stilleres Plätzchen auf dem Sand zu finden.

Isla San Pedro Nolasco TAUCHSTÄTTE
(Insel der Seelöwen) Die felsige Insel, 28 km westlich von San Carlos, ist ein Naturschutzgebiet mit einer großen Seelöwenpopulation und ein beliebter Ort für Schnorchel- und Tauchausflüge. Die verspielten Meeressäuger sind das ganze Jahr über aktiv. Um zu erleben, wie die Jungtiere ihre Unterwasser-Umwelt erkunden, bucht man im Sommer eine Tour bei Ocean Sports (✆622-226-06-96; www.deportesoceano.com; Edificio Marina San Carlos; ☉Mo–Fr 8–16, Sa & So 7–17 Uhr) oder Gary's Dive Shop (✆622-226-00-49; www.garysdiveshop.com; Blvd Beltrones Km 10; ☉7–17 Uhr).

🏃 Aktivitäten

Dank prächtiger Buchten und der Seelöwenkolonie auf der nahegelegenen Isla San Pedro Nolasco stehen Kajakfahren und Schnorcheln hoch im Kurs. Eine beliebte Aktivität ist auch der Angelsport: Es gibt jährlich mehrere Turniere; die größten Fische fängt man zwischen April und September.

Enrike's Adventures OUTDOOR
(✆622-130-73-38; http://sancarlosadventures.com; Blvd Beltrones s/n; Touren 35–45 US$; ☉9–17 Uhr; 🚲) Das Unternehmen bietet diverse Exkursionen, darunter Wanderungen auf den Cerro Tetakawi und Paddelbrett- oder Kajaktouren in den Buchten der Umgebung. Die Mitarbeiter sprechen mehrere Sprachen und bieten einen Service mit persönlicher Note. Die Touren dauern je nach Ziel zwischen zwei und fünf Stunden. Der Veranstalter verleiht auch Ausrüstung (Fahrräder, Paddelbretter, Kajaks & Schnorchel).

🛏 Schlafen

San Carlos ist auf Besucher ausgerichtet, die nördlich von der Grenze kommen – das sind vor allem überwinternde US-Pensionäre. Aus diesem Grund sind Ferienwohnungen eine beliebte Option und Budgetunterkünfte schwer zu finden.

Playa Blanca
Condo-Hotel WOHNANLAGE $$$
(✆622-227-01-00; www.playablancasancarlosrentals.com.mx; Paseo Mar Bermejo s/n; Apt. ab 155 US$; P✱🔅≋) Der 14-stöckige Komplex ist das größte Gebäude am besten Strand der Gegend und beherbergt renovierte Apartments mit ein bis drei Schlafzimmern; von diesen hat man einen spektakulären Blick auf die Playa Los Algodones und die umliegenden Buchten. Die jeweils anders gestalteten Wohneinheiten sind geräumig und verfügen alle über eigene einen eigenen Balkon. Es gibt einen gepflegten Pool, Strand-*palapass* und ein Restaurant. Die Anlage befindet sich außerhalb des Ortes; wenn man seine Erkundungen über den Strand hinaus ausdehnen will, empfiehlt es sich, ein Auto zu mieten.

La Posada
Condominiums APARTMENTS $$$
(✆622-226-10-31; www.posadacondominiums.com; Blvd Beltrones Km 11,5; Apt. ab 2000 Mex$; P⊜✱🔅≋) Die ansprechende Anlage mit Einraumwohnungen sowie Apartments mit ein oder zwei Schlafzimmern liegt direkt am Strand (nachts hört man die Wellen). Alle Wohnungen verfügen über voll ausgestattete Küchen, attraktive Wohnzimmer, moderne Einrichtungen und großzügige Balkone, von denen aus man den schönen Blick aufs

Meer genießt. Bis zur Marina San Carlos ist es nur ein kurzer Spaziergang. In der Nebensaison sind die Preise erheblich günstiger.

✕ Essen & Ausgehen

★ Boye's Burger Joint   BURGER $
(☏622-226-03-69; www.facebook.com/boyeburgers; Blvd Beltrones s/n; Burger 100–125 Mex$; ⊙Fr & Sa 12–22, So & Do bis 21 Uhr; 🛜🍴) Riesige, saftige Burger – frisch und nach Kundenwunsch zubereitet – werden in diesem gut besuchten Restaurant serviert. Es gibt 15 Arten (von klassischen bis zu solchen mit Ananas) und sogar „leichte" Burger mit Eisbergsalat und ohne Brot. Das Essen spült man mit einem sämigen Oreo-Shake hinunter. Das Lokal ist bei hungrigen Einheimischen genauso beliebt wie bei heimwehkranken Expats aus den USA.

Soggy Peso Bar & Grill   MEERESFRÜCHTE $$
(☏622-125-72-38; Playa Algodones; Hauptgerichte 85–240 Mex$; ⊙11 Uhr–Sonnenuntergang; 🍴) Sandige Böden und Familien, die hier in Badekleidung essen, sorgen in dem betriebsamen, beliebten Meeresfrüchterestaurant für eine gesellige, zwanglose Atmosphäre beim Mittagessen. Auf der Karte dominieren frischer Fisch und andere Meeresfrüchte. Das Restaurant liegt am nördlichen Ende des schönsten Strands von San Carlos und ist zugleich eine geschätzte Bar, die starke Margaritas kredenzt. Täglich außer montags gibt's ab ca. 17 Uhr Livemusik.

La Palapa Griega   MEXIKANISCH, GRIECHISCH $$
(☏622-226-18-88; Blvd Beltrones Km 11,5; Hauptgerichte 95–200 Mex$; ⊙11–21 Uhr; 🍴) Das alteingesessene, griechisch gehörende Strandrestaurant mit denkwürdiger Kulisse sorgt mit gemischten Tellern (Hummus, Tarama-Salat, Baba Ghanoush), griechischem Salat und frisch gefangenen Meeresfrüchten aus der Gegend fürs leibliche Wohl. Nachts speist man unter neonblauen Lichtern.

4ever Happy Hour   CLUB
(☏622-165-61-22; www.facebook.com/4everhappyhour; Blvd Beltrones s/n; Grundpreis 50 Mex$; ⊙Fr–So 21–3 Uhr) Der brummende Nachtclub mit oft überfüllter Dachterrassenbar ist der angesagte Ort zum Trinken und Abtanzen. Besonders beliebt ist der Club bei Zwanzigjährigen aus Guaymas.

ⓘ Anreise & Unterwegs vor Ort

Busse fahren aus Guaymas bis zur Marina San Carlos; eine Fahrt innerhalb von San Carlos kostet 9 Mex$. Taxis berechnen für Strecken im Bereich von San Carlos 50 bis 200 Mex$.

Fernbusse setzen ihre Passagiere bei den Busbahnhöfen von **Grupo Estrella Blanca** (☏800-507-55-00, 622-222-12-71; www.estrellablanca.com.mx; Calle 14 Nr. 96) oder **Tufesa** (☏622-222-54-53; www.tufesa.com.mx; Blvd García López 927) in Guaymas ab. Vom Terminal der Grupo Estrella Blanca läuft man nordwärts auf der Calle 14 bis zum Blvd García López und nimmt dort den weißen Bus nach San Carlos (14 Mex$, alle 30 Min.). Vom Tufesa-Busbahnhof aus überquert man einfach die Straße und nimmt denselben Bus. Die Taxifahrt nach San Carlos kostet von beiden Busbahnhöfen 200 Mex$.

Der nächstgelegene **Flughafen** (☏622-221-05-11; Carr a San Jose de Guaymas Km 4,5) befindet sich 8 km nördlich von Guaymas. Zur Zeit der Recherche gab es dort keine kommerziellen Flüge in die USA oder nach Kanada, sondern nur Charterflüge nach Hermosillo, Los Mochis und Loreto.

Fähren (S. 848) von und nach Santa Rosalía in Baja California fahren drei Mal pro Woche ab Guaymas; die nächtliche Überfahrt der Fahrzeuge und Passagiere dauert 10 Std.

Álamos
☏647 / 9400 EW. / HÖHE 432 M

Álamos ist eine der architektonisch reizvollsten Städte im Nordwesten Mexikos und eine kulturelle Oase. Geschützt in den bewaldeten Ausläufern der Sierra Madre Occidental gelegen, blickt der Ort mit seinen Kopfsteinpflasterstraßen und imposanten kolonialzeitlichen Gebäuden auf eine faszinierende Geschichte zurück, die vor allem ihrer Rolle als Mexikos nördlichster Silberminenstadt geschuldet ist. Die Stadt ist ein nationales historisches Denkmal und eines der *pueblos mágicos* (magischen Orte) Mexikos.

Seit den 1950er-Jahren hat der Charme von Álamos viele US-amerikanische Pensionäre und kreative Köpfe dazu verführt, verfallene Kolonialbauten zu kaufen, sie zu renovieren und zu Zweitwohnungen und Hotels auszubauen. Diese gut betuchten Expats bilden einen kleinen, aber einflussreichen Teil der Stadtbevölkerung. Ihre Unternehmen dominieren das kolonialzeitliche Zentrum.

Kurioserweise stammt der Großteil der Springbohnen aus Álamos und dem Umland. Die Bohnen „springen" wegen kleiner Larven, die in den Samen der Bohnen leben. Die Bohnen werden überall in der Stadt verkauft.

Geschichte
Die ersten Silberminen wurden im 16. Jh. in der Gegend von La Aduana (10 km westl.

von Álamos) entdeckt. Álamos selbst wurde in den 1680er-Jahren gegründet, wohl als eine Art zusätzliche Vorstadt von La Aduana für die wohlhabenderen Kolonisten. Trotz des Widerstands der indigenen Yaqui und Mayo entwickelte sich Álamos im 18. Jh. zu einem der wichtigsten Bergbauzentren in ganz Mexiko.

Während der Unruhen im 19. Jh. wurde Álamos mehrfach angegriffen – von französischen Eindringlingen, von Banden, die es auf seinen Silberreichtum abgesehen hatten, und von den hartnäckig um ihre Unabhängigkeit kämpfenden Yaqui. Dann forderte die mexikanische Revolution ihren Tribut, und in den 1920er-Jahren waren die meisten Minen aufgegeben; Álamos glich einer Geisterstadt.

Im Jahr 1948 erwachte die Stadt wieder zum Leben, als William Levant Alcorn, ein Milchbauer aus Pennsylvania, die Almada-Villa an der Plaza de Armas kaufte und in das Hotel Los Portales umbaute. Andere *norteamericanos* folgten, erwarben verfallene Villen und ließen sie wieder in ihrem alten Glanz erstrahlen. Mittlerweile leisten ihnen wohlhabende Mexikaner Gesellschaft, angezogen von der entspannten Atmosphäre und dem milden Klima im Winter. Sie lösten einen regelrechten Immobilien-Boom aus, von dem noch immer die vielen Maklerschilder in der Stadt zeugen.

Sehenswertes

Álamos lädt zu einem Spaziergang durch eines der idyllischsten mexikanischen Stadtzentren aus der Kolonialzeit ein, unterbrochen durch eine kurze Rast in einem der stimmungsvollen Restaurants.

El Mirador
AUSSICHTSPUNKT

(Camino al Mirador s/n; P) Der wunderschöne Aussichtspunkt thront auf einem Hügel am südöstlichen Stadtrand und bietet weite Blicke über die Stadt und das bergige Umland. Vom Arroyo Agua Escondida, von der Victoria aus zwei Blocks weiter Richtung Obregón, führen Stufen (insgesamt 370) hierher. Am besten kommt man frühmorgens oder am späten Nachmittag, denn dann ist das Licht am schönsten und die Hitze am erträglichsten.

Parroquia de la Purísima Concepción
KIRCHE

(Plaza de Armas; ⊙ 8–19 Uhr;) GRATIS Álamos' zwischen 1786 und 1804 erbaute Pfarrkirche ist das höchste Gebäude der Stadt. Das Altargeländer, die Lampen, Weihrauchgefäße

und Kandelaber bestanden ursprünglich aus Silber, wurden jedoch 1866 auf Befehl von General Ángel Martínez eingeschmolzen, nachdem dieser französische Truppen aus Álamos zurückgedrängt hatte. Etwa sieben unterirdische Durchgänge zwischen der Kirche und Villen in Álamos – wahrscheinlich dienten sie reichen Familien bei Angriffen als Fluchtwege – wurden in den 1950er-Jahren versiegelt.

Museo Costumbrista de Sonora
MUSEUM

(☑ 647-428-00-53; Plaza de Armas; 10 Mex$; ⊙ Mi–So 9–18 Uhr) Das professionell aufgemachte Museum zu den Bräuchen Sonoras hat umfassende Ausstellungen (alle auf Spanisch beschriftet) über die Geschichte und die Traditionen des Bundesstaats. Besonderes Augenmerk liegt auf dem Einfluss des Bergbaus auf Álamos und dem darauf basierenden vorübergehenden Wohlstand der Stadt. Zu den Exponaten zählen auch Antiquitäten, Mobiliar jener Zeit und sogar einige nachgebaute Kutschen.

Geführte Touren

Emiliano Graseda
TOUREN

(☑ 647-101-48-75; Madero s/n; Touren 300 Mex$;) Der Englisch sprechende Emiliano Graseda, der in der Touristeninformation des Bundesstaats anzufinden ist, veranstaltet Stadtspaziergänge. Diese umfassen die Wahrzeichen und Wohnhäuser in Álamos' sowie einen Abstecher zu der Ziegelbrennerei, den Werkstätten der Kunsthandwerker und der Mission im nahegelegenen Dorf La Aduana.

Solipaso
ABENTEUERTOUR

(☑ 647-428-15-09, US 888-383-0062; www.solipaso.com; Privada s/n, Barrio el Chalatón; halb-/ganztägige Tour 80/150 US$) Dieser Anbieter veranstaltet Vogelbeobachtungstouren zu den rund 300 tropischen Vogelspezies, die rund um Álamos leben. Die Guides sind Experten, und die Touren werden in kleinen Gruppen (1-4 Pers.) durchgeführt. Das Büro hat keine regulären Öffnungszeiten, man ruft einfach an und bucht direkt. Das Solipaso hat seinen Sitz in der Lodge El Pedregal.

Homes & Gardens Tour
FÜHRUNG

(☑ 647-428-02-67; Führungen 100 Mex$; ⊙ Sa 10 Uhr) Die zweistündige Führung durch drei liebevoll restaurierte koloniale Wohnhäuser, die allesamt Expats gehören, beginnt vor dem Museo Costumbrista de Sonora. Freiwillige arbeiten als Guides. Die Einnahmen gehen an die Amigos de Educación de Álamos, eine lokale Wohltätigkeitsorganisation, die Stipendien an Schulkinder vergibt. Die Führungen werden nur zwischen Ende Oktober und Mai veranstaltet.

 Feste & Events

⭐Festival Alfonso Ortiz Tirado
MUSIK

(☎ 662-213-44-11; www.festivalortiztirado.gob.mx; ☺ Ende Jan.) Das Ende Januar stattfindende neuntägige Festival mit ausgezeichneter klassischer Musik, Kammermusik, Blues, Bossa Nova und *trova* (balladenartige Volksmusik), an dem Künstler aus aller Welt mitwirken, gehört zu den bedeutendsten Kulturereignissen Nordmexikos. Tirado, der Namensgeber des Festivals, stammte aus Álamos und war ein gefeierter Opernsänger und angesehener Arzt, zu dessen Patientinnen auch Frida Kahlo zählte.

Zehntausende strömen zu dem Festival in die Stadt – das Hotelzimmer unbedingt im Voraus buchen!

🛏 Schlafen

Álamos hat stimmungsvolle und attraktive Unterkünfte zu bieten. Viele davon befinden sich in ehemaligen Villen aus der Kolonialzeit mit großartiger Inneneinrichtung. Wer knapp bei Kasse ist, sollte bedenken, dass preisgünstige Angebote begrenzt sind.

Die Sommer sind so heiß, dass die kühleren Monate (Okt.-April) in Álamos die Hauptbesuchszeit darstellen. Mexikaner aus Städten in der Nähe suchen hier allerdings das ganze Jahr über Erholung. Werktags werden zu jeder Jahreszeit oft Rabatte angeboten.

Hotel Dolisa
HOTEL $

(☎ 647-428-01-31; www.dolisa.com; Madero 72; EZ/DZ 700/800 Mex$; 🅿 ➖ ❄ 🛜) Die komfortable Unterkunft hat geräumige, moderne Zimmer mit kolonialem Touch in Form von hohen Decken, schablonenverzierten Wänden und Lehmziegel-*chimeneas* (Kaminen). Einige Zimmer verfügen über Einbauküchen, und alle öffnen sich zu luftigen, eingewölbten Laubengängen. Dank eines großen Parkplatzes (früher ein Wohnmobilpark) ist das Hotel, das zwei Blocks von der Plaza Alameda entfernt ist, auch gut für Traveller geeignet, die mit dem Auto reisen.

Hotel Luz del Sol
BOUTIQUEHOTEL $$

(☎ 647-428-04-66; www.luzdelsolalamos.com; Obregón 3; Zi. mit Frühstück 1300–1500 Mex$; ➖ ❄ 🛜 🖥) Das in einem renovierten kolonialen

Wohnhaus untergebrachte kleine Hotel hat dank herzlichem Personal und einem der besten Cafés der Stadt ein freundliches Flair. Die drei Zimmer öffnen sich zu einem zentralen Hof. Sie sind schlicht eingerichtet, besitzen aber sehr große Betten, hohe Decken und geräumige Bäder mit alten Fliesen. Besondere Extras sind das Tauchbecken und die Dachterrasse.

Casa de las Siete Columnas
B & B $$

(☎ 647-428-01-64; www.lassietecolumnas.com; Juárez 36; Zi. inkl. Frühstück 900–1000 Mex$; ☺ Mitte Okt.–Mitte April; ➖ ❄ 🛜 🖥) Das einladende Hotel unter kanadischer Leitung ist in einem imposanten jahrhundertealten Gebäude mit einem eindrucksvollen, von sieben Säulen getragenen Portikus untergebracht. Die Zimmer mit Balkendecken, Kaminen und geschmackvollem Dekor säumen einen hübschen Hof voller Pflanzen und einen kleinen beheizten Pool. Es gibt eine Gäste-Lounge mit Fernseher und Billardtisch.

⭐Casa Serena Vista
B & B $$$

(☎ 647-428-01-49; www.facebook.com/casaserenavista; Loma de Guadalupe 9; Zi. mit Frühstück 85 US$; ❄ 🛜 🖥) Die anheimelnde, über der zentralen Plaza thronende *casona* (Villa) aus dem 18. Jh. hat gerade einmal drei Zimmer, die alle dank Details wie Kunstbänden, persischen Teppichen oder Stühlen mit Blumenmuster sehr einladend wirken. Es gibt ein luftiges Wohnzimmer, in dem sich die Gäste versammeln können, einen gepflegten Pool und einen ausgedehnten Patio mit einem Koi-Teich und einem beneidenswerten Blick auf die Innenstadt von Álamos.

Zwei Zimmer verfügen über Einbauküchen, das dritte über eine Mikrowelle und einen kleinen Kühlschrank. Besitzerin und Betreiberin der Casa Serena ist Diane Carpenter, eine schon lange vor Ort lebende US-Amerikanerin. Sie ist eine freundliche Gastgeberin, die viele Tipps zur Stadt und Geschichten aus ihrem Heimatstaat Alaska auf Lager hat.

⭐Hacienda de los Santos
LUXUSHOTEL $$$

(☎ 647-428-02-22; www.haciendadelossantos.com; Molina 8; Zi./Suite mit Frühstück ab 189/290 US$; 🅿 ➖ @ 🛜 🖥) Die Hazienda ist die mit Abstand exklusivste Unterkunft vor Ort und umfasst drei restaurierte kolonialzeitliche Häuser, eine Zuckerfabrik, drei Pools, drei Restaurants, ein Kino, ein Spa, einen Fitnessraum und eine Bar (mit 520 Sorten Tequila). Die Zimmer sind luxuriös und sehr stimmungsvoll, und die Anlage beeindruckt mit ihrer schieren Größe und den üppigen Gartenanlagen. Kinder unter 12 Jahren sind unerwünscht. In den heißen Monaten purzeln die Preise. An den meisten Tagen gibt's um 14 Uhr eine Führung über das Anwesen (50 Mex$).

Hotel Colonial · HOTEL $$$
(☎647-428-13-71; www.alamoshotelcolonial.com; Obregón 4; Zi./Suite mit Frühstück ab 2080/4050 Mex$; P⊕❋🖧) Die Liebe zum Detail ist in dieser historischen Villa sehr eindrucksvoll: Man hat eher das Gefühl, die Kulissen eines edwardianischen Kostümstücks als ein Hotel in Mexiko zu betreten. Die neun Zimmer spiegeln mit Wandteppichen, Ölgemälden, Antiquitäten und hochherrschaftlichen Kaminen die aufwendigen öffentlichen Bereiche wider. Das Hotel verfügt über ein elegantes Restaurant und eine spektakuläre Bar/Lounge auf dem Dach.

El Pedregal · LODGE $$$
(☎647-428-15-09, USA 888-383-0062; www.elpedregalmexico.com; Privada s/n, Barrio el Chalatón; DZ/4BZ mit Frühstück 110/140 US$; P⊕❋@🖧🐕) 🖉 Acht hübsche Hütten aus Lehmziegeln und Strohballen, ausgestattet mit einer stilvoll künstlerischen Einrichtung und Luxus-Bettwäsche, verteilen sich über ein ca. 8 ha großes Gelände mit tropischem Laubwald am Rand von Álamos, 2 km von der Plaza entfernt. Die einladenden Gastgeber sind erfahrene Vogelbeobachter und veranstalten geführte Touren. Ein großer Pool, 3 km Wanderwege, ein Yogastudio und ein Massagesalon komplettieren das Angebot.

✕ Essen & Ausgehen

Mexicanadas · MEXIKANISCH $
(☎647-482-76-54; Rosales s/n; Hauptgerichte 40–80 Mex$; ⊗7–21.30 Uhr; 🖉🖤) Hohe Decken, surrende Ventilatoren und Aquarelle der lokalen Ikone Maria Felix erwarten einen in diesem bei den Einheimischen beliebten Lokal. Auf der Karte stehen hauptsächlich mexikanische Klassiker – Quesadillas, Enchiladas, *tostadas, chilaquiles* – sowie diverse Hamburger und Sandwiches. Die Portionen sind groß und günstig, daher ist das Haus an den meisten Tagen gut besucht.

Koky's · MEXIKANISCH $
(Restaurant Dõna Lola; ☎647-428-11-09; Volantín s/n, abseits der Juárez; Hauptgerichte 50–110 Mex$; ⊗7–22 Uhr; 🖤) Das von einer Familie geführ-

te, mit Ventilatoren ausgestattete Restaurant ist schlicht und einladend und besitzt hinten eine überdachte Terrasse. Die Suppen sind mit vielen Zutaten zubereitet. Im Angebot sind auch einige leckere *antojitos* (typisch mexikanische Snacks wie Enchiladas, Tacos oder *chilaquiles*) und Frühstücksgerichte. Das Lokal befindet sich in einer kleinen Seitenstraße südlich der Plaza de Armas.

★ Teresita's · BISTRO, BÄCKEREI $$
(☎647-428-01-42; www.teresitasalamos.com; Allende 46 B; Hauptgerichte 110–300 Mex$; ⊗Mo–Sa 8–21, So 9–18 Uhr; 🖃🖉) Es ist erstaunlich, dass das kleine, abgelegene Álamos über eine so hervorragende Bäckerei mit Bistro verfügt. Neben einer offenen Küche gibt's eine wechselnde Karte mit leckeren Salaten, Pasta, Steaks und Panini sowie Gerichte, die im ländlichen Mexiko eher untypisch sind: würzige Hähnchenflügel, Gazpacho und nahöstliche Gemüsespeisen. Fürs Dessert ist am herrlichen Kuchen und süßem Gebäck gesorgt. Man isst draußen in dem von Springbrunnen flankierten Garten oder drinnen an der königsblauen Tafel.

Charisma Restaurant · INTERNATIONAL $$
(☎647-428-09-68; www.facebook.com/pg/CharismaRestaurant; Obregón 2; Hauptgerichte 160–250 Mex$; ⊗Mi–Sa 17.30–22 Uhr; 🖉) Die Karte in diesem künstlerisch aufgemachten Restaurant im Hotel La Mansion wechselt häufig, bietet aber in der Regel viele traditionelle Gerichte wie Boeuf Bourguignon, Paella und Hühnchen-Piccata, die alle hervorragend angerichtet sind. Der koloniale Speisesaal ist mit originaler Kunst und Lichterketten geschmückt. Die Bar ist ein beliebter Expats-Treff.

Café Luz del Sol · CAFÉ $$
(Café Luchy; ☎647-428-04-66; Obregón 3; Hauptgerichte 90–190 Mex$; ⊗7.30–18.30 Uhr; 🖃) In einer Region, in der ordentliche Kaffeehäuser Mangelware sind, ist dieses koloniale Café für Koffeinsüchtige ein wertvollerer Fund als jede Silbermine. Es gibt schön zubereitete Frühstücksgerichte, mexikanische und nordamerikanische Mittagsgerichte, hausgemachte Kuchen und guten Kaffee. Drinnen im gemütlichen Speisesaal hängen Werke lokaler Künstler, und der kleine Patio prunkt mit tropischen Blumen.

Patagonia · KAFFEEHAUS
(☎647-428-17-65; Plaza de Armas, Guadalupe Victoria 5; ⊗Mo & Di 9–13 & 17–21, Mi–So 9–21 Uhr; 🖤) Das schicke Kaffeehaus bietet eine große

Auswahl an Kaffeespezialitäten, Smoothies und gesunden Shakes. Man schnappt sich einen Platz auf dem kolonialzeitlichen Hof oder genießt, mit einem Pulli bekleidet, die arktischen Temperaturen im Innenraum.

ⓘ Praktische Informationen

Es gibt zwei Touristeninformationen in der Stadt: eine **bundesstaatliche** (🕿 647-428-04-50; Madero s/n; ⊗ Mo–Fr 8–15 Uhr) und eine **städtische** (🕿 647-428-04-40; Palacio Municipal, Ecke Juárez & Sinaloa; ⊗ Mo–Fr 8–15 Uhr). Beide sind hilfsbereit, aber die bundesstaatliche Touristeninformation ist besser geführt und besitzt auch mehrsprachiges Personal; dieses Büro befindet sich nahe dem Eingang zur Stadt.

Banorte (🕿 800-226-67-83; www.banorte. com; Madero 37; ⊗ Mo–Fr 9–16 Uhr) Geldautomat; Geldwechsel.

Hospital General de Álamos (🕿 647-428-02-25; Madero s/n; ⊗ 8–20 Uhr) Einfaches örtliches Krankenhaus ohne Notaufnahme.

ⓘ An- & Weiterreise

Álamos liegt 53 km östlich von Navojoa und 156 km nördlich von Los Mochis. An Álamos' Busbahnhof **Transportes Baldomero Corral** (🕿 647-428-00-96; Morelos 7) kommen zwischen 6.30 und 20.30 Uhr (Nachtbus 22 Uhr) Busse 2. Klasse von **Albatros** (🕿 647-428-00-96; www.albatrosautobuses.com; Ecke Guerrero & No Reelección, Navojoa) aus Navojoa (40 Mex$, 1 Std.) an.

Albatros-Busse fahren von Álamos nach Navojoa (zwischen 5.30 & 19.30, Nachtbus 21 Uhr), Hermosillo (290 Mex$, 6 Std., 4-mal tgl.) und Puerto Peñasco (650 Mex$, 12 Std., tgl. 3 Uhr).

In Navojoa bieten Albatros und **Tufesa** (🕿 642-421 32-10; www.tufesa.com.mx; Ecke Hidalgo & No Reelección, Navojoa) Anschlussbusse nach Hermosillo, Puerto Peñasco, Los Mochis, Mazatlán und Guaymas.

Wer aus Los Mochis mit dem Auto anreist, sollte auf der längeren asphaltierten Straße über Navojoa bleiben, weil die kürzere Nebenstraße unbefestigt und überwiegend sehr rau ist.

Los Mochis

🕿 668 / 256 600 EW.

Los Mochis lädt kaum zum längeren Verweilen ein. Die riesige urbane Siedlung ist vor allem als Start- bzw. Endpunkt des El Chepe (Ferrocarril Chihuahua Pacífico, S. 815) bekannt, zudem liegt sie in direkter Nähe zu den Fähren, die das Festland mit Baja California verbinden. Das Klima ist durchgehend feucht, und es gibt keine echten Sehenswürdigkeiten, für die es sich lohnen

würde zu stoppen. Wer per Boot nach Baja weiterreisen möchte oder eine Zugreise zur Barranca del Cobre plant, muss hier jedoch eventuell eine Nacht verbringen. In diesem Fall gibt es vor Ort passable Restaurants und Unterkünfte sowie Seafood, das als das beste Nordmexikos gilt.

⊙ Sehenswertes

Jardín Botánico
Benjamin Francis Johnston   GARTEN
(Parque Sinaloa; 🕿 668-818-18-14; www.jbbfj.org; Blvd Rosales 750; ⊗ Mo–Fr 5–20, Sa & So bis 19 Uhr; ♿🐾 GRATIS) Der grüne Park belegt einen Teil des früheren Landguts von Benjamin Johnston (der US-Amerikaner gründete die Zuckerfabrik, um die herum Los Mochis im frühen 20. Jh. wuchs). Neben einer Reihe ausländischer Bäume und Pflanzen gibt es Laufwege, Wasserspiele, Picknickbereiche und sogar ein großes Gewächshaus (20 Mex$) sowie eine Halle (20 Mex$), in der bunte Schmetterlinge herumflattern. Das ganze Jahr über werden Workshops und Events veranstaltet. Auch Führungen sind im Angebot.

Museo Regional
del Valle del Fuerte   MUSEUM
(🕿 668-812-46-92; Obregón s/n; Erw./Kind 15/10 Mex$; ⊗ Di–Sa 9.30–18, So 10–13 Uhr) Das in einem kleinen zweistöckigen Gebäude untergebrachte Museum zeichnet die Geschichte des Bundesstaats Sinaloa von der präkolumbischen Zeit bis in die Gegenwart nach. Eine Abteilung widmet sich Los Mochis, dem Wachstum der Stadt und ihrer wirtschaftlichen Bedeutung als wichtiger Zuckerproduzent. Die gute Ausstellung bietet Artefakte und Videos, allerdings ist sie nur in spanischer Sprache erläutert.

Casa del Centenario   MUSEUM
(🕿 668-817-25-52; Blvd Castro 667 Poniente; ⊗ Mo–Fr 8–16, Sa bis 13 Uhr) Das frühere Wohnhaus wurde 1945 von Conrado Ochoa Beltrán, dem damaligen Präsidenten des *Ferrocarril Mexicano del Pacífico* und stellvertretenden Leiter der United Sugar Company, erbaut. Heute ist hier neben Regierungsbüros in einem Zimmer auch ein Museum untergebracht, das die wirtschaftliche Entwicklung der Stadt zwischen 1903 und 2003 beleuchtet. Die Beschilderung ist nur auf Spanisch.

🛏 Schlafen

Hotel Fénix   HOTEL $
(🕿 668-812-26-23; hotelfenix@email.com; Flores 365 Sur; Zi. 545 Mex$; 🅿🌀🛜) Das beste

Los Mochis

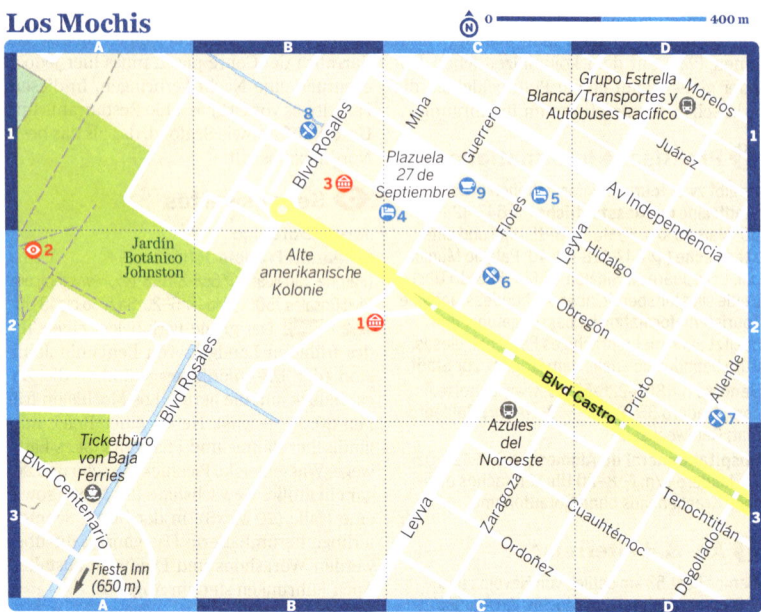

Los Mochis

◉ Sehenswertes
1 Casa del Centenario B2
2 Jardín Botánico Benjamin Francis
   Johnston.. A2
3 Museo Regional del Valle del Fuerte......B1

🛏 Schlafen
4 Best Western Plus.................................C1
5 Hotel Fénix C1

⊗ Essen
6 El Farallón C2
7 La Cabaña de Doña Chayo D2
8 The Tuna Shop B1

◉ Ausgehen & Nachtleben
9 Alma Mía C1

Budgethotel der Stadt punktet mit herzlichen Mitarbeitern, einer schicken Lobby, einem exzellenten Restaurant und renovierten preisgünstigen Zimmern. Letztere sind teils recht klein und dunkel, für eine Nacht jedoch eine gute Option.

★ Fiesta Inn   HOTEL $$

(☏800-343-78-21, 668-500-02-00; www.fiestainn. com; Blvd Rosales 1435 Sur; Zi. mit Frühstück 1286 Mex$; P✿❄@🛜🏊) Das Fiesta Inn ist ein funkelnagelneues Hotel mit urbanem Hipster-Flair. Die Zimmer im modernistischen Stil der Mitte des vorigen Jhs. haben klare Linien und sind komfortabel: Sie bieten dicke Matratzen, hochwertige Bettwäsche, Bäder mit Regenduschen und viel Sonnenlicht. Es gibt eine gemütliche Lounge, einen Fitnessraum und einen Pool. Das Frühstücksbüffet überzeugt mit nach Wunsch zubereiteten Omelettes und frisch gepressten Säften.

Best Western Plus   HOTEL $$$

(☏668-816-30-00, 800-700-42-43; www.bestwestern.com; Obregón 691 Poniente; Zi./Suite mit Frühstück 1665/2713 Mex$; P✿❄@🛜🏊) Das Businesshotel in erstklassiger Lage an der zentralen Plaza hat professionelles Personal, einen guten Service und sehr komfortable, mit Teppichen und modernen Bädern ausgestattete Zimmer. Die Preise sind gesalzen, aber das Hotel ist eine solide Wahl.

✗ Essen & Ausgehen

La Cabaña de Doña Chayo   TACOS $

(☏668-818-54-98; Obregón 99 Poniente; Tacos & Quesadillas 35–50 Mex$; ◔8–1 Uhr) Einfaches, aber freundliches Lokal, in dem es leckere Quesadillas, Burritos und Tacos mit *carne asada* (gegrilltes Rind) oder *machaca* (würziges gezupftes getrocknetes Rindfleisch) gibt. Es ist sehr beliebt, doch auch bei großem Gästeandrang ist der Service herzlich.

The Tuna Shop
SEAFOOD $$

(La Medusa; 668-176-61-64; Obregón 878A Poniente; Hauptgerichte 100–180 Mex$; Mi 19.30–1, Do–Sa 13–24, So 13–20 Uhr;) Das gehobene, durch und durch moderne selbst ernannte Fischlokal ist einfach großartig. Auf der Karte stehen exzellente Thunfisch-Burger, Lachs-Teriyaki und Tacos mit *dorado* (Goldmakrele), zudem gibt es eine Auswahl von ausgezeichnetem Craft-Bieren hiesiger Brauereien. Der angeschlossene Feinkostladen verkauft alle möglichen lokalen Köstlichkeiten, die sich bestens als kulinarische Souvenirs eignen.

El Farallón
MEERESFRÜCHTE $$

(668-812-12-73; www.farallon.com.mx; Obregón 499 Poniente; Hauptgerichte 150–230 Mex$; So–Do 7–23, Fr & Sa bis 24 Uhr;) Das schicke Meeresfrüchterestaurant hat eine kräftige Klimaanlage und eine große Auswahl. Am besten hält man sich jedoch an die erprobten Gerichte aus Mexiko und Sinaloa und verzichtet auf die Fusion-Angebote (Sushi-Rollen und dergleichen). Das Ceviche (mit Zitronen- oder Limettensaft, Knoblauch und Gewürzen marinierte Meeresfrüchte) und *pescado a la plancha* (gegrillter Fisch) sind besonders zu empfehlen.

Alma Mía
CAFÉ

(668-812-7576; www.facebook.com/almamia.coffeeshop; Guerrero 401 Sur; 7–23 Uhr;) Das muntere Café am Hauptplatz hat ausgezeichneten Kaffee, freundliches Personal und sogar einen Parkdienst. Es serviert auch gute Frühstücksgerichte (50–80 Mex$).

An- & Weiterreise

BUS

Los Mochis ist zwar ein bedeutender Verkehrsknotenpunkt, besitzt aber keinen zentralen Busbahnhof; jedes Busunternehmen hat stattdessen sein eigenes Depot in der Stadt. Besonders nützliche Anbieter sind Grupo Estrella Blanca (GEB), Transportes y Autobuses Pacífico (TAP) und Tufesa. Von den wichtigsten Fernbusbahnhöfen fahren rund um die Uhr Busse ab.

Azules del Noroeste (668-812-34-91; Tenochtitlán 399 Poniente) Fährt mit 2.-Klasse-Bussen nach El Fuerte (70 Mex$, 1 Std., 5–20.15 Uhr). Die Tickets werden im Bus verkauft.

Grupo Estrella Blanca/Transportes y Autobuses Pacífico (GEB/TAP; 800-507-55-00; www.estrellablanca.com.mx; Pino Suárez 325) Betreibt Deluxe- und 1.-Klasse-Busse u. a. nach Mexico City, Guadalajara und Hermosillo.

Tufesa (668-818-22-22, 644-410-24-44; www.tufesa.com.mx; Blvd Antonio Rosales 2465) Bietet Busse 1. Klasse nach Phoenix in Arizona, nach Navojoa (mit Anschluss nach Álamos), Mazatlán und Guadalajara. Der Busbahnhof liegt 3 km nordöstlich des Stadtzentrums von Los Mochis (Anfahrt per Taxi 50 Mex$).

FLUGZEUG

Der **Flughafen Los Mochis** (Aeropuerto Federal del Valle del Fuerte; 668-818-68-70; www.aeropuertosgap.com.mx; Carretera Los Mochis–Topolobampo Km 12,5) liegt 18 km südlich der Stadt. Von hier gibt's regelmäßige Flüge nach Mexico City, Chihuahua, Tijuana, Cabo San Lucas, Loreto, La Paz und Guadalajara mit verschiedenen Fluggesellschaften, darunter **Aeroméxico Connect** (668-812-02-16; www.aeromexico.com.mx; Obregón 1104 Poniente; Mo–Fr 8.30–19, Sa bis 16 Uhr), Aéreo Calafia (www.aereocalafia.com.mx) und Volaris (www.volaris.com).

BUSSE AB LOS MOCHIS

ZIEL	PREIS (MEX$)	DAUER (STD.)	HÄUFIGKEIT (TGL.)
Guadalajara	945–1155	13–15	TAP halbstündl., Tufesa 13-mal
Guaymas	345–421	5–6	Tufesa 25-mal
Hermosillo	469–576	6–7	1. Klasse GEB halbstündl., Tufesa halbstündl.
Mazatlán	469–662	6–7	GEB/TAP häufig, Tufesa 11-mal
Mexico City	1310–1600	23	GEB/TAP 11-mal
Navojoa	223–291	2	1. Klasse GEB häufig, Tufesa 32-mal
Phoenix	1316–1709	14–16	Tufesa 10-mal

FÄHREN NACH BAJA CALIFORNIA

Zwei Fährlinien verbinden das Festland Nordwestmexikos mit Baja California:

Von Topolobampo nahe Los Mochis legt **Baja Ferries** (☎668-818-68-93, 800-012-87-70; www.bajaferries.com; Local 5, Ecke Blvds Rosales & Centenario; ⊗ Mo–Fr 10–18, Sa 9–15 Uhr) montags bis freitags um 23.59 Uhr und sonntags um 23 Uhr nach Pichilingue in der Nähe von La Paz in Baja California Sur ab; die Überfahrt dauert rund sieben Stunden. In umgekehrter Richtung verlässt die Fähre Pichilingue montags bis freitags um 14.30 Uhr und samstags um 23 Uhr. Wer die Fahrt rund um die Karwoche, zwischen Weihnachten und Neujahr oder im Juni oder Juli unternehmen will, muss einen Monat vorab reservieren. Tickets erhält man in Los Mochis oder am Abfahrtstag an der Fähranlegestelle in Topolobampo. Auf dieser Route kann man auch Fahrzeuge mitnehmen.

Die **Fähre Santa Rosalía** (☎622-222-02-04, 800-505-50-18; www.ferrysantarosalia.com/tarifas.php; Calz García López 1598 Bis, Guaymas; ⊗ Mo–Sa 8–14 & 15.30–20 Uhr) startet dienstags, donnerstags und samstags um 20 Uhr in Guaymas und legt am nächsten Morgen gegen 6 Uhr in Santa Rosalía, Baja California Sur, an. Zwischen Mitte November und Mitte März kann es wegen starker Winde zur Verspätungen kommen; in der Nebensaison werden die Fahrten am Dienstag und Mittwoch gelegentlich abgesagt. In umgekehrter Richtung startet die Fähre mittwochs und freitags um 8.30 Uhr und sonntags um 20 Uhr in Santa Rosalía und erreicht mittwochs und freitags gegen 18.30 Uhr bzw. montags um 6 Uhr Guaymas. Das Ticketbüro liegt 2 km östlich des Stadtzentrums von Guaymas, aber Reservierungen – drei Tage im Voraus sind ausreichend – sind nur erforderlich, wenn man eine Kabine mieten oder ein Fahrzeug mitnehmen will. Alle Passagiere und Fahrzeuge sollten 1½ Stunden vor dem Ablegen am Fährhafen sein.

ZUG

Auf dem **Bahnhof Los Mochis** (☎668-824-11-51, 800-122-43-73, Chihuahua 614-439-72-11; www.chepe.com.mx; Bienestar s/n; ⊗ Mo–Fr 5–17.30, Sa & So 5-9 & 10.30–13 Uhr) geht's während der Ankunft und Abfahrt von Zügen hektisch zu. Es gibt einen Geldautomaten und jede Menge Taxis.

Am Fahrkartenschalter werden Zugtickets bis zu einem Monat vor Reiseantritt verkauft, die Öffnungszeiten sind aber notorisch unzuverlässig. Alternativ kauft man sein Ticket per Handy (in der Hauptsaison zu empfehlen) oder man kommt eine Stunde vor Abfahrt des Zuges zum Bahnhof, um eine Fahrkarte zu erwerben.

Der Bahnhof liegt 4 km südöstlich vom Stadtzentrum am Ende der Bienestar; für die Anfahrt mit dem Taxi aus der Innenstadt werden rund 50 Mex$ fällig.

 Unterwegs vor Ort

VOM/ZUM FLUGHAFEN

Ein Taxifahrt zum Flughafen kostet ca. 180 Mex$.

CHIHUAHUA & ZENTRALES NORDMEXIKO

Das zentrale Nordmexiko liegt abseits des Touristenradars und verströmt aufgeschlossenes Grenzland-Flair, aber es besitzt auch einige der bedeutendsten historischen Attraktionen des Landes in den drei kolonialen Städten Chihuahua, Hidalgo de Parral und Victoria de Durango. Die Landschaft verkörpert am besten die kahle und schöne Desierto Chihuahuense (Chihuahua-Wüste), die den Großteil von Chihuahua, Mexikos größtem Bundesstaat, einnimmt. Im Westen schließen sich die fruchtbaren Ausläufer der Sierra Madre Occidental an, die Besuchern das Gefühl vermitteln, in die Kulisse eines Westerns geraten zu sein – tatsächlich wurden in Durango auch viele berühmte Western gedreht.

Der Tourismus ist leider stark von den Gewalttaten im Zusammenhang mit Drogengangs betroffen – ohne einen Führer sollte man sich hier nicht abseits gebahnter Pfade bewegen. Das „Goldene Dreieck", in dem Chihuahua, Durango und Sinaloa aufeinandertreffen, ist für den Opiumanbau und für besonders viele Gewaltverbrechen berüchtigt. Die Gefahr, zur falschen Zeit am falschen Ort zu sein, lässt sich nicht leugnen, doch generell werden Traveller von den Kartellen in Ruhe gelassen.

Chihuahua

☎614 / 867 700 EW. / HÖHE 1440 M

Chihuahua, die Hauptstadt von Mexikos größtem Bundesstaat, verbindet auf originelle Weise *norteño*-Flair mit Revolutionsgeschichte und alternativen Treffpunkten. Viele Besucher verbringen hier nur eine Nacht vor oder nach einer Fahrt mit dem Ferrocarril Chihuahua Pacífico, dabei lohnt Chihuahua allemal einen längeren Aufenthalt. Das Stadtzentrum besteht aus stattlichen Kolonialgebäuden, einigen hübschen Plätzen, Fußgängerzonen und einer beträchtlichen Menge an Restaurants, Cafés und Bars. Die Museen dokumentieren Schlüsselereignisse der mexikanischen Geschichte, die hier stattfanden. Kurzum: Es ist eine faszinierende Stadt mit stark ausgeprägter Identität.

Geschichte

Chihuahua wurde 1709 gegründet und entwickelte sich bald zur Hauptstadt der Provincias Internas von Nueva España, die sich von Kalifornien nach Texas und von Sinaloa nach Coahuila erstreckten. 1811 brachten die Spanier Unabhängigkeitskämpfer wie Miguel Hidalgo in die Stadt und ließen sie hier verurteilen und hinrichten. Unter dem Regime von Porfirio Díaz entstand eine Eisenbahnstrecke, die dazu beitrug, den Wohlstand der mächtigen Viehzüchter in der Gegend zu mehren. Der Grundbesitz des ehemaligen Gouverneurs Luis Terrazas war fast so groß wie Belgien. Einmal sagte er: „Ich komme nicht *aus* Chihuahua, Chihuahua *gehört* mir".

Nachdem die Armee Pancho Villas Chihuahua 1913 während der Mexikanischen Revolution eingenommen hatte, errichtete Villa hier sein Hauptquartier. Er ließ verschiedene Einrichtungen für die Gemeinde bauen und wurde bald als Volksheld gefeiert. Heute hat die Stadt einen der höchsten Lebensstandards in ganz Mexiko, was vor allem den Arbeitsplätzen in den *maquiladora* (Montagebetrieb) zu verdanken ist.

◉ Sehenswertes

★ Casa Chihuahua   MUSEUM
(☏ 614-429-33-00; www.casachihuahua.org.mx; Libertad 901; 75 Mex$; ◷ Mi–Mo 10–18 Uhr; ⊞) Chihuahuas 1908 bis 1910 erbauter ehemaliger Palacio Federal diente als Münze, als Kloster, als Militärhospital und als Postamt. Nach einer schönen Restaurierung beherbergt es nun ein Kulturzentrum mit ausgezeichneten Exponaten, von denen die meisten auf Spanisch und Englisch erläutert sind. Die modernen Ausstellungen konzentrieren sich auf die Geschichte und Kultur

des Bundesstaats Chihuahua mit besonderen Beiträgen zu den Mormonen, den Mennoniten und den Tarahumara. Das größte Highlight ist der Calabozo de Hidalgo, das Verlies, in dem Miguel Hidalgo vor seiner Hinrichtung gefangen gehalten wurde.

Der historische Kerker und die darüber befindliche Kirche blieben erhalten und wurden in die Gebäude einbezogen, die später auf dem Gelände errichtet wurden. Eine kurze audiovisuelle Präsentation unterstreicht die düstere Atmosphäre des Verlieses, in dem sich noch Hidalgos Bibel und sein Kruzifix befinden. Auf einer außen angebrachten Tafel sind die Verse zu lesen, die der Priester und Revolutionsheld mit Holzkohle in den letzten Stunden seines Lebens an die Zellenwand schrieb und in denen er seinen Häschern für ihre Freundlichkeit dankte.

An jedem Donnerstagnachmittag gibt's in der Casa Chihuahua Konzerte mit klassischer oder experimenteller Musik; der Eintritt ist frei.

Museo Casa Redonda   MUSEUM
(Museo Chihuahuense de Arte Contemporáneo; ☏ 614-414-90-61; www.facebook.com/museocasa redonda; Colón s/n; Erw./Kind 22/10 Mex$; ◷ Di–So 10–19 Uhr) In dem renovierten Lagerhaus, einer ehemaligen Wartungs- und Reparaturwerkstatt für Lokomotiven, residiert das kleine, aber ausgezeichnete Museum der zeitgenössischen Kunst. Ein Saal ist der faszinierenden Geschichte des Gebäudes gewidmet, die mit Eisenbahnmaterial und Antiquitäten wieder lebendig wird. Das Gebäude wurde kurvenförmig errichtet, um eine riesige Drehbühne unterzubringen, die es ermöglichte, ganze Triebwagen in die entgegengesetzte Richtung zu drehen.

Museo Casa de Villa   MUSEUM
(Museo Historico de la Revolucion; ☏ 614-416-29-58; mus_histrevol@mail.sedena.gob.mx; Calle 10 Nr. 3010; Erw./Student 10/5 Mex$; ◷ Di–Sa 9–19, So 10–16 Uhr; ⊞) Das Museum im Quinta Luz, Pancho Villas ehemaligem, 48 Zimmer umfassendem Landhaus, ist ein Muss für alle, die sich für eine hollywoodreife Geschichte voller Verbrechen, Überwachungen und Reichtümer interessieren. Das Haus ist ausstaffiert mit Fotos und Villas persönlichen Besitztümern; im Hinterhof steht der von Kugeln durchsiebte schwarze Dodge, in dem der Revolutionsführer saß, als er seinen Mördern zum Opfer fiel. Die Ausstellung ist auf Spanisch und Englisch erläutert.

Chihuahua

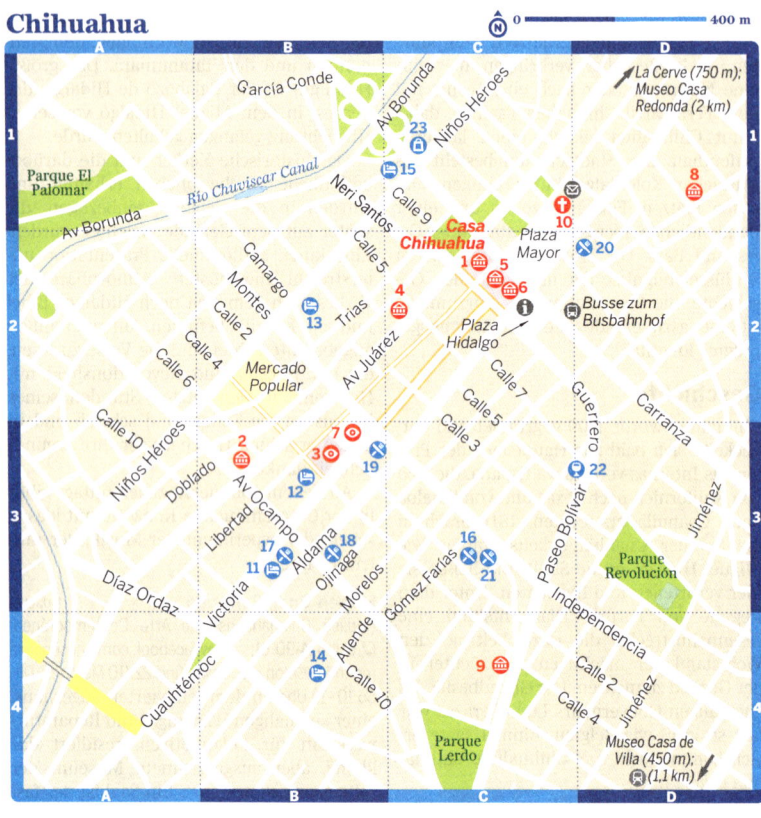

0 ⎯⎯⎯⎯⎯⎯ 400 m

Chihuahua

◎ Highlights
1 Casa Chihuahua C2

◎ Sehenswertes
2 Casa Sebastián...B3
3 Kathedrale...B3
4 Museo Casa de Juárez C2
5 Museo de Hidalgo.....................................C2
6 Palacio de Gobierno.................................C2
7 Plaza de Armas..B3
8 Poliforum de UACH...................................D1
9 Quinta Gameros C4
10 Templo San Francisco.............................C1

❸ Aktivitäten, Kurse & Touren
Chihuahua Bárbaro......................(siehe 7)

🛏 Schlafen
11 Hotel Jardín del Centro B3

12 Hotel Plaza..B3
13 Hotel Posada Tierra Blanca.................... B2
14 Hotel San Felipe El Real B4
15 Motel María Dolores C1

✕ Essen
16 Café Cortez C3
17 La Casa de los Milagros B3
18 La Casona B3
19 Mesón de Catedral B3
20 Plaza del Mariachi.................................. D2
21 Taller del Chef C3

❖ Ausgehen & Nachtleben
22 Momposina... D3

⬤ Shoppen
23 Casa de las Artesanías del
   Estado de Chihuahua C1

Nach Villas Ermordung im Jahr 1923 erhoben 25 seiner „Frauen" Anspruch auf das Landhaus. Amtliche Untersuchungen stellten fest, dass Luz Corral de Villa die gesetzliche Ehefrau des *generalísimo* war: Ihr wurde das Landhaus zugesprochen, das als Quinta Luz bekannt wurde. Sie richtete das Museum ein, und nach ihrem Tod 1981 erwarb die Armee das Anwesen.

Der hintere Teil des Museums widmet sich mit ausführlichen Erläuterungen, Zeitungsartikeln, Waffen und anderen Artefakten der Geschichte der mexikanischen Revolution.

Plaza de Armas   PLAZA

(Independencia 209; ♿) Chihuahuas Stadtzentrum mit seinen vielen Tauben, Schuhputzern und Männern mit Cowboyhüten ist eine schlichte, aber hübsche Gegend. Über dem Alltagsgetümmel wacht die Bronzestatue des Stadtgründers Don Antonio de Deza y Ulloa. An der Plaza steht die majestätische barocke **Kathedrale** (☎ 614-416-84-10; Libertad 814; ⏱ 7–20 Uhr; ♿), die zwischen 1725 und 1826 erbaut wurde und immer noch über ihre originale, 1796 eingebaute Orgel verfügt.

Poliforum de UACH   GALERIE

(☎ Anschluss 2026 614-439-15-00; www.uach.mx; Escorza 900; ⏱ Mo–Fr 9–18 Uhr) GRATIS Die gleich östlich des **Templo San Francisco** (Libertad s/n; ⏱ 8–13 & 15–19 Uhr) gelegene Galerie der Universität von Chihuahua zeigt zwei Dauerausstellungen mit Werken zweier prominenter Künstler der Stadt: Águeda Lozano und Sebastián. Hinzu kommen Wechselausstellungen aufstrebender mexikanischer Künstler. Bis 15 Uhr gibt's kostenlose Führungen.

Grutas de Nombre de Dios   HÖHLE

(☎ 614-432-05-18; Vialidad Sacramento s/n; Erw./Kind 50/25 Mex$; ⏱ Di–Fr 9–15, Sa & So ab 10 Uhr; ♿) Die Höhlen am nordöstlichen Rand von Chihuahua besitzen eindrucksvolle Stalagmiten, Stalaktiten und Felsformationen; die einstündige, 17 unterirdische Kammern umfassende Besichtigung ist vor allem für Kinder ein Spaß. Die Besucher betreten die Höhlen mit Führern, üblicherweise in Gruppen von 15 bis 20 Personen. Zur Hinfahrt nimmt man ein Taxi (90 Mex$) oder steigt vor der Posada Tierra Blanca an der Niños Héroes in einen Bus mit der Zielangabe „Nombre de Dios Ojo" (7 Mex$) und erkundigt sich beim Fahrer, wann man aussteigen muss.

Palacio de Gobierno   HISTORISCHES GEBÄUDE

(☎ 614-429-35-96; Aldama 901; ⏱ 8–20 Uhr) GRATIS Den Hof dieses schönen Regierungs-

NICHT VERSÄUMEN

DIE HÖCHSTE BRÜCKE DES AMERIKANISCHEN DOPPELKONTINENTS

Der **Puente Baluarte** (Autopista Durango-Mazatlán) ragt unglaubliche 402 m über den Río Baluarte. Diese Meisterleistung des Ingenieurbaus ist die höchste Brücke auf dem amerikanischen Doppelkontinent und nur eine von vielen eindrucksvollen Brücken auf dem Durango–Mazatlán Hwy; die prächtige Mautstraße führt auf der gesamten Strecke mit langen Bergtunneln, Haarnadelkurven und atemberaubender Aussicht durch einige der schönsten Landschaften Mexikos. Wer nur eine Straßentour in Mexiko unternehmen will, sollte auf dieser Straße fahren.

gebäudes aus dem 19. Jh. schmücken auffällige Wandmalereien, die in den 1960er-Jahren von Aarón Piña Mora geschaffen wurden und Szenen aus der sehr wechselvollen Geschichte Chihuahuas darstellen. Einen kostenlosen e-Guide zu den Wandmalereien erhält man in der Touristeninformation (S. 854), die hier ihren Sitz hat. Das kleine **Museo de Hidalgo** (☎ 614-429-36-95; Aldama 901; ⏱ Di–So 9–17 Uhr) GRATIS ist Hidalgo und der Geschichte der mexikanischen Unabhängigkeit gewidmet.

Casa Sebastián   GALERIE

(☎ 614-200-48-00; Av Juárez 601; ⏱ 8–19 Uhr) GRATIS Die Hauptattraktion dieser restaurierten Galerie aus den 1880er-Jahren sind die Miniaturmodelle der kolossalen Metallskulpturen, die weltweit in Städten aufgestellt und von dem renommierten, aus Chihuahua stammenden Künstler Sebastián geschaffen wurden. In Chihuahua finden sich fünf seiner Werke, darunter eines gleich oberhalb des Parque El Palomar.

Quinta Gameros   HISTORISCHES GEBÄUDE

(☎ 614-238-20-20; www.uach.mx; Paseo Bolívar 401; Erw./Kind 30/10 Mex$; ⏱ 11–19 Uhr) Ein reicher Minenbesitzer errichtete diese unglaublich prachtvolle Jugendstilvilla, die heute ein mit antiken Möbeln und Kunstwerken ausgefülltes Museum ist. Jedes Zimmer ist einmalig und prunkt mit aufwendigem Buntglas, Holzschnitzereien und Stuckverzierungen. Im Obergeschoss sind in mehreren Zimmern Wechselausstellungen zeitgenössischer Kunst zu finden. Das Gebäude gehört zu den unvergesslichsten der Stadt und lohnt definitiv einen Blick.

Museo Casa de Juárez
MUSEUM

(Museo de la Lealtad Republicana; 614-410-42-58; Av Juárez 321; Erw./Kind 11/5 Mex$; Di–So 9–18 Uhr;) Präsident Benito Juárez residierte während der französischen Besatzung in diesem Haus, sodass Chihuahua zwischen 1864 und 1866 als Hauptstadt der Republik Mexiko fungierte. Das im Stil der 1860er-Jahre erhaltene Haus ist heute ein Museum, in dem Dokumente ausgestellt sind, die der große Reformpräsident unterzeichnete. Außerdem werden hier Artefakte, Waffen und Uniformen aus dieser Zeit sowie Repliken von Juárez' Mobiliar präsentiert.

Geführte Touren

Chihuahua Bárbaro
STADTRUNDFAHRT

(614-425-00-06; www.chihuahuabarbaro.com;) Bei dieser (auf Spanisch erläuterten) Trolleytour fährt man zu den wichtigsten historischen Sehenswürdigkeiten von Chihuahua und weiter. Die dreistündige Stadtrundfahrt (100 Mex$) startet viermal täglich an der Plaza de Armas (wo es einen Ticketschalter gibt) und umfasst auch das Pancho-Villa-Museum und Quinta Gameros. Die jeweiligen Eintrittsgebühren sind im Preis der Rundfahrt nicht enthalten.

Schlafen

Hotel Jardín del Centro
HOTEL $

(614-415-18-32; www.hoteljardindelcentro.com; Victoria 818; EZ/DZ 480/590 Mex$;) Das hübsche, einladende kleine Hotel mit gutem Preis-Leistungs-Verhältnis bietet gemütliche, attraktive Zimmer, die einen schönen Hof voller Pflanzen säumen, und ein gutes kleines Restaurant. Die Zweibettzimmer auf der Rückseite sind nicht so stimmungsvoll wie die Doppelzimmer mit den hohen Decken im vorderen Bereich. Das Personal ist charmant, und das Ortszentrum liegt in praktischer Nähe.

Motel María Dolores
MOTEL $

(614-416-74-20; motelmadol@hotmail.com; Calle 9A No 304; EZ/DZ 380/450 Mex$;) Gleich unterhalb der Plaza Mayor hat dieses tadellos geführte Motel schlichte, nicht besonders ansehnliche Zimmer, die aber sauber und angesichts der exzellenten Lage äußerst preisgünstig sind. Wegen des gesicherten Parkplatzes ist das Motel für Traveller mit Auto besonders praktisch.

Hotel San Felipe El Real
BOUTIQUEHOTEL $$

(614-437-20-37; www.hotelsanfelipeelreal.com; Allende 1005; Zi./Suite inkl. Frühstück 1130/1428 Mex$;) Hinter einer unscheinbaren Fassade verbergen sich ein wunderschönes Haus aus den 1880er-Jahren, ein Innenhof mit sprudelndem Springbrunnen und sechs individuell eingerichtete Zimmer mit Antiquitäten und historischen Möbeln. Die Inhaber verwöhnen ihre Gäste und servieren das Frühstück an einem langen Tisch in der gemütlichen Küche. Angeboten wird auch ein Abholservice vom Flughafen und Bahnhof.

Hotel Posada Tierra Blanca
HOTEL $$

(614-415-00-00; www.posadatierrablanca.com.mx; Niños Héroes 102; EZ/DZ 799/849 Mex$;) Das Motel alter Schule wurde kürzlich renoviert. Die meisten Zimmer (ein paar müssen noch aufgefrischt werden) sind geräumig und sauber; sie wurden zudem mit Hartholzböden und schicken Möbeln ausgestattet. Es gibt einen gepflegten Pool und ein abgewetztes Diner mit typisch mexikanischen Gerichten. Am schönsten ist die riesige Lounge mit ihrem drei Stockwerke hohen, psychedelischen Wandgemälde.

Hotel Plaza
HOTEL $$$

(614-415-12-12, 800-752-92-01; www.hotelplaza chihuahua.com; Cuarta 204; Zi. mit Frühstück 1684 Mex$;) Die Gäste finden hier, nur einen Steinwurf von der Kathedrale entfernt, saubere, moderne, große Zimmer mit Holzböden, modischen Möbeln und hochwertiger Bettwäsche. Von der Dachterrasse, auf der das Frühstücksbüffet serviert wird, hat man einen schönen Blick auf die Stadt. Der Service ist freundlich und aufmerksam.

Essen & Ausgehen

Die Einwohner Chihuahuas lieben gute Steaks, daher haben die meisten Restaurants in dieser Hinsicht ein gutes Angebot.

Café Cortez
CAFÉ $

(614-415-38-07; www.facebook.com/CafeCortez Cuu; Gómez Farías 8; Hauptgerichte 45–90 Mex$; Mo–Fr 9–23, Sa 10–23, So 16–23 Uhr;) Hipster haben in Chihuahua einen schweren Stand, doch dieses hangarähnliche Café mit schwarzer Fassade und farbenfrohem Innenraum kommt ihrem Geschmack wohl am nächsten. Die eigentlichen Highlights sind der exzellente Kaffee, die leckeren riesigen Panini, die Salate und die Sandwiches. Tolles Mittagslokal.

La Casa de los Milagros
MEXIKANISCH $

(☎ 614-261-55-04; www.facebook.com/pg/CasaDe
LosMilagrosCuu; Victoria 812; Hauptgerichte
75–110 Mex$; ☺ So–Do 7.30–24, Fr & Sa bis 1.30
Uhr; ☎) Angeblich hingen Pancho Villa und
seine Mitstreiter in dieser stimmungsvollen, 110 Jahre alten Villa mit Fliesenböden,
vielen gemütlichen, kleinen Räumen und
einem luftigen, überdachten Hof ab. Auf der
umfangreichen Karte stehen typisch mexikanische Gerichte, die humorvoll umbenannt sind. Donnerstags bis samstags gibt's
jeden Abend ab 20 Uhr Livemusik.

★ Plaza del Mariachi
FOODCOURT $$

(www.plazadelmariachi.com.mx; Aldama 256;
Hauptgerichte 100–280 Mex$; ☺ 8–1.30 Uhr; ☎ ⛎)
Der gehobene Foodcourt residiert in einem
Gebäude kolonialen Stils mit unverputztem
Backstein, einem zentralen Innenhof und ei-
ner kühlen Klimaanlage. Im Gebäude befin-
den sich acht Restaurants – es sollen noch
mehr werden –, die hauptsächlich mexikani-
sche Gerichte, teilweise mit einem Schwer-
punkt auf Steaks und Meeresfrüchten, anbie-
ten. Am Freitag- und Samstagabend sowie
am Sonntagnachmittag ziehen Mariachis
durch den Komplex. Abends dienen viele Re-
staurants gleichzeitig als Bars, man kann hier
also auch einen Eindruck vom lokalen Nacht-
leben gewinnen.

Taller del Chef
BISTRO $$

(☎ 614-410-20-84; www.facebook.com/pg/taller
delchefcuu; Independencia 1414; Hauptgerichte
90–140 Mex$; ☺ Mo–Sa 13–22, So 14–22 Uhr)
Das im Stadtzentrum gelegene stilvolle
Bistrorestaurant mit asiatischer Fusionkü-
che serviert köstliche Ramen voller Nudeln,
Gemüse und Proteine und ein gutes Sortiment von örtlichen Craft-Bieren. Neben
Suppen gibt es auch (trockene) Nudelge-
richte und Salate.

Mesón de Catedral
INTERNATIONAL $$

(☎ 614-410-15-50; www.facebook.com/MesonDe
Catedral; Plaza de Armas; Hauptgerichte 120–
220 Mex$; ☺ Mo–Mi 8–24, Do–Sa bis 2, So bis 22
Uhr; ☎) Das gehobene Restaurant befindet
sich im zweiten Stock eines modernen Ge-
bäudes mit der besten Aussicht von Chihua-
hua. Die Terrasse mit Blick auf die Kathe-
drale lohnt die Mehrausgaben. Empfehlens-
wert sind das Fischfilet mit Paprikafüllung
und das Rindersteak mit der Riesengarnele
in einem Rotwein-Dressing. Donnerstags,
freitags und samstags wird abends Livemu-
sik gespielt.

La Casona
STEAKS $$$

(☎ 614-410-00-43; www.casona.com.mx; Ecke Aldama & Av Ocampo; Hauptgerichte 190–450 Mex$;
☺ Mo–Sa 8–24, So 14–18 Uhr; ☎) In der prachtvollen Villa aus dem 19. Jh. servieren heraus-
geputzte Kellner Steaks, Meeresfrüchte und
Pasta. Die Karte wird alle zwei, drei Monate
gewechselt, und es gibt auch eine umfangreiche Weinkarte. Neben dem Restaurant
finden sich hier außerdem eine Bar und ein
Raucherzimmer. Eine Reservierung ist empfehlenswert!

Momposina
BAR

(☎ 614-410-09-75; Coronado 508; ☺ Mo–Sa 16–1
Uhr; ☎) In dem tollen, unkonventionellen
Lokal hängen tagsüber kreative Typen auf
den bunt zusammengewürfelten Stühlen herum, mampfen Panini und nippen an ihrem
Espresso. Später verwandelt sich der Laden
in eine Bar, und donnerstags bis samstags
erwartet die Gäste abends Livemusik. Das
Bier ist billig und die Stimmung lässig.

La Cerve
BIERGARTEN

(☎ 614-413-08-60; www.facebook.com/pg/cervech
ihuahua; Av Pacheco Villa 3331; ☺ Mi–Sa 12–23,
Di & So bis 22 Uhr) Der riesige, von Bierbuden
und Picknicktischen umgebene Parkplatz ist
ein beliebter Treffpunkt für einen Umtrunk.
Das Bier ist nichts Besonderes – Tecate,
Miller, Amstel Lite –, aber es geht hier auch
mehr um die Stimmung und das Erlebnis
der Menge. An den Wochenenden gibt's
auch Livemusik. Wer Hunger bekommt, holt
sich etwas an den Tacoständen.

🛍 Shoppen

Chihuahua ist zwar eine Großstadt, dennoch gibt es hier kaum etwas, was man
Käufern empfehlen kann. Wegen der ausgeprägten Cowboy-Kultur gibt es viele Cow-
boy-Artikel. Wer Cowboystiefel kaufen will,
sollte schnurstracks die Libertad zwischen
Independencia und Avenida Ocampo aufsuchen; hier säumt eine ganze Reihe Stiefellä-
den die Straße.

Casa de las Artesanías del
Estado de Chihuahua
KUNSTHANDWERK

(☎ 614-437-12-92; Niños Héroes 1101; ☺ Mo–Fr
9–17, Sa 10–17 Uhr) Hier findet man eine gute
Auswahl an Kunsthandwerk aus Chihuahua (darunter auch Keramik aus Mata
Ortiz) sowie typisch mexikanische Nahrungsmittel wie Pekannüsse, Oregano-Öl
und *sotol*, eine lokale Spirituose aus einem
Spargelgewächs.

BUSSE AB CHIHUAHUA

ZIEL	PREIS (MEX$)	DAUER (STD.)	HÄUFIGKEIT (TGL.)
Ciudad Juárez	670	5–6	stündl.
Durango	985	10–13	10-mal
Guadalajara	1505	13	2-mal
Monterrey	805–865	11–12	8-mal
Nuevo Casas Grandes	505	4½	stündl
Parral	340	3–5	stündl
Saltillo	775	10	7-mal
Zacatecas	950	8	6-mal

❶ Praktische Informationen

Clínica del Centro (☎614-439-81-00; www.
clinicadelcentro.com.mx; Ojinaga 816) Hat eine
rund um die Uhr geöffnete Notaufnahme.

Post (☎800-701-70-00; Libertad 1700; ⊙Mo–
Fr 8–17, Sa 10–14 Uhr)

Staatliche Touristeninformation (☎614-429-
35-96, 800-508-01-11; www.chihuahuamexico.
com; Aldama 901, Palacio de Gobierno; ⊙Mo–
Sa 9–20 Uhr) Das Büro hat viele Karten und
Broschüren, aber der Service ist mal so, mal so.
Die **Touristeninformationsstände** (Blvd Juan
Pablo II Nr. 4107; ⊙Di–So 9–17 Uhr) gleich vor
sowie im Busbahnhof sind hilfreicher.

❶ An- & Weiterreise

BUS

Chihuahuas geschäftiger **Hauptbusbahnhof**
(☎614-420-53-98; Blvd Juan Pablo II Nr. 4107)
liegt 7 km östlich des Stadtzentrums.

Los Paisanos (☎614-418-73-68, USA 866-771-
7575; www.lospaisanosautobuses.com; Ecke
Calle 78 & Degollado) fährt von einem eigenen
Busbahnhof mit Bussen 1. Klasse in die USA,
darunter nach Dallas (65 US$, 17–19 Std.) und
Los Angeles (69 US$, 22 Std.).

Rápidos Cuauhtémoc (☎614-416-48-40;
Blvd Juan Pablo II Nr. 4107) und **Autotransportes Noroeste** (☎614-411-57-83; www.turisti
cosnoroeste.com; Blvd Juan Pablo II Nr. 4107)
fahren regelmäßig nach Cuauhtémoc (110 Mex$,
1½ Std.) und Creel (420 Mex$, 4½ Std.), Au-
totransportes Noroeste darüber hinaus auch
fünfmal täglich (6–16 Uhr) über den Parque de
Aventura Barrancas del Cobre nach Divisadero
(510 Mex$, 5½ Std.) und San Rafael (540 Mex$,
6 Std.) in der Barranca del Cobre.

FLUGZEUG

Vom 15 km nordöstlich der Stadt gelegenen
Flughafen Chihuahua (☎614-478-70-00;
www.oma.aero; Blvd Juan Pablo II Km 14) gibt's
regelmäßige Flüge nach San Francisco, Miami,
Mexico City, Guadalajara und Monterrey. Die vertretenen Fluggesellschaften sind **Aeroméxico**
(☎800-262-40-12, 614-201-96-96; www.ae
romexico.com; Ortiz Mena 2807; ⊙Mo–Fr 9–19
Uhr), **Interjet** (☎614-430-25-46; www.interjet.
com.mx; Av de la Juventud 3501; ⊙Mo–Fr 11–21,
Sa & So bis 20 Uhr), Viva Aerobus (www.vivaae
robus.com) und Volaris (www.volaris.com).

ZUG

Chihuahua ist die nordöstliche Endstation des
Ferrocarril Chihuahua Pacífico (S. 815); die
Züge fahren täglich um 6 Uhr ab. Die Züge führen
immer Abteile 1. Klasse, montags, donnerstags
und samstags werden hinten Abteile der *clase
económica* angehängt. Der **Bahnhof** (☎614-
439-72-12, 800-122-43-47; www.chepe.com.mx;
Méndez 2205; ⊙Mo–Fr 5–17.30, Sa 9–12.30
Uhr) befindet sich 1,5 km südlich der Plaza de Armas und verfügt, abgesehen von einem Fahrkartenschalter, über keine Einrichtungen. Tickets
bekommt man fast immer noch am Reisetag,
aber man sollte zum Fahrkartenkauf mindestens
eine Stunde vor der Abfahrt da sein.

❶ Unterwegs vor Ort

Zum Busbahnhof nimmt man fast gegenüber
der Plaza Hidalgo einen Bus mit der Aufschrift
„Circunvalación Sur" (Av Carranza s/n; 7 Mex$,
30–50 Min.), der auf der Carranza in nordwestlicher Richtung fährt.

Vom Zentrum fahren Taxis zum Bahnhof
(50 Mex$), Busbahnhof (80 Mex$) und Flughafen (200 Mex$). Taxis vom Flughafen in die Stadt
sind teurer (ca. 350 Mex$).

Nuevo Casas Grandes & Casas Grandes

☎636 / 60 800 EW. / HÖHE 1457 M

Nuevo Casas Grandes, 345 km nordwestlich
von Chihuahua, ist ein reiches, nicht sehr
bemerkenswertes Städtchen auf dem Land
mit kleinen Mormonen- und Mennoniten-
Gemeinden. Travellern dient der Ort als
Transportknoten zu dem hübscheren Dorf
Casas Grandes mit den präkolumbischen Ru-

inen von Paquimé (7 km südl.) und zu dem Töpfereizentrum Mata Ortiz (27 km südl.).

◉ Sehenswertes

★ Paquimé · ARCHÄOLOGISCHE STÄTTE
(☎636-692-41-40; zapaquime.museo@gmail.com; Allende s/n, Casas Grandes; Erw./Kind unter 13 Jahren 70 Mex$/frei; ☺Di–So 9–17 Uhr) Die Ruinen liegen in einem weiten Tal mit Panoramablick auf ferne Berge und umfassen die labyrinthartigen Überreste der Lehmsiedlungen von Nordmexikos bedeutendstem Handelszentrum. Paquimé war der Mittelpunkt der Mogollón- oder Casas-Grandes-Kultur, die sich nach Norden bis New Mexico und Arizona und über weite Teile von Chihuahua erstreckte. Das zugehörige eindrucksvolle und detailreich konzipierte **Museo de las Culturas del Norte** zeigt Exponate über Paquimé und die verwandten indigenen Kulturen Nordmexikos und des Südwestens der USA.

Die Siedlung wurde vermutlich von Apachen um 1340 geplündert. Ende der 1950er-Jahre begannen die Ausgrabungen und die Restauration, und 1998 erklärte die UNESCO den Ort zur Welterbestätte. Große Schautafeln auf Spanisch und Englisch erläutern Interessantes zur Paquimé-Kultur: unbedingt die Papageienkäfige aus Lehm und die charakteristischen T-förmigen Türöffnungen anschauen! Die Paquimé verehrten den Hellroten Ara, und an manchen Bauten ist dieser schöne Vogel dargestellt, der in Nordmexiko nie heimisch war und vom weit reichenden Handelsnetz der Paquimé zeugt.

Die Paquimé waren meisterhafte Töpfer und stellten beigefarbene Tonwaren her, die sie mit roten, braunen oder schwarzen geometrischen Muster verzierten. Einige erstaunliche Exemplare sind im Museum ausgestellt; hier kann man moderne Reproduktionen davon kaufen.

🛏 Schlafen & Essen

★ Las Guacamayas B&B · B&B $$
(☎692-699-09-97; www.mataortizollas.com; Av 20 de Noviembre, Casas Grandes; EZ/DZ inkl. Frühstück 50/70 US$; ⓟ❄☻) ✎ Das aus Lehm erbaute Gebäude verfügt über charmante Zimmer mit Holzbalkendecken, die alle mithilfe recycelter Materialien ausgestattet wurden, sowie einen reizenden Gartenbereich. Inhaberin Mayte Lujan besitzt eine erlesene Sammlung von Mata-Ortiz-Tonwaren und ist eine Kennerin dieser Region. Die Lodge liegt nur einen Steinwurf entfernt vom Eingang zu den Ruinen von Paquimé.

El Mesón del Kiote · STEAKS $$
(☎636-690-06-98; Av Juárez 1201, Casas Grandes; Hauptgerichte 145–230 Mex$; ☺8–22 Uhr) Für ein gutes Steak gibt es keinen besseren Ort als dieses zweistöckige Restaurant mit alpinem Flair. Die Gäste erwartet eine große Auswahl, aber am besten hält man sich an das zarte, aromatische, mächtige Rib-Eye-Steak. Zu den meisten Gerichten werden eine Backkartoffel und Beilagen serviert.

Pompeii · MEXIKANISCH $$
(☎636-661-46-03; www.pompeii-restaurant.com.mx; Av Juárez 2601, Nuevo Casas Grandes; Hauptgerichte 140–200 Mex$; ☺11–24 Uhr) Von der knallroten, an einen schmierigen Nachtclub erinnernden Neonfassade sollte man sich nicht abschrecken lassen. Das freundliche Restaurant ist in Wirklichkeit ruhig – keine wummernde Musik – und bei Reisegruppen beliebt, die Mata Ortiz besuchen. Auf den Tisch kommen leckere moderne Gerichte der mexikanischen Küche mit Schwerpunkt auf *pavo* (Truthahn), der Spezialität der Gegend.

ℹ Praktische Informationen

Touristeninformation (☎Anschluss 110 636-692-43-13; Palacio Municipal, Constitución s/n, Casas Grandes; ☺9–15 Uhr) Das freundliche Personal des kleinen Büros händigt Travellern schnell Broschüren und Landkarten aus.

ℹ An- & Weiterreise

In Nuevo Casas Grandes fahren 1.-Klasse-Busse von **Ómnibus de México** (☎636-694-05-02; www.odm.com.mx; Obregón 312) und **Estrella Blanca/Chihuahuenses** (☎636-694-07-80, 800-507-5500; www.estrellablanca.com.mx; Obregón 308) nach Chihuahua (505–550 Mex$, 4½ Std., 8 mal tgl.), zur Grenze bei Nogales (545–710 Mex$, 5 Std., 6-mal tgl.) und nach Ciudad Juárez (400 Mex$, 4 Std., 6-mal tgl.).

In Nuevo Casas Grandes starten auf der Constitución, gleich nördlich der Calle 16 de Septiembre, in nördlicher Richtung stündlich Busse nach Casas Grandes (9 Mex$, 20 Min., Mo–Sa 8.30–19.30, So bis 16.30 Uhr). Um zu den Ruinen von Paquimé zu gelangen, steigt man an der Plaza in Casas Grandes aus und marschiert auf der Constitución 800 m in südlicher Richtung bis zu den Ruinen. Die Taxifahrt von Nuevo Casas Grandes nach Paquimé kostet ca. 120 Mex$.

Durango

☎618 / 519 000 EW. / 1880 M

Durango, Hauptstadt des gleichnamigen Wüstenstaats, ist ein ungemein einnehmender Ort mit einem attraktiven, wunderschön

PANCHO VILLA: VOM BANDITEN ZUM REVOLUTIONÄR

Machohafter Frauenheld, Revolutionär, Viehdieb, Bildungsverfechter und ein impulsiv-gewalttätiger Mann, der Alkohol verabscheute – kein Held der mexikanischen Geschichte ist so facettenreich und widersprüchlich wie Francisco „Pancho" Villa.

Der vor allem als Anführer der Mexikanischen Revolution bekannt gewordene Villa widmete sich im Erwachsenenalter ebenso sehr dem Diebstahl und den Frauen wie der noblen Sache. Der 1878 als Sohn von Hacienda-Arbeitern im nördlichen Durango geborene Doroteo Arango begann im Alter von 16 Jahren seine Laufbahn als Bandit und nahm (vielleicht zu Ehren seines Großvaters) den Namen Francisco Villa an. Der Legende nach wurde Villa ein Gesetzloser, nachdem er ein Familienmitglied der Hacienda-Besitzer erschossen hatte, das versucht hatte, seine Schwester zu vergewaltigen. Zwischen 1894 und 1910 drehte sich in Villas Leben alles um den schmalen Grat zwischen einem Dasein als Bandit und dem Versuch, ein rechtschaffenes Leben zu führen.

1910 spitzte sich der Widerstand gegen das diktatorische, elitäre Regime von Präsident Porfirio Díaz zu. Abraham González, Gouverneur im Staat Chihuahua, heuerte Villa an, um die von Francisco Madero angeführte Revolution zu unterstützen. González wusste, dass er geborene Anführer brauchte, und ermunterte Villa, sich seiner Vergangenheit als Bandit zu besinnen. Innerhalb kurzer Zeit stellte Villa eine Streitmacht zusammen, die für die Revolution kämpfen sollte, welche am 20. November 1910 begann.

Als die Rebellen unter Villa im Mai 1911 Ciudad Juárez einnahmen, trat Díaz von seiner Präsidentschaft zurück. Madero wurde zum Präsidenten gewählt, 1913 jedoch durch Victoriano Huerta, einen seiner eigenen Befehlshaber, gestürzt und später hingerichtet. Villa floh über die Grenze ins US-amerikanische El Paso, kehrte jedoch wenige Monate später als einer von vier Revolutionsführern zurück, die sich gegen Huerta auflehnten. In kürzester Zeit stellte er eine mehrere Tausend Mann starke Armee zusammen, die berühmte División del Norte, und konnte mithilfe von Waffen aus den USA bereits Ende 1913 Ciudad Juárez (zum zweiten Mal) sowie Chihuahua einnehmen, wobei er sich selbst für die kommenden zwei Jahre zum Gouverneur des Staates Chihuahua erklärte. Er enteignete reiche *hacendados* (Landbesitzer) und erleichterte ihre Geldbeutel, senkte die Preise lebensnotwendiger Güter und richtete Schulen ein, zog aber seine Truppen Nichtkämpfern vor und duldete keine Verweigerung. Sein Sieg über die Armee von Huerta in Zacatecas im Juni 1914 läutete das Ende der Präsidentschaft von Huerta ein. Doch die vier revolutionären Parteien spalteten

erhaltenen und entspannten Zentrum sowie freundlichen Bewohnern. Er gehört außerdem zu den abgeschiedensten Städten Mexikos: Man muss einige Stunden durch die Wüste oder die Berge der Sierra Madre fahren, bevor man die nächste erwähnenswerte Ortschaft erreicht. Durch die isolierte Lage hat sich eine einzigartige regionale Identität entwickelt, die sich in der speziellen hiesigen Küche und dem ironischen Humor widerspiegelt.

Durango wurde 1563 gegründet und hat seine große Bedeutung den Eisenerzvorkommen in der Nähe sowie dem Gold- und Silberabbau aus der Sierra Madre zu verdanken. Heute dominieren Hunderte *maquiladoras* (Montagebetriebe) die Wirtschaft. Für Besucher gilt die erstaunliche Kolonialarchitektur im Stadtzentrum mit über 70 historischen Gebäuden und einigen faszinierenden Museen interessant, zudem gibt es zahlreiche gute Unterkünfte und Restaurants.

Hinweis: Der Bundesstaat Durango ist Chihuahua und Sinaloa zeitlich um eine Stunde voraus.

⊙ Sehenswertes

Die vom Jardín Hidalgo über die Plaza de Armas bis zur Plazuela Baca Ortiz verkehrsberuhigte Constitución gehört zu den attraktivsten Fußgängerzonen Mexikos. Die Straße ist von Restaurants und Cafés gesäumt, in denen es tagsüber und abends lebhaft zugeht.

★ **Museo Francisco Villa**   MUSEUM
(☎ 618-811-47-93; 5 de Febrero s/n; Erw./Kind 20/10 Mex$; ⊙ Di–Fr 10–18, Sa & So 11–18 Uhr; ♿) Das in einem spektakulären kolonialzeitlichen Herrenhaus residierende, gut konzipierte Museum erweist dem mexikanischen Revolutionshelden Pancho Villa seine Reverenz. In 16 Zimmern voller Multimedia-Exponate, Filme und persönlicher Gegenstände wird die Geschichte des berühm-

sich schnell in zwei Lager: Auf der einen Seite standen die liberalen Anführer Venustiano Carranza und Álvaro Obregón, auf der anderen die radikaleren Villa und Emiliano Zapata. Villa wurde von Obregón in der Schlacht von Celaya (1915) geschlagen und verlor seinen großen Einfluss für immer.

Nachdem die USA Carranza im Oktober 1915 als Führer der Regierung anerkannt hatten, entschied sich Villa, gleichzeitig Carranza in Misskredit zu bringen und sich an US-Präsident Wilson zu rächen. Am 9. März 1916 plünderten Villas Männer das US-Städtchen Columbus in New Mexico, Stützpunkt einer US-Kavalleriegarnison und Heimatstadt von Sam Ravel, der Villa einst bei einem Waffenhandel übers Ohr gehauen hatte. Obwohl rund die Hälfte von Villas 500 Milizsoldaten an diesem Tag umkam (auf Seiten der USA wurden 18 Tote verzeichnet), war Ravel nicht aufzufinden war (er war beim Zahnarzt in El Paso), war der Angriff doch ein Erfolg für Villa: Eine Einheit der US-Armee wurde nach Mexiko entsandt, um ihn zu verfolgen und zu bestrafen, was ihn zu einer noch größeren Legende machte. Villa kämpfte weiterhin gegen das Carranza-Regime und überfiel Städte und Haziendas, musste aber mittlerweile seine Streitmacht mit Söldnern aufstocken; auch gab er seinen Männern gelegentlich die Erlaubnis, zu plündern und zu morden.

1920 beendete sein ehemaliger Verbündeter Obregón Carranzas Herrschaft, und Villa unterzeichnete einen Friedensvertrag mit Adolfo de la Huerta als vorläufigem Präsidenten. Villa versprach, seine Waffen niederzulegen und sich auf eine Hacienda in Canutillo zurückzuziehen, was Adolfo de la Huerta 636 000 Mex$ wert war. Man gab Villa Geld, um Schulden bei seinen Truppen zu begleichen und die Witwen und Waisen der División del Norte zu unterstützen. Er siedelte 759 seiner ehemaligen Truppenmitglieder in Canutillo an und gründete eine Schule für sie und ihre Kinder.

Die nächsten drei Jahre über führte Villa ein recht ruhiges Leben. Er kaufte ein Hotel in Parral und besuchte regelmäßig Hahnenkämpfe. Er richtete einer seiner vielen „Ehefrauen", Soledad Seañez, eine Wohnung in Parral ein, eine andere unterhielt er in Canutillo. Als er aber eines Tages Parral in seinem großen Dodge verließ, ging ein Kugelhagel auf ihn nieder, und der legendäre Revolutionär starb. Aus den moderaten Gefängnisstrafen für die achtköpfige Killerbande schlossen viele, dass der Exekutionsbefehl von Präsident Obregón höchstpersönlich kam. Villa hat sich über die Jahre jedoch so viele Feinde gemacht, dass es eine Menge weitere Verdächtige gibt.

testen Sohns der Stadt Durango erzählt. Einige Zeit sollte man auch den prächtigen Wandmalereien widmen, die die Geschichte des Landes und des Bundesstaats darstellen. Die Ausstellung ist auf Spanisch und Englisch sowie sogar in Blindenschrift erläutert.

⭐ **Museo de la Ciudad 450**   MUSEUM
(☎618-137-84-90; Ecke Av 20 de Noviembre & Victoria; Erw./Kind 22/5 Mex$; ◷Mo–Fr 9–20, Sa 11–18, So bis 17 Uhr; ♿) Das eindrucksvolle Stadtmuseum bietet eine interessante Sammlung interaktiver Ausstellungen von der präkolumbischen über die Kolonialzeit bis zur Gegenwart und widmet sich der Wirtschaft, dem Bergbau, der Kultur und den Traditionen in Durango. Eine Abteilung ist der Filmindustrie und den mehr als 130 Filmen gewidmet, die in der Stadt und ihrer Umgebung gedreht wurden, darunter *The Wild Bunch – Sie kannten kein Gesetz* (1968), *Zorro* (1997) und *Texas Rising* (2014). Sehenswert ist der

alacraneo, ein mit Schwarzlicht beleuchteter Tank mit über 5000 Skorpionen.

Paseo del Viejo Oeste   FILMLOCATION
(☎618-113-12-92; Hwy 45 Km 12; Frw./Kind 35/25 Mex$; ◷11–19 Uhr; ♿) Viele Leinwand-Cowboys sind in dieser Filmkulisse herumstolziert. Heute ist das Gelände ein Themenpark mit Souvenirs und regelmäßig Shows, bei denen Dreharbeiten nachgespielt werden (Mo–Fr 14 & 16, Sa & So 13, 15 & 17 Uhr). Der Park befindet sich 12 km nördlich der Stadt; 30 Minuten vor jeder Show fährt ein kostenloser Shuttlebus von der Plaza de Armas zum Park, zwei Stunden später fährt er wieder zurück (Besucher können aber auch länger bleiben). Das Ganze ist ein großer Spaß für Familien, samt Ausritten und Kutschfahrten.

Plaza de Armas   PLAZA
Die hübsche barocke **Catedral del Basílica Menor** (☎618-811-42-42; ◷8–21 Uhr) ist der

Durango

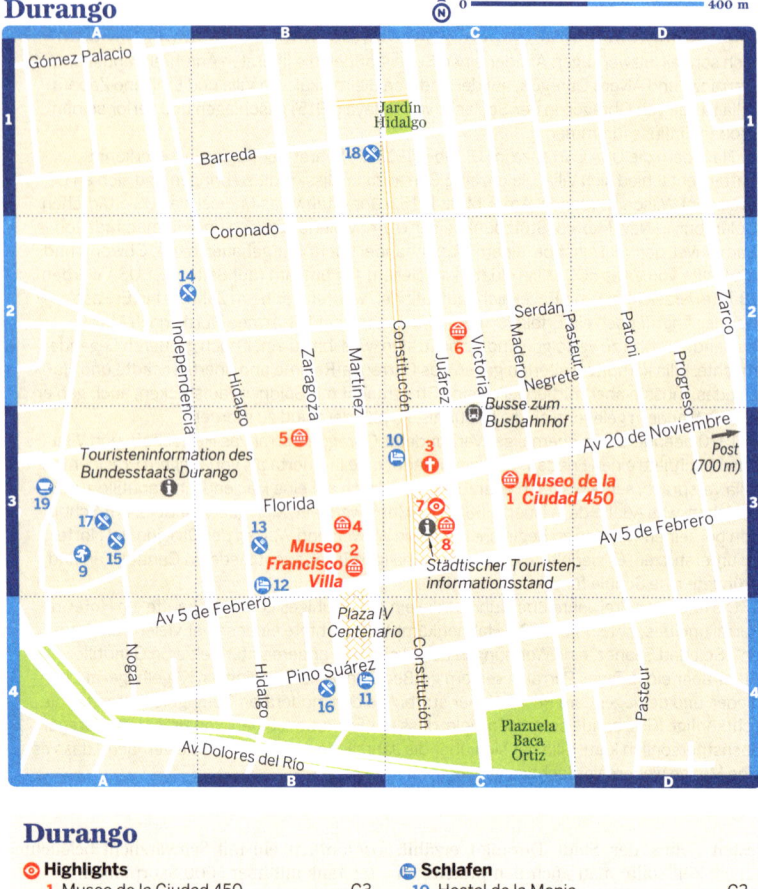

Durango

Highlights
1 Museo de la Ciudad 450..........................C3
2 Museo Francisco Villa.............................B3

Sehenswertes
3 Catedral del Basílica Menor..................C3
4 Museo de Arqueología de Durango
    Ganot-Peschard....................................B3
5 Museo Palacio de los Gurza..................B3
6 Museo Regional de Durango..................C2
7 Plaza de Armas......................................C3
8 Túnel de Minería....................................C3

Aktivitäten, Kurse & Touren
9 Paseo Teleférico....................................A3

Schlafen
10 Hostal de la Monja C3
11 La Casa de Bruno.................................... B4
12 Posada de María B3

Essen
13 Birriería Mendoza B3
14 Cremería Wallander A2
15 Fonda de la Tía Chona............................ A3
16 Gorditas Durango B4
17 La Tetera Bistro Cafe A3
18 Restaurant Playa Azul............................ B1

Ausgehen & Nachtleben
19 Wirikuta Cafe A3

Blickfang der mit Blumen und Springbrunnen verzierten Plaza de Armas. Der Platz ist ein beliebter Treff mit Konzertpavillon, Bäumen und Sitzbänken. Vom Nachmittag bis in den Abend machen hier Händler mit Snacks von Maiskolben bis Crêpes kräftigen Umsatz.

An der Ostseite der Plaza befindet sich der Eingang zum **Túnel de Minería** (Tunnel des Bergbaus; ☏618-137-53-61; Juárez 313; 20 Mex$; ◷Di–So 10–21.30 Uhr), einem Museum, das der Geschichte des Bergbaus in Durango gewidmet ist.

Museo de Arqueología de Durango Ganot-Peschard
MUSEUM

(618-813-10-47; Zaragoza 315 Sur; Erw./Kind 10/5 Mex$; Di–Fr 10–18, Sa & So 11–18 Uhr) Das kleine, etwas betagte Museum hat faszinierende Ausstellungen und eine Sammlung von Artefakten der diversen indigenen Völker, die seit dem Paläolithikum in der Region lebten. Besonders eindrucksvoll (und etwas gruselig) ist die Ausstellung von deformierten Schädeln und Grabbeigaben des Aztlan-Stammes. Kindern gefällt die nachgestellte archäologische Grabungsstätte mit schummriger Beleuchtung, Skeletten und Töpferwaren.

Museo Palacio de los Gurza
MUSEUM

(618-811-17-20; Negrete 901 Poniente; Erw./Kind 10/5 Mex$; Di–So 10–18 Uhr) Das kleine Museum in einem prächtigen Palais aus dem 18. Jh. zeigt Wechselausstellungen aufstrebender mexikanischer Künstler; die Werke treffen oft engagierte politische Aussagen zu Mexiko und seinem großen Nachbarn im Norden. Seltsamerweise gibt's auch eine Dauerausstellung alter mexikanischer Münzen und Münzpräge-Vorrichtungen.

Museo Regional de Durango
MUSEUM

(El Aguacate; 618-813-10-94; www.museo.ujed.mx; Victoria 100 Sur; Erw./Kind 10/5 Mex$; Mo 8–15, Di–Fr 8–18, Sa & So 11–18 Uhr;) In einer palastartigen Villa französischen Stils aus dem 19. Jh. zeigt das Museum interessante Ausstellungen zur Geologie, Geschichte und Kultur des Bundesstaats Durango. Besondere Schwerpunkte sind die Bodenschätze Durangos und die Tepehuán, das größte indigene Volk der Region, darüber gibt es auch Gemälde von Miguel Cabrera. Die meisten Erläuterungen sind auf Spanisch und Englisch.

 Aktivitäten

Paseo Teleférico
SEILBAHN

(Av Florida 1145; Erw./Kind 20/10 Mex$; Di–So 10–21 Uhr;) Die Seilbahn bringt die Besucher vom Cerro del Calvario, einem kleinem Hügel im Zentrum von Victoria de Durango, zu einem nur 680 m entfernten Aussichtspunkt, dem Cerro de los Remedios. Das eigentliche Highlight ist die kurze Fahrt, denn der Ausblick aus der Gondel ist viel besser als der am Aussichtspunkt. Ein kurzes, günstiges Vergnügen!

 Feste & Events

Feria Nacional
JAHRMARKT

(618-161-00-70; www.ferianacionaldurango.gob.mx; Hwy 23 Km 3,5; 15 Mex$; Ende Juni–Mitte Juli;) Drei Wochen lang, von Ende Juni bis Mitte Juli, erinnert Durangos Großevent mit *charreadas* (mexikanische Rodeos) und einem *duranguense*-Musik- und Kulturfest an die landwirtschaftlichen Wurzeln der Stadt. Fahrgeschäfte und Imbisse runden die Festivitäten ab. Generell gibt's kostenlose Verkehrsmittel zum Festgelände 9 km außerhalb des Stadtzentrums; die Haltepunkte der Shuttles stehen auf der Website.

Schlafen

La Casa de Bruno
HOSTEL $

(618-811-55-55; www.lacasadebrunohostal.com; Bruno Martínez 508 Sur; B/Zi. 230/350 Mex$;) Das künstlerische, einladende Hostel im Stadtzentrum hat drei Schlafsäle mit großen Betten, dicken Matratzen und Trennvorhängen. Daneben gibt's noch zwei winzige, von den Schlafsälen getrennte Zimmer mit ähnlichem Komfort, eine kleine Gemeinschaftsküche und jeden Morgen Kaffee und Gebäck. Ein prima Ort, um mit anderen Travellern Bekanntschaft zu schließen!

Posada de María
BOUTIQUEHOTEL $$$

(618-158-12-17; www.posadademaria.mx; 5 de Febrero 922; Zi./Suite mit Frühstück ab 2500/3100 Mex$;) Direkt im Zentrum von Victoria de Durango befindet sich diese renovierte koloniale *casona* (Villa). Die modernen und luxuriösen Zimmer verbinden viktorianische und mexikanische Elemente, z. B. Tiffany-Lampen mit Stoffen und Mustern aus Oaxaca. Im Haus warten viele ansprechende Bereiche, darunter ein Langschwimmbecken und eine Dachterrasse mit beneidenswerter Aussicht. Weitere Extras sind das Restaurant, der Massageraum und der Friseursalon.

Hostal de la Monja
HOTEL $$$

(618-837-17-19; www.hostaldelamonja.com.mx; Constitución 214 Sur; Zi./Suite mit Frühstück ab 1693/1994 Mex$;) Das Herrenhaus aus dem 19. Jh. gegenüber der Kathedrale wurde geschmackvoll zu einem atmosphärischen Hotel mit 20 Zimmern umgebaut und ist eine der besten Adressen im Stadtzentrum. Die komfortablen Zimmer verbinden geschickt Tradition mit modernen Annehmlichkeiten, und es gibt auch ein gutes Restaurant. Wer lärmempfindlich ist, sollte ein Zimmer nach hinten nehmen, weil die Geräusche aus dem Restaurant weit tragen. Das WLAN-Signal ist im Foyer mal gut, mal schlecht und in den Zimmern praktisch nicht vorhanden.

✖ Essen & Ausgehen

Zu Durangos Spezialitäten gehören *caldillo duranguense* (Durango-Eintopf), zubereitet mit *machaca* (getrocknetem gezupftem Fleisch) und *ate* (sprich: a-tay), einer Quittenpaste, die normalerweise zum Käse gegessen wird.

★ Cremería Wallander   DELI $

(☏ 618-811-77-05; www.wallander.com.mx; Independencia 128 Norte; Gerichte 60–140 Mex$; ☻ Mo–Sa 8.30–21, So 9–16 Uhr; ✖ 🔊 🖉 ♿) Der wunderbare Feinkostladen verkauft die Produkte vom Bauernhof der Familie Wallander sowie regionale Delikatessen, frisches Brot, Konserven und Gebäck. Draußen im Hinterhof können Gäste gesundes Frühstück, große *tortas* (Sandwiches) und hervorragende Pizzas genießen. Feinschmecker wird die Auswahl begeistern, für alle anderen ist die Cremería eine willkommene Abwechslung von der mexikanischen Standardkost.

La Tetera Bistro Cafe   BISTRO $

(☏ 618-195-53-78; Callejon Florida 1135; Hauptgerichte 65–95 Mex$; ☻ So–Do 8–22, Fr & Sa bis 23 Uhr; 🔊) Das coole Café ist auf leichte Gerichte – Crêpes, Sandwiches, Salate – aus frischen, regionalen Zutaten spezialisiert. Man sitzt an Holztischen im Freien oder drinnen auf Sofas in einem mit Pflanzen und abgefahrener Kunst geschmückten Raum. Wer keinen Hunger hat, hält sich an Tee, Kaffee oder Smoothies. Am Freitag- und Samstagabend gibt's Livemusik unter Lichterketten. Das Bistro liegt an einer verkehrsberuhigten Seitenstraße, einfach eine Außentreppe hinauf.

Gorditas Durango   MEXIKANISCH $

(☏ 618-164-44-98; Plaza Centenario, Ecke Pino Suárez & Zaragoza; Mahlzeit 30–50 Mex$; ☻ 8–17 Uhr; ♿) Das bei Einheimischen beliebte Lokal hat gutes, günstiges Essen. Es ist auf *gorditas* spezialisiert, nach Kundenwunsch gefüllte kleine, dicke Tortillas – zwei oder drei ergeben eine kräftige Mahlzeit. Die Füllungen reichen von *bistek* (Steak) über *chicharrón* (gebratener Schweinebauch) bis hin zu *nopales* (Kaktusfeigen) und *mole* (Hühnchen in pikanter Schokoladensauce). Burritos sind auch im Angebot.

Fonda de la Tía Chona   MEXIKANISCH $$

(☏ 618-812-77-48; www.facebook.com/FondaTia Chona; Nogal 110; Hauptgerichte 80–180 Mex$; ☻ Mo–Sa 17–23.30, So 13–17.30 Uhr) Das stimmungsvolle, ehrwürdige Restaurant ist eine Institution in Victoria de Durango, die u. a.

mit *caldillos* (Rinderschmortopf) und köstlichen *chiles en nogadas* (Chilis mit Walnusssauce) der regionalen Küche huldigt.

Birriería Mendoza   MEXIKANISCH $$

(☏ 618-811-56-43; www.facebook.com/BirrieriaMe ndozaDurango; Hidalgo 317; Hauptgerichte 70–150 Mex$; ☻ So–Do 8–17, Fr & Sa bis 23 Uhr) *Antiques Roadshow* trifft in diesem skurrilen Restaurant auf das koloniale Mexiko. Hier erfährt *birria,* der für Jalisco typische Ziegeneintopf Durango-Abwandlungen, indem Guajillo- und Pasilla-Chilis hinzugetan oder das Ziegenfleisch durch Lammkoteletts oder Rippchen ersetzt werden. Man isst in einem kolonialzeitlichen Gebäude, das mit Antiquitäten wie alten Radios, Milchkannen und Standuhren ausstaffiert ist. Ein denkwürdiges Vergnügen für die Augen und den Magen!

Restaurant Playa Azul   MEERESFRÜCHTE $$

(☏ 618-811-93-73; www.facebook.com/playaazul durango; Constitución 241 Norte; Gerichte 90–200 Mex$; ☻ 10–22 Uhr; ♿) Bei einer im Binnenland gelegenen Stadt wie Durango drängen sich Fisch und Shrimps nicht gerade auf, gleichwohl ist dieses auf Meeresfrüchte spezialisierte Lokal eines der besten Restaurants der Stadt. Der Service auf dem bunt dekorierten Patio aus dem 18. Jh. ist professionell, das Zackenbarschfilet wird auf 20 verschiedene Arten zubereitet, und es gibt eine Reihe von Meeresfrüchtecocktails, u. a. den „Molotov" mit sechs verschiedenen Zutaten.

★ Wirikuta Cafe   CAFÉ

(☏ 618-812-69-52; www.facebook.com/pg/wiriku tacafe; Florida 1201; ☻ 8–23 Uhr; 🔊) Der Kaffee in dieser Hochburg echter Kaffee-Kultur ist wirklich ausgezeichnet. Die freundlichen, engagierten Baristas servierten auch ausgezeichnetes Gebäck und frisches Brot. Darüber hinaus gibt's substanziellere Gerichte wie Crêpes, Sandwiches und frische Salate.

❶ Praktische Informationen

Hospital General (☏ 618-813-00-11; Ecke Av 5 de Febrero & Fuentes; ☻ 24 Std.) Notfallstation und ambulante Versorgung.

Post (Av 20 de Noviembre 1016 Oriente; ☻ Mo–Fr 8–16, Sa 9–13 Uhr) Die Hauptpost von Victoria de Durango.

Staatliche Touristeninformation Durango (☏ 618-811-11-07; www.durango.gob.mx; Florida 1106; ☻ Mo–Fr 8–20, Sa & So 10–18 Uhr) Das Büro hat freundliches Personal, das auch Englisch spricht, und viele Broschüren; eine Filiale ist der **Infostand** (Blvd Villa 101; ☻ Mo, Di, Do, Fr & Sa 9–21, So & Mi 9–15 Uhr) am

BUSSE AB DURANGO

ZIEL	PREIS (MEX$)	DAUER (STD.)	HÄUFIGKEIT (TGL.)
Chihuahua	840	8½–11	12-mal
Los Mochis	1090	6	3-mal
Mazatlán	600	3	11-mal
Mexico City (Terminal Norte)	1270	11–13	14-mal
Monterrey (über Saltillo)	835	7	8-mal
Parral	595	6	10-mal
Zacatecas	415	4–5	stündl.

Busbahnhof. Die Stadt betreibt auch einen **Touristeninformationsstand** (☑ 618-137-84-31; www.durangotravel.mx; ☉ Di–So 9–20 Uhr) auf der Plaza de Armas im Musikpavillon.

❶ An- & Weiterreise

Der **Aeropuerto Guadalupe Victoria** (☑ 618-118-70-12; www.oma.aero; Autopista Durango-Gómez Palacios km 15,5), 20 km nordöstlich der Stadt am Hwy 40D, ist ein relativ ruhiger Regionalflughafen, auf dem Aeromexico (www.aeromexico.com) und TAR Aerolíneas (www.tarmexico.com) vertreten sind. Ein Taxi aus dem Zentrum von Victoria de Durango zum Flughafen kostet rund 250 Mex$.

Vom **Central Camionera de Durango** (☑ 618-818-36-63; Blvd Villa 101), 5 km östlich des Zentrums, fahren oft Busse, auch mehrere 1. Klasse.

❶ Unterwegs vor Ort

Busse mit der Zielangabe „ISSSTE" oder „Centro" (9 Mex$) fahren vom Parkplatz des Central de Autobuses zur Plaza de Armas. Die Fahrt in einem Taxi mit Taxameter kostet etwa 40 Mex$ ins Zentrum.

Um aus der Innenstadt den Central de Autobuses zu erreichen, nimmt man einen Bus mit der Zielangabe **„Camionera"** (Negrete s/n) von der Calle Negrete, einen Block südlich des Museo Regional, und steigt vor der großen Kreuzung mit dem Reiterstandbild von Pancho Villa und der McDonald's-Filiale aus. Dann marschiert man ein kurzes Stück Richtung Nordosten.

NORDÖSTLICHES MEXIKO

Der Nordosten war noch nie ein Touristenmagnet Mexikos, und heute schrecken die Gewalttaten der Drogenkartelle noch mehr Traveller ab. Aber die Menschen, die Geschichte und die Sehenswürdigkeiten dieses Landesteils sind durchaus bemerkenswert und umso lohnender, weil man sie hier nicht erwartet. Monterrey ist eine muntere moderne Stadt, während das nahegelegene Saltillo kolonialen Charme versprüht. Eine Erkundung lohnen das idyllische Weiland um Parras de la Fuente und das einmalige Wüsten-Ökosystem von Cuatrociénegas, einer der biologisch vielfältigsten Regionen Mexikos.

Die Sicherheitslage ist angespannt, aber lähmende Angst braucht einen nicht zu befallen. In der letzten Zeit hat sich der Drogenkrieg etwas abgeschwächt, allerdings sind Grenzstädte wie Nuevo Laredo und Matamoros sowie die umliegenden Gebiete gewiss nicht ungefährlich. Auch Monterrey besitzt Viertel, um die der Traveller besser einen Bogen machen. Das ändert aber nichts daran, dass sich die Gewalttakte der Drogenkartelle praktisch immer gegen Konkurrenten richten und dass Traveller nur selten betroffen sind. Wer Vorsicht walten lässt, kann im Nordosten unzählige Schätze entdecken.

Saltillo

☑ 844 / 762 000 EW. / HÖHE 1600 M

Das hoch in der trockenen Sierra Madre Oriental gelegene Saltillo ist eine große und schnell weiterwachsende Stadt mit den üblichen Ausmaßen einer mexikanischen Großstadt, dennoch konnte sich das Zentrum den entspannten Charme einer kleinen Ortschaft bewahren. Die Stadt wurde 1577 gegründet, ist damit die älteste im Nordosten und bietet hübsche Kolonialgebäude und großartige kulturelle Überraschungen wie erstklassige Galerien und Museen. Die meisten Sehenswürdigkeiten liegen praktischerweise im Zentrum. Eine wachsende Studentenschaft sorgt für dynamisches Flair. Die Stadt liegt an den Hauptrouten zwischen der nordöstlichen Grenze und Zentralmexiko und bietet sich somit als Zwischenstopp an.

🔴 Sehenswertes

Saltillos kulturelles Zentrum rund um die Plaza de Armas ist übersät mit historischen Gebäuden und eignet sich bestens für eine Erkundung zu Fuß. Alameda Zaragoza, Saltillos grüne Lunge, liegt sechs Blocks nordwestlich von der Plaza.

⭐ Museo del Desierto   MUSEUM

(☑844-986-90-00; www.museodeldesierto.org; Parque Maravillas, Blvd Davila 3745; Erw./Kind 110/60 Mex$; ☉Di–So 10–17 Uhr; 🖱) Saltillos Hauptattraktion, bei der keine Kosten und Mühen gescheut wurden, ist dieses sehr vergnügliche und (selbst wenn man kein Spanisch spricht) informative Museum. Die Ausstellungen widmen sich der Chihuahua-Wüste (der größten Wüste Nordamerikas) und erklären, warum Meeresströmungen Wüsten bilden können und wie Sanddünen entstehen. Kinder lieben die Dinosaurier, vor allem den *Tyrannosaurus rex*. Es gibt hier auch ein Reptilienhaus, Präriehunde, Wölfe und einen botanischen Garten mit über 400 Kakteenarten.

Centro Cultural Vito Alessio Robles   HISTORISCHES GEBÄUDE

(☑844-412-86-45; Ecke Hidalgo & Aldama; ☉Di–Sa 10–18, So 11–18 Uhr; 🖱) GRATIS Saltillos altes Rathaus ist heute ein Kulturzentrum mit dem größten, von einer Frau geschaffenen Wandbild in Mexiko. Das 500 m² große Bild, ein bemerkenswertes, inspirierendes Kunstwerk, erzählt die Geschichte Saltillos; Helena Huerta Muzquiz benötigte fast drei Jahre, um es fertigzustellen. Neben den Wandmalereien gibt es hier noch mehrere Säle, die Werke von Huerta Muzquiz zeigen, darunter Kohlezeichnungen und Holzschnitte.

Museo del Sarape y Trajes Mexicanos   MUSEUM

(☑844-481-69-00; Allende 160 Sur; ☉ Di–So 10–18; 🖱) GRATIS Das ausgezeichnete Museum ist den mexikanischen *sarapes* (Decken mit einer Öffnung für den Kopf) gewidmet, für die Saltillo berühmt ist. Man bewundert viele kostbare Stücke und erhält darüber hinaus faszinierende Hintergrundinformationen über Webtechniken, Webstühle, natürliche Farbstoffe und regionale Eigenheiten. Es gibt auch eine kleine Ausstellung von Trachten aus dem gesamten Land. In jedem Saal finden sich ausführliche Erläuterungen in englischer Sprache. Gleich nebenan befindet sich ein Laden, in dem man *sarapes* kaufen kann.

Museo de las Aves de México   MUSEUM

(Museum der Vögel Mexikos; ☑844-414-01-68; www.museodelasaves.org; Hidalgo 151; Erw./Kind 40/20 Mex$; ☉ Di–Sa 10–18, So 11–18 Uhr; 🖱) Mexikos Vogelwelt nimmt in Sachen Artenvielfalt weltweit den zehnten Platz ein. Das spannende Museum zeigt ausgestopfte und präparierte Vögel aus über 800 Arten, oft in überzeugend gestalteten Dioramen ihres natürlichen Habitats. Die Exponate sind nach den diversen Ökosystemen – Wüste, Ozean, Regenwald, Mangrovensumpf etc. – sortiert. Spezielle Abteilungen behandeln mit Multimedia-Material Themen wie Federn, Vogelschnäbel oder den Vogelzug. Das Museum ist auf Spanisch und Englisch ausgeschildert. Auch Führungen werden angeboten.

Catedral de Saltillo   KIRCHE

(☑844-414-02-30; www.facebook.com/santocristo saltillo; Plaza de Armas; ☉9–13 & 16–19.30 Uhr; 🖱) Die zwischen 1745 und 1800 erbaute Kathedrale von Saltillo beeindruckt mit einer der schönsten churrigueresken Fassaden Mexikos mit Säulen aus blassgrauem, kunstvoll behauenem Sandstein. In der zentralen Kuppel wartet angesichts der traditionell geringen Wertschätzung indigener Religionen durch die katholische Kirche eine Überraschung in Form von geschnitzten Darstellungen des aztekischen Regengottes Quetzalcóatl.

🛏️ Schlafen

Hotel Colonial San Miguel   HOTEL $$

(☑844-410-30-44; www.hotelcolonialsaltillo.com; General Cepeda Sur 410; Zi. 850 Mex$; 🅿 ⏹ ❄ 🛜 🖥) Das nette kleine Hotel ehrt die italienische Renaissance auf kitschige Art: Man sieht Ziersäulen neben dem Pool, überall Statuen und steinerne Putten und sogar eine Replik der Gemälde der Sixtinischen Kapelle an der Decke des Restaurants. Die Zimmer bleiben von dem Thema verschont: Sie sind modern, schick, blitzsauber und mit guten Betten und guter Bettwäsche ausgestattet, einige haben schmale Balkone mit Blick auf die Stadt. Der Service ist hervorragend.

Hotel Rancho el Morillo   HISTORISCHES HOTEL $$

(☑844-417-40-78; www.ranchoelmorillo.com; Coahuila 6; Zi. 60–75 US$; 🅿 ⏹ 🛜 🖥) Die 1934 gegründete, sehr stimmungsvolle Hacienda am Rand von Saltillo liegt auf einem weitläufigen Anwesen mit Wegen, die in einen Kiefernwald, einen Obstgarten und einen wüstenähnlichen Bereich führen. Die Inhaberfamilie ist sehr freundlich. Es werden tolle Mahlzeiten zubereitet, zu denen als Abschluss ein selbst gemachter *licor de membrillo* (Quittenlikör) als Digestif perfekt passt.

Essen & Ausgehen

Das gastronomische Angebot reicht von netten *fondas* (von Familien geführte Speiselokale) bis zu schicken Restaurants nahe der Plaza de Armas.

Flor y Canela
CAFÉ $

(☎844-414-31-43; www.facebook.com/florycanela centro; Juárez 257; Gerichte 70–120 Mex$; ⊙Mo–Fr 8.30–21.30, Sa & So 16.30–21.30 Uhr; 🛜🍴) Das einladende Café mit Künstlerflair ist auf gemütliches Frühstück, Mittagsmenüs (3 Gänge 110 Mex$), Panini und Salate spezialisiert. Die Espressomaschine wird mit Bio-Kaffee gefüttert, und viele *postre* (Desserts) stehen auf der Karte. Auch Wein und Cocktails sind erhältlich.

El Tapanco Restaurante
INTERNATIONAL $$$

(☎844-414-00-43; www.facebook.com/ElTapanco Saltillo; Allende 225; Hauptgerichte 180–350 Mex$; ⊙Mo–Sa 12–23, So bis 17 Uhr; 🍴) Dieser Familienbetrieb ist eines der elegantesten Restaurants der Stadt mit einem stimmungsvollen Speiseraum und Plätzen im Hof um einen Springbrunnen. Auf der Karte stehen Fisch und Meeresfrüchte sowie Grillfleisch in großer Auswahl. Empfehlenswert sind das *cabrería azteca* (Rindfleisch mit schwarzen Pilzen), die Enten-Tacos und *perejil frito* (gebratene Petersilie), die Spezialität des Hauses.

Taberna El Cerdo de Babel
BAR

(☎844-135-53-60; www.facebook.com/ElCerdito Ocampo 324; ⊙Mo 16–1, Di–Sa 15–2 Uhr) Das aus dem 16. Jh. stammende Franziskanerkloster wurde in eine unkonventionelle Hipster-Taverne mit Livemusik, regelmäßigen Kunst-ausstellungen und Filmvorführungen verwandelt. Die Plätze verteilen sich über zwei Etagen, einschließlich eines grünen Patios draußen am Fußgängerweg. Die Taberna ist ein beliebter Treff für Studenten, Professoren und Berufstätige.

La Puerta al Cielo
COCKTAILBAR

(☎844-139-97-51; Allende 148; ⊙Di–Sa 17–1 Uhr) Die Barkeeper servieren in dieser Freiluftbar im Stadtzentrum schöne, leckere Cocktails und Craft-Biere. Man sitzt auf einem Patio mit Graffiti, Lichterketten und Livemusik an den Wochenenden. Für den Hunger gibt's einfallsreiche Burger, Salate und Pasta.

🛍 Shoppen

El Sarape de Saltillo
KUNSTHANDWERK

(☎844-414-96-34; elsarapedesaltillo@gmail.com; Hidalgo 305; ⊙Mo–Sa 9.30–13.30 & 15.30–19.30 Uhr) Der riesige Laden bietet in vielen Räumen hochwertige, farbenfrohe *sarapes* (Decken mit einer Öffnung für den Kopf) und anderes mexikanisches Kunsthandwerk; man kann zuschauen, wie die Wolle gefärbt und gewebt wird.

ℹ Praktische Informationen

Städtische Touristeninformation (☎844-439-71-95; Allende 124; ⊙Mo–Fr 8–15 Uhr) In dem kleinen Büro arbeitet kenntnisreiches, freundliches Personal, das auch Englisch spricht.

ℹ An- & Weiterreise

BUS

Der **Busbahnhof** (☎844-417-01-84; Periférico Echeverría s/n; 🛜) liegt 2,5 km vom Zentrum entfernt im Süden der Stadt. Zu vielen Zielen fahren die Busse mindestens stündlich, aber nicht nach Victoria de Durango (häufig geht's schneller, in Torreón umzusteigen) und nach Cu-

BUSSE AB SALTILLO

ZIEL	PREIS (MEX$)	DAUER (STD.)	HÄUFIGKEIT (TGL.)
Cuatro Ciénegas	300	5	1-mal
Durango	535–660	6½	5-mal
Mexico City (Terminal Norte)	955–1230	10	12-mal
Monterrey	120–140	1¾	alle 45 Min.
Nuevo Laredo	340–463	4–5	alle 45 Min.
Parras	140	2½	7-mal
San Luis Potosí	540	5	stündl.
Torreón	355–385	3	stündl.
Zacatecas	455	4½–5½	stündl.

atrociénegas. Zu den hier vertretenen Busunternehmen gehören Transportes Chihuahuenses, Futura, ETN und Omnibus de México.

Vom Busbahnhof kommt man mit dem Bus 9 (9 Mex$) ins Stadtzentrum, der vor dem Busbahnhof hält. In umgekehrter Richtung nimmt man den Bus 9 an der Aldama zwischen der Zaragoza und der Hidalgo.

FLUGZEUG
Saltillos Flughafen **Plan de Guadalupe** ([☎]844-488-00-40; Carretera Saltillo-Monterrey, Km 13,5, Ramos Arizpe), 16 km nordöstlich der Stadt, bietet regelmäßige Verbindungen nach Mexico City. Es verkehren Busse zwischen dem Busbahnhof von Saltillo und dem Flughafen von Monterrey (200 Mex$), der viel mehr Flüge bietet.

 Unterwegs vor Ort

VOM/ZUM FLUGHAFEN
Am Flughafen gibt's Büros von Autovermietern. Für eine Taxifahrt vom/zum Stadtzentrum werden etwa 150 Mex$ fällig.

Parras
[☎]842 / 44 900 EW. / 1520 M

Parras, eine hübsche, geschichtsträchtige Oase im Herzen der Wüste Coahuila, liegt rund 160 km westlich von Saltillo. Die Stadt hat ein wunderbar gepflegtes Zentrum mit echtem Kolonialcharme und ein angenehm gemäßigtes Klima. Beides führt dazu, dass sie sich zu einer der zukünftigen Attraktionen Nordmexikos entwickelt.

In erster Linie ist Parras jedoch bekannt für seinen Wein: Die *parras* (Weinreben), die der Stadt ihren Namen gaben, wachsen hier bereits seit dem späten 16. Jh., und das bekannteste Weingut, die Casa Madero, ist das älteste auf dem amerikanischen Kontinent.

Attraktive Unterkünfte, eine wunderschöne Umgebung und der Wein laden zu ein paar erholsamen Tagen ein.

Sehenswertes

Die Hauptattraktion von Parras sind die Weingüter am Stadtrand.

Casa Madero WEINGUT
([☎]842-422-01-11; www.madero.com.mx; Carretera 102 Pila-Parras Km 18,2; Führung Erw./Kind unter 12 Jahren 20 Mex$/frei; ⊙9–17 Uhr; [♿]) Das erste Weingut auf dem amerikanischen Doppelkontinent wurde 1597 in Parras gegründet, ein Jahr vor der Stadtgründung. Heute handelt es sich um einen großen Industriebetrieb, der Wein in die ganze Welt exportiert,

aber immer noch auf dem angenehm altmodischen Anwesen seinen Sitz hat. Casa Madero bietet 45-minütige Führungen durch die Geschichte der Weinherstellung, bei denen man alte und neue Gerätschaften bewundert.

Man kann vor Ort Qualitätsweine und Brandy kaufen, aber es gibt leider keine Verkostungen. In der Nähe der Hauptplaza von Parras de la Fuente nimmt man eine der regulären Busse (20 Mex$), die an dem Weingut vorbeifahren – einfach dem Fahrer sagen, wo man aussteigen möchte. Alternativ kann man auch mit dem Taxi fahren (80 Mex$). Das Weingut liegt 7 km nördlich von Parras.

Vinos El Vesubio WEINGUT
([☎]842-422-38-88; andres.rdemingo@gmail.com; Madero 36; ⊙10–19 Uhr) GRATIS Das 1891 gegründete idyllische Weingut ist bekannt für seine handwerklich produzierten süßen Rotweine. Bei den Führungen lernen Besucher den Herstellungsprozess kennen und besichtigen einige Kellerräume mit Fässern und die Abfüllanlage. Die Verkostungen finden in dem kleinen Laden vor der Familienwohnung statt. Ein Besuch lohnt sich wegen der wundervollen Atmosphäre und zum Weinkauf.

Iglesia del Santo Madero KIRCHE
(Morales Padilla s/n; ⊙10–17 Uhr) Die eindrucksvolle, fast ikonenhafte Kirche thront gefährlich hoch auf einem Felsvorsprung am südlichen Stadtrand. Wer den steilen, aber hübschen 293-Stufen-Aufstieg auf sich nimmt, wird mit schönen Panoramablicken auf die Stadt und Weinberge belohnt. Die Kirche ist einen 30-minütigen Spaziergang vom Zentrum ostwärts entlang der Madero und dann die Aguirre Benavides hinauf entfernt.

Feste & Events

★ Feria de la Uva FEST
(⊙Anfang–Mitte Aug.; [♿]) Jeden August strömen Tausende nach Parras de la Fuente, um den Wein, das Lebenselixier der Region, zu feiern. Zwei Wochen lang gibt es Umzüge mit *vendimiadoras* (Leute, die barfuß die Trauben zerstampfen), Tanz- und Musikdarbietungen, Sportereignisse, religiöse Zeremonien, die Krönung einer Festkönigin und natürlich Wein, Wein und Wein. Das Event erlebt seinen kakofonen Höhepunkt mit einer Tanzparty in der Casa Madero.

Schlafen

★ Foggara Hotel BOUTIQUEHOTEL $$
([☎]842-422-04-59; www.foggara.com.mx; Cazadores 111; Zi. 1000–1200 Mex$; [❄][📶]) Das präch-

tige Hotel in einem historischen Wohnhaus verbindet in seinen Zimmern koloniale Bausubstanz mit einer eleganten Einrichtung im Stil des Modernismus der 1950er-Jahre. Die Bäder sind geräumig und mit farbenfrohen Ziegeln verziert. Zu den Gemeinschaftsbereichen draußen gehören ein schöner Hof und eine begrünte Terrasse mit Liegen und aufgehängten Korbstühlen. Verwöhnen und Entspannen stehen hier im Mittelpunkt – ein echtes Refugium!

Casona del Banco   BOUTIQUEHOTEL $$$
(☑842-422-19-54; www.lacasonadelbanco.com; Ramos Arizpe 285; Zi./Suite mit Frühstück ab 3273/3808 Mex$; P⊖❋🛜) Die wunderbare, wenn auch zweifellos überteuerte umgebaute Bank verkörpert schäbig-schicken Luxus im großen Stil. Die 24 üppigen Zimmer verteilen sich um zwei grasbewachsene Höfe, und die öffentlichen Bereiche, zu denen eine Lounge und eine stilvolle Bar zählen, sind atemberaubend. Kinder unter 10 Jahren sind unerwünscht. Das Hotel liegt nahe dem nördlichen Eingang zur Stadt.

 Essen

In Parras gibt's viele *dulcerías* (Süßwarenläden), die die berühmten *queso de higo* (Feigenkaramellen) der Region verkaufen, aber das Restaurantangebot ist leider immer noch unzureichend.

Tortas y Tacos Cri Cri   MEXIKANISCH $
(Plaza del Reloj, Colegio Militar s/n; Gerichte 40–60 Mex$; ⏰11–20 Uhr; 🍴) Wie der Name schon verrät, serviert das Ladenlokal leckere *tortas* und Tacos, aber – Überraschung! – auch Hamburger. Das Lokal liegt an der Plaza del Reloj und ist stets gut besucht, sodass die beiden Tische fast immer voll besetzt sind. Man sollte also dem Beispiel der Einheimischen folgen, sich das Essen zum Mitnehmen einpacken lassen und es ein paar Meter weiter auf einer Bank verspeisen.

★Las Parras de Santa Maria   INTERNATIONAL $$
(☑842-422-00-60; www.lasparrasdesantamaria. com; Cayuso 12; Hauptgerichte 55–195 Mex$; ⏰Mo–Sa 9–22, So bis 18 Uhr; 🍴) Angesichts der massiven Holztüren, der 5,40 m hohen Decken, der Bögen und der weißgetünchten Mauern lässt sich unschwer erkennen, dass man sich hier in einem kolonialzeitlichen Gebäude befindet. Die Küche ist international und reicht von mexikanischen Klassikern bis zu Pastagerichten; alle Speisen sind sorgfältig

zubereitet. Das eigentliche Highlight ist aber die preisgekrönte Paella mit Fisch, Garnelen und Muscheln. Dazu gibt's ein Glas Sangria und sogar Tapas. Hunger mitbringen!

El Méson de Don Evaristo   MEXIKANISCH $$
(☎842-422-64-53; www.facebook.com/Mesonde DonEvaristo; Ecke Madero & Cayuso; Hauptgerichte 80–210 Mex$; ⏰8–22 Uhr; 🍴) Mitten in der Stadt verwöhnt das freundliche Restaurant mit Hof seine Gäste an Tischen rund um einen kleinen Springbrunnen. Das Flair ist prachtvoll kolonial, das Essen hingegen mexikanischer Standard. Es gibt ein gutes Frühstücksangebot (50–80 Mex$) und sogar Espresso, wenn die Maschine funktioniert.

❶ Praktische Informationen

Die **Haupttouristeninfomation** (☑842-422-31-84; Ramos Arizpe 122; ⏰Mo–Sa 10.30–15.30 Uhr) hat hilfsbereites Personal, das kostenlose Stadtpläne ausgibt und auch etwas Englisch spricht. Es gibt außerdem noch einen kleinen **Informationsstand** (Ecke Ramos Arizpe & Colegio Militar; ⏰10–15 Uhr) an der Plaza del Reloj.

❶ An- & Weiterreise

In der Stadt gibt's zwei Busbahnhöfe, von denen nur 2.-Klasse-Busse fahren; die Busse sind jedoch recht komfortabel und auch klimatisiert.

Der **Busbahnhof Parras-Saltillo** (☑842-422-08-70; García 2B) ist eine kleine, aber moderne Einrichtung. Hier verkehren täglich sieben Busse von/nach Saltillo (140 Mex$, 2½ Std.) und vier von/nach Monterrey (220 Mex$, 3½ Std.).

Der **Busbahnhof Parras -Torreón** (Ramos Arizpe 179) liegt nahe der Plaza de Armas, aber er ist sehr heruntergekommen. Von hier kommt man nach Cuatrociénegas, ohne nach Saltillo zurückfahren zu müssen. Man nimmt einfach einen Bus nach San Pedro Las Colonias (100 Mex$, 1½ Std., 5-mal tgl.) und steigt dort nach Cuatrociénegas (150 Mex$, 2 Std., 9-mal tgl.) um.

Cuatrociénegas de Carranza

☑869 / 13 000 EW. / HÖHE 747 M

Das ruhige, abgelegene Grenzstädtchen besitzt Lehmziegelbauten und koloniale Gebäude sowie ein paar Hotels und Restaurants. Hier kann man wunderbar fernab des Trubels die Natur Nordmexikos genießen, zumal die Stadt das ideale Basislager zur Erkundung der bemerkenswerten Área de Protección de Flora y Fauna Cuatrociénegas ist. Das 843 km² große Naturschutzgebiet in der Chihuahua-Wüste prunkt mit türkisblauen

BARRANCA DEL COBRE & NÖRDLICHES MEXIKO CUATROCIÉNEGAS DE CARRANZA

Flüssen, weißen Sanddünen und atemberaubenden Blicken in die Berge. Es gilt als einer der biologisch vielfältigsten Orte auf Erden.

⊙ Sehenswertes

★ Área de Protección de Flora y Fauna Cuatrociénegas
NATURSCHUTZGEBIET

(Cuatrociénegas Nature Reserve; ☏ 869-696-02-99; http://cuatrocienegas.conanp.gob.mx; Hwy 30; 30 Mex$; ⊙ 10–17 Uhr; ℗ ⊞ ✿) Mit Hunderten himmelblau schimmernden *pozas* (Teichen) und Bächen inmitten der Desierto Chihuahuense (Chihuahua-Wüste) ist dieses 843 km² große Naturschutzgebiet eine surreale Attraktion. Das von über 500 unterirdischen Quellen gespeiste Wüstenhabitat besitzt eine außerordentliche Artenvielfalt und wird oft mit den Galapagosinseln verglichen. In dem Gebiet finden sich mehr als 70 endemische Spezies, darunter drei Schildkröten- und elf Fischarten sowie *estromatolitos* (Stromatolithen), lebende, aus Cyanobakterien aufgebaute Sedimentgesteine, die in Urzeiten zur Bildung der sauerstoffreichen Atmosphäre der Erde beitrugen.

Einige Teiche und der nahegelegene Fluss sind Freizeitaktivitäten vorbehalten, darunter auch Schwimmen. Große Teile der Gegend sind aber für die Öffentlichkeit gesperrt und werden von Wissenschaftlern verschiedener Organisationen wie der NASA und der Universidad Nacional Autónoma de México (UNAM) erforscht.

Ob mit oder ohne eigenes Verkehrsmittel ist die Erkundung des Gebiets in Eigenregie schwierig, weil die Wüstenpfade nicht immer ausgeschildert sind. Es ist ratsam, die Dienste eines Führers in Anspruch zu nehmen. Zertifizierte Führer kann man im **Poza-Azul-Besucherzentrum** (☏ 869-107-72-50; www.cuatrocienegas.conanp.gob.mx; Hwy 30; ⊙ 10–17 Uhr; ℗ ⊞ ✿) engagieren; die beiden Touristeninformationen in der Stadt haben Listen empfehlenswerter Guides.

Ein Besuch des Naturschutzgebiets ohne eigenes Auto ist möglich (die Busse nach Torreón setzen einen an den Zugängen zu Stätten rund um den Park ab, halten dort aber in der Regel nicht an, um Passagiere aufzunehmen), dies ist aber nicht zu empfehlen: Die Entfernungen sind groß, die Wege schlecht markiert, und es gibt wenig Schatten.

★ Dunas de Yeso
DÜNEN

(Los Arenales; Hwy 30; ✿) Die innerhalb des Naturschutzgebiets von Cuatrociénegas Reserve gelegenen blendend weißen Dünen aus Gipssand – die zweitgrößten Nordamerikas – bilden einen eindrucksvollen Kontrast zu den sechs felsigen Gebirgszügen, die das Tal umschließen. Für einen Besuch braucht man ein eigenes Transportmittel und einen Führer. (Letzteres, weil das Tor zu den Dünen verschlossen ist und nur die Führer Zugang zu dem Schlüssel haben.) Lizenzierte Führer kann man im Poza-Azul-Besucherzentrum engagieren. Die Dünen liegen 18 km südwestlich der Stadt am Ende einer Sandpiste.

Mina de Mármol
AUSSICHTSPUNKT

(Hwy 30; 30 Mex$; ⊙ Mo–Fr 9.30–17.30 Uhr; ℗ ⊞) Massive Marmorplatten, viele durchsetzt mit den Fossilien von Fischen und anderen Meeresbewohnern, die in diesem Tal herumschwammen, als es noch ein Ozean war, begrüßen einen in dieser einmaligen Mine. Neben den spektakulären Felsen erwartet einen ein eindrucksvoller Blick auf das Naturschutzgebiet von Cuatrociénegas mit seinen himmelblauen Teichen und Wasserläufen, seinen strahlend weißen Dünen und Gebirgszügen.

Museo Casa Venustiano Carranza
MUSEUM

(☏ 869-696-13-75; Carranza 109; ⊙ Di–So 10–18 Uhr; ⊞) GRATIS Das gut konzipierte Museum in dem Haus, in dem Venustiano Carranza seine Kindheit verbrachte, erzählt die Lebensgeschichte des berühmtesten Sohns von Cuatrociénegas. Carranza stieg vom Bürgermeister zum Senator, zum Gouverneur, zum Revolutionsführer und schließlich zum mexikanischen Präsidenten auf und war als ein gewiefter, aber auch sturer Politiker bekannt; nach einem Putsch wurde er 1920 auf der Flucht ermordet. In dem ausgezeichnet restaurierten Wohnhaus sind Multimedia-Exponate, persönliche Besitztümer und Fotos ausgestellt. Bei den Führungen geben kenntnisreiche Guides ausführliche Erläuterungen zu einzelnen Stücken. Die Ausstellung ist nur auf Spanisch ausgeschildert; eine Spende wird erwartet.

🏃 Aktivitäten

★ Río Los Mezquites
SCHWIMMEN

(☏ 869-696-04-08; Hwy 30; Erw./Kind 85/65 Mex$; ⊙ Mo–Fr 10–18.30, Sa & So bis 19 Uhr) Mit den Fischen und Schildkröten in diesem herrlichen Abschnitt des gemächlich strömenden blauen Flusses inmitten der Wüstenlandschaft des Naturschutzgebiets von Cuatrociénegas zu schwimmen, ist ein surreales, erfrischendes Erlebnis. Am Ufer gibt's *palapas* (strohgedeckte Unterstände), Picknicktische und sogar Grills. Ins Wasser gelangt man über Leitern und Stufen, wenn man sich nicht wie die Kinder einfach von oben in die Fluten stürzt. Letzter Besuchereinlass ist um 17 Uhr. Von der Stadt aus nimmt man die Abzweigung unmittelbar vor dem Poza-Azul-Besucherzentrum.

Geführte Touren

Ein- bis dreitägige Exkursionen mit lizenzierten Führern in die spektakuläre Área de Protección de Flora y Fauna Cuatrociénegas (S. 866) lassen sich für rund 700 Mex$ pro Person und Tag organisieren. Kontakt zu Führern kann man über beide Touristeninformationen in der Stadt aufnehmen. Im Preis ist der Transport mit dem Auto inbegriffen.

Wer ein eigenes Auto hat, kann seinen Führer direkt im Poza-Azul-Besucherzentrum engagieren. Empfehlenswert sind auch die vom Hotel Misión Marielena organisierten Touren.

Schlafen & Essen

Hotel Misión Marielena   HOTEL $$
(☎ 869-696-11-51; www.hotelmisionmarielena.com.mx; Hidalgo 200; Zi. 650–940 Mex$; [P] [⊖] [❄] [📶] [♒]) Das historische Hotel an der zentralen Plaza hat ein ausgezeichnetes Preis-Leistungs-Verhältnis. Die großen, gepflegten Zimmer mit moderner Einrichtung erinnern an ein Super-8-Motel. Sie sind sauber, komfortabel und sonst gänzlich uninteressant. Sie verteilen sich um zwei begrünte Höfe mit Pool und Ausblick in die Berge. Das Restaurant vor Ort zählt zu den besten Adressen in der Stadt. Das Personal informiert einen gern über die sehenswerten Stätten in der Gegend und arrangiert Ausflüge.

Gorditas   MEXIKANISCH $
(Hidalgo s/n; Mahlzeit 25–50 Mex$; ⏱ 5–13 Uhr; [🅿] [♒]) Das familiäre Lokal mit Plastiktischen und -stühlen ist, wie der Name verrät, auf nichts als *gorditas* spezialisiert; die kleinen, dicken Tortillas sind mit allem gefüllt, was Fleischfreunde bzw. Gemüseesser mögen. Am Sonntag strömen die Einheimischen hierher, um sich dann an den angebotenen großen, dampfenden Schüsseln mit *menudo* (eine pikante Kaldaunensuppe) zu laben. Das Restaurant befindet sich in einem großen, gelben Gebäude und ist an den Speisegästen leicht zu erkennen.

La Misión   MEXIKANISCH $
(☎ 869-696-11-51; Hidalgo 200; Gerichte 50–110 Mex$; ⏱ 7.39–22.30 Uhr; [♒]) Das Restaurant im Hotel Misión Marielena gehört zu den besten der Stadt. Die Gerichte sind mit hochwertigen Zutaten und nach Kundenwunsch zubereitet. Auf der Karte stehen vor allem traditionelle mexikanische Speisen, aber auch Pasta, Sandwiches und Salate. Man sollte hungrig kommen, denn die Portionen sind groß. Es gibt auch Weine aus der Region.

Cantina El 40   MEXIKANISCH $$
(☎ 869-696-00-40; www.facebook.com/el40cuatrocienegas; Zaragoza 204; Gerichte 90–130 Mex$; ⏱ Mi–Mo 12–2 Uhr; [♒]) Das schicke Restaurant mit Bar und „Kolonialzeit trifft auf Cowboy"-Flair serviert solide mexikanische Kost mit Stil. Man bekommt hier z. B. Gourmet-Tacos und brutzelnde *molcajete*-Gerichte (Speisen, die in einem Steinmörser aufgetragen werden). Dazu gibt's erstklassige Cocktails und lokale Weine. Man sitzt drinnen an robusten Holztischen auf Stühlen mit Kuhfellmuster oder draußen in dem luftigen Hof.

ⓘ Praktische Informationen

Im Ort gibt's zwei Touristeninformationen: Die winzige, aber hilfreiche **städtische Touristeninformation** (☎ 869-696-06-50; Carranza 100; ⏱ Mo–Fr 9–15 Uhr) an der Plaza Central und die nur gelegentlich geöffnete **staatliche Touristeninformation** (☎ 869-696-05-74; Zaragoza 206; ⏱ Mo–Fr 9–16 Uhr).

ⓘ An- & Weiterreise

Der **Busbahnhof** (Blvd Juárez s/n) befindet sich vor einer Lackierwerkstatt nahe dem östlichen Eingang der Stadt. Von hier fahren Busse 1. Klasse nach Torreón (367 Mex$, 3½ Std., 7-mal tgl.), Saltillo (300 Mex$, 5 Std., 1-mal tgl.) und Monterrey (344 Mex$, 5½ Std., 1-mal tgl.); ein Bus 2. Klasse fährt zur Grenze bei Piedras Negras (411 Mex$, 6 Std., 6-mal tgl.).

Monterrey

☎ 81 / 1,1 MIO. EW. / HÖHE 540 M

Das kosmopolitische Monterrey ist Mexikos drittgrößte Stadt, das zweitgrößte Industriezentrum des Landes und die *número uno* beim Pro-Kopf-Einkommen. Dieses Wirtschaftszentrum besitzt einen ausgeprägten Unternehmergeist, eine muntere Kulturszene, dynamische Universitäten und ein großstädtisches, hippes Nachtleben.

Mit ausufernden Vorstädten voller riesiger, klimatisierter Einkaufszentren und

BARRANCA DEL COBRE & NÖRDLICHES MEXIKO MONTERREY

Monterrey

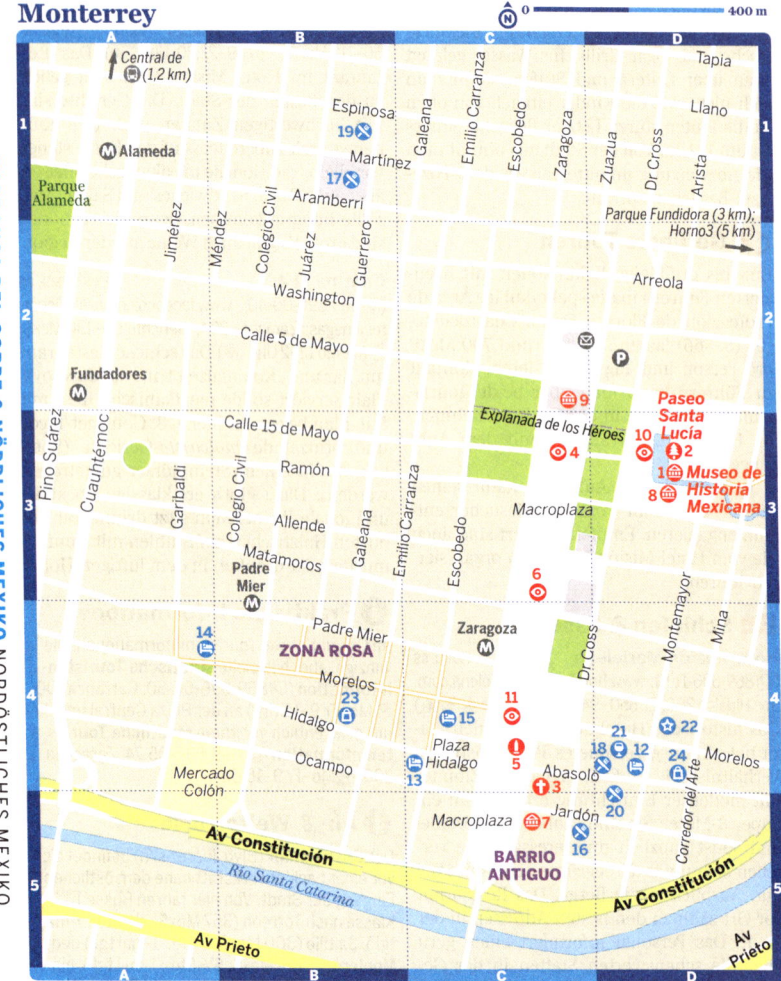

gepflegter Wohnanlagen gehört Monterrey auch zu den amerikanisiertesten Städten Mexikos. Dank Museen von Weltklasse und einer zerklüfteten Kulisse aus Bergen, die hervorragende Möglichkeiten für Outdooraktivitäten bieten, steckt die Stadt voller vielfältiger Attraktionen.

All dies verleiht Monterrey eine ganz besondere Identität, die sich sehr deutlich von anderen mexikanischen Metropolen abhebt. Leider wurde die Stadt stark in den Drogenkrieg hineingezogen, aber 2017 hat sich das kulturelle Leben wieder erholt, insbesondere rund um die Macroplaza, und im wieder sicheren Barrio Antiguo florieren die Res-

taurants und Bars. Allerdings bestimmen Drogengangs immer noch einige Viertel, darunter Colonia Independencia gleich jenseits des Río Santa Catarina – diese Viertel sollte man zu jeder Tages- und Nachtzeit meiden.

Geschichte

Die 1596 gegründete Stadt begann erst nach der mexikanischen Unabhängigkeit aufzublühen. Grund dafür war die Nähe zu den USA, die den Handel und den Schmuggel erleichterte.

1900 entstand hier der erste Schwerindustriebetrieb Lateinamerikas; das große Eisen- und Stahlwerk (auf dem Gelände des

Monterrey

◉ Highlights
1 Museo de Historia Mexicana D3
2 Paseo Santa Lucía..................................D3

◉ Sehenswertes
3 Catedral Metropolitano de
   Monterrey...C4
4 Explanada de los Héroes......................C3
5 Faro del Comercio..................................C4
6 Macroplaza C3
7 Museo de Arte Contemporáneo C5
8 Museo del Noreste.................................D3
9 Palacio de Gobierno..............................C2
10 Plaza 400 Años D3
11 Plaza Zaragoza C4

◉ Schlafen
12 Amatle Café Orgánico y Hostal D4
13 Gran Hotel Ancira..................................C4
14 iStay A4
15 Krystal Monterrey Hotel........................C4

◉ Essen
16 Madre Oaxaca C5
17 Mercado Juárez B1
18 Taller Veganico D4
19 Taqueria y Carniceria La Mexicana B1
20 Trece Lunas...D5

◉ Ausgehen & Nachtleben
21 Almacén 42..D4

◉ Unterhaltung
22 Café Iguana...D4

◉ Shoppen
23 Carápan...B4
24 Corredor del Arte....................................D4
   MARCO Gift Shop ....(siehe 7)

◉ Praktisches
   Touristeninformation ....(siehe 9)

heutigen Parque Fundidora) beherrschte die Skyline der Stadt. Bald bekam Monterrey den Spitznamen „Mexikos Pittsburgh", und noch heute produziert die Stadt rund 25 % des mexikanischen Rohstahls, außerdem etwa 60 % des Zements und 50 % des Biers im Land.

◉ Sehenswertes

Die meisten großen Sehenswürdigkeiten konzentrieren sich um die eindrucksvolle Macroplaza im Zentrum und das stimmungsvolle Barrio Antiguo. Weiter östlich, am Ende einer schönen Uferpromenade, liegt das zweite kulturelle Zentrum der Stadt, der Parque Fundidora. Zum Reiz der Stadt trägt auch die ehrfurchtgebietende Naturkulisse bei. Wer einen Ausflug ins Umland unternehmen will, sollte vorab die örtliche Sicherheitslage checken.

★ Paseo Santa Lucía   PARK
(Plaza 400 Años; ⊙ 24 Std.; 🚶🌳) Der beeindruckende, 2,4 km lange Paseo Santa Lucía, ein künstlich angelegter Kanal mit Uferpromenade, ist ein hervorragendes Beispiel für Stadterneuerung. Er zieht sich als türkisblaues Band durch das Zentrum des Industriegebiets von Monterrey. Man kann auf dem hübschen begrünten Uferweg spazieren oder auf regelmäßig fahrenden Flussbooten (10.30–21 Uhr; hin & zurück Erw./Kind 60/40 Mex$) die Gegend erkunden. Die landschaftliche Gestaltung ist hinreißend: Lichter bescheinen nachts das Wasser; 27 bemerkenswerte Brücken und 13 Springbrunnen sind unterwegs zu bestaunen.

Ein Sicherheitsdienst sorgt rund um die Uhr für Ordnung. Am westlichen Ende gibt's einige Bars und Restaurants und auf der gesamten Länge der Promenade öffentliches WLAN. Die Boote legen von einer Anlegestelle an der Plaza 400 Años (S. 871) ab.

★ Horno3   MUSEUM
(Stahlmuseum; ☎ 81-8126-1100; www.horno3.org; Parque Fundidora; Erw./Kind 100/60 Mex$; ⊙ Di–Do 10–18, Fr–So 11–19 Uhr; Ⓜ Parque Fundidora) Der Hochofen Nr. 3 der ehemaligen Industrieanlage im Parque Fundidora (S. 870) wurde in das Horno3 umgewandelt, ein außergewöhnlich eindrucksvolles, interaktives Hightech-Museum der mexikanischen Stahlindustrie. Hier wurde an nichts gespart, von den dampfenden Felsen am Eingang bis hin zu dem metallenen Freiluft-Aufzug. Letzterer bringt Besucher auf die Spitze, von wo sich ein dramatischer Blick auf Monterrey aus der Vogelschau bietet (im Eintrittspreis enthalten). Das Museum erläutert den gesamten Prozess der Stahlgewinnung (einige Erläuterungen sind auch ins Englische übersetzt) und die lebenswichtige Bedeutung der Stahlindustrie für Monterrey und Mexico.

Nicht verpassen sollte man die spektakuläre Hochofen-Show, die vom mächtigen Horno3 aus projiziert wird. Man kann außerdem nach dem Kombi-Abseiltour (Erw./Kind 440/270 Mex$) von der Spitze des Metallturms fragen. Die letzten Tickets werden eine Stunde vor der Schließung verkauft. Auf dem Gelände befindet sich auch ein gutes Café-Restaurant, das El Lingote (☎ Anschluss

3003 81-8126-1100; www.ellingoterestaurante.com; Hauptgerichte 90–460 Mex$; ☉ Di–Sa 13–24, So bis 23 Uhr; 🅿 📶; Ⓜ Parque Fundidora). Wer die Aussicht genießen, sich aber das Museum nicht anschauen will, kauft einfach ein separates Ticket für den Freiluft-Aufzug zur Spitze (45 Mex$), der noch über die Schließzeit hinaus bis gegen 22 Uhr in Betrieb ist.

⭐ **Museo de Historia Mexicana**   MUSEUM
(☑ 81-2033-9898; www.museohistoriamexicana. org.mx; Doctor Coss 445 Sur; Erw./Kind 40 Mex$/ frei; ☉ Di & So 10–20, Mi–Sa 10–18 Uhr; ♿; Ⓜ Zaragoza) Das schicke, modernistische Museum an der Plaza 400 Años vermittelt einen umfangreichen, aber leicht überschaubaren chronologischen Überblick über die mexikanische Geschichte. Im Zentrum des Museums gibt's es auch eine Abteilung zur Natur, die anhand von ausgestopften Tieren und lebensecht wirkenden Landschaften Mexikos bemerkenswerte Artenvielfalt erläutert. Die Exponate sind Spanisch erläutert, an strategisch günstig platzierten Stellen finden sich aber Zusammenfassungen auf Englisch. Vorab lassen sich telefonisch auch kostenlose Führungen auf Spanisch oder Englisch vereinbaren. Dienstags und sonntags ist der Eintritt frei.

Die Eintrittskarte gilt auch für das mit dem Geschichtsmuseum durch eine verglaste Brücke verbundene Museo del Noreste (S. 871).

Macroplaza   PLAZA
(Gran Plaza; Ⓜ Zaragoza) Die einige Blocks große, aus mehreren miteinander verbundenen Plätzen bestehende Macroplaza, die auch als Gran Plaza bekannt, ist ein Denkmal für den Ehrgeiz der Stadt im späten 20. Jh. Sie entstand in den 1980er-Jahren durch die Planierung wertvoller Grundstücke in der Innenstadt. Die umstrittene, aber letztlich erfolgreiche Umgestaltung hat im Laufe der Jahre an Charme gewonnen, weil die einst kahle Fläche – die angeblich einen der größten öffentlichen Plätze weltweit darstellt – inzwischen durch Parks, Bäume und Springbrunnen verschönert wurde.

Zwischen den berühmten Bauwerken um die Macroplaza – neoklassizistische Gebäude der Stadtverwaltung und nicht recht dazu passende moderne Bauten, in denen einige der besten Museen Mexikos untergebracht sind – öffnet sich der Blick auf die umliegenden Berge. Besucher können den Platz gut zu Fuß erkunden, weil ein großer Teil des Verkehrs durch Unterführungen von dem Gebiet ferngehalten wird.

Am südlichen Ende der Macroplaza ragt der 70 m hohe, aus Beton errichtete **Faro del Comercio** (Leuchtturm des Handels; Zuazua s/n) über die Stadt, dessen grüne Laserstrahlen den Nachthimmel durchdringen. Der Faro grenzt an die barocke, von einem Neonkreuz bekrönte **Catedral Metropolitana de Monterrey** (☑ 81-8342-7831; Zuazua Sur 1100; ☉ Mo–Fr 7.30–20, Sa 9–20, So 8–20 Uhr; ♿). Nördlich davon befindet sich ein schattiger Park, die **Plaza Zaragoza** (Zuazua s/n; ♿ 🚻). Es ist ein beliebter Ort für picknickende Familien und schmusende Liebespaare, in dem auch Freiluftkonzerte und jeden Sonntag lateinamerikanische Tänze alter Schule stattfinden.

Weiter nach Norden umrahmen Verwaltungsgebäude aus Beton die übrige Macroplaza. Freunde des Brutalismus dürften vom **Teatro de la Ciudad** und seinem architektonischen Vetter, dem hohen **Congreso del Estado**, begeistert sein. Ein paar Schritte hinunter geht's zur von Statuen gesäumten **Explanada de los Héroes** (Ecke Zaragoza & Zuazua; ♿ 🚻) und schließlich zum 1908 erbauten neoklassizistischen **Palacio de Gobierno** (☑ 81-2020-1021; 5 de Mayo s/n).

Parque Fundidora   PARK
(☑ 81-8126-8500; www.parquefundidora.org; Ecke Fundidora & Adolfo Prieto; ☉ 6–22 Uhr; 🅿 ♿; Ⓜ Parque Fundidora) **GRATIS** Das hässliche Industriegebiet des einstigen riesigen Stahlwerkkomplexes wurde in einen ausgedehnten Stadtpark verwandelt. Die Landschaftsarchitekten bewahrten die den Ort prägenden Schlote und einige industrielle Relikte, um eine surreale, zuweilen apokalyptische Atmosphäre zu schaffen und eine Stimmung, die gut zu Monterreys Erbe passt, hervorzurufen. Man kann auf den Wegen joggen, Fahrräder ausleihen (ab 40 Mex$/ Std.), Eislaufen (100 Mex$/Std.) und die kulturellen Attraktionen besuchen, unter denen das Museum Horno3 (S. 869) zweifellos das Highlight ist.

Vier weitere entfernte Fabrikgebäude aus Backstein beherbergen das **Centro de las Artes** (www.parquefundidora.org; ☉ Di–So 11–21 Uhr) **GRATIS**, zwei Galerien mit hochklassigen Wechselausstellungen, ein Theater und ein Kino, in dem ausländische und Independent-Filme gezeigt werden.

Die Metro hält 10 Gehminuten vom Park entfernt, doch am schönsten gelangt man hierher zu Fuß oder per Boot auf dem Paseo Santa Lucía (S. 869).

PARQUE ECOLÓGICO CHIPINQUE

Dieser hinreißende **Berghang-Abschnitt** (☎818-303-21-90; www.chipinque.org.
mx; Carretera a Chipinque Km 2,5, San Pedro Garza García; Fußgänger/Radfahrer/Fahrzeug
20/45/60 Mex$; ⊙6–19.30 Uhr) des Parque Nacional Cumbres de Monterrey liegt nur
12 km vom Stadtzentrum entfernt und bietet wunderbare Möglichkeiten zum Wandern
und Mountainbiken. Das fast 80 km umfassende Wegenetz führt durch dichten Wald und
auf felsige Gipfel, darunter zum höchsten Punkt, dem 2200 m hohen Copete de Águilas.
Das Parkmuseum mit interaktiven Exponaten, einer Schmetterlingsvolière und einem
Insektarium ist vor allem für Kinder ein Spaß. Im Besucherzentrum gibt's Landkarten,
Snacks, Hinweise zu den Trails und Genehmigungen für jene, die die Gipfel bezwingen
wollen. An den Wochenenden ist der Eintritt frei.

Im Besucherzentrum kann man auch Mountainbikes mieten (200 Mex$/Std.) und
dreistündige Radausflüge (650 Mex$/Pers., inkl. Fahrrad) vereinbaren.

Busse nach Chipinque fahren um 8, 10 und 12 Uhr von der südwestlichen Ecke des
Parque Alameda – unbedingt nachfragen, wann der letzte Bus zurückfährt. Eine Taxifahrt
aus dem Zentrum kostet 120 Mex$; man sollte mit dem Fahrer vereinbaren, dass er zu ei-
ner festgelegten Zeit zurückkehrt – so strandet man hier nicht ohne Rückfahrgelegenheit.

Plaza 400 Años
PLAZA

(Ⓜ Zaragoza) Die mit Springbrunnen und
Teichen geschmückte Plaza bildet das eindrucksvolle „Vorzimmer" zum schicken mo-
dernistischen Museo de Historia Mexicana
(S. 870) und zum **Museo del Noreste** (☎81-
2033-9898; www.3museos.com; Doctor Coss 445;
Erw./Kind 40 Mex$/frei; ⊙Di & So 10–20, Mi–Sa
10–18 Uhr; ♿). Sie ist der Endpunkt des schönen Paseo Santa Lucía (S. 869).

Museo de Arte
Contemporáneo
MUSEUM

(MARCO; ☎81-8262-4500; www.marco.org.mx;
Ecke Zuazua & Jardón; Erw./Kind 90/60 Mex$; ⊙Di
& Do–So 10–18, Mi 10–20 Uhr; Ⓟ; Ⓜ Zaragoza)
Nicht verpasset sollte man das hervorragende Museo de Arte, dessen Eingang von Juan
Sorianos riesiger schwarzer Taubenskulptur
markiert wird. Die eigenwilligen Innenräume sind von Wasser und Licht bestimmt.
Hier sieht man große Ausstellungen (fast
nur Wechselausstellungen; die Dauersamm-
lung ist recht bescheiden) mit Werken zeitgenössischer mexikanischer und lateinamerikanischer Künstler. Es gibt auch einen kleinen Skulpturengarten. Wer eine Führung
auf Englisch wünscht, ruft vorab an. Zum
MARCO gehören auch ein schöner Geschenkeladen (S. 873) und ein Feinschmeckerres-
taurant. Mittwochs ist der Eintritt frei.

⚜ Feste & Events

Aniversario de Independencia
KULTUR

(Explanada de los Héroes, Ecke Zaragoza & Zuazua;
⊙15.–16. Sept.; ♿; Ⓜ Zaragoza) Monterreys
größte Feier steigt am 16. September, dem

mexikanischen Unabhängigkeitstag, mit
Feuerwerk, *musica norteña* (ländliche Bal-
laden) und einem Umzug. Die Festivitäten
beginnen in der Regel am Vorabend auf der
Explanada de los Héroes mit dem von den
Stadtvätern angestimmten traditionellen
Ruf: „Viva México! Viva la independencia!"

Festival Internacional
de Cine en Monterrey
FILM

(www.monterreyfilmfestival.com; pro einem Film
30–40 Mex$; ⊙Ende Aug.) Im Mittelpunkt des
eindrucksvollen Festivals stehen Ende August anspruchsvolle mexikanische und ausländische Filme. Es findet an verschiedenen Orten in der Stadt statt, darunter im
Centro de las Artes del Parque Fundidora.

🛏 Schlafen

Monterrey besitzt nur wenige herausragende
Unterkünfte im Zentrum, obwohl sich dort
die wichtigsten kulturellen Attraktionen ballen und direkt das Barrio Antiguo liegt.

Amatle Café Orgánico y Hostal
HOSTAL $

(☎81-8342-3291; www.amatle.com.mx; Abasolo
881; B/Zi. mit Frühstück ab 240/750 Mex$; 🏠;
Ⓜ Zaragoza) Das einladende Hostel hinter
einem Boheme-Café im Barrio Antiguo hat
sparsame, aber komfortabel eingerichtete
Schlafsäle mit Kunst an den Wänden, guten
Betten und Klimaanlage. Die privaten Zimmer sind stilistisch ähnlich, jedoch geräu-
miger. Morgens gibt's stets hausgemachtes
Frühstücksbrot und frischen Kaffee. Das
Haus ist selbst in der Nebensaison schnell
ausgebucht – vorher anrufen, um sich ein
Bett zu sichern!

iStay

HOTEL $$

(☎81-8228-6000; www.istaymty.istay.com.mx; Morelos 191 Poniente; Zi. 1028–1622 Mex$; P🅿❄🛜🏊; MPadre Mier) Das riesige Betonhotel punktet mit einer tollen Lage gegenüber der verkehrsberuhigten Morelos und nahe der Macroplaza. Das Hotel vermarktet sich als hip, aber tatsächlich sind die mit Teppichen ausgelegten Zimmer ziemlich unauffällig, wenn auch komfortabel und preislich angemessen. Die Preise schwanken enorm – bei einer Onlinebuchung findet man die besten Angebote.

Krystal Monterrey Hotel

HOTEL $$$

(☎81-8319-0900; www.krystal-hotels.com; Corregidora 519; Zi. 77–98 US$, Suite 108 US$; P🅿❄🛜🏊; MZaragoza) In dem zehnstöckigen Gebäude mit spektakulärer Sicht auf die Macroplaza gibt's luxuriöse, moderne Zimmer im Farbschema Grau-Purpur. Im Wesentlichen handelt es sich um ein Geschäftshotel, es gibt aber mehrere Lounge-Bereiche, ein nobles Restaurant und einen Pool. Die Lage – nur wenige Schritte entfernt von einigen Museen und dem Barrio Antiguo – ist nahezu unschlagbar.

Gran Hotel Ancira

HOTEL $$$

(☎81-8150-7000; www.gammahoteles.com; Ocampo 443 Oriente; Zi./Suite mit Frühstück ab 1862/2503 Mex$; P🅿❄🛜🏊; MZaragoza, Padre Mier) Das Gebäude wurde 1912 im französischen Jugendstil errichtet und gehört zu den nobelsten und stimmungsvollsten der Stadt. Der im Karomuster gefliese Rezeptions- und Restaurantbereich mit Spiegeldecke macht einiges her – und wie viele Hotels beschäftigen einen Pianisten, der zum Frühstück klassische Musik spielt? Die Zimmer sind geräumig, schick und mit komfortablen, modernen Extras ausgestattet. Sonderangebote findet man auf der Website.

Essen

Monterreys Spezialität ist *cabrito al pastor* (geröstetes Zicklein). Im Barrio Antiguo gibt's eine gute Auswahl von Restaurants und Bars. Beim nahegelegenen **Mercado Juárez** (Av Juárez s/n; Hauptgerichte 30–50 Mex$; ⏰Mo–Sa 8–19, So bis 15 Uhr; MAlameda) wird in von Familien geführten Lokalen schmackhaftes, billiges Essen verkauft; man muss aber seine Habseligkeiten im Auge behalten, da der Markt als Tummelplatz von Taschendieben berüchtigt ist.

Taqueria y Carniceria La Mexicana

TACOS $

(☎81-8340-7175; www.taquerialamexicana.mx; Guerrero 244; Gerichte 45–60 Mex$; ⏰Mo–Sa 6–19.45, So bis 15 Uhr; 🚗; MAlameda) Die wie ein mexikanisches Festkleid herausgeputzte Metzgerei mit Restaurant ist mit Talavera-Fliesen und Piñatas eine Farbenpracht. *Tacos de Canasta* (gedämpfte Tacos) sind die hiesige Spezialität, gefüllt mit allem möglichen von Bohnen oder gewürzten Kartoffeln bis zu Rinderhack oder *chicharrón* (gebratener Schweinebauch). Man bestellt am Tresen und isst an einem der Gemeinschaftstische.

DIE STRASSEN ZURÜCKGEWINNEN

Monterrey ist seit Langem als eine der wohlhabendsten und unternehmensfreundlichsten Städte Mexikos bekannt und blieb auch von den schlimmsten Auswirkungen der ersten Phase des landesweiten Drogenkriegs verschont. Das änderte sich aber in den Jahren 2011 und 2012, als bei mehreren blutigen Auseinandersetzungen zwischen dem Golfkartell und den Zetas Dutzende Personen (hauptsächlich Gangmitglieder) getötet wurden, was die Einwohner schockierte und in Schrecken versetzte.

Gouverneur Rodrigo Medina reagierte mit einer Säuberung der örtlichen Polizeikräfte, die stark von den Kartellen unterwandert waren: Mehr als 4000 Beamte wurden entlassen oder inhaftiert. Eine neue bundesstaatliche Polizei, die Fuerza Civil, wurde gebildet, deren Beamte vergleichsweise gut bezahlt sind und denen sichere Wohnanlagen zugewiesen wurden. Etwa um die gleiche Zeit fuhr Mexikos neu gewählter Präsident die gesamtstaatlichen Maßnahmen zurück, und die Gewalt im Nordosten und in ganz Mexiko ebbte ab.

In den Jahren 2016 und 2017 nahmen die Gewalttaten insgesamt im Land wieder zu, allerdings weniger im Nordosten, und die Straßen in Monterrey und anderswo kehren zum Normalzustand zurück. (Erpressung und Kidnapping bleiben allerdings ein Problem; die Opfer sind meist reiche mexikanische und ausländische Geschäftsleute.) Traveller gerieten selbst in den schlimmsten Jahren selten in Mitleidenschaft, und die zentralen Bereiche Monterreys, darunter die Macroplaza und das Barrio Antiguo, sind sicher, angenehm und lohnen einen Besuch.

Taller Vegánico
VEGETARISCH **$**

(☎81-8336-7809; Abasolo 859; Gerichte 60–120 Mex$; ⏱Mo–Sa 9–22, So 13–17 Uhr; 🍴♿; Ⓜ️Zaragoza) Im 2. Stock eines Gebäudes im Barrio Antiguo bietet das Restaurant gesunde, vegetarische mexikanische Gerichte, Sandwiches und mediterrane Speisen. Man isst in einem sonnendurchfluteten Raum mit Betonböden und handgearbeiteten Tischen oder draußen auf dem Patio. Es gibt auch eine frische Salsabar; der tägliche *agua* (Fruchtsaft) wird kostenlos nachgeschenkt.

★ Madre Oaxaca
MEXIKANISCH **$$$**

(☎81-8345-1459; www.facebook.com/MadreOaxaca.Mty; Jardón 814; Hauptgerichte 140–260 Mex$; ⏱Mo–Sa 13–23, So bis 20 Uhr; 🍴; Ⓜ️Zaragoza) Das charmante Lokal gehört zu Monterreys besten Restaurants. Es residiert in einem historischen Gebäude, dessen anheimelnden Speisesäle mit einer außerordentlichen Sammlung von Kunsthandwerk und Volkskunst herausgeputzt sind. Auf der Karte stehen authentische Gerichte aus Oaxaca mit reichhaltigen *moles* (Chilisaucen) – zu empfehlen sind das gemischte *tlayuda oaxaqueña* (riesiges belegtes Fladenbrot) und die Desserts.

Trece Lunas
INTERNATIONAL **$$**

(☎81-1352-1127; http://cafe13lunas.50webs.com; Abasolo 870; Hauptgerichte 80–180 Mex$; ⏱So–Do 8–22, Fr & Sa bis 0.30 Uhr; 🍴; Ⓜ️Zaragoza) Wer bunt zusammengewürfeltes Dekor, ein multikulturelles Ambiente und Slow Food mag, ist in diesem innovativen Lokal im Barrio Antiguo genau richtig. Die umfangreiche Karte legt den Schwerpunkt auf Gerichte zum Teilen, insbesondere auf üppiggehaltvolle *botanas*. Vegetarische Gerichte, Salate, Sandwiches und guter Kaffee runden das erfolgreiche Gesamtkonzept ab.

Ausgehen & Nachtleben

Das Barrio Antiguo bildet das Zentrum von Monterreys Nachtleben; hier drängen sich die Bars, Biergärten und Clubs.

Almacén 42
CRAFT-BIER

(☎81-8343-2817; www.almacen42.com; Morelos 852 Oriente; ⏱Mi & Do 17–24, Fr & Sa 14–2, So 14–22 Uhr; Ⓜ️Zaragoza) In der urbanen Hipster-Bar erwarten einen Schiffscontainer und Typen mit buschigen Bärten und Tattoos. Hier gibt's über 42 Craft-Biere vom Fass – und alle, ob Sauerbier oder Stout, stammen aus Mexiko. Hinten befindet sich ein luftiger, mit Steinen gepflasterter Patio. Mit Gerichten zum Teilen und Tacos ist auch für den Hunger gesorgt.

☆ Unterhaltung

Café Iguana
LIVEMUSIK

(☎81-8343-0822; www.cafeiguana.com.mx; Montemayor 927 Sur; ⏱Do 19–1, Fr & Sa 20–2 Uhr; Ⓜ️Zaragoza) Dies ist das Epizentrum der alternativen Szene der Stadt: Hier versammelt sich die gepiercte, tätowierte, Punk liebende Menge im Haus und davor auf der Straße. Ein Grundpreis gilt nur, wenn Livebands auftreten.

🛍 Shoppen

★ Corredor del Arte
KUNSTHANDWERK, MARKT

(Art Corridor; ☎81-1243-8848; www.facebook.com/CorredordelArte; Ecke Mina & Abasolo; ⏱So 12–19 Uhr; ♿; Ⓜ️Zaragoza) Sonntags verwandelt sich die Calle Mina im Barrio Antiguo in den Corredor del Arte, eine wunderbare Kombination aus Antiquitäten-, Kunsthandwerk- und Flohmarkt. Hier scheint sich das ganze Viertel zu treffen und zwischen jeder Menge Plunder lässt sich der eine oder andere Schatz entdecken. Bands sorgen für Stimmung.

MARCO Gift Shop
KUNSTHANDWERK

(☎81-8262-4500; www.marco.org.mx; Ecke Zuazua & Jardón; ⏱Di & Do–So 10–18, Mi 10–20 Uhr) Der Geschenkeladen im Museo de Arte Contemporáneo (S. 871) ist eine gute Option für hochwertige Geschenke und Souvenirs. Der große Laden bietet alles von in Handarbeit hergestelltem Schmuck und skurrilen T-Shirts bis zu feinen Töpferwaren und teuren Kunstbänden.

Carápan
KUNSTHANDWERK

(☎81-1911-9911; www.mexicanfolkartdealers.com; Hidalgo 305 Oriente; ⏱Mo–Sa 10–19 Uhr; Ⓜ️Padre Mier) Der Laden spielt in seiner eigenen Klasse und ist die beste Adresse für *artesanías* (Kunsthandwerk) in Monterrey. Der freundliche Inhaber hat viele Ratschläge parat, was man in der Stadt sehen und tun kann, und verkauft museumswürdige Arbeiten aus ganz Mexiko. Er spricht Englisch, Spanisch und Französisch.

ℹ Praktische Informationen

GEFAHREN & ÄRGERNISSE

Die Zona Rosa westlich der Macroplaza und das Barrio Antiguo im Osten gelten tagsüber und nachts als weitgehend sicher. Dennoch sollte man, wie in vielen Großstädten, bei Dunkelheit nicht allein zu Fuß unterwegs sein und sich an die Hauptstraßen halten. Das unter Kriminalität und Drogengangs leidende Viertel Colonia Independencia jenseits des Río Santa Catarina sollte man zu allen Tages- und Nachtzeiten meiden.

BUSSE AB MONTERREY

Die Preise gelten für 1.-Klasse-Busse.

ZIEL	PREIS (MEX$)	DAUER (STD.)	HÄUFIGKEIT (TGL.)
Chihuahua	892	9–11	12-mal
Dallas, USA	935–1377	12	8-mal
Durango	745–819	8–9	14-mal
Houston, USA	748–1309	11	5-mal
Mazatlán	1255	16	1-mal
Mexico City (Terminal Norte)	1065–1215	11	alle 30 Min.
Nuevo Laredo	340	3	alle 30 Min.
Piedras Negras	665	5–7	9-mal
Reynosa	340	3	halbstündl.
Saltillo	100–106	1¾	alle 45 Min.
San Luis Potosí	620–745	6½	alle 45 Min.
Zacatecas	449–635	7	alle 45 Min.

TOURISTENINFORMATION

Die **Touristeninformation** (☑ 81-2033-8414; www.nuevoleon.travel; Palacio de Gobierno, 5 de Mayo s/n; ◷ Mo–Fr 9–17, Sa & So 10–18 Uhr; Ⓜ Zaragoza) hat freundliches, auch Englisch sprechendes Personal und viele Infos zu Attraktionen und Events im gesamten Bundesstaat Nuevo León. Es gibt auch Touristeninformationsstände am **Busbahnhof** (Av Colón 855; Ⓜ Cuauhtémoc) und im **Parque Fundidora** (Ecke Fundidora & Aramberri; ◷ Mo–Sa 9–15 Uhr; Ⓜ Parque Fundidora).

Hospital Christus Muguerza (☑ 81-8399-3400; www.christusmuguerza.com.mx; Hidalgo 2525 Poniente; ◷ 24 Std.) Monterreys größtes Krankenhaus.

Post (☑ 80-0701-7000; Washington 648 Oriente; ◷ Mo–Fr 8–17, Sa 10–14 Uhr; Ⓜ Zaragoza)

❶ An- & Weiterreise

BUS

An Monterreys riesigem Busbahnhof **Central de Autobuses** (Av Colón 855; Ⓜ Cuauhtémoc) ist Tag und Nacht Hochbetrieb. Busse aus ganz Mexiko kommen hier an und fahren wieder ab. Traveller sollten sich am besten an das offizielle Taxibüro im Inneren des Bahnhofs halten; die Fahrt zu den meisten Zielen im Stadtzentrum beläuft sich auf 60 Mex$.

FLUGZEUG

Von Monterreys betriebsamem **Flughafen** (☑ 81-8288-7700; www.oma.aero; Carretera Miguel Alemán, Km 24, Apodaca) gehen Direktflüge zu allen größeren mexikanischen Städten sowie internationale Direktflüge nach Atlanta, Chicago, Dallas, Houston, Los Angeles, Miami und New York. Der Flughafen liegt 27 km vom Zentrum entfernt in dem Vorort Apodaca.

❶ Unterwegs vor Ort

BUS

Häufig verkehrende Busse (12–15 Mex$) fahren Ziele an, die mit der Metro nicht erreichbar sind.

VOM/ZUM FLUGHAFEN

Noreste (☑ 80-0765-6636; www.noreste.com.mx; Central de Autobuses, Av Colón 855; Ⓜ Cuauhtémoc) betreibt zwischen 5 und 20 Uhr stündlich Busse (85 Mex$, 60 Min.) zwischen dem Flughafen und dem Hauptbusbahnhof. Ein Taxifahrt vom/zum Zentrum kostet ca. 260 Mex$.

METRO

Monterreys modernes, effizientes Metrosystem, **Metrorrey** (☑ 81-2033-5000; www.facebook.com/MetrorreyOficia; einfache Strecke 4,50 Mex$; ◷ 5–24 Uhr), besteht derzeit aus zwei Linien. Die Hochbahnstrecke Línea 1 führt aus dem Nordwesten der Stadt vorbei am Parque Fundidora zu den östlichen Vororten. Die Línea 2 beginnt unterirdisch an der Gran Plaza und führt nordwärts vorbei am Parque Niños Héroes bis in die nördlichen Vororte. Die beiden Linien kreuzen sich an der Stadtion Cuauhtémoc, direkt am Busbahnhof.

Einige Metrostationen sind über Metrobusse (Sonderbusse mit speziellen Haltestellen) mit entfernteren Außenbezirken verbunden. Außerdem wurde mit dem Bau der Línea 3 begonnen, die die Station Zaragoza über die Macroplaza mit den nordöstlichen Vorstädten verbinden wird. Die Arbeiten sollen demnächst beendet sein.

TAXI

Taxis (☑ 81-1709-7753, 81-8310-5051; ◷ 24 Std.) sind in Monterrey allgegenwärtig und recht günstig; alle haben Taxameter. Eine Fahrt von der Zona Rosa zum Busbahnhof oder dem Parque Fundidora kostet meistens ca. 60 Mex$.

Mexiko
verstehen

MEXIKO AKTUELL 876

Infolge wachsender Kriminalität und eines reichlich unter-
kühlten Verhältnisser zu den USA hat Mexiko noch immer mit
vielen Problemen zu kämpfen.

GESCHICHTE 879

Ein echtes Epos: die Maya, die Azteken und die spanischen
Eroberer, Rebellion, Revolution und Demokratie.

DIE MEXIKANISCHE LEBENSART 893

Ein Blick auf das, was die Mexikaner bewegt, von der Jungfrau
von Guadelupe bis hin zu *lucha libre* (mexikanisches Wrestling).

KUNST 898

Man denke nur an Frida Kahlo, das *Nuevo Cine Mexicano* (neues
mexikanisches Kino) oder die unzähligen Kunsthandwerker,
Musiker und Straßenkünstler: Mexiko sprüht vor Kreativität!

DIE MEXIKANISCHE KÜCHE 909

Ein Grundkurs in Sachen mexikanische Genüsse: Was unterscheidet *sopes* von *sopas*, und wie trinkt man eigentlich
Tequila? Geschrieben vom Insider Mauricio Velázquez de León.

NATUR & UMWELT 916

Urwälder und Ozeane, Vulkane und Wüsten, Walhaie, Brüllaffen
und Hellrote Aras – Mexiko ist eines der spektakulärsten und
biologisch vielfältigsten Länder der Welt.

Mexiko aktuell

2018 endet die sechsjährige Amtszeit von Präsident Enrique Peña Nieto von Mexikos lang-jähriger Regierungspartei Partido Revolucionario Institucional (PRI), wobei eine Reihe von Problemen noch immer einer Lösung harrt. Zwar haben Nietos Reformen der Wirtschaft zu einem Aufschwung verholfen, die Kriminalitätsrate stieg jedoch weiter an. Die Ermittlungen der Regierung im Fall der im Jahr 2014 ermordeten 43 Studenten haben ebenfalls viele Fragen offen gelassen, und der Fall ist nach wie vor nicht aufgeklärt. Hinzu kommt, dass Mexikos Beziehungen zu seinem nördlichen Nachbarn selten frostiger waren.

Top-Filme

Amores Perros (2000) Düsterer Film, der Regisseur Alejandro González Iñárritu und Darsteller Gael García Bernal zu Stars machte.

Y Tu Mamá También (Lust for Life; Alternativtitel: …mit deiner Mutter auch!; 2001) Jugend-Roadmovie über zwei privilegierte Teenager aus Mexico City.

Heli (2013) Amat Escalante erhielt in Cannes den Preis für die beste Regie. Thema des Films ist ein junges Paar, das vom Drogenkrieg eingeholt wird.

600 Miles (2015) Tim Roth spielt in Gabriel Ripsteins Thriller einen entführten Agenten der US-Bundespolizei.

Top-Bücher

Pedro Páramo (Juan Rulfo; 1955) Die Erzählung über eine Geisterstadt gilt als das weltweit erste veröffentlichte Werk des magischen Realismus.

El Narco (Ioan Grillo; 2011) Über den Drogenkrieg in den riskanten Regionen.

Quesadillas (Juan Pablo Villalobos; 2013) Knallharte, fast surreale Satire über Armut und Korruption in den 1980ern in einer Kleinstadt Jaliscos.

Bandit Roads: In das gesetzlose Herz Mexikos (Richard Grant; 2008) Gefährlicher Trip in den Drogensumpf der Sierra Madre Occidental.

Sliced Iguana (Isabella Tree; 2008) Einfühlsame Schilderung über Mexiko und seine indigenen Kulturen.

Kriminalität & die 43

Seit über drei Jahrzehnten ist der mexikanische Alltag von den Auseinandersetzungen mit immer gewalttätigeren Aktivitäten von Drogenbanden überschattet, die inzwischen viele Regierungsbeamte, Politiker und Angehörige der Sicherheitskräfte korrumpiert haben. Präsident Peña Nieto kam mit dem erklärten Ziel an die Macht, die Ursachen der Kartellgewalt auf lokaler Ebene zu bekämpfen. Gleichzeitig berichtete der mexikanische „Bürgerrat für öffentliche Sicherheit" Ende 2016 von jährlich 23 000 Gewaltopfern im Zusammenhang mit organisierter Kriminalität. Im Jahr 2014 durfte sich die Regierung im Erfolg der Verhaftung von Mexikos meist gesuchtem Kriminellen, Joaquín „El Chapo" Guzmán, Anführer des mächtigen Sinaloa-Kartells, sonnen – nur um im Jahr darauf Guzmáns Flucht aus dem Gefängnis erklären zu müssen. Mit seiner erneuten Festsetzung Anfang 2016 konnte die Regierung diese Schmach zumindest teilweise vergessen machen.

Die Kartelle schmuggeln nicht nur Drogen in die USA, sondern auch Menschen. Ein weiteres „Geschäftsfeld" ist die Entführung von Bürgern, die erst nach einer Lösegeldzahlung wieder freikommen. In kaum einem anderen Land werden so viele Menschen entführt wie in Mexiko: Die Menschenrechtskommission des Landes schätzt die Zahl auf unglaubliche 274 Fälle pro Tag. Die verbreitete Auffassung, dass die Behörden oft mit den Kartellen gemeinsame Sache machen, war einer der Hauptgründe für die Proteste, die nach den Ereignissen von Iguala über das Land hereinbrachen.

Am 26. September 2014 wurden drei auszubildende Lehrer aus Ayotzinapa aus dem Bundesstaat Guerrero von der örtlichen Polizei in der Stadt Iguala getötet, weitere 43 Studenten verschwanden. Die Geschehnisse lösten monatelang andauernde Proteste im ganzen Land aus, in denen sich die ganze Wut und Trauer der

Mexikaner über die prekäre Sicherheitslage, die Korruption, die Kriminalität und die Straffreiheit vieler Inhaber hoher Ämter Bahn brachen. Inzwischen wurde auch offiziell bestätigig, dass die 43 Studenten von der Polizei entführt wurden. Die Regierungsversion – die Studenten seien anschließend einer Drogenbande übergeben worden, die sie massakriert hätten, in der Annahme, die Studenten seien Mitglieder einer rivalisierende Bande – gilt als widerlegt.

Die Interamerikanische Kommission für Menschenrechte und eine Gruppe argentinischer Forensiker führten unabhängige Untersuchungen durch und verwendeten dafür Daten, die sich über den Einsatz einer interaktiven kartografischen Plattform der britischen Forschungsgruppe Forensic Architecture feststellen ließen. Die Untersuchungen ergaben, dass bei den Anschlägen in jener Nacht lokale und föderale Polizeikräfte beteiligt waren, deren Vorgehen klar koordiniert ablief. In welchem Umfang staatliche Stellen am Tathergang beteiligt waren, ist nach wie vor ungeklärt. Bislang konnten nur die Überreste zweier Studenten identifiziert werden. Die Familien der Verschwundenen warten weiterhin auf Antworten.

Die Wirtschaft

Mexikos Kriminalitätsprobleme und die internationalen Beziehungen sind das Eine, die Wirtschaft ist das Andere. Seit die technokratisch orientierte Regierung von Peña Nieto mit ihren markt- und investorenfreundlichen Reformen, die die Produktion und den Wettbewerb ankurbeln sollen, das Steuer übernommen hat, wächst die Wirtschaft mit ziemlich konstanten 2,5 % pro Jahr. Die Öffnung der Ölindustrie für private Investitionen und mehr Wettbewerb war ein kühner Schritt – immerhin war die äußerst ineffiziente Pemex, oder Petroleos Mexicanos, in Staatsbesitz und für etwa ein Fünftel des Staatshaushalts verantwortlich –, doch die Reform zahlte sich aus. Dank einer Zunahme ausländischer Investitionen ist Mexikos Wirtschaft heute weniger anfällig für schwankende Ölpreise. Die im Jahr 2014 verabschiedeten Gesetze ermöglichten zudem einen stärkeren Wettbewerb im Telekommunikationssektor. Weitere Reformen von Peña Nieto führten zu einer Neuordnung des Finanzsystem mit dem Ziel, Kreditkosten zu senken und den Wettbewerb zu stärken. Eine wachsende Wirtschaft allein reichte bislang jedoch nicht aus, um das endemische Korruptionsproblem Mexikos oder die ungleiche Vermögensverteilung zu bekämpfen: Noch immer verdienen die reichsten 10 % der Bevölkerung etwa 30 Mal so viel wie die ärmsten 10 %.

Unterdessen breitet sich das organisierte Verbrechen auch in zuvor davon unberührten Gebieten Mexikos aus, vor allem in solchen, die bei Travellern beliebt sind. Letztere scheinen davon allerdings unbeeindruckt – 2014 erreichte die Zahl der Ankünfte in-

Gäbe es nur 100 Mexikaner, hätten ...

30 vorwiegend indigene Vorfahren

9 vorwiegend europäische Vorfahren

61 Vorfahren gemischter Abstammung

Religionen
(% der Bevölkerung)

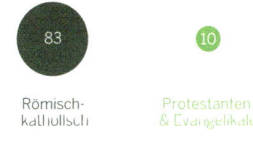

83 Römisch-katholisch

10 Protestanten & Evangelikale

5 Konfessionslose

2 Andere Religionen

Einwohner pro km²

MEXIKO   USA   DEUTSCHLAND

🛉 ≈ 30 Einwohner

ternationaler Touristen in Mexiko mit 29,3 Mio. einen Rekordwert, und es gab weiterer Zuwachs in den Jahren 2015 und 2016.

Beziehungen zwischen den USA und Mexiko

Der Unterschied zwischen der freundschaftlichen Beziehung, die der Präsident Peña Nieto und der ehemalige US-Präsident Barack Obama unterhielten, und der Stimmung zwischen Nieto und Donald Trump heute könnte kaum ausgeprägter sein. Während Obamas Präsidentschaft wurde Mexiko als einer der engsten Handelspartner der USA gepriesen, und beide Regierungen arbeiteten gemeinsam am Ausbau erneuerbarer Energien und bei Umweltschutzfragen. Auch bei der Sicherung der Grenze zwischen den USA und Mexiko wurde die Zusammenarbeit verstärkt.

Seit Donald Trumps Einzug ins Weiße Haus hat sich viel verändert. Schon während des Wahlkampfs, aber auch seit Beginn seiner Präsidentschaft, verunglimpfte Trump immer wieder den Charakter mexikanischer Immigranten. Obwohl der Bau der von Trump versprochenen Mauer zwischen den USA und Mexiko bislang nicht einmal im Ansatz begonnen hat, sorgt Trumps wiederholte Behauptung, Mexiko werde für diese Mauer bezahlen, weiter für Unmut: Sowohl in der mexikanischen Presse als auch von Ex-Präsident Vicente Fox wurde dieses Ansinnen Trumps verspottet. Fox nahm zu diesem Zweck sogar ein kurzes (und sehr deutliches) Video auf, das sich binnen kurzer Zeit weltweit im Internet verbreitete. Mit der Behauptung, Mexiko stelle eine Bedrohung für die US-Wirtschaft dar, hat Trump inzwischen angedroht, die USA aus dem NAFTA-Abkommen herauszunehmen, was der mexikanischen Regierung zusätzliche Kopfschmerzen bereitet.

Geschichte

Mexikos Geschichte ist außergewöhnlich, stellenweise fast unglaublich. Wie konnte es sein, dass eine 2700 Jahre alte Kultur mit all ihren Traditionen wegen einer Handvoll spanischer Abenteurer in nur zwei Jahren sang- und klanglos unterging? Wie kam es, dass Mexikos elf Jahre andauernder Unabhängigkeitskrieg gegen Spanien zu drei Jahrzehnten Diktatur unter Porfirio Díaz führte? Warum bescherte die Auflehnung gegen diese Diktatur den Mexikanern eine 80-jährige Einparteienherrschaft? Die Vergangenheit des Landes ist überall präsent – und der Schlüssel, um Mexiko zu verstehen.

Die alten Zivilisationen

Die politische Karte des vorkolonialen Mexiko veränderte sich ständig, da Orte, Städte oder Reiche einander unterwarfen, mehrere mächtige Staaten entstanden und nach Invasionen, internen Konflikten oder Katastrophen wieder zerfielen. Die verschiedenen Kulturen hatten vieles gemeinsam: Viele von ihnen praktizierten Menschenopfer, um die zornigen Götter zu befriedigen. Sie beobachteten den Himmel, um die Zukunft vorherzusehen oder den besten Zeitpunkt für die Ernte zu bestimmen. Die hierarchisch gegliederten Gesellschaften wurden von mächtigen Priesterkasten beherrscht. Fast überall gab es Varianten eines rituellen Ballspiels, bei dem zwei Mannschaften versuchten, einen Kautschukball vom Boden fernzuhalten. Das Spiel diente manchmal als Orakel. Bisweilen wurden sogar einige der Spieler geopfert.

Die vorspanische Ära wird in drei Epochen gegliedert: die Präklassik (bis 250 n.Chr.), die Klassik (250–900 n.Chr.) und die Postklassik (900–1521 n.Chr.). Die fortschrittlichsten Kulturen entwickelten sich im Zentrum sowie im Süden und Osten des Landes. Dieses Gebiet zusammen mit den Maya-Territorien im heutigen Guatemala, in Belize und einem Teil von Honduras bezeichnen Historiker und Archäologen als Mesoamerika.

Erste Einwanderer

Die präkolumbischen Einwohner Amerikas wanderten einst aus Sibirien ein. Während der letzten Eiszeit (ca. 60000–8000 v.Chr.) überquerten

**Bücher:
Antike
Kulturen**

Mexico: From the Olmecs to the Aztecs von Michael D. Coe

The Aztecs von Richard Townsend

Die Maya. Aufstieg, Glanz und Untergang einer indianischen Kultur von Michael D. Coe

Chronicle of the Maya Kings & Queens von Simon Martin und Nikolai Grube

ZEITLEISTE	8000– 3000 v. Chr.	1200– 400 v. Chr.	0–150 n. Chr.
	Beginn des Ackerbaus, z. B. im Tal von Tehuacán und Yagul, zunächst mit Chilisamen und Kürbispflanzen. Spätere Mais- und Bohnenkulturen ermöglichen es den Menschen, in Dörfern sesshaft zu werden.	Mexikos „Mutterkultur" (Olmeken) floriert an der Golfküste in San Lorenzo und La Venta. In einem Grab in La Venta wird Jade gefunden – in vorkolonialer Zeit ein beliebtes Material für Ornamente.	Mit Teotihuacán entsteht in Zentralmexiko eine Großstadt mit planmäßig angelegtem Straßenraster und der 70 m hohen Sonnenpyramide.

Virtuelle Besuche

Colecciones Especiales Street View (Google Street View für 27 archäologische Stätten; www.inah.gob.mx/es/inah/322-colecciones-especiales-street-view)

Museo Nacional de Antropología (Mexico City; www.inah.gob.mx/paseos/mna)

Teotihuacán (www.inah.gob.mx/paseos/sitioteotihuacan)

Templo Mayor (Mexico City; www.inah.gob.mx/paseos/templo mayor)

Bücher: Die modernen Maya

The Caste War of Yucatán von Nelson Reed

Time Among the Maya von Ronald Wright

The Modern Maya: A Culture in Transition von Macduff Everton

sie in mehreren Migrationswellen eine Landbrücke, die heute vom Wasser der Beringstraße bedeckt wird. Die „ersten Mexikaner" jagten große Tierherden in den Hochlandtälern. Die steigenden Temperaturen am Eiszeitende trockneten die Täler aus und zerstörten die Lebensgrundlage der Fauna; die Menschen mussten sich von Pflanzen ernähren. Im Tal von Tehuacán und Yagul in der Nähe von Oaxaca entdeckten Archäologen die bisher ältesten Spuren landwirtschaftlicher Tätigkeit, die aus der Zeit zwischen 8000 und 3000 v.Chr. stammen.

Olmeken

Die geheimnisvolle Zivilisation der Olmeken war die „Mutter" der mesoamerikanischen Kulturen. Sie entstand nahe der Golfküste im Tiefland, das heute zum Süden des Bundesstaates Veracruz und zu Tabasco gehört. Die meisterhaften Steinmetzarbeiten der Olmeken deuten auf einen hohen gesellschaftlichen Organisationsgrad hin. Die Olmeken förderten talentierte Kunsthandwerker und verehrten furchterregende Götter. Am berühmtesten sind die „Olmekenköpfe" – bis zu 3 m hohe Steinskulpturen mit grimmigen Gesichtern, Boxernasen und seltsamen Helmen. Manche entlegenen Olmekenstätten im zentralen und westlichen Mexiko dienten als Handels- oder Garnisonsposten. Sie könnten die olmekische Elite mit Jade, Obsidian und anderen Luxusgütern versorgt haben.

Kunst, Religion und Gesellschaftsform der Olmeken beeinflussten spätere Zivilisationen. Neben der gefiederten Schlange existierten z.B. olmekische Feuer- und Maisgottheiten in der ganzen präkolumbischen Periode.

Teotihuacán

Die erste große Zivilisation Zentralmexikos entstand in einem Tal ca. 50 km nordöstlich vom heutigen Mexico City. Das Straßenraster der prächtigen Stadt Teotihuacán wurde im 1. Jh. angelegt. Es war die Basis für die Sonnen- und Mondpyramide sowie für Prachtstraßen, Paläste und Tempel, die während der folgenden 600 Jahre errichtet wurden. Zur Blütezeit Teotihuacáns lebten rund 125 000 Menschen in der Stadt, die zum Zentrum des größten vorspanischen Reiches wurde und in südlicher Richtung bis ins heutige El Salvador reichte. Sie beherrschte wohl auch teilweise die Zapoteken in Oaxaca, deren Hauptstadt Monte Albán sich zwischen 300 und 600 n.Chr. zu einer eigenständigen Stadt mauserte und auf deren Architektur die Einflüsse Teotihuacáns deutlich zu sehen sind. Die hoch entwickelte Ziviliation Teotihuacán mit ihrem Schriftwesen und einem Kalender, dessen „heiliges Jahr" aus 260 Tagen zu 13 Abschnitten von je 20 Tagen bestand, dehnte sich weit über ihr Kerngebiet aus.

Im 8. Jh. wurde Teotihuacán geplündert, niedergebrannt und verlassen. Viele Götter Teotihuacáns – wie die Schlange Quetzalcóatl (zentrales

250–600	250–900	695	750–900
Teotihuacáns Bevölkerung wächst auf ca. 125 000 Menschen an. Die Mondpyramide wird errichtet; die Stadt kontrolliert nun Mexikos größtes präkolumbisches Reich.	In der klassischen Periode blüht die Hochkultur der Maya in Mexiko (Südosten), Guatemala, Belize und Teilen von Honduras und El Salvador.	Die fantastische Maya-Stadt Tikal (im heutigen Guatemala) besetzt den Rivalen Calakmul (in Mexiko). Es gelingt aber nicht, die Bevölkerung Calakmuls zu beherrschen.	Die Zivilisation des Maya-Kernlands – Chiapas (Südostmexiko), El Petén (Nordguatemala) und Belize – schwindet, vermutlich infolge überlanger Dürren.

Fruchtbarkeits- und Lebenssymbol) und Tláloc (Regen- und Wassergott) – wurden aber noch 1000 Jahre später von den Azteken verehrt.

Die klassische Maya-Zeit

Die Maya-Kultur (250–900 n. Chr.), laut vielen Experten die wohl glanz-
vollste vorspanische Zivilisation, blühte in der Region zwischen Yucatán,
Guatemala und Honduras, in Belize und den Niederungen von Chiapas

GÖTTER, OPFER & GESTIRNE

Die Maya entwickelten ein komplexes Schriftsystem mit 300 bis 500 Symbolen – halb
piktografisch, halb phonetisch. Zudem perfektionierten sie einen Kalender, den bereits
andere präkolumbische Zivilisationen benutzt hatten. So konnten die Maya irdische und
himmlische Ereignisse exakt aufzeichnen und vorhersagen. Die Ausrichtung ihrer Tempel
erleichterte das Beobachten von Sonne, Mond sowie Sternen und Planeten. So ließen
sich Sonnenfinsternisse sowie die Zyklen des Mondes und vor allem der Venus berechnen. Die Zeitmessung der Maya basierte auf überlappenden Abschnitten. Diese reichten
von 13-tägigen „Wochen" bis hin zu den 1 872 000 Tagen des „Großen Zyklus". Die Maya
hielten ihre Welt nur für einen Teil einer Weltenfolge. Die zyklische Natur der Dinge ermöglichte ihnen ihrer Meinung nach also die Voraussage der Zukunft durch den Blick in
die Vergangenheit.

Um die Götter gnädig zu stimmen, entwickelten sie komplizierte Rituale: Sie tranken
das Getränk *balche*, opferten Blut aus Ohren, Zungen und Penissen, veranstalteten Tänze, Feste und Opfergaben. Die klassische Maya-Zivilisation scheint hin und wieder Menschen geopfert zu haben, die der postklassischen Ära betrieb dies wohl in größerem Stil.

Das Universum der Maya hatte ein Zentrum und vier Himmelsrichtungen, denen jeweils eine eigene Farbe zugeordnet war: Grün stand für das Zentrum; Rot repräsentierte
den Osten, Weiß den Norden, Schwarz den Westen und Gelb den Süden. Der Maya-Him-
mel hatte 13 Sphären, während die Toten zu den neun Schichten der Unterwelt Xibalbá
hinabstiegen. Die Erde galt als Rücken eines riesigen Reptils, das in einem Teich trieb.

Wie die Maya beobachteten die Azteken den Himmel für astrologische Zwecke und
nahmen an, die Welt habe vier Richtungen, 13 Himmel und neun Höllen. Wer durch Ertrinken, Blitzschlag, an Lepra, Gicht, Wassersucht oder Lungenkrankheit starb, kam in
die paradiesischen Gärten des Tláloc, des Regengottes, der sie getötet hatte. Krieger, die
geopfert wurden oder fielen, Kaufleute, die in der Fremde getötet wurden, und Frauen, die
bei der Geburt ihres ersten Kindes starben, kamen in den Himmel. Alle anderen mussten
vier Jahre durch das Reich des Totengottes Mictlantecuhtli unter den nördlichen Wüsten
reisen, ehe sie die neunte Hölle erreichten und dort – vielleicht ein glücklicher Zufall –
entschwanden.

Die Azteken glaubten, dass sie in der „fünften Welt" lebten. Die vier Vorgängerwelten
waren ihrer Ansicht nach jeweils durch den Tod der Sonne zerstört worden. Mit ihren
Menschenopfern wollten sie deshalb die Sonne und sich selbst am Leben erhalten.

Um 1000	1325	1487	1519–1520
Die verlassene Maya-Stadt Chichén Itzá in Yucatán wird neu be-siedelt. Ein Mix aus den Stilen der Maya und denen Zentralmexikos macht sie zu einer der prächtigsten vor-kolonialen Metropolen Mexikos.	Die Azteken gründen Tenochtitlán. Nach 100 Jahren sind sie die mächtigste Kultur im Valle de México. Sie dehnen ihre Macht später auf fast ganz Zentralmexiko aus.	20 000 Gefangene werden im Zuge der viertägigen Weihung des gerade restaurier-ten Großen Tempels von Tenochtitlán geopfert.	Eine spanische Expedition aus Kuba unter Hernán Cortés erreicht Tenochtitlán. Nach dem freundlichen Empfang werden die Spanier in der Noche Triste (Traurige Nacht) am 30. Juni 1520 vertrieben.

Die Maya im Internet

....

Mesoweb (www.
mesoweb.com)

....

Maya Exploration
Center (www.maya
exploration.org)

Der Film *Apocalypto* (2006) von Mel Gibson erzählt vom gewaltvollen Schicksal eines jungen Mannes, der versucht, sich seiner Opferung durch Flucht zu entziehen. Der Film vermittelt eine Ahnung davon, wie das Leben der alten Maya wohl zuweilen gewesen sein mag.

(Mexiko). Die Maya erlangten höchste künstlerische und architektonische Fertigkeiten und beherrschten Astronomie, Mathematik und Astrologie besser als alle Zivilisationen zuvor.

Politisch waren die Maya in viele voneinander unabhängige Stadtstaaten aufgeteilt, die sich oft bekriegten. Eine typische Maya-Stadt war das religiöse, politische und wirtschaftliche Zentrum für die umliegenden Dörfer. Ihr zeremonieller Mittelpunkt war die Plaza, die von Tempelpyramiden (meist Gräber von Regenten, die man für Abkömmlinge der Götter hielt) umgeben waren. Erhöhte steinerne Laufstege, sogenannte *sacbeob*, die wahrscheinlich zeremoniellen Zwecken dienten, führten oft kilometerweit von den Plazas weg. Zu Beginn der klassischen Periode gab es zwei lose Militärbündnisse, deren Zentren sich in Tikal (Guatemala) und Calakmul (im Süden der Halbinsel Yucatán) befanden.

Siedlungsgebiete der klassischen Maya-Zivilisation

Calakmul liegt in einer abgeschiedenen Gegend, die einst zu den vier Zentren der klassischen Maya-Kultur in Mexiko zählten. In der Río-Bec-Zone finden sich lange, niedrige Bauten, die mit Schlangen oder Monstermasken geschmückt sind und Ecktürme besitzen. Ein zweiter Schwerpunkt war die Chenes-Zone im Nordosten Campeches mit ähnlicher Architektur, aber ohne die Türme. Drittes Zentrum war die Puuc-Zone im Süden von Mérida. Hier zeigen die Gebäude komplizierte Steinmosaike, die häufig das Gesicht des hakennasigen Regengottes Chaac abbilden. Die wichtigste Stadt in Puuc war Uxmal. Die vierte Zone lag mit den Städten Palenque (für viele die schönste aller Maya-Stätten), Yaxchilán und Tonin im Tiefland von Chiapas.

Untergang der klassischen Maya-Zivilisation

In der zweiten Hälfte des 8. Jhs. nahmen die Konflikte zwischen den Stadtstaaten zu. Im frühen 10. Jh. war die riesige Bevölkerung des Maya-Kernlands in Chiapas, in Petén in Nordguatemala und in Belize praktisch verschwunden. Die klassische Epoche war an ihr Ende gekommen. Dürreperioden und Bevölkerungswachstum mögen zu dieser Katastrophe geführt haben. Viele Maya wanderten wohl nach Yucatán oder Chiapas aus, wo ihre Nachfahren heute leben. Der Urwald eroberte die Tieflandstädte zurück.

Tolteken

Nach dem Fall Teotihuacáns teilten sich mehrere bedeutende Städte jahrhundertelang die Macht in Zentralmexiko. Dazu zählten z.B. Xochicalco südlich von Mexico City, Cacaxtla und Cantona im Osten sowie Tula im Norden. Während der Kult um die gefiederte Schlange Quetzalcóatl weiterhin bestand, nahm die militärische Gesinnung mancherorts sogar

1521	1524	1534–1592	1540er-Jahre
Die Spanier und 100 000 indigene Verbündete erobern Tenochtitlán. Die Stadt wird zerstört und unter dem Namen México als Hauptstadt Nueva Españas wieder aufgebaut.	Das Aztekenreich steht fast vollständig unter spanischer Kontrolle – ebenso andere mexikanische Regionen wie Colima, Huasteca und der Istmo de Tehuantepec.	Nördlich von Mexico City entdecken die Spanier riesige Silbervorkommen bei Pachuca, Zacatecas, Guanajuato und San Luis Potosí.	Drei miteinander verwandte Konquistadoren – sie heißen alle Francisco de Montejo – erobern Yucatán. Neuspaniens Nordgrenze verläuft nun grob zwischen Tampico und Guadalajara.

zu. In dieser Periode wurden in Zentralmexiko wohl erstmals Menschenopferungen im größeren Rahmen vorgenommen. Nach dem Untergang der klassischen Kultur erreichten der Quetzalcóatl-Kult und die Praxis der Menschenopfer Yucatán – Zeugnisse davon sind vor allem in Chichén Itzá präsent.

Die zentralmexikanische Kultur der frühen postklassischen Zeit ist mit dem Namen „Tolteken" (Erbauer) verbunden, den die Azteken prägten, die die Tolteken-Herrscher ehrfürchtig als königliche Vorfahren ansahen.

Azteken

Ihren Legenden zufolge sind die Azteken das auserwählte Volk von Huizilopochtli, ihrem Stammesgott in Gestalt eines Kolibris. Das Nomadenvolk aus dem Westen oder Norden Mexikos wurde von Priestern ins Valle de México geführt. Dort ließen die Azteken (Mexica) sich auf den Inseln der Seen im Tal nieder. Bis zum 15. Jh. hatten sie sich die Stellung als mächtigste Volksgruppe im Tal erkämpft. Ihre Hauptstadt Tenochtitlán gründeten sie an der Stelle des heutigen Mexico City.

Die Azteken gingen ein Dreierbündnis mit zwei anderen Stadtstaaten ein: Gemeinsam mit Texcoco und Tlacopan bekriegten sie Tlaxcala und Huejotzingo östlich des Tals. Ihre Gefangenen wurden dem gefräßigen Huizilopochtli (nicht gerade ein harmloser Kolibri) geopfert – auf dass er auch weiterhin Tag für Tag die Sonne aufgehen lassen möge.

Die Dreierallianz kontrollierte den Großteil Zentralmexikos von der Golfküste bis zum Pazifik. In 38 Provinzen lebten damals 5 Mio. Menschen. Sie mussten Tribute in Form von Rohstoffen zahlen, die es im Kernland nicht gab. Dinge wie Jade, Türkise, Baumwolle, Papier, Tabak, Kautschuk, Obst und Gemüse, Kakao und Federn schmückten aztekische Würdenträger.

Laut der Legende haben die Azteken ihre Hauptstadt Tenochtitlán an dieser Stelle errichtet, weil dort ein Adler auf einem Kaktus eine Schlange verspeist hat. Ihren Prophezeiungen zufolge war das ein Zeichen, ihre Wanderung zu beenden. Der an dieser Stelle errichtete Templo Mayor galt als Zentrum des Universums.

Azteken-Gesellschaft

In Tenochtitlán und der Azteken-Stadt Tlatelolco lebten über 200 000 Menschen. Im Valle de México ernährte die Landwirtschaft mehr als 1 Mio. Menschen. Man arbeitete mit Stein- und Holzwerkzeug, Felder wurden bewässert und als Terrassen angelegt, Sümpfe urbar gemacht.

Der Azteken-Herrscher hatte uneingeschränkte Macht. Zölibatär lebende Priester vollführten große Zeremonien, zu denen Opferrituale, Maskentänze und mythische Prozessionen gehörten. Militärische Führer kamen aus den Reihen der professionellen Elitesoldaten, auch bekannt als *tecuhtli*, während bewaffnete Kaufleute, die *pochtecas*, bei der Ausdehnung des Reiches mitwirkten. Sie brachten Waren in die Hauptstadt und organisierten die Märkte der Großstädte. Auf der untersten Sprosse der gesellschaftlichen Leiter standen Tagelöhner, Leibeigene und Sklaven.

1605	1767	1810	1811
Seit der Ankunft der Spanier ist Mexikos indigene Bevölkerung von ca. 25 Mio. auf knapp über 1 Mio. Menschen geschrumpft, hauptsächlich aufgrund eingeschleppter Krankheiten.	Die Jesuiten, Missionare und Lehrer in Nueva España, darunter viele *criollos* (Nachkommen spanischer Vorfahren), werden aus den spanischen Gebieten vertrieben, was die *criollos* in der Kolonie aufbringt.	Rebellen erobern im Herbst Zacatecas, San Luis Potosí und Morelia. Sie besiegen Royalisten bei Las Cruces, greifen Mexico City aber nicht an und werden nordwärts abgedrängt.	Zunächst siegreich, lichten sich die Reihen der Rebellen, und ihre Anführer, darunter Hidalgo, werden festgenommen und hingerichtet. Seine Stellung übernimmt ein anderer Priester, José María Morelos y Pavón.

Weitere postklassische Zivilisationen

Am Vorabend der spanischen Eroberung verbanden die meisten mexikanischen Zivilisationen etliche Gemeinsamkeiten: Sie besaßen alle Zentralregierungen und differenzierte Klassengesellschaften mit diversen Berufsfeldern, u.a. eine professionelle Priesterkaste. Obwohl das Rad noch unbekannt war und es an Zugtieren und Metallwerkzeugen mangelte, erwies sich die Landwirtschaft als höchst produktiv. Bohnen, Maistortillas und -grütze *(pozol)* dienten als Grundnahrungsmittel. Es gediehen zudem weitere Feldfrüchte wie Kürbisse, Tomaten, Chilis, Avocados, Erdnüsse, Papayas und Ananas. Zum Luxus der Elite zählten Truthahn und Getränke auf Kakaobasis, zudem domestizierte haarlose Hunde und Spiele. Die vielen Kriege zwischen Städten und Reichen entsprangen oft der Notwendigkeit, diversen Göttern Gefangene zu opfern.

Neben den Zivilisationen von Tolteken und Azteken existierten in der postklassischen Ära einige weitere regional bedeutsame Kulturen:

Auf der interessanten Website The Mesoamerican Ballgame (http://interactiveknowledge.com/ballgame) wird das indigene Ballspiel erklärt, das als erster Mannschaftssport der Menschheitsgeschichte gilt.

Michoacán

Als gewiefte Kunst- und Schmuckhandwerker herrschten die Tarasco über Michoacán. Sie zählten zu den Volksgruppen, die nicht unter das aztekische Joch gerieten.

Oaxaca

Ab 1200 standen die Zapoteken unter dem Einfluss der Mixteken. Diese geschickten Metallschmiede und Töpfer stammten ursprünglich aus dem Hochland an der Grenze zwischen Oaxaca und Puebla. Im 15. und 16. Jh. fiel der Großteil Oaxacas an die Azteken.

Halbinsel Yucatán

Die verlassene Maya-Stadt Chichén Itzá wurde um das Jahr 1000 neu besiedelt und entwickelte sich dank ihrer Mischung aus den Stilen der Maya und denen Zentralmexikos (Tolteken) zu einer der prächtigsten Städte des vorspanischen Mexikos. Nach dem Ende von Chichén Itzá um ca. 1200 dominierte die Stadt Mayapán den Großteil Yucatáns. Als Mayapáns Macht ab ca. 1440 allmählich schwand, stritten zahlreiche Stadtstaaten um die Halbinsel.

Die spanische Eroberung

Innerhalb zweier Jahre zerschlug eine winzige Gruppe von Eindringlingen die fast 3000 Jahre alte Zivilisation Mexikos. Sie zerstörten das Azteken-Reich, brachten eine neue Religion mit und degradierten die indigene Bevölkerung zu Sklaven oder Menschen zweiter Klasse. Kaum eine andere Zivilisation hat je einen derart rasanten Transformations-

1813	1821	1821–1822	1824
Morelos Streitkräfte belagern monatelang Mexico City. Ein Kongress in Chilpancingo übernimmt die Prinzipien der Unabhängigkeitsbewegung, doch wird Morelos zwei Jahre später hingerichtet.	Die Rebellenführer Vicente Guerrero und Agustín de Iturbide entwickeln den Plan de Iguala für ein unabhängiges Mexiko mit konstitutioneller Monarchie und Vorherrschaft der katholischen Kirche.	Der Plan de Iguala überzeugt alle einflussreichen Gesellschaftsschichten. Der spanische Vizekönig stimmt der mexikanischen Unabhängigkeit zu. Iturbide besteigt den mexikanischen Thron als Kaiser Augustin I.	Eine neue Verfassung macht Mexiko zu einer Republik mit 19 Bundesstaaten und vier Territorien. Erster Präsident wird Guadelupe Victoria, ein ehemaliger Unabhängigkeitskämpfer.

prozess erleben müssen. Neuankömmlinge und Indigene waren sich so fremd, dass sie jeweils die Menschlichkeit der Gegenseite bezweifelten (erst 1537 erklärte Papst Paul III., dass es sich bei Mexikanern um Menschen handele). Daraus erwuchs das moderne Mexiko, dessen Einwohner größtenteils Mestizen mit indigenen und europäischen Wurzeln sind – Nachfahren beider Kulturen.

Hintergründe der spanischen Politik

Unmittelbar nach Beendigung der Reconquista (Rückeroberung) verfolgte Spanien ab 1492 – dem Jahr, in dem Christoph Kolumbus die Karibik erreichte – eine aggressive Expansionspolitik. Während der vorherigen 700 Jahre hatten christliche Truppen die spanischen Festlandgebiete allmählich von den Arabern zurückerobert. Eine Mischung aus Brutalität, Tapferkeit, Goldgier und Frömmigkeit machte die spanischen *conquistadores* in Amerika zu Nachfolgern der Reconquista-Kreuzritter.

Auf der Suche nach neuen Westpassagen zum Orient erreichten Entdecker, Soldaten und Kolonisten im Auftrag der spanischen Krone als erste Europäer die Karibik, wo sie Posten auf Hispaniola und Kuba bezogen. Dann suchten sie Wege durch das Land im Westen, ließen sich aber von Geschichten über Gold, Silber und ein reiches Königreich davon abbringen. Daraufhin ernannte der spanische Inselgouverneur Diego Velázquez einen Kolonisten, Hernán Cortés, zum Anführer einer Westexpedition. Doch als dieser alles Nötige organisierte, veranlassten hohe Kosten und Zweifel an Cortés' Loyalität Velázquez, die Expedition abzublasen. Cortés, der möglicherweise die Chance witterte, Geschichte zu schreiben, widersetzte sich: Am 15. Februar 1519 stach er mit elf Schiffen, 550 Mann und 16 Pferden in See.

Die Eroberung

Cortés Expedition landete auf der Isla Cozumel und segelte dann gen Tabasco. In der Schlacht von Centla besiegte er nahe dem heutigen Frontera Einheimische. Diese flohen in Panik vor der spanischen Kavallerie, da sie Ross und Reiter für ein einziges furchterregendes Wesen hielten. Anschließend übergaben ihm die *indígenas* 20 Dienerinnen, darunter Doña Marina (La Malinche), die seine Übersetzerin, Beraterin und Geliebte wurde.

Die Bewohner von Golfküstenstädten wie Zempoala hassten ihre aztekischen Unterdrücker und hießen die Spanier willkommen. Als Cortés später landeinwärts auf Tenochtitlán vorrückte, verbündete er sich mit den Tlaxcalteken, die seit Langem ebenfalls zu den Feinden der Azteken zählten.

Auch Legenden, Aberglaube und die Unschlüssigkeit Moctezumas II. wirkten sich zum Vorteil der Spanier aus. Nach dem Azteken-Kalender sollte 1519 der legendäre Gottkönig Quetzalcóatl aus dem Osten aus der

1836	1845–48	1858–1861	1861–1863
US-amerikanische Siedler proklamieren die Unabhängigkeit des Territoriums Texas. Die mexikanische Streitkräfte unter Präsident Santa Anna besiegen die Verteidiger Alamos, werden aber am Fluss San Jacinto besiegt.	Der US-Kongress beschließt die Annexion von Texas, was zum Mexikanisch-Amerikanischen Krieg (1846–48) führt. Texas, Kalifornien, Utah, Colorado sowie Teile von New Mexico und Arizona fallen an die USA.	Liberale Gesetze zwingen die Kirche, den Großteil ihres Besitzes zu verkaufen. Im Reformkrieg kämpfen die Liberalen von Veracruz aus siegreich gegen die in Mexico City ansässigen Konservativen.	Benito Juárez wird Mexikos erster Präsident mit indigenen Wurzeln. Die französische Intervention beginnt: Frankreich marschiert ein und erobert 1863 trotz der Niederlage bei Puebla am 5. Mai 1862 Mexico City.

Verbannung zurückkehren. Doch war Cortés wirklich Quetzalcóatl? Genügend Vorzeichen dafür gab es: So schlug in einen Tempel der Blitz ein, und ein Komet zog über den Nachthimmel. Zudem brachte man Moctezuma einen Vogel „mit einem Spiegel im Kopf ", in dem er heranrückende Krieger erblickte.

The New World of Martín Cortés von Anna Lanyon erzählt die faszinierende und ergreifende Geschichte des ersten Mestizo, des Sohnes von Hernán Cortés und La Malinche, von seiner Geburt im Jahr 1522 in Tenochtitlán bis zu seinem Tod in der Nähe von Granada vierzig Jahre später.

Die Einnahme Tenochtitláns

Am 8. November 1519 lud Moctezuma die Spanier und 6000 ihrer indigenen Verbündeten nach Tenochtitlán ein, das größer war als alle Städte Spaniens. Der Kaiser empfing Cortés in einer Sänfte mit goldenem Federbaldachin, die von Adligen getragen wurde. Wie es sich für Götter gehört, logierten die Spanier im Palast von Moctezumas Vater Axayácatl.

Doch trotz der luxuriösen Freuden saßen die Spanier angesichts der deutlichen Überzahl der Azteken in der Falle. Über Moctezumas Absichten im Unklaren, nahmen sie ihn als Geisel. Im Glauben, Cortés sei ein Gott, erzählte dieser dem Volk, dass er freiwillig mitginge. Dennoch heizte sich die Atmosphäre auf. Nach sechs oder sieben Monaten töteten einige Spanier aus Furcht vor einem Angriff rund 200 aztekische Adlige. Cortés überredete Moctezuma daraufhin, den Volkszorn zu beschwichtigen. Einer Schilderung der folgenden Ereignisse zufolge starb der Kaiser durch Steinwürfe, als er auf dem Dach des Palastes von Axayácatl zur Menge sprechen wollte. Andere Versionen berichten, die Spanier hätten ihn ermordet.

In der Noche Triste (Traurige Nacht) flohen die Spanier und verloren Hunderte ihrer eigenen Leute und Tausende ihrer indigenen Verbündeten. Die Überlebenden zogen sich nach Tlaxcala zurück, wo sie zerlegbare Boote bauten und diese über die Berge trugen, um von den umliegenden Seen aus einen Angriff auf Tenochtitlán zu starten. Als die 900 Spanier im Mai 1521 ins Valle de México zurückkehrten, wurden sie von rund 100000 indigenen Verbündeten begleitet. Die Stadt wurde erbittert verteidigt, doch nach drei Monaten war sie zerstört, und Kaiser Cuauhtémoc geriet in Gefangenschaft. Cuauhtémoc bat Cortés, ihn zu töten, blieb aber bis 1525 in Geiselhaft. Gelegentlich verbrannten ihm die Spanier die Füße, um ihn dazu zu bringen, das Versteck des Aztekenschatzes zu verraten.

Mexiko als Kolonie

Die spanische Krone sah Mexiko und seine anderen eroberten Gebiete in Amerika als Goldesel an, der die endlosen Kriege in Europa, das Luxusleben des spanischen Adels und den Bau zahlreicher neuer Kirchen, Paläste und Klöster in ganz Spanien finanzieren sollte. Die Krone beanspruchte ein Fünftel des Edelmetalls, das aus der Neuen Welt ins Mutterland gelangte, für sich: den *quinto real* (königliches Fünftel). Auch die

1864–1867	1876–1911	1910–1911	1913–1914
Napoleon III. lässt den Habsburger Maximilian zum Kaiser von Mexiko ausrufen, zieht seine Truppen aber ab 1866 zurück. Maximilian wird 1867 von Juárez' Truppen hingerichtet.	Porfiriato: Der Konservative Porfirio Díaz sorgt für politische Stabilität und Wirtschaftsaufschwung. Bürgerrechte werden jedoch stark beschnitten, der Wohlstand konzentriert sich auf eine Minderheit.	Am 20. November 1910 beginnt die mexikanische Revolution gegen das Díaz-Regime. Díaz tritt im Mai 1911 zurück. Im November wird der Reformer Francisco Madero zum Präsidenten gewählt.	Der konservative Victoriano Huerta lässt Madero absetzen und hinrichten. Die Führer der nördlichen Bürgerkriegsparteien verbünden sich gegen Huerta, der im Juli 1914 abdankt.

VERGÖTTERT UND GEHASST

Die Mexikaner haben klare Meinungen zu ihren historischen Persönlichkeiten. Manche werden mit Statuen und Straßennamen im ganzen Land unsterblich gemacht. Andere, genauso einflussreiche Gestalten, werden zu Objekten der Schande und Lächerlichkeit.

Mexikos Helden

Cuauhtémoc Aztekenführer, der Widerstand gegen die spanischen Invasoren leistete.

Benito Juárez Liberaler indigener Präsident, der die französischen Besatzer vertrieb.

Miguel Hidalgo Priester, der den Unabhängigkeitskrieg initiierte.

Pancho Villa Größter Revolutionär aller Zeiten.

Mexikos Schurken

Hernán Cortés Übler spanischer Eroberer.

Carlos Salinas de Gortari Präsident von 1988 bis 1994, der für Drogenhandel, Korruption, Peso-Krise, das North American Free Trade Agreement (Nafta) und überhaupt für alles verantwortlich gemacht wird.

Santa Anna Eroberte Alamo, verlor aber Texas, Kalifornien, Arizona, Utah, Colorado und New Mexico.

La Malinche Doña Marina, Hernán Cortés' indigene Dolmetscherin und Geliebte.

Konquistadoren und Kolonisten sahen im amerikanischen Reich eine Chance auf unermesslichen Reichtum. Zu Beginn des 18. Jhs. hatten einige von ihnen mittels Bergbau, Handel oder Landwirtschaft ein gewaltiges Vermögen angehäuft und besaßen riesige Landgüter *(haciendas)*. Cortés bewilligte seinen Soldaten *encomiendas* – das Recht, indigene Gruppen für sich arbeiten zu lassen oder Abgaben zu erheben. Spanien sicherte die Autorität durch Vizekönige, die die Krone vor Ort vertraten.

Die indigene Bevölkerung der Kolonie Nueva España (Neuspanien) wurde auf katastrophale Art dezimiert. Vor allem verheerende Epidemien, die durch eingeschleppte Krankheiten ausgelöst wurden, waren dafür verantwortlich. Einzige Verbündete der indigenen Völker waren einige Mönche, die ab 1523 eintrafen. Einerseits trug die Missionsarbeit dazu bei, Spaniens Kontrolle über das Land auszubauen – 1560 waren Millionen Menschen bekehrt und über 100 Klöster errichtet. Andererseits bewahrten viele Mönche Einheimische vor Grausamkeiten der Kolonialherren.

Der Norden Mexikos gehörte zunächst nicht zum Territorium der Spanier, bis die Entdeckung gewaltiger Silbervorkommen u. a. bei Zacatecas und Guanajuato auch dessen Eroberung beschleunigte. Missionare

---

1917	**1920–1924**	**1926**	**1929**
Die Reformer gewinnen den Bürgerkrieg gegen die Radikalen. In Querétaro verabschieden sie eine neue Verfassung, die bis heute größtenteils unverändert in Kraft ist.	Nach dem Bürgerkrieg baut Präsident Álvaro Obregón das zerstörte Land wieder auf: Auf dem Land entstehen über 1000 Schulen. Ein Teil des Großgrundbesitzes geht an die Kleinbauern zurück.	Präsident Plutarco Elías Calles lässt Klöster schließen sowie religiöse Gesetze und Prozessionen verbieten – und führt so die Cristero-Rebellion der Katholiken herbei (bis 1929).	Elías Calles gründet die Partido Nacional Revolucionario. Die PNR und ihre Varianten, die Partido de la Revolución Mexicana und die Partido Revolucionario Institucional (PRI), werden Mexiko bis 2000 regieren.

und Siedler verschoben die Grenze immer weiter gen Norden. Im frühen 19. Jh. umfasste Nueva España den Großteil der heutigen US-Bundesstaaten Texas, New Mexico, Arizona, Kalifornien, Utah und Colorado.

Koloniale Gesellschaftsordnung

Im Mexiko der Kolonialzeit hing die soziale Stellung von Hautfarbe, Herkunft und Geburtsort ab. Ganz oben rangierten in Spanien geborene Kolonisten. Obwohl sie nur einen winzigen Bevölkerungsanteil stellten, wurden diese *peninsulares* in Nueva España als neuer Adel betrachtet.

Es folgten die *criollos* (Kreolen) – Nachkommen von Einwanderern, die in Nueva España geboren wurden und von denen einige im Lauf der Zeit Vermögen angehäuft hatten. Kein Wunder, dass sie nach politischem Einfluss strebten und Groll gegen die spanischen Machthaber hegten!

Unter den *criollos* standen die *mestizos*, ganz unten *indígenas* und afrikanische Sklaven. Die Armen bekamen für ihre Arbeit kaum Lohn. Viele mussten sich als *peones* verdingen – als Arbeiter, die wegen Schulden an einen Hazienda-Besitzer gebunden waren. Auch die *indígenas* mussten Abgaben an die Krone zahlen.

Das damalige Sozialgefüge ähnelte also dem im modernen Mexiko: Dort stehen „reinblütige" Nachfahren spanischer Kolonisten an der Spitze der Gesellschaft, gefolgt von *mestizos* und indigenen Mexikanern.

Mexiko als Republik

Die Vertreibung der Jesuiten aus den Kolonien 1767 förderte den Widerstand der *criollos* – zu denen viele Jesuiten gehörten. Den Auslöser zur Rebellion brachte 1808 die Besetzung Spaniens durch Napoleon Bonaparte, womit Spaniens Kontrolle über Neuspanien schwand. Querétaro wurde zur Brutstätte des Aufstands: *Criollos* planten die Revolte gegen die Herrschaft. Dann rief der Priester Miguel Hidalgo in seiner Gemeinde Dolores (heute Dolores Hidalgo) am 16. September 1810 zur Rebellion auf. Der Weg zur Unabhängigkeit war jedoch steinig – Aufständische und Königstreue bekriegten sich fast elf Jahre lang. Dabei kamen Hidalgo und andere Rebellenführer ums Leben. 1821 traf sich General Agustín de Iturbide in Córdoba mit dem spanischen Vizekönig Juan O'Donojú, der der mexikanischen Unabhängigkeit zustimmte.

Das erste Jahrhundert der freien Nation stand im Zeichen politischer Instabilität. Es gipfelte in einem Regime, dessen Unterdrückungspolitik schließlich eine Revolution auslöste. Ein Dauerthema war der Konflikt zwischen Liberalen, die Sozialreformen einforderten, und Konservativen, die sie ablehnten. Zwischen 1821 und Mitte der 1860er-Jahre musste sich die Nation dreier Invasionen erwehren und verlor große Teile des Territoriums an die USA. Gleichzeitig wurde die Führung fast 50-mal ausgetauscht.

1934–1940	1940er- & 1950er-Jahre	1964–1970	1970er-Jahre
Präsident Lázaro Cárdenas lässt 200 000 km² Land neu verteilen. Er enteignet ausländische Ölfirmen und gründet das staatliche Ölunternehmen Petróleos Mexicanos (Pemex). Investoren meiden Mexiko.	Industrie- und Exportzuwächse im Zweiten Weltkrieg bescheren Mexiko einen Wirtschafts-Boom. Der Tourismus kommt in Schwung. Die Bevölkerungszahl verdoppelt sich beinahe; Millionen ziehen in die Städte.	Präsident Gustavo Díaz Ordaz verweigert die Demokratisierung der PRI. Vor den Sommerspielen 1968 wird stark protestiert. In Tlatelolco (Mexico City) sterben ca. 400 Demonstranten.	Der schlagartig gestiegene Ölpreis lässt Mexikos Wirtschaft blühen. Dank riesiger Ölreserven erhält das Land Milliardenkredite von ausländischen Investoren.

DIE TRAGIKOMÖDIE VON SANTA ANNA

Die Einmischung ehrgeiziger Militärs ins politische Geschehen hat Mexiko im 19. Jh. schwer zugesetzt. Zunächst trat Antonio López de Santa Anna ins Rampenlicht, als er 1823 Kaiser Agustín I. absetzte. 1831 stürzte er auch Präsident Anastasio Bustamante. 1833 wurde er selbst zum Präsidenten gewählt und bekleidete dieses Amt in den folgenden 22 chaotischen Jahren elfmal. Vor allem erinnert man sich aber an Santa Anna, weil er große Teile mexikanischen Gebietes an die USA verlor. Nach Alamo erlitt er im Jahr 1836 in Texas eine Niederlage. Im Mexikanisch-Amerikanischen Krieg (1846–1848) folgten weitere katastrophale Landverluste. 1853 verkaufte die Santa-Anna-Regierung Mexikos letzte verbliebene Teile von New Mexico und Arizona für 10 Mio. US$ an die USA.

Juárez & Díaz

In der folgenden Zeit bestimmte mit dem Rechtsanwalt Benito Juárez erstaunlicherweise ein indigener Zapoteke aus Oaxaca zwei Jahrzehnte lang die politischen Geschicke Mexikos. 1855 läutete die neue liberale Regierung, deren Mitglied Juárez war, eine Reformära ein. 1861 wurde Juárez zum Präsidenten gewählt. Das unmittelbar darauf folgende Eingreifen der Franzosen zwang seine Regierung ins Exil. 1866 eroberte Juárez jedoch die Macht zurück und führte eine Wirtschafts- und Bildungsreform durch. Die Schulpflicht wurde eingeführt, zwischen Mexico City und Veracruz eine Eisenbahnstrecke gebaut und eine Landpolizei eingesetzt, die *rurales*. Der 1872 verstorbene Juárez zählt zu den wenigen historischen Persönlichkeiten Mexikos, die einen tadellosen Ruf genießen.

Nach Juárez' Tod wurde mit Porfirio Díaz 1876 ein weiterer Mann aus Oaxaca zum Präsidenten gewählt. Er regierte 31 der folgenden 39 Jahre, die als Porfiriato in die Geschichtsbücher Eingang fanden. Díaz führte Mexiko ins Industriezeitalter, ließ u. a. Telefon- und Telegrafenleitungen verlegen. Gleichzeitig erweiterte er das Eisenbahnnetz und führte öffentliche Bauprojekte durch. Díaz befreite das Land von den Bürgerkriegen – allerdings zu einem hohen Preis: Die politische Opposition wurde verboten, Wahl- und Pressefreiheit abgeschafft. Neue Gesetze betrogen Bauern um ihr Land, und die Arbeiter schufteten unter fürchterlichen Bedingungen. Grundbesitz und Reichtum konzentrierten sich bei einer kleinen Minderheit. All dies führte 1910 zum Mexikanischen Bürgerkrieg.

> Santa Anna musste nach einer Verletzung durch französische Soldaten im Jahr 1838 ein Bein amputiert werden. Später ließ er das Bein mit militärischen Ehren in Mexico City beisetzen. Der Verbleib seines Unterschenkels ist heute nicht mehr bekannt. Doch führte die Prothese 1847 von den Amerikanern erbeutet und ist nun im Illinois State Military Museum zu sehen.

Die mexikanische Revolution

Die Revolution war eine quälende Periode von zehn Jahren. Lange gingen Streitmächte und Führungspersönlichkeiten jedweder Couleur wechselnde Bündnisse miteinander ein. Die Konservativen mussten relativ früh die Segel streichen. Doch ihre einstigen Gegner – Reformer und Revolutionäre – konnten sich nicht auf eine gemeinsame Linie einigen.

1980er-Jahre	1985	1988–1994	1994
Der Fall des Ölpreises löst in Mexiko eine tiefe Rezession aus. Die Ohnmacht gegenüber Wirtschaftskrise und Korruption sorgt für Proteste und Meinungsverschiedenheiten – sogar innerhalb der PRI.	Ein gewaltiges Erdbeben der Stärke 8,1 erschüttert am 19. September Mexico City. Mindestens 10 000 Menschen kommen ums Leben.	Bei der umstrittenen Präsidentschaftswahl 1988 siegt Carlos Salinas de Gortari von der PRI. Er privatisiert staatliche Unternehmen zugunsten der Privatwirtschaft und fördert den Freihandel.	Nach Inkrafttreten des Nordamerikanischen Freihandelsabkommens NAFTA rebellieren die Zapatisten in Chiapas. Der von Salina gewählte PRI-Präsidentschaftskandidat Luis Donaldo Colosio wird ermordet.

Infolgedessen scheiterten Versuche, eine stabile Regierung zu bilden, immer wieder an verheerenden Gewaltexzessen. Es heißt, jeder achte Mexikaner habe während der Revolution sein Leben verloren.

Francisco Madero, wohlhabender Liberaler aus Coahuila, hätte die Präsidentschaftswahl von 1910 wohl gewonnen – hätte Díaz ihn nicht vorher ins Gefängnis werfen lassen. Am Tag seiner Entlassung rief Madero zur Revolution auf, die schnell das Land erfasste. Díaz trat im Mai 1911 zurück, sechs Monate später wurde Madero Präsident. Er konnte die Machtkämpfe zwischen den Fraktionen jedoch nicht eindämmen. Die größte Kluft bestand zwischen liberalen Reformern wie Madero und radikaleren Führern wie Emiliano Zapata. Letzterer kämpfte unter dem Slogan *¡Tierra y libertad!* (Land und Freiheit!) für die Rückgabe von Großgrundbesitz an die Bauern.

Für das Ende der Regierung Madero im Jahr 1913 war einer ihrer ranghöchsten Generäle verantwortlich: Victoriano Huerta lief zu den konservativen Rebellen über, ließ Madero hinrichten und übernahm selbst das Präsidentenamt. Doch die revolutionären Kräfte schlossen sich (vorübergehend) gegen ihn zusammen: Venustiano Carranza, ein Anhänger Maderos, in Coahuila, Francisco „Pancho" Villa in Chihuahua und Álvaro Obregón in Sonora. Und auch Zapata kämpfte gegen Huerta.

Aber auch zwischen den Siegerparteien kam es zu Kämpfen. Von ihrer Hauptstadt Veracruz aus zogen die „Konstitutionalisten" Carranza und Obregón gegen den Radikalreformer Zapata und den Populisten Villa zu Felde. Zapata und Villa schlossen jedoch trotz ihres berühmten Treffens in Mexico City 1915 niemals ein tragfähiges Bündnis. Schließlich trug Carranza den Sieg davon. Im Bundesstaat Morelos, südlich von Mexico City, forderten die Zapatisten weiterhin Reformen. Carranza ließ Zapata 1919 ermorden, wurde im Folgejahr aber selbst auf Befehl seines früheren Mitstreiters Obregón getötet. Pancho Villa fiel 1923 einem Attentat zum Opfer.

Die Einparteien-Demokratie der PRI

Von 1920 bis 2000 regierten in Mexiko die reformorientierten Revolutionssieger und deren Nachfolger. Die von ihnen gegründete Partei trägt seit den 1940er-Jahren den Namen Partido Revolucionario Institucional (Institutionelle Partei der Revolution), kurz PRI. Obwohl sie die allgemeine soziale Situation zunächst recht radikal veränderten, wurden die PRI-Regierungen im Lauf des 20. Jhs. allmählich konservativer, korrupter, dominanter und egoistischer. Nach vielen wirtschaftlichen Auf- und Abschwüngen hatte sich Ende des Jahrhunderts zwar eine breitere mexikanische Mittelschicht etabliert, doch bestand weiterhin ein starkes Wohlstandsgefälle zwischen wenigen Reichen und vielen Armen.

Wichtige Stätten der Unabhängigkeit von Spanien

Alhóndiga de Granaditas (Guanajuato)

Dolores Hidalgo

Calabozo de Hidalgo, Casa Chihuahua (Chihuahua)

Ex-Hotel Zevallos (Córdoba)

Museo Casa de Morelos (Morelia)

1994–2000	2000	2006	2006–2012
Unter Präsident Ernesto Zedillo erholt sich Mexiko von einer Rezession, die von einem Währungsverfall wenige Tage nach seinem Amtsantritt ausgelöst wurde. Verbrechen und Auswanderung in die USA nehmen zu.	Vicente Fox von der christdemokratischkonservativen Partido Acción Nacional (PAN) gewinnt die Wahl mit dem neuen Wahlsystem und beendet die lange Herrschaft der PRI und ihrer Vorgängerorganisationen.	Bei der Präsidentschaftswahl siegt Felipe Calderón von der PAN knapp vor Andrés Manuel López Obrador von der linken Partei der Demokratischen Revolution (PRD) und erklärt den Drogenkartellen den Krieg.	In Calderóns sechs Jahre während Kampf gegen die Drogenkartelle werden landesweit 50 000 Soldaten eingesetzt und etwa 60 000 Menschen getötet, die meisten davon in Banden- und Revierkämpfen.

Die ungerechte Verteilung von Ländereien sorgt in Mexiko seit jeher für Diskrepanzen. Um denen zu begegnen, wurden zwischen den 1920er- und 1960er-Jahren über 400 000 km² Großgrundbesitz an Kleinbauern verteilt. Fast die Hälfte der Bevölkerung erhielt dabei eigenes Land – meist in Form von *ejidos* (kommunalen Landwirtschaftskooperativen). Am anderen Ende des Wirtschaftsspektrums entwickelte das Land eine beunruhigende Abhängigkeit von den Ölreserven im Golf von Mexiko. Als der Ölpreis während der 1970er- und 1980er-Jahre innerhalb kürzester Zeit zunächst stark anstieg und dann wieder fiel, driftete Mexiko vom Boom in die Krise. Die regierungseigene Ölgesellschaft Pemex war Teil des staatlichen Wirtschaftsimperiums, mit dessen Einrichtung die PRI nach größtmöglicher Kontrolle in allen Bereichen des öffentlichen Lebens strebte.

In den 1920er-Jahren wurden herausragende mexikanische Künstler wie Diego Rivera damit beauftragt, wichtige öffentliche Gebäude mit großen, lebhaften Gemälden zu geschichtlichen und sozialen Themen zu verzieren. Viele dieser Werke sind in Mexiko City zu sehen.

GESCHICHTE DIE EINPARTEIEN-DEMOKRATIE DER PRI

Niedergang der PRI

Das Massaker von Tlatelolco, bei dem 1968 ca. 400 Demonstranten erschossen wurden, diskreditierte die PRI in den Augen vieler Mexikaner für immer. In den folgenden Jahrzehnten konnte sich die Partei nur durch autoritäre Politik und Wahlbetrug an der Macht halten.

Mit der Amtszeit Carlos Salinas de Gortaris (1988–1994) erreichte der politische Betrug einen neuen Höhepunkt: Salinas gewann die Präsidentschaftswahl nur aufgrund eines mysteriösen Computerfehlers, der die Stimmauszählung im entscheidenden Moment blockierte. Unter Salinas nahmen der illegale Drogenhandel – auf dem Vormarsch seit den frühen 1980er-Jahren, als die kolumbianischen Kartelle ihre Routen aus der Karibik nach Mexiko verlagerten – und die Zahl ungeklärter Morde sprunghaft zu. Zugleich unternahm Salinas Schritte zur Privatisierung des staatlichen Wirtschaftsapparats: Der Kernpunkt seines Programms, die Unterzeichnung des Nafta (North American Free Trade Agreement, Nordamerikanisches Freihandelsabkommen), bescherte der Großindustrie und der Exportwirtschaft einen Aufschwung. Bei Bauern und Kleinunternehmern stieß das nordamerikanische Freihandelsabkommen jedoch auf wenig Gegenliebe, da Billigimporte aus den USA ihre Existenzen bedrohten. 1994, Salinas' letztes Jahr als Präsident, begann mit dem Aufstand der marxistisch-maoistischen Zapatisten in Mexikos südlichstem Bundesstaat Chiapas. Kurz vor Ende seiner Amtszeit musste Salinas fast alle Auslandsdevisen verbrauchen, um den Peso zu stützen. Seinem Nachfolger Ernesto Zedillo hinterließ er einen finanziellen Scherbenhaufen.

Zedillo blieb es auch vorbehalten, auf die mittlerweile unüberhörbaren Rufe nach einem demokratischen Wandel in Mexiko zu reagieren. Das durch ihn initiierte Wahlsystem unter neutraler Kontrolle sorgte schließlich dafür, dass seine eigene Partei im Jahr 2000 die Wahlen ver-

2012	26. Sept. 2014	11. Juli 2015	Sept. 2017
Mit dem Sieg von Enrique Peña Nieto bei den Wahlen ist die PRI zurück an der Macht und verspricht Reformen, um die Wirtschaft zu stärken. López Obrador erringt wieder den zweiten Platz.	43 Studenten aus Ayotzinapa (Guerrero) verschwinden nach einem Streit mit der Polizei in Iguala. Es kommt zu Protesten, bei denen Korruption und Kriminalität in der Politik und im Sicherheitsapparat angeprangert werden.	Der Drogenboss Joaquín Guzmán („El Chapo") flieht aus Mexikos bestem Hochsicherheitsgefängnis, was die Regierung von Nieto in Verlegenheit bringt. Sechs Monate später wird der Flüchtige in Los Mochis verhaftet.	Innerhalb kurzer Zeit wird Mexiko von zwei starken Erdbeben (8,1 bzw. 7,1 auf der Richterskala) heimgesucht. Das zweite Erdbeben, mit Epizentrum nahe Puebla, ist mit mehr als 230 Toten besonders folgenschwer.

lor. Neuer Präsident wurde Vicente Fox von der wirtschaftsorientierten Partido Acción Nacional (PAN).

PAN-Regierung

Die Wahl von Vicente Fox selbst war die wichtigste Schlagzeile seiner sechsjährigen Amtszeit. Die PRI und ihre Vorgänger hatten das Land 80 Jahre lang regiert, und Fox gehörte ihr nicht an. Er hatte große Vorhaben, doch war seine Präsidentschaft für die meisten eine Enttäuschung. Ohne Mehrheit im Kongress gelang es ihm nicht, Reformen durchzudrücken, die der trägen Wirtschaft Mexikos neuen Schwung geben sollten.

2006 wurde Felipe Calderón, ebenfalls von der PAN, neuer Präsident. Während seiner Amtszeit kam die Wirtschaft nach der Rezession von 2009 überraschend schnell wieder in Schwung, und Mexiko wurde sozusagen Umwelt-Champion, als es die Ziele zur CO_2-Emmission 2012 gesetzlich verankerte. Seine Präsidentschaft wird allerdings vor allem wegen seines Kampf gegen Drogen in Erinnerung bleiben.

Der Drogenkrieg

Die Präsidenten Zedillo und Fox hatten bereits bewaffnete Kräfte gegen die brutale Mafia eingesetzt, die das Multimillionen-Dollar-Geschäft mit der Einfuhr illegaler Drogen in die USA betrieb. Es gelang aber nicht, der Gewalttätigkeit Herr zu werden oder der von ihnen initiierten Korruption wirksam zu begegnen. Bis 2006 starben jährlich 2000 Menschen durch Gewalttaten, die ihren Ursprung in den Revierkämpfen konkurrierender Banden hatten.

Calderón erklärte den Drogenkartellen den Krieg und setzte entlang der US-Grenze 50 000 Soldaten sowie Polizei und Marine ein. Einige Bandenchefs wurden getötet oder verhaftet, und die Beschlagnahmung von Drogen brach Rekorde – doch das galt auch für die Anzahl der Morde. In den sechs Jahren von Calderóns Präsidentschaft wurden etwa 60 000 Menschen getötet. Die Drogenbanden wandten immer schockierendere Methoden an – darunter Feuergefechte auf der Straße, Enthauptungen und Folter. Städte wie Monterrey, Nuevo Laredo, Acapulco und Veracruz erlebten Gewaltausbrüche, als Revierkämpfe eskalierten; 2016 zählte man in Acapulco die meisten Morde in ganz Mexiko. Als die Anzahl der Morde zum Ende von Calderóns Präsidentschaft schließlich sank, glaubten viele, dass die beiden mächtigsten Kartelle – das Sinaloa-Kartell in Nordwestmexiko und Los Zetas im Nordosten – einfach nur ihre schwächeren Rivalen erfolgreich ausgeschaltet hatten.

Die mexikanische Lebensart

Wer durch Mexiko reist, merkt schnell, dass die Mexikaner ein unglaublich vielfältiges Volk sind, von den Industriearbeitern in Monterrrey über die wohlhabende, gebildete und unkonventionelle Gegenkultur in Mexico City bis hin zu den indigenen Dorfbewohnern, die in den Bergen im Süden vom eigenen Anbau leben. Doch fast alle verbinden einige gemeinsame Züge, etwa eine tiefe spirituelle Ader, die große Bedeutung der Familie und der gleichzeitige Stolz und Frust über ihr Land.

Das Leben, der Tod & die Familie

Mexikaner lassen sich nicht mit einfachen Formeln beschreiben. Sie lieben einerseits Spaß, Musik und Fiesta über alles, nehmen andererseits viele Dinge aber auch sehr ernst. Sie sind gastfreundlich, warmherzig und höflich zu Gästen, doch wirklich sie selbst sind sie nur innerhalb ihres Familienverbands. Sie lachen über den Tod, haben aber zugleich ein starkes spirituelles Bewusstsein. Sie machen sich die moderne Welt zu eigen, bleiben jedoch im Innersten ihren Traditionen verbunden.

Viele Mexikaner – wie modern und globalisiert sie auch scheinen mögen – leben immer noch in einer Welt, in der Vorzeichen, Zufälle und merkwürdige Ähnlichkeiten eine große Rolle spielen. Wenn sie krank sind, gehen viele Menschen immer noch lieber zu einem traditionellen *curandero* – eine Mischung aus Naturheilkundler und Medizinmann – als zu einem modernen *médico*.

Im alltäglichen Leben sind die meisten Mexikaner in erster Linie damit beschäftigt, für sich und ihre engsten Familienangehörigen den Lebensunterhalt zu verdienen, doch auch die Freizeit hat einen wichtigen Stellenwert, ob beim Feiern in Clubs oder auf Fiestas oder beim Entspannen bei einem ausgiebigen sonntäglichen Mittagessen im Restaurant. An religiösen oder Nationalfeiertagen frei zu haben, ist eine wichtige Voraussetzung für den mexikanischen Lebensrhythmus und sorgt dafür, dass die Menschen alle paar Wochen eine Pause einlegen können.

Die Mexikaner mögen zwar an der Frage verzweifeln, ob ihr Land jemals gut regiert werden wird, sind aber gleichzeitig mächtig stolz auf ihre Heimat. Wenngleich sie ganz automatisch manches aus der Kultur und dem Gedankengut der USA übernehmen, schätzen sie doch gerade das, was das mexikanische Leben davon unterscheidet – das humanere Tempo, das starke Gefühl für Zusammengehörigkeit und Familie sowie die blühende, vielfältige mexikanische Kultur.

Was die Gesellschaft spaltet

Wer über Mexico City hinwegfliegt, sieht aus der Vogelperspektive, wie wenig Raum hier nicht durch Gebäude oder Straßen verbaut ist. An den Rändern der Stadt winden sich neue Straßen die steilen Hänge erloschener Vulkane hinauf, und die Ärmsten der Armen hausen in den Randgebieten in Hütten aus Betonbrocken oder Wellblech. Wohlhabendere leben in großen Apartmenthäusern, und in den Vierteln der Reichen

Der mexikanische Schriftsteller und Nobelpreisträger Octavio Paz vertritt in *Das Labyrinth der Einsamkeit* die Ansicht, dass die Begeisterung der Mexikaner für Musik, Lärm und Menschenmengen nur eine zeitweilige Flucht vor persönlicher Isolation und Trübsal ist. Am besten bildet man sich selbst ein Urteil.

stehen imposante Einfamilienhäuser, umgeben von gepflegten Gärten hinter hohen Mauern mit stark gesicherten Toren.

Einer von zwei Mexikanern lebt heute in einer Stadt oder einem Ballungsgebiet mit mehr als 1 Mio. Einwohnern. Ein Viertel lebt in kleineren Städten und ein weiteres Viertel in Dörfern. Die Zahl der Stadtbewohner steigt infolge der Landflucht stetig an.

In den Dörfern und Kleinstädten bewirtschaften die Menschen immer noch das Land, und die Mitglieder einer Großfamilie leben normalerweise auf Grundstücken mit mehreren kleinen Bauten aus Lehmziegeln, Holz oder Beton, die oft nur Lehmböden haben. Innen befinden sich die spärlichen Besitztümer – Betten, ein Kochbereich, ein Tisch mit ein paar Stühlen und einige Familienfotos. Nur wenige Landbewohner besitzen ein Auto.

An Mexikos steilem Wohlstandsgefälle hat sich seit jeher kaum etwas geändert. Der zweitreichste Mann der Welt, der Unternehmer Carlos Slim Helú, ist Mexikaner. Im Jahr 2015 wurde sein Vermögen vom *Forbes* Magazin auf 77 Mrd. US$ geschätzt. Im extremen Gegensatz dazu können die ärmsten Stadtbewohner kaum ihre Existenz sichern und verdienen als Straßenhändler, Straßenmusiker oder Heimarbeiter in der Schattenwirtschaft kaum mehr als 90 mexikanische Pesos am Tag (das sind ca. 4 €).

Während die Kinder der Reichen in protzigen Autos herumfahren und Privatschulen besuchen (häufig in den USA) und die unkonventionelle städtische Gegenkultur das Leben in den Meskal-Bars, an den staatlich geförderten Universitäten und in den Underground-Clubs genießt, tanzt die wirtschaftlich benachteiligte Landjugend höchstens auf örtlichen Fiestas und verlässt die Schule häufig noch vor dem 15. Lebensjahr.

Land der vielen Völker

Zu den faszinierendsten Aspekten des Landes gehört die ethnische Vielfalt der Bevölkerung. Den größten Unterschied gibt es zwischen den *mestizos* – Nachkommen unterschiedlicher Abstammung (überwiegend Spanier und Indigene) – und den *indígenas*, den indigenen Nachkommen der prähispanischen Bevölkerung Mexikos. Die *mestizos* stellen die Mehrheit und besetzen die meisten Positionen mit Macht und Einfluss. Dafür verfügen die *indígenas,* die meist arm sind, oft über kulturellen Reichtum. Etwa 60 indigene Völker gibt es in Mexiko noch, jedes hat seine eigene Sprache und oft auch seine eigene Tracht. Ihre Art zu Leben ist häufig erfüllt von gemeinschaftlichen Bräuchen, Ansichten und naturverbundenen Ritualen. Laut der National Comission for the Development of Indigenous Peoples sind 25,5 Mio. Menschen in Mexiko (21,5 % der Bevölkerung) indigener Abstammung. Die größte Gruppe bilden die Nahua, die Nachfahren der alten Azteken. Rund 3 Mio. von ihnen leben über ganz Mexiko verstreut. Die etwa 2 Mio. Maya auf der Halbinsel Yucatán sind direkte Nachfahren der alten Maya-Zivilisation, so wie (wahrscheinlich) die Tzotzil und die Tzeltal in Chiapas (zusammen etwas mehr als 1 Mio.). Direkt von den bekannten vorspanischen Völkern stammen auch die rund 1 Mio. Zapoteken und über 800 000 Mixteken ab, die überwiegend in Oaxaca leben, über 400 000 Totonaken in Veracruz und über 200 000 Purépecha (Tarasken) in Michoacán.

Die spirituelle Dimension

Yoga, das Temazcal (vorkoloniales Dampfbad) und die kosmischen Energien des New Age bedeuten manchen Mexikanern heute zwar mehr als der traditionelle Katholizismus, doch in der einen oder anderen Form spielt die Spiritualität im Leben der meisten Mexikaner immer noch eine große Rolle.

Die Geheimnisse körperlicher und geistiger Gesundheit eines *curandera* (wörtlich „Heiler") der Nahua werden in dem Buch *Woman Who Glows in the Dark* von Elena Ávila aufgedeckt.

Etwa 10 % der Mexikaner sind Anhänger nicht katholischer Richtungen des Christentums. Einige gehören protestantischen Kirchen an, die im 19. Jh. von US-amerikanischen Missionaren gegründet wurden. In den vergangenen Jahren sorgte eine Welle von Missionaren der amerikanischen Pfingstkirchler, Evangelikaler, Mormonen, Siebenten-Tags-Adventisten und Zeugen Jehovas dafür, dass Millionen armer indigener Landbewohner im Südosten Mexikos zu ihren Glaubensgemeinschaften konvertierten.

MIT DEN SEELEN DER VERSTORBENEN REDEN

Kaum ein Festival enthüllt mehr über die mexikanische Spiritualität als der Día de Muertos (Tag der Toten), der Tag der Erinnerung an die geliebten Verstorbenen, der Anfang November gefeiert wird. Muertos stammt aus der Kolonialzeit, als die katholische Kirche indigene Riten der Totenehrung und der Kommunikation mit ihnen mit ihren eigenen Feiern von Allerheiligen (1. Nov.) und Allerseelen (2. Nov.) verschmolz.

Heute ist Muertos ein nationales Phänomen. Überall reinigen die Menschen Gräber und schmücken sie mit Blumen, halten Nachtwache auf den Friedhöfen, besprenkeln die Gräber mit alkoholischen Getränken (Auch die Toten feiern gern!) und bauen kunstvolle Altäre, um ihre verstorbenen Verwandten willkommen zu heißen. Für die Mestizen (Menschen mit gemischter Abstammung), die die Bevölkerungsmehrheit bilden, ist es ein beliebtes Volksfest und Familientreffen. Die Katholiken glauben, dass die Seelen der Verstorbenen in den Himmel oder ins Fegefeuer kommen, nicht aber zu einem Besuch auf die Erde zurück. Dennoch finden viele Trost in dem Gefühl, dass die verlorenen geliebten Menschen zu dieser Zeit auf irgendeine Weise präsent sind. In vielen indigenen Gemeinschaften ist Muertos immer noch ein sehr religiöses und spirituelles Ereignis. Für sie sollte das Fest passender Noche de Muertos (Nacht der Toten) heißen, denn die Familien verbringen die ganze Nacht auf dem Friedhof, um mit ihren Toten zu reden.

Totenschädel aus Zucker, Schokoladensärge und Spielzeugskelette werden überall auf den Märkten verkauft, sowohl als Muertos-Geschenke für die Kinder als auch als Friedhofsdekoration; diese Tradition entspringt zum Großteil der Arbeit des Künstler José Guadalupe Posada (1852–1913), berühmt für seine satirischen Figuren des Todes als Skelett, das sich freudig ins alltägliche Leben stürzt, arbeitet, tanzt, Frauen den Hof macht, trinkt und auf dem Pferd ins Gefecht reitet.

DIE MEXIKANISCHE LEBENSART DIE SPIRITUELLE DIMENSION

Römisch-katholischer Glaube

Etwa 83 % der Mexikaner bekennen sich zum römisch-katholischen Glauben, damit ist Mexiko nach Brasilien das zweitgrößte katholische Land der Welt. Fast die Hälfte der mexikanischen Katholiken besucht jede Woche die Kirche, und der Katholizismus ist nach wie vor ein wesentlicher Teil der nationalen Identität. Die meisten mexikanischen Fiestas finden um die Gedenktage einheimischer Heiliger herum statt, und Pilgerreisen zu bedeutenden Heiligtümern sind wichtige Daten im Kalender.

Das wichtigste Symbol der Kirche ist Nuestra Señora de Guadalupe, die dunkelhäutige Manifestation der Jungfrau Maria, die 1531 auf einem Hügel im heutigen Cerro del Tepeyac im Norden Mexikos dem aztekischen Töpfer Juan Diego erschien. Die Jungfrau von Guadalupe, ein wichtiges Bindeglied zwischen dem katholischen und dem indigenen Glauben, ist heute die Schutzheilige des Landes, eine archetypische Mutter, deren Bildnis im blauen Gewand allgegenwärtig ist und deren Name in politischen Reden, in der Literatur und bei religiösen Zeremonien immer wieder angerufen wird. Am 12. Dezember, ihrem Festtag, finden im ganzen Land umfangreiche Feierlichkeiten und Wallfahrten statt, die größten in Mexico City.

Auch wenn einige Kirchenführer Angelegenheiten wie die Rechte der indigenen Bevölkerung unterstützt haben, so ist die katholische Kirche Mexikos in gesellschaftlichen Fragen eher konservativ. Durch ihre starke Opposition gegen die Legalisierung von Abtreibungen sowie gegen gleichgeschlechtliche Ehen und Zivilehen hat sie große Teile der Bevölkerung vor den Kopf gestoßen.

Der Film *Rudo y Cursi* von 2008 erzählt die (fiktive) Geschichte zweier Brüder aus einem armen mexikanischen Dorf, die zu erfolgreichen Spielern in einer korrupten mexikanischen Fußballwelt aufsteigen. Ein witziger und liebenswerter Film mit zwei der Top-Schauspieler Mexikos: Gael García Bernal und Diego Luna.

Die Religion der Urbevölkerung

Die spanischen Missionare des 16. und 17. Jhs. bekehrten die einheimischen Mexikaner zum Katholizismus, indem sie ihn in die prähispani-

SANTA MUERTE

Eine große Herausforderung für die etablierten Kirchen ist der Kult der Santa Muerte (Heiliger Tod) – 2013 vom Vatikan als blasphemisch verdammt –, der nach einigen Schätzungen in Mexiko über 10 Mio. Anhänger hat. Mexikaner, die von der traditionellen Dreifaltigkeit und den Heiligen der katholischen Kirche enttäuscht sind, beten ein in einen Umhang gehülltes, die Sense schwingendes weibliches Skelett an, die Göttin des Todes, deren Ursprünge im vorkolonialen Mexiko liegen. Kriminelle Banden gehören häufig zu den treuesten Anhängern, es gab sogar schon Berichte über angebliche Menschenopfer an Santa Muerte. Gleichzeitig gilt sie jedoch als Beschützerin der Schwulen und Lesben und anderen von der Gesellschaft Ausgestoßenen. Der bekannteste Santa-Muerte-Altar (S. 83) befindet sich in Mexico Citys berüchtigtem kriminellen Stadtviertel Tepito.

schen Religionen einfließen ließen. Alte Götter wurden in christliche Heilige umbenannt, alte Feste mit christlichen Feiertagen verschmolzen. Das ursprügliche Christentum wird heute immer noch mit dem alten Glauben vermischt. Beim Volk der Huicholen in Jalisco gibt es Christus sogar zweimal, doch Nakawé, die Fruchtbarkeitsgöttin, ist eine noch wichtigere Gottheit. In der Kirche in dem Tzotzil-Maya-Dorf San Juan Chamula, kann man singende *curanderos* (Heiler) erleben, die schamanische Riten durchführen. In der traditionellen Welt der Urbevölkerung hat fast alles eine spirituelle Dimension – Bäume, Flüsse, Hügel, Wind, Regen und Sonne haben ihre eigenen Götter oder Geister. Krankheit wird als „Verlust der Seele" betrachtet, ausgelöst durch Fehlverhalten oder den schlechten Einfluss von jemandem, der magische Kräfte besitzt.

Dampf ablassen

Die Mexikaner nutzen zahlreiche Gelegenheiten, um ihrer emotionalen und physischen Energie freien Lauf zu lassen. Religion, künstlerischer Ausdruck und viele Fiestas gehören dazu – und natürlich der Sport.

Fußball

Keine Sportart entfacht die Leidenschaft der Mexikaner so sehr wie *fútbol* (Fußball). Die Spiele der 18 Mannschaften der Liga MX, der nationalen ersten Liga, finden fast an allen Wochenenden des Jahres statt, und jedes davon wird im Schnitt von 25 000 Besuchern vor Ort gesehen sowie von Millionen vor dem Fernseher verfolgt. Es macht Spaß, bei einem Spiel dabei zu sein; die Rivalität der gegnerischen Fans ist meist freundschaftlich.

Die zwei beliebtesten Teams mit vielen Fans im ganzen Land sind América aus Mexico City, bekannt als Águilas (Adler) und Guadalajara, bekannt auch als Chivas (Ziegen). Die Spiele zwischen den beiden, „Los Clásicos" genannt, sind die wichtigsten Begegnungen des Jahres. Zu den führenden Clubs gehören außerdem Cruz Azul und UNAM (Pumas) aus Mexico City, Monterrey and UANL (Los Tigres) aus Monterrey, Santos Laguna aus Torreón und Toluca.

Stierkämpfe

Der Stierkampf weckt in vielen Mexikanern starke Emotionen. Er hat zahlreiche Fans, doch es gibt auch eine starke Anti-Stierkampf-Bewegung, an deren Spitze Gruppen wie der mexikanische Verband für Tierrechte, AMEDEA, und AnimaNaturalis stehen. In einigen Bundesstaaten wie Sonora, Guerrero und Coahuila sind Stierkämpfe inzwischen verboten.

Stierkämpfe finden in der Regel sonntagnachmittags oder während örtlicher Festivals statt, hauptsächlich in den größeren Städten. Im Norden Mexikos dauert die Stierkampfsaison in der Regel von März/

Mexiko hat viele Weltmeister im Boxen hervorgebracht. Der legendäre Julio César Chávez gewann fünf Welttitel in drei verschiedenen Gewichtsklassen und legte eine erstaunliche Serie von 87 Siegen in Folgen (und 90 Kämpfen, in denen er ungeschlagen blieb) hin, nachdem er 1980 eine Profikarriere begann.

April bis August/September. In Zentral- und Südmexiko und auch in der Monumental Plaza México in Mexico City, einer der größten Stierkampf-arenen der Welt, geht die Hauptsaison von Oktober bis Februar.

Andere Sportarten

Die sehr beliebte *lucha libre* (Mexikanisches Wrestling) ist mehr Show als Sport. Die Teilnehmer nennen sich selbst Último Guerrero (Letzter Krieger), Rey Escorpión (König der Skorpione) und Blauer Panther und albern dann in neonfarbenen Strumpfhosen und schrecklichen Masken herum. Die Arena México (S. 137) in Mexico City mit ihren 17 000 Sitz-plätzen ist das „Heiligtum" dieser Sportart.

Charreadas (Rodeos) stehen auf der Beliebtheitsskala ebenfalls ganz weit oben, besonders in der Nordhälfte Mexikos. Sie finden während Fiestas statt und oft an Schauplätzen, die *lienzos charros* genannt werden– Decharros (www.decharros.com) bietet jede Menge Informa-tionen dazu.

Kunst

Die mexikanische Bevölkerung sprüht vor Kreativität. Ganz gleich, welche Region man bereist, man wird auf beeindruckende künstlerische Werke stoßen, die es zu entdecken lohnt. Bunte Gemälde, überwältigende Architektur und wunderschöne Handwerksarbeiten gibt es überall; Aztekentänzer bringen Mexico City zum Beben, und Musiker spielen auf den Straßen, in Bars und in Bussen. Dieses Land hat der Welt einige der schönsten Gemälde, Musikstücke, Filme und literarische Werke geschenkt.

Architektur

Mexikos größte Pyramiden

....

Pirámide Tepanapa (Cholula)

....

Pirámide del Sol (Sonnenpyramide; Teotihuacán)

....

Pirámide de la Luna (Mondpyramide; Teotihuacán)

Mexikos unvergleichliches architektonisches Erbe aus der Ära vor der Entdeckung Amerikas sowie aus der Kolonialzeit ist eines der größten Schätze des Landes.

Vorkoloniale Ära

An Orten wie Teotihuacán, Monte Albán, Chichén Itzá, Uxmal und Palenque kann man noch weitgehend erhaltene vorkoloniale Stätten besichtigen. Die spektakulären zeremoniellen Zentren mit ihren riesigen Steinpyramiden, die von Tempeln gekrönt weden, mit Palästen und rituellen Ballspielplätzen sind Ehrfurcht gebietend – und entstanden alle ohne Metallwerkzeuge, Lasttiere oder die Hilfe von Rädern. Die Architektur von Teotihuacán, Monte Albán und der Aztekenkultur sollte mit ihrer schieren Größe beeindrucken. Die Maya-Baumeister von Chichén Itzá, Uxmal, Palenque und vielen anderen Stätten richteten ihr Augenmerk eher auf die Ästhetik: Mit kompliziert strukturierten Fassaden, kunstvollen steinernen „Kämmen" auf Tempeldächern und gewundenen Schnitzereien haben die Maya einige der schönsten Schöpfungen von Menschenhand auf dem amerikanischen Kontinent hinterlassen.

Besonders charakteristisch für Maya-Gebäude ist allerdings das Kraggewölbe, eine spezielle Form des Bogens: Zwei Steinmauern neigen sich einander zu, treffen an der Spitze mit einem knappen Abstand aufeinander und werden von einem Schlussstein überwölbt. Das Kennzeichen der Architektur von Teotihuacán ist der *talud-tablero*-Stil der stufigen Gebäude, deren Höhe durch abwechselnd senkrechte (*tablero*) und waagrechte (*talud*) Abschnitte erreicht wird.

Über die aktuellen (und zukünftigen) Architekturprojekte und Planungen in Mexico City – von Installationen während der Design Week Mexico bis hin zu den Plänen für eine Hyperloop-Verbindung zwischen Mexiko City und Guadalajara – kann man sich auf www.dezeen.com/tag/mexico-city informieren.

Kolonialzeit

Die Spanier zerstörten die Tempel der Ureinwohner und bauten an deren Stelle Kirchen und Klöster. Neue Städte mit hübschen Plazas und Straßennetzen entstanden, gesäumt von prächtigen Bauwerken aus Stein – sie trugen einen großen Teil zu Mexikos heutiger Schönheit bei. Gebaut wurde im spanischen Stil, aber mit einigen außergewöhnlichen Abweichungen. Der Renaissancestil, der auf alten griechischen und römischen Idealen von Harmonie und Proportion beruhte und quadratische sowie runde Formen bevorzugte, herrschte im 16. und im frühen 17. Jh. vor. Die Kathedrale von Mérida und die Casa de Montejo sind herausragende Renaissance-Gebäude, in den Kathedralen von Mexico City und Puebla vermischen sich dagegen Renaissance- und Barockstile.

Der Barockstil erreichte Mexiko im frühen 17. Jh. und mischte neue dramatische Effekte – Rundungen, Farben und immer aufwendigere Dekorationen – unter die Renaissance-Basis. Malerei und Skulptur wurden in die Architektur integriert, meist in Form von riesigen kunstvollen *retablos* (Altarbildern) in Kirchen. Zu Mexikos schönsten Barockgebäuden gehören die Kathedrale von Zacatecas und die Kirchen des Santo Domingo in Mexico City und Oaxaca. Zwischen 1730 und 1780 erreichte der mexikanische Barock mit dem scheinbar spektakulär außer Kontrolle geratenen Churriguerismus und seinen ausschweifenden Verzierungen seinen Höhepunkt.

Die einheimischen Künstler fügten vielen barocken Gebäuden üppige Steinskulpturen und farbigen Stuck hinzu, etwa den Rosenkranzkapellen in den Tempeln des Santo Domingo in Puebla und Oaxaca. Der spanisch-islamische Einfluss zeigte sich auch in der Beliebtheit der *azulejos* (bunte Kacheln) an Gebäudefassaden, insbesondere an der Casa de Azulejos in Mexico City und an vielen Gebäuden in Puebla.

Mit dem Neoklassizismus, der zwischen 1780 und 1830 vorherrschte, kehrte erneut der nüchterne Stil griechisch-römischer Ideale zurück. Herausragende Gebäude dieser Epoche sind etwa der Palacio de Minería in Mexico City, entworfen von Manuel Tolsá, Mexikos führendem Architekten dieser Zeit.

19. bis 21. Jh.

Im 19. und 20. Jh. erlebte das unabhängige Mexiko eine Renaissance der Kolonialstile sowie Imitationen der zeitgenössischen französischen und italienischen Stile. Der halb im Jugendstil errichtete Palacio de Bellas Artes in Mexico City ist eines der spektakulärsten Gebäude aus dieser Ära.

Nach der Revolution der 1910er- und 1920er-Jahre kam der „Toltekismus", ein Versuch, auf der Suche nach einer nationalen Identität zu den vorkolonialen Wurzeln zurückzukehren. Er gipfelte in den 1950er-Jahren im Campus der Ciudad Universitaria in Mexico City, wo viele Gebäude mit farbenfrohen Wandgemälden geschmückt sind.

Die große Ikone der jüngeren Architektur ist Luis Barragán (1902–1988), der ein starkes mexikanisches Motiv aufnahm, indem er leuchtende Farben sowie Spiele mit Raum und Licht in die typischen geometrischen Betonformen des Internationalen Stils der Moderne einbrachte. Sein starker Einfluss auf Architektur und Design in Mexiko hält bis heute an. Zu seinem Werk gehört ein Ensemble mehrerer Hochhausskulpturen in ziemlich verrückten Farben in Ciudad Satélite, einem Vorort von Mexico City, sowie sein eigenes Haus in Mexico City, das heute eine UNESCO-Welterbestätte ist. Ein weiterer Modernist, Pedro Ramírez Vázquez (1919–2013), entwarf drei gigantische öffentliche Gebäude in Mexico City: das Estadio Azteca und das Museo Nacional de Antropología in den 1960er-Jahren sowie die Basílica de Guadalupe in den 1970er-Jahren. Die Hauptstadt hat in den vergangenen Jahren zahlreiche auffällige, prestigeträchtige Bauwerke aus dem Boden schießen sehen: Das umstrittenste unter ihnen ist zweifellos das 2011 eröffnete Museo Soumaya Plaza Carso, einem Teil der Kunstsammlung des Multimillionärs Carlos Slim beherbergt. Das sechsstöckige Bauwerk, an dem sich die Geister scheiden, wurde von Slims Schwiegersohn Fernando Romero entworfen und ähnelt einem gigantischen, verdrehten Amboss, der mit 16 000 wabenförmigen Aluminiumplatten bedeckt ist.

Malerei & Bildhauerkunst

Seit jeher sind die Einwohner für ihre Vorliebe für Farben und Formen sowie für ihr überragendes Talent im Bereich der Malerei und Bildhauerei bekannt. Der Kunstreichtum – von Wandgemälden bis hin zu zahlreichen Galerien – ist ein Highlight dieses Landes.

Kunstbücher

The Art of Meso-america von Mary Ellen Miller

Mexican Muralists von Desmond Rochfort

Mexicolor von Tony Cohan & Masako Takahashi

KUNST MALEREI & BILDHAUERKUNST

Top-Kunstmuseen

Museo Frida Kahlo (Mexico City)

Museo Jumex (Mexico City)

Museo Nacional de Arte (Mexico City)

Museo de Arte de Tlaxcala (Tlaxcala)

Museo Pedro Coronel (Zacatecas)

Vorkoloniale Ära

Mexikos erste Zivilisation, die Olmeken, die an der Golfküste siedelten, schufen großartige Steinskulpturen in Götter- und Tiergestalt sowie verblüffend lebensechte Menschenfiguren. Am schönsten sind die großen Olmekenköpfe, die aussehen wie eine Mischung aus Menschenbaby und Jaguar.

Die klassische Periode der Maya-Kultur im Südosten Mexikos – zwischen 250 und 800 n. Chr. – brachte die wohl begabtesten Künstler der vorkolonialen Zeit hervor. Sie hinterließen unzählige beeindruckende Steinskulpturen mit aufwendigen Mustern.

Kolonialzeit & Unabhängigkeit

Die Themen der mexikanischen Kunst unter spanischer Herrschaft wurden stark von Spanien und seiner Religion beeinflusst. Das Portraitzeichnen erfreute sich unter reichen Mäzenen zunehmender Beliebtheit. Miguel Cabrera (1695–1768) aus Oaxaca war wohl der talentierteste Maler seiner Zeit.

In den prärevolutionären Jahren vor 1910 brachen die Künstler schließlich mit den europäischen Traditionen. Mexikanische Elendsviertel, Bordelle und die Armut der Ureinwohner wurden immer häufiger auf Leinwänden festgehalten. Mit seinem charakteristischen *calavera*-(Totenschädel-) Motiv prangerte José Guadalupe Posada (1852–1913) auf satirische Weise die Missstände des Porfiriato an und führte damit die politische und soziale Provokation in die mexikanische Kunst ein.

Fotos von Streetart in 41 Städten im ganzen Land, von San Miguel de Allende und Tijuana bis Puebla und León, sind auf der Mexikoseite von Fatcap (www.fatcap.com/country/mexico.html) zu sehen.

Die Muralisten

In den 1920er-Jahren, kurz nach der mexikanischen Revolution, ließ der Bildungsminister José Vasconcelos junge Künstler eine Reihe öffentlicher Wandgemälde zeichnen, um die mexikanische Geschichte und Kultur zu verbreiten und das Bedürfnis nach einem sozialen und technischen Umschwung zu wecken. Die drei großartigen Muralisten – die auch in deutlich kleineren Maßstäben herausragende Maler waren – hie-

STREETART – DIE NEUEN MURALISTEN

Die zeitgenössische Kunstform, die in Mexiko den größten öffentlichen Einfluss hat – und die man wahrscheinlich am ehesten sieht –, ist die Streetart, die mit ihrer direkten, öffentlichen Wirkung für die Mexikaner ein mächtiges Medium ist, um sich auszudrücken und ein breites Publikum zu erreichen. Mexico City, Oaxaca und Guadalajara sind im Hinblick auf wirklich hochkarätige Streetart führend, die meist mit einer starken Botschaft des politischen Protests einhergeht. Mehr zur Streetart in Mexico City findet man bei Street Art Chilango (www.streetartchilango.com), unter www.facebook.com/axolotlcollective geht es um die psychedelischen Bilder mit prähispanischen Motiven des Axolotl Collective und www.urban-nation.com/artist/paola-delfin informiert über die bemerkenswerten, oft monochromen Werke der international renommierten Paola Delfin. Die Website www.widewalls.ch/artist/farid-rueda führt zu den kaleidoskopischen Tierdarstellungen von Farid Rueda. Für Oaxaca ist www.facebook.com/lapiztola.stencil die Anlaufstelle für Werke von Lapiztola und www.guerilla-art.mx für Guerilla-art.mx.

Die modernen Straßenkünstler folgen den Fußstapfen der Muralisten des 20 Jhs., mit dem Unterschied, dass sie heute eher unabhängig und rebellisch sind und nicht im Dienst von Regierungen stehen. Einige nutzen ihre Kunst jedoch für spezielle soziale Projekte, allen voran die in Mexico City beheimatete Germen Crew (www.facebook.com/muralismogermen), die 2015 das gesamte Viertel Las Palmitas in der Stadt Pachuca in ein gigantisches Bild in den Regenbogenfarben verwandelte – eine bemerkenswerte Arbeit, die von der Stadtverwaltung gesponsert wurde und allem Anschein nach das früher gefährliche Viertel wieder mit Stolz und Würde erfüllt hat.

ßen Diego Rivera (1886–1957), José Clemento Orozco (1883–1949) und David Alfaro Siqueiros (1896–1947).

Riveras Werke tragen eine linksgerichtete Botschaft und thematisieren die frühere Unterdrückung der Ureinwohner und der Landbevölkerung. Seine Kunst, die an vielen Orten in und um Mexico City zu sehen ist, verbindet die Wurzeln der indigenen Bevölkerung mit den spanischen Einflüssen auf bunten, gedrängten Bildern, die geschichtlich bedeutsame Persönlichkeiten und Ereignisse mit einer einfachen moralischen Botschaft zeigen.

Siqueiros kämpfte während des Bürgerkriegs auf der Seite der Konstitutionalisten und blieb auch anschließend politisch aktiv. Seine Wandgemälde verbreiten eine stark marxistisch geprägte Botschaft – vor allem über dramatisch-symbolische Darstellungen der Geknechteten und groteske Karikaturen der Unterdrücker. Einige der besten Werke Siqueiros zieren den Palacio de Bellas Artes, den Castillo de Chapultepec und die Ciudad Universitaria in Mexico City.

Der Schwerpunkt Orozcos aus Jalisco liegt mehr auf den Bedingungen des Menschseins als auf historischen Details. Er vermittelt Gefühl, Charakter und Atmosphäre. Zwischen 1936 und 1939 erreichte seine Schaffensperiode in Guadalajara ihren Höhepunkt. Davon zeugen vor allem die rund 50 Fresken im Instituto Cultural de Cabañas.

Andere Künstler des 20. Jhs.

Frida Kahlo (1907–1954), die nach einem Verkehrsunfall körperlich behindert war und in einer aufreibenden Ehe mit Diego Rivera lebte, malte beklemmende Selbstportraits und groteske, surreale Bilder, die ihre linksgerichtete Haltung und ihre innere Zerrissenheit zum Ausdruck brachten. In den 1980er- und 1990er-Jahren begannen Kahlos Werke plötzlich international den Nerv der Kunstliebhaber zu treffen. Heute ist sie weltweit bekannter als jeder andere mexikanische Künstler, und ihr Haus in Mexico City, das Museo Frida Kahlo (S. 100), darf man als Kunstliebhaber auf keinen Fall verpassen.

Rufino Tamayo (1899–1991) aus Oaxaca wird manchmal als vierter der großen Muralisten betrachtet, war jedoch auch nach anderen Maßstäben ein großer Künstler. Er beschäftigte sich intensiv mit abstrakten und mythologischen Szenen und mit dem Effekt von Farben. Nach dem Zweiten Weltkrieg begannen junge Künstler der La Ruptura (Der Bruch), angeführt von José Luis Cuevas (geb. 1934), sich gegen die Bewegung der Wandmaler zu wehren, die sie als besessen von ihrem *mexicanidad* (Mexikanismus) ansahen. Sie brachten weltweite Trends wie den abstrakten Expressionismus und die Pop Art nach Mexiko. Bildhauer Sebastián (geb. 1947) aus Chihuahua ist für seine riesigen, von der Mathematik inspirierten Skulpturen bekannt, die in Städten auf der ganzen Welt zu sehen sind.

Zeitgenössische Kunst

Dank engagierten Künstlern, Galerien und Mäzenen sowie der Globalisierung der Kunstszene wird mexikanische Kunst heute weltweit ausgestellt. Mexico City wurde zu einer der wichtigsten Kunststädte der Welt, und auch Monterrey, Oaxaca, Mazatlán und Guadalajara erfreuen sich einer blühenden Kunstszene. Mexikanische Künstler interpretieren die Unsicherheiten des 21. Jhs. auf unterschiedliche Weise. Das Pendel schwingt wieder weg vom Abstrakten hin zu Fotorealismus, Installationen, Video- und Straßenkunst. Rocío Maldonado (geb. 1951), Rafael Cauduro (geb. 1950) und Roberto Cortázar (geb. 1962) malen ihre klassisch gestalteten Figuren vor trostlosen Hintergründen. Cauduros Wandgemälde über staatlich unterstütztes Verbrechen im Suprema Corte de Justicia (Oberster Gerichtshof) in Mexico City sollte man auf keinen Fall verpassen. Wichtige Größen wie Minerva Cuevas (geb. 1975), Miguel Cal-

KUNST MALEREI & BILDHAUERKUNST

Bücher über Diego & Frida

Frida Kahlo und Diego Rivera von Isabel Alcántara und Sandra Egnolff

....

Gemaltes Tagebuch/Frida Kahlo (mit einer Einführung von Carlos Fuentes)

....

Frida Kahlo: Ein leidenschaftliches Leben von Hayden Herrera

....

Rivera von Andrea Kettenmann

Websites zu moderner Kunst

....

Kurimanzutto (www.kuriman zutto.com)

LatinAmericanArt (www.latin americanart.com)

Museo Colección Andrés Blaisten (www.museo blaisten.com)

Fundación Jumex (www.fundacion jumex.org)

....

National Museum of Mexican Art (www.national museumof mexicanart.org

derón (geb. 1971), Betsabeé Romero (geb. 1963) und Gabriel Orozco (geb. 1962) verbreiten ihr Talent über die Medien und fordern damit stets die Vorurteile ihres Publikums heraus.

Auf der Messe für zeitgenössische Kunst, der Zona Maco (www.zsonamaco.com) in Mexico City, treffen sich jedes Jahr im Februar Galeristen, Kunsthändler und Kunstkenner aus aller Welt.

Musik

Musik ist in Mexiko allgegenwärtig. Das Spektrum der Liveperformer reicht von Marimba-Gruppen mit hölzernen Xylophonen bis hin zu Mariachi-Bands – Trompeter, Geiger, Gitarristen und ein Sänger in feschen Wild-West-Kostümen. Aber auch einsame, zerlumpte Straßenmusikanten klimpern auf ihren verstimmten Gitarren. Keine anderen Klänge sind wohl so „typisch" mexikanisch wie die der Mariachis. Dieser Musikstil stammt ursprünglich aus der Region Guadalajara, hat sich aber längst über das ganze Land hinweg ausgebreitet. Marimbas sind besonders im Südosten und an der Golfküste populär.

Rock & Hip-Hop

Mexiko kann von sich behaupten, das wichtigste Zentrum des *rock en español* zu sein. In den 1990er-Jahren erschienen talentierte Bands aus Mexico City wie Café Tacuba und Maldita Vecindad auf der Bildfläche, die das Genre zu neuen Höhen führten und ein neues Publikum begeisterten, indem sie Einflüsse des Rock, Hip- Hop und Ska mit traditioneller mexikanischer Folkmusik mixten. Sie sind noch heute beliebt und aktiv, genau wie El Tri, eine legendäre Rockband, die seit den 1960er-Jahren auftritt, oder die Rap-Metal-Band Molotov, die mit ihren mit Kraftausdrücken gespickten Texten seit jeher für Aufregung sorgt. Die mexikanische Indierock-Welle im 21. Jh. brachte ebenfalls erfolgreiche Bands hervor, so etwa Zoé aus Mexico City, die in der gesamten spanischsprachigen Welt beliebt ist, oder Kinky aus Monterrey. Die fünfköpfige Band Little Jesus aus Mexico City ist mit ihrem eingängigen und tanzbaren Pop-Rock bekannt geworden; der Titel ihres jüngsten Albums lautet Río Salvaje (2016).

Der mexikanische Rap ist der echte Sound der Straßen, und zu seinen führenden einheimischen Talenten gehören u. a. Eptos One (bzw. Eptos Uno) aus Ciudad Obregón (Sonora), Bocafloja aus Mexico City, C Kan aus Guadalajara sowie Cartel de Santa aus Monterrey.

Die kraftvolle, schillernde Alejanra Guzmán ist als La Reina del Rock (Königin des Rock) bekannt und hat während ihrer zwei Jahrzehnte währenden Karriere weit über 10 Mio. Alben verkauft. Die außerhalb Mexikos bekannteste Rockband ist zweifellos die unverhohlen kommerzielle Gruppe Maná aus Guadalajara.

Pop

Paulina Rubio ist Mexikos Antwort auf Shakira. Sie spielte auch in mehreren mexikanischen Filmen und Fernsehserien mit. Thalía aus Mexico City – die „Queen of Latin Pop" – ist ihr mit weltweit 25 Mio. verkauften Platten dicht auf den Fersen. Natalia Lafourcade, eine talentierte Sängerin und Songwriterin, die Pop und Bossa-Nova-Rhythmen mixt, gewann mit ihrem Album *Hasta La Raíz* bei den Latin Grammy Awards 2015 die „Record of the Year" und einige andere Grammys. Eine weitere vielseitige Sängerin und Diva der Popmusik ist Julieta Venegas aus Tijuana, deren bekanntestes Album *Limón y Sal* im Jahr 2007 erschienen ist.

Balladensänger Luis Miguel ist Mexikos Julio Iglesias und unglaublich beliebt, ebenso wie Juan Gabriel, der vor seinem Tod im Jahr 2016 Millionen eigener Alben verkauft und Dutzende Hits für andere Musiker geschrieben hat.

Ranchera & Norteño: Mexikos „Countrymusik"

Ranchera ist Mexikos städtische „Countrymusik" – meist sind es sehr melodramatische Lieder mit einer nostalgischen Sehnsucht nach den

MÚSICA TROPICAL

Die Wurzeln dieses Musikstils liegen in der Karibik und in Südamerika, doch verschiedene Varianten der *música tropical* mit zahlreichen Percussion-Instrumenten und einem ansteckenden Rhythmus sind im ganzen Land unglaublich populär. Besonders in Mexico City gibt es Clubs und riesige Tanzsäle, die sich dieser Szene verschrieben haben und oft internationale Bands auftreten lassen.

Zwei verschiedene Arten der Tanzmusik – der *danzón* aus Kuba und die *cumbia* aus Kolumbien – sind in Mexiko inzwischen weitaus verbreiteter als in ihrer Heimat. Der elegante und altmodische *danzón* wird vor allem mit der Hafenstadt Veracruz assoziiert, erlebt derzeit jedoch auch in Mexico City und anderen Städten ein Comeback. Die lebhaftere, mehr zum Flirten geeignete *cumbia* hat in Mexico City ihre Wahlheimat gefunden. Man tanzt sie zu pochendem Bassrhythmus mit Blechblasinstrumenten, Gitarren und Mandolinen und manchmal Marimbas. Die *cumbia* hat inzwischen ihre eigenen Variationen entwickelt: *Cumbia sonidera* ist eine im Grundsatz elektronische, von DJs gespielte *cumbia*, während die „psychedelische *cumbia*" eher auf die peruanische *cumbia* der 1970er-Jahre zurückgreift.

In so gut wie jeder Stadt in Mexiko kann man Salsa tanzen (und manchmal auch lernen). Dieser Tanz hat seinen Ursprung eigentlich in New York, als Jazz auf *son* (Volksmusik), Cha Cha und Rumba aus Kuba und Puerto Rico traf. Musikalisch spielen bei der Salsa vor allem die Blechbläser (mit Trompetensoli), Klaviere, Percussion-Instrumente, Sänger und Chöre eine Rolle bei diesem heißen Tanz mit vielen Drehungen. Merengue, eigentlich aus der Dominikanischen Republik, ist eine Mischung aus *cumbia* und Salsa.

ländlichen Wurzeln und manchmal mit Mariachi im Hintergrund. Die unglaublich beliebten Musiker Vicente Fernández, Juan Gabriel und Alejandro Fernández (Vicentes Sohn) sind seine führenden Vertreter.

Norteños oder *norteñas* sind Countryballaden und Tanzmusik, die vor über 100 Jahren im Norden Mexikos entstanden und mittlerweile im ganzen Land populär sind. Ihre Wurzeln sind die *corridos,* heroische Balladen im Rhythmus europäischer Tänze wie Walzer oder Polka. Ursprünglich erzählten sie vom Latino-Anglo-Konflikt im Grenzland oder von der mexikanischen Revolution. Moderne *narcocorridos* handeln von den Abenteuern und Heldentaten aus dem Drogenmilieu. Einige Drogenbanden geben sogar *narcocorridos* über sich selbst in Auftrag.

Norteño-Gruppen *(conjuntos)* tragen ausladende Hüte. Ihre Musik wird vom Akkordeon und dem *bajo sexto* (eine zwölfsaitige Gitarre) dominiert, daneben erklingen Bässe und Trommeln. Die *norteño*-Superstars sind Los Tigres del Norte, die ursprünglich aus Sinaloa stammen, heute aber in Kalifornien leben. Sie spielen beiderseits der Grenze vor einem riesigen Publikum und haben auch einige *narcocorridos* im Repertoire. Andere Topstars sind Los Huracanes del Norte, Los Tucanes de Tijuana sowie der Akkordeonspieler und Geiger Ramón Ayala.

Ebenfalls sehr beliebt, besonders im Nordwesten und entlang der Pazifikküste, ist die *banda* – mexikanische Big-Band-Musik mit großen Bläsersektionen, die die Gitarren und Akkordeons des *norteño* ersetzen. Sie spielen verschiedene Stile von *rancheras* und *corridos* bis zur tropischen *cumbia* und mexikanischem Pop. Die führende *banda*-Gruppe ist seit Jahrzehnten die Banda El Recodo aus Sinaloa.

Son – Mexikos volkstümliche Wurzeln

Son (wörtlich „Klang") ist ein breitgefächerter Begriff für mexikanische Countrymusik, die aus der Fusion spanischer, indigener und afrikanischer Musik entstand. Gitarren oder ähnliche Instrumente (wie die kleine *jarana*) geben einen starken Rhythmus vor, Harfe oder Violine spielen die Melodie. *Son* wird oft für ein stampfendes Tanzpublikum gespielt,

Vive Latino (www.
vivelatino.com.
mx), ein Festival,
das an einem
Wochenende im
März oder April
im Foro Sol in
Mexico City statt-
findet, ist eines
der wichtigsten
jährlichen *rock-
en-español*-Events
der Welt. Große
Electronica-
Events mit
führenden
mexikanischen
oder interna-
tionalen DJs
werden in den
Großstädten und
ihrer Umgebung
häufig veranstal-
tet: Einzelheiten
stehen auf www.
facebook.com/
kinetik.tv und
http://trance-it.
net/proximos
-eventos.

und die Texte sind witzig und manchmal improvisiert. Es gibt mehrere regionale Varianten. Der mitreißende *son jarocho* aus der Gegend um Veracruz ist besonders stark von afrikanischer Musik beeinflusst; die Grupo Mono Blanco war mit ihren modernen Texten führend beim Revival des Genres. Das berühmte „La Bamba" ist ein *son jarocho*. Beim *Son huasteco* (oder *huapango*) aus der Gegend von Huasteca im Nordosten Mexikos erklingt zwischen ausschweifenden Geigenpassagen Falsetto-Gesang. Eine der besten Gruppen ist Los Camperos de Valles.

Trova

Diese beliebte Folkloremusik im Minnesängerstil wird normalerweise von einzelnen Sängern (*cantautores*) mit Gitarrenbegleitung vorgetragen. Die Wurzeln dieser Musik reichen in die 1960er- und 70er-Jahre und bis zu den Protestliedern zurück. Viele *trova*-Sänger wurden stark von dem kubanischen, sehr politischen Musiker Silvio Rodríguez inspiriert.

Kino

Das goldene Zeitalter des mexikanischen Films waren die 1940er-Jahre, als das Land bis zu 200 Filme jährlich produzierte – meistens epische, melodramatische Streifen. Dann gewann Hollywood wieder die Oberhand und das mexikanische Kino durchlebte schwierige Jahrzehnte, bevor es im 21. Jh. ein bemerkenswertes Comeback erlebt hat. Mehrere gute, realitätsnahe Filme von jungen mexikanischen Regisseuren waren sowohl kommerziell als auch bei den Kritikern erfolgreich und einige Orte – darunter Morelia, Guadalajara, Oaxaca, Monterrey, Los Cabos und die Riviera Maya – veranstalten mittlerweile erfolgreich jährliche Filmfestivals.

Mexikanisches Kino im 21. Jh.

Das Nuevo Cine Mexicano (Neues mexikanisches Kino) konfrontiert das Publikum mit den hässlichen, tragischen und absurden Seiten des mexikanischen Lebens, aber auch mit den schönen und komischen. Der erste Film, der weltweit Aufmerksamkeit erregte, war im Jahr 2000 *Amores Perros*, bei dem Alejandro González Iñárritu Regie führte und Gael García Bernal eine Hauptrolle spielte; beide sind mittlerweile internationale Stars. Der Film spielt im Mexico City der Gegenwart und hat drei Handlungsstränge, die durch einen Verkehrsunfall miteinander verwoben sind. Es ist ein rauer, ehrlicher Streifen mit ziemlich viel Blut, Gewalt und Sex, aber auch mit einer Porton Ironie.

Y tu mamá también (Alternativtitel: *...mit deiner Mutter auch!*) aus dem Jahr 2001, Alfonso Cuaróns Roadmovie über das Erwachsenwerden zweier privilegierter Teenager aus Mexico City (gespielt von Gael García Bernal und Diego Luna), war damals mit Einnahmen von über 25 Mio. US$ der erfolgreichste mexikanische Film aller Zeiten. Carlos Carreras *Die Versuchung des Padre Amaro* (2003), in dem wieder Gael García Bernal mitwirkte, zeichnet ein hässliches Bild von kirchlicher Korruption in einer Kleinstadt.

Der große Erfolg ließ einige Talente Mexiko verlassen. González Iñárritu zog nach Hollywood und führte dort bei zwei weiteren großartigen Filmen Regie, die beide mehrere miteinander verbundene Handlungsstränge aufweisen und den Tod thematisieren – *21 Gramm* (2003) und *Babel* (2006). 2010 folgte *Biutiful*, eine überwältigende mexikanisch-spanische Koproduktion mit Javier Bardem in der Hauptrolle, die eine erschütternde „Völlig-erledigt-in-Barcelona"-Geschichte erzählt. Iñárritus nächster Film, *Birdman* (Alternativtitel: *Die unverhoffte Macht der Ahnungslosigkeit*) von 2014, die handwerklich wunderbar gelungene Geschichte eines alternden Hollywood-Superstars (gespielt von Michael Keaton), der versucht, seine Karriere am Broadway wiederzubeleben, sahnte vier Oscars ab, darunter den für den besten Film und die beste Regie. Alfonso Cuarón setzte seine Karriere mit *Harry Potter und der Gefangene von Askaban* (2004) und dem mit mehreren Oscars (darunter der für die beste Regie) gekrönten Science-Fiction-Epos *Gravity* (2013) fort, und Guillermo del Toro war mit *Pans Labyrinth* (2006) erfolgreich, der mit drei Oscars ausgezeichnet wurde.

Mittlerweile haben mexikanische Film in Cannes und auf anderen Festivals diverse Preise abgeräumt. Pedro González-Rubios *Alamar* (2010) ist eine sanfte und umsichtige Schilderung der Beziehung zwischen einem Mexikaner mit Maya-Wurzeln und seinem halbitalienischen Sohn, während Michel Francos *Después de Lucía* einen harten, erschütternden Blick auf Mobbing in der Schule wirft. Carlos Reygadas erhielt 2012 in Cannes den Preis als bester Regisseur für *Post tenebras lux*, eine verwirrende Mischung aus Fantasie und Realität über eine Mittelklassefamilie, die auf dem Land lebt. Amat Escalante wurde 2013 in Cannes für *Heli*, die Geschichte eines jungen Paares, das in Mexikos gewalttätigen Drogenkrieg verwickelt wird, als bester Regisseur ausgezeichnet. Ein weiterer gefeierter Film war 2013 *La jaula de oro* von Diego Quemada-Diez über junge mittelamerikanische Migranten, die versuchen, über Mexiko in die USA zu gelangen. Auch in dem Thriller *Desierto – Tödliche Hetzjagd* (2015), unter Regie von Alfonso Cuaróns Sohn Jonas und mit Gael García Bernal, stehen Migranten im Mittelpunkt, diesmal mexikanische.

2015 wurde Gabriel Ripsteins Waffenschmuggel-Thriller *600 Miles* mit Tim Roth als gekidnapptem US-Bundespolizisten auf den Filmfestivals in Berlin und Guadalajara mit Preisen ausgezeichnet und war 2016 Mexikos Kandidat für den Oscar für den besten fremdsprachigen Film. Auch in *Chronic*, für dessen Drehbuch und Regie der Mexikaner Michel Franco verantwortlich ist und das in Cannes 2015 für das Beste Drehbuch ausgezeichnet wurde, spielt Tom Roth wieder mit, diesmal als Krankenpfleger für unheilbar kranke Patienten. Eine weitere Produktion aus dem Jahr 2015, *Los jefes*, beschäftigt sich mit der brutalen Realität des Drogenkriegs in Monterrey, wobei die Hauptrollen interessanterweise von den Rappern der Band Cartel de Santa gespielt werden. Ernesto Contreras' *Sueño en otro idioma* (2017) ist eine Betrachtung über das Verschwinden indigener Sprachen.

Ein kommerziellerer Film war 2013 Gary Alazrakis *Die Kinder des Señor Noble*, eine Komödie über die mexikanische Klassengesellschaft, die 3,3 Mio. Zuschauer sahen und die der umsatzstärkste mexikanische Film aller Zeiten wurde. Auch der erste mexikanische 3D-Horrorfilm *Más negro que la noche* (2014), unter Regie von Henry Bedwell, war sowohl beim Publikum als auch bei den Kritkern erfolgreich.

Literatur

Mexikanische Schriftsteller wie Carlos Fuentes, Juan Rulfo und Octavio Paz haben einige der großen spanischsprachigen Werke der Weltliteratur geschrieben.

Fuentes (1928–2012), ein produktiver Romanautor und Kommentator, ist der international wohl bekannteste mexikanische Schriftsteller. Sein berühmtester Roman, *Der Tod des Artemio Cruz* (1962), wirft einen kritischen Blick auf die Ära nach der mexikanischen Revolution, erzählt aus der Sicht eines sterbenden, korrupten Pressebarons und Landbesitzers. Weniger bekannt ist Fuentes' Kurzroman *Aura* (1962), ein Werk des magischen Realismus mit einem wahrhaft fantastischen Ende.

Juan Rulfo (1918–1986) gilt in Mexiko weithin als einer der besten Autoren. Sein Roman *Pedro Páramo* (1955) handelt von einem jungen Mann, der in gespenstischen Dörfern im Westen Mexikos nach seinem

Vater sucht. Es ist ein erschreckendes, trostloses Werk mit verwirrenden Zeitwechseln – eine Art mexikanisches *Sturmhöhe* mit gruseligen, magisch-realistischen Wendungen.

Octavio Paz (1914–1998), Poet, Essayist und Gewinner des Literaturnobelpreises 1990, schuf mit *Das Labyrinth der Einsamkeit* (1950) eine bohrende, intellektuell akrobatische Analyse der mexikanischen Mythen und des nationalen Charakters.

Die in den 1960er-Jahren geborenen Autoren des *movimiento crack* („Krack"-Bewegung) leiten ihren lautmalerischen Namen von dem Geräusch eines abbrechenden Astes ab, um damit ihren Bruch mit der literarischen Vergangenheit Mexikos zu verdeutlichen. Ihre Werke beschäftigen sich oft mit globalen Themen, und die Handlungen spielen an internationalen Schauplätzen. Am bekanntesten ist Jorge Volpi, dessen Romane *Das Klingsor-Paradox* (2001) und *Zeit der Asche* (2009) komplizierte, aber spannende Handlungsabläufe prägen, die Wissenschaft, Liebe, Mord, mysteriöse Geschehnisse und mehr enthalten, aber immer einen starken Bezug zur heutigen Weltlage haben.

Das *movimiento crack* hat offenbar den Weg für eine neue Generation von Schriftstellern bereitet, die Mexiko gegenwärtig wieder zur Avantgarde der Weltliteratur machen. Vor allem sind dies extrem fantasievolle Autoren, die sich nicht in Schubladen stecken lassen und deren vielschichtige Werke zwischen verschiedenen Zeitebenen, Orten, Stimmen und Perspektiven wechseln. Valeria Luisellis *Die Schwerelosen* (2012) und *La historia de mis dientes* (2013) handeln auf den ersten Blick von einer Frau, die einen Roman schreibt bzw. von einem Mann, der seine Zähne durch die von (angeblich) Marilyn Monroe ersetzt. Dann sind da noch Álvaro Enrigue mit *Muerte súbita* (2013), einem Roman mit einem breiten Handlungsrahmen, der inmitten der Ereignisse des 16. Jhs. in Europa und Amerika spielt, ohne die Welt zu verändern, sowie Yuri Herrera, dessen *Señales que precederán al fin del mundo* (2009) aus der Sicht einer jungen Frau, die geschickt wurde, um ihren Bruder über die Grenze zu holen, vom Leben in mexikanischen Klein- und Großstädten, von der mexikanisch-amerikanischen Grenze und von den USA selbst erzählt. Die 17 Werke von Carmen Boullosa reichen von *Sie sind Kühe, wir sind Schweine* (1993), das sich mit der Welt der Piraten in der Karibik im 17. Jh. beschäftigt, bis zu *Texas, the Great Theft* (2014), das das texanischmexikanische Grenzland im 19. Jh. lebendig werden lässt. Juan Pablo Villalobos' *Quesadillas* (2014) behandelt die Themen der Armut und Korruption in Mexiko auf satirische Art und Weise.

Mexiko in Romanen

....

Die Kraft und die Herrlichkeit von Graham Greene

....

Unter dem Vulkan von Malcolm Lowry

....

Der Schatz der Sierra Madre von B. Traven

....

All die schönen Pferde von Cormac McCarthy

Kunsthandwerk

Die Geschicklichkeit der Mexikaner bei Handarbeiten und ihre Liebe zu Farbe, Spaß und Tradition kommt überall in ihren wunderschönen *artesanías* (Handwerkskünsten) zum Ausdruck. Handwerke wie Weben, Töpferei, Lederverarbeitung, Kupferschmieden, Hutmacherei oder Korbflechten spielen im täglichen Leben immer noch eine wichtige Rolle, ebenso wie die Herstellung von Souvenirs und Sammlerstücken. Viele Handwerkstechniken und Designs, die heute benutzt werden, haben ihre Ursprünge in vorkolonialen Zeiten, und es sind vor allem die indigenen Mexikaner, die direkten Erben der vorkolonialen Kultur, die die Herstellung von *artesanías* anführen.

Traditionelle Textilien

In einigen mexikanischen Dörfern der Ureinwohner kann man über die Vielfalt an bunten, aufwendig verarbeiteten Kleidungsstücken nur staunen, welche sich je nach Region unterscheiden, manchmal sogar von Dorf zu Dorf. Traditionelle Kostüme, die eher von Frauen als von Männern getragen werden, dienen als Zeichen der Gemeinschaft, zu der die jeweilige Person gehört. In manche Kleidungsstücke sind Muster eingewebt oder eingestickt, deren Fertigstellung Monate dauern kann.

Es gibt drei Hauptarten von Kleidung für Frauen, die schon lange vor der Eroberung durch die Spanier getragen wurden:

Huipil – eine lange, ärmellose Tunika, die vor allem in der südlichen Landeshälfte zu sehen ist

Quechquémitl – ein Schulterumhang mit einer Öffnung für den Kopf, der hauptsächlich in Zentral- und Nordmexiko verbreitet ist

Enredo – eine Art Wickelrock, der fast nicht zu sehen ist, wenn er unter einem langen *huipil* getragen wird

Spanische Missionare brachten Blusen mit nach Mexiko, die heute oft sorgfältig und aufwendig bestickt werden.

Die traditionellen Stoffe für die Webkunst der Ureinwohner sind Baumwolle und Wolle, doch inzwischen werden auch synthetische Materialien benutzt. Das Färben mit Naturprodukten erlebt ein Comeback – das tiefe Blau kommt von der Indigopflanze, Rot- und Brauntöne von verschiedenen Holzarten und Rot- und Violetttöne von der Cochenille-Schildlaus.

Ausschließlich Frauen verwenden das wichtigste indigene Webwerkzeug: Auf dem *telar de cintura* (Gurtwebstuhl) werden lange Kettfäden zwischen zwei horizontalen Balken eingespannt. Einer der Balken ist an einem Pfahl oder Baum befestigt, den anderen schnürt die Weberin mit einem Gurt an ihren Körper und webt dann die Schussfäden in komplizierten Mustern hinein. Die derart gearbeiteten *huipiles* der Südstaaten, Oaxaca und Chiapas, gehören zu Mexikos auffallendsten Kleidungsstücken.

Auf Trittwebstühlen, die (normalerweise von Männern) über Fußpedale bedient werden, können breitere Stoffbahnen produziert werden. Sie werden deshalb gern für die Herstellung von Teppichen, *rebozos* (Umhänge), *sarapes* (Decken mit einer Öffnung für den Kopf) und Röcken verwendet. Mexikos berühmteste Teppichweber wohnen in Teotitlán del Valle in Oaxaca.

Keramik

Noch heute gibt es in Mexiko viele kleine Töpfereien mit einer großen Produktpalette, die von schlichten Kochgefäßen bis hin zu dekorativen, aufwendig gestalteten Kunstwerken reicht. Die überaus attraktive Talavera-Keramik kommt vor allem aus Puebla und Dolores Hidalgo. Sie ist an ihren leuchtenden Farben (besonders Blau und Gelb) und den Blumenmustern zu erkennen. Die Guadalajara-Vororte Tonalá und Tlaquepaque stellen eine große Bandbreite an Keramiken her. Die Einwohner des nordmexikanischen Dorfes Mata Ortiz produzieren wunderschöne Stücke aus Steingut. Herstellungstechnik und Design gehen auf das vorkoloniale Paquimé zurück und erinnern an die indigenen Töpferwaren aus dem Südwesten der USA. Auch der *árbol de la vida* (Lebensbaum) ist eine typisch mexikanische Keramikform. Die an Tafelleuchter erinnernden Objekte werden von Hand geformt und aufwendig mit zahllosen winzigen Menschen-, Tier- und Pflanzenfiguren verziert. Einige der besten Lebensbäume werden in Metepec (México) produziert, von hier kommen auch die überaus farbenfrohen Sonnen aus Ton.

Masken & Perlenstickerei

Seit Jahrtausenden tragen die Mexikaner bei Tänzen, Zeremonien und schamanischen Ritualen Masken. Dadurch verwandelt sich der Maskenträger vorübergehend in die symbolisierte Kreatur, Person oder Gottheit. Man kann die kunstvollen Masken entweder im Museum bewundern, etwa in San Luis Potosí, Zacatecas und Colima, oder sie in Geschäften

KUNST KUNSTHANDWERK

Die Garngemälde der einheimischen Huichol werden durch das Pressen von Garn auf ein mit Wachs bedecktes Brett hergestellt. Sie stellen Szenen dar, die wie Visionen unter dem Einfluss der *peyote*-Droge aussehen. Diese Droge spielt im Leben der Huichol-Kultur eine bedeutende Rolle.

Bücher über Kunsthandwerk

The Crafts of Mexico von Margarita de Orellana und Alberto Ruy Sánchez

Faszinierende Handarbeiten aus Mexiko von Chloë Sayer

Mexican Textiles von Masako Takahashi

und auf Märkten erwerben. Im südlichen Bundesstaat Guerrero lässt sich wahrscheinlich die beste Auswahl an außergewöhnlich schönen Masken finden.

Die meisten Masken sind aus Holz gefertigt, aber auch Pappmaché, Ton, Wachs oder Leder werden verwendet. Oft schmücken Maskenmacher ihre Produkte mit echten Zähnen, Haaren oder Federn. Weit verbreitet sind Tier- und Vogelmasken oder Christus- und Teufelsdarstellungen. Masken, die Europäer darstellen sollen, sind komisch bleich und haben weit aufgerissene Augen.

Wenn sie Masken und Holzskulpturen mit psychedelischen Mustern bedecken, verwenden die indigenen Huicholen in Jalisco, Durango, Zacatecas und Nayarit jahrhundertealte Symbole und Muster, die aus bunten Perlen bestehen; diese Perlen werden mit Wachs und Harz befestigt.

Hecho en México (2012), ein Dokumentarfilm des Regisseurs Duncan Bridgeman, wirft einen faszinierenden, schillernden Blick auf das moderne mexikanische Leben und die Kunst in Mexiko unter Mitwirkung vieler der führenden Musiker, Schauspieler und Schriftsteller des Landes.

Lack- & Holzarbeiten

Die harten Schalen des Flaschenkürbisses werden in Mexiko seit dem Altertum als Schüsseln, Tassen und kleine Vorratsgefäße benutzt. Die aufwendigste Verzierungstechnik ist das Lackieren, wobei die Schale mit Lagen von Paste oder Farbe bedeckt und dann versiegelt wird. Dadurch wird das Gefäß wasserundurchlässig und bis zu einem gewissen Grad hitzeresistent. Die Lacktechnik wird auch verwendet, um Holzkästchen, Tabletts und Möbel zu dekorieren. Die ansprechendste Lackware kommt aus dem entlegenen Olinalá in Guerrero: Die Künstler schaffen nach der *rayado*-Methode Muster, indem sie die oberste Farbschicht abkratzen, sodass eine andersfarbige Schicht darunter zum Vorschein kommt.

Das Volk der Seri in Sonora schnitzt aus hartem Eisenholz spektakuläre Menschen, Tiere und Meerestiere. Die Dorfbewohner rund um Oaxaca stellen leuchtend angemalte, aus Kopalholz geschnitzte Fantasiemonster her, die *alebrijes* genannt werden.

Die mexikanische Küche

Die Mexikaner lieben Essen, vor allem ihr eigenes. Wenn man eine Gruppe Einheimischer z. B. fragt, wo es die besten *carnitas* (geschmortes Schweinefleisch) von Mexico City gibt, beginnt sofort eine lange, leidenschaftliche, aber fundierte Debatte. Warum das so ist, findet man bei der Reise durch das Land schnell heraus. Das Essen ist frisch, die Zutaten dazu stammen oft aus der Region und sorgen in ihrer Vielfalt für eine sehr variantenreiche Küche. Dagegen sind die meisten „mexikanischen" Gerichte, die in Restaurants außerhalb des Landes serviert werden, nur ein müder Abklatsch. Wer also das Land und die Menschen verstehen möchte, muss unbedingt das heimische Essen probieren.

Was steht auf der Speisekarte?

Die mexikanische Speisekarte ändert sich mit der Region, die man besucht, doch in den meisten Fällen stehen Gerichte darauf, die aus wenigen Grundzutaten bestehen: Mais, getrocknete und frische Chilis sowie Bohnen. Im Gegensatz zu gängigen Klischees sind nicht alle Speisen in Mexiko scharf. Chilis werden genutzt, um die Zutaten zu würzen und um den Geschmack von Suppen, *moles* und *pipiáns* zu verstärken, und viele schätzen eher ihre Vollmundigkeit als ihre Schärfe. Doch Vorsicht: Einige Gerichte sind durchaus feurig und manche sind wirklich nur etwas für Tollkühne. Der *habanero*-Chili aus Yucatán ist eine der schärfsten Paprika der Welt, und auch der *chile de árbol* kann wirklich heftig sein. Eine gute Daumenregel ist, dass gekochte Chilis, die als Sauce in Gerichten verwendet werden, meistens eher mild sind; werden sie aber für Salsas (Würzsaucen) verwendet, können sie richtig scharf sein.

Es gibt noch weitere Grundzutaten, die dem mexikanischen Essen seinen klassischen Geschmack verleihen. Darunter sind Gewürze wie Zimt, Nelke und Kreuzkümmel sowie Kräuter wie Thymian, Oregano und – am allerwichtigsten – Koriander, *epazote* und *hoja santa*. Das beißend riechende Gewürz *epazote* (in Deutschland als „Mexikanischer Drüsengänsefuß" bekannt) ist vielleicht der unbesungene Held der mexikanischen Küche und wird genutzt, um Bohnen, Suppen, Eintöpfen und bestimmten *moles* ein unvergleichliches Aroma zu verleihen. *Hoja santa* („Mexikanischer Blattpfeffer") ist ein aromatisches Kraut mit herzförmigen Blättern und wird bei der Zubereitung von Tamales benutzt, für eine *mole verde* ist es sogar eine wesentliche Zutat.

Essen nach Lust und Laune

Antojitos sind das Herz der mexikanischen Küche. Das Wort *antojo* bedeutet „Laune, plötzliches Verlangen", ein *antojito* ist also eine kleine Laune. Doch jeder Mexikaner wird sofort einwenden, dass es nicht einfach nur ein Snack ist. Ein *antojito* kann eine komplette Mahlzeit, eine Vorspeise oder ein *tentempíe* (schneller Happen) sein.

Märkte sind die besten Orte, um richtig gute *antojitos* zu essen. Die besten *antojitos* im gigantischen Mercado de la Merced in Mexico City (S. 137) sind vielleicht die *huaraches*, 30 cm lange Tortillas, die die Form

Dieses Kapitel wurde von dem in Mexico City geborenen Food-Autor Mauricio Velázquez de León geschrieben, und durch Zusatzinformationen von Kate Armstrong und Anna Kaminski ergänzt. Seine Veröffentlichungen zum Thema heimische Küche sind in Mexiko und den USA erschienen. Unter dem Namen Puck hat er zudem *My Foodie ABC: A Little Gourmet's Guide* (duopress, 2010) verfasst.

des Schuhs haben, der ihnen den Namen gab; sie werden gegrillt und mit Salsa, Zwiebeln, Käse und einer Auswahl aus *chorizo*-Würstchen, Steak, Kürbisblüten und anderen Leckereien belegt. Auf den Märkten Oaxacas finden sich verlockende Alternativen zu den *huaraches*: Hier werden große, flache Tortillas – *tlayudas* genannt – mit Bohnenmus bestrichen und mit Schnurkäse aus Oaxaca, Salsa und Schweinefleischstreifen belegt.

Der preisgekrönte amerikanische Koch und Experte für mexikanisches Essen, Rick Bayless, fand eine gute Definition für *antojitos*, indem er sie unter der einen Zutat zusammenfasst, die für alle verwendet wird: dem *masa* (Maismehl). Insgesamt gibt es acht Typen von *antojitos*:

Die besten mexika-nischen Koch-bücher

Authentic Mexican, 20th Anniversary Edition: Regional Cooking from the Heart of Mexico von Rick Bayless

The Essential Cuisines of Mexico von Diana Kennedy

Nopalito: A Mexican Kitchen von Stacy Adimando und Gonzalo Guzmán

The Food and Life of Oaxaca: Traditional Recipes from Mexico's Heart von Zarela Martínez

Tacos Dieses mexikanische Grundnahrungsmittel besteht aus verschiedensten Arten von gegartem Fleisch, Fisch oder Gemüse, eingewickelt in einen Tortilla-mantel und verfeinert mit einem Schuss Salsa, Zwiebeln und Koriander. Weiche Maistortillas werden für *tacos al carbón* mit gebratenem Fleisch, für *tacos de guisado* mit einer Auswahl an Eintopffüllungen und für *tacos a la plancha* mit ge-backenem Fleisch und Gemüse gefüllt. Kurz frittierte Tacos heißen *tacos dorados*. Im Norden Mexikos werden die Tacos oft aus Weizenmehl *(tortillas de harina)* hergestellt, und die Füllungen sind eher fleischhaltig als vegetarisch.

Quesadillas Eine Tortilla wird mit Käse gefüllt, zusammengeklappt und auf einem Blech gebacken. Aber richtige Quesadillas (*queso* bedeutet Käse) sind viel mehr als das. In Restaurants und an Straßenständen werden die gefüllten Taschen aus *masa*, rohem Maismehl, so lange gebacken oder frittiert, bis sie knusprig sind. Sie können mit *chorizo* und Käse, Kürbisblüten, Pilzen mit Knoblauch, *chicharrón* (gebratenem Schweineschmalz), Bohnen, geschmortem Hähnchen oder anderem Fleisch gefüllt sein.

Enchiladas Auf spanisch bedeutet *enchilar*, dass man ein Gericht mit Chili garniert. Daher sind Enchiladas eine Portion von drei oder vier leicht gebratenen Tortillas, die mit Hähnchen, Käse oder Eiern gefüllt und mit gekochter Salsa serviert werden. Enchiladas sind normalerweise ein Hauptgericht und können auch gebacken sein, wie die berühmten *enchiladas suizas* (Enchiladas nach Schweizer Art).

Tostadas Tortillas, die knusprig gebraten oder gebacken und dann gekühlt werden. Sie sind meist reich belegt. *Tostadas de pollo* haben mehrere Lagen Bohnen, Hähnchen, Sahne, Salat, Zwiebeln, Avocado und *queso fresco* (Frischkäse).

Sopes Kleine Maismehlschalen mit 5–7,5 cm Durchmesser, die von Hand geformt, in einer Grillpfanne gebraten und mit einer dünnen Lage Bohnen, Salsa und Käse serviert werden. Auch *chorizo* ist ein üblicher Belag für *sopes*.

Gorditas Runde *masa*-Fladen werden gebacken, bis sie aufgehen. Manchmal sind *gorditas* mit einer dünnen Schicht gebratener schwarzer Bohnen oder Pinto-bohnen oder sogar Favabohnen gefüllt.

Chilaquiles Werden normalerweise zum Frühstück serviert. Die Maistortillas wer-den dafür in Dreiecke geschnitten und knusprig gebraten – dann sind es eigentlich

MOLE (MULLI)

Die mexikanische Küchenchefin und Autorin Zarela Martínez vertritt die Meinung, dass bei einer *mole* die Sauce das eigentliche Gericht sei. Damit ist gemeint, dass man die Speisen wegen der Sauce isst. Das Fleisch – sei es Hähnchen, Truthahn oder Schwein – kommt erst an zweiter Stelle. Die Sauce aus Nüssen, Chilis und Gewürzen ist der Inbe-griff der mexikanischen Küche. *Mole* wird zwar oft als Schokoladensauce bezeichnet, doch nur ein kleiner Prozentsatz der *moles* enthält diese Zutat. Diese Verwirrung kommt aber nicht von ungefähr, denn das Rezept für *mole poblano* (*mole* aus dem Bundesstaat Puebla), der landesweit bekanntesten *mole*, enthält eine kleine Menge Schokolade. Doch die meisten Mexikaner sind sich darüber einig, dass in Oaxaca die beste *mole* hergestellt wird – denn es ist nicht umsonst als „Ort der sieben *moles*" bekannt (s. S. 475 für mehr Infos zu *moles* aus Oaxaca).

DIE NEUE GENERATION DER KÖCHE

Die typische mexikanische Küche ist ein sehr matriarchalischer Ort, an dem die kulinarischen Traditionen des Landes über Generationen bewahrt und gepflegt werden. Doch es sind vor allem Männer, die mit der neuen Welle kreativer zeitgenössischer Restaurants, die Tradition und Innovation bei den Zutaten und Rezepten verschmelzen und viel Wert auf die Präsentation legen, zu Stars werden. Das Zentrum dieser Bewegung ist Mexico City, und Enrique Olvera vom berühmten **Pujol** (S. 125) gilt oft als der Vater der Neuen mexikanischen Cuisine. Er war der Mentor anderer führender Köche in der Hauptstadt wie Eduardo García vom **Maximo Bistrot Local** (S. 124). Ricardo Muñoz ist für seine Neuerfindung traditioneller Rezepte im **Azul y Oro** (S. 126) berühmt, während Monica Patiño vom **Taberna del León** (S. 125) und Elena Reygadas vom Rosetta (Mexico City) die Fahne für die Frauen hochhalten. Benito Molina vom Manzanilla in Baja California und Pablo Salas vom Amaranta (Toluca) sind für ihre progressive Cuisine bekannt. Köche wie Alejandro Ruiz at **Casa Oaxaca** (S. 477) und Diego Hernández Baquedano im **Corazón de Tierra** (www.corazondetierra.com) in der Weinregion Valle de Guadalupe in Baja California bringen die neue mexikanische Küche in die verschiedenen Regionen des Landes.

Tortilla Chips (*totopos*). Danach werden sie in einer *Tomatillosauce* (*chilaquiles verdes*, grüne Tomaten) oder *Tomatensauce* (*chilaquiles rojos*) weich gekocht; anschließend belegt man sie mit geriebenem Käse, Zwiebelscheiben und Sauerrahm.
Tamales Das Gemisch aus Maismehl und Schmalz wird mit geschmortem Fleisch, Fisch oder Gemüse gefüllt. Danach wird der gefüllte Teig in Pflanzenblätter gewickelt und gedämpft. Die *tamales* variieren je nach Region, die berühmtesten stammen aus Oaxaca; sie sind mit *mole* gefüllt und mit Bananenblättern umwickelt. In Mexico City stecken die mit Hähnchen und grüner Tomatillosauce gefüllten *tamales* in Maishülsen und in Yucatán werden die in *achiote* (Annattopaste) marinierten Hähnchen in *masa*-Teig in Bananenblätter gewickelt.

Essen von Sonnenauf- bis Sonnenuntergang & darüber hinaus

In Mexiko etwas zu essen zu finden, ist einfach. Von einem morgendlichen *antojito* an einem kleinen *puesto* (Straßen- oder Marktstand) bis hin zu einem entspannten späten Abendessen in einem guten Restaurant ist Essen immer verfügbar.

Desayuno (Frühstück) Wird in Restaurants und *cafeterías* normalerweise von 8.30 bis 11 Uhr serviert und ist meist sehr gehaltvoll. Eiergerichte sind eine beliebte Morgenspeise. Weit verbreitet sind *huevos rancheros*, zwei Spiegeleier auf leicht gebratenen Tortillas mit einer Lage schwarzer Bohnen, darüber eine Salsa aus Tomaten, Zwiebeln und Chili. In der Region Yucatán gibt es *huevos motuleños*, bei denen noch gewürfelter Schinken, Erbsen und Kochbananen hinzukommen. Viele *cafeterías* bieten zum Frühstück auch eine Auswahl *pan de dulce* (süßes Brot) an, mit erheiternden Namen wie *bigotes* (Schnurrbärte), *conchas* (Muscheln), *besos* (Küsse) und *orejas* (Ohren).
Almuerzo Wer nur ein leichtes Frühstück oder gar keines hatte, gönnt sich einen *almuerzo* (Vormittagssnack), einen *antojito* oder andere schnelle Happen für zwischendurch. *Taquerías* (haben sich auf Tacos spezialisiert), *torterías* (kleine Läden, die *tortas* – Kuchen und Torten – verkaufen) und *loncherías* (servieren leichte Mahlzeiten) sind gute Einkehrmöglichkeiten für einen *almuerzo*.
Comida Das ist die Hauptmahlzeit in Mexiko, die zu Hause, in Restaurants und Cafés meist zwischen 14 und 16.30 Uhr serviert wird. *Fondas* sind kleine, familiengeführte Gaststätten, die *comida corrida* servieren, ein günstiges Menü zum Festpreis, bestehend aus Suppe, Reis, einem Hauptgericht, Getränk und Dessert. In vielen großen Städten ist es völlig normal, dass die Menschen ausgiebige Geschäftsessen oder Treffen mit Freunden genießen, bei denen das Essen und

Unter der Jaguar-Sonne des italienischen Schriftstellers Italo Calvino ist eine fesselnde Geschichte über ein Ehepaar, das Mexiko und seine Küche entdeckt. Das Paar in der Erzählung verliebt sich so sehr in das mexikanische Essen, dass es seine Leidenschaft vom Schlafzimmer auf den Esstisch überträgt.

DIE MEXIKANISCHE KÜCHE VON SONNENAUF- BIS SONNENUNTERGANG UND DARÜBER HINAUS

VEGETARIER & VEGANER

In vielen Teilen Mexikos gehört der Begriff „Vegetarier" noch nicht zum Wortschatz. Viele Mexikaner halten Vegetarier für Menschen, die kein rotes Fleisch essen. Viele haben das Wort *veganista* (vegan) noch nicht einmal gehört. Die gute Nachricht ist, dass fast jede Stadt, ob groß oder klein, ein echtes vegetarisches Restaurant hat (in manchen gibt's sogar vegane) – und dass die Beliebtheit wächst, vor allem in Mecixo City, wo „veganes Essen" voll im Trend liegt. Zudem sind viele traditionelle Gerichte vegetarisch: *ensalada de nopales* (Kaktusblattsalat), Quesadillas mit Pilzen, Käse und Blüten wie beispielsweise Zucchiniblüten, *chiles rellenos de queso* (Poblano-Chilis mit Käsefüllung) und *arroz a la mexicana* (mexikanischer Reis). Dennoch sollte man vorsichtig sein, denn viele Gerichte werden mit Hühner- oder Rinderbrühe oder mit tierischem Fett wie *manteca* (Schmalz) zubereitet.

Trinken und lange Gespräche für einige Stunden im Mittelpunkt stehen. Beliebte *comida*-Gerichte sind Suppen wie *sopa de fideo* (Vermicelli in Tomatenbrühe) oder *sopa de frijol* (Bohnensuppe). Hauptgerichte sind beispielsweise *guisados* (Eintöpfe) wie langsam geschmortes Fleisch und Gemüse in gekochten Salsas aus Chipotle (geräucherte Jalapeños), Tomatillo oder Tomaten.

Cena Häufig wird das Abendessen nicht vor 21 Uhr serviert und ist zu Hause eher leichte Kost. In Restaurants jedoch ist das Abendessen ein geselliges Treffen, bei dem die Gäste eine komplette Mahlzeit einnehmen, was sich bis Mitternacht hinziehen kann.

Und ... wenn die Menschen eine Bar, einen Club oder eine Spätvorstellung im Kino besucht haben, genießen sie gern noch einen schnellen Taco, bevor sie nach Hause gehen. Viele berühmte *taquerías* bewirten hungrige Nachtschwärmer und schließen erst in den frühen Morgenstunden. An Freitagen und Samstagen ist es hier so voll, dass man selbst manchmal um 3 Uhr in der Früh auf einen Tisch warten muss!

Josefina Veláz-quez de León (1889–1968) gilt als Mutter der mexikanischen Küche. Sie betrieb eine erfolgreiche Kochschule und schrieb mehr als 140 Kochbücher. Das anspruchs-vollste ist *Platillos Regionales de la República Mexicana* – das erste Buch, das Mexikos Regional-küchen in einem Band versammelt.

Fiesta und kein Ende

Essen und Fiestas gehören in Mexiko einfach zusammen. Egal ob natio-nale Feiertage, religiöse Feste, örtliche Fiestas oder persönliche Jubi-läen – die Chance ist groß, während eines Besuchs in wenigstens eine dieser Feierlichkeiten hineinzugeraten. An den nationalen Feiertagen ist das Essen allgegenwärtig, aber mit Tequila anzustoßen ist eine Grundvoraussetzung, vor allem während des Día de la Independen-cia (16. Sept.), an dem die Unabhängigkeit von Spanien gefeiert wird. Die größte religiöse Feier ist der Día de Nuestra Señora de Guadalupe (12. Dez.), an dem traditionelle Speisen wie *tamales*, *mole* und eine gan-ze Reihe *antojitos* serviert werden. In der Fastenzeit tauchen fleischlose Gerichte wie *romeritos* (eine Wildpflanze, die an Rosmarin erinnert und mit getrockneten Shrimps, Kartoffeln und *mole* serviert wird) auf den meisten Speiseplänen auf. Am Día de los Santos Reyes (Heilige Drei Könige; 6. Jan.), wird mit *rosca de reyes* gefeiert, einem großen ovalen Hefebrot, das mit kandierten Früchten verziert ist. Das *rosca* wird mit Mais-*tamales* und heißer Schokolade serviert. Zu einem traditionellen mexikanischen Weihnachtsessen gehören Truthahn, *bacalao* (getrockne-ter Kabeljau mit Oliven, Kapern, Zwiebeln und Tomaten) und *romeritos*.

Keine Feier in Mexiko ist mystischer umwoben als der Día de Muertos („Tag der Toten", Allerheiligen) am 2. November. Seine Ursprünge reichen in vorkoloniale Zeiten zurück. An diesem Tag wird der verstorbenen Ver-wandten und geliebten Menschen gedacht. Indem der Tod gefeiert wird, wird das Leben geehrt und zwar auf die gleiche Art und Weise wie auch alle anderen Feste begangen werden: mit Essen, Trinken und Musik. Für den Tod wird im Haus oder – was manche Familien bevorzugen – auf dem Friedhof ein Altar aufgebaut. Er wird mit leuchtenden *cempasuchil* (Ringelblumen), Tellern mit *tamales,* aus Zucker geformten Totenschädeln, und dem *pan de muerto* (Totenbrot; ein Laib aus Eigelb, Mezcal und Trockenfrüchten) geschmückt, und man stellt die Lieblingsspeisen der Toten dazu, damit sie sich bei ihrer Rückkehr willkommen fühlen.

¡Salud!

Tequila

Die Mexikaner lieben Tequila. Er wird landesweit getrunken, an großen und weniger großen Feiertagen genauso wie bei Beerdigungen, Jubiläen, lockeren Mittagsmahlzeiten oder einem Abendessen und in Bars mit Freunden. In markenrechtlicher Hinsicht ähnelt Tequila dem Champagner: Er muss grundsätzlich entweder aus dem Bundesstaat Jalisco oder aus speziell ausgewiesenen Gebieten in den Bundesstaaten Guanajuato, Michoacán, Nayarit und Tamaulipas kommen und wird vom Consejo Regulador del Tequila (Aufsichtsbehörde für Tequila) mit einem Gütesiegel geschützt. Der Tequila in den Läden auf der ganzen Welt stammt also garantiert aus diesen Gegenden im Westen Mexikos, dessen trockener Hochlandboden perfekte Wachstumsbedingungen für die Blaue Agave bietet, aus der der Schnaps gewonnen wird. Also keinen Tequila aus China oder anderen Ländern kaufen, *por favor.*

Apropos Aroma: Tequila gilt jetzt als edler Tropfen, der importierten Single-Malt-Whiskeys und Qualitätscognacs ernsthaft Konkurrenz macht – und das nicht nur beim Preis, sondern auch wegen seines warmen, runden Geschmacks. Die besten Tequilasorten sollten langsam und genussvoll aus kleinen Gläsern geschlürft werden.

Die *piña* (Herz) der Blauen Agave steht am Anfang des Herstellungsprozesses. Sie wird entnommen und bis zu 36 Stunden lang gekocht. Das weicht die Pflanzenfasern auf und setzt den *aguamiel* (Zuckersaft) frei, der anschließend in großen Tanks gärt. Je nach Gärungsgrad ist das Endergebnis *mixto* (gemischt) oder ein reines Agavenprodukt. Nach dem Gären wird der hochwertige Tequila ausschließlich aus *aguamiel* und Wasser destilliert. Der *aguamiel* von *mixto*-Sorten wird dagegen mit Wasser und anderen Zuckersorten (normalerweise Rohrzucker) versetzt. Bei Tequilas aus 100 % Agave steht das auch auf dem Etikett. Wenn nicht 100 % auf dem Etikett zu finden ist, dann ist es ein *mixto.*

Anschließend wird der *aguamiel* destilliert und in Reifefässer abgefüllt. Vor allem bei edleren Tequilas ist der Reifeprozess wichtig, da er über Farbe, Aroma, Qualität und damit auch den Preis bestimmt. Tequila *blanco* (weiß) ist klar und reift maximal 60 Tage. Er wird hauptsächlich für Mixgetränke benutzt und eignet sich besonders für Drinks auf Fruchtsaftbasis. Eine zwei- bis neunmonatige Lagerung verleiht Tequila *reposado* (mittelalt) die milde Note und die hellgoldene Farbe. Tequila *añejo* (alt) verbringt mindestens zwölf Monate im Holzfass – die erle-

Micheladas sind gekühlte Bierzubereitungen – von einfachen Drinks bis hin zu komplexen Cocktails. Der einfache *michelada* ist eine Mischung aus dem Saft von einer oder zwei Limetten in einem vorher gekühlten Krug, ein paar Eiswürfeln, einer Prise Salz und einem kalten mexikanischen Bier. Sie werden oft mit ein paar Tropfen scharfer Sauce, Worcestersauce und Maggigewürz serviert.

CANTINAS

Cantinas sind die traditionellen mexikanischen Kneipen. Es ist noch nicht lange her, da hatten Frauen, Militärs und Kinder in Cantinas keinen Zugang, und an manchen Cantinas hängt immer noch ein rostiges Schild mit diesem Verbot. Heute hat jeder Zutritt, auch wenn die traditionelleren Etablissements eine Macho-Domäne bleiben. Bier, Tequila und *cubas* (Rum und Cola) werden an quadratischen Tischen serviert, an denen die Stammkunden Domino spielen und *fútbol* (Fußballspiele) auf großen Bildschirmen anschauen. Cantinas sind berühmt für ihre *botanas* (Appetithäppchen) wie *quesadillas de papa con guacamole* (Kartoffel-Quesadillas mit Guacamole) oder Schnecken in Chipotle-Sauce (geräucherte Jalapenos).

sensten *añejos* ruhen bis zu vier Jahre lang. Der Tequila *añejo* ist samtig im Abgang und hat eine intensive, dunkle Farbe. Alle drei Sorten sind in Mexiko gleichermaßen angesagt; welche man selbst bevorzugt, hängt ganz vom eigenen Gusto ab.

Mezcal

Mezcal ist der Bruder des Tequila und erlebt gegenwärtig einen Boom bei Leuten, die glauben, dass Tequila inzwischen ein Allerweltsgetränk (und teuer!) sei. Mezcalerías (Bars, die sich auf Mezcal spezialieren) sind ein neuer Trend, besonders in den Städten. Wie Tequila wird Mezcal aus Agaven gewonnen, er muss aber nicht von der Blauen Agave und auch nicht aus den Tequila-Produktionsgebieten in Jalisco kommen. Anders gesagt: Jeder Tequila ist auch ein Mezcal, aber nicht jeder Mezcal ist ein Tequila. Da für Mezcal jede Agavenart genutzt werden kann, wird er auch im ganzen Land produziert, wobei die Herstellungsmethoden und die verwendete Menge der Agaven von Ort zu Ort sehr unterschiedlich sein kann.

Seit Februar 2017 gilt die umstrittene NOM-70 (Norm), mit der laut Consejo Regulador Mezcal (CRM; Aufsichtsbehörde für Mezcal) die Produktsicherheit aller Mezcal-Sorten zertifiziert wird, und die besagt, dass Mezcal nur dann Mezcal ist, sofern er in den in dieser Norm definierten Gebieten der Staaten Durango, Guerrero, Guanajuato, Michoacán, Oaxaca, Puebla, San Luís Potosí, Tamaulipas und Zacatecas produziert wurde. Alle außerhalb dieser Gebiete hergestellten „Mezcal" sind als „Aguardiente de Agave" zu bezeichnen. Da der Begriff „Aguardiente" eine negative Bedeutung hat, glauben viele, bei der Einführung der Norm sei es weniger um norwendige Regulierung von Mezcal gegangen, als vielmehr um die Verdrängung kleinerer Produzenten, was sich negativ auf unabhängige Brennereien auswirken werde.

Pulque

Wenn Tequila und Mezcal Brüder sind, dann ist Pulque der Vater aller mexikanischen Spirituosen. Vor 2000 Jahren stellten die Ureinwohner Mexikos erstmals ein leicht alkoholisches Getränk aus Agavensaft her, das die Azteken *octli poliqhui* nannten. Als die Spanier in Mexiko eintrafen, gaben sie diesem Getränk seinen heutigen Namen Pulque. Im Vergleich zu Tequila und Mezcal enthält purer Pulque weniger Alkohol, brennt aber wesentlich stärker im Gaumen. Da das Getränk nicht destilliert wird, hat es außerdem ein herbes Pflanzenaroma. Auch seine dickflüssig schaumige Konsistenz ist nicht jedermanns Sache. Manche Bars und Restaurants servieren daher *curados*, bei denen Fruchtzusätze wie Mango- oder Erdbeersaft für mehr Genießbarkeit sorgen.

Bier

Für manche Besucher ist *„Una cerveza, por favor"* der am häufigsten benutzte spanische Satz während ihrer Mexikoreise. Das macht auch Sinn, denn mexikanisches *cerveza* ist sehr beliebt und passt hervorragend – na klar – zum mexikanischen Essen! Die meisten mexikanischen Sorten sind hell und neutralisieren fantastisch die Schärfe einer Portion Enchiladas. Bier ist zudem der perfekte Durstlöscher bei den Tausenden *fútbol*-(Fußball-)Spielen, die in diesem Land mit geradezu religiösem Eifer verfolgt werden.

Zwei Großbrauereien beherrschen den mexikanischen Markt. Die Grupo Modelo, mittlerweile im Besitz der in Belgien ansässigen AB InBev, produziert etwa 18 Sorten, darunter Corona, Victoria, Modelo Especial, Pacífico, Montejo und Negra Modelo. Corona ist zwar eines der meistverkauften Biere der Welt, doch für echte Bierliebhaber ist das beste Bier der Brauerei das dunklere Negra Modelo. Cervecería Cuauhté-

Englische Seeleute prägten den Begriff „Cocktail", nachdem sie entdeckt hatten, dass ihre Getränke im Hafen von Campeche in Yucatán mit den dünnen getrockneten Wurzeln einer Pflanze umgerührt wurden, *cola de gallo* genannt, was auf Englisch *cock's tail* (Hahnenschwanz) bedeutet. In großen Städten mit entsprechendem Nachtleben, wie Mexiko City und Guadalajara, gibt's keinen Mangel an Cocktail-Bars.

moc Moctezuma (heute eine Tochterfirma von Heineken International) produziert in der Industriestadt Monterrey u. a. Sol, Carta Blanca, Dos Equis, Superior, Tecate und Bohemia. Die Originalversion von Dos Equis aus dem frühen 20. Jh., das dunklere und vollmundigere Dos Equis Ámbar, erfreut sich gegenwärtig wieder wachsender Beliebtheit. In jüngerer Zeit haben Kleinbrauereien (*cervezas artesanales*) die Bierszene bereichert, ihre Biere werden immer öfter in besseren Restaurants und Bars angeboten. Die große Vielfalt an mexikanischen Bieren erlaubt es, für jede Gelegenheit das passende zu finden. Ein Tag am Strand schreit praktisch nach einem Corona, Superior oder Pacífico. Victoria und Montejo passen ausgezeichnet zu Fisch und Meeresfrüchten, Modelo Especial und Carta Blanca dagegen bestens zu Fleisch, während ein Bohemia oder Negra Modelo ein edles, dekadentes Dinner perfekt abrunden.

Wein

Jetzt könnte der richtige Zeitpunkt gekommen sein, das Spanisch-Vokabular um „*Una copa de vino, por favor*" zu erweitern. Die Weinindustrie ist zwar immer noch viel kleiner als die Tequila- oder die Bierindustrie, doch mexikanische Weine machen große Fortschritte. Seit den 1990er-Jahren begannen mexikanische Weinproduzenten, teilweise inspiriert von den Erfolgen der kalifornischen, chilenischen und argentinischen Weine, in neun Regionen von Querétaro bis Sonora gute Weine hervorzubringen. Die besten kommen aus Valle de Guadalupe im Norden von Baja California (es gibt sogar eine Weinroute in der Gegend!). Die zwei größeren mexikanischen Weingüter, Pedro Domecq und LA Cetto, offerieren solide Tafelweine und einige Premiummarken wie Chateau Domecq oder Private Reserve Nebbiolo. „Boutique-Weingüter", die Monte Xanic, Casa de Piedra oder Casa Valmar heißen, produzieren ebenfalls großartige Weine in kleineren Mengen.

Alkoholfreie Getränke

Mexikos unzählige Obst- und Kräutersorten sowie Pflanzenarten sind die ideale Basis für die alkoholfreien Getränke, die seine Einwohner bevorzugt trinken. Landesweit verkaufen klassische *juguerías* (Straßenstände oder kleine Lokale) frisch gepressten Orangen-, Mandarinen-, Erdbeer-, Papaya- oder Karottensaft in unzähligen Varianten. Dazu kommen *licuados* (mexikanische Milchshakes), die normalerweise Milch, Honig, Bananen und weitere Früchte enthalten. Häufig werden kreative Kombinationen angeboten, z. B. aus *nopales* (Kaktusblätter), Ananas, Zitrone und Orange oder Vanille, Banane und Avocado.

Taquerías und die meisten Restaurants servieren *aguas frescas*, mit Wasser und Zucker verdünnte Säfte, die teilweise an Eistees erinnern. Für *agua de tamarindo* wird das Fleisch von Tamarindenfrüchten gekocht, mit Zucker vermengt und anschließend kühl gestellt. *Agua de jamaica* hingegen basiert auf getrockneten Hibiskusblättern. Weitere Varianten wie *horchata* enthalten Melonenkerne und/oder Reis.

In Tenochtitlán (dem heutigen Mexico City) wurde Schokolade als „Getränk der Götter" betrachtet; in der Náhuatl-Sprache wurde sie *tlaquetzalli* (Kostbarkeit) genannt. Schokolade wurde von den Azteken so geschätzt, dass die Kakaobohne auch als eine Art Zahlungsmittel verwendet wurde.

DIE MEXIKANISCHE KÜCHE ¡SALUD!

Natur & Umwelt

Mexikos unendlich facettenreiche Natur macht Touren durch dieses Land zu einem spannenden Vergnügen. Ständig offenbaren sich dem Auge neue Reize – von weiten Kakteenwüsten und schneebedeckten Vulkanen bis hin zu üppigen Tropenwäldern und Küstenlagunen und ihrer Unterwasserwelt. Naturfans werden Mexiko lieben, das dank der Lage zwischen gemäßigter und tropischer Zone eines der vielfältigsten Länder der Erde ist.

Geografie

Mexikos eindrucksvolle Topografie ist sehr ursprünglich und mannigfaltig. Die Hälfte der beinahe 2 Mio km² großen Fläche des Landes liegt über 1000 m hoch; die Küstenlinie hat eine Gesamtlänge von 10 000 km. Fast überall (außer auf der Halbinsel Yucatán) hat man einen wunderbaren Blick auf Berge.

Zentraler Vulkangürtel

Auf ihrer gesamten Länge von 1400 km wird die Sierra Madre Occidental nur von einer Eisenbahnlinie und drei asphaltierten Straßen gekreuzt: der Ferrocarril Chihuahua Pacífico (Copper Canyon Railway) von Los Mochis nach Chihuahua, dem Hwy 16 von Hermosillo nach Chihuahua und den Highways 40 und 40D von Mazatlán nach Durango.

Die Cordillera Neovolcánica, der spektakuläre Vulkangürtel, der in ostwestlicher Richtung mitten durch Mexiko verläuft, umfasst auch den aktiven Vulkan Popocatépetl (5452 m), 70 km südöstlich von Mexico City, sowie den Volcán de Fuego de Colima (3820 m), etwa 30 km nördlich von Colima. Seit 2006 bricht der Popocatépetl immer wieder aus, wobei die Eruptionen bislang lediglich geringe bis mittlere Intensität erreichten. In dieser Region, die ernsthaft gefährdet ist, sollte der rauchende Popocatépetl einmal richtig ausbrechen, leben etwa 30 Mio. Menschen. Sowohl Popocatépetl als auch Colima haben 2017 Aschewolken herausgeblasen. Im transmexikanischen Vulkangürtel erheben sich auch der schlafende Vulkan Pico de Orizaba (5611 m), Mexikos höchster Gipfel, und der „Schwesterberg" von „El Popo", der Iztaccíhuatl (5220 m), Mexikos dritthöchster Berg. Der jüngste und am leichtesten zugängliche Vulkan Mexikos, der Paricutín (2800 m), ist erst 1943 unweit des Michoacán-Dorfes Angahuan entstanden.

Die Hochlandtäler zwischen den Vulkanen sind seit jeher die fruchtbarsten Gebiete des Landes. In einem von ihnen – dem Valle de México, einem 60 km breiten Becken auf einer Höhe von 2200 m – erstreckt sich die Hauptstadt Mexico City mit ihren 20 Mio. Einwohnern, umgeben von Vulkankratern.

Nördliches Hochland & Sierras

In der Landesmitte erhebt sich mit dem Altiplano Central eine Reihe breiter Plateaus, die von zwei langen Bergketten gesäumt sind: der Sierra Madre Occidental im Westen und der Sierra Madre Oriental im Osten. Der *altiplano* und die beiden *sierras madre* treffen an der Cordillera Neovolcánica aufeinander.

Der Altiplano ist von kleinen Bergketten durchzogen und erstreckt sich auf einer Durchschnittshöhe von 1000 m im Norden bis auf 2000 m im Zentrum des Landes. Der größte Teil des nördlichen Altiplano ist von dem spärlich bewachsenen Desierto Chihuahuense (Chihuahuan-Wüste) bedeckt, der sich bis nach Texas und New Mexico erstreckt. Hier blickt man über staubige, braune Ebenen auf entfernte Berge, während am Himmel Geier und Adler kreisen. Der südliche Altiplano besteht hauptsächlich aus Hügellandschaften und breiten Tälern; in der Region El Bajío zwischen den Städten Querétaro, Guanajuato und Morelia liegen die besten Ackerbau- und Viehzuchtgebiete. Die extrem zerklüftete Sierra Madre Occidental ist von vielen spektakulären Schluchten durchzogen, darunter auch der berühmten Barranca del Cobre (Kupferschlucht) und deren 1870 m tiefer Verlängerung, der Barranca de Urique. In der Sierra Madre Oriental erheben sich Gipfel mit bis zu 3700 m Höhe, an ihren niedrigeren Hängen im Osten gibt's aber auch subtropische Zonen.

Baja California

Die Baja California, eine der längsten Halbinseln der Welt, verläuft entlang von Mexikos Nordwestküste. Man vermutet, dass sie vor ungefähr 5 Mio. Jahren durch tektonische Aktivitäten vom „Festland" getrennt wurde und der Golf von Kalifornien (Sea of Cortez) die so entstandene Lücke gefüllt hat. Baja – das sind 1300 km voller wunderschöner Wüsten, Ebenen und Strände, und in Picacho del Diablo in der Sierra San Pedro Mártir gibt's sogar Berggipfel von bis zu 3100 m Höhe.

Küstenebenen

Entlang der Pazifikküste Mexikos bis in den Süden zum Tabasco-Tiefland an der Golfküste erstrecken sich zahlreiche Küstenebenen. Die Küsten sind mit Hunderten von Lagunen, Meeresarmen und Sümpfen gesegnet, die sie zu bedeutenden Lebensräumen für Tiere und Pflanzen machen.

Auf der pazifischen Seite erstreckt sich eine trockene Ebene von der Grenze der USA bis fast nach Tepic im Bundesstaat Nayarit. Weiter südlich zieht sich die Tiefebene bis zur Grenze Guatemalas, wo sie immer schmaler und zunehmend tropischer wird.

Das Tiefland der Golfküste ist die Erweiterung einer ähnlichen Tiefebene in Texas und wird von vielen Flüssen durchquert, die in der Sierra Madre Oriental entspringen. Im Nordosten ist das Tiefland sehr breit, mit guten Viehzuchtgebieten, aber nahe der Küste ist es eher sumpfig. In Richtung Veracruz verschmälert es sich zunehmend.

Der Süden

Eine weitere zerklüftete Bergkette, die Sierra Madre del Sur, erstreckt sich durch die Bundesstaaten Guerrero und Oaxaca, fast parallel zur Cordillera Neovolcánica, von der sie durch das glühend heiße Río-Balsas-Becken getrennt ist. Die Sierra Madre del Sur endet am niedrig gelegenen Isthmus von Tehuantepec, Mexikos schmaler „Taille", die nur 220 km breit ist.

In Chiapas, dem südlichsten Bundesstaat Mexikos, grenzt das pazifische Tiefland an die Sierra Madre de Chiapas an. Der schlafende Volcán Tacaná, dessen 4110 m hoher Kegel sich auf der Grenze von Mexiko zu Guatemala erhebt, ist der westlichste einer Kette von Vulkanen, die sich weiter durch Guatemala zieht. Hinter der Sierra Madre de Chiapas liegt das Río-Grijalva-Becken; anschließend geht's hinauf in das Chiapas-Hochland, und hinter diesem Hochland sinkt das Land wieder ab zur Tiefebene des Lacandonischen Urwalds und zu den weiten Ebenen der großen Halbinsel Yucatán. Der weiche, relativ leicht erodierende Kalkstein Yucatáns führte zur Bildung vieler unterirdischer Flüsse und mehr als 6000 Dolinen, auch Cenoten genannt, von denen viele fantastische Badestellen sind. Vor der karibischen Küste der Halbinsel liegt das zweitgrößte Barriereriff der Welt, das unter diversen Namen bekannt ist, darunter Great Maya Reef, Mesoamerican oder Belize Barrier Reef. Es ist eine fantastische, bunte Unterwasserwelt und eines der besten Tauch- und Schnorchelgebiete weltweit.

NATUR & UMWELT GEOGRAFIE

Vulkanische Aktivitäten

Monitoreo Volcánico Popocatépetl (www.cenapred.unam.mx:8080/monitoreoPopocatepetl)

Volcán Colima y Más Volcanes (www.facebook.com/volcancolima)

Webcams de México (www.webcamsdemexico.com) bietet Videostreams vom Volcan de Colima und Popocatepetl

Tiere & Pflanzen

Mexikos Tier- und Pflanzenwelt ist exotisch und äußerst faszinierend: Sie reicht von den Walen, Seelöwen und Riesenkakteen der Halbinsel Baja California bis zu den Großkatzen, Brüllaffen und den interessanten Lebewesen in den Nebelwäldern des Südostens. Die wunderschönen Naturparadiese werden auch für Reisende immer weiter zugänglich gemacht, denn inzwischen bietet eine wachsende Zahl örtlicher Veranstalter Touren zum Beobachten von Vögeln, Schmetterlingen, Walen, Delfinen, Meeresschildkröten und weiteren Tieren an.

Landtiere

In Mexikos verbliebenen Tropenwäldern, besonders im Südosten, leben noch immer fünf verschiedene Großkatzenarten – Jaguar, Puma, Ozelot, Jaguarundi (Wieselkatze) und Margay (Langschwanzkatze) – in ihren jeweiligen Lebensräumen. Hinzu kommen Klammer- und Brüllaffen, Tapire, Ameisenbären und einige Raubreptilien wie die Boa Constrictor. In der nördlichen Sierra Madre Occidental, nur 200 km von der Grenze zu den USA, und der Sierra Gorda in der Sierra Madre Oriental, leben kleine Jaguarpopulationen. Bei den Maya-Ruinen in Palenque und Yaxchilán sieht man häufig Brüllaffen – oder hört zumindest ihr Geschrei.

Im Norden Mexikos haben das Wachstum der Städte, Viehzucht und Ackerbau größere Wildtiere wie Pumas (Berglöwen), Wölfe, Rotluchse und Dickhornschafe in entlegene, oft gebirgige Gegenden verdrängt. Waschbären, Gürteltiere und Skunks (Stinktiere) sind hingegen weit verbreitet – die zwei letzteren findet man in weiten Teilen Mexikos.

In den warmen Regionen des Landes stößt man auf zwei harmlose, wenn auch manchmal ziemlich erstaunliche Reptilienarten: Den Leguan, eine Eidechse, die bis zu 1 m lang werden kann und verschiedene Farbtöne aufweist, sowie den Gecko, eine winzige, meist grüne Eidechse, die überraschend hinter Vorhängen oder Schränken hervorschießt, wenn sie gestört wird. Die Geckos können einen zwar ganz schön erschrecken, sind aber sehr hilfreich, denn sie fressen Moskitos.

Wassertiere

Die Halbinsel Baja California ist besonders für Walbeobachtungen in den ersten Monaten des Jahres bekannt. Dann nämlich schwimmen Grauwale 10 000 km von der Arktis hierher, um in den Küstengewässern ihren Nachwuchs aufzuziehen. Im Golf von Kalifornien zwischen der Baja und dem Festland lebt über ein Drittel aller Meeressäugerarten der Welt – darunter vier verschiedene Walarten, Pelzrobben, Seelöwen und -elefanten. Zwischen Dezember und März folgen die Buckelwale den planktonhaltigen Strömungen der Pazifikküste entlang und können – ebenso wie Delfine und Meeresschildkröten – auf Bootstouren beobachtet werden, die in den Küstenstädten starten.

An den Küsten zwischen Baja und Chiapas bzw. dem Nordosten und der Halbinsel Yucatán liegen einige der wichtigsten Brutgebiete für Meeresschildkröten. In mexikanischen Gewässern sind sieben der acht weltweit existierenden Spezies beheimatet. Manche Schildkrötenweibchen legen unglaubliche Distanzen zurück. So schwimmen beispielsweise unechte Karettschildkröten quer durch den Pazifik, um ihre Eier dort abzulegen, wo sie selbst geschlüpft sind. Es ist strengstens verboten, die Tiere zu jagen oder ihre Eier zu sammeln. An vielen der über 100 geschützen Brutstränden kann man aber beim *arribada* zuschauen, dem Moment, wenn die Schildkröten an Land kommen, um zu nisten oder um ihrem Nachwuchs beim Schlüpfen zu helfen.

An der Pazifik- und der Golfküste tummeln sich Delfine, während Krokodile vor allem im Süden des Landes viele Feuchtgebiete an der Küste

Top-
Schutz-
projekte
für Schild-
kröten

....
Cuyutlán, Colima
....
Isla Mujeres,
Quintana Roo
....
Madre Sal, Chiapas
....
Campamento Majahua, Costalegre,
Jalisco
....
Playa Colola,
Michoacán
....
Playa Escobilla,
Oaxaca
....
Puerto Arista,
Chiapas
....
Tecolutla, Veracruz

unsicher machen. Die vielfältigste Unterwasserwelt haben die karibischen Korallenriffe vor der Halbinsel Yucatán zu bieten – sie sind in ihrer Art absolut einmalig und ein Dorado zum Tauchen und Schnorcheln! In der Nähe der Insel Contoy, unweit des nordöstlichsten Zipfels Yucatáns, kann man mit Walhaien, den größten Fischen der Welt, schnorcheln.

Vögel & Falter

Mexikos Küsten sind Vogelparadiese. Dies gilt vor allem für Flussmündungen, Lagunen und Inseln. Alljährlich fliegen schätzungsweise 3 Mrd. Zugvögel zur oder über die Halbinsel Yucatán. Über dem Bundesstaat Veracruz verläuft jeden Herbst der *River of Raptors* – die Migrationsroute von etwa 4 Mio. Raubvögeln. Im Inland Mexikos leben unzählige Adler, Falken und Bussarde, in der nördlichen Sierra Madre Occidental überwintern Unmengen von Enten und Gänsen. Südlich von Tampico im Osten bzw. rund um Mazatlán im Westen des Landes leben tropische Spezies wie Trogone, Kolibris, Papageien und Prachtmeisen. Die südöstlichen Ur- und Nebelwälder sind die Heimat von bunten Aras, Tukanen, Hokkohühnern und sogar ein paar Quetzals. Bei Celestún und Río Lagartos liegen Yucatáns eindrucksvolle Flamingokolonien. Zig lokale Anbieter im ganzen Land, besonders entlang der Küste, organisieren Ausflüge zur Vogelbeobachtung.

Ein unvergleichliches Insektenschauspiel bietet die Reserva Mariposa Monarca (S. 677) in Michoacán: Abermillionen Monarchfalter tauchen im Winter Bäume und Boden in ein wunderbar strahlendes Orange.

Bedrohte Arten

Die meisten Schätzungen gehen davon aus, dass in Mexiko 101 Tierarten vom Aussterben bedroht sind. 81 von ihnen gibt es nirgendwo sonst auf der Welt, darunter wunderbare Geschöpfe wie Jaguar, Ozelot, Nördlicher Tamandua (ein Ameisenbär), Gabelbock, Mittelamerikanischer (Baird-) Tapir, die Harpyie, der prächtige Quetzal, der Hellrote Ara, das Cozumel-Hokkohuhn, die Unechte Karettschildkröte, der Seeotter, der Guadalupe-Seebär, vier Papageienarten sowie Klammer- und Brüllaffen. 2017 gab es nur noch 30 Exemplare des hübschen Kalifornischen Schweinswals (auch Vaquita genannt), der nur im nördlichen Teil des Golfs von Kalifornien zu finden ist, was Regierung und Naturschützer veranlasste, eine verzweifelte, wenn auch kontroverse Maßnahme zu ergreifen: Die Verbannung aller Netze von dem betroffenen Küstenbereich bei gleichzeitiger Entschädigung der Fischer für daraus resultierende Verluste. Die Kängururatte auf Margarita Island oder die Hubbs-Süßwasserschnecke mögen zwar nicht besonders augenfällig sein, doch ihr Verschwinden wird sich auf alle anderen Tiere und Pflanzen vor Ort auswirken. Da sie in Mexiko endemisch sind, würden sie – wenn sie in Mexiko aussterben – komplett von der Erde verschwinden. Eine ganze Reihe von Faktoren trägt dazu bei, dass die Arten als bedroht gelten, darunter die Abholzung und andere Verluste von Lebensraum, der Handel mit Tieren und Wilderei.

Das Land versucht die bedrohten Arten in erster Linie mithilfe eines Netzwerkes aus Nationalparks und Biosphärenreservaten zu retten, das 13 % des Landes bedeckt, sowie mit einer Reihe spezifischer Programme zur Erhaltung bestimmter Lebensräume oder Arten. Die Arbeit der Regierung wird durch örtliche und internationale Umweltschutzgruppen ergänzt, allerdings wird das Vorankommen durch große Lücken im Netzwerk der geschützten Gebiete sowie die unbeständige Durchführung und eingeschränkte finanzielle Mittel erschwert.

Pflanzen

Im Norden Mexikos liegen trotz spärlicher Vegetation die artenreichsten Wüsten der Erde. Dort wachsen Kakteen, Agaven, Yuccapalmen, Büsche

NATUR & UMWELT TIERE & PFLANZEN

Fantastische Vögel

Hellroter Ara (Reforma Agraria)

Quetzal (Reserva de la Biosfera El Triunfo)

Kalifornischer Kondor (Parque Nacional Sierra San Pedro Mártir)

Flamingo (Celestún & Río Lagartos)

Der Wildfinder des WWF (worldwildlife.org/science/wildfinder) ist eine Datenbank mit mehr als 26 000 Tierarten, die man nach Art oder Ort suchen kann. Für jede der 23 Ökoregionen in Mexiko liefert die Datenbank eine Liste mit hunderten Tierarten unter ihren englischen und lateinischen Bezeichnungen, inklusive dem Grad ihrer Bedrohung (oft auch mit Bildern versehen).

und Gräser. Die meisten der ca. 2000 bekannten Kakteenarten sind in Mexiko zu finden, darunter allein 400 im Desierto Chihuahuense; viele dieser Arten gibt es nur in Mexiko. Die isolierte Halbinsel Baja California hat eine sehr spezielle und vielfältige Flora. Sie reicht vom 20 m hohen Cardón-Kaktus (dem größten der Welt) bis zum bizarren Boojum, der manchmal einer umgedrehten Karotte ähnelt.

Mexikos große Bergketten sind von weiten Pinienwäldern überzogen (hier wächst die Hälfte aller Pinienarten der Welt). In den tiefergelegenen Regionen findet man über 135 Eichenarten. In der Südhälfte des Landes sind die Bergkiefernwälder oft von Wolken durchzogen. Diese Nebelwälder haben eine feuchte, üppige Vegetation mit vielen bunten Wildblumen und Epiphyten (an Bäumen wachsende Aufsitzerpflanzen).

Die natürliche Vegetation der Tiefebenen im Südosten besteht vorrangig aus immergrünen tropischen Wäldern (teilweise auch Regenwäldern). Diese sind dicht bewachsen und sehr vielfältig – hier gedeihen Farne, Epiphyten, Palmen, tropische Harthölzer wie Mahagoni sowie Obstbäume wie der Mammiapfel und der Chicozapote (Sapotillbaum), der natürlichen Kaugummi produziert. Trotz fortschreitender Zerstörung ist der Selva Lacandona (Lacandonischer Urwald) in Chiapas immer noch Mexikos größter Tropenwald – hier gedeiht der Großteil der 10 000 Pflanzenarten, die in dieser Region zu Hause sind.

Der Süden der Halbinsel Yucatán ist von Regenwäldern geprägt, der Norden von Trockenwäldern und Savannen mit Dornenbüschen und kleinen Bäumen (darunter auch viele Akazien).

Nationalparks & Naturschutzgebiete

Mexiko hat großartige Nationalparks und andere geschützte Lebensräume – über 910 000 km² stehen unter irgend einer Form von staatlich getragenem Umweltschutz. Zwar fehlen der Regierung die Mittel für einen ausreichenden Schutz dieser Gebiete, doch werden, auch dank der Hilfe diverser Umweltschutzorganisationen, immer mehr jener Parks realisiert, die bisher nur auf dem Papier existierten.

National- parks & Natur- schutzge- biete im Internet

....
Comisión Nacional de Áreas Naturales Protegidas (www. conanp.gob.mx)
....
Unesco biosphere reserves (www. unesco.org/new/ en/natural-scien ces/environment/ ecological-scien ces/biosphere- reserves/)

Nationalparks

Die 67 *parques nacionales* (Nationalparks) in Mexiko nehmen eine Gesamtfläche von 14 320 km² ein. Viele sind winzig (weniger als 10 km²). Etwa die Hälfte der Parks wurde in den 1930er-Jahren wegen ihrer Archäologie, ihrer Geschichte oder ihres Freizeitwertes eingerichtet und weniger aus Umweltschutzgründen. Etliche in jüngerer Zeit entstandene Nationalparks beinhalten Küstengebiete, Inseln oder Korallenriffe. Im November 2017 kündigte Mexiko die Schaffung des größten Meeresschutzgebiets in Nordamerika an. Der Parque Nacional Revillagigedo (150 000 km²), soll die gleichnamigen Inseln, das „Galapagos von Nordamerika", und die Meeresfauna der umliegenden Gewässer schützen. Obwohl auch dort illegal abgeholzt, gejagt und geweidet wird, dienen die Nationalparks vermehrt dem Schutz großer Waldgebiete, besonders des Koniferenbestands Zentralmexikos.

Biosphärenreservate

Reservas de la biosfera (Biosphärenreservate) basieren auf der Erkenntnis, dass es nicht machbar ist, die Ausbeutung vieler ökologisch wichtiger Gebiete durch den Menschen völlig zu unterbinden. Stattdessen fördern diese Reservate nachhaltige Umweltschutzaktivitäten vor Ort. Heute gibt es in Mexiko über 50 UNESCO-geschützte und/oder nationale Biosphärenreservate, die eine Fläche von über 210 000 km² abdecken und einige der schönsten und biologisch faszinierendsten Gebiete umfassen. Die jüngsten sind die größten – so umfasst das Mexican Caribbean Biosphere Reserve (57 000 km²) praktisch die gesamte Küste von

DIE BESTEN NATIONALPARKS & NATURSCHUTZGEBIETE

PARK/SCHUTZGEBIET	MERKMALE	AKTIVITÄTEN	BESTE BESUCHZEITEN
Área de Protección de Flora y Fauna Cuatrociénegas (S. 866)	Wüste; unterirdische Gewässer; *pozas* (Schwimmteiche); außergewöhnlich große Artenvielfalt	Schwimmen; Tierbeobachtung; Wandern	ganzjährig
Parque Nacional Archipiélago Espíritu Santo (S. 792)	Gewässer rund um Espíritu Santo & Nachbarinseln im Golf von Kalifornien	Kayakfahren mit Walhaien; Schnorcheln mit Seelöwen; Segeln	ganzjährig
Parque Nacional Bahía de Loreto (S. 789)	Inseln, Küsten & Gewässer des Golfs von Kalifornien	Schnorcheln; Kajakfahren; Tauchen	ganzjährig
Parque Nacional Iztaccíhuatl-Popocatépetl (S. 180)	Aktive & inaktive Vulkanriesen am Rande des Valle de México	Wandern; Klettern	Nov.–Feb.
Parque Nacional Lagunas de Chacahua (S. 509)	Oaxaca-Küstenlagunen; Strand	Bootstouren; Vogelbeobachtung; Surfen	ganzjährig
Parque Nacional Volcán Nevado de Colima (S. 664)	Aktive & schlafende Vulkane; Pumas; Kojoten; Pinienwälder	Vulkanwanderungen	Ende Okt.–Anfang Juni
Reserva de la Biosfera Banco Chinchorro (S. 321)	Größtes Korallenatoll der nördlichen Hemisphere	Tauchen; Schnorcheln	Dez.–Mai
Reserva de la Biosfera Calakmul (S. 377)	Regenwald mit bedeutenden Maya-Ruinen – darunter Calakmul, Hormiguero and Chicanná	Ruinen besichtigen; Tierbeobachtung	ganzjährig
Reserva de la Biosfera El Pinacate y Gran Desierto de Altar (S. 837)	Lavafelder, Sanddünen, riesige Krater; einer der trockensten Orte der Erde	Wandern; Tierbeobachtung	ganzjährig
Reserva de la Biosfera El Vizcaíno (S. 782)	Küstenlagunen, an denen Grauwale kalben, Wüsten	Walbeobachtung; Wanderungen zu antiken Felskunstwerken	Dez.–April
Reserva de la Biosfera Mariposa Monarca (S. 677)	Wälder mit Millionen Monarchfaltern	Schmetterlinge beobachten; Wandern	Ende Okt.–März
Reserva de la Biosfera Montes Azules (S. 433)	Tropischer Dschungel, Seen, Flüsse	Dschungelwanderungen; Kanufahren; Raften; Vogel- & Tierbeobachtung	Dez.–Aug.
Reserva de la Biosfera Ría Celestún (S. 347)	Flussmündung & Mangroven mit vielfältiger Vogelwelt, inkl. Flamingos	Vogelbeobachtung; Bootstouren	Nov.–März
Reserva de la Biosfera Ría Lagartos (S. 364)	Von Mangroven gesäumte Flussmündung voller Vögel, inkl. Flamingos	Vogel-, Krokodil- und Schildkrötenbeobachtung	April–Sept.
Reserva de la Biosfera Sian Ka'an (S. 320)	Karibischer Küstenurwald, Sümpfe & Inseln mit einer überaus vielfältigen Tierwelt	Wandern; Vogelbeobachtung; Missionen aus der Kolonialzeit	ganzjährig
Reserva de la Biosfera Sierra Gorda (S. 706)	Übergang von Halbwüste zum Nebelwald	Wandern; Vogelbeobachtung; Missionen aus der Kolonialzeit	ganzjährig

Quintano Roo und Baja's Pacific Islands Biosphere Reserve (10 926 km²) die Coronado-Inseln in der Nähe der US-Grenze. Der Schwerpunkt liegt auf gesunden Ökosystemen mit einer genuinen Artenvielfalt. In einigen Reservaten ist umweltbewusster, gemeinschaftsbasierter Tourismus zu einer wichtigen Einnahmequelle geworden. Erfolgreiche Besucherprogramme gibt es in Reservaten wie Calakmul, Sierra Gorda, Montes Azules, Mariposa Monarca, La Encrucijada und Sian Ka'an.

Ramsar-Gebiete

Fast 90 000 km² des mexikanischen Landes und der Küstengewässer sind geschützte Feuchtgebiete von internationaler Bedeutung – sogenannte Ramsar-Gebiete (www.ramsar.org). Die Ramsar-Konvention wurde nach der iranischen Stadt benannt, in der das Übereinkommen über Feuchtgebiete von Internationaler Bedeutung 1971 unterzeichnet wurde. Unter den 142 mexikanischen Ramsar-Gebieten befinden sich Areale, in denen Wale kalben, Strände, an denen Schildkröten ihre Eier ablegen, Korallenriffe, Küstenlagunen und Mangrovenwälder, die für viele Vogelarten und Meereslebewesen von existenzieller Bedeutung sind.

Umweltprobleme

2012 hat Mexiko sich den Status eines Bannerträgers verdient: Es war das zweite Land (nach Großbritannien), das die Einhaltung von CO_2-Emmissionsraten gesetzlich verankert hat. Das Klimaschutzgesetz verpflichtet das Land, das derzeit, was die Treibhausgasemissionen angeht, weltweit an dreizehnter Stelle liegt, bis 2024 35 % seines Stroms über erneuerbare Energien zu gewinnen und die CO_2-Emissionen bis 2050 gegenüber den ursprünglich erwarteten Werten um 50 % zu reduzieren.

2015 wurde Mexiko das erste außereuropäische Land, das seine Klimaschutzregelungen formell bei den Vereinten Nationen einreichte, wobei das Land sich verpflichtete, seine Treibhausgas-Emissionen um mindestens 25 % gegenüber dem Niveau zu senken, was ansonsten für 2030 zu erwarten gewesen wäre. Darüber hinaus hat sich Mexiko zudem vorgenommen, die Entwaldung bis 2030 auf Null zu drücken.

Denn gerade die Entwaldung, aber auch die Luftverschmutzung gehören zu den größten Umweltproblemen Mexikos. Und obwohl das Land einer der weltweit größten Exporteure von Rohöl ist, muss es die Hälfte seines Benzins importieren, da es nicht genügend Raffinerien gibt. Die teuren Importe durch erneuerbare Energien zu ersetzen, die im eigenen Land produziert werden, ist wirtschaftlich sehr sinnvoll. Dank des vielen Sonnenscheins hat Mexiko außerdem genügend Potential für die Nutzung von Sonnenenergie. Bereits 15 % des Stroms kommen aus der Wasserkraft und 5 % aus Windenergie und Geothermie.

Wie das Land seine Ziele erreichen kann, steht auf einem anderen Blatt. Die Entdeckung enormer Offshore-Vorkommen im Juli 2017 werden Mexikos Ölproduktion ab 2019 deutlich steigern, was Kritiker dazu veranlasst, die Aussichten der Verringerung der Ölabhängigkeit des Landes als eher dürftig zu bezeichnen. Windkraft ist die einzige erneuerbare Energiequelle, bei der in den vergangenen Jahren eine deutliche Steigerung der Stromproduktion zu verzeichnen war.

Gewässer & Wälder

Auf Präsident Peña Nietos 2013 verkündetem Sechsjahresplan stand das Thema Trinkwasserversorgung ganz oben – eines der Hauptprobleme des Landes, dessen Trinkwasserreserven zu 70 % im Süden zu finden sind, während in der Mitte und im Norden rund 75 % der Einwohner leben. Etwa 9 % der Bevölkerung haben keinen Zugang zu sauberem Trinkwasser. Das Wasser und die Wasserversorgungseinrichtungen des Landes sind oft stark verschmutzt (weshalb die Mexikaner die führenden

Umfangreiche Informationen zur Umwelt Mexikos sowie zu den eigenen Programmen im Land geben: Nature Conservancy (www.nature.org), Conservation International (www.conservation.org) und WWF (wwf. panda.org; www.wwf.org.mx; www.worldwildlife.org)

Verbraucher von Wasser in Flaschen sind), zudem ist in vielen Gegenden die Kanalisation äußerst unzureichend. 2015 stellte die Regierung schließlich den Plan vor, die Wasserversorgung ganz oder teilweise zu privatisieren, in der Annahme, private Unternehmen könnten der Bevölkerung Wasser billiger, sauberer und effizienter anbieten als der Staat. Trotz der landesweiten Proteste, die daraufhin losbrachen, kam es zu einer Teilprivatisierung.

Ein Gebiet, auf dem Mexiko bereits Erfolge verzeichnen kann, ist der Erhalt der Wälder. Mexiko hat schon in vorkolonialer Zeit etwa drei Viertel seiner Wälder eingebüßt. Betroffen waren alle Arten von Wäldern – vom kühlen pinienbewachsenen Hochland bis hin zum tropischen Urwald – überall wurde gerodet, geweidet und Landwirtschaft betrieben. Heute gibt es auf nur noch rund 17 % den ursprünglichen mexikanischen Waldbestand, auf weiteren 16 % konnte sich der Baumbestand zumindest regenerieren oder wurde neu angepflanzt. Die gute Nachricht: Seit den 1990er-Jahren hat sich die Abholzungsrate von 3500 km² pro Jahr auf unter 1600 km² mehr als halbiert. Ein Grund für diese Erfolgsgeschichte ist, dass rund 70 % der Wälder von den Kommunen selbst kontrolliert werden, und diese sie gern auf nachhaltige Weise nutzen.

Probleme in den Städten

Mexico City ist eine Metropole inmitten eines Rings aus Bergen, der die verschmutzte Luft in der Stadt hält. Die Hauptstadt verbraucht mehr als die Hälfte der Elektrizität des Landes und pumpt ein Viertel ihres Wasserbedarfs aus tiefer gelegenen Gebieten heran – in die später das in Abwasser verwandelte Nass über 11 000 km Kanalisation zurück gepumpt wird. Im Rahmen der Anstrengungen, die Luftverschmutzung einzudämmen, gibt es schon seit Jahren ein rotierendes Fahrverbot: An einem Tag der Woche müssen die Besitzer von Fahrzeugen mit jeweils einer bestimmten letzten Ziffer des Nummernschildes ihre Autos stehenlassen. Der Klima-Aktionsplan der Stadt für den Zeitraum 2014 bis 2020 zielt darauf ab, u. a. durch energieeffiziente Busse, elektrisch betriebene Taxis, mehr Fahrradnutzung und einer Umstellung auf Energiesparlampen die CO_2-Emissionen um 30 % zu senken.

Die Probleme mit der Wasserversorgung, der Abwasseraufbereitung, der Überbevölkerung und der Luftverschmutzung aufgrund des Verkehrsaufkommens spielen, wenn auch in einem geringeren Ausmaß, auch in den meisten anderen schnell wachsenden Städten des Landes eine Rolle.

Der Tourismus, ein Schlüsselfaktor der mexikanischen Wirtschaft, kann ebenfalls Umweltprobleme mit sich bringen, vor allem, wenn er sich zu rasch entwickelt. Nach Jahren der ökologischen Opposition zur im großen Stil geplanten Tourismusentwicklung in Cabo Cortés auf Baja California hat der damalige Präsident Calderón 2012 die Pläne für dieses Projekt gestrichen, nachdem die Entwickler nicht nachweisen konnten, dass es ökologisch nachhaltig sein wird – sehr zur Freude der Aktivisten, die vehement die Meinung vertreten hatten, dass das Projekt dem Parque Marino Nacional Cabo Pulmo ernsthaften Schaden zufügen würde.

An der Riviera Maya, die an der Karibikküste liegt, organisieren Vereinigungen wie Centro Ecológico Akumal und Mexiconservación (www.mexiconservacion.org) Kampagnen, um die Schäden zu begrenzen, die der ausufernde Tourismus an Korallenriffen, Nistplätzen von Schildkröten, Mangrovensystemen und sogar im Wasser der in der Gegend berühmten Cenoten (Kalksteinlöcher) anrichtet. Langsam ergreifen immer mehr Hotels und Resorts der Umgebung ökologische Maßnahmen.

Mexikos wohl einflussreichste Umweltschutzgruppe heißt Pronatura (www.pronatura.org.mx) und setzt sich mit unzähligen Programmen landesweit für Klimaschutzprojekte, Arten- und Wasserschutz sowie den Erhalt von Ökosystemen ein und fördert Öko-Tourismus, Umweltbildung und nachhaltige Entwicklung.

Praktische Informationen

**ALLGEMEINE
INFORMATIONEN...926**

Aktivitäten.............. 926

Arbeiten in Mexiko...... 927

Botschaften &
Konsulate.............. 927

Ermäßigungen 927

Essen 927

Feiertage & Ferien 927

Fotos & Video 928

Frauen unterwegs 928

Freiwilligenarbeit 928

Gefahren &
Ärgernisse.... 929

Geld 930

Gesundheit 930

Internetzugang..........931

Karten & Stadtpläne 932

Öffnungszeiten......... 932

Post.................. 932

Rechtsfragen........... 932

Reisen mit
Behinderung........... 933

Schwule & Lesben 933

Sprachkurse 933

Strom................ 934

Telefon 934

Touristeninformation.... 935

Unterkunft............. 935

Versicherung........... 936

Visa & Touristenkarten .. 936

Zeit 937

Zoll 938

**VERKEHRSMITTEL
& -WEGE...........939**

AN- & WEITERREISE 939

Einreise 939

Flugzeug 939

Auf dem Landweg 940

Übers Meer 942

UNTERWEGS VOR ORT...942

Auto & Motorrad 942

Bus 944

Flugzeug 945

Nahverkehr 945

Schiff/Fähre 946

Zug 946

SPRACHE.........947

GLOSSAR 953

GLOSSAR ESSEN 956

Allgemeine Informationen

Aktivitäten

Einige Outdoor-Aktivitäten (z. B. Vogelbeobachtung und Wandern) sind in Mexiko das ganze Jahr über super möglich. Die besten Saisons für andere Abenteuer sind folgende:

➡ Tauchen & Schnorcheln: Buckelwale plus Walhaie sieht man im Winter vor der Pazifikküste und in Baja California, während man die besten Chancen von September bis Oktober hat, um Hammerhaie im Golf von Mexiko zu erspähen. Im August und September bietet sich einem die beste Unterwassersicht an der Karibikküste

➡ Rafting: Oktober gilt als der beste Monat fürs Rafting, ansonsten ist dies auch ganzjährig möglich

➡ Surfen & Kitesurfen: die Hauptsaison in Baja California und an der übrigen Pazifikküste dauert von April bis Oktober

Folgende Websites optimieren die Reiseplanung von Outdoor-Fans (inkl. Surfern) u. a. mittels Anbieterverzeichnissen:

Magic Seaweed (www.magicseaweed.com) Wartet u. a. mit Webcams, Wellenvorhersagen und Infos zu Surfspots auf.

Planeta.com (www.planeta.com) Gute Infoquelle zum aktiven und sanften Tourismus.

Mexiconline.com (www.mexonline.com) Mit Anbieterverzeichnissen.

SICHER TAUCHEN & SCHNORCHELN

Für maximale Sicherheit beim Schnorcheln, Geräte- oder Apnoetauchen bitte unbedingt folgende Tipps beherzigen:

➡ Gerätetaucher sollten ein gültiges Zertifikat einer anerkannten Tauchschule besitzen.

➡ Grundsätzlich nur tauchen, wenn Körper und Psyche dies einwandfrei zulassen!

➡ Leihausrüstung vor dem Bezahlen stets sorgfältig überprüfen und vor allem die Vertrauenswürdigkeit des Tauchlehrers abchecken – andernfalls besteht Lebensgefahr!

➡ Verlässliche Infos zu Umwelt-, Wetter- und Wasserbedingungen am jeweiligen Tauchspot einholen – am besten bei seriösen Tauchanbietern vor Ort! Zudem ist es ratsam, lokal ausgebildete Taucher nach ihren Erfahrungen zu befragen.

➡ Grundsätzlich alle Gesetze, Bestimmungen und Verhaltensregeln bezüglich der örtlichen Unterwasser- bzw. Umwelt einhalten!

➡ Nur an Spots tauchen, die dem eigenen Erfahrungs- und Leistungs-Level entsprechen – idealerweise immer zusammen mit einem kompetenten und professionellen Tauchführer oder -lehrer!

➡ Vorab sicherstellen, dass der gewählte Anbieter ein aktuelles Zertifikat von **PADI** (www.padi.com), **NAUI** (ww.naui.org) oder Mexikos international anerkanntem Tauchverband **FMAS** (www.fmas.com.mx) besitzt!

➡ Vorab die Standorte und Notrufnummern der nächstgelegenen Einrichtungen mit Dekompressionskammern ermitteln!

➡ In den letzten 18 Stunden vor Flügen grundsätzlich nicht mehr tauchen!

Arbeiten in Mexiko

In puncto Wirtschaftskraft rangiert Mexiko weltweit auf Platz 15. Ausländer können hier vor allem im Dienstleistungssektor jobben. Wichtig: Dies erfordert grundsätzlich ein gültiges Arbeitsvisum! Nützliche Tipps zu dessen Erlangung gibt's unter https://transferwise.com/gb/blog/mexico-work-visa. Hilfreiche Einblicke in den mexikanischen Arbeitsalltag finden sich unter www.mexperience.com/lifestyle/working-in-mexico/ und www.internations.org/mexico-expats/guide.

Botschaften & Konsulate

Das mexikanische Außenministerium (**Secretaría de Relaciones Exteriores**; www.gob.mx/sre) informiert online über seine diplomatischen Vertretungen in aller Welt. Wer einen Langzeittrip durch Mexiko unternehmen will, sollte eine Vertretung seines eigenen Heimatlands darüber informieren – vor allem wenn der Besuch entlegener Regionen geplant ist. Botschaften in Mexico City sind:

Belize (☏55-5520-1274; www.belizeembassy.bz/mx; Bernardo de Gálvez 215, Lomas de Chapultepec; 🚇76-A-X)

Deutschland (☏55-5283-2200; www.mexiko.diplo.de; Horacio 1506, Los Morales; 🕙Mo–Fr 8.30–16 Uhr; 🚇Polanco)

Guatemala (☏55-5520-9249; www.mexico.minex.gob.gt; Av Explanada 1025, Lomas de Chapultepec; 🕙9–13 Uhr; 🚇76-A-X)

Österreich (☏55-5251-0806; www.bmeia.gv.at/oeb-mexiko/; Sierra Tarahumara Pte. 420, Delegación Miguel Hidalgo, Lomas de Chapultepec)

Schweiz (☏55-9178-4370; www.eda.admin.ch/countries/mexico/de/home/vertretungen/botschaft.html; Torre Optima I, Piso 11, Paseo de las Palmas No 405, Delegación Miguel Hidalgo, Lomas de Chapultepec)

USA (☏55-5080-2000; https://mx.usembassy.gov; Paseo de la Reforma 305; 🕙Mo–Fr 8.30–17.30 Uhr; 🚇Insurgentes)

Ermäßigungen

Mit folgenden Ausweisen gibt's vergünstigte Flugtickets bei Studenten- und Jugendreisebüros:

➡ Internationaler Studentenausweis (International Student Identity Card; ISIC)

➡ Internationaler Jugendreiseausweis (International Youth Travel Card; IYTC) für Nichtstudenten unter 26 Jahren

➡ Internationaler Lehrerausweis (International Teacher Identity Card; ITIC)

Busunternehmen, Museen und archäologische Stätten gewähren meist nur Rabatt, wenn man offiziell in Mexiko lebt. Dennoch lassen sich per ISIC, IYTC oder ITIC manchmal Ermäßigungen ergattern.

Essen

Meist enthalten Restaurantrechnungen die Mehrwertsteuer (Impuesto sobre Valor Anadido; IVA) von 16 %.

Feiertage & Ferien

An den folgenden offiziellen Nationalfeiertagen haben

Banken, Postämter, Behörden und andere Einrichtungen geschlossen.

Año Nuevo (Neujahr) 1. Januar

Día de la Constitución (Verfassungstag) Gefeiert am ersten Montag im Februar

Día de Nacimiento de Benito Juárez (Geburtstag von Benito Juárez) Gefeiert am dritten Montag im März

Día del Trabajo (Tag der Arbeit) 1. Mai

Día de la Independencia (Unabhängigkeitstag) 16. September

Día de la Revolución (Revolutionstag) Gefeiert am dritten Montag im November

Día de Navidad (1. Weihnachtsfeiertag) 25. Dezember

Wenn ein nationaler Feiertag auf einen Samstag oder Sonntag fällt, wird er oft am Freitag davor bzw. am Montag darauf begangen.

Viele Behörden und Geschäfte sind auch an folgenden optionalen Feiertagen geschlossen:

Día de los Santos Reyes (Dreikönigstag) 6. Januar

Día de la Bandera (Tag der Nationalflagge) 24. Februar

Viernes Santo (Karfreitag) Zwei Tage vor Ostersonntag im März oder April

Cinco de Mayo (Jahrestag des mexikanischen Sieges über Frankreich bei Puebla) 5. Mai

Día de la Madre (Muttertag) 10. Mai

Día de la Raza (Jahrestag der Entdeckung Amerikas durch Kolumbus) 12. Oktober

Día de Muertos (Tag der Toten) 2. November

PRAKTISCH & KONKRET

Maße & Gewichte In Mexiko gilt das metrische System.

Rauchen Mexikos Gesetzgeber beschränken das Qualmen in geschlossenen öffentlichen Räumen auf extra ausgewiesene Raucherbereiche. In Hotels müssen theoretisch 75 % aller Zimmer frei von blauem Dunst sein; praktisch wird dies aber kaum durchgesetzt.

Zeitungen *The News* (www.thenews.mx) heißt Mexikos einzige englischsprachige Tageszeitung, die aber nur montags bis freitags erscheint und außerhalb Mexico Citys kaum erhältlich ist. Zu den besten unabhängigsten Zeitungen auf Spanisch zählen *Reforma* (www.reforma. com) und die linksgerichtete *La Jornada* (www.jornada. umam.mx); beide bekommt man landesweit.

Día de Nuestra Señora de Guadalupe 12. Dezember

Fotos & Video

Man sollte um Erlaubnis bitten, wenn man Leute fotografieren möchte. Vor allem indigene Mexikaner möchten sich eventuell nicht fotografieren oder filmen lassen.

Travel Photography von Lonely Planet erleichtert die Reisefotografie mit umfassenden Tipps ohne Fachjargon.

Das INAH (Nationales Institut für Archäologie und Geschichte) verwaltet 129 Museen und 187 archäologische Stätten. Wer dort fotografieren bzw. „mit spezieller oder professioneller Ausrüstung" (inkl. alle Dreibeine außer Amateur-Videokameras) filmen möchte, braucht dafür eine Genehmigung (Foto/Video pro Tag 5113/10 227 Mex$). Die Website www.tramites. inah.gob.mx (spanisch) liefert Details und ermöglicht Antragsstellungen per E-Mail (min. 2 Wochen im Voraus!).

Frauen unterwegs

Mexikaner sind allgemein sehr höflich, während das Wissen um die Gleichheit der Geschlechter nun auch hier gewisse Fortschritte gemacht hat. Dennoch ist *machismo* bis heute Teil des örtlichen Alltags. So müssen alleinreisende Frauen immer noch mit Pfiffen, Anmache und Kommentaren rechnen.

Frau sollte es den Mexikanerinnen gleichtun und potenziell gefährliche Situationen ohne Begleitung vermeiden – z.B. Trampen, Aufenthalte an menschenleeren Orten (vor allem bei Dunkelheit) oder Bechern in *cantinas*. Auf der Straße und in öffentlichen Verkehrsmitteln tragen einheimische Frauen oft hochgeschlossene Kleidung – auch weibliche Traveller können unerwünschte Aufmerksamkeit so theoretisch reduzieren.

Freiwilligenarbeit

Freiwilligenarbeit ist prima, wenn man aktiv am Alltag mexikanischer Gemeinden teilnehmen und dem Land nicht nur Touristendollars bringen will. Bei vielen Organisationen können Ehrenamtliche stundenweise oder gleich ein Jahr und länger mit anpacken. Dabei reicht das Spektrum vom Schutz der Meeresschildkröten bis hin zum WWOOFern (Mitarbeit auf einem Bio-Bauernhof). Mal sind Freiwillige mit Spanischkenntnissen und/oder spezieller Berufserfahrung gefragt, während anderswo einfach engagierte Helfer gesucht werden.

Bei vielen Sprachschulen kann man seine Kurse durch freiwillige Teilzeit-Tätigkeiten ergänzen.

Verzeichnisse

Go Abroad (www.goabroad.com)

Go Overseas (www.gooverseas. com)

Idealist.org (www.idealist.org)

The Mexico Report (http:// themexicoreport.com/non -profits-in-mexico)

Volunteer Oaxaca (http:// volunteer-oaxaca.com)

Programme in Mexiko
SOZIALE PROJEKTE

Casa de los Amigos (Mexico City; www.casadelosamigos. org) Unterstützt Flüchtlinge und Einwanderer mithilfe von Freiwilligen.

Centro de Esperanza Infantil (Oaxaca; www.oaxacastreetchild rengrassroots.org) Zentrum für Straßenkinder.

Entre Amigos (San Pancho, Nayarit; www.entreamigos.org. mx) Hilft Kindern mit Bildungsprojekten und Workshops.

Feed the Hungry (San Miguel de Allende; www.feedthehungrysma. org) Gesunde Ernährung für zahllose benachteiligte Kinder.

Fundación En Vía (Karte S. 462; ☏951-515-24-24; www.envia. org; Instituto Cultural Oaxaca, Juárez 909, Oaxaca; Führung 850 Mex$/Pers.; ☺Führungen Mo–Fr 13, Sa 9 Uhr) ✎ Gemeinnützige Organisation, die Dorffrauen per Kleinkredit das Eröffnen eigener Betriebe ermöglicht.

Junax (Chiapas; www.junax.org. mx) Betreut indigene Gemeinden; Freiwillige (Spanischkenntnisse erforderlich) bekommen dabei Infos und Unterkunft in San Cristóbal de las Casas.

Misión México (Tapachula; www. lovelifehope.com) Kinderheim mit angeschlossener Surfschule.

Piña Palmera (Zipolite, an der Küste von Oaxaca; www.pina palmera.org) Kümmert sich um

Menschen mit körperlichen und geistigen Behinderungen.

UMWELT- & NATURSCHUTZ

Campamento Majahuas (Costalegre; ☎ Mobil 322-2285806; www.campamentomajahuas. com; Hwy 200, Abzweigung bei Km 116; ☉ Juli–Nov. abends) ✎ Hervorragendes Projekt mit kurzfristigen Möglichkeiten, beim Schutz brütender Meeresschildkröten mitzumachen.

Centro Ecológico Akumal (www. ceakumal.org) Naturschutzmaßnahmen wie Schildkröten- und Küstenschutz.

Flora, Fauna y Cultura de México (☎ 984-188-06-26; www. florafaunaycultura.org; ☉ Mo–Fr 9–17 Uhr) Schildkrötenschutz an der Karibikküste.

Grupo Ecologista Vida Milenaria (Tecolutla; www.vidami lenaria.org.mx) Großartiges Schildkröten-Schutzprojekt.

Natáte (u. a. in Chiapas; www. natate.org.mx) Naturschutzmaßnahmen wie der Schutz von Schildkröten.

Nomad Republic (landesweit; www.nomadrepublic.net) Hilft lokalen Kooperativen z. B. in Sachen Landwirtschaft, Bildung, Tourismus, Gesundheit sowie Wasser- und Energieversorgung.

Pronatura (Halbinsel Yucatán; www.pronatura-ppy.org.mx) Betreibt u. a. Projekte zum Meeresschutz.

Tortugueros Las Playitas (Todos Santos, Baja California Sur; www.todostortugueros. org) Brutstation für Meeresschildkröten.

WWOOF Mexico (landesweit; www.wwoofmexico.org) Ehrenamtliche, familienfreundliche Engagements auf Bio-Bauernhöfen.

Internationale Organisationen

Global Vision International (www.gviusa.com) Von Meeresschutzprojekten bis hin zu Lehrtätigkeiten.

Los Médicos Voladores (www. flyingdocs.org) Vermittelt Freiwillige mit medizinischen Fachkenntnissen an Gemeinden in Mexiko und Mittelamerika.

Projects Abroad (www.projects -abroad.org) Freiwilligenjobs u. a. in den Bereichen Bildungswesen, Landwirtschaft, Umwelt- und Naturschutz.

Gefahren & Ärgernisse

Mexikos Drogenkrieg ist zweifellos furchtbar und erschreckend. Die Gewalt spielt sich jedoch fast ausschließlich zwischen den Drogenbanden bzw. zwischen diesen und staatlichen Sicherheitskräften ab. Es ist dennoch ratsam, vor dem Start aktuelle Sicherheitsinfos einzuholen (z. B. über die Websites des US-amerikanischen und eigenen Außenministeriums). Zudem empfehlen sich landesweit folgende Vorsichtsmaßnahmen:

➡ Möglichst nur tagsüber reisen und sich an Mautstraßen halten. Bei Dunkelheit alle touristenfreien Stadtviertel bzw. Gegenden meiden.

➡ An Stränden immer mit starken Unter- bzw. Gezeitenströmungen rechnen. Wertsachen während des Schwimmens niemals unbeaufsichtigt lassen.

➡ Vorsicht vor gepanschtem Alkohol (hat u. a. in Quintana Roos Urlaubsorten schon einige Todesopfer gefordert!).

Diebstahl & Raub

Taschendiebe und -räuber sind vor allem in mexikanischen Großstädten aktiv. Zu ihren bevorzugten Jagdrevieren zählen überfüllte Busse und U-Bahnen, Bushaltestellen bzw. -bahnhöfe, Flughäfen, Märkte und belebte Straßen oder Plätze. Taschendiebe arbeiten oft in Gruppen, die ihre Opfer zwecks Ablenkung in die Enge treiben.

Raubüberfälle kommen vergleichsweise seltener vor, sind aber wesentlich gefährlicher: Täter dieser Kategorie zwingen ihre Opfer zur Herausgabe von Wertsachen (z. B. Geldbörse, Uhr, Schmuck). Da sie eventuell bewaffnet sind und bei Gegenwehr gewalttätig werden könnten, sollte keinesfalls Widerstand geleistet werden. Gelegentlich kommt es auch zu „Express-Entführungen", bei denen die Opfer zum Abheben von Bargeld am Automaten gezwungen werden. Von dieser Methode sind ausländische Traveller jedoch kaum betroffen.

Folgende Vorsichtsmaßnahmen minimieren die Gefahr von kriminellen Übergriffen:

➡ Orte meiden, an denen sich nur wenige bzw. keine Menschen aufhalten (z. B. leere Straßen oder U-Bahn-Abteile bei Dunkelheit, abgeschiedene Strände, wenig benutzte Unterführungen).

➡ In potenziell zwielichtigen Gegenden nicht umherlaufen, sondern ein Taxi nehmen – in Mexico City aber unbedingt das richtige!

➡ Immer die Umgebung (inkl. Passanten) im Blick behalten!

➡ Alle Wertsachen, die nicht unmittelbar benötig werden, im Hotelsafe zurücklassen – falls keiner vorhanden ist, die Wertsachen am besten auf verschiedene

STAATLICHE REISEINFORMATIONEN

Diese staatlichen Websites liefern allgemeine Sicherheitstipps und informieren über gefährliche Gebiete:

Deutschland (www.auswaertiges-amt.de)

Österreich (www.bmeia.gv.at)

Schweiz (www.eda.admin.ch)

USA (http://travel.state.gov)

Verstecke im Zimmer oder Hostelspind verteilen!

➡ Nur Bargeld für den unmittelbaren Bedarf einstecken; wer Wertsachen unbedingt mitnehmen muss oder möchte, sollte einen Geldgürtel, Schulter- oder Brustbeutel unter der Kleidung verwenden.

➡ Bargeld, Kreditkarten, Geldbörsen, Kameras und andere Elektronikgeräte nie länger offen herzeigen als nötig. An Ticketschaltern von Busbahnhöfen und Flughäfen das Gepäck stets sicher zwischen die Beine klemmen!

Wer dennoch Opfer eines Delikts geworden ist, sollte den Vorfall am besten sofort bei einer Touristeninformation, der Polizei oder der nächstgelegenen Vertretung des eigenen Heimatlands melden.

Geld

Banken & Wechselstuben

US-Dollar (gefolgt von Kanadischen Dollar und Euro) werden landesweit am häufigsten akzeptiert. Bares umtauschen kann man u. a. bei manchen Bankfilialen. Die Alternative sind die *casas de cambio* (Wechselstuben), die es in allen größeren Städten und vielen kleineren Ortschaften gibt. Wechselstuben haben oft auch abends oder am Wochenende geöffnet. Sie bieten meist ähnliche Konditionen wie Banken, bei denen oft mit vergleichsweise kürzeren Umtauschzeiten (Mo–Fr 9–16, Sa 9–13 Uhr) und längerem Prozedere zu rechnen ist.

Bargeld

Vor Ort empfiehlt sich stets ein ausreichender Vorrat an Bargeld. In Großstädten entlang der US-Grenze und in vielen mexikanischen Touristenhochburgen kann man bisweilen mit US-Dollar

bezahlen, allerdings ist der Wechselkurs dann meist ziemlich schlecht.

Geldautomaten

An Mexikos zahlreichen Geldautomaten (*cajero automático*) lassen sich Pesos mit bekannten Kredit- oder Lastschriftkarten (Maestro, Cirrus, Plus) abheben. Der Wechselkurs am Automaten ist meist besser als der „Touristentarif", den Banken oder *casas de cambio* (Wechselstuben) bei Direktumtausch verlangen. Dieser Vorteil wird jedoch eventuell durch Bearbeitungsgebühren des Automatenbetreibers (30–70 Mex$) und Auslandstransaktionssätze der Kartenaussteller aufgehoben.

Achtung: Bargeld ausschließlich tagsüber und nur an Automaten im Inneren von sicheren Gebäuden abheben!

Kreditkarten

Die meisten mexikanischen Fluglinien und Autovermieter akzeptieren Visa, MasterCard und American Express. Gleiches gilt für viele Hotels der oberen Mittel- bzw. Spitzenklasse sowie für manche Restaurants und Läden. Beim Bezahlen per Kreditkarte wird mitunter ein lokaler Zuschlag fällig, während der Wechselkurs normalerweise derselbe wie beim Abheben am Geldautomaten ist. In beiden Fällen erhebt der Kartenaussteller aber meist noch eine separate internationale Transaktionsgebühr (ca. 2,5 %).

Gesundheit

Wichtig bei Mexikoreisen ist vor allem adäquate Vorbeugung gegen Krankheiten, die durch Lebensmittel und Stechmücken verursacht werden. Zusätzlich zu den empfohlenen Impfungen ist daher ein gutes Insektenschutzmittel anzuraten. Und beim Essen bzw. Trinken heißt's immer genau hinschauen!

Medizinische Versorgung & Kosten

Der medizinische Standard ist landesweit recht hoch. Die beste Versorgung bieten jedoch generell private Gesundheitseinrichtungen in Großstädten (vor allem in Mexico City und Guadalajara): Verglichen mit öffentlichen Krankenhäusern sind Privatkliniken meist topmodern ausgestattet; zudem sprechen die Ärzte hier oft Englisch. Sie akzeptieren allerdings mitunter keine Bezahlung per ausländischer Reisekrankenversicherung – in diesem Fall werden Traveller bei der Entlassung persönlich zur Kasse gebeten. Die mexikanische Tourismusbehörde **Sectur** (☑55-5250-0151, 800-903-92-00, in den USA 800-482-9832; www.visitmexico.com) und die eigene Botschaft bzw. deren Konsulate liefern normalerweise Infos zu lokalen Krankenhäusern.

Empfohlene Impfungen

Vor der Abreise sollte der Standardimpfschutz bei Bedarf aufgefrischt werden. Gegebenenfalls ist in Absprache mit einem Arzt zu prüfen, ob sich bestimmte Impfungen für Schwangere und Kinder eignen. Weitere Hinweise und Gesundheitstipps liefert z. B. die Reisewebsite des eigenen Außenministeriums. Beispiele für empfohlene Impfungen:

Diphtherie Bei geplantem Besuch von ländlichen Gebieten.

Gelbfieber Obligatorischer Impfnachweis bei Einreise aus entsprechenden Risikogebieten bzw. -ländern.

Hepatitis A Für alle Reisenden (außer Kinder unter einem Jahr).

Hepatitis B Bei langen Reisen und/oder Treks mit engem Kontakt zu Einheimischen (Immunisierung: drei Impfungen innerhalb von sechs Monaten).

Tetanus Für alle Reisenden.

Tollwut Bei potenziellem Kontakt mit Tieren (vor allem weitab medizinischer Einrichtungen).

Tuberkolose Bei geplantem Besuch von ländlichen Gebieten.

Typhus Für alle Reisenden.

Infektionskrankheiten

Chikungunya-Fieber Diese Viruserkrankung mit heftigen Fieberschüben und starken Gelenkschmerzen wird von infizierten Aedesmücken übertragen. Vor allem in Guerrero, Oaxaca, Chiapas und Michoacán tritt das Chikungunya-Fieber inzwischen verstärkt auf (vereinzelt auch in zwölf weiteren Bundesstaaten). Schutzimpfungen oder Therapien existieren bislang nicht; Todesfälle oder bleibende Schäden sind jedoch sehr selten. Zudem sind Patienten nach überstandener Krankheit ein Leben lang immun gegen den Erreger.

Denguefieber Wird meist tagsüber von infizierten Aedesmücken übertragen und geht mit grippeähnlichen Symptomen einher. Gegen die Virusinfektion gibt es bislang keine Schutzimpfung; die Behandlung beschränkt sich auf Schmerzmittel.

Kutane Leishmaniose Wird von infizierten Sandfliegen übertragen (vor allem in Küstengebieten und Südmexiko), deren Bisse in schmerzlosen Hautgeschwüren (Größe 1–5 cm) resultieren. Diese heilen innerhalb mehrerer Wochen oder Monate ab und hinterlassen teilweise entstellende Narben. Die Behandlung erfordert spezielle Wirkstoffe; eine Schutzimpfung existiert bislang nicht.

Malaria Wird meist bei Dunkelheit von Moskitos übertragen und äußert sich hauptsächlich in hohem Fieber mit starken Schüben. Eine medikamentöse Vorbeugung ist möglich, sollte aber unbedingt vor Ort durch adäquate Schutzmaßnahmen gegen Moskitostiche ergänzt werden. Zwecks individueller Prophylaxe und Beratung vor dem Start empfehlen sich Ärzte mit tropenmedizinischer Ausbildung. Malaria tritt vor allem in Campeche, Chiapas, Chihuahua, Nayarit und Sinaloa auf. Einzelfälle wurden auch in Durango, Jalisco, Oaxaca, Sonora, Tabasco und Quintana Roo beobachtet.

Rickettsiose Wird zusammenfassend auch Fleckfieber genannt und von infizierten Parasiten (Zecken, Flöhe, Läuse, Milben) übertragen. Weltweit existieren diverse Untergruppen. In Nordmexiko ist das Rocky-Mountains-Zeckenbissfieber weit verbreitet, das ohne sofortige Behandlung mit Antibiotika potenziell tödliche Folgen hat. Landesweit übertragen Flöhe zudem das murine Fleckfieber (alias endemisches Typhus), das jedoch nur selten letal ausgeht und ebenfalls mit Antibiotika behandelt werden kann. Eine medikamentöse Prophylaxe existiert in beiden Fällen nicht. Die beste Vorbeugung ist daher adäquater Schutz gegen Zeckenstiche bzw. Flohbisse.

Zika-Virus Wird von infizierten Aedesmücken übertragen und ist seit 2015 landesweit auf dem Vormarsch, tritt aber vor allem in Südmexiko auf. Zu den Symptomen gehören starke Hautrötungen, Fieber und Gelenkschmerzen. Bei Erwachsenen kann eine Infektion im Guillain-Barré-Syndrom resultieren, während es bei ungeborenen Babys zu starken Missbildungen des Gehirns (Mikrozephalie) kommen kann. Bislang lassen sich nur die Symptome abschwächen, während es keine Schutzimpfung gibt. Insbesondere Schwangere sollten daher von Reisen in Zika-Risikogebiete absehen.

Gesundheitsrisiken

Höhenkrankheit Die potenziell tödliche Höhenkrankheit kann bei Menschen auftreten, die in kurzer Zeit Anstiege auf über 2500 m absolvieren. Zu den Symptomen zählen Kopfschmerzen, Übelkeit, Erbrechen, Schwindel, Unwohlsein, Schlaf- und Appetitlosigkeit. Um das Höhenkrankheitsrisiko zu mindern, sollte man langsam aufsteigen, Überanstrengung vermeiden, nur leichte Mahlzeiten zu sich nehmen und keinen Alkohol trinken. Bei jeglichen Symptomen ist der Aufstieg sofort zu unterbrechen, bis Besserung eintritt. Werden die Symptome schlimmer oder gar Anzeichen eines Zerebralödems (Verwir-

rung durch Gehirnschwellung) oder Lungenödems (Atemnot durch Flüssigkeit in der Lunge) erkennbar, muss unverzüglich auf geringere Höhe abgestiegen werden – 500 bis 1000 m dürften genügen, solange kein Zerebralödem vorliegt.

Moskitostiche Langärmelige Oberbekleidung, lange Hosen, eine Kopfbedeckung und geschlossene Schuhe beugen Moskitostichen vor. Für Unterkünfte ohne Fliegengitter sollte man unbedingt ein gutes Moskitonetz (idealerweise mit Permethrin imprägniert) zum Abschirmen der Betten im Gepäck haben. Gleiches gilt, wenn Übernachtungen im Freien geplant sind. Parallel empfiehlt sich ein wirksames Insektenschutzmittel, das vorzugsweise mindestens 50 % DEET enthält (Achtung: Nicht geeignet für Kinder unter zwei Jahren!).

Schlangen & Skorpione Bei Schlangenbissen oder Skorpionstichen ist die betroffene Körperstelle sofort möglichst ruhigzustellen. Auf Skorpionstiche sollte zudem augenblicklich eine Eispackung gelegt werden. Anschließend jeweils schnellstmöglich ärztliche Hilfe suchen!

Sonne Zum Schutz vor starker Sonneneinstrahlung heißt's die Mittagshitze zu meiden und einen breitkrempigen Hut plus Sonnenbrille zu tragen. Die obligatorische Sonnencreme sollte mindestens den Lichtschutzfaktor 30 haben. Bei großer Hitze ist es zudem sehr wichtig, stets genügend alkoholfreie Flüssigkeit zu trinken und anstrengende Tätigkeiten zu vermeiden.

Internetzugang

WLAN ist in vielen mexikanischen Unterkünften vorhanden (meist gratis). Auch immer mehr lokale Restaurants, Cafés, Bars, Flughäfen und Stadtplätze bieten Drahtloszugang. In diesem Buch weist das entsprechende Symbol darauf hin, dass WLAN zumindest in manchen Gebäudeteilen zur Verfügung steht. In mexikanischen Großstädten sterben Internetcafés zunehmend aus: Auch hier sind einheimische SIM-Karten für internetfähige Mobilgeräte nun überall einfach und günstig erhältlich.

Karten & Stadtpläne

Nelles, ITM und Michelin erleichtern die Reiseplanung mit guten Mexikokarten. ITM gibt zudem viele brauchbare Regionalkarten in größeren Maßstäben heraus.

Mexikanische Touristeninformationen verteilen kostenlos Orts-, Stadt- und Regionalpläne von unterschiedlicher Qualität. Buch- und Zeitschriftenhändler verkaufen entsprechende Verlagsprodukte wie den empfehlenswerten Straßenatlas *Por Las Carreteras de México*, der von Guía Roji herausgegeben wird und das ganze Land abdeckt.

In den Hauptstädten aller Bundesstaaten verkauft das Inegi (www.inegi.org.mx) über seine Centros de Información (für Details s. Website) topografische Karten in den Maßstäben 1:50 000 und 1:250 000.

Die nützliche App Maps. me für iPhone und Android ermöglicht den Download diverser Regionalkarten bzw. Stadtpläne. Das integrierte GPS funktioniert auch offline.

Öffnungszeiten

Die Öffnungs- und Geschäftszeiten in Mexiko variieren landesweit sehr stark. Bei großen saisonalen Abweichungen macht dieses Buch stets Angaben für die Hauptsaison (in der Zwischen- und Nachsaison dann potenziell kürzere Öffnungszeiten). Allgemein gilt:

Banken Mo–Fr 9–16, Sa 9–13 Uhr

Bars & Nachtclubs 13–24 Uhr

Cafés 8–22 Uhr

Einzelhandel Mo–Sa 9–20 Uhr

Restaurants 9–23 Uhr

Supermärkte & Kaufhäuser tgl. 9–22 Uhr

Post

Die mexikanische Post (www. correosdemexico.gob.mx) arbeitet langsam, ist aber günstig und recht verlässlich. Briefe und Postkarten gen Europa kommen im Durchschnitt nach ein bis zwei Wochen an.

Internationale Paketsendungen ab Mexiko werden im Postamt zur Zollinspektion geöffnet. Daher lässt man sie am besten offen, nimmt Verpackungsmaterial mit und verschließt das Ganze dann erst direkt vor Ort. Für versicherte und schnelle Zustellung empfehlen sich teurere internationale Kurierdienste wie **UPS** (www.ups.com), **FedEx** (www.fedex.com) oder die mexikanische **Estafeta** (www. estafeta.com). Diese verlangen für 1-kg-Pakete nach Europa in der Regel ca. 56 US$.

Rechtsfragen

Das mexikanische Rechtssystem basiert auf dem römischen Recht und dem Code Napoléon. Danach gilt ein Angeklagter als schuldig, bis seine Unschuld bewiesen wurde.

2009 hat Mexiko den Besitz von Kleinmengen bestimmter Drogen für den persönlichen Gebrauch entkriminalisiert. Dies gilt z. B. für Marihuana (5 g), Kokain (500 mg), Heroin (50 mg) und Amphetamine (40 mg) – allerdings nur, wenn der Konsument zum ersten Mal erwischt wird. Doch auch in diesem Fall legt theoretisch ein Staatsanwalt fest, ob der Betreffende noch als Konsument oder schon als Dealer einzustufen ist. Solcherlei Probleme sind jedoch am leichtesten vermeidbar, indem man komplett die Finger von allen illegalen Drogen lässt! Im Juni 2017 war der Marihuanakonsum zu rein medizinischen Zwecken vor Ort erlaubt.

Die Einfuhr von Feuerwaffen und Munition nach Mexiko (auch unabsichtlich) ist strikt untersagt.

Korrupte Polizisten stellen landesweit ein großes Problem dar. So werden Traveller z. B. mitunter wegen angeblicher Verkehrsdelikte angehalten, um Schmiergelder zu erpressen. In solchen Fällen kann es helfen, wenn man vorgibt, kein Spanisch zu sprechen. Falls nicht: Manchmal bringt es etwas, die Beamten höflich nach ihren Namen bzw. Dienstnummern zu fragen und anzubieten, sie zur Klärung der Angelegenheit direkt auf die Wache zu begleiten. Generell gilt jedoch grundsätzlich: Immer nur Fotokopien der Reisedokumente (inkl. Führerschein) aushändigen – niemals die Originale!

Nützliche (Warn-)Hinweise zum mexikanischen Recht liefert die Website des **US-Außenministeriums** (US State Department; http://travel.state.gov). Zudem empfiehlt es sich, bei der Website des eigenen Außenministeriums vorbeizusurfen.

Rechtsbeistand

Gemäß internationalem Recht sind Mexikos Behörden verpflichtet, nach der Verhaftung von Travellern sofort deren Heimatbotschaft bzw. -konsulat zu kontaktieren, falls dies gewünscht wird. Doch Vorsicht: Die Realität sieht manchmal anders aus! Sofern sie verständigt werden, können Konsularbeamte die jeweilige Rechtslage erklären, Anwaltsverzeichnisse übermitteln, die Abwicklung des Falls beobachten, eine menschenwürdige Behandlung anmahnen und Freunde oder Bekannte benachrichtigen – aber sie können keinesfalls eine Haftentlassung erwirken. Nach mexikanischem Gesetz dürfen Verhaftete ohne Anklage höchstens 48 Stunden in Polizeigewahrsam bleiben. Eine offizielle Verhaftung findet aber eventuell erst nach mehreren Befragungen statt.

Mexikanische Touristen-informationen (vor allem bundesstaatliche) helfen oft bei rechtlichen Problemen wie Beschwerden, Straf- oder Verlustanzeigen. Die Gratis-Hotline der nationalen Tourismusbehörde **Sectur** (☎ 55-5250-0151, in den USA 800-482-9832) steht rund um die Uhr zur Verfügung.

Kriminalitätsopfer finden Hilfe bei der Botschaft, dem Konsulat, bei Sectur oder staatlichen Touristenin-formationen. In manchen Fällen bringt ein Gang zur Polizei kaum mehr als eine offizielle Bestätigung für die eigene Versicherung. Wer sich an die Polizei wendet, sollte unbedingt Reisepass und Touristen-karte (falls nicht gestohlen bzw. verloren) mitnehmen. Bei mangelnden Spanisch-kenntnissen empfiehlt sich zudem eine sprachkundige Begleitperson. Reine Dieb-stahlsanzeigen für Versiche-rungsberichte nimmt man an besten mit den Worten *poner una acta de un robo* („einen Diebstahl anzeigen") vor. Dies sollte ausreichend verdeutlichen, dass nur eine entsprechende Bescheini-gung benötigt wird, die dann relativ stressfrei ausgestellt werden dürfte.

Reisen mit Behinderung

In Mexiko erhöht sich lang-sam die Zahl von Hotels, Restaurants, öffentlichen Gebäuden und archäologi-schen Stätten, die mit Roll-stuhlrampen ausgestattet sind. Abgesenkte Bordsteine sind aber nach wie vor kaum vorhanden. Touristenhoch-burgen und teurere Hotels bieten die beste Barriere-freiheit. Im Vergleich zu Flugzeug oder Taxi gestalten sich Busreisen schwieriger. Die hilfsbereiten Mexika-ner gleichen den Mangel an behindertengerechten Einrichtungen aber bis zu einem gewissen Grad durch ihr Improvisationstalent aus.

Seh- und Hörgeschädigte haben es vor Ort generell besonders schwer. Firmen wie **Mind's Eye Travel** (www.mindseyetravel.com) bieten jedoch spezielle Mexiko-Kreuzfahrten für Sehge-schädigte an. Nützliche allgemeine Infos zum Reisen mit Behinderung gibt's z. B. bei **Mobility International USA** (www.miusa.org), **Mobility International Schweiz** (www.mis-ch.ch), **MyHandicap Deutschland** (www.myhandicap.de), **My-Handicap Schweiz** (www.myhandicap.ch) oder der **Nationalen Koordinie-rungsstelle Tourismus für Alle e. V.** (www.natko.de). Ergänzend stellt Lonely Pla-net den englischsprachigen Führer Accessible Travel gratis zum Download bereit (http://lptravel.to/accessibletravel).

Schwule & Lesben

Mexiko steht dem Thema Se-xualität zunehmend offener gegenüber. Der konservative Einfluss der katholischen Kirche ist aber nach wie vor deutlich. Schwule und Lesben treten hier zwar nicht allzu stark in Erscheinung, begegnen aber kaum offe-ner Diskriminierung oder Gewalt. Die Legalisierung gleichgeschlechtlicher Ehen in Mexico City hat die hauptstädtische Szene aufblühen lassen: Dort gibt's hippe Bars und Clubs mit internationalem Publikum. Puerto Vallarta ist die „homo-sexuelle Strandhauptstadt" des Landes; ansonsten haben z. B. Guadalajara, Veracruz, Cancún, Mérida oder Acapulco lebendige LGBT-Gemeinden. Mexikos oberster Gerichtshof legali-sierte gleichgeschlechtliche Ehen im Juni 2016, indem er deren Untersagung durch mexikanische Bundesstaa-ten für verfassungswidrig erklärte. Gegen den brech-enden Beschluss gab es jedoch wütende Proteste und Demonstrationen.

Die Website von Gay Mexico (www.gaymexico.com.mx) umfasst eine Karte mit Direktlinks zu regionalen Szene-Guides. Die Gay Mexico Map (www.gaymexicomap.com) führt Unterkünfte, Bars und Clubs in vielen Großstädten auf. GayCities (www.gaycities.com) liefert gute Infos zu Mexico City, Guadalajara, Puerto Vallarta und Cancún. Ebenfalls empfehlenswert sind Out Traveller (www.outtraveller.com) und die **International Gay & Les-bian Travel Association** (www.iglta.org) mit Details zu LGBT-freundlichen Reisever-anstaltern in aller Welt.

Die **Clínica Condesa** (☎ 55-5515-8311; www.condesadf.mx; Gral Benjamín Hill 24, Condesa; ☺ Mo–Fr 7–19 Uhr; ⊡ De La Salle) ist landes-weit die allererste ihrer Art. Dieses vorbildliche Gesund-heitszentrum mit Schwer-punkt auf Geschlechtskrank-heiten kümmert sich vor allem um Angehörige der LGBT-Gemeinde, akzeptiert aber auch Heterosexuelle. Die Behandlungen sind selbst für Ausländer immer komplett gratis.

In Mexico Citys LGBT-Enklave namens Zona Rosa bietet AHF Mexico (www.pruebadevih.com.mx) kos-tenlose und vertrauliche HIV-Schnelltests (*prueba rápida de VIH*) an.

Sprachkurse

In Mexiko gibt's zahlreiche professionelle Sprachschu-len mit erfahrenem Personal als Lehrern. Das große Angebot reicht von kurzen Anfängerkursen mit Schwer-punkt auf dem eigentlichen Sprechen bis hin zu längeren Varianten mit umfassen-dem Intensivprogramm. Viele Schulen befinden sich in den attraktivsten und interessantesten Städten des Landes (z. B. Oaxaca, Guanajuato, San Cristóbal de las Casas, Mérida, Cuerna-vaca, Morelia, Guadalajara,

Puerto Morelos oder Playa del Carmen). Kursteilnehmer haben die tolle Möglichkeit, in den mexikanischen Alltag einzutauchen. Dies wird normalerweise durch zusätzliche Aktivitäten wie Tanzen, Kochen, Musizieren, Exkursionen und Freiwilligenarbeit unterstützt.

Einige Sprachkurse zielen vor allem auf Universitätsstudenten ab, die Qualifikationspunkte für Seminare in der Heimat sammeln wollen. Andere Angebote richten sich dagegen an Traveller oder Interessenten mit individueller Motivation. Mexikanische Universitäten haben teilweise spezielle Abteilungen, die maßgeschneiderte Kurse für Ausländer (durchschnittliche Dauer: ein Monat bis ein Semester) anbieten. Die zumeist kürzeren Kurse von privaten Sprachschulen (durchschnittliche Dauer: ein paar Tage bis drei Monate) haben oft flexiblere Stundenpläne und kleinere Klassengrößen.

Die Website **123 Teach Me** (www.123teachme.com) führt ein Verzeichnis mit über 70 Sprachschulen im ganzen Land.

Zu den amerikanischen Organisationen mit diversen Studienprogrammen in Mexiko zählen **CIEE** (www.ciee.org), **AmeriSpan** (www.amerispan.com), **Spanish Abroad** (spanishabroad.com) und das **National Registration Center for Study Abroad** (www.nrcsa.com).

Preise

➡ Gruppenunterricht an Privatschulen kostet durchschnittlich 14–20 US$ pro Stunde.

➡ Die meisten Sprachschulen bringen ihre Schützlinge in geeigneten Gastfamilien, Apartments oder, falls vorhanden, den eigenen Unterkünften unter. Aufenthalte in den Privathäusern von einheimischen Familien sind dabei oft am preisgünstigsten (Zi. inkl 2 Mahlzeiten pro Tag ca. 150–170 US$/ Woche).

➡ Mit Unterkunft bei einer Gastfamilie und Mahlzeiten beläuft sich eine Unterrichtswoche (25 Std.) insgesamt auf ungefähr 370 bis 470 US$.

➡ Manche Sprachschulen verlangen extra Gebühren für die Anmeldung und/oder das Unterrichtsmaterial.

Strom

127 V / 60 Hz

127 V / 60 Hz

Telefon

Festnetzgespräche

Mexikanische Festnetznummern (*teléfonos fijos*) bestehen aus der zwei- oder dreistelligen Ortsvorwahl und der Anschlussnummer.

Von Festnetz zu Festnetz (gleiche Ortsvorwahl)	7 oder 8 Ziffern
Von Festnetz zu Festnetz (andere Ortsvorwahl)	☑01 + Ortsvorwahl + Anschlussnummer
Von Mexiko nach Übersee	☑00 + Ländercode + Ortsvorwahl + Anschlussnummer
Aus Übersee auf mexikanisches Festnetz	Internat. Zugangscode + ☑52 + Ortsvorwahl + Anschlussnummer

Handys

Telcel (www.telcel.com), **Movistar** (www.movistar.com.mx) und **AT&T Mexico** (www.att.com.mx) sind Mexikos größte Mobilfunkanbieter. Telcel bietet die beste Netzabdeckung.

➡ Vor Ort ist Roaming mit einem mitgebrachten GSM-, 3G- oder 4G-Handy (*teléfono celular*) möglich, aber es ist potenziell sehr teuer. **Roaming Zone** (www.roamingzone.com) liefert nützliche Infos zu Roaming-Optionen.

➡ Es ist vergleichsweise deutlich günstiger, das Handy mit einer mexikanischen SIM-Karte (*chip*) zu versehen. Für Auslandsgespräche muss das Gerät dann aber entsprechend entsperrt sein. Viele örtliche Handyläden erledigen dies für ca. 400 Mex$.

➡ Zahllose lokale Telefonshops verkaufen SIM-Karten oft schon ab 50 Mex$.

→ Ab ca. 350 Mex$ bekommt man in Mexiko ein neues Normalhandy mit SIM-Karte und etwas Gesprächsguthaben. Neue Smartphones gibt's ab ca. 1700 Mex$ (zzgl. 300–500 Mex$/Monat für Gespräche und Datenvolumen). Beim Erwerb von SIM-Karten oder Handys ist der Reisepass vorzulegen; eventuell muss auch eine mexikanische Adresse mit Postleitzahl angegeben werden.

→ Das Gesprächsguthaben lässt sich bei Gemischtwarenläden, Zeitungsständen, Drogerien und Kaufhäusern aufstocken.

VORWAHLEN
Wie Mexikos Festnetznummern bestehen auch mexikanische Handynummern aus der Ortsvorwahl und der Anschlussnummer (insgesamt zehn Ziffern).

Von Handy zu Handy	alle 10 Ziffern
Von Handy auf Festnetz	Ortsvorwahl + Anschlussnummer
Von Festnetz zu Handy	bei gleicher Ortsvorwahl: ☎044 + 10-stellige Anschlussnummer; bei anderer Ortsvorwahl: ☎045 + 10 stellige Anschlussnummer
Aus Übersee auf mexikanisches Handy	Internat. Zugangscode + 52 + 1 + 10-stellige Anschlussnummer

Notruf, Telefonvermittlung & kostenlose Servicenummern

Telefonauskunft	☎040
Nationale Telefonvermittlung	☎020
Notruf (Polizei, Feuerwehr, Rettungsdienst)	☎911
Internationale Telefonvermittlung	☎090
Kostenlose Servicenummern	☎1 + 800 + 7-stellige Anschlussnummer

Öffentliche Kartentelefone
Öffentliche Kartentelefone sind normalerweise vielerorts zu finden (z. B. an Flughäfen oder Busbahnhöfen). Die meisten Geräte werden von **Telmex** (www.telmex.com) betrieben. Für Telmex-Kartentelefone benötigt man eine *tarjeta Ladatel* (Telefonkarte; Gesprächsguthaben 50, 100 oder 200 Mex$), die einfach direkt in den Schlitz des Fernsprechers gesteckt wird. Solche Karten sind überall bei Kiosken und Läden erhältlich.

R-Gespräche
Eine *llamada por cobrar* (R-Gespräch) kann den Angerufenen deutlich mehr kosten, als wenn er oder sie selbst durchklingelt. Somit lässt man sich besser gezielt an- oder zurückrufen. Falls einem ein Smartphone, WLAN und/oder Skype nicht zur Verfügung stehen, lassen sich R-Gespräche ohne Karte von öffentlichen Kartentelefonen aus führen. Die entsprechende Vermittlung ist unter ☎020 (Inlandsgespräche) bzw. ☎090 (Auslandsgespräche) erreichbar.

Touristeninformation
Wenn eine Stadt bzw. Ortschaft für Traveller in Mexiko interessant ist, gibt es dort zumeist eine bundesstaatliche oder kommunale Touristeninformation. Diese im allgemeinen hilfreichen Einrichtungen verteilen Karten und Broschüren; normalerweise sprechen ein paar Angestellte Englisch.

Die nationale Tourismusbehörde **Sectur** (☎55-5250-0151, 800-903-92-00, in den USA 800-482-9832; www.visitmexico.com) unterhält ein Büro in Mexico City, das telefonisch Infos auf Englisch und Spanisch liefert (tgl. 24 Std.). Unter www.sectur.gob.mx stehen Links zu den Tourismus-Websites der einzelnen mexikanischen Bundesstaaten.

Unterkunft
Preiskategorien
Viele Mittel- und Spitzenklassehotels erhöhen ihre Preise zu Spitzenzeiten (u. a. in der Osterwoche, bei örtlichen Festen, in der Zeit von Weihnachten bis Neujahr). Die meisten Budget-Bleiben verlangen jedoch ganzjährig dieselben Tarife.

Budgetunterkünfte ($) Hostels und Billighotels gibt's in den meisten mexikanischen Großstädten, die bei Budgetreisenden aus aller Welt beliebt sind. In den Budgetbereich fallen zudem Campingplätze, Hängematten, *cabañas* (Hütten) und Pensionen. Auch Online-Mitwohnzentralen wie **Airbnb** (www.airbnb.com) werden in Mexiko immer populärer.

Mittelklassehotels ($$) Viele Mittelklasse-Optionen sind stimmungsvolle alte Herrenhäuser oder Gasthöfe, die zum Hotel umgebaut wurden. In diesem Preisbereich findet man aber auch B & Bs, Apartments, Bungalows und vergleichsweise komfortablere *cabañas*. Häufig sind ein Restaurant, eine Bar und einen Pool vorhanden; fast in allen Einrichtungen kommt noch WLAN hinzu.

Spitzenklassehotels ($$$) Hierbei reicht das Spektrum von umgebauten Haciendas und kleinen, schicken Boutiquehotels bis hin zu modernen Resorts und Spas im Riesenformat. Unter den zu erwartenden Extras sind Pools, Fitnessräume, Bars, Restaurants, Designelemente und professioneller Service. Doch der Luxus ist mitunter annehmbar erschwinglich (z. B. dank Sonderangeboten auf Hotelwebsites). Mit Dreibett- oder Familienzimmern kommen Reisegruppen oft ziemlich günstig weg.

Steuern

Für mexikanische Unterkünfte gelten zwei verschiedene Steuertypen:

IVA (Impuesto al Valor Agregado; Mehrwertsteuer; 16 %)

ISH (Impuesto Sobre Hospedaje; Übernachtungssteuer; 2 oder 3 %, je nach Bundesstaat)

Viele der günstigeren Unterkünfte berechnen diese Steuern nur, wenn man eine Rechnung verlangt. Dementsprechend geben sie auch die Zimmerpreise an (d. h. ohne Steuern).

Unterkunftsarten

Apartments In einigen Ferienorten gibt's Apartments mit komplett ausgestatteten Küchen – vor allem bei längeren Aufenthalten eine preiswerte Option für drei bis vier Personen.

B & Bs Sind in Mexiko zumeist kleine, komfortable Pensionen der Mittel- oder Spitzenklasse, die in vielen Fällen eigentlich Boutiquehotels entsprechen: Freundlicher und individueller Service trifft hier häufig auf attraktives Design.

Cabañas Diese Hütten aus Holz, Lehmziegeln oder (Back-)Stein sind oft mit Palmwedeln gedeckt und am häufigsten in Strandorten zu finden. In den einfachsten Varianten steht ein Bett auf dem nackten Erdboden, und die Tür muss mit einem eigenen Vorhängeschloss gesichert werden. Andererseits gibt's auch angenehm komfortable *cabañas*

mit elektrischem Licht, Moskitonetzen, großen bequemen Betten, Hängemattenterrassen und teilweise sogar Klimaanlagen oder Küchen. Am teuersten sind *cabañas* an der Karibikküste, wo Luxusversionen mitunter mehr als 2000 Mex$ kosten.

Camping- & Wohnwagenplätze
Die meisten Campingplätze mit Verwaltung sind eigentlich Wohnmobil- oder Wohnwagenparks, die ihre Stellplätze auch günstiger an Zelturlauber vermieten. Manche Restaurants und Pensionen in Strandorten oder ländlichen Gebieten lassen einen ebenfalls auf ihren Grundstücken zelten (ca. 60 Mex$/Pers.).

Hängematten In vielen schlichteren Strandorten kann man Hängematten ausleihen (60–110 Mex$) oder gegen eine geringere Gebühr wie eigene aufspannen. In heißen Regionen stellen Hängematten oft eine sehr günstige und komfortable Option dar (Insektenspray vorausgesetzt). Vor allem in Oaxaca, Chiapas und auf der Halbinsel Yucatán sind sie überall leicht erhältlich.

Hostels Neben Schlafsälen (B 170–250 Mex$/Pers.) haben Hostels auch Aufenthaltsbereiche, Gemeinschaftsküchen und -bäder sowie fast immer zudem WLAN. Oft sind auch private Doppelzimmer verfügbar, die nur wenig mehr als zwei Schlafsaalbetten kosten. Die besten Hostels punkten mit Pool, Bar, Garten und Sonnenterrasse. Obwohl Sauberkeit und Sicherheit allgemein variieren, eignen sich beliebte Hostels prima zum Kennenlernen anderer Traveller. Internationale Herbergs-Websites wie **Hostelworld** (www.hostelworld.com) führen umfangreiche Online-Verzeichnisse mit Reservierungsmöglichkeiten.

Posadas & Casas de Huéspedes Bei Posadas (Gästehäusern) reicht die Palette von einfachen Budgethotels bis hin zu kleinen Mittelklasseoptionen mit geschmackvoller Gestaltung. *Casas de huéspedes* sind schlichte, günstige und zumeist familiengeführte Bleiben in umgebauten Wohnhäusern.

Versicherung

Unabdingbar ist eine gute Reiseversicherung, die neben Diebstahl und Verlust auch alle medizinischen Behandlungskosten (inkl. Notfallflüge in die Heimat) abdeckt. Wichtig: Manche Policen schließen gefährliche Aktivitäten wie Tauchen, Motorradfahren oder sogar Wandern kategorisch aus! Wer solche Unternehmungen plant, sollte daher auf jeden Fall rechtzeitig alle entsprechenden Infos beim Versicherer einholen.

Empfehlenswert sind Versicherungen, die direkt mit medizinischen Behandlungseinrichtungen im Ausland abrechnen. Andernfalls muss man bei späterer Rückerstattung zunächst selbst in Vorleistung gehen (alle Unterlagen sorgfältig aufbewahren!).

Die weltweit gültige Reiseversicherung unter www.lonelyplanet.com/travel-insurance kann jederzeit online abgeschlossen, erweitert und in Anspruch genommen werden – selbst wenn der Trip bereits begonnen hat.

Visa & Touristenkarten

EU-Bürger und Schweizer können momentan visumfrei nach Mexiko einreisen. Sie benötigen lediglich eine Touristenkarte, die direkt nach Ankunft problemlos erhältlich ist. Wer bereits ein gültiges Visum für die USA, Kanada oder einem Land aus dem Schengener-Abkommen besitzt oder von dort aus

---

UNTERKÜNFTE ONLINE BUCHEN

Unter http://hotels.lonelyplanet.com/mexico gibt's weitere Unterkunftsbewertungen und unabhängig recherchierte Infos von Lonely Planet Autoren – inklusive Empfehlungen zu den besten Adressen. Außerdem kann online gebucht werden.

nach Mexiko einreist, braucht ebenfalls kein Visum.

Achtung: Die genannte Visumfreiheit gilt nur für rein touristische Aufenthalte und daher nicht, wenn man in Mexiko arbeiten (auch freiwillig!), studieren, journalistisch recherchieren, humanitäre Hilfe leisten oder die Einhaltung von Menschenrechten überwachen möchte! Visa für solche Tätigkeiten sind meist im eigenen Heimatland zu beantragen und mit mehrwöchigen Bearbeitungszeiten verbunden.

Abgesehen davon können sich auch die übrigen Einreise- und Aufenthaltsbestimmungen jederzeit ändern. Somit ist es für Traveller sehr wichtig, rechtzeitig vor dem Start entsprechende bzw. individuell zutreffende Infos bei diplomatischen Vertretungen Mexikos und dem eigenen Außenministerium einzuholen. Ergänzend lohnt sich ein Blick auf die hilfreiche Website des mexikanischen **Instituto Nacional de Migración** (INM; Nationale Einwanderungsbehörde; www.inm.gob.mx).

Wer über die USA ein- bzw. ausreisen oder Mexiko von dort aus besuchen möchte, sollte sich ebenso rechtzeitig nach Amerikas komplexen Pass- und Visumsbestimmungen erkundigen. Hierbei helfen z. B. das **US-Außenministerium** (US State Department; http://travel.state.gov), die amerikanische **Zoll- & Grenzschutzbehörde** (US Customs & Border Protection; www.cbp.gov), diplomatische Vertretungen der USA oder die Website des eigenen Außenministeriums.

Touristenkarte & -gebühr

Die mexikanische *Forma migratoria múltiple* (FMM; Touristenkarte) muss man bei der Einreise ausfüllen, abstempeln lassen und dann bis zur Ausreise aufbewahren. Die Karte ist u. a. an

offiziellen Grenzübergängen und internationalen See- bzw. Flughäfen erhältlich. Bei Einreise auf dem Landweg erfolgt die Ausgabe meist nur auf Anfrage.

Die Grenzbeamten tragen die genehmigte Aufenthaltsdauer (max. 180 Tage) in die Karte ein. Vorsicht: Falls man die gewünschte Aufenthaltsdauer nicht explizit angibt, wird eventuell ein deutlich kürzerer Zeitraum vermerkt!

Die mit der Karte verbundene Touristengebühr (500 Mex$) ist bei Flugreisen automatisch im Ticketpreis enthalten. Bei Einreise auf dem Landweg und Aufenthalten von mehr als sieben Tagen (max. 7 Tage gibt's gratis) ist sie bei einer mexikanischen Bank zu entrichten – egal wann, aber auf jeden Fall vor dem Erreichen der Grenzzone bei Wiederausreise bzw. vor dem Einchecken beim Rückflug. Die 20 bis 30 km breite Grenzzone ist das Gebiet zwischen der Grenze und den INM-Kontrollposten an den Highways ins Landesinnere.

Die meisten mexikanischen Grenzstationen haben eigene Bankschalter, die die Touristengebühr direkt bei Einreise entgegennehmen und die Touristenkarte mit einem entsprechenden Quittungsstempel versehen. Wichtig: Die Karte sollte gut aufbewahrt werden, da sie bei der Ausreise wieder abgegeben werden muss!

Touristenkarte und -gebühr entfallen bei maximal 72-stündigen Besuchen, die sich auf die nord- bzw. südmexikanische Grenzzone beschränken.

VERLÄNGERUNGEN & VERLUST DER TOURISTEN-KARTE

Wenn die eingetragene Aufenthaltsdauer überschritten werden soll bzw. muss, lässt sie sich theoretisch auf den Maximalzeitraum von 180 Tagen ausdehnen. Zuständig für Verlängerungen ist das **INM** (http://www.inm.gob.mx/gobmx/word/index.php/horarios-y-oficinas/), das seine zahlreichen örtlichen Vertretungen online aufführt. Das Prozedere dauert zumeist etwa 30 Minuten und kostet so viel wie die eigentliche Touristengebühr (360 Mex$). Mitzubringen sind Reisepass, Touristenkarte (jeweils inkl. Fotokopien) und mancherorts auch ein Nachweis „ausreichender Geldmittel", der normalerweise durch Vorlage einer bekannten Kreditkarte erbracht werden kann. Die meisten INM-Büros verlängern Touristenkarten erst wenige Tage vor Ablauf.

Bei Verlust der Touristenkarte ist zeitnah die nächstgelegene Touristeninformation zu kontaktieren. Dort bekommt man eine offizielle Verlustbescheinigung zur Vorlage beim örtlichen INM-Büro, das dann für etwa 500 Mex$ ein Ersatzdokument ausstellt.

Zeit
Zeitzonen

Hora del Centro Entspricht der CST (Central Standard Time; Winter/Sommer MEZ –8/–7 Std.) und gilt im Großteil Mexikos (inkl. Campeche, Chiapas, Tabasco und Yucatán).

PREISKATEGORIEN: SCHLAFEN

Die folgenden Angaben gelten jeweils für ein Doppelzimmer in der Hauptsaison (inkl. aller Steuern).

**$** unter 800 Mex$

**$$** 800–1600 Mex$

**$$$** über 1600 Mex$

Hora de las Montañas Entspricht der MST (Mountain Standard Time; Winter/Sommer MEZ –9/–8 Std.) und gilt für fünf Bundesstaaten im Norden bzw. Westen (Chihuahua, Nayarit, Sinaloa, Sonora, Baja California Sur).

Hora del Pacífico Entspricht der PST (Pacific Standard Time; Winter/Sommer MEZ –10/–9 Std.) und gilt für Baja California Norte.

Quintana Roo orientiert sich an der Eastern Standard Time (MEZ –7 Std., ganzjährig).

Sommerzeit

In fast ganz Mexiko geht die Sommerzeit (*horario de verano*) vom ersten April-sonntag (+1 Std.) bis zum letzten Sonntag im Oktober (–1 Std.). Ausnahmen:

➡ Der Bundesstaat Sonora im Nordwesten bleibt ganzjährig bei der MST und hat wie sein US-Nachbar Arizona keine Sommerzeit, genauso wie Quintana Roo.

➡ Zehn Städte im Bereich der Nordgrenze (Ciudad Acuña, Ciudad Anahuac, Ciudad Juárez, Matamoros, Mexicali, Nuevo Laredo, Ojinaga, Piedras Negras, Reynosa, Tijuana) stellen ihre Uhren am zweiten Märzsonntag und ersten Novembersonntag gezielt gleichzeitig mit den USA um.

Zoll

Zollfreimengen bei der Einreise nach Mexiko:

➡ 2 Kameras

➡ 2 Handys oder andere tragbare drahtlose Geräte

➡ 1 tragbarer Computer

➡ 3 Surfbretter

➡ 2 Musikinstrumente

➡ Medikamente für den persönlichen Gebrauch (Rezeptvorlage bei Psychopharmaka obligatorisch)

Weitere Details zu Zollbestimmungen finden sich im Internet unter www.aduanas.gob.mx.

Verkehrsmittel & -wege

AN- & WEITER-REISE

Mexiko ist mit dem Flugzeug, aber auch per Auto bzw. Bus ab Guatemala, Belize und den USA erreichbar. Zudem verbinden Boote die belizische Küste mit Quintana Roo. Geführte Touren, Flug- und Zugtickets sind online unter www.lonelyplanet.com/bookings buchbar.

Einreise

Die Einreise erfordert in jedem Fall einen gültigen Reisepass, jedoch nicht unbedingt zwingend ein Visum – für rein touristische Aufenthalte reicht die mexikanische Touristenkarte aus.

Flugzeug

Mexico City (www.aicm.com.mx), Cancún (www.cancun-airport.com), Guadalajara, Monterrey (http://www.oma.aero/en/airports/monterrey/) und Puerto Vallarta haben Mexikos betriebsamste internationale Flughäfen. Direkte Linienflüge ab Europa, der Karibik, Mittel- und Südamerika landen aber nur in Mexico City und Cancún. Letzteres wird am häufigsten von Europa aus bedient. Zu über 30 mexikanischen Städten bestehen außerdem Verbindungen ab den USA und Kanada.

Mexikos größte Fluglinie namens **Aeroméxico** (www.aeromexico.com) ist in puncto Sicherheitsstatistik mit europäischen und US-amerikanischen Großgesellschaften vergleichbar. **Interjet** (www.interjet.com.mx) und **Volaris** (www.volaris.com) bedienen auch diverse US-Großstädte. Interjet fliegt darüber hinaus

REISEN & KLIMAWANDEL

Der Klimawandel stellt eine ernste Bedrohung für unsere Ökosysteme dar. Zu diesem Problem tragen Flugreisen immer stärker bei. Lonely Planet sieht im Reisen grundsätzlich einen Gewinn, ist sich aber der Tatsache bewusst, dass jeder seinen Teil dazu beitragen muss, die globale Erwärmung zu verringern.

Fast jede Art der motorisierten Fortbewegung erzeugt CO_2 (die Hauptursache für die globale Erwärmung), doch Flugzeuge sind mit Abstand die schlimmsten Klimakiller – nicht nur wegen der großen Entfernungen und der entsprechend großen CO_2-Mengen, sondern auch, weil sie diese Treibhausgase direkt in hohen Schichten der Atmosphäre freisetzen. Die Zahlen sind erschreckend: Zwei Personen, die von Europa in die USA und wieder zurück fliegen, erhöhen den Treibhauseffekt in demselben Maße wie ein durchschnittlicher Haushalt in einem ganzen Jahr.

Die englische Website www.climatecare.org und die deutsche Internetseite www.atmosfair.de bieten sogenannte CO_2-Rechner. Damit kann jeder ermitteln, wie viele Treibhausgase seine Reise produziert. Das Programm errechnet den zum Ausgleich erforderlichen Betrag, mit dem der Reisende nachhaltige Projekte zur Reduzierung der globalen Erwärmung unterstützen kann, beispielsweise Projekte in Indien, Honduras, Kasachstan und Uganda.

Lonely Planet unterstützt gemeinsam mit Rough Guides und anderen Partnern aus der Reisebranche das CO_2-Ausgleichs-Programm von climatecare.org. Alle Reisen von Mitarbeitern und Autoren von Lonely Planet werden ausgeglichen. Weitere Informationen gibt's auf www.lonelyplanet.com.

AUSREISESTEUER

Die Ausreisesteuer für Flugpassagiere (Tarifa de Uso de Aeropuerto; TUA) ist fast immer im Ticketpreis enthalten. Falls nicht, muss sie beim Einchecken bar bezahlt werden (je nach Flughafen ungefähr 900 Mex$ bei Auslandsflügen, etwas weniger bei Inlandsverbindungen). Die separat anfallende Touristengebühr wird jedoch stets automatisch mit dem Ticket bezahlt.

nach Havanna, Varadero (beide Kuba), Guatemala City, San Jose (Costa Rica) und Lima (Peru).

Auf dem Landweg

Grenzübergänge

BELIZE

Ab dem Nuevo Mercado Lázaro Cárdenas in Chetumal fahren Linienbusse nach Corozal (50 Mex$, 1 Std.) und Orange Walk (100 Mex$, 2 Std.); ab dort geht's dann teils noch nach Belize City (300 Mex$, 4 Std.) weiter.

Beim Grenzübertritt von Belize nach Mexiko fällt eine Ausreisesteuer an (Aufenthaltsdauer unter/über 24 Std. 15/20 US$; ab 2018 jeweils potenziell teurer). Diese ist bar in Belize- oder US-Dollar zu entrichten. Bei Bezahlung in US-Dollar gibt's aber meistens kein Wechselgeld in derselben Währung.

GUATEMALA

Viele Busse und/oder Kombis verbinden die Grenzübergänge Ciudad Cuauhtémoc–La Mesilla, Ciudad Hidalgo–Ciudad Tecún Umán und Talismán–El Carmen mit Guatemala City und nahe gelegenen Städten in Guatemala bzw. Mexiko. Achtung: Der Übergang Ciudad Hidalgo–Ciudad Tecún Umán ist am betriebsamsten und für erpresserische Razzien auf guatemaltekischem Boden berüchtigt! Talismán–El Carmen ist daher definitiv die bessere Wahl.

Folgende Busfirmen verkehren täglich zwischen Tapachula (Chiapas) und Guatemala City (jeweils 5–6 Std.):

Tica Bus (www.ticabus.com; einfache Strecke 407 Mex$, Abfahrt 7 Uhr)

Trans Galgos Inter (www.facebook.com/TransGalgosInternacional; einfache Strecke 330–445 Mex$; 6, 12 & 23.45 Uhr)

In beiden Fahrtrichtungen pendelt Línea Dorada zudem einmal täglich zwischen Chetumal und Flores (über Belize City; 700 Mex$, 7½–8 Std.).

Auf der Río-Usumacinta-Route von Palenque (Mexiko) nach Flores halten Vans in Frontera Corozal (130 Mex$, 2½–3 Std.), wo Boote nach Bethel in Guatemala starten (je nach Passagierzahl 80–450 Mex$/Pers., 40 Min.). Von dort aus fahren dann 2.-Klasse-Busse nach Flores (4 Std., stündl. bis 16 Uhr).

Reisebüros in Palenque und Flores bieten Pauschaltrips zwischen beiden Städten (Bus/Boot/Bus; ca. 610 Mex$; 9 Std.; Abfahrt normalerweise um 6 Uhr). Wer diese Route wählt, besichtigt idealerweise gleich noch die großartigen Maya-Ruinen von Yaxchilán bei Frontera Corozal.

Eine Alternativroute nach Flores führt über den Grenzübergang El Ceibo nahe Tenosique (Tabasco). Kleinbusse, Busse und Taxis verbinden Tenosique mit El Ceibo. Dort starten weitere Kleinbusse nach Flores.

USA

Zwischen den USA und Mexiko existieren über 40 offizielle Grenzübergänge. Achtung: Einige Städte im Grenzgebiet und im übrigen Nordmexiko leiden unter den gewaltsamen Aktivitäten von Drogenbanden! Vor dem Grenzübertritt ist es daher höchst ratsam, entsprechende aktuelle Reisewarnungen zu beachten und die Medien aufmerksam zu verfolgen. Ciudad Juárez und Nuevo Laredo sollte man möglichst komplett meiden oder zumindest schnellstmöglich wieder verlassen. Wegen häufiger bewaffneter Raubüberfälle und Autoentführungen waren zudem die Hwys 101 und 180 (beide Matamoros–Tampico) zum Recherchezeitpunkt absolut tabu.

Santa Inés ist der verkehrsreichste Übergang nach Baja California. Wer das Valle de Guadelupe besuchen will, reist daher am besten anderswo ein (z. B. über Tecate).

Der 2014 eröffnete Grenzübergang zwischen Boquillas del Carmen (Mexiko) und dem Big Bend National Park (USA) kann nur zu Fuß genutzt werden.

Grenzüberschreitende Buslinien verbinden viele mexikanische und US-amerikanische Großstädte miteinander. Meistens muss man dabei an der Grenze jeweils in einen mexikanischen bzw. amerikanischen Bus umsteigen. Dank der Kooperation diverser Busfirmen gelten die Tickets aber normalerweise bis zum Endziel.

Greyhound (www.greyhound.com.mx) Fährt ab Kalifornien, Arizona oder Texas zu diversen Grenzstädten und von dort aus weiter ins nordwestliche Mexiko.

Ómnibus Mexicanos (www.omnibusmexicanos.com.mx) Verbindet Texas mit Mexikos Mitte, Nordosten oder zentralem Norden.

Transportes Supremo (www.facebook.com/Transportes-Supremo-1614999715450044/) Shuttle-Vans zwischen Phoenix, Sonoyta, Nogales, Yuma, Agua Prieta und Puerto Peñasco.

Tufesa (www.tufesa.com.mx) Verbindet viele Großstädte im

US-Südwesten (z. B. in Kalifornien) mit Mazatlán, Guadalajara und dem nordwestlichen Mexiko.

Turimex Internacional (www.turimex.com) Verbindet Chicago, Texas und den US-Südosten mit Mexikos Mitte, Nordosten oder zentralen Norden.

Die meisten Busrouten werden mehrmals täglich bedient. Oft (in etwa derselben Zeit) kann man auch mit einem Bus oder Zug (Details unter www.amtrak.com) zur Grenze fahren, diese zu Fuß oder mit einem örtlichen Bus überqueren und in einen Anschlussbus umsteigen.

Auto & Motorrad

Die Bestimmungen für die Fahrzeugeinfuhr nach Mexiko ändern sich von Zeit zu Zeit. Über den aktuellen Stand informieren z. B. diplomatische Vertretungen Mexikos, **Sanborn's** (www.sanbornsinsurance.com) oder Mexikos kostenlose Touristen-Hotline (800-482-9832).

Autotouren durch Mexiko sind vor allem etwas für Traveller mit viel Zeit, die Wert auf Unabhängigkeit legen, sperriges Gepäck (z. B. Surfbretter, Tauchausrüstung) transportieren müssen und mindestens einen weiteren Reisegefährten dabei haben (wollen). Selbstfahrer sollten zumindest über Grundkenntnisse in Spanisch und Fahrzeugreparatur verfügen. In einer Limousine mit separatem Kofferraum ist das Gepäck sicherer untergebracht als in einem Kombi oder Fließheckmodell.

Obwohl mexikanische Werkstätten gut ausgestattet sind, ist es ratsam, so viele Ersatzteile wie möglich mitzuführen (insbesondere Benzinfilter). Federung, Radaufhängung und Bereifung (inkl. Ersatzreifen) sollten in gutem Zustand sein. Aus Sicherheitsgründen empfehlen sich zudem eine Lenkradkralle und eine Wegfahrsperre.

Motorradfahren in Mexiko ist nichts für Angsthasen: Die Straßenverhältnisse können übel sein. Zudem lassen sich Ersatzteile und Mechaniker mitunter nur schwer auftreiben. Teile für Maschinen von Kawasaki, Honda und Suzuki sind vor Ort generell am leichtesten erhältlich.

Im Bereich von Grenzübergängen gibt's oft gleich mehrere Tankstellen.

EINFUHRGENEHMIGUNG FÜR FAHRZEUGE

Wer aus der Grenzzone ins übrige Mexiko hineinfahren will, benötigt dafür eine *permiso de importación temporal de vehículo* (Genehmigung für die zeitweilige Fahrzeugeinfuhr; 45 US$ ohne Mehrwertsteuer). Südlich der US-Grenze ist die Zone etwa 20 bis 30 km breit (70 km entlang der Grenzen zu Guatemala und Belize). Für den Bundesstaat Sonora reicht ein günstigeres und obendrein leichter zu erlangendes Dokument, sofern man sich nicht über Guaymas im Süden hinausbewegt. Für Fahrten auf der Halbinsel Baja California braucht man gar keine Genehmigung; eine solche wird dort nur benötigt, wenn Vehikel per Autofähre von Pichilingue (La Paz) zum mexikanischen „Festland" transportiert werden sollen.

Fahrzeuggenehmigungen gibt's bei Grenzbüros und z. T. auch bei Kontrollposten, die ein paar Kilometer weiter im Landesinneren liegen. Ebenfalls erhältlich sind sie am Hafen von Ensenada und am Fährhafen Pichilingue (La Paz) in Baja California. Details zu allen Ausgabestellen (inkl. Öffnungszeiten) liefert die Website der Banjército (www.banjercito.com.mx). Diese Bank ist für alle Einfuhrformalitäten zuständig. Das Prozedere umfasst auch gleich die elektronische Vorab-Freigabe der Touristenkarte für Mexiko.

Wer ein Fahrzeug einführen will, benötigt alle im Folgenden genannten Dokumente (jeweils inkl. 1–2 Fotokopien). Diese müssen auf den Namen des Antragstellers laufen – es sei denn, man importiert das Vehikel eines Ehepartners, Elternteils oder Kindes. Entsprechende Verwandtschaftsverhältnisse sind per Heirats- bzw. Geburtsurkunde nachzuweisen.

→ Touristenkarte (FMM): Erst zur *migración* an der Grenze gehen, dann die Einfuhrgenehmigung beantragen!

→ Offizielle Besitzurkunde oder Fahrzeugregistrierung (Achtung: Die Weiterfahrt nach Guatemala oder Belize erfordert beides!)

→ Eine im Ausland ausgestellte Kredit- bzw. Lastschriftkarte (Visa, MasterCard) oder eine Barkaution (je nach Fahrzeugalter 200–400 Mex$; wird bei der Ausreise zurückerstattet). Diese Sicherheiten sollen gewährleisten, dass das Fahrzeug vor Ablauf der FMM aus Mexiko ausgeführt wird.

→ Gültiger Reisepass

→ Bei noch nicht ganz abbezahlten Fahrzeugen: Kreditbescheinigung oder Rechnung des Finanziers (max. 3 Monate alt)

→ Bei Leih- oder Leasingfahrzeugen: Mietvertrag (muss auf den Namen der einführenden Person laufen) und ein beglaubigtes Erlaubnisschreiben des Kfz-Verleihers

→ Bei Firmenwagen: Offizieller Beschäftigungsnachweis und eine Bescheinigung, dass das Fahrzeug dem jeweiligen Unternehmen gehört

Eine erteilte Einfuhrgenehmigung gilt sechs Monate lang und gestattet einen mehrfachen Grenzübertritt. Achtung: Wer Mexiko ohne den offiziellen Widerruf des Dokuments verlässt und/oder die maximale Gültigkeitsdauer der Genehmigung überschreitet, hat mit Konsequenzen zu rechnen – dann können die Behörden die Kaution einbehalten, die Kreditkarte mit einem Bußgeld belasten und/oder eine künftige Kfz-Einfuhr verweigern.

Übers Meer

BelizeWater Taxi (www.belizewatertaxi.com) verbindet Chetumal in Mexiko täglich mit San Pedro (50 US$) und Caye Caulker (55 US$) in Belize.

UNTERWEGS VOR ORT

Auto & Motorrad

Ein eigenes Fahrzeug gibt Mexiko-Travellern Flexibilität und Unabhängigkeit. Wer sich erst einmal an die örtlichen Straßen- und Verkehrsbedingungen gewöhnt hat, kommt hier genauso gut zurecht wie in den meisten anderen Ländern.

Benzin

Benzin (*gasolina*) und Diesel werden in Mexiko nur von der staatlichen Monopolgesellschaft Pemex (Petróleos Mexicanos) verkauft. Pemex-Tankstellen gibt's an vielen Hauptstraßen und selbst in den meisten kleineren Ortschaften. In entlegenen Gegenden heißt's dennoch jede Möglichkeit zum Tanken nutzen! Mexikanischer Sprit ist immer *sin plomo* (bleifrei) und in zwei Varianten erhältlich:

Magna (87 Oktan) Entspricht etwa bleifreiem US-Normalbenzin und kostet ca. 15,99 Mex$ pro Liter.

Premium (91 Oktan bei geringerem Schwefelgehalt) bezeichnet etwa bleifreiem US-Super und kostet ca. 17,79 Mex$ pro Liter.

Diesel (ca. 20,59 Mex$/l) bekommt man überall; die reguläre mexikanische Variante ist schwefelhaltiger als das US-Pendant. In Mexico City und Umgebung gibt's aber allmählich auch Diesel mit niedrigerem Schwefelgehalt (*bajo azufre*). Einheimische Tankwarte freuen sich über ein Trinkgeld von ca. 5 Mex$.

Führerschein

Das Steuern eines Kraftfahrzeugs in Mexiko erfordert einen gültigen Führerschein aus der eigenen Heimat.

Mieten

Mietwagen können in Mexiko teurer als in Europa oder den USA sein, sie sind aber leicht aufzutreiben. Viele internationale Großverleiher sind im ganzen Land vertreten.

Mietwagenkunden müssen einen gültigen Führerschein (der eigene nationale reicht), einen Reisepass und eine bekannte Kreditkarte vorlegen. Das Mindestalter liegt in der Regel bei 21, teils bei 25 Jahren; manchmal müssen Personen zwischen 21 und 24 Jahren einen Aufpreis bezahlen. Der eigentliche Mietpreis erhöht sich noch um Steuern und Versicherungskosten. Achtung: Vollkaskoversicherungen können die auf manchen Online-Buchungsseiten angegebenen Grundtarife mehr als verdoppeln! Norma-

lerweise lässt sich optional eine reine Haftpflichtversicherung für weniger Geld abschließen. Unbedingt alles Kleingedruckte im Vertrag sorgfältig durchlesen! Es ist grundsätzlich ratsam, den ganzen Deckungsbereich genauestens zu erfragen und dann abzuwägen: Eine Teilkaskoversicherung deckt eventuell nur einen Bruchteil potenzieller Kosten; manche Policen greifen nicht bei Touren auf schlechten Landstraßen. Das Allerwichtigste ist jedoch ein möglichst umfangreicher Haftpflichtschutz.

Die meisten Verleiher verlangen für ihre günstigsten Autos ca. 600 bis 700 Mex$ pro Tag (inkl. Steuer, Haftpflichtversicherung, unbegrenzte Fahrtkilometer). In manchen Strandorten ist man jedoch schon mit 500 Mex$ pro Tag dabei. Bei Wochen- oder Monatsmiete sinkt der Tagestarif. Eine eventuell mögliche Fahrzeugrückgabe in einer anderen Stadt kostet extra (ca. 10 Mex$/km).

In einigen Touristenzentren kann man auch Motorräder oder -roller ausleihen. Hierzu sind normalerweise ein Führerschein und eine Kreditkarte notwendig. Viele Zweiradvermieter bieten allerdings keinerlei Versicherungsschutz an.

Straßenzustand & Gefahren

➡ Auf Mexikos brauchbaren Highways geht's bei nicht allzu starkem Verkehr recht zügig voran. Die mautpflichtigen Strecken namens *autopistas* (insgesamt über 6000 km; Mautgebühr ca. 2,50 Mex$/km) sind meist vierspurig und gut in Schuss.

➡ Nachtfahrten am besten vermeiden: Bei Dunkelheit sind unbeleuchtete Fahrzeuge, Fußgänger und Tiere auf der Fahrbahn nichts Ungewöhnliches. Zudem erkennt man Felsbrocken und Schwellen zur Geschwindigkeitsreduzierung dann deutlich schlechter. Auch die geringere Zahl betrunkener

---

Verkehrsteilnehmer macht die Highways bei Tag allgemein sicherer.

⮕ Achtung: Vor allem in Nordmexiko kommt es immer wieder zu Entführungen, Raubüberfällen und illegalen Straßensperren, die in Verbindung mit den Aktivitäten von Drogenbanden stehen. Die Bundesstaaten Tamaulipas und Nuevo León im Nordosten – vor allem die Straße Tampico–Matamoros in Tamaulipas sowie die dortigen Hwys 101 und 180 – sind diesbezüglich besonders berüchtigt .Insbesondere in diesen Regionen sollte man sich daher an Mautstrecken halten, nur tagsüber reisen und bei Stadtfahrten die Türen bzw. Fenster verschlossen halten. Zudem heißt's entsprechende Reisewarnungen beachten und Infos bei Einheimischen einholen. Sehr wichtig: Im Fall eines eventuellen Überfalls keinerlei Widerstand leisten!

⮕ An echten Straßensperren suchen Polizei und Militär meist nach illegalen Waffen, Drogen, Einwanderern oder Schmuggelwaren. Traveller haben hierbei höchstwahrscheinlich nichts zu befürchten und sollten daher nicht in Panik geraten.

⮕ Über Nacht stehen Fahrzeuge am besten auf bewachten, abgesperrten Parkplätzen (in Großstädten recht zahlreich vorhanden). Hotels weisen auf entsprechende Möglichkeiten hin, wenn sie selbst keine sicheren Parkplätze besitzen.

⮕ Jedes Jahr sterben etwa 13 von 100 000 Einheimischen bei Verkehrsunfällen. Damit ist die Zahl der Verkehrstoten in Mexiko mehr als doppelt so hoch wie in den meisten westlichen Ländern – teilweise auch, weil Alkohol am Steuer und nicht angelegte Sicherheitsgurte hier vergleichsweise häufiger vorkommen. Ansonsten fahren Mexikaner aber allgemein so vorsichtig und vernünftig wie die Bürger anderer Nationen. Hohe Ver-

kehrsdichte, schlechte Straßen, Bodenschwellen, Tiere, Radfahrer und Fußgänger halten das Durchschnittstempo landesweit recht niedrig.

⮕ Vorsicht vor Stoppschildern (*alto*), Fahrbahnschwellen zur Geschwindigkeitsreduzierung (*topes*) und Schlaglöchern (hier auch auf Schnellstraßen keine Seltenheit): Diese tauchen oft unerwartet auf und können Bußgelder bzw. Fahrzeugschäden nach sich ziehen, wenn sie übersehen werden. Vor Fahrbahnschwellen stehen oft Schilder mit der Aufschrift *tope* oder *vibradores*; tödlich sind aber stets die Stellen ohne Warnhinweis!

⮕ Wer von der Verkehrspolizei angehalten wird (jederzeit möglich), sollte ruhig und höflich bleiben. Wenn man sich keines Vergehens bewusst ist, gibt's keinen Grund zur Schmiergeldzahlung. Eine Möglichkeit besteht dann darin, sich dumm zu stellen und vorzugeben, kein Spanisch zu sprechen. Falls die Beamten trotzdem nicht aufgeben wollen, kann man sich deren Dienstmarken zeigen lassen, den Vorgesetzten verlangen und nach einem offiziellen Dokument fragen, das das angebliche Vergehen genau erklärt. Am besten auch gleich noch Name, Dienstnummer, Fahrzeugnummer und Amtsabteilung (Gemeinde-, Staats- oder Bundespolizei) notieren! Eventuell wird auch behauptet, dass es günstiger sei, das Bußgeld sofort vor Ort zu entrichten. In diesem Fall ist es ratsam, auf das Bezahlen gegen Quittung auf einer Polizeiwache zu bestehen – spätestens dann geben Schmiergeldgeier in Uniform höchstwahrscheinlich Ruhe. Gegebenenfalls kann man sich im Anschluss noch bei einer staatlichen Touristeninformation beschweren.

Verkehrsregeln

⮕ In Mexiko herrscht Rechtsverkehr.

⮕ Die Tempolimits liegen bei 80 bis 120 km/h auf High-

ways (weniger in Wohngebieten) und bei 30 bis 50 km/h innerhalb geschlossener Ortschaften.

⮕ In Großstädten sind Einbahnstraßen die Regel.

⮕ Der maximal erlaubte Blutalkoholwert am Steuer liegt je nach Region zwischen 0,5 und 0,8 g/l (etwa 2–3 Biere oder Tequilas).

⮕ Aufgrund von Umweltschutzbestimmungen sind Mexico Citys Straßen einmal pro Woche für die meisten Fahrzeuge tabu.

Versicherung

Eine in Mexiko gültige Kfz-Haftpflichtversicherung ist unbedingt erforderlich: Wer in einen Unfall verwickelt wird, kann bis zur Klärung der Schuldfrage eingesperrt werden (inkl. Fahrzeugbeschlagnahmung). Verursacher eines Unfalls mit Personenschaden oder Todesfolge bleiben eventuell so lange in Haft, bis sie nachweislich eine Garantie für das Begleichen aller Entschädigungszahlungen, Bußgelder und Strafen erbringen. Eine angemessene mexikanische Versicherung ist der einzige wirkliche Schutz: Sie gilt als Garantie für Entschädigungszahlungen.

Das mexikanische Recht erkennt nur eine einheimische Kfz-Versicherung (*seguro*) an. Selbst wenn sie vollen Schutz garantieren, werden kanadische oder US-amerikanische Policen von den mexikanischen Behörden nicht akzeptiert. Mexikanische Kfz-Versicherungen lassen sich online über den renommierten Spezialisten **Sanborn's** (www.sanbornsinsurance. com) und andere Branchenvertreter abschließen. Zudem werden sie in einigen US-Grenzstädten und an manchen Grenzübergängen zu unterschiedlichen Tarifen verkauft (möglichst vergleichen!). Die Versicherungsbüros der betriebsamsten Grenzübergänge haben rund um die Uhr geöffnet.

MEXIKANISCHE BUSUNTERNEHMEN

In Mexiko gibt's zahlreiche Busfirmen. Die größten davon gehören oft zu den vier riesigen Muttergesellschaften, die jeweils regionale Marktführer sind und eigene Websites mit Fahrplaninfos haben.

BUSUNTERNEHMEN	WEBSITE	ZIEL
ETN Turistar	www.etn.com.mx	Alle Großstädte an der Pazifikküste; Zentral-, Nord- & Ostmexiko; Südmexiko bis hinunter nach Oaxaca; zudem Tuscon, El Paso, San Diego
Grupo ADO	www.ado.com.mx	Ab Mexico City zu vielen Großstädten in Yucatán, Campeche, Quintana Roo, Tabasco, Chiapas, Oaxaca, Puebla, Guerrero und Veracruz
Grupo Estrella Blanca	www.estrellablanca.com.mx	Mexico City; Zentral-, Nord- & Westmexiko; Großstädte wie Guadalajara, Tijuana, Puebla, Monterrey, Puerto Vallarta und Ciudad Juárez
Primera Plus	www.primeraplus.com.mx	Städte in Zentralmexiko (z. B. Mexico City, Guadalajara, Mazatlan, Puerto Vallarta, San Luis Potosí und San Miguel de Allende)

Vollkasko-Kurzzeitversicherungen für Autos unter 10 000 US$ Wert kosten ca. 18 US$ pro Tag. Bei Zeiträumen ab zwei Wochen ist der Abschluss einer Halbjahres- oder Jahresversicherung oft günstiger. Reine Haftpflicht ist etwa halb so teuer wie Vollkasko.

Bus

Mexiko hat ein gutes Straßennetz. Komfortable und recht günstige Linienbusse verbinden alle Großstädte.

BUSREISEN: PRAKTISCHE INFORMATIONEN

➡ Busse werden gelegentlich angehalten und ausgeraubt. Dieses Risiko minimieren Deluxe- oder 1.-Klasse-Busse, die bei Tag und, wo immer möglich, auf Mautstraßen unterwegs sind.

➡ Im Stauraum ist Gepäck sicher aufgehoben. Bei der Ab- bzw. Aufgabe ist es ratsam, sich eine Quittung geben zu lassen. Die allerwichtigsten Wertsachen und Dokumente (z. B. Reisepass, Bargeld) sollte man aber immer mit in die Kabine nehmen!

➡ Gegen (zu) kräftige Bordklimaanlagen helfen lange Hosen oder Röcke, Pullover, Jacken und bei Bedarf auch eine Decke. Eine Schlafbrille und Ohrenstöpsel sind praktisch, wenn man nicht die ganze Fahrt über Videos sehen bzw. hören möchte.

In den meisten Groß- und Kleinstädten gibt's einen Hauptbusbahnhof für Fernrouten; bezeichnet wird dieser z. B. als Terminal de Autobuses, Central de Autobuses, Central Camionera oder La Central (nicht zu verwechseln mit *el centro*, dem Stadtzentrum!).

Die meisten Busbahnhöfe in Großstädten sind sauber, sicher und gut ausgestattet.

Busklassen

Bei den Bussen (hier *camiones* statt *autobúses* wie in anderen spanischsprachigen Ländern) gibt es drei unterschiedliche Klassen:

DELUXE & EXECUTIVE

De-Lujo-, *primera plus-* und noch bessere *Ejecutivo-* bzw. Executive-Busse verkehren auf viel genutzten Fernrouten zwischen Großstädten. Diese schnellen, komfortablen Fahrzeuge punkten mit verstellbaren Liegesitzen, viel Beinfreiheit, Klimaanlagen, Bordvideos (auf Einzelbildschirmen) und Bordtoiletten (z. T. nach Geschlechtern getrennt). Oft kommen noch Getränke, Snacks und sogar WLAN hinzu. Zudem benutzen solche Fernbusse falls möglich Mautstraßen und legen unterwegs nur wenige oder keine Stopps ein.

1. KLASSE

Busse der *primera (1a) clase* halten für jeden Passagier einen bequemen, nummerierten Sitz bereit und steuern alle größeren Städte an; auch sie benutzen nach Möglichkeit Mautstrecken. Der Komfort ist in der Regel gut, Stopps gibt es selten, und die Busse haben Klimaanlagen, Bordtoiletten und -videos.

2. KLASSE

Segunda- (2a) clase-Busse (alias *económicos*) fahren

kleinere Städte bzw. Dörfer an und sind in entlegenen Ecken oft die einzige Transportmöglichkeit. Auf einigen Fernstrecken stellen sie eine günstigere, aber langsamere Alternative zu den luxuriöseren Klassen dar. Einige wenige *económicos* halten so selten wie 1.-Klasse-Busse und sind dabei fast genauso schnell und komfortabel; andere sind dagegen alt, langsam und schäbig. Nur wenige haben Toiletten. 2.-Klasse-Busse nehmen meist mautfreie Straßen und stoppen sehr häufig, um Passagiere einzusammeln. Wer zwischendurch zusteigt, muss möglicherweise für einen Teil der Fahrt stehen.

Reservierungen

1.-Klasse-, Deluxe- und Executive-Tickets werden vor der Abfahrt am Busbahnhof gekauft. Einige Busfirmen bieten aber auch Online-Buchungen an, bei der man dann die Fahrtkarte im PDF-Format per Mail zugeschickt bekommt. Bei vier-bis fünfstündigen Reisen auf viel genutzten Routen reicht es meistens aus, einfach eine Fahrkarte am Terminal zu erwerben und dann ohne größere Verzögerung zu starten. Tickets für längere Strecken, selten bediente Routen oder Trips zu Spitzenzeiten

(z. B. Urlaubszeit, Feiertage) sollten aber spätestens am Vortag gekauft werden. Normalerweise ist der Sitzplatz beim Buchen wählbar. Tipp: Im vorderen Busbereich sitzt man weitab der Bordtoiletten und bekommt Schlaglöcher weniger stark zu spüren.

2.-Klasse-Busfirmen haben oft keine Buchungsbüros bzw. -schalter – bezahlt wird dann direkt beim Fahrer.

In manchen Großstädten kann man Fahrkarten bei zentral gelegenen Agenturen kaufen und muss sich dafür nicht extra hinaus zum Busbahnhof begeben.

Flugzeug

Über 60 mexikanische Städte besitzen Flughäfen mit Inlands-Linienverbindungen. Diese können bei längeren Trips viel Zeit sparen und haben generell eine gute Sicherheitsstatistik.

Aeroméxico und deren Tochtergesellschaft Aeroméxico Connect haben zusammen das größte Inlandsnetz. Interjet, TAR Aerolíneas, Volaris und VivaAerobus bedienen ebenfalls viele Städte zu teilweise niedrigeren Preisen. VivaAerobus ist besonders günstig, allerdings akzeptiert die Buchungsfunktion auf der Website nicht alle

ausländischen Kredit- bzw. Lastschriftkarten.

Volaris und Interjet steuern auch diverse Auslandsziele an.

Nahverkehr

Bus

Mit Nahverkehrsbussen sind Fahrten innerhalb von Großstädten und zu umliegenden Dörfern oder Ortschaften meist am günstigsten. Diese sogenannten *camiones* fahren in regelmäßigen Abständen, und man bezahlt in Metropolen nur ein paar Pesos. Vielerorts sind dreckige, ältere, laute Busse durch kleine, moderne *microbuses* ersetzt worden.

Nahverkehrsbusse stoppen in der Regel nur an festen *paradas* (Haltestellen). In manchen Gegenden lassen sie sich aber auch an jeder Straßenecke durch Handheben anhalten.

Colectivo, Combi, Minibus & Pesero

In Städten pendeln solche Kleinbusse als Sammeltaxis auf festen Strecken (meist an der Frontscheibe angegeben). Sie sind günstiger als normale Taxis und schneller, aber etwas teurer als Busse. Unterwegs können Passa-

MEXIKANISCHE INLANDSFLUGLINIEN

FLUGLINIE	WEBSITE	ZIEL
Aéreo Calafia	www.aereocalafia.com.mx	Baja California, Pazifikkuste, Guadalajara, Monterrey, León, Chihuahua, Puerto Vallarta
Aéreo Servicios Guerrero	www.asg.com.mx	9 Städte in Baja California & an der Pazifikküste
Aeromar	www.aeromar.com.mx	25 Städte landesweit (außer Baja California)
Aeroméxico	www.aeromexico.com	44 Städte landesweit (meist ab Mexico City & Monterrey)
Interjet	www.interjet.com.mx	34 Städte landesweit
Magnicharters	www.magnicharters.com	16 Städte landesweit (inkl. Ferienorte an der Riviera Maya)
Mayair	www.mayair.com.mx	Halbinsel Yucatán, Veracruz
TAR Aerolíneas	www.tarmexico.com	25 Städte landesweit (außer Baja California)
VivaAerobus	www.vivaaerobus.com	32 Städte landesweit
Volaris	www.volaris.com	41 Städte landesweit

giere beliebig aus- und ein-steigen. Auf der Straße winkt man ein Sammeltaxi einfach heran und teilt dem Fahrer das gewünschte Ziel mit. Der meist entfernungsabhängige Preis wird dann normalerweise bei Fahrtende entrichtet.

Fahrrad

Die Größe des Landes, schlechte Straßen, rücksichtslose Kraftfahrer und andere Gefahren im Straßenverkehr machen Radtouren durch Mexiko nicht sehr beliebt. Wer sich trotzdem der Herausforderung stellen will, sollte bei der Routenplanung unbedingt an die bergige Landschaft und das heiße Klima denken. Fahrradläden gibt's in allen Großstädten; gute Mountainbikes mit Tauglichkeit für mehrwöchige Touren kosten ca. 5000 Mex$.

Bei den fröhlichen Trips der freundlichen Firma iEl Tour (www.bikemexico.com) erkunden Teilnehmer mit eigenem Drahtesel den Süden und die zentral gelegenen Vulkangebiete. Alternativ kann man mit Exodus Travels (www.exodus.co.uk) über die Halbinsel Yucatán fahren.

In Mexikos Großstädten ist die Fahrradkultur jedoch auf dem Vormarsch: Das Terrain ist dort meist ausreichend flach und wird zunehmend von speziellen Radwegen überzogen (z. B. in Mexico City, Guadalajara, Puebla, Monterrey). Die Hauptstadt punktet mit kostenlosen Leihfahrrädern und einem Bikesharing-Programm (www.ecobici.cdmx.gob.mx) nach internationalem Vorbild.

Ein solches gibt's auch in Guadalajara (www.mibici.net) und Puebla (www.bici-puebla.com). Vielerorts findet man zudem Verleihe, die anständige Rennräder und Mountainbikes für 300 bis 700 Mex$ pro Tag anbieten. Am schönsten strampelt es sich auf möglichst verkehrsarmen Strecken. Vor allem in Mexico City finden sonntags immer häufiger Massenradtouren statt.

Taxi

Taxis sind in mexikanischen Städten üblich und überraschend günstig. Urbane Trips kosten ca. 20 bis 25 Mex$ pro Kilometer. Bei vorhandenem Taxameter sollte man den Fahrer fragen, ob das Gerät tatsächlich funktioniert (¿Funciona el taxímetro?). Falls das Taxi keinen (funktionierenden) Gebührenzähler besitzt, ist es ratsam, den Preis vor dem Einsteigen auszuhandeln; dabei muss eventuell etwas gefeilscht werden.

Viele Flughäfen und einige große Busbahnhöfe haben offizielle Prepaid-Taxisysteme. Deren Nutzer kaufen beim zuständigen taquilla (Ticketschalter) eine Festpreis-Fahrkarte zum gewünschten Ziel und händigen diese (statt Bargeld) dem Fahrer aus. Das erspart einem Abzocke und Gefeilsche, ist aber auch meist teurer als normale Taxis draußen auf der Straße.

Miettaxis für Tagestouren in der Umgebung kosten meistens etwa so viel wie günstige Leihwagen (ca. 600–700 Mex$/Tag).

Mitfahrdienste auf App-Basis (z. B. Uber, Cabify) werden nun auch in Mexiko immer beliebter.

Schiff/Fähre

Auto- bzw. Passagierfähren zwischen Baja California und dem mexikanischen Festland verkehren auf den Routen Santa Rosalía–Guaymas (einfache Strecke Sitzplatz/Kabine/Auto 930/1030/3200 Mex$), La Paz–Mazatlán (einfache Strecke Sitzplatz 1240 Mex$, 3-mal wöchentl.) und La Paz–Topolobampo (einfache Strecke Sitzplatz/Auto 1100/2200 Mex$).

Zug

Der spektakuläre **Ferrocarril Chihuahua Pacífico** (El Chepe; ☎614-439-72-12, in den USA 800-122-43-73; www.chepe.com.mx; hin & zurück 1./2. Klasse 3276/1891 Mex$; 🚻) durch die Sierra Madre Occidental (Los Mochis–Chihuahua) gehört zu den Highlights einer Mexikoreise. Seit den 1990er-Jahren ist er der einzige verbliebene Passagierzug des Landes (S. 751).

Mexico City, Guadalajara und Monterrey haben U-Bahn-Netze. Vor allem die Hauptstadt-Metro ist schnell, günstig und praktisch. Mit 195 Stationen und über 4 Mio. Passagieren pro Tag liegt sie in puncto Betriebsamkeit weltweit auf dem dritten Platz – die Nutzung zu Hauptverkehrszeiten ist daher keine gute Idee!

Sprache

Die spanische Aussprache ist einfach, da die meisten Laute Äquivalente im Deutschen haben. Die spanische Orthografie richtet sich nach der Phonetik, so entspricht die Schriftsprache quasi der Aussprache. Das ch ist ein kehliger Laut (wie „ch" in „Loch"), v und b klingen wie ein sanftes „b" und das r wird gerollt. In Lateinamerika gibt es einige Variationen in der Aussprache, wobei die von ll und y am auffälligsten sind. Mancherorts in Mexiko werden sie wie das „ll" in „Million" gesprochen, meist jedoch wie das „j" in „Juli" (s. Aussprachehinweise). In anderen Ländern hört man die Varianten stimmhaftes „sch", stimmloses „sch" (wie in „Schuh") oder „dsch". Die betonten Silben sind in den Aussprachehinweisen kursiv. Wer die Regeln beachtet und die Aussprachehilfen gemäß dem Deutschen umsetzt, sollte verstanden werden.

In diesem Kapitel wird die Sie-Form verwendet; teilweise ist sie durch die Du-Form ergänzt. Wenn nötig, sind sowohl männliche als auch weibliche Form angegeben – durch einen Schrägstrich getrennt, die männliche Form zuerst, z. B. perdido/a (m./f.).

KONVERSATION & NÜTZLICHES

Hallo.	*Hola.*	o·la
Auf Wiedersehen.	*Adiós.*	a·djos
Wie geht's?	*¿Qué tal?*	ke tal
Gut, danke.	*Bien, gracias.*	bjen gra·sjas
Entschuldigung!	*Perdón.*	per·don

MEHR INFOS?

Noch besser kommt man mit Lonely Planets Reise-Sprachführer *Spanisch* durchs Land. Den gibt's im Handel und unter **shop.lonelyplanet.de** oder man besorgt sich Lonely Planets iPhone Phrasebooks im Apple App Store.

Es tut mir leid.	*Lo siento.*	lo sjen·to
Bitte.	*Por favor.*	por fa·vor
Danke.	*Gracias.*	gra·sjas
Gern!	*De nada.*	de na·da
Ja.	*Sí.*	si
Nein.	*No.*	no

Ich heiße
Me llamo ... me ja·mo ...

Wie ist Ihr/Dein Name?
¿Cómo se llama Usted? ko·mo se ja·ma u·ste
¿Cómo te llamas? ko·mo te ja·mas

Sprechen Sie/sprichst du deutsch (englisch)?
¿Habla alemán (inglés)? a·bla ale·man (ing·gles)
¿Hablas alemán (inglés)? a·blas ale·man (ing·gles)

Ich verstehe nicht.
Yo no entiendo. jo no en·tjen·do

ESSEN & TRINKEN

Kann ich die Speisekarte sehen, bitte?
¿Puedo ver el menú, pue·do ver el me·nu
por favor? por fa·vor

Was können Sie empfehlen?
¿Qué recomienda? ke re·ko·mjen·da

Haben Sie vegetarische Gerichte?
¿Tienen comida tje·nen ko·mi·da
vegetariana? ve·che·ta·rja·na

Ich esse kein (Fleisch).
No como (carne). no ko·mo (kar·ne)

Das war lecker!
¡Estaba buenísimo! es·ta·ba bue·ni·si·mo

Prost!
¡Salud! sa·lu

Die Rechnung, bitte.
La cuenta, por favor. la kuen·ta por fa·vor

Ich hätte gerne	*Quisiera una*	ki·sje·ra u·na
einen Tisch für	*mesa para ...*	me·sa pa·ra
(acht) Uhr	*las (ocho)*	las (o·cho)
(zwei) Personen	*(dos)*	(dos) per·
	personas	so·nas

MUSTERSÄTZE

Folgende Satzstrukturen kann man mit
Wörtern eigener Wahl kombinieren:

Wann geht (der nächste Flug)?
¿Cuándo sale   *kwan*·do *sa*·le
(el próximo vuelo)?   (el prok·*si*·mo vue·lo)

Wo ist (die Haltestelle)?
¿Dónde está   *don*·de es·*ta*
(la estación)?   (la es·ta·*sjon*)

Wo kann ich (ein Ticket kaufen)?
¿Dónde puedo   *don*·de *pue*·do
(comprar un billete)? (kom·*prar* un bi·*je*·te)

Haben Sie (eine Karte)?
¿Tiene (un mapa)?   *tje*·ne (un ma·pa)

Gibt es (eine Toilette)?
¿Hay (servicios)?   ai (ser·*vi*·sjos)

Ich hätte gern (einen Kaffee).
Quisiera (un café).   ki·*sje*·ra (un ka·*fe*)

Ich würde gern (ein Auto mieten).
Quisiera (alquilar   ki·*sje*·ra (al·ki·*lar*
un coche).   un *ko*·che)

Kann ich (eintreten)?
¿Se puede (entrar)?   se *pue*·de (en·*trar*)

Können sie (mir) bitte (helfen)?
¿Puede (ayudarme),   *pue*·de (a·ju·*dar*·me)
por favor?   por fa·*vor*

Benötige ich (ein Visum)?
¿Necesito   ne·se·*si*·to
(obtener   (ob·te·*ner*
un visado)?   un vi·*sa*·do)

Wichtige Begriffe

Flasche	*botella*	bo·*te*·ja
Frühstück	*desayuno*	de·sa·*ju*·no
kalt	*frío*	*fri*·o
Dessert	*postre*	*pos*·tre
Abendessen	*cena*	*se*·na
Gabel	*tenedor*	te·ne·*dor*
Glas	*vaso*	*va*·so
heiß (warm)	*caliente*	kal·*jen*·te
Messer	*cuchillo*	ku·*tschi*·jo
Mittagessen	*comida*	ko·*mi*·da
Teller	*plato*	*pla*·to
Restaurant	*restaurante*	res·tow·*ran*·te
Löffel	*cuchara*	ku·*tscha*·ra

Fleisch & Fisch

Speck	*tocino*	to·*si*·no
Rindfleisch	*carne de vaca*	*kar*·ne de *va*·ka
Hühnchen	*pollo*	*po*·jo

Krebs	*cangrejo*	kan·*gre*·cho
Ente	*pato*	*pa*·to
Ziege	*cabra*	*ka*·bra
Schinken	*jamón*	cha·*mon*
Lamm	*cordero*	kor·*de*·ro
Hummer	*langosta*	lan·*gos*·ta
Hammel	*carnero*	kar·*ne*·ro
Tintenfisch	*pulpo*	*pool*·po
Austern	*ostras*	*os*·tras
Schwein	*cerdo*	*ser*·do
Garnelen	*camarones*	ka·ma·*ro*·nes
Kalmar	*calamar*	ka·la·*mar*
Truthahn	*pavo*	*pa*·vo
Kalb	*ternera*	ter·*ne*·ra
Wild	*venado*	ve·*na*·do

Getränke

Bier	*cerveza*	ser·*ve*·sa
Kaffee	*café*	ka·*fe*
Saft	*zumo*	*su*·mo
Milch	*leche*	*le*·tsche
Smoothie	*licuado*	li·*kua*·do
Sorbet	*nieve*	*nje*·ve
(Schwarz-)Tee	*té (negro)*	te (*ne*·gro)
(Mineral-) Wasser	*agua (mineral)*	*a*·gua (mi·ne·*ral*)
(Rot-/Weiß-) Wein	*vino (tinto/ blanco)*	*vi*·no (*tin*·to/ *blan*·ko)

Obst & Gemüse

Apfel	*manzana*	man·*sa*·na
Aprikose	*albaricoque*	al·ba·ri·*ko*·ke
Banane	*plátano*	*pla*·ta·no
Bohnen	*frijoles*	fri·*cho*·les
Kohl	*col*	kol
Opuntia	*tuna*	*tu*·na
Karotte	*zanahoria*	sa·na·o·ria
Kirsche	*cereza*	se·*re*·sa
Mais	*maíz*	ma·*is*
Mais (frisch)	*elote*	e·*lo*·te
Gurke	*pepino*	pe·*pi*·no
Traube	*uvas*	*u*·vas
Grapefruit	*toronja*	to·*ron*·cha
Linsen	*lentejas*	len·*te*·chas
Kopfsalat	*lechuga*	le·*tschu*·ga
Champignon	*champiñón*	cham·pi·*njon*
Nüsse	*nueces*	*nue*·ses

Zwiebel	cebolla	se·bo·ja
Orange	naranja	na·ran·cha
Pfirsich	melocotón	me·lo·ko·ton
Erbsen	guisantes	gi·san·tes
Paprika	pimiento	pi·mjen·to
Ananas	piña	pi·nja
Kochbanane	plátano macho	pla·ta·no ma·tscho
Pflaume	ciruela	cir·ue·la
Kartoffel	patata	pa·ta·ta
Kürbis	calabaza	ka·la·ba·sa
Spinat	espinacas	es·pi·na·ka
Erdbeere	fresa	fre·sa
(rote) Tomate	(ji)tomate	(chi) to·ma·te
Wassermelone	sandía	san·di·a

Weitere Lebensmittel

Brot	pan	pan
Butter	mantequilla	man·te·ki·ja
Kuchen	pastel	pas·tel
Käse	queso	ke·so
Keks	galleta	ga·je·ta
(Spiegel-)Eier	huevos (fritos)	we·vos (fri·tos)
Pommes Frites	papas fritas	pa·pas fri·tas
Honig	miel	mjel
Eiscreme	helado	e·la·do
Marmelade	mermelada	mer·me·la·da
Pfeffer	pimienta	pi·myjn·ta
Reis	arroz	a·ros
Salat	ensalada	en·sa·la·da
Salz	sal	sal
Suppe	caldo/sopa	kal·do/so·pa
Zucker	azúcar	a·su·kar

NOTFALL

Hilfe! ¡Socorro! so·ko·ro
Geh weg! ¡Vete! ve·te
Rufen Sie ...! ¡Llame a ! ja·me a ...
  einen Arzt un médico un me·di·ko
  die Polizei la policía la po·li·si·a

Ich habe mich verlaufen.
Estoy perdido/a. es·toi per·di·do/a (m/f)
Ich bin krank.
Estoy enfermo/a. es·toi en·fer·mo/a (m/f)
Hier tut es weh.
Me duele aquí. me due·le a·ki

Ich bin allergisch gegen (Antibiotika).
Soy alérgico/a a (los antibióticos). soi a·ler·chi·ko/a a (los an·ti·bjo·ti·kos) (m/f)
Wo ist die Toilette?
¿Dónde están los baños? don·de es·tan los ba·njos

SHOPPEN & SERVICE

Ich würde gerne ... kaufen
Quisiera comprar ... ki·sje·ra kom·prar ...
Ich schaue nur.
Sólo estoy mirando. so·lo es·toi mi·ran·do
Kann ich das mal sehen?
¿Puedo verlo? pue·do ver·lo
Das gefällt mir nicht.
No me gusta. no me gus·ta
Wieviel kostet das?
¿Cuánto cuesta? kuan·to kues·ta
Das ist sehr teuer.
Es muy caro. es mui ka·ro
Können Sie im Preis runtergehen?
¿Podría bajar un poco el precio? po·dri·a ba·char un po·ko el pre·sjo
Auf der Rechnung ist ein Fehler.
Hay un error en la cuenta. ai un e·ror en la kuen·ta

Geldautomat	cajero automático	ka·che·ro ow·to·ma·ti·ko
Kreditkarte	tarjeta de crédito	tar·che·ta de kre·di·to
Internetcafé	cibercafé	si·ber·ka·fe
Markt	mercado	mer·ka·do
Postamt	correos	ko·re·os
Touristen-information	oficina de turismo	o·fi·si·na de tu·ris·mo

UHRZEIT & DATUM

Wie spät ist es? ¿Qué hora es? ke o·ra es
Es ist (10) Uhr. Son (las diez). son (las djes)
Es ist halb (zwei). Es (la una) y media. es (la u·na) i me·dja

FRAGEWÖRTER

Wie?	¿Cómo?	ko·mo
Was?	¿Qué?	ke
Wann?	¿Cuándo?	kuan·do
Wo?	¿Dónde?	don·de
Wer?	¿Quién?	kjen
Warum?	¿Por qué?	por ke

Morgen	mañana	ma·nja·na
Nachmittag	tarde	tar·de
Abend	noche	no·tsche
gestern	ayer	a·jer
heute	hoy	oi
morgen	mañana	ma·nja·na
Montag	lunes	lu·nes
Dienstag	martes	mar·tes
Mittwoch	miércoles	mjer·ko·les
Donnerstag	jueves	chue·ves
Freitag	viernes	vjer·nes
Samstag	sábado	sa·ba·do
Sonntag	domingo	do·min·go
Januar	enero	e·ne·ro
Februar	febrero	fe·bre·ro
März	marzo	mar·so
April	abril	a·bil
Mai	mayo	ma·jo
Juni	junio	chun·jo
Juli	julio	chul·jo
August	agosto	a·gos·to
September	septiembre	sep·tjem·bre
Oktober	octubre	ok·tu·bre

ZAHLEN

1	uno	u·no
2	dos	dos
3	tres	tres
4	cuatro	kua·tro
5	cinco	sin·ko
6	seis	seis
7	siete	sje·te
8	ocho	o·tscho
9	nueve	nue·ve
10	diez	djes
20	veinte	vein·te
30	treinta	trein·ta
40	cuarenta	kua·ren·ta
50	cincuenta	in·kuen·ta
60	sesenta	se·sen·ta
70	setenta	se·ten·ta
80	ochenta	o·tschen·ta
90	noventa	no·ven·ta
100	cien	sjen
1000	mil	mil

| November | noviembre | no·vjem·bre |
| Dezember | diciembre | di·sjem·bre |

UNTERKUNFT

Ich hätte gern ein ...	Quisiera una	ki·sje·ra u·na
Zimmer.	habitación	a·bi·ta·sjon ...
Einzel-	individual	in·di·vi·dual
Doppel-	doble	do·ble

Wie viel kostet es pro Nacht/Person?
¿Cuánto cuesta por   kuan·to kues·ta por
noche/persona?   no·tsche/per·so·na

Ist Frühstück inbegriffen?
¿Incluye el   in·klu·je el
desayuno?   de·sa·ju·no

Campingplatz	terreno de cámping	te·re·no de kam·ping
Hotel	hotel	o·tel
Pension	pensión	pen·sjon
Jugend-herberge	albergue juvenil	al·ber·ge chu·ve·nil
Klimaanlage	aire acondicionado	ai·re a·kon·di·sjo·na·do
Bad	baño	ba·njo
Bett	cama	ka·ma
Fenster	ventana	ven·ta·na

VERKEHRSMITTEL & -WEGE

Boot	barco	bar·ko
Bus	autobús	au·to·bus
Flugzeug	avión	a·vjon
Zug	tren	tren
erster/s	primero	pri·me·ro
letzter/s	último	ul·ti·mo
nächster/s	próximo	prok·si·mo
Ein ... Ticket, bitte.	Un billete de ..., por favor.	un bi·je·te de ... por fa·vor
1. Klasse	primera clase	pri·me·ra kla·se
2. Klasse	segunda clase	se·gun·da kla·se
einfaches	ida	i·da
hin & zurück	ida y vuelta	i·da i vuel·ta

Ich möchte nach
Quisiera ir a ...   ki·sje·ra ir a ...

Hält er in ?
¿Para en ?   pa·ra en ...

Welche Haltestelle ist das?
¿Cuál es esta parada?   kual es es·ta pa·ra·da

Wann fährt ... ab/kommt ... an?
¿A qué hora llega/ a ke o·ra je·ga/
sale? sa·le

Sagen Sie mir, wenn wir in ... ankommen?
¿Puede avisarme pue·de a·vi·sar·me
cuando lleguemos kuan·do je·ge·mos
a ...? a ...

Ich möchte hier aussteigen.
Quiero bajarme aquí. kje·ro ba·char·me a·ki

Flughafen	*aeropuerto*	a·e·ro·pwer·to
Gangplatz	*asiento de pasillo*	a·sjen·to de pa·si·jo
Bushaltestelle	*parada de autobuses*	pa·ra·da de au·to·bu·ses
annulliert	*cancelado*	kan·se·la·do
verspätet	*retrasado*	re·tra·sa·do
Bahnsteig	*plataforma*	pla·ta·for·ma
Ticketschalter	*taquilla*	ta·ki·ja
Fahrplan	*horario*	o·ra·rjo
Bahnhof	*estación de trenes*	es·ta·sjon de tre·nes
Fensterplatz	*asiento junto a la ventana*	a·sjen·to chun·to a la ven·ta·na

Ich würde gern	*Quisiera*	ki·sje·ra
ein(en) ... mieten	*alquilar ...*	al·ki·lar ...
Gelände-wagen	*un todo-terreno*	un to·do te·re·no
Fahrrad	*una bicicleta*	u·na bi·si·kle·ta
Auto	*un coche*	un ko·tsche
Motorrad	*una moto*	u·na mo·to
Kindersitz	*asiento de seguridad para niños*	a·sjen·to de se·gu·ri·da pa·ra ni·njos

Diesel	*petróleo*	pet·ro·le·o
Helm	*casco*	kas·ko
trampen	*hacer botella*	a·ser bo·te·ja
Mechaniker	*mecánico*	me·ka·ni·ko
Benzin	*gasolina*	ga·so·li·na
Tankstelle	*gasolinera*	ga·so·li·ne·ra
Lastwagen	*camion*	ka·mjon

Ist das die Straße nach ?
¿Se va a ... por se va a ... por
esta carretera? es·ta ka·re·te·ra

(Wie lange) kann ich hier parken?
¿(Cuánto tiempo) (kuan·to tjem·po)
Puedo aparcar aquí? pue·do a·par·kar a·ki

SCHILDER

Abierto	Offen
Cerrado	Geschlossen
Entrada	Eingang
Hombres/Varones	Männer
Mujeres/Damas	Frauen
Prohibido	Verboten
Salida	Ausgang
Servicios/Baños	Toiletten

Das Auto ist liegen geblieben (in ...).
El coche se el ko·tsche se
ha averiado (en ...). a a·ve·rja·do (en ...)

Ich hatte einen Unfall.
He tenido un e te·ni·do un
accidente. ak·si·den·te

Ich habe keinen Sprit mehr.
Me he quedado sin me e ke·da·do sin
gasolina. ga·so·li·na

Ich habe einen Platten.
Tengo un pinchazo. ten·go un pin·tscha·so

WEGBESCHREIBUNGEN

Wo ist ...?
¿Dónde está ... ? don·de es·ta ...

Wie lautet die Adresse?
¿Cuál es la dirección? kual es la di·rek·sjon

Können Sie das bitte aufschreiben?
¿Puede escribirlo, pue·de es·kri·bir·lo
por fa·vor? por favor

Können Sie mir das (auf der Karte) zeigen?
¿Me lo puede indicar mi lo pue·de in·di·kar
(en el mapa)? (en el ma·pa)

an der Ecke	*en la esquina*	en la es·ki·na
bei der Ampel	*en el semáforo*	en el se·ma·fo·ro
hinter ...	*detrás de*	de·tras de ...
weit	*lejos*	le·chos
gegenüber	*enfrente de ...*	en·fren·te de ...
links	*izquierda*	is·kjer·da
in der Nähe	*cerca*	ser·ka
in der Nähe von/bei	*al lado de ...*	al la·do de ...
vor ...	*frente a ...*	fren·te a ...
rechts	*derecha*	de·re·tscha
geradeaus	*todo recto*	to·do rek·to

MEXIKANISCHER SLANG

Mit ein paar Slangausdrücken lässt sich jede Unterhaltung aufpeppen. Viele dieser Ausdrücke hört man im ganzen Land, manche Wendungen sind hingegen für Mexico City typisch.

¿Qué onda?
Was ist los?/Was geht ab?

¿Qué pasión? (Mexico City)
Was ist los?/Was geht ab?

¡Qué padre!
Wie cool!

fregón
großartig, fantastisch, genial

Este club está fregón.
Dieser Club ist genial.

El cantante es un fregón.
Der Sänger ist großartig.

ser muy buena onda
wirklich cool/nett sein

Mi novio es muy buena onda.
Mein Freund ist echt cool.

Eres muy buena onda.
Du bist wirklich cool.

pisto (im Norden)
Alkohol

alipús
Alkohol

echarse un alipús/trago
einen trinken gehen

Echamos un alipús/trago.
Lass uns etwas trinken gehen.

tirar la onda
flirten/jemanden anbaggern

ligar
flirten

irse de reventón
feiern/Party machen

¡Vámonos de reventón!
Lass uns feiern gehen!

reven
große Party mit lauter Musik und guter Stimmung

un desmadre
Chaos

Simón.
Ja.

Nel.
Nein.

No hay tos.
Kein Problem (wörtlich: „es gibt keinen Husten").

¡Órale! (positiv)
Hört sich gut an! (Antwort auf eine Einladung)

¡Órale! (negativ)
Ist ja super … (ironisch gemeint)

¡Caray!
Scheiße!

¿Te cae?
Ernsthaft?/Ehrlich?

Me late.
Hört sich wirklich gut an.

Me vale.
Ist mir egal.

Sale y vale.
Einverstanden./Klingt gut.

¡Paso sin ver!
Das ertrage ich nicht!/Nein, danke!

¡Guácatelas!/¡Guácala!
Wie krass!/Ist ja widerlich!

¡Bájale!
Übertreib mal nicht!/Ganz ruhig!

¡¿Chale?! (Mexico City)
Nie im Leben!?

¡Te pasas!
Du gehst zu weit!

¡No manches!
So ein Unsinn!/Du machst wohl Witze!

un resto
eine Menge

lana
Geld/Kohle

carnal
Bruder

cuate/cuaderno
Kumpel

chavo
Typ

chava
Mädchen

jefe
Vater

jefa
Mutter

la tira/julia
die Polizei

la chota (Mexico City)
die Polizei

GLOSSAR

(Pl.) steht für Plural

adobe – an der Sonne getrocknete Lehmziegel zum Hausbau

Agave – Familie von Pflanzen mit dicken, fleischigen, meist gepunkteten Blättern, aus denen Tequila, Mezcal und *pulque* hergestellt werden (s. auch *maguey*)

Alameda – Name künstlich angelegter Landschaftsparks in einigen mexikanischen Städten

alebrije – bunte Tierfigur aus Holz

Ángeles Verdes – Grüne Engel; staatlicher Pannendienst, der auf den wichtigsten mexikanischen Highways patrouilliert, zu erkennen an den grünen Fahrzeugen. Die Mitarbeiter versorgen liegen gebliebene Autos mit Benzin und Ersatzteilen.

arroyo – Bach, Strom

artesanías – Kunsthandwerk, Volkskunst

atlas, atlantes (Pl.) – männliche Skulptur, Trägerfigur(en), tragen ein Dach oder einen Fries; ein Telamon

autopista – Autobahn

azulejo – bemalte Keramikfliese

bahía – Bucht

balneario – Badestelle, häufig eine natürliche Thermalquelle

baluarte – Bollwerk, Bastei

barrio – Viertel einer Stadt oder Ortschaft, oft ärmlich

boleto – Ticket

brujo/a – Zauberdoktor/in, Schamane/Schamanin; ähnlich wie *curandero/a*

burro – Esel

cabaña – Hütte, einfache Unterkunft

cabina – Ausdruck in Baja California für eine öffentliche Telefonstation

cacique – regionaler Kriegsherr; mächtiger Politiker

calle – Straße

callejón – Gasse

calzada – großer Boulevard, Chaussee

camioneta – Lieferwagen, Pick-up

campesino/a – Landarbeiter/in, Bauer/Bäuerin

capilla abierta – offene Kapelle; in frühen mexikanischen Klöstern benutzt, um zu großen Massen indigener Menschen zu predigen

casa de cambio – Wechselstube; arbeitet oft schneller als eine Bank

casa de huéspedes – billige, gemütliche Unterkunft; oft in einem Wohnhaus, das zu einfachen Unterkünften umgebaut wurde

caseta de teléfono, caseta telefónica – öffentliche Telefonstation

cenote – eine mit Regenwasser gefüllte Kalksteingrube; dient in Yucatán oft als Wasserspeicher

central camionera – Busbahnhof

cerro – Hügel

Chaac – Regengott der Maya

chac-mool – vorkoloniale Steinskulptur einer gekrümmten Gestalt; der Bauch könnte als Opferaltar gedient haben

charreada – mexikanisches Rodeo

charro – mexikanischer Cowboy

chilango/a – Bewohner/in von Mexico City

chinampa – aztekischer Garten auf Seeschlamm mit Vegetation; gibt es noch in Xochimilco, Mexico City

chultún – Zisterne in der Chenes-Region in den Puuc-Hügeln südlich von Mérida

Churrigueresque – spanischer spätbarocker Architekturstil, in dem viele mexikanische Kirchen errichtet sind

clavadistas – die Klippentaucher von Acapulco und Mazatlán

colectivo – Kleinbus oder Auto, nimmt Fahrgäste entlang einer festgelegten Strecke auf; wird auch für andere Verkehrsmittel wie Boote verwendet, bei denen sich die Fahrgäste den Preis teilen

colonia – Stadtviertel, meist ist ein Wohnbezirk für Wohlhabende gemeint

combi – Kleinbus

comedor – Imbissstand

comida corrida – Tagesgericht

completo – komplett belegt (wörtlich „voll"); findet man als Schild an Hotelrezeptionen

conde – Graf (Adliger)

conquistador – früherer spanischer Entdecker und Eroberer

cordillera – Gebirgskette

criollo – in Mexiko geborener Nachfahre von Spaniern; galt in der Kolonialzeit als minderwertiger als *peninsulares*

cuota – Maut; eine *vía cuota* ist eine Mautstraße

curandero/a – wörtlich „Heiler"; Medizinmann oder -frau, der/die Kräuter und/oder Magie zum Heilen einsetzt und oft den spirituellen Aspekt von Krankheiten in den Vordergrund stellt

de paso – Bus, der seine Fahrt anderswo begonnen hat, aber unterwegs hält, um Passagiere aufzunehmen oder aussteigen zu lassen

DF – Distrito Federal (Bundesdistrikt); etwa die Hälfte von Mexico City liegt im DF

edificio – Gebäude

ejido – Gemeindeland, Landkooperative

embarcadero – Pier, Anlegestelle für Boote

entremeses – Vorspeise; auch kurze Theaterszenen, wie sie z. B. während des Cervantino Festival in Guanajuato aufgeführt werden

escuela – Schule

esq – Abkürzung für *esquina* (Ecke) in Anschriften

ex-convento – ehemaliges Kloster

feria – Jahrmarkt, typischerweise während eines religiösen Feiertags

ferrocarril – Eisenbahn

fonda – Gasthaus; kleines, familiengeführtes Lokal

fraccionamiento – Wohnsiedlung; ähnlich einer *colonia*, häufig modern

gringo/a – Bezeichnung für US-amerikanische, kanadische

oder andere westliche Besucher Lateinamerikas; manchmal verächtlich gemeint

grito – wörtlich „Schrei"; als Grito de Dolores wird die Ansprache des Gemeindepfarrers Miguel Hidalgo bezeichnet, in der er im Jahr 1810 zu der Rebellion aufrief, die letztlich die Unabhängigkeit Mexikos von Spanien nach sich zog

gruta – Grotte, Höhle

guayabera – Männerhemd mit Taschen und aufgesticktem Muster vorne, auf den Schultern und hinten; wird in heißen Regionen anstelle von Jackett und Krawatte getragen

hacha – Axt; in der Archäologie flacher, aus Stein geschnitzter Gegenstand, der beim rituellen Ballspiel zum Einsatz kam

hacienda – Landgut; mit „Hacienda" (großgeschrieben) ist das Finanzministerium gemeint

henequén – Agave-Faser, aus der Sisal-Seile hergestellt werden können; wird vor allem rund um Mérida angebaut

hostal – kleines Hotel oder Budgethostel

huarache – geknüpfte Ledersandalen, häufig mit gerippter Sohle

huevos – Eier; auch vulgär für Hoden

huipil, huipiles (Pl.) – ärmelloser, meist stark geschmückter Umhang indigener Frauen; kann bis über die Hüften oder bis zu den Knöcheln reichen

Huizilopochtli – aztekischer Stammesgott

iglesia – Kirche

INAH – Instituto Nacional de Antropología e Historia; die Behörde verwaltet die meisten archäologischen Stätten und einige Museen in Mexiko

indígena – indigen, bezeichnet die Urbevölkerung Lateinamerikas

isla – Insel

IVA – *impuesto de valor agregado* oder „i-bah"; Umsatzsteuer, die auf viele Güter erhoben wird (16 % auf Hotelzimmer)

jai alai – das baskische, von den Spaniern nach Mexiko gebrachte

Spiel *pelota*; ähnelt dem Squash und wird auf einem langen Feld mit Fangschlägern gespielt

jardín – Garten

Kastenkrieg – Aufstand der Maya im 19. Jh. auf der Halbinsel Yucatán

Kukulcán – Name der Maya für den gefiederten Schlangengott *Quetzalcóatl*

lancha – schnelles, offenes Boot mit Außenbordmotor

larga distancia – weite Entfernung; bezeichnet oft ein Ferngespräch

local – Geschäftslokal wie ein Laden mit Hausnummer oder ein Büro; ein *local*-Bus beginnt seine Fahrt an dem Busbahnhof, an dem man sich befindet

maguey – Agave, bezeichnet manchmal auch die besondere Art *agave americana*, aus der *pulque* gewonnen wird

malecón – Strandboulevard oder Promenade

maquiladora – Montagefabrik, die Ausrüstung, Rohstoffe und Teile zur Montage oder Verarbeitung nach Mexiko importiert und danach die Produkte exportiert

Mariachi – kleines Ensemble von Straßenmusikanten, die traditionelle Balladen auf Gitarren und Trompeten spielen

marimba – xylophonartiges Instrument aus Holz, beliebt im südöstlichen Mexiko

mercado – Markt; oft ein Gebäude nahe dem Zentrum einer Stadt mit Läden und offenen Ständen in den umliegenden Straßen

Mesoamerica – historischer und archäologischer Name für Zentral-, Süd-, Ost- und Südost-Mexiko, Guatemala, Belize und das kleine uralte Maya-Gebiet in Honduras

mestizo – Person gemischter (meist indigener und spanischer) Herkunft

Mexikanische Revolution – Revolution im Jahr 1910, die die *Porfiriato* beendete

milpa – kleines Getreidefeld eines Bauern, häufig durch Brandrodung urbar gemacht

mirador, miradores (Pl.) – Aussichtspunkt(e)

Mudejar – maurischer Architekturstil, von den Spaniern nach Mexiko gebracht

municipio – kleiner Verwaltungsbezirk; Mexiko besteht aus 2394 davon

Nafta – North American Free Trade Agreement, Nordamerikanisches Freihandelsabkommen

Náhuatl – Sprache der Nahua, der Nachkommen der Azteken

nao – spanische Handelsgaleone

norteamericano – Nordamerikaner, eine Person aus dem Gebiet nördlich der Grenze zwischen den USA und Mexiko

Nte – Abkürzung für *norte* (Nord) bei Straßennamen

Ote – Abkürzung für *oriente* (Ost) bei Straßennamen

palacio de gobierno – Regierungspalast, Regierungssitz

palacio municipal – Rathaus, Sitz der Stadt- oder Ortsverwaltung

palapa – Häuschen mit Schilfdach, üblicherweise an einem Strand

PAN – Partido Acción Nacional (Partei Nationale Aktion), die politische Partei des Ex-Präsidenten Felipe Calderón und seines Vorgängers Vicente Fox

panga – Fiberglasboot zum Angeln oder zur Walbeobachtung in Baja California

parada – Bushaltestelle, üblicherweise des städtischen Nahverkehrs

parque nacional – Nationalpark; Naturschutzgebiet, das nur unter Auflagen oder gar nicht betreten werden darf

parroquia – Pfarrkirche

paseo – Boulevard, Bürgersteig oder Fußgängerzone; die Tradition, abends die Plaza zu umrunden, wobei sich Männer und Frauen jeweils in entgegengesetzter Richtung bewegen

Pemex – staatliche Monopolgesellschaft für die Förderung, Verarbeitung und den Vertrieb von Erdöl

peninsulares – gebürtige Spanier, die von der spanischen

Regierung als Verwaltungsbeamte in die Kolonie Mexiko entsandt wurden

periférico – Ringstraße

pesero – Ausdruck für *colectivo* in Mexico City; im Nordosten kann auch ein Bus gemeint sein

peyote – Kaktus mit halluzinogener Wirkung

pinacoteca – Kunstgalerie

piñata – Tongefäß oder Figur aus Pappmaché in Form eines Tiers, einer Ananas, eines Sterns etc., gefüllt mit Süßigkeiten und Geschenken; wird bei Festen zerschlagen

pirata – Pirat; bezeichnet in manchen Teilen Mexikos Pick-ups zum Personentransport

playa – Strand

plaza de toros – Stierkampfarena

plazuela – kleine Plaza

poblano/a – Einwohner(in) von Puebla; etwas im Puebla-Stil

Porfiriato – Herrschaft des Präsidenten/Diktators Porfirio Díaz, der 30 Jahre lang bis zur Mexikanischen Revolution 1910 das Land regierte

portales – Arkaden

posada – Gästehaus

PRI – Partido Revolucionario Institucional (Partei der Institutionellen Revolution); die Partei, die den aktuellen mexikanischen Präsidenten Enrique Peña Nieto stellt und im 20. Jh. fast ununterbrochen regiert hat

Pte – Abkürzung für *poniente* (West) bei Straßennamen

puerto – Hafen

pulque – milchiges Getränk mit niedrigem Alkoholgehalt, hergestellt aus der *maguey*-Pflanze

quetzal – Kammvogel mit leuchtend grünen, roten und weißen Federn aus dem südlichen Mexiko, Mittelamerika und dem nördlichen Südamerika; Quetzalfedern waren im vorkolonialen Mexiko sehr wertvoll

Quetzalcóatl – gefiederter Schlangengott im vorkolonialen Mexiko

rebozo – Woll- oder Leinenschal, der Kopf und Schultern bedeckt

refugio – sehr einfache Schutzhütte in den Bergen

reserva de la biosfera – Biosphärenreservat; Naturschutzgebiet, in dem sich menschliche Eingriffe auf nachhaltige Aktivitäten beschränken sollen

retablo – Altaraufsatz oder kleines Gemälde, das in Kirchen zum Dank für Wunder, erhörte Gebete u. Ä. aufgestellt wird

río – Fluss

s/n – *sin número* (ohne Nummer); wird für Adressen verwendet

sacbé, sacbeob (Pl.) – Zeremonialweg(e) zwischen großen Mayastädten

sanatorio – Krankenhaus, insbesondere ein kleines privates

sarape – Decke mit Öffnung für den Kopf, die als Umhang getragen wird

Semana Santa – Karwoche (Woche von Palmsonntag bis Ostersonntag); Mexikos Hauptferienzeit, zu der Hotels und Verkehrsmittel stark ausgelastet sind

sierra – Gebirgskette

sitio – Taxiservice

stela/stele, stelae/steles (Pl.) – aufrecht stehendes Steinmonument, üblicherweise mit Reliefs bedeckt

sur – Süden; häufige Bezeichnung bei Straßennamen

taller – Laden oder Werkstatt; ein *taller mecánico* bezeichnet meist eine Autowerkstatt; ein *taller de llantas* repariert Reifen

talud-tablero – Baustil mit Treppenformen, typisch für Teotihuacán, mit abwechselnd vertikalen (*tablero*) und schrägen (*talud*) Abschnitten

taquilla – Ticketschalter

telamon – Statue eines Mannes, die anstelle eines Pfeilers das Dach eines Tempels trägt; ein *atlas*

teleférico – Seilbahn

teléfono (celular) – (Mobil-) Telefon

temascal – vorkoloniales Dampfbad, oft zu Heilungszwecken verwendet; auch *temazcal* geschrieben

templo – Kirche; von der Kapelle bis hin zur Kathedrale

teocalli – heiliger Bezirk der Azteken

Tezcatlipoca – vielgestaltiger vorkolonialer Gott; Herr des Lebens und Todes und Schutzherr der Krieger; als rauchender Spiegel konnte er den Menschen ins Herz sehen, als Sonnengott dürstete ihn nach dem Blut geopferter Krieger, um wieder Macht zu erlangen

tezontle – hellrotes, poröses Vulkangestein, das von den Azteken und *conquistadores* als Baumaterial verwendet wurde

tianguis – Markt der indigenen Bevölkerung

tienda – Geschäft

típico/a – regionstypisch; bezieht sich vor allem auf Essen

Tláloc – vorkolonialer Regen- und Wassergott

tope – Bodenschwelle am Eingang vieler Kleinstädte und Dörfer; solche Schwellen sind nur selten mit Warnschildern markiert

trapiche – Fabrik; in Baja California üblicherweise eine Zuckerfabrik

Unabhängigkeitskrieg – Krieg für die Unabhängigkeit Mexikos von Spanien (1810–1821), der drei Jahrzehnte spanischer Herrschaft beendete

UNAM – Universidad Nacional Autónoma de México (Nationale Autonome Universität von Mexiko)

universidad – Universität

voladores – wörtlich „Flieger"; totonakisches Ritual, bei dem Männer, die an den Knöcheln mit einem Seil festgebunden sind, um einen hohen Pfahl herumwirbeln

zócalo – wörtlich übersetzt „Plinthe"; bezeichnet in zahlreichen mexikanischen Städten die zentrale Plaza, den belebtesten Platz

GLOSSAR ESSEN

Für kulinarische Grundbegriffe s. S. 910

Für Grundinfos zu Gerichten s. S. 47

adobada – in *adobo* (Chilisauce) mariniert

al albañil – „im Maurerstil"; z.B. serviert mit scharfer Chilisauce

al mojo de ajo – mit Knoblauchsauce

al pastor – „nach Hirtenart"; über einer Grube gegart

albóndigas – Fleischbällchen

antojitos – „kleine Launen"; Snacks auf Tortillabasis (z.B. Tacos, Enchiladas)

arroz mexicana – Pilaw-Reis auf Tomaten

atole – Maismehlbrei

avena – Haferbrei

barbacoa – im Erdofen geräuchertes Barbecue

bolillo – Brötchen im französischen Stil

brocheta – Schaschlikspieß

burrito – große, gefüllte Weizentortilla

cajeta – Ziegenmilch und Zucker, eingedickt zu einer Paste

calabacita – Kürbis

carnitas – in Schmalz gebratenes Schweinefleisch

cecina – dünnes, mit Chili gewürztes und gebratenes oder gegrilltes Fleisch

chicharrones – gebratene Schweineschwarten

chile relleno – mit Fleisch oder Käse gefüllte Chili, zumeist mit Ei paniert und frittiert

chiles en nogada – milde, grüne Chilis, mit Fleisch und Früchten gefüllt, im Teig gebraten; dazu eine Sahnesauce mit gemahlenen Walnüssen und Käse

chorizo – mexikanische Wurst, mit Chili und Essig gewürzt

chuleta de puerco – Schweinekotelett

churros – Krapfen im Donut-Stil

cochinita pibil – mit Chilis mariniertes Schweinefleisch im Bananenblatt; gebacken oder in einer Grube gegart

coctel de frutas – Fruchtcocktail

costillas de res – Rinderrippen

crepas – Crêpes oder dünne Pfannkuchen

empanada – mit Fleisch, Käse oder Früchten gefüllte Teigtaschen

filete a la tampiqueña – Steak à la Tampico; dünnes Lendenstück vom Grill, serviert mit Chilistreifen Zwiebeln, einer Quesadilla und einer Enchilada

flor de calabaza – Kürbisblüte

frijoles a la charra – gekochte Bohnen mit Tomaten, Chilis und Zwiebeln (auch *frijoles rancheros* genannt)

guacamole – pürierte Avocado, oft mit Limettensaft, Zwiebeln, Tomaten und Chili

horchata – alkoholfreies Getränk aus zerstampften Melonenkernen

huachinango veracruzana – Roter Schnapper à la Veracruz mit einer Sauce aus Tomaten, Oliven, Essig und Kapern

huevos motuleños – Spiegeleier in Maistortillas; garniert mit Erbsen, Tomaten, Schinken und Käse

huevos rancheros – Spiegeleier auf einer Maistortilla; garniert mit einer Sauce aus Tomaten, Chilis und Zwiebeln, serviert mit Bohnenmus

huevos revueltos – Rühreier

huitlacoche – ein hoch geschätzter Pilz, der auf Maiskolben wächst

lomo de cerdo – Schweinelende

machacado – pulverisiertes Dörrfleisch, oft mit Ei vermischt

menudo – Eintopf mit Innereien

milanesa – dünne Schweineoder Rindfleischscheiben, paniert und gebraten

mixiote – mit Chili gewürztes Lamm, gedämpft in Agavenhaut oder Backpapier

mole negro – Hühner- oder Schweinefleisch in einer sehr dunklen Sauce aus Chilis, Früchten, Nüssen, Gewürzen und Schokolade

mole poblano – Huhn oder Truthahn in einer Sauce aus Chilis, Früchten, Nüssen, Gewürzen und Schokolade

nopalitos – geschnittene Kaktussprossen, gegrillt oder kurz angebraten

picadillo – Rinderhackfüllung, oft mit Früchten und Nüssen

pipián verde – Hühnereintopf mit Chilis, Tomatillos und gemahlenen Kürbiskernen

pozole – Suppe oder dünner Eintopf aus grobem Maismehl, Fleisch, Gemüse und Chili

queso fundido – geschmolzener Käse, oft mit Chorizo oder Pilzen verfeinert; als Vorspeise mit Tortillas serviert

rajas – Streifen aus milden, grünen Chilis; oft mit Zwiebeln angebraten

tinga poblana – Eintopf aus Schweinefleisch, Gemüse und Chilis

Hinter den Kulissen

....

WIR FREUEN UNS ÜBER EIN FEEDBACK

Post von Travellern zu bekommen, ist für uns ungemein hilfreich – Kritik und Anregungen halten uns auf dem Laufenden und helfen, unsere Bücher zu verbessern. Unser reiseerfahrenes Team liest alle Zuschriften ganz genau, um zu erfahren, was an unseren Reiseführern gut und was schlecht ist. Wir können solche Post zwar nicht individuell beantworten, aber jedes Feedback wird garantiert schnurstracks an die jeweiligen Autoren weitergeleitet, rechtzeitig vor der nächsten Nachauflage.

Wer Ideen, Erfahrungen und Korrekturhinweise zum Reiseführer mitteilen möchte, hat die Möglichkeit dazu auf **www.lonelyplanet.com/contact/guidebook_feedback/new**. Anmerkungen speziell zur deutschen Ausgabe erreichen uns über **www.lonelyplanet.de/kontakt**.

Hinweis: Da wir Beiträge möglicherweise in Lonely Planet Produkten (Reiseführer, Websites, digitale Medien) veröffentlichen, ggf. auch in gekürzter Form, bitten wir um Mitteilung, falls ein Kommentar nicht veröffentlicht oder ein Name nicht genannt werden soll. Wer Näheres über unsere Datenschutzpolitik wissen will, erfährt das unter www.lonelyplanet.com/privacy.

....

DANK VON LONELY PLANET

Vielen Dank den Reisenden, die uns nach der letzten Auflage des Reiseführers zahlreiche hilfreiche Hinweise, nützliche Ratschläge und interessante Anekdoten schickten:

Alejandra Robertson, Daniel de Vries, Fleur Broers, Irving W Levinson, Jessica Groenestijn, Joseph T. Stanik, Michael Dahlquist, Michael Weber

DANK DER AUTOREN
Brendan Sainsbury

Muchas gracias allen Busfahrern, den Mitarbeitern der Touristeninformationen, den Hoteliers, Köchen, Guides und all den Passanten, die mir unwissentlich oder anderweitig bei meinen Recherchen geholfen haben. Ein besonderer Dank gilt meiner Frau Liz und meinem Sohn Kieran für ihre Gesellschaft (und ihre Geduld) während unserer Reise durch Oaxaca.

Kate Armstrong

Zu allererst *muchísimas gracias* an Tom Williams für seinen Rat und seine unerschütterliche Begeisterung und Liebe für die Region. Er wusste im Luz en Yucatan so viel zu erzählen! *Muchísimas gracias* auch Donard O'Neill. Ich bedanke mich bei Raul LiCausi Salerno vom Hostel Nómadas, Silvia Carrillo Jiménez von Tourism Valladolid und Director Jorge Romero

Herrera vom SEFOTUR in Mérida für ihre Unterstützung. Ich bedanke mich bei Sarah Stocking für ihre Hilfe. Ein großes Dankeschön geht auch an Yucatecano, Ray Bartlett, Alex Egerton und Lucas Vigden.

Ray Bartlett

Ein dickes Danke an meine Familie – es war ein Riesenspaß, mit euch auf Achse zu gehen! Ich danke auch all den tollen Leuten, die mitgeholfen haben: Rob und Joanne, Mauricio, Bailey, Corina, Tanya, Ivonne, Rudolf und vielen anderen. Ein großes Dankeschön geht an die Redakteure, besonders Sarah Stocking, die hinter den Kulissen tätig waren. Auch bei meinen Mitautoren bedanke ich mich. Danke all den wunderbaren Einheimischen und all den Reisenden, die ich kennenlernen durfte. Ihr seid es, die Mexiko so magisch machen. Bleibt, wie ihr seid!

Celeste Brash

Danke, Cesar und Oscar in Cabo, Familie Castro in Cabo Pulmo und Mary für die Unterstützung. Ich danke der Bootsmannschaft in La Paz, Carillo, Abel und den beiden Juans in Loreto, dem Fahrer des Abschleppwagens in Mulege, Kuyima in San Ignacio, und Chrissie für Ensenada (und so viel mehr). Bedanken möchte ich mich auch bei meiner geschätzten Kollegin Anna Kaminski, die mich zu Tacos, Bier und Wein begleitet hat. Wie immer möchte ich auch meinem Mann Josh und meinen Kindern Jasmine und Tevai für ihre Unterstützung und das Zuhause danken.

Stuart Butler

Ich möchte mich bei meiner Frau Heather und den kleinen Kindern Jake und Grace für ihre Geduld während meiner Arbeit an diesem Projekt bedanken. Ich verspreche: Beim nächstes Mal kommt ihr mit! Ein riesiges Dankeschön an all den vielen Menschen innerhalb und außerhalb Mexikos, die mir bei meinen Recherchen und meinem Aufenthalt geholfen haben.

Steve Fallon

Muchísimas gracias all den Menschen, die mir mit Rat, Tat, Ideen und/oder ihrer Gastfreundschaft zur Seite standen: Michael Eager in Ajijic, Alicia McNiff in Chapala, Júpiter Rivera in Comala, Luis Enrique Ruiz, Katy Thorncroft und Carlos Ibarra in Guadalajara, Ellen Sharp in Macheros bei Zitácuaro, Victoria Ryan in Pátzcuaro, Clayton J. Szczech und David Arce Uribe in Tequila, Irene Pulos in Tlaquepaque und Aline Avakian und Salvador Luna in Uruapan. *Y a mi quero México, país de amistad, buen humor y coraje* (und meinem geliebten Mexiko, Land der Freundschaft, der guten Laune und des Mutes)! Wie immer ist mein Anteil an diesem Band Michael Rothschild gewidmet – inzwischen mein Ehemann.

John Hecht

Mein Dank gilt Julio Morales in Mazatlán, Roberto Langarica in Majahuas, Myles Estey und Gus Condado in Mexico City, Memo Wulff in Vallarta und all den großzügigen *costeños* für ihre Unterstützung und die gemeinsame Zeit. Und vor allem bedanke ich mich von ganzem Herzen bei Lau (alias *la milanesas*) dafür, immer für mich da zu sein!

Anna Kaminski

Ich möchte mich bei Cliff und Sarah dafür bedanken, dass sie mir das Veracruz-Kapitel und andere Teile des Buches anvertraut haben. Mein Dank gilt auch all jenen, die mich bei meiner Arbeit unterstützt haben. Insbesondere: Juana und David in Veracruz, den hilfreichen Betreuern in El Cuajilote und Quiahuiztlán, meinem wunderbaren Rafting Guide in Jalcomulco, den hilfsbereiten Menschen des Fremdenverkehrsamts in San Andres Tuxtla, meiner wundervollen Gastgeberin in Catemaco, Diego in Xalapa, Rafael in Tlacotalpan und Toni in Orizaba.

Tom Masters

Vielen Dank an Anna, Josh, Tenzin und Catherine in San Miguel de Allende – ihr habt meine Zeit dort versüßt! Danke an Joe Kellner für die Gesellschaft und an Mesón de los Dos Leones in Querétaro und Camino Surreal in Xilitla für ihre Unterstützung. Mein Dank gilt auch den Leuten bei Lonely Planet: für ihre Geduld, als ich krank wurde.

Liza Prado

Mil gracias an Alejandra Reina und Luz Vasquez für all die Infos über El Norte. *Abrazos para toda la familia*, Abuelita Trini, Tío Enrique, Tía Lupita, Tato, Tío Miguel, Tía Ana Lilia und Tío Jaime für die Gastfreundschaft. Ein riesiges Dankeschön gilt meiner Mom, weil sie mit mir und den Kindern reiste, meinem Dad, weil er uns ermutigt hat, und Susan, die die Laden zusammenhielt, als die Schule begann. *Gracias*, Eva und Leo, ihr seid so lieb! Und Gary: Danke, dass du mein bester Freund bist, mir den Rücken stärkst und in allem Schönheit siehst.

Phillip Tang

Danke, Stephen Hu (Ren Jie), für tolle Momente in Puebla, Cholula, Tlaxcala und Taxco – und für die Gerichte, die ich probieren durfte. Danke, Anna Glayzer, für die Zeit in Valle de Bravo, Cuernavaca und Tepoztlán. *Mil gracias de nuevo a* Armando Palma, Jocsan L. Alfaro und Fiona Ross *por tus sugerencias en CDMX*. Danke, Sarah Stocking und Clifton Wilkinson, dass ich wieder dabei sein durfte. Und vielen Dank an Vek Lewis, Lisa N'paisan und Géraldine Galvaing für die Unterstützung.

QUELLENNACHWEIS

Die Klimakartendaten stammen von Peel MC, Finlayson BL & McMahon TA (2007) *Updated World Map of the Koppen-Geiger Climate Classification*, erschienen in der Zeitschrift *Hydrology and Earth System Sciences*, Ausgabe 11, 1633–44.

Titelfoto: Parroquia de San Miguel Arcángel, San Miguel de Allende; Danita Delimont Stock/AWL ©

Chichén Itzá, Abbildung S. 354/355 von Michael Weldon.

ÜBER DIESES BUCH

Dies ist die 7. deutschsprachige Auflage von *Mexiko*, basierend auf der mittlerweile 16. englischsprachigen Auflage von *Mexico*, recherchiert und geschrieben von Brendan Sainsbury, Kate Armstrong, Ray Bartlett, Celeste Brash, Stuart Butler, Steve Fallon, John Hecht, Anna Kaminski, Tom Masters, Liza Prado und Phillip Tang. Den Essay *Die mexikanische Küche* schrieb Mauricio Velázquez de León. Dieser Reiseführer wurde von folgendem Team betreut:

Projektredakteur Sarah Stocking, Clifton Wilkinson

Produktredakteur Rachel Rawling, Alison Ridgway, Kate Mathews, Vicky Smith

Leitender Kartograf Corey Hutchison

Layoutdesign Meri Blazevski

Redaktionsassistenz Judith Bamber, Carolyn Boicos, Peter Cruttenden, Melanie Dankel, Paul Harding, Gabrielle Innes, Kellie Langdon, Rosie Nicholson, Lauren O'Connell, Susan Paterson, Monique Perrin, Sarah Reid, Tamara Sheward, Sarah Stewart, Fionnuala Twomey, Simon Williamson

Kartografieassistenz Michael Garrett

Umschlagrecherche Naomi Parker

Dank an Hannah Cartmel, Kate Chapman, Andi Jones, Virginia Moreno, Kathryn Rowan, Wibowo Rusli, Maureen Wheeler, Amanda Williamson

Register

A

Abenteuertouren
Creel 828
Veracruz 229, 241
Acapulco 612, **614**, **616**,
620
Aktivitäten 617
An- & Weiterreise 623
Ausgehen & Nachtleben
622
Essen 619
Feste & Events 618
Praktische Informationen
623
Sehenswertes 613
Shoppen 623
Strände 615
Unterhaltung 623
Unterkunft 618
Unterwegs vor Ort
624
Affen 431, 452, 918
Aguascalientes 734, **735**
Aguascalientes (Bundes-
staat) 734
Ajijic 657
Aktivitäten 926 siehe auch
einzelne Aktivitäten &
einzelne Orte
Tauchen & Schnorcheln
926
Walbeobachtungen
777
Álamos 841
alebrijes 491
Allende, Ignacio 720,
723, 726
Amatenango del Valle
407
Amatlán 495
Ameisenbären 918
Angahuan 692
Angangueo 678

Verweise auf Karten **000**
Verweise auf Fotos **000**

Angeln
Acapulco 617
Ensenada 777
Loreto 790
Mazatlán 539
Puerto Vallarta 566, 567
Zihuatanejo 600
Anna, Santa 889
antojitos 909
An- & Weiterreise 939
Äquadukte 671
Aquarien
Acuario de Veracruz 228
Acuario Inbursa 95
Acuario Mazatlán 537
Playa del Carmen 301
Aras 434
Arbeiten in Mexiko 927
Archäologische Stätten
siehe auch Maya-Stätten
& -Artefakte, Pyramiden
48, **51**
Altes Mitla 489
Aztekentempel
(Malinalco) 219
Becán 378
Bonampak 428
Calakmul 377
Casa del Adivino 340
Chiapa de Corzo 391
Chicanná 378
Chichén Itzá 14, **14**, **26**,
48, 352, **353**, 354, **354**
Chinkultic 442
Cobá 318
Comalcalco 455
Corredor Arqueológico
324
Cuadrángulo de las
Monjas 340
Dzibanché 324
Dzibilnocac 372
Edzná 373
Ek' Balam 363
El Cedral 306
El Chanal 662
El Cuajilote 250

El Tabasqueño 373
El Tajín 263
Hochob 373
Hormiguero 379
Iglesia Vieja 440
Ihuatzio 687
Izapa 449
Kabah 344
Kinich-Kakmó 351
Kohunlich 324
Labná 345
La Campana 662
La Quemada 755
Malpasito 455
Monte Albán 483
Palenque 415
Paquimé 855
Pirámide de la Luna 159
Pirámide del Sol 158
Pirámide de Teopanzolco
200
Plan de Ayutla 428
Planung 49
Quiahuiztlán 235
Reiseplanung 52
Reisezeit 49
Ruinas de Mayapán 346
Ruinen von Yagul 487
Santa María Atzompa
493
Sayil 345
Soledad de Maciel 610
Teotihuacán **35**, 49,
158, 160
Tinganio 690
Toniná 412
Tres Zapotes 269
Tula 156
Tulum 19, **19**, 312, **313**
Tzintzuntzan 688
Uxmal 340, **342**
Vega de la Peña 251
Xlapak 345
Xochitécatl 179
Xpuhil 380
Yaxchilán 431

Yohualichán 189
Zempoala 236
Zona Arqueológica
(Cholula) 175
Zona Arqueológica
Cuicuilco 104
Zona Arqueológica El
Rey 280
Architektur **19**, 78, 80, 898
Areponápuchi 824
artesanías **14**, 689, 853,
906
alebrijes 491
barro negro 491
San Cristóbal de las
Casas 407
San Miguel de Allende
731
sarapes 862
Ausgehen & Nachtleben
siehe einzelne Orte
Aussichtspunkte 245
Auto, Reisen mit dem 21,
942
Carretera Transpenin-
sular 784
Einfuhrgenehmigungen
941
Grundbegriffe 951
Kindersitz 55
Azteken 64, 883
Glaube 881
Stätten 49, 755

B

Bahía de Kino 838
Bahía de Navidad 583
Bahías de Huatulco 521,
522
Aktivitäten 525
An- & Weiterreise 530
Ausgehen & Nachtleben
529
Essen 527
Geführte Touren 525
Sehenswertes 521
Shoppen 529

Touristeninformation 529
Unterkunft 526
Unterwegs vor Ort 530
Baja California 763, **764**, 917
An- & Weiterreise 765
Essen 763
Geschichte 765
Highlights 764
Klima 763
Reisezeit 763
Sicheres Reisen 767
Unterkunft 763
Unterwegs vor Ort 765
Ballspiel 879, 884
Ballspielplätze 264
Banken 930
Bargeld 930
Barra de Navidad 585
Barra de Nexpa 594
Barra de Potosí 609
Barra de Zacapulco 444
Barranca del Cobre **812**, 815, **816**
Aktivitäten 815
Essen 811
Gefahren & Ärgernisse 814
Geschichte 814
Highlights 812
Klima 811
Unterkunft 811
Barrierefreiheit 933
barro negro 491
Batopilas 830
Becán **374**, 375, 378
Bedrohte Arten 919
Behinderung, Reisen mit 933
Belize, Grenzübergänge zu 940
Benito Juárez 495
Berge 217
Bernal 704
Bernstein 398
Bevölkerung 877
Bevölkerung, indigene 900 siehe auch Indigene Bevölkerung
Beziehungen zwischen Mexiko und den USA 878

Verweise auf Karten **000**
Verweise auf Fotos **000**

Bibliotheken
Biblioteca Gertrudis Bocanegra 682
Biblioteca Palafoxiana 165
Biblioteca Pública 723
Biblioteca Pública de la Universidad Michoacana 667
Centro Cultural y Artesanal 350
Bier 914
Bildhauerkunst 899
Boa Constrictor 918
Bonampak 426, 428, **429**
Bootstouren 848
Acapulco 617
Bosque Secreto 817
Cancún 282
Cañón del Sumidero 390
Lago de Catemaco 276
Mazunte 518
Mexico City 96, 107
Parque Nacional Lagunas de Chacahua 509
Puerto Vallarta 566
Reserva de la Biosfera Pantanos de Centla 452
Reserva de la Biosfera Ría Lagartos 364
Tecolutla 265
Tlacotalpan 267
Valle de Bravo 217
Botschaften & Konsulate 927
Boxen 896
Brennereien 537
Breton, André 687
Brücken 851
Bücher 876, 899, 906
siehe auch Bücher
Antike Kulturen 879
Behinderung, Reisen mit 933
curandera 894
Diego Rivera 901
Essen 911
Frida Kahlo 901
fútbol 896
Kochbücher 910, 912
Kultur 893
Maya 880
Budget 21
Essen 927
Mietwagen 942
Sprachkurse 933
Unterkunft 937
Visa 936

Bus, Reisen mit dem 21, 940, 944, 945
Bustouren 109

C
Cabo Pulmo 799
Cabo San Lucas 803, **806**
Cacaxtla 178
Calakmul 377
callejoneada 715
Campeche (Bundesstaat) 365
Campeche (Stadt) 365, **366**, 376
An- & Weiterreise 371
Ausgehen & Nachtleben 371
Essen 370
Geführte Touren 369
Geschichte 365
Sehenswertes 365
Shoppen 371
Touristeninformation 371
Unterkunft 369
Unterwegs vor Ort 372
Cañada de la Virgen 733
Cancún 280, **282**, **286**
Aktivitäten 281
An- & Weiterreise 289
Ausgehen & Nachtleben 288
Essen 285
Geführte Touren 282
Notfälle 289
Shoppen 288
Unterkunft 283
Unterwegs vor Ort 290
Cañón del Sumidero 390
Cañón La Trinidad 788
Cantinas 913
Cantona 187
Carjacking 815
Carnaval 30 siehe auch Karneval
Carranza, Venustiano 866
Carretera Fronteriza 426
casas de cambio 930
Casas Grandes 854
Castro, Fidel 259
Catemaco 271, **272**
Celestún 346
Cenoten 24, **374**, 375
Cenote Azul 323
Cenote Sagrado 357
Cenote X-Batún & Dzonbakal 347
Cenote X'Kekén y Samulá **7**, 360

Cenote Zací 361
Gran Cenote 316
Hacienda San Lorenzo Oxman 360
Puerto Morelos 298
Sima de las Cotorras 389
Sótano de las Huahuas 749
Zacil-Ha 313
Cerocahui 819
Cerro Pelón 678
Chacala 557
Chamulas 410
Chapala 657
Chávez, Julio César 896
Chetumal 325, **326**
Chiapas **382**, 384
An- & Weiterreise 384
Essen 381
Highlights 382, **382**
Reisezeit 381
Unterkunft 381
Unterwegs vor Ort 384
Chicanna 378
Chichén Itzá 14, **14**, **26**, **48**, 352, **353**, 354, **354**
An- & Weiterreise 359
Essen 358
Geschichte 352
Sehenswertes 356
Unterkunft 358
Unterwegs vor Ort 359
Chihuahua 848, **850**
Chikungunya-Fieber 931
chilaquiles 910
Chilischoten **44**
chinampas 95
Chinkultic 442
Cholula 173, **174**
Christentum 895
Ciudad Guzmán 659
Ciudad Valles 752
Clavadistas 536, 613
Coatepec 245
Cobá 317
colectivos 481, 945
Colima (Bundesstaat) 660
Colima (Stadt) 660, **661**
Comala 665
Comalcalco 455
Combis 945
Comitán 435, **436**
Comitán (Region) 435
Concepción Bamba 528
Concordia 541
Copala 541

Cordillera Neovolcánica
916
Córdoba 251
Coronel, Rafael 754
Cortés, Hernán 175, 224,
236, 885
Cosalá 541
Costa Chica 625
Costa de Oro 275
Costa Maya 17, **18**, 37
Creel 826, **827**
Cuajimoloyas 495
Cuatrociénegas 865
Cuautla 194, 195
Cuernavaca 196, **198**
Ausgehen & Nachtleben
204
Essen 202
Feste & Events 201
Geschichte 197
Kurse 201
Sehenswertes 197
Shoppen 205
Touristeninformation
205
Unterhaltung 205
Unterkunft 201
Cuetzalan 187
Cuevas, José Luis 901
Cuilapan 490
Cusárare 832

D

danzón 903
de Barrera, Hauptmann
Gabriel 710
de Guzmán, Nuño 630,
680
Delfine 540, 918
Demografie 877
Denguefieber 931
Denkmäler
Monumento a la
Independencia 82
Monumento a la
Revolución 81
Monumento a los Niños
Héroes 91
Volador-Denkmal 261
de Quiroga, Bischoff Vasco
680
de San Miguel, Juan 689
Desierto Chihuahuense
848
Día de la Independencia
33, 718, 719
Día de Muertos 33, 895,
912
Mexico City 109
Pátzcuaro 683

Puebla 167
Uruapan 690
Día de Nuestra Señora de
Guadalupe **13**, 33
Diebstahl 929
Divisadero 825
Dolores Hidalgo 718
Don Quixote de la Mancha
711, 715
Drogen 821, 848, 861
Drogenkriege 892
Entführungen 940
Gefahren & Ärgernisse
929
Kartelle 861, 872, 876
Rechtsfragen 932
Duby-Blom, Gertrude 397
dulces morelianos 675, 676
Dünen 866
Durango 855, **858**
Dzibanché 324
Dzibilchaltún 351

E

Edzná 373
Einreise 939
Eislaufen 107, 108
Ek' Balam 363
El Arenal 659
El Chapo 876
El Fuerte 817
El Palacio 417
El Panchán 415
El Pípila 710
El Rosario 541, 677
El Tajín 263, **264**
El Tule 487
Embarcadero Las Garzas
444
Enchiladas 910
Ensenada 776, **778**
Entführungen 876, 943
Erdbeben 384, 531
Ermäßigungen 927
Erongarícuaro 687
Espíritu Santo 18, 792
Essen 909, 927 *siehe*
auch einzelne Orte,
Schokolade, Kochkurse,
Feste & Events
dulces morelianos
675, 676
Feste & Events 32,
33, 777
Fischtacos 776
Käse 413
Mole 910
pescado zarandeado
587

Preise 927
Spezialitäten, regio-
nale 44
Sprache 947
Springbohnen 841
Straßenessen 685
Etikette 23
Events *siehe* Feste &
Events

F

Fahrradfahren *siehe*
Radfahren
Fähren 848, 946
Feiertage & Ferien 927
Felsmalereien 785
Altavista Petroglyphs
557
Las Labradas 551
Mazatlán 540
Ferrocarril Chihuahua
Pacífico 12, **12**, 815,
818, 946
Feste & Events *siehe auch*
einzelne Orte, Karneval,
Día de Muertos 30
Baile de las Flores 712
Baja 1000 777
Baja Seafood Expo 777
Carnaval 30
Carnaval (Cuernavaca)
201
Carrera de los Pies
Ligeros 821
Cuetzalan 188
Día de la Independencia
33, 718, 719
Día de Muertos 690
Día de Nuestra Señora
de Guadalupe **13**
Día de San Luis Rey de
Francia 742
Essen 167, 412
Feria de Morelia 672
Feria Nacional Potosina
742
Festival de las Almas
218
Festival Internacional
Cervantino Barroco
401
Fiesta de la Vendimia
774
Fiesta de San Patricio
584
Fiesta de Santa Magda-
lena 248
Fiesta Grande de Enero
392
Fiestas de San Juan y
Presa de la Olla 712

Filmfestivals 640,
672, 871
Flug der Monarch-
falter 33
Gran Feria de Tlaxcala
184
Guanajuato International
Film Festival **17**
Guelaguetza 32
Lightshow 161
Manzanillo 589
Mazatlán 540
Mérida 334
Musik 640, 672
Papantla 261
Real de Catorce 747
San Blas 553
San Cristóbal de las
Casas 401
Tepoztlán 192
Tlacotalpan 267
Ultra Caballo Blanco 821
Veracruz (Stadt) 229
Vive Latino 903
Zacatecas 758
Zona Maco 902
Feuerwaffen 932
Filme 876, 895, 904, 908
Filmfestivals 640,
672, 871
Filmlocation 773
Paseo del Viejo Oeste
857
Fläche 877
Flamingos 347, 364
Flores (Guatemala) 427
Flughäfen 939
Fluglinien 939, 945
Flugzeug, Reisen mit dem
21, 939, 940, 945
Flüsse, Seen & Lagunen
Lago de Catemaco 276
Lago de Chiapala 656
Lago de Pátzcuaro 686,
687
Lagos de Montebello
439, **439**
Laguna Bacalar 323,
375, **375**
Laguna Encantada 274
Laguna Manial-
tepec 503
Laguna Miramar 433
Laguna Pojoj 439
Laguna Santa María del
Oro 558
Laguna Tziscao 439
Forts & Festungen
Fuerte de San Diego 613
Laguna Bacalar 323

REGISTER F–I

Museo Arqueológico de Campeche & Fuerte de San Miguel 365
San Juan de Ulúa 227
Fotos & Video 928
Frauen unterwegs 928
Freiwilligenarbeit 265, 928
Frontera Corozal 430
Fuentes, Carlos 905
fútbol (Fußball) 896

G

Galerien 27 *siehe auch* Museen & Galerien
García Bernal, Gael 904
Gärten *siehe* Parks & Gärten
Gefahren & Ärgernisse 22, 929
Acapulco 623
Auto & Motorrad 942
Barranca del Cobre 814
Bus, Reisen mit dem 944
Chihuahua 848
Frauen unterwegs 928
Infektionskrankheiten 931
Kriminalität 876
Monterrey 872
Nordöstliches Mexiko 861
Tauchen & Schnorcheln 926
Zentrales Nordmexiko 848
Geführte Touren *siehe auch einzelne Orte*
Bonampak 426
Carretera Fronteriza 426
Creel 827
Essen 220
Felskunststätten 784
Ixtapa 598
Mazatlán 540
Papantla 261
Puerto Escondido 501
Quiahuiztlán 237
San Patricio-Melaque 583
Tuxtla Gutiérrez 386
Walhaie 296
Weingüter 771
Yaxchilán 426
Gelbfieber 930
Geld 20, 21, 23, 927

Geldautomaten 23, 930
Geografie 916
Geschichte 879 *siehe auch einzelne Orte*
Aztekische Zivilisation 755
Drogenkriege 892
Koloniales Mexiko 886
Maya-Zeit 881
Mexikanisch-Amerikanischer Krieg 814
Mexikanische Revolution 166, 856, 889
Nordamerikanisches Freihandelsabkommen 891
Olmeken 880
Partido Acción Nacional (PAN) 892
Partido Revolucionario Institucional (PRI) 890
Reformen 889
Spanische Eroberung 884
Tarasken, Kultur der 630, 680
Teotihuacán 880
Tolteken 882
Unabhängigkeit 888
Gesellschaft 893
Gesundheit 930
Gesundheitsrisiken 931
Getränke 913
Mezcal 130
michelada 913
pulque 130, 914
Tequila 766
Gewässerschutz 922
Glaube 894
Golf
Acapulco 617
Barra de Navidad 585
Puerto Vallarta 567
Gorditas 910
Grenzübergänge 430, 450, 822, 940
Grüne Engel 942
Guadalajara 18, **18**, 630, **632**, **638**, **644**, **646**, **656**
An- & Weiterreise 652
Ausgehen & Nachtleben 648
Essen 643
Feste & Events 640
Geschichte 630
Kurse 638
LGBT-Reisende 649
Shoppen 650

Touristeninformation 651
Unterhaltung 649
Unterkunft 641
Unterwegs vor Ort 653
Guanajuato (Bundesstaat) 705
Guanajuato International Film Festival **17**
Guanajuato (Stadt) 19, **19**, 705, **708**
Aktivitäten 711
An- & Weiterreise 716
Ausgehen & Nacht-leben 714
Essen 713
Feste & Events 711
Geschichte 706
Kurse 711
Sehenswertes 706
Shoppen 715
Touristeninformation 716
Unterhaltung 715
Unterkunft 712
Unterwegs vor Ort 716
Guatemala, Grenz-übergänge zu 940
Guelaguetza 32, 469
Guerrero Negro 782
Guzmán, Alejandra 902
Guzmán, Joaquín „El Chapo" 876

H

Hacienda El Divisadero 565
Handys 20, 934
Hexerei 273
Hidalgo, Alejandro Rangel 666
Hidalgo, Miguel 631, 717, 718, 719, 726
Hierve El Agua 489
Historische Gebäude
Baluartes, Valladolid 368
Casa de Azulejos 75
Ex-Convento de Churubusco 103
Ex-Hotel Zevallos 252
Ex-Templo de San José & Bazar Artesanal 368
Hacienda Real de Salinas 346
Palacio de Cortés 200
Palacio de Gobierno 631, 734
Palacio de Minería 74
Riviera del Pacífico 776
Teatro Hinojosa 762

Höhenkrankheit 931
Höhlen 212
Cueva del Ratón 785
Dos Ojos 312
El Encanto 390
Grutas de Loltún 348
Grutas de Nombre de Dios 851
Grutas de San Cristóbal 410
Grutas San Rafael del Arco 439
Höhlen von Cacahuamilpa 212
Holzarbeiten 908
Hormiguero 379
Huamantla 186
Huicholen, Volk 743

I

Iguala-Vorfall 876
Ihuatzio 687
Impfungen 930
Iñárritu, Alejandro González 904
Indigene Bevölkerung
Azteken 64
Huicholen 743
Lacandonen 391, 441
Olmeken 224
Tarahumara 833
Totonaken 188, 261
Tzeltal 391
Tzotzil 391
Indigenes Christentum 895
Infos im Internet 21
Arbeiten in Mexiko 927
Archäologische Stätten 49
Architektur 898
Behinderung, Reisen mit 933
Nationalparks 920
Rituelle Ballspiele 884
Schwule & Lesben 933
Streetart 900
Tiere & Pflanzen 919
Umweltprobleme 922
Verkehrsmittel & -wege 939
Versicherung 936
Vulkane 917
Internetzugang 931
Isla Cozumel 305, **307**, **308**
Aktivitäten 306
An- & Weiterreise 310
Ausgehen & Nachtleben 310

Verweise auf Karten **000**
Verweise auf Fotos **000**

Essen 309
Sehenswertes 306
Touristeninformation 310
Unterkunft 308
Unterwegs vor Ort 310
Isla de la Roqueta 614
Isla de los Alacranes 657
Isla de Mezcala 657
Isla Holbox 296
Isla Janitzio 686
Isla Mujeres 291, **291**, **292**
Aktivitäten 293
An- & Weiterreise 295
Ausgehen & Nachtleben 295
Essen 294
Sehenswertes 291
Touristeninformation 295
Unterkunft 293
Unterwegs vor Ort 296
Isla San Jorge 835
Isthmus von Tehuantepec 531
Ixtapa 597
Izamal 350
Iztaccíhuatl 180

J

Jaguare 444, 918
Jaguarundis 918
Jalcomulco 249
Jalpan 704
Jeeptouren 747
Jerez 762
Juárez, Benito 465, 852, 889
Juchitán 531, 533

K

Kabah 344
Kaffee
Museen 245
Plantagen 248, 448
Region Tapachula 445
Kahlo, Frida 97, 102, 182, 901
Kanu- und Kajakfahren 29
La Paz 793
Loreto 789, 790
Mexico City 108
Mulegé 788
Karneval 30
Cuernavaca 201
Ensenada 777
Mazatlán 540
San Juan Chamula 411
Tepoztl 192

Karten & Stadtpläne 932
Käse 413
Keramik 907
Amatenango del Valle 407
barro negro 491
Dolores Hidalgo 719
Ocotlán de Morelos 492
Kidnapping 872
Kindern, Reisen mit 54
Acapulco 613
Ermäßigungen 927
Impfungen 930
Mexico City 66
Kino 132, 904
Kino, Padre Eusebio 838
Kirchen & Kathedralen
Basílica de Guadalupe 105
Basílica del Carmen 271
Basílica de Nuestra Señora de Guanajuato 707
Basílica de Nuestra Señora de la Salud 681
Basílica de Nuestra Señora de la Soledad 465
Basílica de Zapopan 636
Capilla de las Capuchinas Sacramentarias 104
Capilla Real de Naturales 176
Catedral de Cuernavaca 199
Catedral de Guadalajara **18**, 631
Catedral de la Inmaculada Concepción 251
Catedral de Nuestra Señora de la Purísima Concepció 367
Catedral de Saltillo 862
Catedral de San Ildefonso 332
Catedral de San José 157
Catedral de San Servasio 360
Catedral (Mazatlán) 536
Catedral Metropolitana 72
Catedral Metropolitana (Xalapa) 240
Catedral (Puebla) 164
Catedral (Zacatecas) 757
Ermita del Rosario 235
Ex-Convento Franciscano de la Asunción 183

Guadalajara 637
Guanajuato 710
Iglesia de Jesús 333
Iglesia de la Compañía 164
Iglesia de la Santa Veracruz 80
Iglesia del Santo Madero 864
Iglesia de Nuestra Señora de la Asunción 260
Iglesia de San Francisco Javier 154
Iglesia de San Pancho 679
Iglesia de Santiago Apóstol 693
Iglesia de Santo Domingo 77, 435
Iglesia Santa Bárbara 786
Misión de San Borja 782
Misión de San Francisco Javier de Viggé-Biaundó 790
Misión de Santa Rosalía de Mulegé 788
Misión San Ignacio de Kadakaamán **38**, 784
Missionskirche 704
Morelia Catedral 667
Oratorio de San Felipe Neri 721
Parroquia de la Purísima Concepción 842
Parroquia de Nuestra Señora de Dolores 718
Parroquia de Nuestra Señora de Guadalupe 524
Parroquia de San José 240
Parroquia de San Miguel Arcángel 722
Parroquia de San Pedro 176
Sagrario Metropolitano 73
Santuario de Atotonilco 726
Santuario de la Virgen de Guadalupe 669
Santuario de la Virgen de Ocotlán 182
Templo de la Concepción 724
Templo de la Purísima Concepción 746
Templo de la Salud 724
Templo de la Santísima Trinidad 76
Templo del Encino 736

Templo de San Francisco (Querétaro) 697
Templo de San Francisco (San Luis Potosi) 741
Templo de San José 741
Templo de Santa Clara 699
Templo de Santa Prisca 207
Templo de Santa Rosa de Viterbo 697
Templo de Santo Domingo 165, 460
Templo de Santo Domingo de Guzmán 392
Templo & Ex-Convento de Santo Domingo de Guzmán 398
Templo La Valenciana 707
Kitesurfen 926
Klassische Musik 33
Klettern
Iztaccíhuatl 180
Nevado de Toluca 217
Pico de Orizaba 258
Volcán Tacaná 449, 450
Klima 20, 30 *siehe auch einzelne Orte*
Klimaveränderung 922
Klippenspringer *siehe* Clavadistas
Klöster & Konvente
Antiguo Convento Franciscano de Santa Ana 688
Augustinerkloster 220
Convento de Guadalupe 759
Convento de San Antonio de Padua 351
Ex-Convento Domínico de la Natividad 190
Templo de San Francisco 75
Templo y Convento de la Santa Cruz 697
Kochkurse 44
Mérida 333
Oaxaca de Juárez 468
Puerto Morelos 299
San Miguel de Allende 725
Teotitlán del Valle 488
Tepoztlán 192
Tlaxcala 184
Zihuatanejo 601
Kohunlich 324
Kolonialstädte 26
Kolonisation 886
Korruption 932

REGISTER K–M

Kreditkarten 930
Kriminalität 876
Krokodile 364, 452, 509, 521, 551
Küchenchefs 911
Kulinarische Touren 109
Kultur 893
Kulturzentren
Casa Frisaac 104
Centro Cultural Casa Número 6 367
Centro Cultural El Carmen 398
Centro Cultural La Atarazana 226
Centro de Cultura Casa Lamm 85
Centro de las Artes Centenario 741
Instituto Veracruzano de Cultura 226
La Ciudadela 81
Kunst 898 *siehe auch einzelne Künste*
Kunst, vorkoloniale 900
Volkskunst 637
Kunsthandwerk *siehe artesanías*
Kunstzentren *siehe Museen & Galerien*
Kurse *siehe auch einzelne Orte*, Kochkurse, Sprachkurse
Kochen 108, 184
Sprache 108, 933

L
La Antigua 235
La Barra 275
La Bufadora 765
La Bufa (Schlucht) 831
Lacandonen 391, 441
Lacandón-Urwald 435, 441
Lacanjá Chansayab 429
Lachatao 495
Lackarbeiten 908
Lago de Catemaco 276
Lagunen *siehe* Flüsse, Seen & Lagunen
La Huasteca Potosina 749
Land's End **38**, 804
La Nevería 495
La Paz 792, **794**
Aktivitäten 793
An- & Weiterreise 797, 798

Essen 795
Feste & Events 793
Geführte Touren 793
Sehenswertes 792
Shoppen 797
Touristeninformation 797
Unterhaltung 796
Unterkunft 794
Unterwegs vor Ort 798
Las Cañadas de Ocosingo 413
Las Nubes 433
Las Pozas 750
Latuvi 495
La Ventana 798
La Ventanilla 521
Lázaro Cárdenas 594
Leguane 918
León 717
Lesbische Reisende 136, 933
Guadalajara 649
Puerto Vallarta 578
Leuchttürme 228
LGBT-Reisende 136
Guadalajara 649
Puerto Vallarta 578
Literatur 905 *siehe auch* Bücher
Livemusik 134
Llano Grande 495
Lo de Marcos 561
Loreto 789
Los Barriles 799
Los Mochis 845, **846**
Los Tuxtlas **274**
Lozano, Águeda 851
lucha libre (Wrestling) 897
Luftverschmutzung 922

M
Macheros 679
Mahahual 320
Malaria 931
Malerei 899
Malinalco 219
Malpasito 455
Mammuts 633
Mangroven 444
Manzanillo 588, **589**
Marathon 31
Marcos, Subcomandante 400
Mariachis **19**, 902
Marimbafon 385
Marimbas 902

Märkte **47**
Casa de las Artesanías 676
Casa de los Once Patios 681
Guadalajara 638
Mercado de Artesanías Quiroga 688
Mercado de Artesanías (Tequisquiapan) 703
Mercado de Artesanías Tzintzuntzan 688
Mercado Hidalgo 716
Mexico City 82, 86, 96
Oaxaca de Juárez 481
Ocotlán de Morelos 492
Teotitlán del Valle 488
Masken 724, 907
Maße & Gewichte 928
Maya 414
Architektur 898
Bücher 880
Geschichte 881
Glaube 881
Kalender 881
Kunst 900
Maya heute 894
Maya-Stätten & -Artefakte 49, 377, 380
Becán 378
Bonampak 426, 428
Calakmul 377
Chenes-Stil, Stätten im 372
Chicanná 378
Chichén Itzá **48**, 352
Chinkultic 442
Comalcalco 455
Dzibilchaltún 351
Dzibilnocac 372
Edzná 373
Ek' Balam 363
El Tabasqueño 373
Grutas de Loltún 348
Hochob 373
Malpasito 455
Museo Arqueológico de Campeche & Fuerte de San Miguel 365
Museo del Pueblo Maya 351
Palenque 414
Tenam Puente 443
Toniná 412
Uxmal 340
Yaxchilán 426
Mazatlán 24, 536, **538**, **542**, **544**
Aktivitäten 539
An- & Weiterreise 548

Ausgehen & Nachtleben 547
Essen 543
Feste & Events 540
Geführte Touren 540
Sehenswertes 536
Touristeninformation 548
Unterhaltung 547
Unterkunft 540
Unterwegs vor Ort 549
Mazunte 518
Medizinische Versorgung 56, 930
Meeresschildkröten 29, **37**, 918
Campamento Majahuas 583
Mazunte 518
Playa Manuata 593
Playa Ventura 625
Meerwasserentsalzungsanlage 835
Mennoniten 854
Menschenopfer 896
Mérida 13, 329, **330**, **374**, 375
An- & Weiterreise 338
Ausgehen & Nachtleben 337
Essen 335
Feste & Events 334
Geführte Touren 333
Geschichte 329
Kurse 333
Sehenswertes 329
Shoppen 337
Touristeninformation 338
Unterhaltung 337
Unterwegs vor Ort 340
Mérida, Region **341**, 347
mestizos 894
Mexcaltitán 550
Mexicali 781
Mexico City 12, **12**, 62, **63**, **68**, **78**, **84**, **88**, **92**, **98**, **100**
Aktivitäten 107
Alameda Central 77, **78**, 112, 120
An- & Weiterreise 143
Ausgehen & Nachtleben 127, 130
Bosque de Chapultepec 86, **92**, 124
centro histórico 67, **68**, 110, 118, 127, 137
Ciudad Universitaria 116, 126

Verweise auf Karten **000**
Verweise auf Fotos **000**

Condesa 85, **88**, 114, 122, 128, 139
Coyoacán 99, **100**, 116, 126, 132
Cuicuilco 103
Essen 62, 117, 119
Feste & Events 109
Gefahren & Ärgernisse 141
Geführte Touren 109
Geld 141
Geschichte 64
Highlights 63, **63**
Infos im Internet 141
Internetzugang 141
Kindern, Reisen mit 66
Klima 62
Kurse 108
LGBTIQ 136
Medizinische Versorgung 141
Notfall 142
Plaza de la República 81, 113, 120
Polanco **92**, 94, 116, 124, 131, 140
Post 142
Reisebüros 142
Reiseplanung 62
Reiserouten 65
Reisezeit 62
Roma 85, **88**, 115, 123, 139
San Ángel 96, **98**, 125, 140
Sehenswertes 67, 83
Shoppen 137
Stadtspaziergang 106, **106**
Tlalpan 104, 127
Toiletten 142
Touristeninformation 142
Unterhaltung 132, 133
Unterkunft 110
Unterwegs vor Ort 147
Xochimilco 95, 116
Zona Rosa 84, **84**, 113, 121, 128, 139
Mexico City (Umgebung) 151, **152**
An- & Weiterreise 154
Essen 151
Geschichte 154
Highlights 152, **152**
Klima 151
Unterkunft 151
Mexikaner 893
Mexikanisch-Amerikanischer Krieg 814

Mexikanische Revolution 166, 856
Mexikanische Unabhängigkeit 888
Mezcal 29, 478, 486, 914
Michelada 913
Michoacáns Küste 592
Minen
    Bocamina San Ramón & Bocamina de San Cayetano 709
    Mina El Edén 757
    Mineral de Pozos 732
Mineral del Chico 162
Mineral de Pozos 732
Mineralquellen 489
Missionen 786, 790
Mole 910
Monarchfalter 17, 33, 677
Monte Albán 483, **484**
Monterrey 867, **868**
    An- & Weiterreise 874
    Ausgehen & Nachtleben 873
    Essen 872
    Feste & Events 871
    Gefahren & Ärgernisse 872, 873
    Geschichte 868
    Sehenswertes 869
    Shoppen 873
    Touristeninformation 874
    Unterhaltung 873
    Unterkunft 871
    Unterwegs vor Ort 874
Monumento a la Revolución 81
Morales, Rodolfo 492
Morelia 667, **668**
    An- & Weiterreise 676
    Ausgehen & Nachtleben 675
    Essen 673
    Feste & Events 672
    Geführte Touren 672
    Geschichte 667
    Sehenswertes 667
    Shoppen 676
    Sprachkurse 671
    Touristeninformation 676
    Unterhaltung 676
    Unterkunft 672
    Unterwegs vor Ort 677
Morelos y Pavón, José María 195, 667, 670, 671
Mormonen 854
Moskitostiche 931

Motorrad, Reisen mit dem 941, 942
Mountainbiken 29, 525
    siehe auch Radfahren
movimiento crack 906
Mulegé 787
Murillo, Gerardo 634
Museen & Galerien 27, 774, 899 siehe auch Archäologische Stätten
Anahuacalli 103
Antiguo Colegio de San Ildefonso 74
Arte de Oaxaca 466
Casa Chihuahua 849
Casa de Arte Olga Costa & José Chávez Morado 707
Casa de los Venados 359
Casa de Montejo 329
Casa Lereé 784
Casa Museo Dr. Belisario Domínguez 436
Casa-Museo Totomoxtle 248
Centro Cultural de España 73
Centro Cultural Mexiquense 214
Centro Cultural Universitario Tlatelolco 105
Centro de la Imagen 81
Centro Estatal de los Artes 666
Centro Fotográfico Álvarez Bravo 466
El Ágora de la Ciudad 241
Escuela de Bellas Artes 723
Espacio Zapata 464, 466
Ex Convento de Santo Doming 492
Ex Hacienda Nogueras 665
Ex-Hacienda San Gabriel de Barrera 710
Ex Teresa Arte Actual 76
Fototeca 228
Galería de Arte Contemporáneo 240
Galería Quetzalli 466
Gran Museo del Mundo Maya 329
Horno3 869
Instituto de Artes Gráficas de Oaxaca 466
Laboratorio de Arte Alameda 79
La Mano Mágica 466

MMAPO 199
MUCA Roma 85
Mucho Mundo Chocolate Museum 83
Museen, kinderfreundliche 56
Museo Amparo 164
Museo Archivo de la Fotografía 73
Museo Arqueológico de Campeche & Fuerte de San Miguel 365
Museo Arqueológico de Comitán 435
Museo Bicentenario 1810-2010 719
Museo Casa de Hidalgo 719
Museo Casa de Juárez 465
Museo Casa del Alfeñique 165
Museo Casa de León Trotsky 101
Museo Casa de Morelos 670
Museo Casa de Villa 849
Museo Casa Estudio Diego Rivera y Frida Kahlo 97
Museo Casa Natal de Morelos 671
Museo Casa Redonda 849
Museo Casa Venustiano Carranza 866
Museo Comunitario 493
Museo Costumbrista de Sonora 842
Museo de Aguascalientes 736
Museo de Antropología 50, 238
Museo de Antropología e Historia 214
Museo de Arqueología de Durango Ganot-Peschard 859
Museo de Arte Colonial 667
Museo de Arte Contemporáneo 871
Museo de Arte Contemporáneo de Oaxaca 465, 466
Museo de Arte del Estado 255
Museo de Arte de Querétaro 697
Museo de Arte Huichol (Wixarika) 636
Museo de Arte (Mazatlán) 536

REGISTER M–N

Museo de Arte Moderno 91

Museo de Arte Moderno (Toluca) 214

Museo de Arte Popular 79

Museo de Arte Popular de Chihuahua 826

Museo de Arte Popular de Yucatán 333

Museo de Arte Prehispánico Carlos Pellicer 192

Museo de Artes e Industrias Populares 681

Museo de Batopilas 830

Museo de Cultura de la Huasteca Tamuantzán 752

Museo de Culturas Populares (Toluca) 214

Museo de Historia de Tlalpán 104

Museo de Historia Mexicana 870

Museo de la Amistad México-Cuba 259

Museo de la Arquitectura Maya 368

Museo de la Ballena 793

Museo de la Ciudad 450 857

Museo de la Ciudad (Córdoba) 252

Museo de la Ciudad de Cholula 176

Museo de la Ciudad de Veracruz 228

Museo de la Ciudad Teodoro Cano 260

Museo de la Cultura Maya 325

Museo de la Isla de Cozumel 306

Museo de la Marimba 385

Museo del Ámbar de Chiapas 398

Museo de la Pintura Mural Teotihuacana 160

Museo del Arte Abstracto Manuel Felguérez 754

Museo de las Californias 766

Museo de las Culturas Afromestizas 626

Verweise auf Karten 000
Verweise auf Fotos 000

Museo de las Culturas de Oaxaca 461

Museo de la Secretaría de Hacienda y Crédito Público 74

Museo de las Momias 709

Museo de la Tortura 83

Museo de la Vid y El Vino 774

Museo del Cacao 399

Museo del Calzado El Borceguí 83

Museo del Danzante Xiqueño 248

Museo del Desierto 862

Museo del Dulce 671

Museo del Ferrocarril 165

Museo del Juguete Antiguo México 83

Museo del Objeto del Objeto 85

Museo del Origen 550

Museo de los Altos de Chiapas 398

Museo de los Pintores Oaxaqueños 466

Museo del Palacio 461

Museo del Pueblo de Guanajuato 710

Museo del Sarape y Trajes Mexicanos 862

Museo del Sitio 160

Museo del Virreinato 742

Museo de Naturaleza y Arqueología 377

Museo de Sitio 415

Museo de Sitio Xihuacan 610

Museo El Cafétal Apan 245

Museo Ex-Hacienda El Lencero 246

Museo Federico Silva 739

Museo Fernando García Ponce-Macay 332

Museo Francisco Goitia 758

Museo Francisco Villa 856

Museo Franz Mayer 80

Museo Guillermo Spratling 208

Museo Histórico de San Miguel de Allende 723

Museo Histórico Naval 226

Museo Historico Regional de Ensenada 777

Museo Indígena Huatápera 689

Museo Interactivo de Economía 74

Museo Interactivo de Xalapa 240

Museo José Luis Cuevas 77

Museo Luis Nishizawa 214

Museo Maya de Cancún 50, 280

Museo Mulegé 788

Museo Mural Diego Rivera 79

Museo Nacional de Antropología 50, **50**

Museo Nacional de Arquitectura 78

Museo Nacional de Arte 74

Museo Nacional de Culturas Populares 101

Museo Nacional de la Cerámica 638

Museo Nacional de la Máscara 741

Museo Nacional de la Muerte 734

Museo Nacional de la Revolución 81

Museo Nacional de las Culturas 76

Museo Nacional del Tequila 655

Museo Pantaleón Panduro 637

Museo Pedro Coronel 755

Museo Rafael Coronel 754

Museo Regional Cuauhnáhuac 200

Museo Regional de Antropología 452

Museo Regional de Antropología e Historia (La Paz) 793

Museo Regional de Historia (Aguascalientes) 736

Museo Regional de la Cerámica 637

Museo Regional de Nayarit 556

Museo Regional de Querétaro 697

Museo Regional Huasteco Joaquín Meade 752

Museo Regional Michoacano 668

Museo Regional Potosino 741

Museo Robert Brady 197

Museo Rufino Tamayo 464

Museo San Pedro de Arte 165

Museo Soumaya Plaza Carso 95

Museo Tamayo 91

Museo Textil de Oaxaca 465

Museo Toma de Zacatecas 758

Museo Tuxteco 269

Museo Universitario Arte Contemporáneo 99

Museo Universitario de Artes Populares 661

Museo Universitario de Ciencias 99

Museo Universitario del Chopo 81

Museo Virreinal de Guadalupe 759

Museo Vivo de Artes y Tradiciones Populares 183

Museo y Casa de Diego Rivera 706

Museo Zacatecano 758

Na Bolom 397

Oaxaca de Juárez 466

Other Face of Mexico Gallery 724

Palacio de Hierro 255

Papalote Museo del Niño (Cuernavaca) 200

Parador Turístico Sangre de Cristo 707

Parque-Museo La Venta 50

Pasaje Rodríguez 766

Pinacoteca Diego Rivera 240

Postmuseum 74

música tropical 903

Musik 902

Feste & Events 31, 401, 672

Mexico City 134

norteño 903

ranchera 902

N

Na Bolom 397

Nachspeisen **46**

Nahá 435

Nahua (Volk) 894

Nationalparks & Natur-
schutzgebiete 920
Área de Protección de
Flora y Fauna Cuatro-
ciénegas 866
Cabo Pulmo 799
Cocodrilario 598
Gran Desierto de Altar
837
Isla del Tiburón 838
Parque Ecológico
Chipinque 871
Parque Marine Nacional
Bahía de Loreto
789
Parque Nacional El
Chico 162
Parque Nacional Lagu-
nas de Chacahua 509
Parque Nacional Sierra
San Pedro Mártir 774
Parque Nacional Volcán
Nevado de Colima
664
Reserva de la Biosfera La
Encrucijada 444
Reserva de la Biosfera
Ría Celestún 347
Reserva de la Biósfera
Santuario Mariposa
Monarca 17, **17**, 30,
33, 677
Reserva de la Biosfera
Sian Ka'an 320
Reserva de la Biosfera
Sierra de la Laguna
800
Reserva de la Biosfera
Sierra Gorda 706
Reserva Ecológica de
Nanciyaga 276
Reserva Mariposa
Monarca 677
Naturbeobachtung 452
siehe auch Tierbeo-
bachtung
Nevado de Toluca 217
Nishizawa, Luis 214
Nördliches Mexiko 811,
812
Essen 811
Geschichte 814
Highlights 812
Klima 811
Unterkunft 811
Nördliches Zentralhochland
694, **695**
Essen 694
Geschichte 695
Highlights 695
Klima 694
Unterkunft 694

Nordöstliches Mexiko 861
Nordwestliches Mexiko
834
Notfall 21, 949, 935
Nuestra Señora de
Guadalupe 895
Nuevo Casas Grandes 854

O

Oaxaca (Bundesstaat)
457, **458**
Essen 457
Geschichte 460
Highlights 458
Klima 457
Reiseplanung 457
Strände 15, **15**
Unterkunft 457
Oaxaca de Juárez 13, **13**,
460, **462**
Aktivitäten 467
An- & Weiterreise 482
Ausgehen & Nachtleben
477
Banken 481
colectivos 481
Essen 474, 475
Feste & Events 469
Geführte Touren 468
Kunst 466
Kurse 467
Sehenswertes 460
Shoppen 480
Straßenkunst 470
Touristeninformation
481
Unterhaltung 480
Unterkunft 471
Unterwegs vor Ort 483
Oaxacas Küste 497
Obama, Barack 878
Ocosingo 412, 413
Ocotlán de Morelos 492
Öffnungs- & Geschäfts-
zeiten 21 932
Ökotouren
Chiapas 400, 401
La Paz 793
Oliv-Bastardschildkröte
505
Olmeken 224, 880
Archäologische Relikte
49
Siedlungen 269
Organisierte Kriminalität
876
Orizaba 254
Orozco, José Clemente 631
Ozelots 918

P

Paläste & Schlösser
Castillo de Chapul-
tepec 90
Frontón Palacio Jai
Alai 766
Palacio de Atetelco 161
Palacio de Gobierno 182
Palacio de Iturbide 75
Palacio de la Inqui-
sición 77
Palacio de los Jaguares
161
Palacio de Minería 74
Palacio de Quetzal-
papálotl 161
Palacio de Tepantitla
160
Palacio de Tetitla 161
Palacio Nacional 72
Palacio Postal 74
Palenque **10**, 11, 414,
416, **420**
An- & Weiterreise 424
Ausgehen & Nachtleben
424
Essen 423
Geschichte 414
Sehenswertes 415
Touristeninformation
424
Unterkunft 419
Unterwegs vor Ort 425
Papantla 260
Parador-Museo Santa
María 437
Parasailing 566
Parks & Gärten
Alameda Central 78
Cascada Bola de Oro
245
Cosmovitral Jardín
Botánico 213
Jardín Botánico de
Acapulco 614
Jardín Botánico El
Charco del Ingenio
721
Jardín Botánico (Mexico
City) 91
Jardín Etnobotánico 461
Jardín Juárez 200
Orchideengärten 245
Parque Alameda 255
Parque Ecológico
Macuiltépetl 240
Parque Ecológico Paso
Coyol 252
Parque Fundidora 870
Parque Madero 385

Parque Nacional Bar-
ranca del Cupatitzio
689
Parque Papagayo 613
Parque Paseo de los
Lagos 240
Paseo Santa Lucía 869
Parque Nacional Lagunas
de Chacahua 509
Parque Nacional Sierra San
Pedro Mártir 774
Parque Nacional Volcán
Nevado de Colima 664
Parras 864
Partido Acción Nacional
(PAN) 892
Partido Revolucionario
Institucional (PRI) 890
Pátzcuaro 680, **682**
Pátzcuaro, Rund um 680
Pazifik 18
Pazifikküste, zentrale 534
Essen 534
Klima 534
Reisezeit 534
Unterkunft 534
Paz, Octavio 905
Peña de Bernal 705
Peña Nieto, Enrique 876,
878
Perlenstickerei 908
pescado zarandeado 587
Pico de Orizaba 16, **16**,
258
Pie de la Cuesta 611
Piedra Herrada 678
Pirámide del Sol **35**
Piraten 376
Plankton 503
Playa del Carmen 301,
302
Playa Escobilla 505
Playas de Rosarito 773
Playa Zicatela 497, **500**
Plazas
Parque de 21 de Mayo
252
Parque Juárez 240
Plaza Cívica (Tuxtla
Gutiérrez) 385
Plaza Garibaldi 75
Plaza Grande (Mérida)
332
Plaza Juárez 80
Plaza Santa Catarina
103
Plaza Santo Domingo 76
Plaza Tolsá 74
Zócalo (Cholula) 177
Zócalo (Oaxaca) 461

Zócalo (Papantla) 260
Zócalo (Puebla) 165
Zócalo (Tlaxcala) 183
Pochutla 510
Politik 397, 876
Popmusik 902
Popocatépetl 180
Posada, José Guadalupe 895
Post 932
Progreso 349
Protestanten 894
Puebla 164, **166**
   An- & Weiterreise 173
   Essen 169, 170
   Feste & Events 167
   Geführte Touren 166
   Sehenswertes 164
   Shoppen 172
   Touristeninformation 172
   Unterhaltung 172
   Unterkunft 167
   Unterwegs vor Ort 173
Pueblos Mancomunados **486**, 495, 496
Puerto Ángel 511
Puerto Arista 443
Puerto Escondido 497, **498**
   Ausgehen & Nachtleben 507
   Banken 508
   Essen 505
   Sehenswertes 497
   Sprachkurse 501
   Touristeninformation 508
   Unterhaltung 507
Puerto Morelos 298
Puerto Peñasco 835
Puerto San Carlos 792
Puerto Vallarta 19, **19**, 564 **566, 570**
   Aktivitäten 566
   An- & Weiterreise 581
   Ausgehen & Nachtleben 578
   Essen 574
   Feste & Events 568
   Geführte Touren 568
   Kurse 567
   LGBT-Reisende 578
   Orientierung 565
   Sehenswertes 565

Shoppen 580
Touristeninformation 580
Unterhaltung 580
Unterkunft 569
Unterwegs vor Ort 582
Pulque 914
Pumas 918
Punta Allen 319
Punta de Mita 564
Pyramiden 25, 48, **51**
   siehe auch Archäologische Stätten
Calakmul 377
Cañada de la Virgen 733
Cobá 318
Ek' Balam 363
El Osario 357
El Tajín 263
Pirámide de la Luna 159
Pirámide de la Serpiente 180
Pirámide de las Flores 180
Pirámide de los Nichos 263
Pirámide del Sol **35**, 158
Pirámide de Teopanzolco 200
Pirámide de Tepozteco 190
Reiseplanung 52
Templo de Quetzalcóatl 160
Templo Mayor 250
Xochitécatl 179
Zona Arqueológica (Cholula) 175

Q

Querétaro 696, **698**
   An- & Weiterreise 702
   Ausgehen & Nachtleben 701
   Essen 700
   Geschichte 696
   Kurse 699
   Sehenswertes 696
   Touristeninformation 702
   Unterhaltung 702
   Unterkunft 699
   Unterwegs vor Ort 702
Querétaro (Bundesstaat) 696
Quesadillas 910
Quintana Roo 280
Quiroga 688

R

Radfahren 946
   Chiapas 399
   Ixtapa 598
   Mexico City 107, 108
   Pueblos Mancomunados 495
   Puerto Vallarta 566
Rafting 29, 926
   Jalcomulco 249
   Las Nubes 433
   Mazunte 518
   Tlapacoyan 251
raicilla 576
Ramsar-Gebiete 922
Raub 929
Rauchen 928
Real de Catorce 745, **746**
Real del Monte 163
Rechtsfragen 932
   Einfuhrgenehmigung 941
   Kindern, Reisen mit 56
   Rauchen 928
   Verkehrsregeln 942
Reforma Agraria 434
Reform der Ölindustrie 877
Reiseplanung 20 *siehe auch einzelne Orte*
   Frauen unterwegs 928
   Geld 20
   Grundwissen 20
   Infos im Internet 21
   Karten & Stadtpläne 932
   Kindern, Reisen mit 54
   Mexiko für Einsteiger 22
   Reisezeit 20, 926
   Unterkunft 935
   Veranstaltungskalender 30
   Versicherung 936
   Visa 20
Reiserouten **34, 40**
Reisezeit 20, 49
Reiten 29
   Batopilas 831
   Pueblos Mancomunados 495
   Puerto Vallarta 567
   Real de Catorce 747
   Tequisquiapan 703
Religion 877, 894
Reserva de la Biosfera Los Tuxtlas 273
Reserva Mariposa Monarca 677
Reservas de la Biosfera 920
Restaurants 47

R-Gespräche 935
Ribera Costa Azul 444
Río Cupatitzio 689
Río Lagartos 364
Río Los Mezquites 866
Río Santo Domingo 433
Rivera, Diego 12, 79, 94, 95, 97, 102, 613, 706, 901
   Museo Casa Estudio Diego Rivera y Frida Kahlo 97
   Museo de Arte del Estado 255
   Museo Mural Diego Rivera 79
   Museo y Casa de Diego Rivera 706
   Pincoteca Diego Rivera 240
   Wandgemälde 200
rock en español 902
Rodeos 897
Römisch-katholischer Glaube 895
Ruinas de Mayapán 346
Ruinen *siehe auch* Archäologische Stätten
Rulfo, Juan 905
Ruta del Vino 771, 774
Ruta Puuc 345

S

Saltillo 861
San Agustín Etla 493
San Agustinillo 516
San Andrés Tuxtla 270
San Bartolo Coyotepec 491
San Blas 551, **552**
San Carlos 839
San Cristóbal de las Casas 14, 14, 393, **394**, **411**
   An- & Weiterreise 408
   Ausgehen & Nachtleben 406
   Essen 404
   Feste & Events 401
   Geführte Touren 399
   Geschichte 397
   Kurse 399
   Sehenswertes 397
   Shoppen 407
   Touristeninformation 408
   Unterhaltung 406
   Unterkunft 401
   Unterwegs vor Ort 410
San Francisco 559
San Ignacio 784

San Ignacio de Arareko 834
San José del Cabo 800, **802**
San José del Pacífico 494
San Juan Chamula 410
San Lorenzo Zinacantán 411
San Luis Potosí 739, **740**
　An- & Weiterreise 745
　Ausgehen & Nachtleben 743
　Essen 743
　Feste & Events 742
　Geführte Touren 742
　Geschichte 739
　Sehenswertes 739
　Shoppen 744
　Touristeninformation 744
　Unterhaltung 744
　Unterkunft 742
　Unterwegs vor Ort 745
San Luis Potosí (Bundesstaat) 738
San Martín Tilcajete 491
San Miguel de Allende 17, **17**, 720, **722**
　Aktivitäten 724
　An- & Weiterreise 731
　Ausgehen & Nachtleben 730
　Essen 728
　Feste & Events 726
　Geführte Touren 725
　Geschichte 720
　Kindern, Reisen mit 721, 724
　Kurse 725
　Sehenswertes 721
　Shoppen 731
　Touristeninformation 731
　Unterhaltung 730
　Unterkunft 727
　Unterwegs vor Ort 732
San Pablo Villa de Mitla 489
San Patricio-Melaque 583
San Sebastián del Oeste 576
Santa Anna, Antonio López de 224, 734
Santa Elena 343
Santa María Atzompa 493
Santa Muerte 896
Santa-Muerte-Altar 83
Santa Rosalía 786
Santiago Apoala 496
Santiago Tuxtla 268

Santo Domingo 449
sarapes 862
Sayulita 560
Schamanen 273
Schatz der Siera Madre, Der 679
Schiff, Reisen mit dem 942, 946
Schildkröten 505,
Schildkrötenschutz 291, 265
　Barra de Zacapulco 444
　Centro de Protección & Conservación de la Tortuga Marina en Chiapas 443
Schmuck 407
Schmuggel
　Drogen 814, 876
　Menschen 876
Schnorcheln *siehe* Tauchen & Schnorcheln
Schokolade 915
　Museen 83 399
　Plantagen 455
Schwimmen 375 *siehe auch* Strände, Cenoten
　El Corchito 350
　Río Santo Domingo 433
　Valladolid 360
Schwule Reisende 136, 933
　Guadalajara 649
　Puerto Vallarta 578
Sebastián 851, 901
Seen *siehe* Flüsse, Seen & Lagunen
Seilbahnen
　Taxco 209
　Teleférico de Orizaba 254
Seilrutschen
　Lago de Pátzcuaro 24
　Parque de Aventura Barrancas del Cobre 825
　Pueblos Mancomunados 495
Selva Lacandona 435
Semana Santa
　Mexcaltitán 550
　San Cristóbal de las Casas 401
　San Luis Potosí 742
　San Miguel de Allende 726
Shoppen 14, **14**, 27 *siehe auch einzelne Orte*
　alebrijes 491
　barro negro 491

Sprache 949
Töpferei 492
Volkskunst 731
Sicherheit *siehe* Gefahren & Ärgernisse
Sierra Chincua 678
Sierra de San Francisco 785
Sierra Madre del Sur 917
Sierra Norte 494
Silber 209, 732, 841
Silva, Federico 739
Sklaverei 626
Slang 952
Soledad de Maciel 610
Sonora (Bundesstaat) 835
Sopes 910
Spanischkurse *siehe* Sprachkurse
Spanische Eroberung 884
Spas 25
Sport 896 *siehe auch einzeln Sportarten und Orte*
Sprache 20, 877, 947
　Kurse 933
　Slang 952
Sprachkurse
　Cuernavaca 201
　Ensenada 777
　Guadalajara 638
　Guanajuato 711
　Morelia 671
　Oaxaca de Juárez 467
　Pátzcuaro 683
　Playa del Carmen 303
　Puerto Escondido 501
　Puerto Vallarta 568
　Querétaro 699
　San Cristóbal 399
　San Miguel de Allende 725
　Taxco 209
　Xalapa 241
Springbrunnen 94
Stadtspaziergänge 106, **106**, 109
Steuern
　Ausreisesteuer 940
　Essen 927
　Unterkunft 936
Stierkampf 896
Strände
　Acapulco 615
　Bahía Cacaluta 523
　Bahía Concepción 788
　Cabo San Lucas 803, 804
　Cancún 280

Costalegre 582
Isla Cozumel 306
Isla Holbox 296
Isla Mujeres 292
La Bamba 528
Madre Sal 445
Manzanillo 588
Mazatlán 537
Playa Bonita 835
Playa Carrizalillo **15**
Playa del Carmen 301
Playa Escobilla 505
Playa Escondida 275
Playa Los Algodones 840
Playa Maruata 593
Playa Pérula 582
Playa Tecolutla 265
Playa Zicatela 497, **500**
Playa Zipolite 512
Puerto Arista 443
Puerto Vallarta 569
Reiserouten 34
San Blas 551
San José del Cabo 801
Sayulita 560
Tulum 311
Straßenkunst 900
　Guadalajara 634
　Oaxaca de Juárez 470
Streetfood **45**
Strom 934
Surfen **18**, 28, 32, 926
　Baja California 799
　Isla de Todos Santos 777
　Ixtapa 598
　La Bamba 528
　Mexican Pipeline 497
　Playas de Rosarito 773
　Playa Zicatela 497
　Puerto Escondido 497, 500
　San Blas 552
　San Miguel 777
　Sayulita 561
　Todos Santos 808

T
Tabasco **382**, 451
　Essen 381
　Highlights 382
　Klima 381
　Reisezeit 381
　Unterkunft 381
Tacos 910
tacos al pastor **46**
Tag der Toten *siehe* Día de Muertos

Tamales 911
Tamayo, Rufino 901
Tanzen 233
Tapachula 445, **446**
Tapalpa 658
Tapire 918
Tarahumara 833
Tarasken 630
Tauchen & Schnorcheln 28, 926
  Acapulco 617
  Bahías de Huatulco 525
  Cabo Pulmo 800
  Cabo San Lucas 804
  Cancún 281
  Dos Ojos, Höhlen von 312
  Gefahren & Ärgernisse 926
  Isla Cozumel 306
  Isla Mujeres 293
  Ixtapa 598
  La Paz 793
  Loreto 789, 790
  Manzanillo 588
  Mazatlán 537
  Mulegé 788
  Playa del Carmen 301
  Puerto Morelos 299
  San Carlos 840
  Veracruz 229
  Zihuatanejo 600
Taxco 206, **208**
  Aktivitäten 209
  An- & Weiterreise 212
  Ausgehen & Nachtleben 211
  Essen 211
  Feste & Events 209
  Kurse 209
  Touristeninformation 212
Taxis 946
Tecolutla 265
Tehuantepec 532
Telefon 934
Telefonkarten 935
Telefonnummern 21
Tempel 25, 34
Templo de las Inscripciones 417
Teotihuacán **35**, 49, 50, 158, **159**
Teotitlán del Valle 488
Tepic 556

Verweise auf Karten **000**
Verweise auf Fotos **000**

Tepotzotlán 154
Tepoztlán 190, **191**
Tequila 29, 655, 913
  Destillerien 655, 659
  Geführte Touren 655
Tequisquiapan 703
Tetanus 930
Textilien 407, 906
Theater 698, 707
Themen- & Vergnügungsparks 300
  All Ritmo 280
  Areponápuchi 825
  La Feria 94
  Parque de Aventura Barrancas del Cobre 825
  Paseo del Viejo Oeste 857
Thermalbäder & -quellen 194
  Aguas Termales Rekowata 834
  Balneario Santa Veronica 724
  Baños Termales de Ojocaliente 736
  Laguna de la Media Luna 750
Tierbeobachtung 502 siehe auch Vogelbeobachtung, Walbeobachtung
Tiere & Pflanzen 918 siehe auch einzelne Tiere
  La Paz 793
  Parque Nacional Sierra San Pedro Mártir 774
Tijuana 765, **768**
  Aktivitäten 766
  An- & Weiterreise 772
  Ausgehen & Nachtleben 770
  Essen 767
  Geführte Touren 766
  Shoppen 771
  Sicheres Reisen 767
  Unterhaltung 770
  Unterkunft 767
  Unterwegs vor Ort 773
Tlacolula 488
Tlacotalpan 266
Tlapacoyan 250
Tlaxcala 181, **182**
Todos Santos 807
Tollwut 930
Tolteken 49, 882
Toluca 213
Tonalá 440
Toniná 412

Töpferei siehe Keramik
Tostadas 910
Totonaken 188, 261
Tourismus 923
Touristeninformation 935 siehe auch einzelne Orte
Touristenkarten 936
Troncones 595
Trotzki, Leo 687
Trova 904
Trump, Donald 878
Tula 156
Tulum 19, **19**, 311, **313**, **314**
  Aktivitäten 313
  An- & Weiterreise 317
  Ausgehen & Nachtleben 317
  Essen 316
  Geschichte 311
  Sehenswertes 312
  Unterkunft 313
  Unterwegs vor Ort 317
Türme
  Estela de Luz 83
  Torre Latinoamericana 75
  Torre Mayor 82
Tuxpan 259
Tuxtla Gutiérrez 384, **386**
  An- & Weiterreise 388
  Essen 388
  Geführte Touren 386
  Sehenswertes 385
  Touristeninformation 388
  Unterkunft 386
  Unterwegs vor Ort 389
Tzeltal 391
Tzintzuntzan 688
Tzotzil 391

U
Ultramarathon 821
Umweltprobleme 441, 922
UNESCO-Welterbestätten
  Gran Desierto de Altar 837
  Guanajuato 19, **19**, 705
  Instituto Cultural de Cabañas 634
  Oaxaca de Juárez 460
  Paquimé 855
  Prähistorische Höhlen von Yagul und Mitla 487
  Sierra de San Francisco 785

Teotihuacán **35**, 49
Tlacotalpan 266
Xochicalco 203
Xochimilco 95
Zacatecas 754
Unión Juárez 449
Unterhaltung siehe einzelne Orte
Unterkunft 22, 24, 935, 950 siehe auch einzelne Orte
Unterwegs vor Ort 21, 942
Urbanisierung 893, 923
Urique 821
Uruapan 689
USA, Grenzübergänge zu den 940
Uxmal 340, **342**

V
Valladolid 359, **360**, 375
Valle de Bravo 217
Valle de Etla 493
Valle de Guadalupe 771, 774
Valle de los Monjes 834
Valle de Tlacolula 485
Valle de Zimatlán 490
Valles Centrales 483, **486**
Vegetarier & Veganer 24, 912
Velarde, Ramón Lopez 762
Veracruz (Bundesstaat) 222, **223**
  An- & Weiterreise 233, 234
  Ausgehen & Nachtleben 232
  Essen 222, 231
  Geführte Touren 229
  Geschichte 224
  Highlights 223, **223**
  Shoppen 233
  Touristeninformation 233
  Unterhaltung 232
  Unterkunft 222, 229
Veracruz (Stadt) 224, **226**
Verantwortungsbewusstes Reisen 706
Vergnügungsparks siehe Themen- & Vergnügungsparks
Verkehrsmittel & -wege 939
Versicherung 936, 943
Villa, Francisco „Pancho" 758
  Museo Casa de Villa 849
  Museo Francisco Villa 856

Villahermosa 451
Villa, Pancho 890
Villa Rica 235
Visa 20, 936
Vögel 29, 862, 919
Vogelbeobachtung
  Calakmul 377
  Cañón del Sumidero 390
  El Fuerte 817
  Guerrero Negro 782
  Laguna Manialtepec 503
  La Ventanilla 521
  Mazatlán 540
  Parque Nacional Lagunas de Chacahua 509
  Parque Nacional Sierra San Pedro Mártir 774
  Quiahuiztlán 237
  Reserva de la Biosfera La Encrucijada 444
  Reserva de la Biosfera Pantanos de Centla 452
  Reserva de la Biosfera Ría Celestún 347
  Reserva de la Biosfera Ría Lagartos 364
  Río Santo Domingo 433
  Valladolid 361
  Xalapa 241
voladores 264, 261
Vorwahlen 935
Vulkane 837, 916
  Cerro del Pinacate 837
  Iztaccíhuatl 180
  La Malinche 176
  Pico de Orizaba 258
  Popocatépetl 180
  Volcán de Fuego 665
  Volcán Paricutín 16, **16**, 692
  Volcán Tacaná 449, 450

W

Währung 20
Walbeobachtung 29, 30, 918
  Cabo San Lucas 804
  Guerrero Negro 783
  Laguna San Ignacio 784
  La Paz 793
  Loreto 789
  Mazatlán 540
  Puerto San Carlos 792

Puerto Vallarta 566
Punta de Mita 564
Wälder 817 *siehe auch* Nationalparks & Naturschutzgebiete
Wale 785, 918
Walhaie 29, 296, 297, 793
Wandern & Trekken
  Bahías de Huatulco 525
  Batopilas 831
  Cusárare 832
  Iztaccíhuatl 180
  Mazunte 518
  Pico de Orizaba 258
  Pueblos Mancomunados 495
  Reserva de la Biosfera Los Tuxtlas 274
  Reserva de la Biosfera Sierra de la Laguna 800
  Sierra de la Giganta 790
  Urique 821
  Volcán Tacaná 449
Wandmalerei 77, 179, 900
  Bonampak 429
  El hombre en el cruce de caminos 77
  Luis Nishizawa 214
  Maya 377
  Museen 76, 94, 161
  Sueño de una tarde dominical en la Alameda Central 79
  Todos Santos 808
Wasserfälle
  Agua Azul 425
  Cascada Bola de Oro 245
  Cascada de Basaseachi 829
  Cascada de Cusárare 832
  Cascada de las Golondrinas 427
  Cascada de Tamul 15, **15**, 751
  Cascada de Texolo 247
  Cascada de Tzaráracua 690
  Cascadas de Minas Viejas 751
  Cascada Welib-Já 428
  Cuetzalan 187
  El Aguacero 390
  El Salto del Nogal 659
  Los Micos 750
  Puente de Dios 751
  Salto de Eyipantla 270
Wassertaxis 942
Wasserversorgung 922

Weberei 862
Websites *siehe auch* Infos im Internet
  Architektur 898
  Streetart 900
Wechselstuben 930
Wein 774, 915
Weingüter
  Casa Madero 864
  Cuna De Tierra 718
  Tijuana 766
  Valle de Guadalupe 771, 774
  Vinos El Vesubio 864
Westliches Zentralhochland 627, **628**
  Essen 627
  Geschichte 630
  Highlights 628
  Industrie 630
  Klima 627
  Unterkunft 627
Wetter 20, 30 *siehe auch* einzelne Orte
Windsurfen 566, 799
Wirtschaft 877, 891, 894
Wrestling 897

X

Xalapa 237, **238**
  Aktivitäten 241
  An- & Weiterreise 244
  Ausgehen & Nachtleben 243
  Essen 242
  Geführte Touren 241
  Sehenswertes 238
  Touristeninformation 244
  Unterhaltung 243
  Unterkunft 241
Xcalak 322
Xico 247
Xochicalco 203
Xochimilco 95
Xochitécatl 178
Xpujil 379

Y

Yavesía 495
Yaxchilán 426, 431, **432**
Y Tú Mamá También – Lust for Life! 523
Yucatán (Bundesstaat) 328
Yucatán (Halbinsel) 277, **278**
  Essen 277
  Highlights 278, **278**

Klima 277
Reisezeit 277
Unterkunft 277

Z

Zaachila 492
Zacatecas 754, **756**
  An- & Weiterreise 761
  Ausgehen & Nachtleben 760
  Essen 760
  Feste & Events 758
  Geschichte 754
  Sehenswertes 754
  Shoppen 761
  Touristeninformation 761
  Unterhaltung 761
  Unterkunft 759
  Unterwegs vor Ort 762
Zacatecas (Bundesstaat) 753
Zalce, Alfredo 668
Zapata, Emiliano 196, 890
Zapatisten-Bewegung 391, 397, 413, 441
Zeit 20, 562, 937
Zeitungen & Zeitschriften 928
Zempoala 236
Zentrales Nordmexiko 848
Zentralmexiko 44
Zihuatanejo 599, **602**
  An- & Weiterreise 609
  Essen 605
  Geführte Touren 601
  Kurse 601
  Sehenswertes 600
  Shoppen 608
  Unterhaltung 608
  Unterwegs vor Ort 609
Zika-Virus 931
Ziplines *siehe* Seilrutschen
Zipolite 512
Zitácuaro 679
Zoll 938
Zona de Montaña 658
Zona Maco 902
Zoos 299
  Parque Zoológico Benito Juárez 668
  Villahermosa 451
  Zoológico Miguel Álvarez del Toro (Zoomat) 385
Zug, Reisen mit dem 21, 815, 818, 946

NOTIZEN

Kartenlegende

Sehenswertes

- Strand
- Vogelschutzgebiet
- buddhistisch
- Schloss/Palast
- christlich
- konfuzianisch
- hinduistisch
- islamisch
- jainistisch
- jüdisch
- Denkmal
- Museum/Galerie/historisches Gebäude
- Ruine
- schintoistisch
- sikhistisch
- taoistisch
- Weingut/Weinberg
- Zoo/Tierschutzgebiet
- andere Sehenswürdigkeit

Aktivitäten, Kurse & Touren

- bodysurfen
- tauchen
- Kanu/Kajak fahren
- Kurs/Tour
- Sento-Bad/Onsen
- Ski fahren
- schnorcheln
- surfen
- Schwimmbecken
- wandern
- windsurfen
- andere Aktivität

Schlafen

- Unterkunft
- Camping

Essen

- Lokal

Ausgehen & Nachtleben

- Bar/Kneipe
- Café

Unterhaltung

- Unterhaltung

Shoppen

- Shoppen

Praktisches

- Bank
- Botschaft/Konsulat
- Krankenhaus/Arzt
- Internetzugang
- Polizei
- Post
- Telefon
- Toilette
- Touristeninformation
- andere Einrichtung

Geografisches

- Strand
- Tor
- Hütte/Unterstand
- Leuchtturm
- Aussichtspunkt
- Berg/Vulkan
- Oase
- Park
- Pass
- Picknickplatz
- Wasserfall

Städte

- Hauptstadt (Staat)
- Hauptstadt (Bundesland/Provinz)
- Großstadt
- Kleinstadt/Ort

Verkehrsmittel

- Flughafen
- Grenzübergang
- Bus
- Seilbahn/Gondelbahn
- Fahrrad
- Fähre
- Metro
- Einschienenbahn
- Parkplatz
- Tankstelle
- U-Bahn/Subte-Station
- Taxi
- Bahnhof/Zug
- Straßenbahn
- U-Bahnhof
- anderes Verkehrsmittel

Achtung: Nicht alle der abgebildeten Symbole werden auf den Karten im Buch verwendet

Verkehrswege

- Mautstraße
- Autobahn
- Hauptstraße
- Landstraße
- Verbindungsstraße
- sonstige Straße
- unbefestigte Straße
- Straße im Bau
- Platz/Promenade
- Treppe
- Tunnel
- Fußgänger-Überführung
- Stadtspaziergang
- Abstecher (Stadtspaziergang)
- Pfad/Wanderweg

Grenzen

- Internationale Grenze
- Bundesstaat/Provinz
- umstrittene Grenze
- Region/Vorort
- Meerespark
- Klippen
- Mauer

Gewässer

- Fluss/Bach
- periodischer Fluss
- Kanal
- Wasser
- Trocken-/Salz-/periodischer See
- Riff

Gebietsformen

- Flughafen/Startbahn
- Strand/Wüste
- Friedhof (christlich)
- Friedhof
- Gletscher
- Watt
- Park/Wald
- Sehenswürdigkeit (Gebäude)
- Sportgelände
- Sumpf/Mangrove

DIE AUTOREN

Brendan Sainsbury

Oaxaca Brendan erblickte das Licht der Welt im Vereinigten Königreich, wo er in einer Stadt aufwuchs, die in keinem Reiseführer erwähnt wird (Andover, Hampshire). Seine Ferien verbrachte der junge Brendan im Wohnwagen in Englands Lake District. Er war 19 Jahre alt, als er seine Heimat zum ersten Mal verließ. Seitdem hat er, manchmal eher schlecht als recht, als Schriftsteller und professioneller Vagabund 70 Länder bereist. In den vergangenen 11 Jahren hat er mehr als 40 Bücher für Lonely Planet geschrieben – darunter Bände über Castros Cuba und die Canyons von Perus.

Kate Armstrong

Halbinsel Yucatán Kate Armstrong hat einen Großteil ihres Erwachsenenlebens damit verbracht, um die Welt zu reisen und dabei an den unterschiedlichsten Orten zu leben. Als freiberufliche Reiseschriftstellerin hat sie zu über 50 Lonely Planet Reiseführern und Fachpublikationen beigetragen, regelmäßig werden ihre Arbeiten zudem sowohl in Australien als auch weltweit veröffentlicht. Sie ist Autorin mehrerer Bücher und pädagogischer Titel für Kinder.

Ray Bartlett

Halbinsel Yucatán Ray schreibt seit fast zwei Jahrzehnten über das Reisen und erweckte mit seinen detailreichen Beschreibungen Japan, Korea, Mexiko und viele Teile der Vereinigten Staaten für führende Verlage, Zeitungen und Zeitschriften zum Leben. Sein gefeierter Debütroman *Sunsets of Tulum* (2015) spielt auf der Halbinsel Yucatán und wurde 2016 von Midwest Book Review, einer Organisation, die Rezensionen von Büchern veröffentlicht, in der Kategorie Fiktion erwähnt. Neben anderen Aktivitäten surft Ray regelmäßig; den argentinischen Tango beherrscht er perfekt. Man kann ihm auf Facebook, Twitter und Instagram folgen oder über seine Website www.kaisora.com Kontakt mit ihm aufnehmen.

Celeste Brash

Baja California Wie viele gebürtige Kalifornier lebt Celeste inzwischen in Portland, Oregon. Ihr Weg dorthin führte sie zunächst für 15 Jahre nach Französisch-Polynesien, dann für anderthalb Jahre nach Südostasien und schließlich für eine gewisse Zeit nach Brighton, England, wo sie als Lehrerin für Englisch als Zweitsprache arbeitete. Seit 2005 schreibt sie Reiseführer für Lonely Planet. Ihre Reiseberichte sind auf *BBC Travel* und im *National Geographic* erschienen. Momentan schreibt sie an einem Buch über ihre fünf Jahre auf einer abgelegenen Perlenfarm im Tuamotu-Archipel. In beruflichen Fragen wird sie von der Donald Maass Agency aus New York vertreten.

Stuart Butler

Chiapas & Tabasco Stuart schreibt seit etwa einem Jahrzehnt für Lonely Planet. In dieser Zeit schloß er Freundschaften mit Gorillas im kongolesischen Dschungel, schleppte sich über verschneite Gebirgspässe im Himalaja, interviewte einen König, der sich in einen Baum verwandeln konnte, und ließ sich seine Zukunft von einem Papagei weissagen. Oh, und er hat ziemlich viele selbsternannte Götter getroffen. Wenn er nicht gerade für Lonely Planet unterwegs ist, lebt er mit seiner Frau und seinen zwei kleinen Kindern an den wunderschönen Stränden von Südwestfrankreich.

Steve Fallon

Westliches Zentralhochland Steve stammt ursprünglich aus Boston, Massachusetts, und machte seinen Bachelor of Science in Neuphilologie an der Georgetown University. Nachdem er mehrere Jahre für eine amerikanische Tageszeitung gearbeitet und einen Master-Abschluss in Journalismus erworben hatte, führte ihn seine Faszination für das „neue" Asien nach Hongkong. Hier war er mehr als zwölf Jahre lang für verschiedene Medien tätig und betrieb seine eigene Reisebuchhandlung. Steve lebte drei Jahre in Budapest, bevor er ˋeßend 1994 nach London zog. Er hat zu über 100 Lonely Planet Titel beigetragen bzw. sie ˋschrieben.

John Hecht

Zentrale Pazifikküste John Hecht, der in Los Angeles lebt, hat zu mehr als einem Dutzend Lonely Planet Reiseführern sowie zu Fachzeitschriften mit Schwerpunkt auf Mexiko und Zentralamerika beigetragen. Außerdem arbeitet er als Food- und Entertainment-Autor und schrieb ein Drehbuch für einen Kurzfilm, der in Mexico City entstand – seiner Wahlheimat, wo er in Cantinas seinen Spaß hat und fettiges Essen von Straßenständen genießt.

Anna Kaminski

Veracruz Anna kam in der Sowjetunion zur Welt und wuchs in Cambridge im Vereinigten Königreich auf. Sie beendete ihr Studium an der University of Warwick mit einem Abschluss in Vergleichender Amerikanistik und reichlich Wissen über die Geschichte, Kultur und Literatur des amerikanischen Doppelkontinents und der Karibik (sowie mit einer tiefen Liebe für Lateinamerika). Ihre rastlosen Wanderungen führten sie nach Oaxaca und Bangkok, wo sie vorübergehend ihre Zelte aufschlug, und auch eine zeitlang nach Kingston, Jamaika, wo sie als Anwältin in Gerichtshöfen, Ghettos und Gefängnissen arbeitete. Anna war an rund 30 Lonely Planet Titeln beteiligt. Wenn sie nicht unterwegs ist, lebt Anna in London.

Tom Masters

Nördliches Zentralhochland Kaum dass er Laufen gelernt hatte, träumte Tom, der schon immer eine Vorliebe für das Unbekannte hegte, davon, die geheimnisvollsten Orte zu erkunden – was ihm schließlich eine Karriere als Schriftsteller bescherte. Diese führte ihn hinaus in die weite Welt, einschließlich Nordkorea, der Arktis, dem Kongo und Sibirien. Obwohl er seine Kindheit im ländlichen Teil Englands verbrachte, nennt Tom heute London, Paris und Berlin sein Zuhause.

Liza Prado

Barranca del Cobre & Nördliches Mexiko 2003 wurde die Anwältin für Unternehmen Liza Prado Reiseautorin (was sie bis heute nicht bereut). Sie hat Dutzende von Reiseführern, Artikel sowie Beiträge in Apps und Blogs zu Reisezielen in ganz Amerika verfasst. Liza macht auch gute Fotos und ist Absolventin der Brown University und der Stanford Law School. Sie lebt glücklich mit ihrem Ehemann und Lonely Planet Kollegen Gary Chandler und ihren zwei Kindern in Denver, Colorado.

Phillip Tang

Mexico City; Rund um Mexico City Phillip Tang lebte während seines Heranwachsens vornehmlich von der typisch australischen Mischung aus Pho und Fish'n'Chips, bevor er nach Mexico City zog. Ein Abschluss in chinesischer und lateinamerikanischer Kultur waren die Grundlage, in die Welt aufzubrechen und darüber für Lonely Planet zu schreiben, z. B. für die Bände zu Kanada, China, Japan, Korea, Mexiko, Peru und Vietnam.

DIE LONELY PLANET STORY

Ein ziemlich mitgenommenes, altes Auto, ein paar Dollar in der Tasche und eine Vorliebe für Abenteuer – 1972 war das alles, was Tony und Maureen Wheeler für die Reise ihres Lebens brauchten, die sie durch Europa und Asien bis nach Australien führte. Die Tour dauerte einige Monate, und am Ende saßen die beiden – pleite, aber voller Inspiration – an ihrem Küchentisch und schrieben ihren ersten Reiseführer *Across Asia on the Cheap*. Innerhalb einer Woche hatten sie 1500 Exemplare verkauft. Lonely Planet war geboren.

Heute hat der Verlag Büros in Melbourne, London und Oakland und mehr als 600 Mitarbeiter und Autoren. Und alle teilen Tonys Überzeugung: „Ein guter Reiseführer sollte drei Dinge tun: informieren, bilden und unterhalten."

Lonely Planet Global Limited

Digital Depot
The Digital Hub
Dublin D08 TCV4
Ireland

Verlag der deutschen Ausgabe:
MAIRDUMONT, Marco-Polo-Str. 1, 73760 Ostfildern,
www.lonelyplanet.de, www.mairdumont.com
lonelyplanet-online@mairdumont.com

Chefredakteurin deutsche Ausgabe: Birgit Borowski

Redaktion: red.sign, Stuttgart (Helin Dag, Gerhard Junker, Sara Kimmich, Olaf Rappold, Sylvia Scheider-Schopf, Katrin Schmelzle, Julia Wilhelm, Stephanie Ziegler)

Übersetzung: Berna Ercan, Tobias Ewert, Derek Frey, Marion Gref-Timm, Stefanie Gross, Gabriela Huber Martins, Laura Leibold, Britt Maaß, Marion Matthäus, Dr. Christian Rochow

An früheren Auflagen haben außerdem mitgewirkt: Julie Bacher, Dorothee Büttgen, Anne Cappel, Barbara Imgrund, Christina Kagerer, Anna Kranz, Jürgen Kucklinski, Ute Perchtold, Annika Plank, Boike Rehbein, Claudia Riefert, Andrea Schleipen, Martin Schreck, Dr. Frauke Sonnabend, Erwin Tivig, Katja Weber

MIX
Papier aus verantwortungsvollen Quellen
FSC® C018236

www.fsc.org

Mexiko

7. deutsche Auflage Dezember 2018, übersetzt von *Mexico*, *16th edition*, September 2018, Lonely Planet Global Limited

Deutsche Ausgabe © Lonely Planet Global Limited, Dezember 2018

Fotos © wie angegeben 2018

Printed in Poland